„Die Rougon-Macquart“

Übersicht über die Bände der
„Natur- und Sozialgeschichte einer Familie
unter dem Zweiten Kaiserreich“
mit dem Erscheinungsjahr der französischen Buchausgabe

Der Zusammenbruch

Das Tier im Menschen

Therese Raquin

1. *Das Glück der Familie Rougon (1871)*
2. *Die Beute (1871)*
3. *Der Bauch von Paris (1873)*
4. *Die Eroberung von Plassans (1874)*
5. *Die Sünde des Abbé Mouret (1875)*
6. *Seine Exzellenz Eugène Rougon (1876)*
7. *Der Totschläger (1877)*
8. *Ein Blatt Liebe (1878)*
9. *Nana (1880)*
10. *Ein feines Haus (1882)*
11. *Paradies der Damen (1883)*
12. *Die Freude am Leben (1884)*
13. *Germinal (1885)*
14. *Das Werk (1886)*
15. *Die Erde (1887)*
16. *Der Traum (1888)*
17. *Das Tier im Menschen (1890)*
18. *Das Geld (1891)*
19. *Der Zusammenbruch (1892)*
20. *Doktor Pascal (1893)*

EMILE ZOLA

DIE GROSSEN KLASSIKER

LITERATUR DER WELT
IN BILDERN, TEXTEN, DATEN

EMILE ZOLA

WERKE

ANDREAS

Der Text von „Der Totschläger" und „Germinal" folgt der Ausgabe
im Gustav Grimms Verlag, Budapest
(Übersetzung von Willibald König und Armin Schwarz),
der von „Nana" der Ausgabe im Kurt Wolff Verlag, München
(Übersetzung von Lucy von Jacobi).

ISBN 3-85012-170-4 (Normalausgabe)
ISBN 3-85012-171-2 (Luxusausgabe)

Einbandgestaltung: Volker Uiberreither, Salzburg

Gesamtherstellung: Druckhaus R. Kiesel, Salzburg. – Printed in Austria

INHALTSÜBERSICHT

Vorwort

„Die Rougon Macquart sollen sich aus etwa zwanzig Romanen zusammensetzen. Seit dem Jahre 1869 steht der allgemeine Plan fest, und ich folge demselben mit größter Strenge. ‚L'Assommoir' ist zur bestimmten Stunde erschienen; ich habe dieses Buch geschrieben, ohne auch nur einen Augenblick von dem vorgezeichneten Wege abzuweichen. Hierin beruht meine Kraft. Ich habe ein Ziel, auf welches ich losgehe."

Der heutige Leser muß verblüfft sein über diese Sätze aus Zolas Vorwort zu dem Roman „L'Assommoir" („Der Totschläger", auch „Die Schnapsbude") aus dem Jahr 1877. Warum betont ein Schriftsteller, daß er streng nach einem festgelegten Plan verfährt? Ist nicht Planmäßigkeit der künstlerischen Arbeit wesensfremd? Unmittelbarer Anlaß für Zolas Erklärung war der Vorwurf, er greife in sensationslüsterner Weise aktuelle gesellschaftliche Skandale auf, um sich den öffentlichen Erfolg seiner Bücher zu sichern. Und tatsächlich erregten viele seiner Romane Aufsehen und riefen nicht selten die Zensurbehörde auf den Plan. Ursache dafür war jedoch nicht Zolas Sensationsgier oder eine auf den augenblicklichen Skandal orientierte Denkweise, sondern das gerade Gegenteil: die Planmäßigkeit, mit der er seine Studien vorantrieb. Mit dieser Planmäßigkeit allein konnte es ihm gelingen, die Fassade der Gesellschaft zu durchstoßen und hinter den kleinen sichtbaren Skandalen die großen skandalträchtigen Grundströmungen freizulegen. Das hat man ihm übelgenommen. Schritt für Schritt nimmt Zola sich eine Bevölkerungsschicht nach der anderen vor, durchleuchtet ihre Lebensverhältnisse und die Triebkräfte ihrer Verhaltensweisen, ohne sich dabei von den zeitgenössischen literarischen oder moralischen Regeln beeinträchtigen zu lassen.

Er nennt seine Methode ,,naturalistisch", um zu verdeutlichen, daß es ihm um die Natur der Erscheinungen geht und nicht um ihre klassizistische, romantische oder wie auch immer geartete Deutung. Auch die rationale Klärung gesellschaftlicher Bezüge, wie sie der Realismus anstrebt, ist nicht seine Sache, weil ihm in der historischen Umbruchsituation, der Konsolidierung des Kapitalismus in Frankreich, die theoretische Voraussetzung nicht gegeben scheint, die Wirklichkeit mit der Elle einer wissenschaftlichen Weltanschauung zu messen. Die Wirklichkeit war so sehr von politischen, ideologischen und moralischen Prinzipien und Glaubenssätzen überlagert, daß sie nur greifbar wurde, wenn konsequent diese Prinzipien und Glaubenssätze beiseite geschoben wurden. Das Material selbst mußte zum Sprechen gebracht werden. So hat Zola die Menschen im ,,Totschläger" Jargon reden lassen, hat die naturbezogene Sexualität der Bauern in ,,Die Erde" ebenso unverblümt protokolliert wie das unsägliche Elend der Grubenarbeiter in ,,Germinal". Es wurden Dinge angesprochen, von denen man wußte oder die man zumindest ahnte, die aber bislang als literaturfremd galten.

Zolas Leistung bestand darin, der Literatur ihre Kritikfähigkeit zurückzugeben, indem er ihr den Zugang zu neuen Bereichen des menschlichen Lebens freischaufelte, indem er demonstrierte, daß alles Bestehende Gegenstand der künstlerischen Darstellung sein kann. Daß er dabei selbst nicht immer das künstlerische Niveau erreichte, das die in diesem Band abgedruckten Werke auszeichnet, ist dem unermüdlichen Sammeleifer ebenso zuzuschreiben wie dem bei Zola theoretisch und literaturpraktisch nicht geklärten Verhältnis zwischen dem naturalistischen Protokoll und der sozialrevolutionären Utopie, die sich Schritt für Schritt Bahn bricht und in jene Alterswerke einmündet, die heute niemand mehr liest: die ,,Städtetrilogie" und die ,,Vier Evangelien".

Der Totschläger

I

Gervaise hatte Lantier bis zwei Uhr morgens erwartet. In leichter Nachtjacke der scharfen Luft des geöffneten Fensters ausgesetzt, zitterte sie vor Kälte. Endlich war sie entschlummert, quer über das Bett gestreckt, fiebernd und die Wangen mit Tränen genetzt. Seit acht Tagen schickte er sie und die Kinder beim Verlassen des Gasthauses „Zum Zweiköpfigen Kalb", wo sie aßen, zu Bett und erschien erst sehr spät in der Nacht wieder; er erzählte dann, daß er Arbeit suchte. Diesen Abend, während sie seine Rückkehr erspähte, glaubte sie ihn gesehen zu haben, er trat in den Tanzsaal „Zum Großen Balkon", dessen zehn strahlend helle Fenster ein breites Lichtfeld auf den dunklen Straßenzug des äußeren Boulevards warfen; und fünf bis sechs Schritte hinter ihm hatte sie die kleine Adèle bemerkt, eine Plätterin, die in ihrem Restaurant aß; diese schlenkerte mit ihren Händen, als ob sie eben seinen Arm hätte fahren lassen, um nicht mit ihm zusammen unter der Helligkeit der Gaslichter in die Tür zu treten.

Als Gervaise gegen fünf Uhr, steif vom Frost und die Lenden vor Übermüdung wie zerschlagen, erwachte, brach sie in lautes Schluchzen aus. Lantier war nicht heimgekehrt. Zum ersten Male brachte er die Nacht außer dem Hause zu. Sie blieb auf dem Rande des Bettes sitzen, unter dem Lappen ausgeblichenen Möbelkattuns, welcher von einer Stange herunterhing, die mit Bindfaden an der Decke befestigt war. Sie ließ ihre von Tränen verschleierten Blicke langsam in dem elenden Zimmer umherstreifen, dessen Ausstattung in einer Nußholzkommode, der eine Schublade fehlte, drei Strohstühlen und einem kleinen fettigen Tisch bestand, auf welchen ein zerbrochener Wasserkrug gestellt war.

Man hatte für die Kinder ein eisernes Bett hinzugefügt, welches den Zugang zur Kommode verstellte und zwei Drittel des ganzen Raumes einnahm.

Der Koffer von Gervaise und Lantier lag weit geöffnet in einer Ecke und zeigte sein leeres Inneres; ein alter Männerhut war dort ganz auf dem Grunde zwischen schmutzige Hemden und Strümpfe hineingepfercht, während an der Wand und auf der Lehne eines Stuhls ein durchlöcherter Schal und ein vom Straßenkot zerfressenes Beinkleid hingen, die letzten Lumpen, welche die Kleiderhändler nicht mehr wollten. In der Mitte des Kaminsimses, zwischen zwei ungleichen Zinkleuchtern, lag ein Paket Pfandscheine des Mont-de-Piété, von zarter rosa Farbe. Das war das schönste Zimmer des Hotels, das Zimmer im ersten Stock mit der Aussicht auf den Boulevard.

Indes schliefen die beiden Kinder nebeneinander auf demselben Kopfkissen. Claude, der acht Jahre alt war, atmete langsam, während seine kleinen Hände auf der Bettdecke lagen, und der nur vierjährige Etienne hatte lächelnd einen Arm um den Nacken des Bruders geschlungen. Als der tränenfeuchte Blick der Mutter auf ihnen ruhte, hatte diese einen neuen Anfall von Schluchzen, sie drückte ein Taschentuch an ihren Mund, um den leisen Schrei zu ersticken, welcher sich ihr unwillkürlich entrang. Barfuß, ohne daran zu denken, ihre zu Boden gefallenen Morgenschuhe wieder anzuziehen, kehrte sie zum Fenster zurück und spähte wieder, wie in der Nacht, wartend hinaus, die Trottoirs weithin mit ihren Blicken befragend.

Das Hotel befand sich auf dem Boulevard de la Chapelle, links von der Barrière Poissonnière. Es war ein altes, zweistöckiges Gebäude, mit roter Farbe getüncht, dessen durch den Regen faul gewordene Fensterläden zerfielen. Über einer Laterne, in deren Scheiben sich Sterne befanden, las man mühsam zwischen den beiden Fenstern: Marsouillers Hôtel Boncœur, in gelben Buchstaben, denen durch das Abspringen des Mörtels große Stücke fehlten. Gervaise, welcher die Laterne hinderlich war, richtete sich auf und preßte ihr Taschentuch gegen die Lippen. Sie blickte zur Rechten nach der Seite des Boulevard de Rochechouart, wo Gruppen von Schlächtern in blutigen Schürzen vor den Schlachthäusern sich aufhielten; der frische Morgenwind trug hin und wieder einen stinkenden, faden Geruch von abgeschlachteten Tieren herüber. Sie blickte zur Linken, ihr suchendes Auge irrte die lange Avenue hinab, um schließlich, beinahe ihr gegenüber, auf der weißen Masse des Hospitals Lariboisière auszuruhen, welches damals noch im Bau begriffen war. Langsam verfolgte sie dann von einem Ende des Horizonts zum andern den Lauf der Mauer des Schlachthauses, hinter welcher sie hin und wieder während der Nacht das Geschrei der zu schlachtenden Tiere gehört hatte; sie durchforschte die versteckten Winkel, die von

Feuchtigkeit und Unrat geschwärzten dunklen Ecken, mit der geheimen Furcht, dort den Körper Lantiers zu entdecken, den Leib von Messerstichen durchbohrt. Als sie die Augen über diese graue, unendliche Mauer erhob, welche Paris gleichsam mit einem Streifen Wüste umgibt, bemerkte sie eine große Helligkeit, eine Flut von Sonnenlicht, die schon ganz von dem morgendlichen Getöse der Stadt erfüllt war. Aber immer wieder wendete sie der Barrière Poissonnière ihre Blicke zu, mit vorgestrecktem Halse betäubte sie sich an dem ununterbrochenen Strom von Männern, Tieren und Karren, welchen sie zwischen den beiden niedrigen Pavillons der Maut hervorbrechen sah und welcher von den Höhen des Montmartre und von La Chapelle sich herniederwälzte. Das war ein Gestampfe wie von Herden, eine Menge, deren hin und wieder plötzliches Anhalten sie gleich Pfützen auf der Chaussee ausbreitete, ein endloses Vorüberziehen von Handwerkern, welche zur Arbeit gingen, ihre Werkzeuge auf dem Rücken, ihr Brot im Arm; all dieses Gewühl stürzte sich auf Paris, welches es fortwährend verschlang. Wenn Gervaise unter all diesen Menschen Lantier zu erkennen glaubte, so beugte sie sich, auf die Gefahr hin, zu fallen, noch weiter nach vorn; fester preßte sie ihr Taschentuch an den Mund, um ihren Schmerz zurückzudämmen.

Eine junge lustige Stimme bewog sie zum Verlassen des Fensters.

„Ihr Mann ist wohl nicht da, Madame Lantier?" – „Nein, Herr Coupeau", antwortete sie und versuchte dabei zu lächeln.

Es war ein Zinkarbeiter, welcher ganz oben im Hause ein kleines Zimmer zu zehn Francs bewohnte. Er hatte seinen Sack auf der Schulter. Da er den Schlüssel in der Tür stecken sah, so war er freundschaftlich eingetreten.

„Sie wissen", fuhr er fort, „ich arbeite jetzt dort drüben am Hospital ... Ha! das ist ein niedlicher Maimonat! Es weht ein bißchen scharf heute morgen!"

Er betrachtete Gervaises Gesicht, das vom Weinen gerötet war. Als er sah, daß das Bett fast unberührt dastand, schüttelte er sanft den Kopf; dann kam er bis zum Bettchen der Kinder, welche immer noch mit ihren rosigen Engelsmienen schliefen; und die Stimme dämpfend fuhr er fort:

„Ei der Tausend! Ihr Mann ist ein bißchen bummlig, nicht wahr? Trösten Sie sich, Madame Lantier. Er beschäftigt sich viel mit Politik; neulich, als man bei der Wahl für Eugène Sue stimmte (es ist das einer von den Guten, wie es scheint), da war er rein närrisch. Vielleicht hat er die Nacht mit Freunden zugebracht und auf die bonapartistische Schweinewirtschaft geschimpft." – „Nein, nein", murmelte sie gepreßt, „das, was Sie glauben, ist es nicht. Ich weiß, wo Lantier ist ... Mein Gott, wir haben eben unsern Kummer wie alle Welt."

Coupeau blickte sie pfiffig an, um zu zeigen, daß er auf diese Lüge nicht hineinfalle. Im Fortgehen erbot er sich, ihr die Milch zu holen, wenn sie nicht ausgehen wollte; sie sei eine hübsche und tüchtige Frau und könne auf ihn zählen, wenn sie eines Tages in Not sei.

Sowie er sich entfernt hatte, wandte sich Gervaise dem Fenster wieder zu.

Durch die Barriere strömte noch immer die Menge in der Kälte des Morgens. Man erkannte die Schlosser an ihren blauen Arbeitskitteln, die Maurer an ihren weißen Jacken, die Maler an den Röcken, unter denen die langen Blusen hervorsahen. Diese Menge erschien von weitem in den Farben matten Gipses, in einem neutralen Ton, in dem verwaschenes Blau und schmutziges Grau abwechselte. Hin und wieder stand ein Arbeiter still und steckte seine Pfeife an, während die anderen um ihn herum immer vorwärts schritten, ohne ein Lachen, ohne ein zum Kameraden gesprochenes Wort, die Backen erdfahl, das Gesicht nach Paris gerichtet, welches sie, einen nach dem anderen, durch die weitaufgähnende Straße, den Faubourg Poissonnière verschlang. An den beiden Ecken der Rue des Poissonniers, an den Türen der beiden Weinschenken, welche ihre Läden öffneten, wurden die Schritte der Leute langsamer; vor dem Eintreten blieben sie auf dem Rande des Trottoirs stehen, hin und wieder halb unwillig, halb verlegen auf Paris niederblickend, mit schlaffen Armen, schon halb für einen Bummeltag gewonnen. Vor den Schenktischen waren Gruppen, welche sich freihielten; dort beieinanderstehend vergaßen sie sich, füllten die Säle speiend, hustend und sich mit Hilfe kleiner Schnäpse die Kehlen reinspülend.

Gervaise spähte zur Linken der Straße nach dem Laden des Vater Colombe hinüber, wo sie Lantier gesehen zu haben glaubte, als eine dicke Frau, mit bloßem Kopf, mit einer Schürze, sie von der Straße aus anrief.

„Sagen Sie doch, Madame Lantier, Sie sind so früh schon auf?"

Gervaise beugte sich vor. „Ach! Sie sind es, Madame Boche! ... Oh! ich habe eine Menge zu tun heute!" – „Ja, ja! Nicht wahr, die Sachen machen sich nicht von selber?!"

Nun begann eine Unterhaltung vom Fenster zum Trottoir. Madame Boche war die Portierfrau des Hauses, in welchem das Restaurant „Zum Zweiköpfigen Kalb" das Erdgeschoß innehatte. Öfter hatte Gervaise Lantier in ihrer Portierloge erwartet, um sich nicht allein neben all die Männer zu Tisch zu setzen, welche dort mit ihnen aßen. Die Portierfrau erzählte, daß sie nur zwei Schritte von hier nach der Rue de la Charbonnière gehe, um einen Beamten dort noch im Bette anzutreffen, von dem ihr Mann die Bezahlung für die Ausbesserung eines Überziehers nicht erlangen könne.

Hierauf erzählte sie von einem Mieter, der abends mit einem Frauenzimmer nach Hause gekommen sei und bis drei Uhr morgens alle Welt im Schlaf gestört habe.

Während all dieses Geschwätzes betrachtete sie die junge Frau mit den Mienen unbezwinglicher Neugier und sie schien nur dahin gekommen zu sein und sich unter den Fenstern aufgepflanzt zu haben, um eine Vermutung, die sie hegte, bestätigt zu finden.

„Herr Lantier schläft wohl noch?" fragte sie plötzlich.
„Jawohl, er schläft", antwortete Gervaise, unwillkürlich errötend.
Madame Boche sah, wie ihr die Tränen in die Augen schossen, und ohne Zweifel befriedigt von dem Resultat ihrer Inquisition, entfernte sie sich, etwas von verdammten Taugenichtsen vor sich hinmurmelnd; plötzlich jedoch kam sie zurück und rief: „Sie wollten doch heute morgen zum Waschhaus gehen, nicht wahr? Ich habe etwas zu waschen und werde Ihnen einen Platz neben mir freihalten, dann können wir plaudern." Und hierauf, wie von plötzlichem Mitleid erfaßt: „Meine arme Kleine, Sie würden doch gut tun, vom Fenster wegzugehen, Sie werden sich was holen. Sie sind ja schon ganz blaugefroren!"
Gervaise blieb eigensinnig noch zwei tödlich lange Stunden am Fenster, bis acht Uhr. Nun waren die Läden geöffnet worden. Der Strom der Blusenmänner, welcher von den Höhen herabkam, hatte aufgehört, und bloß einige Nachzügler passierten die Barriere eiligen Schrittes. Bei den Weinwirten standen noch dieselben Männer, die fortfuhren zu trinken, zu husten und zu speien.
Den Arbeitern waren die Arbeiterinnen gefolgt; Plätterinnen, Modistinnen, Blumenmacherinnen gingen, in ihre engen Kleidchen gehüllt, zu dreien oder vieren die äußeren Boulevards entlang, lebhaft plaudernd, mit leisem Lachen und leuchtende Blicke um sich werfend; hin und wieder kam eine einzelne, mager, mit bleicher, ernster Miene, diese folgte der Mauer des Schlachthauses, indem sie sorgfältig die Unratpfützen vermied. Hierauf waren die Beamten vorübergegangen; in die Finger blasend, aßen sie ihr Sousbrötchen im Gehen; es waren meist abgemagerte junge Leute mit zu kurzen Kleidern, deren matte Augen noch mit dem Schlafe kämpften; oder kleine alte Männchen, die mit kurzen schnellen Schritten dahinliefen, mit bleichem Antlitz und abgenützt durch die langen Bürostunden; sie sahen nach der Uhr, um ihren Schritt nach der Sekunde zu regeln. Alsdann hatten die Boulevards ihr friedliches Morgenaussehen wiedergewonnen; die Rentiers der Nachbarschaft gingen in der Sonne spazieren; Mütter mit zottigen Haaren und schmutzigen Unterröcken wiegten auf ihren Armen Wickelkinder, welche sie auf den Bänken trockenlegten; während eine ganze Schar taschentuchbedürftiger, halbnackter Gören sich unter Heulen, Lachen und Weinen auf der Erde herumbalgte und -stieß.
Gervaise war es, als müsse sie ersticken, jetzt hoffte sie nicht mehr, und die Angst machte sie schwindeln; es schien ihr, als sei alles aus, daß die Zeit aufgehört habe, daß Lantier niemals zurückkehren werde.
Ihre Augen irrten von den durch das ewige stinkende Blutbad geschwärzten Mauern der alten Schlachthäuser hinüber zu dem neuen bleichen Hospital, durch dessen noch offene Fensterreihen man in die nackten Säle blickte, in denen der Tod seine fürchterliche Ernte halten sollte. Ihr gegenüber, hinter der Stadtmauer, blendete sie der leuchtende Himmel, das Aufsteigen des Sonnenballs, der höher und höher sich über dem Erwachen der ungeheuren Stadt erhob.
Die junge Frau hatte sich auf einen Stuhl gesetzt, ihre Arme hingen schlaff hernieder, sie weinte nicht mehr, als Lantier ruhig eintrat.
„Du bist es? Du bist es?" rief sie und wollte ihm um den Hals fallen. „Ja, ich bin es, was weiter? Du wirst doch nicht wieder deine Dummheiten anfangen?"
Er war ihr ausgewichen. Dann warf er mit einer übellaunigen Bewegung seinen schwarzen Filzhut auf die Kommode. Lantier war ein kleiner, sehr dunkelfarbiger Bursche von sechsundzwanzig Jahren, mit einem hübschen Gesicht und einem kleinen Schnurrbart, den er stets mit einer mechanischen Handbewegung drehte. Er trug eine Arbeiterbluse, einen alten fleckigen Überrock, den er über die Taille zuknöpfte, und sprach mit stark bemerkbarem provenzalischem Dialekt.
Gervaise, welche auf den Stuhl zurückgesunken war, beklagte sich sanft in kurzen Sätzen. „Ich habe kein Auge schließen können ... Ich glaubte, man hätte dich in eine Schlägerei verwickelt ... Wo bist du denn gewesen? Wo hast du die Nacht zugebracht? Mein Gott, fange nicht wieder so an, ich werde sonst wahnsinnig ... Sage, August, wo bist du gewesen?" – „Wo ich zu tun hatte, zum Donnerwetter!" sagte er mit Achselzucken. „Ich war um acht Uhr auf dem Eiskeller bei dem Freunde, der die Hutfabrik errichten will. Ich habe mich verspätet und da zog ich es vor, dort zu schlafen ... Übrigens du weißt, ich liebe es nicht, wenn man mich ausfragt. Laß mich in Ruhe!"
Die junge Frau begann wiederum zu schluchzen. Der Ton seiner Stimme und die rücksichtslosen Bewegungen Lantiers, welcher die Stühle umherrückte, weckten die Kinder. Sie richteten sich halb nackt und, die Haare mit ihren kleinen Händchen entwirrend, von ihrem Lager auf. Da sie ihre Mutter weinen sahen, so weinten auch sie mit ihren kaum geöffneten Augen und fingen ein entsetzliches Geschrei an.
„Aha, da haben wir die Musik!" rief Lantier wütend. „Ich sage euch, ich nehme die Türe in die Hand und gehe, aber dieses Mal ... auf Nimmerwiedersehen ... Wollt ihr stille sein? Adieu! ich gehe dahin, wo ich hergekommen bin."
Er hatte schon seinen Hut wieder von der Kommode genommen. Aber Gervaise stürzte auf ihn zu und stammelte: „Nein, nein!"
Sie erstickte die Tränen der Kinder mit ihren Liebkosungen. Sie küßte ihr Haar und legte sie mit sanften Worten wieder nieder. Die Kleinen waren schnell beruhigt, sie lachten auf ihrem Kopfkissen und belustigten sich damit, einander zu kneifen. Indes hatte sich der Vater, ohne selbst seine Stiefel auszuziehen, auf das Bett geworfen; seine Mienen waren abgespannt, sein Gesicht bewegungslos und bleich durch die verschwelgte Nacht. Er schlief nicht ein, sondern spähte mit offenen Augen im Zimmer umher.
„Das ist ja recht sauber hier!" murmelte er, und dann,

nachdem er einen Augenblick Gervaise betrachtet hatte, fügte er boshaft hinzu: „Du wäschst dich wohl gar nicht mehr?“

Gervaise war erst zweiundzwanzig Jahre alt. Sie war groß, ein wenig mager, mit feinen Zügen, in denen sich die Härte ihrer Existenz schon aussprach. Ungekämmt, in Morgenschuhen, zitternd vor Kälte in ihrer weißen Nachtjacke, auf welcher die Möbel die Spuren von Staub und Schmutz zurückgelassen hatten, erschien sie, durch die soeben durchlebten angst- und tränenreichen Stunden, um zehn Jahre gealtert. Das Wort Lantiers ließ sie ihre furchtsame und duldende Haltung aufgeben.

„Du bist nicht gerecht“, sagte sie wieder lebhafter; „du weißt wohl, daß ich alles tue, was ich kann. Es ist nicht meine Schuld, daß wir hier sitzen ... Ich möchte einmal sehen, was du mit den beiden Kindern anfängst in einem Zimmer, wo nicht einmal ein Ofen ist, in dem man warmes Wasser machen kann ... Man hätte sich gleich, als wir nach Paris kamen, anstatt dein Geld zu vergeuden, irgendwo festsetzen sollen, wie du es auch versprochen hattest.“ – „Ei, sieh doch!“ schrie er, „erst hast du das goldene Kalb mit mir aufgefressen, und jetzt gefällt dir das Leben nicht mehr, weil es an feinen Bissen fehlt.“

Sie schien ihn nicht zu hören und fuhr fort:

„Gleichviel, mit ein wenig Anstrengung wird man immer noch über Wasser bleiben können. Ich habe gestern Madame Fauconnier gesprochen, die Wäscherin aus der Rue Neuve, sie wird mich am Montag nehmen. Wenn du dich mit deinem Freunde vom Eiskeller zusammentätest, so würden wir noch vor sechs Monaten wieder flott werden; das ist gerade Zeit genug, um uns etwas Kleider auf den Leib zu schaffen, und irgendwo ein kleines Loch zu mieten, wo wir für uns wären ... Oh, man müßte arbeiten, arbeiten ...“

Als Lantier sich gelangweilt der Wand zukehrte, wurde Gervaise heftiger.

„Ja, ja, so ist es; man weiß wohl, daß du der Arbeit gern aus dem Wege gehst. Du platzest vor Ehrgeiz, du möchtest wie ein Stutzer angezogen gehen und liederliche Weibsbilder mit seidenen Röcken spazieren führen. Nicht wahr? Ich bin dir nicht mehr fein genug, seit du mich alle meine Kleider auf das Leihhaus hast tragen lassen ... Sieh, August, ich wollte dir davon nicht sprechen, ich hätte noch gewartet, aber ich weiß, wo du heute nacht gewesen bist; ich habe dich in den „Großen Balkon“ hineingehen sehen mit dieser Schlampe, der Adèle. Ah, du suchst sie dir gut aus! Das ist mir eine Saubere, die hat recht, wenn sie wie eine Prinzessin schön tut ... Das ganze Restaurant hat schon mit ihr geschlafen.“

Mit einem Satz war Lantier aus dem Bette. Seine Augen funkelten so schwarz wie Tinte in seinem blassen Gesicht. Bei diesem kleinen Kerl fachte der Zorn einen Sturm an.

„Ja, ja, das ganze Restaurant!“ wiederholte die junge Frau. „Madame Boche wird sie aus dem Hause tun, sie und ihre große Klapper von Schwester, weil ihre Liebhaber immer die Treppe belagern.“

Lantier erhob seine beiden Fäuste; doch dem Drange widerstehend, sie zu schlagen, ergriff er ihre Arme, drückte sie nieder und schleuderte sie gegen das Bett der Kinder, welche von neuem zu schreien anfingen.

Er legte sich wieder nieder mit der wilden Miene eines Mannes, der einen Entschluß gefaßt hat, von dem er bisher noch zurückschrak.

„Du weißt nicht, was du da eben angerichtet hast, Gervaise ... Du hast unrecht gehabt, du wirst es sehen!“

Schon während des vorhergehenden Wortwechsels hatten die Kinder wiederum zu schluchzen angefangen. Ihre Mutter war über den Rand des Kinderbettchens gebeugt geblieben und hielt beide in einer Umarmung; sie wiederholte wohl zwanzigmal mit monotoner Stimme diese Worte:

„Oh! wenn ihr nur nicht da wäret, meine armen Kleinen! ... Wenn ihr nicht da wäret! ... Wenn ihr nicht da wäret! ...“

Lantier hörte nichts von alledem. Ruhig ausgestreckt, die Augen nach oben, auf den Lappen verblichenen Kattuns gerichtet, vertiefte er sich mehr und mehr in seine vorgefaßte Idee. Er blieb so beinahe eine Stunde, ohne dem Schlafe nachzugeben, obwohl ihm die Müdigkeit die Augenlider niederdrückte. Als er sich herumdrehte und sein hartes, entschlossenes Gesicht auf den Ellbogen stützte, hatte Gervaise die letzte Hand an die Reinigung des Zimmers gelegt. Sie machte das Bett der Kinder, welche sie soeben aufgenommen und angezogen hatte. Er beobachtete sie, wie sie fegte und die Möbel abwischte; das Zimmer blieb düster und jämmerlich mit seiner rauchgeschwärzten Decke, seinen durch die Feuchtigkeit losgelösten Tapeten, seinen drei Stühlen und der verkrüppelten Kommode, auf welcher der Schmutz sich unter dem Wischlappen immer mehr ausbreitete, anstatt zu verschwinden. Während sie ihren Oberkörper wusch, nachdem sie ihr Haar vor dem kleinen, an einem Haken aufgehängten Drehspiegel, welcher ihm zum Rasieren diente, aufgesteckt hatte, schien er ihre nackten Arme, ihren nackten Hals, all das Nackte, das sie zeigte, zu prüfen, als ob er im Geiste Vergleiche anstellte.

Er zuckte höhnisch mit der Lippe. Gervaise hinkte auf dem rechten Bein, aber man bemerkte es nur, wenn sie sehr ermüdet war, wenn ihre Beine wie zerschlagen waren und sie sich gehen ließ. Gebrochen durch ihre ruhelose Nacht, schleppte sie diesen Morgen das Bein nach und stützte sich an den Wänden.

Völliges Schweigen herrschte; sie hatten kein Wort mehr gewechselt. Er schien zu warten. Sie bemühte sich, gleichgültig zu erscheinen, während sie ihren Schmerz hinunterwürgte; hastig arbeitete sie fort. Als sie ein Paket schmutziger Wäsche zusammenband, welche in einer Ecke hinter dem Koffer gelegen hatte, öffnete er endlich die Lippen und fragte:

„Was machst du da? ... Wo gehst du hin? ...“ Sie antwortete zuerst nicht. Als er dann seine Frage wütend wiederholte, entschied sie sich: „Du siehst es ja ... Ich will all das waschen ... Die Kinder sollen nicht vor Schmutz

verkommen." Er ließ sie noch zwei oder drei Taschentücher aufraffen und fragte nach einem neuen Stillschweigen: „Hast du Geld?"
Sofort richtete sie sich auf und sah ihm gerade ins Gesicht, ohne die schmutzigen Hemden der Kleinen, welche sie in der Hand hielt, fahren zu lassen.
„Geld? Wo willst du denn, daß ich das stehlen soll? ... Du weißt sehr wohl, daß ich vorgestern drei Francs auf meinen schwarzen Unterrock bekommen habe. Davon haben wir zweimal gefrühstückt, damit kommt man nicht weit bei dem Wursthändler ... Nein, wahrlich, ich habe kein Geld. Ich habe vier Sous für das Waschhaus ... Ich verdiene kein Geld wie gewisse Frauenzimmer."
Ohne sich bei dieser Bemerkung aufzuhalten, war er vom Bett herabgestiegen und musterte die im Zimmer aufgehängten Lumpen. Endlich nahm er die Hosen und den Schal, öffnete die Kommode und fügte dem Paket eine Nachtjacke und zwei Frauenhemden hinzu; das Ganze warf er Gervaise auf den Arm.
„Da, trage das ins Loch!" – „Willst du nicht, daß ich die Kinder auch hintragen soll?" fragte sie. „Wie? wenn man die Kinder auch versetzen könnte, das wäre schön!"
Dennoch ging sie zum Mont-de-Piété. Als sie nach Verlauf einer halben Stunde zurückkam, legte sie ein Fünffrancsstück auf den Kamin und fügte den Pfandschein den anderen hinzu, welche zwischen den beiden Leuchtern lagen.
„Da, das haben sie mir gegeben!" sagte sie. „Ich wollte sechs Francs, aber es war keine Möglichkeit. Oh, die sehen schon, wo sie bleiben ... Und eine Menge Leute ist immer da drinnen!"
Lantier nahm nicht gleich das Fünffrancsstück. Er hätte gewünscht, daß sie es wechselte, um ihr etwas zu lassen. Aber als er auf der Kommode in Papier gewickelt noch einen Rest von Schinken und einen Brotkanten sah, entschied er sich, das Geldstück in seine Westentasche gleiten zu lassen.
„Ich bin nicht zur Milchfrau gegangen, weil wir ihr acht Tage die Milch schulden", setzte Gervaise auseinander. „Aber ich werde früh wiederkommen. Du kannst hinuntergehen, ein Brot und panierte Koteletts holen, während ich nicht da bin, dann werden wir frühstücken ... Du kannst auch einen Liter Wein mitbringen."
Er sagte nicht nein. Der Friede schien wiederhergestellt. Die junge Frau ging wieder daran, ihr Paket schmutziger Wäsche zu machen. Aber als sie die Hemden und Strümpfe Lantiers aus dem Koffer nehmen wollte, rief er ihr zu, das sein zu lassen.
„Laß meine Wäsche, hörst du? Ich will nicht!" – „Was willst du nicht?" fragte sie, sich aufrichtend. „Du kannst doch nicht etwa diese Schmutzlappen noch einmal anziehen? Es tut Not genug, sie zu waschen."
Als sie ihn prüfend anschaute, wurde sie unruhig, da sie auf seinem hübschen Gesicht denselben Ausdruck von Härte wiederfand, als ob nichts ihn künftig erweichen könne. Er wurde böse, riß ihr die Wäsche aus den Händen und warf sie in den Koffer zurück.
„Himmel Donnerwetter! Wirst du denn einmal gehorchen, wenn ich dir sage, ich will nicht!" – „Aber weshalb?" fing sie wieder an. Sie erbleichte, ein furchtbarer Verdacht stieg in ihr auf. „Du brauchst ja deine Hemden jetzt nicht, du willst ja nicht fortgehen ... Was kann dir daran liegen, daß ich sie mitnehme?"
Er zögerte einen Augenblick, da ihn die brennenden Augen, mit denen sie ihn anstarrte, verlegen machten.
„Weshalb? Weshalb?" stotterte er „... zum Donnerwetter! Du wirst noch sagen, daß du mich aushältst, daß du für mich wäschst und ausbesserst. Nun, das langweilt mich. Besorge du deine Sachen, ich werde die meinigen besorgen ... Die Waschfrauen arbeiten nicht für die Hunde."
Obwohl sie ihn bat und sagte, daß sie sich niemals beklagt habe, warf er doch in roher Weise den Koffer zu, setzte sich darauf und schrie ihr sein „Nein!" entgegen. Er sei doch wohl noch der Herr seiner Sachen! Und dann, um den Blicken zu entgehen, mit denen sie ihn verfolgte, warf er sich wieder auf das Bett, sagte, daß er müde sei und daß sie ihm nicht noch mehr den Kopf toll machen solle. Dieses Mal schien er wirklich einzuschlafen.
Gervaise blieb einen Augenblick unentschieden, sie war versucht, das Paket Wäsche mit dem Fuß zurückzustoßen, sich niederzusetzen und zu nähen. Das regelmäßige Atemholen Lantiers machte sie wieder sicherer. Sie nahm das Waschblau und das Stück Seife, welches ihr von ihrer letzten Wäsche geblieben war, und, sich den Kleinen nähernd, welche ruhig vor dem Fenster mit alten Korken spielten, sagte sie ihnen mit leiser Stimme, indem sie sie küßte:
„Seid recht artig und macht keinen Lärm. Papa schläft!"
Als sie das Zimmer verließ, ertönte allein das gedämpfte Lachen von Claude und Etienne in der großen Stille unter der rauchgeschwärzten Decke. Es war zehn Uhr. Ein Sonnenstrahl stahl sich durch das halbgeöffnete Fenster.
Auf dem Boulevard wendete sich Gervaise zur Linken und bog in die Rue Neuve de la Goutte-d'Or ein. Als sie an dem Laden der Madame Fauconnier vorüberkam, grüßte sie mit einem leichten Kopfnicken.
Die Waschanstalt lag in der Mitte der Straße an einer Stelle, wo das Pflaster bergan zu gehen anfing. Über einem niedrigen Gebäude zeigten drei ungeheure Wasserbehälter von starkem Zink ihre grauen Rundungen, während dahinter in einem zweiten, sehr hohen Stockwerk sich der Trockenraum erhob, von allen Seiten durch Jalousien aus schmalen Holzplättchen geschlossen, zwischen welchen die Luft freien Spielraum hatte und durch deren Öffnungen man auf Messingdrähten trocknende Wäsche sah. Der enge Schlot der Maschine stieß mit regelmäßigem Ächzen den Dampf aus. Gervaise schritt durch die Eingangstür, ohne die Röcke hochzunehmen, wie eine Frau, die es gewöhnt ist, durch Wasserlachen zu

gehen. Der Zugang war durch große Bütten von Javellewasser* fast versperrt. Sie kannte die Besitzerin der Waschanstalt, eine kleine zarte Frau mit kranken Augen, welche in einem Kabinett von Glasscheiben saß; vor sich hatte sie Stücke Seife, auf den Regalen stand Waschblau und kohlensaure Soda in Paketen. Im Vorbeigehen forderte sie von ihr ihren Waschschlägel und ihre Bürste, welche sie ihr bei der letzten Wäsche zum Aufbewahren gegeben hatte. Nachdem sie ihre Nummer genommen, trat sie in die Waschanstalt.

Es war dies ein ungeheurer Schuppen mit niedriger Decke, deren sichtbares Gebälk auf gußeisernen Säulen ruhte; große helle Fenster erleuchteten den Raum. Das bleiche Tageslicht drang frei durch den heißen Dunst, der wie ein milchweißer Nebel in der Luft hing. Aus verschiedenen Ecken stiegen Dämpfe auf, die sich ausbreiteten und die Enden des Schuppens in bläuliche Schleier hüllten. Eine schwere, mit Seifendünsten geschwängerte Feuchtigkeit tropfte hernieder, die bald von stärkeren Strömen von Javellewasserdämpfen verschlungen wurde. Längs der Vorrichtungen zum Schlagen der Wäsche, welche an beiden Seiten des Mittelganges hinliefen, standen Reihen von Frauen, deren Arme bis zu den Schultern entblößt waren; ihre Hälse waren nackt, und die verkürzten Röcke ließen farbige Strümpfe und grobe Schnürschuhe sehen. Sie hieben kräftig auf die Wäsche ein, lachten und beugten sich vor, um sich in dem Lärm ein Wort zuzurufen; unmäßig beschmutzt, schlampig und durchnäßt wie von einem Sturzregen, Arme, Gesicht und Busen gerötet und dampfend, beugten sie sich auf den Grund ihrer Wäschezuber nieder. Um sie herum und unter ihnen flutete ein fortwährender Strom; die Eimer heißen Wassers, die herbeigebracht und auf einmal geleert wurden, die geöffneten Kaltwasserhähne, aus denen das Wasser herabfloß, der mit Seifenschaum vermischte Schmutz, der unter den Waschschlägeln hervorquoll, das Abtropfwasser der gespülten Wäsche, und endlich die Pfützen, in denen sie umherpatschten, das alles floß in kleinen Bächen über den abschüssigen steinernen Fußboden dahin. Inmitten all dieses Geschreis, der regelmäßig ertönenden Schläge, des murmelnden Regengeräusches und dieses Sturmgeheuls, das von der niedrigen feuchten Decke erstickt wurde, schien die in einen weißen Tau gehüllte Dampfmaschine zur Rechten, welche ohne Unterlaß keuchte und stöhnte, mit dem tanzenden Beben ihres Schwungrades den ungeheuren Lärm zu beherrschen.

Indes folgte Gervaise mit kleinen Schritten dem Mittelgang, sich rechts und links umblickend. Sie trug ihren Pack Wäsche auf dem Arm, mit vorgeschobener Hüfte, stärker hinkend bei dem Hin- und Herlaufen der Wäscherinnen, welche sie anstießen.

„Heda! Hierher, meine Kleine!" schrie die fette Stimme der Madame Boche.

Als die junge Frau ganz am Ende zu ihrer Linken sich niedergelassen hatte, fing die Portierfrau, die heftig an einem Strumpfe rieb, in kurzen Sätzen zu reden an, ohne ihre Arbeit zu unterbrechen.

„Fangt nur hier an, ich habe Euch den Platz aufbewahrt ... Oh, bei mir wird es nicht mehr lange dauern. Boche macht seine Wäsche fast gar nicht schmutzig ... Und bei Euch? Na, das wird ja auch keine Ewigkeit währen, nicht wahr? Euer Paket ist ja ganz klein. Ehe es Mittag ist, werden wir das expediert haben, und dann können wir frühstücken gehen ... Ich gab meine Wäsche an eine Wäscherin in der Rue Poulet, aber sie machte mir alles hin mit ihrem Chlor und ihren Bürsten. Jetzt wasche ich selbst, das ist reiner Verdienst. Das kostet ja nichts als die Seife ... Sagt doch, da habt Ihr Hemdchen, die hättet Ihr einweichen sollen. Diese verteufelten kleinen Gören, es ist, als ob sie Ruß am Hintern hätten!"

Gervaise schlug ihr Paket auseinander und breitete die Kinderhemdchen aus. Als Madame Boche ihr riet, einen Eimer Laugewasser zu nehmen, antwortete sie:

„Oh, nein, heißes Wasser wird genügen ... ich verstehe mich darauf."

Sie hatte die Wäsche ausgesucht und die wenigen farbigen Stücke beiseite gelegt. Als sie darauf ihren Waschzuber mit vier Eimern kalten Wassers gefüllt hatte, welches sie aus einem hinter ihr befindlichen Hahn nahm, tauchte sie die ganze Masse der weißen Wäsche hinein; und ihre Röcke hochhebend und zwischen die Schenkel ziehend, stellte sie sich in einen aufrechtstehenden Holzkasten, welcher ihr bis zum Bauch hinaufreichte.

„Ihr versteht Euch darauf, wie ich sehe", wiederholte Madame Boche. „Ihr wart Wäscherin in Eurer Heimat, nicht wahr, meine Kleine?"

Gervaise hatte ihre Ärmel zurückgeschlagen und zeigte die schönen Arme einer noch jugendlichen Blondine, die kaum an den Ellbogen einen leichten rötlichen Anflug hatten; sie begann ihre Wäsche vom Schmutz zu befreien. Sie hatte soeben ein Hemdchen auf dem geraden Brett der Schlagvorrichtung, welches durch das Wasser gebleicht und abgenutzt war, ausgebreitet, sie rieb es mit Seife, wendete es um und seifte es auch auf der anderen Seite an. Ehe sie antwortete, ergriff sie ihr Schlagholz und begann zu schlagen, sie schrie ihre Sätze und begleitete sie mit taktmäßigen Schlägen.

„Ja, ja, Wäscherin ... Schon mit zehn Jahren, das sind jetzt zwölf Jahre her ... Wir gingen an den Fluß ... Das roch da besser als hier ... Man mußte das sehen ... da war eine Ecke unter Bäumen ... wo klares Wasser floß ... Sie wissen, in Plassans ... Sie kennen Plassans nicht? Dicht bei Marseille?" – „Die hat es raus!" rief Madame Boche, ganz entzückt von der Mächtigkeit der Schläge des Waschholzes. „Was für ein Frauenzimmer! Die könnte ja Eisen plattschlagen mit ihren zarten Ärmchen eines Fräuleins!"

Die Unterhaltung wurde sehr laut fortgeführt. Öfter mußte die Portierfrau sich vorbeugen, um besser zu hören. Alle die weiße Wäsche wurde geschlagen, und das gründlich! Gervaise tauchte sie in die Waschbütte zurück

* *Anmerkung des Übersetzers:* Javellewasser, eine Art Fleckwasser, nach seinem Erfinder, dem Chemiker Javelle, benannt.

und nahm Stück für Stück, um es ein zweites Mal einzuseifen und zu bürsten. Mit einer Hand hielt sie das Wäschestück auf dem Brette fest, mit der anderen, in welcher sie eine kurze Bürste von Hundsgras hatte, zog sie von der Wäsche den schmutzigen Seifenschaum, welcher in langen Flocken niederfiel. Bei dem geringen Geräusch, das die Bürste machte, näherten sie sich einander und plauderten angelegentlicher.

,,Nein, wir sind nicht verheiratet", hub Gervaise wieder an. ,,Ich mache daraus kein Hehl. Lantier ist nicht so gut zu mir, daß man seine Frau sein möchte. Wenn die Kinder nicht da wären, holla! ... Ich war vierzehn Jahre und er achtzehn, als wir unser erstes hatten. Das andere kam vier Jahre später ... Das kam so, wie es gewöhnlich geht, Sie wissen. Ich war bei uns nicht glücklich, der Vater Macquart traktierte mich mit Fußtritten für jedes dritte Wort. Mein Gott, da denkt man daran, sich außer dem Hause zu amüsieren ... Man hätte uns verheiratet, aber ich weiß nicht mehr recht, unsere Eltern wollten nicht."

Sie schüttelte ihre Hände, welche sich unter dem weißen Seifenschaum röteten. ,,Das Wasser ist hübsch hart in Paris", sagte sie. Madame Boche wusch nur noch scheinbar. Sie machte Ruhepausen, verlängerte ihr Einseifen, nur um noch bleiben zu können und diese Geschichte zu erfahren, welche ihre Neugierde schon seit vierzehn Tagen erregte. In ihrem dicken Gesicht stand ihr Mund halb offen, und ihre Glotzaugen leuchteten. Mit Befriedigung dachte sie daran, daß sie so etwas geahnt habe.

Ja, so ist es, die Kleine plaudert zuviel. Da hat es eine Zänkerei gegeben. Dann fuhr sie laut fort:

,,Er ist also nicht gut zu Ihnen?"

,,Ach, sprechen Sie mir davon nicht!" antwortete Gervaise, ,,dort unten war er sehr gut zu mir; aber seit wir nach Paris gekommen sind, kann ich nicht mehr mit ihm auskommen ... Ich muß Ihnen sagen, daß seine Mutter, die im letzten Jahre gestorben ist, ihm etwas hinterlassen hat, ungefähr siebzehnhundert Francs. Er wollte nach Paris gehen. Da der Vater Macquart fortfuhr, mich mit Prügeln freizuhalten, willigte ich ein, ihn zu begleiten; so haben wir die Reise mit den beiden Kindern gemacht. Er sollte mich als Wäscherin etablieren und in seinem Fach als Hutmacher arbeiten. Dann hätten wir glücklich sein können ... Aber sehen Sie, Lantier ist einer, der oben hinaus will, ein Verschwender, ein Mensch, der nur an sein Vergnügen denkt. Kurz: er taugt nicht viel ... Wir stiegen damals im Hotel Montmartre in der Rue Montmartre ab. Und da gab es denn Mittagfeten, Wagen, Theater, eine Uhr für ihn, ein Seidenkleid für mich; denn wenn er Geld hat, ist er gutherzig. Sie verstehen wohl, bei solcher Wirtschaft saßen wir in zwei Monaten auf dem trockenen. Damals kamen wir nach dem Hotel Boncœur, und dieses verdammte Leben fing an ..."

Sie unterbrach sich, es schnürte ihr plötzlich die Kehle zusammen, und sie mußte ihre Tränen niederkämpfen. Sie war mit dem Bürsten ihrer Wäsche fertig.

,,Ich muß jetzt mein heißes Wasser holen", murmelte sie. Aber Madame Boche, welche die Unterbrechung dieser vertraulichen Mitteilung sehr verstimmte, rief den Hausknecht der Anstalt, welcher gerade vorüberging.

,,Lieber Charles, Sie wären sehr nett, wenn Sie einen Eimer heißes Wasser holen, Madame hat es eilig."

Der Bursche nahm den Eimer und brachte ihn voll zurück. Gervaise bezahlte, das machte einen Sou der Eimer. Sie goß das heiße Wasser in die Waschbütte und seifte die Wäsche zum letztenmal mit den Händen ein, sich mitten in einem Dampf, welcher graue Flocken an ihre blonden Haare ansetzte, über das Waschbrett beugend.

,,Haltet doch, nehmt ein wenig Soda, ich habe sie ja da!" sagte artig die Portierfrau.

Dabei leerte sie in die Waschbütte von Gervaise den Rest eines Pakets kohlensaurer Soda, welche sie mitgebracht hatte. Sie bot ihr auch Javellewasser an, aber die junge Frau lehnte es ab; das wäre gut für Fett- und Weinflecke.

,,Ich glaube, daß er ein bißchen den Frauenzimmern nachläuft", begann Madame Boche, indem sie wieder auf Lantier zurückkam, ohne ihn zu nennen.

Gervaise, welche mit gebeugtem Rücken tief in der Wäsche wühlte, begnügte sich, mit dem Kopfe zu nicken.

,,Ja, ja", fuhr die andere fort, ,,ich habe so mehrere kleine Sachen bemerkt ..." Aber sie hielt inne, als sich Gervaise mit einer plötzlichen Bewegung aufrichtete und sie ganz bleich anstarrte.

,,Oh, nein, ich weiß ja nichts! ... Er schäkert gern ein bißchen, glaube ich, das ist alles ... Da sind die beiden Mädchen, die bei uns wohnen, Adèle und Virginie, Ihr kennt sie ja, nun! Er macht seine Späße mit ihnen, aber weiter geht das nicht, da bin ich sicher!"

Die junge Frau stand noch immer aufgerichtet vor ihr, das Gesicht in Schweiß gebadet, die Arme triefend, und betrachtete sie mit stieren, tiefen Blicken. Jetzt tat die Portierfrau gekränkt, sie schlug sich mit der Faust vor die Brust und gab ihr Ehrenwort, indem sie schrie: ,,Ich weiß ja nichts, wenn ich es Euch sage!" Und dann, sie beruhigend, fügte sie mit zuckersüßer Stimme, wie man zu einer Person spricht, der die Wahrheit nicht taugen würde, hinzu: ,,Ich finde, er hat einen recht offenen Blick ... Er wird Sie heiraten, meine Kleine, ich verspreche es Ihnen!"

Gervaise wischte sich mit der nassen Hand über die Stirn. Dann zog sie ein anderes Wäschestück aus dem Wasser und nickte von neuem mit dem Kopfe. Einen Augenblick schwiegen beide. Um sie herum war es im Waschhaus ruhiger geworden. Es schlug elf Uhr. Die Hälfte der Wäscherinnen, mit einem Bein auf dem Rande ihrer Waschzuber, mit einem entkorkten Liter Wein zu ihren Füßen, aß Würstchen in Stücken langen Brotes. Nur die daheim eine Wirtschaft hatten und hier nur ein kleines Paket Wäsche wuschen, beeilten sich und sahen oft nach der großen Uhr, die über dem Büro angebracht war. Hin und wieder ertönte noch ein verlorener Schlag mit dem Waschholz inmitten gedämpften Gelächters und abgerissener Unterhaltungen, welche in dem Geräusch gierig kauender Kinnbacken untergingen, während die Dampfmaschine ohne Rast und Ruhe fortarbeitete und mit ihrer zitternden, schnarchenden Stimme den ungeheuren Raum erfüllte. Aber keine der Frauen hörte sie; sie war gleichsam die Lunge der Waschanstalt, deren glühender Atem die Wolken von Laugedämpfen unter dem Gebälk der Decke anhäufte, welche dort auf und nieder wogten. Die Hitze wurde mit der Zeit unerträglich. Die durch die hohen Fenster zur Linken hereinbrechenden Sonnenstrahlen erzeugten in den rauchenden Dämpfen opalfarbige Gebilde, die in lichtem Rosa und seinem Graublau schimmerten. Als man sich beklagte, ging der Hausknecht Charles von einem Fenster zum andern und ließ die Vorhänge von grober Leinwand herunter, auf der Schattenseite öffnete er die Luftfenster. Man lobte ihn und klatschte ihm Beifall; eine allgemeine Lustigkeit bemächtigte sich der Gesellschaft. Bald verstummten auch die letzten Schläge der Waschhölzer. Die Wäscherinnen saßen mit vollem Munde da und machten keine anderen Bewegungen mehr als mit den geöffneten Messern, welche sie in den Fäusten hielten. So stille wurde es, daß man ganz am Ende des Raumes das Geräusch der Schaufel des Heizers hörte, wenn er die Steinkohlen in den Ofen der Maschine warf. Indessen wusch Gervaise ihre farbigen Wäschestücke in dem heißen Seifenwasser, welches sie noch erübrigt hatte. Als das beendet war, holte sie einen Bock herbei und warf die Wäschestücke quer darüber, was auf dem Fußboden bläuliche Lachen entstehen ließ. Hierauf begann sie zu spülen. Hinter ihr floß kaltes Wasser aus einem Hahn, der über einer großen, auf dem Boden befestigten Waschbütte angebracht war. Im Innern dieser Bütte waren zwei Querhölzer zum Auflegen der Wäsche. Darüber etwas höher befanden sich zwei andere Hölzer, um die Wäsche abtropfen zu lassen.

„Nun ist ja endlich alles fertig, was auch weiter kein Unglück ist", sagte Madame Boche. „Ich bleibe, um Ihnen zu helfen, das alles auszuwringen." – „Oh, das verlohnt nicht der Mühe, ich danke schön!" antwortete Gervaise, die mit ihren Fäusten die farbigen Stücke im klaren Wasser durchknetete und umschwenkte. „Wenn es Bettücher wären, da wollte ich nichts sagen."

Aber nichtsdestoweniger mußte sie sich die Hilfe der Portierfrau gefallen lassen. Sie wrangen gerade beide, jede an einem Ende, einen Unterrock von schlecht gefärbter kastanienbrauner Wolle aus, von dem ein gelbliches Wasser abfloß, als Madame Boche plötzlich ausrief:

„Sieh da! die große Virginie! ... Was will denn die hier waschen, etwa die vier ins Taschentuch gebundenen Lappen?"

Gervaise hatte lebhaft den Kopf erhoben. Virginie war ein Mädchen in ihrem Alter, größer als sie, sehr brünett, jedoch hübsch trotz ihres etwas länglichen Gesichts. Sie trug ein altes schwarzes Kleid mit Volants und hatte ein rotes Band um den Hals gebunden; sie war mit Sorgfalt frisiert und ihr Chignon mit einem blauen Chenillenetz bedeckt. Als sie den Mittelgang erreicht hatte, kniff sie einen Augenblick mit der Miene jemandes, der etwas sucht, ihre Augenwimpern zusammen; sowie sie Gervaise bemerkt hatte, ging sie hart an ihr vorbei mit unverschämter Miene, sich in den Hüften wiegend; sie nahm ihren Platz in derselben Reihe, etwa fünf Waschzuber von ihr entfernt.

„Was fällt denn der ein?" fuhr Madame Boche mit leiserer Stimme fort. „Niemals hat die auch nur ein Paar Manschetten eingeseift ... Ah, eine so perfekte Faulenzerin gibt's nicht noch mal, dafür stehe ich Euch! Eine Näherin, die nicht einmal ihre aufgeplatzten Schuhe zunäht! Die ist wie ihr Schwester, die Plätterin Adèle, die Lotterliese; von drei Tagen geht sie immer nur einen auf Arbeit. Das hat weder Vater noch Mutter gekannt, das lebt, kein Mensch weiß, wovon. Ach, wenn man da reden wollte! ... Was schrubbt die denn da? Sieh doch, das ist ein Unterrock? Na, der ist aber ekelhaft; der muß saubere Dinge gesehen haben!"

Madame Boche wollte mit dem, was sie sagte, Gervaise ein Vergnügen machen. In Wahrheit ließ sie sich sehr oft mit Kaffee traktieren, wenn Adèle und Virginie Geld hatten. Gervaise antwortete nicht, sie eilte, mit fliegenden Händen ihre Arbeit zu enden. Sie hatte soeben in einer kleinen Waschbütte, die auf drei Füßen stand, ihr Waschblau zurechtgemacht. Sie tauchte die weißen Wäschestücke hinein und bewegte sie einen Augenblick in dem gefärbten Wasser, dessen Oberfläche lackfarbige Reflexe zeigte; nach einem leichten Auswringen fügte sie die Stücke zu den übrigen, die auf den Hölzern zum Abtropfen hingen. Während dieser Beschäftigungen drehte sie Virginie absichtlich den Rücken zu. Aber sie hörte ihr spöttisches Gelächter und fühlte die auf sie gerichteten Seitenblicke. Virginie schien nur hierher gekommen zu sein, um sie herauszufordern. Einen Augenblick, als Gervaise sich herumgedreht hatte, sahen sie einander gerade in die Augen.

„Lasset sie doch zufrieden", flüsterte Madame Boche. Ihr werdet Euch doch nicht etwa in die Haare fahren ... Wenn ich Euch sage, es ist nichts! Mit der hat er nichts vorgehabt!"

In diesem Augenblick, als Gervaise ihr letztes Wäschestück aufhängte, ertönte Gelächter an der Eingangstür der Waschanstalt.

„Da sind ein Paar Schlingel, die nach ihrer Mutter fragen!" rief Charles.

Alle Frauen sahen sich um. Gervaise erkannte Claude und Etienne. Sobald sie die Mutter erblickt hatten, liefen sie mitten durch alle Pfützen auf sie zu, mit den Hacken ihrer noch nicht zugebundenen Schuhe auf dem Fußboden klappernd. Claude, der ältere, hielt seinen jüngeren Bruder an der Hand. Die Wäscherinnen, an denen sie vorüberkamen, redeten ihnen mit zärtlichen Worten zu, da sie sahen, daß die Kinder trotz all ihrer Befangenheit lächelten. Bei ihrer Mutter angekommen, blieben sie stehen, ohne sich loszulassen, und hoben ihre blonden Köpfchen in die Höhe.

„Papa schickt euch?" fragte Gervaise.

Als sie sich niederbeugte, um Etiennes Schuhe zuzubin-

den, bemerkte sie an Claudes Fingern den Zimmerschlüssel, dessen kupfernes Nummerschildchen herabhing.
„Ei, sieh da, du bringst mir den Schlüssel!" sagte sie sehr überrascht. „Warum denn?"
Als das Kind den Schlüssel bemerkte, auf den es vergessen hatte, schien es sich zu erinnern und rief mit seiner hellen Stimme:
„Papa ist fort!"
„Er ist gegangen, um das Frühstück zu holen, er hat euch gesagt, ihr solltet hierher gehen und mich abholen."
Claude sah seinen Bruder zaghaft an und wußte nicht mehr, was er sagen sollte.
Plötzlich fing er an:
„Papa ist weg ... Er ist vom Bett gesprungen, hat alle Sachen in den Koffer getan, dann hat er den Koffer hinuntergetragen in eine Droschke. Er ist fortgefahren!"
Gervaise, die zusammengekauert war, erhob sich langsam, mit bleichem Gesicht; sie legte die Hände an Backen und Schläfe, als ob der Kopf ihr zerspringen wollte. Sie fand keine Worte, wohl zwanzigmal wiederholte sie in demselben Tone:
„Oh, mein Gott! Oh, mein Gott! ... Oh, mein Gott! ..."
Madame Boche examinierte indessen ihrerseits die Kinder, ganz erregt, in eine so interessante Sache verwickelt zu sein.
„Sieh mal, mein Kleiner, man muß die Sache ordentlich erzählen ... Er war es, der die Tür zuschloß und euch sagte, ihr solltet den Schlüssel hierher bringen, nicht wahr?" Und leise sagte sie Claude ins Ohr: „War eine Dame im Wagen?"
Das Kind wurde verlegen. Endlich fing es noch einmal mit triumphierender Miene seine Geschichte an: „Er ist vom Bett gesprungen, er hat die Sachen in den Koffer getan und dann ist er fort..."
Da Madame Boche die Kinder gehen ließ, so zog Claude seinen Bruder an einen Hahn. Hier amüsierten sich beide, das Wasser laufen zu lassen.
Gervaise konnte nicht weinen. Gegen ihre Waschbank gelehnt, die Hände vor dem Gesicht, war es ihr, als müsse sie ersticken. Von Zeit zu Zeit überrieselte sie ein Schüttelfrost und tiefe Seufzer entrangen sich ihrer Brust. Sie preßte ihre Hände fester gegen ihre Augen, gleichsam sich verlierend in dem schwarzen Nichts ihrer Verlassenheit. Es schien ihr ein von Nebeln umwogter Abgrund, den sie unaufhörlich hinabstürzte.
„Aber zum Teufel auch, mein Kind!" murmelte Madame Boche.
„Oh, wenn Ihr wüßtet! wenn Ihr wüßtet!" sagte sie endlich ganz leise. „Heute morgen hat er mich meinen Schal und meine Hemden auf den Mont-de-Piété tragen lassen, um diesen Wagen zu bezahlen..."
Sie weinte. Die Erinnerung an den Weg nach dem Mont-de-Piété vergegenwärtigte ihr die Vorgänge des Morgens und entriß ihr Seufzer, welche sie zu ersticken drohten. Dieser Gang war eine Abscheulichkeit; in all ihrer Verzweiflung schmerzte das am heftigsten. Die Tränen, welche ihre Hände schon genetzt hatten, flossen über ihr Kinn herab, ohne daß sie daran dachte, ihr Taschentuch zu nehmen.
„Seid doch vernünftig und verhaltet Euch ruhig, man beobachtet Euch", sagte Madame Boche, welche sich um sie bemühte. „Wie kann man sich nur eines Mannes wegen so viel Gram machen! ... Ihr liebt ihn wohl immer noch, wie? mein armes Herzchen. Eben wart Ihr doch gar nicht so besonders gut auf ihn zu sprechen und jetzt heult Ihr um ihn, daß es Euch das Herz abstößt ... Mein Gott, was sind wir Frauen für dumme Geschöpfe!"
In mütterlichem Tone fuhr sie fort: „Ein so hübsches kleines Frauenzimmer wie Ihr! Ist das wohl erhört! ... Jetzt kann man Euch ja wohl alles sagen, nicht wahr? Ihr erinnert Euch, als ich heute morgen an Euren Fenstern vorbeiging, da ahnte ich schon so etwas ... Stellt Euch vor: als Adèle heute nacht nach Hause kam, hörte ich den Schritt eines Mannes neben dem ihrigen. Da ich doch wissen wollte, was vorging, so guckte ich die Treppe hinauf. Das Bürschchen war schon im zweiten Stock, aber ich habe dennoch sehr gut den Überrock von Herrn Lantier erkannt. Boche, der diesen Morgen auf der Lauer lag, hat ihn ruhig die Treppe herabkommen sehen ... Wie ich Euch sagte, er war mit Adèle. Virginie hat jetzt einen Herrn, zu dem sie zweimal die Woche geht. Aber das ist ganz gleich, eine unsaubere Geschichte bleibt es immer, denn sie haben nur ein Zimmer und einen Alkoven und ich weiß nicht recht, wo Virginie geschlafen haben kann."
Sie unterbrach sich einen Augenblick, und nachdem sie sich umgewandt hatte, fuhr sie fort, ihre grobe Stimme dämpfend:
„Sie lacht, das herzlose Geschöpf da unten, weil sie Euch weinen sieht. Ich lege meine Hand ins Feuer, daß ihre ganze Wäscherei eine Falle ist ... Sie hat die beiden anderen fortgeschafft und ist hierher gekommen, um ihnen zu erzählen, was Ihr für ein Gesicht zu der Sache schneiden werdet."
Gervaise nahm ihre Hände vom Gesicht und blickte um sich. Als sie Virginie bemerkte, die, umgeben von drei oder vier Weibern, lebhaft sprach und zu ihr hinüber zeigte, ergriff sie eine blinde Wut. Mit vorgestreckten Armen, am ganzen Leibe zitternd und sich um sich selber drehend, suchte sie am Boden; einige Schritte vorstürzend, ergriff sie einen vollen Eimer mit beiden Händen und leerte ihn auf einen Wurf.
„Rindvieh! bist du unsinnig?" schrie die große Virginie. Sie hatte einen Sprung nach rückwärts gemacht und nur ihre Schuhe waren naß geworden. Indes strömte das ganze Waschhaus zusammen, welches durch die Tränen des jungen Weibes schon in Aufruhr war. Alles wollte die Schlacht sehen. Die Wäscherinnen, die noch an ihrem Frühstücksbrot kauten, stiegen auf die Waschbütten. Andere liefen mit ihren Händen voll Seife herbei. Es bildete sich ein Kreis um die beiden.
„Dieses Vieh!" wiederholte die große Virginie. „Was fällt der denn ein, dieser Tollen?!"

Gervaise antwortete nicht, sie hatte noch nicht die Zungenfertigkeit der Pariserinnen; wie zum Sprunge bereit stand sie mit vorgestrecktem Kinn, das Gesicht konvulsivisch zuckend. Die andere fuhr fort:
„Seht doch! Die ist es müde, sich in der Provinz herumzutreiben, mit zwölf Jahren ist das schon Soldatenliebste gewesen, ein Bein hat sie zu Hause gelassen ... Es war angefault, das Bein ..."
Alles lachte. Als Virginie ihren Erfolg sah, trat sie zwei Schritte näher heran, und sich zu ihrer ganzen Höhe aufreckend, fuhr sie mit stärkerer Stimme fort:
„Holla! Komm doch ein bißchen näher, damit ich dir das besorgen kann. – Das wäre schön, hierher kommen und die Spielverderberin machen ... Ich kenne sie gar nicht mal, dieses Weibsbild! Wenn sie mich begossen hätte, da würde ich ihr wohl das Fell lose gemacht haben. Da hättet ihr mal sehen sollen. Wenn sie wenigstens sagte, was ich ihr getan habe ... Sage doch, altes Wrack, was man dir getan hat?"
„Redet nur nicht so viel", stotterte Gervaise. „Ihr wißt es wohl ... Man hat meinen Mann gestern abend gesehen ... Haltet das Maul, wenn ich Euch nicht erwürgen soll!"
„Ihren Mann! Ah, der Spaß ist gut! ... Madams Gatte; als ob das einen Mann hätte, so ein Tolpatsch! ... Kann ich was dafür, wenn er dich hat sitzenlassen ... Habe ich ihn dir etwa gestohlen? Man kann mich durchsuchen ... Willst du, daß ich dir's sage? Er hat einen Ekel vor dir, dieser Mann! Er war viel zu schade für dich ... – Hatte er wenigstens sein Halsband? Hat denn niemand Madams Gatten gefunden? ... Sie zahlt Finderlohn ..."
Alle fingen wieder an zu lachen. Gervaise murmelte immer nur mit leiser Stimme: „Ihr wißt wohl, Ihr wißt es wohl ... Eure Schwester ist es, Eure Schwester, ich will ihr den Hals umdrehen ..."
„Ja doch, geh du nur und reibe dich an meiner Schwester!" erwiderte Virginie höhnisch. „Also meine Schwester soll es sein! Das ist wohl möglich, meine Schwester sieht ein bißchen anders aus wie du ... Aber was geht denn das mich an, kann man denn hier nicht mehr ruhig seine Wäsche waschen? Laß mich in Ruhe, hörst du, ich habe jetzt genug davon!"
Nachdem sie fünf oder sechs Schläge mit dem Waschholz getan hatte, kam sie zurück, die ausgestoßenen Beschimpfungen hatten sie berauscht und fortgerissen. Sie schwieg und begann dann wieder, dreimal den ersten Satz wiederholend:
„Nun ja, es ist meine Schwester. Bist du nun zufrieden ... Sie lieben sich nun einmal, die beiden. Man muß das sehen, wie die sich schnäbeln ... Er hat dich mit deinen Bastarden sitzenlassen! Das sind hübsche Wechselbälge, die die Gesichter voll Unrat haben! Eines ist von einem Gendarmen, nicht wahr? Und drei andere hast du krepieren lassen, weil du zur Reise nicht so viel Überfracht haben wolltest ... Dein Lantier hat uns das alles erzählt ... Ach! Der ist gut auf dich zu sprechen, der hat genug von dir, Vogelscheuche!"
„Du Schlampe! Du Lottrige!" heulte Gervaise ganz außer sich, während ein neuer Wutanfall bei ihr losbrach.
Sie wendete sich und suchte wieder am Boden; da sie nichts anderes fand als die kleine Waschbütte, so ergriff sie dieselbe bei den Füßen und schleuderte Virginie das Waschblau ins Gesicht.
„Schindluder! Jetzt hat sie mein Kleid verdorben!" schrie jene, deren eine Schulter ganz durchnäßt und deren linke Hand blau gefärbt war. „Warte, Dirne!"
Jetzt ergriff sie ihrerseits einen Eimer und entleerte ihn über die junge Frau. Nun entwickelte sich ein regelrechter Kampf. Sie liefen beide an den Waschbänken entlang, bemächtigten sich der vollen Eimer, kamen damit zurück und warfen sich das Wasser ins Gesicht. Jedes Sturzbad begleiteten sie mit lautem Geschrei und Schimpfen. Auch Gervaise antwortete jetzt: „Da, du Drecksau! ... Den hast du gekriegt. Das wird dir den Hintern abkühlen!"
„Ah! Du Vettel! Da hast du was für deinen Dreck! Nun wirst du doch einmal in deinem Leben gewaschen!"
„Ja, ja, ich werde dich schon rein kriegen, du langer Stockfisch!"
„Da hast du noch einen! ... Spüle dein Maul aus und mache Toilette für dein Geschäft, heute abend an der Ecke der Rue Belhomme."
Sie endeten damit, die Eimer an den Hähnen zu füllen, und während sie warteten, bis sie voll liefen, fuhren sie fort, sich mit schmutzigen Worten zu beschimpfen. Die ersten schlecht geworfenen Eimer hatten sie kaum getroffen. Aber mit der Zeit bekamen sie Übung. Virginie erhielt zuerst einen vollen Eimer ins Gesicht. Das Wasser kam ihr in den Nacken und floß den Rücken hernieder, es strömte ihr in den Hals und rieselte unter ihrem Kleide hervor. Sie war noch ganz betäubt, als ein zweiter sie von der Seite traf und ihr einen starken Schlag gegen das linke Ohr gab, gleichzeitig ihren Chignon so durchnässend, daß er sich wie ein Bindfaden aufrollte. Gervaise wurde zuerst an den Beinen getroffen; ein Eimer füllte ihre Schuhe, bespritzte ihre Beine, zwei andere durchnäßten sie bis an die Hüften. Bald wurde es unmöglich, die Würfe zu zählen. Sie waren eine wie die andere triefend vom Kopf bis zu den Füßen, die Taillen klatschten an den Schultern, und die Röcke klebten an den Schenkeln; abgemagert, steif und zitternd, an allen Seiten triefend, machten sie den Eindruck von Regenschirmen nach einem Wolkenbruch.
„Das hört schon auf, spaßhaft zu sein", sagte die Stimme einer Wäscherin.
Die ganze Waschanstalt belustigte sich außerordentlich. Man hatte sich zurückgezogen, um nicht von den Würfen erreicht zu werden. Beifallsbezeigungen und Scherzworte erhoben sich inmitten des Geräusches der Wassermengen, welche den hoch im Bogenwurf entleerten Eimern entströmten. Am Boden flossen Wasserlachen, die beiden Frauen wateten darin bis an die Knöchel. Unterdessen dachte Virginie an einen Überfall, indem sie sich plötzlich eines Eimers kochend heißen Laugenwassers bemäch-

tigte, den eine ihrer Nachbarinnen hatte kommen lassen; diesen schleuderte sie auf Gervaise. Ein Schrei ertönte. Man glaubte, Gervaise sei verbrüht. Aber nur ihr linker Fuß war leicht gestreift worden. Mit aller Kraft und außer sich vor Schmerz schleuderte sie Virginie einen Eimer, den sie dieses Mal nicht füllte, zwischen die Beine. Diese stürzte zu Boden. Alle Waschfrauen schrien durcheinander:

„Sie hat ihr einen Fuß gebrochen!"

„Donnerwetter! die andere hat sie verbrühen wollen!"

„Sie hat recht, die Blonde, wenn man ihr ihren Mann abspenstig gemacht hat!"

Madame Boche hob rufend ihre Arme empor. Sie hatte sich klugerweise zwischen zwei Waschzubern gut gedeckt, und die Kinder, Claude und Etienne, hängten sich weinend, schluchzend und zu Tode erschrocken an ihre Röcke, mit dem ewigen Schrei: „Mama! Mama!" den sie zwischen Schluchzen ausstießen. Als sie Virginie auf der Erde sah, lief sie herbei und zog Gervaise an den Röcken, indem sie sagte: „Laßt es genug sein und geht fort! Seid vernünftig ... Auf mein Wort! es dreht sich alles in mir um! Hat man jeweils solchen Mord und Totschlag gesehen?"

Aber sie zog sich zurück und flüchtete zwischen den beiden Waschbütten mit den Kindern. Virginie war Gervaise an die Kehle gefahren. Sie riß ihren Hals an sich und suchte sie zu erwürgen. Allein diese machte sich mit einem heftigen Ruck frei und hing sich an Virginies Chignon, als ob sie ihr den Kopf abreißen wollte. Der Kampf begann aufs neue, schweigend, ohne einen Schrei, ohne ein Schmähwort. Sie packten sich nicht Körper an Körper, sie griffen nach den Gesichtern mit geöffneten Händen; die Finger gekrümmt, kniffen und kratzten sich, was ihnen unter die Finger kam. Das rote Band und blaue Chenillenetz der großen Brünette wurden herabgerissen; ihre Kleidertaille war am Halse zerfetzt und zeigte ihre nackte Haut, ein ganzes Stück ihrer Schulter; indessen fehlte der Blonden ein Ärmel ihrer weißen Nachtjacke, ohne das sie wußte, wie das zugegangen war, außerdem hatte sie einen Riß in ihrem Hemd, welcher den Ansatz ihrer Taille bloßlegte. Fetzen Stoffes flogen umher. Zuerst floß bei Gervaise Blut, drei lange Kratzwunden gingen ihr vom Mund zum Kinn; sie schützte ihre Augen, indem sie sie bei jedem Schlag schloß, aus Furcht, einäugig gemacht zu werden. Virginie blutete noch nicht. Gervaise zielte auf ihre Ohren und war wütend, sie nicht greifen zu können; endlich faßte sie einen der Ohrringe, eine Birne von gelbem Glas, sie zog und zerriß das Ohrläppchen, nun floß auch hier Blut.

„Sie töten sich, trennt sie doch, die Scheusale!" sagten mehrere Stimmen.

Die Wäscherinnen waren näher herzugetreten, es bildeten sich zwei Parteien: die einen hetzten die Frauen aufeinander wie ein Paar Hündinnen, die sich beißen; die anderen, Empfindsameren, zitterten an allen Gliedern, wendeten sich fort und erklärten, sie hätten genug davon und würden sicher noch krank werden. Eine allgemeine Schlacht drohte auszubrechen, man nannte sich herzlos und Tunichtgut; nackte Arme reckten sich empor, und drei Ohrfeigen hörte man schallen. Madame Boche suchte indessen den Hausknecht der Waschanstalt.

„Charles! Charles! Wo ist er denn?" Sie fand ihn auf der erhöhten Galerie, mit gekreuzten Armen zuschauend.

Er war ein großer Schlingel, mit mächtig starkem Nacken. Er lachte und freute sich an den entblößten Stellen, welche die Frauen zeigten. Die kleine Blonde ist fett wie eine Wachtel, das wäre ein Spaß, wenn ihr Hemd ganz zerrisse.

„Seht doch!" murmelte er, die Augen zusammenkneifend, „sie hat ein Mal unter dem Arm." – „Wie, Ihr seid da?" schrie Madame Boche, da sie ihn bemerkte.

„Aber so helft uns doch, sie auseinanderzubringen! Ihr könnt es fertigbringen, Ihr!"

„Ih! da denke ich ja gar nicht daran; als ob außer mir niemand da wäre", sagte er ruhig. „Um mir wieder die Augen zerkratzen zu lassen, wie neulich, nicht wahr? Dazu bin ich nicht hier, da hätte ich viel zu tun ... Seid nur nicht so ängstlich! Das tut ihnen gut, so ein kleiner Aderlaß. Das stimmt sie milder."

Die Portierfrau sprach jetzt davon, die Stadtsergeanten zu benachrichtigen. Aber die Besitzerin der Waschanstalt, die junge, zarte Frau mit den kranken Augen, widersetzte sich diesem Plan in aller Form. Sie wiederholte mehrere Male: „Nein, nein, ich will das nicht, das bringt mein Haus in schlechten Ruf."

Auf dem Boden wurde der Kampf fortgesetzt. Plötzlich richtete sich Virginie auf ihren Knien auf. Sie hatte ein Waschholz ergriffen und schwang es. Sie röchelte mit veränderter Stimme: „Jetzt habe ich dich, warte! Nun zeige deine schmutzige Wäsche her!"

Gervaise streckte schnell ihre Hand aus und ergriff gleichfalls ein Waschholz, sie hob es empor wie eine Keule. Auch ihre Stimme klang jetzt heißer: „Aha, du willst große Wäsche ... Gib her dein Fell, ich will es dir zu Waschlappen klopfen!"

Einen Augenblick blieben sie so auf den Knien und bedrohten sich. Die Haare hingen ihnen wirr in die Gesichter, die Brust flog ihnen; schmutzig, mit Beulen bedeckt, belauerten sie einander und warteten noch, um wieder Atem zu schöpfen. Gervaise schlug zuerst, ihr Holz glitt an Virginies Schulter hernieder. Sie warf sich zur Seite, um dem Schlage ihrer Gegnerin auszuweichen, der ihre Hüfte streifte. Als sie erst im Zuge waren, schlugen sie, wie die Wäscherinnen auf ihre Wäsche einhauen, schonungslos, in taktmäßigen Schlägen. Wenn sie sich trafen, klang der Schlag dumpf, man könnte sagen, wie ein Schlag in ein mit Wasser gefülltes Waschfaß.

Um sie herum lachten die Wäscherinnen nicht mehr. Viele waren fortgegangen, sie sagten, daß ihnen dabei übel würde; die anderen, die geblieben waren, streckten die Hälse vor, ihre Augen leuchteten mit einem Funkeln von Grausamkeit, sie fanden die beiden Weibsbilder sehr gelungen. Madame Boche hatte Claude und Etienne fortgeführt, und man hörte vom anderen Ende des Saales her

ihr Schluchzen, das sich in das tönende Klappen der beiden Waschhölzer mischte.
Plötzlich schrie Gervaise laut auf. Virginie hatte ihr mit aller Kraft einen Schlag auf den Arm, oberhalb des Ellbogens beigebracht; ein roter Fleck zeigte sich und das Fleisch schwoll sofort an. Jetzt holte sie aus. Man meinte, sie wolle die andere zu Boden schlagen.
„Genug! Genug!“ schrie man.
Ihr Gesicht war so furchtbar, daß niemand ihr zu nahen wagte. Mit zehnfach verstärkten Kräften ergriff sie Virginie bei der Taille, bog sie nieder und drückte ihr Gesicht gegen den steinernen Fußboden, so daß ihre Lenden in die Luft standen; trotz der heftigsten Stöße hob sie ihr die Röcke hoch auf. Virginie hatte ein Beinkleid an. Sie fuhr mit der Hand in den Spalt, riß das Beinkleid auseinander und zeigte alles, die nackten Schenkel und Hinterbacken. Sie begann dann mit dem Waschholz zu schlagen, wie sie einst in Plassans an den Ufern der Viorne geschlagen hatte, wenn ihre Lehrmeisterin die Wäsche der Garnison wusch. Mit einer Art feuchtem Geräusch erweichte das Holz die Fleischmassen. Bei jedem Schlage zeigte sich ein roter Striemen auf der weißen Haut.
„Oh! Oh!“ murmelte der entzückte Hausknecht Charles mit aufgerissenen Augen.
Von neuem ertönte Lachen. Aber bald schrie man: „Genug! Genug!“ Gervaise hörte nichts, sie ermüdete nicht. Sie besorgte ihr Geschäft, nach vorn gebeugt, nur darauf bedacht, keine Stelle auszulassen. All diese Haut wollte sie geklopft und mit Striemen bedeckt sehen. Von wilder Lustigkeit ergriffen, plauderte sie; sie entsann sich eines Wäscherinnenliedes:

„Pan! Pan! Margot beim Waschen ...
Pan! Pan! beim Schlag der Hölzer ...
Pan! Pan! wäscht sie ihr Herz ...
Pan! Pan! ganz schwarz vor Schmerz ...“

Wieder fing sie an: „Das ist für dich, das für deine Schwester, das für Lantier ... Wenn du sie siehst, wirst du ihnen das geben ... Paß auf, ich fange wieder an. Das ist für Lantier, das für deine Schwester, das für dich ...“

„Pan! Pan! Margot beim Waschen ...
Pan! Pan! beim Schlag der Hölzer ...“

Man mußte Virginie ihren Händen entreißen. Das Gesicht der großen Brünette war purpurrot und von Tränen überströmt; verwirrt ergriff sie ihre Wäsche und entfloh; sie war besiegt. Indessen hatte Gervaise die Ärmel ihrer Nachtjacke wieder übergezogen und die Röcke fester gebunden. Ihr Arm schmerzte sie, und sie bat Madame Boche, ihr ihre Wäsche auf die Schulter zu heben. Die Portierfrau erzählte die Schlacht, sie schilderte ihre Aufregung und sprach davon, ihr den Körper zu untersuchen, um zu sehen.
„Vielleicht habt Ihr irgend etwas gebrochen ... Ich habe einen Schlag gehört ...“
Aber die junge Frau wollte fortgehen. Sie antwortete nichts auf die Mitleidsbezeigungen und schwatzhaften Lobeserhebungen der Wäscherinnen, die in ihren Schürzen um sie herumstanden. Als sie ihre Wäsche aufgeladen hatte, ging sie der Tür zu, wo ihre Kinder sie erwarteten.
„Es waren zwei Stunden, das macht zwei Sous!“ sagte die Besitzerin der Waschanstalt und hielt sie an; sie saß schon wieder in ihrem Kabinett mit den Glasscheiben.
Weshalb zwei Sous? Sie verstand nicht mehr, daß man den Preis für ihren Platz von ihr verlangte. Endlich gab sie ihre zwei Sous. Sie hinkte stark unter dem Gewicht der nassen Wäsche, welche auf ihren Schultern hing; triefend, mit blauen Ellbogen und die Jacke blutig, ging sie davon, an ihren nackten Armen Claude und Etienne hinter sich herziehend, die noch ganz erschüttert ihr zur Seite trotteten, mit ihren vom Weinen ganz beschmutzten Gesichtern.
Hinter ihr nahm die Waschanstalt ihr ungeheures Schleusengeräusch wieder auf. Die Wäscherinnen hatten ihr Brot gegessen und ihren Wein getrunken, mit neu belebten Gesichtern schlugen sie jetzt fester zu, die Prügelei zwischen Gervaise und Virginie hatte sie erheitert. Längs der Waschbänke bewegten sich aufs neue arbeitswütige Arme, eckige Marionettenprofile, vornübergebeugt und mit vorgeworfenen Schultern, zogen sich zusammen und streckten sich, als ob ein Scharnier sie bewege.
Die Unterhaltungen wurden von einem Ende der Gänge zum anderen geführt. Die Stimmen, das Lachen und die unflätigen Worte verloren sich in dem großen Gegurgel des Wassers. Die Hähne spien, den Eimern entströmten Lachen, ein ganzer Fluß rauschte unter den Schlagvorrichtungen dahin.
In dem ungeheuren Saal färbten sich die Dämpfe rot, nur unterbrochen durch runde Sonnenflecke, die goldenen Bällen glichen, welche die Risse in den Vorhängen einließen. Man atmete die erstickende Luft der weichen Seifendünste ein. Plötzlich erfüllte sich der ganze Raum mit weißem Dampf; der ungeheure Deckel des Kessels, in dem die Lauge kochte, hob sich mechanisch an einer Zahnstange in die Höhe; die gähnende Öffnung des ganz mit Mauerwerk umkleideten Kupferkessels stieß diesen Wirbel von Dämpfen aus, die den süßlichen Geschmack der Pottasche hatten. Indessen arbeiteten zur Seite die Trockenmaschinen; Bündel Wäsche in gußeisernen Zylindern gaben ihr Wasser her, sobald eine Raddrehung der Maschinen sie zusammenpreßte; keuchend, dampfend und heftiger stoßend besorgte die Maschine die fortwährende Arbeit der Waschanstalt mit ihren stählernen Armen.
Als Gervaise den Fuß in die Allee des Hotels Boncœur setzte, begann sie aufs neue zu weinen. Es war dies eine enge schwarze Gasse, mit einem Rinnstein für das Schmutzwasser längs der Mauer; der Geruch, den sie hier wiederfand, erinnerte sie an die letzten vierzehn Tage, die sie mit Lantier verlebt hatte, vierzehn Tage des Elends und der Zänkerei, deren Andenken ihr zu dieser Stunde ein stechender Schmerz war. Jetzt erst schien es ihr, als ob sie ganz verlassen sei.

Oben war das kahle Zimmer voller Sonnenschein, das Fenster war offen. Diese Sonnenstrahlen, diese Flut tanzender goldiger Stäubchen machte die schwarze Decke und die von den Wänden gerissenen Tapeten noch kläglicher. Da war nur noch an einem Nagel des Kamins ein kleines Frauentuch aufgehängt, welches wie ein Strick zusammengedreht war. Das in die Mitte des Zimmers gerückte Kinderbett ließ die Kommode sehen, deren offengelassene Laden ihr leeres Inneres zeigten. Lantier hatte sich gewaschen und hatte den Rest der Pomade aufgebraucht, für zwei Sous Pomade in einer Spielkarte; das fettige Wasser von seinen Händen war in der Waschschüssel. Er hatte nichts vergessen; die Ecke, in der bisher sein Koffer gestanden, erschien Gervaise wie ein ungeheures Loch. Sie fand selbst nicht einmal den kleinen runden, am Drehhaken aufgehängten Spiegel wieder. Da ergriff sie eine Ahnung, sie sah nach dem Kamin; Lantier hatte die Pfandscheine mitgenommen, das rosa Paket war nicht mehr zwischen den beiden ungleichen Zinkleuchtern. Sie hing ihre Wäsche an eine Stuhllehne auf und schaute prüfend auf den Möbeln umher, sie war so verdutzt, daß selbst ihre Tränen zu fließen aufhörten.

Es blieb ihr ein Sou von den vieren, die sie für das Waschhaus behalten hatte. Als sie Claude und Etienne, die schnell getröstet waren, am Fenster lachen hörte, näherte sie sich ihnen, umfaßte ihre Köpfe und verlor sich einen Augenblick in dem Anblick dieser grauen Straße, wo sie am Morgen die Arbeiter hatte erwachen sehen, dieses Volk der Riesenarbeit von Paris. Um diese Stunde strahlte das durch die Geschäfte des Tages erhitzte Pflaster seine Glut über die Stadt hinter der Stadtmauer aus. Auf dieses Pflaster mit seiner Backofenhitze warf man sie mit ihren Kleinen; mit einem Blick überflog sie die äußeren Boulevards zur Rechten und zur Linken bis an die Endpunkte, und ein dumpfer Schrecken erfaßte sie; es überkam sie wie eine Ahnung, daß ihr Leben hierher gebannt sei und sich hier abspielen müsse, zwischen einem Schlachthause und einem Hospital.

II

Drei Wochen später, an einem schönen, sonnigen Tage, gegen elfeinhalb Uhr, aßen Gervaise und Coupeau, der Zinkarbeiter, im „Assommoir“ des Vater Colombe eine Pflaume.* Coupeau, welcher auf dem Trottoir eine Zigarette rauchte, hatte sie gezwungen, dort einzutreten, als sie, vom Wäscheaustragen zurückkehrend, die Straße überschritt; ihr großer, viereckiger Wäschekorb stand neben ihr auf der Erde, hinter dem kleinen Tisch von Zink.

Das „Assommoir“ des Vater Colombe befand sich an der Ecke der Rue des Poissonniers und des Boulevard de Rochechouart. Auf dem Schilde stand in langen, blauen Buchstaben, die von einem Ende bis zum anderen reichten, das eine Wort: D e s t i l l a t i o n. An der Türe standen in zwei halben Fässern verstaubte Oleanderbäume. Der sehr große Schanktisch mit seinen Reihen von Gläsern, dem Spülbecken und seinen Maßen von Zinn befand sich links vom Eingang; der weite Saal war rings umher mit hellgelb angestrichenen Tonnen geschmückt, die ganz spiegelblank gefirnißt waren und deren kupferne Bänder und Hähne leuchteten. Höher hinauf verdeckten Branntweinflaschen, Pokale mit Früchten und allerlei Arten von Flaschen, die auf Holzgestellen aufgestellt waren, die Mauern, sie spiegelten sich in den Spiegeln hinter dem Schanktisch mit ihren lebhaften apfelgrünen oder blassen, zarten Lacktönen. Die größte Sehenswürdigkeit des Etablissements aber befand sich ganz am Ende, hinter einem Verschlag von Eichenholz; in einem glasüberdeckten Hofe sahen dort die Gäste den Destillierapparat arbeiten, langhalsige Destillierkolben und Schlangenröhren, die bis in die Erde hineinreichten. Es war eine wahre Hexenküche, bei deren Anblick sich die trunkenen Arbeiter in Träumereien verloren.

Jetzt, um die Frühstücksstunde, blieb das „Assommoir“ leer. Ein dicker Mann von vierzig Jahren, der Vater Colombe, in einer Ärmelweste, bediente ein kleines, zehnjähriges Mädchen, welches von ihm für vier Sous Schnaps in einer Tasse verlangte. Die durch die Tür hereinfallenden Sonnenstrahlen erwärmten den durch das Spucken der Raucher ewig feuchten Fußboden. Von dem Schanktisch, von all den Fässern, welche im ganzen Saale standen, ging ein Likörgeruch, ein Duft von Alkohol aus, welcher die tanzenden Sonnenstäubchen zu verdicken und zu berauschen schien.

Coupeau machte sich eine neue Zigarette. Er sah sehr sauber aus mit seiner Bluse und der kleinen Mütze von blauer Leinwand; lachend zeigte er seine weißen Zähne. Sein Unterkiefer war ein wenig vorspringend, die Nase leicht eingedrückt; er hatte schöne, kastanienbraune Augen und im Gesicht einen Ausdruck von Lustigkeit, der mit großer Gutmütigkeit gepaart war. Sein dickes, leicht gekräuseltes Haar stand ganz aufrecht. Seine Haut zeigte die ganze Frische und Zartheit seiner sechsundzwanzig Jahre. Ihm gegenüber verzehrte Gervaise, in einem Umhängtuch von schwarzem Orleans, mit bloßem Kopf, den Rest ihrer Pflaume, welche sie mit den Fingerspitzen am Stengel hielt. Sie waren nahe bei der Straße, an dem ersten der vier Tische, welche längs der Fässer vor dem Schanktisch aufgestellt waren.

Als der Zinkarbeiter seine Zigarette angesteckt hatte, legte er seine Ellbogen auf den Tisch, beugte sein Gesicht vor und betrachtete einen Augenblick, ohne zu sprechen, die junge Frau, deren hübsches Blondinengesicht an diesem Tage die milchige Durchsichtigkeit feinen Porzellans hatte. Auf eine nur von ihnen allein gekannte und schon besprochene Angelegenheit anspielend, fragte er sie halblaut:

„Also nein? Ihr sagt nein?“

* *Anmerkung des Übersetzers:* In den Pariser Weinschenken ist es Sitte, Früchte, besonders Pflaumen, in Branntwein einzulegen.

„Oh! ganz gewiß, nein, Herr Coupeau", antwortete ruhig lächelnd Gervaise. „Ihr werdet mir doch hoffentlich hier nicht davon reden. Ihr habt mir doch versprochen, vernünftig zu sein ... Wenn ich das gewußt hätte, würde ich Eurer Einladung hierher nicht gefolgt sein."
Er sprach nicht, doch fuhr er fort, sie so ganz nahebei mit einer Art von kecker Zärtlichkeit zu betrachten, die sich besonders leidenschaftlich für ihre Mundwinkel zeigte, diese kleinen Winkel von zartem, feuchtem Rosa, welche das lebhaftere Rot des inneren Mundes sehen ließen, wenn sie lächelte. Sie rückte trotzdem nicht zurück, sondern blieb ruhig und teilnehmend. Nach einigem Stillschweigen sagte sie noch:
„Ihr solltet wirklich nicht daran denken. Ich bin eine alte Frau und habe einen Jungen von acht Jahren ... Was sollten wir denn zusammen machen?"
„Ei der Tausend!" murmelte Coupeau, mit den Augen zwinkernd", das, was die anderen machen!"
Sie machte eine verdrossene Bewegung. „Oh! Ihr glaubt doch nicht, daß das immer vergnüglich ist? Man sieht wohl, daß Ihr niemals mit jemand zusammengelebt habt ... Nein, Herr Coupeau, ich muß an ernste Dinge denken. Das lustige Bummelleben führt zu nichts, seht Ihr das ein? Ich habe zu Hause zwei Mäulchen zu stopfen, die tapfer dreinhauen, lasset das nur gut sein. Wie denkt Ihr Euch, daß ich es anfangen soll, meine Kleinen großzuziehen, wenn ich mich auf die leichte Seite lege? ... Und dann, hört, mein Unglück ist mir eine gute Lehre gewesen. Ihr wißt, die Männer von heutzutage, das ist nicht mehr meine Sache. Das wird lange dauern, ehe man mich wieder einmal drankriegt!"
Sie machte ihre Auseinandersetzung ohne Heftigkeit, mit großer Ruhe und Klugheit, wie wenn sie eine Frage der Arbeit behandelt hätte, etwa die Gründe, welche sie hinderten, ein Fichu in die Stärke zu tauchen. Man sah wohl, daß sie nach langem und reiflichem Überlegen zu diesen Ansichten gekommen war.
Coupeaus Stimmung verdüsterte sich, er wiederholte:
„Ihr tut mir weh, sehr weh ..."
„Ja, das sehe ich", fuhr sie fort, „und das betrübt mich Euretwegen, Herr Coupeau ... Das muß Euch nicht verletzen. Wenn ich die Idee hätte, ein lustiges Leben zu führen, mein Gott! so täte ich das lieber mit Euch als mit jedem anderen. Ihr seht gutmütig aus und seid hübsch. Man würde sich zusammentun, nicht wahr? und ginge dann so weit, wie es eben geht. Ich spiele mich ja nicht als Prinzessin auf, ich sage nicht, daß das nicht hätte so kommen können ... Aber wozu soll das? Ich habe doch nun einmal keine Lust. – Seit vierzehn Tagen bin ich bei Madame Fauconnier. Die Kleinen gehen zur Schule. Ich arbeite und bin zufrieden ... Was meint Ihr? Das Beste ist, die Sache so zu lassen, wie sie ist."
Hierauf bückte sie sich, um ihren Korb zu nehmen.
„Ihr habt mich so lange plaudern lassen, man wird mich im Geschäft erwarten ... Laßt es nur gut sein. Ihr findet eine andere, Herr Coupeau, hübscher als ich, und die nicht zwei Bälge mit sich herumschleppt."
Er sah nach der Uhr, welche oben in den Spiegelrahmen eingelassen war, und veranlaßte sie, sich wieder zu setzen, indem er ausrief: „Wartet doch! Es ist erst elf Uhr fünfunddreißig Minuten ... Ich habe noch fünfundzwanzig Minuten Zeit ... Ihr fürchtet doch nicht, daß ich Dummheiten mache, der Tisch ist ja zwischen uns ... Also Ihr verabscheut mich so, daß Ihr nicht noch ein bißchen mit mir plaudern wollt?"
Sie setzte aufs neue ihren Korb nieder, um ihn nicht zu verletzen, und sie sprachen als gute Freunde. Sie hatte gegessen, ehe sie ging, um ihre Wäsche auszutragen. Er hatte sich diesen Tag beeilt, seine Suppe und sein Rindfleisch hinunterzuwürgen, um sie abzupassen. Während Gervaise mit Freundlichkeit antwortete, betrachtete sie durch die Scheiben, zwischen den Pokalen mit in Branntwein eingemachten Früchten, das Leben auf der Straße, wo die Frühstücksstunde große Menschenmengen auf und ab wogen machte. Auf den beiden Trottoirs zwischen den engen Häuserreihen war ein Eilen von Schritten, ein Schlenkern von Armen, ein Ellbogenstoßen ohne Ende. Die Nachzügler, welche die Arbeit noch zurückgehalten hatte, kamen mit großen Sprüngen über den Straßendamm, mit der verdrießlichen Miene des Hungers, sie traten gegenüber bei einem Bäcker ein; wenn sie wieder zum Vorschein kamen, hatten sie ein Pfund Brot im Arm; sie gingen dann drei Türen weiter, nach dem „Zweiköpfigen Kalb", wo sie eine Portion zu sechs Sous aßen. Da war auch neben dem Bäcker eine Hökerin, die Bratkartoffeln und mit Petersilie gekochte Seemuscheln verkaufte; eine unaufhörliche Reihe von Arbeiterinnen, in langen Schürzen, trug fortwährend Tüten mit Kartoffeln und Tassen mit Seemuscheln fort; andere, hübsche Mädchen mit bloßen Köpfen, mit zarten Mienen, kauften Bündel Radieschen. Wenn Gervaise sich vorbeugte, sah sie noch einen Wurstladen, der gedrängt voll war. Kinder kamen dort heraus, die in ihren Händen in fettiges Papier gewickelte panierte Koteletts, ein Saucischen oder ein Stück ganz warmer Wurst hielten. Indes sah man schon mehrere Arbeiter, welche die Garküchen verlassen hatten, auf der Chaussee, auf der selbst bei schönem Wetter, durch das Gestampfe der hin und her wogenden Menge, ein schwarzer Schmutz lag; sie bummelten in Trupps umher, behaglich auf ihre eben gefüllten Bäuche schlagend; ruhig und langsam bewegten sie sich inmitten der stoßenden Menge. Eine Gruppe hatte sich an der Tür des „Assommoir" gebildet.
„Sage doch, Bibi-la-Grillage", fragte eine heisere Stimme, „zahlst du einen Satz Vitriol?"
Fünf Arbeiter traten ein, sie blieben stehen. „Ah! dieser Spitzbube, der Vater Colombe! hob die Stimme wieder an." Ihr wißt, wir müssen vom alten haben, und keine Nußschalen, gebt ordentliche Gläser!"
Der Vater Colombe bediente sie mit ruhigem Gleichmut. Eine andere Gesellschaft von drei Arbeitern kam an. Nach und nach häuften sich die Blusen; an der Ecke des Trottoirs machten sie einen kurzen Halt, um sich schließ-

lich zwischen den beiden verstaubten Oleanderbäumen in den Saal zu schieben.
„Ihr seid dumm! Ihr denkt nur an unzüchtige Dinge!“ sagte Gervaise zu Coupeau. „Gewiß liebte ich ihn ... aber nachdem er mich auf so abscheuliche Art verlassen hat ...“
Sie sprachen von Lantier. Gervaise hatte ihn nicht wiedergesehen; sie glaubte, er lebe mit Virginies Schwester, auf dem Eiskeller, bei dem Freunde, welcher die Hutfabrik errichten sollte. Übrigens dachte sie nicht daran, ihm nachzulaufen. Das habe ihr zwar zuerst einen großen Schmerz bereitet, so daß sie sich ins Wasser stürzen wollte, aber jetzt sei sie ruhig geworden, und alles sei so aufs beste. Vielleicht hätte sie mit Lantier niemals die Kinder ordentlich erziehen können, so viel Geld verbrauchte er für sich. Wenn er käme, um Claude und Etienne zu umarmen, so könne er kommen, sie würde ihn nicht zur Tür hinauswerfen. Aber lieber ließe sie sich in Stücke zerhacken, ehe sie zugäbe, daß er sie auch nur mit einer Fingerspitze berührte. Alles das sagte sie wie ein entschlossenes Frauenzimmer, das sich seinen Lebensplan vorgezeichnet hat. Coupeau indessen, der von seinem Wunsch, sie zu besitzen, nicht abließ, scherzte und verdrehte alles ins Unzüchtige; er stellte in bezug auf Lantier, mit seinen weißen Zähnen lustig lachend, die kecksten Fragen, ohne daß Gervaise daran dachte, sich verletzt zu fühlen.
„Ihr habt ihn geschlagen“, sagte er endlich. „Oh! Ihr seid nicht gut, Ihr gebt aller Welt die Peitsche.“
Sie unterbrach ihn mit einem langen Lachen. Das ist wahr, sie hatte dem langen Gestell, der Virginie, die Peitsche gegeben. An diesem Tage hätte sie mit kaltem Blute jemanden erdrosseln können. Sie lachte noch mehr, als Coupeau ihr erzählte, daß Virginie, außer sich darüber, alles gezeigt zu haben, das Viertel verlassen hätte. Ihr Gesicht bewahrte einen Ausdruck kindlicher Sanftmut, sie streckte ihre hübschen, rundlichen Hände vor und versicherte, daß sie nicht eine Fliege töten könne; Schläge seien ihr nur daher bekannt, weil sie in ihrem Leben schon hübsche Trachten davon bekommen habe. Hierdurch kam sie auf ihre in Plassans verlebte Jugend zu sprechen. Sie sei niemals hinter den Männern her gewesen; das langweilte sie; als sie Lantier mit vierzehn Jahren genommen hatte, fand sie das hübsch, weil er sich ihr Mann nannte und weil sie glaubte, sie spielten zusammen Ehewirtschaft. Ihr einziger Fehler, versicherte sie, sei es, zu gefühlvoll zu sein, alle Welt liebzuhaben und sich für Leute zu erwärmen, die ihr hernach tausend Ungelegenheiten machten. Wenn sie daher einen Mann liebe, so denke sie dabei an keine Dummheiten; ihr Traum sei es immer, zusammenzuleben und glücklich zu sein. Als Coupeau scherzte und von ihren beiden Kindern sprach, die sie doch wahrlich nicht unter ihrem Kopfkissen ausgebrütet hätte, gab sie ihm einen Klaps auf die Hand und fügte hinzu, sie sei wohl ebenso gemacht wie alle anderen Frauen; aber es sei unrecht, zu glauben, daß die Frauen so sehr hinter solchen Dingen her seien; die Frauen dächten an ihre Wirtschaft, sie arbeiteten sich im Hause zuschanden und legten sich des Abends zu ermüdet nieder, um nicht sogleich einzuschlafen. Sie gleiche übrigens ihrer Mutter, einer tüchtigen Arbeiterin, welche sich aufgerieben habe, weil sie dem Vater Macquart mehr als zwanzig Jahre als Lasttier gedient. Sie sei nur schmächtig, indes ihre Mutter habe Schultern gehabt, um die Türen einzurennen; aber das hindere nicht, daß sie ihr gleiche in der Sucht, sich an Leute anzuschließen. Wenn sie ein wenig hinke, so habe sie auch das von der braven Frau, welche der Vater Macquart mit Schlägen traktierte. Wohl hundertmal habe ihr diese erzählt von den Nächten, in denen der Vater betrunken heimkehrte und sich dann von einer so rohen Zärtlichkeit zeigte, daß er ihr fast die Glieder zerbrach; sicherlich verdanke sie einer dieser Nächte ihr Dasein und ihr hinkendes Bein.
„Oh! Das ist ja fast gar nichts, das sieht man ja kaum!“ sagte Coupeau, um sich angenehm zu machen.
Sie schüttelte den Kopf. Sie wüßte wohl, daß man das sähe; mit vierzig Jahren würde sie zusammenbrechen.
Dann sagte sie sanft mit leichtem Lächeln: „Es ist doch ein sonderbarer Geschmack von Euch, eine Lahme zu lieben!“
Er, der noch immer die Ellbogen auf dem Tische hatte, näherte ihr sein Gesicht noch mehr; er sagte ihr Artigkeiten in gewagten Worten, um sie zu berauschen. Aber sie schüttelte immer mit dem Kopf, ohne in Versuchung zu kommen, obgleich ihr diese zärtliche Stimme wohl tat. Sie hörte zu, während ihre Blicke draußen umherschweiften, sie schien sich wieder für die stets wachsende Menge zu interessieren. Jetzt fegte man in den leeren Läden; die Hökerin nahm die letzte Pfanne mit Bratkartoffeln herein, während der Wursthändler seine in Unordnung geratenen Schüsseln auf seinem Ladentisch wieder einreihte. Aus allen Garküchen kamen Trupps von Arbeitern, bärtige Burschen stießen sich und teilten Klapse aus; wie Straßenjungen amüsierten sie sich mit dem Lärm, den ihre nägelbeschlagenen groben Schuhe machten, wenn sie auf dem Pflaster schlitterten; andere rauchten mit nachdenklicher Miene, die Hände tief in ihre Taschen geschoben, die müden Augen halb geschlossen. Das war eine Überflutung von Menschen auf dem Trottoir, der Chaussee, selbst den Rinnsteinen; wie eine träge Flut strömte es aus den geöffneten Türen, zwischen den Wagen stockend, ein langer Zug von blauen und schwarzen Blusen, oder von alten Paletots, die ganz ausgeblaßt und farblos erschienen bei dem Quell blonden Lichts, welcher sich in die Straße ergoß. In der Ferne ertönten die Glocken der Fabriken; doch die Arbeiter beeilten sich nicht, sie steckten noch einmal ihre Pfeifen an, ehe sie sich entschlossen, mit gekrümmtem Rücken und sich von einer Weinschenke zur anderen abrufend, mit schleppenden Schritten den Weg zur Werkstatt zu nehmen. Gervaise belustigte sich damit, drei Arbeiter, einen größeren und zwei kleinere, zu beobachten, welche sich alle zehn Schritte umdrehten; schließlich kamen sie die Straße herab und schritten gerade auf das „Assommoir“ des Vater Colombe los.

,,Ei, sieh da!" murmelte sie, ,,da kommen drei, die gewiß keine Lust zur Arbeit haben." – ,,Sieh", sagte Coupeau, ,,ich kenne den Großen, das ist Mes-Bottes, ein Kamerad."

Das ,,Assommoir" hatte sich ganz gefüllt. Man sprach sehr laut, einzelne Stimmen übertönten das allgemeine heisere Gemurmel. Hin und wieder machten Faustschläge auf den Ladentisch die Gläser erklingen. Alle standen die Hände über dem Bauch oder hinter dem Rücken ineinandergeschlagen. Die Trinker bildeten kleine Gruppen und standen gedrängt einer neben dem anderen; ganze Gesellschaften, die wohl eine Viertelstunde warten mußten, ehe sie bei Vater Colombe ihr Getränk bestellen konnten, waren da neben den Fässern.

,,Was! ist das nicht der Stutzer Cadet-Cassis?" schrie Mes-Bottes, indem er Coupeau einen tüchtigen Schlag auf die Schulter gab. ,,Ein niedliches Herrchen, das Papier raucht und Wäsche trägt! ... Das will seine Liebste kajolieren und bezahlt ihr Süßigkeiten!" – ,,Hol dich der Teufel!" antwortete Coupeau sehr wütend.

Aber der andere höhnte. ,,Laß nur gut sein! wir wissen schon Bescheid, mein Bester ... Flegel bleibt Flegel!" Er wandte dem Paar den Rücken, nachdem er Gervaise schrecklich angeglotzt hatte. Diese lehnte sich erschrocken zurück. Der Rauch der Pfeifen, der starke Geruch all dieser Männer erfüllte die alkoholgeschwängerte Luft, all das verlegte ihr den Atem und machte sie husten.

,,Oh! wie häßlich ist doch das Trinken!" sagte sie leise.

Sie erzählte, daß auch sie früher in Plassans mit ihrer Mutter Anisette getrunken hatte. Aber eines Tages sei ihr zum Sterben übel danach geworden, und seitdem habe sie einen Ekel vor dem Trinken; sie könne keinen Likör mehr sehen.

,,Sehen Sie", fügte sie hinzu, indem sie auf ihr Glas zeigte, ,,ich habe meine Pflaume gegessen, aber ich werde die Sauce zurücklassen, weil mir danach übel werden würde."

Coupeau seinerseits verstand auch nicht, wie man Branntwein gläserweise hinabstürzen könne. Hie und da eine Pflaume, das sei ja nicht schlecht. Aber Vitriol, Absinth und die anderen Schweinereien, jawohl, damit soll ihm keiner kommen. Er lasse es ruhig über sich ergehen, wenn ihn die Kameraden höhnten, er bleibe hübsch an der Tür, wenn die Schreier in Schnapsbutiken gingen. Der Papa Coupeau, welcher auch, wie er, Zinkarbeiter gewesen, habe sich an einem solchen Sauftage den Kopf auf dem Pflaster zerschmettert, denn er sei von der Dachrinne des Hauses Nr. 25 in der Rue Coquenard herabgestürzt; diese Erinnerung ihrer Familie machte sie alle nüchtern. Wenn er durch die Straße Coquenard ging und die Stelle sah, so möchte er lieber Rinnsteinwasser trinken als umsonst ein Glas in einer Weinschenke.

Er schloß mit den Worten: ,,Bei unserm Handwerk muß man fest auf seinen Füßen stehen."

Gervaise hatte ihren Korb wieder ergriffen. Sie stand indessen noch nicht auf, sondern hielt ihn auf ihren Knien; mit verlorenen Blicken träumte sie, als ob die Worte des jungen Arbeiters die Erinnerung an verflossene Zeiten in ihr wachgerufen hätten. Langsam, ohne merklichen Übergang sagte sie noch:

,,Mein Gott, ich bin nicht ehrgeizig, ich verlange nicht viel ... Mein Ideal wäre es, ruhig zu arbeiten, immer Brot zu haben, ein reinliches Kämmerchen zum Schlafen, Ihr wißt wohl, ein Bett, einen Tisch und zwei Stühle, nicht mehr ... Ah! ich würde auch meine Kinder erziehen und gute Menschen aus ihnen machen, wenn es möglich wäre ... Ich hätte noch ein Ideal und das ist, nicht geschlagen zu werden, wenn ich mich je wieder mit jemandem zusammentäte; nein, das könnte mir nicht passen, geschlagen zu werden. Das ist alles, wie Ihr seht, alles ..."

Sie zögerte noch, ließ ihre Wünsche Revue passieren und fand nichts mehr, was der Erwähnung wert gewesen wäre. Nach einigem Zaudern fügte sie noch hinzu:

,,Schließlich könnte man noch wünschen, in seinem eigenen Bette zu sterben ... Wenn ich mein ganzes Leben lang mich matt und müde gearbeitet habe, möchte ich gern in meinem eigenen Bette sterben."

Jetzt erhob sie sich. Coupeau, welcher ihre Wünsche durchaus billigte, war schon aufgestanden, er beunruhigte sich wegen der späten Stunde. Aber sie gingen noch nicht gleich fort; sie wollte gern noch dorthin gehen, wo hinter der Eichenbarriere der große, rotkupferne Destillator auf dem kleinen, glasüberdeckten Hofe arbeitete. Der Zinkarbeiter war ihr gefolgt und erklärte ihr, wie das alles ineinandergriff, indem er mit dem Finger die verschiedenen Teile des Apparates bezeichnete; besonders zeigte er ihr die ungeheure Retorte, aus welcher ein dünner, durchsichtiger Strahl von Alkohol herniederfloß. Der Destillierapparat mit seinen seltsam geformten Aufsaugern, seinen mannigfach verschnörkelten Röhren hatte ein düsteres Aussehen. Nicht ein Wölkchen Dampf entwich, kaum daß man ein unterirdisches Geräusch hörte; es war, als ob hier am hellen Tage von einem düsteren, mächtigen und schweigsamen Gesellen ein Geschäft der Nacht verrichtet würde. Mittlerweile war auch Mes-Bottes mit seinen beiden Kameraden herangekommen; auf die Eichenholzbarriere gelehnt, warteten sie, bis eine Ecke des Schanktisches frei geworden sei. Das Lachen dieses Mannes klang wie das Knarren einer schlecht geschmierten Winde; er schüttelte leise den Kopf, und seine schwimmenden Augen betrachteten den Apparat, der so manchen Rausch erzeugen konnte. Himmeldonnerwetter! Das war ein nettes Ding! In dem großen Kupferkessel war genug, um sich die Kehle acht Tage frischzuhalten. Er möchte wohl, daß man ihm das Ende der Röhre zwischen die Zähne lötete, damit er fühle, wie ihm der warme Branntwein hineinflösse und ihn anfüllte bis zum Überlaufen, immerfort, wie ein kleiner Bach. Verdammt noch eins! Das wäre ihm nicht so unlieb, das wäre dann doch einmal etwas anderes als die Fingerhüte, die dieser rotbärtige Vater Colombe immer einschenke! Die Kameraden lachten und sagten, daß dieses Vieh, der Mes-Bottes, ein schnurriges Maulwerk hätte. Indes arbeitete der Apparat unaufhörlich weiter, dumpf, ohne Flamme, ohne ein lustiges Blitzen; in den stumpfen Reflexen seiner kupfernen Behälter ließ er seinen Alkoholschweiß von sich fließen, wie eine langsam, aber stetig rinnende Quelle, die den Saal füllen, sich über die äußeren Boulevards ausbreiten mußte, um schließlich das ganze ungeheure Loch Paris zu überschwemmen. Gervaise erfaßte ein Schauder, sie wich zurück, und indem sie zu lächeln versuchte, murmelte sie:

„Es ist dumm, aber diese Maschine macht mich schaudern ... Das Trinken gibt mir einen Schüttelfrost."

Plötzlich auf die Idee zurückkommend, welche sie von vollendeter Glückseligkeit hegte, sagte sie: „Nicht wahr, es ist doch besser, zu arbeiten, Brot zu essen, ein Nest für sich zu haben, seine Kinder zu erziehen und in seinem Bette zu sterben..." – „Und nicht geschlagen zu werden!" fügte Coupeau lustig hinzu. „Aber ich würde Euch ja nicht schlagen, wenn Ihr wolltet, Madame Gervaise ... Ihr braucht keine Furcht zu haben, ich trinke niemals, dazu habe ich Euch viel zu lieb ... Nicht wahr, heute abend darf ich zu Euch kommen, da wollen wir uns die Füße wärmen?!"

Er hatte die Stimme gesenkt und sprach ihr ins Ohr, während sie sich mit ihrem Korb voran einen Weg durch all diese Männer bahnte. Aber sie schüttelte noch verneinend den Kopf zu mehreren Malen. Dennoch blickte sie lächelnd zu ihm zurück, sie schien glücklich in dem Gedanken, daß er nicht trinke. Sicherlich hätte sie ja gesagt, wenn sie sich nicht zugeschworen hätte, sich nicht wieder mit einem Manne zusammenzutun. Endlich erreichten sie die Tür und gingen hinaus. Hinter ihnen blieb das „Assommoir" voll, bis auf die Straße hinaus hörte man die heiseren Stimmen seiner Insassen und roch den Likörgeruch, der von ihnen ausging. Man hörte Mes-Bottes, wie er den Vater Colombe einen Schuft nannte, der ihm sein Glas nur bis zur Hälfte gefüllt habe. Er sei ein gutmütiger Kauz, auf dem alle herumtrampelten, aber der Affe solle ihn lausen, wenn er noch einmal in den Kasten zurückkehre; er hätte heute keine Lust zum Arbeiten. Er schlug seinen beiden Kameraden vor, mit ihm zum „Kleinen Mann, der hustet" zu gehen, das sei eine Kneipe an der Barrière Saint-Denis, wo man den Schnaps unverfälscht und ungewässert bekomme.

„Ah! wie man aufatmet", sagte Gervaise, als sie auf dem Trottoir war. „Nun leben Sie wohl! Adieu und schönen Dank, Herr Coupeau ... Ich mache jetzt schnell, daß ich weiterkomme."

Sie wollte sich dem Boulevard zuwenden. Er aber hatte ihre Hand ergriffen, die er nicht fahren ließ, und sagte: „Macht doch mit mir den kleinen Umweg, durch die Rue de la Goutte-d'Or, das wird Euch kaum aufhalten ... Ich muß zu meiner Schwester gehen, ehe ich auf den Bauplatz zurückkehre ... Begleitet mich!"

Sie ging auf seinen Vorschlag ein und so stiegen sie langsam die Rue des Poissonniers in die Höhe; sie gingen nebeneinander, ohne daß er ihr den Arm gereicht hätte. Er erzählte ihr von seiner Familie. Seine Mutter, die Mama Coupeau, sei eine frühere Strickerin, die aber jetzt, ihrer immer schwächer werdenden Augen halber, als Aufwartefrau arbeite; sie sei am Dritten des vergangenen Monats zweiundsechzig Jahre alt geworden. Er sei der jüngste von seinen Geschwistern. Eine seiner Schwestern, Madame Lerat, eine Witwe von sechsunddreißig Jahren, sei Blumenmacherin und wohne in Batignolles in der Rue des Moines. Die andere Schwester, die jetzt dreißig Jahre alt sei, habe einen Kettenmacher geheiratet, den immer mürrischen Lorilleux. Dahin gehe er jetzt, in die Rue de la Goutte-d'Or. Seine Schwester wohne in dem großen Hause linker Hand. Für gewöhnlich äße er des Abends bei den Lorilleux', das sei für sie alle drei eine Ersparnis. Heute gehe er dahin, um zu sagen, daß man ihn nicht erwarten solle, weil er von einem Freunde eingeladen sei.

Gervaise, die ihm zuhörte, schnitt ihm plötzlich das Wort ab, um ihn mit lächelnder Miene zu fragen: „Ihr heißt also Cadet-Cassis*, Herr Coupeau?" – „Oh!" antwortete er, „das ist ein Spitzname, den die Kameraden mir gegeben haben, weil ich gewöhnlich Johannisbeerschnaps nehme, wenn sie mich mit Gewalt zu einer Branntweinschenke führen ... Es ist doch noch immer ebensogut, Cadet-Cassis als Mes-Bottes zu heißen, nicht wahr?" – „Oh, sicherlich! Cadet-Cassis ist nicht häßlich", erklärte Gervaise.

Sie fragte ihn über seine Arbeit. Er sagte, daß er immer dort hinter der Stadtmauer an dem neuen Hospital arbeitete. An Arbeit fehlt es nicht, er würde sicherlich in diesem Jahre den Bauplatz nicht mehr verlassen. Es seien da noch viele, viele Meter Dachrinnen zu machen. „Ihr wißt doch", sagte er, „daß ich das Hotel Boncœur sehen kann, wenn ich da oben bin ... Gestern wart Ihr am Fenster, ich habe mit den Armen Zeichen gemacht, aber Ihr habt mich nicht bermerkt."

Mittlerweile waren sie schon beinahe hundert Schritte in der Rue de la Goutte-d'Or hinaufgegangen, als er stillstand und in die Höhe sah. „Hier ist das Haus!" sagte er. „Ich bin etwas weiter hinauf, in Nummer zweiundzwanzig geboren ... Das ist ein hübsches Stück Mauerwerk, dieses Haus. Es ist da drinnen groß wie eine Kaserne."

Gervaise erhob den Kopf und warf einen prüfenden Blick auf die Fassade. Nach der Straße zu hatte das Haus fünf Stockwerke, deren jedes fünfzehn Fenster zeigte, die schwarzen Fensterläden mit ihren zerbrochenen Einsätzen gaben diesem ungeheuren Gemäuer den Anblick einer Ruine. Unten befanden sich zu ebener Erde vier Läden: rechts vom Torweg der große Saal einer fetttriefenden Garküche; zur Linken ein Kohlenhändler, ein Krämer und ein Schirmladen.

Das Haus wirkte um so mächtiger, als es sich zwischen zwei kleinen Baulichkeiten befand, die in ihrer Armseligkeit wie darangeklebt aussahen; wie ein viereckiger Block roh zusammengerührten Mörtels, der unter dem Einfluß

---

* *Anmerkung des Übersetzers:* Cassis heißt die schwarze Johannisbeere.

des Regens fault und zerbröckelt, setze es sich gegen den lichten Himmel ab; dieser ungeheure Kubus überragte die Dächer der Nachbarhäuser mit seinen unverputzten Seitenwänden, deren schmutzige Farbe und trostlose Nacktheit an Gefängnismauern erinnerte; die für den Anbau von Nebenhäusern berechneten Verzahnungen glichen lückenhaften Kiefern, die ins Leere gähnten. Gervaise betrachtete besonders die Einfahrt, es war dies ein ungeheures rundes Tor, das bis zum zweiten Stockwerk ging, im Hause gleichsam eine tiefe Halle bildend, an deren anderem Ende man das von einem großen Hofe kommende bleiche Tageslicht sah. Inmitten dieser Halle, die wie die Straße gepflastert war, befand sich ein Rinnstein, in dem ein rosafarbenes Wasser floß.

„Tretet doch näher!“ sagte Coupeau, „es wird Euch niemand was tun!“

Gervaise wollte ihn auf der Straße erwarten. Indessen konnte sie doch der Lust nicht widerstehen, in den Torweg einzutreten und bis zum Portierfenster zu gehen, welches an der rechten Seite lag. Hier auf dem Flur blickte sie wieder um sich. Im Innern zeigte der Hof sechs Stockwerke, vier regelmäßige Mauern schlossen das weite Viereck ein. Es waren dies graue Mauern, auf denen ein gelbliches Moos wucherte; durch das Abtropfen des Regens vom Dach waren auf den ganz glatten Mauern lange Streifen entstanden, welche, da kein Vorsprung sie hinderte, vom Dach bis auf das Pflaster gingen; nur die Gossen, welche an jeder Etage ein Knie machten, wo ein bleierner Ausgußkasten mit ihnen verbunden war, unterbrachen durch die Flecke, die ihr rostendes Metall auf den Mauern entstehen ließ, die Eintönigkeit des Anblicks. Die Fenster, denen hier die Läden fehlten, zeigten ihre nackten, bläulich grünen Scheiben. In einzelnen, die geöffnet waren, hingen blaukarierte Matratzen zum Lüften; vor anderen war auf gespannten Stricken Wäsche zum Trocknen aufgehängt, die ganze Musterkarte eines Haushalts, Männerhemden, Frauenjacken und Knabenhöschen; an einem Fenster im dritten Stock trocknete ein Kinderbett, das ganz mit Kot beschmutzt war. Von oben bis unten schienen die zu engen Wohnungen zu platzen, und zu allen Ritzen guckten die Fetzen des Elends hervor, das in ihnen herrschte. Unten war an jeder Seite des Hofes ein hoher, schmaler Eingang, ohne Holzverkleidung, ein simples Loch in der nackten Mauer; durch jede dieser Öffnungen gelangte man auf einen Flur, auf welchem sich eine Treppe mit eisernem Geländer befand, deren schmutzige Stufen sich nach oben wandten; man zählte vier solcher Treppenaufgänge, die durch die ersten Buchstaben des Alphabets auf der Mauer bezeichnet waren. Im Erdgeschoß waren große Werkstätten eingerichtet, mit riesigen, staubgeschwärzten Fenstern: da brannte das Schmiedefeuer eines Schlossers; von weitem hörte man das Hobeln von Tischlern, während neben der Portierloge aus einer Färberei der Bach rosafarbenen Wassers hervorquoll, welcher den Rinnstein unter dem Torbogen entlangfloß. Dieser Hof, auf dem Pfützen farbigen Wassers mit Hobelspänen und Kohlenschlacken abwechselten, an dessen Seiten aus dem schadhaften Pflaster Gras emporwucherte, erschien in grellem Licht, gleichsam in zwei Teile geschnitten durch die Linie, welche der Sonnenschein hervorbrachte. Auf der Schattenseite, um den Brunnen, dessen tropfende Tülle die Umgebung stets feucht erhielt, pickten drei kleine Hühner auf dem Boden herum, sie suchten mit ihren scharrenden Füßen nach Regenwürmern. Gervaise ließ ihre Blicke langsam vom sechsten Stock bis zur Erde und wieder hinauf schweifen, überrascht von dieser ungeheuren Größe; sie fühlte sich gleichsam im Innern eines lebenden Wesens, im Herzen einer Stadt, dieses Haus beschäftigte ihre Phantasie so lebhaft, als ob sie eine Riesin vor sich hätte.

„Zu wem wünscht Madame?“ rief die aufmerksame Portierfrau, indem sie in der Tür ihrer Loge erschien.

Die junge Frau sagte, daß sie jemand erwarte. Sie hatte sich der Straße wieder zugewendet, doch da Coupeau immer noch nicht kam, so konnte sie der Lust nicht widerstehen, zurückzukehren, um noch einmal das Haus zu betrachten. Es erschien ihr nicht häßlich. Trotz all der Fetzen, die aus den Fenstern hingen, gab es da auch lustige Ecken: eine Levkoje blühte in einem Topf, aus einem Zeisigkäfig ertönte ein Gezwitscher, Rasierspiegel, die an den Fenstern hingen, warfen Sonnenblitze in die tiefen Schatten der Zimmer. Unten begleitete ein Tischler das regelmäßige Pfeifen seines Glatthobels mit Gesang, während in der Schlosserwerkstatt das Geräusch der gleichmäßig niederfallenden Hämmer ein lautes, helltönendes Klingen erzeugte.

An all den geöffneten Fensterflügeln, welche einen Einblick in mancherlei Elend gestatteten, waren Kinder, welche ihre schmutzigen, lachenden Köpfe zeigten; Frauen nähten, ruhig auf ihre Arbeit niedergebeugt. Es war das der Wiederbeginn der Tätigkeit nach dem Frühstück; die Zimmer der Männer, welche außen arbeiteten, waren leer; auf das Haus hatte sich jene große friedliche Ruhe gesenkt, welche nur durch das gleichmäßige Geräusch der Handwerkstätigkeit und das Gesumme eines immer wiederkehrenden Refrains unterbrochen wird. Der Hof war ein wenig feucht. Wenn Gervaise dort hätte wohnen sollen, so würde sie eine Wohnung nach der Sonnenseite zu gewünscht haben. Sie war fünf bis sechs Schritte vorwärts gegangen und atmete den faulen Geruch der Wohnungen armer Leute ein, den Duft von altem Staub und ranzigem Schmutz; da aber die Schärfe des Wassers aus der Färberei diese Gerüche überdeckte, so fand sie, daß es hier lange nicht so schlecht röche wie im Hotel Boncœur. Sie wählte schon ihr Fenster aus, es war ein Fenster in einem Winkel zur Linken, wo in einem kleinen Kasten Bohnen gepflanzt waren, deren zarte Schößlinge anfingen, sich an Fäden in die Höhe zu ranken.

„Ich habe Euch warten lassen, nicht wahr?“ sagte Coupeau, den sie plötzlich neben sich hörte. „Das ist immer eine Geschichte, wenn ich einmal nicht bei ihnen esse, besonders heute, wo meine Schwester Kalbfleisch gekauft hat.“

Da sie vor Überraschung ein wenig zitterte, so ließ auch er seine Blicke umherschweifen und fuhr fort:
„Ihr habt Euch das Haus angesehen. Das ist immer von oben bis unten vermietet. Ich glaube, es sind hier an dreihundert Mieter. Wenn ich Möbel gehabt hätte, so möchte ich wohl ein kleines Stübchen hier haben ... Man wäre hier gut aufgehoben, nicht wahr?"
„Ja, hier wäre man gut aufgehoben", murmelte Gervaise." In Plassans war unsere Straße nicht so dicht bewohnt ... Seht doch, wie hübsch ist das Fenster im fünften Stock mit den Bohnen!"
Eigensinnig, wie er war, fragte er sie noch einmal, ob sie wollte. Sobald als sie ein Bett hätten, könnten sie dort mieten. Sie wich ihm aus und ging schnell unter den Torweg, dort bat sie ihn, er möchte doch seine Dummheiten nicht wieder anfangen. Eher werde wohl das Haus einstürzen, als sie unter derselben Bettdecke mit ihm schliefe. Als Coupeau sie vor dem Wäscheladen der Madame Fauconnier verließ, durfte er einen Augenblick ihre Hand, die sie ihm in aller Freundschaft überließ, in der seinigen halten.
Einen ganzen Monat hindurch dauerten die guten Beziehungen zwischen der jungen Frau und dem Zinkarbeiter fort. Er fand sie sehr brav, wenn er sah, wie sie sich zu Tode arbeitete; sie pflegte die Kinder und hatte des Abends noch Zeit übrig, allerlei Lappen zurechtzunähen. Gemeiniglich seien die Frauen nicht sauber, schwärmten die Nächte durch und seien schwatzhaft; aber beim Himmel! so eine wäre sie nicht, sie nähme das Leben zu sehr von der ernsten Seite! Dazu lachte sie und verteidigte sich bescheiden. Zu ihrem Unglück sei sie nicht immer so vernünftig gewesen. Sie spielte auf ihre ersten Niederkünfte seit ihrem vierzehnten Jahre an; sie erwähnte die Liter Anisette, welche sie ehemals mit ihrer Mutter geleert hatte. Die Erfahrung habe sie ein wenig gebessert, das sei alles. Man hätte unrecht, ihr große Charakterfestigkeit zuzutrauen; sie sei im Gegenteil sehr schwach, sie ginge dahin, wo man sie hinstieße, schon aus Furcht, irgend jemandem wehe zu tun. Ihr Traum sei es, in guter Gesellschaft zu leben, denn schlechte Gesellschaft, sagte sie, das sei wie ein Schlag über den Kopf, das bricht einem den Schädel, das bringt euch eine Frau herunter, daß auch nichts mehr an ihr ist. Kalter Schweiß überrieselte sie, wenn sie an die Zukunft dächte. Sie verglich sich mit einem Sou, den man in die Luft geworfen und der nun entweder mit Kopf oder Schrift nach oben herniederfallen könne, ja nach den Zufälligkeiten des Pflasters. Alles, was sie schon gesehen habe, besonders die schlechten Beispiele, die sie schon in ihrer Kindheit vor Augen gehabt hätte, das alles sei für sie eine gute Lehre gewesen. Aber Coupeau scherzte mit ihr über ihre düsteren Ideen und versuchte, sie um die Taille zu fassen; dann stieß sie ihn zurück und schlug ihm auf die Hände; er rief dann lachend, daß sie für eine schwache Frau nicht die angenehmsten Umgangsformen habe. Er sei ein Bruder Lustig und machte sich keine Sorgen um die Zukunft. Ein Tag brächte den anderen, ei der Tausend! Ein Nest und ein wenig Brot würde man schon immer haben. Das Stadtviertel erschien ihm ganz annehmbar, abgerechnet die Hälfte der Trunkenbolde, von denen man die Rinnsteine säubern könnte. Er war kein schlechter Kerl, er sprach sogar manchmal recht verständig, er war ein wenig stutzerhaft, sein Scheitel war immer sehr sorgfältig gezogen, er trug hübsche Halstücher und für den Sonntag lackierte Schuhe. Mit alledem verband er die Geschicklichkeit und Unverschämtheit eines Affen, die schwatzhafte Spaßhaftigkeit des Pariser Arbeiters, die sehr gut zu seinem noch jugendlichen Aussehen paßte.
Nach und nach erwiesen sie einander eine Menge von Gefälligkeiten. Coupeau holte ihr Milch, er besorgte ihr Gänge und trug ihre Wäschebündel; da er oft des Abends zuerst von der Arbeit kam, so führte er die Kinder auf den äußeren Boulevards spazieren. Um ihm seine Freundlichkeiten zu erwidern, stieg Gervaise unter das Dach hinauf in die enge Kammer, wo er schlief, dort untersuchte sie seine Garderobe, setzte Knöpfe an seine Röcke und besserte seine Leinwandwesten aus. So entwickelte sich zwischen ihnen eine große Vertraulichkeit. Sie langweilte sich nicht einen Augenblick, wenn er da war. Die Geschichten, welche er ihr zutrug, dieser ewige Klatsch der Pariser Vorstädte, der für sie noch den Reiz der Neuheit hatte, amüsierten sie sehr. Durch dieses fortwährende Zusammensein entflammte er immer mehr. Er hatte angebissen und saß fest. Das war ihm schließlich unbequem. Er lachte zwar noch immer, aber innerlich war ihm nicht wohl dabei zumute, er fühlte sich so beklommen, daß ihm dieser Zustand unerträglich erschien. Das, was sie seine Dummheiten nannte, hörte nicht auf; wo er sie traf, rief er ihr entgegen: Wann wird es sein? Sie wußte, was er damit sagen wollte, und versprach ihm die Sache für die Zeit, wo Ostern und Pfingsten auf einen Tag fallen würden. Dann quälte er sie, er kam zu ihr mit seinen Morgenschuhen in der Hand, als ob er zu ihr ziehen wollte. Sie machte sich über ihn lustig und brachte es über sich, während eines ganzen Tages nicht einmal zu erröten über die fortwährenden verliebten Anspielungen, welche er stets in seine Unterhaltung flocht. Vorausgesetzt, daß er nicht handgreiflich wurde, gestattete sie ihm alles. Nur einmal geriet sie in Zorn, als er ihr eines Tages mit Gewalt einen Kuß rauben wollte und ihr dabei eine kleine Haarlocke ausriß.
Gegen Ende des Monates Juni verlor Coupeau seine gute Laune. Er wurde ganz eigentümlich. Gervaise verbarrikadierte sich während der Nacht, weil gewisse Blicke sie beunruhigten. Nach einer kleinen Verstimmung, die von Sonntag bis Dienstag gedauert hatte, klopfte er plötzlich Dienstag abends gegen elf Uhr bei ihr an. Sie wollte ihm nicht öffnen, aber er bat mit so sanfter, zitternder Stimme, daß er schließlich die Kommode zurückschob, die sie vor die Tür gestellt hatte. Als er eingetreten war, glaubte sie, daß er krank sei, so blaß war sein Aussehen, seine Augen waren gerötet und sein Gesicht verzerrt.
Er blieb vor ihr stehen und schüttelte stotternd mit dem Kopfe. Nein, nein, er war nicht krank. Seit zwei Stunden

weinte er dort oben in seinem Zimmer, er weinte wie ein Kind und biß in sein Kopfkissen, damit die Nachbarn ihn nicht hörten. Drei Nächte hatte er nun schon nicht mehr geschlafen. Das konnte so nicht weiter fortgehen.

„Hören Sie, Madame Gervaise", sagte er mit zugeschnürter Kehle, die von neuem ausbrechenden Tränen kaum zurückhaltend, „wir müssen ein Ende machen, nicht wahr? ... Wir werden uns heiraten. Ja, ich will und bin dazu entschlossen."

Gervaise zeigte sich sehr überrascht, sie war sehr ernst. „Oh, Herr Coupeau", murmelte sie, „wie seid Ihr nur darauf gekommen? Ich habe das niemals von Euch verlangt, Ihr wißt es wohl ... Das stand mir nicht an, das ist alles" – „Oh! nein, nein! Das ist ernsthaft, überlegt es Euch, ich bitte Euch darum!"

Er schüttelte noch immer mit dem Kopfe, seine Mienen zeigten eine unerschütterliche Entschlossenheit. Es war alles wohl überlegt. Er war herabgekommen, weil er endlich einmal eine Nacht schlafen mußte. Sie würde ihn doch nicht weinend wieder fortgehen lassen. Von dem Augenblick an, wo sie ja gesagt hätte, wolle er sie auch nicht länger quälen, sie könne sich dann ruhig wieder niederlegen. Er wolle nur hören, ob sie ja sagte. Morgen könne man dann alles besprechen.

„Sicherlich werde ich nicht so ohne weiteres ja sagen", erwiderte Gervaise. „Ich will nicht, daß Ihr mir später einmal vorwerft, ich hätte Euch dazu getrieben, eine Dummheit zu machen ... Seht, mein lieber Coupeau, Ihr habt unrecht, so eigensinnig darauf zu bestehen. Ihr selbst wißt noch nicht recht, was Ihr für mich empfindet. Wenn Ihr mich acht Tage nicht zu sehen bekämet, so wette ich, daß Ihr mich vergessen würdet. Wie oft verheiraten sich nicht die Männer für eine Nacht, die erste; aber dann folgt Nacht auf Nacht, Tag auf Tag, ein ganzes Leben hindurch, da gibt es dann bittere Enttäuschungen ... Setzt Euch dort nieder, laßt uns gleich über alles sprechen."

Bis ein Uhr morgens saßen sie in dem rauchgeschwärzten Zimmer, bei dem blakigen Licht einer Talgkerze, welche sie zu schneuzen vergaßen, und besprachen ihre Heirat. Sie dämpften ihre Stimmen, um Claude und Etienne nicht zu wecken, die ruhig atmend auf demselben Kissen schliefen. Immer wieder sprach Gervaise von ihnen und zeigte sie Coupeau; das war eine drollige Mitgift, die sie ihm da zubrächte, sie könne ihm doch nicht eine solche Last wie die beiden Bälge aufbürden. Sie schämte sich für ihn. Was würde man im Quartier dazu sagen? Man hatte sie mit ihrem Liebhaber gekannt, man wußte ihre Geschichte; für was müßten die Leute sie halten, wenn sie sähen, wie sie sich nach kaum zwei Monaten heirateten? Für all diese guten Gründe hatte Coupeau nur ein Achselzucken. Er kümmerte sich den Teufel um das Quartier! Er stecke seine Nase nicht in anderer Leute Sachen, er hätte zu viel Furcht, sich zu beschmutzen. Nun ja, sie hätten Lantier vor ihm gehabt. Was war dabei Schlimmes? Sie würde kein liederliches Leben führen und Männer in ihren Haushalt bringen, wie es so viele andere und Reichere täten. Was die Kinder anbetrifft, nun Potztausend! Die würden eben groß werden, man würde sie erziehen! Niemals könne er eine so brave und gute Frau finden, die so viele gute Eigenschaften besäße wie sie. Übrigens sei das alles nichts, selbst wenn er sie von der Straße hätte auflesen müssen, wenn sie häßlich, liederlich und ekelhaft gewesen wäre, wenn eine Schar schmutziger Kinder an ihr gehangen, in seinen Augen hätte das nichts gegolten, er wollte sie nun einmal.

„Ja, ich will Euch!" wiederholte er, mit seiner Faust seine Knie wie mit einem Hammer bearbeitend. „Hört Ihr wohl, Ihr müßt die meine werden ... Ich denke, dagegen läßt sich nichts sagen!"

Gervaise wurde nach und nach weicher. Eine Schwäche des Herzens und der Sinne bemächtigte sich ihrer gegenüber diesem gewaltsamen Willen, der sie begehrte. Sie wagte nur noch schüchtern einige Einwendungen zu machen; ihre Hände waren schlaff auf ihren Unterrock herabgesunken und ihr Gesicht ganz in Sanftmut getaucht. Von außen sandte durch das halboffene Fenster die schöne Juninacht einen warmen Luftzug herein, welcher das Licht flackern machte, dessen lange, rotglühende Schnuppe verkohlte. In dem großen Schweigen der schlafenden Vorstadt hörte man nur das Schluchzen eines Trunkenboldes, der auf dem Rücken mitten auf dem Boulevard lag; während in weiter Ferne in irgendeinem Restaurant eine Violine eine gemeine Quadrille für eine verspätete Tanzgesellschaft spielte; es war dies ein leises, helles Klingen, bestimmt und zart, wie eine Melodie auf einer Mundharmonika. Als Coupeau sah, daß die junge Frau mit ihren Einwänden zu Ende war und schweigend vor sich hinlächelte, hatte er ihre Hände ergriffen, er zog sie an sich. Es war dies eine ihrer schwachen Stunden, gegen welche sie selbst so mißtrauisch war; sie hatte ihren eigenen Willen aufgegeben und war zu bewegt, um irgend etwas abzuschlagen und irgend jemandem Pein zu bereiten. Aber der Zinkarbeiter verstand nicht, daß sie sich hingab, er begnügte sich damit, ihre Hände zu drücken, als ob er sie zerquetschen wollte, um sich ihrer ganz zu versichern. Beide seufzten bei dem leisen Schmerz, in welchem ihre Zärtlichkeit eine kleine Befriedigung fand.

„Nicht wahr, Ihr sagt ja?" fragte er.

„Wie Ihr mich quält!" murmelte sie. „Ihr wollt es so? Nun denn, ja ... Mein Gott! Ihr macht da vielleicht eine große Dummheit!"

Er hatte sich erhoben und ihre Taille erfaßt, ganz aufs Geratewohl drückte er ihr einen heftigen Kuß auf das Gesicht. Als diese Zärtlichkeit ein großes Geräusch machte, war er der erste, der sich deshalb beunruhigte, nach Claude und Etienne hinüberblickend, trat er leise auf und dämpfte seine Stimme. „Pst! wir müssen vernünftig sein, um die Kinder nicht aufzuwecken ... Also auf morgen!"

So stieg er wieder nach seinem Zimmer hinauf. Gervaise blieb, am ganzen Leibe zitternd, wohl noch eine Stunde auf dem Rande ihres Bettes sitzen, ohne daran zu denken, sich zu entkleiden. Sie war gerührt, sie fand, daß Coupeau sehr ehrenhaft gehandelt habe, denn einen Augenblick hatte sie geglaubt, daß es zu Ende sei, daß er hier schlafen würde. Der Trunkenbold unter dem Fenster stieß heisere Klagetöne, wie ein verlaufener Hund, aus. In der Ferne hörte die Violine auf zu spielen, welche die Quadrille intoniert hatte.

An den folgenden Tagen wollte Coupeau Gervaise dazu veranlassen, mit ihm einen Abend zu seiner Schwester in der Rue de la Goutte-d'Or hinaufzugehen. Aber die schüchterne junge Frau zeigte eine große Furcht vor diesem Besuche bei den Lorilleux'. Sie bemerkte wohl, daß der Zinkarbeiter eine unbestimmte Scheu vor dem Ehepaar hatte. Er hing nicht von dieser Schwester ab, die nicht einmal die älteste war. Mutter Coupeau würde ihre Zustimmung aus vollem Herzen geben, denn sie legte ihrem Sohne nie Hindernisse in den Weg. Allein da man wußte, daß die Lorilleux' bis zu zehn Francs den Tag verdienten, so verdankten sie diesem Umstand ein gewisses Ansehen. Coupeau würde es nicht gewagt haben, sich zu verheiraten, wenn sie nicht vorher seine Frau bei sich aufgenommen hätten.

„Ich habe zu ihnen von Euch gesprochen, sie kennen unsere Pläne", setzte er Gervaise auseinander. „Mein Gott! was seid Ihr für ein Kind! Kommt heut abend ... Ich habe Euch schon angekündigt, nicht wahr? Ihr werdet meine Schwester ein wenig schroff finden, auch Lorilleux ist nicht immer der liebenswürdigste. Eigentlich sind sie sehr ärgerlich, daß ich mich verheirate, da ich doch dann nicht mehr bei ihnen essen werde, das ist für sie eine Ersparnis weniger. Aber das tut nichts, sie werden Euch nicht den Stuhl vor die Tür setzen ... Ihr müßt das für mich tun, es ist durchaus notwendig."

Diese Worte erschreckten Gervaise noch mehr. Eines Sonnabends gab sie dennoch nach. Coupeau kam um achteinhalb Uhr und holte sie ab. Sie hatte sich feingemacht, sie trug ein schwarzes Kleid und einen Schal von Mousseline de laine, auf welchen gelbe Palmen gedruckt waren; auf dem Kopfe hatte sie eine kleine Haube, mit Spitzen besetzt. Seit den sechs Wochen, die sie arbeitete, hatte sie sich die sieben Francs für den Schal und die zwei Francs fünfzig Centimes für die Haube erspart, das Kleid war alt, aber gereinigt und zurechtgemacht.

„Sie erwarten Euch", sagte ihr Coupeau, während sie durch die Rue des Poissonniers gingen. „Oh! sie fangen schon an, sich mit der Idee auszusöhnen, mich verheiratet zu sehen. Heute abend haben sie sehr liebenswürdige Gesichter aufgesetzt ... Wenn Ihr noch keine goldenen Ketten habt machen sehen, so wird es Euch Spaß machen, zuzugucken. Sie haben gerade eine dringende Bestellung für Montag."

„Sie haben Gold bei sich?" fragte Gervaise. „Das will ich meinen! Gold ist an den Wänden, auf der Erde, überall!"

Währenddessen hatten sie den großen Torweg durchschritten und gingen über den Hof. Die Lorilleux' wohnten im sechsten Stock, Treppe B. Coupeau rief ihr lachend zu, das Geländer zu erfassen und nicht wieder loszulassen.

Sie sah mit zusammengekniffenen Wimpern nach oben, sie blickte in den hohen, hohlen Turm, in welchem sich die Treppe hinaufwand; drei Gasflammen, welche von zwei zu zwei Etagen angebracht waren, erleuchteten den Raum; die letzte der Flammen erschien gleich einem zitternden Stern am schwarzen Himmel, während die beiden anderen lange Streiflichter warfen, die von der endlosen Spirale der Treppenstufen seltsam unterbrochen wurden.

„Potztausend!" sagte der Zinkarbeiter, als sie auf dem Flur der ersten Etage angekommen waren", das riecht hier hübsch nach Zwiebelsuppe. Sicherlich wird hier Zwiebelsuppe gegessen."

In der Tat war diese graue, schmutzige Treppe B, deren Stufen und Geländer von fettigem Schmutz starrten, mit starken Küchengerüchen erfüllt. Von jedem Flur gingen lange Gänge aus, welche ein dumpfer Lärm erfüllte; es öffneten sich die gelben Türen, die um die Schlösser herum von dem Schmutz der Hände geschwärzt waren; in der Höhe der Fenster ging von den bleiernen Ausgußkästen eine übelriechende Feuchtigkeit aus, deren Gestank sich mit dem scharfen Duft der gekochten Zwiebeln mischte. Vom Erdgeschoß bis in die sechste Etage hinauf hörte man das Klappern von Geschirr, das Geräusch von dem Herumstochern in eisernen Öfen und dem Abkratzen von Bratpfannen, die mit dem Löffel gereinigt wurden, ehe man sie abwusch. Im ersten Stockwerk bemerkte Gervaise durch eine halb offene Tür, auf welcher in großen Buchstaben das Wort „Musterzeichner" geschrieben stand, zwei Männer, die vor einem mit Wachstuch gedeckten, abgeräumten Tisch saßen, in wütender Unterhaltung, umwogt von dem Rauch ihrer Pfeifen. Die zweite und dritte Etage waren ruhiger, hier drang durch die Ritzen der Türen nur das Geräusch einer Wiege, die man schaukelte, das erstickte Weinen eines Kindes und die laute Stimme einer Frau, die wie das Murmelgeräusch fließenden Wassers an ihr Ohr schlug, ohne daß sie bestimmte Worte hätte unterscheiden können; auf den an die Türen gehefteten Karten las sie: „Madame Gaudron, Wollkämmerin" und weiterhin: „Herr Madinier, Werkstätte für Pappschachteln." Im vierten Stock prügelte man sich: man hörte ein Stampfen, welches den Fußboden erzittern machte, das Umwerfen von Möbeln und einen schrecklichen Lärm von Schlägen und Flüchen, was alles die Nachbarn gegenüber nicht hinderte, bei offener Türe Karten zu spielen, um mehr Luft zu haben. Als sie den fünften Stock erreicht hatten, mußte Gervaise Atem schöpfen, sie war nicht daran gewöhnt, so viel zu steigen; die runden Mauern der Wendeltreppe, der Einblick in die vielen Wohnungen, an welchen sie vorbeikam, machten sie schwindlig. Hier versperrte eine Familie den Durchgang; der Vater wusch Teller auf dem kleinen Ofen in der Nähe des Abgusses, während die Mutter, an das Geländer gelehnt, einen Säugling trockenlegte, ehe sie ihn wieder in die Wiege brachte.

Coupeau sprach der jungen Frau Mut zu; gleich würden sie oben sein. Als er endlich im sechsten Stock war, wen-

dete er sich lächelnd zurück, um ihr zu helfen. Sie hatte den Kopf erhoben und spähte, wo der Ton einer singenden Stimme herkäme, die sie schon seit der ersten Stufe hörte und die hell und durchdringend die anderen Geräusche übertönte. Sie kam von einer kleinen alten Frau, die unter dem Dache Puppen zu dreizehn Sous anzog. Gervaise sah noch in dem Augenblick, wo ein großes Mädchen mit einem Eimer in ein Zimmer eintrat, ein ungemachtes Bett, in dem ein Mann in Hemdsärmeln sich wartend herumsielte; seine Augen starrten nach oben; als die Tür geschlossen war, las man auf einer Visitenkarte, welche geschrieben war: „Fräulein Clémence, Plätterin."
Als sie endlich mit müden Beinen und ohne Atem angekommen war, hatte sie die Neugierde, sich über das Geländer zu beugen. Jetzt war es die unterste Gasflamme, die wie ein Stern erschien auf dem Grunde dieses sechs Etagen tiefen Loches, aus welchem die Gerüche und das drohende Brausen des ungeheuren Lebens in dem Hause zu ihr aufstiegen, wie ein heißer Atem, der ihr unruhiges Gesicht traf, das sie dort gleichsam wie über den Rand eines Abgrundes gebeugt hatte. „Wir sind noch nicht da", sagte Coupeau. „Oh! das ist eine wahre Reise!"
Er war links in einen langen Korridor hineingegangen. Zweimal wendete er sich, das eine Mal noch zur Linken, das zweite Mal zur Rechten. Der Korridor verlängerte sich mehr und mehr, er teilte sich gabelförmig, verengte sich und wurde immer rissiger und abgenutzter, je tiefer man hineinkam. Eine einzige kleine Gasflamme erleuchtete ihn; und alle die Türen, die eine neben der anderen in langer Reihe, wie in einem Gefängnis oder einem Kloster, einförmig angebracht waren, zeigten, da sie größtenteils weit offenstanden, das Innere von Räumen, in denen das Elend und die Arbeit beieinander wohnten und welche der heiße Juniabend mit einem rauchigen Dampf erfüllte. Zuletzt kamen sie zu einem Ende des Korridors, das ganz finster war. „Wir sind da!" sagte der Zinkarbeiter. „Nun aufgepaßt! Haltet Euch rechts an der Wand, es kommen drei Stufen."
Gervaise ging noch ganz vorsichtig etwa zehn Schritte in der Dunkelheit vorwärts. Sie stolperte und zählte die drei Stufen. Ganz am Ende des Ganges hatte Coupeau eine Tür aufgestoßen, ohne anzuklopfen. Eine plötzliche Helligkeit verbreitete sich über die Schwelle. Sie traten ein. Es war dies ein unglaublich enger Raum, eine Art von Kammer, welche eine Fortsetzung des Korridors zu bilden schien. Ein Vorhang von ausgeblaßtem Wollzeug, der jetzt zurückgeschlagen war, teilte diese Kammer. Der erste Raum enthielt ein Bett, welches unter der mansardenartig geneigten Decke im Winkel stand, einen Ofen, der vom Mittagessen her noch warm war, zwei Stühle, einen Tisch und einen Schrank, von welchem man die obere Ausladung hatte abschneiden müssen, damit er zwischen Bett und Tür hineingeklemmt werden konnte. Im zweiten Raum hatte man die Werkstätte hergerichtet: hinten eine kleine Schmiede mit einem Blasebalg; zur Rechten ein an der Wand angebrachter Schraubstock, unter einem offenen Schrank, in dem altes eisernes Gerümpel lag; zur Linken, nahe dem Fenster, stand ein kleiner Arbeitstisch, der ganz mit kleinen Zangen, Scheren und Sägen bedeckt war; all dies starrte vor Schmutz.
„Wir sind es!" rief Coupeau, der bis zu dem Wollvorhang geschritten war.
Man antwortete nicht sogleich. Gervaise war sehr erregt; die Idee, daß sie in einen Raum treten sollte, der voller Gold war, machte sie unruhig, sie hielt sich dicht hinter dem Arbeiter, stammelnd und wiederholt mit dem Kopfe grüßend. Die große Helligkeit, die von einer auf dem Arbeitstisch brennenden Lampe und von dem auf der Schmiede glimmenden Kohlenfeuer kam, vermehrte noch ihre Verlegenheit. Endlich sah sie Madame Lorilleux, eine kleine, rothaarige, ziemlich starke Frau, die aus Leibeskräften mit ihren kurzen Armen an einem starken Handgriff einen schwarzen Metalldraht zog, den sie durch die Löcher eines an dem Schraubstock befestigten Locheisens brachte. Vor dem Werktische arbeitete Lorilleux, ebenfalls ein kleiner Mann, der aber in den Schultern schwächer als seine Frau war. Mit der Lebhaftigkeit eines Affen bewegte er zwischen seinen knotigen Fingern so kleine Dinge, daß man außer seinen Zangen nichts davon sah. Der Mann hob zuerst den Kopf, einen Kopf mit spärlichen Haaren, von der gelblichen Blässe alten Wachses, länglich und von leidendem Aussehen.
„Ah! Ihr seid es, gut, gut!" murmelte er. „Wir haben es eilig, wie Ihr wißt ... Kommt nicht in die Werkstätte, das würde uns aufhalten. Bleibt im Zimmer."
Hierauf nahm er seine feine Arbeit wieder auf, indem er sein Gesicht aufs neue in den grünlichen Widerschein einer mit Wasser gefüllten Glaskugel tauchte, durch welche die Lampe auf seine Arbeit einen runden Fleck scharfen Lichtes warf.
„Nimm Stühle!" rief ihrerseits Madame Lorilleux. „Das ist die Dame, nicht wahr? Sehr gut! Sehr gut!"
Sie hatte den Draht aufgerollt und brachte ihn zur Schmiede, dort fachte sie mit einem großen hölzernen Fächer das Kohlenfeuer an, legte den Draht darauf, um ihn zum Glühen zu bringen, ehe sie ihn durch die Löcher des Zieheisens steckte.
Coupeau rückte die Stühle heran und ließ Gervaise in der Nähe des Vorhangs niedersitzen. Das Kämmerchen war so eng, daß er sich nicht neben ihr niederlassen konnte. Er setzte sich etwas zurück und beugte sich nach vorn, gegen ihren Nacken, um ihr die Arbeiten zu erklären. Die junge Frau, die über den Empfang der Lorilleux' ganz starr war und sich unter den auf sie gerichteten Seitenblicken unbehaglich fühlte, hatte ein förmliches Sausen in den Ohren, welches ihr das Hören erschwerte. Sie fand die Frau sehr alt für ihre dreißig Jahre; ihre Miene war herb, ihr Aussehen unsauber mit ihren aufgelösten Haaren, die ihr wie ein Kuhschwanz über die zerrissene Nachtjacke herabhingen. Der Gatte, der nur ein Jahr älter war, erschien ihr wie ein Greis mit seinen boshaft zusammengekniffenen schmalen Lippen; er war in Hemdsärmeln, und seine nackten Füße staken in durchlöcherten Pantoffeln. Was sie am meisten überraschte, war die

Kleinheit der Werkstätte; der Schmutz an den Wänden, der schlechte, rostige Zustand des Handwerkszeugs und all dieser schwarze Schmutz, der sich dort angesammelt hatte und den Raum wie den Laden eines Alteisentrödlers erscheinen ließ. Es war entsetzlich heiß. Dicke Schweißtropfen standen auf dem grünlich beleuchteten Gesichte Lorilleux'; während Madame Lorilleux ihre Nachtjacke abgelegt hatte und nun mit nackten Armen und auf ihren hängenden Brüsten festgeklebtem Hemd weiterarbeitete.

„Wo ist denn das Gold?" fragte Gervaise halblaut.

Ihre unruhigen Blicke durchforschten alle Ecken und suchten unter dem Schmutz den Glanz, von dem sie geträumt hatte.

Coupeau hatte zu lachen angefangen. „Gold?" sagte er; „nun, hier seht doch, und dort, und hier zu Euren Füßen!"

Er hatte nacheinander auf den verdünnten Draht, den seine Schwester bearbeitete, auf ein anderes Paket Draht, das wie gewöhnlicher Eisendraht an der Wand, in der Nähe des Schraubstockes, aufgehängt war, gezeigt, hierauf kniete er zur Erde nieder und nahm dort von der Binsendecke, die den Fußboden der Werkstätte bedeckte, ein Abfallstückchen auf, ein Metallkrümchen, welches der Spitze einer verrosteten Nadel glich. Gervaise erschrak. Das sei doch nicht etwa Gold, dieses häßliche schwarze Metall, das wie Eisen aussähe? Er mußte auf das Abfallstückchen beißen und ihr den leuchtenden Einschnitt zeigen, den seine Zähne darauf hervorbrachten. Er fuhr mit seinen Erläuterungen fort: die Arbeitgeber lieferten das Gold als Draht, schon vermischt; die Arbeiter führten den Draht zuerst durch die Zieheisen, um ihm die Dicke zu geben, die sie gerade brauchten, sie wendeten dabei die Vorsicht an, den Draht fünf- bis sechsmal während dieser Manipulation zu erhitzen, damit er nicht abrisse. Es gehörte dazu eine gute Faust und viel Übung. Seine Schwester ließ ihren Mann nicht an die Drahtzieherei heran, weil er hustete. Sie hat tüchtige Arme, er hatte sie schon das Gold so fein wie Haar ausziehen sehen.

Indes überfiel Lorilleux ein so starker Hustenanfall, daß er sich auf seinem Schemel zusammenkrümmte. Mitten im Husten sprach er mit erstickter Stimme, immer ohne Gervaise anzusehen, als ob er nur für sich die Tatsache hätte feststellen wollen: „Ja, ich mache die Säule."*

Coupeau veranlaßte Gervaise, sich zu erheben. Sie solle sich nur dreist nähern, dann würde sie sehen. Der Kettenmacher stimmte mit einem Brummen ein. Er rollte den von seiner Frau vorbereiteten Draht um einen Zapfen, einen sehr dünnen, stählernen Rundstab. Hierauf durchschnitt er mit einem einzigen Scherenschnitt den aufgewickelten Draht, von dem jede Umdrehung jetzt ein Ringelchen bildete. Hierauf lötete er. Die Ringelchen lagen auf einem dicken Stück Holzkohle. Er feuchtete sie mit einem Tropfen Borax an, welchen er aus dem Boden eines zerbrochenen Glases nahm, das neben ihm stand. Mit großer Schnelligkeit machte er sie an der Lampe, unter der horizontalen Flamme des Lötröhrchens, rotglühend. Wenn er gegen hundert solcher Gliedchen hatte, so begann wieder seine feine Arbeit, indem er auf den Rand eines Pflockes gestützt, welcher durch die Reibung seiner Hände ganz blank geworden war, die Ringelchen mit der Zange bog, länglich machte und dann je eines in das andere fügte, indem er vermittels einer Feile den oberen, schon befestigten Ring öffnete. All dies tat er mit unausgesetzter Regelmäßigkeit, die Ringelchen folgten einander so schnell, daß die Kette sich unter Gervaises Augen nach und nach verlängerte, ohne daß sie recht wußte, wie das zuging.

„Das ist die Säule!" sagte Coupeau." Man hat die Panzerkette, die Gabelkette, die Kinnkette und die Schnur. Lorilleux macht nur die Säule." Dieser lächelte befriedigt; während er fortfuhr, seine Ringelchen zu biegen, die unter seinen schwarzen Fingernägeln unsichtbar waren, rief er: „Höre doch, Cadet-Cassis, ich habe heute morgen eine Rechnung aufgestellt. Ich habe mit zwölf Jahren angefangen, nicht war? Nun wohl! Weißt du, was für ein Stück Kette ich bis zum heutigen Tage gemacht habe?" Er hob sein blasses Gesicht und blinzelte mit seinen rotgeränderten Augen. „Achttausend Meter! Hörst du? Zwei Meilen ... Was sagst du zu einem Stückchen Kette von zwei Meilen! Das langt, um die Hälse aller Frauenzimmer im ganzen Stadtviertel zu umwickeln ... Und du weißt, das Stück wird noch immer länger. Ich denke, ich werde es noch auf die Länge des Weges von Paris nach Versailles bringen."

Gervaise war wieder zu ihrem Platz zurückgekehrt und hatte sich niedergesetzt. Sie war ernüchtert und fand das alles sehr häßlich. Was sie am meisten peinigte, war das Stillschweigen, welches man in betreff ihrer Heirat beobachtete. Ohne diese für sie so wichtige Sache wäre sie sicherlich nicht gekommen. Die Lorilleux fuhren fort, sie als neugierige Besucherin zu behandeln, die Coupeau mitgebracht habe. Als sie doch endlich eine Unterhaltung angebahnt hatte, drehte sie sich lediglich um die Mieter des Hauses. Madame Lorilleux fragte ihren Bruder, ob er nicht beim Heraufkommen gehört habe, wie sich im vierten Stock die Leute schlugen. Diese Bernards prügelten sich täglich; der Mann käme betrunken wie ein Schwein nach Hause, auch die Frau habe viel Schuld, sie schimpfte in ekelhaften Ausdrücken. Dann sprach man von dem Musterzeichner im ersten Stock; der große Lümmel, der Baudequin, sei ein Taugenichts, der mehr Schulden als Haare auf dem Kopfe habe; ewig rauchte er und grölte mit den Kameraden. Die Pappschachtelkleisterei von Herrn Madinier liege in den letzten Zügen. Gestern abend hatte der Meister wieder zwei Arbeiterinnen entlassen; es wäre ein wahrer Segen, wenn er umkippte, denn er äße alles auf und ließ seine Kinder halb nackt herumlaufen. Madame Gaudron nütze noch immer lustig ihre Matratzen ab: sie sei schon wieder schwanger, was doch in ihrem Alter kaum noch anständig ist. Der Wirt hätte Coquets

* *Anmerkung des Übersetzers:* Eine Art der Gliederung bei goldenen Ketten.

im fünften Stock gekündigt; sie wären drei Mietraten schuldig und hätten sich in den Kopf gesetzt, ihren Kochofen auf dem Treppenflur anzuzünden, obgleich erst am vorigen Sonnabend Fräulein Remanjou, die Alte im sechsten Stock, ihre Puppen abliefernd, gerade zurechtgekommen sei, um den kleinen Linguerlot vor dem Verbrennen zu retten. Was nun Fräulein Clémence, die Plätterin, betrifft, so führte sich diese so auf, daß man es gar nicht aussprechen konnte, sie wäre rein närrisch auf die Mannsbilder, dabei hätte sie ein vortreffliches Herz. Nein, es wäre jammerschade, daß ein so hübsches Mädchen mit jedem Kerl ginge! Man wird sie wohl eines schönen Tages aus dem Rinnstein auflesen, das wäre sicher.

„Da!" sagte Lorilleux zu seiner Frau, indem er ihr eine Kette gab, an der er seit dem Frühstück gearbeitet hatte, „da hast du wieder eine. Du kannst sie fertigmachen." Dann fügte er mit der Beharrlichkeit eines Menschen, der einen Scherz gern zu Tode hetzt, hinzu: „Noch vier und einen halben Fuß. – Das bringt mich Versailles immer näher."

Madame Lorilleux erhitzte die Kette und ließ sie dann durch ein Loch des Zieheisens gehen, um sie somit ganz gleichmäßig zu machen. Dann legte sie die Kette in eine kleine Kupferkasserolle mit langem Stil, welche verdünntes Scheidewasser enthielt, und reinigte sie so am Feuer der Schmiede. Gervaise mußte, von Coupeau aufmerksam gemacht, auch dieser letzten Manipulation zusehen. Als die Kette gereinigt war, wurde sie matt rötlich. Sie war nun zum Abliefern fertig.

„Man liefert roh", setzte ihr der Zinkarbeiter auseinander, „die Poliererinnen reiben das nun mit Wollappen blank."

Gervaise fühlte ihre Fassung zu Ende gehen. Die immer stärker werdende Hitze erstickte sie.

Man hielt die Tür immer geschlossen, weil der geringste Luftzug Lorilleux eine Erkältung verursachte. Da man immer noch nicht von ihrer Heirat sprach, so wollte sie fortgehen, sie zupfte Coupeau leicht an der Weste. Dieser verstand den Wink. Auch er fing an, sich über dieses absichtliche Stillschweigen zu ärgern. „Na, wir wollen nun wieder fortgehen und euch arbeiten lassen."

Er zögerte noch einen Augenblick, in der Hoffnung, ein Wort oder irgendeine Anspielung zu hören. Endlich entschloß er sich, die Sache selbst aufs Tapet zu bringen. „Sagt doch, Lorilleux, wir rechnen darauf, daß Ihr Trauzeuge meiner Frau sein werdet."

Der Kettenmacher hob höhnisch lachend den Kopf auf und spielte den Überraschten, während seine Frau ihre Drähte losließ und sich mitten in der Werkstatt aufpflanzte. „Es ist also ernsthaft?" murmelte er. „Dieser verdammte Cadet-Cassis, man weiß nie, wie man mit dem Burschen daran ist!" – „Ah so! Madame ist die Person!" sagte ihrerseits die Frau, indem sie Gervaise musterte. „Mein Gott, wir haben euch keine Ratschläge zu geben ... Es ist ja immerhin eine schnurrige Idee, sich zu verheiraten. Mein Gott! da ihr miteinander einig seid; wenn die Sache nicht glückt, habt ihr nur euch Vorwürfe zu machen, nicht wahr? Oft glückt ja so was nicht, im Gegenteil, sehr selten ..."

Die letzte Worte hatte sie immer langsamer gesprochen und dabei mit dem Kopfe geschüttelt; sie musterte Gervaise von oben bis unten, als ob sie sie hätte mit ihren Blicken entkleiden und ihre Haut begucken können. Die Musterung schien besser auszufallen, als sie gedacht hatte.

„Mein Bruder ist sein eigener Herr", fuhr sie mit etwas mehr gekniffenem Tone fort." Ohne Zweifel hätte die Familie gewünscht ... Man macht ja immer so seine Pläne. Aber die Dinge nehmen ja gewöhnlich eine unerwartete Wendung ... Ich will vor allem Ruhe und Frieden haben. Und wenn er uns das niedrigste Weibsbild zugeführt hätte, ich hätte ihm immer gesagt, heirate sie und laß uns zufrieden ... Er hatte es ja bei uns nicht schlecht, er ist rund und fett, man sieht ihm an, daß er nicht zu fasten brauchte. Immer fand er seine Suppe warm, pünktlich auf die Minute ... Sage doch, Lorilleux, findest du nicht, daß Madame der Therese ähnlich sieht, du weißt doch, der Frau von gegenüber, die an Brustkrankheit gestorben ist." – „Ja, ja, es ist eine Ähnlichkeit", antwortete der Kettenmacher. „Sie haben zwei Kinder, Madame. Ei der Tausend! da habe ich denn doch zu meinem Bruder gesagt: Ich verstehe nicht, wie du eine Frau heiraten kannst, die zwei Kinder hat ... Ihr müßt mir nicht übelnehmen, wenn ich sein Interesse wahrnehme, das ist ja natürlich ... Überdies scheint Ihr nicht die allerkräftigste zu sein ... Nicht wahr, Lorilleux, Madame sieht ein bißchen schwächlich aus?" – „Ja, ja, sie sieht schwächlich aus."

Sie sagten nichts von ihrem Bein. Aber Gervaise sah doch an ihren Seitenblicken und an ihren gekniffenen Lippen, daß sie stillschweigend darauf anspielten. Sie stand da vor ihnen, in ihren kleinen Schal mit den gelben Palmen gehüllt, mit einsilbigen Lauten antwortend, als ob sie ihre Richter vor sich hätte. Coupeau sah, daß ihr die Sache peinlich sei und rief: „Alles das ist gar nichts ... Ob ihr das sagt oder nicht, das ist ganz gleich. Die Hochzeit findet Sonnabend, den neunundzwanzigsten Juli statt. Ich habe den Tag nach dem Kalender berechnet. Sind wir einig? Paßt es euch?" – „Jawohl! Jawohl! es paßt uns immer", sagte seine Schwester. „Du hattest ja gar nicht nötig, uns um Rat zu fragen ... Ich werde Lorilleux nicht daran hindern, Zeuge zu sein. Ich will Ruhe und Frieden haben."

Gervaise, welche mit gesenktem Kopfe dastand und nicht mehr wußte, was sie machen sollte, war mit einem ihrer Füße in eine lockere Stelle der Binsendecke geraten, mit welcher der Fußboden der Werkstätte bedeckt war. Aus Furcht, durch das Zurückziehen des Fußes irgend etwas in Unordnung gebracht zu haben, hatte sie sich gebückt, um mit der Hand die Binsendecke zu glätten. Lorilleux brachte schnell die Lampe zur Stelle. Er untersuchte ihre Hände mit Mißtrauen.

„Man muß sich in acht nehmen", sagte er, die kleinen

Stückchen Gold setzen sich an den Schuhen fest, und ohne es zu wissen, schleppt man das fort."
Das war eine förmliche Geschichte. Die Arbeitgeber bewilligten auch nicht ein Milligramm Abfall. Er zeigte die Hasenpfote, mit der er die Goldstückchen von seinem Arbeitstisch zusammenfegte, und die Lederschürze auf seinen Knien, welche dazu diente, sie aufzufangen. Zweimal wöchentlich fegte man die Werkstatt auf das allersorgfältigste, man hob allen Abfall auf und verbrannte ihn, wobei man dann in der Asche monatlich für zwanzig bis dreißig Francs Gold fand.
Madame Lorilleux ließ Gervaises Schuhe nicht aus dem Auge. „Ihr müßt deshalb nicht böse sein", murmelte sie mit einem liebenswürdigen Lächeln." Madame kann ja ihre Sohlen nachsehen!"
Gervaise, die sehr rot geworden war, setzte sich wieder, hob ihre Füße hoch und ließ sehen, daß dort nichts war. Coupeau hatte die Tür aufgerissen und rief mit ärgerlicher Stimme: „Guten Abend!" Vom Korridor aus rief er nach ihr. Nun ging auch sie, indem sie ein paar höfliche Worte hervorstotterte: sie hoffe, daß man sich wiedersehen und verständigen werde.
Die Lorilleux achteten schon nicht mehr auf sie; sie hatten sich in ihrem schwarzen Loch von Werkstatt schon wieder an die Arbeit gemacht, wo das Feuer der kleinen Schmiede leuchtete wie das Glimmen einer letzten Kohle, die in der Hitze eines Ofens verglüht. Die Frau, der das Hemd von der einen Schulter herabgeglitten war und deren Haut im Widerschein des roten Lichtes glänzte, zog aufs neue ihre Drähte; bei jeder besonderen Kraftanstrengung, die sie machte, sah man das Spiel der Muskeln auf ihrem entblößten Nacken. Indes saß der Mann zusammengekauert vor dem grünlichen Licht seiner mit Wasser gefüllten Glaskugel und begann ein neues Stück Kette zu arbeiten; er bog den Ring mit der Zange, erweiterte ihn nach der einen Seite und fügte ihn in den oberen Ring ein, um ihn dann wieder mit Hilfe einer scharfen Schere zu öffnen. So fuhr er unaufhörlich mechanisch fort, ohne sich Zeit zu nehmen, den Schweiß von seinem Gesichte zu wischen.
Als Gervaise den Gang verließ, welcher auf den Treppenflur des sechsten Stockes führte, konnte sie nicht mehr an sich halten, und unter Tränen stotterte sie die Worte hervor: „Das verspricht nicht viel Glück!"
Coupeau schüttelte wütend den Kopf. Lorilleux solle ihm diesen Abend vergelten. Hat man jemals einen solchen Lumpenkerl gesehen? Zu glauben, daß man ihm drei Körner von seinem Goldstaub wegschleppen werde! Alle diese Geschichten, das sei reiner Geiz. Seine Schwester hätte vielleicht geglaubt, daß er sich nie verheiraten würde, damit sie durch ihn täglich vier Sous an ihrem Mittagbrot ersparen könne. Übrigens würde es dennoch geschehen und sie heirateten den neunundzwanzigsten Juli. Er schere sich den Teufel um sie!
Während Gervaise die Treppe hinabstieg, fühlte sie ihr Herz schwer und schwerer werden, eine törichte Furcht erfaßte sie, und mit ängstlichen Blicken durchforschten ihre Augen die Dunkelheit der Treppenflure. Um diese Stunde war die Treppe still und verlassen, nur noch die verkleinerte Flamme des zweiten Stockes leuchtete in die finsteren Abgründe wie das Flimmern einer Nachtlampe.
Hinter den geschlossenen Türen herrschte tiefes Schweigen, die Stille des dumpfen, schweren Schlafes, dem sich die ermüdeten Arbeiter unmittelbar nach beendeter Mahlzeit hingaben. Nur aus dem Zimmer der Plätterin ertönte ein unterdrücktes Kichern, während sich ein feiner Lichtstrahl durch das Schlüsselloch des Fräulein Remanjou stahl, welche mit dem leichten Geklapper ihrer Schere die Gazekleidchen für die Puppen zu dreizehn Sous anfertigte. Unten bei Madame Gaudron wollte ein Kindchen nicht aufhören, zu weinen. Den bleiernen Ausgüssen auf den Fluren entstieg ein penetranter Geruch inmitten dieser schwarzen, dumpfen Stille.
Auf dem Hof, wo Coupeau mit tönender Stimme das Öffnen des Haustores verlangte, blickte Gervaise zurück und betrachtete noch einmal das Haus. Es schien gewachsen unter dem mondlosen Himmel. Die grauen Mauern, gleichsam gereinigt von ihren Moosbildungen und geglättet durch den Schatten, breiteten sich aus und strebten empor; sie erschienen noch nackter, noch platter, da man sie der Lumpen entkleidet hatte, welche über Tag dort an der Sonne trockneten. Die geschlossenen Fenster schienen zu schlafen. Hie und da waren einige hell erleuchtet, sie waren wie die offenen Augen eines Riesen und gaben den Ecken, aus denen sie hervorblitzten, ein schielendes Aussehen. Über jedem Hausflur bildeten die sechs Treppenfenster mit ihrem matten Licht gewissermaßen einen Turm. Die Strahlen einer Lampe, welche vom zweiten Stock aus der Pappschachtelfabrik herableuchteten, bildeten einen gelben Fleck auf dem Pflaster des Hofes und durchdrangen die Finsternis, in welche die Werkstätten zu ebener Erde getaucht waren. In der Tiefe dieser Dunkelheit, in der feuchten Ecke hörte man das Klatschen von Wassertropfen, die aus dem schlecht zugedrehten Brunnenhahn fielen. Da kam es über Gervaise, als ob das Haus erdrückend, eisig auf ihren Schultern lastete. Es war das immer noch ihre törichte Furcht, eine Kinderei, die sie später belachte. „Paß auf!" rief Coupeau.
Sie mußte, um hinauszugehen, über eine große Pfütze springen, die aus der Färberei geflossen war. An diesem Tage war das Wasser blau, ein tiefes Azurblau, gleich dem Himmel eines Sommertages, in dem der Widerschein der kleinen Lampe des Portiers wie ein Stern leuchtete.

III

Gervaise wollte keine Hochzeit; wozu sollte man Geld ausgeben? Eigentlich schämte sie sich ein wenig: es schien ihr unnütz, die Augen des ganzen Quartiers auf ihre Heirat zu lenken. Coupeau dagegen war anderer Ansicht: man konnte sich doch nicht so mir nichts dir nichts verheiraten, ohne auch nur ein Stückchen Fleisch zusammen gegessen zu haben. Er mache sich den Teufel was aus dem Quartier! Oh! natürlich, etwas ganz Einfaches: ein kleiner Spaziergang am Nachmittag, ehe man in irgendeiner Garküche ein gebratenes Kaninchen verzehrte. Auch keine Musik zum Nachtisch, keine Klarinette, bei deren Klängen die Damen den Hintern schütteln würden. Man würde nur ein wenig miteinander anstoßen, ehe jeder sich zu Hause aufs Ohr legte.

Der Zinkarbeiter scherzte und neckte so lange, bis er die junge Frau überredete; er schwur, daß man keine Hetze machen wolle. Er wollte auch ein Auge auf die Gläser haben, um Streitigkeiten nicht aufkommen zu lassen. So brachte er denn ein Picknick zu fünf Francs per Kopf zustande, bei August in der „Goldenen Windmühle" auf dem Boulevard de la Chapelle. Es war dies ein kleiner Weinhändler, der mäßige Preise und einen Tanzboden hinter seinem Laden hatte, der von drei Akazienbäumen beschattet wurde, die seinen kleinen Hof zierten. Im ersten Stock würde man da vortrefflich aufgehoben sein.

Während zehn ganzer Tage brachte er aus dem Hause seiner Schwester in der Rue de la Goutte-d'Or die Gäste zusammen. Herr Madinier, Fräulein Remanjou, Madame Gaudron und ihr Mann. Er brachte es sogar zuwege, daß Gervaise zwei seiner Kameraden, Bibi-la-Grillade und Mes-Bottes annahm. Ohne Zweifel war Mes-Bottes kein sehr artiger Kerl, aber man lud ihn wegen seines drolligen Appetits zu allen Picknicks ein, um das verblüffte Gesicht des Kneipenwirts zu sehen, wenn der Gierschlund seine zwölf Pfund Brot verschwinden ließ. Die junge Frau ihrerseits versprach, Madame Fauconnier, ihre Arbeitgeberin, und die Boches mitzubringen, welche sehr ordentliche Leute wären. Als man die Rechnung machte, fand sich, das fünfzehn Gäste zu Tisch sein würden. Das war genug; wenn zu viel Leute da sind, endet das immer mit Streitigkeiten.

Bei alledem hatte Coupeau keinen Sou Geld. Er wollte nicht großtun, aber doch als anständiger Mensch sich zeigen. Er borgte sich von seinem Meister fünfzig Francs. Dafür kaufte er zuerst die Ringe. Es waren das Goldringe zu zwölf Francs, die ihm Lorilleux aus der Fabrik für neun Francs verschaffte. Dann bestellte er sich einen Überrock, eine Hose und eine Weste bei einem Schneider in der Rue Myrrha, dem er darauf eine Akontozahlung von zwanzig Francs machte. Seine Lackschuhe und seine Mütze konnten zur Not noch gehen. Wenn er die zehn Francs für das Picknick, seinen und Gervaises Anteil (die Kinder wurden nicht gerechnet) beiseite legte, so blieben ihm noch gerade die sechs Francs für eine Messe am Altar der Armen. Sicherlich liebte er die Schwarzen nicht; es drehte ihm das Herz um, diesen Tagedieben seine sechs Francs hinzutragen, die sie doch wahrlich nicht nötig hätten, da sie sich auch ohnedies den Leib vollschlügen. Aber eine Heirat ohne Messe, man mochte darüber denken wie man wolle, eine richtige Heirat war das nicht. Er ging selbst zur Kirche, um womöglich dort etwas abzuhandeln. Während einer ganzen Stunde schacherte er mit einem kleinen alten Priester in schmutziger Soutane herum, der ein schlimmerer Spitzbube als ein Hökerweib war. Er hatte nicht übel Lust, den alten Filz zu ohrfeigen. Endlich fragte er ihn zum Spaß, ob er denn unter seinen Vorräten nicht irgendeine alte, abgelegte Messe hätte, so eine, die noch nicht ganz und gar verdorben wäre, mit der könnten sich ein paar genügsame Menschen immerhin noch behelfen. Der alte, kleine Priester murmelte so etwas, als ob Gott an seiner Ehe auch nicht allzuviel Wohlgefallen haben würde, und ließ ihm schließlich die Messer zu fünf Francs. Das waren immerhin zwanzig Sous Ersparnis. Nun blieben ihm noch zwanzig Sous übrig.

Auch Gervaise hielt darauf, sauber zu erscheinen. Von dem Augenblick, wo die Heirat beschlossene Sache war, trachtete sie danach, ihre Verhältnisse zu regeln. Sie machte des Abends Überstunden, und es gelang ihr, dreißig Francs zu ersparen. Ein seidenes Mäntelchen, welches in der Rue Faubourg Poissonnière mit dreizehn Francs ausgezeichnet war, stach ihr in die Augen; sie erwarb es und kaufte dazu für zehn Francs von dem Manne einer Wäscherin, die jüngst im Hause der Madame Fauconnier gestorben war, ein Kleid von blauer Wolle, das sie für ihre Figur zurechtmachte. Für die sieben Francs, welche ihr noch blieben, erstand sie ein Paar baumwollene Handschuhe, eine Rose für ihre Haube und ein Paar Schuhe für Claude, ihren ältesten. Glücklicherweise waren die Kittelchen der Kleinen noch nicht allzu schlecht. Vier Nächte brachte sie damit zu, alles zu säubern und auszubessern, nicht das kleinste Loch in ihren Strümpfen oder ihren Hemden wollte sie ungeflickt lassen.

Endlich war es Freitagabend geworden, der Vorabend des großen Tages. Gervaise und Coupeau hatten, als sie von der Arbeit heimkehrten, noch bis gegen elf Uhr umherzulaufen, um das Letzte zu besorgen. Ehe jedes sein Lager aufsuchte, brachten sie noch eine Stunde gemeinsam im Zimmer der jungen Frau zu, sehr zufrieden, nun alle ihre Geschäfte besorgt zu haben. Ungeachtet ihres Entschlusses, sich um die Meinung des Quartiers nicht zu kümmern, hatten sie sich schließlich die Dinge zu Herzen genommen und sich eine Menge Sorgen gemacht. Als sie sich gute Nacht sagten, schliefen sie schon im Stehen. Trotzdem fühlten sie sich erleichtert, jetzt war alles in Ordnung. Coupeau hatte Herrn Madinier und Bibi-la-Grillade zu Trauzeugen; Gervaise rechnete auf Lorilleux und Boche.

Man konnte nun ruhig zur Mairie und in die Kirche gehen, man war zu sechs Personen und hatte kein großes Gefolge von Menschen hinter sich. Selbst die beiden Schwestern des Bräutigams hatten erklärt, daß sie zu Hause bleiben würden, da ja ihre Anwesenheit nicht vonnöten sei. Nur Mama Coupeau erklärte unter Tränen, daß sie vorher hingehen und von einem Winkel aus der Zeremonie zusehen wolle; hierauf versprach man sie mitzunehmen. Das Rendezvous für die ganze Gesellschaft war auf ein Uhr in der „Goldenen Windmühle" festgesetzt. Von dort aus wollte man, um sich Appetit zu machen, in die Ebene von St. Denis gehen; hin würde man mit der Eisenbahn fahren, und zurück längs der großen Straße zu Fuß gehen. Das Fest versprach sehr hübsch zu werden, kein großartiges Gelage, aber eine lustige Partie, bei der es anständig und vernünftig zugeht.

Als sich Coupeau Sonnabend früh beim Anziehen seinem einsamen Zwanzigsousstück gegenübersah, erfaßte ihn eine gewisse Unruhe. Er dachte daran, daß die Höflichkeit von ihm erfordere, den Zeugen eine Schnitte Schinken und ein Glas Wein anzubieten; dann könnte er noch irgendwelche unvorhergesehene Ausgaben haben. Sicherlich kam er mit seinen zwanzig Sous in Verlegenheit. Nachdem er es auf sich genommen hatte, Claude und Etienne zu Madame Boche zu führen, die sie abends zum Essen mitbringen sollte, lief er in die Rue de la Goutte-d'Or und stieg entschlossen zu den Lorilleux hinauf, um von ihnen zehn Francs zu borgen. Es schnürte ihm die Kehle zusammen, denn er wußte wohl, was für ein Gesicht ihm sein Schwager schneiden würde. Dieser brummte und hohnlachte mit der Miene einer wilden Bestie, aber endlich gab er die beiden Hundertsousstücke her. Aber Coupeau hörte, wie seine Schwester zwischen den Zähnen murmelte, daß das ja recht hübsch anfinge.

Die Eheschließung auf der Mairie war auf halb elf Uhr festgesetzt. Es war sehr schönes Wetter, eine glühende Sonne brannte auf das Straßenpflaster nieder. Um nicht beobachtet zu werden, hatte sich die Gesellschaft getrennt. Vorn ging Gervaise am Arm von Lorilleux, während Herr Madinier Mama Coupeau führte; zwanzig Schritte dahinter, auf der anderen Seite, gingen Coupeau, Boche und Bibi-la-Grillade. Diese drei hatten schwarze Röcke an, ihre Rücken waren gekrümmt, und sie schlenkerten mit den Armen. Boche hatte ein gelbes Beinkleid; Bibi-la-Grillade war bis an das Kinn zugeknöpft; er hatte keine Weste an und ließ nur den Zipfel einer Krawatte sehen, welche wie ein Strick um seinen Hals geschlungen war. Nur Herr Madinier trug einen Frack, einen großen Frack mit viereckigen Schößen. Die Vorübergehenden standen still, um diesen Herrn anzusehen, der die dicke Mama Coupeau in grünem Schal und schwarzer Haube mit roten Bändern spazierenführte. Gervaise, die sehr sanft und heiter dreinschaute, in ihrem blauen Wollkleid und ihrem knappen Mäntelchen, das ihr die Schultern beengte, hörte gefällig auf die Schnurren von Lorilleux, der ungeachtet der Hitze tief in einen großen Sackpaletot versunken war. Von Zeit zu Zeit an den Straßenecken wendeten sie sich um und lächelte zu Coupeau hinüber, der sich in seinen neuen Kleidern, die in der Sonne glänzten, recht unbehaglich fühlte.

Obgleich sie sehr langsam gegangen waren, langten sie doch auf der Mairie eine gute halbe Stunde zu früh an. Da der Maire sich ein wenig verspätete, kamen sie erst gegen elf Uhr an die Reihe. Sie hatten sich in einer Ecke des Saales auf Stühle gesetzt und warteten. Sie betrachteten die hohe Decke und die kahlen Wände, indem sie leise miteinander sprachen. Jedesmal, wenn ein Bürodiener vorüberkam, rückten sie aus Höflichkeit mit ihren Stühlen. Nichtsdestoweniger behandelten sie mit leiser Stimme den Maire als Taugenichts, der sicherlich bei seiner Blondine wäre, um sich die Gicht zu reiben; vielleicht hätte er seine Schärpe verschluckt. Als aber der Beamte erschien, erhoben sie sich mit großer Achtung.

Man ließ sie wieder niedersetzen. Sie wohnten nun drei Trauungen bei, mit Bräuten in Weiß, frisierten kleinen Mädchen und jungen Fräulein mit rosa Gürteln und mit einem unendlichen Gefolge von Herren und Damen, die alle sehr comme il faut aussahen. Als man sie endlich aufrief, wären sie beinahe gar nicht verheiratet worden, weil Bibi-la-Grillade verschwunden war. Boche fand ihn schließlich, wie er unten auf dem Platz eine Pfeife rauchte. Er meinte, das seien schnurrige Kerle in dem Kasten da, die sich um die Leute nicht kümmerten, die ihnen keine buttergelben Handschuhe unter die Nase halten konnten. Die Formalitäten, die Vorlesung aus dem Code, die Fragen, die man ihnen stellte, und die Unterschrift der Aktenstücke, das alles wurde so schnell und prompt besorgt, daß sie glaubten, man habe ihnen die Hälfte der Zeremonie unterschlagen. Gervaise, die ganz betäubt und geängstigt war, preßte ihr Taschentuch an die Lippen, Mama Coupeau weinte heiße Tränen. Alle hatten sich auf das Register gebeugt und ihre Namen mit dicken hinkenden Buchstaben eingezeichnet; nur der junge Ehemann, der nicht schreiben konnte, hatte ein Kreuz gemacht. Sie gaben jeder vier Sous für die Armen. Als der Diener an Coupeau den Trauschein aushändigte, entschied sich dieser, von Gervaise mit dem Ellbogen aufgemuntert, noch ein Zehnsousstück herzugeben.

Es war ein langer Marsch von der Mairie zur Kirche. Unterwegs tranken die Männer Bier, Mama Coupeau und Gervaise Johannisbeersaft mit Wasser. Sie hatten eine lange Straße hinabzugehen, in die die Sonne voll hineinschien, ohne auch nur ein bißchen Schatten zu lassen. Der Küster erwartete sie mitten in der leeren Kirche. Er stieß sie auf eine kleine Kapelle zu, indem er sie fragte, ob sie sich über die Religion lustig machen wollten, da sie so spät kämen. Ein Priester kam mit großen Schritten heran, seine Miene war mürrisch, und vor Hunger sah er blaß aus. Er wurde durch einen Gehilfen in schmutziger Soutane unterstützt, welcher sich um ihn her zu schaffen machte. Er beschleunigte die Messe, indem er die Hälfte der lateinischen Phrasen hinunterschluckte, er drehte sich, beugte sich und breitete seine Arme aus, alles in Eile und mit schiefen Seitenblicken auf das Brautpaar und die Zeugen. Die Eheleute waren vor dem Altar sehr verlegen, sie wußten nicht, was sie tun sollten, wann sie niederknien, sich erheben oder setzen mußten, und warteten immer auf einen Wink der Gehilfen. Die Zeugen blieben, um recht anständig zu sein, während der ganzen Zeit aufrecht stehen, während Mama Coupeau ihren Tränen wieder freien Lauf ließ, die sich in einem Gebetbuch ansammelten, das sie von einer Nachbarin geliehen hatte. Wäh-

renddessen hatte es zwölf geschlagen, die letzte Messe war gelesen und die Kirche widerhallte von dem Lärm der Fußtritte des Küsters und seiner Gehilfen, die die Stühle beiseite stellten. Der große Altar wurde für irgendein Fest hergerichtet, denn man hörte die Hammerschläge der Tapezierer, die Teppiche und Vorhänge annagelten.
Am Ende der Kapelle, wo sich die Wolken Staubes zusammenballten, die der Besen des Küsters aufwirbelte, breitete der Priester mit mürrischer Miene segnend seine Hände über die Häupter des vor ihm knienden Paares; er schien sie während eines Umzuges zusammenzugeben, zwischen zwei ordentlichen Messen, zu einer Stunde, wo der liebe Gott nicht gegenwärtig war. Als das Brautpaar und die Zeugen sich noch einmal im Register der Sakristei eingetragen hatten und sich im hellen Sonnenschein vor der Kirchentür wieder zusammenfanden, blieben sie dort verdutzt und atemschöpfend stehen, sehr erstaunt darüber, daß man die Eheschließung so mit Dampf betrieben hatte.
„Da haben wir's", sagte Coupeau mit einem verlegenen Lachen.
Er wiegte sich nachdenklich hin und her und fand doch kein komisches Wort, endlich fügte er hinzu: „Ja, ja! Das rutscht nur so. Die bringen einem das in vier Griffen bei ... Das ist wie beim Zahnarzt, man hat nicht einmal die Zeit, au! zu schreien, sie verheiraten schmerzlos." –
„Ja, ja, ein hübsches Stück Arbeit", murmelte Lorilleux. „Das wird in fünf Minuten zusammengebracht und hält doch fürs ganze Leben ... Oh, mein armer Cadet-Cassis!"
Die vier Zeugen klopften dem Zinkarbeiter auf die Schultern, was er mit guter Laune über sich ergehen ließ. Indessen umarmte Gervaise Mama Coupeau, wobei sie unter Tränen lächelte. Sie antwortete auf die abgebrochenen Worte der alten Frau:
„Seid ohne Furcht, ich werde schon mein möglichstes tun. Wenn das nicht gut ausschlüge, soll es gewiß nicht meine Schuld sein. Nein, nein, sicherlich nicht, ich will ja zu gerne glücklich sein ... Nun ist es einmal geschehen, nicht wahr? Nun ist es an ihm und mir, uns zu verständigen und unser Bestes zu tun."
Hierauf ging man geradewegs zur „Goldenen Windmühle". Coupeau hatte jetzt den Arm seiner Frau genommen. Sie gingen schnell dahin, lachend und in gehobener Stimmung. Sie waren den anderen zweihundert Schritte vorausgeeilt, ohne um sich zu blicken, sie sahen weder die Häuser noch die Fußgänger und die Wagen. Das betäubende Geräusch der Vorstadt schlug wie entferntes Glockenläuten an ihre Ohren. Als sie in der Weinschenke ankamen, bestellte Coupeau sofort zwei Liter, etwas Brot und Schinken, welche Dinge man in dem kleinen Kabinett zu ebener Erde, ohne erst Teller und Servietten zu beschmutzen, schnell verzehren wollte, nur um sich ein wenig zu ernüchtern. Als Coupeau sah, daß Boche und Bibi-la-Grillade einen ernsthaften Appetit entwickelten, ließ er noch einen Liter Wein und ein Stück Käse kommen. Gervaise starb fast vor Durst und trank mehrere große Gläser Wasser, die mit ein wenig Wein gerötet waren.
„Das ist meine Sache", sagte Coupeau, indem er plötzlich an den Schanktisch ging; dort zahlte er vier Francs und fünf Sous.
Mittlerweile war es ein Uhr geworden, und die Gäste stellten sich ein. Madame Fauconnier, eine dicke, aber noch schöne Frau, erschien zuerst; sie trug ein Kleid von ungebleichtem Stoff mit daraufgedruckten Blumen. Nach ihr erschienen zusammen Fräulein Remanjou, ebenso verschossen und kränklich aussehend wie ihr ewiges schwarzes Kleidchen, von dem man glauben konnte, daß sie es auch anbehielt, wenn sie zu Bett ging, und das Ehepaar Gaudron; der Mann, schwerfällig wie ein Stier, ließ bei jeder Bewegung seine braune Atlasweste krachen, und die Frau gefiel sich darin, ihren schwangeren Leib behaglich vorzustrecken, dessen erhebliche Rundung durch einen Rock von schreiendem Violett noch bedeutend gehoben wurde. Coupeau verkündete, daß man auf den Kameraden Mes-Bottes nicht zu warten brauchte, da derselbe die Hochzeitsgesellschaft auf dem Wege von Saint-Denis erwarten wolle.
„Das kann hübsch werden!" rief Madame Lerat, die eben eintrat, „wir werden gut eingeweicht werden! Seht nur, wie das aussieht!"
Sie rief die Gesellschaft an die Tür der Weinschenke, damit sie sich die Gewitterwolken ansähe, die schwarz wie Tinte schnell von Süden her über Paris aufzogen. Madame Lerat, die älteste der Coupeaus, war eine große, trockene Frau mit männlichem Wesen, welche durch die Nase sprach und in ihrem zu langen, flohfarbenen Kleid mit nachschleppenden Enden wie eine Pudelhündin aussah, die eben aus dem Wasser kommt. Sie fuchtelte mit ihrem Sonnenschirm wie mit einem Stock umher. Nachdem sie Gervaise umarmt hatte, fuhr sie fort: „Ihr habt keine Vorstellung, ein wie heißer Wind auf der Straße weht ... Man meint, es würde einem Feuer ins Gesicht geworfen."
Nun erklärten alle, sie hätten das Gewitter schon lange verspürt. Herr Madinier hatte schon beim Heraustreten aus der Kirche gesehen, daß das so kommen werde. Lorilleux erzählte, daß seine Hühneraugen ihn schon von drei Uhr morgens an nicht mehr hätten schlafen lassen. Übrigens konnte das ja gar kein anderes Ende nehmen, denn seit drei Tagen sei die Hitze unerträglich.
„Oh, das wird etwas geben", meinte Coupeau, der in der Tür stehend den Himmel mit unruhigen Blicken musterte. „Wir warten nur noch auf meine Schwester, man könnte doch vielleicht losgehen, wenn sie käme."
Madame Lorilleux verspätete sich wirklich. Madame Lerat war zu ihr gegangen, um sie zu holen; sie fand sie noch mit dem Anlegen ihres Korsetts beschäftigt und machte ihr wegen ihrer Langsamkeit Vorwürfe. Die große Witwe sagte ihrem Bruder ins Ohr: „Ich habe sie sitzen lassen. Die ist in einer Laune! ... Nun, du wirst ja sehen!"
Die Gesellschaft mußte sich noch eine volle Viertelstunde

gedulden; sie gingen in der Weinschenke umher, gestoßen und angerempelt von den Männern, die an den Schanktisch traten und dort ihren Schoppen tranken.
Hin und wieder wagten sich Boche, Madame Fauconnier oder Bibi-la-Grillade bis auf den Rand des Trottoirs und hielten Umschau. Es regnete nicht, aber es wurde dunkel, heftige Windstöße fegten über den Boden hin und trieben Wolken weißen Staubes vor sich hin. Beim ersten Donner schlug Fräulein Remanjou das Kreuz. Aller Augen sahen ängstlich auf die große Kontoruhr: es fehlten nur noch zwanzig Minuten an zwei Uhr.
„Da haben wir's!" rief Coupeau. „Seht nur, die Engel fangen an zu weinen!"
Ein Regenschauer fegte über die Straße hin, auf der die Frauen nach allen Seiten flohen, ihre Röcke mit beiden Händen hochhaltend. Während dieses ersten Gusses kam endlich Madame Lorilleux; atemlos und wütend kämpfte sie mit ihrem Regenschirm, der durchaus nicht zugehen wollte.
„Hat man je so was gesehen?" stotterte sie. „Gerade an der Tür hat mich das gefaßt. Ich hatte schon die schönste Lust, wieder hinaufzugehen und mich auszuziehen. Das wäre das beste gewesen ... Das ist ja 'ne hübsche Hochzeit! Habe ich es denn nicht gesagt? Ich wollte alles auf nächsten Sonnabend verschieben. Jetzt regnet's, weil ihr nicht auf mich gehört habt: Nun, desto besser! desto besser! meinetwegen mag der Himmel platzen!"
Coupeau versuchte sie zu beruhigen. Sie aber fertigte ihn schön ab: er würde ihr wohl ihr Kleid nicht bezahlen, wenn es verdorben wäre. Dieses Kleid war von schwarzer Seide und so eng, daß sie darin zu ersticken schien; die Taille zog sich an den Knopflöchern und schnitt in den Schultern ein; der Rock war wie eine Scheide gemacht und beengte ihre Beine so, daß sie nur mit ganz kleinen Schritten gehen konnte. Nichtsdestoweniger betrachteten die Damen der Gesellschaft diese Toilette mit neidischen Mienen und gekniffenen Lippen. Gervaise, die neben Mama Coupeau saß, schien sie überhaupt gar nicht zu sehen. Sie rief Lorilleux und verlangte von ihm sein Taschentuch, womit sie sorgfältig jedes Regentröpfchen abtrocknete, welches auf den Stoff gefallen war.
Mittlerweile hatte es plötzlich zu regnen aufgehört. Es wurde immer dunkler, so daß es fast Nacht war, eine feuchte Nacht, die starke Blitze durchzuckten.
Bibi-la-Grillade versicherte lachend, daß es gleich Pfaffen regnen würde. Hierauf brach das Gewitter von neuem mit größerer Heftigkeit los. Während einer halben Stunde stürzte das Wasser in Strömen hernieder und der Donner grollte ohne Unterlaß. Die Männer, welche in der Tür standen, betrachteten den grauen Schleier, in den der Regenguß alles hüllte, die angeschwollenen Rinnsteine und den Wasserstaub, den die fallenden Tropfen aus den Pfützen aufsteigen machten. Die erschrockenen Frauen saßen alle zusammen und hielten sich die Augen zu. Alle Unterhaltung war verstummt, weil ihnen die Kehlen wie zugeschnürt waren. Als Boche versuchte, einen Scherz über den Donner zu machen, indem er sagte, daß Petrus da oben recht ordentlich zu niesen schiene, wurde er von niemandem belacht. Als das Gewitter abzog, und der Donner ferner und ferner ertönte, fing die Gesellschaft wieder an, ungeduldig zu werden, alle schimpften auf das Wetter, fluchten und erhoben die Fäuste drohend gegen die Wolken. Der Himmel war jetzt aschfarbig; und ein feiner Regen rieselte ohne Aufhören hernieder.
„Jetzt ist es schon zwei Uhr durch!" schrie Madame Lorilleux. „Wir können doch hier nicht zu Bett gehen!"
Als Fräulein Remanjou vorschlug, man möge trotz alledem aufs Land hinausgehen, selbst wenn man bei den Festungsgräben anhalten müßte, weigerte sich die ganze Hochzeitsgesellschaft: die Wege müßten einen schönen Zustand haben, und man könnte sich ja nicht einmal ins Gras setzen; übrigens wäre das noch nicht zu Ende, es könnte immer noch ein neuer Guß kommen. Coupeau, der mit den Augen einem ganz durchnäßten Arbeiter folgte, der ruhig im Regen dahinging, meinte:
„Wenn der Schafskopf Mes-Bottes uns auf der Straße nach Saint-Denis erwartet, wird er auch keinen Sonnenstich bekommen."
Man lachte bei dem Gedanken an Mes-Bottes, aber im ganzen nahm die schlechte Laune überhand. Das war schließlich zum Auswachsen. Man mußte irgend etwas beschließen, man konnte sich doch nicht so bis zum Essen gegenseitig in den Hals gucken. Während einer Viertelstunde zerbrach man sich angesichts des hartnäckigen Regens den Kopf. Bibi-la-Grillade schlug vor, daß man Karten spielen solle, während Boche, der naseweis und etwas verliebter Natur war, sagte, daß er ein sehr unterhaltendes, kleines, komisches Spiel wisse, das Spiel hieß „Beichtvater"; Madame Gaudron sprach davon, nach der Chaussee Clignancourt zu gehen, um Zwiebelkuchen zu essen, während es Madame Lerat am liebsten gesehen hätte, daß man Geschichten erzähle; Gaudron langweilte sich nicht, er fühlte sich da ganz behaglich, er schlug nur vor, daß man sich gleich zu Tisch setzen solle. Jeder Vorschlag wurde besprochen und bei jedem zankte man sich: das sei ja zu dumm, zum Einschlafen, man würde sie noch für unreife Jungen halten, wenn sie immer so dasäßen. Lorilleux, der doch auch seinen Senf dazu geben wollte, meinte, es sei doch ganz einfach, man ginge ein wenig auf den äußeren Boulevards spazieren bis zum Père-Lachaise, wo man hineingehen und die Gräber von Héloise und Abélard ansehen könnte, wenn noch Zeit wäre. Nun konnte Madame Lorilleux nicht mehr an sich halten und brach los: Nach Hause gehen werde sie, das werde sie tun! Das sei ja gerade, als ob man sie zum besten hätte! Sich anziehen und einweichen, um nachher einen ganzen Tag in einer Weinschenke zu sitzen! Nein, das passe ihr nicht, sie hätte genug von der Hochzeit, dafür säße sie lieber zu Hause. Coupeau und Lorilleux mußten die Tür versperren, damit sie nicht wegging. Noch einmal sagte sie: „Macht Platz, ich sage euch, ich gehe!"
Endlich gelang es ihrem Mann, sie zu beruhigen. Cou-

peau ging zu Gervaise, die immer ruhig in ihrer Ecke mit Mama Coupeau und Madame Fauconnier plauderte.
„Nun, und Ihr? Schlagt Ihr denn gar nichts vor?“ sagte er, ohne daß er schon gewagt hätte, sie zu duzen. „Oh, ich bin zu allem bereit“, antwortete sie lachend, „ich bin nicht wählerisch. Ich bin sehr glücklich und verlange nichts weiter.“
In der Tat leuchtete ihr ganzes Gesicht vor stiller Freude. Seit die Gäste da waren, hatte sie mit jedem gesprochen, mit ein wenig leiser, bewegter Stimme freilich, in ihre Streitigkeiten mischte sie sich nicht. Während des Gewitters hatte sie mit starren Augen dagesessen und in die Blitze geguckt, als ob dieses ernste Schauspiel und dieses grelle Leuchten ihr die dunkle Zukunft enthüllen könnten. Nur Herr Madinier hatte noch keinen Vorschlag gemacht. Er stand gegen den Schanktisch gelehnt, die Schöße seines Fracks sorgfältig zusammennehmend, er bewahrte seine Würde als selbständiger Kaufmann und Arbeitgeber. Hin und wieder spuckte er mit großer Wichtigkeit und rollte seine hervorstehenden Augen.
„Mein Gott“, sagte er endlich, „man könnte ins Museum gehen ...“ Er streichelte sein Kinn und zwinkerte fragend mit den Augen. „Da sind Altertümer, Gemälde, Bilder, eine Menge Dinge; das ist sehr lehrreich ... Vielleicht kennen Sie das noch nicht. So etwas muß man doch einmal gesehen haben.“
Die Gäste sahen einander fragend an. Nein, Gervaise kannte das alles nicht, Madame Fauconnier auch nicht, ebensowenig Boche und die anderen. Coupeau glaubte, daß er einmal an einem Sonntag oben gewesen sei, aber er entsann sich nur dunkel. Noch zauderte man, als Madame Lorilleux, auf welche die Würde des Herrn Madinier einen großen Eindruck machte, den Vorschlag sehr gut fand, sehr passend und sehr anständig. Da man doch einmal den Tag geopfert hätte und angezogen war, sei es ebensogut, etwas für seine Belehrung zu tun, als etwas anderes. Alle Welt war einverstanden. Da es noch immer regnete, so borgte man von dem Weinhändler alte Regenschirme, blaue, grüne und kastanienbraune, die alle von Gästen dort vergessen worden waren, und ging nun ins Museum.
Die Hochzeitsgesellschaft wendete sich nach rechts und stieg nach Paris hinunter durch die Rue Faubourg-St. Denis. Coupeau und Gervaise hatten sich wieder an die Spitze gesetzt und waren den anderen weit voraus. Herr Madinier gab jetzt Madame Lorilleux den Arm, Mama Coupeau blieb wegen ihrer schwachen Füße bei dem Weinwirt. Nun folgten Lorilleux mit Madame Lerat, Boche mit Madame Fauconnier und Bibi-la-Grillade mit Fräulein Remanjou, zuletzt das Ehepaar Gaudron. Das waren sechs Paare, die auf der Straße einen hübschen Aufzug machten.
„Oh, uns geht die ganze Sache gar nichts an, das schwöre ich Ihnen!“ sagte Madame Lorilleux zu Herrn Madinier.“ Wir wissen nicht, wo er sie hergenommen hat, oder vielmehr, wir wissen es nur zu gut; wir werden ja darüber nicht sprechen, nicht wahr? ... Mein Mann hat die Ringe kaufen müssen. Heute früh, als wir kaum aus dem Bette waren, haben wir ihnen noch zehn Francs geborgt, ohne die nichts zustande gekommen wäre ... Eine Braut, die auch nicht einen Verwandten mit zur Hochzeit bringt; sie hat erzählt, daß sie in Paris eine Schwester hat, die einen Wurstladen besitzt; warum hat sie sie denn nicht eingeladen?“ Sie unterbrach sich, um ihm zu zeigen, wie stark Gervaise bei dem abschüssigen Pflaster hinkte. „Seht doch! Ist das erlaubt! ... Oh, die Humpelliese!“
Dieses Wort: Humpelliese! machte den Weg durch die ganze Gesellschaft. Lorilleux lachte schadenfroh und meinte, daß man sie immer so nennen müßte. Aber Madame Fauconnier verteidigte Gervaise: man hat unrecht, sich über sie lustig zu machen, sie sei sauber, wie aus dem Ei gepellt und verstünde es, bei der Arbeit tüchtig zuzugreifen, wenn es nottäte. Madame Lerat, die immer den Kopf voller unanständiger Anzüglichkeiten hatte, nannte das Bein der Kleinen einen „Liebeskegel“ und fügte hinzu, daß viele Männer das gerne hätten, des näheren wollte sie sich über die Sache aber nicht auslassen.
Der Hochzeitszug, der aus der Rue St. Denis herauskam, überschritt den Boulevard. Man wartete einen Augenblick vor den angestauten Fuhrwerken, ehe man sich auf den Damm wagen konnte, den der Gewitterregen in eine Pfütze flüssigen Schlammes verwandelt hatte. Es begann jetzt wieder zu gießen, und die Hochzeitsgäste hatten ihre Regenschirme aufgespannt; unter dem Schutz dieser jammervollen Musspritzen, die in den Händen der Männer schwankten, schürzten die Frauen ihre Röcke auf; der Zug schritt im Schlamm immer vorwärts und reichte von einem Trottoir bis zum andern. Zwei Bummler verhöhnten sie mit lautem Geschrei, die Fußgänger liefen herzu, und die Ladenbesitzer richteten sich mit vergnügten Gesichtern hinter ihren Scheiben auf. In dem Gewimmel der Menge, inmitten der grauen Regentöne der Boulevards, stachen die Paare des Zuges als bunte Flecke ab: das schreiend blaue Kleid von Gervaise, die Blumenrobe der Madame Fauconnier, das kanariengelbe Beinkleid Boches, die Unbeholfenheit der Leute in ihrem Sonntagsstaat, alles das ließ selbst den glänzenden Rock von Coupeau und den Frack des Herrn Madinier mit den geraden Schößen wie eine Maskerade erscheinen, während die schöne Toilette der Madame Lorilleux, die Schleppe der Madame Lerat und das vertragene Röckchen von Fräulein Remanjou, dieses sonderbare Gemisch von Moden in einer Reihe, eine lebendige Illustration des Luxus der Armen darstellte. Hauptsächlich waren es die Hüte der Herren, welche die meiste Heiterkeit erregten, diese alten, lange aufbewahrten Hüte, die in der Dunkelheit der Schränke blind geworden waren, sie hatten die lächerlichsten Formen: sie waren hoch, an den Rändern abgegriffen und fettig, mit ungewöhnlichen Krempen, aufgestülpt und platt, zu weit oder zu eng. Ihren Gipfel erreichte die Heiterkeit, als ganz zuletzt, die Krone des Schauspiels, Madame Gaudron, die Wollkämmerin, in ihrem grellen violetten Kleid und mit ihrem schwangeren Bauch, dessen

mächtige Rundung sie weit vor sich hertrug, anrückte. Trotz alledem beschleunigten die Hochzeitsgäste ihre Schritte nicht; gutmütig, wie sie waren, freuten sie sich der Späße, die man über sie machte, glücklich in dem Gedanken, beachtet zu werden.

„Seht doch, da ist die Braut!" rief einer der Bummler, indem er auf Madame Gaudron zeigte. „Oh, Donnerwetter! die hat keine kleine Pille runtergeschluckt!"

Die ganze Gesellschaft schüttelte sich vor Lachen. Bibi-la-Grillade wendete sich zurück und sagte, „der Balg würde sich schon durchbeißen". Die Wollkämmerin selbst lachte am meisten, sie brüstete sich, das war keine Schande, im Gegenteil, viele der vorübergehenden Damen schielten von der Seite nach ihr und hätten etwas darum gegeben, ebenso zu sein wie sie.

Man war die Rue de Cléry hinaufgegangen. Dann ging man in die Rue du Mail. Auf der Place des Victoires gab es einen kleinen Aufenthalt. Der Hochzeiterin war das Band ihres linken Schuhes aufgegangen; als sie es am Postament der Statue Ludwigs XIV. wieder zuknüpfte, drängten sich die Paare wartend um sie herum und scherzten über das Stückchen Wade, welches sie sehen ließ. Als man endlich die Rue Croix-des-Petits-Champs hinuntergegangen war, kam man beim Louvre an.

Herr Madinier fragte höflich, ob er den Zug führen dürfe. Es wäre drinnen sehr groß und man könnte sich verlieren; übrigens kenne er die schönen Stellen, weil er oft mit einem Künstler, einem sehr aufgeweckten Burschen, von dem eine große Kartonfabrik die Bilder kaufe, die sie auf ihre Schachteln klebte, dort hingekommen sei. Als die Hochzeitsgesellschaft in das Museum eingetreten war und sich in dem assyrischen Saal umschaute, überlief sie ein gelinder Schauder. Potztausend! Das war da nicht warm, der Saal hätte einen schönen Keller abgegeben. Langsam schritten die Paare vorwärts, mit vorgestrecktem Kinn und blinzelnden Augen betrachteten sie die Steinkolosse, die Götterbilder aus schwarzem Marmor, die stumm in ihrer hieratischen Härte dastanden, diese Fabeltiere, halb Katzen, halb Weiber, mit Totengesichtern, mit dünnen Nasen und dicken Lippen. Sie fanden das alles sehr häßlich. Heutzutage bearbeitete man den Stein bedeutend besser. Eine Inschrift in phönizischen Schriftzeichen verblüffte sie; es sei doch nicht möglich, daß irgend jemand ein solches Gekritzel entzifferte. Indes war Herr Madinier mit Madame Lorilleux schon auf dem ersten Treppenabsatz und rief ihnen durch das Gewölbe zu: „Kommen Sie doch! Da ist ja nichts, die alten Dinger da ... Oben im ersten Stock gibt's was zu sehen!"

Die strenge Nacktheit der Treppe stimmte sie ernst. Ein würdevoller Galeriediener in roter Weste und goldgallonierter Livree, der sie auf dem Treppenflur zu erwarten schien, erhöhte noch ihre Erregung. Mit großem Respekt und so leise als möglich auftretend, traten sie in die französische Galerie ein.

Nun durchschritten sie, ohne auch nur einen Augenblick innezuhalten, die Augen geblendet von der Menge der Goldrahmen, die lange Reihe der kleinen Salons, die Bilder zogen so an ihnen vorüber, viel zu zahlreich, um überhaupt gesehen zu werden. Da hätte man eine Stunde vor jedem bleiben können, bis man es verstanden hätte. Himmel! was für Bilder! Das nahm ja gar kein Ende. Da mußte ein schönes Stück Geld darinstecken. Schließlich ließ Madinier die Gesellschaft vor dem „Floß der Medusa" plötzlich anhalten, er erklärte das Sujet. Alle standen unbeweglich und schwiegen in tiefer Ergriffenheit. Als man sich wieder in Bewegung setzte, faßte Boche die Empfindungen aller in die Worte zusammen: es wäre kolossal!

In der Apollogalerie setzte besonders der Fußboden die Gesellschaft in Erstaunen, das Parkett war so glatt und glänzend, daß die Füße der Sitzbänke sich darin widerspiegelten. Fräulein Remanjou schloß die Augen, weil sie auf dem Wasser zu gehen glaubte. Man rief Madame Gaudron zu, sie solle ihre Füße nur ja recht platt und fest auf den Boden setzen, da ihr Zustand doch Vorsicht erheischte. Herr Madinier wollte ihnen die Vergoldungen und Malereien an der Decke zeigen, aber das Genick tat ihnen weh und sie unterschieden doch nichts ordentlich. Ehe man in den sogenannten viereckigen Salon eintrat, zeigte er mit einer Handbewegung auf ein Fenster: „Das ist der Balkon, von dem aus Karl IX. auf das Volk geschossen hat."

Mit Feldherrnmiene überwachte er das Ende seines Zuges. Inmitten des viereckigen Salons befahl er durch eine Handbewegung, haltzumachen. Hier sind nur Meisterwerke vertreten, flüsterte er mit leiser Stimme, als ob er in einer Kirche wäre. Man machte einen Rundgang im Salon. Gervaise wollte die Hochzeit zu Kana erklärt haben; sie fand es dumm, daß unten an den Rahmen nicht die Sujets angeschrieben seien. Coupeau blieb bei der Jucunde stehen, von der er fand, daß sie einer seiner Tanten ähnlich sähe. Boche und Bibi-la-Grillade lächelten verschmitzt und machten sich durch Augenblinzeln auf die nackten Frauen aufmerksam; die Schenkel der Antiope erfreuten sich ihrer ganz besonderen Wertschätzung. Schließlich war das Ehepaar Gaudron in dummem Schauen vor der Jungfrau des Murillo stehengeblieben, der Mann mit offenem Munde, und die Frau die Hände auf ihrem Bauch gefaltet.

Als der Umgang im Salon beendet war, wollte Herr Madinier, daß man noch einmal von vorn anfinge, denn es lohne die Mühe. Er bemühte sich ganz außerordentlich um Madame Lorilleux, wegen ihres seidenen Kleides; jedesmal, wenn sie eine Frage an ihn richtete, antwortete er mit großer Würde und erstaunlicher Sicherheit. Als sie sich für die Geliebte Tizians interessierte, von der sie fand, daß ihr blondes Haar dem ihrigen gliche, sagte er ihr, es sei das die schöne Ferronnière, eine Mätresse Heinrichs IV., von der ein Drama handelte, das man jüngst im Ambigu-Theater gespielt hätte.

Hierauf begab sich der Hochzeitszug in die lange Galerie, in der sich die Gemälde der italienischen und niederländischen Schulen befinden. Immer noch Bilder und wieder Bilder von Heiligen, von Männern und Frauen, mit Gesichtern, die man nicht verstand, ganz schwarze Landschaften, und Tiere, die gelb geworden waren, ein Durcheinander von Menschen und Dingen, deren lebhafte Farben anfingen, den Leuten ordentlich Kopfschmerz zu machen. Herr Madinier sprach jetzt nicht mehr, er führte die Gesellschaft langsam, alle folgten in guter Ordnung, sie reckten sich die Hälse aus und ihre Augen schweiften in der Höhe umher. Die Kunst von Jahrhunderten zog so an ihrer verdutzten Unwissenheit vorüber, die feine Sprödigkeit der Vorraffaeliten, der leuchtende Glanz der Venezianer wie die satte Üppigkeit des Lebens in den Werken der Niederländer. Am meisten interessierten sie die Kopisten, die mit ihren Staffeleien sich dort aufgepflanzt hatten und ganz ungeniert malten; eine alte Dame, die auf einer hohen Leiter stand und einen zarten Himmel mit einem Maurerpinsel auf eine ungeheure Leinwand strich, setzte sie in großes Erstaunen.

Mittlerweile hatte sich das Gerücht verbreitet, daß eine Arbeiterhochzeit den Louvre besuchte. Die Maler liefen lachend von allen Seiten zusammen. Neugierige setzten sich schon im voraus auf die Bänke, um dem Vorbeimarsch bequemer zusehen zu können, während die Wärter, eingedenk ihrer Würde, nur mühsam die Witzworte zurückhielten, die ihnen auf die Lippen kamen. Die Hochzeitsgesellschaft war schon müde, sie verlor das stumpfe Gefühl von Achtung und schleppte ihre nägelbeschlagenen Schuhe mit den klappenden Haken über die tönenden Fußböden wie eine stampfende Herde, die man inmitten dieser vornehmen, von Sauberkeit strahlenden Säle losgelassen hatte.

Herr Madinier hielt noch immer an sich, um der Gesellschaft eine große Überraschung zu bereiten. Er ging gerade auf die Kirmes von Rubens los. Und hier, ohne ein Wort zu sprechen, begnügte er sich damit, mit schelmischem Seitenblick auf die Leinwand zu deuten. Als die Damen das Bild ganz in der Nähe betrachteten, schrien sie auf und wendeten sich, sehr rot geworden, davon ab. Die Männer hielten sie scherzend zurück und suchten nach lüsternen Stellen.

„Seht doch!" rief Boche, „das ist das Eintrittsgeld wert. Da ist ja einer, der kotzt! Und der da, der begießt die Blumen! Oh, und da ist noch einer! Aber der! ... Potztausend, die treiben's gut!"

„Nun können wir weitergehen", sagte Herr Madinier, den sein Erfolg berauschte. „Auf dieser Seite gibt's nichts mehr zu sehen."

Die Gesellschaft machte den Weg zurück, den sie gekommen war; sie durchzog noch einmal den viereckigen Salon und die Apollogalerie. Madame Lerat und Fräulein Remanjou beklagten sich; sie behaupteten, daß ihnen die Füße vor Müdigkeit abfielen. Aber der Kartonfabrikant wollte noch Lorilleux die alten Schmuckgegenstände zeigen. Das war gleich hier nebenan, an der Hinterwand eines kleinen Kabinetts; er könnte sie mit verbundenen Augen hinführen. Trotz dieser Versicherung verirrte er sich und führte die Gesellschaft durch sieben oder acht Säle, an deren kahlen Wänden Glasschränke standen, in denen unendliche Reihen alter zerbrochener Töpfe und sehr häßliche Männerchen aufgestellt waren. Die Hochzeitsgesellschaft überlief ein Schauder, man langweilte sich tödlich. Als man einen Ausgang suchte, geriet man zu den Handzeichnungen. Das war wieder ein unendlicher Weg: die Zeichnungen wollten kein Ende nehmen, Saal folgte auf Saal, ohne daß man etwas anderes zu sehen bekam als bekritzelte Papiere hinten den Scheiben der Schränke an den Wänden. Herr Madinier, der den Kopf verloren hatte, wollte durchaus nicht zugeben, daß er nicht mehr Bescheid wisse. Er fand eine Treppe und ließ die Gesellschaft hinaufsteigen. Nun waren sie in das Marinemuseum geraten, mitten unter die Kanonenmodelle und Reliefdarstellungen von Schiffen, die wie Kinderspielzeug aussahen. Nach einem Marsch von beinahe einer Viertelstunde stießen sie auf eine andere Treppe. Als man diese hinabgestiegen war, befand man sich wieder bei den Handzeichnungen. Nun erfaßte sie die Verzweiflung; dem Zufall sich überlassend, streiften sie durch die Säle, die Paare immer eines hinter dem andern. Sie folgten immer noch Herrn Madinier, der sich den Schweiß von der Stirne wischte; er war außer sich und wütete gegen die Museumsverwaltung, die er anklagte, die Türen verändert zu haben. Mit Erstaunen sahen die Galeriediener und die Besucher diesen Hochzeitszug an sich vorüberziehen. In weniger denn zwanzig Minuten sah man sie im viereckigen Salon, in der französischen Galerie und längs der Schränke, in denen die kleinen orientalischen Götzenbilder schlummerten. Sie schienen den Ausgang nie mehr zu finden. So schleppte sich der Zug mit müden Beinen von Saal zu Saal, auf diesem verzweifelten Marsch den Bauch der Madame Gaudron weit hinter sich lassend.

„Es wird geschlossen! Es wird geschlossen!" riefen mit gewaltigen Stimmen die Galeriediener.

Beinahe hätte man sie eingeschlossen. Ein Galeriediener mußte die Führung übernehmen und sie zum Ausgang bringen. Nachdem alle in der Garderobe ihre Regenschirme wieder in Empfang genommen hatten, schöpften sie auf dem Hofe des Louvre wieder Atem. Herr Madinier hatte seine Würde wiedergefunden; er hätte sich links wenden sollen, meinte er; links wären die Geschmeide zu sehen. Übrigens heuchelte die ganze Gesellschaft die größte Zufriedenheit, und alle versicherten, sie seien sehr froh darüber, das gesehen zu haben.

Es schlug vier Uhr. Man hatte bis zum Essen noch zwei Stunden totzuschlagen. Es wurde beschlossen, einen Spaziergang zu machen. Die Damen, die sehr müde waren, hätten sich gerne niedergesetzt, da sich aber niemand erbot, eine Erquickung geben zu lassen, so machte man sich auf den Weg und ging die Uferstraße hinab. Hier überraschte sie ein so heftiger Sturzregen, daß jetzt die Kleider der Damen ernstlich zu leiden anfingen. Madame Lorilleux, der jeder Tropfen das Herz brach, der auf ihr seidenes Kleid fiel, machte den Vorschlag, sich unter den Pont Royal zu flüchten; sie drohte damit, ganz allein hinunterzugehen, wenn man ihr nicht folgen würde. So ging denn

die ganze Gesellschaft unter die Brücke. Man war da sehr gut aufgehoben. Man konnte wohl sagen, daß es eine gelungene Idee war, dorthin zu gehen! Die Damen breiteten ihre Taschentücher auf dem Pflaster aus und setzten sich nieder, ihre Knie anspreizend und mit den Händen die Büschel Gras ausreißend, die zwischen den Steinen emporwuchsen. Vor sich sah man das schwarze Wasser fließen, so daß man sich einbilden konnte, auf dem Lande zu sein. Die Männer unterhielten sich damit, sehr stark zu schreien, um das Echo des gegenüberliegenden Bogens hervorzurufen. Boche und Bibi-la-Grillade schimpften ins Leere und sandten abwechselnd einer nach dem andern ihr „Schafskopf" in die Lüfte, übermäßig lachend, wenn das Echo ihnen ihr Wort zurückrief. Als sie heiser waren, nahmen sie flache Kiesel und warfen Butterstullen. Der Regenguß war vorüber, aber die Gesellschaft fühlte sich wohl da, wo sie war, so daß sie gar nicht daran dachte, fortzugehen. Auf der Seine trieben fettige Abfälle, alte Korke und Überreste von Gemüsen. All diesen Unrat hielt ein Strudel einen Augenblick in dem unruhigen Wasser fest, das im Schatten des Brückenbogens ganz düster dahinfloß; während oben das Rollen der Omnibuswagen und Fiaker und all der ungeheure Lärm der Stadt Paris vorüberbrauste, von der man da unten nur zur Rechten und Linken einige Dächer sah, wie aus dem Grunde eines Brunnenloches. Fräulein Remanjou seufzte; wenn da Bäume gewesen wären, so hätte das, sagte sie, sie an eine Stelle an den Ufern der Marne erinnert, wo sie im Jahre 1817 mit einem jungen Mann spazierengegangen sei, den sie noch heute beweine.
Nun gab Herr Madinier das Zeichen zum Aufbruch. Man ging quer durch den Tuileriengarten, mitten durch eine ganze Schar von kleinen Kindern, deren Reifen und Ballons die schöne Ordnung des Zuges störten: Als die Gesellschaft auf dem Vendômeplatz angekommen war und die Säule betrachtete, kam es Herrn Madinier in den Sinn, den Damen eine Artigkeit zu erweisen. Er bot ihnen an, die Säule zu besteigen, um Paris zu sehen. Dieser Vorschlag erschien sehr seltsam. Ja, ja, man müßte da hinaufsteigen, das wurde unter vielem Lachen beschlossen. Übrigens war die Sache nicht ohne Interesse für Leute, die noch nie ihr bißchen Heimat verlassen hatten.
„Glaubt Ihr denn wirklich, daß die Humpelliese sich mit ihrem Stumpf da raufwagen wird?" murmelte Madame Lorilleux. „Ich würde sehr gern hinaufsteigen", sagte Madame Lerat, „aber ich möchte nicht, daß hinter mir ein Mann wäre."
Die Gesellschaft stieg hinauf. In der engen Rundung der Wendeltreppe klommen hintereinander die zwölf empor. Sie stießen sich an den abgenutzten Treppenstufen und hielten sich an den Wänden fest. Als es vollkommen finster war, gab es des Lachens kein Ende. Die Damen kreischten dann und wann. Die Herren kitzelten sie und kniffen sie in die Beine, aber sie hüteten sich wohl, etwas zu sagen, man gab sich den Anschein, als ob man glaubte, daß das Mäuse wären. Übrigens blieb die Sache ohne Folgen, weil man es verstand, sich in den Grenzen des Anstands zu halten. Boche erfand jetzt einen Scherz, den die ganze Gesellschaft nachmachte. Man rief nach Madame Gaudron, als ob sie nicht mehr mit könnte, und fragte, ob ihr Bauch auch noch durchging. Denkt doch! wenn sie da steckenbliebe, ohne vor- noch rückwärts zu können, sie hätte das Loch verstopft und man hätte nie wieder hinaus gekonnt. Man lachte so sehr über den Bauch dieser schwangeren Frau, mit so übermütiger Lustigkeit, daß die Säule davon zu wanken schien. Boche, der jetzt sehr ausgelassen war, erklärte, daß man in diesem Schornstein alt und grau würde, ob denn die Sache gar kein Ende nähme? Das ginge ja bis in den Himmel. Dann suchte er die Damen zu erschrecken, indem er behauptete, daß das Ding wackelte. Coupeau verhielt sich ganz ruhig. Er ging hinter Gervaise, deren Taille er umfaßt hatte, da ihre Kräfte zu schwinden schienen. Als man plötzlich ans Tageslicht kam, wollte er ihr gerade einen Kuß auf den Nacken geben.
„Na, das ist ja hübsch, geniert euch nur ja nicht, ihr beiden!" sagte Madame Lorilleux mit sittlicher Entrüstung. Bibi-la-Grillade schien wütend; er murmelte zwischen den Zähnen: „Ihr habt da so viel Lärm gemacht, daß ich nicht einmal die Stufen habe zählen können."
Herr Madinier war schon auf der Plattform oben und mitten in der Erklärung der Baudenkmäler. Madame Fauconnier und Fräulein Remanjou erklärten, daß sie nie aus der Treppe ins Freie kommen würden, schon allein der Gedanke an das Pflaster unten mache sie schwindlig. Sie begnügten sich damit, hin und wieder einen ängstlichen Blick durch die kleine Tür zu tun. Madame Lerat, die kühner war, machte einen Rundgang um die schmale Terrasse, wobei sie sich an der Bronze der Kuppel festhielt und anlehnte. Es war doch ein wenig aufregend, wenn man bedachte, daß es genügte, nur ein Bein hinauszustrecken. Welch ein Sturz, heiliger Himmel! Die Männer, die etwas bleich aussahen, betrachteten den Ort. Man konnte glauben, man sei ganz in der Luft, abgetrennt von allem. Donnerwetter, da konnte einen eine Gänsehaut überlaufen. Herr Madinier empfahl, geradeaus zu sehen und die Augen auf Dinge in weiter Ferne zu richten, das verhindere am besten den Schwindel. Er fuhr fort, die Aussicht zu erklären; er zeigte mit dem Finger auf den Invalidendom, das Panthéon, Notre-Dame, den Turm von Saint-Jacques und den Montmartre. Madame Lorilleux hatte die Idee, nachzusehen, ob man auf dem Boulevard de la Chapelle das Haus des Weinwirtes sehen könne, bei dem man essen sollte. Während voller zehn Minuten suchte man und zankte sich sogar, jeder verlegte den Weinwirt woanders hin. Um sie herum breitete Paris die Unendlichkeit seiner grauen Massen bis zu den bläulichen Fernen aus, in seinen tiefen Tälern wogte ein Meer von Dächern; die ganze rechte Seite des Flusses lag im Schatten einer großen, beinahe kupferfarbigen Wolke. Die Ränder dieser Wolke leuchteten golden und unter ihr strömten breite Lichtmassen hervor, welche die Tausende und aber Tausende von Fensterscheiben auf der linken Seite des Flusses wie Sterne erglänzen machten, so daß

sich dieser Teil der Stadt wie in Licht gebadet von dem klaren Himmel abhob, den der Sturm reingefegt hatte.
„Wir sind doch hier nicht heraufgestiegen, um uns zu zanken", sagte Boche, indem er übellaunig der Treppe zuschritt.
Die Hochzeitsgesellschaft stieg stumm und verstimmt hinab, so daß man nur das Klappern ihrer Schuhe auf den Treppenstufen hörte. Unten wollte Herr Madinier bezahlen, aber Coupeau duldete das nicht, er beeilte sich, dem Wächter vierundzwanzig Sous, also zwei Sous pro Person, in die Hand zu drücken. Es war nahezu halb sechs geworden und man hatte nur noch so viel Zeit, um geradewegs zum Essen zu gehen. So ging man denn die Boulevards und den Faubourg Poissonière entlang. Coupeau war der Ansicht, daß der Spaziergang nicht ein so nüchternes Ende nehmen könne und drängte die Gäste in eine Weinschenke, wo sie etwas Wermutschnaps mit Wasser zu sich nehmen mußten.
Das Essen war auf sechs Uhr bestellt. Bereits seit zwanzig Minuten wartete man im Wirtshause auf die Hochzeitsgesellschaft. Madame Boche, die ihre Portierloge einer Frau aus ihrem Hause anvertraut hatte, plauderte mit Madame Coupeau in dem Saal des ersten Stockes, angesichts des gedeckten Tisches, um den herum die beiden Schlingel Etienne und Claude zwischen einem Gewirre von Stühlen Zeck spielten. Als Gervaise beim Eintreten die Kleinen bemerkte, deren Anblick sie während des ganzen Tages hatte entbehren müssen, nahm sie sie auf ihren Schoß und bedeckte sie mit Küssen.
„Sind sie denn auch artig gewesen?" fragte sie Madame Boche. „Haben sie Euch denn nicht ganz toll gemacht?"
Als diese ihr nun Dinge erzählte, die dieses kleine Kroppzeug im Laufe des Nachmittags gesagt hatte und die zum Totlachen waren, hob sie sie noch einmal empor und küßte sie mit leidenschaftlicher Zärtlichkeit.
„Für Coupeau ist das immerhin ein bißchen merkwürdig", sagte Madame Lorilleux zu den Damen am anderen Ende des Saales.
Gervaise hatte ihre ruhige, lächelnde Miene vom Morgen noch immer bewahrt. Nur während des Spazierganges wurde sie von Zeit zu Zeit besorgt, wenn sie ihren Mann und die Lorilleux' mit nachdenklicher Miene beobachtete. Sie fand Coupeau seiner Schwester gegenüber feige. Noch am vergangenen Abend hatte er sich hoch und teuer verschworen, er wolle diesen Lästermäulern schon die Wege weisen, wenn sie es seiner Frau gegenüber sollten an der gebührenden Achtung fehlen lassen. Aber wenn er ihnen gegenüber war, so sah sie, wie er sich duckte, er legte allem, was sie sagten, den besten Sinn unter, und war geschmeidig wie ein Aal, wenn er glaubte, daß sie ihm böse wäre. Das alles beunruhigte die junge Frau für die Zukunft.
Jetzt wartete man nur noch auf Mes-Bottes, der noch nicht wieder zum Vorschein gekommen war.
„Ach was!" rief Coupeau, „laßt uns doch zu Tisch gehen. Der wird sich schon einfinden, der hat eine gute Nase und riecht eine Gasterei auf eine Meile weit ... Hört mal, wenn der immer noch auf dem Wege nach St. Denis Schnittlauch für den Salat sucht, dann muß er sich gut unterhalten!"
Diese Vorstellung brachte Heiterkeit in die Gesellschaft, und alle setzten sich mit großem Stuhlgerücke zu Tisch. Gervaise saß zwischen Lorilleux und Herrn Madinier und Coupeau zwischen Madame Fauconnier und Madame Lorilleux. Die andern setzten sich, wo sie wollten, denn es gab fast immer Eifersüchteleien und Streitigkeiten, wenn die Plätze vorher belegt wurden. Boche schlängelte sich neben Madame Lerat. Bibi-la-Grillade bekam Fräulein Remanjou und Madame Gaudron zu Nachbarinnen. Madame Boche und Mama Coupeau übernahmen es, an dem einen Ende des Tisches für die Kinder zu sorgen, ihnen das Fleisch zu schneiden und zu trinken einzugießen, damit sie nicht zu viel Wein bekämen.
„Wird niemand das Tischgebet sprechen?" fragte Boche, während die Damen ihre Röcke aus Furcht vor Flecken unter dem Tischtuch zurechtdrückten.
Da Madame Lorilleux erklärte, daß sie solche Dummheiten nicht liebte, so wurde die schon fast ganz kalte Nudelsuppe sehr schnell und mit einem schmatzenden Geräusch verzehrt.
Zwei Kellner in kurzen, fleckigen Jacken und Schürzen von zweifelhafter Weiße besorgten die Bedienung.* Durch die vier geöffneten Fenster, die auf den Hof mit den Akazienbäumen gingen, drang die Abendluft des Sommertages herein, die nach dem Gewitter nicht viel von ihrer früheren Wärme verloren hatte. Der Reflex der Bäume in diesem feuchten Winkel ließ den dunstigen Saal grün erscheinen, und die Schatten des Laubes huschten über das feuchte Tischtuch, von dem ein unbestimmter stockiger Geruch ausging. Zwei Spiegel zierten den Saal, die voller Fliegenschmutz waren; da sie einander gegenüber an den beiden Querwänden hingen, so schienen sie die Tafel bis ins Unendliche zu verlängern. Diese Tafel war mit dickem, gelblichem Steingutgeschirr bedeckt, in dessen Rissen und Messerkratzern sich der schwarze, fettige Schmutz des Spülwassers festgesetzt hatte. Wenn sich beim Eintreten der Kellner die nach der Küche führende Hintertür öffnete, so machte sich ein starker Geruch von Speiseresten bemerkbar.
„Aber wir dürften nicht alle auf einmal reden", sagte Boche, als alle schweigend die Nasen in ihre Teller steckten.
Als man soeben das erste Glas Wein trank und mit den Augen zwei Fleischpasteten verschlang, die von den Kellnern aufgetragen wurden, trat Mes-Bottes ein.
„Ihr seid ja eine nette Bande!" schrie er. „Volle drei Stunden habe ich meine Beine auf der Landstraße abgenutzt, so daß mich sogar ein Gendarm nach meinen Pa-

* *Anmerkung des Übersetzers:* Der französische, besonders der Pariser Kellner, trägt nicht, wie der deutsche, einen Frack, sondern eine kurze Jacke und eine vom Gürtel bis beinahe zum Boden reichende weiße Schürze.

pieren gefragt hat ... Ist das recht, einen Freund so reinfallen zu lassen? Wenn ihr mir wenigstens noch durch einen Dienstmann einen Zettel geschickt hättet! Nein, wißt ihr, Scherz beiseite, ich finde das etwas stark. Und dabei regnete es so toll, daß ich alle Taschen voll Wasser hatte ... Ich glaube, man kann jetzt noch nach Plötzen drin fischen!"

Die Gesellschaft lachte aus vollem Halse. Das Vieh, der Mes-Bottes, hatte einen Schwips, zwei Liter hatte er wenigstens schon hinter die Binde gegossen, nur um der Froschsuppe das Gegengewicht zu halten, die der Gewitterregen auf seine Kleider schüttete.

„Nun laß es gut sein, du Graf Gierschlund", sagte Coupeau, „mach und setze dich da neben Madame Gaudron. Du siehst, daß du erwartet wurdest."

Oh! Das wäre das wenigste, er würde schon nachkommen; dabei verlangte er von der Suppe dreimal und schnitt noch ungeheure Mengen Brot in die tiefen Teller mit den Nudeln. Als man die Fleischpasteten in Angriff nahm, erregte er die ungeheuchelte Bewunderung der ganzen Tischgesellschaft. Wie schlang er! Die erschrockenen Kellner waren beide beschäftigt, ihm Brot zuzureichen, wovon er die klein bemessenen Schnitten auf einen Bissen verschwinden ließ. Schließlich wurde er böse, er wollte, daß man ein ganzes Brot neben ihn legen sollte. Der ernsthaft beunruhigte Wirt der Weinschenke zeigte sich einen Augenblick auf dem Vorflur. Die Gesellschaft, die das erwartet hatte, schüttete sich vor Lachen aus. Der zeigte dem Kneipenwirt einmal, was essen heißt! Er war doch ein verteufelter Kerl, dieser Mes-Bottes! Hatte er nicht eines Tages zwölf harte Eier gegessen und dazu zwölf Gläser Wein getrunken, während die zwölf Schläge der Uhr ertönten? Man konnte lange suchen, ehe man noch so einen fand. Fräulein Remanjou sah mit wehmütiger Rührung auf die Kinnbackenarbeit des Mes-Bottes, und Herr Madinier suchte nach Worten, um sein beinahe ehrfurchtsvolles Erstaunen auszudrücken; schließlich erklärte er eine solche Fähigkeit für ganz außerordentlich.

Eine feierliche Stille entstand, als ein Kellner in einer sehr großen Schüssel, die so tief wie ein Salatnapf war, ein Kaninchenfrikassee auftrug. Coupeau, der immer Späße machte, hatte dieses Mal einen guten Einfall.

„Sagt mal, Kellner, das war wohl ein Dachhase? Der schreit ja noch miau!"

In Wirklichkeit schien ein vortrefflich nachgeahmtes Miau! Miau! von der Schüssel her zu kommen. Es war Coupeau, der das mit der Kehle machte, ohne die Lippen zu bewegen. Dieses kleine gesellschaftliche Talent war stets von so sicherem Erfolg begleitet, daß er niemals auswärts aß, ohne ein Frikassee von Kaninchen zu bestellen. Die Damen wischten sich mit ihren Servietten über die Gesichter, weil sie zu viel hatten lachen müssen.

Madame Fauconnier bat sich den Kopf aus, den sie ganz besonders gern aß. Fräulein Remanjou schwärmte für die Speckstückchen. Als Boche erklärte, daß er die kleinen Zwiebeln vorzöge, wenn sie gut durchgebraten seien, kniff Madame Lerat die Lippen zusammen und murmelte zwischen den Zähnen: „Das kann ich begreifen."

Obgleich sie dürr wie eine Hopfenstange war und das zurückgezogene Leben einer ordentlichen, fleißigen Arbeiterin führte, die seit ihrer Witwenschaft auch nicht die Nase eines Mannes bei sich gesehen hatte, so liebte sie doch, fortwährend Anspielungen auf unzüchtige Dinge zu machen; sie hatte eine besondere Vorliebe für doppelsinnige Worte, deren Bedeutung allerdings gewöhnlich so tief lag, daß nur sie allein sie verstand. Als Boche sich vorbeugte und eine Erklärung verlangte, sagte sie ihm ganz leise ins Ohr:

„Nun natürlich, die kleinen Zwiebeln ... Ich denke, das genügt."

Jetzt wurde die ganze Unterhaltung ernsthaft. Jeder fing an, von seinem Handwerk zu sprechen. Herr Madinier sang ein Loblied auf die Kartons, es gäbe in unserem Vaterlande wahre Künstler; er erzählte von Kartons für Neujahrsgeschenke, von denen er die Modelle kannte und die wahre Wunderwerke von Reichtum und Schönheit wären. Lorilleux lächelte verächtlich, er war sehr stolz darauf, Gold zu verarbeiten, und glaubte, daß sich ein Abglanz davon über seine Hände und seine ganze Person verbreitete. Er erzählte, daß die Juweliere in früheren Zeiten den Degen getragen hätten, und führte aufs Geratewohl Bernhard Palissy als Beispiel an. Coupeau sprach von einer Wetterfahne, dem Meisterstück eines seiner Kameraden; das bestand aus einer Säule, einer Garbe, einem Fruchtkorb und einer Fahne; das alles sei sehr schön dargestellt und nur aus kleinen Stückchen Zinn zusammengesetzt, die aneinandergelötet seien. Madame Lerat zeigte Bibi-la-Grillade, wie man einen Rosenstengel machte, indem sie den Griff ihres Messers zwischen ihren knochigen Fingern hin und her rollte. So wurde die Unterhaltung immer lebhafter, alle sprachen durcheinander, und in dem Lärm hörte man, wie Madame Fauconnier sich mit erhobener Stimme über eine ihrer Arbeiterinnen beklagte, eine kleine Dirne, die noch lernte und die ihr noch tags zuvor ein Paar Bettücher verbrannt hätte.

„Ihr mögt alle sagen, was ihr wollt", schrie Lorilleux, indem er mit der Faust auf den Tisch schlug, „Gold wird immer Gold bleiben!"

Inmitten des Schweigens, welches durch den Ausspruch dieser unumstößlichen Wahrheit hervorgebracht wurde, hörte man nur die Flötenstimme des Fräuleins Remanjou, die fortfuhr: „Also, ich hebe ihnen den Unterrock auf und nähe ihn inwendig fest ... Dann stecke ich ihnen eine Stecknadel in den Kopf, um die Haube festzuhalten ... Und ist es getan, verkauft man sie zu dreizehn Sous."

Sie setzte Mes-Bottes auseinander, wie sie ihre Puppen machte, während die Kiefer dieses Ehemanns langsam, wie ein Paar Mühlsteine, arbeiteten. Er hörte ihr gar nicht zu und nickte nur hin und wieder mit dem Kopfe, er paßte scharf auf die Kellner, damit sie nicht eine Schüssel hinaustrügen, ehe er sie ganz ausgeleert hatte. Man hatte

noch ein Kalbsfrikandeau mit Sauce und grünen Bohnen gegessen. Jetzt trug man den Braten auf, es waren das zwei magere Hühner, die auf einer Unterlage von Brunnenkresse schlummerten; sie waren im Ofen gekocht und sahen blaß und kränklich aus. Draußen lagen die letzten Strahlen der untergehenden Sonne auf den Zweigen der Akazien. Im Saale nahm der grüne Widerschein des Laubes zu; vom Tisch, der mit Wein und Sauce bedeckt war und den die in Unordnung gebrachten Kuverts bedeckten, stiegen Dünste auf; längs der Wände hatten die Kellner die schmutzigen Teller und die leergetrunkenen Flaschen niedergesetzt, die sich dort wie der zusammengefegte Abhub einer Mahlzeit ausnahmen. Es war sehr heiß geworden; die Männer hatten ihre Röcke ausgezogen und aßen in Hemdsärmeln weiter.
„Madame Boche, ich bitte Sie, stopft sie nicht so voll", sagte Gervaise, die nur wenig sprach und Claude und Etienne von weitem überwachte.
Sie stand auf und plauderte einen Augenblick hinter den Stühlen ihrer Kleinen. Solche Kinder haben keinen Verstand, die würden den ganzen Tag lang essen, ohne auch nur ein Stück zurückzuweisen; sie selbst legte ihnen von dem Huhn ein Stückchen weißes Fleisch vor. Madame Coupeau meinte, einmal könnten sie sich schon den Magen verderben. Madame Boche beklagte sich mit leiser Stimme über ihren Mann, er kniffe Madame Lerat die Knie. Oh, der ist ein Taugenichts, der nur Dummheiten macht. Sie habe wohl gesehen, wo seine Hand geblieben sei. Wenn er solche Sachen anfinge, bei Gott, sie sei die Frau danach, um ihm eine Wasserflasche an den Kopf zu werfen.
Jetzt, wo in den Gesprächen eine Pause eintrat, hörte man Herrn Madinier von Politik sprechen. Ihr Gesetz vom einunddreißigsten Mai sei eine Schandtat. Jetzt muß man zwei Jahre an derselben Stelle gewohnt haben. Drei Millionen Bürger sind aus den Listen gestrichen ... Man sagt, daß Bonaparte eigentlich auf das Gesetz sehr böse sei, denn er liebe das Volk, davon hat er Beweise gegeben. Er sei Republikaner, aber er bewundere den Prinzen seines Onkels wegen; das war ein Mann, wie wohl so bald keiner wiederkommen werde. Bibi-la-Grillade wurde ärgerlich; er hatte im Elysee gearbeitet, er hatte Bonaparte gesehen, so wie er jetzt Mes-Bottes sähe, der ihm da gegenüber säße; nun wohl, dieser Tölpel von Präsident sieht wie ein Klopphengst aus, ja, ja! Man sagt ja, daß er jetzt einen Ausflug in die Gegend von Lyon machen wollte, da könnte man ihn billig loswerden, wenn er sich in irgendeinem Graben den Hals bräche. Da die Unterhaltung einen häßlichen Ton annahm, glaubte Coupeau, sich ins Mittel legen zu müssen.
„Holla, seid ihr noch so grün, euch in die Politik zu verrennen? ... Das ist eine schöne Komödie! Da kann man hinsetzen, was man will, einen König, einen Kaiser oder gar nichts, das alles kann mich nicht hindern, meine fünf Francs zu verdienen, zu essen und zu schlafen, nicht wahr? ... Nein, das ist ja zu dumm!"
Lorilleux schüttelte den Kopf. Er war am selben Tage wie der Graf von Chambord geboren, den neunundzwanzigsten September achtzehnhundertundzwanzig. Dieses Zusammentreffen beschäftigte ihn sehr, er erging sich in unbestimmten Träumereien, in denen er eine Beziehung zwischen der Rückkehr des Königs nach Frankreich und seinem eigenen Schicksal sah. Er sagte nicht geradezu, was er hoffte, aber er ließ durchblicken, daß ihm dann etwas ganz außerordentlich Angenehmes widerfahren würde. So verschob er denn die Erfüllung all der Wünsche, die zu groß waren, um jetzt befriedigt zu werden, auf die Rückkehr des Königs nach Frankreich. „Übrigens", erzählte er, „habe ich einmal des Abends den Grafen von Chambord gesehen ..."
Alle wendeten ihm ihre Gesichter zu. „Jawohl, ganz genau. Ein starker Mann, der wie ein guter Kerl aussieht, in einem Überrock ... Ich war gerade bei Péquignot, einem meiner Freunde, der in der Grande Rue de la Chapelle Möbel feilhält. Der Graf von Chambord hatte abends zuvor dort einen Regenschirm gelassen. Er kam also hinein und sagte ganz einfach: Wollen Sie wohl so gut sein und mir meinen Schirm geben? Mein Gott, ja, er war es, Péquignot hat mir sein Ehrenwort darauf gegeben."
Keiner der Gäste zweifelte im geringsten daran. Man war jetzt beim Nachtisch. Die Kellner räumten mit großem Tellergeklapper den Tisch ab. Der Madame Lorilleux, die sich bis dahin sehr schicklich, ganz wie eine Dame benommen hatte, entfuhr plötzlich ein: „Verdammter Schlingel!", weil einer der Kellner beim Abräumen ihr etwas Feuchtes hatte in den Nacken fließen lassen. Sicher mußte ihr Seidenkleid einen Fleck haben. Herr Madinier mußte ihren Rücken untersuchen, aber er fand nichts, wie er heilig beteuerte.
In der Mitte der Tafel prangte jetzt eine große Schüssel mit Eiern in geschlagener Sahne, an deren Seite eine Schüssel mit verschiedenen Arten Käse und eine Schüssel mit Früchten aufgestellt waren. Die Eier, deren Weißes zu hart gekocht war, und die in der gelblichen Creme schwammen, erregten ehrfurchtsvolles Staunen, man hatte mit so etwas nicht gerechnet und fand das Gericht sehr vornehm. Mes-Bottes aß noch immer. Er hatte sich schon wieder Brot bestellt, mit dessen Hilfe er den Überresten auf der Käseschüssel ein Ende machte; da noch etwas Creme übrigblieb, ließ er sich die Schüssel reichen und schnitt große Brocken Brot hinein, wie er es bei der Suppe gemacht hatte.
„Der Herr leistet wirklich Bedeutendes", sagte Herr Madinier, den diese Taten zu neuer Bewunderung hinrissen.
Die Männer standen jetzt auf, um ihre Pfeifen hervorzuholen. Einen Augenblick blieben sie hinter Mes-Bottes stehen, klopften ihm auf die Schultern und erkundigten sich, ob es denn nun schon ein bißchen besser ginge. Bibi-la-Grillade hob ihn mit seinem Stuhl in die Höhe, aber heiliger Himmel! das Vieh hatte sein Gewicht verdoppelt. Coupeau erzählte zum Spaß, daß sein Kamerad jetzt erst anfange, in den Zug zu kommen, jetzt würde er noch die

ganze Nacht hindurch Brot essen. Die zu Tode erschreckten Kellner verschwanden bei dieser Schreckenskunde. Boche, der einen Augenblick nach unten gegangen war, kam zurück und erzählte, was der Weinwirt unten für ein verstörtes Gesicht mache, er säße ganz blaß in seinem Kontor. Die verblüffte Wirtin hätte soeben geschickt, um sich zu erkundigen, ob die Bäckerladen noch auf wären, sogar die Hauskatze sähe so aus, als ob sie ihren Konkurs anmelden müsse. Es war aber wirklich zu spaßhaft, der fraß mehr Brot, als das ganze Essen kostete, ohne diesen Vielfraß war kein Picknick zu denken. Die rauchenden Männer blickten mit einem gewissen Neid zu ihm hinüber, denn um so viel essen zu können, mußte man eine verdammt feste Konstitution haben. „Euch möchte ich auch nicht zu ernähren haben", sagte Madame Gaudron, „Euch nicht um alle Welt." – „Hört mal, kleines Mütterchen", erwiderte er mit einem Seitenblick auf den Bauch der Madame Gaudron, „Ihr müßt keinen Unsinn reden, Ihr scheint Euch noch ein bißchen mehr in den Leib geschlagen zu haben als ich." Man klatschte ihm Beifall und rief bravo! Der hatte er's gut gegeben.

Es war eine dunkle Nacht, die drei Gasflammen, die in dem Saale brannten, beleuchteten mit unsicher flackerndem Licht die dichten Rauchwolken, welche aus den Pfeifen der Männer schnell emporwirbelten. Als die Kellner den Kaffee und den Kognak serviert hatten, trugen sie die letzten Stöße schmutziger Teller hinunter. Unten bei den drei Akazien hatte der Tanz angefangen; ein Waldhorn und zwei Violinen ließen ihre harten Weisen ertönen, die zeitweise von dem Lachen der Weiber begleitet wurden; all diese Laute klangen rauh in die weiche, heiße Nachtluft hinaus.

„Laßt uns einen Punsch machen!" schrie Mes-Bottes, „zwei Liter Fusel, viel Zitrone und wenig Zucker!"

Coupeau, der in Gervaises besorgtes Gesicht sah, erhob sich und erklärte, daß weiter nichts getrunken würde. Es waren fünfundzwanzig Liter getrunken, die Person ein und ein halber Liter, wenn man die Kinder für voll rechnete; das war mehr als genug. Man ist hier zusammengekommen und hat ein Stück Fleisch gegessen in guter Freundschaft ohne großen Klumpatsch, weil man einander achtete und ein Familienfest zusammen feiern wollte. Alles ist sehr gut verlaufen, man ist vergnügt gewesen und damit genug. Wer sich jetzt hier mit Gewalt einen Zacken antrinken wollte, der würde die Achtung vor den Frauen außer Augen setzen. Mit einem Wort zu guter Letzt, man ist zusammengekommen, um den jungen Eheleuten Gesundheit zuzutrinken, aber nicht, um sich ohne Sinn und Verstand zu bezechen. Diese kleine Rede, welche der Zinkarbeiter mit dem Brustton der Überzeugung vortrug, indem er zu Ende jedes Satzes die Hand auf das Herz legte, erntete den ungeteilten Beifall von Lorilleux und Madinier; aber die anderen, Boche, Gaudron, Bibi-la-Grillade und besonders Mes-Bottes, die alle schon etwas angeheitert waren, versicherten mit lallenden Zungen, daß sie einen ganz verdammten Durst hätten, den sie notwendig begießen müßten.

„Wer Durst hat, hat Durst, und wer keinen hat, der hat keinen", bemerkte Mes-Bottes. Deshalb muß man einen Punsch bestellen ... Man will ja keinen zwingen. Die Vornehmen können sich ja Zuckerwasser raufkommen lassen. Als der Zinkarbeiter mit seiner Predigt noch einmal von vorne anfangen wollte, stand der andere auf und schrie, indem er sich auf die Hüfte schlug: „Bist du bald fertig? Halt's Maul, Cadet! ... Kellner, zwei Liter Scharfen!"

Nun, sagte Coupeau, das wäre ja recht gut, aber dann sollte man wenigstens die Rechnung für das Essen gleich in Ordnung bringen, das würde alle Zänkereien vermeiden. Leute von guter Lebensart brauchten doch nicht für Saufbolde zu bezahlen. Gerade Mes-Bottes brachte nach langem Suchen nur drei Francs und sieben Sous zum Vorschein. Warum hatte man ihn auch so lange auf der Landstraße von St. Denis umhervagabundieren lassen, da hatte er das Fünffrancsstück angerissen, er konnte sich doch nicht ganz ausspülen lassen. Das wäre doch nicht seine Schuld, nicht wahr? Endlich gab er die drei Francs und behielt die sieben Sous für Tabak für den nächsten Morgen zurück. Coupeau war so wütend, daß er auf ihn losgeschlagen hätte, wenn ihn nicht Gervaise, die sehr erschrocken war, mit bittender Miene am Rock festgehalten hätte. Er entschloß sich, zwei Francs von Lorilleux zu borgen, der sie ihm heimlich gab, nachdem er sie ihm erst verweigert hatte, denn seine Frau würde das sicherlich nie zugegeben haben. Mittlerweile hatte Herr Madinier einen Teller zum Sammeln genommen. Das Fräulein und die alleinstehenden Damen, Madame Lerat, Madame Fauconnier, Fräulein Remanjou, legten ihr Fünffrancsstück bescheiden darauf. Nun zogen sich die Herren nach dem anderen Ende des Saales zurück und machten die Rechnung. Es waren fünfzehn Personen, das machte also fünfundsiebzig Francs. Als diese Summe im Teller war, legte noch jeder der Männer fünf Sous für die Kellner hinzu. Sie brauchten eine volle Viertelstunde, um mit angestrengtestem Rechnen die Sache zur Zufriedenheit aller zu erledigen.

Als Herr Madinier, der die Angelegenheit mit dem Wirt selbst ordnen wollte, diesen heraufbitten ließ, war die ganze Gesellschaft sehr betroffen von dessen Erklärung, daß er damit noch durchaus nicht befriedigt sei. Es seien da einige mehr gelieferte Dinge zu berechnen. Als dieser Ausspruch mit einem Wutgeheul aufgenommen wurde, machte er die spezielle Berechnung: Fünfundzwanzig Liter statt zwanzig, wie man vorher abgemacht hatte; die Eier in der Schlagsahne, die er hinzugefügt hatte, als er sah, daß das Dessert ein wenig dürftig ausfiel, endlich eine Flasche Rum, die man mit dem Kaffee herumgereicht hatte für den Fall, daß jeman den Rum lieben sollte. Diese Erklärung entfachte einen heftigen Streit. Coupeau, den man beiseite genommen hatte, sträubte sich; er hatte nicht ein Wort von zwanzig Litern gesprochen. Was die Eier in der Schlagsahne beträfe, so gehörten sie zum Dessert, das sei des Wirtes Sache, denn er hätte sie ja aus freien Stücken zugegeben. So bliebe denn nur noch die Flasche Rum; das sei ein Gaunerkniff, um die Rechnung größer zu machen, daß man Liköre auf den Tisch stellt, von denen niemand weiß, daß sie besonders bezahlt werden müssen.

„Er ist mit dem Kaffee serviert, also gehört er zum Kaffee ... Laßt uns in Ruhe! Nehmt Euer Geld und ein heiliges Donnerwetter soll einschlagen, wenn wir je wieder einen Fuß in Eure Baracke setzen!" – „Es macht sechs Francs mehr", sagte der Wirt. „Gebt mir meine sechs Francs ... dann will ich auch die drei Brote nicht rechnen, die der Herr extra gegessen hat!"

Die ganze Gesellschaft hatte sich um ihn herumgedrängt und redete mit wütenden Gebärden und zornerstickten Stimmen auf ihn ein. Besonders die Frauen hatten ihre Zurückhaltung aufgegeben und weigerten sich, auch nur einen Centime hinzuzufügen. Nun ja! Das war ja eine recht hübsche Hochzeit! Fräulein Remanjou würde sich wohl hüten, noch einmal ein solches Essen mitzumachen! Madame Fauconnier hatte sehr schlecht gegessen; zu Hause hätte sie sich für vierzig Sous ein Gericht gemacht, um sich die Finger danach zu lecken. Madame Gaudron beklagte sich bitter, daß man ihr unten am Tisch einen schlechten Platz neben Mes-Bottes gegeben hätte, der auch nicht die geringste Rücksicht für sie gezeigt habe. Solche Gesellschaften nähmen immer ein schlechtes Ende. Wenn man seine Hochzeit feiern wollte, so müßte man sich die Leute einladen! Gervaise, die sich zu Mama Coupeau an eines der Fenster geflüchtet hatte, sagte nichts, beschämt fühlte sie sehr wohl heraus, daß alle diese Bemerkungen auf sie gemünzt waren.

Endlich ging Herr Madinier mit dem Wirt hinunter, wo man sie laut unterhandeln hörte. Nach einer halben Stunde kam der Kartonfabrikant wieder nach oben; er hatte abgemacht, indem er noch drei Francs gegeben. Trotzdem blieb die Gesellschaft verstimmt und erregt, man kam immer wieder auf die Frage wegen der Nachrechnung zurück. Der Lärm nahm noch zu, als Madame Boche eine Gewalttat beging. Sie paßte fortwährend auf ihren Mann auf. Als sie ihn in einer Ecke Madame Lerat um die Taille fassen sah, ergriff sie eine Wasserflasche und warf sie nach ihm, so daß das Gefäß an der Wand zerschellte.

„Man sieht wohl, daß Ihr Mann Schneider ist, Madame", sagte die große Witwe mit einem mysteriösen Lächeln." Das ist ein Unterrockschneider Nummer eins ... Ich habe ihm dafür auch unter dem Tisch ein paar Fußtritte gegeben, die waren nicht schlecht."

Damit war der Abend nun ganz und gar verdorben; man wurde immer übellauniger. Herr Madinier schlug vor, daß man doch singen sollte; aber als man nach Bibi-la-Grillade suchte, der eine schöne Stimme hatte, war er verschwunden. Fräulein Remanjou, die an einem der Fenster saß, bermerkte ihn, wie er unter den Akazien mit einem dicken Mädchen mit aufgelösten Haaren tanzte. Das Waldhorn und die beiden Violinen spielten den „Mostrichmann", eine Quadrille, bei deren einzelnen Touren man in die Hände klatschte.

Nun gab es einen allgemeinen Aufbruch: Mes-Bottes und das Ehepaar Gaudron gingen hinunter, selbst Boche verschwand spurlos. Von den Fenstern aus sah man die Paare unter dem Laubdach sich drehen, dessen Grün vom Licht der an den Zweigen aufgehängten Laternen ein grelles, unnatürliches Aussehen bekam. Die Nacht schlummerte ohne einen Atemzug, als ob die große Hitze sie betäubt habe. Oben im Saal hatte sich eine ernste Unterhaltung zwischen Lorilleux und Herrn Madinier entwickelt, während die Damen, die nun nicht mehr wußten, woran sie ihre üble Laune auslassen sollten, ihre Kleider untersuchten und nachsahen, ob sie keine Flecke bekommen hätten.

Die Schleppe der Madame Lerat war in den auf den Boden gegossenen Kaffee gestippt. Die ungebleichte Robe der Madame Fauconnier war voller Sauce. Der grüne Schal der Mama Coupeau war vom Stuhl gefallen und wurde in einer Ecke wiedergefunden, nachdem er ganz zerknautscht und zertreten war. All das war nichts gegen Madame Lorilleux, die es am besten verstand, eine Nahrung für ihren Grimm zu finden. Sie hatte einen Fleck auf dem Rücken, und wenn man ihr auch noch so oft zuschwor, daß es nicht der Fall sei, sie fühlte das. So lange drehte sie sich vor dem Spiegel den Hals um, bis sie ihren Fleck gefunden hatte.

„Na, was habe ich denn gesagt?" schrie sie. „Es ist Sauce von den gebratenen Hühnern. Der Kellner muß mein Kleid bezahlen. Dem werde ich einen Prozeß an den Hals hängen ... Na, weiter hat ja dem Tage nichts mehr gefehlt! Wie klug wäre ich gewesen, wenn ich zu Hause geblieben wäre ... Jetzt gehe ich. Ich habe genug von Eurer verdammten Hochzeit!"

Sie ging wütend weg und machte die Treppe unter der Wucht ihrer Tritte erzittern. Lorilleux lief ihr nach. Aber alles, was er von ihr erlangen konnte, war, daß sie versprach, fünf Minuten auf der Straße zu warten, wenn man mit ihr zusammen gehen wollte. Sie hätte schon nach dem Gewitter weggehen sollen, wie sie es auch eigentlich gewollt habe. Den Tag würde sie Coupeau so bald nicht vergessen. Als dieser hörte, daß sie so wütend sei, schien er sehr betreten; um ihm Unannehmlichkeiten zu ersparen, willigte Gervaise ein, nun auch gleich nach Hause zu gehen. So nahm man eiligen Abschied voneinander. Herr Madinier übernahm es, Mama Coupeau nach Hause zu bringen. Madame Boche sollte für die erste Nacht Claude und Etienne bei sich schlafen lassen, da konnte ihre Mutter ruhig sein, sie würden auf Stühlen ganz gut schlafen, obwohl sie sich mit den Schlagsahneeiern beide den Magen überladen hatten. Nun endlich konnte das junge Paar mit Lorilleux sich fortstehlen und den Rest der Gesellschaft bei dem Weinwirt lassen, wo gerade jetzt ein heftiger Streit auf dem Tanzboden ausbrach, und zwar zwischen ihrer Gesellschaft und einer andern; Boche und Mes-Bottes hatten eine Dame geküßt und wollten sie auf keinen Fall den beiden Militärs wieder zustellen, zu denen sie gehörte; sie drohten, die ganze Bude auszuräumen, all das bei den Klängen des Waldhorns und der beiden Violinen, die die Perlpolka spielten.

Es war eben elf Uhr. Auf dem Boulevard de la Chapelle und in dem ganzen Stadtviertel de la Goutte-d'Or herrschte ein wüster Lärm. Es war diesen Sonnabend der Fünfzehnte und Zahltag, daher die Menge der Betrunkenen, die man antraf. Madame Lorilleux wartete unter einer Gaslaterne, zwanzig Schritte vom Wirtshause „Zur Goldenen Windmühle". Sie nahm Lorilleux' Arm und ging, ohne sich umzusehen, mit so starken Schritten davon, daß Coupeau und Gervaise daran verzweifelten, ihnen zu folgen. Hin und wieder schritten sie vom Trottoir, um einen Trunkenbold zu umgehen, der dort, alle viere von sich gestreckt, auf dem Pflaster lag. Lorilleux wendete sich einige Male zurück und suchte alles wieder ins gleiche zu bringen. „Wir werden euch bis zu eurer Tür bringen."

Nun erhob aber Madame Lorilleux ihre Stimme und erklärte, daß sie nicht begreifen könnte, wie man eine Hochzeitsnacht in einem solchen Schmutzloch wie dem Hotel Boncœur zubrächte. Hätten sie nicht mit der Hochzeit noch warten, sich etliche Groschen ersparen, Möbel kaufen und dann den ersten Abend in ihrem eigenen Heim zubringen können? Sie würden sich sehr wohl befinden da unter dem Dach, alle beide eingepfercht in ein Kämmerchen zu zehn Francs, wo sie nicht einmal Luft zum Atmen hätten. „Ich habe schon gekündigt, wir bleiben da oben nicht", bemerkte Coupeau schüchtern. „Wir behalten das Zimmer von Gervaise, das ist größer."

Jetzt vergaß Madame Lorilleux alle Rücksicht, mit einem kurzen Ruck wendete sie sich um. „Aber das ist denn doch zu stark!" schrie sie. „Du willst dich in dem Zimmer der Humpelliese schlafen legen?"

Gervaise erbleichte. Dieser Spitzname, der ihr da zum ersten Mal ins Gesicht geschleudert wurde, berührte sie wie eine Ohrfeige. Sie verstand sehr wohl die Bemerkung ihrer Schwägerin: das Zimmer der Humpelliese, das war das Zimmer, in dem sie noch einen Monat mit Lantier zusammengelebt hatte, dem noch die Spuren dieses früheren Lebens anhafteten. Coupeau verstand das nicht, ihn verletzte nur der Spitzname. „Du hast es auch nicht gerade nötig, andere Leute zu taufen, du weißt wohl nicht, daß man dich im ganzen Quartier Kuhschwanz nennt, wegen deiner schönen Haare. Das gefällt dir auch nicht, nicht wahr? ... Warum sollten wir denn das Zimmer im ersten Stock nicht behalten? Heut abend, wo die Kinder nicht da sind, werden wir da sehr gut aufgehoben sein."

Madame Lorilleux antwortete darauf nichts, sie hüllte sich in ihre Würde, innerlich empört darüber, daß sie Kuhschwanz hieß. Coupeau versuchte, Gervaise zu trösten und drückte ihr sanft den Arm; schließlich gelang es ihm, ihr sogar ein Lächeln zu entlocken, als er ihr mitteilte, daß er noch mit der runden Summe von sieben Sous, drei dicken Sous und einem kleinen, nach Hause käme, wobei er die Geldstücke in seiner Hosentasche aneinanderklingen ließ. Am Hotel Boncœur angekommen, verabschiedete man sich mit verstimmten Gesichtern. Als eben Coupeau die beiden Frauen aneinanderdrängte und sagte, daß sie dumm seien, kam ein Trunkenbold des Weges, welcher nach rechts zu gehen schien, doch plötzlich eine heftige Wendung nach links ausführte und so zwischen die beiden fiel. „Sieh da! Das ist ja der Vater Bazouge!" sagte Lorilleux. „Der hat seine Ladung heute."

Gervaise lehnte sich erschreckt gegen die Haustür. Der Vater Bazouge war Leichenbesorger, ungefähr fünfzig Jahre alt. Er hatte sein schwarzes Beinkleid mit Straßenschmutz bespritzt und seinen schwarzen Mantel schief auf der Schulter zugehackt; sein Hut von schwarzem Leder hatte durch irgendeinen Sturz eine bedenklich platte Form erhalten.

„Ihr braucht euch nicht zu fürchten, er ist nicht bösartig", sagte Lorilleux. „Das ist ein Nachbar; er hat das dritte Zimmer von dem unseren auf demselben Korridor ... Das wäre hübsch, wenn seine Vorgesetzten ihn so sehen könnten!"

Der Vater Bazouge nahm den Schrecken der jungen Frau sehr übel. „Na, na", stotterte er, „hierzulande frißt dich niemand auf ... Ich bin ebensogut wie ein anderer, meine Kleine ... Ich habe allerdings einen Schluck getrunken! Wenn man arbeiten soll, muß man die Räder schmieren. Ihr oder Eure Gesellschaft hättet heute den sechshundert Pfund schweren Rentier nicht so wie ich und mein Kamerad vom vierten Stock auf die Straße befördert und noch dazu ohne ihn kaputtzumachen ... Ich liebe lustige Leute."

Trotz dieser beruhigenden Versicherung trat Gervaise noch mehr in die Türvertiefung zurück und hatte nicht übel Lust zu weinen; ihre ganze Freude an dem Tage war ihr nun verdorben. Sie dachte nicht mehr daran, ihre Schwägerin zu küssen, sondern bat Coupeau, den Betrunkenen aus dem Wege zu schaffen. Für diesen Wunsch hatte Bazouge nur eine Geste voll philosophischer Verachtung. „Das kann alles nichts helfen, meine Kleine ... Ihr werdet vielleicht mal ganz zufrieden sein, wenn man Euch abholt ... Ja, ja, ich kenne Frauen, die noch „Danke schön" dazu sagen würden, wenn man sie nur wegholte." Als Lorilleux sich endlich entschloß, ihn mitzunehmen, murmelte er zwischen zwei Schluchzern die Worte: „Wenn man tot ist ... hört Ihr wohl ... wenn man tot ist, das dauert lange, sehr lange."

IV

Nun folgten vier Jahre harter Arbeit. Das Stadtviertel sah in Gervaise und Coupeau ein Musterehepaar; sie lebten still für sich, ohne Zank, und machten allsonntäglich ihren Spaziergang ins Freie nach der Seite von St. Quen. Die Frau arbeitete zwölf Stunden bei Madame Fauconnier und machte es doch möglich, ihre Wirtschaft tadellos sauberzuhalten und ihrer Familie morgens und abends die Mahlzeiten zu bereiten. Der Mann betrank sich nicht, er brachte alle vierzehn Tage seinen Lohn nach Hause, abends rauchte er vor dem Schlafengehen am Fenster seine Pfeife, um frische Luft zu schöpfen. Wegen ihrer Ordnung und Sparsamkeit waren sie von allen gekannt, und da man wußte, daß sie nahezu neun Francs täglich verdienten, so berechnete man, daß sie schon hübsches Geld beiseite gelegt haben mußten.

Besonders in der ersten Zeit mußten sie sich sehr quälen, um sich mit Ehren durchzubringen. Ihre Heirat hatte ihnen nicht weniger als zweihundert Francs Schulden auf den Hals geladen. Auch mißfiel ihnen das Hotel Boncœur, sie fanden das ekelhaft, die Menge von schmutzigem Verkehr; ihr Traum war es, in ihren eigenen Möbeln zu wohnen und ihre Sachen zu schonen. Wohl zwanzigmal machten sie den Kostenvoranschlag; das belief sich in runder Summe auf dreihundertfünfzig Francs, wenn sie sich nicht allzusehr beschränkten und auch einmal eine Kasserolle und einen Kochofen bei der Hand haben sollten, wenn sie sie gebrauchten. Schon verzweifelten sie daran, eine so bedeutende Summe zu ersparen, als ihnen ein glücklicher Zufall zustatten kam: ein alter Herr aus Plassans bat, daß man ihm Claude, den älteren der beiden Kleinen, überlassen sollte, er wolle ihn dort auf das College schicken. Es war dies die großmütige Anwandlung eines Originals von Bilderliebhaber, den die Kritzeleien, die der Kleine früher gemacht hatte, auf das lebhafteste interessierten. Claude kostete ihnen schon fast unerschwingliche Summen. Als sie nur noch für den jüngsten zu sorgen hatten, erübrigten sie die dreihundertundfünfzig Francs in sieben und einem halben Monat. An dem Tage, an welchem sie die Möbel bei einem Trödler in der Rue Belhomme kauften, machten sie, ehe sie heimkehrten, noch einen Spaziergang auf den äußeren Boulevards, um der großen Freude Luft zu machen, die sie erfüllte. Sie hatten nun ein Bett, einen Nachttisch, eine Kommode mit einer Marmorplatte darauf, einen Schrank, einen runden Tisch mit Wachstuchdecke und sechs Stühle. Alles von altem Mahagoniholz; dabei waren das Bettzeug und die noch fast ganz neuen Küchensachen noch nicht gerechnet. Es war dies für sie ein ernster und endgültiger Eintritt in ein geordnetes Leben, das Leben der Besitzenden, welches ihnen unter den Leuten des Stadtviertels ein gewisses Ansehen gab.

Seit zwei Monaten suchten sie nach einer Wohnung. Zuerst wollten sie in dem großen Hause in der Rue de la Goutte-d'Or mieten. Aber dort war auch nicht ein Zimmer frei und sie mußten von der Verwirklichung dieses alten Traumes abstehen. Im Grunde genommen war Gervaise nicht allzu böse darüber; die unmittelbare Nachbarschaft der Lorilleux' erschreckte sie. So suchten sie denn anderweitig. Coupeau hielt vernünftigerweise darauf, sich nicht allzuweit von dem Geschäft der Madame Fauconnier zu entfernen, damit Gervaise mit wenigen Schritten zu allen Tageszeiten einmal nach Hause kommen konnte. Endlich machten sie einen Fund: ein großes Zimmer mit Kammer und Küche in der Rue Neuve de la Goutte-d'Or, beinahe dem Wäschegeschäft gegenüber. Es war dies ein kleines, einstöckiges Haus mit einer sehr steilen Treppe, welche nur zu zwei Wohnungen führte, eine zur Rechten und eine zur Linken; unten wohnte ein Fuhrherr, dessen Wagen in Schuppen auf dem sehr großen Hof standen, die längs der Straße hinliefen. Die junge Frau war entzückt, sie glaubte sich in die Provinz zurückversetzt; keine Nachbarn, deren Klatschereien zu fürchten waren, ein stiller Winkel, der sie an eine Gasse in Plassans erinnerte, die dort hinter den Wällen lag; um ihrem Glück die Krone aufzusetzen, fand es sich, daß sie von ihrem Arbeitstisch aus die Fenster ihrer Wohnung sehen konnte, wenn sie nur den Kopf aufhob, ohne ihre Plätteisen auch nur einen Augenblick zu verlassen.

Der Umzug fand zum Apriltermin statt. Damals war Gervaise im achten Monat schwanger. Sie hielt sich sehr tapfer und versicherte lächelnd, daß ihr das Kind bei der Arbeit helfe; sie fühlte, wie es seine kleinen Patschhändchen anstemmte und ihr Kraft gäbe. Oh, Coupeau kam schön bei ihr an, wenn er ihr zureden wollte, sich hinzulegen, um sich zu pflegen! Sie würde sich schon legen, wenn die richtigen Schmerzen kämen; dann wäre es immer noch früh genug, denn jetzt, wo noch ein Mäulchen mehr zu stopfen sei, da würden sie sich wohl beide ganz gehörig daranhalten müssen. Sie selbst machte die ganze Wohnung rein, ehe sie ihrem Mann half, die Möbel zu stellen. Für diese Möbel hatte sie eine religiöse Verehrung; mit mütterlicher Zärtlichkeit wischte sie daran herum und bekam Herzweh über Schrammen, die sie entdeckte; erschrocken hielt sie inne, wenn sie beim Fegen aus Versehen mit dem Besen daran stieß. Die Kommode war ihr besonders wert, sie fand sie schön, dauerhaft und von würdigem Aussehen. Einer ihrer Träume, den sie nie auszusprechen wagte, war es, eine Stutzuhr zu besitzen, um sie mitten darauf zu setzen, wo sie eine prachtvolle Wirkung machen mußte. Wenn das Kind nicht gekommen wäre, so hätte sie es vielleicht gewagt, die Stutzuhr zu kaufen. So aber vertagte sie solche Gedanken mit einem Seufzer auf später.

Das Ehepaar lebte in einem vollen Strom von Entzücken über die neue Wohnung. Das Bett von Etienne stand in der Kammer, wo auch noch Platz für eine andere Kinderschlafstelle war. Die Küche war nicht viel größer als ein Handteller und ganz dunkel, wenn man aber die Tür offenließ, so sah man genug; übrigens hatte ja Gervaise auch nicht für dreißig Personen zu kochen, wenn sie nur Platz für ihr Suppenfleisch fand, so war das genug. Was nun das große Zimmer anlangte, so war das ihr Stolz. Sowie es Tag war, schlossen sie die Vorhänge des Alkovens; diese Vorhänge waren von weißer Baumwolle, und das Zimmer verwandelte sich in ein Eßzimmer mit dem Tisch in der Mitte, der Schrank und die Kommode standen einander gegenüber. Da der Kamin bei der Heizung für wenigstens fünfzehn Sous Steinkohlen täglich verbrauchte, so hatten sie einen kleinen gußeisernen Ofen davor auf die Marmorplatte gesetzt, der selbst bei großer

Kälte das Zimmer für sieben Sous gut erwärmte. Die Wände hatte Coupeau nach Möglichkeit geschmückt, indem er sich noch weitere Verschönerungen vorbehielt: ein hoher Kupferstich stellte einen Marschall von Frankreich vor, der mit seinem Stabe zwischen einer Kanone und einem Haufen Kugeln herumfuchtelte, er vertrat die Stelle des Spiegels; über die Kommode waren die Fotografien der Familie in zwei Reihen rechts und links von einem alten Weihkessel aus vergoldetem Porzellan, in dem man die Zündhölzer aufbewahrte, geordnet; auf dem Karnies des Schranks standen die Büsten von Pascal und Béranger als Gegenstücke, der eine ernst, der andere lächelnd, neben der Kuckucksuhr, deren Ticktack er zu lauschen schien. Es war wirklich ein schönes Zimmer.

„Ratet einmal, was wir hier zahlen?" fragte Gervaise jeden Besuch. Wenn man dann ihre Miete zu hoch schätzte, so triumphierte sie und war entzückt, für so wenig Geld so gut zu wohnen.

„Hundertundfünfzig Francs, nicht einen Sous mehr! Nicht wahr, das ist rein geschenkt?!"

Auch die Rue Neuve de la Goutte-d'Or trug viel zu ihrer Zufriedenheit bei. Gervaise lebte da, indem sie fortwährend zwischen ihrer und Madame Fauconniers Wohnung hin und her ging. Coupeau ging jetzt des Abends hinunter und rauchte seine Pfeife an der Haustür. Die Straße war ohne Trottoirs, und das schlechte Pflaster stieg bergan. Dort oben, nach der Seite der Rue de la Goutte-d'Or, waren dunkle Verkaufsläden mit schmutzigen Fensterscheiben, Schuhmacher, Böttcher, ein Winkelkrämer und ein Weinhändler in Konkurs, dessen seit Wochen geschlossene Fensterläden mit Anschlagzetteln bedeckt waren. Am anderen Ende, gegen Paris zu, ragten Häuser von vier Etagen gen Himmel, deren Erdgeschosse durch eine Menge von Wäscherinnen, eine neben der anderen, dicht besetzt waren, nur die Vorderseite eines kleinstädtischen Friseurladens, welcher ganz grün angestrichen war und dessen Schaufenster eine Menge von Flakons in zarten Farben aufwies, belebte diesen düstern Winkel mit dem hellen Leuchten seiner kupfernen Rasierbecken, welche sehr sauber gehalten waren. Das lustigste Aussehen hatte die Straße in der Mitte, hier waren die Gebäude weitläufiger und niedriger und ließen Licht und Luft zu. Die langen Schuppen des Fuhrherrn und eine benachbarte Selterswasserfabrik sowie die Waschanstalt gegenüber erweiterten den freien Raum, der so still war, daß die unterdrückten Stimmen der Wäscherrinnen und das regelmäßige Ächzen der Dampfmaschine die Ruhe noch zu vermehren schienen. Tiefe Grundstücke, zu welchen enge Wege zwischen dunklen Mauern hinführten, gaben dem Ort ein dorfartiges Aussehen. Coupeau belustigte sich über die seltenen Passanten, welche die ewigen Ströme von Seifenwasser überspringen mußten; er sagte, daß ihn das an eine Gegend erinnere, in die ihn einer seiner Onkel geführt habe, als er fünf Jahre alt war. Die Hauptfreude von Gervaise war ein Baum, der links von ihrem Fenster in einen Hof gepflanzt war, es war eine Akazie mit einem einzigen langen Ast, dessen dürftiges Grün hinreichte, um die ganze Straße in Entzücken zu versetzen.

Am letzten Tage des Monats April kam die junge Frau nieder. Die Wehen stellten sich am Nachmittag gegen vier Uhr ein, als sie gerade ein Paar Gardinen bei Madame Fauconnier plättete. Sie wollte noch nicht gleich weggehen, blieb und wand sich auf einem Stuhl; wenn die Schmerzen sich ein wenig beruhigten, so plättete sie weiter. Die Gardinen waren eilig und sie setzte ihren Kopf darauf, sie fertigzumachen. Vielleicht war das auch nur eine Kolik und man durfte doch nicht auf jedes bißchen Leibschmerzen so achten. Als sie aber davon sprach, Männerhemden anzufangen, wurde sie plötzlich ganz blaß. Sie mußte die Arbeit liegenlassen und ganz zusammengekrümmt über die Straße gehen, wobei sie sich an den Mauern hielt. Eine Arbeiterin erbot sich, sie zu begleiten, doch lehnte sie das ab und bat sie, nur schnell nebenan zur Hebamme in die Rue de la Charbonnière zu gehen. Sicherlich war zu Hause kein Feuer. Die Nacht über würde sie wohl mit der Sache zu tun haben. Nichts hinderte sie, beim Nachhausekommen Coupeaus Essen zurechtzumachen, nachher würde sie dann sehen, daß sie sich einen Augenblick auf das Bett legte, wenn sie sich auch nicht auszöge. Auf der Treppe erfaßte sie eine so starke Wehe, daß sie sich auf den Stufen niedersetzen mußte. Sie preßte beide Hände gegen den Mund, um nicht zu schreien, weil sie sich schämte, dort vielleicht von Männern gefunden zu werden, die die Treppe heraufkämen. Der Schmerz ging vorüber, sie konnte ihre Tür öffnen und fühlte sich leichter in dem Gedanken, daß sie sich sicher getäuscht habe. Sie machte diesen Abend ein Hammelragout mit Koteletts. Alles ging noch gut, während sie die Kartoffeln schälte; als sie die Koteletts über das Feuer setzte, brach ihr wieder der Schweiß aus und die schneidenden Schmerzen erfaßten sie aufs neue. Sie arbeitete an ihrer Pfanne, indem sie vor dem Ofen hin und her trippelte; dicke Tränen verschleierten ihre Augen. Wenn sie auch niederkam, so war das doch kein Grund, um Coupeau ohne Essen zu lassen. Endlich prasselte das Ragout auf gelindem, mit Asche überdecktem Feuer. Sie ging in das Zimmer und glaubte noch so viel Zeit zu haben, um an einem Ende des Tisches aufzudecken. Sie mußte jedoch den Liter Wein, welchen sie in der Hand hatte, schnell wegsetzen. Sie hatte nicht mehr so viel Kraft, um bis zum Bett zu kommen, fiel zu Boden und gebar auf einer Matratze, die da lag. Als die Hebamme eine Viertelstunde später kam, fand sie sie dort mit dem Kleinen.

Noch immer arbeitete der Zinkarbeiter am Hospital. Gervaise wollte nicht dulden, daß man hinging und ihn bei der Arbeit störe. Als er um sieben Uhr nach Hause kam, fand er sie im Bette, bis zum Kinn zugedeckt und ihr Gesicht lag bleich auf dem Kopfkissen. Das Kindchen war zu Füßen seiner Mutter in einen Schal gewickelt und schrie.

„Oh, mein armes Frauchen!" sagte Coupeau, indem er Gervaise küßte. „Und ich, der ich noch vor einer Stunde

scherzte, als du schon in den Wehen lagst! ... Sage mir doch, dir ist doch gut? Du hast das abgemacht in der Zeit, die ein anderer braucht, um zu niesen."
Ein schwaches Lächeln erhellte ihr Antlitz und dann murmelte sie: „Es ist ein Mädchen." – „Das ist mir gerade recht!" sagte der Zinkarbeiter scherzend, um sie zu erheitern. „Hatte ich denn nicht eine Tochter bestellt? Wie? Nun habe ich eine! Machst du denn nicht alles so, wie ich es will?"
Nun nahm er das Kind auf und fuhr fort: „Lasset Euch doch mal ein bißchen ansehen, Fräulein Schmutzfink! ... Ihr habt ja ein ganz schwarzes Gesichtchen. Na, das wird schon weiß werden, nur nicht ängstlich. Nun sei mir hübsch artig und werde keine liederliche Dirne, werde groß und vernünftig, wie Papa und Mama."
Gervaise war sehr ernst geworden, mit weit geöffneten Augen betrachtete sie ihre Tochter und konnte sich trüber Ahnungen nicht erwehren. Sie schüttelte leise ihren Kopf, sie hätte lieber einen Knaben gehabt, weil die sich immer leichter durchschlagen und in Paris nicht so viel Gefahr laufen. Die Hebamme mußte Coupeau den Säugling aus den Händen nehmen. Sie verbot auch Gervaise das Sprechen, es sei schon schlimm genug, daß man so viel Lärm um sie herum mache. Der Zinkarbeiter meinte, daß man Mama Coupeau und die Lorilleux' benachrichtigen müßte; aber jetzt käme er vor Hunger um und wollte erst essen. Für die Wöchnerin war es peinlich, als sie nun zusehen mußte, wie er sich selbst bediente, wie er in die Küche lief, um das Ragout zu holen, das er auf einem Suppenteller aß, und wie er das Brot nicht finden konnte. Trotz des Gebots, stille zu sein, jammerte sie darüber und krümmte sich unter der Bettdecke. Es war aber auch zu dumm, daß sie den Tisch nicht mehr hatte decken können, die Wehe hatte sie umgeworfen, als ob sie jemand zu Boden geschlagen hätte. Ihr guter Mann sollte ihr nur nicht böse sein, da sie da faulenzte, während er so schlecht essen müßte. Sind denn auch die Kartoffeln ordentlich gar? Sie konnte sich nicht mehr darauf besinnen, ob sie sie gesalzen habe. „Seid doch stille!" rief die Hebamme. „Ihr werdet sie auch nicht hindern, sich abzuzappeln", sagte Coupeau mit vollem Munde. „Wenn Ihr nicht da wäret, so wollte ich wetten, daß sie aufstehen würde und mir mein Brot schneiden ... Bleibe du doch auf dem Buckel liegen, du dicke Pute! Du mußt dich doch nicht kaputtmachen, sonst dauert es vierzehn Tage, ehe du wieder auf die Beine kommst ... Dein Ragout ist sehr gut. Madame wird ein bißchen mitessen. Nicht wahr, Madame?"
Die Hebamme dankte bestens, aber ein Glas Wein wollte sie gern annehmen, weil sie das so erschüttert hätte, die arme Frau mit dem Kleinen auf der Matratze liegen zu sehen.
Nun endlich ging Coupeau, um die Neuigkeit der Familie mitzuteilen. Eine halbe Stunde darauf kam er schon mit der ganzen Gesellschaft an, mit Mama Coupeau, den Lorilleux' und Madame Lerat, die er gerade dort getroffen hatte. Bei dem guten Fortkommen des Paares waren die Lorilleux' sehr liebenswürdig geworden und lobten Gervaise über alle Maßen, wenn sie auch durch zweifelhafte Gesten, bedenkliches Kopfschütteln und gelegentliches Augenzwinkern dieses laute Lob sehr beeinträchtigten. Sie wußten nun einmal, was sie wußten, aber sie wollten der allgemeinen Meinung des Stadtviertels nicht entgegen sein.
„Da bringe ich dir den ganzen Bau!" rief Coupeau. „Es ist nun mal so, sie haben dich alle sehen wollen ... Daß du nicht den Schnabel auftust, das ist dir verboten. Sie können dich ansehen, ohne Umstände, nicht wahr? ... Ich werde ihnen Kaffee machen und ihnen allen Gesellschaft leisten." Damit verschwand er in der Küche. Mama Coupeau, die Gervaise umarmt hatte, konnte des Staunens kein Ende finden über das dicke Kind. Auch die beiden anderen Frauen hatten jede der Wöchnerin den üblichen Kuß auf die Backe gegeben. So standen alle drei Frauen vor dem Bett und sprachen über Entbindungen; sie führten seltene Fälle an und waren schließlich der Ansicht, daß die ganze Geschichte nicht schlimmer sei als das Zahnausziehen. Madame Lerat untersuchte die Kleine überall und gewann die Überzeugung, daß sie eine tüchtige Frau abgeben würde; nur den Kopf fand sie zu spitz und drückte ihn leicht, um ihn runder zu machen. Darüber war Madame Lorilleux so böse, daß sie ihr das Kind wegnahm; wenn man ein Kind so drücke, so genüge das, um eine solche Kreatur für alle Laster empfänglich zu machen, besonders, solange der Kopf noch offen sei. Nun suchten sie nach Ähnlichkeiten. Beinahe hätte man sich gezankt. Lorilleux, der hinter den Frauen einen langen Hals machte, meinte, daß die Kleine nichts von Coupeau hätte, vielleicht die Nase ein bißchen. Das war die ganze Mutter, besonders in den Augen, sicherlich kamen diese Augen nicht von ihrer Familie.
Noch immer kam Coupeau nicht wieder. Man hörte, wie er sich in der Küche am Herd mit der Kaffeemaschine zu schaffen machte. In Gervaise drehte sich alles um, das Kaffeemachen war keine Beschäftigung für einen Mann, und sie rief ihm zu, wie er sich dabei benehmen sollte, ohne daß sie weiter auf das „Pst! Pst!" der Hebamme geachtet hätte. „Macht mir den Tisch frei!" sagte Coupeau, als er mit der Kaffeemaschine hereinkam. „Nun, war sie langweilig genug? Sie muß sich jetzt unausstehlich machen ... Wir wollen den Kaffee aus Gläsern trinken, wenn's euch recht ist, weil die Tassen noch beim Kaufmann sind."
Alle setzten sich um den Tisch herum, und Coupeau ließ es sich nicht nehmen, den Kaffee selbst einzugießen; er roch sehr stark, das war kein Blümchenkaffee!
Als die Hebamme ihr Glas ausgeschlürft hatte, ging sie fort. Alles ging nach Wunsch, und man bedurfte ihrer nicht mehr; wenn die Nacht nicht gut sein sollte, so könnte man sie ja immer gegen Morgen holen. Sie war noch nicht die Treppe herunter, als Madame Lorilleux sie auch schon eine Schmarotzerin und Lotterliese nannte. Das nimmt sich vier Stücke Zucker zu seinem Kaffee und läßt sich fünfzehn Francs bezahlen, wenn man auch ganz

allein niedergekommen ist. Coupeau verteidigte die Frau; er wolle gern die fünfzehn Franken bezahlen, und dann müsse man auch bedenken, daß solche Frauen ihre Jugend damit zubrächten, die Sache zu studieren, deshalb hätten sie recht, wenn sie sich teuer bezahlen ließen. Hierauf entstand ein Streit zwischen Lorilleux und Madame Lerat; er behauptete, wenn man einen Jungen haben wollte, so müßte man das Kopfende des Bettes nach Norden drehen. Sie zuckte hierüber mit den Achseln und erklärte das für eine Kinderei, sie empfahl dagegen ein anderes Rezept, welches darin bestand, unter der Matratze, ohne der Frau etwas davon zu sagen, ein Bündel Brennesseln zu verbergen, die man in der Sonne gepflückt hat. Man hatte den Tisch nahe an das Bett gerückt. Bis gegen zehn Uhr hielt Gervaise, der nach und nach eine große Müdigkeit überkam, ihr Gesicht, verloren lächelnd, auf ihrem Kopfkissen den Besuchern zugewendet; sie sah und hörte, aber sie fand weder die Kraft, eine Bewegung zu machen, noch ein Wort zu sprechen; sie schien eines sanften Todes gestorben zu sein, durch dessen Schleier sie voller Seligkeit die Lebenden erkennen konnte. Hin und wieder machte sich der Schrei des Säuglings in dem Getöse der Stimmen bemerklich, welche sich in unendlichen Betrachtungen über einen Mord ergingen, welcher abends zuvor in der Rue du Bon-Puits am anderen Ende von La Chapelle begangen worden war.

Als die Gesellschaft endlich ans Fortgehen dachte, sprach man von der Taufe. Die Lorilleux' hatten sogleich eingewilligt, Taufpaten zu sein; hinterher machten sie saure Gesichter; wenn man sie aber nicht aufgefordert hätte, so würden sie das sehr übelgenommen haben. Coupeau war durchaus nicht von der Notwendigkeit durchdrungen, die Kleine taufen zu lassen; davon bekäme sie doch gewiß keine zehntausend Francs Rente, sondern liefe im besten Falle noch Gefahr, sich zu erkälten. Je weniger man mit den Pfaffen zu tun hat, um so besser ist es. Die Lorilleux', die zwar auch nicht immer in der Kirche hockten, wollten doch gern für religiöse Leute angesehen werden.

„Also auf nächsten Sonntag, wenn es euch recht ist", sagte der Kettenmacher.

Als Gervaise ihr Einverständnis durch ein Kopfnicken bekundet hatte, wurde sie von allen geküßt und ihr anempfohlen, es sich gutgehen zu lassen. Auch vom Säugling wurde Abschied genommen. Jeder beugte sich mit Lächeln und zärtlichen Worten über das kleine, zitternde Wesen, als ob es schon alles verstehen könne. Man nannte es Nana, es war das der Schmeichelname von Anna, welchen ihre Patin trug.

„Gute Nacht, Nana! ... Adieu, Nana! werde ein hübsches Mädchen! ..."

Als sie endlich fort waren, rückte Coupeau seinen Stuhl dicht neben das Bett und rauchte seine Pfeife zu Ende, wobei er Gervaises Hand in der seinen hielt. Er rauchte bedächtig und sprach zwischen den Rauchwolken, die er ausstieß, sehr bewegt. „Nun, meine Alte, dir wird gewiß der Kopf dröhnen. Du weißt ja, ich konnte nicht verhindern, daß sie herkamen. Übrigens beweist das auch ihre Freundschaft ... Aber nicht wahr, man ist doch besser allein? Ich wollte so gern, so gern ein wenig mit dir ganz allein sein. War der Abend für mich lang! ... Mein armes Weibchen! Du hast genug Wehweh gehabt! Wenn solche kleine Knirpse zur Welt kommen, da wissen sie nichts davon, wie weh das tut. Wahrhaftig, das muß ja sein, als ob einem Herz und Nieren geöffnet würden ... Wo tut's dir weh? Ich will es küssen."

Er hatte eine seiner großen Hände vorsichtig unter ihren Rücken geschoben und küßte sie durch die Leintücher auf den Bauch, mit der Zärtlichkeit des rauhen Mannes für diese noch schmerzhaft zuckende Mutterschaft. Er fragte, ob er ihr auch nicht weh täte und hätte am liebsten darauf gepustet, um sie gesund zu machen. So fühlte sich Gervaise ganz glücklich. Sie schwur ihrem Mann, daß sie gar keine Schmerzen mehr habe und nur daran dächte, so bald als möglich aufzustehen, denn jetzt dürfe man nicht die Hände in den Schoß legen. Er beschwichtigte sie. Sei er denn nicht da, um für die Kleine zu sorgen? Er wäre ein Elender, wenn er ihr jemals die Sorge für dieses Wesen überlassen würde. Es schien ihm kein großes Kunststück, ein Kind zu machen, nicht wahr? Aber eins zu ernähren, das sei schwerer.

Coupeau schlief während dieser Nacht fast gar nicht. Er hatte das Feuer im Ofen weiter schwelen lassen und stand jede Stunde auf, um dem Kinde einen Löffel lauwarmen Zuckerwassers zu geben. Das hinderte ihn nicht, morgens zur gewöhnlichen Stunde zur Arbeit zu geben. Er benützte sogar seine Frühstückspause, um auf der Mairie die Anmeldung zu besorgen. Mittlerweile war Madame Boche gekommen, die man benachrichtigt hatte, und verweilte den Tag über bei Gervaise. Dieser hatte zehn Stunden lang in tiefem Schlafe gelegen und sagte, daß sie das Liegen im Bette schon ganz steif gemacht habe. Man sollte sehen, sie würde noch krank werden, wenn man sie nicht aufstehen ließe. Als abends Coupeau nach Hause kam, erzählte sie ihm all ihre Qualen: sie hätte ja volles Vertrauen zu Madame Boche, aber sie könne es nicht ertragen, eine andere in ihrem Zimmer sich einnisten zu sehen, die all ihre Schubkästen aufzöge und all ihre Sachen anfaßte. Als am andern Morgen die Portierfrau von einem Gang zurückkam, fand sie sie außer Bett und angezogen, wie sie die Stube ausfegte und das Mittagessen für ihren Mann besorgte. Unter keiner Bedingung wollte sie sich wieder niederlegen. Man wollte sich wohl über sie lustig machen? Das mag für die Damen gut sein, so zu tun, als ob man gleich halbtot wäre. Wenn man nicht reich ist, so hat man dazu keine Zeit. Drei Tage nach ihrer Niederkunft plättete sie bei Madame Fauconnier schon wieder Unterröcke, sie drückte mit ihrem Eisen fest auf, wenn ihr auch bei der großen Hitze des Ofens die Schweißtropfen von der Stirn rannen.

Schon am Sonnabend brachte Madame Lorilleux ihre Patengeschenke: ein Häubchen für fünfunddreißig Sous und ein Taufkleidchen mit Plissees und einer kleinen Spitze, was sie für sechs Francs erstanden hatte, weil es nicht mehr ganz frisch war. Am nächsten Tage gab Lorilleux als Pate der Wöchnerin sechs Pfund Zucker. Sie benahmen sich sehr gut. Selbst am Abend zu der Mahlzeit, die bei den Coupeaus stattfand, kamen sie nicht mir leeren Händen. Der Mann brachte unter jedem Arm einen Liter guten Wein mit und die Frau einen großen Kuchen, den sie von einem sehr beliebten Pastetenbäcker in der Chaussee Clignancourt gekauft hatte. Nur daß die Lorilleux' ihre Freigebigkeit im ganzen Quartier herumerzählten, sie hatten nahezu zwanzig Francs verausgabt. Als Gervaise dieses Geklatsch zu Ohren kam, meinte sie vor Ärger zu ersticken und schlug nun alle ihre Liebenswürdigkeiten erheblich geringer an.

Bei diesem Essen zu Ehren der Taufe schlossen sich die Coupeaus auch inniger an ihre Flurnachbarschaft an. Die andere Wohnung in dem kleinen Hause hatten zwei Personen inne, eine Mutter mit ihrem Sohne, die Goujets, wie man sie nannte. Bis dahin hatte man sich wohl auf der Treppe oder auf der Straße gegrüßt, aber weiter nichts, weil die Nachbarn wenig umgänglich zu sein schienen. Da nun die Mutter am Tage von Gervaises Niederkunft einen Eimer Wasser heraufgetragen hatte, so hielt sie es für schicklich, die Leute einzuladen, um so mehr, als sie sie sehr anständig fand. Nun hatte man natürlich Bekanntschaft gemacht.

Die Goujets waren aus dem Departement du Nord. Die Mutter war Spitzenausbesserin; der Sohn, seines Handwerks ein Schmied, arbeitete in einer Bolzen- und Riegelfabrik. Schon seit fünf Jahren bewohnten die Leute die andere Wohnung am Flur. Hinter ihrem stillen, friedlichen Leben verbarg sich ein alter Kummer: Goujet, der Vater, hatte in Lille eines Tages in sinnloser Trunkenheit mit einer Eisenstange einen Kameraden zu Boden geschlagen und sich dann im Gefängnis mit seinem Schnupftuch erhängt. Die Witwe und das Kind, die nach diesem Unglück nach Paris gekommen waren, fühlten immer das Schreckliche dieser Katastrophe auf sich lasten und bestrebten sich, durch strenge Ehrenhaftigkeit, durch stete Milde und Hingebung das beleidigte Schicksal zu versöhnen. Schließlich gewann ihre Haltung etwas Stolzes, denn sie kamen sich besser als die anderen vor. Madame Goujet kleidete sich stets schwarz und trug Kopfbedeckungen, die nach Art der Nonnenhauben ihre Stirn einschlossen; sie hatte ein weißes, ruhiges Matronenantlitz, dem die Blässe der Spitzen und die mühselige Arbeit ihrer Hände einen Abglanz heitern Seelenfriedens zu geben schien. Goujet war ein Riese von dreiundzwanzig Jahren, mannhaft, mit blühendem Gesicht, blauen Augen und herkulischen Körperkräften. In der Werkstatt nannten ihn die Kameraden Löwenmaul, wegen seines schönen blonden Bartes.

Gervaise fühlte sich gleich sehr zu den Leuten hingezogen. Als sie zum erstenmal in ihre Behausung kam, konnte sie nicht genug über die Sauberkeit staunen. Es war nichts zu sagen, da konnte man pusten, wo man wollte, auch nicht das kleinste Stäubchen flog auf. Madame Goujet ließ sie auch das Zimmer ihres Sohnes sehen. Das war so hübsch und sauber wie das Zimmer eines jungen Mädchens: da war ein eisernes Bett mit Musselinvorhängen, eine Waschtoilette, ein kleines, an der Wand hängendes Bücherbrett und alles voller Bilder, es waren das Männer, die aus kolorierten Kupferstichen geschnitten waren oder Porträts aus illustrierten Zeitungen. Madame Goujet erzählte lächelnd, daß ihr Sohn ein großes Kind sei, den das Lesen am Abend ermüdete und der dann lieber seine Bilder ansähe. Gervaise verbrachte nahezu eine Stunde bei ihrer Nachbarin, die schon wieder an ihrem Stickrahmen nahe beim Fenster saß. Sie interessierte sich für die Hunderte von Stecknadeln, mit denen die Spitzen aufgesteckt wurden, und war glücklich, dort zu verweilen und die reine Luft einer Behausung zu atmen, der die mühsame, zarte Arbeit einen ruhigen Frieden zu geben schien.

Die Goujets gewannen noch bei näherer Bekanntschaft. Sie arbeiteten mit Überstunden und brachten mehr denn das Viertel ihres vierzehntägigen Lohnes zur Sparkasse. Im Quartier waren sie sehr angesehen, und ihre Ersparnisse waren ein beliebtes Unterhaltungsthema. Goujet hatte nie etwas Zerrissenes an sich, er ging stets mit sauberen Blusen, nie war ein Fleck an ihm zu sehen. Er war sehr artig, ja selbst ein wenig schüchtern, trotz seiner mächtigen Schultern. Die Wäscherinnen vom andern Ende der Straße kicherten, wenn sie sahen, wie er an ihnen mit gesenktem Kopfe vorüberging. Er liebte ihre Großmäuligkeit nicht und fand es ekelhaft, wenn Frauen unaufhörlich schmutzige Redensarten im Munde führten. Eines Tages war er etwas angetrunken nach Hause gekommen. Statt aller Vorwürfe hatte ihn seine Mutter zu dem Bilde seines Vaters geführt, welches sie voll frommer Scheu stets in der Tiefe eines Kommodenkastens verborgen hielt. Seit dieser Lehre trank Goujet nur noch Wein mit Wasser, ohne daß er den Wein verachtet hätte, denn der Wein ist dem Arbeiter notwendig. Sonntags führte er seine Mutter aus, wobei er ihr den Arm reichte; gewöhnlich besuchte er mit ihr die Gegend von Vincennes, hin und wieder ein Theater. Seine Mutter war seine einzige Leidenschaft, er sprach zu ihr immer so, als ob er noch ganz klein wäre. Mit seinem mächtigen Kopf, seinen durch die harte Arbeit mit dem Hammer gestählten herkulischen Gliedern war er wie die großen Tiere: schwer von Begriff, aber sehr gutmütig.

In den ersten Tagen war ihm der Anblick von Gervaise störend, aber nach einigen Wochen gewöhnte er sich an sie. Er paßte auf, wenn sie kam, um ihr ihre Pakete hinaufzutragen, und behandelte sie wie eine Schwester mit einer Art rauher Freundlichkeit, die so weit ging, daß er nur noch Bilder nach ihrem Geschmack ausschnitt. Als er sie eines Morgens, als er, ohne anzuklopfen, ihre Tür geöffnet hatte, halb nackt überraschte, wie sie sich Hals und Arme wusch, konnte er ihr acht Tage lang nicht in die Augen sehen, so daß selbst sie schließlich bei seiner Begegnung errötete.

Cadet-Cassis fand in seiner Pariser Ausdrucksweise, daß das Löwenmaul eine Fatzke sei. Es ist ja ganz gut, wenn man nicht trinkt und auf den Straßen nicht den Mädchen nachläuft, aber ein Mann muß doch immer ein Mann sein, sonst kann er sich ja lieber gleich Unterröcke anziehen. Er zog ihn in Gegenwart von Gervaise auf, indem er behauptete, daß er auf alle Frauen im Quartier ein Auge habe; und dieser Tambourmajor von Goujet verteidigte sich allen Ernstes gegen solche Anschuldigungen. Trotz alledem waren die beiden Arbeiter gute Kameraden. Sie warteten des Morgens einer auf den andern und gingen zusammen zur Arbeit, oft tranken sie auch vor dem Nachhausekommen ein Glas Bier zusammen. Seit dem Taufdiner duzten sie sich, denn das ewige Sie-Sagen macht die Sätze so lang. So standen sie miteinander, als eines Tages Löwenmaul dem Cadet-Cassis einen von den Diensten leistete, die man zeitlebens nicht vergißt. Es war am zweiten Dezember. Der Zinkarbeiter hatte aus purem Übermut den Plan gefaßt, sich den Volksauflauf anzusehen, er machte sich den Teufel was aus der Republik, aus Bonaparte oder wie die Sache sonst auch immer heißen mochte, aber er roch gern Pulver, Flintenschüsse kamen ihm spaßhaft vor. So hatte man ihn denn eben zur Verteidigung einer Barrikade gepreßt, als der Schmied noch eben zu rechter Zeit dazukam, um ihm entkommen zu helfen und mit seinem mächtigen Körper seinen Rückzug zu decken. Als Goujet die Rue Faubourg-Poissonnière wieder hinaufstieg, ging er schnell und mit ernstem Gesicht. Er beschäftigte sich mit Politik, er war Republikaner, gemäßigt, im Namen der Gerechtigkeit und des Glückes aller. Er hatte noch nie zur Flinte gegriffen, dafür hatte er seine Gründe: das Volk hatte genug davon, für die Bourgoisie die Kastanien aus dem Feuer zu holen und sich die Pfoten zu verbrennen; Februar und Juni seien gute Lehren gewesen, künftig würden es die Vorstädte der Stadt überlassen, auszukommen wie sie könne. Als er auf der Höhe der Rue Poissonnière angekommen war, wendete er sich um und sah nach Paris zurück; trotz allem schien man da unten diesmal die Sache ordentlich anzufassen, und vielleicht wird es einst der Arbeiter noch einmal bereuen, mit gekreuzten Armen zugesehen zu haben. Coupeau lachte ihn aus und meinte, das müßten dumme Esel sein, die ihre Haut zu Markte trügen, um schließlich nur ja den Nichtstuern in den Kammern ihre fünfundzwanzig Francs per Tag zu erhalten. Am Abend luden die Coupeaus die Goujets zum Essen ein. Beim Nachtisch gaben sich Cadet-Cassis und Löwenmaul ein paar Küsse auf die Backen. Nun waren sie auf Leben und Tod verbunden.

Während dreier Jahre ging so das Leben der beiden Familien zu beiden Seiten des Flures ohne ein bemerkenswertes Ereignis hin. Gervaise hatte es möglich gemacht, die Kleine großzuziehen, ohne mehr als höchstens zwei Arbeitstage in der Woche zu verlieren. Sie war schließlich eine so gute Arbeiterin geworden, daß sie drei Francs per Tag verdiente. Nun hatte sie sich entschlossen, Etienne, der in sein achtes Jahr ging, in eine kleine Pension in der Rue du Chartres zu geben, wofür sie fünf Francs wöchentlich bezahlte. Trotz der Ausgaben für die beiden Kinder brachten die Eheleute doch jeden Monat zwischen zwanzig und dreißig Francs auf die Sparkasse. Als ihre Ersparnisse die Höhe von sechshundert Francs erreicht hatten, faßte die junge Frau einen ehrgeizigen Plan, der sie nicht mehr schlafen ließ: sie wollte sich selbständig machen, einen kleinen Laden mieten und Arbeiterinnen nehmen. Sie hatte alles berechnet. In zwanzig Jahren konnte sie eine Rente haben, wenn die Arbeit nur irgend ging, dann konnten sie irgendwo auf dem Lande von ihren Zinsen leben. Trotz ihrer schönen Rechnung wagte sie sich mit der Sache doch nicht recht heraus. Sie sagte, daß sie nach einem Laden suche, um Zeit zu gewinnen und alles reiflich zu überlegen. Das Geld wurde ja auf der Sparkasse nicht weniger, im Gegenteil, es kam ja immer noch etwas dazu. In den ganzen drei Jahren hatte sie sich nur die Befriedigung eines einzigen Wunsches gegönnt: eine Stutzuhr war gekauft worden, sie war von Palisanderholz, mit gewundenen Säulen, und hatte einen vergoldeten Kupferpendel; sie mußte während eines ganzen Jahres mit Akontozahlungen von zwanzig Sous alle Montag abgezahlt werden. Sie wurde böse, wenn Coupeau davon sprach, sie aufzuziehen, nur sie allein durfte das Glas abheben, dann wischte sie mit so andächtiger Sorgfalt die Säulen ab, als ob die Marmorplatte ihrer Kommode sich in eine Kapelle verwandelt hätte. Unter dem Glase hinter der Uhr verbarg sie das Sparkassenbuch. Oft stand sie vor dem Zifferblatt und beobachtete die Bewegungen der Zeiger, wenn sie von ihrem zukünftigen Laden träumte, als ob sie eine besonders feierliche Minute abwarten wollte, um ihren letzten Entschluß zu fassen.

Die Coupeaus gingen jetzt fast jeden Sonntag mit den Goujets aus. Es waren das hübsche Landpartien, bei denen man ein Stückchen Braten oder ein Kaninchen in den Lauben eines Restaurants zu St. Quen oder Vincennes ohne Umstände verzehrte. Die Männer tranken nach ihrem Durst und kamen gesund und nüchtern nach Hause, indem sie ihre Dame am Arm führten. Abends vor dem Schlafengehen berechnete man die Ausgaben und teilte sie zur Hälfte; nie kam es vor, daß eines Sous mehr oder weniger Erwähnung getan wurde. Die Lorilleux' waren auf die Goujets eifersüchtig. Es war ihnen nicht recht, daß sie Cadet-Cassis und die Humpelliese immer mit Fremden sehen mußten, da sie doch ihre Familie hatten. Oh, jawohl! um die kümmerten sie sich gerade so viel wie um eine taube Nuß! Jetzt, wo sie ein Paar Sous auf die hohe Kante gelegt hatten, taten sie, was ihnen gut dünkte. Madame Lorilleux war sehr wütend darüber, ihren Bruder so ihrem Einfluß ganz entzogen zu sehen und fing wieder an, Gervaise hinter ihrem Rücken zu verleumden. Dagegen nahm Madame Lerat Partei für Gervaise und verteidigte die junge Frau; sie erzählte von außerordentlichen Versuchungen, denen sie des Abends auf dem Boulevard ausgesetzt gewesen sei und denen sie immer wie eine Heldin widerstanden habe, ja, daß sie sogar oft ihre feigen Angreifer mit ein paar Ohrfeigen heimgeschickt habe. Mama Coupeau suchte alle Differenzen auszugleichen und sich bei allen ihren Kindern gern gesehen zu machen; ihre Augen wurden immer schwächer, sie hatte jetzt nur noch eine Aufwartestelle und war sehr zufrieden, von dem einen oder dem andern hin und wieder fünf Francs zu bekommen.

An dem Tage, an dem Nana drei Jahre alt wurde, fand Coupeau Gervaise ganz zerstreut. Sie weigerte sich zu sprechen und sagte, ihre wäre gar nichts. Als sie aber den Tisch ganz verkehrt deckte und mit den Tellern in der Hand plötzlich in tiefes Nachdenken versank, wollte ihr Mann durchaus wissen, was sie hätte.

„Nun wohl!" gestand sie endlich, „der Laden des kleinen Krämers in der Rue de la Goutte-d'Or ist zu vermieten ... Ich habe das vor einer Stunde gesehen, als ich ging, um mir Zwirn zu kaufen. Das hat mir zu denken gegeben."

Dieser Laden war sehr sauber und gerade in dem Hause, in dem sie zu wohnen früher immer so sehnlichst gewünscht hatten. Das Lokal bestand aus dem Laden nach vorn, einem großen Raum nach hinten mit zwei rechts und links gelegenen Zimmern; das gerade brauchten sie, obgleich die Räume nur klein waren, so lagen sie doch gut. Das einzige Bedenken erregte der Preis, sie fand ihn zu teuer: der Wirt sprach von fünfhundert Francs.

„Du warst also bei ihm und hast nach dem Preise gefragt?" sagte Coupeau.

„Nun, du weißt wohl, nur aus Neugierde!" sagte sie und versuchte eine gleichgültige Miene anzunehmen. „Wenn man etwas sucht, liest man alle Zettel, das verpflichtet einen ja zu gar nichts ... Aber der Laden ist entschieden zu teuer. Und dann wäre es vielleicht eine Dummheit, mich selbständig zu machen."

Schon nach dem Essen fing sie wieder an, von dem Laden des Krämers zu sprechen. Sie zeichnete die Räume auf den Rand einer Zeitung, maß die Ecken aus und gab den einzelnen Zimmern ihre Bestimmung, als ob sie schon am nächsten Morgen ihre Möbel hätte hineinsetzen sollen. Nun redete ihr Coupeau zu, zu mieten, da er sah, wie sehr ihr daran lag; sicherlich fand sie nichts Geeigneteres für fünfhundert Francs und vielleicht konnte man noch eine Ermäßigung erlangen. Das einzig Unangenehme war, daß man in einem Hause mit den Lorilleux' wohnen müßte, die sie so gar nicht leiden konnte. Aber auch darüber würde sie hinwegkommen; sie ging sogar in ihrem Eifer so weit, die Lorilleux' zu verteidigen; sie waren ja im Grunde nicht schlecht und man würde sich schon vertragen. Als sie zu Bette gegangen waren und Coupeau schon lange schlief, überdachte sie noch die innere Einrichtung und war doch noch gar nicht so ganz fest entschlossen zu mieten.

Sowie sie am nächsten Morgen allein war, konnte sie der Versuchung nicht widerstehen, das Glas der Stutzuhr hochzuheben und das Sparkassenbuch nachzusehen. Es war kaum zu fassen, daß ihr neuer Laden da drinnen sein sollte in diesen Blättern, die mit so häßlichen Buchstaben bedeckt waren. Ehe sie zur Arbeit ging, fragte sie noch Madame Goujet um Rat. Diese billigte ihren Plan, sich selbständig zu machen, von ganzem Herzen; mit einem Manne, wie sie ihn habe, einem guten Kerl, der nicht trinke, sei sie sicher, ihr Geschäft zu machen und nicht zugrunde zu gehen. Während der Frühstückszeit ging sie selbst zu den Lorilleux' hinauf, um ihre Ansicht zu hören; sie hielt darauf, vor der Familie keine Heimlichkeiten zu haben. Madame Lorilleux war peinlich überrascht. Wie, die Humpelliese sollte jetzt gar einen Laden haben? Sie platzte innerlich vor Wut und stammelte etwas Unverständliches; sie mußte sich ja so stellen, als ob sie sehr zufrieden sei, Gervaise hatte ganz recht, den Laden zu mieten, denn er läge ohne Frage sehr bequem. Erst als sie den ersten Schreck überwunden hatte, fing sie und auch ihr Mann an, von dem feuchten Hof zu sprechen, auch sei es dunkel im Erdgeschoß. Oh! Das war eine gute Ecke für den Rheumatismus. Wenn sie jedoch entschlossen sei zu mieten, würde sie sich durch ihre Vorstellungen sicher nicht davon abhalten lassen.

Am Abend gestand Gervaise ganz offen mit lachendem Munde, daß sie krank geworden wäre, wenn man sie gehindert hätte, den Laden zu mieten. Jedenfalls wollte sie – ehe man sagt: das ist gemacht! – Coupeau dorthin führen, damit er sich die Räume ansähe und versuchte, eine Herabminderung der Miete zu bewirken.

„Nun also morgen, wenn dir das so recht ist", sagte ihr Mann. „Du kannst mich ja gegen sechs Uhr vor dem Hause in der Rue de la Nation, wo ich jetzt arbeite, abholen und wir gehen dann bei der Heimkehr in der Rue de la Goutte-d'Or mit heran."

Coupeau vollendete damals gerade das Dach eines dreistöckigen neuen Hauses. Gerade an diesem Tage mußte er die letzten Zinkplatten legen. Da das Dach fast ganz flach war, so hatte er seinen breiten Werktisch auf zwei Böcken dort aufgestellt. Die untergehende Sonne eines schönen Maitages vergoldete die Schornsteine. Der Arbeiter schnitt dort oben in freier Luft, über seinen Tisch gebeugt, seine Zinkplatten mit der Schere zu wie der Schneider die Hosen in seiner Werkstatt. An der Mauer des Nachbarhauses unterhielt sein Gehilfe, ein schmächtiger Bursche von siebzehn Jahren, vermittels eines großen Blasebalges das Feuer einer Kohlenpfanne, von dem bei jedem Handdruck ein Regen kleiner Funken emporsprühte.

„Heda! Isidore! Lege die Eisen ins Feuer!" schrie Coupeau.

Der Gehilfe steckte die Löteisen mitten in die Glut, die bei dem noch hellen Tageslicht einen zarten rosa Schein gab, dann setzte er wieder den Blasebalg in Bewegung. Coupeau arbeitete an der letzten Zinkplatte, diese sollte an den Rand des Daches, nahe bei der Gosse, gelegt werden, wo es eine sehr stark abschüssige Stelle gab, hinter der sich der gähnende Abgrund der Straße auftat. Der Zinkarbeiter, der wie bei sich zu Hause in Morgenschuhen einherging, näherte sich dem Ort mit lässigen Schritten, indem er die Melodie des Liedes „Ohé! les petits agneaux" vor sich hinpfiff. Als er bei dem Loch angekommen war, ließ er sich nieder, stützte sich mit einem Knie gegen das Mauerwerk eines Schornsteins und blieb so zwischen

Himmel und Erde hängen. Eines seiner Beine hing über die Gosse herab. Als er sich zurückbog, um diesen Schlingel von Isidore zu rufen, hielt er sich der Sicherheit wegen an einer Mauerecke fest.
„Infamer Bengel! wirst du machen? Gib die Eisen her! Wenn du auch noch so viel in die Luft guckst, du Maulaffe, die gebratenen Tauben werden dir doch nicht in das Maul fliegen!"
Aber Isidore hatte keine Eile. Er interessierte sich für einen großen Rauch, der sich über den Dächern von Paris nach der Seite von Grenelle zu erhob; das schien ein bedeutendes Feuer zu sein. Endlich legte er sich platt auf den Bauch, mit dem Kopf über den Dachrand hinweg, und reichte Coupeau die Eisen. Nun fing dieser an, die Zinkplatte festzulöten. Er bog sich zusammen, streckte sich wieder und blieb immer im Gleichgewicht, so saß er auf einem Schenkel, stützte sich auf eine Fußspitze oder hielt sich mit einem Finger. Er hatte eine verdammte Sicherheit, eine Kühnheit, die nur die Gewohnheit gibt, der Gefahr ins Auge zu sehen. Er kannte das. Die Straße mußte sich vor ihm fürchten. Da er seine Pfeife nicht aus dem Munde genommen hatte, so wendete er sich von Zeit zu Zeit um und spie ruhig auf die Straße.
„Sieh doch! Madame Boche!" rief er plötzlich. „Heda! Madame Boche!"
Er sah, wie die Portiersfrau über den Damm kam. Sie hob den Kopf auf und erkannte ihn. Nun entspann sich eine Unterhaltung zwischen Dach und Straße. Sie hielt ihre Hände unter ihrer Schürze und guckte nach oben. Er hatte sich aufgerichtet, umfaßte mit seinem linken Arm eine Schornsteinröhre und bog sich vor. „Habt Ihr meine Frau nicht gesehen?" fragte er. „Nein, ganz und gar nicht!" antwortete die Portiersfrau. „Ist sie denn hier in der Nähe?" – „Sie soll mich abholen ... Ist bei Euch denn alles wohl?" – „Ja, gewiß! Danke schön! Ich bin die Kränkste, wie Ihr seht ... Ich gehe nach der Chaussee Clignancourt, um eine kleine Hammelkeule zu holen. Der Schlächter neben dem Moulin-Rouge verkauft sie nicht unter sechzehn Sous."
Sie sprachen etwas lauter, weil in der sonst stillen und einsamen Rue de la Nation ein Wagen vorbeifuhr; die laut hinausgerufenen Worte ihrer Unterhaltung hatten nur eine kleine, alte Frau an ihr Fenster gelockt; dieses alte Weib blieb dort auf das Fensterbrett gelehnt und durchkostete mit einer Art Wohlbehagen die große Erregung, in die sie die gefährliche Stellung des Mannes auf dem Dache versetzte, als ob sie hoffte, ihn von Minute zu Minute fallen zu sehen.
„Na, denn guten Abend!" rief noch Madame Boche. „Ich will Euch nicht länger stören."
Coupeau wendete sich wieder zurück und ergriff das Eisen, welches Isidore ihm zureichte. In dem Augenblick, wo die Portiersfrau sich entfernte, bemerkte sie auf der anderen Seite der Straße Gervaise, welche Nana an der Hand führte. Sie hob schon den Kopf auf, um Coupeau zu benachrichtigen, als die junge Frau ihr mit schneller Entschlossenheit die Hand auf den Mund legte. Sie sagte ihr mit leiser Stimme, um oben nicht gehört zu werden, daß sie fürchte, wenn ihr Mann da oben sie so plötzlich hörte oder sähe, ihm das einen Stoß geben könnte und er hinunterstürzte. Während der vier Jahre hatte sie ihn nur ein einziges Mal von der Arbeit abgeholt, heute war es zum zweiten Male. Sie konnte das nicht mit ansehen, das Blut wirbelte ihr vor den Augen, wenn sie ihren Mann so zwischen Himmel und Erde sah, an Orten, wo selbst die Spatzen sich nicht hinzusetzen wagten. „Ohne Zweifel, angenehm ist das nicht", murmelte Madame Boche. „Meiner ist Schneider, da habe ich solche Aufregungen nicht." – „Oh, wenn Ihr wüßtet! In der ersten Zeit", sagte noch Gervaise, „da hatte ich schreckhafte Ahnungen vom Morgen bis zum Abend. Ich sah ihn immer mit zerschmettertem Kopf auf einer Tragbahre ... Jetzt denke ich nicht mehr so viel daran, man gewöhnt sich ja schließlich an alles. Man muß doch sein Brot verdienen ... Es ist ein verdammt teures Brot, bei dem man täglich seine Haut und Knochen zu Markte trägt."
Sie schwieg jetzt stille und verbarg Nana hinter ihrem Rock, weil sie fürchtete, daß die Kleine schreien könne. Trotz ihrer Furcht konnte sie doch ihr Gesicht nicht wegwenden. Coupeau lötete den äußersten Rand der Platte, nahe bei der Gosse; er glitt so weit als möglich nach vorn, ohne das Ende erreichen zu können. Nun wagte er sich mit diesen langsamen Bewegungen, welche den Arbeitern eigen sind, mit großer Ruhe und beinahe schwerfällig noch weiter vor. Einen Augenblick war er mit halbem Leibe über dem Pflaster, er hielt sich gar nicht und besorgte doch ruhig seine Arbeit; von unten sah man von dem Eisen, das er mit sorgsamer Hand auf dem Rande entlang führte, die kleine, weiße Lötflamme schimmern. Gervaise stand stumm, mit vor Angst zugeschnürter Kehle und gerungenen Händen da; als er sich noch mehr vorbog, hob sie dieselben bittend in die Höhe. Sie atmete erst wieder auf, als sie Coupeau auf das Dach zurückkehren sah; er tat das langsam, ohne sich zu beeilen, und nahm sich Zeit, noch einmal auf die Straße zu spucken.
„Man spioniert mich wohl aus?" rief er lustig, als er sie bemerkte. „Sie hat Dummheiten gemacht, nicht wahr, Madame Boche? Sie hat nicht rufen wollen ... Warte auf mich, ich hab' noch zehn Minuten zu tun!"
Er hatte nur noch eine Kappe auf einen Schornstein zu setzen, das war nur eine Kleinigkeit. Die Wäscherin und die Portiersfrau blieben auf dem Trottoir stehen, besprachen den Klatsch des Quartiers und überwachten Nana, damit sie nicht im Rinnstein herumpatschte, wo sie immer nach kleinen Fischen suchte; beide Frauen blickten oft nach dem Dach, um mit Lächeln und Kopfnicken anzudeuten, daß ihnen die Zeit noch nicht lang würde. Gegenüber hatte die Alte das Fenster immer noch nicht verlassen, sie beobachtete den Mann und wartete. „Was hat denn die da immer hinzuglotzen, die alte Nachteule?" sagte Madame Boche, „die hat ein verdammtes Gesicht."
Oben hörte man den Zinkarbeiter mit starker Stimme singen: „Wie schön ist's zu spazieren, im schönen, grünen Wald."

Jetzt schnitt er, über seinen Werktisch gebeugt, sein Zink mit Meisterhand. Mit einem Zirkelschlag hatte er einen Kreis in seine Zinkplatte gerissen und schnitt nun mit Hilfe einer krummen Schere ein fächerartiges Stück aus und bog mit leisen Hammerschlägen diesen Fächer zur Form eines Champignons mit scharfer Spitze. Isidore war wieder dabei, mit dem Blasebalg das Kohlenfeuer in Gang zu bringen. Die Sonne ging hinter dem Hause in rosiger Klarheit unter, der Äther erbleichte allmählich und nahm eine zarte lila Färbung an. Um diese ruhige Stunde des Tages zeichneten sich die Silhouetten der beiden Arbeiter von dem leuchtenden Himmel ab, sie erschienen unverhältnismäßig groß und neben ihnen sah man die schwarze Masse des Werktisches und die sonderbare Form des Blasebalgs.

Als die Kappe geformt war, stieß Coupeau seinen Ruf aus: „Isidore! die Eisen!" Aber Isidore war nicht da. Der Zinkarbeiter blickte fluchend umher, suchte ihn mit den Augen und rief durch die offene Dachluke auf den Boden. Endlich sah er ihn auf einem andern Dach, welches zwei Häuser weiter war. Der Schlingel ging da spazieren und machte sich mit der Umgegend bekannt; seine dünnen, blonden Haare flogen im Wind, geblendet von der ungeheuren Größe von Paris, blinzelte er mit den Augen.

„Sage mal, du Rumtreiber, glaubst du, daß du eine Landpartie machst?" rief Coupeau wütend. „Du bist wohl wie Herr Béranger? Du scheinst mir Verse zu machen! ... Willst du mir wohl die Eisen geben? Hat man das jemals gesehen! Fängt der hier auf den Dächern an zu schwärmen! Warum bringst du dir nicht lieber gleich dein Verhältnis mit rauf, um ihr Liebeslieder vorzusingen? ... Willst du mir die Eisen geben, du Pfund Wurst?"

Als er nun lötete, rief er Gervaise zu: „Na, das ist fertig ... Ich komme runter!"

Das Schornsteinrohr, auf welches er die Kappe setzen mußte, befand sich in der Mitte des Daches. Gervaise war nun ganz ruhig und folgte lächelnd seinen Bewegungen. Nana schien jetzt der Anblick ihres Vaters viel Vergnügen zu machen, denn sie klatschte in ihre kleinen Händchen. Sie hatte sich auf dem Trottoir niedergesetzt, um besser nach oben sehen zu können. „Papa! Papa!" schrie sie aus Leibeskräften. „Papa, sieh doch!"

Der Zinkarbeiter wollte sich hinabneigen, aber sein Fuß glitt aus. Nun rollte er schnell, wie eine Katze, deren Pfoten sich verfangen haben, die nur wenig abschüssige Dachseite hinab, ohne daß er sich hätte halten können.

„Um Gottes willen!" rief er mit erstickter Stimme.

Er fiel. Sein Körper beschrieb einen kleinen Bogen, überschlug sich zweimal und stürzte mitten auf das Straßenpflaster nieder, wie ein Paket Wäsche, das man von hoch oben herunterwirft.

Der entsetzten Gervaise entfuhr ein furchtbarer Schrei, dann blieb sie mit hoch erhobenen Armen stehen. Die Vorübergehenden liefen herbei, und es entstand ein Auflauf. Madame Boche, die vor Bestürzung auf den Füßen schwankte, nahm Nana in ihre Arme, um ihr das Gesicht zu verhüllen und sie daran zu hindern, etwas zu sehen. Nun machte die kleine Alte von gegenüber ihr Fenster ruhig zu, als ob sie nun befriedigt sei.

Endlich trugen vier Männer Coupeau zu einem Apotheker an der Ecke der Rue des Poissonniers, dort blieb er über eine Stunde mitten im Laden auf einer Decke liegen, indes man nach dem Hospital Lariboisière schickte, um eine Tragbahre zu holen. Er atmete noch, aber der Apotheker schüttelte leise den Kopf. Gervaise lag auf ihren Knien und schluchzte unaufhörlich, die Tränen überströmten ihr Gesicht, blendeten ihre Augen, sie schien gegen alles stumpf zu sein. Mechanisch streckte sie die Hände vor und befühlte die Glieder ihres Mannes, indem sie ganz leise darüber hinfuhr. Dann zog sie die Hände zurück und sah den Apotheker an, der ihr verboten hatte, ihn zu berühren; aber nach wenigen Sekunden fing sie wieder an; sie konnte nicht aufhören, sich zu versichern, daß er noch warm sei, und glaubte ihm damit Gutes zu tun. Als endlich die Tragbahre ankam und man davon sprach, nach dem Hospital zu gehen, stand sie auf und sagte heftig: „Nein, nein! nicht ins Hospital! ... Wir wohnen Rue Neuve de la Goutte-d'Or!"

Wie sehr man ihr auch auseinandersetzte, daß die Krankheit sehr viel Geld kosten würde, wenn sie ihren Mann nach Hause nähme – sie wiederholte eigensinnig:

„Rue Neuve de la Goutte-d'Or! Ich werde die Tür zeigen ... Was geht denn euch das an? Ich habe ja Geld ... Es ist mein Mann, nicht wahr? Er gehört mir, ich will es!"

So mußte man denn Coupeau nach Hause schaffen. Als die Tragbahre die Apotheke verließ, vor der sich die Menge drängte, da sprachen die Frauen des Quartiers mit Anerkennung von Gervaise; wenn sie auch hinkte, so sei sie doch eine entschlossene Person, die ihren Willen durchsetzte; sicherlich, die wird ihren Mann schon retten, eher als im Hospital, wo die Ärzte sich nicht allzuviel um die Kranken bekümmerten; die nichts zuzubrocken haben, die ließen sie lieber draufgehen, dann haben sie keine Not mit der Behandlung. Madame Boche, die Nana zu sich geführt hatte, kam zurück und erzählte den Unglücksfall mit einer wahren Flut von Einzelheiten; sie war noch ganz aufgelöst von der Gemütserschütterung.

„Ich holte gerade meinen Hammelbraten, ich war dabei, ich habe ihn fallen sehen", sagte sie immer wieder. „Alles kam wegen der Kleinen, die hat er ansehen wollen und da – plumps! Um Gottes Barmherzigkeit! ich will nicht noch einen fallen sehen ... Aber ich muß nun doch gehen und meine Hammelkeule holen."

In den ersten acht Tagen ging es mit Coupeau sehr schlecht. Die Familie sowie alle Welt glaubte von Stunde zu Stunde, daß er das Zeitliche segnen würde; der Arzt, der sehr teuer war, denn er bekam fünf Francs für jeden Besuch, befürchtete innere Verletzungen. Dieses Wort erregte viel Angst, man sprach im Quartier davon, daß dem Zinkarbeiter das Herz gesprungen sei von dem furchtbaren Stoß. Nur Gervaise, die die Nachtwachen blaß gemacht hatten, blieb ernst und entschlossen, sie zuckte ungläubig die Achseln. Ihr Mann hatte das rechte Bein gebrochen, das wußte ja alle Welt, das würde man ihm heilen und damit gut. Sonst aber, was das geplatzte Herz anlangte, damit war es nichts. Sie wußte schon, wie Herzen wieder heil würden: durch Pflege, Sauberkeit und unverbrüchlich treue Freundschaft. Sie trat so sicher auf und war davon überzeugt, daß sie ihn gesund machen würde, wenn sie nur immer um ihn wäre, wenn nur ihre Hände ihn berührten, wenn er im Fieber lag. Sie zweifelte auch keinen Augenblick daran. Während einer ganzen Woche sah man sie auf den Füßen, sie sprach wenig und schien gefaßt; in der festen Überzeugung, ihn zu retten, vergaß sie alles andere, ihre Kinder, die Straße und die Stadt. Als am Abend des neunten Tages der Arzt endlich für das Aufkommen des Kranken sich verbürgte, sank sie erschöpft auf einen Stuhl, mit ermatteten Beinen und ganz gebrochen, ein Tränenstrom machte ihrem bedrängten Herzen Luft. In dieser Nacht verstand sie sich dazu, zwei Stunden zu schlafen, indem sie den Kopf auf das Fußende des Bettes legte.

Coupeaus Unglücksfall hatte die ganze Familie aus dem Geleise geworfen. Mama Coupeau verbrachte ihre Nächte mit Gervaise, aber schon von neun an schlief sie auf einem Stuhl ein. Madame Lerat machte jeden Abend, wenn sie von der Arbeit kam, einen großen Umweg, um zu hören, wie es ging. Die Lorilleux' waren zuerst zwei- bis dreimal jeden Tag gekommen, sie boten sich zum Wachen an und brachten selbst für Gervaise einen Lehnstuhl. Bald aber entstanden Streitigkeiten über die Art, wie man Kranke behandeln müsse. Madame Lorilleux behauptete, daß sie schon genug Leuten das Leben gerettet hätte und daß sie ganz genau wisse, wie man sich dabei zu benehmen hätte. Sie beschuldigte auch die junge Frau, daß sie sie stieße, um sie nur von dem Bett ihres Bruders fernzuhalten. Nun, die Humpelliese hätte ja auch alle Ursache, Coupeau wieder gesund zu machen, denn wenn sie ihn nicht in der Rue de la Nation aufgesucht hätte, so wäre er nie gefallen. Nur auf die Art, wie sie ihn behandelte, würde sie ihn sicher hinbringen.

Als sie Coupeau außer Gefahr sah, hörte Gervaise auf, sein Bett so eifersüchtig zu bewachen. Jetzt konnte man ihn ihr ja nicht mehr töten, und daher ließ sie die Leute ohne Mißtrauen nähertreten. Nun machte sich die Familie im Zimmer breit. Die Genesung konnte sehr lange dauern, der Arzt hatte von vier Monaten gesprochen. Wenn Coupeau oft stundenlang schlief, so warfen die Lorilleux' Gervaise ihre Dummheit vor. Was sie nun davon gehabt hätte, ihren Mann bei sich zu behalten, im Hospital wäre er zweimal so schnell wieder auf die Beine gekommen. Lorilleux hätte einmal krank sein sollen oder irgend etwas wegkriegen, da hätte er ihr mal zeigen wollen, ob er auch nur einen Augenblick Anstand genommen hätte, ins Hospital zu gehen. Madame Lorilleux kannte eine Dame, die eben aus dem Spital kam; nun, die hätte morgens und abends Hühner gegessen. Wohl zum zwanzigsten Male machten beide die Berechnung, was die vier Monate Rekonvaleszenz kosten würden: erstens die verlorenen Arbeitstage, dann der Arzt, die Medizin und später der gute Wein und das Filetfleisch. Wenn die Coupeaus mit ihren Ersparnissen ausreichten, da konnten sie noch von Glück sagen. Aber sie würden Schulden machen, das war ja klar. Nun, das sei ihre Sache; nur daß sie dabei nicht auf die Familie zu rechnen hätten, denn die wäre nicht reich genug, um einen Kranken bei sich zu pflegen. Desto schlimmer für die Humpelliese, nicht wahr? Sie könnte es ja so machen wie alle anderen und ihren Mann ins Hospital bringen lassen. Das gab ihr nun vollends den Rest, daß sie so stolz war. Eines Abends war Madame Lorilleux boshaft genug, sie plötzlich zu fragen:

„Nun, wie ist es denn mit Eurem Laden, wann werdet Ihr denn mieten?" – „Ja, ja!" höhnte Lorilleux, „der Hausmeister wartet noch immer auf Euch."

Gervaise glaubte ersticken zu müssen. Auf den Laden hatte sie ganz und gar vergessen. Sie sah den Leuten die Schadenfreude an, daß aus dem Laden nun und nimmer etwas werden könne. Seit diesem Abend lauerten sie auf jede Gelegenheit, um sie mit ihrem nun gescheiterten Zukunftstraum aufzuziehen. Wenn von einem unerfüllbaren Wunsch die Rede war, so verschoben sie die Sache auf den Tag, wo sie die Herrin in dem neuen Laden nach der Straße hinaus sein werde. Auch hinter ihrem Rücken wetzten sie ihre verleumderischen Mäuler. Gervaise wollte keinen häßlichen Vermutungen Raum geben, aber in Wirklichkeit schien es so, als ob die Lorilleux' sehr zufrieden wären, daß Coupeau der Unfall betroffen habe, weil damit ihr Plan, sich als Wäscherin in der Rue de la Goutte-d'Or niederzulassen, zu Wasser geworden war. Sie wollte nun selber darüber lachen, um ihnen zu zeigen, wie gern sie das Geld für die Wiederherstellung ihres Mannes hingab. Jedesmal, wenn sie in ihrer Gegenwart das Sparkassenbuch unter dem Glas der Stutzuhr hervornahm, sagte sie heiter: „Ich gehe jetzt aus, um meinen Laden zu mieten."

Sie hatte das Geld nicht auf einmal zurückziehen wollen, sie nahm immer nur hundert Francs, damit sie nicht eine so große Summe in ihrer Kommode aufbewahren mußte; dann hoffte sie auch auf einen unvorhergesehenen Glücksfall, irgendein Wunder, das ihr erlauben würde, noch etwas Geld auf der Sparkasse zu lassen. Jedesmal, wenn sie von dort zurückkam, rechnete sie auf einem Stückchen Papier die Summen zusammen, die sie noch dort hatte. Das tat sie einzig und allein der Ordnung wegen. Wie groß auch immer das Loch wurde, sie behielt ihre gefaßte Miene bei und stellte mit ruhigem Lächeln die Rechnung über dieses Verschwinden ihrer Ersparnisse auf. War es denn nicht schon ein Trost, dieses Geld so gut anzuwenden, es bei der Hand gehabt zu haben, als das Unglück hereinbrach? So legte sie denn ohne Bedauern sorgfältig jedesmal das Einlagsbuch wieder unter das Glas der Stutzuhr.

Die Goujets zeigten sich während Coupeaus Krankheit gegen Gervaise sehr liebenswürdig. Madame Goujet war immer zu ihrer Verfügung, nicht einmal ging sie aus, ohne vorher zu fragen, ob sie nicht Zucker, Butter oder

Salz nötig hätte; sie brachte ihr immer die erste Suppe, wenn sie abends ihren Topf mit Suppenfleisch aufs Feuer gesetzt hatte; wenn sie sie sehr beschäftigt sah, so besorgte sie selbst ihre Küche und ging ihr beim Abwaschen zur Hand. Goujet nahm jeden Morgen die Eimer der jungen Frau und füllte sie an dem Brunnen in der Rue des Poissonniers, das war eine Ersparnis von zwei Sous. Nach dem Essen, wenn die Familie das Zimmer nicht mehr in Beschlag hatte, kamen die Goujets, um den Coupeaus Gesellschaft zu leisten. Während zweier Stunden, bis gegen zehn Uhr, rauchte dort der Schmied seine Pfeife und sah Gervaise zu, wie sie sich um den Kranken bemühte. Er sprach an solchem Abend nicht zehn Worte. Mit seinem großen, blonden Kopf, der zwischen den mächtigen Schultern stak, saß er da und empfand eine innige Rührung, wenn er zusah, wie Gervaise den Tee in eine Tasse goß, den Zucker hineintat und mit dem Löffel geräuschlos umrührte. Wenn sie an das Bett ging und Coupeau mit sanfter Stimme Mut zusprach, so war er ganz bewegt. Niemals hatte er eine so gute Frau angetroffen. Selbst daß sie hinkte, stand ihr nicht schlecht, denn das erhöhte noch ihr Verdienst, wenn sie sich so den lieben langen Tag für ihren Mann abplagte. Kaum daß sie sich die Zeit zum Essen nahm und sich dann eine Viertelstunde hinsetzte. Immer war sie auf den Beinen, sie lief zum Apotheker, besorgte die schmutzigsten Arbeiten und quälte sich ab, dieses Zimmer rein zu halten, in dem man jetzt alles machte; dabei hörte man von ihr keine Klage, immer war sie liebenswürdig, selbst am Abend, wo sie fast im Stehen mit offenen Augen schlief, so müde war sie. Dieser Schmied, der mit seiner ergebenen Miene, inmitten all der Medikamente, die auf den Möbeln umherstanden, so ruhig dasaß, faßte eine große Zuneigung zu Gervaise, wenn er sah, wie sie Coupeau von ganzem Herzen liebte und ihn pflegte.

„Nun, mein Alter, da bist du ja wieder zusammengeflickt!“ sagte er eines Tages zum Rekonvaleszenten. „Ich habe mich um dich nicht gesorgt, deine Frau ist ja ein wahrer Engel!“

Er sollte sich verheiraten, wenigstens hatte seine Mutter ein sehr passendes junges Mädchen gefunden, eine Spitzenarbeiterin wie sie, von der sie lebhaft wünschte, daß sie seine Frau würde. Um seine Mutter nicht zu betrüben, sagte er ja, und die Hochzeit wurde auf einen der ersten Tage des Monats September festgesetzt. Das Geld zur Gründung eines Hausstandes lag seit langem schon auf der Sparkasse. Aber er schüttelte den Kopf, wenn Gervaise ihm von dieser Heirat sprach, und murmelte mit seiner langsamen Sprechweise: „Nicht alle Frauen sind so wie Ihr, Madame Coupeau. Wenn alle Frauen so wie Ihr wären, so würde man deren zehn heiraten.“

Nach zweimonatigem Krankenlager konnte Coupeau anfangen aufzustehen. Er ging noch nicht weit, nur vom Bett ans Fenster, und selbst dabei unterstützte ihn noch Gervaise. Dort setzte er sich in den Lehnstuhl der Lorilleux' und streckte sein Bein gerade aus auf eine Fußbank. Dieser Spötter, der immer an Tagen, wo es Glatteis gab, über gebrochene Beine gelacht hatte, war sehr ungehalten über seinen Unfall. Es fehlte ihm die Fähigkeit ruhiger Überlegung. Er hatte diese zwei Monate im Bett damit zugebracht, zu fluchen und alle Welt zu ärgern. War das ein Leben, so auf dem Rücken zu liegen mit einem angeschnallten Bein, steif wie eine Schlackwurst? Die Decke kenne er nun schon auswendig, da wäre eine Ritze bei dem Alkoven, die könne er mit geschlossenen Augen zeichnen. Als er sich im Lehnstuhl heimisch gemacht hatte, fing eine andere Geschichte an. Wie lange wird denn das nun noch dauern, daß er da angenagelt sitzen müßte wie eine Mumie? Die Straße ist auch nicht allzu amüsant, Menschen gingen nicht vorüber, und es stänke den ganzen Tag nach Fleckwasser. Nein, wahrhaftig, das war kein Dasein; zehn Jahre seines Lebens hätte er darum gegeben, nur zu wissen, wie es jetzt bei den Festungswällen aussähe. Immer wieder klagte er in heftigen Worten das Schicksal an. Darin war keine Gerechtigkeit: ein solcher Unfall durfte einem so guten Arbeiter wie ihm nicht zustoßen, er war kein Müßiggänger und kein Säufer. Wenn das einem andern geschah, das hätte er begriffen.

„Der Papa Coupeau“, sagte er, „hat sich das Genick gebrochen, an einem Tage, wo er einen Schluck über den Durst getrunken hatte. Ich will nicht sagen, daß er das verdient hatte, aber es war doch erklärlich ... Ich aber war nüchtern, ruhig wie der heilige Johannes, ohne einen Schluck von irgendeiner Flüssigkeit im Körper, und da muß ich herunterpurzeln, als ich mich nur umdrehe, um Nana zuzunicken ... Das findet ihr nicht stark? Wenn es einen Gott da oben gibt, dann richtet er die Dinge schnurrig ein. Niemals werde ich darüber hinwegkommen.“

Schon lange konnte er seine Beine wieder gebrauchen und behielt dennoch eine dumpfe Scheu vor der Arbeit. Es war dies ein unglückliches Handwerk, bei dem man seine Tage wie eine Katze auf den Dächern längs der Gossen zubringen mußte. Die sind ja nicht dumm, die Spießer! die schicken einen in den Tod, denn sie selbst sind zu feige, auch nur auf eine Leiter zu klettern; die setzen sich ruhig in ihre sichere Ecke am Kamin und kümmern sich den Teufel um arme Leute. Er kam schließlich dahin, daß er sagte, es sollte sich doch jeder sein Zinkdach selber decken. Darin läge doch noch Gerechtigkeit, dahin mußte man es bringen: wenn du nicht naß werden willst, mach dir dein Dach alleine. Er bedauerte, daß er kein anderes Handwerk erlernt hätte, eines, das angenehmer sei und weniger gefährlich, wie zum Beispiel Kunsttischler. Das war wieder Papa Coupeaus Fehler; die Väter haben die dumme Angewohnheit, ihre Kinder immer in denselben Beruf hineinzupressen.

Zwei Monate hindurch mußte Coupeau noch an Krücken gehen. Er hatte zuerst die Treppe hinabsteigen können, um vor der Tür eine Pfeife zu rauchen. Dann ging er bis zum äußeren Boulevard, blieb dort stundenlang auf einer Bank sitzen und ließ sich die Sonne in den Hals scheinen. Nach und nach stellte sich auch seine Lustigkeit wieder ein; und seine Großmäuligkeit nahm noch zu durch das viele Umhertreiben. Zu der neuen Lebenslust, die in ihm erwacht war, gesellte sich eine große Freude am Nichtstun; er liebte es, mit schlaffen Gliedern und untätigen Muskeln vor sich hin zu dämmern; langsam bemächtigte sich seiner die Faulheit, der durch seine Genesung Tür und Tor geöffnet war, und die, während sie seinen Leib kitzelte, seinen Geist in Schlummer lullte. Seine Gesundheit ließ jetzt nichts mehr zu wünschen übrig, er war stets bei spaßhafter Laune und sah nicht ein, warum das nicht immer so fortgehen sollte. Als er erst die Krücken entbehren konnte, dehnte er seine Spaziergänge weiter aus und besuchte die Bauplätze, um seine Kameraden wiederzusehen. Mit gekreuzten Armen blieb er lächelnd und kopfschüttelnd vor den Neubauten stehen und verhöhnte die Arbeiter, die sich da plagten; er zeigte ihnen sein Bein, um sie sehen zu lassen, wohin das führe, wenn man sich das Leben abarbeitete. Wenn er so den anderen das Arbeiten vergraulen konnte, gewährte ihm das eine Befriedigung für seinen Haß gegen die Arbeit. Natürlich müßte er auch einmal wieder anfangen, es müßte ja sein; aber so spät wie möglich. Nach dem, was ihm zugestoßen war, konnte man keine Begeisterung von ihm verlangen. Und dann schien es ihm auch gar zu gut, ein wenig blauzumachen.

Wenn sich Coupeau des Nachmittags langweilte, ging er zu den Lorilleux' hinauf. Hier wurde er nun sehr bedauert und durch allerlei Liebenswürdigkeiten zu fesseln gesucht. In den ersten Jahren seiner Ehe hatte er sich unter Gervaises Einfluß ihnen entziehen können. Jetzt nahmen sie ihn wieder in Besitz und neckten ihn damit, daß ihm seine Frau so viel Respekt einflößte. War er denn gar kein Mann mehr? Dabei benahmen sich die Lorilleux' immer noch mit großer Vorsicht und hoben Gervaises Verdienste bis in den Himmel. Coupeau, der sich mit seiner Frau noch gut stand, schwor ihr zu, daß seine Schwester sie sehr hochschätzte und nichts sehnlicher wünschte, als daß sie besser zu ihr wäre. Der erste Streit in der Ehe entstand eines Tages wegen Etienne. Der Zinkarbeiter hatte den Nachmittag bei den Lorilleux' zugebracht. Als er nach Hause kam, war das Essen noch nicht fertig und die Kinder schrien nach der Suppe. Da drehte er sich plötzlich nach Etienne um und gab ihm ein paar Ohrfeigen. Noch eine ganze Stunde nachher hatte er gemault und gebrummt: dieser Schlingel war nicht sein Kind, er wußte eigentlich nicht, warum er ihn in seinem Hause duldete; schließlich warf er ihn zur Tür hinaus. Bis dahin hatte er den Jungen ohne alle Redensarten um sich gelitten. Am nächsten Morgen sprach er von seiner Würde. Drei Tage darauf traktierte er das Kind vom Morgen bis zum Abend mit Fußtritten, so daß der Kleine, wenn er ihn die Treppe hinaufkommen hörte, sich schnell zu den Goujets rettete, wo ihm die alte Spitzenklöpplerin immer einen Platz an ihrem Tisch freiließ, wo er seine Arbeiten machen konnte.

Gervaise hatte schon lange wieder zu arbeiten angefangen. Sie war jetzt der Mühe überhoben, das Glas von der Stutzuhr abzunehmen; die Ersparnisse waren alle aufgezehrt, da mußte sie hart arbeiten, arbeiten für vier, denn es waren bei Tisch vier Münder sattzumachen. Sie allein mußte alle ernähren. Wenn sie hörte, wie die Leute sie beklagten, so beeilte sie sich, Coupeau zu entschuldigen. Bedenkt doch! wieviel er gelitten hat, da ist es kein Wunder, wenn er bitter wird! Das wird schon vorübergehen, wenn er erst wieder ganz gesund ist. Wenn man ihr anzuhören gab, daß Coupeau jetzt wieder ganz hergestellt sei und zum Bauplatz zurückkehren könnte, so entsetzte sie sich davor. Nein, nein, noch nicht! Sie wollte ihn nicht wieder bettlägerig haben. Sie wüßte wohl, was der Arzt ihr gesagt hatte. Sie war es, die ihn daran hinderte, schon zur Arbeit zu gehen, sie steckte ihm sogar Zwanzigsousstücke in seine Westentasche. Coupeau nahm das an, als ob das ganz natürlich wäre: er klagte über allerlei Schmerzen, um sich pflegen zu lassen; obgleich nun schon sechs Monate verflossen waren, so dauerte seine Rekonvaleszenz noch immer fort. Wenn er jetzt nach den Bauplätzen ging, um die anderen arbeiten zu sehen, so trank er gern mit den Kameraden ein Glas Wein. Man war in so einer Kneipe gar nicht schlecht aufgehoben, man scherzte und hielt sich da ein bißchen auf, das machte niemandem Schande. Es sei pure Ziererei, vor der Tür zu bleiben und vor Durst umzukommen. Man hatte früher ganz recht, sich über ihn lustig zu machen, ein Glas Wein hat nie einen Mann getötet. Er schlug sich auf die Brust und machte sich ein besonderes Verdienst daraus, nur Wein zu trinken, immmer Wein, niemals Schnaps; der Wein verlängert das Leben und man bleibt gesund und nüchtern dabei. Doch war es schon öfter vorgekommen, daß er, nachdem er den ganzen Tag von einem Bauplatz zum andern und von einer Kneipe zur andern gegangen war, etwas angeheitert nach Hause kam. An solchen Tagen schloß Gervaise ihre Tür ab unter dem Vorwand, daß sie große Kopfschmerzen habe, nur um zu verhindern, daß die Goujets etwas von Coupeaus Dummheiten hörten.

Nach und nach wurde die junge Frau immer trauriger. Morgens und abends ging sie in die Rue de la Goutte-d'Or, um den Laden anzusehen, der immer noch zu vermieten war; sie verheimlichte diese Gänge wie eine Kinderei, die eine erwachsene Person begeht. Dieser Laden fing wieder an, ihr den Kopf zu verdrehen; wenn nachts das Licht ausgelöscht war, so überraschte sie sich dabei, daß sie nur daran dachte; sie lag mit offenen Augen und genoß den Reiz einer verbotenen Frucht. Aufs neue fing sie an zu rechnen: zweihundertfünfzig Francs kostete die Miete, hundertfünfzig Francs die Werkzeuge und die Einrichtung, und hundert Francs Vorschuß, um zwei Wochen leben zu können, zusammen fünfhundert Francs, wenn man alles aufs niedrigste annahm. Wenn sie nicht laut davon sprach, so war das nur, weil sie nicht wollte, daß man glauben sollte, sie bedaure es, ihre Ersparnisse für Coupeaus Krankheit ausgegeben zu haben. Sie wurde leichenblaß, wenn ihr wider ihren Willen etwas davon entfahren war, und sie versuchte es, dem ausgesprochenen Satz einen andern Sinn zu geben, als ob sie einen häßlichen Gedanken geäußert hätte. Jetzt mußte man wenigstens fünf bis sechs Jahre arbeiten, ehe man eine so große Summe ersparen konnte. Sie war unglücklich darüber, daß sie sich nicht gleich jetzt selbständig machen konnte, dann hätte sie die Wirtschaft leicht erhalten können, ohne auf Coupeau zu rechnen, dem man dann ja noch Monate Zeit lassen konnte, damit er wieder Geschmack an der Arbeit fände; sie wäre dann ruhiger gewesen und die Zukunft wäre ihr gesicherter erschienen; jetzt konnte sie sich oft geheimer Befürchtungen nicht erwehren, wenn Coupeau sehr vergnügt und singend nach Hause kam und dann irgendeinen gelungenen Witz von diesem Vieh, dem Mes-Bottes, erzählte, dem er einen Liter spendiert hatte.

Als Gervaise eines Abends allein zu Hause war, kam Goujet und lief nicht wieder fort, wie er sonst tat, wenn er nur sie fand. Er setzte sich nieder, rauchte seine Pfeife und betrachtete sie. Er mußte irgend etwas auf dem Herzen haben, was er vergeblich in Worte zu fassen suchte. Nach einem längeren Stillschweigen nahm er seine Pfeife aus dem Mund und sagte alles auf einmal: „Madame Gervaise, würdet Ihr mir wohl erlauben, Euch Geld zu leihen?“

Sie hatte sich gerade über einen Kommodenkasten gebeugt und suchte Wischlappen. Sie richtete sich auf und wurde sehr rot. Hatte er sie also doch gesehen, wie sie des Morgens beinahe zehn Minuten in Verzückung vor dem Laden stehen geblieben war? Er lächelte sie mit verlegener Miene an, als ob er ihr einen verletzenden Vorschlag gemacht hätte. Sie lehnte mit großer Lebhaftigkeit ab; nie würde sie Geld annehmen, ohne daß sie wüßte, wann sie es wiedergeben könne. Und dann handelte es sich doch auch wirklich um eine zu hohe Summe. Als er, etwas bestürzt von ihrer Weigerung, dennoch darauf bestand, rief sie endlich: „Aber was wird denn aus Eurer Heirat? Ich kann das Geld nicht annehmen, das Ihr dafür bestimmt habt. Nein, ganz gewiß nicht!“ – „Oh, deswegen braucht Ihr Euch nicht zu sorgen. Ich heirate nicht mehr. Ihr wißt ja, das war nur so eine Idee ... Nein, wirklich, ich borge Euch lieber das Geld.“

Nun senkten beide die Köpfe. Es gab da zwischen ihnen etwas, wovon sie nicht sprachen, eine tiefinnere Zuneigung, die ihnen sehr wohl tat. Gervaise nahm nun das Geld an. Goujet hatte seine Mutter schon vorbereitet. Sie gingen nun über den Treppenflur sogleich zu ihr hinüber. Die Spitzenklöpplerin war ernst und ein wenig traurig, wie sie so mit ihrem weißen Gesicht über ihren Rahmen gebückt saß. Sie wollte ihrem Sohn nicht hinderlich sein, aber sie billigte jetzt den Plan von Gervaise durchaus nicht mehr, und sie sagte auch ganz rund heraus, warum nicht: Coupeau legte sich auf die leichte Seite, er würde ihr den ganzen Laden verprassen. Was sie dem Zinkarbeiter besonders nicht vergessen konnte, das war seine Weigerung, während der Genesung lesen zu lernen; der Schmied hatte sich erboten, ihm das zu zeigen, aber er hatte ihn schön abgeführt, er behauptete, daß die Wissenschaft die Leute mager mache. Das hatte die beiden Arbeiter beinahe auseinandergebracht, und jeder ging nun seine eigenen Wege. Als nun aber Madame Goujet die bittenden Blicke ihres großen Kindes sah, da zeigte sie sich zu Gervaise sehr gut, und man beschloß, den Nachbarn fünfhundert Francs zu borgen, sie sollten das zurückzahlen, indem sie jeden Monat zwanzig Francs Akonto gaben, das dauerte dann so lange, als es dauerte.

„Du, sage mal, der Schmied hat wohl ein Auge auf dich geworfen?“ sagte Coupeau lachend, als er von der Geschichte hörte. „Na, da bin ich ganz ruhig, der ist ja zu komisch ... Wir wollen ihm sein Geld schon wiedergeben. Wenn er mit Lumpenpack zu tun hätte, da wäre er schön reingefallen.“

Schon am nächsten Tage mieteten die Coupeaus den Laden. Gervaise lief den ganzen Tag zwischen der Rue Neuve und der Rue de la Goutte-d'Or hin und her. Als man sie in dem Quartier so leicht und schnell vorbeikommen sah, daß sie fast nicht mehr zu hinken schien, sprach man davon, daß sie sich hätte operieren lassen.

V

Gerade zum Apriltermin verließen die Boches die Rue des Poissonniers und bezogen die Portierloge des großen Hauses in der Rue de la Goutte-d'Or. Das war ein recht glücklicher Zufall! Gervaise, die in ihrer kleinen Wohnung in der Rue Neuve ohne Portier so ruhig gelebt hatte, konnte sich nicht mehr recht an den Gedanken gewöhnen, jetzt wieder unter die Herrschaft eines solchen Haustyrannen zu fallen, mit dem man sich um jeden Eimer Wasser zanken müßte und der bei jedem Türzuwerfen des Abends ein schiefes Gesicht schnitt. Diese Portiers sind eine ekelhafte Gesellschaft! Nun, mit den Boches da war das alles Spaß. Da man so gut bekannt war, würde man sich schon verständigen, da würde eben alles so abgemacht, als ob man von einer Familie sei.

An dem Tage, als die Coupeaus gemietet hatten und den Kontrakt unterzeichnen sollten, war Gervaise ganz beklommen zumute, als sie unter dem großen Torweg hindurchging. Nun würde sie also doch in dem Hause wohnen, das so groß wie eine kleine Stadt war, nun würde sie doch in diesen endlosen Korridoren herumgehen und diese vielen Treppen auf- und niedersteigen. Mit gemischten Gefühlen betrachtete sie die grauen Wände, zu deren Fenstern allerlei Lumpen zum Trocknen an der Sonne hingen, den hellen Hof mit seinem schadhaften Pflaster, der an einen öffentlichen Platz erinnerte, und all das Lärmen der Arbeit, von dem diese Mauern widertönten; sie empfand eine große Freude darüber, nun so nahe vor der Befriedigung ihrer ehrgeizigen Wünsche zu stehen, und auch wieder eine große Furcht, daß es ihr nicht glücken werde und daß sie erliegen könne in diesem ungeheuren Kampf gegen den Hunger, dessen Toben sie um sich herum vernahm. Es schien ihr ein kühnes, verwegenes

Beginnen, als ob sie in das Schwungrad einer Maschine eingriffe, während in den Werkstätten zu ebener Erde die Hämmer der Schlosser klopften und die Hobel der Tischler pfiffen.

An diesem Tage hatte das Wasser, das von der Färberei aus durch den Torweg floß, eine sehr zarte blaugrüne Farbe. Sie schritt lächelnd darüber hin und hielt diese Farbe für ein Zeichen von guter Vorbedeutung.

Man sollte sich mit dem Hauseigentümer in der Portierloge der Boches treffen. Herr Marescot war ein bedeutender Messerschmied in der Rue de la Paix; er war früher mit dem Schleifkarren in den Straßen umhergezogen, jetzt galt er als ein mehrfacher Millionär. Er war ein Mann von fünfundfünfzig Jahren, stark und knochig gebaut, dekoriert, und ließ mit Wohlgefallen seine großen Hände sehen, die den früheren Arbeiter verrieten; er hatte die Eigenheit, alle Messer und Scheren seiner Mieter mitzunehmen und umsonst zu schleifen, nur zu seinem Vergnügen, weil ihm das Spaß machte. Er galt durchaus nicht als stolz, denn er verbrachte Stunden bei seinen Portierleuten in den dunklen Logen, um dort die Rechnungen nachzusehen. Die Coupeaus fanden ihn an dem schmutzigen Tisch von Madame Boche, wie er sich erzählen ließ, mit wie gemeinen Ausdrücken die Näherin im zweiten Stock der Treppe A die Zahlung der Miete verweigert hatte. Als der Kontrakt unterzeichnet war, gab er dem Zinkarbeiter die Hand. Er liebte die Arbeiter. Er hätte sich früher auch nicht schlecht geplagt, aber mit der Arbeit könne man es weit bringen. Als er die zweihundertundfünfzig Francs, die die Miete für das erste halbe Jahr ausmachten, gezählt hatte, steckte er sie in seine weite Tasche und erzählte seine Geschichte, wobei er nicht vergaß, auf seine Dekoration aufmerksam zu machen.

Trotz alledem war Gervaise etwas unbehaglich zumute, wenn sie die Haltung sah, welche die Boches beobachteten. Sie taten so, als ob man sich nie gesehen hätte. Dem Wirt gegenüber krümmten sie sich wie die Würmer; sie sprachen ihm stets zu Munde und hatten für alles, was er sagte, ein beifälliges Kopfnicken. Madame Boche verließ schnell die Loge, um eine Bande Kinder, die beim Brunnen in den Pfützen herumpatschte, die sich dort durch das Laufen des immer offenen Hahnes gebildet hatten, fortzujagen; als sie steif und streng zurückkehrte, schritt sie langsam über den Hof und musterte die Fenster, wie um sich zu überzeugen, ob auch alles in guter Ordnung sei; sie kniff die Lippen zusammen, um damit auszudrücken, für wie bedeutend sie ihre neue Stellung halte, die ihr das Kommando über dreihundert Mieter in die Hand gab. Boche sprach schon wieder von der Schneiderin im zweiten Stock; er war der Ansicht, daß ihr gekündigt werden müßte. Er berechnete die rückständigen Mieten mit der Wichtigkeit eines Intendanten, der fürchtet, daß man ihm Vorwürfe wegen seiner Verwaltung machen könnte. Herr Marescot billigte die Idee der Kündigung, aber er wollte noch ein halbes Vierteljahr warten. Es sei hart, die Leute auf die Straße zu setzen, und dann helfe einem das noch gar nichts, denn dadurch bekäme der Wirt noch nicht einen Sou in die Tasche. Gervaise schauderte, sie fragte sich, ob man sie auch auf die Straße werfen werde, wenn sie eines Tages ein Unglücksfall daran hindern sollte, zu zahlen. Die rauchige Portierloge mit ihren schwarzen Möbeln war feucht und dunkel wie ein Keller, das ganze Licht fiel auf den Arbeitstisch von Boche, auf dem ein alter Rock, der gewendet werden sollte, umherlag. Die kleine Pauline, das rothaarige vierjährige Mädchen des Bocheschen Ehepaares, saß auf der Erde und guckte ruhig zu, wie ein Stück Kalbfleisch kochte; der starke Küchengeruch, der von dem eisernen Ofen kam, entzückte die Kleine.

Herr Marescot ergriff aufs neue die Hand des Zinkarbeiters. Nun erinnerte ihn dieser daran, daß er ihnen versprochen hätte, Reparaturen vorzunehmen und daß man das doch jetzt besprechen sollte. Da wurde der Wirt böse, er hätte sich zu nichts verpflichtet, man machte übrigens niemals Reparaturen bei Läden. Endlich verstand er sich dazu, die Räume anzusehen und ging mit den Coupeaus und Boche dahin. Der kleine Krämer hatte beim Ausziehen seine ganze Ladeneinrichtung mit fortgenommen, so war denn der Laden ganz kahl, die Decke geschwärzt und an den Wänden hingen die Fetzen einer ehemaligen gelben Tapete. In diesen leeren Räumen, in denen die Stimmen stärker tönten, begann nun eine sehr erregte Unterhaltung. Herr Marescot schrie und behauptete, es sei die Sache der Handelsleute, sich ihre Läden schön herauszuputzen, denn schließlich könnte so einer verlangen, daß man überallhin Gold machte und er, der Wirt, er könne nicht alles vergolden. Er sprach dann von seiner eigenen Einrichtung in der Rue de la Paix, für die er mehr als zwanzigtausend Francs ausgegeben hätte. Mit der den Frauen eigenen Hartnäckigkeit brachte Gervaise immer wieder ihre Gründe vor, die ihr unwiderleglich schienen: in einer Wohnung da würde er doch die Tapeten erneuern, nicht wahr? Warum sollte denn ein Laden anders angesehen werden als eine Wohnung? Sie verlangte weiter nichts von ihm, als daß er die Decken weißen ließe und neue Tapeten anschaffte.

Boche blieb undurchdringlich und würdig, er drehte sich herum und guckte in die Luft, ohne eine Meinung zu äußern. Coupeau konnte ihm so viel mit den Augen zublinzeln als er wollte, es half alles nichts, er tat so, als ob er seinen großen Einfluß auf den Wirt nicht mißbrauchen wolle. Endlich ließ er sich denn doch zu einem kleinen Mienenspiel herbei und begleitete ein leises Lächeln mit einem leichten Kopfschütteln. Gerade jetzt gab Herr Marescot den Vorstellungen von Gervaise nach, er war außer sich und krampfte seine Finger wie ein Geizhals zusammen, dem man sein Gold wegnimmt; er versprach, die Decken machen zu lassen und zu tapezieren, unter der Bedingung, daß sie die Hälfte zu den Tapeten zuzahle. Nun ging er schnell fort und wollte von nichts mehr hören.

Als Boche mit den Coupeaus allein war, schlug er ihnen sehr freundschaftlich auf die Schulter. Nicht wahr, das war gut gemacht? Wenn er nicht gewesen wäre, hätten sie im Leben nicht ihre Decken und ihre Tapeten bekommen. Sie würden wohl bemerkt haben, wie der Wirt fragend zu ihm hingeschielt hätte und wie er gleich alles bewilligt hätte, als er ihn lächeln sah. Er teilte ihnen im Vertrauen mit, daß er der eigentliche Herr im Hause sei: er bestimmte, wem gekündigt werden sollte, er vermietete, wenn die Leute ihm paßten, er kassierte die Mieten ein und behielt sie oft vierzehn Tage in seiner Kommode.

Am Abend schickten die Coupeaus zwei Liter Wein an die Boches, um höflich zu sein: so etwas mußte belohnt werden.

Seit dem darauf folgenden Montag wurde im Laden gearbeitet. Der Einkauf der Tapeten war eine Angelegenheit von großer Wichtigkeit. Gervaise wollte eine graue Tapete mit blauen Blumen haben, weil das den Raum hell und lustig gemacht hätte. Boche erbot sich, sie hinzuführen, wenn sie aussuchen würde. Aber er hatte gemessenen Auftrag des Wirtes, er durfte den Preis von fünfzehn Sous für die Rolle nicht überschreiten. Eine volle Stunde blieben sie bei dem Tapetenhändler; die Wäscherin kam immer wieder auf ein sehr hübsches persisches Muster zurück, das achtzehn Sous kosten sollte; sie war der Verzweiflung nahe, denn sie fand alle anderen Muster abscheulich. Endlich gab der Portier nach, er würde die Sache einrichten; wenn es nicht anders ginge, würde man eine Rolle mehr berechnen. Beim Nachhausegehen kaufte Gervaise einen Kuchen für die kleine Pauline. Sie wollte nicht Schuldnerin bleiben, und man sollte sehen, daß es vorteilhaft war, ihr gefällig zu sein.

In vier Tagen sollte der Laden fertig sein, doch die Arbeiten dauerten drei Wochen. Man hatte erst davon gesprochen, die Malereien einfach mit Lauge abzuwaschen, aber dieser alte, essigfarbene Anstrich war so schmutzig und so düster, daß sich Gervaise dazu bestimmen ließ, in den Vorderräumen einen hellblauen Anstrich mit gelben Netzen anbringen zu lassen. Nun nahmen die Reparaturen gar kein Ende. Coupeau, der immer noch nicht arbeitete, war schon des Morgens da, um nachzusehen, ob es vorwärtsging. Boche verließ den Überrock oder die Hosen, an denen er die Knopflöcher ausbesserte, um auch seinerseits die Arbeiter zu überwachen. So brachten sie beide tagelang damit zu, rauchend und spuckend, mit den Händen auf dem Rücken, den Arbeitern zuzusehen und jeden Pinselstrich zu beurteilen. Da wurden unendliche Erwägungen und tiefsinnige Betrachtungen über jeden Nagel angestellt, der ausgerissen werden sollte. Die Maler, ein paar große, gutmütige Kerle, verließen jeden Augenblick ihre Leitern und pflanzten sich mitten im Laden auf, sie mischten sich in die Unterhaltung und betrachteten stundenlang mit zur Seite geneigten Köpfen ihre eben angefangene Arbeit. Die Decken waren schnell genug geweißt, aber aus den Malerarbeiten schien man nie herauskommen zu sollen, das wollte nicht trocknen. Gegen neun Uhr zeigten sich die Maler mit ihren Farbentöpfen, die sie in eine Ecke setzten, dann sahen sie sich ein bißchen um und verschwanden, um nicht mehr gesehen zu werden. Sie waren frühstücken gegangen, oder sie mußten noch eine kleine Arbeit in der Nähe, in der Rue Myrrha, fertig machen. Ein anderes Mal führte Coupeau die ganze Gesellschaft einen Schoppen trinken, Boche, die Maler und ein paar Kameraden, die gerade vorbeigingen; das war dann wieder ein verlorener Nachmittag. Gervaise verging fast vor Ungeduld. Da plötzlich war alles in zwei Tagen fertig, die Malereien gefirnißt, die Tapeten geklebt und der Schmutz auf den Schubkarren geworfen. Die Arbeiter waren schließlich damit umgesprungen, als ob es Spaß wäre; sie pfiffen auf ihren Leitern und sangen, als ob sie das ganze Quartier betäuben wollten.

Nun ging man sogleich an den Umzug. Gervaise empfand in den ersten Tagen eine kindische Freude, wenn sie von einer Besorgung zurückkehrte und über die Straße ging. Sie machte halt und lächelte ihrer neuen Behausung zu. Wenn sie von weitem kam, so erschien ihr ihr Schaufenster in der langen Reihe der anderen, die schwarz und düster aussahen, ganz hell, so freundlich und einladend mit seinem neuen Ladenschild, wo auf zartem blauen Grund das Wort „Feinwäscherin" in großen, gelben Buchstaben aufgemalt war. Das Schaufenster selbst war hinten mit einem Paar Musselingardinen abgeschlossen und inwendig ganz blau tapeziert, um die Weiße der Wäsche besser zur Geltung zu bringen; Männerhemden lagen dort als Schaustücke, und Frauenhäubchen waren mit ihren Bändern an Messingdrähten aufgehängt. Sie fand ihren Laden bildhübsch in seiner himmelblauen Farbe. Wenn man hineinkam, so war wieder alles blau; die Tapete ahmte einen à la Pompadour bedruckten Stoff nach und stellte ein Gitter vor, an dem sich Winden emporrankten; der Ladentisch war von ungeheurer Größe und nahm zwei Drittel des ganzen Raumes ein, er hatte eine dicke Decke und war ringsum mit bedrucktem Kattun garniert, um die Böcke zu verdecken, auf denen er stand. Gervaise ließ sich auf einem Sessel nieder und atmete vor Befriedigung hoch auf; wie glücklich machte sie diese Sauberkeit all der neuen Dinge und mit wie zärtlichen Blicken betrachtete sie ihre neuen Werkzeuge! Ihr erster Blick galt immer ihrem gußeisernen Plättofen, auf dem sie zehn Bolzen gleichzeitig glühend machen konnte, die rundherum auf schrägen Platten lagen. Sie kniete davor nieder, um nachzusehen, denn sie schwebte in beständiger Furcht, daß ihr Schaf von Lehrmädchen den Ofen sprengen würde, weil sie zu viel Koks hineinstopfte.

Die Wohnung hinter dem Laden war sehr anständig. Coupeaus schliefen im ersten Zimmer, wo man auch kochte und aß; eine Hintertür ging auf den Hof des Hauses hinaus. Nanas Bett stand in einem kleinen Zimmer, welches rechts lag und nur durch eine dicht bei der Decke angebrachte Luke erhellt wurde. Etienne indessen teilte das links gelegene Zimmer mit der schmutzigen Wäsche, wovon immer ungeheure Berge dalagen. Ein häßlicher Umstand machte sich doch fühlbar, wenn auch die Coupeaus das zuerst nicht zugeben wollten, die Wände trieften vor Feuchtigkeit, und schon von drei Uhr nachmittags an konnte man nicht mehr recht sehen.

Im ganzen Quartier machte der neue Laden großes Aufsehen. Man beschuldigte die Coupeaus, zu schnell vorzugehen und sich Ungelegenheiten zu machen. Und wirklich hatten sie die fünfhundert Francs von Goujet nur für die Einrichtung ausgegeben, ohne sich nur soviel zurückzulegen, daß sie vierzehn Tage zu leben gehabt hätten, wie sie es sich eigentlich vorgenommen hatten. Den ersten Tag, als Gervaise ihren Laden aufmachte, hatte sie gerade sechs Francs in ihrem Portemonnaie. Das machte ihr indessen keine Sorge, denn die Kunden kamen, und die Geschäfte ließen sich recht gut an. Acht Tage später, an einem Sonnabend, brachte Gervaise vor dem Schlafengehen zwei Stunden damit zu, auf einem Stückchen Papier zu rechnen; dann weckte sie Coupeau auf und sagte ihm mit leuchtender Miene, daß Tausende und Abertausende zu verdienen seien, wenn man nur vernünftig wäre.

„Jawohl, jawohl!" schrie Madame Lorilleux durch die ganze Rue de la Goutte-d'Or, „mein Esel von Bruder muß drollige Dinge erleben! ... Nun, das fehlte bloß noch, daß die Humpelliese ihr Brot verdiene. Das steht ihm gut an, nicht wahr?"

Lorilleux' hatten sich mit Gervaise tödlich verfeindet. Schon damals, als der Laden instand gesetzt wurde, platzten sie vor Wut; wenn sie nur die Maler von weitem sahen, gingen sie schon auf die andere Seite und stiegen mit zusammengebissenen Zähnen die Treppen hinauf. Ein blauer Laden für diese hergelaufene Dirne – wenn anständige Leute darüber nicht den Verstand verlieren! Schon am zweiten Tage nach dem Einzug, als die Gehilfin gerade ein Gefäß mit Stärke ausgoß, als Madame Lorilleux vorbeikam, hatte diese die ganze Straße in Aufruhr gebracht und behauptet, daß ihre Schwägerin sie absichtlich von ihren Arbeiterinnen beschimpfen lasse. Nun waren alle Beziehungen abgebrochen, und man schleuderte sich wütende Blicke zu, wenn man sich traf.

„Oh ja, es ist ein hübsches Leben!" sagte Madame Lorilleux immer wieder. „Man weiß ja, wo das Geld zu ihrer Bude hergekommen ist! Das hat sie sich bei dem Schmied verdient ... Das sind auch recht nette Leute! Hat sich nicht der Vater den Hals abgeschnitten, damit er nicht guillotiniert zu werden brauchte? Kurz: irgendeine schmutzige Geschichte dieser Art!"

Sie beschuldigte Gervaise geradezu, mit Goujet ein strafbares Verhältnis zu unterhalten. Sie log sogar und behauptete, daß sie sie eines Abends auf einer Bank des äußeren Boulevards überrascht hätte. Der Gedanke an diese Liebschaft und die Freuden, welche ihre Schwägerin genießen mußte, empörten in ihr die ganze Ehrbarkeit einer häßlichen Person. Täglich mußte sie ihrem Herzen Luft machen: „Aber was hat denn die Lahme an sich, daß sie geliebt wird? Warum liebt mich denn keiner?"

Nun gab es ewige Klatschereien mit den Nachbarn. Sie erzählte die ganze Geschichte. Geht mir doch! Am Hochzeitstage, da hätte sie ein schönes Gesicht geschnitten! Sie hatte eine feine Nase, sie merkte schon, was das für ein Ende nehmen würde. Später, mein Gott, da habe sich die Humpelliese so heuchlerisch sanft gezeigt, daß sie und ihr Mann eingewilligt hatten, Taufpaten für die kleine Nana zu sein, obwohl so eine Taufe ein schönes Stück Geld kostete. Aber jetzt! Seht ihr, die Humpelliese könnte auf den Tod daliegen und ein Glas Wasser verlangen, ich würde es ihr nicht reichen. Unverschämtheit, Schurkerei und Schamlosigkeit könnte sie nicht vertragen. Was Nana anlangte, so würde man die immer gut aufnehmen, wenn sie nach oben käme, um ihre Paten zu sehen. Die Kleine, nicht wahr, die konnte doch nichts für die Schlechtigkeit der Mutter. Coupeau hätte ja ihren Rat nicht nötig; an seiner Stelle hätte jeder andere Mann eine solche Frau mit dem Hintern ins Waschfaß gesteckt und ihr ordentlich was draufgegeben; das ist ja seine Sache, aber das könne man von ihm doch verlangen, daß er seine Familie in Ehren halte. Gerechter Gott! wenn Lorilleux sie eines Tages mit einem überrascht hätte! Das wäre so ruhig doch nicht abgegangen, der hätte ihr seine Schere in den Leib gestoßen!

Die Boches, die sehr strenge Sittenrichter bei häuslichen Streitigkeiten waren, gaben den Lorilleux' unrecht. Ohne Frage waren die Lorilleux' ordentliche, ruhige Leute, die den langen, lieben Tag arbeiteten und pünktlich ihre Miete zahlten. Aber in dieser Sache machte sie die Eifersucht ungerecht. Und dann überhaupt, die Leute bissen sich lieber einen Finger ab, als anderen einmal was zukommen zu lassen. Geizhammel, die ihre Liter versteckten, wenn jemand dazukam, um ihm kein Glas Wein anbieten zu müssen. Eines Tages regalierte Gervaise die Boches mit Johannisbeersaft und Selterswasser; man trank das gerade in der Loge, als Madame Lorilleux sehr steif vorbeikam und vor der Tür der Portierleute mit Ostentation ausspie. Seit diesem Tage ließ Madame Boche, wenn sie sonnabends die Treppen fegte, den Schmutz vor Lorilleux' Türe liegen.

„Nun ja!" schrie Madame Lorilleux, „die Humpelliese, die Fresser und Schlemmer, das ist ja alles dieselbe Gesellschaft! ... Aber sie sollen sich in acht nehmen und mich zufrieden lassen! Sonst gehe ich zum Wirt und beschwere mich ... Gestern habe ich erst wieder den unverschämten Boche gesehen, wie er sich an Madame Gaudron rangemacht hat. Sich an einer Frau in dem Alter zu vergreifen, die ein halbes Dutzend Kinder hat, wie? Ist das nicht eine Schweinerei? ... Noch eine solche Sache und ich werde die Mutter Boche benachrichtigen, damit sie ihm etwas zur Abkühlung an den Kopf wirft ... Da hätte man doch wenigstens etwas zum Lachen!"

Madame Coupeau besuchte beide Parteien, sie redete allen zu Munde und war sogar so weit gekommen, daß sie sich zureden ließ und sehr oft zum Essen blieb; sie hörte ebenso geduldig ihrer Tochter wie ihrer Schwiegertochter zu, an einem Abend der einen, am andern Abend der andern. Madame Lerat ging jetzt nicht zu Coupeaus, sie hatte sich mit der Humpelliese wegen eines Zuaven gezankt, der seiner Geliebten mit dem Rasiermesser die Nase abgeschnitten hatte; sie nahm für den Zuaven Partei, sie fand, dieser Rasiermesserschnitt sei ein Zeichen von großer Liebe, ohne daß sie ihre Gründe näher erklärt hätte. Sie hatte den Zorn der Frau Lorilleux noch mehr angefacht, denn sie erzählte, daß sich die Humpelliese nicht entblöde, in einer Gesellschaft von sechzehn oder zwanzig Personen ihre Schwägerin Kuhschwanz zu nennen. Mein Gott, ja! Boches und alle Nachbarn nannten sie Kuhschwanz!

Trotz all dieser Klatschereien stand Gervaise ruhig lächelnd auf der Schwelle ihres Ladens und grüßte ihre Freunde mit einem leichten, teilnehmenden Kopfnicken. Es machte ihr Spaß, ihr Plättbrett für einen kleinen Augenblick zu verlassen und von der Ladentür aus einen liebevollen Blick auf die Straße zu werfen; sie tat das mit der eitlen Überhebung der Handelsfrau, die sich einbildet, daß ein Stück von dem Trottoir ihr Eigentum sei. In ihrer Idee gehörten ihr die Rue de la Goutte-d'Or und die benachbarten Straßen, ja das ganze Quartier. Wenn sie so mit ihrer weißen Jacke, mit nackten Armen, den Kopf zur Tür hinaussteckte, auf dem ihre hübschen blonden Haare in der Hitze der Arbeit sich gelöst hatten, so daß der Wind mit den kleinen, losen Locken spielte, so war es, als ob sie mit einem Blick von ihrem Eigentum wieder Besitz ergreifen wollte, von den Passanten, den Häusern, dem Pflaster und dem Himmel: nach links hin erstreckte sich die Rue de la Goutte-d'Or friedlich und menschenleer, wie ein Stückchen Provinz, wo die Frauen leise in den Türen plauderten, während nach rechts hin, in der Rue des Poissonniers, der Lärm der Fuhrwerke und das Gewoge der Menschenmenge, welche da auf und nieder flutete, dieses Ende wie eine Rennbahn erscheinen ließ, auf der fortwährend Tausende das Glück oder den Tod erjagen wollten. Gervaise liebte die Straße, das Poltern der Wagen auf dem großsteinigen, unebenen Pflaster, das Stocken der Fußgänger auf den schmalen Trottoirs, die hin und wieder mit kleinem, stark geneigtem Kieselsteinpflaster abwechselten; die drei Meter Rinnstein vor ihrem Laden gewannen in ihren Augen die Bedeutung eines breiten Flusses, der noch das Besondere hatte, daß die Färberei im Hause seinen Wellen die zartesten, launigsten Farben gab, die ihn von dem gleichmäßig schwarzen Schmutz der anderen vorteilhaft unterschieden. Auch den Läden schenkte sie ein lebhaftes Interesse; da war ein Mehl- und Vorkostladen, in dessen Fenster getrocknetes Obst an Messingdrähten hing; eine Wäschehandlung für Arbeiter, wo Frauenröcke und blaue Blusen mit ausgespreizten Ärmeln bei jedem Luftzug hin und her schwankten; bei der Hökerin und der Kaldaunenhändlerin erspähte sie Ecken von Ladentischen, auf denen prächtige Katzen ruhig schnurrten; ihre Nachbarin, Madame Vigouroux, die Kohlenhändlerin, erwiderte ihren Gruß. Diese kleine, dicke Frau mit schwarzem Gesichte und leuchtenden Augen liebte es, faulenzend an ihrem Ladenschild zu stehen und mit den Männern zu liebäugeln; auf ihrem Schilde sah man Klobenholz gemalt, das dort auf hellem Grunde so kompliziert angebracht war, daß es einer Sennhütte glich. Die Damen Cudorge, Mutter und Tochter, waren ihre Nachbarn auf der andern Seite, sie hatten den Laden mit den Regenschirmen inne, doch sah man sie niemals, ihr dunkles Schaufenster und ihre Tür waren immer geschlossen; den Laden schmückten von außen zwei kleine Sonnenschirme aus Zink, die mit einem dicken Überzug von zinnoberroter Ölfarbe angestrichen waren. Ehe Gervaise sich wieder an ihre Arbeit machte, versäumte sie nie, einen Blick auf eine große weiße Mauer ihr gegenüber zu werfen. Diese Mauer hatte nicht ein einziges Fenster, nur ein ungeheures Einfahrtstor, durch dessen Bogen man auf dem Hofe, der stets mit einer Menge von Wagen und Karren, deren Deichseln in die Höhe standen, angefüllt war, das Flammen eines Schmiedefeuers sah. Auf der Mauer stand in großen Buchstaben „Hufschmiede", das Wort war mit einem Kranz von Hufeisen umgeben. Während des ganzen Tages tönten die Hämmer auf den Ambossen, und ein Sprühregen von Funken erhellte die düsteren Schatten des Hofes. Ganz unten an dieser Mauer, in einem Loch, das nicht größer als ein Kleiderschrank war, saß zwischen einem Alteisenkrämer und einer Frau, die mit Bratkartoffeln handelte, ein Uhrmacher, ein Herr mit einem Überrock von peinlicher Sauberkeit, der fortwährend mit ganz kleinen Instrumenten in Uhrwerken herumstocherte; er saß an einem Arbeitstisch, auf dem ganz kleine Gegenstände unter umgestülpten Weingläsern lagen, hinter ihm schwangen sich die Perpendikel von zwei oder drei Dutzend Kuckucksuhren, die inmitten der schwarzen Armseligkeit der Straße und in dem Lärm des Hammergeklopfes in der Hufschmiede ihre zarten, kleinen Kuckucksrufe ertönen ließen.

Im ganzen Quartier fand man Gervaise sehr hübsch. Wenn man auch hie und da über sie redete, so gab es doch niemand, der ihr ihre hübschen, großen Augen und ihren kleinen Mund mit den weißen Zähnen abgesprochen hätte. Sie war eine so hübsche Blondine, daß sie sich dreist neben die Schönsten hätte stellen können, wenn sie nicht das Unglück mit dem Bein gehabt hätte. Sie war nun achtundzwanzig Jahre alt und hatte ein wenig Wohlbeleibtheit bekommen. Ihre feinen Züge rundeten sich, und ihre Bewegungen nahmen eine behagliche Langsamkeit an. Es kam jetzt öfter vor, daß sie auf einem Stuhl sich ihren Träumereien überließ, wenn sie auf ein neues Eisen wartete, sie lächelte dann in sich hinein, und ihr Gesicht strahlte von einer Freude, wie sie die Empfänglichkeit für die Genüsse des Lebens erzeugt. Sie liebte es jetzt, wirklich gute Dinge zu essen, alle Welt sagte das; dabei war ja nichts Schlimmes, im Gegenteil, wenn man so viel verdient, daß man Geld für gute Bissen übrig hat, dann wäre man ja dumm, sich von Kartoffelschalen zu ernähren. Und das um so mehr, als sie immer hart arbeitete und sich für ihre Kunden in die Länge und in die Quere legte, so daß sie selbst die Nächte hindurch bei geschlossenen Fensterläden werkte, wenn es nottat. Wie man im Quartier sagte, hatte sie Glück, alles schlug ihr zum Guten aus. Sie wusch für das Haus, für Herrn Madinier, Fräulein Remanjou und das Ehepaar Boche, ja sie hatte sogar ihrer früheren Arbeitgeberin, Madame Fauconnier, mehrere Damen weggenommen, die in der Rue Faubourg-Poissonière wohnten. Schon in der dritten Woche hat sie zwei Gehilfinnen nehmen müssen, Madame Putois und die große Clémence, dasselbe Mädchen, das früher im sechsten Stock gewohnt hatte; das waren drei Personen mit der kleinen, schielenden Augustine, die noch lernte und so häßlich wie ein Affe war. Einer andern wäre sicherlich ein so schnelles Gedeihen zu Kopfe gestiegen. Es wäre ihr wohl zu verzeihen gewesen, wenn sie des Montags ein wenig blaugemacht hätte, nachdem sie die ganze Woche so tüchtig gearbeitet hatte. Dies war für sie ein Bedürfnis; sie wäre ganz schlaff gewesen und hätte die Hemden ungeplättet gelassen, wenn sie sich nicht einen süßen Likör gegönnt hätte, etwas Gutes, wonach ihr das Herz geizte.

Noch nie war Gervaise so gut und liebenswürdig gewesen, sie war so sanft wie ein Lämmchen und so gut wie das liebe Brot. Mit Ausnahme von Madame Lorilleux, die sie, um sich zu rächen, immer Kuhschwanz nannte, wünschte sie niemandem etwas Böses und nahm für jedermann Partei. In der leichten Hingabe an ihre Leckermäuligkeit, besonders wenn sie gut gefrühstückt hatte und ihren Kaffee trank, war sie sehr zu einem alle umfassenden Verzeihen geneigt. Ihr Lieblingswort war: Man muß einer dem andern verzeihen, nicht wahr? sonst lebt man ja wie unter den Wilden! Wenn man ihr von ihrer Güte sprach, so lachte sie; weiter hätte auch nichts gefehlt, daß sie auch noch hätte böse sein sollen! Dann wies sie alles Lob zurück und sagte, daß es nicht ihr Verdienst wäre, wenn sie gut sei; hätten sich denn nicht alle ihre Träume erfüllt? Blieb ihr denn im Leben noch irgend etwas zu wünschen übrig? Dann erinnerte sie daran, was früher ihr Ideal gewesen sei, als sie noch auf der Straße lag und nichts hatte: arbeiten, Brot essen, ein Nest für sich haben, seine Kinder erziehen, nicht geschlagen werden und in seinem eigenen Bett sterben. Und jetzt, war denn ihr Ideal nicht übertroffen worden? Hatte sie denn nicht alles aufs schönste? Was das Sterben im eigenen Bett beträfe, fügte sie dann scherzend hinzu, so rechnete sie auch darauf, aber, wohlverstanden, so spät als möglich.

Besonders Coupeau gegenüber zeigte sich Gervaise sehr liebenswürdig. Nie entfuhr ihr ein böses Wort, nie beklagte sie sich hinter seinem Rücken. Endlich hatte der Zinkarbeiter denn nun doch wieder zu arbeiten angefangen; da der Bauplatz am anderen Ende von Paris war, so gab sie ihm jeden Morgen vierzig Sous für sein Frühstück, sein Getränk und seinen Tabak. Aber zwei Tage von den sechsen der Woche blieb Coupeau unterwegs und vertrank die vierzig Sous mit einem Freunde; zum Frühstück kam er dann nach Hause und erzählte irgendeine Geschichte. Einmal blieb er ganz in der Nähe, da ließ er sich mit Mes-Bottes und drei anderen eine Extramahlzeit auftischen, Schnecken, einen Braten und gesiegelten Wein, im „Kapuziner" an der Barrière de la Chapelle; da hierfür seine vierzig Sous nicht ausreichten, so schickte er die Rechnung durch einen Kellner zu seiner Frau und ließ ihr sagen, daß er im Versatz wäre. Diese zuckte lachend die Achseln; was war denn daran Schlimmes, wenn ihr Mann sich ein bißchen amüsierte? Man muß den Männern die Strippe lang lassen, wenn man Ruhe und Frieden in seiner Wirtschaft haben will; ein Wort gibt das andere und da kommt man bald bei Schlägen an. Mein Gott, für so etwas muß man Verständnis haben; Coupeau litte immer noch an seinem Bein, man hat ihn verschleppt, und da mußte er wohl oder übel mit den anderen mittun, wenn er nicht als Duckmäuser gelten wollte. Übrigens hat das ja auch weiter nichts auf sich; wenn er ein bißchen blau nach Hause käme, würde er sich ins Bett legen, und zwei Stunden darauf sei alles vergessen.

Mittlerweile war die Zeit der großen Hitze gekommen. An einem Juninachmittag – es war Sonnabend und die Arbeit sehr eilig – hatte Gervaise selbst den Ofen mit Koks vollgestopft, auf dem die zehn Plätteisen erhitzt wurden. Um diese Stunde schien die Sonne voll auf die Vorderseite des Ladens, das Trottoir strahlte eine glühende Hitze aus, und der Widerschein der Sonnenreflexe tanzte an der Decke des Ladens; dieser Lichtstrom, der von der Farbe der Gestelle im Schaufenster einen blauen Schein annahm, fiel mit blendender Helligkeit auf den Arbeitstisch, als ob die Sonnenstäubchen durch die feine Wäsche hindurch gesiebt werden sollten. Es war eine Hitze zum Ersticken. Man hatte die Tür nach der Straße zu offengelassen, aber es entstand auch dadurch nicht der geringste Zug. Die Wäschestücke, die man zum Trocknen an den Messingdrähten aufgehängt hatte, dampften und waren in kaum dreiviertel Stunden so steif und hart wie Holz. Es herrschte unter dem Druck dieser Schwüle ein tiefes Stillschweigen, in dem man nur das Aufsetzen der Plätteisen hörte, ein Ton, der durch die dicken Überzüge von Flanell auf den Plättbrettern gedämpft wurde. „Wir können von Glück sagen, wenn wir heute nicht wegschmelzen!" bemerkte Gervaise, „da möchte man sich ja das Hemd ausziehen!"

Sie hockte am Boden vor einer Schüssel und war damit beschäftigt, Wäsche durch Stärkewasser zu ziehen. Sie war im weißen Unterrock und hatte die Ärmel ihrer ebenfalls weißen Nachtjacke, die ihr halb von der Schulter geglitten war, aufgestreift, so daß ihre Arme und ihr Nacken bloß blieben; sie war ganz rosig und schwitzte so stark, daß die kleinen Locken ihres wirren blonden Haares an ihrer Haut anklebten. Mit großer Sorgfalt tauchte sie Frauenhäubchen, die Vorderteile von Männerhemden, ganze Unterröcke und die Garnierungen von Frauenhosen in die milchige Flüssigkeit. Dann wrang sie die Stücke aus und legte sie in einen viereckigen Korb, nachdem sie ihre Hände in einen Eimer getaucht und dann die Teile der Stücke besprengt hatte, die nicht gestärkt werden sollten.

„Dieser Korb ist für Euch, Madame Putois", sagte sie. „Ihr werdet Euch ein bißchen beeilen, nicht wahr? Das trocknet gleich, man kann schon in einer Stunde anfangen."

Madame Putois war eine Frau von fünfundvierzig Jahren, klein und mager, sie plättete, ohne einen Tropfen Schweiß zu verlieren, obwohl sie bis obenhin in ein Kleid von kastanienbrauner Serge eingeknöpft war. Sie hatte selbst ihre Haube nicht einmal abgenommen, eine schwarze Haube mit grünen Bändern, die schon ins Gelbliche spielten. Sie stand ganz steif vor dem Arbeitstisch, der für sie zu hoch war, und bewegte ihr Plätteisen mit steifen, marionettenhaften Bewegungen, wobei ihre Ellbogen immer in der Luft blieben. Plötzlich rief sie:
„Ah! aber Fräulein Clémence, ziehen Sie Ihre Jacke wieder an, Sie wissen wohl, ich liebe solche Unanständigkeiten nicht. Wenn Sie bei Ihrem Vergnügen sind, mögen Sie alles zeigen, was Sie haben. Da drüben sind schon drei Männer stehengeblieben!"
Die große Clémence murmelte so etwas wie „altes Tier" zwischen den Zähnen. Sie erstickte, sie könnte es sich doch bequem machen, es kann doch nicht jeder eine Haut wie ein Feuerschwamm haben. Übrigens, was könnte man denn sehen? Sie hob ihre Arme hoch, wobei ihr üppiger Busen beinahe ihr Hemd sprengte und ihre Schultern die kurzen Ärmel aufzureißen drohten. Clémence hatte sich in den Kopf gesetzt, vor ihrem dreißigsten Jahre das Leben nach Kräften zu genießen. Des Morgens, nach wilddurchschwärmter Nacht, fühlte sie kaum den Boden unter ihren Füßen, sie schlief dann über der Arbeit ein, und es war ihr zumute, als ob man ihr ihren Kopf und Leib voll alter Lappen gestopft hätte. Aber trotz alledem behielt man sie, denn es gab keine Arbeiterin, die es ihr im Plätten von Männerhemden gleichtat. Es war das ihr Vorzug, die Männerhemden.
„Das alles gehört mir, versteht ihr wohl?" beendete sie ihre Erklärung, indem sie sich auf die Brust schlug, „das beißt nicht und tut niemandem weh!" – „Clémence, zieht Eure Jacke wieder an!" sagte Gervaise. „Madame Putois hat recht, es ist nicht anständig ... Man könnte mein Geschäft für etwas halten, was es nicht ist."
Nun zog die große Clémence sich murrend wieder an. Was Ihr auch ängstlich seid! Als ob die Leute, die da vorbeigehen, noch nie ein Paar Brüste gesehen hätten! Sie ließ nun ihren Zorn an dem Lehrling, der kleinen, schielenden Augustine, aus, die neben ihr glatte Wäsche, Strümpfe und Taschentücher plättete; sie stieß sie mit dem Ellbogen, daß die Kleine beinahe umfiel. Aber Augustine, die bissig und heimtückisch wie eine getretene Bestie war, spuckte ihr von hinten auf ihr Kleid; so rächte sie sich, ohne daß es jemand sah.
Gervaise hatte eine Haube von Madame Boche angefangen, der sie besondere Sorgfalt angedeihen lassen wollte. Sie hatte gekochte Stärke zubereitet, um sie aufs neue zu plätten. Mit einem kleinen, schmalen, an den Enden abgerundeten Plätteisen bearbeitete sie vorsichtig das Mittelstück der Kopfbedeckung, als eine knochige Frau eintrat, deren Gesicht mit roten Flecken bedeckt war; ihre Röcke waren naß und klebten an ihren Beinen. Das war eine Waschmeisterin, die drei Arbeiterinnen in der Waschanstalt der Rue de la Goutte-d'Or beschäftigte.
„Aber Ihr kommt zu früh, Madame Bijard!" rief Gervaise. „Ich hatte Euch gesagt, heute abend ... Ihr stört mich nur, wenn Ihr jetzt kommt!"
Da die Wäscherin jammerte und befürchtete, daß sie sonst die Wäsche heute nicht mehr spülen lassen könnte, so willigte sie ein, ihr die schmutzige Wäsche sogleich herauszusuchen. Sie gingen nun in die Nebenstube, wo Etienne schlief, und kamen mit ungeheuren Haufen schmutziger Wäsche zurück, die sie hinten im Laden aufstapelten. Das Aussuchen dauerte eine volle halbe Stunde. Gervaise warf die einzelnen Sorten zusammen auf einen Haufen, die Männerhemden, Frauenhemden, Taschentücher, Strümpfe und Wischlappen. Wenn ein Stück von einem neuen Kunden ihr unter die Hände kam, so zeichnete sie es mit einem roten Kreuz, um es wiederzuerkennen. In der heißen Luft entwickelte sich ein muffiger Geruch von all dem Herumkramen in der schmutzigen Wäsche.
„Oh! ho! Das duftet!" sagte Clémence und hielt sich die Nase zu. „Potztausend! Wenn das alles rein wäre, da würde man es uns ja nicht geben", erklärte Gervaise ruhig. „Das riecht danach, wo es herkommt, was weiter? ... Wir hatten vierzehn Frauenhemden, nicht wahr, Madame Bijard? Fünfzehn, sechzehn, siebzehn ..."
So fuhr sie ganz laut zu zählen fort. Sie ekelte sich nicht, sie war an den Schmutz gewöhnt; ohne Zaudern versenkte sie ihre rosigen, nackten Arme in den Haufen von gelben, schmutzigen Hemden, von Küchenhandtüchern, die von dem Fett des Geschirrs ganz steif geworden waren, und in die Strümpfe, bei denen Schweiß und Schmutz wetteiferten, um sie so ekelhaft als möglich zu machen. Trotz all der starken Gerüche, welche ihr entgegendufteten, überkam sie inmitten dieser Haufen ein Gefühl nachlässiger Behaglichkeit. Sie hatte sich auf einen niedrigen Sessel gesetzt und streckte mit langsamen Bewegungen nach rechts und links die Arme aus, und als ob diese menschlichen Gerüche sie berauschten, lächelte sie verloren mit schwimmenden Augen. Es scheint, daß der erste Anstoß zu faulem Dahinvegetieren durch den betäubenden Einfluß dieser schmutzigen Wäsche veranlaßt wurde, die die Luft um sie herum verpestete. Als sie gerade eine vor Schmutz unkenntliche Kinderbettunterlage zusammenlegte, trat Coupeau ein.
„Heiliger Bimbam! ist das eine Hitze! ..." stotterte er, „das brät einem ja das Gehirn!"
Der Zinkarbeiter mußte sich am Werktisch halten, sonst wäre er gefallen. Es war das erstemal, daß er so pumpvoll nach Hause kam. Bis dahin war er wohl ein wenig angerissen gewesen, nicht mehr. Aber dieses Mal hatte er eine Brüsche über dem Auge, so einen freundschaftlichen Hieb von irgendeiner Anrempelei. Seine krausen Haare, in denen sich hin und wieder schon ein weißes zeigte, mußten mit einer Ecke in dem Saale einer Schenke in einige Berührung gekommen sein, denn an einer Locke im Nacken hing eine Spinnwebe. Er blieb ganz scherzhaft, obwohl seine Züge ein wenig gespannt und gealtert aussahen, der Unterkiefer sprang noch mehr hervor als

früher, aber er war immer noch gutmütig und seine Haut so zart, um eine Herzogin neidisch zu machen.

„Ich will dir die Sache erklären", sagte er zu Gervaise gewandt. „Du kennst doch den Pied-de-Céleri, den mit dem Stelzfuß ... Nun, der reist nach Hause und hat uns gern freihalten wollen ... Ah! wie sich das gerade traf, bei diesem glühenden Sonnenschein ... Auf der Straße ist alles krank. Ja, ja! Alle Welt feiert ..."

Als die große Clémence sich darüber lustig machte, daß er alles auf der Straße betrunken gesehen hätte, überkam ihn eine große Lustigkeit, die ihn erstickt hätte, wenn er sie nicht austoben lassen konnte.

„Ja, ja! die verdammten Säufer! Sind die komisch. Aber sie können nichts dafür, das kommt von der Sonne."

Nun lachte der ganze Laden, selbst Madame Putois, die Betrunkene nicht leiden konnte. Die schielende Augustine schrie aus vollem Halse wie ein Huhn und wollte sich ausschütten vor Lachen. Gervaises einzige Sorge war, daß Coupeau nicht sogleich nach Hause gekommen sei, sondern vorher noch eine Stunde bei den Lorilleux' zugebracht hätte, von denen er immer übel beraten wurde. Als er ihr zugeschworen, daß das nicht der Fall sei, lachte auch sie mit, sie verzieh ihm alles und machte ihm keine Vorwürfe über den verlorenen Arbeitstag. „Aber was sagt er für Unsinn, mein Gott!" murmelte sie. „Wie kann man solche Dummheiten sagen!"

Wie eine Mutter zu einem kleinen Kinde sagte sie: „Geh ins Bett, nicht wahr? Du siehst, wir haben zu tun, du hältst uns auf ... Das waren zweiunddreißig Taschentücher, Madame Bijard, und noch zwei macht vierunddreißig ..."

Aber Coupeau war nicht müde. Er blieb da und schwankte wie der Perpendikel einer Uhr, immer von einer Seite zur andern, und trieb mit trotziger, eigensinniger Miene seine Späße. Gervaise wollte sich gern Madame Bijard vom Halse schaffen und rief deshalb Clémence, um sie die Wäsche zählen zu lassen, während sie sie aufschrieb. Bei jedem Stück machte diese große Lotterliese eine freche, schmutzige Bemerkung; sie deckte das Elend der Kunden, ihre Alkovengeheimnisse auf, sie begleitete jeden Riß, jeden Schmutzfleck, der ihr durch die Hände ging, mit ihren handwerksmäßigen Scherzworten. Augustine tat so, als ob sie nicht verstünde, und sperrte doch die Ohren weit auf mit dem instinktiven Interesse einer lasterhaften kleinen Dirne für solche Dinge. Madame Putois kniff entrüstet die Lippen zusammen, sie fand es dumm, solche Sachen vor Coupeau zu sagen; ein Mann braucht solche Wäsche nicht zu sehen, das sind Dinge, die man bei anständigen Leuten vermeidet. Gervaise war so in ihre Arbeit vertieft, daß sie nicht zu hören schien. Während des Aufschreibens folgten ihre Blicke jedem Stück, damit sie es, wenn es wieder vorkam, erkennen könnte; sie irrte sich nie, wenn sie die Namen zu jedem schrieb, sie roch das und sah es an der Farbe. Diese Servietten gehörten Goujets, das sprang in die Augen, die waren nicht dazu gebraucht worden, um die Rückseiten von Bratpfannen abzuwischen. Da war ein Kopfkissenbezug, der sicherlich von Madame Boche kam, wegen der Pomade, womit diese Frau alle ihre Bettwäsche befleckte. Sie hatte gar nicht nötig, die Flanellunterjacken genau anzusehen, um zu wissen, daß sie Herrn Madinier gehörten; er färbte ordentlich die Wolle, dieser Mann, so fett war seine Haut. So kannte sie alle Eigenheiten, die Geheimnisse der Reinlichkeit von jedermann, das Inwendige der Nachbarn, die da in seidenen Röcken über die Straße gingen, die Zahl ihrer Taschentücher und Strümpfe, wieviel Hemden sie in der Woche anzogen, bis auf die Art, wie die Leute immer ihre Sachen zerrissen. Sie konnte viel erzählen. Zum Beispiel von den Hemden des Fräuleins Remanjou, die sehr schätzenswerte Beiträge zur Erkenntnis der Menschen lieferten; sie nutzten sich nur oben ab, die alte Jungfrau mußte sehr spitze Schulterknochen haben; nie waren sie schmutzig, wenn sie sie selbst vierzehn Tage getragen hätte; das beweist, daß der Mensch in dem Alter so trocken wie ein Stück Holz ist und man selbst mit aller Mühe keinen Tropfen aus ihm pressen würde. Bei jedem Wäscheaussuchen im Laden wurde das Quartier so ausgezogen und durchgehechelt.

„Das ist aber was, puh!" rief Clémence, als sie wieder ein Paket öffnete.

Gervaise erfaßte plötzlich ein Ekel, und sie wich zurück. „Das Paket von Madame Gaudron!" sagte sie. „Ich will nicht für die waschen, ich suche schon immer nach Vorwänden ... Nun, ich bin nicht heikler als eine andere, ich habe genug ekelhafte Wäsche in meinem Leben anfassen müssen, aber wahrhaftig, die da, das kann ich nicht, da fällt mir das Herz vor die Füße ... Wie fängt es die Frau nur an, ihre Wäsche so zuzurichten?!"

Sie bat Clémence, sich zu beeilen. Aber die Arbeiterin fuhr mit ihren Bemerkungen fort, steckte ihre Finger mit bezeichnenden Randbemerkungen in alle Löcher der Wäschestücke und schwenkte sie umher wie die Fahnen des triumphierenden Schmutzes. Nun waren die Haufen um Gervaise herum immer größer geworden. Sie saß noch immer auf dem niedrigen Sessel und verschwand fast in dem Haufen von Hemden, Unterröcken, Betttüchern, Hosen und Tischtüchern, einem Berg von Unsauberkeit. Inmitten dieser wachsenden Flut bewahrte sie immer noch, mit ihren nackten Armen und ihrem nackten Hals, an dem die kleinen, blonden Löckchen festklebten, ihr rosiges, appetitliches Aussehen. Sie fand immer ihr gesetztes Wesen wieder, ihr aufmerksames Lächeln als sorgende Geschäftsinhaberin. Die Wäsche der Madame Gaudron hatte sie vergessen, sie roch das nicht mehr und wühlte mit den Händen in dem Haufen, um sich zu vergewissern, daß alles richtig sei. Die schielende Augustine, die für ihr Leben gern ganze Schaufeln Koks in den Ofen warf, hatte ihn so vollgestopft, daß die gußeisernen Platten rotglühend waren, im ganzen Laden zitterte die Luft vor Hitze; die furchtbare Glut machte Coupeau noch betrunkener und erzeugte bei ihm eine plötzliche Zärtlichkeit. Er war sehr bewegt und näherte sich Gervaise mit offenen Armen.

„Du bist meine gute Frau", stammelte er, „komm, gib

mir einen Kuß!" Da er sich in dem Haufen von Unterröcken verhaspelte, so wäre er beinahe gefallen. „Bist du närrisch?" sagte Gervaise, ohne böse zu werden, „verhalte dich ruhig, wir sind gleich fertig." Nein, er mußte ihr einen Kuß geben, es war ihm ein Bedürfnis, weil er sie so liebhatte. Während er so sprach, brachte er die ganzen Unterröcke in Unordnung und tappte in den Haufen Hemden hinein; da er noch immer nicht von seinem Vorhaben abstehen wollte, verwickelten sich seine Füße, und er fiel mit der Nase mitten in die Küchenhandtücher. Nun riß auch Gervaise die Geduld, und sie stieß ihn fort und schrie, daß er ihr alles in Unordnung brächte. Aber Clémence und selbst Madame Putois gaben ihr unrecht. Er wäre doch bei alledem sehr nett, er wollte sie küssen, sie konnte sich doch ruhig von ihm küssen lassen.

„Laßt es nur gut sein, Ihr seid glücklich, Madame Coupeau", sagte Madame Bijard, deren Trunkenbold von Mann, ein Schlosser, sie jeden Abend, wenn er nach Hause kam, beinahe totschlug. „Wenn meiner so wäre, wenn er ein bißchen was im Kopf hat, das wäre ja ein wahres Vergnügen!"

Gervaise, die sich wieder beruhigt hatte, bereute schon ihre Härte. Sie half Coupeau wieder auf die Beine und hielt ihm lachend ihre Backe hin. Aber der Zinkarbeiter faßte sie ungeniert an den Brüsten. „Man kann nichts dazu sagen, aber deine Wäsche stinkt nicht schlecht! Na, ich habe dich deshalb doch lieb, siehst du?" – „Laß mich, du kitzelst mich!" schrie sie und lachte noch stärker. „Was bist du für ein großer Tolpatsch! Wie kann man sich nur so betragen!"

Er hatte sie umfaßt und ließ sie nicht los. Sie sträubte sich nicht, es überkam sie eine leichte Ohnmacht inmitten all der stark riechenden Wäsche, welche ihr ebensowenig Ekel einflößte wie der starke Weingeruch, der von Coupeau ausging. Der lange Kuß, den sie sich da auf den Mund gaben, mitten in diesem schmutzigen Getriebe ihrer täglichen Tätigkeit, war wie der erste Schritt auf der abschüssigen Bahn der Verlotterung, welche ihr Leben hinabgleiten sollte.

Mittlerweile knotete Madame Bijard die Wäsche in Pakete zusammen. Sie sprach dabei von ihrem kleinen, zweijährigen Mädchen, das Eulalie hieß und schon so vernünftig wie eine Große sei. Man konnte sie ruhig allein lassen, sie weinte niemals, auch spielte sie nicht mit Streichhölzern. Endlich schleppte sie die Wäschepakete eines nach dem andern weg, ihre starke Figur bog sich unter der Last zusammen, und die roten Flecke auf ihrem Gesicht färbten sich violett.

„Das ist ja nicht mehr auszuhalten, wir schmoren!" sagte Gervaise und trocknete sich das Gesicht ab, ehe sie sich wieder an die Haube von Madame Boche machte.

Man sprach davon, der Augustine ein paar Kopfstücke zukommen zu lassen, denn der Plättofen war glühend. Selbst die Eisen röteten sich. Hatte denn das Mädchen den Teufel im Leibe. Kaum daß man den Rücken wendete, so machte sie irgendeine Dummheit. Jetzt mußte man eine Viertelstunde warten, ehe man die Plätteisen wieder gebrauchen konnte. Gervaise bedeckte das Feuer mit Asche und kleinen Stückchen Schlacken. Sie kam auf den Gedanken, ein paar Laken auf den Messingdrähten unter der Decke aufzuhängen, um sie als schützende Vorhänge gegen die Sonne zu verwenden. Nun war es bedeutend besser in dem Laden. Obschon es immer noch recht hübsch warm war, so konnte man doch glauben, daß man in irgendeinem hellen Alkoven sei; wenn man auch die schnellen Schritte der Vorübergehenden auf dem Trottoir hinter dem Laken hörte, so konnte man es sich doch bequem machen. Clémence zog wieder ihre Jacke aus. Coupeau wollte noch immer nicht schlafen gehen, und so erlaubte man ihm denn zu bleiben, aber er mußte versprechen, sich ruhig in seiner Ecke zu halten, denn es war viel zu tun, und man durfte nicht feiern.

„Was hat denn dieses Ungeziefer schon wieder mit dem kleinen Eisen gemacht?" murmelte Gervaise, die von Augustine sprach. Man suchte nach dem kleinen Eisen und fand es endlich an einem Ort, an den es auf natürliche Weise nicht hingekommen sein konnte und wo es vermutlich Augustine aus Niederträchtigkeit hingesteckt hatte. Gervaise machte nun endlich die Haube von Madame Boche fertig. Sie hatte die Spitzen gefaltet und puffte sie mit der Hand ein wenig auf, ehe sie ihnen noch einen leichten Strich mit dem Plätteisen gab. Bei dieser Haube setzte sich der sehr reiche Besatz aus kleinen Rüschen und gestickten Zwischenteilen zusammen. So machte sie sich schweigend und sorgsam daran, diese Rüschen und Einsätze auf einer Vorrichtung zu plätten, welche man Zahn nannte und die aus einem länglichen eisernen Ei bestand, das an einem langen Stock in einem hölzernen Fuß befestigt war.

Es war nun ganz still. Augenblicke lang hörte man nichts mehr als das Aufsetzen der Eisen auf die überzogenen Plättbretter. An beiden Seiten des Tisches standen die Inhaberin, ihre beiden Gehilfinnen und Augustine auf ihre Arbeit niedergebeugt, wobei ihre Arme sich fortwährend eifrig hin und her bewegten. Jede hatte neben sich eine viereckige Steinplatte liegen, welche durch die zu heißen Eisen ganz verbrannt waren. Mitten auf dem Tisch, in einer tiefen Schüssel mit klarem Wasser, lagen ein Lappen und eine kleine Bürste. Ein großes Bukett Lilien in einer alten Flasche, in der früher in Branntwein eingelegte Kirschen gewesen waren, verwelkte dort und nahm sich in dieser Umgebung mit seinen großen, schneeweißen Blumen wie ein Stückchen eines königlichen Gartens aus. Madame Putois hatte mit der Wäsche aus dem Korbe angefangen, den Gervaise für sie hergerichtet hatte, es waren Servietten, Beinkleider, Nachtjacken und Manschetten. Augustine säumte sehr mit ihren Strümpfen und Wischlappen, mit der Nase in der Luft interessierte sie sich für eine große Fliege, die da umherflog, während Clémence seit dem Morgen schon fünfunddreißig Männerhemden geplättet hatte.

„Immer nur Wein, niemals Schnaps!" sagte plötzlich der Zinkarbeiter, der das Bedürfnis in sich fühlte, diese Er-

klärung abzugeben. „Der Schnaps bekommt mir nicht, den muß man nicht nehmen!"
Clémence nahm ein Eisen vom Ofen mit seinem Handgriff von lederüberzogenem Blech und hielt es in die Nähe ihrer Backe, um sich zu überzeugen, ob es auch heiß genug sei. Sie rieb es gegen ihre Steinplatte, trocknete es mit einem an ihrem Gürtel hängenden Lappen ab und begann ihr sechsunddreißigstes Hemd; sie plättete erst den Einsatz und die Ärmel.
„Nun, nun, Herr Coupeau", sagte sie nach einer Minute", so ein kleines Gläschen Kümmel, das ist doch nicht schlecht. Mir gibt das Lebenslust ... Und dann wißt Ihr, je schneller man damit zu Ende kommt, desto besser ist es. Oh, ich mache mir darüber keine Späne, ich weiß ganz gut, daß meine Knochen nicht alt werden." – „Seid Ihr abscheulich mit Euren Begräbnisideen!" unterbrach sie Madame Putois, die keine Unterhaltungen über traurige Dinge hören konnte.
Coupeau war aufgestanden und wurde böse, weil er glaubte, daß man ihn beschuldigte, Branntwein getrunken zu haben. Er schwur bei seinem Kopfe, bei dem seiner Frau und seines Kindes, daß er nicht einen Tropfen Branntwein im Körper hätte. Er näherte sich Clémence und hauchte ihr ins Gesicht, damit sie sich überzeugen konnte. Als er so nahe mit ihren bloßen Schultern in Berührung kam, fing er an, Unsinn zu machen. Er wollte mehr sehen. Clémence, die den Rückenteil gefaltet und die Seitenteile leicht überplättet hatte, war nun bei den Manschetten und dem Kragen. Da er sich immer an sie herandrängte, so machte sie eine falsche Falte und sie mußte die Bürste von dem Rande der tiefen Schüssel nehmen, um die Stärke wieder anzufeuchten.
„Madame", sagte sie, „machen Sie doch, daß er nicht so hinter mir her ist!" – „Lasse sie zufrieden, du bist unvernünftig!" erklärte Gervaise ganz ruhig, „du weißt doch, daß wir Eile haben, hörst du?"
Sie hatten Eile, nun gut! Was weiter? Das war doch nicht seine Schuld, er tat ja nichts Böses! War es denn nicht mehr erlaubt, die schönen Sachen anzusehen, die der liebe Gott gemacht hat? Sie hatte doch famose Hüften, diese verteufelte Clémence! Sie könnte sich für Geld sehen und anfassen lassen, es würden keinem Menschen seine zwei Sous leid tun. Die Arbeiterin wehrte ihn jetzt nicht mehr ab, sondern lachte über die rohen Komplimente, die er ihr in der Trunkenheit machte. Sie ging so weit, mit ihm zu scherzen. Er zog sie mit den Männerhemden auf; sie sei ja immer nur in Männerhemden. Nun ja, sie lebte darin. Ei der Tausend! sie hatte sie gut kennengelernt, sie wußte, wie das gemacht war, es waren ihr ja Hunderte und Hunderte durch die Hände gegangen! Alle Schwarzen, alle Blonden im ganzen Quartier trugen die Arbeit ihrer Hände auf dem Leib. Trotz alledem arbeitete sie fort, obwohl sie sich vor Lachen ausschüttete; sie hatte fünf große, glatte Falten auf das Rückenstück gelegt, indem sie ihr Eisen durch die Öffnung des Vorderteiles einführte, sie legte dann das Vorderteil nieder und faltete es auch mit ein paar langen Strichen ihres Eisens.
„Da, das ist das Banner!" sagte sie und lachte noch stärker.
Die schielende Augustine schlug ein großes Lachen auf, so komisch schien ihr dieses Wort. Man schalt sie. Diese Rotzliese lachte über Sachen, die sie nicht verstehen durfte. Clémence gab ihr ihr Eisen, die Kleine brauchte die Eisen noch, wenn sie für die gestärkten Stücke nicht mehr heiß genug waren; sie griff so ungeschickt danach, daß sie sich am Handgelenk eine lange Brandwunde machte. Nun heulte sie und beschuldigte Clémence, sie mit Absicht gebrannt zu haben. Die Arbeiterin, die gegangen war, um ein neues heißes Eisen für den Vordereinsatz zu holen, machte sie sofort ruhig, als sie ihr drohte, ihr die Ohren anzuplätten, wenn sie nicht aufhörte. Sie hatte nun ein Stück Flanell unter das Vorderblatt gelegt und ließ ihr Eisen langsam darüber hingehen, um der Stärke Zeit zum Trocknen zu lassen. Der Einsatz der Oberhemden bekam die Härte und Glätte starken Papiers.
„Donnerwetter, die macht's fein!" rief Coupeau, der mit dem Eigensinn der Trunkenbolde noch immer hinter ihr herumtrampelte. Er stellte sich auf die Zehen und lachte mit dem Kreischen eines schlecht geölten Brunnenschwengels. Clémence drückte stark auf und stützte sich fest auf den Tisch mit nach außen gedrehten Armen und gebogenem Nacken; bei der Anstrengung schwoll all ihr nacktes Fleisch an, ihre Schultern hoben sich, und man sah die langsamen Bewegungen ihrer Muskeln unter der feinen Haut, ihr Busen schwoll an, und der feuchte Schweiß glänzte in dem rosigen Schatten ihres offenstehenden Hemdes. Er streckte seine Hände aus und wollte sie anfassen. „Madame! Madame!" schrie Clémence, „macht endlich daß er sich ruhig verhält ... Ich gehe weg, wenn das nicht aufhört. Ich will mich hier nicht beleidigen lassen!"
Gervaise hatte die Haube von Madame Boche auf einen mit Leinen überzogenen Haubenkopf gesetzt und tollte die Spitzen sehr sorgfältig mit einem kleinen Eisen. Sie blickte gerade auf, als Coupeau wieder die Hände ausstreckte, um Clémence anzufassen. „Wirklich, Coupeau, du bist unvernünftig!" sagte sie mit einem Ausdruck von schlechter Laune, als ob sie ein Kind gescholten hätte, das sich in den Kopf gesetzt hat, Mus ohne Brot zu essen. „Du wirst jetzt zu Bett gehen!" – „Ja, ja, gehen Sie zu Bett, Herr Coupeau, das ist das beste!" erklärte Madame Putois. „Ei, das wäre!" stammelte er, ohne seine handgreiflichen Späße abzubrechen, „Ihr seid wohl ganz verdreht! ... Kann man denn gar keinen Scherz mehr machen? Ha, die Frauenzimmer, ich kenne das, ich habe niemals was an ihnen kaputtgemacht. Man kneift eine Dame ein bißchen, nicht wahr? Aber weiter auch nichts, das ist man dem schönen Geschlecht schuldig ... Und dann, wenn man eine Ware zur Ansicht ausstellt, so muß man auch wählen können, nicht wahr? Warum zeigt denn die große Blonde alles, was sie hat? Nein, das ist nicht hübsch von ihr ..." Sich zu Clémence wendend: „Du weißt, mein Herzchen, du hast unrecht, wenn du so

spröde tust ... Wenn das nur ist, weil Leute dabei sind ..."
Weiter kam er nicht. Gervaise ergriff ihn, ohne besonders heftig zu sein, mit einer Hand und legte ihm die andere auf den Mund. Er sträubte sich scherzhaft, während sie ihn nach hinten zu dem Eingang der Kammer führte. Er machte seinen Mund frei und sagte, daß er gerne schlafen gehen wollte, wenn die große Blonde mitkäme und ihm die Sohlen wärmte. Dann hörte man, wie Gervaise ihm die Schuhe auszog, sie entkleidete ihn und stupfte ihn ganz mütterlich zurecht. Als sie ihm seine Hosen abzog, wollte er vor Lachen rein umkommen; er warf sich hintenüber mitten in das Bett, strampelte und behauptete, daß sie ihn kitzelte. Schließlich deckte sie ihn sorgfältig zu, wie man es mit einem Kind macht. War er nun gut aufgehoben? Aber er antwortete nicht, sondern rief nach Clémence: „Sage doch, du Liebchen, ich bin hier, ich warte auf dich!"
Als Gervaise in den Laden zurückkehrte, gab Clémence gerade der schielenden Augustine eine ordentliche Ohrfeige. Die Ursache war ein schmutziges Eisen, das Madame Putois auf dem Ofen gefunden hatte; diese dachte an nichts Böses und hatte eine Nachtjacke damit ganz schwarz gemacht; Clémence hatte, um sich gegen den Vorwurf zu verteidigen, daß sie ihr Eisen nicht gereinigt hätte, Augustine beschuldigt und schwur die heiligsten Eide, das Eisen sei nicht das ihrige, obwohl unter dem Eisen noch jetzt ein Fleck ganz verbrannter Stärke saß; die Kleine hatte ihr, dieses Mal ganz öffentlich, von vorn auf das Kleid gespuckt, weil eine solche Ungerechtigkeit sie empörte. Daher die wohlgezielte Ohrfeige. Die Schielende schluckte ihre Tränen runter und machte das Eisen rein, indem sie es abkratzte und abwischte, nachdem sie es mit einem Ende Licht gerieben hatte; aber jedesmal, wenn sie hinter Clémence kam, sammelte sie ihren Speichel und spie nach ihr, innerlich lachend, wenn das an deren Rock herniederfloß.
Gervaise fing wieder an, die Rüschen der Haube zu tollen. Bei dem tiefen Schweigen, das jetzt herrschte, unterschied man die lallende Stimme Coupeaus. Er blieb immer gutmütig, lachte mit sich selbst und sprach in abgerissenen Sätzen:
„Ist die dumm, meine Frau! ... Ist die dumm, mich zu Bett zu legen. Nein! Das ist zu dumm, am hellen Mittag, wenn man gar nicht müde ist!"
Plötzlich schnarchte er. Gervaise schöpfte erleichtert Atem, sie war glücklich, ihn endlich in Ruhe zu wissen, wo er seinen Rausch auf zwei guten Matratzen ausschlief. Nun sprach sie in der Stille, langsam und anhaltend, ohne dabei mit den Augen ihre Tollschere zu verlassen, welche sie lebhaft handhabte: „Was wollen Sie? er hat seine fünf Sinne nicht beisammen, da kann man ihm nicht böse sein. Wenn ich ihn schlecht behandeln würde, so wäre damit nichts gebessert. Ich rede ihm lieber zu Munde und lege ihn ins Bett; das ist wenigstens gleich gemacht und ich habe Ruhe ... Und dann ist er auch nicht böse, er hat mich sehr lieb. Das habt ihr ja vorhin gesehen; er ließe sich in Stücke zerhacken, um mir einen Kuß zu geben. Das ist doch sehr hübsch von ihm, denn da gibt es genug, die zu anderen Frauenzimmern laufen, wenn sie etwas im Kopf haben ... Er kommt immer heim. Er macht wohl seinen Unsinn mit den Arbeiterinnen, aber weiter geht das nicht. Hört Ihr wohl, Clémence, Ihr müßt das nicht übelnehmen. Ihr wißt ja, wie Männer sind, wenn sie was im Kopf haben, so einer würde Vater und Mutter töten und sich nachher nicht einmal darauf besinnen ... Oh! ich nehme ihm das nicht im geringsten übel. Er ist eben wie alle anderen auch."
Sie sagte all das so leichthin, ohne besonderen Wert darauf zu legen; sie war eben an Coupeaus Unregelmäßigkeiten schon gewöhnt, und wenn sie auch ihr duldsames Benehmen ihm gegenüber zu rechtfertigen suchte, so fand sie schon gar nichts Schlimmes dabei, wenn er in ihrer Gegenwart ihre Arbeiterinnen um die Taille faßte.
Als sie schwieg, herrschte tiefes Stillschweigen, das nun nicht mehr unterbrochen wurde. Madame Putois zog bei jedem Stück, das sie aufnahm, an dem Korbe, der sich schließlich ganz unter der Kretonnegarnierung verlor, welche um den Tisch herum angebracht war, sie zog die Schultern hoch und legte mit ihren kleinen Armen das Geplättete auf ein Gestell. Clémence vollendete ihr sechsunddreißigstes Oberhemd, indem sie es mit dem Eisen noch einmal nachfaltete. Es gab sehr viel zu tun; man hatte ausgerechnet, daß man bis elf Uhr aufbleiben müßte, selbst wenn man sich noch so sehr daranhielte. Da es jetzt keine Abhaltung und Zerstreuung mehr gab, so arbeiteten alle tüchtig und anhaltend hintereinander weg. Die nackten Arme bewegten sich auf und nieder und ließen durch den Gegensatz der rosigen Fleischtöne die weiße Wäsche noch leuchtender erscheinen. Man hatte den Plättofen aufs neue mit Koks gefüllt, und da die Sonne durch einen Ritz zwischen den Laken gerade auf den Ofen fiel, so sah man die große Hitze, die er ausströmte, bei der Helligkeit der Sonnenstrahlen förmlich emporsteigen, wie die Glut einer Flamme bei hellem Tageslicht, welche sich nur durch das Zittern der Atmosphäre verrät. Die Luft unter den an der Decke trocknenden Unterröcken und Tischtüchern wurde so drückend, daß selbst der schielenden Augustine der Speichel ausging und sie ihre Zungenspitze zum Munde hinaushängen ließ. Es roch nach dem überheizten Ofen, der sauer werdenden Stärke und den glühenden Bolzen, dazu gesellte sich die weiche Dumpfheit der Luft einer Badezelle, in der die vier Frauenzimmer sich abarbeiteten und die sie mit dem Dunst ihrer Chignons und ihrer schweißtriefenden Nacken erfüllten, während von den immer mehr welkenden Lilien, die schon das Wasser ihres Glases ganz grün gefärbt hatten, ein sehr reiner, starker Geruch ausging. Hin und wieder vernahm man inmitten des Klapperns der Plätteisen und des Kratzens des Feuerhakens ein Schnarchen von Coupeau, das mit der Regelmäßigkeit des Ticktacks einer Wanduhr die Geschäftigkeit der Werkstätte zu regeln schien.
Am Morgen nach solchem Saufgelage hatte der Zink-

arbeiter einen Kater, ein entsetzliches Unwohlsein, er fand dann nicht den Mut, sich die Haare zu kämmen und ging mit übelriechendem, geschwollenem Munde umher. Er blieb dann lange im Bett und rieb sich erst gegen acht Uhr den Schlaf aus den Augen; dann trieb er sich spuckend im Laden herum und konnte sich nicht entschließen, zur Arbeit zu gehen. So war auch dieser Tag verloren. Er beklagte sich morgens darüber, daß seine Beine ihn nicht tragen wollten, er fand es zu dumm, solche Freß- und Saufgelage anzustellen, weil einem das die ganze Laune verderbe. Man träfe immer eine Menge von Herumtreibern, die sich an einen hängen; da fängt man, ohne daß man will, an zu trinken und wird zu allerhand Schelmenstreichen verleitet, bis sie einen schließlich fest haben. Ah, der Teufel auch! ihm solle das gewiß nicht wieder passieren, es fiele ihm gar nicht ein, seine besten Jahre bei den Kneipenwirten zu verbringen. Aber nach dem Frühstück machte er sich wieder fein und probierte verschiedene Male ein Hum! Hum! um sich zu vergewissern, daß er wieder auf dem Damm sei. Er fing dann an, die Trinkerei des vorigen Tages zu leugnen, ein bißchen angerissen sei er vielleicht gewesen. Aber solchen Kerl, wie er sei, gäbe es auch so bald nicht wieder, immer auf dem Posten, immer eine feste Hand; er könne trinken, soviel er wolle, ohne auch nur mit der Wimper zu zucken. Den ganzen Nachmittag über trieb er sich dann im Quartier umher. Wenn er die Arbeiterinnen seiner Frau genug geärgert hatte, gab sie ihm zwanzig Sous, nur damit er das Feld räumte. Er ging dann ab, kaufte seinen Tabak in der Petite Civette in der Rue des Poissonniers, wo er dann gewöhnlich auch noch eine Pflaume in Branntwein zu sich nahm, wenn er einen Freund dort traf.

Dann fuhr er fort, den Rest der zwanzig Sous durchzubringen; gwöhnlich ging er zu François an der Ecke der Rue de la Goutte-d'Or, wo es einen lieblichen, ganz jungen Wein gab, der so hübsch den Gaumen kitzelte. Das war so eine Schenke aus der alten Zeit, ein dunkler Laden mit niedriger Decke; in einem räucherigen Raum daneben wurde Suppe verkauft. Da blieb er bis zum Abend und knobelte Viertelliter aus; er hatte bei François Kredit, und François hatte sich sogar förmlich verpflichtet, nie die Rechnung zu Gervaise zu schicken. Nicht wahr? man müßte sich ein bißchen den Mund reinspülen von all dem Zeug, was da tags zuvor runtergelaufen war. Aus einem Glase Wein werden immer mehrere. Übrigens sei er bei alledem ein guter Kerl, der sich nie am schönen Geschlecht vergreifen werde; wenn er auch gern Unsinn mache und mal mit der Nase ein bißchen tief ins Glas gucke, so hätte das bei ihm doch noch immer eine Art; er verachte die Schweinereien der Leute, die sich so dem Schnapsgenuß hingegeben hätten, daß sie nie ganz ausnüchterten! Er käme immer lustig und frisch wie ein Fisch nach Hause.

„Kommt denn dein Liebhaber gar nicht mehr?“ fragte er manchmal Gervaise, um sie zu necken. „Man sieht ihn ja gar nicht, ich werde wohl noch gehen müssen und ihn herholen.“

Der Liebhaber war Goujet. Er vermied es wirklich, gar zu oft zu kommen, weil er Furcht hatte, daß er störte und die Leute auch darüber reden könnten. Doch nahm er jeden Vorwand wahr, er brachte die Wäsche und ging wohl zwanzigmal auf der Straße vorüber. Es gab eine Ecke im Laden, die er gern hatte, dort saß er oft stundenlang, ohne sich zu rühren, und rauchte seine kurze Pfeife. Wenn es Abend war und er gegessen hatte, so wagte er wohl, alle zehn Tage einmal hinzukommen; dann setzte er sich in seine Ecke; gesprächig war er nicht, er saß schweigsam da, folgte Gervaise mit den Augen und nahm nur seine Pfeife aus dem Munde, um über alles zu lachen, was sie sagte. Wenn am Sonnabend länger gearbeitet wurde, so vergaß er ganz, an das Fortgehen zu denken, und er schien sich dort mehr zu belustigen, als ob er ins Theater gegangen wäre. Manches Mal plätteten die Arbeiterinnen bis drei Uhr morgens. Dann hing von der Decke an einem Eisendraht eine Lampe herab. Der große Lampenschirm konzentrierte die ganze Helligkeit auf einen Fleck, wo die Wäsche wie frischgefallener Schnee dalag. Augustine machte dann die Ladenflügel zu, aber da die Juninächte glühend heiß waren, so ließ man die Tür nach der Straße offen. Je später es nun wurde, desto mehr zogen sich die Arbeiterinnen aus, um es sich bequem zu machen. Sie hatten alle eine sehr zarte Haut, die bei dem hellen Schein der Lampe ganz golden aussah, besonders Gervaise, die ein wenig fett geworden war, hatte leuchtende Schultern, die wie Seide schimmerten; am Halse zog sich ein Fettfältchen hin, wie es kleine Kinder haben; das hätte er aus dem Gedächtnis zeichnen können, so genau hatte er es angesehen. Die große Hitze des Plättofens, der Geruch der Wäsche, die unter den heißen Eisen dampfte, übermannte ihn, und es kam über ihn wie eine Art von Halbschlaf, währenddessen sein Gehirn langsamer arbeitete und seine offenen Augen die Frauen vor ihm kaum zu sehen schienen, die da mit ihren nackten Armen die ganze Nacht hinundherfuhren, um den Sonntagsstaat für das Quartier fertigzustellen. Um den Laden herum lagen die Nachbarhäuser in festem Schlaf, eine große Stille hatte sich auf sie hinabgesenkt. Es schlug die Mitternachtsstunde, dann ein Uhr, dann zwei Uhr. Die Wagen, die Fußgänger, alles war verschwunden. Jetzt fiel allein von dem Laden ein heller Streifen von Licht auf die dunkle, verlassene Straße, der dort auf dem Pflaster wie ein Stück heller, gelber Stoff lag, den man auf den Boden entrollt hat. Hin und wieder ertönten Schritte von weitem, ein Mann kam näher; wenn er den Lichtstreifen durchschritt, so sah er sich um, wie überrascht von dem Ton der Plätteisen, den er hörte, und nahm das flüchtige Bild der halb angezogenen Arbeiterinnen, die da in einem rötlichen Dampf schafften, mit sich fort.

Goujet sah, daß Etienne Gervaise viel Sorge machte, und da er ihn gerne vor den Fußtritten retten wollte, die ihm Coupeau versetzte, wo er ihn sah, so hatte er ihn zum Ziehen des Blasebalges in der Bolzen- und Nagelfabrik gedungen. Das Handwerk eines Nagelschmiedes hatte an sich nichts Verlockendes wegen des Schmutzes in so einer

Schmiede und weil man immer auf das gleiche Stück Eisen schlagen mußte; aber es nährte seinen Mann, und man verdiente bis zu zehn und zwölf Francs täglich. Der Kleine, der jetzt zwölf Jahre alt war, konnte es bald zu etwas bringen, wenn das Handwerk ihm gefiel. So war denn Etienne ein Band mehr geworden, welches die Wäscherin und den Schmied vereinte. Dieser nahm das Kind mit sich und berichtete über seine gute Führung. Alle Welt sagte lachend zu Gervaise, daß sie Goujet den Kopf verdreht habe. Sie wußte es wohl und errötete wie ein junges Mädchen mit einem solchen Schamgefühl, daß ihre Backen wie Paradiesäpfel aussahen. Oh! der arme Bursche, er machte keine Ansprüche! Nie hatte er ihr von seiner Liebe gesprochen, nie durch eine Bewegung oder ein freies Wort sich verraten. Es gab nicht viele, die aus solchem Teig gemacht waren. Obgleich sie es nicht eingestehen wollte, so empfand sie doch eine große Freude darüber, so wie die Heilige Jungfrau geliebt zu werden. Wenn sie irgendeine große Sorge hatte, so dachte sie an den Schmied, das gewährte ihr Trost. Wenn sie allein zusammen waren, benahmen sie sich ganz unbefangen, sie sahen einander lachend in die Augen, ohne ihren Empfindungen Worte zu leihen. Es herrschte zwischen ihnen eine vernünftige Zuneigung ohne Begehrlichkeit, denn es ist immer besser, seine Ruhe zu bewahren, wenn man auch in dieser Ruhe schon sein Glück finden kann.

Gegen Ende des Sommers stellte Nana das ganze Haus auf den Kopf. Sie war erst sechs Jahre alt und zeigte doch schon alle Anlagen zu einer losen Dirne. Um sie nicht immer um sich herumkriechen zu sehen, brachte ihre Mutter sie jeden Morgen in eine kleine Pension in der Rue Polonceau, zu einem Fräulein Josse. Dort steckte sie ihren Gespielinnen die Kleider von hinten an den Stühlen fest, füllte die Schnupftabaksdose ihrer Lehrerin mit Asche, ja selbst noch unappetitlicheren Dingen, die man gar nicht einmal erwähnen kann. Zweimal hatte sie Fräulein Josse schon hinausgeworfen und dann doch immer wieder genommen, um nicht monatlich die sechs Francs einzubüßen. Wenn Nana aus der Klasse kam, so rächte sie sich dafür, daß man sie so lange an die Schulbank gefesselt hatte, indem sie den Torweg und den Hof mit einem Höllenlärm erfüllte, denn dahin schickten sie die Plätterinnen zum Spielen, weil sie ihnen drinnen die Ohren voll schrie. Dort fand sie Pauline, die Tochter der Boches, und den Sohn der früheren Arbeitgeberin von Gervaise, Viktor, einen großen Schlingel von zehn Jahren, der nichts lieber tat, als mit den ganz kleinen Mädchen umherzulaufen. Madame Fauconnier war über die Coupeaus nicht erzürnt und schickte selbst ihren Sohn dahin. Übrigens war in dem Hause ein förmliches Überwuchern von Kindern, ganze Schwärme von ihnen bedeckten stets die vielen Treppen des Hauses und prügelten sich auf dem Hofe wie eine zänkische, räuberische Bande von Sperlingen. Auf Madame Gaudron allein kamen neun, blonde und schwarze, alle schlecht gekämmt, mit nie geputzten Nasen, mit Hosen, die ihnen immer zu kurz waren, und Strümpfen, die stets über die Schuhe herabfielen; ihre aufgeplatzten Jacken zeigten die weiße Haut unter dem Schmutz. Einer anderen Frau, die Brot austrug, gehörten sieben. Ganze Scharen kamen aus allen Zimmern. In diesem Gekrabbel des Ungeziefers mit den rosigen Mäulchen, das nur gewaschen wurde, wenn es einmal regnete, waren auch größere, mit Spitzbubengesichtern, dicke, mit Bäuchen wie Männer, und ganz kleine, die kaum aus der Wiege gekrochen waren und noch nicht fest stehen konnten; diese waren noch so dumm, daß sie auf allen vieren krochen, wenn sie schnell vorwärts kommen wollten. Über diesen ganzen Haufen von Schmutzfinken herrschte Nana unumschränkt, sie spielte das Fräulein und kommandierte Mädchen herum, die noch einmal so groß wie sie waren; ein wenig von ihrer Macht geruhte sie an Pauline und Viktor abzutreten, die ihre intimen Vertrauten waren und ihr in allen Stücken den Willen taten. Diese lockere Dirne sprach fortwährend davon, Mama zu spielen; sie entkleidete die Kleinen und zog sie wieder an, wollte durchaus bei den anderen nachsehen, quälte alle und übte den phantastischen Despotismus einer erwachsenen, lasterhaften Person aus. Nach ihrer Angabe wurden Spiele gespielt, bei denen geohrfeigt wurde. Die ganze Bande patschte in dem bunten Wasser herum, das aus der Färberei floß; wenn sie herauskamen, waren ihre Beine bis zum Knie rot oder blau gefärbt; dann liefen sie davon und stahlen in der Schlosserei Nägel und Eisenfeilspäne, um sich schließlich auf den Hobelspänen niederzulassen, die die Tischler auf den Hof warfen; in diesem großen Haufen wälzten sie sich sehr vergnügt herum und zeigten ihre Hintern. Der Hof gehörte ihnen, unaufhörlich tönte er von dem Geklapper ihrer kleinen Schuhe wider; sie stießen einander um, wenn sie sich plötzlich zerstreuten, und schrien durchdringend, wenn sie sich aufs neue ansammelten. An manchen Tagen war ihnen der Hof nicht groß genug, dann überschwemmte die Bande die Keller, stieg die Treppen in die Höhe, ergoß sich in die Korridore, stieg herab und eine andere Treppe wieder hinauf; ohne müde zu werden, ging das stundenlang, dann heulten sie und erfüllten den Riesenbau mit ihrem Geschrei, wie eine Herde wilder, schädlicher Tiere, die darin herumtobte und alle Ecken heimsuchte.

„Sind sie nichtsnutzig, diese Würmer da!" schrie Madame Boche. „Wahrhaftig, die Leute mußten nicht viel Gescheites zu tun haben, daß sie so viel Kinder in die Welt setzen ... Und da beklagen sie sich immer, daß sie kein Brot haben!"

Boche sagte, daß die Kinder auf dem Elend wüchsen, wie die Pilze auf dem Misthaufen. Die Portiersfrau schrie den ganzen Tag und bedrohte sie mit ihrem Besen. Sie mußte schließlich die Türen zu den Kellern abschließen, weil sie durch die kleine Pauline erfuhr, der sie für die Nachricht ein paar Ohrfeigen gab, daß Nana dort immer Doktor in der Dunkelheit spielte; dieses verderbte Geschöpf kurierte dort die anderen mit dem Stock.

An einem Nachmittag trug sich eine schreckliche Szene zu. Einmal mußte das so kommen. Nana hatte ein sehr komisches Spiel ersonnen: sie hatte vor der Loge der Madame Boche einen Holzpantoffel gestohlen, daran befestigte sie einen Bindfaden und fuhr damit wie mit einem Wagen umher. Viktor hatte die Idee, den Holzschuh mit Apfelschalen zu füllen. Nun ordnete sich ein ganzer Zug. Nana war die erste, sie zog den Schuh; Pauline und Viktor gingen ihr zur Rechten und zur Linken; dann folgte die ganze Schar in guter Ordnung, voran die Großen und dann die Kleinen, die sich auch hinzudrängten; ganz zuletzt kam eine kleine Krabbe, so groß wie ein Stiefel, mit einem eingedrückten Fallhut auf einem Ohr. Alle sangen etwas sehr Trauriges, immer Oh! und Ah! weil Nana gesagt hatte, daß man Begräbnis spiele; die Apfelschalen waren der Tote. Wenn sie einmal um den Hof herum waren, fingen sie wieder an. Sie fanden das sehr hübsch.

„Was machen die denn?" murmelte Madame Boche, die aus ihrer Loge ging und immer sehr mißtrauisch aufpaßte. Als sie erst begriffen hatte, um was es sich handelte, schrie sie wütend: „Aber das ist ja mein Holzschuh! Oh! diese Kanaillen!"

Sie teilte verschiedene Klapse aus, ohrfeigte Nana auf beide Backen und gab Pauline einen Fußtritt; wie konnte diese dumme Pute leiden, daß man ihrer Mutter ihren Schuh wegnahm! Gervaise wollte gerade einen Eimer am Brunnen füllen. Als sie Nana mit blutender Nase und laut schluchzend vorfand, wäre sie beinahe Madame Boche an den Hals gefahren. Schlug man denn auf ein Kind wie auf einen Ochsen? Man mußte ja schlechter als die Schlechteste sein, um so etwas zu tun. Die Portiersfrau schwieg dazu nicht still. Wenn man ein so sauberes Pflänzchen von Tochter hätte, so hielte man die hübsch hinter Schloß und Riegel. Endlich erschien Boche auf der Schwelle der Portierloge und rief seiner Frau zu, hereinzukommen und sich mit solchem Pack in kein Gezänk mehr einzulassen. Nun hatte man sich gründlich verfeindet.

Seit einem Monat schon ging zwischen den Boches und den Coupeaus nicht alles mehr wie sonst. Gervaise, die von Natur sehr zum Geben geneigt war, hatte alle Augenblicke mal einen Liter Wein, Tassen Bouillon, Apfelsinen und Kuchen dorthin geschenkt. Eines Abends brachte sie einen Rest von Rote-Rüben-Salat hinüber, weil sie wußte, daß die Portiersfrau eine Schlechtigkeit begehen konnte, nur um solchen Salat zu haben. Am anderen Morgen wurde sie ganz blaß vor Ärger, als Fräulein Remanjou ihr erzählte, wie Madame Boche die roten Rüben, als ob sie sich davor ekle, vor Leuten hinausgeworfen habe mit dem Bemerken, daß sie es ja, Gott sei Dank, nicht nötig hätten, sich von Sachen zu nähren, in denen schon andere herumgepatscht hätten. Seit der Zeit hatte Gervaise allen Schenkereien ein Ende gemacht: es gab keine Liter Wein, keine Tassen Bouillon, keine Apfelsinen und keine Kuchen mehr. Nun mußte man die Gesichter sehen, die die Boches jetzt schnitten! Das kam ihnen wie Diebstahl vor, den die Coupeaus an ihnen begingen. Gervaise sah ihren Fehler ein; wenn sie früher nicht so dumm gewesen wäre, ihnen so viel zuzustecken, so hätte sie sie nicht verwöhnt, und sie wären gut geblieben. Jetzt sagte ihr die Portiersfrau alles Schlechte nach. Zum Oktobertermin hetzten sie den Wirt, Herrn Marescot, mit erlogenen Gerüchten auf; Gervaise gäbe selbst ihre gute Garderobe her, um sich Leckerbissen zu kaufen, natürlich sei sie auch mit der Miete einen Tag im Rückstand. Herr Marescot, der auch nicht der Feinste war, kam mit dem Hut auf dem Kopfe in den Laden und verlangte sein Geld, das man ihm sofort aushändigte. Natürlich hatten die Boches sich mit den Lorilleux' wieder gut gestellt, welche man mit versöhnlicher Rührung in der Loge empfing. Nie wäre man auseinandergekommen ohne diese Humpelliese; die hätte selbst Berge auseinandergebracht. Ah! Die Boches kannten sie jetzt; nun begriffen sie, was die Lorilleux' von ihr leiden mußten. Wenn sie vorbeiging, so taten alle so, als ob sie sich in der Tür über sie lustig machten.

Trotz alledem ging Gervaise eines Tages zu den Lorilleux' hinauf. Es handelte sich um Mama Coupeau, die nun siebenundsechzig Jahre alt war; die Augen der alten Frau waren ganz hin, auch ihre Beine trugen sie kaum noch. Sie hatte notgedrungen auf ihren letzten Dienst verzichten müssen und müßte Hungers sterben, wenn man nichts für sie tat. Gervaise fand es schändlich, daß eine Frau in dem Alter, die drei Kinder hat, so von Gott und den Menschen verlassen sei. Da Coupeau es abgelehnt hatte, mit den Lorilleux' zu sprechen, und gemeint hatte, daß sie ganz gut hinaufsteigen könnte, so war sie, von einer Entrüstung getrieben, die ihr das Herz schwellen machte, nach oben gegangen.

Dort trat sie, ohne anzuklopfen, wie der Sturmwind ein. Nichts hatte sich dort seit dem Abend geändert, wo ihr die Lorilleux' einen so wenig ermutigenden Empfang bereitet hatten. Derselbe verschlossene wollene Lappen trennte noch immer das Zimmer von der Werkstatt. Hinten saß Lorilleux über seinen Arbeitstisch gebeugt und fügte einen Ring an den andern, während Madame Lorilleux vor dem Schraubstock die Goldfäden mit dem Zieheisen auszog. Das kleine Schmiedefeuer hatte bei vollem Tageslicht einen rosigen Schein.

„Ja, ja, ich bin es!" sagte Gervaise. „Das wundert euch, weil wir blank miteinander stehen? Aber ich komme nicht meinetwegen zu euch, und auch nicht euretwegen, das könnt ihr glauben ... Ich komme wegen der Mama Coupeau. Ja, ich komme, um zu sehen, ob wir es hinnehmen sollen, daß sie von der Mildtätigkeit Fremder ihr Leben fristet?" – „Na, das ist ja ein recht hübsches Willkommen!" murmelte Madame Lorilleux. „Was bildet denn die sich ein?" Damit drehte sie sich um und fing wieder an, ihre Golddrähte zu ziehen, als ob ihre Schwägerin gar nicht da wäre. Aber Lorilleux war ganz blaß aufgestanden und schrie: „Was habt Ihr gesagt?"

Da er es ganz ausgezeichnet verstanden hatte, so fuhr er fort: „Was das wieder für Geschichten sind! Das ist ja sehr hübsch von Mama Coupeau, überall zu jammern, daß sie verhungert! ... Noch vorgestern hat sie hier ge-

gessen. Wir tun, was wir können, wir haben auch keine Goldmine ... Wenn sie aber zu anderen läuft und da schwatzt, dann kann sie auch da bleiben, denn ausspionieren lassen wir uns nicht."
Er nahm sein Ende Kette wieder auf, wandte ihr den Rücken und fügte schließlich mit einem Seufzer hinzu: „Wenn jeder monatlich hundert Sous gibt, so geben wir auch hundert."
Gervaise war ruhiger geworden; die kalten, gleichgültigen Gesichter der Lorilleux' hatten sie abgekühlt. Sie hatte nie den Fuß in ihre Behausung setzen können, ohne ein Gefühl des Unbehagens zu empfinden. Die Augen auf die Rauten des hölzernen Fußbodens geheftet, auf welchen die kleinen Goldstücke niederfielen, legte sie nun vernünftig ihre Ansicht dar. Mama Coupeau hatte drei Kinder; wenn jedes hundert Sous gäbe, so wären das fünfzehn Francs, und das sei wahrlich nicht genug, davon könne niemand leben, man müßte die Summe verdreifachen. Nun schrie Lorilleux auf. Wo sollte er wohl monatlich fünfzehn Francs herstehlen? Wie komisch doch die Leute sind! Weil er Gold im Hause hatte, glaubten sie auch gleich, daß er reich sei. Dann ging es über Mama Coupeau her: sie wollte sich durchaus morgen den Kaffee nicht verkneifen, sie tränke Schnaps und hätte Gelüste wie eine wohlhabende Person. Potztausend! Jeder macht es sich gern bequem, nicht wahr? Aber wenn man es nicht verstanden hat, sich auch nur einen Sou beiseite zu legen, so muß man es wie die anderen machen und sich den Leib zusammenschnallen. Übrigens war Mama Coupeau durchaus nicht so alt, um nicht noch arbeiten zu können; sie konnte noch recht gut sehen, wenn es sich darum handelte, ein gutes Stück aus der Schüssel zu fischen; sie wäre ein hinterlistiges, altes Weib, das bloß darauf dächte, sich auszufüttern und pflegen zu lassen. Selbst wenn er das Geld dazu hätte, so würde er unrecht zu handeln glauben, wenn er bei jemandem die Faulheit unterstützte.
Gervaise blieb versöhnlich und besprach ruhig diese schlechten Gründe. Sie versuchte es, die Lorilleux' zu rühren. Aber der Mann antwortete ihr schon gar nicht mehr. Die Frau war jetzt bei der Schmiede und reinigte ein Ende Kette mit Scheidewasser in der kleinen Kasserolle mit dem langen Stiel. Sie drehte Gervaise geflissentlich immer den Rücken zu, als ob sie hundert Meilen weit weg wäre. Gervaise sprach noch immer, obwohl sie sah, wie sie sich anscheinend in ihre Arbeit vertieften und mitten in dem schwarzen Staub der Werkstatt mit vorgebeugtem Körper in geflickten, schmutzigen Kleidern, die von Schweiß und Fett schon so steif und hart wie altes Handwerkszeug geworden waren, ihre mechanische Arbeit wie zwei Maschinen verrichteten. Da endlich stieg der Zorn in ihr auf und sie schrie: „So ist es recht, das ist mir auch viel lieber, behaltet euer Geld! ... Ich nehme Mama Coupeau zu mir, hört ihr! Ich habe neulich abends eine Katze behalten, die mir zugelaufen ist, da kann ich ja wohl auch eure Mutter von der Straße auflesen. Es soll ihr an nichts fehlen, sie soll ihren Kaffee und ihren Schluck Branntwein haben! ... Mein Gott! was ist das für eine schmutzige Familie!"
Darauf hatte sich Madame Lorilleux plötzlich umgedreht. Sie schwenkte ihre Kasserolle, als ob sie ihrer Schwägerin das Scheidewasser ins Gesicht schleudern wolle. Sie stotterte:
„Macht, daß Ihr rauskommt! – oder es gibt ein Unglück! ... Rechnet nur nicht auf die hundert Sous, nicht ein Radieschen gebe ich! nein, nicht ein Radieschen! ... Das wäre was! Hundert Sous! Mama soll eure Dienstmagd spielen und Ihr wollt meine hundert Sous verjuchheien! Wenn sie zu Euch geht, sagt ihr nur, dann kann sie krepieren, ich werde ihr kein Glas Wasser reichen ... Und nun raus! An die Luft mit Euch!" – „Was ist das für ein Satan von Frau!" sagte Gervaise, als sie heftig die Türe zuwarf.
Schon am nächsten Tag nahm sie Mama Coupeau zu sich. Sie setzte ihr Bett in die große Kammer, in der Nana schlief, und welche durch das runde Fenster unter der Decke erleuchtet wurde. Der Umzug war bald gemacht, denn Mama Coupeau besaß nur dieses Bett, einen alten Schrank von Nußbaumholz, den man in dem Zimmer, wo die schmutzige Wäsche lag, aufstellte, einen Tisch und zwei Stühle; den Tisch verkaufte man, und die Stühle wurden neu gerohrt. Am selben Abend noch, wo sie eingezogen war, fegte die alte Frau die Zimmer aus, wusch das Geschirr ab und machte sich nützlich. Die Lorilleux' platzten vor Wut, besonders weil auch Madame Lerat sich mit den Coupeaus wieder gut stand. Eines schönen Tages hatten sich die beiden Schwestern in bezug auf Gervaise mit spitzen Redensarten regaliert; die Lerat hatte es gewagt, deren Benehmen ihrer Mutter gegenüber zu billigen; da sie sah, wie sehr die andere sich darüber ärgerte, so fügte sie, mit dem Wunsche, sie noch empfindlicher zu kränken, hinzu, daß doch die Wäscherin Augen habe, die so schön und feurig seien, daß man Fidibusse daran anstecken könnte; danach hatten sich beide geohrfeigt und geschworen, sich nicht wiederzusehen. Nun verbrachte Madame Lerat ihre Abende im Laden, wo sie sich an den zweideutigen Scherzen der großen Clémence vergnügte.
So vergingen drei Jahre. Man zankte sich und versöhnte sich noch mehrere Male. Gervaise fragte den Teufel nach den Lorilleux', den Boches und den anderen, die nicht mit ihr einer Meinung waren. Wenn es ihnen nicht paßte, nicht wahr? so konnten sie ja ihrer Wege gehen. Sie verdiente so viel Geld, als sie nur immer wollte, das war die Hauptsache. Im Quartier war sie sehr beliebt, und man behandelte sie überall mit Rücksicht, denn es gab im ganzen wenig Kundschaft, die so prompt bezahlte und so wenig knickerte und handelte. Sie nahm ihr Brot bei Madame Coudeloup in der Rue des Poissonniers, ihr Fleisch bei dem dicken Charles, einem Fleischer in der Rue Polonceau, ihren Mehl- und Vorkostbedarf bei Lehongre in der Rue de la Goutte-d'Or, beinahe ihrem Laden gegenüber. François, der Weinwirt von der Ecke der Straße, brachte ihr den Wein in Fünfzigliterkörben. Der

Nachbar Vigouroux, dessen Frau von den Männern so viel gekniffen wurde, daß sie gewiß schon ganz blaue Hüften hatte, verkaufte ihr den Koks zum Originalpreis der Gasanstalt. Man konnte sagen, daß ihre Lieferanten sie gut bedienten, denn sie wußten wohl, daß sie nur dabei profitierten, wenn sie ihr gefällig waren. Wenn sie im Quartier in Holzschuhen und mit bloßem Kopf ausging, so wurde sie von jedermann gegrüßt; sie war dort überall wie zu Hause; die benachbarten Straßen waren wie zu ihrem Laden gehörig, der ja immer nach der Straße zu weit offenstand. Es kam jetzt vor, daß sie sich bei einer Besorgung verspätete, sie war draußen so glücklich inmitten ihrer Bekanntschaften. An den Tagen, wo sie keine Zeit hatte, irgend etwas aufs Feuer zu setzen, holte sie das Essen aus der Garküche; sie schwatzte dann mit dem Wirt, der den Laden auf der anderen Seite des Hauses innehatte, diesen weiten Saal, durch dessen schmutzige, große Fensterscheiben man auf den Hof sehen konnte. Manchmal hielt sie sich auch, mit Tellern und Flaschen beladen, an einem der Fenster des Erdgeschosses auf, durch welches man in eine Flickschusterwerkstatt sah; dort stand ein ungemachtes Bett, und der Boden war mit den Lappen und Kissen bedeckt, die zu zwei gebrechlichen Kinderwiegen gehörten; auch fand sich oft auf der Erde eine Pechpfanne, die voll schwarzen Wassers war. Der Nachbar, vor dem sie die größte Hochachtung hatte, war der Uhrmacher von gegenüber, der Herr im Überrock; immer saß er sauber und ordentlich da und arbeitete mit seinen zarten Instrumenten in den Uhrwerken; oft ging sie nur zu dem Zweck über die Straße, um ihn zu begrüßen, dann machte es ihr Freude, in den kleinen Laden zu gucken, der so eng wie ein Schrank war, und die lustig sich schwingenden Perpendikel der vielen Kuckucksuhren zu sehen und zu hören, wie alle auf einmal zu schlagen anfingen.

VI

An einem Herbstnachmittag kam Gervaise von einer Kundin aus der Rue des Portes-Blanches, wo sie ihre Wäsche abgeliefert hatte, zurück, und war bis an das Ende der Rue des Poissoniers gelangt, als es Abend zu werden anfing. Da es morgens geregnet hatte und die Luft sehr warm war, verdampfte die Feuchtigkeit auf dem Straßenpflaster. Der Wäscherin war ihr großer Korb lästig, und sie stieg mit langsamen Schritten und etwas außer Atem die Straße hinauf; sie empfand das Bedürfnis, für eine unbestimmste Lüsternheit, die das lässige Dahinschlendern in ihr erzeugt hatte, Befriedigung zu suchen. Sie hätte gern etwas Gutes gegessen. Als sie suchend umherblickte, fiel ihr Auge auf das Straßenschild der Rue Mercadet, und ihr kam der Gedanke, Goujet in seiner Schmiede zu besuchen. Wohl zwanzigmal hatte er ihr gesagt, sie möchte doch einmal einen Augenblick hereingucken, wenn sie Lust hätte, zu sehen, wie das Eisen bearbeitet würde. Übrigens beschloß sie, vor den anderen Arbeitern nach Etienne zu fragen, damit es so aussähe, als ob sie nur wegen des Kleinen gekommen sei.

Die Bolzen- und Nagelfabrik mußte dort unten am Ende der Rue Mercadet sein, sie wußte nicht genau wo, besonders da dort oft die Nummern fehlten, wo zwischen den Häusern lange alte Mauern und unbebaute Terrains lagen. Für alles Gold der Welt hätte sie da nicht wohnen mögen; die Straße war breit, schmutzig durch den Kohlenstaub der benachbarten Fabriken, und in den Fahrgeleisen auf dem holperigen Pflaster standen Wasserpfützen. An beiden Seiten zogen sich lange Schuppen hin, geräumige Werkstätten mit großen Fenstern; es waren das meist graue Fachwerkbauten, deren leichte, mit Mauersteinen ausgefüllte Holzkonstruktionen sichtbar wurden, wo stellenweise der dünne Kalkverputz abgefallen war; es war ein Gewirre baufälliger Baracken, durch deren offene Türen man auf weite, ländliche Höfe sah; hin und wieder stand da auch ein düsteres Haus, wo man möbliert vermietete und in dem unten eine schmutzige Garküche sich befand. Sie entsann sich nur, daß die Fabrik neben dem Laden eines Eisenkrämers lag, in dessen Räumen sich für Hunderttausende von Francs Waren aufgespeichert befanden, wie Goujet erzählte. Umgeben von all dem Lärm der Fabriken, suchte sie sich nun zurechtzufinden: auf den Dächern stießen schmale Rohre mit pfeifendem Ton weißen Dampf in die Luft; aus einer Schneidemühle kam ein regelmäßiger, schreiender Ton, der so klang, als ob man mit heftigem Rucken ein Stück baumwollenes Zeug aufreißt. Knopffabriken machten den Boden erbeben unter dem Rollen und gleichmäßigem Stoßen ihrer Maschinen. Als sie unschlüssig nach dem Montmartre hinaufsah und überlegte, ob sie sich noch weiter vorwagen sollte, schlug ein Windstoß rußigen Rauch aus einem hohen Schornstein herunter und hüllte die Straße ein; als sie halb erstickt die Augen schloß, hörte sie das taktmäßige Schlagen von Hämmern: sie befand sich, ohne es zu wissen, gerade der Fabrik gegenüber, das erkannte sie an dem dunklen Loch daneben, das ganz mit altem Gerümpel angefüllt war.

Sie zögerte noch, da sie nicht recht wußte, wo sie eintreten sollte. Ein schadhafter Lattenzaun ließ einen Weg frei, der zwischen Schutthaufen hindurch auf einen Platz zu führen schien, wo alte Gebäude niedergerissen wurden. Eine schlammige Pfütze, welche den Zugang versperrte, hatte man mit ein paar Brettern überbrückt. Sie entschloß sich endlich, diese Bretter zu betreten, wendete sich nach links und befand sich inmitten einer unzählbaren Menge von alten Karren und Wagen, deren Deichseln in die Luft hineinragten; die Baulichkeiten, welche diesen Ort einschlossen, waren im Abbruch begriffene Fachwerkhäuser, deren Balkengerippe allein noch dastanden. Ganz hinten glimmte durch die Schatten des Abends ein rotes Feuer. Sie ging vorsichtig auf das Feuer zu, als ein Arbeiter mit rußgeschwärztem, ziegenbärtigem Gesicht an ihr vorbeikam und sie aus seinen matten Augen von der Seite anglotzte.

„Mein Herr", fragte sie, „arbeitet hier nicht ein kleiner Junge, der Etienne heißt? ... Er ist mein Sohn." – „Etienne, Etienne", wiederholte der Arbeiter mit rauher Stimme, sich hin und her wiegend; „Etienne, nein, den kenne ich nicht." Wie er den Mund öffnete, entströmte ihm ein starker Alkoholgeruch, wie er von Branntweinfässern ausgeht, denen man die Reifen abschlägt. Das Zusammentreffen mit einer Frau in dieser dunklen Ecke machte den Mann zu schlechten Späßen aufgelegt, so daß Gervaise zurückwich und murmelte: „Aber Herr Goujet arbeitet doch hier?" – „Ah! Goujet! ja!" sagte der Arbeiter, „Goujet kenne ich! ... Wenn Ihr Goujet sprechen wollt, so geht nur nach hinten." Er wandte sich um und rief mit einer Stimme, die wie der Ton eines gesprungenen Kupferkessels klang: „Heda! Löwenmaul! Da ist eine Dame, die dich sprechen will!"

Ein starkes Getöse herunterrollender Eisenstangen übertönte diesen Schrei. Gervaise kam an eine Tür und streckte den Kopf vor. Sie sah in einen großen Saal hinein, in dem sie vorerst noch nichts unterscheiden konnte. Das fast erloschene Schmiedefeuer sah in der Ecke wie ein bleicher Stern aus und verdüsterte die tiefen Schatten noch mehr, in welche der ganze Raum gehüllt war. Hin und wieder schoben sich schwarze Körper vor das Feuer und verdeckten so mit ihren Massen diesen letzten Funken von Helligkeit. Die Männer erschienen unverhältnismäßig groß, man ahnte ihre mächtigen Glieder. Gervaise, die sich nicht weiter vorwagte, rief von der Tür aus mit schwacher Stimme: „Herr Goujet! Herr Goujet!"

Nun wurde plötzlich alles hell. Von dem Windzug des Blasebalgs hervorgerufen, leuchtete eine helle Flamme auf. Der Schuppen schien ein Bretterverschlag zu sein, dessen Ecken man durch etwas Mauerwerk dauerhafter gemacht hatte. Der schwarze Kohlenstaub erfüllte diese ganze Halle mit einem schmutzigen Dunst. An dem Gebälk der Decke hingen Spinnweben, als ob es zum Trocknen aufgehängte Lumpen wären, in denen sich seit Jahren Staub und Schmutz verfangen hatten. Längs der Wände, auf Gestellen oder an Nägeln, und in den düsteren Ecken hingen und lagen in wirrem Durcheinander alte Eisenstücke, worunter Werkzeuge von ungeheurer Größe ihre harten, bizarren Formen zeigten. Die weiße Flamme wurde immer noch größer, wie die aufgehende Sonne erleuchtete sie den unebenen Boden, auf dem die Stahlkörper von vier Ambossen in silbrigen und goldigen Lichtern schimmerten.

Nun erkannte Gervaise Goujet vor dem Schmiedefeuer an seinem schönen blonden Bart; Etienne zog den Blasebalg. Es waren noch zwei andere Arbeiter da, doch sie sah nur Goujet und ging gerade auf ihn zu.

„Sieh da! Madame Gervaise!" rief er mit freudigem Gesicht, „das ist einmal eine Überraschung!"

Als er sah, was die Kameraden für schnurrige Gesichter machten, nahm er Etienne und brachte ihn zu seiner Mutter, indem er fortfuhr: „Ihr kamt her, um den Kleinen zu sehen? ... Er ist gut und fleißig und bekommt auch schon eine kräftige Faust." – „Das ist ja schön", sagte sie, „es war nicht leicht hierherzufinden ... Ich glaubte, hier wäre die Welt mit Brettern vernagelt ..."

Sie erzählte, wie sie dorthin gekommen war. Dann fragte sie, wieso es denn käme, daß man in der Werkstätte nicht Etiennes Namen kenne. Goujet erklärte ihr lachend, daß ihn hier jedermann Zouzou* nenne, weil seine Haare so ganz kahl abgeschoren seien und er deshalb wie ein Zuave aussähe. Während sie miteinander sprachen, zog Etienne nicht den Blasebalg, deshalb wurde die Flamme immer kleiner, das rosige Licht verschwand, und der Schuppen wurde wieder dunkel. Der Schmied betrachtete ganz gerührt die lächelnde junge Frau, die bei dem ersterbenden Licht ganz frisch und rosig aussah. Als die beiden in der steigenden Dunkelheit zu sprechen aufgehört hatten, schien er sich plötzlich auf etwas zu besinnen und brach das Schweigen: „Ihr glaubt wohl, Madame Gervaise, ich habe da noch etwas fertigzumachen. Ihr bleibt doch ruhig noch ein bißchen hier, nicht wahr? Ihr stört hier niemand."

So blieb sie. Etienne hatte sich nun wieder an den Blasebalg gehängt. Das Schmiedefeuer flammte mit einem Sprühregen von Funken empor, und das um so mehr, als der Kleine, der seiner Mutter seine Kraft zeigen wollte, einen wahren Orkan mit dem Blasebalg entfesselte. Goujet stand beim Schmiedefeuer und überwachte eine Eisenstange, die er glühend machte; er hatte seine Zange in der Hand. Die große Helligkeit fiel ganz auf ihn, ohne einen Schatten. Sein Hemd, dessen Ärmel zurückgeschlagen waren und dessen Kragen offenstand, ließ seine nackten Arme und die nackte Brust sehen, deren rosige Haut mit kleinen, blonden Haaren bedeckt war. Wie er so dastand, den Kopf zwischen den mächtigen Schultern, deren Muskeln sich wölbten, ein wenig gesenkt, mit dem hellen Auge, ohne ein einziges Zucken aufmerksam in die Flamme sehend, glich er einem ruhenden Koloß, einem Bilde selbstbewußter Kraft. Als die Eisenstange weißglühend war, ergriff er sie mit der Zange und schlug auf einem Amboß mit dem Hammer regelmäßige Stücke davon ab, mit so leichten Schlägen, als ob die Stange von Glas gewesen wäre. Dann legte er die Stückchen wieder ins Feuer und nahm sie eines nach dem andern, um sie zu formen. Er schmiedete Nietnägel mit sechseckigen Köpfen. Zuerst steckte er das Stückchen Eisen in ein Loch des Ambosses, zerschmetterte das darüber hinausstehende Ende, welches den Kopf bilden sollte, und formte die sechs Seiten desselben; den fertigen Nagel, dessen Rotglut langsam erlosch, warf er auf den schwarzen Fußboden. Das alles tat er mit gleichmäßigen Schlägen; mit solcher Leichtigkeit schwang sein rechter Arm den fünf Pfund schweren Hammer und formte mit jedem Schlage irgendein Detail mit solcher Geschicklichkeit, daß er ruhig dabei sprechen und jedermann ansehen konnte. Es schien ihm sehr wohl zu sein, kein Schweißtropfen zeigte sich, und er schlug mit so gutmütiger, harmloser Miene, daß er sich

* *Anmerkung des Übersetzers:* Zouzou ist der Spitzname für einen Zuaven.

ebensowenig dabei anzustrengen schien, als wenn er abends bei sich zu Hause Bilder ausschnitt.

„Oh, das sind nur kleine Nägel von zwanzig Millimeter", sagte er, um auf Gervaises Fragen zu antworten. „Man kann davon bis zu dreihundert Stück täglich machen ... Aber es gehört Übung dazu, sonst erlahmt der Arm bald."

Als sie fragte, ob nicht doch gegen Abend die Faust ermüdet, lachte er gutmütig. Glaubte sie denn, daß er ein Fräulein wäre? Seine Faust habe in den letzten fünfzehn Jahren genug graues Eisen geschlagen und sich soviel an den Werkzeugen gerieben, daß sie selber fast wie Eisen geworden sei. Übrigens habe sie recht: ein Herr, der nie einen Nagel oder Haken geschmiedet hat und mit seinem Fünfpfundhammer spielen wollte, der würde sich nach zwei Stunden keine schlechten Muskelschmerzen zugezogen haben. Das sieht so aus, als ob das gar nichts wäre, aber es bringt manches Mal die strammesten Burschen schon in ein paar Jahren auf den Hund. Indessen schlugen auch die anderen Arbeiter alle darauf los. Die großen Schatten der Männer schwankten bei der Helligkeit hin und her, die rotleuchtenden Blitze, welche von dem Eisen ausgingen, fuhren in die dunklen Tiefen, und ganze Strahlenbündel von Funken, die unter den Hammerschlägen den Eisenstücken auf den Ambossen entsprühten, ließen diese wie Sonnen erscheinen. Gervaise fühlte sich so traulich angemutet von diesem besonderen Schauspiel, daß sie nicht fortging. Sie wollte sich eben, um sich nicht die Hände zu verbrennen, auf einem großen Umweg Etienne nähern, als sie den schmutzigen, bärtigen Arbeiter eintreten sah, an den sie sich vorher im Hofe gewendet hatte.

„Nun, Madame, haben Sie ihn gefunden?" sagte er mit der Miene eines schelmischen Trunkenboldes. „Du weißt doch, Löwenmaul, daß ich Madame zu dir geschickt habe? ..."

Er hieße Salzschnabel, genannt Sauf-aus-ohne-Durst, der Forscheste unter den Forschen, der Nagelschmied, wie er sein soll, der seine Eisen jeden Tag mit einem Liter Fusel begießt. Er war nur weggegangen, um einen Schluck zu trinken, denn er fühlte sich nicht mehr fest genug, um noch bis sechs Uhr auszuhalten. Als er hörte, daß Zouzou Etienne hieß, fand er das zu komisch und lachte, daß man alle seine schwarzen Zähne sah. Dann entsann er sich auf Gervaise. Erst gestern abend hatte er mit Coupeau einen Schoppen getrunken. Ja, ja, man konnte Coupeau nach dem Salzschnabel, genannt Sauf-aus-ohne-Durst, fragen, da würde er gleich sagen: Das ist ein famoser Junge! Aha! dieses Vieh, der Coupeau! er ist sehr splendid und spendiert öfter mal einen Satz, ehe die Reihe an ihn kommt. „Es freut mich, zu erfahren, daß Ihr seine Frau seid", sagte er. „Er verdient eine so hübsche Frau ... Nicht wahr, Löwenmaul, Madame ist eine hübsche Frau?"

Er war von so zudringlicher Artigkeit und rührte die Wäscherin fortwährend an, so daß diese ihren Korb wieder aufnahm, um ihn sich vom Leibe zu halten. Goujet ärgerte sich, denn er verstand wohl, daß der Kamerad ihn wegen seiner Freundschaft für Gervaise aufzog und rief ihm zu: „Sag mal, du Flausenmacher, wie wird es denn mit den vierzig Millimetern? ... Hast du Lust, daranzugehen, jetzt, wo du die Hucke voll hast, du Süffel?"

Der Schmied wollte von einer Bestellung auf sehr große Nägel sprechen, zu denen zwei Schläger am Amboß nötig waren. „Wenn du willst, jetzt gleich, du große Schreipuppe!" antwortete Salzschnabel, genannt Sauf-aus-ohne-Durst. „So einer lutscht sich am Daumen und tut, als ob er ein Mann wäre! Wenn du auch noch länger wärest, ich bin schon mit ganz anderen fertig geworden!" – „So ist es recht, gleich! Komm nur her!" – „Hier bin ich, mein Bursche!"

Sie trauten einander nicht, die Gegenwart von Gervaise hatte sie entflammt. Goujet legte im voraus geschnittene Stücke Eisen ins Feuer, alsdann befestigte er auf dem Amboß ein sehr starkes Nageleisen. Mittlerweile hatte der Kamerad zwei Zwanzigpfundhämmer von der Wand genommen, die beiden großen Schwestern der Werkstatt, welche von den Arbeitern Fifine und Dédèle genannt wurden. Er fuhr noch immer fort zu prahlen und sprach von einem halben Gros Bolzen, die er für den Leuchtturm von Dünkirchen geschmiedet hatte; das seien solche Meisterwerke gewesen, daß man sie hätte in einem Museum aufstellen können, so vollendet waren sie. Den Teufel auch! er fürchtete keinen Nebenbuhler; ehe man einen Bengel wie ihn fände, da müßte man schon alle Buden von Paris auf den Kopf stellen. Das wird was zu lachen geben, man wird schon sehen, was man da zu sehen bekommen wird! „Madame wird selbst urteilen", sagte er, zur jungen Frau gewandt. „Genug geschwatzt!" rief Goujet. „Zieh fest, Zouzou! Das hitzt nicht genug, mein Junge!" Aber Salzschnabel, genannt Sauf-aus-ohne-Durst, fragte noch: „Also wir schlagen zusammen?" – „Im Gegenteil! Jeder seinen Bolzen für sich, mein Bursche!"

Dieser Vorschlag wirkte wie eine kalte Dusche, und dem Kameraden wurde trotz seiner Prahlerei der Mund trokken. Bolzen von vierzig Millimeter von einem einzigen Mann hergestellt, das hatte man bisher noch nicht gesehen, um so mehr, als diese Bolzen runde Köpfe haben mußten, das war eine Arbeit, die ihre verdammten Schwierigkeiten hatte, es war ein Meisterstück, so etwas zu machen. Die drei anderen Arbeiter der Werkstatt hatten ihre Arbeit verlassen, um zuzusehen; ein großer, magerer Kerl wettete einen Liter, daß Goujet unterliegen würde. Nun ergriff jeder der beiden Schmiede mit geschlossenen Augen einen Hammer, denn Fifine wog ein halbes Pfund mehr ald Dédèle. Salzschnabel, genannt Sauf-aus-ohne-Durst, hatte das Glück, die Hand auf Dédèle zu legen, Löwenmaul erfaßte Fifine. Während sie auf das Weißglühen des Eisens warteten, fing der erste vor dem Amboß wieder zu prahlen an, seine Zuversicht war ihm wiedergekommen, und er warf zärtliche Blicke auf die Wäscherin; er stellte sich in Positur, machte Ausfälle nach vorn, wie ein Herr, der sich schlagen will, und markierte schon die Armbewegungen, mit denen er Dédèle in vollem Schwung durch die Luft führen werde. Ah! ein heiliges Donnerwetter! er fühlte sich; wie er da war, hätte er aus der Vendômesäule einen Musbrei gemacht! „Vorwärts! fange an!" sagte Goujet und legte dabei selbst ein Stück Eisen von der Größe einer Mädchenfaust in das Nagelloch.

Salzschnabel, genannt Sauf-aus-ohne-Durst, stürzte sich vorwärts und brachte Dédèle mit beiden Händen in Schwung. Klein und ausgemergelt wie er war, mit seinem Bocksbart und seinen glitzernden Wolfsaugen, die zwischen den Strähnen seines schlecht gekämmten Haares hervorleuchteten, beugte er sich fast bei jedem Schwung, den er dem Hammer gab, und sprang in die Höhe, als ob der geführte Hieb ihn vom Boden aufhöbe. Er war ein Wüterich, der ärgerlich auf sein Eisen losschlug, weil er es so hart fand; er stieß sogar ein wohlgefälliges Grunzen aus, wenn er ihm einen recht tüchtigen Hieb versetzt zu haben glaubte. Bei anderen, da mache der Branntwein wohl die Muskeln schlaff, aber er gebrauche den feurigen Saft, der ihm statt des Blutes durch die Adern laufen müsse; der Schluck, den er da eben genommen, der wärmte ihm den Leib wie eine Wärmflasche; er fühle eine verdammte Kraft in sich, wie eine Dampfmaschine. Dann fürchtete sich auch das Eisen vor ihm, heut abend, da werde er es schlagen, daß es weicher als Brei werden sollte. Und wie tanzte Dédèle, man mußte das sehen! Sie führte da die großen Sprünge aus, immer mit dem Haken in der Luft, als ob sie ein Stammgast im Elysée-Montmartre wäre, die ihre Höschen zeigt; hier handelte es sich darum, nicht die Zeit zu vertrödeln; das Eisen ist so hinterlistig, daß es gleich kalt wird, nur um sich über den Hammer lustig zu machen. Mit dreißig Schlägen hatte Salzschnabel, genannt Sauf-aus-ohne-Durst, den Kopf seines Nagels geformt. Aber er atmete schwer, seine Augen waren weit aus ihren Höhlen getreten, und eine unsinnige Wut erfaßte ihn, als er seine Arme knacken hörte. Außer sich, wie er war, versetzte er tanzend und heulend dem Nagel noch ein paar Schläge, nur um sich an ihm für die Mühe zu rächen, die er ihm gemacht hatte. Als er ihn aus dem Loch zog, hatte der unförmige Bolzen einen schief aufgesetzten Kopf wie ein Buckliger.

„Nun, wie ist das gemacht?" sagte er nichtsdestoweniger mit seiner unverschämten Sicherheit, indem er Gervaise seine Arbeit zeigte. „Ich verstehe ja nichts davon, mein Herr", antwortete die Wäscherin mit Zurückhaltung. In Wirklichkeit bemerkte sie sehr wohl auf dem Kopf des Bolzens die beiden letzten Fußtritte Dédèles, und sie war sehr erfreut darüber; sie biß die Lippen zusammen, um nicht zu lachen, denn jetzt hatte Goujet alle Chancen.

Nun war das Löwenmaul daran. Ehe er anfing, warf der der Wäscherin einen Blick zu, der voll von vertrauender Zärtlichkeit war. Er beeilte sich nicht, nahm seinen Abstand und ließ seinen Hammer von oben herab in großen, regelmäßigen Schwingungen niederfallen. Er hatte den wahrhaft klassischen Hammerschlag, der ebenso berechnet wie gewandt war. Fifine tanzte, von seinen beiden Händen geführt, nicht eine tolle Tanzbodenquadrille, bei der man die Röcke mit den Füßen in die Höhe wirft; sie hob sich empor und fiel im Takte nieder, wie eine Edelfrau, die mit ernster Miene die Touren eines alten Menuetts ausführt. Die Haken Fifines schlugen ernst und gewichtig den Takt; mit durchdachter Kunst drangen sie in das rote Eisen ein, welches den Kopf des Bolzens bilden sollte; zuerst platteten sie das Eisen in der Mitte ab und dann rundeten sie es mit einer Reihe Schläge von rhythmischer Sicherheit. Das war nicht Branntwein, was das Löwenmaul da in den Adern hatte, das war Blut, reines Blut, welches mächtig schlug, bis in seinen Hammer hinein, und so seine Schaffenskraft betätigte. Dieser Schlingel! was bot er bei der Arbeit für einen prachtvollen Anblick! Die große Flamme des Schmiedefeuers beleuchtete ihn gerade von vorn. Seine kurzen Haare, die auf der niedrigen Stirn sich kräuselten, und sein schöner, goldgelber Bart, der in Wellen herniederfiel, schienen zu brennen und das ganze Gesicht mit den goldigen Fäden zu erleuchten, so daß es in Wahrheit aussah, als sei sein Kopf von Gold. Dabei hatte er einen Nacken, der einer Säule glich und dabei weiß wie ein Kinderhals war; seine Brust war so weit und mächtig, daß ein Weib genug Platz gehabt hätte, sich in der Quere darauf zur Ruhe niederzulegen; Schultern und Arme waren von so mächtiger Bildung, als ob irgendein Riese im Museum für sie zum Modell gedient hätte. Wenn er zum Schlage ausholte, so sah man seine Muskeln schwellen, wahre Berge von Fleisch rollten und verhärteten sich da unter seiner Haut; seine Schultern, seine Brust und sein Nacken erweiterten sich, und eine Helligkeit umfloß ihn; er war in dem Augenblick schön und mächtig wie ein Gott. Schon zwanzigmal hatte er Fifine niederfallen lassen; die Augen fest auf das Eisen gerichtet, atmete er bei jedem Schlage hoch auf, nur an seinen beiden Schläfen rannen zwei dicke Schweißtropfen nieder. Er zählte: einundzwanzig, zweiundzwanzig, dreiundzwanzig. Immer wieder verbeugte sich Fifine mit der Würde einer Hofdame. „Dieser Geck!" murmelte hohnlachend Salzschnabel, genannt Sauf-aus-ohne-Durst.

Gervaise, die dem Löwenmaul gerade gegenübersaß, betrachtete ihn mit gerührtem Lächeln. Mein Gott, was waren diese Männer doch dumm! Schlugen die beiden da nicht auf ihre Bolzen los, nur um ihr den Hof zu machen? Oh, sie fühlte das sehr wohl, man kämpfte um sie mit Hammerschlägen, so wie ein Paar große rote Hähne sich einer kleinen weißen Henne wegen in die Kämme fahren. Auf was für Ideen man kommt, nicht wahr? Das Herz findet oft seltsame Mittel, sich zu erklären. Ja, ja, das war ihretwegen, dieses Donnern von Dédèle und Fifine auf den Ambossen; das war ihretwegen, all das zerschmetterte Eisen, ihretwegen zitterte die Schmiede, flammte dieser Brand und flogen diese leuchtenden Funken. Aus Liebe für sie schmiedeten die beiden und stritten miteinander, wer am besten schmieden würde. Wahrlich, das bereitete ihr eine tiefinnere Freude; denn alle Frauen lieben es, wenn man ihnen Schmeicheleien sagt. Besonders die Hammerschläge Löwenmauls tönten in ihrem Herzen ebenso wider wie auf dem Amboß, sie klangen ihr wie helle Musik, die das starke Wallen ihres Blutes begleitete. Das scheint eine Torheit, aber sie empfand, daß da etwas auf sie eindrang, das so mächtig, so fest war wie das Eisen des Bolzens. In der Dämmerstunde, ehe sie hierhergekommen war, als sie auf dem feuchten Trottoir dahinging, empfand sie ein unbestimmtes Verlangen, die Lust, irgend etwas Gutes zu essen; jetzt war sie befriedigt, als ob die Hammerschläge Löwenmauls sie genährt hätten. Oh! sie zweifelte nicht an seinem Sieg. Ihm mußte er gehören. Salzschnabel, genannt Sauf-aus-ohne-Durst, war zu häßlich, wie er da mit seinem schmutzigen Rock und seiner zerrissenen Bluse wie ein weggelaufener Affe umhersprang. Sie war sehr rot und doch glücklich in der großen Hitze; ein wollüstiger Schauder überlief sie, als die letzten mächtigen Schläge von Fifine sie vom Kopf bis zu den Füßen erschütterten.

Goujet zählte noch immer. „Und achtundzwanzig!" rief er endlich, indem er den Hammer an die Erde setzte. „Es ist getan, Ihr könnt es ansehen!"

Der Kopf des Bolzens war glatt und sauber, ohne eine Erhöhung oder Vertiefung, eine wahre Goldschmiedarbeit, als ob der Kopf auf dem Schleifstein abgeschliffen sei. Die Arbeiter betrachteten das und nickten zustimmend mit den Köpfen; da war nichts dagegen zu sagen, das war gemacht, um sich davor auf die Knie zu legen. Salzschnabel, genannt Sauf-aus-ohne-Durst, versuchte wohl ein bißchen zu lästern, aber er stotterte und kehrte schließlich mit gekniffener Miene zu seinem Amboß zurück. Unterdessen drängte sich Gervaise dichter an Goujet heran, angeblich, um besser sehen zu können. Etienne hatte den Blasebalg losgelassen, und die Schmiede fiel schnell wieder ins Dunkel zurück, als ob ein großer roter Stern am Himmel untergegangen sei und die schwarze Nacht sich plötzlich herabsenkte. Als der Schmied und die Wäscherin sich von dieser Nacht umhüllt sahen, empfanden sie das wie eine Wonne; in diesem von Ruß und Feilspänen geschwärzten Schuppen, wo die Gerüche alten Eisens aufstiegen, fühlten sich die beiden so allein, als ob sie sich im Vincenner Gehölz befänden oder sich an irgendeinem im Laub versteckten Winkel ein Rendezvous gegeben hätten. Er ergriff ihre Hand, als ob er sie erobert hätte.

Als sie draußen waren, sprachen sie nichts miteinander. Er suchte nach Worten und sagte endlich, daß sie Etienne hätte mit nach Hause nehmen können, wenn nicht noch eine halbe Stunde gearbeitet würde. Endlich ging sie; doch er rief sie zurück, und da er sie gern noch etwas dabehalten hätte, so sagte er: „Kommt doch her, Ihr habt noch nicht alles gesehen ... Nein, wahrlich, das ist sehr merkwürdig!"

Er führte sie nach rechts in einen anderen Schuppen, wo sein Fabriksherr eine Maschinenfabrikation eingerichtet hatte. Auf der Schwelle zögerte sie, weil eine unbestimmte Furcht sie erfaßte. Der weite Saal wurde durch das Stoßen der Maschinen erschüttert, und große Schatten flogen darüber hin, zwischen denen rote Feuerflecke auftauchten. Er beruhigte sie mit lächelnder Miene und schwur ihr, daß sie nichts zu fürchten hätte, sie solle nur sorgfältig darauf achten, daß sie mit ihren Röcken keinem der Zahnräder zu nahe käme. Er ging voraus, und sie folgte ihm in diesem betäubenden Lärm, wo alle möglichen Geräusche ertönten; es pfiff und schnarchte inmitten der weißen Dämpfe, welche von schattenhaften Wesen belebt schienen; es waren das bei den Maschinen beschäftigte schwarze Männer, die ihre Arme hin und her bewegten und welche sie nicht voneinander unterscheiden konnte. Die Gänge waren sehr eng, man mußte über Hindernisse hinwegsteigen, Löcher vermeiden und sich winden, um einem laufenden Karren auszuweichen. Man hörte nicht, was man sprach. Bis jetzt sah sie noch gar nichts, alles tanzte vor ihren Augen. Als sie über ihrem Kopfe eine Zugluft, wie von einem mächtigen Flügelschlag, empfand, stand sie still und blickte nach den Treibriemen, deren lange Bänder wie ungeheure Spinnweben an der Decke hingen, von denen jeder Faden sich fortwährend abhaspelt, ohne je zu enden. Die Dampfmaschine versteckte sich in einer Ecke hinter einer kleinen Mauer von Backsteinen, die Treibriemen schienen daher ganz von selbst zu laufen, als ob sie ihren Schwung aus der Tiefe des Schattens herschöpften, durch den sie unaufhörlich mit dem leisen Flug eines Nachtvogels dahinglitten. Beinahe wäre sie gefallen, als sie über eine der Röhren des Ventilators stolperte, welche sich über den ganzen Tonschlagfußboden verzweigten und ihren scharfen Luftzug nach den verschiedenen kleinen Schmieden führten, die nahe bei den Maschinen standen. Er mußte sie das sehen lassen und richtete den Luftzug auf einen der Öfen; mächtige Flammen lohten nach vier Seiten fächerartig empor, wie ein Halskragen von feurigen Spitzen, das Licht war blendend und zeigte kaum einen rötlichen Schimmer; es war so hell, daß die kleinen Lampen der Arbeiter wie ganz trübe Lichterchen bei Sonnenschein aussahen. Er mußte sehr laut sprechen, um ihr das alles zu erklären, und ging dann zu den Maschinen über: da waren mechanische Schneidemaschinen, welche eine Eisenstange nach der andern verschlangen, indem sie bei jedem Griff Stücke Eisen abzwackten, welche sie eines nach dem andern auf der Rückseite ausspien. Da waren hohe, kunstvoll gebaute Riegel- und Bolzenpressen, die mit einem einzigen Niedergehen ihres mächtigen Gewichts die Köpfe schmiedeten; Poliermaschinen mit gußeisernen Flügeln und eine Gußstahlwalze, welche bei jedem Stück, das sie von seinen Unebenheiten befreite, ein wütendes Geräusch ertönen ließ; und schließlich Schraubenschneidemaschinen, die von Frauen bedient wurden und welche Schraubengewinde auf den Bolzen und in den dazugehörigen Schraubenmuttern anbrachten, deren Stahlräder durch das Fett des Maschinenöls hindurchleuchteten. Sie konnte so den ganzen Verlauf der Bearbeitung verfolgen, von der Eisenbarre, die an der Mauer lehnte, bis zu den fertigen Bolzen und Schrauben, von denen ganze Kisten voll in allen Ecken umherstanden. Sie hatte jetzt alles begriffen und nickte mit dem Kopf; trotzdem war ihr recht unbehaglich zumute, sie kam sich so klein und gebrechlich zwischen diesen rauhen Eisenarbeitern vor; erschreckt sah sie sich um, wenn eine der Poliermaschinen einen besonders heftigen Laut ertönen ließ. Nach und nach gewöhnte sie sich an die Dunkelheit; wenn von einem der Öfen plötzlich die hellen Flammengarben emporstiegen, so sah sie in den Vertiefungen unbewegliche Männer, welche den atemlosen Tanz der Maschinen beobachteten. Ohne es zu wollen, mußte sie immer wieder ihre Blicke zur Decke erheben, von der das Leben ausging, welches sich in den Maschinen betätigte; zu diesem sanften Flug der Treibriemen, an denen sie die ungeheure stumme Kraft bewunderte, erhob sie ihre Augen und sah sie durch die dunkle Nacht unter dem Gebälk dahingehen.

Mittlerweile war Goujet vor einer Bolzenpresse stehengeblieben. Er blieb da mit nachdenklicher Miene und gesenktem Kopf, ohne die Blicke abzuwenden. Die Maschine preßte Vierzigmillimeterbolzen mit der ruhigen Leichtigkeit eines Riesen. Es gibt wirklich nichts Einfacheres. Ein Arbeiter nimmt ein Stück Eisen vom Schmiedefeuer, ein anderer legt es in das Nagelloch, welches ein fortwährender Wasserstrahl netzt, um das Weichwerden des Stahls zu verhindern; damit war es gemacht, der Stempel senkt sich nieder, und der fertige Bolzen fällt auf den Boden, mit einem so runden Kopf, als ob er von der Schleifmühle käme. In zwölf Stunden verarbeitete diese verdammte Maschine mehrere hundert Kilo. Goujet war kein böser Mensch, aber manchmal hätte er am liebsten Fifine genommen, um diesen ganzen Kram in Stücke zu schlagen, aus Zorn darüber, daß die Dinger denn doch noch solidere Arme hatten als er. Das verursachte ihm einen tiefen Kummer, selbst wenn er bedachte, daß doch Fleisch nicht gegen Eisen aufkommen könne. Eines Tages würde die Maschine gewiß den Arbeiter zu Boden drücken; schon jetzt war der Tageslohn von zwölf Francs auf neun heruntergegangen, und man sprach davon, ihn noch zu verringern; übrigens sahen diese großen Bestien durchaus nicht lustig aus, die da Schrauben und Bolzen machten, als ob es Leberwürstchen wären. Drei Minuten betrachtete er das alles, ohne zu sprechen; seine Brauen zogen sich zusammen, und sein schöner blonder Bart sträubte sich dräuend empor. Bald aber flog eine Miene von Sanftmut und Ergebung über sein Gesicht und wischte den harten Ausdruck hinweg. Er wendete sich zu Gervaise, welche sich an ihn lehnte, und sagte mit traurigem Lächeln:

„Seht nur! Das setzt uns hübsch aufs trockene! Nun, vielleicht macht das später einmal alle glücklich!" Gervaise kümmerte sich nicht viel um das Glück aller. Sie fand, daß die Maschinenbolzen schlecht gemacht seien. „Versteht mich recht!" rief sie in lebhafter Erregung, „sie sind zu gut gemacht ... Mir sind eure lieber, da merkt man wenigstens die Hand des Künstlers."

Sie bereitete ihm eine große Befriedigung, da sie so sprach, denn er hatte schon einen Augenblick gefürchtet, daß sie ihn geringschätzen würde, nachdem sie die Maschinen gesehen. Den Teufel auch, wenn er stärker sei als der Salzschnabel, genannt Sauf-aus-ohne-Durst, so waren die Maschinen wieder stärker als er. Als er sie auf dem Hofe endlich verließ, drückte er ihr die Hände, als ob er sie zerbrechen wollte, eine so große Freude hatte sie ihm bereitet.

Jeden Sonnabend ging Gervaise zu den Goujets, um ihnen ihre Wäsche zu bringen. Sie wohnten immer noch in dem kleinen Haus in der Rue Neuve de la Goutte-d'Or. Während des ersten Jahres hatte sie ihnen regelmäßig monatlich zwanzig Francs auf die fünfhundert Francs zurückgezahlt; um keine Verwirrung in die Rechnung zu bringen, wurde ihr Wäschebuch nur am Ende des Monats zusammengerechnet, und sie fügte dann hinzu, was fehlte, um die zwanzig Francs vollzumachen, denn die Wäsche der Goujets stellte sich monatlich selten höher als sieben oder acht Francs. So hatte sie ungefähr die Hälfte der schuldigen Summe abgetragen, als sie an einem Quartalsersten, wo sie weder ein noch aus wußte, weil ihr ihre Kundschaft nicht Wort gehalten hatte, zu den Goujets laufen mußte, um sich von ihnen ihre Miete zu borgen. Zu zwei anderen Malen hatte sie sich ebenfalls an sie gewendet, um ihre Arbeiterinnen zu bezahlen, so daß ihre Schuld dadurch wieder auf vierhundertfünfundzwanzig Francs angewachsen war. Jetzt gab sie keinen Sou mehr, sondern brachte nur ihre Wäscherechnungen in Abzug. Das kam nicht daher, daß sie weniger arbeitete oder ihre Geschäfte schlechter gingen. Im Gegenteil; aber das Gold glitt ihr zwischen den Fingern durch, als ob es Wasser wäre, und sie war schon zufrieden, wenn sie sich nur so durchschlug. Mein Gott! wenn man nur lebte, nicht wahr? da darf man schon nicht klagen. Sie wurde fett und gab sich willig all den Bequemlichkeiten hin, welche ihre zunehmende Leibesstärke ihr wünschenswert machte, weil sie nicht mehr die Kraft hatte, sich zu den erschrekkenden Gedanken an ihre ungewisse Zukunft aufzuraffen. Was war da auch weiter! Geld würde ja immer hereinkommen, das würde ja rostig, wenn man es beiseite legte. Trotz alledem blieb Madame Goujet für Gervaise eine mütterliche Freundin. Sie las ihr hin und wieder mit Milde den Text, nicht etwa wegen des Geldes, sondern weil sie sie lieb hatte und fürchtete, daß sie zugrunde gehen könnte. Sie sprach nicht einmal von ihrem Gelde. In jeder Beziehung war sie voll rücksichtsvoller Feinheit.

Am Tage nach dem Abend, an dem Gervaise den Besuch in der Schmiede gemacht hatte, war gerade der letzte Sonnabend im Monat. Als sie bei den Goujets ankam, zu welchen sie stets selber ging, hatte ihr ihr Korb dermaßen den Arm gedrückt, daß sie volle zwei Minuten nach Atem ringen mußte. Man sollte nicht meinen, wie schwer solche Wäsche ist, besonders, wenn Bettücher dabei sind. „Sie bringen doch alles?" fragte Madame Goujet.

Sie war in solchen Dingen sehr streng. Sie wollte, daß, wenn ihr die Wäsche gebracht wurde, auch nicht ein Stückchen fehlte, der guten Ordnung wegen, wie sie sagte. Eine andere ihrer Bedingungen war, daß die

Wäscherin pünktlich an dem festgesetzten Tag und jedesmal zur selben Stunde komme; so verliere niemand seine Zeit.

„Oh, es ist alles da!" antwortete Gervaise lächelnd. „Ihr wißt ja, daß ich nie etwas zurücklasse!" – „Das ist wohl wahr!" bekannte Madame Goujet. „Ihr laßt euch in manchen Dingen gehen, aber in diesem Punkte seid Ihr noch sorgsam."

Während die Wäscherin ihren Korb auspackte und die Wäsche auf das Bett legte, sang die alte Frau ihr Lob: sie verbrannte kein Stück beim Plätten, zerriß nicht die Wäsche, wie so viele andere, sie riß auch mit dem Eisen keine Knöpfe ab; nur bei den Vorderblättern der Oberhemden nahm sie zuviel Blau und zuviel Stärke. „Seht nur her, das ist ja so steif wie Pappe!" sagte sie, indem sie einen Hemdeinsatz bog, daß er krachte. „Mein Sohn beklagt sich ja darüber nicht, aber das muß ihm ja im Nacken drücken ... Morgen, wenn wir von Vincennes zurückkommen, wird er wohl einen blutigen Hals haben." – „Nein, nein, sagt das doch nicht!" rief Gervaise trostlos. „Die Hemden für den Sonntag müssen ein bißchen steif sein, sonst hat man bald einen Lappen auf dem Leibe. Seht Euch nur die Herren an ... Ich mache alle Eure Wäsche selbst. Nie lasse ich eine Arbeiterin daran rühren, und ich nehme sie in acht, ich versichere Euch, ich würde sie am liebsten zehnmal wieder von vorn anfangen, weil es für Euch ist, nicht wahr?"

Sie hatte das Ende des Satzes unter leichtem Erröten hervorgestottert. Sie fürchtete, daß man ihr anmerken könnte, was es ihr für Vergnügen bereite, Goujets Hemden selbst zu plätten. Sicherlich dachte sie dabei an nichts Böses, aber sie schämte sich doch ein wenig. „Oh, ich sage ja nichts gegen Eure Arbeit, Ihr macht es so gut wie möglich, ich weiß das wohl", sagte Madame Goujet. „Da ist eine Haube, die ist wie gefallener Schnee. Keine kann, wie Ihr, die Stickereien so zur Geltung bringen! Und diese Rüschen sind getollt! Laßt nur gut sein, da erkennt man gleich Eure Hand. Wenn Ihr auch nur ein kleines Stückchen einer Arbeiterin gebt, so sieht man das gleich ... Nicht wahr? Ihr werdet nicht mehr so viel Stärke nehmen, das ist alles, was ich auszusetzen habe! Goujet liegt gar nichts daran, für einen Herrn gehalten zu werden."

Unterdessen hatte sie das Buch genommen und strich mit einer Feder die Stücke durch. Alles war in Ordnung. Als sie die Rechnung durchsah, fand sie, daß Gervaise ihr eine Haube mit sechs Sous berechnete; das schien ihr zu teuer, aber sie mußte zugeben, daß die übrigen Sachen nicht teuer waren, nein, die Männerhemden fünf Sous, die Frauenbeinkleider vier Sous, die Kopfkissenüberzüge einundeinenhalben Sou, die Schürzen einen Sou, das war nicht teuer, besonders wenn man bedachte, daß viele Wäscherinnen zwei Liard und selbst einen Sou mehr für alle Stücke nahmen.

Als Gervaise die schmutzige Wäsche angesagt hatte, die die alte Frau in das Buch einschrieb, steckte sie sie in ihren Korb; sie ging noch nicht fort, sondern blieb verlegen stehen, weil sie eine Bitte auf den Lippen hatte, die sie nur mit schwerem Herzen aussprach. „Madame Goujet", sagte sie schließlich, „wenn es Euch gleich ist, so möchte ich diesen Monat das Geld für die Wäsche nehmen.

Gerade dieser Monat war sehr stark; die Rechnung, die sie eben zusammengezogen hatte, belief sich auf zehn Francs und sieben Sous. Madame Goujet sah sie einen Augenblick mit strenger Miene an, dann antwortete sie: „Mein Kind, wir wollen das machen, wie es Euch paßt. Ich will Euch das Geld nicht vorenthalten, wo Ihr es gerade nötig braucht ... Nur scheint mir das nicht der Weg zu sein, auf dem Ihr Eure Schuld abtragt. Ich sage das Euretwegen, versteht mich recht. Nein, wahrlich, Ihr sollt vorsichtig sein!"

Gervaise nahm mit gesenktem Kopf und stotternd den Verweis hin. Die zehn Francs sollten das Geld für einen Wechsel vollmachen, welchen sie ihrem Kohlenhändler gegeben hatte. Bei dem Wort Wechsel wurde Madame Goujet noch strenger. Sie führte sich selbst als Beispiel an: sie schränkte ihre Ausgaben ein, seit man Goujets Lohn von zwölf Francs auf neun herabgesetzt hatte. Wenn man in der Jugend nicht sorgt, so stirbt man im Alter Hungers. Bei alledem hielt sie noch an sich und sagte Gervaise nicht, daß sie ihr nur ihre Wäsche überließ, um ihr eine Gelegenheit zu geben, die Schuld zu tilgen; früher wusch sie alles selbst, und sie würde auch wieder zu waschen anfangen, wenn die Wäsche ihr so starke Summen aus der Tasche zöge. Als Gervaise die zehn Francs und sieben Sous hatte, bedankte sie sich und machte schnell, daß sie fortkam. Erst auf dem Treppenflur fühlte sie sich wieder ganz wohl, sie hätte tanzen mögen, denn sie gewöhnte sich jetzt schon an Geldverlegenheiten und schmutzige Geschäfte, von denen ihr nur die Erinnerung an das glückliche Entwischen blieb, bis sie das nächstemal wieder festsaß.

Gerade an diesem Sonnabend hatte Gervaise eine merkwürdige Begegnung, als sie von den Goujets die Treppe hinabstieg. Sie mußte sich mit ihrem Korb gegen das Geländer drücken, um eine große Frau mit bloßem Kopf durchzulassen, die heraufstieg und in der Hand, in ein Stück Papier gewickelt, eine sehr frische Makrele trug, deren Kiemen blutrot waren. In dieser Person erkannte sie Virginie, das Mädchen, dem sie im Waschhaus die Röcke lose gemacht hatte. Beide sahen sich überrascht an. Gervaise schloß die Augen, denn sie glaubte einen Augenblick, daß ihr die Makrele ins Gesicht fliegen würde. Aber nein, Virginie lächelte leicht. Nun wollte sich die Wäscherin, deren Korb die Treppe versperrte, artig zeigen.

„Ich bitte vielmal um Verzeihung!" sagte sie.

„Ich habe Euch längst verziehen!" antwortete die große Brünette.

So blieben sie mitten auf den Treppenstufen und plauderten; sie waren plötzlich ausgesöhnt, ohne auch nur eine Andeutung an die Vergangenheit gewagt zu haben. Virginie, die nun neunundzwanzig Jahre zählte, war eine wundervolle Frau geworden; sie war voll, obwohl ihr Gesicht zwischen den beiden dunklen Haarlocken noch immer ein wenig länglich war. Sie erzählte gleich ihre Geschichte, um sich ein Ansehen zu geben: sie war jetzt Ehefrau, sie hatte im Frühjahr einen früheren Kunsttischler geheiratet, der seine Dienstzeit abgemacht hatte und sich jetzt um ein Amt als Stadtsergeant bewarb, denn ein Amt, das ist doch sicherer und anständiger. Gerade hatte sie für ihn die Makrele gekauft. „Er ißt Makrelen für sein Leben gern", sagte sie. „Man muß diese bösen Männer ein bißchen pflegen, nicht wahr? ... Aber kommt doch mit nach oben, Ihr müßt Euch unsere Wohnung ansehen... Es zieht hier auf der Treppe!"

Als Gervaise, die auch ihrerseits von ihrer Ehe berichtet hatte, noch mitteilte, daß sie in der Wohnung gewohnt hätte und dort sogar von einem kleinen Mädchen entbunden worden sei, drängte sie Virginie noch lebhafter, mit hinaufzukommen. Das macht ja immer Freude, Orte wiederzusehen, an denen man glücklich gewesen ist. Volle fünf Jahre habe sie jenseits des Flusses gewohnt. Dort hätte sie ihren Mann kennengelernt, als er noch diente. Aber sie langweilte sich drüben, und es war ihr steter Traum, in das Quartier de la Goutte-d'Or zurückzukehren, wo sie jeden Menschen kenne. Seit vierzehn Tagen bewohne sie nun das Zimmer gegenüber von den Goujets. Oh, es war alles bei ihr noch sehr in Unordnung, aber das würde sich nach und nach schon machen.

Endlich, auf dem Treppenflur, nannten sie sich ihre Namen.

„Madame Coupeau!"

„Madame Poisson!"

Von da an nannten sie sich immer mit besonderer Betonung Madame Poisson und Madame Coupeau, einzig um des Vergnügens willen, sich jetzt als respektable Frauen dastehen zu sehen, während sie, als sie sich in ihrer Mädchenzeit kannten, Beziehungen unterhielten, welche wenig erbaulich waren. Trotz alledem hegte Gervaise noch einen Schatten von Mißtrauen. Es war wohl möglich, daß die große Brünette an sich hielt und, um sich für die Schläge im Waschhause besser zu rächen, irgendeinen hinterlistigen Plan aushecken würde. Gervaise nahm sich vor, auf der Hut zu sein. Für den Augenblick zeigte sich Virginie so liebenswürdig, daß sie es wohl oder übel auch sein mußte.

Oben im Zimmer arbeitete Virginies Ehegatte, Poisson. Er war ein Mann von zirka fünfunddreißig Jahren, mit erdfahlem Gesicht, das mit einem roten Schnurr- und Knebelbart geziert war. Er saß an einem Tisch, nahe beim Fenster. Dort baute er kleine Schachteln. Als einziges Handwerkszeug dienten ihm ein Messer, eine Säge, die so klein wie eine Nagelfeile war, und ein Topf mit flüssigem Leim. Das Holz, das er verarbeitete, kam von alten Zigarrenkisten her; es waren ganz dünne Brettchen rohen Mahagoniholzes, an welchen er mancherlei Schnitzwerk und allerlei Zierat erzielte, die von außerordentlicher Zartheit waren. Tag für Tag, jahraus, jahrein, machte er dieselbe Schachtel, acht Zentimeter zu sechs. Nur daß er das Schnitzwerk veränderte, neue Formen für die Deckel erfand und im Innern neue Fächereinteilungen machte. Er tat das nur zu seiner Unterhaltung und um sich die Zeit zu vertreiben, bis seine Ernennung zum Stadtsergeanten erfolgt sein würde. Von seinem früheren Handwerk, der Kunsttischlerei, war ihm nur diese Leidenschaft für die kleinen Schachteln geblieben. Er verkaufte seine Arbeit nicht, sondern machte damit Geschenke an Personen seiner Bekanntschaft.

Poisson erhob sich und begrüßte Gervaise sehr artig, da sie ihm von seiner Frau als eine alte Freundin vorgestellt wurde. Aber er war nicht sehr gesprächig, sondern griff bald wieder zu seiner kleinen Säge. Von Zeit zu Zeit warf er einen Blick auf die Makrele, welche auf dem Rande der Kommode lag. Gervaise sah mit viel Freude ihre frühere Wohnung wieder; sie sagte, wie ihre Möbel gestanden hätten, und zeigte die Stelle, wo sie auf der Erde ihr Kind geboren hatte. Wie merkwürdig sich das traf! Als sie sich damals aus den Augen verloren, hätten sie niemals gedacht, sich so wiederzufinden, daß eine nach der andern dasselbe Quartier bewohnte. Virginie berichtete noch Näheres über sich und ihren Mann: er hatte von einer Tante ein kleines Vermögen geerbt. Später werde er sie sicherlich etablieren, für den Augenblick beschäftige sie sich noch immer mit der Schneiderei und nähe hie und da ein Kleid zusammen. Nach einer reichlichen halben Stunde wollte die Wäscherin endlich fortgehen. Poisson drehte sich kaum nach ihr um. Virginie, die sie hinausgeleitete, versprach, ihren Besuch zu erwidern; übrigens würde sie ihre Kundin, das war eine abgemachte Sache. Als sie sie auch auf dem Treppenflur noch festhielt, bildete sich Gervaise ein, daß sie ihr von Lantier und ihrer Schwester, der Plätterin Adèle, sprechen wollte. Dieser Gedanke brachte ihr ganzes Innere in Aufruhr. Aber diese heiklen Dinge wurden mit keinem Worte erwähnt, sie trennten sich in liebenswürdigster Weise, indem sie sich versprachen, sich wiederzusehen.

„Auf Wiedersehen! Madame Coupeau."

„Auf Wiedersehen! Madame Poisson."

Diese Begegnung wurde der Ausgangspunkt einer großen Freundschaft. Acht Tage später konnte Virginie nicht an Gervaises Laden vorübergehen, ohne einzutreten; sie schwatzte sich dann jedesmal so fest, daß sie unter zwei bis drei Stunden nicht leicht wegkam, so daß Poisson, der unruhig wurde und glaubte, sie sei unter die Räder gekommen, sie mit seinem stillen, erdfarbigen Gesicht abholte. Da Gervaise die Näherin so täglich um sich sah, konnte sie sich eines sonderbaren Gefühls nicht erwehren: sie konnte nicht hören, daß Virginie einen Satz anfing, ohne zu glauben, daß sie jetzt von Lantier sprechen werde; unwillkürlich mußte sie immer an Lantier denken, solange Virginie bei ihr war. Das war gewiß recht albern von ihr, denn niemand war ihr gleichgültiger als Lantier und Adèle, und sie fragte den Teufel danach, was aus ihnen geworden ist; nie richtete sie eine darauf bezügliche Frage an Virginie, sie war nicht neugierig genug, von ihnen hören zu wollen. Nein, das packte sie ganz gegen ihren Willen. Diese Idee stak ihr im Kopf wie eine Melodie, die man nicht loswerden kann und immer wieder trällern muß, wenn man sich auch darüber ärgert. Übrigens ließ sie das Virginie nicht entgelten, denn diese konnte doch sicherlich nichts dafür. Sie gefiel ihr ganz ausnehmend, und sie hielt sie wohl zehnmal zurück, ehe sie sie fortgehen ließ.

Mittlerweile war der Winter herangekommen, es war das der vierte, den die Coupeaus in der Rue de la Goutte-d'Or zubrachten. In diesem Jahr waren der Dezember und der Januar ganz besonders streng, es fror Stein und Bein. Nach dem Neujahrstag blieb der Schnee drei Wochen auf den Straßen liegen, ohne zu schmelzen. Das tat der Arbeit keinen Schaden, im Gegenteil, denn der Winter ist die schöne Jahreszeit der Plätterinnen. Im Laden war es sehr behaglich. Dort sah man niemals Eis an den Fensterscheiben, wie bei dem Krämer und Hutmacher gegenüber; der mit Koks vollgestopfte Plättofen unterhielt stets eine Backofenhitze; die Wäsche dampfte, so daß man glauben konnte, man sei mitten im Sommer. Da die Türen stets geschlossen waren, so blieb es überall warm, ja selbst so warm, daß man schließlich mit offenen Augen einschlief. Gervaise versicherte lachend, daß sie sich einbildete, auf dem Lande zu sein. Und wirklich konnte man das glauben, denn die Wagen machten auf dem Schnee keinen Lärm mehr, und selbst die Schritte der Fußgänger hörte man kaum; in der tiefen, winterlichen Stille erhoben sich allein einige Kinderstimmen; sie kamen von einer Bande von Straßenjungen, welche im Rinnstein vor der Hufschmiede eine Schlittenbahn angelegt hatten. Hin und wieder ging Gervaise an die Scheiben der Glastür und wischte sie mit der Hand ab, um nachzusehen, was eigentlich bei dem verdammten Wetter aus der Nachbarschaft geworden wäre; aber keine Nasenspitze ließ sich vor den Ladentüren sehen; das in Schnee gehüllte Quartier schien im Winterschlaf zu liegen; nur mit der Kohlenhändlerin von nebenan konnte sie einen kleinen Gruß austauschen, weil diese, seit es so kalt geworden war, mit bloßem Kopf und vergnügt grinsendem Munde vor ihrem Laden auf und ab ging.

Am besten bekam es einem, wenn man bei diesem Hundewetter mittags seinen Kaffee recht heiß nahm. Die Arbeiterinnen hatten sich nicht zu beklagen, die Ladenbesitzerin machte ihn sehr stark, und es kamen kaum vier Körner Zichorie hinein; er hatte gar keine Ähnlichkeit mit dem Kaffee bei Madame Fauconnier, der ein reines Spülwasser war. Nur wenn sich Mama Coupeau mit dem Kaffeekochen beschäftigte, kam die Sache nie zu Ende, weil sie vor dem Kessel einschlief. So warteten denn die Arbeiterinnen nach dem Frühstück auf den Kaffee und machten nur so hin und wieder einen Strich mit dem Plätteisen.

Gerade an dem Vormittag des Dreikönigstages hatte es schon halb eins geschlagen, und der Kaffe war noch nicht fertig; an diesem Tage wollte er durchaus nicht durchlaufen. Obgleich Madame Coupeau mit einem kleinen Löffel beständig an den Trichter klopfte, so hörte man doch die einzelnen Tropfen langsam niederfallen, das Klopfen änderte an der Sache nichts. „Laßt das doch sein!" sagte die große Clémence. „Davon wird er trübe ... Heute bin ich sicher, daß man bei dem Kaffee ebensoviel zu essen wie zu trinken haben wird."

Die große Clémence war dabei, ein Männerhemd aufs neue zu plätten, und sie machte die Falten des Einsatzes mit dem Fingernagel lose. Sie war schrecklich erkältet, ihre Augen waren verquollen, und die Hustenanfälle, welche sie hin und wieder packten, waren so heftig, daß sie sich am Rande des Arbeitstisches ordentlich zusammenbog. Trotzdem trug sie auch nicht den kleinsten Schal um den Hals, sondern hatte nur ein leichtes Flanellkamisol zu achtzehn Sous an, in dem sie vor Frost klapperte. Neben ihr stand Madame Putois, die bis über die Ohren in Flanell gewickelt war, sie plättete einen Unterrock, den sie über ein Plättbrett gezogen hatte, dessen eines Ende auf eine Stuhllehne gelegt war; auf der Erde war ein Laken ausgebreitet, um zu verhindern, daß der Unterrock, wenn er den Boden berührte, schmutzig würde. Gervaise nahm für sich allein mehr als die Hälfte des Arbeitstisches in Anspruch, auf welchem sie gestickte Musselingardinen ausgebreitet hatte, über welche sie ihr Eisen ganz gerade hinwegführte und dabei mit dem weitausgestreckten linken Arm den Stoff glatt anzog, um Falten zu vermeiden. Sie erhob plötzlich den Kopf, weil der Kaffee mit großem Geräusch anfing zu laufen. Das kam daher, daß die schielende Augustine mittels eines Löffels ein großes Loch in das Filterpapier gestoßen hatte.

„Willst du dich wohl ruhig halten?" rief Gervaise. „Was ist dir denn schon wieder eingefallen? Jetzt können wir lauter Schlamm trinken!"

Mama Coupeau hatte fünf Gläser an einer freien Ecke des Arbeitstisches nebeneinander aufgestellt. Nun legten die Arbeiterinnen ihre Arbeit beiseite. Gervaise schenkte immer selbst den Kaffee ein, nachdem sie in jedes Glas zwei Stücke Zucker getan hatte. Auf diese Stunde hatten alle sehnlichst gewartet. Als an diesem Tage jede sich auf einer kleinen Fußbank in der Nähe des Plättofens niedergelassen hatte, ging die Türe auf, und Virginie trat, vor Frost klappernd, in den Laden. „Ah, Kinder!" sagte sie, „das schneidet einen ordentlich in Stücke! Ich fühle meine Ohren gar nicht mehr. Was ist das für eine Hundekälte!" – „Ei, sieh da, da ist ja Madame Poisson!" rief Gervaise. „Nun, Ihr kommt gerade zur rechten Zeit ... Ihr müßt mit uns Kaffee trinken!" – „Meiner Treu! da will ich Euch keinen Korb geben ... Wenn man über die Straße geht, hat man den ganzen Winter in den Gliedern!" Zum Glück war noch Kaffee da. Mama Coupeau holte ein sechstes Glas, und Gervaise ließ aus Höflichkeit Virginie sich selbst mit Zucker bedienen. Die Arbeiterinnen rückten auseinander und machten nahe am Ofen einen kleinen Platz für den Gast zurecht. Einen Augenblick zitterte sie noch, ihre Nase war rot, und sie preßte ihre steifgefrorenen Finger an das Glas, um sie zu erwärmen. Sie kam von dem Krämer, wo man erfrieren konnte, ehe einem ein Viertel Schweizerkäse verabfolgt wurde. Sie konnte sich nicht genug über die große Hitze in dem Laden wundern, es sei ja, als ob man in einen Backofen eintrete, und es wäre hinreichend, um einen Toten aufzuwecken, so mollig kitzelte das die Haut. Als ihre Glieder wieder geschmeidig geworden waren, streckte sie ihre langen Beine aus. Nun schlürften alle sechse langsam ihren Kaffee inmitten der überall umherliegenden Wäsche, deren Bearbeitung unterbrochen war und die, zum Teil noch feucht, in der Hitze dampfte. Nur Mama Coupeau und Virginie saßen auf Stühlen, die anderen auf so niedrigen Fußbänken, daß es aussah, als ob sie auf der Erde säßen, was bei der schielenden Augustine auch wirklich der Fall war, die sich auf einer Ecke des Lakens niedergelassen hatte, welches unter dem Unterrock zum Schutz lag. Es wurde nicht gleich gesprochen, sondern alle steckten die Nasen in ihre Gläser und labten sich an ihrem Kaffee. „Er ist aber doch recht gut!" erklärte Clémence. Da überkam sie ein solcher Hustenanfall, daß es aussah, als ob sie ersticken müßte. Sie mußte den Kopf gegen die Wand stützen, um das starke Husten aushalten zu können. „Ihr habt's Euch ordentlich geholt!" sagte Virginie. „Wo habt Ihr denn das her?" – „Kann man denn das wissen?" antwortete Clémence und wischte sich dabei das Gesicht mit ihrem Ärmel ab. „Das muß von neulich abends sein. Da waren zwei, die sich an der Tür des Grand-Balcon das Fell über die Ohren zogen. Ich habe das mit ansehen wollen und bin da beim Schneetreiben draußen stehen geblieben. War das eine Schlägerei! Man konnte sterben vor Lachen! Der einen war die Nase aufgerissen, das Blut floß bis auf die Erde. Wie die andere das Blut gesehen hat, es war eine lange Latte wie ich, da hat sie Reißaus genommen ... In der Nacht habe ich angefangen zu husten. Übrigens muß ich auch sagen, daß die Männer zu dumm sind; wenn sie mit einer Frau zusammen sind, decken sie einen fortwährend auf ..." – „Das ist ja eine recht hübsche Aufführung!" murmelte Madame Putois. „Ihr werdet es nicht mehr lange machen, meine Kleine." – „Wenn es mir nun Spaß macht, darauf loszutollen! ... Das Leben ist wohl so besonders spaßhaft! Den ganzen lieben langen Tag sich plagen und sich von morgens bis zum Abend hin bei dem heißen Ofen die Haut zu versengen, für fünfzig Sous, nein, wißt Ihr, ich habe das satt bis an den Hals! ... Laßt es nur gut sein, die Erkältung wird mir den Gefallen nicht tun, mich zum Teufel zu schicken, die wird fortgehen, wie sie gekommen ist."

Nun entstand ein Stillschweigen. Diese Dirne, die Clémence, die auf den Tanzböden den Ton angab und dort die Ausgelassenste von allen war, stimmte im Atelier alle Welt mit ihren ewigen Begräbnisgedanken traurig. Gervaise, die sie recht gut kannte, begnügte sich damit, ihr zu sagen: „Ihr seid des Morgens nicht sehr guter Laune, wenn ihr die Nacht nicht durchgeschwärmt habt!"

Im Grunde genommen hätte Gervaise es lieber gesehen, wenn man nicht von Schlägereien zwischen Frauenzimmern gesprochen hätte. Das ärgerte sie wegen der Tracht Prügel im Waschhause, wenn man in Virginies Gegenwart von Fußtritten an die Beine oder fünfblättrigen Kleeblättern sprach, die man einander ins Gesicht geklebt hatte. Gerade jetzt sah Virginie lächelnd zu ihr hinüber. „Oh", sagte sie, „ich habe gestern ein Chignonabreißen gesehen, die haben sich gut zugerichtet!" – „Wo denn?" fragte Madame Putois. „Es war die Hebamme, die am Ende der Straße wohnt, mit ihrem Dienstmädchen, Ihr wißt ja, die kleine Blonde ... Ein Ekel von einem Mädchen! Sie rief der andern zu: ‚Ja, ja, ich werde auf die Polizei gehen und anzeigen, daß du der Krämerin ein Kind abgetrieben hast, wenn du mich nicht bezahlst!' Man mußte nur hören, was die alles auspackte! Da hat ihr die Hebamme eine Knallschote mitten ins Gesicht gegeben. Aber das verdammte Geschöpf ist ihr an die Kehle gefahren und hat sie zerkratzt und zerfetzt, als ob sie Frikassee aus ihr machen wollte. Der Wursthändler mußte sie ihr aus den Klauen reißen."

Die Arbeiterinnen lächelten wohlgefällig. Alle tranken einen kleinen Schluck Kaffee, und man sah ihnen an, wie wollüstig sie sich dem Gaumenkitzel hingaben. – „Glaubt Ihr denn das, was die da von der Krämerin und der Hebamme gesagt hat?" fragte Clémence. „Je nun! das Gerücht war im Quartier verbreitet", sagte Virginie. „Versteht mich recht, ich war nicht dabei ... Übrigens schlägt das ins Handwerk, sie tun es ja alle." – „Ach ja", sagte Madame Putois; „man ist dumm genug, sich ihnen anzuvertrauen. Danke schön, um struppiert zu werden! ... Seht, es gibt ein unfehlbares Mittel: alle abend trinkt man ein Glas Weihwasser und macht sich dabei mit dem Daumen drei Kreuze auf den Bauch, das geht weg wie der Wind."

Mama Coupeau, welche man eingeschlafen glaubte, schüttelte mit dem Kopf, um dagegen zu protestieren. Sie kannte ein anderes Mittel, das war wirklich unfehlbar: man mußte alle zwei Stunden ein hartes Ei essen und sich Senfblätter auf die Lenden legen. Die anderen vier Frauen blieben ernst. Aber die schielende Augustine, deren Anfälle von Heiterkeit immer kamen, ohne daß man einen Grund dafür entdecken konnte, schlug ein Lachen auf, das wie das Gackern einer Henne anzuhören war. Man hatte sie ganz vergessen. Gervaise hob den Unterrock hoch und fand sie dahinter auf dem Laken liegen, wo sie sich wie ein Ferkel herumsielte. Sie zog sie dort hervor und setzte sie mit einer tüchtigen Ohrfeige auf die Füße. Was hat sie denn da zu lachen, die dumme Pute? Hat sie denn überhaupt zuzuhören, wenn erwachsene Personen sich etwas erzählten? Sofort solle sie gehen und ein Paket Wäsche nach Batignolles tragen, zu einer Freundin der Madame Lerat. Während des Sprechens schob sie ihr schon den Korb auf den Arm und stieß sie zur Tür. Maulend und schluchzend ging Augustine davon und schleppte ihre Füße durch den Schnee.

Unterdessen besprachen Mama Coupeau, Madame Putois und Clémence die Wirksamkeit der harten Eier und der Senfblätter. Virginie, die mit ihrem Kaffeeglase in der Hand träumerisch vor sich hingeblickt hatte, sagte plötzlich ganz leise: „Mein Gott! Man schlägt sich und verträgt sich, das geht ja immer, wenn man nur ein gutes Herz hat ..." Und sich lächelnd zu Gervaise wendend: „Nein, gewiß, ich trage Euch nichts nach ... Die Geschichte aus der Waschanstalt, Ihr wißt doch noch?" Die Wäscherin wurde ganz verlegen. Das war es, was sie immer gefürchtet hatte. Jetzt ahnte sie, daß das Gespräch auf Lantier und Adèle gebracht werden würde.

Der Plättofen pustete, und das rotglühende Ofenrohr verdoppelte die Hitze. In schlaftrunkener Betäubung verlängerten die Arbeiterinnen ihre Kaffeestunde, um nur so spät wie möglich wieder an die Arbeit zu gehen. Sie betrachteten den Schnee draußen auf der Straße mit beschaulicher Befriedigung. Man war jetzt bei den vertraulichen Mitteilungen. Sie sagten, was sie getan hätten, wenn sie zehntausend Franken jährliche Rente gehabt hätten; sie hätten gar nichts getan, ganze Nachmittage hätten sie damit zugebracht, sich am Feuer zu wärmen und von weitem auf die Arbeit zu spucken. Virginie hatte sich Gervaise genähert, um von den andern nicht gehört zu werden. Gervaise fühlte sich so schwach, ohne Zweifel von der großen Hitze, so weich und erschlafft, daß sie nicht den Mut fand, dem Gespräch eine andere Wendung zu geben, ja, sie erwartete sogar die Worte der großen Brünetten mit einer Art von freudiger Erregung, die ihr förmlich das Herz schwellen machte, wenn sie sich selbst das auch nicht eingestehen wollte.

„Es wird Euch doch nicht allzu nahegehen?" hub die Näherin an. „Wohl zwanzigmal ist es mir auf die Zunge gekommen. Nun, da wir einmal angefangen haben ... Es ist ja doch nur, um zu plaudern, nicht wahr? ... Nein, wahrlich, ich trage Euch das nicht nach, was da geschehen ist. Mein Ehrenwort! ich habe auch nicht soviel Haß gegen Euch zurückbehalten!"

Sie schwenkte den Rest ihres Kaffees im Glase um, damit der letzte Zucker mit herauskäme, und trank drei kleine Schlucke mit einem leisen Schmatzen der Lippen. Gervaise wartete mit gepreßter Kehle; innerlich fragte sie sich, ob ihr Virginie die Tracht Prügel wirklich so ganz verziehen haben könne, denn sie sah, wie in ihren schwarzen Augen gelbe Funken aufblitzten. Diese große Dirne mußte ihre Rache in die Tasche gesteckt und ihr Taschentuch oben draufgelegt haben.

„Ihr hattet eine Entschuldigung", fuhr sie fort. „Man hatte schlecht, abscheulich an Euch gehandelt ... Oh, ich bin nicht ungerecht, laßt das gut sein. Ich hätte damals ein Messer genommen!" Sie trank noch drei kleine Schlucke und schnalzte mit der Zunge am Rande des Glases; dann, ihre langsame Redeweise aufgebend, fügte sie schnell und ohne anzuhalten hinzu: „Es hat ihnen auch kein Glück gebracht, oh, mein Gott! nein, gar kein Glück! ... Sie waren da ans Ende der Welt gezogen, in die Gegend des Eiskellers, in eine schmutzige Straße, in der der Kot immer kniehoch liegt. Zwei Tage nachher habe ich mich eines Morgens aufgemacht, um mit ihnen zu frühstücken. Es war eine lange Omnibusfahrt, das versichere ich Euch! Nun wohl, meine Liebe, ich fand sie schon damals in voller Zänkerei. Wahrhaftig, wie ich eintrete, traktieren sie sich mit Kopfstücken. Nun, das muß ich sagen, ein nettes Liebespaar! ... Ihr wißt, daß Adèle nicht den Strick wert ist, um sie dran aufzuhängen. Sie ist zwar meine Schwester, aber ich kann nicht anders sagen, als daß sie in der Haut einer richtigen Schlampe steckt. Sie hat mir eine Menge von Schweinereien gemacht. Das wäre zu lang, alles zu erzählen, das geht auch am Ende nur uns beide an ... Was nun Lantier anbetrifft, ei der Tausend! Ihr kennt ihn, der ist auch nicht der beste. Ein pratschiger Kerl, nicht wahr? der für ein Ja und für ein Nein gleich loshaut! Der ist einer, der die Faust zumacht, wenn er schlägt ... So haben sie sich allen Ernstes beinahe totgeschlagen. Wenn man die Treppe hinaufstieg, hörte man schon von draußen, was da vorging. Eines Tages ist sogar die Polizei gekommen. Lantier wollte durchaus eine Ölsuppe haben, einen Greuel, den sie im Süden essen. Als Adèle das abscheulich fand, haben sie sich gegenseitig die Ölflasche, die Kasserolle, die Suppenschüssel, kurz die ganze Wirtschaft an den Kopf geworfen; es war eine Szene, die das ganze Quartier in Aufruhr versetzte."

Sie erzählte noch von anderen Schlägereien und konnte mit ihrem Bericht über die Wirtschaft der beiden kein Ende finden; sie wußte Sachen, die einem die Haare zu Berge stehen machten. Gervaise hörte alle diese Geschichten mit an, ohne ein Wort von sich zu geben, ihr Gesicht war blaß, und es zuckte um ihre Lippen, als ob sie lächelte. Es waren nun bald sieben Jahre her, daß sie nicht mehr von Lantier hatte sprechen hören. Nie hätte sie geglaubt, daß, wenn der Name Lantier so an ihre Ohren schlug, ihr das eine so heftige Erregung verursachen könne. Nein, sie hätte nie geglaubt, daß die Schicksale eines Menschen, der sich ihr gegenüber so abscheulich benommen hatte, sie so erregen könnten. Sie konnte jetzt auf Adèle nicht mehr eifersüchtig sein, aber innerlich lachte sie doch über das wüste Treiben der beiden; sie sah den Körper dieses Mädchens voll blauer Flecke; das rächte sie, das belustigte sie. Bis zum nächsten Morgen hätte sie so dasitzen können und sich von Virginie erzählen lassen. Sie stellte keine Fragen, weil sie nicht durchblicken lassen wollte, einen wie lebhaften Anteil sie an diesen Dingen nahm. Es war ihr, als ob man plötzlich in der Geschichte ihres Lebens eine Lücke ausfüllte; erst von dieser Stunde an schloß sich ihr jetziges Leben ihrer Vergangenheit an.

Virginie hielt inne und steckte noch einmal ihre Nase ins Glas; sie saugte mit halbgeschlossenen Augen den Zucker auf. Gervaise begriff, daß sie irgendwas sagen müsse, sie nahm daher eine gleichgültige Miene an und fragte: „Wohnen sie immer noch beim Eiskeller?" – „I bewahre!" antwortete die andere, „habe ich Euch denn nicht erzählt? Es sind jetzt gerade acht Tage her, daß sie nicht mehr zusammen sind. Adèle hat eines schönen Tages ihre Siebensachen aufgepackt und ist davongegangen; daß Lantier ihr nicht nachgelaufen ist, das könnt Ihr mir glauben!" Der Wäscherin entfuhr ein leichter Schrei, und sie wiederholte ganz laut:

„Sie sind nicht mehr zusammen?“ – „Wer denn?“ fragte Clémence, die ihre Unterhaltung mit Madame Coupeau und Madame Putois unterbrach. „Niemand!“ sagte Virginie: „Leute, die Ihr nicht kennt!“ Sie beobachtete Gervaise und fand sie sonderbar bewegt. Sie näherte sich ihr wieder und schien schadenfroh genug zu sein, ihre Geschichten wieder anzufangen. Plötzlich fragte sie sie, was sie denn zu machen gedächte, wenn Lantier plötzlich wieder in ihrer Nähe auftauchen sollte. Denn die Männer seien doch nun einmal so seltsam; Lantier wäre wohl imstande, seine erste Liebe wieder aufzusuchen. Gervaise richtete sich empor und benahm sich sehr korrekt, sehr würdig. Sie sei verheiratet und würde Lantier die Wege weisen. Damit basta! Zwischen ihnen sei alles aus, nicht einmal einen Händedruck könne sie mit ihm wechseln. Wahrlich, sie müßte kein Herz haben, wenn sie noch einmal diesem Manne ins Gesicht sehen würde!

„Ich weiß wohl“, sagte sie, „daß es ein Band zwischen uns gibt, das ich nicht brechen kann: Etienne ist sein Kind. Wenn Lantier seinen Sohn umarmen will, so werde ich Etienne zu ihm schicken, denn es ist unmöglich, daß man einen Vater hindern kann, sein Kind zu lieben ... Aber was mich anbetrifft, seht Ihr, Madame Poisson, ich ließe mich eher in kleine Stücke zerhacken, als daß ich ihm erlaubte, mich mit einer Fingerspitze zu berühren. Es ist aus!“

Als sie die letzten Worte sprach, machte sie in der Luft das Zeichen des Kreuzes, wie um damit für alle Zeiten ihren Eid zu besiegeln. Von dem Wunsche beseelt, die Unterhaltung abzubrechen, schien sie plötzlich zu erwachen und rief den Arbeiterinnen zu: „Sagt mal, ihr da! Glaubt ihr vielleicht, daß die Wäsche sich von selber plättet? ... Das ist ja ein schöner Arbeitseifer! ... Auf! an die Arbeit!“

Die Arbeiterinnen übereilten sich nicht, sie waren so erschlafft vor Faulheit, daß sie noch immer mit den Armen auf ihren Knien dasaßen und in der einen Hand die leeren Kaffeegläser hielten, auf deren Boden sich ein wenig Kaffeegrund abgesetzt hatte. Sie plauderten noch weiter. „Da war die kleine Cölestine“, sagte Clémence. „Oh, ich habe sie gut gekannt. Die hatte die Manie der Katzenhaare ... Ihr wißt wohl, sie sah überall Katzenhaare; sie würgte fortwährend mit der Zunge herum, weil sie den Mund voller Katzenhaare zu haben glaubte.“ – „Was mich anbetrifft“, sagte Madame Putois, „ich war mit einer Frau befreundet, die hatte einen Bandwurm ... Ei der Tausend! diese Tiere haben Gelüste! ... Der kniff ihr in den Bauch, wenn sie ihm kein gebratenes Huhn zu essen gab! Nun müßt Ihr wissen, der Mann verdiente sieben Francs, das ging alles in Leckerbissen für den Wurm drauf ...“ – „Ich hätte sie gleich gesund gemacht!“ unterbrach sie Mama Coupeau. „Mein Gott! man ißt eine gebratene Maus runter. Das vergiftet den Wurm mit einem Male.“

Gervaise hatte sich aufs neue einem behaglichen Träumen hingegeben. Aber sie schüttelte die Schlaffheit ab und erhob sich. Das ist ja hübsch, da hätte man sich ja wieder einmal einen Nachmittag um die Ohren geschlagen! Davon wird die Börse auch nicht voll werden! Sie war die erste, die zu ihren Gardinen zurückkehrte; da sie einen Kaffeefleck darauf fand, mußte sie die Stelle erst wiederholt mit einem feuchten Läppchen anfeuchten, ehe sie wieder zum Eisen greifen konnte. Die Arbeiterinnen machten sich noch um den Ofen herum zu tun und suchten maulend und brummend ihre Handleder. Sowie Clémence sich in Bewegung setzte, bekam sie einen Hustenanfall von solcher Stärke, daß man glauben mußte, sie würde ihre Zunge ausspucken. Danach machte sie ihre Oberhemden fertig, indem sie die Manschetten und den Kragen mit Stecknadeln zusammensteckte. Madame Putois hatte sich wieder an ihren Unterrock gemacht.

„Nun denn, auf Wiedersehen!“ sagte Virginie. „Ich war nur runtergegangen, um ein Viertel Schweizer Käse zu holen. Poisson muß glauben, daß ich unterwegs erfroren bin.“

Als sie schon drei Schritte auf die Straße gemacht hatte, kehrte sie um, öffnete die Tür und rief hinein, daß sie Augustine am Ende der Straße mit ein paar Straßenjungen schlitteln sähe. Diese Range war vor zwei vollen Stunden fortgegangen. Nun kam sie rot und außer Atem herein, ihren Korb auf dem Arm und ihren Chignon mit einem Schneeball verziert. Sie ließ sich mit heimtückischer Miene ausschelten und erzählte, daß man wegen des Glatteises nicht gehen könne. Ein paar Taugenichtse mußten ihr aus Mutwillen Stückchen Eis in die Tasche gesteckt haben, denn nach einer Viertelstunde tropfte sie und bewässerte den Laden wie ein Sprengwagen.

So verflossen jetzt gewöhnlich die Nachmittage. Der Laden war für das ganze Quartier der Zufluchtsort der frierenden Leute. In der ganzen Rue de la Goutte-d'Or wußte man, daß es da warm war. Da fanden sich immer schwatzhafte Weiber ein, die vor dem warmen Ofen Plauderstunde hielten, wobei sie ihre Röcke bis ans Knie in die Höhe zogen. Gervaise war auf diese schöne Wärme stolz, sie lud alle Welt ein, sie empfing, wie boshafterweise die Lorilleux' und die Boches sagten. Das Wahre davon war, daß sie liebenswürdig und hilfsbereit blieb und sogar die Armen herbeirief, wenn sie sie draußen frieren sah. Eine besondere Vorliebe hatte sie für einen alten Anstreicher, einen Greis von siebzig Jahren, gefaßt, der im Hause einen Hängeboden bewohnte, wo er vor Hunger und Kälte umkam. Er hatte seine drei Söhne auf der Krim verloren und lebte seit den zwei Jahren, da er keinen Pinsel mehr halten konnte, vom Zufall. Sowie Gervaise den Vater Bru bemerkte, wenn er, um sich zu erwärmen, im Schnee hin und her lief, rief sie ihn herein und hielt ihm seinen Platz neben dem Ofen frei. Oft mußte er auch ein Stück Brot und Käse essen. Dort saß der alte Mann oft stundenlang, ohne zu sprechen. Sein Rücken war gekrümmt, sein Bart weiß, und sein faltiges Gesicht sah wie ein alter Apfel aus. Er horchte auf das Knistern des Kokses; vielleicht zogen an seinem Geiste die fünfzig Jahre vorüber, die er arbeitend auf den Leitern zugebracht hatte, dieses halbe Jahrhundert, in dem er an

allen vier Ecken von Paris Türen angestrichen und Decken geweißt hatte. „Nun, Papa Bru", fragte ihn manchmal die Wäscherin, „woran denkt Ihr denn?" – „Oh, an gar nichts, an allerlei!" antwortete er dann mit stumpfsinniger Miene.
Die Arbeiterinnen machten sich über ihn lustig und erzählten, daß er Liebeskummer hätte. Aber er fiel, ohne sie zu hören, in sein Schweigen und sein dumpfes Hinbrüten zurück.
Nach dieser Zeit sprach Virginie zu Gervaise sehr oft von Lantier. Es schien ihr Spaß zu machen, sie mit ihrem früheren Liebhaber zu beschäftigen, um sie durch Vermutungen und Voraussetzungen in Verwirrung zu stürzen. Eines Tages erzählte sie, daß sie ihn getroffen habe; da die Wäscherin darauf nichts erwiderte, so fügte sie nichts hinzu, nur am folgenden Tage gab sie zu verstehen, daß er lange mit ihr von Gervaise gesprochen habe und sehr viel Zärtlichkeit für dieselbe hege. Gervaise war durch diese in einer Ladenecke mit halber Stimme geflüsterten Mitteilungen sehr verwirrt. Der Name Lantier wirkte immer auf sie, als ob ihr ein Brandmal auf die Herzgrube beigebracht würde, als ob dieser Mann etwas von sich in ihr zurückgelassen hätte! Sicherlich glaubte sie an ihre Festigkeit; sie wollte als anständige Frau leben, denn der Anstand ist allein schon die Hälfte des Glückes. Sie dachte bei der ganzen Angelegenheit auch gar nicht an Coupeau, weil sie sich ihrem Manne gegenüber auch nicht einmal in Gedanken etwas vorzuwerfen hatte. Mit zagendem, gequältem Herzen dachte sie an den Schmied. Es schien ihr, als ob dieses Wiedererwachen der Erinnerung an Lantier, dieses langsame Wiederinbesitznehmen des Mannes, welches sie in sich fühlte, eine Untreue gegen Goujet sei, gegen dessen unausgesprochene Liebe, welche die Süßigkeit der Freundschaft hatte. Sie brachte traurige Tage zu, denn sie glaubte sich ihrem besten Freunde gegenüber schuldig. Sie hätte außer ihrer Ehe nur für ihn Zuneigung empfinden mögen. Diese Gefühle lagen tief in ihrem Innern, erhaben über all den niedrigen Leidenschaften, deren verräterischen Abglanz Virginie auf ihrem Antlitz erspähen wollte.
Als das Frühjahr gekommen war, nahm sie ihre Zuflucht zu Goujet. Sobald sie sich niedersetzte, um über etwas nachzudenken, kam ihr ihr erster Liebhaber in den Sinn; sie sah, wie er Adèle verließ, die Wäsche auf den Grund ihres alten Koffers packte und zu ihr kam, mit dem Koffer auf dem Wagen. An Tagen, wo sie ausging, überfiel sie oft eine plötzliche Furcht; sie glaubte Lantiers Schritte hinter sich zu hören, so daß sie sich nicht umzusehen wagte, sie zitterte und glaubte schon seine Hände zu fühlen, die ihre Taille umfaßten. Es war sicher, daß er um sie herum spionierte; eines schönen Tages würde er schon über sie herfallen. Dieser Gedanke trieb ihr den Angstschweiß auf die Stirn, denn sicherlich würde er ihr einen Kuß aufs Ohr geben, wie er es früher so oft aus Neckerei getan hatte. Vor diesem Kuß entsetzte sie sich schon im voraus; er betäubte sie und umgab sie mit einem so brausenden Geräusch, daß sie nichts mehr hören würde als das gewaltige Schlagen ihres Herzens. Wenn diese Beängstigungen sie umwandelten, war die Schmiede ihre einzige Zuflucht; dort wurde sie wieder ruhig und heiter unter Goujets Schutz, dessen mächtiger Hammer ihre bösen Ahnungen in die Flucht schlug.
Was für eine glückliche Zeit war das! Die Wäscherin verwendete besondere Sorgfalt auf die Wäsche ihrer Kunden von der Rue des Portes-Blanches. Dorthin lieferte sie immer selbst die Wäsche ab, weil dieser Weg ihr jeden Freitag einen erwünschten Vorwand bot, durch die Rue Mercadet zu gehen und in die Schmiede einzutreten. Schon wenn sie um die Straßenecke bog, fühlte sie sich so leicht und frei, als ob sie eine Landpartie machte. Zwischen diesen spärlich bebauten Terrains, welche von grauen Werkstätten eingefaßt waren, machte ihr der vom Kohlenstaub geschwärzte Straßendamm und die von weißen Dampfwolken umschwebten Dächer so viel Freude, als ob es ein moosiger Waldpfad in einem Gehölz der Umgegend gewesen wäre, der sich in dichten Massen üppigen Grüns verliert; sie liebte selbst den bleichen Horizont, den die hohen Fabrikschornsteine überragten, und den Hügel des Montmartre, der den Himmel bedeckte mit seinen kreidigen Häusern, deren regelmäßige Fensterreihen zu ihr hinüberblickten. Je näher sie kam, desto langsamer wurden ihre Schritte; sie übersprang die Pfützen und durchstreifte mit Vergnügen die verlassenen Winkel des wüsten Bauplatzes. Ganz hinten leuchtete die Schmiede, selbst am hellen Mittag. Ihr Herz hüpfte beim Taktschlag der Hämmer. Wenn sie eintrat, war sie ganz rot, die kleinen blonden Löckchen in ihrem Nacken flatterten aufgelöst im Winde, wie bei einer Frau, die zu einem Stelldichein kommt. Goujet erwartete sie, mit nackten Armen und nackter Brust schlug er an diesen Tagen noch stärker auf den Amboß, um sich schon von weitem hörbar zu machen. Er ahnte ihr Kommen und bewillkommnete sie mit einem freudigen Lächeln in seinem blonden Bart. Sie wollte ihn nicht bei der Arbeit stören und bat ihn, wieder zum Hammer zu greifen, denn sie liebte ihn noch mehr, wenn er mit seinen mächtigen Armen, an denen die Muskeln schwollen, den Hammer schwang. Sie gab Etienne, der seinen Blasebald zog, einen leichten Klaps auf die Backe und blieb da wohl eine Stunde in der Betrachtung der Bolzen vertieft. Sie sprachen keine zehn Worte miteinander, und dennoch hätten sie in einem doppelt verschlossenen Zimmer ihrer Zärtlichkeit nicht mehr genugtun können. Die Stichelreden des Salzschnabels, genannt Sauf-aus-ohne-Durst, störten sie nicht, denn sie hörten sie nicht einmal. Nach einer Viertelstunde fing sie an, ein wenig unter der Hitze zu leiden, die starken Gerüche und der Dampf betäubten sie, während die dumpfen Schläge sie von Kopf bis Fuß erzittern machten. Weiter wünschte sie nichts, das war ihre ganze Freude; selbst wenn Goujet sie an seine Brust gedrückt hätte, so wäre ihre Bewegung nicht größer gewesen. Sie ging nahe zu ihm heran, um den Wind seiner Hammerschläge an ihrer Backe zu spüren, um so mit teilzunehmen an dem Schlage, den er führte. Wenn die Funken auf ihre zarten Hände nieder-

fielen, so zog sie sie nicht zurück, im Gegenteil, sie fühlte diesen Feuerregen, der da auf ihre Haut niederprasselte, wie eine Lust. Sicherlich ahnte er, welches Glück sie dort empfand; er sparte für den Freitag besonders schwierige Arbeiten auf, um ihr mit all seiner Kunst und Geschicklichkeit seine Liebe zu erweisen. Er hielt jetzt nicht mehr an sich, auf die Gefahr hin, den Amboß zu zerschmettern, ließ er hochaufatmend in seinen Schlägen die Freude austönen, welche ihn durchdrang. Während des ganzen Frühjahrs erfüllte ihre Liebe die Schmiede mit dem Getöse des Gewitters. Das war eine Idylle in dem Werk eines Riesen, inmitten der flammenden Kohle, unter diesem wackelnden Schuppen, dessen rußige Balken krachten. All dieses zerschmetterte Eisen, das wie rotes Wachs gefügig sich formen mußte, trug den rauhen Stempel ihrer Zärtlichkeit. Wenn die Wäscherin freitags das Löwenmaul verließ, stieg sie langsam die Rue des Poissonniers hinauf; sie war befriedigt, und ihr Geist wie ihr Körper hatten ihr Gleichgewicht wiedergewonnen.

Nach und nach hörte sie auf, sich vor Lantier zu fürchten, und sie wurde wieder vernünftig. Zu dieser Zeit hätte sie sehr glücklich leben können, wenn Coupeau nicht gewesen wäre, der jetzt entschieden anfing, ein schlechter Mensch zu werden. Eines Tages, als sie gerade von der Schmiede zurückkam, glaubte sie Coupeau zu erkennen, der im „Assommoir" des Vaters Colombe sich mit Mes-Bottes, Bibi-la-Grillade und Salzschnabel, genannt Sauf-aus-ohne-Durst, einen Satz Vitriol leistete. Sie ging schnell vorbei, weil sie nicht wollte, daß es so aussähe, als ob sie sein Tun und Treiben ausspionierte. Aber sie blickte doch noch einmal zurück; jawohl, es war Coupeau, der mit der geübten Handbewegung, die nur die häufige Gewohnheit gibt, sein kleines Glas Fusel hinunterstürzte. Er log also, er war doch schon beim Branntwein angekommen! Ganz verzweifelt kam sie nach Hause; der ganze Schrecken, den sie vor dem Schnaps hegte, erfaßte sie wieder. Den Wein verzieh sie, denn der Wein nährt den Arbeiter, aber der Alkohol war eine Schweinerei, ein Gift, welches dem Manne das Brot verleidete. Ah! die Regierung hätte wohl die Fabrikation solcher Schweinereien verhindern sollen!

Als sie in der Rue de la Goutte-d'Or ankam, fand sie das ganze Haus in Aufregung. Ihre Arbeiterinnen hatten den Werktisch verlassen und guckten auf dem Hofe in die Höhe. Sie fragte Clémence. „Es ist der Vater Bijard, der seine Frau durchhaut!" antwortete die Plätterin. „Er war hier unter dem Haustor, betrunken wie ein Pole, und paßte auf, wenn sie vom Waschhaus käme ... Er hat sie mit Faustschlägen die Treppe hinaufgejagt, und jetzt schlägt er sie da oben in ihrem Zimmer zusammen ... Hört doch, hört Ihr das Schreien?"

Gervaise ging schnell nach oben. Sie hegte eine große Freundschaft für Madame Bijard, eine Wäscherin, die eine tüchtige, brave Frau war. Sie hoffte der Sache Einhalt zu tun. Oben im sechsten Stock war die Tür des Zimmers offengeblieben, ein paar Nachbarn jammerten auf dem Korridor, während Madame Boche in der Tür schrie: „Wollt Ihr wohl aufhören? ... Man wird die Polizei holen, versteht Ihr wohl?"

Niemand wagte sich in das Zimmer, denn man kannte Bijard, er war ein stumpfsinniges Tier, wenn er betrunken war. Er tobte übrigens seine Räusche nie anders aus. Die wenigen Tage, wo er arbeitete, setzte er einen Liter Branntwein neben seinen Schraubstock in der Schlosserei und trank in vollen Zügen alle halbe Stunde. Er konnte sich nicht anders mehr aufrecht halten; er hätte wie eine Fackel angefangen zu brennen, wenn man ein angezündetes Streichholz seinem Munde nahe gebracht hätte.

„Aber man kann sie doch nicht in Stücke schlagen lassen!" sagte Gervaise ganz zitternd.

Sie trat ein. Das Mansardenzimmer war sehr sauber, aber nackt und kalt, ausgeleert durch die Trunksucht des Mannes, der die Bettbezüge fortnahm, um sie zu vertrinken. Bei dem Kampfe war der Tisch umgefallen und bis zum Fenster gerollt, die beiden Stühle lagen mit den Beinen nach oben am Boden. Auf den Dielen, in der Mitte des Raumes, lag Madame Bijard, deren Röcke, noch naß vom Waschhause, an ihren Schenkeln klebten; ihre Haare waren zerzaust und blutig, sie röchelte mit schwerem Atem und stieß halb unterdrückte Schmerzenslaute aus bei jedem Fußtritt, den ihr Bijard versetzte. Er hatte sie erst mit beiden Fäusten zu Boden geschlagen, und jetzt stieß er sie mit den Füßen. „Jawohl! du Dirne! ... du Sau!" ... heulte er mit erstickter Stimme und begleitete jedes seiner Worte mit einem Tritt, sich selbst anfeuernd und um so stärker stoßend, je mehr ihm der Atem verging. Zuletzt versagte ihm die Stimme ganz, und doch schlug er noch immer unsinnig und rasend; sein Rock und seine zerfetzte Bluse hingen an seinem steifen Körper, sein Gesicht war blau, soweit es der schmutzige Bart freiließ, und auf seiner Stirn zeigten sich große rote Flecke. Die Nachbarn auf dem Korridor erzählten, er schlüge sie, weil sie ihm an Morgen zwanzig Sous verweigert hatte. Man hörte Boches Stimme von der Treppe her. Er rief Madame Boche und schrie: „Komm doch runter! Laß sie sich doch totschlagen, da gibt's ein paar Lumpen weniger!"

Der Papa Bru war Gervaise in das Zimmer gefolgt. Beide versuchten den Schlosser zur Vernunft zu bringen und ihn nach der Tür zu zu stoßen. Aber er wendete sich, ohne ein Wort zu sprechen, ab, vor seinen Lippen stand Schaum, aus seinen öden Augen leuchtete der Alkohol mit der tückischen Flamme des Mordes. Der Wäscherin hatte er eine Hand zerquetscht, und der alte Arbeiter war über den Tisch gefallen. Am Boden stöhnte Madame Bijard, mit weit offenem Munde und geschlossenen Augenlidern. Bijard traf sie jetzt nicht mehr, er versuchte wieder mit verdoppelter Wut, schlug blindlings zur Seite und traf sich schließlich selbst mit Hieben, die er ins Leere führte. Während dieser ganzen entsetzlichen Szene sah Gervaise in einer Ecke des Zimmers die kleine vierjährige Lalie, welche zusah, wie ihr Vater ihre Mutter zu Tode schlug. Das Kind hielt auf seinen Armen, wie um sie zu beschützen, ihre Schwester Henriette, die seit einem Tage entwöhnt war. Das Kind stand aufrecht, um seinen Kopf ein Kattuntaschentuch gebunden; es sah sehr bleich aus, und seine Miene war ernst. Aus seinen dunklen Augen strahlte ein Blick von gedankenvoller Festigkeit, ohne eine Träne.

Als Bijard über einen Stuhl gestolpert war und auf dem Boden ausgestreckt lag, ließ man ihn schnarchen. Der Papa Bru half Gervaise, Madame Bijard aufzuheben. Diese weinte jetzt mit heftigem Schluchzen. Lalie, welche herzugekommen war, sah sie weinen, aber sie war so gewöhnt an solche Auftritte, daß sie schon getröstet war. Während die Wäscherein hinabstieg und das Haus sich wieder beruhigt hatte, konnte sie den Blick dieses vierjährigen Kindes nicht vergessen, der so ernst und mutig war wie der Blick einer Frau.

„Herr Coupeau ist auf der andern Seite der Straße!" rief ihr Clémence entgegen, als sie sie bemerkte. „Er sieht verdammt angeheitert aus!"

Coupeau kam gerade über den Damm. Beinahe hätte er mit der Schulter eine Glasscheibe eingerannt, weil er die Tür verfehlte. Er war total betrunken; seine Zähne waren fest aufeinandergepreßt und seine Züge gespannt. Gervaise erkannte sogleich das Vitriol des „Assommoir" in dem vergifteten Blut, welches seine Haut erbleichen machte. Sie wollte lachen und ihn zu Bette bringen, wie das gewöhnlich geschah, wenn er seinen gutmütigen Weinrausch hatte. Aber er stieß sie von sich, ohne ein Wort zu sprechen; im Vorbeigehen nach seinem Bett hin, das er selbst aufsuchte, drohte er ihr mit der Faust. Er glich dem andern, dem Trunkenbold, der da oben schnarchte, nachdem er sich müde geschlagen hatte. Da legte es sich ihr wie Eis aufs Herz, sie dachte an die Männer, an ihren Ehemann, an Goujet, an Lantier, und mit zerrissenem Herzen verzweifelte sie daran, jemals glücklich zu werden.

VII

Gervaises Namenstag fiel auf den neunzehnten Juni. An solchen Festtagen wurde bei den Coupeaus das Unterste zuoberst gekehrt; da wurden Fressereien veranstaltet, von denen alle wie genudelt aufstanden, da sie sich den Bauch für die ganze Woche vollgeschlagen hatten. Da wurde alles Geld verputzt bis auf den letzten Sou. Sowie man ein paar Francs im Haus hatte, wurden sie verjubelt. Man suchte im Kalender nach neuen Heiligen, um nur einen Vorwand für eine Fresserei zu haben. Virginie bestärkte Gervaise noch darin, sich möglichst viel Gutes anzutun. Wenn man einen Mann hat, der alles vertrinkt, da ist es ja ein gutes Werk, wenn man sich erst einmal den Magen ordentlich vollschlägt, ehe das ganze Vermögen für Flüssigkeiten weggeht. Da das Geld nun doch einmal vergeudet wurde, war es da nicht ebensogut, wenn man den Fleischer etwas verdienen ließ, als wenn alles zum Weinhändler ging? Und Gervaise, leckermäulig wie sie war, begnügte sich mit dieser Entschuldigung. Was konnte sie dafür? War es nicht Coupeaus Schuld, wenn sie nicht einen roten Heller ersparen konnten? Sie war noch fetter geworden und hinkte stärker, weil ihr Bein im Verhältnis, wie es an Fett zunahm, immer kürzer zu werden schien.

In diesem Jahre sprach man schon einen Monat vorher von dem Fest. Man beriet, was gekocht werden sollte, und ließ sich schon im voraus das Wasser im Munde zusammenlaufen. Im ganzen Laden hatten alle eine ganz verdammte Lust, zu schmausen und zu jubilieren. Dieses Mal mußte es eine ganz tolle Geschichte geben, so etwas Gelungenes, was man nicht alle Tage sah. Mein Gott! es war ja nicht alle Tage Sonntag! Die größte Schwierigkeit für die Wäscherin war, zu überlegen, wen sie alles einladen sollte; sie wollte gern zwölf Personen zu Tisch haben, nicht mehr und nicht weniger. Sie, ihr Mann, Mama Coupeau, Madame Lerat, das machte schon vier Personen, die zur Familie gehörten, dann würde sie die Goujets und die Poissons bitten. Zuerst hatte sie beschlossen, ihre Arbeiterinnen, Madame Putois und Clémence, nicht einzuladen, um sich nicht allzu familiär mit ihnen zu machen, aber da nun immer in ihrer Gegenwart von dem Feste gesprochen wurde und sie immer längere Gesichter bekamen, so sagte sie ihnen schließlich, daß sie auch kommen sollten. Vier und vier waren acht, und zwei machte zehn. Da sie durchaus ihre zwölf Personen vollzählig haben wollte, so versöhnte sie sich mit den Lorilleux', welche schon seit einiger Zeit um sie herumschwänzelten; es wurde abgemacht, daß die Lorilleux' zum Essen herunterkämen und daß man mit dem Glase in der Hand Frieden schließen wollte. Man konnte doch mit der Familie nicht fortwährend böse spielen. Dann stimmte auch der Gedanke an das Fest alle Herzen versöhnlich. Das war eine Gelegenheit, die man unmöglich von der Hand weisen konnte. Als nun die Boches von der beabsichtigten Aussöhnung Kenntnis erhielten, versuchten auch sie, sich Gervaise durch Artigkeit und verbindliches Lächeln wieder zu nähern, so daß man sie bitten mußte, mit von der Partie zu sein. Nun waren es schon vierzehn, die Kinder ungerechnet. Niemals hatte sie ein solches Gastmahl gegeben; das machte sie ganz verwirrt und stolz zu gleicher Zeit.

Das Fest fiel gerade auf einen Montag. Das war sehr glücklich. Gervaise rechnete darauf, am Sonntag nachmittag mit dem Kochen anzufangen. Am Sonnabend, währen die Plätterinnen die Arbeit besorgten, entspann sich im Laden eine lange Unterhaltung, um endgültig festzustellen, was man essen würde. Ein einziges Gericht war schon seit drei Wochen von allen gebilligt: eine fette gebratene Gans. Von der sprach man mit lüsternen Augen. Die Gans war sogar schon gekauft. Mama Coupeau brachte sie herein, um sie von Clémence und Madame Putois abschätzen zu lassen. Da war nur ein Schrei der Bewunderung, so riesengroß erschien das Tier mit seiner dicken Haut, welche die gelben Fettpolster schwellen machte.

„Vorher gibt man Suppenfleisch, nicht wahr?" sagte

Gervaise. „Eine gute Bouillon und ein Stückchen Suppenfleisch, das tut immer gut ... Dann müssen wir eine Schüssel mit einer Sauce haben.“ Die große Clémence schlug Kaninchen vor; aber das aß man nicht, jeder war dessen überdrüssig. Gervaise dachte an etwas Vornehmeres. Als Madame Putois von einem Kalbsfrikassee gesprochen hatte, sahen sie einander immer befriedigender lächelnd an. Das war ein Gedanke! Nichts würde so viel Aufsehen machen als ein Kalbsfrikassee! „Nachher“, meinte Gervaise, „müssen wir noch eine solche Schüssel haben.“

Mama Coupeau dachte an Fisch. Aber die anderen schnitten Gesichter und setzten ihre Eisen fester auf. Niemand wollte etwas von Fisch wissen, das fühlte man nicht im Magen und war voller Gräten. Die schielende Augustine wagte zu bemerken, daß sie gern Rochen äße, aber Clémence schloß ihr sofort mit einem Rippenstoß den Schnabel. Endlich hatte die Meisterin etwas gefunden, was aller Welt die Gesichter verklärte: einen Schweinsbraten mit Kartoffeln, als Virginie wie ein Wirbelwind mit erregtem Gesicht hereinkam. „Gut, daß Ihr kommt!“ rief Gervaise. „Mama Coupeau, zeigt ihr doch das Tier!“

Nun ging Madame Coupeau und holte zum zweiten Male die fette Gans, die Virginie in ihre Hände nehmen mußte. Sie war entzückt. Potztausend! war die schwer! Aber sie legte sie gleich auf den Rand des Arbeitstisches zwischen einen Unterrock und ein Paket Hemden. Andere Dinge beschäftigten sie, deshalb führte sie Gervaise in das Hinterzimmer.

„Hört doch, meine Liebe“, murmelte sie hastig, „ich muß Euch etwas mitteilen ... Ihr ahnt nicht, wen ich da unten am Ende der Straße getroffen habe? Lantier, meine Beste! Er spioniert da umher und paßt auf ... Ich bin deshalb gleich gekommen. Das hat mich Euretwegen besorgt gemacht. Ihr versteht mich doch?“ Die Wäscherin war ganz blaß geworden. Was wollte denn der Unglückliche von ihr? Gerade jetzt stolperte er ihr mitten in die Vorbereitungen zu ihrem Fest hinein. Sie hatte auch nie ein bißchen Glück gehabt, nie konnte sie ein Vergnügen ruhig genießen. Aber Virginie sagte ihr, daß sie sich daran doch nicht kehren solle. Ei der Tausend! Wenn Lantier sich einfallen lassen sollte, sie zu belästigen, da werde sie einen Polizeisergeanten holen und ihn einlochen lassen. Seit einem Monat, als ihr Mann seine Stelle als Stadtsergeant bekommen hatte, nahm die große Brünette ein sehr schneidiges Wesen an und sprach davon, jedermann einstecken zu lassen. Mit erhobener Stimme sprach sie davon, wie sie wünschte, daß sich auf der Straße doch einmal jemand an ihr vergreifen möchte, nur damit sie den Unverschämten selbst zur Wache bringen und an Poisson ausliefern könnte. Gervaise bat sie mit einer Handbewegung, sich doch zu mäßigen, die Arbeiterinnen könnten alles hören. Sie ging zuerst wieder in den Laden, dort sagte sie mit erheuchelter Ruhe: „Nun, müssen wir ein Gemüse haben?“ – „Was meint Ihr zu grünen Schoten mit Speck?“ sagte Virginie. „Ich esse nichts lieber als das.“ – „Ja, ja, grüne Schoten mit Speck!“ jubelten alle anderen, während Augustine vor Entzücken den Feuerhaken immer tiefer in den Ofen steckte.

Am nächsten Tag war Sonntag. Seit drei Uhr hatte Mama Coupeau die beiden Öfen im Hause in Brand gesetzt und noch einen dritten transportablen Kochofen von den Boches geborgt. Um halb vier kochte das Suppenfleisch in einem großen Kochtopf, den der Restaurateur von nebenan geborgt hatte, weil der gewöhnliche Kochtopf zu klein erschien. Man hatte sich dafür entschieden, das Kalbsfrikassee und den Schweinerücken am Tage zuvor zuzubereiten, weil diese Schüssel aufgewärmt besser schmecken werde, nur die Sauce zum Frikassee sollte erst gemacht werden, wenn man sich zu Tisch setzte. Dann blieb immer noch genug für den Montag zu tun übrig: die Suppe, die Schoten mit Speck und der Gänsebraten. Das Hinterzimmer war ganz hell von den drei Kochfeuern. Die braune Butter prasselte in den Töpfen, und es verbreitete sich ein starker Dunst von angebranntem Mehl, während der große Bouillonkessel wie eine Dampfmaschine regelmäßige Dampfwolken ausstieß, wobei seine Wände erzitterten, ehe sich mit Gurgelgeräusch der Deckel hob. Mama Coupeau und Gervaise, jede mit einer weißen Schürze vorgebunden, erfüllten den Raum mit der Hast ihrer Tätigkeit; sie putzten Petersilie, liefen nach Pfeffer und Salz oder wendeten mit hölzernen Gabeln das Fleisch um. Sie hatten Coupeau den Stuhl vor die Tür gesetzt, um ihn los zu sein; aber sie hatten trotzdem den ganzen Nachmittag Leute genug, die ihnen im Wege standen. Die Kocherei roch so gut, aus dem Hause kamen die Nachbarn einer nach dem andern und traten unter irgendeinem Vorwand näher, nur um zu erfahren, was gekocht wurde; sie pflanzten sich da auf und warteten, bis die Wäscherin einmal die Deckel aufheben mußte. Gegen fünf Uhr erschien Virginie, sie hatte schon wieder Lantier gesehen, man konnte keinen Fuß mehr auf die Straße setzen, ohne ihn zu treffen. Auch Madame Boche hatte ihn soeben mit seinem listigen Gesicht an der Ecke auf dem Trottoir stehen sehen. Nun erfaßte Gervaise ein Zittern; sie hatte eben zu der Bouillon für einen Sou Zwiebel holen wollen, aber nun wagte sie nicht auszugehen, um so weniger, als die Portiersfrau und die Näherin schreckliche Geschichten von Männern erzählten, die auf Frauen warteten und unter ihren Überziehern Messer und Pistolen verborgt hätten. Nun ja! man las davon alle Tage in den Zeitungen; wenn sich so einer einmal in den Kopf gesetzt hat, seine alte Liebe wieder besitzen zu wollen, da ist er zu allem fähig. Virginie erbot sich in liebenswürdiger Weise, die Zwiebeln zu holen. Man mußte sich doch helfen unter Frauen und durfte doch die arme Kleine nicht umbringen lassen. Als sie zurückkam, sagte sie, daß Lantier nicht mehr da sei, er würde sich wohl davongemacht haben, als er sich entdeckt sah. Bei der Unterhaltung um die Kochöfen herum wurde viel von ihm gesprochen bis zum Abend. Als Madame Boche den Rat gab, Coupeau von der Sache zu verständigen, zeigte sich Gervaise sehr erschreckt und bat, man möge doch gegen ihn nie ein Wort von diesen Dingen fallen lassen. Nun ja, das wäre eine schöne Geschichte! Ihr Mann müsse schon so etwas vermuten, denn seit einigen Tagen fluchte er, wenn er zu Bette ging, und schlug mit den Fäusten gegen die Wand. Der Gedanke, daß die beiden Männer ihretwegen aneinandergeraten könnten, machte sie zittern; sie kenne Coupeau, er war eifersüchtig genug, um über Lantier mit seinen Scheren herzufallen. Während sich so alle vier in dieses Gespräch vertieften, prasselten die Saucen auf den mit Asche bedeckten Öfen ganz leise. Als Mama Coupeau von dem Frikassee und dem Schweinsrücken die Deckel abnahm, gab es ein kleines Geräusch, so ein diskretes Zittern; der große Bouillonkessel schnarchte noch immer wie ein eingeschlafener Küster, dem die Sonne auf den Bauch scheint. Schließlich schöpften sie sich jede eine Tasse Bouillon ab, um zu kosten.

Endlich war der Montag da. Jetzt, wo Gervaise vierzehn Personen zu Tische haben sollte, fürchtete sie, nicht alle unterbringen zu können. Sie entschloß sich, im Laden zu decken. Vom Morgen an ging sie mit einem Metermaß umher, um zu sehen, wie sie den Tisch stellen mußte; dann mußte die Wäsche beiseite geschafft und der Arbeitstisch abgeräumt werden, denn auf dem Arbeitstisch, den man auf andere Böcke setzte, sollte gegessen werden. Gerade mitten in diese Kramerei hinein kam eine Kundin und machte Skandal, weil sie schon seit Freitag vergebens auf ihre Wäsche wartete; es schien, als ob man sich gar nicht um sie bekümmere, sie wollte augenblicklich ihre Wäsche haben. Nun entschuldigte sich Gervaise und log mit großer Sicherheit; es sei gewiß nicht ihre Schuld, aber ihr Laden würde reingemacht, und die Arbeiterinnen kämen erst morgen wieder. So gelang es ihr, die Kundin beruhigt wegzuschicken, nachdem sie ihr versprochen, zuerst an sie zu denken. Als die andere fort war, entfielen ihr böse Redensarten. Ist es denn nicht wahr? wenn man nur auf die Kunden hörte, so dürfte man sich selbst nicht die Zeit zum Essen nehmen, da müßte man sich sein ganzes Leben lang schinden, nur ihrer schönen Augen wegen. Man war doch am Ende auch kein Hund! Das fehlte noch! Wenn der Großtürke in eigener Person gekommen wäre und ihr einen Kragen gebracht hätte, und wenn sie gleich hunderttausend Francs damit hätte verdienen können, an diesem Montag würde sie kein Plätteisen angerührt haben, denn an diesem Tage wollte sie auch einmal ein bißchen ihr Leben genießen.

Der ganze Morgen ging damit hin, die letzten Einkäufe zu machen. Dreimal ging Gervaise aus und kam jedesmal wie ein Maulesel beladen nach Hause. Eben als sie wieder gehen wollte, um den Wein zu bestellen, machte sie die Entdeckung, daß ihr Geld zu Ende war. Sie hätte den Wein ja sehr gut borgen können, aber man konnte doch wegen der vielen kleinen, unvorhergesehenen Ausgaben im Hause nicht ganz ohne Geld bleiben. In der Hinterstube besprach sie mit Mama Coupeau die traurige Lage der Dinge und berechnete mit ihr, daß sie wenigstens zwanzig Francs brauchen würde. Wo sollten diese vier Hundertsousstücke herkommen? Mama Coupeau, die früher die Aufwartung für eine kleine Schauspielerin vom Theater Batignolles besorgt hatte, sprach zuerst vom Mont-de-Piété. Gervaise lachte erleichtert auf. Wie dumm von ihr, auch daran nicht zu denken! Schnell wickelte sie ihr schwarzes Seidenkleid in eine Serviette, die sie mit Stecknadeln zusammensteckte. Sie schob selbst das Paket der Mama Coupeau unter die Schürze und riet ihr, es ja recht platt vor ihren Bauch zu halten, damit die Nachbarn nichts davon merkten. An der Türe paßte sie auf, ob jemand auf die alte Frau achtete. Doch als diese kaum bis zum Kohlenhändler gekommen war, rief sie sie zurück. „Mama! Mama!" Sie ließ sie wieder in den Laden kommen, zog ihren Trauring vom Finger und sagte: „Hier, nehmt das dazu, da werden wir mehr bekommen!"

Als Mama Coupeau ihr fünfundzwanzig Francs brachte, hüpfte sie vor Freude. Schnell bestellte sie noch sechs Flaschen guten Wein nach, den man zum Braten trinken sollte. Nun mußten die Lorilleux' platzen. Seit vierzehn Tagen träumten die Coupeaus von nichts anderem, als die Lorilleux' vor Ärger bersten zu machen. Wie machten es denn diese Duckmäuser? Mann und Frau, fürwahr, ein nobles Paar! Wenn sie ein gutes Stück zu essen hatten, so schlossen sie sich damit ein, als ob sie es gestohlen hätten. Ja, ja, sie hängten Decken vor die Fenster, damit das Licht nicht hindurchschiene und man glauben sollte, sie schliefen. Natürlich, damit nur ja niemand nach oben käme. Da fressen sie dann ganz allein und stopfen sich hastig voll, ohne ein lautes Wort dabei zu reden. Selbst am nächsten Tage hüteten sie sich wohl, ihre Knochen auf den Müll zu werfen, weil man daraus hätte schließen können, was sie gegessen haben. Madame Lorilleux ging bis ans Ende der Straße und warf alles in ein Abfalloch; eines Morgens hatte sie Gervaise dabei überrascht, wie sie ihren Korb dort ausleerte, der voller Austernschalen war. Nun, soviel war sicher, diese Geizhammel verstanden nicht zu leben, und alle ihre Manöver kommen nur daher, daß sie mit aller Gewalt für arme Leute gelten wollten. Denen würde man es einmal zeigen; denen würde man zeigen, daß man auch kein Hund wäre. Wenn Gervaise gekonnt hätte, so würde sie am liebsten den Tisch quer über die Straße weg gedeckt und jeden Vorübergehenden eingeladen haben, denn, nicht wahr? das Geld ist doch nicht dazu erfunden, daß es im Kasten verschimmelt; es ist hübsch, wenn es so ganz neu in der Sonne blinkt. So wenig glich sie jetzt ihren Verwandten, daß an Tagen, wo sie nur zwanzig Sous hatte, sie so draufloswirtschaftete, daß man glauben mußte, es wären vierzig.

Um drei Uhr deckten Mama Coupeau und Gervaise den Tisch und sprachen dabei von den Lorilleux'. Sie hatten vor dem Schaufenster große Vorhänge befestigt, aber da es warm war, blieb die Ladentür offen, und alle konnten von der Straße den gedeckten Tisch sehen. Die beiden Frauen setzten nicht eine Wasserflasche, nicht ein Glas oder einen Salznapf auf den Tisch, ohne darauf bedacht zu sein, die Lorilleux' nach Kräften zu ärgern. Sie hatten ihnen solche Plätze gegeben, daß sie die ganze wundervolle Entwicklung der Tafel übersehen mußten; sie hoben für sie das beste Geschirr auf, denn sie wußten wohl, daß die echten Porzellanteller sie grün und gelb vor Ärger machen würden. „Aber, nicht doch, Mama!" rief Gervaise, „gib ihnen doch nicht die Servietten! Ich habe zwei, die aus Damast sind!" – „Desto besser!" murmelte die alte Frau, „dann ersticken sie vor Ärger, das ist sicher!"

Sie lächelten einander zu, wie sie so an den beiden Seiten des großen, weißen Tisches standen, auf dem die vierzehn aufgelegten Kuverts ihre Herzen vor Stolz schwellen machten. Das war mitten im Laden wie eine Kapelle. „Das ist ihnen ganz recht!" fing Gervaise wieder an, „warum sind sie solche Geizhammel! ... Ihr wißt doch, daß sie gelogen haben, als sie vorigen Monat überall erzählten, daß die Frau beim Arbeitabliefern ein Stück Kette verloren hätte. Als ob die jemals etwas verlieren würde! ... Das war bloß so eine Finte, den Leuten was vorzujammern, um Euch nicht Eure hundert Sous geben zu brauchen." – „Bis jetzt habe ich sie nur zweimal zu sehen bekommen, meine hundert Sous." – „Paßt mal auf, ich will mit Euch wetten, nächsten Monat werden sie wieder eine andere Geschichte erfinden ... Darum verhängen sie auch ihre Fenster, wenn sie ein Kaninchen essen. Nicht wahr? man hätte doch das Recht, ihnen zu sagen: ‚Wenn Ihr Kaninchen essen könnt, dann könnt Ihr auch Eurer Mutter ihre hundert Sous geben.' Oh, das ekelhafte Pack! ... Was wäre wohl aus Euch geworden, wenn ich Euch nicht zu uns genommen hätte!"

Madame Coupeau nickte mit dem Kopfe. An diesem Tage war sie ganz gegen die Lorilleux', wegen des großen Essens, welches die Coupeau gaben. Sie liebte das Kochen, das Geschwätz bei den Kasserollen und die durch die Gastereien und Feste auf den Kopf gestellten Wirtschaften. Übrigens vertrug sie sich auch für gewöhnlich ganz gut mit Gervaise. An Tagen, wo sie einmal ein bißchen miteinander herumzankten, wie das ja in allen Haushaltungen vorkommt, da brummte die alte Frau und hielt sich für kreuzunglücklich, daß sie so von ihrer Schwiegertochter abhängig sein mußte. In der Tiefe ihres Herzens hegte sie wohl noch Zärtlichkeit für Madame Lorilleux, die doch immerhin ihre Tochter war.

„Was meint Ihr wohl? Ob Ihr bei denen auch so wohlgenährt wäret? Ohne Kaffee, ohne Tabak, und hin und wieder einmal etwas Süßes! ... Meint Ihr, daß die Zwei Matratzen für Euer Bett gegeben hätten?" – „Oh, gewiß nicht!" sagte Mama Coupeau. „Wenn sie kommen, werde ich mich der Tür gegenüberstellen, damit ich sehen kann, was sie für Gesichter machen."

Diese Gesichter der Lorilleux' belustigten sie schon im voraus. Aber man durfte die Hände noch nicht in den Schoß legen und den gedeckten Tisch angucken. Coupeaus hatten erst sehr spät gefrühstückt, gegen ein Uhr, sie nahmen nur ein wenig kalten Aufschnitt, denn die drei Kochöfen waren besetzt, und sie wollten auch kein Geschirr mehr schmutzig machen, das alles schon für den Abend gewaschen war. Um vier Uhr hatten die Frauen die Kocherei ordentlich in Gang gebracht. Die Gans briet auf einem Eisenrost, den man auf der Erde gegen die Mauer, zur Seite des geöffneten Fensters, aufgestellt hatte; das Tier war so groß, daß man es mit Gewalt hatte in die Bratpfanne pressen müssen. Die schielende Augustine, die auf einer kleinen Fußbank saß, bekam den vollen Widerschein vom Feuer des Rostes und begoß mittels eines langstieligen Löffels die Gans mit großer Wichtigkeit. Gervaise beschäftigte sich mit den Speckerbsen. Mama Coupeau hatte über all den Gerüchen völlig den Kopf verloren; sie trippelte umher und wartete auf den Augenblick, wo sie das Frikassee und den Schweinerücken würde warmstellen können. Gegen fünf Uhr fingen die Gäste an zu kommen. Zuerst erschienen die beiden Arbeiterinnen, Clémence und Madame Putois, beide sonntäglich geschmückt, die erste in Blau, die andere in Schwarz; Clémence brachte einen Geraniumtopf, Madame Putois ein Heliotrop. Gervaise, die gerade ganz mehlige Hände hatte, mußte jeder von beiden einen ordentlichen Schmatz auf die Backe geben, wobei sie ihre weißen Hände so weit wie möglich nach hinten streckte. Ihnen auf dem Fuße folgte Virginie; sie war wie eine Dame angezogen, hatte ein Kleid von bedrucktem Musselin mit einer Schärpe an; ihren Kopf schmückte ein Hut, obgleich sie nur quer über die Straße zu gehen gehabt hatte. Sie brachte einen Topf roter Nelken mit; sie umarmte die Wäscherin mit ihren großen Armen und drückte sie stark an sich. Nun kamen Boche mit einem Veilchentopf und Madame Boche mit Reseda. Madame Lerat kam mit einem Zitronenbaum, der mit seinem Sand ihr violettes Merinokleid ganz schmutzig gemacht hatte. Alle diese Leute umarmten, küßten sich und erfüllten das ganze Zimmer, wo die drei Kochöfen und der Rost eine Hitze ausstrahlten, daß einen der Schlag rühren konnte. Das Geräusch des Bratens und Kochens auf den Öfen übertönte die Stimmen. Als jemand mit dem Kleid an der Bratpfanne hängen blieb, entstand eine Bewegung. Das roch so stark nach Gänsebraten, daß alle in die Luft schnüffelten. Gervaise war sehr liebenswürdig; sie dankte jedermann für die Blumen, ohne daß sie deswegen aufgehört hätte, in einer tiefen Schüssel die Sauce für das Frikassee fertigzumachen. Sie hatte all die Blumentöpfe an das eine Ende des Tisches gestellt, ohne ihnen ihre hohen Papierumhüllungen zu nehmen. So mischte sich denn ein sanfter Blumenduft unter die Küchengerüche. „Darf man Euch denn ein bißchen helfen?" fragte Virginie. „Wenn ich bedenke, daß Ihr nun schon seit drei Tagen arbeitet, all das Essen zuzubereiten, und daß wir das in so kurzer Zeit alles runterschlingen werden!" – „Ei was!" antwortete Gervaise, „das macht sich doch nun einmal nicht von selber ... Nein, nein, macht Euch doch nicht die Hände schmutzig. Ihr seht ja, es ist alles fertig. Nur noch die Suppe ist abzufüllen ..."

Nun machte man es sich bequem. Die Damen legten ihre Schals und Hauben auf das Bett und steckten ihre Unterröcke mit Stecknadeln ein wenig auf, um sie nicht zu beschmutzen. Boche, der seine Frau bis zum Essen in die Portierloge zurückgeschickt hatte, stieß schon Clémence in die Ecke beim Plättofen und fragte, ob sie kitzlig sei. Diese wand sich keuchend hin und her, so daß ihr Busen das Korsett zu zersprengen drohte, denn nur der Gedanke an Kitzeln ließ ihr schon einen förmlichen Schauder über den ganzen Körper laufen. Auch alle die anderen Damen kamen in den Laden, um den Köchinnen nicht lästig zu fallen; dort stellten sie sich dem Tische gegenüber an die Wand, da aber die Unterhaltungen durch die Tür immer noch fortgesetzt wurden, so kehrten sie alle Augenblicke in das Hinterzimmer zurück und erfüllten den kleinen Raum mit dem Schall ihrer Stimmen. Dort drängten sie sich um Gervaise, welche mit dem rauchenden Löffel in der Hand ihre Arbeit vergaß und ihnen antwortete. Als Virginie erzählte, daß sie seit zwei Tagen nichts gegessen hätte, um sich für heute Platz zu schaffen, berichtete der große Nichtsnutz, die Clémence, noch eine tollere Schnurre: sie habe heute früh eine stark gepfefferte Bouillon gegessen, um sich den Magen leer zu machen, das sei bei den Engländern Sitte. Nun gab Boche ein Mittel an, um sofort zu verdauen, welches darin bestand, daß man sich nach jedem Gericht ein bißchen zwischen die Tür klemmte; auch das täten die Engländer, daher seien sie imstande, zwölf Stunden hintereinander zu essen, ohne sich den Magen zu überladen. Nicht wahr? schon bloß aus Höflichkeit muß man doch essen, wenn man zu Mittag eingeladen ist. Man tischt doch Kalb, Schwein und Gans nicht für die Katzen auf. Oh, die Wirtin konnte ruhig sein, man würde ihr das alles so rein wegputzen, daß sie nicht einmal nötig hätte, das Geschirr am andern Tage abzuwaschen. So schien die Gesellschaft ihren Appetit dadurch zu reizen, daß sie um die Kochöfen und Bratpfannen herumschnüffelte. Die Damen waren schließlich so weit gekommen, daß sie wie junge Dirnen umhertollten, sich stießen und haschten, so daß sie, von einem Zimmer zum andern laufend, mit ihren Röcken die Gerüche aus der Küche überall hintrugen und man in dem betäubenden Lärm ihres Lachens und Tobens kaum das Klappern des Hackmessers hörte, mit dem Mama Coupeau die Speckstücke schnitt.

Gerade in dem Augenblick, als alle Welt in toller Ausgelassenheit lachte und schrie, erschien Goujet. Er war so eingeschüchtert, daß er kaum näherzutreten wagte. Er trug auf seinem Arm einen großen, weißen Rosenstock, eine prächtige Pflanze, deren Krone bis zu seinem Gesicht emporreichte, wo sich die weißen Rosen an seinen gelben Bart schmiegten. Gervaise lief ihm mit ihren vom Herde geröteten Backen entgegen. Er war so linkisch, daß er seinen Blumentopf nicht anzubringen wußte; erst als sie ihm denselben aus den Händen nahm, stotterte er seinen Glückwunsch, ohne daß er gewagt hätte, sie zu küssen. Sie selbst stellte sich auf die Zehen, um ihm ihre Backe darzubieten; doch er war so verwirrt, daß er sie täppisch und derb aufs Auge küßte, auf die Gefahr hin, sie blind zu machen. Beide zitterten. „Aber, Herr Goujet, das ist zu schön!“ sagte sie, indem sie den Rosenstock neben die anderen Blumen stellte, welche er mit seiner üppigen Blätterkrone überragte. „O nein! o nein!“ sagte er mehrere Male, ohne ein anderes Wort zu finden.

Als er sich durch einen großen Seufzer ein wenig Erleichterung verschafft hatte, meldete er, daß man auf seine Mutter nicht rechnen dürfe, da sie wieder vom Hüftenweh geplagt werde. Gervaise war trostlos; sie sprach davon, ein Stück von dem Gänsebraten zurückzulegen, denn sie wollte durchaus, daß Madame Goujet davon äße. Nun waren alle vollzählig. Coupeau mußte sich im Quartier umhertreiben; er hatte nach dem Frühstück Poisson abgeholt; sie mußten wohl bald kommen, denn sie hatten versprochen, pünktlich um sechs Uhr da zu sein. Da jetzt auch die Suppe beinahe gut war, so rief Gervaise Madame Lerat und sagte ihr, daß nun wohl der Moment gekommen sei, wo sie hinaufgehen könnte, die Lorilleux' zu holen. Madame Lerat wurde sogleich sehr ernst: sie hatte die ganzen Unterhandlungen zwischen beiden Familien geführt und festgestellt, wie alles vor sich gehen sollte. Sie legte Schal und Haube an und stieg steif und wichtig die Treppen empor. Unten rührte die Wäscherin ihre Suppe um, legte italienische Pasteten auf und sprach kein Wort. Die Gesellschaft war plötzlich ernst geworden und wartete in feierlicher Stimmung.

Madame Lerat war die erste, die wieder erschien. Sie hatte den Umweg über die Straße gemacht, um der Versöhnung Gewicht und Ansehen zu geben. Sie hielt mit der Hand die Tür des Ladens weit offen, während Madame Lorilleux in seidenem Kleide auf der Schwelle stillstand. Alle Eingeladenen hatten sich erhoben. Gervaise ging ihnen entgegen und küßte ihre Schwägerin, so war es verabredet worden; dabei sagte sie: „Nur herein! Tretet näher! Jetzt ist alles beigelegt, nicht wahr? Wir werden jetzt einander wieder gut sein!“ Darauf antwortete Madame Lorilleux: „Ich habe keinen anderen Wunsch, als daß es immer so bleiben soll.“

Als sie eingetreten war, blieb auch Lorilleux auf der Schwelle stehen und erwartete seinen Kuß, ehe er in den Laden kam. Keines von ihnen hatte Blumen mitgebracht, sie fanden, daß das der Humpelliese gegenüber zu unterwürfig ausgesehen hätte, wenn sie schon das erste Mal mit Blumen zu ihr gekommen wären. Inzwischen hatte Gervaise Augustine zugerufen, daß sie zwei Liter herbeibringen solle. Auf einer Ecke des Tisches füllte sie viele Weingläser und rief alle herbei. Jeder ergriff ein Glas, und man trank auf die gute Freundschaft in der Familie. Es war ganz still geworden, die Gesellschaft trank, die Damen mit erhobenem Ellbogen, bis auf den letzten Tropfen. „Vor der Suppe gibt es nichts Besseres“, erklärte Boche mit schnalzender Zunge. „Das ist besser als ein Fußtritt in den Hintern!“

Mama Coupeau hatte sich der Tür gegenüber aufgestellt, um zu sehen, was die Lorilleux' für Gesichter schneiden würden. Sie zupfte Gervaise am Rock und führte sie in das Hinterzimmer. Dort plauderten beide, über den Suppentopf geneigt, lebhaft und mit gesenkter Stimme.

„Nun, sind sie baff?“ sagte die alte Frau. „Ihr habt das ja gar nicht so sehen können. Aber ich, ich habe sie belauert ... Wie sie den Tisch gesehen hat, da hat sie so ein Gesicht gemacht! Ihre Mundwinkel gingen in die Höhe, beinahe bis an die Augen. Und er erst, der ist schier erstickt, er mußte zu husten anfangen ... Und jetzt seht nur hin, wie sie sich auf die Lippen beißen!“ – „Es ist ein Jammer, wenn man so neidisch ist“, murmelte Gervaise.

In Wahrheit machten die Lorilleux' schnurrige Gesichter. Es ist natürlich niemand sehr angenehm, so in der Familie überboten zu werden; wenn es dem einen gutgeht, sind die anderen wütend, das ist natürlich. Nur muß man doch ein wenig an sich halten, nicht wahr? Man macht doch den anderen nicht die Freude, sich etwas merken zu lassen. Nun, die Lorilleux' konnten sich nicht halten, das ging über ihre Kräfte; sie schielten nach rechts und links und machten saure Gesichter. Das war schließlich so auffallend, daß die anderen Gäste es sahen und sie fragten, ob ihnen etwas wäre. Den gedeckten Tisch mit seinen vierzehn Kuverts, das weiße Tischzeug und die im voraus geschnittenen Brotstücke würden sie nie verwinden. Man konnte denken, daß man in einem der Boulevard-Restaurants wäre. Madame Lorilleux ging um den Tisch herum und sah fort, als sie zu den Blumen kam; sie befühlte heimlich das Tischtuch, weil sie der Gedanke peinigte, daß es neu sein könnte. „Endlich sind wir soweit!“ rief Gervaise, als sie lächelnd, mit nackten Armen und ein wenig gelösten Haaren, die besonders an den Schläfen lose Löckchen bildeten, wieder hereinkam. Die Gäste trippelten um den Tisch herum. Alle waren hungrig und gähnten mit abgespannten Gesichtern. „Wenn mein Mann käme“, meinte die Wäscherin, „könnten wir anfangen.“ – „Nun“, sagte Madame Lerat, „da wird die Suppe wohl hübsch kalt werden ... Coupeau vergißt ja so etwas immer. Man hätte ihn nicht dürfen weggehen lassen.“

Es war nun schon halb sieben geworden. Alles war in vollem Brande; die Gans konnte leicht zu braun werden. Gervaise war trostlos, sie sprach davon, jemandem im Quartier bei den Weinwirten herumzuschicken, um nach Coupeau zu sehen. Als sich Goujet dazu erbot, wollte sie mit ihm gehen; Virginie, die ihres Mannes wegen in Unruhe war, begleitete sie. Sie waren alle drei ohne Kopfbedeckung und nahmen fast das ganze Trottoir ein. Der Schmied hatte heute seinen Rock an; er hielt Gervaise unter seinem linken und Virginie unter seinem rechten Arm: er machte den Korb mit zwei Henkeln, sagte er. Das Wort kam ihnen so drollig vor, daß sie vor Lachen anhalten mußten, denn ihre Beine wollten sie nicht weiter tragen. Goujet, der ganz schwarz angezogen war, kamen die beiden Frauen wie ein Paar ausgelassene Kokotten vor, die Näherin mit ihrem Musselinkleide mit den Rosenbuketts und die Wäscherin in weißer Perkalrobe mit blauen Punkten, mit halblangen Ärmeln und einer kleinen Krawatte von grauer Seide um den Hals. Die Leute sahen sich nach ihnen um, wenn sie vorübergingen. So lustig, frisch und geputzt drängten sie sich durch die Menge, welche an dem milden Juniabend dieses Werktags die Rue des Poissonniers belebte. Aber es handelte sich um etwas anderes, als Späße zu machen. Sie streckten die Hälse aus, suchten vor den Schanktischen. Ist denn dieses Scheusal, der Coupeau, dieses Mal bis an den Arc-de-Triomphe gegangen, um seinen Schluck zu trinken? Sie hatten schon die ganze obere Straße abgesucht und an all den guten Orten nachgesehen: bei der „Petite-Civette“, wo die Pflaumen berühmt waren, bei der Mutter Baquet, die den Wein von Orléans für acht Sous verkaufte, beim „Schmetterling“, dem Rendezvous der Herren Kutscher, die sehr wählerische, schwer zu befriedigende Leute waren. Nirgends war Coupeau. Als sie nun gegen den Boulevard zugingen und bei François, dem Weinwirt an der Ecke, vorüberkamen, stieß Gervaise einen leichten Schrei aus.

„Was ist denn?“ fragte Goujet.

Die Wäscherin lachte nicht mehr. Sie war ganz blaß geworden und so erregt, daß sie beinahe umgefallen wäre. Virginie begriff sofort, um was es sich handelte, als sie bei François an einem Tisch Lantier sitzen sah, der dort ruhig zu Mittag aß. Die beiden Frauen zogen den Schmied mit sich fort. „Ich habe mir den Fuß umgeknickt“, sagte Gervaise, als sie wieder sprechen konnte.

Endlich entdeckten sie Coupeau und Poisson ganz am Ende der Straße im „Assommoir“ des Vater Colombe. Sie standen da mitten in einer Gruppe von Männern; Coupeau, in grauer Bluse, schrie mit wütenden Gebärden und Faustschlägen auf den Schanktisch; Poisson, der an diesem Tage dienstfrei war, trug einen alten, engen, kastanienbraunen Paletot und hörte mit trüber, schweigsamer Miene zu, indem er seinen roten Schnurr- und Knebelbart drehte. Goujet ließ die Frauen draußen auf der Straße und legte die Hand auf die Schulter des Zinkarbeiters. Als dieser aber Gervaise und Virginie draußen bemerkte, wurde er böse. Wer hat ihm denn die Weiber auf den Hals gehetzt? Nun käme er erst recht nicht! Die Unterröcke hätten ihn abgeschreckt. Um keinen Preis! Er käme nicht, sie könnten ja ihre Schmürgelei von Mittagbrot allein essen! Um ihn nur zu beruhigen, mußte Goujet einen Satz von irgendeinem Getränk annehmen; auch dann war er noch so boshaft, fünf lange Minuten vor dem Schanktisch zu vertrödeln. Als er endlich hinauskam, sagte er zu seiner Frau: „Das paßt mir nicht ... Ich bleibe, wo ich zu tun habe, verstehst du mich?“

Sie antwortete nicht. Doch schien sie sehr erregt, denn sie zitterte. Sie mußte mit Virginie von Lantier gesprochen haben, denn sie trieb ihren Mann und Goujet vorwärts und rief ihnen zu, sie sollten vorausgehen. Die beiden Frauen nahmen den Zinkarbeiter in die Mitte, um ihn zu beschäftigen und zu verhindern, daß er etwas sähe. Er war kaum angerissen, und auch das mehr vom Brüllen als vom Trinken. Als er merkte, daß sie auf der linken Seite der Straße entlanggehen wollten, drängte er sie, um sie zu ärgern, über den Damm auf das rechte Trottoir zu. Sie liefen erschreckt vorwärts und versuchten, ihn zu hindern, durch die Tür bei François zu sehen. Aber Coupeau mußte wissen, daß Lantier dort war. Gervaise war ganz verdutzt, als sie ihn schelten hörte: „Jawohl! Nicht wahr, mein Liebchen, da sitzt ein Bursche, den wir kennen?! Für so ganz dumm mußt du mich auch nicht halten! ... Laß dich nur von mir einmal fassen, daß du da umherliebelst mit deinen Augen, du Wetterhexe!"

So kamen rohe Worte über seine Lippen. Ihn suchte man nicht, wenn man so mit untergeschlagenen Armen und gepudertem Mäulchen umherzog, die Reise ging auf den alten Liebsten. Er redete sich plötzlich in eine tolle Wut gegen Lantier. Oh, dieser Spitzbube! Oh, dieser gemeine Schuft! Einer von ihnen beiden mußte auf dem Pflaster liegen bleiben wie ein abgezogenes Karnickel. Lantier schien das alles nicht zu hören, er aß ganz ruhig Kalbfleisch mit Sauerampfer. Es begann sich schon ein Auflauf zu bilden. Virginie führte endlich Coupeau fort, der sich plötzlich beruhigte, als sie nun die Straßenecke hinter sich hatten. Trotzdem kam man etwas weniger heiter nach dem Laden zurück, als man fortgegangen war.

Um den Tisch herum warteten die Gäste mit langen Gesichtern. Der Zinkarbeiter drückte allen die Hände und machte sich bei den Damen niedlich. Gervaise, die ein wenig gedrückt war, sprach mit leiser Stimme und verhalf jedermann zu seinem Platze. Plötzlich bemerkte sie, daß Madame Goujet nicht gekommen war und so der Platz neben Madame Lorilleux leer bleiben würde.

„Wir sind ja dreizehn!" sagte sie sehr bewegt und sah in diesem Umstande einen neuen Beweis dafür, daß ihr ein Unglück bevorstehe, welches sie schon seit einiger Zeit zu ahnen glaubte.

Die Damen, die schon Platz genommen hatten, standen mit unruhigen und ärgerlichen Gesichtern wieder auf. Madame Putois erbot sich, zurückzubleiben, denn ihrer Meinung nach dürfte man so etwas nicht so leichtnehmen; übrigens würde sie nichts anrühren, da ihr die Speisen doch nicht bekommen würden. Boche für sein Teil hohnlachte: ihm wäre es lieber, wenn es dreizehn blieben als vierzehn; die Teile seien größer, das wäre alles!

„Wartet einmal!" sagte Gervaise, „das wird sich machen lassen!" Sie ging auf die Straße hinaus und rief den Vater Bru, der gerade über den Damm ging. Der alte Arbeiter trat ein, sein Rücken war gebeugt, seine Glieder steif und seine Miene ergeben. „Setzt Euch nur dort nieder, mein lieber Mann", sagte die Wäscherin. „Ihr werdet doch ein wenig mit uns essen, nicht wahr?" Er nickte einfach mit dem Kopf. Er wollte gern, es wäre ihm recht. „Ist er nicht ebenso gut wie jeder andere? fuhr sie mit leiser Stimme fort. Der ißt sich nicht oft satt. So wird er sich doch noch einmal etwas Gutes antun ... Jetzt brauchen wir uns nicht mehr zu scheuen und können beruhigt anfangen."

Goujet bekam beinahe die Tränen in die Augen, so gerührt war er. Auch die anderen hatten mitleidige Anwandlungen, sie fanden das sehr gut, das würde ihnen allen Glück bringen. Nur Madame Lorilleux schien nicht zufrieden, daß der Alte ihr Nachbar geworden; sie rückte ein wenig von ihm fort und warf entrüstete Blicke auf seine harten Hände und seine geflickte, verschossene Bluse. Der Vater Bru saß mit gesenktem Kopf da, ihn genierte nur die Serviette, welche den Teller vor ihm bedeckte. Er nahm sie schließlich und legte sie ganz vorsichtig auf den Rand des Tisches, ohne daran zu denken, sie über seine Knie zu decken.

Nun endlich trug Gervaise die Suppe mit kleinen italienischen Pasteten auf. Die Gäste hatten gerade zu den Löffeln gegriffen, als Virginie bemerkte, daß Coupeau schon wieder verschwunden war. Vielleicht war er wieder zum Vater Colombe zurückgegangen. Nun wurde die Gesellschaft böse. Schlimm genug für ihn! Aber dieses Mal könnte man ihm doch nicht wieder nachlaufen, nun konnte er auf der Straße bleiben, wenn er keinen Hunger hatte. Als alle mit den Löffeln das letzte aus den Tellern herausschöpften, erschien Coupeau plötzlich wieder; er hatte unter jedem Arm einen Blumentopf: eine Levkoje und eine Balsamine. Am ganzen Tisch klatschte man Beifall. Er plazierte seine Töpfe rechts und links von Gervaises Glas, beugte sich galant zu ihr nieder und küßte sie: „Ich hatte dich vergessen, mein Liebchen ... Aber das schadet nichts, an einem Tag wie dem heutigen hat man sich doch lieb!" – „Heute abend ist Coupeau wirklich gut", murmelte Clémence Boche ins Ohr. „So ist er gerade richtig, er hat genug, um recht liebenswürdg zu sein."

Die Liebenswürdigkeit Coupeaus stellte schnell die gute Stimmung wieder her, welche schon einen Augenblick hatte entfliehen wollen. Auch Gervaise, die nun ganz beruhigt war, lächelte wieder. Die Gäste verzehrten so die Suppe. Nun machten die Literflaschen die Runde, und man trank das erste Glas Wein, ein wenig unvermischten Wein, um die Pasteten hinunterzuspülen. Man hörte, wie im Nebenzimmer die Kinder sich zankten, Etienne, Nana, Pauline und der kleine Viktor Fauconnier. Man hatte sich entschlossen, für die vier dort an einem besonderen Tisch zu decken, wenn sie versprächen, recht artig zu sein. Die schielende Augustine, die die Öfen überwachte, mußte auf ihrem Schoß essen. „Mama! Mama!" schrie plötzlich Nana, „Augustine läßt ihr Brot in die Bratpfanne fallen!" Die Wäscherin lief herzu und überraschte die Schielende, wie sie eben dabei war, sich den Schlund zu verbrennen, weil sie recht schnell eine Brotschnitte hinunterschlucken wollte, die sie in das kochende Gänsefett getaucht hatte. Sie gab ihr eine Ohrfeige, weil diese verteufelte Dirne behauptete, daß das nicht wahr wäre.

Als man nach dem Suppenfleisch das Kalbsfrikassee in einer tiefen Salatschüssel auftrug, weil es in der Wirtschaft keine Schüssel gab, die ausreichend groß gewesen wäre, ging ein wohlgefälliges Schmunzeln durch die Gesellschaft. „Das fängt ja an ernsthaft zu werden!" erklärte Poisson, der selten sprach.

Es war nun halb acht Uhr geworden. Sie hatten jetzt die Ladentür geschlossen, um nicht vom ganzen Quartier beobachtet zu werden. Besonders war es gegenüber der kleine Uhrmacher, der seine Augen so weit wie ein Paar

Tassen aufriß; er zählte ihnen die Bissen in den Mund, und seine Blicke waren so begehrlich, daß er sie wirklich am Essen hinderte. Die Vorhänge, welche vor den Fenstern herabgelassen waren, verbreiteten ein gleichmäßig verteiltes weißes Licht im Raum, welches alle Schatten aufhob. In diesem Licht schwamm der Tisch mit seinen noch symmetrisch geordneten Gedecken und den Blumentöpfen, die noch von ihren hohen, weißen Papierhüllen umgeben waren. Diese bleiche Helligkeit, welche in der langsam zunehmenden Dämmerung dahinschwand, gab der ganzen Gesellschaft ein vornehmes Aussehen. Virginie fand das Wort; sie blickte im Zimmer umher, das von allen Seiten mit weißen Musselinvorhängen abgeschlossen war, und erklärte, daß das sehr fein sei. Wenn ein Wagen auf der Straße vorüberfuhr, so zitterten die Gläser auf dem Tisch, und die Damen mußten ebenso laut ihre Stimmen erheben wie die Männer. Aber man plauderte noch wenig, man hielt an sich und sagte höchstens hie und da eine artige Schmeichelei. Nur Coupeau hatte eine Bluse an, weil, wie er sagte, man doch nicht nötig hätte, sich mit guten Freunden Zwang aufzuerlegen und weil die Bluse das Ehrenkleid des Arbeiters sei. Die Damen waren in ihre Korsetts gepreßt; ihr glattgestrichenes Haar glänzte von Pomade, so daß sich das Tageslicht in ihm spiegelte, während die Männer weit vom Tische ab saßen, die Brust eingezogen und die Ellbogen ausgebreitet, aus Furcht, sich Flecke auf ihre Röcke zu machen.

Heiliger Himmel! was für ein Loch war schon in das Frikassee gekommen! Wenn man nur wenig sprach, so kaute man dafür desto fester. Die Salatschüssel wurde immer hohler, in der dicken Sauce stak ein Löffel, die Sauce war gut, von gelblicher Farbe, und zitterte wie Gelee. Da heraus fischte man die Stücke Kalbfleisch; es war immer noch etwas da, die Salatschüssel ging von Hand zu Hand, die Gesichter beugten sich darüber und suchten nach Champignons. Die großen Brote, welche hinter den Gästen an der Wand standen, schienen hinwegzuschmelzen. Man hörte, wie nach einem jeden Bissen die Böden der geleerten Gläser wieder auf den Tisch gesetzt wurden. Die Sauce war ein wenig zu gesalzen, und man brauchte vier Liter, um dieses verteufelte Frikassee hinunterzuspülen, das aß sich so sanft wie Sahne und brachte einem doch den Brand in den Bauch. Da blieb wenig Zeit, Atem zu schöpfen, denn schon erschien der Schweinerücken, den man ebenfalls in eine tiefe Schüssel gelegt hatte und den zu beiden Seiten schöne, runde Kartoffeln einschlossen; er schien wie in eine Wolke gehüllt durch den Dampf, der von ihm aufstieg. Da gab es nur einen Schrei des Entzückens: Heiliger Himmel! Das nannte man einmal getroffen! Das aß jeder gern. Augenblicklich ging man daran, sich neuen Appetit zu schaffen; jeder folgte der Schüssel mit Seitenblicken und wischte sein Messer an seinem Brote ab, um zeitig fertig zu sein. Als sich alle davon genommen hatten, stießen sie einander mit dem Ellbogen an und sprachen mit vollem Munde: Potztausend! wie weich war dieser Schweinerücken! Das war zart und kräftig zugleich, man fühlte das die Speiseröhre hinabgleiten bis zu den Stiefeln. Die Kartoffeln waren eine Delikatesse. Das war zwar nicht so salzig, aber der Kartoffeln wegen mußte das doch alle Augenblicke ordentlich begossen werden. So hatte man wieder vier Litern den Hals gebrochen. Die Teller wurden so rein ausgestippt, daß man keine anderen reichte, als die Speckerbsen kamen. Oh! solche Gemüse, das war unerheblich. Man verputzte das so löffelweise wie zum Spaß. Das war so die wahre Feinschmeckerei, man konnte sagen, ein rechtes Gericht für die Damen. Das Beste an den Erbsen waren die Speckstückchen, die ganz braun gebraten waren und so rochen, als ob in der Schmiede ein Pferdehuf mit dem glühenden Hufeisen angesengt wird. Nach diesem Gericht genügten zwei Liter.

„Mama! Mama!“ schrie plötzlich Nana wieder, „Augustine kommt mit ihren Händen auf meinen Teller!“ – „Ach, sei doch ruhig! Gib ihr einen Katzenkopf!“ antwortete Gervaise, die sich gerade die letzten Erbsen vom Teller aufpickte.

Im Nebenzimmer, am Kindertisch, spielte Nana die Wirtin. Sie hatte sich neben Viktor gesetzt und ihren Bruder Etienne neben die kleine Pauline. Auf diese Art spielten sie, als ob sie verheiratet wären, sie waren zwei Ehepaare auf einer Vergnügungsreise. Zuerst hatte Nana ihre Gäste sehr aufmerksam bedient und ihnen mit lächelnder Miene und den Allüren einer erwachsenen Person aufgewartet; aber ihre Vorliebe für die Speckstücke ließ sie aus der Rolle fallen, sie hatte sie alle für sich behalten. Die schielende Augustine, welche heimlich um den Tisch der Kinder herumschlich, benutzte diesen Umstand, um eine ganze Handvoll davon wegzunehmen, unter dem Vorwande, sie besser zu verteilen. Nana wurde darüber so wütend, daß sie sie in die Hand biß. „Du sollst einmal sehen!“ murmelte Augustine, „ich werde es deiner Mutter sagen, daß du nach dem Frikassee zu Viktor gesagt hast, er soll dich küssen.“

Alles kam wieder ins gleiche, als Mama Coupeau und Gervaise hereinkamen, um die Gans aufzutragen. An dem großen Tisch war eine Erholungspause eingetreten, und alle hatten sich nach hinten gegen die Stuhllehnen gelegt. Die Männer knöpften ihre Westen auf, und die Damen wischten sich mit den Servietten die Gesichter ab. Das Mahl war gewissermaßen unterbrochen, nur einige Gäste, deren Kiefer noch in Tätigkeit geblieben waren, verschlangen große Stücke Brot, ohne daß sie selbst es zu bemerken schienen. Man ließ die Speisen sich ein wenig setzen und wartete. Es war langsam Abend geworden, das schmutzige, aschgraue Licht des schwindenden Tages schimmerte nur spärlich durch die Vorhänge. Als Augustine an jedes Ende des Tisches eine angezündete Lampe setzte, machte sich bei der lebhaften Helligkeit die Unordnung bemerkbar, in welche die Gedecke geraten waren; die Teller und Gabeln glänzten vor Fett, und das Tischtuch war mit Weinflecken und Krümeln aller Art bedeckt. Man erstickte in dem starken Geruch, der sich jetzt fühlbar machte. Dennoch wendeten sich die Gesich-

ter der Küche zu, von der einzelne heiße, duftende Wolken hereinkamen.
„Kann man Euch vielleicht ein bißchen helfen?" rief Virginie.
Sie stand von ihrem Stuhl auf und ging in das Nebenzimmer. Alle Frauen folgten eine nach der andern ihrem Beispiel. Dort standen sie alle um die Bratpfanne herum und beobachteten mit tiefem Interesse Mama Coupeau und Gervaise, die das Tier auflegten. Es entstand ein großes Geschrei, aus dem man die hellen Stimmen der Kinder und ihre Freudensprünge heraushörte. Im Triumph kam man wieder zurück: Gervaise trug die Gans mit steifen Armen, ihr Gesicht war in Schweiß gebadet und strahlte von einem breiten, sprachlosen Lächeln; alle Frauen kamen hinter ihr her und lachten ebenso wie sie, während Nana ganz hinten, mit unnatürlich großen Augen, sich auf die Zehenspitzen stellte, um besser sehen zu können. Als die Gans so groß, goldig und fetttriefend auf dem Tisch stand, nahm man sie noch nicht gleich in Angriff. Das ehrfurchtsvolle Erstaunen und die Überraschung hatten der ganzen Gesellschaft die Sprache geraubt. Man zeigte sie einander mit Augenzwinkern und leisem Kopfnicken. Heiliger Himmel! War das eine Dame! Waren das Hüften! Und welch ein Bauch! „Die ist auch nicht davon so fett geworden, daß sie an den Mauern geleckt hat!" sagte Boche.
Man vertiefte sich jetzt in die Einzelheiten ihrer Vorgeschichte. Gervaise machte die nötigen Angaben: das Tier war das schönste Stück bei dem Geflügelhändler des Faubourg-Poissonnière, sie wog zwölfundeinhalb Pfund auf der Balancierwaage des Kohlenhändlers; man hatte einen Scheffel Kohlen verbraucht, um sie gar zu bekommen, und sie hatte drei große Töpfe Schmalz gegeben. Virginie unterbrach diese Erklärung, um sich zu rühmen, daß sie das Tier noch roh gesehen hätte: man hätte sie essen mögen, so wie sie da war, eine so feine, weiße Haut hat sie gehabt, wie eine Blondine. Alle Männer lachten mit lüsterner Gefräßigkeit, die ihnen die Lippen schwellen machte. Dabei kniffen Herr und Madame Lorilleux die Gesichter zusammen, es war ihnen zu furchtbar, ein solches Tier auf dem Tische der Humpelliese zu sehen.
„Nun denn, ich denke, so ganz können wir sie doch nicht essen!" sagte endlich die Wäscherin. „Wer will sie tranchieren? ... O nein, ich nicht! Das ist zu groß, ich fürchte mich davor!" Coupeau erbot sich dazu. Mein Gott, das war doch ganz einfach: man faßte die Glieder an und zog daran, die Stücke blieben deswegen doch ebensogut. Darüber entsetzte man sich und nahm ihm mit Gewalt das Küchenmesser wieder weg; wenn er tranchierte, würde er aus dem Gericht einen wahren Kirchhof machen. Einen Augenblick suchte man nach jemand, der sich freiwillig anbieten würde. Endlich sagte Madame Lerat mit lieblicher Stimme: „Hört einmal, nur Herr Poisson ... sicherlich nur Herr Poisson! ..." Als die Gesellschaft nicht zu begreifen schien, fügte sie mit noch schmeichelhafterer Absicht hinzu: „Nun, sicherlich nur Herr Poisson ist im Handwerk der Waffen erfahren!"
So überreichte sie dem Stadtsergeanten das Küchenmesser, welches sie in der Hand hielt. Am ganzen Tische lachte man erleichtert auf, und alle gaben ihre Zustimmung. Poisson senkte den Kopf mit militärischer Steifheit und stellte die Gans vor sich. Seine beiden Nachbarinnen, Gervaise und Madame Boche, rückten zurück, um seinen Ellbogen Platz zu schaffen. Er trachierte langsam, mit wohlgefälligen Bewegungen, die Augen fest auf das Tier gerichtet, als ob er es mit seinen Blicken auf dem Boden der Schüssel festnageln wollte. Als er die Gabel in den Brustknochen stieß und dieser krachte, hatte Lorilleux einen Anfall von Patriotismus. Er rief: „Oh! wenn das doch ein Kosak wäre!"
„Haben Sie sich mit Kosaken geschlagen, Herr Poisson?" fragte Madame Boche. „Nein, aber mit Beduinen!" antwortete der Sergeant, der gerade eine Schulter loslöste. „Es gibt heute keine Kosaken mehr!"
Es entstand jetzt ein großes Stillschweigen. Die Gesichter verlängerten sich zusehends, und alle Augen folgten dem Messer. Poisson hatte eine Überraschung im Hinterhalt. Er trennte plötzlich mit einem einzigen Schnitt das Hinterteil des Tieres ab und stellte es aufrecht hin, so daß der Steiß in die Luft ragte: das war die Bischofsmütze. Nun kannte die Verwunderung keine Grenzen mehr: Nur die alten Soldaten sind liebenswürdige Gesellschafter. Mittlerweile floß der Gans aus dem gähnenden Loch ihres Hinterteils ein Strom von Fett. Boche scherzte: „Ich, ich abonniere darauf", murmelte er, „daß mir das so in den Mund pißt!" – „Oh, der Schmutzfink!" riefen alle Damen. „Wie kann man nur solche Gedanken haben! Ich kenne keinen so unappetitlichen Mann!" sagte Madame Boche, die noch wütender war als die anderen. „Willst du wohl ruhig sein, hörst du? Du könntest einer Armee das Essen verekeln ... Er tut das nur, um alles allein zu essen!"
In diesem Augenblick wiederholte Clémence inmitten des allgemeinen Lärms mit Eindringlichkeit: „Herr Poisson, hören Sie, Herr Poisson ... Ihr hebt den Steiß für mich auf, nicht wahr?" – „Meine Liebe, auf den Steiß habt Ihr ein gutes Recht", sagte Madame Lerat mit einer Miene von heimlicher Lustigkeit.
Nun endlich war die Gans doch tranchiert. Der Sergeant de ville, der die Gesellschaft erst während mehrerer Minuten die Bischofsmütze hatte bewundern lassen, schnitt nun in wenigen Schnitten die Stücke herunter und ordnete sie auf der Schüssel. Jetzt konnte man zugreifen. Die Damen, die schon anfingen, ihre Kleider aufzumachen, beklagten sich über die Hitze. Coupeau rief, man sei ja zu Hause, er würde den Nachbarn Honig ums Maul schmieren; und damit machte er die Tür nach der Straße weit auf. Der Schmaus nahm nun seinen Fortgang mitten in dem Rollen der Fiaker und dem Gedränge der Fußgänger auf dem Trottoir. So begann man denn wieder zu essen, die Kinnbacken hatten sich ausgeruht, und im Bauch hatte man sich wieder etwas Platz geschafft. Man fiel wütend über die Gans her. Schon allein das Warten und Zusehen, wie das Tier zerlegt wurde, sagte der Flausen-

macher, der Boche, das hätte ihm das Kalbsfrikassee und den Schweinerücken bis in die Waden hinuntergehen lassen.

Das war doch einmal noch ein Bissen, niemand in der Gesellschaft entsann sich, daß er sich jemals so gründlich den Magen verdorben hätte. Gervaise saß mit aufgestülpten Ellbogen da und aß große Stücke weiches Fleisch, sie sprach nicht, weil sie fürchtete, daß sie einen Bissen verlieren könnte; sie schämte sich ein bißchen vor Goujet, daß sie so leckermäulig war wie eine Katze. Goujet übrigens stopfte sich selber zu voll, wenn er sie so ganz rosig und strotzend von Nahrung dasitzen sah. Und dann blieb sie trotz ihrer Vorliebe für das Essen so liebenswürdig und gut: sie sprach nicht, aber jeden Augenblick bemühte sie sich um den Vater Bru und schob ihm zarte Stücke auf seinen Teller. Es war beinahe rührend, zu sehen, wie dieses Leckermäulchen sich selbst ein Stück Flügel vom Mund wegnahm und es dem Alten gab, der kein Kenner zu sein schien und der mit gesenktem Kopf alles hinabschlang, ganz betäubt von dem ungewohnten Schlingen, er, dessen Gaumen selbst die Erinnerung an den Geschmack des Brotes verloren hatte. Die Lorilleux' ließen ihre Wut an dem Braten aus, sie nahmen davon für drei Tage; sie hätten am liebsten die Schüssel, den Tisch, ja den ganzen Laden hinuntergeschlungen, um so die Humpelliese auf einmal zu ruinieren. Alle Damen hatten Brust haben wollen; Brust ist das beliebteste Stück bei den Damen. Madame Lerat, Madame Boche und Madame Putois kratzten die Knochen ab, während Mama Coupeau, die den Hals so gern aß, mit ihren letzten beiden Zähnen das Fleisch von den Knochen riß. Virginie liebte die Haut, wenn sie recht braun und knusprig war, und jeder der Gäste hatte ihr aus Höflichkeit sein Stückchen Haut hingelegt, so daß Poisson seiner Frau strenge Blicke zuwarf und ihr befahl, aufzuhören, weil sie davon genug hätte; schon einmal hätte sie, weil sie zuviel Gänsebraten gegessen, vierzehn Tage mit geschwollenem Bauch zu Bett liegen müssen. Aber Coupeau ärgerte sich darüber und legte Virginie ein Keulenstück vor, wobei er schrie, daß, wenn sie das, zum Donnerwetter! nicht mehr auf bekäme, keine ordentliche Frau wäre. Hat sich an einer Gans jemals einer Schaden getan? Im Gegenteil! die Gans kuriert die Milzsucht. Das kann man ohne Brot wie ein Dessert essen. Er könnte noch die ganze Nacht davon weiteressen, ohne daß ihm das Beschwerden gemacht hätte; um zu prahlen, stopfte er sich einen großen Pfropfen Fleisch in den Mund. Mittlerweile kam Clémence mit dem Steiß zu Ende, sie saugte mit schmatzenden Lippen daran und wand sich vor Lachen auf ihrem Stuhl, wegen der Unanständigkeiten, die Boche ihr ganz leise ins Ohr sagte. Nun! beim heiligen Himmel: was war denn weiter? Man verdarb sich für vierzehn Tage den Magen! Wenn man einmal dabei ist, muß man das auch ausnützen, nicht wahr? Wenn man sowieso nur alle Jubeljahre einmal an ein ordentliches Essen kommt, so wäre man doch schön dumm, wenn man sich nicht bis über die Ohren hineinfressen wollte. In Wirklichkeit sah man nach und nach die Wänste schwellen. Die Damen hatten dicke Bäuche; sie rülpsten, diese verdammten Vielfraße! Mit offenem Munde, das Kinn von Fett glänzend, saßen sie da, ihre Gesichter waren so glatt und rund, daß man sie für Hintern hätte halten können, und sie waren so rot, daß man fürchten mußte, sie würden vor lauter Wohlergehen noch platzen.

Und erst der Wein, meine Kinder! Der floß um den Tisch, wie das Wasser in der Seine fließt; ein wahrer Rinnstein, wenn es geregnet hat und die Erde durstig ist. Coupeau goß von oben ein, um den roten Strahl schäumen zu sehen; wenn ein Liter leer war, so machte er den Scherz, den Hals mit der Handbewegung zu drücken, mit der die Frauen Kühe melken. Da ist wieder eine Negerin, der man das Blut weggetrunken hat! In einer Ecke des Ladens wurder Haufen dieser toten Negerinnen immer größer, ein Kirchhof von Flaschen, auf welche man den Abfall des Mahles warf. Als Madame Putois nach Wasser verlangte, hatte der Zinkarbeiter selber ganz entrüstet die Karaffen vom Tisch genommen. Welcher anständige Mensch trank denn Wasser? Wollte sie denn durchaus Frösche in den Magen bekommen? Die Gläser wurden auf einen Zug geleert, man hörte die Flüssigkeit, die so auf einmal die Kehle hinabgegossen wurde, mit dem Geräusch des Regenwassers, welches an stürmischen Tagen die Gossen hinabstürzt, nach unten gehen. Es regnete eben roten Wein; dieser rote Wein hatte zuerst einen Geschmack nach alten Fässern, aber man gewöhnte sich wunderbar schnell daran, so daß es einem bald so vorkam, als ob der Wein nach Nüssen schmeckte. Du lieber Gott! Die Jesuiten mochten sagen, was sie wollten, das Blut der Trauben war doch eine famose Erfindung! Die ganze Gesellschaft lachte und billigte solche Aussprüche, denn der Arbeiter hätte ohne den Wein nicht leben können, der alte Papa Noah mußte den Wein für die Zinkarbeiter, die Schneider und die Schmiede gepflanzt haben. Der Wein reinigte den Körper und stärkte nach der Arbeit, er wärmte den Bummlern den Leib; und wenn der Schäker euch auch manchmal einen Streich spielt, nun, was schadete das auch weiter, man hatte doch nicht den König zum Oheim! Ganz Paris gehörte dem Arbeiter. Und was war denn weiter? Was hatte denn der Arbeiter vom Leben, wenn er sich kreuzlahm machte und doch stets ohne Sou blieb und vom Bürger über die Achsel angesehen wurde? Wer wollte es ihm denn verdenken, wenn er sich einen kleinen Rausch antrank, um doch auch einmal im Leben die Welt in rosigem Licht zu sehen? Und besonders jetzt, wer kümmere sich denn groß um den Kaiser? Es wäre wohl möglich, daß der Kaiser sich auch hin und wieder einen Zacken antränke, darum kümmert sich niemand, ja man traut ihm zu, daß er öfter einmal blau ist und noch mehr Unsinn treibt als unsereiner. Der Teufel soll die Aristokraten holen! Coupeau schickte die ganze Welt auf die Guillotine. Er fand alle Frauen reizend und klopfte auf seine Taschen, wo ein paar Sous aneinander klimperten, dabei lachte er so vergnügt, als ob es wenigstens Zwanzigfrancsstücke gewesen wären. Selbst

Goujet, der sonst immer so nüchtern war, hatte einen kleinen Schwips. Boches Augen wurden immer kleiner, Lorilleux' wurden stumpf, während Poisson immer strengere Blicke aus seinem bronzenen alten Soldatengesicht um sich warf. Sie waren alle schon so betrunken wie die Russen. Auch die Damen hatten jede ihren Spitz, oh, es war zwar erst so ein leichter Anflug, aber der reine Wein zeigte sich doch auf ihren Wangen, und sie hatten alle das Bedürfnis, sich ein wenig auszuziehen und wenigstens die Fichus abzulegen. Clémence war auch sonst nicht mehr ganz anständig. Jetzt erinnerte sich plötzlich Gervaise der sechs Flaschen gesiegelten Weines, den sie vergessen hatte zum Braten zu geben. Sie brachte ihn jetzt herein, und man füllte die Gläser. Nun erhob sich Poisson und sagte, mit dem Glase in der Hand: „Ich trinke auf die Gesundheit der Wirtin!" Die ganze Gesellschaft erhob sich mit großem Stuhlgerücke, und in wüstem Lärm klangen die Gläser aneinander, die man sich mit ausgestreckten Armen entgegenhielt. „Noch fünfzig Jahre, so wie heute!" rief Virginie. „Nein, nein!" antwortete Gervaise bewegt und lächelnd, „dann wäre ich zu alt. Laßt es nur gut sein, es kommt einmal ein Tag, wo man zufrieden ist, davonzukommen."

Durch die weit geöffnete Tür sah das ganze Quartier dem Schmause zu und nahm daran seinen Anteil. Die Vorübergehenden standen in dem hellen Lichtstreifen still, der auf das Pflaster fiel, und lachten vor Vergnügen über die Leute, die da mit solchem Behagen beim Essen waren. Die Kutscher auf ihren Böcken bogen sich zurück und riefen ein Witzwort hinein, während sie ihre Pferde weiterpeitschten: „Du, sage mal, das kostet wohl nichts? ... O je! die dicke Mama! Ich werde gleich die Hebamme schicken! ..." Der starke Duft der Gans verbreitete sich in der Straße und betäubte und erheiterte die Passanten. Die Gehilfen des Kaufmanns von gegenüber glaubten, daß sie mit von dem Tiere äßen; die Krämerin und die Kaldaunenhändlerin kamen alle Augenblicke und pflanzten sich vor dem Laden auf, um mit der Nase die Luft einzuziehen und sich die Lippen zu lecken. Es war wirklich beinahe so, als ob die ganze Straße sich an der Gans den Magen verdorben hätte. Die Damen Cudorge, Mutter und Tochter aus dem Schirmladen, die man sonst nie auf der Straße sah, gingen eine nach der anderen zu wiederholten Malen über den Damm und warfen heimliche Seitenblicke auf den Laden; sie waren so rot wie die Krebse. Der kleine Uhrmacher an seinem Tisch konnte nicht mehr arbeiten, er war schon davon betrunken, daß er die Liter gezählt hatte, und so saß er ganz aufgeregt mitten unter seinen lustigen Kuckucksuhren. Jawohl, die ganze Nachbarschaft sollte mittun! schrie Coupeau. Was hatte man denn nötig, sich zu genieren? So wie die Gesellschaft jetzt war, schämten sie sich durchaus nicht mehr, vor aller Welt zu Tisch zu sitzen; im Gegenteil, das schmeichelte ihnen und hob ihre Stimmung, dieser Auflauf von Leuten, die alle vor Lust, mitzumachen, ihre Mäuler weit aufsperrten; am liebsten hätten sie die Ladenfenster eingestoßen, um ihren Tisch bis über den Damm zu decken und dort ihren Nachtisch zu verzehren, vor der Nase aller Leute, auf dem zitternden Pflaster. Man war doch am Ende nicht ekelhaft anzusehen, nicht wahr? Deshalb hatte man auch nicht nötig, sich einzuschließen wie die Egoisten. Coupeau, der sah, wie der Uhrmacher zehn Sousstücke zählte, zeigte ihm von weitem eine Flasche, und als der andere mit dem Kopfe nickte, trug er ihm die Flasche mit einem Glase hinüber. So wurde mit der ganzen Straße Brüderschaft getrunken. Man rief die Kameraden herein, die lustig aussahen. So breitete sich das Gelage immer mehr aus, und das ganze Quartier de la Goutte-d'Or merkte etwas von der Fresserei, und man hielt sich den Bauch über ein so verteufeltes Saufen.

Seit einigen Minuten ging Madame Vigouroux, die Kohlenhändlerin, vor der Tür auf und nieder. „Heda! Madame Vigouroux! Madame Vigouroux!" brüllte die Gesellschaft. Sie trat nun mit einem dummen Lachen ein; sie war gewaschen und so fett, daß sie fast ihr Korsett zersprengte. Die Männer kniffen sie gern, weil sie sie kneifen konnten, wo sie wollten und nie auf einen Knochen trafen. Boche ließ sie neben sich niedersitzen und griff sogleich heimlich unter dem Tisch nach ihrem Knie. Aber sie war an so etwas zu sehr gewöhnt, als daß sie nicht ruhig hätte ihr Glas Wein leeren sollen; sie erzählte dabei, daß alle Nachbarn an den Fenstern wären und daß die Leute im Hause schon anfingen, sich zu ärgern. „Oh! was das anbelangt! Das ist unsere Sache", sagte Madame Boche. „Wir sind die Portierleute, nicht wahr? Nun, wir stehen dafür, daß alles ruhig bleibt ... Sie sollen mir kommen und sich beklagen, wir werden ihnen schon die Wege weisen."

Im Hinterzimmer war mittlerweile zwischen Nana und Augustine wegen der Bratpfanne eine wütende Schlacht geschlagen worden, weil beide den Rest der Sauce ausstippen wollten. Während einer Viertelstunde war so die Bratpfanne auf dem Fußboden hin und her gerissen worden und hatte bei jedem Anstoßen Töne wie eine alte Trommel von sich gegeben. Jetzt pflegte Nana den kleinen Viktor, der einen Knochen im Halse stecken hatte, sie strich ihm mit ihren Fingern den Kehlkopf und zwang ihn, ein großes Stück Zucker als Medizin zu essen. Bei alledem hatte sie ein Auge auf den großen Tisch. Alle Augenblicke kam sie und verlangte Wein, Brot oder Fleisch für Etienne und Pauline. „Da! Du Nimmersatt!" sagte ihre Mutter, „wann wirst du mich denn endlich zufrieden lassen?" Die Kinder konnten zwar nichts mehr runterbringen, aber sie schlangen doch noch und schlugen mit ihren Gabeln den Takt zu einem Liede, um sich aufs neue anzuregen.

In all dem Lärm war eine Unterhaltung zwischen dem Vater Bru und Madame Coupeau in Gang gekommen. Der Alte, den der Wein und die Speisen ganz bleich und schwach gemacht hatten, sprach von seinen Söhnen, die auf der Krim gefallen waren. Ach, wenn doch die Kleinen gelebt hätten, da hätte er alle Tage Brot gehabt. Aber Mama Coupeau beugte sich zu ihm und sagte mit etwas schwerer Zunge: „Lasset nur gut sein, man hat mit den Kindern auch viel durchzumachen. Seht einmal mich an, sieht es nicht so aus, als ob ich hier ganz glücklich wäre? Nun, ich weine auch öfter, als ich es nachsage ... Nein, nein, wünscht Euch nur keine Kinder." Der Vater Bru nickte mit dem Kopf. „Man will nirgend mehr etwas von mir wissen", murmelte er. „Ich bin zu alt. Wenn ich in eine Werkstatt komme, dann höhnen mich die Jungen und fragen mich, ob ich Heinrich IV. die Stiefel geputzt habe ... Voriges Jahr habe ich noch dreißig Sous täglich verdient, damals tünchte ich eine Brücke; man mußte da auf dem Rücken liegen und unten floß der Strom. Seit der Zeit huste ich ... Heute ist es ganz aus, jetzt werfen sie mich überall hinaus." Er sah auf seine armen, steifen Hände und fügte hinzu: „Das ist ja begreiflich, ich bin zu nichts mehr zu brauchen. Sie haben ja recht, ich würde es ja ebenso machen ... Seht, das Unglück liegt nur darin, daß ich noch nicht gestorben bin. Ja, ja, es ist meine Schuld. Man soll sich hinlegen und sterben, wenn man nicht mehr arbeiten kann." – „Nein, wirklich", sagte Lorilleux, der zuhörte, „ich verstehe nicht, daß die Regierung den Invaliden der Arbeit nicht zu Hilfe kommt ... Ich habe darüber neulich einmal was in einer Zeitung gelesen." Aber Poisson glaubte die Regierung verteidigen zu müssen. „Die Arbeiter sind keine Soldaten", erklärte er. „Die Invalidenhäuser sind für Soldaten ... Man muß auch nichts Unmögliches verlangen."

Der Nachtisch war aufgetragen. In der Mitte stand eine Savoyer Torte, in Form eines Tempels mit einem Dom, dessen Seiten von Melonen gemacht waren; auf dem Dom hatte man eine künstliche Rose angebracht, zu deren Seite ein Schmetterling aus Silberpapier an dem Ende eines feinen Eisendrahtes zitterte. Zwei Tropfen Gummi im Herzen der Rose ahmten zwei Tautropfen nach. Zur Linken schwamm in einer tiefen Schüssel ein Stück weißer Käse, während zur Rechten in einer andern Schüssel große Erdbeeren mit Wasser und Zucker zurechtgemacht waren und so von ihrer Sauce umflossen wurden. Es war immer noch etwas Salat übrig geblieben, große, starke Blätter Romain, die in Öl getaucht waren. „Seht doch, Madame Boche", sagte zuvorkommend Gervaise, „wie ist es noch mit ein bißchen Salat? Das ist ja Eure Leidenschaft, ich weiß es wohl." – „Nein, nein, ich danke, ich habe es bis hierher", antwortete die Portiersfrau.

Die Wäscherin hatte sich zu Virginie herumgedreht und diese stieß sich den Finger in den Hals, wie um die Nahrung zu berühren. „Nein, wirklich, ich bin voll", murmelte sie. „Es ist kein Platz mehr da. Nicht einen Bissen würde ich noch hinunterbringen." – „Oh, wenn Ihr Euch ein wenig Mühe gebt", fing Gervaise wieder an. „Man hat doch immer noch so ein kleines Loch. Und dann Salat, den ißt man ohne Hunger ... Ihr werdet doch den Lattich nicht umkommen lassen?" – „Ihr könnt ihn ja morgen eingemacht essen", sagte Madame Lerat. „Er ist eingemacht noch besser."

Die Damen pusteten und sahen mit bedauernden Blicken nach der Salatschüssel hin. Clémence erzählte, daß sie eines Tages drei große Bündel Brunnenkresse zum Frühstück aufgegessen hätte. Madame Putois leistete noch mehr, sie nahm die Köpfe vom Lattich ungeputzt und aß sie mit Salz hinunter. Alle hätten am liebsten ganz vom Salat gelebt und Kübel voll davon gegessen. Mit Hilfe dieser Unterhaltung bezwangen die Damen den Inhalt der Salatschüssel. „Ich könnte auf einer Wiese auf allen vieren kriechen", sagte die Portiersfrau mit vollem Munde.

Nun scherzte man beim Anblick des Nachtisches; das zählte nicht, der Nachtisch. Er kam zwar ein bißchen spät, aber das schadete nichts, man würde ihm doch alle Ehre antun. Und wenn man wie die Bomben hätte aufplatzen sollen, man würde sich doch von so einem bißchen Kuchen und den paar Erdbeeren nicht zum besten haben lassen. Übrigens eilte das ja gar nicht, man hatte ja Zeit. Inzwischen füllte man seine Teller mit Erdbeeren und weißem Käse. Die Männer zündeten ihre Pfeifen an; da nun die Flaschen mit dem gesiegelten Wein ausgetrunken waren, so kehrte man wieder zu den Litern zurück und trank den Wein beim Rauchen. Alle wollten, daß Gervaise die Savoyer Torte anschneiden sollte. Poisson als galanter Kavalier erhob sich, um die Rose zu nehmen und der Wirtin anzubieten, wozu die ganze Gesellschaft Beifall klatschte. Sie mußte sie auf der linken Brust, an der Seite des Herzens, mit einer Stecknadel feststecken. Bei jeder ihrer Bewegungen tanzte der Schmetterling.

„Sagt doch mal!" rief Lorilleux, der eben eine Entdeckung gemacht hatte, „wir essen auf eurem Werktisch?! ... Das lasse ich mir gefallen! So viel ist vielleicht noch nie darauf gearbeitet worden!" Dieser boshafte Scherz hatte einen großen Erfolg. Nun fing es an, geistreiche Bemerkungen zu regnen. Clémence schluckte keinen Löffel Erdbeeren mehr hinunter, ohne daß sie sagte, sie täte einen Strich mit dem Plätteisen; Madame Lerat behauptete, daß der weiße Käse nach Stärke röche, während Madame Lorilleux zwischen den Zähnen murmelte, daß das ja das richtige wäre, auf denselben Brettern das Geld zu verprassen, auf denen man es so sauer erwarb. Ein wahrer Sturm von Schreien und Gelächter erhob sich.

Plötzlich gebot eine starke Stimme Schweigen. Das war Boche, der ein freies, keckes Wesen annahm und den „Liebesvulkan oder den verführerischen Krieger" sang.

„Ich bin Blavin, der die Schönen verführt."

Mit einer Salve von donnernden Bravos wurde das erste Couplet begrüßt. Ja, ja, man mußte singen! Jeder würde an die Reihe kommen. Das war das Unterhaltendste von allem. So stützte die Gesellschaft denn die Ellbogen auf den Tisch oder lehnte sich in die Stühle zurück, nickte mit dem Kopf bei den hübschen Stellen und trank einen Schluck bei den Refrains. Dieses Vieh, der Boche, war besonders stark in komischen Liedern. Er brachte einen Milzsüchtigen zum Lachen, wenn er den Ersatzsoldaten machte mit gespreizten Fingern und dem Hut im Nacken. Gleich nach dem „Liebesvulkan" fing er das Lied von der Baronin Hirschkuh an, welches ihm stets den Beifall sicherte. Als er bei dem dritten Vers ankam, wendete er sich zu Clémence und murmelte mit langsamer, wollüstiger Stimme:

„Wer speist bei der Gräfin Cousin?
Es sind vier Schwesterlein,
Drei Braune und eine Blondine,
Die haben acht Äugelein."

Nun sang die angeheiterte Gesellschaft den Refrain. Die Männer schlugen mit den Hacken den Takt. Die Damen hatten ihre Messer zur Hand genommen und schlugen damit an ihre Gläser. Alle heulten:

„Ei der Tausend! wer wird wohl zahlen
Den Wein für die Pa... für die Pa... für die Pa...
Ei der Tausend! wer wird wohl zahlen
Den Wein für die Patrouille."

Die Scheiben im Laden klangen, und der Atem der Sänger machte selbst die Musselinvorhänge erzittern. Unterdessen war Virginie schon zweimal verschwunden und hatte sich, als sie wieder hereinkam, zu Gervaise gebeugt und ihr ganz leise eine vertrauliche Mitteilung gemacht. Als sie das dritte Mal bei dem großen Lärm wiederkam, sagte sie ihr: „Meine Liebe, er ist immer noch bei François und gibt sich den Anschein, als ob er die Zeitung lese ... Sicherlich hat er irgendeinen Überfall vor." Sie sprach von Lantier. Nach ihm spionierte sie herum. Nach jedem neuen Bericht wurde Gervaise ernster. „Ist er denn betrunken?" fragte sie Virginie. „Nein", sagte die große Brünette, „er sieht sehr gesetzt und ruhig aus. Das beunruhigt mich gerade. Weshalb bleibt er denn beim Weinwirt, wenn er nüchtern ist? ... Mein Gott! Mein Gott, wenn doch nur nichts geschehen möchte!"

Die Wäscherin, die sehr unruhig geworden war, bat sie, doch still zu sein. Es war plötzlich ein gänzliches Stillschweigen eingetreten. Madame Putois hatte sich erhoben und sang: „Das Enterlied". Die Gäste hörten schweigend und gesammelt zu und sahen die Sängerin an; selbst Poisson hatte seine Pfeife auf den Rand des Tisches gelegt, um besser hören zu können. Sie hielt sich ganz gerade: klein und mutig, wie sie war, mit ihrem bleichen Antlitz unter der schwarzen Haube, streckte sie ihre linke Faust mit bewußtem Stolz aus und schmetterte mit einer Stimme, die größer war als sie selbst:

„Wenn ein fürchterlicher Räuber
Vor uns jagt mit vollen Segeln,
Sitzt der Tod in seinen Rahen,
Denn Pardon gibt man ihm nicht.

An die Stücke! meine Burschen!
Sauft den Rum in vollen Zügen!
Raubgesindel auf dem Meere
Stirbt von eurer Rächerhand!"

Das war etwas Ernsthaftes. Aber zum Donnerwetter! Das gab einen richtigen Begriff von der Sache! Poisson, der auf dem Meere gefahren war, wiegte seinen Kopf hin und her, um die Einzelheiten zu billigen. Man fühlte übrigens recht gut, daß dieses Lied für die Stimmung der Madame Putois wie gemacht war. Coupeau beugte sich vor, um zu erzählen, wie Madame Putois eines Abends vier Männer geohrfeigt hatte, die sie entehren wollten.

Nun reichte Gervaise mit Hilfe von Mama Coupeau den Kaffee herein, obgleich man immer noch von der Savoyer Torte aß. Man ließ gar nicht zu, daß sie sich wieder setzte, sondern rief ihr zu, daß sie jetzt an der Reihe wäre. Sie weigerte sich, sie sah blaß aus, und man merkte, daß sie nicht so ganz wohl war, so daß man sie fragte, ob die Gans ihr vielleicht zu schaffen machte. Nun fing sie das „Oh, laßt mich schlafen!" an und sang es mit schwacher, sanfter Stimme. Als sie bei dem Refrain angekommen war, in dem der Dichter wünscht, daß sein Schlaf von schönen Träumen belebt sein möge, schloß sie ihre Augenlider ein wenig, und ihr feuchter Blick verlor sich in das Dunkel der Straße. Gleich darauf begrüßte Poisson die Damen mit einem kurzen Kopfnicken und stimmte ein Lied an, in dem er dazu aufforderte, „die Weine Frankreichs zu trinken", aber er sang wie eine Feuerspritze; nur der letzte Vers, der patriotische, hatte einigen Erfolg, weil er darin von der dreifarbigen Fahne Frankreichs sprach und sein Glas besonders hoch erhob, um es nach einigem Schwanken auf einen Zug in den weit aufgehaltenen Mund zu leeren. Nun folgte eine Romanze auf die andere; da war die Rede von Venedig und seinen Gondolieri in der Barkarole der Madame Boche, von Sevilla und den Andalusiern in dem Bolero der Madame Lorilleux, während Lorilleux sich sogar dazu aufschwang, bei Gelegenheit der Liebe Fatmas, der Tänzerin, von Arabien und seinen Düften zu sprechen. Um diesen fettigen Tisch, in der verdickten Luft, durch die ein Hauch von Unverdaulichkeit ging, schienen sich goldene Horizonte zu eröffnen; da träumte man von Nacken wie Elfenbein, Haaren, so schwarz wie Ebenholz, von Küssen bei Mondschein und Gitarrenklang, von Bajaderen, unter deren Schritten Perlen und Edelsteine emporwuchsen. Da rauchten die Männer behaglich ihre Pfeifen, auf den Gesichtern der Damen strahlte das Lächeln ununterbrochenen Genusses; alle glaubten im Lande der Poesie zu sein und die Düfte Arabiens einzuatmen. Als Clémence anfing, das „Baut ein Nest" zu gurren und dabei alle Töne trillerte, verursachte das viele Freude; das erinnerte an das Land, an die flüchtigen Vögel, an die Tänze im Grünen, an Blumen mit honiggefüllten Kelchen, mit einem Wort, man sah im Geiste das Gehölz von Vincennes, wenn man dort einem Kaninchen den Garaus machte. Aber Virginie verstand noch heitere Töne mit dem „Kleinen Riquiqui" anzuschlagen; mit einer Hand auf die Hüfte gestützt und mit schön gerundetem Ellbogen ahmte sie die Marketenderin nach, die immer ins Leere einschenkt und hübsch ihr Händchen dreht. Die Gesellschaft wurde so lustig, daß sie Mama Coupeau bat, nun „Die Maus" zu singen.

Die alte Frau weigerte sich und schwor, daß sie von der Schweinerei gar nichts mehr wisse. Sie fing aber dann doch mit ihrer fadendünnen Stimme an, und ihr altes, faltiges Gesicht mit den kleinen lebhaften Augen markierte den Ausdruck des Schreckens, den Fräulein Lise empfand, wenn sie beim Anblick einer Maus ihre Röcke zusammennahm. Der ganze Tisch lachte; die Frauen konnten nicht mehr an sich halten und warfen ihren Nachbarn leuchtende Blicke zu; das war nicht unanständig, wenn man es recht überlegte, denn es kam kein schamloses Wort darin vor. Boche, der allen Dingen eine praktische Seite abgewann, machte die Maus längs der Waden der Kohlenhändlerin. Das hätte noch böse enden können, wenn nicht Goujet auf einen Blick von Gervaise mit der Intonation des „Abschieds von Abd-el-Kader", den er mit seiner Baßstimme donnerte, die Aufmerksamkeit auf sich gezogen hätte. Der hatte einen schönen Baß, das mußte wahr sein, das kam aus seinem großen blonden Bart wie der Ton einer Kupfertrompete. Wenn er so aus voller Brust sang: „Oh, meine edle Gefährtin!" (er sprach von der schwarzen Stute des Kriegs), da schlugen aller Herzen, und man klatschte rasend Beifall, ohne das Ende abzuwarten, so stark hatte er geschrien.

„Nun ist an Euch die Reihe, Vater Bru!" sagte Mama Coupeau. „Singt Euer Lied! Laßt es nur gut sein, die alten sind doch noch immer die besten!"

Die Gesellschaft wendete sich dem Alten zu, bestand darauf, daß er sänge, und ermutigte ihn. Er war so versteinert in seiner Maske von Unbeweglichkeit, daß er die Leute ansah, ohne zu begreifen, was sie von ihm wollten. Man fragte ihn, ob er „Die fünf Vokale" kenne. Er senkte den Kopf, er entsann sich nicht mehr; alle die Lieder der guten alten Zeit wirbelten in seinem Dickkopf durcheinander. Als man sich endlich entschied, ihn ganz ruhig überlegen zu lassen, schien er sich zu entsinnen und stotterte mit hohler Stimme:

„Trou la la, trou la la,
Trou la, trou la, trou la la!"

Sein Gesicht belebte sich, dieser Refrain mußte in ihm die Erinnerung an längst entschwundene Lust wieder anfachen, die nur er allein genoß, wenn er seine Stimme hörte, die immer dumpfer mit dem Entzücken eines Kindes wieder anhub:

„Trou la la, trou la la,
Trou la, trou la, trou la la!"

„Sagt doch, meine Liebe", murmelte Virginie Gervaise ins Ohr, „Ihr wißt, daß ich schon wieder daherkomme. Das ließ mir keine Ruhe! Lantier ist von François fortgegangen!" – „Ihr habt ihn draußen nicht getroffen?" fragte die Wäscherin.

„Nein, ich bin schnell gegangen und habe nicht daran gedacht, mich umzusehen."

Als Virginie die Augen erhob, unterbrach sie sich und stieß einen unterdrückten Seufzer aus. „Großer Gott! ... Da ist er drüben auf dem Trottoir und sieht hierher!"

Gervaise war ganz verwirrt und wagte doch, einen Blick hinüberzuwerfen. Es hatte sich dort auf der Straße ein Auflauf gebildet, um die Gesellschaft singen zu hören. Die Ladendiener des Kaufmanns, die Kaldaunenhändlerin und der kleine Uhrmacher bildeten eine Gruppe und schienen zu glauben, daß sie im Theater wären. Da waren noch Soldaten, Zivilisten in Überröcken und drei kleine Mädchen von fünf oder sechs Jahren, die einander an der Hand hielten und sehr ernst und ganz entzückt zuhörten. Und richtig! auch Lantier hatte sich da im ersten Rang aufgepflanzt, er hörte und sah mit gleichmütiger Miene. Für seine Lage war das ein bißchen unverschämt. Gervaise fühlte, wie es ihr von unten herauf bis zum Herzen hin kalt wurde, und sie wagte sich nicht mehr zu rühren, während der Vater Bru noch immer fortfuhr:

„Trou la la, trou la la,
Trou la, trou la, trou la la!"

„Gut, mein Alter, nun ist es genug!" sagte Coupeau. „Kennt Ihr das Lied ganz? ... Ihr werdet uns das ein andermal vorsingen, wenn wir noch ein bißchen lustiger sind als heute!"

Man lachte. Der Alte brach kurz ab, ließ seine blöden Augen in die Runde gehen und sank wieder in sein dumpfes Hinbrüten zurück. Nun war auch der Kaffee getrunken, und der Zinkarbeiter hatte wieder Wein verlangt. Clémence hatte angefangen, Erdbeeren zu essen. Einen Augenblick hörte das Singen auf, und man sprach von einer Frau, die man des Morgens im Nachbarhause erhängt gefunden hatte. Jetzt war Madame Lerat an der Reihe, aber sie mußte erst Vorbereitungen treffen. Sie tauchte den Zipfel einer Serviette in ein Glas Wasser und feuchtete sich damit die Schläfe an, weil ihr zu heiß war. Darauf verlangte sie einen Fingerhut voll Branntwein, trank ihn und trocknete sich lange die Lippen.

„‚Das Kind des lieben Gottes', nicht wahr?" murmelte sie, „das Kind des lieben Gottes..." Groß, männlich, mit knochiger Nase und vierschrötigen Schultern wie ein Gendarm, richtete sie sich auf und fing nun an:

„Du armes Kind, von Mutterlieb verlassen
An heil'ger Stätte nimmt man gern dich auf,
Gott selbst wird schützend deine Hand erfassen,
Gottvater, nimmt dich in den Himmel auf!"

Ihre Stimme zitterte bei bestimmten Worten, und bei gewissen Molltönen verweilte sie mit Vorliebe. Sie schlug ihre Augen gen Himmel auf, während die rechte Hand vor ihrer Brust hin und her schwebte und sich schließlich mit der Bewegung tiefer Ergriffenheit auf das Herz niedersenkte. Gervaise, welche durch die Anwesenheit Lantiers sehr peinlich berührt war, konnte ihre Tränen nicht mehr zurückhalten; es schien ihr, als ob das Lied all ihren Kummer ausspräche, als ob sie dieses verlassene Kind sei, das der liebe Gott von seinem Thron aus verteidigen würde. Clémence, die sehr betrunken war, brach plötzlich in ein heftiges Weinen aus, mit dem Kopf auf dem Rande des Tisches, erstickte sie ihr Schluchzen mit dem Taschen-

tuch. Ein peinliches Schweigen herrschte. Die Damen hatten ihre Taschentücher hervorgezogen und trockneten sich die Augen, sie saßen mit erhobenen Gesichtern da und rechneten sich ihre Rührung zur Ehre an. Die Männer blickten mit gesenkten Stirnen gerade vor sich hin, und ihre Augenlider klappten unwillkürlich auf und nieder. Poisson, der mit Gewalt seine Rührung bemeistern wollte und seine Zähne zusammenpreßte, biß zweimal hintereinander Stückchen von seiner Tonpfeife ab und spie sie aus, ohne daß er aufgehört hätte zu rauchen. Boche, der seine Hand auf dem Knie der Kohlenhändlerin gelassen hatte, kniff sie nicht mehr, er machte sich Vorwürfe, und ein bestimmtes Gefühl von Achtung bemeisterte sich seiner, während zwei dicke Tränen über seine Backen herniederrannen. Diese Schlemmer waren unbeugsam wie die Gerechtigkeit und milde wie die Lämmer. Der Wein kam ihnen zu den Augen wieder heraus. Als die Wiederholung kam, die noch langsamer und rührender vorgetragen wurde, konnte niemand mehr an sich halten, sie heulten wie die Kälber auf ihre Teller nieder, knöpften sich die Westen und Taillen auf und waren ganz aufgelöst vor Rührung. Aber Gervaise und Virginie mußten gegen ihren Willen das Trottoir gegenüber immer im Auge behalten. Madame Boche ihrerseits bemerkte Lantier nun auch und konnte einen leichten Aufschrei nicht unterdrücken, ohne daß sie deswegen den Tränen Einhalt getan hätte, welche ihr Gesicht beschmutzten. So hatten denn diese drei sehr ängstliche Mienen und machten sich unwillkürlich Zeichen mit dem Kopfe. Mein Gott! wenn Coupeau sich umdrehte, wenn Coupeau den andern sähe! Welcher Mord und Totschlag! Was für ein Blutbad! Sie machten das schließlich so auffallend, daß der Zinkarbeiter sie fragte:
„Was habt Ihr denn da zu gucken?“ Er beugte sich vor und erkannte Lantier. „Beim heiligen Himmel! Das ist zu stark!“ murmelte er. „Oh, dieser schmutzige Schuft! Dieser schmutzige Schuft! ... Nein, das ist wirklich zu stark, da muß man ein Ende machen!“
Wie er nun aufstand und seine wütenden Drohungen hervorstotterte, versuchte Gervaise ihn mit leise bittender Stimme zu beschwichtigen. „Höre doch, ich beschwöre dich ... Laß das Messer liegen ... bleibe auf deinem Platz, richte kein Unheil an!“
Virginie mußte ihm das Messer wegnehmen, das er vom Tisch aufgegriffen hatte. Aber sie konnte nicht verhindern, daß er aufstand, hinausging und sich Lantier näherte. Die Gesellschaft, deren Erregung sich immer noch steigerte, hörte und sah nichts, sondern weinte noch stärker, als Madame Lerat mit herzzerreißendem Ausdruck weitersang:

„Die arme Waise war verloren,
Und ihre Stimme kam zu Ohren
Nur den Bäumen und dem Wind.“

Dieser letzte Vers erklang wie der klagende Ton des Sturmwindes. Madame Putois, die gerade trank, war so gerührt, daß sie ihren Wein über das Tischtuch goß. Indessen war Gervaise wie erstarrt vor Schrecken sitzen geblieben, ihre eine Hand hatte sie vor den Mund gepreßt, um nicht zu schreien, ihre Augenlider schlossen und öffneten sich abwechselnd vor Entsetzen, denn sie erwartete von einem Augenblick zum andern, einen der beiden Männer zerschmettert mitten auf der Straße zu Boden stürzen zu sehen. Auch Virginie und Madame Boche folgten der Szene mit tiefem Interesse. Coupeau, dem die frische Luft beinahe die Besinnung nahm, wäre auf ein Haar in den Rinnstein gefallen, als er sich auf Lantier stürzen wollte. Dieser stand ruhig mit den Händen in den Hosentaschen da und war ihm einfach ausgewichen. Nun brüllten die beiden einander an, besonders der Zinkarbeiter fuhr mit dem anderen ab, er warf ihm Worte wie krankes Schwein an den Kopf und sprach davon, ihm die Kaldaunen aus dem Leibe zu reißen. Man hörte den Ton ihrer wütenden Stimmen und sah ihre rasenden Bewegungen, als ob sie sich bei ihren Schlägen die Arme aus den Gelenken drehen würden. Gervaise wurde ohnmächtig und schloß die Augen. Das dauerte zu lange, und sie glaubte jeden Augenblick, jetzt sei der Zeitpunkt gekommen, wo sie aufeinander losfahren würden, so nahe waren sie Gesicht bei Gesicht aneinander. Als sie nichts mehr hörte, öffnete sie die Augen und blieb ganz dumm sitzen, als sie sie ruhig miteinander plaudern sah.
Die Stimme der Madame Lerat erhob sich wieder schluchzend und weinerlich, als sie einen neuen Vers anfing:

„Am nächsten Morgen, schon halb entseelt,
Da fand man das arme Kind.“

„Es gibt Frauen, die trotz alledem nichts taugen!“ sagte Madame Lorilleux inmitten des allgemeinen Beifalls.
Gervaise hatte mit Madame Boche und Virginie einen Blick gewechselt. Das schien also beigelegt? Coupeau und Lantier plauderten ruhig auf dem Trottoir fort. Sie schimpften sich zwar noch, aber freundschaftlich. Sie nannten sich „verdammtes Tier“, und das mit einem Ton, in dem schon die Keime von einer Zärtlichkeit lagen. Da man sie beobachtete, so fingen sie an, nebeneinander langsam an den Häusern entlangzugehen, wobei sie alle zehn Schritte wieder umdrehten. Sie hatten sich in eine sehr lebhafte Unterhaltung verwickelt. Plötzlich schien Coupeau wieder böse zu werden, weil der andere ihm etwas abschlug und sich bitten ließ. Endlich stieß der Zinkarbeiter Lantier vor sich her, zwang ihn über die Straße zu gehen und in den Laden einzutreten.
„Ich sage Euch, es geschieht aus gutem Herzen! schrie er. „Ihr werdet ein Glas Wein trinken ... Männer sind Männer, nicht wahr? Man kann sich doch verständigen.“
Madame Lerat brachte ihren letzten Vers zu Ende. Alle Damen wiederholten den Refrain, wobei sie ihre Taschentücher förmlich auswrangen:

„Verlorner Kinder nimmt ein Gott sich an!“

Man sagte der Sängerin viele Schmeicheleien, doch diese saß erschöpft da und tat so, als ob sie ganz gebrochen wäre. Sie forderte etwas zu trinken, denn sie wendete bei diesem Liede stets so viel Gefühl an, daß sie ihre Nerven zu überspannen fürchtete. Nun richteten sich alle Blicke auf Lantier, der ganz friedlich neben Coupeau saß und schon den Rest der Savoyer Torte aß, die er in ein Glas Wein einstippte. Außer Virginie und Madame Boche kannte ihn niemand. Die Lorilleux' witterten wohl irgendwelchen Unrat, aber sie wußten nichts, doch hatten sie eine gekniffene Miene angenommen. Goujet, dem die Gemütsbewegung von Gervaise nicht entgangen war, betrachtete den neuen Ankömmling von der Seite. Als ein förmliches Stillschweigen eintrat, sagte Coupeau ganz einfach:

„Einer meiner Freunde!" Und sich seiner Frau zuwendend: „Nun, tummle dich doch ein bißchen! ... Vielleicht hast du noch etwas warmen Kaffee!"

Gervaise betrachtete sie, einen nach dem andern, mit sanften, stumpfen Blicken. Zuerst, als ihr Mann ihren früheren Liebhaber in den Laden gestoßen hatte, nahm sie ihren Kopf zwischen die Hände mit derselben instinktiven Bewegung, die ihr an Tagen, wo es gewitterte, eigen war, wenn es heftig donnerte. Das schien ihr unmöglich; die Mauern müßten einfallen und alles zerschmettern. Als sie dann die beiden Männer nebeneinander sitzen sah, ohne daß auch nur die Musselinvorhänge gezittert hätten, da hatte sie plötzlich das alles ganz natürlich gefunden. Die Gans drückte ihr auf den Magen, sie hatte entschieden zuviel davon gegessen, und das verhinderte sie am Denken. Eine glückliche Faulheit schläferte sie ein; sie saß an dem Tisch wie eine beinahe fühllose Masse und hegte nur den einen Wunsch, nicht ganz zu verdummen. Mein Gott! wozu sollte sie sich das Herz abstoßen, wenn die anderen die Sache leichtnahmen und sich die Dinge von selbst zur allgemeinen Zufriedenheit zu ordnen schienen? So stand sie auf, um zu sehen, ob noch Kaffee da war.

Im Hinterzimmer schliefen die Kinder. Während des ganzen Desserts hatte sie die schielende Augustine tyrannisiert, ihnen ihre Erdbeeren fortgenommen und sie mit abscheulichen Drohungen eingeschüchtert. Jetzt war sie sehr krank und saß auf einer kleinen Fußbank zusammengekauert, mit bleichem Gesicht und ohne ein Wort zu sprechen. Die dicke Pauline hatte ihren Kopf auf die Schulter Etiennes fallen lassen, der selbst, gegen den Tisch gelehnt, eingeschlafen war. Nana saß auf dem Rande des Bettes neben Viktor, den sie an sich drückte und dem sie einen Arm um den Nacken geschlungen hatte; im Schlaf mit geschlossenen Augen murmelte sie fortwährend mit leiser Stimme: „Oh, Mama, ich bin so müde ... Oh, Mama, ich bin so müde!" – „Ja, ja!" murmelte Augustine, die ihren Kopf nicht aufrecht zu halten vermochte, „nun sind sie ganz hin! Sie haben ebenso gesungen wie die Großen!"

Beim Anblick von Etienne gab es Gervaise einen Stich ins Herz. Sie glaubte ersticken zu müssen, wenn sie daran dachte, daß der Vater dieses Burschen da nebenan ganz ruhig Kuchen aß, ohne daß er den Wunsch hätte laut werden lassen, den Jungen zu umarmen. Sie war schon im Begriff, Etienne aufzuwecken und ihn auf ihren Armen hineinzutragen. Da fand sie noch einmal, daß es doch sehr gut sei, wenn sich alles so ruhig machte; es wäre doch sicher nicht schicklich gewesen, das Ende des Festes zu stören. So kam sie mit der Kaffeekanne zurück und goß Lantier, der sich übrigens nicht um sie zu bekümmern schien, ein Glas Kaffee ein.

„Jetzt bin ich an der Reihe!" lallte Coupeau mit rauher Stimme. „Ja, ja, mich haben sie bis zuletzt aufgespart ... Nun denn, ich werde euch singen: ‚Was ist das Kind für 'n Schwein!'"

Nun begann der Lärm aufs neue, und Lantier war vergessen. Die Damen rückten ihre Gläser und Messer zurecht, um den Refrain zu begleiten. Man lachte schon im voraus beim Anblick des Zinkarbeiters, der sich mit Schelmenmiene fest auf seine Beine zu stellen versuchte. Er begann mit der heiseren Stimme einer alten Frau:

„Wenn man des Morgens früh aufsteht,
Sind Herz und Beutel stets gleich leicht;
Das Kind dann zum Butiker geht,
Der mir den Schnaps auf Pump noch reicht.
Drei Viertelstunden bleibt die Range,
Eh' sie bringt den Branntewein,
Säuft die Hälfte auf dem Gange,
Oh! was ist das Kind für 'n Schwein!"

Nun schlugen die Damen an ihre Gläser und wiederholten im Chor mit ungeheurer Heiterkeit:

„Oh! was ist das Kind für 'n Schwein!
Oh! was ist das Kind für 'n Schwein!"

Die Rue de la Goutte-d'Or mischte sich jetzt hinein. Das ganze Quartier sang: „Oh! was ist das Kind für 'n Schwein!" Gegenüber fielen der Uhrmacher, die Ladenburschen des Kaufmanns, die Krämerin und die Kaldaunenhändlerin, die alle das Lied kannten, in den Refrain ein und schlugen einer auf des anderen Rücken zum Spaß den Takt. Schließlich schien es so, als ob die ganze Straße mit betrunken wäre; schon der Geruch der Gasterei bei den Coupeaus ließ alle Leute auf der Straße Feierabend machen. Man muß sagen, daß die drinnen um diese Stunde schon recht hübsch angeheitert waren. Die Betrunkenheit steigerte sich nach und nach von dem ersten Schluck reinen Weines, den sie nach der Suppe getrunken hatten. Jetzt hatte die Sache ihren Höhepunkt erreicht; alle waren mit Nahrung bis zum Platzen vollgepfropft und saßen so in dem rötlichen Dampf, den die beiden blakenden Lampen erzeugten. Der Lärm ihrer Lustigkeit übertönte das Rollen der letzten Wagen. Zwei Stadtsergeanten, die glaubten, daß da ein Auflauf entstanden sei, eilten herbei; als sie aber Poisson inmitten der Gesellschaft sahen, nickten sie ihm verständnisinnig zu. Sie gingen nun zusammen langsam an den dunklen Häusern weiter.

Coupeau war bei folgendem Vers:

„Des Sonntags in Petit-Villette,
Wenn die Glut vorbei,
Besuch ich meinen Onkel Tinette
Von der Abfuhr-Kompagnei.
Kirschenkerne dort zu sammeln,
Wagen wir uns tief hinein,
Kind läßt drin die Beine bammeln,
Oh! was ist das Kind für 'n Schwein!
Oh! was ist das Kind für 'n Schwein!"

Nun aber kam das Haus ins Wackeln, ein solches Geheul ertönte durch die milde, stille Nacht; diese Schreihälse klatschten sich selber Beifall, denn sie konnten nicht hoffen, daß es ihnen gelingen würde, noch stärker zu brüllen.
Niemand von der ganzen Gesellschaft konnte sich so recht darauf besinnen, was die Sache eigentlich für ein Ende genommen hatte. Es mußte schon sehr spät gewesen sein, denn auf der Straße kam keine Katze mehr vorüber. Es konnte wohl sein, daß man noch um den Tisch herumgetanzt hatte und sich dabei bei den Händen gehalten. Das alles ging in einem gelben Nebel unter, in dem rote Gesichter hin und her sprangen, deren Mäuler von einem Ohr bis zum andern aufgerissen waren. Soviel stand fest, man hatte zuletzt den Wein in vollen Gläsern hinuntergestürzt. Die Kinder mußten sich ganz allein ausgezogen und zu Bett gelegt haben. Madame Boche rühmte sich am nächsten Morgen, daß sie Boche zwei Ohrfeigen gegeben hätte, weil er in einer Ecke mit der Kohlenhändlerin gar zu eindringlich geplaudert. Aber Boche, der sich des Vorfalles nicht entsann, behandelte die ganze Sache als eine Erfindung. Das, was jedermann für wenig anständig hielt, war das Betragen von Clémence. Die war entschieden ein Mädchen, das man nicht einladen konnte; sie hatte damit geendet, alles zu zeigen, was sie besaß, und es war ihr so übel geworden, daß sie eine Musselingardine total verdorben hatte. Die Männer gingen wenigstens auf die Straße; Lorilleux und Poisson waren, als ihre Mägen rebellisch wurden, direkt bis zum Laden des Wursthändlers gegangen. Wenn man eine gute Erziehung genossen hat, so kommt das immer zur Geltung. So waren Madame Putois, Madame Lerat und Virginie, als sie die Hitze zu sehr belästigte, einfach in das Hinterzimmer gegangen und hatten ihre Korsetts ausgezogen; Virginie hatte sich sogar lang auf das Bett gestreckt, nur für einen Augenblick freilich, um böse Folgen zu vermeiden. Dann schien die Gesellschaft weggeschmolzen zu sein, die einen verschwanden nach den andern; alle begleiteten einander und verloren sich so in dem dunklen Quartier mit einem letzten Lärm, den ein wütender Streit zwischen den Lorilleux' verursachte; noch ein „Trou la la, trou la la!", auf das sich der Vater Bru mit stumpfsinniger Energie verbissen hatte, und alles war aus. Es war Gervaise so vorgekommen, als ob Goujet, ehe er fortging, geschluchzt hätte. Coupeau sang noch immer. Was Lantier anbetraf, so mußte er wohl bis zuletzt geblieben sein, denn es war ihr einen Augenblick so, als ob in ihren Haaren ein gewisser Duft wäre, aber sie konnte nicht genau sagen, ob das von Lantier oder der heißen Nachtluft kam.
Da Madame Lerat sich geweigert hatte, zu so später Nachtstunde noch nach Batignolles zurückkehren, so wurde für sie in einer Ecke des Ladens, nachdem man den Tisch beiseite gerückt hatte, auf einer Matratze ein Lager aufgeschlagen. Dort schlief sie mitten unter den Abfällen des Gastmahls. Während der ganzen Nacht, als die Coupeaus in bleiernem Schlafe ihren Rausch sühnten, fraß eine Katze aus der Nachbarschaft, die durch ein offenes Fenster eingedrungen war, die Knochen der Gans und verzehrte so mit dem leisen Geräusch ihrer feinen Zähne die letzten Reste des Tieres.

VIII

Am nächsten Sonnabend brachte Coupeau, der zum Mittagessen nicht nach Hause gekommen war, gegen zehn Uhr Lantier mit. Sie hatten bei Thomas am Montmartre zusammen Kalbsfüße gegessen. „Du mußt nicht böse sein, Mutter!" sagte der Zinkarbeiter. „Wir waren ganz vernünftig, wie du siehst ... Oh, wenn ich mit ihm zusammen bin, dann hat es keine Not. Der paßt schon auf, daß ich nicht über die Stränge schlage!"
Er erzählte nun, wie sie sich in der Rue Rochechouart getroffen hatten. Nach dem Essen hatte Coupeau vorgeschlagen, daß er in der „Schwarzen Kugel" etwas spendieren wollte, aber Lantier hatte das rundweg abgeschlagen; er sagte, wenn man mit einer hübschen, ehrbaren Frau verheiratet sei, so ist es unschicklich, sich in allen Kneipen und Tanzlokalen herumzutreiben. Gervaise hörte diese Geschichte mit leise lächelnder Miene an. Es fiel ihr gar nicht ein, böse zu sein, dazu fühlte sie sich viel zu behaglich. Seit dem Fest hatte sie sich wohl schon darauf gefaßt gemacht, ihren alten Liebhaber an einem oder dem anderen Tage wiederzusehen; aber heute zu so später Stunde, wo man eben im Begriff war, zu Bett zu gehen, hatte sie das plötzliche Eintreten der Männer überrascht, und mit zitternden Händen befestigte sie wieder ihren Chignon, der ihr auf den Nacken gerutscht war. „Du begreifst wohl", fing Coupeau wieder an, „da er so zartfühlend war und in einer Schenke von mir nichts annehmen wollte, daß du uns jetzt einen Trunk vorsetzen mußt ... Ich dächte, das wärst du uns schuldig!"
Die Arbeiterinnen waren schon lange fortgegangen, Mama Coupeau und Nana hatten sich eben zu Bett gelegt. Gervaise, die schon einen Flügel der Ladentür in der Hand hatte und schließen wollte, als sie kamen, ließ nun den Laden noch offen und brachte auf eine Ecke des großen Arbeitstisches Gläser und den Rest einer Flasche Kognak. Lantier setzte sich nicht und vermied es, mit ihr zu sprechen. Nur als sie ihm eingoß, rief er: „Nur einen Tropfen, Madame, wenn ich bitten darf!"
Coupeau beobachtete sie und erklärte sich sehr unum-

wunden. Sie würden doch hier nicht etwa die Blöden spielen! Was vorbei ist, das ist vorbei, nicht wahr? Wenn man nach neun oder zehn Jahren immer noch Haß gegeneinander hegen wollte, so würde man schließlich dahin kommen, mit niemandem zu verkehren. Nein, nein, er war ein Mensch, der jedermann wohlwollte! Und dann wüßte er auch, mit wem er es zu tun hätte, mit einer braven Frau und mit einem Ehrenmann, kurz: mit zwei Freunden! Er sei ruhig, denn er kenne ihre Ehrenhaftigkeit. „Oh, sicherlich ... sicherlich ..." meinte Gervaise mit gesenkten Augenlidern, ohne recht zu wissen, was sie sagte. „Ich betrachte sie jetzt wie meine Schwester, nicht anders", meinte Lantier seinerseits. „Gebt euch in Gottes Namen die Hände!" rief Coupeau. „Wir kümmern uns den Teufel was um die Couponabschneider! Wenn man Grütze im Schädel hat, seht ihr wohl, dann ist man mehr wert als alle Millionäre. Ich für meine Person stelle die Freundschaft am höchsten, weil die Freundschaft eben die Freundschaft ist und nichts darüber geht."

Er gab sich heftige Faustschläge auf den Magen und war so aufgeregt, daß sie ihn beruhigen mußten. So tranken sie nun alle drei, stillschweigend miteinander anstoßend, ihren Schnaps. Nun konnte Gervaise Lantier nach Gefallen betrachten, denn an dem Abend ihres Festes war ihr alles wie im Nebel erschienen. Er war dicker geworden, fett und rund, die Arme und Beine schienen wegen seiner kleinen Statur sehr schwer zu sein. Aber in seinem Gesicht hatten sich, trotz der Aufgedunsenheit seines nichtstuerischen Lebens, noch hübsche Züge erhalten, und da er seinen kleinen Schnurrbart noch immer sehr sorgfältig pflegte, so erschien er nicht älter, als er war, gerade fünfunddreißig Jahre. An diesem Tage trug er ein graues Beinkleid und einen blauen Paletot wie ein Herr, seine Kopfbedeckung war ein runder Hut; er hatte selbst eine Uhr mit silberner Kette, an welcher ein Ring hing, wahrscheinlich ein Andenken. „Ich muß jetzt fort, ich habe verteufelt weit nach Hause!"

Er war schon auf der Straße, als Coupeau ihn zurückrief und ihm das Versprechen abnahm, nicht mehr bei ihnen vorüberzugehen, ohne ein wenig hereinzukommen. Währenddessen kam Gervaise, die plötzlich verschwunden war, zurück und stieß Etienne vor sich her, der in Hemdsärmeln war und ein sehr verschlafenes Gesicht hatte. Das Kind rieb sich lächelnd die Augen. Doch als es Lantier bemerkte, blieb es verlegen und zitternd stehen, indem es unruhig fragende Blicke auf Gervaise und Coupeau richtete. „Kennst du denn den Herrn gar nicht?" fragte dieser. Das Kind senkte zuerst den Kopf, ohne zu verstehen. Dann nickte es, daß es den Herrn erkenne.

„Nun denn, stelle dich nicht so dumm an, geh und umarme ihn!" Lantier saß ruhig und würdig da und erwartete ihn. Als Etienne sich endlich entschloß, näher zu kommen, beugte er sich zu ihm nieder, hielt ihm beide Backen hin und gab dem Knaben selbst einen Kuß mitten auf die Stirn. Nun wagte dieser seinen Vater zu betrachten. Aber plötzlich fing er heftig zu schluchzen an und lief wie ein Toller davon. Coupeau überhäufte ihn mit Scheltworten und sagte, daß er ein wahrer Wilder wäre. „Das ist die Gemütsbewegung!" sagte Gervaise, die selbst ganz blaß und erschüttert war. „Oh, er ist gewöhnlich sehr sanft und artig", meinte Coupeau. „Ich habe ihn famos erzogen, Ihr werdet das noch sehen ... Seht, schon des Kleinen wegen konnte man doch nicht immer böse miteinander spielen, nicht wahr? Schon seinetwegen mußten wir das tun, daß wir wieder Schönwetter machten, denn ich ließe mir lieber den Kopf abschneiden, als daß ich einen Vater verhindern sollte, sein Kind zu sehen!"

Danach sprach er davon, daß man recht gut die Flasche Kognak austrinken könnte. Alle drei stießen aufs neue an. Lantier erstaunte über nichts, seine Ruhe war unerschütterlich. Ehe er fortging, wollte er, um dem Zinkarbeiter seine Artigkeit heimzuzahlen, durchaus ihm helfen, den Laden zu schließen. Als er hierauf der Reinlichkeit wegen in die Hände geschlagen hatte, wünschte er dem Ehepaar eine gute Nacht. „Schlaft wohl! Ich will versuchen, ob ich den Omnibus noch abfassen kann ... Ich verspreche euch, bald wiederzukommen!"

Seit diesem Abend zeigte sich Lantier recht oft in der Rue de la Goutte-d'Or. Er kam immer zur Zeit, wo der Zinkarbeiter zu Hause war, fragte schon an der Tür nach seinem Befinden und tat so, als ob er überhaupt nur seinetwegen käme. Wenn er so mit dem Rücken nach dem Ladenfenster dasaß, immer im Paletot, rasiert und sorfältig gekämmt, und dort höflich plauderte, so konnte man ihn für einen Menschen halten, der eine gute Erziehung genossen hat. Mit der Zeit erfuhren die Coupeaus von ihm etwas Genaueres über sein Leben. Wähend der letzten acht Jahre hatte er eine kurze Zeit eine Hutfabrik geleitet. Wenn man ihn fragte, warum er sich denn zurückgezogen hatte, so sprach er von der Schuftigkeit eines Sozius, ein böser Bruder, ein Schurke, der das ganze Unternehmen mit Weibern durchgebracht hätte. Aber sein früherer Titel eines Chefs umschwebte unsichtbar seine Person und gab ihm etwas Vornehmes, welches er nicht mehr abtun konnte. Er sagte alle Augenblicke, daß er im Begriff stände, ein ganz ausgezeichnetes Geschäft zum Abschluß zu bringen. Die ersten Hut-Engros-Firmen waren im Begriff, ihm Fabriken einzurichten und ihm mit größtem Vertrauen ihre Interessen in die Hände zu legen. Inzwischen tat er nicht das geringste, er ging mit den Händen in der Tasche in der Sonne spazieren wie ein Spießbürger. Wenn er hin und wieder einmal klagte, und man es wagte, ihm Fabriken nachzuweisen, wo Arbeiter verlangt wurden, so hatte er dafür nur ein mitleidiges Lächeln; er hätte keine Lust, Hungers zu sterben und sich für die anderen zu Tode zu arbeiten. Und doch lebte dieser Schlingel, wie Coupeau sagte, nicht von der Luft. Oh! Das war ein Feiner, der wußte sich durchzuhelfen! Er mußte irgendein Geschäft betreiben, denn sein Äußeres zeigte, daß es ihm gut ging; es gehörte doch Geld dazu, um immer weiße Wäsche und Krawatten wie die Söhne reicher Leute zu tragen. In Wahrheit verhielt sich Lantier, der über alle anderen sehr gesprächig war, sehr schweigsam über seine Person, oder er log auch in Dingen, die ihn betrafen. Er wollte nicht einmal sagen, wo er wohnte. Nun, er wohnte bei einem Freunde, weit, am Ende der Welt, bis er eine schöne Stellung gefunden hätte; er verbot es den Leuten, zu ihm zu kommen, weil er doch niemals zu Hause sei.

„Man kann ja zehn Anstellungen für eine bekommen", setzte er oft auseinander. „Nur, es lohnt nicht, in eine von diesen Butiken einzutreten, weil man doch nicht länger als vierundzwanzig Stunden da bleiben würde ... So komme ich eines schönen Montags zu Champion nach Montrouge. Am Abend ärgerte mich Champion mit der Politik; wir hatten nicht dieselben Ideen. Nun! am Mittwoch früh gehe ich davon, denn wir leben doch heute nicht mehr in den Zeiten der Sklaverei, und ich will mich doch nicht für sieben Francs täglich verkaufen."

Es waren damals die ersten Tage des Monats November. Lantier brachte sehr galant Veilchenbuketts mit, die er an Gervaise und an die Arbeiterinnen verteilte. Nach und nach wurden seine Besuche häufiger, schließlich kam er fast täglich. Er schien das Haus, ja das ganze Quartier erobern zu wollen und begann damit, Clémence und Madame Putois zu bezaubern, denen er, ohne auf den Altersunterschied Rücksicht zu nehmen, die ausgesuchteste Artigkeit erwies. Nach einem Monat wurde er von den beiden Arbeiterinnen angebetet. Die Boches, denen er sehr schmeichelte, weil er sie in ihrer Loge besuchte, konnten nicht genug Rühmens von seiner Höflichkeit machen. Als die Lorilleux' erst erfahren hatten, wer der Herr gewesen sei, der da am Tage des Festes zum Dessert gekommen war, da schienen sie Feuer und Flamme gegen Gervaise, die es wagte, auf solche Art ihren alten Liebhaber in ihr Haus einzuführen. Als Lantier eines Tages zu ihnen hinaufging und sich ihnen damit vorstellte, daß er eine Kette für eine ihm bekannte Dame bestellte, waren sie so entzückt von seiner Unterhaltung, daß sie ihn baten, Platz zu nehmen, und über eine Stunde dortbehielten; ja sie fragten sich sogar, wie es nur denkbar sei, daß ein so vornehmer Herr mit der Humpelliese zusammen hätte leben können. So war es schließlich dahin gekommen, daß jedermann die Besuche des Hutmachers bei den Coupeaus ganz natürlich fand; so hatte er es verstanden, sich bei der ganzen Rue da la Goutte-d'Or in Gunst zu setzen. Nur Goujet blieb finster. Wenn er da war und der andere kam, so nahm er sogleich die Tür in die Hand, damit er nicht nötig hätte, die Bekanntschaft dieses Herrn zu machen.

Trotz der allgemeinen Zärtlichkeit für Lantier lebte Gervaise in den ersten Wochen in einer großen Erregung. Sie empfand in der Herzgrube dieses Brennen, welches sie zum erstenmal bei den vertraulichen Mitteilungen von Virginie verspürt hatte. Ihre Hauptfurcht bestand darin, daß sie ihm gegenüber machtlos sei, wenn er sie eines Abends allein anträfe und sich einfallen ließe, sie zu küssen. Sie dachte zuviel an ihn, er hatte ihr zuviel Kummer bereitet. Aber sie beruhigte sich mit der Zeit, da sie ihn so vernünftig fand; er blickte ihr nicht gerade in die Augen und berührte sie nie auch nur mit einer Fingerspitze. Virginie, die sie ganz zu durchschauen schien, machte ihr über ihre bösen Gedanken Vorwürfe. Weshalb zitterte sie denn? Konnte man denn einen rücksichtvolleren Menschen finden? Sicherlich hat sie von ihm nichts zu fürchten. Die große Brünette ruhte eines Tages nicht eher, als bis sie beide in eine Ecke hineingebracht hatte und eine Unterhaltung über die Gefühle in Gang kam. Lantier erklärte mit gewichtiger Stimme und in gewählten Ausdrücken, daß sein Herz tot sei, daß er sich aber nichtsdestoweniger nur dem Glück seines Sohnes widmen wolle. Er sprach nie von Claude, der immer noch im Süden war. Er küßte Etienne jeden Abend auf die Stirn, wußte aber nicht, was er mit ihm sprechen sollte, wenn das Kind dortblieb, und vergaß es schnell, um Clémence Artigkeiten zu sagen. Gervaise, die nun ganz beruhigt war, fühlte die Vergangenheit in sich ersterben. Die Gegenwart von Lantier verwischte ihre Erinnerungen an Plassans und an das Hotel Boncœur. Da sie ihn täglich sah, so träumte sie nicht mehr von ihm. Es stellte sich bei ihr sogar eine gewisse Abscheu vor ihren früheren Beziehungen ein. Oh, das war jetzt gründlich aus. Wenn er es wagen sollte, so etwas von ihr zu verlangen, so würde sie ihm mit ein paar Ohrfeigen antworten, oder besser noch, sie würde es ihrem Mann sagen. Oft gedachte sie dabei immer wieder, ohne Reue, doch mit sanfter Innigkeit an die treue Freundschaft Goujets.

Eines Morgens erzählte Clémence, als sie nach dem Atelier kam, daß sie am Abend zuvor gegen elf Uhr Herrn Lantier mit einer Dame am Arm getroffen hätte. Sie erzählte das in ihrer rohen Weise, in der boshaften Absicht, zu sehen, was wohl Gervaise dazu für ein Gesicht machen würde. Ja, ja, Herr Lantier wäre die Rue Notre-Dame de Lorette hinaufgegangen; die Frau sei blond gewesen, eine jener Boulevardnymphen, halb krepiert und kein Hemd unter dem Seidenkleid anzuziehen. Zum Spaß sei sie dem Paar gefolgt. Die Nymphe wäre zuerst in einen Fleischerladen gegangen und hätte dort Krabben und Schinken gekauft. Dann in der Rue de la Rochefoucauld hätte Herr Lantier auf dem Trottoir gewartet, bis die Kleine ihm vom Fenster aus ein Zeichen gemacht hätte, dann sei er hinaufgegangen. Clémence konnte noch soviel gemeine Erläuterungen hinzufügen, Gervaise plättete ruhig an ihrem weißen Kleid weiter. Hin und wieder lockte die Geschichte ein leichtes Lächeln auf ihre Lippen. Die Provenzalen sind alle hinter den Weibern her, sie müssen um jeden Preis eine haben, und wenn sie sie selbst von einem Haufen Unrat auflesen sollten. Als am Abend der Hutmacher kam, belustigte sie sich sehr über Clémences Neckereien, die ihn fortwährend mit seiner Blonden aufzog. Übrigens schien es ihm zu schmeicheln, daß er gesehen worden war. Mein Gott! Das war eine alte Freundin von ihm, die er hin und wieder besuchte, wenn sich das gerade so machte. Es sei übrigens ein Mädchen, dem es gut ging und das sich sehr geschmackvoll kleidete; sie wohne in Palisandermöbeln. Dann nannte er ihre Liebhaber, einen Vicomte, einen Großhändler in Porzellan und den Sohn eines Notars. Er liebe Frauen, die Parfüms gebrauchen. Gerade hielt der Clémence sein Taschentuch unter die Nase, das ihm die Kleine gestern parfümiert hatte, als plötzlich Etienne hereinkam. Sogleich nahm er eine ernste Miene an, küßte den Knaben und sagte, daß solche Scherze ohne Folgen wären, denn sein Herz sei ja doch tot. Gervaise, die über ihre Arbeit gebeugt dasaß, nickte beistimmend mit dem Kopf. Clémence allein erntete jetzt die Früchte ihrer Bosheit, denn sie hatte wohl gefühlt, wie Lantier sie, ohne sich etwas merken zu lassen, schon zwei- oder dreimal gekniffen hatte; nun starb sie vor Eifersucht und Neid, daß sie nicht ebenso nach Moschus stank wie die Nymphe von den Boulevards.

Als der Frühling kam, sprach Lantier, der jetzt schon ganz und gar zur Familie gehörte, davon, in das Quartier zu ziehen, um seinen Freunden näher zu sein. Er suchte ein möbliertes Zimmer in einem sauberen Hause. Madame Boche und selbst Gervaise gaben sich alle erdenkliche Mühe, so etwas zu finden. Sie durchsuchten alle benachbarten Straßen. Aber er war zu schwer zu befriedigen: er wünschte einen großen Hof, eine Wohnung zu ebener Erde, kurz alle nur denkbaren Annehmlichkeiten. Jeden Abend, wenn er jetzt bei den Coupeaus saß, schien er dort die Höhe der Zimmer zu messen, ihre Einteilung zu studieren, als ob er eine ähnliche Wohnung für sich gewünscht hätte. Oh, mehr verlangte er ja nicht, er würde sich gern an irgendeinem ruhigen, warmen Ort ein Loch machen und da unterkriechen. Er beendete jedesmal seine Untersuchung mit diesem Satz:

„Donnerwetter! Ihr sitzt hier wirklich ganz famos!“

Eines Abends, als er dort gegessen hatte und wieder beim Dessert seinen ewigen Satz losließ, schrie Coupeau, der ihn jetzt duzte, plötzlich: „Du mußt hierbleiben, mein alter Junge, wenn dein Herz dich herzieht ... Wir werden uns schon einrichten.“ Er setzte auseinander, daß das Zimmer für die schmutzige Wäsche, wenn man es rein machte, ein sehr hübsches Zimmer wäre. Etienne könnte auf Matratzen im Laden schlafen, dann wäre alles gemacht. „Nein, nein!“ sagte Lantier, „das kann ich nicht annehmen! Da würde ich euch lästigfallen! Ich weiß wohl, daß ihr mir das Anerbieten aus gutem Herzen macht, aber wir würden einer dem andern zu dicht auf der Pelle sitzen ... Und dann, ihr wißt wohl, jeder muß seine Freiheit haben. Ich müßte durch euer Zimmer gehen und das wäre doch nicht immer passend!“ – „Ach, dieser Schlingel!“ sagte der Zinkarbeiter, der beinahe vor Lachen erstickte und auf den Tisch schlug, um die Kehle wieder frei zu machen, „er denkt doch immer an Nichtsnutzigkeiten! ... Aber du Schlauberger! Da muß man eben etwas suchen! Nicht wahr? Da sind zwei Fenster in dem Zimmer. Nun gut, man bricht eins bis zum Fußboden durch und macht eine Tür daraus. Dann, mein Junge, hast du deinen Eingang vom Hof, verstehst du? Wir können ja sogar die Verbindungstür verstellen, wenn uns das besser paßt. Dann sieht und hört man nichts voneinander, du hast deine Wohnung für dich und wir unsere für uns!“

Es entstand ein Stillschweigen. Endlich murmelte Lantier:

„Ja, gewiß! auf diese Art läßt sich nichts dagegen sagen... Aber nein; ich würde euch allzuviel auf dem Halse liegen.“ Er vermied es, Gervaise anzusehen. Aber er erwartete von ihr ein aufmunterndes Wort, um anzunehmen. Diese war durch die Idee ihres Mannes sehr unangenehm überrascht. Es war nicht der Gedanke, Lantier bei sich wohnen zu haben, der sie besonders verletzte oder beunruhigte, sie fragte sich nur, wo sie mit der schmutzigen Wäsche bleiben solle. Nun betonte der Zinkarbeiter die Vorteile des Übereinkommens. Die Miete von fünfhundert Francs war immer ein wenig hoch gewesen. Nun gut! Der Kamerad würde ihnen für das möblierte Zimmer zwanzig Francs monatlich zahlen; das wäre für ihn nicht zuviel und gäbe doch zum Quartalstag eine schöne Hilfe. Er fügte hinzu, daß er es auf sich nähme, unter ihrem Bett einen großen Kasten anzubringen, der die schmutzige Wäsche des ganzen Quartiers aufnehmen könnte. Gervaise zögerte noch immer und schien mit einem Blick Mama Coupeau zu befragen, deren Eroberung Lantier schon seit Monaten dadurch gemacht hatte, daß er ihr Schachteln mit Gummibonbons gegen ihren Husten mitbrachte. „Ihr würdet uns keine Unbequemlichkeiten machen, das ist sicher!“ sagte sie schließlich. „Man wird immer Mittel finden, sich einzurichten ...“ – „Nein, nein! ich danke wirklich!“ sagte der Hutmacher. „Ihr seid zu liebenswürdig, um Mißbrauch mit eurer Güte zu treiben!“ Nun brach Coupeau los. Ob er sich denn noch länger nötigen lassen wolle? Wenn man ihm doch sagte, daß man es aufrichtig so meinte! Er würde ihnen einen Gefallen tun, so läge die Sache! Dann heulte er mit wütender Stimme: „Etienne! Etienne!“ Der Knabe war am Tische eingeschlafen und hob nun plötzlich den Kopf auf. „Höre mal, sage du ihm, daß du es willst ... Ja, ja! diesem Herren da ... Sage es ihm recht deutlich: Ich will es!“

„Ich will es!“ stotterte der Knabe, der so verschlafen war, daß er kaum den Mund aufmachen konnte. Alle lachten. Aber Lantier nahm bald seine würdige Miene wieder an. Er schüttelte Coupeau über den Tisch die Hand und sagte: „Ich nehme es an ... Das ist aus Freundschaft geboten und genommen von beiden Seiten, nicht wahr? Ich nehme es des Kindes wegen an!“

Als am nächsten Morgen Herr Marescot gekommen war, um seine Stunde bei den Boches zu verbringen, sprach ihm Gervaise von der Sache. Er zeigte sich zuerst beunruhigt, lehnte ab und wurde böse, als ob man von ihm verlangt hätte, daß er einen ganzen Flügel seines Hauses hätte niederreißen sollen. Als er dann eine eingehende Besichtigung des Ortes vorgenommen und sich überzeugt hatte, daß die oberen Etagen noch genügend gestützt waren, so gab er schließlich unter der Bedingung seine Einwilligung, daß ihm nicht die geringsten Kosten aus der Sache erwüchsen und ihm überdies die Coupeaus noch ein Schriftstück darüber ausfertigten, daß sie beim Ablauf ihres Kontraktes den Status quo ante wiederherstellen würden. Noch am selben Abend brachte der Zinkarbeiter ein paar Kameraden mit, einen Maurer, einen Tischler und einen Anstreicher, lauter gute Kerle, die die Lumperei nach Feierabend aus guter Freundschaft machen würden. Das Einsetzen der neuen Tür und die Instandsetzung des Zimmers kostete gegen hundert Francs, ungerechnet all der Liter, mit denen die Arbeit begossen wurde. Der Zinkarbeiter sagte seinen Kameraden, daß er ihnen alles später bezahlen würde, nämlich mit dem Mietsgelde seines neuen Hausgenossen. Alsdann handelte es sich darum, wie das Zimmer möbliert werden sollte. Gervaise ließ den Schrank von Mama Coupeau darin, dann stellte sie einen Tisch und zwei Stühle hinein, die sie ihrem eigenen Zimmer entnahm; sie mußte noch einen Waschtisch und ein Bett mit allem Zubehör kaufen, das war im ganzen eine Angelegenheit von hundertunddreißig Francs, die sie in monatlichen Raten von zehn Francs abzahlen sollte. So waren auf ungefähr zehn Monate die zwanzig Francs Lantiers schon im voraus verausgabt durch die Schulden, in die sie sich gestürzt hatten, später würde man dann einen schönen Nutzen haben!

In den ersten Tagen des Monats Juni fand der Umzug des Hutmachers statt. Die Alte, Mama Coupeau, hatte sich erboten, mit ihm zu gehen, um seinen Koffer zu holen, da er dann die dreißig Sous für den Fiaker sparen würde. Aber Lantier blieb sehr bekniffen und sagte, sein Koffer sei zu schwer, als ob er noch bis zum letzten Augenblick seinen früheren Wohnort hätte geheimhalten wollen. Er kam am Nachmittag gegen drei Uhr an. Coupeau war nicht da. Als Gervaise von der Ladentür aus den Koffer auf dem Fiaker wiedererkannte, wurde sie ganz blaß. Das war ihr alter Koffer, mit dem sie die Reise von Plassans gemacht hatten, heute war er ganz defekt und zerbrochen und wurde nur notdürftig durch Stricke zusammengehalten, die darumgeschnürt waren. So sah sie ihn wiederkommen, wie sie es so oft geträumt hatte; sie konnte sich einbilden, es sei das derselbe Fiaker, in dem damals die Dirne, die Adèle, mit ihm davongefahren war und der ihn jetzt wieder zu ihr führte. Boche war Lantier beim Abladen behilflich. Die Wäscherin folgte ihnen schweigend und ein wenig betäubt. Als die Männer ihre Last mitten im Zimmer niedergesetzt hatten, sagte sie, um doch etwas zu sprechen: „Nun, so haben wir das Geschäft in Ordnung."

Als sie sah, daß Lantier, der damit beschäftigt war, die Stricke loszubinden, sich nicht einmal nach ihr umsah, fügte sie hinzu:

„Nicht wahr, Herr Boche, Ihr werdet einen Schluck Wein trinken?" So ging sie und holte einen Liter und Gläser. Gerade jetzt ging Poisson in Uniform vorüber. Sie machte ihm ein Zeichen mit den Augen und lächelte dabei. Der Stadtsergeant hatte sogleich verstanden, um was es sich handelte. Wenn er im Dienst war und man ihm mit den Augen zuzwinkerte, so hieß das soviel, als daß man ihm ein Glas Wein anbot. Oft ging er stundenlang vor dem Wäscheladen auf und ab und wartete auf das Zeichen. Dann ging er, um nicht gesehen zu werden, über den Hof und trank heimlich sein Glas aus. „Ah! ah!" sagte Lantier. „Ihr seid es, Badinguet*!" Er nannte ihn aus Unsinn immer Badinguet, um ihn mit seiner treuen kaiserlichen Gesinnung zu verhöhnen. Poisson nahm das mit seiner verschlossenen Miene immer ruhig hin, ohne daß man ergründen konnte, ob er sich innerlich darüber ärgere oder nicht. Diese beiden Männer, die in ihren politischen Ansichten so weit auseinandergingen, waren sonst recht gute Freunde geworden. „Ihr wißt doch, daß der Kaiser in London Stadtsergeant gewesen ist", sagte nun Boche seinerseits. „Ja, ja, ich gebe euch mein Wort darauf, daß er die betrunkenen Weiber arretiert hat."

Gervaise hatte nochmals die drei Gläser auf dem Tisch gefüllt. Sie selbst wollte nicht trinken, denn sie fühlte ihr Herz schwer bedrückt. Dennoch blieb sie da und sah zu, wie Lantier die letzten Stricke abnahm, weil sie gerne wissen wollte, was wohl in dem Koffer war. Sie erinnerte sich noch der Menge Strümpfe in der einen Ecke, zweier schmutzigen Hemden und eines alten Hutes. Ob diese Sachen wohl noch da lagen? Würde sie diese Lumpen aus vergangener Zeit hier wiederfinden? Ehe Lantier den Deckel zurückschlug, griff er nach seinem Glase und stieß damit an. „Auf eure Gesundheit!" – „Gleichfalls!" antworteten Boche und Poisson. Wiederum füllte die Wäscherin die Gläser. Die drei Männer wischten sich mit der Hand den Mund ab. Nun endlich öffnete der Hutmacher den Koffer. Er war mit einem wüsten Chaos von alten Zeitungen, Büchern, vertragenen Kleidern und mehreren Paketen schmutziger Wäsche angefüllt. Er zog nach und nach eine Kasserolle, ein Paar Stiefel, eine Büste Ledru-Rollins mit zerbrochener Nase, ein gesticktes Hemd und eine Arbeitshose heraus. Gervaise, die sich vorbeugte, bemerkte, wie von den Sachen ein Tabaksgeruch, gemischt mit dem Duft eines unsauberen Mannes, der nur das reinhält, was von ihm zu sehen ist, emporstieg. Nein, der alte Hut lag nicht mehr in der linken Ecke. Dafür lag dort ein Knäuel, welches sie nicht kannte, vermutlich das Geschenk irgendeiner Frau. Sie beruhigte sich nun und konnte sich doch einer gewissen Traurigkeit nicht erwehren, wenn sie so mit den Augen all den Stücken folgte und sich bei jedem fragte, ob es noch aus ihrer Zeit oder aus der ihrer Nachfolgerinnen sei.

„Seht mal Badinguet! kennt Ihr das?" fragte Lantier. Dabei hielt er ihm ein kleines Buch unter die Nase, das in Brüssel gedruckt war und die Aufschrift trug: „Die Liebesabenteuer Napoleons III."; es war mit Kupferstichen geschmückt. Unter anderen Anekdoten erzählte man darin, wie der Kaiser einst der Tochter eines Kochs, einem dreizehnjährigen Mädchen, nachstellte; die Abbildung zeigte Napoleon, wie er mit nackten Beinen (er hatte nur den Großkordon der Ehrenlegion anbehalten) eine Dirne verfolgte, die sich vor seiner Lüsternheit retten wollte.

* *Anmerkung des Übersetzers:* Badinguet war der Name des Maurers, in dessen Bluse Napoleon von Hamm entfloh, und er wurde später als Spitzname Napoleons III. im Volke sehr gebräuchlich.

„Ei, das ist gut!" schrie Boche, dessen innerste wollüstige Instinkte sehr gekitzelt wurden. „So geht so was immer!" Poisson war so verdutzt, daß er nicht ein Wort zur Verteidigung des Kaisers fand. Das war gedruckt, dagegen ließ sich nichts sagen. Da Lantier ihm fortwährend das Bild unter die Nase hielt, um ihn zu necken, schlug er die Arme untereinander, und es entfuhr ihm die Äußerung: „Nun, was ist da weiter groß dabei, liegt das denn nicht in der menschlichen Natur?"

Durch diese Antwort war Lantier der Mund geschlossen. Er ordnete nun seine Bücher und Zeitungen auf dem Schrank; da er sehr betrübt darüber schien, daß er nicht ein kleines Bücherbrett hätte, das man über dem Tisch aufhängen könnte, versprach ihm Gervaise, daß sie eins besorgen wollte. Er besaß die „Geschichte der zehn Jahre" von Louis Blanc, davon fehlte der erste Band, den er übrigens nie gehabt hatte, „Die Girondisten" von Lamartine in den Zwei-Sous-Lieferungen, die „Geheimnisse von Paris" und die „Ewigen Juden" von Eugène Sue, ungerechnet einen Haufen von philosophischen und humanistischen Büchern, die er bei den Alteisenkrämern aufgerafft hatte. Alle seine Zeitungen umfaßte er mit gerührtem, wehmütigem Blick. Er selbst hatte diese Sammlung seit Jahren zusammengebracht. Jedesmal, wenn er im Café eine Zeitung las und darin einen Artikel fand, der ihm besonders gelungen schien und mit seinen Ideen übereinstimmte, kaufte er das Blatt und bewahrte es auf. Es hatte sich bei ihm ein ungeheures Paket Zeitungen angesammelt, die von den verschiedensten Daten und Titeln waren und ohne jede Ordnung durcheinanderlagen. Als er dieses Paket aus dem Boden des Koffers genommen hatte, klopfte er wohlgefällig mit der Hand darauf und sagte zu den beiden anderen: „Sehr mal her! Was meint ihr wohl? Das gehört mir, kein Mensch kann sagen, daß er so etwas Hübsches besitzt ... Was da drinsteckt, das laßt ihr euch nicht träumen! Das will so viel heißen: wenn man die Hälfte dieser Ideen ausführte, das würde auf einmal die Gesellschaft in Ordnung bringen. Ja, ja, dann könnten euer Kaiser und alle seine Banditen uns den Buckel langrutschen ..." Er wurde durch den Stadtsergeanten unterbrochen, der seinen roten Schnurr- und Knebelbart drehte. „Und die Armee, sagt mal, was macht Ihr denn damit?" Nun wurde Lantier wütend. Er schrie und schlug mit der Faust auf seine Zeitungen: „Ich will die Unterdrückung des Militarismus, die Verbrüderung der Völker ... Ich will die Abschaffung der Privilegien, der Titel, der Monopole ... Ich will Gleichheit der Gehälter, Teilung der Güter und die Verherrlichung des Proletariats ... Alle Freiheiten, versteht ihr wohl? alle! ... Und die Scheidung!" – „Ja, die Ehescheidung, wegen der Moral!" sagte Boche.

Poisson hatte eine majestätische Miene angenommen. Er antwortete: „Wenn ich nun aber von Euren Freiheiten nichts wissen will? Ich bin ja frei." – „Wenn Ihr nichts davon wissen wollt, wenn Ihr nichts davon wissen wollt ..." stotterte Lantier, den die Leidenschaft fast erstickte. „Nein, Ihr seid nicht frei! ... Ich schicke Euch nach Cayenne, ich, ja, nach Cayenne, mit Eurem Kaiser und seiner ganzen Schweinebande!"

So gerieten sie fast jedesmal aneinander, wenn sie miteinander sprachen. Gervaise, die solche Auftritte nicht liebte, vermittelte gewöhnlich. Sie erwachte jetzt aus der Grübelei, in die sie der Anblick des Koffers versetzt hatte, aus dem die verblaßten Erinnerungen an ihre alte Liebe wieder emporgestiegen waren. Sie zeigte den Männern die Gläser.

„Das ist richtig!" sagte Lantier schnell beruhigt, indem er nach seinem Glase griff. „Eure Gesundheit!" – „Die Eure!" antworteten Boche und Poisson, die mit ihm anstießen.

Indessen wiegte sich Boche hin und her und betrachtete den Sergeanten mit mißtrauischen Blicken von der Seite. „Das bleibt doch alles unter uns, nicht wahr, Herr Poisson?" murmelte er endlich. „Man zeigt und sagt Euch hier Sachen ..." Aber Poisson ließ ihn gar nicht ausreden. Er legte die Hand aufs Herz, um damit anzudeuten, daß alles das ruhig da bliebe. Er würde doch nicht seine Freunde ausspionieren! Als jetzt Coupeau ankam, leerte man noch einen zweiten Liter. Der Sergeant ging dann über den Hof hinaus und begann auf der Straße wieder seinen steifen, strengen Marsch mit abgemessenen Schritten.

In der ersten Zeit stand bei der Wäscherin das ganze Haus auf dem Kopf. Lantier hatte zwar sein besonderes Zimmer, seinen eigenen Eingang, seinen Schlüssel, aber da man sich im letzten Augenblick entschlossen hatte, die Verbindungstür nicht zu verstellen, so kam er doch meistenteils durch den Laden. Die schmutzige Wäsche störte Gervaise sehr, denn ihr Mann dachte nicht mehr an den großen Kasten, von dem er gesprochen hatte; sie sah sich nun gezwungen, die schmutzige Wäsche überall hinzustopfen, in alle Ecken, besonders unter ihr Bett, was in heißen Sommernächten keine große Annehmlichkeit war. Dann belästigte sie es auch sehr, daß sie jeden Abend Etiennes Bett mitten im Laden machen mußte; wenn die Arbeiterinnen länger zu tun hatten, schlief das Kind inzwischen auf einem Stuhl. Als Goujet ihr davon gesprochen hatte, Etienne nach Lille zu geben, wo sein früherer Lehrherr, ein Mechaniker, Lehrlinge verlangte, nahm sie diesen Gedanken auf, um so mehr, als der Knabe, der sich im Hause nicht glücklich fühlte und gern sein eigener Herr sein wollte, sie bat, ihre Einwilligung zu geben. Sie fürchtete nur, daß Lantier unumwunden ablehnen würde. Er war doch nur zu ihnen gezogen, um so seinem Sohne näher zu sein; er konnte nicht wollen, daß er ihm gerade vierzehn Tage nach seiner Übersiedlung wieder fortgenommen würde. Als sie ihm dennoch mit Zittern von der Sache sprach, billigte er den Plan ganz und gar, er sagte, die jungen Arbeiter müßten etwas vom Lande zu sehen bekommen. Am Morgen, als Etienne abreiste, hielt er ihm einen Vortrag über seine Rechte, dann umarmte er ihn und deklamierte so fort: „Bedenke stets, daß der Erzeuger kein Sklave ist, aber bedenke auch, daß jeder, der nichts erzeugt, ein Dieb ist, der auf Kosten derer lebt, die arbeiten."

Bald regelte sich der Haushalt nach den veränderten Bedingungen; alles beruhigte sich, und jeder lebte sich in die neuen Gewohnheiten ein. Gervaise hatte sich an das liederliche Umherwerfen der schmutzigen Wäsche und an das Gehen und Kommen von Lantier gewöhnt. Dieser sprach fortwährend von seinen großen Geschäften. Hin und wieder ging er sorgfältig frisiert aus, immer trug er weiße Wäsche; ab und zu wurde er unsichtbar und kam selbst nachts nicht nach Hause; wenn er dann zurückkehrte, tat er sehr abgespannt, als ob ihm der Kopf brummte und er vierundzwanzig Stunden hintereinander die wichtigsten Dinge verhandelt hätte. Die Wahrheit war, daß er sich herumtrieb. Oh! da war keine Not, daß der Schwielen in die Hände bekam! Er stand gewöhnlich morgens gegen zehn Uhr auf, machte des Nachmittags einen Spaziergang, wenn das Wetter seinen Beifall hatte; an den Regentagen blieb er im Laden und las seine Zeitung. Das war sein Hauptquartier, er schwoll ordentlich auf vor Behagen da mitten unter den Unterröcken; dort setzte er sich bei dem üppigsten von den Frauenzimmern fest; er war entzückt von den Kraftausdrücken und veranlaßte sie, damit herauszurücken, während er selbst nie seine gewählte Sprechweise verließ. Daher erklärt es sich, daß er es so sehr liebte, sich in der Nähe der Wäscherinnen aufzuhalten, weil diese Mädchen alle ein entsetzlich loses Maulwerk haben. Wenn Clémence ihre saftige Weisheit vor im auskramte, so ließ er sich das sanft lächelnd gefallen und drehte sich vor Vergnügen seinen kleinen Schnurrbart. Diese Dünste des Ateliers, der Schweiß der Arbeiterinnen, die mit ihren nackten Armen unablässig die Eisen hin- und herbewegten, diese ganze Ecke, die einem Alkoven glich, in dem sich die äußeren Hüllen fast aller Frauen des ganzen Quartiers befanden, das alles schien für ihn die Verwirklichung eines lange gehegten Traumwunsches zu sein; so hatte er sich das Loch gedacht, in dessen Zurückgezogenheit er faulenzen und genießen konnte.

In der ersten Zeit hatte Lantier bei François an der Ecke der Rue des Poissonniers gegessen; aber von den sieben Tagen der Woche aß er an dreien oder vieren bei den Coupeaus zu Mittag, so daß er ihnen endlich den Vorschlag machte, bei ihnen in Pension zu gehen, er würde dann fünfzehn Francs an jedem Sonnabend zahlen. Nun verließ er das Haus überhaupt nicht mehr und richtete sich ganz und gar ein. Man sah ihn nun vom Morgen bis zum Abend in Hemdsärmeln zwischen Laden und Hinterzimmer hin und her gehen; mit lauter Stimme ordnete er alles an, er gab sogar den Kunden Bescheid, mit einem Wort, er führte das ganze Haus. Da ihm der Wein von François nicht schmeckte, überredete er Gervaise, von nun an ihren Wein bei Vigouroux, dem Kohlenhändler, zu kaufen, wo er mit Boche zusammen die Frau kniff, wenn er die Bestellungen machte. Dann fand er das Brot von Coudeloup nicht ordentlich durchgebacken; er schickte Augustine nach der Wiener Bäckerei auf dem Faubourg-Poissonnière zu Meyer. Er behielt auch Lehongre nicht bei, den Mehl- und Vorkosthändler; der einzige, von dem er nicht abging, war der Fleischer, der dicke Charles von der Rue Polonceau, an dem er seiner politischen Meinungen halber festhielt. Nach Verlauf eines Monats wollte er die ganze Küche unter Öl setzen. Gervaise sagte, wenn sie ihn necken wollte, daß bei so einem Kerl von Provenzalen doch immer der Ölfleck wieder zum Vorschein käme. Er machte sich selbst eine Art Eierkuchen, die auf beiden Seiten gebacken wurden und so hart und knusperig wie Krausbrot waren, reine Schiffszwiebacke. Er beaufsichtigte Mama Coupeau und verlangte, daß die Beefsteaks sehr durchgebraten, ungefähr wie Schuhsohlen waren; überall tat er Knoblauch dazu und wurde böse, wenn man Beikräuter in den Salat warf; das sei schlechtes Zeug! schrie er, wo sehr leicht einmal etwas Giftiges darin vorkommen könnte. Sein Leibgericht war eine gewisse Suppe, bei der man Nudeln im Wasser sehr dick einkochte und zu der er dann beinahe eine halbe Flasche Öl dazugoß. Nur er und Gervaise aßen davon, denn die anderen, die Pariser, hätten eines Tages, als sie auch davon gekostet hatten, beinahe Lunge und Leber ausgebrochen.

Nach und nach hatte es Lantier auch auf sich genommen, die Angelegenheiten in der Familie zu regeln. Da die Lorilleux' sich immer zu drücken versuchten, wenn sie ihrer Mutter die fünf Francs bezahlen sollten, so hatte er gesagt, daß man ihnen recht gut einen Prozeß an den Hals hängen konnte. Was gingen ihn denn die Leute an? Die müßten zehn Francs monatlich geben. Er selbst ging mit so unternehmender und doch liebenswürdiger Miene nach oben, die zehn Francs zu holen, daß Lorilleux sie ihm nicht abzuschlagen wagte. Nun gab auch Madame Lerat zwei Fünffrancsstücke. Mama Coupeau hätte Lantier die Hände küssen mögen, der übrigens auch in den Streitigkeiten der alten Frau mit Gervaise den Schiedsrichter spielte. Wenn die Wäscherin zuweilen ungeduldig wurde und ihre Schwiegermutter schlecht behandelte, so daß diese sich auf ihr Bett setzte und weinte, so ruhte er nicht eher, als bis sie einander umarmten, er fragte sie dann, ob sie vielleicht glaubten, daß die Leute das hübsch fänden, wie sie sich aufführten. Ebenso war es mit Nana: seiner Meinung nach wurde sie verteufelt schlecht erzogen. Und darin hatte er nicht so unrecht, denn wenn der Vater drauf losschlug, so gab die Mutter der Dirne recht, und wenn die Mutter sie einmal anfaßte, so machte ihr Coupeau eine Szene. Nana war entzückt, ihre Eltern so uneins zu sehen, sie sah sich so schon im voraus für alles entschuldigt und beging tausend dumme Streiche. Sie hatte wieder eine neue Erfindung gemacht, sie ging jetzt nach der Hufschmiede hinüber und spielte dort; während des ganzen Tages schaukelte sie auf den Deichseln der Karren; dort versteckte sie sich mit einer Bande Straßenjungen auf dem düsteren Hofe, den das rote Schmiedefeuer beleuchtete; plötzlich erschien sie wieder, dann lief sie schreiend nach Hause, beschmutzt, mit aufgelösten Haaren, von der ganzen Bande verfolgt, als ob der Schwung eines Hammers das ganze Kinderkroppzeug in die Flucht geschlagen hätte. Nur Lantier konnte sie schelten; und auch den wußte sie schön zu nehmen. Diese zehnjährige Krabbe spielte vor ihm die Dame, sie wiegte sich in den Hüften und warf ihm Seitenblicke zu mit Augen, aus denen alles andere als Kinderunschuld sprach. Er hatte es auf sich genommen, ihre Erziehung zu vollenden: er lehrte sie tanzen und provenzalisch sprechen. Auf diese Art verging ein Jahr. Im Quartier glaubte man, daß Lantier von seinen Renten lebte, denn das war die einzige Möglichkeit, um sich das üppige Leben der Coupeaus zu erklären. Zwar verdiente Gervaise ja noch immer Geld; aber sie ernährte jetzt zwei Männer, die nicht arbeiteten, dafür konnte ihr Geschäft nicht ausreichen, besonders da es weniger gut wurde; die Kundschaft ging ab, und die Arbeiterinnen aßen und tranken vom Morgen bis zum Abend. In Wirklichkeit bezahlte Lantier nicht einen Sou, weder für Wohnung noch für Essen. Die ersten Monate hatte er Akontozahlungen gemacht; nachher begnügte er sich, von einer bedeutenden Summe zu sprechen, die er demnächst beheben müßte, und er werde dann auf einmal die ganze Rechnung glattmachen. Gervaise wagte auch nicht einen Centime von ihm zu fordern. Sie nahm das Brot, den Wein, das Fleisch, alles auf Borg. Ihre Rechnungen wurden immer größer, das summierte sich an drei Francs und vier Francs jeden Tag. Sie hatte dem Möbelhändler auch noch nicht einen Sou abbezahlt, ebensowenig hatten die drei Kameraden, der Maurer, der Tischler und der Anstreicher, irgend etwas bekommen. Überall fingen die Leute an unwirsch zu werden, in den Läden wurde sie nicht mehr höflich behandelt. Sie aber war wie trunken durch den Schrecken, den ihr ihre Schulden einflößten; sie suchte sich zu betäuben, sie wählte die teuersten Sachen aus; in ihrer Leckermäuligkeit ließ sie sich nun, da sie nichts mehr bezahlte, erst recht gehen; im Grunde ihres Herzens blieb sie ja noch rechtschaffen, vom Morgen bis zum Abend träumte sie davon, Hunderte von Francs zu verdienen, wenn sie auch nicht recht wußte, auf welche Art, nur um Hände voll Fünffrancsstücken an ihre Lieferanten zu verteilen. Schließlich verrannte sie sich ganz und gar, und je mehr sie herunterkam, desto mehr sprach sie davon, ihr Geschäft auszudehnen. Trotzdem war gegen Mitte des Sommers die große Clémence gegangen, weil sie nicht mehr genug Arbeit hatte und schon seit Wochen auf ihren Lohn wartete. Mitten in diesem Verfall machten sich Coupeau und Lantier lustige Tage. Diese Schlingel saßen bis über die Ohren in der Fresserei, verpraßten den letzten Rest des Geschäftes und mästeten sich am Ruin des Unternehmens; sie stachelten noch einer den andern an, um nur ja recht flott zu leben, und klopften sich lachend auf die Bäuche, um schneller zu verdauen.

Im Quartier zerbrach man sich die Köpfe darüber, ob Lantier und Gervaise wieder in alter Weise zusammenlebten. Die Meinungen über diesen Punkt waren geteilt. Wenn man die Lorilleux hörte, so setzte die Humpelliese alles daran, um Lantier wieder in ihre Fesseln zu schlagen, aber er wollte nichts von ihr wissen, er fand sie zu verweppt; er hatte in der Stadt kleine Mädchen, die viel sauberer waren. Nach der Ansicht der Boches hatte im Gegenteil die Wäscherin schon in der ersten Nacht ihren alten Liebhaber wieder aufgesucht, sowie der Trottel, der Coupeau, angefangen hatte zu schnarchen. Wie dem nun auch sei, sehr anständig war weder das eine noch das andere; aber es gibt soviel schmutzige Verhältnisse im Leben, die noch schlimmer sind, daß die Leute diese Ehe zu dreien schließlich ganz natürlich fanden; die Leute betrugen sich sogar sehr nett, denn es gab da nie Schlägereien und Gezänke, so daß der äußere Anstand immer gewahrt blieb. Wenn man die Nasen in andere Familien im Quartier gesteckt hätte, so würde man noch mehr Gefahr gelaufen sein, sich zu beschmutzen. Bei den Coupeaus machte sich das alles mit guter Manier. Alle drei lebten da ihren Neigungen für gute Bissen, zankten sich, vertrugen sich, spielten Papa und Mama miteinander, ohne daß sie deshalb die Nachbarn im Schlafe störten. Im übrigen blieb das Quartier entzückt von Lantiers guten Manieren. Dieser schmeichlerische Schwätzer machte alle Lästerzungen verstummen. Das ging so weit, daß, wenn die Krämerin leugnete, daß Gervaise und Lantier ein Verhältnis hätten, die Kaldaunenhändlerin meinte, daß das doch recht schade sei, denn dann wären die Coupeaus bei weitem nicht so interessant.

Gervaise lebte in dieser Beziehung ganz ruhig. Die Sachen kamen dahin, daß man sie in der Familie der Herzlosigkeit zieh. Man begriff nicht, wie sie dem Hutmacher noch immer zürnen könne. Madame Lerat, deren größtes Vergnügen es war, sich in Liebeshändel zu mischen, kam alle Abende und behandelte Lantier als unwiderstehlich, als einen Mann, in dessen Arme die vornehmsten Frauen sich mit Entzücken stürzen mußten. Madame Boche hätte nicht für sich gutgesagt, wenn sie zehn Jahre jünger gewesen wäre. Eine Art heimliche Verschwörung wuchs beständig und drängte Gervaise, als ob all diese Weiber um sie herum nur darin ihre Befriedigung fänden, ihr einen Liebhaber zu verschaffen. Gervaise begriff das nicht, sie fand Lantier nicht so verführerisch. Er war ja sehr zu seinem Vorteil verändert: er trug jetzt immer einen Rock und hatte sich in den Cafés und in den politischen Versammlungen eine gewisse Bildung angeeignet. Nur sie, die ihn gut kannte, blickte durch die beiden Löcher seiner Augen in seine Seele und fand da eine Menge von Dingen, bei deren Anblick sie eine Gänsehaut überlief. Wenn er den anderen so gut gefiel, warum machten sie sich denn nicht an das Herrchen heran? Das gab sie eines Tages Virginie zu verstehen, die sich am allerleidenschaftlichsten zeigte. Nun wollten Madame Lerat und Virginie sie eifersüchtig machen und erzählten ihr die Liebesgeschichte Lantiers und der großen Clémence. Ja, ja, sie hätte nichts davon gemerkt; aber jedesmal, wenn sie einen Weg zu machen hatte, nahm sie der Hutmacher in sein Zimmer. Auch jetzt traf man sie noch zusammen und er mußte oft zu ihr gehen. „Nun, was weiter?" fragte die Wäscherin mit ein wenig zitternder Stimme,

„was geht mich das alles an?“ Sie blickte Virginie in die dunklen Augen, in denen so goldene Funken blitzten wie in den Katzenaugen. Die Frau hatte also doch einen heimlichen Haß auf sie, da sie sie eifersüchtig machen wollte?

Die Näherin nahm schnell wieder ihre harmlose Miene an und antwortete: „Das kann Euch ganz gleich sein, sicherlich ... Nur solltet Ihr ihm raten, das Mädchen laufen zu lassen, von dem er schließlich doch nur Unannehmlichkeiten haben wird.“

Das Schlimme war, daß Lantier, als er sich so von allen Seiten unterstützt sah, gegen Gervaise andere Manieren annahm. Wenn er ihr jetzt die Hand reichte, so hielt er ihre Finger einen Augenblick fest. Er beunruhigte sie mit seinen Blicken und sah oft so unverwandt in ihre Augen, daß sie über das, was er wollte, nicht im Zweifel sein konnte. Wenn er hinter ihr durchging, so drückte er seine Knie in ihre Röcke und pustete ihr in den Nacken, wie um sie zu berauschen. Dennoch wartete er noch, blieb noch bescheiden, ehe er sich erklärte. Als er aber eines Abends mit ihr allein war, stieß er sie, ohne ein Wort zu sprechen, vor sich her, drückte sie an die Wand hinten im Laden und wollte sie küssen. Zufälligerweise trat Goujet gerade in diesem Augenblick in den Laden. Da wehrte sie sich und machte sich los. Alle drei wechselten ein paar Worte, als ob nichts vorgefallen wäre. Goujet, der ganz blaß geworden war, hatte den Kopf gesenkt, weil er zu stören glaubte, und meinte, sie sträube sich nur, weil sie nicht vor aller Augen geküßt sein wollte.

Am nächsten Tage stolperte Gervaise sehr unglücklich im Laden umher, sie war nicht imstande, auch nur ein Taschentuch zu plätten; sie mußte Goujet sehen und ihm auseinandersetzen, wie Lantier sie an die Wand gedrückt hatte. Seit Etienne in Lille war, wagte sie nicht mehr nach der Schmiede zu gehen, wo der Salzschnabel, genannt Sauf-aus-ohne-Durst, sie mit höhnischem Lachen empfing. Aber an diesem Nachmittag konnte sie der Sehnsucht nicht widerstehen; sie nahm einen leeren Korb und ging unter dem Vorwande, bei einer Kundin in der Rue des Portes-Blanches Unterröcke zu holen, weg. Als sie in der Rue Mercadet vor der Tür der Bolzenfabrik war, ging sie langsam auf und nieder, weil sie auf eine zufällige Begegnung hoffte. Wie es schien, mußte Goujet sie erwartet haben, denn sie war noch keine fünf Minuten da, als er wie zufällig aus der Tür trat.

„Ei, sieh da, habt Ihr einen Gang?“ sagte er mit schwachem Lächeln; „ihr geht nach Hause ...“

Er sagte das, um überhaupt etwas zu sagen, denn Gervaise kehrte gerade der Rue des Poissonniers den Rücken zu. Sie gingen nun den Montmartre hinauf, eines neben dem andern, ohne sich unterzufassen. Ihr gemeinsamer Gedanke war vielleicht, sich erst von der Fabrik zu entfernen, um nicht den Glauben zu erwecken, daß sie sich vor der Tür ein Stelldichein gegeben hätten. Mit gesenkten Köpfen schritten sie auf der holprigen Straße fort; um sie herum tobte der Lärm der Fabriken. Nach zweihundert Schritten bogen sie links ab; das machte sich ganz natürlich, als ob sie den Weg gekannt hätten, und begaben sich, immer noch schweigend, auf ein unbebautes Terrain. Der Ort lag zwischen einer Dampfschneidemühle und einer Knopffabrik, es war ein Streifen Wiese, deren Grün durch gelbe Flecke vertrockneten Grases unterbrochen wurde; eine Ziege, die an einem Pflock festgemacht war, lief meckernd um denselben herum; ganz hinten beschien die volle Sonne einen rissigen, abgestorbenen Baum.

„Wahrlich!“ murmelte Gervaise, „man könnte glauben, daß man auf dem Lande wäre.“

Sie gingen bis zu dem abgestorbenen Baum und setzten sich dort nieder. Die Wäscherin stellte den Korb vor ihre Füße. Vor ihnen erhoben sich auf der Anhöhe des Montmartre viele Reihen hoher, grauer oder gelber Häuser zwischen dem spärlichen Laub der Bäume; und wenn sie den Kopf noch mehr hintenüber legten, so sahen sie den weiten Himmel in glühender Klarheit sich über die Stadt spannen, auf dem nur von Norden her ein ganzer Flug kleiner, weißer Wölkchen hinwegzog. Aber die leuchtende Luft blendete sie, und so senkten sie ihre Blicke auf den flachen Horizont hernieder, wo in der fernen Ebene die kreidigen Vorstädte lagen; besonders sahen sie nach den Dampfwolken, welche der kleine Schornstein der Schneidemühle in kurzen Stößen von sich gab. Diese paffenden Seufzer schienen ihre bedrängte Brust zu erleichtern.

„Ja“, sagte Gervaise, die das Schweigen verlegen machte, „ich hatte einen Gang, ich war ausgegangen ...“ So lebhaft wie sie eine Auseinandersetzung herbeigesehnt hatte, jetzt wagte sie nicht zu sprechen. Sie schämte sich. Und sie fühlte wohl, daß sie hierher gekommen waren, um davon zu sprechen, ja sie sprachen davon, ohne daß sie ein Wort laut werden ließen. Die Geschichte vom Abend zuvor lag zwischen ihnen wie ein Bleigewicht, das ihre Bewegungen hemmte.

Da ergriff sie eine entsetzliche Traurigkeit, und sie erzählte mit Tränen in den Augen den Todeskampf der Madame Bijard, ihrer Waschmeisterin, die am Morgen nach schrecklichen Schmerzen gestorben war. „Die Ursache war ein Fußtritt, den ihr Bijard gegeben hatte“, sagte sie mit sanfter, eintöniger Stimme. „Der Bauch war ihr aufgeschwollen. Zweifellos hatte er ihr eine schwere innere Verletzung beigebracht. Mein Gott! was hat sie in den drei Tagen gelitten ... Oh! es gibt auf den Galeeren Schurken, die noch lange nicht so schlecht sind wie so einer. Aber die Gerichte hätten zu tun, wenn sie sich um all die Frauen kümmern sollten, die von ihren Männern zu Tode gepeinigt werden. Ein Fußtritt mehr oder weniger, nicht wahr? was kommt es darauf an! Um so mehr, als die arme Frau, die ihren Mann vor dem Schafott retten wollte, ausgesagt hat, daß sie auf eine Waschbank gefallen sei und sich dabei den Bauch verletzt hätte ... Sie hat die ganze Nacht vor Schmerz geschrien, ehe es mit ihr zu Ende ging.“

Der Schmied schwieg und riß eine Handvoll Gras nach der andern ab. „Es sind noch keine vierzehn Tage her“, fuhr Gervaise fort, „da hat sie ihr jüngstes Kind, den kleinen Jules, entwöhnt. Das war noch ein Glück, so wird das Kind wenigstens nicht durch den plötzlichen Tod der Mutter zu leiden haben ... Aber wie dem auch sei, da bleibt der kleinen Dirne, der Lalie, die Sorge für zwei kleine Kinder. Sie ist noch nicht acht Jahre und doch schon ernst und vernünftig wie eine wirkliche Mutter. Bei alledem schlägt sie der Vater ... O ja! es gibt Wesen, die nur zum Leiden geboren sind!"

Goujet sah sie an und sagte plötzlich mit zitternden Lippen: „Ihr habt mir gestern Kummer gemacht, oh, viel Kummer..." Gervaise, die bleich geworden war, schlug ihre Hände zusammen. Aber er fuhr fort: „Ich wußte, daß das so kommen mußte ... Nur hättet Ihr Euch mir anvertrauen und mir sagen müssen, woran ich mit Euch war, um mich nicht glauben zu lassen..." Er konnte seinen Satz nicht zu Ende bringen. Sie war aufgestanden, da sie begriffen hatte, daß er glaubte, sie lebe jetzt wieder mit Lantier, wie es ja auch das ganze Quartier versicherte. Und mit ausgestreckten Armen rief sie: „Nein, nein, ich schwöre Euch ... Er stieß mich, er wollte mich küssen, das ist wahr, aber sein Gesicht hat das meine nicht berührt, und es war das erste Mal, daß er das versuchte ... Oh! glaubt mir doch, bei meinem Leben, bei dem meiner Kinder, bei allem, was es Heiliges gibt!" Aber der Schmied schüttelte mit dem Kopfe. Er traute ihr nicht, weil die Frauen immer nein! sagen. Nun wurde Gervaise sehr ernst und fing langsam zu sprechen an:

„Ihr kennt mich, Goujet, ich lüge nicht ... Nun denn! nein, das nicht, mein Ehrenwort! ... Nie wird das geschehen, hört Ihr wohl? Niemals! An dem Tage, wo das geschähe, würde ich die Schlechteste unter den Verworfenen sein, und ich würde die Freundschaft eines ehrenwerten Mannes, wie Ihr es seid, nicht mehr verdienen!"

Sie sah, während sie sprach, so schön aus, und ihre Augen strahlten so von Aufrichtigkeit, daß er ihre Hand ergriff und sie wieder niedersitzen ließ. Jetzt atmete er freier und lachte innerlich. Es war das erste Mal, daß er so ihre Hand hielt und in der seinen drückte. Alle beide schwiegen. Am Himmel schwammen die weißen Wölkchen so langsam wie ein Schwan durch das Wasser zieht. In der Ecke des Grundstückes hatte sich die Ziege nach ihnen herumgewandt und sah sie an, während sie in regelmäßigen Zwischenräumen ein sanftes Meckern laut werden ließ. Ohne ihre Hände loszulassen, verloren sie sich mit schwimmenden Augen in dem Anblick des Abhanges von Montmartre, wo ein Hochwald von Schornsteinen den Horizont überragte, in diesem kalkigen, traurigen Weichbild der Stadt, wo die grünen Büsche vor den Schenken sie bis zu Tränen rührten.

„Eure Mutter zürnt mir, ich weiß es!" fing Gervaise mit leiser Stimme wieder an. „Sagt nur nicht nein ... Wir sind Euch zuviel Geld schuldig!" Aber er zeigte sich beinahe rüde, um sie zum Schweigen zu bringen. Er schüttelte ihre Hand, als wolle er sie zerbrechen. Er wollte nicht, daß sie von Geld sprach. Dann zauderte er und stammelte endlich: „Hört mich an, seit langem schon habe ich daran gedacht, Euch einen Vorschlag zu machen... Ihr seid nicht glücklich. Meine Mutter versichert mir, daß Euer Leben eine böse Wendung nimmt ..." Hier stockte er, als ob ihn seine Worte erstickten.

„Nun denn! wir müssen zusammen fortgehen!"

Sie sah ihn an, denn sie verstand zuerst nicht recht; diese rauhe Erklärung einer Liebe, welche bisher nie über seine Lippen gekommmen war, überraschte sie. „Wie das?" fragte sie. „Ja!" fuhr er mit gebeugtem Haupte fort, „wir wollen fortgehen, irgendwo leben, in Belgien, wenn Ihr wollt ... Das ist beinahe mein Vaterland ... Wenn wir beide arbeiten, werden wir uns bald wohl fühlen!"

Nun errötete sie heftig. Wenn er sie an sich gepreßt hätte, um sie zu küssen, würde sie sich nicht so geschämt haben. Das war doch ein wunderlicher Bursche, der ihr da eine Entführung vorschlug, wie das in Romanen oder in der vornehmen Gesellschaft vorkommt. Wie seltsam! Um sie herum sah sie die Arbeiter verheirateten Frauen den Hof machen, aber sie führten sie nicht einmal nach Saint-Denis, das geschah auf der Stelle und ohne Umschweife. „Oh, Herr Goujet! Herr Goujet! ..." murmelte sie, ohne daß ihr anderes eingefallen wäre. „Dann wären wir beide allein!" fing er wieder an. „Die anderen sind mir lästig, versteht ihr wohl? Wenn ich für jemand Freundschaft hege, mag ich ihn nicht mit anderen sehen." Aber sie kam wieder zu sich und lehnte jetzt mit vernünftiger Miene ab. „Das ist unmöglich, Herr Goujet. Das wäre sehr schlecht von mir ... Ich bin verheiratet, nicht wahr? Ich habe Kinder ... Ich weiß wohl, daß Ihr mich gern habt und daß ich Euch Kummer mache. Auch wir würden Reue fühlen und doch kein Vergnügen genießen. Auch ich habe Euch lieb, ja ich habe Euch so lieb, daß ich nicht dulden werde, daß Ihr eine solche Dummheit macht. Und es wäre eine Dummheit, sicherlich ... Nein, seht Ihr wohl, dafür ist es besser, daß alles beim alten bleibt. Wir achten einander, unsere Gefühle stimmen überein. Das ist viel, das hat mich schon mehr als einmal aufrechterhalten. Wenn man in unserer Lage anständig und ehrenwert bleibt, so wird einem das einst vergolten werden."

Er nickte mit dem Kopf, wie er ihr so zuhörte. Er billigte, was sie wollte, dagegen ließ sich nichts sagen. Ganz plötzlich, am hellen, lichten Tage, umarmte er sie und drückte sie an sich, als ob er sie zerquetschen wollte, dann gab er ihr einen so wilden Kuß auf den Nacken, daß ihre Haut beinahe zwischen seinen Zähnen blieb. Er ließ sie nun los, mehr verlangte er nicht, auch von ihrer Liebe sprach er nie wieder. Sie schüttelte sich, ohne böse zu werden, denn sie begriff wohl, daß sie beide diesen kleinen Genuß sauer genug verdient hatten.

Der Schmied, den seine Leidenschaft geschüttelt hatte, wie der Sturmwind die Eiche, ging ein wenig abseits, weil er der Lust widerstehen wollte, sie aufs neue an sich zu drücken; er kniete nieder, und da er nicht wußte, womit er seine Hände beschäftigen sollte, so pflückte er die Blüten des dort üppig wuchernden Löwenzahns, und warf sie von weitem in Gervaises Korb. Nach und nach beruhigte und unterhielt ihn dieses Spiel. Mit seinen von der Arbeit mit dem Hammer hart und steif gewordenen Fingern pflückte er die Blumen auf das zarteste, er warf eine nach der andern, und seine treuen Augen mit dem Kinderausdruck lachten, wenn er den Korb nicht verfehlte. Die Wäscherin hatte ihren Rücken an den Stamm des abgestorbenen Baumes gelehnt. Sie war ruhig und heiter; um bei dem Lärm, den die Schneidemühle machte, besser gehört zu werden, sprach sie mit erhobener Stimme. Als sie miteinander die Baustelle verließen, sprachen sie von Etienne, dem es in Lille sehr gut gefiel, und sie trug ihren Korb ganz voll mit Blumen nach Hause.

Im Grunde genommen fühlte sich Gervaise Lantier gegenüber nicht ganz so sicher, wie sie sagte. Gewiß, sie war fest entschlossen, ihm nicht zu gestatten, daß er ihr auch nur eine Fingerspitze berühre; aber sie hatte vor seiner Berührung Furcht, sie fürchtete ihre alte Schlaffheit, ihr träumerisches Hindämmern und ihre Willfährigkeit, aller Welt zu Gefallen zu leben. Indes machte Lantier keinen neuen Versuch. Sie war öfter mit ihm allein, doch er hielt sich stets ruhig. Er schien sich jetzt mit der Kaldaunenhändlerin zu beschäftigen, die eine sehr wohl erhaltene Frau von fünfundvierzig Jahren war. Gervaise sprach zu Goujet von diesem Verhältnis, um ihn noch mehr zu beschwichtigen. Sie antwortete Virginie und Madame Lerat, wenn sie den Hutmacher in den Himmel hoben, daß der auf ihre Bewunderung recht gut verzichten könnte, da er ja allen Frauen der ganzen Nachbarschaft den Kopf verdreht hätte. Coupeau brüllte es im ganzen Quartier aus, daß Lantier ein wahrer Freund sei. Seinetwegen könnte man über sie schwatzen, was man wollte, er wußte, was er wußte, den Teufel kümmere er sich um all das Geschwätz, weil er die Ehrenhaftigkeit auf seiner Seite hatte. Wenn sie alle drei des Sonntags ausgingen, so nötigte er seine Frau, Lantiers Arm zu nehmen und vor ihm herzugehen, nur um den Leuten erst recht die Augen aufzureißen; er sah nun alle Welt an und wartete darauf, dem, der sich die geringste Anspielung erlaubt hätte, ein rohes Wort ins Gesicht zu schleudern. Es war ja wahr, er fand Lantier ein wenig stolz, er beschuldigte ihn, daß er sich dem Branntwein gegenüber wie ein Mädchen zierte, er verhöhnte ihn, weil er lesen konnte und wie ein Advokat sprach. Aber im großen ganzen war er doch ein famoser Junge. Man konnte lange suchen, ehe man noch einen zweiten fand, der so fest auf den Beinen stand. Und dann verstanden sie einander, sie waren einer für den andern wie geschaffen. Die Freundschaft eines Mannes ist dauerhafter als die Liebe einer Frau.

Eines mußte man sagen: Coupeau und Lantier praßten und schlemmten miteinander, daß alles aus Rand und Band ging. Lantier borgte sich jetzt Geld von Gervaise, einmal zehn, einmal zwanzig Francs, sowie er Wind davon hatte, daß Geld im Hause war. Das war natürlich immer für seine großen Unternehmungen. An solchen Tagen seifte er Coupeau gründlich ein, er sprach dann von einem weiten Weg und nahm ihn mit. Bald saßen sie in dem Hinterkabinett einer benachbarten Restauration dicht beieinander und taten sich an Gerichten gütlich, die man im Haushalt nicht haben kann, dazu begossen sie dieselben noch mit gesiegeltem Wein. Den Zinkarbeiter hätten auch etwas weniger gewählte Speisen schon befriedigt, aber er mußte sich dem aristokratischen Geschmack des Hutmachers fügen, der auf der Karte immer ganz außergewöhnliche Gerichte und ganz unbekannte Saucen herauszufinden wußte. Man hatte keine Idee, wie schwer zu befriedigen dieser Mann war! Es scheint, als ob die Südländer alle so wären. So wollte er zum Beispiel nichts Erhitzendes; über jedes Gericht hielt er Abhandlungen vom sanitären Standpunkt aus, er schickte das Fleisch wieder hinaus, wenn es zu scharf gesalzen oder gepfeffert war. Noch schlimmer war es mit der Zugluft, davor hatte er eine höllische Angst; wenn einmal eine Tür halb offen blieb, so brüllte er durch das ganze Restaurant. Dabei war er knauserig, denn er gab dem Kellner für eine Zeche von sieben bis acht Francs nie mehr als zwei Sous Trinkgeld. Trotzdem zitterte alles vor ihm, oh! man kannte sie gut auf den äußeren Boulevards von Batignolles bis Belleville! Sie gingen nach der Grande Rue des Batignolles, um dort Gekröse à la Caen zu essen, das man ihnen auf kleinen Wärmeapparaten servierte. Unterhalb des Montmartre fanden sie die besten Austern im ganzen Quartier in der Ville de Bar-le-Duc. Wenn sie einmal nach oben hin verschlagen wurden bis zum Moulin de la Galette, so ließen sie sich ein Kaninchen zubereiten. In der Rue des Martyrs hatte das Restaurant „Zum Flieder" eine besondere Force in Kalbsköpfen; während man ihnen in der Chaussee Clignancourt im Restaurant „Zum Goldenen Löwen" und bei den „Zwei Kastanienbäumen" gesottene Nieren gab, daß sie sich die Finger danach leckten. Am häufigsten wendeten sie sich zur Linken nach Belleville zu, wo man für sie bei der „Burgunder Traube", bei der „Blauen Uhr" und im „Capucin" stets einen Tisch reservierte. All diesen Restaurants konnte man blindlings trauen, da konnte man alles fordern, ohne hineinzufallen. Diese Ausflüge machten sie heimlich und sprachen davon am nächsten Tage durch die Blume, während sie in Gervaises Kartoffeln herumstocherten. Das ging so weit, daß Lantier sogar eines Tages einmal in eine Gartenlaube des „Moulin de la Galette" ein Frauenzimmer mitgebracht hatte, mit dem ihn Coupeau nach dem Dessert allein ließ.

Selbstverständlich kann man nicht so schlemmen und dabei arbeiten. So hatte denn auch der Zinkarbeiter, der schon sowieso nicht schlecht bummelte, seitdem Lantier in die Familie gekommen war, auch nicht ein Werkzeug mehr angerührt. Und wenn er sich doch einmal wieder anwerben ließ, weil es ihn langweilte, so arbeitslos einherzuschlendern, so war der andere stets da, um ihn vom Bauplatz fortzulocken; er neckte ihn zu Tode, wenn er ihn dort an seinem Knotenstrick hängend fand; er sagte ihm, er sähe wie ein Schinken im Rauchfang aus, er sollte nur runterkommen und einen Schoppen trinken. In der Regel ließ dann der Zinkarbeiter die Arbeit fahren und fing eine Saufreise an, die tage-, ja selbst wochenlang dauerte. Oh! Das waren famose Reisen, bei denen über alle Spelunken des ganzen Quartiers Generalinspektion gehalten wurde; dabei verschlief man den Morgenrausch am Mittag, und abends wurde wieder frisch aufgegossen; ein Satz Branntwein folgte dem andern bis spät in die Nacht hinein, bis dann beim Erlöschen des letzten Lichtes das letzte Glas getrunken wurde. Dieses Vieh, der Hutmacher, machte so etwas nie bis zum Ende mit. Er ließ den andern sich ansäuseln und verließ ihn dann, während er lächelnd und liebenswürdig zu Hause ankam. Er holte sich nur so einen leichten Schwips, den man ihm nicht anmerkte. Nur wenn man ihn ganz genau kannte, so sah man es an seinen zusammengekniffenen Augen und seinen unternehmenderen Manieren den Frauen gegenüber. Dagegen wurde der Zinkarbeiter geradezu ekelhaft, er konnte überhaupt nicht mehr trinken, ohne sich in einen abscheulichen Zustand zu versetzen.

So stellte Coupeau in den ersten Tagen des Monats November eine Sauferei an, die für ihn sowie auch für die anderen in Schmutz und Ekel endete. Er hatte eines Abends Arbeit gefunden. Lantier war dieses Mal ganz von schönen Empfindungen erfüllt; er schwärmte für die Arbeit und predigte, wie sie den Mann veredle. Er stand selbst am nächsten Morgen noch bei der Lampe auf, denn er wollte seinem Freunde in feierlicher Weise das Geleit zur Arbeit geben, um in ihm den Arbeiter zu ehren, der dieses Namens würdig ist. Als sie bis zur „Petite-Civette" gekommen waren, wurde gerade geöffnet, und so traten sie ein und nahmen dort eine Pflaume, nur um so zusammen den festen Entschluß einer guten Aufführung zu besiegeln. Dem Schanktisch gegenüber saß Bibi-la-Grillade auf einer Bank und lehnte sich an die Wand; er rauchte seine Pfeife und sah sehr mürrisch aus. „Sieh doch! da ist ja Bibi, der hier auf der Bärenhaut liegt", sagte Coupeau. „Du hast wohl den Brand, alter Junge?" – „Ih, bewahre", antwortete der Kamerad, indem er seine Arme ausstreckte. „Die Meister machen einem so viel Ärger ... Ich habe gestern meinen sitzen ... Sie sind alle Schufte, Kanaillen ..." Bibi-la-Grillade gestattete, daß man ihm eine Pflaume spendierte. Er mußte da auf der Bank auf so etwas gewartet haben. Nun verteidigte Lantier die Meister; die hätten auch manchmal ihre Not; er konnte ein Wort davon erzählen, denn er hätte das durchgemacht, wie er noch im Geschäft war. Eine nette Schwefelbande, die Arbeiter! Immer auf der Bummelei, aus der Arbeit machen sie sich den Teufel was, mitten in einer Bestellung laufen sie einem davon und kommen wieder, wenn das Geld verjuxt ist. So hatte er einen kleinen Kerl, den Picard, der hatte die Marotte, spazierenzufahren; sowie er seinen Lohn ausgezahlt bekam, nahm er gleich einen Fiaker auf einen ganzen Tag. Das war doch am Ende für einen Arbeiter auch keine Sache! Dann fing er plötzlich an, auch die Meister anzugreifen. Oh! er war ja hell, er sagte jedem die Wahrheit. Es war bei alledem eine schmutzige Gesellschaft, die die andern schamlos ausbeuteten, diese Leuteschinder. Er, du lieber Gott, er konnte mit ruhigem Gewissen schlafen, denn er hatte an seinen Leuten immer als ein Freund gehandelt, er hatte keine Millionen zusammengescharrt wie die anderen. „Wir wollen jetzt fort, mein Kleiner", sagte er, zu Coupeau gewandt. „Wir müssen vernünftig sein, sonst kommen wir zu spät."

Bibi-la-Grillade schlenderte mit ihnen. Draußen war es noch nicht recht Tag geworden, es dämmerte, und das schwache Licht spiegelte sich in den Pfützen auf dem Pflaster wider; es hatte am Abend zuvor geregnet und war sehr milde. Die Gasflammen waren eben ausgelöscht; die Rue des Poissonniers, in der die letzten Schatten der Nacht noch zwischen den Häusern schwebten, füllte sich mit den Arbeitern, die nach Paris heruntergingen. Coupeau mit seinem Arbeitssack auf der Schulter marschierte mit der prahlerischen Miene eines Bürgers, der zufällig einmal seine Nationalgardistenuniform angezogen hatte. Er wendete sich um und fragte:

„Bibi, willst du, daß ich dich auch festmache? Der Meister hat mir gesagt, ich könnte einen Kameraden mitbringen." – „Danke schön", sagte Bibi-la-Grillade, „ich muß jetzt abführen ... Du mußt Mes-Bottes den Vorschlag machen, der suchte gestern eine Werkstätte ... Warte mal, Mes-Bottes ist sicher da drinnen."

Sie waren gerade am Ende der Straße und bemerkten auch wirklich Mes-Bottes drinnen beim Vater Colombe. Trotz der frühen Morgenstunde war das „Assommoir" hell erleuchtet, die Fensterläden geöffnet und alles Gas angezündet. Lantier blieb in der Tür stehen und bat Coupeau, sich zu beeilen, denn sie hätten gerade noch zehn Minuten.

„Was, du gehst zu dem Spion, dem Bourguignon?!" schrie Mes-Bottes, als der Zinkarbeiter mit ihm gesprochen hatte. „In die Bude soll mich keiner mehr reinbringen! Da will ich lieber bis zum nächsten Jahre Rauch schnappen ... Aber, alter Junge, da bleibst du keine drei Tage, ich sage dir das." – „Also wirklich, ist das solch eine schmutzige Bude?" fragte Coupeau unruhig. „Oh, das Schlimmste, was du dir denken kannst ... Man kann sich nicht rühren. Der Affe von Meister sitzt einem immer auf dem Nacken. Und dabei haben sie da eine Art, die Meisterin behandelt einen als Saufbold, im Laden darf man nicht ausspucken ... Ich habe sie gleich den ersten Abend versetzt, verstehst du?" – „Na, da bin ich wenigstens vorbereitet. Bei denen werde ich also keinen Scheffel Salz essen ... Ich will es heute mal versuchen, aber wenn ich mit dem Meister nicht durchkommen kann, dann nehme ich ihn und setze ihn seiner Meisterin auf den Schoß. Aber weißt du, ordentlich, wie die Heringe müssen die aufeinander liegen!"

Der Zinkarbeiter schüttelte dem Kameraden die Hand, um ihm für die guten Winke zu danken, und wollte fortgehen, als Mes-Bottes böse wurde. Heiliges Donnerwetter! der Bourguignon würde sie doch nicht daran hindern, noch einen Schluck zusammen zu trinken! Sind denn Männer keine Männer mehr? Der Affe könnte gut und gern fünf Minuten warten. Nun trat auch Lantier näher, um ein Glas anzunehmen; die vier Arbeiter standen vor dem Schanktisch. Mes-Bottes mit seinen zerrissenen Schuhen, seiner unmäßig beschmutzten Bluse und seiner flachen Mütze auf dem Schädel brüllte fortwährend und rollte seine Augen mit Herrscherblicken umher. Man hatte ihn zum Säuferkönig ausgerufen, weil er einen Salat mit lebendigen Maikäfern gegessen und in eine tote Katze gebissen hatte. „Höre mal, du alter Giftmischer!" schrie er dem Vater Colombe zu, „gib mir von dem Gelben, von deiner Eselspisse Numero eins."

Als der Vater Colombe, der bleich und ruhig in seiner gestrickten Wollweste dastand, die vier Gläser gefüllt hatte, leerten die Herren sie auf einen Zug, um den Branntwein nicht verdunsten zu lassen. „Das tut einem doch gut, wenn das so durchgeht", murmelte Bibi-la-Grillade.

Nun erzählte das Vieh, der Mes-Bottes, eine drollige Schnurre. Am Freitag war er so besoffen, daß die Kameraden ihm die Pfeife mit Mörtel am Mund festgebacken hatten. Ein anderer wäre daran gestorben, aber er schlief auf dem Rücken ruhig weiter und brüstete sich nachher noch damit. „Darf ich den Herren noch einmal einschenken?" fragte Vater Colombe mit fetter Stimme. „Jawohl, verdoppelt uns das", sagte Lantier. „Das ist meine Tour."

Sie sprachen jetzt von den Weibern. Bibi-la-Grillade hatte letzten Sonntag seine Geliebte nach Montrouge zu einer Tante gebracht. Nun erkundigte sich Coupeau nach dem Ergehen des „indischen Kossers"; das war der Spitzname einer Wäscherin aus Chaillot, die im Lokal sehr bekannt war. Sie wollten eben wieder trinken, als Mes-Bottes sehr laut und heftig nach Goujet und Lorilleux rief, die gerade vorübergingen. Die beiden kamen bis zur Tür, weigerten sich aber einzutreten. Der Schmied fühlte kein Bedürfnis, etwas zu nehmen. Der bleiche Kettenmacher zitterte und hielt in der Tasche die goldenen Ketten fest, die er forttrug; er hustete und entschuldigte sich; er sagte, nach einem Schluck Branntwein müßte er sich auf die Seite legen. „Das sind ein paar Kaffern!" wetterte Mes-Bottes. „Die müssen im Verborgenen saufen." Als er die Nase in sein Glas gesteckt hatte, faßte er den Vater Colombe ab. „Altes Giftfaß, du hast von einer andern Flasche gegeben ... Du weißt doch, daß du mit mir solche Scherze nicht machen darfst!"

Es war nun gänzlich Tag geworden, so daß im „Assommoir" eine doppelte Beleuchtung war; der Vater Colombe drehte das Gas aus. Nun entschuldigte Coupeau seinen Schwager, er könne wirklich nicht trinken und man dürfte ihm das am Ende doch nicht als Verbrechen anrechnen. Er billigte selbst Goujets Verhalten, denn schließlich sei es ein Glück, nie Durst zu haben. Als er nun wieder davon sprach, zur Arbeit zu gehen, gab ihm Lantier mit der überlegenen Miene des Lebemannes eine Lehre: man bezahlte seinen Satz, ehe man sich aus dem Staube machte; man ließe seine Freunde nicht wie ein Lumpenkerl im Stich, selbst wenn man fort wollte, um seine Pflicht zu tun. „Wird der uns denn noch lange mit seiner ewigen Arbeit langweilen?" schrie Mes-Bottes. „Diesen Satz gibt also der Herr?" fragte der Vater Colombe Coupeau. Dieser zahlte seinen Satz. Als aber die Reihe an Bibi-la-Grillade kam, sprach er leise zu dem Wirt, dieser schüttelte langsam den Kopf. Mes-Bottes verstand, daß Colombe nicht borgen wollte, und überschüttete den zugeschnürten Geizhals mit Schimpfworten. Was! ein Schuft von seiner Sorte nahm sich so etwas gegen einen Kameraden heraus! Alle Butiker pumpten! In solche Giftbude müßte man kommen, um so beschimpft zu werden! Der Wirt blieb ruhig, stützte seine großen Fäuste auf den Rand des Schanktisches, dann sagte er artig: „Borgen Sie dem Herrn doch das Geld, das ist ja viel einfacher." – „Nun, in Teufels Namen! ja, ich werde es ihm borgen!" heulte Mes-Bottes. „Hier, Bibi, wirf ihm sein Geld in den Rachen, diesem Verbrecher!" Dann zu Coupeau gewendet: „Du siehst ja wie 'ne Amme aus. Laß deine Puppe los. Das macht bucklig."

Einen Augenblick zögerte Coupeau, dann nahm er ruhig, als ob er sich nach reiflichem Nachdenken dazu entschlossen hätte, seinen Arbeitssack herunter, legte ihn auf die Erde und sagte: „Es ist jetzt doch schon zu spät. Ich werde nach dem Frühstück zu Bourguignon gehen. Ich kann ja sagen, daß meine Alte Leibschmerzen bekommen hat ... Hört mal, Vater Colombe, ich lasse meine Werkzeuge hier unter dem Ladentisch, ich hole sie mittags ab."

Lantier billigte mit einem Kopfnicken diese Abmachung. Man muß ja arbeiten, darüber ist kein Zweifel; nur, wenn man mit Freunden zusammen ist, so muß man zuallererst höflich sein. Die Lust an der Völlerei hatte sie zuerst gekitzelt und hernach betäubt, ihre Hände waren schwer geworden, und ihre Blicke irrten unsicher umher. Die Aussicht, daß sie nun fünf Bummelstunden vor sich hatten, erfüllte sie mit lärmender Lustigkeit, sie schlugen sich gegenseitig auf die Schultern und brüllten sich zärtliche Worte ins Gesicht. Coupeau, der sich besonders erleichtert und wie verjüngt fühlte, nannte die anderen „mein alter Ast"! Man gönnte sich nun noch einen allgemeinen Satz und ging dann in den „Floh, der schnarcht", ein übel beleumundetes Lokal, wo ein Billard war. Der Hutmacher zog zuerst ein Gesicht, weil das Lokal wirklich nicht sehr reinlich war; der Schnaps kostete dort einen Franc der Liter, ein Schoppen in zwei Gläsern zehn Sous; die Gäste des Lokals hatten so viel Schmutzereien auf dem Billard gemacht, daß die Bälle beinahe anklebten. Als die Partie einmal beschlossen war, fand Lantier, der ganz außerordentlich Billard spielte, seine Liebenswürdigkeit und gute Laune wieder, er machte schöne Stellungen beim Spiel und begleitete jede Karambolage mit einer interessanten Hüftbewegung.

Als die Frühstücksstunde herangekommen war, hatte Coupeau einen guten Gedanken. Er stampfte mit dem Fuß auf und schrie: „Wir müssen hingehen und Salzschnabel abholen! Ich weiß, wo er arbeitet ... Wir nehmen ihn dann mit zur Mutter Luise und essen Hühnerpfoten!"

Die Idee fand Beifall. Ja, der Salzschnabel, genannt Sauf-aus-ohne-Durst, der mußte die Hühnerpfoten mitessen.

So gingen sie ab. Die Straßen waren von gelblichem Licht erfüllt, dabei regnete es ein wenig; aber es war ihnen allen schon zu warm, als daß sie von dem leichten Guß auf ihre Köpfe etwas bemerkt hätten. Coupeau führte sie in die Rue Mercadet zu der Bolzenfabrik. Da sie eine volle halbe Stunde vor der Mittagspause ankamen, gab der Zinkarbeiter einem Straßenjungen zwei Sous, damit er hineinging und dem Salzschnabel sagte, daß seine Frau unwohl geworden wäre und er gleich nach Hause kommen müßte. Der Schmied kam auch gleich, er wiegte sich in den Hüften und sah sehr unbesorgt aus, er ahnte schon irgendeine Sauferei im Hintergrunde. „Ach, diese Brüllochsen!" sagte er, als er sie hinter einer Tür versteckt fand. „Ich habe mir das schon gedacht ... Nun? Was wollen wir denn essen?"

Bei der Mutter Luise, als sie alle an den kleinen Knochen lutschten, schimpften sie wieder auf die Meister. Salzschnabel, genannt Sauf-aus-ohne-Durst, erzählte, daß in seiner Bude eine eilige Bestellung wäre. Oh! dann konnte der Affe so höflich sein; wenn man dann dreist beim Aufruf nicht da war, er blieb doch liebenswürdig; er konnte noch von Glück sagen, wenn man überhaupt wiederkam. Vorläufig hätte es noch keine Not, daß ein Meister je wagen sollte, den Salzschnabel vor die Tür zu setzen, denn so leicht fand man solchen Burschen nicht wieder. Nach den Hühnerpfoten aßen sie einen Eierkuchen. Jeder trank dazu einen Liter. Die Mutter Luise ließ ihren Wein von der Auvergne kommen, der hatte eine Farbe wie Blut und war so dick, daß man ihn hätte mit dem Messer schneiden können. Das fing nun an ein bißchen toll zu werden, das Saufgelage kam immer besser in den Zug. „Was hat denn dieser verdammte Affe sich um mich zu kümmern?" schrie Salzschnabel beim Dessert. „Hat der doch jetzt gar eine Glocke an seiner vermaledeiten Bude angebracht! Eine Glocke ist gut für Sklaven ... Na! die soll heute nur immer klingeln! Das müßte schlimm kommen, wenn sie mich heute noch mal an den Amboß kriegen! Seit fünf Tagen schinde ich mich, ich kann das gern entbehren ... Wenn er mir einen Abzug macht, schicke ich ihn nach Chaillot*!"

„Ich muß euch jetzt verlassen!" sagte Coupeau mit wichtiger Miene, „ich gehe arbeiten! Ja, ja, ich habe es meiner Frau zugeschworen ... Laßt es euch gutgehn, ich bleibe mit meinem Herzen bei den Kameraden, das wißt ihr ja!"

Die anderen machten ihn lächerlich. Er aber schien so entschlossen, daß sie ihn alle begleiteten, als er davon sprach, sein Handwerkszeug von Vater Colombe zu holen. Er nahm dort seinen Sack von der Bank und legte ihn vor sich, während man noch einen letzten Tropfen trank. Um ein Uhr regalierte sich die Gesellschaft noch immer. Nun brachte Coupeau mit gelangweilter Miene sein Handwerkszeug wieder unter den Ladentisch zurück; es war ihm jetzt lästig, er konnte nicht an den Schanktisch treten, ohne darüber zu stolpern. Das war ja zu dumm, er würde am nächsten Tag zu Bourguignon gehen. Die vier anderen, die sich über die Lohnfrage stritten, waren gar nicht verwundert, als Coupeau sie aufforderte, einen kleinen Spaziergang auf den Boulevards zu machen, um sich die Füße zu vertreten. Der Regen hatte jetzt aufgehört. Der Spaziergang beschränkte sich darauf, daß sie auf einer Strecke von zweihundert Schritten hin und her gingen; sie schlenkerten mit den Armen und sprachen fast gar nicht mehr, die frische Luft machte sie benommen, und sie langweilten sich draußen. Langsam, ohne vorherige Verabredung, ja, ohne daß einer nötig gehabt hätte, den andern mit dem Ellbogen die Richtung zu bezeichnen, stiegen sie instinktiv die Rue des Poissonniers wieder hinauf; dort gingen sie zu François hinein, um einen Schoppen Wein von der Flasche zu trinken. Das tat ihnen wirklich nötig, um wieder auf die Strümpfe zu kommen. Man wurde auf der Straße gar zu traurig; es war so schmutzig, daß man keinen Stadtsergeanten vor die Tür hätte jagen mögen. Lantier veranlaßte die Kameraden, in das Kabinett zu gehen; das war ein kleiner, enger Winkel, den ein einziger Tisch ausfüllte und den eine Holzwand mit matten Scheiben von der allgemeinen Trinkstube trennte. Das war Lantiers besondere Vorliebe, in Kabinetten zu trinken, weil das vornehmer war. Waren die Kameraden da nicht gut aufgehoben? War man da nicht wie zu Hause? Man hätte, ohne sich zu genieren, ein kleines Schläfchen machen können. Er verlangte nach einer Zeitung, die er groß ausbreitete und mit gerunzelten Augenbrauen durchflog. Coupeau und Mes-Bottes hatten eine Partie Pikett angefangen. Zwei Liter und fünf Gläser standen auf dem Tisch. „Na, was lügen die denn da in der Zeitung wieder zusammen?" fragte Bibi-la-Grillade den Hutmacher. Er antwortete nicht sogleich. Dann fing er, ohne die Augen zu erheben, an: „Ich lese hier von der Kammer. Das sind auch Republikaner für vier Sous das Stück, diese verdammten Bummler von der Linken! Glauben die wirklich, daß das Volk sie gewählt hat, damit sie da ihre Zuckerwasserreden halten! ... Der glaubt an Gott und macht den Kanaillen von Ministern Liebeserklärungen! Ich, wenn ich gewählt wäre, ich würde auf die Tribüne steigen und ich sagte: Sch ...! Ja, ja; nicht mehr und nicht weniger, das ist meine Meinung!" – „Ihr wißt doch, daß Badinguet* neulich abends vor dem ganzen Hof seine Frau geschlagen hat!" erzählte Sauf-aus-ohne-Durst. „Mein Ehrenwort darauf! Und um nichts und wieder nichts haben sie das Zanken gekriegt. Badinguet war angerissen!" – „Laß uns doch mit deiner faulen Politik ungeschoren!" schrie der Zinkarbeiter. „Lies lieber die Morde, das ist amüsanter!"

* *Anmerkung des Übersetzers:* Envoyer quelqu'un à Chaillot heißt soviel wie: Macht, daß Ihr weiterkommt! und ist ein sehr gebräuchliches Schimpfwort. Das Dorf Chaillot war früher von allerlei Gesindel bewohnt. Wenn man von einer Agnes von Chaillot sprach, so bezeichnete man damit eine gefallene Dirne niedrigster Art.

* *Anmerkung des Übersetzers:* Badinguet ist der Spitzname für Napoleon III.

Dann wendete er sich seinem Spiel wieder zu und meldete eine Terz von der Neun und drei Damen:
„Ich habe eine Terz von oben runter und drei Täubchen ... Ja, die Krinolinen verlassen mich nicht!" Alle leerten ihre Gläser. Lantier las jetzt ganz laut vor: „Ein entsetzliches Verbrechen hat die Gemeinde Gaillon (Seine-Marne) in Schrecken versetzt. Ein Sohn hat seinen Vater mit einem Spaten erschlagen, um ihm dreißig Sous zu stehlen ..."
Alle stießen Schreie der Entrüstung aus. Das war einer, da wären sie alle gern hingegangen, um den einen Kopf kürzer machen zu sehen. Die Guillotine war noch nicht einmal Strafe genug, den hätte man in kleine Stücke reißen müssen! Ein Kindsmord empörte sie ebenso. Aber der Hutmacher spielte sich als der Moralische auf, er entschuldigte die Frau und gab ihrem Verführer alle Schuld; denn wenn so ein Schuft von einem Kerl das Mädchen nicht unglücklich gemacht hätte, so hätte sie nie ein Kind umbringen können! Sehr bewundert wurden die Heldentaten eines Marquis de T ..., der, um zwei Uhr morgens von einem Balle heimkehrend, sich auf dem Boulevard des Invalides gegen drei Strolche verteidigte; dabei hatte er es nicht einmal der Mühe für wert gehalten, seine Handschuhe auszuziehen; der beiden ersten Lumpen hatte er sich entledigt, indem er ihnen mit seinem Kopf gegen den Bauch rannte, und den dritten dann an einem Ohr zur Wache geführt. Potztausend! hatte der eine Faust! Wie schade, daß so einer gerade adelig sein muß!
„Hört jetzt einmal zu!" fuhr Lantier fort. „Ich komme jetzt zu den Neuigkeiten aus der hohen Gesellschaft! Die Gräfin von Bertigny verheiratet ihre älteste Tochter an den jungen Adjutanten Seiner Majestät, den Baron von Valançay. Bei den Brautgeschenken befanden sich für dreimalhunderttausend Francs Spitzen ..."
„Was geht uns denn das an?" schrie Bibi-la-Grillade. „Ich will nicht wissen, was ihre Hemden für eine Farbe haben ... Die Kleine kann so viel Spitzen haben wie sie will, deshalb muß sie doch den Mond durch dieselben Löcher sehen wie die anderen!"
Als Lantier Miene machte, seine Lektüre fortzusetzen, nahm ihm Sauf-aus-ohne-Durst die Zeitung ab und setzte sich darauf, dabei sagte er: „Nun ist es genug! ... Nun will ich sie hier warmhalten ... Das Papier ist zu weiter nichts zu gebrauchen!" Mes-Bottes, der seine Karten angesehen hatte, schlug triumphierend mit der Faust auf den Tisch. Er machte dreiundneunzig. – „Bei mir ist Revolution!" schrie er. „Eine Quintmajor, die bis in die Puppen geht ... Das macht zwanzig, nicht wahr? Dann Terzmajor in Karo, dreiundzwanzig; drei Könige, sechsundzwanzig; drei Buben, neunundzwanzig; drei Asse, zweiundneunzig ... Nun spiele ich im ersten Jahr der Republik, das macht dreiundneunzig!" – „Du bist aufgeschrieben, mein alter Junge!" schrien die anderen Coupeau zu.
Nun bestellten sie zwei frische Liter. Die Gläser wurden schon nicht mehr geleert, und die Trunkenheit steigerte sich immer mehr. Gegen fünf Uhr wurde das so widerwärtig, daß Lantier sich ganz still hielt und daran dachte, sich davonzumachen; wenn sie erst so weit waren, daß sie heulten und den Wein auf die Erde gossen, so paßte ihm das nicht mehr. Gerade jetzt war Coupeau aufgestanden, um das Zeichen des Kreuzes für die Säufer zu machen. Den Kopf taufte er Montparnasse, die rechte Schulter Menilmontant, die linke Schulter Courtille, die Mitte des Bauches Bagnolet. Der Hutmacher benutzte das Schreien und den Tumult, der dieses Exerzitium begleitete, um ganz still fortzugehen. Die Kameraden wurden seiner Abwesenheit gar nicht einmal gewahr. Er war selbst schon ziemlich stark angerissen. Als er erst draußen war, setzte er sich in Positur und fand bald seine Sicherheit wieder; er kam ruhig in den Laden zurück und erzählte Gervaise, daß er Coupeau in der Gesellschaft seiner Freunde gelassen hätte.
Danach verstrichen zwei Tage. Der Zinkarbeiter war nicht wieder zum Vorschein gekommen. Er trieb sich im Quartier umher, man wußte nicht recht, wo. Dabei hatten ihn verschiedene Leute gesehen, einmal bei der Mutter „Baquet im Papillon" oder bei dem „Kleinen Mann, der hustet". Nur daß die einen versicherten, er sei allein gewesen, während die anderen behaupteten, ihn in einer Gesellschaft von noch sieben oder acht solchen Hartsäufern wie er selbst getroffen zu haben. Gervaise zuckte mit gefaßter Miene die Achseln. Mein Gott! an so etwas mußte man sich gewöhnen! Sie lief ihrem Mann nicht nach; im Gegenteil, wenn sie ihn bei einem Weinwirt sah, so machte sie einen Umweg, um ihn nicht wütend zu machen; sie wartete ruhig, bis er nach Hause kam, und horchte in der Nacht hin und wieder auf, ob er nicht vor der Ladentür schnarchte. Er schlief gewöhnlich auf einem Schutthaufen, einer Bank, auf einer Baustelle oder in einem Rinnstein. Am Morgen, wenn er den Rausch des vorigen Abends noch nicht ganz verschlafen hatte, ging er wieder davon; er schlug an die Fensterläden, versuchte sich durch neues Trinken zu betäuben und begann wieder seine rasende Jagd, immer von Schnapsgläsern, Schoppen und Litern umgeben; er verlor und fand seine Freunde auf diesen Reisen, von denen er voller Schrecken heimkehrte, weil er die Straße wanken sah. Die Nacht senkte sich hernieder, und der junge Tag stieg empor, ohne daß er einen andern Gedanken hätte fassen können, als immer wieder zu trinken und auf der Stelle seinen Rausch zu verschlafen. Wenn er nur schlief, dann war ja alles aus. Gervaise ging dieses Mal dennoch am zweiten Tage in das „Assommoir" des Vaters Colombe, um sich zu erkundigen; er war dort fünfmal wieder hingekommen, mehr konnte man ihr nicht sagen. Sie mußte sich damit begnügen, sein Handwerkszeug mitzunehmen, welches unter der Bank liegengeblieben war.
Als Lantier am Abend sah, wie verstimmt die Wäscherin war, so schlug er ihr vor, sie in ein Café-Konzert zu führen, damit sie sich ihre trüben Gedanken aus dem Kopfe schlüge. Sie schlug das zuerst ab, sie sei nicht zum Lachen aufgelegt. Zu anderer Zeit hätte sie nicht nein gesagt, denn er machte ihr sein Anerbieten mit so ehrlicher

Miene, daß sie sich keiner Verräterei von seiner Seite versah. Er schien voller Mitgefühl für ihr Unglück zu sein und zeigte sich wirklich ganz väterlich. Unwillkürlich mußte sie alle zehn Minuten nach der Ladentür laufen, ohne dabei ihr Eisen aus der Hand zu setzen; sie sah nach beiden Seiten die Straße hinauf und hinunter, ob ihr Mann nicht nach Hause käme. Das war ihr in die Beine gefahren, wie sie sagte, und peinigte sie so, daß sie nicht ruhig auf einem Fleck bleiben konnte. Es war so leicht möglich, daß Coupeau sich Schaden getan habe, er konnte unter einen Wagen geraten und mit zerbrochenen Beinen liegen bleiben. Sie wäre dann eine schöne Last losgeworden; sie verwahrte sich förmlich dagegen, in ihrem Herzen auch noch einen Schimmer von Freundschaft für eine so ekelhafte Person zu hegen. Aber schließlich war das doch ärgerlich, sich immer zu fragen, wird er nun nach Hause kommen oder nicht? Als man das Gas anzündete und Lantier wieder vom Café-Konzert zu sprechen anfing, nahm sie seine Einladung an. Wenn sie alles recht bedachte, war es doch zu dumm, sich ein Vergnügen zu versagen, wo ihr Mann nun schon seit drei Tagen das Leben eines Vagabunden führte. Da er nicht nach Hause kam, konnte sie ja auch ausgehen. Ihretwegen mochte die Bude zum Teufel gehen, wenn sie gerade wollte; sie hätte selbst am liebsten Feuer an die Baracke gelegt, sosehr verbitterten ihr alle die Sorgen und Qualen das Leben.

Es wurde nun schnell zu Mittag gegessen. Als Gervaise gegen acht Uhr am Arm des Hutmachers ausging, bat sie Mama Coupeau und Nana, doch gleich zu Bett zu gehen. Der Laden wurde geschlossen. Sie ging durch die Tür, die zum Hof führte, und übergab Madame Boche den Schlüssel und bat, daß sie die Güte haben möchte, ihr Schwein zu Bett zu legen, wenn es nach Hause kommen sollte. Der Hutmacher wartete unter dem Torweg auf sie, er war sehr gut angezogen und pfiff ein Lied. Sie hatte ihr Seidenkleid angelegt. Sie gingen langsam die Straße entlang, eng aneinandergepreßt; der helle Schein aus den Läden beleuchtete sie hin und wieder, wie sie lächelnd und mit leiser Stimme sprechend dahingingen.

Das Café-Konzert auf dem Boulevard Rochechouart war ein kleines, altes Lokal, das man nach dem Hof zu durch einen Bretteranbau erweitert hatte. Am Eingang erblickte man einen leuchtenden Bogen, der durch Glasglocken gebildet wurde. Lange Annoncen hatte man auf Bretter geklebt und diese in der Nähe des Rinnsteins auf die Erde gestellt.

„Da sind wir", sagte Lantier, „diesen Abend ist das erste Auftreten des Fräuleins Amanda, einer Soubrette." Mitten in dieser Erklärung bemerkte er Bibi-la-Grillade, der auch die Zettel las. Bibi hatte von irgendeinem Schlage, den er abends zuvor bekommen hatte, ein Auge ganz braun und blau. „Nun, wo ist Coupeau?", fragte der Hutmacher, indem er um ihn herum suchte. „Habt Ihr denn Coupeau verloren?" – „Oh, das ist schon lange her, seit gestern", antwortete der andere. „Beim Fortgehen von Madame Baquet hat es eine Schlägerei gegeben. Ich liebe solche Sachen nicht ... Ihr kennt doch den Kellner der Mutter Baquet, mit dem hat es Streit gegeben wegen eines Liters, den er zweimal von uns bezahlt haben wollte ... Da bin ich denn fortgegangen und habe mich ein bißchen aufs Ohr gelegt." Er gähnte noch, obwohl er volle achtzehn Stunden geschlafen hatte. Er war übrigens vollständig ausgenüchtert, seine Miene war abgestumpft und seine alte Jacke voller Bettfedern, er mußte sich mit allen Kleidern niedergelegt haben. „Und Sie haben keine Ahnung, wo mein Mann ist?" fragte die Wäscherin. „Nein, keine Ahnung ... Es war fünf Uhr, als wir von der Mutter Baquet gingen. Wartet mal! ... Er ist vielleicht die Straße hinabgegangen. Ja, ich glaube sogar, daß ich ihn mit einem Kutscher habe in den „Schmetterling" gehen sehen ... Oh, das ist doch zu dumm! Wahrhaftig, man verdiente totgeschlagen zu werden!"

Lantier und Gervaise unterhielten sich während des ganzen Abends sehr gut in dem Café-Konzert. Als um elf Uhr geschlossen wurde, kamen sie tänzelnd zurück, ohne sich im geringsten zu beeilen. Es war ein wenig kalt geworden, die Leute gingen truppweise nach Hause; von den Mädchen wollten einige vor Lachen beinahe sterben, weil die Männer im Schatten der Bäume zu handgreifliche Scherze machten. Lantier sang zwischen den Zähnen eines der Lieder von Fräulein Amanda: „Nur in der Nase bin ich kitzlig." Gervaise, die betäubt und beinahe wie trunken war, wiederholte den Refrain. Es war ihr sehr warm gewesen. Dann lag ihr das, was sie genossen hatte, und der Rauch der vielen Pfeifen, vermischt mit den Dünsten der Gesellschaft, die dort zusammengepfercht war, schwer auf dem Magen. Die lebhafteste ihrer Empfindungen war der Eindruck, den Fräulein Amanda auf sie gemacht hatte. Sie hätte es nie gewagt, in solcher Nacktheit sich öffentlich zu zeigen. Wenn man gerecht war, so mußte man zugeben, daß diese Dame eine Haut hatte, die wirklich reizend war. Sie hörte mit lüsterner Neugierde von Lantier noch Näheres über die fragliche Dame; dieser gab seine Wissenschaft mit der Miene eines Lebemannes von sich, als ob er mit all diesen Dingen ganz besonders vertraut zu sein Gelegenheit gehabt hätte.

„Alle schlafen schon", sagte Gervaise, als sie dreimal an der Hausglocke gezogen hatte, ohne daß die Boches öffneten.

Als die Tür aufging, war der Hausflur dunkel, und als sie an die Scheibe der Portierloge klopfte, um ihren Schlüssel zu fordern, rief ihr die verschlafene Portiersfrau eine Geschichte zu, von der sie vorerst kein Wort verstand. Endlich begriff sie, daß der Sergeant Poisson Coupeau in einem ganz tollen Zustand nach Hause geführt hatte und daß der Schlüssel in der Tür stecken müßte. „Zum Teufel!" murmelte Lantier, als sie eingetreten waren, „was hat der denn hier gemacht? Das ist ja die reine Pest."

Es roch in der Tat recht durchdringend. Gervaise, die nach Streichhölzern suchte, fühlte, daß sie im Nassen ging. Als sie endlich ein Licht anzündete, hatten sie ein hübsches Schauspiel vor Augen. Coupeau hatte sich übergeben; das ganze Zimmer war voll davon; das Bett beschmutzt, ebenso der Teppich, auch an der Kommode war es hochgespritzt. Überdies war Coupeau vom Bett, auf welches Poisson ihn wohl gelegt hatte, herabgefallen und schnarchte mitten in seinem Schmutze. Er lag darin ausgestreckt wie ein Schwein, seine eine Backe war beschmutzt und sein verpesteter Atem kam aus dem weit offenen Mund, mit seinen schon ergrauten Haaren wischte er in der Pfütze herum, die seinen Kopf umgab.

„Oh, das Schwein! das Schwein!" wiederholte Gervaise entrüstet und außer sich. „Er hat alles beschmutzt ... Das hätte nicht einmal ein Hund gemacht, ein krepierter Hund ist sauberer als der."

Keiner von ihnen wagte sich zu rühren, weil sie nicht wußten, wohin sie die Füße setzen sollten. Nie war der Zinkarbeiter so total betrunken nach Hause gekommen, und nie hatte er das Zimmer in einen solchen Zustand von Abscheulichkeit versetzt wie dieses Mal. Dieser Anblick zerstörte für immer den letzten Rest von Empfindung, den seine Frau etwa noch für ihn hatte hegen können. Wenn er früher angesäuselt oder selbst angerissen nach Hause kam, so zeigte er sich liebenswürdig und war nie ekelhaft. Der Gedanke, daß die Haut dieses rohen Kerls ihre Haut berühren könnte, verursachte ihr schon Ekel, man hätte ebensogut von ihr verlangen können, sich neben einen Toten zu legen, der an einer ansteckenden Krankheit gestorben ist. „Irgendwo muß ich doch schlafen", murmelte sie. „Ich kann mich doch nicht auf die Straße hinlegen ... Dann möchte ich doch lieber über ihn hinwegsteigen."

Sie versuchte über den Trunkenbold zu schreiten, mußte sich aber an der Kommode festhalten, um in dem Schmutz nicht auszugleiten. Coupeau versperrte vollkommen den Zugang zum Bett. Da nahm sie Lantier, der mit einem Lächeln merkte, daß sie diese Nacht doch nicht auf ihrem Kopfkissen schlafen würde, bei der Hand und sagte mit leiser, leidenschaftlicher Stimme: „Gervaise ... höre, Gervaise ..." Sie hatte genug gehört und machte sich los, in ihrer Bestürzung duzte auch sie ihn, wie früher. „Nein, laß mich gehen ... Ich beschwöre dich, August, gehe in dein Zimmer ... Ich werde mich einrichten, ich will vom Fußende ins Bett steigen." – „Gervaise, höre doch, sei nicht kindisch", wiederholte er. „Das riecht zu schlecht, du kannst nicht bleiben ... Komm! Was fürchtest du denn? Er hört uns nicht, dafür stehe ich."

Sie kämpfte noch, energisch schüttelte sie mit dem Kopf. In ihrer Verwirrung wollte sie zeigen, daß es ihr mit dem Dableiben ernst war, und so begann sie sich zu entkleiden, ihr Seidenkleid warf sie über einen Stuhl und zog sich hastig bis auf Hemd und Unterrock aus, so daß sie ganz weiß, mit nacktem Hals und bloßen Armen dastand. Ihr Bett gehörte ihr, nicht wahr? sie wollte durchaus in ihrem Bett schlafen. Zweimal versuchte sie es noch, eine reine Stelle zu finden, wo sie durchschlüpfen könnte. Aber Lantier gab nicht nach, er faßte sie um die Taille und sagte ihr Dinge, die ihr Blut wallen machten. Oh! sie war da in einer schönen Lage, mit einem ekelhaften Tier von Ehemann vor sich, der sie daran hinderte, sich ehrbar in ihr Bett zu legen, und einem verdammten Schuft von einem Mann im Rücken, der nur daran dachte, ihr Unglück auszunützen und sie wieder für sich zu gewinnen! Da der Hutmacher lauter zu sprechen anfing, so bat sie ihn, still zu sein. Sie horchte nach der Tür des Kabinetts hin, wo Nana und Mama Coupeau schliefen. Die Kleine und die Alte mußten in festem Schlaf liegen, denn man hörte ihr regelmäßiges Atmen.

„August, laß mich, du wirst sie noch aufwecken, fing sie wieder mit gefalteten Händen an. Sei doch vernünftig. Ein anderes Mal ... Nicht hier vor meiner Tochter ..."

Jetzt sprach er nicht mehr, aber seine Miene blieb lächelnd; langsam küßte er sie aufs Ohr, wie er das früher tat, wenn er sie necken und betäuben wollte. Das machte sie wehrlos, sie fühlte ein gewaltiges Sausen, und Frösteln überlief sie von Kopf bis Fuß. Trotzdem machte sie noch einen Schritt. Doch sie mußte zurückweichen. Das war nicht möglich, der Ekel war so groß, der Geruch wurde so unerträglich, daß sie selbst in ihrem Bett sich hätte übergeben müssen. Coupeau lag wie tot da, seine Trunkenheit hatte ihn völlig benommen und nahezu leblos gemacht, er verschlief seinen Rausch mit totensteifen Gliedern und aufgesperrtem Maul. Die ganze Straße hätte hereinkommen können und seine Frau küssen, ohne daß sich auch nur ein Haar auf seinem Körper bewegt hätte.

„Um so schlimmer", stotterte sie, „es ist seine Schuld, ich kann nicht anders ... Oh, mein Gott! Oh, mein Gott! er wirft mich aus meinem Bett, ich habe kein Bett mehr ... Nein, ich kann nicht anders, es ist seine Schuld."

Sie zitterte, sie verlor den Kopf. Während Lantier sie vor sich her seinem Zimmer zudrängte, zeigte sich Nanas Kopf hinter einer der Glasscheiben der Tür des Kabinetts. Die Kleine war aufgewacht und ganz leise aufgestanden, in ihrem Hemdchen kauerte sie da ganz blaß und verschlafen. Sie sah ihren Vater am Boden in der Schmutzlache liegen; sie preßte ihr Gesichtchen gegen die Scheibe und blieb, um zu warten, bis der Unterrock ihrer Mutter in dem Zimmer des andern Mannes da gegenüber verschwunden war. Sie war ganz ernst. In ihren großen Augen eines lasterhaften Kindes leuchtete es wie eine sinnliche Neugierde auf.

IX

Diesen Winter wäre Mama Coupeau beinahe an einem Asthmaanfall erstickt. Jedes Jahr im Monat Dezember konnte sie sicher sein, daß diese langwierige Krankheit sie für zwei oder drei Wochen in das Zimmer bannte. Sie war nicht mehr fünfzehn Jahre alt, sie sollte am heiligen Antoniustage dreiundsiebzig Jahre alt werden. Dabei war sie sehr gebrechlich, für nichts und wieder nichts lag sie gleich da und röchelte, obgleich sie dick und fett war. Der Arzt hatte ihnen angekündigt, daß sie eines schönen Tages mit einem Hustenanfall in kürzerer Zeit abgehen würde, als man gebraucht hätte, um zu schreien: Gute Nacht, Jeanneton, das Licht ist aus!

Wenn sie zu Bette lag, wurde Mama Coupeau bösartig wie eine Krätze. Man muß zugeben, daß das Kabinett, in dem sie mit Nana schlief, nicht gerade sehr heiter war. Zwischen ihrem und dem Bett der Kleinen war gerade so viel Platz, daß zwei Stühle stehen konnten. Die Tapeten von altem, verschossenem Grau hingen in Fetzen an den Wänden. Das runde Fenster bei der Decke ließ ein trübes, bleiches Licht in den Raum fallen, so daß man sich in einem Keller glauben konnte. Jünger machte solch ein Aufenthalt auch nicht gerade, besonders eine Person, die an Atembeschwerden litt. In der Nacht, wenn sie sich schlaflos umherwälzte, hörte sie die Kleine atmen, das war doch eine Zerstreuung. Aber am Tage, wenn ihr niemand Gesellschaft leistete und sie vom Morgen bis zum Abend allein lag, da schalt und weinte sie und wiederholte wohl stundenlang, wenn sie ihren Kopf auf dem Kissen hin und her warf: „Mein Gott, wie bin ich unglücklich! ... Mein Gott, wie bin ich unglücklich! ... Wie im Gefängnis, ja, es ist ein Gefängnis, in dem sie mich sterben lassen!“

Wenn jemand zu ihr kam, Virginie oder Madame Boche, um sich zu erkundigen, wie es ihr ginge, so gab sie darauf keine Antwort, sondern fing sofort an, das Kapitel ihrer Klagen herzubeten. „Oh, das ist bitteres Brot, das ich hier esse! Nein, bei Fremden würde ich soviel nicht auszustehen haben! ... Sehen Sie, ich habe eine Tasse Tee haben wollen, nun gut! da haben sie mir einen großen Wasserkrug voll gebracht, um mir vorzuwerfen, daß ich zuviel davon trinke ... Auch die Nana, das Kind, das ich erzogen habe, sie läuft des Morgens barfuß weg, und ich sehe sie vor Abend nicht wieder. Es ist gerade so, als ob ich schlecht röche. Und in der Nacht, da schläft sie, daß ein Auge das andere nicht sieht; nie wacht sie auf und fragt mich, wie es mir geht, ob ich leide ... Ja, ja, ich bin ihnen zur Last, sie warten darauf, daß ich mich davonmache. Oh, es wird ja nicht mehr lange dauern. Ich habe ja keinen Sou mehr; diese Spitzbübin, die Wäscherin, hat ihn mir weggenommen. Sie würde mich schlagen und ein Ende mit mir machen, wenn sie nicht Angst hätte, gefaßt zu werden.“

Gervaise war wirklich hin und wieder roh. Ihr Geschäft ging täglich schlechter; jedes war schlechter Laune, und bei dem geringsten Anlaß war ein Zank da. Coupeau hatte eines Morgens, als er den Kater hatte, geschrien: „Die Alte sagt immer, daß sie sterben will, und sie stirbt nicht!“ Solche Worte hatten Mama Coupeau ins innerste Herz getroffen. Man warf ihr vor, was sie kostete, und sagte ruhig, daß es eine große Ersparnis sein würde, wenn sie nicht mehr da wäre. Aber auch sie führte sich nicht so auf, wie sie gesollt hätte. Sobald sie ihre älteste Tochter, Madame Lerat, sah, klagte sie ihr ihre Not; sie verleumdete ihren Sohn und ihre Schwiegertochter und behauptete, daß man sie Hungers sterben lasse. Das alles tat sie, um nur einen Franken von ihrer Tochter herauszulocken. Das Geld vertat sie dann für Näschereien. Sie richtete auch ganz abscheuliche Klatschereien mit den Lorilleux' an, denn sie erzählte ihnen, wofür ihre zehn Francs verausgabt wurden, die gingen für Gelüste der Wäscherin drauf, für neue Hauben, für Kuchen, die heimlich im Winkel gegessen wurden, ja selbst noch für viel schlimmere Dinge, die man gar nicht andeuten konnte. Zwei- oder dreimal hatte sie es schon so weit gebracht, daß die ganze Familie sich untereinander in die Haare geriet. Bald war sie mit dem einen, bald mit dem andern, es war eine wahre Höllenwirtschaft.

Als in diesem Winter ihre Krankheit sich immer steigerte, saßen eines Nachmittags Madame Lorilleux und Madame Lerat, die sich dort getroffen hatten, vor ihrem Bett; sie winkte ihnen mit den Augen, damit sie sich zu ihr neigten. Sie konnte kaum sprechen. Mit leiser Stimme flüsterte sie: „Das ist eine saubere Geschichte! ... Ich habe sie diese Nacht gehört. Ja, ja, die Humpelliese und den Hutmacher ... Und die machten eine Wirtschaft! Coupeau ist ein netter Junge! Das ist eine saubere Geschichte!“ Sie erzählte nun in kurzen Sätzen, bei denen sie fast vor Husten erstickte, daß ihr Sohn wohl gegen Abend mit einem schrecklichen Rausch nach Hause gekommen sei. Da sie nicht schlafen konnte, so hätte sie sehr wohl all die verschiedenen Geräusche unterscheiden können: das Auftreten der nackten Füße der Humpelliese auf den Dielen, die flüsternde Stimme des Hutmachers, der sie rief, das leise Öffnen und Schließen der Verbindungstür und das übrige. Das mußte bis Tagesanbruch gedauert haben, sie wußte die Stunde nicht genau, weil sie ungeachtet ihres Ankämpfens gegen den Schlaf doch gegen Morgen eingeschlummert sei. „Das Ekelhafteste dabei war, daß Nana alles hören konnte. Sie hat sich die ganze Nacht herumgewälzt, sie, die sonst so fest schläft. Sie sprang auf und drehte sich um, als ob sie glühende Kohlen in ihrem Bett hätte.“ Die beiden Frauen schienen davon nicht überrascht zu sein.

„Potztausend!“ murmelte Madame Lorilleux. „Das wird wohl schon am ersten Tag angefangen haben ... Wenn Coupeau nichts dagegen hat, so haben wir uns da nicht hineinzumischen. Wie dem auch sei, sehr ehrenvoll für die Familie ist es nicht!“ – „Wenn ich da wäre“, meinte Madame Lerat, wobei sie die Lippen zusammenkniff, „ich würde sie erschrecken, ich riefe ihnen irgend etwas zu, ganz gleich was: ‚Ich sehe dich!‘ oder: ‚Da sind die Gendarmen!‘ ... Der Diener eines Arztes hat mir gesagt, daß so etwas in einem gewissen Moment eine Frau auf der Stelle töten könne. Nicht wahr? Das geschähe ihr recht; sie würde darin bestraft werden, worin sie gesündigt hat.“

Bald wußte es das ganze Quartier, daß Gervaise jede Nacht zu Lantier ging. Madame Lorilleux zeigte vor den Nachbarn eine sehr wortreiche Entrüstung; sie beklagte ihren Bruder, diesen Trottel, den seine Frau zum Hahnrei machte. Wenn man sie hörte, so ging sie überhaupt nur noch ihrer armen alten Mutter wegen in solches Haus, weil die gezwungen war, inmitten dieser Abscheulichkeiten zu leben. Nun hackte das ganze Quartier auf Gervaise. Sie mußte den Hutmacher verführt haben, man sah das an ihren Augen. Ja, trotz all dieser häßlichen Gerüchte hielt alle Welt diesen unverschämten Patron für ein Opfer, weil er immer seine weltmännischen Manieren beibehielt, auf dem Trottoir gehend die Zeitung las und zuvorkommend und galant gegen die Damen blieb, denen er noch immer Näschereien oder Blumen mitzubringen hatte. Mein Gott! er tat eben, was er tun mußte; ein Mann ist eben ein Mann, man kann nicht von ihm verlangen, daß er Frauen widerstehe, die sich ihm an den Hals werfen. Aber für sie gab es gar keine Entschuldigung, sie entehrte die ganze Ruhe de la Goutte-d'Or. Die Lorilleux' fühlten sich als Paten verpflichtet, Nana an sich zu ziehen, um noch Genaueres zu erfahren. Als sie sie auf eine versteckte Art ausfrugen, machte das Kind ein dummes Gesicht und antwortete ausweichend, wobei sie ihre flammenden Augen hinter ihren langen Wimpern verbarg.

Inmitten dieser allgemeinen Entrüstung lebte Gervaise ganz ruhig, sie war so schlaff, als ob sie im Halbschlaf wäre. Zu Anfang war sie sich wohl etwas schuldig vorgekommen, es war doch schmutzig, und sie bekam einen Ekel vor sich selbst. Wenn sie aus Lantiers Zimmer ging, machte sie sich einen Lappen naß und rieb sich damit Hals und Schulter beinahe bis aufs Blut, wie um die Schande davon abzureiben. Wenn Coupeau mit ihr anbändeln wollte, so wurde sie böse und lief vor Kälte zitternd in den Laden und kleidete sich dort an; ebensowenig duldete sie, daß der Hutmacher sie anrührte, wenn ihr Mann sie eben geküßt hatte. Am liebsten hätte sie ihre Haut jedesmal ebenso wie den Mann gewechselt. Aber auch daran gewöhnte sie sich langsam. Das war zu schwierig und ermüdend, sich jedesmal zu waschen. Ihre Faulheit verweichlichte sie, und ihr Bedürfnis, glücklich zu sein, ließ sie danach streben, aus all diesen unerquicklichen Verhältnissen soviel Genuß als möglich zu ziehen. Sie war nachsichtig gegen sich und gegen die anderen und trachtete nur danach, alles so einzurichten, daß niemand Ärger davon hatte. Nicht wahr? wenn ihr Mann und ihre Liebhaber zufrieden waren, wenn im Hause alles seinen gewöhnlichen Gang ging, wenn man vom Morgen bis zum Abend scherzte und allen dieses sanft dahinfließende Leben behagte, so hatte doch wohl niemand anderer das Recht, sich zu beklagen. Und dann schien das doch auch gar nicht etwas so Böses zu sein, weil sich das so zur Zufriedenheit der Beteiligten gemacht hatte; gewöhnlich trägt doch das Unrecht seine Strafe in sich. So war ihr die Liederlichkeit zur Gewohnheit geworden. Das war jetzt ebenso geregelt wie das Essen und Trinken; jedesmal, wenn Coupeau betrunken nach Hause kam, so ging sie zu Lantier. Das kam wenigstens in jeder Woche Montag, Dienstag und Mittwoch vor. Sie brachte dann ihre Nacht dort zu. Ja, sie war schließlich dahin gekommen, daß sie, wenn der Zinkarbeiter zu stark schnarchte, ihn einfach liegen ließ und ihren Schlaf auf den Kissen des Nachbarn fortsetzte. Dabei empfand sie nicht etwa mehr Freundschaft für den Hutmacher, durchaus nicht, sie fand ihn nur sauberer, sie ruhte in seinem Zimmer besser, wo es ihr zumute war, als ob sie ein Bad nahm. Sie war wie die Katzen, die sich auch gern auf weiße Leinwand niederlegen.

Mama Coupeau wagte niemals geradezu von diesen Dingen zu sprechen. Aber als Gervaise sie einmal bei einem Zank etwas geschüttelt hatte, sparte sie ihre Anspielungen nicht. Sie sagte, sie kenne Männer, die recht dumm wären, und Weiber, die große Spitzbübinnen seien, ja sie ließ noch andere Worte laut werden, deren Unzweideutigkeit ihr als früherer Westenstickerin geläufig waren. Die ersten Male hatte sie Gervaise gerade angesehen, ohne zu antworten; dann aber hatte sie sich, auch ohne die Dinge geradezu zu nennen, mit allgemein gehaltenen Gegengründen verteidigt. Wenn eine Frau einen Säufer zum Mann hat, einen schmutzigen Schlingel, der im Unrat lebt, so ist es ihr wohl nicht so sehr zu verübeln, wenn sie anderweitig sich nach Reinlichkeit umsieht. Sie ging noch weiter, sie gab zu verstehen, daß Lantier ebensogut ihr Mann sei wie Coupeau, ja selbst noch mehr; hatte sie ihn nicht schon mit vierzehn Jahren gekannt? Hatte sie nicht zwei Kinder von ihm? Nun denn, unter solchen Verhältnissen ist alles verzeihlich, und niemand könne einen Stein auf sie werfen. Sie nahm für sich das Recht der Natur in Anspruch. Übrigens solle man sie nur nicht aufbringen, sie würde sonst sehr schnell auch den anderen ihre Rechnung machen. Die Rue de la Goutte-d'Or war nicht gerade so sehr reinlich. Die kleine Madame Vigouroux benützte ihre Kohlen von morgens bis abends als Sofa; Madame Lehongre, die Frau des Krämers, hatte ein Verhältnis mit ihrem Schwager, dem großen Geiferer, den man nicht von der Erde aufheben möchte, wenn man ihn gefunden hätte; der Uhrmacher von gegenüber, dieser feine Herr, ist nur dicht am Zuchthaus vorbeigekommen für eine Abscheulichkeit: er sollte mit seiner eigenen Tochter, die eine freche Dirne war und sich auf den Boulevards herumtrieb, ein Verhältnis haben. So erläuterte sie mit bezeichnenden Gesten das ganze Quartier; das dauerte nahezu eine Stunde, wenn sie so die schmutzige Wäsche der Leute ausbreitete; die Menschen schliefen wie das Vieh miteinander, es war ein Haufe von Vätern, Müttern und Kindern, die sich im Schmutze wälzten. Oh, sie wußte davon zu erzählen, denn die Schweinerei guckte zu allen Ritzen heraus, das verpestete förmlich die Häuser in der Umgegend! O ja, es war eine saubere Sache, Mann und Frau in diesem Winkel von Paris, wo das Elend die Menschen so eng aneinandertreibt, daß sie fast einer auf dem andern liegen. Wenn man die beiden Geschlechter in einem Mörser zusammenstampfte, so würde da nichts weiter herauskommen als Dünger für die Kirschenbäume in der Ebene von Saint-Denis.

„Sie würden besser tun, nicht in die Luft zu spucken, das würde ihnen auf die eigene Nase zurückfallen!" rief sie, wenn man ihr zu sehr zusetzte. „Jeder fege vor seiner Tür, nicht wahr? Sie möchten doch nur ruhige Leute leben lassen, wie sie wollen, dann würde man auch sie nicht belästigen ... Ich finde, daß alles so ganz gut ist, wie es ist; aber ich will nicht von Leuten in den Kot gezerrt werden, die selber bis an den Hals darin stecken."

Als sich Mama Coupeau eines Tages etwas deutlicher ausgesprochen hatte, sagte sie ihr mit zusammengebissenen Zähnen: „Ihr seid in Eurem Bett, Ihr habt den Vorteil davon ... Hört mich an: Ihr tut unrecht, denn Ihr seht, daß ich liebenswürdig bin. Habe ich Euch je Euer Leben vorgehalten? Oh, ich weiß wohl, eine recht nette Wirtschaft muß das gewesen sein, zwei oder drei Männer noch bei Lebzeiten des Papa Coupeau ... Nein, hustet nur nicht, ich habe schon aufgehört zu plaudern. Das war nur, weil ich sagen wollte, daß Ihr mich von jetzt an in Ruhe lassen sollt, versteht Ihr wohl?"

Die alte Frau wäre beinahe erstickt. Am nächsten Morgen war Goujet gekommen, um nach der Wäsche seiner Mutter zu fragen, als Gervaise gerade nicht da war. Mama Coupeau rief ihn zu sich und behielt ihn lange Zeit an ihrem Bett. Sie wußte wohl, welch innige Freundschaft der Schmied für Gervaise hegte; sie sah, daß er seit einiger Zeit düster und unglücklich war, weil er ahnte, wie häßliche Dinge da vor sich gingen. Und nun teilte sie ihm, aus Schwatzhaftigkeit und um sich für den Zank des vorigen Tages zu rächen, die nackte Wahrheit mit, als ob die schlechte Aufführung von Gervaise ein besonderes Unrecht gegen ihn gewesen wäre. Als Goujet das Kabinett verließ, mußte er sich an den Wänden stützen, so gebrochen hatte ihn der Kummer. Als die Wäscherin zurückkam, rief ihr Mama Coupeau zu, daß man sie sogleich bei Goujets erwarte, sie sollte die Wäsche, geplättet oder nicht, mitbringen wie sie war. Die Alte war so lebhaft, daß Gervaise die Klatscherei schon ahnte; im Geiste sah sie schon die traurige Szene, der sie entgegenging, und fühlte den Herzenskummer, der sie bedrohte. Sie war sehr blaß geworden und ihre Glieder schon jetzt wie gebrochen. Sie legte die Wäsche in einen Korb und ging fort. Schon seit Jahren hatte sie keinen Sou mehr an die Goujets zurückgezahlt. Die Schuld betrug immer noch vierhundertfünfundzwanzig Francs. Sie nahm jedesmal das Geld für die Wäsche und sprach davon, wie knapp sie bei Kasse sei. Sie empfand das wie eine große Schande, denn es gab ihr den Anschein, als ob sie sich die Freundschaft des Schmiedes zunutze mache, um ihn auszubeuten. Coupeau war jetzt weniger empfindlich; er machte schlechte Scherze und meinte, daß Goujet sie wohl hinreichend in den Ecken um die Taille gefaßt hätte und daß er damit bezahlt wäre. Sie aber war, trotz ihres Umganges mit Lantier, entrüstet über solche Worte und fragte ihren Mann, ob er denn schon so weit wäre, daß er solches Brot essen wolle? Man durfte in ihrer Gegenwart nicht schlecht von Goujet sprechen; ihre Zärtlichkeit für den Schmied war der letzte Rest von Ehrbarkeit in ihr, die sie wie ein Heiligtum pflegte. Daher kam es auch, daß jedesmal, wenn sie zu diesen braven Leuten Wäsche zu tragen hatte, sich schon auf der ersten Treppenstufe ihr Herz krampfhaft zusammenzog.

„Nun, seid Ihr endlich da?" sagte ihr trocken Madame Goujet, die ihr die Tür öffnete. „Wenn ich einmal den Tod herbeirufen will, dann möchte ich Euch danach schicken."

Gervaise trat verlegen näher, sie wagte es nicht einmal, eine Entschuldigung zu stammeln. Sie war nicht mehr pünktlich, kam nie zur bestimmten Stunde und ließ oft acht Tage auf sich warten. Sie wurde nach und nach immer unordentlicher.

„Seit einer vollen Woche warte ich nun schon auf Euch, fuhr die Spitzenklöpplerin fort. Und dann lügt Ihr, Ihr schickt mir Euer Lehrmädchen, das mir Geschichten erzählt: man wäre mit meiner Wäsche beschäftigt, man würde sie mir noch abends bringen, oder es sei irgend etwas passiert, ein Paket sei in den Eimer gefallen. Und ich verliere unterdessen meine Zeit, ich sehe nichts kommen und mache mir Gedanken darüber. Nein, Ihr seid unvernünftig ... Laßt einmal sehen, was Ihr in dem Korb habt! Ist es wenigstens alles? Bringt Ihr mir die beiden Bettücher, die Ihr schon seit einem Monat habt, und das Hemd, das noch von der vorigen Wäsche her geblieben ist?" – „Ja, ja", murmelte Gervaise, „das Hemd ist da. Hier ist es!"

Aber Madame Goujet entsetzte sich. Das Hemd gehörte ihr nicht, sie wollte das nicht haben. Wenn ihr nun auch noch ihre Wäsche verwechselt würde, dann hörte alles auf! Schon in der vorigen Woche hatte sie ihr zwei Taschentücher gebracht, die nicht ihr Zeichen hatten. Das war nicht nach ihrem Geschmack, solche Wäsche, von der man nicht wisse, wo sie herkam. Und dann lag ihr daran, ihre eigenen Sachen wiederzuhaben.

„Und die Bettlaken?" fragte sie. „Die sind verloren? ... Nun, meine Kleine, macht das, wie Ihr wollt, aber ich will sie bis morgen früh hierhaben, versteht Ihr mich?"

Nun entstand ein Stillschweigen. Gervaises Verlegenheit wurde noch dadurch vermehrt, daß sie die Tür zu Goujets Zimmer halb offenstehen sah. Der Schmied mußte dasein, sie ahnte das; wie schämte sie sich, daß er all diese verdienten Vorwürfe mit anhörte, auf die sie nichts zu antworten wußte! Sie war so geschmeidig, so sanft, beugte ihren Kopf und legte so schnell wie möglich die Wäsche auf das Bett. Aber die Sache wurde noch schlimmer, als Madame Goujet anfing, die Stücke eins nach dem andern nachzusehen. Sie nahm sie und warf sie zurück, indem sie sagte: „Ah! mit Eurer Tüchtigkeit ist es auch aus! Man kann Euch jetzt kein Lob mehr sagen ... Ja, ja, Ihr verludert Euch und verhaut Eure Arbeit jetzt ... Seht einmal her, dieses Vorhemd ist verbrannt, das Eisen ist zu sehen auf jeder Falte. Alle Knöpfe sind abgerissen. Ich weiß nicht, wie Ihr das anstellt, daß nie mehr ein Knopf sitzen bleibt ... Oh, potztausend! da ist eine Nachtjacke, die bekommt Ihr nicht bezahlt. Seht doch einmal her! Da ist ja noch aller Schmutz darauf, die habt Ihr ganz einfach gespült und aufgeplättet. Danke schön! wenn die Wäsche nicht einmal mehr rein ist ..."

Sie hielt inne und zählte die Stücke. Dann rief sie aus: „Wie?! Das bringt Ihr mir?! ... Es fehlen zwei Paar Strümpfe, sechs Servietten, ein Tischtuch und die Wischlappen ... Ihr macht Euch wohl über mich lustig? Ich ließ Euch sagen, Ihr solltet alles wiederbringen, ob geplättet, ob nicht. Wenn in einer Stunde Euer Lehrmädchen nicht mit dem Rest hier ist, werden wir uns ernsthaft erzürnen, Madame Coupeau, das sage ich Euch im voraus!"

In diesem Augenblick hustete Goujet in seinem Zimmer. Gervaise überlief ein leichtes Zittern. Wie man sie in seiner Gegenwart behandelte, mein Gott! Sie blieb verlegen und verwirrt in der Mitte des Zimmers stehen und wartete auf die schmutzige Wäsche. Als aber Madame Goujet die Rechnung nachgesehen hatte, nahm sie ruhig ihren Platz am Fenster wieder ein und arbeitete an der Ausbesserung eines Spitzentuches.

„Die Wäsche?" fragte schüchtern die Wäscherein. „Nein, danke schön!" antwortete die alte Frau, „diese Woche ist keine Wäsche."

Gervaise erbleichte. Man entzog ihr die Kundschaft. Nun verlor sie vollends den Kopf, sie mußte sich auf einen Stuhl setzen, weil ihr die Beine den Dienst versagten. Sie versuchte es nicht einmal, ein Wort für sich zu sprechen; das einzige, was sie herausbrachte, war: „Herr Goujet ist wohl krank?"

„Ja, er war leidend, er hatte nach Hause kommen müssen, anstatt in die Schmiede zu gehen, er hatte sich soeben auf seinem Bett ausgestreckt, um zu ruhen." Madame Goujet sah bei diesen Worten sehr ernst aus, wie sie so in ihrem schwarzen Kleid und ihrer nonnenhaften Haube dasaß. Man hatte den Lohn der Nagelschmiede noch heruntergesetzt, von neun Francs war er auf sieben gefallen, wegen der Maschinen, die jetzt alle Arbeit machten. Sie setzte auseinander, daß sie an allem jetzt spare; sie wollte wieder ihre Wäsche selbst waschen. Es hätte natürlich sehr gut gepaßt, wenn die Coupeaus ihr jetzt das Geld wiedergegeben hätten, das ihr Sohn ihnen geliehen hatte. Sie würde ihnen ja nicht die Leute vom Gericht über den Hals schicken, wenn sie nicht zahlen könnten. Seit Madame Goujet von der Schuld sprach, schien Gervaise mit gesenktem Kopf dem Spiel ihrer Nadel zu folgen, die mit großer Schnelligkeit Masche auf Masche bildete. „Und dennoch", fuhr die Spitzenklöpplerin fort, „wenn Ihr Euch ein wenig einschränktet, könntet Ihr ganz gut die Schuld tilgen. Denn Ihr eßt sehr gut, Ihr gebt viel aus, dessen bin ich sicher ... Wenn Ihr uns nur zehn Francs monatlich geben würdet ..." Sie wurde durch Goujets Stimme unterbrochen, er rief: „Mama! Mama!"

Als sie fast augenblicklich zurückkam und sich wieder setzte, änderte sie das Gesprächsthema. Vermutlich hatte sie der Schmied gebeten, von Gervaise kein Geld zu verlangen. Aber unwillkürlich kam sie nach kaum fünf Minuten wieder auf die Schuld zurück. Oh, sie hatte wohl vorhergesehen, daß das so kommen würde, der Zinkarbeiter vertränke den Laden, und das würde die Frau weit bringen. Auch hätte ihr Sohn niemals die fünfhundert Francs hergeliehen, wenn er auf sie gehört hätte. Er wäre dann heute verheiratet und brauchte nicht vor Herzweh zu vergehen, mit der Aussicht, sein ganzes Leben unglücklich zu bleiben. Sie wurde sehr lebhaft und sehr hart, sie klagte Gervaise geradezu an, sich mit Coupeau ins Einvernehmen gesetzt zu haben, um ihren törichten Jungen auszunützen. Ja, es gäbe Frauen, die Jahre hindurch die Scheinheiligen spielten und deren schlechter Charakter erst ganz zuletzt plötzlich zutage käme. „Mama! Mama!" rief zum zweiten Male Goujets Stimme noch heftiger. Sie erhob sich, und als sie wiederkam, sagte sie, als sie sich wieder an ihre Spitzen setzte: „Geht hinein, er will Euch sehen!"

Gervaise ließ zitternd die Tür offen. Die Szene bewegte sie sehr, denn sie erschien ihr wie ein Geständnis ihrer Zärtlichkeit vor Madame Goujet. Sie fand das kleine Zimmer so ruhig wie früher; mit den ausgeschnittenen Bildern an den Wänden und dem engen eisernen Bett glich es dem Zimmer eines fünfzehnjährigen Knaben. Der mächtige Körper Goujets, den die Mitteilungen Mama Coupeaus gebrochen hatten, lag auf dem Bett ausgestreckt, seine Augen waren gerötet und sein schöner blonder Bart von Tränen benetzt. Er mußte in seinem ersten Wutanfall mit seinen fürchterlichen Fäusten sein Kopfkissen zerfetzt haben, denn aus den Rissen quollen die Federn hervor. „Glaubt mir, meine Mutter hat unrecht", sagte er zur Wäscherin beinahe mit leiser Stimme. Ihr seid mir nichts schuldig, ich will nicht, daß man davon spricht. Er hatte sich aufgerichtet und blickte sie an. Große Tränen kamen ihm in die Augen. „Ihr seid leidend, Herr Goujet?" murmelte sie. „Was fehlt Euch denn? Sagt es mir, ich bitte Euch!" – „Nichts, danke! Ich habe mich gestern zu müde gemacht. Ich will ein wenig schlafen." Doch ihm brach das Herz, er konnte nicht länger an sich halten. „Oh, mein Gott! mein Gott! Niemals hätte das geschehen sollen, niemals! Ihr hattet mir das geschworen. Und jetzt ist es doch! ... Oh, mein Gott! das tut mir zu weh, geht fort!"

Er winkte ihr mit bittender Gebärde zu gehen. Sie näherte sich seinem Bett nicht, sie ging fort, wie er es wünschte, stumpf und sprachlos, da sie kein Wort finden konnte, um ihn zu beschwichtigen. Im Nebenzimmer nahm sie ihren Korb; aber sie ging noch immer nicht, sie hätte so gern ein Wort gefunden. Madame Goujet fuhr mit ihrer Arbeit fort, ohne den Kopf zu erheben. Endlich sagte sie: „Nun denn, guten Abend! Schickt mir meine Wäsche, wir rechnen dann später ab." – „Jawohl, so soll es sein! Guten Abend!" stotterte Gervaise.

Sie schloß langsam die Tür, weil sie noch einen Blick in diese sauberen, ordentlichen Räume werfen wollten, in denen, wie sie glaubte, ein Stück von ihrer Ehrbarkeit zurückblieb. Sie kam nach Hause in ihren Laden zurück wie eine Kuh, die in den Stall geht, ohne sich über den Weg Sorgen zu machen. Mama Coupeau saß auf einem Stuhl nahe bei dem Plättofen, sie hatte zum erstenmal ihr Bett wieder verlassen. Aber die Wäscherin machte ihr selbst nicht einmal einen Vorwurf, sie war zu müde, die Knochen schmerzten sie, als ob sie geschlagen worden wäre; sie dachte, daß das Leben schließlich doch zu hart wäre, und da man doch nicht sogleich davongehen könnte, so nütze es auch zu nichts, sich selbst das Herz herauszureißen.

Jetzt fragte Gervaise nach gar nichts mehr. Sie hatte so eine unbestimmte Handbewegung, mit der sie sagen wollte: „Macht, was Ihr wollt, was kümmert's mich." Bei jeder neuen Sorge vertiefte sie sich mehr in ihr einziges Vergnügen, das darin bestand, jeden Tag drei gute Mahlzeiten zu essen. Ihr Laden hätte zusammenbrechen können, vorausgesetzt, daß sie nicht gerade darin war, sie wäre gern ohne Hemd weggegangen. Und der Laden brach wirklich zusammen, nicht auf einmal, aber ein bißchen alle Tage, morgens und abends. Eine Kundschaft nach der andern erzürnte sich und trug ihre Wäsche anderwärts hin. Herr Madinier, Fräulein Remanjou und selbst die Boches waren zu Madame Fauconnier zurückgegangen, wo sie pünktlicher bedient wurden. Es wurde schließlich langweilig, wochenlang ein Paar Strümpfe nicht herauszubekommen und die Hemden mit den Fettflecken vom vorigen Sonntag wieder anzuziehen. Gervaise verlor kein Wort, um sie zurückzuhalten, sie rief ihnen „Glückliche Reise!" nach; ja sie hatte noch eine andere Art, sie zu verabschieden, sie meinte, sie sei sehr zufrieden, daß sie nicht mehr nötig habe, in ihrem Schmutz herumzuwühlen. Nun gut!

Das ganze Quartier konnte von ihr weggehen, da würde sie einen hübschen Haufen Schmutz loswerden; und dann hätte man auch weniger Arbeit. Inzwischen behielt sie nur die schlechten Zahler, die Dirnen, Frauen wie Madame Gaudron, deren Wäsche keine Wäscherin in der Rue Neuve waschen wollte. Der Laden war nicht mehr zu halten, sie hatte ihre letzte Arbeiterin, Madame Putois, wegschicken müssen; so blieb sie allein mit ihrem Lehrmädchen, der schielenden Augustine, die immer dünner wurde, je mehr sie wuchs; und selbst sie beide hatte nicht immer Arbeit und saßen ganze Nachmittage untätig umher. Es war ein vollständiger Sturz. Das roch ordentlich nach Ruin.

In demselben Verhältnis, wie die Faulheit und das Elend stiegen, wuchs auch die Unsauberkeit. Man hätte diesen schönen blauen Laden nicht wiedererkannt, der ehemals der Stolz von Gervaise gewesen war. Die Holzverkleidung und die Scheiben des Schaufensters, die man zu waschen vergaß, blieben von oben bis unten beschmutzt von dem Kot, den die vorüberfahrenden Wagen daranspritzten. Im Schaufenster hingen an den Messingdrähten drei graue Lumpen, die von Kunden, die im Hospital gestorben, zurückgeblieben waren. Noch erbärmlicher war es im Innern: die Feuchtigkeit der Wäsche, die unter der Decke trocknete, hatte die Tapeten abgelöst, das schöne Muster à la Pompadour hing in Fetzen herab, die wie alte Spinnweben dick mit Staub befallen waren; der zerbrochene und von dem Schüreisen durchlöcherte Plättofen ließ die Ecke, in der er stand, wie den Laden eines Alteisenkrämers erscheinen; der Arbeitstisch schien von einer ganzen Garnison gebraucht zu sein, so viele Kaffee- und Weinflecke waren darauf, so klebrig war er von den Konfitüren und so fettig von Schmausereien, denen man sich gewöhnlich am Montag hingab. Gervaise befand sich darin sehr wohl, sie hatte es nicht bemerkt, wie der Laden immer schmutziger wurde, sie hatte das Bewußtsein dafür verloren und gewöhnte sich ebenso an die zerrissenen Tapeten und schmutzigen Ladenfenster wie sie dahin gekommen war, aufgerissene Unterröcke zu tragen und sich nicht mehr die Ohren zu waschen. Selbst der Schmutz war für sie ein warmes Nest, und es behagte ihr, sich darin zusammenzukauern. Die Dinge ihrem Verfall entgegengehen zu lassen und zu warten, bis der Staub alle Löcher verstopfte und sich wie eine Decke von grauem Samt auf alles legte, in fauler Betäubung das Haus immer schwerer auf sich lasten zu fühlen, das war für sie eine wahre Wollust, in der sie sich berauschte. Wenn sie nur ihre Ruhe hatte, dann pfiff sie auf das übrige. Die immer höher anwachsenden Schulden machten ihr keine Sorgen mehr. Sie verlor ihre Rechtschaffenheit; ob man einmal bezahlen konnte oder nicht, das blieb im ungewissen, sie war nicht neugierig genug, um das wissen zu wollen. Wenn man ihr in einer Handlung den Kredit aufkündigte, so fing sie anderwärts zu borgen an. Sie brandschatzte das ganze Quartier und war alle zehn Schritte etwas schuldig. Allein in der Rue de la Goutte-d'Or wagte sie schon nicht mehr bei dem Kohlenhändler, bei dem Krämer und der Hökerin vorbeizugehen, so daß sie, wenn sie nach dem Waschhaus ging, den Weg durch die Rue des Poissonniers nehmen mußte, was ein Umweg von guten zehn Minuten war. Die Lieferanten behandelten sie als Spitzbübin. Eines Abends revoltierte der Mann, der die Möbel für Lantier geliefert hatte, die ganze Nachbarschaft, er heulte, daß er ihr eine Tracht Schläge verabfolgen werde und sich so an ihrem Leib bezahlt mache, wenn sie ihm nicht sein Geld herausgäbe. Nach solchen Szenen zitterte sie, doch sie schüttelte das ab wie ein geschlagener Hund, und wenn es vorüber war, so schmeckte ihr das Mittagbrot deshalb nicht schlechter. Dieses unverschämte Pack, das ihr über den Hals kam! Sie hatte doch nun einmal kein Geld, sollte sie vielleicht welches machen? Und dann, bestahlen einen denn die Kaufleute nicht genug? Die konnten warten! So kauerte sie sich wieder in ihrem Loch zusammen und dachte absichtlich nicht an das, was notwendig am nächsten Tage geschehen mußte. Sie würde über die Klinge springen, gewiß! Aber bis dahin sollte man sie ungeschoren lassen!

Mama Coupeau hatte sich noch einmal wieder erholt. Während eines ganzen Jahres stand das Geschäft so auf der Kippe. Im Sommer gab es natürlich immer mehr Arbeit, da waren die weißen Unterröcke und die Perkalkleider der Mädchen, die in den Ballsälen der äußeren Boulevards tanzten. Es war eine langsame Auflösung, jede Woche mußte sie die Nase tiefer in den Schmutz stecken; es ging einmal besser, einmal schlechter, manchen Abend schnürten sie sich vor dem leeren Speiseschrank den

Bauch zusammen, und dann aßen sie auch einmal wieder so viel Kalbsbraten, daß sie davon hätten platzen können. Nur Mama Coupeau sah man noch auf der Straße, gewöhnlich verbarg sie Pakete unter ihrer Schürze und ging, als ob sie spazierengehen wollte, nach dem Leihhause in der Rue Polonceau. Sie krümmte ihren Rücken und machte ein so scheinheiliges, lüsterndes Gesicht wie eine Muckerin, die zur Messe geht; sie verachtete so etwas nicht, diese Art von Geldgeschäften machte ihr Spaß, dieses Verhandeln von alten Kleidern kitzelte ihre Leidenschaft für den Beruf einer Kommentmutter. Die Beamten in der Rue Polonceau kannten sie schon recht gut, sie nannten sie die „Vierfrankenmutter", weil sie immer vier Francs haben wollte, wenn man ihr drei bot für ihre Pakete, die nicht größer als ein Pfund Butter waren. Gervaise hätte gern das ganze Haus versetzt, sie hatte eine förmliche Leidenschaft für das Leihhaus, sie hätte sich gern den Kopf scheren lassen, wenn man ihr für ihre Haare etwas gegeben hätte. Es war gar zu bequem, dort hinzulaufen und sich Geld zu holen. Ihre ganze Wirtschaft ging dahin, ihre Wäsche, ihre Kleider, ja sogar die Möbel. Zu Anfang nahm sie die Gelegenheit wahr, in guten Wochen etwas auszulösen, wenn sie es auch in der folgenden Woche wieder hintrug. Dann aber, als sie ihr Geschäft gehen ließ wie es wollte, ließ sie die Sachen verfallen oder verkaufte die Pfandscheine. Eine einzige Sache ging ihr nahe, das war, ihre Stutzuhr zu versetzen; doch als ein Gerichtsdiener wegen eines Wechsels von zwanzig Francs darauf Beschlag legen wollte, entschloß sie sich auch dazu. Bis dahin hatte sie geschworen, daß sie lieber Hungers sterben wollte als ihre Stutzuhr anzurühren. Als Mama Coupeau sie in einer kleinen Deckelkiste forttrug, sank sie mit nassen Augen auf einen Stuhl und ließ ihre Arme schlaff herabhängen. Als aber Mama Coupeau mit fünfundzwanzig Francs wiederkam, trösteten sie diese unerwarteten fünf Francs schnell über den Verlust; sie schickte gleich die alte Frau wieder fort, um für vier Sous einen Schluck zu holen, nur um die fünf Francs festlich zu begießen. Wenn sie gut Freund miteinander waren, so tranken sie sehr oft an einer Ecke des Arbeitstisches Schnaps zusammen, es war das zur Hälfte Branntwein, zur Hälfte Johannisbeersaft. Mama Coupeau hatte eine Geschicklichkeit, in ihrer Schürzentasche ein volles Glas zu transportieren, ohne einen Tropfen zu vergießen, die wirklich bewundernswert war. Die Nachbarn brauchten ja davon nichts zu wissen, nicht wahr? In der Tat wußten es die Nachbarn recht gut. Die Hökerin, die Kaldaunenhändlerin und die Ladenburschen des Krämers sagten: „Seht doch, die Alte geht zur Tante!" oder: „Seht doch, die Alte trägt ihr Tröstungswasser in der Tasche!" Und wie das nur natürlich war, brachte so etwas das Quartier gegen Gervaise noch mehr auf. Sie verjuxte alles, es würde nicht mehr lange dauern, dann wäre der Laden aufgefressen. Ja, ja, noch drei- oder viermal das Maul voll genommen, dann ist der Platz kahl wie abgeleckt.

Inmitten dieses allgemeinen Verfalls gedieh Coupeau. Dieser verdammte Saufbold war so wohl wie ein Fisch im Wasser; der Schnaps und der Branntwein machten ihn fett. Dabei aß er viel und kümmerte sich den Teufel um diesen Hund, den Lorilleux, der immer sagte, daß der Suff den Menschen tötete. Er antwortete ihm damit, daß er sich auf den Bauch klopfte, dessen Haut durch das Fett gespannt war wie eine Trommel. Er machte ihm darauf ein großes Konzert vor, wobei er mit Klopfen und Trommeln ein Musikstück aufführte, das vor der Bude eines Zahnausreißers viel Glück gemacht haben würde. Aber Lorilleux, der sich ärgerte, daß er keinen Bauch hatte, meinte, das wäre alles nur gelbes Fett, das taugte nichts. Aber das machte ihm nichts, er soff weiter, weil es ihm so gut bekam. Seine Haare, die jetzt schon so gemischt waren wie Pfeffer und Salz, schienen bei jedem Windstoß Funken zu sprühen. Sein Säufergesicht mit den Affenkiefern färbte sich und nahm nach und nach die Farbe blauen Weines an. Er blieb ein Bruder Lustig und stieß seine Frau, wenn sie sich einmal an ihn wendete und ihm von ihren Verlegenheiten sagte. Sind denn die Männer dazu da, um sich mit solchen ärgerlichen Sachen zu befassen? Seinetwegen konnte das Brot im Hause fehlen, ihm war das gleich. Er mußte morgens und abends sein Essen haben, er werde sich doch keine Sorgen darüber machen, wo das herkommen sollte! Wenn er wochenlang nicht gearbeitet hatte, wurde er noch anspruchsvoller als vorher. Übrigens klopfte er noch immer Lantier freundschaftlich auf die Schultern. Soviel stand fest, er wußte nichts von den Abwegen, die seine Frau ging, wenigstens Leute wie die Boches und Poissons schwuren die heiligsten Eide, daß er nichts ahne und daß es ein großes Unglück geben würde, wenn er je von der Sache erführe. Aber seine eigene Schwester, Madame Lerat, schüttelte den Kopf; sie kannte Ehemänner, denen so etwas gar nicht so sehr mißfiel. In einer Nacht war selbst Gervaise ganz versteinert vor Schreck geblieben, weil sie, aus dem Zimmer des Hutmachers kommend, in der Finsternis einen Schlag auf den Hintern zu fühlen glaubte; aber sie hatte sich nachher überlegt, daß sie sich auch an dem Bettpfosten gestoßen haben konnte. Die Lage der Dinge war doch wirklich zu schrecklich, als daß ihr Mann sich darüber hätte amüsieren und mit ihr hätte Unsinn treiben können.

Auch Lantier kam durchaus nicht herunter; er pflegte sich sehr, täglich maß er seine Bauchweite an seinem Hosengurt, weil er beständig in Sorge war, daß er die Schnalle ändern müsse; er fand, daß er so gerade richtig sei und war so eitel, daß er weder stärker noch magerer werden wollte. Infolgedessen war er sehr wählerisch mit dem Essen, weil er jede Schüssel darauf ansah, ob sie nicht seine Figur verändern werde. Seit er sich auch in die Wirtin mit dem Ehemann geteilt hatte, betrachtete er sich so, als ob ihm die Hälfte von allem rechtmäßig zustände; er steckte die Fünffrancsstücke ein, die er umherliegen fand, mit Gervaise machte er, was er wollte, er zankte und schrie umher, so daß er da mehr zu Hause zu sein schien als der Zinkarbeiter. Das war eben eine Wirtschaft, die zwei Herren hatte. Der Gelegenheitsmann, der schlauer war als der andere, zog die Zudecke nach seiner Seite hin; er nahm das Beste, von der Frau, vom Tische und von allem übrigen. Er preßte die Coupeaus aus, das war klar, er genierte sich auch gar nicht mehr, das vor aller Welt sehen zu lassen. Nana blieb sein Liebling, weil er die hübschen, kleinen Mädchen gern hatte. Mit Etienne beschäftigte er sich immer weniger, nach seiner Meinung mußten sich die Jungens selbst durchbeißen. Wenn jemand nach Coupeau fragte, so fand er sich immer ein; in Pantoffeln und Hemdsärmeln kam er aus dem hinteren Laden mit der Miene eines sehr beschäftigten Ehemannes hervor; er antwortete für Coupeau und sagte den Leuten, daß das ganz dasselbe wäre.

Zwischen diesen beiden Herren führte Gervaise auch nicht immer ein allzu lustiges Leben. Über ihre Gesundheit konnte sie nicht klagen, Gott sei Dank! Auch sie wurde fett. Aber daß ihr zwei Männer immer auf dem Halse lagen, die sie pflegen und zufriedenstellen sollte, das ging manchmal über ihre Kräfte. Oh, heiliger Himmel! ein Mann kann einen schon zur Verzweiflung bringen! Das Schlimme war, daß sie, wenn es Streit gab, immer zusammenhielten; die zankten sich niemals. Des Abends nach dem Essen hänselten sie einander, wenn sie mit aufgelegten Ellbogen am Tische saßen; während des ganzen Tages rieben sie sich aneinander wie ein Paar Katzen, die ihrem Vergnügen nachgehen. An Tagen, wo sie wütend nach Hause kamen, fielen beide über sie her. Nur immer zu! Schlagt nur auf das Lasttier los, die hat einen breiten Buckel! Das erhöhte noch ihre Freundschaft, wenn sie so zusammen brüllen konnten; da durfte sie dann auch kein Wort zu ihrer Verteidigung sagen. Zu Anfang, wenn einer schrie, bat sie den andern durch Seitenblicke, ihr beizustehen und ein Wort für sie einzulegen. Aber das gelang selten. Sie war jetzt ganz kirre geworden und duckte sich mit ihren breiten Schultern, weil sie begriffen hatte, daß es ihnen Spaß machte, sie herumzustupsen, weil sie rund wie eine wahre Kugel geworden war. Coupeau mit seinem losen Maul gebrauchte abscheuliche Worte ihr gegenüber. Lantier dagegen war in seinen Schimpfworten sehr gewählt, er gebrauchte Ausdrücke, die sonst niemand sagte und die sie noch empfindlicher trafen. Glücklicherweise gewöhnte man sich ja an alles; die Schimpfworte und Ungerechtigkeiten der beiden Männer glitten schließlich von ihrer glatten Haut ab wie von einer Wachstuchdecke. Sie war sogar dahin gekommen, daß es ihr lieber war, wenn sie böse waren; machten sie die Liebenswürdigen, so waren sie ihr noch viel mehr zur Last, dann waren sie immer hinter ihr her und ließen sie keine Haube ruhig plätten. Dann verlangten sie von ihr kleine Gerichte, die sie salzen mußte oder milder machen, dann mußte sie ihnen zu Munde reden, sie pflegen, zu Bett legen und einen nach dem andern warm einwickeln. Wenn eine Woche herum war, fühlte sie kaum noch ihre Glieder, und ihr Kopf war wüst, sie wurde ganz stumpfsinnig, und ihre Augen bekamen einen Ausdruck, als ob sie ihrer Sinne nicht mehr mächtig sei. Das reibt eine Frau auf, ein solches Geschäft.

Ja, Coupeau und Lantier verbrauchten sie, das ist das rechte Wort; sie hatten sie an beiden Enden zugleich angesteckt, wie man vom Licht sagt. Soviel stand fest, der Zinkarbeiter hatte keine Bildung: aber der Hutmacher hatte zuviel oder vielmehr, er hatte eine Bildung, wie schmutzige Leute ein reines Hemd anhaben, der Schmutz sitzt darunter. In einer Nacht träumte sie, daß sie am Rande des Brunnenloches stände; Coupeau stieß sie mit der Faust, während Lantier sie an den Schenkeln kitzelte, um sie noch schneller hineinstürzen zu lassen. Nun, so war ihr Leben. Ah, sie war in einer guten Schule, da konnte es nicht überraschen, wenn sie so vor die Hunde ging. Die Leute im Quartier waren nicht gerade gegen sie, wenn sie ihr häßliches Betragen ihr zum Vorwurf machten, denn sie hatte ihr Unglück nicht verschuldet. Wenn sie manchmal darüber nachdachte, so überlief sie ein Schauder. Dann dachte sie, daß es doch auch noch viel schlimmer hätte kommen können. Es war doch immer noch besser, zwei Männer zu haben, als seine beiden Arme zu verlieren. So fand sie ihre Lage natürlich, wie es so oft vorkommt; so trachtete sie danach, auch unter diesen Verhältnissen ein wenig Glück für sich zu genießen. Der beste Beweis dafür, wie abgestumpft ihre Empfindungen waren und wie sie nur noch den rohesten Genüssen zugänglich blieb, ist es, daß sie Coupeau nicht mehr verabscheute wie Lantier. In dem Theater de la Gaîté hatte sie in einem Stück eine Dirne gesehen, die ihren Mann verabscheute und ihn wegen ihres Liebhabers vergiftete; darüber war sie böse geworden, weil sie einer ähnlichen Empfindung nicht fähig war. War es denn nicht viel vernünftiger, wenn alle drei in gutem Einvernehmen weiterlebten? Nein, nein, solche Dummheit macht das Leben ungemütlich, das ja ohnehin schon nicht allzu lustig ist. Schließlich würde sie sich trotz aller Schulden, trotz des Elends, das sie bedrohte, ganz ruhig für sehr befriedigt erklärt haben, wenn der Zinkarbeiter und der Hutmacher sie weniger abgehetzt und weniger mit ihr herumgeschrien hätten.

Um die Herbstzeit ging leider die Wirtschaft noch mehr bergab. Lantier behauptete, daß er mager würde und machte täglich ein längeres Gesicht. Er murrte über alles und nörgelte besonders beim Essen; diese ewigen Kartoffelgerichte, das sei ein Schweinefraß, den er nicht runterbringen könnte, ohne danach Kolik zu bekommen. Die geringfügigste Zänkerei endete jetzt mit Schlägen, wobei man sich die ganze Wirtschaft gegenseitig an den Kopf warf, und es war manchmal ein Teufelskram, ehe alles sich aussöhnte, ehe jeder sein Lager aufsuchte. Wenn die Musik zu Ende ist, so schlagen sich die Esel, nicht wahr? Lantier witterte den Krach; er war außer sich darüber, als er merkte, daß die ganze Wirtschaft aufgegessen sei und daß er den Tag herankommen sah, wo er seinen Hut in die Hand nehmen mußte, um sich woanders ein warmes Nest und etwas Futter zu suchen. Er hatte sich hier so hübsch eingewöhnt, konnte seinen kleinen Gewohnheiten nachgehen und wurde von jedermann verhätschelt; es war ein wahres Schlaraffenleben gewesen, dessen Süßigkeiten er nicht so leicht wiederfinden würde. Potz der Tausend! man kann sich nicht bis obenheran vollfressen und dann immer noch gute Stücke auf dem Teller haben. Er war jetzt auf seinen Bauch besonders böse, denn jetzt war die ganze Wirtschaft in seinem Bauch. Aber er dachte keineswegs so; er war noch auf die anderen böse, die sich in dem kurzen Zeitraum von zwei Jahren von ihm hatten auffressen lassen. Nun wirklich, die Coupeaus waren unbegreiflich. Jetzt schrie er, daß Gervaise nicht gut zu wirtschaften verstände. Heiliges Donnerwetter! was sollte denn daraus werden? Gerade jetzt ließen einen die Freunde sitzen, wo man im Begriff war, ein glänzendes Geschäft abzuschließen: sechstausend Francs Gehalt in einer Fabrik, das war genug, um die ganze kleine Familie zum Wohlstand zu bringen.

Eines Abends im Dezember hatten sie nichts, um Mittagbrot zu essen. Es war auch nicht ein Heller mehr da. Lantier, der sehr trübe gestimmt war, ging schon bei guter Zeit aus und trieb sich auf den Straßen herum, um irgendwo eine Bude zu finden, wo der Küchengeruch die Gesichter fröhlich machte. Er blieb oft volle zwei Stunden bei dem Plättofen sitzen und hing seinen Gedanken nach. Plötzlich zeigte er eine große Freundschaft für die Poissons. Er neckte den Stadtsergeanten nicht mehr damit, daß er ihn Badinguet nannte; ja er ging so weit, daß er zugab, der Kaiser sei vielleicht ein ganz braver Kerl. Besonders für Virginie schien ihn eine hohe Achtung zu erfüllen, er sagte, sie sei eine gescheite Frau, die es wohl verstehe, ihr Lebensschiff zu steuern. Es war zu ersichtlich, daß er ihnen schön tat. Man hätte auf den Gedanken kommen können, daß er bei ihnen in Pension treten wollte. Aber seine Falle hatte einen doppelten Boden und war viel komplizierter. Virginie hatte gegen ihn den Wunsch ausgesprochen, irgendeinen Laden aufzumachen; in dieser Idee bestärkte er sie und erklärte das für ausgezeichnet. Jawohl, sie war für den Handel wie geschaffen: groß, zuvorkommend und tätig wie sie war. Oh, sie würde so viel Geld verdienen, wie sie wollte. Da das Geld, das sie von der Erbschaft einer Tante her schon lange bereitliegen hatte, nur darauf wartete, verwendet zu werden, so habe sie gewiß recht, wenn sie ihre vier Kleider, die sie in jeder Saison zusammenstoppelte, im Stich ließe, um sich dem Geschäftsleben zu widmen; dabei zählte er an den Fingern die Leute her, die im Begriff waren, Vermögen zu erwerben: da war die Hökerin an der Ecke, eine kleine Porzellanhändlerin vom äußeren Boulevard; der Augenblick sei ungemein günstig, mit jeder Ausschußware hätte man jetzt ein Geschäft machen können. Trotzdem zögerte Virginie noch; sie hätte gern einen Laden gehabt, aber sie wollte auch das Quartier nicht gern verlassen. Nun führte sie Lantier in die Ecken und sprach dort oft zehn Minuten lang mit ihr leise. Er schien sie mit Gewalt von etwas überzeugen zu wollen, sie weigerte sich nicht, sondern es sah so aus, als ob sie ihm Vollmacht gäbe, für sie zu handeln. Das war ein Geheimnis zwischen ihnen beiden, sie blinzelten sich mit den Augen zu und wechselten schnelle Worte miteinander; daß sie gemeinsam einen Plan schmiedeten, verriet sich sogar in ihren Händedrücken. Von diesem Augenblick an belauerte Lantier die Coupeaus mit heimlichen Seitenblicken, während er sein trockenes Brot hinunterwürgte; er war wieder sehr gesprächig geworden und betäubte sie mit seinem fortwährenden Gejammer. Den ganzen Tag mußte Gervaise in diesem Elend herumwühlen, das er recht gefällig vor ihr ausmalte. Er sprach ja nicht seinetwegen, großer Gott! Er würde ja gerne mit den Freunden Hungers sterben. Aber die Klugheit erfordere doch, daß man sich genaue Rechenschaft über die Lage gäbe. Man schuldete wenigstens fünfhundert Francs im Quartier: an den Bäcker, den Kohlenhändler, den Krämer und die anderen. Überdies war man mit der Miete für zwei Quartale im Rückstand, das waren auch noch zweihundertfünfzig Francs; der Wirt, Herr Marescot, sprach davon, sie aus dem Hause zu jagen, wenn sie nicht vor dem ersten Januar bezahlten. Dann hatte man schon alles aufs Leihhaus getragen, so daß man nicht mehr für drei Francs hätte versetzen können, so gründlich war alles ausgesäubert; nur die Nägel blieben noch in den Wänden, mehr nicht, und davon hätte man für drei Sous recht gut zwei Pfund bekommen können. Gervaise war von diesem Rechenexempel so verdutzt, daß ihr die Arme schlaff niederfielen, sie wurde böse und schlug mit der Faust auf den Tisch, oder sie fing ganz dumm an zu heulen. Eines Abends schrie sie. „Morgen gehe ich weg! ... Ich will lieber den Schlüssel auf die Schwelle legen und auf dem Steinpflaster schlafen, als so hier noch weiterleben.“ – „Es wäre viel klüger“, sagte heimtückisch Lantier, „den Mietsvertrag abzutreten, wenn man jemand finden könnte ... Wenn Ihr beide entschlossen wäret, den Laden aufzugeben ...“ Sie unterbrach ihn heftig: „Aber sofort, gleich! ... Oh! das wäre ja eine wahre Erlösung!“

Nun war der Hutmacher der praktische Mann. Wenn man den Mietkontrakt abtreten wollte, so würde man von dem neuen Mieter die beiden rückständigen Quartalsraten bekommen. Dann wagte er es, von den Poissons zu sprechen, er erinnerte daran, daß ja Virginie einen Laden suchte, vielleicht gefiele ihr dieser. Er erinnere sich selbst, daß sie sich einen ebensolchen gewünscht hatte. Als aber die Wäscherin den Namen Virginie hörte, war sie still geworden. Man würde ja sehen; man spräche so leicht davon, sein Heim aufzugeben, wenn man erregt sei, aber die Sache sei doch nicht so einfach und wäre reiflich zu bedenken.

Vergeblich versuchte Lantier in den folgenden Tagen wieder das Gespräch darauf zu bringen. Gervaise antwortete, daß sie schon noch mehr herunter gewesen sei und sich doch wieder heraufgerappelt hätte. Was wäre denn gewonnen, wenn sie ihren Laden nicht mehr hätte? Davon würde sie kein Brot bekommen. Im Gegenteil, sie werde ihre Arbeiterinnen wieder nehmen und sich eine neue Kundschaft schaffen. Sie sagte das nur, um damit die guten Gründe des Hutmachers abzuwehren, der ihr zeigte, wie sie am Boden lag, wie ihre Schulden sie erdrückten, wie es gar keine Hoffnung gab, wieder obenauf zu kommen. Aber er war ungeschickt genug, immer noch Virginies Namen hineinzumengen, so daß sie ganz wütend wurde. Nein, nein, niemals! Sie hatte immer an ihrem guten Herzen gezweifelt; wenn Virginie den Laden haben wollte, so wäre das nur deshalb, weil sie sie demütigen wollte. Der ersten besten Frau auf der Straße hätte sie den Laden gegeben, aber nicht dieser großen Scheinheiligen, die schon seit Jahren darauf warte, sie zugrunde gehen zu sehen. Oh, jetzt war ihr so manches klar. Sie begriff jetzt wohl, warum die gelben Funken aus den Augen dieser Katze sprühten. Ja, ja, Virginie hatte ihr die Tracht Schläge von der Waschanstalt nie vergessen, sie hatte ihre Rache aufgespart. Nun denn, sie würde klug daran tun, sie das nicht merken zu lassen, wenn sie nicht riskieren wolle, daß sie ihr zum zweiten Male das Fell versohle. Das würde nicht lange dauern, sie könnte sich schon immer darauf gefaßt machen. Nach einem solchen Schwall von bösen Redensarten duckte Lantier Gervaise; er nannte sie einen Trotzkopf, ein tolles Weib, eine Madame Granale, die den Teufel im Leibe habe, ja, er ging sogar so weit, Coupeau zu beschuldigen, daß er ein Pantoffelheld wäre, der nicht einmal so viel Macht über seine Frau habe, es durchzusetzen, daß diese vor einem Freunde die schuldige Achtung bewahre. Er begriff wohl, daß der Zorn alles verderben würde, deshalb schwor er, daß er sich nie mehr mit den Geschäften anderer befassen wollte, denn davon hätte man nichts als Undank. In der Tat schien es so, als ob er die Sache mit der Abtretung des Mietvertrages nicht weiter berühren wollte und auf eine Gelegenheit wartete, wo er von der Sache noch einmal sprechen und die Wäscherin sodann bestimmen könnte.

Mit dem Januar war das schlechte Wetter gekommen, es war naß und kalt zugleich. Mama Coupeau, die schon den ganzen Dezember gehustet hatte, mußte sich nach dem Dreikönigstage fest zu Bett legen. Das war wir ihre Rente; jeden Winter wartete sie schon darauf. Aber diesen Winter, sagten alle, würde sie wohl nur mit den Füßen voraus wieder aus ihrem Zimmer herauskommen. Und wirklich, sie hatte einen recht versteckten Husten, der so hohl und verdächtig klang; dabei war sie dick und fett, ihre Augen waren schon halb erloschen und ihr Gesicht auf einer Seite ganz zusammengezogen. Sicherlich hätten ihre Kinder ihr Ende nicht herbeigewünscht, aber sie schleppte sich schon so lange hin, sie machte so viel Ungelegenheiten, daß man ihren Tod wie eine Befreiung für alle ansah. Für sie selbst war es ja auch das beste, denn ihre Zeit war vorüber, nicht wahr? Und wenn man seine Zeit gelebt hat, so hat man sich nichts vorzuwerfen. Man gab ihr noch ihren Tee, um sie nicht ganz hilflos liegen zu lassen. Alle Stunden ging einmal jemand hinein und sah nach, ob sie noch lebte. Sie sprach gar nicht mehr, weil sie wenig Luft hatte, aber mit ihrem einen Auge, das noch gut, lebendig und klar geblieben war, sah sie jeden scharf an; es lag vieles im Blick dieses Auges: die Trauer um ihre jungen Jahre, die Trauer der tiefen Kränkung, wenn sie sah, wie die Ihrigen es gar nicht erwarten konnten, sie endlich loszuwerden, der Zorn gegen die kleine, lasterhafte Dirne, die Nana, die sich jetzt nicht mehr genierte und des Nachts an der Glastür lauerte.

Eines Montag abends kam Coupeau stark angerissen nach Hause. Seit seine Mutter in Gefahr war, lebte er fortwährend in einer wehmütigen Stimmung. Als er fest eingeschlafen war und laut schnarchte, ging Gervaise von ihm und wachte einen Teil der Nacht bei Mama Coupeau. Nana war jetzt sehr artig, sie legte sich nahe bei der Alten nieder und sagte, daß, wenn sie hörte, daß sie stürbe, sie schon alle schnell herbeirufen werde. In dieser Nacht, als die Kleine fest schlief und auch die Kranke ruhig zu schlummern schien, ließ sich die Wäscherin schließlich von Lantier, der sie mit leiser Stimme rief, überreden, sich in seinem Bett etwas auszuruhen. Sie wollte ein Licht auf der Erde hinter der Schranktür brennen lassen. Gegen drei Uhr sprang Gervaise plötzlich zitternd vom Bett auf, weil eine unbestimmte Angst sie peinigte. Sie hatte einen kalten Schauer über den ganzen Körper gehen gefühlt. Das Endchen Licht war heruntergebrannt, so mußte sie im Finstern ihre Unterröcke zusammenbinden, sie tat es, betäubt und in fieberhafter Haft. Erst in dem kleinen Kabinett konnte sie, nachdem sie sich an verschiedenen Möbeln gestoßen hatte, eine kleine Lampe anstecken. In das erdrückende Schweigen der Nacht tönten allein die tiefen Töne von Coupeaus Schnarchen hinein. Nana, die auf dem Rücken ausgestreckt lag, atmete leise zwischen ihren leicht geschwellten Lippen. Gervaise, die die Lampe, welche große Schatten vorüberhuschen machte, herabgeschraubt hatte, beleuchtete das Gesicht von Mama Coupeau, die ganz weiß, mit weit geöffneten Augen und zur Seite gefallenem Kopf dalag. Mama war tot.

Ohne einen Schrei auszustoßen, leise und vorsichtig kam die Wäscherin wieder in das Zimmer Lantiers zurück. Er war wieder eingeschlafen. Sie beugte sich über ihn und murmelte: „Höre, du! Es ist aus mit ihr, sie ist tot!" Ganz vom Schlaf übermannt, kaum erwacht, brummte er zuerst: „Laß mich doch zufrieden! Lege dich doch nieder ... Wir können ja nichts dabei machen, wenn sie tot ist!" Dann stützte er sich auf einen Ellbogen und fragte: „Wie spät ist es denn?" – „Drei Uhr!" – „Erst drei Uhr, lege dich doch nieder ... Du wirst dich erkälten ... Wenn es Tag ist, werden wir ja sehen!"

Aber sie hörte nicht auf ihn, sondern zog sich vollständig an. Darauf machte er es sich wiederum bequem, schlug die Bettdecke um sich und wendete sein Gesicht der Wand zu, wobei er etwas von verdammten eigensinnigen Weiberköpfen murmelte. Was war denn da für Eile, den Leuten mitzuteilen, daß es eine Tote im Hause gab? Mitten in der Nacht war so etwas gar nicht lustig, und er war außer sich darüber, seine Nachtruhe durch so düstere Dinge gestört zu sehen. Als sie alle ihre Sachen bis auf ihre Haarnadeln wieder in ihr Zimmer zurückgetragen hatte, setzte sie sich dort nieder, und obwohl sie vor Kälte zitterte, war sie doch zufrieden, daß man sie nun nicht mehr mit dem Hutmacher überraschen konnte. Eigentlich hatte sie Mama Coupeau recht lieb gehabt und empfand jetzt einen wahren Schmerz, während sie im ersten Augenblick nur Ärger ausgestanden hatte, daß Mama Coupeau ihre Sterbestunde so schlecht gewählt hatte. Sie weinte laut und heftig in der stillen Nacht, doch der Zinkarbeiter hörte nicht auf zu schnarchen. Er hörte nichts, sie hatte ihn gerufen und geschüttelt, dann hatte sie sich dafür entschieden, ihn schlafen zu lassen, weil sein Erwachen nur noch mehr Unruhe und Verlegenheiten gemacht haben würde. Als sie zu der Leiche zurückkehrte, fand sie Nana im Bett aufrecht sitzen und sich den Schlaf aus den Augen reiben. Sie begriff sogleich, was da vorgegangen war, und streckte mit der Neugierde einer nichtsnutzigen Dirne ihr Kinn vor, um ihre Großmutter besser sehen zu können. Sie sagte nichts, aber sie zitterte ein wenig; erstaunt sah sie sich diesem Tode gegenüber, der schon seit Tagen wie eine häßliche Sache, die für Kinder verboten war, herannahte; vor diesem weißen Totenantlitz, auf welchem die Leidenschaften des Lebens ihre tiefen Furchen gezogen hatten, erweiterten sich ihre jungenKatzenaugen, und dieselbe Erschlaffung legte sich auf ihre Wirbelsäule, welche sie stets an der Glastür festhielt und sie dort nach Dingen spähen ließ, die solch eine kleine Rotzliese nichts angingen. „Mach, stehe auf!" sagteihre Mutter mit leiser Stimme. „Ich will nicht, daß du hier bleibst!" Nur widerwillig ließ sie sich vom Bett nehmen und ließ die Tote nicht aus den Augen. Gervaise war in großer Verlegenheit, da sie nicht wußte, wo sie mit ihr hin sollte, bis der Tag anbrach. Sie wollte sie schon anziehen, als Lantier in Rock und Pantoffeln zum Vorschein kam. Er konnte nicht mehr schlafen und schämte sich wegen seines Benehmens. Nun konnte man alles einrichten. „Lasse sie in meinem Bett sich niederlegen, da hat sie Platz genug!"

Nana richtete auf ihre Mutter und Lantier ihre großen, klaren Augen und nahm ihren dummen Ausdruck an, den Ausdruck vom Neujahrstage, wenn man ihr Schokoladenplätzchen schenkte. Man brauchte ihr nicht erst zuzureden, sie lief im Hemdchen hin, ihre nackten Füße berührten kaum den Boden, wie eine Blindschleiche glitt sie in das Bett, das noch ganz warm war, streckte sich aus und verkroch sich darin, so daß ihr leichter Körper kaum unter der Decke sich bemerkbar machte. Jedesmal, wenn ihre Mutter in das Zimmer kam, sah sie sie mit leuchtenden Augen daliegen; sie bewegte sich nicht, aber sie schlief auch nicht, sie war sehr rot und schien über ernste Dinge nachzudenken.

Unterdessen hatte Lantier Gervaise geholfen, Mama Coupeau anzukleiden; das war keine leichte Arbeit, denn die Tote war sehr schwer, man hätte nie geahnt, wie weiß und fett die alte Frau war. Sie hatten ihr Strümpfe, einen weißen Unterrock und eine weiße Nachtjacke angezogen und eine Haube aufgesetzt, ihre besten Wäschestücke. Coupeau schnarchte noch immer, er gab zwei Töne von sich, einen tiefen, der nach unten ging, und einen andern trockenen Ton, der aufstieg; es klang beinahe wie Kirchenmusik zu den heiligen Handlungen am Karfreitag. Als die Tote nun angezogen und sauber auf ihrem Bett aufgebahrt war, goß sich Lantier ein Glas Wein ein, um wieder auf den Damm zu kommen, denn ihm war ganz schlecht geworden. Gervaise kramte in der Kommode und suchte nach einem kleinen kupfernen Kruzifix, das sie aus Plassans mitgebracht hatte; aber sie erinnerte sich daran, daß Mama Coupeau selbst das schon verkauft haben mußte. Sie hatten den Ofen angesteckt. Den Rest der Nacht brachten sie halb schlafend auf Stühlen zu, wobei sie den Liter austranken, der angebrochen war; obwohl müde und abgestumpft, grollte eines dem andern, als ob es ihre Schuld wäre, daß die Alte gerade jetzt gestorben war. Erst gegen sieben Uhr, als es noch nicht ganz Tag war, erwachte Coupeau. Als er das Unglück vernahm, blieb sein Auge trocken, weil er glaubte, daß sie sich einen Scherz mit ihm machten. Dann aber warf er sich zur Erde und lag vor der Toten; er weinte wie ein Kalb, und seine Tränen flossen so reichlich, daß er das Laken naß machte, als er sich daran die Backen abtrocknete. Auch Gervaise hatte wieder zu schluchzen angefangen, weil sie über den heftigen Schmerz ihres Mannes eine große Rührung empfand; ja, er war im Grunde seines Herzens besser, als sie bisher geglaubt hatte. Die Verzweiflung Coupeaus mischte sich mit einem sehr starken Kater. Er fuhr sich mit den Händen in die Haare, und sein Mund war geschwollen wie immer des Morgens nach seinen Saufgelagen; er war noch immer ein wenig im Rausch, trotzdem er sechs Stunden geschlafen hatte. Er jammerte mit geballten Fäusten: Heiliger Gott! Nun war sie fort, seine arme Mutter, die er so geliebt hatte! Oh, wie ihn sein Kopf schmerzte, das würde auch sein Ende sein! Wie Feuer brenne es ihm im Kopf und auf dem Herzen, als ob ihm alles herausgerissen sei! Nein, das Schicksal war nicht gerecht, einen Mann so unablässig zu verfolgen! „Aber so fasse doch Mut, alter Junge!" sagte Lantier, der ihn aufhob. „Man muß sich ein bißchen zusammennehmen!"

Er goß ihm ein Glas Wein ein, aber Coupeau wies es zurück, er wollte nicht trinken. „Wie ist mir denn? Habe ich denn Kupfer im Schädel? ... Das ist meine Mutter? Wenn ich sie sah, war's mir immer, als ob ich Kupfer schmeckte ... Mutter! Mein Gott! Mutter! Mutter! ..."

Und aufs neue weinte er wie ein Kind. Dann trank er doch das Glas Wein, um den Brand zu mildern, der in seiner Brust tobte. Lantier ging bald aus, er gab vor, daß er die Familie benachrichtigen und auf der Mairie die Anzeige machen wolle. Er mußte etwas frische Luft schöpfen. Er beeilte sich durchaus nicht, sondern genoß die Morgenluft beim Dampf einiger Zigaretten. Als er von Madame Lerat wegging, trat er sogar in eine Crèmerie in Batignolles, um dort einen recht heißen Kaffee zu trinken. Da blieb er wohl eine gute Stunde in Gedanken versunken sitzen.

Gegen neun Uhr war die ganze Familie im Laden versammelt, wo man die Tür geschlossen gelassen hatte. Lorilleux weinte nicht; er hatte übrigens sehr eilige Arbeit, und so stieg er fast sogleich die Treppen wieder hinauf, nachdem er sich mit einem für die Gelegenheit passenden Gesicht eine kurze Weile aufgehalten hatte. Madame Lorilleux und Madame Lerat hatten die Coupeaus umarmt und geküßt, sie trockneten ihre Augen, aus denen kleine Tränen herabrollten. Als die erstere einen schnellen Blick auf die Umgebung des Totenbettes geworfen hatte, sagte sie plötzlich mit sehr lauter Stimme, daß es allem Anstand zuwider sei, wenn man in der Nähe der Leiche eine angezündete Lampe lasse, das müßten Lichter sein. So schickte man Nana nach einem Paket Lichter, aber sie sollte große holen. Nun ja! wenn man bei der Humpelliese stirbt, hat sie ihre saubere Art, die Sache zurechtzumachen! Solch ein dummes Geschöpf, die sich nicht einmal einem Toten gegenüber zu benehmen wußte! Hatte sie denn noch nie im Leben jemand begraben? Madame Lerat mußte zu den Nachbarn herumgehen, um ein Kruzifix zu borgen; sie brachte schließlich eines, das zu groß war, ein Kreuz von schwarzem Holz, auf welches ein Christus von Pappe genagelt war, der fast Mama Coupeaus ganze Brust bedeckte und sie mit seinem Gewicht zu erdrücken schien. Dann wollte man noch Weihwasser holen, aber niemand hatte etwas, so daß Nana wiederum gehen mußte; sie lief bis zur Kirche und füllte dort eine Flasche. Im Handumdrehen hatte der Raum ein anderes Aussehen: auf einem kleinen Tisch brannte eine Kerze, zu deren Seite ein mit Weihwasser gefülltes Glas stand, in welches man einen Zweig Buchsbaum gesteckt hatte. Wenn jetzt Leute kamen, war es wenigstens sauber. Nun stellte man im Laden die Stühle in der Runde auf, um Besuche zu empfangen.

Lantier kam erst um elf Uhr wieder zurück. Er hatte bei dem Beerdigungsbüro Erkundigungen eingezogen. „Der Sarg kostet zwölf Francs!“ sagte er. „Wenn Ihr eine Messe haben wollt, macht es noch zehn Francs mehr. Dann ist noch der Leichenwagen, der je nach der Ausschmückung bezahlt wird ...“ – „Oh! Das wird uns auch nichts nutzen!“ murmelte Madame Lorilleux, die überrascht und unruhig den Kopf erhob. „Davon wird Mutter auch nicht wieder aufstehen, nicht wahr? Man muß sich nach der Decke strecken!“ – „Gewiß! so dachte ich auch!“ meinte der Hutmacher. „Ich habe die Zahlen nur zu eurer Wahl aufgeschrieben ... Sagt mir, was ihr wünscht, ich werde nach dem Frühstück hingehen und bestellen.“

Sie sprachen nun bei dem schwachen Licht, welches durch die Ritze der geschlossenen Fensterläden in den Raum fiel. Die Tür zum Kabinett blieb weit offen, und von dieser großen Öffnung aus legte sich die Stille des Todes auf alles. Auf dem Hofe hörte man die Kinder lachen, die kleinen Mädchen tanzten „Ringel, Ringel Rosenkranz“ in der bleichen Wintersonne. Plötzlich hörte man Nanas Stimme, die von den Boches, zu denen man sie geschickt hatte, fortgelaufen war. Sie kommandierte mit hellen Tönen, und die Hacken schlugen den Takt auf dem Pflaster, während der Gesang wie der Lärm schreiender Vögel ertönte:

„Unser Esel,
Unser Esel,
Der hat Weh am Fuß.
Mutter läßt ihm Grütze machen
Und auch lila Schuh!
Lila, lila, lila, la,
Und auch lila Schuh!“

Gervaise wartete, bis die Reihe an sie kam: „Wir sind nicht reich, sicherlich, aber wir wollen uns doch mit Anstand benehmen ... Wenn Mama Coupeau uns auch nichts hinterlassen hat, so ist das doch kein Grund, um sie wie einen Hund in die Erde zu bringen. Nein, es soll eine Messe sein und ein hübscher Leichenwagen ...“ – „Und wer wird das bezahlen?“ fragte heftig Madame Lorilleux. „Wir gewiß nicht, die wir erst vorige Woche wieder Geld verloren haben; und Ihr doch auch nicht, denn Ihr seid doch ratzekahl ... Nun, Ihr solltet doch nun schon wissen, wo das hinführt, wenn man den Leuten Sand in die Augen streut!“

Als man Coupeau fragte, stotterte er etwas Unverständliches und machte eine Bewegung, die ungefähr sagte, daß ihm die Sache durchaus gleichgültig sei; dann schlief er auf seinem Stuhl wieder ein. Madame Lerat erklärte, daß sie ihren Anteil bezahlen wollte. Sie war ganz Gervaises Ansicht, man mußte die Sache anständig zu Ende bringen. Sie rechneten dann beide auf einem Stückchen Papier: das Ganze würde sich ungefähr auf neunzig Francs belaufen, da sie nach langen Auseinandersetzungen dahin übereinkamen, einen Leichenwagen zu nehmen, der mit einem bortengeschmückten Tuch behangen war.

„Wir sind drei“, schloß die Wäscherin die Besprechung. „Wir geben jeder dreißig Francs, das wird uns nicht umbringen.“ Nun brach aber Madame Lorilleux ganz wütend los.

„Nun, ich mache nicht mit, ja, ich weigere mich! ... Nicht etwa wegen der dreißig Francs. Ich möchte gern hunderttausend geben, wenn ich sie hätte und damit Mama Coupeau wieder aufwecken könnte ... Aber ich kann die Hochmütigen nicht leiden. Ihr habt einen Laden, Ihr denkt, daß Ihr dem Quartier die Augen aufreißen müßt. Dazu werden wir anderen doch nichts beitragen. Wir wollen nicht für was gelten, was wir nicht sind ... Oh! Ihr werdet das schon alles einrichten. Meinetwegen laßt doch die Leichenpferde Federbüsche tragen, wenn Euch das Spaß macht.“ – „Wir wollen ja von Euch nichts haben“, sagte schließlich Gervaise. „Und wenn ich mich verkaufen sollte, möchte ich mir doch keinen Vorwurf zu machen haben. Ich habe Mama Coupeau ohne Euch ernährt, ich werde sie auch ohne Euch begraben ... Es ist nicht das erstemal, daß ich sie Euch nicht überlassen habe: ich nehme verlaufene Katzen bei mir auf, da werde ich auch Eure Mutter nicht im Dreck verkommen lassen.“

Nun weinte Madame Lorilleux, und Lantier mußte sie halten, daß sie nicht fortging. Der Streit wurde so lärmend, daß Madame Lerat mehrere Male energisch „Pst! Pst!" rief und dann nach dem Kabinett ging und auf die Tote einen unruhigen, betrübten Blick warf, als ob sie gefürchtet hätte, sie sei erwacht und habe gehört, weshalb man neben ihr gestritten habe. In diesem Augenblick fing der Gesang der Kinder auf dem Hofe wieder an; die fadendünne, aber durchdringende Stimme von Nana übertönte die anderen:

„Unser Esel,
Unser Esel,
Der hat Weh im Bauch,
Mutter läßt ihm Suppe machen
Und auch lila Schuh!
Lila, lila, lila, la,
Und auch lila Schuh!"

„Mein Gott! sind die Kinder gräßlich mit ihrer Singerei!" sagte Gervaise zu Lantier; sie war so erschüttert und nahe daran, vor Ungeduld und Traurigkeit wieder loszuschluchzen. „Mache doch, daß sie still sind, und bringe Nana zu den Portierleuten zurück und wenn du ihr auch ein paar Fußtritte auf den Hintern geben mußt."

Madame Lerat und Madame Lorilleux gingen frühstücken und versprachen wiederzukommen. Die Coupeaus setzten sich zu Tische und aßen kalten Aufschnitt, aber sie aßen ohne Appetit und wagten nicht mit Messer und Gabel Geräusch zu machen. Sie waren sehr abgespannt und stumpf, die arme Mama Coupeau lastete förmlich auf ihnen, sie schien alle Räume zu erfüllen. Ihr Leben war wie aus den Angeln gehoben. Zuerst gingen sie alle herum und fanden nicht, was sie suchten; sie waren mürrisch und fühlten sich unbehaglich, wie nach einer durchschwärmten Nacht. Lantier ging sogleich wieder fort, um zu der Beerdigungsgesellschaft zurückzukehren, wohin er die dreißig Francs von Madame Lerat und sechzig Francs, die Gervaise sich in Eile, mit aufgelösten Haaren wie eine Tolle aussehend, von Goujet geborgt hatte, gleich mitnahm. Am Nachmittag kam Besuch, es warendie Nachbarn, welche, von ihrer Neugierde gequält, sich seufzend mit verweinten Augen einfanden; sie traten in das Kabinett und betrachteten die Tote, bekreuzigten und besprengten sich mit dem Buchsbaumzweig und dem Weihwasser; alsdann nahmen sie im Laden Platz, wo sie ununterbrochen von der lieben, guten, alten Frau sprachen; ohne Aufhören wiederholten sie stundenlang dieselben Sätze. Fräulein Remanjou hatte bemerkt, daß ihr rechtes Auge noch ein wenig offen stand; Madame Gaudron ließ es sich nicht nehmen, daß sie für ihr Alter noch einen wundervollen Teint gehabt habe, und Madame Fauconnier konnte sich nicht darüber beruhigen, daß sie sie noch vor drei Tagen ganz munter hatte ihren Kaffee trinken sehen. Ja, wahrlich! im Umsehen war man weg, da konnte sich jeder die Stiefel schmieren. Gegen Abend mochten die Coupeaus das kaum noch ertragen; es war zu traurig für eine Familie, einen Leichnam so lange im Hause zu behalten. Da hätte die Regierung wohl ein anderes Gesetz darüber machen sollen. Noch einen ganzen Abend, eine ganze Nacht und einen Vormittag, nein! das nimmt ja gar kein Ende. Wenn man nicht mehr weint, verwandelt sich der Schmerz in Ärger und schließlich kommt man dazu, sich unpassend zu benehmen. Mama Coupeau, die da so ruhig und stumm in ihrem kleinen Kämmerchen lag, verbreitete sich mehr und mehr über die ganze Wohnung; das legte sich bleischwer auf alles, so daß jeder zu ersticken meinte. So nahm die Familie unwillkürlich ihre gewöhnlichen Geschäfte wieder auf und verlor ihre Achtung vor dem unheimlichen Gast.

„Ihr werdet doch ein wenig mitessen", sagte Gervaise zu Madame Lerat und Madame Lorilleux, als sie wiederkamen. „Wir sind zu traurig, um uns zu trennen."

Auf dem Arbeitstisch wurde aufgedeckt. Beim Anblick der Teller dachte jeder an die festlichen Mahlzeiten, die man an dieser Stelle schon mitgemacht hatte. Lantier war zurückgekommen. Auch Lorilleux war wieder da. Ein Pastetenbäcker brachte eine Speise, denn Gervaise hatte keinen Kopf, um sich mit der Küche zu beschäftigen. Als man sich eben niedersetzte, kam Boche und meldete, daß Herr Marescot seine Aufwartung machen wolle. Der Wirt trat ein, er war sehr ernst und hatte seine Dekorationen auf den Paletot geknöpft. Er grüßte schweigend und ging direkt in das Kabinett, wo er niederkniete. Er war sehr fromm und betete mit der ruhigen Andacht eines Pfarrers, schlug das Kreuz und besprengte sich mit Weihwasser. Die ganze Familie hatte den Tisch verlassen und stand sehr bewegt an der Tür des Kabinetts. Als Herr Marescot seine Andacht beendet hatte, kam er in den Laden und sagte zu Coupeau: „Ich bin wegen der beiden rückständigen Mieten gekommen, seid Ihr zu zahlen bereit?" – „Nein, mein Herr, nicht so ganz", stotterte Gervaise, die sich sehr ärgerte, daß so etwas vor den Lorilleux' verhandelt wurde. „Sie begreifen wohl, bei dem Unglück, das uns getroffen hat ..." – „Gewiß, gewiß, aber jeder hat seine Sorgen", fing der Wirt wieder an, wobei er seine riesengroßen Hände, die den früheren Arbeiter verrieten, ausstreckte. „Es tut mir sehr leid, aber ich kann nicht länger warten ... Wenn ich bis übermorgen früh nicht mein Geld habe, muß ich zur Exmission schreiten."

Gervaise schlug die Hände ineinander und blickte ihn, mit Tränen in den Augen, bittend an. Doch er bedeutete ihr mit einem energischen Schütteln seines großen, knochigen Kopfes, daß ihr Bitten unnütz sei. Übrigens schnitt die Achtung vor der Toten jetzt jede Unterhandlung ab. Herr Marescot zog sich also höflich und leise zurück.

„Bitte tausendmal um Verzeihung, wenn ich gestört habe", murmelte er noch. „Also übermorgen, vergessen Sie nicht." – Da er beim Fortgehen an dem Kabinett vorbeikam, so grüßte er noch ein letztes Mal die Leiche mit einer Kniebeugung durch die weit offene Tür.

Zuerst aßen alle schnell, damit es nicht so aussähe, als ob sie daran Vergnügen fänden; aber als sie beim Dessert angekommen waren, nahmen sie sich mehr Zeit, weil ein Bedürfnis nach Behaglichkeit sich bei ihnen einstellte.

Gervaise, oder eine der beiden Schwestern, stand hin und wieder auf, um einen Blick in das Kabinett zu werfen, ohne deshalb die Serviette aus der Hand zu legen; wenn sie zurückkamen, sahen die anderen sie einen Augenblick an, um sich zu vergewissern, daß da nebenan alles in Ordnung war, und dann kauten sie ruhig weiter. Nach und nach inkommodierten sich die Damen weniger oft, Mama Coupeau war schon vergessen. Es war ein Eimer voll Kaffee gekocht worden und noch dazu starker Kaffee, um die Gesellschaft die Nacht über munter zu erhalten. Gegen acht Uhr kamen die Poissons. Man lud auch sie ein, ein Glas Kaffee zu trinken. Nun studierte Lantier heimlich Gervaises Gesicht und glaubte die Gelegenheit gekommen, auf die er schon seit dem Morgen gewartet hatte. Als die Unterhaltung auf die Schändlichkeit der Wirte gebracht war, die, wenn man eine Leiche im Hause hatte, kämen und Geld verlangten, sagte er plötzlich: „Das ist ein Jesuit, der Schuft mit seiner scheinheiligen Miene! ... Aber ich würde ihn an Eurer Stelle mit seinem Laden sitzenlassen.“ Gervaise, die abgespannt, müde, weich und kraftlos war, antwortete, sich vergessend: „Ja, gewiß, ich werde die Gerichtsdiener nicht abwarten ... Oh! ich habe die Geschichte bis hierher, bis hierher.“

Die Lorilleux', die sich schon im voraus freuten, daß die Humpelliese dann keinen Laden mehr haben würde, billigten die Idee außerordentlich. Es war ja gar nicht zu sagen, was solch ein Laden kostete. Wenn sie bei anderen auch nur drei Francs verdiente, so hatte sie doch wenigstens keine Unkosten und schwebte nicht in Gefahr, bedeutende Summen zu verlieren. Sie wiederholten auch Coupeau diese Beweisgründe und stießen ihn eindringlich an; er trank sehr viel und erhielt sich in beständiger Rührung, so daß er ganz allein über seinen Teller gebeugt weinte. Da die Wäscherin nachzugeben schien, so blinzelte Lantier den Poissons mit den Augen zu, darauf nahm die große Virginie die Unterhaltung auf und zeigte sich sehr liebenswürdig.

Wißt Ihr, man könnte sich verständigen. Ich könnte in Euern Kontrakt eintreten, ich würde dann Eure Sache mit dem Wirt ausgleichen ... So daß Euch das doch wenigstens keine Sorgen machen könnte.“ – „Nein, ich danke“, erklärte plötzlich Gervaise, die eine Art Schauder überlief. „Ich weiß, wo ich die Miete herbekomme, wenn ich will. Ich werde arbeiten, ich habe meine beiden Arme, Gott sei Dank! um mich aus aller Verlegenheit zu ziehen.“ – „Man kann ja später darüber sprechen“, beeilte sich der Hutmacher dazwischenzuwerfen. „Heut schickt sich so etwas ja nicht ... Später, vielleicht morgen.“

In diesem Augenblick stieß Madame Lerat, die in das Kabinett gegangen war, einen leichten Schrei aus. Sie hatte sich gefürchtet, weil das Licht aus war, es war bis zum Ende herabgebrannt. Alle waren sehr geschäftig, ein anderes anzuzünden; sie schüttelten mit den Köpfen und meinten, daß das keine gute Vorbedeutung hätte, wenn bei einer Leiche das Licht verlösche.

Die Wache begann. Coupeau hatte sich ausgestreckt, nicht etwa um zu schlafen, wie er sagte, sondern um nachzudenken; nach fünf Minuten schnarchte er. Als man Nana zu den Boches zum Schlafen schickte, weinte sie, weil sie schon den ganzen Tag über sich darauf gefreut hatte, wie warm sie in dem großen Bett ihres Freundes Lantier liegen werde. Bis Mitternacht blieben die Poissons da. Man hatte schließlich in einer Salatschüssel einen großen Punsch gemacht, weil der Kaffee den Damen zu sehr auf die Nerven wirkte. Die Unterhaltung wurde jetzt empfindsam. Virginie sprach vom Aufenthalt auf dem Lande: sie würde es gern sehen, wenn sie einst in einem schönen Gehölz beerdigt würde und wenn man Feldblumen auf ihr Grab pflanzte. Madame Lerat bewahrte schon jetzt im Schrank ihr Totenhemd auf und parfümierte es mit Lavendel; sie hielt darauf, einen guten Geruch vor der Nase zu haben, wenn sie einmal die Veilchen bei den Wurzeln anbeißen würde. Ohne allen Übergang erzählte der Stadtsergeant, daß er heute ein schönes, großes Mädchen verhaftet hätte, die bei dem Wursthändler gestohlen hatte; als man sie entkleidete, fand sich, daß sie sich sechs Würste um den Körper herum aufgehängt hatte. Madame Lerat erklärte mit Abscheu, daß sie davon nicht essen würde; die Gesellschaft begleitete diese Äußerung mit leisem Lachen. Sie wurden ein bißchen lustig, ohne den Anstand zu verletzen.

Als gerade der Rest des Punsches getrunken war, kam aus dem Kabinett ein sonderbares Geräusch, ein dumpfes Gegurgel. Alle erhoben die Köpfe und blickten dorthin. „Es ist nichts!“ sagte ruhig Lantier mit leiser Stimme. „Sie leert sich aus!“ Die Erklärung wurde ausreichend befunden, und die Gesellschaft setzte wieder mit beruhigten Mienen die Gläser auf den Tisch.

Endlich gingen die Poissons. Lantier begleitete sie: er ginge zu einem Freunde, sagte er, um sein Bett den Damen zu überlassen, die sich dort jede eine Stunde niederlegen könnten, wenn die Reihe an sie käme. Lorilleux ging nach oben, um dort allein zu schlafen, und bemerkte, daß ihm das seit seiner Heirat noch nie passiert sei. So blieben Gervaise und die beiden Schwestern mit dem schlafenden Coupeau zurück; sie machten es sich um den Ofen herum bequem, auf welchem sie sich den Kaffee heiß hielten. Da saßen sie eingewickelt und zusammengekauert, mit den Händen unter ihren Schürzen und den Nasen über dem Feuer. Madame Lorilleux jammerte: sie hatte kein schwarzes Kleid und wollte gern vermeiden, sich eins zu kaufen, denn sie waren jetzt sehr knapp, sehr knapp; sie fragte Gervaise, ob von Mama Coupeau nicht noch der schwarze Unterrock da sei, den sie zu ihrem Namenstage geschenkt bekommen hatte. Gervaise mußte den Rock holen. Wenn man in den Gurt eine Falte legte, so konnte das gehen. Aber Madame Lorilleux wollte auch die Wäsche, sprach vom Bett, vom Schrank und den beiden Stühlen; sie suchte überall mit dem Auge umher, ob da nicht noch alter Krimskrams war, der geteilt werden mußte. Beinahe hätten sie sich gezankt. Aber Madame Lerat hielt den Frieden aufrecht, sie war nicht so ungerecht: die Coupeaus hatten die Last von der Mutter gehabt, deshalb hatten sie auch die paar Lumpen, die da blieben, ehrlich verdient. So kauerten sie alle drei wieder um den Ofen herum, wo ihre Stimmen eintönig murmelten. Die Nacht kam ihnen sehr lang vor. Von Zeit zu Zeit rührten sie sich, um sich Kaffee einzuschenken und den Kopf durch die Tür des Kabinetts zu stecken, wo das Licht, welches nicht geschneuzt werden dürfte, mit roter, trauriger Flamme brannte, die durch die lange, verkohlte Schuppe noch vergrößert war. Gegen Morgen zitterten sie vor Unbehagen, obgleich der Ofen noch sehr heiß war. Eine Angst und Schlaffheit, welche wohl daher kam, daß sie zuviel gesprochen hatten, überkam sie, ihre Zungen waren trocken, und die Augen schmerzten sie. Madame Lerat warf sich auf Lantiers Bett und schnarchte bald wie ein Mann, während die beiden anderen, denen die Köpfe auf die Knie niedergesunken waren, dort vor dem Feuer einschliefen. Als es anfing Tag zu werden, wachten sie plötzlich fröstelnd auf. Mama Coupeaus Kerze war schon wieder ausgegangen. Da nun in der Dunkelheit das merkwürdige dumpfe Geräusch wieder anfing, gab Madame Lorilleux die Erklärung mit lauter Stimme, um sich selbst zu beruhigen: „Sie leert sich aus!“ wiederholte sie und steckte eine andere Kerze an.

Die Beerdigung sollte um halb elf Uhr sein. Es war ein hübscher Morgen, wenn man ihn mit der vergangenen Nacht und dem gestrigen Tag verglich. Gervaise, die keinen Sou hatte, würde gern hundert Francs hergegeben haben, wenn ihr jemand Mama Coupeau drei Stunden früher weggeholt hätte. Nein! und wenn man die Leute auch noch so liebgehabt hat, wenn sie tot sind, lasten sie schwer auf einem! Ja, je lieber man sie hatte, desto schneller möchte man von ihnen befreit sein!

Glücklicherweise ist so ein Beerdigungsmorgen voller Abwechslung. Da sind allerhand Vorbereitungen zu treffen. Zuerst frühstückte man. Dann kam der Vater Bazouge, der Leichenbesorger vom sechsten Stock, der den Sarg brachte. Er wurde nie mehr nüchtern, dieser brave Mann. An diesem Tage war er um acht Uhr noch ganz lustig von einem Trunk, den er am Abend zuvor getan. „Nicht wahr, ich bin hier recht?“ sagte er. Als er aber den Sarg absetzte, blieb er mit weit aufgerissenen Augen und offenem Munde stehen, als er Gervaise vor sich bemerkte. „Oh! bitte um Verzeihung, ich habe mich geirrt!“ stotterte er. „Man hat mir gesagt, Ihr wäret es!“ Er hatte schon den Sarg wieder aufgegriffen, und die Wäscherin mußte ihm zurufen: „Laßt ihn nur hier, es ist schon recht!“

„Potz Donnerwetter! Sagt mir doch ordentlich Bescheid!“ fing er wieder an und schlug sich auf die Hüften. „Ah! jetzt verstehe ich erst, es ist die Alte ...“

Gervaise war ganz blaß geworden. Der Vater Bazouge hatte den Sarg für sie gebracht. Er wollte sich galant bezeigen und versuchte sich zu entschuldigen: „Nicht wahr? Man erzählte mir gestern, daß es da ein Geschäft im Erdgeschoß gäbe. Da hatte ich denn geglaubt ... Ihr wißt ja, bei unserem Geschäft, da gehen solche Dinge zu einem Ohr rein, zum andern wieder raus ... Aber ich mache Ihnen mein Kompliment. Wie? Je später, desto besser, obgleich das Leben auch nicht immer lustig ist, oh! nein, durchaus nicht!“

Sie hörte ihm zu und wich zurück aus Furcht, daß er sie mit seinen großen, schmutzigen Händen ergreifen und in seinen Kasten legen könnte. Schon einmal, am Abend ihres Hochzeitstages, hatte er ihr gesagt, daß er Frauen kenne, die noch „Danke schön!“ sagen würden, wenn er käme und sie abholte. Nun denn! so weit war sie noch nicht, es lief ihr bei dem Gedanken kalt über den Rücken. Ihr Leben war verdorben, aber so bald wollte sie denn doch noch nicht davongehen; denn sie zog es vor, jahrelang Hunger zu leiden, als mit einem Male ins Gras zu beißen.

„Er ist angetrunken!“ murmelte sie mit dem Ausdruck des Ekels und des Schreckens. „Die Verwaltung sollte doch wenigstens keine Trunkenbolde schicken, man bezahlt sie ja teuer genug!“ Nun wurde der Leichenbesorger gemein und unverschämt.

„Laßt nur gut sein, mein kleines Mütterchen, ich komme schon noch wieder. Ich bin ja ganz zu Euren Diensten, versteht Ihr? Ihr braucht mir nur zu winken. Ich bin ja der Tröster der Damen ... Spuck du nur nicht auf den Vater Bazouge; der hat schon ganze andere, wie du bist, in seinen Armen gehalten, die sich zurechtmachen ließen, ohne sich zu beklagen, und sehr zufrieden waren, daß sie im kühlen Schatten ruhig weiter ihr Schläfchen machen konnten!“ – „Seid ruhig, Vater Bazouge!“ sagte Lorilleux streng, der bei dem lauten Ton der Stimmen herbeigekommen war. „Das sind unschickliche Späße. Wenn man sich darüber beschwerte, würdet Ihr weggejagt werden ... Vorwärts! Macht, daß Ihr hinauskommt, wenn Ihr den Anstand nicht bewahren könnt!“ Der Leichenbesorger ging weg, aber man hörte ihn noch lange auf der Straße stottern: „Zu was auch noch Anstand! ... Es gibt keinen Anstand! ... Es gibt keinen Anstand! ... Es gibt nur Ehrlichkeit!“

Endlich schlug es zehn Uhr. Der Leichenwagen verspätete sich. Es waren schon Leute im Laden, Freunde und Nachbarn: Herr Madinier, Mes-Bottes, Madame Gaudron und Fräulein Remanjou. Alle Augenblicke steckte ein Mann oder eine Frau den Kopf zwischen den Flügeln der Ladentür hindurch, um zu sehen, ob der Leichenwagen noch nicht da sei. Die Familie, die im Hinterzimmer vereinigt war, drückte allen die Hände. Es wurde manchmal ganz still, bis ein hastiges Geflüster entstand; es war ein ärgerliches, fieberhaftes Warten, wo plötzlich bei heftigem Gehen die Kleider rauschten, wenn sich Madame Lorilleux in Bewegung setzte, weil sie ihr Taschentuch vergessen hatte, oder Madame Lerat aufstand, um sich ein Gebetbuch zu borgen. Jeder sah beim Kommen in der Mitte des Kabinetts vor dem Bett den offenen Sarg, und jeder blieb unwillkürlich stehen und prüfte mit einem Seitenblick die Weite des Sarges, weil es ganz unmöglich schien, daß Mama Coupeau da hineingehen sollte. Alle hatten denselben Gedanken und sahen sich daraufhin an, doch niemand sprach davon. Plötzlich vernahm man ein

Stoßen an der Ladentür, und Herr Madinier kündigte mit tiefer, feierlicher Stimme an, indem er dazu eine erklärende Armbewegung machte: „Da sind sie!"
Es war noch nicht der Leichenwagen. Vier Leichenbesorger traten einer hinter dem andern ein; sie waren sehr eilig, ihre Gesichter gerötet, ihre Hände steif vor Frost und zerarbeitet, die schwarzen Kleider, in denen sie staken, sahen schäbig, vergilbt und blankgescheuert durch das Reiben an den Särgen aus. Der Vater Bazouge war der erste; er war sehr betrunken, aber sehr anständig; sowie er im Dienst war, fand er immer seine Haltung wieder. Sie sprachen kein Wort; mit ein wenig gesenkten Köpfen schienen sie schon mit den Augen Mama Coupeaus Gewicht zu taxieren. Das dauerte nicht lange; die arme alte Frau wurde eingepackt in der Zeit, die einer braucht, um zu niesen. Der Kleinste, ein junger Mensch, der schielte, hatte die Weizenkleie in den Sarg getan und darin verteilt, als ob er Brot backen wollte. Ein anderer, ein großer Magerer, der ein spaßhaftes Aussehen hatte, legte das Laken darauf, und dann eins, zwei, hoppla! ergriffen alle vier den Körper, hoben ihn hoch, zwei an den Füßen, zwei am Kopf. Das ging im Handumdrehen! Die Leute, die lange Hälse machten und zusahen, konnten glauben, daß Mama Coupeau selbst in den Kasten gesprungen sei. Sie war hineingeschlüpft, als ob sie da zu Hause wäre; oh! wie paßte sie da hinein, ganz genau, so genau, daß man es hörte, wie sie das neue Holz der Wände berührte! Sie stieß auf allen Seiten an, wie ein Bild im Rahmen. Aber sie war hineingegangen, was die Umstehenden gar nicht begreifen konnten; sicherlich hatte sie schon seit dem vorigen Abend abgenommen. Nun hatten sich die Leichenbesorger wieder aufgerichtet und warteten; der Kleine, der schielte, nahm den Deckel, um die Familie einzuladen, den letzten Abschied zu nehmen. Mittlerweile nahm der Vater Bazouge die Nägel in den Mund und hielt den Hammer bereit. Nun warfen sich Coupeau, die beiden Schwestern, Gervaise und auch andere auf die Knie und küßten Mama Coupeau, die nun fortging, mit heißen Tränen, deren Naß dieses kalte, eisige Antlitz netzte. Vielfaches Schluchzen wurde laut. Dann wurde der Deckel aufgelegt, der Vater Bazouge setzte die Nägel ein, er tat das mit der Gewandtheit, die die tägliche Gewohnheit gibt, zwei Schläge für jeden Nagel. Nun hörte niemand mehr das Weinen bei diesem Geräusch, das die Gesellschaft an Möbelreparaturen erinnerte. Es war vorüber. Man sprach wieder. „Wie ist es nur möglich, in einem solchen Augenblick so viel Gepratsch zu machen!" sagte Madame Lorilleux zu ihrem Mann, als sie den Leichenwagen vor der Tür bemerkte.
Der Leichenwagen brachte das ganze Quartier in Aufregung. Die Kaldaunenhändlerin rief die Ladenburschen des Kaufmanns, der kleine Uhrmacher war auf die Straße gekommen, die Nachbarn lehnten in den Fenstern. Sie alle sprachen von der Borte mit den weißen, baumwollenen Fransen. Oh! Die Coupeaus hätten auch besser daran getan, ihre Schulden zu bezahlen! Aber wie die Lorilleux' sagten: wenn man Stolz hat, so kommt das überall zum Vorschein, selbst bei solchem Anlaß.
„Es ist schändlich", wiederholte in demselben Augenblick Gervaise, die von den Lorilleux' sprach. „Man soll sagen, daß diese Geizhälse nicht einmal einen Veilchenstrauß für ihre Mutter mitgebracht haben!"
Und wirklich waren die Lorilleux' mit leeren Händen gekommen. Madame Lerat hatte einen Kranz von künstlichen Blumen gegeben. Man legte noch einen Immortellenkranz und ein von den Coupeaus gekauftes Bukett auf den Sarg. Die Leichenbesorger hatten recht fest anpacken müssen, um den Sarg hochzuheben und auf die Schultern zu laden. Es dauerte lange, ehe das Gefolge sich ordnete. Coupeau und Lorilleux, beide in schwarzen Röcken, mit den Hüten in der Hand, führten den Zug an; der erstere, dem zwei Gläser weißer Wein, die er am Morgen getrunken hatte, seine Rührung bewahrten, stützte sich auf den Arm seines Schwagers, weil seine Beine schlaff waren und es ihm nicht recht im Kopf zumute war. Dann kamen die Männer, Herr Madinier, sehr würdig ganz in Schwarz, Mes-Bottes, einen Paletot über seiner Bluse, Boches gelbes Beinkleid war unten schon ausgefranst, dann folgten Lantier, Gaudron, Bibi-la-Grillade, Poisson und andere. Hierauf kamen die Damen, in erster Linie Madame Lorilleux, die den eingenähten Unterrock der Toten schleppte, Madame Lerat, die unter einem schwarzen Tuch eine mit Fliederblüten bedruckte Taille verbarg, dann folgten Virginie, Madame Gaudron, Madame Fauconnier, und Fräulein Remanjou bildete den Schluß des Zuges. Als der Leichenwagen sich in Bewegung setzte und langsam die Straßen hinabrollte, inmitten der Leute, die stillstehend ihre Hüte lüfteten und sich bekreuzigten, setzten sich die vier Leichenbesorger an die Spitze. Zwei nahmen die Tote und zwei gingen rechts und links. Gervaise war zurückgeblieben, um den Laden zu schließen. Sie gab Nana an Madame Boche und lief hinterher, um den Zug noch zu erreichen, während die Kleine, die die Portiersfrau festhielt, mit großem Interesse ihre Großmutter in einem so schönen Wagen am Ende der Straße verschwinden sah. Gerade als die Wäscherin außer Atem den Zug erreichte, trat Goujet von der anderen Seite herzu; aber er wendete sich von ihr und grüßte sie nur mit einem Kopfnicken, er tat das so sanft, daß sie sich aufs neue sehr unglücklich fühlte und ihre Tränen wiederum zu fließen begannen. Sie beweinte jetzt nicht nur Mama Coupeau, sie weinte jetzt über etwas Abscheuliches, welches sie nicht hätte aussprechen können und das sie erstickte. Während des ganzen Weges hielt sie ihr Taschentuch an die Augen gepreßt. Madame Lorilleux, deren trockene Backen glühten, sah sie von der Seite an, als ob sie sie beschuldigen wollte, daß sie sich verstelle.
In der Kirche war die Feierlichkeit schnell beendigt. Nur die Messe verzögerte sich ein wenig, weil der Priester sehr alt war. Mes-Bottes und Bibi-la-Grillade hatten es vorgezogen draußen zu bleiben, ihnen war der Klingelbeutel unbequem. Herr Madinier, der immer die Priester studierte, teilte Lantier seine Beobachtungen mit: wenn diese

Faxenmacher da ihr Latein von sich gaben, so wußten sie selbst nicht einmal, was ihnen da aus dem Munde kam; die begruben ebenso wie sie tauften oder verheirateten, ohne die geringste Empfindung in der Brust. Dann tadelte Herr Madinier diese Menge von Zeremonien, die Kerzen, die traurigen Gesänge, daß man so etwas vor den Familien so breittrat. Wahrlich, so verlor man seine Angehörigen zweimal, zu Hause und in der Kirche. Alle Männer gaben ihm recht; denn es war da noch ein sehr peinlicher Augenblick, wenn nach beendigter Messe die Gebete gesprochen werden mußten und die Leidtragenden an der Leiche vorüberzogen und Weihwasser darauf sprengten. Glücklicherweise war der Kirchhof nicht weit; es war der kleine Kirchhof von La Chapelle, ein Stückchen Garten, das von der Rue Mercadet seinen Eingang hatte. Der Zug kam dort ohne Ordnung und mit den Füßen stampfend an, jeder sprach von seinen Geschäften. Der hartgefrorene Boden dröhnte, so daß man gern mit den Sohlen darauf trappte. Das offene Erdloch, neben welches man den Sarg gesetzt hatte, war an den Rändern ganz gefroren, und der ausgeworfene Boden war hell und steinig wie grober Mörtel; die Leidtragenden, die um den Erdhügel herumstanden, dachten nicht daran, wie sonderbar es sei, daß man sie in der Kälte warten ließ, denn der Anblick des gähnenden Loches betäubte sie. Endlich kam ein Priester in einer Soutane aus dem kleinen Häuschen, er zitterte vor Kälte, und man sah bei jedem „de profundis“, das er aussprach, seinen Hauch in der Luft. Beim letzten Kreuzzeichen ging er davon; er hatte gewiß keine Lust, wieder von vorn anzufangen. Der Totengräber nahm seinen Spaten; da aber der Boden gefroren war, so lösten sich nur große, harte Stücke ab, die da beim Herunterfallen eine merkwürdige Musik machten; es war ein wahres Bombardement auf den Sarg, eine Reihe von Kanonenschlägen, so daß man glauben konnte, der Sargdeckel müsse bersten. Wenn man auch ein noch so großer Egoist ist, diese Musik fällt einem doch auf den Magen. Die Tränen fingen wieder an zu fließen. Als sie weggingen und schon draußen waren, hörten sie immer noch das dumpfe Rollen. Mes-Bottes, der sich in die Finger blies, machte ganz laut eine Bemerkung: „Ah! beim heiligen Donnerwetter! nein! der armen Mama Coupeau wird da wohl nicht allzu warm sein!“

„Meine Damen und Herren!“ sagte der Zinkarbeiter zu den Freunden, die da noch mit der Familie geblieben waren, „wenn Sie uns erlauben wollten, Ihnen noch eine Kleinigkeit anzubieten ...“ Er war der erste, der bei einem Weinwirt in der Rue Mercadet eintrat, bei der „Kirchhofs-Ausspannung“. Gervaise war auf der Straße geblieben und rief Goujet, der fortgehen wollte, nachdem er sie noch einmal mit einem Kopfnicken gegrüßt hatte. Warum wollte er nicht ein Glas Wein annehmen? Aber er hatte Eile, er mußte in die Werkstatt zurückkehren. Sie blickten einander einen Augenblick, ohne zu sprechen, an.

„Ich bitte Euch um Verzeihung wegen der sechzig Francs“, murmelte endlich die Wäscherin. „Ich war wie unsinnig, da dachte ich an Euch ...“

„Oh, das ist ja nicht der Rede wert, daran denke ich ja gar nicht mehr“, unterbrach sie der Schmied. „Ihr wißt ja, ich bin stets zu Euren Diensten, wenn Euch ein Unglück geschieht ... Sagt aber nichts meiner Mutter, die hat ihre eigenen Gedanken über solche Dinge, und ich möchte ihr keinen Kummer bereiten.“

Sie blickte immer noch zu ihm auf; und wie sie ihn so gut und so traurig mit seinem schönen blonden Bart sah, war sie drauf und dran, seinen alten Vorschlag anzunehmen und mit ihm irgendwo hinzugehen und dort glücklich zu sein. Dann hatte sie einen andern schlechten Gedanken, sie wollte sich die beiden Mietsraten von ihm borgen, es koste, was es wolle. Sie zitterte und hub mit schmeichelnder Stimme wieder an: „Wir sind doch nicht mehr böse miteinander?“ Er schüttelte mit dem Kopf und antwortete: „Nein, gewiß nicht, wir werden niemals böse miteinander sein ... Nur, Ihr wißt doch, zwischen uns ist alles aus.“

Darauf ging er mit großen Schritten davon und ließ Gervaise betäubt zurück, weil ihr seine letzten Worte wie die Töne einer Glocke vor den Ohren hallten. Als sie bei dem Weinwirt eintrat, hörte sie dumpf in ihrem Innern: „Alles ist aus, nun ja! Alles ist aus, nun ja! was habe ich denn noch zu tun, wenn alles aus ist?“ Sie setzte sich nieder, schlang einen Bissen Brot und Käse hinunter und leerte ein Glas Wein, das sie vor sich stehen sah.

Der Raum lag zu ebener Erde, es war ein langer Saal mit niedriger Decke, den zwei große Tische beinahe ausfüllten. Einige Liter, Stücke Brot und breite Schnitten Briekäse auf drei Tellern waren der Reihe nach aufgestellt. Die Gesellschaft aß aus der Hand ohne Teller und ohne Servietten. Weiterhin, nahe bei dem pustenden Ofen, beendeten die vier Leichenbesorger ihr Frühstück.

„Mein Gott!“ erklärte Herr Madinier, „jeder kommt an die Reihe. Die Alten machen den Jungen Platz ... Das wird Euch zu Hause ganz leer vorkommen, wenn Ihr zurückkommt.“ – „Oh! mein Bruder zieht aus“, sagte sehr lebhaft Madame Lorilleux. „Das ist ja der reine Ruin, der Laden.“

Man hatte Coupeau bearbeitet. Alle drängten ihn dazu, den Kontrakt abzutreten. Selbst Madame Lerat, die in letzter Zeit sehr befreundet mit Lantier und Virginie war, weil die Idee, daß beide ineinander verliebt sein könnten, sie kitzelte, sprach von Konkurs und Gefängnis, wobei sie ein sehr erschrecktes Gesicht schnitt. Ganz plötzlich wurde der Zinkarbeiter böse; seine Traurigkeit, die er nun schon allzureichlich begossen hatte, verwandelte sich in Wut. „Höre mal“, schrie er, dicht an seine Frau herantretend, „ich will, daß du mir gehorchst! Dein harter Schädel tut immer nur, was er will. Aber dieses Mal werde ich meinen Willen durchsetzen, das sage ich dir.“ – „Jawohl!“ sagte Lantier, „als ob bei der mit Vernunftgründen etwas auszurichten wäre! Dazu gehörte ein Hammer, um der was in den Schädel einzupauken.“

Nun fielen sie beide über sie her. Bei alledem kauten sie rüstig weiter. Der Käse wurde ganz aufgezehrt, der Wein floß wie aus der Fontäne. Gervaise wurde weich durch alles Zureden. Sie gab keine Antwort mehr, dabei stopfte sie sich immer den Mund voll und beeilte sich so, als ob sie den größten Hunger gehabt hätte. Als sie nachließen, hob sie sanft den Kopf und sagte: „Nun laßt es gut sein! Ich mache mir den Teufel was aus dem Laden! Ich will ihn nicht mehr haben ... Versteht Ihr wohl, laßt mich zufrieden! Alles ist aus!"

Jetzt wurde noch einmal Käse und Brot bestellt, und man besprach die Sache ernsthaft. Die Poissons traten in den Kontrakt ein und erboten sich, die beiden rückständigen Mieten zu zahlen. Übrigens nahm Boche, im Namen des Wirtes, dieses Übereinkommen an. Er vermietete sogar auf der Stelle eine leere Wohnung im sechsten Stock, auf dem Flur der Lorilleux', an Coupeau. Was nun Lantier anbetraf, mein Gott, er wollte gern sein Zimmer behalten, wenn das die Poissons nicht genierte. Der Stadtsergeant verbeugte sich, das genierte ihn nicht im geringsten; unter Freunden verständigt man sich ja immer, selbst wenn die Ansichten über Politik nicht übereinstimmen. Nun kümmerte sich Lantier nicht weiter um die Zession des Vertrages, wie ein Mann, der sein kleines Geschäft ins reine gebracht hat und den das übrige nichts mehr angeht; er fabrizierte sich eine ungeheure Käsestulle, dann lehte er sich zurück und aß mit bescheidener Miene, wobei er sich zu verbergen bemühte, wie ihm vor Freude das Blut in die Backen schoß; dabei winkte er heimlich bald Gervaise, bald Virginie mit den Augen zu.

„Heda! Vater Bazouge!" rief Coupeau, „kommt doch näher und trinkt einen Schluck. Wir sind ja nicht stolz, wir sind ja auch nur Arbeiter."

Die vier Leichenbesorger, die schon fortgehen wollten, kamen zurück und stießen mit der Gesellschaft an. Man konnte ja niemand einen Vorwurf daraus machen, aber die Dame von vorhin, die wog hübsch schwer und war wohl ein Glas Wein wert. Der Vater Bazouge sah Gervaise gerade an, ohne ein unpassendes Wort zu sprechen. Dennoch stand sie auf, ihr war das unbehaglich; sie verließ die Männer, welche fortfuhren, sich einen Rausch anzutrinken. Coupeau war so betrunken wie eine Wachtel und fing schon wieder zu schluchzen an; er sagte, das wäre vor Kummer.

Als Gervaise am Abend allein zu Hause war, sank sie stumpf in einen Stuhl. Es kam ihr so vor, als ob die Räume ungeheuer groß und verlassen wären. Ja, wahrlich, das hatte gut aufgeräumt. Aber sicherlich, sie hatte nicht nur Mama Coupeau da unten in der Grube des kleinen Gartens der Rue Mercadet gelassen. Es fehlte ihr zu vieles, da mußte ein Stück von ihrem Leben geblieben sein: ihr Laden, ihr Stolz als Arbeitgeberin – und wie viele Empfindungen noch hatte sie an diesem Tage mit begraben. Ja, die Wände waren kahl, ihr Herz war es nicht minder; das war ein vollständiger Umzug, ein Heruntersinken in den Rinnstein. Für den Augenblick fühlte sie sich zu schlaff, sie würde sich später wieder aufraffen, wenn sie könnte.

Um zehn Uhr beim Ausziehen weinte Nana und trampelte mit den Füßen. Sie wollte durchaus in Mama Coupeaus Bett schlafen. Ihre Mutter versuchte es, sie graulig zu machen, aber die Kleine war schon zu frühreif, die Toten erregten bei ihr nur eine große Neugierde; so daß man ihr schließlich gestattete, sich auf Mama Coupeaus Lagerstätte auszustrecken. Diese Dirne liebte die großen Betten, sie streckte sich und warf sich darin herum. In dieser Nacht schlief sie ganz ausgezeichnet in der schönen Wärme und dem weichen Kitzel des Federunterbettes.

X

Die neue Wohnung der Coupeaus befand sich im sechsten Stock, Treppe B. Wenn man bei Fräulein Remanjou vorbeigekommen war, so mußte man den Korridor linker Hand heruntergehen. Dann mußte man sich noch einmal wenden. Die erste Tür war die der Bijards, dieser Tür beinahe gegenüber in einem Loch ohne Luft schlief der Vater Bru unter einer kleinen Treppe, die zum Dach hinaufführt. Zwei Wohnungen weiter, und man war bei Bazouge. Endlich hinter Bazouge kamen die Coupeaus mit einem Zimmer und einem Kabinett, die beide nach dem Hof heraus lagen. Es waren nun auf diesem Korridor nur noch zwei Familien, ehe man zu den Lorilleux' gelangte, die ganz am Ende wohnten.

Ein Zimmer und ein Kabinett, mehr nicht. Da saßen die Coupeaus jetzt darin. Dabei war das Zimmer nicht größer wie eine Handfläche. Alles mußte darin getan werden, geschlafen, gegessen und das übrige. In das Kabinett ging Nanas Bett kaum hinein; sie mußte sich bei ihren Eltern ausziehen, und dann blieb während der Nacht die Tür offen, damit sie nicht erstickte. Da war so wenig Raum, daß Gervaise viele Sachen an Poissons hatte überlassen müssen, als sie aus dem Laden zog, weil sie hier nicht alles stellen konnte. Das Bett, der Tisch und vier Stühle füllten die ganze Wohnung aus. So niedergebrochen wie Gervaise auch war, hatte sie sich doch nicht von ihrer Kommode trennen wollen, sie hatte dieses große Stück Möbel so an die Pfeilerwand stellen müssen, daß es einen Teil des Fensters verstellte. Einer der Fensterflügel konnte nicht geöffnet werden, das nahm dem Zimmer Luft und Freundlichkeit. Da Gervaise jetzt immer dicker wurde, so hatte sie, wenn sie aus dem Fenster in den Hof hinabsehen wollte, kaum Platz für ihre Ellbogen, sie mußte sich ganz schiefbiegen und sich den Hals ausrecken, wenn sie etwas sehen wollte.

In den ersten Tagen saß die Wäscherin immer und weinte. Das kam ihr zu hart an, sich in ihrer Behausung so gar nicht rühren zu können, sie, die gewohnt war, immer weite Räume um sich zu haben. Diese Enge nahm ihr die Luft, stundenlang blieb sie da am Fenster zwischen der Wand und der Kommode eingezwängt, daß sie sich Gliederschmerzen zuziehen konnte. Nur da allein konnte sie atmen. Und doch konnte sie dieser Hof auch nur auf traurige Gedanken bringen. Ihr gegenüber, an der Sonnenseite, sah sie ihren Traum von früher, das Fenster im fünften Stock mit den spanischen Bohnen, jedes Frühjahr rollten sie ihre schlanken Schößlinge um das Netz von Bindfäden. Ihr Zimmer lag an der Schattenseite, die Resedatöpfe gingen da schon nach acht Tagen ein. Oh! nein! das Leben hatte sich nicht glücklich für sie gewendet; das war nicht die Zukunft, die sie gewünscht hatte. Anstatt daß ihre alten Tage von Blumen umblüht sein sollten, nahm ihr Schicksal eine Wendung, die sie wohl mit weniger wohlriechenden Dingen in enge Berührung bringen würde. Als sie sich eines Tages hinabbeugte, hatte sie eine merkwürdige Vision: sie glaubte sich selbst da unten im Torweg zu erblicken, wie sie bei der Portierloge stand und mit erhobenem Kopf zum erstenmal das Haus betrachtete. Dieses Zurückversetzen um dreizehn Jahre gab ihr einen Stoß ins Herz. Der Hof hatte sich nicht verändert, die nackten Wände waren kaum schwärzer und rissiger geworden als damals; von den bleiernen Gossen, die der Rost zerfraß, stieg ein Gestank empor; auf den Stricken, die an den Fensterrahmen befestigt waren, trocknete Wäsche, beschmutzte Kinderbetten; das Pflaster unten im Hof war immer noch schadhaft, die Kohlenschlacken aus der Schlosserwerkstatt und die Hobelspäne des Tischlers waren darauf ausgestreut, selbst in der feuchten Ecke beim Brunnen war eine Pfütze, die von der Färberei ausgeflossen war und deren Blau ebenso zart war wie das Blau von damals. Aber sie kam sich seitdem höllisch verändert und heruntergekommen vor. Sie stand nicht mehr da unten wie damals, das Gesicht dem Himmel zugewendet, zufrieden und mutig, mit keinem anderen Ehrgeiz als dem, ein hübsches Zimmer zu bewohnen. Sie saß unter dem Dach, an einem lausigen Ort, in einem schmutzigen Loch, wo nie ein Sonnenstrahl hinfiel. Daher ihre Tränen; sie konnte von ihrem Schicksal nicht entzückt sein.

Als Gervaise sich erst ein wenig in die neuen Verhältnisse hineingewöhnt hatte, ließen sich die Dinge fürs erste gar nicht schlecht an. Der Winter war beinahe vorüber, und das Geld, welches Virginie für die Möbel zahlte, half über die erste Einrichtung hinweg. Mit den schönen Frühlingstagen kam ein günstiger Umstand. Coupeau wurde angeworben, um in der Provinz zu arbeiten, in Etampes; dort blieb er drei ganze Monate, ohne sich zu betrinken, weil ihn die frische Luft auf dem Lande für den Augenblick geheilt hatte. Man sollte nicht glauben, wie ein solcher Luftwechsel auf Säufer einwirkt, denn die Luft von Paris ist wahrhaft mit Wein- und Branntweindünsten geschwängert. Als er zurückkam, blühte er wie eine Rose und brachte vierhundert Francs mit, wovon die beiden rückständigen Mietraten an die Poissons und andere kleine Schulden im Quartier, die gar zu beschämend waren, bezahlt werden konnten. Gervaise stopfte so in zwei oder drei Straßen die Löcher zu, wo sie sonst nicht mehr entlanggehen konnte. Natürlich hatte sie sich wieder als Lohnplätterin bei Madame Fauconnier anstellen lassen, die, vorausgesetzt, daß man ihr schmeichelte, sehr gut und gefällig war und sie deshalb gern wiedergenommen hatte. Sie zahlte ihr sogar drei Francs Lohn wie einer ersten Arbeiterin, mit Rücksicht auf ihre frühere Stellung als Geschäftsinhaberin. So schien denn die Wirtschaft wieder in Gang kommen zu sollen. Ja, Gervaise sah sogar die Möglichkeit, über kurz oder lang bei einiger Sparsamkeit alles bezahlen zu können und sich ein einträgliches Leben zu schaffen, wenigstens gelobte sie sich das in der Aufregung über die große Summe, die ihr Mann verdient hatte. Als es dann anders kam, nahm sie die Verhältnisse, wie sie waren, und sagte, daß gute Dinge keine lange Dauer hätten.

Am meisten Ärger bereitete es den Coupeaus, wenn sie sahen, wie die Poissons sich in ihrem Laden einrichteten. Sie waren eigentlich von Natur nicht besonders mißgünstig, aber man reizte sie fortwährend, die Leute konnten ihnen gegenüber gar nicht entzückt genug sein über die schöne Einrichtung ihrer Nachfolger. Die Boches und besonders die Lorilleux' ersparten ihnen da nichts; wenn man die hörte, so hatte es überhaupt nie einen schöneren Laden gegeben. Dann sprachen sie von dem schmutzigen Zustand, in dem die Poissons die Räume vorgefunden hatten; sie erzählten, daß das Weißen der Decke und Wände allein gegen dreißig Francs gekostet habe. Virginie hatte sich nach einigem Schwanken für einen Handel mit feinen Kolonialwaren entschieden; sie verkaufte Kaffee, Tee, Zucker und hatte auch noch Bonbons und Schokolade dazugenommen. Lantier hatte ihr sehr zu diesem Handel geraten, denn er meinte, es wären damit ganz enorme Summen zu verdienen, weil man die Naschhaftigkeit der Leute ausbeuten müsse. Der Laden wurde schwarz gemalt und mit gelben Strichen abgesetzt, beides waren vornehme Farben. Drei Tischler arbeiteten acht Tage an der Ladeneinrichtung und dem Schaufenster; sie machten einen Ladentisch mit großer Platte, um dort Pokale aufzusetzen, gerade wie bei den Konfitürenhändlern. Die kleine Erbschaft, die Poisson sich als Rückendeckung immer noch gehalten hatte, mußte ein böses Loch bekommen haben. Aber Virginie strahlte, und die Lorilleux' ersparten Gervaise, von den Boches unterstützt, keinen Schrank, keine Scheibe und keinen Pokal, alles rieben sie ihr unter die Nase und freuten sich, wenn sie sahen, wie sich ihr Gesicht veränderte. Wenn Ihr auch nicht ein bißchen neidisch seid, so geratet Ihr doch in Wut, wenn ein anderer Eure Schuhe anzieht und Euch damit auf dem Bauch herumtrampelt.

Es spielte da auch noch so ein bißchen Liebe im Verborgenen mit. Alle waren überzeugt, daß Lantier Gervaise verlassen hatte. Im Quartier billigte man das sehr. Das setzte doch endlich einmal in der Straße wieder die Moral in ihre Rechte ein. Alle Ehren des Bruches wurden auf diesen Schlauberger, den Hutmacher, gehäuft, hinter dem die Weiber immer noch her waren. Man erzählte sich Näheres darüber; er hätte die Wäscherin prügeln müssen, damit sie sich ruhig verhielte, so heftiges Verlangen hätte sie nach ihm getragen. Selbstredend sagte niemand die Wahrheit; die, die es hätten wissen können, hielten die Sache für zu einfach und lange nicht interessant genug. Wenn man so wollte, hatte Lantier wirklich Gervaise verlassen, weil er sie nicht mehr jeden Augenblick Tag und Nacht zu seiner Verfügung hielt; aber sicher war, daß er nach dem sechsten Stock hinaufstieg, um sie zu besuchen, wenn ihn die Lust dazu anwandelte, denn Fräulein Remanjou traf ihn öfter, wenn er zu sehr unnatürlichen Stunden von den Coupeaus kam. So dauerten die Beziehungen so kleinbei immer weiter fort, ohne daß weder eines noch das andere viel Vergnügen dabei empfunden hätte; es war die Macht der Gewohnheit, gegenseitige Gefälligkeiten, aber nicht mehr. Was die Verhältnisse ein wenig verwickelte, war, daß man im Stadtviertel Lantier und Virginie zusammen in dieselben Bettücher steckte. Auch darin war das Urteil des Viertels voreilig. Zweifellos versuchte der Hutmacher die große Brünette zu erwärmen, das lag ja zu sehr auf der Hand, denn sie ersetzte Gervaise in allem und für alles in der Wohnung. Man erzählte sogar eine lustige Geschichte darüber, wie er in einer Nacht Gervaise auf den Kissen des Nachbarn gesucht habe und daß er dafür Virginie gefunden und zu sich genommen habe, ohne sie vor Morgengrauen in der Finsternis zu erkennen. Die Geschichte wurde sehr belacht, aber in Wirklichkeit war es so weit noch nicht, er erlaubte sich kaum, sie hin und wieder in die Hüften zu kneifen. Nichtsdestoweniger sprachen die Lorilleux' doch in Gervaises Gegenwart mit trauriger Rührung von der Liebe Lantiers zu Virginie, weil sie hofften, damit ihre Eifersucht erregen zu können. Auch die Boches gaben zu verstehen, daß sie nie ein schöneres Paar gesehen hätten. Das Merkwürdige bei alledem blieb immer, daß die Rue de la Goutte-d'Or durchaus nicht aufgebracht über diese neue Ehe zu dreien zu sein schien; nein, die Moral, die für Gervaise so streng gewesen war, zeigte sich für Virginie ganz milde. Vielleicht kam diese lächelnde Duldsamkeit der Straße daher, daß hier der betrogene Ehemann ein Stadtsergeant war.

Glücklicherweise quälte die Eifersucht Gervaise durchaus nicht. Die Untreue Lantiers ließ sie ganz kalt, weil ihr Herz in den Beziehungen zu ihm schon lange nicht mehr mitsprach. Sie hatte, ohne daß sie sich bemüht hätte, so schmutzige Geschichten über die Liebschaften Lantiers mit allerlei Dirnen der niedrigsten Art in Erfahrung gebracht; das hatte keinen besonderen Eindruck auf sie gemacht, sie war eben weiter willfährig geblieben, da sie nicht genug Kraft in sich fühlte, um zu brechen. Nicht ganz dasselbe war es mit dieser neuen Neigung ihres Liebhabers. Bei Virginie, da war das etwas anderes. Ein solches Gerücht war nur aufgebracht worden, um sie beide zu quälen; wenn sie auch über Kleinigkeiten leicht hinwegsah, so verstand sie doch in gewissen Dingen keinen Spaß. Wenn daher Madame Lorilleux oder irgendein anderes boshaftes Tier in ihrer Gegenwart sagte, daß Poisson von wegen seiner Hörner nicht mehr unter der Porte Saint-Denis hindurchgehen könnte, so wurde sie ganz blaß, und ein wütender Schmerz brannte ihr in der Herzgrube. Sie kniff dann die Lippen zusammen und versuchte zu verbergen, daß sie sich ärgerte, weil sie ihren Feinden diese Freude nicht machen wollte. Aber sie mußte mit Lantier Streit deswegen gehabt haben, denn Fräulein Remanjou glaubte eines Nachmittags ein Geräusch wie von einer Ohrfeige gehört zu haben. Übrigens schien eine gewisse Verstimmung zu herrschen, denn Lantier sprach vierzehn Tage nicht mit ihr, dann kam er aber zuerst wieder, und die Sache schien ihren alten Gang zu gehen, als ob nichts vorgefallen wäre. Die Wäscherin zog es vor, sich ruhig zu verhalten, sie schrak vor einer neuen Frauenschlägerei zurück, weil sie ihr Leben nicht noch mehr in den Schmutz ziehen wollte. Ah! sie war nicht mehr zwanzig Jahre alt und liebte die Männer nicht mehr so sehr, um deswegen Schläge auszuteilen oder einzuheimsen und nur für die schönen Augen dieser Herren ihre Lebensstellung noch mehr zu erschüttern. Sie fügte nur diese Erfahrungen all den übrigen noch hinzu.

Coupeau höhnte am meisten. Er, der selbst ein so bequemer Ehemann war und die Hahnreischaft bei sich durchaus nicht sehen wollte, konnte nicht Witze genug über Poissons Hörner machen. In seiner Ehe, da zählte das nicht, aber bei den anderen, da schien ihm das gar zu drollig; er gab sich unglaubliche Mühe, solche Dinge aufzuspüren und den Frauen in der Nachbarschaft aufzupassen, wenn sie verbotene Wege wandeln wollten. War das ein Trottel, dieser Poisson! Und der trug den Degen an der Seite, der wollte auf der Straße die Leute zurechtstoßen! Coupeau ging so weit, Gervaise zu verspotten. Nun, das war ja schön! Ihr Liebster, der habe sie hübsch sitzen lassen! Sie hatte nun einmal kein Glück: zum erstenmal hatten ihr die Schmiede nicht Stich gehalten, und zum zweitenmal gingen ihr die Hutmacher durch. Das kam davon her, daß sie sich an so leichtsinnige Gewerke angeschlossen hatte. Warum nahm sie denn nicht einmal einen Maurer, einen Mann der Haltbarkeit, der seinen Mörtel fest anzulegen gewöhnt ist? Es war ja klar, daß er diese Dinge im Scherz sagte, aber Gervaise wurde doch grün und gelb jedesmal, weil er sie mit seinen kleinen grauen Augen dabei so durchdringend ansah, als ob er mit solchen Worten wie mit einer Sonde auf sie eindränge. Wenn er einmal auf das Thema der Schweinereien kam, so wußte sie niemals, ob er im Scherz oder Ernst sprach. Ein Mann, der sich von einem Ende des Jahres bis zum andern betrinkt, dem gehört sein Kopf nicht mehr; es gibt Ehemänner, die mit zwanzig Jahren sehr eifersüchtig sind und die der Trunk mit dreißig Jahren über das Kapitel der ehelichen Treue sehr nachsichtig denken läßt.

Man mußte Coupeau in der Rue de la Goutte-d'Or herumbrüllen hören. Er nannte Poisson den Hahnrei. Das stopfte den Schwätzern die Schnäbel! Er war ja nun nicht mehr der Hahnrei! Oh! er wußte, was er wußte. Wenn es einmal eine Zeitlang so ausgesehen hätte, als ob er nichts hörte und sähe, so war es, weil er solches Geschwätze nicht liebe. Jeder kratzt sich da, wo es ihn juckt. Ihn juckte das gar nicht, er brauchte sich doch nicht zu kratzen, nur um den Leuten Vergnügen zu machen. Nun wohl! Der Sergeant, hörte der etwa? Und doch war es diesmal wahr: man hatte doch die Liebenden zusammen gesehen; hier handelte es sich nicht mehr um ein bloßes Gerücht. Er wurde sogar böse, er begriff nicht, wie ein Mann, ein Beamter der Regierung, bei sich einen solchen Skandal dulden konnte. Der Stadtsergeant mußte wahrscheinlich das gern haben, was andere vor ihm schon ausgelutscht hätten, das war die einzige Erklärung. Wenn sich Coupeau des Abends in seinem Loch unter dem Dach allein mit seiner Frau langweilte, so ging er hinunter und holte Lantier mit Gewalt nach oben. Er fand, daß seine Häuslichkeit traurig sei, seit der Kamerad darin fehlte. Er versöhnte ihn mit Gervaise, wenn er sah, daß sie kühl zueinander taten. Heiliges Donnerwetter! mag sich doch die ganze Welt zum Teufel scheren, es kann einem doch niemand verwehren, sich zu amüsieren, wie man eben kann? Er hohnlachte, in seinen Trunkenboldaugen flackerten Blitze auf, die auf sehr weitgehende Ideen zurückschließen ließen; er schien das Bedürfnis zu empfinden, alles mit dem Hutmacher zu teilen, um das Leben zu verschönen. Besonders an solchen Abenden wußte Gervaise gar nicht mehr, ob er im Ernst oder im Scherz sprach. Mitten in diesen Geschichten tat Lantier, als ob alles das ihn nichts anginge. Er zeigte sich stets väterlich und würdig. Schon dreimal hatte er Streitigkeiten zwischen den Poissons und den Coupeaus verhindert. Das gute Verhältnis der beiden Familien gehörte mit zu seinem Wohlbefinden. Seinen teils zärtlichen, teils strengen Blicken war es zu danken, daß die eine für die andere immer noch eine große Freundschaft heuchelte. Er herrschte über die Blonde wie über die Brünette mit der Ruhe eines Paschas und mästete sich an diesem Doppelverhältnis. Am Morgen verdaute er noch an den Coupeaus und hatte doch schon angefangen, von den Poissons zu essen. Das machte ihm nicht die geringsten Schwierigkeiten; einen Laden hatte er verschlungen, nun fing er mit dem zweiten an. Nur Männer, die aus solchem Holz geschnitzt sind, haben ein so unverschämtes Glück.

In diesem Jahre, im Monat Juni, wurde Nana eingesegnet. Sie ging in ihr dreizehntes Jahr, war wie eine Spargelstange in die Höhe geschossen und hatte ein freches Wesen; im Jahre zuvor war sie ihrer schlechten Aufführung wegen aus dem Katechismusunterricht fortgejagt worden; und wenn der Pfarrer sie dieses Mal zuließ, so geschah das nur, weil er fürchtete, sie überhaupt nicht wiederzusehen und so noch eine Heidin mehr auf die Straße zu schleudern. Nana tanzte schon vor Freude, wenn sie an ihr weißes Kleid dachte. Die Lorilleux' hatten als Paten das weiße Kleid versprochen und sprachen im ganzen Haus von diesem Geschenk; Madame Lerat sollte den Schleier und das Häubchen geben, Virginie das Geld für die Einsegnung, Lantier das Gebetbuch, so daß die Coupeaus der Zeremonie entgegensahen, ohne sich allzuviel Sorgen zu machen. Die Poissons, welche eine Art Eröffnungsfete geben wollten, wählten, vermutlich auf Lantiers Rat, gerade diese Gelegenheit dazu. Sie luden die Coupeaus und die Boches, deren Kleine auch zum erstenmal zur Beichte ging, ein. Man sollte abends eine Hammelkeule und noch einiges dazu essen.

Gerade als am Abend zuvor Nana vor der Kommode stand und die dort ausgebreiteten Geschenke bewunderte, kam Coupeau in einem ganz abscheulichen Zustand nach Hause. Die Pariser Luft hatte ihn wieder zurückerobert. Er fiel über seine Frau und Tochter mit seinen durch die Trunkenheit erzeugten Reden her; er brachte ekelhafte Worte vor, die für den jetzigen Augenblick doppelt unschicklich waren. Übrigens hatte sich Nana auch schon inmitten dieser schmutzigen Unterhaltungen, die sie fortwährend hörte, ein recht böses Maulwerk angewöhnt. An Tagen, wo ihre Eltern sich zankten, kam es ihr gar nicht darauf an, ihre Mutter mit Ausdrücken wie Kamel und Kuh zu beehren.

„Wo ist mein Essen?" brüllte der Zinkarbeiter. „Ich will meine Suppe, ihr Weiberpack! ... Dieses Volk mit seinen Lappen! Ich setze mich auf den Krempel, wenn ich nicht meine Suppe bekomme!" – „Was macht er für Wirtschaft, wenn er betrunken ist!" murmelte Gervaise ungeduldig. Und zu ihm gewandt: „Sie ist warmgestellt, laß uns doch zufrieden."

Nana spielte die Bescheidene, weil sie das an diesem Tage so hübsch fand. Sie fuhr ruhig in der Betrachtung ihrer Geschenke auf der Kommode fort, wobei sie so tat, als ob sie die Augen niederschlüge und von den häßlichen Worten ihres Vaters nichts verstünde. Aber der Zinkarbeiter konnte unermüdlich nörgeln, wenn er so betrunken wie an diesem Abend war. Er sprach ihr ganz dicht vor den Ohren weiter. „Jawohl! ich werde dir weiße Kleider geben! Was? Damit du dir wieder Papierkugeln in dein Korsett steckst, wie vorigen Sonntag! ... Ja, ja, warte nur noch ein bißchen! Du denkst wohl, ich sehe nicht, wie du mit dem Hintern drehst und schwänzelst. Das kitzelt dich wohl, solche hübsche Sachen. Das steigt dir zu Kopf ... Willst du dich gleich da wegscheren, du verdammte Range! Nimm deine Pfoten weg, stecke mir den Kram in den Schubkasten, oder ich wische mir die Hände dran ab!"

Nana stand mit gesenktem Köpfchen da und antwortete noch immer nichts. Sie hatte das kleine Tüllhäubchen in die Hand genommen und fragte ihre Mutter, wieviel das wohl kostete. Als Coupeau die Hand ausstreckte, um nach dem Häubchen zu greifen, stieß ihn Gervaise zurück und rief: „Lasse mir doch nur das Kind sein! Sie ist artig und tut nichts Böses." Nun packte der Zinkarbeiter alles aus, was er noch auf dem Herzen hatte. „Oh, diese Dirnen! Die Mutter und die Tochter, das ist ein schönes Paar. Ist das wohl recht, zum Abendmahl zu gehen und sich dabei nach den Männern umzusehen? Wage doch zu sagen, daß das nicht wahr ist, du kleiner Schmutzfink du! ... Ich werde dir einen Sack anziehen, dann wollen wir einmal sehen, wie dich das auf der Haut kratzen wird. Ja, mit einem Sack, damit du und dein Pfaffe einen Ekel vor dir bekommen. Brauche ich denn zuzugeben, daß du zum Laster großgezogen wirst? Beim heiligen Gott! wollt ihr jetzt auf mich hören, ihr beide?"

Plötzlich wendete sich Nana wütend herum, während Gervaise ihre Arme ausbreiten mußte, um die Sachen zu beschützen, welche Coupeau zu zerreißen versprach. Das Kind blickte seinen Vater gerade an; die Bescheidenheit, die der Pfarrer ihr anempfohlen hatte, war vergessen: „Schwein!“ sagte sie mit zusammengepreßten Zähnen.

Sowie der Zinkarbeiter seine Suppe gegessen hatte, schnarchte er. Am nächsten Morgen wachte er in sehr gutmütiger Stimmung auf. Er hatte noch einen kleinen Rest vom Abend zuvor, gerade genug, um liebenswürdig zu sein. Er wohnte der Toilette der Kleinen bei, das weiße Kleid rührte ihn; er fand, daß ein Nichts diesem kleinen Ungeziefer das Aussehen eines wahren Fräuleins gäbe. Und dann meinte er, sei es doch nur natürlich, wenn ein Vater an solchem Tage stolz auf seine Tochter sei. Man mußte sehen, wie Nana sich benahm; mit dem verlegenen Lächeln einer Braut ging sie in ihrem zu kurzen Kleidchen umher. Als sie hinuntergegangen waren, bemerkte sie auf der Schwelle der Portierloge Pauline, die ebenso angezogen war; sie blieb stehen und warf einen klaren, prüfenden Blick auf das Kind; dann war sie sehr lieb und gut zu ihr, weil sie fand, daß sie schlechter angezogen war als sie und wie ein Paket aussah. Die beiden Familien gingen zusammen zur Kirche. Nana und Pauline schritten voraus mit ihren Gebetbüchern in den Händen, sie mußten ihre Schleier festhalten, weil sich der Wind hineinsetzte; sie sprachen nicht und konnten sich vor Vergnügen kaum fassen, wenn sie sahen, wie die Leute aus den Läden traten; sie schnitten fromme Gesichter, damit die Leute, an denen sie vorübergingen, sagen sollten, sie wären nett und artig. Madame Boche und Madame Lorilleux verspäteten sich etwas, weil sie einander ihre Betrachtungen über die Humpelliese mitzuteilen hatten; sie sei ein Gierschlund, dessen Tochter nie eingesegnet worden wäre, wenn die Familie nicht alles gegeben hätte, ja, alles, bis auf ein neues Hemd, aus Achtung für den Altar. Madame Lorilleux beschäftigte sich hauptsächlich mit dem Kleide, das von ihr kam; sie schleuderte Nana wütende Blicke zu und schalt sie jedesmal „Schmutzfink“, wenn das Kind etwa Staub abfegte, weil es den Läden zu nahe gekommen war.

In der Kirche weinte Coupeau die ganze Zeit über. Das war dumm, aber er konnte nicht an sich halten. Das ergriff ihn so, wenn der Pfarrer die Arme ausbreitete und die kleinen Mädchen so engelgleich mit gefalteten Händen vorüberzogen; und dann ging ihm auch die Orgelmusik bis in den Magen, und der Geruch des Weihrauchs kam ihm so vor, als ob ihn jemand an einem schönen Bukett riechen ließe. Mit einem Wort, es schwamm alles vor seinen Augen, sein Herz war gerührt. Da war besonders eine Melodie, die hatte so etwas Sanftes; während die kleinen Mädchen das heilige Abendmahl nahmen, war es ihm, als ob die Musik ihm in den Nacken flösse und mit einem leisen Schauder an seinem Rückgrat herniederrieselte. Übrigens machten um ihn herum auch andere empfindsame Leute ihre Taschentücher naß. Wahrlich, das war ein schöner Tag, der schönste Tag seines Lebens. Als er auf dem Heimweg von der Kirche mit Lorilleux einen Schoppen trank, foppte ihn dieser, denn seine Augen waren ganz trocken geblieben; da wurde er böse, er beschuldigte die Schwarzen, in ihren Kirchen Teufelskraut zu verbrennen und damit die Menschen weichzumachen. Übrigens schäme er sich dessen nicht, seine Augen waren übergelaufen, das war doch nur der Beweis dafür, daß er keine Pflastersteine in der Brust hätte. Darauf bestellte er noch einen neuen Schoppen.

Am Abend war das Gastmahl sehr heiter bei den Poissons. Die beste Freundschaft herrschte ohne die geringste Unterbrechung vom Anfang bis zu Ende der Mahlzeit. Obschon der schlechten Tage viele sind, so trifft man doch auch manchmal auf gute Abende, auf Stunden, wo sich Leute lieben, die sich sonst verabscheuen. Lantier, der Gervaise zu seiner Linken und Virginie zur Rechten hatte, zeigte sich zu beiden gleich liebenswürdig und überschüttete sie mit Aufmerksamkeiten, wie ein Hahn, der unter seinen Hennen ein gutes Einverständnis aufrechterhalten will. Poisson, der gegenüber saß, bewahrte seine ruhige, träumerische Miene, die ihm durch die Gewohnheit, an nichts zu denken, eigentümlich geworden war und welche er in seinen langen Dienststunden auf der Straße angenommen hatte. Die Königinnen des Festes waren aber die beiden Kleinen, denen man erlaubt hatte, ihre schönen Kleider anzubehalten. Sie saßen ganz steif und aufrecht da, weil sie fürchteten, ihre weißen Kleider zu beflecken, bei jedem Bissen rief man ihnen zu, ja das Kinn recht hoch zu heben und ja recht sauber zu essen. Das wurde Nana bald langweilig und sie goß sich schließlich ihren Wein auf die Taille. Das war eine Geschichte, sie wurde nun sogleich ausgezogen, und man wusch die Taille in einem Glase aus. Als der Nachtisch aufgetragen war, besprach man nun ernsthaft die Zukunft der Kinder. Madame Boche hatte sich schon entschieden; Pauline sollte in ein Stickereigeschäft eintreten, wo Gold- und Silberstickereien angefertigt wurden, damit waren bis zu fünf und sechs Francs täglich zu verdienen. Gervaise wußte noch nicht, was zu tun sei; Nana zeigte für nichts besondere Neigung. Oh! sie trieb sich umher; das war nach ihrem Geschmack, aber für alles übrige wollte sie ihre Hände nicht gern gebrauchen. Ich, sagte Madame Lerat, würde sie an Eurer Stelle Blumenmacherin werden lassen, das ist ein hübsches und reinliches Geschäft. Die Blumenmacherinnen, murmelte Lorilleux, das sind auch lauter solche leichten Fliegen. Oho! und ich, wenn ich bitten darf? meinte die große Witwe mit blauen Lippen. Ihr seid ja sehr galant, Ihr müßtet doch wissen, daß ich auch keine Hündin bin, die schön tut, wenn der erste beste pfeift! Die ganze Gesellschaft tat sehr entrüstet. Madame Lerat! Aber Madame Lerat! ich bitte Sie! Dabei zeigte man mit den beiden Augen auf die beiden Eingesegneten, welche die Nasen in ihre Gläser steckten, um das Lachen zu verbeißen. Bis dahin hatten selbst die Männer, um den Anstand zu bewahren, sich nur in gewählten Ausdrücken unterhalten. Madame Lerat ließ die Zurechtweisung nicht gelten. Das, was sie da eben gesagt hatte, hätte sie in den besten Gesellschaften gehört; übrigens schmeichelte sie sich, ihre Sprache zu kennen; ja, man sagte ihr oft sehr viel Schönes über die geschickte Art, mit der sie über alles, selbst vor Kindern, zu sprechen verstünde, ohne jemals den Anstand zu verletzen. Es gibt unter den Blumenmacherinnen sehr anständige Frauen! rief sie, das laßt euch nur gesagt sein! Sie sind ebenso gemacht wie alle anderen Weibsbilder, und ihre Haut reicht nicht überall zu, das ist sicher! Nur sie verstehen es, an sich zu halten, und wählen sich ihre Leute aus, wenn sie sich denn doch einmal vergessen müssen: Ja, ja, das kommt von dem Umgang mit den Blumen. Das hat auch mich stets gehalten!

„Mein Gott!" sagte Gervaise, „ich habe nichts gegen die Blumen einzuwenden! Wenn die Sache Nana gefällt, so bin ich es zufrieden, weiter braucht es nichts. Man muß Kindern nie gegen ihren Willen einen Lebensberuf aufdrängen. Nun, Nana, stelle dich nicht so dumm an, antworte hübsch! Gefallen dir die Blumen?" Die Kleine, die über ihren Teller gebeugt dasaß, stippte mit ihren nassen Fingern die Kuchenkrümel auf und leckte die Finger ab. Sie beeilte sich nicht mit ihrer Antwort. Sie hatte wieder ihr freches Lachen. „Oh! ja, Mama, das gefällt mir ganz gut!" erklärte sie schließlich.

Nun wurde die Sache auch sogleich in Ordnung gebracht. Coupeau hatte nichts dagegen, daß Madame Lerat Nana schon am nächsten Morgen in ihr Atelier in der Rue du Caire mitnähme. Die Gesellschaft sprach jetzt sehr würdevoll über die Pflichten, die das Leben jedermann auferlege. Boche meinte, daß Nana und Pauline jetzt, wo sie zum erstenmal gebeichtet hätten, Frauen geworden seien. Poisson fügte hinzu, daß es nichtsdestoweniger nötig sei, daß sie kochen lernten, Strümpfe stopften und sich übten, einen Haushalt zu führen. Man sprach selbst von ihrer Heirat und den Kindern, die sie dermaleinst bekommen würden. Die Dirnen hörten das mit an und kicherten heimlich, rieben sich eine an der andern vor Vergnügen, daß sie nun auch schon Frauen sein sollten; das machte ihnen das Herz schwellen, sie erröteten und saßen in ihren weißen Kleidern ganz verlegen da. Am meisten Vergnügen machte es ihnen, als sie Lantier fragte, ob sie nicht etwa schon kleine Männer hätten. Man erpreßte Nana mit Gewalt das Geständnis, daß sie Viktor Fauconnier, den Sohn der Arbeitgeberin ihrer Mutter, sehr gern hätte.

„Nun ja!" sagte Madame Lorilleux zu den Boches, als man fortging, „Nana ist unsere Pate, aber wenn man sie Blumenmacherin werden läßt, wollen wir nichts mehr von ihr wissen. Das wird wieder so ein Fressen für die Boulevards ... Das wird auch keine sechs Monate mehr dauern!"

Als die Coupeaus sich an diesem Abend niederlegten, kamen sie darin überein, daß alles vortrefflich verlaufen sei und daß die Poissons keine schlechten Menschen wären. Gervaise fand selbst, daß der Laden recht hübsch sauber hergerichtet sei. Sie war darauf vorbereitet gewesen, viel auszuhalten, wenn sie so einen Abend in ihrer alten Behausung zubringen würde, wo nun jetzt andere sich an ihrer Stelle breitmachten; so war sie über sich selber erstaunt, daß sie auch nicht einen Augenblick in Wut geraten war. Nana fragte beim Ausziehen ihre Mutter, ob das Kleid der Dame aus dem zweiten Stock, die im verflossenen Monat geheiratet hatte, auch so wie das ihre aus Musselin gewesen sei.

Das war der letzte schöne Tag in diesem Familienleben. Es verflossen nun zwei Jahre, in denen sie immer mehr herunterkamen. Der Winter setzte ihnen besonders hart zu. Wenn sie auch, solange das Wetter schön war, noch Brot zu essen hatten, so begann doch die knappe Zeit mit dem ersten Frost des Winters. Da gab es denn diese Tänze vor dem leeren Speiseschrank, diese Mittagbrote ohne einen Bissen in der Kälte ihrer kleinen Kammer. Dieser schlimme Bursche, der Dezember, kam zu ihnen durch Tür und Fenster herein und brachte alle Leiden mit sich; in den Werkstätten gab es keine Arbeit, im Müßiggang und Frost erschlafften die Glieder, es war das schwarze Elend der feuchten, kalten Jahreszeit. Den ersten Winter konnten sie noch hin und wieder Feuer anmachen und sich um den Ofen herumkauern, weil sie es vorgezogen, im Warmen zu sitzen und dafür nicht zu essen; den zweiten Winter wurde der Ofen nicht einmal angeheizt, er machte das Zimmer noch kälter mit seinem traurigen Aussehen. Das, was ihnen den Hals brach und sie vollständig ausquetschte, war das Mietebezahlen. Oh! die Januarmiete, das war eine harte Sache, wenn nicht eine Brotkrume im Hause war und dann der Vater Boche kam und die Quittung vorlegte. Dann blies es noch kälter, das war wie ein Nordoststurm. Herr Marescot kam am folgenden Sonnabend; er hatte einen warmen Paletot an, und seine großen Tatzen staken in gestrickten, wollenen Handschuhen; immer führte er gleich das Wort Exmission im Munde, während draußen der Schnee fiel, als ob er ihnen mit seiner weißen Decke ein Bett auf dem Pflaster bereiten wollte. Um diese Miete zu zahlen, hätten sie gern von ihrem Fleisch verkauft; es war die Mietrate, die den Speiseschrank und den Ofen leerfegte. Im ganzen Hause hörte man dann nichts als Klagen. In allen Stockwerken hörte man Weinen, und diese Musik des Unglücks ertönte in den langen Korridoren und auf den hohen Treppen. Wenn in jeder Wohnung ein Toter gelegen hätte, so würde die Musik auch nicht abscheulicher haben klingen können. Es war das wie der Tag des Letzten Gerichtes, das Ende aller Dinge, ein unmögliches Leben, eine entsetzliche Zuchtrute für diese armen Leute. Die Frau aus dem dritten Stock stellte sich für acht Tage an die Ecke der Rue Belhomme. Ein Arbeiter, ein Maurer, hatte seinen Meister bestohlen.

Ohne Zweifel hatten die Coupeaus nur sich selbst Vorwürfe zu machen. Wenn das Leben auch noch so schwer ist, so kann man sich mit Ordnung und Sparsamkeit doch immer über Wasser halten; den Beweis lieferten dafür die Lorilleux', welche ihre Mietraten regelmäßig in kleine Stücke schmutziges Papier gewickelt hinlegten; aber die führten auch ein Leben wie magere Spinnen, so daß sie einem selbst die Arbeit verekeln konnten. Nana verdiente mit dem Blumenmachen noch gar nichts, ja sie gebrauchte sogar ziemlich viel für ihren Unterhalt. Gervaise wurde jetzt bei Madame Fauconnier schon sehr ungern gesehen. Sie verlor ihre Geschicklichkeit von Tag zu Tag mehr und stoppelte ihre Arbeit so erbärmlich zusammen, daß die Fauconnier sie schon im Lohn bis auf vierzig Sous, den Lohn der Schnudels, herabgesetzt hatte. Bei alledem war sie sehr stolz, sehr empfindlich, aller Welt warf sie ihre Stellung als frühere Ladenbesitzerin an den Kopf. Sie blieb tagelang fort; wenn sie plötzlich etwas krummnahm, verließ sie ihre Arbeit; so hatte sie es sehr übelgenommen, daß Madame Fauconnier Frau Putois bei sich angestellt hatte, so daß sie nun Schulter an Schulter mit ihrer früheren Arbeiterin plätten mußte; sie war daraufhin vierzehn Tage nicht zur Arbeit gekommen. Nach solchen Vorkommnissen nahm man sie aus Mitleid wieder auf; das machte sie noch verbitterter. Natürlich war nun am Ende der Woche der Lohn nicht allzu schwer; wie sie selbst höhnisch sagte, würde es wohl noch an einem Sonnabend dahin kommen, daß sie noch etwas herauszuzahlen hätte. Was nun Coupeau anlangte, so arbeitete er vielleicht, aber so viel war sicher, daß er dann mit seiner Arbeit der Regierung ein Geschenk machte, denn Gervaise hatte seit seiner Rückkehr von Etampes nicht mehr die Farbe seines Geldes gesehen. An den Zahltagen sah sie ihm gar nicht mehr nach den Händen, wenn er nach Hause kam, er kam dann doch immer mit Armgeschlenker und leeren Taschen an; manchmal fehlte ihm sogar das Schnupftuch; mein Gott! ja, er hatte den Rotzlappen verloren oder irgendein Spitzbube hatte ihn ihm genommen. Die ersten Male legte er sich Geschichten zurecht, er erfand allerlei Unglücksfälle; zehn Francs hatte er für eine Subskription gegeben, zwanzig Francs waren durch ein Loch in seiner Tasche, das er zeigte, verlorengegangen, fünfzig Francs hatte er für die Tilgung irgendeiner eingebildeten Schuld weggegeben. Dann aber hatte er sich auch nicht einmal mehr geschämt. Das Geld verflüchtigte sich, so war das! Er hatte es nicht mehr in der Tasche, er hatte es im Bauch, das war nur eine andere Form, in der er es seiner Frau mit nach Hause brachte. Hin und wieder ging die Wäscherin auf Anraten von Madame Boche und paßte ihren Mann ab, wenn er aus der Werkstatt fortging. Aber damit erreichte sie auch nichts, die Kameraden warnten Coupeau, und das Geld spazierte in die Schuhe oder selbst in ein noch weniger sauberes Portemonnaie. Madame Boche war in solchen Dingen sehr gewitzt, weil Boche sehr oft Zehnfrancsstücke verschwinden ließ, die er dann irgendwo verbarg, um damit liebenswürdigen Damen seiner Bekanntschaft Kaninchenbratenessen zu geben; sie untersuchte die allerkleinsten Ecken in seinen Kleidertaschen und fand dann gewöhnlich das fehlende Geldstück in seiner Mütze zwischen Schirm und Futter eingenäht. Ah! der Zinkarbeiter, der machte das anders, der versteckte sein Geld sicherer. Der versteckte es sich unter das Fleisch! Da konnte Gervaise doch keine Schere nehmen und ihm die Haut vom Bauche aufschneiden!

Ja, das war der Fehler in dieser Ehe, woran sie von Jahr zu Jahr mehr krankte. Aber diese Dinge sagt man sich nie, besonders wenn man erst im Elend sitzt. Sie klagten ihr Mißgeschick an, sie behaupteten, daß der liebe Gott ihnen zürnte. Ihr Heim war jetzt eine wahre Hölle. Den ganzen Tag über stritten sie miteinander. Dabei waren sie noch nicht bei Schlägen angekommen, kaum daß hie und da einmal ein Hieb aus Versehen bei einem heftigen Streit gefallen war. Das Traurigste war, daß sie für die Freundschaft auch die Türen des Bauers geöffnet hatten, da waren denn die guten Gefühle wie die Spatzen davongeflogen. Die Wärme des Gefühls, welches Vater, Mutter und Kinder auf einem Häufchen zusammenhält und belebt, hatte sich bei ihnen verflüchtigt und so klapperte jedes allein in seiner Ecke. Coupeau, Gervaise und Nana gerieten sich jeden Augenblick in die Haare; das kleinste Wort entzündete Zänkereien, wobei ihre Augen vor Haß funkelten; es schien so, als ob irgend etwas das Familienheiligtum zertrümmert hätte, diese Art von Talisman, der bei glücklichen Leuten die Herzen in den Familien so warm füreinander schlagen läßt. Oh! soviel war sicher, jetzt beunruhigte sich Gervaise nicht mehr wie früher, wenn sie Coupeau an den Rändern der Dächer hängen sah, die zwölf oder fünfzehn Meter über dem Pflaster waren. Sie hätte ihn ja nicht hinabgestoßen, aber wenn er von selber gefallen wäre, meiner Treu, das hätte die Oberfläche der Erde von einem schönen Taugenichts befreit. An Tagen, wenn er wie eine Fackel flammte, da schrie sie, warum man ihn ihr nicht lieber auf einer Tragbahre brächte? Wozu war denn ein solcher Säufer noch gut? Nur um sie weinen zu machen, um ihr alles wegzufressen und sie ins Elend zu stoßen. Warum warf man denn Männer, die so zu gar nichts gut waren, nicht so schnell wie möglich in die Grube? Man würde ja eine Befreiungspolka auf solchem Grabe tanzen! Wenn die Mutter sagte: „Töte!" so antwortete die Tochter: „Schlage ihn nieder!" Nana las die Unglücksfälle in den Zeitungen mit entarteten Empfindungen. Ihr Vater hatte ein solches Glück, daß ihn neulich ein Omnibus umgeworfen hatte, ohne daß er auch nur davon nüchtern geworden war. Wie lange würde denn das noch dauern, bis dieses Biest krepierte?

Mitten in diesem Dasein, in dem das eigene Elend sie schon zur Verzweiflung trieb, litt Gervaise auch noch unter dem Hunger, den sie um sich herum heulen hörte. Diese Ecke des Hauses war der allerverlausteste Winkel, wo sich drei oder vier Familien das Wort gegeben zu haben schienen, nicht alle Tage Brot im Hause zu haben. Wenn die Türen auch noch so oft aufgingen, Küchengerüche ließen sie sehr selten heraus. Längs dieses Korridors herrschte das Schweigen des Elends, und die Mauern klangen hohl wie leere Bäuche. Für Augenblicke hörte man wohl Geschrei, Frauentränen, das Klagen hungernder Kinder; das waren Familien, die ihre Mägen täuschen wollten, deshalb fingen die Leute miteinander zu zanken an. Man befand sich da mitten in einer allgemeinen Maulsperre, mit der sich alle diese offenen Münder einem entgegenstreckten; die Brust zog sich zusammen, wenn man nur diese Luft einatmete, in der selbst Fliegen aus Mangel an Nahrung nicht hätten leben können. Das größte Mitleid erweckte bei Gervaise noch immer der Vater Bru in seinem kleinen Loch unter der Bodentreppe. Er rollte sich da zusammen wie ein Murmeltier, um nicht gar so zu frieren; tagelang blieb er auf seinem Haufen Stroh liegen, ohne sich zu rühren. Selbst der Hunger trieb ihn da nicht mehr fort, denn was nützte es ihm, wenn er sich draußen Appetit machte, es hätte ihn ja doch niemand zum Essen geladen. Wenn er einmal vier oder fünf Tage gar nicht mehr zum Vorschein kam, so stießen die Nachbarn wohl die Tür auf und sahen nach, ob es mit ihm noch nicht zu Ende sei. Nein! er lebte trotz alledem, nicht gerade sehr, aber ein bißchen, so nur mit einem Auge, bis der Tod kam, der auf ihn vergessen haben mußte! Sowie Gervaise selbst Brot hatte, warf sie ihm die Rinden hin. Wenn sie auch schlecht geworden war und Coupeaus wegen die Männer verachtete, so hatte sie doch noch immer ein weiches Herz für die Tiere; und der Vater Bru, dieser arme Alte, den man da verrecken ließ, weil er kein Werkzeug mehr halten konnte, war für sie wie ein Hund, ein ausgemustertes Tier, von dem die Schinder selbst nicht einmal die Haut und das Fett kaufen wollten. Es lag ihr wie eine Last auf der Seele, daß sie ihn beständig da auf der andern Seite des Korridors wußte, verlassen von Gott und den Menschen, wie er sich selbst aufzehrte und wieder zum Kinde wurde an Gestalt, zusammengeschrumpft und vertrocknet wie eine Orange, die auf einem Kamin gedörrt wird.

Beinahe ebenso litt Gervaise unter der Nachbarschaft des Leichenbesorgers Bazouge. Eine sehr dünne Bretterwand trennte ihr Zimmer von dem seinen, man konnte sich nicht den Finger in den Mund stecken, ohne daß man es nebenan hörte. Sowie er abends nach Hause kam, verfolgte sie unwillkürlich seine häuslichen Verrichtungen; der schwarze lederne Hut tönte dumpf auf der Kommode, als ob man eine Schaufel voll Erde hinwirft; wenn er den schwarzen Mantel aufhängte, so machte das ein Geräusch, als ob ein Nachtvogel mit dem Flügel eine Mauer streift, seinen Frack warf er in die Mitte des Zimmers und entledigte sich so seiner Trauerattribute. Sie hörte ihn umhergehen und beunruhigte sich bei der geringsten seiner Bewegungen, sie sprang in die Höhe, wenn er sich an einem Möbel stieß oder mit seinem Geschirr umherrückte. Dieser verdammte Säufer beschäftigte sie stets, sie hegte eine dumpfe Furcht vor ihm, in welche sich nur unbezwingliche Neugierde mischte. Er war immer lustig, alle Tage hatte er die Hucke voll, er hustete, spie und sang die „Mutter Godichon"; immer sprach er mit sich selbst in schmutzigen Ausdrücken, und ehe er sein Bett fand, schlug er sich mit den vier Wänden seines Zimmers. Sie hörte ihm ganz blaß zu und fragte sich, was er da wohl treibe; sie hatte darüber fürchterliche Einbildungen, sie hatte es sich nun einmal in den Kopf gesetzt, daß er da einen Leichnam mitgebracht haben müßte, den er sich unter das Bett steckte. Mein Gott! in den Zeitungen standen ja oft genug solche Dinge; ein Bediensteter der Beerdigungsgesellschaft sollte die Särge der kleinen Kinder bei sich aufgestellt haben, um sich die Mühe zu ersparen, so oft nach dem Kirchhof zu gehen. Soviel stand fest, wenn Bazouge ankam, so roch das durch das Schlüsselloch nach Leichen. Man konnte glauben, daß man dicht beim Père-Lachaise, mitten im Reich der Maulwürfe, wohnte. Er hatte etwas Schreckliches, dieser Kerl, der da immer so allein für sich lachte, als ob sein Beruf ihn so aufheiterte. Selbst wenn er seinen Hexentanz beendet hatte und auf dem Rücken lag, so schnarchte er auf eine so ungewöhnliche Art, daß der Wäscherin dabei der Atem ausging. Stundenlang horchte sie, weil sie glaubte, daß da fortwährend Leichenzüge bei dem Nachbar vorüberrollten.

Das Schlimmste bei diesem Schrecken war, daß sich Gervaise davon so angezogen fühlte, daß sie ihr Ohr an die Wand legte, um genauer zu hören, was da vorging. Bazouge machte auf sie den Eindruck wie schöne Männer auf anständige Frauen: sie möchten sie gern anfassen, aber sie getrauen sich nicht; die gute Erziehung hält sie zurück. Nun denn! wenn die Furcht sie nicht zurückgehalten hätte, so hätte Gervaise gern einmal den Tod befühlt, um zu sehen, wie der eigentlich beschaffen war. Sie war jetzt manchmal so seltsam; mit verhaltenem Atem wartete sie aufmerksam auf ein Wort, auf eine Bewegung von Bazouge, die ihr das Geheimnis lösen sollte, so daß Coupeau sie einmal höhnisch fragte, ob sie etwa eine Neigung für den Leichenbesorger da nebenan hätte. Sie ekelte sich vor ihm; aber unwillkürlich, sowie der Alte mit seinem Kirchhofsgeruch nach Hause kam, verfiel sie wieder in ihre Betrachtungen, und ihre Mienen nahmen den erregten und furchtsamen Ausdruck einer jungen Gattin an, die im Begriff ist, dem Ehevertrag die ersten Messerstöße beizubringen. Hatte er ihr nicht schon zweimal angeboten, sie einzupacken und irgendwohin mitzunehmen zu einem Schlaf, dessen Seligkeit so groß ist, daß man alles Elend darüber vergaß? Wer weiß, ob das nicht wirklich recht gut war? Nach und nach wurde die Versuchung, das einmal zu kosten, immer größer. Oh! einen Monat lang schlafen, besonders im Winter, den Mietmonat, wenn sie unter der Last des Lebens zusammenbrach! Aber das war ja unmöglich, man mußte ja immer weiterschlafen, wenn man einmal eine Stunde zu schlafen angefangen hatte; dieser Gedanke machte sie erstarren, und ihre Liebe zum Tod verging vor der ewigen und ernsten Freundschaft, welche die Erde verlangte.

Indes eines Abends im Januar schlug sie mit beiden Fäusten an die dünne Wand. Sie hatte eine entsetzliche Woche durchgemacht, alle Welt hatte sie umhergestoßen; ohne einen Sou mehr zu besitzen, war sie mit ihrem Mut zu Ende. Es war ihr diesen Abend nicht gut, sie klapperte vor Fieber, und vor ihren Augen tanzten Flammen. Da hatte sie, statt sich aus dem Fenster zu stürzen, wie sie zuerst beabsichtigte, angefangen zu klopfen und zu rufen: „Vater Bazouge! Vater Bazouge!"

Der Leichenbesorger zog gerade seine Schuhe aus und

sang dabei: ,,Da waren drei schöne Mädchen.“ Er mußte den Tag über viel zu tun gehabt haben, denn er schien noch unruhiger als gewöhnlich zu sein. ,,Vater Bazouge! Vater Bazouge!“ schrie Gervaise mit erhobener Stimme.

Hört er sie denn nicht? Sie wollte ja gleich mitgehen, er konnte sie beim Nacken fassen und dahin bringen, wo er die anderen Frauen hinbrachte, die Armen und die Reichen, die er tröstete. Sein Lied tat ihr wehe, denn es lag darin die Nichtachtung des Mannes, der zu viele Liebchen hat.

,,Was gibt's denn? Was gibt's denn?“ stotterte Bazouge, ,,wem ist denn da unwohl? Ich komme schon, Mütterchen!“

Aber bei dieser rauhen Stimme erwachte Gervaise wie aus einem Traum. Was hatte sie denn getan? Sie hatte an die Wand geschlagen, sicher, das war für sie wie ein Stockschlag über die Schenkel; der Ruck klemmte ihr ordentlich die Beine zusammen, sie wich zurück, weil sie schon die großen Hände des Leichenbesorgers durch die Wand kommen zu sehen meinte, um sie beim Schopf zu fassen. Nein, nein, sie wollte nicht, sie war noch nicht soweit. Wenn sie geklopft hatte, so mußte das mit dem Ellbogen gewesen sein beim Umdrehen, ohne daß sie sich etwas dabei dachte. Es erfaßte sie ein Schauder, der ihr von den Knien bis zu den Schultern lief, wenn sie daran dachte, sich von den Armen des Alten umfaßt zu sehen, wenn sie ganz steif daläge und ihr Gesicht so weiß wie eine Porzellanschüssel wäre. ,,Nun! ist denn da niemand mehr?“ fing Bazouge nach einem Schweigen wieder an. ,,Wartet, gegen Damen ist man immer zuvorkommend.“ – ,,Nichts, es ist ja nichts!“ sagte endlich die Wäscherin mit erstickter Stimme. ,,Ich brauche nichts! Danke!“

Während der Leichenbesorger einschlief und dabei immer noch brummte, blieb sie ängstlich wach und horchte; sie wagte sich nicht zu rühren, weil sie fürchtete, daß er sich einbilden könnte, sie hätte noch einmal geklopft. Sie schwur sich zu, von jetzt an auf sich zu achten. Wenn sie schon im Todesröcheln läge, würde sie doch nie mehr den Nachbarn um Hilfe anflehen. Sie sagte das, um sich selbst Mut zu machen, denn zu gewissen Stunden bewahrte sie, trotz ihrer Angst, noch immer diese fürchterliche Neigung.

In ihrer elenden Ecke, mitten unter ihren Sorgen und den Sorgen anderer, fand Gervaise doch ein schönes Vorbild des Mutes bei den Bijards. Die kleine Lalie, dieses Kind von acht Jahren, führte den Hausstand mit der Sauberkeit einer erwachsenen Person; das war ein schweres Geschäft, denn sie hatte für zwei kleine Kinder zu sorgen, ihren Bruder Jules und ihre Schwester Henriette, das waren Gören von drei und fünf Jahren, die der fortwährenden Aufsicht bedurften, selbst wenn sie fegte oder das Geschirr wusch. Seit der Vater Bijard seine Frau mit dem Fußtritt in den Bauch getötet hatte, war Lalie für die ganze kleine Familie die neue Mutter geworden. Ohne ein Wort von sich selbst zu sagen, hatte sie den Platz der Toten eingenommen, und das so gründlich, daß dieses stumpfe Tier von Vater, um die Ähnlichkeit vollkommen zu machen, jetzt die Tochter schlug, wie er früher die Mutter geschlagen hatte. Wenn er betrunken nach Hause kam, so mußte er Frauen haben, die er zu Boden schlagen konnte. Er merkte es gar nicht einmal, daß Lalie noch so sehr klein war, er würde auf eine alte Haut ganz ebenso zugehauen haben. Mit einem Schlage bedeckte er ihr ganzes Gesicht, dessen Fleisch so zart war, daß die fünf Finger noch zwei Tage lang darauf zu sehen waren. Das waren unwürdige Züchtigungen, Schläge für ein ,,Ja“ und für ein ,,Nein“, wie ein wütender Wolf über eine arme, kleine, furchtsame Katze herfällt, die so mager ist, daß man darüber weinen könnte; so malträtierte dieser Unhold seine Tochter, die mit ihren schönen Augen voller Ergebung stillhielt, ohne zu klagen. Nein, nie widersetzte sich Lalie. Sie duckte sich wohl ein wenig, um ihr Gesicht zu schützen; aber sie verbiß das Schreien, um nicht das Haus in Aufruhr zu bringen. Wenn es dann ihr Vater müde war, sie mit Fußtritten in alle vier Ecken des Zimmers umhergestoßen zu haben, so wartete sie, bis sie wieder soviel Kraft fand, sich aufzuraffen; dann ging sie an ihre Arbeit, wusch die Kinder, bereitete das Essen und ließ auch nicht ein Stäubchen auf den Möbeln; das gehörte mit zu ihren täglichen Pflichten, sich schlagen zu lassen.

Gervaise hatte zu dieser kleinen Nachbarin eine innige Freundschaft gefaßt. Sie behandelte sie wie eine Gleiche, wie eine Frau, die das Leben kennt. Nun muß man sagen, daß Lalie eine bleiche, ernste Miene hatte wie eine alte Jungfer. Man hätte sie für dreißig Jahre alt gehalten, wenn man sie sprechen hörte. Sie verstand ausgezeichnet einzukaufen, auszubessern und ihr Heim in Ordnung zu halten; von den Kindern sprach sie, als ob sie wenigstens schon zwei oder drei selbst gehabt hätte. Zuerst lachten wohl die Leute, wenn sie ein achtjähriges Kind so reden hörten, aber dann gingen sie weg, weil es ihnen die Kehlen zuschnürte und sie nicht in ihrer Gegenwart weinen wollten. Gervaise zog sie nach Möglichkeit zu sich heran, sie gab ihr alles, was sie nur konnte, Essen und alte Kleider. Eines Tages, als sie ihr eine alte Taille von Nana anpaßte, war sie ganz außer sich, als sie das Rückgrat des Kindes ganz blau angelaufen sah; der Ellbogen war aufgerissen und blutig, und das ganze unschuldige Fleisch ihres kleinen Körperchens war gepeinigt und hing nur so an den Knochen. Nun, da konnte ja der Vater Bazouge nur immer den Kasten bereithalten, lange konnte das auf die Art nicht mehr dauern. Aber die Kleine bat die Wäscherin, doch ja nichts zu sagen, sie wollte nicht, daß ihrem Vater ihretwegen Ungelegenheiten gemacht würden. Sie verteidigte ihn noch und versicherte, daß er es nicht böse gemeint habe, nur daß er getrunken hätte. Dann war er unsinnig, verrückt und wußte nicht, was er tat. Oh, sie verzieh ihm das, denn den Verrückten müsse man alles verzeihen!

Von da an paßte Gervaise auf und suchte so etwas zu hindern, sowie sie den Vater Bijard die Treppen heraufkommen hörte. Meistenteils bekam sie dann auch ein paar

Rippenstöße ab. Wenn sie am Tage einmal eintrat, um nachzusehen, fand sie sehr oft Lalie am Fußgestell des eisernen Bettes festgebunden. Das war so eine fixe Idee des Schlossers, daß er, bevor er fortging, dem Kind die Beine und den Bauch mit einem Strick festband, ohne daß man herausbekam, weshalb er das tat. Es war nicht zu verwundern, daß so ein Gedanke in seinem durch den Trunk zerstörten Gehirn sich gebildet hatte; wahrscheinlich wollte er die Kleine auch seine Macht noch fühlen lassen, wenn er nicht mehr da war. Lalie blieb da oft tagelang steif wie ein Pfahl mit blutunterlaufenen Beinen, selbst eine Nacht hatte sie einmal so ausgehalten, als Bijard vergessen hatte, nach Hause zu kommen. Wenn Gervaise entrüstet davon sprach, sie loszubinden, so bat sie, daß man den Strick doch ja nicht in Unordnung bringen sollte, weil ihr Vater wütend würde, wenn er nicht dieselben Knoten wiederfand, die er gemacht hatte. Sie war da wirklich gar nicht so schlecht daran, sie ruhte sich dabei aus. Das sagte sie lächelnd, und dabei waren ihre kleinen Engelsbeinchen geschwollen und abgestorben. Ihr einziger Kummer war, daß so die Arbeit nicht recht vorwärts kam, wenn sie an das Bett gefesselt war und vor sich all die Unordnung mit ansehen mußte. Dabei überwachte sie trotzdem die Kinder, machte, daß sie ihr gehorchten, sie rief Henriette und Jules zu sich heran, um ihnen die Nasen zu schnauben; da ihre Hände frei waren und sie doch nicht ganz ihre Zeit verlieren wollte, so strickte sie. Am meisten litt sie, wenn Bijard sie losband, wohl eine Viertelstunde schleppte sie sich auf der Erde hin, weil sie sich nicht aufrechtzuhalten vermochte, da das Blut nicht mehr zirkulierte.

Der Schlosser hatte sich noch ein anderes kleines Spiel ausgedacht. Er legte Sousstücke in den Ofen, bis sie rotglühend waren, dann praktizierte er sie auf die Ecke des Kamins. Er rief Lalie und sagte ihr, daß sie zwei Pfund Brot holen sollte. Die Kleine nahm ohne Mißtrauen das Geld, stieß einen Schrei aus und warf es zur Erde, wobei sie ihre verbrannte kleine Hand schüttelte. Nun wurde er wütend. Wer hatte ihm denn da solches Schindluder ins Haus gebracht? Die verlor jetzt sogar Geld! Er drohte ihr, die Röcke lose zu machen, wenn sie nicht gleich das Geld aufhöbe. Als die Kleine zögerte, bekam sie einen solchen Schlag als erste Aufmunterung, daß sie sechsunddreißig Lichter flammen sah. Stumm und mit zwei großen Tränen an den Wimpern raffte sie die Sousstücke auf und ging davon, wobei sie sie fortwährend in der hohlen Hand hin und her warf, um sie abzukühlen.

Niemals kann man es ausdenken, was für Grausamkeiten in so einem Säufergehirn ausgeheckt werden können. An einem Nachmittag, als Lalie alles in Ordnung gebracht hatte, spielte sie mit ihren Kindern; das Fenster war weit offen, es zog, und der Wind, der sich im Korridor verfangen hatte, stieß mehrere Male leicht an die Tür. „Das ist Herr Lustig!" sagte die Kleine. „Treten Sie doch näher, Herr Lustig. Nehmen Sie doch gefälligst Platz."

Sie machte nach der Tür hin mehrere Verbeugungen, sie grüßte den Wind. Henriette und Jules, die hinter ihr waren, grüßten mit und waren so entzückt von diesem Spiel, daß sie sich vor Lachen ausschütten wollten, als ob sie gekitzelt würden. Lalie war ganz rot vor Vergnügen darüber, daß sie sich über sie so gut amüsierten, was höchstens mal am sechsunddreißigsten des Monats vorkam. „Guten Tag, Herr Lustig. Wie befinden Sie sich denn, Herr Lustig?"

Da stieß eine rohe Hand die Tür auf, und Vater Bijard trat ein. Nun veränderte sich die Szene, Henriette und Jules fielen auf den Hintern gegen die Mauer, während Lalie mitten in einer Verbeugung wie versteinert stehen blieb. Der Schlosser hielt in seiner Hand eine ganz neue, lange Fuhrmannspeitsche mit langem Stiel, die lederne Schnur endete mit einer ganz feinen Kappe. Er stellte die Peitsche in die Ecke neben dem Bett; heute gab er der Kleinen nicht den gewöhnlichen Fußtritt, den sie schon dadurch parierte, daß sie ihre Hinterseite darbot. Hohnlachend zeigte er all seine schwarzen Zähne, er war sehr lustig und sehr betrunken, sein versoffenes Kupfergesicht leuchtete ordentlich vor Vergnügen über den neuen Scherz, den er erdacht hatte. „Nun?" sagte er, „du bist ja sehr lustig hier, du Schmutzliese. Ich habe dich schon unten tanzen hören ... Nun komm nur her! noch näher, potztausend! Und sieh mich gerade an; ich habe nicht nötig, nach deiner Fratze zu suchen. Was tue ich dir denn, daß du so zitterst wie Espenlaub? ... Ziehe mir meine Schuhe aus."

Lalie war entsetzt, daß sie nicht ihre gewöhnliche Tracht Schläge bekam, sie war wieder ganz blaß geworden und zog ihm seine Schuhe aus. Er hatte sich auf den Rand des Bettes gesetzt, legte sich mit allen Kleidern nieder, blieb mit offenen Augen liegen und folgte den Bewegungen der Kleinen im Zimmer. Sie drehte sich unter seinen Blicken verdutzt herum, es hatte sich ihrer eine solche Furcht bemächtigt, daß ihre Glieder wie erstarrt waren und sie schließlich eine Tasse zerbrach. Nun nahm er, ohne sich aufzurichten, die Peitsche und zeigte sie ihr.

„Du, sieh mal her, du Kalb, sieh dir das einmal an, das ist ein Geschenk für dich. Ja, ja, da habe ich schon wieder fünfzig Sous für dich ausgegeben ... Mit diesem Spielzeug da erspare ich mir das Laufen, wenn du dich auch jetzt in die Ecken verkriechst. Willst du das mal versuchen? ... Oh! du brichst Tassen entzwei! ... Nun, vorwärts! Holla! nun tanze doch! Mache doch deine Verbeugungen an Herrn Lustig!" Er richtete sich nicht einmal auf; auf dem Rücken ausgestreckt, mit dem Kopf in die Kissen gedrückt, ließ er die große Peitsche durch das Zimmer knallen und machte dabei einen Lärm wie ein Postillion, der seine Pferde antreibt. Dann, den Arm niedersenkend, umfaßte er Lalie in der Mitte des Körpers, rollte sie ein und ließ sie wieder los wie einen Kreisel; sie fiel und wollte auf allen vieren flüchten, aber er umschlang sie noch einmal und setzte sie wieder auf die Füße.

„Hopp! Hopp!" heulte er, „das ist der Viehtreibertanz! ... Nicht wahr? ... Das ist hübsch, an so einem Wintermorgen; ich liege ruhig im Bett, ich hole mir keinen Schnupfen, ich treffe mein Kälberchen von weitem, ohne mir die Beine auszurenken. In die Ecke willst du? Klapp! da hab' ich dich! Jetzt in die andere Ecke, klapp! da hab' ich dich auch! Ah! wenn du dich auch unter das Bett verkröchest, ich würde dich schon da hervorpeitschen! Hopp! Hopp! la la! Hopplala!"

Es zeigte sich jetzt weißer Schaum vor seinem Mund, und seine gelben Augen traten aus ihren Höhlen. Lalie, die schon ganz außer Atem war, sprang heulend in allen vier Ecken des Zimmers umher, stürzte zu Boden, preßte sich an die Wände; aber die feine Kappe der großen Peitsche erreichte sie überall und knallte vor ihren Ohren wie ein abgeschossenes Geschütz und schnitt ihr lange, blutige Striemen in das Fleisch. Es war ein wahrer Hexentanz, als ob man ein wildes Tier abrichten wollte. Man mußte sehen, wie diese arme kleine Katze sprang und dabei vor Schmerz schrie; kaum atmete sie noch, da sie wie ein Gummiball auf- und niederspringen mußte; sie ließ sich schlagen, da sie wie blind geworden war und sie sich nicht abmühen mochte, ein schützendes Asyl zu suchen. Ihre Bestie von Vater triumphierte, er schimpfte sie niedrige Dirne und fragte sie, ob sie nun genug davon habe, ob sie jetzt eingesehen hätte, daß sie alle Hoffnung aufgeben müsse, ihm zu entwischen.

Jetzt trat Gervaise plötzlich ein, das Geheul der Kleinen hatte sie herbeigeholt. Vor dem Bild, das sich da vor ihr entrollte, wurde sie von einer wütenden Entrüstung ergriffen.

„Ah! dieser infame Kerl!" schrie sie. „Wollt Ihr sie wohl in Frieden lassen? Ich werde Euch der Polizei anzeigen, ja, das werde ich tun!" Bijard brummte wie ein wildes Tier, das man stört; er stammelte: „Was wollt Ihr denn, Ihr Humpelliese? Kümmert Euch doch um Eure Geschäfte! Ich werde wohl noch Handschuhe anziehen müssen, wenn ich sie züchtige? ... Das dient nur dazu, um sie munter zu machen, das seht Ihr ja, ich will ihr nur zeigen, wie weit mein Arm reicht!"

Nun holte er noch einmal aus und traf Lalie ins Gesicht. Die Oberlippe wurde ihr gespalten, so daß das Blut floß. Gervaise hatte einen Stuhl ergriffen und wollte sich damit auf den Schlosser stürzen. Aber die Kleine streckte bittend ihre kleinen Arme zu ihr empor und versicherte, daß ihr gar nichts sei und daß nun ja alles gut wäre. Sie wischte mit dem Zipfel ihrer Schürze das Blut ab und beruhigte die Kinder, die heftig schluchzten, als ob sie den Hagel von Peitschenhieben bekommen hätten.

Wenn Gervaise an Lalie dachte, so wagte sie nicht mehr zu klagen. Sie hätte wohl den Mut dieses achtjährigen Kindes haben mögen, das allein so viel zu erdulden hatte wie alle die Frauen auf den verschiedenen Treppen. Sie hatte gesehen, wie sie während dreier Monate nur trockenes Brot zu essen hatte, aber selbst davon aß sie sich nicht einmal an den Krusten satt; sie war so mager und so schwach, daß sie sich an den Wänden stützen mußte, wenn sie ging; brachte sie ihr heimlich die Überreste einer Fleischmahlzeit, so brach ihr das Herz, wenn sie sie stumm, mit nassen Augen das Essen in kleinen Stücken hinunterwürgen sah, weil ihr Schlund sich schon so verengt hatte, daß er die Nahrung kaum noch durchließ. Trotzdem war sie immer zärtlich und ergeben; mit einer Vernunft, die über ihre Jahre ging, erfüllte sie die Pflichten einer Familienmutter so weit, daß sie bei dieser Aufgabe ihr Leben opferte. So nahm sich denn Gervaise an diesem lieben Geschöpf ein Beispiel, wie man leiden und verzeihen müsse; von ihr lernte sie, wie sie ihre Leiden zu tragen habe. Lalie behielt noch immer in ihren großen, schwarzen Augen den stummen, ergebenen Blick, auf dessen Grunde man ahnte, daß ihr Leben eine immerwährende Nacht und ein ewiger Todeskampf sei. Nie kam eine Klage über ihre Lippen, nur in ihren weitgeöffneten schwarzen Augen las man die Geschichte ihres Elends.

Nun fing in der Coupeauschen Familie das Gift des „Assommoir" auch schon an, seine verderblichen Wirkungen zu zeigen. Die Wäscherin sah die Stunde herannahen, wo auch ihr Mann zur Peitsche greifen werde wie Bijard, um sie tanzen zu lassen. Das Unglück, das sie selbst bedrohte, machte sie natürlich teilnehmender für das Schicksal der Kleinen. Ja, Coupeau fing an einzugehen; die Zeit war vorbei, wo ihm der Trunk ein gesundes Aussehen gab. Er konnte sich jetzt nicht mehr auf den Bauch schlagen und lustig sagen, daß ihn der verdammte Suff fett mache, denn das ungesunde gelbe Fett der ersten Jahre war geschwunden, und er wurde mager, sein Fleisch nahm die grünen Töne eines Aases an, welches in einer Wasserpfütze verfault. Er hatte allen Appetit verloren; nach und nach verging ihm der Geschmack am Brot, er war sogar schon so weit gekommen, daß er die Speisen anspie. Man hätte ihm das Essen noch so sorgfältig bereiten können, sein Magen versagte den Dienst, seine Zähne wollten nicht mehr kauen. Um sich auf den Beinen zu halten, mußte er täglich seinen Schoppen Branntwein haben; das war seine Portion, sein Essen und sein Trinken, die einzige Nahrung, die er noch verdaute. Des Morgens, wenn er aus dem Bette stieg, blieb er wohl eine volle Viertelstunde durch starkes Husten zusammengebogen und klapperte mit den Knochen; er hielt sich den Kopf und spie Schleim und etwas Bitteres aus, was so ähnlich wie Koloquintensaft war und ihn in der Kehle kratzte; das blieb nie aus, da konnte man jede Wette darauf machen. Erst wenn er sein erstes Tröstungsglas hinuntergestürzt hatte, fühlte er sich auf seinen Beinen wieder sicher; das war für ihn wahre Medizin, deren Feuer in ihm die Gedärme erwärmte. Im Laufe des Tages bekam er dann seine Kräfte wieder. Zuerst hatte er ein gewisses Jucken verspürt, Hautprickeln an Händen und Füßen; er lachte sich dazu aus und erzählte, daß man überall hin Krümel streute und daß seine Frau zwischen die Laken wahrscheinlich Haare legte, die ihn kitzelten. Dann aber wurden ihm seine Beine schwer; das Jucken hatte sich schließlich in abscheuliche Krampfanfälle verwandelt, die ihm die Glieder kniffen, als ob sie in einem Schraubstock steckten. Das kam ihm schon weniger spaßhaft vor. Jetzt lachte er nicht mehr, wenn er plötzlich mitten auf der

Straße stehenbleiben mußte, weil er wie betäubt war, ihm die Ohren sausten und ihm vor den Augen Funken aufsprangen. Dann sah er alles gelb, die Häuser tanzten, er schwankte für ein paar Sekunden und fürchtete niederzufallen. Zu anderen Malen lief ihm am hellen, lichten Tage ein Schauder das Rückgrat entlang, von den Schultern bis nach unten, als ob ihm jemand Eiswasser in den Nacken gegossen hätte. Was ihn am meisten ärgerte, war, daß seine beiden Hände leicht zitterten; besonders die Rechte mußte irgend etwas Schlimmes gemacht haben, denn sie tanzte am lebhaftesten. In Himmels Namen! War er denn kein Mann mehr? Wurde er denn ein altes Weib? Wütend spannte er seine Muskeln straff, er griff nach dem Glase und wettete, daß er es so unbeweglich halten würde, als ob seine Hand von Marmor sei; aber trotz all seiner Anstrengungen tanzte das Glas in seiner Rechten eine wahre Polka, es war ein ganz regelmäßiges, schnelles Zittern. Dann goß er es hinter die Binde und heulte wütend, daß er erst ein Dutzend trinken müßte und dann wollte er eine Tonne tragen, ohne daß sich ein Finger bewege. Gervaise sagte ihm, er solle im Gegenteil das Trinken aufgeben, wenn er nicht mehr zittern wollte. Er aber gab nichts darauf und trank den Branntwein literweise, um wieder in Übung zu kommen; er wütete und meinte, es seien die Omnibusse, die vorüberführen, welche ihn schwanken machten.

Im Monat März kam Coupeau eines Abends bis auf die Knochen durchnäßt nach Hause. Er war mit Mes-Bottes von Montrouge gekommen, wo sie sich eine Aalsuppe geleistet hatten. Von der Barrière Poissonière waren sie im Sturzregen gelaufen, das war ein hübsches Stück Weges. In der Nacht bekam er einen verdammten Husten; er war sehr rot, und ein heftiges Fieber brach bei ihm aus, so daß seine Seiten förmlich flogen. Als ihn am Morgen Boches Arzt gesehen und ihm den Rücken behorcht hatte, schüttelte er den Kopf und nahm Gervaise beiseite, um ihr zu raten, daß sie ihren Mann nur gleich in ein Krankenhaus bringen lassen möchte, denn er hätte eine Lungenentzündung.

Gervaise war darüber gar nicht so böse, das stand fest. Früher hätte sie sich lieber in Stücke schneiden lassen, als ihren Mann den Lazarettgehilfen anzuvertrauen. Bei dem Unglück in der Rue de la Nation hatte sie ihre ganzen Ersparnisse aufgezehrt, um ihn zu pflegen. Aber diese schönen Empfindungen sind nicht mehr am Platz, wenn die Männer in den Schmutz hinabsinken. Nein, nein, jetzt fiel es ihr gar nicht ein, sich solches Ohrensausen zu machen; man konnte ihn ihr wegnehmen und nie wiederbringen, sie hätte noch „Danke schön!" dazu gesagt. Als nun aber doch der Krankenkorb kam und man Coupeau wie ein Möbel auflud, wurde sie ganz blaß und kniff die Lippen zusammen; und wenn sie sich das auch noch so oft vorstellte, daß es so am besten sei, ihr Herz war nicht dabei, und sie hätte gern zehn Francs in der Kommode gehabt, um ihn nicht fortzulassen. Sie ging mit nach dem Hospital Lariboisière und sah zu, wie die Krankenwärter ihn zu Bett brachten; sie legten ihn an das Ende eines großen Saales, wo die Kranken in langer Reihe mit totengleichen Gesichtern lagen; sie richteten sich auf und folgten dem Kameraden, den man da brachte, mit den Augen. Das war da drinnen eine hübsche Leichenhalle, ein Fieberdunst lag über dem Raum, daß man erstickte, und eine Schwindsuchtsmusik ließ den Besucher fast die Lungen ausspeien; bei alledem hatte der Saal Ähnlichkeit mit einem kleinen Père-Lachaise, die Reihe der weißen Betten war wie eine Reihe von Gräbern. Als sie sah, daß er ruhig auf dem Kissen liegen blieb, ging er fort, ohne daß sie ein Abschiedswort gefunden hätte und ohne daß sie ihm etwas hätte dalassen können, was ihm zur Erleichterung gedient hätte. Als sie draußen vor dem Hospital war, wendete sie sich um und warf einen Blick auf das Gebäude. Sie gedachte dabei der vergangenen Zeiten, als Coupeau über den Rand des Daches gebeugt da oben seine Zinkplatten legte und dabei im Sonnenschein sang. Damals trank er noch nicht; damals hatte er einen Teint wie ein junges Mädchen, und sie suchten ihn von ihrem Fenster im Hotel Boncœur aus mit den Augen, ganz vom Himmel umgeben fand sie ihn; dann winkten sie beide mit ihren Taschentüchern und telegrafierten sich lächelnd Küsse zu. Ja, Coupeau hatte da oben gearbeitet, er hatte kaum daran gedacht, daß er auch für sich gearbeitet habe. Jetzt war er nicht auf den Dächern gleich munteren, zwitschernden Sperlingen; er hatte sein Nest im Hospital gebaut und würde nun wohl dort an seiner letzten Speckschwarte kratzen. Mein Gott! Wie doch die Zeit ihrer Liebe heute weit von ihnen zu liegen schien!

Als Gervaise nach zwei Tagen wiederkam, um sich nach seinem Ergehen zu erkundigen, fand sie sein Bett leer. Eine der Schwestern erklärte ihr, daß man ihren Mann in das Asyl Sainte-Anne hatte überführen müssen, weil er am Abend zuvor plötzlich entsetzlich zu toben angefangen habe. Oh! Das war ein vollständiges Aus-sich-Herausgehen; er hatte die beste Lust, sich den Kopf an der Wand zu zerspalten, und er heulte, daß keiner der anderen Kranken schlafen konnte. Das käme vom Trunk, wie es schien. Die Trunksucht, die ihm heimlich im Körper stak, nahm die Gelegenheit wahr und griff seine Nerven in dem Augenblick an, wo die Lungenentzündung ihn kraftlos zu Boden geworfen hatte. Die Wäscherin ging ganz zerschmettert nach Hause. Ihr Mann war also jetzt verrückt! Das Leben wurde doch gar zu seltsam, wenn man es so gehen ließ, wie es wollte. Nana schrie, daß man ihn im Hospital lassen müßte, sonst würde er sie noch beide umbringen!

Erst am Sonntag konnte sich Gervaise nach Sainte-Anne begeben; das war eine wahre Reise. Glücklicherweise ging der Omnibus, der vom Boulevard Rochechouart nach dem Eiskeller führte, am Asyl vorbei. Sie stieg in der Rue de la Santé ab und kaufte zwei Apfelsinen, um doch nicht mit leeren Händen zu kommen. Das Asyl war wieder so ein Gebäude mit grauen Höfen und unendlichen Korridoren; ein Geruch wie von alten, verdorbenen Arzneien brachte keine besonders heitere Stimmung hervor. Als man sie schließlich in eine Zelle eintreten ließ, war sie überrascht, Coupeau beinahe wieder ganz munter zu sehen. Er saß gerade auf dem Thron, einem sehr sauberen Holzkasten, von dem nicht der geringste Geruch ausging. Sie lachten darüber, daß sie sich so wiedersahen, wo gerade das Loch in seinem Ballon sich in frischer Luft und voller Tätigkeit befand. Nicht wahr? Benahm er sich nicht als Kranker ausgezeichnet? Er hatte sich da festgesetzt wie ein Papst, und sein Redestrom von früher floß wieder munterer als je. Oh! es ging ihm besser, seit er damit wieder in Ordnung kam.

„Und die Entzündung?" fragte die Wäscherin. „Rein weg!" antwortete er. „Sie haben mir das im Handumdrehen weggebracht! Ich huste noch ein bißchen, aber das ist nur so das Letzte vom Ausfegen." Als er seinen Thron verließ und sich wieder in sein Bett legte, spaßte er noch weiter: „Du hast eine tüchtige Nase, du hast keine Furcht, eine Prise mitzunehmen!"

Das belustigte sie noch mehr. Im Grunde freuten sie sich; das war so ihre Art, sich ihre gegenseitige Zufriedenheit zu bezeigen, daß sie, ohne davon zu sprechen, auf so feine Weise scherzten. Man muß einmal Kranke gepflegt haben, um zu wissen, was das für eine Freude ist, wenn man sie wieder so nach allen Seiten hin tätig sieht.

Als er wieder im Bett war, gab sie ihm die beiden Apfelsinen, was ihn sehr rührte. Er wurde wieder liebenswürdig und anhänglich, seit er Tee trank und sein Herz nicht auf den Schanktischen der Schnapsbutiken zurückließ. Sie getraute sich endlich, ihm von seiner Geistesverwirrung zu sprechen und war überrascht, ihn ganz so wie in alten Zeiten vernünftig reden zu hören. „Ja, ja!" sagte er, wobei er sich über sich selbst lustig machte, „ich habe schönen Unsinn geredet! ... Denke dir doch, daß ich Ratten sah; ich lief ihnen auf allen vieren nach, um ihnen Salz unter den Schwanz zu streuen, und du, du riefst nach mir, du warst von Männern bedroht, kurz, alle möglichen Dummheiten, ich sah Geister am hellen Tage ... Oh! ich habe das alles sehr gut behalten, der alte Gedankenkasten ist noch ziemlich solide ... Jetzt ist das vorbei, ich träume wohl, wenn ich einschlafe, ich habe Alpdrücken, aber das haben ja fast alle Leute!"

Gervaise blieb bis zum Abend bei ihm. Als der Unterarzt um sechs Uhr zur Visite kam, ließ er ihn die Hände ausstrecken; sie zitterten fast gar nicht mehr, nur noch an den Fingerspitzen ein klein wenig. Als nun aber die Nacht hereinbrach, wurde Coupeau nach und nach unruhiger. Er stand zweimal von seinem Lager auf und blickte auf die Erde, in die dunklen Ecken des Raumes. „Was gibt es denn?" fragte Gervaise erschreckt. „Da sind schon wieder Ratten!" murmelte er.

Nach einigem Schweigen schien er einzuschlafen, aber er warf sich herum und sprach abgerissene Worte. „Heiliger Himmel! Sie fressen mir die Haut durch! ... Oh! die ekelhaften Tiere! ... Halt fest! Nimm deine Röcke zusammen! Passe doch auf, die Bande ist ja hinter dir! ... Donnerwetter! da haben sie sie umgeschmissen und die Ekel lachen noch! ... Ekelhafte Bande! Haufen Ungeziefer! Räuberbande!"

Er führte Schläge ins Leere, zog seine Decke an sich und rollte sie auf seiner Brust zusammen, als ob er damit seine Frau gegen einen Haufen bärtiger Männer beschützen wollte, die ihr Gewalt antaten. Als nun ein Wärter herbeikam, zog sich Gervaise, ganz erstarrt von dieser Szene, zurück. Als sie nach einigen Tagen wiederkam, fand sie Coupeau vollständig wiederhergestellt. Selbst die Träume und das Alpdrücken waren vergangen, er schlief wie ein Kind seine sechs Stunden, ohne ein Glied zu rühren. Man gestattete seiner Frau, ihn mit nach Hause zu nehmen. Nur daß der Unterarzt ihr beim Hinausgehen noch gute Lehren mit auf den Weg gab und ihr riet, darüber nachzudenken. Wenn er wieder zu trinken anfinge, so verfiele er wieder in die Krankheit und müsse unrettbar daran sterben. Ja, das hatte er ganz allein in der Hand. Er hatte jetzt gesehen, wie frisch und munter man werden konnte, wenn man sich nicht betrank. Nun denn! er sollte zu Hause das mäßige Leben von Sainte-Anne fortführen und sich einbilden, daß er noch immer hinter Schloß und Riegel sei und daß es gar keine Wein- und Schnapshändler gäbe.

„Dieser Herr hat recht!" sagte Gervaise im Omnibus, der sie nach der Rue de la Goutte-d'Or zurückbrachte. „Gewiß hat er recht!" antwortete Coupeau. Als er dann einen Augenblick nachgedacht hatte, meinte er:

„Oh! du weißt, ein kleines Glas hie und da, das kann ja keinen Menschen töten, das hilft verdauen!"

Noch an demselben Abend trank er ein kleines Glas Kümmel zur Verdauung. Acht Tage lang zeigte er sich noch leidlich vernünftig. Eigentlich war er sehr furchtsam, und der Gedanke, in Bicêtre* zu enden, hatte für ihn wenig Erfreuliches. Aber schließlich gewann seine Leidenschaft die Oberhand, dem ersten Glas Schnaps folgte ein zweites, drittes und viertes; sowie der Zahltag herankam, war er schon wieder auf seiner gewöhnlichen Ration, einem Schoppen Rachenputzer täglich, angekommen. Gervaise war so außer sich, daß sie ihm am liebsten den Schädel eingerannt hätte. Wie konnte sie nur so dumm sein und noch einmal von einem ehrbaren, anständigen Leben träumen, als sie ihn im Asyl bei vollem Verstande gesehen hatte! Da war wieder einmal eine freudige Stunde vorübergehuscht, sicherlich die letzte! Oh! jetzt, wo sie sah, daß nichts ihn heilen konnte, nicht einmal die Furcht vor einem elenden Ende, jetzt schwor sie sich, nun auch keine Rücksichten mehr zu nehmen; nun mochte die Wirtschaft gehen wie sie wollte, sie kümmerte sich nicht mehr darum, sie gab sich das Wort, nun auch das Vergnügen zu suchen, wo es auch sei. Das Leben, das jetzt begann, war die Hölle; tiefer und tiefer versank die Familie im Schmutz, ohne einen Schimmer von Hoffnung, daß das je besser werden würde. Wenn Nana von ihrem Vater geschlagen worden war, so fragte sie wütend, warum denn dieses Vieh nicht im Hospital geblieben sei? Sie sagte, sie warte nur darauf, Geld zu verdienen und es

* *Anmerkung des Übersetzers:* Bicêtre ist der Name eines Armen-, Kranken- und Irrenhauses.

ihm zu geben, damit er sich dafür Branntwein kaufen könnte und desto schneller zugrunde ginge. Als Coupeau eines Tages bedauerte, Gervaise geheiratet zu haben, wurde auch diese aufgebracht. Was? Sie hätte ihm zugebracht, was andere nicht mehr wollten! Sie hätte sich von der Straße auflesen lassen, sie hätte ihn mit ihrer scheinheiligen Miene verlockt! In Teufels Namen! An Unverschämtheit fehlte es ihm nicht! So viel Worte, so viel Lügen! Sie wollte nichts von ihm wissen, das war die Wahrheit! Auf seinen Knien sei er vor ihr umhergerutscht, um sie zur Entscheidung zu drängen, während sie ihm riet, sich die Sache recht ordentlich zu überlegen! Wenn das doch noch einmal zu machen wäre, wie würde sie nein sagen! Lieber ließe sie sich einen Arm abhacken! Es war ja wahr, sie hatte den Mond schon gesehen, ehe sie ihn kannte, aber eine Frau, die nicht als Jungfer in die Ehe kommt und arbeitet, ist immer noch mehr wert als eine Puppe von Mann, der seine Ehre und die seiner Familie an allen Schanktischen beschmutzt. An diesem Tage gab es bei den Coupeaus die erste regelrechte Prügelei, es wurde so fest zugeschlagen, daß dabei ein alter Regenschirm und ein Besen zerbrachen.

Gervaise hielt Wort. Sie vernachlässigte sich mehr und mehr und sank immer tiefer; immer öfter blieb sie aus dem Atelier fort und vertrödelte ganze Tage. Bei der Arbeit wurde sie so weich wie Wachs; wenn ihr etwas aus der Hand fiel, so konnte das ruhig auf der Erde liegen bleiben, sie bückte sich nicht danach, um es aufzuheben. Sie setzte an den Rippen immer mehr Fett an, diesen Speck wollte sie sich nicht abarbeiten. Sie versank so in Faulheit, daß sie keinen Besen ansetzte, wenn nicht der Schmutz so hoch lag, daß sie darüber fallen mußte. Wenn die Lorilleux' bei ihrem Zimmer vorübergingen, so taten sie so, als ob sie sich die Nase zuhielten, es wäre das reine Gift, sagten sie. Sie lebten heimlich da hinten am Ende des Korridors und verschlossen die Ohren vor all dem Elend, welches hier in dieser Ecke des Hauses nistete; sie öffneten nie ihre Tür, wenn sie ahnten, daß sie mit einem Zwanzigsousstück aushelfen sollten. Oh! das waren gutherzige Menschen; hilfreiche Nachbarn! Ja, die waren zärtlich! Man brauchte nur anzuklopfen; wenn man Feuer haben wollte, eine Prise Salz oder eine Karaffe Wasser verlangte, da war man sicher, daß einem die Tür vor der Nase zugeworfen wurde. Dabei hatten sie wahre Natternzungen; sie schrien, daß sie sich nie um die anderen bekümmerten; ja, wenn es sich darum handelte, den Nachbarn zu helfen, dann gewiß nicht, aber vom Morgen bis zum Abend waren sie geschäftig, über ihre Nächsten herzufallen. Wenn die Tür verschlossen war, vor dem Fenster eine dicke Decke hing und zum Überfluß auch das Schlüsselloch noch verstopft war, dann weideten sie sich an den Klatschgeschichten, ohne ihre Goldfäden auch nur einen Augenblick zu verlassen. Das Zugrundegehen der Humpelliese gab ihnen Stoff, den ganzen Tag lang sich zu regalieren, das tat ihnen so wohl, als ob man einen Kater streichelt. Kinder! was war das für eine ewige Klemme! Wie kamen die Leute herunter! Sie paßten ihr auf, wenn sie Lebensmittel kaufte, und lachten über die ganz kleinen Stücke Brot, die sie unter ihrer Schürze heimbrachte. Ja, sie berechneten die Tage, wo sie vor dem leeren Speiseschrank standen; sie wußten ganz genau, wie dick der Staub dort lag und wieviele Teller vergeblich auf das Abwaschen warteten; jede dieser Vernachlässigungen, welche das Elend und die Faulheit mit sich bringt, wurde von ihnen an die große Glocke gehängt. Und wie ging sie angezogen! So ekelhafte Lappen würde ja keine Lumpensammlerin aufgehoben haben! Heiliger Himmel! Der regnete es gut in die Bude, dieser schönen Blondine, diesem Tugendspiegel, die früher ihren Hintern gar nicht stolz genug drehen und wenden konnte, als sie noch den schönen blauen Laden hatte. Da konnte man sehen, wo das schließlich hinführt, wenn man so naschhaft ist, gern Liköre trinkt und Fressereien veranstaltet. Gervaise, die wohl wußte, wie sie sie zurichteten, zog ihre Schuhe aus und schlich sich auf Strümpfen an die Tür, aber sie konnte der Decken wegen nichts hören; nur einmal überraschte sie sie dabei, wie sie sie „dicke Säugeamme" nannten, vermutlich weil die Brust trotz der schlechten Nahrung, die ihre Haut zusammenschrumpfen ließ, auffallend stark blieb. Übrigens ließ sie das ziemlich kalt, sie hörte nicht auf, mit ihnen zu sprechen, um keinen Anlaß zu Gerede zu geben; aber sie wußte wohl, daß sie von so schmutzigem Volk nichts als Beleidigungen und Beschimpfungen zu erwarten hatte; sie war zu schlaff, um ihnen auch nur zu antworten oder sie wie einen Haufen von Torheit und Bosheit sich selbst zu überlassen. Und dann wozu auch? Sie trachtete nach ihrer Behaglichkeit, still auf einem Fleck zu sitzen und die Daumen umeinander zu drehen, wenn es einmal ein bißchen gut ging, mehr verlangte sie nicht.

Eines Sonnabends hatte Coupeau versprochen, sie in den Zirkus zu führen. Das war doch einmal eine Sache, wegen der es sich lohnte, daß man sich rührte! Damen auf Pferden galoppieren und durch papierbeklebte Reifen springen zu sehen! Coupeau hatte gerade seinen vierzehntägigen Lohn ausgezahlt bekommen, er könnte also die vierzig Sous dranwenden; ja sie hatten sich sogar vorgenommen, außer dem Hause zu essen. Nana hatte an diesem Abend, eines eiligen Auftrages wegen, sehr lange zu arbeiten. Als es sieben Uhr geworden war, sah man noch nichts von Coupeau, um acht Uhr noch immer niemand. Gervaise war wütend. Sicherlich verpraßte ihr Saufbold den ganzen Lohn mit seinen Kameraden bei den Weinwirten im Quartier. Sie hatte sich eine Haube gewaschen und quälte sich schon den ganzen Tag mit den Löchern eines alten Kleides, weil sie anständig erscheinen wollte. Um neun Uhr endlich entschloß sie sich, mit leerem Magen und rot vor Zorn, in der Umgegend nach Coupeau auf die Suche zu gehen. „Ihr sucht Euern Mann?" rief ihr Madame Boche zu, als sie sie so ärgerlich vorbeigehen sah. „Er ist bei dem Vater Colombe. Boche hat eben mit ihm Kirschschnaps getrunken!"

Sie sagte: „Danke schön!" Nun ging sie gerade die Straße hinab, um Coupeau mitten im Besten zu überfallen. Es regnete ganz fein, was ihren Spaziergang noch unangenehmer machte. Als sie vor dem „Assommoir“ angekommen war, machte sie die Furcht, daß es eine Szene geben könnte, wenn sie ihren Mann dort überfiel, plötzlich ruhig und vorsichtig. Der Laden strahlte, alles Gas brannte mit sonnenhellen Flammen, die Flaschen und Pokale blitzten an den Wänden mit ihren farbigen Gläsern. Sie blieb dort einen Augenblick vorgebeugt stehen und blickte durch die Scheibe zwischen zwei Flaschen auf dem Schaufensterbrett hindurch. Sie entdeckte Coupeau ganz hinten, er saß mit Kameraden um einen der kleinen Eisentische; alle schwammen gleichsam in dem blauen Tabaksdampf. Da man nicht hören konnte, wie sie schrien, so machte es einen drolligen Eindruck, wenn man sie so lebhaft mit vorgestreckten Köpfen und herausgequollenen Augen gestikulieren sah. Wie war es in aller Welt nur möglich, daß diese Männer ihre Frauen und ihr Heim verlassen konnten, um sich in ein solches Loch hineinzupferchen, wo sie erstickten? Der Regen lief ihr in den Nacken; so richtete sie sich wieder auf und ging auf den äußeren Boulevard, um zu überlegen, was sie nun zu tun hätte, da sie doch nicht einzutreten wagte. Nein, wahrlich, das schien denn doch kein Ort für eine ehrbare Frau zu sein! Oh! ja! Coupeau würde ihr einen schönen Empfang bereitet haben, denn er wollte nicht, daß man ihn da störte. Als sie so unter den ganz naßgeregneten Bäumen zögernd dahinging, überlief sie ein leichter Schauder, und sie meinte, daß sie im Begriff sei, sich ordentlich etwas zu holen. Noch zweimal ging sie zurück und blickte unverwandt durch die Scheibe, wo sie zu ihrem Ärger die verdammten Säufer noch immer heulend und trinkend sitzen sah. Der Lichtstrom aus dem „Assommoir“ spiegelte sich in den Wasserpfützen auf der Straße, auf deren Oberfläche die Regentropfen eine fortwährende prickelnde Bewegung hervorbrachten. Wieder ging sie fort und patschte da herum, wenn die Tür sich öffnete und zufiel, wobei ihre kupfernen Beschläge klapperten. Schließlich meinte sie, sie sei doch zu dumm, stieß die Tür auf und ging gerade auf den Tisch los, an dem Coupeau saß. Wenn man alles recht bedachte, war er doch immer ihr Mann, nicht wahr? Nach dem durfte sie doch fragen, und besonders heute hatte sie ein Recht dazu, weil er versprochen hatte, sie in den Zirkus zu führen. Um so schlimmer! Sie hatte keine Lust, wie ein Stück Seife auf dem Trottoir zu zerschmelzen.

„Ah, sieh da! Du bist es, Alte!“ schrie der Zinkarbeiter, wobei er fast vor Lachen erstickte. „Oh, ist die komisch! Ei der Tausend! ... Nicht wahr, sie ist zu komisch!“ Alle lachten, Mes-Bottes, Bibi-la-Grillade, Sauf-aus-ohne-Durst. Ja, das kam ihnen allen komisch vor, obgleich sie nicht sagten, weshalb. Gervaise stand ein wenig betäubt bei dem Tische. Coupeau schien ihr bei sehr guter Stimmung zu sein, und so wagte sie zu sagen: „Du weißt doch, wir wollten dahin gehen! Wir müssen uns ein bißchen eilen, dann kommen wir noch früh genug, um die Geschichte zu sehen!“ – „Ich kann nicht aufstehen, ich bin festgeklebt! Oh, ohne Spaß!“ fing Coupeau, immer aufs neue lachend, wieder an. „Versuche mal selbst, damit du dich überzeugst, zieh an meinem Arm, so stark du kannst! Donnerwetter! viel stärker! Holla! heb an! ... Du siehst, dieser Schuft, der Vater Colombe, hat mich an seine Bank geschmiedet!“

Gervaise hatte sich zu diesem Spiel herbeigelassen; als sie endlich seinen Arm losließ, fanden sie den Spaß so ausgezeichnet, daß sie sich kreischend einer auf den andern warfen, sich Schulter an Schulter aneinander rieben wie Esel, wenn sie gestriegelt werden. Dem Zinkarbeiter stand vor allem Lachen der Mund so weit offen, daß man ihm bis in den Schlund hineinsah. „Dummes Tier!“ sagte er endlich, „du kannst dich ganz gut für eine Minute hierher setzen! Es ist hier besser, als da draußen herumzupatschen ... Nun ja, ich bin nicht nach Hause gekommen, ich habe zu tun gehabt. Wenn du auch dein Gesicht aufsetzest, das ändert nichts an der Sache ... Macht mal Platz, ihr anderen!“ – „Wenn Madame auf meinem Schoß Platz nehmen möchte, da ist's weicher!“ sagte der galante Mes-Bottes.

Gervaise, die kein Aufsehen machen wollte, nahm einen Stuhl und setzte sich in einiger Entfernung von dem Tisch nieder. Sie sah sich an, was die Männer tranken: Rachenputzer, das glänzte wie Gold in den Gläsern. Auf dem Tisch war etwas Schnaps übergelaufen, dahinein tauchte Salzschnabel beim Sprechen seinen Finger und schrieb einen Frauennamen: Eulalie, mit großen Buchstaben. Sie fand, daß Bibi-la-Grillade höllisch heruntergekommen aussah, er war magerer als eine Hopfenstange. Mes-Bottes' Nase blühte wie eine blaue Georgine. Sie waren alle vier sehr schmutzig, ihre struppigen, ungekämmten Bärte sahen wie Strauchbesen aus, ihre Blusen hingen in Fetzen um sie herum, und wenn sie ihre schwarzen Pfoten vorstreckten, so hatten alle Nägel die tiefste Trauer angelegt. Wahrlich, in der Gesellschaft konnte man sich noch zeigen! Obgleich sie da schon von sechs Uhr an zechten, blieben sie doch noch ganz anständig, sie waren erst gerade so weit, daß sie ihrer liebenswürdigen Laune die Zügel schießen ließen. Gervaise sah da zwei andere, die am Schanktisch standen und im Begriff waren, sich den letzten Rest zu geben; die waren so blau, daß sie sich die Gläser mit Schnaps unter dem Kinn aufs Hemd gossen und glaubten doch, sie spülten sich die Kehle aus. Der dicke Vater Colombe streckte seine ungeheuren Arme aus, die den Respekt im Lokale aufrechterhielten, und goß ruhig einen Satz nach dem andern ein. Es war sehr heiß, der Rauch aus den Pfeifen stieg in der blendenden Helligkeit der Gasflammen auf und wogte unter der Decke wie ein Nebel; unten hüllte er die Trinker in immer dickere Wolken ein, aus denen der betäubende Lärm der Stimmen, das Anstoßen der Gläser, Flüche und Faustschläge auf die Tische, die wie Schüsse dröhnten, heraustönten. Gervaise machte zu all diesen Dingen ein gar merkwürdiges Gesicht, denn solcher Anblick ist nicht gerade sehr aufmunternd für eine Frau, die an so etwas nicht gewöhnt ist; sie erstickte fast, die Augen schmerzten sie, und von all den Alkoholdünsten, die den ganzen Saal

erfüllten, war ihr der Kopf schon sehr schwer geworden. Plötzlich empfand sie ein noch größeres Gefühl von Unbehagen, es beunruhigte sie etwas hinter ihrem Rücken. Als sie sich umwandte, sah sie den Destillierapparat. Diese Sufferzeugungsmaschine arbeitete auf dem mit Glas überdeckten engen Hofe mit dem dumpfen Zittern ihrer höllischen Eingeweide. Am Abend waren die kupfernen Kessel noch düsterer anzuschauen, weil sich nur auf der Höhe ihrer Rundungen ein breites, leuchtendes Licht zeigte; der Schatten, den der Apparat an die Mauer des Hofes warf, hatte die bizarrsten Formen; das sah aus wie geschwänzte Ungeheuer, die ihre Rachen weit aufsperrten, um eine Welt damit zu verschlingen.
„Höre mal, du süßmäulige Marie, tue hier nur nicht etwa beleidigt!" schrie Coupeau. „Du weißt doch, die Spaßverderber mögen zum Teufel gehen! ... Was willst du trinken?" – „Oh! gar nichts!" antwortete die Wäscherin. „Ich habe noch nichts zu Mittag gegessen!" – „Nun gut, das ist ein Grund mehr, das erhält dich aufrecht, so ein Schluck!" Als sie sich immer noch nicht entschließen konnte, zeigte sich Mes-Bottes wiederum galant. „Madame liebt doch gewiß die Süßigkeiten?" murmelte er. „Ich liebe Männer, die sich nicht betrinken!" antwortete sie ganz böse. „Ja, ich liebe es, wenn man seinen Lohn nach Hause bringt und sein Wort hält, wenn man etwas versprochen hat!" – „So ist es das, was dich so kratzbürstig macht?" sagte der Zinkarbeiter, ohne zu lachen aufzuhören. „Du willst deinen Anteil? Nun denn, du dumme Gans, warum nimmst du denn nichts an? ... Trinke nur, das ist alles rein gefunden!"
Sie sah ihm mit ernster Miene gerade in die Augen, dabei legte sich auf ihre Stirne eine Falte wie ein schwarzer Strich. Dann antwortete sie sehr langsam: „Sieh einmal an! Du hast recht, das ist eine gute Idee! Auf die Art vertrinken wir das Geld zusammen!"
„Bibi-la-Grillade stand auf, um ihr ein Glas Anisette zu holen. Sie rückte nun ihren Stuhl heran und nahm am Tisch Platz. Während sie so ihre Anisette ausschlürfte, kam ihr plötzlich eine Erinnerung: sie dachte an die Pflaume, die sie mit Coupeau da bei der Tür gegessen hatte, als er noch um sie warb. Damals rührte sie die Sauce der eingelegten Früchte nicht an, und jetzt, da saß sie und suchte im Likör ihr Heil. Oh! sie kannte sich gut, sie hatte nicht für zwei Sous Energie im Leibe. Man brauchte ihr nur noch so einen kleinen Stoß zu geben und sie würde gewiß in den Abgrund des Trunks hinabstürzen. Das schien sogar recht gut zu sein; der Anisette-Likör war vielleicht ein wenig zu süß, zu weichlich. So schlürfte sie an ihrem Glase und hörte zu, wie Sauf-aus-ohne-Durst von seiner Liebschaft mit der großen Eulalie erzählte: sie war Fischverkäuferin und ein ganz verdammt geriebenes Frauenzimmer, eine Person, die es förmlich roch, bei welchem Weinwirt er gerade saß, wenn sie ihren kleinen Wagen vor sich her über das Pflaster schob; da konnten die Kameraden ihn noch so zeitig warnen und verstecken, sie faßte ihn doch ab, ja sie hatte ihm sogar am Abend zuvor eine ordentliche Knallschote verabfolgt, um ihn dafür zu strafen, daß er die Werkstatt geschwänzt hatte. Das war doch eine schnurrige Geschichte! Bibi-la-Grillade und Mes-Bottes hielten sich vor Lachen die Seiten und schlugen Gervaise freundschaftlich auf die Schultern, die auch schon gegen ihren Willen mitlachen mußte, als ob sie gekitzelt würde; sie gaben ihr den Rat, dem Beispiel der großen Eulalie zu folgen, ihre Eisen mitzubringen und Coupeau die Ohren auf den Schanktischen festzubügeln.
„Nun sieh doch mal einer an!" schrie Coupeau, der das Glas umkehrte, das seine Frau getrunken hatte. „Das hast du ja recht hübsch ausgelutscht! Seht doch mal her, da kann man die Nagelprobe machen!" – „Nimmt Madame noch eine?" fragte Salzschnabel, genannt Sauf-aus-ohne-Durst. Nein, sie hatte genug davon! Sie zögerte, als sie das sagte. Die Anisette war so weichlich, das machte ihr übel. Sie hätte lieber etwas Strammes genommen, was ihr den Magen aufwärmte. Sie warf verstohlene Blicke auf die große Maschine da hinter sich. Dieser verdammte Kochtopf war rund und dick wie der Bauch eines Teekessels, und seine Nase verlängerte und wand sich, daß ihr ein Schauder über den Rücken lief und sie eine sonderbare Furcht erfaßte, in die sich doch eine gewisse Begierde mischte. Man sollte meinen, daß da die metallenen Gedärme einer großen Hexe arbeiteten, die Tropfen für Tropfen das feurige Gift aus ihren Eingeweiden herauslaufen ließ. Das war eine hübsche Quelle, die Tod und Verderben spie; diese Manipulation hätte man im tiefsten Keller verbergen sollen, so frech und abscheulich war sie! Aber dessenungeachtet wollte sie doch ihre Nase da hineinstecken, den Duft einziehen, von der Abscheulichkeit kosten, wenn sie auch ihre Zunge so daran verbrennen würde, daß sich die Haut davon schälte wie von einer Orange.
„Was trinkt ihr denn da?" fragte sie heimlich die Männer, wobei ihre Augen ordentlich leuchteten bei dem Anblick der schönen Goldfarbe in den Gläsern. „Das, meine Alte", antwortete Coupeau, „das ist Papa Colombes Kampfer ... Du wirst doch nicht dumm sein, nicht wahr? Wir wollen dich davon kosten lassen!" Als man ihr ein Glas von dem Vitriol gebracht hatte und sich ihr nach dem erten Schluck die Kinnbacken zusammenzogen, rief der Zinkarbeiter, indem er sich auf die Seiten schlug: „Nun! so einen zu pfeifen, das kuriert! ... Auf einen Zug mußt du das hinuntergießen! Jeder Satz von dem Zeug zieht dem Arzt einen Sechsfrancstaler aus der Tasche!"
Beim zweiten Glase fühlte Gervaise den Hunger nicht mehr, der sie bis dahin gepeinigt hatte. Jetzt war sie mit Coupeau ausgesöhnt, jetzt verzieh sie ihm, daß er ihr nicht Wort gehalten hatte, sie konnten ja ein anderes Mal in den Zirkus gehen; das war ja auch gar nicht so merkwürdig, die Faxenmacher anzusehen, die da auf den Pferden umhersprangen. Bei Vater Colombe regnete es nicht, und wenn nun auch der Lohn wegschmolz wie Schnee in der Sonne, so wärmte man sich wenigstens den Leib damit, man trank ihn feucht und glänzend wie flüssiges

Gold. Oh! sie pfiff etwas auf die Meinung der Leute! Das Leben bot ihr nicht viel Vergnügen; übrigens schien ihr das ein wahrer Trost zu sein, daß sie jetzt an dem Geldvergeuden zur Hälfte beteiligt war; sie fühlte sich wohl da, warum sollte sie nicht bleiben? Ihretwegen konnte man jetzt Kanonen abschießen, sie rührte sich nicht gern, wenn sie einmal irgendwo saß; sie schmorte da förmlich in der Hitze, ihre Taille klebte ihr fest am Körper, und eine Wohligkeit war über sie gekommen, die ihre Glieder halb und halb einschläferte. Sie lachte ganz ohne Grund, mit auf den Tisch gestemmten Ellbogen und schwimmenden Augen. Zwei der Gäste amüsierten sie sehr, ein großer Dicker und ein Knirps, die an einem Nebentisch sich fortwährend umarmten und gerade ins Gesicht küßten, so betrunken waren sie. Ja, sie lachte im „Assommoir" über das Vollmondgesicht des Vaters Colombe, das wie eine gefüllte Schweinsblase aussah, über die Gäste, die da ihre kurzen Tonpfeifen rauchten, schrien und spuckten, über die großen Gasflammen, die von den Spiegeln und Likörflaschen widerstrahlten. Der Geruch war ihr nicht mehr lästig, im Gegenteil, ihre Nase wurde gekitzelt, sie fand, daß es gut röche; ihre Wimpern schlossen sich zur Hälfte, sie atmete sehr kurz, aber ohne Beschwerde, und genoß die Glückseligkeit eines wonnigen Halbschlafes, der sie überkam. Als sie ihr drittes Glas getrunken hatte, ließ sie ihr Kinn auf die Hände fallen. Sie sah jetzt nur noch Coupeau und seine Kameraden; sie blieb da Kopf an Kopf mit ihnen, ganz dicht, der heiße Atem machte ihre Backen glühend, und ihre schmutzigen Bärte betrachtete sie so genau, als ob sie alle Haare hätte zählen wollen. Um diese Stunde waren sie alle schon sehr betrunken. Mes-Bottes sabberte mit der Pfeife im Munde und sah dabei so ernst und würdig aus wie ein eingeschlafener Ochse. Bibi-la-Grillade erzählte eine Geschichte, wie er einen Liter auf einen Zug austrinken könnte, indem er der Flasche einen so herzhaften Kuß gab, daß er ihr durch den Hintern guckte. Mittlerweile war Sauf-aus-ohne-Durst an den Schanktisch gegangen, um dort das Tourniket* zu holen und mit Coupeau die Zeche auszuspielen. „Zweihundert! ... Du bist ein Spitzbube, du holst immer die großen Nummern vor!"

Die Feder des Tournikets knackte, das Bild der Fortuna, einer großen, roten Frau, die hinter Glas an der Trommel angebracht war, drehte sich so schnell, daß sie nur wie ein einziger roter Fleck aussah, der von ausgegossenem Wein herrührte. „Dreihundert! ... Wo hast du denn reingetreten, verdammter Kommisknüppel? Ach was! ich spiele nicht mehr!"

Gervaise interessierte sich für das Tourniket. Sie trank jetzt in großen Zügen und nannte Mes-Bottes „mein lieber Sohn". Hinter ihr arbeitete die Schnapsmaschine mit dem Murmeln eines unterirdischen Baches immer weiter; sie verzweifelte daran, sie anzuhalten und auszuschöpfen, ein dumpfer Zorn erfüllte sie gegen diese Maschine, sie hatte die schönste Lust, wie auf ein wildes Tier auf sie loszuspringen und ihr mit Fußtritten den Bauch zu sprengen. Alles fuhr bei ihr wirr durcheinander; sie sah, wie die Maschine sich bewegte, und fühlte, wie ihre eisernen Arme sie ergriffen, während der Bach jetzt mitten durch ihren Körper zu fließen schien.

Der Saal tanzte mit seinen Gasflammen, die wie Kometen umherschweiften. Gervaise war ganz fertig. Sie hörte noch einen wütenden Streit zwischen Sauf-aus-ohne-Durst und diesem verdammten Vater Colombe. Das war ein Spitzbube von Wirt, der aufschrieb, was er wollte! Man war doch hier nicht, um sich prellen zu lassen! Aber plötzlich entstand ein Stoßen, man hörte Heulen und Schreien, und mehrere Tische wurden umgeworfen. Das alles kam davon her, daß der Vater Colombe die Gesellschaft an die Luft setzte; er tat das ohne den geringsten Verzug, nur so im Handumdrehen. Vor der Tür schimpften sie weiter auf ihn und nannten ihn einen Betrüger. Es regnete immer noch, und ein feiner, eisiger Wind wehte. Gervaise verlor Coupeau, fand ihn wieder und verlor ihn noch einmal. Sie wollte nach Hause gehen und befühlte die Läden, um daran ihren Weg zu erkennen. Sie war sehr erstaunt darüber, daß es plötzlich so ganz Nacht geworden war. An der Ecke der Rue des Poissonniers setzte sie sich in einen Rinnstein, weil sie glaubte, daß sie im Waschhause sei. Alles fließende Wasser machte sie schwindlig, und ihr wurde sehr übel. Endlich kam sie an ihr Haus, sie ging gerade an der Portierloge vorbei, wo sie sehr gut die Lorilleux' und die Poissons erkannte, die da am Tisch saßen und vor Ekel ihre Gesichter verzogen, als sie sie in solchem Zustand ankommen sahen.

Nie ist es ihr klargeworden, wie sie die sechs Treppen hinaufgekommen ist. Als sie oben war und in ihren Korridor einbog, lief die kleine Lalie auf sie zu, die ihren Schritt auf der Treppe gehört hatte, sie breitete ihre Ärmchen zärtlich aus und rief lachend: „Madame Gervaise, Papa ist nicht nach Hause gekommen! Tretet doch näher und seht, wie süß die Kinder schlafen ... Oh, die sind so hübsch anzusehen!"

Als sie aber dem stumpfen Gesicht der Wäscherin gegenüberstand, wich sie zitternd zurück. Sie kannte diesen alkoholgeschwängerten Atem, diese erloschenen Augen und diesen zuckenden Mund. Als Gervaise ohne ein Wort zu sprechen vorüberstolperte, blieb die Kleine auf der Schwelle ihrer Tür stehen und folgte ihr mit dem stummen, ernsten Blick ihrer schwarzen Augen.

XI

Nana wuchs heran und wurde eine Dirne. Mit fünfzehn Jahren war sie aufgeschossen wie ein Kalb, sehr weiß von Fleisch, sehr fett und so üppig, daß man sagen konnte, sie sei ein Ball. Ja, ja, so war sie, fünfzehn Jahre, alle Zähne und kein Korsett. Ein richtiges Kurtisanengesicht, wie in Milch getaucht, eine samtweiche Haut wie ein Pfirsich,

* *Anmerkung des Übersetzers:* Tourniket ist eine Art Lottospiel zum Drehen.

eine lustige Nase, ein rosiger Schnabel und Guckaugen, so hell, daß die Männer Lust bekamen, ihre Pfeifen daran anzuzünden. Ihr Haufen blonder Haare hatte die Farbe reifen Hafers und schien ihr Goldstaub auf die Schläfe zu werfen, dabei hatte das Haar rötliche Lichter, die sie manchmal, wie mit einer Krone von Sonnenstrahlen umgeben, erscheinen ließen. Ah! sie war eine nette Pflanze! wie die Lorilleux' sagten, eine Rotzliese, der man noch hätte die Nase schnauben können und deren breite Schultern so rund und voll waren und so viel Reife zeigten wie bei einer fertigen Frau. Jetzt steckte sich Nana keine Papierkugeln mehr in den Busen, sie hatte jetzt da ein Paar Kugeln bekommen, und zwar ein Paar ganz neue von weißem Atlas. Das war ihr gar nicht unbequem, sie hätte einen ordentlichen Arm voll davon haben mögen, sie träumte von der Überfülle einer Amme, so merkwürdig unüberlegt ist der Geschmack der Jugend. Das, was sie besonders lüstern erscheinen ließ, war eine häßliche Gewohnheit, die sie angenommen hatte: sie steckte ihre Zungenspitze stets zwischen ihren weißen Zähnen ein wenig hervor. Wahrscheinlich hatte sie sich im Spiegel so sehr hübsch gefunden. Nun steckte sie den ganzen Tag, um recht hübsch auszusehen, die Zunge heraus.

„Verstecke doch die Lügnerin!" rief ihr ihre Mutter zu. Oft mußte sich Coupeau ins Mittel legen und mit den Fäusten aufschlagen und fluchen: „Willst du wohl deinen roten Lappen einziehen?"

Nana zeigte sich sehr gefallsüchtig. Sie wusch sich zwar nicht immer die Füße, aber sie nahm stets so enge Schuhe, daß sie alle Qualen der Hölle durchkostete; wenn sie einer fragte, was ihr wäre, wenn sie ganz violett aussah, so sagte sie, sie hätte Leibkneifen, um nur nicht ihre Eitelkeit einzugestehen. Wenn das Brot im Haus fehlte, so hielt es sehr schwer, sich herauszuputzen. Dann vollführte sie wahre Wunder: sie brachte Bänder aus dem Atelier mit, machte sich Toiletten zurecht, schmutzige Kleider besetzte sie mit Schleifen und Quasten. Der Sommer war die Jahreszeit ihrer Triumphe. Mit einem Perkalkleidchen für sechs Francs erschien sie jeden Sonntag und entzückte das ganze Quartier de la Goutte-d'Or mit ihrer blonden Schönheit. Ja, sie war bekannt von den äußeren Boulevards bis zu den Befestigungen, von der Chaussee, Clignancourt bis zur Rue de la Chapelle. Man nannte sie „das kleine Hühnchen", weil sie in Wahrheit einen so zarten, frischen Teint hatte wie ein junges Hühnchen.

Ein Kleid hatte sie, das stand ihr ganz besonders gut, das war ganz weiß, mit erbsengroßen rosa Punkten, sehr einfach und ohne die geringste Garnierung. Der etwas kurze Rock ließ ihre Füße frei, die weit offenen Hängeärmel zeigten ihre Arme bis zum Ellbogen unbedeckt; der Halsausschnitt der Taille, den sie in einer dunklen Ecke der Treppe herzförmig öffnete und mit Stecknadeln feststeckte, weil sie Papa Coupeaus Schläge fürchtete, legte ihren schneeigen Nacken und die goldigen Schatten des Halses bloß. Nichts schmückte sie weiter, nichts als ein rosa Band, welches sie um ihre Haare schlang und dessen Enden ihren Nacken lustig umflatterten. Sie war darin so frisch wie ein Blumenstrauß. Der Duft der Jugend lag auf dieser Erscheinung, die noch ein Kind und dennoch schon eine Jungfrau war.

Zu dieser Zeit waren die Sonntage für sie die Zeit der Rendezvous mit der Menge, mit all den Männern, die sie im Vorbeigehen anglotzten. Während der ganzen Woche wartete sie sehnlichst auf den Sonntag, schon im voraus gekitzelt von dem Vergnügen, das sie da genießen würde; in der Woche erstickte sie, der Sonntag erfüllte ihr Verlangen nach Luft und Freiheit. Schon früh am Morgen fing sie an sich anzukleiden, stundenlang blieb sie im Hemd vor dem kleinen Stückchen Spiegel, das über der Kommode aufgehängt war, und weil das ganze Haus sie da sehen konnte, so fragte ihre Mutter sie oft, ob sie denn noch nicht lange genug als Nackedei herumspaziert wäre. Aber sie machte sich ganz ruhig auf der Stirn kleine Löckchen mit Zuckerwasser, nähte die Knöpfe an ihren Stiefeln fest oder heftete etwas an ihrem Kleide. Bei alledem waren ihre Beine nackt, ihr Hemd glitt ihr von den Schultern und ihre gelösten blonden Haare umwallten unordentlich ihren Kopf. Ah! sie war hübsch so! sagte Vater Coupeau, der sie neckte und hänselte, eine wahre büßende Magdalena! Sie hätte sich für zwei Sous als wilde Frau sehen lassen können! Er rief ihr oft zu: „Verstecke doch dein Fleisch, damit ich mein Brot essen kann!" Sie war bewunderungswürdig, so weiß und fein unter ihrem blonden Dach von Haaren, so rosig, wenn sie zürnte. Sie wagte ihrem Vater nicht zu antworten und zerbiß vor Wut ihren Faden zwischen den Zähnen, so daß dieser kurze Knacks wie ein Schauer ihre nackte Schönheit überlief.

Gleich nach dem Frühstück ging sie aus, sie stieg in den Hof hinunter. In sonntäglichem Frieden schlief das Haus; unten waren die Werkstätten geschlossen; von den Wohnungen gähnten die offenen Fenster hinaus ins Freie, hinter denen man die schon für den Abend gedeckten Tische sah, während die Bewohner draußen auf den Befestigungen sich Appetit für das Mittagmahl holten. Eine Frau im dritten Stock benutzte den Tag, um ihr Zimmer zu scheuern, sie rückte ihr Bett und ihre Möbel und sang dabei stundenlang dasselbe sanfte, weinerliche Lied. Der Lärm des Werktagtreibens schwieg, der Hof war still und heimlich. Dann begannen Nana, Pauline und andere große Mädchen Fangball zu spielen; es waren sechs oder sieben, die zusammen aufgewachsen und jetzt die Königinnen des Hauses geworden waren. Sie teilten sich in die verliebten Blicke der Herren. Wenn ein Mann über den Hof ging, so ertönte ihr silbernes Lachen, und mit dem Rauschen ihrer gestärkten Unterröcke flogen sie wie vom Winde getrieben umher. Über ihnen flammte die Luft des Feiertages weich und lind wie die Faulheit und erfüllt von dem Staub, den die Menge der Spaziergänger aufwirbelte.

Aber die Fangballpartien waren nur ein Vorwand, um sich fortzumachen. Plötzlich fiel das Haus in die große Stille zurück, sie hatten sich auf die Straße geschlichen, um auf die äußeren Boulevards zu gelangen. Nun faßten sie alle sechs sich unter und nahmen so die halbe Breite der Chaussee ein; sie waren alle hell gekleidet und hatten nur ein Band um ihre bloßen Köpfe gebunden. Ihre lebhaften Augen, die aus den Ecken der Wimpern verstohlene Seitenblicke umherwarfen, sahen alles; sie warfen beim Lachen die Köpfe nach hinten und zeigten so ihren Hals und die Fülle des Unterkinns. Mit großem Gelächter machte sich ihr Übermut Luft, wenn ein Buckliger vorüberkam oder wenn eine alte Frau an der Ecke ihrem Hündchen pfiff; dann sprengte das Lachen ihre Reihe, die einen blieben zurück, während die anderen sie heftig hinter sich her zogen; dabei wiegten sie sich in den Hüften, bildeten einen Knäuel und stoben wieder auseinander, nur um das Aufsehen der Spaziergänger zu erregen und bei den lebhaften Bewegungen ihre schönen, schmiegsamen Figuren recht zur Geltung zu bringen, deren jugendliche Frische ihre Mieder krachen machte. Die Straße gehörte ihnen, da waren sie aufgewachsen, dort hatten sie ihre ersten Kleidchen längs der Läden in die Höhe gerafft; auch jetzt nahmen sie ihre Röcke bis zum Knie auf, wenn sie ihre Strumpfbänder wieder festmachen wollten. Inmitten der Menge, die da ruhig und bleich zwischen den dürftigen Bäumchen der Boulevards dahinwandelte, trieb diese lose Bande ihr Spiel; sie zogen von der Barrière Rochechouart bis zur Barrière Saint-Denis, sie stießen die Leute, trennten im Zickzack die Gruppen der Spaziergänger, wendeten sich um und ließen inmitten großer Lachsalven übermütige Worte fallen. Aus den flatternden Falten ihrer Kleider entschlüpfte die Unverschämtheit ihrer Jugend, in voller freier Luft, unter dem nackten Licht des Tages entfalteten sie da die lüsterne Keckheit junger Taugenichtse und waren dabei begehrenswert und frisch wie Jungfrauen, die mit noch feuchtem Nacken soeben dem Bade entstiegen sind.

Nana war mit ihrem rosigen Kleid, das in der Sonne leuchtete, immer die mittelste. Sie reichte den Arm der Pauline, deren weißes, mit gelben Blumen gemustertes Kleid gleichfalls im Lichte strahlte. Da sie beide die Größten, Entwickeltesten und Frechsten waren, so führten sie die Bande an und heimsten die bewundernden Blicke und schmeichelhaften Redensarten ein, die ihnen gespendet wurden. Die anderen, die noch jünger waren, marschierten an den Flanken und am Ende; sie blähten sich auf und gaben sich die größte Mühe, auch schon beachtet zu werden. Nana und Pauline hatten sehr tief angelegte Kriegspläne und sehr verwickelte gefallsüchtige Listen. Wenn sie liefen, daß ihnen der Atem ausging, so taten sie das, um ihre weißen Strümpfe sehen zu lassen und ihre Haarbänder im Winde flattern zu machen. Wenn sie dann plötzlich anhielten und so taten, als ob sie Atem schöpfen müßten, so konnte man sicher darauf rechnen, daß da eine ihrer Bekanntschaften, irgendein Bursche aus dem Quartier, in der Nähe war; dann gingen sie langsam, flüsterten lächelnd miteinander und warfen heimlich verlangende und beobachtende Blicke auf ihn. Sie liefen hauptsächlich so, um dadurch zufällige Begegnungen auf der Promenade herbeizuführen. Große, sonntäglich geputzte Burschen in Ärmelwesten und mit runden Hüten hielten sie für Augenblicke an den Übergängen fest, scherzten mit ihnen und versuchten, sie um die Taillen zu fassen. Junge, zwanzigjährige Arbeiter in grauen Blusen, die Hals und Brust fast unbedeckt ließen, plauderten langsam und mit gekreuzten Armen mit ihnen und bliesen dabei den Rauch ihrer kurzen Tonpfeifen nicht gerade sehr rücksichtsvoll von sich. Diese Dinge blieben ohne Folgen, die Burschen waren mit ihnen gemeinsam aufgewachsen. Aber sie fingen schon an, unter dieser Zahl zu wählen. Pauline traf immer mit einem der Söhne von Madame Gaudron zusammen, das war ein siebzehn Jahre alter Tischler, der ihr Äpfel kaufte. Nana entdeckte schon von einem Ende der Straße bis zum andern Viktor Fauconnier, den Sohn der Wäscherin, mit dem sie sich in dunklen Ecken küßte. Aber weit ging das nicht, sie waren zu durchtrieben, um unbewußt eine Dummheit zu machen; nur mit Worten waren sie schon sehr weit.

Wenn dann die Sonne niederging, war es das größte Vergnügen dieser Backfische, sich hinzustellen, wo ein Taschenspieler seine Späße machte. Gaukler und Herkulesse kamen dann und breiteten auf der Avenue ihr mottenzerfressenes Stückchen Teppich aus. Dann sammelten sich die Gaffer, es bildete sich ein Kreis, und der Clown ließ in seinem verschossenen Trikot die Muskeln spielen. Nana und Pauline blieben da stundenlang im dichtesten Haufen der Zuschauer stehen; ihre schönen, frisch gewaschenen Kleider wurden zwischen Paletots und schmutzigen Blusen zerknautscht; ihre nackten Arme, ihr bloßer Nacken und die gelösten Haare glühten unter dem verpesteten Atem der Umgebung, von der ein mit Schweiß gemischter Branntweingeruch ausging. Dabei lachten sie und freuten sich, ohne den geringsten Ekel zu empfinden; ihr Aussehen wurde noch rosiger denn zuvor, als ob sie sich da in ihrem natürlichen Fahrwasser befunden hätten. Um sie herum wurden schlimme Sachen gesagt, ganz nackte Gemeinheiten oder die Betrachtungen sehr betrunkener Männer. Das war ihre Sprache, sie kannten das alles, mit ruhigem, schamlosem Lächeln wendeten sie sich um, ohne daß die zarte Blässe ihrer seidenen Haut der leisesten Schamröte gewichen wäre.

Das einzige Unangenehme, was ihnen begegnen konnte, war, wenn sie ihre Väter trafen, besonders wenn diese getrunken hatten. Darauf paßten sie auf und warnten eine die andere.

„Du, Nana", rief plötzlich Pauline, „da kommt Vater Coupeau!" – „O weh! er ist nicht betrunken! Ih! ich werde ihm was husten!" sagte Nana ärgerlich. „Ich mache, daß ich auskneife, wißt ihr? Ich habe keine Lust, mir von ihm die Flöhe abschütteln zu lassen! Hat der wieder ein Gesicht aufgesetzt! Mein Gott! als ob er sich den Hals brechen wollte!"

Zu anderen Malen, wenn Coupeau so gerade auf sie zukam, daß sie nicht mehr weglaufen konnte, duckte sie sich nieder und murmelte:

„Versteckt mich doch, ihr anderen! . . . Er sucht mich ja,

er hat versprochen, mir die Röcke hochzuheben, wenn er mich wieder beim Umhertreiben abfaßt!"

Wenn dann der Trunkenbold an ihnen vorüber war, so richtete sie sich wieder auf, und alle lachten aus vollem Halse hinter ihm her. Er findet sie! Er findet sie nicht! Das war ein reines Versteckspiel. Eines schönen Tages aber, als Boche mitgekommen war, um Pauline zu holen und am Ohrläppchen nach Hause zu führen, hatte auch Coupeau Nana mit Fußtritten heimgeschickt.

Wenn die Dämmerung begann, machten sie noch einen letzten Rundgang und kamen mit einbrechender Nacht mit der müden Menge der Spaziergänger zurück. Der aufgewirbelte Staub verdickte die Luft und verfinsterte den Himmel. Die Rue de la Goutte-d'Or nahm sich wie ein Stück Provinz aus, mit den schwatzenden Müttern, die in den Haustüren standen und deren Stimmen nur hin und wieder die lauschige Ruhe störten, welche sich auf das Quartier, bei dem Fehlen des Wagenverkehrs, herabgesenkt hatte. Einen Augenblick blieben sie noch im Hofe, griffen wieder zum Federballspiel, um glauben zu machen, daß sie sich gar nicht dort fortgerührt hätten; dann gingen sie nach oben und machten sich unterwegs eine Geschichte zurecht, welche sie oft gar nicht vorzubringen brauchten, weil die Eltern eben damit beschäftigt waren, wegen einer zu viel oder zu wenig gesalzenen Suppe sich mit Ohrfeigen zu traktieren.

Nana war jetzt Arbeiterin, sie verdiente bei Titreville, dem Hause in der Rue de Caire, wo sie ihre Lehrzeit zugebracht hatte, täglich vierzig Sous. Die Coupeaus wollten nicht, daß sie wegging, damit sie unter der Obhut von Madame Lerat, die dort schon seit zehn Jahren Ateliervorsteherin war, bleiben konnte. Des Morgens sah ihre Mutter nach der Uhr, wenn die Kleine fortging. Sie sah hübsch aus, trotz des alten, schwarzen Kleidchens, das zu kurz war und ihr die Schultern einzwängte. Madame Lerat hatte Auftrag, die Zeit ihrer Ankunft genau festzustellen und sie nachher Gervaise mitzuteilen. Man ließ ihr zwanzig Minuten Zeit, um von der Rue de la Goutte-d'Or bis zur Rue du Caire zu kommen; das reichte aus, denn diese jungen Taugenichtse von Mädchen haben Beine wie die Hirsche. Manchmal kam sie zur rechten Zeit, war aber so rot und außer Atem, daß sie gewiß von der Barriere ab in zehn Minuten gelaufen war und vorher unterwegs umhergebummelt hatte. Meistenteils blieb sie mit sieben oder acht Minuten im Rückstand; dann war sie bis zum Abend so liebenswürdig zu ihrer Tante und warf ihr so viel bittende Blicke zu, bis sie sie schließlich rührte und am Petzen hinderte. Madame Lerat, welche mit der Jugend fühlte, belog die Coupeaus, aber sie kanzelte Nana mit nie endenden Reden herunter, worin sie von ihrer Verantwortlichkeit und von den Gefahren sprach, denen ein junges Mädchen auf dem Pariser Pflaster ausgesetzt sei. Oh! du gerechter Gott! Wurde sie selbst nicht verfolgt? Mit den zärtlichsten Blicken ihrer Augen, in denen stets allerlei lüsterne Zweideutigkeiten aufblitzten, betrachtete sie ihre Nichte, und die Idee, daß sie über die Unschuld dieser armen kleinen Katze zu wachen berufen sei, erfüllte sie mit einem wahren Feuereifer.

„Du weißt doch", wiederholte sie ihr oft, „daß du mir alles sagen mußt. Ich bin zu gut zu dir; wenn dir ein Unglück passierte, bliebe mir nichts übrig, als mich in die Seine zu stürzen. Hörst du, mein liebes Kätzchen? Wenn dich Männer ansprechen, so mußt du mir das erzählen und mir alles wiederholen, alles, ohne ein Wort zu vergessen . . . Nicht wahr? man hat dir noch nichts gesagt; das schwörst du mir?"

Nana lachte dann so seltsam, daß es ihr förmlich den Mund zusammenzog. Nein, nein, die Männer sprachen sie nicht an, dazu ging sie zu schnell! Und dann, was sollten sie ihr denn auch sagen? Hatte sie denn etwas mit ihnen zu schaffen? Ihre Verspätungen erklärte sie mit einfältiger Miene: sie war vor einem Schaufenster stehengeblieben und hatte sich Bilder angesehen, oder hatte Pauline begleitet, die immer so drollige Geschichten wußte. Man konnte ihr ja nachgehen, wenn man das nicht glaubte; sie ging sogar nie von dem linken Trottoir weg, und sie lief so schnell; alle anderen jungen Mädchen überholte sie wie ein Wagen. Eines Tages hatte sie Madame Lerat wirklich einmal abgefaßt, wie sie in der Rue du Petit-Carreau mit drei anderen leichtfertigen Blumenmacherinnen in die Höhe guckte und lachte, weil ein Mann sich da oben am Fenster rasierte; aber die Kleine war böse geworden, sie schwur, daß sie gerade zum Bäcker hineingehen wollte, um sich für einen Sou Brot zu kaufen.

„Oh! ich wache über sie, fürchtet nichts!" sagte die große Witwe zu Coupeau. „Ich stehe für sie ein wie für mich selbst! Und wenn so ein schmutziger Schlingel sie auch nur berühren wollte, ich würfe mich dazwischen!"

Das Atelier bei Titreville war ein geräumiger Zwischenstock mit einem großen Arbeitstisch, der auf Böcken stand und die ganze Mitte des Raumes einnahm. Längs der vier kahlen Wände, deren graue, ins Gelbliche verschossene Tapeten an den zerrissenen Stellen den Kalk der Mauer sehen ließen, waren Gestelle angebracht, wo alte Kartons, Pakete, Modelle und alter, vergessener Ausschuß unter einer Lage dicken Staubes schlummerten. An der Decke zeigten sich über den Gasflammen stark angerußte Stellen. Die beiden Fenster öffneten sich so weit, daß die Arbeiterinnen, ohne den Tisch zu verlassen, die Passanten auf der anderen Seite der Straße beobachten konnten.

Madame Lerat, die mit gutem Beispiel voranging, kam immer zuerst. Dann klappte die Tür wohl eine volle Viertelstunde lang und alle die kleinen Blumenmacherinnen kamen truppweise, schwitzend und mit halb gelösten Haaren an. An einem Julimorgen kam Nana als die letzte, was übrigens durchaus in ihren Gewohnheiten lag.

„Ach Gott!" sagte sie, es würde auch kein Unglück sein, wenn ich einen Wagen hätte!"

Ohne selbst ihren Hut abzunehmen, der ein so alter, abgetragener Deckel war, daß sie es schon müde war, ihn immer wieder aufzustülpen, und den sie ihren Helm nannte, ging sie ans Fenster, beugte sich hinaus und blickte nach rechts und links die Straße hinunter. „Was hast du denn da zu sehen?“ fragte sie Madame Lerat mißtrauisch. „Hat dich etwa dein Vater begleitet?“ – „Nein, warum nicht gar!“ antwortete Nana ruhig. „Ich sehe noch gar nichts ... Ich sehe nur, daß es ganz furchtbar warm ist. Wahrhaftig! man kann sich Schaden tun, wenn man heute so läuft!“

An dem Morgen herrschte wirklich eine erstickende Hitze. Die Arbeiterinnen hatten die Holzjalousien heruntergelassen, zwischen deren Stäben hindurch sie auf die Straße hinabspähten. Endlich hatten sie sich doch zur Arbeit niedergesetzt, wo sie in zwei Reihen je eine Längsseite des großen Tisches einnahmen, während Madame Lerat allein an der einen Querseite saß. Es waren acht, von denen jede ihren Gummitopf, ihre kleine Zange, andere Werkzeuge und ihren Modellierknäuel vor sich liegen hatte. Auf dem Werktisch lagen in wirrem Durcheinander große Haufen Eisendraht, Garnknäuel, Watte, grünes und kastanienbraunes Papier, grüne Blätter und Blütenblätter, die aus Seide, Atlas oder Samt gestanzt waren. Mitten auf dem Tisch hatte eine Blumenmacherin in den Hals einer großen Wasserflasche ein Zweisoubukett gesteckt, welches schon am Abend vorher an ihrem Busen zu verwelken angefangen hatte.

„Ach! wißt ihr denn nicht?“ sagte Leonie, eine hübsche Brünette, während sie sich auf ihren Blätterknäuel niederbeugte und Rosenblätter davon abnahm. „Nun, die arme Karoline ist mit dem Burschen, den sie da neulich abends kennengelernt hat, sehr unglücklich!“ Nana, die gerade im Begriff war, schmale grüne Papierstreifen zu schneiden, rief: „Das will ich meinen! Das ist ja ein Mensch, der ihr alle Tage wenigstens einmal untreu ist!“

Des ganzen Ateliers bemächtigte sich eine heimliche Lustigkeit, und Madame Lerat mußte ihre ganze Strenge zeigen. Sie rümpfte die Nase und murmelte: „Das ist ja recht hübsch, mein Töchterchen, du gebrauchst ja recht nette Worte! Ich werde das deinem Vater sagen, da wollen wir einmal sehen, wie ihm das gefallen wird!“

Nanas Backen schwollen förmlich an, so stark war ihre Lachlust, die sie verbeißen mußte. Nun ja! ihr Vater, der sagte noch ganz andere Sachen! Aber plötzlich flüsterte Leonie sehr leise und schnell: „Huh! Paßt auf! Die Besitzerin!“

Und wirklich trat auch Madame Titreville, eine lange, magere Frau, ein. Für gewöhnlich hielt sie sich unten im Laden auf. Sie war von den Arbeiterinnen sehr gefürchtet, weil sie niemals mit ihnen scherzte. Sie ging langsam um den Arbeitstisch herum, auf den sich jetzt alle Nacken schweigend und tätig niederbeugten. Sie las einer Arbeiterin den Text und ließ sie ein Tausendschönchen noch einmal anfangen. Dann ging sie ebenso steif wieder fort, wie sie gekommen war.

„Hoppsassa! Hoppsassa!“ wiederholte Nana mehrere Male, während ein Seufzer der Erleichterung durch den Saal ging. „Meine Damen! Meine Damen!“ sagte Madame Lerat, die eine strenge Miene aufsetzen wollte, „Sie werden mich zu Maßregeln zwingen ...“

Die jungen Mädchen hörten gar nicht auf sie, sie fürchteten sie nicht. Sie war viel zu nachsichtig; das Zusammenleben mit diesen kleinen, jungen Dingern, die stets den Kopf voller Schelmenstreiche hatten, reizte sie viel zu sehr; sie nahm sie beiseite und forschte sie über ihre Liebhaber aus oder legte ihnen auf einer freien Ecke des Arbeitstisches die Karten. Ihre harte Haut und ihre ganze Gendarmenfigur zitterte nur so vor Freude, wenn das Kapitel der Liebesabenteuer aufs Tapet gebracht wurde. Nur die gemeinen Worte konnte sie nicht leiden; sobald die gemeinen Worte vermieden wurden, konnte man ihr alles sagen.

Wahrlich, Nanas Erziehung wurde in diesem Atelier eine würdige Krone aufgesetzt. Oh, sie hatte viel natürliche Anlagen, das war sicher. Aber das gab ihr den Rest, daß sie täglich mit einer Menge von Mädchen zusammenkam, die durch Elend und Laster schon müde gehetzt waren. Sie waren da eine so dicht auf der anderen, das steckte an, gerade wie in einem Korb Äpfel, wenn ein paar faule dabei sind. Ohne Zweifel, vor den Augen der Welt hielt man den Anstand aufrecht, man vermied es, einen zu rohen Charakter zu zeigen und zu gemeine Ausdrücke zu gebrauchen. Es war Sitte, die Allüren anständiger Fräulein äußerlich zur Schau zu tragen. Nur vom Mund zum Ohr und in den Ecken, da gingen die Unanständigkeiten lustig ihren Weg; so wie zwei beieinander waren, schütteten sie sich vor Lachen aus über die Schweinereien, die sie einander zuflüsterten. Und dann begleitete eine die andere des Abends, da wollten dann die vertraulichen Mitteilungen und die haarsträubenden Geschichten gar kein Ende nehmen, so daß die beiden Dirnen sich auf der Straße mitten in dem Stoßen der Vorübergehenden verspäteten. Für solche Mädchen, die wie Nana noch unschuldig waren, brachte schon die Luft des Ateliers das Verderben mit sich, es war der Duft der Tanzböden und der durchschwärmten Nächte, den die Arbeiterinnen in ihren schlecht aufgesteckten Chignons und ihren zerknautschten Unterröcken, in denen sie geschlafen zu haben schienen, mit dahin brachten. Diese hindämmernde Faulheit nach durchschwärmter Nacht, die matten Augen mit den dunkeln Rändern, die Madame Lerat in ihrer anständigen Sprache die Faustschläge der Liebe nannte, dieses Rütteln und Strecken und die heiseren Stimmen, das alles wehte wie ein Hauch des Verderbens über den Arbeitstisch in die zarte Gebrechlichkeit der künstlichen Blumen hinein. Nana sog diesen Duft ein und berauschte sich daran, wenn sie ein Mädchen zur Nachbarin bekam, das die erste Schlacht der Liebe schon geschlagen hatte. Lange Zeit hatte sie sich neben die große Lisa gesetzt, von der das Gerücht ging, daß sie schwanger sei, und sie betrachtete ihre Nachbarin mit so aufmerksamen, so leuchtenden Blicken, als ob sie sie vor ihren Augen anschwellen und plötzlich auseinanderplatzen sehen könnte. Etwas Neues zu lernen, das hätte ja sehr schwer gehalten; dieser Nichtsnutz wußte schon alles;

alles hatte sie auf dem Pflaster der Rue de la Goutte-d'Or gelernt. Nur daß sie in dem Atelier sah, wie das gemacht wurde und nun die Lust in ihr erwachte, auch mitzutun.
„Man erstickt hier!" murmelte sie und näherte sich dabei einem Fenster, als ob sie die Jalousie noch mehr herunterlassen wollte. Aber sie beugte sich hinaus und blickte wieder rechts und links die Straße hinab. Im selben Augenblick rief Leonie, die drüben auf der anderen Seite einen Mann beobachtete, der da stehengeblieben war: „Was macht denn der Alte da? der spioniert ja da schon eine volle Viertelstunde umher!"
„Da ist wohl wieder so ein alter Kater?" sagte Madame Lerat. „Nana, willst du dich wohl hinsetzen! Ich habe dir doch verboten, am Fenster zu bleiben!"
Nana ergriff wieder die Veilchenstengel, die sie rollte, aber das ganze Atelier beschäftigte sich mit dem Herrn. Er war sehr gut gekleidet, trug einen Überrock und schien in den Fünfzigerjahren zu stehen; sein Gesicht war bleich, sehr ernst und sehr würdig, mit einer grauen Bartfraise, die korrekt verschnitten war. Eine ganze Stunde lang stand er schon vor dem Laden eines Kräuterhändlers und erhob von Zeit zu Zeit die Augen zu den herabgelassenen Jalousien der Fenster des Ateliers. Die Blumenmacherinnen kicherten untereinander, die unterdrückten Töne ihres Lachens wurden von dem Geräusch der Straße übertönt, das durch die geöffneten Fenster hereindrang; sie beugten sich sehr geschäftig über ihre Arbeit, verließen aber doch mit keinem Auge den Herrn gegenüber.
„Seht doch!" bemerkte Leonie, „er hat eine Lorgnette! Oh! das ist ein feiner Mann ... Sicherlich wartet er auf Augustine!" Aber Augustine, die ein großes, blondes, sehr häßliches Mädchen war, antwortete spitz, daß sie die Alten nicht leiden könne. Madame Lerat schüttelte mit dem Kopf und murmelte mit ihrem gekniffenen Lächeln, das voller Anzüglichkeiten war: „Ihr habt unrecht, meine Liebe, die Alten sind die zärtlichsten!"
In diesem Augenblick flüsterte die Nachbarin Leonies, eine kleine, fette Person, dieser ein paar Worte ins Ohr, welche diese wie unsinnig lachen machten, sie warf sich auf ihren Stuhl zurück und schüttelte sich förmlich, dabei sah sie wiederholt zu dem Herrn hinüber und lachte noch stärker. Sie stotterte endlich:
„Oh! ja, so muß es sein! So muß es sein ... Ach, diese Sophie ist ein durchtriebener Racker!" – „Was hat sie gesagt? Was hat sie gesagt?" fragte das ganze Atelier mit neugierigen Mienen. Leonie trocknete sich die Tränen aus den Augen, ohne zu antworten. Als sie sich ein wenig beruhigt hatte, fing sie wieder an Blätter zu kleben und erklärte: „Das kann man nicht wiedersagen!"
Alle bestanden darauf, aber sie schüttelte den Kopf und lachte noch beständig in sich hinein. Nun bat sie Augustine, ihre linke Nachbarin, es ihr doch leise ins Ohr zu sagen. Leonie wollte es ihr gern sagen, aber sie mußte die Lippen dicht an ihr Ohr legen. Nun wand sich auch Augustine vor Lachen und gab die Worte weiter an die Nachbarin, die so den Weg durch das ganze Atelier machten und einen Sturm von Ausrufen und tolles Gelächter hervorriefen. Als sie nun alle das Geheimnis von Sophies Worten kannten, blickten sie einander an und lachten zusammen, obwohl sie ein wenig rot und verlegen dabei waren. Nur Mama Lerat wußte nichts, sie war sehr böse darüber.
„Das ist sehr unartig, was Sie da machen, meine Damen!" sagte sie. „Man sagt sich nichts in die Ohren, wenn man sich in Gesellschaft befindet ... Es ist gewiß etwas Unanständiges, nicht wahr? Nun! Das ist ja recht hübsch!"
Trotz ihrer brennenden Neugierde wagte sie doch nicht zu verlangen, daß man ihr die Unanständigkeit von Sophie mitteilte. Sie setzte nun ihre würdigste Miene auf und senkte den Kopf, dabei ging ihr von den Unterhaltungen der Arbeiterinnen kein Wort verloren. Wenn eine von ihnen irgend etwas sagte, und wenn es auch das Unschuldigste gewesen wäre, irgendeine Bemerkung über ihre Arbeit zum Beispiel, so hörten alle anderen gleich eine Zweideutigkeit heraus; sie legten den Worten einen anderen Sinn unter, gaben ihnen eine unanständige Bedeutung und suchten die außergewöhnlichsten Anspielungen in den einfachsten Sätzen, wie dieser: „Meine Zange ist gesprungen!" oder „Wer hat denn in meinem kleinen Topf gerührt?" Alles das bezogen sie auf den Herrn, der da immer noch unten auf dem Anstand aushielt, immer war der Herr das Ziel aller Anspielungen. Oh! wie mußten dem die Ohren klingen! Sie sagten schließlich die dümmsten Sachen, weil sie durchaus geistreich sein wollten; aber nichtsdestoweniger fanden sie dieses Spiel so hübsch, daß sie davon sehr aufgeregt waren und mit leuchtenden Augen sich zu immer gewagteren Reden verstiegen. Madame Lerat brauchte nicht böse zu werden, es wurden keine häßlichen Ausdrücke gebraucht. Sie selbst erregte die größte Heiterkeit mit den Worten: „Fräulein Lisa, mein Feuer ist erloschen, borgt mir doch Eures!" – „Ach! Madame Lerats Feuer ist erloschen!" schrie das ganze Atelier. Sie wollte eine Erklärung anfangen: „Wenn Sie erst so alt sein werden wie ich, meine Fräulein ..." Aber man hörte nicht auf sie, sondern sprach davon, den Herrn da drüben zu rufen, damit er Madame Lerats Feuer wieder entzünde.
Man mußte nur sehen, wie Nana sich bei diesen Lachsalven beteiligte. Kein zweideutiges Wort entging ihr, ja sie selbst gab oft die kräftigsten zum besten, die sie dann noch durch nachdrückliche Gesten betonte. Sie schwamm im Laster wie ein Fisch im Wasser. Dabei drehte sie ihre Veilchenstengel sehr gut, wenn sie sich auch vor Lachen auf ihrem Stuhl wand. Oh! sie war von verblüffender Geschicklichkeit, sie brauchte kaum so viel Zeit, wie eine Zigarette zu machen in Anspruch nimmt. Wenn sie die Bewegung machte und nach den grünen Papierstreifen griff, so war auch die Sache schon gemacht, so leicht rollte sich der Streifen um den Draht; dann noch ein Tropfen Gummi oben zum Kleben, und es war gemacht; das kam aus ihren Händen wie ein grüner Zweig, den man nur gleich so hätte an eine Damentoilette stecken mögen. Die

Geschicklichkeit lag in ihren Fingern, die so schlank, zart und weich, so wollüstig geschwellt waren, daß sie fast ohne Knochen schienen. Nur dieses eine hatte sie von ihrem Beruf lernen können; man ließ sie alle Stengel machen, die im Atelier vorkamen, so gut konnte sie das.

Endlich war der Herr da gegenüber weggegangen. Das Atelier beruhigte sich wieder, und alle arbeiteten in der großen Hitze. Als die Mittagsstunde schlug, gerieten die Mädchen in Bewegung. Nana, die sich schnell dem Fenster genähert hatte, rief ihnen zu, daß sie die Besorgungen machen wolle, wenn es ihnen recht sei. Nun bestellte sich Leonie für zwei Sous Krabben, Augustine eine Tüte mit Bratkartoffeln, Losa ein Bündel Radieschen und Sophie eine Wurst. Als sie aber hinabging, holte sie Madame Lerat, die ihre Vorliebe für das Fenster an diesem Tage etwas sonderbar gefunden hatte, mit ihren langen Beinen ein und sagte: „Warte mal ein bißchen, ich gehe mit dir, ich brauche auch etwas."

Als sie auf die Allee hinunterkam, bemerkte sie den Herrn, der da wie eine Wachskerze aufgepflanzt war und seine Augen zu Nana hinüberspielen ließ. Die Kleine wurde sehr rot. Ihre Tante nahm sie mit einem Ruck beim Arm und ließ sie über das Pflaster traben, während der Kavalier seine Schritte den ihren anpaßte. Ah! also der Kater kam Nanas wegen! Nun! Das war ja recht hübsch, so mit fünfzehn und einem halben Jahr die Männer an den Röcken nach sich zu schleppen! Nun befragte ihre Tante sie sehr lebhaft. Oh! mein Gott! Nana wußte von nichts. Sie konnte nicht mehr die Nase vor die Tür stecken, ohne ihn auf ihrem Weg zu finden; sie glaubte, er sei ein Kaufmann oder ein Knopffabrikant. Madame Lerat war sehr erregt. Sie sah sich um und musterte den Herrn mit verstohlenen Blicken. „Man sieht ihm an, daß er Geld im Beutel hat", murmelte sie. „Höre mal, mein kleines Kätzchen, du mußt mir alles sagen. Jetzt hast du nichts mehr zu fürchten."

Sie liefen plaudernd von Laden zu Laden, vom Wursthändler zum Krämer und zu dem Mann mit den Bratkartoffeln. Ihre Einkäufe stapelten mit ihren fettigen Papierhüllen in ihren Händen wahre Berge auf. Dabei blieben sie liebenswürdig, zierten sich, ließen leises Gelächter erschallen und waren mit leuchtenden Blicken nicht sparsam. Selbst Madame Lerat tat zierlich und machte das junge Mädchen wegen des Knopffabrikanten, der ihnen beständig auf den Fersen folgte, verwirrt. „Er macht einen sehr vornehmen Eindruck!" erklärte sie beim Einbiegen in die Allee, „wenn er nur ehrenhafte Absichten hat ..." Als sie die Treppe hinaufgingen, schien sie sich plötzlich auf etwas zu besinnen. „Ja, sage doch! was war denn das, was die Damen sich vorhin ins Ohr sagten, du weißt doch! die Unanständigkeit von Sophie." Nana machte keine Umstände. Nur daß sie Madame Lerat um den Nacken faßte und sie zwang, zwei Stufen wieder herunterzusteigen, weil man das wirklich selbst auf einer Treppe nicht laut wiederholen konnte. Nun sagte sie das Wort. Es war so schlimm, daß die Tante sich begnügte, mit dem Kopf zu nicken, die Augen aufzureißen und den Mund zusammenzukneifen. Nun wußte sie es endlich, jetzt kitzelte sie das nicht mehr.

Die Blumenmacherinnen frühstückten auf ihrem Schoß, um den Arbeitstisch nicht schmutzig zu machen. Sie aßen alle sehr eilig, weil das Essen sie langweilte und sie es vorzogen, die freie Stunde damit auszufüllen, daß sie die Leute auf der Straße angafften oder sich in den Ecken vertrauliche Mitteilungen machten. An diesem Tage wollten alle gern wissen, wo der Herr vom Morgen hingekommen sei; denn er war jetzt wirklich verschwunden. Madame Lerat und Nana warfen sich mit gepreßten Lippen verständnisinnige Blicke zu. Es war schon ein Uhr zehn Minuten, und die Arbeiterinnen machten noch immer keine Miene, wieder zu ihren Werkzeugen zu greifen, als Leonie mit den Lippen ein eigentümliches Geräusch hervorbrachte; das klang wie Prrrut! und war das Zeichen, womit die Malergehilfen sich das Erscheinen des Meisters anzeigen. Sogleich waren alle auf ihren Stühlen und hatten die Nasen auf der Arbeit. Madame Titreville trat ein und machte mit strenger Miene die Runde.

Von diesem Tage an erquickte sich Madame Lerat an dem ersten Liebesabenteuer ihrer Nichte. Sie ließ nicht mehr locker, begleitete sie von morgens bis abends und schützte ihre Verantwortlichkeit vor. Das war Nana zwar ein bißchen langweilig, aber es schmeichelte ihr doch, daß sie so wie ein Schatz bewacht wurde. Die Unterhaltungen, welche sie auf den Straßen alle beide mit dem Knopffabrikanten hinter sich pflegten, regten sie sehr auf und machten ihr noch mehr Lust, den Sprung zu wagen. Oh! ihre Tante verstand solche Gefühle; selbst der Knopffabrikant, dieser bejahrte Herr, der so anständig war, rührte sie sehr, denn schließlich sind die Gefühle bei reifen Personen deshalb viel inniger, weil sie viel tiefer Wurzel geschlagen haben. Aber sie wachte, nur über sie hinweg ging der Weg zu der Kleinen. Eines Abends näherte sie sich dem Herrn und sagte ihm gerade auf den Kopf zu, daß das, was er da täte, nicht recht sei. Er grüßte sie artig, ohne zu antworten, denn er war ein alter Lüstling, der an solche elterlichen Ermahnungen gewöhnt war. Sie konnte ihm wirklich nicht böse werden, denn er war gar zu höflich. Durch ihre Unterhaltungen, in denen sie praktische Ratschläge über die Liebe erteilte, allerlei Geschichten von Dirnen erzählte, denen es sehr leid tat, daß sie das alles durchgemacht hatten, machte sie Nana noch lüsterner, und wenn sie die Kleine verließ, so glühten ihr die Augen in ihrem weißen Gesichtchen.

Eines schönen Tages hatte der Knopffabrikant in der Rue du Faubourg-Poissonnière seinen Kopf zwischen die Nichte und die Tante gesteckt und Dinge gesagt, die wirklich unerhört waren. Das hatte Madame Lerat erschreckt, und nun meinte sie, daß sie selbst nicht mehr Schutz genug sei, und deshalb erzählte sie die ganze Geschichte ihrem Bruder. Nun wurde die Sache anders angefaßt. Das richtete bei den Coupeaus eine schöne Verwirrung an. Zuvörderst bedachte Coupeau Nana mit einer ordentlichen Tracht Prügel. Was mußte er da erfahren! Diese

Krabbe ließ sich mit alten Kerlen ein! Das war ja hübsch! Nun, sie sollte sich nur einmal unterwegs bei solchen Sachen von ihm fassen lassen, da könnte sie sicher sein, daß er ihr den Kopf zurechtsetzen würde, gar nicht wie es Mode wäre! Hatte man je so etwas gesehen? Eine solche Rotzliese wollte ihre Familie entehren! Er schüttelte sie und sagte, daß sie auf dem rechten Wege bleiben würde, denn er selbst würde in Zukunft über sie wachen. Sowie sie nach Hause kam, untersuchte er sie; er blickte ihr gerade in die Augen, um sich zu vergewissern, daß da nichts passiert sei und daß ihre Stirn nicht die Spuren von kleinen Küssen trüge, die solche alte Wollüstige da vorzugsweise zu rauben trachten. Er besah sie von allen Seiten und versuchte, ihr den Fehltritt anzuriechen. Eines Abends machte er ihr eine heftige Szene, weil er auf ihrem Nacken einen dunklen Fleck gefunden hatte. Die Dirne wagte zu sagen, daß das kein Lutschfleck sei, sondern ganz einfach ein blauer Fleck, den Leonie ihr da aus Spielerei gemacht hatte. Er würde ihr lehren, sich blaue Flecke machen zu lassen, er würde sie schon dran hindern, sich so gehenzulassen, und wenn er ihr die Pfoten zerbrechen sollte. Zu anderen Malen, wenn er bei guter Laune war, so neckte und hänselte er sie. Wahrhaftig! sie war ein schönes Stück für die Mannsbilder, so platt wie eine Scholle und mit Salzfässern an den Schultern, so groß, daß man die Faust hineinlegen konnte. Nana, die für lauter abscheuliche Dinge geschlagen wurde, die sie nicht begangen hatte, hinabgezogen durch die rohen Beschuldigungen ihres Vaters, zeigte zu alledem die scheinbare Unterwürfigkeit einer von den Treibern umstellten wilden Bestie. „Laß sie doch zufrieden!" sagte Gervaise oft, die viel vernünftiger war. „Du wirst ihr noch Lust zu alledem machen, wenn du fortwährend davon sprichst!"

O ja! Das blieb auch nicht aus, die Lust kam ihr, das heißt, es juckte ihr danach auf dem ganzen Körper, sich zu beeilen und da hineinzugehen, wie der Vater Coupeau sagte. Er prägte ihr diese Idee zu fest ein, das anständigste Mädchen hätte da Feuer fangen müssen. Selbst durch die Art, wie er sie herunterkanzelte, lehrte er sie Dinge, die sie bis dahin nicht gewußt hatte, was doch gewiß erstaunlich war. So nahm sie denn nach und nach recht sonderbare Manieren an. Eines Morgens bemerkte er, daß sie in einem Papier umherwühlte und sich etwas ins Gesicht schmierte. Das war Reispuder, womit sie, einer verderbten Geschmacksrichtung folgend, sich den zarten, leuchtenden Glanz ihrer Haut verdarb. Er wischte ihr das mit einem Stück Papier so heftig wieder ab, daß er ihr die Backen bis aufs Blut aufkratzte, und schalt sie eine Müllersmagd. Ein anderes Mal brachte sie rote Bänder mit, um ihre Mütze, diesen alten, schwarzen Deckel, der ihr so viel Kummer und Schande machte, neu zu garnieren. Er fragte sie wütend, woher diese Bänder kämen. Nun, das hatte sie wohl auf dem Rücken verdient? Oder hatte sie die etwa stibitzt, als gerade keiner im Laden war? Dirne oder Spitzbübin, vielleicht auch beides! Zu verschiedenen Malen sah er in ihren Händen hübsche Dinge, einen Karneolring, ein Paar Ärmel mit kleinen Spitzen und eines dieser Herzen mit zwei Kapseln, welche die Mädchen sich auf den Busen hängen. Coupeau wollte das alles wegnehmen, aber sie verteidigte ihre Sachen mit wahrer Wut: das gehörte ihr, verschiedene Damen hatten ihr das gegeben, oder sie hatte es im Atelier eingetauscht. Zum Beispiel das Herz hatte sie in der Rue d'Aboukir gefunden. Als ihr Vater trotzdem das Herz mit einem Fußtritt zermalmte, blieb sie ganz bleich und aufrecht stehen, obgleich eine innere Wut sie dazu antrieb, sich auf ihn zu stürzen und ihm irgend etwas herunterzureißen. Seit zwei Jahren war es ihr Traum gewesen, ein solches Herz zu besitzen, und jetzt trat man es ihr unter die Füße! Nein, das fand sie zu stark, das mußte ein Ende nehmen!

Bei alledem lag in Coupeaus Art, Nana mit dem kleinen Finger leiten zu wollen, mehr Quälerei als Anstand. Sehr oft hatte er unrecht, und seine Ungerechtigkeiten brachten die Kleine ganz von Sinnen. So kam sie schließlich dahin, das Atelier zu schwänzen; wenn ihr Coupeau dafür eine Tracht Schläge verabfolgte, so schüttelte sie das ab und sagte, daß sie nicht mehr zu Titreville zurückkehren wolle, weil man sie immer neben Augustine setzte, die sicherlich ihre Füße gegessen haben müßte, so stänke sie aus dem Maul. Nun brachte sie Coupeau selbst nach der Rue de Caire und bat die Besitzerin, sie doch zur Strafe immer neben Augustine zu setzen. Während ganzer vierzehn Tage nahm er sich die Zeit, sie von der Barrière Poissonnière ab bis zur Tür des Ateliers zu begleiten. Er blieb dann wohl noch fünf Minuten auf der Straße, um auch gewiß zu sein, daß sie hineingegangen sei. Aber eines Morgens, als er einen Kameraden getroffen hatte und mit diesem bei einem Weinwirt in der Rue Saint-Denis eingetreten war, bemerkte er die Dirne zehn Minuten später, wie sie mit ihrem Korb schlenkernd schnell die Straße hinaufging. Seit vierzehn Tagen hinterging sie ihn, sie stieg bis zur zweiten Etage in die Höhe, anstatt bei Titreville einzutreten, und setzte sich dort auf die Treppe, bis sie glaubte, daß er fort sei. Als Coupeau die Schuld Madame Lerat in die Schuhe schieben wollte, erklärte ihm diese kurz und bündig, daß sie solchen Vorwurf nicht annähme: sie hatte ihrer Nichte alles gegen die Männer gesagt, was sie ihr sagen mußte, ihr Fehler sei es nicht, wenn das Mädchen noch Geschmack an solchen Schweinehunden fände; sie wasche ihre Hände in Unschuld; sie schwor, daß sie sich um nichts mehr bekümmern werde, denn sie wisse das, was sie wisse, sie habe genug von dem Geklatsch in den Familien, und das besonders, wenn Leute so schlecht sind zu behaupten, daß sie Nana verderbt habe, daß sie ein gemeines Vergnügen daran fände, unter ihren Augen das Mädchen schlecht werden zu sehen. Übrigens erfuhr Coupeau von der Besitzerin, daß Nana durch eine andere Arbeiterin verführt worden sei, durch das Kamel, die kleine Leonie, welche die Blumenmacherei an den Nagel gehängt habe, um sich einem liederlichen Lebenswandel zu ergeben. Ohne Zweifel hätte man das Kind, das nur von der Lust, sich auf den Straßen umherzutreiben, erfaßt war, noch ganz gut mit einer Krone von Orangenblüten auf dem Kopf, verheiraten können. Aber den Teufel auch! man müßte sich ein bißchen beeilen, wenn man sie dem Manne übergeben wollte, ohne daß schon etwas zerrissen war, sauber und in gutem Zustand, mit einem Wort, so vollständig, wie eine junge Dame sein soll, die sich selber achtet.

In dem Hause der Rue de la Goutte-d'Or sprach man von Nanas Altem wie von einem Herrn, den alle Welt kennt. Oh! er blieb so bescheiden, selbst ein wenig furchtsam, aber eigensinnig und geduldig; wie der Teufel folgte er ihr immer auf zehn Schritte Entfernung mit der Miene eines gehorsamen Dieners nach. Manches Mal kam er bis in den Hof. Madame Gaudron traf ihn eines Abends auf dem Treppenflur im zweiten Stock, wie er mit gesenktem Kopf und furchtsam am Geländer hinging. Die Lorilleux' drohten, daß sie ausziehen würden, wenn ihr Schmutzlappen von Nichte immer so viel Männer an ihren Fersen in das Haus schleppte. Das wurde ja ekelhaft, die ganze Treppe war voll, man konnte nicht mehr nach unten gehen, ohne daß man auf allen Stufen welche stehen sah, die da herumschnüffelten und warteten; wahrhaftig, man mußte glauben, daß da eine läufige Hündin in dieser Ecke des Hauses sei. Die Boches bedauerten das Schicksal des armen alten Herrn; ein so anständiger Mann mußte sich in eine solche Straßendirne verschießen. Er war wirklich ein Kaufmann, sie hatten seine Knopffabrik am Boulevard de la Vilette gesehen; der hätte eine Frau glücklich machen können, wenn er auf ein anständiges Mädchen verfallen wäre. Dank diesen, durch die Boches gegebenen Details bezeigten alle Leute im Quartier, die Lorilleux' nicht ausgenommen, für den Alten die größte Rücksichtnahme, wenn er, Nanas Spuren folgend, mit hängender Unterlippe und bleichem, von dem verschnittenen grauen Barte eingerahmtem Gesicht vorüberkam.

Während des ersten Monats machte Nana der Alte viel Spaß. Man mußte das sehen, wie er immer um sie herumschwänzelte. Wie ein wahrer Topfgucker berührte er von hinten auf der Straße ihr Kleid, ohne daß er was merken ließ. Und seine Beine! reine Stöcke, wahre Streichhölzchen. Auf seinem kahlen Schädel wuchs kein Flaum mehr, und die vier Haare, die da auf dem Nacken so glatt angebürstet waren, brachten sie immer in Versuchung, ihn nach der Adresse des Perückenmachers zu fragen, der ihm seinen Scheitel machte. Ach! was war das für ein alter Knickstiefel, der war gar nicht lustig anzusehen.

Als sie ihn immer und immer wieder auf ihren Wegen fand, kam er ihr mit der Zeit nicht mehr so sonderbar vor. Dennoch hatte sie eine unbestimmte Furcht vor ihm und würde geschrien haben, wenn er sich genähert hätte. Oft, wenn sie vor einem Juwelierladen stillstand, hörte sie ihn plötzlich hinter ihrem Rücken auf sie einreden. Es war richtig, was er sagte, sie hätte gern so ein Kreuz am Samtband um den Hals getragen oder sich die kleinen Korallenohrringe eingesteckt, die wie kleine Bluttropfen aussahen. Aber selbst wenn sie auf Schmucksachen verzichtet hätte, so konnte sie so in ihren Lumpen nicht länger gehen, sie war es müde, mit dem, was sie in den Ateliers der Rue du Caire aufraffte, sich so notdürftig zurechtzuflicken; einen besonderen Widerwillen hatte sie gegen ihren alten Hut. Diese Kiepe, auf der die neuen Blumen, die sie bei Titreville geklemmt hatte, sich ausnahmen, als ob man einen Bettler mit Schellen und Klunkern behängt. Wenn sie so im Straßenschmutz dahintrabte und die Wagen sie mit Kot bespritzten, wenn sie geblendet war von dem Glanz der Schaufenster, so wandelten sie Gelüste an, die sie peinigten, als ob sich ihr Magen schmerzhaft zusammenzöge; dann wollte sie gern gut gekleidet sein, in den Restaurants essen, ins Theater gehen und ein Zimmer mit schönen Möbeln für sich allein haben. Ganz bleich vor Verlangen blieb sie stehen und fühlte, wie von dem Pariser Pflaster eine Wärme an ihren Schenkeln emporstieg; dann erfaßte sie eine wilde Lust sich hineinzustürzen in all die Genüsse, welchen sie die Menge im stoßenden Getriebe auf den Trottoirs nachjagen sah. In solchen Augenblicken fehlte denn auch nie ihr Alter und flüsterte ihr seine verlockenden Vorschläge in die Ohren. Oh! wie gern würde sie eingeschlagen haben, wenn sie sich nicht vor ihm gefürchtet hätte, wenn in ihrem Innern sich nicht etwas geregt hätte, was sie taub machte und in ihrer Weigerung bestärkte; das Unbekannte in der Natur des Mannes machte sie wütend und ekelte sie an, trotz all ihrer Verderbtheit.

Als nun der Winter herankam, wurde das Leben bei den Coupeaus unmöglich. Jeden Abend bekam Nana ihre Tracht Prügel. Wenn es der Vater müde war, sie zu schlagen, so fuchtelte sie die Mutter durch, um ihr beizubringen, daß sie sich ordentlich zu halten hätte. Oft geriet die ganze kleine Familie in Krieg, wenn einer auf sie losschlug und der andere sie verteidigte, so daß sie schließlich sich alle drei mit den Scherben zerschlagenen Geschirrs auf dem Boden umherwälzten. Bei alledem war die Nahrung knapp, und man klapperte vor Kälte. Wenn sich die Kleine irgend etwas Hübsches kaufte, eine Schleife oder ein Paar Manschettenknöpfe, so nahmen ihr die Eltern das weg und verputzten es. Sie konnte nichts ihr eigen nennen als ihre Tracht Schläge, die sie jedesmal bekam, ehe sie sich auf den paar Lumpen, aus denen ihr Bett bestand, niederlegte und wo sie sich zitternd unter ihrem dünnen, schwarzen Unterrock zusammenkauerte, der ihr als einziges Zudeck dienen mußte. Nein, dieses verdammte Leben konnte so nicht fortgehen, so wollte sie nicht vor die Hunde gehen. Schon seit langem rechnete ihr Vater nicht mehr mit; wenn ein Vater sich fortwährend so betrinkt, wie es ihr Vater tat, so ist das kein Vater, sondern ein schmutziges Tier, das man mit Vergnügen los sein möchte. Auch ihre Mutter verlor mehr und mehr in ihren Augen. Sie trank jetzt auch. Sie hatte Geschmack daran gefunden, ihren Mann beim Vater Colombe aufzusuchen und sich dort Schnäpse anbieten zu lassen; sie setzte sich da zu Tische, als ob das so sein müßte, ohne so entrüstete Gesichter zu schneiden wie das erste Mal; sie goß ihre Gläser auf einen Zug hinunter und lümmelte sich stundenlang mit aufgestützten Ellbogen da herum, um endlich in einem Zustand fortzugehen, daß ihr die Augen aus dem Kopf zu fallen schienen. Wenn Nana beim „Assommoir" vorüberging und dort ganz hinten ihre Mutter erspähte, wie sie mit der Nase im Schnapsglas stak und da stumpfsinnig zwischen den brüllenden Männern saß, so erfaßte sie eine unsinnige Wut, weil die Jugend, deren Sinn nach anderen leckeren Sachen steht, die Leidenschaft für den Trunk nicht begreifen kann. An solchen Abenden bot sich ihr ein schönes Bild dar, der betrunkene Vater und die benebelte Mutter, eine gottverlassene Bude, in der kein Brot war und die der Dunst des Branntweins vergiftet hatte. Da hätte selbst eine Heilige nicht aushalten können. Kein Wunder, wenn sie eines schönen Tages einmal ausriß; ihre Eltern konnten sich wohl an ihre Brust schlagen und das „Mea culpa" beten, denn sie selbst hatten sie hinausgejagt.

An einem Sonnabend fand Nana beim Nachhausekommen ihren Vater und ihre Mutter in einem abscheulichen Zustand. Coupeau lag quer über das Bett gestreckt und schnarchte. Gervaise war auf einen Stuhl gesunken, ihr Kopf hing schlaff hernieder, und ihre Augen starrten mit irren Blicken ins Weite. Sie hatte vergessen, das Essen, einen Rest von Ragout, warmzuhalten. Eine Talgkerze, die sie nicht schneuzte, beleuchtete das schmachvolle Elend der Behausung.

„Bist du da, kleiner Wurm?" stotterte Gervaise. „Warte nur! Dein Vater wird dich gut empfangen!"

Nana antwortete nicht, sie blieb ganz bleich stehen und betrachtete den kalten Ofen, den Tisch ohne Teller und das düstere Gemach, in welchem der tierische Stumpfsinn der beiden Trunkenbolde sie mit bleichem Schrecken erfüllte. Sie nahm ihren Hut nicht ab, machte einen Rundgang im Zimmer, und dann biß sie die Zähne zusammen, öffnete die Tür und ging fort.

„Du gehst wieder runter?" fragte ihre Mutter, ohne den Kopf nach ihr umwenden zu können. „Ja, ich habe etwas vergessen. Ich komme wieder nach oben ... Guten Abend!"

Sie kam nicht wieder. Als die Coupeaus am andern Morgen nüchtern waren, schlugen sie sich und warfen sich einander Nanas Flucht vor. Oh! die war nun weit, wenn sie immer gelaufen war! Wie man zu den Kindern sagt, wenn sie Sperlinge fangen wollen; die Eltern konnten nun hingehen und ihr Salz auf den Hintern streuen, dann würden sie sie vielleicht wieder bekommen. Das war ein harter Schlag, der Gervaise noch mehr niederbeugte, denn sie fühlte trotz des tierischen Stumpfsinns sehr wohl, daß der Sturz ihrer Kleinen, die jetzt vom Zufall umhergestoßen wurde, sie selbst noch tiefer herabzog; jetzt war sie allein, jetzt hatte sie selbst kein Kind mehr, das ihr einen Zügel angelegt hätte, jetzt würde sie sich ganz gehenlassen und immer tiefer sinken. Ja, dieses entartete Kind schleppte da an den schmutzigen Röcken den letzten Rest von Ehrenhaftigkeit davon, der ihr noch geblieben war. Während dreier Tage betrank sie sich; wütend, mit geballten Fäusten und geschwollenem Mund schimpfte sie in den gemeinsten Ausdrücken über ihre Dirne von Tochter. Als Coupeau sich auf allen äußeren Boulevards umhergetrieben und jedem Weibsbild unter die Nase geguckt hatte, das vorüberkam, rauchte er von neuem ruhig seine Pfeife; nur wenn er sich zu Tisch setzte, so hob er manchmal, mit dem Messer in der Faust, wütend seine Arme empor und schrie, daß er entehrt sei; dann setzte er sich wieder hin und aß ruhig seine Suppe.

Im Hause, wo jeden Monat die Mädchen auf und davon gingen wie die Zeisige, denen man den Käfig offengelassen hat, war niemand über den Unfall der Coupeaus besonders erstaunt. Aber die Lorilleux' triumphierten. Oh! sie hatten es ja vorhergesagt, daß die Kleine sich auf die leichte Seite legen würde! Das war ihnen ganz recht, alle Blumenmacherinnen nahmen ein schlechtes Ende. Auch die Boches und Poissons lästerten und machten dabei ein ungemeines Aufhebens von ihrer Tugendhaftigkeit. Nur Lantier verteidigte Nana heimlich. Mein Gott! es ist ja wahr, erklärte er mit seiner scheinheiligen Miene, ein junges Mädchen, das auf und davon geht, verletzt ja alle Gesetze; aber, fügte er dann mit einem schnellen Aufblitzen seiner Augen hinzu, das Mädchen wäre zu verdammt hübsch, um in ihrem Alter so im Elend zu verkommen.

„Wißt ihr noch nicht?" rief Madame Lorilleux in die Loge der Boches, wo die Klatschgesellschaft ihren Kaffee trank, „nun! so wahr wie uns das Tageslicht bescheint, die Humpelliese hat ihre Tochter verkauft ... Ja, sie hat sie verkauft, ich habe Beweise dafür! ... Der Alte, den man morgens und abends auf den Treppen traf, ging damals schon hin und gab Abschlagszahlungen. Das sprang ja in die Augen. Und gestern noch! hat sie jemand im Ambigu-Theater gesehen, die Charmante und ihren Kater... Mein Ehrenwort darauf! sie sind zusammen, seht ihr wohl!"

Man schlürfte den Kaffee aus und besprach die Neuigkeiten. Wenn man alles bedachte, so war es wohl möglich, es kamen ja noch schlimmere Dinge vor. Im Quartier waren schließlich die wohlwollendsten Leute der Meinung, daß Gervaise ihre Tochter verkauft hätte.

Gervaise schleppte jetzt ihr Leben hin und kümmerte sich nicht um die Meinung der Welt. Wenn man sie auf der Straße Diebin geschimpft hätte, so würde sie sich deshalb noch nicht einmal umgedreht haben. Seit einem Monat arbeitete sie nicht mehr bei Madame Fauconnier, die sie hatte hinauswerfen müssen, um Streitigkeiten zu vermeiden. In wenigen Wochen war sie bei acht Wäscherinnen eingetreten; sie arbeitete zwei oder drei Tage in jeder Werkstatt, dann bekam sie ihren Abschied, weil sie ihre Arbeit wahrhaft versaute; sorglos und unsauber, wie sie war, verlor sie so weit den Kopf, daß sie ihren Beruf vollständig verlernte. Als sie einsah, was für ein Schnudel sie geworden war, hatte sie das Plätten ganz aufgegeben, sie wusch jetzt im Taglohn in der Waschanstalt der Rue Neuve; im Schlamm umherpanschen, sich mit dem Schmutz herumschlagen, hinabsteigen zu dem, was ihr Handwerk Rohes und wenig Schwieriges hatte, das ging allenfalls noch, aber es brachte sie wiederum eine Stufe herunter auf der abschüssigen Bahn des Verderbens. Die

Arbeit im Waschhaus verschönte die Menschen auch nicht gerade. Wie ein begossener Hund sah sie aus, wenn sie da herauskam, durchnäßt und mit blauroten Händen und Armen. Dabei wurde sie immer noch fetter, trotz all der unfreiwilligen Fasttage, und ihr Bein verkürzte sich so, daß sie kaum neben jemandem gehen konnte, ohne ihn umzuwerfen, so stark hinkte sie jetzt.

Es ist ja nur natürlich, daß, wenn man so herunterkommt, aller Stolz der Frau dahinschwindet. Gervaise hatte auf ihre früheren Ansprüche vollständig verzichtet; ihr Wunsch, zu gefallen, ihr Bedürfnis für bessere Empfindungen, ihr Streben nach Achtung und Rücksichtnahme waren ihr abhanden gekommen. Man hätte ihr jetzt vorn und hinten Fußtritte versetzen können, sie fühlte das nicht mehr, dazu war sie zu stumpf und abgetrieben. So hatte auch Lantier sie vollständig aufgegeben; nicht einmal der Form halber faßte er sie um die Taille; sie schien das selbst nicht einmal zu bemerken, wie diese Liebschaft, die sich so lange hingezogen hatte, schließlich in stummer Erschlaffung ihr Ende fand. Für sie war das eine Last weniger. Selbst die Beziehungen Lantiers zu Virginie ließen sie vollkommen ruhig, so groß war ihre Gleichgültigkeit gegen all diese Dummheiten geworden, wegen deren sie früher so sehr in Wut geraten konnte. Sie würde ihnen das Licht gehalten haben, wenn sie es gewollt hätten. Es gab jetzt niemanden mehr, der die Sache nicht gewußt hätte, der Hutmacher und die Konfitürenhändlerin führten einen schönen Haushalt. Das war aber auch zu bequem für sie; der gute, gehörnte Poisson hatte alle zwei Tage einmal Nachtdienst, wo er dann auf der Straße vor Kälte klapperte, während seine Frau und der Nachbar sich in seinem Bett die Füße wärmten. Oh! die übereilten sich gar nicht, sie hörten längs des Ladens auf dem Pflaster seine Fußtritte, wenn er die leere, dunkle Straße hinabging, ohne daß sie deshalb auch nur die Nasenspitze unter der Bettdecke hervorgesteckt hätten. Ein Stadtsergeant kennt nur seine Pflicht, nicht wahr? Und so blieben sie ganz ruhig bis Tagesanbruch und schädigten sein Eigentum, während dieser strenge Mann über dem Eigentum der anderen wachte. Das ganze Quartier der Rue de la Goutte-d'Or wollte sich über diesen guten Witz vor Lachen ausschütten. Man fand das zu komisch, daß einem würdigen Beamten solche Hörner aufgesetzt wurden. Übrigens hatte Lantier diesen Winkel erobert. Der Laden und die Ladenbesitzerin gehörten zusammen. Er hatte eine Wäscherin aufgefressen, jetzt knabberte er an der Konfitürenhändlerin. In Gedanken gab er ihr schon eine ganze Reihe von Nachfolgerinnen: Krämerinnen, Papeteriehändlerinnen, Modistinnen, er fühlte seine Kinnbacken kräftig genug, sie alle zu verschlingen.

Noch nie ist es vielleicht vorgekommen, daß sich ein Mann so wie dieser in Zucker wälzte. Lantier hatte die Karre sehr geschickt geschoben, als er damals Virginie zu einem Handel mit Konfitüren riet. Er war zu sehr Provenzale, um nicht für Süßigkeiten zu schwärmen, das heißt, er hätte ganz gut von Pastillen, von Gummibonbons, Zuckerwerk und Schokolade leben können. Ein Zuckerwerk liebte er besonders, er nannte es „überzuckerte Mandeln"; das machte ihm das Wasser im Mund zusammenlaufen, so sehr kitzelte es seinen Gaumen. Seit einem Jahr lebte er nur noch von Bonbons. Er zog die Schubfächer auf und nahm Hände voll heraus, wenn Virginie ihn bat, den Laden zu versehen. Oft, wenn fünf oder sechs Leute da waren, nahm er beim Plaudern den Deckel von einem der Pokale auf dem Ladentisch, versenkte die Hand hinein und fing an zu knabbern; der Pokal blieb offen und war bald leer. Darauf achtete niemand mehr; er sagte, es sei eine Manie. Dann hatte er eine immerwährende Erkältung erfunden, eine Affektion des Kehlkopfes, welche er beständig mit Süßigkeiten mildern mußte. Arbeiten tat er durchaus nicht, hatte aber die allergroßartigsten Geschäfte in Aussicht; er brütete über einer ganz famosen Erfindung, einem Regenschirmhut, das war ein Hut, der sich bei den ersten Tropfen eines Regengusses sofort in einen Schirm verwandelte; von dieser Erfindung versprach er Poisson die Hälfte des Nutzens und borgte sich inzwischen von ihm Zwanzigfrancsstücke für die Herstellung der Modelle. Mittlerweile löste sich der Laden auf seiner Zunge in Wohlgefallen auf, alle Waren passierten diesen Straße bis zu den Schokoladenzigarren und den Pfeifen von rotem Zucker. Wenn er vor Zuckerwerk förmlich platzte und ihn eine zärtliche Regung überkam, so hielt er sich als letztes Naschwerk in irgendeiner Ecke an die Ladenbesitzerin, die ihn dann so überzuckert fand, daß seine Lippen wie Pralinees schmeckten. Das war ein Mann, der hübsch zu küssen war! Er wurde wirklich wie von Honig. Die Boches sagten, daß es ihm genügte, seinen Finger in den Kaffee zu stippen, um ihn so süß wie Sirup zu machen.

Das unaufhaltsame Verderben von Gervaise betrübte Lantier, und er zeigte sich ganz väterlich zu ihr. Er gab ihr Ratschläge und schalt sie, daß sie die Arbeit nicht mehr liebte. Den Teufel auch! Eine Frau in ihren Jahren mußte sich doch noch ein bißchen tummeln! Er beschuldigte sie, von jeher naschhaft gewesen zu sein. Aber da man auch den Leuten behilflich sein muß, wenn sie es nicht verdienen, so war er darauf bedacht, kleine Arbeiten für sie zu finden. So hatte er Virginie bestimmt, einmal wöchentlich Gervaise kommen zu lassen, um von ihr den Laden und die Zimmer aufwaschen zu lassen. Das war ihr Element, Wasser, Lauge und Seife. Jedesmal verdiente sie damit dreißig Sous. Gervaise kam am Sonnabend früh mit einem Eimer und ihrer Bürste, ohne daß es ihr besonders peinlich zu sein schien, daß sie hier ein so schmutziges und niederes Geschäft, das Geschäft des Abwaschlappens, besorgen mußte, wo sie früher als schöne blonde Ladenbesitzerin gethront hatte. Das war eine letzte Erniedrigung, die ihrem Stolz den Rest gab.

An einem Sonnabend hatte sie viel auszustehen. Es hatte drei Tage lang geregnet, und die Füße der Kunden schienen den Straßenschmutz des ganzen Quartiers in den Laden gebracht zu haben. Virginie saß an der Kasse und spielte die Dame; sie war sorgfältig frisiert, trug einen kleinen Stehkragen und Spitzenärmel. Ihr zur Seite, auf einer kleinen Bank, die mit rotem Plüsch überzogen war, rekelte sich Lantier, er schien sich da ganz zu Hause zu fühlen, als ob er hier Herr und Gebieter wäre; nachlässig versenkte er eine seiner Hände in einem Pokal mit Pastillen, die er hinunterlutschte, weil er gewohnheitsmäßig Zucker naschte.

„Hört mal, Madame Coupeau!" rief Virginie, die der Arbeit der Reinmachefrau mit gekniffenen Lippen folgte, „Ihr laßt ja allen Schmutz da in der Ecke! Bürstet das doch gefälligst noch mal über!" Gervaise gehorchte. Sie ging noch einmal in die Ecke und fing aufs neue zu scheuern an. Wie kniete sie da inmitten des schmutzigen Wassers auf dem Boden und bog sich zusammen mit schmerzenden Schultern und steifen, blauen Armen! Ihr alter, ganz durchnäßter Unterrock klebte ihr an den Schenkeln. Sie sah da auf dem Fußboden wie ein unbestimmtes Etwas aus, das nicht sehr reinlich war; ihre Haare waren wirr, und durch die Löcher ihrer Jacke sah man die Wülste ihres Körpers, eine Überfülle weichen Fleisches, welches, da sie hin und her fuhr, rollte und sprang bei den heftigen Stößen ihres gemeinen Geschäftes; dabei schwitzte sie so stark, daß von ihrem schweißgebadeten Gesicht große Tropfen herniederfielen. „Je mehr Schweißtropfen darauf fallen, desto glänzender wird das!" sagte nachdenklich Lantier mit dem Mund voll Pastillen. Virginie, die mit der würde einer Fürstin sich zurückgelehnt hatte, folgte noch immer mit halbgeschlossenen Augen dem Aufwaschen und ließ ihre Betrachtungen laut werden.

„Noch ein bißchen rechts! Nun, paßt mir gut bei der Holzverkleidung auf. Ihr wißt doch, vorigen Sonnabend bin ich gar nicht zufrieden gewesen, da sind die Flecke geblieben!"

Alle beide, der Hutmacher und die Konfitürenhändlerin, machten es sich noch bequemer, wie auf einem Thron, während zu ihren Füßen Gervaise sich in dem schwarzen Schmutz abquälte. Das mochte Virginie gefallen, denn in ihren Katzenaugen leuchteten die gelben Funken auf, und sie sah Lantier mit einem halben Lächeln an. Jetzt endlich war sie gerächt für die Prügel im Waschhaus, die ihr immer noch auf der Seele gebrannt hatten.

Es kam nun das leichte Geräusch einer kleinen Säge aus dem Hinterzimmer, als Gervaise zu schrubben aufgehört hatte. Durch die offene Tür bemerkte man das Profil Poissons, das sich von dem bleichen Tageslicht des Hofes scharf abhob. Er hatte heute Urlaub und benutzte seine freien Stunden, um seiner Leidenschaft für die Herstellung der kleinen Kästen zu frönen. Er saß an einem Tisch und schnitt mit großer Sorgfalt Arabesken in ein Holz, das von einer Zigarrenkiste herrührte. „Hört mal, Badinguet!" rief Lantier, der nun wieder angefangen hatte, ihm aus Freundschaft diesen Spitznamen zu geben, „ich werde Euren Kasten behalten, weil ich einer jungen Dame damit ein Geschenk machen will!"

Virginie kniff ihn, aber der Hutmacher vergalt ihr galanterweise, ohne daß er dabei zu lächeln aufhörte, Böses mit Gutem und machte die Maus längs ihrer Schenkel hinter dem Ladentisch; er zog seine Hand mit einer ganz natürlichen Bewegung zurück, als der Ehemann den Kopf hochhob und mit seinem roten Schnurr- und Knebelbart, der sich in seinem erdfahlen Gesicht emporsträubte, erschien. „Ich habe das gerade für Euch gemacht, August", sagte der Stadtsergeant. „Das sollte ein freundschaftliches Andenken sein." – „Nun, zum Teufel! dann werde ich Euer kleines Ding behalten!" erwiderte Lantier lachend. „Wißt Ihr, ich werde mir das mit einem Bändchen um den Hals hängen."

Und als ob diese Idee plötzlich eine andere geweckt hätte: „Apropos!" rief er, „ich habe gestern Nana getroffen!"

Die Bewegung, welche bei dieser Nachricht Gervaise ergriff, ließ sie inmitten ihres Wasserschlammes sich aufrichten. Sie blieb schwitzend, mit der Bürste in der Hand, regungslos stehen. „Ah!" murmelte sie nur. „Ja, ich ging gerade die Rue des Martyrs hinab, als ich eine Kleine sah, die da am Arm eines Alten herumschwänzelte, und ich sagte mir: Ei, sieh da! die Beine solltest du doch kennen ... Ich ging nun schneller und war der kleinen, verflixten Nana bald von Angesicht zu Angesicht gegenüber ... Nun, laßt es nur gut sein, Ihr braucht die Kleine nicht zu beklagen, die ist ganz glücklich, ein hübsches wollenes Kleidchen auf dem Rücken, ein goldenes Kreuz um den Hals, und bei alledem sieht sie verdammt hübsch aus!"

„Ah!" wiederholte Gervaise mit noch dumpferer Stimme.

Lantier, der die Pastillen alle aufgegessen hatte, nahm aus einem anderen Pokal etwas Orangenzucker. „Und durchtrieben ist die Kleine!" fuhr er fort. „Denkt Euch, daß sie mir ein Zeichen machte, ihr zu folgen, und wie geschickt machte sie das. Dann hat sie den Alten irgendwo in einem Café versetzt ... Das war ja köstlich mit dem Alten! Der Alte versetzt! ... Dann kam sie und traf mich in einer Haustür. Sie ist ein wahres Eichkätzchen! so niedlich sah sie aus und trug sie sich, und schmeicheln tat sie, wie ein kleines Hündchen! Ja, sie hat mich geküßt, sie hat wissen wollen, wie es allen geht ... Schließlich bin ich sehr zufrieden gewesen, daß ich sie getroffen habe." – „Ah!" sagte zum dritten Male Gervaise.

Sie setzte sich wieder nieder, aber sie wartete immer noch. Hatte denn ihre Tochter gar kein Wort für sie? In der Stille hörte man wieder den Ton von Poissons Säge. Lantier, der sehr lustig war, lutschte mit einem kleinen Pfeifen zwischen den Lippen schnell ein Stück Orangenzucker auf. „Nun, wenn ich, um sie zu sehen, nur über die Straße zu gehen hätte, ich rührte mich nicht", fing Virginie an, die eben Lantier ganz wütend gekniffen hatte. „Ja, mir würde die Schamröte ins Gesicht steigen, wenn ich öffentlich von einem dieser Mädchen gegrüßt würde ... Ich sage das nicht, weil Ihr da seid, Madame Coupeau, aber Eure Tochter ist ein schönes Stückchen Schweinefleisch. Poisson greift alle Tage welche auf, die besser sind."

Gervaise sagte nichts und rührte sich nicht, ihre Augen

starrten ins Leere. Schließlich schüttelte sie langsam den Kopf, wie um auf die Ideen zu antworten, die ihr durch den Schädel gingen, während der Hutmacher mit lüsterner Miene murmelte: „An dem Schweinefleisch möchte sich mancher ganz gern ein bißchen den Magen verderben. Das ist so zart wie junges Huhn ..."

Jetzt sah ihn die Konfitürenhändlerin mit einem so schrecklichen Blick an, daß er kurz abbrach und es für gut fand, sie durch eine Liebenswürdigkeit zu begütigen. Er spähte nach dem Stadtsergeanten, und da er sah, daß dieser mit der Nase auf seine Arbeit gebeugt war, so benutzte er den Moment, um Virginie den Orangenzucker in den Mund zu praktizieren. Nun lächelte diese befriedigt, wandte sich dann aber zur Wäscherin, um an dieser ihren Unmut auszulassen.

„Beeilt Euch doch ein bißchen, nicht wahr? Dabei kann die Arbeit nicht vorwärtskommen, wenn Ihr da wie ein Prellstein steht. Vorwärts! rührt Euch, ich habe keine Lust, bis zum Abend im Schlamm umherzupatschen." Und dann fügte sie leiser, boshaft hinzu: „Kann ich etwa was dafür, daß Eure Tochter eine liederliche Dirne ist?!"

Wahrscheinlich hatte Gervaise das Letzte nicht gehört. Sie hatte wieder zu schrubben angefangen; mit gebogenem Rückgrat lag sie da am Boden und machte ihre mechanischen Bewegungen wie ein Frosch. Mit ihren beiden Händen, die das Holz der Bürste umspannt hielten, schob sie eine schwarze Flut vor sich her, deren Aufspritzen sie bis in die Haare hinein mit Schmutz befleckte. Nun brauchte nur noch gespült zu werden, wenn man das Schmutzwasser in den Rinnstein gefegt hatte.

Nach einigem Stillschweigen erhob Lantier, der sich langweilte, seine Stimme. „Wißt Ihr, Badinguet?" rief er, „ich habe gestern in der Rue de Rivoli Euren Herrn und Meister gesehen. Er sieht höllisch verstört aus, dem gebe ich keine sechs Monate mehr ... Den Teufel auch! bei dem Leben, das der führt!"

Er sprach vom Kaiser. Der Stadtsergeant antwortete mit trockenem Ton, ohne die Augen zu erheben: „Wenn Ihr die Obrigkeit wäret, sähet Ihr auch nicht so fett aus." – „Oh! mein Bester, wenn ich die Obrigkeit wäre", antwortete der Hutmacher, indem er plötzlich sehr ernst tat, „da gingen die Dinge ein bißchen besser, darauf könnt Ihr Euch verlassen ... Seht Euch mal ein bißchen ihre auswärtige Politik an, nicht wahr? da bricht einem ja in letzter Zeit der Angstschweiß aus. Ich, der ich hier zu Euch rede, wenn ich irgendeinen Journalisten kennte, dem ich meine Ideen einhauchen könnte ..."

Er wurde lebhaft, und da er mit dem Orangenzucker zu Ende war, so zog er einen Kasten auf, aus dem er mehrere Stücke Eibischzucker nahm, die er dann beim Gestikulieren verputzte. „Das ist sehr einfach ... Vor allen Dingen würde ich Polen wiederherstellen und einen großen skandinavischen Staat gründen, der den nordischen Riesen im Schach hielte ... Dann würde ich aus all den deutschen Königreichen eine Republik machen ... Was England anbelangt, so ist es kaum zu fürchten, aber wenn es sich rührte, so würde ich hunderttausend Mann nach Indien schicken ... Fügt noch hinzu, daß ich mit Kolbenstößen in den Rücken den Großtürken nach Mekka und den Papst nach Jerusalem zurückschicken würde ... Nun, was meint Ihr? Europa wird bald in Ordnung sein. Seht mal! Badinguet! guckt mal ein bißchen her ..." Er unterbrach sich, um auf einen Griff fünf oder sechs Stückchen Eibischzucker aus dem Kasten zu nehmen. „Nun, das würde nicht länger dauern, als bis ich das hier aufgegessen habe."

Darauf warf er sich die Stücke eines nach dem andern in den Mund. „Der Kaiser hat einen andern Plan", sagte der Stadtsergeant nach zwei Minuten langer Überlegung. „Laßt das nur gut sein!" erwiderte heftig der Hutmacher. „Den Plan kennt man! Europa macht sich den Teufel was aus uns ... Alle Tage müssen die Bedientenseelen in den Tuilerien Euren Herrn unter dem Tisch vorholen, an dem er zwischen zwei Dirnen aus der vornehmen Welt gesessen hat.

Jetzt war Poisson aufgestanden. Er kam näher und legte die Hand aufs Herz, wobei er sagte: „August, Ihr tut mir weh. Sprecht über die Sache, ohne persönlich zu werden." Nun legte sich Virginie ins Mittel und bat, daß man doch Ruhe halten sollte. Sie kümmerte sich den Teufel um Europa. Wie konnten nur zwei Männer, die in allem andern so einig waren, sich ohne Aufhören über die Politik zanken? Einen Augenblick brummten sie noch unverständliche Worte. Dann ging der Stadtsergeant, um zu zeigen, daß er nicht mehr böse war, und brachte den Deckel des kleinen Kastens, den er soeben fertiggemacht hatte; man las darauf in erhabenen Buchstaben: „An August als Andenken der Freundschaft!" Lantier fühlte sich sehr geschmeichelt, beugte sich vor und lehnte sich so auf Virginie, daß er sie fast verdeckte. Der Ehemann sah das mit seinem Gesicht, das einer alten Mauer glich, mit an, und seine ausdruckslosen Augen zeigten keine Beunruhigung, aber die roten Haare seines Schnurrbartes bewegten sich ganz allein auf eine so merkwürdige Art, daß ein Mann, der seiner Sache weniger sicher war als Lantier, dabei hätte unruhig werden müssen.

Dieses Vieh, der Lantier, hatte diese unverschämte Ruhe, die den Frauen so sehr gefällt. Als Poisson den Rücken kehrte, kam ihm der tolle Gedanke, Madame Poisson einen Kuß auf das linke Auge zu geben. Gewöhnlich zeigte er sich von schlauer Vorsicht; aber wenn er sich über Politik gezankt hatte, so wagte er alles, weil er wenigstens den Frauen gegenüber recht behalten wollte. Diese ungestümen Zärtlichkeiten, die er dann hinter dem Rücken des Stadtsergeanten seiner Frau raubte, waren seine Rache am Kaiserreich, welches aus ganz Frankreich ein Bordell machte. Dieses Mal hatte er die Anwesenheit von Gervaise vergessen. Sie hatte den Laden nachgewischt und getrocknet und stand nun aufrecht am Ladentisch, wo sie auf ihre dreißig Sous wartete. Der Kuß aufs Auge ließ sie sehr ruhig, wie eine Sache, die sie nur natürlich fand und die sie nichts anging. Virginie schien etwas ärgerlich zu sein. Sie warf Gervaise die dreißig Sous auf den Ladentisch, doch diese rührte sich nicht und schien immer noch auf etwas zu warten; sie war ermattet von dem Aufwaschen, durchnäßt und häßlich wie ein Hund, den man aus einem Abfalloch gezogen hat. „Also sie hat Euch nichts gesagt?" fragte sie endlich den Hutmacher. „Wer denn?" rief er. „Ach so! Nana! ... Nein, nichts weiter. Die Kleine hat einen Mund wie ein kleiner Erdbeertopf!"

Nun ging Gervaise mit ihren dreißig Sous in der Hand ab. Aus ihren niedergetretenen Schuhen floß das Wasser wie aus einer Pumpe, es waren wahre Musikschuhe, die eine Arie knarrten, während sie auf dem Pflaster die feuchten Abdrücke ihrer breiten Sohlen hinterließen.

Im Quartier erzählten jetzt die anderen Trunkenbolde, daß sie tränke, um sich über den Fall ihrer Tochter zu trösten. Sie selbst nahm die Mienen einer Tragödin an, wenn sie am Schanktisch ihr Glas Fusel hinunterstürzte; sie warf sich das in den Rachen und wünschte, daß sie daran zugrunde gehen möchte. An den Tagen, wo sie voll wie eine Radehacke nach Hause kam, stammelte sie, daß das vom Kummer käme. Aber die anständigen Leute zuckten die Achseln: man kannte das; die Trunkenheit, die sie sich im „Assommoir" geholt hatte, ihren Kummer zu nennen! als ob der Kummer dort auf Flaschen gezogen sei. Ohne Zweifel, in der ersten Zeit konnte sie Nanas Flucht nicht verwinden. Der Rest von Ehrenhaftigkeit, der noch in ihr war, lehnte sich dagegen auf; und dann mag es gewöhnlich eine Mutter nicht leiden, wenn sie weiß, daß ihre Tochter jeden Augenblick von dem ersten besten geduzt wird. Aber sie war schon niedergebrochen; ihr Kopf war zu krank und ihr Herz zu bedrückt, als daß das Bewußtsein der Schande ihr lange hätte gegenwärtig bleiben sollen. Bei ihr kam das und ging wieder. Es verflossen sehr oft acht Tage, ohne daß sie einmal an Nana dachte; aber dann plötzlich erfaßte sie eine Zärtlichkeit oder eine Wut, je nachdem, ob sie hungerte oder schlemmte, ein Bedürfnis, Nana irgendwo zu kneifen, zu küssen oder zu schlagen, wie es der Augenblick ihr gerade eingab. Schließlich war sie sich über den Begriff des Anständigen nicht mehr recht klar. Sie wußte nur, daß Nana ihr gehörte, nicht wahr? Nun! wenn man einen Besitz hat, so will man nicht, daß er unsichtbar wird.

Wenn dieser Gedankengang sich ihrer bemächtigte, durchforschte Gervaise die Straßen mit Argusaugen. Ah! wenn sie ihre Schmutzliese irgendwo getroffen hätte, wie würde sie sie nach Hause gebracht haben! Gerade um diese Zeit wurde der Durchbruch für den Boulevard Magenta und den Boulevard Ornano gemacht, wobei die alte Barrière Poissonnière verschwand und der äußere Boulevard durchbrochen wurde. Die ganze eine Seite der Rue Poissonnière wurde niedergelegt. Von der Rue de la Goutte-d'Or aus sah man jetzt auf einen ungeheuren, weiten, hellen Raum, das gab Sonnenschein und frische Luft; anstelle der Baulichkeiten, die früher nach dieser Seite die Aussicht gehindert hatten, erhob sich auf dem Boulevard Ornano ein stattliches Gebäude von sechs Etagen, mit einer schön gegliederten und von Bildhauerarbeit gezierten Fassade; das war wie eine Kirche, wo die hellen Fenster mit ihren gestickten Vorhängen Luxus und Reichtum atmeten. Jeden Tag stritten sich Lantier und Poisson über dieses Haus; der Hutmacher schalt auf das Niederreißen von Paris, er klagte den Kaiser an, daß er überallhin Paläste baute, um die Arbeiter in die Provinz zurückzujagen; dagegen behauptete der Stadtsergeant, der dabei ganz blaß vor Zorn war, daß der Kaiser gerade nur an die Arbeiter dächte, wenn er so viel niederreißen und aufbauen ließ, und daß sein einziger Zweck dabei sei, ihnen Arbeit zu geben. Auch Gervaise konnte sich mit den Verschönerungen nicht befreunden, die ihr ihre dunkle Vorstadtecke, an die sie nun einmal gewöhnt war, veränderten. Was sie ärgerte, war, daß das Quartier sich gerade verschönerte, als sie selbst im Begriff war, zugrunde zu gehen. Wenn man über und über mit Schmutz bedeckt ist, so hat man es nicht gern, wenn die volle Sonne darauf scheint. An Tagen, wo sie Nana suchte, wütete sie, wenn sie über Baumaterialien hinwegsteigen mußte oder wenn die Trottoirs neu gelegt wurden und sie längs der Bauzäune hinstolpern mußte. Das schöne Gebäude auf dem Boulevard Ornano erregte ihren ganzen Zorn; solche Gebäude waren für Früchtchen wie ihre Nana.

Indessen hatte sie mehrere Male Nachrichten von der Kleinen gehabt. Es gibt ja immer so viel gute Seelen, die nichts lieber tun, als schlechte Nachrichten zu überbringen. Man hatte ihr erzählt, daß ihre Kleine den Alten eines schönen Tages hätte sitzenlassen, was ein Streich von einer unerfahrenen Dirne war. Sie hatte es bei dem Alten sehr gut; er pflegte sie, betete sie an und ließ ihr selbst etwas Freiheit, wenn sie es geschickt anzufangen verstanden hätte. Aber Jugend hat keine Tugend, und so mußte sie mit irgendeinem Stutzer auf und davon gegangen sein, man wußte nicht genau, wie oder wohin. Soviel war sicher, daß sie eines Nachmittags auf dem Place de la Bastille von ihrem Alten drei Sous für irgendein kleines Bedürfnis verlangt hatte, und daß der Alte noch immer auf sie wartete. In guter Gesellschaft nennt man das „sich englisch empfehlen". Andere schwuren darauf, daß sie sie seitdem bemerkt hätten, wie sie im „Grand Salon de la Folie" in der Rue de la Chapelle ihr Tanzbein schwänge. Von da an setzte es sich Gervaise in den Kopf, die Tanzböden des Quartiers zu besuchen. Sie trat jetzt in jedes Vergnügungslokal, an dem sie vorüberkam; Coupeau begleitete sie. Zuerst machten sie ganz einfach eine Rundreise und beguckten sich alle die kleinen Mädchen, die da ihr Wesen trieben; dann aber, als sie eines Abends Geld hatten, setzten sie sich ordentlich fest und tranken eine Bowle Punsch, um sich zu erfrischen und zu warten, ob Nana nicht käme. Nach Verlauf eines Monats hatten sie Nana vergessen, jetzt gingen sie auf die Tanzböden, weil es ihnen Spaß machte, dem Tanzen zuzusehen. Stundenlang blieben sie da, mit den Ellbogen aufgestützt, in dumpfem Brüten, während der Fußboden unter ihnen zitterte; wahrscheinlich folgten ihre erloschenen Augen mit Vergnügen den Bewegungen der Boulevarddirnen,

die da in der roten Helligkeit des Saales ihre Reize zeigten.
An einem Novemberabend waren sie, um sich zu erwärmen, in den „Grand Salon de la Folie" eingetreten. Draußen wehte ein schneidender Wind, der den Fußgängern scharf um die Gesichter fuhr. Der Saal war gerappelt voll. Es war da drinnen ein wahrer Höllenlärm; an allen Tischen saßen Menschen, alle Gänge standen voll, ja selbst in der Luft schienen welche zu schweben, die Leute waren wie gepökelt; wer gern Gekröse à la mode de Caen aß, der konnte sich da laben. Als sie einen Rundgang gemacht hatten, um einen Tisch zu suchen, entschlossen sie sich endlich, stehen zu bleiben und zu warten, bis irgendwo eine Gesellschaft aufstand. Coupeau wiegte sich auf seinen Füßen hin und her, seine Bluse war schmutzig, und die alte Mütze, die er trug, hatte keinen Schirm mehr und lag oben auf dem Schädel platt auf. Da er den Weg versperrte, so stieß ein kleiner, magerer, junger Mensch mit dem Ellbogen an ihn an, und er sah, wie dieser nachher sorgfältig seinen Ärmel abwischte. „Hört mal!" schrie er wütend, wobei er die kurze Tonpfeife aus dem schwarzen Mund nahm, „Ihr konntet wohl nicht um Entschuldigung bitten? ... Das scheint Euch ekelhaft zu sein, daß man eine Bluse trägt!" Der junge Mensch hatte sich umgewendet und maß den Zinkarbeiter mit den Augen, doch dieser fuhr fort: „Du Schlingel scheinst nicht zu wissen, daß sie Bluse die schönste Tracht ist, ja, das Kleid der Arbeit! ... Ich werde dich lehren, dir den Ärmel abwischen, wenn du willst, mit ein paar Knallschoten ... Hat man schon je so einen Fatzke gesehen? Und so einer will hier einen Arbeiter beleidigen?!" Gervaise versuchte vergeblich, ihn zu beruhigen. Er prahlte in seinen Lumpen, schlug auf seine Bluse und heulte: „Da sitzt die Brust eines Mannes drinnen!" Nun verlor sich der junge Mann in der Menge und murmelte: „Was ist das für ein schmutziger Bummler!"
Coupeau wollte ihn einholen. Er würde sich doch von solchem Paletot nichts gefallen lassen, der war ja nicht einmal bezahlt, der da! Der war von irgendeinem Trödler gepumpt, um damit einem Mädchen die Augen zu verblenden, darauf sollte eine reinfallen und nachher genassauert werden. Wenn er den wiederfände, dann mußte der Bursche sich auf die Knie legen und der Bluse seine Achtung bezeigen. Aber das Gedränge war so groß, man konnte nicht vorwärtskommen. Langsam nur wurden er und Gervaise den Gang entlanggeschoben, der den Raum umgab, in dem getanzt wurde; eine dreifache Reihe von Zuschauern drängte sich da herum, und ihre Gesichter belebten sich, wenn ein Tänzer besonders komische Bewegungen machte oder ein Mädchen die Beine so hoch hob, daß ihr zu zeigen gar nichts mehr übrig blieb; da sie beide klein waren, so sahen sie höchstens die Chignons und die Hüte der Tanzenden. Das Orchester spielte auf seinen geborstenen Blasinstrumenten eine wütende Quadrille, welche wie ein Sturmwind durch den Saal tobte und unter deren Einfluß die Füße der Tänzer einen so dicken Staub aufwirbelten, daß die Gasflammen dabei nur mühsam brennen konnten. Es war eine Hitze zum Ersticken. „Sieh doch!" sagte plötzlich Gervaise. „Was denn?" – „Die Samtkiepe da unten!"
Sie stellten sich auf die Zehen. Da war zur Linken ein alter, schwarzer Samthut mit vertragenen Federn, die hin und her wippten, ein richtiger Leichenpferdekopfputz. Aber sie sahen immer nur diesen Hut, der einen wahren Hexentanz aufzuführen schien, so hob, senkte und drehte er sich um sich selbst. Manchmal verloren sie ihn in dem Wogen der anderen Köpfe und fanden ihn dann wieder, wie er über den anderen mit so drolliger Frechheit schwebte, daß die Leute um sie herum lachten, wenn sie nur diesen Hut tanzen sahen, ohne daß sie wußten, was darunter stak.
„Nun, was soll's?" fragte Coupeau. „Erkennst du denn nicht den Chignon da?" murmelte Gervaise gepreßt. „Ich setzte meinen Kopf zum Pfand, daß sie das ist!" Der Zinkarbeiter stieß mit einer Armbewegung die Umstehenden beiseite. Zum Donnerwetter! ja, das war Nana! Und in was für einem Aufzug! Sie hatte nichts weiter an als ein vertragenes Seidenkleid, dessen Flecken man es ansah, daß damit die Tische aller Tanzkneipen aufgewischt worden waren, und von dem die überall zerrissenen Volants in Fetzen herunterhingen. Dabei hatte sie weder Umhang noch Schal, und ihre Taille zeigte recht bedenklich ausgerissene Knopflöcher. Wenn man bedachte, daß dieses Mädchen einen Alten gehabt hatte, der mit väterlicher Sorgfalt sich ihrer annahm, so war sie recht hübsch heruntergekommen, weil sie irgendeinem jungen Bengel nachgelaufen war, der sie jetzt wahrscheinlich schlug! Trotzdem war sie frisch und appetitlich, zottlig wie eine Hündin, und ihr rosiger Mund lachte unter dem unförmig großen Hut.
„Paß mal auf! wie ich die werde tanzen lassen!" sagte Coupeau. Nana war natürlich ahnungslos. Man mußte sehen, wie sie sich wand! Bald drehte sie sich nach links und bald nach rechts, sie machte Verbeugungen, bei denen sie sich ganz zusammenbog, und ihre Füße schleuderte sie in das Gesicht ihres Kavaliers, als ob sie sich auseinanderreißen wollte. Ein Kreis von Bewunderern umgab sie und klatschte ihr Beifall. Das feuerte sie an, so daß sie ihre Röcke zusammenraffte und bis über das Knie in die Höhe hob; so fieberhaft erfaßte sie das wilde Toben, daß sie sich wie ein Kreisel um sich selbst drehte und sich mit großen Seitensprüngen ganz auf dem Boden niederduckte und wieder emporschnellte; dann ging sie zu einer ganz bescheidenen Tanzweise über, wobei sie sich mit solcher Grazie in den Hüften wiegte und ihren Kopf hintenüberlegte, daß sie alle bezauberte. Man hätte sie in eine Ecke tragen und mit Liebkosungen ersticken mögen.
In diese Idylle platzte nun Coupeau hinein, störte den Kreis und wurde von allen Seiten mit Murren empfangen.
„Ich sage euch, es ist meine Tochter!" schrie er. „Laßt mich durch!" Gerade jetzt bewegte sich Nana rückwärts und fegte das Parkett mit den Lumpen ihrer Schleppe,

der sie hin und wieder kleine Stöße gab, damit das hübscher aussähe. Da bekam sie einen zu meisterhaften Fußtritt gerade auf den guten Ort, daß sie emporschnellte und ganz blaß wurde, als sie ihren Vater und ihre Mutter erkannte. Man konnte nicht behaupten, daß sie heute viel Glück hatte.

„Raus!" brüllten die Tänzer. Aber Coupeau, der in dem Kavalier seiner Tochter den magern jungen Mann im Paletot wiedererkannt hatte, kümmerte sich nicht um die Leute.

„Ja, ja, wir sind es!" heulte er. „Nicht wahr? uns hast du hier nicht erwartet? ... Also hier trifft man dich, und noch dazu mit einem Gelbschnabel, der mich eben erst respektwidrig behandelt hat!" Gervaise stieß ihn mit zusammengepreßten Zähnen an und sagte: „Sei doch still, soviel Redensarten sind ja gar nicht nötig!"

Sie stürzte nun vor und verabfolgte Nana zwei tüchtige Ohrfeigen; die erste machte den Federhut zu Boden fliegen und die zweite hinterließ auf ihrer Backe, die so weiß wie ein Leintuch war, einen roten Fleck. Nana war zu überrascht und nahm daher diese beiden Ohrfeigen ohne Tränen und ohne Widerstreben hin. Das Orchester spielte immer weiter, die Leute zürnten über die Unterbrechung des Tanzes und riefen noch heftiger: „Hinaus! Hinaus!" – „Vorwärts!" sagte Gervaise. „Geh voran und lasse dir nicht etwa einfallen durchzubrennen, sonst lasse ich dich einsperren!"

Der kleine, junge Mann hatte sich vorsichtig aus dem Staub gemacht. Nun ging Nana, ganz betäubt von ihrem Mißgeschick, voran. Wenn sie Miene machte, sich zur Seite zu drücken, so gab ihr ein wohlgezielter Hieb von hinten die Richtung zum Ausgang wieder. So verließen sie denn alle drei unter dem Johlen und Schreien der Menge den Saal, während das Orchester den Schlußsatz der Quadrille mit einem solchen Trompetengeschmetter ausführte, daß die Instrumente Kanonenkugeln zu speien schienen.

Nun fing das alte Leben wieder an. Nachdem Nana in ihrem Kämmerchen volle zwölf Stunden geschlafen hatte, zeigte sie sich während einer Woche sehr liebenswürdig. Sie hatte sich ein altes, bescheidenes Kleidchen wieder zurechtgenäht und trug ein Häubchen, dessen Bänder sie unter ihrem Chignon zusammenband. Von einer rechtschaffenen Regung erfaßt, erklärte sie sogar, daß sie zu Hause arbeiten wolle; man konnte zu Hause verdienen, soviel man nur immer wollte, und hörte da nicht die Unanständigkeiten des Ateliers. Sie suchte auch Arbeit, richtete sich auf dem Tisch mit ihren Werkzeugen ein und stand in den ersten Tagen um fünf Uhr auf, um ihre Veilchenstengel zu drehen. Als sie aber ein paar Gros davon abgeliefert hatte, wurden ihre Arme bei der Arbeit schlaff, und ihre Hände, die die Übung des Drehens verloren hatten, bekamen Krämpfe. Sie litt darunter, so immerwährend eingesperrt zu sein, nachdem sie während ganzer sechs Monate so viel Bewegung in frischer Luft gemacht hatte. Nun fing der Kleistertopf an einzutrocknen, die Blumenblätter und das grüne Papier bekamen Fettflecke, so daß der Fabrikant dreimal selber kam und seine verlorenen Materialien forderte. Nana schleppte das Leben so weiter; von ihrem Vater steckte sie täglich mehrere Ohrfeigen ein, und mit ihrer Mutter zankte sie vom Morgen bis zum Abend, wobei sich die beiden Frauen lauter Abscheulichkeiten vorwarfen. Das konnte nicht lange so fortgehen; am zwölften Tag machte sich die Dirne davon und nahm als einziges Reisegepäck ihr bescheidenes Kleidchen und ihr kleines Häubchen mit. Die Lorilleux', die die Rückkehr und die Reue der Kleinen sehr unangenehm berührt hatte, hätten beinahe vor Freude alle viere in die Luft gestreckt. Zweite Vorstellung! Auskneifen Numero zwei! Die Fräulein für das Magdalenenstift einsteigen! Nein, es war zu komisch! Diese hatte einen Schick, sich aus der Affäre zu ziehen! Nun! wenn die Coupeaus sie jetzt zu Hause behalten wollten, so mußten sie ihr ihre Kleider zusammennähen und sie in einen Käfig setzen!

Die Coupeaus taten vor den Leuten so, als ob sie froh wären, sie wieder los zu sein. Innerlich waren sie wütend. Aber die Wut tobt sich aus. Bald erfuhren sie, ohne selbst mit der Wimper zu zucken, daß sich Nana im Quartier herumtriebe. Gervaise beschuldigte sie, daß sie das täte, um sie zu entehren. Sie setzte sich über allen Klatsch hinweg; sie hätte jetzt ihr ungeratenes Kind auf der Straße treffen können, sie würde sich nicht die Hände beschmutzen und ihr eine Ohrfeige verabfolgen. Ja, es war jetzt ganz aus; wenn sie sie nackt und sterbend auf dem Pflaster gefunden hätte, sie wäre vorbeigegangen, ohne zu sagen, daß sie dieses Untier unter ihrem Herzen getragen habe. Nana war der Stern aller Bälle in der Umgegend. Man kannte sie von der „Reine-Blanche" bis zum „Grand Salon de la Folie"; wenn sie in das „Elysée-Montmartre" kam, so stiegen die Leute auf Stühle, um sie tanzen zu sehen. Da sie in „Chateau-Rouge" zweimal hinausgeworfen worden war, so strich sie nur in der Nähe herum und wartete auf Personen ihrer Bekanntschaft. Die „Boule-Noire" auf dem Boulevard und der „Grand-Turc" waren die vornehmsten Säle, wo sie nur hinging, wenn sie reine Wäsche hatte. Aber von allen Tanzböden des Quartiers bevorzugte sie den „Bal de l'Ermitage", der auf einem feuchten Hof lag, und den „Bal Robert" in der Sackgasse du Cadran; das waren zwei schmutzige, kleine Orte, die durch ein halbes Dutzend Laternen erleuchtet wurden; hier ging es gemütlich zu; jeder tat und ließ, was er wollte; ja das ging so weit, daß man es duldete, wenn die Tänzer ihre Damen in den Ecken abküßten. Mit Nana ging es aufwärts und abwärts wie in einem Zauberschlag, bald trug sie die ausgesuchtesten Toiletten wie eine Modedame, bald fegte sie mit jammervollen Fahnen den Straßenkot. Oh! sie führte ein schönes Leben!

Mehrere Male glaubten die Coupeaus ihre Tochter an recht verrufenen Orten zu bemerken. Sie wendeten dann den Rücken und schlugen eine andere Richtung ein, um sie nicht erkennen zu brauchen. Sie hatten jetzt keine Lust mehr, sich von der Gesellschaft eines ganzen Tanzsaales verhöhnen zu lassen, um solch ein sauberes Pflänzchen mit nach Hause zu nehmen. Als sie sich eines Abends gegen zehn Uhr schlafen legen wollten, schlug man an ihre Tür. Es war Nana, die ganz ruhig ankam und dort zu schlafen wünschte; und in welchem Zustand war sie, großer Gott! Auf dem Kopf hatte sie nichts, ihr Kleid bestand aus Lumpen, ihre Schuhe waren zerrissen, mit einem Wort eine Toilette, wegen der allein schon die Polizei sie aufgreifen müßte. Sie bekam natürlich ihre Tracht Prügel; dann aber fiel sie heißhungrig über eine harte Brotkruste her und schlief vor Mattigkeit noch mit dem letzten Bissen im Mund ein. So ging das Leben immer weiter. Wenn die Kleine fühlte, daß sie sich erholt hatte, so verschwand sie eines Morgens wieder. Aus den Augen, aus dem Sinn! Der Vogel war wieder ausgeflogen. Nun vergingen oft Wochen, Monate, sie schien ganz verschwunden, dann plötzlich war sie wieder da, ohne je zu sagen, wo sie herkam, manchmal schmutzig, daß man sie nicht mit der Zange hätte anfassen mögen, zerkratzt von oben bis unten, ein anderes Mal gut gekleidet, aber so schlaff, so entkräftet durch ihr Leben, daß sie sich kaum noch aufrechthielt. Die Eltern hatten sich daran gewöhnen müssen. Aus den Schlägen machte sie sich nichts. Wenn sie sie auch mit Füßen traten, so benutzte sie doch ihre Wohnung wie eine Herberge, wo man wochenweise schläft. Sie wußte, daß sie ihr Bett mit einer Tracht Prügel bezahlte; wenn sie die Prügel weg hatte, so befühlte sie sich, um zu sehen, ob sie beim Austausch noch im Vorteil war. Übrigens wird man schließlich auch des Schlagens müde. So kamen auch die Coupeaus dahin, Nanas Kommen und Gehen ohne weiteres hinzunehmen. Ob sie kam oder wegblieb, das war dasselbe, wenn sie nur die Tür hinter sich zumachte, das genügte. Mein Gott! die Gewohnheit nutzt die Ehrenhaftigkeit geradesogut ab wie alle anderen Dinge.

Eine Sache gab es noch, die Gervaise in Zorn versetzte. Das war, wenn Nana in Schleppkleidern und Federhüten wieder erschien. Nein! diesen Luxus, das konnte sie nicht so hinunterschlucken. Nana mochte ein Leben führen, wie sie wollte, aber wenn sie zu ihrer Mutter kam, so sollte sie wenigstens gekleidet sein, wie es sich für eine Arbeiterin schickte. Die Schleppkleider revolutionierten das Haus: Die Lorilleux' hohnlachten; Lantier, den so etwas ordentlich aufkratzte, umschnüffelte die Kleine, weil sie so gut roch; die Boches hatten Pauline verboten, mit dieser ekelhaften Person im Flitterstaat zu reden. Ebenso böse war Gervaise über den bleiernen Schlaf Nanas, wenn sie nach vielen wild durchtobten Wochen bis in den hellen Mittag hinein schlief; so abgetrieben lag sie mit ihrem aufgelösten Chignon, der noch voller Haarnadeln stak, da, so blaß sah sie aus und so kurz war ihr Atem, daß sie einer Sterbenden glich. Vier- oder fünfmal schüttelte sie sie des Morgens und drohte, daß sie ihr einen Topf Wasser auf den Leib gießen würde. Es brachte sie zur Verzweiflung, daß dieses schöne, arbeitsscheue Mädchen, das da halb nackt vor ihr lag, hier ihren Liebesrausch, der ihr Fleisch ordentlich schwellen machte, ausschlief, ohne daß es möglich war, sie zu wecken. Nana öffnete ein Auge, schloß es wieder, drehte sich um und schlief weiter.

Eines Tages, als ihr Gervaise mit harten Worten ihr Leben vorhielt und sie fragte, ob sie sich etwa schon mit Soldaten abgäbe, um so über alle Gebühr erschöpft und abgemattet anzukommen, führte sie endlich ihre Drohung aus und fuhr ihr mit der nassen Hand über den Körper. Die Kleine wütete, hüllte sich in das Laken und schrie: „Nun ist es aber genug, nicht wahr? Mama! Laß uns lieber nicht über Männer sprechen, das wird besser sein. Du hast immer getan, was du gewollt hast, und nun tue ich das, was ich will." – „Was soll das heißen?" stotterte die Mutter. „Nun! ich habe zu dir nie davon gesprochen, weil mich das nichts anging; aber du hast dir gewiß keinen Zwang angetan, ich habe dich oft genug im Hemd und auf Strümpfen herumspazieren sehen, wenn Papa schnarchte ... Jetzt macht dir das keinen Spaß mehr, aber andere finden Gefallen daran. Laß mich zufrieden, du hättest mir nicht solches Beispiel geben sollen!"

Gervaise blieb ganz blaß, mit zitternden Händen stehen und drehte sich schließlich um, ohne daß sie wußte, was sie tat, während Nana, die platt auf dem Bauch lag, ihr Kopfkissen an sich zog und in die Bewußtlosigkeit ihres bleiernen Schlafes zurückfiel.

Coupeau brummte und kam selbst nicht mehr auf den Gedanken, sie zu schlagen. Er verlor völlig seinen Verstand. Und, wahrlich, man konnte ihm nicht einmal vorwerfen, daß er ein unmoralischer Vater sei, denn der Trunk verwischte bei ihm völlig die Erkenntnis des Guten und Bösen.

Sein Leben war jetzt geregelt. Während voller sechs Monate wurde er nicht nüchtern, dann brach er zusammen und wurde nach dem Hospital Sainte-Anne gebracht; das war für ihn eine Landpartie. Die Lorilleux' sagten, daß Seine Durchlaucht der Herzog Kaldaunen-Brand sich auf seine Güter begeben habe. Nach Verlauf von einigen Wochen kam er, geflickt und wiederhergestellt, aus dem Asyl und fing wieder an, sich zu zerstören, bis er eines Tages wieder auf der Seite lag und wieder zurechtgemacht werden mußte. Während dreier Jahe war er so siebenmal in Sainte-Anne gewesen. Im Quartier erzählte man sich, daß ihm dort seine eigene Zelle aufgehoben wurde. Das Schlimmste an der Geschichte war, daß sich dieser verdammte Säufer jedesmal immer mehr kaputtmachte, so daß man von Fall zu Fall den Schlußakt wohl voraussehen konnte, wo mit einem letzten Krach das alte Faß auseinanderfallen mußte, von dem sich jetzt schon ein Reifen nach dem andern ablöste.

Dabei verschönerte er sich durchaus nicht; er sah wie ein Verstorbener aus! Das Gift zerstörte ihn schrecklich. Sein Körper war so mit Alkohol durchtränkt, daß er zusammenschrumpfte wie die Fötusse in den Pokalen bei den Ärzten. Wenn er sich ans Fenster setzte, so schien das Tageslicht beinahe durch ihn durch, so mager war er. Seine Backen waren faltig, und aus seinen Augen triefte genug Wasser, um eine Wiese damit zu berieseln; ihm blieb nur seine schöne, rote Nase, die sich wie eine einsame Blüte am verdorrten Stamm ausnahm. Wer da wußte, wie alt er war, runde vierzig Jahre, den schüttelte ein leiser Frost, wenn er gebeugt und wackelnd vorüberkam und so alt aussah wie die Straßen. Das Zittern seiner Hände wurde immer stärker, seine rechte Hand besonders tanzte so heftig, daß er oft sein Glas mit beiden Fäusten packen mußte, um es an den Mund zu bringen. Oh! dieses verdammte Zittern! Das war das einzige, was ihn in seiner gänzlichen Versumpfung noch ärgerte! Oft hörte man ihn wilde Drohungen gegen seine Hände ausstoßen. Zu anderen Malen sah man ihn stundenlang seine tanzenden Hände beobachten, ohne daß er etwas sagte oder sich ärgerte, er schien es herausbringen zu wollen, durch welchen inneren Mechanismus dieses Spiel unterhalten wurde; eines Abends hatte Gervaise ihn so gefunden, wie ihm zwei dicke Tränen an seinen gefurchten Wangen herniederrannen.

Der letzte Sommer, in dem Nana den Rest ihrer Nächte bei den Eltern zubrachte, war für Coupeau besonders schlecht. Seine Stimme veränderte sich vollkommen, als ob ein neues Instrument in seine Kehle gesetzt worden wäre. Er wurde auf einem Ohr taub. Dann wurden ganz plötzlich seine Augen schwach, und er mußte sich am Treppengeländer halten, wenn er nicht fallen wollte. Was seine Gesundheit anbelangte, nun, die war auf Urlaub, wie man zu sagen pflegt. Er hatte abscheuliche Kopfschmerzen und Wallungen, daß er sechsunddreißig Kerzen flammen sah. Ganz plötzlich überfielen ihn stechende Schmerzen in den Armen und Beinen; er wurde dann blaß, mußte sich niedersetzen und blieb stundenlang auf einem Stuhl ohne Besinnung; einmal war ihm sogar für einen ganzen Tag ein Arm gelähmt geblieben. Mehrere Male hatte er sich schon fest ins Bett gelegt, da kauerte er sich zusammen und verkroch sich unter der Bettdecke, wobei er anhaltend stöhnte wie ein krankes Tier. Nun fingen die Beängstigungen von Sainte-Anne wieder an. Er wurde mißtrauisch, unruhig, und ein heftiges Fieber ergriff ihn; er wälzte sich in tollen Wutanfällen umher, zerriß seine Bluse und biß mit seinem konvulsivisch zuckenden Kiefer in die Möbel; oder es befiel ihn eine große Traurigkeit, er jammerte dann wie ein Kind, schluchzte und beklagte sich, daß niemand ihn liebhätte. Als eines Abends Gervaise und Nana zusammen nach Hause kamen, fanden sie ihn nicht in seinem Bett. Statt seiner hatte er ein Kissen dort hingelegt. Sie fanden ihn selbst zwischen dem Bett und der Wand versteckt, wo er mit den Zähnen klapperte; er erzählte, daß bald Männer kämen, die ihn ermorden wollten. Die beiden Frauen mußten ihn wieder zu Bett bringen und beschwichtigen wie ein Kind.

Coupeau kannte nur ein Heilmittel: sich seinen Schoppen Branntwein in den Leib zu schlagen, das brachte ihn wieder auf die Beine. Jeden Morgen kurierte er so seinen Schleimhusten. Seit langem war schon sein Gedächtnis schwach geworden, sein Schädel war leer; denn sobald er nur ein bißchen kriechen konnte, spottete er über die Krankheit. Er war nie krank gewesen. Ja, er war auf dem Punkt angekommen, wo es zu Ende geht und man doch sagt, daß man sich ganz ausgezeichnet befindet. Übrigens verließ ihn auch für alles übrige die Erinnerung. Wenn Nana nach sechswöchiger Abwesenheit nach Hause kam, so glaubte er, sie habe nur einen Gang im Quartier besorgt. Oft, wenn er ihr am Arm eines Herrn begegnete, lachte er sie an, ohne sie zu erkennen. Mit einem Wort: er zählte nicht mehr mit; sie würde sich auf ihn gesetzt haben, wenn sie gerade keinen Stuhl gefunden hätte.

Als der erste Frost kam, machte sich Nana wiederum davon; sie war unter dem Vorwand hinuntergegangen, um zu sehen, ob es bei der Obsthändlerin keine gebackenen Birnen gäbe. Sie fühlte den Winter kommen und hatte keine Lust, vor dem leeren Ofen mit den Zähnen zu klappern. Die Coupeaus schalten auf sie wegen des langen Ausbleibens, weil sie auf die Birnen warteten. Sie würde schon wiederkommen; dabei war sie im verflossenen Winter einmal drei Wochen fortgeblieben, um für zwei Sous Tabak zu holen. Indessen verfloß Monat auf Monat, die Kleine kam nicht wieder. Dieses Mal mußte sie eine famose Galoppade gemacht haben. Als der Juni herankam, brachte auch die Sonne sie nicht wieder zurück. Jetzt war es ganz entschieden aus, sie mußte irgendwo ihr Weißbrot gefunden haben. An einem ihrer Fasttage verkauften sie das eiserne Bett des Kindes für runde sechs Francs, die sie in Saint-Quen vertranken. So füllte ihnen das Bett den Leib.

Eines Morgens im Juli rief Virginie Gervaise, die gerade vorüberging, und bat sie, bei ihr etwas Geschirr abzuwaschen, weil Lantier am Abend zuvor zwei Freunde zu Tisch gehabt hatte. Wie nun Gervaise das Geschirr abwusch, das übrigens recht hübsch fettig von dem Gastmahl des Hutmachers war, rief dieser, der im Laden noch mit der Verdauung beschäftigt war, plötzlich: „Wißt Ihr was, Mutter? Neulich habe ich Nana gesehen."

Virginie, die an der Kasse nachdenklich ihren immer leerer werdenden Pokalen und Schubkästen gegenübersaß, erhob wütend den Kopf. Sie hielt an sich, um sich nicht zu verraten; denn das fing schon an bedenklich zu werden. Lantier sah Nana sehr oft. Oh! sie hätte nicht die Hand ins Feuer legen mögen, er war der Mann dazu, das Schlechteste zu tun, wenn ein Unterrock ihm den Kopf verdrehte. Madame Lerat, die gerade jetzt mit Virginie sehr liiert war, schnitt ihre geheimnisvolle Grimasse und fragte: „In welchem Sinne habt Ihr sie gesehen?" – „Oh! im allerbesten", antwortete der Hutmacher sehr geschmeichelt und drehte dabei lachend seinen Schnurrbart. „Sie saß in einer Equipage; und ich stolperte über das Pflaster ... Wahrhaftig, ich schwöre euch! Eigentlich hätte man sich gar nicht zu entschuldigen, denn die Söhne aus guten Häusern, die sie ganz nahebei duzen, sind verdammt beneidenswerte Burschen!"

Seine Blicke waren lebhaft geworden, und er wandte sich an Gervaise, die hinten im Laden einen Teller abtrocknete.

„Ja, sie fuhr in einer Equipage und war angezogen, mit einem Geschmack! ... Sie glich so sehr einer ganz vor-

nehmen Dame, daß ich sie gar nicht erkannte; mit ihren weißen Beißern in ihrem frischen Gesichtchen sah sie wie eine Blume aus. Sie lächelte mir zu und grüßte mich mit dem Handschuh ... Sie hat, glaube ich, einen Vicomte gefischt. Oh! sie ist jetzt sehr obenauf! Die braucht sich um uns alle nicht zu bekümmern, sie hat Glück bis über die Ohren, die kleine Kanaille! ... Und wie entzückend sah sie aus! Nein, ihr habt keine Idee, wie reizend!"
Gervaise wischte noch immer an ihrem Teller, obwohl er schon lange rein und leuchtend war. Virginie dachte mit Sorge an zwei Wechsel, von denen sie noch nicht wußte, wie sie sie morgen bezahlen sollte, während Lantier, der so dick und fett war, daß er den Zucker ausschwitzte, von dem er sich nährte, mit seiner Begeisterung für die kleinen, hübsch gekleideten Freudenmädchen den Konfitürenladen füllte, den er schon zu dreiviertel aufgefressen hatte und in dem es aus allen Ecken nach Bankrott roch. Ja, er hatte nur noch einige Pralinees aufzuknabbern und etwas Orangenzucker zu lutschen, um mit dem ganzen Handel der Poissons ein Ende zu machen. Plötzlich sah er auf dem Trottoir gegenüber den Stadtsergeanten, der heute Dienst hatte und vorschriftsmäßig zugeknöpft, mit dem Degen an der Seite, vorüberging. Das stimmte ihn noch heiterer, und er zwang Virginie, ihren Mann zu betrachten. „Seht mal!" murmelte er, „Badinguet hat heute morgen ein famoses Gesicht aufgesetzt! ... Paßt auf! er hat seinen Degengurt so fest geschnallt, der muß sich irgendwo ein Glasauge haben einsetzen lassen, um seine Leute abzufassen."
Als Gervaise nach oben kam, fand sie Coupeau auf dem Bett sitzen. Er war gerade wieder in der Erstarrung einer seiner Anfälle. Mit seinen erloschenen Augen stierte er zu Boden. Sie selbst setzte sich auf einen Stuhl, ihre Glieder waren ihr wie zerschlagen, und ihre Hände hingen an ihrem schmutzigen Unterrock schlaff herab. Wohl eine Viertelstunde blieb sie ihm gegenüber sitzen, ohne zu sprechen. „Ich habe Nachrichten bekommen", murmelte sie endlich. „Deine Tochter ist gesehen worden ... Ja, deiner Tochter geht es sehr gut, sie hat dich nicht mehr nötig. Die ist glücklich, das will ich meinen! ... Himmel und Welt! Was würde ich drum geben, an ihrer Stelle zu sein!"
Coupeau betrachtete noch immer den Fußboden. Dann hob er sein verwüstetes Gesicht empor und stammelte mit einem blödsinnigen Lächeln: „Nun, mein Herzchen, ich halte dich nicht ... Du bist noch gar nicht so übel, wenn du dich ordentlich gewaschen hast. Du weißt ja, wie man sagt: es gibt keinen so alten Topf, daß sich nicht noch ein Deckel dazu fände ... Den Teufel auch! Wenn das unseren Kohl ein bißchen fetter machen könnte!"

XII

Es mußte so ungefähr der Sonnabend nach dem Miettermin sein, etwa der zwölfte oder dreizehnte Januar, Gervaise wußte das nicht so genau. Sie verlor nach und nach den Verstand, weil es schon ein Jahrhundert her war, seit sie nichts Warmes mehr in den Leib bekommen hatte. Oh! was war das für eine höllische Woche! Eine wahre Hungerkur; zwei Brote von vier Pfund hatten vom Dienstag bis zum Donnerstag vorgehalten, dann eine trockene Kruste, die sie am Abend gefunden, und seitdem nichts, keine Krume seit sechsunddreißig Stunden. Oh! Das war ein höllischer Tanz vor dem leeren Speiseschrank! Soviel wußte sie, sie fühlte in ihrem Rücken das Hundewetter, das draußen herrschte; es war kalt und düster, am Himmel lagerten schwere Wolken, die den Schnee, den sie in sich bargen, durchaus nicht niederfallen lassen wollten. Wenn man den Winter und den Hunger zusammen in den Eingeweiden hat, dann kann man sich den Leibgurt noch so fest schnallen, das hilft doch nichts.
Vielleicht brachte Coupeau am Abend Geld mit. Er sagte, daß er arbeitete. Es ist ja alles möglich, nicht wahr? Und Gervaise, trotz all ihrer bösen Erfahrungen, war schließlich dahin gekommen, auf dieses Geld zu rechnen. Nach allerlei Geschichten, die da vorhergegangen waren, bekam sie im ganzen Quartier auch nicht einen Lappen mehr zu waschen; selbst eine alte Dame, deren Aufwartung sie gemacht hatte, warf sie hinaus, weil sie sie beschuldigte, daß sie ihre Liköre austrank. Man wollte nirgends mehr etwas von ihr wissen, sie war wie gebrandmarkt. Das war ihr im Grunde ganz recht, denn sie war jetzt schon bis zu dem Punkt vertiert, daß sie es vorzog, lieber Hungers zu sterben, als ihre zehn Finger zu rühren. Nun, wenn Coupeau seinen Lohn nach Hause brächte, so würde man etwas Warmes essen. Da die Mittagsstunde schon geschlagen hatte, blieb sie wartend auf ihrer Matratze liegen, weil man weniger friert und weniger Hunger hat, wenn man lange liegt.
Gervaise nannte das eine Matratze, aber in Wirklichkeit war es nur ein Haufen Stroh in einer Ecke. Nach und nach waren die Betten zu den Trödlern des Quartiers gewandert. Zuerst hatte sie an Hungertagen die Matratzen aufgetrennt und Hände voll Wolle herausgenommen, die sie in ihre Schürze nahm und für zehn Sous das Pfund in der Rue Belhomme verkaufte. Als die Matratzen leer waren, hatte sie sich eines Morgens dreißig Sous für den Überzug geben lassen und sich Kaffee dafür gekauft. Die Kopfkissen waren nachgefolgt und schließlich auch das Keilkissen. Nun blieb noch das hölzerne Bettgestell, das sie wegen der Boches nicht unter den Arm nehmen konnte, die das ganze Haus in Aufruhr gebracht hätten, wenn sie so die einzige Sicherheit des Hauswirtes flötengehen sahen. Aber als sie eines Abends erspäht hatte, daß die Boches beim Essen saßen, brachte sie mit Coupeaus Hilfe ganz ruhig, Stück für Stück, das Bett herunter, die Seitenwände, den Hinterteil und den Rahmen. Mit den

zehn Francs, die sie dafür bekamen, machten sie sich drei lustige Tage. War denn nicht der Strohsack ebenso gut? Selbst die Leintücher waren dahingegangen, wo schon das Bett stand; so kamen sie mit ihrer Lagerstätte zu Ende. Sie hatten sich für den Erlös des letzten nach vierundzwanzigstündigem Fasten an der Menge Brot, die sie hinunterschlangen, den Magen verdorben. Man rührte das Stroh mit dem Besen etwas auf, dann war das Lager immer bereitet, und das war auch nicht viel schmutziger als etwas anderes.

Auf diesem Strohhaufen lag Gervaise zusammengekauert in ihren Kleidern, die Hände hatte sie unter ihren zerfetzten Unterrock gesteckt, um sie wärmer zu halten. So zusammengekrümmt, mit weit offenen Augen, gingen ihr an diesem Tag Ideen durch den Kopf, die nicht allzu lustig waren. Oh! nein, durchaus nicht lustig, man konnte so, ohne zu essen, nicht weiterleben! Sie fühlte den Hunger nicht mehr, nur war es ihr, als ob sie Blei im Magen hätte, während ihr Kopf ganz wüst und leer zu sein schien. Wenn sie sich ihre vier leeren Wände anguckte, so konnte sie das allerdings nicht auf lustige Gedanken bringen! Es war eine wahre Jammerbude, wo die Windspiele, die auf den Straßen warme Decken trugen, nicht einmal geduldet hätten, daß man ihre Fotografie aufhinge. Ihre glanzlosen Augen betrachteten die nackten Wände. Seit langem schon war alles ins Leihhaus gewandert; da blieben die Kommode, der Tisch und ein Stuhl, dabei waren die Marmorplatte und die Schubkästen der Kommode denselben Weg gegangen wie das Bettgestell. Ein Brand hätte da auch nicht mehr aufräumen können; die kleinen Dinge waren auch hinweggeschmolzen, zu Anfang eine Uhr zu zwölf Francs bis zu den Familienfotografien, von denen eine Händlerin die Rahmen gekauft hatte. Das war eine sehr gefällige Frau, zu der sie eine Kasserolle, ein Plätteisen und einen Kamm brachte, und die ihr dafür fünf Sous, drei Sous und zwei Sous, je nach den Gegenständen, bezahlte, wofür sie sich ein Stück Brot mit nach oben nehmen konnte. Jetzt blieb nur noch eine alte, zerbrochene Lichtputzschere, für die die Händlerin auch nicht einen Sou bezahlen wollte. Oh! wenn sie gewußt hätte, an wen sie den Schmutz verkaufen könnte, den Staub und den Dreck, da hätte sie schnell einen Handel angefangen, denn das Zimmer war in einem schönen Zustand. Sie sah davon nur die Spinnweben in den Ecken; die sind vielleicht gut für Schnittwunden, aber es gibt nur noch keinen Händler, der sie kauft. So gab denn ihr zermarterter Kopf die Hoffnung auf, irgendeinen Handel zu machen, und sie kauerte sich noch mehr in ihrem Stroh zusammen und betrachtete durch das Fenster den Himmel mit seinen Schneewolken; es war ein trüber Tag, der ihr das Mark in den Knochen erstarren machte.

Wie drang das alles auf sie ein! Was half es, das müde Hirn zu quälen und vom Schlechten ins Schlimmere zu sinken? Wenn sie wenigstens hätte schlafen können; aber der gänzliche Zusammenbruch ihrer Wirtschaft ging ihr zu sehr im Kopf herum. Herr Marescot, der Wirt, war abends zuvor selbst gekommen, um zu sagen, daß er sie exmittieren müsse, wenn die beiden rückständigen Mietraten nicht in acht Tagen bezahlt seien. Nun gut! er solle sie exmittieren, auf dem Pflaster würden sie nicht viel schlechter liegen. Sehe sich einer so einen Schweinigel an, der kommt hier mit seinem warmen Paletot und seinen wollenen Handschuhen rauf und will ihr von Mietraten sprechen, als ob sie irgendwo einen versteckten Schatz hätte! Den Teufel auch! Ehe sie sich so den Schlund zusammenschnürte, würde sie sich doch lieber erst etwas in den Leib schlagen! Nein, wahrhaftig! sie fand ihn zu erbärmlich, diesen Schuft; sie hatte ihn, nun, ihr wißt schon, wo, und das noch dazu recht tief. Ebenso war es mit ihrem Schlummerkopf, dem Coupeau, der konnte gar nicht mehr anders nach Hause kommen, als daß er mit Schlägen über sie herfiel; den wünschte sie sich an denselben Ort wie den Wirt. Um diese Zeit mußte der bewußte Ort bei ihr recht hübsch groß sein, denn sie schickte die ganze Welt dahin, so überdrüssig war sie der Menschen und des Lebens. Sie wurde ein wahrer Fang für Faustschläge. Coupeau hatte einen kurzen Knüttel, den nannte er seinen Sonntagsfächer, damit fächerte er seiner Frau Trachten Schläge zu, die waren abscheulich; man mußte nur sehen, wie sie oft bluttriefend davonkam. Sie war auch nicht die Allerbeste, sie biß und kratzte. So prügelten sie sich in dem leeren Zimmer so lange, bis ihnen der Appetit nach Brot ganz vergangen war. Schließlich machte sie sich aus dem Hagel dieser Schläge ebensowenig wie aus allem anderen. Coupeau konnte wochenlang blaumachen, Saufreisen ausführen, die manches Mal Monate andauerten, dann, durch den Trunk irrsinnig und wütend, nach Hause kommen und sie prügeln: sie hatte sich daran gewöhnt, sie fand ihn unausstehlich, weiter nichts. An solchen Tagen hatte sie ihn im Magen, ja sogar im Hintern hatte sie dieses Schwein von Mann! im Hintern die Lorilleux', die Boches und die Poissons! im Hintern das Quartier, das sie verachtete. Ganz Paris konnte dahin, und sie wies ihm da seinen Platz mit einer Handbewegung an, in der eine erhabene Gleichgültigkeit lag; denn sie fühlte sich gerächt und glücklich, daß sie alle da unterbringen konnte.

Wenn man sich auch an alles gewöhnen kann, so kann man es sich leider doch nicht angewöhnen, gar nichts zu essen. Das war das einzige, was Gervaise beunruhigte; es war ihr gleichgültig, daß sie von den Elenden die Erbärmlichste war, daß sie so ganz auf dem Grund des Rinnsteins lag und daß sie sah, wie die Leute sich ihre Ärmel abwischten, wenn sie sie zufällig im Vorbeigehen gestreift hatten; die schlechten Manieren der Leute waren ihr nicht weiter unbequem, aber der Hunger, der wühlte in ihren Eingeweiden. Oh! sie hatte schon lange von den Leckerbissen Abschied genommen, sie war so weit herunter, daß sie alles verschlang, was sie fand. An ihren Feiertagen, wenn sie Geld hatte, kaufte sie bei den Schlächtern die Fleischabfälle, für vier Sous das Pfund, welche dort schon so lange auf den Tellern umhergelegen, daß sie schwarz zu werden anfingen. Das setzte sie mit einer Portion Kartoffeln bei und schmürgelte es im Ofen zurecht;

oder sie zerhackte ein Ochsenherz, das war eine Mahlzeit, nach der sie sich noch lange die Finger leckte. Zu anderen Malen, wenn sie Wein hatte, brockte sie sich Brot hinein; das gab eine Suppe, von der sie einen Spitz bekam. Für zwei Sous italienischen Käse, einen Scheffel weiße Äpfel oder ein Viertel trockene Bohnen, die in ihrem eigenen Fett gekocht werden mußten, konnte sie sich nur sehr selten leisten. Sie war bis zum Harlekin*, der in den niedrigsten Küchen für einen Sou verkauft wurde, hinabgestiegen; da hatte sie für ihr Geld einen Haufen Gräten, mit denen die Abfälle verdorbenen Bratenfleisches gemischt waren. Sie sank noch tiefer, sie bettelte einem mitleidigen Schankwirt um die Überreste von den Tellern der Gäste; davon machte sie ein Panaché und ließ das möglichst lange auf dem Ofen irgendeines Nachbarn schmoren. Sie kam dahin, daß sie an Hungertagen mit den Hunden zusammen vor den Türen der Häuser umherstrich, um unter den fortgeworfenen Küchenabfällen Genießbares zu suchen. Da kam es denn manches Mal vor, daß sie reiche Mahlzeiten hielt; sie fand verfaulte Melonen, übergegangene Schellfische und Koteletten, deren Papiermanschetten sie sorgfältig vom Knochen zog, weil sie fürchtete, daß jemand, der sich über sie lustig machen wollte, dort etwas dazwischengesteckt hätte. Ja, soweit war es mit ihr gekommen; die Empfindsamen rümpften darüber die Nase, wenn aber die Empfindsamen drei Tage lang nichts gegessen hätten, dann möchten wir einmal sehen, ob sie gegen ihren Magen böse werden würden oder ob sie sich nicht, auf allen vieren kriechend, ekelhaftes Zeug in den Mund stopfen würden, gerade wie die Kameraden. Das ist das Verrecken der Armen, deren leere Eingeweide Hunger schreien; wie die Tiere, deren Kiefer klappern, müssen sie sich mit ekelerregenden Sachen vollstopfen, in diesem großen, goldigen, glänzenden Paris! Sollte man wohl glauben, daß Gervaise sich an fetten Gänsen den Magen verdorben hatte! Jetzt konnte sie sich das Maul danach wischen. Eines Tages, als ihr Coupeau für zwei Sous Brot gestohlen hatte, um es zu verkaufen und zu vertrinken, hätte sie ihn beinahe erwürgt, so wütend machten sie der Hunger und der Diebstahl.

Bei dem Hinausblicken auf den düsteren Himmel war sie denn doch schließlich eingeschlafen, aber der Schlaf war unruhig und peinlich. Sie träumte, daß dieser Himmel all seinen Schnee auf sie ausschütte, so sehr fror sie im Schlaf. Plötzlich richtete sie sich auf, sie war durch eine Todesangst, die sie befiel, erwacht. Mein Gott! sollte sie denn sterben? Klappernd und hohläugig sah sie, daß es noch immer Tag war; wollte denn die Nacht gar nicht kommen? Wie die Zeit langsam schleicht, wenn der Bauch leer ist! Auch ihr Magen war erwacht und peinigte sie. Sie fiel auf den Stuhl und steckte die Hände zwischen ihre Schenkel, um sie zu erwärmen, dabei überdachte sie schon das Mittagbrot, das sie besorgen wollte, wenn Coupeau nach Hause käme und Geld mitbrächte: sie würde dann ein Brot, einen Liter und ein Frikassee einkaufen, das man Gras-double à la Lyonnaise nannte. Die Kuckucksuhr des Vaters Bazouge schlug drei. Es war also erst drei Uhr! Es überfiel sie die Furcht, daß ihre Kräfte nicht mehr ausreichen würden, um noch drei lange Stunden zu warten. Sie empfand ein Schütteln in ihrem ganzen Körper, und wie ein kleines Mädchen, das seinen großen Schmerz zu beschwichtigen trachtet, wiegte sie sich hin und her und preßte die Arme an den Magen, um ihn nicht mehr zu fühlen. Ah! wahrlich! es ist besser, zu gebären als zu hungern! Da sie keine Erleichterung fand, ergriff sie eine tolle Wut, sie sprang auf und lief im Zimmer umher, wobei sie ihren Hunger wie ein Kind einzuschläfern hoffte. Wohl eine Viertelstunde lang stieß sie sich so an den vier Wänden des leeren Zimmers, dann plötzlich stand sie still mit starren Augen. Es koste, was es wolle, was sie auch sagen mochten, sie würde ihnen die Füße küssen, wenn sie wollten, aber sie mußte hingehen und von den Lorilleux' zehn Sous borgen.

Während des Winters war in diesem verlausten Winkel des Hauses der Verkehr zwischen den Hungerleidern sehr lebhaft, das war ein fortwährendes Borgen von Zehn- und Zwanzigsousstücken und ein beständiger Austausch von Gefälligkeiten, die sich die Nachbarn da untereinander erwiesen. Nur, daß ein jeder lieber gestorben wäre, ehe er sich an die Lorilleux' wandte, weil man wußte, wie schwer die den Daumen bewegten. Gervaise bewies einen schönen Mut, als sie hinging und bei ihnen klopfte. Auf dem Korridor erfaßte sie eine solche Furcht, daß sie, wie die Leute, die bei einem Zahnarzt klingeln, nach dem Klopfen eine plötzliche Erleichterung verspürte. „Herein!" rief die dünne Stimme des Kettenmachers.

Oh! wie war es gut da drinnen! Das Schmiedefeuer flammte und erhellte die Werkstatt mit seiner weißen Flamme, während Madame Lorilleux ein Bund Golddraht zum Erhitzen in die Pfanne tat. Lorilleux schwitzte an seinem Arbeitstisch, so warm war ihm; er war damit beschäftigt, die Ringelchen mit dem Lötrohr zusammenzulöten. Ach! Das roch so gut, weil eine Kohlsuppe auf dem Feuer schmorte und dabei die Luft mit so wohlriechenden Dämpfen erfüllte, daß sich in Gervaise alles herumdrehte und sie schier ohnmächtig wurde.

„Ach, Ihr seid es!" brummte Madame Lorilleux, ohne ihr auch nur zu sagen, daß sie sich setzen sollte. „Was wollt Ihr denn?"

Gervaise antwortete nicht. Sie stand gerade in dieser Woche nicht allzu schlecht mit den Lorilleux', aber die Bitte um die zehn Sous blieb ihr doch in der Kehle stecken, weil sie Boche bemerkte, der da breitspurig am Ofen saß und Klatschgeschichten erzählte. Dieses Vieh sah so aus, als ob er sich aus der ganzen Welt nichts mache. Er lachte so unflätig mit seinem zum O gerundeten Maul und seinen geschwollenen Backen, daß man seine Nase fast gar nicht sah, was sein Gesicht wie eine runde Fleischkugel erscheinen ließ.

* *Anmerkung des Übersetzers:* Harlekin nennt man in Paris die zusammengeworfenen Abfälle aus den Restaurationen, die in den niedrigsten Garküchen serviert werden. Das Wort kommt daher, daß dieses Gericht sich aus ebenso zufällig zusammengewürfelten Stücken zusammensetzt wie der Anzug eines Harlekins.

,,Was wollt Ihr denn?" fragte nun auch Lorilleux. ,,Habt Ihr Coupeau nicht gesehen?" stotterte schließlich Gervaise. ,,Ich glaubte, er sei hier!"
Der Kettenmacher und der Portier hohnlachten. Nein, durchaus nicht, sie hatten Coupeau nicht gesehen! Sie ponierten nicht genug kleine Schnäpse, um Coupeau so ohne weiteres bei sich zu sehen. Gervaise überwand sich und fing stotternd wieder an: ,,Es ist nur, weil er mir versprochen hatte, nach Hause zu kommen ... Ja, er soll mir Geld bringen ... Da ich eben sehr notwendig etwas brauche ..."
Es herrschte eine peinliche Stille. Madame Lorilleux fachte mit roher Hand das Schmiedefeuer an. Lorilleux hatte seinen Kopf auf das Ende der Kette niedergebeugt, das sich unter seinen Händen verlängerte, während Boche sein breites, unverschämtes Lächeln beibehielt, wobei das Loch seines Maules so rund wurde, daß man Lust bekam, den Finger hineinzustecken, um zu sehen.
,,Wenn ich nur zehn Sous hätte!" murmelte Gervaise mit leiser Stimme. Es blieb ebenso still wie zuvor. ,,Könntet Ihr mir nicht zehn Sous borgen? ... Oh! ich würde sie Euch diesen Abend noch wiedergeben!"
Madame Lorilleux drehte sich um und blickte sie gerade an. So eine Faulenzerin kommt hierher, um uns zehn Sous abzuborgen; wenn man ihr heute zehn gibt, sind es morgen zwanzig. Es ist ja gar kein Grund da, daß das aufhören sollte. Nein, nein, daraus wird nichts. Am Dienstag, wenn recht schönes Wetter ist! ,,Aber, meine Liebe!" rief sie, ,,Ihr wißt ja, daß wir kein Geld haben! Da, hier ist mein Taschenfutter, Ihr könnt nachsehen ... Wir würden es ja herzlich gerne tun!" – ,,Das Herz ist ja immer dabei!" brummte Lorilleux. ,,Aber wenn man nicht kann, dann kann man nicht!"
Gervaise, die sehr gedemütigt war, billigte diesen Satz mit einem Kopfnicken. Trotzdem ging sie noch nicht fort, das Gold stach ihr in die Augen, die an der Wand aufgehängten Bunde Golddraht, der goldene Faden, den die Frau mit aller Kraft ihrer kleinen Arme mit dem Zieheisen auszog, und der Haufen der goldenen Ringlein, die sich da unter den knotigen Fingern des Mannes zur Kette bildeten. Sie dachte daran, daß ein kleines Stückchen dieses häßlichen, schwarzen Metalls hingereicht hätte, um ihr eine reichliche Mahlzeit zu verschaffen. Wenn auch die Werkstatt an diesem Tage mit ihren alten Werkzeugen, ihrem Kohlenstaub und ihren Ölflecken ebenso schmutzig war wie sonst, ihr erschien sie im Glanz des Reichtums wie der Laden eines Geldwechslers. So wagte sie denn auch noch sanft zu wiederholen: ,,Ich gebe sie Euch ja wieder! Ich gebe sie Euch ja wieder, ganz gewiß ... Zehn Sous, das kann Euch doch nichts ausmachen!"
Ihr war das Herz so beklommen, weil sie nicht eingestehen wollte, daß sie sich seit dem vorigen Abend den Bauch zusammenschnürte. Sie fühlte, daß ihre Beine sie nicht mehr lange trügen, und da sie in Tränen auszubrechen fürchtete, so stammelte sie: ,,Oh! wie wäre es lieb und gut von Euch! ... Ihr könnt ja nicht wissen ... Ja, so weit ist es mit mir gekommen, mein Gott! so weit ..."
Nun kniffen die Lorilleux' die Lippen zusammen und tauschten schnell einen Blick aus. Die Humpelliese bettelte jetzt. Nun! jetzt war der Sturz vollkommen. So etwas konnten sie nicht leiden; wenn sie das gewußt hätten, würden sie ihre Tür versperrt haben, denn mit Bettlern muß man immer sehr auf der Hut sein, die kommen unter Vorwänden in die Wohnungen und lassen beim Fortgehen wertvolle Gegenstände verschwinden, um so mehr, als es bei ihnen etwas zu stehlen gab; wo man auch die Hände hinsteckte, konnte man dreißig bis vierzig Francs haben, wenn man nur die Faust zumachte. Sie waren schon öfter mißtrauisch gewesen, wenn sie das schnurrige Gesicht von Gervaise beobachteten, mit dem sie sich vor dem Golde aufpflanzte. Dieses Mal wollten sie sie genau beobachten. Als sie noch ein wenig näher kam und mit dem Fuße auf die Binsendecke trat, rief ihr der Kettenmacher, ohne auf ihre Bitte zu antworten, rauh zu: ,,Hört mal, paßt ein bißchen auf, sonst werdet Ihr noch Stückchen Gold an Euren Sohlen mitnehmen ... Wenn es wahr ist, was man sagt, dann habt Ihr Euch Fett darunter geschmiert, damit das anhakt!" Gervaise wich langsam zurück. Sie hatte sich einen Augenblick auf eine Etagere gestützt, und da sie sah, daß Madame Lorilleux ihre Hände prüfend anblickte, so öffnete sie beide und zeigte sie; dabei sagte sie mit weicher Stimme, ohne daß der Verdacht sie erzürnt hätte, wie eine tief gesunkene Frau, die alles hinnimmt: ,,Ich habe nichts genommen, Ihr könnt nachsehen!"
Sie ging nun fort, weil der starke Geruch der Kohlsuppe und die gute Wärme des Raumes sie unwohl machten.
Oh! sicherlich, die Lorilleux' hielten sie nicht zurück. Glückliche Reise! Das müßte mit dem Teufel zugehen, wenn sie der noch einmal aufmachten! Sie hatten sich an dem Gesicht sattgesehen, sie wollten bei sich nichts von dem Elend anderer hören, wenn das Elend verdient war. Sie überließen sich nun einem großen, egoistischen Freudenausbruch; wie kamen sie sich reich vor, wie warm war es bei ihnen, und wie erquickend war die Aussicht auf die gute Suppe! Auch Boche brüstete sich, und seine Backen schwollen so sehr auf, daß sein Lachen beinahe ekelhaft wurde. Sie alle waren nun gerächt für all den Stolz der Humpelliese, für den blauen Laden, für die Gastereien und all das übrige. Das war mehr als gelungen, das bewies, wohin die Liebe zur Naschhaftigkeit führt. Zum Teufel mit allen Schlemmern, allen Faulen und allen Liederlichen!
,,Was das für hübsche Manieren hat, das kommt und bettelt um zehn Sous!" schrie Madame Lorilleux hinter Gervaises Rücken. ,,Jawohl, ich werde sie dir an den Kopf werfen, ich werde ihr so schnell zehn Sous borgen, damit sie hingeht und sie versauft!"
Gervaise schleppte sich über den Korridor, sie ging beschwerlich, als ob eine Last ihre Schultern niederdrückte. Als sie an ihrer Zimmertür angekommen war, trat sie nicht ein, ihr Zimmer machte ihr Angst. Es war ebenso-

gut, zu gehen, dabei würde ihr wärmer sein, und sie würde geduldiger warten. Im Vorbeigehen steckte sie den Kopf in das Loch des Vater Bru unter der Treppe. Da war auch einer, der einen schönen Appetit haben mußte, denn seit drei Tagen frühstückte und dinierte er nichts als die verpestete Luft seines Loches. Aber er war nicht da; das Loch war leer, und sie war auf ihn eifersüchtig in dem Gedanken, daß ihn vielleicht jemand eingeladen haben könnte. Als sie bei den Bijards angekommen war, hörte sie Schmerzenslaute; sie trat ein, denn der Schlüssel stak immer im Schloß. „Was ist denn hier los? fragte sie."
Das Zimmer war sehr sauber. Man sah wohl, daß Lalie noch am Morgen gefegt und alles geordnet hatte. Wenn das Elend auch noch so sehr da hinblies, Stück für Stück fortnahm und seinen zerstörenden Samen ausstreute, Lalie kam hinterher, verwischte alle Spuren und gab allen Dingen ein hübsches Aussehen. Wenn das auch nicht reich war, so sah man doch aus allem die gute Wirtin heraus. An diesem Tage hatten die beiden Kinder Henriette und Jules alte Bilder gefunden, die sie ruhig in einer Ecke ausschnitten. Aber Gervaise war ganz überrascht, Lalie in ihrem engen Gurtbettchen bis an das Kinn zugedeckt zu finden; sie sah sehr bleich aus. Sie bettlägerig! Da mußte sie sehr krank sein! „Was ist dir denn?" fragte Gervaise beunruhigt. Lalie klagte selbst nicht mehr. Sie erhob langsam ihre matten Augenlider und versuchte mit ihren Lippen, die ein Schauer zucken machte, zu lächeln: „Mir ist nichts!" hauchte sie sehr leise. „Oh! gewiß! gar nichts!" Dann fuhr sie mit geschlossenen Augen, mit Anstrengung fort: „Ich war all diese Tage so müde, da mache ich denn die Faule und pflege mich im Bett, Ihr seht es ja!"
Aber ihr Kindergesicht, auf dem sich braune und blaue Flecke zeigten, nahm den Ausdruck so großen Schmerzes an, daß Gervaise ihre eigene Todesangst vergaß und mit gerungenen Händen neben ihr niederkniete. Seit einem Monat sah sie sie an den Wänden hinschleichen, wobei sie ein Husten peinigte, der so hohl und trocken klang wie ein Schlag auf einen Sargdeckel. Jetzt konnte die Kleine selbst nicht mehr husten, es stieß ihr auf, und dabei flossen ihr blutige Streifen aus den Mundwinkeln. „Ich kann nichts dafür, ich fühle mich nicht recht kräftig!" murmelte sie wie erleichtert. „Ich habe mich noch umhergeschleppt, ich habe noch ein wenig Ordnung gemacht ... Es ist doch ganz sauber, nicht wahr? ... Ich wollte noch die Scheiben waschen, aber die Beine trugen mich nicht mehr. Es ist doch zu dumm! Nun, wenn man fertig ist, legt man sich nieder!" Sie unterbrach sich, um zu sagen: „Seht doch nach, ob meine Kinder sich nicht mit den Scheren schneiden!"
Dann schwieg sie zitternd, da sie einen schweren Tritt auf der Treppe hörte. Mit rauher Hand stieß Vater Bijard die Tür auf. Er hatte seinen gewöhnlichen Rausch, in seinen Augen flammte die tolle Wut des Vitriols. Als er Lalie im Bett sah, schlug er sich hohnlachend auf die Hüften, dann nahm er die große Peitsche und brummte: „Den Teufel auch! Das ist zu stark! Das wird was zu lachen geben! ... Die Kühchen legten sich am hellen Mittag auf das Stroh! ... Du machst dich wohl über alle Heiligen lustig, du verdammte Wetterhexe! ... Vorwärts! auf! Raus aus dem Nest!"
Schon ließ er die Peitsche über das Bett hinknallen. Aber das Kind sagte mit bittender Stimme: „Nein, Papa, ich bitte dich, schlag mich nicht! Ich schwöre dir, daß du dir unendlichen Kummer bereitest! ... Schlage nicht!" – „Willst du wohl springen?" heulte er stärker. „Oder ich werde dir die Seiten kitzeln! ... Willst du springen, verdammte Dirne?" Da sagte sie sanft: „Ich kann nicht, verstehst du? ... Ich werde sterben!"
Gervaise hatte sich auf Vater Bijard geworfen und ihm die Peitsche entrissen. Er blieb verdutzt vor dem Gurtbettchen stehen. Was pfeift die da, diese Rotzliese? Stirbt man denn so jung, wenn man nicht einmal krank gewesen ist? Das ist ja eine Falle, um sich Zucker geben zu lassen! Ah! er würde sich überzeugen, und wenn sie log! „Du wirst es sehen, es ist die Wahrheit!" fuhr sie fort. „Solange ich konnte, habe ich dir keinen Kummer gemacht ... Sei jetzt gut in dieser Stunde und sage mir adieu, Papa!"
Bijard zupfte sich an der Nase, er fürchtete noch immer, daß man ihn täuschen wolle. Es war wahr, sie sah sehr merkwürdig aus; ihr Gesicht war so lang und ernst wie bei einer erwachsenen Person. Der Hauch des Todes, der da durch das Zimmer wehte, machte ihn nüchtern. Er ließ seine Blicke umherschweifen, wie jemand, der aus einem langen Schlaf erwacht; er sah die Wirtschaft in Ordnung, die beiden Kinder, die auf der Erde spielten und lachten, waren gewaschen. Da fiel er auf einen Stuhl und stammelte: „Unsere kleine Mutter! Unsere kleine Mutter ..."
Das war alles, was er hervorbrachte, aber schon das kam Lalie sehr zärtlich vor, denn sie war bis jetzt nicht verwöhnt gewesen. Sie tröstete ihren Vater. Es war ihr besonders schmerzlich, daß sie jetzt so fortgehen mußte, ehe sie die Kinder ganz hatte erziehen können. Er würde sich doch jetzt darum kümmern, nicht wahr? Mit ihrer immer schwächer werdenden Stimme unterwies sie ihn, wie er sich dabei zu benehmen hätte, wie er sie sauberhalten sollte. Stumpfsinnig saß er vor ihr und blickte sie an, wobei sein Kopf, in dem stoßweise die Trunkenheit wieder aufstieg, hin und her rollte. Das regte so mancherlei in ihm auf, aber sein Mund öffnete sich nicht; er war zu hartgesotten, als daß er jetzt hätte weinen sollen.
„Nun höre noch weiter!" fing Lalie nach einem Stillschweigen wieder an. „Wir sind dem Bäcker vier Francs und sieben Sous schuldig, das mußt du bezahlen ... Madame Gaudron hat ein Plätteisen von uns, das laß dir wiedergeben ... Ich habe für heute nichts kochen können, aber es ist Brot da, und du kannst Kartoffeln aufsetzen ..."
Bis zu ihrem letzten Todesröcheln blieb dieses arme, herzige Wesen die kleine Mutter für all die Ihrigen. Da ging eine fort, die konnte man nicht ersetzen, nein, diese gewiß nicht! Sie starb daran, daß sie in ihrem Alter schon den Verstand einer wahren Mutter gehabt hatte und daß ihre

kleine, schmale Brust eine so große, so allumfassende Mutterliebe nicht hatte in sich bergen können. So schwand sie dahin, dieser Schatz, und das war die Schuld ihrer Bestie von Vater; er, der die Mutter mit einem Fußtritt getötet, hatte er nicht auch die Tochter zerfleischt? Die beiden guten Engel seines Hauses hatte er in die Grube gestoßen; was blieb ihm anderes übrig, als wie ein Hund an der Straßenecke zu verrecken!

Gervaise mußte an sich halten, um nicht in lautes Weinen auszubrechen. Sie streckte ihre Hände aus und wollte das Kind stützen, damit es leichter atmete; wie dabei der Lappen von Zudecke sich verschob, versuchte sie sie aufzurichten und das Bett zu ordnen. Dabei kam der arme, kleine Körper der Sterbenden zum Vorschein. Oh! großer Gott! Wie entsetzlich! wie bejammernswert! Da hätten Steine weinen können! Lalie war ganz nackt, der Überrest eines Nachtjäckchens hüllte ihre Schultern ein und sollte das Fehlen des Hemdchens verbergen; ja, ganz nackt, und diese Nacktheit war blutig und schmerzensreich, wie bei einer Märtyrerin. Sie hatte kein Fleisch mehr, die Knochen durchlöcherten die Haut. Von den Seiten aus liefen bis zu den Schenkeln nieder lange, violette Striemen; das waren die ganz frischen Peitschenhiebe. Ein schwärzlicher Fleck zog sich um den linken Arm, als ob die Griffe eines Schraubstockes dieses zarte Glied, das nicht viel stärker als ein Streichholz war, erfaßt und zusammengepreßt hätten. Das rechte Bein wies eine kaum verharschte Wunde auf, die wohl von irgendeinem bösen Schlag herrührte und immer des Morgens beim Herumwirtschaften wieder aufgebrochen war; von Kopf bis Fuß war sie mit schwarzen Flecken bedeckt. Oh! wie entsetzlich war der Anblick dieser hingemordeten Kindheit, dieses gebrechlichen Engels, der da unter den schweren Fäusten des rohen Mannes zerschmettert war, dieser Vergewaltigung einer so zarten Existenz, die ein so schweres Kreuz getragen hatte! Man verehrt in den Kirchen gegeißelte Heilige, deren Nacktheit nicht so rein ist als diese. Gervaise war aufs neue niedergekniet; sie dachte nicht mehr daran, das Laken wieder emporzuziehen, so sehr erschütterte sie der Anblick dieses jammervollen Nichts auf dem Bette, und ihre Lippen versuchten Gebete zu stammeln.

„Madame Coupeau!" murmelte die Kleine, „ich bitte Euch ..." Mit ihren kleinen Armen suchte sie das Betttuch wieder über sich zu ziehen, so schamhaft war sie und so sehr empfand sie, welche Schande ihr armer Körper für ihren Vater war. Bijard saß noch immer stumpfsinnig da und blickte auf diesen Leichnam, das Werk seiner Fäuste; noch immer wiegte er seinen Kopf mit der schweren, langsamen Bewegung eines gestörten Tieres hin und her.

Als Gervaise Lalie wieder bedeckt hatte, litt es sie nicht länger dort. Die Sterbende wurde immer schwächer, sie sprach nicht mehr, nur aus ihren Augen leuchtete noch der ergebene, nachdenkliche Blick, den sie auf die beiden Kinder richtete, welche noch an ihren Bildern ausschnitten. Im Zimmer wurde es immer dunkler. Bijard ernüchterte sich langsam bei dem Anblick dieses Todeskampfes. Nein, nein, das Leben war gar zu jammervoll und abscheulich! Oh! was für ein ekelhaftes Ding! Ein schmutziges Ding! So ging Gervaise fort, sie stieg die Treppe hinab, ohne es zu bemerken; sie war so von Ekel erfüllt, daß sie sich am liebsten unter die Räder eines Omnibusses geworfen hätte, um ein Ende zu machen.

Während sie beim Vorwärtslaufen mit dem verdammten Schicksal haderte, fand sie sich plötzlich vor der Tür der Werkstatt, in welcher Coupeau angeblich arbeiten sollte. Ihre Beine hatten sie unwillkürlich dahin getragen, weil ihr Magen sein altes Hungerlied mit wenigstens achtzig Versen wieder angefangen hatte, die sie übrigens alle schon auswendig kannte. Wenn sie auf diese Art Coupeau beim Herauskommen abfaßte, so würde sie auf sein Geld die Hand legen und Lebensmittel kaufen. Sie mußte noch eine kleine Stunde warten, aber darüber würde sie wohl auch noch hinwegkommen, da sie sich doch schon seit dem Abend zuvor am Daumen lutschte. Es war das in der Rue de la Charbonnière, an der Ecke der Rue de Chartres, eine verdammte Straßenkreuzung, wo der Wind von allen vier Seiten her blies. Nein, wahrlich! es war da nicht warm, wenn man das Pflaster trat. Wenn sie noch einen Pelz angehabt hätte! Der Himmel hatte immer noch seine schwere Bleifarbe beibehalten; der Schnee, der da oben angehäuft hing, setzte dem Quartier eine förmliche Eiskappe auf. Es fiel nichts herab, aber es war in der Luft eine große Stille, in der sich für Paris eine völlige Verkleidung vorbereitete. Paris sollte in ein ganz neues, weißes Ballkleid gehüllt werden. Gervaise erhob den Kopf und bat den lieben Gott, diesen Musselin noch nicht gar so bald loszulassen. Sie stampfte mit den Füßen auf, blickte nach dem Laden eines Krämers hinüber und kehrte wieder um, weil es doch unnütz ist, sich schon vorher durch den Anblick von Lebensmitteln noch mehr Hunger zu machen. Die Straßenkreuzung bot nicht allzuviel Abwechslung. Die wenigen Passanten gingen schnell vorüber; sie waren bis an die Nase in Cachenez gehüllt; denn wenn man vor Kälte klapperte, geht man nicht spazieren. Aber Gervaise bemerkte doch noch vier oder fünf Frauen, die ebenso wie sie an der Tür des Meisters Wache standen, damit sich der Lohn ihrer Männer nicht bei den Weinwirten verflüchtige. Da war eine lange Schindmähre mit einem Gendarmengesicht, die sich an die Wand drückte und jeden Augenblick bereit war, sich auf ihren Mann zu stürzen. Eine kleine, ganz schwarze Zarte ging mit demütiger Miene auf der anderen Seite der Straße auf und nieder. Eine andere hatte zwei kleine Kinder mitgebracht, die sie an den Händen hielt und welche rechts und links von ihr zitterten und weinten. Sie alle, Gervaise sowie ihre Wachkameradinnen, gingen auf und ab und betrachteten sich mit Seitenblicken, aber sie sprachen nicht miteinander. Eine angenehme Begegnung! Oh, ja! jede hätte gern darauf verzichtet. Sie hätten nicht nötig, Bekanntschaft miteinander zu machen, um ihr Schicksal zu kennen. Sie wohnten alle bei derselben Firma, bei Elend & Co. Man fror noch mehr, wenn man sie so in

diesem abscheulichen Januarwetter auf und nieder laufen sah.
Es kam immer noch keine Katze aus der Tür des Meisters. Endlich erschien ein Arbeiter, dann zwei, dann drei; aber diese waren ohne Zweifel gute Gesellen, die ihren Lohn getreulich nach Hause brachten, denn sie schüttelten die Köpfe, als sie die herumstreichenden Wesen sahen. Die große Schindmähre drückte sich noch dichter neben der Tür an die Wand, dann plötzlich fiel sie über einen kleinen Mann im Überrock her, der eben vorsichtig die Nase zur Tür heraussteckte. Oh! das war bald geordnet! Sie durchsuchte seine Taschen und nahm das Geld an sich. Er war gefaßt, das Geld war weg, nicht einmal soviel ließ sie ihm, um noch einen Schluck zu trinken. Nun ging der kleine Mann wütend und außer sich hinter seinem Gendarmen her und weinte helle Tränen wie ein Kind. Es kamen immer noch Arbeiter heraus. Als die dicke Mutter, die mit den beiden Bälgen sich der Tür genähert hatte, von einem großen, braunen Burschen mit abgefeimtem Gesicht bemerkt wurde, ging er schnell wieder zurück, um den Mann zu warnen; als der dann endlich herangeschlendert kam, hatte er zwei Rad verduften lassen, zwei schöne, ganz neue Fünffrancsstücke, von denen er jedes in einen Schuh gesteckt hatte. Er nahm eine von den Gören auf den Arm und erzählte seiner Frau, die ihn auszankte, ein paar Lügen vor. Manche waren sehr lustig, die sprangen mit einem großen Satz auf die Straße und konnten gar nicht schnell genug davonlaufen, um ihren vierzehntägigen Lohn mit den Freunden durchzubringen. Andere waren düster, sie preßten mürrisch den Lohn für drei oder vier Arbeitstage, die sie von den vierzehn nur gemacht hatten, in ihrer Hand zusammen und murmelten Säuferflüche vor sich hin. Das Traurigste war der Schmerz der kleinen, ergebenen, zarten Frau in Schwarz: ihr Mann, ein hübscher Bursche, kniff ihr vor der Nase mit solcher Roheit aus, daß er sie beinahe über den Haufen gerannt hätte; so ging sie denn allein wieder fort, sie schwankte an den Mauern hin, und aus ihren Augen stürzten unaufhörlich die Tränen.
Endlich war der letzte Arbeiter verschwunden. Gervaise, die mitten auf der Straße stand, starrte noch immer nach der Tür. Das fing an brenzlig zu riechen. Zwei verspätete Arbeiter kamen noch, aber von Coupeau war nichts zu sehen. Als sie die Arbeiter fragte, ob denn Coupeau nicht herauskäme, antworteten sie ihr scherzend, daß der Kamerad gerade mit dem Laternenanstecker durch die Hintertür gegangen sei, um die Hühner abzuhalten. Gervaise ging ein Licht auf: wieder also hatte Coupeau sie belogen, und sie konnte nun Rauch schnappen gehen! So schleppte sie sich denn langsam mit ihren geplatzten Schuhen die Rue de la Charbonnière hinunter. Ihr Mittagessen schwebte immer undeutlicher vor ihr; sie sah es, wie es in dem gelben Nebel vor ihr schwamm, und da es ihr unerreichbar schien, so überlief sie ein Schauder. Dieses Mal war es wirklich ganz aus. Nicht einen Pfifferling, keinen Hoffnungsstrahl mehr, nichts als Nacht und Hunger! Ah! Das war eine hübsche Nacht zum Verrecken, die sich da auf sie herabsenkte.
Mit schweren Schritten ging sie die Rue des Poissonniers hinauf, als sie plötzlich Coupeaus Stimme hörte. Ja, er war in der „Petite Civette", wo er sich von Mes-Bottes freihalten ließ. Dieser Flausenmacher, der Mes-Bottes, hatte gegen Ende des Sommers den Turkel gehabt, eine Dame wirklich zu heiraten, die zwar schon etwas verweppt war, die aber immer noch sehr hübsche Überreste hatte. Oh! sie war eine Dame aus der Rue des Martyrs, keine solche gewöhnliche Straßendirne. Man mußte ihn sehen, diesen glücklichen Sterblichen, wie er wie ein Bürger lebte, die Hände in die Taschen steckte und wohlgenährt aussah; man erkannte ihn kaum wieder, so fett war er. Die Kameraden erzählten, daß die Frau bei den Herren ihrer Bekanntschaft so viel Arbeit hätte als sie wollte. Solch eine Frau und ein Haus auf dem Lande, ist das nicht alles, was einem Menschen das Leben verschönern kann? So blickte denn auch Coupeau zu Mes-Bottes mit wahrer Bewunderung empor. Hatte denn dieser Bursche nicht sogar einen goldenen Ring am kleinen Finger?
Gervaise legte Coupeau die Hand auf die Schultern, als er aus der „Petite Civette" herauskam.
„Du, sage mal, ich warte ... Ich habe Hunger, willst du denn gar nichts vorfahren lassen?" Da kam sie aber schön bei ihm an. „Du hast Hunger? Beiße dir doch in die Faust! ... Und spare dir die andere für morgen auf!" Er fand das himmelschreiend, daß sie da so vor den Leuten ein Drama aufführte. Nein! was war denn da weiter! Er hatte nicht gearbeitet, und die Bäcker hatten doch Brot geknetet! Hielt sie ihn denn für so kindisch, daß sie ihn mit ihren Ammenmärchen vom Hunger ins Bockshorn zu jagen dächte? „Dann willst du also, daß ich stehlen soll?" murmelte sie mit dumpfer Stimme. Mes-Bottes streichelte mit versöhnlicher Miene sein Kinn.
„Nein, das ist verboten!" sagte er. „Aber wenn eine Frau sich ein bißchen zu drehen und zu wenden weiß ..." Hier unterbrach ihn Coupeau, um ihm „Bravo!" zuzurufen. Das war das Wahre, eine Frau, die sich zu drehen und zu wenden weiß. Seine Frau wäre immer eine alte Karete, ein Haufen Unglück gewesen. Es wäre nur ihre Schuld, wenn sie jetzt auf der Streu verrecken müßte. Dann suchte er wieder aufs neue nach Worten, um seine Bewunderung für Mes-Bottes auszudrücken. Sah denn das Vieh nicht aus wie ein Dandy? Ein wahrer Millionär! Weiße Wäsche, und Schuhe so fein wie eine Dame! Den Teufel auch! Das war keine Kleinigkeit! Das war einer, dessen Hausfrau das Lebensschiff ordentlich zu steuern verstand!
Darauf gingen die beiden Männer gegen den äußeren Boulevard zu. Gervaise folgte ihnen. Nach einigem Schweigen fing sie hinter Coupeau wieder an: „Du! weißt du, ich habe Hunger ... Ich habe auf dich gerechnet. Du mußt mir irgend etwas zu beißen verschaffen!"
Er antwortete ihr nicht, und sie wiederholte mit dem gepreßten Ton der Todesangst: „Das ist also alles, was du mir zahlst?" – „Aber in Teufels Namen! Wenn ich nun

doch nichts habe!" heulte er, während er sich wütend nach ihr umdrehte. „Willst du mich gehen lassen, oder ich stoße dich zur Seite!" Er hob schon die Faust zum Schlag. Da wich sie zurück und schien einen Entschluß gefaßt zu haben. „Geh, ich lasse dich, ich finde wohl noch einen Mann."

Nun fing der Zinkarbeiter an zu scherzen. Er tat, als ob er das für Spaß hielte und feuerte sie an, ohne daß es den Anschein hatte. Ei, der Tausend! Das war eine glänzende Idee! Des Abends, bei Licht, da konnte sie noch Eroberungen machen! Wenn sie einen Mann kaperte, so könnte er ihr das Restaurant „Zum Kapuziner" empfehlen, da äße man in den kleinen Kabinetten ganz vortrefflich. Als sie nun wirklich bleich und wütend dem äußeren Boulevard zuging, rief er ihr noch nach: „Höre! Du! Bringe mir was vom Dessert mit, ich esse gern Kuchen ... Du! und wenn dein Herr gut angezogen ist, frage ihn doch nach einem abgelegten Rock, damit ich doch auch etwas davon habe!"

Gervaise lief vor diesen teuflischen Worten schnell davon. Bald fand sie sich allein in der Menge und ging langsamer. Sie war jetzt entschlossen. Da sie nur zwischen dem Diebstahl und dem anderen die Wahl hatte, so zog sie noch immer das andere vor, damit geschah wenigstens niemandem unrecht; dabei verfügte sie doch nur über etwas, was ihr gehörte. Es war ja ohne Zweifel nicht sehr reinlich, aber rein und unrein, gut und schlecht, das verwirrte sich in dieser Stunde in ihrem gemarterten Hirn zu einem unkenntlichen Knäuel; wenn man vor Hunger verreckt, so macht man nicht so feine philosophische Unterscheidungen. Sie war bis zur Chaussee Clignancourt hinaufgegangen. Noch immer und immer wollte es nicht Nacht werden, so nahm sie denn inzwischen die Miene einer Spaziergängerin an, die vor dem Essen noch eine Promenade in der frischen Luft macht.

Dieses Quartier verschönerte sich jetzt so sehr, daß Gervaise sich schämte; nach allen Seiten öffnete es sich ins Freie. Der Boulevard Magenta kam aus dem Herzen von Paris, und der Boulevard Ornano führte hinaus aufs Land; sie beide hatten die alte Barriere durchbrochen. Das war ein schönes Stück Mauerwerk, das da hinweggeschleift war; die beiden weiten Avenuen sahen mit dem noch neuen Putz ihrer Häuser ganz licht und hell aus, während die Rue du Faubourg-Poissonnière und die Rue des Poissonniers mit ihren verstümmelten Enden sich wie ein paar gewundene, düstere Därme in die Stadt vertieften. Schon seit langem hatte das Niederreißen der Stadtmauer die äußeren Boulevards mit ihren Seitenstraßen erweitert, welche in der Mitte eine breite Fußgängerpromenade zeigten, die mit vier Reihen kleiner Platanenbäume eingefaßt war. Das war ein ungeheurer Kreuzungspunkt, von dem aus die Straßen sich in weite Fernen bis zum Horizont hinzogen, und in ihnen wogte die Menge auf und nieder, tauchte auf und verschwand in dem Chaos der Gebäude. Zwischen den hohen Neubauten standen noch viele armselige Häuschen; zwischen den mit Bildhauerarbeit verzierten Fassaden zeigten sich schwarze Lücken, aus denen das Elend hervorgähnte mit seinen baufälligen Baracken, in deren Fenstern Lumpen trockneten. Der Glanz der Neubauten erdrückte das Elend der Vorstadt, welches noch vor seinem Verschwinden den Bauplatz für die neue Stadt besudelte, die man da so hastig aufzubauen im Begriffe war.

Verloren in dem Gedränge auf der weiten Promenade, zwischen den Platanen, fühlte sich Gervaise allein und verlassen. Diese verteufelten Avenuen da unten machten ihr den Magen noch leerer. Sollte man es wohl glauben, daß von diesem ganzen Menschenstrom, in dem doch viel wohlhabende Leute dahinzogen, auch nicht einer ihre Lage ahnte und ihr ein Zehnsousstück in die Hand gleiten ließ! Ja, ja, das war zu groß, zu schön, ihr schwindelte, und ihre Beine gingen ganz mechanisch immer weiter unter diesem unendlichen Himmelszelt, das sich über so ungemessene Räume spannte. Der Nebel hatte das schmutzige Gelb des Pariser Nebels, diese Farbe, die so unheimlich ist, daß man sterben möchte, so häßlich läßt sie die Straßen erscheinen. Um diese Stunde, bei dem unsicheren Licht, verloren sich die Fernen in schmutzigen, schweren Tönen. Gervaise, die schon matt und müde war, geriet nun gerade in den Strom der heimkehrenden Arbeiter. Gegen Abend umwimmelten die Herren in guten Kleidern und die Damen mit Hüten, die in den neuen Häusern wohnten, ein Gedränge von Männern und Frauen, deren Gesichter noch den Stempel der verpesteten Luft der Werkstätten trugen. Vom Boulevard Magenta und der Rue du Faubourg-Poissonnière kamen ganze Trupps, die vom Bergansteigen außer Atem waren. Bei dem schweren Rollen der Omnibusse, der Fiaker und der Rollwagen, die unbeladen im Galopp nach Hause fuhren, wuchs das Gewimmel der Blusen und Arbeitsjacken auf der Straße immer mehr. Die Dienstmänner kamen mit ihren Traggurten auf der Schulter zurück. Zwei Arbeiter, die schnell vorwärtsschritten, machten Seite an Seite große Sprünge, wobei sie laut sprachen und gestikulierten, ohne einander anzusehen; andere gingen einsam, im Paletot und Mütze, mit gesenktem Kopf am Rand der Rinnsteine hin; wieder andere gingen zu fünf und sechs schweigend hintereinander her; sie hatten die Hände in den Taschen, und ihre Blicke waren müde; einzelne hatten ihre ausgebrannten Pfeifen im Mund behalten. Maurer saßen auf Arbeitswagen, die sie zu vieren gemietet hatten und auf denen die Kalkkübel hin und her schwankten; zwischen ihren Geräten zeigten sich die blassen, mit Mörtel bespritzten Gesichter. Maler trugen ihre Farbtöpfe; ein Zinkarbeiter schleppte eine große Leiter, mit der er leicht jemandem ein Auge ausstoßen konnte, während ein verspäteter Brunnenmacher, mit seinem Handwerkskasten auf dem Rücken, auf einer Mundharmonika das Lied vom guten König Dagobert spielte. Das war eine traurige Weise, die wehmütig durch den eisigen Nebel klang. Oh! diese düstere Melodie, sie begleitete das Stampfen der Menge wie das Geläute die Saumtiere, wenn sie sich müde und erschöpft auf ihrer Straße weiterschleppen. Wiederum war ein Tag zu Ende.

Wahrlich, so ein Tag war lang, und das fing gleich wieder von neuem an. Kaum daß man die Zeit hatte, den Leib zu füllen und im Schlafe die Speisen zu verdauen, da war es schon wieder Tag, und man mußte wieder die Last des Elends auf die Schultern nehmen. Und doch pfiffen die Burschen, tappten auf das Pflaster und zogen schnell ihre Straße, weil ihr Schnabel der Richtung nach dem Futter zugewendet war. So wanderte Gervaise mit dem Strom, gleichgültig gegen die Püffe der Vorübergehenden: man stieß sie rechts, man stieß sie links und gab ihr so ihre Richtung; denn die Männer, die sich tagsüber matt und müde gearbeitet haben und die ihr Hunger vorwärts treibt, nehmen sich nicht die Zeit, höflich und zuvorkommend zu sein.

Als Gervaise zufällig die Augen erhob, befand sie sich plötzlich vor dem früheren Hotel Boncœur. Das kleine Haus, in welchem eine Zeitlang ein anrüchiges Café gewesen war, welches die Polizei hatte schließen müssen, stand jetzt ganz unbewohnt; seine geschlossenen Fensterläden waren mit Anschlagzetteln bedeckt, die Laterne war zerbrochen, und der miserable Putz zerbarst und löste sich im Regen auf. Sonst schien in der Umgebung alles beim alten geblieben zu sein. Der Papier- und der Tabakhändler waren noch immer da. Hinter diesen niederen Gebäuden erhoben die Hinterwände großer, neuer, fünfstöckiger Häuser ihre frisch beworfenen Flächen. Nur der ,,Bal Grand-Balcon" war verschwunden; in dem Saal, dessen zehn erleuchtete Fenster früher so strahlten, hatte man eine Zuckerschneiderei eingerichtet, deren Maschinen man den ganzen Tag pfeifen hörte. Dort in der erbärmlichen Kammer des alten Hotel Boncœur hatte das verdammte Leben angefangen. Sie blieb stehen und blickte zu dem Fenster im ersten Stock auf, wo eine Jalousie zerbrochen herabhing; dabei gedachte sie ihrer Jugend und Lantiers, ihrer ersten Zwistigkeiten und der abscheulichen Art, wie er sie verlassen hatte. Was schadete das alles? Damals war sie jung gewesen, das alles erschien ihr lustig im Lichte der Erinnerung. Nur zwanzig Jahre war das her, mein Gott! und jetzt lag sie auf dem Pflaster! Beim Anblick des Hotels wurde ihr übel, und so stieg sie den Boulevard wieder nach der Seite des Montmartre hinauf.

Auf einem Sandhaufen, der zwischen den Bänken lag, spielten die Straßenbuben in der hereinbrechenden Dunkelheit. Noch immer wogte das Volk auf den Straßen; jetzt waren es zumeist die Arbeiterinnen, die vorüberzogen; sie liefen eiligen Schrittes, um die Zeit wieder einzuholen, die sie bei den Schaufenstern versäumt hatten; eine Große stand still und ließ ihre Hand in der eines Burschen, der sie bis zum dritten Hause vor ihre Wohnung begleitet hatte; andere gaben sich beim Abschied Rendezvous in dem ,,Grand Salon de la Folie" oder in der ,,Boule Noire". Unter den vielen Arbeiterinnen gab es auch welche, die für Konfektionsgeschäfte nähten und die man an den eingeschlagenen Roben erkannte, die sie auf dem Arm trugen. Ein Töpfergeselle, der an einem Ziehgurt einen Wagen mit Schutt zog, wäre beinahe von einem Omnibus überfahren worden. Zwischen dem Menschenstrom, der sich nun doch nach und nach verlief, erblickte man Frauen ohne Kopfbedeckung, die eilig noch Lebensmittel für das Mittagessen einkauften, nachdem sie zu Hause das Feuer angezündet hatten; sie stießen in ihrer Hast die Fußgänger und liefen ohne Säumen zurück, wenn sie beim Bäcker und Fleischer ihren Bedarf eingekauft hatten. Man sah kleine achtjährige Mädchen, die fortgeschickt waren, um einzuholen, sie gingen längs der Läden entlang und trugen an ihre Brust gepreßt Vierpfundbrote, die ebenso groß waren wie sie selbst; sie glichen schönen, blondhaarigen Puppen, die sich manchmal wohl fünf Minuten lang vor den Bildern der Schaufenster aufhielten und ihre Bäckchen nachdenklich gegen das große Brot lehnten. Nach und nach verlief sich der Menschenstrom, und die Gruppen lösten sich auf, die Arbeiter waren heimgekehrt, und bei dem flammenden Leuchten des Gaslichtes begann jenes Leben, das gleichsam die Rache der Faulheit gegen die Arbeit darstellt, das mit dem Sonnenuntergang erwacht, um erst mit Sonnenaufgang zu enden.

Oh, ja! auch für Gervaise war der Tag zu Ende. Sie war matter und abgehetzter als all diese Arbeiter, mit denen sie soeben Schulter an Schulter sich durch die Straßen geschoben hatte. Sie konnte sich da niederlegen und verrecken, denn die Arbeit wollte sie nicht mehr, und sie hatte sich in ihrem Leben genug geplagt, um sagen zu können: ,,Wer ist jetzt an der Reihe? Ich, ich habe mein Teil geschafft!" Um diese Tagesstunde aßen in Paris alle. Ja, es war zu Ende, das Sonnenlicht war verschwunden, und die lange, lange Nacht war da. Mein Gott! wie gut wäre es, wenn man sich behaglich ausstrecken könnte, um nie wieder aufzustehen, wenn man denken könnte, jetzt habe ich mein Handwerkszeug beiseite gelegt für immer, und nun werde ich eingehen in eine Ewigkeit ohne Arbeit! Oh! wie gut mußte das sein, wenn man sich zwanzig Jahre gemüht und geschunden hatte! Trotz der Krämpfe, die Gervaises Magen peinigten, dachte sie unwillkürlich an die Festtage, an die guten Mahlzeiten und die heiteren Stunden ihres Lebens. Besonders an einen Fastnachtsdonnerstag dachte sie, wo es abscheulich kalt gewesen war und wo sie des Lebens Fröhlichkeit bis auf die Neige ausgekostet hatte. Sie war damals sehr hübsch gewesen, blond und frisch wie ein Pfirsich. Ihre Waschanstalt in der Rue Neuve hatte sie zur Königin der Wäscherinnen ernannt, trotz ihres Hinkens. So war sie in festlichem Aufzuge auf einem mit Girlanden geschmückten Wagen, inmitten der feinen Welt, über die Boulevards gefahren, wo jedermann sie anguckte; ja die Herren setzten ihre Augengläser auf, als gälte es einer wirklichen Königin. Am Abend gab es dann ein Festessen, daß die Tische krachten, und bis zum lichten Morgen hatte man das Tanzbein geschwungen. Königin, ja Königin! mit Krone und Schärpe, volle vierundzwanzig Stunden lang, die Zeit, in der die Zeiger zweimal über das Zifferblatt dahingehen! Ihr schwerer Kopf senkte sich unter den Qualen des Hungers, als ob sie in dem Rinnstein die Stelle finden wollte, wo sie ihre frühere königliche Herrlichkeit verloren hatte.

Von neuem erhob sie den Blick. Sie befand sich jetzt den Schlachthäusern gegenüber, die abgerissen wurden; die stellenweise niedergelegte Fassade gestattete den Blick auf düstere Höfe, die noch feucht und stinkend waren von dem Blut, das dort vergossen wurde. Als sie nun den Boulevard wieder hinaufgegangen war, sah sie auch das Hospital Lariboisière mit seiner großen grauen Mauer, über welcher sich fächerförmig die mit regelmäßigen Fensterreihen versehenen düsteren Flügel des Gebäudes erhoben. Eine Tür in der Mauer war der Schrecken des Quartiers: Das war die Totentür, deren feste, eichene Planken nicht den kleinsten Riß zeigten; das gab ihr den Ernst und das Schweigen eines Grabsteines. Dem Bereich dieser Tür mußte sie entfliehen, und so trieb sie die Verzweiflung weiter; sie ging bis zur Eisenbahnbrücke hinab. Die hohen Brustwehren von Eisenblech hinderten sie hier, in die Ferne zu sehen; sie erblickte nur den leuchtenden Horizont von Paris, eine Ecke des weiten Bahnhofs mit dem großen, vom Kohlenrauch geschwärzten Dach; sie hörte in dem großen, erhellten Raum das Pfeifen der Lokomotiven, die regelmäßigen Stöße der drehbaren Platten, auf denen die Wagen gewendet wurden, kurz all diesen Lärm einer ungeheuren, zum Teil verborgenen Geschäftigkeit. Bald kam ein Zug vorbei, er verließ Paris, und sein Schnauben und Stampfen wurde immer stärker und stärker; sie sah von dem Zug nur eine weiße Dampfwolke, welche einen Augenblick die Brustwehr streifte und sich dann verlor. Aber die Brücke hatte gezittert, und sie selbst empfand die Erschütterung dieser Abfahrt unter vollem Dampf. Sie wendete sich um, als ob sie der unsichtbaren Lokomotive folgen wollte, deren Donnern und Rollen langsam erstarb. Nach dieser Seite hin mußte das offene Land liegen, sie sah dort hinten, zwischen den hohen Häusern zur Rechten und Linken, ein Loch, da zeigte sich der freie Himmel. Die Häuser standen hier vereinzelt, ohne Ordnung; ihre Fassaden zeigten riesige Reklamen in ungeheuren Buchstaben, aber die schönen Malereien waren vergilbt und geschwärzt von dem Ruß der unaufhörlich vorbeisausenden Lokomotiven. Oh! wenn sie doch auch so hätte abreisen können; fortgehen, weit fort von diesen Häusern, in denen nur Leid und Elend nisteten. Vielleicht hätte sie noch einmal zu leben angefangen. Sie wendete sich wieder zurück und begann ganz stumpfsinnig die Zettel zu lesen, welche an die Brustwehr geklebt waren. Da waren welche von jeder Farbe; ein kleiner, blauer Zettel – es war ein so hübsches Blau – versprach fünfzig Francs demjenigen, der eine verlorene Hündin wiederbrächte. Wie mußten die Leute das Tier liebhaben!

Langsam begann Gervaise aufs neue ihren Marsch. In dem düsteren, rauchigen Nebel, der herniederfiel, wurden die Gasflammen angezündet. Diese langen Straßen und Alleen, die nach und nach in die Finsternis getaucht waren, erschienen nun ganz strahlend wieder; sie sahen noch länger aus als bei Tage und durchschnitten die Nacht bis zu den düsteren Fernen des Horizontes. Es war, als ob ein Hauch auf der Erde hinwehte und all die Tausende von Gassternchen in dem erweiterten Quartier entzündete, über welche sich der ungeheure, mondlose Himmel spannte. Um diese Stunde strahlten auf den Boulevards von einem Ende bis zum anderen die zahlreichen Weinkneipen und Schnapsbutiken mit ihren Lichtern lustig in den Abend hinein, und aus ihrem Innern ertönte das Lachen und Johlen der Trinker. Der Zahltag belebte die Trottoirs mit einer Menge genußsüchtiger Menschen, die alle ihre Saufreise machen wollten. Man roch das förmlich in der Luft, es war ein verdammtes Bummeln und Schlemmen; aber es war jetzt noch manierlich genug, es war nur der Anfang der Bekneiptheit, weiter nichts. Hinten in den Garküchen schlugen sich die Leute den Leib voll; in den ganz erleuchteten Räumen sah man durch die Fenster, wo alle mit vollem Munde aßen, dabei lachten sie und gaben sich kaum die Mühe des Kauens, so schlangen sie. Bei den Weinwirten setzten sich schon die Säufer fest und brüllten mit heftigen Gestikulationen. Es war ein Höllenlärm von kreischenden und rauhen Stimmen, die sich in dem Gestampfe auf den Trottoirs erhoben: „Du, sage mal, hast du schon gefuttert? ... Komm her, du Humpelfritze, ich poniere dir einen Schoppen ... Ei, sieh da! Bist du es, Pauline? Oh! ja wohl, das wäre noch schöner, heute ist es nichts mit uns beiden!“ Die Türen klappten auf und zu und ließen jedesmal einen warmen Hauch aus dem Innern der Schenken, der nach Wein roch oder in dem ein paar Töne des Waldhorns erklangen. Vor dem „Assommoir“ des Vater Colombe staute sich die Menge, die Kneipe war erleuchtet wie eine Kathedrale bei einer großen Messe; und beim Himmel! man konnte wirklich glauben, es würde da drin etwas zelebriert, denn die Säufer sangen mit vollen Backen und dicken Bäuchen, so daß sie wie Küster am Chorpult aussahen. Sie feierten den heiligen Zahltag; das war ein liebenswürdiger Heiliger, der mußte oben im Paradiese Säckelmeister sein. Man mußte nur sehen, wie toll das schon anfing! Die kleinen Rentiers, die ihre Frauen am Arm dort spazierenführten, meinten kopfschüttelnd, daß es doch in dieser Nacht in Paris verdammt viel betrunkene Kerle gäbe. Die Nacht war sehr dunkel, tot und eisig lag sie über dem Häusermeer; nur die langen Linien der Boulevards streckten ihre Feuerstreifen nach den vier Richtungen der Windrose.

Wie festgebannt stand Gervaise vor dem „Assommoir“ und dachte nach. Wenn sie zwei Sous gehabt hätte, wäre sie hineingegangen und hätte sie vertrunken. Vielleicht, daß ihr ein Schluck Schnaps den Hunger gestillt hätte. Oh! wie oft hatte sie schon getrunken! Und das Trinken schien ihr so gut zu sein! Von weitem sah sie zu, wie die Destilliermaschine arbeitete; dumpf empfand sie in ihrem Innern, daß all ihr Unglück von dorther käme, und sie gelobte sich, daß sie durch den Branntwein ihrem Leben ein Ende machen wolle, wenn sie einmal Geld hätte, sich welchen zu kaufen. Als sie so dachte, schüttelte sie der Frost, und sie sah, daß es schwarze Nacht war. Nun kam die gute Stunde heran. Jetzt war der Augenblick da, wo es galt, sich mutig zu zeigen und liebenswürdig zu machen, wenn sie nicht inmitten der allgemeinen Lustigkeit krepieren wollte. Und das um so mehr, als ihr das Zusehen, wie die anderen aßen, nicht gerade den Bauch füllte. Sie fing nun an, noch langsamer zu gehen und blickte um sich. Unter den Bäumen war der Schatten noch tiefer. Es gingen wenig Leute auf der Straße, und diese wenigen hatten es eilig und gingen mit schnellen Schritten über den Boulevard. Auf diesem breiten, düsteren und verlassenen Trottoir, wohin die Freude und Heiterkeit aus den benachbarten Straßen nur in ersterbenden Tönen drang, standen wartende Frauen. Lange standen sie unbeweglich, geduldig und steif, wie die kleinen, dürftigen Platanen, dann setzten sie sich langsam in Bewegung und gingen wohl zehn Schritte über den gefrorenen Boden hin, um dann von neuem stehenzubleiben, als ob sie an das Pflaster gebannt wären. Da war eine mit einem unförmig massigen Körper und Armen und Beinen, die wie Insektenglieder dünn und gebrechlich schienen; ihre überquellenden Formen waren in einen Lumpen von ehemals schwarzer Seide gehüllt, und ihren Kopfputz bildete ein gelbes Tuch. Eine andere, die groß und mager war, hatte sich eine weiße Schürze, wie ein Dienstmädchen, umgebunden. Noch andere waren alt, aber desto stärker geschminkt; und einzelne junge waren sehr schmutzig, ja so schmutzig, so ekelhaft, daß ein Lumpensammler sie nicht aufgehoben haben würde. Gervaise wußte nicht, wie sie sich benehmen sollte, sie suchte zu lernen und machte es wie die anderen. Eine Erregung kam über sie, wie sie sie wohl als Kind gehabt zu haben sich entsann, das schnürte ihr die Kehle zusammen; sie fühlte nicht, daß sie sich schämte, denn alles, was sie tat, schien ihr ein böser Traum. Wohl eine Viertelstunde lang blieb sie ganz stille stehen; es kamen Männer vorüber, aber sie sahen sie nicht an. Nun bewegte sie sich und wagte einen Mann, der pfeifend, mit den Händen in der Tasche, daherkam, anzusprechen; mit erstickter Stimme murmelte sie: „Mein Herr, hören Sie doch ...“ Der Mann blickte sie von der Seite an und ging noch stärker pfeifend weiter.

Gervaise wurde kühner. Sie vergaß alles in dem wilden Ringen dieser verzweifelten Jagd; mit schmerzlich gekrümmtem Leibe suchte sie ihr Mittagsbrot zu erhaschen, das noch immer unerreichbar vor ihr schwebte. So ging sie lange, sie wußte nicht mehr, welche Stunde es war noch welchen Weg sie ging. Um sie herum bewegten sich jene schweigenden, schwarzen Gestalten unter den Bäumen mit so regelmäßigen Schritten auf und nieder, als ob es wilde Tiere im Käfig wären. Sie verließen das Dunkel mit der zögernden Langsamkeit einer Erscheinung; wenn sie unter der Helligkeit einer Laterne dahingingen, so wurde für einen Augenblick ihr weißgeschminktes Antlitz sichtbar, und aufs neue tauchten sie in die Tiefen des Schattens zurück, aus dem nur der weiße Rand ihres Unterrocks ein wenig hervorleuchtete; sie hatten den schaurigen Reiz der Dunkelheit wiedergewonnen. Manchmal glückte es ihnen, die Männer für einen Augenblick anzuhalten, sie sprachen dann aus Mutwillen mit ihnen und gingen dann lachend wieder weiter. Andere folgten heimlich und verlegen einer Frau auf zehn Schritte Entfernung. Manchmal wurde die Stille durch lautere Gespräche unterbrochen, man stritt mit gedämpfter Stimme; das war oft ein wütendes Hin- und Herfeilschen, welches in die schweigende Nacht hineintönte. So weit Gervaise auch ging, überall sah sie diese eigentümlichen Schildwachen stehen, als ob die ganzen äußeren Boulevards mit Frauen von einem Ende bis zum anderen bepflanzt wären; weithin erstreckte sich diese Kette, ganz Paris war so bewacht. Ein Ekel erfaßte sie; wütend wechselte sie ihren Platz, sie ging jetzt von der Chaussee de Clignancourt nach der Rue de la Chapelle.

„Mein Herr, hören Sie doch...“

Aber die Männer gingen vorüber. Sie ging von den Schlachthäusern fort, deren Abbruchmauern nach Blut stanken. Im Vorbeigehen warf sie einen Blick auf das frühere Hotel Boncœur, es war geschlossen und öde. Am Hospital Lariboisière kam sie vorüber, mechanisch zählte sie längs der Fassade die hellen Fenster, die wie ebensoviele Nachtlampen leuchteten und deren fast ersterbende Lichter einen bleichen, ruhigen Schein gaben. Sie überschritt die Eisenbahnbrücke, welche unter der Gewalt der Züge erbebte, deren Lokomotiven die Luft mit dem verzweifelten Schrei ihrer Dampfpfeife zerrissen. Oh, wie entsetzlich traurig ließ doch die Nacht all diese Dinge erscheinen! Nun ging sie ihren Weg wieder zurück; wieder erblickten ihre Augen dieselben Häuserreihen, die einander so ähnlich sahen an diesem Ende der Avenue; wohl zehn-, ja zwanzigmal durchlief sie dieses Stück Straße, ohne Ruhe, ohne auf einer der Bänke auch nur eine Minute zu rasten. Nein, es begehrte ihrer niemand. Die Verachtung schien ihre Schande zu vergrößern. Noch einmal ging sie bis zum Hospital und kehrte noch einmal zu den Schlachthäusern zurück. Das war ihr letzter Spaziergang zwischen den blutigen Höfen, wo man schlachtete, und den bleichen Sälen, wo der Tod die Menschen erstarren machte in den Leichentüchern, die das Gemeingut aller waren. Dort hatte sich ihr Leben abgespielt.

„Mein Herr, hören Sie doch ...“

Jetzt plötzlich bemerkte sie ihren Schatten auf der Erde. Wenn sie sich einer Gasflamme näherte, so verdichtete sich der unbestimmte Schatten und nahm festere Formen an; der Schatten war ungeheuerlich, kurz, untersetzt und schreckenerregend, so rund war sie; das floß alles in eins zusammen, der Bauch, der Hals und die Hüften. Sie hinkte so stark mit ihrem lahmen Bein, daß ihr Schatten auf dem Boden bei jedem Schritte umkippte; sie war, so gesehen, ein wahres Stück Unglück. Wenn sie sich von der Flamme entfernte, so vergrößerte sich dieser Unglücksschatten, er wurde riesig und erfüllte die Boulevards mit seinen Verbeugungen, bei denen er sich an Bäumen und Häusern die Nase stieß. Mein Gott, wie war sie komisch und fürchterlich! Nie hatte sie es so begriffen, wie tief sie gesunken war. Sie konnte nun nicht mehr aufhören, das Spiel zu beobachten; wenn eine Gasflamme kam, so folgte sie mit den Augen dem wilden Tanze ihres Schattens. Oh, ja! Das war ein hübsches Weibsbild, das da ihr zur Seite ging! Die sah lustig aus. Das mußte ja gleich die Männer anlocken. Sie ließ ihre Stimme sinken, jetzt wagte sie nur noch hinterrücks den Vorübergehenden ihre Worte zuzuflüstern: „Mein Herr, hören Sie doch . . ."

Es mußte mittlerweile sehr spät geworden sein. Die Lustigkeit nahm im Quartier immer mehr ab. Die Garküchen waren geschlossen, und selbst bei den Weinwirten brannte das Gas mit roter Flamme; die Stimmen, die aus dem Innern heraustönten, lallten vor Trunkenheit. Aus Scherz und Lachen war jetzt Streit und Faustschlag geworden. Ein zerlumpter, großer Teufel heulte: „Warte mal, dir zerschlag ich alle Knochen, du kannst sie immer numerieren!" Ein Mädchen war mit ihrem Liebhaber an der Tür eines Tanzlokals in Streit geraten, sie schimpfte ihn „schmutziges Tier" und „krankes Schwein", während der Liebhaber immer antwortete: „Und deine Schwester?"* Die Trunkenheit in den Kneipen erzeugte eine Art von Bedürfnis, sich in Schlägen auszutoben; eine Wildheit überkam die Säufer und ließ bei denen, die hin und wieder vorbeikamen, die blassen Gesichter krampfhaft verzerrt erscheinen. Bald kam es zu einer Schlägerei; ein Trunkenbold fiel zu Boden und streckte alle viere in die Luft, während sein Kamerad, der glaubte, daß er ihm den Garaus gemacht hätte, so schnell ihn seine Beine tragen wollten mit einem lauten Geklapper seiner schweren Schuhe davonlief. Ganze Banden zogen vorbei, die gemeine Lieder brüllten; dann wurde es wieder plötzlich ganz still, und man hörte nur hin und wieder das Rülpsen oder den schweren Fall eines Betrunkenen. So endete immer diese Nacht des Fünfzehnten im Monat. Seit sechs Stunden war der Wein in solchen Strömen geflossen, daß er stellenweise auch das Trottoir überschwemmte. Oh, das waren hübsche Ergüsse, diese Fuchsschwänze, die da auf dem Pflaster sich ausbreiteten und welche die anständigen Leute, die spät heimgingen, überspringen mußten, wenn sie nicht hineintreten wollten. Wahrhaftig! das Quartier war sauber! Ein Fremder, der das so vor dem Morgenausfegen gesehen hätte, mußte eine hübsche Idee davon mit nach Hause nehmen. Aber um diese Stunde waren die Trunkenbolde unter sich und kümmerten sich den Teufel um die Meinung von Europa. Verdammt noch eins! da flogen die Messer aus den Taschen, und das kleine Fest endete mit Blutvergießen. Schnellen Schrittes gingen einzelne Frauen vorüber, und Männer strichen hohläugig umher. Die Nacht schien sich förmlich zu verdunkeln, so viel Düsteres, Verderbenschwangeres und Abscheuliches barg sich unter ihrem Mantel.

Gervaise ging immer fort, schlotternd trabte sie die Straßen herauf und hinab, mit dem einzigen Gedanken, unaufhörlich so zu gehen. Wenn eine plötzliche Müdigkeit sie überfiel, so schlief sie im Gehen ein, wobei ihr hinkendes Bein sie wie eine Wiege in den Schlaf lullte; wenn sie dann plötzlich um sich blickte, so merkte sie, daß sie wohl an hundert Schritte ohne Bewußtsein gemacht hatte, wie eine Tote. Da sie so aufrecht im Gehen schlief, so schwollen ihre Füße in ihren durchlöcherten Schuhen förmlich an. Sie wurde stumpf und ganz fühllos, so erschöpft und ausgepumpt war sie jetzt. Der letzte klare Gedanke, der sie noch beschäftigte, war, daß ihre Dirne von Tochter vielleicht gerade jetzt Austern äße. Danach verwirrte sich alles; sie behielt zwar die Augen noch offen, aber das Denken hätte sie eine unüberwindliche Anstrengung gekostet. Die einzige Empfindung, die noch inmitten ihres Verfalls in ihr fortlebte, war die der Hundekälte: diese Kälte war so eisig, so schneidend, wie sie sie nie zuvor empfunden hatte. Sicherlich, so kalt konnten es selbst die Toten in der Erde nicht haben. Als sie mühsam den Kopf erhob, empfand sie auf ihrem Gesicht ein eisiges Prickeln. Das war Schnee, der sich nun endlich doch entschlossen hatte, von dem dicken Himmel herniederzufallen; es war ein feiner Schnee, der in dichten Massen herabkam und den ein leichter Wind wirbelnd vor sich hertrieb. Seit drei Tagen wurde er erwartet, jetzt fiel er gerade im rechten Moment.

Dieser erste Windstoß hatte Gervaise erweckt, und sie ging schneller. Die Männer auf der Straße liefen und eilten, um nach Hause zu kommen; ihre Schultern waren weiß. Wie sie einen sah, der langsam unter den Bäumen daherkam, so näherte sie sich ihm und sagte noch einmal: „Mein Herr, hören Sie doch . . ." Der Mann war stehengeblieben. Aber er schien doch nichts gehört zu haben. Er streckte seine Hand aus und murmelte mit schwacher Stimme: „Um Gottes Barmherzigkeit willen, bitte . . ."

Beide blickten einander an. Oh! mein Gott! dahin war es gekommen! Der Vater Bru bettelte, und Madame Coupeau war eine Straßendirne! Entsetzt standen sie einander gegenüber. Jetzt konnten sie sich die Hand reichen. Den ganzen Abend war der alte Arbeiter umhergestreift, ohne daß er gewagt hätte, jemanden anzusprechen; die erste Person, die er ansprach, starb Hungers, ebenso wie er selber. Heiliger Gott! war das nicht ein Jammer? Fünfzig Jahre gearbeitet haben und betteln müssen! Eine der gesuchtesten Wäscherinnen in der Rue de la Goutte-d'Or gewesen zu sein und im Rinnstein zu endigen! Noch immer sahen sie einander an. Dann gingen sie wortlos auseinander, jedes seines Weges in dem Schneetreiben, das sie vorwärtspeitschte.

Das wurde ein förmlicher Sturm. Auf dieser Höhe, inmitten dieser weiten, offenen Räume wirbelte der feine Schnee hernieder, als ob er aus allen vier Windrichtungen dahin zusammengeblasen würde. Man konnte nicht zehn Schritte weit sehen, alles war in diesen fliegenden Schneestaub gehüllt. Das Quartier war verschwunden, der Boulevard schien wie ausgestorben, als ob das Schneetreiben mit seinem weißen Leichentuch die Seufzer der letzten Trunkenbolde zugedeckt hätte. Mühselig ging Gervaise noch immer weiter, der Schnee blendete sie, und sie verlor

---

* *Anmerkung des Übersetzers:* Dieses „Et ta sœur" war der Refrain eines zu Anfang der sechziger Jahre sehr beliebten Gassenhauers und hatte eine sehr vielfache, nicht immer sehr reinliche Bedeutung.

den Weg. Sie faßte nach den Bäumen, um sich zurechtzufinden. Je mehr sie vorwärtsschritt, desto mehr schwand das Licht der Gasflammen in der bleichen Luft, als ob es erlöschende Fackeln gewesen wären. Aber als sie eine große Straßenkreuzung überschritt, fehlten plötzlich auch diese Lichter; der Wind erfaßte sie und hüllte sie in den weißen Wirbel von Flocken, ohne daß sie etwas unterscheiden konnte, was ihr als Wegweiser hätte dienen können. Unter ihr floh der Boden mit seiner unsicheren Schneedecke. Ein graues Gemäuer umschloß sie. Und wenn sie stillstand und zögernd den Kopf umwendete, so ahnte sie hinter diesem eisigen Schleier die ungeheure Weite der Avenuen mit ihren unabsehbaren Laternenreihen, diese ganz öde, schwarze Unendlichkeit des schlafenden Paris.

Sie befand sich gerade an der Stelle, wo der äußere Boulevard mit dem Boulevard Magenta und dem Boulevard Ornano zusammenstößt, und träumte davon, sich dort auf die Erde niederzulegen, als sie das Geräusch von Schritten hörte. Sie lief darauf zu, aber der Schnee kam ihr in die Augen, und die Schritte entfernten sich, ohne daß sie hätte unterscheiden können, ob sie sich nach rechts oder links hin gewandt hätten. Endlich bemerkte sie die breiten Schultern eines Mannes wie einen dunkeln, tanzenden Fleck, der sich in den Nebel hinein verlor. Oh, diesen da mußte sie haben, ihn würde sie nicht von hinnen lassen! Und sie lief stärker, erreichte ihn und ergriff sein Bluse. „Mein Herr, mein Herr, hören Sie doch ..."

Der Mann wendete sich um: es war Goujet. Da hatte sie sich an das Löwenmaul gehängt, an ihn gerade jetzt! Aber womit hatte sie denn Gott so schwer gekränkt, daß er sie jetzt, wo es zu Ende ging, so entsetzlich peinigte? Das war der letzte Schlag, der sie treffen konnte, sich so dem Schmied vor die Füße zu werfen, von ihm auf der niedersten Stufe der Boulevard-Dirnen gesehen zu werden, gleich einem bettelnden Gespenst. Und das ging unter einer Gasflamme vor sich! Sie erblickte ihren unförmigen Schatten, der so aussah, als ob er sich auf dem Schnee über sie lustig mache, wie eine echte Karikatur. Man sollte meinen, es sei der Schatten eines betrunkenen Weibes! Mein Gott! und dabei nicht eine Krume Brot, nicht einen Tropfen Wein im Körper zu haben und für betrunken gehalten zu werden! Es war ja ihre Schuld, warum trank sie! Sicher glaubte Goujet, daß sie getrunken hatte und daß sie im Trunk eine tolle Orgie feierte.

Goujet sah indessen auf sie herab, während der Schnee sich in dichten Massen in seinem schönen, blonden Bart festsetzte. Als sie dann rückwärts weichend den Kopf senkte, hielt er sie zurück. „Kommt mit mir!" sagte er.

Damit ging er voran. Sie folgte ihm. Beide schritten ohne Geräusch durch das schweigende Quartier, wobei sie sich dicht an den Mauern hielten. Die arme Madame Goujet war im Monat Oktober an einem heftigen Gelenksrheumatismus gestorben. Goujet bewohnte noch immer das kleine Haus in der Rue Neuve, wo es jetzt düster und einsam war. An diesem Tage hatte er sich verspätet, weil er bei einem verwundeten Kameraden gewacht hatte. Als er die Tür geöffnet und die Lampe angezündet hatte, wandte er sich zu Gervaise, die demütig auf der Schwelle stehengeblieben war. Er sagte sehr leise, als ob seine Mutter ihn noch hätte hören können: „Tretet näher!"

Das erste Zimmer, das der Madame Goujet, war pietätvoll in demselben Zustand erhalten, wie sie es verlassen hatte. Nahe beim Fenster war auf dem Stuhl, zur Seite des Fauteuils, der Stickrahmen aufgestellt, der auf die alte Spitzenklöpplerin zu warten schien. Das Bett war gemacht, und sie hätte sich dort niederlegen können, wenn sie den Kirchhof verlassen hätte, um einmal einen Abend mit ihrem Kind zu verbringen. Das Zimmer bewahrte eine Art von Sammlung, und ein Hauch von Ehrenhaftigkeit und Güte schien es zu durchwehen. „Tretet näher!" sagte der Schmied noch einmal.

Nun trat sie furchtsam, mit der Miene einer Dirne, die zufällig an einen anständigen Ort gekommen ist, näher. Er war ganz bleich und zitterte, weil er so eine Frau zu seiner toten Mutter brachte. Beide durchschritten das Gemach mit leisen Schritten, als ob sie die Schande hätten vermeiden wollen, daß man sie hörte. Als der Schmied dann Gervaise in sein Zimmer geschoben hatte, schloß er die Tür. Dort war er bei sich. Das war das enge Kabinett, welches sie kannte, das mit seiner schmalen, eisernen Bettstelle und den weißen Musselinvorhängen wie das Zimmer einer Pensionärin aussah. Nur an den Wänden hatten sich die ausgeschnittenen Bilder noch vermehrt und waren bis zur Decke hinaufgestiegen. Gervaise wagte in dieser reinen Umgebung nicht einen Schritt vorwärts zu tun, sie zog sich möglichst weit von der Helligkeit der Lampe zurück. Da überkam den Schmied eine Raserei, er wollte sie ergreifen und zwischen seinen Armen zermalmen. Aber das ging vorüber und er murmelte: „Oh, mein Gott! ... Oh, mein Gott! ..."

Der Ofen, dessen Feuer mit Koksstaub bedeckt war, brannte noch, und ein Überrest von Ragout, welches der Schmied warmgestellt hatte, weil er früher heimzukehren gedachte, dampfte auf der Platte. Gervaise, welche die große Wärme aus ihrer Erstarrung aufweckte, hätte sich auf alle viere gelegt, um von dem Ofen essen zu können. Das ging über ihre Kräfte, in ihrem Magen fühlte sie ein schneidendes Reißen, und mit einem Seufzer beugte sie sich nieder. Da verstand sie Goujet: Er setzte das Ragout auf den Tisch, schnitt ein Stück Brot ab und goß zu trinken ein. „Danke! danke!" sagte sie. „Oh! wie gut seid Ihr! Danke!"

Sie stammelte, sie konnte die Worte nicht mehr aussprechen. Als sie die Gabel umfaßte, zitterte sie so stark, daß sie sie fallen ließ. Der Hunger, der sie peinigte, schüttelte sie, daß sie wie eine Greisin mit dem Kopf wackelte. Sie mußte mit den Fingern zugreifen; bei der ersten Kartoffel, die sie sich in den Mund schob, brach sie schluchzend in Tränen aus, dicke Tropfen rollten an ihren Backen hernieder und netzten ihr Brot. Sie aß immerfort, heißhungrig schlang sie das Brot hinunter, das ihre Tränen geweicht hatten; dabei atmete sie sehr stark, und beim Schlucken mußte sie ihr Kinn krampfhaft bewegen. Goujet nötigte sie zum Trinken, damit sie nicht erstickte, und das Glas klang dabei zitternd zwischen ihren Zähnen. ,,Wollt Ihr noch Brot?" fragte er halblaut. Sie weinte. Sie sagte ,,nein", sie sagte ,,ja", sie wußte es nicht. Oh! allmächtiger Gott, wie ist es gut und doch auch traurig, zu essen, wenn man verreckt!

Dabei stand er vor ihr und betrachtete sie. Jetzt sah er sie ordentlich bei dem hellen Licht, welches unter der Lampenglocke auf sie niederfiel. Wie war sie gealtert und heruntergekommen! Die Hitze taute den Schnee in ihren Haaren und auf ihren Kleidern, so daß sie triefte. Ihr armer, wackelnder Kopf war ganz mit grauen Haarlocken bedeckt, welche der Wind entfesselt hatte. Ihr Hals stak jetzt zwischen den Schultern, sie war ganz untersetzt und so häßlich und dick, daß man hätte weinen mögen. Und er rief sich ihre Reize ins Gedächtnis zurück, als sie noch ganz rosig war, mit ihren Eisen klapperte und das kleine Kinderfältchen hatte, welches ihren Hals besser schmückte als das kostbarste Halsband. Zu jener Zeit war er hingegangen und hatte sie stundenlang ansehen können und war zufrieden, wenn er sie nur sah. Später war sie zur Schmiede gekommen; was hatte er da für herrliche Freuden gekostet, wenn er auf sein Eisen schlug und sie dem Tanze seines Hammers mit den Augen folgte! Wie oft hatte er nicht in sein Kopfkissen gebissen in der Nacht und gewünscht, sie so in seinem Zimmer zu haben wie heute. Oh! er hätte sie zerquetscht, wenn er sie an sich gedrückt hätte, so heftiges Verlangen trug er nach ihr. Und heute gehörte sie ihm, er konnte sie nehmen. Sie aß am letzten Stückchen Brot und wischte damit ihre Tränen aus der Schüssel, die noch immer in ihr Essen fielen.

Dann stand Gervaise auf. Sie hatte aufgehört zu essen. Einen Augenblick blieb sie verlegen stehen, weil sie nicht wußte, was er von ihr wollte. Als sie in seinen Augen eine Flamme aufleuchten zu sehen vermeinte, faßte sie mit der Hand nach ihrer Taille und knöpfte den ersten Knopf auf. Aber Goujet war vor ihr auf die Knie gesunken, ergriff ihre Hände und sagte sanft: ,,Ich liebe Euch, Madame Gervaise, oh! ich liebe Euch noch trotz allem, was geschehen ist, das schwöre ich Euch!"

,,Oh! sprecht nicht so, Herr Goujet!" rief sie, denn es machte sie beinahe närrisch, daß sie ihn so zu ihren Füßen sah. ,,Nein, sagt das nicht, es ist zu schmerzlich für mich!" Und als er es wiederholte, daß er in diesem Leben nicht zum zweitenmal lieben könne, wurde sie noch verzweifelter. ,,Nein, nein, ich will das nicht, ich habe zuviel Schande auf mich gehäuft ... Um der Liebe Gottes willen! Steht jetzt auf! An mir ist es, vor Euch auf dem Boden zu liegen!" Nun stand er zitternd auf und sagte mit stammelnder Stimme: ,,Wollt Ihr mir erlauben, Euch zu küssen?"

Sie war so bestürzt und überrascht, daß sie nicht ein Wort der Erwiderung fand. Sie nickte mit dem Kopfe Gewährung. Mein Gott! sie war sein, er konnte mit ihr tun wie ihm gutdünkte. Aber er rundete nur seinen Mund zu einem Kuß. ,,Das ist genug zwischen uns beiden, Madame Gervaise!" murmelte er. ,,Das ist all unsere Freundschaft, nicht wahr?"

Er küßte sie auf die Stirn, auf eine ihrer ergrauten Haarlocken. Er hatte seit dem Tode seiner Mutter niemanden geküßt. Nur Gervaise, seine gute Freundin, blieb für ihn im Leben übrig. Als er sie nun mit so viel Achtung geküßt hatte, wendete er sich von ihr und warf sich quer über das Bett, weil das Schluchzen ihm die Kehle zu zersprengen drohte. Gervaise konnte nicht länger bleiben, das war zu traurig, zu abscheulich, sich unter solchen Verhältnissen wiederzufinden, wenn man einander liebhatte. Sie rief ihm zu: ,,Ich liebe Euch, Herr Goujet! Ja, auch ich liebe Euch ... Oh, das ist ja nicht möglich, das begreife ich wohl ... Adieu! adieu! denn das würde uns beide töten!"

Laufend stürzte sie durch das Zimmer von Madame Goujet und war bald auf der Straße. Als sie wieder zu sich gekommen war, hatte sie in der Rue de la Goutte-d'Or geschellt. Boche zog die Tür auf. Das Haus war ganz dunkel. Sie trat da ein wie eine Witwe in ihr Trauerjahr. Zu dieser Nachtstunde schien der ungeheure, gähnende, rissige Torweg ein offener Rachen zu sein. Wie war es nur möglich, daß früher der Besitz einer Ecke in dieser verdammten Kaserne zu ihren ehrgeizigen Wünschen gehört hatte! Waren denn damals ihre Ohren verstopft gewesen, daß sie zu jener Zeit diese entsetzliche Musik der Verzweiflung nicht gehört hatte, welche hinter diesen Mauern fort und fort ertönte? Seit dem Tage, wo sie hierher ihren Fuß gesetzt, hatte es angefangen bergab mit ihr zu gehen. Ja, das mußte Unglück bringen, wenn die einen so auf den anderen saßen in diesen großen Arbeiterhäusern; da wurde man angesteckt von der Cholera des Elends. An diesem Abend schien ihr alle Welt dem Verrecken nahe zu sein. Sie hörte, wie zur Rechten die Boches schnarchten und zur Linken Lantier und Virginie leise schnurrten wie Katzen, die nicht schlafen, die aber warm und mollig mit geschlossenen Augen dasitzen. Auf dem Hofe glaubte sie sich inmitten eines Begräbnisplatzes; der Schnee bildete auf dem Boden ein bleiches Viereck; die hohen Wände des Hauses stiegen grau und düster, ohne ein Licht empor, wie die Mauern einer Ruine. Sie hörte nichts, nicht einen Seufzer; die Bevölkerung eines ganzen Dorfes war da begraben, erstarrt vor Kälte und Hunger. Sie mußte den schwarzen Rinnstein überschreiten, aus der Färberei floß ein dampfender Wasserquell, der sich ein schmutziges Bett in dem weißen Schnee gebildet hatte. Die Farbe dieses Wassers stimmte mit ihren Gedanken überein. Da waren auch schon Wässer mit schönen Farben geflossen, Himmelblau und zartes Rosa!

Als sie nun die sechs Stockwerke in die Höhe stieg, konnte sie ein böses Lachen nicht unterdrücken, das Lachen tat ihr weh. Sie dachte an ihr früheres Ideal: ruhig arbeiten, immer Brot essen, seine Kinder gut erziehen, nicht geschlagen werden, ein sauberes Loch für sich haben und in seinem eigenen Bette sterben. Nein, wahrhaftig, es war zu komisch, wie ihr das alles in Erfüllung gegangen war! Sie arbeitete nicht mehr, sie aß nicht mehr, sie schlief auf Schmutz, ihre Tochter betrieb ein Schandgewerbe, ihr Mann traktierte sie mit Schlägen, was blieb ihr da anderes übrig, als ihrem Leben auf dem Pflaster ein Ende zu machen, und das so bald als möglich? Wenn sie nur den Mut hätte, sich jetzt, wenn sie in ihr Zimmer käme, aus dem Fenster zu stürzen! Sollte man nicht meinen, sie hätte vom Himmel dreißigtausend Francs Rente und Gott weiß was noch für Ehren verlangt? Ja, wahrlich! wenn man in diesem Leben auch noch so bescheiden ist, es nützt einem doch nichts! Nicht einmal ein Stückchen Brot und ein warmes Nest zu haben, das ist das große, allgemeine Schicksal. Das, was ihr häßliches Lachen noch einmal hervorrief, war die Erinnerung an ihre schöne Hoffnung, sich auf das Land zurückzuziehen, wenn sie zwanzig Jahre geplättet hatte. Nun wohl, jetzt ging sie ja aufs Land. Sie wollte ihre Ecke grünen Rasens auf dem Père-Lachaise haben.

Als sie in ihren Korridor hineinging, war sie wie toll. In ihrem armen Kopfe wirbelte es. Eigentlich kam ihr großer Schmerz daher, daß sie dem Schmied für ewig Lebewohl gesagt hatte. Es war aus zwischen ihnen, sie würden sich niemals wiedersehen. Dazu kam dann noch all ihr anderes Unglück und verdrehte ihr vollends den Kopf. Im Vorbeigehen steckte sie den Kopf bei den Bijards zur Tür hinein; sie sah Lalie tot daliegen, oh! wie zufrieden war die, und wie schien es ihr wohl zu tun, daß sie nun so für immer ruhen konnte. Da aus der Türspalte des Vater Bazouge ein Lichtstrahl fiel, so trat sie entschlossen bei ihm ein, weil sie plötzlich das dringende Verlangen beseelte, denselben Weg zu gehen, wie die Kleine.

Der alte Spaßvogel, der Vater Bazouge, war in dieser Nacht ganz besonders lustig nach Hause gekommen. Er hatte sich so stark angesäuselt, daß er trotz der Kälte auf der Erde schnarchte, und das hinderte ihn ohne Zweifel nicht, recht vergnüglich zu träumen, denn sein Bauch schüttelte sich förmlich vor Lachen im Schlaf. Die Talgkerze war brennen geblieben und beleuchtete seinen Frack, seinen platten, schwarzen Hut, der in der Ecke lag, und seinen Mantel, den er wie ein Stück Zudecke über seine Knie gezogen hatte.

Als Gervaise ihn sah, fing sie laut zu jammern an, daß er aufwachte. „Den Teufel auch! macht doch die Tür zu! Da kommt eine Kälte rein! ... Ach! Ihr seid es! ... Nun, was gibt's denn? Was wollt Ihr denn?“ Nun begann Gervaise mit ausgestreckten Armen leidenschaftlich zu bitten, ohne daß sie wußte, welche Worte sie hervorstotterte. „Oh! führt mich fort, ich habe genug, ich will fortgehen ... Ihr müßt mir nicht mehr böse sein. Ich weiß nicht, mein Gott! Man weiß es ja niemals, bis es soweit ist ... O ja! dann ist man zufrieden, eines Tages dahin zu kommen! ... Nehmt mich fort! Nehmt mich fort! und ich werde noch danke schön dazu sagen.“

Ganz bleich ließ sie sich auf die Knie nieder, so heftig war das Verlangen, das sie erfüllte. Nie hatte sie sich so vor den Füßen eines Mannes gewälzt. Das versoffene Pausbackengesicht des Vater Bazouge mit seinem gekniffenen Mund und der lederfarbenen Haut, auf der der Staub der Begräbnisse lag, erschien ihr schön und leuchtend wie die Sonne. Der Alte, der noch halb im Schlafe war, glaubte an irgendeinen schlechten Spaß.

„Hört mal!“ murmelte er, „Ihr müßt mich nicht zum besten haben!“

„Nehmt mich mit Euch!“ wiederholte Gervaise ihre Bitte noch glühender. „Erinnert Ihr Euch noch des Abends, wo ich an die Bretterwand geklopft habe? Nachher habe ich gesagt, es sei nicht wahr, weil ich noch zu dumm war ... Gebt mir jetzt nur Eure Hände, ich habe keine Furcht mehr. Nehmt mich mit fort, daß ich zur Ruhe komme, Ihr könnt nachsehen, ich werde mich nicht rühren ... Oh! ich habe nur diesen einen Wunsch, oh! ich würde Euch so liebhaben!“

Bazouge, der immer sehr gelant war, dachte, daß er doch eine Dame nicht vor den Kopf stoßen dürfe, die eine so heftige Neigung zu ihm gefaßt hatte. Sie war zwar schon etwas in Verfall geraten, aber sie hatte immer noch schöne Reste, wenn sie sich ordentlich aufputzte. „Ihr seid da ganz auf dem richtigen Wege!“ sagte er mit überzeugtem Tone. „Ich habe noch heute drei eingepackt, die mir eine anständiges Trinkgeld gegeben hätten, wenn sie nur die Hand in die Tasche hätten stecken können ... Nur, mein kleines Mütterchen, das geht doch nicht so ohne weiteres!“ – „Nehmt mich doch mit! Nehmt mich doch mit!“ rief immer Gervaise, „ich will ja so gerne fortgehen!“ – „Den Teufel auch! da geht erst noch eine kleine Operation vorher ... Ihr wißt doch, Knik!“

Er machte bei diesem Laut eine Anstrengung mit der Kehle, als ob er seine Zunge herunterschlucken wollte. Da er den Scherz recht gut fand, so lachte er.

Gervaise war langsam aufgestanden. Also auch er konnte nichts für sie tun? Stumpfsinnig ging sie in ihr Zimmer und warf sich auf das Stroh. Jetzt tat es ihr leid, daß sie gegessen hatte. Oh! nein, so ging das nicht, das Elend tötet nicht schnell genug.

XIII

Coupeau machte in dieser Nacht eine seiner Saufreisen. Am nächsten Morgen erhielt Gervaise zehn Francs von ihrem Sohn Etienne, der Mechaniker bei einer Eisenbahn war. Der Kleine schickte ihr hin und wieder ein Fünffrancsstück, weil er wußte, daß zu Hause Schmalhans Küchenmeister war. Sie setzte sich einen Topf mit Fleisch und Gemüse an das Feuer und aß das Gericht ganz allein auf, denn das Vieh, der Coupeau, war auch am folgenden Tage nicht heimgekommen. Es kam der Montag, der Dienstag, niemand ließ sich sehen. Die ganze Woche verging so. Ah! den Teufel auch! wenn den irgendeine Dame entführt hätte, so konnte man das einen glücklichen Umstand nennen! Gerade am Sonntag bekam Gervaise ein amtliches Schreiben, welches sie zuerst erschreckte, weil es wie ein Brief von der Polizei aussah. Als sie es las, beruhigte sie sich; es war ganz einfach die Mitteilung, daß ihr Schwein im Begriffe wäre, im Spital Sainte-Anne vor die Hunde zu gehen. Das Schriftstück sagte das höflicher, aber es kam im Grunde genommen auf dasselbe hinaus. Ja, ja, es war also doch eine Dame gewesen, die Coupeau entführt hatte, und diese Dame hieß „Sophia Drehauge", die letzte gute Freundin der Trunkenbolde.

Nein, wahrlich, deswegen beunruhigte sich Gervaise nicht. Er kannte ja den Weg, er würde vom Asyl schon allein wieder nach Hause finden; er war dort schon so oft geheilt worden, daß sie ihm wohl noch einmal den bösen Streich spielen würden, ihm wieder auf die Beine zu helfen. Hatte sie nicht erst heute morgen gehört, daß man während ganzer acht Tage Coupeau gesehen habe, wie er trunken wie ein Igel bei allen Weinwirten von Belleville sich umhergetrieben habe. In seiner Gesellschaft war Mes-Bottes; und Mes-Bottes war es auch, der alles zahlte; er mußte einen tiefen Griff in die verborgenen Schätze seiner sauberen Ehehälfte getan haben, die ihre Ersparnisse mit dem hübschen Spielchen gewann, das ihr alle kennt. Ah, das war recht reinliches Geld, was sie da vertranken, kein Wunder, wenn ihnen da alle möglichen Krankheiten in die Knochen fuhren. Desto besser, wenn Coupeau ein bißchen Leibschmerzen davon bekommen hatte! Gervaise war ganz wütend bei dem Gedanken, daß diese beiden verdammten Egoisten auch nicht einmal daran gedacht hatten, sie abzuholen und ihr auch einen Schluck anzubieten. Hat man je so etwas gesehen! Eine Orgie von acht Tagen, und nicht eine Galanterie für eine Dame! Wenn man allein getrunken hat, kann man auch allein krepieren, so ist es!

Am Montag hatte Gervaise eine recht hübsche, kleine Mahlzeit für den Abend, es war ein Rest Bohnen und ein Schoppen Wein. Sie überredete sich, daß eine kleine Promenade ihren Appetit verbessern würde. Der Brief da auf der Kommode war ihr unbequem. Der Schnee war geschmolzen, das Wetter war angenehm, der Himmel zwar bewölkt, aber die milde Luft hatte etwas Erfrischendes, in ihrem leisen Wehen lag es wie Frühlingsahnen. Ein solches Wetter läßt auch ein bedrücktes Menschenherz aufs neue hoffnungsreich schlagen. Sie machte sich schon mittags auf, denn der Weg war lang; man mußte quer durch ganz Paris, und ihr Bein schleppte sie immer nach; dabei war eine Menge von Menschen auf den Straßen, alle Welt war heiter und guter Dinge, so kam denn auch sie ganz munter dort an. Als sie ihren Namen genannt hatte, erzählte man ihr eine ganz tolle Geschichte: es schien, als ob man Coupeau bei dem Pont-Neuf aufgefischt hätte; er hatte sich über die Brustwehr gestürzt, weil er glaubte, daß ein bärtiger Mann ihm den Weg versperrte. Ein hübscher Sprung, nicht wahr? Wie nun Coupeau auf den Pont-Neuf gekommen war, das konnte er selbst nicht erklären.

Ein Wärter führte nun Gervaise. Als sie eine Treppe in die Höhe stiegen, hörte sie ein Geheul, welches ihr das Mark gefrieren machte. „Nicht wahr? Der macht eine Musik!" sagte der Wärter. „Wer denn?" fragte sie. „Nun, Euer Mann! So heult er schon seit vorgestern. Und dabei tanzt er, Ihr werdet gleich selbst sehen!"

Oh, mein Gott! was war das für ein Anblick! Sie blieb wie angedonnert stehen. Die Zelle war von oben bis unten gepolstert, auf der Erde lagen zwei Strohsäcke, einer auf dem andern, und in der Ecke eine Matratze und ein Keilkissen, weiter nichts. In diesem Raum tanzte und heulte Coupeau. Er sah aus wie eine richtige Gründonnerstagsmaske mit seiner zerlumpten Bluse und seinen Gliedern, die in der Luft umherfuchtelten. Aber die Maske war nicht komisch, oh! nein, diese Maske tanzte da einen Tanz, der dem Zuschauer jedes Haar des Körpers vor Entsetzen emporsträuben machte. Seine Maske stellte einen Sterbenden dar. Heiliger Himmel! war das ein Cavalier seul! Er hüpfte auf das Fenster zu, und wenn er rückwärts schreitend von dort fortging, so schlug er mit den Armen den Takt und schüttelte die Hände, als wolle er sie von sich schleudern, damit sie den Leuten ins Gesicht flögen. Man trifft in den Tanzkneipen Spaßmacher, die das nachahmen, aber sie machen es schlecht nach; wenn man sich eine richtige Meinung von dieser Säuferquadrille verschaffen will, dann muß man es von einem sehen, der das ganz ernsthaft aufführt. Auch das Lied hat seinen eigenartigen Charakter, es ist ein fortwährendes Karnevalsgeheul, wobei aus dem weit offenen Munde stundenlang dieselben Noten wie aus einer heiseren Posaune kommen. Coupeau schrie wie ein Hund, dem man eine Pfote zerquetscht hat. Und dabei fortwährend: „En avant les Cavaliers! Balancez à vos dames!" – „Himmlischer Vater! was ist das? Was hat er denn? ..." fragte wiederholt Gervaise, die schier versteinert war.

Ein junger Mediziner, ein starker, blonder, rosiger Bursche mit einer weißen Schürze, saß ruhig und machte Notizen. Der Fall war interessant, der junge Mann ließ den Kranken nicht aus den Augen. „Bleibt einen Augenblick hier, wenn Ihr wollt!" sagte er zur Wäscherin. „Aber verhaltet Euch ruhig ... Versucht es mal, ihn anzureden, er wird Euch nicht erkennen."

Coupeau schien wirklich seine Frau nicht einmal zu bemerken. Sie hatte ihn beim Hereintreten nur schlecht sehen können, weil er sich so viel hin und her bewegte. Als sie ihm nun näher ins Gesicht sah, ließ sie ihre Arme vor Schreck niedersinken. Wie war es, um Gottes willen, nur möglich, daß er ein solches Gesicht hatte, mit blutunterlaufenen Augen und dicken Krusten auf den Lippen? Sie hätte ihn sicherlich nicht wiedererkannt. Er schnitt auch viel zuviele Gesichter, ohne zu sagen, weshalb; den Mund zog er plötzlich ganz schief, die Nase zog sich faltig zusammen, und die Backen waren gespannt, so daß er ein wahres Tiergesicht hatte. Seine Haut war so heiß, daß die Luft um ihn herum dampfte, dabei war sein Fleisch glänzend, und schwere Schweißtropfen rannen an ihm nieder. Wenn man so seinem rasenden Tanz à la Chicard* zusah, so merkte man recht gut, daß er sich da-

* *Anmerkung des Übersetzers:* Pas Chicard ist eine Art des Tanzes, die durch einen Herrn Chicard in die Mode gekommen ist.

bei nicht wohl fühlte, daß ihm sein Kopf schwer war und seine Glieder ihn schmerzten.

Gervaise hatte sich dem jungen Mediziner genähert, der mit den Fingern auf der Stuhllehne einen Marsch trommelte.

„Sagen Sie doch, mein Herr, dieses Mal ist es also ernsthaft?" Der Mediziner nickte mit dem Kopf, ohne zu antworten. „Sagen Sie, plappert er nicht ganz leise? Nicht wahr? Sie hören es auch, was ist denn das?" – „Das sind Dinge, die er sieht!" murmelte der junge Mann. „Seid still und laßt mich hören."

Coupeau sprach ruckweise. Dabei schien ein Funke von Spaßhaftigkeit in seinen Augen aufzuleuchten. Er blickte rechts und links zu Boden und drehte sich um sich selbst, als ob er im Vincenner Gehölz spazierenginge und mit sich selbst spräche. „Ei! Das ist hübsch, das ist gelungen ... Da sind ja niedliche Buden, ein ganzer Jahrmarkt. Und die hübsche Musik! Was tanzen die toll! Die zerbrechen da drinnen alles Geschirr wie an einem Polterabend ... Sehr hübsch! Ei! da steigen ja auch rote Luftballons auf, wie die springen, wie die abgehen! ... Oh! oh! wie viele Laternen an den Bäumen hängen! ... Es ist ganz verdammt hübsch hier! Überall Springbrunnen und Wasserfälle, und das Wasser, das plätschert und murmelt, ah! als ob Kinder im Chorus sängen ... Es ist erstaunlich! solche Wasserfälle!"

Er richtete sich auf, als ob er das entzückende Lied des Wassers besser hören wollte; er sog in starken Zügen die Luft ein, weil er den frischen Hauch von den Wasserfällen zu atmen glaubte. Aber nach und nach nahm sein Gesicht den Ausdruck der Angst an. Nun krümmte er sich zusammen und lief an den Wänden der Zelle entlang, wobei er dumpfe Drohworte vor sich hermurmelte.

„Noch immer die Schufte, und all das andere! Oh! ich traute ihnen nicht ... Ruhe da! Ihr Haufen von Schurken! Ja, ihr kümmert euch nicht um mich! Ihr wollt euch über mich lustig machen, wenn ihr da drinnen mit euren Weibsbildern sauft ... Ich werde euch in Stücke schlagen, euch und eure Bude! ... In drei Teufels Namen! wollt ihr mich in Ruhe lassen?" Er ballte die Fäuste. Rauhe Schreie kamen aus seinem Mund, und er lief, sich niederduckend, an den Wänden entlang. Dann stotterte er, und die Zähne klapperten ihm vor Entsetzen. „Ich soll wohl ein Ende mit mir machen? Nein, ich werfe mich da nicht hinein! ... All das Wasser, das bedeutet, daß ich keinen Mut habe. Nein, ich stürze mich doch nicht da rein!"

Die Wasserfälle flohen bei seiner Annäherung und rückten vor, wenn er zurückwich. Plötzlich blickte er stumpfsinnig um sich und stammelte mit kaum vernehmbarer Stimme: „Das ist ja unmöglich, die Naturforscher haben sich gegen mich verschworen!" – „Ich gehe jetzt fort, mein Herr. Guten Abend!" sagte Gervaise zu dem Mediziner. „Das ist mir zu schmerzlich, ich werde wiederkommen!"

Sie war bleich vor Entsetzen. Coupeau fuhr mit seinem „Cavalier seul" fort, immer vom Fenster zur Matratze und von der Matratze zum Fenster; dabei schwitzte er, spannte all seine Kräfte aufs äußerste an, und bei alledem schlug er noch selbst den Takt. Nun lief sie fort. So schnell sie auch die Treppe hinabeilte, bis unten hörte sie immer noch den entsetzlichen Lärm, den ihr Mann machte. Oh, wie gut war es doch draußen, da atmete sie auf. Am Abend sprach das ganze Haus in der Rue de la Goutte-d'Or von der sonderbaren Krankheit Vater Coupeaus. Die Boches, die die Humpelliese jetzt ganz über die Achsel ansahen, regalierten sie doch mit einem Johannisbeerschnaps in ihrer Loge, um von ihr Näheres zu erfahren. Madame Lorilleux kam dazu und auch Madame Poisson. Da gab es denn ellenlange Erklärungen. Boche hatte einen Tischler gekannt, der ganz nackt auf die Rue Saint-Martin gegangen war; beim Polkatanzen ist er gestorben, der Bursche trank Absinth. Die Damen wanden sich vor Lachen, weil ihnen das zu komisch vorkam, obgleich es eigentlich sehr traurig sei. Als sie nun noch immer nicht recht begriffen, wie so etwas zuging, schob Gervaise die Leute beiseite und rief, daß man ihr Platz machen sollte; und nun ahmte sie in der Mitte der Loge, während die anderen ihr zusahen, Coupeau nach, wie er brüllte und hopste und dabei abscheuliche Grimassen schnitt. Ja, auf Ehrenwort! ganz so war das! Nun verwunderten sich alle; das sei ja nicht möglich! Ein solches Toben konnte ein Mann ja keine drei Stunden aushalten! Nun! sie schwor bei allem, was es Heiliges gab, Coupeau machte das schon seit dem vorigen Morgen, sechsunddreißig Stunden lang. Wenn man ihr das nicht glaubte, so konnte man ja hingehen und nachsehen. Aber Madame Lorilleux erklärte, sie danke dafür, sie sei schon einmal in Saint-Anne zum Besuch gewesen, und sie würde auch nicht erlauben, daß Lorilleux einen Fuß dahin setzte. Was nun Virginie anbelangte, deren Laden täglich schlechter und schlechter ging, so daß sie mit einer wahren Leichenbittermiene umherwankte, die begnügte sich zu murmeln, daß das Leben nicht immer lustig sei, nein, bei Gott! gar nicht lustig! Man trank den Johannisbeerschnaps aus, und Gervaise wünschte der Gesellschaft einen guten Abend. Wenn sie nicht mehr sprach, so nahm ihr Gesicht sogleich einen närrischen Ausdruck an, wobei ihre Augen weit offenstanden. Wahrscheinlich sah sie im Geiste ihren Mann tanzen. Am andern Morgen, als sie aufstand, nahm sie sich vor, nicht wieder dahin zu gehen. Wozu auch? Sollte sie denn auch noch ihr bißchen Verstand verlieren? Aber doch alle zehn Minuten fing sie wieder aufs neue an, darüber nachzudenken; sie war nicht recht bei sich, wie man zu sagen pflegt. Es wäre doch zu merkwürdig, wenn er immer noch seine Tanzübungen machte. Als es zwölf Uhr schlug, konnte sie sich nicht mehr halten, sie bemerkte selbst nicht einmal die Länge des Weges, so groß war ihr Verlangen und ihre Furcht, zu sehen, was sie dort erwartete. Oh! sie brauchte sich gar nicht nach dem Befinden des Patienten zu erkundigen. Schon unten auf der Treppe hörte man Coupeaus Lied, ganz dieselbe Melodie, ganz derselbe Tanz! Sie hätte glauben können, sie sei nur eine Minute hinuntergegangen und käme jetzt zurück. Der

Wärter von gestern, der Töpfe mit Medizin über den Korridor trug, nickte ihr zu, als er sie wiedererkannte, um sich liebenswürdig zu zeigen.
„Also immer noch?!" sagte sie.
„Oh! noch immer!" antwortete er, ohne stehenzubleiben.
Sie trat ein, aber sie hielt sich nahe bei der Tür, denn es waren Leute bei Coupeau. Der blonde, rosige Mediziner stand und hatte den Stuhl an einen alten, dekorierten Herrn abgetreten, der kahlköpfig war und ein Gesicht wie ein Fuchs hatte. Das war wahrscheinlich der Chefarzt, denn er warf so schnelle, scharfe Blicke um sich, die einen durchbohrten. Alle diese Totenhändler haben solche Blicke an sich.
Übrigens war Gervaise nicht dieses Herrn wegen gekommen, deshalb richtete sie sich hinter ihm auf und verschlang Coupeau mit den Augen. Dieser Rasende tanzte und brüllte noch stärker als tags zuvor. Sie hatte früher bei den Fastnachtsbällen wohl öfter gesehen, wie die Hausdiener aus den Waschanstalten, die alle sehr stramme Burschen waren, sich für eine ganze Nacht solchem Tanz hingegeben hatten; aber nimmermehr hätte sie sich es träumen lassen, daß ein Mann so lange daran Vergnügen finden könnte. Wenn sie „Vergnügen finden" sagte, so war das eine Redensart, denn es kann unmöglich sehr viel Spaß machen, wider Willen wie ein Karpfen zu springen, als ob man ein Pulverfaß verschluckt hätte. Coupeau, der in Schweiß gebadet war, dampfte noch stärker, das war alles; sein Mund schien von dem vielen Schreien vergrößert. Oh! schwangere Frauen taten sehr wohl daran, diesem Anblick fernzubleiben. Er war so viel zwischen der Matratze und dem Fenster hin und her gegangen, daß man auf dem Fußboden den Weg sich markieren sah, den er machte; auch die Strohsäcke waren von seinen Schuhen zu Boden getreten.
Nein, wahrlich, so ein Anblick war nicht schön, und Gervaise fragte sich zitternd, weshalb sie eigentlich wieder hergekommen war. Da hatte man abends bei den Boches gesagt, daß sie zu stark aufgetragen hätte. Nun! sie hatte es noch nicht zur Hälfte so gemacht, wie es wirklich war. Jetzt sah sie noch besser, wie Coupeau sich dabei benahm; sie würde das nie mehr vergessen, wie er seine Augen weit aufriß und ins Leere starrte. Trotzdem fing sie einiges von dem Gespräch zwischen dem jungen und dem alten Arzt auf. Der erstere gab in Ausdrücken, die sie nicht verstand, einen Bericht über den Verlauf der Nacht. Während der ganzen Nacht hätte ihr Mann geplaudert und getanzt, was das nur eigentlich bedeutete? Jetzt endlich schien der alte, kahlköpfige Herr, der übrigens nicht sehr höflich war, ihre Anwesenheit zu bemerken; als der junge Mann ihm gesagt hatte, daß sie die Frau des Kranken sie, stellte er ein Verhör mit ihr an, als ob er ein Polizeikommissär wäre.
„Hat der Vater dieses Mannes auch getrunken?" – „Ja, mein Herr, ein klein wenig, wie jedermann ... Er hat sich das Genick abgestürzt, als er eines Tages in der Trunkenheit vom Dach fiel."
„Hat seine Mutter auch getrunken?" – „Aber, mein Herr, so wie am Ende jede trinkt. Sie wissen schon, hin und wieder einen Schluck ... Oh! die Familie ist sehr anständig! ... Es war noch ein Bruder da, der sehr jung an Krämpfen gestorben ist." Der Arzt sah sie mit seinen durchdringenden Augen an. Dann sagte er mit brutaler Stimme: „Und Ihr, Ihr trinkt auch?" Gervaise stotterte Worte der Entschuldigung hervor und legte dabei die Hand aufs Herz, um das, was sie sagte, glaubhafter zu machen. „Ihr trinkt! Nehmt Euch in acht, Ihr seht, wohin das führt, wenn man trinkt ... Eines schönen Tages werdet Ihr dann ebenso sterben!"
Nun blieb sie an die Wand gelehnt stehen. Der Arzt hatte ihr den Rücken zugedreht. Er bückte sich nieder, ohne sich zu beunruhigen, daß dabei sein Rockschoß den Staub des Strohsackes vom Boden wischte, und studierte lange das Zappeln Coupeaus; er wartete, bis er vorbeikam und folgte ihm mit den Augen. An diesem Tage zappelten nur die Beine, das Zittern war mehr nach unten gegangen, von den Händen war es auf die Füße gekommen; er war wie ein Hampelmann, bei dem man unaufhörlich die Strippe zog, als ob seine Glieder zum Vergnügen hüpften. Das Übel nahm langsam Schritt für Schritt zu. Es war, als ob unter der Haut ein fortwährender Strom flösse. Das begann alle drei oder vier Sekunden aufs neue, rollte einen Augenblick und hielt dann wieder an, um einem kleinen Schauder Platz zu machen, wie er die verlorenen Hündchen zu ergreifen pflegt, wenn sie im Winter unter einem Torweg frieren. Der Bauch und die Schultern hatten schon jetzt eine Art von Zittern wie kochendes Wasser. Es war eine merkwürdige Art Zerstörung, und bei alledem sich so winden zu müssen wie ein Mädchen, das das Kitzeln nicht vertragen kann!
Hin und wieder klagte Coupeau mit dumpfer Stimme. Er schien bedeutend mehr zu leiden als tags zuvor. Seine abgerissenen Klagen ließen alle Arten von Schmerzen ahnen. Tausende von Stecknadeln piekten ihn. Überall hatte er auf der Haut etwas Schweres, das ihn drückte; ein kaltes, nasses Tier wand sich um seine Schenkel und biß in sein Fleisch. Dann waren es wieder andere Tiere, die sich ihm auf die Schultern setzten und ihm mit ihren Tatzen den Rücken zerkratzten. „Ich habe Durst! Oh! ich habe Durst!" brummte er unaufhörlich.
Der junge Mediziner nahm einen Topf mit Limonade von einem Brett und gab ihn ihm. Er ergriff den Topf mit beiden Händen und trank gierig einen Schluck, wobei er die Hälfte der Flüssigkeit vergoß; aber er spie den Schluck gleich mit Ekel wieder aus und schrie wütend: „Pfui Teufel! Das ist ja Branntwein!" Nun wollte, auf ein Zeichen des Arztes, der junge Mediziner ihn Wasser trinken lassen, ohne daß er die Flasche losließ. Dieses Mal schluckte er die Flüssigkeit hinunter, aber er heulte nachher, als ob er Feuer getrunken hätte: „Das ist ja Branntwein! Pfui Teufel! Das ist ja Branntwein!"
Seit dem vorigen Abend schien ihm alles, was er trank, Branntwein zu sein. Das verdoppelte seinen Durst, und er konnte doch nicht trinken, weil alles ihn wie Feuer

brannte. Man hatte ihm eine Art Suppe gebracht, aber er glaubte, daß man ihn vergiften wolle, denn diese Suppe roch ihm nach Vitriol. Das Brot was sauer und verdorben. Er sah nichts als Gift um sich herum. Die Zelle roch nach Schwefel. Ja, er beschuldigte die Wärter, daß sie unter seiner Nase Schwefelhölzchen ansteckten, um ihn verdorbene Luft atmen zu lassen.

Der Arzt war aufgestanden und hörte Coupeau zu, der jetzt am hellen Mittag neue Phantome sah. Glaubte er doch an den Wänden Spinngewebe zu sehen, die so groß wie Bootssegel waren. Dann wurden diese Spinngewebe Netze mit Maschen, welche sich zusammenzogen und ausdehnten; es war ein drolliges Spielzeug! In den Netzen rollten schwarze Kugeln, wie die Gaukler sie haben; zuerst waren sie wie Billardkugeln, dann groß wie Kanonenkugeln, sie schwollen an und verkleinerten sich, alles nur, um ihn zu ärgern. Plötzlich schrie er: „Oh! die Ratten! Da sind die Ratten, jetzt um diese Zeit!"

Die Kugeln hatten sich in Ratten verwandelt. Diese ekelhaften Tiere wurden größer, kletterten aus den Netzen, sprangen auf die Matratze oder verschwanden wieder. Er sah auch einen Affen, der aus der Wand kam und auch dort wieder hineinging, der kam ihm jedesmal so nahe, daß er zurückwich, weil er fürchtete, er werde ihm in die Nase beißen. Plötzlich änderte sich das alles; er mußte glauben, die Mauern seien ins Wanken gekommen, denn er wiederholte mit schreck- und wuterstickter Stimme: „Da, da ist das schon wieder! Oh! je! halt doch! Stützt mich! Mir soll's recht sein! ... Oh! weh! die ganze Bude! oh weh! Alles fällt um! ... Ja, läutet nur die Glocken, ihr schwarzes Volk! Spielt nur die Orgel, damit ich nicht nach der Wache rufen kann! ... Sie haben eine Maschine hinter die Mauer gestellt, dieses Lumpengesindel! Ich höre es ja, wie sie pustet, sie wollen uns in die Luft sprengen ... Feuer! Um Gottes willen! Feuer! Alle rufen jetzt: Feuer! Ha! wie das flammt! Oh! wie hell das wird! Wie hell das wird! Der ganze Himmel brennt in rotem Feuer, in grünem Feuer, jetzt ist es gelb ... Hierher! Zu Hilfe! Feuer!"

Sein Geschrei erstarb in einem Röcheln. Er stammelte nur noch unzusammenhängende Worte hervor, vor seinem Mund stand Schaum, und sein Kinn war von dem Speichel genäßt, der ihm aus dem Mund floß. Der Arzt rieb seine Nase mit dem Zeigefinger, das schien eine Bewegung, die ihm angesichts schwerer Fälle eigentümlich war, dann wendete er sich an den jungen Kollegen und fragte ihn halblaut: „Und die Temperatur ist immer noch vierzig Grad, nicht wahr?" – „Ja, mein Herr!"

Der Arzt zog eine Grimasse. Noch zwei Minuten blieb er da und sah Coupeau unverwandt an. Dann zuckte er die Achseln und meinte: „Fahren Sie mit derselben Behandlung fort: Bouillon, Limonade, Milch, einen leichten Extrakt von Chinarinde in Dosen ... Verlassen Sie ihn nicht; wenn er sich verändert, lassen Sie mich rufen!"

Er ging fort. Gervaise folgte ihm, um ihn zu fragen, ob denn gar keine Hoffnung mehr sei. Aber er ging so steif den Korridor entlang, daß sie es nicht wagte, ihn anzusprechen. Einen Augenblick blieb sie stehen und zögerte, ob sie wieder hineingehen und ihren Mann noch einmal sehen sollte. Der eine Besuch schien ihr schon schwer genug. Als sie ihn noch immer schreien hörte, daß die Limonade nach Branntwein röche, meiner Treu! da machte sie, daß sie fortkam, sie hatte von der Vorstellung gerade genug. Als sie auf der Straße war und den Galopp der Pferde sah und die Wagen rollen hörte, glaubte sie, ganz Sainte-Anne sei ihr auf den Fersen. Die Drohung des Arztes kam ihr ins Gedächtnis. Wahrhaftig! sie glaubte, sie hätte die Krankheit auch schon!

In der Rue de la Goutte-d'Or wurde sie von den Boches und den anderen schon erwartet. Sowie sie im Torweg erschien, rief man sie in die Loge. Nun! hielt denn Vater Coupeau noch immer aus? Mein Gott! ja, er hielt es noch immer aus. Boche schien verdutzt und bestürzt: er hatte einen Liter gewettet, daß Coupeau es nicht mehr bis zum Abend machen würde. Wie! er lebte immer noch? Die ganze Gesellschaft konnte sich darüber vor Erstaunen gar nicht fassen und schlug sich auf die Schenkel. Das war ein zäher Bursche! Madame Lorilleux rechnete nach, wieviel Stunden das schon währte: sechsunddreißig Stunden und vierundzwanzig Stunden, sechzig Stunden. Heiliger Vater! schon sechzig Stunden zappelte er mit den Beinen und strapazierte er seine Kehle! Nie hatte man solche Kraftleistung gesehen! Boche wollte nicht recht an die Sache glauben, wegen seines Liters, er examinierte Gervaise mit zweifelhafter Miene und fragte sie, ob sie auch ganz sicher sei, daß er sich nicht doch hinter ihrem Rücken davongemacht hätte. O nein! er hopste zu stark, er hatte gar nicht Lust, abzugehen. Nun bat Boche noch inständiger, sie möchte doch zeigen, wie er es machte, damit man sich davon einen Begriff machen könnte. Ja, ja, noch ein bißchen! auf allgemeines Verlangen! Die Gesellschaft meinte, es wäre doch so nett von ihr, wenn sie es täte, denn es wären gerade zwei Nachbarinnen da, die es am Abend zuvor noch nicht mit angesehen hätten und die expreß heruntergekommen wären, um der Vorstellung beizuwohnen. Der Portier rief den Leuten zu, daß sie Platz machten; man ließ nun die Mitte der Loge frei und stieß einander, vor Neugierde zitternd, mit den Ellbogen. Aber Gervaise senkte den Kopf. Wahrhaftig, sie fürchtete, daß sie sich krank machen würde. Da sie aber zu beweisen wünschte, daß sie sich nicht nötigen ließe, so machte sie zwei oder drei kleine Sprünge; aber es wurde ihr übel, und sie mußte sich niedersetzen; auf Ehrenwort, sie konnte nicht! Ein Murmeln der Enttäuschung lief durch die Gesellschaft: das war schade, sie ahmte das so vollendet nach! Mein Gott! wenn sie nicht konnte! Da Virginie in ihren Laden zurückkehrte, so vergaß man schnell den Vater Coupeau, um sich lebhaft über das Poissonsche Ehepaar zu unterhalten. Da ging jetzt alles drunter und drüber; am vorigen Abend waren die Gerichtsvollzieher gekommen; der Stadtsergeant würde wohl seinen Posten verlieren; was Lantier betraf, so scharwenzelte er um das Kellnermädchen im Restaurant nebenan; das war eine prächtige Person, die davon sprach, sich als Kaldaunenhändlerin zu etablieren. Verdammt noch eins! darüber war des Lachens kein Ende, man sah schon den Kaldaunenhandel in dem Laden eingerichtet; nach der Leckerei etwas Solides. Der Hahnrei, der Poisson, machte zu alledem ein gutmütiges Gesicht; den Teufel auch! wie war es nur möglich, daß ein Mann, dessen Beruf es ist, mit allen Hunden gehetzt zu sein, sich in seinem Hause so blind und täppisch zeigte? Plötzlich schwiegen alle, weil sie ganz hinten Gervaise bemerkten, die für sich, mit Händen und Füßen zitternd, Coupeau nachzuahmen versuchte. Bravo! Das war das Wahre, mehr konnte man nicht verlangen. Sie war wie betäubt und schien aus einem Traum zu erwachen. Dann ging sie schnell fort. Schönen guten Abend, meine Herrschaften! So ging sie nach oben und versuchte zu schlafen.

Am anderen Tage sahen sie die Boches um die Mittagsstunde fortgehen, geradeso wie an den Tagen zuvor. Sie wünschten ihr viel Vergnügen. An diesem Tage zitterte in Sainte-Anne der Korridor von dem Geheul und dem Fußstampfen Coupeaus. Sie hatte das Treppengeländer noch nicht losgelassen, als sie ihn schon heulen hörte.

„Pfui! ist das ein Gesindel von Dirnen! ... Kommt doch mal ein bißchen her, daß ich euch die Knochen zerschlage! ... Ah! sie wollen mich kalt machen, ah! die Dirnen! Ich bin schlauer als ihr alle! Schert euch fort in Teufels Namen!"

Einen Augenblick atmete sie vor der Tür hoch auf. Schlug er sich denn mit einer Armee? Als sie eintrat, wuchs das noch mehr, wurde noch toller. Coupeau war ein Tobsüchtiger, als ob er aus Charenton entsprungen sei. Er stand in der Mitte der Zelle und marterte sich ab, überallhin schlug er mit seinen Händen, auf sich selbst, an die Wände und den Fußboden, fortwährend schwankend, führte er seine Hiebe ins Leere; er wollte das Fenster öffnen, er versteckte sich, rief und antwortete sich selbst und führte so einen wahren Hexensabbath auf, wie ein Mann, der in einem schweren Traum sich gegen eine Menge von Angreifern verteidigt. Dann verstand Gervaise, daß er auf einem Dach zu sein glaubte, wo er seine Zinkplatten legte. Er ahmte mit seinem Mund das Pusten des Blasebalges nach, er wendete die Eisen auf dem Kohlenfeuer um, legte sich auf die Knie, um mit dem Daumen auf der Naht des Strohsackes entlangzufahren, weil er glaubte, er lötete dort. Ja, sein Handwerk flackerte noch einmal vor seinem Geist auf in dem Augenblick, wo es mit ihm zu Ende ging; wenn er jetzt so sehr heulte und schrie, so tat er das, weil eine Bande von Schweinehunden ihn daran hinderte, seine Arbeit ordentlich fertigzumachen. Auf allen Nachbardächern waren Spitzbuben, die ihn foppten. Und dabei jagten ihm die Schwätzer ganze Banden von Ratten zwischen die Beine. Oh! diese ekelhaften Tiere sah er immerwährend! Wenn er auch noch so viele davon mit den Füßen zerstampfte, es kamen immer neue Scharen, das ganze Dach war schwarz. Und waren denn nicht auch große Spinnen da? Er riß an seiner Hose, um die dicken Spinnen an seinen Schenkeln zu zerquetschen, die da hineingekrochen waren. In drei Teufels Namen! er konnte gar nicht mit seinem Arbeitstag zu Ende kommen, man wollte ihn durchaus verderben, sein Meister würde ihn ins Arbeitshaus schicken. Als er nun schneller arbeitete, glaubte er, daß er eine Dampfmaschine in seinem Leib habe; er machte den Mund weit auf, als ob er Rauch ausatmete, eine dichte Rauchwolke erfüllte die Zelle und ging dann durch das Fenster; nun beugte er sich vor und sah draußen die langen Streifen Rauch sich entrollen und am Himmel emporsteigen, wo sie die Sonne verfinsterten. „Halt!" schrie er, „das ist die Bande von der Chaussee Clignancourt; die sind als Bären verkleidet und machen einen Lärm ..." Er blieb vor dem Fenster sitzen und blickte hinaus, als ob da oben, in der Höhe der Dächer, ein Zug vorüberkäme.

„Da sind ja auch die Löwen und die Panther, die Grimassen schneiden ... Da sind Kinder als Hunde und Katzen angezogen ... Da ist ja auch die große Clémence, die hat die ganze Perücke voller Federn. Ei! den Teufel auch! Die überschlägt sich und zeigt alles, was sie hat! ... Du, höre mal, Liebchen! wollen wir zusammen durchgehen ... Du da! schuftiger Schlingel, willst du sie wohl nicht wegnehmen! ... Ziehe nicht so, Donnerwetter! ziehe doch nicht so! ..."

Seine Stimme wurde lauter und klang rauh und fürchterlich, dann bückte er sich schnell und sagte, daß da unten Polizei wäre und Rothosen, die mit ihren Flinten auf ihn zielten. In der Wand sah er den Lauf einer Pistole, die auf seine Brust angeschlagen war. Wieder raubte man ihm das Mädchen. „Zieht doch nicht so! In Teufels Namen! Ihr sollt nicht so ziehen ..."

Dann stürzten alle Häuser ein, und er ahmte das Krachen eines ganzen Quartiers nach, das zusammenpurzelt; dann verschwand alles, alles hatte sich verflüchtigt. Aber es blieb ihm keine Zeit, Atem zu schöpfen, andere Bilder zogen mit außerordentlicher Schnelligkeit vorüber. Eine wütende Sucht zu sprechen füllte ihm den Mund mit Worten, die er dann ohne Zusammenhang hervorschnatterte. Immer sprach er mit lauter Stimme: „Ah, sieh da! Du bist es! ... Mach doch keinen Unsinn, du stopfst mir ja deine Haare in den Mund!" Dabei fuhr er sich mit der Hand über das Gesicht und pustete, um die Haare loszuwerden. Der Mediziner fragte ihn: „Was seht Ihr denn?" – „Nun, wen sonst als meine Frau!" Während er das sagte, sah er die Wand an und drehte Gervaise den Rücken zu. Diese bekam keinen schlechten Schreck, auch sie blickte nach der Wand, um zu sehen, ob sie da noch einmal wäre. Er fuhr zu sprechen fort: „Du weißt, du darfst mir nichts vorflunkern ... Ich will nicht, daß man mir was aufbindet ... Donnerwetter! wie siehst du schön aus! Wo hast du die famose Toilette her? Womit hast du das verdient, du Tier! Du kommst ja von den Boulevards, du Kamel! Warte mal, dir werde ich den Kopf zurechtsetzen! ... Nun? Du versteckst ja deinen Herrn hinter deinen Röcken! Wer ist denn das da? Bücke dich doch, damit ich sehen kann ... In drei Teufels Namen! da ist er schon wieder!" Mit einem schrecklichen Satz stürzte er vorwärts und stieß sich den Kopf an die Wand,

aber die Polsterung milderte den Stoß, man hörte nur das Aufschlagen seines Körpers auf dem Strohsack, wohin der Stoß ihn geworfen hatte. „Wen seht Ihr denn?“ fragte der Mediziner.
„Den Hutmacher! Den Hutmacher!“ heulte Coupeau.
Der Mediziner fragte Gervaise, wer das sei, doch diese stammelte etwas, ohne ordentlich antworten zu können, denn diese Szene erweckte in ihr das Andenken an allen Verdruß ihres Lebens. Der Zinkarbeiter streckte die Fäuste vor. „Komm ran, mein Bursche! Endlich muß ich einmal mit dir abrechnen! Ach! Du kommst so ohne weiteres mit diesem Geschöpf am Arm daher, um mich vor den Leuten lächerlich zu machen. Nun gut! ich will dich erwürgen, ja, ja, ich, und ich werde mir keine Handschuhe dazu anziehen! Tue nur nicht so großspurig ... Da, stecke das ein! Und nun Atout! Atout! Atout!“
Er hieb mit seinen Fäusten ins Leere. Es hatte sich seiner eine tolle Wut bemächtigt. Da er sich beim Zurückweichen an der Wand gestoßen hatte, so glaubte er, daß man ihn auch von hinten angriffe, und so wendete er sich wütend der Wand zu. Er sprang vorwärts und setzte von einer Ecke in die andere, dabei schlug er sich auf den Bauch, den Hintern und die Schultern, wälzte sich auf dem Boden umher und sprang wieder auf. Seine Knochen wurden mürbe und sein Fleisch so weich, daß es bei jedem Schlag so klang, als sei es nasses Werg. Dieses Spiel unsinniger Drohungen begleitete er mit wilden, rauhen Kehltönen. Es schien, als ob die Schlacht für ihn ein schlechtes Ende nähme, denn sein Atem wurde kurz, seine Augen traten aus ihren Höhlen, und es überkam ihn nach und nach die Furchtsamkeit eines Kindes.
„Ah! der Mörder! Ah! der Mörder ... Macht alle beide, daß ihr fortkommt! ... Oh! die Schlechten, sie lachen noch! Da streckt sie alle viere in die Luft, das liederliche Weib! Die muß auch dran glauben, soviel ist sicher ... Ach! der Räuber, jetzt zerfleischt er sie! Er schneidet ihr mit seinem Messer ein Bein ab! Das andere Bein liegt auf dem Boden, der Bauch ist entzwei, das ist alles voll Blut ... Oh! mein Gott! Oh! mein Gott! ...“
In Schweiß gebadet, mit gesträubten Haaren und einem entsetzlichen Ausdruck im Gesicht wich er zurück und bewegte abwehrend seine Arme vor sich, wie um diese fürchterliche Szene zurückzustoßen. Zwei entsetzliche, klagende Schreie rangen sich aus seiner Brust, und er stürzte auf der Matratze nieder, über welche seine Füße gestolpert waren.
„Mein Herr! Mein Herr, er ist tot!“ sagte Gervaise mit gerungenen Händen.
Der Mediziner war näher herzugetreten und zog Coupeau auf die Mitte der Matratze. Nein, er war nicht tot. Man hatte ihm seine Schuhe ausgezogen, seine nackten Füße sahen aus den Hosen hervor; die tanzten ganz allein, einer neben dem anderen, im Takt, einen kleinen, schnellen, regelmäßigen Tanz.
Gerade jetzt trat der Arzt ein. Er brachte noch zwei Kollegen mit, einen mageren und einen dicken, die beide, wie er, dekoriert waren. Alle drei beugten sich über den Kranken, ohne ein Wort zu sprechen, sie betrachteten den Mann überall; dann tauschten sie mit leiser Stimme, sehr schnell sprechend, ihre Meinungen aus. Sie hatten den Mann von den Hüften bis zu den Schultern entblößt, und Gervaise sah, als sie sich auf die Zehen stellte, seinen nackten Oberkörper. Nun, das war jetzt vollkommen, das Zittern war die Arme hinabgegangen und an den Beinen in die Höhe gestiegen, selbst der Torso nahm schon an dem Zittern teil. Wirklich, dieser Hampelmann lachte jetzt auch mit dem Bauch. Längs der Seiten krampften sich die Muskeln wie zum Lachen zusammen, und über den Bauch hin zog es sich, wenn er mühsam atmete, wie ein tolles Gelächter, das das Bauchfell zu sprengen drohte. Alles bewegte sich, es war nicht zu sagen! Die Muskeln tanzten sich vis-à-vis, die Haut zitterte wie ein Trommelfell, ja selbst die Haare walzten und grüßten einander. Nun endlich mußte das der große Kehraus sein, es war der Galopp am Ende, wenn der Tag schon graut und die Tänzer sich an den Händen halten und mit den Füßen stampfen. „Er schläft!“ murmelte der Chefarzt.
Er machte die beiden anderen auf das Gesicht des Mannes aufmerksam. Coupeau, der mit geschlossenen Augen dalag, hatte kleine, nervöse Zuckungen, die ihm das ganze Gesicht verzogen. Er war, wie er so ermattet dalag, noch viel abscheulicher mit seinem hängenden Unterkiefer und dem Antlitz eines Toten, der mit einem gräßlichen Fiebertraum hinübergegangen ist. Als die Ärzte die Füße angesehen hatten, beugten sie sich mit tiefstem Interesse ganz nahe darauf nieder. Die Füße tanzten noch immer. Coupeau konnte schlafen soviel er wollte, die Füße tanzten! Oh! wenn ihr Herr und Meister auch schnarchte, das kümmerte sie nicht, sie setzten ihr Zittern fort, ohne sich zu beeilen oder langsamer zu werden. Es waren ganz mechanische Füße; Füße, die ihrem Vergnügen nachgingen, wie es ihnen beliebte.
Als Gervaise gesehen hatte, wie die Ärzte ihre Hände auf den Körper ihres Mannes legten, wollte sie ihn auch befühlen. Sie trat leise näher und legte ihm eine Hand auf die Schulter. Sie ließ sie dort wohl eine Minute lang. Mein Gott! was ging denn darin vor? Das tanzte ja bis in das Fleisch, bis auf die Knochen, ja selbst die Knochen mußten noch mittanzen. Es liefen Schauder über den Körper, und es kamen Wallungen von weit her und flossen wie Ströme unter der Haut fort. Wenn sie ein wenig aufdrückte, so fühlte sie das schmerzliche Zucken bis ins Mark hinein. Mit dem Auge sah man nur die kleinen Wellen, die die Haut bewegten wie ein leiser Wirbelwind eine Wasseroberfläche; aber im Innern, da mußte eine schöne Zerstörung sein. Was war das für ein verdammtes Arbeiten da drinnen, wie Maulwurfswühlen! Das war das Vitriol des „Assommoir“, das seine Unterminierungsarbeit verrichtete. Der ganze Körper war damit durchtränkt, und wahrlich! es war Zeit, daß diese Arbeit zu Ende kam, bei der Coupeau zerbröckelte und durch die große, allgemeine und fortgesetzte Zerrüttung seines Leibes dahinschwand.
Die Ärzte waren fortgegangen. Als eine Stunde vergan-

gen war, sagte Gervaise, die mit dem jungen Mediziner alleingeblieben war, mit leiser Stimme: „Mein Herr, mein Herr, er ist tot ..." Aber der junge Mann sah nach seinen Füßen und schüttelte den Kopf; die nackten Füße, die über die Matratzen hinausragten, tanzten noch immer. Sie waren nicht sehr sauber, und sie hatten lange, überwachsene Nägel. So vergingen noch zwei Stunden. Plötzlich wurden sie steif und bewegten sich nicht mehr. Nun wendete sich der Mediziner zu Gervaise herum und sagte: „Jetzt ist es zu Ende!" Der Tod allein hatte die Füße anhalten können.

Als Gervaise in die Rue de la Goutte-d'Or, in das Haus zurückkam, fand sie bei den Boches eine Menge Frauen, die alle lebhaft durcheinander schwatzten. Sie glaubte, daß man auf sie gewartet hätte, um von ihr zu hören, wie es ginge, wie an den vorigen Tagen. „Es ist aus mit ihm!" sagte sie, wobei sie mit ruhiger Miene die Tür zumachte und sich ermüdet und zerschlagen niedersetzte.

Aber niemand achtete auf sie. Das ganze Haus befand sich in der größten Aufregung. Oh! es war eine unbezahlbare Geschichte! Poisson hatte seine Frau mit Lantier abgefaßt. Man wußte nicht ganz genau, wie das zugegangen war, denn jeder erzählte die Geschichte auf seine Art. Darin waren alle einig; er war in einem Augenblick über sie hergefallen, wo sie ihn nicht erwarteten. Man erzählte sich sogar Einzelheiten, bei denen die Damen die Lippen zusammenkniffen, wenn sie sie eine der anderen ins Ohr sagten. Ein solcher Anblick hatte natürlich Poisson aus seiner gewöhnlichen Ruhe aufgerüttelt. Er war wie ein Tiger, dieser Mann, der so wenig sprach und immer so aussah, als ob er einen Ladestock verschluckt hätte; er war kirschrot geworden und umhergesprungen wie unsinnig. Dann hatte man nichts mehr gehört. Lantier mußte dem Ehemann die Sache erklärt haben. Wie dem auch sei, so konnte es nicht weitergehen. Boche erzählte, daß das Mädchen aus dem Restaurant nebenan ganz bestimmt den Laden mietete, um darin einen Kaldaunenhandel anzufangen. Dieser Spitzbube, der Lantier, liebte Kaldaunen über alles.

Als Gervaise Madame Lorilleux und Madame Lerat ankommen sah, sagte sie leise: „Es ist aus mit ihm ... Mein Gott! vier Tage zu springen und zu heulen ..." Die beiden Schwestern konnten nicht anders, sie mußten ihre Taschentücher ziehen. Ihr Bruder hatte ja viele Fehler gehabt, aber es war doch immer ihr Bruder. Boche zuckte die Achseln und sagte laut genug, um von allen gehört zu werden: „Bah! nun gibt es einen Säufer weniger!"

Seit diesem Tage verlor Gervaise manchmal ihren Verstand; es war eine der Merkwürdigkeiten des Hauses, sie Coupeau nachahmen zu sehen. Man hatte gar nicht nötig, sie deshalb zu bitten, sie gab die Vorstellungen gratis; sie zitterte mit den Händen, mit den Füßen und stieß kleine unwillkürliche Schreie aus. Ohne Zweifel hatte sie diese Manie von Sainte-Anne her, wo sie zu lange ihrem Mann zugesehen hatte. Aber sie war nicht so glücklich, sie ging an der Sache nicht zugrunde. Das beschränkte sich darauf, daß sie Grimassen wie ein weggelaufener Affe schnitt und von den Straßenjungen mit Kohlstrünken beworfen wurde.

Gervaise vegetierte so noch monatelang. Sie sank noch tiefer, nahm die mutwilligsten Beschimpfungen geduldig hin und verhungerte alle Tage ein bißchen mehr. Sowie sie vier Sous hatte, vertrank sie sie und taumelte längs der Mauern hin. Man beauftragte sie mit den schmutzigsten Geschäften im Quartier. Eines Abends hatte jemand gewettet, daß sie etwas Ekelhaftes nicht essen würde; sie hatte es doch gegessen, um zehn Sous zu bekommen. Herr Marescot hatte sich entschlossen, sie aus dem Zimmer im sechsten Stock zu exmittieren. Aber da man den Vater Bru in seinem Loch unter der Treppe tot gefunden hatte, so wollte er ihr gern diese Wohnung überlassen. Jetzt bewohnte sie das Loch des Vater Bru. Dort klapperte sie auf altem Stroh mit den Zähnen, wenn sie mit leerem Bauch und steifgefrorenen Knochen dalag. Anscheinend wollte die Erde sie nicht mehr haben. Sie wurde blödsinnig und dachte nicht mehr daran, sich vom sechsten Stock auf das Pflaster des Hofes zu werfen, um ein Ende zu machen. Der Tod mußte sie so kleinbei, Stück für Stück, nehmen, sie schleppte ihr jammervolles Leben, das sie sich selbst bereitet hatte, bis ans Ende. Man hat es nie so recht gewußt, woran sie eigentlich gestorben ist. Man sprach von einem Fieber. Aber die Wahrheit war, daß das Elend, der Schmutz und die Ermüdung ihrem Leben ein Ende machten. Sie krepierte an ihrer Vertiertheit, wie die Lorilleux' sagten. Eines Morgens roch es so schlecht auf dem Korridor; da erinnerte man sich, daß man sie seit zwei Tagen nicht mehr gesehen hatte; man fand sie schon ganz grün in ihrem Loch.

Gerade kam der Vater Bazouge mit seinem Sarg, um sie einzupacken. Er war an diesem Tage wieder recht hübsch angerissen, aber er hatte einen gutmütigen Rausch, war munter und lustig wie ein Fisch. Als er seine Kundschaft erkannt hatte, erging er sich, während er sein kleines Geschäft besorgte, in philosophischen Betrachtungen.

„Alle Welt kommt dahin ... Man braucht sich gar nicht zu drängen, da ist Platz für alle ... Ist das dumm, wenn's einer so eilig hat, der kommt deshalb nur noch später an ... Ich bin ja gern aller Welt gefällig. Die einen wollen, die anderen wollen nicht. Macht das untereinander ab, um zu sehen, wer recht hat ... Da ist auch eine, die wollte nicht, und dann wollte sie wieder. Da hat man sie warten lassen ... Nun endlich ist sie zur Ruhe, und wahrhaftig! sie hat dabei gewonnen! So mag sie denn lustig den letzten Weg gehen!

Und als er nun Gervaise mit seinen großen, schwarzen Händen umfaßte, überkam ihn eine seltsame Zärtlichkeit, er hob sie sanft auf, diese Frau, die gegen ihn eine so lange Feindschaft gehegt hatte. Als er sie auf den Boden der Bahre mit väterlicher Sorgfalt niederlegte, stammelte er zwischen zwei Schluchzern:

„Weißt du ... merke dir's gut ... ich bin Bibi der Lustigmacher, den man auch den Tröster der Damen nennt ... Gehe hin, du bist glücklich! Und nun schlafe sanft, meine Schöne!"

Nana

I

Es war neun Uhr, und das Théâtre des Variétés war noch leer. Die wenigen Leute auf dem Balkon und im Orchesterraum verloren sich völlig zwischen granatroten Samtfauteuils im Halblicht der kleingedrehten Gasflammen. Der große rote Fleck des Vorhangs ertrank in den Schatten; kein Laut kam von der Bühne, die Rampe lag noch im Dunkel, die Notenpulte der Musiker standen noch drunter und drüber. Nur ganz oben, auf der dritten Galerie längs der Kuppel des Plafonds, wo nackte Frauen und Kinder in einen Himmel aufflogen, den das Gaslicht grün verfärbte, lösten sich Zurufe und Gelächter aus einem unaufhörlichen Stimmengewirr; in den breiten, goldgerahmten Ausbuchtungen staffelten sich Kopf an Kopf Mützen und Häubchen. Manchmal tauchte, Billetts in den Händen, eine erhitzte Logenschließerin auf und schob einen Herrn und eine Dame vor sich her, denen sie Plätze anwies. Der Mann trug einen Abendanzug, die Frau war gestreckt, geschmeidig und zart; ihr stiller Blick glitt ruhig über den Saal.

Zwei junge Leute erschienen im Orchesterraum. Sie blieben stehen und sahen sich um.

„Was hab' ich gesagt, Hector?" rief der ältere, ein großer Junge mit kleinem, schwarzem Schnurrbärtchen, „wir sind zu früh gekommen. Du hättest mich wirklich meine Zigarre zu Ende rauchen lassen können."

Eine Logenschließerin kam vorbei.

„Oh, Herr Fauchery", sagte sie vertraulich, „das dauert noch eine gute halbe Stunde."

„Warum setzen diese Leute dann neun Uhr auf den Zettel?" brummte Hector, und sein mageres Gesicht zog sich verdrießlich in die Länge. „Clarisse hat in dem Stück zu tun; sie hat mir noch heute morgen geschworen, daß es pünktlich um neun Uhr anfängt."

Sie schwiegen, hoben die Köpfe und durchforschten die Logen, die noch im grünen Dunkel ihrer Tapeten dämmerten. Die kleinen Logen unter den Galerien waren in tiefste Nacht getaucht; die Balkonlogen waren leer, nur in einer entfaltete eine dicke Dame ihre Reize über der samtbekleideten Brüstung. Rechts und links unter hohen Säulen und langfransigen Vorhängen gähnten die leeren Proszeniumslogen. Das Weiß und Gold des Saales, von einem zarten Grün gehoben, verschwamm in dem feinen Lichtstaub der halbangedrehten Gasflammen des großen Kristallüsters.

„Hast du die Proszeniumsloge für Lucy bekommen?" fragte Hector.

„Ja", antwortete der andere, „aber es war ziemlich schwierig ... Oh, es hat keine Gefahr, daß Lucy einmal zu früh kommt!"

Er unterdrückte ein leichtes Gähnen; dann nach einem Schweigen: „Du hast Glück mit der ersten Premiere, die du siehst ... Die ‚Blonde Venus' wird das Ereignis der Saison. Seit sechs Monaten spricht man davon. Ach, mein Lieber, eine Musik –! ein Schmiß –! Bordenave, der sein Geschäft versteht, hat die Aufführung bis zur Ausstellungseröffnung hinausgezögert."

Hector hörte andächtig zu.

„Und diese Nana", fragte er, „der neue Stern – Nana, die die Venus spielt –, kennst du sie schon?"

„Ausgezeichnet! Jetzt fängt die Geschichte wieder von vorne an!" rief Fauchery händeringend. „Seit heute morgen werde ich mit dieser Nana zu Tode malträtiert. Ich habe mehr als zwanzig Leute getroffen – Nana hin und Nana her! Ja, was weiß denn ich! Kenn' ich denn alle Hürchen von Paris! Nana ist eine Entdeckung Bordenaves. Das wird schon eine gute Nummer sein!"

Er schwieg. Aber die gähnende Leere des Saales, das Zwielicht der Gaskrone, die Kirchenstille voll flüsternder Stimmen und das Schlagen der Türen reizte ihn wieder.

„Ach nein", sagte er plötzlich, „da wird man ja schimmlig vor Langeweile. Ich meinesteils gehe ... Vielleicht ist Bordenave unten; der kann uns Details erzählen."

Unten im marmorgepflasterten Vestibül, wo die Saaldiener an den Türen standen, begann sich Publikum zu sammeln. Durch die drei offenen Gitter sah man das flutende Leben und Treiben des Boulevards, das aufblitzend und wimmelnd durch die laue Aprilnacht strömte. Die heranrollenden Wagen hielten jählings an, Türen schlugen geräuschvoll, Leute traten in kleinen Gruppen in das Vestibül, sammelten sich am Eingang bei den Saaldienern und erstiegen die Doppeltreppen, wo die Frauen, sich in den Hüften wiegend, ein wenig zurückblieben. In der schonungslosen Helle des Gaslichts, in der kahlen Nacktheit dieses Saales, in der eine dürftige Empiredekoration den Säulengang eines Papptempels vortäuschte, sprangen einem von allen Seiten gewalttätig hohe gelbe Plakate mit dem Namen Nana in riesigen schwarzen Buchstaben ins Auge; Männer, wie an Angeln herbeigezogen, stockten auf ihrem Weg, stellten sich davor und lasen; andere hielten an, plauderten und versperrten die Saaltüren. Vor der Kasse stand ein starker Mensch mit breitem, rasiertem Gesicht und schrie brutal auf die Leute ein, die mit aller Gewalt noch Plätze haben wollten.

„Da steht Bordenave", sagte Fauchery und stieg die Treppe hinunter.

Der Direktor hatte ihn schon bemerkt.

„Na, Sie sind mir ja ein netter Kumpan!" schrie er ihm schon von weitem entgegen. „So sieht also die versprochene Notiz aus. Ich schlage heute früh den ‚Figaro' auf – nichts ..."

„So warten Sie doch", erwiderte Fauchery, „erst muß ich doch Ihre Nana kennen, ehe ich über sie schreibe ... Und übrigens hab' ich gar nichts versprochen."

Um das Gespräch abzubrechen, stellte er nun seinen Vetter Hector de la Faloise vor, einen jungen Mann, der nun von Paris den letzten Schliff seiner Erziehung erwartete. Der Direktor taxierte den jungen Mann mit einem schrägen Blick aus den Augenwinkeln. Hector dagegen prüfte das Gesicht des anderen mit einer gewissen Erregung. Das war also Bordenave, der diesen Weibermarkt hielt, der mit Frauen umsprang wie ein Galeerenknecht; dieses Gehirn, in dem es rauchte vor Pläneschmieden und Reklamemacherei – brüllend, spuckend, sich auf die Schenkel schlagend, zynisch und mit der Mentalität eines Wachtmeisters.

Hector glaubte, etwas Liebenswürdiges sagen zu müssen.

„Ihr Theater ..." begann er mit flötender Stimme.

Bordenave unterbrach ihn ruhig mit einem derben Wort, wie ein Mann, der gewohnt ist, frei von der Leber weg zu reden. „Sagen Sie: mein Bordell."

Fauchery lachte beifällig, während La Faloise das Kompliment in der Kehle steckenblieb. Er war verwirrt und fassungslos und versuchte dabei so zu tun, als fände er das Wort sehr witzig. Der Direktor eilte auf einen sehr einflußreichen Kritiker zu und schüttelte ihm die Hand. Als er zurückkam, nahm sich La Faloise sehr zusammen. Er fürchtete, sich durch seine Fassungslosigkeit lächerlich zu machen und für einen Hinterwäldler gehalten zu werden.

„Ich habe gehört", begann er wieder – er wollte durchaus einen Gesprächsstoff finden –, „daß Nana eine wundervolle Stimme hat."

„Eine Stimme – !" schrie der Direktor und hob die Achseln. „Ein wahrer Blechtopf!"

Der junge Mann beeilte sich hinzuzufügen: „Aber wenigstens eine vorzügliche Schauspielerin ..."

„Die, eine Schauspielerin! So ein Klotz! Sie weiß ja nicht, wo sie Hände und Füße lassen soll."

La Faloise errötete ein wenig. Er verstand nicht mehr. Er stotterte: „Um nichts in der Welt hätte ich diese Premiere versäumen mögen. Ich weiß doch, daß Ihr Theater ...

„Sagen Sie: mein Bordell", unterbrach wieder Bordenave mit dem kalten Eigensinn eines Dickschädels.

Indessen musterte Fauchery sehr kühl die Frauen, die vorbeiströmten. Er sah seinen Vetter mit offenem Mund dastehen, unsicher, ob Gelächter oder Empörung am Platze sei, und er kam ihm zu Hilfe:

„Tu doch Bordenave den Gefallen, nenn sein Theater ein Bordell, wenn's ihm Spaß macht ... Und Sie, mein Lieber, geben Sie diese Pose auf. Wenn Ihre Nana nicht singen und nicht spielen kann, werden Sie einen fulminanten Durchfall erleben und damit holla. Übrigens hab' ich schon lang das Gefühl ..."

„Einen Durchfall! Einen Durchfall!" schrie der Direktor, dessen Gesicht sich purpurn überzog. „Wozu braucht eine Frau singen oder spielen zu können?! Ach, mein Junge, du bist ein Esel ... Nana kann andere Sachen, Kuckuck noch einmal – Sachen, die alles andere aufwiegen. Ich hab' das gewittert, in d e m Punkt ist sie hochbegabt – oder ich müßte nicht mehr meine gute Nase haben ... Du wirst sehen, mein Lieber, du wirst schon sehen: sie braucht nur herauszukommen, und dem ganzen Parkett hängt die Zunge zum Hals heraus."

Er hatte die dicken Hände erhoben; sie zitterten vor Enthusiasmus. Und nun, von dem Ausbruch erleichtert, senkte er die Stimme und brummelte vor sich hin: „Oh, die wird's weit bringen! Sakrament! Oh, die bringt's weit! Eine Haut – ! Oh, eine Haut – !"

Darauf gab er auf Faucherys Fragen bereitwillig Details zum besten und fiel dabei mit der Roheit seiner Ausdrücke La Faloise auf die Nerven. Bordenave hatte Nana kennengelernt und wollte sie lancieren. Nun traf es sich gerade, daß er eine Venus suchte. Er belud sich nicht gerne lang mit einer Frau; er setzte sie viel lieber gleich dem Publikum vor. Aber diesmal hatte er sich eine schöne Geschichte eingebrockt, denn das Auftreten dieses großen Mädels brachte seine ganze Bude in Aufruhr. Rose Mignon, sein Stern, eine feine Schauspielerin und ausgezeichnete Sängerin – das war sie – drohte in täglichen Wutausbrüchen, ihn im Stich zu lassen, denn sie witterte die Rivalin. Und was für ein Höllenspektakel gab es schon bei den Ankündigungen – großer Gott! Schließlich hatte er doch die Namen der beiden Schauspielerinnen in gleich großen Buchstaben auf die Theaterzettel setzen lassen. Aber sie sollten ihm nur nicht auf die Nerven fallen. Wenn eines seiner kleinen Weiberchen, wie er sie nannte, Simonne oder Clarisse, zu bocken anfing, so verabreichte er ihr einen Fußtritt in den Hintern; anders war mit dem Volk nicht auszukommen. Er kannte seine Ware, er wußte, was sie wert waren, diese Racker!

„Sieh mal", unterbrach er sich, „Mignon und Steiner! Immer zu zweien! Sie wissen ja, Rose wächst dem Steiner allmählich zum Hals heraus, und nun geht ihm ihr Gatte nicht von den Fersen – aus Angst, daß Steiner ihnen auskommt."

Der Lichterkranz längs der Fassade des Theaters flammte auf und warf lebhafte Helle über den Platz. Zwei kleine

Bäumchen hoben sich klar in ihrem grellen Grün von dem dunklen Hintergrund ab; eine Anschlagsäule leuchtete; sie stand im vollen Licht, und man konnte schon von weitem wie am Tag die Plakate lesen; und weiter hinaus zog sich die Nacht der Boulevards wieder dichter zusammen, spärlich erhellt von Lichtern, die hie und da zwischen dem rastlosen Hin- und Hergewoge der Menge aufblitzten. Viele Herren verweilten erst noch vor dem Theater; sie blieben draußen und rauchten ihre Zigarren zu Ende. Und der Lichterkranz des Theatergesimses übergoß sie mit einer fahlen Blässe und zeichnete ihre kurzen schwarzen Schlagschatten auf den Asphalt.

Mignon, ein breiter vierschrötiger Kumpan mit dem dicken Schädel eines Jahrmarktsherkules, bahnte sich eine Gasse mitten durch die plaudernden Gruppen und zog an seinem Arm den Bankier Steiner mit sich fort, ein kleines Kerlchen mit starkem Bauch, das runde Gesicht von einem kurzen, ergrauenden Bart umrahmt.

„Na, sehen Sie wohl", sagte Bordenave zum Bankier, „Sie haben sie gestern bei mir im Büro getroffen."

„Was! das war sie –?" schrie Steiner, „ich dachte es fast; aber ich ging gerade, als sie kam, und ich hatte kaum Zeit, sie anzusehen."

Mignon hörte sich das mit gesenkten Lidern an und drehte nervös an einem Ring mit großen Diamanten. Er hatte begriffen, daß es sich um Nana handelte; Bordenave machte sich nun daran, von seiner Debütantin eine Schilderung zu entwerfen, die in den Augen des Bankiers eine Flamme entzündete. Da griff Mignon schließlich ein:

„Aber ich bitte Sie, mein Lieber – ein Gassenmensch! Das Publikum wird ihr schon den Marsch blasen! Steinerchen, Sie wissen: meine Frau erwartet Sie in ihrer Garderobe ..."

Und er wollte ihn fortziehen. Aber Steiner wollte bei Bordenave bleiben. Vor ihnen drängte und zwängte sich ein Schweif Menschen an die Billettkontrolle. Ein Stimmengewirr stieg auf, und Nanas Name mit dem hellen Wohllaut seiner zwei Silben stieg immer wieder klingend daraus in die Höhe. Die Männer, die sich vor den Plakaten aufgepflanzt hatten, buchstabierten ihn laut, andere warfen sich ihn im Vorbeigehen fragend zu; die Frauen, unruhig und lächelnd, wiederholten ihn leise mit gespannten Mienen. Niemand kannte Nana. Von welchem Stern war Nana heruntergefallen? Und kleine Geschichten kursierten, Scherzworte gingen flüsternd von Mund zu Mund. Wie eine Liebkosung flog dieser Name, dieser kleine, zutrauliche Kindername in jedes Ohr. Die Menschenmenge wurde schon heiter und gutgelaunt beim bloßen Aussprechen der zärtlichen Silben. Ein Fieber der Neugier erregte all diese Leute; und diese Pariser Neugier ist so gewaltsam und heftig wie eine heiße Welle von Verrücktheit. Man wollte Nana sehen. Einer Dame wurde ein Volant vom Kleid gerissen, ein Herr verlor seinen Hut.

„Ach, Sie fragen mehr als ich weiß!" schrie Bordenave einem Haufen junger Leute zu, die mit Fragen auf ihn einstürmten. „Sie werden sie ja sehen; ich reiße aus, ich werde oben gebraucht."

Und er verschwand, ganz entzückt, daß er sein Publikum so in Brand gesteckt hatte.

Mignon zuckte die Achseln und erinnerte Steiner, daß Rose ihm noch ihr Kostüm für den ersten Akt zeigen wollte und ihn erwartete.

„Sieh mal, da steigt Lucy aus dem Wagen", sagte La Faloise zu Fauchery.

Es war in der Tat Lucy Stewart, eine häßliche kleine Frau in den Vierzigern; ihr Hals war zu lang, das Gesicht mager und in die Länge gezogen, aber Lebendigkeit und bewegliche Anmut verliehen ihr einen großen Reiz. Sie brachte Caroline Héquet und deren Mutter mit; Caroline, eine kalte Schönheit, die Mutter sehr würdevoll und ledern.

„Du kommst mit uns; ich hab' dir einen Platz reserviert", sagte sie zu Fauchery. „Ach nein, das wieder nicht! Aus der Loge sieht man ja nichts!" antwortete er. „Ich habe einen Orchesterfauteuil, ich sitze lieber vorn."

Lucy ärgerte sich. Wollte er sich nicht mit ihr zeigen? Aber schon war diese Regung verflogen, und sie sprang auf ein anderes Thema über.

„Warum hast du mir nicht gesagt, daß du Nana kennst?"

„Nana! – Aber ich hab' sie noch nie gesehen!"

„Wirklich wahr? Mir hat jemand geschworen, daß du mit ihr geschlafen hast."

Vor ihnen stand Mignon und zeigte ihnen den Finger auf dem Mund, ein Zeichen zu schweigen. Auf Lucys Frage wies er auf einen jungen Mann hin, der eben vorbeiging, und flüsterte: „Das ist Nanas Herzliebster."

Alle blickten nach ihm hin. Ein hübscher Junge. Fauchery erkannte ihn; es war Daguenet, der dreihunderttausend Francs mit Frauenzimmern vergeudet hatte und jetzt an der Börse hie und da ein Spielchen wagte, um ihnen von Zeit zu Zeit Blumen oder ein Diner zu bezahlen. Lucy fand, daß er schöne Augen habe.

„Ach, da ist ja Blanche", rief sie aus. „Die ist es nämlich, die hat mir gesagt, daß du mit Nana geschlafen hast."

Blanche de Sivry, ein volles, blondes Mädchen mit einem hübschen, teigigen Gesicht kam in Gesellschaft eines schmächtigen, sehr soignierten Herrn von großer Distinktion.

„Der Graf Xavier de Vandeuvres", flüsterte Fauchery La Faloise ins Ohr.

Der Graf tauschte einen Händedruck mit dem Journalisten, während eine lebhafte Auseinandersetzung zwischen Blanche und Lucy stattfand. Sie versperrten die Passage mit ihren volantbedeckten Toiletten, die eine in Blau, die andere in Rosa, und der Name „Nana" kam immer wieder von ihren Lippen, so spitz und durchdringend, daß die Leute zuzuhören begannen.

Graf Vandeuvres entfernte sich mit Blanche. Aber jetzt erklang der Name Nana wie ein Echo von allen vier

Ecken des Vestibüls, immer lauter, immer höher – wie ein Wunsch, den Erwartung stachelt.
Fängt es noch immer nicht an? Die Männer zogen ihre Uhren, verspätete Ankömmlinge sprangen aus den Wagen, ehe sie hielten, die Plaudergruppen vor dem Theater lösten sich auf, und über die erleuchtete Fläche, die nun leer und verlassen dalag, kreuzten jetzt langsam Spaziergänger, die mit langem Hals in das Vestibül hineinspähten. Ein Gassenjunge, der pfeifend daherkam, pflanzte sich vor einem Theaterzettel an der Tür auf und schrie: „Hollaho Nana!" mit einer Stimme wie ein alter Schnapsbruder; dann lümmelte er pantoffelklappernd seinen Weg weiter.
Ein Lachen flog auf.
Ein paar Herren wiederholten es beifällig: „Nana, hollaho Nana!"
Man drängte, man stieß sich an den Eingangstüren; ein summender Lärm schwoll an von ungeduldigen Stimmen, die nach Nana riefen, die stürmisch nach Nana verlangten. Alle waren von einem Anfall jenes brutalen Sinnenrausches ergriffen, wie er zuweilen die Massen überfällt.
Aber nun wurde der Lärm von den Anfangszeichen hell übertönt. Bis auf den Boulevard pflanzte es sich fort: „Es hat schon geläutet, es hat schon geläutet!" und nun gab es ein wahres Tohuwabohu; jeder wollte hinein, und die Logenschließer zerrissen sich.
Mignon kam unruhig und gereizt und holte Steiner, der nicht bei Rose gewesen war und das Kostüm nicht begutachtet hatte. Beim ersten Glockenzeichen hatte La Faloise die Menge geteilt und stürzte, Fauchery mit sich ziehend, ins Parkett, um ja nichts von der Ouvertüre zu verlieren. Diese Hast des Publikums verdroß Lucy Stewart. Was für ungezogene Lümmel! Sie brachten es wirklich fertig, eine Frau zu stoßen! Lucy wartete mit Caroline Héquet und ihrer Mutter bis zuletzt.
Das Vestibül war leer. Von draußen hörte man das entfernte Brausen des Boulevards.
„Als ob das gar so was Besonderes wäre, diese Stücke!" wiederholte Lucy, die Treppe ersteigend.
Im Parkett standen Fauchery und La Faloise vor ihren Sesseln und musterten abermals den Saal.
Jetzt strahlte das ganze Haus. Auf der großen Gaskrone entzündeten helle Gasflammen ein Geriesel gelber und rosiger Feuer, brachen sich tausendfach und ergossen einen Regen von Licht von der Kuppel über das Parkett. Die rotsamtenen Sitze spiegelten hart wie Lack, unter der rohen Malerei der Decke glänzte Gold auf, vom zarten Grün der Ornamente gemildert. Die erhöhte Bühnenrampe stand schon in einer Mauer von jähem Licht und überflammte die schweren Purpurfalten des Vorhanges; dieser Prunk eines Märchenschlosses kontrastierte seltsam mit der Armut des Rahmens und den Mauerrissen, wo der Gips unter der Vergoldung herauskam.
Die Luft erhitzte sich mehr und mehr. Die Musiker saßen an den Notenpulten und stimmten ihre Instrumente; die leichten Triller der Flöte, die erstickten Seufzer der Hörner, die singenden Stimmen der Violinen flogen auf und mischten sich in das ständig anschwellende Stimmengewirr. Alle Zuschauer sprachen laut und schoben und stießen sich im Ansturm um die Plätze, das Gedränge in den Gängen war so rücksichtslos, daß der Menschenstrom sich nur mühsam durch die Saaltüren zwängte. Da wurden Zurufe und Winke ausgetauscht, Kleider rauschten, ein Durcheinander von Röcken und Frisuren – dazwischen schnitt das Schwarz eines Abendanzugs oder eines Salonrocks. Trotzdem füllten sich die Sesselreihen allmählich; eine helle Toilette stach heraus, ein Kopf mit feinem Profil senkte einen Haarknoten, über den das Blitzen eines Edelsteines schoß. In einer Loge erglänzte ein Stückchen nackte Schulter in seidiger Blässe. Frauen saßen da und bewegten ihre Fächer mit müder Anmut, während ihr stiller Blick dem Gedränge da unten folgte; die Weste weit ausgeschnitten, eine Gardenie im Knopfloch, standen junge Herren vor dem Orchester und stellten mit den behandschuhten Fingerspitzen ihr Opernglas ein.
Die beiden Vettern fahndeten nach bekannten Gesichtern. Mignon und Steiner saßen zusammen in einer der kleinen Logen, die Arme auf der samtenen Brüstung, Seite an Seite. Blanche de Sivry schien allein eine Proszeniumsloge im Parkett einzunehmen. Aber das lebhafteste Interesse widmete La Faloise vor allem Daguenet, der einen Orchesterfauteuil hatte, zwei Reihen vor ihm selbst. Neben Daguenet saß ein ganz junger Mensch von höchstens siebzehn Jahren, ein richtiger Schulbub, und sah mit weit offenen Cherubinaugen um sich. Fauchery kam ein Lächeln bei seinem Anblick.
„Wer ist denn diese Dame dort auf dem Balkon?" fragte plötzlich La Faloise, „die mit dem jungen Mädchen in Blau an der Seite?" Er zeigte auf eine fette Frau, die aus einem drosselnden Korsett quoll; das einstmals blonde Haar war zu einem gelblichen Weiß verfärbt, das runde, rosig geschminkte Gesicht blies sich auf unter einem Regen kindlicher Löckchen.
„Das ist Gaga", antwortete Fauchery einfach.
La Faloise sah ihn etwas bestürzt an, und Fauchery fügte hinzu: „Du kennst Gaga nicht –? Sie hat ihre Jugend während der ersten Regierungsjahre Louis Philipps in vollen Zügen genossen; jetzt schleppt sie ihre Tochter überall mit sich herum."
La Faloise hatte keinen Blick für das junge Mädchen. Gagas Anblick erregte ihn, seine Augen verließen sie nicht mehr, er fand sie noch sehr auf der Höhe, aber er wagte es nicht auszusprechen.
Indessen hob der Kapellmeister den Taktstock, und die Musiker begannen die Ouvertüre. Immer noch kamen Leute, die Bewegung und der Lärm wuchsen. Es gab da gemütliche Ecken, in denen sich dieses besondere Premierenpublikum, das sich immer aus denselben Leuten zusammensetzte, lächelnd einfand. Theaterhabitués, den Hut auf dem Kopf, ganz in ihrem Element und wie zu Hause, tauschten Grüße. Paris war hier versammelt, das Paris der Geistigkeit, der Finanz und des Vergnügens –

viele Journalisten, etliche Schriftsteller, Börsenleute und mehr Halbwelt als anständige Frauen; eine seltsam gemischte Welt, aus allen Talenten zusammengesetzt, von allen Lastern verdorben und mit derselben Abspannung, mit dem gleichen Fieber auf allen Gesichtern.
Fauchery zeigte seinem wißbegierigen Vetter die Journalistenloge und die anderen, in denen Damen und Herren der Gesellschaft saßen, er zeigte ihm die Kritiker – einen Mageren mit ausgedörrtem Gesicht und schmalen, bösartigen Lippen –, und dann machte er ihn noch besonders auf einen Dicken aufmerksam, der wie ein großes Kind aussah und an der Schulter seiner Nachbarin lehnte, einer Naiven, die er mit zärtlichen Vateraugen behütete.
Fauchery unterbrach seine Unterweisungen, da er La Faloise nach einer Mittelloge hin grüßen sah, die sich eben füllte. Er schien erstaunt. „Was!" sagte er, „du kennst den Grafen Muffat de Beuville?"
„Oh, schon lange", antwortete Hector. „Die Muffats hatten eine Besitzung, die an unsere grenzte; ich komme öfters zu ihnen ... Der Graf ist in Gesellschaft seiner Frau und seines Schwiegervaters, des Marquis de Chouard." Und eitel und glückselig über die Verwunderung seines Vetters, verbreitete er sich über die Einzelheiten: der Marquis war Staatsrat, der Graf war soeben zum Kammerherrn der Kaiserin ernannt worden. Fauchery hatte sein Opernglas ergriffen und betrachtete die Gräfin, eine volle Brünette mit weißer Haut und schönen schwarzen Augen.
„Du wirst mich im Zwischenakt vorstellen", sagte er schließlich. „Ich habe den Grafen schon in Gesellschaft angetroffen, aber ich möchte an ihren Dienstagen empfangen werden."
Von den oberen Galerien kamen energische „Pst!"-Rufe. Die Ouvertüre hatte begonnen, aber immer noch kamen Leute, ganze Zuschauerreihen mußten wegen der verspäteten Ankömmlinge aufstehen, die Logentüren schlugen, rücksichtslose Stimmen stritten in den Gängen. Und auch die Unterhaltungen stockten nicht, alles schwatzte drauflos wie ein Spatzenschwarm, wenn der Tag sinkt. Ein Durcheinander, ein Gewühl von Köpfen und Armen in steter Bewegung – die einen setzten sich und machten es sich bequem, die anderen blieben eigensinnig stehen, um einen letzten Blick über das Gewimmel zu werfen. Der Ruf: „Setzen! Niedersetzen!" kam immer dringender aus den dunklen Tiefen des Parterre. Ein Schauer überlief alle: endlich sollte man also diese wunderbare Nana kennenlernen, die Paris seit Tagen beschäftigte!
Nach und nach schwiegen die Zwiegespräche, verklangen lässig und lebten hie und da wieder in ein paar fetten Stimmen auf. Und mitten in das ersterbende Geflüster, in die verhauchenden Seufzer, sprang aus dem Orchester mit kurzen lebendigen Takten ein Walzer in die Luft, dessen nichtsnutziger Rhythmus wie das Gelächter einer Zote erklang. Das Publikum unterlag dem Kitzel und lächelte schon. Die Claque in den ersten Parterrereihen applaudierte rasend. Der Vorhang ging auf.
„Sieh doch nur", sagte La Faloise, der noch immer schwatzte, „Lucy hat einen Herrn bei sich." Er blickte zur Proszeniumsloge rechts im ersten Rang hinauf, wo Caroline und Lucy auf den Vorderplätzen saßen. Im Hintergrund sah man das würdevolle Antlitz von Carolines Mutter und das Profil eines großen Jungen mit schönem Blondhaar und tadelloser Haltung.
„So sieh doch", wiederholte La Faloise hartnäckig, „da sitzt ein Herr!"
Fauchery entschloß sich, sein Glas auf die Proszeniumsloge zu richten. Aber er kehrte sich sofort wieder ab. „Ach, das ist Labordette", murmelte er gleichgültig, als ob die Gegenwart dieses Herrn jedem einleuchtend und selbstverständlich sein müßte.
Hinter ihnen riefen die Leute: „Ruhig!"
Sie mußten schweigen. Jetzt verharrte das ganze Haus unbeweglich, alle Köpfe vom Orchester bis zur letzten Galerie waren gespannt und aufmerksam auf die Bühne gerichtet.
Der erste Akt der „Blonden Venus" spielte im Olymp, in einem Olymp aus Pappe mit Wolkenkulissen, und Jupiters Thron stand zur Rechten. Zuerst erschienen Iris und Ganymed, unterstützt von einem Trupp himmlischer Diener, die im Chorus sangen, indes sie die Sitze der Götter für eine Ratsversammlung bereitstellten. Von neuem erklangen die bestellten Bravos der Claque; das Publikum schien ein wenig befremdet und verhielt sich abwartend. Nur La Faloise hatte nach dem Auftritt von Clarisse Besnus applaudiert, einer von Bordenaves kleinen Weiberchen, die die Iris spielte; sie war in blasses Blau gehüllt, und ein siebenfarbiger Gürtel schlang sich um ihre Hüften.
„Weißt du, sie muß das Hemd hinunterlassen, wenn sie dieses Zeug anzieht", sagte La Faloise zu Fauchery so laut, daß man ihn verstehen konnte, „wir haben es heute morgen ausprobiert ..., das Hemd guckte unter den Armen und am Rücken hervor ..."
Eine leichte Bewegung ging durch den Saal. Rose Mignon war als Diana aufgetreten. Obzwar sich weder ihr Gesicht noch ihre Figur mit der Rolle deckten – sie war schwarz und mager und von der bezaubernden Häßlichkeit eines Pariser Gassenjungen –, sah sie entzückend aus, wie eine lustige Parodie auf die Göttin. Ihre Auftrittsarie – der Text war zum Heulen albern –, in der sie sich über Mars beklagte, der im Begriff stand, sie um der Venus willen zu verlassen, sang sie mit einer scheuen Zurückhaltung, unter der so viel versteckte Ausgelassenheit vibrierte, daß das Publikum warm wurde. Ihr Gatte und Steiner, Schulter an Schulter, lachten herzlich. Und das ganze Haus brach los, als Prullière, dieser Liebling des Publikums, als General erschien – ein Mars vom Maskenball –, von einem riesigen Helmbusch überwedelt und einen Säbel, der ihm bis zur Schulter reichte, mit sich schleifend. Er seinerseits hatte genug von Diana; sie war ein allzu geduldiges Schäfchen. Daraufhin schwor Diana, ihn zu überwachen und sich zu rächen. Das Duett endigte mit einem hanswurstigen Jodler, den Prullière sehr drollig mit der

Stimme eines aufgeregten Katers in die Luft stieß. Er hatte die komische Schnoddrigkeit eines jungen Premierleutnants, der sich auf dem Gipfelpunkt des Daseins fühlt, und rollte dazu ein paar Welterobereraugen, daß das helle Frauengelächter aus den Logen erklang.
Aber danach wurde das Publikum wieder kühl. Die folgenden Szenen langweilten. Kaum daß der alte Bosc, ein trottelhafter Jupiter, dessen wackelnder Kopf sich unter einer ungeheuren Krone beugte, wieder etwas Stimmung ins Publikum brachte: es gab eine häusliche Auseinandersetzung mit Juno anläßlich der Abrechnung mit der Köchin. Der Aufmarsch der Götter Neptun, Pluto, Minerva und der anderen schien wieder alles zu verderben. Man wurde ungeduldig, ein Gemurmel der Unaufmerksamkeit erhob sich langsam, die Spannung der Zuschauer verflog, und sie schauten ins Parkett statt auf die Bühne. Lucy lachte mit Labordette; hinter Blanches kräftigen Schultern machte der Graf de Vandeuvres einen langen Hals; Fauchery beobachtete mit verstohlenem Blick die Familie Muffat; der Graf saß sehr würdevoll da, als ob er nichts verstünde; die Gräfin lächelte vage und träumerisch mit verlorenen Augen. In diese unbehagliche Stimmung knatterte jählings das Händeklatschen der Claque hinein, so regelmäßig wie ein Pelotonfeuer. Man wandte sich der Bühne zu. Kam Nana endlich? Diese gute Nana ließ ziemlich lange auf sich warten.
Jetzt führten Ganymed und Iris eine Abordnung der Sterblichen herein, respektable Bürgersleute, lauter betrogene Ehemänner, die dem obersten der Götter eine Klage wider Venus unterbreiteten, weil sie ihre Frauen mit allzu heißer Glut entzündete. Der Chor war auf einen naiven, kläglichen Ton eingestellt und enthielt Pausen voller Eingeständnisse, was sehr amüsierte. Ein Wort ging um im Parkett: „Der Hahnreichorus, der Hahnreichorus“, und dieses Wort blieb – man verlangte ihn noch einmal. Die Köpfe der Choristen sahen lustig aus, sehr charakteristisch – besonders ein Dicker mit einem Vollmondgesicht machte dem Publikum Spaß.
Indes trat Vulkan auf und verlangte wutschnaubend seine Frau, die seit drei Tagen durchgebrannt war. Der Chor setzte wieder ein und flehte zu Vulkan, dem Schutzpatron der Hahnreie. Die Rolle des Vulkan spielte Fontan, ein Komiker von niederträchtiger, origineller Begabung mit wildphantastischen Gliederverrenkungen als Dorfschmied; er hatte eine flammendrote Perücke und nackte Arme, die von tätowierten, pfeildurchbohrten Herzen bedeckt waren.
„Ach, ist der häßlich!“ entfuhr es einer sehr hellen Frauenstimme, und alles lachte und applaudierte.
Nun kam eine schier endlose Szene. Jupiter kam nicht damit zu Rande, den Rat der Götter zu versammeln, um ihnen das Gesuch der betrogenen Ehemänner zu unterbreiten. Und noch immer nichts von Nana! Vielleicht wurde sie bis zum eisernen Vorhang aufgehoben? Die allzu angespannte Erwartung des Publikums war schließlich in Unwillen umgeschlagen. Und wieder erhob sich das Gemurmel.
„Die Sache geht schief“, sagte Mignon strahlend zu Steiner. „Ein schöner Durchfall, Sie werden ja sehen!“
In diesem Augenblick teilten sich die Wolken im Hintergrund, und Venus erschien. Nana, sehr groß, sehr kräftig für ihre achtzehn Jahre, in ihrer weißen Göttinnentunika, das lange blonde Haar einfach auf die Schultern fallend, stieg zur Vorderszene hinunter; eine gelassene Sicherheit trug sie, und sie lachte ins Publikum.
Sie begann ihre große Arie: „Wenn Venus im Abendwind streicht ...“
Als sie die zweite Strophe begann, sahen sich die Leute im Parkett an. Sollte das ein Witz sein, etwa irgendeine Wette von Bordenave? Eine so falsche Tongebung, eine so völlig unausgebildete Stimme wurde noch nie gehört. Nanas Direktor hatte es vollkommen richtig ausgedrückt: sie sang wie ein Blechtopf. Und sie konnte nicht einmal auf der Bühne gehen und stehen; sie warf die Arme nach vorne, daß der ganze Körper das Gleichgewicht verlor, und man fand das alles unpassend und ungraziös. Aus dem Parterre und von den billigen Plätzen kamen höhnische Rufe, es wurde gepfiffen – da ertönte aus einem Orchesterfauteuil die mutierende Stimme eines jungen Hähnchens mit Überzeugung: „Sehr schick!“
Das ganze Parkett sah hin. Es war der schulschwänzende Cherubin, seine schönen Augen starrten aufgerissen, sein blondes Gesicht stand in Flammen – durch Nanas Anblick. Als er alle Augen auf sich gerichtet fühlte, wurde er sehr rot; er schämte sich, daß er, ohne es zu wollen, laut gesprochen hatte. Daguenet, sein Nachbar, maß ihn mit einem Lächeln, das Publikum lachte entwaffnet und dachte nicht mehr ans Pfeifen; die weißbehandschuhten jungen Herren, von Nanas schwellenden Formen bezwungen, ergaben sich und klatschten.
„Ausgezeichnet! Ausgezeichnet! Bravo!“
Nana sah das ganze Haus lachen und stimmte in das Gelächter ein. Die Heiterkeit verdoppelte sich. Sie war wirklich drollig, dieses schöne Mädel. Ihr Lachen zauberte ein berückendes Grübchen in ihr Kinn. Sie wartete nun ungeniert und zutraulich, und es entspann sich gleich eine persönliche Beziehung von ihr zum Publikum; dabei schien sie mit einem Augenzwinkern selbst zuzugeben, daß sie zwar nicht für zwei Heller Talent habe, aber daß das nichts ausmache und daß sie andere Vorzüge besäße. Sie machte dem Kapellmeister ein Zeichen, das bedeutete: „Also vorwärts, mein Junge!“ und begann ihr zweites Couplet:

„Um die Mitternachtsstunde
Macht Frau Venus die Runde ...“

Es war noch immer dieselbe essigsaure Stimme, aber jetzt kratzte sie das Publikum so geschickt an der richtigen Stelle, daß sie ihm zuweilen einen leichten Schauer entlockte. Das Lachen erhellte noch immer Nanas kleinen roten Mund und schimmerte in ihren großen, sehr hellen Blauaugen. Bei manchen lebendigeren Stellen schürzte Lüsternheit die Nasenflügel, deren rosige Nüstern bebten, während ihr eine Flamme über die Wangen schlug.

Sie fuhr fort, sich zu wiegen, denn es fiel ihr nichts anderes ein. Und man fand es durchaus nicht mehr häßlich, im Gegenteil: die Männer richteten alle ihr Glas auf sie. Gegen Ende des Couplets versagte die Stimme gänzlich, und sie merkte, daß sie nie bis zum Schluß kommen würde. Aber ohne den Kopf zu verlieren, schlug sie sich auf die Hüfte, die sich unter der dünnen Tunika rund abzeichnete, und mit zurückgebogener Brust und Kehle breitete sie weit die Arme aus.

Applaus brach los. Sie hatte sich gleich umgedreht und stieg hinauf, und beim Anblick dieses Nackens, den rötliches Haar bedeckte wie eine Tiermähne, steigerte sich das Händeklatschen zu einer Raserei.

Das Ende des Aktes wurde kalt aufgenommen. Vulkan wollte Venus ohrfeigen. Die Götter hielten Rat und beschlossen, auf Erden eine Rundfrage anzustellen, ehe der Rechtsspruch zugunsten der betrogenen Ehegatten gefällt wurde. Dabei geschah es, daß Diana zärtliche Worte zwischen Venus und Mars auffing und schwor, die beiden während der Reise nicht aus den Augen zu lassen. Nun kam eine Szene, in der Amor, verkörpert von einer zwölfjährigen kleinen Spitzbübin, auf alle Fragen mit „Ja, Mama ... nein, Mama" antwortete, den Finger in der Nase und in weinerlichem Ton. Daraufhin sperrte Jupiter streng, wie ein verärgerter Schulmeister, Amor in ein schwarzes Loch und gab ihm auf, zwanzigmal das Verbum „Ich liebe" zu konjugieren. Das Finale gefiel besser – ein Chor, den Ensemble und Orchester brillant zur Geltung brachten.

Aber als der Vorhang gefallen war, versuchte die Claque vergeblich, aus dem Publikum einen Widerhall hervorzulocken – alles stand auf und drängte nach den Türen. Man zappelte, man schob und stieß eingekeilt in die Sesselreihen und tauschte seine Eindrücke aus. Ein Wort lief rundum: „Ein Blödsinn!"

Ein Kritiker sagte, das Stück müsse gehörig abgeschlachtet werden. Übrigens: es ging nicht um das Stück, man sprach nur von Nana. Fauchery und La Faloise, die als die ersten hinausgegangen waren, stießen im Gang auf Steiner und Mignon. Man erstickte in diesem Durchgang; es war eng und gedrückt wie in einem Minenschacht, den Gaslampen erhellten. Sie hielten sich ein Weilchen am Fuß der Treppe rechts auf, im Schutze des Geländers. Fortwährend klapperte das grobe Schuhwerk der Leute, die von den billigen Plätzen kamen, die Stufen herab, eine Flut schwarzer Fräcke strömte vorbei, während eine Garderobefrau aus allen Kräften bemüht war, einen Stuhl vor dem Umgestoßenwerden zu bewahren, auf dem ein großer Haufen Mäntel lag.

„Aber die kenn' ich ja!" schrie Steiner, kaum daß er Fauchery erblickte. „Ganz bestimmt, ich hab' sie irgendwo gesehen ... im Kasino glaub' ich, und man mußte sie da vom Boden aufheben, so besoffen war sie."

„Ich weiß nicht mehr genau", sagte der Journalist, „aber mir geht es wie Ihnen, ich hab' sie sicher schon irgendwo getroffen ..."

Er senkte die Stimme und vollendete lachend: „Vielleicht bei der Tricon!"

„Donnerwetter! Eine dreckige Gegend!" erklärte Mignon, der überaus erbittert schien. „Es ist ekelhaft, wie das Publikum den ersten besten Schlampen gleich mit offenen Armen aufnimmt. Bald wird es beim Theater überhaupt keine anständige Frau mehr geben ... Ja, wahrhaftig, ich werde Rose zu guter Letzt noch das Theaterspielen verbieten ..."

Fauchery konnte ein Lächeln nicht unterdrücken. Das Gepurzel der dicken Schuhsohlen auf den Stufen hatte noch immer nicht aufgehört, und ein kleiner Mann, die Mütze auf dem Kopf, sagte mit schleppender Stimme: „Herrgott, ist die aber mollig! Da hat man was zum Anhalten!"

Im Foyer standen zwei junge Leute mit sorgfältig gekräuseltem Haar und sehr korrekten Kragen und stritten. Der eine wiederholte das Wort: „Angefault! Angefault!" ohne nähere Angabe der Gründe; der andere antwortete mit dem Wort: „Verblüffend! Verblüffend!" und verschmähte gleichfalls jedes weitere Argument.

La Faloise fand Nana sehr gut; er gab nur zu, daß sie noch besser wäre, wenn die Stimme ausgebildet würde. Steiner, der nicht mehr zugehört hatte, fuhr jählings auf. Man müsse eben abwarten, vielleicht verdürbe sie noch alles in den nächsten Akten. Das Publikum war freundlich gestimmt, aber es war gewiß noch nicht gewonnen. Mignon schwur, daß das Stück nicht zu Ende gespielt würde, und als Fauchery und La Faloise ihn verließen, um ins Foyer zu gehen, nahm er Steiners Arm, stieß ihn an die Schulter und flüsterte ihm ins Ohr: „Mein Junge, schauen Sie sich das Kostüm meiner Frau im zweiten Akt an ... so eine Schweinerei!"

Oben im Foyer verbreiteten drei Kristallüster lebhafte Helle. Die beiden Vettern zögerten einen Augenblick. Zwischen den weit geöffneten Glastüren wogte von einem Ende des Raumes bis zum andern eine Flut von Köpfen, die sich beständig in zwei Strömungen bewegte. Schließlich traten sie doch ein. Fünf bis sechs Gruppen, die sich sehr angeregt und mit lebhaften Bewegungen unterhielten, behaupteten sich in dem Getriebe. Die anderen marschierten reihenweise auf dem spiegelnden Parkett; sie traten einander fast auf die Sohlen. Rechts und links zwischen den Säulen von jaspisfarbenem Marmor saßen Frauen erschöpft von der Hitze auf roten Plüschbänken und sahen dem vorbeiflutenden Getriebe mit lässiger Miene zu; und hinter ihnen in den hohen Spiegeln sah man ihre Frisuren. Im Hintergrund vor dem Büfett trank ein Mann mit dickem Bauch ein Glas Sirup.

Fauchery war auf den Balkon gegangen, um Luft zu schnappen. La Faloise studierte noch die Fotografien der Schauspielerinnen, deren gerahmte Bilder zwischen den Spiegeln hingen; dann folgte er ihm auch. Eben war die Gasbeleuchtung an der Theaterfassade erloschen. Es war schwarz und sehr kühl auf dem Balkon, der leer schien. Nur ein junger Mensch stand im Schatten und stützte sich auf die Steinbalustrade in der rechten Ausbuchtung; er

rauchte eine Zigarette, deren Asche im Dunkeln glühte. Fauchery erkannte Daguenet. Sie schüttelten einander die Hand.
„Was treiben Sie denn da, mein Lieber?“ fragte der Journalist. „Sie verstecken sich hier in dem Winkelchen, Sie, der Sie sonst an Premiereabenden nicht vom Orchester wegzubringen sind.“
„Aber ich rauche ja, wie Sie sehen“, antwortete Daguenet.
Daraufhin versuchte Fauchery ihn zu überrumpeln. „Was halten Sie von der Debütantin? Im Foyer kommt sie ziemlich schlecht weg.“
„Oh“, murmelte Daguenet, „Männer, die sie verschmäht hat!“
Das war sein ganzes Urteil über Nanas Talent. La Faloise beugte sich über die Brüstung und blickte zum Boulevard hinunter. Gegenüber blinkten die hell erleuchteten Fenster eines Hotels und eines Klubs, auf dem Trottoir saßen viele Leute an den kleinen Tischen des Café Madrid; man sah nur eine schwarze Masse. Trotz der vorgerückten Stunde war es erdrückend voll; man kam nur schrittweise vorwärts, der Menschenstrom von der Passage Jouffroy versiegte nicht, und die Leute mußten manchmal fünf Minuten warten, ehe sie über die Straße konnten, so eng geschlossen waren die Wagenreihen.
„Was für ein Leben! Was für ein Lärm!“ wiederholte La Faloise fortwährend; Paris setzte ihn noch immer in Erstaunen.
Die elektrische Klingel setzte anhaltend ein, das Foyer leerte sich. Man drängte schon in den Gängen. Der Vorhang war schon aufgezogen, und noch immer traten die Leute gruppenweise ins Parkett – zum großen Mißvergnügen der Zuschauer, die bereits saßen. Jeder suchte seinen Platz mit erfrischtem Gesicht und erneuter Spannung.
La Faloises erster Blick galt Gaga; aber zu seiner Überraschung sah er neben ihr den großen Blonden, der eben noch in der Proszeniumsloge bei Lucy gewesen war.
„Wie heißt denn dieser Herr?“ fragte er.
Fauchery sah ihn nicht. – „Ach so, Labordette“, sagte er schließlich mit derselben gleichgültigen Geste.
Die Ausstattung des zweiten Aktes war eine Überraschung. Man befand sich in einem Tanzlokal der Vorstadt, in der „Schwarzen Kugel“, mitten im Getriebe des Faschingsdienstags; Masken sangen einen Rundreigen, dessen Refrain sie mit einer Art Schuhplatteln begleiteten. Dieser ausgekochte Pöbel amüsierte die Leute derartig, daß sie den Rundreigen noch einmal verlangten. Und nun kam die Bande der Götter daher, die sich unter der Führung der Iris, die sich fälschlich brüstete, die Erde zu kennen, hierher verirrt hatte. Hier sollte nun die Rundfrage vollzogen werden. Die Götter hatten sich verkleidet und wollten ihr Inkognito wahren. Jupiter erschien als König Dagobert; die Hose hatte er verkehrt angezogen, und auf dem Kopf trug er eine große Blechkrone. Phöbus kam als Postillion von Lunjumeau und Minerva als Amme vom Land. Heftige Gelächtersalven begrüßten Mars, der das phantastische Kostüm eines Schweizer Admirals trug. Aber das Gelächter erreichte den Gipfelpunkt der Ausgelassenheit, als Neptun auftrat, in einer Blusenjacke mit hoher Ballonmütze, Schmachtlocken an die Schläfen geklebt, und pantoffelschleifend mit fetter Stimme sagte: „Es ist ein Kreuz! Ein schöner Mensch muß eben den Frauenzimmern herhalten!“ Man rief: „Oh! Oh!“ Die Frauen hoben ein wenig die Fächer. Lucy in ihrer Proszeniumsloge lachte so schallend, daß Caroline Héquet sie mit einem Fächerschlag zur Ruhe mahnte.
Von da an war das Stück gerettet, ein großer Erfolg war entschieden. Dieser Götterfasching, dieser in den Kot gezogene Olymp, eine ganz ins Lächerliche gezerrte Religion, eine ganze verächtlich gemachte Poesie – das bereitete den Leuten ein großes Gaudium. Ein wahres Fieber der Unehrerbietigkeit hatte das literarische Premierenpublikum ergriffen; man trat die Legende mit den Füßen, man zerbrach die klassischen Bildwerke. Jupiter hatte einen guten Kopf, er war ausgezeichnet getroffen. Das Königtum war zu einer Farce geworden, die Armee zum Gespött. Als Jupiter, von einer plötzlichen Verliebtheit zu einer kleinen Wäscherin ergriffen, sich anschickte, einen ausgelassenen Cancan zu hopsen, tupfte Simonne, die die Wäscherin spielte, mit der Fußspitze auf die Nase des Königs der Götter und nannte ihn dabei so komisch „du dickes Väterchen!“, daß ein tolles Gelächter den Saal erschütterte. Während getanzt wurde, zahlte Phöbus der Minerva diverse Portionen Glühwein, und Neptun thronte im Mittelpunkt von sieben bis acht Frauen, die ihn mit Kuchen regalierten. Man erriet Anspielungen, man fügte Zweideutigkeiten hinzu, harmlose Worte erhielten durch die Zurufe des Parketts eine obszöne Nebenbedeutung. Seit langem hatte sich das Theaterpublikum nicht so behaglich in dem Schlamm ehrfurchtsloser Dummheit gewälzt. Es fühlte sich wohl und zufrieden.
Nun, die Handlung nahm mitten durch diese Albernheiten ihren Verlauf. Vulkan als schicker Jüngling, ganz in Gelb, mit gelben Handschuhen, das Monokel ins Auge geklemmt, lief immer hinter Venus her, die endlich als Fischweib daherkam, ein Taschentuch auf dem Kopf, den herausquellenden Busen mit dickem Goldschmuck bedeckt.
Nana war so weiß und fett, so natürlich als diese Person mit den starken Hüften und dem starken Maulwerk, daß sie sofort das ganze Haus gewann. Man vergaß darüber Rose Mignon als entzückendes Bébé mit einem geflochtenen Kate-Greenway-Hut, in einem kurzen Musselinkleidchen, die soeben mit bezaubernder Stimme die Klagen der Diana hinausgeseufzt hatte.
Aber diese andere, dieses derbe Mädel, das sich auf die Schenkel schlug, das gackerte wie ein Huhn, verbreitete eine Dunstwolke von Lebenskraft um sich; die unwiderstehliche Allmacht der Frau ging von ihr aus und berauschte das Publikum. Von diesem zweiten Akt an konnte sie machen, was sie wollte, sie durfte sich alles erlauben: hilflose Bewegungen, keinen einzigen richtigen

Ton, Gedächtnisfehler – sie brauchte nichts, als sich umzudrehen und zu lachen, um Bravorufe zu entfesseln. Als sie ihren famosen Schlag auf die Hüfte vollführte, entzündete sich das Parkett, eine Glutwelle stieg von Galerie zu Galerie bis an die Decke. Als sie den Tanz in der Schenke anführte, gestaltete sich ihr Erfolg zu einem Triumph. Hier fühlte sie sich zu Hause, die Faust in die Hüfte gestemmt, ganz Venus aus dem Rinnstein. Und die Musik schien wie für ihre Vorstadtstimme geschaffen, eine Gassenhauermusik, ein Jahrmarktsspektakel mit Klarinettengekreisch und dem Hopsassa der kleinen Flöte.

Zwei Stücke mußten noch wiederholt werden. Der Walzer der Ouvertüre, dieser Walzer mit dem Gassenjungenrhythmus, kam wieder und entführte die Götter. Juno als Pächtersfrau stichelte Jupiter wegen seines Wäschermädels und ohrfeigte ihn. Diana ertappte Venus, wie sie eben im Begriff war, Mars ein Rendezvous zu geben, und sie beeilte sich, Vulkan Ort und Stunde zu verraten. Vulkan schrie: „Ich hab' einen Plan!"

Der Schluß war nicht recht klar, die Enquete gipfelte in einem Schlußgalopp, nach welchem Jupiter atemlos und in Schweiß gebadet, ohne Krone, erklärte, daß die kleinen Erdenweiberchen entzückend seien und daß die Männer alle unrecht hätten.

Der Vorhang fiel, und die Bravorufe wurden von einigen Stimmen stürmisch übertönt: „Alle heraus! Alle!"

Der Vorhang ging wieder auf, die Schauspieler erschienen und hielten sich an den Händen. In ihrer Mitte Nana und Rose Mignon, die sich Schulter an Schulter verbeugten. Es wurde applaudiert, die Claque schrie: „Bravo!" Danach leerte sich langsam der Saal zur Hälfte.

„Ich muß die Gräfin Muffat begrüßen", sagte La Faloise.

„Richtig, und dabei wirst du mich ihr vorstellen", antwortete Fauchery. „Wir wollen dann zusammen hinuntergehen."

Aber es war nicht leicht, zu den Balkonlogen zu gelangen. Oben in den Gängen war das Gedränge fürchterlich. Um vorwärts zu kommen, um durch die Menschenansammlungen durchzudringen, mußte man sich fadendünn machen und durchschlüpfen, was nicht ohne Gebrauch der Ellbogen abging. Gelehnt an einen kupfernen Kandelaber, im Schein des Gaslichts, untersuchte der dicke Kritiker das Stück vor einem Kreis aufmerksamer Zuhörer. Die Vorübergehenden zeigten sich ihm gegenseitig und nannten halblaut seinen Namen. Er hatte während des ganzen Abends gelacht, man hatte es sich in den Wandelgängen zugeflüstert; trotzdem war er jetzt sehr streng und sprach von Geschmack und Moral. Unweit davon spendete der Kritiker mit den dünnen Lippen eitel Wohlwollen, das nichtsdestoweniger einen verdorbenen Nachgeschmack hatte, wie Milch, die sauer wird.

Fauchery durchsuchte die Logen mit einem schnellen Blick durch die runden Türausschnitte. Aber der Graf de Vandeuvres hielt ihn mit Fragen an, und als er hörte, daß die beiden Vettern die Muffats begrüßen wollten, zeigte er ihnen die Loge Nummer 7, aus der er eben herauskam. Und dann neigte er sich zu dem Ohr des Journalisten und sagte: „Sagen Sie doch, mein Lieber, diese Nana – wir haben sie ganz bestimmt damals am Abend an der Ecke der Rue de Provence gesehen ..."

„Aber natürlich! Sie haben recht", rief Fauchery, „sie kam mir gleich so bekannt vor!"

La Faloise stellte seinen Vetter dem Grafen Muffat de Beuville vor, der sich sehr kühl verhielt. Aber bei dem Namen Fauchery hatte die Gräfin den Kopf gehoben und machte mit einer freundlichen Phrase dem Feuilletonisten des Figaro ein Kompliment über seine Artikel. Auf den Samt der Brüstung gestützt, drehte sie sich mit einer hübschen Schulterbewegung halb zu ihm. Man plauderte ein Weilchen, und die Unterhaltung kam auf die Weltausstellung.

„Es wird sehr schön", sagte der Graf, dessen regelmäßiges viereckiges Gesicht offizielle Würde wahrte. „Ich war heute auf dem Marsfeld, und ich bin ganz überwältigt zurückgekommen."

„Die Leute behaupten, daß sie da nicht fertig werden", wagte sich La Faloise heraus. „Sie stecken in einer Klemme ..."

Aber der Graf unterbrach ihn mit seiner strengen Stimme: „Sie werden fertig ... Der Kaiser wünscht es."

Fauchery erzählte lustig, daß er fast in das Aquarium gefallen wäre, das damals noch im Bau war, als er eines Tages hinausging, um Stoff für einen Artikel zu suchen. Die Gräfin lächelte. Sie blickte zuweilen in den Saal, hob einen ihrer weiß behandschuhten Arme bis zum Ellbogen und fächelte sich mit schnellen Schlägen. Das fast leere Parkett schlummerte; einige Herren lehnten an der Orchesterbrüstung und entfalteten ihre Zeitung; Damen hielten behaglich Empfang, ganz als ob sie zu Hause wären. Man hörte nur mehr das Geflüster der guten Gesellschaft unter dem Lüster, dessen Helle der feine Staub dämpfte, der sich bei Aktschluß erhoben hatte. An den Türen lehnten Männer und betrachteten die Frauen, die noch auf ihren Plätzen saßen; da standen sie minutenlang unbeweglich mit langem Hals und mit den großen weißen Herzen ihrer Hemdbrust.

„Wir zählen auf Sie am nächsten Dienstag", sagte die Gräfin zu La Faloise.

Sie lud auch Fauchery ein, der sich verbeugte. Man erwähnte das Stück nicht, der Name Nana wurde nicht ausgesprochen.

Der Graf bewahrte eisige Würde, als ob er sich bei einer Sitzung der gesetzgebenden Körperschaft befände. Er sagte nur – um die Anwesenheit der Familie Muffat zu erklären –, daß sein Schwiegervater das Theater liebe. Die Tür der Loge stand offen; der Marquis de Chouard, der hinausgegangen war und seinen Platz den Besuchern überlassen hatte, richtete seine hohe Greisengestalt auf, und aus seinem schlaffen, weißen Gesicht unter dem breitrandigen Zylinder folgten ein paar benommene Augen den vorübergehenden Frauen.

Kaum hatte die Gräfin die Einladung ausgesprochen, da verabschiedete sich Fauchery, in dem Gefühl, daß es unpassend wäre, von dem Stück zu sprechen. La Faloise kam als letzter aus der Loge. Er hatte eben in der Proszeniumsloge des Grafen de Vandeuvres den blonden Labordette bemerkt, sehr nahe bei Blanche de Sivry, und flott drauflosplaudernd.

„Donnerwetter", sagte er, als er seinen Vetter wieder erreicht hatte, „kennt denn dieser Labordette alle Frauen...? Da sitzt er jetzt wieder bei Blanche!"

„Na, aber, natürlich kennt er sie alle", antwortete ruhig Fauchery. „Bist du denn vom Mond heruntergefallen, mein Teurer?"

Die Gänge waren stiller geworden. Fauchery wollte eben hinuntergehen – da rief Lucy Stewart. Sie stand ganz im Hintergrund an der Tür ihrer Proszeniumsloge. „Da drinnen ist eine Siedehitze", sagte sie und nahm in Gesellschaft von Caroline Héquet und ihrer Mutter die Breite des Korridors ein; sie beschäftigte sich damit, Pralinen zu knabbern. Eine Logenschließerin unterhielt sich mütterlich mit ihnen. Lucy zankte den Journalisten aus: er war ja nett, stieg da herauf und besuchte andere Frauen, und es fiel ihm nicht einmal ein, zu fragen, ob sie Durst habe! Dann, auf ein anderes Thema überspringend: „Ich muß dir sagen, mein Lieber, ich finde Nana ausgezeichnet."

Sie wollte ihn für den letzten Akt in der Proszeniumsloge behalten; aber er entwischte, indem er sie am Ausgang zu erwarten versprach.

Unten vor dem Theater zündeten sich Fauchery und La Faloise Zigaretten an. Ein ordentlicher Auflauf sperrte das Trottoir, ein Menschenstrom, der von der Freitreppe herunterflutete und nun die nächtliche Frische einatmete, während der Boulevard stärker zu branden schien.

Mignon kam daher und schleppte Steiner mit sich ins Café des Variétés. Als er Nanas Erfolg sah, begann er, von ihr mit Enthusiasmus zu sprechen – dabei beobachtete er den Bankier scharf aus den Augenwinkeln. Er kannte ihn – zweimal war er ihm behilflich gewesen, Rose zu betrügen, dann, als die Laune verflogen war, hatte er ihn reuig und treu zurückgebracht.

Das Café war überfüllt, die Gäste drängten sich um die Marmortischchen, einige tranken in der Eile stehend. Breite Spiegel reflektierten dieses Tohuwabohu von Köpfen ins Unendliche und erweiterten diesen schmalen Saal mit seinen drei Lüstern, seinen Plüschbänkchen, seiner rot verhangenen Wendeltreppe endlos. Steiner setzte sich an einen Tisch im ersten Saal, der sich auf den Boulevard öffnete und dessen Türen man ein wenig früh für die Saison entfernt hatte. Als Fauchery und La Faloise vorbeikamen, hielt sie der Bankier zurück.

„Kommen Sie doch, trinken Sie ein Glas Bier mit uns." Eine Idee beschäftigte ihn, er wollte Nana ein Bukett werfen. Schließlich rief er einen Kellner, den er familiär „August" nannte. Mignon hörte aufmerksam zu und sah ihm so gerade ins Auge, daß er in Verwirrung geriet und stotterte: „Zwei Buketts, August – und geben Sie der Ankleiderin für jede Dame eines im richtigen Moment, nicht wahr?"

Am anderen Ende des Saales, den Nacken gegen den Spiegelrahmen gelehnt, saß ein junges Mädchen von achtzehn Jahren unbeweglich vor einem leeren Glas wie erstarrt durch langes vergebliches Warten. Die natürlichen Wellen ihres schönen aschblonden Haares umrahmten ein Madonnengesicht mit Samtaugen, sanft und rein; sie trug ein Kleid aus verschossener grüner Seide und ein rundes Hütchen, das Faustschläge übel zugerichtet hatten. Sie war ganz weiß von der Kühle der Nacht.

„Sieh mal, da sitzt Satin!" murmelte Fauchery, als er sie erblickte.

La Faloise fragte ihn aus. Oh, eine Schnepfe vom Boulevard, nichts von Bedeutung. Aber sie war so ein Gassenmädel, daß man sich amüsierte, wenn man sie zum Sprechen brachte. Und der Journalist hob die Stimme: „Was treibst du denn hier, Satin?"

„Ich bedrecke mich", antwortete Satin still, ohne sich zu rühren.

Die vier Männer waren entzückt und lachten.

Mignon versicherte, daß man keine Eile habe. Der Umbau zum dritten Akt dauerte zwanzig Minuten. Aber die beiden Vettern hatten ihr Bier getrunken, sie wollten wieder hineingehen; es wurde kühl. Mignon, der mit Steiner allein geblieben war, stützte sich auf die Ellbogen und sprach ihm ins Gesicht: „Na?! – Also abgemacht, wir gehen zu ihr, ich stelle Sie vor ... aber natürlich: ganz unter uns – meine Frau braucht nichts davon zu wissen."

An ihre Plätze zurückgekehrt, bemerkten Fauchery und La Faloise im zweiten Rang in einer Loge eine hübsche, bescheiden angezogene Frau. Sie war in Gesellschaft eines Herrn von seriösem Äußern, einem Bürochef aus dem Ministerium des Innern, den La Faloise kannte, da er ihn bei den Muffats getroffen hatte. Fauchery glaubte sich zu erinnern, daß sie Madame Robert hieß: eine anständige Frau, die nur einen Freund hatte, niemals mehr, und immer einen respektablen Mann.

Aber sie mußten sich umdrehen. Daguenet lächelte ihnen zu. Nun, da Nanas Erfolg entschieden war, verbarg er sich nicht mehr, er hatte im Foyer Triumphe gefeiert. Der Schuljunge an seiner Seite hatte seinen Sessel nicht verlassen – die Bewunderung für Nana hatte ihn gelähmt, betäubt, erstarrt. Das war es also – das war das Weib; und er wurde sehr rot – mechanisch zog er seine Handschuhe an und aus. Dann, als er seinen Nachbarn von Nana sprechen hörte, wagte er eine Frage: „Verzeihen Sie, mein Herr – Sie kennen diese Dame, die die Venus spielt?" – „Ja, flüchtig", murmelte Daguenet erstaunt und zögernd. „Dann wissen Sie vielleicht, wo sie wohnt?"

Diese nackte Frage überrumpelte Daguenet so jäh, daß er Lust verspürte, sie mit einer Ohrfeige zu beantworten.

„Nein", antwortete er trocken.

Er drehte dem anderen den Rücken zu. Der Blondin begriff, daß er eben eine Unschicklichkeit begangen hatte;

er errötete noch heftiger und zog sich erschreckt in sich zusammen.

Das Zeichen ertönte dreimal, die Garderobefrauen versteiften sich darauf, die Kleider zurückzugeben und standen, beladen mit Pelzmänteln und Paletots, mitten in dem Gedränge der Zurückströmenden. Die Claque applaudierte schon die Dekoration, eine Grotte des Berges Ätna, eine ausgehöhlte Silbermine, deren Wände wie neue Taler glänzten. Im Hintergrund sah man Vulkans Schmiede flackern wie ein erlöschendes Gestirn. In der zweiten Szene verabredete Diana mit dem Gott, daß er sich stellen solle, als ob er eine Reise anträte, um Venus und Mars die Szene zu überlassen. Kaum war Diana allein, als Venus ankam.

Ein Schauer durchlief das Haus. Nana war nackt. Und sie trug ihre Nacktheit mit einer gelassenen Kühnheit – sicher der Allmacht ihres Fleisches. Ein einfacher Chifonschleier umhüllte sie; ihre runden Schultern, ihre Amazonenbrüste, deren rosige Knospen hoch und starr wie Lanzenspitzen standen, ihre starken Hüften, die sich wollustvoll wiegten, diese Schenkel einer fetten Blondine, ihr ganzer Körper verlockte und verführte schaumweiß unter dem leichten Gewebe. Venus, die Flutentstiegene, die nur ihr Haar verschleierte. Und als Nana die Arme hob, sah man im Rampenlicht das goldene Vlies ihrer Achselhöhlen.

Es gab keinen Applaus. Niemand lachte mehr, die Gesichter der Männer blieben ernst, spannten sich an, die Nase wurde schmal, der Mund nervös und ohne Speichel. Es war, als ob ein Wind vorbeigeweht hätte, ein sehr linder Wind, aber beladen von dumpfer Drohung. Plötzlich richtete sich in dem gutmütigen Kind das Weib auf, beunruhigend, den jähen Wahnsinn ihres Geschlechtes ausstrahlend, sich öffnend dem Unbekannten, dem Verlangen.

Nana lächelte noch immer, aber mit dem gefährlichen Lächeln der Männerverschlingerin.

„Verflucht!" sagte schlicht Fauchery zu La Faloise.

Indes kam Mars mit seinem Federbusch zu dem Stelldichein herbeigestürmt und sah sich zwischen den beiden Göttinnen. Es kam nun eine Szene, die Prullière sehr fein spielte: von Diana umschmeichelt, die es mit einem letzten Versuch wagen wollte, ehe sie ihn Vulkan auslieferte, umworben von Venus, die die Gegenwart der Rivalin anfeuerte, überließ er sich diesen Wonnen, selig und gänzlich Hahn im Korb. Die Szene schloß mit einem großen Trio.

Und da geschah es, daß eine Garderobefrau in der Loge von Lucy Stewart erschien und zwei riesige Sträuße aus weißem Flieder auf die Bühne warf. Man klatschte, Nana und Rose Mignon dankten, und Prullière hob die Blumen auf. Ein Teil des Publikums in den Orchestersesseln wendete sich lächelnd der kleinen Loge zu, in der Steiner und Mignon saßen. Der Bankier, dem das Blut ins Gesicht gestiegen war, zuckte konvulsivisch mit dem Kinn, als ob ihm die Kehle zugeschnürt sei.

Was nun folgte, besiegte das Publikum vollends. Diana war wütend auf und davon gegangen. Sogleich rief Venus den Mars zu sich auf eine Moosbank. Noch nie war eine so heiße Verführungsszene gewagt worden. Nana hatte ihre Arme um den Hals Prullières geschlungen und zog ihn zu sich, während Fontan unter den spaßigsten stummen Wutausbrüchen in der Maske eines gefoppten Ehemannes, der seine Frau in flagranti überrascht, in der Tiefe der Grotte erschien. Er hielt das berühmte eisenmaschige Netz. Einen Augenblick wog er es zielend wie ein Fischer, der sein Wurfnetz schleudert; und, durch einen genialen Trick, saßen Venus und Mars plötzlich in der Falle, das Netz hüllte sie ein und versteinerte sie in dieser Gruppe eines seligen Liebespaares.

Ein Murmeln erhob sich wie ein anschwellender Seufzer. Einige Hände klatschten, alle Gläser zielten auf Nana. Nach und nach hatte sie sich dieses Publikum unterworfen, und nun setzte sie jedem Mann den Fuß auf den Nacken. Die Brunst, die von ihr wie von einem läufigen Tier ausging, hatte sich immer weiter verbreitet und erfüllte das Haus. Jetzt genügten schon ihre leisesten Bewegungen, um ein Verlangen anzufachen; sie stachelte das Fleisch mit einer Geste ihres kleinen Fingers. Rücken rundeten sich, bebend, als ob unsichtbare Bogen auf Muskeln wie auf Saiten spielten, auf Nacken flog das Flaumhaar unter dem irrenden Atem irgendeines Frauenmundes. Fauchery sah, wie die Leidenschaft den Schuljungen von seinem Sessel in die Höhe riß. Es juckte seine Neugierde, sich den Grafen Vandeuvres anzusehen, der sehr blaß mit schmalen Lippen dasaß – den dicken Steiner, dessen apoplektisches Gesicht fast platzte; Labordette sah durch das Glas mit der verblüfften Miene eines Pferdehändlers, der eine vollkommen schöne Stute bewundert; Daguenets Ohren spitzten sich und brannten vor freudiger Genugtuung. Ein instinktives Gefühl veranlaßte ihn, einen Blick nach hinten zu werfen, und er war starr vor Staunen, als er sah, was in der Loge der Muffats vor sich ging: hinter der Gräfin, die weiß und ernsthaft dasaß, hatte es den Grafen in die Höhe getrieben, sein Mund war geöffnet, rote Flecken marmorierten sein Gesicht; und neben ihm, aus dem Schatten, phosphoreszierten die verstörten Augen des Marquis de Chouard wie goldgesprenkelte Katzenpupillen. Man erstickte, das Haar lastete schwer auf den schweißfeuchten Köpfen. Seit den drei Stunden, die man hier verbracht hatte, war die Luft geheizt von Menschenatem. In dem Lichtkreis der Gasflammen verdichteten sich die tanzenden Stäubchen und verharrten unbeweglich unter dem Lüster. Das ganze Haus schwankte, glitt hin in einem Rausch, entspannt und aufgestachelt, eine Beute der schlafenden Mitternachtswünsche, die in der Tiefe der Alkoven stammeln. Und Nana, diesem haltlosen, unterjochten Publikum gegenüber, diesen fünfzehnhundert zusammengepferchten Menschen, die mit den aufgeriebenen Nerven eines zu Ende gehenden Theaterabends in ihrer Erschöpfung gleichsam untergingen – Nana blieb Siegerin mit ihrem Marmorfleisch, mit ihrem Geschlecht, das stark

genug war, diese Welt zu zertrümmern, ohne sich dabei die Haut zu ritzen.
Das Stück nahm seinen Fortgang. Auf Vulkans Triumphgeschrei defilierte der ganze Olymp mit verblüfften und ausgelassenen Ohs! und Ahs! an dem Liebespaar vorbei. Jupiter sagte: „Mein Sohn, ich finde es etwas ungeniert, daß du uns zu diesem Anblick lädst!" Dann änderte sich die Stimmung zugunsten der Venus. Der Chor der Gehörnten, den Iris abermals einführte, flehte den Göttervater an, der eigenen Bitte kein Gehör zu schenken; seit die Frauen zu Hause blieben, werde das Leben für die Männer unerträglich; sie wollten lieber betrogen sein und behaglich lieben – das war die Moral der Komödie. Daraufhin wurde Venus befreit. Vulkan verlangte Scheidung von Tisch und Bett. Mars versöhnte sich wieder mit Diana. Auch Jupiter wollte Frieden im Haus haben und versetzte seine kleine Wäscherin in ein Sternenbild. Und endlich wurde Amor aus seinem finstern Loch gezogen, wo er lauter Unfug getrieben hatte, statt sein Verbum zu konjugieren. Der Vorhang fiel über einer Apotheose, der Chor der knienden Hahnreie sang eine Hymne der Dankbarkeit an Venus, die groß und lächelnd in erhabener Nacktheit dastand.
Die Zuschauer waren schon aufgestanden; nun hasteten sie nach den Türen. Man rief die Verfasser, und sie konnten zweimal unter einem Donnerwetter von Bravorufen erscheinen. Der Ruf: „Nana! Nana!" wiederholte sich fanatisch.
Das Parkett war noch nicht leer, da wurde es schon dunkel. Die Rampenbeleuchtung erlosch, die Flammen des Gaslüsters wurden kleingeschraubt, große Überzüge aus grauer Leinwand glitten über das Proszenium, verhüllten die Vergoldung der Galerien; und dieser heiße, lärmende, lebensvolle Saal fiel mit einem Schlag in einen schweren Schlaf, und ein Geruch von Staub und Moder stieg auf.
An der Brüstung ihrer Loge stand die Gräfin Muffat, sehr aufrecht, ganz in Pelz eingemummelt, und wartete, daß die Menge sich verlief. Sie sah hinunter in die Schatten.
In den Gängen bedrängte man die Garderobefrauen; sie verloren den Kopf über all den Haufen durcheinandergeworfener Mäntel. Fauchery und La Faloise hatten sich beeilt, um sich am Ausgang zu postieren. Durch die ganze Länge des Vestibüls bildeten die Männer Spalier, während von der Doppeltreppe langsam ein Menschenstrom in zwei regelmäßigen, dichtgedrängten Reihen niederstieg. Steiner, von Mignon fortgezogen, war unter den ersten. Der Graf de Vandeuvres kam mit Blanche de Sivry am Arm heraus. Gaga und ihre Tochter schienen einen Augenblick in Verlegenheit, aber Labordette beeilte sich, ihnen einen Wagen zu holen und schloß galant den Schlag hinter ihnen. Niemand sah Daguenet vorbeikommen. Als der Schuljunge mit brennenden Wangen und fest entschlossen, am Bühnenausgang zu warten, in die Passage des Panoramas lief, fand er das Gitter verschlossen; Satin, die auf dem Trottoir stand, kam daher und streifte ihn mit ihren Röcken. Aber er, ganz verzweifelt, wies sie brutal zurück und verschwand dann in der Menschenmenge, Tränen des Verlangens und der Ohnmacht in den Augen. Die Zuschauer zündeten sich ihre Zigarren an und entfernten sich summend:
„Wenn Venus den Abend durchstreift . . ."
Satin saß wieder vor dem Café des Variétés, und August gestattete ihr, den Zucker, den die Gäste auf den Kaffeetabletten gelassen hatten, aufzuessen. Ein dicker Mensch, der sehr echauffiert herauskam, nahm sie schließlich mit sich, und sie tauchten zusammen in die Schatten des Boulevards, der nach und nach in Schlaf versank.
Trotzdem kamen noch immer Leute aus dem Theater. La Faloise erwartete Clarisse. Fauchery hatte versprochen, Lucy Stewart mit Caroline Héquet und ihrer Mutter abzuholen. Sie kamen endlich und besetzten laut lachend eine ganze Ecke des Vestibüls; die Muffats schritten mit eisiger Miene vorüber.
Bordenave kam gerade durch eine kleine Tür herein und erhielt von Fauchery das formelle Versprechen, morgen einen Bericht zu schreiben. Er war ganz in Schweiß, eitel Sonne auf dem Antlitz und wie beschwipst vom Erfolg.
„Das wird zweihundert volle Häuser geben!" sagte La Faloise verbindlich zu ihm. „Ganz Paris wird in Ihr Theater strömen."
Aber Bordenave wies ärgerlich mit einer brüsken Kinnbewegung auf das Publikum, das das Vestibül füllte, auf diese Männerkohorte mit trockenen Lippen und fierbernden Augen, noch brennend von der Besitznahme Nanas, und er schrie heftig: „Sag doch: in mein Bordell, verteufelter Dickschädel!"

II

Am nächsten Morgen um zehn Uhr schlief Nana noch immer. Sie bewohnte auf dem Boulevard Haussmann die zweite Etage eines großen, neuen Hauses, dessen Besitzer an alleinstehende Damen zum Trockenwohnen vermietete. Ein reicher Moskauer Kaufmann, der für einen Winter nach Paris gekommen war, hatte sie da installiert und sechs Monate vorausbezahlt. Die Wohnung, die viel zu groß für Nana war, wurde niemals fertig möbliert, und ein schreiender Luxus, vergoldete Konsolen und Sessel bildeten ein wüstes Durcheinander mit altem Trödelkram, Mahagonistehlampen und Zinkkandelabern, die florentinische Bronzen vorstellten. Alles trug den Stempel der Dirne, die, zu früh von ihrem ersten seriösen Herrn im Stich gelassen, wieder zu gelegentlichen Liebhabern zurückfällt – alles verriet einen schwierigen Anlauf, mißglückten Aufschwung, Kreditverweigerung und drohende Kündigung.
Nana schlief auf dem Bauch, zwischen ihren nackten Armen preßte sie das Ohrenkissen und grub ihr schlafweißes Gesicht hinein. Das Schlafzimmer und das An-

kleidekabinett waren die beiden einzigen Räume, in denen die Hand des Tapezierers gewaltet hatte. Im Lichtstrahl, der durch die Vorhänge drang, unterschied man Palisandermöbel, Wandbespannung und Polstersessel aus broschiertem Damast mit großen blauen Blumen auf grauem Grund.

Das Zimmer lag im feuchten Dunst des Schlafes – da fuhr Nana plötzlich aus dem Schlummer, als hätte sie die Leere an ihrer Seite geweckt. Sie blickte auf das zweite Kissen neben dem ihren – es bewahrte noch den warmen Eindruck eines Kopfes mitten in den Spitzen. Und mit tastender Hand drückte sie auf den Knopf der elektrischen Birne zu Häupten des Bettes.

„Ist er denn schon weg?" fragte sie die eintretende Jungfer.

„Ja, Madame, Herr Paul ist schon fortgegangen, vor etwa zehn Minuten ... Madame war so müde; er wollte Sie nicht wecken. Aber er hat mir aufgetragen, Madame zu bestellen, daß er morgen kommt." Mit diesen Worten öffnete Zoé, die Jungfer, die Fensterläden. Helles Tageslicht fiel ins Zimmer. Zoé war sehr dunkel und trug ein kleines Häubchen; ihr Gesicht war lang wie eine Hundeschnauze, fahl und blatternnarbig, mit einer Stupfnase, dicken Lippen und schwarzen, stets beweglichen Augen.

„Morgen, morgen", wiederholte verschlafen Nana, „ist das sein Tag, morgen?"

„Gewiß, Madame, Herr Paul ist immer am Mittwoch gekommen."

„Ach, das geht ja nicht, jetzt erinnere ich mich!" rief die junge Frau und setzte sich im Bett auf. „Alles hat sich geändert. Ich wollte es ihm ja heute morgen sagen ... Er wird noch mit dem Zigeuner zusammenstoßen. Dann haben wir die Pastete!"

„Madame hat mich nicht vorbereitet, ich konnte es nicht wissen", murmelte Zoé. „Madame täte gut daran, mich zu verständigen, wenn sie ihre Tage wechselt, damit ich Bescheid weiß ... Also kommt der alte Filz nicht mehr am Dienstag?"

So nannten sie, ohne zu lachen, unter sich die beiden zahlenden Männer: den alten Filz und den Zigeuner – einen sparsam veranlagten Kaufmann aus dem Faubourg Saint-Denis und einen Walachen, der sich für einen Grafen ausgab, dessen Geld sehr unregelmäßig einging und einen merkwürdigen Beigeschmack hatte. Daguenet kam am Morgen nach dem alten Filz; denn da der Kaufmann in der Frühe zu Hause sein mußte, so lauerte der junge Mann von Zoés Küche aus auf seinen Abschied und nahm dann seinen warmen Platz bis zehn Uhr ein; daraufhin ging er selbst seinen Geschäften nach. Nana fand das so bequem wie er selbst.

„Um so schlimmer!" sagte sie. „Ich werde ihm heute nachmittag schreiben ... Und wenn er den Brief nicht bekommt, lassen Sie ihn morgen eben nicht herein."

Zoé ging indes sacht im Zimmer hin und wieder. Sie sprach von dem großen Erfolg des vergangenen Abends. Madame war ja wundervoll gewesen, sie sang so schön! Ja, Madame konnte von jetzt ab ruhig sein!

Nana, den Ellbogen in die Kissen gestützt, antwortete nur mit Kopfbewegungen. Ihr Hemd war hinuntergeglitten, ihr gelöstes Haar fiel wirr über die Schultern hinab.

„Gewiß, gewiß!" murmelte sie. „Aber bis es soweit ist?! Was soll bis dahin werden? Heut wird es wieder alle möglichen Plackereien geben ... Na, ist der Portier wieder dagewesen?"

Und nun begann ein ernsthaftes Gespräch. Nana schuldete den Mietzins von drei Quartalen, der Hauswirt sprach von Pfändung. Des ferneren hatte sie ihr Elend mit den Gläubigern: einem Wagenverleiher, einer Wäschelieferantin, einem Schneider, einem Kohlenhändler und noch verschiedenen anderen, die täglich kamen und sich auf den Bänkchen im Vorraum häuslich niederließen. Der Kohlenhändler insbesondere war furchtbar; er schrie schon auf der Treppe.

Aber Nanas größte Kümmernis war ihr kleiner Louis, ein Kind, das sie im Alter von sechzehn Jahren bekommen hatte, und das in einem Dorf in der Gegend von Rambouillet bei seiner Amme untergebracht war. Nana hatte seit ihrem letzten Besuch bei dem Kind einen Anfall von Mütterlichkeit und war verzweifelt, daß sie ihr Vorhaben, das allmählich zu einer fixen Idee geworden war, nicht ausführen konnte: die Kostfrau zu bezahlen und den Kleinen zu ihrer Tante zu bringen, zu Frau Lerat nach Batignolles, wo sie ihn sehen konnte, so oft sie nur wollte. Die Jungfer riet schmeichelnd, Madame solle ihre Sorgen dem alten Filz anvertrauen.

„Ach! Ich hab' ihm ja alles gesagt!" rief Nana. „Und er antwortete mir, daß er gerade jetzt unerschwingliche Zahlungen hat. Über seine tausend Francs im Monat geht er nicht hinaus ... und der Zigeuner sitzt elend auf dem trockenen; ich glaube, er hat im Spiel verloren ... Und gar der arme Bubi! Dem müßte man selber unter die Arme greifen. Der ist ratzekahl nach einer verfehlten Spekulation; er kann mir nicht einmal mehr Blumen bringen!"

Sie sprach von Daguenet. In der Entspanntheit des Erwachens war ihr alles egal, und sie hatte kein Geheimnis vor Zoé. Diese nun, an ähnliche Vertrauensergüsse gewöhnt, nahm sie mit respektvoller Sympathie entgegen. Da Madame sie würdigte, mit ihr über ihre Angelegenheiten zu reden, erlaubte sie sich ihrerseits zu sagen, was sie darüber dachte. Vor allem war sie Madame sehr zugetan; sie hatte um ihretwillen eigens Madame Blanche verlassen, und Gott weiß, daß sich Madame Blanche Arme und Beine ausriß, um sie wiederzukriegen! An Stellen würde es ihr Gott sei Dank nicht fehlen; sie war bekannt genug. Aber sie hätte Madame nicht verlassen, nicht einmal im Elend, denn sie glaubte an Madames Zukunft. Und zum Schluß setzte sie Nana klar ihre Ratschläge auseinander. Wenn man jung sei, machte man nun einmal Dummheiten, aber diesmal müßte man die Augen offenhalten, denn die Männer dächten nur an das Vergnügen. Oh, es werden genug kommen! Es wird Madame nur ein Wort

kosten, ihre Gläubiger zu befriedigen und Geld zu haben, soviel sie nur wolle.
„Aber von alledem hab' ich noch immer nicht die dreihundert Francs, die ich jetzt brauche", wiederholte Nana und wühlte in den dicken Strähnen ihres Haares. „Ich muß dreihundert Francs haben, heute, sofort ... Ist das zu glauben, man soll nicht eine Seele kennen, die einem dreihundert Francs gibt!"
Sie suchte krampfhaft in ihrem Gedächtnis – sie erwartete Madame Lerat an diesem Morgen, die sie gut nach Rambouillet hätte schicken können; daß diese Laune durchkreuzt wurde, verdarb ihr den Triumph des vergangenen Abends. Unter all diesen Männern, die sie stürmisch bejubelt hatten, nicht einer, der ihr diese fünfzehn Louisdor brachte! Aber schließlich, man könnte das Geld ja nicht einmal so ohne weiteres annehmen. Mein Gott! Wie unglücklich sie war! Und immer wieder kehrten ihre Gedanken zu ihrem Kleinen zurück; er hatte blaue Cherubsaugen, er stammelte so drollig „Mama", daß man vor Lachen starb.
In diesem Augenblick läutete die elektrische Glocke im Entree mit ihrem schnellen, stark vibrierenden Klang. Zoé kam zurück und flüsterte diskret: „Eine Frau."
Sie hatte diese Frau zwanzigmal gesehen; aber sie stellte sich jedesmal, als ob sie sie nicht wiedererkenne und als ob sie nicht ahne, welcher Art diese Verbindungen mit Damen in Geldverlegenheit wären.
„Sie hat ihren Namen genannt ... Madame Tricon."
„Die Tricon!" schrie Nana. „Ja, wahrhaftig! Die hab' ich wirklich vergessen ... Lassen Sie sie herein."
Zoé führte eine hochgewachsene alte Dame mit Schläfenlöckchen herein; sie hatte die Haltung einer Gräfin, die die Advokaturkanzleien unsicher macht. Dann verschwand Zoé geräuschlos und geschmeidig wie eine Natter, so wie sie ein Zimmer verließ, wenn ein Herr erschien.
Übrigens hätte sie bleiben können. Die Tricon setzte sich nicht einmal. Es wurden nur ein paar kurze Worte gewechselt: „Ich habe heut jemand für Sie ... wollen Sie?"
„Ja ... wieviel –?
„Zwanzig Louis."
„Und wann?"
„Um drei. Also abgemacht?"
„Abgemacht."
Und sofort sprach die Tricon vom Wetter – trockenes Wetter, da sei es gut, zu Fuß zu gehen. Sie hatte noch vier, fünf Personen zu besuchen, und sie ging, während sie ein kleines Notizbuch durchblätterte.
Nana war allein. Ein Stein fiel ihr vom Herzen. Über ihre Schultern ging ein leichter Schauer. Sie kuschelte sich wieder behaglich in ihr warmes Bett wie eine fröstelnde Katze. Ihre Augen fielen langsam zu; sie lächelte noch bei dem Gedanken, ihren kleinen Louis am nächsten Tag hübsch anzuziehen, während in dem Schlummer, der sie wieder in seine Arme schloß, ihr fieberhafter Traum der vergangenen Nacht: ein lang fortrollendes Bravorufen – wie eine beständige Baßbegleitung wiederkehrte und sie sanft wiegte.
Um elf Uhr, als Zoé Madame Lerat ins Zimmer führte, schlief Nana noch immer. Aber sie erwachte bei dem Geräusch und sagte sofort: „Ach, du bist es ... Du wirst heute nach Rambouillet fahren." – „Deshalb komme ich ja", sagte die Tante. „Um zwölf Uhr zwanzig geht ein Zug. Ich habe gerade Zeit zu fahren." – „Nein, so schnell werde ich das Geld noch nicht haben", sagte die junge Frau, sich dehnend und die Brust streckend. „Du wirst mit uns essen, dann werden wir sehen."
Zoé brachte einen Frisiermantel. „Madame", flüsterte sie, „der Friseur ist da." Aber Nana hatte keine Lust, ins Toilettenzimmer zu übersiedeln. So schrie sie selbst: „Kommen Sie nur herein, Francis."
Ein sehr korrekt angezogener Herr öffnete die Türe. Er grüßte. Eben sprang Nana mit nackten Beinen aus dem Bett. Ohne Eile hielt sie Zoé die Arme hin, damit diese die Ärmel des Frisiermantels darüberstreife. Und Francis, dem dies sehr wohl behagte, wartete würdevoll, ohne sich umzudrehen. Als sie dann saß, begann er beim Kämmen zu plaudern.
„Madame hat die Zeitungen vielleicht noch nicht gesehen ... Im ‚Figaro' ist ein ausgezeichneter Artikel ..."
Er hatte die Zeitung gekauft. Madame Lerat setzte ihre Brille auf die Nase, stellte sich ans Fenster und las den Artikel mit lauter Stimme vor. Ihre Wachtmeisterfigur richtete sich höher auf; sie kniff die Nase zusammen, wenn sie ein galantes Beiwort in die Luft schleuderte. Es war Faucherys Bericht, den er noch in der Nacht geschrieben hatte, zwei sehr warm gehaltene Spalten voll geistreicher Niedertracht für die Künstlerin und voll brutaler Bewunderung für das Weib.
„Ausgezeichnet!" wiederholte Francis.
Nana war es riesig egal, daß sie mit ihrer Stimme aufgezogen wurde. Nett ist er, dieser Fauchery, und sie würde sich ihm für seine Nettigkeit schon erkenntlich zeigen. Madame Lerat überlas das Ganze abermals und erklärte brüsk, daß die Männer samt und sonders den Teufel in den Waden hätten; sie verweigerte es aber, darüber Näheres zu äußern, und zeigte sich höchst zufrieden über diese schalkhafte Anspielung und daß nur sie allein sie verstand. Francis hatte indes Nanas Haar zum Knoten geschlungen und aufgesteckt. Er verabschiedete sich und sagte: „Ich werde ein Auge auf die Abendblätter haben ... Wie gewöhnlich, nicht wahr? Um halb sechs Uhr?"
„Bringen Sie einen Tiegel Pomade mit und ein Pfund Pralinen von Boissier!" schrie ihm Nana noch durch den Salon nach, als er schon die Tür hinter sich schloß.
Die beiden Frauen waren allein; plötzlich fiel ihnen ein, daß sie sich noch gar nicht umarmt hatten, und sie drückten sich gegenseitig schallende Küsse auf die Wangen. Der Artikel erhitzte sie. Nana, die bis dahin noch ganz verschlafen war, wurde wieder vom Fieber ihres Triumphes ergriffen. Ach, wie schön! Na, diese Rose Mignon würde heute einen guten Morgen verbringen! Die Tante war

nicht im Theater gewesen, denn, wie sie sagte, drehten ihr diese Aufregungen den Magen um und um. Und so machte sich Nana daran, ihr den Abend zu schildern; sie berauschte sich an ihrer eigenen Erzählung, als ob die Mauern von Paris unter dem Donner der Bravorufe eingestürzt seien. Dann unterbrach sie sich mit Lachen: Ach, wer hätte das geahnt, als sie noch mit ihrem Lausmädelhintern durch die Rue de la Goutte-d'Or schwänzelte!

Madame Lerat wackelte mit dem Kopf: nein, nein, das hätte niemand voraussehen können. Sie ergriff mit würdevoller Miene das Wort und nannte Nana ihre Tochter. War sie denn nicht in Wahrheit ihre Mutter, seit die, die sie geboren hatte, Papa und Großmama nachgefolgt war. Nana war tiefgerührt und im Begriff, in Tränen auszubrechen. Aber Madame Lerat wiederholte, daß das Vergangene vergangen sei; lieber nicht daran rühren: o diese dreckige Vergangenheit! Lange Zeit hindurch hatte sie ihre Nichte gar nicht gesehen, denn ihre Familie prophezeite, daß sie samt der Kleinen verkommen würde. Als ob das irgend denkbar wäre! Sie fragte nicht nach Nanas Geheimnissen; sie hatte gewiß immer ein ordentliches Leben geführt. Nun sei es ihr genug, Nana in einer so schönen Position wiederzufinden; und sie war ganz erbaut von ihren zärtlichen Muttergefühlen. Es gab ja doch nichts Besseres in der Welt als Arbeit und ein rechtschaffenes Leben.

„Von wem hast du das Kind?“ unterbrach sie sich selbst mit Augen, die vor Neugier und Spannung funkelten.

Eine Sekunde lang zögerte Nana überrumpelt.

„Von einem Herrn“, sagte sie dann.

„Ich bitte dich –!“ sagte die Tante. „Und dabei heißt es, du hättest es von einem Maurer, der dich geprügelt hat... Nun, du wirst es mir schon eines Tages erzählen; du weißt ja, daß ich diskret bin ... Na, ich werde es pflegen, als ob es der Sohn eines Fürsten wäre!“

Sie hatte ihre Blumenmacherei aufgesteckt und lebte von ihren Ersparnissen, sechshundert Francs Rente, Sou für Sou zusammengescharrt. Nana versprach ihr eine kleine hübsche Wohnung und überdies noch hundert Francs monatlich. Bei dieser Zahl vergaß sich die Tante; sie schrie ihrer Nichte zu: „Schnür ihnen nur ordentlich den Hals ab, da du sie nun einmal bei der Gurgel hast!“ – Sie meinte die Männer. Beide umarmten sich wieder. Aber Nana, auf dem Gipfelpunkt ihrer Freude, verfinsterte sich plötzlich bei einer jähen Erinnerung, als das Gespräch wieder auf den kleinen Louis gekommen war.

„Ist das scheußlich, ich muß um drei Uhr fortgehen!“ murmelte sie. „Das ist eine Schinderei!“

Da kam Zoé herein und meldete, daß aufgetragen sei. Man ging ins Speisezimmer, wo bereits eine ältere Dame bei Tisch saß. Sie hatte den Hut nicht abgelegt und trug ein dunkles Kleid von unbestimmter Nuance zwischen Flohbraun und der Farbe des Gänsedrecks. Nana war nicht erstaunt über ihre Anwesenheit. Sie fragte nur, warum sie nicht zu ihr ins Schlafzimmer gekommen wäre.

„Ich habe Stimmen gehört“, antwortete die Alte. „Ich glaubte Sie in Gesellschaft.“ Madame Maloir, eine respektable Erscheinung mit Manieren, diente Nana als „alte Freundin“. Sie leistete ihr Gesellschaft und begleitete sie. Die Gegenwart von Madame Lerat war ihr zuerst unbehaglich. Als sie dann erfuhr, daß sie Nanas Tante sei, lächelte sie ihr sanft und bläßlich zu.

Unterdes erklärte Nana, daß ihr der Magen vor Hunger herausfalle, und stürzte sich über die Radieschen, die sie ohne Brot knabberte. Madame Lerat wurde zeremoniös und wollte keine Radieschen – das verschleime. Zoé brachte Koteletts, und Nana stocherte daran herum und begnügte sich damit, die Knochen auszusaugen. Dabei warf sie verstohlene Blicke auf den Hut ihrer „alten Freundin“.

„Ist das der neue Hut, den ich Ihnen geschenkt habe?“ sagte sie endlich.

„Ja, ich habe ihn geändert“, brummelte Madame Maloir mit vollem Mund. Der Hut saß extravagant zurückgeschlagen über der Stirn, und eine hohe Feder schwankte vornüber. Madame Maloir hatte die Manie, alle ihre Hüte zu ändern; sie allein wußte, was ihr stand, und mit einem Handgriff machte sie aus dem elegantesten Kopfputz eine Schlafhaube. Nana, die ihr diesen Hut eigens gekauft hatte, um nicht mehr über sie erröten zu müssen, wenn sie in ihrer Begleitung ausging, wurde ärgerlich. Sie schrie: „Legen Sie ihn doch wenigstens ab!“

„Danke, nein“, antwortete die Alte würdevoll, „er geniert mich gar nicht, ich kann sehr gut so essen.“

Nach dem Kotelett gab es noch Blumenkohl und den Rest eines kalten Huhns. Aber Nana zog zu jedem Gericht nur ein Mäulchen, stocherte, schnupperte und ließ alles stehen. Sie beschloß die Mahlzeit mit Konfitüren.

Der Nachtisch zog sich hin. Zoé stellte den Kaffe auf den Tisch, ohne vorher abzuräumen. Die Damen schoben einfach ihre Teller zurück. Man sprach noch immer von dem schönen Abend gestern. Nana rollte Zigaretten und rauchte und rekelte sich in ihrem Sessel. Zoé war im Zimmer geblieben, lehnte mit schlenkernden Armen am Büfett und erzählte ihre Geschichte; die Frauen hörten zu. Sie sei die Tochter einer Hebamme aus Bercy, sagte sie, die in anrüchige Geschichten verwickelt gewesen war. Zuerst sei sie bei einem Zahnarzt in Dienst gewesen, dann bei einem Versicherungsagenten. Aber das paßte ihr alles nicht. Und sie zählte nun, nicht ohne Stolz, die Damen her, bei denen sie als Jungfer gedient hatte. Zoé sprach von ihnen so, als ob sie ihr Schicksal in Händen gehalten hätte. Das ist einmal sicher, ohne sie wäre mehr als eine ordentlich in die Patsche geraten. Eines Abends zum Beispiel, als Herr Octave bei Madame Blanche war, kommt ihr Alter daher; was tut Zoé? Sie stellt sich, als ob sie, durch den Salon gehend, hinfiele, der Alte stürzt herbei, und während er in die Küche läuft, um ihr ein Glas Wasser zu holen, entkommt Herr Octave.

„Donnerwetter, das ist gut!“ sagte Nana, die mit innigem Interesse zuhörte, mit einer Art unterwürfiger Bewunderung.

„Was mich anlangt, mein Gott, ich hab' viel Unglück gehabt", begann Madame Lerat. Und sich an Madame Maloir wendend, schüttete sie ihr Herz aus. Beide aßen Zuckerstückchen mit Kognak. Madame Maloir empfing die Geheimnisse der anderen, aber sie selbst schwieg über sich. Es hieß, sie lebe von einer mysteriösen Pension in einem Zimmer, das noch kein Mensch betreten hatte.

Plötzlich wurde Nana ausfallend. „Spiel' doch nicht immer mit dem Messer, Tante, du weißt, daß ich das nicht vertrage."

Ohne darauf zu hören, legte Madame Lerat zwei Messer über Kreuz auf den Tisch. Übrigens wollte Nana nicht zugeben, daß sie abergläubisch sei. Verschüttetes Salz zum Beispiel hätte gar keine Bedeutung, ebensowenig wie der Freitag; aber die Messer – dagegen könne sie nicht an, das habe noch nie gelogen. Sicherlich würde ihr irgend etwas Unangenehmes zustoßen. Sie gähnte und sagte aufs gründlichste gelangweilt: „Schon zwei Uhr ... ich muß gehen. Ist das wiederwärtig!"

Die beiden Alten sahen sich an. Alle drei nickten stumm mit dem Kopf. Ja, das war natürlich nicht immer amüsant. Nana hatte sich von neuem in ihren Sessel zurückgeworfen, zündete noch eine Zigarette an, und die anderen kniffen die Lippen ein aus lauter Diskretion und sahen philosophisch vor sich hin.

„Wir warten auf Sie und spielen solange eine Partie Bezigue", sagte Madame Maloir nach einem Schweigen. „Madame spielt doch Bezigue?"

Sicherlich, Madame Lerat verstand das Spiel, verstand es meisterlich. Unnütz, Zoé zu bemühen, die verschwunden war. Eine freie Tischecke genügte, und man schlug das Tischtuch über die schmutzigen Teller zurück. Aber als Madame Maloir die Karten aus einer Büfettlade holte, bat Nana sie, so gut zu sein und ihr einen Brief zu schreiben, ehe sie sich zum Spiel setzte. Nana schrieb nicht gern. Sie war auch ihrer Orthographie nicht sicher, während ihre alte Freundin mit Leidenschaft gefühlvolle Briefe entwarf. Sie lief um schönes Papier in ihr Schlafzimmer. Ein Tintenfaß, ein Fläschchen Tinte für drei Sous, stand irgendwo herum nebst einer rostüberzogenen Feder.

Der Brief war für Daguenet bestimmt. Madame Maloir überschrieb ihn auf eigene Verantwortung: „Mein liebes Männchen!" und benachrichtigte ihn, daß er morgen nicht kommen könne, denn „es sollte nicht sein"; aber „ob nah, ob fern – sie war zu allen Stunden in Gedanken bei ihm".

„Und ich schließe: mit tausend Küssen", diktierte sie sich leise.

Madame Lerat hatte mit einem Kopfnicken jeden Satz des Briefes gutgeheißen, ihre Augen leuchteten. An Herzensangelegenheiten teilnehmen zu dürfen, war ihre ganze Seligkeit. Auch sie wollte ihr Teil dazu beitragen, und mit zärtlichem Lächeln girrte sie: „Tausend Küsse auf deine schönen Augen."

„So ist es recht: tausend Küsse auf deine schönen Augen", wiederholte Nana, während ein Ausdruck inbrünstiger Zärtlichkeit über die Gesichter der beiden Alten glitt. Man rief Zoé, damit sie den Brief einem Dienstmann übergebe. Die plauderte gerade mit einem Theaterdiener, der Nana eine Mitteilung überbrachte, die am Morgen vergessen worden war. Nana ließ den Mann eintreten und bat ihn, auf dem Rückweg ihren Brief zu Daguenet zu bringen. Dann fragte sie ihn aus. Oh, Herr Bordenave war sehr zufrieden; das Theater sei auf acht Tage hinaus ausverkauft; Madame mache sich keine Vorstellung, wieviel Leute seit heute morgen nach ihrer Adresse gefragt hätten.

Als der Theaterdiener fort war, sagte Nana, sie bliebe höchstens eine halbe Stunde aus. Wenn Besuch käme, solle Zoé die Leute warten lassen. Während sie sprach, ging die elektrische Glocke. Es war ein Gläubiger, der Wagenvermieter. Er hatte sich schon auf dem Bänkchen im Flur installiert. Der konnte jetzt bis zum Abend Daumen drehen; es eilte ja nicht.

„Vorwärts, nur Courage!" sagte Nana schlaftrunken, vor Faulheit gähnend und sich rekelnd. „Ich müßte schon auf dem Weg sein."

Aber sie rührte sich nicht. Sie verfolgte mit den Augen das Spiel ihrer Tante, die eben hundert As angesagt hatte. Das Kinn in die Hand gestützt, vertiefte sie sich ganz in die Karten. Da schlug es drei Uhr, und sie sprang mit einem Satz in die Höhe.

„Herrgottsakrament!" schrie sie brutal.

Madame Maloir zählte ihre Brisken und ermunterte sie dabei mit ihrer weichen Stimme: „Liebes Kind, je früher Sie ihren Weg hinter sich haben, desto besser."

„Mach schnell", sagte Madame Lerat, die Karten mischend, „wenn du vor vier Uhr mit dem Geld hier sein kannst, nehm' ich den Halbfünfuhrzug."

„Oh, das ist schnell erledigt", brummte Nana. Zoé half ihr, und in zehn Minuten hatte sie ein Kleid übergeworfen und einen Hut aufgesetzt. Es war ihr sehr egal, wie das alles saß. Im Begriff, die Treppe hinunterzusteigen, hörte sie abermals die Türklingel. Diesmal war es der Kohlenhändler. Na, schön, so würde er eben dem Wagenvermieter Gesellschaft leisten; da hatten sie wenigstens Unterhaltung, diese Leute. Um einer Szene aus dem Weg zu gehen, ging sie aber doch lieber durch die Küche und die Hintertreppe hinunter. Sie benützte sie oft.

„Wenn man eine gute Mutter ist, wird einem alles verziehen", sagte Madame Maloir sentenziös, als sie mit Madame Lerat allein zurückblieb.

„Ich habe achtzig Könige!" antwortete ihr Madame Lerat, leidenschaftlich ins Spiel versunken, und beide vertieften sich in eine endlose Partie.

Der Tisch war noch immer nicht abgeräumt. Ein dicker Dunst erfüllte den Raum, Gerüche der Mahlzeit und Zigarettenrauch. Die Damen hatten sich des öfteren mit kognakgetränktem Zucker gestärkt. So mochten sie etwa zwanzig Minuten gemütlich gespielt und dabei ein Gläschen gekippt haben, da läutete die Glocke zum drittenmal; und Zoé riß die Tür auf, stürzte herein und machte Miene, sie hinauszuschieben, als ob sie es mit Kameradinnen zu tun gehabt hätte.

„So hören Sie doch, es läutet schon wieder. Sie können nicht hierbleiben. Wenn viele Leute kommen, brauch' ich die ganze Wohnung ... vorwärts, hopp, hopp!"

Madame Maloir wollte die Partie zu Ende spielen; aber da Zoé Miene machte, sich auf die Karten zu stürzen, entschloß sie sich, das Spiel mitzunehmen, ohne es durcheinanderzubringen, während Madame Lerat die Kognakflasche, die Gläser und den Zucker übersiedelte. Und beide gingen in die Küche, wo sie sich an einem Tischeckchen zwischen trocknenden Lumpen und Geschirr mit Spülwasser häuslich niederließen.

„Wir waren bei sechzig Damen; Sie sind an der Reihe." – „Ich spiele Herz."

Als Zoé zurückkam, waren sie bereits wieder völlig versunken. Nach einer Weile, während Madame Lerat die Karten mischte, fragte Madame Maloir: „Wer ist's denn?" – „Oh, niemand", sagte das Mädchen gleichgültig, „irgend so ein Bürschchen ... Ich wollte ihn wegschicken, aber er ist so nett, hat noch kein Schnurrbärtchen, aber blaue Augen und ein Mädelgesicht, daß ich ihn schließlich dabehalten hab' ... Er hält ein riesiges Bukett in der Hand, von dem er sich um keinen Preis trennt. Eigentlich müßte man ihm ja ein paar überziehen; so ein Rotzbub! Statt seine Schulbank zu drücken!"

Madame Lerat holte eine Flasche Wasser, um einen Grog zu brauen; der alkoholgetränkte Zucker hatte ihr Durst gemacht. Zoé mumelte, sie hätte auch nichts gegen ein Gläschen einzuwenden. Ihr Mund, sagte sie, sei gallebitter.

„Also, wohin haben Sie ihn gesteckt?" fragte Madame Maloir. – „Gott! Ins Hinterzimmerchen, in das leere Kabinett. Es ist nur ein Koffer von Madame darin und ein Tisch. Dahin tu ich immer so unnützes Volk; das ist für sie gut genug ..."

Sie zuckerte ihren Grog überreichlich; da schreckte die elektrische Glocke sie wieder auf. Herrgott, kann man nicht einmal sein Glas in Ruhe austrinken? Das war ja vielversprechend, wenn das Geklingel schon so begann. Trotzdem rannte sie an die Tür. Als sie zurückkam, antwortete sie auf Madame Maloirs fragenden Blick: „Nichts, ein Bukett."

Alle drei stärkten sich und tranken einander zu. Es klingelte noch zweimal nacheinander, während Zoé endlich den Tisch abdeckte und einen Teller nach dem anderen auf den Spültisch stellte. Es war aber alles nichts Wichtiges. Sie hielt die Küche auf dem laufenden und wiederholte noch zweimal das verachtungsschwere Wort: „Nichts, ein Bukett!"

Indessen amüsierten sich die Damen königlich, als Zoé zwischen zwei Spielen erzählte, was für Gesichter die Gläubiger im Flur beim Eintreffen des Blumenflors gemacht hätten. Madame würde die Sträuße auf ihrem Toilettentisch finden. Schade, daß das Zeug so teuer war und daß man keine zehn Sous dafür bekam. Alles hinausgeschmissenes Geld. „Ich meinerseits", sagte Madame Maloir, „ich wollte, ich hätte täglich nur das, was die Männer in Paris für Blumen ausgeben." – „Das glaub' ich, Sie sind gar nicht so dumm", brummte Madame Lerat, „wenn man nur das Geld hätte, das der Bindfaden kostet."

Es war schon zehn Minuten vor vier Uhr. Zoé wunderte sich sehr, sie begriff nicht, daß Madame so lange ausblieb. Wenn Madame am Nachmittag ausgehen mußte, so pflegte sie das so schnell wie möglich zu erledigen. Aber Madame Maloir setzte auseinander, daß die Dinge sich nicht immer so abwickeln ließen, wie man gern wollte. Ja, ja, es gab schon Widerwärtigkeiten im Leben, sagte Madame Lerat. Das beste wäre, man wartete. Wenn ihre Nichte sich verspätete, so hielten ihre Geschäfte sie wahrscheinlich auf, nicht wahr? Übrigens wäre das keine Ursache, sich darüber graue Haare wachsen zu lassen. In der Küche war es sehr gemütlich. Und da sie kein Herz mehr hatte, warf sie Madame Lerat eine Karokarte hin.

Die Klingelei hörte nicht auf. Als Zoé jetzt wieder in die Küche trat, strahlte sie über und über.

„Kinder, der dicke Steiner!" sagte sie noch an der Tür mit gedämpfter Stimme. „Den hab' ich aber in den kleinen Salon gesteckt."

Madame Lerat kannte diese Sorte von Herren noch nicht, und Madame Maloir gab ihr Aufschlüsse über den Bankier. Stand er etwa im Begriff, Rose Mignon sitzenzulassen? Zoé wackelte mit dem Kopf, sie wußte ihr Teil. Aber sie mußte von neuem die Tür öffnen.

„Na, das kann gut werden! So ein Pech!" flüsterte sie zurückkehrend. „Der Zigeuner ist da! Ich hab' ihm zwanzigmal erklärt, daß Madame ausgegangen ist – er hat sich trotzdem im Schlafzimmer häuslich eingerichtet ... und wir haben ihn doch erst zum Abend erwartet!"

Um viertel fünf war Nana noch nicht zurück. Wo konnte sie nur stecken? Es war unbegreiflich. Zwei neue Blumengebinde wurden gebracht. Zoé war es bereits überdrüssig. Sie sah nach, ob noch Kaffee da wäre. O ja, die Damen waren sehr zu einem Täßchen aufgelegt; das würde sie wieder munter machen. Sie hoben immer mit der gleichen Bewegung die Karten ab und kauerten schon halb entschlummert in ihren Stühlen.

Es schlug halb – sicher war Madame etwas zugestoßen. Sie steckten die Köpfe zusammen. Plötzlich vergaß sich Madame Maloir und schrie triumphierend: „Ich habe fünfhundert! Quintmajor in Atout!" – „Schweigen Sie doch", sagte Zoé wütend. „Was sollen denn all die Herren denken?"

Und in die herrschende Stille, in das erstickte Gemurmel der beiden alten Frauen hinein, die unterdrückt stritten, hörte man jetzt schnelle Schritte über die Hintertreppe hinaufkommen. Endlich kam Nana. Noch ehe sie die Tür öffnete, hörte man sie keuchen. Sie war sehr rot und aufgeregt. Ihr Rock, dessen Spangen abgesprungen waren, hatte die Stufen gefegt, und die Volants waren durch eine Pfütze gezogen oder durch Spülicht, das die Magd aus dem oberen Stockwerk, ein wahrer Schmutzfink, über die Treppe geschüttet hatte.

„Bist du wirklich da! Na, das ist ja sehr gütig von dir!"

sagte Madame Lerat mit dünnen Lippen, noch etwas gereizt über die angesagten fünfhundert der Madame Maloir. „Du kannst dir schmeicheln, den Leuten ordentlich einzuheizen." – „Madame ist wirklich nicht vernünftig!" fügte Zoé hinzu.

Nana, ohnehin schon sehr verdrießlich, geriet bei diesen Vorwürfen in Wut. So empfinge man sie also nach den Scherereien, die sie eben hinter sich hatte. „Laßt mich zufrieden, ja!" schrie sie.

„Sst, Madame, es ist Besuch hier!" sagte das Mädchen. Die junge Frau stammelte außer Atem, aber doch gedämpft: „Glaubt ihr vielleicht, ich hab' mich amüsiert? Das nahm überhaupt kein Ende. Ich hätte euch an meiner Stelle sehen mögen ... Ich kochte vor Ungeduld, ich hätte am liebsten Ohrfeigen ausgeteilt ... Und kein Wagen zu bekommen ... Glücklicherweise ist es nur ein Katzensprung ... Na, ich bin gerannt wie verrückt."

„Du hast das Geld?" fragte die Tante.

„Was für eine Frage!" sagte Nana.

Sie saß auf einem Stuhl gegen den Herd gelehnt, mit Beinen, die vom Laufen schmerzten; noch ganz außer Atem, holte sie aus ihrem Kleiderausschnitt ein Kuvert, in dem vier Hundertfrancsscheine staken. Man sah das Geld durch einen breiten Spalt, den sie mit brutalem Griff hineingerissen hatte, um sich von der Richtigkeit des Inhalts zu überzeugen. Die drei Frauen um sie herum sahen mit brennendem Interesse auf das grobe zerknitterte Kuvert in Nanas behandschuhten Händen. Es war zu spät; Madame Lerat konnte erst morgen nach Rambouillet. Nana stürzte sich in weitläufige Erklärungen.

„Madame, es sind doch Leute da, die warten", ermahnte die Zofe.

Der Zorn riß Nana wieder hin. Die Leute können warten. Ja, gleich, wenn sie nichts mehr zu tun habe. Und als die Tante die Hand nach dem Geld ausstreckte:

„Ah nein, alles kriegst du nicht. Dreihundert Francs für die Kostfrau, fünfzig Francs für die Reise und deine Auslagen, das macht dreihundertfünfzig Francs – fünfzig Francs behalte ich."

Jetzt stellte sich wieder die Schwierigkeit heraus, das Geld zu wechseln. Es waren keine zehn Francs im Hause. Madame Maloir wurde nicht einmal gefragt, denn sie hatte niemals mehr als die sechs Sous für den Omnibus für sich und hörte mit teilnahmsloser Miene zu. Schließlich sagte Zoé, sie wolle einmal in ihrem Koffer nachsehen, und brachte hundert Francs in Hundertsousstücken an. Auf einer Tischecke wurde nachgezählt. Madame Lerat verabschiedete sich und versprach, den kleinen Louis am nächsten Tag zu holen.

„Du sagst, es sind Leute da?" erinnerte sich jetzt Nana; sie saß noch immer und verschnaufte.

„Ja, Madame, drei Personen." Und sie begann gleich mit dem Bankier. Nana verzog den Mund. Wenn dieser Steiner glaubte, er dürfe ihr jetzt lästigfallen, weil er ihr gestern ein Bukett geworfen hatte! „Und übrigens", erklärte sie, „hab' ich jetzt genug. Ich will niemand sehen. Gehen Sie hinein, sagen Sie den Leuten, daß Sie mich nicht mehr zurückerwarten."

„Madame wird sich das noch überlegen, Madame wird den Herrn Steiner empfangen", flüsterte die Zofe eindringlich, ohne sich zu rühren. Sie ärgerte sich, denn Madame war augenscheinlich wieder im Begriff, eine Dummheit zu begehen.

Dann erst erzählte sie von dem Walachen, dem die Zeit allmählich doch wohl lang wurde im Schlafzimmer. Darüber geriet nun Nana vollends in Wut und verrannte sich noch mehr in ihren Eigensinn. Nein und nein, und sie wollte absolut niemand sehen! Niemand! Wer hatte ihr diesen lästigen Kerl auf den Hals gehetzt!

„Schmeißen Sie sie alle raus! Ich spiele eine Partie Bezigue mit Madame Maloir, das ist mir lieber!"

Die Glocke schnitt ihr das Wort ab. Also das war die Höhe. Noch so ein langweiliger Trottel. Sie verbot Zoé, die Türe zu öffnen. Die aber hörte gar nicht hin und ging. Als sie wiederkam, reichte sie Nana zwei Visitenkarten und sagte mit autoritärer Miene: „Ich habe gesagt, daß Madame empfängt ... die Herren sind im Salon ..."

Nana war wütend aufgesprungen. Als sie aber die Namen des Marquis de Chouard und des Grafen Muffat de Beuville las, beruhigte sie sich. Sie schwieg einen Augenblick. „Wer sind denn diese Leute?" fragte sie schließlich. „Kennen Sie sie?" – „Ich kenne den Alten", antwortete Zoé und machte vor Diskretion einen schmalen Mund. Und als ihre Herrin mit den Augen weiterfragte, fügte sie schlicht hinzu: „Ich hab' ihn schon irgendwo gesehen."

Dieses Wort schien Nana umzustimmen. Sie verließ mit einem Blick des Bedauerns die Küche, diese gemütliche Zufluchtsstätte, wo es sich so behaglich und ungeniert plaudern ließ, wenn der Kaffee auf der Aschenglut stand, und sein Duft den Raum durchzog. Madame Maloir blieb nun allein und legte Patiencen. Den Hut hatte sie noch immer auf dem Kopf. Nur die Bänder hatte sie gelöst und über die Schulter zurückgeworfen, um sich's bequem zu machen.

Im Ankleidekabinett, wo die Jungfer Nana rasch einen Frisiermantel überwarf, rächte diese sich für die Scherereien, die sie ausstand, und stieß schwere Flüche gegen die Männer aus. Diese derben Ausdrücke bekümmerten Zoé sehr, denn sie sah mit Schmerzen, daß Madame sich nicht schnell genug von den Umgangsformen ihrer Herkunft emanzipierte. Sie wagte es, Madame zu beschwören, sie möge sich doch beruhigen.

„Ach was", antwortete Nana roh, „die Männer sind selber Schweinekerle, die haben das gern."

Trotzdem nahm sie ihre Prinzessinnenallüren an, wie sie sagte. Zoé hatte sie zurückgehalten, als sie in den Salon gehen wollte. Und aus eigener Machtvollkommenheit führte sie nun den Marquis de Chouard und den Grafen Muffat in den Ankleideraum. Das war viel vernünftiger.

„Meine Herren", sagte die junge Frau mit einstudierter Höflichkeit, „es tut mir leid, daß ich Sie warten ließ."

Die beiden Herren grüßten und setzten sich. Ein Vorhang aus gestricktem Tüll dämpfte das schwache Licht, das eindrang. Es war der eleganteste Raum der Wohnung, mit hellem Stoff bezogen; ein großer marmorner Toilettentisch stand da, ein eingelegter dreiteiliger Spiegel, eine Chaiselongue und zwei mit blauer Seide bezogene Lehnsessel. Eine Flut von Blumen ergoß sich über den Toilettentisch; Rosen, Flieder, Hyazinthen hauchten ihren starken, durchdringenden Atem aus. Und in der schlaffen Luft mischte sich zuweilen in den faden Geruch aus Waschbecken und Eimer der schärfere Duft feingestoßener Patschulikörner, der aus einer Schale aufstieg.

Nana schrak auf, raffte ihren losen Frisiermantel zusammen und tat, als ob sie bei der Toilette überrascht worden wäre, noch feucht vom Bad, lächelnd und verwirrt in einer Wolke von Spitzen.

„Madame", sagte würdevoll der Graf Muffat, „Sie werden unsere Zudringlichkeit verzeihen ... wir machen eine Sammlung ... dieser Herr und ich, wir sind Mitglieder des Wohltätigkeitsausschusses in unserem Bezirk."

Der Marquis de Chouard beeilte sich, galant hinzuzufügen: „Als wir hörten, daß hier eine große Künstlerin wohnt, haben wir uns entschlossen, ihr unsere Armen ganz besonders warm zu empfehlen ... Talent und Herz, das findet man immer vereint ..."

Nana spielte die Bescheidene. Sie antwortete mit einer kleinen Kopfbewegung und warf dabei schnell tausend Überlegungen durcheinander. Wahrscheinlich hatte der Alte den Jüngeren hergebracht. Seine Augen waren so zuchtlos. Aber auch dem anderen war nicht zu trauen, dessen Schläfen so drollig anschwollen; er hätte schon allein kommen können. Sicherlich hatte ihnen der Portier ihren Namen genannt, und einer hatte den anderen vorgeschoben.

„Aber gewiß, meine Herren, Sie haben sehr recht daran getan, zu mir zu kommen", sagte sie huldvoll.

Aber die Glocke ging wieder und ließ sie zusammenzucken. Noch ein Besuch! Und diese Zoé, die noch immer öffnete!

Sie fuhr fort: „Es gibt kein größeres Glück, als geben zu dürfen." Im Grunde fühlte sie sich geschmeichelt.

„Ach, gnädige Frau", sagte der Marquis, „wenn Sie eine Ahnung von diesem Elend hätten! In unserem Bezirk gibt es dreitausend Arme, und dabei ist es noch einer der reichsten Bezirke. Sie machen sich keinen Begriff von dieser Trostlosigkeit: Kinder ohne Brot, kranke Frauen ohne jede Hilfe, die vor Kälte erfrieren ..."

„Ach, diese armen Leute!" rief Nana aufrichtig betrübt, Rührung überwältigte sie, ihre schönen Augen schwammen in Tränen. Sie vergaß die Prinzessinnenhaltung, sie neigte sich vor – und ihr offener Frisiermantel enthüllte ihren Hals, während die gestreckten Knie den feinen Stoff fester spannten und die runden Schenkel sich deutlich abzeichneten. In die erdfahlen Wangen des Marquis stieg ein wenig Blut. Der Graf Muffat, der sich eben zu einer Antwort anschickte, senkte die Augen – es war zu heiß im Kabinett, schwere, dumpfe Treibhausschwüle herrschte. Die Rosen welkten, die Patschulikörner hauchten Betäubung aus der Schale.

„Ach, manchmal möchte man so gerne reich sein", sagte Nana. „Nun, man tut, was man kann ... Glauben Sie mir, meine Herren, wenn ich nur gewußt hätte ..." Auf ein Haar wäre ihr vor lauter Rührung eine Dummheit entschlüpft. Sie ließ den Satz aber unvollendet. Einen Augenblick war sie in größter Verlegenheit, denn sie konnte sich nicht darauf besinnen, wo sie ihre fünfzig Francs hingesteckt hatte, als sie das Kleid auszog. Aber schließlich erinnerte sie sich, daß sie unter einem umgestülpten Cremetiegel an der Ecke des Toilettentisches liegen müßten. Als sie sich erhob, läutete es draußen anhaltend. Na schön! Wieder einer! Das nahm kein Ende.

Der Graf und der Marquis waren aufgestanden; der letztere spitzte die Ohren nach der Tür; kein Zweifel, er kannte dieses Läuten. Muffat sah ihn an; dann wandten sie die Augen ab. Sie genierten sich voreinander, sie wurden wieder kühl, der eine viereckig und solid mit seinem dichten Haar, der andere bog seine mageren Schultern zurück, auf die ein Kranz spärlicher weißer Haare fiel.

„Wahrhaftig, meine Herren", sagte Nana, die ihre zehn dicken Silberstücke daherbrachte und sich nun entschloß, die Sache von der lustigen Seite zu nehmen, „wahrhaftig, meine Herren, Sie werden daran zu schleppen haben ... aber es ist ja für die Armen ..." Und das bezaubernde Grübchen in ihrem Kinn vertiefte sich. Sie war wieder ein liebes, gutes Mädel, ganz ohne Pose, wie sie so dastand mit der Säule von Geldstücken auf der offenen Hand und sie den beiden Männern hinhielt, als ob sie sagen wollte: „Nun, wer will sie?" Der Graf war der Gewandtere, er nahm die fünfzig Francs, aber ein Stück blieb zurück, und er mußte es aus der Hand dieses jungen Weibes nehmen und die weiche, warme Haut berühren. Es durchschauerte ihn. Sie war nun sehr erheitert und lachte noch immer. „Das ist alles, meine Herren", sagte sie, „ein andermal kann ich Ihnen hoffentlich mehr geben."

Sie hatten keinen Vorwand mehr zum Bleiben, sie grüßten und wandten sich zur Tür. Aber im Augenblick, als sie das Zimmer verlassen wollten, ging die Glocke wieder. Der Marquis konnte ein bläßliches Lächeln nicht verbergen – ein Schatten ging über das Gesicht des Grafen und machte es noch respekteinflößender. Nana hielt sie noch einige Sekunden zurück, damit Zoé Zeit gewänne, noch eine Ecke ausfindig zu machen. Sie schätzte es nicht, daß man sich bei ihr traf. Heute allerdings war kaum ein Winkel leer. Wie erleichtert fühlte sie sich, als sie sah, daß niemand im Salon war. Hatte Zoé die Leute in die Schränke gesteckt?

„Auf Wiedersehen, meine Herren", sagte sie auf der Schwelle des Salons. Sie hüllte sie ganz in ihr Lachen und in ihren klaren Blick. Der Graf Muffat verbeugte sich, trotz seiner großen Weltläufigkeit verwirrt, der Atem versagte ihm, er ging wie berauscht aus diesem Toilettenzimmer, wie erstickt von dem Blumen- und Frauenduft. Hinter ihm in Sicherheit wagte der Marquis de Chouard, Nana aus den Augenwinkeln zuzublinzeln – sein Gesicht

geriet plötzlich aus den Fugen, und seine Zunge wurde zwischen den Lippen sichtbar.
Nana ging in ihr Kabinett zurück, wo Zoé sie mit Briefen und Visitenkarten erwartete und rief, immer heftiger lachend: ,,Die zwei Schnorrer! Haben sie mir nicht meine fünfzig Francs abgenommen!" Sie war durchaus nicht böse, es schien ihr nur komisch, daß die Männer ihr noch Geld wegnahmen. Na, es war schon eine Schweinerei, sie hatte keinen Sou mehr.
Der Anblick der Visitenkarten und Briefe versetzte sie wieder in üble Laune. Briefe – na, das mochte hingehen; sie kamen von Herren, die ihr gestern zugejubelt hatten und die ihr jetzt ihre Verehrung zu Füßen legten. Was die Besucher anlangte, so mochten sie sich doch zum Teufel scheren.
Zoé hatte diese Leute überall hingesteckt; und sie wies darauf hin, wie praktisch die Wohnung eingerichtet war – jeder Raum mündete auf den Korridor. Das war schon besser wie bei Madame Blanche, wo jeder durch den Salon mußte. Madame Blanche hatte auch viel Scherereien dadurch.
,,Schicken Sie mir alle fort", sagte Nana wieder, die ihren bestimmten Plan verfolgte, ,,und fangen Sie mit dem Zigeuner an!" – ,,Um den braucht sich Madame keine Sorgen zu machen, den hab' ich gleich expediert", sagte Zoé mit einem Lächeln. ,,Er wollte nur bestellen, daß er heute abend keine Zeit habe."
Darob herrschte große Freude. Nana klatschte in die Hände: er kam nicht! Welches Glück! Frei sein! Und sie stieß einen tiefen Seufzer der Erleichterung aus, als ob man ihr die schrecklichste Pein in Gnaden erlassen hätte. Ihr erster Gedanke galt Daguenet. Und gerade diesen armen Jungen hatte sie bis zum Donnerstag verbannt! Schnell, Madame Maloir mußte einen neuen Brief schreiben! Aber Zoé teilte ihr mit, daß Madame Maloir sich wie gewöhnlich ohne Abschied gedrückt habe. Nana wollte nun jemand hinschicken, aber sie war unentschlossen. Und abgespannt war sie auch. Eine ganze Nacht schlafen – wie wohl das täte! Die Vorstellung dieses Genusses entzückte sie. Einmal konnte sie sich das wohl leisten.
,,Ich gehe gleich zu Bett, wenn ich aus dem Theater komme", murmelte sie schwelgerisch, ,,und Sie wecken mich nicht vor Mittag." Dann fuhr sie mit lauter Stimme fort: ,,Hoppla! Aber jetzt schmeißen Sie die ganze Bande hinaus!"
Zoé rührte sich nicht. Sie hätte es sich nicht erlaubt, Madame geradezu Ratschläge zu geben; aber sie richtete schon alles so ein, daß Madame von ihren Erfahrungen profitierte, wenn sie ihren Dickkopf aufsetzte. ,,Den Herrn Steiner auch?" fragte sie kurz und eindringlich.
,,Na, aber sicher", antwortete Nana, ,,den zuallererst."
Die Zofe wartete noch, um Madame Zeit zur Überlegung zu lassen. Wäre Madame nicht stolz darauf, ihrer Nebenbuhlerin, dieser Rose Mignon, einen so reichen Herrn auszuspannen, der in allen Theatern zu Hause war?
,,Machen Sie, machen Sie, meine Liebe", wiederholte Nana, die sehr wohl begriff, ,,und sagen Sie ihm, daß er mir lästig fällt." Aber jählings besann sie sich; konnte es nicht so kommen, daß es ihr morgen nicht doch Spaß machte? Und sie rief, lachend wie ein Gassenjunge, mit einem schrägen Blick aus den Augenwinkeln: ,,Na und überhaupt: wenn ich ihn haben will, so muß ich ihn heute erst recht vor die Türe setzen."
Zoé war verblüfft. Sie blickte mit plötzlicher Bewunderung zu Madame auf – dann ging sie stracks und setzte Steiner ohne Zögern vor die Tür.
Nana geduldete sich ein paar Minuten. Zoé konnte das Gesindel nicht so im Handumdrehen hinausfegen, wie sich Nana ausdrückte. War so eine Belagerung je erhört! Sie steckte den Kopf in den Salon; er war leer. Das Eßzimmer – leer. Aber als sie nun wesentlich beruhigt ihren Rundgang fortsetzte, sicher allein im Haus zu sein, stieß sie plötzlich auf ein junges Kerlchen, da sie die Tür zum kleinen Zimmer öffnete. Er saß hoch oben auf einem Koffer sehr still, sehr artig, mit einem Riesenbukett auf den Knien.
,,Allmächtiger Gott", schrie Nana, ,,da steckt ja noch einer!" Der zarte junge Mensch sprang zur Erde, als er sie sah – rot wie blühender Mohn. Er wußte nicht, was er mit seinem Bukett anfangen sollte, er nahm es von einer Hand in die andere, und die Aufregung würgte ihm die Kehle zu. Seine Jugend, seine Verlegenheit, der drollige Anblick, den er mit seinen Blumen bot, rührten Nana, und sie brach in schallendes Gelächter aus. Also auch die Kinder –? Kamen die Männer jetzt schon in den Windeln daher? Und sie ließ sich ganz ungeniert gehen, schlug sich auf die Schenkel, lachte ihn aus und fragte mütterlich: ,,Soll ich dir vielleicht die Nase putzen, Bébé?"
,,Ja", antwortete der Kleine leise und flehend.
Diese Antwort amüsierte sie königlich. Er war siebzehn Jahre alt, er hieß Georges Hugon. Er war am Abend vorher im Theater gewesen. Und nun besuche er sie.
,,Und die Blumen sind für mich?"
,,Ja."
,,So gib sie doch her, Dummchen." Aber als sie ihm die Blumen abnahm, stürzte er sich mit der ganzen Gier seiner frischen Jugend über ihre Hände. Sie mußte ihn schlagen, damit er sie losließ. So ein Rotzbengel! Der machte keine Umschweife! Sie schalt ihn – und wurde ganz rosig darüber; sie lächelte. Und schickte ihn fort mit der Erlaubnis, wiederzukommen. Er taumelte, er fand die Tür nicht mehr.
Nana ging wieder in das Ankleidekabinett, wo Francis alsbald erschien, um die ,,endgültige" Frisur zu machen. Sie kleidete sich erst am Abend an. Nun saß sie vor dem Spiegel, den Kopf zurückgeneigt unter den geschickten Händen des Friseurs, stumm und in Gedanken – da trat Zoé ein und meldete: ,,Madame, es ist einer hier, der sich nicht abweisen läßt." – ,,Na, dann lassen Sie ihn eben", sagte Nana ruhig.
,,Dann werden wir ihn nie los." – ,,Ach –! Laß sie nur

warten, wenn der Hunger sie wegtreibt, gehen sie von selbst."

Ihre Stimmung war umgeschlagen. Es war doch entzückend, die Männer so zappeln zu lassen. Ein Gedanke amüsierte sie besonders: sie lief Francis unter den Händen weg und schob selber überall die Riegel vor. Jetzt konnten sie sie von allen Seiten belagern – durch die Mauern würden sie ja doch wohl nicht brechen. Zoé konnte durch die kleine Tür herein, die in die Küche führte.

Indessen ging das Geklingel unentwegt weiter. Alle fünf Minuten läutete es lebhaft, pünktlich wie eine wohlgeregelte Maschine. Nana zählte zu ihrer Zerstreuung. Aber plötzlich fiel ihr etwas ein: „Und meine Pralinen? Haben Sie sie mitgebracht?"

Auch Francis hatte an die Pralinen gedacht. Er zog eine Tüte aus der Tasche seiner Redingote und bot sie ihr mit der diskreten Geste eines Weltmannes, der seiner Freundin ein Geschenk überreicht; trotzdem setzte er die Pralinen an jedem Zahltag auf die Rechnung. Nana nahm die Tüte zwischen die Knie und fing zu knabbern an, indes sie den Kopf unter den leichten Strichen des Friseurs bewegte.

„Verflucht!" murmelte sie nach einer Pause, „da kommt eine ganze Bande!"

Dreimal nacheinander war die Glocke gegangen. Es läutete stürmisch. Zuweilen klang das Läuten bescheiden, es stammelte wie das Zittern erster Begierde; zuweilen schmetterte es frech, unter irgendeinem brutalen Finger vibrierend; zuweilen klang es sehr beeilt und fuhr wie ein ungeduldiges Drängen durch die Luft. Ein Glockenspiel, sagte Zoé, ein wahres Sturmläuten, das den ganzen Bezirk in Aufruhr brachte; eine ganze Kohorte von Mannsleuten kam im Gänsemarsch daher und drückte auf diesen Elfenbeinknopf, einer nach dem anderen. Dieser nichtsnutzige Bordenave hatte ihre Adresse allzu freigebig hergegeben. Das ganze volle Haus von gestern abend schien anzurücken.

„Apropos, Francis, haben Sie fünf Louis?"

Er trat einen Schritt zurück, besah aufmerksam die Frisur und sagte dann gelassen: „Fünf Louis, je nachdem."

„Ach, wissen Sie", sagte Nana, „wenn Sie eine Sicherstellung verlangen ..." und ohne den Satz zu vollenden, wies sie mit einer weiten Bewegung auf die anstoßenden Räume. Francis lieh die fünf Louisdor. In den Pausen zwischen der Läuterei kam Zoé und bereitete Madames Toilette vor. Sie mußte sie nun bald ankleiden. Der Friseur wartete, um die letzte Hand an die Frisur zu legen. Aber Zoé wurde immer wieder durch das Läutewerk gestört, und sie mußte Madame bald halbgeschnürt, bald mit einem Schuh versehen, im Stich lassen. Trotz ihrer Erfahrung verlor sie den Kopf. Erst hatte sie die Männer einzeln überallhin verteilt und den letzten Winkel dabei ausgenutzt, nun mußte sie sie zu dreien und vieren zusammenpferchen – was absolut gegen ihre Grundsätze ging. Mochten sie sich gegenseitig auffressen, das würde wenigstens Platz schaffen. Und die sicher verschanzte Nana machte sich hinter ihren Riegeln über sie lustig – sie behauptete, die Mannsleute schnaufen zu hören. Sie mußten gut ausschauen da drinnen, wie Hündchen mit hängender Zunge, die im Kreis auf ihren Allerwertesten sitzen. Ihr Erfolg von gestern abend dauerte noch an, diese Männermeute war ihr noch vom Vorabend her auf der Spur. „Hoffentlich zerbrechen sie nichts da drinnen", sagte sie vor sich hin.

Sie wurde allmählich unruhig unter dem heißen Atem, der durch die Türspalten drang. Aber nun brachte Zoé Labordette herein, und die junge Frau stieß einen Schrei der Erleichterung aus. Er wollte ihr von einer Rechnung berichten, die er beim Schiedsgericht für sie in Ordnung gebracht hatte. Aber sie hörte gar nicht zu, sie wiederholte immerfort dasselbe: „Ich entführe Sie ... wir essen zusammen, dann begleiten Sie mich ins Theater ... ich trete erst um halb zehn auf ..."

Der gute Labordette, ach wie kam er heute gelegen! Er verlangte nie etwas von ihr, nie. Er war nur der Freund der Frauen und regelte ihre kleinen Angelegenheiten. So hatte er auch im Vorbeigehen das Vorzimmer von Gläubigern gesäubert. Und übrigens waren diese braven Leute gar nicht wegen ihres Geldes gekommen, im Gegenteil: wenn sie sich so beharrlich gezeigt hatten, so war's nur, um Madame zu beglückwünschen und ihr persönlich wieder ihre Dienste anzubieten nach diesem großen Erfolg von gestern.

„Drücken wir uns, drücken wir uns!" sagte Nana, als sie fertig angezogen war.

Eben trat Zoé ein und rief: „Ich gebe jetzt das Türöffnen auf, Madame ... auf der Treppe stehen die Leute reihenweise."

Reihenweise auf der Treppe! Selbst Francis vergaß das englische Phlegma, das er sich zugelegt hatte, und lachte, während er sein Kammzeug ordnete. Nana nahm Labordettes Arm und schob ihn in die Küche. Und sie entfloh, endlich von den Männern befreit, glückselig und gewiß, daß man mit Labordette allein bleiben konnte, ohne Dummheiten von ihm befürchten zu müssen.

„Sie bringen mich wieder nach Hause", sagte sie, indes beide die Hintertreppe hinunterstiegen. „Jetzt bin ich in Sicherheit, stellen Sie sich nur vor, ich will heute eine ganze Nacht für mich haben, eine ganze Nacht will ich schlafen. Eine Schrulle, mein Lieber!"

III

Die Gräfin Sabine, wie man Frau Muffat de Beuville nannte, zum Unterschied von der Mutter des Grafen, die im vergangenen Jahr gestorben war – die Gräfin Sabine also empfing jeden Dienstag in ihrem Palais in der Rue Miromesnil an der Ecke der Rue de Penthièvre. Es war dies ein weites, viereckiges Gebäude, das die Muffats seit mehr als hundert Jahren bewohnten; die Fassade, hoch und schwarz, schlief schwermütig wie ein Kloster, die zahllosen Jalousien waren fast immer geschlossen; hinter dem Haus, in einem Eckchen des feuchten Gartens, hatten die Bäume getrieben und suchten mit so langen dünnen Ästen die Sonne, daß sie noch über die Dachschiefer strebten.

An diesem Tag gegen zehn Uhr waren kaum ein Dutzend Menschen im Salon. Da die Gräfin nur ihre Intimsten erwartete, öffnete sie weder den kleinen Salon noch den Speisesaal. Man war ganz unter sich und plauderte am Feuer. Der Salon war übrigens sehr groß, sehr hoch; vier Fenster gingen auf den Garten; die Feuchtigkeit drang durch den regnerischen, späten Aprilabend herauf, trotz der starken Buchenscheite, die im Kamin brannten. Hier herein verirrte sich nie ein Sonnenstrahl. Tagsüber erhellte ein grünlicher Schein den Raum zur Not; aber am Abend, wenn die Krone und die Stehlampen brannten, herrschten hier Strenge und Feierlichkeit zwischen den Empiremöbeln aus massivem Mahagoni und der Wandbespannung und den Sesseln aus gelbem Samt mit breiten eingewebten Seidenmustern. Kalte Würde umfing hier den Eintretenden, alte Sitten und Gebräuche, ein dahingegangenes Jahrhundert hauchte noch einen verschollenen Duft von strenger Frömmigkeit aus.

Gegenüber dem Lehnsessel, in dem die Mutter des Grafen gestorben war, einem eckigen Möbel, steif und hölzern und mit grobem Stoff bezogen, saß auf der anderen Seite des Kamins die Gräfin Sabine in einem tiefen Fauteuil, dessen rote gesteppte Seide weich wie Eiderdaunen schien. Es war das einzige moderne Möbelstück, ein Eckchen Phantasie, das in diese Strenge ringsum eingedrungen war und gewaltig von ihr abstach.

„Nun", sagte die junge Frau, „da werden wir also einmal den Schah von Persien haben." Man sprach von den Fürstlichkeiten, die in Paris zur Ausstellung erwartet wurden. Ein paar Damen saßen im Halbkreis um den Kamin. Frau Du Joncquoy, deren Bruder als Diplomat in irgendeiner Mission im Orient gewesen war, erzählte Details von Nazr-Eddins Hof.

„Fehlt Ihnen etwas, Liebste?" fragte Frau Chantereau, die Gattin eines Hüttenbesitzers, als sie die Gräfin, von einem leichten Schauer geschüttelt, erbleichen sah.

„Aber nein, gewiß nicht", antwortete diese lächelnd. „Mich fror ein wenig ... Dieser Salon ist nicht zu erheizen!" Und ihr schwarzer Blick glitt an den Mauern entlang bis hinauf zur Decke. Estelle, ihre Tochter, ein junges sechzehnjähriges Geschöpf im undankbarsten Alter, schmächtig und unscheinbar, stand von ihrem Taburett auf, kam sachte herzu und hob ein Buchenscheit auf, das heruntergerollt war. Frau de Chezelles, eine Klosterfreundin Sabines und um fünf Jahre jünger als diese, rief aus: „Lieber Himmel, wie froh wäre ich, wenn ich so einen Salon hätte! Du kannst doch wenigstens empfangen ... aber heutzutage baut man ja nur mehr Schachteln ... Wenn ich an deiner Stelle wäre!" Sie plauderte gedankenlos daher mit lebhaften Bewegungen und setzte auseinander, wie sie die Wandbezüge, die Sessel, überhaupt alles ändern lassen würde. Und dann könnte man hier Bälle geben, Bälle, wie sie Paris noch nicht gesehen habe. Hinter ihr stand ihr Gatte, ein Verwaltungsbeamter, und hörte mit ernsthafter Miene zu. Man erzählte sich, daß sie ihn offenkundig betrog; aber man verzieh ihr, man empfing sie trotzdem, denn, sagte man, sie war ja so verrückt.

„Diese Léonide –!" begnügte sich die Gräfin Sabine mit ihrem blassen Lächeln zu sagen. Eine gleichmütige Geste unterstützte ihren Gedankengang. Ach nein, jetzt, wo sie siebzehn Jahre zwischen diesen Möbeln verbracht hatte, würde sie sie wohl schon so lassen. Dies alles sollte so bleiben, wie ihre Schwiegermutter es bei Lebzeiten gehalten hatte. Dann kam sie wieder auf das Thema der Unterhaltung zurück.

„Man sagt mir, daß wir bestimmt den König von Preußen und auch den Kaiser von Rußland herbekommen ..."

„Ja, es soll großartige Festlichkeiten geben", sagte Frau Du Joncquoy.

Der Bankier Steiner, den Léonide de Chezelles, die ganz Paris kannte, erst kürzlich hier eingeführt hatte, plauderte auf einem Sofa zwischen zwei Fenstern mit einem Deputierten, dem er geschickt gewisse Nachrichten herauszulocken versuchte; es handelte sich um den Anlaß zu einem Börsenmanöver, den er witterte. Der Graf Muffat stand vor ihnen und hörte schweigend zu, und sein Gesicht war noch düsterer als sonst.

Vier, fünf junge Frauen bildeten eine Gruppe bei der Tür; sie umringten den Grafen Xavier de Vandeuvres, der ihnen halblaut eine anscheinend etwas leichtfertige Geschichte erzählte, denn sie erstickten vor Lachen. Mitten im Zimmer saß allein und schwer in einem Lehnsessel ein dicker Mensch, Chef einer Abteilung des Ministeriums des Innern, und schlief mit offenen Augen.

Einer der jungen Leute schien Vandeuvres Geschichten zu bezweifeln; der hob die Stimme: „Sie sind zu skeptisch, Foucarmont, Sie werden sich jeden Spaß verderben." Und er kehrte lachend zu den Damen zurück. Der Letzte eines großen Geschlechtes, weibisch und geistreich, vergeudete er jetzt sein Vermögen mit einer blinden Raserei, der nichts Einhalt tun konnte. Sein Rennstall, einer der berühmtesten von Paris, kostete ihn wahnsinniges Geld; seine Verluste im Cercle Impérial erreichten allmonatlich eine schwindelnde Höhe, seine Mätressen verschlangen durchschnittlich im Jahr ein Gut, einige Hektar Land und Wald – ganze Stücke von seinen ausgedehnten Domänen in der Pikardie.

„Das ist recht, nennen Sie nur andere Leute skeptisch – Sie, der Sie an gar nichts glauben", sagte Léonide und räumte ihm ein Plätzchen an ihrer Seite ein. „Sie, mein Freund, Sie selbst verderben sich jede Freude."

„Sehr richtig", antwortete er, „aber ich will die andern von meiner Erfahrung profitieren lassen."

Man gebot ihm Schweigen; Herr Venot konnte Anstoß an seinen Reden nehmen. Die Damen rückten zur Seite, und man bemerkte nun, in einen tiefen Sessel vergraben, einen kleinen Mann von sechzig Jahren mit schlechten Zähnen und einem feinen Lächeln; da saß er ganz wie zu

Hause, hörte alles an und ließ sich kein Wörtchen entschlüpfen. Mit einer Gebärde deutete er an, daß er keinerlei Anstoß nehme. Vandeuvres Gesicht trug schon wieder den Stempel von Ernst und Sicherheit, und er erwiderte gesetzt: „Herr Venot weiß wohl, daß ich glaube, was man glauben muß."

Das war schon ein Akt religiöser Bekenntnisablegung. Selbst Léonide schien zufrieden. Im Hintergrund des Zimmers hatten die jungen Leute zu lachen aufgehört. Der Salon war steif und altmodisch, und man amüsierte sich hier wenig. Ein kalter Hauch war durch den Raum gegangen; man hörte mitten durch die Stille Steiners näselnde Stimme, den die Zurückhaltung des Deputierten schließlich zur Verzweiflung brachte.

Die Gräfin Sabine blickte ins Feuer. Dann nahm sie das Gespräch wieder auf. „Ich habe den König von Preußen vergangenes Jahr in Baden gesehen. Er ist noch sehr rüstig für sein Alter."

„Der Graf Bismarck wird ihn begleiten", sagte Frau Du Joncquoy. „Kennen Sie den Grafen? Ich habe einmal mit ihm bei meinem Bruder gefrühstückt, oh, aber das ist lange her – als er preußischer Gesandter in Paris war. Sehen Sie sich den Mann an! Seine letzten Erfolge sind mir einfach unbegreiflich!"

„Und warum denn?" fragte Frau Chantereau.

„Mein Gott, wie soll ich das sagen ... er gefällt mir nicht. Er sieht so brutal und schlecht erzogen aus. Ich finde ihn geradezu dumm."

Nun sprach alles vom Grafen Bismarck. Die Meinungen waren sehr geteilt. Vandeuvres kannte ihn und schwor, er sei ein famoser Trinker und Spieler. Als die Diskussion darüber ihren Höhepunkt erreicht hatte, öffnete sich die Tür, und Hector de La Faloise erschien. Fauchery, der ihm folgte, näherte sich der Gräfin und verbeugte sich: „Gnädige Frau, ich habe mich Ihrer liebenswürdigen Einladung erinnert ..."

Sie fand ein Lächeln, ein freundliches Wort. Der Journalist begrüßte den Grafen, dann stand er etwas verlassen mitten im Salon; er kannte niemand als Steiner. Vandeuvres hatte sich umgedreht, kam nun auf ihn zu und schüttelte ihm die Hand. Glücklich über die Begegnung und im Verlangen nach Mitteilsamkeit zog Fauchery ihn näher und sagte leise: „Also morgen, Sie wissen doch?"

„Donnerwetter!"

„Um zwölf Uhr nachts bei ihr."

„Ich weiß, ich weiß, ich komme mit Blanche."

Er wollte gerne loskommen und bei den Damen wieder ein Argument zugunsten des Herrn von Bismarck anbringen. Aber Fauchery hielt ihn zurück. „Sie werden niemals erraten, was für eine Einladung sie mir aufgetragen hat." Und mit einer leichten Kopfbewegung deutete er auf den Grafen Muffat, der eben mit dem Deputierten und mit Steiner über einen Punkt des Budgets diskutierte.

„Unmöglich!" sagte Vandeuvres sehr erheitert und sprachlos vor Erstaunen.

„Ehrenwort! Ich mußte schwören, daß ich ihn morgen mitbringe. Das ist mit ein Grund, weshalb ich gekommen bin."

Beide lachten still, und Vandeuvres beeilte sich nun, in den Kreis der Damen zurückzukehren und rief: „Und ich versichere Ihnen ganz im Gegenteil, daß Herr von Bismarck außerordentlich geistreich ist! Da fällt mir ein reizendes Wort von ihm ein; er sagte eines Abends in meiner Gegenwart ..."

La Faloise, der einige schnelle, mit halblauter Stimme gewechselte Worte aufgefangen hatte, sah Fauchery fragend an; er erhoffte eine Erklärung, aber sie blieb aus. Von wem war die Rede? Was ging da vor? Morgen um Mitternacht? Er ging Fauchery nicht mehr von den Fersen. Dieser hatte Platz genommen. Es war besonders die Gräfin Sabine, die sein Interesse erweckte. Er hatte ihren Namen oft gehört, er wußte, daß sie, mit siebzehn Jahren verheiratet, nun vierunddreißig Jahre alt sein mußte und daß sie seit ihrer Hochzeit ein klösterliches Leben zwischen Gatten und Schwiegermutter führte. In der großen Welt sagte man ihr die Gefühlskälte einer Quietistin nach; die Leute bedauerten sie und hatten ihr klingendes Gelächter noch im Gedächtnis, ihre flammenden Augen von ehedem, bevor sich die Tore dieses alten Hauses hinter ihr geschlossen hatten. Fauchery studierte sie aufmerksam und zögerte. Einer seiner Freunde, der kürzlich als Kapitän in Mexiko gestorben war, hatte ihm am Vorabend seiner Abreise bei der letzten Flasche Wein einen jener brutalen Vertrauensergüsse gemacht, wie sie den diskretesten Männern in gewissen Momenten entschlüpfen. Aber er erinnerte sich nur undeutlich und wie von ungefähr; sie hatten an diesem Abend gut diniert. Und alles schien unglaubwürdig, als er die Gräfin da mitten in ihrem antiken Salon sah, schwarzgekleidet und mit ihrem stillen Lächeln. Eine Stehlampe hinter ihr beleuchtete dieses feine Profil einer vollen Brünetten, in dem nur der etwas üppige Mund eine Art herrischer Sinnlichkeit verriet.

„Was sie nur mit ihrem Bismarck haben!" murmelte La Faloise. Die große Welt langweilte ihn, das war die neueste Pose, die er sich zurechtgelegt hatte. „Man kommt ja hier um. Komische Idee von dir, hierher zu kommen!"

Fauchery richtete brutal die Frage an ihn: „Sag einmal, schläft denn die Gräfin mit keinem von diesen Burschen hier?"

„Oh! Nein! O nein, mein Lieber!" stammelte La Faloise ganz fassungslos und vergaß seine Pose. „Ja, weißt du denn nicht, wo du bist?"

Dann befiel ihn Sorge, daß diese Empörung eines abgebrühten Lebemanns nicht würdig sei. Er warf sich in das Sofa zurück und fügte hinzu: „Teufel! Ich sage nein, aber was weiß ich ... Dieser Kleine da unten, dieser Foucarmont, den findet man in jedem Winkel. Na, es sind schon noch tollere Sachen passiert, natürlich ... mir ist das höchst egal ... eins aber ist gewiß: wenn die Gräfin sich mit Seitensprüngen amüsiert, so muß sie sehr durchtrieben sein, denn es gibt keinen Klatsch über sie, niemand spricht von ihr."

Und nun erzählte er, ohne daß Fauchery nötig gehabt hätte zu fragen, alles, was er von den Muffats wußte. Während die Unterhaltung der Damen am Kamin weiterging, senkten beide die Stimmen, und wenn man sie so sah, mit ihren weißen Krawatten und Handschuhen, hätte man geschworen, daß sie in sorgfältig gewählten Sätzen ein tiefgründiges Thema behandelten. Also: die Mama Muffat, die La Faloise sehr gut gekannt hatte, war eine unerträgliche Alte gewesen, die immerzu bei den Pfaffen steckte; übrigens besaß sie eine Großartigkeit, eine Autorität, vor der sich alles beugte. Was Muffat anbelangte, den spätgeborenen Sohn eines von Napoleon I. in den Grafenstand erhobenen Generals, war er natürlich nach dem zweiten Dezember in Gunst gekommen. Auch ihm fehlte jeder Frohsinn, aber er galt für einen sehr zuverlässigen Menschen von rechtlicher Gesinnung. Dazu noch seine konservative Weltanschauung, die hohe Meinung von seiner Stellung bei Hof, von seinen Tugenden und Würden – und er trug seinen Kopf so hoch wie das allerheiligste Sakrament. Diese ausgezeichnete Erziehung hatte er der Mama Muffat zu verdanken: alle Tage zur Beichte, keinerlei Eskapaden, keinerlei Jugendstreiche irgendwelcher Art. Er beobachtete streng die religiösen Bräuche, er hatte Glaubenskrisen von blutrünstiger Gewaltsamkeit, die ihn wie Fieberanfälle überkamen. Schließlich als letztes und bezeichnendstes Detail flüsterte La Faloise seinem Vetter ein Wort ins Ohr.

„Nicht möglich!" rief dieser aus.

„Man hat es mir geschworen, Ehrenwort! ... Er war noch Jungfrau, als er heiratete."

Fauchery lachte und musterte den Grafen, dessen von Koteletten umrahmtes schnurrbartloses Gesicht noch viereckiger, noch härter erschien, seit er Steiners Argumenten Ziffern entgegenhielt.

„Wahrhaftig, er sieht danach aus!" murmelte er. „Eine schöne Morgengabe für eine Frau! ... Die arme Kleine, was muß sie sich gelangweilt haben! Ich wette, sie hat überhaupt noch keine Ahnung ..."

Eben richtete die Gräfin Sabine das Wort an ihn. Er hörte nichts, so nahm ihn der amüsante und ungewöhnliche Fall Muffat gefangen. Sie wiederholte ihre Frage.

„Herr Fauchery, haben Sie nicht eine Schilderung des Herrn von Bismarck veröffentlicht? Sie haben mit ihm gesprochen?"

Er erhob sich lebhaft, näherte sich dem Damenkreis und suchte sich zu fassen. Übrigens fand er die Antwort mit vollkommener Leichtigkeit: „Lieber Himmel, gnädige Frau, lassen Sie mich Ihnen gestehen, daß ich diese Schilderung nach Biographien geschrieben habe, die in Deutschland erschienen sind ... Ich habe Herrn von Bismarck nie gesehen."

Er blieb an der Seite der Gräfin. Während der Unterhaltung mit ihr setzte er seine Beobachtungen fort. Sie sah jünger aus als sie war, man hätte sie höchstens auf achtundzwanzig Jahre geschätzt; insbesondere die Augen bewahrten eine Flamme der Jugend, und die langen Wimpern warfen blaue Schatten. Sie war in einem zweigeteilten Haushalt aufgewachsen und verbrachte als Kind einen Monat bei dem Marquis de Chouard, einen Monat bei der Marquise; nach dem Tod ihrer Mutter hatte sie sehr jung geheiratet, ohne Zweifel auf Betreiben ihres Vaters, dem sie im Weg war. Ein schrecklicher Mann, der Marquis, über den nun auch trotz seiner großen Frömmigkeit merkwürdige Geschichten zu kursieren begannen. Fauchery fragte, ob er nicht die Ehre haben werde, ihn zu begrüßen.

Gewiß, ihr Vater würde kommen, wenn auch sehr spät; er hatte so viel Arbeit! Der Journalist, der zu wissen glaubte, wo der Alte seine Abende verbrachte, bewahrte seinen Ernst. Aber ein Mal, das er an der linken Wange der Gräfin neben dem Mund bemerkte, überraschte ihn. Nana hatte ganz genau dasselbe Mal. Das war drollig. Kleine Härchen kräuselten sich darauf; nur daß sie bei Nana blond und bei der Gräfin kohlschwarz waren. Ach nein! trotzdem – diese Frau schlief mit niemand ...

„Ich hätte immer so gerne die Königin Augusta kennengelernt", sagte sie. „Sie soll so gut sein, sagt man, so fromm ... Glauben Sie, daß sie den König begleitet?"

„Das ist nicht anzunehmen, gnädige Frau", antwortete er. Die schlief mit keinem, das lag klar auf der Hand. Wenn man sie nur so sah, neben ihrer Tochter, neben dieser Null, die so steif auf dem Taburett saß – das genügte. Dieser gruftähnliche Salon, der Kälte aushauchte wie Kirchenmauern, bekundete deutlich genug, unter welche Eisenfaust sie gebeugt war, wie streng und freudlos ihr Dasein verlief. Nichts von ihrem Wesen haftete an diesen altertümlichen Wänden, die schwarz vor Feuchtigkeit schienen; man spürte überall Muffat, überall herrschte Muffat mit seiner strenggläubigen Erziehung, mit seinen Bußübungen und seinen Fasten. Aber der Anblick des kleinen Greises mit den schlechten Zähnen und dem feinen Lächeln, den er plötzlich in seinem Lehnstuhl hinter den Damen entdeckte, schien ein noch entscheidenderes Argument. Er kannte diese Persönlichkeit; es war Téophile Venot, ein ehemaliger Advokat, dessen Spezialität kirchliche Prozesse waren; er hatte sich mit einem ansehnlichen Vermögen zurückgezogen und führte ein ziemlich mysteriöses Dasein, wurde überall empfangen, sehr tief gegrüßt, selbst ein wenig gefürchtet, als ob er eine große Macht repräsentierte, eine dunkle Macht, die man hinter ihm spürte. Übrigens gab er sich sehr demutsvoll; er war Kirchenvorstand an der Madeleine und funktionierte nur noch als Beigeordneter im Bürgermeisteramt des neunten Arrondissements, um seine Mußestunden auszufüllen, wie er sagte. Verflucht noch einmal! Die Gräfin war gut verbarrikadiert. Da war nichts zu machen.

„Du hast recht, es ist hier zum Umkommen", sagte Fauchery zu seinem Vetter, als er dem Damenkreis entronnen war. „Wir drücken uns."

Aber Steiner, den der Graf Muffat und der Deputierte eben verlassen hatten, kam wütend, schwitzend und halblaut brummend nach vorn: „Zum Kuckuck, von mir aus brauchen sie nichts zu sagen, wenn sie ihren Kram so

wichtig nehmen ... Ich find' schon Leute, die reden." Dann zog er den Journalisten in eine Ecke, und mit veränderter Stimme sagte er triumphierend: „Na, mein Lieber ... Also morgen, was?! Ich halte mit!"
„Ach", murmelte Fauchery erstaunt.
„Sie können sich ja nicht vorstellen ... Das war eine Schererei, bis ich sie endlich zu Hause erwischte. Und zudem ging mir Mignon nicht von den Fersen."
„Aber die Mignons sind auch da."
„Ja, sie hat es mir gesagt ... schließlich hat sie mich ja doch empfangen und mich eingeladen ... punkt zwölf Uhr nach dem Theater."
Der Bankier strahlte. Er blinzelte mit den Augen und, jedem Wort ein besonderes Gewicht verleihend, fügte er hinzu: „Also, es hat geklappt?"
„Was denn?" sagte Fauchery und stellte sich, als ob er nicht verstünde. „Sie wollte mir für meinen Artikel danken. Deshalb ist sie zu mir gekommen."
„Ja, ja, ja ... Ihr seid beneidenswerte Leute ... Euch belohnt man ... Apropos, wer zahlt das eigentlich morgen?"
Der Journalist breitete die Arme auseinander, als wollte er sagen: das kann niemand wissen.
Vandeuvres rief Steiner, der Herrn von Bismarck kannte. Frau Du Joncquoy war fast überzeugt. Sie schloß eben einen Satz mit den Worten: „... er hat einen schlechten Eindruck auf mich gemacht; er hat ein böses Gesicht, finde ich ... Aber ich will ja gerne glauben, daß er viel Geist hat. Das erklärt seine Erfolge."
„Ohne Zweifel", sagte mit schwachem Lächeln der Bankier, ein Frankfurter Jude.
La Faloise war hinter seinem Vetter her, er saß ihm im Nacken, und schließlich wagte er die Frage: „Ihr seid alle morgen nacht zu einem Fest eingeladen? Eine Frau? Welche, sag doch! Welche?"
Fauchery machte ihm ein Zeichen, daß sie nicht unbelauscht seien. Man müsse sich immerhin anständig benehmen.
Die Türe öffnete sich abermals, und eine alte Dame trat ein, gefolgt von einem jungen Menschen, in dem der Journalist den ungebärdigen Wildfang erkannte, dem bei der Premier der „Blonden Venus" dieses famose „Riesig schick!" entfahren war, von dem man noch immer sprach. Der Eintritt dieser Dame brachte Bewegung in den Salon. Gräfin Sabine erhob sich lebhaft, um ihr entgegenzugehen; sie ergriff ihre beiden Hände und nannte sie „ihre liebste Frau Hugon". La Faloise bemerkte, daß sein Vetter neugierig diese Szene mit ansah; er wollte sich Fauchery verpflichten und beeilte sich deshalb, ihn mit ein paar kurzen Worten in die Verhältnisse des Hauses Hugon einzuweihen: Frau Hugon, Notarswitwe, hatte sich nach den Fondettes zurückgezogen, einer alten Besitzung ihrer Familie bei Orléans; aber sie hatte sich ein Pied-à-terre in Paris vorbehalten, und zwar in der Rue Richelieu, in einem Haus, das ihr gehörte. Hier verbrachte sie gerade einige Wochen, um ihren Jüngsten zu installieren, der die Rechte studieren wollte und nun sein erstes Semester begann; sie war ehedem eine intime Freundin der Marquise de Chouard gewesen, sie hatte die Gräfin Sabine zur Welt kommen sehen; die Gräfin hatte vor ihrer Vermählung monatelang bei Frau Hugon gelebt, und diese duzte sie noch jetzt.
„Ich bringe die Georges", sagte Frau Hugon zu Sabine. „Er ist groß geworden, findest du nicht auch?"
Der junge Mann mit seinen hellen Augen, mit einem blonden Lockenkopf wie ein verkleidetes Mädchen, begrüßte die Gräfin ungezwungen und erinnerte sie an eine gemeinsame Partie Federball vor zwei Jahren in den Fondettes.
„Und Philippe ist nicht in Paris?" fragte der Graf Muffat. „O nein", antwortete die alte Dame. „Er ist noch immer in Bourges in Garnison." Sie hatte Platz genommen und sprach voll Stolz von ihrem ältesten Sohn, einem frischen, lustigen Jungen, der sich, einem plötzlichen Einfall folgend, hatte anwerben lassen und nun sehr schnell zum Leutnant avanciert war. Alle die Damen umgaben Frau Hugon mit respektvoller Sympathie. Das ganze Gespräch wurde liebenswürdiger und feinfühliger. Und beim Anblick dieser ehrfurchteinflößenden Frau, dieses mütterlichen Gesichtes, das ein gütiges Lächeln erhellte und das breite weiße Haarwellen einrahmten, fand Fauchery es selbst lächerlich und absurd, daß er die Gräfin Sabine auch nur einen Augenblick lang hatte beargwöhnen können.
Und trotzdem zog dieser tiefe, rotseidene Polstersessel, in dem die Gräfin saß, seine Aufmerksamkeit auf sich. Ihm schien es, als brächte er einen brutalen Ton, eine aufreizende, phantastische Note in diesen altersdunklen Salon. Er hätte darauf geschworen, daß dieses Möbelstück, das wollüstiges Behagen ausströmte, nicht auf Rechnung des Grafen zu setzen war. Es schien gleichsam ein Anlauf, ein erster Schritt zu Verlangen und Genuß. Er versank in Träumereien, Erinnerungen tauchten beharrlich wieder auf an vage Geständnisse, die er eines Abends in einem separierten Restaurantzimmer empfangen hatte. Neugier der Sinne hatte ihn dazu getrieben, sich bei den Muffats einführen zu lassen, da sein Freund in Mexiko geblieben war – wer weiß, man konnte ja einmal sehen. Eine große Dummheit, wahrscheinlich. Aber der Gedanke ließ ihm keine Ruhe, quälte ihn; es zog ihn magnetisch an, seine bösen Triebe waren geweckt. Der große Sessel hatte etwas Zerwühltes, eine Biegung der Rücklehne, es war doch komisch ...
„Na, wie ist's? Gehen wir?" fragte La Faloise, fest entschlossen, draußen den Namen der Frau, bei der morgen soupiert wurde, zu erfahren.
„Ja, gleich", antwortete Fauchery. Aber er hatte gar keine Eile mehr und benützte vor sich selbst als Ausrede die Einladung, die Nana ihm aufgetragen hatte und die nicht gerade leicht anzubringen war. Die Damen plauderten von einer Einkleidung im Kloster, einer sehr ergreifenden Zeremonie, die das mondäne Paris drei Tage lang sehr bewegte. Es war die älteste Tochter der Baronin de Fougeray, die, von einem unwiderstehlichen inneren

Drang getrieben, zu den Karmeliterinnen ging. Frau Chantereau, die mit den Fougerays entfernt verwandt war, erzählte, daß sich die Baronin am nächsten Tag zu Bett legen mußte, so sehr hatten die Tränen sie erschöpft.
„Ich hatte einen ausgezeichneten Platz", erklärte Léonide. „Es war doch recht merkwürdig."
Frau Hugon indes beklagte die arme Mutter. Welch ein Schmerz, sein Kind so zu verlieren! „Man beschuldigt mich, eine Frömmlerin zu sein", sagte sie mit ihrer stillen Freimütigkeit. „Aber trotzdem finde ich Kinder sehr grausam, die sich einen derartigen Selbstmord in den Kopf setzen."
„O ja, es ist schon etwas Entsetzliches", murmelte die Gräfin mit einem kleinen Schauder und kauerte sich noch tiefer in den Grund ihres tiefen Sessels vor dem Feuer.
Es entspann sich nun ein Disput über diese Geschichte. Aber die Stimmen der Damen wurden nicht lauter, und zuweilen erhellte ein versöhnliches Lachen den Ernst des Themas. Die beiden Lampen am Kamin mit ihren rosenfarbenen Spitzen warfen einen milden Schein über die Plaudernden; auf weiter entfernten Möbeln standen nur noch drei andere Lampen, die die sanften Schatten des weiten Raumes nicht verjagen konnten.
Steiner langweilte sich. Er erzählte Fauchery ein Abenteuer dieser kleinen Frau de Chezelles, die er schlechtweg Léonide nannte; eine ganz Durchtriebene, sagte er, die Stimme senkend, hinter den Sesseln der Damen. Fauchery, sah sie an; in ihrer großen Toilette von blaßblauem Atlas saß sie so drollig auf einer Ecke ihres Sessels, schlank und keck wie ein Junge, und zum Schluß war er verwundert, daß sie sich hier befand. Bei Caroline Héquet, wo die Mutter dem Haus einen seriösen Anstrich verlieh, gab man mehr auf Haltung. Das war ja geradezu Stoff für einen Artikel! Welch eine seltsame Welt, diese Gesellschaft von Paris! In die steifsten Salons waren schon fragwürdige Elemente eingedrungen. Ganz gewiß, dieser schweigsame Théophile Venot, der sich begnügte, lächelnd seine schlechten Zähne zu zeigen, war ein Vermächtnis weiland der Gräfin, desgleichen die paar Damen reiferen Alters, Frau Chantereau, Frau Du Joncquoy und vier, fünf Greise, die unbeweglich in den Ecken verharrten. Der Graf Muffat führte die Staatsbeamten ein, die jene gewisse korrekte Haltung hatten, die man in den Tuilerien gerne sah; unter anderen den Bürochef, der immer allein in der Mitte des Raumes saß mit rasiertem Gesicht und erloschenen Augen und so in seinen Anzug eingezwängt, daß er kaum eine Bewegung riskieren konnte. Fast alle jungen Leute und einige Persönlichkeiten von vornehmem Gebaren waren dem Marquis de Chouard zuzuschreiben, der seine Beziehungen zur Partei der Legitimisten unterhielt, auch nachdem er sich schon der herrschenden Regierung angeschlossen hatte und in den Staatsrat eingetreten war. Blieben also noch Léonide de Chezelles und Steiner, ein ganz verdächtiger Winkel, gegen den Frau Hugon in der Heiterkeit einer liebenswerten alten Frau merkwürdig abstach. Fauchery, der schon an seinem Artikel braute, nannte das: die Ecke der Gräfin Sabine.
„Ein andermal" fuhr Steiner leiser fort, „ließ Léonide ihren Tenor nach Montauban kommen. Sie wohnte im Schloß Beaurecueil, zwei Meilen weiter, aber sie kam täglich in einer Kalesche mit zwei Pferden angefahren und besuchte ihn im ‚Goldenen Löwen', wo er abgestiegen war. Der Wagen wartete vor dem Tor, Léonide blieb stundenlang, und der ganze Ort versammelte sich und bewunderte die Pferde."
Ein Schweigen war eingetreten, eine feierliche, sekundenlange Stille lagerte unter der hohen Decke. Zwei junge Leute flüsterten; aber nun schwiegen auch sie, und es war nichts anderes mehr zu hören als der gedämpfte Schritt des Grafen Muffat, der durch den Raum ging. Die Lampen schienen trüber, das Feuer erlosch, die alten Freunde des Hauses in ihren Lehnsesseln, die sie nun seit vierzig Jahren innehatten, tauchten in düstere Schatten. Es war, als ob zwischen zwei Sätzen des Dialogs der Schatten der Gräfinmutter in ihrer eisigen Großartigkeit erschienen wäre.
Aber schon nahm die Gräfin Sabine wieder das Wort: „Nun, und schließlich war ein Gerücht im Umlauf ... Der junge Mann sei gestorben, und das wäre ja eine Erklärung für den frommen Entschluß des armen Kindes. Und außerdem sagt man, daß Herr de Fougeray niemals seine Einwilligung zu dieser Heirat gegeben hätte."
„Man sagt noch ganz andere Dinge!" rief Léonide ungeniert. Sie begann zu lachen, verweigerte aber jede Erklärung. Sabine, angesteckt von diesem Heiterkeitsausbruch, führte ihr Taschentuch an die Lippen. Und dieses Gelächter in der Feierlichkeit des weiten Gemaches hatte eine sonderbare Tonfärbung, die Fauchery frappierte; es klang wie gesprungener Kristall. Ja, hier klaffte kaum merkbar ein Riß. Alle Stimmen sprachen durcheinander; Frau Du Joncquoy protestierte, Frau Chantereau wußte, daß eine Heirat schon beschlossen, aber nicht zustande gekommen war. Selbst die Männer wagten sich mit ihrer Meinung hervor. Minutenlang herrschte ein solches Drunter und Drüber von Urteilen, und die verschiedenen Elemente des Salons, die Bonapartisten und die Legitimisten, dazwischen die mondänen Skeptiker, gerieten hart aneinander. Estelle hatte geläutet und Holz im Kamin nachlegen lassen; der Diener schraubte die Lampen höher – es war wie ein Erwachen. Fauchery lächelte, als wäre ihm jetzt wieder wohl.
„Alle Wetter", sie vermählen sich dem Heiland, weil sie ihren Vetter nicht kriegen können", murmelte Vandeuvres zwischen den Zähnen; ihn langweilte diese ganze Geschichte, und er kam auf Fauchery zu. „Mein Lieber, haben Sie je gehört, daß eine Frau, die sich geliebt weiß, ins Kloster geht?"
Er wartete die Antwort gar nicht ab, er hatte genug davon; und halblaut fuhr er fort: „Wissen Sie, wieviel wir morgen sein werden? Die Mignons kommen, Steiner, Sie, Blanche und ich ... wer noch?"
„Caroline, denk' ich, Simonne. Gaga wahrscheinlich;

das kann man nie so genau sagen, nicht wahr? Bei solchen Gelegenheiten rechnet man auf zwanzig Personen, und es kommen dreißig."
Vandeuvres musterte die Damen und sprang jählings auf ein anderes Thema über. ,,Die muß einmal sehr gut ausgesehen haben, diese Dame Du Joncquoy, so etwa vor fünfzehn Jahren ... Die arme Estelle ist noch mehr in die Länge gegangen. Da kriegt einmal einer eine ordentliche Planke ins Bett!" Aber er unterbrach sich und kam wieder auf das morgige Souper zu sprechen. ,,Es ist so langweilig bei diesen Geschichten, daß immer dieselben Frauen dabei sind. Wir brauchen etwas Neues. Versuchen Sie doch, etwas aufzutreiben. Halt! Ein Gedanke! Ich will diesen dicken Menschen bitten, die Frau mitzubringen, die er unlängst im Theater bei sich hatte."
Er sprach von dem Bürochef, der mitten im Salon sanft entschlummert war. Fauchery machte es großen Spaß, von weitem diesen delikaten Handel zu verfolgen.
Vandeuvres hatte sich neben den dicken Mann gesetzt, der seine volle Würde bewahrte. Alle beide schienen die schwebende Frage ein Weilchen maßvoll zu diskutieren, nämlich: was es denn in Wahrheit für ein Gefühl sein möge, das ein junges Mädchen ins Kloster treibt. Dann kam der Graf zurück und sagte: ,,Unmöglich. Er schwört, sie sei unzugänglich ... sie würde nicht kommen... Und doch, ich hätte geschworen, daß ich sie schon bei Laure gesehen habe!"
,,Was! Sie verkehren bei Laure?" flüsterte Fauchery lachend. ,,Sie wagen sich in solche Lokale! Ich dachte, nur wir armen Teufel ..."
,,Ach was, mein Lieber, man muß alles kennenlernen!" und sie lachten amüsiert mit funkelnden Augen und erzählten sich Details über den Mittagstisch in der Rue des Martyrs, wo die dicke Laure Piédefer die kleinen Weiberchen, die sich in Verlegenheit befanden, für drei Francs speiste. Ein sauberes Nest! All die kleinen Frauenzimmer küßten Laure auf den Mund. Und da die Gräfin Sabine, die eben ein Wort aufgefangen hatte, den Kopf wandte, zogen sie sich erheitert und lebhaft angeregt zurück. Nicht weit von ihnen saß Georges Hugon; sie hatten ihn nicht bemerkt; er hörte ihnen zu und errötete so heftig, daß eine rosige Welle von seinen Ohren bis zu seinem Mädchenhals hinunterlief. Dieses Baby war ganz erfüllt von Scham und Entzücken. Seit seine Mutter ihn im Salon alleingelassen hatte, umkreiste er Frau de Chezelles, die einzige Frau, die er schick fand. Und die Erinnerung an Nana, die ihm noch in den Gliedern stak!
,,Gestern abend", sagte Frau Hugon, ,,hat mich Georges ins Theater geführt. Ja, denken Sie nur, ins Varieté, wo ich seit zehn Jahren sicher keinen Fuß hingesetzt habe. Das Kind ist ja so ein Musiknarr ... Was mich anbelangt, so hab' ich mich ja gar nicht unterhalten, aber er war so glücklich ... Heutzutage führt man so sonderbare Stücke auf. Übrigens schwärme ich nicht für Musik, das muß ich gestehen."
,,Wie, gnädige Frau, Sie sind keine Musikfreundin!" rief Frau Du Joncquoy aus und hob die Augen zum Himmel. ,,Ja, ist es denn möglich; kann man sich denn der Musik verschließen!"
Alle verwunderten sich laut. Aber niemand sprach ein Wörtchen von dem neuen Stück im Varietétheater, von dem die gute Frau Hugon nichts verstanden hatte; die Damen kannten es alle, aber sie sprachen nicht darüber. Sofort erhob sich ein Gefühlssturm, eine geläuterte und ekstatische Bewunderung der großen Meister. Frau Du Joncquoy liebte nur Weber, Frau Chantereau entschied sich für die Italiener. Die Stimmen der Damen wurden weich und schwärmerisch. Ehrfürchtige Sammlung wie in einer Kirche vereinte die Damen vor dem Kamin. Das Gespräch wurde leiser wie verhauchende Lobgesänge in einer kleinen Kapelle.
,,Aber sehen Sie", flüsterte Vandeuvres und zog Fauchery in die Mitte des Salons, ,,wir müssen unbedingt eine Frau für morgen auftreiben. Sollen wir Steiner fragen?" – ,,Oh, Steiner", sagte der Journalist, ,,der hat doch nur Frauen, die schon ganz Paris abgelegt hat."
Vandeuvres suchte weiter im Salon. ,,Warten Sie", sagte er. ,,Ich habe neulich Foucarmont mit einer reizenden Blondine getroffen; die könnte er doch mitbringen; ich will es ihm vorschlagen." Und er rief Foucarmont. Sie wechselten schnell ein paar Worte. Es schien sich eine Schwierigkeit herauszustellen, denn beide stiegen vorsichtig über die Schleppen der Damen hinweg und gingen auf einen anderen jungen Mann zu, mit dem sie die Unterhaltung in einer Fensternische fortsetzen.
Fauchery, alleingelassen, entschloß sich, an den Kamin zu treten, wo Frau Du Joncquoy eben auseinandersetzte, sie könne Weber nicht spielen hören, ohne sofort Seen, Wälder und Sonnenaufgänge über taufeuchten Landschaften zu sehen.
Eine Hand berührte Faucherys Schulter, und eine Stimme sagte hinter ihm: ,,Das ist wirklich nicht schön."
,,Was denn?" fragte er sich umdrehend und La Faloise erkennend.
,,Dieses Souper morgen ... du hättest mir auch eine Einladung verschaffen können ..." Fauchery wollte eben antworten, da kehrte Vandeuvres zurück und sagte: ,,Es scheint, daß sie nicht Foucarmont gehört; sie ist das Verhältnis dieses Herrn da unten ... Vielleicht kann sie auch nicht kommen. Was für ein Pech! Aber Foucarmont hab' ich doch festgenagelt. Er wird versuchen, Louise vom Palais-Royal mitzubringen."
,,Graf de Vandeuvres", sagte Frau Chantereau und erhob die Stimme ein wenig, ,,hat man nicht Wagner am Sonntag ausgepfiffen?"
,,O ja, schrecklich", sagte er und näherte sich mit seiner erlesenen Höflichkeit. Dann, als man ihn nicht mehr aufhielt, entfernte er sich wieder und flüsterte dem Journalisten ins Ohr: ,,Ich gehe noch weiter, die Werbetrommel rühren ... Diese jungen Leute müssen doch kleine Mädels kennen!" Und man sah ihn liebenswürdig und lächelnd die Männer beiseite nehmen und in allen vier Ecken des Salons plaudern. Er trat zu den Gruppen, flüsterte jemand einen Satz in den Nacken und kehrte sich

dann mit einem Augenzwinkern und einem Zeichen des Einverständnisses wieder ab. Es war, als ob er in seiner ungezwungenen Weise irgendeine Parole ausgegeben hätte. Das Wort machte die Runde, man verabredete sich. Und das fieberhafte Geflüster dieser Anwerbung wurde von der gefühlvollen Abhandlung der Damen über Musik übertönt.

„Nein, nein, sprechen Sie mir nicht von Ihren Deutschen", wiederholte Frau Chantereau. „Gesang – das ist Heiterkeit, Licht ... Haben Sie die Patti im ‚Barbier' gehört?"

„Wundervoll!" hauchte Léonide, die nur Operettenmusik auf ihrem Klavier klimperte. Die Gräfin Sabine hatte indes geläutet. Wenn sich am Dienstag wenig Besucher einfanden, wurde der Tee im Salon selbst serviert. Während sie scheinbar den Diener überwachte, der ein Nippestischchen abräumte, folgten ihre Augen dem Grafen Vandeuvres. Auf ihrem Gesicht lag dieses unbestimmte Lächeln, das ein wenig Weiß zwischen den Lippen erschimmern ließ. Und als der Graf vorbeiging, fragte sie: „Was für ein Komplott brauen Sie da, Graf Vandeuvres?"

„Ich, gnädige Frau?" antwortete er gelassen, „ich braue keine Komplotte."

„So! Sie schienen mir so geschäftig ... Kommen Sie, machen Sie sich nützlich!" Sie gab ihm ein Album in die Hand und bat ihn, es auf das Klavier zu legen. Aber er fand Gelegenheit, Fauchery zuzuflüstern, daß Tatan Néné kommen würde, der schönste Busen dieses Winters, und Maria Blond, die eben in den Folies-Dramatiques debütiert hatte. La Faloise hielt ihn bei jedem Schritt auf und erwartete eine Einladung. Schließlich bat er sogar darum; Vandeuvres lud ihn auch gleich ein, er mußte nur versprechen, Clarisse mitzubringen; und als La Faloise Bedenken affektierte, beruhigte er ihn und sagte: „Wenn ich Sie doch einlade! Das genügt."

La Faloise hätte aber doch gerne den Namen der Gastgeberin erfahren. Indes hatte die Gräfin Vandeuvres herbeigerufen und ließ sich von ihm erklären, wie die Engländer den Tee zubereiteten. Er war oft in England, wo seine Pferde liefen. Nach seiner Ansicht verstanden sich nur die Russen auf Teebereitung, und er gab ihr das Rezept. Dann, als beschäftige ihn, während er sprach, innerlich ein anderer Gedanke, unterbrach er sich und fragte: „Apropos, und der Marquis? Werden wir ihn heute nicht hier sehen?"

„Aber gewiß, mein Vater hat es mir ausdrücklich versprochen", antwortete die Gräfin. „Ich fange an, unruhig zu werden ... Seine Arbeiten halten ihn vielleicht auf."

Auf Vandeuvres Lippen erschien ein feines Lächeln. Auch er schien die Natur der Arbeiten des Marquis de Chouard etwas zweifelhaft zu finden. Er spekulierte auf eine schöne Person, die der Marquis manchmal mit aufs Land nahm. Vielleicht war sie zu haben.

Indessen schien es Fauchery, als ob der Moment gekommen wäre, die Einladung an den Grafen Muffat zu wagen. Der Abend war vorgeschritten.

„Ist das Ihr Ernst?" fragte Vandeuvres, der die Geschichte für einen Scherz hielt.

„Aber sehr –! Wenn ich meinen Auftrag nicht ausführe, kratzt sie mir die Augen aus. Eine Laune, wissen Sie!" –

„Nun, so will ich Ihnen helfen, mein Lieber."

Es schlug elf Uhr. Die Gräfin, von ihrer Tochter unterstützt, goß Tee ein. Da nur die Intimen des Hauses erschienen waren, so kreisten Tassen und Teller mit kleinem Gebäck ganz zwanglos. Selbst die Damen verließen ihre Lehnsessel vor dem Feuer nicht. Sie tranken den Tee in behaglichen Schlückchen und brachen das Gebäck mit den Fingerspitzen. Von der Literatur war das Gespräch auf die Lieferanten übergegangen. Fondants konnte man entschieden nur bei Boissier kaufen, Gefrorenes nur bei Cathérine; Frau Chantereau indessen war für Latinville.

Die Worte fielen langsamer. Eine Entspannung schläferte den Salon sacht ein. Steiner hatte sich wieder darangemacht, den Deputierten vorsichtig zu bearbeiten, den er in einer Sofaecke festhielt. Herr Venot, dem anscheinend Zuckerwerk die Zähne verdorben hatte, trank keinen Tee, er aß nur einen Kuchen nach dem andern, knabbernd wie eine Maus; der Bürochef wiederum hatte seine Nase in eine Tasse Tee gesteckt und tauchte gar nicht mehr auf. Die Gräfin ging sachte von einem zum andern, sie nötigte nicht, stand aber einen Augenblick still und sah die Herren mit stummer Frage an, dann lächelte sie und ging weiter. Im Schein des hellangefachten Feuers schien sie ganz rosig, man konnte sie für die Schwester ihrer Tochter halten, die neben ihr so trocken und so linkisch wirkte. Als sie sich Fauchery näherte, der mit ihrem Mann und Vandeuvres plauderte, merkte sie, daß ein plötzliches Schweigen eintrat; und sie blieb nicht stehen, sie ging weiter und gab die Tasse Tee, die sie in Händen hielt, an Georges Hugon.

„Eine Dame möchte Sie zum Souper bitten", wiederholte heiter der Journalist, zu dem Grafen Muffat gewandt.

Der Graf, dessen Gesicht den ganzen Abend hindurch seinen düsteren Stempel trug, schien sehr erstaunt. Was für eine Dame?

„Eh! Nana!" sagte Vandeuvres, um ihn mit der Einladung zu überrumpeln.

Der Graf wurde noch würdevoller. Er bewegte kaum die Wimpern, und ein Unbehagen wie ein Anflug von Migräne ging über seine Stirn.

„Aber ich kenne diese Dame nicht", murmelte er.

„Sieh mal an, aber Sie waren doch bei ihr!" bemerkte Vandeuvres.

„Wie? Ich soll bei ihr gewesen sein ... Ach ja, neulich für die Wohlfahrtskasse. Ich dachte nicht mehr daran ... Aber das tut nichts zur Sache, ich kenne sie nicht und kann die Einladung nicht annehmen."

Er nahm eine eisige Miene an, um ihnen klarzumachen, daß dieser Scherz ihm sehr geschmacklos schiene. Der Platz eines Mannes von seiner Stellung war nicht am Tisch eines solchen Frauenzimmers. Vandeuvres protestierte gegen diese Auffassung: es handle sich um eine Gesellschaft von Künstlern, Talent entschuldigt alles. Aber ohne Faucherys Argumenten weiter Gehör zu schenken, der von einem Diner erzählte, bei dem der Prinz von Schottland, ein Königssohn, an der Seite einer ehemaligen Kabarettsängerin gesessen hatte, wiederholte der Graf dezidiert seine Ablehnung. Es entfuhr ihm sogar eine Geste des Unwillens, trotz seiner großen Höflichkeit. Georges und La Faloise tranken ihren Tee stehend nebeneinander und hörten die wenigen Worte mit an, die neben ihnen gewechselt wurden.

„Sieh mal an, also bei Nana!" murmelte La Faloise, „das hätte ich mir denken können."

Georges sagte nichts, aber er stand ganz in Flammen, seine blonden Haare flogen, seine blauen Augen leuchteten wie Kerzen, so hatte ihn der Atem des Lasters entflammt und entrückt. Endlich, endlich sollte sich ihm erschließen, wovon er so lange geträumt hatte!

„Ich weiß aber die Adresse nicht", sagte La Faloise.

„Boulevard Haussmann zwischen der Rue de L'Arcade und der Rue Pasquier im dritten Stock", sagte Georges in einem Atem.

Und als der andere ihn erstaunt ansah, fügte er, tief errötend und halb umkommend vor Verlegenheit und Stolz, hinzu: „Ich komme auch, sie hat mich heut morgen eingeladen."

Eine große Bewegung ging durch den Salon. Vandeuvres und Fauchery konnten nicht länger in den Grafen dringen. Der Marquis de Chouard war soeben eingetreten, und jeder beeilte sich, ihn zu begrüßen. Er kam nur mühsam mit weichen Knien vorwärts, mitten im Raum blieb er stehen, bleich, mit blinzelnden Augen, als ob er aus irgendeinem dunklen Hintergäßchen geblendet in das helle Lampenlicht träte.

„Ach, ich habe nicht mehr auf Sie gehofft, Vater", sagte die Gräfin. „Ich wäre bis morgen in Unruhe gewesen ..." Er sah sie an, ohne zu antworten, als ob er sie nicht verstünde. Die Nase quoll dick aus seinem rasierten Gesicht, wie die Geschwulst eines eitrigen Geschwüres, und seine Unterlippe hing herunter. Frau Hugon bedauerte ihn voll Erbarmen, als sie ihn in diesem Zustand sah.

„Sie arbeiten zuviel. Sie sollten ausspannen ... in unserem Alter muß man die Arbeit den jungen Leuten überlassen."

„Die Arbeit ... ach ja ... die Arbeit", stammelte er endlich. „Immer viel Arbeit ..." Er nahm sich zusammen, richtete seine gekrümmte Gestalt auf, fuhr mit der Hand nach seiner Gewohnheit über sein weißes Haar, dessen spärliche Locken hinter seinen Ohren flatterten.

„Woran arbeiten Sie noch so spät?" fragte Frau Du Joncquoy. „Ich dachte, Sie wären beim Empfang des Finanzministers."

Aber die Gräfin kam ihm zu Hilfe: „Mein Vater studiert einen Gesetzentwurf."

„Ja, einen Gesetzentwurf", sagte er, „einen Gesetzentwurf, natürlich ... ich hatte mich eingeschlossen ... Es handelt sich um die Fabriken – ich wünschte, man beobachtete die Sonntagsruhe strenger. Es ist eine Schande, daß die Regierung nicht mit aller Energie vorgeht. Die Kirchen leeren sich, wir gehen einer Katastrophe entgegen."

Vandeuvres sah Fauchery an. Beide standen hinter dem Marquis auf dem Anstand. Als Vandeuvres ihn zur Seite ziehen konnte, um ihm seine Anliegen wegen der schönen Person, die er aufs Land mitnahm, vorzutragen, heuchelte der Greis großes Erstaunen. Vielleicht hatte man ihn mit der Baronin Dekker gesehen, bei der er manchesmal ein paar Tage in Viroflay zubrachte. Als einzige Rache für diese Lüge fragte Vandeuvres brüsk: „Sehen Sie nur, wo sind Sie da angekommen? Ihr Ellbogen ist voll Spinnweben und Gips." – „Mein Ellbogen", murmelte er, leicht verwirrt. „Ja, wahrhaftig! Etwas beschmutzt ... ich werde mir das zu Hause auf der Treppe geholt haben ..."

Verschiedene Gäste brachen jetzt auf. Es ging auf Mitternacht. Zwei Diener entfernten geräuschlos die leeren Tassen und die Kuchenteller. Die Damen hatten ihren Kreis enger geschlossen und plauderten nun zwangloser in der Entspannung des zu Ende gehenden Abends. Der Salon selbst schlief ein, langsam fielen Schatten von den Wänden. Fauchery sprach vom Aufbrechen. Und doch vergaß er es wieder und versenkte sich in den Anblick der Gräfin Sabine. Sie ruhte von ihren Hausfrauenpflichten aus und saß an ihrem gewohnten Platz, stumm, die Augen auf ein Holzscheit geheftet, das im Kamin langsam verglühte, und ihr Antlitz war so weiß und verschlossen, daß er wieder von Zweifeln ergriffen ward. Im Feuerschein schimmerten die schwarzen Härchen an dem Muttermal im Mundwinkel rötlich. Es war ganz und gar Nanas Muttermal bis auf die Farbe. Er konnte sich's nicht versagen, Vandeuvres ein Wörtchen darüber ins Ohr zu flüstern. Der hatte es noch nie bemerkt; aber weiß der Himmel, es stimmte. Und beide zogen weitere Vergleiche zwischen Nana und der Gräfin. Sie fanden eine entfernte Ähnlichkeit im Kinn und um den Mund. Aber die Augen waren ganz verschieden. Und dann: Nana sah aus wie ein gutes Mädchen; während man bei der Gräfin seiner Sache nicht sicher war; sie sah aus wie eine schlafende Katze mit eingezogenen Krallen und leise zitternden nervösen Pfötchen.

„Und trotzdem würde man mit ihr schlafen", erklärte Fauchery.

Vandeuvres entkleidete sie mit seinen Blicken. „O ja, trotzdem", sagte er. „Aber wissen Sie, ich glaube nicht an ihre Schenkel. Sie hat keine Schenkel, wollen Sie wetten!"

Er schwieg, Fauchery stieß ihn heftig mit dem Ellbogen an und wies mit einem Wink auf Estelle, die vor ihnen auf ihrem Taburett saß. Ohne es zu bemerken, waren sie lauter geworden, und sie mußte sie gehört haben. Indes blieb sie steif, unbeweglich mit diesem mageren Hals eines ins Kraut geschossenen jungen Mädchens, und kein Härchen rührte sich in ihrem Nacken. Sie traten drei, vier Schritte zurück. Vandeuvres schwur auf die Unantastbarkeit der Gräfin.

In diesem Augenblick erhoben sich die Stimmen am Kamin. Frau Du Joncquoy sagte: „Ich will Ihnen zugeben, daß Herr von Bismarck vielleicht ein Mann von Geist ist, aber wenn Sie behaupten, er sei ein Genie ...“

Die Damen waren an den Ausgangspunkt ihrer Unterhaltung zurückgekehrt.

„Was! Schon wieder Herr von Bismarck!“ murmelte Fauchery. „Jetzt salviere ich mich aber wirklich.“

„Warten Sie“, sagte Vandeuvres. „Wir müssen erst ein definitives Nein vom Grafen haben.“

Der Graf Muffat unterhielt sich mit seinem Schwiegervater und einigen sehr würdevollen Herren. Vandeuvres entführte ihn, brachte nochmals die Einladung vor und unterstützte sie mit dem Argument seiner eigenen Anwesenheit beim Souper. Ein Mann könne überall hingehen. Niemand würde Übles denken, wo es sich höchstens um Neugier handeln könne. Der Graf hörte ihm mit gesenkten Augen in seinem stummen Antlitz zu. Vandeuvres fühlte ein Zögern; da näherte sich der Marquis de Chouard mit fragender Miene. Und als er hörte, um was es sich handle, als Fauchery nun auch ihn einlud, sah er den Schwiegersohn verstohlen an. Es trat ein unbehagliches Schweigen ein, aber einer ermutigte den andern, und sicherlich hätten sie zuletzt ja gesagt, wenn der Graf Muffat nicht dem fest auf ihn gerichteten Blick Venots begegnet wäre. Der kleine Greis lächelte nicht mehr, sein Gesicht war erdfahl, seine Augen von Stahl, klar und scharf.

„Nein“, sagte der Graf sofort in einem entschiedenen Ton, der keinen Widerspruch vertrug. Daraufhin lehnte der Marquis mit noch größerer Strenge ab. Er predigte Moral. Die obersten Klassen müßten mit ihrem Beispiel vorangehen. Fauchery lächelte und schüttelte Vandeuvres die Hand. Er wartete nun nicht mehr auf ihn, er ging sofort, denn er mußte noch auf die Redaktion.

„Bei Nana, um zwölf Uhr nachts, nicht wahr?“

Auch La Faloise brach jetzt auf. Steiner hatte sich eben von der Gräfin verabschiedet. Andere folgten seinem Beispiel. Und ein Wort lief um, und jeder, der im Vorraum seinen Mantel anzog, gab es weiter: „Um zwölf Uhr nachts bei Nana.“ Georges, der auf den Aufbruch seiner Mutter warten mußte, hatte sich an der Türe aufgepflanzt und gab jedem die genaue Adresse: dritter Stock, links. Fauchery warf noch einen letzten Blick über den Salon, ehe er ging. Vandeuvres saß wieder mitten im Kreis der Damen und scherzte mit Léonide de Chezelles. Der Graf Muffat und der Marquis de Chouard nahmen an dem Gespräch teil, während die gute Frau Hugon mit offenen Augen schlief. Hinter all den Röcken verloren, war Herr Venot wieder ganz klein geworden und hatte auch sein Lächeln wiedergefunden. In dem weiten feierlichen Raum schlug es jetzt langsam zwölf Uhr.

„Was sagen Sie da“, widersprach Frau Du Joncquoy. „Sie halten es für möglich, daß Herr von Bismarck uns den Krieg erklärt und uns schlägt –! Oh, das übersteigt ja alle Grenzen!“

Und man lachte auch um Frau von Chantereau herum, die eben dieselbe Äußerung getan hatte – sie hatte diese Anschauung im Elsaß gefunden, wo ihr Mann eine Fabrik besaß.

„Glücklicherweise haben wir noch den Kaiser“, sagte der Graf mit seiner offiziellen Würde.

Das war das letzte Wort, das Fauchery hörte. Er warf noch einen Blick auf die Gräfin Sabine – dann zog er die Tür hinter sich zu. Sie plauderte ernsthaft mit dem Bürochef und schien sich für die Unterhaltung dieses dicken Menschen zu interessieren. Sicherlich, Fauchery mußte sich getäuscht haben – da klaffte kein Riß. Schade, schade.

„Was gibt's denn? Kommst du nicht?“ rief La Faloise vom Vestibül herauf.

Und auf der Straße noch wiederholte alles beim Abschied: „Auf morgen, bei Nana!“

IV

Seit dem Morgen hatte Zoé die Wohnung dem Tafeldecker von Brébant mit seinem Stab von Gehilfen und Kellnern überlassen. Brébant lieferte alles, das Souper, das Geschirr, das Kristall, die Tischwäsche, die Blumen, selbst die Stühle und Taburetts. Nana hätte aus den tiefsten Tiefen ihrer Schränke kein Dutzend Servietten hervorzuzaubern vermocht. Und da sie noch nicht Zeit gefunden hatte, sich ihrer neuen Karriere würdig einzurichten, es andererseits aber verschmähte, in ein Restaurant zu gehen, so ließ sie lieber das Restaurant zu sich kommen. Das hatte, fand sie, mehr Schick. Sie wollte ihren großen Erfolg durch ein Souper feiern, von dem man sprechen sollte. Das Eßzimmer war zu klein, und so hatte der Tafelmeister den Tisch im Salon gedeckt – eine Tafel mit fünfundzwanzig etwas gedrängten Gedecken.

„Alles fertig?“ fragte Nana, als sie um Mitternacht heimkam.

„Ach, was weiß ich“, antwortete Zoé brutal – sie schien außer sich. „Gott sei Dank, ich kümmere mich um nichts. Sie kehren ja in der Küche das Unterste zuoberst, und in der Wohnung auch! ... Und dazu hab' ich noch solchen Verdruß gehabt. Die zwei anderen sind auch gekommen. Na, die hab' ich aber ordentlich hinausgefeuert.“

Sie sprach von den beiden früheren Herren von Madame, von dem Kaufmann und dem Walachen; Nana hatte sich entschlossen, sie zu verabschieden, so sicher war sie ihrer Zukunft, so sehr wünschte sie ein neuer Mensch zu werden, wie sie sagte. „Sind das Kletten“, murmelte sie. „Wenn sie wiederkommen, drohen Sie ihnen nur mit der Polizei.“

Dann rief sie Daguenet und Georges, die noch im Korridor ihre Mäntel aufhängten. Beide hatten sich am Bühneneingang in der Passage des Panoramas getroffen, und Nana hatte sie im Fiaker mitgenommen. Da noch niemand da war, rief sie sie in das Ankleidekabinett, während Zoé sie anzog. In Eile, ohne das Kleid zu wechseln, ließ sie sich die Haare aufstecken und befestigte weiße Rosen im Haar und im Ausschnitt. Im Kabinett standen die Salonmöbel drunter und drüber, ein Haufen von Nippestischchen, Kanapees und Fauteuils streckten ihre Füße in die Luft. Nana war schon fertig, da verfing sich ihr Rock in einem Rädchen, und es gab einen Riß. Sie fluchte, sie war wütend; so etwas konnte nur ihr passieren. Außer sich, riß sie das Kleid herunter, ein weißes Foulardkleid, so einfach, so schmiegsam und fein, daß es sie wie ein langes Hemd einhüllte. Aber sie zog es sofort wieder an, denn sie fand kein anderes, das ihr gefiel; sie weinte fast, denn, sagte sie, sie sähe aus wie eine Lumpenliese. Daguenet und Georges mußten den Riß mit Stecknadeln zustecken, während Zoé das Haar wieder in Ordnung brachte. Alle drei waren eifrig um sie beschäftigt, besonders der Kleine, der auf dem Boden kniete und die Hände in ihren Röcken hatte. Sie beruhigte sich endlich, als Daguenet ihr versicherte, daß es höchstens Viertel eins sei, so sehr hatte sie den dritten Akt der „Blonden Venus" heruntergehaspelt, Antworten überspringend und ganze Couplets weglassend.

„Ach, es ist noch immer zu gut für diese Trottel", sagte sie. „Habt ihr gesehen? Das war ein Publikum heute abend –! Zoé, mein Kind, Sie warten hier; gehen Sie nicht zu Bett, vielleicht brauch' ich Sie noch. Teufel! Es war höchste Zeit, da kommen schon Leute."

Sie eilte hinaus. Georges lag noch auf den Knien, seine Frackschöße fegten den Boden. Er errötete unter Daguenets Blicken. Beide hatten eine Zuneigung zueinander gefaßt. Sie richteten die Knoten ihrer Krawatten vor dem großen, dreiteiligen Spiegel und bürsteten sich gegenseitig Nanas Puder ab.

„Oh, wir sind wie mit Zucker bestreut", murmelte Georges und lachte wie ein leckerhaftes Kind.

Ein für die Nacht gemieteter Lakai führte die Gäste in den kleinen Salon, einen engen Raum, in dem man nur vier Fauteuils gelassen hatte, damit man die Leute hineinpferchen konnte. Aus dem großen Salon daneben kam der Lärm von klapperndem Geschirr und Silberzeug; unter der Tür leuchtete ein Streif hellen Lichtes.

Als Nana eintrat, fand sie schon, in einem Fauteuil sitzend, Clarisse Besnus vor, die La Faloise mitgebracht hatte.

„Wie, bist du die erste?" sagte Nana, die sie seit ihrem Erfolg vertraulich behandelte. „Halte dich an ihn!" antwortete Clarisse, „er hat immer Angst, zu spät zu kommen ... Wenn ich ihm gefolgt wäre, so hätte ich mir nicht einmal Zeit nehmen dürfen, die Schminke und die Perücke herunterzutun."

Der junge Mann, den Nana zum erstenmal sah, verbeugte sich und begrüßte sie; er sprach von seinem Vetter und verbarg seine Verwirrung unter überschwenglicher Höflichkeit. Nana hörte ihm gar nicht zu, sie wußte nicht einmal, wen sie vor sich habe, aber sie drückte seine Hand und eilte lebhaft Rose Mignon entgegen. Mit einem Schlag wurde sie sehr distinguiert.

„Ach, liebe gnädige Frau, wie reizend von Ihnen. Ich freue mich so sehr, Sie bei mir zu sehen!"

„Das Vergnügen ist ganz auf meiner Seite, wirklich", sagte Rose gleicherweise eitel Huld und Liebenswürdigkeit. „Aber nehmen Sie doch Platz, haben Sie irgendeinen Wunsch?" – „Nein, danke ... Ach, ich habe meinen Fächer im Pelz gelassen ... Sehen Sie doch nach, Steiner, rechts in der Tasche ..."

Steiner und Mignon waren hinter Rose eingetreten. Der Bankier kehrte wieder um und holte den Fächer, während Mignon Nana freundschaftlich umarmte und auch Rose nötigte, Nana zu küssen. Waren sie denn beim Theater nicht alle eine Familie? Dann zwinkerte er mit den Augen, wie um Steiner zu ermuntern; aber ein unzweideutiger Blick Roses brachte den Bankier in Verwirrung, und er begnügte sich mit einem Handkuß.

In diesem Augenblick erschien der Graf Vandeuvres mit Blanche de Sivry. Es gab feierliche Begrüßungen. Nana führte Blanche sehr zeremoniell zu einem Fauteuil. Indes erzählte Vandeuvres lachend, daß Fauchery sich unten herumstritte, weil der Portier sich geweigert hatte, Lucy Stewarts Wagen einfahren zu lassen. Im Vorraum hörte man Lucy noch über die freche Schnauze des Portiers schimpfen. Aber als der Lakai die Tür öffnete, kam sie mit ihrer lachenden Anmut über die Schwelle, nannte selbst ihren Namen, faßte Nana an beiden Händen und sagte ihr, wie sie sie gleich beim ersten Anblick liebgehabt habe und daß sie ein großes Talent sei.

Nana, geschwellt von ihrer neuen Rolle als Herrin des Hauses, dankte ihr und war schon ganz konfus. Seit Faucherys Eintritt schien sie von einem einzigen Gedanken besessen. Bei der ersten Gelegenheit trat sie zu ihm und fragte leise: „Kommt er?"

„Nein, er wollte nicht", antwortete brutal der überrumpelte Journalist, der sich schon eine ganze Geschichte zurechtgelegt hatte, um die Weigerung des Grafen Muffat zu erklären. Als er die Blässe der jungen Frau sah, bekam er Gewissensbisse über seine Roheit und versuchte, sie wieder gutzumachen. „Er kann nicht kommen; er begleitet die Gräfin heute abend auf den Ball im Ministerium des Innern."

„Gut, gut", murmelte Nana, der sein guter Wille zweifelhaft schien, „du wirst mir das schon entgelten, mein Kind." – „Hör einmal", sagte er, von dieser Drohung beleidigt, „ich bin kein Freund von solchen Aufträgen. Wende dich an Labordette."

Sie kehrten einander den Rücken; sie waren beide böse. Eben hetzte Mignon Steiner auf Nana. Als sie allein dastand, sagte er leise und mit dem gutmütigen Zynismus eines Kumpans, der seinem Freund etwas Gutes gönnt: „Sie wissen doch, daß er ganz verrückt ist nach Ihnen ... Nur hat er Angst vor meiner Frau. Aber Sie werden ihn schon beschützen, nicht wahr?"

Nana sah nicht aus, als ob sie verstanden hätte. Sie lächelte, sie blickte auf Rose, ihren Mann und den Bankier; dann sagte sie zu diesem: „Herr Steiner, Sie sitzen neben mir."

Aus dem Vorzimmer drang Gekicher, Geflüster, eine Sturzwelle lustig schwätzender Stimmen, als ob eine ganze ausgekommene Klosterschule sich zusammengefunden hätte. Und Labordette erschien, fünf Frauen hinter sich ziehend – sein Mädchenpensionat, wie Lucy Stewart es boshaft nannte.

Da war erst Gaga, majestätisch in einem blauen Samtkleid, das in allen Nähten krachte, Caroline Héquet, wie immer in schwarzer Seide mit Chantillyspitzen, dann Léa de Horn, aufgedonnert wie gewöhnlich, die dicke Tatan Néné, eine gutmütige Blondine mit Ammenbrüsten, über die sich jeder lustig machte, und schließlich die kleine Maria Blond, ein Mädelchen von fünfzehn Jahren, mager und lasterhaft wie ein Straßenjunge, die eben in den Folies zum erstenmal erfolgreich aufgetreten war. Diese ganze Gesellschaft hatte Labordette in einem einzigen Wagen hergebracht, und sie lachten noch immer über diese Fahrt, und wie eingekeilt sie gesessen hatten, Maria Blond auf den Knie der anderen. Aber jetzt machten sie einen spitzen Mund, tauschten Händedrücke und Begrüßungsphrasen und benahmen sich alle äußerst vornehm. Gaga tat ganz kindlich und lispelte aus Übermaß von Feinheit. Nur Tatan Néné, der man auf dem Weg zu Nana eingeredet hatte, daß sechs splitterfasernackte Neger bei dem Souper bedienen würden – nur Tatan Néné verriet ihre Ungeduld und verlangte die Schwarzen zu sehen. Labordette nannte sie eine dumme Pute und bat sie zu schweigen.

„Und Bordenave?“ fragte Fauchery.

„Oh, stellen sie sich nur vor – ich bin untröstlich“, rief Nana, „er kann heute nicht mithalten.“

„Ja“, sagte Rose Mignon, „er ist mit dem Fuß in eine Versenkung geraten und hat sich ihn schrecklich verrenkt. Nun liegt er da mit dem geschienten Bein auf dem Stuhl – Sie sollten ihn einmal fluchen hören!“

Alles fing an, Bordenave zu bedauern. Ohne Bordenave gab es kein richtiges Souper. Schließlich versuchte man, sich mit seiner Abwesenheit abzufinden. Und man sprach schon von anderen Dingen, als plötzlich eine derbe Stimme laut wurde: „Was denn! Was denn! Begrabt ihr mich etwa schon?“

Alles wendete den Kopf – ein Schrei der Überraschung erscholl. Es war Bordenave; sehr rot, mit steifem Bein und mit seinem enormen Körper den Türrahmen füllend. Er stützte sich auf Simonne Cabiroche. Zur Zeit hatte er ein Verhältnis mit Simonne. Diese Kleine, die eine gute Erziehung genossen hatte, Klavier spielte und englisch sprach, war eine sehr zierliche Blondine – so zart, daß sie sich unter dem rüden Druck Bordenaves bog, lächelnd und unterwürfig trotz allem. Er stand sekundenlang in dieser Phase da, in dem Gefühl, daß sie so zusammen ein wirksames lebendes Bild stellten.

„Na? Ihr seid ja eine liebenswürdige Gesellschaft“, fuhr er fort. „Wahrhaftig, ich fürchtete nur, daß ich mich zu Hause langweilen würde, und so sagte ich zu mir: ich gehe hin ...“

Aber er unterbrach sich mit einem Fluch: „Sakrament!“ Simonne hatte einen schnelleren Schritt getan, und er war mit dem Fuß angestoßen. Er gab ihr einen Stoß; sie aber, ohne daß das Lächeln von ihrem Gesicht verschwand, senkte den hübschen Kopf wie ein Tier, das einen Schlag fürchtet, und stützte ihn mit der ganzen Kraft einer kleinen vollen Blondine. Alles bemühte sich um Bordenave, während noch staunende Ausrufe laut wurden. Nana und Rose Mignon rollten einen Fauteuil herbei, in den sich Bordenave niederfallen ließ, während die anderen Frauen ihm einen Lehnstuhl unter das Bein schoben; und alle die Schauspielerinnen, die da waren, küßten ihn natürlich. Er brummte, er ächzte: „Sakrament! Sakrament! ... Na, aber der Magen wenigstens ist in Ordnung, das werdet ihr schon sehen!“

Neue Gäste waren gekommen. In dem Zimmer konnte man sich nicht mehr rühren. Das Geklapper von Geschirr und Silberzeug hatte aufgehört; jetzt drang Gezänk aus dem großen Salon, und man hörte die wütende Stimme des Tafelmeisters grollen. Nana wurde ungeduldig; sie erwartete keine Gäste mehr und wunderte sich, daß das Essen noch nicht aufgetragen war. Sie hatte Georges ausgesandt, um in Erfahrung zu bringen, woran das läge – da traten zu ihrem Erstaunen noch Leute ein, Männer und Frauen, die sie nicht kannte. Etwas in Verwirrung geraten, fragte sie Bordenave, Mignon, Labordette um Auskunft über sie. Aber auch sie wußten von nichts. Als sie sich an Vandeuvres wandte, fiel ihm plötzlich ein, daß das die jungen Leute waren, die er bei dem Grafen Muffat zusammengetrommelt hatte. Nana dankte ihm. Ausgezeichnet, ausgezeichnet. Nur: man würde ordentlich eingekeilt bei Tisch sitzen. Und sie rief Labordette zu, er möge noch weitere sieben Gedecke auflegen lassen. Kaum war er zur Tür hinaus, da ließ der Lakai noch drei Personen eintreten. Nein, das war aber zu stark; das wurde ja lächerlich. Nana begann sich zu ärgern, nahm ihre hoheitsvolle Miene an und erklärte, daß dies durchaus unpassend wäre. Aber als abermals zwei Unbekannte eintraten, fing sie zu lachen an: es war doch zu komisch. Um so schlimmer! Sie sollten nur selbst zusehen, wo sie blieben. Alles stand herum, nur Gaga und Rose Mignon saßen. Bordenave belegte allein zwei Fauteuils. Der Raum war voll Stimmengesumme; man sprach leise und unterdrückte hie und da ein leichtes Gähnen.

„Sag doch, meine Tochter“, fragte Bordenave, „wie wäre es, wenn wir nun zu Tische gingen? Wir sind doch vollzählig, nicht wahr?“ – „O ja, das will ich meinen: vollzählig sind wir!“ antwortete sie lachend.

Ihr Blick ging über die Gäste. Aber sie wurde ernst – wie erstaunt, einen nicht zu finden, auf den sie gerechnet hatte. Kein Zweifel, es fehlte ein Gast, aber sie sagte nicht, welcher. Man mußte warten. Ein paar Minuten später entdeckten die Gäste in ihrer Mitte einen hochgewachsenen Herrn mit vornehmen Zügen und einem schönen, weißen Bart. Das Erstaunlichste war, daß ihn niemand hatte eintreten sehen; er mußte unbemerkt durch die angelehnte Schlafzimmertür in den kleinen Salon geschlüpft sein. Stille herrschte; leises Geflüster lief um.

Sicherlich wußte Graf de Vandeuvres, wer der Herr war, denn die beiden hatten einen diskreten Händedruck getauscht; aber er antwortete mit einem Lächeln auf die Fragen der Frauen.

Caroline Héquet wettete halblaut, er sei ein englischer Lord, der am nächsten Morgen zurückführe, um sich in London trauen zu lassen; sie kannte ihn gut, sie hatte ihn gehabt. Und diese Geschichte machte unter den Damen die Runde; nur behauptete Maria Blond ihrerseits, in ihm einen deutschen Gesandten zu erkennen, und als Beweis führte sie an, daß er oft mit einer ihrer Freundinnen schlafe. Unter den Männern taxierte man ihn mit ein paar flinken Worten. Der Kopf eines seriösen Herrn. Vielleicht zahlte er das Souper. Wahrscheinlich. So etwas hat man im Gefühl. Pah! Wenn das Souper nur gut ist! Schließlich blieb die Sache doch unaufgeklärt; man vergaß schon den Greis mit dem weißen Bart – da öffnete der Tafelmeister die Tür zum großen Salon: „Es ist serviert, Madame!"

Nana nahm Steiners angebotenen Arm; sie schien die Bewegung des Greises nicht bemerkt zu haben, der nun hinter ihr ganz allein dreinging. Übrigens kam keine Ordnung in den Zug; die Herren und die Damen traten in ungebundenem Durcheinander ein und scherzten mit bürgerlicher Gutmütigkeit über diesen Mangel an Zeremonie. In dem weiten Raum, aus dem man alle Möbel entfernt hatte, stand nur die Tafel, die von einem Ende bis zum anderen reichte. Selbst diese Tafel erwies sich noch als zu klein, denn die Gedecke stießen aneinander. Vier große Armleuchter mit je zehn Kerzen erhellten die Tafel; einer besonders war plattiert und hatte rechts und links Blumengarben. Es war der übliche, gewisse Restaurantluxus, Porzellan mit Goldrand ohne Monogramm, abgegriffenes und vom vielen Waschen abgenütztes Silberzeug, Kristall, von dem man das ungleiche Dutzend immer wieder in jedem Basar komplettieren konnte. Alles schmeckte nach einem allzu unvorbereitet gegebenen Einweihungsfest, nach allzu schnell erworbenem Wohlstand, wenn noch nichts seinen richtigen Platz hat. Ein Kronleuchter fehlte; die Armleuchter mit den hohen Kerzen verbreiteten ein blasses, gelbliches Licht über die Kompottschüsseln, Tellerstöße und Schalen, in denen Früchte, Petits fours und Konfitüren symmetrisch abwechselten.

„Setzt euch nur, wie ihr wollt", sagte Nana, „das ist lustiger."

Sie stand in der Mitte der Tafel. Der alte Herr, den niemand kannte, stand zu ihrer Rechten. Steiner behielt sie an ihrer linken Seite. Die Gäste fingen an, Platz zu nehmen, als heftige Flüche aus dem kleinen Salon herüberdrangen. Das war Bordenave, den man vergessen hatte und der die verzweifeltsten Anstrengungen machte, um sich aus seinen beiden Fauteuils zu erheben und brüllend nach diesem Luder von Simonne schrie, die ihn mit den anderen im Stich gelassen hatte. Die Frauen liefen voll Mitleid herbei. Bordenave erschien, von allen unterstützt, getragen von Caroline, Clarisse, Tatan Néné und Maria Blond. Es war keine Kleinigkeit, ihn am Tisch zu installieren.

„In die Mitte der Tafel, Nana gegenüber!" schrien die Gäste. „Bordenave in die Mitte! Er soll das Präsidium übernehmen!"

Die Damen nahmen ihn in die Mitte. Aber er mußte noch einen zweiten Sessel für sein Bein haben. Zwei Dämchen hoben sein Bein und streckten es vorsichtig auf den Stuhl. Das war nicht schlimm; er konnte auch von der Seite essen.

„Sakrament!" grollte er, „da sitze ich wie ein Klotz! Nun, meine Kätzchen, kümmert euch um euern Papa!"

Er hatte Rose Mignon zu seiner Rechten und Lucy Stewart zur Linken. Sie versprachen, treulich auf ihn Acht zu haben. Jetzt nahmen auch die anderen alle Platz. Der Graf Vandeuvres setzte sich zwischen Lucy und Clarisse, Fauchery zwischen Rose Mignon und Caroline Héquet. Auf der anderen Seite beeilte sich Hector de la Faloise, neben Gaga Platz zu finden, trotz der Zurufe Clarissens, die ihm gegenüber saß; während Mignon, der Steiner nicht von den Fersen ging, nur durch Blanche von diesem getrennt war und Tatan Néné zur Linken hatte. Dann kam Labordette. An den beiden Enden der Tafel saßen die jungen Leute, Simonne, Léa de Horn, Maria Blond ungeordnet in bunter Reihe durcheinander. Daguenet und Georges faßten mehr Sympathie füreinander und blickten sich lächelnd an.

Indessen waren doch zwei Personen übriggeblieben, für die sich keine Stühle mehr gefunden hatten. Das gab Anlaß zu Scherz und Gelächter. Die Herren boten ihre Knie an. Clarisse, die ihre Ellbogen nicht rühren konnte, sagte zu Vandeuvres, sie rechne darauf, daß er sie speise und tränke. Und dieser Bordenave nahm ja unverschämt viel Platz ein mit seinen beiden Stühlen!

Man machte eine letzte Anstrengung zusammenzurükken, und schließlich saß alles. „Kuckuck auch", schrie Mignon, man war so dicht beisammen wie die Heringe in der Büchse.

„Purée d'asperges comtesse, consommé à la Deslignac", flüsterten die Aufwärter mit gefüllten Platten hinter den Gästen.

Bordenave riet laut zu dem Consommé, als ein Lärm sich erhob. Man protestierte, man wurde böse. Die Tür hatte sich geöffnet, und drei verspätete Ankömmlinge, eine Frau und zwei Männer, waren eingetreten. Nein, das war wahrhaftig zu viel! Nana verließ ihren Platz nicht, aber sie kniff die Augen zusammen, um zu erkennen, ob es Bekannte wären. Die Frau war Louise Violaine, aber die Männer hatte sie nie gesehen.

„Meine Liebe", sagte Vandeuvres, „der Herr ist Marineleutnant, einer meiner Freunde, Herr de Foucarmont. Ich habe ihn eingeladen."

Foucarmont begrüßte Nana in heiterster Laune und fügte hinzu: „Und ich habe mir erlaubt, einen meiner Freunde mitzubringen."

„Aha, sehr schön, sehr schön", sagte Nana, „nehmen Sie Platz ... Clarisse, meine Liebe, rück ein bißchen ... ihr seid sehr üppig da unten ... mit etwas gutem Willen ..."

Man drängte noch dichter zusammen; Foucarmont und Louise erhielten zusammen ein kleines Tafeleckchen; aber der Freund konnte nicht an sein Gedeck heran; er aß mit gestreckten Armen über die Schultern seiner Nachbarn hinweg. Die Aufwärter räumten die Suppenteller ab und reichten nun kleine Omeletten mit getrüffeltem jungen Kaninchenfleisch und Parmesanauflauf. Bordenave brachte die ganze Tafel in Aufruhr; er erzählte, daß er einen Moment daran gedacht habe, Prullière, Fontan und den alten Bosc mitzubringen. Nana richtete sich in ihrer ganzen Würde auf und sagte trocken: „Die hätten sich auf einen schönen Empfang gefaßt machen können!" Wenn sie Kollegen bei sich hätte sehen wollen, so hätte sie sie wohl selbst geladen. Nein, nein, nur keine Komödianten. Der alte Bosc war immer angesäuselt, Prullière war ein Vielfraß; und was Fontan anbelangte, so war er mit seinen lauten Ausbrüchen und seinen Albernheiten unerträglich in Gesellschaft. Und dann, sehen Sie, diese Komödianten wären hier zwischen diesen Herren entschieden fehl am Ort.

„Ja, das ist wirklich wahr", bezeugte Mignon. Um den Tisch herum saßen die Herren in Frack und weißer Binde, sehr korrekt mit ihren blassen Gesichtern, deren Müdigkeit den Ausdruck von Distinktion noch erhöhte. Der alte Herr hatte so stille Bewegungen, ein so feines Lächeln, als ob er bei einem Diplomatenkongreß präsidierte. Vandeuvres benahm sich nicht anders als bei der Gräfin Muffat – er war von ausgesuchter Höflichkeit gegen seine Nachbarinnen. Am Morgen noch hatte Nana zu ihrer Tante gesagt: man könne an Männern nichts Besseres auftreiben; alle vornehm und alle reich, mit einem Wort: Kavaliere. Und auch die Damen hielten sich sehr gut. Einige, Blanche, Léa, Louise waren dekolletiert erschienen; aber nur Gaga ging darin vielleicht ein bißchen zu weit, um so mehr, als sie in ihrem Alter besser getan hätte, überhaupt nichts zu enthüllen.

Jetzt war alles untergebracht, und dieser Anlaß zu Scherz und Gelächter war vorbei. Georges fiel ein, daß er bei guten Bürgersleuten in Orléans Diners mitgemacht hatte, wo es lustiger zuging. Man sprach kaum; die Leute, die sich nicht kannten, sahen sich an, die Frauen verhielten sich ruhig. Und gerade das verwunderte Georges am meisten. Er fand sie schrecklich kleinbürgerlich; er hatte gedacht, daß solche Frauen einem sofort um den Hals fallen.

Man servierte als nächsten Gang einen Rheinkarpfen à la Chambord und einen Rehrücken à l'anglaise, da sagte Blanche ganz laut: „Lucy, meine Liebe, am Sonntag bin ich Ihrem Olivier begegnet ... wie der gewachsen ist!" – „Kunststück! Er ist achtzehn Jahre", antwortete Lucy. „Das macht mich auch nicht gerade jünger ... Gestern ist er wieder nach seiner Erziehungsanstalt abgereist ..."

Ihr Sohn Olivier, von dem sie mit solchem Stolz sprach, wurde in der Marineschule erzogen. Jetzt kam das Gespräch auf die Kinder. Alle diese Damen wurden sehr gerührt. Nana erzählte von ihren Mutterfreuden: ihr Baby, ihr kleiner Louis, war jetzt bei ihrer Tante, die ihn allmorgendlich um elf Uhr brachte; und dann nahm sie ihn in ihr Bett, wo er mit Lulu, dem kleinen Pinscher, spielte. Es war zum Totlachen, wenn sie sich beide zwischen den Bettdecken überkugelten. Unglaublich, wie verschmitzt der kleine Louis schon war.

„Oh, ich habe gestern einen Tag verbracht!" erzählte nun ihrerseits Rose Mignon. „Stellen Sie sich vor – ich besuche Charles und Henri in ihrem Pensionat; abends mußte ich sie durchaus ins Theater mitnehmen. Sie sprangen vor Freude, sie klatschten in ihre Händchen: ‚Wir werden Mama spielen sehen! Wir werden Mama spielen sehen!' Oh, das ist eine Gesellschaft!"

Mignon lächelte wohlgefällig, die Augen feucht vor Vaterzärtlichkeit. „Und während der Vorstellung", fuhr er nun fort, „waren sie so drollig, ernsthaft wie zwei Männer – sie verschlagen Rose mit den Blicken und fragten nur, warum Mama nackte Beine habe ..."

Der ganze Tische bog sich vor Lachen. Mignon triumphierte in seinem Vaterstolz. Er vergötterte die Kleinen; er kannte nur ein Ziel: ihr Vermögen zu vermehren, das Geld, das Rose im Theater und auch anderwärts verdiente, mit strenger Gewissenhaftigkeit zu verwalten. Als er Rose heiratete, war er Kapellmeister in einem Konzertcafé, wo sie sang; sie liebten einander leidenschaftlich. Heute waren sie gute Freunde geworden. Es war alles ordentlich geregelt zwischen ihnen: sie arbeitete, so sehr sie nur konnte, mit allen Kräften ihres Talents und ihrer Schönheit; er war seiner Violine untreu geworden, um ihre Erfolge als Künstlerin und als Frau besser überwachen zu können. Man hätte nirgends in der Welt eine bürgerlichere Ehe, eine zufriedenere Übereinstimmung finden können.

„Wie alt ist der Große?" fragte Vandeuvres.

„Henri ist neun Jahre alt", antwortete Mignon. „Aber das ist ein Lausbub!" Dann neckte er Steiner, der für Kinder nichts übrig hatte. Und er sagte mit ruhiger Kaltblütigkeit: Steiner würde sein Vermögen wohl weniger sinnlos verschleudern, wenn er Vater wäre. Während er sprach, beobachtete er den Bankier über Blanches Schulter hinweg, um zu sehen, ob er bei Nana Fortschritte machte. Aber seit einigen Minuten war er über Rose und Fauchery, die vertraulich miteinander plauderten, gereizt. Die gute Rose wollte doch nicht etwa mit solchen Dummheiten ihre Zeit verlieren! Da würde er beizeiten einen Riegel vorschieben. Und mit gepflegten Händen, an deren einem kleinen Finger ein Brillant schimmerte, zerlegte er weiter sein Rehfilet.

Übrigens war die Unterhaltung über die Kinder noch im Gang. La Faloise, durch Gagas Nähe in tiefste Verwirrung gestürzt, erkundigte sich nach ihrer Tochter, die er das Vergnügen gehabt hatte, im Theater zu sehen. Lili ginge es gut, aber sie war noch so ein Wildfang! Er war verblüfft, als er hörte, daß Lili in ihr neunzehntes Jahr ging. Gaga wurde in seinen Augen noch imposanter. Und als er fragte, warum sie Lili nicht mitgebracht habe, sagte sie steif: „Nein! O nein! Niemals! Es sind kaum drei

Wochen her, da quälte sie mich so lange, bis ich sie aus dem Pensionat nahm ... ach, und ich hatte mir ausgemalt, wie ich sie sogleich verheiraten würde ... aber sie liebt mich ja so, ich mußte sie wieder ins Haus nehmen – ach, sehr gegen meinen Wunsch!"

Ihre blaugefärbten Lider mit den verbrannten Wimpern blinzelten, wähend sie ihm von der Verheiratung des jungen Fräuleins sprach. Sie hatte sich, so alt sie war, noch keinen Sou beiseite legen können; sie mußte noch immer arbeiten, noch immer Männer haben, und besonders sehr junge, deren Großmutter sie hätte sein können. Ach, man mußte zugeben, daß eine gute Heirat ein besseres Los war. Sie neigte sich gegen La Faloise, der tief errötete unter der nackten, gipsernen Schulter, mit der sie ihn erdrückte.

„Wissen Sie", flüsterte sie, „wenn sie hier hineingerät ... meine Schuld ist es nicht ... Aber man ist ja so komisch, wenn man jung ist."

Eine große Bewegung ging um die Tafel. Die Aufwärter beeilten sich; nach den Vorgerichten kamen nun die Entrées: Poularden à la Maréchale, Solfilets mit Sauce Ravigote und Scheiben von Stopflebern. Der Tafelmeister, der bis jetzt Meursault hatte einschenken lassen, ließ Chambertin und Léoville reichen. In dem leichten Geräusch des Tellerwechsels fragte der immer erstauntere Georges Daguenet, ob denn alle diese Damen Kinder hätten. Und dieser, amüsiert durch die Frage, gab Details. Lucy Stewart war die Tochter eines Wagenradschmierers von englischer Herkunft, an der Gare du Nord. Neununddreißig Jahre, ein Pferdekopf, aber bezaubernd; schwindsüchtig, aber nicht umzubringen; die schickste aller dieser Damen – drei Prinzen und ein Herzog. Caroline Héquet, aus Bordeaux gebürtig, Tochter eines kleinen Beamten, dem vor Schande das Herz gebrochen war, hatte das Glück, eine Frau von Kopf zur Mutter zu haben, die sie zwar erst verflucht hatte, aber nach einem Jahr der Überlegung zur Einsicht kam und sich wieder mit ihr versöhnte, damit sie ihr wenigstens ein Vermögen retten könne; das Mädchen, fünfundzwanzigjährig, sehr kalt, galt für eine der schönsten Frauen, die zu einem unveränderlichen, festen Preis zu haben war. Die Mutter war eine Frau mit Ordnungssinn, führte Buch, strenge Rechnungsablage über Ausgaben und Einnahmen, und leitete das ganze Haus von der kleinen Wohnung aus, die sie zwei Stockwerke höher bewohnte und wo sie ein Schneiderinnenatelier für Kleider und Wäsche eröffnet hatte. Was Blanche de Sivry anlangte, die mit ihrem wirklichen Namen Jacqueline Baudu hieß, sie stammte aus einem Dorf bei Amiens; eine prachtvolle Person, dumm und verlogen; sie gab sich für die Enkelin eines Generals aus und gestand um keinen Preis ihre zweiunddreißig Jahre ein; stark und üppig wie sie war, gefiel sie besonders den Russen.

Dann gab Daguenet noch ein paar flüchtige Kommentare über die andern: Clarisse Besnus war als Dienstmädchen aus Saint-Aubin-sur-Mer von einer Dame nach Paris gebracht worden, deren Gatte sie dann in dieses Leben eingeführt hatte. Simonne Cabiroche, Tochter eines Möbelhändlers aus dem Faubourg Saint-Antoine, war in einem großen Pensionat aufgewachsen und sollte Lehrerin werden; und Maria Blond und Louise Violaine und Léa de Horn, die aus dem Pariser Pflaster gesprossen waren – dann Tatan Néné, die in dem unfruchtbaren Teil der Champagne, der sogenannten Lause-Champagne, bis zu ihrem zwanzigsten Jahr Kühe gehütet hatte – Georges hörte zu, sein Blick glitt über diese Damen, aufgeregt und taumelig von diesen brutalen Enthüllungen, die ihm da so schonungslos ins Ohr geträufelt wurden, während hinter ihm der Aufwärter mit respektvoller Stimme wiederholte: „Poularde à la Maréchale ... Filets de sole ... Sauche ravigote ..."

„Mein Lieber", sagte Daguenet, der ihn mit seiner Erfahrung leitete, „nehmen Sie jetzt nicht vom Fisch, das taugt nicht um diese Stunde ... und lassen Sie es bei dem Léoville bewenden. Er ist nicht so heimtückisch."

Hitze ging von den Armleuchtern und von den herumgereichten Schüsseln aus, von der ganzen Tafel, an der achtunddreißig Personen sich gegenseitig erdrückten. Die Aufwärter ließen sich gehen und liefen über den Teppich, der schon Fettflecke aufwies. Aber die Stimmung wurde nicht heiterer. Die Damen stocherten nur auf dem Teller herum und ließen das halbe Fleisch stehen. Nur Tatan Néné nahm gefräßig von allem. In dieser vorgerückten Nachtstunde gab es nur mehr ein nervöses Nagen und die Launen verdorbener Mägen. Der alte Herr neben Nana wies jede Platte zurück, die man ihm anbot, er hatte nur einen Löffel Suppe genommen, und vor seinem leeren Teller sitzend, blickte er schweigend um sich.

Man gähnte diskret. Zuweilen schlossen sich Augenlider, Gesichter wurden erdfahl; es war zum Umkommen wie gewöhnlich, nach dem Ausspruch von Vandeuvres. Wenn so ein Souper amüsant sein solle, durfte es nicht so ehrpusselig zugehen. Wenn man aber in Tugendsamkeit mache, wenn man schon Wert auf Korrektheit lege, dann schon lieber in guter Gesellschaft, wo man sich auch nicht schlimmer langweilte. Ohne Bordenave, der immerfort ächzte, wäre man eingeschlafen. Dieses Vieh von Bordenave mit seinem bequem ausgestreckten Bein ließ sich wie ein Pascha von seinen Nachbarinnen Lucy und Rose bedienen. Sie waren ausschließlich mit ihm beschäftigt, sie pflegten ihn, sie hätschelten ihn und wachten über sein Glas und seinen Teller, was ihn aber nicht hinderte, sich bitter zu beklagen: „Wer wird mir das Fleisch schneiden? ... ich kann's nicht, ich sitze eine Meile weit vom Tisch."

Jeden Augenblick erhob sich Simonne und schnitt hinter ihm stehend sein Fleisch und sein Brot. Alle Frauen nahmen Anteil an dieser Speisung. Man rief die Aufwärter, man legte ihm vor, als ob er platzen sollte. Simonne wischte ihm den Mund ab, während Rose und Lucy sein Gedeck wechselten, und er fand das reizend. Endlich zeigte er sich gnädig und zufrieden: „Siehst du wohl, du bist auf dem rechten Weg, mein Kind ... eine Frau ist nur zu diesem Zweck da."

Man ermunterte sie ein wenig, die Unterhaltung wurde allgemein. Jetzt gab es Mandarinensorbet. Als warmer Braten kam getrüffeltes Filet und als kalter Braten eine Galantine von Perlhuhn in Gelee. Nana ärgerte sich über den Mangel an Stimmung bei ihren Gästen und begann sehr laut zu sprechen:

„Denkt euch, der Prinz von Schottland kommt zur Ausstellung und hat jetzt schon eine Proszeniumsloge für die ‚Blonde Venus' bestellt."

„Ich hoffe sehr, daß alle Fürstlichkeiten kommen werden", erklärte Bordenave mit vollem Mund.

„Man erwartet Sonntag den Schah von Persien", sagte Lucy Stewart.

Daraufhin sprach Rose Mignon von den Diamanten des Schah. Er trug einen Überwurf, der ganz mit Edelsteinen besetzt war, ein Wunder, ein flammendes Gestirn, das Millionen repräsentierte. Die Damen wurden blaß, ihre Augen funkelten vor Begierde, sie machten lange Hälse und zählten die Kaiser und Könige auf, die erwartet wurden. Jede träumte von einer königlichen Laune, von einer Nacht, die mit einem Vermögen bezahlt wurde.

„Sagen Sie doch, mein Lieber", fragte Caroline Héquet Vandeuvres und beugte sich zu ihm, „wie alt ist der Kaiser von Rußland?"

„Oh, der hat überhaupt kein Alter", antwortete der Graf lachend. „Nichts zu machen, ich sag' es Ihnen im voraus!"

Nana tat, als ob sie verletzt sei. Diese Antwort schien doch zu stark. Ein protestierendes Gemurmel ließ sich hören. Aber Blanche gab Einzelheiten vom König von Italien zum besten, den sie einmal in Mailand gesehen hatte. Er war nichts weniger als schön, aber deshalb hatte er doch alle Frauen. Und sie wurde verstimmt, als Fauchery versicherte, daß Viktor Emanuel nicht kommen könne. Louise Violaine und Léa waren wieder für den Kaiser von Österreich. Plötzlich wurde die Stimme der kleinen Maria Blond laut: „Ist das ein alter Klappergreis, dieser König von Preußen! ... Voriges Jahr war ich in Baden. Man sah ihn immer mit dem Grafen Bismarck zusammen."

„Ach, Bismarck!" unterbrach Simonne, „ich habe ihn gekannt ... ein reizender Mensch!"

„Genau, was ich gestern abend sagte", rief Vandeuvres, „aber sie wollten mir nicht glauben."

Und ganz wie bei der Gräfin Sabine blieb der Graf Bismarck lange Gesprächsgegenstand. Vandeuvres wiederholte dieselben Phrasen. Einen Augenblick schien's, als wäre man wieder im Salon der Muffats; nur die Damen waren ausgewechselt. Zum Überfluß ging das Gespräch nun auch noch auf die Musik über. Und als Foucarmont ein Wort über die Einkleidung des Fräulein von Fougeray entschlüpfte, von der ganz Paris sprach, war Nanas Interesse aufs höchste gereizt, und sie wollte durchaus Einzelheiten hören. Oh, die arme Kleine! Wie konnte man sich denn so lebendig begraben! Schließlich aber, wenn eine höhere Stimme rief ... Rings um die Tafel waren alle Frauen sehr gerührt, und Georges langweilte sich schrecklich, dies alles zum zweitenmal zu hören; er fragte Daguenet nach Intimitäten von Nana aus, da kehrte die Unterhaltung wie ausgerechnet auf den Grafen Bismarck zurück. Tatan Néné neigte sich zu dem Ohr von Labordette, um zu fragen, wer denn dieser Bismarck sei, den sie nicht kannte. Daraufhin erzählte ihr Labordette kaltblütig ungeheuerliche Geschichten: dieser Bismarck äße rohes Fleisch; wenn er eine Frau in der Nähe seiner Höhle antreffe, so schleppe er sie auf dem Rücken davon; auf diese Weise habe er mit vierzig Jahren schon zweiunddreißig Kinder!

„Zweiunddreißig Kinder mit vierzig Jahren!" schrie Tatan Néné ganz verblüfft und überzeugt. „Na, der muß ja ordentlich kaputt sein für sein Alter."

Schallendes Gelächter brach los, und sie begriff, daß man sie aufzog. „Seid ihr dumm! Was weiß denn ich, ob ihr spaßt oder nicht!"

Gaga indes hielt noch immer bei der Ausstellung. Wie alle diese Damen, freute sie sich und machte Vorbereitungen. Eine gute Saison, die ganze Provinz und das Ausland in Paris. Schließlich, wer weiß, könnte sie sich nach Juvisy zurückziehen, in ein kleines Häuschen, mit dem sie seit langem liebäugelte.

„Was wollen Sie", sagte sie zu La Faloise, „man kommt ja zu nichts ... wenn man wenigstens noch geliebt würde! ..." Gaga wurde zärtlich, denn sie hatte das Knie des jungen Mannes drängend an ihrem gefühlt. Er war sehr rot. Sie lispelte wie ein kleines Kind und schätzte ihn dabei mit einem raschen Blick ab. Ein leichtes Herrchen; nicht viel dahinter, aber sie war nicht mehr wählerisch. La Faloise bekam ihre Adresse.

„Sehen Sie doch nur", flüsterte Vandeuvres Clarisse zu, „ich glaube, Gaga spannt Ihnen ihren Hector aus."

„Das ist mir ganz schnuppe!" antwortete die Schauspielerin. „Er ist ja ein Idiot, dieser Knabe ... ich habe ihn schon dreimal vor die Tür gesetzt; mir ist es widerlich, wissen Sie, wenn so ein Lausbub sich an eine Alte macht." Sie unterbrach sich und wies mit einem leisen Wink auf Blanche, die seit Beginn des Diners in einer sehr unbequemen Stellung verharrte; sie streckte die Brust heraus und wollte den alten distinguierten Herrn, der drei Plätze weit von ihr saß, auf ihre Schultern aufmerksam machen.

„Auch Sie, mein Lieber, sind lackiert", sagte sie.

Vandeuvres lächelte fein mit einer sorglosen Geste. An ihm sollte es gewiß nicht liegen, er würde der armen Blanche keine Hindernisse in den Weg legen. Das Schauspiel, das Steiner der ganzen Tafel bot, interessierte ihn weit mehr. Die plötzlichen Liebesanfälle des Bankiers waren bekannt; dieser schreckliche deutsche Jude, dieser Mann, der seine Hände in allen Geschäften hatte und der in Millionen wühlte, wurde unzurechnungsfähig, sobald er sich ein Weib in den Kopf gesetzt hatte; und er wollte sie alle, es konnte keine neue beim Theater auftauchen, ohne daß er sie kaufte, mochte der Preis so hoch sein wie er wollte. Man nannte ungeheure Summen. Zweimal schon hatte ihn sein wütender Appetit auf Mädchen ruiniert. Wie Vandeuvres sagte, rächten die Mädchen die beleidigte Moral, indem sie seine Kasse leerten. Eine große geschäftliche Operation mit den Salinen von Landes hatte ihm seine Börsenallmacht wiedergegeben; die Mignons zehrten seit sechs Wochen kräftig von den Salinen. Aber nun wurden Wetten abgeschlossen; nicht die Mignons würden das Ganze schlucken – Nana zeigte ihre weißen Zähne. Noch einmal hatte es Steiner gepackt, und so gewaltsam, daß er bleich wie eine Leiche neben Nana saß, unfähig zu essen, mit herunterhängender Lippe und geflecktem Gesicht. Sie hätte nur eine Summe zu nennen gebraucht. Aber sie beeilte sich nicht, sie spielte mit ihm, sie hauchte leise Gelächter in sein haariges Ohr und amüsierte sich über die Schauer, die über sein dickes Gesicht glitten. Ach, immer noch Zeit genug, diese Sache zu deichseln, wenn der Trottel von Muffat wirklich den keuschen Josef spielen wollte.

„Léoville oder Chambertin?" flüsterte der Aufwärter und steckte seinen Kopf zwischen Nana und Steiner im Augenblick, als dieser leise mit der jungen Frau sprach.

„Ha? Wie?" stammelte der Bankier kopflos. „Was Sie wollen, es ist mir gleich."

Vandeuvres stieß Lucy Stewart leicht mit dem Ellbogen an. Wenn sie losgelassen war, konnte man sich vor ihrer bösen Zunge und ihrer Wildheit fürchten. An diesem Abend erbitterte sie das Benehmen Mignons aufs höchste.

„Sie werden sehen, er wird ihnen noch das Licht halten", sagte sie zum Grafen. „Er hofft, noch einmal den Coup mit dem kleinen Jonquier wiederholen zu können ... erinnern Sie sich, Jonquier, der ein Verhältnis mit Rose hatte und plötzlich auf die große Laure flog ... Mignon hat dem Jonquier die Laure verschafft, dann schleppte er ihn wieder am Arm zu Rose zurück, wie einen Ehemann, dem man einen Seitensprung erlaubt hat ... Aber diesmal wird er sich täuschen. Nana sieht nicht aus, als ob sie geliehene Männer zurückgäbe."

„Was hat er denn, dieser Mignon – er wirft seiner Frau ja so strenge Blicke zu?" fragte Vandeuvres. Er neigte sich vor und erblickte Rose, die immer zärtlicher zu Fauchery wurde. Das erklärte ihm den Zorn seiner Nachbarin, und er fragte lachend: „Teufel noch mal, sind Sie etwa eifersüchtig?"

„Eifersüchtig?" sagte Lucy wütend. „Wenn Rose auf Léon fliegt, kann sie ihn gerne haben. An dem hat man schon was Rechtes! ... Ein Bukett in der Woche und sonst ...! Sehen Sie, Lieber, diese Frauenzimmer vom Theater sind alle gleich. Rose hat vor Wut geheult, als sie Léons Kritik über Nana las; ich weiß das. Na und jetzt, verstehen Sie, jetzt will sie auch eine ausführliche Notiz, und so verhält sie sich mit ihm ... ich schmeiß Léon hinaus, darauf können Sie sich verlassen!"

Sie hielt inne und wandte sich an den Aufwärter, der mit den beiden Flaschen hinter ihr stand: „Léoville."

Dann fuhr sie mit gedämpfter Stimme fort: „Ich mache keinen Spektakel, das ist nicht meine Art ... Aber das ist schon ein ordentlicher Schlampen, das können Sie mir glauben. Wenn ich ihr Mann wäre, die könnte sich auf etwas gefaßt machen ... Na, das wird ihr kein Glück bringen! Sie kennt meinen guten Fauchery nicht – ein sauberer Kerl, der sich an die Unterröcke der Weiber hängt, um Karriere zu machen ... Eine schöne Bande!"

Vandeuvres versuchte sie zu beruhigen. Bordenave, von Lucy und Rose im Stich gelasssen, ärgerte sich und schrie: man ließe Papa vor Hunger und Durst umkommen. Das zerstreute glücklich die Wolken, die sich zusammengezogen hatten.

Das Souper zog sich in die Länge, niemand aß mehr; man stocherte jetzt in Morcheln à l'italienne und in gebackenen Ananasscheiben à la Pompadour. Aber der Sekt, den man seit Beginn der Mahlzeit trank, belebte allmählich die Tischgenossen mit nervöser Trunkenheit. Nach und nach verloren sie ihre Haltung. Über den verschobenen Gedecken, über dieser Auflösung der Tafel saßen die Frauen mit aufgestützten Ellbogen; die Männer schoben die Stühle zurück, um es sich bequemer zu machen. Dunkle Fräcke mischten sich enger zwischen die hellen Ausschnitte, halb gewendete nackte Schultern begannen seidig zu schimmern. Es war zu heiß, das Kerzenlicht wurde gelber in der dicken Luft über der Tafel. Zuweilen, wenn in dem goldenen Schein ein Nacken sich unter dem Schauer von Löckchen neigte, liefen die Feuer von Brillantenspangen über hochgestecktes Haar. Scherzworte flogen auf, lachende Augen blitzten, weiße Zähne schimmerten zwischen halbgeöffneten Lippen, die Lichter der Kandelaber spiegelten sich in einem Sektglas. Man scherzte sehr laut, man gestikulierte, Fragen blieben unbeantwortet, Rufe flogen von einem Ende des Zimmers zum anderen. Am meisten Lärm machten die Aufwärter; sie benahmen sich, als ob sie in den Wirtschaftsräumen ihres Restaurants wären; sie rannten gegeneinander und begleiteten das Servieren von Gefrorenem und Dessert mit gutturalen Ausrufen.

„Meine lieben Kinder", schrie Bordenave, „ihr wißt, daß wir morgen spielen ... Laßt euch nicht fortreißen! Nicht zuviel Champagner!"

„Was mich anlangt", sagte Foucarmont, „ich habe von allen erdenklichen Weinen der fünf Weltteile getrunken. Oh, die ausgefallensten Flüssigkeiten, Alkoholika, die den stärksten Mann umbringen konnten ... Nun, mir hat es nicht geschadet. Ich bekomme keinen Rausch. Ich hab's versucht – es geht nicht."

Er war sehr bleich, sehr fröstelig, lag in seinen Sessel zurückgeworfen und trank unaufhörlich.

„Und wenn auch!" flüsterte Louise Violaine. „Mach ein Ende. Du hast genug ... Das wäre doch ein bißchen komisch, wenn ich für den Rest der Nacht bei dir Krankenschwester spielen müßte."

Ein leichter Rausch schlug rote Flammen der Schwindsucht über Lucys Wangen, während Rose feuchte Augen bekam und immer zärtlicher wurde. Tatan Néné saß vollgefressen und betäubt da und lachte vage zu ihren Dummheiten. Die anderen, Blanche, Caroline, Simonne und Maria sprachen alle zugleich und kramten ihre Angelegenheiten aus: einen Streit mit dem Kutscher, den Plan zu einer Landpartie, komplizierte Geschichten von abspenstig gemachten und wieder zurückeroberten Liebhabern. Aber ein junger Mann neben Georges, der Léa de Horn küssen wollte, bekam einen Klaps und ein: „Was fällt Ihnen denn ein! Lassen Sie mich doch!" voll tiefer Entrüstung. Und Georges, sehr benebelt, sehr erregt durch Nanas Anblick, erwog zögernd einen Gedanken, der langsam in ihm reifte: auf allen vieren unter den Tisch zu kriechen und sich wie ein Hündchen zu ihren Füßen zusammenzurollen. Niemand würde es bemerken. Er wollte ganz ruhig und artig bleiben. Dann, als Daguenet auf Léas Bitte den jungen Mann zur Ruhe gewiesen hatte, senkte sich plötzlich ein schwerer Kummer auf Georges Herz – ganz als ob man ihn selbst ausgescholten hätte; es war blöd, es war traurig, es gab nichts Gutes mehr in dieser Welt. Daguenet aber lachte nur, zwang ihn, ein großes Glas Wasser hinunterzustürzen, und fragte ihn, was er wohl täte, wenn er mit einer Frau allein wäre, wenn ihn schon drei Gläser Sekt umschmissen.

„Hören Sie", sagte Foucarmont, „in Havanna bereiten sie aus einer wilden Beere ein Elixier; es brennt, als ob man Feuer schluckte ... Na schön! Ich trank eines Abends mehr als einen Liter; es hat mir nicht geschadet ... Aber stärker noch war irgendein Zeug, eine Mischung, glaub' ich, von Pfeffer und Vitriol, die uns eines schönen Tages die Wilden an der Küste von Koromandel gaben; es hat mir nicht geschadet ... Ich bekomme keinen Rausch."

Seit kurzem mißfiel ihm etwas im Gesicht von La Faloise, der ihm gegenüber saß. Er wurde höhnisch; er wurde unangenehm. La Faloise, in dessen Kopf sich alles drehte, wurde sehr unruhig und drückte sich an Gaga. Aber eines regte ihn auf: jemand hatte ihm sein Taschentuch fortgenommen, und er verlangte mit der ganzen Hartnäckigkeit des Rausches nach diesem Taschentuch, fragte seine Nachbarn danach und bückte sich unter die Sessel und Füße. Und da Gaga versuchte, ihn zu beruhigen, sagte er: „Das ist doch zu dumm, in der Ecke sind meine Initialen und meine Krone ... Das kann mich kompromittieren ..."

„Sie, sagen Sie doch, Herr Falamoise, Lamafoise, Mafaloise!" schrie Foucarmont, der es geistreich und witzig fand, den Namen des jungen Mannes unaufhörlich umzustellen. Aber La Faloise ärgerte sich. Er stammelte etwas von seinen Ahnen; er bedrohte Foucarmont mit einer Karaffe. Der Graf Vandeuvres mußte dazwischentreten und ihm klarmachen, wie komisch sich Foucarmont ausnahm. Tatsächlich lachte alles. Das brachte den bestürzten jungen Mann wieder zu sich, und er setzte sich nun gutwillig; er aß gehorsam wie ein Kind, als sein Vetter ihm mit erhobener Stimme zu essen befahl. Gaga hatte ihn wieder an sich gezogen; nur zuweilen noch warf er tückisch ängstliche Blicke auf seine Tischgenossen und suchte noch immer sein Taschentuch.

Foucarmont, der nun im Zug war, attackierte jetzt Labordette über den ganzen Tisch hin. Louise Violaine wollte ihn zum Schweigen bringen, denn, sagte sie, wenn er mit den anderen anband, so nahm das immer ein böses Ende für sie. Er hatte sich jetzt eine neue scherzhafte Unterhaltung ausgedacht, die darin bestand, Labordette mit „Madame" anzusprechen. Das schien ihm großes Vergnügen zu bereiten; er wiederholte es des öfteren, während Labordette die Achseln zuckte und jedesmal sagte: „Schweigen Sie doch, mein Lieber, das ist albern!"

Aber Foucarmont fuhr fort und verstieg sich schließlich ohne irgendeinen ersichtlichen Grund bis zu Beleidigungen; Labordette antwortete nicht mehr, sondern wandte sich jetzt an den Grafen Vandeuvres: „Bringen Sie Ihren Freund jetzt zum Schweigen, mein Herr ... Ich möchte mich nicht aufregen."

Er hatte sich zweimal geschlagen. Man respektierte ihn, er hatte überall Zutritt. Die allgemeine Stimmung wandte sich gegen Foucarmont. Die ganze Tafel amüsierte sich und fand ihn sehr geistreich, aber das wäre ja kein Grund, den anderen die Nacht zu verderben; Vandeuvres, dessen feines Gesicht sich mit Kupferröte überzog, verlangte, daß er Labordette sein Geschlecht wieder zuerkenne. Die anderen Männer, Mignon, Steiner, Bordenave legten sich auch sehr lebhaft ins Mittel, schrien und übertönten seine Stimme. Und nur der alte Herr neben Nana, den man ganz vergessen hatte, bewahrte seine vornehme Ruhe, sein müdes, stummes Lächeln, indes er mit seinen farblosen Augen dieser Auflösung der Nachtischstimmung folgte.

„Wie wär's, wenn wir den Kaffee hier nehmen würden, mein Kätzchen?" fragte Bordenave. „Ich fühle mich so wohl hier."

Nana antwortete nicht gleich. Seit Beginn des Soupers war's, als ob sie gar nicht mehr bei sich zu Hause sei. Sie war betäubt und verwirrt von all den Leuten, die nach den Aufwärtern riefen, laut sprachen und sich gehen ließen, als ob sie in einem Restaurant wären. Sie selbst vergaß ihre Rolle als Herrin des Hauses so sehr, daß sie sich nur mehr mit dem dicken Steiner befaßte, der an ihrer Seite fast vom Schlag gerührt wurde. Sie hörte ihm zu und schüttelte noch immer abwehrend den Kopf mit dem herausfordernden Lachen einer fetten Blondine. Der Champagner, den sie getrunken hatte, färbte sie ganz rosig, ihr Mund war feucht, und ihre Augen flackerten; und der Bankier bot immer mehr. Bei jeder schmeichelnden Bewegung ihrer Schulter, bei jedem leichten wollüstigen Biegen ihres Halses stiegen die Angebote des Bankiers. Wenn sie den Kopf wandte, sah er da am Ohr ein kleines erlesenes Fleckchen, seidig wie Atlas – es machte ihn toll.

Zuweilen raffte sich Nana zusammen und besann sich auf ihre Gäste; dann versuchte sie liebenswürdig zu sein, denn sie wollte zeigen, daß sie zu empfangen verstünde. Gegen Ende des Soupers war sie schon sehr beschwipst; das machte sie ganz unglücklich, aber von Sekt bekam sie nun einmal sofort einen Schwips. Ein Gedanke setzte sich bei ihr fest und brachte sie zur Verzweiflung. Es war eine Schweinerei, diese Damen wollten ihr zum Possen hier ihre Ausgelassenheiten treiben! Oh, sie sah klar. Lucy hatte Foncarmont mit den Augen zugeblinzelt, um ihn gegen Labordette zu hetzen, und Rose, Caroline und die anderen reizten die Herren noch. Es war ein Spektakel, daß man sein eigenes Wort nicht verstand; bald würde es heißen: bei einem Souper bei Nana kann man sich alles erlauben. Na, sie mochten sich nur vorsehen. Wenn sie noch so beschwipst war – sie benahm sich doch noch am tadellosesten und mehr comme il faut als alle anderen.

„Mein Kätzchen", sagte Bordenave abermals, „laß doch den Kaffee hier servieren ... es ist mir lieber wegen meines Beines ..."

Aber Nana erhob sich brüsk und flüsterte Steiner und dem alten Herr in die verblüfften Ohren: „Das ist eine gute Lehre für mich, ich werde mich hüten, nächstens wieder solches Pack einzuladen."

Dann wies sie mit einer Gebärde auf die Tür des Speisezimmers und sagte sehr laut: „Wer Kaffee trinken will – er ist im Eßzimmer serviert."

Man stand vom Tisch auf, man drängte in das Eßzimmer, ohne Nanas Zorn zu bemerken. Und bald war niemand mehr im Salon außer Bordenave, der sich mit ängstlicher Behutsamkeit an der Mauer entlangtastete. Er fluchte auf diese verdammten Frauenzimmer, die sich einen Dreck um Papachen kümmerten, nun, da sie vollgegessen waren. Hinter ihm räumten die Aufwärter schon die Tafel ab, und der Tafelmeister kommandierte laut; sie stürzten sich auf die Gedecke, sie rannten gegeneinander – und die Tafel verschwand wie ein Versatzstück aus einem Märchenspiel auf den Wink des Maschinenmeisters. Denn die Damen und Herren sollten nach dem Kaffee wieder in den Salon zurückkommen.

„Kuckuck auch, hier ist es nicht sehr warm!" sagte Gaga mit einem leichten Schauer, als sie das Eßzimmer betrat.

Die Fenster dieses Zimmers waren offengeblieben. Zwei Lampen erhellten den Tisch, auf dem der Kaffee mit den Likören serviert war. Es gab keine Stühle, man trank stehend, und der Lärm der Aufwärter nebenan nahm immer noch zu. Nana war verschwunden. Aber niemand kümmerte sich darum. Es ging ebensogut ohne sie; jeder bediente sich selbst, alles durchsuchte die Schubläden des Büfetts nach kleinen Löffelchen, die fehlten. Gruppen bildeten sich; die Leute, die während des Essens getrennt waren, kamen aufeinander zu; Blicke wurden getauscht, bedeutsames Lächeln und Worte, die Begonnenes zum Abschluß brachten.

„Nicht wahr, August", sagte Rose Mignon, „Herr Fauchery muß an einem der nächsten Tage bei uns essen?"

Mignon spielte mit seiner Uhrkette und ließ seine strengen Augen auf dem Journalisten ruhen. Rose war von Sinnen. Als guter Verwalter würde er dieser Zeitvergeudung bald ein Ende setzen. Wenn er einen Aufsatz über Rose schreiben wollte – schön. Aber nachher – Schluß mit der Sache.

Doch er kannte den eigensinnigen Kopf seiner Frau, und er hatte es sich zur Regel gemacht, ihr väterlich eine Dummheit zu gestatten, wenn es sein mußte, und so entschloß er sich zu einer liebenswürdigen Antwort: „Aber gewiß, ich werde mich glücklich schätzen ... Kommen Sie doch morgen, Herr Fauchery."

Lucy Stewart, die sich mit Steiner und Blanche unterhielt, hörte diese Einladung. Sie erhob ihre Stimme und sagte zu dem Bankier: „Sie sind ja alle wie besessen. Eine besonders, die hat mich bis aufs Hemd ausgeraubt. Sagen Sie mir nur, mein Lieber, was kann ich dafür, wenn Sie sie stehenlassen?"

Rose wandte den Kopf. Sie trank in kleinen Schlückchen ihren Kaffee und sah Steiner blaß und unverwandt ins Gesicht; und der ganze verhaltene Zorn über seinen Abfall brannte wie eine Flamme in ihren Augen. Sie sah schärfer als Mignon; es war idiotisch, diese Geschichte mit Jonquier noch einmal aufführen zu wollen. So etwas klappte nicht zweimal. Um so schlimmer. Sie würde eben Fauchery haben, die sie sich seit dem Souper in den Kopf gesetzt hatte. Und wenn es Mignon nicht recht war, so mochte er nur eine Lehre daraus ziehen.

„Ihr werdet euch doch nicht schlagen?" sagte Vandeuvres zu Lucy Stewart.

„Nein, haben Sie keine Angst. Aber sie soll sich nur ganz ruhig verhalten, sonst kann sie was erleben." Und Fauchery mit einer gebieterischen Geste zu sich winkend, fuhr sie fort: „Mein Junge, deine Pantoffeln sind noch bei mir zu Hause. Ich werde sie morgen bei deinem Portier abgeben lassen."

Er wollte es ins Scherzhafte ziehen. Aber sie entfernte sich mit dem Aplomb einer Königin von ihm. Clarisse lehnte an der Wand und trank beschaulich ein Glas Kirschwasser – sie zuckte die Achseln. Was für Geschichten wegen eines Mannes! Wenn zwei Frauen in Begleitung ihrer Liebhaber zusammentreffen – ist es nicht ihr erster Gedanke, wie eine der anderen den Geliebten abspenstig macht? Darüber muß man sich klar sein. Sie selbst zum Beispiel, sie hätte Gaga Hectors wegen die Augen auskratzen können. Ja, Kuchen! Sie machte sich höchstens darüber lustig. Als La Faloise an ihr vorbeikam, begnügte sie sich mit einer kleinen Bosheit: „Hör einmal, du liebst die vorgerückteren Jahrgänge, was?! Die Reifen, die schmecken dir gar nicht mehr. Sie müssen schon etwas in Fäulnis übergegangen sein, wie?"

La Faloise schien beunruhigt. Er fühlte sich sehr unbehaglich. Clarisse lachte ihn aus; er schöpfte sofort Verdacht. „Schwätz keinen Unsinn", sagte er leise. „Du hast mir mein Taschentuch weggenommen. Gib mir mein Taschentuch zurück."

„Der macht einen ja verrückt mit seinem Taschentuch!" schrie sie. „So sag doch selbst, du Idiot, was soll ich mit deinem Taschentuch anfangen?"

„Ach", machte er mißtrauisch, „du wärst imstande, es meiner Familie zuzuschicken und mich zu kompromittieren."

Foucarmont indes nahm die Liköre in Angriff. Er fuhr

fort, Labordette aufzuziehen, der seinen Kaffee im Kreis der Damen nahm. Foucarmont stieß halbe Sätze heraus: „... Sohn eines Roßtäuschers ... oder wie andere sagen: der Bastard einer Gräfin ... keinerlei Revenuen und immer fündundzwanzig Louis in der Tasche ... ein Weiberknecht ... ein Galgenstrick, der nie zu Bett geht ... aber nie! nie!" wiederholte er wütend. „Nein, wirklich, ich muß ihn ohrfeigen."

Er leerte ein Gläschen Chartreuse. Die Chartreuse machte ihm gar nichts aus. „Nicht so viel", sagte er und schnippte mit dem Daumennagel an die Zähne. Aber plötzlich, im Augenblick, als er auf Labordette zukam, wurde er fahl im Gesicht und schlug vor dem Bufett wie eine leblose Masse zu Boden. Er war todbetrunken. Louise Violaine geriet in Verzweiflung. Sie hatte es ihm vorausgesagt, daß das ein böses Ende nehmen würde. Jetzt konnte sie sich für den Rest der Nacht mit seiner Pflege befassen. Gaga beruhigte sie und musterte den Offizier mit dem Blick einer erfahrenen Frau. Sie stellte fest, daß es nichts weiter auf sich habe und daß dieser Herr ohne weiteren Zwischenfall zwölf bis fünfzehn Stunden schlafen werde. Man trug Foucarmont hinaus.

„Ja, wo ist denn Nana hingekommen?" fragte Vandeuvres.

Ja wahrhaftig, Nana war seit dem Aufbruch von der Tafel verschwunden. Nun erinnerte man sich ihrer, alles fragte nach ihr. Steiner war schon seit einer Weile sehr unruhig und fragte Vandeuvres nach dem alten Herrn aus, der gleichfalls verschwunden war. Aber der Graf beruhigte ihn; er hatte eben den Greis zurückbegleitet; übrigens eine ausländische Persönlichkeit, deren Name nichts zur Sache tat, ein sehr reicher Mann, der es dabei bewenden ließ, daß er die Soupers bezahlte. Dann, als Nana wieder in Vergessenheit geriet, entdeckte Vandeuvres Daguenets Kopf an einem Türspalt, der ihn mit einem Zeichen heranwinkte.

Im Schlafzimmer fand er endlich die Herrin des Hauses, steif und mit blassen Lippen – und Daguenet und Georges, die bestürzt vor ihr standen.

„Was fehlt Ihnen?" fragte er erstaunt.

Sie antwortete nicht, sie wandte nicht den Kopf. Er wiederholte seine Frage.

„Mir fehlt", schrie sie endlich, „daß man sich anständig bei mir benimmt!"

Jetzt strömte ihr alles hemmungslos über die Lippen. Ja, ja, sie war kein solcher Trottel, sie sah ganz klar. Die Leute hatten sich lustig gemacht über sie während des Soupers; sie hatten schauderhafte Gespräche geführt – nur um sie herunterzusetzen. Eine Bande von Schlampen, nicht wert, ihre Schuhriemen zu lösen! Sie wird sich noch einmal so eine Schererei auf den Hals laden, nur damit man nachher doch durchgehechelt wird. Sie hielt sich überhaupt nur mit Mühe zurück, dieses ganze Gesindel zur Tür hinauszuschmeißen. Wut erstickte sie, und sie brach in Schluchzen aus.

„Aber geh, mein Kind, du hast einen Schwips", sagte Vandeuvres, der sie zu duzen begann. „Nimm doch Vernunft an!"

Nein – sie sträubte sich zum voraus – sie wollte hierbleiben.

„Ich hab' einen Schwips, möglich. Aber ich verlange, daß man mich respektiert."

Seit einer Viertelstunde beschworen sie Daguenet und Georges vergeblich, in das Eßzimmer zurückzukommen. Sie wurde immer eigensinniger – ihre Gäste mochten tun und lassen, was ihnen beliebte. Sie verachtete sie zu tief. Sie wollte nicht zu ihnen zurück. Niemals mehr! Nie! Eher hätte man sie in Stücke schneiden können, als daß sie ihr Schlafzimmer verlassen hätte.

„Ich hätte dem Frieden nicht trauen sollen", fuhr sie fort, „diese Gans, diese Rose hat das ganze Komplott eingefädelt. Jetzt weiß ich auch, warum diese anständige Frau heute abend nicht kommen wollte. Das ist alles Rose!"

Sie sprach von Madame Robert. Vandeuvres gab ihr sein Ehrenwort, daß Madame Robert aus eigenen Stücken abgelehnt habe. Er hörte sie an und diskutierte mit ihr, ohne zu lachen; er war an ähnliche Szenen gewöhnt und verstand es, die Frauen richtig zu behandeln, wenn sie in diesem Zustand waren. Aber als er versuchte, sie an den Händen von ihrem Stuhl emporzuziehen und sie wegzuführen, sträubte sie sich mit verdoppeltem Zorn. Niemand würde ihr zum Beispiel einreden können, daß Fauchery die Einladung an den Grafen Muffat nicht hintertrieben habe. Eine wahre Schlange, dieser Fauchery; ein Neidhammel, ein Mensch, der fähig ist, eine Frau wie ein Wüterich zu verfolgen und ihr Glück zu zertrümmern. Denn, schließlich, so etwas spürt man: der Graf hatte sich in sie vernarrt. Sie hätte ihn haben können.

„Den, meine Liebe! Niemals!" rief Vandeneuvres, sich vergessend, und brach in Lachen aus.

„Und warum nicht?" fragte sie ernsthaft und ein wenig ernüchtert.

„Weil er immer bei den Pfaffen steckt und weil er, wenn er Sie mit der Fingerspitze berührt hätte, am nächsten Tag in den Beichtstuhl laufen würde ... Lassen Sie sich raten: halten Sie den anderen fest."

Ein Weilchen verharrte sie still und nachdenklich. Dann stand sie auf und wusch sich die Augen. Aber als sie sie in das Speisezimmer führen wollten, wehrte sie sich wütend. Vandeuvres drängte nicht mehr und ging mit einem Lächeln aus dem Zimmer. Als er weg war, befiel sie eine tiefe Rührung, sie warf sich in die Arme Daguenets und sagte immer wieder: „Ach, Bubi, Bubi, du bist mein alles ... Ich liebe dich, ach, ich liebe dich allzusehr! Wenn wir nur immer zusammen leben könnten, das wäre zu schön! Ach mein Gott, wie unglücklich sind wir Frauen!"

Ihr Auge fiel auf Georges, der beim Anblick dieser Umarmung sehr rot geworden war, und sie umarmte ihn gleichfalls. Bubi konnte auf so ein Kind nicht eifersüchtig sein. Sie wollte, daß Paul und Georges immer in gutem Einvernehmen miteinander lebten; es wäre so nett, wenn alles so bleiben könnte wie jetzt, immer zu dreien mit dem sicheren Bewußtsein ihrer Liebe.

Aber ein merkwürdiges Geräusch schreckte sie auf. Es schnarchte jemand in ihrem Zimmer. Sie suchten und fanden Bordenave, der sich hier nach dem Kaffee häuslich niedergelassen hatte. Er schlief auf zwei Sesseln, den Kopf gegen das Bett gestützt, mit ausgestreckten Beinen. Nana fand ihn so komisch, wie er dalag mit offenem Mund, die Nase bei jedem Schnarchen aufblasend, daß sie sich vor Lachen schüttelte. Sie lief hinaus, gefolgt von Daguenet und Georges, ging durch das Eßzimmer und kam immer heftiger lachend in den Salon.

„O Liebste", sagte sie, sich fast in Roses Arme werfend, „Sie können sich ja nicht vorstellen – kommen Sie, Sie müssen sich das ansehen."

Alle Frauen mußten sie begleiten; sie nahm zärtlich ihre Hände und zog sie mit Gewalt fort, in einem solchen Wirbelwind von herzlicher Heiterkeit, daß alles schon im voraus mitlachte. Die ganze Bande verschwand und kam dann wieder. Sie hatten eine Minute lang mit angehaltenem Atem um die beiden Sesseln gestanden, auf denen Bordenave breit hingestreckt ruhte. Ein Gelächter brach los. Und wenn sie sich gegenseitig Stille geboten, so hörte man von weitem das Schnarchen Bordenaves.

Es war fast vier Uhr. Im Speisezimmer war ein Spieltisch aufgeschlagen worden, und Vandeuvres, Steiner, Mignon und Labordette saßen daran und spielten. Hinter ihnen standen Lucy und Caroline und wetteten, während Blanche, schläfrig und unzufrieden mit dem Verlauf dieser Nacht, alle fünf Minuten Vandeuvres zum Aufbruch mahnte. Im Salon versuchte man es mit dem Tanz. Daguenet saß am Flügel, „am Klimperkasten", wie Nana sagte; sie wollte kein allzu großes Hallo; Bubi spielte Walzer und Polka, soviel man nur wollte. Aber der Tanz machte müde, die Damen plauderten bald wieder unter sich und kauerten sich tief in die Sofaecken.

Plötzlich erhob sich draußen ein Lärm. Eine Bande von elf jungen Leuten drang mit Gelächter und Spektakel, stoßend und drängend, vom Vorraum in den Salon; sie kamen vom Ball aus dem Ministerium des Innern in Frack und weißer Krawatte, mit unbekannten Ordenskreuzen geschmückt.

Nana, zornig über dieses geräuschvolle Entree, rief die Aufwärter aus der Küche und befahl, diese Herren hinauszuwerfen; und sie schwor, sie niemals gesehen zu haben. Fauchery, Labordette, Daguenet – alle Männer traten vor, um der Herrin des Hauses Respekt zu verschaffen. Derbe Worte flogen durch die Luft. Arme erhoben sich. Es sah einen Augenblick lang aus, als ob es gleich eine allgemeine Keilerei geben würde. Ein kleiner Blonder von kränklichem Aussehen sagte immer und immer wieder mit großer Hartnäckigkeit: „Aber – aber – Nana! Neulich am Abend, bei Peters, im großen roten Salon ... Erinnern Sie sich doch! Sie haben uns ja alle eingeladen!"

Neulich abends bei Peters? Sie hatte keinen Schimmer von Erinnerung. An welchem Abend, bitte? Und als der kleine Blonde ihr den Tag nannte, Mittwoch, da erinnerte sie sich wohl, am Mittwoch bei Peters soupiert zu haben, aber sie hatte niemand eingeladen; sie war dessen fast sicher.

„Indessen, mein Kind – wenn du sie am Ende doch eingeladen hast –" flüsterte Labordette, allmählich von Zweifeln ergriffen. „Vielleicht warst du ein bißchen übermütig ..."

Nun begann Nana zu lachen. Möglich, ja, sie erinnerte sich nicht mehr. Na, die Herren waren nun einmal da, so mochten sie denn bleiben. Alles löste sich in Wohlgefallen, einige der Neuangekommenen fanden Freunde im Salon; der ganze Auftritt endete mit freundschaftlichem Händeschütteln. Der kleine Blonde mit dem kränklichen Ausdruck trug einen der größten Namen Frankreichs. Übrigens kündigten sie die Ankunft neuer Gäste an, und tatsächlich öffnete sich die Tür jeden Augenblick, und es traten weißbehandschuhte Herren in offizieller Haltung ein. Alle kamen vom Ball des Ministers. Fauchery fragte scherzend, ob denn der Minister nicht käme. Aber Nana antwortete empfindlich, daß der Minister Leute besuche, die ihr sicherlich nicht das Wasser reichten.

Was sie aber nicht aussprach, war die still gehegte sichere Hoffnung, daß sich aus dem hereinströmenden Menschenschwarm die Gestalt des Grafen Muffat lösen würde. Es war ja möglich, daß er sich die Sache überlegt hatte. Und während sie mit Rose angelegentlich plauderte, ließ sie die Tür nicht aus den Augen.

Es schlug fünf Uhr. Man tanzte nicht mehr. Bloß die Spieler waren unermüdlich. Labordette hatte seinen Platz geräumt, die Frauen kamen wieder in den Salon. Die Abgespanntheit und Unausgeschlafenheit der durchwachten Nacht verdichtete hier die Luft und senkte sich schwer auf die Lider unter dem trüben Licht der Lampen, deren kohlende Dochte die Glaskugeln rötlich erhellten. Das war die Stunde vager Melancholien, in der diese Damen das Bedürfnis verspürten, ihre Geschichte zu erzählen. Blanche de Sivry sprach von ihrem Großvater, dem General, während Clarisse einen Roman erfand – einen Herzog, der sie im Hause ihres Onkels verführt habe, wo er zur Eberjagd geladen war. Und beide, kaum daß sie einander den Rücken gekehrt hatten, zuckten die Achseln und fragten, ob denn je ein so verlogenes Geschwätz gehört worden sei. Nur Lucy Stewart gestand ruhig ihre Herkunft ein. Sie sprach gerne von ihrer Jugend und erzählte, wie ihr Vater, der Wagenschmierer vom Nordbahnhof, ihr jeden Sonntag einen Apfelkuchen spendiert habe.

„Oh, laßt euch erzählen!" schrie brüsk die kleine Maria Blond. „Vis-à-vis von mir wohnt ein Herr, ein Russe – also ein fürchterlich reicher Mensch. Stellt euch vor – gestern bekomme ich einen Korb mit Obst, aber was für einen Korb! Riesige Pfirsiche, Trauben wie Taubeneier, also etwas ganz Ausgefallenes für die Jahreszeit jetzt ... Und in der Mitte sechs Tausendfrancsscheine ... dieser Russe! ... Natürlich habe ich alles zurückgeschickt. Aber es hat mir doch ein bißchen leid getan um die Früchte."

Die Damen sahen sich mit eingekniffenen Lippen an. Diese kleine Maria Blond hatte schon eine eiserne Stirn für ihr Alter, ein nettes Pflänzchen. Als ob Ludern von ihrer Gattung solche Dinge passierten! Die Damen hatten eine tiefe Verachtung füreinander. Am heftigsten beneideten sie Lucy, wütend über ihre drei Prinzen. Lucy verdankte ihre Karriere ihren Spazierritten im Bois, und seitdem sie jeden Morgen da auf dem Reitweg zu sehen war, stiegen sie alle zu Pferd – eine ordentliche Besessenheit hatte sie ergriffen.

Der Tag brach schon an. Nana ließ endlich die Augen von der Tür; jetzt gab sie die Hoffnung auf. Man langweilte sich zum Umkommen. Rose Mignon weigerte sich, das Pantoffellied zu singen; sie plauderte, in einer Sofaecke zusammengekuschelt, leise mit Fauchery, auf Mignon wartend, der Vandeuvres bereits fünfzig Louis im Spiel abgeknöpft hatte. Ein fetter Herr, ordengeschmückt und von seriösem Äußern, deklamierte mit elsässischem Dialekt „Das Opfer Abrahams"; wenn Gott zu schwören hatte, sagte er immer „Bei meinem heiligen Namen!", und Isaak antwortete immer: „Ja, Papa!" Niemand hatte etwas verstanden, und alle fanden es stupid. Sie wußten nichts mehr, was die Laune heben konnte, um die Nacht verrückt und lustig zu beschließen. Ein Weilchen machte es Labordette Spaß, La Faloise Frauennamen ins Ohr zu flüstern, der dann um die Betreffende herumstrich und forschte, ob sie nicht sein Taschentuch im Ausschnitt verberge.

Auf dem Büfett waren noch Champagnerflaschen stehengeblieben, und die jungen Leute begannen wieder zu trinken. Sie riefen sich lärmend zu und erhitzten sich; aber eine todtraurige Betrunkenheit, zum Heulen albern, ergriff unwiderstehlich Besitz von dem Salon. Der kleine Blonde, der am Ende seiner Erfindungsgabe angelangt war und schier verzweifelte, daß ihm nichts Lustiges einfallen wollte – dieser Träger eines der großen Namen Frankreichs hatte plötzlich eine Idee: er nahm seine Sektflasche und leerte sie in den Flügel. Alle anderen wanden sich vor Lachen.

„Sieh einmal an", sagte mit großem Erstaunen Tatan Néné, die das mit ansah. „Warum gießt er Champagner in das Klavier?"

„Was! Das weißt du nicht, meine Tochter?" antwortete Labordette ernsthaft. „Es gibt gar nichts besseres für ein Klavier als Sekt. Das verleiht ihm erst Klang."

„Ach so!" murmelte Tatan Néné überzeugt.

Als nun das Gelächter sich verdoppelte, wurde sie ärgerlich. Was wußte sie denn! Alle wollten sie nur zum Narren halten.

Der Ton geriet in ein arges Fahrwasser; die Nacht drohte ein höchst unerquickliches Ende zu nehmen. In einer Ecke waren Maria Blond und Léa de Horn hart aneinandergeraten, weil Maria die letztere beschuldigte, mit armen Schluckern zu schlafen. Es kam zu derben Worten, und sie versuchten, gegenseitig wetteifernd, ihre Gesichter gegeneinander auszuspielen. Lucy, die häßlich war, hieß sie schweigen. Das Gesicht wäre ganz gleichgültig – auf den guten Wuchs käme es an. Etwas weiter von dieser Gruppe hatte ein Gesandtschaftsattaché seinen Arm um Simonnes Hüften gelegt und versuchte, ihren Hals zu küssen; aber die todmüde Simonne stieß ihn immer wieder mit einem verdrießlichen: „Du bist mir so zuwider!" zurück und schlug ihn heftig mit dem Fächer ins Gesicht. Es wollte übrigens keine gestatten, daß man sie berührte. Hielt man sie etwa für Dirnen?

Gaga aber, die La Faloise wieder erwischt hatte, hielt ihn fast auf ihren Knien; während Clarisse, geschüttelt von dem nervösen Lachen einer gekitzelten Frau, zwischen zwei Herren verschwand.

Um das Klavier herum dauerte das kleine Gesellschaftsspiel noch fort. Die jungen Leute waren von einer albernen Verrücktheit erfaßt; sie stießen sich um den Flügel, jeder wollte den Rest seiner Flasche hineinschütten. Das war einfach und hübsch.

„Da, mein Alter, trink einen Schluck ... Teufel eins, was für ein durstiges Klavier ... Aufgepaßt! Da kommt noch eine Flasche ... Es darf nichts zugrunde gehen."

Nana kehrte der Gesellschaft den Rücken und sah nichts von dem Unfug. Sie nahm nun entschlossen ihre Zuflucht zu dem dicken Steiner, der neben ihr saß. Um so schlimmer! Es war Muffats eigene Schuld, der es nicht anders gewollt hatte. In ihrem Kleid aus weißem Foulard, das leicht zerdrückt war wie ein Hemd, mit ihrem kleinen Schwips, der sie blaß machte, mit umränderten Augen, bot sie sich ihm jetzt still dar wie ein gutes, kleines Mädchen. Die Rosen in ihrem Haar und am Ausschnitt waren entblättert, nur die Stiele staken noch an ihrem Platz.

Aber Steiner zog rasch die Hand, die Bekanntschaft mit Georges Stecknadeln gemacht hatte, aus ihren Röcken. Einige Bluttröpfchen rannen. Eines fiel auf das Kleid und machte einen Fleck.

„Jetzt ist's besiegelt", sagte Nana ernsthaft.

Der Tag rückte vor. Ein fahles Licht, trüb und von fürchterlicher Trostlosigkeit, drang durch das Fenster. Jetzt begann der Aufbruch, eine Auflösung voll Unbehagen und Widerlichkeit. Caroline Héquet, ärgerlich über die verlorene Nacht, sagte, es wäre höchste Zeit zu gehen, sonst könne man hier noch schöne Geschichten erleben. Rose zog ein Gesicht, als ob sie sich hier schwer kompromittiert hätte. Es war immer dasselbe mit diesen Mädchen; sie hatten keine Haltung und zeigten sich gleich bei ihrem Debüt in ihrer ganzen Widerwärtigkeit. Und als Mignon Vandeuvres ratzekahl ausgeplündert hatte, setzte sich die Familie in Bewegung, ohne sich weiter um Steiner zu kümmern, aber nach einer erneuten Einladung an Fauchery für den nächsten Tag. Lucy weigerte sich nun, seine Begleitung für den Heimweg anzunehmen und schickte den Journalisten mit erhobener Stimme zu seiner Komödiantin zurück. Sofort antwortete Rose, die es eben noch mit zurückgewandtem Kopf gehört hatte, mit einem: „Dreckiger Schlampen!", das sie zwischen den Zähnen hervorstieß. Aber schon hatte sie Mignon, väterlich überlegen und erfahren im Frauengezänk, hinausgeschoben und bat sie, ein Ende zu machen. Hinter ihnen

stieg Lucy ganz allein wie eine Königin die Stufen hinunter. Schließlich kam La Faloise, den Gaga führen mußte, krank und ächzend wie ein Kind, nach Clarisse rufend, die längst mit ihren zwei Herren auf und davon war. Auch Simonne war verschwunden. Es war niemand mehr da als Tatan Néné, Léa und Maria, die Labordette gefällig auf sich nahm.
,,Auch ich hab' gar keine Lust zu schlafen!" sagte Nana. ,,Wir wollen etwas unternehmen." Sie sah durch die Fensterscheiben in den Himmel, in einen bleichen Himmel voll rußfarbener Wölkchen. Es war sechs Uhr. Gegenüber, auf der anderen Seite des Boulevard Haussmann, schnitt das feuchte Dachwerk der schlafenden Häuser im Morgengrauen seine Silhouette in den Himmel; auf der verödeten Chaussee zog ein Trupp Straßenkehrer mit klappernden Holzsohlen vorbei. Und vor diesem trostlosen Erwachen von Paris ergriff Nana die Jungmädchentraurigkeit, eine Sehnsucht nach Landschaft, Idyll – nach irgend etwas Sanftem und Reinem.
,,Oh, wissen Sie was?" sagte sie, zu Steiner zurücktretend, ,,führen Sie mich in den Bois de Boulogne und trinken wir da Milch."
Sie schlug, froh wie ein Kind, die Hände zusammen. Ohne die Antwort des Bankiers abzuwarten, der natürlich einwilligte – im Grund verstimmt, denn er träumte von anderen Dingen –, lief sie und warf sich einen Pelz um die Schultern. Im Salon war niemand mehr als Steiner und diese Bande junger Leute – sie hatten die Gläser bis zur Neige in das Klavier geleert und sprachen nun auch von Aufbruch –; da kam einer von ihnen triumphierend angerannt mit einer letzten Flasche in der Hand, die er aus der Speisekammer geholt hatte.
,,Wartet nur, wartet", schrie er, ,,eine Flasche Chartreuse! ... das Klavier muß wirklich noch etwas Chartreuse bekommen ... das wird ihm wieder auf die Beine helfen ... und jetzt, Kinder, drücken wir uns. Wir sind Idioten."
Nana mußte Zoé wecken, die im Ankleidekabinett auf einem Sessel eingeschlummert war. Das Gas brannte. Zoé schauerte fröstelnd und half Madame Hut und Pelz anlegen.
,,Na, nun ist es soweit, ich tue, was du geraten hast", sagte Nana und duzte sie in einer Gefühlsaufwallung, ordentlich erleichtert, daß ein Entschluß gefaßt war. ,,Du hast ganz recht, der Bankier ist geradesogut wie ein anderer."
Das Mädchen war verdrießlich und verschlafen. Sie brummte; Madame hätte sich gleich am ersten Abend entscheiden können. Sie folgte Nana in das Schlafzimmer und fragte, was sie denn mit den beiden da anfangen sollte. Bordenave schnarchte noch immer. Georges, der heimlich seinen Kopf in Nanas Kissen gedrückt hatte, war darüber eingeschlafen; da lag er nun, und sein Atem ging leise wie der Atem eines Cherubs.
Nana meinte, sie sollten nur ruhig schlafen. Aber nun wurde sie gerührt, denn Daguenet trat ein, er hatte von der Küche aus aufgepaßt und sah recht trübselig aus.
,,Schau, Bubi, sei gescheit", sagte sie und nahm ihn in den Arm und küßte ihn mit tausend Zärtlichkeiten. ,,Es hat sich doch nichts verändert, du weißt ja, daß du immer mein süßer Bubi bleiben wirst ... nicht wahr? – Das mußte sein ... ich schwöre dir, es wird jetzt alles noch viel schöner. Komm morgen, wir werden die Stunden vereinbaren, schnell, küß mich, zeig, wie lieb du mich hast ... o stärker, stärker ..."
Und sie lief hinaus zu Steiner, glückselig und wieder ganz entzückt von ihrem Einfall, Milch zu trinken. In der leeren Wohnung blieb Vandeuvres allein mit dem ordengeschmückten Herrn, der ,,Das Opfer Abrahams" rezitiert hatte. Beide saßen wie angenagelt an dem Spieltisch, sie wußten nicht mehr, wo sie sich befanden, sie sahen das helle Tageslicht nicht; Blanche aber hatte sich auf ein Sofa gelegt und versuchte zu schlafen.
,,Ach, Blanche ist mit von der Partie!" rief Nana. ,,Wir gehen Milch trinken, meine Liebe ... kommen Sie nur, wir finden Vandeuvres noch hier, wenn wir zurückkommen."
Blanche erhob sich faul. Aber jetzt erbleichte das schlagflüssige Gesicht des Bankiers vor Ärger, daß dieses dicke Mädchen sie noch stören sollte. Aber die beiden Frauen hatten ihn schon untergefaßt und sagten: ,,Wissen Sie, wir wollen sie ganz frisch melken lassen."

V

Im Théâtre des Variétés fand die vierunddreißigste Vorstellung der ,,Blonden Venus" statt. Eben war der erste Akt zu Ende. Im Konversationszimmer stand Simonne als kleine Wäscherin vor einer Spiegelkonsole zwischen den beiden Ecktüren, die sich in der Holzverkleidung auf die Garderobengänge öffneten. Ganz allein stand sie da, forschte prüfend im Spiegel und fuhr sich mit dem Finger unter die Augen, um die Schminkstriche besser zu verreiben. Die beiden Gasarme rechts und links vom Spiegel warfen ihr schonungsloses Licht über Simonne.
,,Ist er gekommen?" fragte Prullière, der eingetreten war, in dem Kostüm eines Schweizer Admirals, mit großem Säbel, riesigen Stiefeln und ungeheurem Federbusch.
,,Wer denn?" fragte Simonne, ohne sich stören zu lassen, und lachte in den Spiegel, um zu sehen, ob die Lippen richtig geschminkt waren.
,,Der Prinz."
,,Ich weiß nicht, ich komme gerade herunter ... ach, der wird wohl kommen! Er kommt doch jeden Abend!"
Prullière näherte sich dem Kamin gegenüber der Konsole, in dem Koksfeuer flammte. Zwei weitere Gasarme brannten hier und erhellten den Raum. Er hob die Augen, sah nach Uhr und Barometer rechts und links, die zwei vergoldete Empire-Sphinxe trugen. Dann warf er sich in einen bequemen Ohrensessel, dessen grüner Samt, von vier Künstlergenerationen vernutzt, ins Gelbe spielte.

Und so verharrte er, unbeweglich, mit verlorenen Augen, in der entspannten, ergebenen Haltung des Schauspielers, der gewohnt ist, auf seinen Auftritt zu warten.
Der alte Bosc kam mit schleppenden Füßen herein, hustend, in einen alten, gelben Mantel mit Kutscherkragen gehüllt. Er war ihm von der einen Schulter geglitten und ließ das goldene Panzerhemd des Königs Dagobert sehen. Er legte seine Krone auf das Klavier, ohne ein Wort zu sprechen, er trommelte mürrisch, aber doch wie ein Mensch, der anstandslos seine Pflicht erfüllt, mit Fingern, die vor beginnender Veralkoholisierung zitterten, auf dem Klavier; ein langer weißer Bart verlieh dem Gesicht, aus dem die Flammen der Trunkenheit schlugen, etwas Ehrwürdiges. Schweigen herrschte – dann peitschte ein Platzregen die Fensterscheiben, die nach dem Hof gingen. Er machte eine Gebärde des Abscheus.
„So ein Sauwetter!" grollte er.
Simonne und Prullière rührten sich nicht. Vier oder fünf Bilder, Landschaften, ein Porträt des Schauspielers Vernet, gilbten in der Hitze des Gaslichts. Von einem Säulenschaft blickte die Büste Potiers, einer der alten Sterne des Theaters, aus leeren Augen.
Jetzt drang der Ton einer lauten Stimme in das Schweigen. Es war Fontan in seinem Kostüm vom zweiten Akt, als schicker Junge, ganz in Gelb und mit gelben Handschuhen.
„Hört, meine Lieben", schrie er gestikulierend, „wißt ihr nicht, daß ich heute Namenstag hab'?"
„So?" fragte Simonne, die mit einem Lächeln näherkam, wie angezogen von seiner großen Nase und seinem breitgeschlitzten Komikermund. „Heißt du denn Achille?"
„Gewiß! ... und ich werde Madame Bron sagen lassen, daß sie nach dem zweiten Akt Sekt heraufschickt."
Seit einem Augenblick klingelte von weitem ein Glöckchen, der Ton wurde stärker, schwächer und kam dann wieder. Als das Zeichen aufhörte, lief ein Ruf über die Gänge, stieg die Treppen hinauf und hinunter und verlor sich in den Korridoren: „Auf die Bühne zum zweiten Akt! Auf die Bühne zum zweiten Akt!"
Der Ruf kam näher, ein kleiner, bleicher Mensch eilte an den Türen des Konversationszimmers vorbei und schrie aus aller Kraft seiner schrillen Stimme: „Auf die Bühne, zweiter Akt!"
„Teufel eins, Sekt!" sagte Prullière, ohne anscheinend den Zuruf zu hören, „na, du gibst es ja nobel!"
„Ich an deiner Stelle ließe ihn aus dem Kaffeehaus holen", erklärte bedächtig der alte Bosc, der auf einem grünen Samtbänkchen saß und den Kopf an die Wand lehnte.
Aber Simonne meinte, man müsse die kleinen Vorrechte der Madame Bron respektieren. Sie klatschte in die Hände, entzückt und entzündet, und verschlang Fontan mit den Augen, der sich ein bewegliches Bocksgesicht geschminkt hatte; es spielte bei ihm fortwährend um Auge, Nase und Mund.
„Oh, dieser Fontan!" murmelte sie, „es gibt nur einen Fontan, es gibt nur einen Fontan!"
Die beiden Türen des Konversationszimmers standen weit auf, man sah den Korridor, der zur Bühne führte. Längs der gelben Mauer, die eine unsichtbare Gaslaterne mit hellem Licht übergoß, huschten schnelle Silhouetten dahin. Männer im Kostüm, halbnackte Frauen in Schals gehüllt, das ganze Personal des zweiten Aktes, die Masken der Kaschemme „Zur Schwarzen Kugel". Und man hörte am Ende des Ganges Getrappel und Gepurzel über die fünf Holzstufen, die zur Bühne führten. Als die große Clarisse vorbeirannte, rief Simonne sie an; aber sie rief zurück: sie käme gleich wieder. Und tatsächlich erschien sie sofort wieder, schlotternd und zähneklappernd in ihrer dünnen Tunika mit der Schärpe der Iris.
„Donnerwetter!" sagte sie, „ist das kalt. Und ich Dumme hab' meinen Pelz in der Garderobe gelassen!"
Dann, vor dem Kamin ihre Beine wärmend, deren Trikot sich lebhaft rosa färbte: „Der Prinz ist da."
„Ah!" riefen die andern neugierig.
„Ja, deshalb bin ich so gelaufen, ich wollte ihn sehen ... er sitzt in der ersten Proszeniumsloge rechts, gerade so wie Donnerstag. Na, was sagt ihr? Das drittemal seit acht Tagen. Hat dieses Mädel Glück, diese Nana! Ich hätte gewettet, daß er nicht wiederkommt."
Simonne öffnete den Mund, aber ein neuer Ruf verschlang ihre Stimme, die scharfe Stimme des Inspizienten schrie aus vollem Hals in den Gängen: „Anfang! Anfang!"
„Na, das wird ja nett, dreimal", sagte Simonne, als sie wieder sprechen konnte, „wißt ihr, er will nicht zu ihr kommen., Er empfängt sie bei sich. Das wird ihn ein schönes Stück Geld kosten!"
„Lieber Gott, wenn man zu Markte fährt –!" murmelte Prullière boshaft und erhob sich mit dem Gehaben des angebeteten Lieblings der Logen, um noch einen Blick in den Spiegel zu werfen.
„Anfang! Anfang!" schrie die Stimme des Inspizienten ferner von Treppen und Gängen.
Jetzt erzählte Fontan, wie sich die ganze Geschichte das erstemal zwischen dem Prinzen und Nana zugetragen hatte; sie lachten sehr laut, wenn er sich niederbeugte, um ihnen gewisse Details zu erklären. Der alte Bosc saß noch immer unbeweglich in tiefste Gleichgültigkeit versunken. Diese Dummheiten interessierten ihn nicht mehr. Er streichelte einen großen roten Kater, der mit rundem Buckel selig schnurrend auf dem Bänkchen saß; und schließlich nahm er ihn mit der zärtlichen Gutmütigkeit eines gnädigen Königs in die Arme. Der Kater machte einen Buckel, kehrte dann, nachdem er lange den großen weißen Bart beschnuppert hatte, wahrscheinlich von dem Mastixgeruch verscheucht, wieder auf seine Bank zurück und schlief friedlich zusammengerollt weiter. Bosc blieb ernst und versunken.
„Das macht gar nichts – ich an deiner Stelle würde den Champagner doch aus dem Kaffeehaus holen lassen, er ist besser", sagte er plötzlich zu Fontan, als der mit seiner Geschichte zu Ende war.
„Es hat angefangen!" hallte die gezogene, zerrissene

Stimme des Inspizienten. „Es hat angefangen! Es hat angefangen!" Der Ruf tönte fort. Ein Lärm von schnellen Füßen wurde laut. Durch die aufgerissene Tür des Konversationszimmers drangen eine Weile Musik und entfernter Lärm; dann fiel die Tür mit einem dumpfen Schlag der Polsterflügel zu.

Wieder herrschte schwere Stille im Konversationszimmer, als ob es hundert Meilen weit weg sei von jenem Raum, wo eine ganze Menschenmenge applaudierte. Simonne und Clarisse hielten noch immer bei Nana. Der fiel es natürlich nicht ein, sich zu beeilen! Noch am vergangenen Abend hatte sie ihren Auftritt versäumt.

Plötzlich schwiegen sie. Ein großes Mädchen steckte den Kopf zur Tür herein, dann, als sie sah, daß sie sich verirrt hatte, verschwand sie wieder im Korridor. Es war Satin in Hut und Schleier, mit dem Gehaben einer Dame, die Besuch macht.

„Eine saubere Schlampe!" murmelte Prullière, der ihr seit einem Jahr im Café des Variétés begegnete. Und Simonne erzählte, wie Nana Satin als eine alte Schulfreundin wiedererkannt habe, und wie sie Bordenave zusetzte und breitzuschlagen versuchte, damit er sie auftreten lasse.

„Da schau her! Guten Abend!" sagte Fontan und drückte Mignon und Fauchery, die eben eintraten, die Hand.

Der alte Bosc selbst streckte ihnen zwei Finger hin, und die beiden Frauen küßten Mignon.

„Ein volles Haus heute?" fragte Fauchery.

„Oh, ausgezeichnet besucht", antwortete Prullière. „Man muß nur sehen, wie das Publikum mitgeht ..."

„Ja, liebe Leute", gab Mignon zu bedenken, „kommt ihr denn jetzt nicht bald dran?"

„Ja, ja, gleich." Es war erst die vierte Szene. Nur Bosc erhob sich mit dem Instinkt des alten abgebrühten Komödianten, der sein Stichwort kommen fühlt. Im selben Augenblick erschien der Inspizient an der Tür. „Herr Bosc! Fräulein Simonne!" schrie er.

Simonne warf rasch einen Pelz um die Schultern und ging. Bosc holte ohne Eile seine Krone und setzte sie mit einem Ruck auf die Stirn; dann ging er, seinen Mantel hinter sich herschleifend, mit unsicheren Beinen, brummend und mit der ärgerlichen Miene eines Menschen, den man empfindlich aufgestört hat.

„Sie haben uns sehr freundlich behandelt in Ihrer letzten Kritik", nahm Fontan das Wort und wandte sich an Fauchery. „Nur: warum sagen Sie, daß die Schauspieler eitel sind?"

„Ja, mein Junge, warum sagst du das?" schrie Mignon und packte mit seinen Tatzen die schmalen Schultern des Journalisten, der in der Taille zusammenknickte.

Prullière und Clarisse unterdrückten mühsam das Lachen. Seit kurzem amüsierte sich das ganze Theater über eine Komödie, die sich hinter den Kulissen abspielte. Mignon, wütend über diese Laune seiner Gattin, gereizt darüber, daß Fauchery zum Haushalt nicht mehr beitrug als ein paar Kritiken, über deren Wert man streiten konnte, hatte sich etwas ausgedacht: er rächte sich an ihm, indem er ihn mit handgreiflichen Beweisen scheinbarer Freundschaft überschüttete; jeden Abend, wenn er ihn hinter der Bühne antraf, versetzte er ihm derb die freundschaftlichsten Rippenstöße, als ob er von einem wahren Exzeß von Zärtlichkeit überwältigt wäre. Und Fauchery, schwächlich und dürftig neben diesem Koloß, mußte sie noch gezwungen lächelnd in Empfang nehmen, um Roses Gatten nicht zu reizen.

„Na, Sie Ritter ohne Furcht und Tadel, Sie beleidigen Fontan!" sagte Mignon, den Spaß weitertreibend, „en garde! Eins, zwei und bums! in die Brust!"

Er war in Ausfallstellung und führte einen derartigen Hieb gegen den jungen Menschen, daß dieser einen Augenblick lang tief erblaßte und fast die Sprache verlor.

Clarisse machte die andern mit einem Augenblinzeln auf Rose aufmerksam, die auf der Schwelle des Künstlerzimmers stand. Rose hatte die Szene mitangesehen. Sie ging geradewegs auf den Journalisten zu, als ob sie ihren Mann gar nicht bemerkte. In ihrem Bébékostüm, mit nackten Armen, hob sie sich auf die Fußspitzen, sie bot ihm die Stirn und zog dabei mit kindlicher Zärtlichkeit ein Mäulchen.

„Guten Abend, Bébé", sagte Fauchery und küßte sie vertraulich. So entschädigte er sich. Mignon nahm scheinbar keine Notiz von dem Kuß; alle Leute im Theater küßten seine Frau. Aber er hatte ein sonderbares Lachen, als er jetzt den Journalisten mit einem unmerklichen Seitenblick streifte. Der würde ihm Roses Heldentat teuer bezahlen, weiß Gott.

Im Gang öffnete sich die gepolsterte Tür und fiel wieder zu. Ein donnernder Applaus drang mit dem Luftzug herein. Simonne kam eben von der Bühne zurück.

„Oh, Papa Bosc hat heute einen Erfolg –!" rief sie. „Der Prinz wand sich vor Lachen und applaudierte mit den andern, als ob er dafür bezahlt bekäme ... Sagen Sie doch, kennen Sie den großen Herrn neben dem Prinzen in der Proszeniumsloge? Ein schöner Mensch, sehr vornehm und wunderbare Favorits!"

„Das ist der Graf Muffat", antwortete Fauchery. „Ich weiß, daß der Prinz ihn vorgestern bei der Kaiserin für heute zum Diner geladen hat. Na, und nachher wird er ihn hierher verschleppt haben ..."

„Wie! Der Graf Muffat – wir kennen seinen Schwiegervater, nicht wahr, August", sagte Rose zu Mignon. „Du erinnerst dich doch, der Marquis de Chouard, bei dem ich gesungen habe? – Natürlich, der ist auch im Haus, ich hab' ihn im Hintergrund einer Loge entdeckt. Das ist ein alter –"

Prullière, der seinen ungeheuren Federbusch gestrählt hatte, drehte sich um und rief sie: „Komm, Rose, wir gehen hinaus!"

Sie folgte ihm im Laufschritt, ohne ihren Satz zu vollenden.

In diesem Augenblick eilte die Portiersfrau des Theaters, Madame Bron, mit einem Riesenbukett in den Armen an der Tür vorbei. Simonne fragte scherzend, ob es für sie sei. Aber die Portiersfrau antwortete nicht und wies mit dem Kinn nach Nanas Garderobe am Ende des Ganges. Diese Nana! Man überschüttete sie mit Blumen.

Als Madame Bron zurückkam, übergab sie Clarisse einen Brief, der ein halberstickter Fluch entfuhr. Wieder dieser Hohlkopf von La Faloise! So eine Klette, die man nicht loswerden konnte! Und als sie hörte, daß der Herr bei der Portiersfrau wartete, rief sie: ,,Sagen Sie ihm, ich komme nach Aktschluß hinunter ... die Antwort schreib' ich ihm mit der Hand ins Gesicht.‘‘

Fontan kam herbeigestürzt und rief: ,,Madame Bron, hören Sie ... hören Sie doch, Madame Bron! Schicken Sie in der großen Pause sechs Flaschen Champagner herauf.‘‘

Der Inspizient erschien wieder, außer Atem, mit seinem gewohnten Singsang: ,,Alles auf die Bühne! ... Herr Fontan, Sie fangen an, schnell, beeilen Sie sich!‘‘

,,Ja, ja, ich geh' ja schon, Papa Barillot‘‘, antwortete Fontan verstört, und hinter Madame Bron herlaufend, wiederholte er: ,,Also? Sie haben mich verstanden, sechs Flaschen Sekt ins Konversationszimmer in der großen Pause ... es ist mein Namenstag ... ich bezahle.‘‘

Simonne und Clarisse waren mit lautem Rascheln ihrer Röcke verschwunden. Alle waren wie Spreu zerstoben; und als die Tür dumpf ins Schloß fiel, hörte man in der Stille des Künstlerzimmers wieder einen neuen Platzregen, der an die Scheiben schlug.

Barillot, ein kleiner, blasser Greis, seit dreißig Jahren Theaterdiener, hatte sich vertraulich Mignon genähert und bot ihm die geöffnete Tabatiere. Diese gebotene und angenommene Prise verschaffte ihm eine Minute des Ausruhens in seinem ununterbrochenen Lauf durch Garderobengänge und Stiegenhaus. Er hatte nur mehr Madame Nana, wie er sie nannte, zu holen; aber die nahm ja doch keine Notiz von ihm und konnte auf die Geldstrafe pfeifen; wenn sie ihren Auftritt verpaßte, so verpaßte sie ihn eben.

Da hielt er erstaunt inne und flüsterte: ,,Da schau her, sie ist fertig, da steht sie ja ... Sie muß wissen, daß der Prinz gekommen ist ...‘‘

Und in der Tat stand Nana im Gang; sie war als Fischweib gekleidet, Gesicht und Arme waren sehr weiß, und zwei rosige Flecken leuchteten unter den Augen. Sie kam nicht herein, sie grüßte Mignon und Fauchery nur von weitem mit einem kleinen Kopfnicken: ,,Guten Tag, wie geht's?‘‘

Nur Mignon drückte die Hand, die sie hinstreckte. Und Nana setzte ihren Weg wie eine Königin fort, gefolgt von ihrer Ankleiderin, die ihr dicht auf den Fersen folgte und ihr noch hie und da, sich bückend, eine Kleiderfalte ordnete. Hinter der Ankleiderin beschloß Satin das Gefolge; sie gab sich große Mühe, sehr comme il faut zu wirken und langweilte sich dabei schon zum Umkommen.

,,Und Steiner?‘‘ fragte Mignon brüsk.

,,Herr Steiner ist gestern nach Le Loiret abgereist‘‘, sagte Barillot, der im Begriff war, wieder auf die Bühne zu gehen. ,,Ich glaube, er will da unten ein Landgut kaufen ...‘‘

,,Aha, ich weiß schon, das Landgut für Nana.‘‘

Mignon wurde ernst. Dieser Steiner! Er hatte doch früher einmal Rose ein Haus versprochen! Aber schließlich, man soll sich mit niemand entzweien, die Gelegenheit konnte sich ja wieder einmal bieten. Ganz in Gedanken, aber immer überlegen, wanderte Mignon zwischen Kamin und Spiegelkonsole hin und her. Im Konversationszimmer war außer ihm nur noch Fauchery. Der Journalist streckte sich müde in den tiefen Lehnstuhl; mit halbgeschlossenen Lidern verhielt er sich sehr still unter den Blicken, die der andere ihm im Vorbeigehen zuwarf. Wenn sie allein waren, machte es Mignon keinen Spaß, Fauchery mit Stößen und Püffen zu traktieren. Wozu auch, da sich niemand an dem Schauspiel erfreuen konnte? Ihm selbst war die Geschichte zu gleichgültig, als daß er sich ohne Zuschauer bei diesen Scherzen des ehelichen Lebens amüsierte. Fauchery, glücklich über diese kurze Erholungsfrist, streckte die Füße vor dem Feuer lang von sich und wanderte gedankenlos mit den Augen vom Barometer zur Pendeluhr. Mignon blieb auf seinem Marsch vor der Büste Potiers stehen, blickte sie an, ohne sie zu sehen und kehrte dann zum Fenster zurück, unter dem das schwarze Loch des Hofes gähnte.

Der Regen hatte aufgehört, es war eine Stille eingetreten, die irgendwie noch bedrückender schien durch die erstickende Hitze des Koksfeuers und der Gasflammen. Kein Laut kam mehr von der Bühne. Gänge und Stiegen waren wie ausgestorben. Es herrschte diese gedämpfte Aktschlußstille, die die Räume hinter der Bühne erfüllt, wenn das ganze Personal auf der Szene das betäubende Höllenspektakel eines Finales vollführt. Indes liegt das Konversationszimmer beim Summen der Gasflammen im Scheintod.

,,Ach, diese Kamele!‘‘ schrie plötzlich Bordenaves heisere Stimme. Eben war er angekommen und wetterte schon gegen zwei Statistinnen, die auf offener Szene fast hingeplumpst wären, weil sie Unfug getrieben hatten. Als er Mignon und Fauchery gewahrte, rief er sie, um ihnen zu verkünden, daß der Prinz soeben den Wunsch ausgesprochen habe, Nana während des Zwischenaktes in ihrer Garderobe zu beglückwünschen. Als er mit ihnen über die Bühne ging, kam eben der Abendregisseur vorbei.

,,Brummen Sie diesen zwei Ludern Fernande und Maria ordentliche Geldstrafen auf!‘‘ schrie wütend Bordenave. Dann beruhigte er sich, fuhr mit dem Taschentuch über die Stirn und warf sein Gesicht in die würdigen Falten eines Pére noble: ,,Ich gehe, Seine Hoheit zu empfangen.‘‘

Der Vorhang fiel unter einer nicht enden wollenden Applaussalve. Sofort rannten die Schauspieler in wilder Auflösung über die halbdunkle Bühne, die nun nicht mehr von der Rampe erhellt war. Schauspieler und Statisten stürzten in ihre Garderoben, und die Bühnenarbeiter trugen eilig die Versatzstücke von der Szene. Simonne und Clarisse standen noch leise plaudernd im Hintergrund. Sie hatten auf der Bühne zwischen zwei Sätzen ihrer Rolle ein wichtiges Privatgespräch begonnen. Clarisse hatte sich die Geschichte gut überlegt: sie wollte La Faloise nicht wiedersehen, der sich seinerseits nicht entschließen konnte, sie zu lassen und sich für Gaga zu entscheiden. Simonne übernahm es, ihm einfach klarzumachen, daß man sich nicht wie eine Klette an eine Frau hängt. Na, sie wollte schon mit ihm fertig werden.

Simonne als Operetten-Wäschermädel mit pelzbedeckten Schultern stieg die enge Wendeltreppe hinab, die mit glitschigen Stufen und feuchten Mauern zur Portierloge führte. Dieser Raum lag zwischen der Bühnentreppe und der Stiege, die zur Theaterkanzlei führte. Er war rechts und links durch breite Glaswände geschlossen und sah aus wie eine große durchsichtige Laterne, in der zwei grelle Gasflammen brannten. In einem Fächerschrank häuften sich Briefe und Zeitungen. Auf dem Tisch lagen Blumensträuße und warteten hier in Gesellschaft vergessener, schmutziger Teller und eines alten Korsetts, das die Portiersfrau ausbesserte. Und mitten in dieser Unordnung eines liederlich aufgeräumten Hängebodens saßen auf vier alten Strohstühlen korrekte, elegant behandschuhte Herren der großen Welt mit geduldiger, ergebener Miene; sooft Madame Bron mit ihren Antworten die Treppe herunterkam, wendeten sie lebhaft den Kopf. Eben kam sie wieder und übergab einem jungen Menschen einen Brief, den dieser schleunigst im Flur unter einem Gasarm aufriß; er erblaßte leicht, als er den an dieser Stelle so oft gelesenen klassischen Satz wiederfand: „Unmöglich heute abend, mein Liebling, ich bin besetzt."

Auf einem der Stühle rückwärts zwischen Tisch und Ofen saß La Faloise; er schien entschlossen, den Abend hier zu verbringen, war aber doch unruhig und zog seine langen Beine an sich, an die sich ein ganzer Wurf kleiner schwarzer Katzen angekrallt hatte, während die Alte auf ihrem Hintern saß und ihn unbeweglich aus gelben Augen anglotzte.

„Ach, Fräulein Simonne, sind Sie's? Was wünschen Sie denn?" fragte die Portiersfrau.

Simonne bat sie, ihr La Faloise herauszuschicken. Aber Madame Bron konnte ihr nicht gleich zu Diensten sein. Sie hielt unter der Treppe unter einer Art tiefem Schrank einen Ausschank, und die Statisten kamen in den Pausen herunter und tranken ein Gläschen bei ihr; und da sich dort fünf bis sechs große Teufel, noch als Masken der „Schwarzen Kugel" verkleidet, drängend und halbtot vor Durst um sie scharten, verlor sie ein wenig den Kopf. In diesem Kasten brannte eine Gasflamme; ein Tisch war da, mit einer Platte von Blattzinn, und Bretter, auf denen halbgeleerte Flaschen aufgereiht standen. Wenn man die Tür dieses Kohlenlochs öffnete, strömte ein heftiger Alkoholgeruch heraus und mischte sich in die muffigen Fettdünste und in den Atem der stark duftenden Blumensträuße auf dem Tisch der Portierloge.

„Also", wandte sich die Portiersfrau wieder an Simonne, als sie die Statisten abgefertigt hatte, „Sie wollen diesen kleinen Dunklen da, nicht wahr?"

„Aber um Gottes willen, machen Sie keine Dummheiten" sagte Simonne, „den Magern neben dem Ofen, an dessen Hosen Ihre Katze schnuppert!"

Madame Bron schickte La Faloise auf den Flur, während die anderen Herren ergeben und halb erstickt von der Stickluft weiter warteten und die Masken auf dem Treppenflur herumstehend ihr Glas tranken und sich in heiserer Weinseligkeit herumbalgten.

Oben auf der Bühne brüllte Bordenave die Maschinisten an, die mit dem Dekorationswechsel nicht fertig wurden. Und justament heute – der Prinz würde noch ein Versatzstück auf den Kopf bekommen.

„Aufziehen! Aufziehen!" schrie der Bühnenmeister.

Endlich stieg der Prospekt in die Höhe, und die Bühne war frei. Mignon, der schon lange auf Fauchery lauerte, ergriff die Gelegenheit, um wieder mit seinen Boxerscherzen zu beginnen. Er zerdrückte ihn in seinen starken Armen und schrie: „Geben Sie doch ach! Diese Stange hätte Sie auf ein Haar erschlagen!" Und er trug ihn weg und schüttelte ihn, ehe er ihn wieder auf den Boden setzte. Fauchery erblaßte bei dem schallenden Gelächter der Bühnenarbeiter, seine Lippen zitterten; er war nahe daran, endlich zu revoltieren, während Mignon ihn wieder wie ein guter Kerl treuherzig auf die Schulter schlug, als wollte er ihn in zwei Stücke spalten, und wiederholte: „Ich geb' schon auf Sie acht; solang' ich da bin, kann Ihnen nichts geschehen! Donnerwetter, das wäre ja noch schöner, wenn Ihnen ein Unfall zustieße!"

Ein Murmeln erhob sich rundum: „Der Prinz! Der Prinz!"

Und jedes Auge richtete sich auf die kleine Tür, die zum Parkett führte. Man sah fürs erste nur Bordenaves runden Rücken mit seinem Schlächternacken, der sich in einer Reihe von unterwürfigen Bücklingen faltete und aufblähte. Dann erschien der Prinz, groß, stark, blondbärtig, mit rosigem Teint und mit der Distinktion eines soliden Lebemannes, dessen vierschrötiger Gliederbau sich unter dem tadellosen Schnitt seiner Redingote abzeichnete. Hinter ihm gingen der Graf Muffat und der Marquis de Chouard. Es war dunkel in diesem Winkel der Bühne, die Gruppe der drei Männergestalten tauchte undeutlich aus den großen schwankenden Schatten. Um würdig mit dem Sohn einer Königin, dem zukünftigen Erben eines Thrones, zu sprechen, hatte Bordenave einen Bärenführerton angenommen, der von falscher Rührung zitterte.

„Wenn Hoheit mir gütigst folgen wollen ... wenn Hoheit sich herablassen wollten, hier durchzugehen ... Hoheit wollen gütigst achtgeben ..."

Der Prinz beeilte sich keineswegs, er zögerte eher und sah sehr interessiert den Manövern der Bühnenarbeiter zu. Man ließ eben die Deckenbeleuchtung herunter, und diese Gasrampe, die in einem eisenmaschigen Netz hing, goß breite Lichtwellen über die Bühne. Muffat insbesondere, der die Welt hinter den Kulissen gar nicht kannte, war verblüfft und von Unbehagen erfaßt – von einem unbestimmten, mit Furcht gemischten Abscheu. Er hob die Augen zum Schnürboden, wo noch andere Lichtbrücken mit kleingedrehten Flammen Sternbilder aus kleinen, bläulich flackernden Gestirnen bildeten, in einem Chaos von Drähten und Stricken jeder Dicke, in einem Durcheinander von Hängebrücken und Prospekten, die ausgebreitet in der Luft aufgehängt waren wie riesige Wäschestücke auf der Bleiche.

„Vorwärts!" schrie plötzlich der Maschinenmeister.

Der Prinz mußte höchstselbst den Grafen zurückziehen. Eine gemalte Leinwand kam herunter. Es war der Umbau zum dritten Akt: die Grotte des Ätna. Die Bühnenarbeiter pflanzten Stangen in die Versenkungen, andere holten die Versatzstücke, bohrten sie an und befestigten sie mit starken Stricken an den Stangen. Im Hintergrund stellte ein Beleuchter einen Scheinwerfer auf, dessen Flammen hinter roten Scheiben brannten: das war der wilde Feuerschein aus Vulkans Esse. Die ganze Bühne war ein tolles Durcheinander, ein scheinbar nicht zu entwirrendes Gedränge und Geschiebe, und doch war jede geringste Bewegung notwendig, jeder Handgriff geregelt. In dieser Hast und Eile spazierte gemächlich mit kleinen Schritten der Souffleur auf und ab, um seine Beine etwas zu bewegen.

„Hoheit überhäufen mich mit Gnade", sagte Bordenave mit fortwährenden Bücklingen. „Das Theater ist nicht groß, aber man tut, was man kann ... Wenn Hoheit mir jetzt zu folgen geruhen ..."

Der Graf Muffat wandte sich schon gegen die Garderobengänge. Die Bühne fiel ziemlich jäh nach dem Zuschauerraum hin ab, und das machte ihn unsicher; seine Unruhe kam hauptsächlich von diesem abschüssigen Boden, der sich unter seinen Füßen zu bewegen schien; in den offenen Versenkungen sah man das unterirdisch brennende Gaslicht. Das war ein Leben unter der Erde mit dunklen Tiefen, Männerstimmen und Kellerhauch. Wie er so von der Bühne wegstrebte, hielt ihn ein Anblick auf. Zwei kleine Weiberchen im Kostüm des dritten Aktes schwatzten vor dem Guckloch im Vorhang. Die eine streckte sich in den Hüften und erweiterte das Loch mit dem Finger, um besser zu sehen und suchte jemand im Haus.

„Jetzt seh' ich ihn", sagte sie plötzlich. Oh, dieses Scheusal!"

Bordenave war außer sich und hielt sich mit Mühe zurück, um ihr nicht einen Fußtritt in den Hintern zu versetzen, aber der Prinz lächelte entzückt und angeregt von diesem Wort und schenkte dem Mädel einen huldvollen Blick. Aber sie kümmerte sich nicht um Seine Hoheit, sie lachte unverschämt los. Bordenave bat den Prinzen, ihm zu folgen. Dem Grafen Muffat brach der Schweiß aus, er nahm seinen Hut ab. Was ihm besonderes Unbehagen verursachte, war die dicke, überhitzte Stickluft, in der ein starker Geruch schwang – dieser Kulissengeruch aus Gas, Leim, bemalter Leinwand, dem Moder dunkler Winkel und den zweifelhaften Dessous der Statisterie. In den Gängen wurde die Beklemmung noch ärger. Die säuerlichen Düfte der Toilettewasser, Seifenparfüme, die aus den Garderoben drangen, schnitten zuweilen in die von Menschenatem vergiftete Luft. Im Vorbeigehen hob der Graf den Kopf und warf einen Blick in das Stiegenhaus; er war ganz benommen von dem grellen Lichtstrom und der Hitze, die von oben herab kamen. Von da kam auch ein Geklapper von Eimern, Gelächter, Rufe und fortwährendes Schlagen von Türen, aus denen ein Duft von Frauen kam, in den sich der Geruch von Schminke und die herbe Ausdünstung ihres Haares mischte. Und er hielt nicht an, er beschleunigte eher seinen Schritt, ja, er floh beinahe, ein Schauer überrieselte ihn, er bekam eine Gänsehaut von diesem plötzlichen Blick in eine fremde Welt.

„Na?! Es ist doch etwas Drolliges um so ein Theater", sagte der Marquis de Chouard mit dem Behagen eines Menschen, der sich zu Hause fühlt.

Bordenave stand endlich vor Nanas Garderobe am Ende des Ganges. Er klinkte ruhig auf. Dann trat er bescheiden zur Seite: Wenn Hoheit geruhen wollen, einzutreten ..."

Der Schrei einer überraschten Frau ertönte, und man sah Nana, nackt bis zum Gürtel, hinter einen Vorhang flüchten, während ihre Ankleiderin, die eben im Begriff war, sie abzureiben, mit dem Handtuch in der Luft dastand.

„Was für ein Blödsinn, so hereinzustürzen!" schrie Nana aus ihrem Versteck. „Kommen Sie nicht herein. Sie sehen doch, daß man nicht herein kann!"

Bordenave war ungehalten über diese Flucht. „Bleiben Sie doch, meine Liebe, das macht ja nichts", sagte er. „Es ist Seine Hoheit. Vorwärts, seien Sie doch nicht kindisch."

Und da sie sich weigerte, hervorzukommen, noch eigensinnig, aber schon wieder lachend, fügte er väterlich unwirsch hinzu: „Lieber Himmel, die Herren wissen ja doch wie eine Frau aussieht, sie werden Sie nicht fressen."

„Das ist gar nicht so sicher", bemerkte der Prinz mit einem feinen Lächeln. Alles lachte laut – etwas zu laut – um ihm den Hof zu machen. „Eine geistreiche Bemerkung", sagte Bordenave, „ganz und gar pariserisch." Nana antwortete nicht mehr, der Vorhang bewegte sich, sie faßte einen Entschluß, wie es schien.

Der Graf Muffat, dem das Blut zu Kopf gestiegen war, sah sich forschend in der Garderobe um. Es war ein quadratischer Raum mit sehr niederer Decke und ganz mit hellbraunem Stoff bespannt. Vorhänge vom selben Stoff hingen an einer Messingstange und bildeten im Hintergrund eine Art Kabinett. Zwei breite Fenster gingen auf den Hof des Theaters, die aussätzige Mauer gegenüber war höchstens drei Meter weit entfernt, und das Licht, das aus der Garderobe drang, warf drüben zwei gelbe Vierecke ins Dunkel der Nacht. Dem großen dreiteiligen Spiegel gegenüber stand ein Toilettetisch von weißem Marmor, über den sich ein Wirrsal von Flakons und Kristalldosen voll Abschminke, Essenzen und Puder ergoß.

Der Graf näherte sich dem Spiegel und sah darin sein tiefgerötetes Gesicht mit feinen Schweißtröpfchen auf der Stirn; er senkte die Augen und stellte sich an den Toilettetisch, wo Waschbecken voll Seifenwasser, die kleinen herumgestreuten Geräte aus Elfenbein und die nassen Schwämme seine ganze Aufmerksamkeit für ein Weilchen fesselten. Dieser Rauschzustand, den er bei seinem ersten Besuch bei Nana auf dem Boulevard Haussmann empfunden hatte, überwältigte ihn von neuem. Unter seinen Füßen fühlte er weich den dicken Teppich der Garderobe. Das leise Sausen der Gasflammen, die über dem Toilettetisch und über dem Spiegel brannten, pfiff ihm um die Schläfen. Einen Augenblick lang wandelte ihn eine Ohnmacht an in diesem Duft von Frau, den er hier erhitzt und verzehnfacht unter der niederen Decke wiederfand; und er mußte sich auf den Rand des Polsterdiwans zwischen den beiden Fenstern niederlassen. Aber er stand sofort wieder auf, ging zum Toilettentisch zurück und sah nichts mehr an – er träumte mit verlorenen Augen von einem Tuberosenstrauß, der einstmals in seinem Zimmer verwelkte und an dem er fast gestorben war. Wenn Tuberosen verwelken, bekommen sie Menschengeruch.

„Mach schnell!" flüsterte Bordenave Nana zu, den Kopf durch den Vorhang steckend. Der Prinz lieh indessen liebenswürdig dem Marquis de Chouard sein Ohr, der eine Hasenpfote vom Tisch genommen hatte und den Gebrauch der Fettschminke erklärte.

Aus einer Ecke starrte Satin mit ihrem reinen Jungfrauenantlitz die beiden Herren an. Madame Jules, die Ankleiderin, bereitete das Trikot und die Tunika der Venus vor. Madame Jules war alterslos, ihr Gesicht sah aus wie Pergament und trug die unbeweglichen Züge eines alten Mädchens, das keiner jung gekannt hat. Dieses Geschöpf war in der überhitzten Luft der Garderoben vertrocknet, mitten unter den berühmtesten Schenkeln und Brüsten von Paris. Sie trug ewig und immer dasselbe entfärbte schwarze Kleid, und auf ihrem flachen, geschlechtslosen Busen starrte über dem Herzen ein Wald von Stecknadeln.

„Entschuldigen Sie mich, meine Herren", sagte Nana, die Vorhänge zurückschlagend, „aber ich war so überrascht ..."

Alle drehten sich um. Es war ihr gar nicht eingefallen, etwas überzuwerfen – sie kam heraus und knöpfte ruhig an einer kleinen Untertaille aus Perkal, die nur zur Hälfte ihre Brust verbarg. Als die Herren sie in die Flucht gejagt hatten, war sie im Begriff gewesen, sich umzuziehen, und hatte nun rasch ihr Fischweibkostüm heruntergerissen. Rückwärts guckte noch ein Hemdzipfel aus ihrer Hose. Und so, mit nackten Armen, nackten Schultern, die Spitzen ihrer Brüste in die Luft starrend – in der ganzen herrlichen Jugend einer üppigen Blondine – so hielt sie noch immer den Vorhang mit einer Hand fest, als ob sie ihn bei dem geringsten Schreck wieder zuziehen wollte.

„Ja, ich bin so erschrocken ... niemals würde ich wagen ..." stammelte sie, Verwirrung heuchelnd; rosige Töne spielten auf ihrer Brust, und sie lächelte scheu.

„Ach, geh doch, uns gefällst du wie du bist!" schrie Bordenave.

Sie ließ es sich noch einige zögernde Naivengesten kosten, bog sich, als ob sie gekitzelt würde und sagte: „Hoheit erweist mir zuviel Ehre ... ich bitte Hoheit gütigst zu entschuldigen, wenn ich Sie so empfange ..."

„Es ist an mir, mich zu entschuldigen, ich komme zur Unzeit", sagte der Prinz; „aber ich konnte dem Wunsche nicht widerstehen, Ihnen mein Kompliment zu machen ..."

Nana wandte sich jetzt gelassen zum Toilettentisch; sie ging in den Hosen mitten durch die Herren, die ihr Platz machten. Die Hose blähte sich über ihren sehr starken Hüften, und mit vorgestreckter Brust grüßte sie noch einmal mit ihrem feinen Lächeln. Plötzlich schien sie den Grafen Muffat wiederzuerkennen und reichte ihm freundschaftlich die Hand. Dann zankte sie ihn ein wenig aus, daß er nicht zu ihrem Souper gekommen war. Seine Hoheit geruhte Muffat zu necken, der, von Schauern überlaufen, stotterte – nur weil er einen Augenblick lang diese kleine Hand, frisch und kühl von Toilettenwasser, in seiner brennenden Hand gehalten hatte. Der Graf hatte ausgiebig bei dem Prinzen diniert, der ein starker Esser und Trinker war. Beide waren sie leicht angeheitert; aber sie hielten sich tadellos. Muffat fand, um seine Verwirrung zu verbergen, nur eine Phrase über die Hitze: „Mein Gott! Ist das heiß hier!" sagte er. „Wie können Sie nur in einer solchen Temperatur existieren?"

Das war der Ausgangspunkt einer Unterhaltung, die sich nun entspann. Plötzlich erhoben sich lärmende Stimmen an der Garderobentür. Bordenave zog den Schieber von einem klösterlich vergitterten Guckloch in der Tür zurück. Es war Fontan mit Prullière und Bosc, alle drei mit Flaschen unter den Armen und Gläsern in den Händen. Fontan schrie und klopfte: er habe heute Namenstag, er zahle Champagner. Nana befragte den Prinzen mit einem Blick. Aber gewiß doch! Seine Hoheit wollte kein Spielverderber sein, er war außerordentlich erfreut! Aber Fontan war schon, ohne die Erlaubnis abzuwarten, eingetreten und wiederholte kindlich stammelnd: „Ich kein Filz sein ... ich Champagner zahlen ..."

Da bemerkte er plötzlich den Prinzen, von dessen Anwesenheit er nichts wußte. Er hielt jählings inne, und mit feierlicher Hanswursterei sagte er: „Der König Dagobert steht im Korridor und begehrt mit Seiner Königlichen Hoheit anzustoßen."

Der Prinz lächelte, und alle fanden das entzückend. Indes war die Garderobe zu klein für soviel Leute. Sie standen aneinandergedrängt wie Heringe, Satin und Madame Jules im Hintergrund an den Vorhängen, die Männer um die halbnackte Nana geschart. Die Schauspieler waren noch im Kostüm des zweiten Aktes. Prullière nahm seinen Schweizer Admiralshut ab, dessen ungeheurer Federbusch an der Decke streifte; Bosc mit seinem purpurnen Wams und seiner Blechkrone stemmte sich fest auf seine

Säuferbeine und grüßte den Prinzen als Monarch, der den Sohn eines mächtigen Nachbarn bei sich empfängt. Die Gläser waren gefüllt und klangen aneinander.
„Ich trinke auf das Wohl Eurer Hoheit!“ sagte königlich der alte Bosc.
„Auf das Heer!“ sagte Prullière.
„Venus soll leben!“ schrie Fontan.
Der Prinz hob liebenswürdig sein Glas. Er hielt es, neigte sich dreimal und sagte: „Madame ... Admiral ... Sire ...“
Er leerte das Glas auf einen Zug. Der Graf Muffat und der Marquis de Chouard waren seinem Beispiel gefolgt. Man scherzte nicht mehr, man war bei Hofe. Diese Theaterwelt spielte hier die wirkliche Welt weiter, in einer ernsthaften Farce unter dem heißen Brodem der Gasflammen. Nana vergaß, daß sie in Hosen dastand; sie spielte mit ihrem Hemdzipfel die große Dame, die Königin Venus, die ihre Gemächer den Häuptern des Staates öffnet. An jeden Satz hängte sie eine „Königliche Hoheit“, sie machte überzeugte Hofknickse und behandelte dieses Gesindel Bosc und Prullière wie einen Souverän in Begleitung seines Ministers. Und niemand lächelte über dieses seltsame Durcheinander, über diesen wirklichen Prinzen und Erben eines Thrones, der hier den Champagner eines Komödianten trank und sich sehr wohl fühlte in diesem Karneval der Götter, in diesem Mummenschanz des Königtums, mitten in diesem Volk von Ankleiderinnen und Dirnen, von Bretterhelden und Weiberhändlern. Bordenave, hingerissen von diesem Auftritt, dachte an die Billettpreise, die er nehmen könnte, wenn Seine Hoheit geruhen würde, im zweiten Akt der „Blonden Venus“ so zu erscheinen.
„Was meinen Sie“, schrie er, vertraulich werdend, „wollen wir nicht meine kleinen Weiberchen herunterholen lassen!“
Nana war dagegen. Aber sie selbst verlor den Kopf. Fontan in seiner grotesken Maske zog sie an. Sie drückte sich an ihn und verschlang ihn mit den Augen einer schwangeren Frau, die vor Lust nach irgendeiner unsauberen Speise vergeht. Und auf einmal duzte sie ihn.
„Vorwärts, schenk mir ein, du Ungeheurer!“
Fontan füllte die Gläser, und sie tranken mit denselben Toasten.
„Auf das Wohl Seiner Hoheit!“
„Auf die Armee!“
„Venus soll leben!“
Aber Nana winkte Stillschweigen. Sie erhob ihr Glas sehr hoch und sagte: „Nein, nein, Fontan –! Es ist Fontans Namenstag! Fontan soll leben! Hoch! Hoch!“
Man stieß zum drittenmal auf Fontan an und ließ ihn hochleben. Der Prinz hatte gesehen, wie die junge Frau Fontan mit Blicken verschlang, und er nickte ihm zu.
„Herr Fontan“, sagte er mit seiner erlesenen Höflichkeit, „ich trinke auf Ihren Erfolg.“
Die Redingote Seiner Hoheit fegte über den Marmor des Toilettentisches. Es war wie in der Tiefe eines Alkovens, wie in einem engen Badezimmer mit den Dünsten der Waschschüsseln und Schwämme, dem heftigen Aroma der Essenzen, in den sich der berauschende, durchdringende Duft des Champagners mischte. Nana saß eingekeilt zwischen dem Prinzen und dem Grafen Muffat, und die beiden mußten die Hände heben, um ihr nicht bei der geringsten Bewegung an Brust oder Hüften zu streifen.
Madame Jules wartete ruhig und steif ohne ein Schweißtröpfchen, und Satin verwunderte sich in ihrem lasterhaften Herzen, daß ein Prinz und Herren im Frack sich wetteifernd mit geschminkten Komödianten um eine nackte Frau drängten; und sie schloß im stillen, daß diese eleganten Herren wohl auch nicht so ganz sauber seien.
Durch die Gänge kam jetzte das Geklingel Vater Barillots näher und näher. Als er an der Garderobentür erschien, blieb er beim Anblick der drei Schauspieler in ihren Kostümen aus dem zweiten Akt erstarrt stehen.
„Aber meine Herren, meine Herren“, stammelte er, „beeilen Sie sich ... das Zeichen im Foyer ist schon gegeben!“
„Pah“, sagte Bordenave beruhigt, „das Publikum kann warten.“
Trotzdem und auch in Anbetracht der leeren Flaschen grüßten die Schauspieler und gingen, um sich umzuziehen. Bosc, der seinen Bart in Sekt getaucht hatte, nahm ihn ab, und unter diesem verehrungswürdigen Bart erschien nun plötzlich bläulich schimmernd das verwüstete Trinkergesicht eines alten versoffenen Komödianten. Man hörte ihn vom Treppenabsatz her, wie er, vom Prinzen sprechend, mit seiner heiseren Schnapsstimme zu Fontan sagte: „Er war einfach platt über mich, was?!“
In Nanas Garderobe blieben nur mehr Seine Hoheit, der Graf und der Marquis zurück. Bordenave hatte sich mit Barillot entfernt, dem er befahl, Madame erst zu benachrichtigen, ehe er das Anfangszeichen gäbe.
„Meine Herren, Sie gestatten“, bat Nana, die Gesicht und Arme für den dritten Akt schminkte. Der Prinz hatte auf dem Diwan neben dem Marquis de Chouard Platz genommen. Nur der Graf Muffat blieb stehen. Die paar Gläser Champagner in dieser erdrückenden Hitze waren ihnen zu Kopf gestiegen. Satin sah, wie die Herren allein bei ihrer Freundin zurückblieben; es schien ihr geboten, diskret hinter dem Vorhang zu verschwinden; und dort wartete sie nun gelangweilt, auf einem Koffer sitzend, während Madame Jules geräuschlos kam und ging – ohne Wort, ohne Blick.
„Sie haben das Reigenlied wundervoll gesungen“, sagte der Prinz.
So begann die Konversation; aber sie versandete in kurzen Sätzen und großen Pausen. Nana konnte nicht immer antworten; sie hatte erst Coldcreme aufgelegt und verrieb nun weiße Fettschminke mit Hilfe eines Handtuchzipfels auf Armen und Gesicht. Einen Moment lang ließ sie den Blick von ihrem Spiegelbild; ihre Augen glitten lächelnd zu dem Prinzen hinüber, ohne daß sie indessen mit dem Schminken einhielt. „Hoheit sind allzu gütig“, murmelte sie.
Es war wie eine komplizierte Aufgabe, der der Marquis

mit seliger Genugtuung nachkam; er sprach nun seinerseits. „Könnte Sie", sagte er, „das Orchester nicht gedämpfter begleiten. Es deckt Ihre Stimme. Das ist ein unverzeihliches Verbrechen."
Diesmal drehte sich Nana aber durchaus nicht um; sie hatte die Hasenpfote ergriffen und fuhr leicht über ihr Gesicht; sie beugte sich mit großer Aufmerksamkeit über den Toilettentisch, und die weiße Rundung ihrer Hose mit dem Hemdzipfelchen spannte und straffte sich. Aber sie wollte sich für das Kompliment des Greises erkenntlich erweisen und wiegte sich in den Hüften.
Schweigen herrschte im Raum; Madame Jules hatte einen Riß am rechten Hosenbein entdeckt. Sie nahm eine Nadel von ihrem Herzen und kniete einen Augenblick auf den Boden, an Nanas Schenkel beschäftigt, während die junge Frau keinerlei Notiz von ihr nahm. Nana puderte sich jetzt über und über mit Reismehl und vermied dabei nur sorgfältig die Flächen unter den Augen. Aber als der Prinz sagte, daß ganz England ihr zujubeln würde, wenn sie nach London gastieren käme, da erstrahlte sie in einem freundlichen Lächeln und wandte ihm mitten aus einer Puderwolke heraus auf einen Augenblick eine sehr weiße linke Wange zu. Dann wurde sie plötzlich ernst; es handelte sich jetzt darum, Rot aufzulegen. Von neuem tauchte sie die Finger in ein Töpfchen und legte, das Gesicht dicht am Spiegel, Rouge unter die Augen und verrieb es sanft bis an die Schläfen. Die Herren schwiegen ehrfürchtig.
Der Graf Muffat hatte die Lippen noch nicht geöffnet. Seine Jugend stand unbezwinglich vor ihm auf. Sein Kinderzimmer war sehr kalt. Er küßte seine Mutter jeden Abend, und später trug er, sechzehnjährig, das Eis dieses Gutenachtkusses bis in seine Träume hinein. Eines Tages hatte er im Vorbeigehen durch eine halboffene Tür eine Magd beim Waschen überrascht, und dies war die einzige Erinnerung, die ihn beunruhigt hatte – von der Pubertät bis zu seiner Hochzeit. Er hatte bei seiner Frau absoluten Gehorsam gegen die ehelichen Pflichten gefunden; er selbst empfand eine Art von frommem Widerwillen. Er wurde reifer, er wurde älter – ohne Kenntnis des Fleisches, nur hingegeben an strenge religiöse Übungen; sein ganzes Leben war durch Vorschriften und Gesetze geregelt.
Und plötzlich fand er sich jäh in diese Schauspielerinnengarderobe geschleudert, vor dieses nackte Mädchen hin. Er, der niemals mit angesehen hatte, wie die Gräfin Muffat sich ein Strumpfband anzog, wohnte jetzt den intimen Details der Toilette einer Frau bei, in einem Chaos von Töpfen und Waschbecken, berauscht von süßen und starken Gerüchen. Sein ganzes Wesen bäumte sich auf; die langsame, verheerende Besitzergreifung seiner Person durch Nana, die er seit kurzem fühlte, erschreckte ihn – es rief ihm seine fromme Lektüre ins Gedächtnis mit den Geschichten der vom Teufel Besessenen, die schon seine Kindheit begleitet hatten. Er glaubte an den Teufel – Nana, diese verwirrende Nana mit ihrem Lachen, mit ihrer Brust und ihren Lenden, die von Lastern gebläht waren – das war der Teufel. Aber er schwur sich zu, stark zu bleiben. Er wollte sich schon verteidigen.
„Also abgemacht", sagte der Prinz sehr behaglich vom Diwan her. „Sie kommen nächstes Jahr nach London, und wir werden Ihnen einen Empfang bereiten, daß Sie nie mehr nach Frankreich zurückverlangen ... Ach, mein lieber Graf, Sie wissen hier Ihre schönen Frauen gar nicht zu schätzen. Wir werden Ihnen alle entführen."
„Das wird ihn gar nicht genieren", murmelte boshaft der Marquis de Chouard, der eine Vertraulichkeit wagte. „Der Graf ist die Tugend selbst."
Nana sah Muffat so drollig an, als sie von seiner Tugend reden hörte, daß er in die größte Verlegenheit geriet. Und dieses Gefühl wiederum überraschte ihn, und er wurde ärgerlich auf sich selbst. Warum genierte er sich vor dieser Dirne, für tugendhaft zu gelten? Er hätte sie prügeln mögen.
Nana, die eben nach einem Pinselchen griff, ließ es fallen, und da sie sich niederbeugte, eilte er hinzu; ihr Atem mischte sich, und das gelöste Haar der Venus flutete über seine Hände. Lust ergriff ihn, in die sich Gewissensbisse mischten, diese katholische Wollust, die die Angst vor der Hölle zur Sünde stachelt.
In diesem Augenblick ertönte die Stimme des Vaters Barillot von der Tür: „Madame, darf ich das Anfangszeichen geben? Das Publikum wird ungeduldig."
„Gleich, gleich", antwortete Nana gelassen. Sie hatte das Pinselchen in einen kleinen Tiegel mit schwarzer Tusche getaucht; jetzt schloß sie das linke Auge und fuhr, die Nase dicht am Spiegel, sehr vorsichtig über die Wimpern. Muffat stand hinter ihr und sah zu. Er sah sie im Spiegel mit ihren runden Schultern und ihrer Brust, die rosige Schatten überflogen. Und trotzdem er seine ganze Kraft aufbot, gelang es ihm nicht, sich von diesen Grübchen abzuwenden, von diesem Antlitz, das mit dem einen geschlossenen Auge so herausfordernd und wie sinnlos vor Verlangen aussah. Als sie das rechte Auge schloß und mit dem Pinsel darüberfuhr, begriff er, daß er ihr verfallen war.
„Madame!" schrie die atemlose Stimme des Inspizienten, „sie stampfen schon mit den Füßen; sie werden noch die Stühle zerbrechen ... Kann ich anfangen lassen?"
„Ach was!" sagte Nana ungeduldig, „fangen Sie an, es ist mir egal. Wenn ich nicht fertig bin, so werden sie eben warten." Sie beruhigte sich und fügte mit einem Lächeln zu den Herren gewendet bei: „Es ist aber auch wahr! Nicht eine Minute kann man ruhig plaudern."
Jetzt war sie mit Gesicht und Armen fertig. Sie zog noch mit dem Finger zwei breite Karminstreifen über die Lippen. Der Graf Muffat fühlte seine Verwirrung wachsen. Er fühlte die Verführung durch die Vermengung von Puder und Schminke, ein zügelloses Verlangen nach dieser übermalten Jugend ergriff ihn, nach diesem allzu roten Mund in dem allzu weißen Gesicht, nach diesen vergrößerten, schwarz umrandeten Augen, die flammten wie verzehrt vor Liebe.

Nana glitt jetzt hinter den Vorhang, um ihre Hosen abzustreifen und das Trikot der Venus anzuziehen. Dann knöpfte sie mit ruhiger Schamlosigkeit ihr kleines Perkalleibchen auf und hielt Madame Jules die Arme hin, die ihr die kurzärmelige Tunika überwarf.

„Schnell, wenn sie doch schon ärgerlich sind", murmelte sie.

Der Prinz folgte mit halbgeschlossenen Augen wie ein Kenner den geschwungenen Linien ihrer Brust, und der Marquis de Chouard nickte unwillkürlich zustimmend mit dem Kopf. Muffat heftete die Augen auf den Teppich, nur um nichts mehr zu sehen. Im übrigen war Venus jetzt fertig; sie trug nur einen dünnen Schleier um die Schultern. Madame Jules umkreiste sie – eine kleine holzgeschnitzte Alte mit hellen, leeren Augen; sie nahm hastig die Stecknadeln von dem unerschöpflichen Nadelkissen ihres Herzens und steckte die Tunika der Venus in Falten, immer wieder mit ihren dürren Händen an diesen strotzenden Entblößtheiten streifend – ohne Erinnerung und als ob sie nichts von ihrem Geschlecht wüßte.

„Na also!" sagte die junge Frau und überflog ihr Spiegelbild zum letztenmal.

Bordenave kam zurück; er war unruhig und sagte, daß der dritte Akt schon begonnen habe.

„Na schön! Ich geh ja schon", sagte Nana. „Macht doch nicht solche Geschichten! Sonst muß ich immer auf die anderen warten!"

Die Herren verließen die Garderobe, aber sie verabschiedeten sich nicht. Der Prinz hatte den Wunsch geäußert, sich den dritten Akt von der Kulisse aus anzusehen. Allein geblieben, suchte Nana verwundert mit den Blicken. „Wo ist sie denn hingekommen?" fragte sie.

Sie suchte Satin. Als sie sie hinter dem Vorhang auf dem Koffer wartend entdeckte, sagte Satin gelassen: „Du kannst dir denken, daß ich dir bei all diesen Männern nicht im Weg sein wollte." Und sie fügte hinzu, daß es nun Zeit für sie sei. Aber Nana hielt sie zurück. So ein dummes Mädel! Bordenave wollte sie ja engagieren! Nach der Vorstellung würde die Geschichte zum Abschluß gelangen. Satin zögerte. Hier gab es zuviel Durcheinander. Das war schon nicht mehr ihre Welt. Schließlich blieb sie aber doch.

Als der Prinz die kleine Holztreppe hinunterstieg, kam ein sonderbarer Lärm von der anderen Seite der Bühne: erstickte Flüche, Gestoße und Gestampfe. Eine unglaubliche Geschichte hatte sich zugetragen und brachte die Schauspieler ganz durcheinander, die in den Kulissen stehend ihr Stichwort erwarteten. Mignon hatte vor kurzem wieder angefangen, Fauchery scherzhaft mit Zärtlichkeiten zu mißhandeln. Er hatte eben ein kleines Gesellschaftsspiel erfunden – er applizierte Fauchery einen Nasenstüber nach dem anderen –, um ihm die Fliegen zu scheuchen, wie er sagte. Selbstverständlich unterhielten sich die Schauspieler königlich bei diesen Scherzen. Aber plötzlich hatte Mignon, von seinem Erfolg hingerissen und von seiner Phantasie entzündet, dem Journalisten eine Ohrfeige heruntergehauen, eine veritable, kräftige Ohrfeige. Diesmal war er zu weit gegangen; Fauchery konnte vor all den Leuten nicht lächelnd eine derartige Maulschelle einstecken. Und die beiden Männer durchbrachen die Komödie und sprangen einander bleich und mit haßerfüllten Gesichtern an die Gurgel. Sie wälzten sich miteinander auf dem Boden hinter einem Versatzstück und schimpften sich gegenseitig Kuppler und Zuhälter.

„Herr Bordenave! Herr Bordenave!" rief herbeistürzend der erschrockene Abendregisseur.

Bordenave entschuldigte sich bei dem Prinzen und folgte ihm. Als er Fauchery und Mignon auf der Erde erkannte, entfuhr ihm eine Gebärde des Unwillens. Ja, wahrhaftig, die verstanden es, die rechte Zeit zu wählen. Seine Hoheit auf der anderen Seite der Bühne, und das ganze Haus, das sie hören konnte! Um allem die Krone aufzusetzen, erschien jetzt Rose Mignon atemlos im Augenblick, wo ihr Stichwort fiel. Vulkan hatte es ihr zu bringen. Aber Rose blieb wie versteinert stehen und sah zu Boden, wo sich ihr Gatte und ihr Liebhaber mit Stößen und Schlägen zu ihren Füßen wälzten und sich würgten und an den Haaren rissen, die Anzüge weiß von Staub. Sie versperrten ihr den Weg; ein Bühnenarbeiter hatte Faucherys Hut aufgefangen, im Augenblick, wo dieser verteufelte Hut in der Hitze des Gefechtes auf die Bühne hinausrollen wollte.

Indessen extemporierte Vulkan einen Satz nach dem anderen, um das Publikum zu erheitern, und brachte abermals das Stichwort. Rose stand unbeweglich und sah sprachlos auf die beiden Männer.

„Aber steh doch nicht da und schau!" fauchte ihr Bordenave in den Nacken. „Marsch, hinaus! ... Das geht dich nichts an! Du versäumst deinen Auftritt!" Und er versetzte ihr einen Stoß, daß sie über die beiden Körper wegsprang und plötzlich im hellen Rampenlicht vor dem Publikum auf der Bühne stand.

Sie hatte nicht begriffen, weshalb die beiden auf dem Boden lagen und sich prügelten. Zitternd, mit sausenden Schläfen ging sie mit dem reizenden Lächeln der verliebten Diana bis vorn an die Rampe und intonierte den ersten Satz ihres Duettes mit so warmer Stimme, daß das Publikum ihr eine Ovation bereitete. Hinter der Kulisse hörte sie die dumpfen Schläge der beiden Männer. Sie waren bis dicht an den Auftritt herangerollt. Zum Glück deckte die Musik den Lärm der Püffe und Stöße, die gegen die Wand der Dekoration schlugen.

„Herrgott!" schrie Bordenave wütend, als es ihm endlich gelungen war, die beiden zu trennen. „Könnt ihr euch denn nicht daheim verprügeln? Ihr wißt doch, wie zuwider mir solche Auftritte sind ... Du, Mignon, wirst so gut sein, hier auf der Hofseite zu bleiben; und Sie, Fauchery; Sie schmeiß ich sofort vor die Tür, wenn Sie sich von der Gartenseite wegrühren ... verstanden? Also, es ist abgemacht, Hofseite und Gartenseite, oder ich verbiete Rose, euch mitzubringen."

Als er zurückkehrte, befragte ihn der Prinz nach dem Vorgefallenen.

„Oh, nichs, gar nichts von Bedeutung", murmelte er gelassen.
Nana stand in einen Pelz gehüllt, wartete auf ihren Auftritt und plauderte noch mit den Herren. Der Graf Muffat wagte sich zwischen zwei Kulissengängen vor, um einen Blick auf die Bühne zu werfen. Der Regisseur machte ihm ein Zeichen, leise aufzutreten.
Wärme und Stille kam von der Decke herunter. In den von hellem Licht durchströmten Kulissen standen oder gingen ein paar spärliche Leute auf den Fußspitzen und sprachen mit ganz leiser Stimme. Der Beleuchter stand auf seinem Posten neben der komplizierten Tafel mit den Hähnen; ein Feuerwehrmann stützte sich auf ein Versatzstück und versuchte mit gestrecktem Hals hinauszuschauen; ganz oben wachte der Vorhangzieher auf seiner Bank mit ergebenem Blick, ohne von dem Stück Notiz zu nehmen, nur in Erwartung des Glockenzeichens für die Manipulationen an seinem Tauwerk.
Und durch diese erstickende Luft, durch das leise Getrappel und Geflüster drangen die Stimmen der Schauspieler fremdartig gedämpft – Stimmen, deren Unechtheit einen in Erstaunen versetzte.
Und dann kam es ganz von weitem, von jenseits des konfusen Spektakels, das das Orchester vollführte, wie ein ungeheurer Atem – das Haus, das atmete und dessen Hauch zuweilen anschwoll und in Lärm, Gelächter, Zurufen zerplatzte. Man spürte das Publikum, ohne es zu sehen, selbst in der tiefsten Stille.
„Aber es zieht von irgendwo", sagte Nana, ihr Pelzwerk enger zusammenraffend. „Schauen Sie nach, Barillot, ich wette, daß irgendwo ein Fenster offen ist; hier kann man sich wirklich den Tod holen."
Barillot schwur, daß er eigenhändig alles zugemacht habe. Vielleicht gab es irgendwo eine zerbrochene Scheibe. Schauspieler beklagen sich immer über Luftzug. Durch die schwer lastende Gashitze zog manchmal eine kalte Welle – eine wahre Brutstätte für Lungenkrankheiten und Katarrhe, sagte Fontan.
„Na, ich möchte euch einmal dekolletiert sehen", sagte Nana ärgerlich.
„Pst", machte Bordenave.
Auf der Bühne brachte Rose einen Satz ihres Duetts mit so feinen Nuancen, daß die Bravorufe das Orchester übertönten. Nana schwieg mit ernstem Gesicht. Der Graf wagte sich wieder in eine Gasse vor, aber Barillot hielt ihn zurück: von da aus wäre er dem Publikum sichtbar. Muffat sah die Dekorationen von rückwärts und von der Seite, mit den dicken Lagen alter Anschlagzettel, die ihnen den Rücken steiften – dann ein Eckchen der Bühne, die Höhle des Ätna in eine Silbermine gegraben, mit Vulkans Schmiede im Hintergrund. Die niedergelassenen Lichtbrücken bestrahlten die mit breiten Pinselstrichen aufgetragenen Silberflimmer und ließen sie auffunkeln. Scheinwerfer mit roten oder blauen Gläsern riefen in wohlberechnetem Gegensatz das Flammenspiel lodernder Kohlenglut hervor; auf dem Boden der dritten Gasse zog sich eine Reihe von Gasflammen hin, um die Kette der schwarzen Felsen wirksam vom Hintergrund abzuheben. Und dort saß auf einem sanft geneigten Versatzstück mitten in diesen Tropfen Lichtes, die wie Lampions bei abendlichen Volksfesten durchs Grün schimmerten – dort saß die alte Madame Drouard, die die Juno spielte, geblendet und schläfrig und wartete auf ihren Auftritt.
Plötzlich entstand eine Bewegung. Simonne, die sich eben von Clarisse eine Geschichte erzählen ließ, rief laut: „Sieh doch, die Tricon!"
Es war tatsächlich die Tricon mit ihren Löckchen und den Allüren einer Gräfin, die Stammgast in Advokaturskanzleien ist. Als sie Nana gewahrte, ging sie geradewegs auf sie zu.
„Nein", sagte diese nach einem schnellen Wortwechsel. „Jetzt nicht."
Die alte Dame blieb ernst und würdevoll. Prullière drückte ihr im Vorbeigehen die Hand. Zwei kleine Statistinnen betrachteten sie aufgeregt. Einen Augenblick schien sie zu zögern, dann winkte sie Simonne zu sich. Und abermals entspann sich ein rapider Wortwechsel.
„Gut", sagte endlich Simonne, „in einer halben Stunde."
Als sie in ihre Garderobe zurückgehen wollte, übergab ihr Madame Bron, die wieder ihren Briefbotengang tat, ein Kuvert. Bordenave schalt wütend mit der Portiersfrau, weil sie die Tricon heraufgelassen hatte, dieses Weibsstück! Und gerade heute abend! Er war empört im Hinblick auf Seine Hoheit.
Madame Bron, seit dreißig Jahren an dem Theater, antwortete verärgert. Was wußte sie davon? Die Tricon hatte ihre Geschäfte mit all den Damen; zwanzigmal war ihr der Herr Direktor begegnet, ohne ein Wort zu sagen. Und während Bordenave derbe Flüche in den Bart murmelte, stand die Tricon mit ruhiger Sicherheit da und musterte eingehend den Prinzen wie ein Frau, die mit einem Blick einen Mann zu taxieren versteht. Ein Lächeln erhellte ihr gelbes Gesicht. Dann ging sie mit gelassenem Schritt mitten durch die kleinen Mädel, die sie respektvoll vorbeiließen.
„Also gleich, nicht wahr?" sagte sie noch zu Simonne.
Simonne war sehr verärgert. Der Brief war von einem jungen Mann, dem sie den Abend zugesagt hatte. Sie übergab Madame Bron einen gekritzelten Zettel: „Unmöglich heut abend, Liebling, ich bin vergeben." Aber die Unruhe verließ sie nicht; der junge Mann würde sich am Ende doch nicht abhalten lassen, auf sie zu warten. Da sie im dritten Akt nichts mehr zu tun hatte, wollte sie sofort gehen. So bat sie Clarisse, hinunterzuschauen. Clarisse hatte erst gegen Ende des Aktes eine Szene. Sie ging hinunter, und Simonne trat wieder in die Garderobe, die sie gemeinsam innehatten.
Unten im Ausschank der Madame Bron stand ein Statist, der den Pluto spielte, und trank einsam sein Glas. Ein weites, rotes Gewand mit goldenen Flammen umhüllte ihn. Der kleine Handel der Portiersfrau schien zu blühen, denn das Kellerloch unter der Treppe war ganz feucht vom verschütteten Neigen der Getränke. Clarisse hob ihre

Iris-Tunika, die über die glitschigen Stufen schleifte, aber sie blieb jetzt vorsichtig stehen und begnügte sich, mit vorgestrecktem Kopf über das Geländer hinweg einen Blick in die Portierloge zu werfen. Ihre Vermutung war richtig. Saß dieser Idiot von La Faloise nicht noch immer da auf demselben Sessel zwischen Tisch und Ofen? Er hatte vor Simonne getan, als ob er ginge und war dann wieder zurückgekehrt. Übrigens war die Loge noch immer gesteckt voll korrekter wohlbehandschuhter Herren, die ergeben und geduldig dasaßen. Alle warteten und blickten einander ernsthaft an. Auf dem Tisch standen nur mehr die schmutzigen Teller – Madame Bron hatte auch die letzten Buketts verteilt. Nur eine heruntergefallene Rose welkte neben der schwarzen Katze, die mit rundem Buckel eingeschlafen war, während die jungen Katzen tolle Sprünge und wilde Galoppaden zwischen den Beinen der Kavaliere aufführten. Clarisse verspürte einen Augenblick lang Lust, La Faloise hinauszuwerfen. Dieser Kretin liebte die Tiere nicht; das sah ihm ähnlich. Er zog die Ellbogen ängstlich an sich, um die Katze nicht zu berühren.

„Sie wird dich auffressen, paß nur auf!" sagte Pluto, ein Spaßvogel und stieg die Treppe hinauf, indem er sich mit dem Handrücken den Mund wischte.

Clarisse gab die Idee an eine Szene mit La Faloise auf. Sie hatte gesehen, wie Madame Bron dem jungen Mann Simonnes Brief übergab. Der war hinausgegangen und hatte unter dem Gaskandelaber des Vestibüls sein Billett gelesen: „Unmöglich, Liebling, ich bin vergeben!" und ohne Zweifel an diese Phrase gewöhnt, war er friedfertig verschwunden. Wenigstens ein Mensch, der sich anständig benahm! Der war nicht wie diese andern hier, die sich hartnäckig auf den zerrissenen Strohsesseln der Madame Bron festsetzten, in dieser großen Glasscheibenlaterne, wo man vor Hitze schmorte und die Düfte alles andere als lieblich waren. Wie abhängig sie doch waren, diese Männer!

Angewidert stieg Clarisse die Treppe wieder hinauf; sie ging über die Bühne, erklomm leichtfüßig die drei Stockwerke bis zu ihrer Garderobe und brachte Simonne den Bericht.

Auf der Bühne plauderte der Prinz abseits mit Nana. Er hatte sie keinen Moment verlassen und umhüllte sie mit dem Blick seiner halbgeschlossenen Augen, Nana sah ihn nicht an, sie sagte lächelnd und mit einem Neigen des Kopfes „Ja". Aber plötzlich folgte der Graf Muffat einem heftigen Antrieb seines Wesens; er verließ Bordenave, der ihm Details über Wellbaum und Gewindetrommel gab, und näherte sich, um diese Unterhaltung zu unterbrechen. Nana hob die Augen und lächelte ihm zu – wie sie Seiner Hoheit zulächelte. Trotz dieser Ablenkungen lauschte sie mit gespanntem Ohr auf ihr Stichwort.

„Der dritte Akt ist der kürzeste, glaub' ich", sagte der Prinz, geniert durch die Anwesenheit des Grafen.

Sie antwortete nicht, ihr Gesicht war plötzlich verändert und ganz bei der Sache. Mit einer jähen Bewegung warf sie den Pelz von den Schultern, den Madame Jules, die hinter ihr stand, mit den Armen auffing. Sie griff mit beiden Händen an die Schläfen, wie um sich zu sammeln – dann trat sie nackt auf die offene Bühne.

„Pst! Pst!" machte Bordenave.

Der Graf und der Prinz sahen ihr verblüfft nach. Mitten durch die große Stille brandeten ein tiefer Seufzer und die ferne Bewegung der Menge herauf. Jeden Abend begleitete diese Erscheinung das Auftreten der Venus in ihrer Götternacktheit. Muffat wollte auf die Bühne schauen. Er legte ein Auge an ein Loch. Jenseits des strahlenden Rampenbogens lag der Saal dunkel da; nur ein rötlicher Dunst schien den Raum zu füllen; und auf diesem neutralen Hintergrund, in den die Gesichterreihen nur eine verschwommene blasse Helle woben, hob sich Nana groß und weiß ab und versperrte den Ausblick auf die Logen vom Balkon bis zur Galerie. Er sah sie von rückwärts, mit gespannten Hüften und weitgeöffneten Armen. Zu ihren Füßen auf der Erde der Kopf des Souffleurs, der wie abgeschnitten dalag – der Kopf eines alten Mannes mit armseligen, anständigen Gesichtszügen. Bei gewissen Stellen ihres Auftrittsliedes überliefen Wellen ihren Nacken, rannen hinunter bis zum Gürtel und erstarben am Saum ihrer Tunika. Als sie die letzte Note in einen Beifallssturm hineingeschleudert hatte, dankte sie mit fliegenden Schleiern, und die Locken rollten bis an die Hüften, wenn sie sich neigte. Bei diesem Anblick – wie sie so nach vorn gebeugt mit verbreiteten Hüften dastand und, rückwärts gehend, sich dem Loch näherte, durch das Muffat sie beobachtete – bei diesem Anblick richtete sich der Graf sehr bleich in die Höhe. Die Bühne verschwand, er sah nur mehr die Rückseite der Dekoration, das bunte Gekleckse der alten, in jedem Sinn zusammengeleimten Anschlagzettel. Auf dem Praktikabel zwischen den Gasreihen hatte sich nun der ganze Olymp zu Madame Drouard gefunden, die sanft entschlummert war. Sie warteten das Ende des Aktes ab; Bosc und Fontan saßen auf dem Boden, das Kinn aufs Knie gestützt; Prullière dehnte sich gähnend vor seinem Auftritt – alle waren abgespannt und warteten mit rotgeränderten Augen sehnsüchtig auf ihr Bett.

Fauchery machte die Gartenseite unsicher, seit Bordenave ihm die Hofseite verboten hatte. Jetzt klammerte er sich an den Grafen, um wieder Haltung zu gewinnen, und erbot sich, ihm die Garderoben zu zeigen. Muffat suchte mit den Augen den Marquis de Chouard: er war verschwunden; schließlich folgte der Graf in immer zunehmender Willenserschlaffung dem Jouranlisten. Er empfand gleichzeitig Erleichterung und Unruhe, als er die Kulissen verließ, aus denen Nanas Stimme erklang.

Fauchery ging ihm schon im Stiegenhaus voran; ein Windfang aus Holz schloß das erste und das zweite Stockwerk ab. Es war die Treppe eines jener zweifelhaften Häuser, wie der Graf Muffat sie auf Rundgängen in seiner Eigenschaft als Mitglied des Wohltätigkeitsvereins kennengelernt hatte: nackt, verfallen, gelb getüncht, von ewigem Getrampel die Stufen abgenützt, und mit einem

Eisengeländer, das der Griff vieler Hände blank poliert hatte. Auf jedem Treppenabsatz war knapp über dem Boden ein viereckiges Luftloch in die Mauer eingelassen. An der Wand brannten in vergitterten Laternen Gasflammen; sie erhellten schonungslos dieses Elend und strömten eine Hitze aus, die sich aufsteigend unter der engen Treppenwindung ansammelte.

Schon am Fuß der Treppe hatte der Graf abermals diesen glühenden Hauch schwer im Nacken verspürt, diesen Frauengeruch, der mit einer Flut von Licht und Lärm aus den Garderoben kam; und jetzt erhitzten und betäubten ihn der Puderstaub und die scharfen Gerüche von Toilettenwassern bei jeder Stufe mehr. Im ersten Stock liefen zwei Korridore auseinander und wendeten sich jählings; gelbgestrichene Türen mit großen, weißen Nummern wie in einem anrüchigen Hotel reihten sich aneinander; die Fliesen des Bodenbelags hatten sich gelockert und wiesen Beulen und Löcher auf, der ganze Flur des alten Hauses hatte sich gesenkt. Der Graf wagte einen Blick durch eine halboffene Türe und sah einen sehr schmutzigen Raum; es sah darin aus wie bei einem Vorstadtfriseur; zwei Stühle, ein Spiegel und ein Fächerbrett, schwarz und fettig von den Kämmen, bildeten die Einrichtung. Ein in Schweiß gebadeter Kerl mit rauchenden Schultern wechselte hier die Wäsche. In einem ähnlichen Zimmer nebenan zog sich eine Frau die Handschuhe an; sie war im Begriff fortzugehen, aber ihr Haar war unordentlich und feucht, als ob sie aus dem Bad käme.

Aber Fauchery rief den Grafen und sie stiegen zum zweiten Stockwerk hinauf. Eben kam ein wütendes: „Himmelherrgott!" aus dem rechten Korridor; Mathilde, ein kleiner Schlampen von einer Naiven, hatte ihre Waschschüssel zerbrochen, deren Seifenwasser sich bis auf den Treppenabsatz ergoß. Eine Tür öffnete und schloß sich heftig. Zwei Frauen im Korsett sprangen über den Gang; eine andere mit dem Saum ihres Hemdes zwischen den Zähnen stand plötzlich da und entfloh. Aus den Garderoben drang Gelächter, Streit, ein begonnenes und jählings abgebrochenes Lied. Den ganzen Korridor entlang sah man durch Türspalten ein Stückchen Nacktheit, den weißen Schimmer von Haut, den blassen Schein von Wäsche. Zwei Mädchen zeigten einander unter Heiterkeitsausbrüchen ihre Muttermale; eine ganz junge, fast noch ein Kind, hatte ihre Röcke übers Knie zurückgestreift und flickte ihre Hose. Nur die Garderobieren zogen beim Anblick der Männer aus Schicklichkeitsgefühl nachlässig an den Vorhängen.

Allabendlich gab es dieses Durcheinander, wenn es zum Schluß ging. Die große Abwäsche von Rot und Weiß, die Rückkehr ins zivile Leben, die sich innerhalb einer großen Reispuderwolke vollzog und dem Wildgeruch, der verdoppelt durch die schlagenden Türen drang.

Im dritten Stockwerk angelangt, überließ sich Muffat dem leichten Rausch, der ihn überwältigte. Hier waren die Garderoben der Statistinnen; zwanzig zusammengepferchte Frauen, ein wildes Chaos von Seifen und Flaschen mit Lavendelwasser – wie in dem gemeinschaftlichen Saal eines Vorstadtfreudenhauses. Im Vorbeigehen hörte er hinter einer verschlossenen Tür wildes Plantschen, einen wahren Sturm in der Waschschale. Und er stieg bis ins letzte Stockwerk. Neugier faßte ihn, und er wagte noch einen Blick durch ein offenes Guckloch: der Raum war leer, unter dem Schein des Gaslichts stand nur ein vergessener Nachttopf mitten in einem Wirrwarr auf die Erde geschleuderter Röcke. Dieses Zimmer war der letzte Eindruck, den er mitnahm.

Oben im vierten Stockwerk war er dem Ersticken nahe. Alle Gerüche, alle Flammen schlugen hier zusammen; die gelbe Decke des Stiegenhauses war wie gebrüht, eine Laterne glühte durch rötlichen Nebel. Einen Augenblick lang hielt er sich am Eisengeländer fest; er war wie von lebendiger Lauheit erschlaffend erwärmt; er schloß die Augen und trank mit Inbrunst dieses ganze Geschlecht, das er noch nicht kannte, und dessen Atem ihm hier ins Antlitz schlug.

„Kommen Sie doch endlich", rief Fauchery, der verschwunden war, „hier ist jemand, der Sie sehen will!"

Am Ende des Ganges war die Garderobe von Clarisse und Simonne, ein langgestreckter Raum unter dem Dach mit schrägen Wänden, mansardenartig und schlecht gebaut. Das Tageslicht kam durch zwei tiefe Öffnungen von oben. Aber zu dieser späten Stunde erhellten Gasflammen die Garderobe, die mit einer Groschentapete – rankende Rosen auf grünem Gitterwerk – bekleidet war. Zwei nebeneinandergelegte Bretter dienten als Toilettentisch; eine Wachsleinwand, schwarz und schmutzig von verschüttetem Wasser, schmückte ihn. Unter den Brettern war eine greuliche Wirtschaft: verbeulte Zinkkrüge, Eimer standen in Lachen, Töpfe und Tiegel aus plumpem gelbem Ton, eine ganze Basarausstellung breitete sich da aus, zerbrochen, beschmutzt vom Gebrauch, ausgebrochene Waschschalen, zahnlose Hornkämme, alles, was die Hast und Ungeniertheit zweier Frauen, die sich gemeinschaftlich ankleiden und waschen, zurückläßt an einem Ort, den sie nur flüchtig betreten und dessen Zustand ihnen gleichgültig ist.

„Also kommen Sie schon!" wiederholte Fauchery mit der Kameradschaftlichkeit, die Männer in Gegenwart von Dirnen entwickeln. „Hier ist Clarisse und will Ihnen einen Kuß geben."

Muffat trat schließlich ein. Aber er blieb erstaunt stehen, als er den Marquis de Chouard gemütlich auf einem Sessel zwischen den beiden Toilettentischen sitzen sah. Hierher hatte der Marquis sich zurückgezogen. Er zog die Füße an sich, weil ein löcheriger Eimer, der eine weißliche Pfütze speiste, vor ihm stand. Man spürte, wie wohl er sich hier fühlte, wie vertraut er mit der Örtlichkeit war, wie er neubelebt von dieser Dampfbadhitze schien und von der gelassenen Schamlosigkeit der Frauen, die in diesem Schmutzwinkel so selbstverständlich und so zwanglos wirkte.

„Gehst du mit dem Alten?" fragte Simonne leise an Clarissens Ohr.

„Fällt mir nicht im Schlaf ein", antwortete Clarisse ganz laut.
Die Garderobiere, ein sehr häßliches, zutrauliches junges Mädchen, half eben Simonne in ihren Mantel. Sie barst vor Lachen. Alle drei stießen einander an und kicherten zusammen, was ihre Heiterkeit verdoppelte.
„Los, Clarisse, gib dem Herrn einen Kuß", wiederholte Fauchery. „Du weißt, er hat Geld wie Heu." Und zum Grafen gewandt: „Sie werden schon sehen, wie nett sie ist, sie gibt Ihnen einen Kuß!"
Aber Clarisse empfand Ekel vor den Männern. Sie schalt heftig auf die Dreckskerle, die unten bei der Portiersfrau warteten, und übrigens mußte sie schnell hinunter, sonst konnte sie noch ihren letzten Auftritt verpassen. Als Fauchery sich vor die Tür stellte, drückte sie zwei Küsse auf die Favorits von Muffat und sagte: „Glauben Sie nur nicht, daß das Ihnen gilt! Nur daß mich Fauchery endlich in Ruhe läßt!"
Und sie entwischte. Der Graf geriet vor seinem Schwiegervater in Verlegenheit. Eine Blutwelle stieg ihm ins Gesicht. In Nanas Garderobe, mitten in diesem Luxus von Spiegeln und Vorhängen, hatte er nicht diese beißende Aufregung empfunden wie hier in dem beschämenden Elend dieser Dachkammer angesichts der Hemmungslosigkeit der beiden Frauen.
Indes folgte der Marquis der hastig davoneilenden Simonne; er sprach ihr in den Nacken und sie schüttelte den Kopf. Fauchery folgte ihnen lachend.
Der Graf blieb allein mit der Ankleiderin zurück, die die Waschschalen ausleerte. Dann ging auch er; mit knieweichen Beinen stieg er die Treppe hinunter; wieder tauchten vor ihm Frauen im Unterrock auf, wieder schlugen die Türen, an denen er vorbeikam. Aber mitten in diesem Trubel losgelassener Mädchen, der sich über alle vier Treppen ergoß, sah er nichts deutlich außer einem großen roten Kater, der in diesem Schmelzofen voll vergiftender Gerüche die Stufen entlangstrich und sich mit emporgestrecktem Schweif den Rücken am Geländer rieb.
„Na endlich!" sagte eine heisere Frauenstimme; „ich hab' schon geglaubt, daß sie uns heut überhaupt nicht fortlassen. Das ist ja ekelhaft mit dieser Bühnenkontrolle!"
Es war zu Ende, der Vorhang war eben gefallen. Ein wilder Galopp tobte über die Stufen, Ausrufe, brutale Hast, schnell in die Kleider zu gelangen und fortzukommen, füllten das ganze Stiegenhaus. Als der Graf Muffat die letzte Stufe herunterstieg, sah er Nana und den Prinzen gemächlich durch den Gang schlendern. Die junge Frau blieb stehen; dann lächelte sie und sagte mit gedämpfter Stimme: „Also gut; einen Augenblick!"
Der Prinz ging zur Bühne zurück, wo Bordenave ihn erwartete. Muffat sah sich mit Nana allein, und einem Trieb des Zornes und des Verlangens nachgebend, eilte er hinter ihr her. Im Augenblick, wo sie ihre Garderobe betrat, drückte er ihr einen derben Kuß auf den Nacken, auf diese blonden Härchen, die sich bis tief hinunter zwischen den Schultern kräuselten. Es war, als ob er hier den oben empfangenen Kuß zurückgäbe. Nana erhob schon wütend die Hand. Als sie den Grafen erkannte, verwandelte sich ihr Zorn in ein Lächeln: „Oh, Sie haben mir einen Schrecken eingejagt!" sagte sie nur.
Und ihr Lächeln war bezaubernd, verwirrt, unterwürfig, als ob sie selig wäre über einen Kuß, den sie hoffnungslos ersehnt habe. Aber sie hatte keine Zeit; weder heute abend noch am nächsten Morgen. Man mußte sich in Geduld fassen. Und selbst wenn sie gekonnt hätte, so hätte sie ihn warten lassen, um sein Verlangen zu stacheln. Ihr Blick sprach es aus. Endlich sagte sie: „Sie müssen wissen, daß ich Großgrundbesitzerin bin ... ja, ich kaufe ein Landhaus bei Orléans, in einer Gegend, wo Sie doch auch manchmal hinkommen. Bébé hat es mir verraten, der kleine Georges Hugon, Sie kennen ihn doch? ... Besuchen Sie mich einmal da unten, ja?"
Der Graf erschrak vor dieser Brutalität der Schwäche, die ihn gepackt hatte; voll Scham über sich selbst verbeugte er sich zeremoniell und versprach, ihrer Einladung zu folgen. Dann entfernte er sich wie traumwandelnd.
Er wollte zum Prinzen, als er, durch das Konversationszimmer gehend, Satin schreien hörte: „Ist das ein alter Schweinekerl! Lassen Sie mich in Ruhe!"
Es war der Marquis de Chouard, der sich auf Satin gestürzt hatte. Die aber hatte nun endgültig genug von der eleganten Welt. Nana hatte sie wohl Bordenave vorgestellt, aber sie war vollkommen erschöpft von der Notwendigkeit, mit zusammengenähten Lippen dazustehen, damit ihr keine Dummheiten entschlüpften; und sie mußte sich etwas erholen, um so mehr, als sie hinter den Kulissen auf einen ihrer Verflossenen gestoßen war, den Statisten, der den Pluto darstellte, einen Kuchenbäcker, der sie schon einmal eine ganze Woche lang mit Liebe und Ohrfeigen versorgt hatte. Aufgebracht darüber, daß der Marquis sie wie eine von diesen Theaterprinzessinnen behandelte, erwartete sie ihn und wurde sehr würdevoll gegen den Marquis, dem sie das Wort hinschleuderte: „Mein Mann kommt gleich, nehmen Sie sich in acht!"
Die Schauspieler, im Überrock und mit schlaffen Gesichtern, kamen einer nach dem andern die Stufen herunter. Gruppen von Männern und Frauen gingen über die kleine Wendeltreppe und tauchten mit formlosen Hüten und zerknitterten Schals mit der fahlen Häßlichkeit der Komödianten, die das Rot heruntergewischt haben, in den Schatten.
Auf der Bühne, wo Scheinwerfer und Lichtbrücken erloschen waren, erzählte Bordenave dem Prinzen eine Anekdote. Er wartete auf Nana. Als sie endlich erschien, war die Bühne finster, der diensttuende Feuerwehrmann machte mit einer Laterne die Runde. Um Seiner Hoheit den Umweg durch die Passage des Panoramas zu ersparen, ließ Bordenave den Verbindungsgang aufsperren, der von der Portierloge zum Vestibül des Theaters führte. Und hier, den ganzen Weg entlang, gab es eine wilde Flucht der kleinen Weiberchen, die glückselig waren, den Männern zu entkommen, die in der Passage Schildwache standen. Sie stießen und drängten einander, gebrauchten

die Ellbogen, warfen Blicke hinter sich und lechzten nur danach, hinauszukommen.
Fontan, Bosc und Prullière gingen ruhig ihrer Wege und machten sich lustig über die seriösen Männergesichter, die mit großer Pünktlichkeit vor dem Bühnenausgang auftauchten, immer zur Stunde, wo die kleinen Mädels mit ihren Herzliebsten über den Boulevard flitzten. Clarisse war besonders boshaft. Sie traute dem Frieden mit La Faloise nicht. Und tatsächlich, er war noch da, er saß noch immer in der Loge in Gesellschaft der Herren, die hartnäckig die Stühle der Madame Bron besetzt hielten. Alle lauerten gespannt. Clarisse ging hinter einer Freundin rasch und festen Schrittes vorbei, die Herren blinzelten außer Fassung durch dieses Gepurzel von wehenden Röcken am Fuß der engen Treppe – ganz verzweifelt, so lange gewartet zu haben und sie nun alle auseinanderstieben zu sehen, ohne auch nur eine einzige zu erkennen. Die schwarze Katzenbrut schlief auf der Wachsleinwand unter dem Bauch der Mutter, selig und mit geöffneten Pfötchen, während der dicke, rote Kater, am anderen Tischende sitzend, mit gerecktem Schweif aus gelben Augen auf diese Flucht der Frauen starrte.
„Wenn Hoheit gütigst hier durchwollen ...“ sagte Bordenave an der Treppe und wies in den Gang.
Einige Statisten drängten sich dort nach. Der Prinz folgte Nana. Dahinter kam Muffat mit dem Marquis. Es war ein langer, enger Verbindungsgang zwischen dem Theater und dem Nachbarhaus, ein schmales Gäßchen, das überdeckt worden war; in das Hängedach waren Glasscheiben eingefügt. Feuchtigkeit rieselte über die Mauern. Die Schritte hallten auf dem Fliesenboden wie in einem unterirdischen Gang. Hier war alles voll Speicherkram; ein Werktisch stand da, auf welchem der Portier, wenn es nötig war, an den Dekorationen herumbastelte, ein Haufen hölzerner Barrieren, die abends an der Kasse aufgestellt wurden, um das Queue in Ordnung zu halten. Nana mußte ihr Kleid heben, als sie an einem Quellbrunnen vorbeikamen, dessen schlecht geschlossenes Rohr die Fliesen überschwemmte. Im Vestibül verabschiedete man sich. Als Bordenave allein war, resümierte er sein Urteil über den Prinzen mit einem Achselzucken voll verachtungsschwerer Philosophie: „Na, er ist doch ein bissel vertrottelt“, sagte er, ohne sich näher darüber auszulassen, zu Fauchery, den Rose Mignon mit ihrem Gatten nach Hause führte, um sie da miteinander zu versöhnen.
Muffat stand allein auf der Straße. Seine Hoheit hatte Nana sachte in seinen Wagen steigen lassen. Der Marquis zog hinter Satin und ihrem Statisten her; aufgeregt wie er war, begnügte er sich damit, diesen beiden Lastern zu folgen, in der vagen Hoffnung, daß irgend etwas dabei für ihn abfallen könnte.
Muffat schlugen die Flammen in den Kopf, er wollte zu Fuß nach Hause. Jeder Kampf in seinem Innern war zu Ende. Eine Flut lebendigen Lebens schwemmte alle Ideen und Glaubensartikel seiner vierzig Jahre weg. Während er den Boulevard entlangging, betäubte ihn das Rollen der letzten Wagen, als ob die Räder „Nana“ sängen, die Gaskandelaber zauberten Nuditäten vor seine Augen, die geschmeidigen Arme, die weißen Schultern Nana; und er fühlte, daß er ihr verfallen war – er hätte alles verleugnet, alles verkauft, um sie an diesem Abend noch eine Stunde lang zu besitzen. Das war seine Jugend, die endlich erwachte, eine gierige Jünglingspubertät, die plötzlich aufbrannte in seine katholische Kälte hinein und in die Würde des gereiften Mannes.

VI

Der Graf Muffat war in Begleitung seiner Frau und seiner Tochter am Abend vorher in den Fondettes angekommen. Frau Hugon, die sich allein mit ihrem Sohn Georges hier aufhielt, hatte sie eingeladen, acht Tage bei ihr zu verbringen. Das Haus, ein Gebäude aus dem Ende des siebzehnten Jahrhunderts, erhob sich völlig schmucklos inmitten einer ungeheuren quadratischen Einfriedung; aber der Garten hatte wundervolle Schattengänge und Becken, die frische Quellen mit fließendem Wasser speisten. Die ganze Strecke von Orléans nach Paris entlang war das Land wie von einer grünen Woge überflutet, wie ein Riesenstrauß von Bäumen in der Monotonie dieser flachen Ebene, die sich endlos in bebauten Äckern ausdehnte.
Um elf Uhr versammelte das zweite Glockenzeichen alle Hausgenossen zum Frühstück; Frau Hugon drückte mit ihrem guten Lächeln zwei feste Küsse auf Sabinens Wangen und sagte: „Du weißt, so mach' ich's immer auf dem Land ... ich fühle mich um zwanzig Jahre jünger, wenn ich dich hier habe ... Hast du gut geschlafen in deinem alten Zimmerchen?“ Dann, ohne die Antwort abzuwarten, wandte sie sich an Estelle: „Und unser Kleines hat hoffentlich geschlafen wie ein Murmeltier, ja? Gib mir einen Kuß, mein Kind!“
Das Frühstück wurde in dem weiten Speisesaal eingenommen, dessen Fenster auf den Park hinausgingen. Aber nur ein Ende der großen Tafel war besetzt, und alle rückten die Stühle nahe aneinander. Sabine rief sich in strahlender Heiterkeit alle Jugenderinnerungen ins Gedächtnis, die hier erwachten: all die Monate, die sie in den Fondettes zugebracht hatte, die langen Spaziergänge, ein Sturz ins Wasserbecken an einem Sommerabend, ein alter Ritterroman, den sie auf einem Schrank entdeckt und im Winter vor dem Kaminfeuer gelesen hatte. Georges, der die Gräfin seit einigen Monaten nicht gesehen hatte, fand sie voll Leben und Laune. Irgendein anderer Zug schien in ihr Gesicht gekommen zu sein; Estelle, diese Kletterstange, war hingegen noch farbloser, stummer und linkischer geworden.
Es gab ein sehr einfaches Frühstück, weiche Eier und Koteletts, und Frau Hugon jammerte nach Hausfrauenart über diese Schlächter, mit denen es immer schlimmer wurde; sie bekam alles aus Orléans, aber niemals die ver-

langten Stücke. Übrigens, wenn ihre Gäste schlecht speisten, so war's ihre eigene Schuld: sie kamen zu spät in der Saison.
„Ach, es ist wirklich nicht recht von euch", sagte sie, „seit Juni erwarte ich euch, und jetzt haben wir Mitte September ... Ja, jetzt ist es nicht mehr so schön ..."
Und sie wies auf den Rasen, dessen Baumbestand sich gelblich färbte. Der Himmel war bedeckt, blauer Dunst verhüllte die Fernen; über allem lag Frieden und milde Melancholie.
„Oh, es wird aber noch lustiger bei uns, ich erwarte noch Besuch ... Erst einmal zwei Herren, die Georges eingeladen hat, Herrn Fauchery und Herrn Daguenet; Sie kennen sie ja auch, nicht wahr? Dann soll der Graf Vandeuvres kommen – das verspricht er mir seit fünf Jahren, aber vielleicht entschließt er sich dieses Jahr doch."
„Nun", sagte die Gräfin lachend, „wenn wir auf Vandeuvres warten wollen –! Der ist zu sehr in Anspruch genommen!" – „Und Philippe?" fragte Muffat. – „Philippe hat um Urlaub eingereicht", antwortete die alte Dame, „aber Sie werden gewiß nicht mehr in den Fondettes sein, wenn er kommt."
Der Kaffee wurde serviert. Die Unterhaltung kam auf Paris, Steiners Name fiel. Dieser Name entriß Frau Hugon einen leichten Ausruf.
„Apropos, Herr Steiner – das ist doch wohl dieser dicke Herr, den ich eines Abends bei euch getroffen habe – ein Bankier, nicht wahr? Ist das ein abscheulicher Mensch! Hat er sich's nicht einfallen lassen, hier ein Landgut für eine Schauspielerin zu kaufen, eine Meile von hier, da unten jenseits der Choue bei Gumières! Die ganze Gegend ist außer sich ... Wußten Sie das schon, mein Freund?"
„Keine Ahnung", antwortete Muffat, „was Sie sagen! Steiner hat also ein Landgut hier in der Nachbarschaft!"
Als Frau Hugon dieses Thema anschnitt, versenkte Georges seine Nase in die Tasse. Aber bei dieser Antwort hob er den Kopf und sah den Grafen mit Erstaunen an. Warum log er so unverfroren? Der Graf seinerseits hatte die Bewegung des jungen Mannes bemerkt, er warf ihm einen mißtrauischen Blick zu. Frau Hugon erzählte noch weitere Einzelheiten: der Besitz hieß La Mignotte. Man mußte bis Gumière an der Choue flußaufwärts gehen, dann über die Brücke; dadurch wurde der Weg um gute zwei Kilometer länger; aber andernfalls riskierte man nasse Füße und ein Bad in der Choue.
„Und wer ist diese Schauspielerin?" fragte die Gräfin.
„Gott, ich wußte doch den Namen", murmelte die alte Dame. „Georges, du warst ja heute früh dabei, wie der Gärtner uns die Geschichte erzählte ..."
Georges suchte in seinem Gedächtnis. Muffat wartete und drehte ein Löffelchen zwischen den Fingern. Jetzt wandte sich die Gräfin zu ihm: „Hat dieser Herr Steiner nicht eine Beziehung zu der Sängerin vom Théâtre des Variétés – zu dieser Nana?"
„Nana, natürlich, so heißt sie – es ist ungeheuerlich!" rief Frau Hugon ärgerlich. „Und sie wird in La Mignotte erwartet. Ich weiß das alles vom Gärtner ... nicht wahr, Georges? Der Gärtner sagte, daß sie heut abend eintrifft."
Der Graf zuckte leicht vor Erstaunen. Aber Georges antwortete lebhaft: „O Mama, was weiß denn der Gärtner ... der Kutscher hat mir eben jetzt etwas ganz anderes gesagt: vor übermorgen wird niemand in La Mignotte erwartet."
Er versuchte möglichst unbefangen auszusehen, aber er beobachtete dabei verstohlen die Wirkung, die seine Worte auf den Grafen ausübten. Der drehte von neuem beruhigt an seinem Löffelchen. Die Gräfin sah mit verlorenen Augen in die blauen Weiten über den Park hin und schien der Unterhaltung nicht mehr zu folgen. Mit dem Schatten eines Lächelns versank sie in irgendeinen geheimen Gedanken, der plötzlich in ihr erwacht war. Estelle saß steif auf ihrem Stuhl und hörte dem Gespräch über Nana zu, ohne daß ein Muskel ihres weißen Jungfrauenantlitzes zuckte.
„Lieber Gott", sagte nach einem Schweigen Frau Hugon leise und gutmütig vor sich hin, „es ist wirklich unrecht von mir, mich so zu ereifern. Jeder muß auf seine Weise leben ... Wenn wir der Dame auf unserm Weg begegnen, brauchen wir sie ja nicht zu grüßen."
Und als man von der Tafel aufstand, schalt sie noch mit der Gräfin Sabine, daß sie sich dieses Jahr so sehr hatte bitten lassen. Aber die Gräfin verteidigte sich und gab die Vorwürfe an ihren Gatten weiter: zweimal hatte er am Vorabend der Abreise bei gepackten Koffern unter dem Vorwand dringender Geschäfte Gegenbefehl gegeben. Dann wieder hatte er ganz plötzlich den Entschluß gefaßt, als sie schon gar nicht mehr an die Reise gedacht hatte.
Die alte Dame erzählte, daß Georges ihr gleichfalls schon zweimal seine Ankunft mitgeteilt und dann wieder abgeschrieben habe; und daß er vorgestern in die Fondettes hereingeschneit wäre, als sie schon gar nicht mehr mit ihm rechnete.
Die kleine Gesellschaft erging sich jetzt im Garten. Die beiden Männer, rechts und links von den Damen, hörten schweigsam und in sich versunken zu.
„Schadet nichts", sagte Frau Hugon und küßte ihren Sohn auf das Blondhaar, „es ist so lieb von Zizi, daß er sich hier auf dem Land bei seiner Mutter vergräbt ... Dieses gute Kind! Er vergißt mich doch nicht!"
Nachmittags gab es eine kleine Aufregung für Madame Hugon. Georges hatte sich gleich beim Aufbruch von der Tafel über einen schweren Kopf beklagt und schien immer heftiger unter einer fürchterlichen Migräne zu leiden. Gegen vier Uhr ging er auf sein Zimmer; er wollte sich hinlegen, es war das einzige Mittel dagegen. Seine Mutter ließ es sich nicht nehmen, ihn selbst zu Bett zu bringen.
Kaum war sie zur Tür hinaus, so sprang er aus dem Bett und drehte den Schlüssel um unter dem Vorwand, sich

vor jeder Störung zu sichern; er rief noch sehr zärtlich: „Gute Nacht! Auf morgen, Mütterchen!" und versprach bis in der Früh zu schlafen wie ein Murmeltier. Er ging gar nicht wieder zu Bett; mit hellem Gesicht und glänzenden Augen zog er sich leise wieder an und wartete dann unbeweglich auf einem Stuhl. Als es zum Diner läutete, lauschte er auf den Grafen Muffat, der sich in den Salon begab; zehn Minuten später war er vor jedem Auge sicher und entwischte leicht durch das Fenster. Er kletterte an einer Regentraufe hinunter; sein Zimmer im ersten Stock ging auf die Hinterseite des Hauses. Er schlug sich in ein dichtes Gebüsch, rannte durch den Park und galoppierte querfeldein längs der Choue – mit leerem Magen und hochklopfendem Herzen. Die Nacht brach ein, und ein feiner, dünner Regen ging nieder.

Wohl war es der Abend, an dem Nana eintreffen sollte. Seit Steiner ihr im Mai dieses Landhaus gekauft hatte, ergriff sie von Zeit zu Zeit eine so schreckliche Sehnsucht, sich draußen einzurichten, daß sie manchmal weinte; aber Bordenave verweigerte jedesmal auch nur den kürzesten Urlaub und vertröstete sie auf den September unter dem Vorwand, es sei nicht daran zu denken, während der Dauer der Ausstellung auch nur an einem einzigen Abend die „Blonde Venus" in zweiter Besetzung zu geben. Als der August zu Ende ging, sprach er von Oktober. Nana erklärte wütend, sie werde am fünfzehnten September in La Mignotte sein, sie trotzte Bordenave ins Gesicht und lud in seiner Gegenwart eine ganze Gesellschaft nach La Mignotte. Eines Nachmittags in ihrer Wohnung, als Muffat, dem sie aus Berechnung noch widerstand, sie, von Schauern geschüttelt, bestürmte, versprach sie ihm endlich, nett gegen ihn zu sein – aber in La Mignotte; und auch ihm bezeichnete sie den fünfzehnten September.

Am zwölften erfaßte sie ein heftiger Wunsch, sofort durchzugehen, und zwar ganz allein mit Zoé. Vielleicht würde Bordenave, wenn sie ihn verständigte, Mittel finden, sie gewaltsam zurückzuhalten. Es machte ihr Spaß, ihn jetzt gründlich aufsitzen zu lassen, und sie schickte ein ärztliches Zeugnis. Kaum war ihr der Einfall gekommen, als erste in La Mignotte einzutreffen, und da zwei Tage völlig allein und ungestört zu verleben, als sie auch schon Zoé heftig bedrängte, die Koffer schleunigst zu packen, sie in einen Fiaker schob, wo sie ihr sehr gerührt um den Hals fiel und sie um Verzeihung bat. Erst am Bahnhofbüfett fiel es ihr ein, Steiner durch einen Brief zu benachrichtigen. Sie bat ihn, ihr erst am übernächsten Morgen nachzukommen, wenn er sie frisch und munter antreffen wolle.

Plötzlich kam ihr ein zweiter Einfall, und sie beschwor ihre Tante in einem zweiten Brief, ihr sofort den kleinen Louis nachzubringen. Das würde dem Kleinen doch so guttun! Und wie wollten sie miteinander vergnügt sein unter den grünen Bäumen! Von Paris bis Orléans sprach sie von nichts anderem, und in einem plötzlichen Anfall von Mütterlichkeit warf sie feuchten Auges Blumen, Vögel und ihr Kind durcheinander.

La Mignotte war ungefähr drei Meilen von Orléans entfernt. Nana verlor eine Stunde mit dem Mieten eines Gefährts, einer ungeheuren Kalesche, die sich in jammervollem Zustand befand und sich langsam und dumpf klirrend vorwärts bewegte. Nana stürzte sich sofort mit einem Schwall von Fragen auf den Kutscher, einen kleinen, schweigsamen Alten. Ob er oft an La Mignotte vorbeigekommen wäre? Also hinter diesem Hügel liegt es, nicht wahr? Und Bäume, überall Bäume, nicht? Und war das Haus schon von weitem zu sehen?

Der kleine Alte gab nur grollende Laute von sich. Nana tanzte im Innern des Wagens vor Ungeduld, während Zoé aus Ärger über diese überstürzte Abreise von Paris steif und maulend dasaß. Das Gefährt hielt plötzlich an; die junge Frau glaubte sich am Reiseziel. Sie steckte den Kopf durchs Fenster und fragte: „Nun, sind wir da?"

Als einzige Antwort zog der Kutscher dem Pferd einen Peitschenhieb über; mühsam zog es nun einen Hügel aufwärts. Nana bewunderte entzückt die unendliche Ebene unter dem grauen Himmel, an dem sich schwere Wolken ballten.

„Oh, sieh nur, Zoé! Soviel Gras! Ist das alles da Getreide? ... Mein Gott, ist das schön!" – „Man sieht, daß Madame nicht vom Land ist", sagte das Mädchen spitz, „ich hab' genug bekommen davon bei meinem Zahnarzt, der hatte ein Haus in Bougival ... na, es ist kalt heut abend. Und feucht ist es hier."

Jetzt fuhr man unter Bäumen hin. Nana sog den Duft der Blätter ein wie ein junger Hund. Plötzlich tauchte bei einer Wegbiegung ein Dach aus dem Geäst. Vielleicht war es das? und sie überschüttete den Kutscher wieder mit Fragen; aber der schüttelte nur den Kopf und blieb bei seinem Nein. Als sie den Hügelabhang hinunterfuhren, bequemte er sich dazu, die Peitsche auszustrecken und vor sich hinzubrummen: „Da unten."

Sie stand auf und beugte sich ganz zum Fenster hinaus.

„Wo denn? Wo denn?" rief sie ganz blaß vor Aufregung; sie sah noch immer nichts.

Endlich erblickte sie ein Stück Mauer. Sie schrie und sprang vor Glück, sie zog alle Register, die einer Frau, die vor Freude überschäumt, zu Gebote stehen. „Zoé, jetzt seh' ich's, ich seh' es! ... Schau es dir vom andern Fenster aus an ... oh, auf dem Dach ist eine Terrasse aus Backstein! Und da unten ein Treibhaus! Aber das ist ja sehr groß –! Oh, bin ich froh, bin ich froh! So sieh doch nur, Zoé!"

Der Wagen hielt vor einem Gitter. Eine kleine Pforte öffnete sich, und der Gärtner, ein langer, dürrer Mensch, erschien mit der Mütze in der Hand. Nana versuchte Haltung und Würde wiederzugewinnen, denn selbst der Kutscher mit seinen zusammengepreßten Lippen schien innerlich zu lachen. Sie mußte sich Zwang auferlegen, um nicht hineinzulaufen; aber sie hörte dem schwatzhaften Gärtner zu, der Madame wegen der herrschenden Unordnung um Entschuldigung bat – aber er habe Madames Brief erst am Morgen bekommen. Jetzt aber riß es sie trotz ihrer Vorsätze fort, sie lief so schnell, daß Zoé nicht nachkam. Am Ende der Allee hielt sie einen Augenblick still und umfing das Haus mit einem zärtlichen Blick. Es war ein großer Pavillon in italienischem Stil mit einem niederen Seitenflügel; ein reicher Engländer hatte ihn nach zweijährigem Aufenthalt in Neapel bauen lassen, war aber seiner gleich überdrüssig geworden.

„Ich will Madame herumführen", sagte der Gärtner.

Aber sie war schon vorausgeeilt und rief ihm zu, er solle sich nur nicht stören lassen, sie wolle sich alles allein ansehen, das sei ihr lieber. Und ohne den Hut vom Kopf zu nehmen, lief sie durch die Zimmer, Zoé herbeirufend, der sie über Zimmerreihen und Korridore hin ihre Entdeckungen mitteilte. Sie füllte die Öde dieses seit langen Monaten leerstehenden Hauses mit ihren Rufen und mit ihrem Gelächter.

Da war zuerst das Vestibül: ein wenig feucht, aber das schadete nichts, es war ja kein Schlafraum. Reizend war der Salon, dessen Fenster sich auf einen Rasenplatz öffneten; nur die roten Möbel waren gräßlich, das wollte sie ändern. Aber der Speisesaal! Der herrliche Speisesaal! Ach, wenn man in Paris so einen Speisesaal hätte, was könnte man für Feste feiern! Als sie zum ersten Stock hinaufstieg, erinnerte sie sich, daß sie die Küche noch nicht gesehen habe; sie kehrte um und rief mit Ausbrüchen des Entzückens nach Zoé – auch sie mußte sich über den schönen Spültisch und den großen Feuerherd verwundern, auf dem man einen ganzen Hammel braten konnte.

Im ersten Stockwerk erregte besonders das Schlafzimmer ihre Begeisterung; ein Tapezierer aus Orléans hatte es in zartrosa Louis-XVI.-Kretonne ausgeschlagen. Ach, war das entzückend! Wie herrlich mußte es sich hier schlafen lassen! Ein Mädchenzimmer, ein herziges Nest! Es kamen noch vier, fünf Gästezimmer, dann herrliche Speicher; da konnte man die Koffer bequem einstellen. Zoé trödelte verdrießlich hinter Madame her und warf hie und da einen kalten Blick in ein Zimmer. Sie sah Nana oben auf der steilen Bodenleiter verschwinden. Nein, sie dankte. Sie hatte keine Lust, sich die Beine zu brechen. Aber eine Stimme kam von weit her wie durch ein Kaminrohr: „Zoé! Zoé! wo bleibst du? So komm doch herauf! – Du kannst dir ja gar nicht vorstellen –! Das ist feenhaft!"

Zoé stieg murrend hinauf. Sie fand Madame auf dem Dach, auf die Backsteinbrüstung gelehnt, und in den Anblick des weit hingestreckten Tales versunken. Der Horizont dehnte sich unendlich; aber graue Dünste verhüllten ihn, und ein schrecklicher Wind jagte einen feinen Regenschauer vor sich her. Nana mußte ihren Hut mit beiden Händen festhalten, damit er nicht davonflog, und ihre Röcke flatterten klatschend wie Fahnen.

„Ach nein, das wieder nicht!" sagte Zoé und zog die Nasenspitze wieder zurück. „Madame wird ja weggeweht! So ein Hundewetter!"

Madame hörte sie nicht. Sie beugte sich hinunter und sah sich die Besitzung da unten an. Eine Mauer schloß sieben, acht Morgen Landes ein. Der Anblick des Gemüsegartens nahm sie ganz und gar gefangen. Sie stürzte ins Haus zurück, drängte die Zofe auf die Treppe und stammelte:

„Lauter Kohl! – Oh, solche große Kohlköpfe! ... Und Salat, Sauerampfer, Zwiebeln, alles was es nur gibt, alles! Komm schnell!"

Der Regen fiel stärker. Sie spannte den weißseidenen Sonnenschirm auf und rannte durch die Allee.

„Madame wird sich krank machen!" schrie Zoé ihr nach, die selbst ruhig unter der Markise auf der Rampe geblieben war. Aber Madame war unersättlich. Bei jeder neuen Entdeckung brach sie in lautes Entzücken aus.

„Zoé, Spinat –! So komm doch! Oh, und Artischocken! Wie drollig sie aussehen! Ja, blühen denn Artischocken? Aber schau! Was ist denn das? Das kenn' ich nicht ... Komm doch, Zoé, vielleicht weißt du, was das ist."

Die Zofe rührte sich nicht. Wirklich, Madame schien von Sinnen zu sein. Jetzt floß der Regen in Strömen, der kleine weißseidene Sonnenschirm war schon ganz schwarz. Dabei schützte er Madame gar nicht, sie triefte schon vor Wasser. Aber das focht sie nicht an. Im Gußregen nahm sie noch den Gemüse- und Obstgarten in Augenschein, bei jedem Baum blieb sie stehen, sie neigte sich über jedes Gemüsebeet. Dann lief sie zum Brunnen und sah hinab. Sie hob ein Mistbeetfenster auf und guckte darunter; schließlich versank sie in die Betrachtung eines riesigen Kürbisses. Es drängte sie, durch alle Alleen zu laufen, und all dies sofort in Besitz zu nehmen, wovon sie ehedem geträumt hatte, als sie in Arbeiterholzschuhen über das Pariser Pflaster klapperte. Die Regengüsse kamen jetzt mit verdoppelter Macht, sie spürte es nicht und war ganz unglücklich, daß der Tag zur Neige ging. Sie sah nicht mehr deutlich, sie tastete mit den Händen, um sich über die Beschaffenheit der Dinge zu vergewissern. Plötzlich entdeckte sie in der Dämmerung Erdbeeren.

„Erdbeeren! Erdbeeren!" brach sie kindlich entzückt aus. „Hier sind Erdbeeren, ich rieche es! – Zoé, einen Teller! Komm, wir pflücken Erdbeeren!" Und Nana bückte sich in den aufgeweichten Erdboden, warf ihren Sonnenschirm fort und ließ unbekümmrt die Regengüsse auf sich herabströmen. Sie las mit triefendnassen Händen die Erdbeeren aus dem Blätterwerk.

Zoé indes brachte keinen Teller. Die junge Frau erhob sich – da fuhr ihr ein Schreck durch die Glieder. Es war ihr, als ob ein Schatten aus dem Dunkel geglitten wäre.

„Ein Tier!" schrie sie auf.

Aber fassunglos blieb sie wie angenagelt mitten in der Allee stehen. Es war ein Mann, und sie hatte ihn erkannt.

„Was! Bébé! Du bist es! – Aber was machst du denn hier, Bébé?" – „Du siehst doch!" antwortete Georges. „Ich bin eben gekommen."

Sie war ganz verblüfft. „Du hast also vom Gärtner meine Ankunft erfahren? Ach, dieser Kindskopf! Und ganz durchweicht ist er!"

„Das werd' ich dir erklären. Der Regen hat mich auf dem Weg überrascht. So wollte ich nicht bis Gumières hinaufgehen, und wie ich über die Choue setzte, fiel ich in so ein verflixtes Wasserloch."

Im Augenblick hatte Nana ihre Erdbeeren vergessen. Sie zitterte vor Mitleid. Dieser arme Zizi in einem Wasserloch! Sie zog ihn ins Haus und wollte gleich ein großes Feuer anmachen lassen.
„Siehst du", flüsterte er und hielt sie noch im Dunkeln zurück. „Ich hab' mich versteckt, denn ich war bange, Schelte zu bekommen wie in Paris, wenn ich so unerwartet daherkam."
Sie lachte, ohne zu antworten, und drückte ihm einen Kuß auf die Stirn. Bis zum heutigen Tag hatte sie ihn wie einen lieben kleinen Bengel behandelt, seine Liebeserklärungen hatte sie niemals ernst genommen, und hatte sich über ihn amüsiert wie über einen wilden Jungen – ganz ohne Konsequenzen. Diese Geschichte brachte ihn ihr näher. Sie wollte durchaus, daß man in ihrem Schlafzimmer Feuer anmachte; dort war es behaglicher.
Der Anblick von Georges hatte Zoé nicht überrascht – sie war an jede Art von Begegnungen gewöhnt. Aber der Gärtner, der das Holz heraufbrachte, war sehr verblüfft über die Erscheinung dieses triefendnassen Herrn, von dem er gewiß wußte, daß er ihm die Tür nicht geöffnet hatte. Man schickte ihn fort, denn er war überflüssig. Eine Lampe erhellte den Raum; das Feuer flammte hell im Kamin.
„Der wird doch nie trocken – er wird sich noch einen schrecklichen Schnupfen holen", sagte Nana, da Georges von einem Schauer geschüttelt wurde.
Und keine Männerhose im Haus! Sie war im Begriff, den Gärtner zurückzurufen, da kam ihr ein Einfall. Zoé packte im Ankleidekabinett die Koffer aus und brachte Madame Wäsche zum Wechseln, ein Hemd, Unterwäsche, ein Morgenröckchen.
„Aber das ist ja ausgezeichnet!" rief die junge Frau, „das alles kann doch Zizi anziehen! Was? Du graust dich doch nicht vor mir, nicht wahr? Wenn deine Sachen trocken sind, ziehst du sie wieder an und gehst schnell wieder heim, damit deine Mama nicht schimpft ... Eil dich, ich geh' ins Ankleidekabinett und ziehe mich auch um."
Als sie zehn Minuten später im Hauskleid erschien, schlug sie vor Entzücken die Hände zusammen. „Oh, so ein Herzblatt! Wie lieb er ist als kleine Frau!"
Er hatte nur ein langes, spitzenbesetztes Nachthemd angezogen, kleine Höschen und einen langen Morgenrock aus Batist mit Spitzen. Er sah in dem Aufzug wie ein Mädchen aus mit diesen nackten Armen eines blonden Knaben, mit seinem rötlichen Haar, das ihm noch feucht in den Nacken fiel.
„Er ist gerade so schlank wie ich", sagte Nana und nahm ihn um die Mitte. „Zoé, ich bitte dich, sieh nur, wie ihm das steht! ... Ist es nicht wie für ihn gemacht? Nur die Untertaille ist ihm zu weit ... Da bin ich ihm über, diesem armen Kind." – „Ja, du hast recht, da fehlt's ein bißchen bei mir", murmelte Georges lächelnd.
Alle drei wurden immer lustiger. Nana unterzog sich der Aufgabe, den Morgenrock von oben bis unten zuzuknöpfen – aus Gründen der Schicklichkeit. Sie drehte ihn wie eine Puppe hin und her, gab ihm einen Klaps und bauschte ihm rückwärts die Röcke. Und dabei fragte sie ihn aus: ob er sich wohl fühlte, ob ihm auch warm sei. Ach, das wollte er glauben! er fühlte sich wohl. Nichts hält so warm wie ein Frauenhemd; wenn's möglich gewesen wäre, hätte er es immer getragen. Er dehnte sich wohlig darin, selig über die Zartheit der Wäsche; über dieses fließende Gewand, das so gut roch und an dem noch etwas von Nanas warmem Leben zu haften schien.
Zoé brachte inzwischen seine durchweichten Kleider in die Küche, damit sie so schnell wie möglich vor dem Rebholzfeuer trockneten. Georges, der sich in einen Lehnstuhl gestreckt hatte, wagte ein Geständnis: „Sag mal, ißt du heute nicht zu Abend? Ich meinerseits sterbe vor Hunger, ich habe nicht diniert."
Nana wurde ganz böse. So ein dummer Junge – seiner Mutter mit leerem Magen durchzubrennen und in ein Wasserloch zu plumpsen. Aber auch ihr fiel der Magen heraus. Also: es mußte gegessen werden. Nur, sie mußten natürlich vorliebnehmen.
Und nun wurde auf einem Tischchen vor dem Feuer das drolligste Diner improvisiert. Zoé lief zum Gärtner, der für den Fall, daß Madame nicht von ihrer Herfahrt in Orléans gespeist haben würde, eine Kohlsuppe bereithielt; Madame hatte vergessen, in ihrem Brief irgendwelche Anordnungen zu treffen. Glücklicherweise war der Keller wohlbestellt. Es gab also eine Kohlsuppe und ein Stück Speck. Nana durchstöberte ihre Tasche und fand noch Mundvorrat, den sie aus Vorsicht mitgenommen hatte: eine kleine Gänseleberpastete, eine Tüte Bonbons, Orangen. Beide aßen wie Menschenfresser mit dem ganzen Appetit ihrer zwanzig Jahre, wie zwei Kameraden, die sich voreinander nicht genierten. Nana nannte Georges: „Meine Liebe", das schien ihr vertraulicher, zärtlicher. Zum Dessert leerten sie gemeinsam mit demselben Löffel – um Zoé nicht zu bemühen – einen Topf mit Eingemachtem, den sie oben auf einem Schrank gefunden hatten.
„O du meine Liebe", sagte Nana, den Tisch zurückschiebend, „seit zehn Jahren habe ich nicht so gut gegessen."
Aber es war spät und sie wollte den Kleinen nach Hause schicken, schon aus Besorgnis, daß er sonst daheim argen Verdruß haben könnte. Er wollte nichts davon wissen, er hatte noch Zeit. Übrigens trockneten die Kleider so langsam; Zoé erklärte, sie brauchten mindestens noch eine Stunde; und da das Mädchen von der Reise ermüdet im Stehen schlief, schickten sie sie zu Bett. Sie blieben allein in dem stummen Haus.
Der Abend war sehr mild, das Feuer erstarb in Kohlenglut, es war ein wenig drückend in dem großen blauen Zimmer, in dem Zoé vor dem Schlafengehen das Bett bereitet hatte. Nana, bedrängt von der großen Hitze, erhob sich und öffnete das Fenster ein wenig. Sie stieß einen leisen Schrei aus: „Mein Gott! Ist das schön! ... Schau, Liebes!"

Georges war ans Fenster getreten, und als ob ihm die Fensterbank zu schmal wäre, nahm er Nana um die Mitte und legte seinen Kopf auf ihre Schulter. Das Wetter hatte ganz umgeschlagen, ein klarer Himmel wölbte sich über ihnen, und der runde Mond erhellte das Land mit einer goldenen Lichtflut. Ein überwältigender Friede machte das enge Tal weit, es schien sich zu öffnen und in die unendliche Ebene zu fließen; die Baumgruppen standen wie Schatteninseln in dem hellen See des Mondlichts. Nana wurde weich und gerührt, sie war wieder ein kleines Mädchen. Sicherlich, von solchen Nächten hatte sie geträumt in einer Epoche ihres Lebens, deren sie sich kaum mehr entsann. Alles, was sie erlebt hatte, seit sie aus dem Waggon gestiegen war – diese weite Landschaft, dieser starke Duft des Grases, das Haus, die Gemüse –, alles das warf sie ganz um; ihre Erschütterung war so stark, daß es ihr schien, als habe sie Paris vor zwanzig Jahren verlassen. Ihr Dasein von gestern lag weit hinter ihr. Empfindungen erfüllten sie unklar, die sie selbst nicht verstand. Georges bedeckte ihren Hals mit kleinen zärtlichen Küssen und steigerte damit ihren Taumel. Mit schwacher Hand stieß sie ihn zurück wie ein Kind, dessen Zärtlichkeit ermüdet, und mahnte wieder zum Aufbruch. Er sagte nicht nein – gleich wollte er gehen, gleich.

Ein Vogel sang und schwieg dann wieder. Es war ein Rotkehlchen im Holunder unter dem Fenster.

„Warte", flüsterte Georges, „die Lampe verscheucht es, ich will sie auslöschen." – Er kam zurück und schlang den Arm wieder um sie. „Später zünden wir sie wieder an."

Und während sie dem Rotkehlchen lauschte und der Kleine sich dicht an sie schmiegte, fiel es Nana ein: ja, das kam in den Romanzen von einst vor. Ehedem hätte sie ihr Herz hingegeben für diese Mondnacht, das Rotkehlchen und ein junges, liebeerfülltes Herz an ihrer Seite. Lieber Himmel! Tränen stiegen ihr auf, so schön und lieb war das alles. Weiß Gott, sie war zu einem vernünftigen Leben geboren. Georges wurde kühner, aber sie stieß ihn zurück.

„Nein, laß mich, ich will nicht ... es wäre abscheulich ... in deinem Alter ... ich will dein Mütterchen bleiben, hörst du?" Scham übergoß sie, sie war ganz rot. Niemand konnte sie sehen; Nacht füllte die Zimmer hinter ihnen, und vor ihnen lag in tiefstem Schweigen die einsame Landschaft; nichts rührte sich.

Noch nie hatte sie solche Scham empfunden. Nach und nach fühlte sie ihre Kräfte schwinden trotz ihrer Scheu und ihres Widerstandes. Diese Verkleidung, das Frauenhemd und der Morgenrock reizten wieder ihre Lachlust. Es war wie ein Scherz mit einer Freundin.

„Oh, das ist schlecht, das ist schlecht ..." stammelte sie noch in einer letzten Auflehnung.

Und sie fiel, eine Jungfrau, in die Arme dieses Kindes. Die Nacht war hell. Das Haus schlief.

Als am nächsten Morgen in den Fondettes zum Frühstück geläutet wurde, war der Tisch im Speisesaal nicht mehr zu groß für die Tafelrunde. Der erste Wagen hatte Fauchery und Daguenet gebracht. Mit dem nächsten Zug war der Graf de Vandeuvres gekommen. Georges kam als letzter an den Frühstückstisch, ein wenig bleich und mit niedergeschlagenen Augen. Auf alle Fragen antwortete er nur: es ginge ihm besser, aber er wäre noch sehr matt von dem heftigen Migräneanfall. Frau Hugon sah ihm mit ängstlichem Lächeln in die Augen und fuhr ihm über das heute so schlecht geordnete Haar; er zog sich zurück, wie geniert von dieser Zärtlichkeit. Beim Essen neckte Frau Hugon Vandeuvres freundschaftlich, den sie seit fünf Jahren zu erwarten vorgab. „Und nun sind Sie endlich da – wie ist das nur zugegangen?"

Vandeuvres ging auf ihren scherzenden Ton ein. Er erzählte, daß er im Klub gestern abend wahnsinnig Geld verloren habe. So wäre er denn mit dem Entschluß, sich auf das Land zurückzuziehen, abgedampft. „Weiß Gott, wenn Sie mir hier in der Gegend eine Erbin ausfindig machen ... es soll hier herum entzückende Frauen geben ..."

Die alte Dame dankte nun auch Daguenet und Fauchery, daß sie so freundlich ihres Sohnes Einladung angenommen hatten – da trat zu ihrer freudigen Überraschung der Marquis de Chouard ins Zimmer, den eben ein dritter Wagen gebracht hatte.

„Ach sieh –!" rief sie aus. „Die Herren haben sich hier ein Rendezvous gegeben?! Sie haben sich verabredet ... was gibt es denn? Seit Jahren habe ich mich vergebens bemüht, Sie zusammenzubringen, und jetzt fallt ihr alle auf einmal hier ein ... Oh, aber ich bin weit davon entfernt, mich darüber zu beklagen!"

Man legte noch ein Gedeck auf. Fauchery saß neben der Gräfin Sabine, deren lebhafte Heiterkeit ihn überraschte; in seiner Erinnerung sah er sie matt und blaß in dem strengen Salon der Rue Miromesnil. Daguenet hingegen saß an Estelles linker Seite und schien sich in der Nachbarschaft dieses großen stummen Mädchens mit den unangenehmen spitzen Ellbogen unbehaglich zu fühlen. Muffat und Chouard tauschten einen verstohlenen Blick aus. Vandeuvres scherzte weiter über seine neuen Heiratspläne.

„Was die Damen der Gegend anlangt", sagte endlich Frau Hugon, „– ich habe eine neue Nachbarin, die Sie wahrscheinlich kennen." Und sie sprach von Nana.

Vandeuvres heuchelte lebhaftes Erstaunen: „Was Sie sagen! Nanas Besitzung ist hier in der Nähe!"

Fauchery und Daguenet leisteten sich erstaunte Ausrufe. Der Marquis de Chouard zerteilte eine Hüherbrust und schien nicht zu verstehen. Keinem der Männer war ein Lächeln aufgestiegen.

„Sie können es mir glauben", nahm die alte Dame wieder das Wort, „und diese Person ist sogar gestern abend in La Mignotte angekommen, wie ich es gesagt habe. Ich erfuhr es schon in der Früh vom Gärtner."

Bei dieser Nachricht konnten die Herren eine sehr echte Überraschung nicht verbergen. Alle hoben den Kopf. Wie! Nana war schon da! Aber sie hatten sie ja erst für morgen erwartet und glaubten ihr vorauszueilen! Nur

Georges blieb unbeteiligt und sah mit gesenkten Wimpern matt in sein Glas. Seit Beginn des Frühstücks schien er mit offenen Augen unbestimmt lächelnd zu schlafen.
„Hast du noch Schmerzen, Zizi?“ fragte seine Mutter, die keinen Blick von ihm ließ.
Er zuckte zusammen und antwortete errötend: es ginge ihm ganz gut; und er sah wieder verschlossen und verträumt aus wie ein Mädchen nach durchtanzter Nacht.
„Was hast du denn da am Hals?“ fragte Frau Hugon erschrocken. „Das ist ja ganz rot!“
Er wurde verwirrt und stotterte. Er wußte von nichts, er hatte nichts am Hals. Dann schob er seinen Hemdkragen in die Höhe und sagte: „Ach ja, es hat mich was gestochen.“
Der Marquis de Chouard hatte einen schrägen Blick auf die kleine Rötung geworfen. Auch Muffat musterte Georges. Das Frühstück nahm seinen Fortgang, und man entwarf Pläne für gemeinschaftliche Ausflüge. Das Lachen der Gräfin Sabine machte immer stärkeren Eindruck auf Fauchery. Als er ihr eine Schale mit Früchten reichte, berührten sich ihre Hände; und ihr schwarzer Blick tauchte für eine Sekunde so tief in seine Augen, daß ihm von neuem die Konfidenzen jenes trunkenen Abends einfielen. Sie war nicht mehr dieselbe, irgendein bisher übersehener Zug ihres Wesens trat jetzt deutlicher hervor, ihr Kleid aus grauem Foulard fiel weich um ihre Schultern und verlieh ihrer feinen nervösen Eleganz eine gewisse Lässigkeit.
Nach aufgehobener Tafel blieb Daguenet mit Fauchery zurück und machte sich schonungslos über Estelle lustig, die er den „langen Besenstiel“ nannte. Aber er wurde ernsthaft, als der Journalist ihm die Summe ihrer Mitgift nannte: viermal hunderttausend Francs.
„Und die Mutter?“ fragte Fauchery. „Donnerwetter, sehr schick!“ – „Ja, die –! ... da sag ich nicht nein! ... Aber das ist ja ausgeschlossen ...“ – „Ach, das kann man nie wissen ... wir werden ja sehen.“
Der Regen, der noch immer in Strömen niederging, fesselte alles ans Haus. Georges beeilte sich sehr und verschwand in seinem Zimmer; er drehte den Schlüssel zweimal im Schloß um. Die Herren vermieden es, sich untereinander auszusprechen, obgleich sie sich über die Ursachen dieses Zusammentreffens hier keiner Täuschung hingaben. Vandeuvres, der vom Spiel sehr hergenommen war, hatte wirklich die Absicht, sich im Grünen zu erholen; und dabei rechnete er mit der Nachbarschaft einer Freundin; denn langweilen wollte er sich nicht. Fauchery genoß die Ferien, die ihm die sehr beschäftigte Rose bewilligt hatte, und nahm sich vor, wegen des zweiten Artikels mit Nana zu verhandeln, im Fall, daß das Landleben sie beide mürbe machen würde. Seit Steiner mit Nana schmollte, hoffte Daguenet, das Band wieder zu knüpfen und einige Schäferstunden herauszuschlagen, wenn sich die Gelegenheit ergab. Der Marquis de Chouard wartete seine Stunde ab. Aber von all diesen Männern, die den Spuren der kaum abgeschminkten Venus folgten, war Muffat der leidenschaftlichste; nie empfundene aufpeitschende Gefühle des Verlangens, der Angst und des Zornes kämpften in seinem aufgewühlten Wesen. Er hatte ein förmliches Versprechen, Nana erwartete ihn. Warum nur war sie zwei Tage früher abgereist? Er entschloß sich, noch am selben Abend nach dem Diner nach La Mignotte zu gehen.
Als der Graf am Abend aus dem Park trat, entfloh auch Georges hinter ihm. Er ließ den Grafen den Weg nach Gumières vorausgehen, setzte selbst über die Choue und fiel atemlos, außer sich und mit Augen voll Tränen, bei Nana ein. Ach, es war ihm ganz klar, dieser Alte war auf dem Weg zu Nana, es handelte sich um eine Verabredung.
Nana war sprachlos über diese Eifersuchtsszene und ganz gerührt über den neuen Verlauf der Dinge; sie nahm ihn in die Arme und tröstete ihn, so gut es ging. Aber nein, er irrte sich, sie erwartete niemand; wenn der Herr käme, so war es gewiß nicht ihre Schuld. Dieser Zizi, dieser dumme Bub, sich ganz ohne Grund so aufzuregen! Sie schwor bei dem Leben ihres Kindes, daß sie keinen andern liebte als ihren Georges. Und sie bedeckte ihn mit Küssen und trocknete seine Tränen.
„Paß auf, du wirst schon selber sehen, daß ich alles nur für dich tue“, sagte sie, als er sich beruhigt hatte. „Steiner ist angekommen, er ist schon oben ... du weißt, mein Geliebtes, den kann ich nicht vor die Tür setzen.“ – „Ja, ich weiß, von dem sprech' ich auch nicht“, murmelte der Kleine. – „Na also! Ich hab' ihn in ein Hinterzimmer gesteckt und ihm eingeredet, daß ich krank bin. Er packt seinen Koffer aus ... es hat dich ja niemand kommen sehen – geh schnell hinauf, versteck dich in meinem Zimmer und warte auf mich.“
Georges sprang ihr an den Hals. Also wirklich! So liebte sie ihn doch ein bißchen! Also wie gestern? Ohne Lampe, im Dunkeln bis an den Morgen ...
Unten ging die Glocke, und er entwischte leichtfüßig. Oben im Schlafzimmer zog er gleich die Schuhe aus, um keinen Lärm zu machen. Dann versteckte er sich am Boden hinter einem Vorhang und wartete geduldig.
Nana empfing den Grafen Muffat noch erregt und ein wenig unsicher. Er hatte ihr Versprechen, und sie wollte sogar Wort halten, denn der Mann schien ihr seriös. Aber wer konnte auch die Geschichte von gestern abend voraussehen? Diese Reise, dieses Haus, das sie nicht gekannt hatte, dieses Kind, das da ganz durchweicht hereingeschneit war – wie schön das alles war, wie gut! So sollte es bleiben! Um so schlimmer für den Herrn! Seit drei Monaten zog sie ihn herum und spielte die unnahbare Frau, um ihn desto heftiger zu entflammen. Na schön! So würde es sich noch länger hinausziehen, oder er konnte gehen, wenn es ihm nicht paßte. Sie hätte lieber alles hingegeben als Georges betrogen.
Der Graf nahm mit der zeremoniösen Miene eines Gutsnachbarn Platz. Nur seine Hände zitterten. Bei diesem vollblütigen Menschen, dessen Leben so jungfräulich verlaufen war, hatte das Begehren, durch Nanas berechnende Taktik angestachelt, im Lauf der Zeit furchtbare

Verheerungen angerichtet. Dieser ernsthafte Mensch, dieser Kammerherr, der mit sicherem, würdevollem Schritt durch die Salons der Tuilerien ging, biß des Nachts außer Rand und Band in seine Kissen, und seine Sinne riefen stöhnend immer wieder dasselbe Bild. Aber jetzt war er fest entschlossen, ein Ende zu machen. Im tiefen Frieden der Dämmerung auf dem langen Weg hierher hatte er von Brutalitäten geträumt, und gleich nach den ersten Worten wollte er Nana mit beiden Händen ergreifen.

„Aber nein, nein, nehmen Sie sich in acht", sagte sie nur mit einem Lächeln; sie war nicht böse.

Mit zusammengebissenen Zähnen griff er wieder nach ihr; da sie sich wehrte, wurde er grob und erinnerte sie roh an ihr Versprechen! Er sei gekommen, um bei ihr zu schlafen. Sie war ein wenig überrumpelt und verwirrt – aber sie lächelte noch immer, während sie abwehrend seine Hände festhielt. Jetzt duzte sie ihn, um ihrer Weigerung den Stachel zu nehmen. – „Schau, mein Liebling, du mußt ruhig sein ... glaub's nur, ich kann nicht – Steiner ist oben."

Aber er war von Sinnen; nie noch hatte sie einen Mann in solchem Zustand gesehen. Angst ergriff sie; sie hielt ihm mit der Hand den Mund zu, denn Schreie entfuhren ihm; und mit gedämpfter Stimme beschwor sie ihn, sich zu beherrschen, sie loszulassen.

Steiner kam die Stiegen herunter. Aber das war ja zu albern!

Als Steiner eintrat, lag Nana behaglich in ihrem tiefen Lehnsessel und sagte eben: „Ich schwärme geradezu für das Landleben ..." Sie wendete den Kopf und unterbrach sich: „Liebling, der Herr Graf Muffat ist hier, er hat auf seinem Abendspaziergang unser Licht gesehen und ist hereingekommen, um uns willkommen zu heißen."

Die beiden Männer drückten sich die Hände. Muffat hielt sich im Schatten und schwieg einen Augenblick. Steiner war mürrisch. Man sprach von Paris; die Geschäfte gingen nicht, er hatte scheußliche Zeiten an der Börse hinter sich. Nach einer Viertelstunde verabschiedete sich Muffat; die junge Frau begleitete ihn hinaus, und er bat sie um ein Rendezvous für die nächste Nacht. Nana schlug es ihm ab. Steiner ging fast sogleich hinauf und legte sich schlafen. Er brummte noch lange über das ewige Wehweh der Mädchen.

Endlich war sie die beiden Alten los. Als sie in ihr Zimmer eilen konnte, fand sie Georges noch immer ganz artig hinter seinem Vorhang. Das Zimmer lag im tiefsten Dunkel. Georges zog sie zu sich auf den Boden, sie saß bei ihm, sie rollten über den Teppich, sie spielten und erstickten ihr Gelächter in Küssen, wenn sie mit nackten Füßen gegen ein Möbel stießen.

In der Ferne ging der Graf Muffat langsam auf dem Weg über Gumières; er hielt den Hut in der Hand und kühlte seinen brennenden Kopf in der Frische der schweigenden Nacht. –

Das Leben war köstlich in all den Tagen, die jetzt kamen. Nana fand in den Armen dieses Kindes ihre fünfzehn Jahre wieder. Unter den Zärtlichkeiten dieses Knaben erschloß sich ihr nach Gewöhnung und Ekel am Mann noch einmal eine Blüte der Liebe. Errötende Scham, Bewegung, Erzittern, ein Drang zu lachen und zu weinen stieg wieder in ihr auf – eine ganze unruhvolle Jungfräulichkeit. Verlangen ergriff sie und Schamhaftigkeit über dieses Verlangen. Nie noch hatte sie so empfunden. Die Landschaft erfüllte sie mit Zärtlichkeit. Es war ein Kinderwunsch von ihr, einstmals lang gehegt, in einem Wiesengrund mit einer Ziege zu leben; denn einmal hatte sie auf dem Festungswall eine meckernde Ziege an einem Pfahl erblickt. Jetzt erfüllte sie dieses Besitztum, dieses Stück Erde, das ihr gehörte, mit überströmender Seligkeit, so sehr waren alle ihre Erwartungen übertroffen. Alle die neuen erregenden Gefühle, die sie als Mädel empfunden, erwachten wieder; und wenn sie am Abend, müde von der ungewohnten Landluft, wie berauscht vom Duft des Laubes, hinauf in ihr Zimmer kam und ihren Zizi hinter seinem Vorhang fand, so erlebte sie dies alles wie einen Pensionsmädelstreich in der Ferienzeit, wie eine Liebelei mit einem kleinen Vetter, der ihr doch zum Gatten bestimmt war; sie zitterte bei jedem Geräusch, als ob sie fürchtete, daß ihre Eltern sie überraschen könnten, und kostete das selige scheue Tasten, die wollustvollen Schauer des ersten Sündenfalles ganz aus. In solchen Augenblicken war sie ein sentimentales kleines Mädel. Stundenlang konnte sie in den Mond schauen. Eines Nachts, als das ganze Haus im Schlaf lag, ging sie mit Georges in den Garten hinunter. Sie lustwandelten verschlungen unter den Bäumen, sie schliefen in dem taugetränkten Gras.

Ein andermal ging ein Schweigen durchs Zimmer – und plötzlich schluchzte sie am Hals des Knaben und stammelte: sie hatte Angst vor dem Tode. Oft sang sie halblaut eine Romanze der Madame Lerat vor sich hin, voll Blumen und Vögeln – und ihre Augen schwammen dabei in Tränen; mitten drin riß sie Georges in eine leidenschaftliche Umarmung und verlangte Schwüre ewiger Liebe von ihm. Kurz, sie benahm sich unbeschreiblich albern, wie sie selbst feststellte, wenn sie beide am Bettrand ihre Zigaretten rauchten und mit nackten Beinen an die Holzleiste klopften.

Aber was Nanas Herz vollends zum Schmelzen brachte, das war die Ankunft Louisets. Ihr Anfall von Mütterlichkeit war diesmal so heftig wie ein Wahnsinnsausbruch. Sie trug ihren Sohn in die Sonne und sah ihm zu, wenn er mit den Beinchen strampelte; sie zog ihn an wie einen kleinen Prinzen und wälzte sich mit ihm im Gras herum. Auch mußte er in ihrer Nähe schlafen, im Nebenzimmer, wo Madame Lerat, vom Landleben hingerissen, wie eine Säge schnarchte, sobald sie auf dem Rücken lag. Zizi wurde durchaus nicht vernachlässigt um Louisets willen. Sie hatte nun zwei Kinder, sagte sie und überschüttete sie beide mit den stürmischen Launen ihrer Zärtlichkeit. Nachts riß sie sich wohl zehnmal und öfter aus Zizis Armen und sah nach, ob Louiset ruhig atme; aber wenn sie zurückkehrte, umfing sie Zizi mit dem Rest ihrer mütterlichen Zärtlichkeiten und spielte sein kleines Mütterchen; seiner Verdorbenheit gefiel es sehr, in den Armen dieses großen Mädchens zum kleinen Kind zu werden und sich wiegen und einschläfern zu lassen wie ein Baby. Beide fühlten sich so wohl und glücklich in diesem Zustand, daß sie ihm ernstlich vorschlug, immer auf dem Land zu leben. Sie würden alle Leute wegschicken und allein füreinander leben, Georges, sie und das Kind. Und sie entwarfen tausend Pläne bis zum Tagesanbruch, ohne Madame Lerat zu hören, die müde der ländlichen Freuden nebenan wie ein Walroß schnarchte.

Dieses schöne Leben dauerte fast eine Woche. Der Graf Muffat kam allabendlich und ging wieder mit geschwollenem Kopf und glühenden Händen. Eines Abends wurde er nicht einmal empfangen; Steiner hatte nach Paris fahren müssen. Man beschied den Grafen, daß Madame sich nicht wohl fühle. Nanas Gefühl bäumte sich Tag für Tag heftiger auf bei dem Gedanken, Georges zu betrügen. Dieses unschuldige Kind, das so unverbrüchlich an sie glaubte! Sie wäre sich wie die Letzte der Letzten vorgekommen. Außerdem war es ihr auch widerlich. Zoé, die stumm und verächtlich dieses Abenteuer mit ansah, hielt Madame für schwachsinnig.

Am sechsten Tag fiel plötzlich eine ganze Bande Besucher in dieses Idyll ein. Nana hatte einen Haufen Leute eingeladen, in dem Glauben, es werde ja doch niemand kommen. So stand sie eines Nachmittags sprachlos und versteinert, als ein vollbeladener Omnibus vor dem Gittertor von La Mignotte hielt.

„Da sind wir!" schrie Mignon; er stieg als erster aus dem Wagen und zog noch seine Söhne Henri und Charles heraus. Darauf erschien Labordette und half einer unabsehbaren Reihe von Damen aus dem Wagen: Lucy Stewart, Caroline Héquet, Tatan Néné, Maria Blond. Nana hoffte, dies sei nun die letzte. Da sprang noch La Faloise vom Trittbrett und empfing in seinen zitternden Armen Gaga und ihre Tochter Amélie. Im ganzen waren es elf Personen. Es war keine Kleinigkeit, sie unterzubringen. In La Mignotte gab es fünf Fremdenzimmer, und eines davon nahm schon Madame Lerat mit Louiset ein. Das größte Zimmer bekam das Ehepaar Gaga und La Faloise. Daneben sollte Amélie im Ankleidekabinett auf einem Gurtbett schlafen. Mignon und seine Söhne bekamen das dritte Zimmer, Labordette das vierte. So blieb noch ein Raum, den man als Schlafsaal mit vier Betten für Lucy, Caroline, Tatan und Maria einrichtete. Was Steiner anlangte, so konnte er ja auf dem Salondiwan schlafen. Es war noch keine Stunde vorbei, so war schon alles untergebracht, und die erst so entsetzte Nana war jetzt entzückt, die Schloßherrin spielen zu dürfen. Die Damen beglückwünschten sie zu La Mignotte – ein wundervoller Besitz, meine Liebe! Sie brachten eine Atmosphäre von Pariser Luft mit sich, den ganzen Klatsch der letzten Woche – alles sprach auf einmal, mit Gelächter, Ausrufen und Umarmungen. Apropos Bordenave! Was hatte der zu ihrer Flucht gesagt? Ach, es war nicht so schlimm. Nachdem er gebrüllt hatte, daß er sie mit der Polizei zurückholen lassen wolle, hatte er einfach am Abend die zweite Besetzung spielen lassen. Die kleine Violaine errang sogar als „Blonde Venus" einen sehr netten Erfolg. Diese Nachricht stimmte Nana ernst.

Es war vier Uhr. Ein Ausflug wurde vorgeschlagen.

„Ach, und ich wollte eben, als ihr ankamt, zur Kartoffelernte gehen!"

Nun wollten sie alle zur Kartoffelernte, sie nahmen sich nicht einmal Zeit, die Kleider zu wechseln. Der Gärtner war mit zwei Gehilfen schon auf dem Feld, ganz am Ende des Besitztums. Die Damen knieten in den Acker, durchwühlten die Erde mit ihren beringten Fingern und stießen Freudenschreie aus, wenn sie eine besonders große Kartoffel fanden. Es machte ihnen soviel Spaß! Tatan Néné feierte einen Triumph: sie hatte in ihrer Jugend so viele Kartoffeln gegraben, daß sie sich vergaß und den anderen Ratschläge von der Höhe ihrer Erfahrung aus gab. Die Herren waren weniger leidenschaftlich an der Arbeit. Mignon, der gute Hausvater, benutzte den Aufenthalt auf dem Land, um die Erziehung seiner Söhne zu fördern: er erzählte ihnen von Parmentier.

Das Diner am Abend war von überschäumender Lustigkeit. Sie aßen alle wie die Scheunendrescher. Nana, sehr animiert und leicht angeheitert, prügelte sich fast mit ihrem Haushofmeister, einem jungen Menschen, der bei dem Bischof von Orléans gedient hatte. Die Damen rauchten zum Kaffee. Ein lärmendes hochzeitliches Spektakel drang zu allen Fenstern hinaus und erstarb in der Ferne, in der stillen Abendklarheit; und die Bauern, die sich zwischen Hecke und Feld verspätet hatten, wandten den Kopf und staunten das hellerleuchtete Haus an.

„Ach, wie langweilig, daß ihr schon übermorgen zurückwollt", sagte Nana. „Nun, wir wollen auf alle Fälle etwas unternehmen."

Und es wurde für den nächsten Tag, der auf einen Sonntag fiel, ein Ausflug nach der alten Abtei von Chamont beschlossen. Fünf Wagen sollten von Orléans kommen, die ganze Gesellschaft nach dem Frühstück abholen und sie um sieben Uhr zum Diner nach La Mignotte zurückbringen. Das konnte reizend werden.

Auch an diesem Abend kam der Graf Muffat wie gewöhnlich und erstieg den Hügel, um an dem Gittertor zu läuten. Aber die erleuchteten Fenster und die Lachsalven setzten ihn in Verwunderung. Als er die Stimme Mignons erkannte, begriff er – und entfernte sich wütend, über dieses neue Hindernis bis zum äußersten gereizt und zu irgendeiner Gewalttat entschlossen.

Georges kam durch das Pförtchen, dessen Schlüssel er besaß, und schlich leise an der Mauer entlang in Nanas Zimmer. Er mußte bis Mitternacht warten. Endlich kam sie sehr angeheitert und noch mütterlicher als in den andern Nächten; der Wein machte sie so verliebt wie eine Turteltaube. So verlangte sie durchaus, daß er sie nach der Abtei von Chamont begleite. Er, in der Angst, gesehen zu werden, weigerte sich; wenn man ihn an ihrer Seite im Wagen entdeckte, gäbe es einen scheußlichen Skandal; aber sie zerfloß in Tränen, es gab eine lärmende

Verzweiflungsszene der preisgegebenen Frau – bis er sie tröstete und ihr bestimmt versprach, mit von der Partie zu sein.
„Also, du hast mich doch lieb?" stammelte sie. „Sag, daß du mich lieb hast, sehr lieb ... Ja? Und wenn ich stürbe, mein Geliebtes, wärst du dann sehr traurig?"
In den Fondettes stellte der Gedanke an die Nachbarschaft Nanas das ganze Haus auf den Kopf. Jeden Morgen, während des Frühstücks, kam die gute Frau Hugon fast wider Willen auf dieses Weib zu sprechen; sie erzählte, was sie von ihrem Gärtner erfuhr, und unterlag der Anfechtung, welche von Dirnen auf ehrenfeste Bürgersfrauen ausgeht: diese sonst so tolerante Frau revoltierte gegen diese Nachbarschaft und geriet ganz außer sich durch das vage Vorgefühl eines nahenden Unheils, das sie eines Abends so heftig ergriff, als ob sie die Nähe eines der Menagerie entsprungenen Raubtieres witterte. Sie geriet in Streit mit ihren Gästen und beschuldigte sie, um La Mignotte herumzustreifen. Der Graf Vandeuvres war auf offener Landstraße lachend mit einer Dame ohne Hut getroffen worden; aber er verteidigte sich: er verleugnete Nana, denn es war in der Tat Lucy gewesen, die ihn begleitet und ihm erzählt hatte, daß sie eben ihren dritten Prinzen vor die Tür gesetzt habe.
Auch der Marquis de Chouard ging täglich aus; er nun tat es wieder auf eine Verordnung seines Arztes hin. Was Daguenet und Fauchery anlangte, so tat Frau Hugon ihnen unrecht. Besonders der erstere verließ die Fondettes nie und verzichtete auf seinen Vorsatz, wieder mit Nana anzuknüpfen; dagegen bemühte er sich eifrig und respektvoll um Estelle. Desgleichen trennte sich Fauchery nicht von den Damen Muffat. Ein einziges Mal war er auf einem Fußpfad Mignon begegnet, der, die Arme voll Blumen, seinen Söhnen botanischen Unterricht erteilte. Beide Männer hatten einander die Hände gedrückt und Neuigkeiten über Rose ausgetauscht; es ging ihr ausgezeichnet. Beide hatten am Morgen einen Brief gehabt, worin Rose bat, sie möchten sich doch noch ein Weilchen die Landluft gut bekommen lassen.
Von allen Hausgenossen verschonte Frau Hugon nur den Grafen Muffat und Georges. Der Graf, den wichtige Angelegenheiten oft nach Orléans führten, konnte diesem Weibsstück nicht nachlaufen, und Georges, das arme Kind, machte ihr ernsthafte Sorgen: allabendlich bekam er diese furchtbaren Migräneanfälle und mußte sich schon am hellen Tag ins Bett legen.
Fauchery war indes der getreue Ritter der Gräfin Sabine geworden, während der Graf jeden Nachmittag das Haus verließ. Ging sie in den Park, so trug er ihr Feldsessel und Schirm. Er amüsierte sie mit dem barocken Esprit eines kleinen Journalisten und veranlaßte sie zu jener plötzlichen Intimität, die das Landleben hervorruft. In Gesellschaft dieses jungen Menschen, dessen geräuschvolle Ironie sie kaum kompromittieren konnte, erwachte sie zu neuer Jugend, und es schien, als ob sie sich gleich ergeben würde. Zuweilen, wenn sie sekundenlang allein hinter einem Gebüsch waren, suchten sich ihre Augen; sie verstummten jählings mitten im Lachen, sie wurden ernst, und ihr Blick verdunkelte sich, als ob sie einander durchdringen und verstehen würden.
Freitag mußte man zum Frühstück ein neues Kuvert auflegen. Herr Théophile Venot war angekommen; Frau Hugon erinnerte sich, ihn im vergangenen Jahr bei den Muffats eingeladen zu haben. Er krümmte den Rücken, spielte sich auf den gutmütigen unbedeutenden Menschen hinaus und schien nichts von der besorgten Ergebenheit zu bemerken, die ihm dargebracht wurde. Als es ihm endlich gelungen war, sich in den Hintergrund zu stellen, beobachtete er, seine kleinen Zuckerstückchen knabbernd, Daguenet, der Estelle Erdbeeren reichte, er hörte Fauchery zu, der die Gräfin mit einer Anekdote sehr erheiterte. Sah man ihn an, so lächelte er still. Nach aufgehobener Tafel nahm er den Arm des Grafen und führte ihn in den Park. Man wußte, daß er auf Muffat seit dem Tod seiner Mutter großen Einfluß hatte. Merkwürdige Geschichten kursierten über die Herrschaft des ehemaligen Advokaten in dem gräflichen Hause. Fauchery, der sich durch seine Anwesenheit geniert fühlte, klärte Georges und Daguenet über die Quellen seines Vermögens auf: er hatte ehedem einen großen Prozeß für die Jesuiten geführt. Und wenn man Fauchery glaubte, so hatte der gute Mann – ein furchtbarer Mensch mit seiner sanften Butterweichheit – seine Hand in allen Intrigen und Machenschaften der Pfaffen. Die beiden jungen Leute machten sich über den idiotischen Ausdruck des kleinen Greises lustig. Der Gedanke an einen unbekannten Venot, an einen gigantischen Venot, das ausführende Werkzeug der Klerisei, schien ihnen eine komische Vorstellung. Aber sie schwiegen, als der Graf Muffat wieder auftauchte; er ging noch immer am Arm des guten Männchens – sehr blaß und mit roten Augen, als ob er geweint hätte.
„Na, die haben sich bestimmt über die Hölle unterhalten", murmelte Fauchery grinsend.
Die Gräfin Sabine hatte es aufgefangen, sie wandte langsam den Kopf, und ihre Augen tauchten ineinander mit einem jener Blicke, die sondieren, ehe man wagt ...
Gewöhnlich begaben sich die Hausgenossen nach dem Frühstück auf die Terrasse im Parterre, die die ganze weite Ebene beherrschte. Am Sonntagnachmittag war wundervoll heiteres Wetter. Gegen zehn Uhr hatte es nach Regen ausgesehen; aber ohne daß die Wolken sich eigentlich zerteilt hätten, lösten sie sich in einen milchigen Nebel, in einen sonnenblonden Lichtstaub auf. Da schlug Frau Hugon vor, durch das kleine Pförtchen der Terrasse hinabzugehen und einen Spaziergang in der Richtung nach Gumières bis an die Choue zu machen; sehr beweglich für ihre sechzig Jahre, ging sie gerne zu Fuß. Übrigens protestierte alles gegen einen Wagen.
So gelangten sie also etwas aufgelöst an die Holzbrücke, die über den Fluß führte. Fauchery und Daguenet gingen mit den Damen Muffat voraus. Der Graf und der Marquis folgten mit Frau Hugon; Vandeuvres, mit korrekter und etwas gelangweilter Miene über diesen langen Weg,

rauchte seine Zigarre und beschloß den Zug. Herr Venot ging hin und wieder lächelnd von einer Gruppe zur andern, als ob er sich nichts entgehen lassen wollte.
„Und der arme Georges heute in Orléans!" sagte immer wieder Frau Hugon. „Er konsultiert den alten Doktor Tavernier, der keine Hausbesuche mehr macht, wegen seiner Migräne. Jawohl, Sie haben alle noch geschlafen, da ist er schon um sieben Uhr fort. Nun, es wird ihn immerhin zerstreuen ..." Sie unterbrach sich: „Sehen Sie nur, warum bleiben sie denn an der Brücke stehen?" In der Tat waren die Damen, Daguenet und Fauchery, zögernd am Brückenkopf stehengeblieben, als ob sich ein Hindernis aufgetan hätte; und doch war der Weg frei.
„So geht doch weiter!" rief der Graf. Aber sie rührten sich nicht und sahen irgend etwas Herankommendem entgegen. Der Weg machte eine Biegung und war mit einer dichten Wand von Pappeln eingefaßt; die Zurückgebliebenen konnten noch nichts sehen, aber jetzt hörten sie dumpf anwachsenden Lärm, knirschende Räder, Gelächter und Peitschenknallen. Und plötzlich tauchten fünf Wagen hintereinander auf, brechend voll, mit einem heitern Gewimmel hellblauer und rosenfarbenen Toiletten.
„Was ist denn das?" fragte Frau Hugon überrascht. Aber plötzlich sagte ihr ihr Gefühl, wen sie vor sich hatte; sie erriet – und geriet außer sich über ihren verdorbenen Spaziergang. „Oh, dieses Weib!" flüsterte sie. „Gehen Sie doch, gehen Sie doch zu! Sehen Sie einfach nicht hin ..."
Aber dazu war es schon zu spät. Die fünf Wagen, die Nana und ihre Gesellschaft zu den Ruinen von Chamont trugen, drängten sich schon an der kleinen Holzbrücke zusammen. Fauchery, Daguenet und die Damen Muffat mußten zurückweichen, Frau Hugon und die anderen konnten auch nicht weiter und standen längs des Weges zu beiden Seiten. Es war ein großartiges Spalier. Das Lachen in den Wagen war verstummt; neugierige Gesichter sahen heraus. Man starrte einander an; die tiefe Stille war nur von dem gleichmäßigen Hufschlag der Pferde unterbrochen. Im ersten Wagen saßen Maria Blond und Tatan Néné, hingegossen wie Herzoginnen mit wehenden Röcken, hoch über den Rädern; sie sahen verächtlich auf diese anständigen Frauen im Straßenstaub hinunter. Danach kam Gaga, die eine ganze Seite allein einnahm, und neben ihrer Fülle verschwand La Faloise vollständig. Nur seine ängstliche Nasenspitze tauchte heraus. Dann kam Caroline Héquet mit Labordette, Lucy Stewart mit Mignon und seinen Söhnen, und ganz zuletzt in einer Victoria kam Nana in Gesellschaft Steiners; vor ihr auf einem Klappsitz hatte dieses arme Kind, Zizi, seine Knie zwischen Nanas Knie geschoben.
„Die letzte, nicht?" wandte sich die Gräfin gelassen an Fauchery und tat, als ob sie Nana nicht erkannte. Das Rad der Victoria streifte sie fast; sie tat keinen Schritt zurück. Die beiden Frauen tauschten einen tiefen Blick, eine sekundenlange Musterung – restlos und endgültig. Die Herren waren der Situation vollkommen gewachsen. Fauchery und Daguenet erkannten niemand und blieben eiskalt. Der Marquis war ängstlich, er fürchtete einen Ausfall von seiten dieser Damen; er pflückte einen Grashalm und spielte damit. Nur Vandeuvres trat etwas zur Seite und grüßte mit den Wimpern zu Lucy hin, die ihm, vorbeikommend, zulächelte.
„Nehmen Sie sich zusammen!" murmelte Herr Venot hinter dem Grafen Muffat. Dieser folgte gänzlich verstört mit den Augen der vorbeifliegenden Erscheinung Nanas. Seine Frau wandte sich langsam und beobachtend ihm zu. Da sah er zu Boden, wie um den Galopp der Pferde nicht mehr zu sehen, die ihm Leib und Seele entführten. Er hätte vor Schmerz aufschreien mögen, denn jetzt begriff er alles, als er Georges aus Nanas Röcken auftauchen sah. Dieses Kind –! Das zerschmetterte ihn: sie hatte ihm ein Kind vorgezogen! Steiner war ihm gleichgültig, aber dieses Kind –!
Frau Hugon hatte Georges zuerst gar nicht erkannt. Der arme Junge wäre am liebsten von der Brücke aus ins Wasser gesprungen, wenn Nanas Knie ihn nicht festgehalten hätten. So saß er steif und starr wie ein Eiszapfen und weiß wie ein Tuch im Wagen. Er sah niemand an. Vielleicht sah ihn dann auch niemand.
„Großer Gott", sagte plötzlich die alte Dame, „aber das ist ja Georges!"
Die ganze Atmosphäre war mit dem Unbehagen geladen, das entsteht, wenn Leute, die einander kennen, sich nicht grüßen. Diese flüchtig vorbeihuschende Begegnung schien eine Ewigkeit zu währen. Aber nun entführten die Räder heiterer und beschwingter diese Wagenladung von Mädchen in das helle Land hinein; die Luft schlug um sie, und ihre lustigen Kleider flatterten im Wind, Gelächter erscholl wieder, Scherz und Blicke flogen zurück zu diesen korrekten Leuten, die verblüfft am Wegrand zurückgeblieben waren. Nana drehte sich um und sah die Spaziergänger zögern und schließlich umkehren, ohne die Brücke zu betreten. Frau Hugon stützte sich auf den Arm des Grafen Muffat – so stumm, so traurig, daß niemand ein Wort des Trostes wagte.
„Sagen Sie doch, Lucy", rief Nana hinüber in den nächsten Wagen, „haben Sie Fauchery gesehen? Hat der ein begossenes Gesicht gemacht! Na, er wird es mir bezahlen! ... Und Paul, dieser Bengel, zu dem ich so gut war ... Nicht einmal einen Blick ... wohlerzogene Leute! Das muß man sagen!" Und sie machte Steiner eine schreckliche Szene, weil er die Haltung der Herren absolut korrekt fand. So, sie war also nicht einmal wert, daß man vor ihr den Hut zog? Der erste beste Lausejunge durfte sie beleidigen? Schönen Dank, er war auch kein Haar besser; sie hatte es satt. Eine Frau müßte man unter allen Umständen grüßen.
„Wer war denn diese Große?" schrie Lucy laut durch den Lärm der Räder.
„Die Gräfin Muffat", antwortete Steiner.
„Ob ich's nicht gleich gedacht hab'!" sagte Nana. „Na, mein Lieber, von mir aus kann sie gern eine Gräfin sein, was das schon ist! ... Großartig! ... Da ist nichts dahin-

ter, ich hab' einen guten Blick, das wißt ihr. Die kenne ich jetzt durch und durch, Ihre Gräfin ... Wollen Sie wetten, daß sie mit diesem falschen Hund, mit Fauchery, schläft? ... Ich schwöre Ihnen, sie schläft mit ihm! So etwas spürt eine Frau."

Steiner zuckte die Achseln. Seit gestern abend wurde seine Laune immer schlechter: er hatte Briefe bekommen, die ihn zwangen, am nächsten Morgen abzureisen; na, es war durchaus nicht amüsant, aufs Land zu kommen, um auf dem Salondiwan zu schlafen.

„Ach, das arme Kind", sagte Nana plötzlich gerührt beim Anblick des totenbleichen Georges, der noch immer steif und mit zugeschnürter Kehle dasaß.

„Glauben Sie, daß Mama mich erkannt hat?" stotterte er endlich.

„Na, aber sicher! Sie hat aufgeschrien ... aber das ist meine Schuld, er wollte gar nicht mitkommen, ich hab' ihn gezwungen ... Zizi, was meinst du: soll ich deiner Mutter schreiben? Sie flößt einem ordentlich Respekt ein. Ich werde ihr schreiben, daß ich dich noch nie gesehen habe, daß Steiner dich heut zum erstenmal mitgebracht hat ..."

„Nein, nein, schreib nicht", sagte Georges sehr unruhig. „Ich werde es schon selbst in Ordnung bringen. Und wenn sie mir das Leben schwermachen, so gehe ich überhaupt nicht mehr nach Hause." Er verstummte und blieb innerlich benommen und suchte nach Lügen für den Abend.

Die fünf Wagen rollten auf einem endlosen schnurgeraden Weg durch die Ebene; zu beiden Seiten standen schöne Bäume. Das Land badete in einem silbrigen Licht. Die Damen unterhielten sich von einem Wagen zum anderen hinter dem Rücken der Kutscher, die über dieses komische Volk lachten; manchmal stand die eine oder die andere auf und sah sich um, gestützt auf die Schulter eines Nachbarn, bis ein Stoß sie wieder auf ihren Sitz warf. Caroline Héquet war in eifrige Unterhaltung mit Labordette vertieft; beide waren sich darüber einig, daß Nana ihr Landgut verkaufen würde, noch ehe drei Monate ins Land gingen; und Caroline beauftragte Labordette, es unter der Hand billig für sie zu erwerben. Vor ihnen küßte der schrecklich verliebte La Faloise, der Gagas apoplektischen Hals nicht erreichen konnte, ihren Rücken; der gespannte Stoff ihres Kleides krachte in allen Nähten. Am Rand des Klappsitzes saß Amélie steif und mahnte die beiden, aufzuhören; es reizte sie, daß sie wie ein Ölgötze dasitzen und dem Liebesspiel der Mutter zusehen sollte. In dem nächsten Wagen wollte Mignon seine Söhne vor Lucy produzieren und verlangte eine Fabel von La Fontaine. Besonders Henri war sehr begabt, er konnte das in einem Zug, ohne Atem zu schöpfen, herunterschnurren. – Maria Blond an der Spitze des Zuges langweilte sich mit diesem Haubenstock, mit Tatan Néné; und so band sie ihr zum Zeitvertreib einen Bären nach dem anderen auf; sie erzählte ihr, daß die Pariser Molkereien Eier aus Leim und Safran herstellten.

Gott, war das weit! Waren sie noch immer nicht am Ziel? Und diese Frage, von Wagen zu Wagen weitergegeben, gelangte endlich zu Nana, die ihren Kutscher interpellierte und dann aufstand und schrie: „Noch eine kleine Viertelstunde ... ihr seht doch da unten die Kirche ... hinter den Bäumen." Dann fuhr sie fort: „Denkt euch, die Besitzerin des Schlosses Chamont soll noch eine Antiquität aus napoleonischer Zeit sein ... Oh, eine Lebedame, sagt Josef, der es von dem bischöflichen Gesinde weiß – eine Lebedame war das, wie es heutzutage keine mehr gibt. Jetzt hält sie es mit den Pfaffen."

„Wie heißt sie?" fragte Lucy.

„Madame d'Anglars."

„Irma d'Anglars! Die hab' ich gekannt!" rief Gaga, und den Wagen entlang liefen lebhafte Ausrufe, die im schnelleren Trab der Pferde verklangen. Köpfe streckten sich vor, um Gaga zu sehen; Maria Blond und Tatan Néné knieten zurückgewandt auf dem Wagensitz und hielten sich an dem niedergelassenen Kutschendach fest. Fragen kreuzten sich, boshafte Worte, gemildert von einem leisen Anflug von Bewunderung. Gaga hatte sie gekannt, das erfüllte sie alle mit Respekt für diese weit zurückliegende Vergangenheit.

„O ja, ich war damals jung", sagte Gaga. „Aber trotzdem, ich kann mich erinnern, ich hab' sie oft vorbeifahren sehen ... sie soll an sich ziemlich widerlich gewesen sein. Aber im Wagen hatte sie einen Schick –! Es gab unglaubliche Geschichten von ihr, Schweinereien, Zügellosigkeiten zum Speien ... Na, mich wundert's nicht, daß sie ein Schloß hat. Sie verstand es, einen Mann auszubeuteln, daß er ratzekahl zurückblieb ... Ach! Irma d'Anglars lebt also noch! Aber meine Lieben, dann muß sie in ihr neunzigstes Jahr gehen!"

Mit einem Schlag wurden die Damen ernst. Neunzig Jahre! Nicht eine unter ihnen, wie Lucy ausrief, hätte Saft und Kraft für neunzig Jahre. Lauter Gerümpel. Nana hingegen protestierte: das wäre ja noch schöner, ihre Knochen seien gesund und stark.

Endlich sah man das Ziel. Die Unterhaltung wurde durch das Peitschenknallen der Kutscher unterbrochen, die ihre Tiere antrieben. Nur Lucy ließ sich durch den Spektakel nicht beirren, sie sprang auf ein anderes Thema über und redete Nana eifrig zu, am nächsten Tag mit der ganzen Bande nach Paris zurückzukehren; denn diese Saison überflügle alle ihre Erwartungen. Aber Nana war eigensinnig. Paris war ihr abscheulich, und sie würde nicht so bald ihren Fuß auf dieses Pflaster setzen.

„Nicht wahr, Liebling, wir bleiben?" fragte sie und drückte Georges Knie, unbekümmert um Steiner.

Die Wagen hielten plötzlich. Die überraschte Gesellschaft stieg aus und befand sich in einer öden Gegend am Fuß eines Hügels. Einer der Kutscher zeigte ihnen mit dem Peitschenstiel die Ruinen der alten Abtei von Chamont, die aus den Bäumen tauchten. Es war eine arge Enttäuschung. Die Damen fanden es zu albern: ein Schutthaufen, von Brombeeren überwachsen, und die Hälfte eines zertrümmerten Tores. Na, das lohnte die Mühe, zwei Meilen weit zu fahren. Der Kutscher zeigte ihnen jetzt das

Schloß, dessen Park an der Abtei begann; er riet ihnen, auf dem kleinen Weg längs der Mauer entlangzugehen; sie könnten so bis ins Dorf gelangen, wo die Wagen sie auf dem Marktplatz erwarten würden. Das wäre ein reizender Spaziergang.

Alles war einverstanden.

„Donnerwetter! Irma hat es gut getroffen!" sagte Gaga und blieb vor einem Gittertor in der Ecke des Parkes stehen. Alle schwiegen und sahen die ungeheure, dichte Hecke hinter dem Gitter an. Sie gingen weiter auf dem Fußweg längs der Parkmauer und hoben bewundernd die Augen zu den Bäumen, deren riesige Äste ein dichtes Laubdach über die Mauer wölbten. Nach drei Minuten standen sie vor einem zweiten Gittertor; hier öffnete sich der Blick auf eine weite Rasenfläche; zwei hundertjährige Eichen warfen ihre Schatten darüber hin, und nach weiteren drei Minuten sahen sie ein drittes Gittertor, von dem aus eine ungeheuer breite Allee, ein schwarzschattender Gang, sich entrollte, aus dessen Tiefen das Sonnenlicht wie ein heller Stern erstrahlte. Dem schweigenden Staunen folgten nach und nach laute Ausrufe. Wohl hatten sie versucht zu spotten, aber in den Spott hatte sich ein wenig Neid gemengt; dieser Anblick jedoch überwältigte sie. Was für eine Energie steckte doch in dieser Irma! Das flößte Respekt vor der verwegenen Person ein!

Baumgruppen reihten sich aneinander, unablässig breitete der Efeu Mäntel über die Mauer, Dächer von Pavillons sahen aus dem Laub, die Wände der Pappeln wechselten mit den dicken Massen der Ulmen und Espen. Nahm das gar kein Ende? Wie gern hätten die Damen das Haus gesehen, sie waren es müde, es nur zu umkreisen, ohne bei den Durchblicken etwas anderes zu erspähen als tiefe Gärten und endloses Laubwerk. Mit beiden Händen faßten sie in die Eisenstäbe und drückten das Gesicht gegen das Gitter. Ein ungeheurer Respekt erfaßte sie, die strenge Unzugänglichkeit verstärkte dieses Gefühlt noch, und sie träumten von dem unsichtbaren Schloß hinter diesen Weiten.

Des Gehens ganz ungewohnt, ermüdeten sie schnell. Und die Mauer nahm kein Ende. An allen Biegungen des einsamen Pfades lief die Wand aus grauem Stein weiter. Eine und die andere verzweifelte schon an dem Ziel und verlangte zurück. Aber je elender sie sich von der Überanstrengung fühlten, desto mehr Ehrfurcht ergriff sie bei jedem Schritt vor der Ruhe und königlichen Majestät dieses Besitzes.

„Jetzt wird's mir aber zu dumm!" sagte Caroline Héquet mit zusammengebissenen Zähnen. Nana hieß sie mit einem Zucken der Schulter schweigen. Sie war im Augenblick ein wenig blaß geworden, sprach nicht und war sehr ernsthaft. An der letzten Biegung öffnete sich jählings der Dorfplatz; die Mauer war zu Ende, im Hintergrund des Geländes erschien ein großer Schloßhof.

Alle blieben stehen, sie waren gepackt von der hoheitsvollen Großartigkeit der breiten Auffahrt, der zwanzigfenstrigen Fassade, von der Entfaltung der drei Flügel, deren Quadern von einem Mauerkranz eingerahmt waren; Heinrich IV. hatte dieses historische Schloß bewohnt, wo man noch sein Zimmer und das große, mit Genueser Samt bespannte Bett zeigte. Nana war vollkommen überwältigt und stieß einen kindlichen Seufzer aus. „Himmelherrgott!" flüsterte sie ganz leise für sich.

Jetzt geriet alles in starke Bewegung. Gaga verkündete, daß sie da sei, sie selbst, Irma in eigener Person, da unten vor der Kirche. Oh, sie erkannte sie gut; noch immer aufrecht, dieses fabelhafte Geschöpf, trotz ihres Alters, und noch immer dieselben Augen, wenn sie sich ein Air gab.

Die Vesper war zu Ende. Die gnädige Frau stand ein Weilchen unter dem Kirchenportal. Sie trug dunkelbraune Seide; sehr einfach und sehr vornehm stand sie da mit dem verehrungswürdigen Antlitz einer alten Marquise, die den Schrecken der Revolution entronnen ist. In ihrer rechten Hand glänzte ein dickes Gebetbuch im Sonnenlicht. Langsam schritt sie über den Platz, gefolgt von einem livrierten Lakai, der fünfzehn Schritte hinter ihr herging. Die Kirche leerte sich, alle Einwohner von Chamont grüßten tief; ein Greis küßte ihre Hand, eine Frau wollte vor ihr niederknien. Eine machtvolle Königin war sie, gekrönt an Jahren und Ehren. Sie erstieg die Schloßrampe und verschwand.

„So weit bringt man es, wenn man Ordnung hält", sagte Mignon überzeugt und sah seine Söhne fest an, als ob er ihnen eine Lektion einprägen wollte. – Jetzt gab jeder seine Meinung ab. Labordette fand sie fabelhaft erhalten. Maria Blond leistete sich eine unflätige Zote, worüber sich Lucy ihrerseits aufregte, „denn", erklärte sie, „das Alter muß man ehren". Aber alle waren sich darüber einig, daß sie unerhört und einzigartig war.

Man bestieg wieder die Wagen. Nana blieb schweigsam von Chamont bis La Mignotte. Zweimal wandte sie den Kopf und warf noch einen Blick auf das Schloß. Betäubt von dem Rädergerassel, fühlte sie nicht mehr, daß Steiner an ihrer Seite saß, sie sah Georges nicht mehr ihr gegenüber auf dem Klappsitz. Aus der Dämmerung sah sie nur die Erscheinung der Schloßherrin tauchen, in der Majestät einer mächtigen Herrscherin, gekrönt an Jahren und Ehren.

Am Abend kehrte Georges zum Diner nach den Fondettes zurück. Nana wurde immer zerstreuter und seltsamer; sie schickte ihn fort, er solle Mama um Verzeihung bitten. „Das gehört sich so", sagte sie streng, von einem plötzlichen Respekt für den Begriff „Familie" erfaßt. Sie ließ ihn sogar schwören, daß er heute nacht nicht mehr zurückkäme, um bei ihr zu schlafen; sie war müde, und er seinerseits würde nur seine Pflicht erfüllen, wenn er sich gehorsam erwies.

Georges, sehr verstimmt von dieser Moralität, erschien mit geschwollenem Herzen und gesenktem Kopf vor seiner Mutter. Zum Glück war sein Bruder Philippe angekommen, ein Schlingel von Offizier und sehr lustig; das setzte der gefürchteten Szene ein rasches Ende. Frau Hugon begnügte sich, ihn mit tränenvollen Augen anzusehen, während Philippe, der in die Geschichte einge-

weiht war, ihm drohte: wenn er noch einmal dieses Weib aufsuche, werde er ihn an den Ohren zurückholen. Georges war riesig erleichtert und berechnete heimlich, daß er am nächsten Tag gegen zwei Uhr entwischen und neue Rendezvous mit Nana vereinbaren könne.
Bei Tisch herrschte eine unbehagliche Stimmung unter den Gästen des Fondettes. Vandeuvres kündigte seine Abreise an. Er wollte Lucy nach Paris bringen; es schien ihm jetzt irgendwie verlockend, dieses Mädchen zu entführen, die er seit zehn Jahren ohne jedes Begehren ansah. Der Marquis dachte, mit der Nase über seinem Teller, an das kleine Fräulein, Gagas Tochter; er erinnerte sich, daß Lili auf seinen Knien geritten war. Ja, die Kinder wurden groß. Sie wurde sehr voll, die Kleine. – Der Graf Muffat saß mit rotem Kopf schweigsam und benommen da. Nur einmal heftete er einen langen Blick auf Georges. Nach Tisch ging er auf sein Zimmer, „ein wenig Fieber", sagte er und wollte sich einschließen. Aber Herr Venot kam eilig hinter ihm her. Und nun fand oben eine Szene statt: der Graf fiel auf sein Bett und erstickte das nervöse Schluchzen in den Kissen; Herr Venot nannte ihn mit milder Stimme seinen Bruder und riet ihm, die göttliche Barmherzigkeit anzuflehen. Der Graf hörte nicht auf ihn, er röchelte nur. Plötzlich sprang er vom Bett auf und stammelte: „Ich gehe hin ... ich kann nicht mehr ..."
„Gut", sagte der Greis, „ich begleite Sie."
Als sie hinausgingen, tauchten zwei Schatten in das Dunkel der Allee. Fauchery und die Gräfin Sabine überließen jetzt allabendlich die Teebereitung Daguenet und Estelle. – Auf der Landstraße eilte der Graf so schnell vorwärts, daß sein Gefährte laufen mußte, um mit ihm Schritt zu halten. Atemlos wie er war, hörte Herr Venot nicht auf, dem Grafen die einleuchtendsten Argumente gegen die Versuchungen des Fleisches vorzuhalten. Der andere hielt die Lippen fest geschlossen und stürzte vorwärts durch die Nacht. Vor La Mignotte angekommen, sagte er nichts weiter als: „Ich kann nicht mehr ... gehen Sie ..."
„Nun denn, Gottes Wille geschehe!" murmelte Herr Venot. „Seine Wege sind unerforschlich, er kennt das Ende, und sein ist die Herrlichkeit ... Ihre Sünde wird seine Waffe sein."
In La Mignotte stritt man während des Essens. Nana hatte einen Brief von Bordenave vorgefunden, in dem er ihr riet, sich Ruhe zu gönnen; es klang, als ob er sich über sie lustig machte. Die kleine Violaine wurde allabendlich zweimal gerufen. Und als Mignon noch drängte, sie solle doch morgen mit ihnen kommen, geriet sie außer sich und verbat sich Ratschläge. Übrigens hatte sie während der Tafel eine lächerliche Gespreiztheit herausgekehrt. Der armen Madame Lerat war irgendein kräftiges Wort entschlüpft, da schrie sie schon, daß Gott erbarm: sie erlaube niemand, nicht einmal ihrer Tante, in ihrer Gegenwart Schweinereien auszusprechen. Dann malträtierte sie die ganze Gesellschaft in einem Anfall von albernster Ehrpusseligkeit mit ihren schönen Gefühlen, mit Gedanken über die religiöse Erziehung Louisets und dem ausführlichen Plan eines anständigen Lebenswandels für sich selbst. Als alles lachte, fand sie große Worte, ein bürgerlich überlegenes Achselzucken und sagte, daß Ordnung allein zum Glück führe und daß sie nicht auf dem Stroh verrecken wolle. Die Damen waren gereizt, sie schrien: „Das ist ja unwahrscheinlich –! Nana ist ausgetauscht!" Aber Nana blieb unangefochten, verfiel wieder mit verlorenen Augen in ihre Träumereien und sah im Geiste wieder das Bild einer sehr reichen und von allen verehrten Nana.
Man wollte eben schlafen gehen, als Muffat erschien. Labordette hatte ihn im Garten entdeckt. Er verstand – und leistete ihm den Dienst, Steiner fortzuschaffen und ihn an der Hand den dunklen Gang entlang bis in Nanas Schlafzimmer zu führen. Labordette war in solchen Fällen von vollendetem Takt, sehr geschickt, und schien entzückt, daß er andere glücklich machen konnte.
Nana war nicht erstaunt, nur etwas verstimmt von seinem wütenden Begehren. Man muß das Leben ernst nehmen, nicht wahr? Es war zu albern, zu lieben, es führte zu nichts. Außerdem hatte sie jetzt Skrupel über die große Jugend Zizis; wirklich, sie hatte sich da nicht sehr anständig benommen, aber bei Gott! sie wollte auf den rechten Weg zurückkehren: sie nahm einen Alten.
„Zoé", sagte sie zu ihrer Jungfer, die selig war, daß sie vom Land wegkam, „morgen früh, wenn du aufstehst, packst du die Koffer, wir fahren nach Paris zurück."
Und sie schlief mit Muffat – aber es machte ihr kein Vergnügen.

VII

Drei Monate später ging der Graf Muffat an einem Dezemberabend in der Passage des Panoramas auf und ab. Der Abend war sehr lind – ein Platzregen hatte die Menge in die Passage getrieben. Die Leute stauten sich zusammengedrängt zwischen den Läden, man konnte sich nur schwer und langsam hindurchwinden. Hinter den spiegelnden Scheiben blitzte es in hellem Licht, in einer strömenden Flut von Helligkeit. Weiße Kugeln, rote Laternen, blaue Transparente, Gasrampen, Uhren und riesige Fächer, aus Flämmchen gebildet, leuchteten in der Luft; die schreiende Buntheit der Auslagen, das funkelnde Gold der Juweliere, die Kristallschüsseln der Konditoreien, die hellen Seiden der Modewarenhändler – alles strahlte zwischen Spiegeln und Glas in dem schonungslosen Licht der Reflektoren. Und zwischen dem Gewirr von Firmenschildern und Aushängezeichen schwang in der Tiefe der Passage ein riesiger purpurner Handschuh wie eine abgehauene blutende Hand in einer gelben Manschette.
Der Graf war gemächlich bis an den Boulevard gelangt. Er warf einen Blick auf die Straße, dann kehrte er mit kleinen Schritten die Läden entlang zurück. Die feuchte, erhitzte Luft füllte den engen Durchgang mit flimmerndem Dampf. Auf den Fliesen, naß von den abtropfenden

Schirmen, klangen die regelmäßigen Schritte, ohne daß man Stimmen gehört hätte. Passanten stießen ihn bei jedem Umkehren mit den Ellbogen und sahen ihn mit ihren gasbleichen Gesichtern forschend an. Um den neugierigen Blicken zu entgehen, pflanzte sich der Graf vor einer Papierwarenhandlung auf und versenkte sich aufmerksam in den Anblick einer Auslage voll Briefbeschwerern und Glaskugeln mit Blumen und Landschaften im Innern.

Er sah nichts von all dem – er dachte an Nana. Warum log sie schon wieder? Am Morgen hatte sie ihm geschrieben, er möge sich des Abends ohne Rücksicht auf sie einrichten; sie gab vor, Louiset sei krank, und sie würde die Nacht bei der Tante verbringen und bei ihm wachen. Aber er war mißtrauisch, begab sich zu ihr und erfuhr von der Portiersfrau, daß Madame den Augenblick ins Theater gefahren sei. Das setzte ihn in Erstaunen, denn sie spielte ja nicht in dem neuen Stück. Wozu also die Lüge, und was konnte sie sonst heute abend im Theater vorhaben?

Ein Passant stieß ihn weiter, und der Graf verließ, ohne daß es sein Bewußtsein erreichte, die Briefbeschwerer und stand nun vor einem Kasten mit Galanteriewaren. Er betrachtete jetzt mit benommenen Augen eine Auslage voll Notizbüchern und Zigarettentaschen, die alle dieselbe kleine Schwalbe in der Ecke trugen. Sicherlich, Nana war nicht mehr dieselbe. In der ersten Zeit nach ihrer Rückkehr vom Land hatte sie ihn um den Verstand gebracht, wenn sie ihn rund um das Gesicht und um die Favorits mit Küssen bedeckte, zärtlich wie ein Kätzchen, und ihm schwor, daß er ihr liebster Schatz, ihr Herzensmännchen sei. Er fürchtete Georges nicht mehr, den seine Mutter in den Fondettes zurückhielt. Blieb noch der dicke Steiner, den er zwar zu verdrängen gedachte; aber er wagte keine Erklärung zu fordern. Er wußte, daß Steiner sich neuerdings in einer außerordentlichen Klemme befand, es fehlte nicht viel und er wurde von der Börse ausgeschlossen; Steiner klammerte sich jetzt an die Aktionäre der Landessalinen und wollte ihnen noch eine letzte Zeichnung abpressen. Einmal traf er ihn bei Nana, und sie setzte ihm sehr verständig auseinander, daß sie ihm nicht wie einem Hund die Türe weisen konnte, nach dem, was er für sie ausgegeben hatte. Überdies lebte er seit drei Monaten in einem solchen Taumel der Sinne, daß er keinen klaren Gedanken fassen konnte, außer dem einen: sie zu besitzen. Dieses späte Erwachen seines Fleisches versetzte ihn in solche kindische Gier, daß da nichts anderes mehr Platz hatte, weder Eitelkeit noch Eifersucht. Ein einziges Ereignis konnte ihn hart treffen: Nana war nicht mehr so zärtlich, sie küßte ihn nicht mehr auf den Bart. Das versetzte ihn in Unruhe, er fragte sich, was sie ihm wohl vorwerfen könne; denn er kannte die Frauen nicht. Er hatte doch das Bewußtsein, daß er all ihre Wünsche erfülle. Und immer wieder kam er auf den Brief von heute morgen zurück, auf diese komplizierte Lügnerei, zu dem einfachen Zweck, den Abend in ihrem Theater zu verbringen.

Der Menge hatte ihn weitergeschoben, er überquerte den Weg und stand vor dem Eingang eines Restaurants; seine blicklosen Augen hefteten sich auf gerupfte Wachteln und auf einen großen Lachs in einem Glaskasten.

Aber jetzt riß er sich von diesem Anblick los. Er schüttelte sich, hob die Augen und entdeckte, daß es fast neun Uhr war. Nana mußte jetzt aus dem Theater kommen, und er wollte die Wahrheit wissen. Im Gehen erinnerte er sich all der Abende, die er schon hier zugebracht hatte, wenn er sie am Bühneneingang erwartete. Alle die Läden waren ihm wohlvertraut, er erkannte sie blindlings an ihren Düften, die in der dicken Gasluft stillstanden: herbe Gerüche von Juchten, Vanilledüfte, die aus dem Souterrain einer Kakaostube aufstiegen, Parfüms, die aus den offenen Türen der Friseurläden drangen. Er wagte es nicht mehr, sich vor den Büros aufzuhalten; die blassen Gesichter der schreibenden Damen sahen ihn so gelassen an, als ob sie ihn lange kennten. Ein Weilchen schien er die Reihen der kleinen Rundfenster über den Geschäften zu studieren, als ob er sie zum erstenmal in dem Gewirr der Firmentafeln sähe. Dann stieg er wieder zum Boulevard hinauf und wartete eine Minute lang. Der Regen fiel nur mehr wie feiner Staub, er fühlte seine Kühle beruhigend auf den Händen.

Jetzt fiel ihm seine Frau ein, die in der Nähe von Macon auf einem Schloß weilte, in dem ihre Freundin, Frau de Chezelles, seit dem Herbst schwer krank daniederlag; auf dem Fahrweg rollten die Wagen durch eine Flut von Schmutz; auf dem Land mußte es bei diesem häßlichen Wetter ganz unerträglich sein. – Plötzlich ergriff ihn Unruhe, er kehrte in die stickende Hitze der Passage zurück und ging mit Riesenschritten durch die Passanten: es war ihm eingefallen, daß Nana, wenn sie Verdacht schöpfte, durch die Galerie Montmartre entkommen könne.

Jetzt stellte er sich wie ein Posten am Bühneneingang selbst auf. Er wartete nur ungern hier am Ausgang, denn er fürchtete erkannt zu werden. Es war dies an der Ecke der Galerie des Variétés und der Galerie Saint-Marc, ein verwahrloster Winkel mit seinen dunklen Butiken, einer Schusterwerkstatt ohne Kundschaft, mit Magazinen voll staubiger Möbel, mit einem verräucherten schläfrigen Lesekabinett, dessen verhüllte Lampen des Abends in einem grünen Schein dämmerten; aber immer waren sehr gut angezogene Kavaliere da und kreisten geduldig um das Künstlerpförtchen, das von besoffenen Bühnenarbeitern und verluderten Statistinnen belagert war. Ein einsamer Gaskandelaber mit schmutziger Kugel erleuchtete die Tür. Muffat kam einen Augenblick der Gedanke, Madame Bron um Nana zu fragen; dann stieg wieder die Angst in ihm auf, daß sie eben dadurch seine Anwesenheit erfahren und über den Boulevard entwischen könne. Er nahm seinen Marsch wieder auf, entschlossen, so lange zu warten, bis man ihn fortwies, um die Gittertore zu schließen. Das war schon zweimal vorgekommen. Der Gedanke, nach Hause zu gehen und allein zu schlafen, schnürte ihm das Herz in Qualen zusammen. Jedesmal, wenn Mädchen ohne Hut und Männer in schmutziger

Wäsche herauskamen und ihn anstarrten, kehrte er zu dem Lesekabinett zurück und stellte sich da auf; zwischen zwei Anschlagzetteln, die auf die Glasscheiben geklebt waren, sah er immer dasselbe Schauspiel: einen kleinen Alten, der steif und einsam an dem riesigen Tisch saß im grünen Schatten einer Lampe, mit grünen Händen in einem grünen Journal blätternd.

Wenige Minuten vor zehn Uhr merkte er, daß er nicht mehr allein war, und daß ein Herr, ein großer, schöner Mensch, blond, gut angezogen, wie er vor dem Thater wartend hin und her ging. Sooft sie aneinander vorbeikamen, musterten sie sich gegenseitig heimlich mit mißtrauischem Blick. Der Graf entfernte sich bis an die Ecke der beiden Galerien; in einer Füllung war da ein hoher Spiegel angebracht, und als er sich darin mit würdevoller Miene und korrekter Haltung erblickte, stieg ein Gefühl, aus Scham und Furcht gemischt, in ihm auf.

Es schlug zehn Uhr. Plötzlich besann sich Muffat, daß es ja sehr leicht sei, zu erfahren, ob Nana in ihrer Garderobe war. Er stieg die drei Stufen hinauf, durchquerte das kleine gelbgetünchte Vestibül und schlich sich durch eine Tür, die nur eingeklinkt war, in den Hof. Ein schwärzlicher Dunst erfüllte um diese Zeit den Hof, der so eng und feucht war wie ein Brunnenschacht mit seinen verpesteten Aborten, dem Brunnen, dem Rauchfang und den Pflanzen, die die Hausmeisterin hier verstaute; aber die beiden Mauern, die sich hier schnitten, hatten lange erleuchtete Fensterreihen: unten die Requisitenkammern und die Räume für die Feuerwehrleute, links die Direktionskanzlei, rechts und in der Höhe die Garderoben. Es sah aus, als ob an den Schachtwänden eines Brunnens lauter aufgesperrte Ofenrachen gähnten. Der Graf sah sofort die erleuchteten Garderobenfenster im ersten Stock; er war selig und erleichtert, er stand da und starrte hinauf und vergaß diese ganze Umwelt von klebrigem Schmutz und den faden Gestank dieses alten Pariser Hinterhofs. Große Tropfen fielen langsam aus einer geborstenen Dachtraufe. Ein fahler Lichtstrahl glitt aus dem Fenster der Madame Bron und erhellte ein Fleckchen des moosigen Pflasters, eine Mauerkante, die Abflußwasser überspülte – ein ganzes Eck voll Schmutz und Abfall, altem Gerümpel und zerbrochenen Eimern; in einem Suppentopf grünte ein magerer Spindelbaum.

Ein Fensterriegel klirrte, der Graf entfloh.

Oh, gewiß, Nana mußte ja herunterkommen. Er ging zurück zu dem Lesekabinett; in dem schlafenden Schatten saß der Alte, der sich noch immer nicht gerührt hatte, und neigte das Profil über sein Journal. Der Graf ging weiter. Jetzt wagte er sich bis über die große Galerie, ging die Galerie des Variétés entlang bis zur Galerie Feydeau, die einsam und kalt und düster drohend dalag; er ging zurück, an dem Theater vorbei, um die Ecke der Galerie Saint-Marc, wagte sich bis zur Galerie Montmartre und vertiefte sich hier wieder in den Anblick einer Zuckersäge in einem Krämerladen. Beim dritten Gang überfiel ihn Furcht, Nana könne hinter seinem Rücken entwischen. Er ließ jede Rücksicht und Menschenfurcht außer acht und pflanzte sich neben dem blonden Herrn direkt vor dem Theatereingang auf; wie zwei Leidensgefährten tauschten sie einen ergebenen Blick, in dem immer noch ein Restchen von Mißtrauen wegen einer möglichen Nebenbuhlerschaft glomm. Bühnenarbeiter kamen heraus und rauchten während des Zwischenaktes hier ihre Pfeife, sie stießen die beiden hin und her, und keiner wagte sich zu beklagen. Drei große, zerraufte Frauenzimmer in schmutzigen Kleidern erschienen auf der Schwelle, bissen in ihre Äpfel und spien die Gehäuse aus; die beiden senkten die Köpfe und harrten aus trotz dieser unverschämten Augen und der Roheit ihrer Worte; kotbespritzt, bespien von diesen Huren, die sich damit amüsierten, sich gegenseitig auf die Männer zu stoßen.

In diesem Augenblick kam Nana über die drei Stufen. Sie wurde ganz blaß, als sie Muffat sah. „Oh, Sie sind hier!" stotterte sie.

Die spöttelnden Statistinnen erschraken, als sie Nana erkannten. Sie standen stumm in einer Reihe mit dem steifen und aufmerksamen Gehaben von Dienstboten, die die gnädige Frau bei irgendeinem Unfug ertappt. Der große blonde Herr schlug sich traurig seitwärts ins Dunkel.

„Na schön, also geben Sie mir den Arm", sagte Nana ungeduldig. Sie gingen langsam. Der Graf mit all seinen vorbereiteten Fragen fand kein Wort. Jetzt begann Nana sehr eilig eine Geschichte zu erzählen: um acht Uhr war sie noch bei der Tante gewesen; dann, als es Louiset viel besser ging, kam ihr der Einfall, einen Augenblick ins Theater zu schauen.

„Etwas Wichtiges?" fragte er.

„Ja, ein neues Stück", sagte sie nach einem Zögern, „sie wollten mein Urteil hören."

Er wußte, daß sie log. Aber das Glück, die Wärme ihres Armes zu spüren, der sich eng an den seinen preßte, raubte ihm jede Widerstandskraft. Er fühlte nichts mehr von Zorn oder Ärger über sein langes Warten, seine einzige Sorge war, sie festzuhalten, sie nie wieder loszulassen. Morgen wollte er sie schon fragen, was sie in ihrer Garderobe getrieben habe.

Nana zögerte noch immer, sie kämpfte innerlich und suchte sich zu fassen und zu einem Entschluß zu kommen. An der Ecke der Galerie des Variétés blieb sie vor einer Auslage mit Fächern stehen.

„Schau nur", murmelte sie, „ist das hübsch, diese Garnitur aus Perlmutter und Federn." Dann fuhr sie gleichmütig fort: „Also kommst du mit nach Hause?"

„Aber selbstverständlich", sagte er erstaunt, „da es dem Kind besser geht –!"

Jetzt tat ihr die Geschichte leid. Vielleicht hatte Louiset einen neuen Anfall, sie sprach davon, wieder nach Batignolles zu fahren. Als er sie aber begleiten wollte, gab sie es auf. Einen Moment lang befiel sie die weißglühende Wut der Frau, die in die Falle gegangen ist und dabei noch Sanftmut mimen muß. Schließlich ergab sie sich und wollte erst einmal Zeit gewinnen; wenn sie den Grafen vor Mitternacht loswerden konnte, ging vielleicht alles noch nach Wunsch.

„Aber richtig, es ist ja wahr, du bist ja heute Strohwitwer", sagte sie. „Deine Frau kommt erst morgen früh an, nicht wahr?"

„Ja", erwiderte Muffat leicht geniert, daß sie so familiär von der Gräfin sprach. Aber sie ließ nicht locker, sie fragte nach der genauen Ankunftszeit des Zuges und wollte wissen, ob er sie vom Bahnhof abhole. Sie ging noch langsamer und schien eifrig die Schauläden zu studieren.

„Sieh nur!" sagte sie, wieder vor einem Juwelierladen stehenbleibend, „was für ein komisches Armband!" Sie war ganz vernarrt in die Passage des Panoramas. Das war eine Passion, die ihr noch aus ihrer Jugendzeit anhaftete, eine Leidenschaft für die Kinkerlitzchen der Bijouterie- und Galanterieläden, diesen falschen Schmuck, für vergoldetes Blech und Pappendeckel, der sich für Leder ausgab. Wenn sie vorbeiging, konnte sie sich von den Auslagen nicht losreißen, ganz wie zur Zeit, da sie noch als Straßenmädel in Pantoffeln über das Pflaster schlurfte und vor einem Bonbonladen in Verzückung versank oder der Drehorgel in einer nachbarlichen Butike lauschte; aber nichts bezauberte sie so sehr wie der schreiend bunte billige Basarkram, diese Necessaires in Nußschalen, Wäscherinnenbutten für Zahnstocher, Vendômesäulen und Obelisken als Thermometerträger. Aber an diesem Abend war sie zu aufgeregt; sie schaute ohne zu sehen. Dieser Druck, dieser Zwang war ihr auf die Dauer unerträglich. Und aus ihrer unterdrückten Auflehnung stieg das Bedürfnis, eine große Dummheit zu machen. Ach, was war es denn schon für ein Fortschritt, jetzt reiche Männer zu haben! Sie ruinierte den Prinzen und Steiner mit kindischen Kaprizen – dabei wußte sie nicht einmal, wo das Geld blieb. Ihre Wohnung auf dem Boulevard Haussmann war noch immer nicht vollständig eingerichtet. Nur der Salon in rotem Atlas stach durch allzu reichliche Ausschmückung ab. Und dabei quälten sie ihre Gläubiger zur Zeit mehr als je; dieser Umstand war eine Quelle unaufhörlichen Erstaunens für sie, denn sie hielt sich für ein Muster an Wirtschaftlichkeit. Seit einem Monat mußte sie diesem Räuber, dem Steiner, jedesmal mit Hinauswerfen drohen, wenn sie tausend Francs von ihm haben wollte. Was Muffat anlangte – nun, der war ja ein Schwachkopf, hatte keine Ahnung, was man zu geben hatte, und sie konnte ihm wegen seines Geizes nicht einmal böse sein. Ach, wie hätte sie dieses ganze Volk hinausgefeuert, wenn sie sich nicht täglich zwanzigmal die Grundsätze eines ordentlichen Lebenswandels ins Gedächtnis gerufen hätte! Man muß vernünftig sein, Zoé sagte es jeden Morgen, und sie beschwor immer wieder die geheiligte Erinnerung an das königliche Chamont, das in ihrer Phantasie immer größer und prächtiger wurde. Und das war der Grund, weshalb sie, trotzdem sie vor verhaltenem Zorn bebte, so unterwürfig am Arm des Grafen von einem Schaufenster zum andern dahinging. Die Passanten wurden immer spärlicher. Draußen trocknete das Pflaster, ein frischer Wind strich durch die Galerie, blies die warme Luft unter der Glasverdachung auseinander und fuhr in die Flämmchen der bunten Laternen, der Gasrampen und des Riesenfächers, der wie ein Feuerwerk flammte. An der Tür eines Restaurants löschte ein Kellner das Licht in den Glaskugeln; in den leeren, beleuchteten Läden schienen die Bürodamen mit offenen Augen zu schlafen.

„Oh, wie goldig!" sagte Nana, am letzten Schaufenster angelangt; sie ging ein paar Schritte zurück und geriet in weichmütiges Entzücken über einen Windhund aus Biskuit, der mit erhobener Pfote vor einem in Rosen versteckten Nest stand.

Endlich verließen sie die Passage; sie wollte keinen Wagen nehmen. Die Luft tat ihr wohl. Übrigens hatten sie ja Zeit genug, es war so schön, zu Fuß zu gehen. Vor dem Café Anglais bekam sie ein Gelüst auf Austern; sie erzählte, sie habe wegen Louiset seit heute morgen noch keinen Bissen gegessen. Muffat wagte kein Wort des Widerspruchs. Er zeigte sich noch nicht öffentlich mit ihr. So verlangte er ein separiertes Kabinett und glitt rasch über den Korridor. Sie folgte ihm wie eine Frau, die hier zu Hause ist, und sie traten in einen Raum, dessen Tür der Kellner vor ihnen aufriß. Da erhob sich in einem Salon nebenan ein Sturm von Gelächter und Geschrei, und ein Mann stürzte heraus. Es war Daguenet.

„Sieh mal an! Nana!" schrie er.

Der Graf verschwand eiligst in dem Kabinett, die Tür blieb halb offen. Aber Daguenet hatte den vorgebeugt fliehenden Rücken erkannt, er blinzelte Nana zu und sagte lachend: „Donnerkeil, du gibst es aber nobel! Jetzt holst du sie dir schon aus den Tuilerien!"

Nana lächelte und legte den Finger um Vorsicht bittend an den Mund. Er war ziemlich angeheitert, aber sie war glücklich über dieses Zusammentreffen, denn sie bewahrte ihm noch immer ein Winkelchen ihres Herzens, trotzdem er sich so niederträchtig benommen und sie vor den anständigen Frauen in seiner Gesellschaft verleugnet hatte.

„Was treibst du immer?" fragte sie freundschaftlich.

„Ich rangiere mich. Tatsächlich, ich denke an eine Heirat."

Sie zuckte mitleidig die Achseln, aber er fuhr fort zu scherzen und meinte, das wäre keine Existenz, wenn man an der Börse gerade so viel verdiente, um den Damen Blumen verehren zu können und im übrigen ein anständiger Junge zu bleiben. Seine dreihunderttausend Francs hatten nur anderthalb Jahre lang vorgehalten. Er wollte endlich vernünftig werden, eine große Mitgift heiraten und als Präfekt enden wie sein Vater. Nana lächelte noch immer ungläubig. Sie wies mit dem Kopf nach dem Salon. „Mit wem bist du da?"

„Oh, eine ganze Bande", sagte er und vergaß in seiner Bezechtheit alle Vorsätze. „Stell dir vor, Léa erzählt von ihrer ägyptischen Reise. So etwas Komisches! Da hat sie eine Badegeschichte ..." und er erzählte die Geschichte. Nana blieb bei ihm stehen und hörte lebhaft interessiert zu. Sie lehnten im Korridor einander gegenüber an der Wand. An der niederen Decke brannte eine Gaskugel, zwischen den Falten der Wandbespannung hing unbestimmter Speisengeruch. Zuweilen, wenn der Lärm im Salon sehr laut wurde, näherten sich ihre Gesichter, um besser zu hören. Alle paar Sekunden kam ein plattenbeladener Kellner, der durch den Korridor mußte, den sie sperrten. Aber sie ließen sich nicht stören, drückten sich an die Wand und plauderten ruhig wie zu Hause mitten im Spektakel der Gäste und dem Geklapper des Geschirrs.

„Schau!" flüsterte der junge Mann und wies mit einem Zeichen auf die Tür des Kabinetts, hinter der Muffat verschwunden war. – Beide blickten hin, die Tür zitterte leicht, als ob ein Luftzug sie bewege. Schließlich schloß sie sich sehr langsam ohne das geringste Geräusch. Sie tauschten ein stilles Lächeln. Der Graf mochte da drinnen allein ihretwegen gerne einen roten Kopf bekommen.

„Apropos", fragte sie, „hast du Faucherys Aufsatz über mich gelesen?"

„Ja, die ‚Goldene Fliege'", antwortete Daguenet, „ich wollte nicht darüber sprechen, weil ich dich nicht kränken mag."

„Mich kränken? Warum? Der Aufsatz war sehr lang ..." Sie war geschmeichelt, daß man sich im „Figaro" mit ihrer Person befaßte. Ohne die Erklärungen ihres Friseurs Francis hätte sie gar nicht verstanden, daß es sich um sie handelte. Daguenet sah sie von unten herauf lustig und spöttisch an. Na, schließlich, wenn sie nur zufrieden war, das war ja die Hauptsache.

„Pardon!" schrie ein Kellner, der mit beiden Händen eine Eisbombe trug und trennte sie. Nana tat einen Schritt nach dem kleinen Salon, in dem Muffat wartete.

„Also auf Wiedersehen", sagte Daguenet, „geh nur zu deinem Hahnrei."

Sie blieb stehen. „Warum nennst du ihn Hahnrei?"

„Weil er ein Hahnrei ist, alle Teufel."

Sie lehnte wieder an der Wand, aufs höchste interessiert.

„Ah", sagte sie nur.

„Ja, weißt du's denn nicht? Seine Frau schläft mit Fauchery; meine Liebe, das muß schon auf dem Land angefangen haben ... eben hab' ich mich von Fauchery getrennt, als ich hierherkam, und ich vermute, daß sie heute abend bei ihm ist. Sie hat, glaub' ich, eine Reise vorgeschützt."

Nana verschlug es den Atem vor Spannung.

„Ob ich mir's nicht gleich gedacht hab'!" sagte sie endlich und schlug sich auf die Schenkel. „Ich hab' sie nur einmal gesehen – damals auf der Landstraße – und ich hab' es gleich erraten. Ist es denn möglich, eine anständige Frau betrügt ihren Mann, und noch dazu mit diesem Zuhälter Fauchery! Na, da wird sie was Schönes lernen!"

„Oh", flüsterte Daguenet boshaft, „das ist nicht ihr erstes Debüt. Sie wird genausogut Bescheid wissen wie er."

Nana war aufs tiefste entrüstet. „Oh", rief sie empört. „Ist es denn möglich! Eine schöne Gesellschaft! Pfui Teufel!"

„Pardon!" schrie der flaschenbeladene Kellner und trennte sie.

Daguenet trat wieder auf sie zu und hielt ein Weilchen ihre Hand. Er ließ seine kristallene Stimme ertönen, eine Stimme, die wie eine Harmonika klang und seinen Erfolg bei diesen Damen entschied.

„Adieu, Liebling ... du weißt, daß ich dich immer noch liebhabe ..."

Sie machte sich los; sie lächelte, während von drinnen ein Donner von Geschrei und Bravos die Salontür erbeben ließ und ihre Worte verschlang: „Schäfchen, das ist zu Ende ... aber das schadet ja nichts. Komm doch dieser Tage einmal. Dann erzählen wir uns was Schönes." Sie wurde sehr ernsthaft und fuhr wie eine moralisch entrüstete Bürgersfrau auf: „Ah ... sie hat ihm Hörner aufgesetzt ... na mein Lieber, es ist schon widerlich. Mir hat es immer vor einem Hahnrei gegraust."

Als sie endlich in das Kabinett trat, fand sie Muffat auf dem schmalen Diwan sitzend, in sein Schicksal ergeben, blaß und mit nervösen Händen. Er sagte kein Wort des Vorwurfs. Nana war aufgewühlt und geteilt zwischen Mitleid und Verachtung. Dieser arme Mann! Von einer abscheulichen Frau so unverschämt betrogen! Fast drängte es sie, ihm um den Hals zu fallen und ihn zu trösten. Aber andererseits – das mußte man zugeben, er verstand überhaupt nichts von Frauen; das mochte ihm eine Lehre sein. Trotzdem siegte ihr Mitleid. Sie versetzte ihn nicht nach den Austern, wie sie sich's eigentlich fest vorgenommen hatte. Sie blieben kaum ein Viertelstündchen im Café Anglais und gingen dann zusammen nach dem Boulevard Haussmann. Es war elf Uhr; vor Mitternacht ließ sich gewiß ein Mittel finden, sich seiner auf gute Art zu entledigen.

Aus Vorsicht gab sie Zoé im Vorraum Verhaltungsmaßregeln. „Du paßt auf, bis er kommt – er soll vorsichtig sein und keinen Lärm machen, wenn der andere noch bei mir ist."

„Aber wohin steck' ich ihn solange?"

„Nimm ihn in die Küche, das ist das sicherste."

Muffat legte im Zimmer schon seine Redingote ab. Ein großes Feuer brannte. Es war noch immer dasselbe Zimmer mit seinen Palisandermöbeln, seiner Bespannung und seinen Sesseln von broschiertem grauem Damast mit großen blauen Blumen. Zweimal hatte Nana daran gedacht, es neu beziehen zu lassen – das erstemal träumte sie nur von schwarzem Samt, das zweitemal von weißem Atlas mit rosa Schleifen; aber jedesmal, wenn sie Steiner soweit hatte, verlangte sie das Geld dazu und vergeudete es. Nur die Kaprize eines Tigerfelles vor dem Kamin und einer Kristallampel, die vom Plafond herunterhing, hatte sich erfüllt.

„Ich bin nicht schläfrig, ich geh' noch nicht zu Bett", sagte sie, als sie sich eingeschlossen hatten. Der Graf folgte ihr mit der Unterwürfigkeit eines Mannes, der

jeden Respekt vor sich selbst verloren hat. Seine einzige Sorge war, Nana nicht böse zu machen.
„Wie du willst", murmelte er, aber er zog doch seine Schuhe aus, ehe er sich an den Kamin setzte. Eines von Nanas Hauptvergnügen bestand darin, sich vor ihrem großen Spiegelschrank zu entkleiden, wo sie sich von Kopf zu Fuß sehen konnte. Sie ließ die Kleider bis auf das Hemd heruntergleiten; dann stand sie splitternackt und versank lange in ihren Anblick. Sie empfand eine Leidenschaft für ihren Körper, eine Entzückung über die Seide ihrer Haut und über die geschmeidigen Linien ihres Rumpfes; sie vertiefte sich ernsthaft, aufmerksam und ganz benommen in diese Verliebtheit zu ihrer eigenen Person. Oft traf sie der Friseur so an, ohne daß sie auch nur den Kopf wandte. Dann ärgerte sich Muffat, und sie sah ihn überrascht an. Was fiel ihm ein? Das galt ja nicht dem anderen, das tat sie für sich.
An diesem Abend wollte sie sich besser sehen und entzündete sechs Kerzen der Wandleuchter. Aber als das Hemd niederglitt, besann sie sich; sie war innerlich beschäftigt. Eine Frage schwebte ihr auf der Zunge.
„Hast du den Artikel im ‚Figaro' nicht gelesen? Die Zeitung liegt auf dem Tisch."
Das Lachen Daguenets kam ihr in den Sinn, Zweifel ergriff sie. Wenn dieser Fauchery sie etwa verrissen hatte – sie würde sich zu rächen wissen.
„Es heißt, die Geschichte handelt von mir", sagte sie und heuchelte Gleichgültigkeit. „Nun, was hältst du davon, mein Herz?" Und sie ließ das Hemd los und wartete nackt, bis Muffat seine Lektüre beendet haben würde.
Muffat las langsam. Das Feuilleton Faucherys mit dem Titel „Die goldene Fliege" war die Geschichte eines Mädchens, das, aus vier bis fünf Säufergenerationen hervorgegangen, durch die lange Erbschaft von Elend und Trunksucht bis auf den letzten Blutstropfen verdorben war. Diese Erbschaft setzte sich bei ihr in eine nervöse Verzerrung des Sexus um. Sie war in irgendeiner Vorstadt dem Pariser Pflaster entsprossen; schön, groß, von prachtvoller Fleischlichkeit, wie eine Pflanze mitten aus dem Düngerhaufen aufgeschossen, rächte sie die Armen und Elenden, deren Enkelin sie war. Mit ihr stieg die Fäulnis, die man im Volke gären ließ, in die Höhe und verpestete die Oberschicht. Sie ward zu einer Naturkraft, zu einem Ferment der Zersetzung; ohne es selbst zu wollen, ruinierte sie Paris zwischen ihren schneeigen Schenkeln und zersetzte es, wie die Frauen zu gewissen Zeiten durch ihre Berührung die Milch gerinnen machen.
Und zum Schluß stand da der Vergleich mit der Fliege, einer sonnenfarbenen Fliege, die aus dem Kot auffliegt, einer Fliege, die den Tod aus den Aaskadavern, die längs der Straßengraben verreckt lagen, in sich trug, und die summend, tanzend, in tausend Farben wie Edelgestein schillernd, durch die Fenster in die Paläste flog und die Männer durch ihre bloße Berührung vergiftete.
Muffat hob den Kopf und starrte ins Feuer.
„Nun?" fragte Nana.
Er antwortete nicht. Er schien den Aufsatz noch einmal überlesen zu wollen. Ein Kälteschauer rann ihm von der Hirnschale bis über die Schultern. Der Artikel war ein absoluter Reißer, die Sätze schlugen Purzelbäume, er strotzte von barocken Vergleichen und an den Haaren herbeigezogenen Wortbildungen. Trotzdem traf es ihn wie ein Schlag, der jählings alles erweckte, woran er seit einigen Monaten nicht zu rühren wagte.
Er hob die Augen. Nana war ganz in Selbstverzückung versunken. Sie neigte den Hals und besah aufmerksam im Spiegel ein kleines braunes Muttermal unter ihrer rechten Hüfte. Sie berührte es mit der Fingerspitze, sie kratzte ein wenig daran, bis es blutete, und verbog sich ganz, so drollig und hübsch fand sie es an dieser Stelle. Dann studierte sie amüsiert andere Teile ihres Körpers und verfiel in die lasterhafte Neugier ihrer Kinderjahre. Immer wieder verwunderte sie sich über ihren Anblick, sie hatte den erstaunten und bezauberten Ausdruck eines jungen Mädchens, das seine Pubertät entdeckt. Langsam öffnete sie die Arme, um ihren üppigen Venustorso zu entfalten, sie beugte sich zurück und studierte sich von vorne und von rückwärts, sie verweilte beim seitlichen Anblick ihrer Brüste und bei dem fliehenden Schwung ihrer runden Schenkel. Und schließlich verfiel sie darauf, auf den Fußspitzen zu balancieren, nach rechts, nach links, mit gebeugten Knien, den Oberkörper in den Hüften rollend mit den anhaltenden Schauern einer Bajadere im Bauchtanz.
Muffat betrachtete sie. Sie flößte ihm Furcht ein. Die Zeitung entfiel seinen Händen. In diesem Augenblick der Klarheit verachtete er sich selbst. Es war nicht anders: im Lauf von drei Monaten hatte sie sein Leben vergiftet, schon fühlte er sich bis ins Mark verderbt durch Fäulnis und Schmutz, von dem er nichts geahnt hatte. Jetzt war er selbst angefault durch und durch. Einen lichten Augenblick lang schlug sein Gewissen über dieses Unheil, er sah die Zersetzung durch das Ferment, das ihn vergiftete, seine Familie zerstörte – ein Stückchen der Gesellschaft, das in den Grundfesten krachte und zusammenstürzte. Er starrte sie an und konnte die Augen nicht mehr von ihr abwenden, er wollte sich vollsaugen mit Ekel an ihrer Nacktheit.
Nana stand jetzt unbeweglich. Sie hielt einen Arm im Nacken, die Hände hatte sie ineinandergeschlungen, den Kopf zwischen den gebeugten Ellbogen zurückgelegt. Er sah ihr verkürztes Antlitz mit den halbgeschlossenen Augen, den halboffenen Mund, ihr verliebtes Lächeln; rückwärts fiel gelöst die Wucht ihres gelben Haares wie eine Löwenmähne über ihren Rücken. Zurückgebogen, mit gespannten Flanken, zeigte sie die kräftigen Lenden und die harte Brust einer Amazone mit starken Muskeln unter dem seidigen Korn ihrer Haut. Eine feine Linie, kaum gewellt an Schulter und Hüfte, lief von dem Ellbogen bis zum Fuß. Muffat folgte dieser zarten Profillinie, diesem fliehenden blonden Fleisch, das in einem goldenen Schein badete, diesen Rundungen, in denen die Kerzenflammen in seidigen Reflexen spielten. Er dachte an seinen ehemaligen Abscheu vor dem Weib, an das rei-

ßende Tier, an das Ungeheuer voll Unzucht aus der Heiligen Schrift. Nana war ganz mit feinen Härchen bedeckt; ein goldroter Flaum verwandelte diese Haut in Samt. Kreuz und Schenkel waren geschmeidig gestreckt wie bei einer Stute, etwas Tierisches lag in dem Schwellen des Fleisches und in den Falten, die tief dazwischen hineinschnitten; Schatten verhüllten wie ein sinnverwirrender Schleier das Geschlecht. Es war das goldene Tier, ohne Bewußtsein, ohne Verantwortung wie eine Elementarkraft. Sein Geruch allein brachte Verderben über die Welt. Muffat starrte hin wie gebannt, wie besessen, ja, wenn er die Augen schloß, um nichts mehr zu sehen, so tauchte das Tier aus dem tiefsten Grund der Finsternisse, wuchs furchtbar an und bog den Leib noch lasterhafter: da, da hatte er es vor Augen, im Fleische – für immer.
Aber Nana rollte sich in sich selbst zusammen. Ein Schauer von Zärtlichkeit lief ihr durch die Glieder. Mit feuchten Augen duckte sie sich ganz klein in sich, als ob sie sich besser spüren wollte. Dann löste sie die Hände, glitt bis an die Brüste und drückte sie in einer nervösen Umschlingung. Sie beugte sich zurück, sie verging vor Zärtlichkeit zu ihrem ganzen Körper, sie rieb die Wangen rechts und links liebkosend an den Schultern. Ihr lüsterner Mund hauchte Verlangen über sie. Sie spitzte die Lippen und küßte sich lange an der Achselhöhle, indes sie der anderen Nana im Spiegel zulachte, die sich auch küßte.
Muffat stieß einen leisen langen Seufzer aus. Dieses einsame Vergnügen brachte ihn um den Verstand. Alles riß ihn vorwärts, als ob ihn ein Sturm erfaßt hätte. Er faßte Nana um den Leib und warf sie in einer Aufwallung von Brutalität auf den Teppich.
„Laß los“, schrie sie, „du tust mir weh!“
Er erkannte mit voller Bewußtheit seine Niederlage, er sah: wie dumm, wie schmutzig, wie verlogen sie war, und doch verlangte es ihn nach ihr wie nach einem Gifttrank.
„Oh, das ist zu albern!“ sagte sie wütend, als er sie aufstehen ließ.
Aber sie beruhigte sich, denn jetzt würde er wohl gehen. Sie zog ein Spitzennachthemd über und setzte sich auf den Boden vor das Fenster. Das war ihr Lieblingsplätzchen. Als sie ihn wieder über Faucherys Aufsatz befragte, antwortete er ausweichend – er wollte keine Szene mehr. Nana erklärte übrigens, der ganze Fauchery hänge ihr bereits zum Hals heraus. Dann verfiel sie in ein tiefes Schweigen; sie dachte angestrengt darüber nach, wie sie den Grafen loswerden könne, sie hätte ihn gerne in Frieden und Freundschaft weggeschickt, denn sie war ein gutes Mädchen und machte niemand gern Verdruß; um so mehr, als der arme Kerl da ein Hahnrei war – was sie allmählich geradezu rührte.
„Also morgen früh erwartest du deine Frau?“
Muffat lag mit halbgeschlossenen Augen erschöpft in einem Lehnstuhl; er bejahte mit einem Kopfnicken. Nana sah ihn ernsthaft an, in ihrem Kopf arbeitete es. Sie lag auf einer Hüfte in dem leichten Gewölk ihrer Spitzen und hielt einen ihrer nackten Füße in der Hand; sie drehte ihn mechanisch hin und her.
„Seid ihr schon lang verheiratet?“
„Neunzehn Jahre.“
„Ah! Ist deine Frau nett? Lebt ihr gut miteinander?“
Er schwieg. Dann etwas gequält: „Du weißt, ich hab' dich gebeten, niemals über diese Dinge zu sprechen.“
„Sieh mal an! Warum denn nicht?“ rief sie und fing schon an, sich zu ärgern. „Ich werd' sie nicht fressen, deine Frau, wenn ich von ihr spreche, verlaß dich drauf ... mein Lieber, eine Frau taugt soviel wie die andere ...“ Sie hielt inne aus Furcht, es könne ihr zuviel entschlüpfen. Aber sie sah ihn mit großer Überlegenheit an, denn sie war durchdrungen von dem Gefühl ihrer Güte. Man mußte den armen Menschen schonen. Übrigens kam ihr ein lustiger Einfall, und sie sah ihn lächelnd und forschend an.
„Hör mal, hab' ich dir die Geschichte nicht erzählt, die Fauchery von dir aufgebracht hat –? So eine Schlange! Ich hab' ja nichts gegen ihn, denn der Aufsatz ist doch ganz nett. Aber trotzdem, er hat eine Zunge wie eine Schlange!“ Und unter lustigem Gelächter ließ sie ihren Fuß, glitt näher zu Muffat und lehnte ihre Brust an sein Knie.
„Also stell dir vor, er schwört, daß du bis zu deiner Heirat nie ... na? Du hattest noch nie ...? Na –? Ist es wahr?“
Ihr Blick drängte, sie richtete sich auf und hielt ihn an den Schultern und schüttelte ihn, um ihm dieses Geständnis zu entreißen.
„Gewiß!“ sagte er schwer.
In einem Lachkrampf warf sie sich jetzt wieder zu seinen Füßen auf den Boden. Sie konnte nicht sprechen und versetzte ihm Püffe. „Nein, das ist unbezahlbar, das ist noch nie dagewesen! Du bist ein Naturwunder ... aber du armer Kerl, du wirst dich schön dumm angestellt haben. Es ist immer so komisch, wenn ein Mann sich nicht auskennt! Herrgott, ich hätte euch beide sehen mögen! ... Na, und ist es gut vorübergegangen? Erzähl doch, oh, ich bitte dich, das mußt du mir erzählen!“
Und sie überhäufte ihn mit Fragen, sie wollte alles bis auf die kleinsten Details wissen. Sie lachte so herzlich, sie bog sich und schüttelte sich vor ausgelassener Heiterkeit, ihr Hemd glitt zurück, und ihre Haut schimmerte so golden vor dem Kaminfeuer, daß der Graf ihr nach und nach seine Hochzeitsnacht schilderte. Ja, jetzt empfand er nicht einmal mehr Unbehagen dabei. Schließlich amüsierte er sich selbst, als er ihr auseinandersetzte, wie er, nach der gebräulichen Redensart, seine Jungfernschaft verloren habe. Die junge Frau fragte ihn sehr animiert nach der Gräfin. Sie war wundervoll gebaut, aber wie der Graf behauptete, ein wahrer Eiszapfen.
„Ach, mein Kind“, murmelte er feig, „du hast keinen Grund zur Eifersucht.“
Nana lachte nicht mehr. Sie saß wieder an ihrem Plätzchen, den Rücken vom Feuer bestrahlt, die Arme um die Beine geschlungen, das Kinn auf die Knie gestützt. Dann

erklärte sie ernsthaft: „Mein Freund, das tut nicht gut, wenn der Mann in der ersten Nacht wie ein Einfaltspinsel vor seiner Frau steht."
„Warum?" fragte der Graf erstaunt.
„Darum ..." sagte sie eindringlich und dozierend. Sie sprach es lehrhaft aus wie eine große Wahrheit, sie wackelte mit dem Kopf. Dann geruhte sie sich deutlicher zu erklären.
„Schau, ich weiß doch, wie das ist ... glaub's mir nur, mein Kind, die Frauen haben es nicht gern, wenn man sich so dumm anstellt. Sie sagen natürlich nichts, denn man hat doch sein Schamgefühl ... du verstehst ... Aber du kannst sicher sein: so was vergißt eine Frau nicht. Und früher oder später, eh' man sich's versieht, entschädigen sie sich anderwärts ... So liegen die Dinge, mein Herzchen."
Er begriff nicht. Sie setzte ihm alles mit Einzelheiten auseinander. Sie wurde ganz mütterlich und erteilte ihm Unterricht wie ein guter Kamerad aus reiner Herzensgüte. Seit sie in ihm nur den Hahnrei sah, plagte sie das Geheimnis und erweckte in ihr eine verrückte Lust, immer mit ihm davon zu sprechen.
„Lieber Himmel, ich spreche von lauter Dingen, die mich nichts angehen. Aber ich tu's ja nur, weil alle Leute so leicht glücklich sein könnten ... Gott, man spricht so, nicht wahr? Aber du mußt mir frank und frei antworten, ja?" Sie unterbrach sich und setzte sich anders, sie hatte sich verbrannt. „Na, das ist aber eine ordentliche Hitze, mein Rücken ist wie gebraten ... jetzt kommt der Bauch dran ... oh, das ist gut gegen Leibschmerzen!" Und sie drehte sich herum, wandte die Brust dem Feuer zu und kreuzte die Beine unter den Schenkeln. „Sag, schläfst du nicht mehr mit deiner Frau?"
„Nein –, das schwör' ich dir", sagte Muffat, eine Szene befürchtend.
„Und du hältst sie wirklich für so einen Holzklotz?"
Er nickte bestätigend.
„Und deshalb also liebst du mich? ... Antworte doch! Ich bin nicht bös ..."
Er nickte wieder.
„Ausgezeichnet! Ich hab' mir's gleich gedacht! ... Du kennst doch meine Tante Lerat? Wenn sie kommt, laß dir von ihr die Geschichte von dem Obsthändler ihr gegenüber erzählen ... Stell dir nur vor, dieser Obsthändler ... Sakrament! ist das heiß hier. Ich muß mich wieder weiterdrehen. Jetzt wird die linke Seite gebraten." Sie bot die Hüfte den Flammen dar, ein lustiger Einfall ging ihr durch den Kopf, und sie lachte gutmütig über sich selbst, als sie sich so fett und rosig im Feuerschein dehnte. „Seh ich nicht wie ein Ferkelchen aus? O ja, ganz wie ein Ferkelchen am Spieß ... der Braten wird gewendet und gewendet –, wirklich, ich schmore in meinem eigenen Fett."
Wieder erfaßte sie dieses klingende Gelächter. – Da, plötzlich hörte man Stimmen und Türenschlagen. Muffat sah sie erstaunt und fragend an. Also, das war doch sicher wieder Zoés Kater, dieses verflixte Tier, das alles zerschlug. – Halb ein Uhr. Was fiel ihr nur ein, an dem Glück dieses Hahnreis zu arbeiten? Jetzt, wo der andere da war, mußte sie ihn schleunigst expedieren.
„Was sagtest du eben?" fragte der Graf entgegenkommend und entzückt von ihrer Fröhlichkeit.
Aber jetzt überwog ihr Wunsch, ihn loszuwerden, sie wurde brutal und wog ihre Worte nicht mehr. „Ach ja, der Obsthändler und seine Frau ... Also denk dir nur, er hatte sie nie berührt ... aber nicht so viel! Du kannst dir vorstellen, wie entzückt sie darüber war. Er, der Tropf, hatte keine Ahnung ... Das ging so weit, daß er sie für ein Stück Holz hielt und sich anderwärts amüsierte mit Schlampen, die zu jeder Scheußlichkeit bereit waren, während sie ihrerseits bei jungen Kerlen zur Schule ging, die schlauer waren als ihr Sauertopf von Ehemann ... Aber das geht immer so aus, wenn ein Mann kein Verständnis für seine Frau hat ... laß dir das von mir gesagt sein!"
Muffat war erbleicht; er hatte endlich die Anspielung verstanden und wollte sie zum Schweigen bringen. Aber Nana war einmal im Zug.
„Nein, nein, laß gut sein! Wenn ihr nicht solche Einfaltspinsel wäret, so würdet ihr euch mit euren Frauen genausogut amüsieren wie mit uns, und wenn eure Frauen nicht solche hausbackene Gänse wären, so würden sie sich ebensoviel Mühe geben, euch festzuhalten, wie wir, um euch zu kriegen ... Das sind alles nur Faxen ... ja, mein Lieber, schreib's dir nur hinter die Ohren."
„Sprich nicht von anständigen Frauen", sagte er hart, „du kennst sie ja nicht."
Nana schoß jählings auf die Knie. „Ich kenne sie nicht? ... Aber sie sind ja nicht einmal sauber gewaschen, deine anständigen Frauen! Nicht einmal gewaschen! Bitte, such mir doch eine, die es wagen kann, sich so sehen zu lassen, wie ich hier bin ... Ich muß wirklich nur lachen, wenn du mir mit deinen anständigen Frauen kommst! Reiz mich nicht! Zwing mich nicht, Dinge zu sagen, die mir später leid tun könnten!"
Der Graf stieß als einzige Antwort ein unterdrücktes Schimpfwort zwischen den Zähnen hervor. Jetzt wurde Nana weiß im Gesicht. Sie sah ihn sekundenlang an, ohne zu sprechen; dann sagte sie klipp und klar:
„Was tätest du, wenn deine Frau dich betrügen würde?"
Eine drohende Gebärde war seine Antwort.
„Na, und wenn ich dich betrügen würde?"
„Ach du –!" murmelte er achselzuckend.
Nein, Nana war gewiß nicht bösartig – seit dem ersten Wort widerstand sie dem Kitzel, ihm seine Hahnreischaft ins Gesicht zu schleudern. Sie dachte sich die Szene am liebsten in Form einer stillen Beichte, aber schließlich: er reizte sie aufs Blut. Dem mußte ein Ende gemacht werden.
„Ja, mein Kind, dann weiß ich nicht, was du bei mir suchst. Seit zwei Stunden fällst du mir entsetzlich auf die Nerven ... geh doch zu deiner Frau – du findest sie bei Fauchery, sie macht dort nichts anderes als ich hier. Ja,

du kannst dich drauf verlassen, Rue Taitbout, Ecke der Rue de Provence ... Siehst du, ich geb' dir noch die Adresse."

Und als sie sah, daß der Graf schwankte wie ein Ochse, der einen tödlichen Beilhieb auf den Schädel bekommen hat, fuhr sie triumphierend fort: „Wenn die anständigen Frauen uns ins Handwerk pfuschen und uns unsere Liebhaber nehmen –! Das sind mir schon die Rechten, die anständigen Frauen!"

Weiter kam sie nicht. Mit einem furchtbaren Griff warf er sie in ihrer ganzen Länge zu Boden. Er hob den Fuß, er wollte ihren Kopf zertreten, damit sie endlich schwiege. Einen Augenblick lang schwebte sie in der entsetzlichsten Angst. Dann rannte er wie von Sinnen, geblendet, durch das Zimmer. Jetzt rührte sie seine erstickte Qual, der Kampf, der in ihm tobte, bis zu Tränen. Sie empfand bittere Reue.

Und indem sie sich vor dem Feuer zusammenrollte, um sich die rechte Seite zu braten, versuchte sie es jetzt, ihn zu trösten: „Ich schwöre dir, mein Liebling, ich dachte, du wüßtest es schon. Sonst hätte ich bestimmt nichts gesagt ... Und vielleicht ist es überhaupt gar nicht wahr. Ich stehe für nichts. Ich hab' das so gehört, die Leute sprechen darüber. Aber was beweist das? Ach, du hast gar keinen Grund, dir darüber ein graues Haar wachsen zu lassen. Wenn ich ein Mann wäre, ich würde auf die Frauen pfeifen! Ob hoch oder niedrig, eine Frau taugt nicht mehr als die andere: sie sind alle liederlich und nichtsnutzig." Sie zog gegen die Frauen los und verleugnete ihr Geschlecht, um ihm den Schlag erträglicher zu machen. Aber er hörte gar nicht hin. Immer wieder aufspringend, zog er sich Stiefel und Redingote an. Noch einen Augenblick taumelte er durch das Zimmer. Dann machte er eine letzte Anstrengung – es war, als ob er endlich die Türe fände; und er entfloh.

Nana war sehr ärgerlich. „Na schön, glückliche Reise!" sagte sie ganz laut, obgleich sie allein war. „Wirklich, ein höflicher Mensch, es lohnt sich, ihm gut zuzureden! – Und ich zerreiße mich noch für ihn! Ich habe den ersten Schritt getan, ich habe eingelenkt, ich habe mich hinreichend entschuldigt, glaub' ich! – Und dazu war er es doch, der mich so lange gereizt hat, bis es soweit kam!"

Aber ein unbehagliches Gefühl ließ sie nicht los; sie kratzte sich mit beiden Händen die Beine. Dann beruhigte sie sich: „Ach was! Bin ich daran schuld, daß sie ihm Hörner aufsetzt?!"

Und, von allen Seiten gebraten, warm wie eine Wachtel, sprang sie ins Bett und kuschelte sich behaglich in die Kissen. Dann läutete sie Zoé; nun konnte der andere kommen, der in der Küche wartete. –

Muffat rannte aufgeregt die Straßen entlang. Ein neuer Regenguß ging nieder. Er rutschte aus auf dem schlüpfrigen Pflaster. Als er mechanisch in die Höhe sah, liefen rußfarbene Wolkenfetzen über den Mond. Zu dieser Stunde kamen nur wenig Passanten über den Boulevard Haussmann. Er ging an den Höfen der Opéra entlang, er hielt sich im Dunkel und stammelte abgerissene Worte. Dieses Frauenzimmer log. Das Ganze war nur eine Erfindung ihrer Roheit und Dummheit. Er hätte ihr doch den Kopf zerschmettern sollen, als er sie so unter seinem Fuß hatte. Oh, die Schmach wurde erdrückend, er wollte sie nie, nie wiedersehen, nie mehr berühren, wenn er sich nicht selbst für einen elenden Schwächling halten sollte. Und er atmete tief, wie erlöst. Oh, dieses nackte Ungeheuer, dieses stumpfsinnige Geschöpf, das sich briet wie eine Gans und seinen Speichel auf alles spritzte, was ihm seit vierzig Jahren heilig war!

Der Mond trat aus dem Gewölk hervor; eine weiße Flut badete die verödete Straße. Angst überkam ihn, und er brach in Schluchzen aus – eine jähe Verzweiflung stürzte ihn sinnlos in das unendliche Nichts. „Gott! Gott!" stammelte er, „es ist aus, alles ist zu Ende!"

Verspätete Fußgänger kamen eilig über den Boulevard. Er versuchte sich zu beherrschen. Die Geschichte, die ihm dieses Geschöpf beigebracht hatte, ging ihm nicht aus dem Kopf; sein Gehirn brannte. Er wollte sich jetzt die Tatsachen klarmachen.

Am Morgen hätte die Gräfin von dem Schloß der Frau de Chezelles zurückkehren sollen. Was hätte sie wirklich verhindern können, schon am vergangenen Abend nach Paris zurückzukommen und die Nacht mit diesem Menschen zu verbringen? Jetzt fielen ihm auch gewisse Einzelheiten auf, die er damals in den Fondettes gar nicht beachtet hatte. Eines Abends hatte er Sabine unter den Bäumen in solcher Bewegung angetroffen, daß sie ihm gar nicht antworten konnte. Dieser Mensch war dabei! Warum sollte sie jetzt nicht bei ihm sein? Je mehr er sich das überlegte, desto wahrscheinlicher wurde es ihm. Schließlich leuchtete es ihm als natürlich und notwendig ein. Während er in Hemdsärmeln bei einer Hure saß, entkleidete sich seine Frau im Zimmer ihres Liebhabers: nichts war einfacher, nichts logischer. Und bei diesen Erwägungen zwang er sich, kaltblütig zu bleiben. Es war der Höllensturz in den Wahnsinn des Fleisches, das Unheil um ihn breitete sich aus, erfaßte und überwältigte alles, was sich in seinem Umkreis befand. Glühende Bilder verfolgten ihn. Die nackte Nana zauberte ihm plötzlich die nackte Sabine vor sein Auge. Die beiden Frauen standen nebeneinander in gemeinschaftlicher Schamlosigkeit, derselbe Atem der Begierde schlug um sie. Bei dieser Vorstellung tat er einen Fehltritt und strauchelte auf dem Fahrdamm. Fast hätte ihn ein Wagen überfahren.

Aus einem Café traten ein paar Frauenzimmer und stießen ihn lachend mit den Ellbogen an. Von neuem überwältigten ihn trotz seines Widerstandes die Tränen, und um nicht vor den Leuten in Schluchzen auszubrechen, stürzte er in eine finstere einsame Straße. Es war die Rue Rossini; er ging dicht an den schweigenden Häusern entlang und schluchzte wie ein Kind.

„Es ist zu Ende", sagte er dumpf, „es ist alles, alles aus."

Er weinte so heftig, daß er sich gegen eine Mauer lehnen und das Gesicht in seinen nassen Händen verbergen mußte. Das Geräusch von Schritten verjagte ihn wieder. Er empfand Scham und Furcht, er floh mit dem ängstlichen Schritt eines obdachlosen Landstreichers vor den Menschen. Wenn Passanten vorbeikamen, so suchte er eine unbefangene sichere Haltung anzunehmen, denn er bildete sich ein, jeder könne aus dem Zucken seiner Schultern seine ganze Geschichte erraten. Er war die Rue de la Grange-Batelière bis zur Rue Faubourg-Montmartre entlanggegangen. Das grelle Licht erschreckte ihn, und er kehrte wieder um. So lief er fast eine Stunde lang in der Gegend herum und suchte die dunkelsten Winkel. Gewiß hatte er ein Ziel, zu dem ihn seine Füße geduldig von selbst hintrugen; es war ein endloser Weg mit mühseligen Umwegen.

Endlich an einer Biegung hob er die Augen. Er war am Ziel. Er stand an der Ecke der Rue Taitbout und der Rue de Provence. Er hatte in dem dumpfen schmerzvollen Pochen seines Herzens eine Stunde zu einem Weg von fünf Minuten gebraucht. Er erinnerte sich, daß er im letzten Monat eines Morgens zu Fauchery hinaufgegangen war, um ihm für seine Namensnennung in einem Hofballbericht zu danken. Die Wohnung war im Zwischenstock, ihre kleinen viereckigen Fenster waren zur Hälfte hinter einer großen Firmentafel verborgen. Das letzte linke Fenster war durch einen Streifen hellen Lichts geteilt – ein Lampenstrahl drang durch die halbgeschlossenen Vorhänge. Und so blieb er hier stehen, starrte auf diese leuchtende Spur und erwartete ganz benommen irgendein Ereignis.

Der Mond war wieder verschwunden, von dem tintenschwarzen Nachthimmel sprühte ein eisiger Staubregen herunter. Von der Trinité schlug es zwei Uhr. Die Rue de Provence und die Rue Taitbout lagen im tiefen Dunkel, nur die hellen Flecken der Gaslaternen stachen heraus und verschwammen weiterhin undeutlich in einem gelblichen Nebel. Muffat rührte sich nicht.

Er kannte das Zimmer, er erinnerte sich: es war mit rotem türkischem Stoff bespannt, im Hintergrund stand ein Louis-XIII.-Bett. Die Lampe mußte rechts auf dem Kamin stehen. Wahrscheinlich lagen sie schon zu Bett, denn kein Schatten kam vorbei; die Lichtspur glänzte wie der Strahl einer Nachtlampe. Und ohne die Augen abzuwenden, entwarf er einen Plan: er wollte läuten, er wollte trotz der Einreden des Portiers hinaufsteigen, die Tür mit der Schulter eindrücken und sie im Bett überraschen, ehe sie noch Zeit gefunden hätten, die verschlungenen Arme zu lösen. Einen Augenblick hielt ihn der Gedanke auf, daß er keine Waffe bei sich habe. Aber er faßte den Entschluß, sie beide zu erwürgen. Wieder ging er seinen Plan durch, vervollkommnete ihn und wartete nur noch auf einen Fingerzeig, um Gewißheit zu haben. Wenn jetzt ein Frauenschatten oben zu sehen gewesen wäre, hätte er auf die Klingel gedrückt. Aber bei dem Gedanken, daß er sich vielleicht doch täuschte, wurde er zu Eis. Was sollte er sagen? Seine Zweifel kamen wieder – seine Frau konnte nicht bei diesem Menschen sein –, es war ungeheuerlich, es war unmöglich. So verharrte er unbeweglich; zuweilen befiel ihn eine Erstarrung, dann wieder glitt er in Erschlaffung; vor seinem starren Blick erstanden während des langen Wartens Halluzinationen.

Ein Gußregen ging jetzt nieder. Zwei Schutzleute kamen heran, und er mußte den Torwinkel verlassen, in den er sich geflüchtet hatte. Als sie in der Rue de Provence verschwanden, kam er frierend und durchnäßt wieder zurück. Noch immer fiel der Lichtbalken durchs Fenster. Er war im Begriff zu gehen, als ein Schatten vorbeihuschte. Es ging so schnell, daß er sich getäuscht zu haben glaubte. Aber jetzt sah er überall dunkle Flecken, als ob sich alles im Zimmer bewegte. Wie angenagelt blieb er auf dem Trottoir stehen und empfand nur ein unerträgliches Sodbrennen; er erwartete jetzt Gewißheit. Arme und Beine bewegten sich; eine ungeheure Hand fuhr mit dem Schatten eines Waschkruges durch die Luft. Er konnte nichts deutlich erkennen, aber einmal glaubte er einen Frauenkopf an der Frisur zu erkennen. Und er überlegte: es hätte Sabinens Frisur sein können, aber der Nacken war zu stark. Alles schwamm ihm vor den Augen, alles drehte sich im Kreise. Sein Magen schmerzte furchtbar und zog sich in grauenhaft beklemmender Ungewißheit zusammen, daß er sich, um sich zu beruhigen, zähneklappernd an die Tür drückte wie ein Bettler. Er wandte aber trotzdem kein Auge vom Fenster, und sein Zorn schmolz jetzt in moralischen Anwandlungen hin: er sah sich als Deputierten, er sprach zu einer Versammlung, donnert gegen die Ausschweifung und prophezeite Katastrophen; er rief sich Faucherys Artikel über die „Giftfliege" wieder ins Gedächtnis und beherrschte die Rednertribüne: er erklärte, keine Gesellschaft mit der Sittenverderbnis des Oströmischen Reiches könne Bestand haben. – Das tat ihm wohl. – Aber die Schatten waren wieder verschwunden. Gewiß hatten sie sich wieder hingelegt. Er starrte hinauf, er wartete noch immer.

Es schlug drei Uhr, es schlug vier. Er konnte nicht fort. Wenn ein Wolkenbruch kam, so drückte er sich in den Torwinkel. Seine Beine waren über und über mit Schmutz bespritzt. Niemand kam mehr vorbei. Zuweilen schlossen sich seine Augen, als ob der Lichtstrahl sie verbrannt hätte, auf den er so hartnäckig mit der Unbeirrbarkeit eines Schwachsinnigen hinstarrte. Noch zweimal liefen die Schatten mit denselben Bewegungen hin und her und trugen dieselbe Silhouette eines ungeheuren Waschkruges, und zweimal wurde es wieder ruhig, und die Lampe warf ihren stillen Schein wie ein Nachtlicht durchs Fenster. Die Schatten verstärkten seine Zweifel. Dazu kam ein plötzlicher Einfall, der ihn besänftigte, je mehr sich der Augenblick der Tat hinauszögerte: er brauchte ja nur die Frau am Ausgang zu erwarten. Er würde Sabine wohl erkennen. Nichts war einfacher, es gab keinen Skandal, und er hatte Gewißheit. Er brauchte nur hier stehenzubleiben. Von all den wirren Gefühlen, die ihn erregt hatten, fühlte er jetzt nichts mehr als ein dumpfes Bedürfnis nach Gewißheit. Aber die Langeweile schläferte ihn unter dem Torbogen ein. Um sich zu zerstreuen, versuchte er die Wartezeit zu berechnen. Um neun Uhr mußte Sabine auf dem Bahnhof sein. Es blieben also fast noch vier und eine halbe Stunde. Er war voll Geduld, er wollte sich gar nicht mehr rühren, es war irgend etwas Verlockendes in dem Gedanken, daß die Wache dieser Nacht ewig währen würde.

Plötzlich erlosch der Lichtschein. Diese sehr einfache Tatsache bedeutete eine unerwartete Katastrophe für ihn – irgend etwas Unangenehmes und Erregendes. Sicherlich hatten sie die Lampe ausgelöscht und wollten jetzt schlafen. Das war zu dieser Stunde begreiflich. Aber er ärgerte sich darüber, denn jetzt verlor er jedes Interesse an dem dunklen Fenster. Er sah noch eine Viertelstunde hinauf, dann wurde er allzu müde, er verließ das Tor und machte ein paar Schritte auf dem Trottoir. Bis fünf Uhr ging er so hin und her und hob von Zeit zu Zeit die Augen zu dem Zimmer. Das Fenster blieb tot. Zuweilen fragte er sich, ob ihm das mit den tanzenden Schatten auf den Glasscheiben nicht nur geträumt habe. Eine entsetzliche Müdigkeit überwältigte ihn, ein willenloser Stumpfsinn; in diesem Zustand vergaß er ganz, was ihn hier an der Straßenecke erwartete; er stolperte über die Pflastersteine und erwachte, heftig aufschreckend, mit dem eiskalten Schauder eines Menschen, der nicht mehr weiß, wo er ist. Nichts in der Welt war der Mühe wert, daß man sich graue Haare darüber wachsen ließ. Wenn die Leute da oben schliefen, mußte man sie eben schlafen lassen. Wozu sollte er sich in ihre Angelegenheiten mischen? Es war sehr finster, niemand würde jemals etwas von alledem erfahren. Und alles versank in ihm, sogar die Neugier – er wollte nichts mehr als ein Ende dieses Zustandes, er wollte nur irgendwohin, wo es Erleichterung gab. Die Kälte nahm zu, der Aufenthalt auf der Straße wurde unerträglich. Zweimal entfernte er sich, kam mit schleppenden Schritten wieder, um sich noch weiter zu entfernen.

Es war aus, alles war zu Ende. Er ging diesmal bis zum Boulevard und kam nicht wieder zurück.

Es war ein düsterer Gang durch die Straßen, immer im gleichen Schritt, den Mauern entlang. Seine einsamen Schritte hallten auf dem Pflaster, er sah, wie sein Schatten anwuchs und sich wieder verkleinerte, wenn er sich den Gaslaternen näherte. Das lullte ihn ein, es beschäftigte ihn mechanisch. Später konnte er sich nie mehr darauf besinnen, durch welche Straßen er gekommen war. Es schien ihm, als hätte er sich stundenlang in der Runde, im Kreise herumgeschleppt. Eine einzige, sehr klare Erinnerung blieb haften. Ohne daß er wußte wie, fand er sich plötzlich mit dem Gesicht an das Gitter der Passage des Panoramas gepreßt; mit den Händen umklammerte er die Eisenstäbe. Er rüttelte nicht daran, er versuchte nur, in die Passage hineinzuschauen, und heftige Bewegung schwellte sein ganzes Herz an. Aber er konnte nichts unterscheiden, Schatten und Dunkelheit lagerten in der verödeten Galerie. Der Wind, der durch die Rue Saint-Marc herblies, trieb ihm Kellerfeuchtigkeit ins Gesicht. Aber er stand beharrlich.

Dann fuhr er wie aus einem Traum hoch und sah sich erstaunt um; er fragte sich selbst, was er zu dieser Stunde, mit so wilder Leidenschaft an das Gitter gepreßt, hier suchte, daß die Eisenstangen ihm ins Gesicht schnitten. Und er nahm seinen Marsch wieder auf, Verzweiflung und letzte Trostlosigkeit im Herzen, als ob er von nun an allein und verraten durch das Dunkel wandern müsse.

Endlich brach der Morgen an, dieser rußige Morgen der Winternächte, der so melancholisch auf das schmutzige Pflaster von Paris herunterschaut. Muffat war wieder in die breiten, im Bau begriffenen Straßen gekommen, die an den Höfen der neuen Opéra entlang liefen. Von Regengüssen durchweicht, von den Spuren der Karren durchfurcht, hatte sich der Lehmboden in einen See aus schlammigem Schmutz verwandelt. Muffat sah nicht, wo er seine Füße hinsetzte, er ging immer weiter; bald glitt er aus, bald raffte er sich wieder zusammen.

Das Erwachen von Paris, die Truppen der Straßenkehrer und die ersten Arbeiterzüge brachten neue Ängste und Verwirrung über ihn, je weiter der Tag vorrückte. Erstaunte Blicke trafen ihn, seinen durchweichten Hut, seine ganze schmutzbespritzte zerstörte Erscheinung. Er flüchtete an die Palisaden und zwischen die Gerüste. In seinem völlig ausgeleerten Gehirn hatte nur mehr ein Gedanke Raum: daß er sehr elend sei.

So kam er auf Gott. Plötzlich fiel ihm die göttliche Hilfe ein, Trost, der nicht von Menschen kam – wie ein seltsames unerwartetes Ding; das Bild des Herrn Venot stand plötzlich in ihm auf, er sah sein kleines fettes Gesicht, seine verdorbenen Zähne. Oh, gewiß, Herr Venot, dem er seit Monaten auswich, und der sich sehr darüber kränkte. – Herr Venot würde ihn mit Freuden aufnehmen, wenn er an seine Türe klopfte und sich in seinen Armen ausweinte. Ehedem hatte Gott ihm seine Barmherzigkeit geschenkt. Bei dem geringsten Kummer, bei dem kleinsten Hindernis, das sich ihm in den Weg stellte, trat er in eine Kirche, beugte das Knie und demütigte sein elendes Selbst vor der ewigen Allmacht; und er verließ die Kirche, durch das Gebet gestärkt, bereit zum Verzicht auf alle Güter dieser Welt, mit dem einzigen Verlangen nach dem ewigen Heil seiner Seele. Heute ging er nur mehr bei besonderen Erschütterungen in die Kirche – in den Stunden, wo die Hölle mit ihren Schrecken wieder nach ihm griff; jede Art von Erschlaffung war über ihn gekommen, Nana hatte ihn allen seinen Pflichten abwendig gemacht. Der Gedanke an Gott setzte ihn in Erstaunen. Wieso hatte er nicht während dieser entsetzlichen Krise an Gott gedacht? Als alles zusammenbrach und ihn in seiner menschlichen Schwäche begrub?

Er suchte auf seinem schmerzvollen Gang eine Kirche. Er wußte nicht mehr, wo er war, die frühe Stunde verwirrte ihn, er verwechselte die Straßen. Als er um eine Ecke der Rue de la Chaussée-d'Antin bog, sah er am Ende der Trinité undeutlich einen Turm durch den brauenden Nebel. Die weißen Statuen, die aus dem entlaubten Garten aufragten, schienen ihm lauter frierende Aphroditen zwischen vergilbtem Parklaub. Unter dem Portal keuchte er ein Weilchen, so hatte ihn das Ersteigen der breiten Freitreppe angestrengt. Dann trat er ein. Die Kirche war sehr kalt, die Heizung war seit gestern abend nicht in Betrieb, die hohen Wölbungen erfüllte ein feuchter Dampf, der durch die Glasscheiben eingedrungen war. Die Seitenschiffe waren voll Schatten, keine Menschenseele war da, ein einziges Geräusch drang durch die unheimliche Nacht des Raumes – das Schlürfen von Holzschuhen, die irgendein Küster verdrossen und verschlafen über den Boden schleifte. Er geriet in einen Wirrwarr von Stühlen, er fühlte sich so verloren, sein Herz schwoll an von Tränen – aber nun fiel er vor dem Gitter einer kleinen Kapelle neben dem Weihwasserkessel auf die Knie. Er hatte die Hände gefaltet und versuchte zu beten, sein ganzes Wesen verlangte danach, sich aufzuschwingen. Aber nur seine Lippen stammelten Worte, immer wieder entwich sein Geist nach außen, er war wieder auf dem Marsch durch die langen Straßen, ruhelos, wie unter der Peitsche eines unerbittlichen Zwanges. Und er wiederholte immer wieder: „O mein Gott, komm mir zu Hilfe! O mein Gott, verlasse dein Geschöpf nicht, das sich ganz deiner Gerechtigkeit unterwirft! O mein Gott, ich flehe zu dir, kannst du mich unter den Angriffen deiner Feinde zugrunde gehen lassen?"

Nirgendher kam Antwort. Dunkel und Kälte schlug um seine Schultern, das Geräusch der Holzpantoffeln kam von fern und störte seine Andacht. Er hörte nichts mehr als diesen aufreizenden Lärm in der verödeten Kirche, wo noch nicht einmal der morgendliche Besen gewaltet hatte, ehe für die ersten Messen ein wenig geheizt wurde. Er half sich an einem Stuhl in die Höhe, er stand auf – seine Knie brachen. Gott war noch nicht anwesend. Weshalb sollte er in den Armen des Herrn Venot weinen? Dieser Mensch vermochte nichts.

Und ganz mechanisch kehrte er zu Nana zurück. Draußen auf der Straße glitt er aus, er fühlte, wie ihm Tränen in die Augen stiegen – ohne Zorn gegen das Schicksal –, er war nur schwach und krank. Ach, er war allzu müde, er hatte zu lange im Regen gestanden, er fror zu sehr. Der Gedanke an sein düsteres Haus in der Rue Miromesnil machte ihm das Blut zu Eis erstarren.

Bei Nana war die Tür geschlossen, er mußte warten, bis der Portier erschien. Als er die Treppe hinaufstieg, lächelte er, schon durchdrang ihn die wohlige Wärme dieses Nestes, wo er sich ausstrecken und schlafen konnte.

Als Zoé ihm öffnete, fuhr sie mit einer Gebärde des Staunens und der Verwirrung zurück. Madame hatte eine furchtbare Migräne gehabt und die ganze Nacht kein Auge geschlossen. Nun, sie wollte immerhin nachsehen, ob Madame nicht eingeschlafen war. Und sie glitt in das Schlafzimmer. Er fiel in einen Lehnsessel im Salon. Aber im selben Augenblick erschien Nana. Sie war aus dem Bett gesprungen, sie hatte sich kaum Zeit genommen, einen Unterrock überzustreifen, so stand sie da: bloßfüßig, mit zerwühltem Haar, das Hemd zerdrückt und zerrissen nach einer Liebesnacht.

„Was! Bist du schon wieder hier!" schrie sie krebsrot. Sie war im Zorn hereingestürzt, sie wollte ihn selbst zur Tür hinauswerfen. Aber als sie ihn so erbärmlich, so erschöpft vor sich sah, empfand sie eine letzte Regung des Mitleids.

„Na, du siehst gut aus, du armer Kerl", sagte sie etwas sanfter. „Was gibt es denn? ... Na? Du hast sie erwischt und jetzt kränkst du dich? ..."

Er antwortete nicht, er sah aus wie ein abgeschlagenes Tier. Sie begriff, daß er noch immer keine entscheidenden Beweise hatte, und um die Sache etwas einzurenken, sagte sie: „Also du siehst, ich habe mich geirrt. Deine Frau ist anständig, Ehrenwort! – Jetzt mußt du aber nach Hause gehen und dich hinlegen, du hast es notwendig."

Er rührte sich nicht.

„Also vorwärts, geh nach Haus. Ich kann dich hier nicht brauchen ... du wirst doch nicht am Ende um diese Zeit hierbleiben wollen?"

„Doch – gehn wir zu Bett", stammelte er.

Wieder entfuhr ihr eine heftige Gebärde. Die Geduld riß ihr. Hatte er den Verstand verloren?

„Also geh, geh, geh, ich bitte dich", sagte sie abermals.

„Nein."

Jetzt brach sie wütend und erbittert los: „Aber das ist ja ekelhaft! Begreif doch endlich, daß ich genug und übergenug von dir habe, geh zu deiner Frau, die dir Hörner aufsetzt. Jawohl, sie setzt dir Hörner auf – laß es dir jetzt von mir gesagt sein. Hast du jetzt dein Teil? Wirst du mich endlich in Ruhe lassen?"

Muffats Augen füllten sich mit Tränen, er faltete die Hände.

„Gehn wir zu Bett."

Plötzlich verlor Nana den Kopf. Ein nervöses Schluchzen würgte sie selbst. Ihre Güte wurde ausgebeutet! Was gingen sie alle diese Geschichten an? Gewiß, sie hatte ihn aus purer Freundlichkeit mit jeder erdenklichen Schonung von der Sache unterrichtet. Und jetzt sollte sie noch die Unannehmlichkeiten von der ganzen Geschichte tragen?! Nein, mein Lieber! Sie hatte ein gutes Herz, aber das ging denn doch zu weit.

„Verdammt noch einmal!" fluchte sie und schlug mit der Faust auf den Tisch. „Und ich, ich hab' mich noch mit aller Gewalt zusammengenommen und wollte ihm treu sein ... Aber, mein Lieber, es kostet mich nur ein Wort, und ich bin morgen reich."

Er hob erstaunt den Kopf. Niemals noch hatte er an die Geldfrage gedacht. Wenn sie irgendeinen Wunsch hatte – er wollte ihn sofort erfüllen. Sein ganzes Vermögen gehörte ihr.

„Nein, jetzt ist es zu spät", sagte sie wütend. „Ich liebe Männer, die geben, ohne daß man verlangt ... Nein, siehst du, jetzt könntest du mir für ein einziges Mal eine Million bieten – ich täte es nicht. Das ist zu Ende – ich hab' andere Dinge im Kopf ... Geh jetzt oder ich stehe für nichts. Es gibt noch ein Unglück." Sie ging drohend auf ihn los. Ihre Erbitterung war aufs höchste gestiegen;

sie war ja ein gutmütiges Geschöpf, aber man hatte sie zum äußersten getrieben, und sie war tief durchdrungen von ihrem guten Recht und von ihrer Überlegenheit über diese anständigen Leute, die ihr das Leben schwermachten. – Da wurde die Tür aufgerissen, und Steiner stand auf der Schwelle. Das war der Gipfel.

Sie stieß einen furchtbaren Schrei aus: „Oh! Der auch noch!“

Steiner erschrak so sehr über diesen Ton, daß er wie erstarrt stehenblieb. Der unerwartete Anblick Muffats verwirrte ihn, er hatte Angst vor Auseinandersetzungen, denen er seit drei Monaten aus dem Wege ging. Mit blinzelnden Augen rekelte er sich geniert und vermied die Augen des Grafen. Und er schnaufte, er sah rot und erhitzt aus, wie ein Mensch, der durch ganz Paris gelaufen war, um eine gute Nachricht zu überbringen, und der fühlt, daß er damit in eine Katastrophe hineinplatzt.

„Was willst denn du?“ fragte Nana rücksichtslos; sie duzte ihn, mochte der Graf davon halten, was er wollte.

„Ich ... ich ...“ stotterte er. „Ich wollte Ihnen nur das Bewußte bringen ...“

„Was?“

Er zögerte. Vorgestern abend hatte sie ihm bedeutet, daß sie ihn nicht mehr empfangen würde, wenn er ihr nicht tausend Francs brächte, um einen Wechsel einzulösen. Seit zwei Tagen rannte er sich die Füße ab. Endlich hatte er heute früh das Geld beisammen.

„Die tausend Francs“, sagte er endlich und zog einen Umschlag aus der Tasche.

Nana hatte alles vergessen. „Die tausend Francs!“ schrie sie. „Brauch' ich etwa Almosen? – Da, schau her, was ich mir aus deinen tausend Francs mache!“ Und sie nahm den Umschlag und warf ihn ihm ins Gesicht. Als vorsichtiger Jude sammelte er das Geld sorgfältig auf. Er sah sprachlos, verständnislos auf die junge Frau. Muffat tauschte einen Blick der Verzweiflung mit ihm aus, während Nana die Fäuste in die Hüften stemmte und noch lauter schrie:

„Seid ihr jetzt endlich fertig, oder wollt ihr mich noch länger beschimpfen! – Es ist mir sehr recht, mein Lieber, daß du auch gekommen bist, denn siehst du, jetzt geht es in einem Aufwaschen ... Vorwärts! Hopp! hinaus mit euch!“

Und da sie sich gar nicht beeilten, sagte sie ernüchtert: „Na? – Ihr meint, ich mache eine Dummheit? – Möglich! Aber ihr seid mir zu arg auf die Nerven gegangen! – Ach was! Dieses elegante Leben hängt mir zum Hals heraus! Wenn ich krepier', so ist das meine Sache!“

Sie wollten sie beruhigen, sie beschworen sie, Vernunft anzunehmen.

„Eins, zwei – – Ihr wollt nicht gehen? – Na schön! Seht einmal her: ich habe Besuch.“ Und mit einer brüsken Gebärde riß sie die Schlafzimmertür weit auf.

Mitten in dem zerwühlten Bett sahen die beiden Männer Fontan liegen. Er war nicht darauf gefaßt, daß er so zur Schau gestellt werden sollte; er streckte die Beine in die Luft mit fliegendem Hemd und wälzte sich wie ein Bock mit seiner schwarzen Haut in den zerdrückten Spitzen. Übrigens war er von der Bühne her an Überraschungen gewöhnt und regte sich nicht sonderlich auf. Nachdem er sich von seinem Erstaunen erholt hatte, fand er ein Mienenspiel, mit dessen Hilfe er sich ehrenvoll aus der Affäre zog; er machte ein Hasenschnäuzchen, wie er sagte, indem er den Mund vorstreckte, die Nase kräuselte und mit der ganzen Schnauze schnupperte. Sein niederträchtiger Faunskopf sah wie das verkörperte Laster aus. Es war Fontan, dem Nana seit acht Tagen im Theater nachgelaufen war; sie war eine Beute der tollen Verliebtheit, die diese Frauenzimmer für die grimassierende Häßlichkeit der Komiker haben.

„Bitte sehr – !“ sagte sie, und wies mit einer Tragödinnengebärde auf das Bild.

Muffat, der sich schon in alles gefunden hatte, bäumte sich unter diesem Schimpf noch einmal auf. „Hure!“ stammelte er.

Aber Nana, die schon ins Schlafzimmer getreten war, kam zurück, um das letzte Wort zu behalten.

„Hat sich was – Hure! Und deine Frau?“

Und sie schleuderte mit aller Kraft die Türe zu und schob geräuschvoll den Riegel vor.

Die beiden alleingebliebenen Männer sahen sich schweigend an. Zoé war eingetreten. Aber sie drängte sie nicht zum Fortgehen, sondern sie sprach sehr vernünftig mit ihnen. Als eine einsichtige Person fand sie Madames Torheiten ein bißchen stark. Trotzdem verteidigte sie sie: die Geschichte mit dem Schmierenkomödianten konnte nicht von Dauer sein. Man mußte so einen Anfall einfach vorübergehen lassen.

Die beiden Männer gingen. Sie hatten kein Wort gesprochen. Auf der Straße empfanden sie bewegt eine brüderliche Verbindung, und sie drückten sich gegenseitig stumm die Hand; dann wandten sie einander den Rücken und gingen mit schleppenden Füßen jeder nach seiner Richtung.

Als Muffat endlich das Haus in der Rue Miromesnil betrat, kam seine Frau gerade an. Sie begegneten sich auf der breiten Treppe, von deren düsteren Wänden ein eisiger Schauer ausging. Sie hoben die Augen und sahen einander an. Der Graf trug noch seinen schmutzbespritzten Mantel, er sah blaß und verstört aus, wie ein Mensch, der von Laster und Ausschweifung heimkommt. Die Gräfin war von der nächtlichen Eisenbahnfahrt zerbrochen, sie schlief fast im Stehen, ihre Haare waren zerzaust und die Augen blauumschattet.

VIII

Es war in der Rue Vernon, Montmartre, in einer kleinen Wohnung des vierten Stockwerkes. Nana und Fontan hatten ein paar Freunde zum Dreikönigsfest geladen. Seit drei Tagen wohnten sie hier, und nun wollten sie den Einzug feiern.

Sie hatten eigentlich gar nicht daran gedacht, zusammenzuziehen – das hatte sich in dem ersten Feuer ihres Honigmondes plötzlich wie von selbst so gemacht. Am nächsten Tag nach dem schönen Krach, bei dem sie den Grafen und den Bankier so ohne Umschweife vor die Tür gesetzt hatte, fühlte Nana alles um sich herum zusammenbrechen. Sie übersah die Situation mit einem Blick: jetzt würden Gläubiger ihr Vorzimmer überschwemmen, sie würden sich in ihre Herzensangelegenheiten mischen und mit Verkauf drohen, wenn sie nicht Vernunft annehmen würde; mit endlosen Zänkereien und vielem Kopfzerbrechen begänne jetzt ein Kampf um ihre paar Möbel.

Da zog sie es vor, alles im Stich zu lassen. Übrigens war sie der Wohnung auf dem Boulevard Haussmann längst überdrüssig. Sie war so albern mit ihren großen vergoldeten Zimmern. In ihrer plötzlichen Verliebtheit zu Fontan träumte sie nur von einem hübschen hellen kleinen Zimmer, wie es in vergangenen Zeiten ihr Blumenmacherinnenideal war, als ihre Wünsche noch nicht über einen Spiegelschrank aus Palisander und über ein mit blauem Rips bespanntes Bett hinausgingen. In zwei Tagen verkaufte sie alles, was sie fortschaffen konnte, Nippsachen und Schmuck, und verschwand mit etlichen zehntausend Francs, ohne der Portiersfrau ein Wort zu sagen; sie tauchte völlig unter, sie verschwand in den Erdboden, ohne eine Spur zu hinterlassen. So, jetzt konnten sich die Männer nicht wieder an ihre Röcke hängen. Fontan benahm sich sehr nett. Er sagte nicht nein, er ließ sie gewähren, Ja, er handelte sogar als guter Kamerad; er seinerseits besaß fast siebentausend Francs, und trotzdem man ihm Geiz nachsagte, legte er sie willig zu den zehntausend der jungen Frau dazu. Das war schon ein solider Grundstein für eine Wirtschaft. Und so zogen sie aus und lebten in Gütergemeinschaft von ihrem heimlichen Schatz; sie mieteten und möblierten die beiden Zimmer in der Rue Vernon und teilten wie zwei alte Freunde alles miteinander. Im Anfang war es auch wunderschön.

Madame Lerat mit dem kleinen Louiset traf als die erste am Abend des Dreikönigsfestes ein. Fontan war noch nicht zu Hause, und so machte sie nun ihrem gepreßten Herzen Luft, denn sie sah mit Angst und Bangen, daß Nana ihr Glück verscherzte.

„O Tante! Wenn du wüßtest, wie ich ihn liebe!" rief Nana und drückte mit einer hübschen Bewegung ihre beiden Hände auf die Brust.

Diese Worte übten eine außerordentliche Wirkung auf Madame Lerat aus. Ihre Augen wurden feucht. „Dagegen läßt sich nichts sagen – die Liebe geht über alles." Und sie schlug die Hände zusammen über die herzigen Zimmer. Nana zog sie in das Schlafzimmer, in das Eßzimmer und endlich in die Küche. Herrgott, es war ja nicht überwältigend groß, aber es war frisch gestrichen und neu tapeziert; und überall schien die Sonne lustig herein.

Und während Louiset sich in der Küche installierte und der Aufwärterin zusah, wie sie ein Huhn briet, hielt Madame Lerat die junge Frau im Schlafzimmer zurück. Wenn sie sich Gedanken über die Geschichte erlaube, so käme es daher, daß Zoé sie eben verlassen habe. Zoé hatte aus Ergebenheit für Madame tapfer auf ihrem Posten ausgehalten. Madame würde es ihr schon vergelten, sie war ohne Sorge. Und in dem Zusammenbruch des Haushalts auf dem Boulevard Haussmann hielt sie den Gläubigern stand, sie setzte einen würdigen Rückzug ins Werk, rettete, was noch zu retten war und antwortete auf alle Fragen, daß Madame niemals eine Adresse angebe, wenn sie auf Reisen sei. Aus Angst, daß man sie beobachten könne, beraubte sie sich sogar des Vergnügens, Madame zu besuchen. Indes mußte sie doch heute früh zu Madame Lerat laufen; denn es hatte sich etwas Neues ereignet. Am Abend vorher waren Gläubiger erschienen – der Tapezierer, der Kohlenhändler, die Wäscherin –, und sie machten sich nicht nur erbötig, Madame Zeit zu lassen – sie wollten ihr sogar eine sehr beträchtliche Summe vorstrecken, wenn Madame nur wieder in ihre Wohnung zurückkehren und sich vernünftig benehmen wolle. Die Tante wiederholte Zoés Worte. Es war kein Zweifel, dahinter steckte ein Mann.

„Niemals!" erklärte Nana empört. „Das ist mir ein sauberes Volk, diese Lieferanten! Glauben sie, daß man mich so einfach verschachern kann, um ihre Rechnungen zu bezahlen? – Siehst du, ich möchte ja lieber Hungers sterben als Fontan betrügen."

„Das hab' ich auch gesagt", meinte Madame Lerat, „meine Nichte hat zuviel Herz."

Indes geriet Nana doch außer sich, als sie hörte, daß La Mignotte verkauft würde, und daß Labordette es zu einem lächerlichen Preis für Caroline erwarb. Ein wilder Zorn ergriff sie gegen diese Clique – sie waren ja doch trotz ihres Getues nichts anderes als Gassenmenscher. Na, das wollte sie glauben, sie war mehr wert als diese ganze Sippschaft zusammen!

„Sie sollen sich nur aufspielen", schloß sie, „mit all ihrem Geld werden sie nie wissen, was Glücklichsein heißt... Und siehst du, Tante, ich weiß nicht einmal, daß diese Leute alle auf der Welt sind. Ich bin so unsagbar glücklich ..."

Eben trat Madame Maloir ins Zimmer mit einem dieser befremdlichen Hüte, die nur sie allein zu schaffen verstand. Es gab eine große Wiedersehensfreude. Madame Maloir erklärte, all diese Großartigkeiten hätten sie eingeschüchtert; jetzt wolle sie von Zeit zu Zeit wieder zu einer Partie Bezigue kommen. Abermals zeigte Nana die Wohnung; und in der Küche sprach Nana in Gegenwart der Aufwartefrau, die das Huhn begoß, von Sparsamkeitsrücksichten und sagte, daß ein Mädchen ihr zu teuer gewesen wäre und daß sie selbst für ihr Heim sorgen wolle. Louiset sah stillvergnügt auf den Bratspieß.

Da wurden draußen Stimmen laut. Es war Fontan mit Bosc und Prullière. Man konnte zu Tisch gehen. Die Suppe war schon aufgetragen, und Nana zeigte zum drittenmal ihre Wohnung.

„Ach, Kinder, wie hübsch habt ihr es hier!" sagte Bosc,

nur so aus Gefälligkeit gegen die Freunde, die ihm ein Diner spendierten; denn im Grunde interessierte ihn die ganze Geschichte sehr wenig.
Im Schlafzimmer verdoppelte er seine Liebenswürdigkeiten. Im allgemeinen sah er nur Gänse in den Frauen, und der Gedanke, ein Mann könne sich mit einer dieser albernen Schlampen belasten, erregte in ihm die einzige Entrüstung, deren er noch in der summarischen Weltverachtung eines Trunkelboldes fähig war.
„Ach, diese zwei Spitzbuben", sagte er augenzwinkernd, „wie heimlich sie das gemacht haben ... Na, ihr habt schon recht gehabt. Das wird ja reizend werden, wir kommen euch oft besuchen, ihr sollt schon sehen!"
Als Louiset auf einem Besenstiel hereingeritten kam, sagte Prullière mit einem boshaften Lachen: „Was! Ihr habt schon ein Kleines?"
Das klang sehr drollig. Madame Lerat und Madame Maloir platzten vor Lachen. Nana, weit davon entfernt, sich zu ärgern, sagte mit gerührtem Lachen: nein, leider Gottes, dem sei nicht so, obgleich sie es für sich und das Kind hätte wünschen mögen; aber vielleicht bekäme sie doch noch eines. Fontan mimte den Hausvater, er nahm Louiset in die Arme und spielte und scherzte mit ihm. „Deshalb liebt er sein Väterchen doch, nicht wahr ... Sag' schön Papa zu mir, Lausbub!"
„Papa ... Papa ...", stammelte das Kind.
Alles stürzte sich mit Liebkosungen über Louiset her. Bosc, dem die Geschichte jetzt zu dumm wurde, schlug vor, daß man endlich zu Tisch gehe; es gäbe nichts Wichtigeres im Leben. Nana bat um die Erlaubnis, Louiset neben sich auf den Stuhl zu setzen. Das Diner wurde sehr lustig. Indes litt Bosc doch unter der Nachbarschaft des Kindes, gegen das er seinen Teller verteidigen mußte. Auch Madame Lerat war ihm lästig. Sie wurde sehr gerührt und vertraute ihm leise mysteriöse Dinge an, Geschichten von sehr feinen Herren, die sie noch immer verfolgten; und zweimal mußte er sein Knie in Sicherheit bringen, denn sie bestürmte ihn mit schwimmenden Augen. Prullière benahm sich sehr ungezogen gegen Madame Maloir; er reichte ihr keine einzige Schüssel, sondern war ausschließlich mit Nana beschäftigt. Es reizte und quälte ihn, die beiden zusammen zu sehen. Ihr Turteltaubengetue ging schließlich allen auf die Nerven. Gegen jedes Gebot der Gastfreundschaft hatten sie sich sogar nebeneinander setzen wollen.
„Was, zum Teufel! Eßt jetzt, ihr habt doch sonst Zeit genug!" sagte Bosc mit vollem Munde. „Wartet doch, bis wir weg sind!"
Aber Nana konnte sich nicht beherrschen. Sie war süß berauscht von der Liebe, rosig wie eine Jungfrau, und ihre Blicke, ihr Gelächter waren getränkt von Zärtlichkeit. Sie ließ die Augen nicht von Fontan und überhäufte ihn mit Kosenamen: mein Herz, mein Schatz, mein Liebling – und wenn er ihr Wasser oder Salz reichte, beugte sie sich zu ihm und küßte ihn, wohin sie traf, auf die Lippen, auf die Augen, auf die Nase, aufs Ohr; und wenn sie dann gescholten wurde, so wußte sie sich so raffiniert, so demütig und so geschmeidig wie eine geschlagene Katze wieder heranzuschmeicheln, sie nahm heimlich seine Hand und hielt und küßte sie. Sie mußte ihn immer spüren. Fontan schnurrte und ließ sich ihre Vergötterung voll Herablassung gefallen. Seine große Nase zitterte vor sinnlichem Behagen; er war häßlich wie ein komisches Ungeheuer, und seine Bocksfratze glänzte über und über angesichts der unterwürfigen Anbetung dieses prachtvollen Geschöpfes, dieses weißen, üppigen Mädels. Zuweilen erwiderte er einen Kuß wie ein Mann, der es zwar nicht nötig hat, aber der einmal nett sein will.
„Das wird unausstehlich auf die Dauer", schrie Prullière. „Fort mit dir, marsch!", und er schob Fontan weg, wechselte die Gedecke aus und setzte sich an seinen Platz neben Nana. Er erntete beifällige Zurufe und unzweideutige Scherze. Fontan mimte Verzweiflung und schnitt die drolligen Grimassen, mit denen er als Vulkan um Venus geklagt hatte. Prullière wurde sogleich galant; aber Nana, deren Fuß er unter dem Tisch suchte, wies ihn mit einem gehörigen Puff zurück. O nein, er konnte sich darauf verlassen: sie hatte keine Lust, mit ihm zu schlafen. Im vergangenen Monat hatte sie so etwas wie einen kleinen Schwarm für seinen hübschen Kopf keimen gefühlt; jetzt verabscheute sie ihn. Wenn er sie noch einmal unter dem Vorwand, seine Serviette aufzuheben, zwicken würde, so flöge ihm ihr Glas ins Gesicht.
Indes verlief der Abend sehr angenehm. Natürlich sprach man vom Theater. Bordenave, diese Kanaille, krepierte also noch immer nicht? Seine scheußlichen Krankheiten kommen immer wieder und peinigen ihn dermaßen, daß nicht mehr mit ihm auszukommen war. Gestern auf der Probe hatte es fortwährend Beschimpfungen gegen Simonne gehagelt. Na, dem würden die Schauspieler keine Träne nachweinen! Nana versicherte: wenn er ihr mit einer Rolle käme, so würde sie ihm gehörig heimleuchten! Und übrigens wollte sie überhaupt nicht mehr spielen, das Theater wog doch nicht ihr Heim auf. Fontan, der weder in dem laufenden noch in dem nächsten Stück zu tun hatte, pries gleichfalls in überschwenglichen Worten das Glück der vollen Freiheit und die Abende am Kamin bei seinem Kätzchen. Und die anderen erschöpften sich in Ausrufen und taten, als ob sie die beiden Glückspilze um ihre Seligkeit beneideten.
Nun wurde der Dreikönigskuchen geteilt. Madame Lerat fand die Bohne und warf sie in das Glas des alten Bosc. Alles schrie: „Der König trinkt! Der König trinkt!" Nana machte sich diesen Ausbruch der Fröhlichkeit zunutze und umhalste wieder Fontan und küßte ihn und flüsterte ihm Zärtlichkeiten ins Ohr. Aber Prullière, mit dem geärgerten Lachen eines in seiner Eitelkeit verletzten hübschen Jungen, schrie, das sei kein Spaß mehr. Louiset schlief auf zwei Stühlen.
Die Gesellschaft ging nicht vor ein Uhr auseinander. Noch auf der Treppe riefen sie einander „Auf Wiedersehn!" zu.
Und wirklich ließ sich das Leben der beiden Verliebten drei Wochen lang ganz reizend an. Nana fühlte sich in die

Zeit ihres Lebens zurückversetzt, wo das erste Seidenkleid sie unsinnig glücklich gemacht hatte. Sie ging wenig aus und schwelgte in Einfachheit und Zurückgezogenheit. Eines frühen Morgens, als sie einkaufen ging und auf dem Marché La Rochefoucauld Fische holte, sah sie sich zu ihrem größten Erstaunen Francis, ihrem ehemaligen Friseur, gegenüber. Er war sehr korrekt wie immer, in feiner Wäsche und tadelloser Redingote. Und sie wurde sich plötzlich mit Beschämung ihres Schlafrocks, ihrer Zerzaustheit und ihrer niedergetretenen Pantoffeln bewußt. Aber er benahm sich voll Takt und übertrieb noch seine angeborene Höflichkeit. Er erlaubte sich keinerlei Fragen, er tat, als hätte er Madame auf Reisen geglaubt. Ach, Madame hätte mit dieser Reise manchen unglücklich gemacht! Diese Zeit war ein Verlust für alle. Schließlich überwog die Neugier bei der jungen Frau die erste Verlegenheit, und sie fing an, ihn auszufragen. Sie zog ihn aus dem Marktgedränge unter ein Tor und stand vor ihm mit ihrem Einkaufskörbchen in der Hand. Was sprach man über ihre plötzliche Flucht? – Mein Gott, die Damen, zu denen er kam, sagten dies und das; alles in allem war es ein kolossales Aufsehen, ein unleugbarer Erfolg. – Und Steiner? – Herr Steiner war recht sehr heruntergekommen; das mußte ein böses Ende nehmen, wenn ihm nicht bald ein neues Unternehmen gelang. – Und Daguenet? – Oh, dem ging es ausgezeichnet; Herr Daguenet kam in ein ruhiges Fahrwasser. Die Erinnerungen erregten Nana, und sie öffnete den Mund, um weiterzufragen; aber sie scheute sich davor, den Namen Muffat auszusprechen. Da lächelte Francis und tat den ersten Schritt. Was den Herrn Grafen anlangte, so konnte es einem das Herz brechen, was der seit der Abreise von Madame gelitten hatte. Er irrte herum wie eine Seele im Fegfeuer, an allen Orten, wo er Madame zu finden hoffen konnte. Schließlich hatte Herr Mignon ihn getroffen und mit sich nach Hause genommen. Diese Neuigkeit versetzte Nana in schallende Heiterkeit, aber die Heiterkeit war nicht ganz echt.

„Ach, hat er jetzt diese Rose", sagte sie. „Na, meinetwegen! Sehn Sie, Francis, ich pfeif' drauf; aber so ein Heuchler! Der hat was gelernt! Keine acht Tage kann dieses Volk allein schlafen! Und dabei hat er mir doch geschworen, nach mir keine Frau mehr zu berühren!" – Im Grunde ihres Herzens war sie empört.

„Na, wenn Rose sich mit meinen Resten begnügt –! Einen feschen Kerl leistet sie sich da! Oh, ich versteh das sehr gut, sie wollte sich dafür rächen, daß ich ihr dieses Vieh von Steiner ausgespannt habe ... Wie niederträchtig von ihr, einen Mann an sich zu locken, den ich vor die Tür gesetzt hab!"

„Herr Mignon erzählte die Geschichte anders", sagte der Friseur. „Wenn man ihm glaubt, so hat der Herr Graf Sie hinausgeworfen ... Ja, und noch dazu mit einem abscheulichen Krach und mit Fußtritten in den Hintern."

Nana erbleichte jählings. „Was? Wie? Fußtritte in den Hintern? ... Das ist denn doch zu stark von dieser unverschämten Person! Aber, mein Junge, glauben Sie's nur: ich hab' ihn die Treppe hinuntergeworfen, diesen Hahnrei! Denn er ist ein Hahnrei, das kannst du dir merken; seine Gräfin setzt ihm Hörner auf, sie hält es mit jedem, der daherkommt, selbst mit diesem Spitzbuben, mit Fauchery ... Und Mignon, der die Straßen abläuft und seiner alten Vettel daheim die Männer zubringt, dieser Person, die so dürr ist, daß keiner sie mag! Was für ein schmutziges Gesindel! Was für ein schmutziges Gesindel!" Sie erstickte vor Wut und mußte Atem schöpfen.

„Ah, sagen sie das ... Na, mein guter Francis, ich werde sie mir einmal ausborgen, verlaß dich drauf ... Wollen wir gleich miteinander hingehn? Ja, gehn wir, und dann will ich sehn, ob sie noch die Unverschämtheit haben, von Fußtritten in den Hintern zu sprechen ... Fußtritte –! Ich, die ich mir nichts und von niemand etwas gefallen lasse! Und das sage ich dir: mich wird keiner schlagen, denn ich würde den Mann zerreißen, der mich anrührt!"

Endlich wurde sie ruhiger. Na, schließlich mochten sie sagen, was sie wollten, sie achtete sie nicht höher als den Schmutz an ihren Sohlen. Sie wollte sich gar nicht mehr mit diesem Pack besudeln. Ihr genügte ihr gutes Gewissen. Und Francis, der sie so hemmungslos in diesem Köchinnenaufzug vor sich sah, wurde familiär und erlaubte sich, ihr beim Abschied Ratschläge zu erteilen. Sie habe unrecht, alles einer Laune aufzuopfern; solche Schrullen ruinieren einem die ganze Existenz. Sie hörte ihm mit gesenkter Stirn zu, und er sprach besorgt auf sie ein, wie ein Mann, der das Leben versteht und der darunter leidet, daß ein so schönes Geschöpf sich verplempert.

„Na, das ist meine Sache", sagte sie schließlich. „Aber ich bin dir trotzdem dankbar, mein Lieber."

Sie drückte ihm die Hand, die trotz seiner sorgfältigen Pflege immer etwas fettig war. Dann ging sie um ihren Fisch.

Den ganzen Tag über beschäftigte sie diese Geschichte von dem Fußtritt in den Hintern. Sie erzählte es Fontan und spielte sich wieder als das starke Weib auf, das sich nicht das geringste bieten läßt. Fontan erklärte überlegen, daß alle diese Männer aus der großen Welt Lümmel seien und daß man sie nur verachten könne. Von da an erfüllte restlose Verachtung Nanas Herz.

Gerade heute abend gingen sie in die italienische Oper, wo ein kleines Mädel, das Fontan kannte, in einer Rolle von zehn Zeilen debütierte. Es war fast ein Uhr, als sie zu Fuß die Höhe von Montmartre erstiegen. In der Rue de la Chaussée-d'Antin hatten sie Mokka und Kuchen erstanden; das wurde nun im Bett verspeist, denn es war kühl und lohnte doch nicht, Feuer anzuzünden. Sie saßen Seite an Seite aufrecht im Bett, hatten die Decke übergezogen und die Kissen in das Kreuz gestopft. So soupierten sie und plauderten gemächlich von der kleinen Debütantin. Nana fand sie häßlich und reizlos. Fontan lag auf dem Bauch, er reichte ihr die Kuchenschnitten, die auf dem Nachttisch zwischen Kerze und Streichhölzern lagen. Aber schließlich gerieten sie doch in Streit.

„Nein, wie kann man nur so etwas sagen!“ rief Nana. „Sie hat doch Augen wie zwei Bohrlöcher und Haare wie Werg!“

„Ach, schweig doch“, erwiderte Fontan. „Wundervolles Haar hat sie, ein Paar Augen voll Feuer ... Ist das komisch, daß keine Frau ein gutes Haar an der andern läßt!“ Er war verdrießlich und gereizt. „Na, jetzt hab' ich aber genug!“ schloß er brutal. „Ärgere mich nicht, du weißt, ich kann's nicht vertragen ... Schlafen wir jetzt, sonst passiert noch was!“

Er blies die Kerze aus. Nana geriet in Wut, sie hörte nicht auf: einen derartigen Ton vertrüge sie nicht, sie sei gewohnt, daß man sie mit mehr Respekt behandle. Er gab keine Antwort mehr, und so mußte sie schließlich auch schweigen. Aber sie konnte nicht einschlafen und warf sich hin und her.

„Himmelherrgott, wirst du endlich still liegen?“ schrie er plötzlich und richtete sich brüsk in die Höhe.

„Ich kann nichts dafür, daß das Bett voll Brösel ist“, sagte sie trocken.

Tatsächlich waren Brösel im Bett, sie spürte sie überall, bis unter den Schenkeln, am ganzen Körper war sie davon geplagt. Ein einziges Bröselchen konnte sie schon zur Verzweiflung bringen, daß sie sich bis aufs Blut kratzte. Und gehörte es sich nicht, daß man die Decke ausschüttelte, wenn man Kuchen gegessen hatte? Fontan zündete in kalter Wut die Kerze wieder an. Beide standen auf, und mit nackten Füßen, im Hemd, deckten sie das Bett ab und kehrten die Bröselchen mit den Händen herunter. Er klapperte vor Kälte und kroch wieder ins Bett, und als sie ihm empfahl, sich die Fußsohlen gut abzuwischen, wünschte er sie zu allen Teufeln. Endlich lag sie wieder an ihrem Platz; aber kaum berührte sie das Bettuch, als sie wieder in die Höhe sprang.

Es waren noch immer Brösel im Bett.

„Na natürlich, das war ja vorauszusehn, du hast sie mit den Fußsohlen wieder hereingebracht“, sagte Nana. „Und ich kann's nun einmal nicht vertragen, ich vertrag's nicht!“ Und sie machte Miene, über ihn wegzusteigen und auf den Boden zu springen. Fontan aber, der schlafen wollte, war am Ende seiner Geduld und versetzte ihr eine schallende Ohrfeige. Sie war so kräftig, daß Nana plötzlich wieder in ihren Kissen lag, ohne zu wissen wie. Sie war ganz betäubt.

„Oh“, sagte sie nur mit einem dicken kindlichen Seufzer.

Er drohte ihr mit einer zweiten Ohrfeige, wenn sie sich nur noch ein einziges Mal rührte. Dann blies er das Licht aus, drehte ihr kurzerhand den Rücken zu und schnarchte sofort drauflos. Nana drückte die Nase ins Kissen und weinte mit leisem Aufschluchzen. Oh, wie feig war das, seine Kraft so zu mißbrauchen! Aber er hatte ihr einen ordentlichen Schrecken eingejagt – so furchtbar hatte sich die komische Fratze Fontans verändert. Und ihr Zorn verrauchte, als ob die Ohrfeige sie beruhigt hätte. Respekt erfaßte sie, und sie drückte sich dicht an die Wand und überließ ihm das ganze Bett. Zu guter Letzt schlief sie endlich ein mit ihren heißen Wangen, die Augen voll Tränen und in einer köstlichen Vernichtung; und ihre entspannte Unterwürfigkeit war so groß, daß sie die Brotkrumen nicht mehr spürte. Als sie am Morgen erwachte, hielt sie Fontan in ihren bloßen Armen fest an ihre Brust gedrückt. „Du wirst es nie wieder tun, nicht wahr? Nie!“ Sie liebte ihn allzusehr; selbst eine Ohrfeige von ihm war noch ein Glück!

Und nun begann ein neues Leben. Für ein Ja oder ein Nein versetzte ihr Fontan einen Schlag. Sie gewöhnte sich daran und steckte es ein. Manchmal schrie sie und setzte sich zur Wehr; aber er schleuderte sie gegen die Wand und drohte ihr, sie zu erdrosseln – da wurde sie geschmeidig. Oft sank sie auf einen Sessel und schluchzte fünf Minuten lang. Dann war alles vergessen, und sie erfüllte ihre Wohnung mit ihrem lustigen Gesang und Gelächter und mit dem Flattern ihrer wehenden Kleider. Schlimm war es nur, daß Fontan jetzt den ganzen Tag über verschwand und niemals vor Mitternacht nach Hause kam; er ging ins Kaffeehaus, wo er seine Kollegen antraf. Nana litt alles, zitternd und schmeichelnd und in der einzigen Angst, er könne eines Tages überhaupt nicht mehr nach Hause kommen, wenn sie ihm einen Vorwurf mache. Aber an manchen Tagen, wenn sie weder Madame Maloir noch ihre Tante und Louiset bei sich hatte, langweilte sie sich zu Tode.

So war sie denn ganz entzückt, als sie eines Sonntags, da sie auf dem Marché La Rochefoucauld Tauben einkaufte, Satin begegnete, die ein Bündel Radieschen erhandelte. Seit dem Abend, an dem der Prinz Fontans Sekt getrunken hatte, waren sie einander aus den Augen gekommen.

„Ist es denn möglich?! Wohnst du jetzt hier?“ sagte Satin ganz verblüfft, Nana zu dieser Stunde in Pantoffeln auf der Straße zu treffen. „Ach, du sitzt wohl schön in der Tinte, armes Ding?“

Nana hieß sie mit einem Runzeln der Augenbrauen schweigen, denn es standen noch andere Frauen um sie herum, in Hauskleidern, ohne Wäsche, mit zerzaustem, ungepflegtem Haar. In der Frühe, kaum daß sie den Mann der vergangenen Nacht vor die Tür gesetzt hatten, kamen all diese Mädchen aus der Umgegend und kauften hier ein; ihre Augen waren schwer vor Schlaf, und sie latschten übelgelaunt und müde von einer Nacht voll Widerwärtigkeiten daher. Von allen umliegenden Straßen kamen sie hier auf den Markt herunter – sehr Blasse, noch Junge, reizvoll in ihrer gleichgültigen Unbefangenheit, schauderhafte alte aufgeblähte Vetteln, die ihre Haut zu Markte trugen und denen es riesig gleichgültig war, daß sie in diesem Aufzug außerhalb ihrer Arbeitszeit gesehen wurden. Und auf dem Trottoir drehten sich die Vorübergehenden um, ohne daß eine einzige von ihnen geruht hätte, zu lächeln – alle waren sie sehr beschäftigt und trugen die verächtliche Miene der Hausfrau zur Schau, für die die Männer nicht existierten. Gerade als Satin ihre Radieschen bezahlte, warf ihr ein junger Mann – irgendein Beamter, der sich verspätet hatte –

im Vorbeigehen ein „Guten Morgen, mein Liebchen" hin. Sie richtete sich mit der Würde einer beleidigten Königin jählings auf und sagte: „Was fällt denn diesem Schwein eigentlich ein?"
Dann schien ihr sein Gesicht bekannt. Drei Tage vorher hatte sie ihn gegen Mitternacht, allein vom Boulevard heraufkommend, an der Ecke der Rue Labruyère angesprochen und ihm eine halbe Stunde lang zugeredet. Aber das erbitterte sie noch mehr. „Die sind unverschämt genug, daß sie einem noch am hellichten Tag solche Sachen zurufen", sagte sie; „wenn man seinem Tagwerk nachgeht, kann man wohl verlangen, daß sie einen respektieren."
Nana hatte endlich ihre Tauben erstanden, obgleich sie ihr nicht ganz frisch schienen. Jetzt wollte ihr Satin ihr Haus zeigen, sie wohnte ganz in der Nähe, Rue La Rochefoucauld. Kaum waren sie allein, so erzählte ihr Nana von ihrer Leidenschaft für Fontan. An ihrer Tür angekommen, blieb die Kleine, mit dem Radieschenbündel unter dem Arm, stehen; sie war ganz aufgeregt von den Einzelheiten, die Nana, nun ihrerseits lügend, zum besten gab: sie schwor, daß sie den Grafen Muffat mit Fußtritten in den Hintern zur Tür hinausgeworfen habe.
„Oh, das ist fabelhaft!" sagte Satin. „Fabelhaft! Fußtritte! Und er hat gar nichts gesagt, wie? So ein Feigling! Ach, ich hätte dabeisein und diese Fratze sehen mögen! Mein Herz, du hast ganz recht; was liegt denn an dem Geld! Wenn ich in einen Mann vernarrt bin, so krepiere ich meinetwegen ... Was? du kommst zu mir, versprich mir ... die Türe links. Klopf dreimal, denn es kommen so viele Dreckskerle ..."
Seitdem ging Nana, wenn sie sich zu sehr langweilte, zu Satin. Sie war immer sicher, sie anzutreffen, denn Satin ging nie vor sechs Uhr aus dem Haus. Satin hatte zwei Zimmer, die ihr ein Apotheker möbliert hatte, um sie vor der Polizei zu retten; aber in weniger als dreizehn Monaten hatte sie die Möbel ruiniert, die Sitze der Stühle durchgestoßen, die Vorhänge versudelt, und es herrschte ein so wüster Schmutz und eine solche Unordnung, daß man meinte, hier hätte eine Bande tollgewordener Katzen gehaust. Es gab Morgen, wo ihr selbst der Ekel hochstieg und sie sich ans Aufräumen machen wollte; aber alles war schon so von Schmutz zerfressen, daß ihr bald die Querhölzer der Stühle oder die Fetzen der Bespannung in den Händen blieben. In diesen Tagen war es schmutziger als je, man konnte nicht zur Tür herein, weil irgendwelches Gerümpel vor der Schwelle lag. Schließlich gab sie denn auch ihren Haushalt auf. Beim Lampenlicht nahmen sich der Spiegelschrank, die Wanduhr und die Reste der Vorhänge noch gut genug für die Männer aus. Und außerdem drohte ihr der Hauswirt seit sechs Monaten mit Kündigung. Für wen also sollte sie ihre Möbel instand halten. Vielleicht für den Wirt? Das konnte ihr einfallen! Und wenn sie gutgelaunt aufstand, so schrie sie: „Holla!" und traktierte den Schrank und die Kommode mit Fußstößen, daß sie nur so krachten.
Nana traf sie fast immer im Bett an. Selbst an den Tagen, wo Satin ausging, um Besorgungen zu machen, war sie so müde, wenn sie heimkam, daß sie sich auf das Bett warf und gleich wieder einschlief. Tagsüber schleppte sie sich herum und duselte auf den Stühlen – erst gegen Abend, wenn die Laternen angezündet wurden, erwachte sie aus diesem Halbschlaf. Und Nana fühlte sich sehr wohl bei ihr und saß faulenzend inmitten des zerwühlten Bettes, der Eimer, die auf dem Boden herumstanden, der kotbespritzten Röcke vom vergangenen Abend, die die Lehnstühle besudelten. Da gab es Plauderstunden und Herzensergüsse ohne Ende, und Satin wälzte sich im Bett, im Hemd, die Füße höher liegend als den Kopf, und hörte Nana zigarettenrauchend zu. Zuweilen leisteten sie sich einen Absinth, an Nachmittagen, wo sie Kummer überkam – um zu vergessen sagten sie. Satin ging nicht etwa hinunter – ohne auch nur einen Unterrock überzuziehen, beugte sie sich über das Geländer und schrie hinunter und schickte die Kleine der Hausbesorgerin fort, ein Gassenmädel von zehn Jahren, die den Absinth in einem Glas brachte und ihre Blicke über die nackten Beine der Dame gleiten ließ. Alle Unterhaltungen gipfelten in der Erkenntnis der Unflätigkeit der Männer. Nana war gräßlich mit ihrem Fontan; sie konnte nicht zehn Worte sprechen, ohne in ihr ewiges Geschwätz über das, was er sagte, über das, was er tat, zu verfallen. Aber Satin, dieses gute Mädchen, hörte mit Geduld die Geschichten von Nanas Warten am Fenster, von ihren Szenen wegen eines angebrannten Ragouts, von ihren Versöhnungen im Bett nach stundenlangem stummem Schmollen mit an. Es kam dahin, daß Nana ihr von allen Schlägen, die ihr Fontan verabrechte, berichtete – Nana empfand ein Bedürfnis, darüber zu sprechen. In der vergangenen Woche war ihr das Auge angeschwollen; gestern abend noch, als er seine Pantoffeln nicht fand, hatte er sie mit einer Ohrfeige auf den Nachttisch hingeschleudert. Und Satin war durchaus nicht erstaunt, sie blies den Rauch der Zigarette in die Luft und nahm sie nur aus dem Mund, um zu erläutern, wie sie sich gegebenenfalls ducke und daß auf diese Weise der Herr mit seiner Ohrfeige nicht an die Richtige käme. Beide vertieften sich gedankenlos entzückt in diese Prügelgeschichten und erzählten sich hundertmal dieselben albernen Ereignisse; eine wohlige, warme Lässigkeit überkam sie, wenn sie in ihren Erniedrigungen schwelgten. Es war eine Wonne, immer wieder auf diese Prügel von Fontan zurückzukommen, ihn von allen Seiten zu beleuchten bis auf die Art, wie er seine Stiefel auszog – das zog Nana immer wieder zu Satin, um so mehr als Satin schließlich Geschmack daran fand: sie überbot Nana jetzt noch an krassen Fällen – da war ein Kuchenbäcker, der sie für tot auf dem Boden liegengelassen hatte und den sie nur um so mehr liebte. Dann wieder kamen Tage, wo Nana weinend erklärte, so ginge es nicht weiter. Satin begleitete sie bis an ihre Tür und blieb eine Stunde lang auf der Straße stehn, um aufzupassen, daß Fontan Nana nicht umbringe. Und am nächsten Tag schwelgten die beiden Frauen wieder in dem Bericht

von der Versöhnung – indes zogen sie, ohne es sich zu gestehen, die Tage vor, wo eine Tracht Prügel in der Luft lag, denn das war bei weitem aufregender.

Sie wurden unzertrennlich. Allerdings kam Satin niemals zu Nana, denn Fontan hatte erklärt, er dulde keine Schlampen in seinem Hause. Sie gingen zusammen aus, und so führte Satin eines Tages die Freundin zu einer Frau, nämlich zu dieser Madame Robert, die einen solchen Eindruck auf Nana gemacht und ihr solchen Respekt eingeflößt hatte, seit sie damals bei ihrer Weigerung geblieben war, bei Nanas Souper zu erscheinen. Madame Robert wohnte in der Rue Mosnier, in einer neuen, stillen Straße ohne Geschäftsläden im Quartier de l'Europe; die hübschen Häuser mit den kleinen engen Wohnungen dort sind nur von Damen bevölkert.

Es war fünf Uhr; längs der verlassenen Trottoirs lagen die hohen weißen Häuser in aristokratischer Stille – die Coupés der Börsianer und der Kaufleute hielten hier, und die Männer glitten rasch heraus und blickten zu den Fenstern auf, wo Frauen im Schlafrock sie zu erwarten schienen. Nana weigerte sich zuerst hinaufzugehen und sagte etwas spitz, sie kenne ja die Dame nicht. Aber Satin ließ nicht locker. Man könne sehr gut eine Freundin mitbringen. Sie wolle nur einen Höflichkeitsbesuch machen. Madame Robert, die sie am Abend vorher in einem Restaurant angetroffen hatte, war sehr liebenswürdig gewesen und hatte ihr das feste Versprechen abgenommen, daß sie sie besuchen würde. Endlich gab Nana nach. Oben teilte ihnen ein kleines verschlafenes Hausmädchen mit, daß Madame Robert noch nicht zu Hause sei. Sie führte sie aber doch in den Salon und ließ sie da allein.

„Donnerwetter, ist das schick!" murmelte Satin.

Es war die streng bürgerliche Wohnung mit dunklen Stoffbezügen, wie sie sich für den Pariser Kaufmann schickt, der sich mit einem Vermögen zur Ruhe setzt. Nana sah das mit empfänglichem Auge und wollte einen Scherz machen. Aber Satin wurde ärgerlich und setzte sich für die Tugend von Madame Robert ein. Man traf sie immer nur in Gesellschaft bejahrter seriöser Herren an, die ihr den Arm reichten. Im Augenblick hatte sie einen ehemaligen Schokoladefabrikanten, einen sehr würdevollen Charakter. Er war entzückt von dem guten Ton des Hauses und ließ sich immer anmelden, wenn er kam, und nannte sie „mein Kind".

„Aber schau, da ist sie ja!" sagte Satin und wies auf eine Fotografie, die vor der Uhr stand.

Nana sah das Bild ein Weilchen aufmerksam an. Es stellte eine sehr dunkle Frau mit länglichem Gesicht dar; die Lippen kräuselte ein diskretes Lächeln. Man hätte sie für eine sehr reservierte Dame der Gesellschaft halten können.

„Komisch", murmelte Nana, „ich habe diesen Kopf bestimmt schon irgendwo gesehen. Aber wo? Ich kann mich nicht mehr erinnern. Aber es war an einem nicht ganz geheuern Ort ... nein, bestimmt, es war da nicht geheuer ..." Und zu ihrer Freundin gewandt, fügte sie hinzu: „So, sie hat dir also das Versprechen abgenommen, sie zu besuchen. Was will sie eigentlich von dir?"

„Was sie von mir will? Lieber Himmel, plaudern wahrscheinlich, ein wenig mit mir zusammen sein ... nichts als Höflichkeit ..."

Nana fixierte Satin; dann schnalzte sie mit der Zunge. Schließlich, es war ihr ganz egal. Aber da die Dame sie anscheinend versetzte, erklärte sie, sie wolle nun nicht länger warten. Und sie gingen alle beide.

Am nächsten Tag teilte Fontan Nana mit, daß er zum Diner nicht nach Hause komme, und so machte sie sich zeitig auf und ging zu Satin, um sie in einem Restaurant freizuhalten. Die Wahl des Lokals war eine gewichtige Angelegenheit. Satin schlug Bierhäuser vor, die Nana scheußlich fand. Schließlich überredete sie Nana, bei Laure zu essen. Das war eine Table d'hôte in der Rue des Martyrs, wo das Diner drei Francs kostete.

Da sie sich langweilten und planlos in den Straßen herumliefen, gingen sie zwanzig Minuten zu früh zu Laure hinauf. Die drei Salons waren noch leer. Sie setzten sich an einen Tisch in den Salon, wo Laure Piedefer selbst auf ihrem hohen Kontorstuhl thronte. Diese Laure war eine Dame von fünfzig Jahren mit überquellenden Formen, die in Gürtel und Mieder eingepreßt waren. Frauen kamen, eine nach der anderen, reckten sich über die Tellerstapel und küßten Laure mit zärtlicher Vertraulichkeit auf den Mund, und dieses Ungeheuer versuchte sich feuchten Auges zu zerteilen, um keine eifersüchtig zu machen. Die Aufwärterin hingegen war eine große magere Person mit verwüsteten Zügen, schwarzen Augenbrauen und Blicken, die in einem düsteren Feuer brannten.

Die drei Räume füllten sich unglaublich schnell. Es waren etwa an hundert Gäste hier, wie sie sich gerade zufällig an den Tischen zusammenfanden; die meisten näherten sich schon den Vierzigern, das Fleisch dieser ungeheuerlichen Formen war teigig, und das Laster hatte diese weichen Münder aufgedunsen und verschwommen gemacht; mitten zwischen diesen geblähten Busen und Leibern erschienen ein paar hübsche, zarte Mädchen, deren noch unschuldige Gesichter seltsam mit der Gebärde der Schamlosigkeit kontrastierten – Anfängerinnen, die irgendein Stammgast von Laure in einer Kneipe aufgespürt und hierher gebracht hatte; und diese Gesellschaft fetter Weiber, denen der Duft dieser Jugend in die Nase stieg, drängten sich um sie und umwarben sie wie ein Haufen aufgeregter Junggesellen und fütterten sie mit Näschereien. Die Männer waren hier nur in sehr geringer Anzahl vertreten – es verloren sich etwa zehn bis fünfzehn bescheiden in der verheerenden Flut von Weiberröcken – nur vier übermütige junge Leute waren da, die Unfug trieben und sich sehr wohl zu fühlen schienen; sie waren eigens gekommen, um sich das anzusehen.

„Na, wie schmeckt's?" fragte Satin. „Das Zeug ist doch recht gut."

Nana nickte zufrieden mit dem Kopf. Es war das alte solide Essen, wie man es früher in den Gasthäusern der

Provinz bekam: Blätterteigpastete, Huhn mit Reis, grüne Bohnen in Sauce und mit gebranntem Zucker glasierte Vanillecreme. Die Damen stürzten sich hauptsächlich über das Huhn mit Reis her, sie platzten schier in ihren Korsagen und wischten sich mit gemächlicher Hand die Lippen. Erst war Nana in Sorge, alte Freundinnen zu treffen und mit dummen Fragen geplagt zu werden; aber sie beruhigte sich, sie sah nirgends ein bekanntes Gesicht in dieser sehr gemischten Menge, wo verschossene Kleider und jammervolle Hüte dicht neben den elegantesten Toiletten auftauchten, schwesterlich vereint durch die gleichen Ausschweifungen.

Ein junger Mann mit kurzen lockigen Haaren und frechem Gesicht zog Nanas Interesse auf sich; er hielt einen ganzen Tisch voll fettschwabbernder Dirnen in Atem, und sie sahen ihm seine leisesten Wünsche von den Augen ab. Aber als der junge Mann lachte, schwoll seine Brust.

„Aber das ist ja eine Frau!“ entfuhr es Nana mit einem kleinen Aufschrei.

Satin, die sich eben mit Huhn vollstopfte, hob den Kopf und murmelte: „Ach ja, ich kenne sie ... Eine schicke Person! Alles reißt sich um sie!“

Nana verzog angewidert den Mund. Das begriff sie noch nicht. Trotzdem sagte sie verträglich, über den Geschmack ließe sich nicht streiten, denn es ließe sich nie voraussehn, was einem eines Tages selber gefallen könne. So aß sie denn auch ihre Creme mit philosophischer Gelassenheit, obgleich sie sehr wohl bemerkte, daß Satins große blaue Madonnenaugen die Nachbartische in Aufruhr brachte. Besonders eine starke, sehr liebenswürdige blonde Person neben ihr stand ganz in Flammen und drängte sich so nahe heran, daß Nana im Begriff war, einzuschreiten.

Aber in diesem Augenblick trat eine Frau ein, deren Anblick sie in Erstaunen setzte. Sie hatte Madame Robert erkannt. Sie sah aus wie eine hübsche braune Maus, nickte der großen, mageren Aufwärterin vertraulich zu und stützte sich dann an Laures Zahltisch. Beide küßten sich lange. Nana fand diese Zärtlichkeit von seiten einer so distinguierten Frau sehr merkwürdig, und dies um so mehr, als Madame Robert hier keineswegs ihr bescheidenes Gesicht machte. Sie ließ im Gegenteil ihre Augen im Salon rundum gehen und plauderte mit leiser Stimme. Laure hatte eben wieder Platz genommen und saß majestätisch da wie ein altes Götzenbild des Lasters, ihr Antlitz war verheert und wie mit einem Firnis von den Küssen ihrer Getreuen überzogen. Und über all die vollen Teller ragend, herrschte sie über diese angeschwollene Gesellschaft dicker Weiber; ungeheuerlich noch gegen die stärksten, thronte sie hier in Glück und Glorie einer Herrin dieses Reiches, und das belohnte sie für vierzig Jahre Arbeit.

Madame Robert hatte Satin entdeckt. Sie verließ Laure, kam herbei und sagte liebenswürdig, wie sehr sie es bedauere, gestern nicht zu Hause gewesen zu sein; und als Satin ihr ganz bezaubert durchaus Platz machen wollte, versicherte sie, sie habe schon gegessen; sie sei nur heraufgekommen, um sich umzusehen. Und wie sie so im Gespräch hinter ihrer neuen Freundin stand, lehnte sie sich lächelnd und schmeichelnd an ihre Schultern und fragte: „Nun also, wann sehe ich Sie? Wenn Sie frei wären ...

Unglücklicherweise konnte Nana nicht mehr hören. Diese Unterhaltung reizte sie, sie brannte vor Verlangen, dieser anständigen Frau ihre Meinung zu sagen. Aber der Anblick einer eintretenden Gesellschaft lähmte sie. Es waren lauter elegante Frauen in großer Toilette mit Brillanten. Sie kamen auf einen Schwatz zu Laure, die sie alle duzten, und von irgendeinem perversen Gelüst ergriffen, trugen sie für hunderttausend Francs Schmuck auf ihrer Haut spazieren und aßen hier für drei Francs zu Mittag, neidisch bestaunt von armen verkommenen Dirnen. Als sie mit hellen Stimmen und lautem Gelächter eintraten und so etwas wie einfallende Sonne mitbrachten, hatte Nana lebhaft den Kopf gewandt und zu ihrem großen Mißvergnügen unter ihnen Lucy Stewart und Maria Blond erkannt. Während der fünf Minuten, die die Damen mit Laure verplauderten, ehe sie in den anstoßenden Salon gingen, beschäftigte sich Nana mit gesenktem Kopf eifrig mit dem Kneten von Brotkügelchen auf dem Tischtuch. Als sie dann endlich aufschauen konnte, war sie sprachlos: der Stuhl neben ihr war leer, Satin war verschwunden.

„Ja, wo ist sie denn hingekommen?“ entfuhr es ihr laut.

Die starke blonde Person, die Satin mit Aufmerksamkeiten überhäuft hatte, lachte boshaft; und als Nana, empört über dieses Lachen, sie drohend ansah, sagte sie weich mit schleppender Stimme: „Ich bin ganz unschuldig – die andere hat sie Ihnen ausgespannt.“

Nana begriff, daß sie sich über sie lustig machte, und antwortete nicht mehr. Sie blieb sogar noch einen Augenblick sitzen, denn sie wollte ihren Verdruß nicht merken lassen. Aus dem benachbarten Salon hörte sie die Lachsalven von Lucy Stewart, die einen ganzen Tisch junger Mädchen von Montmartre und La Chapelle freihielt. Es war sehr heiß, die Aufwärterin räumte Stöße schmutziger Teller ab, alles schwamm in dem starken Geruch von Huhn mit Reis; die vier Herren hatten ein halbes Dutzend Kellnerinnen mit feinem Wein regaliert, sie wollten sie gerne betrunken machen, um Zoten von ihnen zu hören. Jetzt mußte Nana das Diner für Satin bezahlen, und das erbitterte sie aufs äußerste. So ein Frauenzimmer, erst läßt sie sich's auf Nanas Kosten wohl sein, dann brennt sie mit der ersten Putzdocke durch, ohne auch nur danke zu sagen! Gewiß, es waren ja nur drei Francs, aber es war ihr doch hart, die ganze Art und Weise stieß sie allzu sehr ab. Indes zahlte sie trotzdem – sie warf ihre sechs Francs vor Laure hin, die sie in diesem Augenblick mehr verachtete als den Schmutz im Rinnstein.

In der Rue des Martyrs wuchs Nanas Groll ins Ungemessene. Nun, sie würde Satin gewiß nicht nachlaufen! Sollte sie ihre Nase noch weiter in diesen Schmutzhaufen stecken? Sie war besonders gegen Madame Robert aufgebracht, der Abend war ihr verdorben, und sie stieg langsam gegen Montmartre hinauf. Diese Person! Wo nahm sie nur die Stirne her, sich auf die distinguierte Dame hinauszuspielen! Sie, die auf dem Kehricht zu Hause war! Jetzt war sie ihrer Sache gewiß: sie hatte sie im „Schmetterling“ getroffen, in einer greulichen Spelunke der Rue Poissonnière, wo die Männer sie für dreißig Sous mitnahmen. Und so eine bestrickte mit ihrem zurückhaltenden Wesen Bürochefs, und so eine lehnte Einladungen zu einem Souper ab, wenn man ihr schon die Ehre antat, so eine wirft sich tugendhaft in die Brust! Immer waren es diese Blümchen Rührmichnichtan, die sich in solchen Schmutzwinkeln, die niemand kannte, am unglaublichsten benahmen!

Während Nana all dies bei sich erwog, war sie in der Rue Vernon vor ihrem Hause angekommen. Zu ihrer Überraschung fand sie die Wohnung erleuchtet. Fontan war übelgelaunt nach Hause gekommen, auch er war von dem Freund, der ihn zum Diner eingeladen hatte, im Stich gelassen worden. Er hörte sich kühl ihre Erklärungen an, die sie ihm in der Angst vor Ohrfeigen gab; sie war erschrocken und verwirrt, denn sie erwartete ihn nicht vor ein Uhr nach Mitternacht. Sie log – sie gestand wohl, daß sie sechs Francs ausgegeben habe, aber in Gesellschaft von Madame Maloir. Er blieb würdevoll und reichte ihr einen an sie gerichteten Brief, den er seelenruhig erbrochen hatte. Es war ein Brief von Georges, der noch immer in den Fondettes gefangen saß und sein Herz jede Woche in flammenden Episteln erleichterte. Nana war begeistert, wenn er ihr schrieb, besonders schwärmte sie für tönende Liebestiraden und für Schwüre. Sie las die Briefe allen Leuten vor. Fontan kannte und schätzte Georges' Stil. Aber an diesem Abend hatte sie solche Angst vor einer Szene, daß sie Gleichgültigkeit heuchelte; sie überflog den Brief verstimmt und warf ihn dann zur Seite. Fontan trommelte einen Marsch auf der Fensterscheibe; es war ihm langweilig, so früh zu Bett zu gehn, und er wußte nicht, wie er sich diesen Abend vertreiben sollte. Jetzt drehte er sich jählings um.

„Eigentlich müßte man diesem Bengel gleich antworten“, sagte er.

Gewöhnlich schrieb er die Antworten. Er meisterte den Stil. Er war selig, wenn Nana begeistert von der lauten Vorlesung seines Briefes ihm um den Hals fiel und ausrief: nur er könne solche Wendungen finden. Beide waren schließlich entzückt und entzündet und voll Bewunderung füreinander.

„Wie du willst“, antwortete sie. „Ich will nur Tee machen, dann gehn wir zu Bett.“

Fontan installierte sich nun auf dem Tisch und breitete großartig Feder, Tinte und Papier um sich her. Er rundete den Arm und machte ein langes Kinn. „Mein Herz!“ begann er mit lauter Stimme.

Und nun schrieb er eifrig eine Stunde lang, stützte zuweilen den Kopf in die Hände und überlegte eine Wendung, grübelte und lachte sich selbst beifällig zu, wenn er einen zärtlichen Ausdruck fand. Nana saß still dabei und trank schon die zweite Tasse Tee. Endlich las er ihr den Brief vor, wie man auf der Bühne liest, mit klarer Stimme und mit großen Gesten. Er sprach in fünf Seiten darin von „den seligen Stunden von La Mignotte, diesen Stunden, deren Andenken unvergänglich wäre wie ein erlesener Duft“, er schwor „diesem Liebesfrühling ewige Treue“, und er schloß damit: sie hätte nur einen einzigen Wunsch: „noch einmal so glücklich zu sein, wenn sich ein solches Glück zweimal erleben ließe.“

„Du verstehst doch, das sag' ich alles aus Höflichkeit. Wenn man das nicht ernst nimmt ... Ha! Ich glaube, ich hab' den Ton getroffen!“

Er triumphierte. Aber Nana benahm sich ungeschickt, sie traute dem Frieden noch nicht und beging den Fehler, ihm diesmal nicht mit Ausbrüchen der Bewunderung an den Hals zu fliegen. Sie fand den Brief gut und dabei ließ sie es bewenden. Da wurde er ärgerlich. Wenn ihr sein Brief nicht gefiel, konnte sie ja einen andern schreiben; und statt sich um den Hals zu fallen wie sonst, wenn sie sich an Liebesphrasen erwärmt hatten, blieben sie kalt zu beiden Seiten des Tisches sitzen. Aber sie goß ihm immerhin eine Tasse Tee ein.

„Was ist denn das für ein abscheuliches Zeug! Hast du denn Salz drangetan!“ schrie er, kaum daß er die Lippen an die Tasse gesetzt hatte.

Zu allem Unglück zuckte Nana die Achseln. Da wurde er vollends wütend.

„Das nimmt kein gutes Ende heute abend, das sag' ich dir!“ – Und nun ging der Krach los. Der Uhrzeiger stand erst auf zehn, und es war schließlich auch eine Methode, die Zeit totzuschlagen. Er brachte sich selbst in Rage; er schleuderte Nana eine Flut von Beschimpfungen und Beschuldigungen aller Art ins Gesicht und erlaubte ihr nicht einmal, sich zu verteidigen. Sie war ein Schmutzfink, sie war eine dumme Gans, sie war eine Herumtreiberin. Dann verbiß er sich hartnäckig in die Geldfrage. Ob er etwa sechs Francs verbrauche, wenn er in der Stadt speiste? Er ließ sich einladen, oder er äße seinen Löffel Suppe zu Hause. Und noch dazu für diese Kupplerin, für diese Maloir, schmisse sie das Geld hinaus! Bei nächster Gelegenheit würde er diesen alten Krampen zur Tür hinauswerfen! Das wäre ja noch schöner! Da würden sie ja weit kommen, wenn sie alle beide täglich sechs Francs zum Fenster hinauswürfen!

„Vor allem verlange ich, daß du mir jetzt das Geld verrechnest!“ schrie er. „Vorwärts, her mit dem Geld! Wie steht es damit?“

Alle seine gemeinen Instinkte, sein ganzer schmutziger Geiz kam hoch. Nana duckte sich verwirrt und erschrocken und beeilte sich, das ganze vorhandene Geld aus dem Schreibtisch zu holen und vor ihn hinzulegen. Bis dahin stak der Schlüssel an der gemeinsamen Kasse, und jeder hatte genommen, was er brauchte.

„Was!“ rief er, nachdem er nachgezählt hatte, „von den siebzehntausend Francs sind kaum mehr siebentausend da, und wir leben erst seit drei Monaten zusammen ... Aber das ist ja unmöglich!“ – Er stürzte selbst an den

Schreibtisch und holte die Schublade und durchstöberte sie im Lampenlicht. Aber es waren nicht mehr als sechstausendachthundert und einige Francs. Da brach das Gewitter los.
„Zehntausend Francs in drei Monaten!" brüllte er. „Himmelherrgott, was hast du damit gemacht? Ha? Antworte! ... Das wandert alles zu dieser alten Schachtel, zu deiner Tante, was? Oder du hältst dir Männer, das liegt ja auf der Hand ... Willst du wohl antworten!"
„Reg dich nur nicht so auf!" sagte Nana. „Die Rechnung ist schnell gemacht. Du vergißt die Möbel; dann hab' ich doch Wäsche kaufen müssen. Wenn man sich einrichtet, braucht man Geld."
Er forderte zwar Rechenschaft, aber hören wollte er nichts. „Wir verbrauchen viel zu viel", sagte er etwas ruhiger; und siehst du, mein Kind, ich hab' jetzt genug von der gemeinsamen Wirtschaft ... Du weißt ja, daß diese siebentausend Francs mir gehören. Na schön, ich hab' sie, und ich behalte sie auch ... Herrgott, wenn du zu verschwenden anfängst, hab' ich keine Lust, mich auch zugrunde richten zu lassen. Jedem das Seine."
Und herrisch schob er das Geld in die Tasche. Nana sah ihn sprachlos an. Er fuhr freundlich fort: „So dumm bin ich denn doch nicht, um fremder Leute Kinder und Tanten auszuhalten, weißt du ... Es hat dir beliebt dein Geld auszugeben – nun, das ist deine Sache; aber meins wirst du nicht anrühren, das ist heilig! ... Wenn du eine Hammelkeule braten läßt, will ich die Hälfte bezahlen. Am Abend werden wir immer abrechnen!"
Jetzt aber brach sich Nanas Entrüstung plötzlich Bahn: „Aber auffressen konntest du meine zehntausend Francs, was! So ein Schwein!"
Er hielt sich nicht lange mit Auseinandersetzungen auf. Über den Tisch weg haute er ihr aus aller Kraft eine Ohrfeige herunter. „Sag das noch einmal, bitte!"
Und sie sagte es noch einmal, und er stürzte mit Faustschlägen und Fußstößen über sie her. Bald hatte er sie so zugerichtet, daß sie nicht mehr muckte und sich wie gewöhnlich weinend entkleidete und zu Bett ging. Er verschnaufte. Dann legte er sich auch nieder – da fiel ihm der Brief an Georges ins Auge. Er stand noch einmal auf, faltete ihn sorgfältig und wandte sich drohend gegen das Bett: „Er ist ausgezeichnet, ich werd' ihn selbst aufgeben, weil ich keine Geduld für deine Launen hab' ... und jetzt hör' auf mit dem Gewinsel, du reizst mich nur!"
Nana, die leise schluchzte, hielt den Atem an. Als er an ihrer Seite lag, erstickte es sie, und sie warf sich aufweinend an seine Brust. So endeten die Prügelszenen immer: sie zitterte vor Angst, ihn zu verlieren, sie war feig und konnte ihn trotz allem nicht entbehren. Zweimal stieß er sie mit einer großartigen Geste zurück. Aber die warme Umarmung dieser flehenden Frau mit den großen feuchten Augen eines treuen Tieres erhitzte sein Verlangen. Er ließ sich huldvollst erweichen, ohne sich indes etwas zu vergeben; er duldete ihre Liebkosungen und ließ sich bestürmen wie ein Mann, dessen Verzeihung schwer zu erlangen ist. Aber auf einmal ergriff ihn Unruhe: Wie, wenn Nana nur Komödie spielte, um wieder in den Besitz des Kassenschlüssels zu gelangen? Die Kerze war erloschen, aber er fühlte noch das Bedürfnis, seinen Entschluß ein für allemal festzusetzen.
„Es ist bitterer Ernst, mein Kind – das Geld behalte ich, verstehst du."
Nana war schon im Einschlafen, sie lag an seinem Hals und fand das schöne Wort: „Gut, hab' keine Angst, ich werde arbeiten."
Aber seit diesem Abend wurde ihr Zusammenleben immer schwieriger. Von früh bis spät klatschten die Ohrfeigen regelmäßig wie das Ticktack der Uhr. Nana wurde unter diesen Schlägen so geschmeidig wie Seide. Und ihre Haut wurde so zart davon, ihr Teint so weiß und rosig, so samtweich und so leuchtend frisch, daß sie noch schöner wurde. Und so vernarrte sich auch Prullière vollends in sie und hing sich an ihre Röcke; er kam, wenn er Fontan außer Hause wußte und drückte sie in alle Winkel, um sie abzuküssen. Aber sie wehrte sich sofort empört und schamrot; sie fand es abscheulich, daß er seinen Freund betrügen wollte. Prullière feixte ärgerlich. Wahrhaftig, sie wurde ja immer alberner. Wie konnte man sich nur an einen solchen Affen hängen! Denn Fontan mit seiner großen, ewig schnuppernden Nase sah wirklich wie ein Affe aus. Ein schmutziger Kerl! Und ein Mensch, der sie eines Tages noch umbringen würde.
„Möglich, aber ich liebe ihn nun einmal so wie er ist", antwortete sie, wie eine Frau, die gelassen einen abscheulichen Geschmack zugibt.
Bosc begnügte sich, so oft als möglich bei ihnen zu essen. Hinter Prullières Rücken zuckte er die Achseln über ihn; ein hübscher Junge, aber man konnte ihn nicht ernstnehmen. Bosc wohnte des öfteren diesen häuslichen Szenen bei; wenn Fontan Nana beim Nachtisch mit Ohrfeigen traktierte, so fand er das ganz in der Ordnung und fuhr gemächlich fort, zu kauen. Um zu einem billigen Mittagessen zu kommen, pries er in überschwenglichen Worten ihr Glück. Er nannte sich einen Philosophen, denn er habe auf alles, selbst auf den Ruhm verzichtet. Prullière und Fontan warfen sich oft nach dem Essen in ihre Sessel zurück und verloren sich in Berichte von ihren Erfolgen – mit großen Gesten und großem Organaufwand dauerte so eine Sitzung oft bis um zwei Uhr morgens; aber Bosc saß versunken da, gab zuweilen einen kleinen Seufzer der Verachtung von sich und leerte in der Stille seine Kognakflasche. Was war von Talma übriggeblieben? Nichts! – Also möge man ihn ungeschoren lassen mit diesen Dummheiten!
Eines Abends fand er Nana in Tränen. Sie lüftete ihre Untertaille und zeigte ihm Rücken und Arme, die mit schwarzunterlaufenen Striemen bedeckt waren. Er besah ihre Haut ohne den Versuch, die Situation auszunutzen, wie es dieser Trottel von Prullière sicher getan hätte. Dann sagte er sentenziös: „Mein Kind, wo es Frauen gibt, gibt es Schläge. Das hat schon Napoleon gesagt, glaub' ich ... Wasch dich mit Salzwasser. Für solche Wehwehchen ist das ausgezeichnet. Laß gut sein, es wer-

den nicht die letzten Prügel sein, und beklag' dich nicht, solang deine Knochen noch ganz sind ... Ich sehe hier eine Hammelkeule – weißt du was, ich lade mich bei euch zu Tisch."

Aber Madame Lerat sah die Sache nicht so philosophisch an. Sooft ihr Nana neue blaue Flecken auf ihrer weißen Haut zeigte, stieß sie ein lautes Geschrei aus. Man brachte ihr ihre Nichte um, das durfte nicht so fortgehen. Tatsächlich hatte Fontan Madame Lerat zur Türe hinausgeworfen und erklärt, sie solle sich nicht wieder blicken lassen; und von diesem Tag an mußte sie, wenn er kam, in die Küche flüchten, was sie fürchterlich demütigte. Sie konnte sich gar nicht über diesen groben Patron beruhigen. Sie nahm die Haltung einer Dame an, der niemand in puncto guter Erziehung etwas vormachen konnte und warf ihm vor allem seine schlechte Kinderstube vor.

„Oh, das sieht man ja gleich", sagte sie zu Nana, „er hat nicht die mindesten Schicklichkeitsbegriffe. Seine Mutter muß eine ganz gewöhnliche Person gewesen sein. Sag nicht nein, so etwas fühlt man doch! Ich spreche ja nicht von mir, obzwar eine Frau in meinen Jahren Anspruch auf etwas Rücksicht hat ... Aber du – erkläre mir nur, wie hältst du diese unerträglichen Manieren aus? Denn ohne mir zu schmeicheln, kann ich wohl sagen, daß ich dich ein gutes Benehmen gelehrt habe, und zu Hause hast du die beste Erziehung genossen. Nicht? Kommst du nicht aus einer guten Familie?"

Nana widersprach nicht, sie hörte mit gesenktem Kopf zu.

„Und dann", fuhr die Tante fort, „du hast doch nur mit distinguierten Leuten verkehrt ... Gerade gestern haben wir davon gesprochen, Zoé und ich. Auch sie kann dich nicht verstehen. ‚Wie ist denn das möglich', sagt sie, ‚Madame, die einen so feinen Herrn wie den Herrn Grafen um den Finger wickelte – denn unter uns: mir scheint, du hast ihn zum Narren gehalten – ist es denn möglich, daß Madame sich von diesem Hanswurst massakrieren läßt!' Ich sagte darauf, daß sich die Schläge am Ende ertragen ließen, aber niemals diese Rücksichtslosigkeiten! Na, es ist kein gutes Haar an ihm. Und wenn er aus Gold wäre – ich möchte ihn nicht um mich haben. Und für so einen Kerl richtest du dich zugrunde; ja du richtest dich zugrunde, du weißt nicht, wo ein und wo aus, und dabei sind Leute genug da, die Reichsten, die Einflußreichsten ... Aber genug. Es ist nicht an mir, dir diese Dinge auseinanderzusetzen. Aber bei der ersten Schweinerei würde ich ihm an deiner Stelle ins Gesicht sagen: ‚Für wen halten Sie mich eigentlich, mein Herr?' Und dabei würde ich ihn mit einem Blick zerschmettern."

Nana brach in Schluchzen aus und stammelte: „O Tante, ich liebe ihn doch!"

Die Sache verhielt sich in Wahrheit so, daß Madame Lerat in große Besorgnis geriet, weil ihr ihre Nichte nur mit Mühe und in großen Zwischenräumen zwanzigsousweise das Kostgeld für den kleinen Louis bezahlte. Natürlich würde sie sich aufopfern und trotzdem das Kind behalten, bis bessere Zeiten kämen. Aber bei dem Gedanken, daß der kleine Strick und seine Mutter in Geld schwimmen konnten, wenn Fontan nicht im Wege stünde, wurde sie so wütend, daß sie sogar nichts mehr von der Liebe wissen wollte. Und sie beschloß streng: „Hör mich an, eines Tages, wenn er dir das Weiße aus den Augen gestohlen haben wird, dann wirst du ja doch an meine Tür klopfen, und ich werde dir aufmachen."

Bald kamen denn auch die bösen Geldsorgen für Nana. Die siebentausend Francs, die Fontan an sich genommen hatte, waren verschwunden. Er hatte sie ohne Zweifel in Sicherheit gebracht, und sie hätte niemals gewagt, danach zu fragen; denn sie entwickelte diesem Lümmel gegenüber, wie ihn Madame Lerat nannte, ein großes Zartgefühl. Sie zitterte davor, er könne sie für fähig halten, daß sie wegen seiner paar Groschen bei ihm bliebe. Er hatte wohl versprochen, zu den Wirtschaftsausgaben beizutragen. In den ersten Tagen gab er ihr täglich drei Francs. Dafür trat er aber auch schon mit den Forderungen des zahlenden Mannes auf: für seine drei Francs wollte er alles haben: Butter, Fleisch, die Delikatessen der Saison; und wenn sie Einwände wagte, wenn sie zu bedenken gab, daß man für drei Francs nicht den Markt aufkaufen könne, geriet er in Wut, erklärte, sie sei zu nichts zu brauchen, eine Verschwenderin, eine Wurzen, der die Verkäufer abverlangten, was sie wollten – und im übrigen hielt er sie unter der beständigen Drohung, sich anderwärts in Pension zu geben.

Nach Verlauf eines Monats vergaß er schon manchen Morgen, die drei Francs auf die Kommode zu legen. Sie wagte auf Umwegen eine schüchterne Frage. Aber da kam es zu solchen Szenen, und er machte ihr unter dem nichtigsten Vorwand das Leben so schwer, daß sie schon lieber gar nicht mehr mit ihm rechnete. Wenn er aber die drei Zwanzigsousstücke nicht dagelassen hatte und dennoch sein Essen vorfand, so wurde er vergnügt wie ein Spatz, er wurde galant, er küßte Nana und tanzte im Zimmer herum. Und sie war darüber so glücklich, daß sie schließlich froh war, wenn nichts auf der Kommode lag, so furchtbar schwer es ihr fiel, die Geschichte zusammenzuhalten. Eines Tages gab sie ihm sogar seine drei Francs zurück und erzählte ihm irgendein Märchen und daß sie noch das gestrige Geld habe. Da er ihr am Tag vorher auch nichts gegeben hatte, stutzte er zuerst, denn er wußte nicht, ob es nicht Ironie war. Aber sie sah ihn mit Augen voll Liebe an und küßte ihn mit der restlosen Hingabe ihres Wesens; so steckte er also die Geldstücke wieder ein, mit dem unterdrückten konvulsivischen Zittern des Geizhalses, der sein gefährdetes Geld wieder in Sicherheit bringt.

Von diesem Tag an kümmerte er sich um nichts mehr, er fragte nie danach, woher das Geld kam, er saß mit verdrossenem Gesicht vor einer Kartoffelschüssel und lachte, daß er sich fast die Kinnbacken verrenkte, wenn ein Truthahn oder eine Hammelkeule auf dem Tisch stand, jedoch ohne daß er selbst in seiner rosigsten Laune ganz auf Nanas Prügelsuppen verzichtete – schon um nicht aus der Übung zu kommen.

Nana hatte also ein Mittel gefunden, das Hauswesen zu erhalten. An manchen Tagen barst das Haus vor Überfluß. Zweimal in der Woche holte sich Bosc da seine Magenverstimmung. Eines Abends, als Madame Lerat ein üppiges Mal auf dem Herd sah, von dem sie nichts bekam, weil sie Fontan aus dem Weg gehen mußte, konnte sie die brutale Frage, wer denn das bezahle, nicht mehr unterdrücken. Nana schwieg überrumpelt und verdonnert und fing zu weinen an.
„Na, das ist ja eine saubere Wirtschaft!" sagte die Tante, die verstanden hatte.
Nana hatte sich, um des lieben Friedes willen, ergeben. Die Tricon war an allem schuld, sie hatte sie eines Tages in der Rue Laval getroffen, als Fontan wegen einer Schüssel mit Stockfisch wütend das Haus verlassen hatte. Und so hatte sie dem Drängen der Tricon, die gerade in Verlegenheit war, nachgegeben. Da Fontan nie vor sechs Uhr nach Hause kam, konnte sie über ihren Nachmittag verfügen, und so brachte sie oft vierzig, sechzig Francs und mehr nach Hause.
Sie hätte zehn und fünfzehn Lousidor verlangen können, wenn sie die Situation auszunützen verstanden hätte. Aber sie war ja schon so zufrieden, wenn sie nur volle Töpfe auf dem Herd hatte. Am Abend, wenn Bosc vor Sattheit platzte, und Fontan mit aufgestützen Ellbogen am Tisch lümmelte und sich wie ein Mann, der um seiner selbst willen geliebt wird, auf die Augen küssen ließ – da war alles vergessen.
Und so betete sie ihren Liebling, ihren süßen Schatz mit einer Leidenschaft an, die um so blinder wurde, je höher sie ihr zu stehen kam, und glitt dabei wieder in die Gosse zurück, in der sie begonnen hatte. Sie strich wieder durch die Straßen, sie klapperte das Pflaster in ihren alten Pantoffeln ab, ganz wie damals, als sie noch ein kleiner Schlampen war, auf der Suche nach einem Hundertsousstück. Eines Sonntags hatte sie auf dem Marché La Rochefoucauld mit Satin wieder Frieden geschlossen, nachdem sie sich wütend über sie hergestürzt und ihr Madame Robert vorgeworfen hatte. Aber Satin begnügte sich damit, ihr klarzumachen, daß, wenn man schon selbst keinen Geschmack an einer Sache fände, dies noch kein Grund wäre, sie anderen zu verekeln. Und in Erkenntnis des philosophischen Lehrsatzes, man könne nie wissen, wohin man selbst eines Tages gelange, hatte die weitherzige Nana verziehen. Ja, ihre Neugier, war sogar erwacht, und sie fragte Satin nach den Geheimnissen dieses Lasters aus und war ganz überwältigt vor Erstaunen, daß sie in ihrem Alter und bei ihren ausgebreiteten Kenntnissen noch etwas Neues zu lernen hatte. Und sie lachte und brach in Ausrufe des Erstaunens aus; sie fand das sehr komisch und doch auch ein wenig abstoßend, denn im Grunde hatte sie ein bürgerliches Vorurteil gegen alles, was gegen ihre Gewohnheiten verstieß. Sie ging auch wieder zu Laure hin und aß dort, wenn Fontan in der Stadt dinierte. Sie interessierte sich für all die Geschichten, Liebschaften und Eifersuchtsszenen, die die dort verkehrenden Damen leidenschaftlich bewegten, ohne sie jedoch beim Essen zu stören. Aber sie selbst hatte kein Verständnis dafür, wie sie sagte. Die dicke Laure lud sie oft mit gerührter Mütterlichkeit auf ein paar Tage in ihre Villa in Asnières ein, ein Landhaus mit Zimmern für sieben Damen. Sie lehnte immer ab, weil sie Angst hatte. Aber als Satin ihr versicherte, daß ihre Furcht unbegründet sei und daß Herren aus Paris hinkämen und einen schaukelten und Reifen spielten, da versprach sie später, wenn sie fortkönne, zu kommen.
Aber eben jetzt ging es Nana furchtbar schlecht, und es war ihr nicht nach ausgelassenen Festen zumute. Sie brauchte Geld. Wenn die Tricon sie gerade nicht brauchte, was nur zu oft der Fall war, dann wußte sie nicht, was sie mit diesem Körper anfangen sollte. Dann begannen die verzweifelten Streifzüge mit Satin auf dem Pariser Pflaster, dann stieg sie bis in die untersten Schichten des Lasters, das im trüben Gaslicht die kleinen schmutzigen Gäßchen entlangstreicht. Nana kehrte in die Vorstadtspelunken zurück, wo sie zuerst ihre schmutzigen Unterröcke im Tanz geschwungen hatte. Sie sah die dunklen Winkel der äußeren Boulevards wieder, die Häuserecken, wo die Männer die Fünfzehnjährige umarmt hatten und wo ihr Vater sie dann aufspürte und verprügelte. Dorthin liefen sie miteinander und besuchten die Bälle und Cafés und stiegen über Treppen, die feucht waren von Schleim und verschüttetem Bier; oder sie gingen sehr langsam straßauf und straßab, blieben stehen und lehnten an den Haustüren. Satin hatte ihre Karriere im Quartier Latin begonnen, dahin brachte sie Nana, zu Bullier und in die Bierlokale auf dem Boulevard Saint-Michel. Aber die Ferien kamen, und die Geldnot wurde immer fühlbarer. Sie kamen immer wieder auf die großen Boulevards zurück. Da gab es noch die besten Chancen. Von den Höhen des Montmartre bis zum Observatorium klapperten sie so die ganze Stadt ab. Es kamen Regenabende, wo die Schuhe sich aufweichten, heiße Abende, wo einem das Kleid an der Haut festklebte, langes Schildwachestehn, Streifzüge ohne Ende, Zusammenstöße und Zänkereien; sie schrien wieder ihre Roheiten hinter einem Passanten her, den sie in ein anrüchiges Hotel geführt hatten, und stiegen die fettigen Stufen unter Flüchen wieder hinunter.
Der Sommer ging mit Gewittern und mit kochend heißen Nächten zu Ende. Satin und Nana gingen nach dem Essen, so gegen neun Uhr, aus. Auf den Trottoirs der Rue Notre-Dame de Lorette strichen zwei Reihen Frauen längs der Läden hin; mit hochgeschürzten Röcken, ohne rechts und links zu sehen, eilten sie mit sehr beschäftigten Gesichtern den Boulevards zu, ohne die Schaufenster eines Blickes zu würdigen. Das war die ausgehungerte Schar aus dem Quartier Bréda, die die ersten Gasflammen herunterlockten. Nana und Satin gingen immer die Kirche entlang durch die Rue Le Peletier. Hundert Meter vom Café Riche entfernt, angesichts ihres Operationsgebietes, ließen sie die Schleppen ihrer Kleider fallen, die sie bis dahin so sorgfältig getragen hatten; von hier an scheuten sie nicht Schmutz noch Staub, sie fegten die Straße

und wiegten sich in den Hüften und gingen mit kleinen Schritten, die sie noch verlangsamten, wenn sie in den grellen Lichtschein der großen Cafés traten. Sie fühlten sich da ganz zu Hause, sie warfen die Köpfe zurück, lachten laut und sahen über die Schulter nach den Männern, die sich umdrehten. Ihre weißgeschminkten Gesichter mit den roten Lippen und den schwarzen Augenbrauen tauchten aus dem Dunkel mit dem verwirrenden Reiz des Orients aus dem Dreizehn-Sous-Bazar, den man in die offene Straße losgelassen hat. Bis um elf Uhr trieben sie sich lustig zwischen dem Gedränge herum; nur zuweilen hörte man ein: „Alter Trottel!" hinter einem Ungeschickten her, der etwa einen Volant abgetreten hatte; sie wechselten vertrauliche Grüße mit den Kellnern der Cafés, sie standen bei den Tischen still und plauderten oder ließen sich irgendein Getränk bezahlen, das sie in kleinen Schlücken leerten, sehr froh, daß sie noch ein Weilchen sitzend den Schluß der Theater abwarten konnten. Aber in dem Maßstab, als die Nacht vorrückte und sie noch nicht einen oder zwei Abstecher in die Rue La Rochefoucauld gemacht hatten, wurden sie wieder zu brutalen Schlampen, und die Jagd wurde erbitterter. Unter den Bäumen, längs der dunkelnden Boulevards, die sich jetzt leerten, entspannen sich rohe Verhandlungen, derbe Worte flogen hin und her, und es kam zu Püffen und Stößen. Dazwischen gingen anständige Familien, Vater, Mutter und Töchter, an diese Begegnungen gewöhnt, gelassenen Schrittes vorbei. Wenn Nana und Satin den Weg von der Oper zum Gymnase zehnmal zurückgelegt hatten und die Männer sich mit aller Entschiedenheit losmachten und in der wachsenden Dunkelheit schneller entwischten, so versuchten sie ihr Glück auf den Trottoirs der Rue du Faubourg-Montmartre. Dort waren die Restaurants, die Bierlokale und die Charcuterien bis um zwei Uhr nachts erleuchtet, an den Türen der Cafés wimmelte es von Frauen; hier war der letzte hellerleuchtete nackte Winkel des nächtlichen Paris, der letzte offene Markt für den Handel einer Nacht, wo das Geschäft mit dürren Worten zwischen den Gruppen abgeschlossen wurde, von einem Ende der Straße bis zum anderen, wie in dem weit offenen Korridor eines öffentlichen Hauses. Und an Abenden, wo sie mit leeren Händen heimkamen, stritten sie untereinander. Die Rue Notre-Dame de Lorette erstreckte sich schwarz und verlassen; langsam schleppten sich die Schatten der Frauen dahin; so kehrten die Nachzügler heim, die armen Dinger, verzweifelt über eine verlorene Nacht, und versteiften sich wieder und verhandelten mit heiserer Stimme mit irgendeinem verspäteten Betrunkenen, den sie an der Ecke der Rue Bréda oder der Rue Fontaine anhielten.

Aber es gab dann wieder gute Beutezüge, Louisdors von feinen Herrn, die ihre Orden in die Tasche steckten, wenn sie mitgingen. Dafür hatte besonders Satin einen Riecher. An feuchten Abenden, wenn das nasse Pflaster von Paris einen faden Geruch wie ein großer schlechtgelüfteter Alkoven ausströmt, da entfesselten die weichliche Luft und der Gestank aus den verdächtigen Winkeln die Männer, das wußte Satin. Und sie wählte die Geeignetsten, die sie an ihrem matten Blick erkannte. Es war wie ein jäher Wahnsinnsanfall des Fleisches, was da über die Stadt kam. Bei alldem hatte sie ein wenig Angst, denn die feinsten Herren waren auch die widerlichsten. Jeder Firnis bröckelte ab, die Bestie brach aus, rücksichtslos in ihren ungeheuerlichen Gelüsten und in dem Raffinement ihrer widernatürlichen Laster. Deshalb kannte auch dieses Gassenmensch, diese Satin, keinen Respekt vor der Vornehmheit der Leute, die im Wagen daherkamen, sie fand ihre Kutscher bei weitem netter, weil die eine Frau anständig behandelten und sie nicht mit diesen Ansprüchen einer anderen Welt malträtierten. Dieser jähe Absturz der Vornehmen in die untersten Schichten des Lasters verblüffte Nana noch immer, sie bewahrte sich doch noch gewisse Vorurteile, von denen Satin sie allmählich befreite. „Wie", sagte sie, wenn sie ernste Gespräche führte, „gibt es denn nirgends mehr Zucht und Anstand?" Hoch und niedrig wälzte sich im Schmutz. Herrgott, was geht in Paris vor sich so zwischen neun Uhr abends bis um drei Uhr früh! Und sie wurde ausgelassen und schrie: wenn man in alle Schlafzimmer sehen könnte, so gäbe es manchen absonderlichen Anblick, die kleinen Leute kannten nicht Maß und Ziel, und die großen machten es nicht anders, hier wie dort wetteiferten sie, ihre Nasen möglichst tief in den Dreck zu stecken. Das vollendete Nanas Erziehung.

Eines Abends kam sie zu Satin, um sie abzuholen, da begegnete sie auf der Treppe dem Marquis de Chouard; er schleppte sich mit brechenden Knien und weißem Gesicht, ans Geländer geklammert, die Stiege hinunter. Sie steckte das Gesicht in ihr Taschentuch, sie wollte ihn nicht in Verlegenheit bringen.

Oben traf sie Satin in einer greulichen Verkommenheit an, das Zimmer war seit acht Tagen nicht aufgeräumt, das Bett in einem abscheulichen Zustand, Töpfe standen herum; und Nana staunte, daß dieses Geschöpf mit dem Marquis bekannt sei. Na und ob sie ihn kannte! Er war ihr oft genug überlästig gewesen, ihr und ihrem Kuchenbäcker, als sie noch zusammenwaren! Jetzt kam er nur von Zeit zu Zeit; ein unerträglicher Mensch, der seine Nase in jeden schmutzigen Winkel hineinsteckte, sogar ihre Pantoffeln waren nicht sicher vor ihm.

„Ja, meine Liebe, selbst meine Pantoffeln beschnüffelt er ... ein alter Schweinekerl! Der verlangt immer Sachen von einem ...!"

Was Nana am meisten verblüffte, war die Ungeschminktheit dieser niedrigsten Ausschweifungen. Sie trug noch die Erinnerung an die hübschen Spiele der Lust aus der Zeit, wo sie auf der Höhe ihrer Erfolge stand. Aber diese Dirnen, die sie jetzt um sich sah, gingen täglich daran zugrunde. Dazu machte ihr Satin noch so schreckliche Angst vor der Polizei. Sie steckte voll Schaudergeschichten über diesen Gegenstand. Früher hatte sie mit einem Agenten der Sittenpolizei geschlafen, damit man sie nur in Ruhe ließ. Zweimal hatte er verhindert, daß sie ergriffen wurde; und jetzt zitterte sie, denn bei ihr war nichts mehr zu vertuschen, wenn sie noch einmal aufgegriffen wurde. Man mußte ihr nur zuhören. Die Agenten arretierten um der Gratifikation willen so viele Frauen als nur möglich; sie packten sie einfach zusammen, und wenn man zu schreien versuchte, so stopften sie einem den Mund mit einer Maulschelle. Das konnten sie riskieren, denn sie wurden auf alle Fälle unterstützt und belohnt, selbst wenn sich in dem eingelieferten Haufen ein anständiges Mädchen befand. Im Sommer veranstalteten sie zu zwölf bis fünfzehn eine Razzia auf dem Boulevard, sie zernierten ein Trottoir und nahmen an einem Abend bis zu dreißig Frauen fest. Nur Satin wußte Bescheid; wenn sie nur die Nasenspitze eines Agenten sah, so sauste sie mitten durch das verschreckte Auseinanderstieben der Menschenzüge in wilder Flucht davon. Es herrschte ein solches Grauen vor dem Gesetz, ein solcher Schrecken vor der Polizei, daß ein paar von den Mädchen wie gelähmt vor den Türen der Caféhäuser stehenblieben und das Grauen, das über die Avenue strich, willenlos über sich ergehen ließen.

Noch größere Angst hatte Satin vor Denunziationen. Ihr Kuchenbäcker war niederträchtig genug, ihr mit einer Anzeige zu drohen, als sie ihn verließ, ja, es gab Männer, die durch diesen Trick von ihren Geliebten lebten; und dazu kamen noch diese nichtsnutzigen Weiber, die einen ohne weiteres denunzierten, wenn man hübscher war als sie selbst. Nana hörte dies alles mit wachsendem Entsetzen. Sie hatte immer vor dem Gesetz gezittert, vor dieser unbekannten Macht, vor dieser Männerrache, die sie ereilen und vernichten konnte, ohne daß jemand sie in Schutz nahm. Saint-Lazar erschien ihr wie eine Grube, wie ein finsteres Loch, in dem die Frauen lebendig begraben wurden, nachdem man ihnen das Haar abgeschnitten hatte. Sie sagte sich wohl, daß sie ja nur von Fontan zu lassen brauche, um Schutz genug zu finden; Satin konnte ihr lange von gewissen Listen erzählen, die Agenten samt den Fotografien mit sich führten; wer auf so einer Liste stand, durfte nicht berührt werden. Aber Nana zitterte deshalb nicht weniger, sie sah sich immer gestoßen, geschleift und zur Untersuchung geschleppt. Und sie, die hundertmal hemmungslos über die Schnur gehauen hatte, wurde bei dem Gedanken an diese Untersuchung von herzbeklemmender Angst und Scham erfaßt.

Es war gegen Ende September, Nana ging mit Satin über den Boulevard Poissonière – da fing Satin plötzlich zu laufen an, und auf Nanas Frage flüsterte sie ihr zu: „Die Polizei! Lauf zu! Lauf zu!"

Jetzt entspann sich ein wildes Rennen quer durch die Menge. Röcke wehten fliehend und wurden zerrissen. Es gab Stöße und Geschrei. Eine Frau fiel zu Boden. Die Menge sah lachend der brutalen Hantierung der Agenten zu, die mit großer Schnelligkeit den Kreis zusammenschlossen. Nana hatte Satin verloren. Mit völlig gelähmten Beinen ging sie vorwärts in der Gewißheit, sofort arretiert zu werden – da fühlte sie sich von einem Mann am Arm ergriffen und an den wütenden Agenten vorbeigeführt. Es war Prullière, der sie im Gedränge erkannt hatte. Ohne ein Wort zu sprechen, brachte er sie in die Rue Rougemont, die jetzt verlassen dalag; sie konnte aufatmen, aber sie war so hinfällig, daß er sie stützen mußte. Sie konnte ihm nicht einmal danken.

„Vorwärts", sagte er schließlich, „du mußt dich erholen ... Komm zu mir hinauf." Er wohnte in der Nähe, Rue Bergère.

Aber sofort richtete sie sich auf: „Nein, das tu' ich nicht."

Da wurde er grob und sagte: „Jeder kommt bei dir dran, nur ich nicht – warum?"

„Darum." – Diese Erklärung genügte, schien ihr. Sie liebte Fontan zu sehr, um ihn mit einem Freund zu betrügen. Die anderen kamen nicht in Betracht, denn sie hatte ja kein Vergnügen dabei, und die Notwendigkeit zwang sie dazu. Dieser stupide Eigensinn verletzte ihn zu sehr in seiner Männcheneitelkeit, er beging eine Niedertracht und sagte: „Schön, wie du willst. Aber dann brauch' ich auch nicht an deiner Seite herzugehn. Dann sieh nur selbst zu, wie du dich aus der Geschichte herausziehst." – Und er ließ sie stehen. Wieder ward sie von Entsetzen ergriffen, sie kehrte über einen riesigen Umweg nach Montmartre zurück, indem sie hastig die Läden entlangflitzte und erbleichte, wenn ihr ein Mann in die Nähe kam.

Am nächsten Morgen ging Nana, der der Schrecken des vergangenen Abends noch in allen Gliedern lag, zu ihrer Tante. Auf dem Weg dahin stand plötzlich Labordette dicht vor ihr. Es war in einer kleinen stillen Straße in Batignolles. Zuerst waren sie alle beide verlegen. Er, der stets Gefällige, hatte hier Geschäfte, in die er niemand Einblick gewährte. Aber er faßte sich zuerst und pries den freundlichen Zufall ihrer Begegnung. Ja, die ganze Welt wunderte sich noch immer über Nanas völliges Verschwinden. Es wurde nach ihr gefragt, die alten Freunde vermißten sie sehr. Dann wurde er väterlich und hielt ihr eine Predigt.

„Unter uns gesagt, mein Kind, ich sag' dir das aufrichtig: diese Geschichte wird doch zu dumm ... Eine Verschossenheit kann man verstehen; aber daß sich ein Mensch so ausbeuten läßt und dafür nichts als Prügel bekommt ... Oder bewirbst du dich vielleicht um den Tugendpreis?"

Sie hörte ihn verwirrt an. Aber als er von Rose sprach, und wie sie mit ihrer Eroberung des Grafen Muffat triumphierte, da schoß ihr eine Flamme in die Augen. Sie sagte leise: „Oh, wenn ich wollte ..."

Gefällig wie er war, bot er ihr gleich seine freundschaftliche Vermittlung an. Aber sie lehnte es ab. So versuchte er es von einer andern Seite: er erzählte ihr, daß Bordenave ein Stück von Fauchery angenommen habe, in dem eine fabelhafte Rolle für sie sei.

„Wie!" rief sie erstaunt, „ein Stück, in dem eine Rolle für mich drin ist! Aber er hat doch in dem Stück zu tun, und er hat mir kein Wort gesagt!" – Sie sprach Fontans Namen nicht aus. Übrigens beruhigte sie sich gleich wieder: nie mehr wollte sie zum Theater zurück. Labordette war nicht davon zu überzeugen, denn er lächelte und drang weiter in sie. „Du weißt, daß du von mir nichts zu befürchten hast. Ich bereite deinen Muffat vor, du gehst wieder zum Theater, und er kommt lammfromm und reuig zurück."

„Nein!" sagte sie energisch.

Und sie ging. Sie war selbst gerührt von ihrem Heroismus. Keiner von diesen Scheusalen, kein Mann konnte sich so aufopfern, ohne es auszuposaunen. Aber eins machte sie doch stutzig: Labordette hatte ihr genau dieselben Ratschläge gegeben wie Francis.

Als Fontan am Abend nach Hause kam, fragte sie ihn über das neue Stück von Fauchery aus. Seit zwei Monaten war er wieder am Théâtre des Variétés. Warum hatte er nichts von dieser Rolle gesagt?

„Was denn für eine Rolle?" sagte er mit seiner gefährlichen Stimme. „Du sprichst doch wohl nicht von der großen Dame in dem Stück? Ach so, du bist imstande und glaubst, daß du Talent hast! Aber das wäre ein schöner Durchfall! Geh, du bist ja nicht gescheit, mein Kind!"

Sie war furchtbar verletzt. Den ganzen Abend machte er sich über sie lustig und nannte sie Mademoiselle Mars. Und je mehr er auf ihr herumtrat, desto geduldiger hielt sie still und kostete ganz die bittere Wonne ihres Heroismus aus, mit dem sie diese verrückte Passion trug; und sie imponierte sich selbst durch ihre Seelengröße und ihre Liebeskraft. Seit sie mit anderen Männern ging, um ihn zu erhalten, liebte sie ihn nur noch mehr, und all die Abspannung und der Ekel, den sie davontrug, verstärkte dieses Gefühl nur. Er wurde für sie das Laster, das sie sich etwas kosten ließ, und die Prügel stachelten nur dieses unabweisliche Bedürfnis nach ihm. Angesichts dieser grenzenlosen Gutmütigkeit konnte er der Versuchung nicht widerstehen, sie zu mißbrauchen. Sie ging ihm auf die Nerven, und sein Haß wurde so bösartig, daß er nicht einmal mehr an seinen Vorteil dachte. Wenn Bosc eine Bemerkung machte, so schrie er ohne den mindesten Grund erbittert, daß er auf Nana und ihre guten Diners pfeife, daß er sie zur Tür hinauswerfen wolle – schon um seine siebentausend Francs einer anderen Frau zu schenken.

Und so ging dieses Verhältnis auch auseinander.

Als Nana eines Abends gegen elf Uhr heimkam, fand sie die Tür verriegelt. Sie klopfte einmal – niemand antwortete; ein zweites Mal – wieder kam keine Antwort. Aber sie sah Lichtschein unter der Tür, und Fontan versuchte drin gar nicht, seinen Schritt zu dämpfen. Sie klopfte anhaltend, sie rief, sie wurde böse. Endlich erhob Fontan die Stimme und sagte gelassen und breit nichts als ein einziges Wort: „Einen Dreck!"

Sie hämmerte mit beiden Fäusten.

„Einen Dreck!"

Sie hämmerte, daß die Tür fast einbrach.

„Einen Dreck!"

Und eine Viertelstunde lang warf er ihr denselben Schmutz ins Gesicht; auf jeden Schlag an die Tür antwortete ihr dasselbe gemeine Echo mit plumpem Spott. Als er sah, daß sie nicht nachließ, riß er die Tür auf, pflanzte sich mit gekreuzten Armen auf der Schwelle auf und sagte mit eisiger Brutalität: „Sind Sie endlich fertig, zum Donnerwetter! ... Was wollen Sie eigentlich? Werden Sie uns jetzt endlich schlafen lassen? Sie sehen doch, daß ich Besuch habe."

Und er war wirklich nicht allein. Nana sah die kleine Person aus der Italienischen Oper, sie war schon im Hemd, und mit ihrem verzausten Werghaar und den Bohrlöcheraugen machte sie sich einen lustigen Abend zwischen den Möbeln, die Nana bezalt hatte. Fontan machte mit verzerrtem Gesicht und gespreizten Krallen einen Schritt auf den Gang hinaus. „Marsch fort, oder ich erwürge dich!"

Nana brach in ein nervöses Schluchzen aus. Sie bekam Angst und floh. Diesmal war sie es, die hinausgeworfen wurde. In ihrer Aufregung kam ihr jählings der Gedanke an Muffat, aber gerade von Fontan hätte die Vergeltung nicht kommen dürfen.

Auf der Straße dachte sie zuerst an Satin; bei ihr wollte sie übernachten, wenn sie niemand bei sich hatte. Sie traf sie vor ihrem Haus an; auch sie war von ihrem Hauswirt aufs Pflaster gesetzt, er hatte ein Vorlegschloß an ihrer Tür anbringen lassen, und dies gegen alles Recht, denn die Möbel gehörten ja ihr. Sie fluchte und schwor hoch und teuer, ihn vors Gericht zu bringen.

Indes schlug es Mitternacht, und man mußte an ein Obdach denken. Und Satin, die es bei näherer Überlegung doch lieber unterließ, den Polizisten in die Geschichte zu ziehn, brachte Nana in die Rue de Laval zu einer Frau, die da ein kleines möbliertes Hotel hielt. Sie bekamen ein enges Zimmer im ersten Stock, dessen Fenster auf den Hof gingen.

Satin sagte: „Ich hätte ja zu Madame Robert gehen können; dort ist immer ein Winkel für mich bereit ... Aber mit dir ist es ja unmöglich ... Sie ist verrückt vor Eifersucht. Gestern abend hat sie mich geschlagen."

Als sie die Türe hinter sich versperrt hatten, brach Nana, die ihr schweres Herz noch nicht erleichtert hatte, in Tränen aus und erzählte wohl zwanzigmal, wie gemein Fontan sich benommen habe. Satin hörte ihr geduldig und freundlich zu, tröstete sie und empörte sich noch ärger über die Männer als sie selbst. „O diese Schweine! Diese Schweine! ... Siehst du, man sollte sich überhaupt nicht mit ihnen einlassen!"

Sie half Nana beim Auskleiden, sie umgab sie mit der Aufmerksamkeit einer unterwürfigen kleinen Frau. Dann sagte sie schmeichelnd: „Schnell ins Bett, mein Schatz! Da ist gleich alles gut ... Ach bist du dumm, daß du dich so kränkst! Laß dir's gesagt sein, sie sind alle Schweinekerle! Denk nicht mehr daran ... Schau, ich hab' dich so lieb ... Weine nicht mehr, tu es deinem kleinen Mädchen zuliebe!"

Und im Bett nahm sie Nana gleich in die Arme und begann sie zu trösten. Fontans Name wollte sie nicht mehr hören; jedesmal, wenn er auf die Lippen der Freundin trat, erstickte sie ihn mit einem Kuß; sie schmollte so niedlich und tat böse, das Haar fiel ihr gelöst über die Schulter, sie war voll Zärtlichkeit und reizend wie ein Kind. Und Nana trocknete in dieser süßen Umarmung allmählich ihre Tränen. Sie war gerührt und erwiderte Satins Liebkosungen. Als es zwei Uhr schlug, brannte die Kerze noch; die Mädchen erstickten leises Gelächter und Liebesworte.

Aber plötzlich fuhr Satin in die Höhe; unten, vom Hotel herauf kam verworrener Lärm, Satin sprang halbnackt auf und horchte. „Die Polizei!" sagte sie schneebleich; „oh, verflucht, so ein Pech! Wir sind geliefert!"

Zwanzigmal hatte sie von den Streifzügen der Agenten in den Hotels erzählt. Aber gerade heute, als sie sich hierher flüchteten, hatte sich keine dessen versehn. Bei dem Wort „Polizei" verlor Nana den Kopf. Sie sprang aus dem Bett, lief durch das Zimmer, riß das Fenster auf wie eine Wahnsinnige, die sich hinunterstürzen will. Zum Glück war ein Glasdach über dem kleinen Hof, und eine Vergitterung lief in gleicher Höhe mit dem Fenster darüber. Sie zögerte nicht, sie sprang über das Geländer und verschwand in der Finsternis draußen mit flatterndem Hemd und bloßen Schenkeln, die der Nachtluft preisgegeben waren.

„So bleib doch hier", sagte Satin erschrocken, „du wirst dich noch umbringen!"

Draußen wurde mit heftigen Schlägen an die Tür geklopft; gutmütig wie sie nun einmal war, stieß sie das Fenster zu und warf Nanas Kleider in den Schrank. Sie hatte sich bereits in ihr Schicksal ergeben und sagte sich, daß sie, wenn sie nun einmal den Schein nehmen müßte, wenigstens diese blödsinnige Angst loswürde. Sie spielte die Schlaftrunkene, gähnte, unterhandelte, und öffnete schließlich die Tür; ein großer Kerl mit schmutzigem Bart trat ein und sagte: „Zeigen Sie die Hände her ... Sie haben keine zerstochenen Fingerspitzen, folglich arbeiten Sie nicht. Vorwärts, ziehn Sie sich an."

„Aber ich bin ja keine Näherin, ich bin Poliererin", erklärte Satin unverfroren. Dann zog sie sich aber gehorsam an, denn sie wußte, daß jeder Widerstand zwecklos war. Im Hotel erhob sich lautes Geschrei; ein Mädchen klammerte sich an die Tür und wollte nicht mitgehen; eine andere, die im Bett mit ihrem Geliebten aufgegriffen wurde, der sie beschützte, spielte die anständige Frau und erklärte entrüstet, sie werde den Polizeipräfekten vor Gericht zur Verantwortung ziehn. Fast eine Stunde lang währte das Gepolter der derben Schuhe auf den Treppen, die Türen bebten unter den Faustschlägen, schrilles Gezeter erstickte in Schluchzen, Kleider streiften an den Mauern entlang – die jäh aufgescheuchte verschreckte Herde der Frauen wurde von drei Agenten, an deren Spitze ein sehr höflicher kleiner blonder Kommissär stand, brutal zusammengetrieben und abtransportiert. Dann fiel das Hotel wieder in tiefe Stille zurück.

Niemand hatte Nana verraten; sie war gerettet. Lautlos tastend, kehrte sie in das Zimmer zurück, ihre Zähne schlugen aneinander, und sie war halbtot vor Angst. Ihre nackten Füße bluteten, sie hatte sie an dem Gitter zerrissen. Lange saß sie am Bettrand und lauschte. Gegen Morgen schlief sie ein. Aber als sie um acht Uhr erwachte, floh sie aus dem Hotel und lief zu ihrer Tante. Madame Lerat saß mit Zoé beim Morgenkaffee; als sie Nana in diesem verkommenen Zustand mit ganz verstörtem Gesicht eintreten sah, begriff sie sofort alles.

„Na? Ist es soweit –?" schrie sie. „Hab' ich dir nicht vorausgesagt, daß er dir das Weiße aus den Augen stehlen wird?! Komm nur, komm nur herein, hier bist du immer willkommen."

Zoé war aufgestanden und sagte leise mit respektvoller Vertraulichkeit: „Endlich ist Madame uns wieder zurückgegeben – ich habe Madame erwartet."

Madame Lerat verlangte, daß Nana sogleich den kleinen Louiset umarme, denn, sagte sie, für das Kind sei es das größte Glück, daß die Mutter endlich zur Vernunft gekommen sei. Das kränkliche, blutarme Kind schlief noch. Und als Nana sich über das bleiche, skrofulöse Gesicht beugte, überkamen sie alle die Quälereien der letzten Monate und schnürten ihr die Kehle zu.

„Ach, mein armes Kind, mein armes Kind!" stammelte sie und brach in lautes Schluchzen aus.

IX

Im Theater war Probe von „Die kleine Herzogin". Der erste Akt stand einigermaßen, und es wurde eben mit dem zweiten begonnen. Vorne auf der Bühne saßen Fauchery und Bordenave in alten Fauteuils und diskutierten, während der alte Cossard, der Souffleur, ein kleiner Buckliger, auf seinem Strohstuhl, einen Bleistift zwischen den Lippen, in dem Manuskript blätterte.

„Auf was wartet ihr denn noch?" schrie Bordenave und klopfte wütend mit seinem dicken Stock auf den Boden. „Barillot, warum wird denn nicht angefangen?"

„Herr Bosc ist nicht zu finden", antwortete Barillot, der Hilfsregisseur.

Jetzt brach ein Gewitter los. Alles schrie nach Bosc. Bordenave fluchte.

„Himmelherrgott, es ist immer dasselbe. Man kann lang läuten – sie stecken doch immer dort, wo sie nichts zu suchen haben. Und dann brummen sie noch, wenn die Probe länger als bis vier Uhr dauert."

Bosc erschien mit einer himmlischen Ruhe. „Ha? Wie? Was wollt ihr denn? Ach so, komm' ich schon dran – aber das hätte man mir sagen müssen ... Na schön; Simonne, das Stichwort: ‚Da kommen die Gäste' – ich trete ein – wo trete ich ein?"

„Vermutlich durch die Tür", sagte Fauchery gereizt.

„Ja, aber wo ist diese Tür?"

Diesmal stürzte sich Bordenave über Barillot und fing wieder zu fluchen und mit dem Stock zu spektakeln an. „Herrgott, hab' ich nicht gesagt, daß die Tür mit einem Stuhl markiert werden soll! Jeden Tag muß man dasselbe

sagen! Barillot! Wo steckt Barillot? Jetzt ist der auch weg! Keiner ist am Platz!"
Aber Barillot hatte nur selbst den Stuhl geholt und setzte ihn jetzt auf die Bühne. Stumm, mit gekrümmtem Rücken, ließ er das Unwetter über sich ergehn. Die Probe ging weiter. Simonne spielte in Hut und Pelz eine Magd, die die Möbel abstaubt. Sie unterbrach sich und sagte: „Ich lasse die Hände im Muff, weil mir kalt ist, nicht wahr?" Dann empfing sie Bosc mit ganz veränderter Stimme; sie stieß einen leisen Ruf aus: „Ach! der Herr Graf! Sie sind der erste, Herr Graf, die gnädige Frau wird sehr erfreut sein."
Bosc trug kotbespritzte Hosen, einen weiten gelben Überzieher und ein ungeheures Halstuch rund um den Kragen gerollt. Die Hände in den Taschen, einen alten Hut auf dem Kopf, markierte er schleppend und sagte tonlos und ohne jedes Spiel: „Sagen Sie Ihrer Herrin nichts, Isabelle, ich will sie überraschen."
Die Probe nahm ihren Fortgang. Bordenave ließ sich stirnrunzelnd in seinen Fauteuil zurückfallen und hörte angeödet zu. Fauchery rutschte nervös auf seinem Sessel herum und kämpfte fortwährend sein Gelüst, zu unterbrechen, nieder. Hinter ihm, im leeren dunkeln Parkett, hörte er ein Geflüster. „Ist sie schon da?" fragte er, zu Bordenave geneigt.
Dieser bejahte mit einem Kopfnicken. Er hatte Nana die Rolle der Géraldine angeboten, aber sie wollte erst das Stück kennenlernen, ehe sie sich entschloß, denn sie wollte keine Kokotte mehr spielen. Sie träumte nur mehr davon, eine wirkliche Dame zu spielen. So saß sie versteckt in einer kleinen dunklen Loge mit Labordette, der sich bei Bordenave für sie verwandt hatte. Fauchery suchte sie mit einem Blick, dann wandte er sich wieder der Probe zu.
Nur die Vorderbühne war beleuchtet. Ein Schlauch, der an die Rampe angeschlossen war, leitete das Gas herauf; die Flamme brannte in einem Gestell, und ein Reflektor warf die ganze Helle in die ersten Kulissen; es sah in dem Halbdunkel wie ein großes gelbes Auge aus und flackerte trüb und traurig. Cossard hielt das Manuskript an den dünnen Schaft des Gestelles, um besser zu sehen, das volle Licht fiel auf ihn und zeichnete die Konturen seines Buckels deutlich ab. Bordenave und Fauchery waren kaum mehr zu erkennen. Die Mitte des weiten Raumes war nur von einer Stocklaterne auf einem Pfahl im Umkreis von ein paar Metern erhellt, und die Schauspieler, mit ihren großen tanzenden Schatten hinter sich, sahen wie barocke Gespenster aus. Der übrige Teil der Bühne war voll Staub wie ein Zimmerplatz, auf dem niedergerissen wird, wie ein ausgeräumtes Kirchenschiff, in dem sich nun Leitern und Fußrampen häuften und Dekorationsstücke, deren entfärbte Malereien den Eindruck von Schutt und Trümmern noch verstärkten; und in der Luft schwebten die Prospekte und sahen aus wie Lumpen, die auf den Balken eines großen Abfallmagazins zum Trocknen aufgehängt sind. Und ganz von oben viel aus einem Fenster ein heller Sonnenstrahl ein und fuhr wie ein goldener Barren durch die Nacht der Wölbung.
Im Hintergrund der Bühne standen die Schauspieler plaudernd herum und warteten auf ihr Stichwort. Nach und nach waren sie immer lauter geworden.
„Wollt ihr wohl schweigen da rückwärts!" heulte Bordenave und sprang wütend aus seinem Fauteuil in die Höhe. „Ich verstehe kein Wort ... hinaus mit euch, wenn ihr euch unterhalten müßt; hier wird gearbeitet ... Barillot, wenn das Geschwätz nicht aufhört, hagelt es Geldstrafen!"
Ein Weilchen schwiegen sie still. Sie saßen in kleinen Gruppen auf einer Bank und auf Bauernstühlen, in einem Garteneckchen – der ersten Dekoration für die Abendvorstellung, die schon zum Aufbauen hergerichtet war. Fontan und Prullière ließen sich von Rose Mignon erzählen, was ihr der Direktor der Folies-Dramatiques für glänzende Anträge gemacht hatte. Da schrie eine Stimme: „Die Herzogin! ... Saint-Firmin! ... Vorwärts, Herzogin und Saint-Firmin!"
Erst beim zweiten Ruf fiel es Prullière ein, daß er Saint-Firmin sei. Rose, die die Herzogin Hélène spielte, erwartete ihn schon beim Auftritt. Der alte Bosc kam langsam mit schleppenden Füßen über die leeren, hohlklingenden Bretter zurück und ließ sich nieder; Clarisse räumte ihm die Hälfte der Bank ein.
„Was hat er denn? Warum brüllt er so?" fragte sie; sie sprach von Bordenave. „Das wird ja immer schöner ... Bei jedem neuen Stück kriegt er jetzt seine Nervenanfälle."
Bosc zuckte die Achseln; er war über diese Gewitter erhaben. Fontan murmelte: „Er wittert einen Durchfall; das Stück kommt mir reichlich albern vor." Dann wandte er sich, auf das Gespräch mit Rose zurückkommend, an Clarisse: „Na? Glaubst du etwa an den Antrag von den Folies –? Dreihundert Francs pro Abend, hundert Vorstellungen garantiert. Warum nicht noch ein Rittergut dazu! Wenn man seiner Frau dreihundert Francs zahlen würde, da ließe Mignon unsern Bordenave gut und gern in der Tinte sitzen, das kann ich euch sagen!"
Clarisse glaubte an die dreihundert Francs. Dieser Fontan ließ kein gutes Haar an den Kollegen. Aber Simonne unterbrach sie. Sie klapperte vor Kälte. Alle Schauspieler waren bis zum Hals zugeknöpft und hatten Foulardtücher umgeschlungen; sie schauten hinauf zu dem Sonnenstrahl, der oben blitzte und nicht zu ihnen auf die düstere, kalte Bühne hinunterstieg. Draußen herrschte eisiger Frost unter einem hellen Novemberhimmel.
„Und kein Feuer im Konversationszimmer!" sagte Simonne. „Das ist schon abscheulich! Er wird immer filziger! Am liebsten ginge ich auf und davon, ich habe keine Lust, mich krank zu machen!"
„Ruhe da hinten!" schrie Bordenave mit Donnerstimme.
Während einiger Minuten hörte man nichts als den verworrenen Dialog auf der Bühne. Sie markierten und deuteten das Spiel gerade zur Not an; sie sprachen mit ton-

loser Stimme, um sich zu schonen. Manchmal, wenn sie eine Absicht deutlicher ausdrücken wollten, warfen sie den Blick ins Parkett. Vor ihnen gähnte das schwarze Loch, unbestimmte Schatten wogten darin wie feiner Staub, der in einem fensterlosen hohen Speicher eingeschlossen ist. Der dunkle Saal empfing sein Licht nur von der schwachen Bühnenbeleuchtung, er selbst war wie erloschen und schlief in trüber Melancholie. Undurchdringliches Dunkel verhüllte die Malereien des Plafonds. Rechts und links von der Vorderbühne fielen ungeheuer breite graue Leinenteile von ganz oben herunter, um die Tapeten zu schonen; dann kamen Überzüge, auf die samtbezogenen Brüstungen waren Leinentücher geworfen, die wie ein doppeltes Totenlaken die Galerien einhüllten und einen schmutzigfahlen Ton in die Finsternis brachten. In dem farblosen schwärzlichen Grau unterschied man nur das tiefere Dunkel der Logen, mit den Schatten ihrer Fauteuils, deren roter Samt ins Schwarze spielte; sie gliederten den Aufbau der Stockwerke. Der Kronleuchter war tief herabgelassen, er füllte das ganze Orchester mit seinen Behängen, und man dachte unwillkürlich an einen Umzug – als ob das Publikum verreist sei und niemals wiederkäme.

Und gerade trat Rose in ihrer Rolle als Kleine Herzogin, die sich zu einer Halbweltlerin verirrt hat, an die Rampe vor. Sie hob die Hände und zog ein entzückendes Mäulchen in diesen öden dunkeln Saal hinein, der trostlos wie ein Trauerhaus dalag.

„Lieber Himmel, was für komische Leute!“ sagte sie und unterstrich den Satz, ihrer Wirkung gewiß.

Nana saß, in einen großen Schal gehüllt, versteckt im Hintergrund einer kleinen Loge; sie hörte zu und verschlang Rose mit den Augen. Gegen Labordette gewandt, fragte sie ganz leise: „Bist du sicher, daß er kommt?“

„Ganz sicher. Wahrscheinlich wird er mit Mignon kommen, er muß doch einen Vorwand haben ... Wenn er erscheint, führe ich dich in Mathildens Garderobe.“

Sie sprachen von dem Grafen Muffat. Labordette hatte diese Zusammenkunft auf neutralem Boden arrangiert. Er hatte eine ernste Unterredung mit Bordenave gehabt, der durch zwei aufeinanderfolgende Durchfälle arg in der Tinte saß. Bordenave hatte sich denn auch beeilt, sein Theater zur Verfügung zu stellen und Nana eine Rolle anzubieten; es lag ihm daran, den Grafen zu verpflichten, denn er brauchte Geld.

„Und was meinst du zu der Rolle, zur Géraldine?“ sagte Labordette.

Nana saß unbeweglich da und antwortete nicht. Im ersten Akt hatte der Autor in der Exposition gezeigt, wie der Herzog de Beaurivage seine Frau mit der blonden Géraldine, einem Operettenstern, betrog; nun sah man im zweiten Akt die Herzogin Hélène zu der Schauspielerin kommen; die letztere gab an diesem Abend einen Maskenball, und die Herzogin wollte erfahren, durch welche Zauberkünste diese Damen die Ehemänner eroberten und in Fesseln schlügen. Ihr Vetter, der schöne Oscar de Saint-Firmin führte sie ein und hoffte sie bei dieser Gelegenheit zu Fall zu bringen. Als erste Lektion hörte sie zu ihrer großen Überraschung eine Szene mit an, die Géraldine dem Herzog machte; sie benahm sich nicht anders wie ein Müllkutscher, und der Herzog war nachgiebig und ganz bezaubert von ihr. Der Herzogin entfuhr ein Ruf der Überraschung: „So also muß man mit den Männern sprechen!“ – Géraldine hatte nur diese Szene in dem Akt. Was die Herzogin anlangte, so wurde sie bald für ihre Neugier bestraft: ein alter Schürzenjäger, Baron Tardiveau, hielt sie für eine Kokotte und wurde sehr zudringlich; und indes schloß auf der anderen Seite auf einer Chaiselongue Beaurivage seinen Frieden mit Géraldine und umarmte sie. Da die Géraldine noch nicht besetzt war, stand der alte Cossard auf, um die Rolle zu lesen, er legte unwillkürlich Betonungen hinein und spielte, in Boscs Armen liegend. Bis zu dieser Szene war die Probe gediehen, alles spielte mürrisch und lustlos – da sprang plötzlich Fauchery aus seinem Fauteuil in die Höhe. Bis jetzt hatte er sich mühsam beherrscht, aber jetzt rissen seine Nerven. „Das ist unmöglich!“ schrie er.

Die Schauspieler hielten inne und kamen armeschlenkernd nach vorn. Fontan krauste die Nase und fragte mit seiner unverschämten Miene: „Was –? Was ist unmöglich?“

„Keiner ist bei der Sache! Keiner! Keiner!“ sagte Fauchery, der nun selbst lebhaft gestikulierend auf die Bühne sprang und den Schauspielern die Szene vormimte. „Fontan, sehen Sie doch, s o muß der Tardiveau die Herzogin bestürmen; Sie müssen sich niederbeugen, so, mit dieser Bewegung, und sie fassen ... Und du, Rose, du mußt hier den Gang machen – sehr lebhaft, siehst du: so –, aber nicht zu früh, erst wenn du den Kuß hörst ...“ Er unterbrach sich und rief im Eifer seiner Erklärung dem alten Cossard zu: „Géraldine, den Kuß! – Aber laut, denn man muß ihn richtig hören!“

Vater Cossard drehte sich zu Bosc und schnalzte geräuschvoll mit den Lippen.

„So ist es gut, da haben wir den Kuß“, sagte Fauchery triumphierend. „Noch einmal den Kuß ... Du siehst, Rose, es ist Zeit genug, herüberzukommen, und jetzt stoße ich einen Schrei aus: ‚Ach! Sie hat ihn geküßt!‘ – Aber dazu muß sich der Tardiveau wieder aufrichten ... Hören Sie, Fontan, Sie müssen sich wieder aufrichten ... Also probiert es jetzt im Ensemble!“

Die Schauspieler wiederholten die Szene; aber Fontan spielte so unwillig, daß es absolut nicht gehen wollte. Zweimal noch mußte Fauchery die Sache vormachen, und jedesmal spielte er sich in größere Hitze hinein. Alle hörten ihm tödlich gelangweilt zu und sahen sich an, als ob er von ihnen verlangt hätte, auf dem Kopf zu gehen – dann versuchten sie es unbeholfen und hörten gleich wieder auf wie Hampelmänner, deren Fäden man mit einem Ruck abschneidet.

„Nein, das ist zu hoch für mich, das versteh' ich nicht“, sagte Fontan endlich mit seiner unverschämten Stimme.

Bordenave hatte die festgeschlossenen Lippen noch nicht auseinandergetan. Er war ganz in die Tiefe seines Sessels zurückgerutscht, und man sah in dem trüben Licht auf dem Ständer nur den Kopf seines Hutes, den er über die Augen gezogen hatte; sein Stock lag quer über seinem Bauch. Es sah aus, als ob er schliefe. Jetzt aber richtete er sich brüsk in die Höhe. „Mein Junge, das ist blödsinnig, was du da machst", sagte er sanftmütig zu Fauchery.

„Was heißt das! Blödsinnig!" schrie der Autor erbleichend; „Sie sind selbst blödsinnig, mein Lieber!"

Jetzt wurde Bordenave wütend. Er schrie: „Idiot!" und suchte nach einem kräftigeren Ausdruck, fand aber nur „Trottel" und „Kretin". Die Leute würden zischen, niemals würde man den Akt zu Ende spielen. Fauchery war aufs äußerste erbittert – obzwar ihn diese Grobheiten, die zwischen ihnen bei jedem neuen Stück hin und her flogen, nicht weiter verletzten – und nannte Bordenave geradezu einen rohen Tölpel; dieser verlor jedes Maß, brüllte wie ein Ochse und fuchtelte mit seinem Stock.

„Herrgott, rutschen Sie mir den Buckel hinunter ... Eine Viertelstunde haben wir jetzt mit diesen Albernheiten vertrödelt. Ja, Albernheiten – da steckt ja kein Körnchen gesunder Menschenverstand drin. Die ganze Geschichte ist doch so einfach! Du rührst dich gar nicht, Fontan. Du, Rose, hast nur diese kleine Bewegung, siehst du, nicht mehr, dann gehst du hinüber ... Also vorwärts jetzt! Den Kuß, Cossard!"

Nun gab es erst recht ein Durcheinander. Die Szene ging nicht besser. Bordenave spielte es ihnen jetzt mit seiner Elefantenanmut vor; und Fauchery feixte nur und zuckte mitleidig die Achseln. Fontan mischte sich hinein, selbst Bosc erlaubte sich Ratschläge. Rose fiel schließlich kreuzlahm auf den Stuhl, der die Türe vorstellte. Man wußte nicht mehr, wo einem der Kopf stand. Zu guter Letzt trat Simonne, die ihr Stichwort zu hören geglaubt hatte, zu früh auf und machte dadurch den Wirrwarr vollständig; darüber wurde Bordenave so wütend, daß er ihr mit wildgeschwungenem Stock einen tüchtigen Hieb hinten überzog. Es kam öfter vor, daß er die Frauen, mit denen er schlief, auf den Proben schlug. Sie floh, und hinter ihr drein schrie er wie rasend: „So, das kannst du einstecken! Und zum Donnerwetter, wenn ihr mich so ärgert, sperr' ich die Bude zu!"

Fauchery stülpte sich den Hut auf den Kopf und machte Miene, das Theater zu verlassen. Aber er blieb hinten auf der Bühne, und als er sah, daß Bordenave sich wieder setzte, gab er nach und nahm seinen alten Platz in dem andern Fauteuil schweißgebadet wieder ein. So saßen sie eine Weile Seite an Seite, ohne sich zu rühren, und ein schweres Schweigen lastete auf dem dunklen Raum.

Die Schauspieler warteten fast zwei Minuten. Alle waren sie erschöpft, als hätten sie eine schwere Arbeit hinter sich.

„Also los! Gehen wir weiter!" sagte endlich Bordenave in seinem gewöhnlichen Ton, vollkommen beruhigt.

„Ja, gehen wir weiter", wiederholte Fauchery, „die Szene können wir morgen festlegen."

Und sie streckten sich und fingen wieder an; die Probe kam allgemach wieder in das Fahrwasser von Langeweile und schöner Gleichgültigkeit. Während der Keilerei zwischen dem Direktor und dem Autor hatten sich die Schauspieler vergnügt auf die Bank und die Gartensessel im Hintergrund zurückgezogen. Es gab Gekicher, Aufbegehren, rohe Worte. Als aber Simonne mit ihrem Stockhieb hintenüber und mit tränenerstickter Stimme zurückkam, nahmen sie die Sache auf einmal tragisch und sagten: an ihrer Stelle hätten sie dieses Schwein erwürgt. Sie trocknete die Augen und nickte mit dem Kopf; jetzt war es aus, sie ließ ihn sitzen, und das konnte sie um so leichter, als Steiner ihr gestern abend angeboten habe, sie zu lancieren. Clarisse war sprachlos vor Erstaunen, der Bankier besaß keinen Groschen mehr; aber Prullière fing zu lachen an und erinnerte an den Trick dieses vertrackten Juden, den er schon damals zur Anwendung brachte, als er sich überall mit Rose sehen ließ, um seine Kreditfähigkeit an der Börse im Hinblick auf die Landessalinen glaubhafter zu machen. Eben projektierte er ein neues Unternehmen, einen Tunnel unter dem Bosporus. Simonne hörte sehr gespannt zu.

Was Clarisse anlangte, so kam sie seit acht Tagen nicht aus ihren Wutanfällen heraus. Dieses dumme Tier, La Faloise, den sie Gaga so großmütig in die verehrungswürdigen Arme geworfen hatte – war ihm nicht plötzlich die Erbschaft eines sehr reichen Onkels in den Schoß gefallen! So etwas konnte nur ihr passieren, immer hatte sie das Nachsehn. Und nun bekam sie noch von diesem ekligen Bordenave diese Drecksrolle von fünfzig Zeilen zugeteilt – als ob sie nicht die Géraldine hätte spielen können! Sie träumte von nichts als von dieser Rolle und hoffte, daß Nana sie zurückschicken würde.

„Na, und ich –?" sagte Prullière sehr spitz. „Ich hab' kaum zweihundert Zeilen. Ich wollte die Rolle zurückgeben ... Es ist geradezu eine Schmach, daß ich diesen Saint-Firmin spielen soll, eine absolute Wurzen. Und eine Sprache! Das wird ein Durchfall mit Pauken und Trompeten."

Simonne hatte mit Barillot geplaudert, jetzt kam sie atemlos daher und berichtete: „Stellt euch nur vor, Nana ist im Haus!"

„Wo denn?" fragte Clarisse lebhaft und stand auf, um sich nach ihr umzusehn. Gleich machte die Nachricht die Runde, jeder sah nach Nana aus. Die Probe wurde empfindlich gestört. Aber Bordenave fuhr aus seiner Gleichgültigkeit auf und schrie: „Was gibt es dahinten? Spielt doch den Akt ordentlich zu Ende! Und Ruhe dahinten, das ist ja nicht zum Aushalten!"

Nana hörte von ihrer kleinen Loge aus aufmerksam zu. Zweimal hatte Labordette zu plaudern angefangen; aber sie stieß ihn ungeduldig mit dem Ellbogen an, um ihn zum Schweigen zu bringen. Der zweite Akt ging gerade zu Ende, da erschienen zwei Schatten im Hintergrund des Theaters. Als sie auf den Fußspitzen geräuschlos nach vorne kamen, erkannte Nana Mignon und den Grafen Muffat, die beide Bordenave still begrüßten.

„Ach, da sind sie", flüsterte sie mit einem Seufzer der Erleichterung.
Rose Mignon hatte den letzten Satz. Bordenave erklärte, man müsse den zweiten Akt noch einmal wiederholen, ehe man zum dritten übergehen könne. Und er kümmerte sich nicht weiter um die Probe, sondern begrüßte den Grafen mit übertriebener Höflichkeit, während Fauchery tat, als sei er ganz von den Schauspielern, die ihn umringten, in Anspruch genommen. Mignon pfiff sich eins und beobachtete, die Hände auf dem Rücken, aufmerksam seine Frau, die einen nervösen Eindruck machte.
„Nun? Gehen wir?" fragte Labordette Nana. „Ich bringe dich in die Garderobe, dann geh' ich und hole ihn."
Nana verließ die Loge sofort. Sie mußte sich durch die Reihe der Orchester-Fauteuils durchtasten. Aber Bordenave erkannte sie, als sie so im Schatten unten vorbeiflitzte und erwischte sie am Ende des Ganges, der hinter der Bühne herlief, ein Durchgang, wo das Gas Tag und Nacht brannte. Er brach gleich die Geschichte vom Zaun und wollte sie mit der Rolle der Kokotte beschwatzen. „Na, was sagst du?! Das ist eine Rolle! Das hat Schmiß! Als ob sie dir auf den Leib geschrieben wäre! – Komm morgen auf die Probe!"
Nana blieb kühl. Sie wollte erst den dritten Akt sehn.
„Oh, der dritte – prachtvoll! Die Herzogin benimmt sich zu Hause wie eine Kokotte, Beaurivage ist abgestoßen und geheilt. Dazu kommt noch eine lustige Verwechslung. Tardiveau kommt und glaubt sich bei einer Tänzerin ..."
„Und was hat die Géraldine im dritten Akt?"
„Géraldine?" wiederholte Bordenave ein klein wenig verlegen. „Sie hat eine Szene, nicht groß, aber sehr wirksam ... Es ist dir auf den Leib geschrieben, sag' ich dir! Unterschreibst du?"
Sie sah ihn fest an. Dann sagte sie: „Auf bald! Wir werden sehn!"
Und sie folgte Labordette, der sie auf der Treppe erwartete. Das ganze Theater hatte sie wiedererkannt. Überall gab es Geflüster, Prullière nahm heftigen Anstoß an dieser Wiederkehr, Clarisse zitterte um ihre Rolle. Was Fontan anlangte, so mimte er Gleichgültigkeit, er hörte kaltblütig zu, schließlich war er nicht der Mann, der einer Frau, die er geliebt hatte, Steine in den Weg warf; im Grunde aber war diese vergessene Liebeslaune in Haß umgeschlagen, und er bewahrte ihr einen bösartigen Groll für all ihre Hingebung, für ihre Schönheit, für dieses gemeinsame Leben, das diesem Unhold mit seinem widernatürlichen Geschmack zum Überdruß geworden war.
Als jetzt Labordette wieder erschien und sich dem Grafen näherte, begriff Rose, der schon bei Nanas Anblick ein Licht aufgegangen war, mit einem Schlag die ganze Sachlage. Muffat langweilte sie zu Tode, aber der Gedanke, so im Stich gelassen zu werden, brachte sie außer sich. Sie brach das Stillschweigen, das sie sonst ihrem Mann gegenüber über diese Dinge bewahrte, und sagte schonungslos: „Siehst du denn, was da vorgeht? ... Wenn die Geschichte mit Steiner noch einmal angeht – so wahr ich lebe, ich kratze ihr die Augen aus!"
Mignon zuckte ruhig und überlegen die Achseln wie ein Mann, der alles sieht: „Schweig doch", flüsterte er, „ja? Tu mir den einzigen Gefallen und schweig!"
Er hatte seinen Muffat ausgeholt, er fühlte, daß er bereit war, sich auf einen Wink von Nana als Teppich unter ihre Füße zu breiten. Gegen solche Leidenschaften kämpft man nicht an. Er kannte die Männer, und er wußte, daß jetzt nichts zu machen war, als noch so viel als möglich aus der gegebenen Situation herauszuschlagen. Man mußte zusehn und abwarten.
„Rose, auf die Bühne!" schrie Bordenave. „Der zweite Akt fängt an."
„Also geh, ja?" sagte Mignon, „laß mich nur machen."
Er konnte seine schlechten Witze nicht lassen und fand es jetzt scherzhaft, Fauchery zu seinem neuen Stück zu beglückwünschen. Außerordentlich, dieses Stück, wirklich; aber warum war seine große Dame gar so tugendhaft? Das war nicht realistisch. Und er grinste und fragte, wer wohl zu dem Herzog von Beaurivage, dem Einfaltspinsel von Géraldine, Modell gestanden habe. Fauchery war weit davon entfernt, sich zu ärgern, er lächelte nur. Bordenave aber warf einen Blick auf den Grafen Muffat und schien sehr gereizt, was Mignon, der seinen Ernst wiedergewonnen hatte, in Erstaunen versetzte.
„Fangen wir doch endlich an, Herrgott im Himmel!" brüllte Bordenave. „Vorwärts, Barillot! – Wird's? – Bosc ist nicht da? Ja, macht sich denn der Kerl lustig über mich?"
Bosc kam wieder friedvoll daher. Die Probe begann von neuem, gerade als Labordette den Grafen mit sich fortführte. Der aber zitterte bei dem Gedanken an das Wiedersehn mit Nana. Nach ihrem Bruch hatte er eine große Leere empfunden, er hatte sich willenlos zu Rose führen lassen, denn er glaubte, daß er unter einer Störung seiner Gewohnheiten allzusehr leiden müßte. In der Betäubung, in der er lebte, wollte er von nichts mehr wissen, er versagte es sich, Nana zu suchen und ging jeder Erklärung an die Gräfin aus dem Weg. Es schien ihm seiner eigenen Würde gegenüber Pflicht, alles zu vergessen. Aber es arbeitete unterirdisch in ihm fort, und allmählich eroberte ihn Nana wieder zurück durch Erinnerungen, durch die Schwächen seines Fleisches, durch neue, besondere, zärtliche, fast väterliche Gefühle. Die furchtbare Szene verblaßte allmählich; er sah Fontan nicht mehr, er hörte nicht mehr, wie ihn Nana hinauswarf und ihm den Ehebruch seiner Frau ins Gesicht schleuderte. Das waren ja alles nur Worte, die in den Wind gesprochen waren; aber im Herzen blieb ihm die erdrückende Umschlingung, deren Süße es immer enger zusammenpreßte, bis zum Ersticken. Es kamen ihm kindliche Gedanken, er beschuldigte sich selbst, er redete sich ein, daß es nie zu einem Verrat gekommen wäre, wenn er sie wahrhaft geliebt hätte. Seine Herzbeklemmungen wurden unerträglich, er wurde sehr unglücklich. Es war wie der Brand in einer

alten Wunde – nicht mehr dieses drängende, blinde Verlangen, das sich an alles gewöhnt hatte, sondern eine eifersüchtige Leidenschaft für diese Frau, eine ausschließliche Sucht nach ihr, nach ihren Haaren, nach ihrem Mund, nach ihrem Körper, der ihm immer gegenwärtig war. Wenn er sich nur den Klang ihrer Stimme ins Ohr rief, überlief ein Schauer alle seine Glieder. Er begehrte sie mit der wilden Gier eines Geizhalses und mit tausend unendlichen Zartheiten. Und diese Liebe hatte ihn so grausam zerstört, daß er bei den ersten tastenden Anspielungen Labordettes auf das Rendezvous, von einem unwiderstehlichen Drang getrieben, sich in dessen Arme warf, voll Scham über eine so lächerliche Hemmungslosigkeit bei einem Mann seines Ranges. Aber Labordette verstand alles. Er gab abermals eine Probe seines Taktgefühls, als er den Grafen jetzt an der Stiege mit ein paar leicht hingeworfenen Worten verließ. „Im zweiten Stock, rechter Hand ... die Tür ist nur angelehnt."

Muffat war allein, alles war totenstill in diesem Winkel des Hauses. Er kam am Konversationszimmer vorbei und sah durch die offene Tür im hellen Tageslicht die ganze Verkommenheit dieses weiten Raumes mit seinen häßlichen Flecken und seiner Abgenütztheit. Aber was den stärksten Eindruck auf ihn machte, als er die dunkle, tumulterfüllte Bühne hinter sich ließ, das war die lichte Helle, die tiefe Ruhe auf dieser Treppe, die er eines Abends voll Gasdunst kennengelernt hatte und die damals von dem Galopp losgelassener Frauen über alle Stockwerke erklang. Die Garderoben lagen verlassen da, die Gänge waren leer, nirgends eine Seele, nirgends ein Geräusch; durch die quadratischen Fenster drang die Sonne ein und fiel über die Stufen – diese blasse Novembersonne, die breite gelbe Strahlen aussandte, in denen die Stäubchen tanzten; und von oben kam eine Kirchhofstille hernieder. Dieser Frieden und diese Stille machten ihn glücklich, er stieg langsam die Stufen hinauf und versuchte sich zu fassen; sein Herz hämmerte in großen Schlägen, Furcht überfiel ihn, er könnte sich wie ein Kind von Schluchzen und Tränen überwältigen lassen. Auf dem ersten Treppenabsatz lehnte er sich an die Mauer – hier war er vor jedem Blick in Sicherheit. Er drückte das Taschentuch an die Lippen, er betrachtete die verbeulten Stufen, das Eisengeländer, das so viele Hände poliert hatten, den zerkratzten Mauerbewurf – diese ganze Erbärmlichkeit eines Bordells, das schonungslos im fahlen Licht einer Nachmittagsstunde daliegt, wenn die Mädchen noch schlafen.

Als er im zweiten Stockwerk ankam, mußte er über einen großen roten Kater wegsteigen, der zusammengerollt auf der Stufe lag. Mit halbgeschlossenen Augen wachte er allein über das Haus, und die dumpfen, abgestandenen Gerüche, die die Frauen allabendlich hier zurückließen, schläferten ihn ein.

Tatsächlich war die Garderobentür im Korridor rechter Hand nur angelehnt. Nana wartete. Diese kleine Mathilde, eine Schlampe von einer Naiven, hielt ihre Garderobe sehr schmutzig, ein Durcheinander gesprungener Töpfe, ein fettiger Toilettentisch, ein Stuhl mit roten Flecken, als ob man auf dem Strohsitz Blut vergossen hätte, bildeten die Einrichtung. Die billige Papiertapete an der Mauer und an der Decke war bis hoch hinauf mit Seifentropfen bespritzt. Es roch so übel nach verdorbenem Lavendelwasser, daß Nana das Fenster öffnete. Und dort lehnte sie eine Minute lang aufgestützt und atmete auf und beugte sich hinaus nach Madame Bron, deren Besen sie über die grünlichen Steinplatten des engen Hofes fegen hörte, der ganz im Schatten lag. Ein Kanarienvogel, dessen Käfig an einem Fensterladen hing, sandte durchdringende Triller in die Luft. Hier hörte man weder die Wagen vom Boulevard noch von den benachbarten Straßen, hier herrschte Kleinstadtruhe, und die Sonne lag schlafend darüber. Sie hob die Augen und bemerkte die kleinen Gebäude und die glänzenden Glasscheiben der Galerie du Passage, dann weiterhin ihr gegenüber die hohen Häuser der Rue Vivienne, deren Rückwand stumm und öde vor ihr aufragte. Terrassen bauten sich übereinander, ein Fotograf hatte einen großen blauen Glaskäfig auf ein Dach setzen lassen. Das sah lustig aus. Nana war ganz vertieft in die Aussicht – da schien es ihr, als ob sie ein Klopfen an der Tür gehört hätte. Sie wandte sich um und rief: „Herein!"

Als sie den Grafen sah, schloß sie das Fenster. Es war nicht so warm, und diese neugierige Madame Bron mußte nicht alles hören. Beide sahen sich ernst in die Augen. Aber als er so steif stehenblieb und es ihn in der Kehle würgte, begann sie zu lachen und sagte: „Na, da bist du ja, du Ungeheuer!"

Seine Erregung war so heftig, daß er erstarrt schien. Er sprach sie mit „Madame" an; er schätzte sich glücklich, sie wiederzusehn.

Um diesem Ton die Spitze abzubrechen, wurde sie noch familiärer: „Sei nicht so furchtbar vornehm; du wolltest mich doch sehen, nicht? Aber doch wohl nicht, damit wir einander wie zwei Porzellanpuppen anstarren ... Wir haben uns gegenseitig Unrecht zugefügt. Oh, was mich angeht – ich verzeihe dir!"

Und sie kamen überein, nicht mehr davon zu sprechen. Er stimmte nur mit einem Kopfnicken bei. Allmählich beruhigte er sich, aber er konnte noch nichts sagen, so bedrängte ihn der Tumult in seinem Innern, der ihm bis an die Lippen stieg. Sie war erstaunt über soviel Kälte, und sie spielte eine hohe Karte aus.

„Nun, du bist vernünftig", sagte sie mit einem kleinen Lächeln, „jetzt, wo wir Frieden gemacht haben, wollen wir uns die Hand drücken und gute Freunde bleiben."

„Wieso – gute Freunde?" murmelte er, plötzlich beunruhigt.

„Nun ja, es ist ja vielleicht sehr dumm, aber es lag mir an deiner Achtung ... Jetzt haben wir uns ausgesprochen, und wenn wir uns wieder begegnen, so brauchen wir wenigstens nicht wie zwei Haubenstöcke aneinander vorbeizusehn ..."

Er wollte sie unterbrechen.

„Laß mich aussprechen ... Kein Mann, hörst du, keiner

kann mir eine Schweinerei nachsagen. Nun, und es verdroß mich, daß du der erste sein solltest ... es hat eben jeder sein Ehrgefühl, mein Lieber."

„Aber was sprichst du denn da!" schrie er heftig. „Setz dich doch, hör mich an." Und als ob er fürchtete, daß sie fortgehen könnte, drängte er sie auf den einzigen Stuhl. Er ging in wachsender Erregung hin und her. In der kleinen abgeschlossenen Garderobe lag die volle Sonne, und es herrschte laue Stille und erschlaffende Ruhe; kein Geräusch von außen drang herein. In den Augenblicken des Schweigens hörte man nur die durchdringenden Läufe des Kanarienvogels wie die Triller einer fernen Flöte.

„Hör mich an", sagte er und blieb vor ihr stehen, „ich bin hergekommen, um dich zurückzuholen ... Ja, alles soll neu anfangen. Du weißt das doch sehr gut – weshalb sprichst du so zu mir? – antworte. Bist du einverstanden?"

Sie hatte den Kopf gesenkt und kratzte mit dem Fingernagel an dem roten Stroh, das unter ihr blutete. Und da sie ihn so angstbebend sah, hatte sie es nicht gar eilig. Endlich hob sie das ernstgewordene Antlitz und die schönen Augen, in welchen sich jetzt eine sehr glaubwürdige Trauer spiegelte. „Oh, das ist unmöglich, mein Kind. Mit uns beiden ist nichts mehr zu machen."

„Warum?" stammelte er, und ein schmerzhafter Krampf verzerrte sein Gesicht.

„Warum? ... Herrgott: darum. Es ist eben unmöglich, jetzt weißt du's. Ich mag nicht."

Er sah sie noch ein paar Sekunden mit großer Inbrunst an, dann fiel er zu Boden, als ob man ihm die Kniesehnen entzweigeschnitten hätte.

Sie begnügte sich mit ein paar gelangweilten Worten. „Ach! Sei doch nicht kindisch!"

Aber er benahm sich schon kindisch. Er war zu ihren Füßen niedergefallen, hatte sie um die Hüften gefaßt und preßte sie eng an sich; das Gesicht drückte er in ihre Knie, daß er fast in das Fleisch eindrang. Als er sie so spürte, als er den Samt ihrer Glieder unter dem dünnen Stoff ihres Kleides wiederfand, schüttelte ihn ein Krampf; und er schlug die Zähne aneinander wie im Fieber, außer sich und sich noch dichter an ihre Beine pressend, als ob er ganz in sie hineinwollte. Der alte Stuhl knarrte. Seufzer des Verlangens erstickten unter der niederen Decke in der säuerlichen Luft verdorbener Parfüms.

„Na, und –?" sagte Nana und ließ ihn gewähren. „Mit all dem kommst du nicht weiter. Wenn es doch nicht sein kann! – Mein Gott, was bist du jung!"

Er beruhigte sich. Aber er blieb auf dem Boden und ließ sie nicht los; mit stockender Stimme sagte er: „So höre wenigstens, was ich dir biete; ich habe mir schon in der Nähe des Parc Monceau ein Haus angesehn. Jeden deiner Wünsche werde ich erfüllen. Ich will mein Vermögen hingeben, um dich ungeteilt zu besitzen ... Ja, das ist die einzige Bedingung: ungeteilt, hörst du! Und wenn du einverstanden bist, nur mir zu gehören, nur mir allein ... oh, dann mache ich dich zu der reichsten Frau, zur schönsten ... Wagen, Brillanten, Toiletten ..."

Nana schüttelte bei jedem Anerbieten nur hoheitsvoll den Kopf. Als er immer weiter sprach, als er erwähnte, er wolle Geld für sie anlegen, da er nicht mehr wußte, was er ihr zu Füßen legen sollte, schien sie die Geduld zu verlieren. „Wirst du mir noch lang zusetzen, ich bitte dich?! Ich bin ein guter Kerl, eine Zeitlang hab' ich Geduld, da dich das so hernimmt; aber jetzt ist's genug, ja? ... Laß mich aufstehn, jetzt bin ich's müde."

Sie machte sich los und stand auf. „Nein, nein, nein. Ich mag nicht."

Er raffte sich mühselig zusammen, stand auf und fiel kraftlos auf den Stuhl, er stützte sich auf die Lehne und verbarg sein Gesicht zwischen den Händen. Nana ging auf und ab. Einen Augenblick lang besah sie die schmutzige Papiertapete, den fettigen Toilettentisch, dieses ganze dreckige Loch, das in blasser Sonne gebadet dalag. Dann blieb sie vor dem Grafen stehn und sagte mit eiserner Stirne: „Es ist doch komisch, die reichen Männer glauben, für ihr Geld können sie alles haben ... Nun, und wenn ich doch nicht will? Ich pfeife auf deine Geschenke. Und wenn du mir ganz Paris schenktest, so würdest du nichts anderes zu hören bekommen als: nein, nein und wieder nein ... Schau, hier ist es nichts weniger als sauber, und doch fände ich es reizend hier, wenn ich gerne hier mit dir zusammen lebte ... aber in deinen Palästen, da kann man krepieren, wenn das Herz nicht dabei ist ... Ach, das Geld! Siehst du, du armer Kerl, das kann mir gestohlen werden, ich trete darauf, ich spucke darauf!"

Sie machte eine Gebärde des Widerwillens. Dann wurde sie wieder gefühlvoll und fügte melancholisch hinzu: „Ich weiß etwas, was mehr wert ist als das Geld ... Ach, wenn ich das haben könnte, was ich mir wünsche ..."

Er hob langsam den Kopf, in seinen Augen glomm ein Fünkchen Hoffnung.

„Oh, das kannst du mir nicht geben", sagte sie, „das hängt nicht von dir ab, und deshalb sag' ich es auch nur. Nun, man redet eben so ... Ich möchte so gerne die Rolle der anständigen Frau in diesem Zeug da spielen ..."

„Welcher anständigen Frau?" murmelte er erstaunt.

„Na, diese Herzogin Hélène da! – Wenn sie glauben, daß ich die Géraldine spiele, täuschen sie sich gewaltig! Ein solches Nichts von einer Rolle, alles in allem eine Szene! – Und außerdem handelt es sich gar nicht darum; ich hab' jetzt genug von Kokotten. Immer nur Kokotten, nichts als Kokotten, es ist ja, als ob ich nichts anderes könnte! Schließlich fängt das an, beleidigend zu werden! Denn ich sehe doch klar, daß sie mich von oben herab ansehn, als ob ich eine schlechte Erziehung gehabt hätte ... Da werden sie sich aber schneiden, mein Junge! Wenn ich distinguiert sein will, dann hab' ich einen Schick –! Da, sieh dir das mal an, bitte!"

Sie trat an das Fenster zurück, dann kam sie mit herausgedrückter Brust und vorsichtigen, gespreizten Schritten wieder, wie eine dicke Henne, die sich die Pfoten nicht beschmutzen will. Er sah ihr mit Augen voll Tränen zu,

ganz verdattert durch diese groteske Komödie, die sich da mitten in seinem Schmerz auftat.
Sie ging ein Weilchen hin und her, um sich von allen Seiten im rechten Licht zu zeigen, sie lächelte fein, klapperte mit den Wimpern und schwang die Röcke; dann trat sie wieder vor ihn hin. ,,Na? Das liegt mir doch, sollte ich meinen?"
,,Oh, aber gewiß", stammelte er noch immer mit dem Würgen in der Kehle und tränengetrübtem Blick.
,,Wenn ich dir sage, daß mir die anständige Frau liegt! Ich habe bei mir zu Hause probiert – nicht eine kann das Näschen so tragen wie ich als diese kleine Herzogin, die sich über die Männer lustig macht; hast du das nicht bemerkt, als ich an dir vorbeiging und dich so von der Seite ansah? Das liegt einem im Blut ... Und überhaupt, ich will einmal eine anständige Frau spielen; das ist mein einziger Gedanke, ich bin unglücklich, ich muß die Rolle haben, hörst du!"
Sie war ganz ernst geworden, ihre Stimme war immer dringender und sehr gerührt geworden, sie litt wirklich unter ihrem törichten Wunsch. Muffat war noch ganz erschlagen von den Keulenhieben ihrer Weigerung und wartete ohne jedes Verständnis. Es trat tiefe Stille ein. Keine Fliege störte den Frieden des leeren Hauses.
,,Verstehst du denn nicht", sagte sie klipp und klar, ,,du sollst mir die Rolle verschaffen."
Er war sprachlos. Dann sagte er mit einer verzweifelten Gebärde: ,,Aber das ist ja ganz unmöglich! Du hast doch selbst gesagt, daß das nicht von mir abhängt!"
Sie zuckte die Achseln. ,,Du gehst jetzt hinunter und sagst Bordenave, daß ich die Rolle will ... Sei doch nicht so naiv! Bordenave braucht Geld. Na schön, du wirst es ihm leihen, wenn du schon durchaus Geld zum Fenster hinauswerfen mußt!"
Und da er sich noch sträubte, geriet sie in Zorn.
,,Es ist gut, ich verstehe: du hast Angst vor Rose ... Ich wollte nur nichts von ihr sagen, als du auf dem Boden lagst und weintest; aber das würde zu weit führen ... Jawohl, wenn man einer Frau ewige Liebe geschworen hat, nimmt man sich nicht am nächsten Tag die erstbeste. Oh, diese Wunde sitzt, das vergeß' ich nicht! Übrigens, mein Freund, kann ich mir das nicht so besonders appetitlich vorstellen, diese Reste, die Mignon übriggelassen hat! Hättest du nicht vielleicht – eh' du dich zu meinen Füßen wälztest – erst mit diesem Gesindel reinen Tisch machen sollen!"
Er verwahrte sich laut gegen ihre Vorwürfe, schließlich konnte er einen Satz einschieben: ,,Eh, was liegt mir an Rose! Ich will sie gar nicht mehr sehn!"
Das schien Nana über diesen Punkt zu beruhigen. Und sie begann von neuem: ,,Also was steht dann noch im Weg? Bordenave ist hier der Herr ... Und wenn du mir einwendest, daß nach Bordenave Fauchery ..." Sie stockte, denn jetzt kam sie zu dem heiklen Punkt der Angelegenheit. Muffat schwieg mit gesenkten Augen. Er hatte freiwillig bei all den beflissenen Aufmerksamkeiten Faucherys der Gräfin gegenüber die Augen geschlossen; allmählich hatte er sich beruhigt und hoffte, daß er diese ganze schreckliche Nacht unter der Tür der Rue Taitbout das Opfer einer Täuschung gewesen sei. Aber er nährte einen Widerwillen, einen dumpfen Zorn gegen diesen Menschen.
,,Nun schließlich, Fauchery ist doch kein Menschenfresser!" sagte Nana, vorsichtig das Terrain sondierend, denn sie wollte wissen, bis wohin die Dinge zwischen dem Gatten und dem Liebhaber gediehen waren. ,,Mit Fauchery wird man schon fertig werden. Er ist im Grund ein guter Kerl, glaub es mir. Na –? Also abgemacht, du sagst ihm, daß es sich um mich handelt."
Bei dem Gedanken an einen solchen Schritt bäumte sich alles in dem Grafen auf. ,,Nein, nein, niemals!" schrie er auf.
Sie wartete. Ein Wort lag ihr auf der Zunge: ,,Fauchery kann dir nichts abschlagen." Aber sie fühlte doch, daß dieses Argument etwas zu stark sei. Es spielte nur ein Lächeln um ihren Mund; und dieses drollige Lächeln sagte alles. Muffat hatte die Augen zu ihr gehoben – jetzt senkte er sie von neuem, blaß und gequält.
,,Ach! Du bist wirklich nicht sehr gefällig!" sagte sie endlich.
,,Ich kann nicht!" sagte er in seiner Not und Beklemmung. ,,Alles, was du willst, nur das nicht, mein Liebling, ich flehe dich an!"
Da hielt sie sich nicht mehr mit Diskussionen auf. Mit ihren kleinen Händen bog sie seinen Kopf zurück, beugte sich über ihn und drückte ihren Mund in einem langen Kuß auf den seinen. Ein Schauer schüttelte ihn, er erzitterte unter ihr mit geschlossenen Augen, fassungslos. Dann zog sie ihn in die Höhe. ,,Geh", sagte sie schlicht.
Er ging zur Tür. Aber als er hinaustrat, nahm sie ihn in die Arme, ganz demütig und schmeichlerisch, sie hob die Stirn zu ihm und rieb ihr Kinn wie ein Kätzchen an seiner Weste.
,,Wo ist das Haus?" fragte sie sehr leise, verwirrt und lachend wie ein Kind, das die Hand wieder nach Dingen ausstreckt, von denen es sich zuerst trotzig abgekehrt hatte.
,,Avenue de Villiers."
,,Und die Wagen? Bekomme ich Wagen?"
,,Ja."
,,Und Spitzen? Und Brillanten?"
,,Ja."
,,Oh, wie lieb du bist, mein Schatz! Weißt du, vorhin ... das war alles nur Eifersucht. Und diesmal, das schwör ich dir, diesmal wird es nicht so wie das erstemal, denn jetzt weißt du, was eine Frau braucht. Du gibst mir alles, nicht wahr? Dann brauch' ich doch keinen andern ... Komm! Es gibt ja keinen anderen außer dir! Da, da und da!"
Ein Schauer von Küssen ging auf sein Gesicht und auf seine Hände nieder, dann schob sie ihn hinaus; sie mußte erst einmal verschnaufen. Herrgott, war das ein abscheulicher Geruch in der Garderobe dieser kleinen Schlampe von Mathilde! Es war hier gut sein – still und warm wie in dem winterlichen Zimmer einer Kleinstadt. Aber es

roch so stark nach verdorbenem Lavendelwasser und nach anderen nicht sehr sauberen Dingen. Sie öffnete das Fenster, lehnte sich wieder hinaus und studierte die Glasscheiben der Passage, um über das Warten wegzukommen.
Muffat stieg schwankend die Treppe hinunter, sein Kopf sauste. Was sollte er da unten sagen? Wie sollte er diese ganze Geschichte anpacken, die ihn doch nichts anging?
Er kam auf die Bühne, da hörte er einen Streit. Es war gegen Ende des zweiten Aktes, und Prullière war wütend, weil Fauchery ihm einen Satz streichen wollte.
„Streichen Sie nur das Ganze, das wäre mir am liebsten!" schrie er. „Hat man schon so etwas gehört, ich habe kaum zweihundert Zeilen, und da will er mir noch etwas streichen! Nein, jetzt hab' ich genug, ich gebe die Rolle zurück."
Und er nahm aus seiner Tasche ein kleines verknittertes Heft, drehte es mit fieberhaften Händen und machte Miene, es dem alten Cossard in den Schoß zu werfen. Seine schmerzhaft verletzte Eitelkeit verzog sein bleiches Gesicht konvulsivisch, seine Lippen wurden ganz schmal, seine Augen funkelten, er war nicht imstande, diesen inneren Aufruhr zu verbergen. Er, Prullière, der Abgott des Publikums, spielte eine Rolle von hundert Zeilen! „Warum läßt man mich nicht gleiche Briefe auf der Platte hereintragen?" fragte er mit Bitterkeit.
„Na also, Prullière, seien Sie doch vernünftig", sagte Bordenave, der wegen des Eindrucks, den Prullière auf die Logen machte, schonungsvoll mit ihm umging, „machen Sie doch nicht solche Geschichten ... Wir werden schon irgend etwas Wirkungsvolles für Sie finden ... Nicht wahr, Fauchery, Sie werden sich schon etwas ausdenken ... Im dritten Akt könnte man sogar noch eine Szene einlegen."
„Dann will ich aber den Aktschluß haben", sagte der Komödiant, „soviel ist man mir doch schuldig."
Fauchery schwieg, als ob er einwilligte, und Prullière schob die Rolle wieder in die Tasche, er war noch immer aufgeregt und trotz allem unzufrieden. Bosc und Fontan hatten während der ganzen Auseinandersetzungen tiefste Gleichgültigkeit bewahrt; jeder für sich – das ging sie nichts an und interessierte sie absolut nicht. Und nun umringten alle Schauspieler Fauchery, bestürmten ihn mit Fragen und fischten nach Lobsprüchen; Mignon hörte die letzten Klagen Prullières mit an, ohne dabei den Grafen Muffat aus dem Auge zu verlieren, dessen Rückkehr er ausgespäht hatte.
Der Graf war wieder in den dunklen Bereich der Bühne getaucht und stand jetzt zögernd im Hintergrund – er wollte nicht so mitten in den Zank hineinplatzen. Aber Bordenave bemerkte ihn und kam auf ihn zu. „Na, was sagen Sie zu dieser Gesellschaft", sagte er leise, „Sie machen sich keine Vorstellung, Herr Graf, was man mit diesen Leuten aussteht. Einer ist immer noch eitler als der andere; und gefährliche Flausenmacher sind das, immer in schmutzige Geschichten verwickelt; und es könnte ihnen nichts Lieberes widerfahren, als wenn ich mir das Genick bräche ... Aber ich lasse mich hinreißen, verzeihen Sie ..."
Er schwieg, und es trat eine Stille ein. Muffat suchte nach einer Einleitung. Aber er fand keine, und, um die Sache so schnell wie möglich loszuwerden, sagte er ohne Umschweife: „Nana will die Herzogin spielen."
Bordenave fuhr in die Höhe und rief: „Aber nein! Das ist ja Wahnsinn!" – Dann, als er den Grafen blaß und verstört vor sich sah, beruhigte er sich gleich. „Teufel!" sagte er nur.
Und wieder wurde es still. Im Grunde war es ihm ja ganz schnuppe. Vielleicht würde es sogar ganz amüsant, dieses große Mädel als Herzogin. Na, und damit hatte er Muffat sicher in der Hand. Sein Entschluß war bald gefaßt. Er drehte sich um und rief: „Fauchery!"
Der Graf machte eine unwillkürliche Bewegung, um ihn zurückzuhalten. Fauchery hörte nicht. An den lächerlichen Mantel Fontans gedrückt, mußte er die Erläuterungen des Komödianten über seine Auffassung des Tardiveau ertragen. Fontan sah Tardiveau als Maseiller, er wollte ihn mit Dialekt spielen. Und er probierte es auch gleich. Er sprach ganze Stellen: war das nicht gut? Er schlug anscheinend nur Einfälle vor, deren er selbst nicht ganz sicher war. Aber Fauchery blieb kühl und machte Einwendungen, was Fontan sofort in Ärger versetzte. Schön also! Wenn er den Geist der Rolle nicht erfaßte, so wolle er sie um alles in der Welt nicht spielen!
„Fauchery!" schrie Bordenave von neuem.
Der junge Mann war glücklich, auf diese Weise dem Schauspieler zu entkommen, und floh. Fontan blieb tief gekränkt über diesen jähen Rückzug stehen.
„Wir wollen aber nicht hier stehenbleiben", sagte Bordenave, „kommen sie, meine Herren."
Um vor neugierigen Ohren sicher zu sein, führte er die Herren in die Requisitenkammer hinter der Bühne; Mignon sah sie mit Erstaunen dort verschwinden. Einige Stufen führten hinunter. Es war ein quadratischer Raum, dessen beide Fenster in den Hof gingen. Fahles Kellerlicht trat durch die schmutzigen Scheiben und füllte den Raum bis an die niedere Decke. In Wandfächern, die rund um das Zimmer gingen, häufte sich ein unbeschreiblich mannigfaltiger Plunder, es sah aus wie der Verkaufsstand eines Trödlers der Rue de Lappe, der ausverkauft – ein unglaubliches Durcheinander von Tellern und Bechern aus vergoldeter Pappe, alten roten Schirmen, italienischen Krügen, Uhren jeder Stilart, Platten und Tintenfässern, von Gewehren und Spritzen; und dies alles lag unkenntlich, zerbrochen, ruiniert übereinander gehäuft unter einer daumendicken Staubschicht. Ein unerträglicher Geruch von altem Eisen, von Lumpen und feuchter Pappe stieg aus den Haufen, in denen sich die Trümmer aller Stücke der letzten fünfzig Jahre auftürmten.
„Treten Sie ein", sagte Bordenave wieder. „Hier sind wir wenigstens ungestört."
Der Graf fühlte sich sehr unbehaglich und ging ein paar Schritte voraus, damit der Direktor seinen Vorschlag

allein machen könne. Fauchery war sehr erstaunt: „Was gibt es denn?“ fragte er.
„Sehen Sie“, sagte Bordenave endlich, „es ist uns da eine Idee gekommen ... fahren Sie nur nicht auf ... Es ist uns sehr ernst: was halten Sie davon, wenn wir Nana die Herzogin spielen lassen?“
Der Autor war versteinert. Dann brach er los: „Aber das ist doch ein schlechter Witz! Die Leute würden sich ja totlachen!“
„Nun, es ist gar nicht so schlecht, wenn die Leute lachen ...!“ Überlegen Sie sich die Sache, mein Lieber – dem Herrn Grafen gefällt der Gedanke sehr.“
Muffat versuchte seine Haltung zu bewahren und griff in den Staub des Wandbrettes nach einem Gegenstand, den er nicht erkannte. Es war ein Eierbecher, dessen Fuß aus Gips ersetzt war. Er sah ihn geistesabwesend an, trat näher und murmelte: „Ja, das wäre sehr schön.“
Fauchery wandte sich ihm mit einer ungeduldigen Bewegung zu. Was hatte der Graf mit seinem Stück zu schaffen? Und er sagte klipp und klar: „Niemals! – Nana als Kokotte, das laß ich mir gefallen, aber als eine Dame der Gesellschaft, nein, das ist unmöglich!“
„Sie irren“, sagte Muffat, der sich ein Herz faßte. „Sie hat mir gerade eine anständige Frau vorgemacht ...“
„Wo denn?“ fragte Fauchery mit steigender Verwunderung.
„Oben, in einer Garderobe. Es war ausgezeichnet. Oh, eine Distinktion –! Und vor allem hat sie da einen Blick –! So im Vorbeigehn, sehen Sie: so ...“ Und mit seinem Eierbecher in der Hand wollte er Nana kopieren; so sehr vergaß er sich in dem leidenschaftlichen Bedürfnis, die Herren zu überzeugen. Fauchery sah ihn sprachlos an. Er hatte verstanden und war nicht mehr böse. Der Graf fühlte diesen Blick voll Mitleid und Spott auf sich ruhen, er hielt inne, und eine schwache Röte stieg ihm ins Gesicht.
„Mein Gott, Sie mögen recht haben“, murmelte der andere zuvorkommend. „Vielleicht würde sie sehr gut. Aber die Rolle ist ja vergeben. Wir können sie Rose doch nicht abnehmen.“
„Ach, wenn es nur das ist“, sagte Bordenave, „das nehm' ich schon auf mich.“
Der junge Mann sah jetzt, daß die beiden gegen ihn verbündet waren, und er begriff, daß Bordenave irgendein geheimes Interesse an der Sache habe; um nicht schwach zu werden, widerstand er jetzt mit verdoppelter Heftigkeit so hartnäckig, daß er fast eine Fortführung der Unterhaltung unmöglich machte.
„Nein und nein und nein! Und selbst wenn die Rolle noch frei wäre, würde ich sie ihr nicht geben, nie ... Verstehen Sie mich jetzt? Lassen Sie mich in Ruhe – ich habe keine Lust, mein Stück umzubringen.“
Ein peinliches Schweigen trat ein. Bordenave fühlte sich überflüssig und entfernte sich. Der Graf stand mit gesenktem Kopf da. Er hob ihn nur mit Anstrengung und sagte mit mühsam unterdrückter Aufregung: „Und wenn ich Sie darum bäte, mir diesen Dienst zu erweisen, mein Lieber?“
„Ich kann nicht, ich kann nicht“, sträubte sich Fauchery noch immer.
Muffats Stimme wurde härter: „Ich bitte Sie darum ... Ich will es!“ Und er sah ihn fest an. Vor diesem finsteren Blick, in dem eine Drohung zu lesen war, wich der junge Mann plötzlich zurück und stotterte nur noch ein paar verwirrte Worte.
„Ach, machen Sie doch, was Sie wollen, mir ist's schnuppe ... Aber Sie werden sich täuschen; Sie werden schon sehn, Sie werden schon sehn ...“
Die Verlegenheit wurde noch ärger. Fauchery hatte sich gegen ein Fach gelehnt und klopfte nervös mit dem Fuß auf den Boden. Muffat schien aufmerksam den Eierbecher zu betrachten, den er noch immer in der Hand herumdrehte.
„Das ist ein Eierbecher“, kam ihm Bordenave gefällig zu Hilfe.
„Ja, wahrhaftig, ein Eierbecher!“ wiederholte der Graf.
„Verzeihen Sie, Sie haben sich ganz voll Staub gemacht“, fuhr der Direktor fort und stellte das Ding wieder an seinen Platz. „Wissen Sie, wenn man täglich abstauben wollte, nähme das kein Ende. Das ist überhaupt nicht sauberzukriegen. Was? So ein Drunter und Drüber! Und doch, glauben Sie mir, da steckt ein Haufen Geld drin. Sehen Sie nur, sehen Sie sich die Geschichte einmal an!“
Und er führte Muffat in dem grünlichen Licht, das vom Hof hereindrang, an den Fächern entlang, nannte ihm all die Gegenstände bei ihrem Namen – er wollte ihn für sein Lumpensammlerinventar interessieren, wie er lachend sagte. Dann, als sie wieder in Faucherys Nähe waren, sagte er beiläufig: „Hören Sie, da wir nun doch einig sind, können wir die Geschichte gleich zu Ende bringen ... Da kommt ja auch gerade Mignon.“
Mignon strich schon ein Weilchen in dem Gang herum. Bei dem ersten Wort von Bordenave, daß an ihrem Übereinkommen etwas geändert werden sollte, riß die Aufregung ihn fort; es sei eine Infamie, man wolle die Zukunft seiner Frau ruinieren, er würde die Sache vors Gericht bringen. Bordenave blieb sehr ruhig und kam ihm mit Vernunftgründen: die Rolle wäre Roses gar nicht würdig, er wolle sie lieber für eine Operette aufsparen, die nach der „Kleinen Herzogin“ kam. Aber da der Gatte sich nicht beruhigte und weiterschrie, bot er ihm brüsk eine Vertragslösung an, im Hinblick auf die Anerbieten, die der Sängerin von den Folies-Dramatiques gemacht worden waren. Mignon geriet einen Augenblick aus der Fassung – er leugnete zwar die Anträge nicht, aber er legte eine große Verachtung für das Geld an den Tag; man hatte seine Frau engagiert, um die Herzogin Hélène zu spielen, und sie würde sie spielen, und wenn er, Mignon, sein ganzes Vermögen darüber einbüßen sollte; das war Ehrensache. Auf diesem Punkt angekommen, war kein Ende der Auseinandersetzung abzusehn. Der Direktor aber kam immer wieder auf diese Erwägung zu-

rück: da die Folies Rose für hundert Vorstellungen dreihundert Francs pro Abend geboten hatten und sie von ihm nur hundertfünfzig bekäme, so wären das fünfzehntausend Francs Gewinn für sie, wenn er sie aus dem Kontrakt entließe. Der Gatte seinerseits stellte sich wieder nur auf den künstlerischen Standpunkt: was würde man sagen, wenn Rose eine Rolle abgeben müßte? Daß sie unzulänglich gewesen wäre, daß man sie durch eine andere hätte ersetzen müssen; das wäre ein großes Unrecht und eine schwere Schädigung für die Künstlerin. Nein, nein, niemals! Erst der Ruhm, dann das Geld! Und plötzlich sah er einen Ausweg: Rose hatte in ihrem Vertrag eine Konventionalstrafe von zehntausend Francs; nun gut, man zahle ihr zehntausend Francs aus, und sie würde bei den Folies-Dramatique abschließen.

Bordenave war ganz verblüfft, während Mignon, der den Grafen nicht aus den Augen gelassen hatte, ruhig zuwartete.

„Nun kommt es doch zu einer Verständigung", sagte Muffat erleichtert, „das läßt sich alles ordnen."

„Ach nein, da muß ich schon bitten! Das wäre ja noch schöner!" schrie Bordenave, von seinen geschäftlichen Instinkten fortgerissen. „Zehntausend Francs, um Rose laufen zu lassen! Man würde mich ja auslachen!"

Aber der Graf machte ihm dringende Zeichen mit dem Kopf, er solle akzeptieren. Er zögerte noch. Er brummte und beklagte die zehntausend Francs, obgleich sie nicht aus seiner Tasche gezahlt wurden, dann sagte er brutal: „Alles in allem ist es mir sehr recht. Wenigstens bin ich euch los."

Seit einer Viertelstunde horchte Fontan unten im Hof. Die Geschichte hatte ihn sehr interessiert, und so war er hinuntergestiegen und hatte sich unten aufgestellt. Als er begriffen hatte, eilte er auf die Bühne und machte sich das Vergnügen, Rose von dem Vorgefallenen zu unterrichten. So, da unten wurde auf ihre Kosten getratscht – sie wurde verkauft und verraten! Und Rose lief in die Requisitenkammer.

Alle schwiegen still. Rose sah die vier Männer an. Muffat senkte den Kopf und antwortete mit einem verzweifelten Achselzucken auf ihren fragenden Blick. Mignon besprach mit Bordenave die Einzelheiten des Vertrags.

„Was gibt es hier?" fragte sie mit abgehackter Stimme.

„Nichts", antwortete ihr Mann. „Bordenave will zehntausend Francs geben, damit du deine Rolle zurückgibst."

Sie zitterte, sie wurde sehr blaß, ihre kleinen Fäuste ballten sich. Einen Augenblick lang starrte sie ihn in einer wilden Auflehnung ihres ganzen Wesens an – sie, die ihm sonst so gefügig alles Geschäftliche überließ, all ihre Verträge mit ihren Direktoren und mit ihren Liebhabern. Und sie fand nichts als einen Schrei, den sie ihm wie einen Peitschenhieb über das Gesicht zog: „Ach du –! Feigling!"

Dann floh sie. Mignon lief sprachlos hinter ihr drein. Was fiel ihr denn ein? War sie etwa verrückt geworden? Er setzte ihr halblaut auseinander, daß zehntausend Francs auf der einen Seite und fünfzehntausend auf der anderen zusammen fünfundzwanzigtausend Francs machten. Ein großartiges Geschäft! Muffat ließ sie nun einmal auf alle Fälle sitzen; es war schon eine ganz respektable Leistung, daß er ihm noch diese letzte Feder ausgerupft hatte. Aber Rose stand in hellen Flammen und antwortete nicht. Da überließ sie Mignon verächtlich ihrem weiblichen Starrsinn. Und zu Bordenave, der mit Fauchery und mit Muffat auf die Bühne zurückkam, sagte er: „Wir unterschreiben morgen früh. Halten Sie das Geld bereit."

Jetzt kam Nana, von Labordette unterrichtet, triumphierend die Treppe herunter. Sie spielte schon die anständige Frau mit dem distinguierten Benehmen, denn sie wollte alle diese Leute verblüffen und den Idioten beweisen, daß keine einzige ihre Haltung besäße, wenn sie nur wollte. Aber fast wäre dieser Plan zu Wasser geworden.

Kaum ward Rose ihrer ansichtig, so warf sie sich wutерstickt ihr entgegen und stammelte: „Du –! ich werd' dich noch zu finden wissen! Das muß noch ausgetragen werden zwischen uns beiden! Merk's dir!"

Nana vergaß sich vor diesem stürmischen Angriff, sie wollte eben ihre Fäuste in die Hüften stemmen und sie wie eine Schlampe heruntermachen. Aber sie beherrschte sich rechtzeitig, übertrieb den Flötenton ihrer Stimme noch und sagte mit der Gebärde einer Marquise, die auf eine Orangenschale getreten ist: „Wie, was? Sind Sie von Sinnen, meine Liebe?"

Dann teilte sie huldvoll Grüße aus, während Rose davonstürzte; Mignon folgte ihr und erkannte seine eigene Frau nicht mehr.

Clarisse war entzückt, denn Bordenave hatte ihr jetzt die Rolle der Géraldine zugeteilt. Fauchery trat düster von einem Fuß auf den anderen und konnte sich nicht dazu aufraffen, das Theater zu verlassen; der Erfolg seines Stückes war futsch, und er grübelte darüber nach, was man noch retten könne. Nana kam und nahm ihn an den Handgelenken, zog ihn zu sich heran und fragte, ob er sie denn gar so greulich fände? Sie würde sein Stück schon nicht fressen; und sie brachte ihn zum Lachen und ließ ihn verstehn, daß es töricht wäre, sich – bei der Position, die sie bei den Muffats einnähme – mit ihr zu überwerfen. Wenn ihr Gedächtnis sie im Stich ließe, würde ihr der Souffleur zu Hilfe kommen; das Haus konnte man wattieren. Übrigens täuschte er sich in bezug auf sie; er werde sehn, wie sie alles an die Wand spielte.

Darauf kam man überein, daß der Autor die Rolle der Herzogin etwas umarbeiten solle, damit um so mehr auf Prullière käme. Der war entzückt. In dieser Freude, die Nana so selbstverständlich mit sich brachte, blieb nur Fontan kalt. Er stand mitten im gelben Strahl der Lampe auf dem Ständer, dehnte sich, und das scharfe Profil seines Bocksgesichtes zeichnete sich deutlich ab; so stand er und posierte Einsamkeit. Nana aber näherte sich ihm ruhig und drückte ihm die Hand. „Wie geht's?"

„Danke, nicht schlecht, und dir?"

„Sehr gut, danke."
Das war alles. Es war, als ob sie sich gestern an der Theatertür getrennt hätten.
Die Schauspieler warteten; aber Bordenave sagte, der dritte Akt würde heute nicht wiederholt. Zufälligerweise war der alte Bosc gerade zur Stelle, er ging grollend: man hielt sie ohne Not im Theater auf, man stahl ihnen den ganzen Nachmittag.
Alles verließ das Theater. Und auf der Straße blinzelten sie, von dem hellen Licht geblendet; betroffen, wie Leute, die drei Stunden in einem Kellerloch mit Streit und unaufhörlicher Nervenanspannung zugebracht haben. Der Graf war ganz zerbrochen, sein Kopf war wüst und leer, als er mit Nana in den Wagen stieg; während Labordette Fauchery mit sich nahm und ihm Mut zusprach.
Einen Monat später fand die Premiere der „Kleinen Herzogin" statt – für Nana ein großer Durchfall. Sie war geradezu unwahrscheinlich schlecht, sie spielte mit den Prätentionen des feinen Lustspiels und erweckte damit nur Heiterkeit im Publikum. Man pfiff sie nicht aus, weil man sich so sehr amüsierte. In einer Proszeniumsloge sitzend, empfing Rose Mignon bei jedem Auftritt die Rivalin mit einem hellen Lachen, das das ganze Parkett ansteckte. Das war ihre erste Rachetat.
Als Nana am Abend mit dem bekümmerten Muffat allein war, sagte sie wütend: „O diese Intrigen! Das ist alles nichts als Eifersucht ... Ach, wenn sie wüßten, wie schnuppe mir das ist! Ich brauch' sie ja alle nicht mehr! ... Du! Ich wette hundert Louis, daß ich alle, die heute gejohlt haben, noch dazu bringe, den Staub vor mir zu lecken! ... O ja, ich werde ihnen schon noch die große Dame zeigen, deinen Parisern!"

X

Nun war Nana eine elegante Frau geworden, Rentnerin der Dummheit und der Unzucht der Männchen, Marquise vom Strich. Es war der jähe, entscheidende Aufstieg in die Berühmtheit der Galanterie, in das volle Licht der Tollheit des Geldes und der verschwenderischen Verwegenheit der Schönheit. Sie herrschte gleich unter den Teuersten. In allen Schaufenstern sah man ihre Fotografien, sie wurde in den Zeitungen genannt. Wenn sie im Wagen über die Boulevards fuhr, drehte sich alles nach ihr um, aus der Menge erklang ihr Name mit der Erregung, mit der ein Volk seine Herrscherin begrüßt; und sie lag zurückgelehnt im Wagen in ihren flatternden Toiletten, lächelte zutraulich und heiter unter einem Schauer blonder Löckchen, die über ihre blau untermalten Augen und über die rotgefärbten Lippen flogen. Und es war wie ein Wunder, daß dieses üppige Mädel, das auf der Bühne so unbeholfen war, so lächerlich, wenn sie eine Dame darstellen sollte – daß dieses Geschöpf ohne Mühe die Rolle der Zauberin spielte, die die ganze Stadt in Bann schlug. Und ihre Zaubereien bestanden in ihrer schlangenhaften Geschmeidigkeit, in einem raffinierten, wie zufälligen Déshabillé von erlesenster Eleganz, in der nervösen Rassigkeit eines edlen Katzentieres, in einer Aristokratie des Lasters; prachtvoll war sie und aufrührerisch, und sie setzte wie eine allmächtige Herrscherin Paris ihren Fuß auf den Nacken. Sie gab den Ton an, und die großen Damen kopierten sie.
Das Haus Nanas stand in der Avenue de Villiers an der Ecke der Rue Cardinet in diesem vornehmen Viertel, das sich eben bis in die unbebauten Gründe der alten Ebene von Monceau auszubreiten begann. Ein junger Maler, dem der erste Erfolg zu Kopf gestiegen war, hatte es sich erbaut und auch schon wieder verkaufen müssen, noch ehe das Haus trocken war. Es hatte einen Anstrich von Renaissancepalast und war phantastisch in seiner inneren Einteilung; es besaß alle modernen Annehmlichkeiten in einem etwas gewollten Rahmen.
Der Graf Muffat hatte das Haus vollständig möbliert gekauft samt allen kleinen Kunstsachen, die es verschwenderisch erfüllten; außerdem waren sehr schöne orientalische Behänge da, alte Anrichten, große Fauteuils im Stil Louis XIII. Und so kam Nana mitten in eine künstlerisch erlesene Umgebung hinein, die mit seltenem Geschmack aus dem Tohuwabohu der Zeitalter ausgesucht war. Aber da sie das Atelier, das den Mittelpunkt des Hauses einnahm, nicht brauchen konnte, so hatte sie die Einteilung der Stockwerke über den Haufen geworfen. Im Parterre hatte sie jetzt einen Wintergarten, einen großen Salon und einen Speisesaal, im ersten Stock einen kleinen Salon neben ihrem Schlafzimmer und dem Ankleideraum. Sie setzte den Architekten durch die Ratschläge, die sie ihm gab, in Erstaunen, sie war plötzlich völlig heimisch in allen Raffinements des Luxus, als die rechte Tochter des Pariser Pflasters, die sie war und die den Sinn für Eleganz im Blut hat. Mit einem Wort, sie verdarb nicht zuviel an dem Haus, sie tat sogar noch zu dem Reichtum des Mobiliars dazu, abgesehen von einigen Spuren zärtlicher Verblödung und schreienden Prunks, die denen man die einstige Blumenmacherin, die vor den Passageschaufenstern sehnsüchtig geträumt hatte, wiederfand.
Im Hof, unter der großen Markise, lag ein Teppich über den Stufen der Freitreppe; und vom Vestibül an erfüllte Veilchenduft die laue Luft, die zwischen den reichen Wandbehängen eingeschlossen war. Ein Glasdach aus gelbem und rosenfarbenem Glas von der blonden Blässe des Fleisches erhellte die breite Treppe. An ihrem Fuß stand ein holzgeschnitzter Neger und hielt die silberne Schale voll Visitenkarten; vier Frauen aus weißem Marmor mit bloßen Brüsten hielten Lampenstöcke hoch. Und Bronzen und blumengefüllte chinesische Cloisonnévasen, Diwans, mit alten Perserteppichen bedeckt, Lehnstühle mit alten Stickereien füllten das Vestibül und schmückten die Treppenabsätze; im ersten Stockwerk bildeten sie eine Art Vorraum, in dem immer Überzieher und Männerhüte herumlagen. Die Behänge erstickten jedes Geräusch, eine weihevolle Sammlung herrschte, man konnte sich in einer von andächtigen Schauern

durchwehten Kapelle glauben, deren Schweigen hinter verschlossenen Türen ein Mysterium hütete.

Nana öffnete den großen Salon in einem allzu reichen Louis-XVI.-Stil nur bei ganz großen Gelegenheiten – wenn sie die Gesellschaft aus den Tuilerien empfing oder ausländische Persönlichkeiten. Gewöhnlich kam sie nur zu den Mahlzeiten hinunter und saß dann an den Tagen, an denen sie allein war, ein wenig verloren in dem sehr hohen Speisesaal, an dessen Wänden Gobelins hingen, mit einer monumentalen Kredenz, die alte Fayencen und wundervolles altes Silber belebten. Dann stieg sie wieder schnell hinauf, denn sie lebte eigentlich im ersten Stock, in ihren drei Räumen, dem Schlafzimmer, dem Kabinett und dem kleinen Salon. Zweimal schon hatte sie das Zimmer neu beziehen lassen: das erstemal in mauvefarbenem Atlas, das zweitemal in Spitzenapplikation auf blauer Seide; und noch immer war sie nicht zufrieden; sie fand es langweilig und suchte noch immer, ohne das Rechte zu finden. An dem gesteppten Bett, das so niedrig war wie ein Ruhelager, befanden sich venezianische Spitzen im Wert von zwanzigtausend Francs. Die Möbel waren aus weißem und blauem Lack und mit Silbernetzen inkrustiert; überall lagen weiße Bärenfelle herum, so überreichlich, daß sie die Teppiche ganz verdeckten – eine Laune, ein Raffinement von Nana, die es sich noch immer nicht abgewöhnen konnte, sich die Strümpfe auf dem Boden sitzend auszuziehn. Anschließend an das Schlafzimmer bot der kleine Salon ein amüsantes Durcheinander von künstlerisch erlesenem Geschmack; von dem Hintergrund der Bespannung aus blaßrosa Seide, einem verblichenen Türkischrosa mit Goldfäden, hoben sich tausenderlei Gegenstände aus aller Herren Länder und Zeiten ab: italienische Schubfachschränkchen, spanische und portugiesische Kästchen, chinesische Pagoden, ein japanischer Paravent von köstlichster Arbeit, Fayencen, Bronzen, Seidenstickereien, Petit-Point-Arbeiten; die Fauteuils waren so breit wie Betten, die Diwans waren tief wie Alkoven und verliehen dem Raum eine verführerische Faulheit, eine schläfrige Haremsatmosphäre. Alles war auf Altgold mit einem Hintergrund von Rot und Grün abgestimmt, aber außer den wollüstig behaglichen Fauteuils verriet nichts die Dirne. Nur zwei Biskuitfiguren, eine flöhesuchende Frau im Hemd und eine ganz nackte, die auf den Händen, die Beine hoch in der Luft, ging, genügten, um dem Salon einen Schmutzfleck von origineller Dummheit aufzustempeln.

Durch die fast stets geöffnete Tür sah man das Ankleidekabinett, ganz aus Marmor und Spiegeln, mit dem flachen, weiten Becken der weißen Badewanne, mit Waschschalen und Töpfen aus Silber, mit Garnituren aus Kristall und Elfenbein. Ein geschlossener Vorhang schuf ein weißes Halblicht; und es war, als ob Veilchenduft dieses schlafende Licht erwärmte, Nanas erregender Veilchenduft, der das ganze Haus bis in den Hof durchdrang.

Das schwierige war nun, den Haushalt in Gang zu setzen. Nana hatte wohl Zoé, dieses Mädchen, das ihrem guten Glück so vertraute, daß sie, sicher ihrer richtigen Witterung, seit Monaten ruhig diesen plötzlichen entscheidenden Aufschwung abgewartet hatte. Jetzt war Zoés Triumph gekommen, sie war die Herrin des Hauses, die ihr Schäfchen ins trockene brachte, indes sie Madame natürlich so gewissenhaft als nur möglich diente. Aber eine Zofe genügte nicht mehr. Man brauchte einen Haushofmeister, einen Kutscher, einen Portier, eine Köchin. Außerdem mußte die Stallung eingerichtet werden. Wieder erwies sich Labordette als der unentbehrliche Freund, der er war, und nahm alle Wege auf sich, die dem Grafen lästig waren. Er betrieb den Ankauf der Pferde, er lief alle Wagenbauer ab und überwachte die Wahl der jungen Frau, die man bei allen Lieferanten an seinem Arm antraf. Selbst die Dienstleute brachte er herbei: Charles, einen langen Schlingel von Kutscher, der aus dem Dienst des Herzogs von Corbreuse kam; Julien, einen kleinen, sehr frisierten Hausverwalter, der stets lächelte; dann ein Ehepaar – die Frau, Victorine, war Köchin und der Mann, François, wurde als Portier und Lakai engagiert. Dieser letztere trug Kniehosen, eine gepuderte Perücke und Nanas Livree, hellblau und silbergaloniert, und empfing die Besucher im Vestibül. Alles war auf einen tadellosen, ja fürstlichen Fuß eingerichtet.

Im zweiten Monat war der Haushalt schon eingerichtet. Die Kosten der Führung überstiegen dreihunderttausend Francs. Im Stall standen acht Pferde, in der Remise fünf Wagen, darunter ein silberbeschlagener Landauer, der eine Weile hindurch den Gesprächsstoff von Paris bildete. Und Nana richtete sich inmitten dieser Herrlichkeit gemütlich ein. Sie hatte das Theater verlassen – von der dritten Vorstellung der „Kleinen Herzogin" an überließ sie Bordenave, über dem trotz Muffats Geld der Bankrott schwebte, seinem Schicksal. Aber an ihren Mißerfolg dachte sie immer noch mit Bitterkeit. Das gehörte irgendwie noch zu der Lehre, die ihr die Geschichte mit Fontan gegeben hatte, zu dieser Schweinerei, für die sie alle Männer verantwortlich machte. Sie fühlte sich dadurch gegen alle Versuchungen solcher Liebesanfälle gewappnet. Aber die Rachegedanken beschäftigten ihr Spatzengehirn nicht lange. Wenn die Stunden zorniger Aufwallungen vorbei waren, blieb nichts davon übrig, als eine immer wache Lust, Geld hinauszuwerfen, eine natürliche Verachtung des zahlenden Mannes, die unersättlichen Launen der Männerverschlingerin und Vergeuderin, die stolz war auf den Ruin ihrer Liebhaber.

Nana sah vom ersten Tag darauf, daß der Graf die übernommenen Pflichten getreulich erfüllte. Sie stellte ein klares Programm ihrer Beziehungen auf. Er hatte monatlich zwölftausend Francs zu bezahlen – ungerechnet der Geschenke – und hatte dafür nichts zu verlangen als absolute Treue. Sie ihrerseits beschwor diese Treue. Aber sie forderte jede Rücksicht, volle Freiheit als Herrin des Hauses, absolute Respektierung ihres Willens. So würde sie zum Beispiel täglich ihre Freunde empfangen; er hatte nur zu festgesetzten Stunden Zutritt, und unter allen Umständen verlangte sie blindes Vertrauen in allen Dingen. Und als er in eifersüchtiger Besorgnis zögerte, mimte sie gekränkte Würde und drohte, ihm alles vor die Füße zu werfen oder sie schwor bei dem Leben des kleinen Louis. Das mußte genügen. Wo es keine Achtung gab, gab es auch keine Liebe. Nach Ablauf des ersten Monates respektierte der Graf sie.

Aber sie wollte noch mehr und erreichte es auch. Bald gewann sie mit ihrer Gutmütigkeit einen großen Einfluß auf ihn. Wenn er mürrisch und schlechtgelaunt daherkam, heiterte sie ihn auf, ließ ihn beichten und sprach ihm ratend und tröstend zu. Nach und nach erfuhr sie auch von all seinen häuslichen Mißhelligkeiten, von seiner Frau, seiner Tochter, von Herzens- und Geldangelegenheiten, und sie stellte sich sehr vernünftig dazu, durchaus anständig und gerecht. Ein einziges Mal ließ sie sich von der Leidenschaft hinreißen, das war an dem Tag, als Muffat ihr anvertraute, daß Daguenet wahrscheinlich um die Hand seiner Tochter Estelle anhalten werde.

Seit der Graf aus seiner Beziehung zu Nana kein Hehl mehr machte, hielt Daguenet es für ein Gebot der Klugheit, mit ihr zu brechen und sie als eine Gaunerin zu behandeln; er schwor, daß er seinen zukünftigen Schwiegervater den Krallen dieser Kreatur entreißen werde.

Auch sie richtete ihren ehemaligen Bubi nicht übel zu: er war ein Mädchenjäger, der sein Geld mit liederlichen Frauenzimmern vertan hatte; er war durch und durch unmoralisch, er ließ sich zwar kein Geld schenken, aber er profitierte von dem Geld der anderen, indem er nur alle heilige Zeiten einmal ein Bukett oder ein Diner bezahlte; und als der Graf seine Schwächen entschuldigen zu wollen schien, teilte sie ihm nackt und schonungslos mit, daß Daguenet sie gehabt habe und gab ihm widerliche Einzelheiten zum besten. Muffat war sehr blaß geworden. Es war nicht mehr die Rede von dem jungen Mann. So, da hatte er einen Denkzettel für soviel Undankbarkeit!

Das Haus war noch nicht ganz möbliert, als Nana eines Abends, nachdem sie Muffat mit den heißesten Beteuerungen ihrer Treue überhäuft hatte, den Grafen Xavier de Vandeuvres dabehielt, der ihr seit vierzehn Tagen eifrig den Hof machte und sich mit Besuchen und Blumen um sie bemühte. Sie ergab sich – nicht so sehr aus Lust an der Sache: sie wollte sich eben ihre Freiheit beweisen. Erst nachher stellte sich auch Interessiertheit ein, als der Graf ihr am nächsten Tag eine Rechnung bezahlte, die sie dem anderen nicht eingestehen wollte. Sie hoffte, ihm gut und gerne acht- bis zehntausend Francs im Monat aus dem Beutel zu ziehn, und das konnte schon ein schönes Taschengeld abgeben. Er vergeudete jetzt sein Vermögen wie in einem irrsinnigen Fieberanfall bis aufs letzte. Seine Pferde und Lucy hatten drei Gutshöfe verschlungen, Nana würde sein letztes Schloß in der Nähe von Amiens in einem Bissen hinunterschlucken; und es kam eine wahre Wut über ihn, alles zu verschleudern bis auf die Trümmer des alten Turmes, den ein Vandeuvres unter Philippe Auguste erbaut hatte – eine Zerstörungslust hatte ihn ergriffen, und es war ihm ein verlockender Gedanke, das letzte Gold seines Wappens in die Hände dieses Geschöpfes zu legen, das ganz Paris begehrte. Auch er war mit Nanas Bedingungen, mit völliger Freiheit und Zärtlichkeit zu festgesetzten Stunden einverstanden, und er besaß nicht einmal die Naivität der Leidenschaft: Schwüre zu fordern.

Muffat ahnte nichts von all dem. Was Vandeuvres anbelangte, so war der keinen Augenblick im Zweifel; aber er machte nie die leiseste Anspielung, er stellte sich, als ob er nichts wüßte, und lächelte sein feines Lächeln eines skeptischen Lebemannes, der nicht das Unmögliche verlangt, wenn er nur zu seinem Recht kommt und Paris es weiß.

Von da an lief Nanas Haushalt wirklich ausgezeichnet. Das Personal war jetzt vollzählig, sowohl im Stall als in den Wirtschaftsräumen und um Madame herum. Zoé organisierte alles und fand sich in den unvorhergesehensten Schwierigkeiten zurecht; alles funktionierte wie im Theater und war wie von einer großartigen Verwaltung geregelt; und alles klappte mit einer solchen Präzision, daß es in den ersten Monaten niemals zu einem Zusammenstoß oder zu Störungen kam. Nur machte Madame mit ihren Unvorsichtigkeiten, mit ihren eigensinnigen Streichen und mit ihren gewagten Tollheiten Zoé viel zu schaffen. Außerdem strengte sich die Zofe nicht mehr so an – sie hatte bemerkt, daß sie den größten Vorteil daraus zog, wenn Madame in die Klemme geriet oder eine Torheit begangen hatte, die Zoé wieder in Ordnung brachte. Dann regnete es Geschenke, und sie fischte die Louis nur so aus dem getrübten Wasser.

Eines Morgens, als Muffat das Schlafzimmer noch nicht verlassen hatte, führte Zoé einen an allen Gliedern zitternden Herrn in das Ankleidekabinett, wo Nana eben die Wäsche wechselte.

„Da sieh mal! Zizi!“ sagte die junge Frau ganz verblüfft.

Es war in der Tat Georges. Als er sie so im Hemd sah, mit dem goldenen Haar über den bloßen Schultern, warf er sich ihr an den Hals, hielt sie fest und bedeckte sie über und über mit Küssen. Sie wehrte sich erschrocken und stammelte mit erstickter Stimme: „Was fällt dir ein! Hör doch auf! Er ist da drin ... Das ist ja zu dumm! – Und Sie, Zoé, sind Sie von Sinnen? Bringen Sie ihn fort und stecken Sie ihn unten irgendwohin! Ich werde sehen, daß ich hinunterkommen kann!“

Zoé mußte ihn vor sich herschieben. Als es Nana später möglich war, in den Speisesaal zu kommen, schalt sie alle beide aus. Zoé kniff die Lippen ein und zog sich mit beleidigter Miene zurück; sie hätte geglaubt, Madame eine Freude zu machen.

Georges sah Nana so glückstrahlend über das Wiedersehn an, daß seine schönen Augen sich mit Tränen füllten. Jetzt waren die bösen Tage vorbei, seine Mutter war überzeugt, daß er zur Vernunft gekommen war und hatte ihm erlaubt, die Fondettes zu verlassen. Und so hatte er denn auch sofort am Bahnhof einen Wagen genommen und war so schnell als möglich in die Arme seines Herzlieblings geeilt. Er sprach davon, wie er künftighin bei ihr

leben wolle, so wie damals, als er sie mit bloßen Füßen in dem Schlafzimmer von La Mignotte erwartete. Und während er so plauderte, zog es seine Hände zu ihr hin – in dem Bedürfnis, sie nach diesem Jahr der grausamen Trennung zu berühren –, er bemächtigte sich ihrer Hände, wühlte sich in die weiten Ärmel ihres Morgenkleides und fuhr bis zu ihren Schultern hinauf.
„Hast du denn dein Kleines noch immer lieb?" fragte er mit seiner Kinderstimme.
„Natürlich hab' ich dich lieb!" antwortete Nana und machte sich mit einem Ruck frei. „Aber du platzt da so ohne weiteres herein ... Du weißt, mein Junge, ich bin nicht frei. Man muß doch vernünftig sein."
Georges war in dem Glücksrausch eines langgehegten und endlich befriedigten Wunsches aus dem Wagen gestiegen, ohne auch nur mit einem Blick zu sehen, wo er sich befand. Jetzt kam ihm erst die Veränderung, die um Nana vorgegangen war, zum Bewußtsein. Er musterte den reichen Speisesaal mit dem hohen dekorierten Plafond, mit den Gobelins und der Anrichte, die von kostbarem Silberzeug funkelte.
„Ach ja", sagte er traurig.
Und sie machte ihm begreiflich, daß er niemals am Morgen kommen dürfte. Am Nachmittag, wenn er wolle, zwischen vier und sechs Uhr; das war ihre Empfangsstunde. Und als er sie nur wortlos mit einer flehenden Frage ansah, küßte sie ihn gütig auf die Stirn. „Sei nur gescheit, ich werde mein möglichstes tun", flüsterte sie.
Aber in Wirklichkeit lag ihr nichts mehr an der Geschichte. Sie fand Georges furchtbar nett, er war ihr zum Kameraden recht, aber nicht zu mehr. – Wie er aber nun täglich um vier Uhr daherkam, war er so unglücklich, daß sie doch oft nachgab; sie versteckte ihn in den Schränken und ließ ihm immerfort die Brosamen ihrer Schönheit zukommen. Er verließ das Haus gar nicht mehr, er war da so zu Hause wie das Hündchen Bijou; einer wie der andere steckte in den Röcken der Herrin, sie hatten immer ein klein wenig von ihr, selbst wenn sie mit einem andern zusammen war, und in den langweiligen Stunden der Einsamkeit fiel immer noch ein Stückchen Zucker, eine Liebkosung für sie ab.
Frau Hugon hatte wahrscheinlich erfahren, daß der Kleine wiederum diesem schlechten Frauenzimmer verfallen war, denn sie eilte nach Paris und rief ihren zweiten Sohn, den Leutnant Philippe, zu Hilfe, der jetzt in Vincennes in Garnison stand. Georges, der sich vor seinem älteren Bruder versteckte, fürchtete irgendeine Gewaltsamkeit. Verzweiflung ergriff ihn; und da er in der nervösen Spannung seiner Zärtlichkeit nichts vor Nana geheimhalten konnte, unterhielt er sie jetzt von nichts anderem als von seinem großen Bruder, diesem Bruder Lustig, dem alles zuzutrauen war.
„Du verstehst", erläuterte er, „Mama wird natürlich nicht zu dir kommen, solange sie meinen Bruder schicken kann ... ach gewiß, sie wird Philippe schicken und mich holen lassen!"
Nana war zum erstenmal schwer beleidigt. Sie sagte trocken: „Na, das möchte ich gern sehn! Von mir aus kann er lange Leutnant sein, François wird ihn doch zur Tür hinausfeuern, und das gehörig!"
Dann, als der Kleine immer wieder auf seinen Bruder zu sprechen kam, fing sie schließlich auch an, sich mit Philippe zu befassen. Es war noch keine Woche vorbei, und sie kannte ihn schon von Kopf bis Fuß, wie er war: sehr groß, sehr stark, lustig und etwas brutal; und dazu noch intime Einzelheiten: Haare auf den Armen, ein Mal auf der Schulter. Sie war jetzt so vertraut mit dem Bild dieses Mannes, den sie vor die Tür werfen lassen wollte, daß sie eines Tages ausrief: „Was ist denn das. Zizi, dein Bruder kommt ja gar nicht ... scheint mir auch nur so ein Großmaul zu sein!"
Am nächsten Tag war Georges gerade allein mit Nana, da kam François herauf und fragte, ob Madame den Leutnant Hugon empfangen wolle. Georges wurde ganz blaß und murmelte: „Ich hab' es befürchtet – Mama sprach heute früh davon."
Und er beschwor die junge Frau, ihn nicht zu empfangen. Aber schon hatte sie sich ganz entflammt erhoben und sagte: „Warum denn nicht? Er könnte noch glauben, daß ich Angst habe. Ach, da gibt es was zu lachen ... François, lassen Sie den Herrn eine Viertelstunde im Salon. Dann bringen Sie ihn herauf."
Sie setzte sich nicht wieder hin, sie ging fieberhaft erregt hin und her, von dem Spiegel über dem Kamin zu dem venezianischen Spiegel, der über einer italienischen Truhe hing; und jedesmal warf sie einen Blick hinein und probierte ein Lächeln aus, während Georges bei dem Gedanken an die bevorstehende Szene kraftlos auf seinem Sofa saß und zitterte. Im Hin- und Herlaufen entfuhren ihr abgerissene Sätze: „Das wird ihn schon abkühlen, diesen guten Jungen, eine Viertelstunde Warten im Salon ... Und dann: er glaubt, daß er da zu einer Dirne kommt – der Salon wird ihn doch etwas verblüffen ... Ja, ja, schau dir nur alles gut an, mein lieber Junge! Das ist nicht von Pappe, das wird dir schon etwas Respekt vor der Hausfrau einflößen ... Man muß die Männer schon in Respekt halten ... Was? Die Viertelstunde ist schon vorbei? Nein, kaum zehn Minuten. Oh, wir haben ja Zeit!"
Sie hielt es nicht auf ihrem Platz aus. Als das Viertel voll war, schickte sie Georges fort, nachdem sie ihm den Schwur abgenommen hatte, daß er nicht etwa an der Tür horchen wolle – denn das wäre vor den Dienstboten ganz ungehörig.
Als er das Zimmer verließ und in das Schlafzimmer hinüberging, sagte er noch mit zugeschnürter Kehle: „Es ist mein Bruder, vergiß es nicht ..."
„Hab keine Angst", sagte sie mit Würde, „wenn er höflich ist, werde auch ich höflich sein."
François ließ jetzt Philippe Hugon eintreten, der in Zivilkleidung war. Georges ging erst auf den Fußspitzen gehorsam durch das Schlafzimmer, wie es die junge Frau verlangt hatte. Aber die Stimmen hielten ihn zurück, er zögerte und war so entsetzlich beklommen, daß ihm die Knie weich wurden. Er sah im Geiste Katastrophen, Ohr-

feigen, irgend etwas Furchtbares, was ihn für immer mit Nana entzweien konnte. Er konnte dem Verlangen, sein Ohr an die Tür zu legen, nicht mehr widerstehen. Er hörte sehr schlecht, denn die dichten Portieren erstickten jedes Geräusch. Trotzdem erhaschte er doch ein paar Worte von Philippe, harte Phrasen, in denen irgend etwas von „Kind", „Familie", „Ehre" vorkam. Sein Herz schlug heftig vor Angst, was seine Geliebte erwidern würde – ein dumpfes Sausen betäubte ihn. Sicherlich kam jetzt ein: „Sie niederträchtiger Kerl!" oder: „Rutschen Sie mir den Buckel hinunter, ich bin in meinem Haus" – aber er hörte nichts, keinen Laut; es war so still da drin, als ob Nana tot sei. Bald wurde auch die Stimme seines Bruders milder. Er begriff nichts mehr – da hörte er seltsame Laute, die ihn aufs äußerste verblüfften. Nana schluchzte. Einen Augenblick lang war er die Beute der widerstreitendsten Empfindungen: er wußte nicht, sollte er fliehen oder sich auf Philippe stürzen – aber gerade in diesem Augenblick trat Zoé ein, und er trat rasch von der Tür weg und schämte sich, daß sie ihn überrascht hatte.

Sie ordnete gelassen Wäsche in einen Schrank ein; er lehnte stumm und unbeweglich die Stirn gegen eine Fensterscheibe, und die Ungewißheit zerriß ihn.

Nach einem Weilchen fragte sie: „Ist der Herr, der bei Madame ist, Ihr Bruder?"

„Ja", antwortete das Kind mit erstickter Stimme.

Wieder trat Stille ein.

„Und das regt Sie so auf, nicht wahr, Herr Georges?"

„Ja", entrang es sich ihm wieder schmerzvoll.

Zoé beeilte sich nicht. Sie faltete die Spitzen und sagte langsam: „Das ist aber ganz unnötig ... Madame wird die Sache schon in Ordnung bringen."

Das war alles, mehr wurde nicht gesprochen. Aber sie ging nicht aus dem Zimmer. Eine reichliche Viertelstunde lang machte sie sich noch zu schaffen, ohne zu bemerken, wie die Verzweiflung dieses Kind übermannte, das vor Ungewißheit und Unruhe immer blasser wurde. Er warf heimliche Blicke auf die Salontür. Was konnten sie so lange da drin machen? Vielleicht weinte Nana noch immer. Vielleicht hatte sie dieser brutale Mensch geschlagen ... Und als Zoé endlich ging, rannte er an die Tür und drückte das Ohr an das Schlüsselloch.

Aber was er nun hörte, verstörte ihn vollends; alles drehte sich in seinem Kopf, denn da drin gab es laute Heiterkeitsausbrüche, zärtlich flüsternde Stimmen, das erstickte Lachen einer gekitzelten Frau. Übrigens begleitete Nana jetzt gerade Philippe bis an die Treppe und tauschte herzliche, vertrauliche Worte mit ihm.

Als Georges es wieder wagte, den Salon zu betreten, stand die junge Frau vor dem Spiegel und betrachtete sich.

„Nun?" fragte er verstört.

„Nun – was?" fragte sie zurück, ohne sich umzuwenden. – Dann, beiläufig: „Was hast du mir da eigentlich erzählt? Dein Bruder ist doch ein sehr netter Mensch!"

„So ist alles in Ordnung?"

„Aber natürlich ist alles in Ordnung! Ja, was hast du denn geglaubt? Wir werden uns schlagen?"

Georges begriff noch immer nicht. Er stammelte: „Es schien mir als ob ... Hast du nicht geweint?"

„Ich –! Geweint! Ja, warum sollte ich denn geweint haben!" rief sie, ihn fest ansehend, „du träumst!"

Und jetzt ging es dem armen Kind schlecht, denn sie machte ihm eine Szene, weil er unfolgsam gewesen war und an der Tür spioniert hatte. Als sie so mit ihm schalt, schlich er sich mit unterwürfiger Zärtlichkeit an sie heran und wollte sie ausfragen: „Also, mein Bruder ...?"

„Dein Bruder hat gleich gesehen, mit wem er es zu tun hat ... Du verstehst, ich hätte doch auch eine Dirne sein können, und in diesem Fall hätte sich sein Einschreiten erklären lassen, wenn man deine Jugend und die Ehre der Familie bedenkt. Oh, ich begreife solche Empfindungen sehr gut –! Aber ein einziger Blick hat genügt, und er hat sich wie ein Mann von Welt benommen ... Also sei nur ganz ruhig, das ist vorbei, er wird deine Mama beruhigen." – Dann fuhr sie mit einem Lächeln fort: „Übrigens wirst du deinen Bruder öfter hier sehn, ich habe ihn eingeladen, und er wird wiederkommen."

„Oh, er wird wiederkommen", sagte der Kleine erbleichend.

Er sagte kein Wort mehr; sie sprachen nicht mehr von Philippe. Sie kleidete sich zum Fortgehn an, und er sah ihr mit großen traurigen Augen zu. Gewiß, er war ja froh, daß alles so schön in Ordnung war, denn er wäre lieber gestorben, als daß er Nana aufgegeben hätte; aber in seinem tiefsten Innern fühlte er eine dumpfe Beklemmung, einen brennenden Schmerz, von dem er sich selbst keine Rechenschaft geben konnte und von dem er nicht zu sprechen wagte.

Niemals erfuhr er, wie es Philippe gelungen war, die Mutter zu beruhigen. Aber drei Tage später fuhr sie ruhigen Herzens nach den Fondettes zurück. Am selben Abend, bei Nana, begann er zu zittern, als François den Leutnant meldete. Aber dieser scherzte lustig, behandelte ihn als einen Springinsfeld, zu dessen harmlosen Streichen er ein Auge zudrückte.

Georges zog sich das Herz zusammen, er wagte sich kaum zu bewegen, bei dem geringsten Wort stieg ihm eine Mädchenröte ins Gesicht. Es herrschte kein besonders kameradschaftliches Verhältnis zwischen ihm und dem um zehn Jahre älteren Bruder; er fürchtete ihn fast wie einen Vater, vor dem man Weibergeschichten verbirgt. Auch empfand er ein mit Scham gemischtes Unbehagen, als er ihn da so ungeniert bei Nana sitzen sah, laut lachend und ungebunden vergnügt in seiner strotzenden Gesundheit. – Aber bald kam sein Bruder täglich, und Georges gewöhnte sich langsam daran. Nana strahlte. Das war nun die letzte Einrichtung in dem tollen Durcheinander des galanten Lebens, ein unverschämtes Einweihungsfest dieses Hauses, das vor Männern und Möbeln platzte.

Eines Nachmittags, als die beiden Hugons da waren, kam der Graf Muffat außerhalb seiner gewohnten Stunden.

Als aber Zoé ihm sagte, daß Madame Freunde bei sich hätte, wollte er nicht eintreten und zog sich mit der betonten Diskretion des vornehmen Mannes zurück. Als er am Abend wiederkam, empfing ihn Nana mit dem kalten Zorn einer aufs äußerste empörten Frau.

„Mein Herr", sagte sie, „ich habe Ihnen keinerlei Ursache gegeben, mich zu beleidigen ... Nehmen Sie das zur Kenntnis! Wenn ich zu Hause bin, bitte ich Sie einzutreten wie jeder andere."

Der Graf sah sie sprachlos an: „Aber meine Liebe ..." wollte er erklären.

„Ach so, weil ich Besuch hatte! Ja, es waren Männer hier. Was glauben Sie denn, was ich mit diesen Männern mache? Man stellt eine Frau mit diesem Gebaren eines diskreten Liebhabers nur bloß, und ich lasse mich nicht bloßstellen, hören Sie!"

Nur schwer erhielt er Verzeihung; aber im Grunde war er glücklich. Durch solche Szenen überzeugte sie ihn von ihrer Treue und erhielt ihn nachgiebig. Seit langem schon hatte sie ihm Georges' Gesellschaft aufgenötigt – ein kleiner Strolch, der ihr Spaß machte – sagte sie. Jetzt veranlaßte sie ihn, mit Philippe zu dinieren, und der Graf benahm sich sehr liebenswürdig; nach der Tafel nahm er den jungen Mann beiseite und fragte ihn nach seiner Mutter aus.

Von da ab trafen sich die Brüder Hugon, Vandeuvres und Muffat ganz selbstverständlich bei Nana und drückten sich als Freunde des Hauses die Hand. So war das bequemer. Nur Muffat war noch zu zartfühlend, um allzuoft zu kommen, und behielt den zeremoniellen Besuchston bei.

Wenn Nana des Nachts auf ihren Bärenfellen saß und sich die Strümpfe auszog, so sprach er freundschaftlich von den Herren, besonders von Philippe, der die Rechtschaffenheit selbst sei.

„Ja, es ist schon wahr, sie sind wirklich nett", sagte Nana und wechselte, auf dem Boden sitzend, das Hemd. „Siehst du, sie wissen, mit wem sie es zu tun haben –, denn sonst – ein Wort, und ich setze sie vor die Tür ..."

Indes langweilte sich Nana inmitten dieses Luxus, inmitten ihres Liebeshofes zum Sterben. Sie hatte Männer für jede Minute der Nacht, und das Geld kugelte sich sogar in ihren Toilettenschubladen zwischen Kämmen und Bürsten herum. Aber das gewährte ihr keine Befriedigung mehr – irgendwo empfand sie eine Leere, ein Loch – und sie gähnte vor Langeweile. Ihr Leben schleppte sich ohne eine Beschäftigung hin, immer wieder kamen dieselben monotonen Stunden. Es gab kein Morgen, sie lebte wie ein Vogel, sie wußte gewiß, daß ihr Tisch gedeckt war und daß sie auf dem ersten besten Zweig übernachten konnte. Diese Sicherheit, daß für ihre Erhaltung gesorgt wurde, streckte sie die langen Tage über auf die Chaiselongue, sie rührte keine Hand, sie schlummerte wie auf dem tiefsten Grund des Müßiggangs und dieser klösterlichen Unterwerfung, ganz eingeschlossen in ihren Beruf als Dirne. Da sie nie anders als im Wagen auf die Straße kam, verlor sie den Gebrauch ihrer Beine. Sie kam wieder auf ihre Straßenmädchengewohnheiten zurück, küßte Bijou von morgens bis abends, schlug die Zeit mit den albernsten Vergnügungen tot, immer in der Erwartung des Mannes, den sie mit der Miene zuvorkommender Ergebung ertrug. Und in all dieser Selbstvergessenheit blieb ihr nichts mehr als die Pflege ihrer Schönheit, die unermüdliche Sorgfalt, mit der sie sich untersuchte, wusch, sich überall parfümierte – mit dem Ehrgeiz, sich jederzeit und vor wem immer nackt sehen lassen zu können, ohne daß sie zu erröten brauchte.

Nana stand des Morgens um zehn Uhr auf. Bijou, der schottische Griffon, weckte sie, indem er ihr das Gesicht leckte. Und dieses Spiel dauerte nun fünf Minuten: der Hund lief ihr über Arme und Schenkel; der Graf Muffat fühlte sich verletzt. Bijou war das erste Männchen, auf das er eifersüchtig wurde. Es gehörte sich nicht, daß ein Tier auf diese Art seine Nase unter die Bettdecke steckte. – Dann ging Nana in ihr Ankleidekabinett und nahm ein Bad. Gegen elf erschien Francis und steckte ihr das Haar auf – die richtige, komplizierte Frisur wurde erst nachmittags gemacht. Da sie ein Grauen vor einsamen Mahlzeiten hatte, kam gewöhnlich Madame Maloir zum Frühstück, die schon des Morgens mit ihren extravaganten Hüten aus dem Unbekannten auftauchte und des Abends in das Mysterium ihres Lebens zurückkehrte, worüber sich übrigens niemand viel Kopfzerbrechen machte. Aber die schlimmste Zeit waren die Stunden zwischen dem Frühstück und der Toilette. Im allgemeinen pflegte sie ihrer alten Freundin eine Partie Bezigue vorzuschlagen; zuweilen las sie den Figaro – die Theaternachrichten und die Berichte aus der großen Welt, die sie interessierten; ja es konnte sogar passieren, daß sie ein Buch aufschlug, denn sie hatte literarischen Ehrgeiz. Ihre Toilette beschäftigte sie ungefähr bis um fünf Uhr. Und jetzt erwachte sie erst aus ihrem langen Hindämmern, wenn sie im Wagen ausfuhr oder eine ganze Schar Männer bei sich sah; sie dinierte gewöhnlich in der Stadt, ging sehr spät zu Bett, um sich am nächsten Morgen mit derselben Erschlaffung zu erheben und immer wieder denselben Tag zu beginnen.

Ihre größte Zerstreuung war es, wenn sie nach Batignolles zu ihrer Tante fuhr, um ihren kleinen Louiset zu besuchen. Oft vergaß sie ihn vierzehn Tage lang; dann kamen Anfälle von wütender Zärtlichkeit über sie, sie rannte zu Fuß hinaus, voll selbstloser, mütterlicher Herzlichkeit und brachte die gewissen Geschenke für Krankenbesuche mit: Tabak für die Tante, Orangen und Biskuit für das Kind; oder sie kam im Landauer aus dem Bois mit Toiletten, deren geräuschvolle Pracht die ganze einsame Straße in Aufruhr brachte. Seit ihre Nichte sich in Glück und Glanz sonnte, war Madame Lerat beständig von Stolz gebläht. In der Avenue de Villiers ließ sie sich zwar selten sehn, denn, sagte sie, da gehörte sie nicht hin; aber in ihrer Straße feierte sie Triumphe, glückselig, wenn die junge Frau in ihren Kleidern um vier- oder fünftausend Francs daherkam – dann konnte sie noch den ganzen nächsten Tag Geschenke zeigen und Zahlen nennen, daß die Nachbarinnen Mund und Nase aufsperrten. Meist widmete Nana die Sonntage der Familie. Und wenn Muffat sie an so einem Tag einlud, so lehnte sie mit einem Lächeln ab wie eine kleine Bürgersfrau: unmöglich, sie mußte bei ihrer Tante zu Mittag essen und das Kind besuchen.

Dabei war dieses arme kleine Wesen immer krank. Er ging in sein drittes Jahr und war schon ein kleiner Strolch. Aber er hatte auf dem Hals ein Ekzem gehabt, und jetzt bildeten sich die Geschwüre im Ohr, was Knochenfäule befürchten ließ. Wenn sie ihn so bleich sah, mit seinem verdorbenen Blut, dem schlaffen, gelbgefleckten Fleisch – dann wurde sie ernst; und vor allem überwog das Erstaunen bei ihr. Was konnte ihm nur fehlen, dem kleinen Liebling, daß er so zugrunde ging? Wo sie, seine Mutter sich doch so wohl und frisch fühlte!

An Tagen, an denen das Kind sie nicht beschäftigte, verfiel Nana wieder in die geräuschvolle Monotonie ihrer Existenz – Spazierfahrten im Bois, Premieren, Diners und Soupers in der Maison d'Or oder im Café Anglais füllten ihren Tag aus, sie war an allen öffentlichen Orten zu sehen, bei allen Schauspielen, zu denen sich die Menge drängte, bei Mabille, bei den Revuen, bei den Rennen; und bei alldem verließ sie nie das nagende Gefühl sinnlosen Müßiggangs, eine Leere, die sie wie Magenkrampf empfand. Trotz ihrer fortwährenden Verliebtheiten und Launen dehnte sie in ihren einsamen Stunden die Arme in einem Gefühl unsäglicher Langeweile. Kaum war sie allein, so befiel sie erdrückende Traurigkeit; denn dann sah sie sich dem Nichts gegenüber und dem Überdruß an sich selbst. Sie war so heiter von Gemüt und von Natur, aber dann wurde sie düster und traurig und zog die Summe ihres Lebens immer wieder in demselben Ausruf, der regelmäßig zwischen zwei Gähnpausen wiederkehrte: „Ach, wie gräßlich sind mir die Männer!“

Eines Nachmittags, als Nana aus einem Konzert nach Hause kam, sah sie auf dem Trottoir der Rue Montmartre eine Frau mit ausgetretenen Schuhen dahintrotten, mit schmutzigen Röcken und einem vom Regen arg mitgenommenen Hut. Plötzlich erkannte sie sie. „Halten Sie doch, Charles“, rief sie dem Kutscher zu.

Dann schrie sie: „Satin! Satin!“

Die Passanten drehten sich um, die ganze Straße wurde aufmerksam. Satin trat an den Wagen und machte sich an den Rädern noch schmutziger.

„Steig doch ein, mein Kind“, sagte Nana gelassen und gleichgültig gegen das Publikum.

Und sie ließ sie, unappetitlich wie sie war, einsteigen, sie führte sie in ihrem hellblau ausgeschlagenen Landauer mit sich fort und saß in ihrem perlgrauen Seidenkleid mit den Chantillyspitzen Seite an Seite mit ihr; und die ganze Straße lachte über den großartigen würdevollen Kutscher.

Von da an hatte Nana eine Leidenschaft, die sie in Atem hielt. Satin wurde ihr Laster. Sie wurde in dem Haus in der Avenue de Villiers untergebracht, gewaschen, neu ausgestattet, hatte nun drei Tage lang nichts anderes zu tun, als ihre Erlebnisse in Saint-Lazar zu schildern, die Scherereien mit den Schwestern, und diese Schweinehunde von Polizisten, die sie zu dem Schein gezwungen hatten. Nana war empört, sie tröstete Satin, schwor, sie davon zu befreien, und wenn sie selbst bis zum Minister laufen müßte. Indes eilte die Sache ja gar nicht, denn bei Nana würde man sie gewiß nicht suchen. Und nun verliefen die Nachmittage voll Zärtlichkeiten zwischen den beiden Frauen, Liebkosungen und schmeichelnde Worte wechselten mit von Gelächter erstickten Küssen. Es war dasselbe kleine Spiel, das die Ankunft der Polizeiagenten damals in der Rue de Laval unterbrochen hatte und das sie jetzt wieder scherzend aufnahmen.

Eines schönen Abends jedoch wurde es ernsthaft. Nana, die damals bei Laure so angewidert war, begriff jetzt. Und es warf sie völlig um; eine wahre Raserei ergriff sie. Und es wurde um so ärger, als Satin am Morgen des vierten Tages plötzlich verschwunden war. Niemand hatte sie hinausgehn sehn. Sie war in ihrem neuen Kleid durchgebrannt; sie hatte dem Bedürfnis nach frischer Luft und dem Heimweh nach der Straße nicht mehr widerstehen können.

An diesem Tag gab es ein so wütendes Ungewitter im Hause, daß alle Dienstleute den Kopf hängen ließen und nicht zu mucksen wagten. Nana hatte François fast geschlagen, weil er sich nicht quer vor die Tür gelegt hatte. Aber sie versuchte doch, sich zu beherrschen; sie schalt Satin einen schmutzigen Schlampen; das sollte ihr eine Lehre sein, solchen Unrat aus den Gossen aufzulesen.

Als Madame sich nachmittags einschloß, hörte Zoé sie schluchzen. Plötzlich, am Abend verlangte sie ihren Wagen und fuhr zu Laure. Ihr war der Einfall gekommen, daß Satin an der Table d'hôte in der Rue des Martyrs zu finden sei. Nicht etwa, daß sie sie wiedersehn wollte – nein, sie wollte ihr nur ein paar herunterhauen.

Tatsächlich speiste Satin an einem kleinen Tischchen mit Madame Robert. Als sie Nana sah, fing sie zu lachen an. Die war davon ins Herz getroffen; sie machte durchaus keine Szene, sondern sie war im Gegenteil sehr sanft und gefügig. Sie zahlte Champagner, machte fünf, sechs Tische betrunken und entführte Satin, während Madame Robert auf der Toilette war. Erst im Wagen tobte und biß sie und drohte ihr, sie umzubringen, wenn sie ein zweites Mal zu fliehen versuchte.

Und jetzt begann sich diese Geschichte regelmäßig zu wiederholen. Tragisch in ihrer verzweifelten Wut einer betrogenen Frau befand sich Nana beständig auf der Verfolgung dieses Frauenzimmers, die immer wieder aus Launenhaftigkeit entfloh – schon weil sie das Wohlleben in dem Haus nicht vertrug. Nana sprach davon, Madame Robert zu ohrfeigen; eines Tages dachte sie sogar an ein Duell: eine von ihnen beiden war zuviel. Wenn sie jetzt zu Laure dinieren fuhr, so trug sie alle ihre Brillanten und brachte oft Louise Violaine, Maria Blond und Tatan Néné mit, alle in Glanz und Pracht. Und in dem brenzligen Fettdunst der drei Säle machten sie sich nun in dem gelblichen Gaslicht mit ihrem Luxus gemein und waren selig, die kleinen Dirnen des Viertels zu verblüffen. An solchen Tagen küßte Laure strahlend und beängstigend zusammengeschnürt all ihre Schäfchen mit verdoppelter Mütterlichkeit. Satin indes mit ihren blauen Augen und dem reinen Jungfrauenantlitz bewahrte mitten in diesen Geschichten ihre Ruhe; gebissen, geschlagen, hin- und hergerissen zwischen den beiden Frauen, sagte sie nichts weiter, als daß das komisch wäre und die zwei doch weit klüger täten, sich zu verständigen. Sie kämen in keiner Weise mit ihr vorwärts, wenn sie sie ohrfeigten; sie konnte sich ja doch nicht entzweischneiden, so gerne sie allen ihren Willen getan hätte! – Schließlich trug doch Nana mit ihrem Übermaß von Zärtlichkeit und Geschenken den Sieg davon; und um sich zu rächen, schrieb Madame Robert den Liebhabern ihrer Rivalin die abscheulichsten anonymen Briefe.

Der Graf Muffat schien seit einiger Zeit sorgenvoll; eines Morgens legte er Nana in heftiger Bewegung einen anonymen Brief vor; sie ersah aus den ersten Zeilen, daß man sie beschuldigte, den Grafen mit Vandeuvres und den Brüdern Hugon zu betrügen.

„Das ist erlogen! Das ist erlogen!“ rief sie bestimmt und mit großer Aufrichtigkeit.

„Schwörst du es?“ fragte Muffat, schon erleichtert.

„Oh, bei allem was du willst! Bei dem Leben meines Kindes!“

Aber der Brief war lang. Zum Schluß war auch von ihren Beziehungen zu Satin die Rede, und zwar in Ausdrücken von schmutzigster Roheit. Als sie fertig war, sah sie ihn mit einem Lächeln an: „Jetzt weiß ich, woher das kommt“, sagte sie einfach.

Und als der Graf eine Erklärung verlangte, antwortete sie mit großer Gelassenheit: „Das ist eine Sache, mein Schatz, die dich nichts angeht ... Was kann dir daran liegen?“

Sie leugnete gar nichts. Er regte sich heftig auf. Sie zuckte die Achseln. War er vom Mond heruntergefallen? Solche Dinge kamen überall vor, und sie wies auf ihre Freundinnen hin und schwor: bei den Damen der großen Welt sei es auch nicht anders. Wenn man ihr glaubte, so gab es überhaupt nichts Selbstverständlicheres, nichts Natürlicheres. Was nicht wahr sei, sei eben nicht wahr. So war er ja noch gerade Zeuge ihrer Entrüstung über diese Geschichte mit Vandeuvres und den Brüdern Hugon. Ja, wenn das wahr wäre, hätte er guten Grund, sie zu erwürgen. Aber warum sollte sie um einer Sache willen lügen, die ja doch nicht zu verfolgen war? Und sie wiederholte ihren gewohnten Satz: „Was kann dir das ausmachen! Ich bitte dich!“

Als die Szene sich in die Länge zog, schnitt sie dem Grafen rüd das Wort ab: „Und übrigens, mein Lieber, wenn es dir nicht paßt, brauchst du es ja nur zu sagen ... Die Türen stehen offen ... Bitte! – Mich muß man schon nehmen wie ich bin.“

Er senkte den Kopf. Im Grunde war er ja glücklich über die Schwüre der jungen Frau. Und sie wiederum, als sie den Umfang ihrer Macht begriff, ließ jede Schonung fahren. Von da an lebte sie mit Satin im Hause vor aller Augen auf demselben Fuß wie mit den Herren. Vandeuvres hatte keine anonymen Briefe nötig – er begriff sofort; er scherzte, er machte Satin Eifersuchtsszenen. Georges und Philippe behandelten Satin hingegen als Kameraden mit Händeschütteln und sehr gepfefferten Scherzen.

Eines Abends, als dieses Frauenzimmer wieder durchgegangen war, hatte Nana ein Abenteuer. Sie war zum Diner in die Rue des Martyrs gefahren, ohne Satin jedoch zu erwischen. Als sie nun so allein speiste, erschien Daguenet; trotzdem sein Leben jetzt in wohlgeordneten Bahnen verlief, kam er doch zuweilen hierher, wenn das Bedürfnis nach dem Laster ihn wieder ergriff – immer in der Hoffnung, daß er in diesen schwarzen Winkeln des Unflats niemandem begegnen würde. Es schien auch zuerst, als ob Nanas Gegenwart ihn genierte. Aber er war nicht der Mann, um den Rückzug anzutreten. Er kam mit einem Lächeln auf sie zu. Und er fragte, ob Madame gestatten wolle, daß er an ihrem Tisch speise. Bei diesem scherzenden Ton nahm Nana ihre großartige kühle Miene an und antwortete trocken: „Setzen Sie sich, wohin es Ihnen beliebt, mein Herr. Wir sind in einem öffentlichen Lokal.“

Die Unterhaltung, die in diesem Ton begann, wurde recht merkwürdig. Aber beim Dessert hielt Nana es nicht mehr aus; sie brannte vor Lust, ihn ihren Triumph fühlen zu lassen; mit aufgestützten Ellbogen wieder ins Duzen verfallend, sagte sie: „Na, und wie steht's mit deiner Heirat, mein Junge? Geht die Sache vorwärts?“

„Nicht besonders“, gestand Daguenet. – Tatsächlich hatte er, als er im Begriff stand, um Estelle anzuhalten, eine solche Kälte von dem Grafen ausströmen gefühlt, daß er sich vorsichtig zurückgezogen hatte. Die Sache schien verloren.

Nana sah ihn unverwandt aus ihren hellen Augen an, das Kinn in die Hand gestützt und ein ironisches Lächeln um die Lippen.

„Hm, ich bin eine Gaunerin“, sagte sie langsam, „ach, man muß ja den zukünftigen Schwiegervater aus meinen Krallen reißen ... Na, mein Lieber, laß dir gesagt sein, für einen intelligenten Jungen bist du aber schön dumm! Was?! Solche Tänze machst du mir bei einem Mann, der mich vergöttert und mir jedes Wort wiederholt! – Hör mich an: du wirst heiraten, wenn es mir beliebt, mein Kind.“

Seit einer Weile fühlte er das schon; ein ganzer Unterwerfungsplan reifte bereits in ihm. Aber er scherzte noch immer und wollte noch nicht Ernst machen mit der Angelegenheit. Er zog seine Handschuhe an und bat sie in der korrektesten Form um die Hand des Fräulein Estelle de Beuville. Schließlich lachte sie schon, als ob sie gekitzelt würde. O dieser Bubi! Man konnte ihm auf die Dauer nicht böse sein. Daguenet verdankte seine großen Erfolge bei diesen Damen seiner Stimme, einer Stimme von einer Süße, einer Reinheit, einer solchen Musikalität, daß die

Mädchen ihn „Honigmund" nannten. Keine widerstand den wohllautenden Zärtlichkeiten, mit denen er sie umhüllte; er kannte diese Macht, er wiegte Nana in einem endlosen Erguß ein und erzählte ihr lauter alberne Geschichten. Als sie vom Tische aufstanden, war sie ganz rosig und hing bebend – wiedergewonnen – an seinem Arm.

Da das Wetter so schön war, schickte sie ihren Wagen weg und begleitete ihn zu Fuß nach Hause; es machte sich ganz von selbst, daß sie mit hinaufging. – Zwei Stunden später, als sie sich wieder anzog, sagte sie: „Also, Bubi, ist es dir ernst mit dieser Heirat?"

„Herrgott", sagte er, „es ist noch immer das beste, was ich tun kann. Du weißt doch, daß ich völlig auf dem Trockenen sitze."

Sie ließ sich von ihm die Schuhe zuknöpfen. Dann, nach einem Stillschweigen, sagte sie: „Mein Gott, mir soll's recht sein ... ich werde die Sache schon machen ... Sie ist zwar dürr wie eine Hopfenstange, die Kleine. Aber da euch allen damit gedient ist ... Oh, ich bin ein gutes Mädchen, ich werd' dir das schon richten."

Dann lachte sie hellauf, daß ihre nackte Brust bebte: „Aber was bekomm ich dafür von dir?"

Er umschlang sie in einer Aufwallung von Dankbarkeit und küßte ihre Schultern. Sie wehrte sich lustig, es überflog sie, und sie warf sich zurück.

„Ach, ich weiß schon",. schrie sie, vom Spiel erregt. „Hör zu, was ich als Vermittlungsgebühr verlange: du bringst mir am Tage deiner Hochzeit die Erstlinge deiner Unschuld ... vor deiner Frau, hörst du!"

„Einverstanden, einverstanden", lachte er noch herzlicher als sie.

Dieser Handel machte ihnen viel Spaß. Sie fanden die Geschichte ausgezeichnet.

Am nächsten Tag fand gerade bei Nana ein Diner statt, das übliche Donnerstagsdiner mit Muffat, Vandeuvres, den Brüdern Hugon und Satin. Der Graf kam zeitig. Er brauchte achtzigtausend Francs, um die junge Frau von zwei, drei Gläubigern zu befreien und um ihr einen Saphirschmuck zu schenken, nach dem sie vor Verlangen verging. Er hatte sein Vermögen schon allzusehr angegriffen, und da er es noch nicht wagte, ein Gut zu verkaufen, so suchte er einen Geldgeber. Auf Nanas eigene Ratschläge hatte er sich an Labordette gewandt; aber dem war das Geschäft zu groß, und er wollte lieber mit dem Friseur Francis sprechen, der sich ein Vergnügen daraus machte, seinen Klienten gefällig zu sein. Der Graf gab sich ganz in die Hände dieser Herren mit dem ausdrücklichen Wunsch, offiziell nichts mit der Sache zu tun zu haben. Beide verpflichteten sich, den Wechsel auf hunderttausend Francs, den er unterzeichnen wollte, in der Brieftasche zu bewahren. Und sie waren ganz unglücklich über diese zwanzigtausend Francs Zinsen, sie schrien Zeter und Mordio über diese Gauner von Wucherern, bei denen sie hatten anklopfen müssen, wie sie sagten. Als Muffat sich melden ließ, legte Francis eben die letzte Hand an Nanas Frisur. Auch Labordette, als der vertraute Freund ohne weitere Konsequenzen, befand sich im Ankleideraum. Als er den Grafen sah, legte er diskret ein dickes Paket Banknoten zwischen Puderdosen und Pomadentiegel. Und der Wechsel wurde auf dem Marmor des Toilettentisches gezeichnet. Nana wollte Labordette zum Diner dabehalten; aber der dankte und lehnte ab – er hatte einem reichen Ausländer Paris zu zeigen. Als ihn Muffat beiseite nahm und ihn beschwor, zu Becker zu eilen, zu dem Juwelier – und ihm den Saphirschmuck zu bringen, mit dem er die junge Frau am Abend überraschen wollte, belud er sich willig mit dem Auftrag. Schon eine halbe Stunde später überreichte mysteriöserweise Julien dem Grafen das Juwelenkästchen.

Während des Essens war Nana nervös. Der Anblick der achtzigtausend Francs hatte sie aufgeregt. Nein, und dieses ganze Geld sollte den Lieferanten in die Hände fallen! Es war abscheulich. Von der Suppe an wurde sie gefühlvoll und predigte in diesem wundervollen Speisesaal angesichts des blitzenden Silbers und Kristalls das Glück der Armut. Die Herren waren im Abendanzug, sie selbst trug ein Kleid aus weißem gesticktem Atlas; Satin war bescheidener in schwarzer Seide und hatte nur ein goldenes Herz, das Geschenk ihrer lieben Freundin, am Halse. Und hinter den Tischgenossen servierten Julien und François mit Zoés Hilfe – alle drei in tadelloser Haltung.

„Ihr könnt es mir glauben, daß ich mich besser unterhielt, als ich noch keinen Groschen besaß", sagte Nana wieder. – Sie hatte Muffat zu ihrer Rechten und Vandeuvres zur Linken sitzen, aber sie sah sie nicht einmal an, sondern befaßte sich ausschließlich mit Satin, die ihr gegenüber zwischen Philippe und Georges thronte.

„Nicht wahr, mein Schatz", sagte sie bei jedem Satz. „Ach, was haben wir damals gelacht, als wir noch in die Pension der Mutter Josse in der Rue Polonceau gingen!"

Der Braten wurde serviert. Die beiden Frauen vertieften sich in ihre Erinnerungen. Das überkam sie wie ein Anfall, und sie konnten dann kein Ende finden; keine ließ die andere ausreden, sie hatten ein heftiges Bedürfnis, in dem Schlamm ihrer Jugend zu wühlen. Und das befiel sie immer gerade, wenn Männer da waren, als ob sie einer nicht zu hemmenden Wut erlägen, diese in die Jauchengrube ihrer Kindheit zu tauchen. Die Herren sahen geniert zur Seite und wurden blaß. Die Brüder Hugon versuchten zu lachen, Vandeuvres frisierte nervös seinen Bart, und Muffat verschanzte sich hinter verdoppelter Würde.

„Erinnerst du dich an Victor?" sagte Nana. „So ein verdorbener Bengel, der die kleinen Mädchen in den Keller führte!"

„Na, aber ganz genau!" antwortete Satin. „Ich erinnere mich noch so gut an den großen Hof bei euch. Da war eine Hausmeisterin mit einem Besen..."

„Die alte Boche, die ist tot."

„Und ich sehe noch immer euern Laden ... Deine Mutter war eine dicke Person. Eines Abends, als wir spielten,

kam dein Vater beduselt nach Hause, aber so beduselt –!“
In diesem Augenblick versuchte Vandeuvres die Erinnerungen der beiden Damen zu durchkreuzen und dem Gespräch eine andere Wendung zu geben. „Ach, meine Liebe, ich möchte gerne noch einmal von den Trüffeln nehmen – sie sind ja fabelhaft. Gestern hab' ich bei dem Herzog de Corbreuse Trüffeln gegessen, die waren lange nicht so gut ...“
„Julien, die Trüffeln“, sagte Nana ungehalten. Dann kam sie auf ihr Gespräch zurück: „Ja, weiß der Teufel, Papa war nicht zur Vernunft zu bringen ... na, und das gab dann ein Gepurzel, Hals über Kopf, wir verkrochen uns in jeden Winkel ... Ich kann dir nur sagen, mir ist oft grün und gelb vor den Augen geworden, und es ist nur ein Wunder, daß ich dabei nicht meine Haut gelassen habe wie Papa und Mama ...“
Diesmal erlaubte sich Muffat, der nervös mit einem Messer spielte, einzuschreiten. „Das ist nicht gerade heiter, was ihr da erzählt.“
„Ha? Was? Nicht heiter?“ schrie Nana und schleuderte ihm einen bösen Blick zu. „Das will ich gerne glauben, daß es nicht heiter ist! Es mußte Brot für uns geschaffen werden! – Oh, ich bin ein aufrichtiges Geschöpf, ich sag' es geradeheraus, wie es ist ... Mama war Wäscherin, Papa besoff sich regelmäßig, und daran starb er auch. So! Und wenn euch das nicht paßt, wenn ihr euch meiner Familie schämt ...“
Alle protestierten dagegen. Was fiel ihr nur ein! Man respektierte ihre Familie.
Aber sie fuhr fort: „Wenn ihr euch meiner Familie schämt – gut! Dann laßt mich nur, denn ich bin keine von den Frauen, die Vater und Mutter verleugnen. Mich müßt ihr schon mit meinen Eltern nehmen! Versteht ihr!“
Sie nahmen sie, sie akzeptierten Papa und Mama, die Vergangenheit – alles, was sie nur wollte. Alle vier hefteten sie jetzt die Augen auf den Tisch und waren ganz klein geworden. Und sie hielt sie unter ihrem alten kotigen Pantoffel aus der Rue de la Goutte-d'Or, im Vollgefühl ihrer Allmacht. Und sie gab noch lange nicht nach: man könne ihr lange Reichtümer zu Füßen legen, ihr Paläste bauen – sie würde immer mit Sehnsucht an die Zeit zurückdenken, wo Äpfel zwischen ihren Zähnen krachten. Ein Schwindel, dieses blödsinnige Geld! Das war ja doch nur für die Lieferanten gemacht! Dann verebbte ihr Anfall in einer gefühlvollen Schwärmerei für ein einfaches Leben, ein einfaches Herz mitten in einer grenzenlosen allgemeinen Güte.
In diesem Augenblick sah sie Julien mit schlenkernden Armen wartend dastehen. „Na, was gibt's denn? – Bringen Sie den Champagner“, sagte sie. „Was stehn Sie denn da und schaun mich an wie ein Kamel?“
Während der ganzen Szene hatten die Dienstleute nicht mit der Wimper gezuckt. Sie schienen gar nichts zu hören, und in demselben Maßstab, als Madame sich gehen ließ, wurden sie immer majestätischer; Julien goß den Champagner in vollendeter Haltung ein. Unglücklicherweise neigte François, der das Obst herumreichte, die Schale zu sehr, und Äpfel, Birnen und Trauben rollten auf den Tisch.
„Ungeschickter Tölpel!“ schrie Nana. Der Diener wollte sich ungehörigerweise in Erklärungen einlassen, daß das Obst nicht ordentlich aufgeschichtet gewesen sei. Zoé hatte den ganzen Aufbau gefährdet, weil sie Orangen weggenommen hatte.
„Dann ist also Zoé eine Gans!“ sagte Nana.
„Aber Madame –“, sagte Zoé verletzt.
Nana sprang auf und sagte mit abgehackter Stimme und einer Gebärde königlicher Autorität: „Genug jetzt, ja? ... Hinaus mit euch allen! ... Wir brauchen euch nicht mehr!“
Diese Exekution beruhigte sie. Sie wurde sofort danach sehr sanft, sehr liebenswürdig. Der Nachtisch verlief reizend, und es machte den Herren Spaß, sich selbst zu bedienen. Satin hatte sich eine Birne geschält und aß sie hinter ihrem Herzensliebling stehend, auf Nanas Schultern gestützt; sie flüsterte ihr leise Worte in den Nacken, über die sie beide herzlich lachten. Dann wollte sie ihr letztes Stückchen Birne mit Nana teilen und bot es ihr mit den Zähnen an; und beide bissen sich in die Lippen und verzehrten die Frucht in einem Kuß. Die Herren legten einen lustigen Protest ein. Philippe schrie ihnen zu, sie sollten sich doch ja nicht genieren. Vandeuvres fragte, ob die Herren vielleicht hinausgehn sollten. Georges hatte Satin um die Mitte gefaßt und an ihren Platz zurückgeführt.
„Seid ihr dumm“, sagte Nana. „Ihr macht sie ja schamrot, das arme liebe Herz ... Geh, mein Kind, laß sie nur ihre dummen Witze machen. Das geht sie nichts an, das sind unsere eigenen kleinen Angelegenheiten.“ Und zu Muffat gewandt, der alles mit seinen ernsten Augen mit ansah: „Nicht wahr, mein Freund?“
„Aber ja, gewiß“, murmelte er einverstanden.
Er leistete keinen Widerstand mehr. Da saßen nun diese beiden Frauen einander gegenüber zwischen den großen Herren, Trägern alter Namen, alter Ehre und wechselten zärtliche Blicke, setzten sich durch und herrschten durch den ruhigen Mißbrauch ihres Geschlechtes und ihre eingestandene Verachtung des Mannes. Und die Männer waren einverstanden und nahmen es noch mit Beifall auf.
Den Kaffee nahm man oben im kleinen Salon. Zwei Lampen erhellten die rosenfarbene Wandbespannung und all die kostbaren Kleinigkeiten in Lack und Altgold mit weichem Licht. Es war schon spät in der Nacht, und das gedämpfte Licht spielte zwischen all den Truhen, den Bronzen und Fayencen und ließ hier und dort silberne und elfenbeinerne Inkrustationen aufleuchten, entzündete ein Blitzen auf einem ziselierten Stäbchen oder moirierte eine Wandfüllung mit seidigen Reflexen. Im Kamin verglomm das Feuer vom Nachmittag in der Glutasche, es war sehr warm, eine erschlaffene Hitze, die in den Vorhängen und Portieren hing. Und in diesem

Raum, der so voll von Nanas intimstem Leben war, wo ihre Handschuhe herumlagen, ein zu Boden gefallenes Taschentuch, ein offenes Buch – da war sie selbst in ihrer ganzen Zwanglosigkeit, mit ihrem Veilchenduft, nachlässig und gutmütig – bezaubernd unter all diesen gehäuften Reichtümern. Und die Fauteuils, die so breit waren wie Betten, die Diwans, tief wie Alkoven, luden zu selbstvergessenen Träumereien, zu lachender Zärtlichkeit, zu Liebesgeflüster in den dämmernden Winkeln ein.

Satin streckte sich behaglich auf einem Diwan am Kamin. Sie zündete sich eine Zigarette an. Vandeuvres machte sich den Spaß, ihr eine entsetzliche Eifersuchtszene zu machen und drohte, ihr seine Zeugen zu schicken, wenn sie Nana noch einmal von ihren Pflichten abwendig machen würde. Philippe und Georges assistierten ihm und neckten und plagten sie so sehr, daß sie schließlich um Hilfe rief: „Liebling, Liebling, bring sie doch zum Schweigen! Sie sind schrecklich hinter mir her!"

„Laßt sie mir nur in Ruhe", sagte Nana ernsthaft. „Ich will nicht, daß ihr sie quält, das wißt ihr ... und du, mein Schatz, warum läßt du dich immer mit ihnen ein, wenn du doch schon weißt, wie unvernünftig sie sind!"

Satin war ganz rot, sie streckte die Zunge heraus und ging in das Toilettenzimmer, durch dessen weit offene Tür man das blasse Leuchten des Marmors in dem milchigen Schein der abgeblendeten Kugel sah, in der eine Gasflamme brannte.

Nana plauderte als Herrin des Hauses in ihrer reizenden Art mit den vier Herren. Sie hatte heute einen Roman gelesen, der gerade viel Aufsehn machte – die Geschichte einer Dirne, und sie sprach sehr heftig dagegen, sie fand alles falsch und bezeugte übrigens einen empörten Abscheu vor dieser Schmutzliteratur, die vorgab, das Leben selbst zu schildern. Als ob sich alles darstellen ließe! Als ob ein Roman nicht dazu da wäre, um einem eine Stunde angenehm zu vertreiben. Was Bücher und Theaterstücke anlangte, so hatte Nana ein unverrückbar feststehendes Urteil: jedes Kunstwerk sollte schön und edel sein, sie mußte davon schwärmen können, sie mußte ihre Seele erhoben fühlen. Dann kam das Gespräch auf die Unruhen, die Paris in Atem hielten, auf die Brandartikel, auf Anzeichen von Aufruhr infolge des Rufes zu den Waffen, der täglich in die öffentlichen Versammlungen geschleudert wurde. Nana entrüstete sich über die Republikaner. Was wollte dieses schmutzige Pack eigentlich, das sich niemals wusch? Ein stinkender Unflat, dieses Volk! Sie konnte darüber sprechen, denn sie kannte es. Sie vergaß ganz den Respekt, den sie bei Tische für die kleinen Leute der Rue de la Goutte-d'Or gefordert hatte, und bespie jetzt die Ihrigen mit dem ganzen Ekel und der Furcht der arrivierten Frau. Gerade am Nachmittag hatte sie im „Figaro" den Bericht über eine ins Lächerliche gezogene öffentliche Versammlung gelesen, über die sie noch immer wegen der derben Volkstümlichkeiten lachte, die ein hinausgeworfener Saufbold ausgestoßen hatte.

„Ach, dieses betrunkene Gesindel!" sagte sie mit Widerwillen. „Nein, glauben Sie mir, es wäre ein großes Unglück für die Welt, ihre Republik ... Möge uns Gott unseren Kaiser so lange als nur möglich erhalten!"

„Gott wird Sie erhören, liebe Freundin", sagte Muffat würdevoll. „Sehen Sie, der Kaiser ist sehr kräftig."

Es freute ihn, daß sie so loyale Ansichten hatte. In der Politik verstanden sie sich ausgezeichnet. Auch Vandeuvres und der Hauptmann Hugon sparten nicht mit Witzen über diesen Pöbel, der das Maul aufriß und sofort Fersengeld gab, wenn er eine Bajonettspitze erblickte. Georges allein blieb an diesem Abend blaß und sah verdüstert vor sich hin.

„Was hat denn das Kind?" fragte Nana, als sie sein Unbehagen merkte.

„Ich? Nichts – ich höre zu", sagte er leise.

Aber er litt. Beim Aufbruch von der Tafel hatte er Philippe mit der jungen Frau scherzen gehört; und auch jetzt saß Philippe und nicht er neben ihr. Seine Brust schwoll schmerzhaft an, ohne daß er hätte sagen können, warum. Er konnte sie nicht nebeneinander sehn, den Bruder und Nana, es war ihm unerträglich; so abscheuliche Gedanken schnürten ihm die Kehle zu, daß er sich seiner Herzensangst noch schämte. Er, der über Satin lachte, der Steiner und Muffat akzeptiert hatte, dann noch all die anderen – er bäumte sich jetzt auf, es schwamm ihm rot vor den Augen bei dem Gedanken, daß Philippe eines Tages an diese Frau rühren könnte.

„Da, nimm Bijou", sagte sie tröstend und reichte ihm das Hündchen, das auf ihrem Schoße eingeschlafen war. Und Georges wurde wieder heiter, nur weil er etwas von ihr hielt, dieses Tierchen, das noch ganz warm von ihren Knien war.

Die Unterhaltung drehte sich jetzt um einen beträchtlichen Verlust, den Vandeuvres am Abend zuvor im Cercle Impérial erlitten hatte. Muffat war kein Spieler, er staunte darüber. Aber Vandeuvres machte lächelnd eine Anspielung auf seinen bevorstehenden Ruin, von dem Paris bereits sprach: es käme nicht auf die Todesart an, die Hauptsache sei, mit Haltung zu sterben. Seit einiger Zeit hatte Nana eine gewisse Nervosität an ihm bemerkt, eine gekniffene Falte am Mund und Flackerlichter im Grund seiner klaren Augen. Er bewahrte seinen aristokratischen Hochmut, die erlesene Vornehmheit seiner verarmten Rasse. Und auch jetzt verriet ihn nichts als ein vorübergehender Schwindel, der sein von Frauen und vom Spiel verheertes Gehirn ergriff. Eines Nachts, als er bei ihr lag, hatte er sie mit einer furchtbaren Geschichte erschreckt: er träumte davon, sich in seinem Stall einzuschließen und sich mit seinen Pferden zu verbrennen, wenn einmal alles verschleudert sein würde. Seine einzige Hoffnung setzt er noch auf Lusignan, ein Pferd, das er für den Preis von Paris trainierte. Er lebte nur noch auf dieses Pferd hin, das seinen erschütterten Kredit aufrechterhielt. Bei jeder Forderung Nanas vertröstete er sie auf den Juni, wenn Lusignan erst den Preis gewonnen haben würde.

„Pah", sagte sie scherzend, „er kann gerne verlieren – bei den Rennen wird er sie ja doch alle hineinlegen."

Er begnügte sich mit einem unmerklichen mysteriösen Lächeln als Antwort. Dann sagte er leichthin: „Apropos, ich habe mir erlaubt, meinem Outsider, einer jungen Stute, Ihren Namen zu geben ... Nana, Nana, das klingt so gut. Sie sind doch nicht böse?"

„Böse? Warum?" fragte sie, im Grunde entzückt.

Die Unterhaltung ging weiter, man sprach von einer bevorstehenden Hinrichtung, die junge Frau brannte darauf, hinzugehn; da erschien Satin an der Tür des Ankleideraumes und rief sie bittend. Sie stand auch gleich auf und ließ die Herren, behaglich ausgestreckt, mit der Zigarre im Mund, zurück; sie diskutierten die schwerwiegende Frage, wie weit die Verantwortung bei einem Mörder ginge, der chronischer Alkoholiker sei.

Im Ankleideraum weinte Zoé, auf einen Sessel hingesunken, heiße Tränen, während Satin vergeblich versuchte, sie zu trösten.

„Was gibt's denn hier?" fragte Nana erstaunt.

„O Liebling, sprich du mit ihr", sagte Satin. „Seit zwanzig Minuten rede ich ihr gut zu. Sie weint, weil du ‚dumme Gans' zu ihr gesagt hast."

„Ja, Madame, das ist auch hart genug ..." stammelte Zoé, von neuem Schluchzen erstickt.

Plötzlich fühlte sich Nana von diesem Anblick sehr gerührt. Sie redete ihr mit herzlichen Worten zu. Und da Zoé sich noch immer nicht beruhigte, kauerte sie sich vor ihr nieder und nahm sie mit zärtlicher Vertraulichkeit um die Mitte. „Aber, du Dummkopf, ich sagte ‚dumme Gans', ohne mir das geringste dabei zu denken. Was weiß denn ich! Ich war so zornig. Na also, es war unrecht von mir, beruhige dich nur."

„Wo ich Madame doch so liebhabe", stammelte Zoé. „Nach all dem, was ich für Madame getan ..."

Nana umarmte die Zofe. Und um ihr zu beweisen, daß sie gar nicht böse sei, schenkte sie ihr ein Kleid, das sie dreimal angehabt hatte. Ihre Zwistigkeiten wurden immer mit Geschenken beigelegt. Zoé drückte das Taschentuch vor die Augen. Sie trug das Kleid unter dem Arm davon und sagte noch im Hinausgehen, daß auch in der Küche große Trauer herrsche, und daß weder Julien noch François hätten essen können, so sehr hätte Madames Zorn ihnen den Appetit verdorben. Und Madame sandte ihnen als Versöhnungsopfer einen Louis. Sie konnte keine traurigen Gesichter um sich sehn.

Nana wollte in den Salon zurückkehren, sie war so froh, daß diese Uneinigkeit, die sie im Hinblick auf den nächsten Tag dumpf bedrückt hatte, aus der Welt geschafft war – da fing Satin an, heftig und leise auf sie einzureden. Sie beklagte sich bitterlich, sie drohte auf und davon zu gehen, wenn die Herren sie noch einmal so neckten; und sie verlangte, daß ihr Herzensliebling sie heute nacht alle miteinander vor die Tür setze. Das würde ihnen eine Lehre sein. Und dann wär es doch auch so nett, wieder einmal zu zweit allein zu sein! Nanas Herz wurde wieder schwer, und sie schwor, das ginge nicht an. Da fuhr Satin rücksichtslos auf wie ein heftiges Kind und machte ihre Gewalt über Nana geltend: „Ich will es, hörst du! Schick sie weg oder ich gehe auf und davon!"

Und sie ging in den Salon zurück und streckte sich wieder auf dem Diwan aus, ganz abseits am Fenster; schweigsam und wie eine Tote lag sie da und richtete nur ihre großen Augen fest und abwartend auf Nana.

Die Herren entschieden sich gegen die neuen kriminalistischen Theorien. Durch diese schöne Erfindung der Unverantwortlichkeit in gewissen pathologischen Fällen gab es ja überhaupt keine Verbrecher mehr, sondern nur Kranke. Die junge Frau stimmte ihnen mit einem Kopfnicken bei und überlegte dabei, auf welche Weise sie den Grafen loswerden könne. Die anderen würden gehn; aber er würde sich darauf versteifen, zu bleiben. Tatsächlich stand Georges sofort auf, als Philippe Anstalten zum Aufbruch machte – ihn hätte nur der Gedanke, Philippe allein bei Nana zurückzulassen, gemartert. Vandeuvres blieb noch ein paar Minuten, er sondierte das Terrain, ob nicht vielleicht zufällig irgendwelche Geschäfte Muffat heute veranlaßten, ihm seinen Platz zu überlassen. Als er dann sah, daß der Graf sich unzweifelhaft für die Nacht hier installierte, ließ er seine Absichten fallen und verabschiedete sich wie ein taktvoller Mensch. Als er zur Tür ging, sah er Satin mit ihrem unbeirrbar festen Blick. Er begriff alles und trat sehr belustigt zu ihr, um ihr die Hand zu drücken: „Na? – Wir sind doch nicht etwa böse? – Verzeih mir ... Du bist doch das famoseste Mädel, Ehrenwort!"

Satin würdigte ihn keiner Antwort. Sie ließ die Augen nicht von Nana und dem Grafen, die nun allein geblieben waren. Muffat legte sich keine Zurückhaltung mehr auf, er nahm Nanas Finger und küßte sie. Nana suchte einen Übergang und fragte nach dem Befinden seiner Tochter Estelle. Am Abend vorher hatte er sich über die Traurigkeit seines Kindes beklagt; er konnte zu Hause nicht einen frohen Tag verleben, seine Frau war nie daheim, und seine Tochter verschloß sich in ein eisiges Schweigen. Nana war voll guter Ratschläge für seine Familienangelegenheiten. Und als Muffat sich nun gehen ließ und mit gelösterem Geist und Körper ihr wieder seine Leiden klagte, sagte sie, in Erinnerung ihres Versprechens: „Und wenn du sie verheiratetest?"

Und sie nahm sich gleich ein Herz und sprach von Daguenet. Bei diesem Namen fuhr der Graf heftig auf. Niemals, nach dem, was er von ihr erfahren habe!

Sie spielte die Erstaunte, dann brach sie in Gelächter aus; sie fiel ihm um den Hals: „Oh, du bist eifersüchtig! Ist es denn möglich! ... Denk nur ein bißchen nach: man hatte mich bei dir verleumdet, ich war wütend ... Aber heute wäre ich untröstlich ..."

Über Muffats Schulter weg begegnete sie Satins Blick; sie ließ ihn beunruhigt los und fuhr gewichtig fort: „Mein Freund, diese Heirat muß zustande kommen, ich will doch dem Glück deiner Tochter nicht im Weg stehn! – Das ist ein ausgezeichneter junger Mensch, du kannst gar keinen besseren finden."

Und sie stürzte sich in große Lobeserhebungen über

Daguenet. Der Graf hatte wieder ihre Hände erfaßt. Er sagte nicht mehr nein – er wollte zusehen, man würde noch darüber sprechen. Dann, als er vom Schlafengehen sprach, senkte sie die Stimme und gab ihm Erklärungen: unmöglich, sie wäre nicht wohl; wenn er sie nur ein wenig liebte, würde er nicht darauf bestehn. Aber er versteifte sich trotzdem, er wollte nicht fort, und sie wurde schon schwach, da traf sie vom neuen ein Blick Satins. Sie wurde unbeugsam. Nein, es war ganz und gar unmöglich. Der Graf stand sehr erregt mit leidendem Ausdruck auf und suchte seinen Hut. An der Tür fiel ihm der Saphirschmuck ein, dessen Kästchen er in der Tasche spürte. Er hatte es am Fußende des Bettes verstecken wollen, damit sie es mit den Füßen tastend fand, wenn sie sich als die erste ins Bett legte. Eine Überraschung für dieses große Kind, auf die er sich seit dem Essen freute. Und in seiner Verwirrung und Kränkung, daß sie ihn so fortschickte, überreichte er ihr jetzt brüsk das Etui.

„Was ist denn das?“ fragte sie. „Ach –! Saphire! Ja, natürlich, dieser Schmuck –! Wie lieb von dir! ... Sag', mein Herz, glaubst du, daß das derselbe ist? Im Schaufenster sah er viel schöner aus ...“

Das war der ganze Dank, so ließ sie ihn ziehn. Jetzt bemerkte er erst Satin, die in schweigendem Warten hingestreckt lag. Er sah beide Frauen an und gab nach; er unterwarf sich, er ging.

Die Tür des Vestibüls hatte sich noch nicht geschlossen, als Satin Nana um die Mitte nahm und sang und tanzte. Dann lief sie ans Fenster: „Ich muß doch sehn, wie er die Nase hängen läßt!“

Im Schatten der Vorhänge stützten sich die beiden Frauen auf das schmiedeeiserne Fenstergeländer. Es schlug ein Uhr. Die öde Avenue de Villiers streckte zwei Doppelreihen von Gaslaternen in diese feuchte Märznacht hinaus, ein Sturm trieb Regenschauer vor sich her. Dunkel und weit lag das ungewisse Gelände da. Neubauten hoben ihre Gerüste in den schwarzen Himmel. Ein tolles Gelächter ergriff die beiden Frauen, als Muffats runder Rücken auftauchte, der längs des nassen Trottoirs hinstrich mit seinem jämmerlichen Schatten quer über der eisigen leeren Ebene des neuen Paris.

Aber Nana hieß Satin stille sein. „Gib acht – Schutzleute!“

Sie erstickten ihr Lachen und starrten mit dumpfer Angst hinüber auf die andere Seite der Avenue, wo zwei schwarze Gestalten im Takt auf und ab gingen. Inmitten ihres Luxus, inmitten ihrer unbeschränkten Gewalt über die Männer hatte Nana ein Entsetzen vor der Polizei bewahrt – sie hörte lieber vom Tode sprechen als von der Polizei. Ein Unbehagen erfaßte sie, wenn ein Schutzmann nur die Augen auf ihr Haus richtete. Man kannte sich mit diesen Leuten nie aus. Wie leicht konnten sie sie für Dirnen halten, wenn sie sie so spät in der Nacht so lachen hörten! – Satin preßte sich in einem kleinen Schauer an Nana. Trotzdem hielt sie die Neugier am Fenster fest, denn jetzt kam eine Laterne mitten durch die Pfützen der Chaussee dahergetanzt. Sie gehörte einer alten Lumpensammlerin, die die Rinnsteine durchsuchte. Satin erkannte sie.

„Sieh doch“, sagte sie, „die Königin Pomaré mit ihrem Lumpenschal.“

Und während ein Windstoß ihnen einen Regenschauer ins Gesicht peitschte, erzählte sie ihrem Liebling die Geschichte der Königin Pomaré. Oh, eine wundervolle Person, die einmal mit ihrer Schönheit ganz Paris beherrscht hatte. Und ein Schick, eine Selbstsicherheit –! Die Männer fraßen ihr aus der Hand, hohe Persönlichkeiten weinten vor ihrer Tür. Jetzt besoff sie sich, die Frauen ihres Bezirks gaben ihr manchmal Absinth zu trinken und trieben ihren Spaß mit ihr; dann liefen ihr die Gassenjungen auf der Straße nach und verfolgten sie mit Steinwürfen. Alles in allem, ein Sturz von der Höhe, eine in den Kot gefallene Königin!

Nana hörte kalt die Geschichte an.

„Du wirst gleich sehn“, sagte Satin. Sie pfiff wie ein Mann. Die Lumpensammlerin, die jetzt unter dem Fenster stand, hob den Kopf und hielt ihr Gesicht in den gelben Laternenschein. Aus einem Bündel Lumpen unter einem zerfetzten Kopftuch schaute ein bläuliches, blatternarbiges Antlitz hervor mit zahnlosem Mund und entzündeten Augenlöchern. Und in Nana stieg bei dem Anblick des furchtbaren Alters einer versoffenen Dirne plötzlich die Erinnerung an Chamont auf, sie sah es sich aus dem Dunkel lösen wie eine Vision – diese Irma d'Anglars, dieses einstmalige Gassenmensch, reich an Jahren und Ehren, wie sie die Freitreppe ihres Schlosses erstieg, an deren Fuß die Dorfbewohner in Ehrfurcht erstarben.

Satin hatte ihren Spaß an der Alten, die nicht wußte, woher das Zeichen kam, und pfiff wieder. Da sagte Nana mit veränderter Stimme leise: „Hör jetzt auf – die Schutzleute! Komm schnell ins Zimmer, mein Schatz!“

Die taktmäßigen Schritte kamen wieder. Sie schlossen das Fenster. Als sie wieder in dem warmen Raum waren, sank Nana zähneklappernd und mit feuchtem Haar auf einen Stuhl und staunte ihren Salon an, als ob sie alles vergessen hätte und an einen unbekannten Ort zurückgekehrt wäre. Sie atmete eine so laue, duftende Luft ein, daß dies allein schon wie unerwartetes Glück für sie war. Die angehäuften Schätze, die antiken Möbel, die Gold- und Seidenstoffe, das Elfenbein, die Bronzen – alles schlummerte noch in dem rosenen Lampenschein. Und das ganze stumme Haus strömte die Atmosphäre von üppigem Luxus aus, die Feierlichkeit der Empfangsräume, die prunkvolle Weite des Speisesaales, die stille Vornehmheit der breiten Treppe mit den schwellend weichen Teppichen und Sitzen. Alles schien eine jähe Ausweitung ihres eigenen Wesens zu sein, ihres Bedürfnisses nach Herrschaft und Genuß und ihrer Sucht, alles zu besitzen, um alles zu zerstören. Niemals hatte sie so tief die Macht ihres Geschlechts empfunden. Sie ließ den Blick langsam durch den Raum wandern und sagte mit tief philosophischem Gesicht: „Es ist doch wahr! Wie recht tut man daran, sein Leben zu genießen, solange man jung ist!“

Aber schon wälzte sich Satin auf den Bärenfellen im Schlafzimmer und rief nach ihr: „Komm! So komm doch!"
Nana zog sich im Toilettenkabinett aus. Damit es schneller ginge, griff sie mit beiden Händen in ihr dickes Blondhaar und schüttelte es über eine silberne Waschschale, daß ein Hagel von Haarnadeln niederging und mit hellem Geläute an das Metall schlug.

XI

Es war an einem Sonntag unter einem Gewitterhimmel in den ersten Junihitzen, als das Rennen um den Grand Prix von Paris im Bois de Boulogne stattfand. Am Morgen war die Sonne in einer rötlichen Staubwolke aufgegangen. Aber gegen elf Uhr, als gerade die Wagen bei dem Hippodrom von Longchamps ankamen, fegte ein Südwind die Wolken vom Himmel; langgestreckte Nebelfetzen trieben dahin, und von einem Ende des Horizontes zum anderen wurden die tiefblauen Streifen immer breiter. Und in den Sonnenstrahlen, die zwischen zwei Wolken hervorbrachen, flammte alles hell auf – der Rasen, der sich nach und nach mit einer Menge Wagen, mit Reitern und Fußgängern bevölkerte, die leere Reitbahn mit dem Zielhaus für den Richter, dem Zielpfosten, den Masten mit den Anzeigetafeln, dann, geradezu inmitten der Einzäunung des Wägeraums, die fünf symmetrischen Tribünen mit den übereinandergestuften Galerien aus Gerüsten und Ziegelwerk. Darüberhin breitete sich die endlose Ebene, ganz in Mittagslicht getaucht und von kleinen Bäumchen begrenzt; gegen Westen war sie von den bewaldeten Hügeln von Saint-Cloud und von Suresnes abgeschlossen, die das strenge Profil des Mont-Valérien beherrschten.
Nana war so leidenschaftlich erregt, als ob der Grand Prix ihr Glück entschiede, und wollte sich an die Barriere neben den Zielpfosten stellen. Sie war sehr früh als eine der ersten gekommen, ihr silberbeschlagener Landauer war mit vier herrlichen weißen Pferden à la Daumont bespannt – ein Geschenk des Grafen Muffat. Als sie mit zwei Vorreitern auf den linken Pferden und zwei Bedienten, die unbeweglich hinter dem Wagen standen, an der Einfahrt des Rasens erschien, erhob sich ein Gedränge in den Massen wie bei der Auffahrt einer Königin. Sie trug die Farben des Stalles Vandeuvres, Blau und Weiß, in einer sehr auffallenden Toilette: eine kleine knappanliegende Korsage und eine Tunika aus blauer Seide, an den Hüften zu ungeheuern Puffen gerafft, wodurch sich die Schenkel in dieser Zeit der gebauschten Kleider sehr deutlich abzeichneten; das Kleid selbst war aus weißem Atlas, ebenso die Ärmel und eine gekreuzte Schärpe, und dies alles war mit silberner Guipurespitze geputzt, die in der Sonne blitzte. Dazu hatte sie sich, um die Ähnlichkeit mit einem Jockey zu betonen, eine blaue Toque mit weißer Feder auf die Frisur gesetzt, deren gelbe Flechten ihr bis über den halben Rücken fielen wie zwei dicke Schweife aus rotem Pferdehaar.
Es läutete Mittag; bis zu dem Rennen um den Großen Preis dauerte es noch drei Stunden. Als der Landauer seinen festen Platz an der Barriere hatte, richtete sich Nana häuslich ein. Sie hatte den Einfall gehabt. Bijou und Louiset mitzunehmen. Der Hund kuschelte sich in ihre Röcke und zitterte fröstelnd trotz der Wärme; und das mit Spitzen und Bändern herausgeputzte Kind saß stumm und bleich von der frischen Luft mit seinem armen kleinen Gesichtchen wie eine Wachsfigur da.
Die junge Frau, unbekümmert um ihre Nachbarn, plauderte sehr laut mit Georges und Philippe Hugon, die vor ihr auf dem Bänkchen saßen, und zwar in einem solchen Haufen von Blumensträußen, daß sie bis an die Schultern in weißen Rosen und blauen Vergißmeinnicht versanken.
„... Und da er mich zu Tode langweilte", sagte sie, „hab' ich ihm die Tür gewiesen ... Und jetzt schmollt er seit zwei Tagen." Sie sprach von Muffat; nur gestand sie den beiden jungen Leuten den wahren Grund dieses ersten Zanks nicht ein. Eines Abends hatte er in ihrem Schlafzimmer einen Männerhut gefunden – eine lächerliche Schrulle, irgendein Vorübergehender, den sie aus purer Langeweile mitgenommen hatte.
„Ihr könnt euch gar nicht vorstellen, wie komisch er ist", sagte sie und amüsierte sich selbst über die Einzelheiten, die sie zum besten gab, „im Grunde ist er ein kompletter Mucker ... Er betet auch jeden Abend. Also tatsächlich! Er glaubt nur, ich merk' das nicht, weil ich mich immer zuerst niederlege, denn ich will ihm doch nicht im Weg sein, aber ich blinzle mit den Augen – er murmelt sein Gebet und schlägt noch das Kreuz, wenn er über mich wegsteigt und sich auf seinen Platz an der Wand legt."
„Das ist raffiniert", sagte Philippe, „also – vorher und nachher?"
Sie lachte herzlich. „Ganz richtig, vorher und nachher. Wenn ich am Einschlafen bin, so hör' ich ihn schon wieder murmeln ... Aber was mir auf die Nerven geht, das ist seine Art, nach jedem kleinen Streit das Heulen und Zähneklappern zu kriegen. Ich war wirklich immer fromm – ja gewiß, ihr könnt euch darüber lustig machen soviel ihr wollt, deshalb hab' ich doch meinen Glauben ... Aber er ist ja ein solcher Betbruder! Ein solcher jämmerlicher Mucker! Er seufzt, er jammert über seine Gewissensbisse. Gestern zum Beispiel nach unserem Zwist hatte er einen Anfall –! Also ich war schon auf alles gefaßt ..."
Sie unterbrach sich: „Ach, seht doch, da kommen die Mignons! Und die Kinder haben sie auch mitgebracht! Nein, wie sie diese armen Würmer anziehn!"
Die Mignons saßen in einem Landauer, der in ernsten Farben gehalten war und den soliden Stempel reichgewordenen Bürgertums trug. Rose trug ein grauseidenes Kleid mit roten Raffungen und Schleifen, sie lächelte und war selig über die Freude von Henri und Charles, die in ihren viel zu weiten Schüleruniformen auf dem Bänkchen

ihr gegenüber saßen. Aber als der Landauer an der Barriere stand und sie Nana in ihrem Triumph mitten in einem Berg von Blumen sitzen sah, mit den vier Pferden und den Lakaien, kniff sie die Lippen zusammen, richtete sich steif auf und wandte den Kopf ab. Mignon aber winkte ihr frisch und frei mit der Hand einen lustigen Gruß zu. Er hielt sich aus Prinzip jedem Weibergezänk fern.

„Apropos", nahm Nana wieder das Wort, „kennen Sie vielleicht zufällig einen kleinen, sehr eigenen alten Herrn mit schlechten Zähnen? – Ein Herr Venot – er hat mich heute morgen aufgesucht."

„Herr Venot –!" sagte Georges ganz verblüfft, „aber das ist ja nicht möglich! Herr Venot ist Jesuit."

„Ganz richtig, das hab' ich gleich gewittert. – Oh, ihr könnt euch diese Unterhaltung nicht vorstellen! Es war überwältigend komisch! – Er hat mit mir über den Grafen gesprochen, über seine zerstörte Ehe, er beschwor mich, die Familie nicht ins Unglück zu stürzen ... Übrigens, ich muß sagen: sehr höflich, immer mit einem Lächeln ... Na, ich gab ihm darauf zur Antwort, daß ich mir gar nichts Besseres wünsche, als das Einvernehmen zwischen dem Grafen und seiner Frau wiederherzustellen; und ich versprach ihm, dahin zu wirken. Wißt ihr, das ist gar kein Scherz – ich wäre so froh, wenn ich sie alle glücklich machen könnte, diese Leute! Und außerdem wäre es eine Entlastung für mich, denn ihr könnt es mir glauben: es gibt Tage, wo er mich einfach umbringt."

In diesem Herzensschrei machte sich der ganze Überdruß der letzten Monate Luft. Dazu schien der Graf noch in einer ekligen Geldklemme zu stecken; er war voll Sorgen, der Verfallstermin des Wechsels, den er Labordette ausgestellt hatte, rückte heran, und Zahlungsschwierigkeiten drohten.

„Da unten kommt gerade die Gräfin", sagte Georges, dessen Blick die Tribünen überflog.

„Wo? Wo? rief Nana. „Was dieses Kind für Augen hat! – Halten Sie meinen Sonnenschirm, Philippe."

Georges aber kam dem Bruder mit einem raschen Griff zuvor und hielt glückselig den silberfransigen Schirm aus blauer Seide. Nana ließ ihren riesigen Feldstecher wandern.

„Ach ja, jetzt seh' ich sie", sagte sie schließlich, „auf der rechten Tribüne neben dem Pfeiler, nicht? Sie ist in Mauve und ihre Tochter daneben in Weiß ... Ach sieh, da kommt Daguenet und begrüßt sie."

Philippe sprach jetzt über die bevorstehende Heirat mit dieser Kletterstange Estelle. Es war eine abgemachte Sache, sie waren schon aufgeboten. Die Gräfin hatte zuerst Widerstand geleistet, aber der Graf hatte, wie man erzählte, seinen Willen durchgesetzt.

Nana lächelte. „Ich weiß, ich weiß", murmelte sie. „Um so besser für Paul. Er ist so ein netter Junge und verdient es." Dann beugte sie sich zu Louiset: „Gefällt dir das? Ist es nicht lustig hier? – Was für ein ernstes Gesicht!"

Das Kind blickte aus seinen alten Augen ernsthaft, ohne ein Lächeln auf all die Leute, als ob es voll trauriger Gedanken über das Treiben ringsum wäre. Bijou, von den Röcken seiner Herrin, die in steter Bewegung war, verjagt, drückte sich zitternd an den Kleinen.

Indessen füllte sich der Rasen dichter und dichter. Unaufhörlich kamen in geschlossenen Reihen Wagen durch die Porte de la Cascade, unübersehbare Züge. Große Omnibusse – die Pauline, die vom Boulevard des Italiens abging, mit ihren fünfzig Fahrgästen und rechts von den Tribünen Aufstellung nahm; dann kamen Dogcarts, Viktorias, Landauer von erlesener Eleganz, dazwischen klapperten elende Droschken mit jämmerlichen Schindmähren daher; Four-in-hands brausten mit ihren vier Pferden daher, Mailcoaches mit den Herren auf dem hohen Kutschbock und den Lakaien, die im Wageninnern die Champagnerkörbe hüteten; und Araignées, deren ungeheure Räder Stahlgefunkel versprühten, leichte Tandems, so fein gearbeitet, als ob sie aus der Uhrmacherwerkstatt kämen, die dazwischen mit fortwährendem Geklingel durchflitzten. Zuweilen kam ein Reiter vorbei, ein Trupp ängstlicher Fußgänger lief quer über die Straße zwischen den Equipagen durch. Auf dem Gras erstarb mit eins das entfernte Räderrollen, das aus den Alleen des Bois kam, und verwandelte sich in ein gedämpftes Aufstreifen. Man hörte nichts mehr als das Getöse der wachsenden Massen, Geschrei, Zurufe und die knallenden Peitschenschnüre, die durch die Luft sausten. Und als die Sonne am Rand einer windgejagten Wolke wieder hervortrat, schüttete sie goldene Streifen herunter, und alle Pferdegeschirre, die lackierten Wagenfüllungen und die Toiletten funkelten und blitzten; und hoch oben auf ihren Kutschböcken saßen die Kutscher und ließen die großen Peitschen in dem flimmernden Licht spielen.

Labordette stieg aus einer großen Kalesche, in der Gaga, Clarisse und Blanche de Sivry ihm einen Platz freihielten. Als er über den Reitweg eilte, um in den umfriedeten Wägeraum zu gelangen, ließ ihn Nana von Georges rufen. Und als er an ihren Wagen trat, fragte sie lachend: „Wie hoch steh' ich?"

Sie sprach von Nana, der jungen Stute, von dieser Nana, die sich bei dem Rennen um den Dianapreis so schmählich hatte schlagen lassen und die im vergangenen April und Mai in den Rennen um den Prix des Cars und die Grande Poule des Produits nicht einmal plaziert war; Lusignan, das andere Pferd aus dem Stall Vandeuvres, hatte statt ihrer gesiegt. Mit einem Schlag war Lusignan Favorit geworden, und seit gestern setzte man unablässig 1:2 auf ihn.

„Und wie stehe ich?" fragte Nana.

„Immer auf fünfzig", antwortete Labordette.

„Teufel, ich bin aber nicht viel wert", sagte Nana, die dieser Scherz amüsierte, „na, dann laß ich mich nicht auf mich ein ... Nein verflixt, ich setze nicht einen Louis auf mich."

Labordette hatte es sehr eilig und ging, aber sie rief ihn zurück, sie wollte einen Rat. Er, der Beziehungen zu dieser Welt der Trainer und Jockeys unterhielt, hatte seine besonderen Tips für die Ställe, zwanzigmal schon hatten seine Voraussagen sich bestätigt. Er hieß auch deshalb der König der Tipsters.

„Sagen Sie doch, auf welche Pferde soll ich setzen?" fragte die junge Frau wieder. „Wie hoch steht der Engländer?"

„Spirit? Auf drei ... Valerio II auch auf drei ... dann die anderen alle, Cosinus auf fünfundzwanzig, Hasard auf vierzig, Boum auf dreißig, Pichenette auf fünfunddreißig, Frangipane auf zehn ..."

„Nein, ich wette nicht auf den Engländer, das tu ich nicht, ich bin Patriotin ... Na – ? vielleicht Valerio II; der Herzog de Corbreuse sah noch eben so strahlend aus ... Oder nein, lieber nicht. Fünfzig Louis auf Lusignan – was meinst du dazu?"

Labordette sah sie seltsam an. Sie beugte sich zu ihm nieder und fragte leise weiter, denn sie wußte, daß Vandeuvres ihn oft beauftragte, bei den Buchmachern für ihn zu setzen, damit er bequemer wetten könne. Wenn er etwas erfahren hatte, konnte er es ja wohl sagen. Aber Labordette wollte sich nicht näher erklären, er bestimmte sie, sich auf seinen Instinkt zu verlassen; er würde ihre fünfzig Louis so plazieren, daß sie es nicht zu bereuen haben würde.

„Setz auf welches Pferd du nur immer willst", rief sie lustig, als sie ihn gehen ließ, „aber nur nicht auf Nana! Das ist eine Schindmähre!"

Im Wagen gab es ein tolles Gelächter. Die jungen Leute fanden das Wort so lustig; Louiset verstand nichts und hob seine matten Augen zur Mutter, weil ihn dieser laute Ausbruch verwunderte. Labordette übrigens konnte noch immer nicht entkommen. Rose Mignon hatte ihn zu sich herangewinkt, sie gab ihm Aufträge und er schrieb sich Zahlen in sein kleines Notizbuch. – Dann wieder wurde er von Gaga und Clarisse zurückgerufen, die sich ihre ursprünglichen Absichten wieder überlegt hatten; sie hatten in der Menge allerhand Meinungen aufgefangen – und nun wollten sie nichts mehr von Valerio II wissen, sie hatten sich jetzt für Lusignan entschieden; er schrieb unerschütterlich in sein Notizbuch. Endlich entwischte er, und man sah ihn auf der anderen Seite der Reitbahn zwischen zwei Tribünen verschwinden.

Immer noch kamen Wagen. Jetzt bildete sich schon die fünfte Reihe längs der Barriere, sie zogen sich wie eine festgeschlossene Masse hin, und überall stachen die Schimmel wie weiße Flecken heraus. Weiterhin löste sich diese Geschlossenheit in ein Durcheinander einzelner Wagen auf, die wie gescheiterte Fahrzeuge einzeln und zufällig im Gras standen – ein Rädergewirr, die Gespanne nach allen Richtungen hin, Seite an Seite, kreuz und quer und Kopf gegen Kopf. Auf den freigebliebenen Rasenflächen kamen Reiter im Schritt daher und Fußgänger in schwarzen, vorwärts strebenden Gruppen. Über dieses buntscheckige Jahrmarktsgetümmel spannten die Trinkbuden ihre grauen Leinwandzelte, die die Sonne bleichte. Aber nirgends war das Gedränge, die Anhäufung dieser Menschenmassen, das wirbelnde Durcheinander der Hüte so arg wie um die Buchmacher herum, die oben auf offenem Wagen standen und herumfuchtelten wie Zahnreißer; auf hohen Planken neben sich hatten sie ihre Notierungen angeschlagen.

„Eigentlich ist es ja doch dumm, daß ich nicht einmal weiß, auf welches Pferd ich gewettet habe", sagte Nana. „Ich muß doch selbst noch einige Louis riskieren." Sie stand auf und wollte sich einen Buchmacher mit vertrauenerweckendem Gesicht aussuchen. Als sie aber eine Menge Bekannter entdeckte, vergaß sie ihren Wunsch wieder. Außer den Mignons, außer Gaga, Clarisse und Blanche sah sie noch zur Rechten, zur Linken, rückwärts und mitten im Wagengedränge, das jetzt ihren Landauer einschloß, Tatan Néné in Gesellschaft Maria Blonds in einer Viktoria, Caroline Héquet mit ihrer Mutter und zwei Herren in einer Kalesche, Louise Violaine ganz allein in einem kleinen Korbwagen, der mit Bändern in den Farben des Stalles Méchain, Orange und Grün, geschmückt war und den sie selbst kutschierte; Léa de Horn hoch oben auf dem Bock einer Mailcoach mitten in einer lärmenden Gesellschaft junger Leute. Weiterhin saß in einer achtfedrigen, sehr aristokratischen Equipage Lucy Stewart in einem sehr einfachen schwarzen Seidenkleid; sie trug ein distinguiertes Wesen zur Schau und saß neben einem großen jungen Mann in Marineaspirantenuniform. Was aber Nana völlig die Rede verschlug, war das Erscheinen Simonnes in einem Zweisitzer, den Steiner kutschierte, hintenauf saß unbeweglich mit gekreuzten Armen ein Lakai. Sie sah blendend aus, ganz in weißem gelbgestreiftem Atlas, vom Hut bis zum Gürtel mit Brillanten übersät. Der Bankier schwang eine endlose Peitsche und trieb die beiden hintereinandergespannten Pferde an; das erste war ein kleiner Goldfuchs mit einem Mäusetrab, der andere ein großer Brauner, ein Stepper mit hohen Beinen.

„Teufel", sagte Nana, „hat dieser Steiner, dieser Räuber wieder einmal die Börse geplündert – was?! Aber Simonne sieht aus! Fabelhaft! Das geht schon zu weit. Man wird sich um sie reißen!" Sie grüßte aber doch von weitem; sie winkte mit der Hand, sie lächelte, sie wandte sich nach allen Seiten und vergaß niemand, damit auch sie von allen gesehen würde. Und dabei stockte ihr Geplauder keinen Augenblick.

„Aber das ist ja Lucys Sohn, den sie da bei sich hat! Er sieht sehr gut aus in der Uniform ... Ach deshalb die vornehmen Allüren! Ihr müßt wissen, sie hat Angst vor ihm und gibt sich für eine Schauspielerin aus ... Armer junger Mensch! Er scheint ja keine Ahnung zu haben ..."

„Pah!" sagte Philippe lachend, „wenn sie nur will, verschafft sie ihm eine reiche Erbin aus der Provinz."

Nana schwieg. Eben hatte sie da, wo die Droschken am dichtesten standen, die Tricon entdeckt. Sie war in einem Wagen angekommen, von dessen Innern aus sie nichts sehen konnte – so war sie ganz einfach auf den Kutschbock gestiegen. Und von da oben schien sie, hochaufgerichtet mit ihrer langen Figur, dem vornehmen Antlitz zwischen den Korkzieherlöckchen, über die Menge zu ragen und über dieses ganze Frauenvolk zu herrschen. Alle lächelten ihr diskret zu. Sie stand hoch und überlegen da und tat, als kennte sie niemand. Sie war ja nicht hier, um zu arbeiten – sie ging zu ihrem Vergnügen zum Rennen, denn sie war eine passionierte Spielerin und Pferdeliebhaberin.

„Da sieh! Der Idiot von La Faloise!" sagte Georges plötzlich.

Es gab eine große Verwunderung. Nana erkannte ihren La Faloise nicht mehr. Seit er geerbt hatte, war er unerhört elegant geworden. Er trug einen Umlegekragen und einen hellen Anzug, der an seinen mageren Schultern klebte; das Haar war in kleinen Wellen gescheitelt, er affektierte ein lässiges Dandytum, sprach mit weichschleppender Stimme in Argotausdrücken und nahm sich nicht die Mühe, einen Satz zu beendigen.

„Aber er sieht fabelhaft aus!" erklärte Nana hingerissen.

Gaga und Clarisse hatten La Faloise zu sich gerufen, sie warfen sich ihm an den Hals und versuchten ihn wiederzugewinnen. Aber er verließ sie sofort mit geringschätzigem Spott und mit Verachtung. Nana stach ihm blendend in die Augen, er kam rasch heran und trat an ihren Wagenschlag; und als sie ihn mit Gaga neckte, sagte er: „Oh, das ist vorbei! Aus ist's mit der alten Garde! Sprechen wir nicht mehr von ihr. Jetzt sind Sie es, o Julia ..."

Und er legte seine Hand aufs Herz. Nana lachte hellauf bei dieser plötzlichen Liebeserklärung unter freiem Himmel. Dann sagte sie: „Ach, hören Sie, davon ist jetzt nicht die Rede. Sie lassen mich ganz vergessen, daß ich wetten will ... Georges, siehst du den Buchmacher da unten, den dicken Roten mit den gekräuselten Haaren. Er gefällt mir, er sieht wie ein ausgekochter Gauner aus ... du gehst hin und gibst ihm einen Auftrag ... Na, was soll man ihm für Aufträge geben?"

„Ich bin kein Patriot, o nein!" sagte la Faloise blasiert, „setze nur auf Engländer; sehr schick, wenn der Engländer gewinnt! Chaillot für die Franzosen!"

Nana war skandalisiert. Man stritt nun über die Vorzüge der Pferde. La Faloise glaubte seine Überlegenheit auf diesem Gebiete am besten zu beweisen, indem er von allen wie von Schindmähren sprach. Frangipane, Eigentum des Barons Verdier, war von The Thruth aus der Leonore; ein großer Brauner, der Chancen gehabt hätte, wenn er beim Trainieren nicht überanstrengt worden wäre. Valerio II wiederum war nicht in Form, er hatte im April Koliken gehabt. Oh, das wurde natürlich verheimlicht, aber er war seiner Sache sicher, Ehrenwort. Und schließlich riet er zu Hasard, einem Pferd aus dem Stall Méchain – es war mit allen erdenklichen Fehlern behaftet, und keiner wollte etwas von ihm wissen. Teufel nochmal! Hasard war fabelhaft gebaut und von einem Feuer! An dem würde man noch seine Überraschungen erleben!

„Nein", sagte Nana, „ich setze zehn Louis auf Lusignan und fünf auf Boum."

La Faloise regte sich heftig auf. „Aber meine Teure, ein elender Klepper, dieser Boum! Setzen Sie doch nicht auf Boum! Gasc selbst hält nichts von seinem Pferd ... Und euer ewiger Lusignan! Geht mir damit! Schwindel! Von Lamb aus Princeß, bedenken Sie! Bedenken Sie doch! Nein, von Lamb aus Princeß, unmöglich! Alle beide haben sie zu kurze Beine!" Er erstickte vor Aufregung.

Philippe gab zu bedenken, daß Lusignan immerhin den Prix des Cars und die Grande Poule des Produits gewonnen habe. Aber der andere gab nicht nach. Was bewiese das? Gar nichts! Im Gegenteil, man mußte mißtrauisch werden. Und überdies wurde Lusignan von Gresham geritten. Mit diesen beiden möge man ihn ungeschoren lassen! Gresham war ein Pechvogel, der kam nie an.

Diese Diskussion in Nanas Landauer schien sich über den ganzen Turf von einem Ende bis zum andern auszubreiten. Kreischende Stimmen wurden laut, die Spielerleidenschaft wurde höher angefacht, entflammte alle Gesichter und machte sich in ungezügelten Gebärden Luft. Und die Buchmacher hockten auf ihren Wagen, schrien die Notierung aus und schrieben in rasender Hast Zahlen ein. Hier fand sich nur der Abhub der Wettenden zusammen – die großen Wetten wurden im Wägeraum abgeschlossen. Aber hier sah man die Begierde der kleinen Beutel, die ihre hundert Sous wagten, hier wogten die entfesselten Spielerleidenschaften um einen möglichen Gewinn von ein paar Louis. Im großen und ganzen handelte es sich um den Kampf zwischen Spirit und Lusignan. Die Engländer, leicht erkennbar, gingen wie zu Hause zwischen den einzelnen Gruppen hin und her; ihre Gesichter brannten lichterloh, und sie triumphierten bereits. Im vergangenen Jahr hatte Bramah, ein Pferd des Lord Reading, den Grand Prix gewonnen: eine Niederlage, die noch heute alle Herzen bluten ließ. Das Unglück, daß Frankreich diesmal wieder geschlagen werden könnte, war nicht auszudenken. Deshalb erregten sich auch alle die Damen so leidenschaftlich aus Nationalstolz. Der Stall Vandeuvres war das Bollwerk unserer Ehre, man trat für Lusignan ein, man verteidigte ihn, man rief ihm Beifall zu. Gaga, Blanche, Caroline und die anderen setzten auf Lusignan. Lucy Stewart beherrschte sich im Hinblick auf ihren Sohn; aber es lief ein Gerücht um, daß Rose Mignon Labordette den Auftrag gegeben hätte, für sie zweihundert Louis zu setzen. Nur die Tricon saß neben ihrem Kutscher und wartete ruhig die letzte Minute ab; sie blieb eiskalt mitten in dem Stimmengewirr und den Meinungsverschiedenheiten, sie thronte hoch über dem wachsenden Spektakel, aus dem immer wieder Pferdenamen herausklangen, in den flinken Sätzen der Pariser wie in den gutturalen Ausrufen der Engländer – sie hörte zu und machte sich mit majestätischer Ruhe ihre Notizen.

„Und Nana? Fragt kein Mensch nach Nana?" sagte Georges.

Tatsächlich fragte niemand nach Nana; man sprach nicht einmal von ihr. Der Outsider des Stalles Vandeuvres geriet in völlige Vergessenheit über die Popularität Lusi-

gnans. Aber La Faloise hob die Arme in die Luft und sagte: „Ich habe eine Eingebung ... ich setze einen Louis auf Nana.“
„Bravo, ich setze zwei!“ sagte Georges.
„Und ich drei!“ fügte Philippe hinzu.
Und sie überboten sich, sie machten Nana scherzend den Hof und warfen die Zahlen hin, als ob sie Nana versteigerten. La Faloise sagte, er wolle sie mit Gold bedecken. Alle Leute sollten auf Nana setzen, sie wollten Wetten auf Nana anwerben.
Als die drei jungen Leute sich zu dieser Propagandareise aufmachten, rief Nana ihnen nach: „Aber ich will nichts davon wissen, hört ihr! ... Um nichts in der Welt! ... Georges, zehn Louis auf Lusignan, fünf auf Valerio II!“
Sie waren schon auf und davon. Sehr erheitert blickte sie ihnen nach, wie sie sich zwischen den Rädern durchdrückten, sich unter die Pferdeköpfe beugten, und so den ganzen Turf abliefen. Sowie sie nur irgendein bekanntes Gesicht in einem Wagen sahen, liefen sie hin und machten Propaganda für Nana. Und in der Menge erhob sich lautes Gelächter, wenn sie sich manchmal umdrehten und Nana triumphierend mit den Fingern Zahlenzeichen machten, während die junge Frau im Wagen aufrechtstehend mit dem Sonnenschirm zurückwinkte. Indes hatten sie keinen großen Erfolg. Einige Männer ließen sich überzeugen; zum Beispiel Steiner, den der Anblick Nanas bewegte – er wagte drei Louis. Aber die Frauen wollten absolut nichts davon wissen. Nein, schönen Dank! Das hieße mit tödlicher Gewißheit verlieren! Außerdem waren sie gar nicht so erpicht darauf, an dem Aufstieg einer solchen nichtsnutzigen Person mitzuarbeiten, die sie alle an die Wand drückte mit ihren vier Schimmeln, den Vorreitern und ihrem Welteroberergebaren. Gaga und Clarisse fragten La Faloise sehr spitz, ob er sich über sie lustig mache. Und als Georges sich verwegen mit seiner Aufforderung vor dem Mignonschen Landauer aufpflanzte, da drehte Rose, aufs äußerste gereizt, ohne zu antworten, den Kopf weg. Man muß schon ein recht unflätiger Schlampen sein, um seinen Namen einem Pferd geben zu lassen! Mignon hingegen folgte sehr amüsiert dem jungen Mann und meinte, die Frauen brächten immer Glück.
„Nun – ?“ fragte Nana, als die jungen Leute nach einem langen Besuch bei den Buchmachern zurückkamen.
„Sie stehen auf vierzig!“ sagte La Faloise.
„Wieso? Auf vierzig!“ rief sie sehr verblüfft. „Ich war doch auf fünfzig ... Was geht hier vor?“
Eben kam Labordette wieder zurück. Die Bahn wurde gesperrt. Glockengeläute kündigte das erste Rennen an. Und in dem aufgeregten Durcheinander, mit dem sich jetzt alles der Reitbahn zuwandte, befragte sie Labordette über den Grund der plötzlichen Hausse der Notierung. Aber er antwortete ausweichend: gewiß, es waren Nachfragen da. Sie mußte sich mit dieser Erklärung begnügen. Übrigens kündigte Labordette ihnen mit sehr beschäftigtem Gesicht an, daß Vandeuvres gleich käme, wenn er sich losmachen könnte.
Das Rennen nahm seinen Verlauf, niemand schenkte ihm sonderliche Beachtung, denn alle Erwartungen waren auf den Grand Prix gerichtet. Da plötzlich ging ein Wolkenbruch auf das Hippodrom nieder. Seit kurzem war die Sonne verschwunden, ein fahles Licht fiel über die Menschenmenge. Ein Wind erhob sich, und dann kam diese jähe Sintflut – in riesigen Tropfen fielen Ströme Wassers hernieder. Es gab eine Minute großer Konfusion, Geschrei, Gelächter, Flüche – in der wilden Flucht der Fußgänger, die über den Rasen rannten und sich unter die Zelte der Trinkhallen zu retten suchten.
In den Wagen suchten sich die Frauen möglichst zu schützen, sie hielten die Schirme mit beiden Händen über den Kopf, während die Lakaien durcheinanderrannten und sich um das Wagenverdeck bemühten.
Aber der Gußregen war schon vorbei, die Sonne strahlte schon durch den Sprühregen, der noch in der Luft lag. Hinter dem Gewölk öffnete sich ein blauer Spalt bis über den ganzen Bois. Und das Lachen der wieder beruhigten Frauen stieg hinauf in den heiter lächelnden Himmel. Die Pferde schnaubten, die aufgescheuchte triefendnasse Menschenmenge in voller Bewegung, alles schüttelte sich – und über das ganze Bild kamen die goldenen Fluten des Himmels und entzündeten die Millionen rieselnder Kristalltropfen auf dem Rasen.
„Ach, mein armer Louiset“, sagte Nana, „bist du sehr naß geworden, mein Liebling?“
Der Kleine ließ sich die Hände abtrocknen – er sprach kein Wort. Die junge Frau hatte ihr Taschentuch zu Hilfe genommen. Dann trocknete sie Bijou, der noch heftiger zitterte. Ach, das war nicht schlimm – ein paar Flecken auf dem weißen Atlas ihrer Toilette, aber das war ihr höchst egal. Die Blumensträuße waren erfrischt und schimmerten weiß wie Schnee; und sie atmete glückselig ihren Duft ein und tauchte ihre Lippen wie in Tau.
Der Wolkenbruch hatte die Tribünen mit einem Schlag gefüllt. Nana richtete jetzt ihr Glas dahin. Auf diese Entfernung hin war nur ein kompaktes Menschengewirr zu unterscheiden, das sich auf den Stufensitzen übereinanderschob, eine dunkle Masse mit den hellen Flecken der Gesichter. Die Sonne glitt durch die Ritzen des Dachgebälks und stieß in einem Lichtwinkel auf die sitzende Menge nieder, daß die Kleider sich zu entfärben schienen. Aber Nana amüsierte sich am meisten über die Damen, die der Platzregen aus den Sesselreihen gescheucht hatte, die im Sand am Fuß der Tribünen aufgestellt waren. Da der Eintritt in den Bezirk des Wägeraumes den Damen der Halbwelt strengstens verboten war, so rächte sich Nana mit spitzen erbitterten Bemerkungen über all diese großen Damen, die sie unmöglich angezogen und lächerlich aussehend fand.
Jetzt erhob sich eine allgemeine Unruhe: die Kaiserin betrat die kleine Mitteltribüne, einen Pavillon in Form eines Schweizerhäuschens, dessen breiter Balkon mit roten Fauteuils besetzt war.
„Aber da ist er ja!“ sagte Georges. „Und ich glaubte, daß er diese Woche keinen Dienst habe.“

Das steife feierliche Antlitz des Grafen Muffat erschien hinter der Kaiserin. Die jungen Leute machten ihre Witze und bedauerten, daß Satin nicht da war, um ihm auf den Bauch zu klopfen. Aber Nana entdeckt jetzt mit ihrem Fernglas den Kopf des Prinzen von Schottland in der kaiserlichen Tribüne.

„Ah, sieh mal! Charles!" rief sie. Er war dick geworden, fand sie. In achtzehn Monaten hatte er sich so verfettet. Und sie erzählte Einzelheiten: oh, ein lustiger, solid gebauter Junge.

Um sie herum in den Wagen dieser Damen flüsterte man überall, daß der Graf Nana im Stich gelassen habe. Oh, das war eine Geschichte –! In den Tuilerien war man empört über den Kammerherrn, seit seine Beziehung zu Nana ganz offenkundig war. Um seine Stellung zu wahren, hatte er also mit ihr gebrochen. La Faloise hinterbrachte die Geschichte brühwarm der jungen Frau und bot sich ihr von neuem an und nannte sie „meine Julia". Aber sie lachte hellauf und sagte: „Das ist ja zu albern ... Sie kennen ihn nicht ... Ich brauche nur Pst! zu machen, so läßt er alles stehen und liegen."

Seit einem Weilchen musterte sie die Gräfin Sabine und Estelle. Daguenet stand noch bei den Damen. Fauchery kam eben an, er brach sich Bahn und störte alles rund umher auf, um sie zu begrüßen; und auch er blieb mit lächelndem Gesicht bei ihnen. Nana machte eine verächtliche Geste nach den Tribünen hin und fuhr fort: „Nein, wissen Sie, mir können diese Leute lange nicht mehr imponieren! Ich kenne sie nur allzugut – man muß sie nur im Naturzustand sehn. Da vergeht einem der Respekt! Das können Sie mir glauben! Hoch oder nieder: Schmutz – hier wie dort: Dreck und kein Ende ... Nein, nein, ich laß mir nichts mehr vormachen!" Und mit einer weiten Geste umfing sie alles, von den Stallknechten, die die Pferde auf die Reitbahn führten, bis zu der Herrscherin, die mit Charles plauderte – einem Prinzen zwar, aber einem Schmutzfink trotzdem.

„Bravo, Nana! – Famos, Nana!" rief La Faloise begeistert.

Die Glockenschläge verloren sich im Wind, und die Rennen nahmen ihren Fortgang. Eben war es um den Prix d'Ispahan gegangen, den Balingot, ein Pferd aus dem Stall Méchain, gewonnen hatte. Nana rief Labordette zu sich, um zu hören, wie es um ihre hundert Louis stände. Er fing an zu lachen und weigerte sich, ihr ihre Pferde zu nennen, um ihre Glückschancen nicht zu gefährden. Ihr Geld war gut untergebracht, das würde sich gleich zeigen. Und als sie ihm ihre Wetten eingestand, die zehn Louis auf Lusignan und die fünf auf Valerio II, zuckte er die Achseln mit einem Ausdruck, der besagte, daß Frauen unter allen Umständen nur Dummheiten machen. Sie war erstaunt und begriff überhaupt nichts mehr.

In diesem Augenblick ging es auf dem Rasen noch lebhafter zu, denn jetzt wurden, in Erwartung des Grand Prix, die Lunchs unter freiem Himmel serviert. Es wurde gegessen, es wurde noch mehr getrunken, wo man hinsah – auf dem Gras, auf den hohen Kutschböcken der Four-in-hands und der Mailcoaches, in den Victorias, in den Coupés, in den Landauern. Überall wurde kaltes Fleisch herumgereicht. Sektkörbe kamen aus den Kutschkasten hervor und wurden von den Lakaien dahergebracht. Die Korken sprangen mit schwachem Knall, den der Wind davontrug. Scherzworte flogen hin und her, und das Geklirr zerbrochener Gläser war wie ein Sprung in dieser ganzen nervösen Lustigkeit selbst. Gaga und Clarisse hielten mit Blanche eine richtige Mahlzeit. Sie hatten eine Decke über die Knie gebreitet und aßen Sandwiches. Louise Violaine war aus ihrem Korbwagen gestiegen und hatte sich zu Caroline Héquet gesellt; und zu ihren Füßen errichteten die Herren auf dem Rasen eine Trinkbude, bei der Tatan, Maria, Simonne und die anderen ihren Durst stillten. Nicht weit davon leerte man in den Lüften auf Léa de Horns Mailcoach eine Flasche nach der andern – eine ganze Bande beschwipste sich da oben in der Sonne unter lautem Lärm und auffälligem Gebaren hoch über der Menge. Aber bald drängte sich alles um Nanas Landauer. Sie stand aufrecht im Wagen und füllte die Gläser mit Champagner für die Herren, die sie begrüßten. Der eine der Lakaien, François, reichte die Flaschen hinauf, während La Faloise mit einer möglichst heiseren pöbelhaften Stimme wie ein Ausrufer auf dem Jahrmarkt schrie: „Nur hereinspaziert, die Herren ... alles ganz umsonst ... Und jeder bekommt etwas ab ..."

„Schweigen Sie doch, mein Lieber", sagte endlich Nana, „wir stehen ohnehin schon wie eine Seiltänzertruppe hier ..."

Sie fand ihn aber sehr lustig und amüsierte sich königlich. Einen Moment lang kam ihr der Gedanke, durch Georges ein Glas Champagner zu Rose Mignon zu schicken, die so tat, als ob sie nicht trank. Henri und Charles langweilten sich tödlich; sie hätten sicher gern Sekt getrunken, die Kleinen. Aber Georges fürchtete einen Streit und trank das Glas allein aus. Da fiel ihr Louiset ein, den sie hinter sich ganz vergessen hatte. Vielleicht hatte er Durst; und sie zwang ihn, ein paar Tropfen Wein zu trinken, was ihm schrecklichen Husten verursachte.

„Nur hereinspaziert, meine Herrschaften, nur hereinspaziert", schrie La Faloise immer wieder, „das kostet nicht zwei Sous, das kostet nicht einmal einen Sou ... Wir geben alles umsonst ..."

Aber Nana unterbrach ihn mit einem Ausruf: „Oh, da ist ja Bordenave, da unten! Rufen Sie ihn doch her! Oh, ich bitte Sie, laufen Sie doch!"

Und es war in der Tat Bordenave, der mit den Händen auf dem Rücken daherspazierte; die Sonne färbte seinen Hut rötlich, die fettige Redingote war an den Nähten verfärbt. Ein Brodenave, den der Bankrott zwar seines Glanzes beraubt hatte, der aber trotzdem ungebärdig sein Elend mitten in der glänzendsten Gesellschaft zur Schau trug mit der Stiernackigkeit eines Menschen, der jederzeit bereit ist, das Glück zu vergewaltigen.

„Henker! Das nenn' ich Schick!" sagte er, als Nana, das gutmütige Geschöpf, ihm die Hand reichte – dann, als er ein Glas Sekt geleert hatte, stieß er einen tiefen Seufzer des Bedauerns aus: „Ach, wenn ich eine Frau wäre –! Aber, Herrgott, es macht ja nichts! Willst du zum Theater zurück? Ich hab' eine Idee, ich miete die Gaîté und wir zwei, wir stellen ganz Paris auf den Kopf ... Na –? Das bist du mir einfach schuldig –!"

Und er blieb in ihrem Wagen, brummend und doch selig bei ihrem bloßen Anblick; denn, sagte er, diese verflixte Nana war Balsam für sein Herz, wenn er sie nur ansah. Sie war seine Tochter, sein Fleisch und Blut.

Der Kreis wurde immer größer. Jetzt schenkte La Faloise ein, und Georges und Philippe brachten die Freunde heran. Nach und nach umdrängte sie der ganze Turf. Nana hatte für jeden ein Lachen, ein lustiges Wort. Die trinkenden Gruppen kamen näher heran, von allen Seiten marschierte der Champagner auf sie los, rund um ihren Landauer herum drängte die Menge, tobte der Lärm. Und sie stand siegreich über all den Gläsern, die sich ihr entgegenstreckten, ihr gelbes Haar flog, und die Sonne badete ihr schneeweißes Gesicht. Ringsum erbleichten die anderen Frauen voll Wut über ihren Triumph – mochten sie doch bersten! – und Nana, auf dem Gipfelpunkt der Freude, hob ihr volles Glas hoch in die Luft und stand da wie einstmals als siegreiche Venus.

Jetzt berührte sie leise jemand von rückwärts, und als sie sich umsah, bemerkte sie zu ihrem Erstaunen Mignon hinter sich auf dem Wagensitz. Sie verschwand für einen Augenblick – sie setzte sich an seine Seite, denn er war gekommen, um ihr eine gewichtige Mitteilung zu machen. Mignon sagte es immer und überall: es war lächerlich von seiner Frau, daß sie Haß gegen Nana hegte. Er fand das albern und überflüssig.

„Siehst du, mein Kind", flüsterte er, „du mußt ein bißchen vorsichtig sein – reize Rose nicht allzusehr ... Verstehst du, ich möchte lieber irgend etwas Unangenehmes verhüten ... Sie hat nämlich eine Waffe gegen dich in der Hand, und da sie dir die Geschichte mit der „Kleinen Herzogin" nie verziehen hat ..."

„Eine Waffe", sagte Nana, „ich pfeif' darauf!"

„So hör erst – es ist ein Brief, den sie in Faucherys Tasche gefunden haben muß; ein Brief an diesen Menschen, an Fauchery, von der Gräfin Muffat. Na und Teufel! ... Der Brief ist sehr deutlich, da kann es keine Zweifel mehr geben ... Nun, und Rose will dem Grafen diesen Brief schicken, um sich an ihm und an dir zu rächen."

„Was geht denn das mich an?" wiederholte Nana, „das ist doch komisch ... Na also, dann stimmt das mit Fauchery. Um so besser! Sie hat mich gereizt. Jetzt werden wir was zu lachen haben."

„Aber nein! Ich will das nicht!" antwortete Mignon lebhaft. „Ein schöner Skandal! Und es schaut gar nichts dabei heraus ..." Er hielt inne, er fürchtete, zuviel zu sagen. Nana verwahrte sich heftig gegen die Zumutung, einer anständigen Frau aus der Klemme zu helfen. Aber als er immer hartnäckiger wurde, sah sie ihn fest an. Wahrscheinlich hatte er Angst, daß Fauchery wieder dem Mignonschen Haushalt zur Last fallen würde, wenn er mit der Gräfin bräche. Und das war es ja augenscheinlich, was Rose so nebenbei mit dieser „Rache" bezweckte, denn sie bewahrte noch immer eine Zärtlichkeit für den Journalisten. Und Nana versank in Gedanken, ihr fiel der Besuch des Herrn Venot ein, ein Plan keimte in ihr, während Mignon noch immer versuchte, sie zu überreden.

„Also setzen wir den Fall, daß Rose den Brief abschickt, nicht wahr? Es gibt einen Skandal, du wirst hineingezogen, es heißt allgemein, du bist die Ursache der ganzen Geschichte ... der Graf trennt sich von seiner Frau –"

„Warum denn", sagte Nana, „im Gegenteil ..." Jetzt war sie es, die an sich hielt. Sie brauchte ja nicht laut zu denken. Schließlich tat sie sogar, als ob sie auf Mignons Gesichtspunkte einginge, nur um ihn loszuwerden, und als er ihr riet, Rose entgegenzukommen, zum Beispiel ihr jetzt vor aller Augen auf dem Turf einen kleinen Besuch abzustatten, da antwortete sie: sie wolle sehen, was sich machen ließe, sie wolle sich das überlegen.

Ein Tumult ließ sie aufstehn. Auf der Reitbahn kamen in einem Windstoß Pferde an. Es ging um den Prix de la Ville de Paris, und Cornemuse gewann. Jetzt kam das Rennen um den Grand Prix – das Fieber wuchs an, Unruhe peitschte die Menge, die trampelte und hin und her wogte in dem Bedürfnis, die Minuten zu beschleunigen.

Und in dieser letzten Stunde brachte eine Überraschung Verwirrung über die Wettenden: die beständig steigende Notierung von Nana, dem Outsider aus dem Stall Vandeuvres. Alle Augenblicke kamen Herren mit einer neuen Notierung zurück: Nana stand auf dreißig, Nana stand auf fünfundzwanzig, dann auf zwanzig, dann auf fünfzehn. Niemand begriff es. Eine junge Stute, die noch auf jeder Rennbahn geschlagen worden war, eine junge Stute, die in der Früh noch kein Wettender zu fünfzig haben wollte! Was sollte dieser jähe Umschwung bedeuten?

Die einen machten sich über die Geschichte lustig und sprachen von dem Reinfall der Einfaltspinsel, die sich auf diese Komödie einließen. Andere wurden ernsthaft und unruhig und witterten irgend etwas Unsauberes dahinter. Vielleicht irgendeinen Coup. Man spielte auf gewisse Geschichten an, auf die Räubereien auf den Rennplätzen, die die Gesellschaft toleriert; aber diesmal schwiegen alle Anschuldigungen vor dem großen Namen Vandeuvres; und die Skeptiker, die voraussagten, daß Nana gemächlich als Letzte ans Ziel kommen würde, behielten die Oberhand.

„Wer reitet Nana?" fragte La Faloise.

In diesem Augenblick erschien die wirkliche Nana. Die Herren unterschoben jetzt der Frage einen zweideutigen Sinn und brachen in ausgelassenes Gelächter aus.

Nana salutierte. „Price reitet sie", gab sie dann zur Antwort.

Von neuem entspann sich eine Diskussion. Price war eine englische Berühmtheit, in Frankreich unbekannt – warum hatte Vandeuvres diesen Jockey kommen lassen, da doch sonst Gresham Nana ritt? Übrigens wunderte man sich allgemein, daß er Lusignan diesem Gresham anvertraute, der doch nie ans Ziel kam, wie La Faloise versicherte. Aber all diese Erwägungen gingen in Scherzworten, Dementis, in dem ganzen Wirrwarr und Spektakel der widersprüchlichsten Meinungen unter. Man machte sich wieder über die Sektflaschen her, um die Zeit totzuschlagen.

Da erhob sich überall ein Getuschel, und die Gruppen machten den Weg frei. Es war Vandeuvres, der daherkam.

Nana tat böse. „Nun, Sie sind ja nett – jetzt kommen Sie! – Und ich brenne darauf, den Wiegeplatz zu sehen!"

„So kommen Sie nur, es ist noch Zeit genug. Sie können noch eine Runde machen. Ich habe gerade eine Damenkarte bei mir." Und er führte sie an seinem Arm fort; sie war selig über die neidischen Blicke, mit denen Lucy, Caroline und die anderen ihr folgten. Die Brüder Hugon und La Faloise blieben in ihrem Landauer und fuhren fort, bei ihrem Champagner die Honneurs zu machen. Sie rief ihnen zu, daß sie gleich zurückkäme.

Vandeuvres hatte Labordette erblickt und rief ihn zu sich; ein paar kurze Worte wurden gewechselt.

„Haben Sie alles aufgenommen?"

„Ja!"

„Wieviel?"

„Fünfzehnhundert Louis, an verschiedenen Stellen!"

Als Nana neugierig die Ohren spitzte, schwiegen sie still. Vandeuvres war sehr nervös, in seinen hellen Augen zuckten die kleinen Flammen, die sie des Nachts erschreckten, wenn er davon sprach, sich mit seinen Pferden zu verbrennen. Als sie über die Reitbahn gingen, senkte sie die Stimme und duzte ihn. „Sag doch – erkläre mir – wieso geht die Notierung deiner Stute so in die Höhe? Das macht ja tolles Aufsehen!"

Er zuckte zusammen und es entfuhr ihm: „Ah, sprechen sie schon davon ... das ist eine Gesellschaft, diese Spieler! Wenn ich einen Favorit habe, stürzen sie sich alle darüber her, und für mich bleibt nichts übrig. Dann, wenn ein Outsider in Frage kommt, geht ein Gekläff und Geschrei los, als ob man sie lebendig schinden wollte!"

„Du hättest mich aber verständigen müssen; ich habe gewettet", sagte sie wieder. „Hat sie denn Chancen?"

Ein plötzlicher Wutanfall riß ihn ohne ersichtlichen Grund fort. „Ah, laß mich doch in Ruhe! Jedes Pferd hat Chancen! Die Notierung steigt, Herrgott, weil auf das Pferd gesetzt wurde. Wer gesetzt hat, weiß ich nicht ... Wenn du mich mit deinen albernen Fragen quälst, so laß ich dich hier stehen ..."

Dieser Ton lag weder in seinem Temperament noch in seinen Gewohnheiten. Sie war eher erstaunt als verletzt. Er schwieg übrigens selbst beschämt. Und als sie ihn trocken um einen höflichen Ton bat, entschuldigte er sich. Seit einiger Zeit wechselten seine Stimmungen ganz ohne Übergang. In der galanten Welt von Paris gab es keinen Menschen, der nicht wußte, daß Vandeuvres heute seinen letzten Trumpf ausspielte. Wenn seine Pferde heute nicht siegten, wenn sie ihm noch die beträchtlichen auf sie gesetzten Summen davontrugen – so war das Unheil und der Untergang da. Das ganze Gebäude seines Kredits, der ganze großartige äußere Apparat seiner unterminierten Existenz, die Unordnung und Schulden ausgehöhlt hatten – alles stürzte dann mit Donnerkrachen in den Abgrund des Ruins. Und Nana – auch das war jedem klar –, die Männerverschlingerin, hatte auch diesem den Rest gegeben – sie, die als letzte an diese erschütterte Existenz geraten war, sie machte nun reinen Tisch. Man erzählte sich von ihren verrückten Kaprizen, von dem Geld, das sie in alle Winde streute, von einem Ausflug nach Baden, wo sie ihm nicht einmal so viel gelassen hatte, um das Hotel zu bezahlen – man erzählte von einer Handvoll Brillanten, die sie bei einer Orgie in die Kaminglut geworfen hatte, um zu sehen, ob das wie Kohle aufbrannte. Nach und nach hatte sie mit ihren derben Gliedern, mit ihrem pöbelhaften Vorstadtgelächter diesen feinen dünnblütigen Sohn einer alten Rasse untergekriegt. In dieser Stunde wagte er sein Letztes, so sehr hatte ihn sein Hang zu allem Schmutzigen und Niedrigen ruiniert, daß er alles bis auf die Stärke seines Skeptizismus verloren hatte. Acht Tage vorher hatte sie sich noch ein Schloß an der Küste der Normandie versprechen lassen, zwischen Le Havre und Trouville, und er setzte seine letzte Ehre darein, Wort zu halten. Nur durfte sie ihn nicht reizen – er hätte sie schlagen mögen, so dumm schien sie ihm.

Der Türhüter hatte sie in den Wägeraum eingelassen – er wagte diese Frau am Arm des Grafen nicht zurückzuweisen. Nana war ganz geschwellt vor Stolz, endlich ihren Fuß auf dieses verbotene Gebiet zu setzen; sie achtete ängstlich auf jede ihrer Gebärden und ging langsam und gewichtig an den Damen vorbei, die am Fuß der Tribünen saßen. Auf zehn Reihen Stühlen breiteten sich da zahllose Toiletten aus, die ihre lebhaften Farben in die helle Heiterkeit der freien Luft mischten, die Stühle waren willkürlich zusammengerückt, es bildeten sich befreundete Gruppen, wie es der Zufall des Zusammentreffens wollte, wie in den Anlagen eines öffentlichen Gartens, wo die Kinder frei von einer Gruppe zur andern liefen; weiterhin staffelten sich die Tribünensitze mit dem dichtgedrängten Publikum übereinander, und über die hellen Toiletten glitten die feinen Schatten des Gerüstes. Nana musterte die Damen. Sie gab sich Mühe, die Gräfin Sabine zu fixieren. Als sie dann an der kaiserlichen Tribüne vorbeikam, erheiterte sie der Anblick Muffats, der in offizieller Steifheit neben der Kaiserin stand, ungeheuer.

„Oh, wie albern sieht er doch aus!" sagte sie sehr laut zu Vandeuvres.

Sie wollte alles sehen. Diese Parkecke mit ihren Rasenflächen, ihrem dichten Baumbestand imponierte ihr nicht sehr. Ein Konditor hatte nahe am Gitter ein großes Büfett aufgeschlagen. Unter einem ländlichen, strohgedeckten Schirmdach standen die Leute zuhauf und schrien und gestikulierten: das war der Ring. Seitlich davon standen

die leeren Boxen; sie war enttäuscht, denn es stand jetzt nur ein Schutzmannspferd darin. Jetzt kamen sie an den Padock, eine Reitbahn von hundert Metern im Umfang, wo ein Stallbursche den in Pferdedecken eingewickelten Valerio II auf und ab führte. Und hier, auf dem Kies der Alleen, standen eine Menge Herren mit dem orangefarbenen Fleck ihrer Karte im Knopfloch; ein fortwährendes Hinundhergehen von Leuten in den offenen Galerien der Tribünen – es fesselte sie eine Minute lang –, aber wahrhaftig! es war nicht der Mühe wert, sich darüber ein graues Haar wachsen zu lassen, weil man hier nicht hineindurfte.
Daguenet und Fauchery kamen vorbei und grüßten sie. Sie winkte sie zu sich heran und machte sich über den Wägeraum lustig. Dann unterbrach sie sich: „Ach, sieh! der Marquis de Chouard! Ist der aber alt geworden! Er richtet sich aber auch zugrunde, dieser Alte! Ist er noch immer so verrückt?"
Daraufhin erzählte Daguenet von dem letzten Streich des Alten, eine Geschichte, die sich erst vorgestern zugetragen hatte und um die noch niemand wußte. Nach monatelangem Herumdrücken hatte er vorgestern Gaga ihre Tochter Amélie für dreißigtausend Francs, wie man sagte, abgekauft.
„Na, das ist mir eine saubere Geschichte!" schrie Nana empört. „Dazu hat man Töchter! ... Aber, da fällt mir ein – das war also Lili da unten auf dem Rasen in einem Coupé mit einer Dame. Natürlich, das Gesicht kam mir gleich so bekannt vor – der Alte wird sie hergebracht haben."
Vandeuvres hörte gar nicht zu, er war ungeduldig und hatte nur den Wunsch, sie loszuwerden. Aber Fauchery hatte im Weggehen gesagt, daß sie nichts gesehen habe, wenn sie nicht die Buchmacher gesehen habe, und so mußte der Graf sie trotz seines sichtbaren Widerstrebens hinführen. Und jetzt war sie sofort zufriedengestellt: denn was sie da sah, war in der Tat erstaunlich.
Zwischen Rasenflächen, die von jungen Kastanien bestanden waren, öffnete sich eine Rotunde; und dort warteten unter dem Schutz des zartgrünen Laubwerks eng aneinandergeschlossen in weitem Kreis die Buchmacher auf die Wettenden. Es ging hier zu wie auf dem Jahrmarkt. Um über die Menge hinauszuragen, standen sie auf Holzbänken. Ihre Notierungen lehnten weithin sichtbar neben ihnen an den Bäumen; und mit eifrig spähendem Auge schrieben sie auf einen Wink, auf ein Augenblinzeln hin die Wetten ein – mit einer so verblüffenden Geschwindigkeit, daß die Neugierigen sie mit offenem Mund verständnislos anstaunten. Es war ein toller Wirrwarr, Zahlen wurden geschrien, Tumult empfing unerwarteten Wechsel in der Notierung. Und in manchen Augenblicken verdoppelte sich das Getöse noch, wenn die Angestellten der Buchmacher atemlos herbeigestürzt kamen, am Eingang der Rotunde stillstanden und mit schallendem Schrei einen Start oder ein Finish ankündigten – dann stieg das Spielfieber unter der hellen Sonne zu einem langanhaltenden Tumult.
„Ist das komisch!" murmelte Nana sehr amüsiert. „Sie sind ja wie von Sinnen ... Sieh nur dieser Große da – dem möcht ich nicht allein im Wald begegnen."
Vandeuvres zeigte ihr einen Buchmacher, einen Kommis aus einem Schnittwarengeschäft, der in zwei Jahren drei Millionen gewonnen hatte. Er stand blond und schmächtig da, mit seiner aufgeschossenen Figur, und eine Wolke von Respekt umgab ihn; man sprach ihn lächelnd an, und die Leute blieben stehn, um ihn zu sehen.
Sie waren im Begriff, die Rotunde zu verlassen, da machte Vandeuvres einem anderen Buchmacher ein leichtes Zeichen mit dem Kopf; der erlaubte sich, den Grafen zu sich zu rufen. Es war einer seiner ehemaligen Kutscher mit Schultern wie ein Ochse und hochgerötetem Gesicht. Jetzt, wo er mit Geldmitteln von dunkler Herkunft das Glück beim Rennen versuchte, half ihm der Graf vorwärts und übergab ihm seine geheimen Wetten; dabei behandelte er ihn noch immer als Domestiken, vor dem man sich nicht zu genieren brauchte. Trotz dieser Protektion hatte der Mann Schlag auf Schlag Riesensummen verloren, und auch er spielte an diesem Tag mit blutunterlaufenen Augen und einem Schlaganfall nahe seine letzte Karte aus.
„Wie steht's, Maréchal?" fragte Vandeuvres sehr leise, „wie haben Sie gesetzt?"
„Fünftausend Louis, Herr Graf", antwortete der Buchmacher gleichfalls mit gesenkter Stimme. „Was sagen Sie? Das ist nicht übel ... Ich will Ihnen nur gestehen, daß ich die Notierung heruntergedrückt habe, ich hab' sie bis auf drei gebracht."
Vandeuvres sah sehr ärgerlich aus. „Nein, nein, das will ich durchaus nicht, bringen Sie sie sofort wieder auf zwei ... Ich werde Ihnen nichts mehr sagen, Maréchal."
„Oh, was kann das dem Herrn Grafen jetzt noch ausmachen?" sagte der andere mit einem unterwürfigen Komplizenlächeln. „Ich mußte die Leute doch heranziehen, um Ihre zweitausend Louis unterzubringen."
Vandeuvres gebot ihm Schweigen. Aber als er sich entfernte, fiel Maréchal plötzlich etwas ein; es tat ihm leid, daß er den Grafen nicht über die Hausse seines Stutenfüllens befragt hatte. Das wäre eine schöne Geschichte, wenn die Stute Chancen hätte – er hatte noch eben zweihundert Louis gegen fünfzig gewettet.
Nana verstand nichts von dem Geflüster des Grafen, aber sie wagte nicht mehr, ihn um eine Erklärung zu bitten. Er schien noch nervöser und übergab sie ohne weiteres Labordette, den sie vor dem Wägeraum antrafen.
„Bringen Sie sie zurück", sagte er, „ich habe zu tun ... Auf Wiedersehn!"
Und er betrat den Saal, einen schmalen Raum mit niederer Decke, den eine große Waage ganz ausfüllte. Hier sah es aus wie in dem Gepäckraum eines Vorortbahnhofs. Nana erlebte hier wieder eine große Enttäuschung; sie hatte sich irgend etwas Kolossales vorgestellt, eine ungeheure Maschine, auf der die Pferde gewogen wurden. Was! Man wog also nur die Jockeys! Dann war es wirk-

lich nicht der Mühe wert, so viel Wesens von dieser Wiegerei zu machen! – Auf der Waage kauerte ein Jockey mit stumpfsinnigem Gesicht auf den Knien und wartete, bis ein dicker Mensch in einer Redingote sein Gewicht festgestellt hatte. Währenddessen hielt ein Stallbursche an der Tür das Pferd – Cosinus, und die Menge scharte sich schweigend und aufmerksam um das Tier.

Jetzt wurde die Bahn geschlossen. Labordette drängte Nana zur Eile; aber dann ging er wieder zurück, um ihr einen kleinen Menschen zu zeigen, der abseits mit Vandeuvres plauderte.

„Schau, das ist Price", sagte er.

„Ach ja – der mich reitet", flüsterte sie lachend.

Sie fand ihn hinreichend häßlich. Alle Jockeys sahen wie Idioten aus; wahrscheinlich, meinte sie, weil man ihr Wachstum hinderte. Dieser hier, ein Mann in den Vierzigern, sah aus wie ein altes vertrocknetes Kind mit langem, magerem Gesicht voll Falten, hart und tot. Der Körper war so knochig und hager, daß die blaue Jacke mit den weißen Ärmeln über ein Stück Holz geworfen zu sein schien.

„Nein, weißt du", sagte sie im Fortgehen, „der wird mir kein Glück bringen.

Noch immer füllte eine Menschenmenge die Bahn, deren nasses, zerstampftes Gras schwarz geworden war. Vor den beiden Anzeigetafeln auf sehr hohen Eisenstangen drängte sich das Gewühl, alles sah hinauf und empfing mit ohrenbetäubendem Spektakel jede Pferdenummer, die eine elektrische Leitung, die zum Wägeraum führte, erscheinen ließ. Die Herren machten sich Zeichen auf ihre Programme; Pichenette war von ihrem Besitzer zurückgezogen worden, was wiederum Aufregung verursachte. Nana aber ging am Arm Labordettes über die Reitbahn. Die Glocke, die oben am Mast der Oriflamme hing, läutete mit eigensinniger Beharrlichkeit, um die Reitbahn zu säubern.

„Ach, Kinder", sagte Nana, als sie wieder in ihren Landauer stieg, „ist das ein Schwindel, dieser Wägeraum!"

Sie wurde stürmisch begrüßt, man klatschte in die Hände: „Bravo, Nana! ... Nana ist uns wiedergegeben! ..." Ach, waren sie dumm! Hatten sie geglaubt, daß Nana sie im Stich lassen könnte? Sie war im richtigen Augenblick wieder da. Achtung! Jetzt geht's los! – Und der Champagner war vergessen, niemand trank mehr.

Nana hatte zu ihrem Erstaunen Gaga in ihrem Wagen vorgefunden, die Bijou und Louiset auf den Knien hielt; Gaga wollte sich an La Faloise heranmachen, und so war sie schnell entschlossen herübergekommen. Sie wollte nur das Kleine umarmen, erzählte sie – sie war so ein Kindernarr!

„Apropos, und Lili?" fragte Nana. „Das ist ja wohl Lili dort in dem Coupé von dem Alten? – Da hab' ich gerade eine saubere Geschichte gehört."

Gaga sah sie voll Tränen an. „Meine Liebe, ich bin noch ganz krank davon", sagte sie schmerzlich. „Gestern hab' ich den Tag im Bett verbracht, soviel hab' ich geweint. Und heute konnte ich fast nicht kommen ... Du weißt ja, was ich mit ihr vorhatte – ich wollte es nicht, ich hab' sie im Kloster erziehen lassen, damit sie sich gut verheiraten kann. Und die strengsten Lehren, die unermüdliche Überwachung – alles umsonst. Ach, meine Liebe –! Sie hat es so gewollt. Oh, es gab Szenen, Tränen – Wortwechsel, die so weit gingen, daß ich ihr fast eine Ohrfeige heruntergehauen habe. Sie langweilte sich zu sehr, sie wollte ins Leben hinein ... Nun, als sie mir solche Sachen sagte, wie: ‚Du bist wirklich nicht diejenige, die das Recht hat, mich daran zu hindern!', da antwortete ich: ‚Du bist ein elendes Geschöpf, du bringst Schande über uns! Geh deiner Wege!' Und so ist es geschehn, ich habe nachgegeben und die Sache arrangiert ... Aber jetzt ist meine letzte Hoffnung vernichtet – ach, und ich hatte mir alles so schön ausgemalt!"

Lärm und Zänkerei war ringsum laut geworden, Georges verteidigte Vandeuvres gegen ungewisse Gerüchte, die in den Gruppen umliefen.

„Was soll das heißen, daß er sein Pferd im Stich läßt?" schrie der junge Mann. „Gestern im Rennbüro hat er tausend Louis auf Lusignan gesetzt."

„Ja, ich war auch da", bestätigte Philippe. „Und auf Nana hat er nicht einen einzigen Louis gesetzt ... Wenn Nana auf zehn steht, so hat er nichts damit zu tun. Es ist lächerlich, den Leuten solche Berechnungen zuzumuten. Was hätte er für ein Interesse daran?"

Labordette hörte gelassen zu, dann zuckte er die Achseln: „Lassen Sie doch, die Leute müssen immer etwas zu reden haben ... der Graf hat eben noch mindestens fünfhundert Louis auf Lusignan gesetzt, und wenn er etwa hundert auf Nana gewagt hat, so ist es deshalb geschehen, weil ein Rennstallbesitzer schließlich an seine Pferde glauben soll."

„Schon gut! Das kann uns ja ganz schnuppe sein!" lärmte La Faloise, mit den Armen herumfuchtelnd. „Spirit wird ja doch gewinnen! ... Frankreich kann sich begraben lassen! Hoch England!"

Eine heftige Aufregung bemächtigte sich der Menge, als das neuerliche Glockengeläute die Ankunft der Pferde auf der Reitbahn verkündete. Nana stieg auf den Wagensitz mitten in die Vergißmeinnicht und Rosen hinein, mit einem Blick rundum umfing sie den ungeheuren Horizont. Das Wettfieber hatte seinen Höhepunkt erreicht. Vor ihr dehnte sich die leere Reitbahn, die jetzt graue Barrieren versperrten, und zwischen je zwei Pfosten zogen sich die Ketten der Schutzleute hin. Und die Grasfläche, die vor ihr schmutzig und zerstampft dalag, wurde weiter hinaus wieder grün und ging schließlich in einen hellen Samtteppich über. – Im Zentrum sah sie, auf den Turf hinunterblickend, ein wimmelndes Gewühl von Menschen, die sich auf die Fußspitzen stellten, sich an die Wagen klammerten – erregt und geschüttelt von Spielerleidenschaft –, dann wiehernde Pferde, klatschende Zeltleinwand, Reiter, die ihre Pferde zwischen den Fußgängern lenkten, die an die Barrieren liefen und einen Platz zum Aufstützen suchten. Wenn sie sich nach der andern Seite den Tribünen zuwandte, so verschwanden die Ge-

sichter fast, die dichte Masse der Köpfe bestand nur noch aus Farbflecken, die Wege, Terrassen, Stufen erfüllten und sich als geschlossene Masse wie eine dunkle Silhouette vom Himmel abhob.
Sie sah von ihrem Standort noch weit über die Reitbahn auf die Ebene hinaus. Hinter der efeubewachsenen Mühle zur Rechten breiteten sich große Wiesen, auf denen tiefe Baumschatten lagen; geradeaus bis an die Seine, die am Fuß des Hügelzuges hinlief, verschlangen sich die Parkstraßen, wo die langen Reihen der Equipagen unbeweglich warteten; in der Richtung gegen Boulogne hin, nach links zu, öffnete sich das erweiterte Land von neuem nach den bläulichen Fernen von Meudon; eine Allee von Pawlonien, deren rosige Wipfel ohne Blatt sich wie eine breite Spur von glänzendem Lack hinzogen, versperrte die Aussicht.
Und immer noch kamen Leute. Ein Ameisenzug kam wimmelnd von da unten auf dem schmalen Bandstreifen eines Weges über die Felder; und ganz weit draußen nach Paris hin kampierte das nichtzahlende Publikum wie eine Herde in dem hochstämmigen Wald und bildete eine bewegliche Linie schwarzer Pünktchen am Abhang des Bois unter den Bäumen.
Eine Heiterkeit kam jetzt plötzlich über diese hunderttausend Seelen, die diese Ecke des Feldes wie närrisch krabbelnde Insekten unter dem unendlichen Himmel bedeckten. Die Sonne hatte sich seit einer Viertelstunde hinter den Wolken versteckt – jetzt erschien sie wieder und streute verschwenderische Fluten von Licht herunter. Und alles leuchtete wieder auf, die Sonnenschirme der Frauen waren wie Schilder von purem Gold, die zahllos über den Köpfen blitzten. Man applaudierte der Sonne, Gelächter flog ihr grüßend entgegen, Arme streckten sich aus, um die Wolken wegzuschieben.
Ein Friedensrichter ging allein die leere Reitbahn ab. Weiter oben nach links hin erschien ein Mann mit einer roten Fahne in der Hand.
„Das ist der Starter, der Baron de Mauriac", antwortete Labordette auf Nanas Frage.
Rund um die junge Frau herum erhoben sich unter den Herren, die sich um ihren Wagenschlag drängten, laute Ausrufe, eine abgerissene Unterhaltung entspann sich mit aufgeregten Worten, die unter den plötzlichen Eindrücken hingeworfen wurden. Philippe und Georges, Bordenave und La Faloise konnten nicht schweigen.
„Stoßen Sie doch nicht! ... Lassen Sie mich sehn! ... Ah, jetzt betritt der Schiedsrichter seine Tribüne ... Sie sagen, daß es Herr de Souvigny ist? ... Wie? Man muß schon gute Augen haben, wenn man bei so einem Mechanismus eine Nasenlänge unterscheiden will! ... Seid doch still! Jetzt wird die Oriflamme aufgezogen! ... Da sind sie schon! Achtung! ... Cosinus ist der erste."
Eine gelbrote Oriflamme schlug von der Spitze eines Mastes in die Luft. Die Pferde kamen nacheinander, von den Stallburschen geführt, mit den Jockeys im Sattel, die die Arme schlenkern ließen und in der Sonne wie helle Flecken wirkten. Nach Cosinus kamen Hasard und Boum. Ein Gemurmel begleitete das Erscheinen Spirits, eines großen, prachtvollen Rotbraunen, dessen harte Farben, Zitron und Schwarz, von britannischer Trostlosigkeit waren. Valerio II hatte einen Auftrittserfolg, wie er so daherkam – klein und lebhaft in hellem Grün mit rosa Besatz. Die beiden Vandeuvresschen Pferde ließen auf sich warten. Endlich tauchten hinter Frangipane die blauweißen Farben auf. Aber Lusignan, ein sehr dunkler Fuchs von tadellosem Bau, wurde in dem allgemeinen Erstaunen über Nana fast übersehen. So hatte man sie noch nie gesehen – die Sonnenstrahlen verliehen dem Goldfuchs den blonden Schimmer eines rothaarigen Mädchens. Sie blitzte im Licht wie ein neugeprägter Louis mit ihrer breiten Brust, mit dem leichten Kopf und Hals und dem nervösen feinen Schwung ihres langen Rückens.
„Seht doch nur! Sie hat ja mein Haar!" schrie Nana entzückt. „Ich bin ganz stolz darauf, ihr könnt es mir glauben!" Man stürmte den Landauer, Bordenave trat fast auf Louiset, den seine Mutter ganz vergessen hatte. Er nahm ihn mit väterlichem Gebrumm und setzte ihn auf die Schulter. „Dieses arme Würmchen", murmelte er, „es muß doch auch dabei sein! – Warte nur, ich zeig dir deine Mama ... Was? Da unten, schau, das Hottopferdchen."
Und als Bijou ihm an den Beinen krabbelte, nahm er ihn gleichfalls hoch. Nana, glückselig über dieses Tier, das ihren Namen trug, warf einen Blick auf die anderen Frauen, um zu sehen, was die für ein Gesicht dazu machten. Alle waren wütend.
In diesem Augenblick fuchtelte die Tricon, die bis dahin unbeweglich auf ihrer Droschke gesessen hatte, lebhaft mit den Händen und gab einem Buchmacher über die Köpfe der Menge hin noch Aufträge. Ihr Instinkt sprach laut, sie setzte auf Nana.
La Faloise indessen vollführte einen unerträglichen Lärm. Er setzte sich Frangipane in den Kopf. „Ich habe eine Eingebung!" wiederholte er immer wieder. „Sehen Sie sich doch Frangipane an. Was? So ein Feuer –! Ich nehme Frangipane zu acht. Wer hat Frangipane."
„Halten Sie doch Ruhe", sagte endlich Labordette. „Es wird Ihnen noch leid tun!"
„Ein Klepper ist dieser Frangipane", erklärte Philippe, „er ist jetzt schon ganz feucht ... Ihr werdet ihn noch straucheln sehen."
Die Pferde wurden zurechtgestellt, und es ging jetzt im Probegalopp aufgelöst an den Tribünen vorbei. Da gab es wieder leidenschaftliche Erörterungen, alles sprach zugleich.
„Zu langes Rückgrat, dieser Lusignan, aber gut in Form ... Ich gebe keinen Heller für Valerio II, sag' ich Ihnen! Er ist nervös, er galoppiert mit hochgehobenem Kopf ... das ist ein schlechtes Zeichen ... Ach, sieh! Burne reitet Spirit ... Glauben Sie mir, er hat keine Schulter, darauf kommt es an ... Nein, bestimmt, Spirit ist zu ruhig ... hören Sie, ich habe Nana bei der Grande Poule des Produits gesehen, in Schweiß gebadet, wie erloschen, mit fliegenden Flanken, daß man jeden Moment

glaubte, sie steht um. Zwanzig Louis, daß sie nicht plaziert wird! ... Jetzt ist's aber genug! Hört der nicht endlich auf mit seinen Frangipane! Es ist keine Zeit mehr, das Feld geht ab!"

La Faloise schlug sich fast weinend herum, um einen Buchmacher zu finden. Man mußte ihn zur Vernunft bringen. Alle Hälse streckten sich lang. Aber der erste Start ging nicht gut vonstatten, der Starter, den man von weitem wie einen dünnen schwarzen Strich sah, hatte die rote Fahne nicht gesenkt. Nach kurzem Galopp kamen die Pferde wieder zurück. Noch zweimal wiederholte sich der falsche Start. Endlich hatte der Starter alle Pferde beisammen und ließ sie mit einer Geschicklichkeit abgehn, die laute Schreie der Bewunderung auslöste.

„Außerordentlich! ... Nein, es war Zufall! ... Gleichviel, es ist gelungen!"

Das Getöse erstickte in der Aufregung, die jedem die Brust zusammenschnürte. Jetzt gab es keine Wetten mehr, jetzt spielte sich die Entscheidung auf der unendlichen Rennbahn ab. Es herrschte zuerst solche Stille, als hätte jeder Atem ausgesetzt. Die Gesichter starrten weiß und bebend in die Höhe. Vom Start ab hatten Hasard und Cosinus die Führung; Valerio II folgte ihnen zunächst, die anderen kamen in einer konfusen Rotte daher. Als sie wie ein Gewittersturm an den Tribünen vorbeibrausten, daß der Erdboden erzitterte, hatte sich der Knäuel schon auf vierzig Längen ausgedehnt. Frangipane war letzter, Nana blieb ein wenig hinter Lusignan und Spirit zurück.

„Teufel!" murmelte Labordette, „wie der Engländer sich hält!"

Der ganze Wagen fand die Sprache wieder; Bemerkungen, Ausrufe wurden laut. Man reckte sich in die Höhe, man folgte den grellen Farbflecken der Jockeys, die durch die Sonne flitzten. Auf der Höhe übernahm Valerio II die Führung, Cosinus und Hasard verloren an Terrain, und Lusignan und Spirit liefen Nase an Nase, Nana immer hinter ihnen.

„Himmelherrgott, der Engländer ist Sieger, das liegt auf der Hand", sagte Bordenave. „Lusignan wird müde, und Valerio II kann sich nicht halten."

„Na, das wäre noch schöner! Der Engländer Sieger!" schrie Philippe in einer Aufwallung patriotischen Schmerzes.

Ein Gefühl äußerster Beklemmung bemächtigte sich allmählich dieses zusammengestauten Menschengewühls. Noch eine Niederlage! Und glühende Wünsche stiegen fast wie Gebete zum Himmel; während alles Spirit samt seinem Jockey in den Leichenbitterfarben verwünschte. Zwischen den im Gras verstreuten Gruppen liefen aufgeregte Leute mit fliegenden Sohlen hin. Reiter sausten in wütendem Galopp über den Rasen.

Nana drehte sich langsam rundherum; zu ihren Füßen sah sie das Meer von Tieren und Menschen, diese Flut von Köpfen, die der Wirbelwind des Rennens rund um die Reitbahn in die Richtung der galoppierenden Pferde hinblies; die Jockeys flitzten wie lange Blitze am Horizont hin. Zuerst hatte sie sie von hinten gesehen – im Galopp der fliehenden Kruppen, im Ausgreifen der langhingestreckten Beine, die im Dahinsausen haardünn wurden. Jetzt sah sie sie ganz hinten im Profil, ganz klein, ganz fein in den grünen Fernen des Bois. Dann verschwanden sie jählings hinter einer großen Baumgruppe, die mitten im Hippodrom stand. „Laßt nur", schrie Georges immer noch hoffnungsfreudig, „es ist noch nicht aller Tage Abend ... der Engländer ist erreicht."

Aber La Faloise benahm sich in seiner Verachtung des Nationalgefühls skandalös – er akklamierte Spirit begeistert. Bravo! Geschieht ihnen recht! Den Franzosen ist das ganz gesund! Spirit erster und Frangipane zweiter. Das wäre ein ordentlicher Nasenstüber für das liebe Vaterland!"

Labordette war aufs höchste gereizt und drohte ernstlich, ihn vom Wagen zu werfen.

„Wir wollen einmal sehn, wieviel Minuten sie brauchen!" sagte Bordenave friedlich, der mit der einen Hand Louiset hielt und mit der andern seine Uhr zog.

Hinter der Baumgruppe kamen jetzt die Pferde, eines immer nach dem andern, hervor. Die Menge war erstarrt vor Staunen – dann erhob sich eine langanhaltende Bewegung. Valerio II hielt noch die Führung, aber Spirit hatte ihn erreicht; Lusignan war zurückgeblieben – ein anderes Pferd nahm jetzt seinen Platz ein. Man übersah die Situation nicht gleich, man verwechselte die Jockeyblusen. Laute Ausrufe wurden ausgestoßen.

„Aber das ist ja Nana! ... Aber gehen Sie mir doch – Nana –! Lusignan hat sich nicht vom Platz gerührt! Aber doch, aber ja, es ist Nana! Sie ist an ihrer Goldfärbung leicht kenntlich ... Sehen Sie sie jetzt! ... Jetzt ist sie in Feuer gekommen! ... Bravo, Nana! So ein Kerl! ... Ach, das hat gar keine Bedeutung, sie arbeitet für Lusignan."

Sekundenlang waren alle dieser Meinung. Aber nach und nach gewann die Stute in beharrlicher Anspannung immer mehr Terrain. Eine ungeheure Aufregung griff um sich. Niemand kümmerte sich mehr um die Queue. Ein erlesener Kampf entspann sich zwischen Spirit, Nana, Lusignan und Valerio II. Man rief ihre Namen, man konstatierte in halben gestammelten Sätzen ihr Vorwärtskommen und ihr Zurückbleiben. Und Nana, die eben den Kutschbock erstiegen hatte, als ob es sie hinaufgerissen hätte, war ganz bleich und zitterte so außer sich, daß ihr die Worte versagten. Neben ihr stand Labordette; sein Lächeln war wieder zurückgekehrt.

„Ha? Dem Engländer ist nicht ganz wohl", sagte freudig Philippe. „Er läuft nicht gut."

„Jedenfalls ist Lusignan erledigt!" rief La Faloise. „Jetzt kommt Valerio II dran ... Seht doch! Die vier in einem Knäuel!"

Aus jedem Mund ertönte derselbe Schrei: „Ist das ein Endkampf! ... Kinder, ist das ein harter Endkampf! Sapperlot!"

Jetzt kam wie ein Gewitterblitz der Knäuel von vorne daher. Man spürte das Herannahen und wie der Atem, das ferne Schnauben von Sekunde zu Sekunde anschwoll. Die ganze Menge warf sich ungestüm auf die Barrieren. Und ein tiefes Gebrause eilte den Pferden voraus, ein Schrei entrang sich aus jeder Brust, und kam immer näher und näher wie Meeresbrandung. Das war die auf die letzte Spitze getriebene Brutalität eines ungeheuern Spiels, das waren hunderttausend Zuschauer mit derselben fixen Idee, von derselben Spielwut besessen, hinter diesen Pferden herfiebernd, deren Galopp Millionen dahintrug. Man stieß und drängte und erdrückte sich, die Fäuste waren geballt, der Mund stand offen, jeder war mit sich allein, jeder peitschte sein Pferd mit Zurufen und Gebärden. Und ein Schrei brach aus dem Volk, der Schrei eines Wilden unter der zivilisierten Redingote – und wurde immer deutlicher und deutlicher:

„Da kommen sie! ... Da kommen sie! ... Da kommen sie!"

Nana gewann immer mehr Terrain; jetzt blieb Valerio II zurück, sie nahm auf zwei, drei Halslängen mit Spirit die Führung. Das Donnergetöse wuchs an. Sie brausten daher, und im Landauer empfing sie ein Hagelwetter von Flüchen.

„Ho, Lusignan, Faulpelz, elender Klepper! ... Famos, der Engländer! Vorwärts, vorwärts, mein Alter! ... Und dieser niederträchtige Valerio! Oh, du Aas! ... Pfutsch sind meine zehn Louis! ... Nana, Nana macht es! ... Bravo, Nana! Bravo, du Luder!"

Und Nana hatte oben auf dem Sitz, ohne es zu merken, angefangen, sich in Hüften und Schenkeln zu wiegen, als ob sie selbst liefe. Sie stieß mit dem Leib nach vorwärts, als ob sie damit der Stute zu Hilfe käme. Bei jedem Stoß entfuhr ihr ein Seufzer der Erschöpfung, und sie sagte leise und mühsam: „So mach doch ... so mach doch ... so mach doch!"

Was jetzt kam, war ein wundervoller Anblick. Price stand aufrecht in den Steigbügeln, mit hocherhobener Reitpeitsche und hieb mit eisernem Arm auf Nana ein. Dieses alte, vertrocknete Kind, dieses lange, harte, leblose Gesicht sprühte Flammen. Und mit der Stoßkraft wütender Verwegenheit, mit triumphierender Willensanspannung riß er mit seiner eigenen Bravour die Stute hin, er hielt sie aufrecht, er trug sie, die schaumbedeckt mit blutunterlaufenen Augen dahinraste. Das ganze Feld brauste jetzt wie ein atemberaubendes Gewitter vorbei und fegte durch die Luft. Der Schiedsrichter hielt das Auge auf das Ziel gerichtet und wartete kaltblütig.

Ein ungeheurer Schrei hallte wie Donner wider.

Mit äußerster Anspannung hatte Price Nana an die Zielpfosten geworfen. – Spirit war um Kopflänge geschlagen.

Ein Getöse wie anbrausende Meeresflut erhob sich. Nana! Nana! Nana! Der Schrei rollte daher, schwoll an wie ein Orkan, erfüllte nach und nach den Horizont von den Tiefen des Bois bis zum Mont Valérien, von den Wiesen von Longchamps bis zur Ebene von Boulogne. Auf dem Rasen griff eine wahnsinnige Begeisterung um sich. Hoch, Nana! Es lebe Frankreich! Nieder mit England! Die Frauen schwenkten ihre Sonnenschirme; die Männer sprangen und drehten sich und tobten aus vollem Halse, andere schwenkten mit nervösem Gelächter die Hüte. Und von der anderen Seite der Bahn antwortete der Wiegeraum, die Tribünen brannten in heller Aufregung – obgleich man nichts anderes unterscheiden konnte als das Erzittern der Luft, wie die unsichtbare Flamme über Kohlenglut, über diesem lebendigen Haufen kleiner verzerrter Gesichter, geschwungener Arme, über diesen schwarzen Punkten der Augen und offenen Lippen. Das nahm kein Ende, es schwoll noch immer an und begann von neuem in den fernsten Alleen unter dem Volk, das unter den Bäumen lagerte, es breitete sich aus, bis es in die Erregung der kaiserlichen Tribüne hineinflutete: die Kaiserin hatte applaudiert. Nana! Nana! Nana! Der Schrei stieg bis zur Sonnenglorie hinauf, die einen Goldregen über den Rausch der Massen schüttete.

Nana wuchs, wie sie da hoch auf dem Kutschbock ihres Landauers stand; sie glaubte, daß diese Zurufe ihr galten. Einen Augenblick stand sie wie versteinert in der Erstarrung ihres Triumphes; sie blickte auf die Reitbahn, die von so dichten Scharen überflutet war, daß man das Gras nicht mehr sah, das ein Meer schwarzer Hüte zudeckte. Dann, als Ordnung in das Gedränge kam, bildete sich ein Spalier bis zum Ausgang; alles jubelte noch einmal Nana zu, die mit Price die Bahn verließ, der wie gebrochen über ihrem Hals hing – erloschen und ausgeleert.

Nana vergaß alles, sie schlug sich heftig auf die Schenkel, sie brach triumphierend in hemmungslose Rufe aus: „Ach, Herrgott! Ach, das bin ja doch ich! Herrgott, was für Schwein!"

Sie wußte sich vor Seligkeit nicht zu fassen, und um einen Ausweg für ihre Freude zu finden, riß sie Louiset, den sie in der Luft auf Bordenaves Schulter entdeckte, heftig an sich und überhäufte ihn mit Küssen.

„Drei Minuten vierzehn Sekunden", sagte Bordenave und steckte die Uhr in die Tasche.

Nana hörte nichts als ihren Namen, den die weite Ebene in tausendfältigem Echo zurückwarf. Es war ihr Volk, das ihr zujubelte, und sie stand, steil in der Sonne, hoch über allen in ihrem Haar, das wie ein Gestirn strahlte, in ihrem weißen und blauen Kleid, in den Farben des Himmels. Labordette war fortgewesen – jetzt kam er wieder und kündigte ihr einen Gewinn von zweitausend Louis an, denn er hatte ihre fünfzig Louis auf Nana 40:1 gesetzt. Aber das Geld berührte sie weniger als dieser unerwartete Sieg, dessen Triumph sie zur Königin von Paris machte.

Alle diese anderen Damen hatten verloren. Rose Mignon hatte in einer Aufwallung von Wut ihren Schirm zerbrochen; und Caroline Héquet und Clarisse und Simonne und selbst Lucy Stewart, trotz ihres Sohnes, fluchten unterdrückt, durch das Glück dieses üppigen Frauenzimmers aufs äußerste erbittert. Nur die Tricon, die sich beim Start und beim Finish bekreuzigt hatte, richtete ihre hohe Figur über diesen allen auf; entzückt über ihren

richtigen Instinkt, segnete sie Nana als die erfahrene Matrone, die sie war.
Um den Landauer herum wurde das Gedränge der Männer immer heftiger. Die ganze Bande hatte furchtbar getobt. Georges war halb erstickt vor Aufregung, aber er schrie noch allein mit überschnappender Stimme weiter. Der Champagner ging aus, Philippe nahm die Lakaien mit sich und lief zu den Trinkhallen. Und Nanas Hof erweiterte sich immer mehr, ihr Triumph riß die letzten, die noch gezögert hatten, mit fort. Der Anstoß, der ihren Wagen zum Mittelpunkt des Rasens gemacht hatte, wurde zu einer Apotheose: die Königin Venus über ihren tollgewordenen Untertanen. Bordenave stand hinter ihr und schluckte mit väterlicher Rührung Flüche hinunter. Steiner selbst war wiedergewonnen, er hatte Simonne im Stich gelassen und schwang sich auf eine Wagenstufe. Als der Champagner ankam, als sie ihr volles Glas hochhob, gab es ein so tolles Händeklatschen, man schrie so laut: Nana! Nana! Nana! – daß die erstaunte Menge sich nach der Stute umsah. Und man wußte nicht mehr: war es das Tier oder das Weib, das alle Herzen erfüllte.
Jetzt kam, trotz Roses fürchterlichen Blicken, Mignon dahergerannt. Dieses verflixte Mädel brachte ihn außer sich, er mußte sie umarmen. Dann, nach zwei väterlichen Küssen auf ihre Wangen, sagte er: „Was mich wirklich verdrießt, ist die Geschichte mit dem Brief! Jetzt wird Rose den Brief ganz bestimmt abschicken. Sie ist zu wütend!"
„Um so besser! Um so besser!" entfuhr es Nana.
Aber als sie ihn sprachlos vor sich sah, beeilte sie sich, hinzuzufügen: „Ach nein, was hab' ich gesagt? – Wirklich, ich weiß schon nicht mehr, was ich spreche! Ich bin wie berauscht!"
Und sie war wirklich berauscht – berauscht vor Freude, berauscht vor Sonne – und mit immer hochgeschwungenem Glas trank sie sich jetzt selbst zu: „Hoch, Nana! Hoch, Nana!" rief sie mitten in das verdoppelte Getöse von Gelächter und Bravorufen hinein, die nach und nach die ganze Reitbahn erfüllten.
Die Rennen nahmen ihren Verlauf, es ging jetzt um den Prix Vaublanc. Die Wagen fuhren jetzt einzeln weg. Indes kehrte der Name Vandeuvres in Wortwechseln immer wieder. Jetzt war es klar: Vandeuvres hatte diesen Coup seit zwei Jahren vorbereitet, indem er Gresham veranlaßt hatte, Nana zurückzuhalten; und er hatte Lusignan nur laufen lassen, damit die Stute gewonnenes Spiel habe. Die Verlierenden ärgerten sich, die Gewinnenden zuckten die Achseln. Na, und? War das vielleicht verboten? Ein Rennstallbesitzer verfügte über seine Pferde, so gut er es verstand. Man hatte schon andere Geschichten erlebt! Die meisten fanden es sehr stark von Vandeuvres, daß er durch Freunde, soviel er nur konnte, hatte auf Nana setzen lassen – was die jähe Hausse der Quote erklärte; man sprach von zweitausend Louis, zu dreißig im Durchschnitt –, eine runde Summe, die Respekt einflößte und alles entschuldigte.
Aber es kamen noch andere, sehr belastende Gerüchte, die sich nur flüsternd verbreiteten, aus dem Wiegeraum. Die Herren, die von dort zurückkamen, brachten Details; die Stimmen wurden lauter, und man erzählte sich ganz offen den furchtbaren Skandal.
Der arme Vandeuvres war fertig. Er hatte seinen prachtvollen Coup durch eine lächerliche Albernheit, durch einen idiotischen Diebstahl ruiniert, indem er Maréchal, einen verdächtigen Buchmacher, beauftragt hatte, für seine Rechnung zweitausend Louis gegen Lusignan zu setzen, um nämlich seine tausend und einige öffentlich gesetzten Louis wiederzugewinnen – es war ein Elend. Und das bewies den entscheidenden Sprung in seinen schwankenden Vermögensumständen. Der Buchmacher, der darauf vorbereitet war, daß der Favorit nicht siegen würde, hatte etwa sechzigtausend Francs auf das Pferd realisiert. Nur Labordette, der keine so genauen und detaillierten Instruktionen hatte, war direkt hingegangen und hatte bei ihm zweihundert Louis auf Nana gesetzt, die der andere noch zu fünfzig annahm, denn er kannte den wirklich geplanten Coup nicht. Um die hunderttausend Francs auf die Stute gebracht, mit vierzigtausend Francs im Verlust, war Maréchal, der alles über sich zusammenstürzen fühlte, jählings ein Licht aufgegangen, als er Labordette und den Grafen nach dem Rennen vor dem Wiegeraum zusammen plaudern sah, und der bestohlene Mensch machte jetzt brutal und wütend als der ehemalige Kutscher, der er war, öffentlich eine entsetzliche Szene, er erzählte die ganze Geschichte mit den gemeinsten Worten und hetzte das Publikum auf. – Und es hieß, daß das Rennschiedsgericht sich versammle.
Nana, von Philippe und Georges leise von der Sachlage unterrichtet, warf ein paar Bemerkungen hin, aber sie lachte und trank weiter. Sehr möglich, wenn sie es recht bedachte. Ihr fiel jetzt mancher Umstand ein; dieser Maréchal sah wirklich höchst verdächtig aus. Aber sie war noch immer nicht ganz überzeugt; da erschien Labordette. Er war sehr bleich.
„Nun?" fragte sie halblaut.
„Aus!" sagte er nur.
Und er zuckte die Achseln. Ein Kind, dieser Vandeuvres! – Sie machte eine verdrossene Bewegung.
Am Abend errang Nana in Mabille einen kolossalen Erfolg. Als sie so gegen zehn Uhr erschien, war die Stimmung schon hoch gestiegen. Diese klassische Nacht der verrückten Ausgelassenheit vereinigte die ganze galante Jugend, die Spitzen der Gesellschaft, die sich hier in der Roheit und dumpfen Blödsinnigkeit von Lakaien wälzte. Man erdrückte sich unter den Reihen der Gasflammen; schwarze Abendanzüge, exzessive Toiletten, Frauen in dekolletierten alten Kleidern, die nur mehr zum Versudeln taugten, tobten, tanzten, heulten hier, angestachelt durch die hemmungsloseste Ausgelassenheit. Dreißig Schritte weit vom Orchester hörte man nicht einmal mehr das Kupferbecken. Niemand tanzte. Die albernsten Worte, ohne jeden Grund weitergegeben, machten die Runde. Man stellte sich auf den Kopf, ohne daß eine wirkliche Lustigkeit zustande kam. Sieben Frauen hatte

man in die Garderobe eingesperrt, und sie weinten, weil man sie nicht herausließ. Jemand hatte eine Schalottenzwiebel gefunden; sie wurde versteigert und brachte es auf zwei Louis.

In diesem Moment kam gerade Nana, noch in ihrer Renntoilette, blau und weiß. Man überreichte ihr in einem Gewitter von Bravorufen die Zwiebel. Man packte sie, ob sie wollte oder nicht, und drei Herren trugen sie im Triumph in den Garten, quer über die zertrampelten Rasenflächen und durch das auseinandergerissene Gebüsch; und da das Orchester hindernd im Weg stand, nahm man es im Sturm und zerbrach Stühle und Notenpulte. Eine väterlich milde Polizei organisierte das Durcheinander.

Erst am Dienstag erholte sich Nana von den Aufregungen ihres Sieges. Sie plauderte am Morgen mit Madame Lerat, die Nachrichten von Louiset brachte – er war durch den langen Aufenthalt in der freien Luft erkrankt. Sie erzählte mit leidenschaftlichem Eifer eine Geschichte, die ganz Paris beschäftigte: Vandeuvres war von den Rennplätzen und noch am selben Abend auch aus dem Cercle Impérial ausgeschlossen worden; am nächsten Tag hatte er sich in seinem Stall mit seinen Pferden verbrannt.

„Er hat es mir vorausgesagt", sagte die junge Frau. „Ein absolut Verrückter, dieser Mensch! ... Ich hab' gestern keinen kleinen Schrecken bekommen, als man mir die Geschichte erzählte! Er hätte mich ebensogut eines Nachts umbringen können, weißt du ... Und dann: hätte er mir nicht über das Pferd reinen Wein einschenken müssen? Wenigstens hätte ich mir doch ein Vermögen schaffen können! ... Aber er hat zu Labordette gesagt, daß ich die Geschichte gleich meinem Friseur und einem Haufen Leuten weitererzählt hätte. Höflich! Das muß ich sagen! ... Nein, ich kann ihm wirklich nicht nachtrauern!"

Nach einiger Überlegung geriet sie in Wut. Eben trat Labordette ein; er hatte ihre Wetten in Ordnung gebracht und kam nun mit einigen vierzigtausend Francs daher. Aber das steigerte ihre üble Laune nur, denn sie hätte eigentlich eine Million gewinnen müssen.

Labordette, der bei dem ganzen Abenteuer so unschuldig zu sein schien wie ein neugeborenes Kind, gab Vandeuvres ohne Wimperzucken preis. Diese alten Familien waren am Rande, sie nahmen alle ein so albernes Ende.

„Ach nein", sagte Nana, „albern ist das nicht, sich so mit seinem Stall zu verbrennen. Ich sage dir: das war ein tollkühnes Ende! ... Oh, weißt du: ich verteidige diese Geschichte mit Maréchal durchaus nicht. Das war zu trottelhaft. Und wenn ich denke, daß Blanche die Frechheit gehabt hat, mir die Schuld an der Sache zuzuschieben! Ich hab' ihr aber gesagt: ‚Hab' ich ihm etwa befohlen, daß er stiehlt?' Nicht wahr, man kann doch Geld von einem Mann verlangen, ohne daß er gleich Verbrechen begeht ... Wenn er mir gesagt hätte: ‚Ich hab' nichts mehr!' – so hätte ich geantwortet: ‚Schön, trennen wir uns also!' Und das wäre alles gewesen."

„Natürlich", sagte die Tante gewichtig, „wenn die Männer sich auf etwas versteifen, um so schlimmer für sie."

„Aber was diese kleine Abschiedsfeier anbelangt – oh, das war schon sehr schick!" sagte Nana. „Es muß schon schrecklich gewesen sein, Ihr habt ja eine ordentliche Gänsehaut gehabt. Er hat alle Leute weggeschickt und sich dann da drinnen eingesperrt ... mit Petroleum ... Na, das hätt' ich sehen mögen, das muß ja gebrannt haben! – Bedenkt doch, dieses große Ding, ganz aus Holz, voll Stroh und Hafer! ... Die Flammen schlugen turmhoch hinaus ... Das Schönste waren die Pferde, die sich nicht braten lassen wollten. Man hörte sie wiehern, sie warfen sich gegen die Türen, sie schrien wie Menschen ... Ja, den Leuten ist das Entsetzen ordentlich in die Glieder gefahren."

Labordette stieß einen leichten Seufzer der Ungläubigkeit aus. Er seinerseits glaubte nicht an Vandeuvres Tod. Irgend jemand hatte geschworen, daß er gesehen habe, wie er sich durch ein Fenster rettete. Er hat in einer Geistesstörung seinen Stall angezündet. Aber als die Geschichte zu warm wurde, hatte es ihn wohl etwas ernüchtert. Ein Mann, der so albern mit Frauen umging, der so ausgehöhlt war, besaß die Tollkühnheit zu einem solchen Tod nicht mehr.

Nana hörte ihm enttäuscht zu. Und sie fand kein anderes Wort für Vandeuvres als dieses: „Oh, der Unglückliche! Das wäre doch so schön gewesen!"

XII

Es war gegen ein Uhr früh; der Graf und Nana lagen noch wach in dem großen Bett mit den venezianischen Spitzen. Er hatte drei Tage geschmollt, dann war er gestern abend wiedergekommen. Das Zimmer schlief in dem schwachen Schein einer Lampe, aus den laulichen, von Liebesdüften tief gesättigten Schatten schimmerten ungewiß die silberinkrustierten Möbel aus weißem Lack. Der Vorhang war zugezogen und breitete Dunkelheit über das Bett. Ein Seufzer wurde hörbar in der Stille, dann ein Kuß – und Nana glitt aus den Kissen. Ein Weilchen blieb sie mit nackten Füßen auf dem Bettrand sitzen. Der Graf ließ den Kopf auf die Kissen zurücksinken und blieb im Dunkel.

„Glaubst du an den lieben Gott, mein Herz?" fragte sie nachdenklich; sie kam mit ernstem Gesicht aus den Armen ihres Liebhabers und geschüttelt von religiösen Bedrängnissen. Seit dem Morgen klagte sie über ein Unbehagen, sie war dumpf gepeinigt von allerhand törichten Gedanken über den Tod und die Hölle. Zuweilen hatte sie solche Nächte, wo Kinderangst und furchtbare Vorstellungen sie bei offenen Augen wie ein Alpdruck überfielen. „Was glaubst du: komm' ich in den Himmel?"

Ein Schauer schüttelte sie; den Grafen überraschte die sonderbare Frage in diesem Augenblick und erweckte all

seine katholischen Gewissensbisse. Aber Nana warf sich mit herabgleitenem Hemd und gelöstem Haar schluchzend an seine Brust und klammerte sich an ihn: „Ich fürchte mich so vor dem Tod, ich fürchte mich so vor dem Tod!"
Er konnte sich nur mit der größten Mühe von ihr losmachen. Er fürchtete, daß auch ihn die Verwirrung dieser verrückten Frau ergreifen könne, die sich in dem ansteckenden Entsetzen vor dem Unsichtbaren an ihn klammerte; er sprach ihr Vernunft zu, er redete ihr diese Todesgedanken aus; im übrigen brauche sie ja nur gut und vernünftig zu leben, so werde auch sie die Gnade erlangen. Nana schüttelte den Kopf: gewiß, sie füge niemand ein Leid zu; sie zeigte ihm sogar eine Marienmünze, die sie an einem roten Faden zwischen den Brüsten trug; aber es war ja im voraus bestimmt, daß alle Frauen, die nicht verheiratet waren und doch mit Männern lebten, in die Hölle kamen. Bruchstücke aus dem Katechismus kamen ihr ins Gedächtnis. Ja, wenn man das alles sicher wissen könnte; aber man wußte eigentlich nichts, und es wäre doch zu albern, wenn die Priester nur dummes Zeug daherredeten und man sich deshalb Zwang auferlegte. Trotzdem küßte sie voll Andacht die Medaille, die ganz warm war von ihrer Haut, als ob sie mit diesem Kuß den Tod beschwören könnte, dessen bloßes Gedenken sie mit kaltem Schauder erfüllte.
Muffat mußte mit ihr in das Toilettenkabinett gehen, sie zitterte vor Angst bei der Zumutung, auch nur einen Augenblick – selbst bei offener Tür – allein zu bleiben. Er legte sich wieder zu Bett, aber sie ging noch im Zimmer hin und her, sah in jeden Winkel und zitterte bei dem geringsten Geräusch. Vor dem Spiegel stand sie still und versank wie sonst in das Schauspiel ihrer Nacktheit. Aber der Anblick ihrer Brüste, ihrer Hüften und Schenkel verdoppelte ihre Ängste. Lange befühlte sie mit beiden Händen die Knochen ihres Gesichtes. „Wenn man tot ist, wird man häßlich", sagte sie langsam.
Sie sog die Wangen ein, riß die Augen auf, zog die Kinnladen zurück: so würde sie einmal aussehn. In dieser Einstellung wandte sie sich zu dem Grafen: „Sieh nur, ich werde einen ganz kleinen Kopf bekommen ..."
Er wurde böse: „Du bist ja verrückt, komm zu Bett."
Er sah sie nach hundertjährigem Schlaf entfleischt in der Grube liegen; und seine Hände falteten sich, ein Gebet entrang sich ihm. Seit kurzem hatte die Religion ihn wieder unterjocht; täglich ergriffen ihn wieder mit der Gewalt eines Blutstoßes diese Glaubenskrisen, aus denen er zu Tode erschöpft hervorging. Seine verschlungenen Finger krachten, und er wiederholte unaufhörlich dieses eine Wort: „Mein Gott ... mein Gott ... mein Gott ..." Es war der Schrei seiner Ohnmacht, seiner Sünde, gegen die er machtlos war trotz der Gewißheit seiner Verdammnis. Als Nana an das Bett trat, fand sie ihn unter der Decke in völliger Verstörung, die Nägel in die Brust gekrallt, die Augen angstvoll wandernd, als suchten sie den Himmel. Und die Tränen kamen ihr wieder, sie umschlangen einander, ihre Zähne schlugen zusammen – sie wußten nicht warum – rettungslos in dieselben Qualen verstrickt. Schon einmal hatten sie so eine Nacht verbracht; aber diesmal benahmen sie sich wie zwei Idioten – erklärte Nana später, als die Beklemmung vorbei war. Ein Verdacht stieg in Nana auf, und sie holte den Grafen vorsichtig aus: vielleicht hatte Rose Mignon doch diesen berühmten Brief abgeschickt. Aber das war nicht der Fall, es war nur sein Hasenherz, nichts sonst; er wußte noch nichts von seinen Hörnern.
Zwei Tage später, nach einem neuerlichen Fluchtversucht, erschien Muffat am frühen Morgen zu ganz ungewohnter Stunde. Er war totenblaß, seine Augen waren gerötet, ein heftiger innerer Widerstreit schüttelte ihn noch immer. Aber Zoé war selbst so aufgeregt, daß sie nichts von seinem Zustand merkte. Sie lief ihm entgegen und schrie: „Oh, Herr Graf, kommen Sie doch, schnell! Madame ist gestern abend fast gestorben!"
Und als er sich nach den Einzelheiten erkundigte: „Es ist fast nicht zu glauben ... Eine Fehlgeburt, Herr Graf!"
Nana war seit drei Monaten in anderen Umständen. Lange hatte sie an eine physische Störung geglaubt, selbst der Doktor Boutarel war sich über ihren Zustand nicht klar. Als schließlich kein Zweifel mehr sein konnte und er ihr klipp und klar sagte, um was es sich handelte, empfand sie einen solchen Verdruß, daß sie alles aufbot, um ihre Schwangerschaft geheimzuhalten. Ihre nervösen Angstzustände, ihre Anfälle von Schwermut erklärten sich zum Teil auch aus diesem Zustand; sie hütete ihr Geheimnis so angstvoll wie eine gefallene Jungfrau. Es schien ihr lächerlich und entwürdigend, es schien ihr, als ob sie dieses Malheur irgendwie herabsetzte und zum Gespött machen könnte. Oh, das Geschwätz, das jetzt losgehen würde! So ein Pech! Gerade jetzt mußte ihr das passieren, wo sie dieser Sorge schon ganz überhoben zu sein glaubte; und sie konnte sich von ihrem Staunen gar nicht erholen, es war, als ob irgend etwas in ihrem Geschlecht aus dem Geleise geraten wäre: Wie denn – bekam man denn davon Kinder, selbst wenn man es durchaus nicht wollte und das zu ganz anderen Zwecken gebrauchte? Die Natur erbitterte sie aufs höchste, diese ernsthafte Mutterschaft, die sich plötzlich in ihr Freudenleben eindrängte, dieses Leben, das sich auf einmal aufrichtete in all dem Tod, den sie ringsum aussäte, war ihr furchtbar im Weg. Kann man denn nicht über sich selbst nach eigenem Ermessen verfügen, ohne daß es so viel Geschichten nach sich zieht? Woher kam denn dieser Wurm? Nicht einmal das wußte sie. Himmelherrgott – er, der es gemacht hatte, hätte besser daran getan, es für sich zu behalten – niemand trug nach ihm Verlangen, es war jedem nur eine Last und würde sicherlich nicht viel Glück in dieser Welt haben!
Indes erzählte Zoé die Katastrophe:
„Um vier Uhr hatte Madame Kolikanfälle bekommen. Sie blieb so lange in der Toilette, bis ich ängstlich wurde und hineinging: da lag sie ohnmächtig auf dem Boden ausgestreckt. Ja, Herr Graf, auf der Erde, und in einer Blutlache, als ob sie ermordet wäre ... Da sah ich natür-

lich, um was es sich handelte, nicht wahr? Ich war wütend, Madame hätte sich mir doch wirklich anvertrauen können ... Zufällig war gerade Herr Georges da. Er half mir, wir hoben sie zusammen auf, und kaum hatte ich das Wort ‚Fehlgeburt‘ ausgesprochen, da wurde ihm auch ganz elend ... ach, was hab' ich ausgestanden seit gestern!“

Wirklich stand das ganze Haus auf dem Kopf. Die Dienerschaft lief kopflos durch Zimmer und Treppenhaus. Georges hatte die Nacht auf einem Fauteuil im Salon verbracht. Gestern hatte er am Abend um die Zeit, wo Madame sonst empfing, den Freunden des Hauses das Ereignis mitgeteilt. Er war sehr blaß dabei und erzählte die Geschichte voll Aufregung und Entsetzen. Steiner, La Faloise, Philippe und noch ein paar andere Freunde hatten sich eingefunden. Kaum hatte Georges den ersten Satz ausgesprochen, unterbrachen ihn schon Ausrufe des Erstaunens: aber das war ja unmöglich! Das war ja ein Witz –! Allmählich nahmen sie die Sache ernster, sahen verdrießlich nach Nanas Zimmertür, schüttelten den Kopf und fanden die Geschichte langweilig. Ein Dutzend der Herren, lauter Freunde, blieben bis Mitternacht leise plaudernd am Kamin versammelt; alle erwogen in der Stille die Möglichkeit ihrer Vaterschaft; es war, als ob sie sich voreinander entschuldigen wollten, so verwirrt und linkisch sahen sie sich an. Aber schließlich zogen sie die Schultern hoch: was ging es sie am Ende an? Es war Nanas Sache; was? Eine unglaubliche Person, diese Nana! Wer hätte sich so was träumen lassen? Und sie gingen einer nach dem andern auf den Fußspitzen davon, wie in einem Sterbehaus, wo einem das Lachen vergeht.

„Gehen Sie nur hinauf, Herr Graf“, sagte Zoé zu Muffat, „es geht schon viel besser, Madame wird Sie sicher empfangen ... Wir erwarten den Arzt, er wollte heute morgen wiederkommen.“

Die Zofe hatte Georges überredet, nach Hause zu gehen und sich auszuschlafen. Oben im Salon war nur noch Satin; sie lag auf den Diwan hingestreckt, rauchte eine Zigarette und starrte gedankenlos in die Luft. Seitdem das Malheur das ganze Haus in Aufruhr gebracht hatte, war sie von einer kalten Wut erfüllt; sie hatte nur ein böses Achselzucken und brutale Redensarten; als Zoé jetzt vorbeiging und Muffat erzählte, wie sehr ihre arme Herrin gelitten habe, stieß sie abgehackt zwischen den Zähnen hervor: „Das geschieht ihr ganz recht! Das wird ihr vielleicht eine Lehre sein!“

Sie drehten sich erstaunt um. Satin lag genauso unbeweglich da wie früher und starrte, die Zigarette nervös zwischen die Lippen geklemmt, zur Decke.

„Na, Sie sind aber gut, das muß ich sagen!“ meinte Zoé.

Aber Satin setzte sich auf, warf dem Grafen einen wütenden Blick zu und schleuderte ihm wiederum ihr Sprüchlein ins Gesicht: „Geschieht ihr ganz recht! Das wird ihr eine Lehre sein!“

Und sie legte sich wieder zurück und blies ein Rauchwölkchen in die Luft; die Sache war erledigt für sie, sie war entschlossen, sich nicht mehr hineinzumischen. Es war ja auch zu albern!

Zoé führte den Grafen ins Schlafzimmer. Äthergeruch schwamm in der lauen Stille, aus der Avenue de Villiers kam zuweilen das gedämpfte Rollen der spärlich vorbeifahrenden Wagen. Nana lag sehr weiß in den Kissen, sie schlief nicht, ihre Augen waren groß und träumerisch geöffnet. Sie lächelte, ohne sich zu rühren, als sie den Grafen erblickte.

„Ach, mein Schatz“, flüsterte sie leise, „ich habe nicht mehr geglaubt, daß wir uns wiedersehen.“ Als er sich über sie beugte und einen Kuß auf ihr Haar drückte, wurde sie sehr gerührt; sie sprach zärtlich und überzeugt von dem Kind, als ob er der Vater wäre.

„Ich hatte nicht den Mut, es dir zu sagen ... ich war so glücklich! Ach, was hab' ich mir nicht alles erträumt! Du hättest dich seiner nicht zu schämen brauchen. Und jetzt ist alles vorbei ... Ach, vielleicht ist es so besser. Ich will dein Leben nicht belasten.“

Muffat war sehr überrascht von dieser Vaterschaft und stotterte ein paar Phrasen. Er hatte sich einen Stuhl an das Bett gezogen und stützte sich mit einem Arm in die Kissen. Da erst fiel der jungen Frau sein verstörtes Gesicht auf, sie sah seine blutunterlaufenen Augen und seine Lippen, die im Fieber flogen.

„Was fehlt dir denn?“ fragte sie. „Bist du denn auch krank?“

„Nein“, sagte er gequält.

Sie sah ihm tief in die Augen. Dann schickte sie Zoé, die sich an den Medizinfläschchen zu schaffen machte, hinaus. Und als sie allein waren, zog sie ihn zu sich heran und fragte wieder: „Was fehlt dir, mein Liebling? Deine Augen stehen voll Tränen, ich seh' es doch ... So sprich doch! Du bist gekommen, um mir etwas zu sagen ...“

„Nein, nein, ich schwöre dir ...“ stammelte er.

Aber der Schmerz erwürgte ihn, das unerwartete Krankenzimmer raubte ihm die letzte Fassung – er brach in Schluchzen aus; er vergrub das Gesicht in die Decken, um seinen Verzweiflungsausbruch zu ersticken. Nana begriff: Rose Mignon hatte sich entschlossen, den Brief abzuschicken. Sie ließ ihn erst ruhig ausweinen; die Qual schüttelte ihn so wild, daß das ganze Bett erzitterte. Endlich sagte sie mütterlich und mitleidsvoll: „Du hast zu Hause Aufregungen gehabt?“

Er nickte. Sie ließ wieder ein Weilchen verstreichen, dann sagte sie sehr leise: „Du weißt alles –?“

Er nickte. Und wieder senkte sich Stille, schwere Stille über das Schmerzenszimmer. Es war am vergangenen Abend, er kam von einer Soiree bei der Kaiserin – da fand er den Brief, den Sabine ihrem Liebhaber geschrieben hatte. Nach einer entsetzlichen Nacht voll Racheträumen war er am Morgen aus dem Haus geflohen, um dem Verlangen, sie tot vor sich liegen zu sehen, zu entrinnen. Draußen in dem linden Junimorgen waren ihm diese Gedanken vergangen, und er fand den Weg zu Nana, den er in allen schweren Stunden seines Lebens ging. Nur hier

öffnete er sein Herz und überließ sich seinem Elend, denn hier fand er die armseligen Freuden des Trostes.
,,Sei ruhig, Lieber'', sagte die junge Frau und holte ihre gütigsten Töne hervor. ,,Ich weiß lange von der Geschichte. Aber weiß Gott, ich hätte dir nie die Augen geöffnet. Erinnerst du dich – im vergangenen Jahr wurdest du einmal mißtrauisch. Dank meiner Vorsicht kam alles wieder ins Geleise. Schließlich hattest du ja keine Beweise... Wenn du heute Beweise hast – Teufel, es ist hart, das glaub' ich. Trotzdem mußt du die Sache vernünftig auffassen. Das ist doch noch lange keine Entehrung.''
Er weinte nicht mehr. Scham hatte ihn ergriffen, trotzdem ihm seit langem immer wieder die intimsten Details über sein Eheleben entschlüpften. Sie mußte ihm Mut einflößen. War sie denn nicht eine Frau? Durfte er ihr denn nicht alles sagen?
Er sagte mühsam mit stockender Stimme: ,,Du bist krank, warum plag' ich dich noch ... Es war ja töricht, daß ich überhaupt gekommen bin. Ich gehe.''
,,Aber was fällt dir ein'', sagte sie lebhaft. ,,Bleib doch. Vielleicht weiß ich dir Rat. Nur laß mich nicht zu viel sprechen, der Arzt hat es verboten.''
Er war aufgestanden und ging durch das Zimmer. Sie begann ihn auszufragen:
,,Was wirst du jetzt tun?''
,,Ich werde diesen Menschen ohrfeigen!''
Sie verzog mißbilligend den Mund: ,,Was soll das? – Und deine Frau?''
,,Ich lasse es auf einen Prozeß ankommen, ich habe Beweise in der Hand.''
,,Das wirst du nicht tun, mein Lieber. Das wäre das Dümmste, was du tun kannst. Sei überzeugt, daß ich das niemals zugeben werde.'' Und mit klaren und überzeugenden Gründen warnte sie ihn mit ihrer schwachen Stimme vor dem unnützen Skandal eines Duells und einer Scheidung. Acht Tage lang würde er zum Mittelpunkt des Zeitungsklatsches; er riskiere seine ganze Existenz, seine Ruhe, seine hohe Stellung bei Hofe, die Ehre seines Namens; und dies alles wofür? Um sich dem allgemeinen Gelächter preiszugeben.
,,Was liegt daran!'' schrie er. ,,Ich muß meine Rache haben!''
,,Wenn man sich bei solchen Gelegenheiten nicht gleich rächt, mein Schatz, so tut man es nie.''
Er hielt an sich, er stotterte. Gewiß, er war nicht feige; aber er fühlte, wie recht sie hatte; ein Unbehagen stieg in ihm auf, irgend etwas Armseliges und Beschämendes machte ihn knieweich mitten in der Aufwallung seines Zorns. Und nun versetzte sie ihm mit schonungsloser Aufrichtigkeit noch einen Schlag.
,,Und soll ich dir sagen, was dich am meisten ärgert, mein Herz? Du betrügst ja selbst deine Frau! Oder nicht? Wenn du die Nächte außer Haus verbringst, so gehst du ja nicht Rosenkranz beten. Deine Frau wird sich darüber keinem Zweifel hingeben. Also was kannst du ihr vorwerfen? Sie wird dir immer antworten, daß du ihr mit deinem Beispiel vorangegangen bist, damit wird sie dir den Mund stopfen ... Deshalb speist du hier Feuer und Flammen, mein Schatz, statt sie dort alle beide umzubringen.''
Muffat brach unter der Brutalität dieser Worte auf seinem Stuhl zusammen. Sie schwieg und schöpfte Atem, dann flüsterte sie schwach: ,,Oh, ich bin ganz zerbrochen ... Hilf mir ein bißchen in die Höhe ... Ich rutsche immer, der Kopf liegt zu tief.''
Als er sie aufgerichtet hatte, seufzte sie wohlig auf. Dann malte sie ihm weiter die unterhaltsame Komödie eines Scheidungsprozesses aus. Der Advokat der Gräfin würde ganz Paris mit Geschichten von Nana amüsieren. Alles würde hervorgezerrt, ihr Durchfall im Theater, ihr Haus, ihr Leben. O nein, auf soviel Reklame lege sie denn doch keinen Wert! Ein gemeines Frauenzimmer hätte ihn vielleicht noch aufgehetzt und auf seinem Rücken die Reklametrommel geschlagen, ihr aber ging sein Glück über alles. Sie hatte ihn zu sich gezogen, sein Kopf lag an dem ihren in den Kissen, sie schlang den Arm um seinen Hals und flüsterte ihm leise schmeichelnd ins Ohr: ,,Sei gut, mein Schatz ... versöhne dich mit deiner Frau ...''
Er bäumte sich auf. Niemals! Sein Herz zersprang, die Schande war zu groß. Aber Nana schmeichelte zärtlich und beharrlich: ,,Du wirst dich mit deiner Frau versöhnen ... Schau, du willst doch nicht, daß es überall heißt, ich hätte deine Ehe zerstört? Das würde meinem Ruf gar zu sehr schaden ... Was solle man von mir denken? Nur mußt du mir schwören, daß du nie aufhören wirst, mich zu lieben, denn an dem Tag, wo du mit einer anderen ...''
Tränen erstickten ihre Stimme. Er unterbrach sie mit Küssen: ,,Was fällt dir ein! Du bist von Sinnen! Das ist unmöglich!''
,,Doch, doch'', beharrte sie, ,,es muß sein ... Ich werde mich fügen. Sie ist doch schließlich deine Frau! Das ist doch etwas anderes, als ob du mich mit der ersten Besten betrügst.'' Und sie ließ nicht ab, ihm gut zuzureden. Sie sprach sogar von Gott. Sie sprach ganz wie Herr Venot, wenn er den Grafen abkanzelte, um ihn aus den Armen der Sünde zu reißen. Indes sprach sie nicht etwa von einem Bruch – sie predigte nur freundliche Verständigung, Entgegenkommen, eine gemütliche Teilung zwischen Gattin und Mätresse, ein geruhsames Leben, in dem sie alle sich wohl fühlen könnten ohne einander zu stören – sie malte irgendein seliges Idyll in dem unentrinnbaren Morast des Lebens. Das würde an ihrer Beziehung nichts ändern, er würde ihr liebster Schatz bleiben, nur würde er etwas seltener kommen und die Nächte, die er nicht bei ihr sein könnte, mit seiner Frau verbringen. Am Rande ihrer Kraft, schloß sie mit einem kleinen Aufseufzen: ,,Dann hab' ich wenigstens das tröstliche Bewußtsein meiner guten Tat ... und du mußt mich noch lieber haben ...''
Sie schwiegen. Nana lag mit geschlossenen Augen bleicher noch als früher in den Kissen. Er widersprach nicht mehr und redete sich selbst ein, man dürfe sie nicht auf-

regen. Nach einer gewichtigen Minute schlug sie die Augen auf und flüsterte: „Und das Geld? Wo wirst du so viel Geld hernehmen, wenn du dich mit deiner Frau entzweist? ... Labordette war schon gestern wegen des Wechsels da ... Mir fehlt es am nötigsten, ich hab' nicht einmal etwas anzuziehen." Und sie schloß wieder die Augen und sah aus wie eine Tote.

Der Schatten einer tiefen Herzensbeklemmung flog über Muffats Gesicht. In dem letzten Unglück, das ihn zu Boden geworfen hatte, waren ihm seit gestern abend seine Geldnöte aus dem Gedächtnis entschwunden. Er wußte keinen Ausweg mehr. Trotz bindender Zusagen war der prolongierte Wechsel von hunderttausend Francs in Umlauf gesetzt worden. Labordette schien außer sich darüber, er schob alle Schuld auf Francis und sagte: es könne ihm nicht wieder passieren, daß er sich mit einem solchen Menschen ohne Erziehung in Geschäfte einließe. Der Graf mußte bezahlen, niemals hätte er es darauf ankommen lassen, daß ein Wechsel mit seiner Unterschrift protestiert würde. Und zu Nanas stets erneuten Forderungen kamen noch die sinnlosen Ansprüche, die jetzt zu Hause an ihn gestellt wurden.

Seit ihrer Rückkehr aus den Fondettes war die Gräfin plötzlich von einem Hang zum Luxus, zu einer zügellosen Vergnügungssucht erfaßt, die ihr Vermögen verschlang. Ihre ruinösen Kaprizen waren schon Stadtgespräch. Sie hatte ihren Haushalt auf ganz anderen Fuß eingerichtet, fünfhunderttausend Francs auf den Umbau des alten Hauses in der Rue Miromesnil verschleudert, an Toiletten, und außerdem waren beträchtliche Summen verschwunden, zerschmolzen – verschenkt vielleicht, ohne daß sie sich weiter den Kopf darüber zerbrach oder Rechenschaft ablegte. Zweimal hatte sich Muffat erlaubt, darüber eine Bemerkung zu machen und sie zu befragen; aber sie hatte ihn nur mit einem sehr sonderbaren Lächeln angesehn – und seither wagte er keine Frage mehr: er fürchtete, die Antwort könne zu deutlich ausfallen. Wenn er Daguenet als Schwiegersohn aus Nanas Hand akzeptierte, so geschah es vor allem, weil er hoffte, auf diese Weise Estelles Mitgift auf zweihunderttausend Francs herabsetzen zu können – über den Rest würde er bequeme Vereinbarungen mit dem jungen Mann treffen, der sich noch immer über diese unerhoffte Heirat glücklich schätzen konnte.

Seit acht Tagen brannte die Notwendigkeit, die hunderttausend Francs für Labordette aufzutreiben, dem Grafen auf den Nägeln; es gab nur mehr einen Ausweg, und Muffat schreckte noch davor zurück, ihn einzuschlagen: es war der Verkauf von Le Bordes, eines prachtvollen Besitzes im Wert von einer halben Million; die Gräfin hatte es vor kurzem von einem Onkel geerbt. Nur brauchte er dazu ihre Einwilligung, wie auch die Gräfin ihrerseits ihrem Ehevertrag zufolge das Gut nicht ohne seine Vollmacht veräußern durfte. Am gestrigen Abend hatte er sich endlich zu dem Entschluß durchgerungen, mit der Gräfin über diese Einwilligung zu sprechen. Da stürzte alles zusammen: niemals konnte er sich nach dem, was geschehen war, zu einem solchen Schritt entschließen. Diese Erwägung machte den furchtbaren Schlag, der ihn durch ihren Ehebruch getroffen hatte, noch grausamer. Er verstand Nanas Gedankengang sehr gut; denn in seiner wachsenden Verzweiflung, die ihn immer wieder zu ihr trieb, hatte er ihr sein Herz ausgeschüttet und seine Besorgnis, die Einwilligung der Gräfin erlangen zu können.

Nana schien nicht weiter in ihn dringen zu wollen. Sie schlug die Augen nicht mehr auf. Er sah sie so bleich in den Kissen liegen und reichte ihr ängstlich etwas Äther. Sie seufzte und fragte, ohne Daguenets Namen zu nennen: „Und wann ist Hochzeit?"

„Am Dienstag, also in fünf Tagen, wird der Ehevertrag unterschrieben", antwortete er.

Mit geschlossenen Augen, aus ihrer völligen Versunkenheit heraus, sagte sie: „Du weißt ja, was du zu tun hast, mein Schatz ... ich will nur alle Menschen glücklich und zufrieden wissen."

Er nahm ihre Hand und beruhigte sie. Ja, ja, alles würde gut, die Hauptsache sei, daß sie sich wieder erholte. Und er lehnte sich gegen nichts mehr auf; dieses laue, einschläfernde Krankenzimmer mit seinem Äthergeruch hatte ihn, den es so sehr nach Glück und Frieden verlangte, vollends gelähmt. Seine ganze Mannhaftigkeit, die der ihm zugefügte Schimpf in Aufruhr gebracht hatte, war in dem warmen Dunst dieses Bettes verraucht, an der Seite dieser leidenden Frau, die er von der Erinnerung an die Stunden ihrer Lust und von seinem Fieber erregt hier betreute. Er beugte sich zu ihr nieder, er preßte sie in einer heißen Umarmung an sich; sie aber ließ es unbeweglich geschehen; nur ein feines Siegeslächeln spielte um ihre Lippen.

Der Doktor Boutarel erschien. „Nun, was macht die kleine Frau?" sagte er vertraulich zu Muffat, den er als Gatten behandelte. „Teufel auch, Sie haben sie ja sprechen lassen!"

Der Doktor war ein schöner, noch junger Mensch, der in der galanten Welt eine große Klientel besaß. Er war sehr lustig, lachte wie ein guter Kamerad mit diesen Damen, schlief aber nie mit ihnen und hielt sehr auf pünktliche Bezahlung seiner gesalzenen Rechnungen. Auch kam er bereitwillig bei der geringfügigsten Gelegenheit; Nana ließ ihn zwei-, dreimal in der Woche holen, wenn die Angst vor dem Tod sie befiel, und vertraute ihm jedes kindliche Wehwehchen ängstlich an; und er heilte sie, indem er ihr Klatsch und Tratsch und ausgelassene Geschichten erzählte. Sie vergötterten ihn alle, diese Damen. Aber diesmal war das Wehwehchen kein Spaß.

Muffat zog sich sehr bewegt zurück. Er empfand nichts anderes mehr als den Kummer, seine arme Nana so schwach zu sehen. Als er an der Tür war, rief ihn Nana mit einer Bewegung zurück und bot ihm die Stirn zum Kuß, und leise, mit einer scherzhaften Drohung sagte sie: „Du weißt, was ich dir erlaubt habe ... komm versöhnt mit deiner Frau zurück – oder gar nicht. Du weißt, wie böse ich sein kann ..."

Die Gräfin Sabine hatte gewünscht, daß der Heiratskontrakt ihrer Tochter an einem Dienstag unterzeichnet werde, um das restaurierte Palais mit einem Fest einzuweihen. Die Malereien waren zwar noch nicht ganz trocken, aber es flogen schon – ein wenig wahllos – fünfhundert Einladungen in die Welt hinaus. Am Morgen nagelten die Tapezierer noch an den Bespannungen, und als es gegen neun Uhr Zeit wurde, die Kronen anzustecken, gab der Architekt, assistiert von der Gräfin, die mit Leidenschaft bei der Sache war, die letzten Anordnungen.

Es war ein Frühlingsfest, leicht und beschwingt. Der warme Juniabend ließ es zu, daß die Fenster und die beiden Gartentüren des großen Salons weit offenstanden und daß der Ball sich bis in den Garten ausdehnen konnte. Als die ersten Gäste, an der Tür vom Grafen und der Gräfin in Empfang genommen, anlangten, waren sie wie geblendet. Man mußte sich den Salon von ehemals ins Gedächtnis rufen, in dem noch das eisige Andenken an die Gräfin Muffat geherrscht hatte, diesen altertümlichen Raum voll Strenge und Andacht, mit seinen schweren Empiremöbeln aus massivem Mahagoni, seiner Wandbespannung aus gelbem Samt mit dem grünlich feuchten Plafond. Jetzt flimmerten vom Entree bis durch das Vestibül reiche Mosaiken auf Goldgrund unter hohen Kandelabern, und die Marmortreppe entlang lief ein Geländer von feiner getriebener Arbeit. Der Salon erstrahlte; reiche Behänge aus Genueser Samt vereinigten sich oben am Plafond um ein Deckengemälde von Boucher, für das der Architekt bei der Versteigerung des Schlosses von Dampierre hunderttausend Francs bezahlt hatte. Die Kristallkronen und Wandleuchter bestrahlten einen verschwenderischen Luxus an Spiegeln und kostbaren Möbeln. Es war, als ob der Lehnstuhl Sabinens, dieses damals einzigartige Möbel aus roter Seide, dessen verführerische Weichheit ehedem so abstach, sich ausgebreitet habe und vertausendfacht das ganze Haus mit wollüstiger Faulheit, mit rücksichtsloser Genußsucht erfüllte, die mit der Heftigkeit später Flammen brannten.

Es wurde schon getanzt. Das Orchester befand sich im Garten unter einem offenen Fenster; ein Walzer klang herein. Die geschmeidigen Rhythmen schwebten durch die Luft und kamen gedämpft durch das Fenster. Weithin breitete sich der Garten im Schein des Sommerabends, Lampions erhellten die Schatten, und ein Purpurzelt mit Büfett stand am Rande der Rasenfläche. Und dieser Walzer war gerade der nichtsnutzige Walzer aus der „Blonden Venus"; mit seinem spitzbübischen Gelächter überschwemmte er das alte Haus wie mit einer hellklingenden Welle, er glitt wie ein warmer Schauer über alle Wände. Es war, als ob ein Wind, schwer vom Duft des Fleisches, von der Straße her hier eingedrungen sei und ein ganzes totes Zeitalter aus seinem hohen Haus hinausfegte; er nahm die Vergangenheit der Muffats mit sich, ein Jahrhundert voll Ehre und Frömmigkeit, das hier seinen Dornröschenschlaf gehalten hatte.

Die alten Freunde des Hauses hatten sich wie geblendet und entwurzelt um ihren alten Platz am Kamin geschart. Sie waren wie ein kleines Inselchen mitten unter den eindringenden Menschenscharen. Frau Du Joncquoy erkannte die Räume nicht mehr und geriet in den Speisesaal; Frau Chantereau sah sprachlos in den Garten hinunter, der sich ins Unendliche ausgedehnt zu haben schien. Bald wurden in dieser Ecke allerhand bittere Betrachtungen laut.

„Stellen Sie sich nur vor", flüsterte Frau Chantereau, „wenn die alte Gräfin wiederkäme ... wie? Stellen Sie sich ihre Erscheinung mitten unter diesen Leuten vor ... Und all das Gold und der Spektakel ... Es ist skandalös!"

„Sabine ist von Sinnen", antwortete Frau Du Joncquoy. „Haben Sie sie an der Tür gesehn? ... Kommen Sie, man sieht es von hier aus: sie trägt alle ihre Brillanten."

Sie standen auf und spähten von weitem nach der Gräfin und dem Grafen. Sabine trug eine weiße Toilette mit wundervollen Points d'Angleterre; sie sah jung, heiter, triumphierend schön aus, und in dem Lächeln, das immer um ihren Mund spielte, lag ein leichter Rausch. Neben ihr stand Muffat, gealtert, ein wenig bleich; auch er lächelte sein ruhiges, vornehmes Lächeln.

„Und dabei ist er doch schließlich der Herr des Hauses", nahm Frau Chantereau wieder das Wort, „ohne seine Einwilligung wäre doch nicht das kleinste Bänkchen hier hereingekommen ... Ach ja, das hat sich jetzt alles geändert, jetzt ist er bei ihr ... Erinnern Sie sich noch – sie wollte nicht einmal im Salon etwas verändert haben – und jetzt ist das ganze Haus verändert."

Sie schwiegen; Frau de Chezelles trat mit einer ganzen Bande junger Herren ein, die alles stürmisch und mit beifälligen Ausrufen bewunderten. „Oh! Wundervoll! ... Welch ein erlesener Geschmack! ... Entzükkend!"

Und sie warf ihnen von weitem ein paar Worte zu: „Nun, was hab' ich gesagt! Es geht doch nichts über so ein altes Gemäuer, wenn man es ordentlich herrichtet ... Das hat doch Stil –! Nicht? Absolut grand siècle! So kann man empfangen!"

Die beiden alten Damen hatten sich wieder gesetzt und plauderten leise von der Heirat, die die Leute sehr überraschte. Estelle mit ihrem stummen Jungfrauengesicht kam eben vorbei; sie trug ein rosa Seidenkleid und war blaß und mager. Sie hatte Daguenet widerspruchslos angenommen; sie bezeugte weder Freude noch Trauer und war so kühl und weiß wie einer der Winterabende, an denen sie die Buchenscheite in den Kamin legte. Dieses ganze Fest mit all seinen Lichtern, Blumen, mit seiner Musik – dieses ganze Fest, das ihr galt, ließ sie ganz teilnahmslos.

„Ein Abenteurer", sagte Madame Du Joncquoy. „Ich hab' ihn nie gesehn."

„Geben Sie acht, da kommt er", flüsterte Frau Chantereau.

Daguenet hatte Frau Hugon mit ihren Söhnen entdeckt und beeilte sich, ihr seinen Arm anzubieten; er lachte und

bezeigte ihr eine so überströmende Herzlichkeit, als ob sie diesen Glücksfall mit herbeigeführt hätte.
,,Haben Sie Dank", sagte sie und ließ sich am Kamin nieder, ,,sehn Sie, das ist mein altes Plätzchen."
,,Sie kennen ihn?" fragte Frau Du Joncquoy, als Daguenet wieder fort war.
,,Aber gewiß – ein reizender junger Mann. Georges hat ihn so gern ... Oh, aus einer der angesehensten Familien!" – Und die Gute verteidigte ihn gegen die dumpfe Feindseligkeit, die sie in der Luft spürte. Sein Vater, von Louis-Philippe hochgeschätzt, hatte bis zu seinem Tod das Amt eines Präfekten bekleidet. Er selbst, nun, er hatte es vielleicht ein bißchen toll getrieben. Die Leute behaupteten sogar, er sei ruiniert. Jedenfalls sei er der Erbe eines Großgrundbesitzers, seines Onkels. Aber die Damen schüttelten ihre Köpfe, während Frau Hugon, selbst geniert, immer wieder auf die Ehrenhaftigkeit der Familie zurückkam. Sie war sehr matt und klagte über ihre Beine. Seit einem Monat hatte sie ihr Haus in der Rue Richelieu wieder bezogen: sie hatte einen Haufen Angelegenheiten zu erledigen, wie sie sagte. Und ein Schatten fiel über ihr mütterliches Lächeln.
,,Das ist alles ganz egal", sagte Frau Chantereau, ,,Estelle hätte ganz andere Ansprüche stellen können."
Eine Fanfare rief sie zur Quadrille. Die Gesellschaft flutete zu beiden Seiten des Salons zurück, um freien Platz zu schaffen. Helle Kleider wehten zwischen den dunklen Flecken der Fräcke. Strahlendes Licht floß über das Gewoge von Köpfen, ließ die Juwelen aufblitzen, flirrte in den weißen Federn und in dem Blütenmeer von Flieder und Rosen. Es war schon warm; durchdringende Düfte stiegen aus dem leichten Tüll und den Wolken aus Atlas und Seide, blasse Schultern glänzten, und die Klänge des Orchesters wurden immer lebhafter. Durch die offenen Türen sah man in die Nebenräume, wo Frauen, schön und lächelnd, beieinander saßen; hinter einem Fächerschlag blitzte ein Auge auf, zuckte ein kleiner Mund. Und immer noch kamen Gäste, ein Lakai rief die Namen in den Saal; mitten durch die Gruppen geleiteten die Herren vorsichtig die Damen, die an ihrem Arm hingen und sich schon von weitem nach einem freien Fauteuil umsahen. Aber die Räume füllten sich immer dichter, die Kleider streiften mit leichtem Rauschen aneinander, es gab Ecken, wo Spitzentücher, Schleifen, Puffen die Passage versperrten, aber niemand wurde ungeduldig, und so bildeten sich durch diese höfliche Duldsamkeit wieder neue glänzende Gruppen. Unter dem rosenfarbenen Schimmer der Lampions tauchten Paare, die der Hitze des großen Salons entflohen, in die Alleen des Gartens; über den Rand des Rasens huschten die Schatten der Kleider wie nach dem Rhythmus der Quadrille, der mit einer fernen Süße durch die Bäume drang.
Steiner stieß hier auf Foucarmont und La Faloise, die vor dem Büfett ein Glas Champagner tranken.
,,Stinkfein ist das hier!" sagte La Faloise und bewunderte das Purpurzelt, das vergoldete Lanzen stützten. ,,Man fühlt sich wie auf dem Jahrmarkt bei den Lebkuchenzelten ... was? Also genau wie bei den Lebkuchenbuden!"
Er glaubte es sich jetzt schuldig zu sein, alles blasiert zu bespötteln und hatte sich die Pose des Lebejünglings zugelegt, der längst über alles hinaus ist und dem nichts mehr imponiert.
,,Wenn der arme Vandeuvres wiederkommen könnte – der würde sich wundern", murmelte Foucarmont. ,,Erinnern Sie sich noch – er starb fast vor Langeweile, da oben vor dem Kamin. Donnerwetter, damals gab es hier nichts zu lachen!"
,,Ach, ich bitte Sie – dieser verschrobene Kerl, dieser Vandeuvres!" sagte La Faloise verächtlich. ,,Der hat sich sehr geschnitten, wenn er gehofft hat, uns mit dieser Rösterei zu verblüffen! Kein Mensch denkt mehr daran! Verdorben, gestorben – aus und vorbei! Zu etwas anderem!"
Als Steiner ihnen die Hand schüttelte, fuhr er fort: ,,Haben Sie gesehn –? Eben ist Nana angekommen ... Kinder, war das ein Entree – überwältigend! Zuerst küßte sie die Gräfin. Als dann die Kinder kamen, segnete sie sie und sagte zu Daguenet: ,Hör mal, Paul, wenn du sie mir betrügst, wirst du's mit mir zu tun haben ...' Was, und das habt ihr nicht gesehen! Oh, das war fabelhaft schneidig!"
Die beiden andern hörten mit offenem Mund zu. Dann brachen sie in Gelächter aus. Er war entzückt und fand sich sehr auf der Höhe. ,,Na, ihr seid mir aber reingefallen ... Kuckuck eins! Nana hat doch diese Heirat zustande gebracht! Und übrigens gehört sie zur Familie."
Die jungen Hugons traten herzu, Philippe beschwichtigte ihn. Es entspann sich ein Männergespräch über die Heirat. Georges wurde böse über La Faloise, weil er die Geschichte erzählte. Na ja, schön, Nana hatte Muffat einen ihrer abgelegten Liebhaber als Schwiegersohn aufgehalst; aber daß sie am Abend vorher noch mit Daguenet geschlafen habe, das stimmte nicht. Foucarmont erlaubte sich ein Achselzucken. Wußte man je, wann Nana mit jemand schlief? Aber Georges rief voll Feuereifer: ,,Ich, mein Herr, ich weiß es!", worüber sich allgemeine Heiterkeit erhob. Auf alle Fälle gab es einen schönen Mischmasch, meinte Steiner.
Immer mehr Gäste sammelten sich hier und richteten ordentliche Verheerungen am Büfett an. Sie räumten ihren Platz, aber sie blieben zusammen. La Faloise musterte die Frauen mit unverschämten Blicken, als ob er in Mabille gewesen wäre. Tief in einer Allee erwartete sie eine Überraschung: sie fanden Herrn Venot in einer lebhaften Konferenz mit Daguenet. Die Bande knüpfte naheliegende Witze an diesen Anblick: Daguenet beichtete – er empfing von Herrn Venot Verhaltungsmaßregeln für die erste Nacht. Jetzt kehrten sie wieder an eine der Salontüren zurück; an den Wänden standen die Gäste, die nicht tanzten, und dazwischen flogen die Paare in einer Polka dahin, eine wirbelnde Schiffsspur zwischen den ruhigen Wassern. Ein Luftzug kam von draußen, die Kerzen flackerten hoch auf. Wenn ein Kleid im leichten

Schwung des Taktes vorüberrauschte, war es wie ein erfrischender Lufthauch in der brütenden Hitze, die von den Gaskronen fiel.
„Donnerwetter, da drinnen friert man nicht!“ sagte La Faloise. Sie kamen aus dem ungewissen Dunkel des Gartens und blinzelten ins Licht. Da stand der Marquis de Chouard für sich allein, seine hohe dominierende Gestalt ragte aus den nackten Schultern, die ihn umringten. Sein Gesicht war blaß, sehr streng, Hoheit und Würde herrschten unter seinem gelichteten weißen Haarkranz. Er war auf das tiefste entrüstet über das Benehmen des Grafen Muffat, er hatte offiziell mit ihm gebrochen und tat, als ob er nie mehr die Schwelle des Hauses überschreiten wollte. Wenn er heute eingewilligt hatte, zu erscheinen, so geschah das auf die inständigen Bitten seiner Enkelin, deren Heirat er übrigens mißbilligte; und er fand empörte Worte für die Auflösung der herrschenden Kreise durch die eindringende moderne Laxheit und Liederlichkeit.
„Oh, das ist das Ende“, flüsterte am Kamin Frau Du Joncquoy ins Ohr der Frau Chantereau. „Diese Dirne hat den Unglücklichen verhext ... Ach, und wenn ich denke, wie vornehm er war, wie fromm!“
„Es scheint, daß er sich ruiniert“, antwortete Frau Chantereau. „Mein Mann hat einen Wechsel von ihm in Händen gehabt ... Er lebt jetzt in diesem Haus in der Avenue de Villiers. Ganz Paris spricht davon ... Mein Gott, ich entschuldige ja Sabine nicht; aber geben Sie zu, daß er ihr Grund genug zur Klage gibt, und, mein Gott, wenn sie jetzt noch ihrerseits das Geld zum Fenster hinauswirft ...“
„Sie wirft nicht nur das Geld hinaus“, unterbrach die andere. „Nun, zu zweit wird es desto schneller gehen ... Sie ersticken im Schmutz, meine Liebe.“
Eine sanfte Stimme unterbrach sie. Es war Herr Venot. Er hatte hinter ihnen Platz genommen, als ob er am liebsten verschwinden wolle; und sich zu ihnen beugend murmelte er: „Warum verzweifeln? Gott offenbart sich oft, wenn alles verloren scheint.“
Er sah ruhig zu, wie dieses Haus, das er einst beherrscht hatte, zugrunde ging. Seit seiner Rückkehr aus den Fondettes ließ er, im klaren Gefühl seiner Ohnmacht, dem Unheil seinen Lauf. Er war mit allem einverstanden: mit der sinnlosen Leidenschaft des Grafen für Nana, mit Faucherys ständiger Gegenwart bei der Gräfin, sogar mit der Heirat zwischen Estelle und Daguenet. Was lag daran! Und er wurde noch geschmeidiger, noch geheimnisvoller und nährte den Plan, sich des jungen Haushaltes zu bemächtigen, wie er sich des entzweiten bemächtigt hatte; denn er wußte wohl, daß die großen Zusammenbrüche zur großen Unterwerfung führen. Die Stunde der Vorsehung würde schlagen.
„Unser Freund ist noch immer von den besten religiösen Gefühlen beseelt“, sagte er mit gedämpfter Stimme, „er hat mir die überzeugendsten Proben davon abgelegt.“
„Ach –!“ sagte Frau Du Joncquoy, „er sollte sich vor allem mit seiner Frau versöhnen.“
„Gewiß, gewiß ... und ich hege die Hoffnung, daß diese Versöhnung nicht mehr lang auf sich warten lassen wird.“
Die beiden alten Damen bestürmten ihn mit Fragen. Aber er verschanzte sich hinter demutsvollem Schweigen – man müsse den Himmel walten lassen. Vor allem war es sein brennendster Wunsch, eine Annäherung zwischen dem Grafen und der Gräfin herbeizuführen, damit ein öffentlicher Skandal vermieden würde. Die Religion tolerierte manche Schwäche, wenn man nur Ärgernis vermied.
„Aber Sie hätten wahrhaftig diese Heirat mit dem Abenteurer verhindern sollen“, sagte Frau Du Joncquoy.
Der kleine Greis sah sie mit dem äußersten Erstaunen an. „Aber Sie täuschen sich, Herr Daguenet ist ein sehr verdienstvoller junger Mann ... Ich kenne seine Gesinnung. Er will die Verirrungen seiner Jugend gutmachen; Estelle wird ihn zum Guten zurückführen, seien Sie dessen gewiß ...“
„Oh, Estelle!“ murmelte Frau Chantereau geringschätzig, „ich glaube, die liebe Kleine hat keine Spur von Willenskraft. Sie ist ja so unbedeutend!“
Diese Meinung entlockte Herrn Venot ein Lächeln. Aber er ließ sich nicht näher über die junge Frau aus. Er schloß mit unbeteiligtem Gesicht die Lider und verlor sich wieder in seinen Winkel hinter den Röcken. Frau Hugon, zerstreut und müde, wie sie da saß, hatte einige Worte aufgefangen. Jetzt trat sie dazwischen und sagte, mit ihrem nachsichtigen Lächeln zu dem Marquis de Chouard gewendet, der sie begrüßte: „Die Damen sind zu streng. Das Leben ist so schwer für alle ... Nicht wahr, mein Freund, man muß den andern viel verzeihen, damit man selbst Verzeihung erlangt.“
Der Marquis war einen Augenblick betroffen, es klang fast wie eine Anspielung. Aber die Gute hatte ein so trauriges Lächeln, daß er sich gleich wieder faßte und antwortete: „Nein, für gewisse Vergehen gibt es keine Verzeihung. An dieser Nachsicht geht die Gesellschaft zugrunde.“
Der Ball wurde immer animierter. Das Parkett des Salons erzitterte leicht unter einer neuen Quadrille, als erliege das alte Haus dem festlichen Ansturm. Zuweilen löste sich aus dem bleichen Wirrwarr der Gesichter ein Frauenantlitz, vom Tanze fortgerissen, mit blitzenden Augen, halbgeöffnetem Mund und dem Strahl der Gaskrone auf der weißen Haut. Frau Du Joncquoy erklärte, es sei gegen den gesunden Verstand, es sei verrückt, fünfhundert Personen in Räumen zusammenzupferchen, die kaum für zweihundert Platz böten. Warum nicht gleich auf der Place du Carrousel den Vertrag unterzeichnen? – Die neuen Sitten, sagte Frau Chantereau; früher wurden solche Feste in der Familie gefeiert; heute brauchte man Lärm und Spektakel, die Straße drängte sich ungeniert ins Haus, denn ohne dieses Geschiebe und Gestoße wäre das Fest wohl zu steif. Man trommelte seinen Luxus aus, man ließ den Abschaum von Paris in sein Haus. Und es war nur die natürliche Folge, daß dieses wahllose Durch-

einander den häuslichen Herd verseuchte. Die Damen beklagten sich – sie kannten kaum fünfzig Personen unter all den vielen Leuten. Woher kam diese Gesellschaft? Junge Mädchen, tief dekolletiert, zeigten ihre Schultern. Eine Frau trug einen goldenen Dolch im Haar, und eine Jettstickerei umhüllte sie wie ein Panzerhemd. Mit einem Lächeln blickte man einer anderen nach, so seltsam schienen hier ihre herausfordernd engen Röcke. Der ganze Luxus des Saisonausgangs war vertreten, die Lebewelt mit all ihrer Toleranz, alles, was die Herrin eines Hauses an Tagesbekanntschaften zwischendurch auflas, eine Gesellschaft, in der die großen Berühmtheiten in derselben Genußsucht mit den großen Schandflecken zusammenstießen. Die Hitze wurde immer ärger; eine Quadrille entrollte die schöne Symmetrie ihrer Figuren mitten in den überfüllten Salons.

„Sehr schick, diese Gräfin!" sagte La Faloise an der Gartentür, „sie ist um zehn Jahre jünger als ihre Tochter ... Apropos, Foucarmont, Sie können uns darüber Auskunft geben: Vandeuvres wollte darauf wetten, daß sie keine Schenkel hat."

Dieser posierte Zynismus verstimmte die Herren. Foucarmont begnügte sich zu sagen: „Erkundigen Sie sich doch bei Ihrem Vetter, mein Lieber; da kommt er gerade."

„Eine ausgezeichnete Idee!" rief La Faloise. „Ich wette zehn Louis, daß sie Schenkel hat."

Fauchery kam wirklich des Weges. Als Freund des Hauses war er durch den Speisesaal gegangen, um das Gedränge an den Türen zu vermeiden. Zu Beginn des Winters hatte sich Rose seiner wieder bemächtigt, und so teilte er sich jetzt zwischen die Sängerin und die Gräfin; er war der Sache sehr müde, nur wußte er nicht, wie er eine von den beiden loswerden konnte. Sabine schmeichelte seiner Eitelkeit, aber Rose machte ihm mehr Spaß. Übrigens entwickelte Rose eine wahre Leidenschaft für ihn, eine Zärtlichkeit von so ehelicher Treue, daß Mignon ordentlich in Verzweiflung geriet.

„Eine Auskunft, mein Lieber", wiederholte La Faloise und ergriff seinen Vetter am Arm. „Siehst du dort die Dame in weißer Seide?" – Seit er die Erbschaft gemacht hatte, entwickelte er eine unverschämte Sicherheit und verlegte sich darauf, Fauchery aufzuziehn; denn er hatte einen alten Groll gegen ihn zu befriedigen, er wollte sich für alle Spöttereien von ehedem rächen, als er aus seinem Provinznest nach Paris gekommen war. „Dort, ja, die Dame mit den Spitzen."

Der Journalist reckte sich, er begriff noch nicht. „Die Gräfin?" fragte er schließlich.

„Ganz recht, mein Guter ... Ich habe zehn Louis gewettet. Hat sie Schenkel?" Und er brach in Gelächter aus; es erfüllte ihn mit Entzücken, daß er diesem Bengel eins versetzen konnte, der ihn einstmals mit der Frage, ob die Gräfin wohl ein Verhältnis habe, so ganz aus der Fassung hatte bringen können. Aber Fauchery fixierte ihn ohne die leiseste Bestürzung sehr ruhig. „Geh, du Idiot", sagte er endlich achselzuckend. Dann wandte er sich zu den Herren und wechselte Händedrücke mit ihnen, während La Faloise etwas aus dem Konzept geriet und nicht mehr sicher wußte, ob sein Witz gut gewesen war. Es entspann sich ein Gespräch. Seit dem Rennen gehörten der Bankier und Foucarmont mit zur Gesellschaft in der Avenue de Villiers. Nana ging es schon viel besser, der Graf erkundigte sich allabendlich nach ihrem Befinden. Fauchery hörte zwar zu, aber er schien innerlich mit etwas anderem beschäftigt. Am Morgen hatte ihm Rose in einem Streit rundheraus zugegeben, daß sie die Schreiberin dieses Briefes sei; ja, er solle sich nur bei dieser großen Dame sehen lassen, er könne sich auf einen guten Empfang gefaßt machen. Nach langem Zögern hatte er sich doch ein Herz genommen und war erschienen. Aber der alberne Witz von La Faloise erschütterte die Sicherheit unter seiner scheinbaren Ruhe.

„Was haben Sie?" fragte ihn Philippe, „fehlt Ihnen etwas?"

„Mir? Aber gar nichts ... Ich hatte zu arbeiten, deshalb komme ich etwas später." Dann sagte er kühl mit jenem Heroismus, von dem niemand etwas ahnt und der so oft von den Alltagstragödien des Lebens ausgelöst wird: „Aber ich habe ja unsere Wirte noch nicht begrüßt ... man muß doch höflich sein." Ja, er wagte sogar noch einen Scherz, er wandte sich an La Faloise: „Nicht wahr, du Idiot?" Und er bahnte sich einen Weg durch die Menge.

Die volle Stimme des Lakaien warf jetzt keine Namen mehr in den Saal. Aber der Graf und die Gräfin plauderten noch immer in der Nähe der Tür mit einigen eintretenden Damen. Endlich konnte Fauchery sich ihnen nähern, und die Herren an der Gartenrampe reckten den Kopf, damit ihnen nichts von der Szene entginge. Nana mußte geschwatzt haben.

„Der Graf hat ihn nicht gesehen", flüsterte Georges. „Aufgepaßt! Jetzt dreht er sich um! – So, jetzt sind wir soweit."

Das Orchester spielte wieder den Walzer aus der „Blonden Venus". Fauchery hatte zuerst die Gräfin begrüßt, auf deren hellem Antlitz noch immer das hingerissene Lächeln spielte. Dann stand er einen Augenblick lang unbeweglich abwartend hinter dem Rücken des Grafen; er war sehr ruhig. Der Graf bewahrte diese ganze Nacht seine gewichtige Vornehmheit, er trug den Kopf mit dem Vollbewußtsein des hohen Würdenträgers. Als er endlich auf den Journalisten herabblickte, übertrieb er diese majestätische Haltung noch. Die beiden Männer blickten sich sekundenlang in die Augen. Und Fauchery war es, der dem Grafen zuerst die Hand hinstreckte. Muffat ergriff sie. Die beiden Hände ruhten ineinander, die Gräfin Sabine lächelte mit gesenkten Wimpern, und dazu erklangen die spöttischen, ausgelassenen Rhythmen des Walzers.

„Aber das geht ja wie geschmiert!" sagte Steiner.

„Sind ihre Hände denn zusammengeleimt?" fragte Foucarmont, erstaunt über den langen Händedruck.

Eine nicht zu unterdrückende Erinnerung färbte die Wangen Faucherys mit schwacher Röte. Er sah die Requisitenkammer wieder in dem grünlichen Licht mit all dem staubbedeckten Trödelkram; und er sah Muffat, wie er so dastand mit dem Eierbecher in der Hand, von Zweifeln zerfressen. In diesem Augenblick zweifelte er nicht mehr; der letzte Rest seiner Würde ging unter. Fauchery fühlte sich sehr erleichtert, und angesichts der strahlenden Heiterkeit der Gräfin ergriff ihn eine Lust, zu lachen. Es war ja doch komisch.

„Aber diesmal ist sie's gewiß!" rief La Faloise, der jeden Witz zu Tode hetzte, den er für gut hielt. „Da unten kommt Nana, seht ihr sie?"

„So schweig doch, du Tropf", murmelte Philippe.

„Aber wenn ich euch sage –! Man empfängt sie mit ihrem Walzer. Da kommt sie, Donnerwetter! Sie muß doch bei der allgemeinen Versöhnung dabeisein! – Was denn! Ihr seht sie nicht? Sie drückt alle drei an ihr Herz, meinen Vetter, meine Cousine samt dem Gatten und nennt sie ihre Herzenskinder. Mir dreht sich alles bei Familienszenen."

Jetzt war Estelle hinzugetreten. Fauchery beglückwünschte sie; sie stand steif in ihrem rosenfarbenen Kleid und sah mit dem erstaunten Blick eines schweigsamen Kindes auf ihren Vater und auf ihre Mutter. Daguenet seinerseits wechselte nun einen warmen Händedruck mit dem Journalisten. Sie bildeten eine lächelnde Gruppe; und hinter ihnen glitt Herr Venot herein, sein ruhevoller Blick umhüllte sie mit milder Andacht, er war glücklich über diese letzten Erniedrigungen, denn sie bereiteten der Vorsehung die Wege.

Der Walzer wiegte sich noch immer lockend in lachender Lust. Eine neue höhere Woge der Freude schlug an die Mauern des alten Palais wie steigende Flut. Im Orchester schwollen die Triller der kleinen Flöten und die erstickten Seufzer der Violinen. Zwischen Genueser Samt, Vergoldungen und Malereien strömte die lebendige Hitze der Lüster herab wie Sonnenstaub; und das Gewühl der Geladenen, von den Spiegeln vielfach zurückgeworfen, schien sich mit dem anschwellenden Brausen der Stimmen zu verdoppeln. Die Frauen, die nicht tanzten, begleiteten mit ihrem Lächeln die verschlungenen Paare, die rund um den Salon glitten; der Boden erbebte stärker unter ihrem Schritt. Im Garten lag das schwelende Licht der Lampions wie der Widerschein einer fernen Feuersbrunst auf den schwarzen Schatten der Spaziergänger, die in den tiefen Alleen ein wenig Luft schöpfen wollten. Und dieses Erbeben der alten Mauern, dieser rötliche Schein waren wie das letzte Auflodern im Geprassel der alten Ehre, die in den vier Winkeln des Hauses aufbrannte. Die schüchternen Ausbrüche von Heiterkeit – Fauchery hatten sie eines Aprilabends in ihrem Anfangsstadium wie der Ton zerklirrenden Kristalls geklungen; aber sie hatten sich, immer zügelloser, bis zu diesem lauten Fest gesteigert. Jetzt klaffte der Riß in der Mauer schon bedrohlich und kündigte den nahen Zusammenbruch an. Bei den Trunkenbolden der Vorstadt begleitet das schwarze Elend, der Schrank ohne Brot, der Alkoholteufel, der das letzte Bett ins Versatzamt schleppt, das Ende der dem Untergang geweihten Familien. Aber hier, wo der Blitz in aufgehäufte Reichtümer schlug, läutete ein Walzer die Totenglocke zum Untergang einer alten Rasse. Und Nana, im Glanz ihrer geschmeidigen Glieder, schwebte unsichtbar über dem Zusammenbruch, durchdrang ihn mit dem Ferment ihres Duftes, der hier überall in der warmen Luft lag, und zersetzte diese Welt bei dem kanaillenhaften Rhythmus dieser Musik.

Am Abend des Tages, an dem die kirchliche Trauung stattfand, erschien der Graf im Schlafzimmer seiner Frau, das er seit zwei Jahren nicht betreten hatte. Die Gräfin war sehr überrascht und wich zuerst zurück. Aber ihr Lächeln verschwand nicht, dieses berauschte Lächeln, das sie nicht mehr verließ. Scham und Verlegenheit banden seine Zunge, er stammelte. Sie hielt ihm eine kleine Moralpredigt. Indes wagte keiner von ihnen eine rückhaltslose Erklärung. Die Religion verlangte gegenseitige Vergebung; aber zwischen beiden herrschte die stillschweigende Übereinkunft, daß diese Versöhnung ihre Freiheit auch künftighin nicht beeinträchtigen würde. Die Gräfin zögerte noch – so besprachen sie noch Geschäftliches, ehe sie zu Bett gingen. Er sprach als erster von dem Verkauf von Les Bordes. Sie war sofort einverstanden. Sie hatten beide große Bedürfnisse und würden den Erlös teilen. Diese Erwägungen brachten sie einander näher und machten die Versöhnung vollständig. Das gewährte Muffat in all seinen Gewissensbissen eine wahre Erleichterung.

Es war am selben Tag gegen zwei Uhr – Nana schlief noch, da erlaubte sich Zoé, an die Tür zu klopfen. Die Vorhänge waren zugezogen, ein warmes Lüftchen kam durchs Fenster und brachte Frische in die Stille des verdunkelten Raumes. Die junge Frau richtete sich, noch ein wenig schwach, in die Höhe. Sie öffnete die Augen und fragte: „Wer ist da?"

Zoé wollte antworten. Aber Daguenet schob sie zur Seite und meldete sich selbst. Nana fuhr in den Kissen auf, sie schickte die Zofe hinaus und rief: „Was! Du bist's?! An deinem Hochzeitstag? – Was gibt es denn?"

Er stand, betroffen von der Dunkelheit, mitten im Zimmer. Als sich seine Augen daran gewöhnt hatten, kam er näher; er war im Frack mit weißer Krawatte und weißen Handschuhen: „Ja, ich bin's ... Erinnerst du dich nicht?"

Nein, sie erinnerte sich nicht. Und er bot sich ihr klipp und klar dar mit seinem übermütigen Gesicht. „Aber Kind – deine Vermittlungsgebühr ... ich bringe dir die Erstlinge meiner Unschuld."

Er saß auf dem Bettrand, sie preßte ihn mit ihren nackten Armen an sich, ein herzliches Gelächter schüttelte sie, ihr kamen fast die Tränen, so nett fand sie das von ihm.

„Ach, dieser Bubi, so was Komisches! ... Das hat er nicht vergessen! Und ich hab' gar nicht mehr daran gedacht! – Aber wie konntest du entwischen? Du kommst doch geradewegs von der Kirche! Natürlich, du riechst ja nach Weihrauch ... Aber küsse mich doch! Oh! Fester, fester Bubi! Ach, vielleicht ist es zum letztenmal!"

Ihr zärtliches Lachen erstickte in dem dunkeln Zimmer, in dem noch immer der vage Äthergeruch schwamm. Die brütende Hitze von draußen blähte die Vorhänge, man hörte Kinderstimmen von der Avenue herauf.
Die Zeit drängte, sie trennten sich scherzend. Daguenet reiste gleich nach dem Lunch mit seiner Frau ab.

XIII

Es war gegen Ende September, der Graf Muffat sollte abends bei Nana dinieren, und er kam jetzt in der Dämmerung, um ihr abzusagen; ein plötzlicher Befehl berief ihn in die Tuilerien. Das Haus war noch nicht erleuchtet, das laute Gelächter der Dienstleute drang aus den Wirtschaftsräumen. Er stieg leise die Treppe hinauf – die Fensterscheiben spiegelten sich in den warmen Schatten. Die Tür des Salons oben ging ohne Geräusch. Der sterbende Abendschein spielte rosig an der Zimmerdecke; die roten Wandbehänge, die tiefen Diwans, die Lackmöbel, der gehäufte Reichtum an gestickten Stoffen, Bronzen und Fayencen schlief schon unter dem milden Schleier der Dämmerung, die sich in den Ecken so verdichtete, daß kein Spiegeln von Elfenbein und kein Goldreflex mehr aufleuchtete. Und hier in dieser Dunkelheit, aus der nur der breite weiße Fleck eines Unterrockes sich deutlich abhob, sah er Nana zurückgeworfen in den Armen Georges liegen. Da war kein Leugnen möglich. Ein erstickter Schrei entrang sich ihm, er stand wie angewurzelt.
Nana war mit einem Sprung auf den Beinen, sie schob Muffat in ihr Schlafzimmer, damit der Kleine Zeit gewinnen und sich davonmachen könne. „Komm“, stammelte sie fassungslos, „du mußt nämlich wissen ...“
Sie war außer sich, sie hatte den Kopf verloren. Nie noch war ihr das in ihrem Salon, bei offenen Türen passiert. Es bedurfte dazu einer schrecklichen Geschichte, einer furchtbaren Auseinandersetzung mit Georges, der verrückt war vor Eifersucht auf Philippe; er schluchzte so leidenschaftlich an ihrem Halse, daß sie vor lauter Mitleid alles geschehen ließ; sie wußte kein anderes Mittel, um ihn zu beruhigen. Und gerade dieses einzige Mal, wo sie die Dummheit beging, sich so zu vergessen – und noch dazu mit einem Bengel, der ihr nicht einmal einen Veilchenstrauß bringen konnte, so knapp hielt ihn seine Mutter –, gerade dieses einzige Mal mußte der Graf ausgerechnet dazukommen und direkt hereinplatzen. So ein Pech! Das hatte sie davon, daß sie so ein guter Kerl war!
In dem Zimmer, in das sie Muffat hineingestoßen hatte, war es vollständig finster. Sie tastete nach der Glocke und klingelte wütend um die Lampe. War denn nicht überhaupt Julien an dem ganzen Unheil schuld! Wäre Licht in dem Salon gewesen, so hätte nichts von alldem geschehen können. Diese dumme Dämmerstunde hatte sie so schwach gemacht.
„Ich bitte dich, mein Herz, sei vernünftig“, sagte sie, als Zoé die Lampe hereingebracht hatte.
Der Graf saß da, er hielt die Hände auf den Knien und blickte wie versteinert zu Boden. Er war wie verblödet von dem, was er gesehen hatte. Kein Wutschrei schaffte ihm Erleichterung. Er zitterte, als wäre sein Blut vor Entsetzen zu Eis erstarrt. Dieses stumme Leiden rührte Nana. Sie versuchte ihn zu trösten.
„Gewiß, ich bin im Unrecht ... Ich hab' etwas sehr Böses angestellt ... Du siehst ja, daß ich bereue. Ich bin sehr betrübt, weil es dich so sehr verdrießt ... Aber jetzt mußt du auch nett sein und mir verzeihen.“ Sie kauerte zu seinen Füßen und suchte mit unterwürfiger Zärtlichkeit seinen Blick, um zu erraten, ob er sehr aufgebracht sei. Er seufzte tief auf und erholte sich langsam; da schmeichelte sie noch zärtlicher und spielte ernsthaft und gutmütig ihre letzten Gründe aus: „Siehst du, Liebling ... du mußt das einsehen – ich kann das meinen Freunden, die kein Geld haben, nicht abschlagen.“
Der Graf ließ sich erweichen. Er verlangte nur, daß sie Georges den Abschied gäbe. Aber jetzt gab er sich keiner Illusion mehr hin, er glaubte nicht mehr an die beschworene Treue. Am nächsten Tag schon betrog ihn Nana wieder, das wußte er, und er hielt die Qual dieser Beziehung nur aus, weil er ihr verfallen war, weil ihn Todesangst ergriff bei dem Gedanken, ohne sie leben zu müssen.
Das war jene Epoche in Nanas Leben, wo sie mit verdoppeltem Glanz ganz Paris blendete. Sie stieg immer höher am Horizont des Lasters und beherrschte die Stadt mit ihrem unverschämt zur Schau getragenen Luxus, mit ihrer Verachtung des Geldes und der Art, wie sie vor aller Augen große Vermögen verschleuderte. Ihr Haus war eine Feueresse. Ihre unerschöpflichen Wünsche flammten wie Brände, ein leiser Hauch ihres Mundes verwandelte Gold in Aschenstaub, den der Wind unablässig verwehte. Eine solche Verschwendungssucht hatte Paris noch nie gesehen. Das Haus war wie über einen Abgrund gebaut, der alles verschlang: Männer mit ihrem Hab und Gut, mit ihrem Leib und mit ihrer Seele – ja sogar ihre Namen verschwanden spurlos. Dieses Mädchen, das wie ein Vogel aß, Radieschen und Pralinés knabberte und nur ein wenig im Fleisch herumstocherte, hatte monatlich eine Küchenrechnung von fünftausend Francs. In den Wirtschaftsräumen herrschte zügellose Verschwendung, Nana wurde von ihren Dienstboten sinnlos übervorteilt, die Weinfässer leerten sich unbegreiflich schnell, die Rechnungen gingen durch drei, vier Hände und schwollen dabei immer höher an. Victorine und François herrschten souverän in der Küche, sie luden sich Gäste ein, abgesehen von den kleinen Verwandten, deren Hausbedarf an kaltem Braten und Fleischsuppen sie versorgten. Julien hingegen verlangte Prozente von den Lieferanten; der Glasermeister setzte keine Scheibe für dreißig Sous ein, ohne daß er einen Aufschlag von zwanzig Sous für sich berechnete. Charles fraß den Hafer der Pferde, er ließ doppelte Lieferungen kommen und verkaufte durch die Hintertür, was durch das Haupttor hereingekommen war. Und mitten in dieser allgemeinen wilden Plünderung

fühlte sich Zoé immerhin noch verpflichtet, den äußeren Anschein zu wahren, sie breitete einen milden Schleier über die Diebstähle der anderen, um selbst desto sicherer stehlen zu können und ihr Schäfchen ins trockene zu bringen. Aber es war noch schlimmer, daß so viel verkam und verdarb; alles, was vom Tage übrigblieb, wanderte in den Ausguß, die Vorräte häuften sich so, daß der Dienerschaft alles zum Überdruß wurde, ihre Getränke waren steif vor Zucker, das Gas brannte überall lichterloh, daß die Mauern sprangen. Und es fehlte nicht an Bosheiten, Schlampereien, an kleinen Unfällen, die den Ruin eines Hauses beschleunigen, an dem so viele Mäuler zehren.

Oben bei Madame wurde noch gründlicher auf den Zusammenbruch losgearbeitet: zweimal getragene Kleider zu zehntausend Francs wurden von Zoé verkauft; Juwelen verschwanden spurlos in den Tiefen der Schubfächer; es gab törichte Einkäufe, Modelaunen, die am nächsten Tag in einem Winkel verkramt und vergessen oder auf die Straße gefegt wurden. Nana konnte nichts Kostbares sehen, ohne sofort danach Verlangen zu tragen, und so häuften sich ständig wechselnd Blumengarben und kostbare Nippsachen um sie herum, und sie war um so glücklicher, je kostspieliger diese flüchtigen Launen waren. Nichts blieb ihr in den Händen, alles zerbrach, alles welkte, alles wurde schmutzig zwischen ihren kleinen weißen Fingern; verstreute, unkenntlich gewordene Scherben, ausgewundene Lumpen, Schmutz und Fetzen ließ sie hinter sich auf ihrem Weg. Schließlich platzten noch die großen Rechnungen in ihre ewigen kleinen Geldklemmen: zwanzigtausend Francs bei der Modistin, dreißigtausend bei der Wäschelieferantin, zwölftausend beim Schuster; der Stall verschlang fünfzigtausend Francs; bei ihrem Schneider hatte sich innerhalb von sechs Monaten eine Schuld von hundertzwanzigtausend Francs aufgehäuft. Ohne daß sie ihren Haushalt vergrößerte, dessen Verbrauch Labordette auf durchschnittlich vierhunderttausend Francs schätzte, erreichte sie in diesem Jahre eine Million; sie war selbst sprachlos vor Verblüffung über diese Ziffer und unfähig, sich über den Verbleib solcher Summen Rechenschaft zu geben: Männer über Männer, Gold über Gold – nichts reichte hin, um den Abgrund auszufüllen, der unter ihrem Hause gähnte, unter all dieser lärmenden Pracht.

Aber Nana hegte noch eine unerfüllte Laune. Noch einmal plagte sie der Gedanke, ihr Zimmer neu einzurichten, und jetzt glaubte sie das Richtige gefunden zu haben: ein Zimmer in teerosenfarbenem Samt mit kleinen silbernen Knöpfen bis zum Plafond wie ein Zelt gespannt und mit goldenen Schnüren und Spitzen geschmückt. Das mußte reich und zart zugleich wirken und einen wundervollen Hintergrund für ihre blühende Haut und ihre rote Mähne bilden. Aber das Zimmer sollte ja nichts anderes sein als der Rahmen für ihr Bett, für dieses Wunder, für diesen Traum von einem Bett. Nana träumte von einem Bett wie es noch nie eins gegeben hatte – ein Thron, ein Altar, zu dem Paris hinströmte, um ihre göttliche Nacktheit anzubeten. Es sollte ganz aus getriebenem Gold und Silber sein, wie ein großes Schmuckstück – goldene Rosen auf einem silbernen Gitter. Eine Schar von Amoretten unter Blumen sollte sich zu Häupten lachend niederbeugen und aus den Schatten der Vorhänge die Spiele der Lust belauschen. Sie hatte sich an Labordette gewandt, und der brachte ihr zwei Goldschmiede. Die Zeichnungen wurden schon entworfen. Das Bett kostete etwa fünfzigtausend Francs, und Muffat sollte es ihr zu Neujahr schenken.

Was die junge Frau in das höchste Erstaunen setzte, war der Umstand, daß sie trotz des Goldstroms, der ihre Glieder spülte, immer auf dem trockenen saß. Es gab Tage, wo sie wegen lächerlicher Summen, wegen ein paar Louis in ratlose Verzweiflung geriet. Dann mußte sie bei Zoé borgen, oder sie schaffte sich selbst Geld, wie sie es eben konnte. Aber ehe sie sich zu diesem letzten Ausweg entschloß, versuchte sie ihr Glück vorsichtig bei ihren Freunden, sie nahm den Männern scherzend und lächelnd alles ab, was sie bei sich hatten, bis auf den letzten Groschen. Seit drei Monaten leerte sie auf diese Weise Philippes Taschen. Niemals kam er in solchen kritischen Momenten, ohne sein Portemonnaie bei ihr zu lassen. Bald ging sie einen Schritt weiter und machte Anleihen bei ihm auf zwei-, dreihundert Francs – mehr nahm sie nie –, um kleine Rechnungen, dringende Schulden zu bezahlen; und Philippe, der seit dem Juli als Hauptmann die Regimentskasse verwaltete, brachte das Geld am nächsten Tag und entschuldigte sich noch, daß er nicht reich sei, denn die gute Mama Hugon behandelte ihre Söhne jetzt mit merkwürdiger Strenge. Nach Verlauf von drei Monaten waren diese oftmals erneuten kleinen Anleihen auf etwa zehntausend Francs gestiegen. Der Hauptmann lachte noch immer sein herzliches sonores Lachen. Aber er magerte ab, er wurde zerstreut, ein Schatten des Leidens lag auf seinem Gesicht. Doch bedurfte es nur eines Blickes von Nana, um ihn völlig zu verwandeln und in eine Ekstase der Sinne zu versetzen. Sie war zärtlich zu ihm wie eine kleine Katze, sie berauschte ihn mit Küssen hinter den Türen und erlangte mit ihrer plötzlichen Hingabe eine absolute Herrschaft über ihn, die ihn an ihre Röcke fesselte, wann immer er nur aus dem Dienst entwischen konnte.

Nana hatte erzählt, daß sie auch Therese hieße und daß sie infolgedessen auch am fünfzehnten Oktober Namenstag habe. Die Herren sandten ihr alle Geschenke, und auch der Hauptmann Philippe brachte ihr des Abends das seine – eine Bonbonniere aus altem Meißener Porzellan auf Gold. Er fand sie allein in ihrem Ankleidezimmer; sie kam eben aus dem Bad und war nur in einen rotweißen Bademantel gehüllt. Die Geschenke lagen auf dem Tisch ausgebreitet, und Nana war ganz vertieft in ihre Besichtigung. Einen Flakon aus Bergkristall hatte sie schon, im Bemühen, ihn zu öffnen, zerbrochen.

„Oh, das ist doch zu lieb von dir!" sagte sie. „Was ist es denn? Zeig doch einmal ... Du bist doch ein Kindskopf – dein bißchen Geld auf solches Zeug auszugeben!"

Und sie zankte ihn aus, daß er Geld ausgab, wo er doch keins hatte; aber im Grunde tat es ihr wohl, es war der

einzige Liebesbeweis, der sie rührte. Sie bearbeitete die Bonbonniere, sie wollte sehen, wie sie inwendig beschaffen war, sie öffnete und schloß sie.
„Gib acht", murmelte er, „das ist zerbrechlich."
Sie zuckte die Achseln. Hatte sie etwa Hände wie ein Lastträger? Aber plötzlich blieben ihr nur die Scharniere in den Fingern, und der Deckel fiel und zerbrach. Sie starrte sprachlos auf die Scherben und sagte: „Oh, es ist kaputt!"
Dann begann sie zu lachen. Diese Scherben auf dem Boden schienen ihr komisch. Es war eine nervöse Heiterkeit, das törichte und boshafte Lachen eines zerstörerischen Kindes. In Philippe bäumte sich einen Augenblick lang alles auf; die Unselige wußte nicht, was für Angstschweiß ihn dieses kleine Ding gekostet hatte. Als sie ihn so erschüttert sah, versuchte sie sich zu beherrschen.
„Schau, ich kann doch nichts dafür –! Es hat einen Sprung gehabt. Diese alten Sachen sind so zerbrechlich... Na, dieser Deckel! Hast du gesehn, wie er gesprungen ist?" Und sie brach wieder in ein tolles Gelächter aus. Die Augen des jungen Mannes füllten sich trotz seiner Anstrengung, das Gefühl zu unterdrücken, mit Tränen. Als Nana das sah, warf sie sich zärtlich an seinen Hals.
„Bist du dumm! Hab' ich dich denn nicht trotzdem lieb? Wenn nichts zerbrochen würde, so hätten die Kaufleute nichts zu tun. Diese Sachen sind doch zum Zerbrechen da! – Schau nur, dieser Fächer, der ist vielleicht nur zusammengeleimt ..." Sie ergriff einen Fächer und zog daran; die Seide riß entzwei. Das schien sie zu erhitzen und aufzureizen. Sie wollte ihm zeigen, daß sie sich aus den anderen Geschenken nichts machte; nun, da sie das seine ruiniert hatte, gönnte sie sich ein Zerstörungsfest; sie befühlte alles, stellte fest, daß nichts davon solid sei und zertrümmerte alles. In ihren leeren Augen entzündete sich ein Funke, die Lippen legten die weißen Zähne frei. Als alles in Scherben lag, blühte sie hochrot, das Gelächter erfaßte sie wieder, sie schlug mit den flachen Händen auf den Tisch, stammelte wie ein kleines Gassenmädel mit einer Kinderstimme: „Fertig! Alles 'putt! Alles 'putt!"
Der Zerstörungsrausch ergriff jetzt auch Philippe; ausgelassene Heiterkeit erfaßte ihn, er warf Nana zurück und küßte ihre Brust. Sie widerstand nicht, sie klammerte sich glückselig an seine Schultern; sie hatte sich seit langem nicht so amüsiert. Ohne ihn loszulassen, sagte sie zärtlich: „Sag, mein Liebling, kannst du mir morgen zehn Louis bringen ... So eine dumme Geschichte, mein Bäcker quält mich mit der Rechnung ..."
Er wurde sehr blaß; und indem er ihr einen letzten Kuß auf die Stirne drückte, sagte er einfach: „Ich werde versuchen, es möglich zu machen."
Schweigen herrschte. Nana zog sich an. Philippe drückte die Stirn an die Fensterscheibe. Nach einer Minute drehte er sich um und sagte langsam: „Du solltest mich heiraten, Nana."
Dieser Gedanke versetzte die junge Frau plötzlich in solche Heiterkeit, daß sie ihre Röcke nicht mehr zubinden konnte. „Aber mein armes Dummes, du bist nicht bei Trost! Weil ich dich um zehn Louis bitte, trägst du mir gleich deine Hand an? ... Niemals. Ich liebe dich zu sehr. Das wäre eine schöne Dummheit!"
Zoé trat jetzt ein, um Nana die Schuhe anzuziehen, und sie ließen das Gespräch fallen. Die Kammerfrau hatte gleich die zertrümmerten Geschenke auf dem Tisch erspäht. Sie fragte, ob sie die Sachen einschließen solle. Und da Madame befahl, alles wegzuwerfen, trug sie das Zeug in ihrer Schürze hinaus. In der Küche wurde alles herausgezerrt, und man teilte sich in die Trümmer der Geburtstagsgeschenke von Madame.
An diesem Tag hatte sich Georges trotz Nanas Verbot ins Haus geschlichen. François hatte ihn wohl kommen sehn, aber es war schon so weit gekommen, daß die Dienstboten sich über jede Ungelegenheit, die ihrer Herrin zustieß, nur lustig machten. Georges hatte sich bis an den kleinen Salon herangeschlichen – da hörte er seines Bruders Stimme; er blieb stehen, wie angewurzelt, und hörte die ganze Szene hinter der Tür mit an, die Küsse und den Heiratsantrag. Es überlief ihn eiskalt vor Entsetzen; er ging davon wie verblödet, mit dem Gefühl einer großen Leere unter der Hirnschale. Erst in der Rue Richelieu, in seinem Zimmer angelangt, das über den Räumen seiner Mutter lag, brach ein wildes Schluchzen aus seinem Herzen. Diesmal konnte er nicht mehr zweifeln. Immer wieder trat das entsetzliche Bild vor seine Augen: Nana in den Armen Philippes. Ihm erschien es wie Blutschande. Kaum hatte er sich beruhigt, so kehrte die Erinnerung mit verdoppelter Gewalt wieder, ein neuer Anfall von wütender Eifersucht warf ihn auf das Bett, er zerbiß die Betttücher und heulte niederträchtige Worte, die ihn ganz um den Verstand brachten. So verging der Tag. Er schützte eine Migräne vor, um eingeschlossen bleiben zu können. Aber die Nacht war noch furchtbarer, ein mörderisches Fieber schüttelte ihn unter fortwährendem Alpdrücken. Wenn sein Bruder im Hause gewesen wäre, er hätte ihn mit einem Messer erstochen. Als der Tag da war, hatte er es sich überlegt. An ihm war es, zu sterben, er wollte sich vom Fenster stürzen, wenn ein Omnibus vorbeikäme. Indes verließ er gegen zehn Uhr das Haus; er rannte durch die Straßen von Paris, trieb sich auf den Brücken herum und empfand im letzten Moment den unbezwinglichen Wunsch, Nana wiederzusehen. Vielleicht konnte sie ihm mit einem Wort das Leben zurückgeben. Und es schlug drei Uhr, als er in das Haus in der Avenue de Villiers trat.
Um die Mittagszeit hatte Frau Hugon eine schreckliche Nachricht erhalten, die sie zu Boden schmetterte. Man hatte Philippe am vergangenen Abend verhaftet; er war beschuldigt, seine Regimentskasse um zwölftausend Francs bestohlen zu haben. Seit drei Monaten entwendete er kleine Summen in der Hoffnung, sie bald ersetzen zu können und vertuschte die fehlenden Summen durch falsche Belegstücke; und dieser Betrug gelang immer dank der Nachlässigkeit des Verwaltungsrates. Die alte Dame

war von dem Verbrechen ihres Kindes völlig zu Boden geschmettert; zum erstenmal entrang sich ihr ein Wutschrei gegen Nana. Sie wußte um Philippes Verhältnis zu dieser Frau, und dieses Unglück beugte sie tief und hielt sie, die in der beständigen Angst vor einer Katastrophe schwebte, in Paris zurück. Aber auf soviel Schande war sie nicht gefaßt. Und sie machte sich bittere Vorwürfe, daß sie ihm seine Geldforderungen abgeschlagen hatte; sie fühlte sich dadurch mitschuldig an dem Verbrechen. Mit gelähmten Beinen fiel sie in einen Sessel, sie fühlte sich unnütz – unfähig, einen Schritt zu tun. Ihr war, als sei sie an diesen Stuhl genagelt, um zu sterben. Nur der Gedanke an Georges, der ihr plötzlich aufstieg, gewährte ihr Trost; der blieb ihr noch, der konnte etwas unternehmen, der konnte sie alle vielleicht noch retten. Ohne sich helfen zu lassen – denn diese Geschichte mußte zwischen ihnen allein begraben werden –, schleppte sie sich über die Treppe und klammerte sich an den Gedanken, da oben noch eine zärtliche Zuflucht für ihr gemartertes Herz zu finden. Aber sie fand das Zimmer leer. Vom Portier erfuhr sie, daß Georges das Haus frühzeitig verlassen hatte. In dem Zimmer brütete die Ahnung eines neuen Unheils. Das Bett mit seinen zerwühlten Tüchern erzählte von Todesängsten; ein Stuhl war zwischen Kleidern zu Boden gerissen und lag da wie ein Toter. Georges mußte bei dieser Frau sein. Und Frau Hugon stieg trockenen Auges und festen Fußes die Treppe hinunter. Sie wollte ihre Söhne, sie ging aus, um sie zurückzufordern.

Seit dem frühen Morgen hatte Nana heute nur Verdruß. Zuerst war gegen neun Uhr der Bäcker mit der Rechnung erschienen; es handelte sich um einen Bettel, um hundertdreiunddreißig Francs, die Nana, die Herrin dieses fürstlichen Palais, nicht bezahlen konnte. Er kam zum zwanzigsten Mal, aufs äußerste gereizt, daß man ihm die Kundschaft entzog von dem Tag an, wo er den Kredit verweigert hatte. Die Dienstboten nahmen seine Partei, François erklärte, er werde nie zu seinem Geld kommen, wenn er Madame nicht ordentlich den Marsch blase, Charles sagte, er wolle mit hinaufgehen und eine alte Strohrechnung, die schon lange fällig war, einfordern; Victorine hingegen riet, den Besuch eines Kavaliers abzuwarten und das Geld zu erzwingen, indem man vollzählig mitten in die Unterhaltung hineinplatze. Die ganze Küche erhitzte sich leidenschaftlich, alle Lieferanten wurden über die Vorgänge im Hause auf dem laufenden gehalten; in Sitzungen von drei, vier Stunden wurde Madame durchgehechelt, bis aufs Hemd entkleidet und erbarmungslos zugerichtet mit der ganzen Blutgier eines Dienstpersonals, das vor lauter Wohlergehen platzt. Nur Julien, der Haushofmeister, tat, als ob er Madame in Schutz nähme: man konnte sagen, was man wollte – sie war doch ein fesches Weib, und als die anderen ihn beschuldigten, mit ihr zu schlafen, lachte er albern und geschmeichelt; was wiederum die Köchin aufs äußerste reizte: sie hätte ein Mann sein mögen, nur um zu zeigen, wie man solchen Frauenzimmern auf den Hintern spuckt, so widerlich sei ihr das alles. François hatte den Bäcker boshaft ins Vestibül eingelassen, ohne Madame vorzubereiten. Als sie zum Frühstück herunterkam, stand er plötzlich vor ihr. Sie nahm die Rechnung und sagte, er solle gegen drei Uhr wiederkommen. Brummend und schimpfend ging er und schwor, pünktlich wieder dazusein: er wollte sich schon selbst bezahlt machen, wenn's nicht anders ginge.

Der quälende Eindruck dieser Szene verdarb Nana das Frühstück. Das ging nicht länger so, sie mußte den Mann loswerden; zehnmal hatte sie schon sein Geld beiseite gelegt; aber es war immer dahingeschmolzen: einmal hatte sie es für Blumen ausgegeben, ein andermal für eine Sammlung zugunsten eines alten Gendarmen. Und im übrigen rechnete sie auf Philippe; sie staunte, daß er noch nicht mit seinen zweihundert Francs da war. Es war schon ein wahres Pech – vorgestern noch hatte sie Satin mit einem ganzen Trousseau ausgestattet, für fast zwölftausend Francs Kleider und Wäsche; sie hatte keinen Louis mehr im Hause.

Gegen zwei Uhr, als Nana unruhig zu werden begann, erschien Labordette. Er brachte die Entwürfe zu dem Bett. Das war eine Ablenkung, eine freudige Aufregung, über die die junge Frau alles vergaß. Sie klatschte in die Hände, sie tanzte vor Vergnügen. Außer sich vor froher Neugier, beugte sie sich über den Tisch des Salons und studierte die Zeichnungen, die ihr Labordette erklärte: „Siehst du, hier sind die Seitenteile des Bettes: ein Büschel vollerblühter Rosen, dann eine Girlande von Blumen und Knospen; das Blätterwerk wird aus grünlichem, die Rosen aus rotem Gold gearbeitet ... Und hier ist das große Kopfteil, ein Amoretteneigen auf silbernem Gitterwerk."

Nana, hingerissen vor Entzücken, unterbrach ihn: „Ach ist der drollig, der Kleine da in der Ecke mit dem Popo in der Luft ... was? Und wie nichtsnutzig er lacht! Wie sie einen nur anschaun, diese kleinen Ferkel! Weißt du, mein Lieber, ich werde nie den Mut haben, vor ihren Augen Dummheiten zu machen!" Sie fühlte sich außerordentlich geschmeichelt in ihrem Stolz und in ihrer Eitelkeit. Die Goldschmiede hatten versichert, daß keine Königin in einem solchen Bett schliefe. Es war noch eine Frage zu entscheiden. Labordette zeigte ihr zwei Entwürfe für das Fußende: der eine Entwurf wiederholte das Motiv der Seitenteile, der andere war ein richtiger Vorwurf für ein Kunstwerk: die Nacht, in ihre Schleier gehüllt, und vor ihr ein Faun, der ihre blendende Nacktheit enthüllte. Wenn sie sich für dieses Motiv entschied, fügte er hinzu, so wollten die Goldschmiede der Nacht Nanas Züge verleihen. Diese etwas gewagte Idee ließ Nana vor Freude erblassen. Sie sah sich schon als silbernes Relief und als Symbol der heißen, dunklen Lüste.

„Versteh mich recht, du sollst natürlich nur für den Kopf und die Schultern Modell stehn", sagte Labordette.

Sie sah ihn ruhig an. „Warum –? Im Augenblick, wo es sich um ein Kunstwerk handelt, ist mir der Künstler, vor dem ich stehe, Luft!"

Es war beschlossene Sache, sie wählte die „Nacht". Ihm fiel noch etwas ein: „Warte, das kostet aber sechstausend Francs mehr!"
„Das ist mir aber wirklich ganz egal!" rief sie hellauf lachend. „Wozu hat denn mein kleines Scheusal sein Geld!"
So nannte sie jetzt im Kreis ihrer Intimen den Grafen Muffat; und auch die Herren erkundigten sich nie anders nach ihm als: „Hast du gestern dein kleines Scheusal gesehn? ... Ach, ist das Scheusal heute nicht bei dir?" Es war nur eine kleine Vertraulichkeit, die sie sich immerhin in seiner Gegenwart noch nicht erlaubte.
Labordette rollte die Zeichnungen zusammen und gab ihr noch die letzten Erklärungen dazu. Die Goldschmiede verpflichteten sich, das Bett in zwei Monaten, ungefähr am fünfundzwanzigsten Dezember zu liefern; nächste Woche würde ein Bildhauer kommen und die erste Skizze zur „Nacht" machen. Als Nana ihn hinausbegleitete, fiel ihr der Bäcker ein. Und plötzlich unterbrach sie ihn: „Apropos, hast du vielleicht zufällig zehn Louis bei dir?"
Es gehörte zu Labordettes wohlerwogenen Prinzipien, den Frauen niemals Geld zu leihen. Er hatte immer dieselbe Antwort bereit: „Nein, mein Kind, ich sitze selbst auf dem trockenen ... aber soll ich vielleicht zu deinem kleinen Scheusal gehen?"
Das wollte sie nicht, es war zwecklos. Vor zwei Tagen erst hatte sie dem Grafen fünftausend Francs abgenommen. Aber bald bereute sie dieses Zartgefühl. Denn kaum war Labordette fort, so erschien der Bäcker wieder, obgleich es noch nicht einmal halb drei Uhr war; er ließ sich auf eine Bank im Vestibül nieder und fluchte laut. Die junge Frau konnte ihn bis ins erste Stockwerk hinauf hören. Sie wurde blaß, sie litt noch besonders unter der unterdrückten Freude der Dienstboten, die bis zu ihr hinaufdrang. In der Küche platzten sie vor Lachen; der Kutscher spähte durch das Hoffenster, François ging ohne jeden Grund durch das Vestibül und beeilte sich dann, der Küche seine Beobachtungen mitzuteilen, nicht ohne vorher dem Bäcker ein verständnisinniges Feixen zugeworfen zu haben. Sie pfiffen auf Madame, sie äußerten schallend ihre Schadenfreude, sie fühlte sich hilflos der Verachtung der Küche preisgegeben, die sie belauerte und sie mit dem Kot ihrer schmutzigen Witze bespritzte. Darum gab sie die Idee, Zoé um die hundertdreiundreißig Francs zu bitten, wieder auf. Sie war schon in ihrer Schuld und wollte keine abschlägige Antwort riskieren, dazu war sie zu stolz. Sie war in solcher Aufregung, daß sie, laut mit sich selber sprechend, in ihr Schlafzimmer zurückging. „Ruhig, ruhig, mein Kind – du darfst auf niemand rechnen als auf dich selbst ... Dein Körper gehört dir, und es ist noch immer besser, sich seiner zu bedienen, als diese Schmach zu ertragen."
Und ohne Zoés Hilfe zog sie sich fieberhaft an; sie wollte zur Tricon. Das war ihre letzte Zuflucht in den Stunden höchster Not. Sie war sehr begehrt, und die alte Dame kam oft und fragte nach, und Nana lehnte ab oder ergab sich in ihr Schicksal, je nachdem, wie es mit ihrer Kasse stand. Aber die Tage, an denen sie, umgeben von ihrem fürstlichen Haushalt, nicht mehr aus und ein wußte, kamen immer öfter; dann war sie immer noch sicher, bei der Tricon fünfundzwanzig Francs zu finden. Die Macht der Gewohnheit erleichterte ihr schon diesen Weg, sie ging ihn – so wie arme Leute ins Versatzamt gehen.
Als sie ihr Zimmer verließ, stieß sie auf Georges, der mitten im Salon stand. Sie sah weder seine wächserne Blässe noch das düstere Feuer in seinen weiten Augen. Sie stieß einen Seufzer der Erleichterung aus. „Ach, du kommst von deinem Bruder –?"
„Nein", sagte der Kleine und wurde noch blässer.
Sie machte eine Gebärde der Verzweiflung. Was wollte er nur? Warum versperrte er ihr den Weg? Ach, und sie hatte es so eilig! Sie kam wieder auf die Angelegenheit zurück, die sie plagte: „Und du? Du hast kein Geld?"
„Nein."
„Natürlich nicht, bin ich dumm! Keinen Knopf Geld, nicht einmal den Groschen für ihren Omnibus ... Mama bewilligt nichts ... Das sind mir Männer!" und sie wollte entschlüpfen; aber er hielt sie fest, er hatte mit ihr zu sprechen. Sie wiederholte ihm aufgebracht, daß sie keine Zeit habe – da machte ein Wort sie stutzig.
„Höre, ich weiß, daß du meinen Bruder heiratest."
Jetzt wurde die Sache komisch. Sie fiel vor Lachen in einen Stuhl.
„Ja", fuhr der Kleine fort, „und ich dulde es nicht ... mich wirst du heiraten, deshalb bin ich hier."
„Was? Wie? Dich auch! Aber das scheint ja eine Familienkrankheit bei euch zu sein! ... Schlag dir das aus dem Kopf! Ist das eine Idee! Hab' ich jemals so eine Schweinerei von euch verlangt? – Weder den einen noch den andern, merk dir das!"
Georges' Gesicht wurde hell. Wenn er sich doch getäuscht hätte? „Schwöre mir, daß du nicht mit meinem Bruder schläfst!"
„Das wird mir aber nachgerade zu bunt!" sagte Nana und stand ungeduldig auf. „Es ist ja zum Lachen – aber wenn ich dir doch sage, daß ich Eile habe! Ich schlafe mit deinem Bruder, wenn es mir Spaß macht. Hältst du mich etwa aus, zahlst du hier, daß du Rechenschaft forderst? ... Ja, ich schlafe mit deinem Bruder ..."
Er packte sie am Arm, er drückte ihn, als ob er ihn zerbrechen wolle und stammelte: „Sag das nicht ... sag das nicht ..."
Mit einem Ruck machte sie sich los. „Jetzt schlägt er mich noch! Sieh einer diesen Lausejungen an! Mach, daß du fortkommst, mein Kleiner, aber sofort ... Aus Nettigkeit hab' ich dich hier geduldet ... Ja, verlaß dich drauf! Wenn du noch so große Augen machst! Du hast dir doch nicht eingebildet, daß ich bis zu unserer Todesstunde dein Mütterchen spielen würde! Ich hab' was Wichtigeres zu tun, als Säuglinge zu erziehn!"
Er hörte ihr in vollkommener Erstarrung zu, die Herzensnot lähmte ihn, er konnte sich nicht mehr auflehnen. Jedes Wort traf ihn mit solcher Wucht ins Herz, daß ihm

war, als müsse er daran sterben. Sie sah nicht einmal wie er litt, sie fand kein Ende, und erleichterte sich, indem sie die Quälereien des Vormittags auf ihn ablud.
„Du bist wie dein Bruder, auch ein nettes Kerlchen! Er hat mir zweihundert Francs versprochen. Ja, einen Schmarren, ich kann ja warten! Ich pfeif' auf sein Geld, es reicht ja nicht einmal, um nur meine Haarnadeln zu bezahlen ... Aber heute läßt er mich in so einer Verlegenheit sitzen! Soll ich dir's sagen –? Na, von mir aus kannst du's wissen! Deines Bruders wegen muß ich jetzt gehen und mir bei einem anderen Mann fünfundzwanzig Louis verdienen!"
Georges verlor den Kopf und warf sich vor die Tür, er weinte, er beschwor sie, er stammelte immer wieder: „Nein, o nein! O nein!"
„An mir liegt's nicht", sagte sie. „Hast du Geld?"
Nein, er hatte kein Geld. Er hätte sein Leben hingegeben, wenn er dafür das Geld bekommen hätte. Nie noch hatte er sich so elend, so unnütz, so unmündig gefühlt. Sein ganzes armes Selbst löste sich in Tränen auf, ein so fürchterlicher Schmerz schüttelte ihn, daß sogar Nana es merkte und gerührt wurde. Sie schob ihn sacht zur Seite.
„Schau, mein Herz, laß mich hinaus, es muß sein ... Sei vernünftig. Du bist ja noch ein Baby, und das war eine Woche lang sehr nett. Aber jetzt muß ich an den Ernst des Lebens denken. Überleg's dir nur einmal ... Dein Bruder ist immerhin ein Mann ... ich will nichts gegen ihn sagen ... Ach, tu mir den Gefallen, sprich nicht zu ihm von diesen Geschichten. Er brauchte nicht zu wissen, wohin ich gehe. Wenn ich wütend werde, rutscht mir immer alles so heraus."
Sie lachte. Dann nahm sie ihn und küßte ihn auf die Stirn: „Leb wohl, Bubi, zwischen uns ist es aus, hörst du, ganz aus ... Ich salviere mich."
Und sie ging. Er stand mitten im Salon. In seinen Ohren läutete eine Sturmglocke: es ist aus, ganz aus; der Boden wich unter seinen Füßen. In der Leere seines Gehirns war der Mann, der Nana erwartete, verschwunden. Nur Philippe war da, er sah ihn unaufhörlich in den nackten Armen Nanas. Sie leugnete nichts – sie liebte ihn, denn sie wollte ihm den Kummer über ihre Untreue ersparen. Es war aus, ganz aus. Er atmete schwer, seine Augen irrten um das Zimmer, ein ungeheueres Gewicht erdrückte und erstickte ihn. Nach und nach stiegen Erinnerungen in ihm auf, die lachenden Nächte von La Mignotte, die zärtlichen Stunden, wo sie ihn wie ihr Kind hätschelte, zuletzt die Stunden geraubter Lust in diesem selben Zimmer, in dem er jetzt stand. Nie, nie wieder! Er war zu klein, er war nicht schnell genug gewachsen; an seine Stelle trat Philippe, weil er schon einen Bart hatte. Das war das Ende, er konnte nicht mehr leben. Seine Lasterhaftigkeit hatte sich allmählich ganz mit unendlicher Zärtlichkeit getränkt, mit einer sinnlichen Vergötterung, in der sein ganzes Sein aufging. Und wie konnte er denn vergessen, wenn sein Bruder hierblieb? Sein Bruder, etwas von seinem eigenen Blut, ein anderes Ich, dessen Glück seine Eifersucht in wilden Aufruhr brachte. Das war das Ende, er wollte sterben.
Alle Türen standen offen, die Dienstleute hatten Madame zu Fuß ausgehen sehen und lärmten wie eine losgelassene Bande im ganzen Haus. Unten im Vestibül saß der Bäcker noch immer auf seinem Bänkchen und lachte mit Charles und François. Zoé lief einmal durch den Salon und blieb beim Anblick Georges' erstaunt stehn; sie fragte, ob er Madame erwarte. Ja, er erwarte sie, er hatte vergessen, ihr einen Auftrag zu bestellen. Und als sie ihn wieder allein gelassen hatte, begann er zu suchen. Da er nichts anderes fand, nahm er eine kleine, sehr scharfe Schere aus dem Toilettenkabinett; Nana pflegte immer mit ihr zu spielen, sie hatte die Manie, sich immerfort die Haut von den Nägeln oder die Härchen damit zu schneiden. Er umklammerte nervös die Schere, und wartete, die Hand in der Tasche, geduldig eine Stunde.
„Da kommt Madame", sagte Zoé, die Nana wahrscheinlich am Fenster abgepaßt hatte.
Im Haus entstand ein Gelaufe, das Gelächter verstummte, die Türen wurden geschlossen. Georges hörte, wie Nana den Bäcker kurz abfertigte. Dann kam sie herauf.
„Wie, du bist noch immer da!" sagte sie bei seinem Anblick. „Na, wir werden noch aneinandergeraten, mein Junge!" Sie ging in ihr Schlafzimmer, er folgte ihr.
„Nana, willst du mich heiraten?"
Sie zuckte nur die Achseln. Das war zu albern, darauf antwortete sie nicht mehr. Am liebsten hätte sie ihm die Tür vor der Nase zugeworfen.
„Nana, willst du mich heiraten?"
Die Tür fiel ins Schloß. Mit einer Hand öffnete er sie wieder, mit der andern stieß er sich ohne weiteres mit großer Wucht die Schere in die Brust.
Nana hatte das instinktive Gefühl eines Unglücks; sie drehte sich um. Bei dem Anblick, der sich ihr bot, geriet sie in Entrüstung. „So ein dummer Junge! So ein dummer Junge! ... Und noch dazu mit meiner Schere! ... Jetzt hör aber auf, nichtsnutziger Bengel! ... Ach du großer Gott!"
Sie geriet außer sich. Der Kleine war auf die Knie gestürzt und brachte sich noch einen zweiten Stich bei, der ihn der Länge nach auf den Teppich hinstreckte. Er sperrte mit seinem Leib die Zimmerschwelle. Jetzt verlor Nana vollends den Kopf, sie schrie aus Leibeskräften, denn sie wagte nicht über diesen Körper, der ihre Tür versperrte, wegzusteigen und Hilfe zu holen.
„Zoé! Zoé! So komm doch ... Sieh zu, daß er jetzt aufhört ... Das ist ja zu dumm, so ein Kind! Er wird sich noch umbringen! Und noch dazu bei mir! Hat man jemals so etwas gesehn!"
Er flößte ihr Angst ein. Er war ganz bleich, seine Augen hatten sich geschlossen. Es blutete kaum, es kamen nur wenige Tropfen, die sich schon unter der Weste verloren. Eben hatte sie sich doch entschlossen, über den Körper wegzusteigen – da blieb sie wie vor einer Erscheinung angewurzelt stehen. Durch die weit offene Salontür kam

eine alte Dame auf sie zu. Und schreckerstarrt erkannte sie Frau Hugon, deren Anwesenheit ihr ganz unerklärlich war. Sie wich noch immer zurück, in Hut und Handschuhen, wie sie eben nach Hause gekommen war. Ihr Entsetzen wuchs so, daß sie sich stammelnd zu verteidigen begann.

„Gnädige Frau, ich kann nichts dafür, ich schwöre es Ihnen ... Er wollte mich heiraten, ich sagte nein, und da hat er sich umgebracht."

Frau Hugon kam langsam heran, ganz in Schwarz, mit bleichem Gesicht unter dem weißen Haar. Im Wagen hatte sie wieder ganz Georges vergessen und nur an Philippes Vergehen gedacht. Vielleicht konnte diese Frau den Richtern Erklärungen geben, die ihr Herz erweichen würden; und sie wollte Nana beschwören, zugunsten ihres Sohnes auszusagen. Sie fand die Haustüre offen, sie stieg mit ihren schlechten Beinen zögernd die Treppe hinauf – da kamen Schreckensrufe von oben und lenkten ihre Schritte. Und da lag ein Mann auf dem Boden, sein Hemd färbten rote Flecke. Und das war Georges, ihr zweites Kind.

Nana wiederholte wie eine Schwachsinnige: „Er wollte mich heiraten, ich habe nein gesagt, und da hat er sich umgebracht."

Frau Hugon beugte sich, ohne einen Laut von sich zu geben, über ihn. Ja, das war der zweite, das war Georges. Der eine entehrt, der andere getötet. Es wunderte sie nicht mehr in dem Zusammenbruch ihres ganzen Lebens. Sie kniete auf dem Teppich, sie wußte nicht mehr, wo sie war, sie sah nichts und niemand, sie sah nur das Gesicht ihres Kindes und horchte, die eine Hand auf seinem Herzen. Dann stieß sie einen schwachen Seufzer aus. Sie hatte das Herz schlagen gehört. Jetzt erst hob sie den Kopf, musterte forschend die Frau, das Zimmer, und schien sich zu besinnen. In ihren leeren Augen entzündete sich eine Flamme, sie war so groß und so schrecklich in ihrem Schweigen, daß Nana zitternd ihre Verteidigung wieder aufnahm, über den Körper hinweg, der sie trennte.

„Ich schwöre Ihnen, gnädige Frau ... wenn sein Bruder hier wäre, könnte er Ihnen erklären ..."

„Sein Bruder hat gestohlen, er sitzt im Gefängnis", sagte die Mutter hart.

Nana erstarrte. Aber warum dies alles? Jetzt hatte der andere auch noch gestohlen! Ja, waren sie denn alle verrückt in der Familie! Sie gab es auf, sich zu verteidigen, sie fühlte sich fremd in ihrem eigenen Hause und überließ es Frau Hugon, Anordnungen zu treffen. Endlich kamen auch die Dienstleute gelaufen; die alte Dame verlangte durchaus, daß der ohnmächtige Georges in den Wagen hinuntergetragen werde. Sie wollte ihn lieber tot wissen als ihn noch länger in diesem Hause lassen. Nana sah sprachlos dem armen Zizi nach, den die Diener an den Schultern und Beinen davontrugen. Die Mutter ging hinter ihm her, in tiefer Erschöpfung jetzt; sie stützte sich kraftlos auf die Möbel, als ob sie aus dem Bezirk ihrer Liebe hinausgestoßen und in das Nichts geschleudert wäre. Auf dem Treppenabsatz entrang sich ihr ein Seufzer, sie drehte sich um und sagte zweimal: „Ach, Sie haben uns viel Böses angetan! Viel Böses!"

Das war alles. Nana, noch in Hut und Handschuhen, hatte sich in ihrer Bestürzung niedergesetzt. Das Rollen des Wagens verklang, das Haus fiel wieder in schwere Stille. Nana saß unbeweglich da, sie konnte keinen Gedanken fassen, der Kopf sauste ihr von dieser Geschichte. Eine Viertelstunde später traf sie der Graf Muffat noch an demselben Platz. Aber jetzt machte sie ihrem gepreßten Herzen in einem Strom von Worten Luft, sie erzählte den Hergang des Unglücks, indem sie zwanzigmal auf dieselben Einzelheiten zurückkam, sie hob die blutbefleckte Schere auf, um ihm die Geste zu zeigen, mit der Zizi sich erstochen hatte. Und es lag ihr vor allem am Herzen, ihre Unschuld zu erweisen.

„Schau, mein Herz, kann ich etwas dafür? Wenn du der Richter wärest, würdest du mich verurteilen? Ich hab' doch Philippe nicht dazu angehalten, daß er anderer Leute Geld ausgibt! Ich doch nicht! Und ebensowenig hab' ich den kleinen Unglücksvogel zum Selbstmord getrieben! Von der ganzen Geschichte bin ich am härtesten getroffen, die Leute kommen zu mir und machen hier ihre Dummheiten ab, dann behandelt man mich noch, als ob ich eine gemeine Verbrecherin wäre ..." Und sie fing zu weinen an. Eine nervöse Abspannung machte sie weich und nachgiebig, sie war sehr gerührt und erfüllt von einem unendlichen Kummer. „Du machst auch ein böses Gesicht ... Frag nur einmal Zoé, ob ich irgendeine Schuld habe ... So sprich doch, Zoé, erkläre dem Herrn Grafen ..."

Die Kammerfrau hatte ein Handtuch und einen Eimer aus dem Toilettenkabinett geholt und rieb den Blutfleck vom Teppich, ehe er eintrocknen konnte. „O Herr Graf", sagte sie, „Madame ist verzweifelt genug!"

Muffat war sehr ergriffen, er war wie erstarrt von diesem Drama und dachte nur an diese Mutter, die zwei Söhne beweinte. Er kannte ihr großes Herz, er sah sie in ihren Witwenkleidern einsam in den Fondettes verlöschen. Aber Nanas Verzweiflung wurde immer größer. Das Bild Zizis, wie er mit dem roten Fleck auf der Brust auf dem Boden hingestreckt dalag, brachte sie ganz außer sich.

„Er war so lieb, so sanft, so zärtlich ... Ach, mein Schatz, es tut mir leid, wenn es dich schmerzt, aber ich muß dir doch sagen, daß ich ihn liebgehabt habe, dieses Kind! Ich kann es nicht verschweigen, es überwältigt mich ... Aber was schadet es dir jetzt auch. Er ist nicht mehr. Du hast jetzt deinen Willen, jetzt wirst du uns sicher nicht mehr überraschen ..." Und bei diesem letzten Gedanken schluchzte sie so verzweifelt, daß Muffat sie schließlich noch trösten mußte. Kopf hoch, sie mußte jetzt stark sein; gewiß, sie hatte recht, sie trug keine Schuld. Aber sie hielt von selbst inne und sagte: „Schnell, du mußt hinlaufen und mir Nachricht bringen ... Aber gleich! Ich will es!"

Er nahm seinen Hut und ging zu Hugons. Als er nach drei Viertelstunden wiederkam, sah er Nana angstvoll am Fenster; er rief ihr schon von der Straße aus zu, daß der

Kleine nicht tot sei und daß man sogar hoffe, ihn zu retten. Ihre Trauer sprang in eine lebhafte Freude um. Sie sang, sie tanzte, sie fand das Leben herrlich. Zoé indes war mit dem Ergebnis ihrer Bemühungen nicht zufrieden. Sie sah immer nach dem Fleck und wiederholte, sooft sie vorbeikam: „Denken Sie nur, Madame, es ist nicht herausgegangen."

Und in der Tat erschien der Fleck wieder blaßrot auf dem weißen Rosenmuster des Teppichs. Es war dicht an der Schwelle des Schlafzimmers und versperrte wie ein Riegel von Blut die Tür.

„Bah", sagte Nana vergnügt, „das wird schon unter den Fußtritten vergehen."

Schon am nächsten Tag hatte auch der Graf Muffat das Abenteuer vergessen. Es gab einen Augenblick in dem Fiaker, der ihn in die Rue Richelieu brachte, wo er sich schwor, nie wieder zu diesem Weib zurückzukehren. Der Himmel gab ihm dieses Zeichen, er sah in dem Unglück Philippes und Georges' die Ankündigung seines eigenen Unterganges. Aber weder die Tränen der Frau Hugon noch der Anblick des fieberglühenden Kindes verliehen ihm die Kraft, dieses Versprechen zu halten. Und nichts blieb übrig von den kurzen Schreckensstunden dieses Dramas als Freude und Genugtuung im Unterbewußtsein: er war von einem Nebenbuhler befreit, dessen hinreißende Jugend ihn immer zur Verzweiflung gebracht hatte. Er war jetzt in eine blinde ausschließliche Leidenschaft geraten, wie sie nur Männer ergreift, die keine Jugend gehabt haben. Er liebte Nana mit dem Verlangen, sie ganz allein für sich zu besitzen, sie zu hören, zu berühren, in jedem ihrer Atemzüge zu sein. Diese Liebe ging weit über die Sinnesleidenschaft hinaus, denn sie hatte etwas von einem reinen Gefühl; eine unruhige Zärtlichkeit voll Eifersucht auf die Vergangenheit war es, mit Träumen von Erlösung und Vergebung, wenn sie gemeinsam vor Gottvater knieten. Jeden Tag erlangte die Religion mehr Macht über ihn. Er hielt sich streng an die religiösen Bräuche, beichtete und kommunizierte und fiel immer wieder, und die Gewissensbisse würzten die Lust seiner Sünden und seiner Bußen. Dann, als ihm sein geistlicher Berater erlaubte, seiner Leidenschaft zu frönen, war ihm diese tägliche Verdammnis schon zur Gewohnheit geworden, und er erkaufte sie sich mit jähen Ausbrüchen einer Frömmigkeit voll Unterwerfung und Demut. Er war naiv genug, dem Himmel die furchtbare Marter, unter der er litt, als Sühneopfer darzubieten. Und diese Marter wuchs noch immer, er stieg seinen Kalvarienberg mit dem schweren, geprüften Herzen des Gläubigen hinan, der der fessellosen Sinnlichkeit einer Dirne verfallen ist. Was seine tödlichsten Leiden verursachte, das waren ihre fortwährenden Treulosigkeiten; er konnte sich an den Gedanken, teilen zu müssen, nicht gewöhnen, er konnte sich nicht in ihre sinnlos albernen Launen finden. Er verstand nur eine unveränderliche ewige Liebe. Nun, sie hatte ihm Treue geschworen, und er bezahlte sie dafür. Aber sein Instinkt sagte ihm, daß sie log, daß sie unfähig war, sich zu bewahren; er fühlte, daß sie sich an jeden verschenkte, an die Freunde, an den ersten besten, der vorbeikam – als das gute Tier, das dazu geboren war, ohne Hemd zu leben.

Eines Morgens, als er Foucarmont zu ungewöhnlicher Stunde von ihr weggehen sah, machte er ihr eine Szene. Sie wurde sofort böse, denn sie war seiner Eifersucht endlich überdrüssig. Ein paarmal hatte sie ihn mit ihrer Nettigkeit zu versöhnen versucht. So an dem Abend, wo er sie mit Georges überrascht hatte; sie war als erste gekommen, hatte ihr Unrecht eingestanden, sie hatte ihn mit ihrer Zärtlichkeit erdrückt und ihm die bittere Pille mit Schmeicheleien versüßt. Aber schließlich hatte sie die Geduld verloren, er brachte sie um mit seinem Eigensinn und mit seiner Unfähigkeit, eine Frau zu verstehen; und sie wurde brutal.

„Na ja schön, ich habe mit Foucarmont geschlafen – und was weiter? – Ha? Paßt es dir etwa nicht, du kleines Scheusal?"

Es war das erstemal, daß sie ihm dieses „kleine Scheusal" ins Gesicht warf. Der Atem versagte ihm bei der frechen Offenheit ihres Geständnisses; und als er die Fäuste ballte, ging sie gerade auf ihn los und sah ihm in die Augen. „Jetzt hab' ich's aber satt, verstehst du? – Wenn's dir nicht paßt, so tu mir den Gefallen und verschwinde ... Schrei nicht bei mir, ich dulde es nicht. Schreib es dir hinter die Ohren: ich bin frei. Wenn mir ein Mann gefällt, so schlafe ich mit ihm. Es ist nicht anders, verlaß dich drauf ... Du mußt dich sofort entscheiden: ist es dir recht oder nicht? Du kannst jederzeit gehen."

Sie stand an der geöffneten Tür.

Er ging nicht. –

Jetzt hatte sie ein neues Mittel, um ihn noch enger an sie zu binden; um ein Nichts, um des geringfügigsten Wortwechsels willen gab sie ihm schonungslos den Laufpaß. Sehr schön! Sie könnte leicht einen Besseren finden als ihn, sie hatte nur die Qual der Wahl. Da draußen gab es Männer genug, mehr als man braucht, und keine solchen Sauertöpfe, nein, Männer mit kochendem Blut in den Adern.

Er beugte den Kopf, er wartete auf sanftere Stunden, wenn sie Geld brauchte. Dann konnte sie zärtlich schmeicheln, und er vergaß alles; eine Nacht der Zärtlichkeit entschädigte ihn vollauf für die Martern einer Woche. Die Aussöhnung mit seiner Frau hatte ihm das Haus vollends verleidet. Fauchery hatte die Gräfin im Stich gelassen und stand ganz unter der Herrschaft Roses; Sabine betäubte sich in den ruhelosen Fieberstößen ihrer vierzig Jahre mit anderen Liebschaften; immer nervös, erfüllte sie das Palais mit dem verzweifelten Wirbelwind ihres Lebens. Estelle besuchte seit ihrer Verheiratung den Vater nicht mehr. Bei diesem mageren, unbedeutenden Mädchen war plötzlich eine Frau mit einem eisernen Willen zum Vorschein gekommen, so unbeirrbar sicher, daß Daguenet vor ihr zitterte. Jetzt begleitete er sie zur Messe, bekehrte sich und wütete gegen seinen Schwiegervater, der sie alle wegen einer solchen Kreatur ruinierte. Nur Herr Venot blieb milde zu dem Grafen und wartete seine

Stunde ab; ja, er war nicht davor zurückgeschreckt und hatte Eingang in Nanas Haus gesucht. Er verkehrte hier und dort, und überall hinter den Türen begegnete man seinem ewigen Lächeln. Und Muffat, elend in seinem eigenen Haus, gehetzt von Verdruß und Schande, zog es dann noch vor, inmitten all des Schimpfes in der Avenue de Villiers zu leben.

Bald gab es zwischen dem Grafen und Nana nur mehr eine Frage: das Geld. Eines Tages, als er ihr fest versprochen hatte, zehntausend Francs zu bringen, wagte er es, zur vereinbarten Stunde mit leeren Händen zu erscheinen. Seit zwei Tagen spornte sie seine Gebelust durch ihre Liebkosungen. Aber ein solcher Wortbruch, soviel verlorene Liebesmüh versetzten sie in einen wilden Ausbruch roher Wut. Sie war ganz weiß.

„Was, du hast das Geld nicht? Aber dann mach nur, daß du fortkommst, kleines Scheusal! Und zwar schleunigst! So ein Kamel! Und da wollte er mich noch küssen! Ohne Geld gibt's gar nichts, das merk dir ein für allemal!"

Er gab ihr Erklärungen, er würde die Summe übermorgen haben. Aber sie unterbrach ihn heftig: „Und meine Zahlungen! ... ich werde noch gepfändet, aber der Herr Graf kommt hierher und nimmt Gratisvergnügen entgegen ... Ach, zum Kuckuck, so schau doch einmal in den Spiegel! Bildest du dir vielleicht ein, daß ich dich um deiner Schönheit willen liebe? Wenn man ein solches Maul hat wie du, so bezahlt man die Frauen, die so freundlich sind, es hinzunehmen ... Herrgott, wenn du mir heute abend nicht die zehntausend Francs bringst, so bekommst du nicht einmal eine Fingerspitze von mir zu sehen ... Verlaß dich drauf, ich schick dich deiner Frau zurück!"

Am Abend brachte er die zehntausend Francs. Nana reichte ihm ihre Lippen, er drückte einen langen Kuß darauf, der ihn für die ganze Pein des Tages entschädigte. Was die junge Frau verdroß, war der Umstand, daß er immer an ihren Röcken hing. Sie beklagte sich darüber bei Herrn Venot und flehte ihn an, ihr kleines Scheusal zur Gräfin zurückzubringen. Wozu war sonst diese Versöhnung gut? Und sie bedauerte, daß sie sich überhaupt in diese Geschichte hineingemischt hatte, wenn sie ihn ja doch wieder ganz auf dem Hals hatte. An Tagen, wo sie vor Zorn alle ihre Interessen außer acht ließ, schwor sie, ihm einen solchen Streich zu spielen, eine solche Schweinerei, daß ihm die Lust vergehen würde, den Fuß wieder in ihr Haus zu setzen. Aber wenn sie sich auf die Schenkel schlug und ein solches Geschrei vollführte, hätte sie ihm ebensogut ins Gesicht spucken können – er wäre doch geblieben und hätte noch danke schön gesagt. Die Szenen wegen des Geldes wiederholten sich jetzt regelmäßig. Sie forderte brutal, sie hängte ihm wegen der elendsten Summen ein Maulwerk an, zu jeder Minute ließ sie ihn ihre gehässige Habgier verspüren, sie fand ein grausames Vergnügen daran, ihm immerfort zu wiederholen, daß sie nur seines Geldes wegen mit ihm schlief, gewiß aus keinem anderen Grund, und daß es ihr nicht das geringste Vergnügen bereitete, daß sie dazu lieber einen anderen hätte und daß es ein rechtes Unglück für sie sei, nicht ohne einen solchen Idioten auszukommen. Nicht einmal bei Hofe wollte man noch etwas von ihm wissen, es wurde davon gesprochen, daß er demissionieren müsse. Die Kaiserin hatte gesagt: „Er ist zu widerlich." Und das stimmte wirklich. Mit diesem Ausspruch behielt Nana in jedem Streit das letzte Wort. „Hör auf, du widerst mich an!"

Jetzt hatte sie keine Hemmungen mehr. Sie hatte ihre volle Freiheit wiedererobert. Täglich machte sie ihre Rundfahrt um den See und schloß da Bekanntschaften, die sich anderwärts weiterentwickelten. Hier war der große Markt, hier fand bei heller Sonne die üppige Auffahrt dieser Damen statt, hier gingen die berühmtesten Huren auf den Strich und stellten sich unter der lächelnden Toleranz und dem blendenden Luxus von Paris zur Schau. Herzoginnen zeigten sie sich gegenseitig mit einem Blick, reichgewordene Bürgersfrauen kopierten ihre Hüte. Zuweilen mußte eine Reihe großartiger Equipagen, in denen Finanzleute saßen, die Europa in ihrer Kasse hatten – Minister, deren erbarmungslose Finger Frankreichs Kehle zudrückten, mußten stillhalten, um Nanas Landauer passieren zu lassen; und sie gehörte zu dieser Gesellschaft des Bois, sie nahm einen unbestrittenen Platz ein; gekannt in allen Metropolen, von allen Ausländern begehrt, dem Glanz dieser Menge noch die Tollheit ihrer Ausschweifungen hinzufügend, strahlte sie wie die Verkörperung der Glorie und höchsten Lust eines ganzen Volkes. Die Bekanntschaften einer Nacht, flüchtige Liebschaften, von denen sie selbst am Morgen nichts mehr wußte, führten sie in die großen Restaurants, in der schönen Jahreszeit oft ins „Madrid". Sie kam mit dem Personal der Gesandtschaften in Berührung, sie dinierte mit Lucy Stewart, Caroline Héquet, Maria Blond in Gesellschaft dieser Herren, die Französisch radebrechten und für ihr Amüsement bezahlten; zu leer und zu blasiert, um diese Weiber zu berühren, luden sie sie zu ihren Abendunterhaltungen mit der ausdrücklichen Weisung, drollig zu sein. Diese Damen nannten das unter sich „den großen Bummel", und sie kamen glücklich über diese Verschmähung nach Hause und verbrachten den Rest der Nacht in den Armen irgendeines Herzallerliebsten.

Wenn Nana dem Grafen Muffat die Männer nicht selbst geradezu unter die Augen stieß, tat er, als merkte er nichts. Er litt aber bitter unter den kleinen schmählichen Demütigungen des täglichen Lebens. Das Haus in der Avenue de Villiers wurde zur Hölle, zum Irrenhaus, wo die Unordnung und Zuchtlosigkeit zu jeder Zeit die abscheulichsten Auftritte herbeiführte. Nana prügelte sich fast schon mit ihren Dienstleuten. Eine Zeitlang behandelte sie Charles, den Kutscher, besonders freundlich; saß sie in einem Restaurant, so schickte sie ihm mit dem Kellner Bier hinaus; sie plauderte aus dem Wageninnern lustig mit ihm und amüsierte sich, wenn der Schlingel im Wagengewirr den anderen Rossebändigern ein Maulwerk anhängte. Plötzlich fiel es ihr wieder ein, ihn ohne jeden Grund als Gauner zu behandeln. Sie schlug sich mit ihm wegen des Hafers, des Strohs und der Kleie herum; trotz ihrer Liebe zu den Tieren fand sie, ihre Pferde fraßen zuviel. Eines Tages, bei der Verrechnung, beschuldigte sie Charles, daß er sie bestehle; Charles ließ sich hinreißen und nannte sie ganz roh „Schlampen". Sie könne sich darauf verlassen: die Pferde seien mehr wert als sie, die schliefen nicht mit jedermann. Sie antwortete im selben Ton, und der Graf mußte sie trennen und den Kutscher zur Tür hinauswerfen. Aber das war der Anfang der allgemeinen Zerrüttung. Victorine und François gingen, nachdem ein Diamantendiebstahl im Haus vorgefallen war. Sogar Julien verschwand; und es ging ein Histörchen um, daß der Herr Graf selbst ihn angefleht habe, weil er mit Madame geschlafen habe. Alle acht Tage sah man neue Gesichter in den Wirtschaftsräumen. Niemals war so vergeudet worden. Das Haus wurde zum Durchgang für den Abhub der Dienstvermittlungsbüros. Zoé allein blieb mit ihrem ordentlichen Wesen und ihrer einzigen Sorge, diese Auflösung zusammenzuhalten, solange sie noch nicht genug zusammengebracht hatte, um sich selbständig zu machen – ein Plan, den sie seit langem nährte.

Und dies waren schließlich noch die Nöte, deren man sich nicht zu schämen brauchte. Der Graf ertrug die Stupidität der Madame Maloir, trotz ihres ranzigen Geruches, und spielte Bezigue mit ihr; er ertrug Madame Lerat und ihr Geschwätz, den kleinen Louis mit seinem traurigen Gegreine, dieses kränkliche Kind, dem ein unbekannter Vater sein verseuchtes Blut als einzige Erbschaft hinterlassen hatte. Aber es gab noch Schlimmeres. Eines Tages hörte er durch die offene Tür, wie Nana ihrer Kammerfrau wütend erzählte, ein Kerl, der sich für sehr reich ausgegeben hatte, habe sie hineingelegt; ein schöner Mensch, der angeblich Amerikaner war und Goldminen in seiner Heimat besaß – ein Schmutzian, der, während sie schlief, ohne einen Groschen dazulassen auf und davongegangen war und noch ein Päckchen Zigarettenpapier mitgenommen hatte; und der Graf stieg totenblaß auf den Fußspitzen die Treppe wieder hinunter, um nichts weiter zu hören. Ein anderes Mal mußte er alles bis zur Neige auskosten. Nana war sinnlos vernarrt in einen Bariton aus einem Café chantant. Er hatte sie sitzen lassen, und in einem Anfall schwärzester Melancholie dachte sie an Selbstmord; sie trank ein Glas Wasser mit aufgelösten Zündholzköpfchen, was sie zwar nicht tötete, aber sehr krank machte. Der Graf mußte sie pflegen und die Geschichte ihrer Leidenschaft ertragen, ihre Tränen und ihre Schwüre, sich nie mehr an einen Mann zu hängen. Trotz ihrer Verachtung für diese Schweine, wie sie sie nannte, hielt sie es doch nicht mit einem unbeschäftigten Herzen aus, sie hatte immer irgendeinen Herzliebsten unter ihren Röcken, sie verlor sich in unbeschreibbare Gelüste und reizte ihren erschlafften Körper mit jeder Art von Perversität. Seit Zoé aus Berechnung alles seinen Gang gehen ließ, löste sich ihre kluge Einteilung in ein zügelloses Durcheinander auf, und der Graf wagte schließlich nicht mehr, eine Tür zu öffnen, einen Vorhang zurückzuziehen, einen Schrank aufzustoßen. Es gab keine Kniffe mehr, das Haus war voll von Männern, und sie stießen in jedem Winkel aufeinander. Muffat hustete jetzt, ehe er eintrat, denn einmal hatte er Nana beinahe am Halse Francis' überrascht; es war an einem Abend, er hatte sich auf zwei Minuten aus dem Ankleidekabinett entfernt, um anspannen zu lassen, während der Friseur die letzte Hand an Nanas Frisur legte. Das waren diese plötzlichen Hingaben hinter seinem Rücken, Lust, die sie aus allen Winkeln hastig zusammenraffte, im Hemd oder in großer Toilette mit jedem, der gerade des Weges kam. Dann kam sie ganz rot daher, selig über den Diebstahl an ihm. Mit Muffat war es ihr fürchterlich, es brachte sie um, es war ein greulicher Frondienst!

In der Todespein seiner Eifersucht war der Unglückliche jetzt schon zufrieden, wenn er Nana mit Satin zusammen wußte. Er hätte sie gern in diesem Laster bestärkt, nur um die Männer auszuschalten. Aber auch hier war alles verworren und verdorben. Nana betrog Satin ganz so, wie sie den Grafen betrog, sie verrannte sich in die ungeheuerlichsten Schrullen und holte sich die Frauenzimmer aus dem Rinnstein. Manchmal, wenn sie im Wagen nach Hause fuhr, vergaffte sie sich in irgendeinen schmutzigen Fetzen, der ihre Sinne und ihre zügellose Phantasie gefangennahm. Sie las so ein Geschöpf vom Pflaster auf, ließ es einsteigen, zahlte und schickte es wieder fort. Dann wieder machte sie in Männerkleidern Ausflüge in verrufene Häuser und vertrieb sich ihren Überdruß mit dem Schauspiel der Ausschweifungen. Satin war empört über diese fortwährende Vernachlässigung und stellte mit ihren fürchterlichen Szenen das ganze Haus auf den Kopf. Schließlich erreichte sie auch eine absolute Herrschaft über Nana, die sie zu respektieren begann. Muffat hoffte auf ein Bündnis mit Satin. Wenn er es nicht wagte, schickte er Satin ins Treffen. Zweimal hatte sie ihre Geliebte gezwungen, ihn wieder aufzunehmen; dafür zeigte er sich erkenntlich, indem er sie von allen Ereignissen benachrichtigte und bei ihrem leisesten Wink verschwand. Nur dauerte diese Einigkeit nicht lange an, denn auch Satin hatte ihre verrückten Stunden. An gewissen Tagen zerschlug sie alles, sie ging fast zugrunde, so rieb sie sich in den Ausbrüchen ihrer Wut und ihrer Liebe auf. Und dabei blieb sie noch immer hübsch. Zoé mußte sie wohl verhetzen, denn sie zog sie in alle Ecken, als ob sie sie für ihr großes Unternehmen anwerben wollte, für diesen Plan, den Zoé vorläufig noch geheimhielt.

Indes gab es merkwürdigerweise doch noch Gelegenheiten, wo der Graf Muffat sich aufbäumte. Er, der seit Monaten Satin erduldete, der alle diese fremden Leute ertrug, diese ganze Männerherde, die durch Nanas Schlafzimmer galoppierte – er geriet außer sich bei dem Gedanken, sie könnte ihn mit einem Menschen aus seiner Welt oder auch nur mit einem Mann seiner Bekanntschaft betrügen. Als sie ihm ihr Verhältnis mit Foucarmont gestand, litt er so entsetzlich, fand er den Verrat des jungen Menschen so abscheulich, daß er sich mit ihm schlagen wollte. Da er nicht wußte, wo er bei einer solchen Affäre Zeugen hernehmen sollte, wandte er sich an Labordette. Dieser war so verblüfft, daß er sich des Lachens nicht erwehren konnte.

,,Ein Duell, Nanas wegen ... aber lieber Herr Graf, ganz Paris wird über Sie lachen. Man schlägt sich nicht für Nana, das ist lächerlich."

Der Graf wurde sehr bleich. Mit einer heftigen Bewegung rief er: ,,So werde ich ihn also auf offener Straße ohrfeigen."

Labordette brauchte eine Stunde, um ihn zur Vernunft zu bringen. Durch eine Ohrfeige wurde die Geschichte erst recht odiös. Am selben Abend noch wüßte alle Welt um die wahre Ursache des Zusammenstoßes, und der Graf würde zum Mittelpunkt des übelsten Zeitungsgeschwätzes. Und Labordette schloß immer wieder damit: ,,Unmöglich, es ist lächerlich!"

Und dieses Wort fiel jedesmal klipp und klar wie ein scharfes Messer auf Muffat nieder. Nicht einmal schlagen konnte er sich für die Frau, die er liebte; alles hätte sich gebogen vor Lachen. Niemals war ihm das Elend dieser Liebe schmerzhafter zum Bewußtsein gekommen und die Schwerfälligkeit seines Herzens, das in diesem leeren Strudel des Vergnügens verloren war. Es war seine letzte Auflehnung. Er ließ sich überzeugen; von da ab sah er dem Defilé von Nanas Freunden widerstandslos zu und litt alle Männer, die hier in der Intimität des Hauses lebten.

Nana brauchte nur wenige Monate, um sie mit Haut und Haar zu verschlingen, einen nach dem anderen. Ihre steigenden Luxusbedürfnisse entfesselten ihre Habgier, sie ruinierte einen Mann mit einem Biß. Zuerst hatte sie Foucarmont, der war in vierzehn Tagen erledigt. Er träumte davon, den Marinedienst zu quittieren, er hatte in zehn Jahren Seefahrt etwa dreißigtausend Francs gespart und wollte damit in den Vereinigten Staaten sein Glück versuchen; und er mit seiner vorsichtigen, ja geizigen Veranlagung ließ sich hinreißen, er gab alles her, sogar seine Unterschrift auf Kellerwechsel, mit denen er seine Zukunft verpfändete. Als Nana ihn hinauswarf, war er nackt und bloß. Übrigens nahm sie noch freundliches Interesse an ihm und riet ihm, wieder auf sein Schiff zu gehen. Man mußte nicht eigensinnig sein und sich auf etwas versteifen. Da er kein Geld mehr hatte, mußte die Sache ein Ende nehmen. Das mußte er einsehn und vernünftig sein. Ein ruinierter Mann fiel wie eine reife Frucht aus ihren Händen, um allein auf dem Boden zu verfaulen.

Nun warf sich Nana auf Steiner – ohne Widerwillen, aber auch ohne Neigung. Sie behandelte ihn als schmutzigen Juden und schien dabei einen alten Haß zu befriedigen, über den sie sich selbst keine Rechenschaft geben konnte. Er war dick, er war dumm, und sie beutelte ihn tüchtig und schlang die doppelten Portionen, denn diesem Preußen wollte sie so schnell wie möglich den Garaus machen. Er hatte Simonne sitzen lassen. Sein Bosporusunternehmen drohte zu mißlingen. Nana beschleunigte durch irrsinnige Forderungen den Zusammenbruch. Einen Monat noch hielt er sich, es war ein Wunder; er erfüllte Europa mit einer kolossalen Publizität, mit Anzeigen, Plakaten, Prospekten und zog Geld aus den fernsten Ländern. Und all dies zusammengesparte Geld, die Louis der Spekulanten ebenso wie die Groschen der armen Leute, verschlang der Abgrund in der Avenue de Villiers. Unter anderem hatte er sich auch mit dem Besitzer eines elsässischen Eisenhammers assoziiert; da unten in einem Winkel der Provinz gab es kohlengeschwärzte Arbeiter, die im Schweiße ihres Angesichtes Tag und Nacht bis zur Erstarrung ihrer Muskeln, bis zum Steifwerden ihrer Knochen schufteten, um die Mittel für Nanas Vergnügen zu schaffen. Sie verzehrte alles wie ein großer Feuerbrand, die Agiodiebstähle wie den Gewinn aus ehrlicher Arbeit. Aber diesmal gab sie Steiner den Rest, sie setzte ihn aufs Pflaster, bis aufs Mark ausgesogen und so völlig entblößt, daß ihm nicht einmal mehr eine neue Schurkerei einfiel. Beim Zusammenbruch seines Bankhauses versagte ihm die Sprache, er zitterte bei dem Gedanken an die Polizei. Sein Konkurs war erklärt, und bei dem bloßen Wort ,,Geld" verlor er die Fassung und geriet in kindische Verwirrung, er, der in Millionen gewühlt hatte. Eines Abends fing er bei Nana zu weinen an und bat sie um ein Darlehen von hundert Francs, um seinem Dienstmädchen den Lohn bezahlen zu können. Nana war belustigt und gerührt über dieses Ende des jämmerlichen Schreckensmannes, der den Pariser Platz seit zwanzig Jahren beherrscht hatte, deshalb brachte sie es ihm, aber sie sagte: ,,Weißt du, ich geb' dir das Geld, weil es so komisch ist ... Aber siehst du, mein Kind, du bist nicht mehr in dem Alter, dich von mir aushalten zu lassen. Du mußt dir schon eine andere Beschäftigung suchen."

Nun bemächtigte sich Nana sofort des Herrn La Faloise. Er geizte schon lang nach der Ehre, von ihr ruiniert zu werden, um so den letzten Gipfel des Schicks zu erreichen. Das war das einzige, was ihm noch fehlte: daß eine Frau ihn lancierte. In zwei Monaten würde Paris ihn dann kennen, und sein Name wäre gedruckt in den Zeitungen zu lesen. Sechs Wochen schon würden genügen. Seine Erbschaft bestand in Gütern, in Besitzungen, in Wiesen, Wäldern und Pachthöfen. Er mußte schleunigst verkaufen, es ging Schlag auf Schlag. Bei jedem Bissen verschlang Nana einen Morgen Landes. Die Laubmassen, die in der Sonne zitterten, die großen Haufen reifen Getreides, die goldenen Weinberge im September, die fetten Graswiesen, wo die Kühe bis an den Bauch in den Halmen versanken – alles verschlang der Abgrund; und selbst ein Wasserlauf, ein Kalksteinbruch und drei Mühlen verschwanden spurlos. Nana ging darüber hin wie feindliche Heerscharen, wie ein Heuschreckenschwarm, wie ein Brand, dem eine ganze Provinz zum Raub wird. Sie versengte den Boden, wo immer sie ihren kleinen Fuß hinsetzte. Pachthof um Pachthof, Wiese auf Wiese zerknabberte sie mit ihrer freundlichen Anmut, die ganze Erbschaft, ohne es auch nur recht zu merken, so wie sie zwischen den Mahlzeiten eine Tüte Pralinee knabberte, die sie auf ihren Knien hielt. Das zog keine Folgen nach sich, das waren eben Bonbons. Aber eines Tages war nichts mehr da, außer einem kleinen Gehölz. Sie verschlang es verächtlich, denn dafür lohnte es sich ja kaum den Mund zu öffnen. La Faloise saß dabei und lachte mit dem Ausdruck eines Schwachsinnigen, indes er an dem Knauf seines Stockes sog. Die Schuldenlast erdrückte ihn, er besaß jetzt nicht mehr als hundert Francs Rente, er sah sich in die Zwangslage versetzt, in die Provinz zurückzukehren und bei einem alten schrulligen Onkel zu leben; aber das schadete gar nichts, es war schick, und der Figaro hatte zweimal seinen Namen gebracht; den mageren Hals aus einem falschen Hemdkragen mit zurückgeschlagenen Ecken hervorreckend, die ausgemergelte Taille unter der zu kurzen Weste, schlenkerte er herum und stieß Laute aus wie ein Papagei und affektierte den Gleichmut eines hölzernen Hanswurstes, der sich über nichts in der Welt aufregt. Nana wurde schließlich so gereizt, daß sie ihn verprügelte.

Auch Fauchery war, von seinem Vetter begleitet, zurückgekehrt. Dieser unselige Fauchery hatte jetzt einen Haushalt. Nachdem er mit der Gräfin gebrochen hatte, bemächtigte sich Rose seiner und nützte ihn aus wie einen richtigen Ehemann – Mignon war nichts weiter als der Majordomus von Madame. Zum Herrn des Hauses eingesetzt, belog der Journalist Rose und gebrauchte ängstlich jede Vorsicht, wenn er sie betrog, ganz wie ein von Gewissensbissen geplagter guter Ehemann, der endlich in ein ruhiges Fahrwasser gelangen möchte. Nana zählte seine Eroberung zu ihren Triumphen; sie verschlang seine Zeitung, die er mit dem Geld eines Freundes gegründet hatte; sie hing ihre Beziehung zu ihm nicht an die große Glocke, im Gegenteil, es gefiel ihr, ihn wie einen Herrn zu behandeln, den man verstecken muß, und wenn sie von Rose sprach, sagte sie nur: „Diese arme Rose.“ Die Zeitung versorgte sie zwei Monate lang mit Blumen. Sie hatte Abonnenten in der Provinz, und sie nahm alles: angefangen von der Zeitchronik bis zu den Theaterberichten; dann, nachdem sie der Redaktion den Atem ausgeblasen und die Administration gesprengt hatte, befriedigte sie noch eine kostspielige Laune: einen Wintergarten in einer Ecke des Hauses; der verschlang die Druckerei. Ach, das war ja alles nur ein Spaß. Als Mignon, selig über dieses Abenteuer, angelaufen kam, um zu sehen, ob er ihr Fauchery nicht ganz aufhalsen könne, da fragte sie nur, ob er sich vielleicht über sie lustig mache: ein Bruder Lustig, ein Habenichts, der von seinen Artikeln und seinen Stücken lebe! Nein, sie dachte nicht daran! Solche Albernheiten seien gut genug für eine Frau von Talent wie diese arme Rose. Sie faßte Argwohn und fürchtete irgendeinen Verrat von Mignon, der sehr wohl imstande war, sie bei seiner Frau zu verklatschen, deshalb verabschiedete sie lieber Fauchery, der sie nun nur mehr mit Publizität bezahlte.

Aber sie bewahrte ihm ein freundliches Andenken – sie hatten sich zusammen so gut über diesen Idioten von La Faloise amüsiert. Vielleicht wären sie sonst gar nicht auf die Idee gekommen, einander wiederzusehen, wenn der Spaß, sich über einen solchen Kretin lustig zu machen, sie nicht so angeregt hätte. Es war ein Hauptvergnügen, sie umarmten sich vor seinen Augen, sie feierten lärmende Orgien mit seinem Geld und schickte ihn weite Wege bis ans andere Ende von Paris, um allein zu bleiben. Wenn er dann zurückkam, setzte es Spott und Anspielungen, die er nicht begriff. Einmal wettete Nana, von dem Journalisten angefeuert, daß sie La Faloise eine Ohrfeige geben wolle. Und noch am selben Abend gab sie sie ihm und ließ es nicht dabei bewenden; sie schlug immer wieder zu, es war so lustig, und sie war ganz glücklich, daß sie zeigen konnte, wie feig die Männer sind. Sie nannte ihn ihren „Watschenmann“, befahl ihm vorzutreten und seine Ohrfeige in Empfang zu nehmen; und zwar teilte sie Ohrfeigen aus, daß ihre noch ungeübte Hand brannte. La Faloise lachte über sein ganzes Zierbengelgesicht, und die Tränen standen ihm in den Augen. Diese Familiarität entzückte ihn, er fand das einfach fabelhaft.

„Weißt du“, sagte er eines Abends – er hatte soeben seine Maulschellen in Empfang genommen und war sehr animiert –, „du solltest mich eigentlich heiraten, wir wären doch ein lustiges Paar!“

Das war nicht nur so in die Luft gesprochen. Er hatte diesen Plan schon oft heimlich erwogen, sein Bedürfnis, Paris zu verblüffen, war unwiderstehlich. Nanas Gatte! Was? Das wäre schon eine tolle Sache! Einfach ein letzter Gipfel! Aber Nana ließ ihn gehörig abfallen.

„Ich dich heiraten! ... Na, wenn ich das wollte, hätte ich schon längst einen Mann haben können! Und einen, der zwanzigmal mehr wert ist als du, mein Lieber ... Ich hab' schon einen Haufen Heiratsanträge bekommen. Bitte, zähl mit: Philippe, Georges, Foucarmont, Steiner – das sind schon vier, ohne die anderen, die du nicht kennst ... Das ist ihr ewiger Refrain. Kaum bin ich ein bißchen nett zu ihnen, so pfeifen sie alle dasselbe Lied: Willst du mich heiraten, willst du mich heiraten ...“ Sie geriet in Eifer und brach in edle Entrüstung aus: „Ha! Nein, ich will nicht heiraten! ... Bin ich dafür geschaffen? Schau mich nur an – ich wäre nicht mehr Nana, wenn ich mir so etwas auflüde. Einen Mann ... na, es ist ja eine Schweinerei ...“ Und sie spie aus, es stieg ihr hoch vor Widerwillen, als ob der Schmutz der ganzen Erde sich zu ihren Füßen ausgebreitet hätte.

Eines Abends war La Faloise verschwunden. Acht Tage darauf erfuhr man, daß er in der Provinz bei seinem Onkel, einem leidenschaftlichen Botaniker, gelandet sei. Er klebte ihm die Pflanzen ins Herbarium und warb um eine sehr häßliche, sehr fromme Cousine. Nana weinte ihm keine Träne nach. Sie sagte nur zu dem Grafen: „Ja, mein kleines Scheusal, noch ein Nebenbuhler weniger. Heute kannst du frohlocken ... Aber wie ernst er die Geschichte genommen hat! Er wollte mich doch heiraten.“

Und da der Graf blaß wurde, hing sie schon lachend an seinem Hals und bohrte ihm jede Grausamkeit mit einer Liebkosung versüßt ins Herz. „Nicht wahr, das quält dich am meisten, daß du Nana nicht heiraten kannst ...

Wenn sie mich alle mit ihrer Heiraterei malträtieren, dann wirst du verrückt in deinem Winkel! Nichts zu machen! Da muß man schon warten, bis deine Frau hin ist ... Ach, wenn sie hin wäre, wie schnell kämst du dann angelaufen, wie würdest du dich zu Boden werfen, mit was für einem Trara würdest du mir deine Hand anbieten, mit Seufzern, Tränen, Schwüren! Was? Liebling, es wäre so nett!" Sie sprach ganz sanft, sie verulkte ihn mit den schmeichelnden Liebkosungen einer wilden Katze. Er war sehr erschüttert und wurde rot, als er ihre Küsse erwiderte.

Da rief sie: „Herrgott! Ich hab' es wirklich erraten! Er hat schon daran gedacht! Er wartet darauf, daß seine Frau abmarschiert ... Na, das ist der Gipfel! Er ist ja noch ein ärgerer Schuft als die anderen!"

Muffat ließ sich auch diese „anderen" bieten. Jetzt setzte er nur seinen Stolz darein, der „Herr" für die Dienstboten und die Intimen des Hauses zu bleiben, der Mann, der, weil er am meisten Geld hergab, der anerkannte Liebhaber war. Und seine Leidenschaft verrannte sich immer erbitterter. Er hielt sich nur durch sein Geld, er bezahlte jedes Lächeln teuer und bekam doch nie so viel, als er bezahlte, ja, er wurde noch bestohlen. Aber es war wie eine Krankheit in ihm, die an ihm fraß, er mußte sich in diese Leiden ergeben. Wenn er Nanas Schlafzimmer betrat, so begnügte er sich jetzt schon damit, das Fenster zu öffnen und den Geruch der anderen hinauszulassen, diese Ausdünstungen der Brünetten und der Blonden und den beißenden Zigarrenrauch, der ihn erstickte. Dieses Zimmer war wie der Kreuzweg an der Heerstraße: immerfort scheuerten Stiefel die Schwelle, und keinen hielt der Blutfleck auf, der wie ein Riegel vor der Tür lag. Der Fleck machte Zoé noch immer zu schaffen, sie hatte die Reinlichkeitswut einer sauberen Person, und es ärgerte sie, ihn immer vor Augen zu haben; ohne es zu wollen, mußte sie immer hinsehen, und sooft sie zu Madame ins Zimmer trat, sagte sie: „Es ist doch komisch, das geht nicht heraus ... und es kommen doch genug Leute ..."

Nana, die ausgezeichnete Nachrichten von Georges erhielt, der mit seiner Mutter in den Fondettes seine Genesung erwartete, gab jedesmal dieselbe Antwort: „Ach Gott, das braucht seine Zeit, das verblaßt schon unter den Fußtritten."

Und in der Tat, jeder dieser Herren – Foucarmont, Steiner, La Faloise, Fauchery –, jeder trug an seinen Sohlen ein Spürchen des Flecks mit sich fort. Und Muffat, den die blutige Linie genauso befangen machte wie Zoé, studierte ihn gleichfalls gegen seinen Willen, und er bemaß an seinem rosigen Verblassen die Zahl der Männer, die darübergeschritten waren. Er hegte eine dumpfe Scheu vor dem Fleck, er schritt immer über ihn hinweg in der jähen Angst, etwas Lebendiges zu zertreten, ein nacktes Menschenglied, das da auf dem Boden lag.

Aber dann, in dem Zimmer selbst, betäubte ihn ein Rausch. Er vergaß alles, die Männerhorde, die es durchzog, die Trauer, die an der Schwelle Wache hielt. War er wieder draußen auf der Straße, so weinte er oft vor Schande und wilder Auflehnung und schwor, nie mehr in dieses Haus zurückzukehren. Aber kaum war die Schlafzimmerportiere hinter ihm zugefallen, so war er wieder gefangen, jeder Widerstand schmolz in der lauen Wärme des Raumes, sein Fleisch durchdrang ein Duft, und er verging in der wollüstigen Sehnsucht nach Auflösung. Dieser Fromme, der an die Ekstasen reicher Kapellen gewöhnt war, fand hier jede Sensation wieder, die den Gläubiger, der am Heiligenschrein kniet, überwältigt, er unterlag hier, wie er dort dem Taumel der Orgelklänge und des Weihrauchs unterlegen war. Das Weib besaß ihn, und sie war in ihrem eifersüchtigen Despotismus so schrecklich wie der Gott des Zorns, sie schenkte ihm Sekunden eines fast unerträglichen krampfhaften Glückes für Stunden grauenhafter Qualen und Visionen von Hölle und ewigen Martern. Es war dasselbe Gestammel, dieselben Gebete und dieselbe Verzweiflung und insbesondere dieselbe Zerknirschung der vom Fluch getroffenen Kreatur, die in den Staub getreten war, aus dem sie stammte. Seine Wünsche als Mann und sein Verlangen nach einer Seele vermischten sich, sie schienen aus dem dunklen Grund seines Wesens aufzusteigen wie ein einziges Erblühen aus der Wurzel seines Lebens. Er überließ sich der Gewalt der Liebe und des Glaubens, deren doppelter Hebebaum die Welt aufrührt. Und trotz des Widerstreites seiner Vernunft schlug ihn die Luft in Nanas Zimmer immer wieder mit diesem Wahnsinn, er ging angstgeschüttelt in der Allgewalt des Geschlechtes unter – ganz so wie er vor dem Unbekannten des weiten Himmels verging.

Nana fühlte seine Demut, und sie nützte diesen Triumph aus wie ein Tyrann. In ihren Instinkten lag eine wütende Lust, zu erniedrigen. Es genügte ihr nicht, die Dinge zu zerstören – sie mußte sie auch noch beschmutzen. Diese Hände waren so fein und ließen doch so abscheuliche Spuren zurück, und was Nana zerbrach, zersetzte sich noch wie von selbst. Und dieser Sinnlose gab sich zu diesem Spiele her, in der vagen Erinnerung an Heilige, die vom Ungeziefer gefressen wurden und selbst ihre Exkremente aßen. Wenn Nana ihn bei verschlossener Tür in ihrem Zimmer hatte, kostete sie das Schauspiel von der Niedrigkeit und Schande des Mannes wie ein Fest aus. Zuerst war es nur ein Scherz gewesen, sie hatte ihm ein paar Klapse versetzt und zwang ihn, ihre drolligen Befehle auszuführen, sie ließ ihn stammeln wie ein kleines Kind und Satzenden wiederholen.

„Sag mir nach: ,... ach was, Coco pfeift drauf!'"

Er erwies sich so gelehrig, daß er sogar ihren Tonfall nachmachte: „,... ach was, Coco pfeift drauf!"

Oder sie spielte auf allen vieren im Hemd auf ihrem Pelzwerk Bär mit ihm und wandte sich brummend, als wollte sie ihn verschlingen, ja, sie biß ihn aus Übermut manchmal sogar in die Waden. Dann stand sie auf: „Jetzt kommst du dran ... ich wette, du kannst es nicht so gut wie ich."

Das war noch reizend. Sie war so amüsant als Bär mit ihrer weißen Haut und der roten Mähne. Er lachte, warf sich auch auf alle viere, brummte und biß sie in die Waden, und sie flüchtete entsetzt.

„Sind wir aber dumm, was?“ sagte sie schließlich. „Du hast ja keine Ahnung, wie häßlich du bist, mein Schatz! Ach, wenn sie dich in den Tuilerien so sehen könnten!“

Aber diese kleinen Spiele arteten bald aus. Es war nicht eigentlich Grausamkeit bei ihr, denn sie war ein gutmütiges Ding. Es war, als ob ein Wind giftigen Wahnsinns in das verschlossene Zimmer bliese, er war da und wuchs unaufhaltsam. Unzucht löste alle Hemmungen und stürzte sie in delirante Phantasien des Fleisches. Ehedem waren ihre schlaflosen Nächte voll religiöser Schrecknisse – jetzt hatte sich dasselbe Gefühl in einen Durst nach Bestialität verkehrt, in eine Wut, auf allen vieren zu kriechen, zu brummen und zu beißen. Eines Tages, als Muffat den Bären spielte, stieß sie ihn so roh, daß er gegen ein Möbelstück fiel; und sie brach bei dem Anblick einer anschwellenden Beule wider Willen in schallendes Gelächter aus. Von da ab – sie war schon bei den Scherzen mit La Faloise auf den Geschmack gekommen –, von da ab behandelte sie ihn wie ein Tier, sie peitschte ihn und traktierte ihn mit Fußtritten.

„Hüo! Hüo ...! Du bist das Pferd ... Hüo, alte Schindmähre, lauf zu!“

Ein andermal war er ein Hund. Sie warf ihr parfümiertes Taschentuch in die entfernteste Zimmerecke, und er mußte laufen und es mit seinen Zähnen apportieren.

„Such, Cäsar! ... Wart nur – wenn du nicht schnell machst, setzt's etwas! ... So ist's schön ... So bist du brav ... gutes Hündchen ... mach schön!“

Und er liebte seine Erniedrigung, er kostete den Genuß aus, ein Vieh zu sein. Er wollte noch tiefer sinken, er schrie: „Schlag stärker zu! Hu! Hu! Ich verliere den Verstand! Schlag zu!“

Dann wieder erfaßte sie eine andere Laune, sie verlangte, er solle eines Abends als Kammerherr in großer Gala kommen. Was gab es da für Gelächter, was für Spott, als sie ihn bei sich hatte mit dem ganzen großen Apparat, mit dem Degen, dem Hut, den weißen Kniehosen, dem goldbordierten Frack aus rotem Tuch und dem symbolischen Schlüssel, der am linken Frackschoß hing! Besonders der Schlüssel machte ihr großen Spaß, ihre Phantasie trieb tolle Blüten bei der Erfindung unflätiger Ausdeutungen. Sie hörte nicht auf zu lachen; Respektlosigkeit vor jeder Art von Größe, die Freude, ihn in dem offiziellen Prunk dieses Kostüms zu erniedrigen, riß sie mit sich fort, sie schüttelte ihn, sie kniff ihn und schrie dazu: „Ha! Vorwärts, Kammerherr!“ und dazu versetzte sie ihm kräftige Fußtritte in den Hintern. Und jeder dieser herzhaften Fußtritte galt den Tuilerien, der Majestät des kaiserlichen Hofes, die hoch auf dem Gipfel über der Furcht und Unterwürfigkeit des Volkes thronte. So, das war ihre Einstellung zur Gesellschaft! Das war ihre Genugtuung, der Groll, den sie im Unterbewußtsein trug und der ihr mit dem Blut vererbt war.

Dann, als der Kammerherr entkleidet war und das Gewand auf dem Boden lag, befahl sie ihm, darauf zu treten – und er trat darauf; sie befahl ihm, darauf zu spucken – und er spuckte darauf; sie befahl ihm, auf dieses Gold, diese Adler, auf diese Orden zu springen – und er sprang darauf. Tratattata – es gab nichts mehr, alles ging in Trümmer. Sie zerbrach einen Kammerherrn, wie sie einen Flakon oder eine Bonbonniere zerbrach, und sie machte aus ihm ein Stück Dreck, einen Haufen Unrat im Rinnstein.

Die Goldschmiede indes hatten nicht Wort gehalten – das Bett wurde erst gegen Mitte Januar geliefert. Muffat war gerade in der Normandie, wo er die letzten Trümmer seines Besitztums zu Geld machte. Nana brauchte sofort viertausend Francs. Er wurde nicht vor übermorgen zurückerwartet; aber da er seine Geschäfte früher zu Ende gebracht hatte, beschleunigte er seine Rückkunft und fuhr, ohne auch nur in der Rue Miromesnil nachzusehen, in die Avenue de Villiers. Es schlug eben zehn Uhr. Er besaß den Schlüssel zu einem Pförtchen, das sich auf die Rue Cardinet öffnete, und so stieg er unbemerkt hinauf. Oben im Salon staubte Zoé die Bronzen ab; bei seinem Anblick geriet sie in Bestürzung. Sie wußte gar nicht, wie sie ihn festhalten konnte, und so fing sie eine lange Geschichte von Herrn Venot an, der gestern ganz verstört hier gewesen sei und den Grafen suche und daß er sie schon zweimal beschworen habe, den Herrn Grafen gleich hinzuschicken, wenn er zuerst zu Madame kommen sollte. Muffat hörte ihr zu, er verstand nichts von der Geschichte; dann fiel ihm Zoés Verwirrung auf, und er stürzte sich plötzlich, von einer jähen Woge der Eifersucht überschwemmt, die er sich schon gar nicht mehr zugetraut hatte, gegen die Schlafzimmertür. Gelächter schlug an sein Ohr. Die Tür gab nach, die beiden Flügel flogen auf, während Zoé mit einem Achselzucken der Sache ihren Lauf ließ. Um so schlimmer! Wenn Madame es so toll trieb, dann mußte sie schon sehen, wie sie selbst zurechtkam.

Und Muffat stand auf der Schwelle; ein Schrei entrang sich ihm vor dem Anblick, der sich ihm darbot: „Gott! Mein Gott –! Mein Gott!“

Das neue Zimmer erstrahlte in seinem königlichen Luxus. Die silbernen Rosetten streuten Sterne über die teerosenfarbene Wandbespannung; es war der zarte Fleischton, in dem der Himmel an schönen Abenden leuchtet, wenn sich am Horizont Venus auf dem klaren Hintergrund des sterbenden Tages entzündet. Aus den Ecken fielen goldene Schnüre, Goldspitzen rahmten die Füllungen ein wie leichte Flammen, wie aufgelöstes rotes Haar, das über die große Nacktheit des Raumes fiel, dessen wollüstige Blässe dadurch noch stärker wirkte. In der Mitte erstrahlte das Bett in Gold und Silber im frischfunkelnden Glanz seiner Ziselierungen, ein breiter Thron für Nanas königliche Nacktheit, ein Altar ihres Geschlechts; so lag sie da, hingebreitet, entblößt, in der religiösen Schamlosigkeit eines furchtbaren Idols. Und neben ihr, im schneeigen Widerschein ihres Busens, mitten in diesem Triumph einer Göttin, wälzte sich die Schmach selbst, die Altersschwäche in

Person – eine komische, eine jammervolle Ruine: der Marquis de Chouard im Hemd.
Der Graf krampfte die Hände ineinander. Ein Frostschauer schüttelte ihn, er wiederholte immerfort: „Mein Gott –! Mein Gott –!"
Für den Marquis de Chouard blühten die goldenen Rosen des Bettschiffes, die Blumenbüschel, die in dem goldenen Blätterwerk aufblühten, für ihn schwang sich von dem Silbergitter mit verliebtem Lachen der purzelnde Reigen ausgelassener Amoretten; und am Fußende entblößte der Faun für ihn den Schlummer der wollustmatten Nymphe, dieser Gestalt der Nacht, die Nanas berühmte Nacktheit widergab, bis zu den starken Hüften, an denen man sie sofort erkannte. Hingeschleudert wie ein menschlicher Fetzen, verbraucht und verdorben durch sechzig Jahre der Ausschweifung, lag er wie ein Häufchen Skelettknochen in der blühenden Glorie dieses Weiberfleisches. Als die Tür aufgegangen war, fuhr er mit dem schlechten Gewissen des verderbten Greises in die Höhe. Diese letzte Liebesnacht schlug ihn mit Schwachsinn, er verfiel in kindischen Kretinismus; halb gelähmt, fand er die Worte nicht mehr, er stammelte zähneklappernd und hielt sich fluchtbereit. Das Hemd war von dem skelettartigen Körper zurückgestreift, ein Bein kam aus der Decke hervor, ein armseliges, graues, weißbehaartes Bein. Nana, so widerwärtig ihr die Überraschung war, konnte das Lachen nicht unterdrücken: „So leg dich doch hin und deck dich zu", sagte sie und stieß ihn um; sie tat die Decken über ihn wie über einen Haufen Schmutz, den man nicht sehen lassen kann. Dann sprang sie auf und schloß die Tür. Na, mit ihrem kleinen Scheusal hatte sie nun einmal kein Glück! Er platzte immer zur Unzeit herein. Warum mußte er auch bis in die Normandie nach Geld? Der Alte hatte ihr die viertausend Francs gebracht, und sie hatte ihm sein Vergnügen gelassen. Sie warf die Tür vor ihm zu und schrie: „Um so schlimmer! Es ist deine Schuld. Dringt man so in ein Zimmer? Jetzt hab' ich's satt! Glückliche Reise!"
Muffat stand völlig zerschmettert vor der verschlossenen Tür. Der Frostschauer schüttelte ihn heftiger, er stieg ihm von den Beinen in die Brust und ins Gehirn. Er schwankte wie ein Baum im Sturm, es warf ihn auf die Knie, daß alle Knochen krachten. Und mit gerungenen Händen stammelte er: „Zuviel, großer Gott, das ist zuviel!"
Alles hatte er hingenommen. Aber jetzt konnte er nicht mehr, er war am Rande seiner Kraft, er stürzte mit seiner Vernunft kopfüber in einen schwarzen Abgrund. In wahnsinniger Qual suchte er mit hocherhobenen Händen den Himmel und schrie nach Gott. „Oh, laß mich, ich will nicht mehr! Hilf mir, hilf mir, mein Gott! Steh mir bei, laß mich doch lieber sterben –! Nein, nein, nicht diesen Menschen, mein Gott! Es ist aus, nimm mich hin, führ mich fort, daß ich nichts mehr seh' und höre ... O nimm mich zu dir, mein Gott! Vater unser, der du bist in dem Himmel ..."
Und er betete in wilder Glaubensinbrunst, die Worte flogen inbrünstig von seinen Lippen. Da fühlte er sich an der Schulter berührt. Er hob die Augen. Da stand Herr Venot und staunte, ihn vor dieser verschlossenen Tür im Gebet zu finden. Dem Grafen war zumute, als ob Gott selbst ihm auf sein Flehen geantwortet habe, er warf sich an die Brust des kleinen Greises. Endlich fand er Tränen, er schluchzte und sagte immer wieder: „Mein Bruder, mein Bruder."
Sein ganzes schmerzvolles Menschtum lag in dem Schrei. Mit seinen Tränen überschwemmte er das Gesicht des Herrn Venot, er küßte ihn und stammelte abgebrochene Worte. „O mein Bruder, wie ich leide! ... Sie allein bleiben mir noch ... Führen Sie mich für immer von hier fort ... Oh, um der Barmherzigkeit willen, bringen Sie mich fort!"
Herr Venot drückte ihn an die Brust. Auch er nannte ihn seinen Bruder. Aber er mußte ihm noch einen Dolchstoß versetzen: seit gestern abend suchte er den Grafen, um ihm mitzuteilen, daß die Gräfin Sabine in völliger Kopflosigkeit mit dem Abteilungschef eines großen Warenhauses durchgegangen sei; ganz Paris sprach nur über den schrecklichen Skandal. Herr Venot hielt den Augenblick dieser leidenschaftlichen religiösen Exaltation für günstig und erzählte dem Grafen sogleich den Hergang des Abenteuers, dieser Alltagstragödie, an der sein Haus zerschellte.
Der Graf blieb unberührt davon; seine Frau war fort, das machte keinen Eindruck auf ihn. Man würde ja später sehen. Und wieder packte ihn die Angst, er starrte schreckensvoll auf die Tür, die Wände, die Decke – und fand nur immer wieder die flehentliche Bitte: „Führen Sie mich fort ... Ich kann nicht mehr, führen Sie mich fort ..."
Herr Venot führte ihn wie ein Kind aus dem Haus. Von da ab war er ganz in seiner Gewalt. Muffat ergab sich wieder ganz den strikten Pflichten der Religion. Sein Leben war zertrümmert. Angesichts der stürmischen sittlichen Entrüstung in den Tuilerien nahm er seine Entlassung als Kammerherr. Seine Tochter Estelle strengte einen Prozeß gegen ihn an – es handelte sich um sechzigtausend Francs, die Erbschaft einer Tante, die ihr bei ihrer Heirat hätten ausgefolgt werden sollen. Ruiniert, von den Überresten seines großen Vermögens eingeschränkt lebend, richtete ihn jetzt die Gräfin vollends zugrunde; sie verschlang die Reste, die Nana verschmäht hatte. Die nahe Verbindung mit dieser Dirne hatte Sabine ganz verdorben – bis zum Äußersten gebracht, war sie der Anstoß des endgültigen Zusammenbruchs, der Schimmel, der den häuslichen Herd fraß.
Nach allerlei Abenteuern war sie zurückgekommen, und er hatte sie mit christlicher Ergebung und Verzeihung aufgenommen. Sie begleitete ihn wie die lebendige Schande. Aber er stumpfte immer mehr ab und wurde gleichgültig gegen solche Leiden. Der Himmel nahm ihn aus den Händen des Weibes, um ihn in die Arme Gottes zu legen. Es war nur die religiöse Fortsetzung aller Wollust, die er bei Nana ausgekostet hatte, mit Gestammel, Gebet und

Verzweiflung, mit allen Demütigungen der Kreatur des Staubes, die der Fluch ihrer Herkunft erdrückt. Im Dunkel der Kirchen, auf erstarrten Knien fand er die Genüsse von einstmals wieder, die Krämpfe des Fleisches, die süße Erschütterung des Verstandes – hier auf den kalten Steinfliesen fand er dieselbe Befriedigung der dunklen Bedürfnisse seines Wesens.

Am Abend des Bruches stellte sich Mignon in der Avenue des Villiers ein. Er gewöhnte sich allmählich an Fauchery, ja, er fand schließlich noch tausend Vorteile in der Anwesenheit eines Gatten bei seiner Frau und überließ ihm die kleinen Sorgen des Haushalts; er begnügte sich mit einer tätigen Aufsicht und verbrauchte die Tantiemen von Faucherys dramatischen Erfolgen zur täglichen Haushaltsführung; und da sich andererseits Fauchery gleichfalls vernünftig erwies und, ebenso entgegenkommend wie Mignon selbst, keinerlei Eifersuchtsanwandlungen zeigte, wenn sich Rose gerade etwas Günstiges bot, so vertrugen sich die Männer immer besser und waren glücklich über diese Vereinigung, die an Vorteilen jeder Art fruchtbar war; Seite an Seite gingen sie ihren Geschäften nach und lebten friedlich und ungeniert zusammen. Alles war wohlgeordnet und ging vortrefflich, und beide rivalisierten in ihrer Bemühung um die allgemeine Glückseligkeit. Eben war Mignon jetzt auf den Rat Faucherys gekommen, um, wenn möglich, Nanas Kammerfrau abspenstig zu machen, die der Journalist über den grünen Klee lobte. Rose war ganz verzweifelt, seit einem Monat wechselte sie die Mädchen und stieß auf lauter unerfahrene Geschöpfe, die sie fortwährend in die schlimmste Verlegenheit brachten. Zoé öffnete ihm, und er schob sie gleich in den Speisesaal. Bei seinem ersten Wort flog ihr ein Lächeln um den Mund: unmöglich, wenn sie Madame jetzt verlasse, so geschähe das, um sich selbständig zu machen; und diskret geschmeichelt fügte sie hinzu, daß ihr täglich solche Anträge gemacht würden, die Damen stritten sich um sie, und Madame Blanche baute ihr goldene Brücken, um sie wiederzubekommen. Zoé übernahm das Etablissement der Tricon, das war ein alter langgehegter Plan, sie wollte jetzt ihre Ersparnisse hineinstecken, die sich nirgends höher verzinsen würden. Sie steckte voll großzügiger Ideen, sie dachte an Vergrößerungen, ja an ein eigenes Haus, in dem sich alle Annehmlichkeiten vereinigen ließen; zu diesem Zweck wollte sie auch Satin gewinnen; aber dieses dumme Tierchen würde ja doch im Spital sterben, so verluderte sie jetzt.

Mignon redete ihr ab und stellte ihr das Risiko vor, mit dem jedes Geschäftsunternehmen verbunden ist, aber Zoé ließ sich nicht näher über den Charakter des Etablissements aus, sie begnügte sich mit einem feinen Lächeln, als ob sie ein Bonbon auf der Zunge hätte, und sagte: „Oh, Luxusartikel gehen immer ... Sehen Sie, ich war so lange in fremden Häusern bei fremden Leuten, jetzt möchte ich einmal die fremden Leute in meinem Hause haben.“ Und ein grausamer Zug schürzte ihre Lippen. Jetzt würde sie endlich „Madame“ sein, und sie würde um ein paar Louis diese Frauen zu ihren Füßen niederducken, denen sie seit fünfzehn Jahren die Eimer spülte.

Mignon wollte sich nun melden lassen, und Zoé verließ ihn, nachdem sie ihm mitgeteilt hatte, daß Madame einen sehr schlechten Tag hinter sich habe. Er war nur einmal dagewesen, er kannte das Haus noch nicht. Der Speisesaal mit seinen Gobelins, seiner Anrichte und dem Silberzeug imponierte ihm. Er öffnete ungeniert die Türen, nahm den Salon und den Wintergarten in Augenschein und kehrte ins Vestibül zurück; und dieser überwältigende Luxus an goldenen Möbeln und Samt und Seiden erfüllte ihn nach und nach mit herzklopfender Bewunderung. Zoé kam jetzt herunter und erbot sich, ihm die andern Räume zu zeigen, das Schlafzimmer und den Ankleideraum. Im Schlafzimmer sprang Mignons Herz hoch vor Begeisterung, er war ganz außer sich, ganz überwältigt vor Enthusiasmus. Vor dieser verflixten Nana stand er doch sprachlos da, er, der sich immerhin ganz gut auskannte. Mitten in dem Zusammenbruch des Hauses noch, in Liederlichkeit und Betrug der Dienstboten, häuften sich hier noch Reichtümer, die alle Löcher verbargen und prunkend die Ruinen bedeckten. Angesichts dieser Großartigkeit kamen Mignon alle bedeutenden Menschenwerke, die er je gesehen, in den Sinn. Bei Marseille hatte man ihm ein Aquädukt gezeigt, dessen steinerne Bogen sich über einen Abgrund spannten, ein zyklopisches Werk, das Millionen gekostet hatte und zehn Jahre Kampf gegen die gewaltige Natur. In Cherbourg hatte er den neuen Hafen gesehen, eine ungeheure Werft, Hunderte von Menschen, die in der Sonnenglut schwitzten, Maschinen, die große Felsenstücke und Mauern im Meer aufrichteten, die hoch in die Luft ragten, er sah zuweilen, wie die gebändigte Natur revoltierte und die Arbeiterschaft in einen blutigen Brei verwandelte. Aber dies alles erschien ihm klein, Nana imponierte ihm weit mehr; und es überkam ihn vor diesem Werk wieder das Gefühl von Respekt, das er an einem Festabend in dem Schloß, das ein Zuckerfabrikant sich erbaut hatte, empfand – ein Palast, dessen königlicher Prunk eine einzige Materie, der Zucker, geliefert hatte. Was Nana anging, so handelte es sich ja um etwas anderes, um eine kleine Dummheit, über die man lachte, um ein Eckchen ihrer köstlichen Nacktheit – und mit diesem schändlichen und allmächtigen Nichts, dessen Gewalt die Welt aufrührte, hatte sie ganz allein, ohne Arbeiter, ohne komplizierte Erfindungen und Maschinen Paris zu erschüttern und dieses Vermögen aufzubauen vermocht, unter dem Kadaver moderten.

„O Herr des Himmels, welch ein Werkzeug!“ entschlüpfte es Mignon in seiner Verzückung mit einer Regung persönlicher Dankbarkeit.

Nana war nach und nach von tiefem Kummer erfaßt worden. Erstens hatte sie das Zusammentreffen des Marquis mit dem Grafen in ein nervöses Fieber versetzt, das fast an Lustigkeit grenzte. Dann verursachte ihr der Gedanke an den Alten, der da halbtot in seinem Fiaker davonfuhr, und der Gedanke an ihr armes Scheusal, das sie nun nie wieder sehen würde, nachdem sie ihn so um den Verstand gebracht hatte – es verursachte ihr einen Anflug von sentimentaler Melancholie. Dazu kam noch der Verdruß über Satins Erkrankung, die seit vierzehn Tagen verschwunden war und ernstlich in Lariboisière krepieren zu wollen schien – so gründlich hatte Madame Robert sie zugerichtet. Als sie eben Befehl zum Anspannen gab, um noch einmal diese kleine Dreckschlampe zu sehen, kam Zoé still herein und kündigte ihr zum Wochenende. Jählings ward Nana von einer wilden Verzweiflung ergriffen, es war als ob sie ein teures Familienmitglied verlieren solle. Großer Gott, was sollte so allein aus ihr werden? Und sie beschwor Zoé, zu bleiben. Die Verzweiflung von Madame schmeichelte Zoé sehr; sie nahm Nana schließlich in den Arm, um ihr zu zeigen, daß sie in Freundschaft ging; aber es half nichts: vor den Geschäften mußte das Herz schweigen.

Dieser Tag war schon ein Tag des Zornes. Nana dachte nicht mehr an die Ausfahrt, sie rekelte sich voll ratlosen Überdrusses im kleinen Salon, da kam Labordette; er war bei ihr vorbeigekommen, um sie auf einen Gelegenheitskauf herrlicher Spitzen aufmerksam zu machen und ließ zwischen zwei Sätzen ganz beiläufig die Mitteilung fallen, daß Georges tot sei.

Nana war versteinert. „Zizi tot!“ schrie sie, und mit einer unwillkürlichen Bewegung suchte ihr Blick den roten Fleck auf dem Teppich. Aber der war endlich verschwunden, die vielen Füße hatten ihn abgetreten. Labordette erzählte Einzelheiten: Sicheres wußte man zwar noch nicht, die einen sprachen davon, daß die Wunde sich wieder geöffnet habe, die anderen sprachen von Selbstmord – er habe sich in einem Wasserbecken in den Fondettes ertränkt.

Nana wiederholte nur immer: „Tot! Tot!“ Dann sprengte es ihr die zugeschnürte Kehle, und sie erleichterte ihr Herz in wildem Schluchzen. Ein unsägliche Traurigkeit, irgend etwas Tiefes, Unendliches erdrückte sie. Und da Labordette sie über Georges trösten wollte, winkte sie ihm mit der Hand, er solle still sein, und stammelte schluchzend: „Es handelt sich nicht nur um ihn ... Alles, alles ist so schrecklich ... o wie unglücklich bin ich! Oh, ich seh' es schon, laß mich nur: paß auf, sie werden noch sagen, daß ich daran schuld bin! Diese Mutter da unten in ihrer Verzweiflung, dieser arme Mann, der vor meiner Türe wimmerte, und die anderen Zugrundegerichteten, die ihr Geld mit mir durchgebracht haben ... oh, hackt nur auf Nana herum, hackt nur zu! Ich hab' einen guten Rücken! Ich höre sie ja schon, als ob ich dabeistünde: diese schmutzige Dirne, die mit jedem schläft, die die einen ruiniert und die anderen in den Tod treibt, die über so viele Menschen Unglück bringt ...“

Sie mußte sich unterbrechen, die Tränen erstickten sie; vor Schmerz war sie quer über den Diwan gesunken und vergrub den Kopf in die Kissen. All das Unglück, das sie rings um sich spürte, dieses Elend, das sie angestiftet hatte, überschwemmte sie mit einer lauen, unaufhörlichen Flut der Rührung; und ihre Stimme verlor sich in die dunkle Klage eines kleinen Mädchens. „Oh, wie weh das tut, wie weh das tut ... ich kann nicht mehr, es erstickt mich ... es ist zu hart, nicht verstanden zu werden, zu ertragen, wie sich alle Menschen gegen einen kehren, nur weil sie stärker sind ... Aber schließlich, wenn man sich nichts vorzuwerfen hat, wenn man sein gutes Gewissen hat ... Nein, nein ... es ist zu arg ...“ Jetzt mischte sich Auflehnung in ihre Trauer; sie stand auf, trocknete ihre Tränen und ging erregt hin und her.

„Nun schön, meinetwegen, mögen sie doch sagen, was sie wollen – was kann ich dafür? Bin ich etwa bösartig? Ich geb' mein letztes Hemd her, ich tu keiner Fliege etwas zuleide. Sie sind schuld, sie sind schuld! Nie hab' ich sie kränken wollen. Und sie haben sich an meine Röcke gehängt, und heute klatschen sie über mich, jammern und tun, als ob ich sie zur Verzweiflung gebracht hätte ...“ Sie blieb vor Labordette stehn und schlug ihn auf die Schulter: „Sag doch selbst, du warst ja dabei ... Sag die Wahrheit: hab' ich sie zu diesen Dingen getrieben? Haben sie sich nicht dutzendweise in den erdenklichsten Schweinereien überboten? Angeekelt haben sie mich! Ich hab' mich mit aller Gewalt zurückgehalten, es ihnen gleichzutun, ich hab' mich gefürchtet ... Bitte –! ein Beispiel mag dir genügen: sie wollten mich alle heiraten. Na –? Eine saubere Idee! Ja, mein Lieber, ich wäre schon zwanzigmal Gräfin oder Baronin, wenn ich nachgegeben hätte. Nun siehst du, ich wollte es nicht, weil ich vernünftig war ... Ach, wie oft hab' ich sie von ihren Schweinereien, ja vor Verbrechen zurückgehalten –! Sie hätten gestohlen, gemordet, Vater und Mutter umgebracht, es hätte mich nur ein Wort gekostet, und ich habe dieses Wort nie gesprochen! Aber heute hab' ich meinen Lohn dafür, du siehst ja ... Wie dieser Mensch, dieser Daguenet, den ich verheiratet habe – erst hab' ich ihn mir wochenlang gratis gehalten, dann hab' ich diesem elenden Hungerleider eine Existenz geschaffen – gestern begegne ich ihm: er drehte den Kopf weg. Ach, hol dich der Teufel, du Schwein! So schäbig wie du bin ich noch lang nicht!“

Sie marschierte wieder durch das Zimmer und versetzte dem Nippestischchen einen heftigen Faustschlag.

„Herrgott im Himmel, nein, das ist keine Gerechtigkeit. Die Gesellschaft ist schlecht eingerichtet. Den Frauen wirft man vor, was die Männer doch von ihnen verlangen ... Weißt du was? Jetzt kann ich's dir ja sagen: wenn ich ihnen den Gefallen getan hab', verstehst du? – na, es hat mir keinen Spaß gemacht, aber nicht den geringsten. Es war mir gräßlich! Mein Ehrenwort! Also bitte, frag dich selbst: welche Schuld trifft mich? – Ach, sie haben mich ja zugrunde gerichtet! Ohne diese Bande wäre ich heute nicht das, was ich bin, was sie aus mir gemacht haben – ich wäre in einem Kloster und würde zum lieben Gott beten, denn ich war immer fromm ... Ach was! Und übrigens, wenn sie Haut und Haar lassen, so ist es ihre Schuld! Ich kann nichts dafür!“

„Gewiß nicht“, sagte Labordette überzeugt.

Zoé ließ Mignon eintreten, Nana empfing ihn lächelnd. Sie hatte sich ausgeweint, jetzt war es vorbei. Noch glü-

hend vor Begeisterung, drückte Mignon ihr seine Bewunderung über das Haus aus; aber sie ließ durchblicken, daß sie das Palais satt habe; sie hatte jetzt andere Pläne, und eines Tages würde sie die ganze Geschichte verkitschen.
Als Vorwand für seinen Besuch erzählte Mignon nun von einer Benefizvorstellung für den alten Bosc, den ein Schlagfluß an den Krankensessel schmiedete; sie bemitleidete den Alten sehr und nahm ihm zwei Logen ab. Zoé meldete den Wagen, und Nana verlangte einen Hut; und während sie die Hutschleife band, erzählte sie das Abenteuer dieser armen Satin und sagte: „Ich fahre ins Spital... Niemand hat mich so geliebt wie sie. Ach, es ist nur allzu wahr: die Männer haben kein Herz! Wer weiß, vielleicht finde ich sie nicht mehr am Leben ... Tut nichts, sehen will ich sie auf alle Fälle, ich will sie noch einmal küssen."
Labordette und Mignon konnten ein Lächeln nicht unterdrücken. Ihre ganze Traurigkeit war verflogen, auch sie lächelte, denn diese beiden zählten ja nicht; sie hatten kein Verständnis für Nana. Und während sie ihre Handschuhe zuknöpfte, sahen ihr beide, in schweigende Bewunderung versunken, zu. Sie allein blieb aufrecht mitten unter den angehäuften Schätzen ihres Hauses, und ein Heer von Männern lag zerschmettert zu ihren Füßen. Wie ein Ungeheuer der Antike, dessen fürchterliches Gebiet mit Menschenknochen besät ist, setzte sie ihren Fuß auf Hirnschalen, rings um sie donnerten Katastrophen, die wilde Feuersbrunst Vandeuvres', die Schwermut Foucarmonts, der sich hoffnungslos in den Meeren Chinas herumtrieb, Steiners Unstern, der ihn jetzt zu einer ehrlichen Existenz herunterzwang, der Schwachsinn von La Faloise, der tragische Zusammenbruch der Muffats und der bleiche Leichnam des armen Georges, an dem Philippe Wache hielt – Philippe, der gestern aus dem Gefängnis zurückgekehrt war.
Ihr Werk der Zerstörung und des Todes war vollendet. Die Stechfliege, die der Kothaufen der Vorstadt ausgebrütet hatte, war ausgeflogen und hatte den Zersetzungsstoff der sozialen Fäulnis mit sich getragen – durch ihre bloße Berührung hatte sie die Männer vergiftet. Das war gut, das war gerecht, sie hatte Rache genommen für die Ihren, für diese ganze Welt der Erniedrigten und Beleidigten. Und während ihr Geschlecht in die Glorie aufstieg und weit über die Schar der hingestreckten Opfer strahlte wie die aufgehende Sonne über ein blutgetränktes Schlachtfeld, behielt sie die Verantwortungslosigkeit eines prachtvollen Tieres; sie hatte keine Ahnung von ihrer Sendung und blieb das gutmütige Geschöpf, das sie war. Sie blieb groß und fett, nichts trübte ihre herrliche Gesundheit und ihren wundervollen Frohsinn. Das alles ging sie nichts mehr an, das Haus schien ihr zu klein, zu angestopft mit Möbeln, die ihr nur im Weg standen. Der ganze Plunder war für den Anfang gerade gut genug gewesen. Jetzt träumte sie von etwas Besserem. Und sie verließ das Haus in großer Toilette, um Satin noch ein letztes Mal zu umarmen, frisch und gefestigt und mit hellem Antlitz, als ob sie noch ganz unverbraucht wäre.

XIV

Eines Tages war Nana plötzlich verschwunden, untergetaucht, entwischt, fortgeflogen in seltsame Länder. Vor ihrer Abreise hatte sie sich noch die aufregende Sensation einer Versteigerung geleistet und dabei alles verkitscht: das Haus, die Möbel, den Schmuck – sogar ihre Toiletten und ihre Wäsche. Man nannte große Summen – die fünf Versteigerungstermine hatten mehr als sechshunderttausend Francs eingebracht. Ein letztes Mal hatte Paris sie in einem Märchenspiel: „Melusine" im Théâtre de la Gaîté gesehen, das Bordenave ohne einen Pfennig Geld durch einen Handstreich an sich gerissen hatte. Hier kam sie wieder mit Fontan und Prullière zusammen. Obgleich ihre Rolle nichts anderes war als bloße Statisterie, bildete sie doch den Clou des Abends: drei plastische Posen einer mächtigen, stummen Fee. Mitten im Trubel dieses großes Erfolges, als Bordenaves Reklamewut ganz Paris mit kolossalen Plakaten überschwemmte, hieß es eines schönen Tages, daß sie am Abend vorher nach Kairo abgedampft sei. Es handelte sich um irgendeinen kleinen Wortwechsel mit ihrem Direktor, ein Wort, das ihr nicht gepaßt hatte, um die Laune einer Frau, die zu reich war, als daß sie sich irgend etwas hätte gefallen lassen müssen. Und außerdem war es eine langgehegte Schrulle von ihr, unter die Türken zu gehen.
Monate gingen ins Land. Nana war vergessen. Als später einmal wieder zwischen diesen Damen und Herren ihr Name fiel, knüpften sich schon die seltsamsten Geschichten an ihn, und jeder hatte andere Nachrichten wunderbarer und widersprechender Art von seinem Gewährsmann. Sie hatte den Vizekönig erobert, sie herrschte im Innern eines Palastes über zweihundert Sklaven, denen sie zum Spaß die Köpfe abschneiden ließ. Aber keine Spur – ein großer Neger hatte sie zugrunde gerichtet, eine schmutzige Passion; er hatte sie nackt und bloß in den niedrigsten Ausschweifungen des Gesindels von Kairo zurückgelassen. Vierzehn Tage später gab es wieder eine neue Überraschung: irgend jemand schwor, er habe sie in Rußland getroffen. Und sofort bildete sich wieder eine Legende, sie sei die Mätresse eines Großfürsten, und man sprach von ihren Brillanten. Alle Frauen kannten diesen Schmuck nach den Beschreibungen, die im Umlauf waren, ohne daß jemand die Quelle hätte angeben können: Ringe, Ohrgehänge, Armbänder, eine zwei Finger breite Rivière, das Diadem einer Königin mit einem daumengroßen Mittelstein. Die Entfernung, der Hintergrund dieser fremdartigen Länder verliehen ihr nach und nach den Strahlenschein eines edelsteinbesäten Götzenbildes. Jetzt nannte man ihren Namen ernsthaft und mit dem schwärmerischen Respekt, den das Glück einflößte, das sie bei den Barbaren gemacht hatte.
Eines Juliabends gegen acht Uhr fuhr Lucy die Rue du Faubourg Saint-Honoré entlang, da sah sie Caroline Héquet, die zu Fuß ausgegangen war und bei einem Lieferanten in der Nachbarschaft eine Bestellung gemacht hatte. Sie rief sie eiligst und sagte: „Bist du nach dem

Essen, bist du frei? Oh, dann komm, mein Kind, komm mit mir – Nana ist wieder da."
Caroline sprang in den Wagen. Lucy fuhr fort: „Und denk dir nur, mein Kind, während wir hier miteinander plaudern, ist sie vielleicht schon tot!"
„Tot! Was fällt dir ein!" rief Caroline verblüfft. „Ja, aber wieso denn? Und wo ist sie denn?"
„Im ‚Grand Hotel' ... Blattern ... Oh, ist das eine Geschichte!"
Lucy befahl ihrem Kutscher schnell zu fahren. Und während die Pferde in schnellem Trab die Rue Royale und die Boulevards entlangliefen, erzählte sie in abgerissenen Worten atemlos Nanas Abenteuer.
„Du machst dir ja keinen Begriff ... Nana kommt aus Rußland, ich weiß nicht mehr warum, vielleicht hat sie mit ihrem Prinzen einen Krach gehabt ... Sie läßt ihr Gepäck am Bahnhof, steigt bei ihrer Tante ab, erinnerst du dich – diese Alte ... Na schön, sie fällt über ihr Kleines her, das gerade die Blattern hat; das Kind stirbt am nächsten Tag, und sie gerät mit ihrer Tante hart aneinander wegen des Geldes, das sie hätte schicken sollen und von dem die Alte nie einen Groschen gesehn hat ... Kann sein, daß das Kind daran zugrunde gegangen ist; Gott, so ein verlassenes Kind, das keiner pflegt ... Sehr schön! Nana geht auf und davon, nimmt ein Zimmer im Hotel, und gerade wie sie sich um ihr Gepäck kümmern will, begegnet ihr Mignon ... Alles dreht sich ihr plötzlich, sie bekommt Schüttelfrost und Brechreiz; Mignon bringt sie ins Hotel zurück und verspricht, für ihr Gepäck Sorge zu tragen. Was sagst du dazu! Ist das nicht komisch, ist das nicht wie ausgerechnet, wie sich das alles trifft! Aber das Schönste kommt noch: Rose erfährt von Nanas Krankheit, gerät außer sich bei dem Gedanken, sie allein in einem Chambre garni zu wissen und stürzt weinend zu ihr, um sie zu pflegen ... Du weißt, wie die beiden sich gehaßt haben, zwei wahre Furien! Nun also, denk dir, Rose läßt Nana ins ‚Grand Hotel' bringen, damit sie wenigstens elegant sterben kann, und jetzt hat sie schon die dritte Nacht bei ihr gewacht und muß darauf gefaßt sein, daß sie schließlich noch selbst draufgeht dabei ... Labordette hat mir das alles erzählt, und ich will mir das jetzt ansehen ..."
„Ja, ja", sagte Caroline sehr angeregt. „Wir wollen zu ihr hinaufschaun."
Sie waren am Ziel. Auf dem Boulevard hatte der Kutscher im Gewühl der Wagen und Fußgänger die Pferde zügeln müssen. Im Lauf des Tages hatte die gesetzgebende Körperschaft den Krieg beschlossen; in allen Straßen wogte die Menge, drängte sich auf den Bürgersteigen und flutete über die Fahrwege. In der Richtung der Madeleine ging die Sonne hinter einer blutigroten Wolke unter, in deren Widerschein die hohen Fenster wie in einer Feuersbrunst flammten. Die Dämmerung fiel ein, eine schwere, traurige Stunde; die Avenuen tauchten schon in eine Dunkelheit, die die Gasflammen noch nicht mit lebendigen Funken durchstachen. Und über dem marschierenden Volk wuchs der Lärm ferner Stimmen an, aus blassen Gesichtern funkelten die Augen, und eine Woge von Beklemmung und Entsetzen ergriff alle Geister.
„Da ist Mignon", sagte Lucy, „er wird wissen, wie es steht."
Mignon stand mit nervösem Gesicht unter dem großen Torbogen des ‚Grand Hotel' und blickte in die Menge. Bei Lucys ersten Fragen wurde er wütend und schrie: „Was weiß denn ich! Seit zwei Tagen kann ich Rose nicht von hier losbekommen ... Das ist ja schließlich zu albern, seine Haut so zu riskieren! Sie wird ja reizend sein, wenn sie sich ansteckt und das Gesicht voller Löcher kriegt; das fehlt uns noch!"
Der Gedanke, Rose könne ihre Schönheit zusetzen, brachte ihn zur Verzweiflung. Er gab Nana ohne weiteres auf, diese dumme Anhänglichkeit der Frauen war ihm unverständlich. Jetzt kam Fauchery über den Boulevard, er erkundigte sich nach den Vorgängen oben, und beide Herren ermunterten sich gegenseitig; sie duzten sich jetzt.
„Immer noch dieselbe Geschichte, mein Kind", erklärte Mignon, „du solltest hinaufgehn und sie mit Gewalt herunterholen."
„Du bist wirklich gut, das muß ich sagen", meinte der Journalist. „Warum gehst du nicht selbst hinauf?"
Als jetzt Lucy um die Zimmernummer fragte, beschworen sie sie, ihnen Rose hinunterzuschicken; sonst würden sie ernstlich böse. Aber Lucy und Caroline gingen noch nicht hinauf, denn sie hatten Fontan in der Menge entdeckt, der, die Hände in den Hosentaschen, die Straße entlangflanierte und sich über die Charakterköpfe in dem Menschengewühl höchlichst amüsierte. Als er erfuhr, daß Nana krank da oben lag, sagte er sehr gefühlvoll: „Das arme Mädel! ... Ich muß ihr die Hand drücken – was fehlt ihr denn?"
„Die Blattern", antwortete Mignon.
Der Schauspieler hatte schon einen Schritt auf das Tor zu gemacht; jetzt wich er zurück und murmelte schaudernd: „Oh, zum Henker!"
Das war kein Spaß, die Blattern. Fontan hätte sie einmal als fünfjähriges Kind beinahe bekommen. Mignon erzählte die Geschichte einer seiner Nichten, die daran gestorben war. Was Fauchery anlangte, so wußte er ein Liedchen davon zu singen, er trug noch die Spuren: drei Blatternarben an der Nasenwurzel, die er zeigte. Und da Mignon ihn abermals bedrängte, Rose herunterzuholen, unter dem Vorwand, daß man Blattern ja nicht zweimal bekomme, so bestritt er diese Theorie auf das heftigste und führte Fälle an, bei denen sich die Ärzte unsterblich blamiert haten. Aber Lucy und Caroline unterbrachen sie mit Ausrufen des Erstaunens über die wachsenden Menschenmassen: „Aber seht doch nur! Seht! So viele Menschen!"
Es wurde dunkler und dunkler, die Gasflammen entzündeten sich allmählich in der Ferne. Aus allen Fenstern staunten jetzt Neugierige auf die Menschenflut, die von Minute zu Minute stärker anschwoll und einen ungeheu-

ren Zug von der Madeleine bis zur Bastille bildete. Langsam fuhren die Wagen. Ein dumpfes Gemurmel stieg aus der kompakten, noch stummen Masse; sie hatte sich aus einem Herdenbedürfnis zusammengeschart und stampfte und erhitzte sich am selben Fieber.

Jetzt ging eine starke Bewegung durch die zurückflutende Menge. Mitten durch das Gestoße und Geschiebe, zwischen den zur Seite weichenden Menschenhaufen erschien ein Trupp Männer in Mützen und weißen Blusen und warf einen Schrei in die Menge, der wie ein wuchtiger Hammerschlag auf dem Amboß klang: „Nach Berlin! Nach Berlin! Nach Berlin!"

Und die Menge starrte in finsterem Mißtrauen hin – und war doch schon gewonnen, und heroische Bilder zogen in ihre Phantasie ein, wie beim Vorbeimarsch der Militärmusik.

„Ja, ja, geht nur zu und laßt euch den Schädel einschlagen!" murmelte Mignon in einer philosophischen Anwandlung. Fontan hingegen fand das wundervoll. Auch er wolle mitgehen; wenn der Feind an den Grenzen stünde, müßten sich alle Bürger erheben, um das Vaterland zu verteidigen; und er stand da wie Bonaparte bei Austerlitz.

„Also wie ist's, kommen Sie mit uns?" fragte Lucy.

„Ah nein", sagte er, „soll ich mir vielleicht die Blattern holen?"

Vor dem ‚Grand Hotel' auf einer Bank saß ein Mann und bedeckte sein Gesicht mit einem Taschentuch. Fauchery hatte gleich bei seinem Eintreffen Mignon mit einem Wink auf ihn aufmerksam gemacht. Also saß der noch immer da; ja, er saß noch immer da. Und der Journalist hielt die beiden Frauen auf und zeigte ihnen den Mann. Jetzt hob er den Kopf; sie erkannten ihn und stießen einen Ruf der Überraschung aus: es war der Graf Muffat, der den Blick auf ein Fenster richtete.

„Stellt euch nur vor, so sitzt er seit dem Morgen da", sagte Mignon. „Um sechs Uhr hab' ich ihn so gesehen, und seitdem hat er sich nicht gerührt. Kaum hatte er die Geschichte von Labordette gehört, so kam er her und setzte sich mit dem Taschentuch vor dem Gesicht dahin ... Alle halben Stunden schleppt er sich bis zum Portier und erkundigt sich, ob es da oben besser geht, dann setzt er sich wieder auf seine Bank ... Teufel, die Luft da oben ist nicht sehr bekömmlich; man kann die Leute noch so gern haben, aber es darf nicht so weit gehen, daß man daran krepiert."

Der Graf sah zum Fenster hinauf und schien kein Bewußtsein von seiner Umgebung zu haben. Sicher hatte er keine Ahnung von der Kriegserklärung; und er sah und hörte nichts von der Menge.

„Paßt auf!" sagte Fauchery, „jetzt kommt er, ihr werdet sehen."

Der Graf stand wirklich von der Bank auf und trat unter das Portal. Aber der Portier, der ihn nun schon kannte, ließ ihm nicht Zeit zur Frage. Er sagte brüsk: „Sie ist soeben gestorben, mein Herr."

Nana tot! Es traf sie alle wie ein Schlag. Muffat war wortlos zu seiner Bank zurückgekehrt mit dem Taschentuch vor dem Gesicht. Die anderen schrien auf. Aber ein neuer Trupp kam daher und schnitt ihnen das Wort mit seinem Geheul ab: „Nach Berlin! Nach Berlin! Nach Berlin!"

Nana tot! Was! Dieses schöne Mädel! Mignon seufzte erleichtert auf: nun würde Rose endlich herunterkommen. Er stand der Sache kühl gegenüber. Fontan versetzte sich in eine tragische Rolle, nahm einen Schmerzensausdruck an, er zog die Mundwinkel hinunter und verdrehte die Augen, während Fauchery so stark getroffen war, daß ihn die Schnoddrigkeit des kleinen Journalisten verließ; er kaute nervös an seiner Zigarre. Die beiden Frauen erschöpften sich in Ausrufen. Lucy hatte Nana zuletzt in der Gaîté gesehen, ebenso wie Blanche in der „Melusine". Oh, fabelhaft, meine Liebe, wie sie da im Hintergrund der Kristallgrotte erschien! Die Herren erinnerten sich sehr lebhaft. Fontan spielte den Prinzen Corico. Und nun erwachte ihre Erinnerung, und sie verloren sich in zahllose Details. Diese Kristallgrotte, was? Wie unvergleichlich war diese Nana in ihrer üppigen Pracht! Sie hatte kein einziges Wort zu sprechen, die Autoren hatten ihr sogar den einzigen Satz gestrichen, der in der Rolle stand, weil er ihr unbequem war; nein, nichts, was ablenkt – das war großartiger, und sie brachte das Publikum durch ihren bloßen Anblick außer Rand und Band. Einen solchen Körper gab es nicht wieder, solche Schultern, solche Beine, solche Hüften! Und sie war nun tot – wie komisch! Erinnert ihr euch, sie hatte über dem Trikot nichts weiter als einen goldenen Gürtel, der sie zur Not hinten und vorne bedeckte. Sie stand mitten in dem hellen Gefunkel der Spiegelgrotte; Kaskaden von Diamanten blitzten auf, Strähne weißer Perlen rieselten zwischen den Stalaktiten der gewölbten Decke herunter; und in dieser durchsichtigen Helle, in diesem Quell von elektrischem Licht sah sie aus wie die Sonne selbst mit ihrer wundervollen Haut und ihrem Flammenhaar. Immer wird Paris sie so flammen sehen, strahlend im Kristall, in den Lüften wie eine gnädige Gottheit. Nein, es war doch zu dumm, aus so einem Leben wegzusterben! Jetzt mochte sie schön aussehn, da droben!

„Und wieviel Vergnügen ist nun futsch!" sagte Mignon melancholisch, wie ein Mann, der gute, verwendbare Dinge nur ungern zugrunde gehen sieht.

Er erkundigte sich vorsichtig, ob Lucy und Caroline nun trotzdem hinaufgingen. Aber ganz gewiß; sie waren noch neugieriger als vorher. Jetzt kam Blanche atemlos daher, höchst erbittert gegen die Menge, die die Straße sperrte; und als sie erfuhr, was sich zugetragen hatte, fingen die Ausrufe wieder von neuem an, und die Damen wandten sich mit lautem Röckerascheln der Stiege zu. Mignon lief ihnen nach und schrie hinauf: „Sagt Rose, daß ich hier warte; sie soll gleich kommen, ja?"

„Man weiß nicht, wann die Ansteckungsgefahr größer ist, am Anfang oder gegen Ende der Krankheit", setzte Fontan auseinander. „Einer meiner Freunde, ein Spitalsarzt, versicherte, daß die Stunden nach dem Tod die ge-

fährlichsten sind ... da entwickeln sich die Miasmen ... Ach, mich schmerzt dieses jähe Ende; ich hätte ihr so gern noch einmal die Hand gedrückt ..."
„Ach, das hat jetzt keinen Sinn mehr", sagte der Journalist.
„Keinen Sinn", wiederholten die beiden andern.
Immer gewaltiger schwoll die Menschenmenge an. In dem grellen Licht, das aus den Läden fiel, in den flackernden Strahlen der Gasflammen trieben zwei Menschenströme auf den Fußwegen; es sah aus, als ob die Hüte obenauf schwämmen. Es war schon so weit, daß das Fieber von Minute zu Minute stieg; die Leute schlossen sich den Blusenmännern an, und ein unaufhörliches Gedränge wälzte sich über die Chaussee; und wieder stieg aus jeder Brust der eigensinnig hämmernde Schrei: „Nach Berlin! Nach Berlin! Nach Berlin!"
Das Zimmer oben im vierten Stock kostete zwölf Francs im Tag, Rose wollte eine anständige Umgebung für Nana, wenn auch keinen Luxus, denn zum Leiden braucht man das nicht. Das Zimmer war mit großblumiger Kretonne im Stil Ludwigs XIII. bespannt, es hatte das übliche Mahagonimobiliar aller Hotels und einen roten Teppich mit schwarzem Blattornament. Das brütende Schweigen unterbrach selten ein Flüstern. Da kamen plötzlich Stimmen aus dem Korridor.
„Aber wenn ich dir sage, daß wir uns verirrt haben. Der Kellner hat uns doch nach rechts geschickt ... ist das eine Kaserne!"
„So wart doch, laß mich nachschaun ... Nummer vierhunderteins, vierhunderteins ..."
„Ach hier ... Vierhundertfünf, vierhundertdrei ... jetzt muß es gleich da sein ... Na endlich: vierhunderteins! Komm! Leise!"
Die Stimmen schwiegen. Es wurde gehüstelt, sie sammelten sich erst ein wenig. Dann ging die Tür vorsichtig auf, und es erschien erst Lucy, dann Caroline und Blanche. Sie machten aber halt, denn es waren schon fünf Frauen im Zimmer. Gaga lag in dem einzigen Fauteuil, in einem rotsamtenen Voltairesessel. Vor dem Kamin standen Clarisse und Simonne und plauderten mit Léa de Horn, die auf einem Stuhl saß. Vor dem Bett, links an der Tür, saß Rose auf dem Rand einer Holzkiste und starrte auf den Körper, den die Schatten der Vorhänge verhüllten. Alle waren in Hut und Handschuhen wie bei einem Besuch. Nur Rose hatte bloße Hände, sie war unfrisiert und sah elend aus von der Abspannung dreier Nachtwachen; sie stand stumpf und von Traurigkeit überwältigt vor diesem jähen Tod. Auf der Ecke der Kommode stand eine Lampe, und ihr Licht quoll unter dem Schirm hervor und fiel hell auf Gaga.
„Ach, ist das ein Unglück", flüsterte Lucy und drückte Roses Hand. „Wir wollen ihr noch Adieu sagen ..."
Und sie wandte den Kopf zu Nana; aber die Lampe stand zu weit, und sie hatte nicht den Mut, sie zu holen. Auf dem Bett lag ausgestreckt eine graue Masse, man unterschied nur das rote Haar und einen weißen Fleck, an Stelle des Gesichts.
Lucy fuhr fort: „Seit der Gaîté, in der Grotte damals, hab' ich sie nicht mehr gesehen ..."
Da wachte Rose aus ihrer Betäubung auf und sagte mit einem Lächeln: „Oh, seitdem hat sie sich verändert, sehr verändert ..." Und sie verfiel wieder in ihre stumme Betrachtung und rührte sich nicht mehr.
Nun, sie wollten sie gleich ansehen; und die drei Frauen traten zu den anderen am Kamin. Simonne und Clarisse unterhielten sich leise über die Diamanten der Verstorbenen. Existierten sie denn wirklich? Niemand hatte sie gesehen, möglicherweise war das alles Schwindel. Aber Léa de Horn kannte einen, der die Brillanten kannte, ach, fabelhafte Steine! Und das war noch nicht alles, sie hatte noch andere Schätze aus Rußland mitgebracht, gestickte Stoffe, kostbare Kleinigkeiten, ein goldenes Tafelservice, ja sogar Möbel; ja meine Liebe, zweiundfünfzig Kollis, ungeheure Kisten, die drei Waggons füllten. Das lagerte am Bahnhof. Was? So ein Pech – sterben, eh' man auch nur Zeit gehabt hat, auszupacken; und vergeßt nicht, daß sie noch etwas Kleingeld besaß – eine Million ungefähr ... Lucy fragte nach den Erben. Entfernte Verwandte, die Tante wahrscheinlich. Die Alte konnte lachen. Sie wußte noch nichts. Die Kranke hatte sie um keinen Preis sehen wollen, so trug sie ihr den Tod ihres Kindes nach. Jetzt stürzte sich das allgemeine Mitleid auf den Kleinen, sie erinnerten sich seines von den Rennen her: ein durch und durch krankes Kind mit einem alten, traurigen Gesicht, wie alle diese armen Würmchen, die so unwillkommen ins Leben treten.
„Es ist unter der Erde besser aufgehoben", sagte Blanche.
„Ach was, sie auch, dieses Leben ist kein ungemischtes Vergnügen", meinte Caroline.
Finstere Gedanken bedrängten sie in dem strengen Totenzimmer. Furcht überkam sie – es war doch albern, hier so lang zu verweilen; aber ein Verlangen, Nana noch zu sehen, hielt sie fest. Es war sehr heiß, der Lampenzylinder malte einen kleinen runden Mond an die Decke; das Zimmer ertrank in schlaffem Dunst und ungewissen Schatten. Unter dem Bett stand ein tiefer Teller voll Phenol und verbreitete einen faden Geruch. Zuweilen blähte ein Luftzug die Vorhänge; die Fenster standen offen, und vom Boulevard herauf drang ein dumpfes Grollen in den Raum.
„Hat sie viel gelitten?" fragte Lucy, die versunken vor der Pendule stand und die drei nackten Grazien mit ihrem Tänzerinnenlächeln betrachtete.
Gaga schien zu erwachen: „Oh, das will ich meinen! Ich war dabei, als es zu Ende ging. Ich kann euch nur sagen, das ist kein Vergnügen ... Also stellt euch vor, erst schüttelte sie ein Frost ..."
Sie konnte in ihrer Schilderung nicht fortfahren, denn unten erhob sich ein Schrei: „Nach Berlin! Nach Berlin! Nach Berlin!"
Und Lucy, die am Ersticken war, riß das Fenster weit auf und lehnte sich hinaus. Das tat wohl; vom gestirnten Himmel wehte Frische. Gegenüber sah man erleuchtete

Fenster, und das Gaslicht spielte auf den Goldbuchstaben der Firmenschilder. Und ganz unten gab es ein amüsantes Spektakel: die Menschenströme fluteten wie ein Wildbach über die Gehwege und über die Fahrstraße, die Wagen bildeten einen wirren Knäuel, und alles wogte in den Schatten schwankend auf und ab, nur hie und da blitzten die Funken der Laternen und der Gaslampen auf. Aber die tobende Bande, die jetzt daherkam, war mit Fackeln versehen; von der Madeleine her kam ein roter Schein, teilte die Kohorte wie mit einem Flammenstreif und breitete sich weithin über die Köpfe wie Feuersbrunst. Lucy vergaß ganz, wo sie war, sie rief laut nach Blanche und Caroline: „Kommt doch ... man kann hier vom Fenster aus alles sehen!"

Zu dritt beugten sie sich nun sehr gespannt hinunter. Die Bäume waren ihnen manchmal im Weg, zuweilen verschwanden die Fackeln unter dem Laub. Sie versuchten, unten ihre Herren zu erkennen; aber der Balkonvorsprung verdeckte den Ausblick auf das Tor, und sie konnten nur den Grafen Muffat unterscheiden, der wie ein dunkler Ballen auf die Bank hingeschleudert schien und noch immer das Taschentuch vor das Gesicht drückte. Ein Wagen hielt jetzt, und Lucy erkannte Maria Blond; noch eine, die herzulief. Sie war nicht allein, hinter ihr stieg ein dicker Mensch aus dem Wagen.

„Das ist ja dieser Räuber, der Steiner", sagte Caroline. „Hat man denn den noch immer nicht nach Köln zurückgeschickt! Na, ich möchte sein Gesicht sehen, wenn er hier eintritt."

Sie wandten sich um; aber nach zehn Minuten, als Maria Blond erschien – nicht ohne vorher zweimal die Treppe verfehlt zu haben –, war sie allein. Und als Lucy darüber ihr Erstaunen äußerte, sagte sie: „Der –! Ach, meine Liebe, wenn Sie glauben, daß der sich herauftraut! – Es ist schon alles mögliche, daß er mich bis an die Tür gebracht hat ... Da unten sitzen sie zusammen, fast ein Dutzend, und rauchen ihre Zigarren."

Tatsächlich hatten sich die Herren da unten zusammengefunden. Sie waren über den Boulevard flaniert, hatten sich zusammengefunden und konnten sich jetzt gar nicht über den Tod des armen Mädchens beruhigen; dann kamen sie aber doch wieder auf Politik und Strategie zu sprechen. Die Gruppe hatte sich noch um Bordenave, Daguenet, Labordette, Prullière und andere mehr vergrößert. Und sie hörten alle auf Fontan, der ihnen seinen Feldzugsplan auseinandersetzte, nach dem Berlin in fünf Tagen zu nehmen war.

Indes war Maria Blond gerührt an das Bett getreten und murmelte wie die anderen auch: „Armes Herz –! Das letztemal hab' ich sie noch in die Gaîté gesehen, in der Grotte ..."

„Ach, seither hat sie sich verändert, sehr verändert", wiederholte Rose Mignon mit ihrem tödlich erschöpften Lächeln.

Es kamen noch zwei Frauen: Tatan Réné und Louise Violaine. Diese beiden klapperten das Hotel seit zwanzig Minuten ab, ein Kellner schickte sie zum anderen; sie waren mehr als dreißig Stockwerke hinauf und hinab gestiegen, und die Treppen bevölkerte ein kopfloses Gewühl von Reisenden, die von der Kriegspanik aufgescheucht Hals über Kopf Paris verließen. Als sie endlich das Zimmer fanden, ließen sie sich aufgelöst in die Stühle fallen und waren fürs erste zu erschöpft, um sich mit der Toten zu befassen. Aus dem Nachbarzimmer drang Lärm: man rollte Koffer, man stieß an Möbel, und laute Stimmen zerkauten barbarische Silben. Hier hauste ein junges Ehepaar aus Österreich. Gaga erzählte, daß die Nachbarn während Nanas Agonie Fangen gespielt hätten; und da die Zimmer nur durch eine einfache Tür getrennt waren, so hörte man ihr Gelächter und ihre Küsse, wenn sie einander in die Arme stürzten.

„Kinder, wir müssen jetzt gehen, wir können sie doch nicht mehr ins Leben zurückrufen ... kommst du, Simonne?"

Alle blickten scheu auf das Bett. Aber sie machten sich langsam zum Aufbruch bereit und strichen die Kleider glatt. Lucy lehnte noch allein am Fenster. Trauer stieg langsam in ihr auf und schnürte ihr die Kehle zu, als ob eine tiefe Schwermut aus der heulenden Menge da unten hochstiege. Noch immer kamen Fackeln vorbei und sprühten Funken; in der Ferne brauste es von Truppen, die sich in langen Zügen durch die Dunkelheit ergossen, wie Herden, die man des Nachts zur Schlachtbank treibt; und aus diesem Taumel, aus diesen kopflosen Massen, die wie die Wellen eines Stromes dahintrieben, stieg ein Entsetzen, eine schmerzhafte Ahnung künftiger Blutbäder. Sie betäubten sich gegenseitig, das Geschrei dieses Fieberrausches brach sich und stieß an etwas Unbekanntes, da unten, hinter der schwarzen Mauer am Horizont.

„Nach Berlin! Nach Berlin! Nach Berlin!"

Lucy wandte sich ab, lehnte mit dem Rücken an das Fenster und wurde totenbleich: „Was wird aus uns, mein Gott?"

Die Damen schüttelten den Kopf. Alle waren ernst geworden und besorgt über das, was vorging.

„Was mich anlangt", sagte Caroline mit Würde, „ich fahre morgen nach London ... Mama ist schon voraus und richtet mir ein Haus ein ... ich denke nicht daran, mich in Paris massakrieren zu lassen." Ihre Mutter hatte als vorsichtige Frau ihr ganzes Vermögen im Ausland angelegt. Man weiß ja nie, wie ein Krieg ausgeht; aber Maria Blond brauste auf, sie war Patriotin und sprach davon, mit der Armee zu gehen.

„O du Hasenherz –! Wenn man mich nur nähme, ich verkleidete mich als Mann und knallte sie ordentlich zusammen, diese preußischen Schweine! – Und was wäre denn schon verloren, wenn wir alle, wie wir das sind, dabei draufgingen? Was liegt denn schon an unserm Fell?"

Blanche de Sivry geriet ganz außer sich. „Sag nichts Böses gegen die Preußen –! Das sind Menschen ganz wie andere auch, und sie hängen den Frauenzimmern nicht immer am Rockschoß wie deine Franzosen ... Eben hat

man meinen kleinen Preußen ausgewiesen, und was war er für ein generöser Junge, so reich, so gutartig, unfähig, irgendeinem Geschöpf etwas zuleide zu tun ... Das ist eine Niedertracht, und ich bin ruiniert ... lang braucht man mich nicht mehr zu reizen und ich mach' mich auf und folge ihm nach Deutschland!"
Und während sie sich so stritten, murmelte Gaga mit leidender Stimme: „Alles zu Ende, ich habe kein Glück ... Vor kaum acht Tagen hab' ich endlich mein kleines Haus in Juvisy amortisiert. – Ach! Gott allein weiß, mit welcher Mühe – Lili hätte mir helfen sollen ... Und jetzt ist dieser Krieg erklärt, die Preußen kommen ins Land und verbrennen alles ... wie stellt ihr euch denn das vor, daß ich in meinem Alter noch einmal anfange?"
„Bah", sagte Clarisse, „mir ist das egal, es geht immer weiter ..."
„Gewiß", sagte Simonne. „Es wird ganz lustig sein ... vielleicht – wer weiß? – wird gerade jetzt alles besser für uns ..." Und sie vollendete ihren Gedanken mit einem Lächeln. Auch Tatan Néné und Louise Violaine teilten diese Anschauung; die erstere erzählte von den lustigsten Orgien, die sie schon mit Offizieren erlebt habe. Oh, so brave Jungens, die für eine Frau sengen und brennen. Die Damen ereiferten sich so sehr, daß Rose, die noch immer auf dem Koffer vor dem Bett saß, sie mit einem leisen St! zur Ruhe ermahnen mußte. Sie schwiegen erschrocken mit einem scheuen Blick auf die Tote, als ob diese Bitte um Stille aus dem Schatten des Bettvorhangs selbst gekommen wäre. Schwere Ruhe senkte sich jetzt auf das Zimmer, sie fühlten die Starre des Leichnams, der da neben ihnen ausgestreckt lag, und in diese letzte Stille des Nichts hinein prasselte der Schrei der Massen: „Nach Berlin! Nach Berlin! Nach Berlin!"
Aber bald war dieser Eindruck wieder verwischt. Léa de Horn, die einen politischen Salon hatte, in welchem die einstigen Minister Louis Philippes geistreiche Epigramme prägten, zuckte die Achseln und sagte sehr leise: „Was ist das für ein Verbrechen, dieser Krieg! Was für eine bluttriefende Dummheit!"
Sofort ergriff Lucy die Verteidigung des Kaiserreichs. Sie hatte mit einem Prinzen des kaiserlichen Hauses geschlafen, für sie war das eine Familienangelegenheit.
„Aber ich bitte Sie, meine Liebe, wir können uns nicht weiter beschimpfen lassen, dieser Krieg ist eine Ehrensache für Frankreich ... glauben Sie nicht, daß ich das des Prinzen wegen sage. Der war doch von einer Schmutzigkeit –! Stellen Sie sich vor – wenn er sich abends ins Bett legte, versteckte er seine Goldstücke in den Stiefeln, und wenn wir Bezigue spielten, so setzte er Bohnen ein, weil ich eines Tages aus Scherz den Einsatz eingesteckt hatte ... Aber deshalb bin ich doch gerecht. Der Kaiser hat recht."
Léa schüttelte den Kopf mit der ganzen Überlegenheit einer Frau, die gewiß ist, die Ansicht bedeutender Männer wiederzugeben. Und mit erhobener Stimme sagte sie: „Das ist das Ende. Sie sind ja verrückt in den Tuilerien. Und gestern, meine Liebe, hätte Frankreich nichts Klügeres tun können, als sie davonzujagen ..."
Heftige Ausrufe von allen Seiten unterbrachen sie. Was fiel denn dieser Verrückten ein? Was hatte sie nur gegen den Kaiser? War denn die Welt nicht glücklich? Ging nicht alles ausgezeichnet vorwärts? Nie noch hatte man sich in Paris so amüsiert wie jetzt.
Gaga war erwacht, jetzt fuhr sie zornig und empört in die Höhe: „Was fällt Ihnen ein! Das ist alles Unsinn, Sie wissen nicht, was Sie da sagen! – Ich habe Louis Philippe noch gesehen, das war eine lausige Zeit, eine armselige, erbärmliche Zeit ... Und dann kam achtundvierzig. Na, eine schöne Sache, ihre Republik! Es wird einem übel, wenn man dran denkt! Nach dem Februar bin ich vor Hunger krepiert, ich, wie ihr mich hier seht ... Ach, wenn ihr das alles miterlebt hättet, ihr würdet euch ja vor dem Kaiser auf die Knie werfen, denn er war ja unser Vater, unser wirklicher Vater ..."
Man mußte sie beruhigen. Noch einmal ergriff es sie in religiöser Aufwallung: „O mein Gott, verhilf dem Kaiser zum Sieg! Erhalte uns das Kaiserreich!"
Alle wiederholten dieses Flehen. Blanche gestand, daß sie für den Kaiser geweihte Wachskerzen angezündet habe. Caroline war so vernarrt in ihn, daß sie seit zwei Monaten seine Wege kreuzte; aber es war ihr noch nicht gelungen, seine Aufmerksamkeit zu erregen. Die anderen brachen in wilde Verwünschungen gegen die Republikaner aus, sie sprachen davon, daß man sie auf französischem Boden ausrotten müsse, damit Napoleon III. nach siegreichem Feldzug inmitten der allgemeinen Glückseligkeit in Frieden herrschen könne.
„Dieser abscheuliche Bismarck, ist das ein Schuft!" bemerkte Maria Blond.
„Und wenn man bedenkt, daß ich ihn gekannt hab'!" rief Simonne. „Nein, wenn ich das geahnt hätte, ich hätte ihm schon irgendein Mittelchen in sein Glas gemischt."
Aber Blanche, der noch immer die Ausweisung ihres Preußen das Herz schwer machte, wagte ihn zu verteidigen. Vielleicht war er gar nicht so schlecht. Es war eben sein Handwerk. „Er vergöttert die Frauen, das wißt ihr doch."
„Was geht das uns an!" sagte Clarisse. „Wir sind gerade dazu aufgelegt!"
„Solche Männer sind immer zuviel", erklärte Louise Violaine würdevoll. „Lieber ganz verzichten, als mit solchen Ungeheuern zu tun zu haben."
Die Unterhaltung nahm ihren Verlauf. Bismarck wurde bis aufs Hemd entkleidet, jede versetzte ihm in ihrem bonapartistischen Eifer einen Fußtritt; Tatan Néné sagte verdrießlich: „Bismarck! Oh, was hat man mich schon mit diesem Bismarck geelendet –! Ich habe eine solche Wut auf ihn! ... Ich kenne ihn ja nicht, aber schließlich – man kann nicht alle Leute kennen."
„Sei dem, wie ihm sei", sagte Léa de Horn abschließend, „dieser Bismarck wird uns eine ordentliche Tracht Prügel versetzen ..."
Sie kam nicht weiter. Alle stürzten über sie her. Was?

Wie? Eine Tracht Prügel! Diesen Bismarck würde man schon heimschicken, und zwar mit gehörigen Kolbenstößen in den Rücken! Wäre sie nun endlich fertig, diese Vaterlandsverräterin!

„Pst!" machte Rose, verletzt von diesem Spektakel.

Die Kälte, die von dem Leichnam ausging, ergriff sie wieder, sie hielten alle beschämt inne und fühlten wieder die Nähe des Todes; leise schlich sich jetzt eine dumpfe Angst vor dem Übel bei ihnen ein.

Vom Boulevard her kam wieder der heisere, zerrissene Schrei: „Nach Berlin! Nach Berlin! Nach Berlin!"

Jetzt machten sie ernst mit dem Aufbruch, da rief eine Stimme vom Korridor her: „Rose! Rose!"

Gaga öffnete erstaunt die Tür und verschwand für einen Augenblick. Als sie zurückkam, sagte sie: „Meine Liebe, da unten ist Fauchery ... er will nicht ganz heraufkommen, er ist aber außer sich, daß Sie so lange hier bei dem Leichnam bleiben."

Mignon war es endlich doch gelungen, den Journalisten zum Hinaufgehen zu veranlassen. Lucy stand noch immer am Fenster, sie beugte sich hinaus; unten auf dem Bürgersteig standen die Herren, das Kinn in der Luft, und machten ihr aufgeregt Zeichen. Mignon war ganz außer sich und ballte die Fäuste. Steiner, Fontan, Bordenave und die andern öffneten die Arme mit einem Ausdruck der Ungeduld und des Vorwurfs, während Daguenet, der sich nicht kompromittieren wollte, die Hände auf dem Rücken, ruhig seine Zigarre rauchte.

„Ja richtig, Liebe", sagte Lucy, vom offenen Fenster wegtretend, „ich hatte versprochen, Sie hinunterzuschicken. Sie rufen alle herauf."

Rose stand mühsam von der Holzkiste auf. Sie flüsterte: „Ich gehe, ich gehe, natürlich, sie braucht mich ja nicht mehr ... Man kann eine Schwester herschicken ..." Und sie drehte sich um und suchte Hut und Schal. Mechanisch füllte sie eine Waschschüssel, wusch sich Gesicht und Hände und fuhr fort: „Ich weiß nicht, mich hat die Geschichte schrecklich getroffen ... Wir waren nichts weniger als nett zueinander ... Na, ihr seht ja, es ist dumm, es quält mich ... Ach, was geht mir nicht alles durch den Kopf, ich wünschte, ich hätte erst selbst alles hinter mir, das Ende der Welt; ja, ich muß an die frische Luft ..."

Der Kadaver begann die Atmosphäre im Zimmer zu vergiften. Nach dieser langen Sorglosigkeit brach plötzlich eine Panik aus.

„Fort, fort, schnell, Kinderchen", sagte Gaga eilig, „das ist wirklich nicht gesund."

Und sie verließen mit einem Blick auf das Bett eilig den Raum. Nur Lucy, Caroline und Blanche waren noch da und Rose, die noch einen letzten Blick auf das Zimmer warf, ob auch alles in Ordnung sei. Sie zog den Vorhang vor das Fenster; dann fiel ihr ein, daß die Lampe hier nicht hergehörte, sondern eine Kerze; sie nahm einen Kupferleuchter vom Kamin, zündete das Licht an und stellte es auf den Nachttisch, zur Seite der Toten. Jählings fiel heller Schein auf das Antlitz der Leiche. Es war entsetzlich. Alle schauderten und flohen.

„Oh, sie hat sich verändert, sehr verändert", murmelte Rose, die noch als letzte im Zimmer war.

Jetzt ging auch sie und schloß die Tür. Nana blieb allein; Kerzenhelle lag über ihrem entstellten Antlitz. Das war ein Häufchen Gebeine, ein Geringes an menschlichen Säften und Blut, eine Schaufel voll verdorbenen Fleisches, das da auf die Kissen hingeschleudert lag. Die Blattern hatten das ganze Gesicht verheert, eine Pustel saß neben der andern; sie überzogen diesen formlosen Brei, in dem man keine Züge mehr unterscheiden konnte, zusammengefallen, welk und mißfarben grau wie Straßenschmutz, bedeckten sie das Antlitz schon wie Schimmel und Verwesung. Ein Auge, und zwar das der linken Gesichtshälfte, war ganz in den Eiterbrei eingesunken, das andere stand halb offen und lag wie ein schwarzes stinkendes Loch tief in der Höhle. Die Nase troff noch vor Eiter. Aus der einen Wange kam eine ganze rötliche Kruste, die sich über den Mund ausbreitete und ihn zu einem entsetzlichen Lächeln verzog. Und über diese grauenhafte und groteske Maske des Nichts rollte das Goldgeriesel dieses Haares, dieses wunderbaren Haares, das noch immer seinen Sonnenglast bewahrte. Venus in Verwesung. Es war, als ob das Gift, das sie aus den Gossen, von achtlos vergessenem Aas her in sich hatte, dieser Zersetzungsstoff, mit dem sie ein Volk vergiftet hatte – als ob diese Pest ihr nun ins Gesicht gestiegen wäre und es verseucht hätte.

Das Zimmer war leer. Eine verzweifelte Atemwoge stieg vom Boulevard herauf und blähte die Vorhänge.

„Nach Berlin! Nach Berlin! Nach Berlin!"

GERMINAL

ERSTER TEIL

I

In sternenloser, finsterer, rabenschwarzer Nacht schritt ein einzelner Mann durch die flache Ebene auf der Heerstraße dahin, die von Marchiennes nach Montsou führt, zehn Kilometer lang, geradeaus durch Rübenfelder sich hinziehend. Er vermochte selbst den schwarzen Boden vor sich nicht zu unterscheiden und hatte das Gefühl von dem ungeheuren, flachen Horizont nur durch das Wehen des Märzwindes, der in breiten Strichen dahinfuhr, eisig kalt, nachdem er meilenweite Strecken von Sümpfen und kahlen Feldern bestrichen hatte. Kein Baumschatten hob sich vom Nachthimmel ab; die Straße zog sich mit der Regelmäßigkeit eines Dammes durch die stockfinstere Nacht dahin, in der das Auge wie geblendet war.

Der Mann war gegen zwei Uhr von Marchiennes aufgebrochen. Er machte lange Schritte, denn er fröstelte in seiner Jacke aus dünnem Wollzeug und in seinem Beinkleid von Samtstoff. Sein kleines Päckchen, in ein kariertes Taschentuch gewickelt, belästigte ihn sehr; er drückte es bald mit dem einen, bald mit dem andern Ellbogen an sich, um beide Hände zugleich in die Taschen stecken zu können, seine erstarrten Hände, die der eisige Ostwind wundgeblasen hatte. Ein einziger Gedanke beschäftigte seinen hohlen Kopf, den eines arbeits- und obdachlosen Arbeiters: die Hoffnung, daß nach Sonnenaufgang die Kälte weniger empfindlich sein würde. Er mochte eine Stunde so dahingeschritten sein, als er zur Linken, zwei Kilometer von Montsou, rote Feuer wahrnahm, drei Gluthaufen im freien Feld, gleichsam in der Luft schwebend. Zuerst zögerte er, von Furcht ergriffen; dann konnte er dem schmerzlichen Bedürfnis nicht widerstehen, einen Augenblick seine Hände zu wärmen.

Der Mann betrat einen Hohlweg, der dort hinführte. Alles um ihn her verschwand. Zur Linken hatte er eine Plankenwand, die einen Schienenweg abschloß, während rechts eine grasbestandene Böschung sich erhob, gekrönt von Häusergiebeln, die in der nächtlichen Finsternis verschwammen: es war das Schattenbild eines Dorfes mit niedrigen, gleichförmigen Hausdächern. Er machte ungefähr zweihundert Schritte. Plötzlich, bei einer Biegung des Weges, tauchten die Feuer ganz nahe wieder auf, und er begriff jetzt so wenig wie früher, wie es komme, daß sie so hoch unter dem toten Himmel brannten, rauchenden Monden gleichend. Doch am Boden gab es einen andern Anblick, der seine Aufmerksamkeit auf sich zog. Es war dies eine schwerfällige Masse, eine Gruppe niedriger Gebäude, aus deren Mitte der Schattenriß eines Fabrikschlotes aufstieg: ein Lichtschein drang aus den wenigen schmutzigen Fenstern hervor; außen hingen fünf oder sechs trübselige Laternen, an Balken befestigt, deren geschwärzte Hölzer sich zu riesigen Gerüsten aneinanderreihten: und von dieser phantastischen, in Nacht und Rauch getauchten Erscheinung stieg eine einzige Stimme auf: der laute und lange Atem einer Dampfausströmung, die man nicht sah.

Da erkannte der Mann, daß er sich bei einem Bergwerk befinde. Abermals wurde er von Scham ergriffen: was nützte es? Er würde ja doch keine Arbeit bekommen. Anstatt seine Schritte nach den Gebäuden zu lenken, entschloß er sich endlich, den Hügel zu ersteigen, auf dem die drei Kohlenfeuer in großen gußeisernen Körben brannten, um Licht und Wärme zur Arbeit zu liefern. Die bei dem Abbau beschäftigten Arbeiter mußten bis in die späte Nacht am Werk gewesen sein, denn es wurde noch immer Schutt herausgeführt. Er hörte jetzt die Abführer die Züge über die Gerüste schieben und unterschied lebende Schatten, die bei jedem Feuer ihre Hunde leerten.

„Guten Morgen", sagte er, indem er sich einem der Feuerkörbe näherte.

Der Kärrner stand mit dem Rücken dem Feuer zugewendet: es war ein alter Mann, bekleidet mit einer Trikotjacke von blauem Wollzeug und einer Mütze von Kaninchenfell: sein Pferd, ein großer, gelber Gaul, wartete unbeweglich, als wäre es von Stein, bis man die sechs Karren, die es heraufgeführt, geleert hatte. Der bei der Ausleerungsvorrichtung angestellte Handlanger, ein roter, magerer Bursche, beeilte sich nicht, drückte mit schläfriger Hand auf den Hebel. Da oben wehte der Wind noch stärker, ein eisiger Nordost, dessen breite, regelmäßige Stöße gleich Sensenstrichen vorüberzogen.

„Guten Morgen", erwiderte der Alte.

Dann trat wieder Stille ein. Der Fremdling, der sich mit

Anmerkung zum Titel: Germinal (französisch: Keimmonat) war der siebente Monat im Kalender der Französischen Revolution, 21. 3. bis 19. 4.

mißtrauischen Blicken betrachtet wußte, sagte sogleich seinen Namen.
,,Ich heiße Etienne Lantier und bin Maschinist. Gibt es hier keine Arbeit?"
Die Flammen beleuchteten ihn: er mochte einundzwanzig Jahre zählen, war sehr braun, ein hübscher Mann von kräftigem Aussehen trotz seiner kleinen Glieder.
Der Kärrner schüttelte den Kopf; er schien jetzt beruhigt.
,,Arbeit für einen Maschinisten?" sagte er. ,,Nein, nein. ... Gestern waren auch zwei da. Es gibt keine Arbeit."
Ein Windstoß schnitt ihm das Wort ab. Dann fragte Etienne, auf die dunkle Gruppe von Gebäuden am Fuße des Hügels zeigend:
,,Das ist ein Bergwerk, nicht wahr?"
Der Alte konnte nicht sogleich antworten. Ein heftiger Hustenanfall drohte ihn zu ersticken. Endlich spie er aus, und sein Speichel bildete einen schwarzen Fleck am roten Erdboden.
,,Ja, das Bergwerk Le Voreux ... Der Ort liegt ganz nahe."
Und er wies mit ausgestrecktem Arm nach dem im Dunkel der Nacht daliegenden Dorf, dessen Hausdächer der junge Mensch mehr erraten als gesehen hatte. Doch die sechs Hunde waren jetzt leer; der Alte folgte ihnen ohne einen Peitschenknall mit seinen gichtsteifen Beinen; während der große, gelbe Gaul von selbst seinen Gang wieder antrat, zwischen den Schienen mühsam seine Last schleppend, von einem neuen Windstoß gepeitscht, der ihm die Haare sträubte.
Die Grube Le Voreux schien aus dem Nachtschlaf zu erwachen. Etienne, der seine armen, blutenden Hände am Kohlenfeuer wärmte, verlor sich völlig in seinen Betrachtungen und erkannte allmählich sämtliche Teile des Bergwerkes, den geteerten Schuppen des Sichtungswerkes, den Glockenstuhl des Schachtes, die geräumige Halle der Fördermaschine, den viereckigen Turm der Schöpfpumpe. Dieses Bergwerk, in der Tiefe einer Schlucht gelegen, mit seinen niedrigen Ziegelbauten, seinen Schlot wie ein drohendes Horn in die Höhe streckend, schien ihm das unheilkündende Aussehen eines gierigen Raubtiers zu haben, das da hockte, um die Welt zu verschlingen. Und während er es betrachtete, dachte er an sich selbst, an sein Vagabundenleben, das er seit acht Tagen auf der Suche nach einem Arbeitsplatz führte. Er sah sich in seiner Eisenbahnwerkstätte wieder, wo er seinen Vorgesetzten geohrfeigt hatte, dann aus Lille verjagt und von überall verjagt. Am Samstag war er in Marchiennes angekommen, wo er in den Eisenhütten angeblich Arbeit finden sollte: aber es war nichts, weder in den Eisenhütten noch in den Fabriken Sonnevilles; er hatte den Sonntag unter den Hölzern einer Wagnerei verborgen zugebracht, deren Aufseher ihn um zwei Uhr nachts von da weggejagt hatte. Er hatte nichts mehr, keinen Sou und keinen Bissen Brot: was würde er anfangen, auf den Heerstraßen ziellos umherirrend und nicht wissend, wohin er vor den Unbilden des Wetters flüchten sollte? Ja, es war ein Bergwerk; die wenigen Laternen beleuchteten das Pflaster des Vorhofes; eine plötzlich geöffnete Tür gestattete ihm, die Feuerung der Dampferzeuger in hellem Licht zu sehen. Er erklärte sich jetzt alles, selbst die Dampfausströmung der Pumpe, diese laute, lange, unablässige Respiration, die gleichsam der verschleimte Atem des Ungeheuers war.
Der Handlanger bei der Kohlenlöschhalde stand mit gekrümmtem Rücken da und warf keinen Blick auf Etienne. Dieser wollte eben sein kleines Bündel vom Boden wieder aufheben, als ein Hustenanfall die Rückkehr des Kärrners ankündigte. Man sah ihn langsam aus dem Dunkel auftauchen, gefolgt von dem gelben Gaul, der sechs volle Hunde schleppte.
,,Gibt es in Montsou Fabriken?" fragte der junge Mann.
Der Alte warf wieder schwarzen Speichel aus und erwiderte dann, in den Wind sprechend:
,,Oh, an Fabriken ist kein Mangel. Man mußte das noch vor drei, vier Jahren sehen! Es summte und brummte ringsumher; man konnte nicht genug Leute finden; nie hatte man einen so guten Erwerb. Jetzt aber sind wieder magere Jahre gekommen. Ein rechtes Elend ist ins Land eingezogen; man entläßt die Leute, die Werkstätten werden geschlossen, eine nach der anderen ... Es ist vielleicht nicht die Schuld des Kaisers; aber warum geht er nach Amerika sich herumschlagen? Dazu kommt noch, daß das Vieh an der Cholera zugrunde geht, gerade so wie die Menschen."
Und in kurzen Sätzen, mit stockendem Atem beklagten sich die beiden weiter. Etienne erzählte, wie er seit einer Woche vergebens Arbeit suchte. Müsse man denn wirklich vor Hunger umkommen? Bald werden die Landstraßen sich mit Bettlern füllen. ,,Ja, ja", meinte der Alte, ,,das wird bös enden. Gott kann unmöglich wollen, daß so viele Christenmenschen auf die Straße geworfen werden."
,,Man hat nicht alle Tage seinen Bissen Fleisch."
,,Wenn man nur alle Tage Brot hätte!"
,,Das ist wahr; wenn man nur alle Tage Brot hätte!"
Ihre Stimmen verloren sich; die Windstöße entführten ihre Worte mit einem melancholischen Geheul.
,,Seht, dort liegt Montsou!" sagte jetzt der Kärrner sehr laut, indem er sich nach Süden wandte.
Und indem er von neuem die Hand ausstreckte, zeigte er ihm im Dunkel unsichtbare Punkte, in dem Maße, wie er sie nannte. Fauvelles Zuckerfabrik in Montsou halte sich noch aufrecht, Hotons Zuckerfabrik jedoch reduziere ihr Personal; nur Dutilleuls Müllerei und Bleuzes Seilerei hielten noch stand. Dann zeigte er mit einer breiten Gebärde den halben Horizont im Norden; die Bauwerkstätten Sonnevilles haben dieses Jahr nicht zwei Drittel ihrer sonstigen Aufträge bekommen; von den drei Hochöfen der Eisenwerke zu Marchiennes seien bloß zwei angeblasen; in der Glasfabrik Gagebois endlich drohte ein Ausstand, weil man von einer Herabsetzung der Arbeitslöhne sprach.

„Ich weiß, ich weiß", wiederholte der junge Mann bei jeder dieser Auskünfte. „Ich komme ja von dort."

„Was uns betrifft, so ist es bisher noch erträglich", fügte der Kärrner hinzu. „Und doch haben die Kohlengruben überall ihren Betrieb eingeschränkt. Da drüben, im Werk La Victoire, brennen auch nur mehr zwei Koksöfen."

Er spie und ging wieder ab hinter seinem schlummernden Gaul, den er wieder vor die leeren Hunde gespannt hatte.

Jetzt konnte Etienne mit seinem Blick die ganze Gegend umfassen. Es herrschte noch immer eine tiefe Finsternis; aber die Hand des Alten hatte sie gleichsam mit einem großen Elend angefüllt, welches der junge Mann jetzt unwillkürlich fühlte, überall ringsumher in der ganzen unermeßlichen Ausdehnung. War's nicht ein Schrei des Hungers, den der Märzwind durch diese kahle Landschaft trug? Die Windstöße waren wütender geworden; sie schienen den Tod der Arbeit mit sich zu führen, eine Hungersnot, die viele Menschen zu töten drohte. Seine irrenden Augen strengten sich an, die Finsternis zu durchdringen, gepeinigt von dem Verlangen und von der Furcht, zu sehen. Alles verlor sich in der Tiefe der nächtlichen Finsternis; er sah nichts als in weiter Ferne die Hochöfen und die Koksöfen. Die letzteren, Batterien zu hundert schiefsitzenden Schloten, dehnten ihre Rampen von roten Flammen dahin; während die beiden Hochöfen, mehr nach links gelegen, unter freiem Himmel mit blauen Flammen gleich Riesenfackeln brannten. Es war traurig wie auf einer Brandstätte; es gab keine anderen Lichter an diesem drohenden Horizont als diese nächtlichen Feuer der Eisen und Kohle erzeugenden Länder.

„Sie sind vielleicht aus Belgien?" fragte jetzt hinter Etienne der Kärrner, der wieder zurückgekehrt war.

Diesmal brachte er nur drei Hunde; man konnte diese immerhin ausleeren. Im Aufzugsschacht war eine Schraubenmutter gebrochen, und dieser Unfall störte die Arbeit eine gute Viertelstunde. Am Fuß des Hügels war es still geworden. Die Männer an der Winde hatten aufgehört mit ihrer Arbeit, die Gerüste in einer unaufhörlichen Erschütterung zu erhalten. Nur aus der Grube tönte das ferne Geräusch eines Hammers herauf, der auf Blech losschlug.

„Nein, ich bin aus dem Süden", antwortete der junge Mann.

Der Handlanger hatte die Hunde ausgeleert und sich dann auf die Erde gesetzt, ganz froh über den Unfall, der ihm eine kurze Ruhe gestattete. Er bewahrte seine stille Scheu und erhob die matten Augen ganz erstaunt zu dem Kärrner, gleichsam verdrossen durch so viele Worte. Der letztere hatte in der Tat nicht die Gewohnheit, so viel zu reden. Das Gesicht des Fremden mußte ihm gefallen, und er wurde augenscheinlich von jenem Drang nach Vertraulichkeiten erfaßt, der zuweilen bewirkt, daß alte Leute von selbst und ganz laut zu plaudern beginnen.

„Ich bin von Montsou", sagte er, „und heiße Bonnemort*."

„Das ist wohl ein Spitzname?" fragte Etienne erstaunt.

Der Alte grinste vergnügt und sagte, nach dem Voreuxschacht zeigend:

„Ja, ja ... Man hat mich dreimal in Stücken von dort herausgezogen. Das erstemal hatte ich alles Haar weggesengt, das zweitemal hatte ich Erde bis in den Kropf; das drittemal hatte ich den Bauch von Wasser angeschwollen wie ein Frosch ... Da sahen die Leute, daß ich nicht hin werden will und nannten mich Bonnemort, nur so zum Spaß."

Er begann dabei wieder zu kichern; es klang wie das Kreischen eines eingerosteten Brunnenschwengels und artete schließlich in einen furchtbaren Hustenanfall aus. Der Feuerkorb beleuchtete jetzt vollständig seinen dicken Kopf mit den weißen, schütteren Haaren und dem flachen, bleichen, bläulich gefleckten Gesicht. Er war klein von Gestalt, hatte einen furchtbar dicken Hals, die Waden und Fersen nach außen gekehrt, lange Arme, deren vierschrötige Hände auf seinen Knien ruhten. Er schien übrigens aus Stein zu sein, wie sein Pferd, das unbeweglich auf den Beinen stand, völlig unbekümmert um den Wind: die Kälte und der Wind, der ihm um die Ohren pfiff, ließen ihn unberührt. Wenn er gehustet hatte – wobei ein tiefes Röcheln seinen Hals zu zerreißen schien –, spie er am Fuße des Feuerkorbes aus, und die Erde färbte sich schwarz.

Etienne betrachtete ihn und betrachtete dann den Boden, auf den der Alte in solcher Weise schwarze Flecken warf.

„Ist's schon lange her, daß Ihr in der Grube arbeitet?" hub Etienne wieder an. Bonnemort streckte die beiden Arme weit auseinander und erwiderte: „Lange? Ach ja. ... Ich war noch nicht acht Jahre alt, als ich in den Voreuxschacht einfuhr; jetzt zähle ich achtundfünfzig. Rechnen Sie einmal ... Ich habe da drinnen alles gemacht, war zuerst Schlepper, dann Eggenmann, als ich stark genug dazu war, danach Schaufler, achtzehn Jahre lang. Und später, als die vertrackten Beine schlecht wurden, taten sie mich zum Abbau als Füller und Flicker bis zu dem Tag, da sie mich heraufholen mußten, weil der Arzt sagte, daß ich die Knochen dalassen müßte. Und nun bin ich Kärrner, seit fünf Jahren schon ... Fünfzig Jahre Bergwerksarbeit, das ist hübsch, wie? davon fünfundvierzig in der Grube ..."

Und während er so sprach, warfen einzelne brennende Kohlenstücke, die aus dem Korb gefallen waren, einen blutroten Schein auf sein fahles Gesicht.

„Sie raten mir, in den Ruhestand zu gehen", fuhr er fort. „Aber ich will nicht; ich bin nicht so dumm! ... Ich werde wohl noch zwei Jahre aushalten, bis die sechzig voll sind, um meine Pension von hundertachtzig Francs zu bekommen. Wenn ich heut meinen Abschied nehme, würden sie mir sogleich hundertfünfzig bewilligen. Es

* Guter Tod

sind gar pfiffige Kerle! ... Ich bin übrigens noch kräftig, von den Beinen abgesehen. Das Wasser ist mir unter die Haut gedrungen, weil ich in den Stollen gar so viel naß geworden bin. Es gibt Tage, an welchen ich kein Glied rühren kann, ohne vor Schmerz aufzuschreien."

Ein Hustenanfall unterbrach ihn wieder.

„Und Ihr habt auch den Husten davon?" fragte Etienne.

Er schüttelte heftig den Kopf. Dann, als er wieder reden konnte, sagte er: „Nein, nein; ich habe mich im vorigen Monat erkältet. Niemals habe ich gehustet, jetzt aber kann ich den Husten nicht loswerden. Und das Drollige ist, daß ich speie ..."

Ein Röcheln stieg wieder in seiner Kehle auf, und er spie.

„Ist das Blut?" wagte Etienne endlich zu fragen.

Bonnemort wischte sich mit dem Handrücken langsam den Mund ab. „Das ist Kohle", sagte er. „Ich habe in meinem Leichnam genug davon, um mich bis an das Ende meiner Tage zu wärmen. Und doch habe ich seit fünf Jahren keinen Fuß mehr in die Gruben gesetzt. Wie es scheint, habe ich die Kohle aufgespeichert, ohne es zu wissen. Bah! Das hält die Knochen zusammen!"

Es trat wieder Stillschweigen ein; der Hammer in der Ferne führte regelmäßige Schläge; der Wind fuhr klagend dahin, wie ein Schrei des Hungers und der Ermüdung, der aus den Tiefen der Nacht kam. Vor dem Kohlenfeuer sitzend, das im Wind aufflackerte, fuhr der Alte mit leiserer Stimme in seinen Erinnerungen fort. Ach ja, es ist lange her, daß er und die Seinen in den Minengängen arbeiten. Die Familie stand im Dienste der Bergwerksgesellschaft von Montsou seit der Gründung des Unternehmens. Und das ist lange her, schon hundert Jahre. Sein Großvater, Guillaume Maheu, hatte als fünfzehnjähriger Bursche die Steinkohle in Réquillart entdeckt; dies war die erste Grube der Gesellschaft: sie liegt dort unten in der Nähe der Zuckerfabrik Fauvelle und ist jetzt längst aufgelassen. Das wußte das ganze Land; zum Beweis hieß das entdeckte Kohlenlager „Wilhelmsschacht", nach dem Vornamen seines Großvaters. Er hatte ihn nicht gekannt; er war, wie man erzählte, ein großer, sehr starker Mensch, der mit sechzig Jahren an Altersschwäche gestorben war. Sein Vater, Nicolas Maheu, genannt der Rote, war mit kaum vierzig Jahren im Voreuxschacht geblieben, der zu jener Zeit gegraben wurde: es gab einen Einsturz, eine vollständige Verschüttung, die Felsen verschlangen Blut und Knochen. Später hatten zwei seiner Oheime und seine drei Brüder gleichfalls ihre Haut dort gelassen. Er selbst, Vincent Maheu, der fast ganz, nur mit geschwächten Beinen aus der Grube hervorgegangen war, galt deshalb als ein Schlaumeier. Was war da übrigens zu machen? Man mußte doch arbeiten. Man tat dies vom Vater auf den Sohn, wie man etwas anderes getan hätte. Sein Sohn Toussaint Maheu schindete sich jetzt dort ab, und auch seine Enkel, seine ganze Familie, die da drüben im Dorfe wohnte. Hundert Jahre Fron, nach den Alten die Jungen, immer für den nämlichen Herrn: ist das schön? Nicht viele Spießbürger könnten so leicht ihre Geschichte hersagen.

„Wenn man wenigstens zu essen hat", murmelte Etienne wieder.

„Das sage ich auch: solange man Brot hat, kann man leben."

Bonnemort schwieg, die Augen nach dem Dorf gewendet, wo jetzt Lichter angezündet wurden, eines nach dem andern. Im Kirchturm zu Montsou schlug es vier Uhr; die Kälte wurde noch empfindlicher.

„Und sie ist reich, Eure Gesellschaft?" fragte Etienne weiter.

Der Greis zog die Schultern in die Höhe und ließ sie wieder sinken, gleichsam erdrückt durch einen Berg von Talern.

„O ja, o ja ... Vielleicht nicht so reich wie ihre Nachbarin, die Gesellschaft von Auzin. Aber doch Millionen und Millionen; es ist gar nicht zu zählen ... Neunzehn Schächte, davon dreizehn zur Ausbeutung, Le Voreux, La Victoire, Crèvecoeur, Mirou, Saint-Thomas, Madeleine, Feutry-Cantel und noch andere; sechs für die Förderung und die Lüftung, wie Réquillart ... Zehntausend Arbeiter; Konzessionen, die sich auf siebenundsechzig Gemeinden erstrecken, eine Förderung von täglichen fünftausend Tonnen; eine Eisenbahn, die sämtliche Gruben verbindet – und Werkstätten und Fabriken! ... O ja, Geld ist da! ..."

Ein Rollen von Hunden über die Gerüste ließ den großen, gelben Gaul die Ohren spitzen. Der Aufzugskasten unten schien inzwischen ausgebessert worden zu sein; die Männer an der Winde hatten ihre Arbeit wieder aufgenommen. Während der Kärrner seinen Gaul anspannte, um wieder hinabzufahren, sagte er zu dem Tier gewendet in sanftem Ton: „Vertrackter Faulpelz, du sollst dich nicht ans Schwatzen gewöhnen! ... Wenn Herr Hennebeau wüßte, wie du die Zeit vergeudest!"

Etienne schaute nachdenklich in die Nacht hinaus und fragte: „Das Bergwerk gehört also Herrn Hennebeau?" – „Nein", erklärte der Alte, „Herr Hennebeau ist nur der Generaldirektor; er wird ebenso bezahlt wie wir."

Der junge Mann wies mit einer Handbewegung in die unermeßliche, dunkle Ferne hinaus und fragte weiter: „Wem gehört also all dies?"

Doch Bonnemort wurde jetzt von einem neuen, dermaßen heftigen Anfall ergriffen, daß er nicht zu Atem kommen konnte. Als er endlich ausgespien und den schwarzen Schaum von seinen Lippen weggewischt hatte, sprach er in den wieder schärfer gewordenen Wind hinaus: „Wie? wem all dies gehört? Man weiß es nicht; es gehört Leuten."

Und er wies in der Dunkelheit nach einem unbestimmten Punkt, nach einem unbekannten und fernen Ort, bevölkert von den Leuten, für welche die Maheus seit hundert Jahren in den Bergwerken arbeiteten. Seine Stimme hatte eine andächtige Scheu angenommen; es war, als spräche er von einem unnahbaren Tabernakel, wo der gesättigte Gott im Verborgenen hockte, dem sie Leib und

Leben hingaben und den sie noch niemals gesehen hatten.

„Wenn man sich doch wenigstens mit Brot sattessen könnte“, sagte Etienne zum drittenmal, ohne scheinbaren Übergang. „Ach ja, wenn man immer Brot zu essen hätte, es wäre zu schön! ...“

Das Pferd hatte sich in Gang gesetzt, auch der Kärrner verschwand mit seinem schleppenden Gang eines Invaliden. Der Handlanger bei der Entleerungsvorrichtung hatte sich nicht gerührt; er saß zu einer Kugel zusammengerollt da, das Kinn zwischen den Knien, mit den großen, matten Augen ins Leere starrend.

Etienne hatte sein Bündel wieder an sich genommen, entfernte sich aber noch nicht. Er fühlte, wie ihm der Rücken in dem eisigen Wind erstarrte, während seine Brust vor dem großen Kohlenfeuer briet. Vielleicht würde er doch gut daran tun, sich an die Bergwerksverwaltung zu wenden; der Alte war vielleicht nicht gut unterrichtet; überdies fügte er sich ja in sein Schicksal und wäre bereit, jegliche Arbeit anzunehmen. Wohin sollte er gehen und was sollte aus ihm werden in dieser durch den Arbeitsmangel ausgehungerten Gegend? Sollte er hinter einer Mauer verrecken wie ein verlaufener Hund? Doch hielt ein Zögern ihn zurück, eine Angst vor dem Voreuxschacht inmitten dieser kahlen, in tiefe Nacht getauchten Ebene. Der Wind schien mit jedem Stoß stärker zu werden, als bliese er von einem immer mehr sich erweiternden Horizont her. An dem nachttoten Himmel wollte noch immer kein Morgendämmern sich zeigen; nur die Hochöfen und die Koksöfen flammten in der Finsternis mit blutrotem Schein, ohne die Ferne zu erhellen. Und der Voreuxschacht, in seinem Loch hockend wie ein bösartiges Tier, duckte sich noch mehr und atmete tiefer und länger, gleichsam bedrückt durch seine mühsame Verdauung von Menschenfleisch.

II

Inmitten der Getreide- und Rübenfelder schlief das Grubendorf der zweihundertundvierzig in der finsteren Nacht. Man unterschied nur undeutlich die vier gewaltigen Blöcke von kleinen, Rücken an Rücken stehenden Häuschen, gleich den Kasernen oder Spitälern geometrisch genau und parallel angelegte Blöcke, durch drei breite Gassen getrennt, welche in gleich große Gärtchen abgeteilt waren. Auf der verlassenen Hochebene hörte man nichts als das Heulen des Windes, welcher in den abgerissenen Drähten der Einfriedungen sich verfing.

Bei der Familie Maheu, welche das Häuschen Nr. 16 im zweiten Block bewohnte, rührte sich noch nichts. Die einzige Stube des ersten Stockwerkes lag in tiefe Finsternis gehüllt, die gleichsam mit ihrem Gewicht den Schlaf der Wesen niederhielt, wie man zuhauf, offenen Mundes, von Müdigkeit erdrückt daliegend vermutete. Trotz der schneidenden Kälte, die draußen herrschte, lag hier in der schweren Luft eine lebendige Wärme, jene erstickende Schwüle, die man selbst in den sorgfältigst gereinigten Stuben antrifft, wenn sie nach Menschenfleisch riechen.

Auf der Kuckucksuhr der im Erdgeschoß gelegenen Wohnstube schlug es die vierte Morgenstunde. Nichts rührte sich noch, man konnte zartes Atemholen vernehmen, begleitet von dem geräuschvolleren Atem zweier Schnarcher. Plötzlich richtete Catherine sich auf. In ihrer Schlaftrunkenheit hatte sie gleichsam aus Gewohnheit die durch den Fußboden herauftönenden vier Schläge der Uhr gezählt, ohne die Kraft zu finden, vollends zu erwachen. Dann zog sie die Beine unter der Bettdecke hervor, tastete einen Augenblick herum, rieb endlich ein Zündhölzchen an und machte Licht. Doch blieb sie da sitzen; ihr Kopf war so schwer, daß er zwischen den Schultern zurückfiel in einem unüberwindlichen Bedürfnis, den Schlaf fortzusetzen.

Jetzt beleuchtete die Kerze die viereckige, mit zwei Fenstern versehene Stube, welche von drei Betten fast ganz angefüllt war. Es gab da außerdem einen Spind, einen Tisch und zwei Stühle von altem Nußholz, deren dunkler, angerauchter Ton sich scharf von den hellgelb getünchten Mauern abhob. Und kein weiteres Einrichtungsstück; die Kleider hingen an Nägeln. Auf den Fliesen stand ein Krug neben einer roten irdenen Schüssel, die als Waschbecken diente. In dem Bett zur Linken schlief Zacharie, der älteste Sohn, ein Bursche von einundzwanzig Jahren, mit seinem Bruder Jeanlin, der eben sein elftes Jahr vollendete. In dem Bett zur Rechten schliefen zwei kleinere Kinder, Lénore und Henri, der erstere sechs, der letztere vier Jahre alt; einander in den Armen haltend lagen sie da. Catherine teilte das dritte Bett mit ihrer Schwester Alzire, die für ihre neun Jahre so schwächlich war, daß Catherine sie neben sich kaum gefühlt haben würde, wäre nicht der Höcker der Kleinen gewesen, den diese ihr in die Seite stieß. Die mit Glasscheiben versehene Tür stand offen; man bemerkte den Flurgang, eine Art Schlauch, wo Vater und Mutter ein viertes Bett einnahmen, vor welchem die Wiege der jüngsten Tochter stand, die Estelle hieß und erst drei Monate zählte.

Catherine machte inzwischen eine verzweifelte Anstrengung. Sie streckte sich und krümmte beide Hände in ihren roten Haaren, die struppig auf ihre Stirn und ihren Nacken niederfielen. Schmächtig für ihre fünfzehn Jahre, zeigte sie von ihren Gliedern, außerhalb der engen Hülle, die ihr Hemd bildete, nur bläuliche Füße, die von der Kohle gleichsam tätowiert waren, und zarte Arme, deren Milchweiß sich lebhaft von der bleichen Farbe des Gesichtes abhob, das von dem fortwährenden Waschen mit schwarzer Seife schon verdorben war. Ein letztes Gähnen öffnete ihren etwas groß geratenen Mund mit prächtigen Zähnen, die in einem chlorotisch bleichen Zahnfleisch saßen; während ihre grauen Augen von verhaltenem Schlaf trieften, mit einem Ausdruck des Schmerzes und der Erschöpfung, welcher ihre ganze nackte Gestalt zu schwellen schien.

Doch jetzt wurde ein Gebrumme aus dem Treppenflur

hörbar; Maheu stammelte mit müder Stimme: „Alle Wetter, es ist Zeit aufzustehen! ... Hast du Licht gemacht, Catherine?" – „Ja, Vater; es hat unten vier Uhr geschlagen." – „Spute dich doch, Nichtsnutzige! Hättest du gestern, am Sonntag, weniger getanzt, dann hättest du uns früher wecken können. Ist das ein Faulenzerleben!"

Und er fuhr fort zu brummen; doch der Schlaf übermannte auch ihn; seine Vorwürfe verwirrten sich und gingen schließlich in einem neuen Schnarchen unter.

Im Hemd und mit nackten Füßen ging das Mädchen in der Stube hin und her. An dem Bett von Henri und Lénore vorbeikommend, warf sie die herabgeglittene Decke über sie; sie erwachten darob nicht aus ihrem festen Kinderschlaf. Alzire, die mit offenen Augen dalag, hatte sich wortlos umgewendet, um den noch warmen Platz ihrer älteren Schwester einzunehmen.

„Was ist's, Zacharie! und du, Jeanlin!" rief Catherine, vor ihren Brüdern stehenbleibend, die mit der Nase im Kopfkissen weiterschliefen.

Sie mußten den Großen bei der Schulter fassen und schütteln; dann, als er Flüche vor sich hinbrummte, entschloß sie sich, die Decke von ihnen wegzuziehen. Sie fand dies drollig und begann zu lachen, als sie die beiden Jungen mit den nackten Beinen strampeln sah. „Das ist blöd, laß mich in Frieden!" brummte Zacharie mürrisch, nachdem er sich aufgesetzt hatte. „Ich mag solche Späße nicht ... Herrgott, daß man schon wieder aufstehen soll!"

Er war ein magerer, schlottriger Kerl mit einem langen Gesicht, in welchem einige schüttere Bartstoppeln saßen, mit den gelben Haaren und der blutleeren Blässe, die der ganzen Familie zu eigen waren. Sein Hemd hatte sich bis zum Bauche hinauf verschoben, und er zog es herab, nicht aus Schamhaftigkeit, sondern weil er fror.

„Es hat unten vier Uhr geschlagen", wiederholte Catherine. „Auf, auf! der Vater wird bös." – „Scher dich zum Teufel! ich will schlafen", sagte Jeanlin, indem er die Beine einzog und die Augen schloß.

Sie lachte wieder gutmütig. Er war so klein, und seine Glieder waren so schwächlich mit ihren von den Skrofeln angeschwollenen Gelenken, daß sie ihn mit leichter Mühe in ihre Arme nahm. Allein, er zappelte mit den Beinen; seine bleiche, faltige Affenfratze, von grünen Augen durchlöchert und durch seine großen Ohren noch breiter gemacht, wurde ganz bleich in ohnmächtiger Wut. Er sagte nichts, aber er biß sie in die rechte Brust.

„Böser Bube!" brummte sie, einen Schrei unterdrückend und den Jungen auf die Erde setzend.

Alzire war nicht wieder eingeschlafen; die Decke bis zum Kinn hinaufgezogen lag sie stillschweigend da. Mit ihren klugen Augen eines Krüppels folgte sie den Bewegungen ihrer Schwester und ihrer Brüder, die sich ankleideten. Doch jetzt brach ein neuer Streit an der Waschschüssel aus: die Jungen stießen das Mädchen weg, weil sie sich zu lange wusch. Die Hemden flogen über die Köpfe, während sie noch schlaftrunken sich wuschen, ohne jede Scham, mit dem ruhigen Behagen, wie eine Tracht junger Hunde, die zusammen aufwachsen. Catherine war übrigens zuerst fertig. Sie schlüpfte in die Bergmannshose, legte die Leinwandjacke an, knüpfte die blaue Haube um den Haarknoten, und in dieser sauberen Werktagsgewandung glich sie einem kleinen Mann. Nichts war von ihrem Geschlecht übriggeblieben als ein leichtes Wiegen der Hüften.

„Wenn der Alte heimkommt, wird er sich freuen, das Bett so zerworfen anzutreffen", sagte Zacharie boshaft. „Ich werde ihm erzählen, daß du es getan hast."

Der Alte war der Großvater, Bonnemort, der bei Nacht arbeitete und bei Tag schlief. Das Bett kühlte denn auch nie aus; es war immer jemand da, der darin schlief.

Ohne zu antworten, hatte sich Catherine darangemacht, das Bett in Ordnung zu bringen. Doch seit einer Weile wurden hinter der Mauer aus der Nachbarschaft Geräusche vernehmbar. Diese Ziegelbauten, von der Gesellschaft auf das sparsamste hergestellt, waren so dünn, daß man jeden Hauch hindurchhörte. Man lebte da eng zusammengedrängt von einem Ende des Ortes bis zum andern; nichts von dem intimen Leben blieb da verborgen, selbst vor den Kindern nicht. Ein schwerer Tritt hatte eine Treppe in Erschütterung gebracht; dann gab es einen weichen Fall, gefolgt von einem Seufzer der Erleichterung.

„Schön", sagte Catherine. „Levaque geht zur Grube, und Bouteloup geht zur Frau Levaque."

Jeanlin kicherte, und auch Alzires Augen funkelten lebhafter. Jeden Morgen belustigten sie sich in dieser Weise über die benachbarte Ehe zu dreien; es war ein Hauer, der einem Erdarbeiter Unterkunft gab; in dieser Weise hatte die Frau zwei Männer, den einen bei Nacht, den andern bei Tag.

„Philomène hustet", hub Catherine wieder an, nachdem sie die Ohren gespitzt hatte.

Sie sprach von der Ältesten der Eheleute Levaque, einem großen Mädchen von neunzehn Jahren, der Geliebten Zacharies, von dem sie schon zwei Kinder hatte. Sie war übrigens so schwach auf der Brust, daß man sie am Sichtungswerk beschäftigte, weil sie zur Arbeit in der Grube nicht taugte.

„O freilich, Philomène!" antwortete Zacharie. „Die schläft jetzt. Es ist doch eine Schweinerei, bis sechs Uhr zu schlafen."

Er schlüpfte in seine Hose; da schien ihm ein Einfall zu kommen, und er öffnete ein Fenster. Draußen herrschte noch immer tiefe Dunkelheit, und das Dorf erwachte allmählich; zwischen den Brettchen der Jalousien sah man nacheinander die Lichter aufblitzen. Und nun gab es wieder einen Zank; Zacharie neigte sich hinaus, um zu spähen, ob er nicht aus dem gegenübergelegenen Haus der Eheleute Pierron den Oberaufseher des Voreuxschachtes weggehen sehen würde, welchen man verdächtigte, daß er mit der Frau Pierron schlafe; während Catherine ihm zurief, daß der Gatte gestern seinen Tagesdienst in der Grube gehabt habe und daß folglich Herr Dansaert diese

Nacht nicht da geschlafen haben konnte. Die Luft drang eiskalt herein; die beiden ereiferten sich, indem jeder die Richtigkeit seiner Erkundigungen behauptete, als plötzlich ein heftiges Weinen losbrach. Es war Estelle, die in ihrer Wiege fror.

Maheu erwachte augenblicklich wieder. Was hatte er denn in den Knochen, daß er wieder eingeschlafen war wie ein Taugenichts? Und er fluchte so wild, daß die Kinder nebenan keinen Laut mehr wagten. Zacharie und Jeanlin beendigten mit müden Händen das Waschen. Alzire schaute noch immer mit weit offenen Augen. Die beiden Kleinen, Lénore und Henri, hatten trotz des Geräusches sich nicht gerührt und fuhren fort, einander in den Armen liegend, mit demselben leisen Atem zu schlafen.

„Catherine, gib mir die Kerze!" rief Maheu.

Sie war eben mit dem Zuknöpfen ihrer Jacke fertig geworden und trug die Kerze in den Flurgang, während ihre Brüder bei dem wenigen Licht, das durch die Glastür fiel, ihre Kleider zusammensuchten. Ihr Vater stieg vom Bett. Doch sie hielt sich nicht länger auf; mit dicken Wollstrümpfen an den Füßen stieg sie tastend hinunter, um den Kaffee zu bereiten. Die Holzschuhe der ganzen Familie standen dort unter dem Eßschrein.

„Wirst du schweigen, elender Wurm?" rief Maheu, erbittert durch das fortwährende Geschrei Estelles.

Er war klein wie der alte Bonnemort und glich ihm ins Fette übertragen mit seinem starken Kopf, seinem platten und fahlen Gesicht unter gelben, kurz geschnittenen Haaren. Das Kind heulte jetzt noch ärger, erschreckt durch diese großen, knotigen Arme, die über seinem Kopf fuchtelten.

„Laß sie in Frieden; du weißt wohl, daß sie nicht still sein will", sagte die Maheu, indem sie sich mitten im Bett ausstreckte.

Auch sie war eben erwacht und beklagte sich; es sei doch zu dumm, daß man niemals die volle Nacht durchschlafen könne. Konnten sie denn nicht mit weniger Geräusch weggehen? In die Bettdecke eingewickelt zeigte sie nichts als ihre langes Gesicht mit den groben Zügen, von einer etwas schwerfälligen Schönheit, mit neununddreißig Jahren schon verunstaltet durch ihr Leben voll Müh und Not und durch die sieben Kinder, die sie geboren. Die Augen auf die Zimmerdecke gerichtet, sprach sie mit gedehnter Stimme, während ihr Mann sich ankleidete. Weder er noch sie achtete auf die Kleine, die sich schier den Hals herausschrie.

„Ich muß dir sagen, daß ich keinen Sou im Hause habe, und es ist heut erst Montag: sechs Tage dauert es noch bis zum Fünfzehnten des Monats. Ich weiß nicht, wie wir uns da durchschlagen sollen. Ihr bringt alle miteinander neun Francs; wie soll ich da auskommen? wir sind unser zehn im Haus."

„Oho, neun Francs?" wandte Maheu ein. „Ich und Zacharie je drei, das macht sechs; Catherine und der Vater je zwei, das macht vier; sechs und vier sind zehn; Jeanlin bringt einen, macht elf Francs."

„Ja, elf; aber du rechnest die Sonntage nicht und die Tage, an welchen es keine Arbeit gibt. Nie mehr als neun, hörst du?"

Er suchte seinen Ledergurt auf dem Boden und schwieg. Dann richtete er sich auf und sagte: „Beklage dich nicht, Weib; ich bin noch stark genug. Es gibt mehr als einen, der mit zweiundvierzig Jahren schon aus der Grube herauf muß." – „Das ist möglich, Alter, aber damit haben wir noch kein Brot. Was werde ich anfangen? Hast du nichts?" – „Ich habe zwei Sous." – „Behalte sie, um einen Schoppen zu trinken ... Mein Gott, was werde ich anfangen? Sechs Tage, eine Ewigkeit! ... Wir schulden sechzig Francs an Maigrat, und er hat mir vorgestern die Tür gewiesen. Das wird mich nicht hindern, wieder zu ihm zu gehen. Aber wenn er sich weigert, uns zu pumpen ..."

So fuhr die Maheu fort, mit bekümmerter Stimme, unbeweglichem Kopf, vor dem schwachen Licht der Kerze von Zeit zu Zeit die Augen schließend. Der Schrein sei leer, sagte sie, und die Kleinen verlangten Brotschnitten zum Kaffee, der ebenfalls ausgegangen sei. Das leere Wasser mache nur Bauchzwicken. Dann erzählte sie von den langen Tagen, die man damit zubrachte, daß man mit gekochten Kohlblättern den Hunger täuschte. Allmählich hatte sie den Ton erhöhen müssen, weil Estelles Geheul ihre Worte zudeckte. Das Geschrei der Kleinen wurde unerträglich. Maheu schien es plötzlich zu hören; außer sich vor Wut nahm er das Kind aus der Wiege und schleuderte es auf das Bett der Mutter mit den Worten: „Da, nimm sie, denn ich würde sie zertreten ... Donnergottes über den Balg! Das sauft an der Mutterbrust, dem geht nichts ab, und es grölt ärger als die anderen!"

Estelle hatte in der Tat zu saugen begonnen: sie war unter der Decke verschwunden und in der Bettwärme still geworden; man hörte nichts mehr als das gierige Lutschen ihrer Lippen.

„Haben die Bürgersleute von Piolaine dir nicht gesagt, daß du sie besuchen mögest?" fragte der Mann nach einer Weile. Die Frau spitzte die Lippen mit einer Miene mutlosen Zweifels. „Ja, sie sind mir begegnet", antwortete sie. „Sie bringen den armen Kindern Kleider ... Ich werde heut morgen Lénore und Henri hinführen. Vielleicht geben sie mir hundert Sous."

Wieder trat Stillschweigen ein. Maheu war fertig. Er blieb einen Augenblick unbeweglich, dann schloß er mit seiner dumpfen Stimme: „Was willst du? Das ist nun einmal so: mach wie du kannst, um die Nachtmahlsuppe fertigzubringen. Das Schwatzen führt zu nichts; es wird besser sein, wenn ich zur Arbeit gehe." – „Gewiß", sagte die Maheu. „Blase das Licht aus; ich kann mir auch im Finstern den Kopf zerbrechen."

Er blies die Kerze aus. Zacharie und Jeanlin stiegen schon hinunter, er folgte ihnen; die hölzerne Treppe krachte unter seinen schweren, mit wollenen Strümpfen bekleideten Füßen. Die Stube und der Flurgang hinter ihnen lagen jetzt wieder in Finsternis gehüllt. Die Kinder schliefen; auch Alzire hatte wieder die Augen geschlossen. Nur die

Mutter schaute mit offenen Augen in die Finsternis, während an ihrer hängenden Brust eines erschöpften Weibes Estelle brummte wie ein junges Kätzchen.

In der Wohnstube im Erdgeschoß angekommen, beschäftigte sich Catherine zunächst mit dem Feuer. Es war ein Kamin aus Gußeisen da, mit einem Rost in der Mitte und einem Backofen auf jeder Seite. In diesem Kamin brannte unaufhörlich ein Kohlenfeuer. Die Gesellschaft verteilte monatlich acht Hektoliter Abfallkohle an jede Familie. Dieser auf den Straßen zusammengelesene Staub entzündete sich nur schwer; darum deckte das Mädchen jeden Abend das Feuer mit Asche zu und brauchte es am Morgen nur umzurühren, indem sie einige aus dem Mist sorgfältig herausgesuchte Kohlenstückchen zulegte. Dann setzte sie einen Kochtopf auf den Rost und hockte vor dem Speisenschrein nieder.

Es war eine ziemlich geräumige Stube, welche das ganze Erdgeschoß einnahm, apfelgrün gestrichen, von holländischer Sauberkeit mit seinen blank gescheuerten und mit feinem, weißem Sand bestreuten Fliesen. Nebst dem Speisenschrein aus gefirnißtem Tannenholz bestand die Einrichtung aus einem Tisch und Sesseln vom nämlichen Holz. An den Mauern hingen grell ausgemalte Bilder, von der Gesellschaft geschenkt, den Kaiser und die Kaiserin darstellend, dann Soldaten und Heilige in goldenen Gewändern, die von der hellen Kahlheit der Mauern abstachen. Und es gab keinen andern Zierat in der Stube als eine Schachtel von rosafarbenem Kartonpapier auf dem Speisenschrein und die Kuckucksuhr in einem buntbemalten Kasten, deren helles Ticktack die Leere der hohen Stube auszufüllen schien. Neben der Tür, die sich auf die Stiege öffnete, gab es noch eine zweite Tür, die in den Keller führte. Trotz der Reinlichkeit verdarb ein seit dem Abend eingeschlossener Geruch von verbrannten Zwiebeln die Luft, diese heiße, schwere, stets von einem scharfen Kohlengeruch gesättigte Luft.

Catherine hockte sinnend vor dem offenen Speisenschrein. Es war nichts geblieben als ein Stück Brot, weißer Käse zur Genüge, aber kaum ein Krümchen Butter; und es galt, vier Butterbrote zurechtzumachen. Endlich entschloß sie sich, schnitt die Brotstücke, bedeckte eines mit Käse, bestrich ein zweites mit Butter und legte die beiden zusammen. Das war der „Ziegel", die Doppelschnitte, die jeden Morgen in die Grube mitgenommen wurde. Bald lagen die vier „Ziegel" nebeneinander auf dem Tisch, mit größter Genauigkeit aufgeteilt, von dem größten, der für den Vater bestimmt war, bis zu dem kleinsten, den Jeanlin bekam.

Catherine, scheinbar ganz bei ihrer Arbeit, dachte über die Geschichten nach, welche Zacharie von dem Oberaufseher und der Frau Pierron erzählte. Sie öffnete die Haustür zur Hälfte und warf einen Blick hinaus. Der Wind blies noch immer; an den niedrigen Häuserreihen des Dorfes flammten immer mehr Lichter auf, und das undeutliche Getümmel der erwachenden Bevölkerung machte sich vernehmbar. Tühren wurden geöffnet und geschlossen; einzelne dunkle Reihen von Arbeitern zogen durch die Nacht dahin. Sie war doch recht dumm, sich einer Erkältung auszusetzen, da ja der Hauer gewiß zu Hause schlief, bis er um sechs Uhr seine Arbeit aufnehmen mußte. Aber sie verharrte dennoch in ihrer hockenden Stellung und beobachtete das Haus, das auf der anderen Seite hinter den Gärten lag. Jetzt ging die Tür auf, und ihre Neugierde wurde wieder rege. Doch das konnte nur Lydie sein, die Tochter der Pierronschen Eheleute, die zur Grube ging.

Ein zischendes Geräusch veranlaßte sie, den Kopf zu wenden. Sie schloß die Tür und eilte zum Herd: das Wasser kochte, floß über und drohte das Feuer auszulöschen. Es war kein Kaffee mehr da; sie mußte sich begnügen, Wasser auf den Satz von gestern zu schütten. Dann süßte sie den Inhalt der Kaffeekanne mit Farinzucker. Eben kamen auch ihr Vater und ihre beiden Brüder herunter.

„Alle Wetter!" sagte Zacharie, als er die Nase in den Napf gesteckt hatte – „das ist ein Trank, der uns nicht zu Kopf steigen wird." Maheu zuckte resigniert mit den Achseln. „Bah!" sagte er, „man hat doch wenigstens etwas Warmes im Leib, und das tut wohl."

Jeanlin hatte die Brosamen neben den Schnitten zusammengescharrt und in seinen Napf geworfen. Nachdem sie getrunken hatten, goß Catherine den Rest des Kaffees in die blechernen Feldflaschen. Alle vier standen in dem fahlen Licht der rauchigen Kerze und stürzten in aller Hast den Trunk hinunter.

„Sind wir endlich fertig?" sagte der Vater. „Man möchte glauben, daß wir von unseren Renten leben."

Doch jetzt wurde von der Treppe her, deren Tür sie offengelassen hatten, eine Stimme vernehmbar. Die Frau Maheu rief: „Nehmt alles Brot: ich habe noch einen Rest von Nudeln für die Kinder übrig." – „Ja, ja", antwortete Catherine.

Sie hatte das Feuer wieder zugedeckt und in einer Ecke des Rostes einen Rest Suppe warmgestellt, den der Großvater, der um sechs Uhr kam, vorfinden sollte. Jeder holte unter dem Eßschrein seine Holzschuhe hervor, hängte die Feldflasche um und schob die Butterschnitte in den Rücken, zwischen Hemd und Jacke. Dann brachen sie auf, die Männer voraus, das Mädchen hinterdrein, nachdem es die Kerze ausgelöscht und den Schlüssel umgedreht hatte. Das Haus verfiel wieder in Stille und Dunkelheit.

„Schau, wir gehen zusammen", sagte ein Mann, der die Tür des Nachbarhauses schloß.

Es war Levaque mit seinem Sohn Bébert, einem Jungen von zwölf Jahren, der mit Jeanlin eng befreundet war. Catherine war erstaunt, unterdrückte ein Lächeln und flüsterte Zacharie ins Ohr: „Wie? Bouteloup wartete nicht einmal, bis der Gatte fort war?"

Die Lichter im Dorf erloschen jetzt nacheinander. Eine letzte Tür fiel noch ins Schloß, dann wurde wieder alles still; die Frauen und Kinder setzten in den bequemer gewordenen Betten ihren Schlaf fort. Und vom Dorf bis zu dem pustenden Voreuxschacht gab es einen langsamen Zug von Schatten, den Aufbruch der Kohlenarbeiter zum

Werk, die ihre Schultern dahinschoben und ihre Arme, mit denen sie nichts anzufangen wußten, über die Brust kreuzten, während der Brotvorrat auf dem Rücken eines jeden einen kleinen Höcker bildete. Nur mit dünner Leinwand bekleidet, zitterten sie in der Kälte, ohne sich deshalb mehr zu beeilen; in regelloser Zeile zogen sie mit dem Getrappel einer Herde längs des Weges dahin.

III

Etienne war von dem Hügel endlich herabgestiegen und im Voreuxschacht eingetreten: und die Männer, an die er sich mit der Frage wandte, ob es keine Arbeit gebe, schüttelten den Kopf und sagten ihm alle, er solle den Oberaufseher abwarten. Man ließ ihm freie Bewegung inmitten der schlecht beleuchteten Gebäude, die voll finsterer Löcher waren und beängstigend mit ihrem Wirrsal von Sälen und Stockwerken. Nachdem er eine dunkle, halb zerstörte Treppe emporgestiegen war, befand er sich auf einem schwankenden Brückensteg; dann durchschritt er den Schuppen des Sichtungswerkes, der in so tiefer Finsternis lag, daß er mit den Händen voraus gehen mußte, um nicht anzustoßen. Plötzlich sah er vor sich zwei riesige gelbe Augen die Nacht durchbrechen. Er befand sich unter dem Glockenstuhl, im Aufnahmesaal, an der Mündung des Schachts.

Ein Aufseher, der Vater Richomme, ein Dicker mit dem Gesicht eines gutmütigen Gendarmen, welches ein grauer Schnurrbart zierte, wandte sich eben nach dem Büro des Aufnahmebeamten.

„Braucht man hier nicht einen Arbeiter für welche Beschäftigung immer?“ fragte Etienne abermals.

Richomme schickte sich an, nein zu sagen; doch er wurde anderen Sinnes und sagte wie die anderen, während er sich entfernte: „Erwarten Sie Herrn Dansaert, den Oberaufseher.“

Vier Laternen waren hier angebracht, und die Reflektoren, die das ganze Licht auf den Schacht warfen, beleuchteten hell die eisernen Geländer, die Hebel der Signale und Verschlüsse, die Pfosten der Seile, an welchen die beiden Aufzugskästen hinabglitten. Der Rest, der einem Kirchenschiff gleichende geräumige Saal, lag im Dunkel und war mit großen schwebenden Schatten bevölkert. Nur die Laternenkammer flammte im Hintergrund, während das Lämpchen im Büro des Aufnahmebeamten einem erlöschenden Stern glich. Die Kohlenförderung war wieder aufgenommen worden, und es gab ein unaufhörliches Dröhnen auf den gußeisernen Platten, die Kohlenhunde rollten unablässig, und man sah die gebeugten Gestalten der an der Winde beschäftigten Männer inmitten des Getümmels all dieser in Bewegung befindlichen dunklen und geräuschvollen Gegenstände.

Einen Augenblick war Etienne unbeweglich, betäubt und geblendet. Er fror, denn es gab einen Luftzug von allen Seiten. Dann trat er einige Schritte vorwärts, angezogen durch die Maschine, deren stählerne und kupferne Bestandteile er jetzt glänzen sah. Sie stand etwa fünfundzwanzig Meter hinter der Schachtmündung, in einem höher gelegenen Saal, so fest auf ihrem Unterbau gelagert, daß sie mit ganzem Dampf arbeitete, mit ihren vollen vierhundert Pferdekräften, ohne daß die Bewegung ihrer riesigen Treibstange, welche, weil gut geölt, leicht und glatt auf- und abstieg, die Mauern im geringsten erschüttert hätte. Der Maschinist, der am Verschlußkolben stand, lauschte dem Geklingel der Signale nach und wandte kein Auge von der Nachweistafel, auf welcher der Schacht mit seinen verschiedenen Stockwerken durch eine senkrechte Fuge dargestellt war, in der an Schnüren befestigte Bleistücke, die Aufzugskästen darstellend, auf und nieder liefen. Und bei jedem Abstieg, wenn die Maschine sich in Bewegung setzte, drehten sich die Wellen, die beiden Riesenräder von fünf Meter Durchmesser, auf deren Naben die Stahlseile sich in entgegengesetzter Richtung auf- und abrollten, mit solcher Schnelligkeit, daß sie einem grauen Staub glichen.

„Aufgepaßt!“ riefen drei Arbeiter, die eine Riesenleiter schleppten.

Es fehlte nicht viel, und Etienne wäre von der Leiter erschlagen worden. Seine Augen gewöhnten sich allmählich an die Dunkelheit; er sah das Getriebe der Seile in der Luft, mehr als dreißig Meter stählerner Bänder, die in einem Schwung im Glockenstuhl emporstiegen, wo sie über Räder gelegt waren, um senkrecht in den Schacht abzufallen, wo sie an den Aufzugskästen befestigt waren. Ein eisernes Gerüst, dem Gebälk eines Glockenturmes gleichend, trug die Räder. Es war wie der Flug eines Vogels, ohne Geräusch, ohne Anstoß; der rapide Lauf, das unaufhörliche Auf und Nieder eines Fadens von ungeheurem Gewicht, der zwölftausend Kilogramm mit einer Geschwindigkeit von zehn Metern in der Sekunde zu heben vermochte.

„Aufgepaßt!“ riefen noch einmal die Arbeiter, welche die Leiter nach der anderen Seite schafften, um das linksseitige Rad zu untersuchen.

Etienne kehrte langsam in den Aufnahmesaal zurück. Dieser Riesenflug über seinem Haupt verblüffte ihn völlig. In den von allen Seiten auf ihn eindringenden Luftzügen fröstelnd, betrachtete er die Handhabung der Schalen, fast betäubt durch das Rollen der Hunde. Neben dem Schacht arbeitete das Signal, ein Hebelhammer, welchen eine in der Tiefe angezogene Schnur auf einen Block niederfallen ließ. Ein Schlag für das Anhalten, zwei Schläge für den Abstieg, drei Schläge für den Aufstieg; es war eine unaufhörliche Folge von Keulenschlägen, welche den Tumult beherrschten, begleitet von einem hellen Geklingel, während der Arbeiter, der die Vorrichtung leitete, das Getöse noch vergrößerte, indem er dem Maschinisten durch ein Sprachrohr Weisungen zurief. Inmitten all dieses Getümmels tauchten die Schalen auf und versanken wieder, leerten sich und füllten sich, ohne daß Etienne etwas von dieser komplizierten Arbeit begriff.

Er begriff nur eins: Der Schacht verschlang Menschen in

Bissen zu zwanzig und dreißig und mit einem so leichten Schlucken, als fühlte er gar nicht deren Durchzug. Um vier Uhr begann der Abstieg der Arbeiter. Sie kamen aus der Baracke, barfüßig, mit der Laterne in der Hand, in kleinen Gruppen wartend, bis sie in genügender Anzahl waren. Geräuschlos, mit dem stillen Auftauchen eines Nachttieres, erschien der Eisenkäfig aus der finsteren Tiefe, setzte sich auf die Riegel mit seinen vier Stockwerken, deren jedes zwei mit Kohlen gefüllte Hunde enthielt. Auf den verschiedenen Absätzen holten Arbeiter die Hunde heraus und ersetzten sie durch andere, entweder leere oder mit Grubenholz beladene. Und in den leeren Hunden nahmen die Arbeiter Platz, zu fünf und fünf, bis zu vierzig auf einmal, wenn sie alle Abteilungen einnahmen. Eine Weisung erging durch das Sprachrohr, darauf folgte ein dumpfes, undeutliches Brüllen, während man viermal an dem Seil des unteren Signals zog, um die Ankunft dieser Ladung von menschlichem Fleisch anzukündigen. Dann, nach einem leichten Emporschnellen, sank die Schale geräuschlos hinab, fiel wie ein Stein, ließ nichts hinter sich zurück als den vibrierenden Lauf des Seiles.

,,Ist das tief?" fragte Etienne einen Grubenarbeiter, der neben ihm stand und mit schläfriger Miene wartete, bis die Reihe an ihn kam. ,,Fünfhundertvierundfünfzig Meter", sagte der Mann. ,,Aber es gibt vier Absätze, den ersten in einer Tiefe von dreihundertundzwanzig Metern."

Beide schwiegen, die Augen auf das Seil gerichtet, das jetzt emporstieg. Etienne fragte wieder:

,,Und wenn das reißt?"

,,Oh, wenn das reißt..."

Der Grubenarbeiter beendete den Satz mit einer Gebärde. Er war an der Reihe, die Schale war mit ihrer leichten, mühelosen Bewegung wieder erschienen. Er hockte darin nieder in Gesellschaft von Kameraden, und die Schale sank: dann, nach kaum vier Minuten, tauchte sie wieder auf, um eine neue Ladung von Männern zu verschlingen. Eine halbe Stunde lang fraß der Schacht in dieser Weise Menschen, mit einem mehr oder minder gierigen Schlund, je nach der Tiefe des Absatzes, wohin sie abstiegen, aber unaufhörlich, immer hungrig, ein Riesendarm, der ein Volk zu verdauen vermochte. Das füllte sich wieder und immer wieder, und die finstere Tiefe blieb stumm, die Schale stieg mit der nämlichen gefräßigen Stille aus der Leere auf.

Etienne wurde schließlich von demselben Unbehagen ergriffen, das er schon auf dem Hügel gefühlt hatte. Was nützte seine Hartnäckigkeit? Dieser Oberaufseher wird ihn ebenso verabschieden wie die anderen. Eine unbestimmte Angst brachte ihn plötzlich zu einem Entschluß: er ging fort und machte draußen erst vor dem Gebäude der Dampferzeuger halt. Das weit offene Tor ließ sieben Kessel mit je zwei Herden sehen. Inmitten des weißen Dunstes und des unter lautem Pfeifen entweichenden Dampfes war ein Heizer damit beschäftigt, einen der Feuerherde frisch zu füllen, dessen sengende Glut man bis zur Schwelle fühlte. Dieser Wärme sich freuend, trat der junge Mann näher, als er einem neuen Trupp von Kohlenarbeitern begegnete, die eben bei der Grube eintrafen. Es waren die Maheu und die Levaque. Als er an der Spitze des Trupps Catherine mit ihrem sanften Knabenantlitz erblickte, kam ihm der abergläubische Gedanke, noch eine letzte Frage zu wagen.

,,Sagen Sie, Kamerad, braucht man hier nicht einen Arbeiter für welche Arbeit immer?"

Sie sah ihn überrascht an, ein wenig erschreckt über diese plötzlich aus dem Dunkel auftauchende Stimme. Doch Maheu, der hinter ihr kam, hatte die Frage gehört und beantwortete dieselbe, indem er sich einen Augenblick zum Plaudern gönnte. Nein, man bedürfe keines Arbeiters, sagte er. Dieser arme Teufel, dieser herumirrende Arbeiter interessierte ihn. Als er ihn verließ, sagte er zu den anderen: ,,Schaut, so könnte es auch uns ergehen! ... Man muß nicht allzuviel klagen. Nicht alle haben Arbeit bis über den Kopf."

Der Trupp trat ein und begab sich geradenwegs zur Baracke, einem weiten Saal mit grobem Kalkbewurf, ringsum mit Schränken angefüllt, die mit Vorlegeschlössern verschlossen waren. In der Mitte stand ein eiserner Kamin, eine Art Ofen ohne Tür, feuerrot, dermaßen vollgestopft mit glühender Kohle, daß einzelne Stücke platzten und auf den gestampften Boden herausfielen. Der Saal war nur durch diesen Ofen erhellt, dessen blutrote Reflexe an dem schmutzigen Gebälk tanzten, bis hinauf zu dem mit schwarzem Staub belegten Plafond.

Als die Maheu ankamen, gab es lautes Gelächter in dem heißen Saal. Etwa dreißig Arbeiter standen da mit dem Rücken zum Feuer gewendet, mit einer Miene des Behagens sich röstend. Vor dem Abstieg kamen alle hierher und nahmen in ihrer Haut ein Stück Wärme mit, um der Feuchtigkeit des Schachtes Trotz bieten zu können. An diesem Morgen gab es einen Spaß; man scherzte mit der Mouquette, einer Schlepperin von achtzehn Jahren, einer gutmütigen Dirne, deren riesiger Busen und Hinterteil die Jacke und Hose zu sprengen drohten. Sie wohnte zu Rèquillart mit ihrem Vater, dem alten Mouquet, der als Stallknecht diente, und ihrem Bruder Mouquet, der bei der Winde beschäftigt war; allein, da die Arbeitsstunden nicht für alle die nämlichen waren, ging sie allein zur Grube. Zur Sommerszeit im Getreide, zur Winterszeit an eine Mauer gelehnt, gab sie sich dem Vergnügen hin in Gesellschaft des für die Woche erkorenen Schatzes. Das ganze Bergwerk kam an die Reihe, sämtliche Kameraden in einem Turnus, ohne daß die Sache weitere Folgen hatte. Eines Tages, als man ihr einen Nagelschmied von Marchiennes zum Vorwurf machte, da barst sie schier vor Zorn und schrie, daß sie zuviel Selbstachtung habe und sich einen Arm abhacken würde, wenn jemand sich schmeicheln könnte, sie mit einem andern als mit einem Kohlenarbeiter gesehen zu haben.

,,Ist's denn nicht mehr der lange Chaval?" fragte ein Arbeiter spöttisch. ,,Du hast diesen Kleinen genommen? Aber der braucht ja eine Leiter! ... Ich sah euch neulich hinter Rèquillart. Zum Beweis ist er auf einen Eckstein

gestiegen ..." – „Was weiter?" erwiderte die Mouquette wohlgelaunt. „Was hat es dich zu kümmern? Man hat dich nicht gerufen, daß du nachhelfest."
Diese gutmütige Roheit erregte neue Heiterkeitsausbrüche der Männer, die ihre halb gebratenen Schultern blähten, während sie selbst vom Lachen geschüttelt in der Schamlosigkeit ihres Kostüms unter ihnen herumging, welches mit seinen bis zur Ungesundheit angeschwollenen Fleischklumpen komisch und beängstigend zugleich war.
Doch alsbald wich die Heiterkeit wieder. Die Mouquette erzählte Maheu, daß die lange Fleurance nicht mehr kommen werde; man habe sie gestern tot und starr in ihrem Bett gefunden. Die einen redeten von einem Herzübel, die anderen von einer allzu hastig geleerten Schnapsflasche. Maheu war verzweifelt über diese Nachricht; dies sei nun wieder ein Unglück, er verlor eine seiner Hilfsarbeiterinnen, ohne sie sogleich ersetzen zu können. Er arbeitete im Akkord; sie waren ihrer vier Hauer in seinem Schlag: er, Zacharie, Levaque und Chaval; wenn sie nur mehr Catherine als Schlepperin haben, wird die Arbeit sicherlich dabei leiden. Plötzlich rief er aus: „Halt! und der Mann, der vorhin Arbeit suchte?"
Eben kam Dansaert bei der Baracke vorüber. Maheu erzählte ihm die Geschichte und bat um die Ermächtigung, den Mann anzuwerben; dabei betonte er das Bestreben der Gesellschaft, die Hilfsarbeiterinnen durch Burschen zu ersetzen wie in Anzin. Der Oberaufseher lächelte zuerst, denn der Vorschlag, die Frauen von der Grubenarbeit auszuschließen, mißfiel gewöhnlich den Köhlern, die um die Anstellung ihrer Töchter besorgt waren, wenig berührt durch die Frage der Sittlichkeit und der Gesundheit. Nach kurzem Zögern gab er endlich seine Einwilligung, mit dem Vorbehalt jedoch, die Genehmigung seiner Entscheidung bei Herrn Négrel, dem Ingenieur, einzuholen.
„Oh, der Mann muß schon weit sein, wenn er seither immer geht", sagt Zacharie. – „Nein", sagte Catherine, „ich habe ihn bei den Dampfkesseln stehenbleiben sehen." – „Lauf ihm nach, Maulaffe!" rief Maheu.
Das Mädchen setzte sich in Lauf, während ein Trupp Arbeiter zum Schacht hinaufging und anderen das Feuer überließ. Auch Jeanlin holte seine Laterne, ohne den Vater abzuwarten, mit ihm Bébert, ein dicker, naiver Junge, und Lydie, ein schwächliches Mädchen von zehn Jahren. Die Mouquette, die vor ihnen aufgebrochen war, brach in dem dunklen Treppengang in ein Geschrei aus, nannte sie schmutzige Rangen und drohte ihnen mit Maulschellen, wenn sie sie wieder in die Beine kniffen.
Etienne plauderte in der Tat bei den Kesseln mit dem Heizer, der die Öfen frisch füllte. Es überlief ihn eiskalt bei dem Gedanken, daß er wieder in die finstere Nacht hinaustreten sollte. Indes entschloß er sich zum Aufbruch, als er eine Hand auf seiner Schulter fühlte.
„Kommt", sagte Catherine, „es ist etwas da für Euch."
Er begriff nicht sogleich, dann wallte die Freude in ihm auf, und er drückte dem Mädchen kräftig die Hände.
„Dank, Kamerad ... Ihr seid ein guter Junge, wahrhaftig!"
Sie begann zu lachen, während sie ihn in dem roten Licht der Feuerherde betrachtete. Es machte ihr Spaß, daß er sie für einen Jungen hielt, weil sie noch so schmächtig und ihr Haarknoten unter der Haube verborgen war. Auch er lachte zufrieden, und sie standen einen Augenblick mit frohen Gesichtern einander gegenüber. Maheu hockte in der Baracke vor seiner Kiste und zog seine Holzschuhe und Wollstrümpfe aus. Als Etienne kam, wurde alles in vier Worten geregelt: dreißig Sous Taglohn für eine anstrengende Arbeit, die er bald erlernen wird. Der Hauer riet ihm, seine Schuhe an den Füßen zu behalten, und er lieh ihm einen alten ledernen Hut zum Schutz für seinen Schädel, eine Vorsicht, welche der Vater und seine Kinder verschmähten. Man holte das Arbeitsgerät aus der Kiste, wo sich zufällig auch die Schaufel der Fleurance vorfand. Dann, als Maheu die Holzschuhe und die Strümpfe aller sowie das Bündel Etiennes in der Kiste verschlossen hatte, verlor er plötzlich die Geduld.
„Was macht denn dieser Tölpel von Chaval?" rief er. „Sicherlich hat er wieder eine Dirne auf einen Steinhaufen hingeworfen. Wir haben uns heute um eine halbe Stunde verspätet."
Zacharie und Levaque brieten sich ruhig die Schultern. Ersterer sagte schließlich: „Du wartest auf Chaval? Er ist vor uns gekommen und sogleich eingefahren." – „Wie, du weißt das und sagst mir nichts davon? Vorwärts, sputen wir uns!"
Catherine, die ihre Hände wärmte, mußte dem Trupp folgen. Etienne ließ sie vorausgehen und stieg hinter ihr hinan. Wieder kam er durch ein ganzes Wirrsal von Treppen und dunklen Gängen, wo die nackten Füße das weiche Geräusch von altem Schuhwerk hervorbrachten. Schließlich befand man sich vor der hell beleuchteten Laternenkammer. Diese war ein durch eine Glaswand abgesonderter Raum voll Gestellen, wo es in übereinandergelegten Fächern Hunderte von Davyschen Sicherheitslampen gab, die, nachdem sie sorgfältig untersucht und nach dem gestrigen Gebrauch gereinigt worden waren, angezündet wurden und den brennenden Kerzen einer erleuchteten Kapelle glichen. Am Schalter empfing jeder seine Laterne, die mit seiner Chiffre gestempelt war, dann prüfte er sie und schloß sie selbst, während ein an einem Tisch sitzender Beamter, der Markör, in einem Register die Stunde der Einfahrt verzeichnete. Maheu mußte einschreiten, um die Laterne für seinen neuen Eggenmann zu erwirken. Noch eine Vorsichtsmaßregel wurde beachtet: die Arbeiter zogen an einem Kontrolleur vorüber, der sich vergewisserte, ob auch alle Laternen wohl verschlossen seien.
„Alle Wetter, hier ist es nicht warm", murmelte Catherine zähneklappernd.
Etienne begnügte sich, mit dem Kopf zustimmend zu nicken. Er stand wieder vor dem Schacht, in der Mitte des weiten, von Luftzügen durchfegten Saales. Gewiß, er hielt sich für tapfer, und dennoch faßte ihn ein unbehag-

liches Gefühl der Aufregung an der Gurgel inmitten des Dröhnens der rollenden Hunde, der dumpfen Schläge der Signalhämmer, des heisern Geheuls des Sprachrohrs, angesichts des unablässigen Fluges der Kabel, welche durch die Wellen der Maschine mit voller Dampfkraft auf- und abgerollt wurden. Die Schalen stiegen auf und nieder mit ihrem stillen Gleiten eines nächtlichen Tieres, immer wieder Männer verschlingend, welche der Schacht zu trinken schien. Er war jetzt an der Reihe; ihm war sehr kalt, aber er bewahrte ein nervöses Stillschweigen, über welches Zacharie und Levaque sich lustig machten; denn diese beiden mißbilligten die Anwerbung dieses Unbekannten, besonders Levaque, der beleidigt war, weil man ihn nicht zu Rate gezogen hatte. Darum war denn auch Catherine ordentlich froh, als sie hörte, wie ihr Vater dem jungen Mann die Dinge erklärte.

,,Schauen Sie, oberhalb der Schale gibt es einen Fallschirm, eiserne Krampen, die sich in die Falzen einhaken, wenn die Leitung reißt. Die Schutzvorrichtung funktioniert, aber nicht immer ... Der Schacht ist in drei Abteilungen gesondert, die von oben bis hinunter durch Planken abgeschlossen sind; in der Mitte laufen die Schalen, links ist der Schacht der Leitern ...'' Doch er unterbrach sich, um mürrisch, aber nur halblaut zu sagen: ,,Aber was treiben wir da? Ist es erlaubt, uns so gottsjämmerlich frieren zu lassen!''

Der Aufseher Richomme, der sich ebenfalls zur Einfahrt rüstete und dessen Laterne mit frei brennender Flamme an seinem Barett hing, hörte diese Klage.

,,Hab' acht, die Wände haben Ohren!'' brummte er in väterlichem Tone, als alter Arbeiter, der für seine Kameraden gütig geblieben war. ,,Die Vorbereitungen müssen doch gemacht werden. Da, wir sind schon dabei; steige mit deinen Leuten ein.''

In der Tat harrte ihrer, fest in den Ankern sitzend, die durch Blechplatten und ein enges Drahtnetz geschützte Schale. Maheu, Zacharie, Levaque und Catherine schlüpften in einen rückwärtigen Kasten, und weil ihrer fünf dort Platz finden sollten, folgte ihnen Etienne dahin; allein, da die guten Plätze schon besetzt waren, mußte er neben dem Mädchen niederhocken, dessen Ellbogen ihm den Bauch bearbeitete. Seine Lampe war ihm im Wege; man riet ihm, sie in ein Knopfloch seiner Jacke zu hängen. Aber er hörte nicht und behielt sie ungeschickt in der Hand. Das Einsteigen der Arbeiter dauerte fort, über und unter ihnen; es war wie eine verworrene Verladung von Vieh. Was ging denn vor, daß man noch immer nicht abfahren konnte? Sein ungeduldiges Harren schien ihm schon lange bange Minuten zu währen. Endlich gab es einen Ruck, und alles versank, die Gegenstände um ihn her schienen zu entfliegen; er selbst hatte ein schwindelerregendes, beklemmendes Gefühl des Fallens, welches ihm die Eingeweide zusammenzog. Das währte so lange, als sie im Tageslicht waren und inmitten der rollenden Flucht des Gebälks durch die zwei Stockwerke des Aufnahmesaales fuhren. Dann, als sie in die Finsternis des Schachtes hinabgesunken waren, war er wie betäubt und hatte nicht mehr das klare Bewußtsein seiner Empfindungen.

,,Nun sind wir eingefahren'', sagte Maheu ruhig.

Alle waren guten Mutes; nur er fragte sich zuweilen, ob er steige oder sinke. Wenn die Schale gerade niederfiel, ohne die Falzen zu berühren, dann schien es, als wäre sie in Unbeweglichkeit; dann kam wieder ein plötzliches Erzittern, ein gewisses Hüpfen in den Balken, welches ihm die Angst vor einer Katastrophe einjagte. Er konnte übrigens hinter dem Drahtgitter, an das er sein Antlitz drückte, die Wände des Schachts nicht unterscheiden. Die Laternen beleuchteten nur undeutlich die zusammengepferchten Leiber zu seinen Füßen. Nur die frei brennende Lampe des Aufsehers in dem benachbarten Hund glänzte wie ein Leuchtfeuer.

,,Dieser Schacht hat vier Meter im Durchmesser'', fuhr Maheu in seiner Belehrung fort. ,,Die Verzimmerung müßte schon erneuert werden, denn das Wasser sickert auf allen Seiten durch ... Jetzt kommen wir auf dem Niveau an; hören Sie?''

Etienne fragte sich eben, was dieses platzregenartige Geräusch bedeuten möge. Zuerst hatten einige dicke Tropfen auf das Dach der Schale aufgeschlagen, wie beim Beginn eines Wolkenbruches; jetzt verdichtete sich der Regen, floß in einem Strom, verwandelte sich zu einer wahren Sintflut. Das Dach war ohne Zweifel durchlöchert, denn ein Wasserfaden floß auf seine Schulter herab und durchnäßte ihn bis auf die Haut. Die Kälte wurde eisig; man versank in feuchter Finsternis, dann fuhr man rapid durch eine blendende Helle; es war wie die Vision einer Höhle, wo Menschen sich bewegen, im Licht eines Blitzes gesehen. Schon sank man wieder in das Nichts. Maheu sagte: ,,Das ist der erste Absatz. Wir sind jetzt dreihundertundzwanzig Meter tief ... Betrachten Sie nur die Schnelligkeit.''

Er hob die Laterne und beleuchtete einen Balken der Leitung, welcher mit solcher Geschwindigkeit dahineilte wie ein Schienengleis unter einem mit vollem Dampf dahinrollenden Zug; und darüber hinaus war noch immer nichts zu sehen. Es folgten noch drei Absätze, deren Helle man im Flug durchfuhr. Der Regen prasselte mit betäubendem Geräusch durch die Finsternis hernieder.

,,Wie tief das ist!'' murmelte Etienne. Ihm war, als währte dieser Fall seit Stunden. Er litt infolge der unbequemen Stellung, die er in dem Kasten eingenommen hatte, wagte aber dennoch nicht, sich zu rühren; besonders der Ellbogen Catherines marterte ihn. Sie sprach kein Wort; er fühlte bloß, wie sie so eng an ihn gelehnt dasaß, daß sie ihn erwärmte. Als die Schale endlich am Grund des Schachtes, in einer Tiefe von fünfhundertvierundfünfzig Metern, hielt, war er erstaunt zu hören, daß der Abstieg genau eine Minute gedauert habe. Doch das Geräusch der Anker, die sich einhakten, und das Gefühl der Festigkeit unter seinen Füßen gaben ihm sogleich seine gute Laune wieder, und zum Spaß redete er Catherine mit du an.

,,Was hast du nur unter der Haut, daß du so warm bist?

... Dein Ellbogen ist mir sicherlich in den Bauch eingedrungen."

Nun brach auch sie in Gelächter aus. Wie konnte er so albern sein, sie noch immer für einen Jungen zu halten? Hatte er denn die Augen verstopft? ,,In den Augen hast du meinen Ellbogen, nicht im Bauch", erwiderte sie mit einem neuerlichen Heiterkeitsausbruch, welchen der überraschte junge Mann sich nicht zu erklären wußte.

Die Schale leerte sich; die Arbeiter durchschritten einen Saal. Dieser Saal war in den Felsen gehauen, mit gemauertem Gewölbe, durch große Lampen mit frei brennendem Licht erhellt. Die Verlader rollten die vollen Hunde mit dröhnendem Geräusch auf dem mit gußeisernen Platten belegten Boden dahin. Von den nassen Mauern ging ein Kellergeruch aus, eine nach Salpeter riechende Kühle, zuweilen durchweht von einem warmen Odem, der aus dem benachbarten Stall kam. Vier Stollen öffneten sich hier klaffend.

,,Nach dieser Richtung", sagte Maheu zu Etienne. ,,Wir sind noch nicht am Ziel; wir haben gut zwei Kilometer zurückzulegen."

Die Arbeiter trennten sich, verloren sich gruppenweise in der Tiefe dieser schwarzen Höhlen. Ihrer fünfzehn wandten sich nach dem linksseitigen Stollen; Etienne ging als letzter hinter Maheu, dem Catherine, Zacharie und Levaque vorausschritten. Es war ein schöner Abfuhrstollen, quer durch die Schicht angelegt und von so festem Gestein, daß er nur stellenweise untermauert werden mußte. Einzeln schritten sie dahin, immer fürbaß, ohne ein Wort zu sprechen, in dem schwachen Licht ihrer Laternen. Der junge Mann strauchelte bei jedem Schritt; seine Füße blieben in den Schienen stecken. Seit einer Weile wurde er durch ein dumpfes Getöse geängstigt; es war wie das Grollen eines fernen Gewitters, das an Heftigkeit zuzunehmen und aus dem Innern der Erde zu kommen schien. War es der Donner eines Einsturzes, der die ungeheure Masse, die sie vom Tageslicht trennte, in Trümmer legte? Jetzt durchzuckte eine Helle die Nacht, und er fühlte den Fels erzittern. Als er sich gleich seinen Kameraden knapp an die Wand gestellt hatte, sah er vor seinem Antlitz ein großes weißes Pferd vorüberziehen, welches vor einen Zug von Hunden gespannt war. Auf dem ersten Hund saß Bébert, die Zügel haltend, während Jeanlin, die Fäuste auf den Rand des letzten Hundes gestemmt, mit nackten Füßen hinterdrein lief.

Sie setzten nun ihren Marsch fort. Weiterhin kam ein Kreuzweg; hier öffneten sich zwei neue Stollen, und der Trupp teilte sich abermals; die Arbeiter verteilten sich nach und nach auf alle Werkplätze in der Grube. Der Stollen war hier mit einer Pölzung versehen; Eichensparren stützten die Decke und bildeten um den leicht einfallenden Fels eine Verkleidung von Gebälk, hinter der man die Schieferplatten mit ihrem Glimmerglanz und die plumpe, glanzlose, ruppige Masse des Sandsteins sah. Züge von vollen oder leeren Hunden kamen unablässig vorüber, kreuzten sich, mit ihrem Dröhnen, das sich im Dunkel verlor, wie fortgezogen durch undeutlich sichtbare Tiere in einem gespensterhaften Trab. Auf einem Nebengeleise lag, einer langen, schwarzen Schlange gleichend, ein Kohlenzug, dessen Pferd schnaubte, dermaßen in Dunkelheit getaucht, daß das kaum sichtbare Hinterteil des Tieres einem von der Wölbung niedergefallenen Block glich. Lüftungstüren öffneten und schlossen sich langsam. Und in dem Maße, als man weiterkam, wurde der Stollen immer enger, immer niedriger, mit ungleichem Dach, das die Arbeiter unaufhörlich zwang, sich zu bücken.

Etienne fuhr mit dem Kopf hart an die Decke. Ohne den Schutz der Lederkappe hätte er sich den Schädel eingerannt. Indes folgte er aufmerksam den geringsten Bewegungen des Maheu, dessen dunkler Schattenriß sich von dem Licht der Laternen abhob. Keiner der Arbeiter stieß sich an, sie mußten jeden Ast an der Verzimmerung, jeden Vorsprung der Bergwand kennen. Der junge Mann litt auch durch den rutschigen Boden, der immer nässer wurde. Zuweilen kam er durch wahre Pfützen, deren Vorhandensein nur durch das klatschende Geräusch der Füße verraten wurde. Doch was ihn hauptsächlich in Erstaunen versetzte, das war der plötzliche Temperaturwechsel. Am Grund des Schachtes war es sehr kühl, und in dem Abfuhrstollen, wo alle Luft der Grube ihren Durchzug hatte, wehte ein eisiger Wind, der zwischen den engen Mauern zur Heftigkeit eines Sturmes anschwoll. Weiterhin, in dem Maße, als man die anderen Wege einschlug, die nur eine spärliche Lüftung hatten, fiel der Wind und stieg die Wärme bis zu einer bleischweren, erstickenden Schwüle.

Maheu hatte den Mund nicht mehr geöffnet. Er bog rechts in einen neuen Stollen ein und sagte nur zu Etienne, ohne sich umzudrehen: ,,Der Wilhelmsstollen."

In diesem Stollen war ihr Bau. Gleich nach den ersten Schritten stieß Etienne überall mit dem Kopf und den Ellbogen an. Die abschüssige Decke senkte sich so tief hernieder, daß er in einer Länge von zwanzig bis dreißig Metern auf den Knien fortrutschen mußte. Das Wasser reichte ihm bis zu den Knöcheln. So hatte man einen Weg von etwa zweihundert Metern zurückgelegt, als er plötzlich Zacharie, Levaque und Catherine verschwinden sah, die durch einen schmalen Spalt, den er vor sich sah, entschlüpft zu sein schienen.

,,Jetzt gilt's emporzuklettern", sagte Maheu. ,,Hängen Sie die Laterne in ein Knopfloch und halten Sie sich an der Verzimmerung fest."

Nun verschwand auch er selbst. Etienne mußte ihm folgen. Dieser Kamin in der Ader war für die Arbeiter freigelassen und diente als Zugang für alle Seitenwege. Er hatte den Durchmesser der Kohlenschicht, kaum sechzig Zentimeter. Glücklicherweise war der junge Mann von schmächtiger Figur; denn ungeschickt wie er noch war, rang er sich mit einem überflüssigen Aufwand von Muskelkräften empor, Schultern und Hüften einziehend, an die Hölzer der Verzimmerung sich klammernd, mit Hilfe der aufgestemmten Handknöchel vorwärts strebend. Fünfzehn Meter weiter oben fand man den ersten Seitengang; doch sie mußten weiter, denn der Schlag von Maheu und Genossen befand sich im sechsten Gang, in der ,,Höhle", wie sie sagten. Und von fünfzehn zu fünfzehn Metern lag ein Gang über dem andern; der Aufstieg wollte kein Ende nehmen, durch diesen Spalt, der Rücken und Brust abschürfte. Etienne keuchte, als hätte das Gewicht der Felsen ihm die Glieder zermalmt; seine Hände waren zerrissen, seine Beine todmüde, und vor allem fehlte es ihm an Luft, so daß er das Gefühl hatte, als wollte das Blut ihm die Haut platzen machen. In einem Seitenweg sah er undeutlich zwei Geschöpfe hocken, ein kleines und ein dickes, welche Hunde schoben; es waren Lydie und die Mouquette, schon bei der Arbeit. Und nun hatte er noch zwei Schläge zu erklettern. Der Schweiß blendete ihn; er zweifelte daran, die anderen zu erreichen, deren gelenkige Glieder er an dem Felsen entlang dahingleiten hörte.

,,Mut, wir sind zur Stelle", hörte er Catherine sagen.

Doch als er tatsächlich an Ort und Stelle war, rief eine andere Stimme aus der Tiefe des Schlages heraus: ,,Nun, was ist denn? Wollt ihr uns etwa zum besten halten? Ich komme von Montsou, habe zwei Kilometer zurückzulegen und bin der erste am Platz!"

Es war Chaval, ein großer, magerer Mensch von fünfundzwanzig Jahren, knochig, mit scharf ausgeprägten Zügen. Er ärgerte sich, weil man ihn hatte warten lassen. Als er Etienne bemerkte, fragte er im Tone der Überraschung und Geringschätzung: ,,Wer ist denn das?" Und als Maheu ihm die Geschichte erzählt hatte, brummte er zwischen den Zähnen: ,,So? die Burschen essen jetzt das Brot der Dirnen?"

Die beiden Männer tauschten einen Blick aus, in welchem der instinktive Haß plötzlich aufflammte. Etienne hatte den Schimpf empfunden, ohne die Bemerkung recht zu verstehen. Es herrschte Stille, und alle gingen an die Arbeit. Die Adern füllten sich allmählich, man war bei allen Schlägen in voller Tätigkeit, in jedem Stockwerk, am Ende eines jeden Minenganges. Der gefräßige Schacht hatte seine tägliche Ration Menschen verschlungen, nahezu siebenhundert Arbeiter, die jetzt in diesem riesigen Ameisenbau arbeiteten, die Erde von allen Seiten durchlöchernd, daß sie aussah wie altes, wurmstichiges Holz. Und wenn man inmitten der bedrückenden Stille, die hier unter den tiefen Schichten herrschte, das Ohr an den Felsen legte, konnte man die Arbeit dieser in Bewegung befindlichen Menschenkäfer hören, angefangen von dem Flug des Kabels, welches die Fördermaschine auf- und niedersteigen ließ, bis zu den Schlägen der Werkzeuge, welche in der Tiefe der Haue die Kohle aus dem Gestein brachen.

Als Etienne sich umwandte, fand er sich abermals an Catherine gedrängt. Doch diesesmal verspürte er die beginnenden Rundungen ihres Busens, und er erklärte sich auch sogleich die Wärme, die ihn durchdrungen hatte.

,,Du bist ein Mädchen?" murmelte er betroffen. Worauf sie in heiterem Ton und ohne zu erröten erwiderte: ,,Gewiß ... Aber du hast lange gebraucht, um es zu merken."

IV

Die vier Hauer lagen, einer über dem andern, auf dem sanft ansteigenden Flöz hingestreckt. Durch den Bretterverschlag getrennt, welcher die abgeschlagene Kohle festhielt, nahm jeder etwa vier Meter Raum in dem Minengang ein. Die Ader war an dieser Stelle so dünn – kaum fünfzig Zentimeter – daß sie gleichsam zwischen Decke und Mauer eingezwängt lagen, mittels der Knie und Ellbogen sich fortbewegend, bei der geringsten Bewegung mit den Schultern an die Mauer stoßend. Sie mußten, um die Kohle anzubrechen, auf der Seite liegen, mit zurückgebogenem Halse, und schräg die kurzstielige Spitzhacke schwingen.

Zuunterst lag Zacharie, Levaque und Chaval über ihm und ganz oben Maheu. Jeder bearbeitete zuerst die Schicht mit der Spitzhacke, machte dann zwei vertikale Einschnitte und löste schließlich den Block los, indem er am oberen Teil ein Eisen einstemmte. Die Steinkohle war fett: der Block zerbrach und rollte in Stücken den Bauch und die Schenkel entlang. Wenn diese durch den Verschlag festgehaltenen Stücke sich unter ihnen angesammelt hatten, verschwanden die Hauer, gleichsam eingemauert, in dem engen Spalt.

Maheu litt am meisten. Oben stieg die Temperatur bis auf fünfunddreißig Grad; es gab keine Luftbewegung mehr; der Druck wurde auf die Dauer tödlich. Er hatte, um deutlich zu sehen, seine Lampe an einem Nagel neben seinem Kopf befestigen müssen; und diese neben seinem Schädel brennende Lampe brachte sein Blut vollends zum Sieden. Die schlimmste Marter aber kam von der Nässe. Wenige Zentimeter über seinem Antlitz floß das Wasser aus dem Felsen; dicke Tropfen fielen in unablässiger rascher Folge und einem gewissen beharrlichen Rhythmus immer auf die gleiche Stelle. Vergebens drehte er den Hals: die Tropfen klatschten ihm unablässig ins Gesicht. Nach einer Viertelstunde war er durchnäßt und überdies von Schweiß bedeckt, so daß ein dichter Dampf von ihm ausging wie von feuchter Wäsche. Heute fiel ihm ein Tropfen so hartnäckig ins Auge, daß er zu fluchen begann. Er wollte die Arbeit nicht aufgeben und führte kräftige Schläge, die ihn zwischen den zwei Felsen erschütterten wie eine Blattlaus zwischen zwei Blättern eines Buches unter der Gefahr, vollständig zerdrückt zu werden.

Kein Wort wurde gewechselt. Alle arbeiteten; man hörte nichts als diese unregelmäßigen, dumpfen, gleichsam fernen Schläge. Jedes Geräusch klang rauh, ohne Widerhall in dieser toten Luft. Und es schien, als wäre die Finsternis von einer ganz unbekannten Schwärze, verdichtet durch den fliegenden Kohlenstaub, beschwert durch die Gase, die auf die Augen drückten. Die Dochte der Lampen unter ihrem Hütchen von metallischer Leinwand waren in dieser Luft nur rötliche Punkte. Man konnte nichts unterscheiden; gähnend öffnete sich der Schlag und stieg hinan wie ein breiter, platter, schräger Kamin, wo der durch zehn Winter angehäufte Ruß eine tiefe Finsternis verursacht. Gespensterhafte Formen bewegten sich darin; die Irrlichter ließen bald die Rundung einer Hüfte sehen, bald wieder einen knotigen Arm oder ein dräuendes Haupt, eingeschwärzt, wie um ein Verbrechen zu begehen. Zuweilen leuchteten die losgelösten Kohlenblöcke an ihren Ecken und Kanten plötzlich in einem kristallischen Widerschein auf. Dann versank wieder alles in Dunkelheit; die Spitzhacken arbeiteten mit dumpfen Schlägen; man hörte nichts als das Keuchen der Brüste und das Murren des Unbehagens und der Ermüdung in der drückenden Luft und dem strömenden Regen.

Zacharie, dessen Arme nach einer gestrigen Schwelgerei noch ganz schlaff waren, ließ die Arbeit bald im Stich, indem er die Notwendigkeit, die Wand zu verholzen, vorschützte. Dies gestattete ihm eine kleine Ruhepause, während der er leise vor sich hinpfiff und in die Leere starrte. Hinter den Hauern waren nahezu drei Meter der Ader hohl, ohne daß sie noch die Vorsicht gebraucht hätten, den Felsen zu stützen, unbekümmert um die Gefahr und geizend mit ihrer Zeit.

„He, Aristokrat, reiche mir Holz herauf!" rief der junge Mann Etienne zu.

Etienne, der von Catherine lernte, wie die Schaufel zu gebrauchen sei, mußte Holz nach dem Schlag hinaufschaffen. Es war noch vom gestrigen Tag ein kleiner Vorrat da. In der Regel wurde jeden Morgen das Holz hinabgeschafft, fertig geschnitten, je nach der Mächtigkeit der Schicht.

„Spute dich doch, verdammter Faulpelz", rief Zacharie, als er sah, wie der neue Eggenmann inmitten der Kohlen mühselig emporkletterte, die Arme mit vier Stück Eichenholz beschwert.

Er machte mit seiner Spitzhacke einen Einschnitt in der Decke, dann einen zweiten in der Wand; in diese Einschnitte stemmte er die beiden Enden der Hölzer, und so stützte er den Felsen. Des Nachmittags holten die Erdarbeiter den Schutt, welchen die Hauer in den Galerien zurückgelassen hatten, und füllten damit die ausgebeuteten Gänge der Ader, wobei sie nur den unteren und den oberen Weg zur Fortschaffung der Kohle freiließen.

Maheu hatte aufgehört zu stöhnen. Endlich hatte er seinen Block los. Er trocknete sich mit dem Rockärmel das schweißbedeckte Gesicht und schaute nach, was Zacharie, der hinter ihm heraufgekommen war, da anfangen wolle.

„Laß das", sagte er, „wir werden nach dem Frühstück nachschauen ... Besser im Schlag fortzufahren, wenn wir unsere Anzahl Hunde fertigbringen wollen." – „Die Decke senkt sich", bemerkte der junge Mann. „Schau, da gibt es einen Riß. Ich fürchte einen Einsturz."

Doch der Vater zuckte mit den Achseln. Ach was, Einsturz! Das wäre auch nicht zum ersten Mal; man wird dabei nicht gleich die Knochen lassen. Er wurde schließlich zornig und sandte seinen Sohn zum vorderen Schlag zurück.

Übrigens benützten alle die Pause, um sich die Glieder geradezurecken. Levaque, der auf dem Rücken liegenblieb, fluchte, weil ihm ein niederfallender Stein den linken Daumen verletzt hatte. Chaval zog wütend das Hemd aus und entblößte so seinen Oberkörper, um weniger durch die Hitze zu leiden. Sie alle waren schon von der Kohle geschwärzt, dicht überzogen von einem feinen Staub, den der Schweiß in schwarze Bäche und Tümpel an den Leibern verwandelte. Maheu ging zuerst wieder an die Arbeit, diesmal tiefer unten, am Fuß der Felswand. Der Wassertropfen fiel ihm jetzt auf die Stirn mit solcher Beharrlichkeit, daß er glaubte, ihm würde schließlich der Schädel durchbohrt werden.

„Achte nicht darauf", sagte Catherine zu Etienne; „sie schreien immer so."

Und als folgsames Mädchen nahm sie ihre Arbeit wieder auf. Jeder beladene Hund kam so zum Tageslicht empor, wie er vom Schlage abgefahren war, mit einer besonderen Marke bezeichnet, damit der Aufnahmebeamte die Ladung auf die Rechnung des betreffenden Werkplatzes setzen könne. Man mußte darauf achten, den Hund ganz voll zu machen und nur reine Kohle zu nehmen, weil sonst die Ladung zurückgewiesen wurde.

Der junge Mann, dessen Augen sich allmählich an die Dunkelheit gewöhnten, sah das Mädchen an; sie war noch weiß, mit ihrem bleichsüchtigen Teint, und er hätte ihr Alter nicht angeben können; er hielt sie höchstens für zwölf Jahre alt, so schwächlich schien sie ihm. Indes fühlte er, daß sie älter sei und mit der Freiheit eines Jungen sich betrage, ja mit einer naiven Unverschämtheit, die ihm ein wenig lästig war. Sie gefiel ihm nicht; er fand sie zu keck, mit ihrem blassen Hanswurstkopf, an dessen Schläfen die Mütze knapp auflag. Doch was ihn in Erstaunen versetzte, war die Stärke dieses Kindes, eine nervöse Kraft, mit großer Behendigkeit gepaart. Sie füllte ihren Karren schneller als er, mit regelmäßigen und flinken Schaufelwürfen; dann schob sie ihn bis zu der schiefen Bahn mit einem einzigen langsamen Stoß, ohne steckenzubleiben, unter den niedrigen Felsen mit Leichtigkeit hinweghuschend. Er hingegen stieß überall an, entgleiste und blieb zurück.

Es war in Wahrheit kein bequemer Weg; die Entfernung von dem Schlag bis zu der schiefen Bahn betrug an die sechzig Meter. Der Weg, den die Erdarbeiter noch nicht erweitert hatten, war ein wahrer Schlauch, mit einer Decke von ungleicher Höhe und mit zahllosen Vorsprüngen; an gewissen Stellen war knapp so viel Raum, daß der beladene Karren hindurchkonnte; der Schlepper mußte sich zu Boden werfen, auf den Knien fortbewegen, um sich nicht den Schädel einzurennen. Überdies begannen die Hölzer sich zu biegen und zu brechen; man sah sie geborsten, in langen, weißen Bruchstücken, allzu schwachen Krücken gleichend. Man mußte auf der Hut sein, um an diesen Holzstücken sich nicht die Haut wundzureißen; und unter dem langsamen, allmählichen Druck, der schenkeldicke Eichenprügel knickte, warf man sich platt auf den Bauch, in der dumpfen Angst, plötzlich den Rücken zerschlagen zu bekommen.

„Schon wieder!" rief Catherine lachend.

Etiennes Karren war an der schwierigsten Stelle entgleist. Es wollte ihm nicht gelingen, den Karren geradeaus fortzuschieben auf diesen Schienen, die in dem feuchten Erdreich sich verbogen; und er fluchte und wetterte und plagte sich wütend mit den Rädern ab, die er trotz äußerster Anstrengungen nicht wieder an ihre Stelle bringen konnte.
„Geduld", sagte das Mädchen; „wenn du zürnst, wird das nicht gehen."
Sie hatte sich hurtig herangeschlichen und rücklings kriechend den Hintern unter den Karren geschoben; mit einem Ruck der Lenden hob sie ihn und brachte ihn wieder an seine Stelle. Es war ein Gewicht von siebenhundert Kilogramm. Überrascht und beschämt stammelte er Worte der Entschuldigung.
Sie mußte ihm zeigen, wie er die Beine spreizen und die Füße an die Hölzer zu beiden Seiten des Stollens stemmen sollte, um feste Stützpunkte zu gewinnen. Der Körper mußte vorgebeugt, die Arme stramm ausgestreckt werden, damit man mit allen Muskeln, mit den Schultern und mit den Hüften anstoßen könne. Während einer solchen Fahrt folgte er ihr und konnte sehen, wie sie rasch dahinfuhr, mit gespanntem Hinterteil, die Fäuste so tief ansetzend, daß sie auf allen vieren zu laufen schien, wie eines jener Zwergtiere, die man in den Zirkussen arbeiten sieht. Sie schwitzte und keuchte, ihre Gelenke krachten; aber sie klagte nicht, sie zeigte den Gleichmut der Gewohnheit, als ob es das gemeinsame Elend aller wäre, so gebeugt zu leben. Ihm aber wollte es nicht gelingen; seine Schuhe belästigten ihn, sein Körper versagte den Dienst bei dieser Art und Weise, mit gesenktem Kopf zu gehen. Schon nach wenigen Minuten wurde diese Körperhaltung für ihn eine Marter, eine unerträgliche, dermaßen schmerzliche Pein, daß er sich einen Augenblick auf die Knie warf, um sich aufzurichten und Atem zu schöpfen.
Bei der abschüssigen Fläche gab es eine neue Schwierigkeit. Sie zeigte ihm, wie man flink seinen Karren einschalten müsse. Auf der Höhe und am Fuße dieser schiefen Ebene, deren sich alle Schläge, von einem Absatz bis zum andern, bedienten, gab es je einen Gehilfen, oben den Bremser, unten den Aufnehmer. Diese beiden Taugenichtse von zwölf und fünfzehn Jahren riefen einander abscheuliche Worte zu, und um sie zu benachrichtigen, mußte man ihnen noch rohere zubrüllen. Dann, sobald ein leerer Karren zum Aufziehen da war, gab der Aufnehmer das Signal, die Schlepperin schaltete den vollen Karren ein, dessen Gewicht den anderen Karren emporsteigen ließ, wenn der Bremser die Bremse lockerte. Unten, in der Galerie am Boden, formierten sich die Züge, welche dann die Pferde bis zum Aufzugsschacht zogen.
„He, ihr verdammten Schlingel!" rief Catherine in die schiefe Ebene hinab, die, vollständig verzimmert, etwa hundert Meter lang war und widerhallte wie ein riesiges Sprachrohr.
Die Burschen schienen auszuruhen, denn sie antworteten nicht, weder der eine noch der andere. In allen Stockwerken ruhte die Abfuhr. Eine dünne Mädchenstimme rief schließlich: „Gewiß liegt wieder einer auf der Mouquette!"
Ein riesiges Gelächter brach los; die Schlepperinnen der ganzen Ader hielten sich die Bäuche.
„Wer ist das?" fragte Etienne Catherine.
Diese nannte ihm die kleine Lydie, ein Gassenmädchen, dem die Augen schon aufgegangen waren und das trotz seiner Puppenärmchen seinen Karren so stramm schob wie ein erwachsenes Weib. Was die Mouquette betraf, so war sie sehr wohl imstande, sich mit beiden Jungen auf einmal abzugeben.
Doch jetzt hörte man den Aufnehmer rufen, die Karren sollen eingeschaltet werden. Ohne Zweifel ging unten ein Aufseher vorüber. Die Abfuhr wurde in den neun Stockwerken wieder aufgenommen; man hörte nichts als die regelmäßigen Rufe der Gehilfen und das Schnauben der Schlepperinnen, die dampfend – gleich allzustark beladenen Stuten – bei der schiefen Ebene ankamen. Der Zug der Bestialität wehte durch die Grube, die plötzlich erwachende Begierde des Mannes, wenn ein Arbeiter einem dieser Mädchen begegnete, die auf allen vieren sich fortbewegten, die Lenden in die Höhe gestreckt, mit ihren Hüften schier die Knappenhose sprengend.
Und sooft er diese Fahrt machte, fand Etienne in der Tiefe des Schlages jedesmal dieselbe drückende Schwüle wieder, die regelmäßig sich wiederholenden dumpfen Schläge der Spitzhacken, die schweren, tiefen Seufzer der Hauer, die hartnäckig bei ihrer Arbeit ausharrten. Alle vier hatten sich entkleidet, lagen unter die Kohle gemengt, bis an die Lederkappe von einer schwarzen Jauche durchnäßt. Einmal hatte man Maheu losmachen müssen, der unter der Last zu röcheln begann, und man hatte die Bretter wegnehmen müssen, um die Kohle auf den Weg hinabgleiten zu lassen. Zacharie und Levaque wetterten gegen die Ader, die – wie sie sagten – „hart" zu werden begann, wodurch die Bedingungen ihres Erwerbes sich ungünstiger gestalteten. Chaval wandte sich um, blieb einen Augenblick auf dem Rücken liegen und schimpfte über Etienne, dessen Anwesenheit ihn augenscheinlich erbitterte.
„He, Blindschleiche! Der ist nicht so stark wie ein Mädchen! ... Willst du rasch deinen Hund füllen? ... Du möchtest wohl deine Ärmchen schonen? Bei Gott, ich behalte deine zehn Sous zurück, wenn uns deinetwegen ein Hund zurückgewiesen wird!"
Der junge Mann vermied es zu antworten; er war bis jetzt gar zu froh, diese Sträflingsarbeit gefunden zu haben und ließ sich die brutale Stufenleiter gefallen, die vom Handlanger bis zum Werkmeister ging. Aber er vermochte nicht mehr zu gehen; seine Füße bluteten, seine Glieder waren von furchtbaren Krämpfen zusammengezogen, sein Rumpf wie von einem eisernen Ring zusammengepreßt. Glücklicherweise war es zehn Uhr; der Werkplatz beschloß zu frühstücken.
Maheu hatte eine Uhr, aber er schaute sie nicht an. In die-

ser sternenlosen Nacht irrte er sich nie um fünf Minuten. Alle legten das Hemd und den Kittel wieder an. Dann stiegen sie vom Schlag herunter und hockten nieder, die Ellbogen an die Seiten gedrückt, mit den Hinterbacken auf den Fersen ruhend, in der Haltung, die den Grubenarbeitern so gewohnt war, daß sie diese selbst außerhalb der Grube beibehielten, ohne eines Pflastersteines oder eines Balkens zu bedürfen, um sich darauf zu setzen. Jeder hatte seinen Ziegel hervorgeholt und aß mit ernster Miene von der dicken Brotschnitte, nur selten ein Wort über die Morgenarbeit fallen lassend. Catherine, die stehengeblieben war, trat schließlich zu Etienne, der sich ein Stück weiterhin quer über die Schienen gelagert hatte, mit dem Rücken an die Verholzung gelehnt. Er hatte da ein fast trockenes Plätzchen gefunden.

„Du ißt nicht?" fragte sie mit vollem Mund, ihren ‚Ziegel' in der Hand.

Dann erinnerte sie sich des Jungen, der in der Nacht herumirrte, ohne einen Sou, vielleicht ohne ein Stück Brot.

„Willst du mit mir teilen?" fragte sie.

Und als er mit der Beteuerung ablehnte, daß er keinen Hunger habe, wobei aber der Schmerz des leeren Magens seine Stimme erzittern ließ, fuhr sie in heiterem Ton fort: „Oh, wenn es dich vielleicht ekelt! ... Doch schau, ich habe nur auf dieser Seite gebissen und will dir die andere Seite geben."

Schon hatte sie die Brotschnitten entzweigebrochen. Der junge Mann hatte seine Hälfte genommen und mußte sich zurückhalten, um sie nicht auf einmal zu verschlingen; und er legte die Arme auf seine Schenkel, damit sie sein Zittern nicht sehe. Mit der ruhigen Miene eines guten Kameraden hatte sie sich neben ihm platt auf den Bauch hingelegt, das Kinn auf die eine Hand gestützt, während sie mit der anderen langsam aß. Ihre Laternen, die zwischen ihnen standen, beleuchteten sie.

Catherine betrachtete ihn einen Augenblick stillschweigend. Sie mußte ihn hübsch finden mit seinem feinen Gesicht und seinem schwarzen Schnurrbart. Ein vergnügtes Lächeln umspielte ihre Lippen. „Also, du bist Maschinist, und man hat dich bei deiner Eisenbahn entlassen ... Warum?" – „Weil ich meinen Chef geohrfeigt hatte."

Sie war verblüfft, völlig verwirrt in ihren ererbten Vorstellungen von Unterwerfung und passivem Gehorsam.

„Ich muß sagen, daß ich getrunken hatte", fuhr er fort. „Wenn ich trinke, so verliere ich den Kopf und möchte mich selbst und andere fressen ... Jawohl; zwei Gläschen genügen, damit ich einen Menschen suche, um ihn zu vertilgen ... Nachher bin ich zwei Tage krank." – „Du sollst nicht trinken", sagte sie in ernstem Tone. – „Oh, sei ohne Angst, ich kenne mich!"

Und er schüttelte dabei den Kopf. Er haßte den Branntwein; es war der Haß des letzten Sprößlings eines Säufergeschlechts, welcher das Übel der ganzen vom Alkohol durchtränkten und verdorbenen Sippe dermaßen im Fleisch hatte, daß ein Tropfen davon für ihn zum Gift wurde.

„Es ärgert mich nur wegen meiner Mutter, daß ich auf die Straße gesetzt wurde", sagte er, nachdem er einen Bissen hinuntergeschluckt hatte. „Meine Mutter ist nicht glücklich, und ich sandte ihr von Zeit zu Zeit ein Hundertsousstück."

„Wo ist denn deine Mutter?" – „Sie ist Wäscherin in Paris, Rue de la Goutte-d'Or."

Es entstand ein kurzes Stillschweigen. Wenn er an diese Dinge dachte, trübte ein Zittern seine schwarzen Augen, gleichsam die vorübergehende Beklemmung des Erbübels, dessen unbekannter Ausgang ihm im Leibe steckte, unter der Hülle seiner jugendlichen Gesundheit. Einen Augenblick saß er da, die Blicke in die Finsternis der Grube getaucht; und in dieser Tiefe, unter der erdrückenden Wucht der Erde sah er seine Kindheit wieder, seine noch schöne und kräftige Mutter, die von seinem Vater verlassen und später, nachdem sie sich mit einem andern verheiratet hatte, wieder in Besitz genommen wurde; die sodann zwischen zwei Männern lebte, die an ihr zehrten, und mit welchen sie in den Straßenkot sank, um in Wein und Unflat unterzugehen. Er erinnerte sich sehr wohl der Straße und vieler Einzelheiten: der schmutzigen Wäsche inmitten der Butike, des Stiefvaters, der mit seiner Trunkenheit das Haus verpestete, der Maulschellen, die es absetzte, daß die Kinnbacken schier aus den Fugen gingen.

„Von meinen dreißig Sous, die ich nun täglich erwerben soll, werde ich ihr nichts schenken können", hub er langsam wieder an. „... Sie wird sicherlich in Not und Elend verkommen."

Er zuckte verzweifelt mit den Achseln und biß wieder in seine Brotschnitte.

„Willst du trinken?" fragte Catherine, indem sie ihre Blechflasche entkorkte. „Oh, es ist Kaffee, der Trunk kann dir nicht schaden ... Man erstickt, wenn man sein Essen so hinunterwürgt." Doch er lehnte ab; es sei schon genug, daß er ihr die Hälfte ihres Brotes genommen habe. Doch sie drang gutherzig in ihn und sagte schließlich: „Wohl denn, ich werde zuerst trinken, weil du so höflich bist ... Nun darfst du aber die Flasche nicht mehr zurückweisen. Das wäre häßlich."

Und sie reichte ihm die Flasche. Sie hatte sich auf den Knien aufgerichtet; er sah sie jetzt ganz nahe bei sich, im Lichte der beiden Lampen. Warum hatte er sie denn häßlich gefunden? fragte er sich selbst. Jetzt, da sie ganz schwarz war, das Gesicht mit feinem Kohlenstaub bestreut, fand er einen seltsamen Reiz an ihr. In diesem in Dunkel getauchtes Antlitz schimmerten die Zähne glänzend weiß aus dem zu groß geratenen Mund hervor: die Augen erweiterten sich und leuchteten mit einem grünlich schimmernden Widerschein wie Katzenaugen. Ein Büschel ihrer roten Haare war unter ihrer Mütze hervorgeschlüpft und kitzelte sie am Ohr, daß sie lachen mußte. Sie schien ihm jetzt nicht mehr so jung und konnte sehr wohl vierzehn Jahre alt sein.

„Um dir gefällig zu sein", sagte er, indem er trank und ihr hernach die Flasche zurückgab.

Sie nahm noch einen Schluck und nötigte ihn, gleichfalls noch einen zu nehmen. Sie wolle mit ihm teilen, sagte sie. Und es machte ihnen Spaß, wie dieser dünne Flaschenhals von einem Munde zum anderen wanderte. Er fragte sich plötzlich, ob er sie nicht in seine Arme nehmen und auf den Mund küssen sollte. Sie hatte dicke Lippen von einer blassen, durch die Kohlenschwärze etwas belebten Röte, und diese Lippen erregten eine quälende, immer stärkere Begierde in ihm. Doch ihm fehlte der Mut, und er blieb schüchtern vor ihr. Er hatte in Lille nur Dirnen der niedrigsten Gattung besessen und wußte nicht, wie er sich einer Arbeiterin gegenüber, die noch im Kreise ihrer Familie lebte, benehmen solle.

„Du mußt etwa vierzehn Jahre alt sein", fragte er, indem er sich wieder an sein Brot machte. Sie war erstaunt, fast beleidigt durch diese Frage. „Was, vierzehn Jahre? Ich bin fünfzehn alt! ... Groß bin ich allerdings nicht ... Die Mädchen wachsen hier langsam."

Er fuhr fort, sie auszufragen. Sie sagte alles, ohne Frechheit und ohne Scham. Ihr war nichts mehr unbekannt vom Mann und vom Weib, obgleich er sehr wohl merken konnte, daß sie an ihrem Körper jungfräulich sei, ein jungfräuliches Kind, in der Reife seines Geschlechtes zurückgeblieben in dieser Umgebung von schlechter Luft und Mühsal, wo sie lebte. Als er wieder auf die Mouquette zu sprechen kam, um sie in Verlegenheit zu bringen, erzählte sie ruhigen, heiteren Tones geradezu entsetzliche Geschichten. Ach, die trieb es bunt! Und als er zu erfahren wünschte, ob sie selbst nicht schon einen Liebsten habe, antwortete sie scherzend, daß sie ihre Mutter nicht kränken wolle, daß dies aber doch notwendigerweise eines Tages werde geschehen müssen. Sie hatte die Schultern eingezogen, denn sie fror ein wenig in ihren vom Schweiß durchtränkten Gewändern. Ihre Miene war sanft und ergeben; sie schien bereit, die Menschen und die Dinge zu ertragen.

„Man findet leicht einen Schatz, wenn man so beisammen lebt, nicht wahr?" fragte er. – „Ganz gewiß." – „Auch schadet das niemandem ... Dem Pfarrer muß man nichts davon sagen."

„Oh, ich kümmere mich wenig um den Pfarrer! Aber der schwarze Mann!" – „Was? Der schwarze Mann?" – „Der alte Bergmann, der in die Grube zurückkommt und den schlimmen Mädchen den Hals umdreht." – „Ach, du glaubst an solche Dummheiten! Weißt du denn nichts?" – „Doch, ich kann schreiben und lesen ... Das ist bei uns von Nutzen; denn zur Zeit von Vater und Mutter lernte man nichts."

Er fand sie entschieden sehr artig und gedachte, sobald sie ihre Brotschnitte beendigt haben würde, sie zu fassen und auf die dicken roten Lippen zu küssen. Es war die Entschlossenheit eines Schüchternen, ein gewaltsamer Gedanke, der ihm die Kehle zuschnürte. Diese Knabenkleidung, die Jacke und das Beinkleid auf diesem Mädchenleib, sie erregten und belästigten ihn. Er hatte seinen letzten Bissen hinuntergewürgt, trank von der Flasche und gab ihr diese zurück, damit sie den letzten Rest trinke. Jetzt war der Augenblick zu handeln gekommen, und er warf einen ängstlichen Blick nach den im Hintergrund sitzenden Arbeitern, als plötzlich ein Schatten vor dem Stollen erschien.

Chaval stand seit einer Weile da und betrachtete sie von der Ferne. Jetzt kam er näher, versicherte sich durch einen Blick, daß Maheu ihn nicht sehen könne; und da Catherine noch immer auf der Erde saß, packte er sie bei den Schultern, beugte ihren Kopf zurück und preßte einen brutalen Kuß auf ihre Lippen, ganz ruhig, augenscheinlich unbekümmert um die Anwesenheit Etiennes. Dieser Kuß war gewissermaßen eine Besitzergreifung, eine Art eifersüchtigen Entschlusses.

Doch das junge Mädchen hatte sich dagegen gewehrt.

„Laß mich, hörst du?" rief sie.

Er hielt ihren Kopf fest und schaute ihr tief in die Augen. Sein roter Schnurr- und Geißbart flammte in seinem schwarzen Gesicht mit der großen Adlernase. Endlich ließ er sie los und ging wortlos seines Weges.

Ein Frösteln überlief Etienne. Es war dumm von ihm, gewartet zu haben. Nein, gewiß, jetzt wird er sie nicht mehr umarmen; sie könnte sonst glauben, er wolle so tun wie der andere. Er war ordentlich trostlos in seiner verletzten Eitelkeit.

„Warum hast du gelogen?" sagte er mit leiser Stimme. „Das ist dein Liebhaber." – „Aber nein, ich schwöre es dir!" rief sie. „Es gibt nicht die geringste Gemeinschaft zwischen uns. Manchmal treibt er Spaß mit mir ... Er ist auch gar nicht aus unserer Gegend; vor sechs Monaten ist er aus dem Pas-de-Calais hierhergekommen."

Beide hatten sich erhoben. Man ging wieder an die Arbeit. Als sie ihn so kühl sah, schien sie darüber verdrossen zu sein. Ohne Zweifel fand sie ihn hübscher als den andern, und sie würde ihn vielleicht vorgezogen haben. Es plagte sie der Gedanke, sich ihm freundlich zu zeigen, gleichsam um ihn zu trösten, und als der junge Mann erstaunt seine Lampe betrachtete, die mit blauer Flamme brannte und einen breiten, blassen Kragen hatte, versuchte sie wenigstens, ihn zu zerstreuen.

„Komm, ich will dir etwas zeigen", flüsterte sie mit kameradschaftlicher Miene.

Als sie ihn in die Tiefe des Schlages geführt hatte, zeigte sie ihm einen Spalt in dem Kohlenflöz. Ein leises Brodeln tönte da hervor, ein schwaches Geräusch, das dem Pfeifen eines Vogels glich.

„Tu deine Hand da her, spürst du den Schwaden? Das sind die bösen Gase, davon entstehen die Grubenbrände."

Er war erstaunt. Die furchtbare Sache, die schlagenden Wetter, die alles in die Luft sprengten: war's nichts weiter als das? Sie erwiderte lachend, es müsse sich davon heute viel angesammelt haben, weil die Lampen mit so blauer Flamme brannten.

„Werdet ihr bald genug geschwätzt haben, Faulenzer!" rief die rauhe Stimme Maheus.

Catherine und Etienne beeilten sich, ihre Karren zu füllen und schoben sie nach der schiefen Ebene, mit steifem

Nacken unter der verzimmerten Decke des Weges dahinkriechend. Schon bei der zweiten Fahrt waren sie von Schweiß bedeckt, und ihre Knochen krachten von neuem.

In dem Schlag hatten die Hauer ihre Arbeit wieder aufgenommen. Oft kürzten sie ihr Frühstück ab, um sich nicht zu erkälten; und ihre „Ziegel", die sie so, fern von der Sonne, mit stummer Gier verzehrt hatten, lagen ihnen bleischwer im Magen. Auf der Seite liegend, hieben sie jetzt fester darauf los und hatten keinen anderen Gedanken als den, möglichst viele Hunde zu füllen. Alles verschwand in der wilden Gier nach dem Erwerb, der ihnen so schwer gemacht wurde. Schließlich fühlten sie das Wasser nicht mehr, das auf sie herabfloß und ihre Glieder anschwellen machte, noch die durch die gezwungenen Stellungen hervorgebrachten Krämpfe, noch endlich die erstickende Luft der Finsternis, in welcher sie bleich wurden wie Kellerpflanzen. Doch in dem Maße, wie der Tag vorrückte, verdarb die Luft immer mehr, erhitzte sich durch den Rauch der Lampen, durch die schlechten Ausatmungen der Arbeiter, durch die Stickluft der bösen Gase; sie lag trübe vor den Augen wie Spinngewebe und konnte nur durch die nächtliche Lüftung weggefegt werden. Die Hauer in ihrem Maulwurfsloch, gleichsam von dem ungeheuren Gewicht der Erde erdrückt, hieben immer darauf los, daß sie schließlich keinen Atem mehr in der keuchenden Brust hatten.

V

Ohne auf seine Uhr zu schauen, die er in seinem Kittel gelassen hatte, hielt Maheu in der Arbeit inne und sagte: „Es ist bald ein Uhr ... Zacharie, bist du fertig?"

Der junge Mann war seit einer Weile mit der Verholzung beschäftigt. Er war bei dieser Arbeit auf dem Rücken liegen geblieben, schaute mit stieren Augen drein und dachte an die Kugelpartien, die er gestern gespielt hatte. Aus seinem Brüten auffahrend, erwiderte er: „Ja, es wird genügen; morgen werden wir weitersehen."

Und er nahm seinen Platz im Schlag wieder ein. Auch Levaque und Chaval hatten die Spitzhaue aus der Hand gelegt. Es trat eine Ruhepause ein. Alle trockneten sich das Gesicht mit ihren nackten Armen und blickten dabei zu dem Dachfelsen empor, dessen glimmerige Masse sich in Blättern spaltete. Sie sprachen nur von ihrer Arbeit.

„Wieder so ein Glückszug, daß wir auf ein abstürzendes Lager gestoßen sind", brummte Chaval. „Auf dem Büro haben sie das nicht in Rechnung gezogen."

„Das sind Gauner", schimpfte Levaque. „Die denken nur daran, wie sie uns prellen können."

Zacharie lachte; ihm war die Arbeit und alles andere gleichgültig, aber es machte ihm Spaß, wenn er über die Unternehmung schimpfen hörte. Maheu erklärte mit seiner ruhigen Miene, daß alle zwanzig Meter die Beschaffenheit des Erdreiches sich ändere. Man müsse gerecht sein: das konnte man nicht vorhersehen. Und als die zwei anderen fortfuhren, die Vorgesetzten zu verlästern, schaute er ängstlich um sich.

„Still! jetzt ist's genug!" – „Du hast recht", sagte Levaque, die Stimme dämpfend. „Es könnte uns übel ergehen."

Eine Angst vor Spionen plagte sie selbst in dieser Tiefe, als ob die Kohle der Aktionäre noch in der Grube Ohren habe.

„Gleichviel", fügte Chaval laut und trotzig hinzu, „wenn dieser Dansaert mit mir wieder in dem neulichen Ton spricht, schleudere ich ihm einen Ziegel an den Magen ... Ich hindere ihn nicht, sich blonde Frauen mit feiner Haut zu gönnen."

Jetzt lachte Zacharie hell auf. Die Liebschaft des Oberaufsehers mit der Frau Pierron war der Gegenstand unaufhörlicher Späße in der Grube. Auch Catherine, die auf ihre Schaufel gestützt am Fuße des Schlages stand, hielt sich die Seiten vor Lachen und klärte mit einigen Worten Etienne auf, während Maheu, von einer Angst ergriffen, die er nicht zu verhehlen suchte, ärgerlich ausrief: „Wirst du schweigen? ... Warte, bis du allein bist, wenn du willst, daß es dir schlimm ergeht."

Er sprach noch, als das Geräusch von Schritten von der oberen Galerie her zu vernehmen war. Fast gleichzeitig erschien auf der Höhe des Schlages der Grubeningenieur, der kleine Négrel, wie die Arbeiter ihn unter sich nannten. In seiner Begleitung befand sich Dansaert, der Oberaufseher.

„Ich sagte es ja", brummte Maheu. „Es sind immer welche da, die aus der Erde hervorkommen."

Paul Négrel, Neffe des Herrn Hennebeau, war ein junger Mann von sechsundzwanzig Jahren, schmächtig und hübsch, mit gekräuselten Haaren und braunem Schnurrbart. Seine spitzige Nase, seine lebhaften Augen gaben ihm das Aussehen eines liebenswürdigen Spürhundes; er war mit einem skeptischen Verstand begabt, der sich im Verkehr mit den Arbeitern in eine spröde Autorität verwandelte. Er war so gekleidet wie sie und gleich ihnen von der Kohle geschwärzt. Um sie zum Respekt zu nötigen, zeigte er einen Mut, bei welchem er oft seine gesunden Knochen riskierte, kletterte durch die schwierigsten Stellen, war bei Einstürzen und schlagenden Wettern der erste am Platz.

„Hier ist's, nicht wahr, Dansaert?" fragte er.

Der Oberaufseher, ein Belgier mit dickem Gesicht und dicker, sinnlicher Nase, erwiderte mit übertriebener Höflichkeit: „Ja, Herr Négrel ... Da ist der Mann, den man heute morgen angeworben hat."

Beide hatten sich in die Mitte des Schlages hinabgleiten lassen. Man ließ Etienne heraufkommen. Der Ingenieur hob seine Lampe in die Höhe und betrachtete ihn, aber ohne eine Frage an ihn zu richten.

„Gut", sagte er endlich. „Ich mag es nicht, daß man unbekannte Leute von den Straßen aufliest ... Tut das nicht wieder!"

Und er wollte die Aufklärungen nicht hören, die man ihm

gab: die Anforderungen der Arbeit, das Streben, bei der Abfuhr die Weiber durch Männer zu ersetzen. Er begann das Dach zu prüfen, während die Hauer wieder zu ihren Geräten gegriffen hatten. Plötzlich rief er aus: „Sagen Sie doch, Maheu, sind denn alle Mahnungen fruchtlos? ... Ihr alle werdet die Knochen da lassen!"

„Oh, das hält noch", antwortete der Arbeiter ruhig.

„Wie, es hält noch? Der Felsen senkt sich doch schon, und ihr stützt ihn in einer Entfernung von mehr als zwei Metern, und auch so nur mit Widerwillen! Oh, ihr seid alle die nämlichen; ihr würdet euch lieber den Schädel zerschmettern lassen, als eine Ader stehen lassen, um der Verholzung die nötige Zeit zu widmen! ... Ich bitte, hier augenblicklich Stützen anzubringen. Verdoppelt die Hölzer, hört ihr?"

Und angesichts des Widerstrebens der Arbeiter, die mit ihm stritten und erklärten, daß sie selbst über ihre Sicherheit zu wachen wüßten, geriet er in Zorn.

„Warum nicht gar!" rief er. „Werdet ihr etwa die Folgen tragen, wenn euch der Kopf zerschmettert wird? Keineswegs. Die Gesellschaft wird euch oder euren Weibern Ruhegehälter zu zahlen haben. Wie gesagt, man kennt euch. Um zwei Hunde mehr vollzubekommen, würdet ihr eure Haut hingeben."

Trotz des Zornes, der ihn allmählich ergriff, sagte Maheu mit ruhigem Ernste: „Würde man uns genügend bezahlen, dann würden wir auch besser verzimmern." Der Ingenieur zuckte mit den Achseln, ohne zu antworten. Er stieg in dem Schlag vollends herunter und sagte, als er unten war: „Ihr habt noch eine Stunde, macht euch alle ans Werk. Und wisset, daß der Werkplatz drei Francs Strafe hat."

Ein dumpfes Murren der Hauer begleitete diese Worte. Nur die Macht der Hierarchie hielt sie zurück, dieser militärisch organisierten Hierarchie, die vom Schlepperjungen bis zum Oberaufseher immer einen unter die Gewalt des andern beugte. Nur Chaval und Levaque machten wütende Gebärden, während Maheu sie mit einem Blick beschwichtigte, und Zacharie höhnisch mit den Achseln zuckte. Etienne war vielleicht am meisten unter allen erregt. Seitdem er sich in der Tiefe dieser Hölle befand, stieg ein immer wachsender Unmut in ihm auf. Er betrachtete Catherine, die demütig, mit gebeugtem Nacken dastand. War es möglich, daß man sich bei so schwerer Arbeit in diesen todbringenden Gruben um Leben und Gesundheit brachte, ohne auch nur die paar Sous für das tägliche Brot zu erwerben?

Indes entfernte sich Négrel in Begleitung von Dansaert, der sich begnügte, immerfort zustimmend zu nicken. Jetzt hörte man von neuem ihre lauten Stimmen; sie waren wieder stehengeblieben und prüften die Verzimmerung der Galerie, welche die Hauer hinter dem Schlag in einer Länge von zehn Metern instand zu halten hatten.

„Ich sage Ihnen ja, daß sie uns zum besten halten!" rief der Ingenieur. „Und Sie, Unglücksmensch, vernachlässigen Sie denn die Aufsicht?" – „Nein, gewiß nicht", stammelte der Oberaufseher. „Man bekommt es schließlich satt, diesen Leuten immer wieder das nämliche zu sagen." – Négrel rief mit heftiger Stimme: „Maheu! Maheu!"

Alle stiegen vom Schlag herab. Der Ingenieur fuhr fort: „Schaut euch das an! ... Das ist gemacht wie ein Kartenhaus. Dieses Geländer ist dermaßen hastig aufgesetzt, daß die Stützen es kaum tragen ... Ich begreife jetzt, daß die Ausbesserungen uns so schweres Geld kosten. Es genügt euch, daß es so lang hält, als eure Verantwortlichkeit währt, nicht wahr? Dann geht alles in Brüche, und die Gesellschaft ist genötigt, ein Heer von Ausbesserern zu halten ... Schaut nur da hinunter! Da ist ja alles in Splittern."

Chaval wollte reden, aber er gebot ihm Schweigen.

„Gut, ich weiß schon, was Sie sagen wollen. Man soll euch mehr bezahlen, nicht wahr? Nun denn, ich sage euch, daß ihr in dieser Weise die Direktion zwingen werdet, eine Sache zu tun: jawohl, man wird euch die Verzimmerung besonders bezahlen und den Preis des Karrens verhältnismäßig herabsetzen. Wir wollen sehen, ob ihr dabei besser fahrt. Einstweilen verzimmert mir das sogleich von neuem. Morgen komme ich wieder."

Mitten in dem Schrecken, welchen diese Drohung hervorbrachte, entfernte er sich. Dansaert, in seiner Gegenwart so demütig, blieb einige Augenblicke zurück, um den Arbeitern in brutalem Ton zu sagen: „Euretwegen habe ich Tadel zu hören ... Nehmt euch in acht! Bei mir kommt ihr mit drei Francs Strafe nicht durch!"

Als auch er fort war, brach Maheu endlich los.

„Bei Gott! Unrecht bleibt Unrecht. Ich mag Ruhe haben, weil man nur in Ruhe sich verständigen kann; aber schließlich wird man von diesen Leuten doch in Wut gebracht ... Habt ihr gehört? Der Preis des Karrens soll herabgesetzt und die Verzimmerung besonders bezahlt werden! ... Wieder eine Art, um uns weniger zu bezahlen ... Daß doch Gottes Donner dreinfahre!"

Er suchte jemanden, an dem er seinen Zorn auslassen könnte und bemerkte Etienne und Catherine, die mit hängenden Armen dastanden.

„Schafft Hölzer herbei!" schrie er sie an. „Was hat euch das zu kümmern? Ich will euch mit Rippenstößen antreiben!"

Etienne ging, um sich mit Hölzern zu beladen; er grollte dem Hauer nicht wegen dessen Rauheit, denn er selbst war dermaßen wütend über die Vorgesetzten, daß er die Grubenarbeiter viel zu gutmütig fand.

Levaque und Chaval hatten übrigens in derben Worten ihrem Zorn Luft gemacht. Alle, auch Zacharie, waren jetzt mit wütendem Eifer bei der Verzimmerungsarbeit. Eine halbe Stunde hindurch hörte man nichts als das Krachen der Hölzer, die mit Schlägelhieben festgemacht wurden. Sie sprachen kein Wort mehr und keuchten in ihrer Erbitterung gegen den Stein, den sie mit ihren Schultern zurückgestoßen und gehoben hätten, wenn sie es vermocht hätten.

„Jetzt ist's genug!" sagte Maheu endlich, gebrochen von Zorn und Ermüdung. „Es ist halb zwei Uhr. Ein sauberer

Tag; wir werden keine fünfzig Sous verdient haben! ... Ich gehe, es ekelt mich an.“

Obgleich man noch eine halbe Stunde zu arbeiten hatte, kleidete er sich an. Die anderen folgten seinem Beispiel. Der bloße Anblick des Schlages brachte sie außer sich. Da die Schlepperin sich wieder an die Arbeit gemacht hatte, riefen sie sie, gleichsam verdrossen über ihren Eifer; wenn die Kohle Füße habe, werde sie von selbst hinausgehen, sagten sie. Und die sechs Leute, mit ihren Geräten unter dem Arm, brachen auf; sie hatten zwei Kilometer zurückzulegen, um auf demselben Weg, auf dem sie morgens gekommen waren, zum Aufzugsschacht zu gelangen.

In dem Kamin verweilten Catherine und Etienne einen Augenblick, während die Hauer hinabglitten. Sie begegneten da der kleinen Lydie, die mitten im Wege anhielt, um sie vorbeigehen zu lassen, und ihnen erzählte, daß die Mouquette verschwunden sei; sie sei von einem solchen Nasenbluten befallen worden, daß sie seit einer Stunde – man weiß nicht wo – sitze, um ihr Gesicht zu baden. Dann, als sie das Kind verließen, schob es seinen Karren weiter. Es war erschöpft, mit Schmutz bedeckt, streckte seine Insektenärmchen und -beinchen, einer mageren, schwarzen Ameise gleichend, die sich mit einer allzu schweren Last abmüht. Catherine und Etienne ließen sich jetzt ebenfalls hinunter und zogen die Schultern ein, aus Furcht, sich die Haut zu zerschinden; und sie rutschten so schnell den von den Hintern der Grubenarbeiter glattgescheuerten Felsen hinab, daß sie sich von Zeit zu Zeit an der Verholzung festhalten mußten, damit nicht ihre Hinterbacken Feuer fingen, wie sie scherzweise sagten.

Unten angekommen, befanden sie sich allein. In der Ferne, bei einer Biegung des Ganges, sahen sie rote Lichter verschwinden. Ihre gute Laune war weg; sie gingen mit schweren, müden Schritten dahin, sie voraus, er hinterdrein. Die Lampen kohlten nur; er sah sie kaum, wie sie in einen rauchigen Nebel gehüllt sich fortbewegte; und der Gedanke, daß sie ein Mädchen sei, verursachte ihm ein Unbehagen; denn er fühlte, daß es einfältig von ihm sei, sie nicht zu küssen, und weil die Erinnerung an den andern ihn daran hinderte. Sicherlich hatte sie ihn belogen: der andere war ihr Liebhaber, und sie lagen auf jedem Schutthaufen beisammen, denn sie hatte schon den freien, wiegenden Gang der Dirnen. Und er schmollte ganz grundlos mit ihr, als hätte sie ihn betrogen. Sie aber wandte sich jede Minute nach ihm um, machte ihn auf ein Hindernis aufmerksam, schien ihn gleichsam aufzufordern, freundlich zu sein. Man war da so allein und hätte so gemütlich schäkern können. Endlich erreichten sie die Abfuhrgalerie; für ihn war dies eine Erleichterung inmitten der Unbestimmtheit, die ihn quälte; während sie ein letztes Mal einen traurigen Blick auf ihn richtete, als bedauere sie ein Glück, das sie sich entgehen hatten lassen und das sie nicht wiederfinden würden.

Rings um sie her gab es jetzt ein geräuschvolles unterirdisches Leben, mit dem ewigen Kommen und Gehen der Aufseher und der Züge, welch letztere von den Pferden im Trab fortgeschleppt wurden. Man sah unaufhörlich Lampen in der Grubennacht funkeln. Catherine und ihr Begleiter mußten sich an die Felswand drücken und den Weg freilassen für die Schatten der Menschen und Tiere, deren Hauch ihr Gesicht streifte. Jeanlin, der mit nackten Füßen hinter seinem Kohlenzug einherlief, schrie ihnen eine Bosheit zu, die sie in dem Lärm der rollenden Räder nicht hörten. Sie gingen immer vorwärts; sie schwieg jetzt still, aber er erkannte die Gassen und Kreuzwege nicht wieder, die er am Morgen gesehen, und bildete sich ein, daß sie ihn hier unter der Erde immer mehr irreführen wolle. Am meisten litt er durch die Kälte, eine immer mehr zunehmende Kälte, die ihn ergriffen hatte, als er vom Schlag heruntergestiegen war, und die ihn immer heftiger schüttelte, je mehr er sich dem Aufzugsschacht näherte. Zwischen den geraden Wandungen wurde die Luftsäule wieder zum Sturm. Er zweifelte schon daran, daß sie jemals ans Ziel kommen würden, als sie sich plötzlich in dem Aufzugssaal befanden.

Chaval, mit argwöhnisch verzogenem Mund, warf ihnen einen hämischen Blick zu. Auch die anderen standen da, schweißtriefend in dem eisigen Luftzug, stumm wie sie, dumpfe Zornesworte hinunterwürgend. Sie kamen zu früh, und man wollte sie erst nach einer halben Stunde hinaufbefördern, um so mehr, als man allerlei verwickelte Zurüstungen zu machen hatte, um ein Pferd hinabzulassen. Die Verlader stellten noch Kohlenhunde ein, mit einem betäubenden Geräusch von klirrendem Eisen, und die Schalen flogen empor, verschwanden in dem Platzregen, der aus dem finsteren Loch niederfiel; aus der zehn Meter tiefen Grube, welche dieses Wasser auffing, kam ein schlammigfeuchter Geruch herauf. Männer hatten fortwährend um den Aufzugsschacht zu schaffen, zogen an den Signalleinen, drückten die Hebel nieder, inmitten des Wasserstaubes, der ihre Kleider durchnäßte. Die rötliche Helle der drei frei brennenden Lampen, die große, schwankende Schatten warf, verlieh diesem unterirdischen Saal das Aussehen einer Verbrecherhöhle, einer Banditenschmiede in der Nachbarschaft eines reißenden Wassers.

Maheu wagte einen letzten Versuch und näherte sich Pierron, der seinen Dienst beim Förderschacht um sechs Uhr angetreten hatte.

„Höre, du könntest uns hinauflassen.“ Doch der Verlader, ein hübscher Mann mit kräftigen Gliedern und sanftem Gesicht, weigerte sich und machte eine Bewegung des Schreckens. „Unmöglich; wende dich an den Aufseher ... Ich würde gestraft werden.“ Wieder brummten die Grubenleute Worte des Unmuts vor sich hin. Catherine neigte sich zum Ohr Etiennes und sagte: „Komm den Stall besichtigen; dort ist's gut!“

Sie mußten sich unbemerkt davonschleichen, denn es war verboten, in den Stall zu gehen. Dieser lag links, am Ende einer kurzen Galerie. Der Stall, fünfundzwanzig Meter lang und vier Meter hoch, war in den Felsen gebrochen und mit Ziegeln gewölbt; zwanzig Pferde hatten darin Platz. Es war in der Tat gut darin sein; es herrschte da die Wärme lebender Tiere und der angenehme Geruch einer

reinlich gehaltenen, frischen Streu. Die einzige Laterne verbreitete in dem Raum das gedämpfte Licht einer Nachtlampe. Die zur Rast eingestellten Pferde wandten die Köpfe mit den großen, harmlosen Augen und machten sich dann wieder an ihren Hafer, ohne Eile, als wohlgenährte, gesunde, von aller Welt geliebte Arbeiter.
Doch als Catherine laut die Namen las, die auf Zinkplatten oberhalb der Raufen angebracht waren, stieß sie einen leisen Schrei aus: ein Körper hatte sich plötzlich vor ihr aufgerichtet. Es war die Mouquette, die sich betroffen von der Streu erhob, wo sie geschlafen hatte. Am Montag, wenn sie von den Ausschweifungen des Sonntags allzu müde war, versetzte sie sich einen heftigen Faustschlag auf die Nase, verließ ihren Schlag unter dem Vorwand, Wasser zu holen, und kroch da in die warme Streu zwischen die Tiere. Ihr Vater, der ihr gegenüber sehr schwach war, duldete dies auf die Gefahr hin, Verdruß deswegen zu haben.
Vater Mouque, der eben in den Stall trat, war ein kurzer, kahlköpfiger Mensch mit stark verwitterten Zügen, aber dick von Gestalt, was selten war bei einem ehemaligen Grubenarbeiter von fünfzig Jahren. Seitdem man ihn zum Stallknecht gemacht hatte, kaute er so leidenschaftlich Tabak, daß das Zahnfleisch in seinem schwarzen Mund blutete. Als er neben seiner Tochter die zwei anderen bemerkte, wurde er zornig.
„Was habt ihr da zu suchen? Fort mit euch Dirnen, die ihr mir einen Mann herführt, um in meinem Stroh eure Schweinereien zu treiben."
Die Mouquette fand dies drollig und hielt sich den Bauch vor Lachen. Etienne aber ging verlegen von dannen, während Catherine ihm zulächelte. Als alle drei nach dem Aufzugssaal zurückkehrten, trafen dort eben auch Bébert und Jeanlin mit einem Kohlenzug ein. Da es einen kurzen Aufenthalt gab, bis die Förderschalen instand gesetzt wurden, näherte sich Catherine dem Pferde, tätschelte es mit der Hand und sprach mit dem Kameraden von dem Tier. Es war Bataille, der Älteste in der Grube, ein Schimmel, der seit zehn Jahren unten arbeitete. Seit zehn Jahren lebte er in diesem Loch, immer in demselben Winkel des Stalles, immer dieselbe Arbeit in diesen schwarzen Galerien verrichtend, ohne jemals das Tageslicht wiedergesehen zu haben. Sehr fett, mit glänzendem Haar und gutmütigem Aussehen, schien er da das Leben eines Weisen zu führen, bewahrt vor allem Ungemach der Erde. Der Gaul war übrigens hier in der Finsternis sehr schlau geworden. Der Weg, den er befuhr, war ihm schließlich so vertraut geworden, daß er mit dem Kopf die Lüftungstüren aufstieß und bei den allzu niedrigen Stellen sich bückte, um nicht anzustoßen. Ohne Zweifel wußte er auch, was seine Pflicht sei; denn wenn er die vorgeschriebene Anzahl von Fahrten gemacht hatte, weigerte er sich, noch eine zu machen, und man mußte ihn wieder zur Raufe zurückführen. Jetzt kam das Alter; seine Augen nahmen zuweilen eine melancholische Trübung an. Vielleicht sah er in seinen dunklen Träumen die Mühle wieder, wo er geboren wurde, eine Mühle in der Nähe von Marchiennes, am Ufer der Scarpe, umgeben von breiten Fluren, über die ein frischer Wind dahinfegte. Etwas brannte in der Luft, eine ungeheure Lampe, deren sein Tiergedächtnis sich nicht genau erinnern konnte. Und so stand er denn mit gesenktem Kopf da, zitternd auf seinen alten Füßen, vergebliche Anstrengungen machend, um sich der Sonne zu erinnern.
Inzwischen dauerten die Manöver in dem Schacht fort; der Signalhammer hatte vier Schläge getan, das Pferd wurde herabgelassen. Das verursachte immer eine gewisse Aufregung; denn es geschah manchmal, daß das Tier, vom Entsetzen ergriffen, unten tot anlangte. Oben wurde es mittels eines Netzes gefesselt, wogegen es sich verzweifelt wehrte; dann, sobald es keinen Boden mehr unter sich fühlte, war es wie versteinert; so versank es in der Tiefe, ohne ein Zittern der Haut, mit geweiteten, starren Augen. Dasjenige, das heute hinabbefördert werden sollte, war zu groß, um zwischen den Leitpfosten hindurchzukönnen; man hatte es unterhalb der Förderschale befestigen und den Kopf zur Seite festbinden müssen. Der Abstieg währte nahezu drei Minuten; aus Vorsicht verlangsamte man den Gang der Maschine. Darum stieg unten die Verwunderung immer höher. Was? will man etwa das Pferd unterwegs in der Luft hängen lassen? Endlich wurde es sichtbar, unbeweglich, wie versteinert, die starren Augen vom Entsetzen geweitet. Es war ein Brauner, kaum drei Jahre alt, Trompette mit Namen.
„Aufgepaßt!" rief Vater Mouque, der das Tier zu übernehmen hatte. „Schafft es her, aber macht es noch nicht los."
Trompette wurde wie eine tote Masse auf die eisernen Platten des Fußbodens niedergelegt. Das Tier bewegte sich noch immer nicht; das schier endlose, finstere Loch, durch das es gekommen war, und dieser tiefe, von Geräusch widerhallende Saal: sie lasteten wie ein Alpdruck auf ihm. Man war eben damit beschäftigt, es loszubinden, als Bataille, seit einem Augenblick ausgespannt, sich näherte und den Kopf vorstreckte, um zu dem Gefährten zu riechen, der so urplötzlich von der Erde daherkam. Die Arbeiter machten ihre Späße um die Szene und stellten sich in einem weiten Kreis auf. Ei, welchen Wohlgeruch fand er denn an ihm? Doch Bataille, unbekümmert um die Späße, wurde immer lebhafter. Er fand an dem Genossen ohne Zweifel den Wohlgeruch der freien Luft, den längst vergessenen Geruch des von der Sonne beschienenen Grases. Und er brach plötzlich in ein lautes Gewieher aus, in einen Freudenruf, in den sich etwas wie ein zärtliches Schluchzen mengte. Das war der Willkommgruß, die Freude ob der alten Dinge, von denen ihm jetzt ein Hauch zukam, zugleich die Schwermut über diesen neuen Gefangenen, der nicht mehr lebend an die Erdoberfläche gelangen sollte.
„Oh, über den Schlingel Bataille!" riefen jetzt die Arbeiter, erheitert durch dieses Treiben ihres Lieblings. „Seht ihn, wie er mit dem Kameraden plaudert."
Trompette war mittlerweile seiner Fesseln entledigt worden, rührte sich aber noch immer nicht. Das Pferd blieb

auf der Seite liegen, als fühlte es sich noch immer im Netz gefangen; es war gleichsam durch die Furcht gelähmt. Endlich brachte man es mit einem Peitschenhieb auf die Beine; betäubt und an allen Gliedern zitternd stand es jetzt da. Vater Mouque führte die beiden Tiere weg, die sogleich Freundschaft miteinander schlossen.

„Kommen wir endlich an die Reihe?" fragte Maheu.

Man mußte die Förderschalen freimachen; überdies fehlten noch zehn Minuten von der zum Aufstieg festgesetzten Stunde. Allmählich leerten sich die Werkplätze; die Grubenarbeiter kamen aus allen Gängen herbei. Es waren ihrer schon etwa fünfzig versammelt, durchnäßt, fröstelnd in dem Luftzug, der von allen Seiten kam. Pierre mit dem sanften Gesicht ohrfeigte seine Tochter Lydie, weil sie zu früh den Schlag verlassen hatte. Zacharie kniff insgeheim die Mouquette, um sich ein wenig zu erwärmen. Doch die Unzufriedenheit unter den Arbeitern wurde immer größer; Chaval und Levaque erzählten die Drohung des Ingenieurs, daß der Preis des Karrens herabgesetzt, die Verholzung separat bezahlt werden sollte. Dieses Vorhaben wurde mit allgemeinen Entrüstungsrufen aufgenommen; ein Aufruhr gärte in diesem engen Winkel, sechshundert Meter unter der Erde. Bald wurden die Stimmen laut; diese von der Kohle geschwärzten und vom Warten in dem Luftzug erstarrten Männer beschuldigten die Gesellschaft, daß sie die eine Hälfte der Arbeiter in den Gruben töte, während sie die andere Hälfte Hungers sterben ließe. Etienne hörte dies fröstelnd mit an.

„Rasch, sputet euch!" wiederholte der Aufseher Richomme den Verladern.

Er beschleunigte die Vorbereitungen für den Aufzug; er wollte nicht hart sein und tat daher, als hörte er nicht. Indes nahm das Murren dermaßen zu, daß er genötigt war, sich einzumengen. Hinter ihm rief man, daß dies nicht immer so bleiben dürfe und daß eines Tages „die Bude in die Luft fliegen würde".

„Du bist besonnen, heiße sie schweigen", sagte er zu Maheu. „Wenn man nicht der Stärkere ist, muß man der Klügere sein."

Doch Maheu, der sich beruhigt hatte, und den das Gerede ringsumher zu ängstigen begann, hatte es nicht mehr nötig, sich einzumengen. Plötzlich verstummten alle Stimmen; Négrel und Dansaert, von ihrem Inspektionsgang zurückkehrend, kamen aus einer Galerie, beide mit Schweiß bedeckt. Die Gewohnheit der Disziplin nötigte die Leute, sich in Reih und Glied zu stellen, während der Ingenieur schweigend durch die Gruppe schritt. Er setzte sich in einen Karren, der Oberaufseher in einen andern; man zog fünfmal an der Signalleine – um die schwere Ladung hinaufzuschaffen, wie man von den Vorgesetzten sagte – und die Schale flog inmitten einer dumpfen Stille in die Höhe.

VI

In der Schale, die ihn – mit vier anderen zusammengepfercht – in die Höhe führte, beschloß Etienne, seine Hungerwanderung auf den Landstraßen wieder aufzunehmen. Besser gleich zu verrecken, als wieder in diese Hölle hinabzusteigen, wo man nicht einmal sein Brot erwerben konnte. Catherine war über ihm eingestiegen und saß nicht mehr knapp an seiner Seite, mit der wohltuenden Wärme ihres Körpers. Er fand es besser, nicht mehr an Torheiten zu denken und seiner Wege zu gehen. Er hatte mehr gelernt als diese Herde und fühlte nicht ihre Entsagung in sich; er würde schließlich einen Vorgesetzten erdrosseln. Plötzlich war er wie geblendet. Der Aufstieg war so schnell gewesen, daß die Tageshelle, deren er sich schon entwöhnt hatte, ihn nötigte, die Augen zu schließen. Doch war es ihm eine Erleichterung, als er den Aufzugskasten in seinen Ankern sich festsetzen fühlte. Ein Handlanger öffnete die Tür, die Arbeiter sprangen aus den Karren.

„Sag, Mouquet, gehen wir heut abend zum ‚Vulkan'?" flüsterte Zacharie dem Handlanger ins Ohr.

Der „Vulkan" war ein Tingeltangel in Montsou. Mouquet blinzelte mit dem linken Auge, wobei ein stilles Lachen ihm die Kinnladen trennte. Klein und dick wie sein Vater, hatte er die freche Nase eines Kerls, der alles verpraßt, unbekümmert um den morgigen Tag. Eben stieg die Mouquette aus, und er versetzte ihr einen furchtbaren Schlag auf den Hintern, als Zeichen seiner brüderlichen Zärtlichkeit.

Etienne erkannte das hohe Schiff des Aufnahmesaales wieder, der ihm am Morgen im Dämmerlicht der Laternen so beängstigend erschienen war. Der Raum war kahl und schmutzig. Ein fahles Licht fiel durch die staubigen Fenster herein. Nur die Maschine mit ihren Kupferbestandteilen funkelte; die mit Fett geschmierten stählernen Kabel flogen wie in Tinte getauchte Bänder; die Räder in der Höhe, das ungeheure Gebälk, das sie trug, die Schalen, die Hunde, all das reichlich verwendete Metall verdunkelte den Saal mit dem harten Grau alten Eisens. Das Rollen der Räder erhielt die Eisenplatten des Fußbodens in fortwährender Erschütterung, während von der heraufbeförderten Kohle ein feiner Staub aufflog, der sich wie schwarzes Mehl auf den Fußboden, auf die Mauern, selbst auf die Balken des Aufzugsturmes legte.

Doch Chaval hatte inzwischen einen Blick auf die Markiertafel geworfen, die in dem kleinen Glasverschlag des Aufnahmebeamten hing. Dies machte ihn vollends wütend, denn er hatte konstatiert, daß man ihnen zwei Karren zurückgewiesen hatte, den einen deshalb, weil er nicht das vorgeschriebene Quantum enthielt, den anderen deshalb, weil die Kohle nicht rein war.

„Nun, der Tag ist vollständig", rief er. „Wieder um zwanzig Sous weniger! ... Warum nimmt man auch Taugenichtse, die sich ihrer Arme so bedienen wie ein Schwein seines Schwanzes."

Und der scheele Blick, den er auf Etienne warf, vervollständigte seinen Gedanken. Etienne fühlte sich versucht, mit Faustschlägen zu antworten. Doch er sagte sich, dies sei unnütz, da er nicht bleiben wolle. Dieser Zwischenfall bestimmte ihn vollends.

„Man trifft das nicht gleich am ersten Tag", sagte Maheu, um Frieden zu stiften. „Morgen wird er's besser machen."

Indes waren alle verdrossen, von einem Bedürfnis zu streiten erfüllt. Als sie in die Laternenkammer gingen, um dort ihre Lampen abzugeben, begann Levaque einen Streit mit dem Aufseher, den er beschuldigte, die seinige schlecht gereinigt zu haben. Erst in der Baracke, wo das Feuer noch immer brannte, beruhigten sie sich ein wenig. Man hatte den Ofen zu stark mit Kohle gefüllt, denn er war ganz rot, und der fensterlose Raum schien ganz in Flammen zu stehen, weil der Widerschein der Flammen die Wände blutrot färbte. Die Leute grunzten vor Vergnügen; sie brieten ihren Rücken in entsprechender Entfernung und dampften wie heiße Suppe. Hatten sie sich rückwärts genügend gebraten, dann wandten sie dem Feuer den Bauch zu. Die Mouquette hatte ganz ruhig die Hose heruntergelassen, um ihr Hemd zu trocknen. Die Burschen trieben ihren Ulk mit ihr und lachten laut, weil sie ihnen plötzlich den Hintern zeigte, was bei ihr der höchste Ausdruck der Verachtung war.

„Ich gehe", sagte Chaval, nachdem er seine Geräte in seinem Kasten verwahrt hatte.

Niemand rührte sich. Bloß die Mouquette beeilte sich, ihm zu folgen, unter dem Vorwand, daß beide nach Montsou gingen. Doch da gab es neue Späße, denn man wußte, daß er sie nicht mehr mochte.

Catherine hatte inzwischen leise mit ihrem Vater gesprochen. Dieser hörte ihr erstaunt zu, dann nickte er zustimmend mit dem Kopf. Er rief Etienne herbei, um ihm sein Paket zurückzugeben.

„Hören Sie", sagte er ihm leise, „wenn Sie kein Geld haben, können Sie bis zum Halbmonatlohn längst verhungert sein ... Wollen Sie, daß ich Ihnen irgendwo Kredit verschaffe?"

Der junge Mann stand einen Augenblick verlegen da. Er wollte gerade seine dreißig Sous fordern und seiner Wege gehen. Doch angesichts des Mädchens wurde er von Scham ergriffen. Sie sah ihn scharf an; vielleicht glaubte sie gar, daß er die Arbeit scheue.

„Ich will Ihnen nichts versprechen", sagte Maheu weiter, „schlimmstenfalls werden wir eine abschlägige Antwort bekommen."

Etienne sagte nicht nein. Er wird gewiß eine abschlägige Antwort bekommen, dachte er. Übrigens verpflichtete ihn das zu nichts; er würde ja noch immer weggehen können, nachdem er einen Bissen gegessen hätte. Dann wieder verdroß es ihn, daß er nicht nein gesagt hatte, als er die Freude Catherines sah, die ihm freundschaftlich zulächelte, ganz froh darüber, daß sie ihm zu Hilfe gekommen war. Was half ihm aber all dies?

Als sie ihre Holzschuhe an sich genommen und ihre Fächer verschlossen hatten, verließen die Maheu die Baracke, den Kameraden folgend, die einer nach dem andern sich entfernten, nachdem sie sich erwärmt hatten. Etienne schloß sich ihnen an; Levaque und sein Sohn gingen mit demselben Trupp. Doch im Siebwerk wurden sie durch eine heftige Szene zurückgehalten. Dies war in einem geräumigen Schuppen mit einem vom Kohlenstaub geschwärzten Gebälk und großen Fensterläden, durch die ein fortwährender Luftzug strich. Die Kohlenhunde kamen unmittelbar aus dem Aufnahmesaal hierher und wurden durch die Auslader auf lange Rutschen aus Eisenblech geleert. Bei den Rutschen standen rechts und links auf erhöhten Stufen die Sichterinnen, mit Schaufel und Rechen ausgerüstet, scharrten die Steine beiseite und stießen die reine Kohle in die Trichter hinab, durch die sie in die Waggons der Eisenbahn fielen, die unter dem Schuppen hinlief.

Hier arbeitete Philomène Levaque, ein mageres, bleiches, schwindsüchtiges Mädchen mit einem Schafsgesicht. Den Kopf mit einem blauen Lappen umwickelt, Hände und Arme schwarz bis zu den Ellbogen, oblag sie der Sichtungsarbeit, unterhalb einer alten Hexe stehend, der Mutter der Frau Pierron, die Brulé genannt, ein schreckliches Weib mit Eulenaugen und eingekniffenen Lippen, die an den Geldbeutel eines Geizigen erinnerten. Sie lagen im Streit miteinander; die Junge beschuldigte die Alte, daß sie ihr die Steine wegnehme, so daß sie nicht in zehn Minuten einen Korb voll zusammenbrächte. Man bezahlte sie nämlich nach Körben. Da gab es denn endlosen Zank und Hader; die Zöpfe flogen, die Hände zeichneten sich in schwarzen Flecken auf dem roten Gesicht der Gegnerin ab.

„Gib ihr doch eins in die Fratze!" rief Zacharie von oben seiner Geliebten zu.

Alle Sichterinnen lachten. Doch die Brulé wandte sich jetzt giftig gegen den jungen Mann.

„Du Schweinskerl tätest besser, die zwei Bälger anzuerkennen, die du ihr gemacht hast! ... Hat man je so etwas gehört! ... Eine Hopfenstange von achtzehn Jahren, die sich kaum auf den Beinen halten kann!"

Maheu mußte seinen Sohn daran hindern, hinabzugehen, um sich – wie er sagte – die Hautfarbe dieses Gerippes anzusehen. Ein Aufseher eilte herbei, die Rechen versenkten sich wieder in die Kohle. Von der Höhe sah man nichts mehr als die runden Rücken der Weiber, die sich in heftigster Weise die Steine streitig machten.

Draußen hatte der Wind sich plötzlich gelegt; eine feuchte Kälte senkte sich vom grauen Himmel hernieder. Die Köhler blähten die Schultern, kreuzten die Arme und gingen in regellosen Gruppen dahin, mit einer wiegenden Bewegung der Lenden, die ihre derben Knochen unter der dünnen Leinwandhülle ihrer Kleidung hervortreten ließ. Im Tageslicht sahen sie aus wie eine Bande von Negern, die man in Schmutz getaucht hat. Einige hatten ihren „Ziegel" nicht ganz verzehrt, und dieser Brotrest, den sie zwischen Hemd und Jacke zurückbrachten, ließ sie bucklig erscheinen.

„Schau, da ist Bouteloup“, sagte Zacharie grinsend. Ohne stehenzubleiben, tauschte Levaque zwei Sätze mit seinem Mieter aus, einem kräftigen Burschen von fünfunddreißig Jahren mit sanftem, rechtschaffenem Antlitz.

„Ist die Puppe fertig, Louis?“ – „Ich glaube.“ – „So ist das Weib heute gut?“ – „Ja, ich glaube, sie ist gut.“

Es kamen andere Grubenarbeiter, die gruppenweise in dem Schacht verschwanden. Es war die Drei-Uhr-Schicht; neue Männer, welche die Grube verschlang, wo sie an Stelle der anderen die Arbeit aufnahmen. Niemals feierte die Grube; Tag und Nacht waren menschliche Käfer da, die sechshundert Meter unter den Rübenfeldern in dem Gestein gruben.

Indes gingen die jungen Leute voraus. Jeanlin vertraute Bébert einen verwickelten Plan an, wie man sich für vier Sous Tabak verschaffen könnte. Lydie folgte ihnen in einer respektvollen Entfernung. Catherine ging mit Zacharie und Etienne. Niemand sprach. Vor der Gastwirtschaft „Zum Wohlfeilen Schoppen“ wurden sie von Maheu und Levaque eingeholt.

„Da ist's“, sagte Ersterer. „Wollen Sie eintreten?“

Man trennte sich. Catherine blieb noch einen Augenblick stehen und betrachtete ein letztes Mal den jungen Mann mit ihren großen Augen, die von der grünlich schimmernden Durchsichtigkeit des Quellwassers waren und deren Kristallreinheit durch das schwarze Gesicht noch gehoben wurde. Sie lächelte und verschwand mit den anderen auf dem ansteigenden Weg, der zu dem Bergdorf hinanführte.

Die Herberge lag zwischen dem Dorf und der Grube an der Kreuzung der beiden Wege. Es war ein zweistöckiger Ziegelbau, von oben bis unten mit Kalk getüncht, mit einem breiten, himmelblauen Saum um die Fenster. Eine viereckige Tafel über dem Tor trug in gelben Lettern die Inschrift: „Zum Wohlfeilen Trunk – Rasseneurs Gastwirtschaft“. Dahinter lag eine Kegelbahn, durch eine lebende Hecke eingeschlossen. Die Gesellschaft, die alles versucht hatte, um dieses zwischen ihre weiten Ländereien eingekeilte Stück Boden zu erwerben, war trostlos wegen dieser Gastwirtschaft, die auf freiem Feld, sozusagen am Eingang des Voreuxschachts, lag.

„Treten Sie ein“, sagte Maheu nochmals zu Etienne.

Die Gaststube war klein, von einer hellen Kahlheit mit ihren weißen Mauern, drei Tischen, zwölf Stühlen und ihrem Schanktisch aus weißem Holz, der nicht größer war als ein Küchenschrank. Etwa zehn Schoppen waren da aufgereiht, drei Likörflaschen, eine Wasserflasche, ein kleiner Zinkkasten mit zinnernem Hahn für das Bier. Und nichts weiter: kein Bild, keine Tafel, kein Spieltisch. In dem blank gefirnißten gußeisernen Kamin brannte langsam ein Kohlenziegel; die Fliesen waren mit einer dünnen Lage Sandes bestreut, der die ewige Feuchtigkeit dieser regennassen Gegend aufsog.

„Einen Schoppen!“ bestellte Maheu bei einem starken blonden Mädchen, der Tochter einer Nachbarin, die zuweilen die Gaststube hütete. – „Ist Rasseneur da?“

Das Mädchen drehte den Hahn des Bierfasses und erwiderte, der Patron werde sogleich kommen. Langsam, in einem Zug, leerte der Grubenarbeiter die Hälfte des Schoppens, um den Staub hinunterzuspülen, der ihm die Gurgel verlegte. Seinem Begleiter bot er nichts an. Ein einziger Gast war noch da; gleichfalls ein Grubenarbeiter, der beschmutzt und durchnäßt an einem Tisch saß und still und nachdenklich sein Bier trank. Jetzt trat ein dritter ein, bestellte mit einer Gebärde sein Bier, trank es aus, zahlte und ging, ohne ein Wort gesprochen zu haben.

Doch jetzt erschien ein dicker Mann von achtunddreißig Jahren, mit einem gemütlichen Lächeln in dem glattrasierten, runden Gesicht. Es war Rasseneur, ein ehemaliger Hauer, den die Gesellschaft vor drei Jahren nach einem Streik entlassen hatte. Er war ein sehr guter Arbeiter und guter Redner; er stellte sich an die Spitze aller Beschwerden und wurde schließlich das Oberhaupt der Unzufriedenen. Seine Frau hatte einen Getränkeausschank gleich vielen Arbeiterfrauen; als er dann entlassen wurde, blieb er Gastwirt und wußte das nötige Geld zu finden, um eine Wirtschaft zu eröffnen, die er hart vor die Grube hinpflanzte, gleichsam als Herausforderung an die Gesellschaft. Jetzt gedieh sein Haus, er wurde ein Mittelpunkt und bereicherte sich an all dem Groll, den er seinen ehemaligen Kameraden nach und nach eingeblasen hatte.

„Das ist der Bursche, den ich heute morgen angeworben habe“, erklärte Maheu sogleich. „Hast du eine Stube frei und willst du ihm auf einen halben Monat Kredit einräumen?“

In Rasseneurs breitem Gesicht drückte sich sogleich ein großes Mißtrauen aus. Er musterte mit einem Blick Etienne und erwiderte, ohne das mindeste Bedauern zu bekunden: „Unmöglich; meine beiden Stuben sind besetzt.“

Der junge Mann war auf diese Weigerung gefaßt; dennoch schmerzte sie ihn, und er war selbst erstaunt über den Verdruß, den ihm der Gedanke verursachte, sich wieder entfernen zu müssen. Gleichviel, er würde gehen, sobald er seine dreißig Sous hätte, dachte er. Der Bergwerksarbeiter, der einsam an einem Tisch getrunken hatte, war fort; andere kamen einzeln, um sich die Kehle reinzufegen, und gingen dann mit den nämlichen schaukelnden Schritten ihres Weges. Es war eine bloße Abspülung, ohne Genuß und Leidenschaft, die stumme Befriedigung eines Bedürfnisses.

„Also, nichts Neues?“ fragte der Wirt mit eigentümlicher Betonung Maheu, der in kleinen Schlucken sein Bier austrank.

Dieser wandte den Kopf und sah, daß allein Etienne da war.

„Es hat wieder einen Streit gegeben“, sagte er. „Ja, wegen der Verholzung.“

Und er erzählte den Vorfall. Das Gesicht des Gastwirtes hatte sich gerötet; das Blut schoß ihm in die Wangen und

schien durch Haut und Augen hervorbrechen zu wollen. Endlich brach er los.
„Nun denn, wenn sie sich einfallen lassen, den Preis herabzusetzen, dann sind sie geliefert."
Etienne war ihm im Wege. Indes fuhr er in seinen Reden fort, wobei er ihm mißtrauische Blicke zuwarf. Dabei gab es Vorbehalte und Zweideutigkeiten; er sprach vom Direktor, Herrn Hennebeau, von dessen Frau, von dessen Neffen, dem kleinen Négrel, ohne sie zu nennen; und er wiederholte, daß dies nicht so fortdauern könne, daß dies eines Tages in Brüche gehen müsse. Das Elend sei zu groß: er nannte Fabriken, die den Betrieb einstellten, Arbeiter, die fortzogen. Seit einem Monat verschenke er täglich mehr als sechs Pfund Brot. Gestern habe man ihm erzählt, daß Herr Deneulin, der Eigentümer einer benachbarten Grube, nicht wisse, wie er den Schlag aushalten solle. Übrigens habe er aus Lille einen Brief voll beunruhigender Einzelheiten erhalten.
„Der Brief kommt von der Person, die du eines Abends hier gesehen hast", sagte er in gedämpftem Ton zu Maheu.
Doch er wurde unterbrochen. Seine Frau trat ein, ein großes, mageres, leidenschaftliches Weib mit langer Nase und violett gefleckten Wangen. Sie war in Sachen der Politik weit radikaler als ihr Gatte.
„Der Brief Plucharts!" sagte sie. „Oh, wenn er der Herr wäre, würde bald alles besser gehen."
Etienne hörte seit einer Weile zu und begriff. Er begeisterte sich für diese Ideen des Elends und der Vergeltung. Bei diesem plötzlich hingeworfenen Namen fuhr er zusammen. Er sagte laut, wie unwillkürlich: „Ich kenne Pluchart."
Man schaute ihn an; er mußte hinzufügen: „Ja, ich bin Maschinist; er war in Lille mein Werkführer ... Ein befähigter Mann; ich habe oft mit ihm gesprochen."
Rasseneur betrachtete ihn von neuem, und in seinem Gesicht vollzog sich eine rasche Veränderung; ein Ausdruck der Sympathie war darin zu lesen. Endlich sagte er seiner Frau: „Maheu hat mir diesen Herrn, seinen Schlepper, gebracht, um zu fragen, ob es für ihn bei uns nicht eine freie Stube und einen halbmonatlichen Kredit gebe?"
Die Angelegenheit wurde in wenigen Worten abgeschlossen. Ein Zimmer war frei, der Mieter war eben diesen Morgen fort. Der Gastwirt aber, nun einmal im Zuge, ließ sich immer mehr gehen und wiederholte, er wolle von den Patronen nur das mögliche, ohne – wie so viele andere – Dinge zu fordern, die nur schwer bewilligt werden können. Seine Frau zuckte mit den Achseln; sie forderte absolut ihr Recht.
„Guten Abend denn", unterbrach Maheu dieses Gespräch. „All dies wird nicht hindern, daß man in den Schacht einfährt, und solange man einfährt, wird es auch Leute geben, die daran zugrunde gehen ... Schau, du bist ein kräftiger Junge geworden seit den drei Jahren, da du nicht mehr unten arbeitest."
„Ja, ich habe mich gut erholt", erklärte Rasseneur selbstgefällig.
Etienne ging bis zur Tür und dankte dem Köhler; doch dieser schüttelte nur den Kopf, ohne ein Wort mehr hinzuzufügen. Der junge Mann sah ihn mühsam den Weg zu dem Bergdorf hinaufsteigen. Frau Rasseneur, mit der Bedienung von Gästen beschäftigt, bat ihn, sich einen Augenblick zu gedulden, bis sie ihn auf seine Stube geleiten würde, wo er sich waschen könne. Sollte er dableiben? Er wurde wieder von einem Schwanken ergriffen, von einem Unbehagen, das ihn die Freiheit der Heerstraßen bedauern ließ, das Hungern im schönen Sonnenschein, welches er mit dem freudigen Bewußtsein ertrug, sein eigener Herr zu sein. Ihm war, als hätte er Jahre hier verlebt, seit seiner Ankunft bei dem Schacht, umbraust vom Sturmwind, bis zu den Stunden, die er unter der Erde, in den schwarzen Stollen auf dem Bauch herumkriechend, zugebracht hatte. Und es widerstrebte ihm, dies von vorne zu beginnen; es war ungerecht und zu hart; sein Mannesstolz empörte sich bei dem Gedanken, ein Tier zu sein, das man blendet und vernichtet.
Während Etienne so mit sich selbst kämpfte, irrten seine Augen über die endlose Ebene und fanden sich darin allmählich zurecht. Er war erstaunt; er hatte sich den Horizont nicht so vorgestellt, als der alte Bonnemort ihn ihm, noch in Finsternis gehüllt, mit den Bewegungen seines Armes gezeigt hatte. Vor ihm lag allerdings der Voreuxschacht in einer Falte des Bodens, mit seinen Holz- und Ziegelbauten, dem geteerten Sichtungswerk, dem mit Schiefer gedeckten Schachtturm, dem Maschinenraum und dem mattroten Schornstein, all das gedrückt, von abstoßendem Aussehen. Rings um die Gebäude dehnte die Anlage sich aus, und er hätte sie sich nicht so geräumig gedacht, einem See von Tinte gleichend wegen der wellenförmig ansteigenden Massen der Kohlenvorräte, mit hohen Gerüsten, über welche die Schienen liefen, und mit dem Holzvorrat, der einen ganzen Winkel des Raumes einnahm, als hätte man einen gefällten Wald dort abgelagert. Zur Rechten schnitt der Berg den Ausblick ab, kolossal wie eine Riesenbarrikade, auf dem alten, nicht mehr bebauten Teil schon mit Gras bedeckt, am andern Ende durch ein inneres Feuer verzehrt, das seit einem Jahr mit dichtem Rauch brannte, an der Oberfläche, mitten in dem matten Grau des Schiefers und der Steine lange, rote, rostige Streifen zurücklassend. Darüber hinaus zogen die Felder sich hin, endlose Getreide- und Gemüsefelder, zu dieser Jahreszeit ganz kahl; Sümpfe mit schwieriger Vegetation, durchschnitten von einigen zwerghaften Weiden; ferne Wiesen, durch schüttere Pappelreihen voneinander gesondert. Kleine, weiße Flecke in großer Entfernung zeigten die Lage von Städten an; im Norden Marchiennes, im Süden Montsou; im Osten schloß der Wald von Vandame mit der violetten Linie seiner kahlen Bäume den Horizont ab. Und unter dem fahlen Himmel, in dem trüben Licht dieses Winternachmittags, schien es, als hätte alles Schwarz des Voreuxschachtes, all der fliegende Kohlenstaub sich auf der Ebene gelagert, die Bäume, die Straßen, den Erdboden überziehend.

Etienne schaute, und was ihn am meisten überraschte, war ein Kanal, der kanalisierte Scarpefluß, den er in der Nacht gar nicht gesehen hatte. Dieser Kanal lief in gerader Linie vom Voreuxschacht nach Marchiennes wie ein zwei Meilen langes Band von mattsilberner Farbe, eine Wasserstraße, eingesäumt von großen Bäumen, hoch über dem Tiefland dahinfließend und sich in der Endlosigkeit verlierend mit ihren grünen Böschungen und ihrem matt schillernden Wasser, in dem die rot gestrichenen Boote dahinglitten. In der Nähe der Kohlengrube gab es einen Landungsplatz mit verankerten Lastschiffen, welche von den auf die Brückenstege geschobenen Karren unmittelbar gefüllt wurden. Weiter weg machte der Kanal eine Biegung und durchschnitt quer die Sümpfe. Die ganze Seele der flachen Ebene schien da zu sein, in diesem in geometrisch korrekten Linien dahinfließenden Wasser, das sie wie eine Heerstraße durchzog, auf der Kohle und Eisen verfrachtet wurden.

Die Blicke Etiennes wandten sich von dem Kanal zu dem Arbeiterdorf, das auf der Hochebene erbaut war und von dem er nur die roten Ziegeldächer sah. Dann wandten sie sich wieder zu dem Voreuxschacht und blieben am Fuße des lehmigen Abhanges an zwei riesigen Haufen von Ziegeln haften, welche an Ort und Stelle geformt und gebrannt wurden. Eine Abzweigung der Eisenbahn der Gesellschaft verlief hinter einer Verplankung und diente den Zwecken der Kohlengrube. Die letzten Köhler wurden hinabgelassen; ein einziger, von Männern geschobener Waggon rollte mit lautem Kreischen über die Schienen. Zerstoben war die Unsicherheit der nächtlichen Finsternis, das unerklärliche Rollen, das Aufflammen unbekannter Gestirne. Die Hochöfen und Koksöfen in der Ferne waren mit der Morgendämmerung erblichen. Nur die Dampfausströmung der Pumpe arbeitete fort mit ihrem lauten, langen Atemzug, dem Atem eines Ungeheuers, das durch nichts gesättigt werden konnte, und dessen grauen Dunst er jetzt unterscheiden konnte.

Da entschied sich Etienne mit einem Schlag. Vielleicht hatte er die hellen Augen Catherines da oben am Eingang des Arbeiterdorfes wiederzusehen geglaubt. Vielleicht war es nur ein Zug des Aufruhrs, der ihm vom Voreuxschacht zugeweht kam. Er wußte es nicht. Er wollte wieder in die Grube hinab, um zu leiden und zu kämpfen; in heftiger Aufwallung gedachte er der Leute, von welchen Bonnemort gesprochen hatte, des gesättigt dahockenden Gottes, welchem zehntausend Hungernde ihr Fleisch gaben, ohne ihn zu kennen.

ZWEITER TEIL

I

Die Piolaine, die Besitzung der Familie Grégoire, lag zwei Kilometer von Montsou, nach Osten, an der nach Joiselle führenden Straße. Es war ein stilloses, großes, viereckiges Haus, zu Beginn des vorigen Jahrhunderts erbaut. Von dem weiten Bodenbesitz, der ehemals dazugehört hatte, waren im ganzen dreißig Hektar verblieben, die mit einer Mauer umfriedet und daher leicht zu bewirtschaften waren. Der Obstgarten und der Gemüsegarten waren besonders berühmt, weil sie die schönsten Früchte und Gemüse der ganzen Gegend lieferten. Es fehlte der Park; ein Wäldchen sollte ihn ersetzen. Die Allee von alten Linden, ein Laubdach von dreihundert Metern Länge, zog sich vom Torgitter bis zur Auffahrt des Hauses und war eine Sehenswürdigkeit in dieser kahlen Ebene, wo man von Marchiennes bis Beaugnies nur wenige große Bäume sehen konnte.

Die Familie Grégoire war heute um acht Uhr aufgestanden. Sie waren Langschläfer und erhoben sich gewöhnlich erst eine Stunde später von den Betten; allein der Sturm, der in der Nacht gewütet hatte, hatte sie erschöpft. Während Herr Grégoire sogleich in den Garten ging, um zu sehen, ob der Sturmwind keinen Schaden angerichtet hatte, begab sich die Frau des Hauses im Morgenkleid aus weißem Flanell und in Pantoffeln in die Küche. Sie war kurz und dick, und obgleich schon achtundfünfzig Jahre alt, hatte ihr dickes Gesicht unter dem schimmernden Weiß ihrer Haare einen kindlich-treuherzigen Ausdruck bewahrt.

„Melanie", sagte sie der Köchin, „da der Teig fertig ist, könnten Sie den Kuchen jetzt backen. Das Fräulein wird nicht vor einer halben Stunde aufstehen und wird zu ihrer Schokolade davon essen ... Das wäre eine Überraschung, wie?"

Die Köchin, ein altes, mageres Weib, das seit dreißig Jahren im Hause diente, erwiderte lachend: „Das ist wahr, es wäre eine schöne Überraschung ... Mein Herdfeuer ist angezündet, die Bratröhre wird schon warm sein. Honorine wird mir übrigens behilflich sein."

Honorine, ein Mädchen von zwanzig Jahren, von der Familie als verlassenes Kind aufgenommen und erzogen, diente jetzt als Stubenmädchen. Außer diesen beiden Mägden gab es im Hause noch einen Kutscher namens Francis, welcher die groben Arbeiten zu besorgen hatte. Ein Gärtner und eine Gärtnerin hatten sich mit dem Obstgarten, dem Gemüsegarten und dem Hühnerhof zu beschäftigen. Der Dienst im Hause war ein patriarchalischer, familiärer; alle Welt lebte da in guter Freundschaft miteinander.

Frau Grégoire, die noch in ihrem Bett die Überraschung mit dem Kuchen ausgesonnen hatte, blieb in der Küche, um zu sehen, wie der Kuchen in den Ofen kam. Die Küche war riesig groß, und man merkte, daß sie eine bedeutsame Rolle im Hause spielte, an der außerordentlichen Reinlichkeit, die da herrschte, an dem Arsenal der Kasserollen, Geräte und Töpfe, die sie füllten. Es roch gut nach gesunder, guter Kost. Die Gesimse und Schreine waren voll mit Vorräten jeder Art.

„Lassen Sie ihn schön goldgelb werden", empfahl Frau Grégoire ihrer Köchin, indem sie sich in den Speisesaal begab.

Trotz der Warmluftheizung, die das ganze Haus erwärmte, brannte in diesem Saal ein lustiges Kohlenfeuer. Übrigens fehlte da jeglicher Luxus: ein großer Tisch, die nötigen Sessel und ein Eßschrein von Acajouholz; bloß zwei tiefe Lehnsessel verrieten die Lust an Behaglichkeit, die langen Stunden zufriedener Verdauung. Man ging niemals in den Salon: man blieb da, im Familienkreise.

Eben kam Herr Grégoire, mit einer dicken Barchentjacke bekleidet, ins Haus zurück. Auch er sah rosig aus für seine sechzig Jahre, mit seinem schneeweißen Haar und seinen gütigen, rechtschaffenen Zügen. Er hatte den Gärtner und den Kutscher gesprochen; es war keinerlei nennenswerter Schaden geschehen, nur ein Schornstein war vom Dach gestürzt. Es war ihm eine liebe Gewohnheit, jeden Morgen sich ein wenig in seiner Wirtschaft Piolaine umzutun, die nicht groß genug war, um ihm Sorgen zu verursachen, und an deren Besitz er seine volle Freude hatte.

„Steht denn Cécile heute nicht auf?" fragte er. „Ich begreife es nicht", antwortete seine Frau. „Mich dünkt, ich hörte sie schon sich bewegen."

Der Frühstückstisch war gedeckt; drei Tassen standen auf der weißen Tischdecke. Man schickte Honorine hinauf, daß sie nach dem Fräulein schaue. Doch sie kam sogleich wieder herunter, unterdrückte ihr Lachen und dämpfte

ihre Stimme, als hätte sie oben, in dem Zimmer des Fräuleins gesprochen.
„Ach, gnädiger Herr und gnädige Frau! ... Wenn Sie das Fräulein sehen würden! ... Sie schläft! ... sie schläft wie ein Jesuskind! ... Man hat keine Vorstellung davon ... Es ist ein Vergnügen, sie zu sehen ...“
Der Vater und die Mutter tauschten gerührte Blicke aus.
„Wollen wir schauen?“ fragte er. „Das liebe Kind!“ murmelte sie „Ich gehe schon.“
Und sie gingen zusammen hinauf. Dieses Zimmer war das einzige im Hause, das mit einigem Luxus eingerichtet war, mit blauer Seide überzogen, mit weißen Lackmöbeln ausgestattet. Die Eltern hatten dieser Laune ihres verhätschelten Kindes nachgegeben. In der verschwimmenden Weiße des Bettes, in dem Zwielicht, das durch den Spalt des Vorhanges auf das Lager fiel, schlief das Mädchen, eine Wange auf den nackten Arm gestützt. Sie war nicht schön, zu frisch, zu gesund, reif mit achtzehn Jahren; aber sie hatte ein herrliches Fleisch, weiß wie Milch, kastanienbraunes Haar, ein rundes Gesicht mit keckem Näschen, das sich schier zwischen den Wangen verlor. Die Bettdecke war herabgeglitten, und sie atmete so sanft, daß ihr Atem selbst ihren – schon kräftig entwickelten – Busen nicht bewegte.
„Der verdammte Wind hat sie gewiß gehindert, die Augen zu schließen“, bemerkte die Mutter leise.
Der Vater winkte ihr, daß sie schweige. Beide neigten sich vor und betrachteten mit zärtlicher Liebe diese in jungfräulicher Entblößung daliegende Tochter, die sie so lange ersehnt hatten und die sie spät bekommen hatten, als sie kaum mehr auf ein Kind zu hoffen wagten. Sie fanden sie vollkommen, nicht zu dick, nie genug genährt. Und sie schlief noch immer und ahnte nicht, daß sie da seien, mit ihren Wangen sie fast berührend. Doch jetzt zog ein leichter Schatten über ihr unbewegliches Gesicht. Sie fürchteten, daß sie erwachen könnte, und gingen auf den Fußspitzen hinaus.
„Still!“ sagte Herr Grégoire bei der Tür. „Wenn sie nicht geschlafen hat, muß man sie schlafen lassen.“
„Soviel sie will, das liebe Kind“, erwiderte die Mutter. „Wir werden warten.“
Sie gingen in den Speisesaal hinunter und ließen sich in ihren Lehnsesseln nieder, während die Mägde, über den tiefen Schlaf des Fräuleins lachend, ohne Murren die Schokolade warmhielten. Er hatte eine Zeitung zur Hand genommen; sie strickte eine wollene Fußdecke. Es war sehr warm in dem Gemach; kein Laut kam aus dem stillen Haus.
Das Vermögen der Grégoire, ungefähr vierzigtausend Francs Rente, bestand ganz und gar in einer Aktie der Bergwerke von Montsou. Sie erzählten gern den Ursprung desselben, der in die Zeit der Gründung der Gesellschaft fiel.
Zu Beginn des vorigen Jahrhunderts war in der ganzen Gegend von Lille bis Valenciennes eine wahre Wut nach Kohlenschürfungen ausgebrochen. Die Erfolge der Konzessionäre, die später die Gesellschaft von Anzin bilden sollten, hatten alle Köpfe erhitzt. In jeder Gemeinde wurde das Erdreich durchforscht; Gesellschaften gründeten sich, die Konzessionen wuchsen über Nacht hervor. Doch unter allen hartnäckigen Kämpfern jener Zeit hatte der Baron Desrumeaux sicherlich das Andenken des scharfsinnigsten und tapfersten zurückgelassen. Vierzig Jahre lang hatte er gekämpft, ohne zu ermüden, trotz unaufhörlicher Hindernisse; die ersten Schürfungen waren vergeblich; neue Gruben wurden angelegt, und nach monatelanger Arbeit wieder aufgelassen; Einstürze verschütteten die Gruben, Zechen wurden ersäuft, Arbeiter gingen dabei zugrunde, hunderttausende von Francs wurden in die Erde vergraben. Dann kamen die Verdrießlichkeiten der Verwaltung, die Panik der Aktionäre, der Kampf mit den Grundeigentümern, die entschlossen waren, die königlichen Konzessionen nicht anzuerkennen, wenn man sich weigern würde, vorher mit ihnen zu unterhandeln. Endlich gründete er die Gesellschaft Desrumeaux, Franquenoix & Cie., um die Konzessionen von Montsou auszubeuten, und die Gruben begannen einen mäßigen Ertrag zu liefern, als zwei benachbarte Konzessionen, diejenige von Cougny, Eigentum des Grafen von Cougny, und diejenige von Joiselle, Eigentum der Gesellschaft Cornille & Jenard, die Gruben der Gesellschaft Desrumeaux mit ihrer furchtbaren Konkurrenz zu erdrücken drohten. Glücklicherweise kam am 25. August 1760 ein Vertrag zwischen den drei Konzessionen zustande und vereinigte sie zu einer einzigen. Die Gesellschaft der Gruben von Montsou war gegründet, so wie sie bis auf den heutigen Tag besteht. Man hatte den ganzen Besitz nach dem damaligen Münzfuß in vierundzwanzig Sous zerlegt: jeder Sou zerfiel in zwölf Denare; dies machte zweihundertachtundachtzig Denare. Da jeder Denar gleich zehntausend Francs war, repräsentierte das Kapital eine Summe von nahezu drei Millionen. Desrumeaux, am Ende seiner Kräfte angelangt, aber dennoch Sieger, bekam bei der Teilung sechs Sous und drei Denare.
Zu jener Zeit besaß der Baron das Gut Piolaine, zu dem dreihundert Hektar Boden gehörten. Als Verwalter stand Honoré Grégoire in seinen Diensten, ein aus der Picardie stammender junger Mann. Dieser Grégoire war der Urgroßvater des Léon Grégoire, Vaters der Cécile. Als der Vertrag von Montsou zustande kam, hatte Honoré fünfzigtausend Francs Ersparnisse, die er in einem Strumpf verborgen hielt. Der unerschütterlichen Zuversicht seines Gebieters nachgebend, holte er zehntausend Francs aus dem Strumpf und erwarb einen Denar. Er zitterte dabei vor Angst, daß er seine Kinder berauben könnte. Sein Sohn Eugène bezog in der Tat sehr magere Dividenden; und da er sich auf den Fuß einer spießbürgerlichen Existenz eingerichtet und überdies die Torheit begangen hatte, die anderen vierzigtausend Francs des väterlichen Erbes in einer unglücklichen Geschäftsunternehmung zu verschleudern, führte er ein ziemlich dürftiges Leben. Doch der Zinsenertrag des Denars stieg allmählich; die

Wohlhabenheit begann mit Félicien, dem es gelang, einen Traum zu verwirklichen, welchen sein Großvater, der ehemalige Verwalter, seit seiner Kindheit gehegt hatte: er konnte die als Nationalgut erklärte und zerstückelte Besitzung Piolaine um einen Pappenstiel an sich bringen. Die nun folgenden Jahre waren jedoch ungünstig; es galt, die Abwicklung der revolutionären Katastrophen und den blutigen Sturz Napoleons zu überdauern. Und so war erst Léon Grégoire derjenige, der in erstaunlicher Steigerung die Vorteile aus der zaghaften Kapitalanlage seines Vorfahren zog. Mit dem Gedeihen der Gesellschaft wuchsen und gediehen auch diese armseligen zehntausend Francs. Seit dem Jahre 1820 trugen sie hundert Prozent, d. h. zehntausend Francs; im Jahre 1844 trugen sie zwanzigtausend, im Jahre 1850 vierzigtausend Francs; vor zwei Jahren endlich war die Dividende auf fünfzigtausend Francs gestiegen; der Wert eines Denars, auf der Börse zu Lille mit einer Million kotiert, war in einem Jahrhundert auf das Hundertfache gestiegen.

Herr Grégoire, dem man bei dem Kurs von einer Million geraten hatte, seinen Anteil zu verkaufen, hatte mit seiner lächelnden und väterlichen Miene diesen Rat abgelehnt. Sechs Monate später brach eine Industriekrise aus, und der Denar sank auf sechsmalhunderttausend Francs. Doch er lächelte noch immer und bedauerte nichts, denn die Grégoire hatten ein beharrliches Vertrauen zu ihrem Bergwerk. Die Aktien werden wieder steigen, das sei sicher wie der Himmel. In diese fromme Zuversicht mengte sich übrigens auch eine tiefe Dankbarkeit für einen Wert, welcher seit einem Jahrhundert die Familie so schön ernährte, daß sie die Hände in den Schoß legen konnte. Dieser Wert war gleichsam ihre Gottheit, welche ihr Egoismus mit einem Kultus umgab; der Wohltäter der Familie, der sie in einem breiten Bett der Trägheit wiegte, an einer leckeren Tafel mästete. Das währte so vom Vater auf den Sohn: warum das Schicksal durch einen Zweifel erzürnen? Und am Grund ihrer Treue gab es einen abergläubischen Schrecken, die Furcht, daß die Million plötzlich zerfließen könnte, wenn sie ihren Anteil zu Geld machen und dieses in den Spind legen würden. Sie hielten ihren Schatz für besser gehütet in der Erde, von wo ein Heer von Arbeitern, Generationen von Hungrigen ihn für sie heraufholten, jeden Tag etwas, je nach ihren Bedürfnissen.

Übrigens flossen Glück und Segen reichlich auf dieses Haus hernieder. Herr Grégoire hatte in jugendlichem Alter die Tochter eines Apothekers von Marchiennes geheiratet, ein häßliches Fräulein ohne einen Sou, das er anbetete und das ihm an Glückseligkeit alles ersetzte. Sie hatte sich in ihrer Häuslichkeit eingeschlossen, lebte in ewigem Entzücken an der Seite ihres Gatten, hatte keinen andern Willen als den seinigen; niemals hatte eine Verschiedenheit des Geschmacks sie getrennt; dasselbe Ideal der Wohlfahrt vereinigte ihre Wünsche; so lebten sie seit vierzig Jahren in Zärtlichkeit und Sorgfalt füreinander. Es war eine geregelte Existenz; die vierzigtausend Francs wurden in Ruhe verzehrt, die Ersparnisse für Cécile ausgegeben, deren spätes Kommen einen Augenblick das Budget ins Schwanken brachte. Auch heute noch befriedigten sie jede ihrer Launen; ein zweites Pferd, noch zwei Wagen, Toiletten aus Paris. Doch dies war ihnen eine Freude; sie fanden nichts zu schön für ihre Tochter, während sie selbst einen solchen persönlichen Widerwillen gegen jeden Prunk hatten, daß sie die Moden ihrer Jugend behielten. Jede Ausgabe, die keinen Nutzen brachte, schien ihnen unsinnig.

Plötzlich ging die Tür auf und eine kräftige Stimme rief: „Nun, was denn? Man frühstückt ohne mich?“

Es war Cécile, eben aus dem Bett kommend, die Augen noch vom Schlaf geschwellt. Sie hatte in aller Eile ihre Haare aufgesteckt und war in eine Peignoir aus weißem Wollstoff geschlüpft.

„Nein“, sagte die Mutter. „Du siehst ja, daß man dich erwartet hat ... Der Wind hat dich wohl an der Nachtruhe gehindert, mein armes Kind?“

Das Mädchen schaute sie sehr erstaunt an.

„Wie? Hat es heute nacht Wind gegeben? ... Ich weiß nichts davon; ich habe mich nicht gerührt.“

Dies schien ihnen nun dermaßen drollig, daß alle drei zu lachen begannen; und die Mägde, die das Frühstück brachten, lachten mit, belustigt von dem Gedanken, daß das Fräulein zwölf Stunden in einem Zug geschlafen habe. Der Anblick des Kuchens tat das seinige, um alle Gesichter vollends zu erheitern.

„Wie? der Kuchen ist schon fertig?“ rief Cécile wiederholt. „Da hat man mir eine Falle gelegt ... Ach, er ist noch ganz warm ... wie gut wird sich das zur Schokolade essen lassen! ...“

Endlich setzten sie sich zu Tisch; die Schokolade dampfte in den Tassen; man sprach lange nur von dem Kuchen. Melanie und Honorine blieben da und erzählten, wie er sich so schön gebacken habe; sie betrachteten ihre Gebieter, wie sie mit fetten Lippen sich damit stopften, und meinten, es sei ein Vergnügen, einen Kuchen zu bakken, wenn man sähe, wie die Herrschaft ihn gar so gern äße.

Doch jetzt begannen die Hunde laut zu bellen; man glaubte, sie kündeten die Ankunft der Klavierlehrerin, die jeden Montag und Freitag von Marchiennes kam. Es kam auch ein Professor für Literatur. Die ganze Ausbildung des Mädchens ging so in der Piolaine selbst vor sich, in einer glücklichen Unwissenheit, unter tausend Kaprizen eines Kindes, welches das Buch zum Fenster hinauswarf, sobald eine Frage es langweilte.

„Es ist Herr Deneulin“, meldete Honorine.

Deneulin, ein Vetter des Herrn Grégoire, folgte ihr auf dem Fuß, ohne Umstände, sehr geräuschvoll, mit den lebhaften Gebärden eines Kavallerieoffiziers. Obgleich er die Fünfzig schon hinter sich hatte, waren seine kurz geschorenen Haare und sein Schnurrbart doch schwarz wie Tinte.

„Ja, ich bin's, guten Morgen! ... Stört euch nicht weiter!“

Er nahm Platz, während die Familie sich dagegen ver-

wahrte, als könne er sie stören. Endlich fuhren sie fort, ihre Schokolade zu essen.
,,Hast du mir vielleicht etwas zu sagen?" fragte Herr Grégoire. ,,Nein, nichts", beeilte sich Herr Deneulin zu antworten. ,,Ich bin ausgeritten, um ein wenig Bewegung zu machen, und wollte nicht an eurer Tür vorbei, ohne euch guten Tag zu sagen."
Cécile fragte nach seinen Töchtern, Jeanne und Lucie. Sie befanden sich vollkommen wohl; die erstere saß unablässig bei ihrer Malerei, während die andere, die ältere, von morgens bis abends am Klavier saß und ihre Stimme übte. Und während er dies sagte, zitterte seine Stimme leicht, und es klang ein Unbehagen durch, das durch seine geräuschvolle Heiterkeit nur unvollkommen verdeckt wurde.
,,Und wie geht's in der Grube?" fragte Herr Grégoire weiter.
,,Mein Gott! diese schmutzige Krise trifft mich geradeso wie die anderen ... Oh, wir büßen jetzt für die guten Jahre! Man hat in der Hoffnung auf eine ungeheure Produktion zu viele Fabriken, zu viele Eisenbahnen gebaut, zu große Kapitalien festgerannt. Und heute verkriecht sich das Geld; man findet nicht mehr genug, um diesen ungeheuren Betrieb aufrechtzuerhalten. Glücklicherweise ist nicht alles verloren, und ich werde mich dennoch durchkämpfen."
Gleich seinem Vetter hatte auch er einen Anteil der Kohlengruben von Montsou geerbt. Doch er, der unternehmende Ingenieur, von der Gier nach einem königlichen Reichtum geplagt, hatte sich beeilt, zu verkaufen, als der Anteil auf den Wert einer Million gestiegen war. Seit Monaten erwog er einen Plan. Seine Frau hatte von einem Oheim die kleine Grubenkonzession von Vandame geerbt, wo nur zwei Schächte offen waren, Jean-Bart und Gaston-Marie, und diese in einem so verwahrlosten Zustand, so kläglich ausgerüstet, daß deren Betrieb kaum die Kosten deckte. Sein Plan war nun, Jean-Bart instand zu setzen, den Zufahrtsschacht zu erweitern, damit mehr Leute einfahren könnten, während der Schacht Gaston-Marie bloß der Kohlenförderung dienen sollte. Das Gold müsse da in Scheffeln zu holen sein, meinte er. Der Plan war richtig; allein, er hatte die Million aufgezehrt, und diese unglückliche Industriekrise brach in dem Augenblick aus, als die reichen Erträgnisse der Grube ihm recht geben sollten. Er war überdies ein schlechter Verwalter, hatte plötzliche Anwandlungen von Güte seinen Arbeitern gegenüber und ließ sich ausplündern, seitdem seine Frau tot war. Auch ließ er seinen Töchtern volle Freiheit; die ältere sprach davon, zum Theater zu gehen, die jüngere hatte sich im Salon schon drei Bilder zurückweisen lassen; übrigens bewahrten beide ihre gute Laune inmitten des Zusammenbruches ihres Hauses, und angesichts der drohenden Armut entpuppten sich beide als sehr gute Haushälterinnen.
,,Siehst du, Léon", fuhr er mit zögernder Stimme fort, ,,du hattest unrecht, nicht zu verkaufen, als ich es tat. Jetzt sinken alle Aktien im Werte, du kannst hinterdreinlaufen ... Und hättest du mir dein Geld anvertraut, dann hättest du gesehen, was wir aus Vandame gemacht haben würden."
Herr Grégoire aß bedächtig seine Schokolade. Als er damit fertig war, antwortete er ruhig: ,,Niemals! ... Du weißt ja, ich mag nicht spekulieren. Ich lebe ruhig, und es wäre zu dumm, mir den Kopf mit Geschäftssorgen zu zerbrechen. Und was Montsou betrifft, so mögen die Aktien noch weiter im Werte sinken, wir werden unsere Bedürfnisse doch immer gedeckt sehen. Man muß es nicht gar zu fein haben wollen, zum Teufel! Und übrigens sage ich dir, du wirst dir eines Tages in die Finger beißen, denn Montsou wird sich wieder heben, und noch Céciles Kindeskinder werden ihr gutes Auskommen davon haben."
Deneulin hörte ihm mit einem verlegenen Lächeln zu. ,,Also", murmelte er, ,,wenn ich dir vorschlagen würde, hunderttausend Francs in meinem Unternehmen anzulegen, würdest du ablehnen?"
Doch angesichts der bestürzten Gesichter der Familie Grégoire bedauerte er, seine Sache überhastet zu haben; er verschob diesen Anlehensplan auf ein anderes Mal, wenn die Lage sich noch mehr verschlimmern würde.
,,Oh, ich bin noch nicht soweit, es war nur ein Scherz", sagte er. ,,Mein Gott! Du hast vielleicht recht: von dem Geld, das uns andere erwerben, wird man am sichersten fett."
Man sprach jetzt von etwas anderem. Cécile fragte wieder nach ihren Basen, deren künstlerische Neigungen sie interessierten, wenngleich sie ihr mißfielen. Frau Grégoire versprach, an dem nächsten sonnigen Tag mit ihrer Tochter die lieben Kinder zu besuchen. Indes war Herr Grégoire zerstreut und nicht bei der Sache. Er fügte laut hinzu:
,,Ich an deiner Stelle würde den eigensinnigen Widerstand aufgeben und in Unterhandlungen mit der Gesellschaft von Montsou eintreten. Diese verlangt nichts besseres, und du würdest wieder zu deinem Geld kommen."
Er spielte damit auf die alte Feindschaft an, die zwischen der Konzession von Montsou und jener von Vandame bestand. Obgleich die letztere wenig Bedeutung hatte, ärgerte sich die mächtige Nachbarin, weil sie zwischen ihre siebenundsechzig Gemeinden diese Geviertmeile eingekeilt sah, die nicht ihr gehörte; und nachdem sie vergeblich den Versuch gemacht hatte, die Konzession Vandame umzubringen, rechnete sie jetzt darauf, sie um einen niedrigen Preis an sich zu bringen, wenn sie sich in Nöten befinden würde. Es war ein Krieg ohne Waffenruhe; die beiderseitigen Betriebe näherten ihre Stollen nicht weiter als bis auf zweihundert Meter; es war ein Zweikampf bis zur Erschöpfung, wenngleich die beiderseitigen Direktoren und Ingenieure freundschaftlichen Verkehr miteinander pflogen.
Jetzt flammten die Augen Deneulins auf. ,,Niemals!" rief er. ,,Solange ich lebe, soll Montsou Vandame nicht haben ... Ich habe Donnerstag bei Hennebeau gespeist

und habe wohl bemerkt, daß er wieder an mich heranwollte. Schon im vorigen Herbst, als die Spitzen der Verwaltung da waren, um die Gruben zu besichtigen, gab es allerhand Köder ... Ja, ja, ich kenne sie, diese Marquis und diese Herzöge, diese Generale und diese Minister! Lauter Räuber, die einem das letzte Hemd nehmen möchten!"

Er wurde nicht müde, über diese Leute zu schimpfen. Herr Grégoire verteidigte übrigens nicht die Verwaltung von Montsou, die im Sinne des Vertrages vom Jahre 1760 eingesetzten sechs Geschäftsleiter, welche die Gesellschaft mit despotischer Gewalt regierten und deren fünf, wenn einer starb, das fehlende Mitglied unter den reichen Großaktionären wählten. Der Besitzer von Piolaine mit seinen vernünftigen Ansichten war der Meinung, daß diese Herren in ihrer übertriebenen Geldgier zuweilen jedes Maß verlören.

Inzwischen hatte Melanie den Tisch abgeräumt. Draußen begannen die Hunde wieder zu bellen, und Honorine wandte sich zur Tür, um nachzusehen; doch Cécile, der es in dem Zimmer von dem genossenen Frühstück zu warm wurde, erhob sich vom Tisch und rief der Magd zu: „Nein, laß nur; es wird die Lehrerin sein."

Deneulin hatte sich gleichfalls erhoben. Er blickte dem Mädchen nach, und als sie draußen war, fragte er lächelnd:

„Wird etwas aus der Heirat mit dem kleinen Négrel?" – „Es ist noch nichts bestimmt", antwortete Frau Grégoire, „... eine Idee, die noch erwogen werden müßte." – „Gewiß", rief er mit einem vielsagenden Lachen. „Ich glaube, daß zwischen dem Neffen und der Tante ... Was mich am meisten wundernimmt, ist, daß Frau Hennebeau selbst Cécile gegenüber so liebenswürdig tut."

Doch Herr Grégoire widersprach dem hier angedeuteten Verdacht. Eine so vornehme Dame und vierzehn Jahre älter als der junge Mann! Das sei ungeheuerlich; er liebte es nicht, daß man über solche Gegenstände Spaß treibe. Deneulin lachte noch immer und drückte ihm die Hand zum Abschied.

„Es ist wieder nicht die Lehrerin", sagte Cécile zurückkehrend. „Es ist die Frau mit den zwei Kindern ... Du weißt wohl, Mama, die Grubenarbeitersfrau, die wir neulich getroffen haben ... Soll man sie hereinlassen?"

Man zögerte eine Weile. Waren sie sehr schmutzig? Nein, nicht zu sehr; auch ließen sie ihre Holzschuhe draußen. Vater und Mutter hatten sich schon in ihren großen Lehnsesseln ausgestreckt, um da zu verdauen. Die Scheu vor einem Luftwechsel brachte sie zur Entscheidung.

„Honorine, lassen Sie sie eintreten."

Die Frau Maheu und ihre Kinder traten ein, frierend und hungernd, von einer ängstlichen Scheu ergriffen in diesem Gemach, wo es so warm war und so gut nach Kuchen roch.

II

In die verschlossen gebliebene Stube drangen allmählich graue Lichtstreifen ein, die sich an der Decke fächerartig entfalteten. Die eingeschlossene Luft wurde immer drückender. Alle setzten ihren nächtlichen Schlaf fort: Lénore und Henri einander in den Armen liegend, Alzire mit zurückgesunkenem Haupt, auf ihren Höcker gestützt, während der Vater Bonnemort, für sich allein das Bett Zacharies und Jeanlins einnehmend, mit offenem Mund schnarchte. Kein Hauch kam aus dem Kabinett, wo Frau Maheu wieder eingeschlafen war, während Estelle, quer auf dem Bauch der Mutter liegend, an dem zur Seite niederfließenden Busen sog, dessen schlaffe Fleischmassen sie schier erstickten.

Auf der Kuckucksuhr in der unteren Stube schlug es sechs Uhr. Längs der Häuserreihen des Arbeiterdorfes hörte man Türen auf- und zugehen, dann das Klappern der Holzschuhe auf dem Pflaster der Fußsteige: die Sichterinnen begaben sich zur Grube. Dann wurde es wieder still bis sieben Uhr. Um diese Stunde wurden die Fensterläden geöffnet, man hörte Gähnen und Husten durch die Mauern, eine Kaffeemühle knirschte lange; in der Stube aber wollte noch immer niemand wach werden.

Doch bei einem Geräusch von Maulschellen und einem Geheul, das aus der Ferne kam, richtete Alzire sich plötzlich in die Höhe. Sie merkte sogleich, wie spät es sei und eilte mit nackten Füßen zum Lager der Mutter, um sie aufzurütteln.

„Mutter, Mutter, es ist spät und du hast einen Gang zu machen! ... Gib acht, du wirst Estelle erdrücken!"

Und sie nahm das Kind weg, das unter den riesigen Brüsten schier erstickte.

„Verdammt!" brummte die Frau, indem sie sich die Augen rieb, „man ist so matt, daß man den ganzen Tag schlafen möchte ... Kleide Lénore und Henri an, ich nehme sie mit. Hab' acht auf Estelle; ich will sie nicht mitnehmen, sie könnte bei diesem Hundewetter krank werden."

Sie wusch sich in aller Hast, warf einen alten blauen Rock, ihren besten, über und hüllte sich in ein altes Tuch aus grauem Wollstoff, auf das sie erst gestern zwei Flecke gesetzt hatte.

„Und Suppe soll ich kochen! Verdammt, verdammt!" brummte sie von neuem.

Während ihre Mutter, alles beiseiteschiebend, hinunterging, kehrte Alzire in die Stube zurück und nahm Estelle mit, die wieder zu heulen begonnen hatte. Doch sie war an das Geschrei der Kleinen schon gewöhnt; mit acht Jahren war sie schon so findig wie ein Weib, um das Kind zu beruhigen und zu zerstreuen. Sie legte es sachte in ihr noch warmes Bett und schläferte es wieder ein, indem sie ihm einen Finger in den Mund steckte. Es war Zeit, denn ein neuer Lärm brach los, und sie mußte sogleich den Frieden zwischen Lénore und Henri herstellen, die endlich erwachten. Diese Kinder vertrugen sich nur und halsten sich nur, wenn sie schliefen. Das sechsjährige Mädchen fiel über das Brüderchen her, sobald es erwachte und prügelte das um zwei Jahre jüngere Knäblein, das die Püffe nicht erwidern konnte. Beide hatten denselben zu groß geratenen, aufgedunsenen Kopf voll struppigen, gelben Haaren. Alzire mußte ihre Schwester bei den Füßen zerren und ihr drohen, daß sie ihr den Hintern einpracken werde. Dann gab es ein Stampfen und Schreien wegen des Waschens und bei jedem Kleidungsstück, das sie ihnen anlegte. Man ließ die Fensterläden geschlossen, um den Schlaf des Vaters Bonnemort nicht zu stören. Doch er schnarchte fort inmitten des greulichen Getümmels der Kinder.

„Das Frühstück ist fertig. Kommt ihr endlich herunter?" rief Frau Maheu.

Sie hatte die Fensterläden geöffnet, das Feuer aufgeschürt und Kohle zugelegt. Sie hatte gehofft, daß der Alte nicht alle Suppe verschlungen haben würde; allein sie fand den Topf leer. Sie ließ denn eine Handvoll Nudeln aufkochen, die sie seit drei Tagen in Vorrat gehalten hatte. Man wird sie ohne Butter essen, so wie sie aus dem Wasser kommen, dachte sie; von dem Krümchen, das gestern noch da war, ist wohl nichts übriggeblieben. Zu ihrer Überraschung fand sie aber, daß Catherine, nachdem sie die »Ziegel« zurechtgemacht hatte, noch ein faustgroßes Stückchen übriggelassen hatte. Der Speisenschrein jedoch war leer: nichts, nicht das kleinste Krümchen Brot, kein Knochen zum Abnagen. Was werden sie anfangen, wenn der Krämer Maigrat ihnen den Kredit verweigerte und wenn die Spießbürger in der Piolaine ihr keine hundert Sous geben? Wenn die Mannsleute und das Mädchen von der Grube zurückkommen, müssen sie doch essen; denn man hat leider noch kein Mittel gefunden, wie man leben könnte, ohne zu essen.

„Werdet ihr endlich kommen?" rief sie zornig. „Ich hätte schon fort sein sollen."

Als Alzire und die kleineren Kinder da waren, verteilte sie die Nudeln in drei kleinen Tellern. Sie selbst habe keinen Hunger, sagte sie. Obgleich Catherine den Kaffeesatz von gestern schon einmal aufgegossen hatte, goß sie noch einmal Wasser darüber und trank zwei große Gläser voll von diesem Kaffee, der so dünn war, daß er Rostwasser glich. Das würde ihr dennoch Leib und Seele zusammenhalten, meinte sie.

„Höre", sagte sie wiederholt zu Alzire, „du wirst deinen Großvater schlafen lassen und wirst acht haben, daß Estelle nicht vom Bett fällt; wenn sie erwachen und zu stark schreien sollte, dann hast du da ein Stück Zucker, das du im Wasser lösen kannst; davon gibst du ihr einige Löffel voll ... Ich weiß, du bist klug und wirst den Zucker nicht essen."

„Und die Schule, Mama?" – „Die Schule bleibt auf einen andern Tag ... Ich brauche dich heute." – „Und soll ich die Suppe machen, wenn du spät kommst?" – „Die Suppe, die Suppe ... Nein, warte damit, bis ich komme."

Alzire, mit der Altklugheit eines gebrechlichen Mädchens begabt, wußte sehr gut die Suppe zu bereiten. Sie schien indes die Mutter zu verstehen und drängte nicht weiter in sie. Jetzt war schon das ganze Arbeiterdorf erwacht; die Kinder gingen scharenweise zur Schule, man hörte das schleppende Geklapper ihrer Überschuhe. Es schlug acht Uhr; bei den Levaque, den linksseitigen Nachbarn, wurde das Geplauder immer lauter. Der Werktag der Frauen begann; sie standen bei ihren Kaffeetöpfen, die Fäuste auf die Hüften gestemmt, die Zungen in ewiger Bewegung wie die Mühlsteine einer Mühle. Ein welker Kopf mit dicken Lippen und platter Nase erschien draußen am Fenster und rief:

„Hör' einmal, es gibt was Neues!" – „Nein, nein, später!" erwiderte Frau Maheu. „Ich habe einen Gang zu machen."

In der Angst, dem Anerbieten, ein Glas heißen Kaffees zu nehmen, nicht widerstehen zu können, trieb sie Lénore und Henri zur Eile an und brach mit ihnen auf. Der Vater Bonnemort oben fuhr fort zu schnarchen; sein rhythmisches Schnarchen hallte durch das Haus.

Draußen sah Frau Maheu mit Überraschung, daß der Wind aufgehört hatte. Plötzliches Tauwetter war eingetreten; der Himmel war erdfahl, auf den Mauern lag eine grünliche, klebrige Feuchtigkeit, die Straßen waren mit Morast bedeckt, mit einem dieser Kohlengegend eigentümlichen Schlamm, so schwarz wie flüssiger Ruß, dick und zäh, daß die Schuhe darin steckenblieben. Sie mußte sogleich Lénore ohrfeigen, die sich den Spaß machte, mit ihren Schuhen den Schmutz aufzuheben wie mit der Spitze einer Schaufel. Das Dorf verlassend, ging sie längs des Kohlenlagers und des Kanals dahin und, um den Weg abzukürzen, quer durch aufgelassene Wege, zwischen allerlei würstem Terrain, das mit alten, moosbedeckten Planken eingefriedet war. Es folgten dann Schuppen, langgestreckte Fabriksgebäude, hohe Schlote, die Ruß spien und dadurch diese ganze wüste Landschaft, diese Fabriksumgebung beschmutzten. Hinter einem Pappeldickicht sah man die Ruinen des alten, aufgelassenen Réquillartschachtes mit dem eingestürzten Aufzugsturm, dessen roh gezimmertes Gebälk allein aufrecht geblieben war. Frau Maheu wandte sich jetzt rechts und betrat die Heerstraße.

„Wart, schmutziges Schwein, ich werde dich lehren Kugeln machen!" rief sie.

Dies galt Henri, der eine Handvoll Morast aufgehoben hatte, den er knetete. Die beiden Kinder, von der Mutter gleichmäßig gezüchtigt, hielten nun Ordnung und begnügten sich, nach den runden Löchern zu schielen, die sie mit ihren Tritten im Morast zurückließen. So trotteten sie dahin, schon müde von den Anstrengungen, die sie machen mußten, um ihre Schuhe aus dem klebrigen Schlamm loszukriegen.

Die Straße nach Marchiennes zog sich zwischen rötlichen Feldern zwei Meilen lang dahin, geradeaus wie ein in Wagenschmiere getränktes Band. Auf der andern Seite schlängelte sich der Weg durch Montsou, das auf dem Rücken einer breiten Erhöhung in der Ebene lag. Diese Straßen im Norden, wie mit der Schnur zwischen den

Industriestädten gezogen, in sanften Krümmungen und leichten Steigungen sich hinziehend, werden nach und nach gebaut, gleichsam um aus einem Departement eine einzige Arbeiterstadt zu machen. Kleine Häuschen, aus Ziegeln erbaut und zur Aufheiterung der reizlosen Umgebung bemalt – die einen gelb, die anderen blau, wieder andere schwarz, die letzteren ohne Zweifel deshalb, um sogleich bei dem schließlich unvermeidlichen Schwarz anzulangen –, schlängelten sich rechts und links den Abhang hinunter. Einige größere, zweistöckige Pavillons, Wohnungen von Fabrikleitern, unterbrachen die gedrängte Zeile schmaler Häuserfronten. Eine Kirche, gleichfalls aus Ziegeln erbaut, glich einem neuartigen Hochofen mit ihrem viereckigen Turm, den der fliegende Kohlenstaub schon schwarz gefärbt hatte. Und was zwischen allen den Zuckerfabriken, Seilereien und Mühlen vorherrschte, das waren die Tanzböden, Schenken, Bierstuben; auf tausend Häuser kamen fünfhundert Schenken.

Als sie sich dem Werkhof der Gesellschaft näherte – einem umfangreichen Komplex von Magazinen und Arbeitsstätten –, entschloß sich Frau Maheu, die Kinder rechts und links bei der Hand zu nehmen. Jenseits des Werkplatzes stand die Behausung des Direktors, Herrn Hennebeau; es war eine Art Schweizerhaus, geräumig, nach der Straße hin durch ein Gitter abgeschlossen, mit einem Gärtchen davor, in welchem einige Bäume ein kümmerliches Dasein fristeten. Es hielt eben ein Wagen vor dem Tor; ein mit einem Orden geschmückter Herr und eine in einen Pelzmantel gehüllte Dame stiegen aus. Sie waren aus Paris zu Besuch gekommen und hatten in Marchiennes die Eisenbahn verlassen. Frau Hennebeau, die im Halbdunkel eines Flurs erschien, stieß einen Ruf der Überraschung und der Freude aus.

„Vorwärts, ihr Schlafmützen!“ brummte Frau Maheu, die beiden Kleinen mit sich fortziehend, die sich im Straßenschmutz vergafften.

Vor dem Laden Maigrats angekommen, war sie in großer Aufregung. Maigrat wohnte neben dem Direktor; bloß eine Mauer trennte das Haus des Direktors von dem Häuschen Maigrats. Dieser hatte da auch ein Magazin, ein langes Gebäude, das sich in einem Laden ohne Fenster unmittelbar auf die Straße öffnete. Er hielt da alles, Gewürze, Würste und Fleisch, Früchte, Brot, Bier, Küchengeräte. Als ehemaliger Aufseher im Voreuxschacht hatte er mit einer kleinen Kantine den Anfang gemacht; dank dem Schutze seiner Vorgesetzten hatte sein Handel zugenommen und nach und nach alle Kleinkrämer in Montsou erdrückt. Er zentralisierte die Waren; die bedeutende Kundschaft der Arbeiterdörfer gestattete ihm wohlfeiler zu verkaufen und größere Kredite zu gewähren. Übrigens war er in der Hand der Gesellschaft geblieben, die ihm sein Häuschen und sein Magazin erbaut hatte.

„Ich bin wieder da, Herr Maigrat“, sagte die Maheu untertänig, als sie ihn auf der Türschwelle erblickte.

Er schaute sie an, ohne zu antworten. Er war dick, von kühler Höflichkeit und bildete sich etwas darauf ein, seinen einmal gefaßten Entschluß niemals zu ändern.

„Sie können mich unmöglich abweisen wie gestern“, fuhr die Maheu fort. „Wir müssen Brot zu essen haben von jetzt bis Samstag ... Allerdings schulden wir Ihnen sechzig Francs seit zwei Jahren ...“

Sie erklärte die Sache in kurzen, mühsam vorgebrachten Sätzen. Es war eine alte Schuld, die sie während des letzten Arbeitsausstandes gemacht hatten. Zwanzigmal hatten sie versprochen, die Schuld zu begleichen, aber sie konnten es nicht; sie waren nicht imstande, ihm zwei Francs alle vierzehn Tage zu geben. Überdies sei vorgestern ein Unglück dazwischengekommen: sie habe einem Schuhmacher, der ihnen mit der Pfändung drohte, zwanzig Francs bezahlen müssen. Darum wären sie jetzt ohne einen Sou; wäre dieser Zwischenfall nicht gewesen, sie hätten bis zum Sonnabend das Auslangen gefunden wie die anderen.

Maigrat, der die Arme über dem dicken Bauch gekreuzt hielt, antwortete auf jede neue Bitte mit einem stummen Nein.

„Nur zwei Brote, Herr Maigrat. Ich bin ja vernünftig und verlange keinen Kaffee ... Nur zwei Brote zu drei Pfund täglich.“ – „Nein!“ schrie er endlich mit voller Kraft.

Jetzt war sein Weib zum Vorschein gekommen, ein gebrechliches Geschöpf, das seine Tage über dem Geschäftsbuch hockend zubrachte und nicht aufzublicken wagte. Sie verschwand sogleich wieder, als sie das unglückliche Weib flehentliche Blicke auf sich richten sah. Man erzählte, daß sie das eheliche Bett den Schlepperinnen überließ, die zur Kundschaft des Ladens gehörten. Es war eine bekannte Sache: wenn ein Grubenarbeiter eine Verlängerung seines Kredites anstrebte, brauchte er nur seine Tochter oder sein Weib zu senden; ob schön oder häßlich, war gleichgültig, wenn sie sich nur Maigrat gegenüber willfährig zeigten.

Frau Maheu, welche die Augen noch immer bittend zu Maigrat erhob, fühlte sich belästigt durch die Art und Weise, wie er sie mit seinen kalten, klaren Äuglein musterte und gleichsam entkleidete. Sie geriet darob in Zorn; als sie noch jung war, bevor sie sieben Kinder geboren hatte, würde sie begriffen haben. Und sie ging weiter, Lénore und Henri mit sich zerrend, die aus dem Straßenschmutz Nußschalen aufgelesen hatten, deren Inneres sie untersuchten.

„Das wird Ihnen kein Glück bringen, Herr Maigrat; merken Sie sich's!“

Jetzt blieben ihr nur die Bürgersleute in der Piolaine. Wenn diese nicht hundert Sous hergaben, konnten sich alle hinlegen und verrecken. Sie wandte sich links und schlug den Weg nach Joiselle ein. Hier stand das Haus der Grubenverwaltung – in dem Winkel, den die Straße bildete –, ein wahrer Palast, aus Ziegeln erbaut, wo die großen Herren aus Paris, Fürsten, Generale und Minister, alljährlich im Herbst große Diners gaben. Unterwegs sann Frau Maheu darüber nach, wie sie die hundert Sous verwenden würde: sie würde zunächst Brot kaufen, dann Kaffee, nachher ein Viertelpfund Butter, ein Scheffel Kartoffeln für die Frühsuppe und zum Abendbrot, endlich vielleicht ein wenig Fleischkäse, denn der Vater müsse Fleisch bekommen.

Der Pfarrer von Montsou, der Abbé Joire, kam eben vorüber, seine Soutane in die Höhe hebend, um sie im Straßenkot nicht zu beschmutzen. Er war von milder Gemütsart und tat, als würde er sich um nichts kümmern, um weder die Arbeiter noch ihre Patrone gegen sich zu erzürnen.

„Guten Tag, Herr Pfarrer!" grüßte die Maheu.

Er lächelte den Kindern zu und ließ die Maheu mitten in der Straße stehen, ohne sich aufzuhalten. Die Maheu war jeder Religion bar; aber sie hatte sich plötzlich eingebildet, dieser Priester werde ihr etwas geben.

Sie setzte dann ihren Weg fort, in dem schwarzen, teigigen Morast. Sie hatte noch zwei Kilometer zurückzulegen; die Kinder, erstaunt ob dieser weiten Wanderung, ließen sich immer mehr schleppen. Rechts und links vom Weg gab es noch immer wüste Terrains, von moosbedeckten Planken eingeschlossen, und rauchgeschwärzte Fabriksgebäude, von hohen Schloten starrend. Dann, im Freien, dehnten die flachen Felder sich endlos dahin, einem Meer von braunen Schollen gleichend, in dem kein Baum sein Geäst ausbreitete, bis zur violetten Linie des Waldes von Vandame.

„Mutter, trage mich!"

Sie trug sie abwechselnd. Es gab Pfützen auf der Straße; sie hob ihre Röcke in die Höhe, aus Furcht, allzu schmutzig anzukommen. Dreimal war sie nahe daran, auf dem glitschigen Pflaster zu fallen. Und als sie endlich vor der Auffahrt des Hauses anlangten, stürzten sich zwei riesige Hunde mit so wütendem Gebell auf sie, daß die Kleinen entsetzt aufschrien. Der Kutscher mußte eine Peitsche nehmen und die Hunde zurückjagen.

„Laßt Eure Holzschuhe draußen und tretet ein", sagte Honorine.

Die Mutter und die Kinder standen unbeweglich im Speisezimmer, betäubt durch die plötzliche Hitze, sehr verlegen unter den Blicken dieses alten Herrn und dieser alten Dame, die in ihren Lehnsesseln ausgestreckt lagen.

„Meine Tochter, walte deines Amtes", sprach die alte Dame.

Die Grégoire betrauten Cécile damit, ihre Almosen auszuteilen. Dies paßte zu ihren Begriffen von einer guten Erziehung. Man mußte mildtätig sein; sie sagten selbst, ihr Haus sei das Haus des lieben Gottes. Sie schmeichelten sich übrigens, die Wohltätigkeit mit Klugheit zu üben; denn es plagte sie die ewige Angst, betrogen zu werden und das Laster zu unterstützen. Darum schenkten sie niemals Geld, niemals! nicht zehn Sous, nicht zwei Sous; denn es sei bekannt, daß ein armer Mensch, sobald er zwei Sous besitzt, dieselben vertrinkt. Ihr Almosen bestand stets in Naturalien, besonders in warmen Kleidern, welche zur Winterszeit an die armen Kinder verteilt wurden.

„Oh, die armen Kleinen!" rief Cécile; „wie bleich sie von der Kälte sind! ... Honorine, hole das Bündel aus dem Schrein!"

Auch die Mägde betrachteten die Unglücklichen mit Erbarmen und mit der Unruhe von Mädchen, die wegen ihres Mittagessens keine Sorge haben. Während das Stubenmädchen hinaufging, vergaffte sich die Köchin, stellte den Rest des Kuchens wieder auf den Tisch hin und stand mit hängenden Armen da.

„Ich habe gerade noch zwei wollene Kleider und zwei Tücher", sagte Cécile, „Sie werden sehen, wie gut warm die armen Kleinen angekleidet werden."

Endlich fand die Maheu die Sprache wieder.

„Vielen Dank, mein Fräulein", stammelte sie, „... Sie alle sind sehr gütig ..."

Tränen füllten ihre Augen; sie glaubte sich der hundert Sous sicher und dachte nur an die Art und Weise, wie sie dieselben verlangen sollte, wenn man ihr sie nicht anbieten würde. Die Kammerfrau kam nicht sogleich zurück; es trat ein Augenblick verlegenen Stillschweigens ein. Die Kleinen hingen an den Röcken der Mutter und machten große Augen auf den Kuchen.

„Sie haben nur diese zwei?" fragte Frau Grégoire, um das Stillschweigen zu brechen. – „Oh, Madame, ich habe deren sieben." – Herr Grégoire, der sich wieder in seine Zeitung vertieft hatte, fuhr entrüstet auf. „Sieben Kinder! Aber warum denn, lieber Gott!" – „Das ist unklug", murmelte die alte Dame.

Die Maheu machte eine unbestimmte Gebärde der Entschuldigung. „Mein Gott, das kommt von selbst, man denkt gar nicht daran. Und dann: wenn die Kinder einmal größer werden, helfen sie mit erwerben und das Haus erhalten. Auch sie könnten sich ganz gut fortbringen, wenn der Großvater nicht wäre, der schon kaum mehr arbeiten kann, und wenn von den vielen Kindern nicht bloß drei soweit wären, in die Grube einzufahren, zwei Söhne und ihre älteste Tochter. Man muß aber auch die Kleinen ernähren, die noch nichts leisten können."

„Und arbeiten sie schon lange in den Gruben?" fragte Frau Grégoire weiter. – Ein stummes Lachen erhellte das bleiche Antlitz der Maheu. „Oh ja, oh ja ... Ich bin bis zu meinem zwanzigsten Jahre eingefahren. Als ich mein zweites Kind hatte, sagte der Arzt, ich müßte zugrunde gehen, wenn ich noch länger in den Gruben arbeite. Es scheint, daß mir das die Knochen verdarb. Übrigens heiratete ich damals und hatte in meiner Haushaltung genug zu tun ... Was aber die Familie meines Gatten betrifft, so arbeitet sie seit einer Ewigkeit in den Gruben; der Großvater des Großvaters war schon dabei; sie taten mit bei dem ersten Spatenstich im Réquillartschacht."

Herr Grégoire betrachtete sinnend diese Frau und ihre bedauernswerten Kinder mit ihrem wachsbleichen Fleisch, ihren farblosen Haaren, die Entartung, in der sie verkümmerten, von Blutlosigkeit verzehrt, von der traurigen Häßlichkeit der Hungerleider. Es war wieder still geworden in dem Gemach; man hörte nur die Kohle kni-

stern, von der ein Gasqualm aufstieg. Das warme Gemach hatte jene schwere Luft, in welcher die spießbürgerliche Wohlhabenheit schlummert.
„Wo bleibt sie denn so lange?" rief Cécile ungeduldig. „Melanie, geh hinauf und sage ihr, das Bündel liege im Schrein unten, links."
Herr Grégoire schloß inzwischen laut die Betrachtungen, welche der Anblick dieser Hungerleider in ihm angeregt hatte.
„Es gibt viel Ungemach hienieden, das ist wahr: allein, gute Frau, es muß auch gesagt werden, daß die Arbeiter nicht sehr vernünftig leben ... Anstatt einen Spargroschen beiseite zu legen wie unsere Bauern, trinken die Köhler, machen Schulden und haben schließlich kein Brot für Weib und Kinder."
„Der gnädige Herr hat recht", antwortete Frau Maheu ernst. „Man geht nicht immer den richtigen Weg. Das sage ich immer den Taugenichtsen, wenn sie sich beklagen ... Ich habe es noch gut getroffen, mein Mann trinkt nicht. Dennoch geschieht es an lustigen Sonntagen, daß er über den Durst trinkt. Das ist aber auch alles. Und dies ist von ihm um so löblicher, als er vor unserer Heirat soff wie ein Schwein – mit Respekt sei es gesagt ... Und trotz seiner vernünftigen Lebensführung kommen wir zu nichts. Es gibt Tage – wie heute wieder – wo Sie alle unsere Schubfächer umkehren können, ohne einen Heller darin zu finden."
Sie wollte ihnen die Sache mit den hundert Sous beibringen und fuhr fort, mit ihrer weichen Stimme von der verhängnisvollen Schuld zu sprechen, anfänglich schüchtern, dann immer breiter und drängender. Sie bezahlten längere Zeit regelmäßig ihre Halbmonatsraten; aber eines Tages blieb man damit im Rückstand, und dann war's aus, sie konnten den Rückstand nicht mehr nachholen. Das Loch wurde immer größer; die Männer wurden von einer Arbeit angewidert, die ihnen nicht so viel einbrachte, daß sie ihre Schulden bezahlen konnten. Es war alles vergebens, man saß im Quark bis an sein Lebensende. Man muß übrigens alles begreifen: ein Köhler muß einen Schoppen trinken, um den Kohlenstaub hinabzuschwemmen. Damit fängt er an, und wenn dann der Jammer kommt, sitzt er Tag und Nacht im Wirtshaus. Möglich auch – und dies soll gegen niemanden eine Klage sein –, daß die Arbeiter nicht genug erwerben."
„Ich glaubte", sprach Frau Grégoire, „daß die Gesellschaft Euch Wohnung und Heizung gibt."
Frau Maheu schielte nach der Kohle, die im Kamin brannte.
„Ja, ja, man gibt uns Kohle; sie ist nicht sehr gut, aber sie brennt doch ... Was die Wohnung betrifft, so haben wir dafür nur sechs Francs monatlich zu zahlen; das scheint sehr wenig und dennoch fällt es uns schwer, diese Miete zu bezahlen ... Wenn man mich heute in Stücke schnitte, brächte man nicht zwei Sous aus mir heraus. Wo nichts ist, da ist nichts."
Der Herr und die Dame schwiegen, behaglich in ihren Lehnsesseln liegend und allmählich gelangweilt und verdrießlich gemacht durch die Auskramung dieser Jammergeschichten. Sie fürchtete sie verletzt zu haben und fügte mit ihrer ruhigen Miene einer praktischen Frau hinzu:
„Ach, ich sage das nicht, um mich zu beklagen. Die Lage ist nun einmal so, man muß sich damit abfinden, um so mehr, als wir uns vergebens dagegen wehren würden; es würde uns doch nichts helfen. Es bleibt doch noch das Beste, sein Leben ehrlich durchzubringen dort, wohin der liebe Gott uns gestellt hat. Nicht wahr, gnädiger Herr und gnädige Frau?"
Herr Grégoire stimmte ihr lebhaft zu. „Liebe Frau", sagte er, „mit solchen Gesinnungen ist man über jedes Unglück erhaben."
Honorine und Melanie brachten endlich das Bündel. Cécile öffnete es und holte die zwei Kleider hervor; sie legte noch Tücher dazu, auch Strümpfe und Fäustlinge. All dies wird vorzüglich passen, meinte sie. Sie beeilte sich und ließ die ausgewählten Kleidungsstücke durch die Mägde rasch einpacken. Ihre Klavierlehrerin war angekommen, und darum schob sie die Köhlerin mit ihren zwei Kindern zur Tür.
„Wir sind ganz mittellos", stammelte Frau Maheu, „wenn wir wenigstens ein Hundertsousstück hätten ..."
Sie blieb mitten im Satz stecken, denn die Maheus waren stolz und bettelten nicht. Cécile blickte unruhig auf ihren Vater; doch dieser schlug die Bitte rundweg ab, mit einer Miene, als erfüllte er eine Pflicht.
„Nein, das liegt nicht in unseren Gewohnheiten. Wir können nicht."
Das Mächen, von dem verstörten Gesicht der Mutter bewegt, wollte die Kinder vollends erfreuen. Diese schauten noch immer starr auf den Kuchen; sie brach zwei Stücke davon ab und gab sie ihnen. „Hier, das ist für euch."
Dann nahm sie die Kuchenstücke wieder zurück und wickelte sie in ein altes Zeitungsblatt, indem sie sagte: „Teilt das zu Hause mit euren Geschwistern."
Und unter den zärtlichen Blicken ihrer Eltern schob sie die Kinder zur Türe hinaus. Die armen Kleinen, die kein Brot hatten, gingen von dannen, respektvoll den Kuchen in ihren starrkalten Händchen heimtragend.
Die Maheu zog ihre Kinder auf dem Straßenpflaster fort; sie sah weder die wüsten Felder noch den schwarzen Morast noch den fahlen Himmel, der sich um sie zu drehen schien. Als sie wieder durch Montsou kam, trat sie entschlossen bei Maigrat ein, den sie so eindringlich mit ihren Bitten bestürmte, daß sie schließlich zwei Brote, Kaffee, Butter und sogar ein Hundertsousstück mitnahm; denn der Mann wucherte auch auf die Woche. Nicht sie wollte er, sondern Catherine; sie begriff dies, als er ihr sagte, sie möge ihre Tochter um den Einkauf senden. Man werde schon sehen, sagte sie. Sie fügte im stillen hinzu, Catherine werde ihm Maulschellen versetzen, wenn er ihr zu nahe kommen sollte.

III

Es schlug elf Uhr im Turm der kleinen Kirche des Arbeiterdorfes der zweihundertundvierzig; diese Kirche war eigentlich eine aus Ziegeln erbaute Kapelle, in der der Abbé Joire am Sonntag die Messe las. Aus der Schule nebenan, gleichfalls aus Ziegeln erbaut, hörte man die lallenden Stimmen der Kinder, trotzdem die Fenster wegen der Kälte geschlossen waren. Die zwischen den vier Blöcken von gleichartigen Häusern sich hinziehenden breiten Straßen, eingeteilt in kleine, aneinanderstoßende Gärtchen, waren verödet; und diese vom Winter verheerten Gärtchen breiteten sich in der Trübseligkeit ihres Mergelbodens aus, in dem die letzten Gemüse wie schmutzige Höcker staken. Die Schornsteine rauchten, in den Häusern wurde die Mittagssuppe gekocht; da und dort sah man ein Weib längs der Häuser auftauchen, dann eine Tür öffnen und verschwinden. Vor allen Häusern, von einem Ende der Straße bis zum andern, tröpfelte es aus den Abzugsröhren in die davor stehenden Bottiche; zwar regnete es nicht, aber der graue Himmel hing voll feuchten Dunstes. Und dieses Dorf, in einem Stück mitten in die weite Hochebene hineingebaut, von schwarzen Straßen wie von einem Trauerband eingesäumt, zeigte keinen hellen Punkt als seine roten Ziegeldächer, die von den Platzregen unaufhörlich blankgewaschen wurden.

Als Frau Maheu heimkehrte, machte sie einen Umweg, um Kartoffeln bei der Frau eines Aufsehers zu kaufen, die noch von der Ernte her welche vorrätig hatte. Hinter einer Reihe krüppelhafter Pappeln – die einzigen Bäumen in dieser flachen Gegend – stand eine Gruppe isolierter Gebäude, Häuser zu vier und vier, von Gärten umgeben. Es war dies ein neuer Versuch, den die Gesellschaft machte, um ihren Aufsehern eine Begünstigung zuzuwenden; dieser Teil der Ansiedlung wurde deshalb von den Arbeitern „das Dorf der Seidenstrümpfe“ genannt, während sie in gemütlicher Verhöhnung ihres Elends das eigene Dorf „Schuldenzahler“ nannten.

„Uff! endlich sind wir da“, sagte die mit Bündeln beladene Frau Maheu, indem sie die mit Schmutz bedeckten todmüden Kinder, Lénore und Henri, ins Haus schob.

Vor dem Feuer saß Alzire und wiegte die unaufhörlich schreiende Estelle in den Armen. Da sie keinen Zucker mehr hatte und nicht wußte, wie sie das Kind zum Schweigen bringen sollte, tat sie schließlich, als würde sie ihm die Brust reichen. Diese Täuschung hatte schon oft Erfolg. Allein dieses Mal hatte sie vergebens ihr Kleid geöffnet und den Mund des Kleinen an ihre magere Brust eines achtjährigen kranken Kindes gepreßt; Estelle nagte wütend an der Haut, ohne etwas darin zu finden.

„Gib sie her“, sagte die Mutter, als sie ihr Bündel abgelegt hatte. „Wir können sonst in dem Geschrei kein Wort reden.“

Als sie aus dem Mieder eine Brust hervorgeholt hatte, die schwer war wie ein Euter, und der Schreihals – plötzlich verstummend – sich gierig an den Zutzel machte, konnte man endlich ein Wort reden. Übrigens war alles in Ordnung; die kleine Hauswirtin hatte das Feuer unterhalten, die Wohnstube ausgekehrt und aufgeräumt. Und in der Stille hörte man oben den Großvater schnarchen; es war dasselbe gleichmäßige Schnarchen, das nicht einen Augenblick aufgehört hatte.

„Sind das feine Sachen!“ sagte Alzire, indem sie die mitgebrachten Vorräte lächelnd musterte. „Wenn du willst, Mutter, mache ich die Suppe.“

Der Tisch war voll; ein Bündel Kleider, zwei Brote, Kartoffeln, Butter, Kaffee, Zichorie und ein halbes Pfund Fleischkäse.

„Oh, die Suppe!“ sagte die Maheu mit müder Miene; „da müßte man erst Sauerampfer und Lauch pflücken ... Nein, ich werde nachher für die Mannsleute Suppe kochen ... Setze Kartoffeln aufs Feuer; wir werden sie mit ein wenig Butter essen ... Und Kaffee: vergiß den Kaffee nicht!“

Doch plötzlich erinnerte sie sich des Kuchens. Sie schaute auf die leeren Hände Lénores und Henris, die schon wieder wohlgemut waren und sich am Boden wälzten und prügelten. Die naschhaften Rangen hatten unterwegs heimlich den Kuchen gegessen! Die Mutter ohrfeigte sie, während Alzire, indem sie den Kochtopf aufs Feuer setzte, die Mutter zu beruhigen suchte.

„Laß sie, Mama. Wenn es meinethalben ist, so weißt du ja, daß ich den Kuchen nicht mag. Sie hatten Hunger, weil sie so weit gegangen waren.“

Draußen wurde die Mittagsglocke geläutet; man hörte das Geklapper der Überschuhe der heimkehrenden Schulkinder. Die Kartoffeln waren gar; der Kaffee, durch eine Zutat von Zichorie verdichtet, floß in großen Tropfen laut plätschernd durch den Filter. Eine Ecke des Tisches war abgeräumt worden; doch aß die Mutter allein da, die Kinder nahmen ihre Teller auf die Knie; der kleine Junge in seiner stummen Gefräßigkeit schaute sich – ohne etwas zu sagen – immerfort nach dem Fleischkäse um, dessen fette Papierhülle ihm die Ruhe raubte.

Frau Maheu trank ihren Kaffee in kleinen Schlucken, die Hände an das Glas legend, um sie zu erwärmen. Da kam der alte Bonnemort herunter. Sonst stand er später auf; man ließ ihm sein Frühstück am Feuer stehen. Heute begann er zu brummen, weil keine Suppe da war. Dann, als seine Schwiegertochter ihm erklärt hatte, man könne nicht immer so tun wie man möchte, aß er seine Kartoffeln still für sich hin. Von Zeit zu Zeit erhob er sich und spie in die Asche; er tat dies aus Reinlichkeit, um den Estrich zu schonen; dann hockte er sich wieder auf seinen Sessel hin und fuhr fort, sein Essen zu kauen, mit gesenktem Kopf und erloschenen Augen.

„Ach, ich vergaß, Mutter“, sagte Alzire, „die Nachbarin war da ...“ Die Mutter unterbrach sie. „Sie soll mich in Frieden lassen!“

Sie hatte einen dumpfen Groll gegen die Levaque, die gestern über Not gejammert hatte, um ihr nichts leihen zu müssen; und doch hatte sie Geld, wie die Maheu wohl wußte; der Mieter Bouteloup hatte seinen halben Monat vorausgezahlt. In dem Arbeiterdorf liehen die Haushaltungen einander nichts.

„Sieh, da fällt mir ein", fuhr die Maheu fort, „nimm eine Mühle voll Kaffee und schlage ihn in ein Papier ... Ich muß ihn der Frau Pierron bringen, der ich ihn seit vorgestern schuldig bin."

Als ihre Tochter das Päckchen fertig hatte, sagte die Maheu, daß sie sogleich zurückkehren werde, um die Suppe für die Mannsleute aufs Feuer zu setzen. Dann ging sie fort, mit Estelle auf den Armen, den alten Bonnemort zurücklassend, der langsam seine Kartoffeln mahlte, während Lénore und Henri sich um die zu Boden gefallenen Kartoffelschalen prügelten.

Anstatt den Weg über die Straße zu nehmen, schritt Frau Maheu quer durch die Gärten, aus Furcht, daß die Levaque sie rufen könnte. Ihr Garten stieß eben an denjenigen der Familie Pierron, und in dem verfallenen Zaun, der sie trennte, gab es ein Loch, durch das die Nachbarn miteinander verkehrten. Da war auch der gemeinsame Brunnen, welcher vier Familien diente. Nebenan, hinter einem verkümmernden Fliederstrauch, war die Scheuer, wo man die alten Geräte aufbewahrte und dann und wann ein Kaninchen züchtete, um an einem Feiertag einen Braten zu haben. Es war ein Uhr, die Kaffeestunde; keine Seele zeigte sich an den Türen und Fenstern. Nur ein Arbeiter arbeitete, ohne aufzublicken, in seinem Gärtchen, um die Zeit zu nützen, bis seine Stunde kam, in die Grube einzufahren. Als die Maheu auf der Straße gegenüber ankam, sah sie zu ihrer Überraschung vor der Kirche einen Herrn und zwei Damen. Sie blieb einen Augenblick stehen und erkannte die Fremden: es war Frau Hennebeau mit ihren Gästen, dem dekorierten Herrn und der Dame im Pelzmantel. Sie zeigte ihnen das Arbeiterdorf.

„Ach, wozu die Mühe? Es hatte keine Eile!" rief Frau Pierron, als Frau Maheu ihr den Kaffee zurückerstattete.

Sie war achtundzwanzig Jahre alt und galt als die Schöne im Dorfe. Sie hatte eine braune Gesichtsfarbe, große Augen, einen kleinen Mund: sie war überdies kokett, von der Reinlichkeit einer Katze; ihr Busen hatte sich schön erhalten, denn sie hatte kein Kind. Ihre Mutter, die Brulé, Witwe eines Köhlers, der in der Mine den Tod gefunden, hatte aus ihrer Tochter eine Fabriksarbeiterin gemacht und geschworen, daß dieselbe niemals einen Köhler heiraten solle. Sie kam denn auch aus dem Zorn nicht mehr heraus, seitdem ihre Tochter, schon als reifes Mädchen, sich mit Pierron verheiratet hatte, einem Witwer, der eine achtjährige Tochter hatte. Das Ehepaar lebte indes sehr zufrieden, unbekümmert um den Klatsch, der in Umlauf war über die Gefälligkeit des Gatten und die Liebhaber der Frau. Sie hatten keine Schulden, aßen zweimal wöchentlich Fleisch, und ihr Haus war so sauber gehalten, daß man sich in den Kasserollen hätte spiegeln können. Um ihr Glück zu vervollständigen, hatte sie, dank ihrer Beschützer, von der Gesellschaft die Erlaubnis erhalten, Bonbons und Zwieback zu verkaufen; auf zwei Brettern hinter den Scheiben ihres Fensters waren diese Süßigkeiten in gläsernen Behältern zur Schau gestellt. Sie gewann dabei sechs bis sieben Sous täglich, an manchem Sonntag sogar zwölf. Diese glückliche Häuslichkeit wurde nur durch das Geschrei der Brulé gestört, die in der Wut einer alten Aufrührerin immer den Tod ihres Mannes an den Patronen rächen wollte; der zweite Störenfried war die kleine Lydie, die als Sündenbock für die ganze Familie sehr viele Maulschellen einzustecken hatte.

„Wie groß Estelle schon ist!" sagte Frau Pierron, mit dem Kind spielend.

„Ach, laß gut sein, das gibt Mühe genug", erwiderte die Maheu. „Du magst froh sein, daß du keines hast. Da kann man wenigstens sein Haus sauberhalten."

Obgleich auch bei ihr alles in Ordnung gehalten wurde und sie jeden Sonnabend wusch und scheuerte, betrachtete sie doch mit den Blicken einer neidischen Hausfrau diese helle Stube, wo es sogar einigen Zierat gab, vergoldete Vasen auf dem Eßschrein, einen Spiegel und drei eingerahmte Kupferstiche.

Die Pierron trank eben ihren Kaffee allein; alle ihre Leute waren in der Grube.

„Du wirst ein Glas mit mir trinken", sagte sie. – „Nein, danke, ich habe soeben den meinigen getrunken." – „Was tut das?"

Freilich, das tat nichts. Und beide tranken nun langsam ihren Kaffee. Zwischen den Zwieback- und Bonbongläsern hindurch waren ihre Blicke auf den gegenüberstehenden Häusern haften geblieben, wo sich Fenster an Fenster reihte, mit ihren Vorhängen, deren Reinlichkeit ein Gradmesser der häuslichen Tugenden der betreffenden Hausfrauen war. Diejenigen der Levaques waren sehr schmutzig, wahre Wischlappen, die aussahen, als hätte man damit die Kochtöpfe gereinigt.

„Ist es möglich, in einem solchen Dreck zu leben?" murmelte Frau Pierron.

Nun legte Frau Maheu unaufhaltsam los. Ach, wenn sie einen Mieter hätte wie diesen Bouteloup, wie ganz anders ginge es in ihrem Hauswesen zu! Ein Mieter ist eine sehr gute Aushilfe, wenn man sie zu nützen versteht. Allerdings dürfe man nicht mit ihm schlafen. Und ihr Mann! Der soff, prügelte sein Weib und lief den Bänkelsängerinnen von Montsou nach.

Die Pierron nahm eine tief angewiderte Miene an. Von diesen Bänkelsängerinnen kämen alle Krankheiten, meinte sie. In Joiselle gebe es eine, die eine ganze Grube verseucht habe.

„Was mich wundert", fügte sie hinzu, „ist, daß du deinen Sohn mit ihrer Tochter gehen ließest."

„Ach ja, wer das verhindern könnte! ... Ihr Garten stößt an den unsrigen. Im Sommer stak Zacharie immer bei Philomène hinter den Fliedersträuchen, und sie taten sich auch im Schuppen keinen Zwang an; man konnte nicht mehr zum Brunnen gehen, ohne sie zu überraschen.

Es war die gewöhnliche Geschichte des Zusammenlebens der Geschlechter im Dorfe. Bursch und Mädchen verdarben zusammen, warfen sich rücklings – wie sie sagten – auf das niedrige Dach des Schuppens, sobald der Abend

dunkelte. Alle Schlepperinnen machten da ihr erstes Kind, wenn sie sich nicht die Mühe machten, nach Réquillart oder in die Getreidefelder zu gehen, um es da zu machen. Es hatte nichts weiter zu bedeuten; man wurde später Mann und Frau; nur die Mütter waren wütend, wenn die Burschen zu früh anfingen; denn ein Bursche, der heiratete, brachte der Familie nichts mehr ein.
,,An deiner Stelle möchte ich lieber ein Ende machen", sagte Frau Pierron in vernünftigem Ton. ,,Dein Zacharias hat ihr nun schon zwei Kinder gemacht; sie werden ihrer Wege gehen und ein Paar werden. Das Geld ist nun einmal weg."
Die Maheu streckte wütend die Hände aus. ,,Höre: ich verfluche sie, wenn sie heiraten ... Ist Zacharie uns nicht Respekt schuldig? Er hat uns Geld gekostet, nicht wahr? Nun denn, er soll es uns wiedergeben, ehe er sich ein Weib auf den Hals lädt. Was würde aus uns werden, sprich, wenn unsere Kinder gleich für andere arbeiteten? Da möchte man doch lieber gleich verrecken!"
Doch sie beruhigte sich wieder.
,,Ich spreche im allgemeinen", sagte sie. ,,Wir werden ja später sehen ... Dein Kaffee ist recht stark; du tust das Nötige dazu."
Nachdem sie noch eine Viertelstunde von allen möglichen Dingen geplaudert hatten, eilte die Maheu von dannen, indem sie rief, die Suppe für ihre Mannsleute sei noch nicht fertig. Auf der Straße sah man die Kinder wieder zur Schule gehen; einige Weiber zeigten sich an den Türen und betrachteten Frau Hennebeau, welche, die Vorderseite eines Hauses abschreitend, ihren Gästen die Einrichtungen des Arbeiterdorfes erklärte. Dieser Besuch machte nachgerade Aufsehen im Dorfe. Der einsame Mann in seinem Garten unterbrach seine Arbeit; zwei Hühner liefen erschreckt auseinander.
Als die Maheu heimkehrte, stieß sie auf die Levaque, die auf die Straße gekommen war, um den Arzt der Gesellschaft, Dr. Vanderhaghen, abzufassen, einen kleinen, allzeit sehr geschäftigen Mann, der durch die Straßen rennend seine ärztlichen Ratschläge erteilte.
,,Herr Doktor", sagte sie, ,,ich kann nicht schlafen; mir tut alles weh ... Wir sollten doch mal darüber reden." – Der Arzt, der alle Bewohner des Dorfes duzte, antwortete ihr, ohne stehenzubleiben: ,,Laß mich in Frieden! Du säufst zuviel Kaffee." – ,,Und mein Mann erst, Herr Doktor!" sagte jetzt die Maheu. ,,Sie sollten ihn einmal besuchen. Er hat noch immer seine Schmerzen in den Beinen." – ,,Du bist es, die ihn so schwach macht, laß mich in Frieden!"
Die zwei Weiber standen verblüfft da und schauten dem davoneilenden Arzt nach. ,,Komm herein", sagte die Levaque, nachdem sie mit ihrer Nachbarin ein trostloses Achselzucken ausgetauscht hatte. ,,Du weißt wohl, daß es eine Neuigkeit gibt ... Du wirst auch einen Schluck Kaffee nehmen; er ist ganz frisch."
Die Maheu wehrte ab, aber sie konnte nicht widerstehen. Wohl denn, einen Tropfen, um die Nachbarin nicht zu kränken. Und sie trat ein.
Die Stube war greulich schmutzig, die Wände voll Fettflecken, Tisch und Eßschrein starrten von Unsauberkeit; und der Gestank dieser vernachlässigten Haushaltung packte jeden Eintretenden bei der Gurgel. Neben dem Feuer saß Bouteloup, noch jung aussehend für seine fünfunddreißig Jahre, beide Ellbogen auf dem Tisch, die Nase in seinem Teller, und verzehrte einen Rest Rindfleisch mit der Behäbigkeit eines wohlgenährten, ruhigen Jungen. Neben ihm stand der kleine Achille, Philomènes Erstgeborener, der jetzt in sein drittes Jahr ging, und sah mit der stumm flehenden Miene eines gefräßigen Tieres dem Essenden zu. Der Mieter, dessen großer, brauner Bart ein feines, weißes Gesicht einrahmte, schob von Zeit zu Zeit dem Kind ein Stück Fleisch in den Mund.
,,Wart, ich werde den Kaffee erst zuckern", sagte die Levaque, indem sie den Mehlzucker voraus in die Kaffeekanne tat.
Sie war um sechs Jahre älter als er, abscheulich, welk, die Brust auf dem Bauch, der Bauch auf den Schenkeln, mit einem platten Gesicht und ergrauenden, stets ungekämmten Haaren. Er hatte in ganz natürlicher Weise von ihr Besitz ergriffen, ohne sie näher zu prüfen, geradeso wie seine Suppe, in der er Haare fand, oder sein Bett, dessen Wäsche nur alle drei Monate gewechselt wurde. Sie gehörte mit zur Pension; der Gatte pflegte oft zu sagen: eine glatte Rechnung macht gute Freunde.
,,Also, ich wollte dir nur sagen", fuhr sie fort, ,,daß man gestern abend die Frau Pierron im Dorf der ,Seidenstrümpfler' sich herumtreiben gesehen hat. Der gewisse Herr erwartete sie hinter Rasseneurs Herberge; dann sind sie zusammen längs des Kanals fortgegangen ... Das ist hübsch von einer verheirateten Frau, wie?"
,,Mein Gott!" sagte die Maheu; ,,Pierron hat, bevor er sie heiratete, dem Aufseher Kaninchen geschenkt; jetzt leiht er ihm seine Frau, das ist wohlfeiler."
Bouteloup brach in ein riesiges Gelächter aus und warf ein Stück in Sauce getunktes Brot dem Achille in den Mund. Die zwei Frauen ließen sich dann noch weiter über Frau Pierron aus, über diese Kokette, die nicht schöner war als eine andere, aber den ganzen Tag damit zubrachte, die Löcher ihrer Haut zu mustern, sich zu waschen und mit Pomade zu bestreichen. Übrigens sei es Sache ihres Mannes, wenn ihm ein solches Brot schmecke. Es gibt ja so ehrgeizige Menschen, die ihren Vorgesetzten den Hintern reinigen möchten, um nur ein Dankeswort von ihnen zu hören. So ging das fort, bis sie durch die Ankunft einer Nachbarin unterbrochen wurden, die ein neun Monate altes Kind brachte, Desirée, Philomènes Jüngste. Philomène ließ sich zur Frühstücksstunde das Kind nach dem Sichtungswerk bringen und reichte ihm da, auf einem Kohlenhaufen sitzend, die Brust.
,,Die Meinige darf ich nicht einen Augenblick allein lassen, sonst schreit sie sogleich", sagte die Maheu, auf Estelle blickend, die in ihren Armen eingeschlafen war.
Doch es sollte ihr nicht gelingen, der Schlinge zu entgehen, welche sie seit einer Weile der Levaque aus den

Augen las. „Höre einmal: wir sollten doch ein Ende machen“, begann die Levaque.
Die zwei Mütter waren anfänglich stillschweigend übereingekommen, die Heirat nicht zustande kommen zu lassen. Zacharies Mutter wollte so lang als möglich den Lohn ihres Sohnes auf die Hand bekommen, und auch Frau Levaque wütete bei dem Gedanken, den Erwerb ihrer Tochter zu verlieren. Man hatte ja keine Eile; Philomènes Mutter hatte sich sogar dazu verstanden, Achille zu behalten, solang dieser allein da war; doch als der Knabe größer wurde und Brot aß, und als ein zweites hinzukam, fand sie ihre Rechnung nicht mehr, drängte sie wütend zur Hochzeit, weil sie nicht vom Eigenen zulegen wollte.
„Zacharie hat seine Militärpflicht hinter sich, nichts hält ihn mehr zurück. Wann wollen wir Hochzeit machen?“ fragte sie weiter.
„Verschieben wir das auf bessere Tage“, antwortete die Maheu verlegen. „Diese Geschichten sind so ärgerlich! Als ob sie nicht hätten warten können, bis sie verheiratet sind. Bei meiner Ehre! ich würde Catherine erwürgen, wenn ich erführe, daß sie die nämliche Dummheit gemacht habe.“
Die Levaque zuckte mit den Achseln.
„Laß gut sein; sie wird nicht besser sein als die anderen“, sagte sie.
Bouteloup ging jetzt zum Eßschrein und suchte da das Brot mit der Ruhe eines Menschen, der zu Hause ist. Auf einer Ecke des Tisches lagen Gemüse, für Levaques Suppe bestimmt; Kartoffeln und Lauch, zur Hälfte geschält, inmitten des ewigen Tratsches zehnmal zur Hand genommen und wieder weggelegt. Das Weib hatte sich eben wieder darangemacht, doch legte sie die Arbeit gleich wieder hin, um sich zum Fenster zu stellen.
„Was ist denn das? ... Schau, Frau Hennebeau mit Leuten. Jetzt treten sie bei der Pierron ein.“
Und nun fielen sie wieder über die Pierron her. Ach, das ist immer so: wenn die Gesellschaft Besucher im Arbeiterdorfe sah, führt man sie geradenwegs zu dieser Frau, weil es da rein ist. Sicherlich erzählt man ihnen nicht die Geschichten mit dem Oberaufseher. Man kann leicht reinhalten, wenn man Liebhaber hat, die dreitausend Francs erwerben, Wohnung und Heizung haben, die Geschenke ungerechnet. Ach ja: außen der Glanz, innen der Tanz. In diesem Ton schimpften sie fort, so lange die Fremden im Hause der Pierron waren.
„Jetzt kommen sie heraus“, sagte endlich die Levaque. „Schau, meine Liebe, ich glaube gar, sie gehen zu dir.“
Die Maheu wurde von Angst ergriffen. Wer weiß, ob Alzire den Tisch abgewischt hat? Und ihre Suppe war auch noch nicht fertig. Mit einem flüchtigen „Auf Wiedersehen!“ eilte sie davon, nach ihrer Behausung, ohne rechts noch links zu schauen.
Doch zu Hause war alles sauber und in Ordnung. Alzire, als sie sah, daß die Mutter nicht komme, hatte einen Küchenlappen vorgebunden und sich an die Zubereitung der Suppe gemacht. Sie hatte die letzten Lauchstummel und Sauerampfer im Garten gepflückt und war eben mit der Reinigung der Gemüse beschäftigt, während am Feuer in einem großen Kessel das Wasser für das Bad der Mannsleute warmgehalten wurde. Henri und Lénore waren zufällig artig und vertrieben sich die Zeit mit dem Zerreißen eines alten Kalenders. Der Vater Bonnemort rauchte still seine Pfeife.
Die Maheu hatte sich noch nicht recht verschnauft, als Madame Hennebeau an die Tür klopfte: „Sie erlauben wohl, liebe Frau?“
Sie war groß und blond, etwas schwerfällig in ihrer schönen Reife einer Vierzigerin; sie lächelte mit gezwungener Leutseligkeit und ließ nicht allzusehr ihre Furcht durchblicken, ihr Kleid von bronzefarbener Seide zu beschmutzen, über dem sie einen Mantel von schwarzem Samt trug.
„Treten Sie ein, treten Sie ein“, wiederholte sie ihren Gästen. Wir stören niemanden ... Da ist's ebenfalls hübsch sauber, nicht wahr? Und diese wackere Frau hat sieben Kinder! So sind alle unsere Familien ... Wie ich Ihnen schon erklärt habe, vermietet ihnen die Gesellschaft das Haus für sechs Francs monatlich. Eine große Wohnstube im Erdgeschoß, zwei Stuben oben, ein Keller, ein Garten.
Der dekorierte Herr und die Dame im Pelzmantel, die am Morgen mit dem Pariser Zug gekommen waren, rissen die Augen auf; in ihren Mienen war die Verblüffung über diese ihnen neuen, ungewohnten Dinge zu lesen. „Ein Garten sogar!“ wiederholte die Dame. „Man bekommt ordentlich Lust, da zu leben; es ist ja reizend!“ – „Wir geben ihnen Kohle, mehr als sie verbrennen können“, fuhr Madame Hennebeau fort. „Ein Arzt erscheint wöchentlich zweimal bei ihnen; und wenn sie alt sind, bekommen sie Ruhegehälter; obgleich ihnen von ihrem Lohn nichts in Abzug gebracht wird.“ – „Das ist ja eine Idylle! ein wahres Schlaraffenland!“ murmelte der Herr entzückt.
Die Maheu hatte sich beeilt, Sessel anzubieten, doch die Damen lehnten ab. Madame Hennebeau war der Sache schon wieder überdrüssig; es hatte ihr einen Augenblick Vergnügen gemacht, in der Langeweile ihrer Vereinsamung die Wegweiserin zu spielen, doch war sie sogleich angewidert von dem faden Geruch des Elends trotz der gesuchten Reinlichkeit der Häuschen, in welche sie einzutreten wagte. Sie wiederholte übrigens nur einzelne Phrasen, die sie selbst gehört hatte, und kümmerte sich sonst gar nicht um das Arbeitervolk, das in ihrer Nähe in schwerer Arbeit und in Elend dahinlebte.
„Die schönen Kinder!“ murmelte die Dame, welche sie in Wirklichkeit abscheulich fand mit ihren dicken Köpfen und ihrem struppigen, strohgelben Haar.
Frau Maheu mußte das Alter der Kinder angeben; aus Höflichkeit befragte man sie auch über Estelle. Der Vater Bonnemort hatte respektvoll die Pfeife aus dem Mund genommen; nichtsdestoweniger blieb er ein Gegenstand der Unruhe, wie er dasaß, durch vierzig Jahre Grubenarbeit zugrunde gerichtet, mit steifen Beinen, morschen

Gliedern, erdfahlem Gesicht. Und als ein heftiger Hustenanfall ihn packte, ging er auf die Gasse speien, weil er dachte, sein schwarzer Auswurf könnte die Gesellschaft ekeln.

Alzire fand am meisten Beifall. Welche nette, kleine Hauswirtin mit ihrem Küchenlappen! Man beglückwünschte die Mutter zu diesem für sein zartes Alter so verständigen Mädchen. Und niemand sprach von dem Höcker; Mitleid und Unbehagen zugleich drückten sich in den Blicken aus, die sich immer wieder nach dem armen, gebrechlichen Wesen wandten.

„Und nun", schloß Madame Hennebeau, „wenn man Sie in Paris über unsere Arbeiterkolonien befragt, werden Sie antworten können ... Es ist da immer so still wie jetzt; es herrschen patriarchalische Sitten: alle sind gesund und zufrieden, wie Sie sehen. Es ist ein Ort, wohin Sie öfter kommen sollten, um sich in der guten Luft und in der Ruhe zu erholen."

„Es ist wunderbar, wunderbar!" rief der Herr in einem schließlichen Ausbruch der Begeisterung.

Sie traten aus dem Hause mit der entzückten Miene, mit der man eine Baracke verläßt, wo man Naturwunder gesehen hat. Frau Maheu, die ihnen das Geleit gab, blieb auf der Schwelle stehen und blickte ihnen nach, wie sie unter lauten Gesprächen sich langsam entfernten. Die Straßen hatten sich bevölkert; sie mußten Gruppen von Weibern durchschreiten, die das von Haus zu Haus getragene Gerücht von ihrem Besuch auf die Straße gelockt hatte.

Die Levaque hatte vor ihrer Türe die Pierron angehalten, die neugierig herbeigelaufen war. Beide heuchelten eine schlimme Überraschung. Wie, wollten diese Leute etwa bei der Maheu übernachten? Es war doch nicht so angenehm da drinnen!

„Immer ohne Sou bei dem schönen Erwerb, den sie haben. Mein Gott, wenn man Lastern frönt!" – „Ich erfahre soeben, daß sie heute vormittag bei den Spießbürgern in der Piolaine gebettelt hat; und Maigrat, der ihnen kein Brot mehr pumpen wollte, hat ihr doch wieder einiges gegeben ... Nun, man weiß ja, wie Maigrat sich bezahlt macht." – „Bei ihr nicht, o nein! ... Dazu würde viel Mut gehören! Bei Catherine macht er sich bezahlt." – „Ach, und da hatte die Maheu noch die Stirne, mir zu sagen, daß sie Catherine erwürgen würde, wenn sie es täte! ... Als ob der lange Chaval sie nicht schon längst auf dem Schuppen umgeworfen hätte." – „Still! da kommen die Leute."

Mit ruhiger Miene, ohne aufdringliche Neugierde betrachteten die Levaque und die Pierron die aus dem Hause der Maheu kommenden Fremden. Dann winkten sie die Maheu heran, die noch immer Estelle auf den Armen trug. Und alle drei blickten ihnen unbeweglich nach, wie die wohlbekleideten Rücken der Madame Hennebeau und ihrer Gäste sich entfernten. Als diese etwa dreißig Schritte weit waren, ging der Klatsch mit erneuter Heftigkeit los.

„Die haben aber für schweres Geld Stoffe am Leib; ihre Kleider sind vielleicht mehr wert als sie selbst." – „Oh, gewiß! ... Die andere kenne ich nicht; aber für diese da würde ich nicht vier Sous geben, so dick sie auch ist. Man erzählt sich Geschichten ..." – „Wie? Was für Geschichten?" – „Nun, sie hält sich Männer! ... Vor allem den Ingenieur ..." – „Den kleinen Magern! ... Aber der verliert sich ja in ihrem Bett." – „Was tut's, wenn es ihr Vergnügen macht? ... Was mich betrifft, so habe ich kein Vertrauen, wenn ich eine Dame sehe, die immer ihre angewiderten Mienen macht und der es nirgends zu gefallen scheint ... Schau nur, wie sie mit dem Hintern wackelt, als wollte sie sagen, daß sie uns alle verachtet. Ist das nett?"

Die Spaziergänger setzten mit denselben langsamen Schritten plaudernd ihren Weg fort, als eine Kalesche auf der Straße vor der Kirche stehenblieb. Ein Herr von ungefähr achtundvierzig Jahren, mit einem schwarzen Leibrock bekleidet, stieg aus dem Wagen; er war von tiefbrauner Hautfarbe, sein Gesicht zeigte einen strengen und korrekten Ausdruck.

„Das ist der Gatte!" murmelte die Levaque, indem sie die Stimme dämpfte, als ob er es hätte hören können; sie war von jener Furcht der Untergebenen ergriffen, welche der Direktor seinen sechstausend Arbeitern einflößte. „Der Mann hat doch wahrhaftig ein Hahnreigesicht!" fügte sie hinzu.

Jetzt war das ganze Dorf auf der Straße. Die Neugierde der Weiber stieg immer höher; die Gruppen näherten sich einander, lösten sich in eine einzige Menge auf, während auf den Trottoirs ganze Scharen schmutziger Kinder Maulaffen feilhielten. Einen Augenblick sah man den blassen Kopf des Schulmeisters, der hinter der Hecke des Schulhauses sich auf die Fußzehen erhob, um besser zu sehen. Der Mann im Garten hielt in der Arbeit inne, den Fuß auf die Schaufel gestützt, die Augen neugierig aufreißend. Und das murmelnde Geschwätz schwoll allmählich mit einem Geräusch von Klappern an; es war wie ein Windstoß, der durch dürres Laub fährt.

Vor der Haustür der Levaque gab es eine besonders große Ansammlung von Leuten. Zwei Frauen waren herangekommen, dann zehn, dann zwanzig.

Die Pierron schwieg jetzt vorsichtig; es waren zu viele Ohren da. Die Maheu, eine der Vernünftigsten, begnügte sich ebenfalls zu schauen; um Estelle still zu machen, die erwacht war und zu heulen angefangen hatte, zog sie ganz ihre Brust hervor, die, von dem nimmer versiegenden Born der Milch geschwellt, lang herabhing. Als Herr Hennebeau die Damen auf den Rücksitzen des Wagens hatte Platz nehmen lassen und die Kalesche in der Richtung nach Marchiennes davonfuhr, gab es einen letzten Ausbruch von geschwätzigen Stimmen; alle Weiber gestikulierten, redeten einander ins Gesicht, inmitten eines Tumultes wie von einem in Aufruhr geratenen Ameisenhaufen.

Doch jetzt schlug es drei Uhr. Die Erdarbeiter waren fort, Bouteloup und die anderen. Plötzlich tauchten an der Krümmung bei der Kirche die ersten Köhler auf, die von der Grube zurückkehrten, mit schwarzem Gesicht, durchnäßter Kleidung, gekreuzten Armen und gebeugtem Rücken. Da stoben die Weiber auseinander; alle liefen erschreckt heim; sie hatten zuviel Kaffee getrunken und zuviel geschwätzt und waren dadurch in ihren häuslichen Obliegenheiten verspätet. Und man vernahm jetzt von allen Seiten nur den vorwurfsvollen Ausruf: „Meine Suppe! Warum ist meine Suppe nicht fertig?"

IV

Als Maheu heimkehrte, nachdem er Etienne bei dem Gastwirt Rasseneur zurückgelassen hatte, fand er Catherine, Zacharie und Jeanlin bei Tisch, ihre Suppe essend. Wenn die Arbeiter aus der Grube kamen, waren sie dermaßen hungrig, daß sie in den durchfeuchteten Kleidern aßen, noch ehe sie sich gewaschen hatten. Keiner wartete auf den anderen; der Tisch blieb vom Morgen bis zum Abend gedeckt; immer war einer da, der seine Portion aß, je nach den Anforderungen der Arbeitseinteilung.

Kaum eingetreten, sah Maheu die Vorräte. Er sagte nichts, aber sein besorgtes Gesicht heiterte sich auf. Der Gedanke an den leeren Speisenschrein, wo es selbst an Kaffee und Butter mangelte, hatte ihn den ganzen Vormittag gequält, war ihm in schmerzlichen Zuckungen durch den Leib gegangen, während er in der erstickenden Hitze des Schlages die Kohle bearbeitete. Wie wird das Weib sich aus der Not helfen? und was wird man anfangen, wenn sie mit leeren Händen zurückkehrt? Und nun war von allem da. Sie wird ihm das später erzählen; einstweilen lachte er vergnügt.

Catherine und Jeanlin hatten schon den Tisch verlassen und tranken ihren Kaffee stehend, während Zacharie, von der Suppe nicht vollständig gesättigt, sich ein breites Stück Brot abschnitt, welches er mit Butter beschmierte. Wohl sah er den Fleischkäse auf einem Teller: doch rührte er nicht daran; er wußte, das Fleisch ist für den Vater, wenn davon nur für einem da ist. Alle schwemmten die Suppe mit einem tüchtigen Trunk frischen Wassers hinab: gegen Ende des Halbmonats mußte man sich damit begnügen.

„Ich habe kein Bier", sagte die Maheu, als der Vater sich zu Tisch gesetzt hatte. „Ich wollte etwas Geld übrig behalten. Wenn du willst, wird die Kleine dir eine Maß holen."

Er sah sie vergnügt an. Was? sie hatte auch Geld!

„Nein, nein", sagte er, „ich habe einen Schoppen getrunken und das genügt."

Und er begann langsam die Suppe auszulöffeln, einen Brei von Brotschnitten, Kartoffeln, Sauerampfer und Lauch; er aß sie aus einem Napf, der ihm als Teller diente. Die Maheu, ohne Estelle von der Hand zu lassen, war Alzire behilflich, damit es ihm an nichts fehle, schob ihm die Butter und den Fleischkäse hin, stellte seinen Kaffee zum Feuer, damit er recht heiß bleibe.

Inzwischen begann neben dem Ofen die Waschung; die Hälfte eines Fasses diente ihnen als Waschbottich. Catherine, die den Anfang machte, hatte ihn mit lauem Wasser gefüllt und entkleidete sich ruhig; sie legte Haube, Kittel und Hose ab und zog zuletzt auch das Hemd aus; sie war seit ihrem achten Jahr daran gewöhnt und war dabei aufgewachsen, ohne etwas Schlimmes darin zu sehen. Sie wandte sich nur um, mit dem Bauch zum Feuer und rieb sich kräftig mit schwarzer Seife. Niemand schaute hin; selbst Lénore und Henri waren nicht mehr neugierig zu sehen, wie sie geschaffen sei. Als sie sich gereinigt hatte, ging sie ganz nackt die Treppe hinauf und ließ das nasse Hemd und ihre anderen Kleidungsstücke in einem Haufen auf den Fliesen zurück. Doch jetzt brach ein Streit zwischen den zwei Brüdern los: Jeanlin hatte sich beeilt, in den Bottich zu springen, unter dem Vorwand, daß Zacharie noch esse; dieser stieß ihn nun, forderte, daß er selbst an die Reihe komme, und schrie, es sei doch artig genug von ihm, daß er Catherine den Vortritt gelassen habe; er wolle nicht im Schmutz des Jungen baden; nach Jeanlin könne man mit dem Wasser die Tintenfässer in der Schule füllen. Schließlich wuschen sie sich zusammen, gleichfalls zum Feuer gewendet, und waren sogar einander behilflich, rieben sich gegenseitig den Rücken. Dann verschwanden sie gleich ihrer Schwester, indem sie nackt die Treppe hinaufliefen.

„Machen die aber ein Durcheinander!" murmelte Frau Maheu, indem sie die Kleider vom Boden auflas, um sie zum Trocknen aufzuhängen. „Alzire, wasche doch ein wenig auf!"

Doch sie wurde durch ein Gepolter unterbrochen, das plötzlich aus dem Nachbarhause hörbar wurde. Es waren die Flüche eines Mannes und das Weinen einer Frau, ein Getümmel und ein Gestampfe, dazwischen dumpfe Hiebe, die hohl klangen wie Stöße an einen leeren Kürbis.

„Die Levaque bekommt ihren Tanz", konstatierte Maheu ganz ruhig, indem er mit dem Löffel den letzten Rest der Suppe aus dem Topf kratzte. „Das ist drollig; Bouteloup behauptete, daß die Suppe fertig sei." – „Ach freilich, fertig!" sagte die Maheu. „Ich sah die Gemüse noch ungereinigt auf dem Tisch liegen."

Es gab ein neueres heftiges Geschrei und ein furchtbares Ringen und Stoßen, welches die Mauer erschütterte. Dann ward alles still. Maheu schluckte den letzten Löffel Suppe und schloß mit ruhiger Miene:

„Ja, wenn die Suppe nicht fertig ist, dann ist's begreiflich."

Er trank ein volles Glas Wasser und machte sich dann an den Fleischkäse. Er schnitt viereckige Stücke davon ab, die er mit seinem Messer aufspießte und auf seinem Brot aß, ohne eine Gabel zu gebrauchen. Wenn der Vater aß, wurde nicht gesprochen. Er selbst aß schweigend; er erkannte nicht das gewöhnliche Wurstzeug Maigrats, es mußte von anderwärts kommen, doch richtete er an sein Weib keine Frage darüber. Er fragte bloß, ob der Alte oben noch immer schlafe. Nein, der Großvater war schon

ausgegangen, um seinen gewohnten Spaziergang zu machen. Abermals trat Stille ein.
Doch der Geruch des Fleisches ließ Lénore und Henri aufblicken, die sich auf dem Boden sitzend die Zeit damit vertrieben, daß sie aus dem verschütteten Wasser Bäche ableiteten. Beide Kinder stellten sich zum Vater hin, das kleinere voran. Ihre Blicke folgten jedem Stück, sahen hoffnungsvoll, wie es aus dem Teller geholt wurde, und sahen dann mit bestürzten Mienen, wie es im Munde des Vaters verschwand. Dieser bemerkte schließlich die Gier, von der sie erblaßten und ihnen der Mund wässerig wurde.
„Haben die Kinder davon bekommen?" fragte er.
Und als sein Weib mit der Antwort zögerte, fügte er hinzu: „Du weißt, ich mag kein Unrecht. Es benimmt mir den Appetit, wenn sie mich da umstehen und nach einem Bissen lechzen." – „Aber ja, sie haben bekommen!" rief sie zornig. „Ei, wenn du ihnen zuhören willst, kannst du ihnen deinen Teil geben und den Teil der anderen, sie werden sich vollstopfen, bis sie platzen. Nicht wahr, Alzire, wir alle haben Fleischkäse gegessen?"
„Gewiß, Mama", antwortete die kleine Bucklige, die unter ähnlichen Umständen mit der Keckheit einer erwachsenen Person log.
Lénore und Henri waren verblüfft und empört angesichts einer solchen Lüge; sie selbst wurden geprügelt, wenn sie nicht die Wahrheit sagten. Ihre jungen Herzen waren der Kränkung voll, und es drängte sie, zu widersprechen und zu erklären, daß sie nicht da waren, als die anderen Fleisch aßen.
„Geht! wiederholte die Mutter, indem sie die Kinder in die andere Ecke der Stube jagte. „Ihr solltet euch schämen, immer am Teller des Vaters zu hocken. Und wenn nur er allein hätte, so wäre es recht, denn er arbeitet, während ihr Taugenichtse nur Ausgaben verursacht, mehr als ihr wert seid!"
Maheu rief sie zurück, setzte Lénore auf seinen linken Schenkel, Henri auf seinen rechten Schenkel; dann aß er den Rest des Fleischkäses mit ihnen. Er schnitt kleine Stückchen und gab jedem seinen Teil; die Kinder waren entzückt und verschlangen die Bissen, die der Vater ihnen vorlegte.
Als er gegessen hatte, sagte er seiner Frau: „Gib mir noch nicht den Kaffee; ich will mich vorher waschen ... Und sei mir behilflich, dieses schmutzige Wasser auszuschütten."
Sie faßten den Bottich an beiden Henkeln und leerten ihn in die Gosse vor der Tür. In diesem Augenblick kam Jeanlin herunter; er hatte trockene Kleider an, eine Hose und einen Kittel aus Wollstoff, beide Stücke zu groß, von seinem älteren Bruder abgelegt. Als seine Mutter ihn durch die Tür schlüpfen sah, hielt sie ihn an.
„Wohin gehst du?" – „Dorthin." – „Wo dorthin? ... Höre, du wirst mir für den Abend einen Löwenzahnsalat pflücken. Du hörst mich? Wenn du ohne Salat heimkommst, sollst du es mit mir zu tun haben." – „Gut, gut."
Jeanlin ging, mit den Händen in den Taschen, die Holzschuhe schleppend, seine mageren Lenden eines zehnjährigen Kirpses wiegend wie ein alter Grubenarbeiter. Jetzt kam auch Zacharie herunter, sorgfältiger in seinem Äußern, den Oberleib bekleidet mit einem schwarzen, blau gestreiften Wolltrikot. Sein Vater rief ihm zu, nicht spät heimzukommen; und er ging kopfnickend davon, die Pfeife zwischen den Zähnen, ohne zu antworten.
Der Bottich wurde wieder mit lauwarmem Wasser gefüllt. Maheu zog langsam die Jacke aus. Auf einen Wink führte Alzire Lénore und Henri hinaus. Der Vater liebte es nicht, sich vor der Familie zu waschen, wie dies in vielen anderen Häusern des Arbeiterdorfes vorkam. Er tadelte übrigens niemanden; er sagte bloß, es passe für Kinder, zusammen im Wasser zu plätschern.
„Was machst du da oben?" rief die Maheu über die Treppe hinauf. – „Ich bessere mein Kleid aus, das ich gestern zerrissen habe", antwortete Catherine. – „Gut: komm jetzt nicht herunter, dein Vater wäscht sich."
Maheu und sein Weib blieben jetzt allein. Diese legte Estelle auf einen Stuhl, die merkwürdigerweise nicht heulte, weil sie sich neben dem Feuer wohl befand und von da ihre leeren Blicke eines gedankenlosen Wesens auf die Eltern richtete. Maheu hockte jetzt nackt vor dem Bottich; er hatte zuerst den Kopf hineingesteckt und mit schwarzer Seife gerieben, deren Jahrhunderte währender Gebrauch die Haare des ganzen Stammes entfärbte und gelb machte. Dann stieg er ins Wasser, bestrich die Brust, den Bauch, die Arme, die Schenkel und bearbeitete sie kräftig mit beiden Händen. Sein Weib stand dabei und schaute ihm zu.
„Hör' einmal", begann sie, „ich habe die Augen gesehen, die du machtest, als du heimkamst ... Du hast dir wohl den Tag über Kummer gemacht und der Anblick dieser Vorräte hat dich aufgeheitert ... Denke dir, daß die Spießbürger in der Piolaine mir nicht einen Sou gegeben haben. Oh, sie waren sehr freundlich, sie haben die Kleinen bekleidet, und ich schämte mich zu bitten, denn es bleibt mir in der Kehle stecken, wenn ich verlangen soll."
Sie unterbrach sich einen Augenblick, um Estelle auf dem Sessel zurechtzulegen, weil sie einen Purzelbaum fürchtete. Der Vater fuhr fort, sich die Haut abzureiben, ohne durch eine Frage diese ihn interessierende Geschichte zu beschleunigen und geduldig wartend, bis er begreifen würde.
„Ich muß dir sagen, daß Maigrat mir den Kredit verweigert hat; ja, rundweg verweigert, wie man einen Hund hinausjagt ... Du kannst dir nun meine Lage denken. Wollene Kleider mögen ja ganz gut warmhalten, aber damit hat man noch nichts im Magen. Ist's nicht so?"
Er erhob den Kopf, ohne etwas zu sagen. Nichts in der Piolaine, nichts bei Maigrat, was denn? Doch schon hatte sie, wie sie es gewöhnlich tat, die Ärmel aufgeschürzt, um ihm den Rücken und jene Teile des Körpers zu waschen, die er selbst nicht leicht erreichen konnte. Er liebte es übrigens, daß sie ihn einseifte, daß sie ihn überall rieb, bis

die Handknöchel sie schmerzten. Sie nahm die Seife und bearbeitete ihm die Schultern, während er sich in die Höhe reckte, um stramm auszuhalten.
„Ich bin denn zu Maigrat zurückgegangen und habe ihm Worte gesagt, oh, feine Worte! ... Und es müßte einer kein Herz im Leibe tragen, um so zu handeln, und es müßte ihm schlimm ergehen, wenn es noch eine Gerechtigkeit gebe ... Das ging ihm an die Kehle; er wandte den Kopf weg und wäre am liebsten durchgegangen ..."
Vom Rücken ging sie zu den Hinterbacken hinab; und als sie einmal im Zuge war, ging sie weiter, suchte die Falten auf, ließ nicht ein Plätzchen am Körper, ohne es blankzuscheuern wie ihre Kasserollen bei der großen Samstagsreinigung. Sie geriet in Schweiß bei diesem heftigen Auf und Nieder der Arme und kam dermaßen außer Atem, daß ihr die Worte fehlten.
„Schließlich hat er mich eine alte Klette geheißen ... Doch wir werden Brot haben bis zum Samstag, und das Schönste ist, daß er mir auch hundert Sous geliehen hat ... Ich nahm bei ihm noch die Butter, den Kaffee, die Zichorie; ich wollte auch Wurstzeug und Kartoffeln nehmen, doch da begann er zu brummen ... Für sieben Sous Fleischkäse, für achtzehn Sous Kartoffeln; es blieben mir drei Francs und fünfundsiebzig Centimes für ein Ragout und ein Suppenfleisch ... Ich glaube meinen Vormittag gut genützt zu haben."
Jetzt trocknete sie ihn ab und tupfte ihn mit einem Lappen an den Stellen, wo er nicht gleich trocken werden wollte. Er war froh, dachte nicht daran, daß die Schuld auch bezahlt werden müsse, brach in ein helles Lachen aus und schloß sie in seine Arme.
„Laß doch, Narr! Du bist noch ganz naß und wirst mich auch naß machen ... Aber", fügte sie hinzu, „ich glaube, Maigrat hat gewisse Absichten ..." Sie wollte von Chatherine reden, hielt aber inne. Wozu sollte sie den Vater beunruhigen? Das gäbe wieder Geschichten ohne Ende. „Welche Absichten?" fragte er. „Die Absicht, uns zu betrügen. Catherine wird seine Rechnung genau prüfen müssen."
Er faßte sie abermals und ließ sie nicht mehr los. Das Bad endete immer so. Es erfrischte und kräftigte ihn, wenn sie ihn so stark rieb und überall mit dem Linnen herankam, das ihm die Haare an Brust und Armen kitzelte. Dies war übrigens auch in den anderen Häusern des Arbeiterdorfes die Stunde der Liebestorheiten, in der Kinder gemacht wurden, mehr als man wollte. In der Nacht hatte man die Familie am Halse. Er drängte sie zum Tisch und trieb seine Possen als wackerer Mann, der sich des einzigen frohen Augenblicks am Tage freut und dies „seinen Nachtisch nehmen" nannte, einen Nachtisch, der nichts kostete. Sie, mit ihrer vollen Gestalt und ihrem üppigen Busen, wehrte sich zum Spaß ein wenig.
„Bist du aber ein Narr! ... Estelle sieht uns zu! Wart, ich will ihr doch wenigstens den Kopf wegwenden."
„Ach, was weiß denn ein Kind mit drei Monaten!"
Als Maheu sich wieder erhob, zog er bloß ein trockenes Beinkleid an. Wenn er sauber war und mit seinem Weib geschäkert hatte, war es ein Vergnügen, eine Weile mit nacktem Rumpf zu bleiben. An seiner Haut, die so weiß war wie bei blutleeren Mädchen, gab es allerlei Ritzen und Einschnitte, die von der Kohle herrührten; die Köhler nannten dies „Augen". Und er tat so ganz stolz, zeigte seine dicken Arme, seine breite Brust, die schimmerten wie blau geäderter Marmor. Zur Sommerszeit konnte man alle Grubenarbeiter so vor ihren Haustüren sehen. Er ging auch jetzt einen Augenblick hinaus, trotz des feuchten Wetters, und rief ein gepfeffertes Wort einem Kameraden hinüber, der jenseits der Gärten, gleichfalls mit nackter Brust, auf der Straße stand. Es kamen noch andere heraus; und die Kinder, die auf dem Trottoir spielten, schauten auf und stimmten lachend mit ein in die Freude ob all des müden Fleisches der Arbeiter, das in die freie Luft gebracht wurde.
Während er seinen Kaffee trank – und ehe er noch sein Hemd übergeworfen hatte –, erzählte Maheu seinem Weib von dem Zorn des Ingenieurs wegen der Verholzung. Er war jetzt ruhig und gelassen und hörte mit zustimmendem Kopfnicken die weisen Ratschläge seiner Frau an, die in diesen Dingen sehr viel gesunden Sinn zeigte. Sie wiederholte ihm immer wieder, daß bei den Reibungen mit der Gesellschaft nichts zu gewinnen sei. Dann erzählte sie ihm von dem Besuch der Frau Hennebeau; darüber waren beide stolz, ohne es zu sagen.
„Kann man hinunterkommen?" fragte Catherine von der Höhe der Treppe. „Ja, ja; dein Vater trocknet sich ab."
Das Mädchen hatte seinen Sonntagsstaat angelegt, ein altes Kleid von blauer Popeline, in den Falten schon verblaßt und abgenützt. Auf dem Kopf trug sie ein einfaches Häubchen von schwarzem Tüll.
„Schau, du hast dich angekleidet ... Wohin gehst du denn?" – „Ich gehe nach Montsou, um ein Band für meine Haube zu kaufen. Ich habe das alte weggerissen; es war zu schmutzig." – „Hast du denn Geld?" – „Nein; die Mouquette hat versprochen, mir zehn Sous zu leihen."
Die Mutter ließ sie ziehen; doch als Catherine schon bei der Tür war, rief sie ihr nach: „Höre einmal: kaufe dein Band nicht bei Maigrat ... Er würde dich betrügen und würde glauben, daß wir im Golde wühlen."
Der Vater, der sich vor dem Feuer niedergehockt hatte, um Nacken und Achselhöhlen rascher zu trocknen, begnügte sich hinzuzufügen: „Lauf des Nachts nicht auf den Straßen herum."
Am Nachmittag arbeitete Maheu in seinem Garten. Er hatte schon Kartoffeln, Bohnen und Erbsen gesät; auch hatte er sich gestern Kohl und Lattich zum Setzen bereitgestellt. Dieser Winkel des Gartens versorgte sie mit Gemüsen, Kartoffeln ausgenommen, von denen sie nie genug haben konnten. Er war im Gartenbau sehr bewandert und zog selbst Artischocken, was von den Nachbarn als Großtuerei angesehen wurde. Eben, als er sich anschickte, die Pflanzen zu versetzen, erschien Levaque, seine Pfeife rauchend, in seinem Gärtchen und betrach-

tete die Salatpflänzchen, die Bouteloup am Morgen gesetzt hatte; denn hätte nicht der Mieter in dem Gärtchen einiges gearbeitet, dann wäre es von Brennesseln überwuchert worden. Die beiden begannen ein Gespräch über den Gartenzaun hinweg. Levaque, noch müde und aufgeregt von den Prügeln, die er seiner Frau verabreicht hatte, machte vergebliche Anstrengungen, Maheu in die Schenke Rasseneurs zu locken. Was, erschrickt er vor einem Schoppen? Man wird eine Kegelpartie machen, dann mit den Kameraden eine Weile herumstreichen und schließlich zum Abendessen heimkehren. So lebten die Arbeiter, wenn sie die Grube verlassen hatten. Es war gewiß nichts Übles dabei; allein Maheu weigerte sich; er müsse seine Pflänzlein versetzen, sagte er. Im Grunde weigerte er sich aus kluger Vorsicht; er wollte nicht einen Heller von dem verlangen, was seiner Frau von den hundert Sous noch übriggeblieben war.

Es schlug fünf Uhr, als Frau Pierron kam, um zu fragen, ob ihre Lydie nicht mit Jeanlin fortgegangen wäre. Levaque erwiderte, es müsse ungefähr so sein, da Bébert gleichfalls verschwunden sei und diese drei immer zusammen ihre schlimmen Streiche machten. Nachdem Maheu sie beruhigt hatte, indem er erzählte, daß die Kinder Löwenzahn zum Abendsalat suchen gegangen seien, begannen er und der Nachbar mit gutmütiger Ungebundenheit die Frau Pierron zu necken. Sie erzürnte sich, ging aber nicht weg, im Grunde dermaßen gekitzelt durch die derben Worte, daß sie in ein kreischendes Gelächter ausbrach und sich den Bauch hielt. Ihr kam eine magere Frau zu Hilfe, deren stammelnder Zorn dem Glucksen einer Henne glich. Auch andere Hausfrauen erschienen vor der Tür und zeigten eine gelinde Entrüstung. Jetzt war auch die Schule aus; die Kinder lungerten auf dem Straßenpflaster herum, es war ein Gewimmel von kleinen Wesen, die da zwitschernd sich am Boden wälzten und balgten, während die Väter, die nicht in der Schenke waren, in Gruppen zu drei oder vier auf ihren Fersen hockten wie in der Grube und im Schatten einer Mauer ihre Pfeife rauchten. Endlich entfernte sich Frau Pierron wütend, als Levaque sie betasten wollte, um zu sehen, ob sie feste Schenkel habe; er selbst entschloß sich, allein zu Rasseneur zu gehen, während Maheu fortfuhr, seinen Salat zu pflanzen.

Das Abenddunkel brach plötzlich herein; Frau Maheu zündete die Lampe an, verdrossen darüber, daß weder die Tochter noch die Jungen heimkehrten. Sie hätte darauf wetten können: es wollte nie gelingen, zusammen die einzige Mahlzeit einzunehmen, bei welcher man sich rings um den Tisch hätte versammeln können. Dann wieder war es der Löwenzahnsalat, auf den sie wartete. Was konnte denn der Schlingel in der pechfinsteren Nacht noch pflücken? Ein Salat wäre eine so schöne Zutat zu dem Gemüse, das sie bereitete, eine Mischung von Kartoffeln, Sauerampfer, Lauch und geschmorten Zwiebeln. Das ganze Haus war voll mit dem Wohlgeruch der geschmorten Zwiebeln, diesem Geruch, der so schnell ranzig wird und mit einem solchen Gestank durch die Ziegelwände dieser Arbeiterhäuser dringt, daß man schon weit draußen im Freien an diesem Mißduft der armen Küchen die Nähe des Arbeiterdorfes erkennen kann.

Als Maheu bei eingetretener Dunkelheit den Garten verließ, schlief er sogleich auf einem Sessel ein, den Kopf an die Wand gelehnt. Sobald er des Abends sich setzte, schlief er auch ein. Die Kuckucksuhr schlug die siebente Abendstunde; Henri und Lénore zerbrachen einen Teller, weil sie sich es in den Kopf gesetzt hatten, Alzire bei dem Tischdecken zu helfen. Jetzt kam Vater Bonnemort als erster nach Hause: er wollte rasch essen, um zur Grube zurückzukehren. Frau Maheu weckte ihren Mann.

„Laß uns essen; um so schlimmer für die Rangen! ... Sie sind groß genug, um den Weg nach Hause zu finden. Es ist nur schade, daß wir keinen Salat haben."

V

Etienne war, nachdem er in Rasseneurs Herberge eine Suppe gegessen hatte, in die ihm angewiesene schmale Dachkammer hinaufgegangen und dort totmüde, völlig angekleidet, auf sein Bett gesunken. In zwei Tagen hatte er nicht vier Stunden geschlafen. Als er in der Abenddämmerung erwachte, war er eine Weile betäubt und erkannte den Ort nicht, wo er sich befand. Er fühlte ein solches Unbehagen, eine solche Schwere des Kopfes, daß er sich mühsam aufrichtete, mit der Absicht, ein wenig frische Luft zu schöpfen, bevor er sein Abendessen einnehmen und sein Nachtlager aufsuchen wollte.

Das Wetter draußen heiterte sich immer mehr auf; der bisher tiefschwarze Himmel bedeckte sich mit kupferroten Wolken, die mit einem jener lang andauernden Regen beladen waren, wie sie in Nordfrankreich häufig sind; der Regen kündete durch die feuchte Wärme der Luft seine Nähe an. Die Nacht brach schnell herein und hüllte die verschwimmenden Fernen der Ebene in tiefe Finsternis. Über diesem unermeßlichen Meer von rötlichen Feldern schien der tiefhängende Himmel in schwarzem Staub zu zerfließen, und nicht der leiseste Windhauch belebte die nächtliche Finsternis. Es war die stille, fahle Trübsal eines Kirchhofs.

Etienne ging geradeaus vor sich hin; er hatte keinen andern Zweck, als sein Fieber abzuschütteln. Als er bei dem Voreuxschacht vorbeikam, der dunkel in seiner Vertiefung lag und wo noch keine Lampe angezündet war, blieb er einen Augenblick stehen, um den Auszug der Tagarbeiter mitanzusehen. Ohne Zweifel war sechs Uhr vorüber: Karrenschieber, Verlader, Pferdewärter kamen gruppenweise heraus, dazwischen auch Mädchen vom Sichtungswerk, deren undeutliche, heitere Gestalten sich im Dunkel entfernten.

Zuerst erschien die Brulé mit ihrem Schwiegersohn Pierron. Sie zankte ihn aus, weil er sie in einem Streit, den sie mit einem Aufseher wegen ihrer Arbeitsleistung gehabt hatte, nicht unterstützte.

,,Geh, du bist ein Schwächling! Wie kann ein Mann sich so ducken vor einem dieser Saukerle, die uns das Mark aus den Knochen saugen!'' Pierron folgte ihr ruhig, ohne zu antworten. Schließlich sagte er: ,,Hätte ich vielleicht Händel mit ihm anfangen sollen? Ich danke für solchen Verdruß.'' – ,,Ja, halte ihm nur den Hintern hin!'' schrie sie. ,,Herrgott! wenn meine Tochter mir gehorcht hätte! ... Ist es nicht genug, daß sie mir den Mann getötet haben; soll ich mich bei ihnen etwa noch bedanken? Nein, wahrhaftig, wenn ich ein Mann wäre, ich würde sie schinden!''

Ihre Stimmen verloren sich. Etienne sah die Alte sich entfernen mit ihrer Adlernase, ihrem fliegenden, weißen Haar, ihren mageren, langen Armen, die wütend herumfuchtelten. Doch jetzt wurde er auf das Gespräch von zwei jungen Leuten aufmerksam, die hinter ihm kamen. Er erkannte Zacharie, der hier auf seinen Freund Mouquet gewartet hatte.

,,Bist du da?'' fragte dieser. ,,Wir wollen rasch essen und dann zum ,Vulkan' gehen.'' – ,,Sogleich; ich habe zu tun.'' – ,,Was denn?'' Er wandte sich um und bemerkte Philomène, die aus dem Sichtungswerk kam. Er schien zu begreifen. ,,Ach, ist es das? ... Wohl denn, ich gehe voraus.'' – ,,Ja, ich komme nach.''

Als Mouquet ging, begegnete er seinem Vater, dem alten Mouque, der ebenfalls aus dem Voreuxschacht kam; die beiden Männer sagten einander gute Nacht, dann ging der Sohn auf der Straße fort, während der Vater längs des Kanals dahineilte.

Zacharie drängte Philomène – trotz ihres Widerstrebens – nach demselben abgelegenen Weg. Sie habe Eile, sagte sie; ein anderes Mal. Und nun zankten sie wie zwei Leute, die seit langer Zeit zusammenlebten. Es sei gar nicht ergötzlich, klagte sie, sich nur außer dem Hause zu treffen, besonders im Winter nicht, wenn die Erde naß ist und man sich nicht in die Getreidefelder legen kann. ,,Nein, nicht davon ist die Rede'', brummte er ungeduldig. ,,Ich habe dir etwas zu sagen.''

Er hielt sie umschlungen und führte sie mit sanfter Gewalt hinweg. Dann, als sie sich im Schatten des Hügels befanden, wollte er wissen, ob sie Geld habe. ,,Wozu denn?'' fragte sie. Er geriet in Verwirrung und redete etwas von einer Schuld von zwei Francs, die seiner Familie schwere Sorgen verursache.

,,Schweig! ... Ich habe Mouquet gesehen; du gehst wieder nach dem ,Vulkan', wo es diese schmutzigen Bänkelsängerinnen gibt.''

Er verteidigte sich, schlug sich an die Brust, gab sein Ehrenwort. Dann, als sie zu all dem nur mit den Achseln zuckte, sagte er plötzlich: ,,Komm mit uns, wenn es dir Vergnügen macht ... Du siehst wohl, daß du mir nicht im Wege bist. Was will ich denn auch mit diesen Bänkelsängerinnen? ... Kommst du?'' – ,,Und der Kleine?'' erwiderte sie. ,,Mit einem Kind, das ewig heult, kann man sich nicht rühren ... Laß mich nach Hause gehen; ich wette, daß man dort vor Geschrei sein eigen Wort nicht mehr hört.''

Allein er hielt sie zurück und bat sie. Sie möge Vernunft annehmen; es sei nur, um nicht vor Mouquet als Tölpel zu erscheinen, dem er mitzutun versprochen hatte. Ein Mann könne nicht jeden Abend mit den Hühnern schlafen gehen. Endlich überwunden, schlug sie einen Schoß ihres Leibchens zurück, trennte mit dem Nagel die Naht auf und zog aus einer Ecke des Saumes mehrere Zehnsousstücke hervor. Aus Furcht, von ihrer Mutter bestohlen zu werden, verbarg sie den Lohn der Überstunden, die sie in der Grube machte.

,,Ich habe deren fünf, wie du siehst, und will dir drei davon geben'', sagte sie ... ,,Doch mußt du mir schwören, daß du deine Mutter bestimmen wirst, uns zu verheiraten. Ich habe dieses Leben im Freien satt. Überdies wirft mir meine Mutter jeden Bissen vor, den ich esse ... Schwöre, schwöre zuerst!''

Sie sprach zu ihm mit ihrer weichen Stimme eines großen, kränklichen, leidenschaftlichen Mädchens, das seines Daseins überdrüssig geworden ist. Er schwor und beteuerte, die Sache sei gelobt und daher heilig; dann, als er seine drei Geldstücke hatte, küßte er Philomène, kitzelte sie, machte sie lachen, und er wäre bis zu Ende gegangen – in diesem Winkel des Hügels, der ihr Winterzimmer war – wenn sie ihm nicht wiederholt hätte, daß sie nicht wolle, weil ihr dies kein Vergnügen machen würde. Sie kehrte allein nach dem Arbeiterdorf zurück, während er querfeldein ging, um seinen Kameraden einzuholen.

Etienne war ihnen mechanisch von der Ferne gefolgt, ohne zu begreifen, in dem Glauben, es handle sich um ein bloßes Stelldichein. Die Mädchen in den Bergwerken waren frühzeitig reif; und er erinnerte sich der Arbeiterinnen von Lille, welchen er hinter den Fabriken auflauerte, dieser Schwärme von Mädchen, die in der Verlassenheit ihres Elends schon mit vierzehn Jahren verderbt waren. Aber eine andere Begegnung überraschte ihn noch mehr, und er hielt auf seinem Weg inne.

Am Fuße des Hügels, in einem schluchtartigen Spalt, voll mit Steinen, die aus der Höhe herabgekollert waren, saß der kleine Jeanlin und zankte sehr heftig mit Lydie und Bébert, die rechts und links von ihm saßen.

,,Was sagt ihr? ... Ich werde jedem von euch noch eine Maulschelle hinzufügen, wenn ihr nicht zufrieden seid ... Von wem ist denn der Einfall?''

In der Tat hatte Jeanlin einen Einfall gehabt. Nachdem er sich mit den beiden anderen eine Stunde lang in den Feldern längs des Kanals herumgetrieben und Löwenzahn gesammelt hatte, kam er angesichts des Salathaufens auf den Gedanken, daß man zu Hause unmöglich so viel Salat werde essen können; und anstatt nach dem Arbeiterdorf zurückzukehren, war er nach Montsou gegangen, hatte Bébert als Aufpasser bei sich behalten und Lydie genötigt, bei den Bürgersleuten anzuläuten und Löwenzahnsalat zum Kauf anzubieten. Er war erfahren in solchen Dingen und sagte, die Mädchen könnten alles verkaufen, was sie wollten. Im Eifer dieses Handels wurde der ganze Bund Salat verkauft, doch brachte die Kleine

elf Sous zusammen, und nun sollten sie den Erlös teilen.
„Das ist ungerecht", erklärte Bébert. „Das Geld muß in drei gleiche Teile geteilt werden ... Wenn du sieben Sous für dich behältst, entfallen für uns beide nur je zwei Sous." – „Warum ist das ungerecht?" entgegnete Jeanlin wütend. „Vor allem habe ich mehr Salat gepflückt."
Gewöhnlich unterwarf sich der andere, mit einer furchtsamen Bewunderung und einer Leichtgläubigkeit, die ihn stets das Opfer sein ließ. Obgleich älter und stärker als Jeanlin, ließ er sich von diesem sogar ohrfeigen. Allein das viele Geld reizte ihn diesmal zum Widerstand. „Nicht wahr, Lydie, er betrügt uns? ... Wenn er nicht gleichmäßig teilen will, sagen wir es seiner Mutter."
Als Jeanlin dies hörte, streckte er dem andern die Faust unter die Nase. „Sag das noch einmal! Ich werde zu euch gehen und erzählen, daß ihr den Salat, der für die Mutter bestimmt war, verkauft habt ... Und dann, Tölpel, kann man denn elf in drei gleiche Teile aufteilen? Versuche es einmal, wenn du gar so pfiffig bist ... Da hat jeder von Euch seine zwei Sous. Nehmt sie rasch, sonst stecke ich sie wieder ein."
Bébert war besiegt und nahm die zwei Sous. Die zitternde Lydie hatte nichts gesagt; sie hatte vor Jeanlin die Angst und Zärtlichkeit einer geprügelten kleinen Frau. Als er ihr die zwei Sous reichte, streckte sie mit einem unterwürfigen Lachen die Hand aus. Allein, er überlegte sich plötzlich die Sache.
„Was willst du mit dem vielen Geld anfangen?" fragte er. „Deine Mutter wird es dir sicher abnehmen, wenn du es nicht zu verstecken weißt ... Es wird besser sein, ich behalte es bei mir. Wenn du Geld brauchst, wirst du von mir welches verlangen."
Und die neun Sous verschwanden. Um sie still zu machen, hatte er sie lachend umfangen und wälzte sich mit ihr am Boden. Sie war sein Frauchen; sie versuchten in den dunklen Winkeln die Liebe, die sie zu Hause hinter den dünnen Wänden und zwischen den Türritzen sahen und hörten. Sie wußten alles, aber sie konnten noch nicht, denn sie waren zu jung und tasteten daher nur und spielten stundenlang, wie lasterhafte junge Hunde. Er nannte dies „Vater-und-Mutter-spielen", und wenn er sie hinwegführte, lief sie mit ihm und ließ ihn gewähren, mit dem köstlichen Schauer des Instinktes, oft verletzt, aber immer wieder nachgebend, in Erwartung irgendeiner Sache, die nicht kam.
Da Bébert solchen Vergnügungen nicht zugezogen wurde, vielmehr Kopfnüsse erhielt, wenn er Lydie betasten wollte, war er verlegen und wütend, wenn die anderen zwei sich herzten, was sie völlig ungezwungen in seiner Gegenwart taten. Darum hatte er denn nur einen Gedanken: sie zu erschrecken und zu stören, indem er ihnen zurief, daß man sie sehe.
„Aufgepaßt! ein Mann ist da, der zuschaut!"
Diesmal log er nicht; es war Etienne, der sich entschloß, seinen Weg fortzusetzen. Die Kinder sprangen empor und liefen davon; er selbst ging weiter, um den Hügel herum und dann den Kanal entlang, erheitert durch den Schrecken dieser kleinen Schelme. Gewiß, es war zu früh in ihrem Alter; allein, sie sahen und hörten so viele drollige Sachen, daß man sie hätte binden müssen, um sie zurückzuhalten. Im Grunde wurde Etienne jedoch traurig gestimmt.
Hundert Schritte weiter stieß er wieder auf Liebespaare. Er hatte Réquillart erreicht und hier, rings um das alte verfallene Bergwerk, strichen alle Mädchen von Montsou mit ihren Liebhabern herum. Es war das gemeinsame Stelldichein, dieser entlegene und öde Winkel, wo die Schlepperinnen ihr erstes Kind machten, wenn sie nicht den Mut hatten, es in dem Schuppen zu tun. Die zerbrochenen Palisaden öffneten jedem einen Zugang zu dem ehemaligen Werkhof, aus dem jetzt ein wüstes Feld geworden war, voll mit den Trümmern zweier eingestürzter Schuppen und mit dem Gerippe der großen, aufrechtgebliebenen Gerüste. Außer Gebrauch gesetzte Karren standen umher; alte, halb verfaulte Hölzer waren zuhauf geschichtet, während ein üppiges Wachstum diesen Fleck Erde überwucherte, sich in Gestalt von dichtem Gras ausbreitete, in Gestalt von kräftigen, jungen Bäumen in die Höhe schoß. Jedes Mädchen war hier gleichsam zu Hause; es gab abseits gelegene Winkel für alle; ihre Liebsten brachten sie auf den Balken, hinter den Hölzern, in den Karren zu Falle. Man suchte Unterschlupf, wo man konnte, und kümmerte sich nicht um die anderen. Und es schien, als wäre dieses Treiben rings um die erloschene Maschine, neben dem Schacht, der es müde geworden war, die Kohle auszuspeien, eine Vergeltung der Schöpfung, die freie Liebe, die von dem Instinkt angetrieben, Kinder in die Leiber dieser halbwüchsigen Mädchen pflanzte.
Indes wohnte ein Wächter da, der alte Mouque, welchem die Gesellschaft zwei fast unter dem niedergerissenen Schachtturm gelegene Stuben überließ, die der stetig zu gewärtigende Einsturz der letzten Balken zu zermalmen drohte. Er hatte einen Teil der Decke stützen müssen und lebte da sehr behaglich mit seiner Familie, er und Mouquet in der einen Stube, die Mouquette in der anderen. Da es in den Fenstern keine einzige Scheibe mehr gab, hatte er sich entschlossen, sie mit Brettern zu vernageln; dies machte die Stuben dunkel, aber auch recht warm. Im übrigen hatte dieser Wächter nichts zu bewachen; er wartete die Pferde im Voreuxschacht und kümmerte sich nicht um die Ruinen der Réquillartgrube, deren Einfahrt man nur offenließ, um sie als Lüftungsschacht für die benachbarte Grube zu benützen.
So verlebte Vater Mouque hier seine alten Tage, umgeben von Liebeshändeln. Schon mit zehn Jahren hatte die Mouquette es in allen Winkeln dieser Trümmer getrieben, nicht als scheues, grünes Gassenmädchen wie Lydie, sondern als eine schon entwickelte Dirne, gut für bärtige Jungen. Der Vater konnte nichts einzuwenden haben, denn sie betrug sich ihm gegenüber mit geziemender Achtung und brachte niemals einen Liebhaber ins Haus. Er war

übrigens an diese Dinge gewöhnt. Wenn er zum Voreuxschacht ging oder von dort zurückkehrte, sooft er eben sein Nest verließ, konnte er keinen Schritt tun, ohne auf ein Pärchen zu stoßen, das im Gras lag; noch schlimmer war es, wenn er am andern Ende des eingefriedeten Raumes Holz sammeln wollte, um seine Suppe zu kochen, oder Klebekraut für seine Kaninchen; dann sah er alle Mädchen von Montson nacheinander die lüsternen Nasen heben, und er mußte aufpassen, um nicht über die Beine zu straucheln, die sich bis hart an die Pfade streckten. Allmählich wurde durch solche Begegnungen niemand mehr gestört, weder er, der nur acht hatte, daß er nicht fiel, noch die Dirnen, die er ruhig ihre Sache beenden ließ, indem er sich still davonschlich, als wackerer Mann, den die Dinge der Natur ruhig ließen. Allein, gleich wie sie ihn kannten, hatte auch er sie schließlich kennengelernt, wie man die kecken Elstern kennenlernt, die auf den Obstbäumen des Gartens Unzucht treiben. Ach, wie diese Jugend sich gütlich tat! Zuweilen nickte er mit stillem Bedauern und wandte den Kopf weg von den Dirnen, die in ihren dunklen Winkeln gar zu laut schnauften. Bloß eine Sache verdroß ihn: zwei Verliebte hatten die üble Gewohnheit, sich hinter der Wand seiner Stube zu umarmen. Nicht als ob ihn dies am Schlafen hinderte; aber sie stießen so heftig an, daß sie auf die Dauer die Wand erschütterten.

Jeden Abend erhielt der alte Mouque den Besuch seines Freundes, des Vaters Bonnemort, der vor dem Abendessen regelmäßig denselben Spaziergang machte. Die beiden Alten redeten nicht viel, tauschten kaum zehn Worte während der halben Stunde aus, die sie zusammen verbrachten. Aber es freute sie, sich so zusammenzufinden, an die Dinge von einst zu denken, die sie gemeinsam neu durchlebten, ohne davon zu reden. Zu Réquillart setzten sie sich auf einen Balken, Seite an Seite, von Zeit zu Zeit ein Wort fallenlassend, dann wieder in ihre Träumerei versinkend, die Blicke zu Boden gesenkt. Ohne Zweifel verjüngten sie sich. Rings um sie her kosten Burschen mit ihren Schätzen; es gab ein Geräusch von Küssen und Lachen, ein warmer Weibergeruch stieg aus dem zerdrückten, frischen Gras auf. Hinter dieser Grube hatte vor dreiundvierzig Jahren der Vater Bonnemort sich sein Weib geholt, eine Schlepperin, die so schwächlich war, daß er sie in einen Karren setzte, um sie bequem umarmen zu können. Ach, das war schon lange her! Und die beiden Alten schüttelten die Köpfe und trennten sich endlich, oft ohne sich auch nur „Gute Nacht!“ zu sagen.

Diesen Abend jedoch, eben als Etienne ankam, sagte der Vater Bonnemort, indem er sich vom Balken erhob, um heimzukehren, zu seinem Kameraden Mouque: „Gute Nacht, Alter! ... Sag, hast du die ‚Brenzlige‘ gekannt?“

Mouque blieb einen Augenblick stumm und zuckte nur mit den Achseln; dann sagte er, ins Haus zurückkehrend: „Gute Nacht! gute Nacht, Alter!“

Jetzt ließ sich Etienne auf dem Balken nieder. Seine Traurigkeit wuchs, ohne daß er wußte weshalb. Der Greis, dessen Rücken er verschwinden sah, erinnerte ihn an seine Ankunft am Morgen und der vielen Worte, welche der ärgerliche Wind dem stillen Alten erpreßt hatte. Wieviel Elend! Und alle diese Mädchen, die, von der Arbeit erschöpft, noch dumm genug waren, des Abends Kinder zu fabrizieren, Geschöpfe in die Welt zu setzen, deren Schicksal harte Arbeit und Elend war! Das wird doch nie ein Ende nehmen, wenn sie sich immer wieder die Leiber mit Hungerleidern anfüllen ließen. Sollten sie sich nicht lieber den Bauch verstopfen und die Schenkel zusammenpressen, wie bei der Annäherung eines Unglücks? Vielleicht hing er nur deshalb solchen trüben Gedanken nach, weil es ihn verdroß, allein zu sein, während die anderen jetzt zu zwei und zwei ihres Weges gingen und sich vergnügten. Das milde Wetter drückte auf ihn; einzelne Regentropfen fielen auf seine fiebernden Hände. Jawohl, alle diese Mädchen fielen der Leidenschaft zum Opfer; sie war stärker als die Vernunft.

Wie Etienne im Dunkel unbeweglich dasaß, kam eben ein Paar von Mountsou her an ihm vorbei, ohne ihn zu bemerken, und betrat das wüste Feld des Réquillartschachtes. Das Mädchen, sicherlich noch eine Jungfrau, wehrte sich und weigerte sich und bat leise um Schonung, während der Bursche sie wortlos nach einem dunklen Schuppen drängte, der noch aufrecht stand und unter dem altes, schimmeliges Tauwerk in einem Haufen lag. Es war Catherine mit dem langen Chaval. Etienne hatte sie nicht erkannt, als sie vorübergingen, und er folgte ihnen mit den Augen, er lauerte nach dem Ende der Geschichte, von einer Sinnlichkeit ergriffen, welche seinen Gedanken eine andere Richtung gab. Warum hätte er sich einmengen sollen? Wenn die Mädchen sich weigern, wollen sie genötigt werden.

Das Dorf der zweihundertvierzig verlassend, war Catherine immer auf der Straße nach Montsou gegangen. Seit ihrem zehnten Jahre, nämlich seitdem sie ihren Lebensunterhalt in der Grube erwarb, streifte sie so in der Gegend umher, in der vollen Freiheit, welche die Köhlerfamilien genossen; und wenn mit fünfzehn Jahren noch kein Mann sie gehabt hatte, so hatte sie dies dem späten Erwachen ihrer Weiblichkeit zu danken, deren Krise sie noch erwartete. Beim Werkhof der Gesellschaft angekommen, ging sie quer über die Straße und trat bei einer Wäscherin ein, wo sie die Mouquette sicher zu finden hoffte; denn diese lebte da in Gesellschaft von Weibern, die vom Morgen bis zum Abend da herumsaßen und sich gegenseitig Kaffeetäßchen zahlten. Allein, zu ihrem Verdruß mußte sie erfahren, daß die Mouquette soeben die Gesellschaft regaliert hatte und folglich ihr die versprochenen zehn Sous nicht leihen konnte. Vergebens bot man ihr, um sie zu trösten, ein Glas heißen Kaffee an. Sie wollte auch nicht, daß ihre Kameradin von einem anderen Frauenzimmer die zehn Sous entlehne. Eine Regung der Sparsamkeit kam über sie, eine Art abergläubischer Furcht, die Gewißheit, daß das Band, wenn sie es jetzt kaufte, ihr Unglück bringen würde.

Sie beeilte sich, den Heimweg einzuschlagen, und war schon bei den letzten Häusern von Montsou, als ein

Mann, der auf der Schwelle der Herberge Piquettes stand, sie anrief:
„He, Catherine, wohin so geschwind?"
Es war der lange Chaval. Sie war verdrossen über diese Begegnung, nicht weil er ihr mißfiel, sondern weil sie nicht zum Spaßen gelaunt war.
„Komm herein etwas trinken ... Ein Gläschen Süßen – willst du?"
Sie lehnte in artiger Weise ab; die Nacht sei da, man erwarte sie zu Hause. Er war näher gekommen, bis mitten in die Straße und bat sie da mit leiser Stimme. Er trug sich schon lange mit der Absicht, sie zu bestimmen, auf das Zimmer zu kommen, das er im ersten Stockwerk der Herberge Piquettes bewohnte, ein schönes Zimmer mit einem so großen Bett, daß ein Ehepaar darin Platz gefunden hätte. Hatte sie denn Furcht vor ihm, daß sie sich weigerte? fragte er. Sie lachte gutmütig und erwiderte, sie werde in der Woche kommen, in welcher keine Kinder wachsen. Dann, von einer Sache zur andern kommend, sprach sie von dem blauen Band, das sie nicht hatte kaufen können.
„Ich will dir eines kaufen", rief er.
Sie errötete, weil sie fühlte, daß sie wohl daran tun würde, noch immer abzulehnen; im Grunde wurde sie aber dennoch von dem Verlangen geplagt, ihr Band zu haben. Sie kam wieder auf den Einfall eines Darlehens und nahm schließlich sein Anerbieten an, unter der Bedingung, daß sie ihm wiedergeben würde, was er für sie ausgeben sollte. Das gab wieder Anlaß zu Scherzen; sie kamen dahin überein, daß sie ihm das Geld zurückerstatten würde, wenn sie nicht mit ihm schliefe. Eine neue Schwierigkeit ergab sich, als er davon sprach, daß sie das Band bei Maigrat kaufen solle.
„Nein, nicht bei Maigrat; die Mutter hat es mir verboten." – „Laß das; man muß nicht immer erzählen, wohin man geht ... Maigrat hat die schönsten Bänder in Montsou."
Als Maigrat den langen Chaval und Catherine in seinen Laden eintreten sah, wie zwei Verliebte, die ihr Hochzeitsgeschenk kaufen, wurde er sehr rot und zeigte seine blauen Bänder mit der Wut eines Menschen, den man verhöhnt. Dann, als er die jungen Leute bedient hatte, stellte er sich auf die Schwelle, um ihnen nachzuschauen, wie sie im Abenddunkel sich entfernten; und als seine Frau kam, um eine Aufklärung zu verlangen, fiel er mit Schimpfreden über sie her und schrie, daß eines Tages die schmutzige Welt, die ihm den Staub von den Füßen lecken müßte, für ihren Undank büßen sollte.
Der lange Chaval gab auf der Straße Chatherine das Geleit. Mit hängenden Armen ging er neben ihr her, aber er stieß sie an die Hüfte und führte sie so, ohne es merken zu lassen. Plötzlich wurde sie gewahr, daß er sie genötigt hatte, die Heerstraße zu verlassen, und daß sie zusammen den schmalen Weg nach Réquillart einschlugen. Doch sie fand nicht Zeit, deshalb zu grollen: er hatte sie schon um den Leib gefaßt und betäubte sie mit einer Flut von Schmeichelworten. Sie sei doch einfältig, sich zu fürchten; wollte er ihr denn Schlimmes zufügen, der lieben Kleinen, die so fein war wie Seide und zart zum Fressen! Und er blies ihr hinter das Ohr, in den Hals, daß eine Gänsehaut sie überlief. Ihr versagte die Stimme, sie fand kein Wort zu sagen. Es schien in der Tat, als ob er sie liebte. Gerade letzten Sonnabend, nachdem sie ihre Kerze ausgelöscht hatte, hatte sie sich gefragt, was geschehen würde, wenn er sie so ergreifen würde; dann war sie eingeschlafen und hatte geträumt, daß sie, entwaffnet durch das Vergnügen, nichts mehr dagegen eingewendet habe. Warum empfand sie heute bei demselben Gedanken ein Widerstreben, gleichsam ein Bedauern? Während er ihr mit seinem Schnurrbart den Nacken kitzelte, so lieblich, daß sie dabei die Augen schloß, zog in dem Dunkel ihrer geschlossenen Augenlider der Schatten eines anderen Mannes vorüber, des jungen Menschen, den sie am Morgen gesehen hatte.
Plötzlich blickte Catherine um sich. Chaval hatte sie unter die Ruinen von Réquillart geführt, und sie schauderte zurück vor der Finsternis des eingestürzten Schuppens.
„O nein, nein!" murmelte sie. „Laß mich los, ich bitte dich!"
Die Furcht vor dem Mann raubte ihr die Sinne, jene Furcht, welche in instinktmäßiger Abwehr die Muskeln erstarren läßt, selbst wenn die Mädchen wollen und die überwältigende Annäherung des Mannes fühlen. Ihre Jungfräulichkeit, die doch nichts mehr zu lernen hatte, war entsetzt, als drohte ihr ein Streich, eine Verwundung, deren noch unbekannten Schmerz sie fürchtete.
„Nein, nein, ich will nicht! Ich sage dir, daß ich zu jung bin ... Später, gewiß, wenn ich reif bin ..." Darauf entgegnete er brummend: „Närrchen, dann hast du doch nichts zu fürchten ... Was liegt daran?"
Doch er redete nichts mehr. Er hatte sie fest umschlungen und drängte sie unter den Schuppen. Und sie fiel rücklings auf das alte Tauwerk hin, gab den Widerstand auf und erlag dem Mann noch vor dem Alter, mit jener ererbten Unterwerfung, welche die Mädchen ihres Stammes, schon im Kindesalter, unter Gottes freiem Himmel sich hinwerfen ließ. Ihr angstvolles Stammeln erlosch; man hörte nichts mehr, als das heiße Keuchen des Mannes.
Etienne hatte gelauscht, ohne sich zu rühren. Wieder eine, die zu Fall kam! Und nun, da er die Komödie gesehen hatte, erhob er sich, erfüllt von Mißbehagen, Eifersucht und Zorn. Er tat sich keinen Zwang mehr an und schritt über die Balken hinweg; denn diese beiden waren jetzt zu sehr beschäftigt, um sich stören zu lassen. Er war denn auch sehr überrascht, als er nach etwa hundert Schritten auf der Straße sich umwendend sah, daß sie schon auf den Beinen waren und, gleich ihm, den Weg nach dem Dorf einzuschlagen schienen. Der Mann hatte das Mädchen wieder um den Leib gefaßt, drückte sie mit dankbarer Miene an sich und redete eifrig zu ihr; sie aber schien Eile zu haben und wollte rasch heimkehren, hauptsächlich wegen der Verspätung verdrossen scheinend.

Da wurde Etienne von dem Verlangen gequält, ihre Gesichter zu sehen. Das war albern, und er beschleunigte seine Schritte, um der Versuchung nicht zu weichen. Doch seine Füße verlangsamten ihre Schritte von selbst; bei der ersten Laterne verbarg er sich im Schatten. Er war starr vor Betroffenheit, als er in den Vorbeikommenden Catherine und den langen Chaval erkannte. Er zweifelte zuerst. War sie es wirklich, dieses Mädchen im blauen Kleid, mit dem Häubchen, war dies der Junge, den er am Morgen mit der Hose und der Leinwandkappe bekleidet gesehen hatte? Deshalb hatte sie sich an ihn schmiegen können, ohne daß er in ihr das Mädchen erkannte. Doch er zweifelte nicht länger; er hatte ihre Augen wieder erkannt, die grünliche Durchsichtigkeit dieser klaren, tiefen Quelle. Welche Metze! Und er fühlte ein wütendes Bedürfnis, sich an ihr zu rächen, ohne Beweggrund, bloß aus Verachtung. Sie mißfiel ihm übrigens in ihrer Mädchenkleidung, er fand sie abscheulich.

Catherine und Chaval waren langsam vorübergegangen. Sie ahnten nicht, daß sie in solcher Weise bespäht wurden; er hielt sie einen Augenblick zurück, um sie hinter dem Ohr zu küssen, während sie stehenblieb, um seine Liebkosungen zu genießen, die sie lachen machten. Etienne war zurückgeblieben, mußte ihnen aber dennoch folgen, ärgerlich darüber, daß sie ihm den Weg verstellten, und dennoch diese Dinge mitansehend, die ihn erbitterten. So war es denn wahr, was sie ihm am Morgen geschworen hatte: sie war noch niemandes Geliebte; und er hatte es nicht geglaubt, hatte sich ihrer beraubt, um nicht so zu tun wie der andere und hatte sich sie vor der Nase wegfischen lassen und hatte die Albernheit so weit getrieben, sich in unflätiger Weise an ihrem Anblick zu erheitern. Das raubte ihm schier die Sinne; er ballte die Fäuste, er hätte diesen Mann zerreißen können in einem jener Anfälle von Mordgier, in welchem ihm rot vor den Augen wurde.

Der Spaziergang dauerte eine halbe Stunde. Als Chaval und Catherine sich dem Voreuxschacht näherten, verlangsamten sie ihren Gang noch mehr, blieben zweimal am Kanal, dreimal am Fuße des Hügels stehen, in heiterem, zärtlichem Getändel sich vergessend. Auch Etienne mußte jedesmal stehenbleiben, damit sie ihn nicht bemerkten. Er bezwang sich, um nichts mehr als ein brutales Bedauern zu fühlen; das würde ihm eine Lehre sein, wie er künftig aus Wohlanständigkeit die Mädchen schonen sollte. Dann, jenseits des Voreuxschachtes, wo er endlich unbehindert zu Rasseneur hätte zurückkehren können, um sein Abendessen einzunehmen, folgte er ihnen noch immer, begleitete sie zum Dorf, blieb da eine Viertelstunde im Schatten verborgen stehen und wartete, bis Chaval endlich Catherine heimkehren ließ. Und als er sich schon vergewissert hatte, daß sie nicht mehr beisammen waren, nahm er seinen Gang wieder auf, wanderte sehr weit auf die Straße gegen Marchiennes hinaus, an nichts denkend, zu gedrückt und zu traurig, um sich in einem Zimmer einzuschließen.

Erst eine Stunde später, gegen neun Uhr, durchschritt Etienne wieder das Dorf, indem er sich sagte, er müsse zu Nacht essen und schlafen gehen, wenn er am nächsten Morgen um vier Uhr wieder wach sein wolle. Das Dorf schlief schon, ganz schwarz in der nächtlichen Finsternis. Kein Lichtschein sickerte durch die Fensterläden; die langen Häuserreihen waren in den tiefen Schlaf der schnarchenden Kasernen versunken. Nur eine Katze lief durch die leeren Gärten. Der Tag war zu Ende; die Arbeiter sanken vom Tische in das Bett, erdrückt von Müdigkeit und Sättigung.

In der beleuchteten Wirtsstube Rasseneurs fand er einen Maschinisten und zwei Tagarbeiter bei ihrem Bierschoppen. Bevor er eintrat, warf Etienne noch einen letzten Blick in die dunkle Nacht hinaus. Er fand dieselbe schwarze Unermeßlichkeit wie am Morgen, als er vom Sturm gejagt hier ankam. Vor ihm hockte der Voreuxschacht, einem bösartigen Tier gleichend, undeutlich, nur da und dort das winzige Licht einer Laterne zeigend. Die drei Kohlenfeuer brannten frei auf dem Hügel, blutroten Monden gleichend, von denen sich dann und wann die ins Ungemessene vergrößerten Schattenrisse des Vaters Bonnemort und seines gelben Gaules abhoben. Darüber hinaus, in der flachen Ebene, hatte der Schatten alles verschlungen: Montsou, Marchiennes, den Wald von Vandame, das weite Meer der Rüben- und Getreidefelder, wo nur mehr – fernen Leuchtfeuern gleich – die blauen Feuer der Hochöfen und die roten Feuer der Koksöfen glänzten. Immer dichter senkte die nächtliche Finsternis sich herab; jetzt fiel der Regen langsam und ausdauernd und hüllte die Nachtlandschaft in seine monotone Flut ein. Nur eine einzige Stimme blieb hörbar: der kräftige, langsame Atemzug der Fördermaschine, die Tag und Nacht in Gang blieb.

DRITTER TEIL

I

Am nächsten Tag und an den folgenden Tagen nahm Etienne seine Arbeit in der Grube wieder auf. Er gewöhnte sich daran; sein Leben regelte sich nach dieser Arbeit und nach den neuen Gebräuchen, welche ihm anfänglich so schwer schienen. Ein einziges Vorkommnis unterbrach die Eintönigkeit der ersten zwei Wochen, ein vorübergehendes Fieber, welches ihn nötigte, achtundvierzig Stunden hindurch das Bett zu hüten, mit glühendem Kopf und in seinem Delirium träumend, daß er seinen Karren im Bergwerk durch einen allzu engen Gang schob, wo er nicht hindurchkonnte. Die Krankheit war ganz einfach die Folge der ersten Lehrtage, eine Übermüdung, von der er sich bald erholte.

Und es folgten Tage auf Tage, es verflossen Wochen und Monate. Gleich seinen Kameraden erhob er sich jetzt um drei Uhr morgens von seinem Lager, trank seinen Kaffee und nahm sein Butterbrot mit, welches Frau Rasseneur ihm schon am Abend vorbereitete. Wenn er sich am Morgen zur Grube begab, traf er regelmäßig den Vater Bonnemort, der schlafen ging, und wenn er am Nachmittag aus der Grube kam, begegnete er Bouteloup, der seine Arbeit aufnahm. Er trug die Haube, die Hose, den Leinwandkittel; er fror und wärmte sich den Rücken an dem großen Ofen in der Baracke. Dann kam das Warten mit bloßen Füßen im Aufnahmesaal, durch den ein schneidender Luftzug strich. Doch die Maschine mit ihren mächtigen stählernen Gliedern und den Kupfersternen daran, die da oben im Dunkel leuchteten, interessierte ihn nicht mehr, noch auch die Kabel, deren Lauf dem Fluge eines schwarzen, stummen Nachtvogels glich, noch auch die Schalen, die unablässig auf- und niederstiegen inmitten des Geräusches der Signale, der Befehlsrufe, des Donners der Karren, die über den aus gußeisernen Platten gefügten Fußboden geschoben wurden. Seine Lampe brannte schlecht; der verwünschte Lampenputzer mußte sie schlecht gereinigt haben; er schaute erst wieder auf, wenn Mouquet sie alle verlud und dabei den Mädchen zum Spaß auf den Hintern klatschte. Die Schale löste sich aus den Ankern und fiel wie ein Stein in ein Loch, ohne daß Etienne auch nur den Kopf wandte, um zu sehen, wie das Tageslicht verschwand. Niemals dachte er an die Möglichkeit eines Sturzes; er fühlte sich heimisch in dem Maße, als er unter dem Sturzregen in die Finsternis hinabstieg. Wenn sie unten angekommen waren und Pierron mit seiner scheinheiligen Sanftmut sie ausgeladen hatte, gab es immer das nämliche Herdengetrappel, die einzelnen Werkgruppen begaben sich schleppenden Ganges zu ihren Schlägen. Er kannte jetzt schon die Stollen der Mine besser als die Gassen von Montsou, wußte, daß man da sich wenden, dort sich bücken, anderswo wieder einer Pfütze ausweichen mußte. Er kannte dermaßen den zwei Kilometer langen Weg unter der Erde, daß er sie ohne Lampe, mit den Händen in den Taschen hätte zurücklegen können. Und es gab jedesmal dieselben Begegnungen: irgendein Aufseher leuchtete im Vorübergehen den Arbeitern ins Gesicht, Vater Mouque brachte ein Pferd, Bébert führte den stampfenden Gaul Bataille, Jeanlin lief hinter einem Zuge einher, um die Lüftungstüren zu schließen; die dicke Mouquette und die magere Lydie schoben ihre Karren.

Mit der Zeit litt Etienne auch weniger durch die Feuchtigkeit und die drückende Schwüle, die in dem Schlag herrschte. Der Kamin schien ihm jetzt sehr leicht zu erklettern, als wäre er geschmolzen und als könnte er durch Ritzen hindurchschlüpfen, wo er früher nicht einmal seine Hand hineinzustecken gewagt hätte. Er atmete ohne Unbehagen den Kohlenstaub ein, er sah klar in der Dunkelheit, er schwitzte ruhig, weil er sich schon daran gewöhnt hatte, vom Morgen bis zum Abend nasse Kleider am Leib zu haben. Übrigens vergeudete er nicht mehr in ungeschickter Weise seine Kräfte; er hatte sich so rasch eine Geschicklichkeit zueigen gemacht, daß der ganze Werkplatz darüber erstaunt war. Nach Ablauf von drei Wochen wurde er unter den guten Schleppern der Grube genannt; kein einziger wußte seinen Karren in einem so kräftigen Zug zur schiefen Ebene zu rollen und so geschickt einzuhängen. Seine kleine Gestalt machte es ihm möglich, überall hinzuschlüpfen; seine Arme, fein und weiß wie die eines Weibes, schienen unter der zarten Haut von Eisen zu sein, so tüchtig waren sie bei der Arbeit. Er beklagt sich niemals – ohne Zweifel aus Stolz –, selbst dann nicht, wenn er vor Müdigkeit röchelte. Man machte ihm nur zum Vorwurf, daß er keinen Spaß verstehe und sogleich beleidigt sei, wenn man ihm Püffe versetzen wolle. Im übrigen wurde er als richtiger Bergmann aufgenommen und angesehen unter der Macht der Gewohnheit, die ihn mit jedem Tag mehr zu Funktion einer Maschine herabdrückte.

Besonders Maheu faßte eine Freundschaft für Etienne, denn er hatte Respekt für die gut besorgte Arbeit. Auch merkte er – gleich den anderen – daß dieser Bursche mehr gelernt habe, als sie; er sah ihn lesen, schreiben, Pläne zeichnen; er hörte ihn von Dingen reden, von deren Existenz er – Maheu – bisher keine Ahnung gehabt hatte. Dies nahm ihn auch nicht wunder; die Köhler hatten weit härtere Köpfe als die Maschinisten; aber was ihn überraschte, war der Mut dieses Kleinen, die Entschlossenheit, mit der er in die Kohle gebissen hatte, um nicht Hungers zu sterben. Es war der erste Zufallsarbeiter, der sich so rasch in diese Verhältnisse fand. Wenn der Kohlenschlag drängte und Maheu nicht einen Hauer entfernen wollte, beauftragte er den jungen Mann mit der Verholzung, weil er der Sauberkeit und Haltbarkeit der Arbeit sicher war. Die Vorgesetzten quälten ihn immer mit dieser verwünschten Verzimmerung; er fürchtete stündlich, daß der Ingenieur Négrel, gefolgt von Dansaert, erscheinen und schreiend und polternd fordern könnte, daß alles neu gemacht werde; und er hatte bemerkt, daß die Verzimmerung seines jungen Schleppers die Herren besser befriedigte, trotzdem sie taten, als wären sie niemals zufrieden und immer wieder drohten, die Gesellschaft werde eines Tages eine radikale Maßregel ergreifen. So zogen sich die Dinge hin; eine dumpfe Unzufriedenheit gärte in der Grube; selbst Maheu, sonst so ruhig, ballte schließlich die Fäuste.

Anfänglich gab es eine gewisse Rivalität zwischen Zacharie und Etienne. Eines Abends hatten sie einander mit Maulschellen gedroht. Allein der erstere, ein wackerer Junge, dem außer seinen Vergnügungen alles „schnuppe" war und den das freundschaftliche Anerbieten eines Schoppens rasch besänftigte, hatte sich bald der Überlegenheit des Neuangekommenen beugen müssen. Auch Levaque zeigte jetzt ein freundlicheres Gesicht, redete über Politik mit dem Schlepper, der – wie er zugab – Gedanken hatte. Dieser fand denn auch unter allen Männern des Werkplatzes nur mehr bei dem langen Chaval eine geheime Feindseligkeit; sie schmollten nicht miteinander, waren vielmehr Kameraden geworden; allein sie verzehrten sich gegenseitig mit den Blicken, wenn sie zusammen scherzten. Catherine – zwischen diesen beiden – hatte ihr Leben eines müden und unterwürfigen Mädchens wieder aufgenommen, das gebeugten Rückens seinen Karren schob; sie war immer sehr artig zu ihrem Gefährten, der ihr oft behilflich war; anderseits war sie dem Willen ihres Liebhabers unterworfen, dessen Liebkosungen sie sich offen gefallen ließ. Die Umgebung hatte sich mit der Sache abgefunden; die beiden wurden als ein Paar angesehen, und selbst die Familie ließ sich das Verhältnis stillschweigend gefallen, so daß Chaval die Schlepperin jeden Abend hinter den Hügel führte und dann bis zu ihrer Haustüre begleitete, wo er ihr angesichts des ganzen Dorfes den Abschiedskuß gab. Etienne, der sich mit der Sache gleichfalls abgefunden zu haben glaubte, neckte sie oft mit diesen Spaziergängen und ließ dabei zum Spaß rohe Worte fallen, wie man sie in den Schlägen zwischen Burschen und Mädchen hörte. Und sie antwortete ihm in dem nämlichen Ton und erzählte ihm keck, was ihr Liebhaber ihr getan hatte; nichtsdestoweniger wurde sie verlegen und erbleichte, wenn die Augen des jungen Mannes den ihrigen begegneten. Beide wandten den Kopf ab und verharrten zuweilen eine Stunde in Schweigsamkeit, mit einer Miene, als würden sie einander hassen wegen längst eingesargter Dinge, über welche sie sich nicht auseinandersetzten.

Der Frühling war gekommen. Als Etienne eines Tages aus dem Schacht kam, wehte der laue Hauch des April ihm entgegen, ein guter Geruch von junger Erde, zartem Laub, freier Luft. Und seither, wenn er aus der Grube kam, roch der Frühling immer besser und wärmte ihn immer mehr nach seinen zehn Stunden Arbeit in dem ewigen Winter der Grube, inmitten des feuchten Dunkels, welches niemals ein Sommer aufheiterte. Die Tage wurden länger; im Mai fuhr er schon bei Sonnenaufgang ein, wenn der Himmel das Licht des Morgenrots wie einen Goldstaub über den Voreuxschacht ausgoß und der weiße Dunst der Maschine rosenrot emporstieg. Man fröstelte nicht mehr; ein warmer Hauch wehte von den Fernen der Ebene her, während die Lerchen hoch in den Lüften ihren Sang ertönen ließen. Um drei Uhr genoß er das blendende Schauspiel der voll aufgegangenen Sonne, deren Lichtflut das ganze Firmament übergoß und die Ziegel der Häuser unter dem schmutzigen Kohlenstaub rot färbte. Im Juni stand das Getreide schon hoch und war bläulichgrün, das von dem schwärzlichen Grün der Rüben abstach. Es war ein endloses, bei dem leisesten Wind wogendes Meer, welches er sich ausbreiten und von Tag zu Tag wachsen sah, zuweilen überrascht, als ob er es abends grüner fände als am Morgen. Die Pappeln am Kanal setzten Laubkronen an; der Hügel bekleidete sich mit Gras, die Wiesen schmückten sich mit Blumen, neues Leben sprießte überall, schoß aus der Erde hervor, während unter ihr Menschen in Mühsal und Elend seufzten.

Wenn Etienne jetzt des Abends spazierenging, scheuchte er nicht mehr hinter dem Hügel die Liebespärchen auf. Er folgte ihren Furchen in den Getreidefeldern, er erriet ihre Vogelnester an der Bewegung der gelb schimmernden Ähren und der roten Klatschrosen. Zacharie und Philomène kehrten mit der Gewohnheit eines alten Paares dahin zurück; die Mutter Brulé, immer auf der Suche nach Lydie, entdeckte diese jeden Augenblick mit Jeanlin, miteinander so tief vergraben, daß man auf sie treten mußte, um sie aufzuscheuchen. Was die Mouquette betrifft, so lag sie überall umher; man konnte nicht durch ein Feld gehen, ohne ihren Kopf niedertauchen zu sehen, während ihre Füße allein sichtbar blieben, wie sie rücklings hingestreckt lag. Doch alle diese waren frei; der junge Mann fand die Sache nur an jenen Abenden strafbar, an welchen er Catherine und Chaval begegnete. Zweimal sah er sie bei seiner Annäherung mitten in einem Feld niederducken, dessen Halme nachher unbeweglich blieben. Ein anderes Mal, als er einem schmalen Pfad folgte, sah er auf dem Boden eines Getreidefeldes die klaren Augen Catherines auftauchen und dann in Tränen sich verschleiern. Seither schien ihm die unendliche Ebene zu eng; er verbrachte seine Abende lieber in Rasseneurs Schenke.

„Madame Rasseneur, geben Sie mir einen Schoppen ... Nein, ich gehe heute abend nicht aus, ich bin zu müde." Und er wandte sich zu einem Kameraden, der gewöhnlich an einem Tisch im Hintergrund saß, den Kopf an die Wand gelehnt. „Souvarine, nimmst du nicht auch einen Schoppen?"

„Danke, ich nehme nichts."

Etienne hatte die Bekanntschaft Souvarines gemacht, weil sie hier Seite an Seite lebten. Es war dies ein Maschinist im Voreuxschacht, der oben ein möbliertes Zimmer innehatte und so der Nachbar Etiennes war. Er war etwa dreißig Jahre alt, schmächtig, blond, mit einem feinen Antlitz, das von langen Haaren und einem schütteren Bart eingerahmt war. Seine weißen und spitzigen Zähne, sein feiner Mund und seine dünne Nase, seine rosige Gesichtsfarbe gaben ihm das Aussehen eines Mädchens mit einem Ausdruck eigensinniger Sanftmut, in den der graue Reflex seiner stahlblauen Augen zuweilen einen wilden Zug brachte. In seiner ärmlichen Arbeiterstube gab es nichts als eine mit Büchern und Papieren angefüllte Kiste. Er war Russe, sprach niemals von sich selbst und kümmerte sich nicht um die Märchen, die über ihn in Umlauf waren. Die Köhler, die allen Fremden gegenüber sehr mißtrauisch waren und die nach seinen kleinen Spießbürgerhänden vermuteten, daß er einer anderen gesellschaftlichen Klasse angehörte, hatten anfänglich ein Abenteuer ersonnen, irgendeinen Mord, vor dessen Ahndung er die Flucht ergriffen hatte. Dann hatte er sich aber so brüderlich, so ohne jeden Stolz ihnen gegenüber gezeigt, hatte mit so vieler Leutseligkeit seine kleine Münze unter die Kinder des Dorfes verteilt, daß sie ihn nunmehr unter sich aufnahmen, beruhigt durch das Gerücht, daß er ein politischer Flüchtling sei; dieses Wort war in ihren Augen eine Entschuldigung selbst für ein Verbrechen und bedeutete gleichsam eine Leidensgenossenschaft.

In der ersten Zeit stieß Etienne bei ihm auf eine scheue Zurückhaltung. Er erfuhr denn auch erst später seine Geschichte. Souvarine war der jüngste Sohn einer adeligen Familie in Tula. Zu Petersburg, wo er Medizin studierte, hatte die sozialistische Strömung, welche damals die ganze russische Jugend fortgerissen hatte, ihn dazu bewogen, ein Handwerk, und zwar das eines Mechanikers, zu erlernen, um sich unter das Volk zu mengen, es kennenzulernen und ihm brüderlich beizustehen. Von diesem Handwerk lebte er jetzt, nachdem er in Folge eines vereitelten Anschlages auf das Leben des Kaisers geflohen war. Um diesen Anschlag auszuführen, hatte er einen Monat hindurch in dem Keller eines Obsthändlers gelebt, eine Mine quer unter der Straße angelegt, Bomben geladen, in der fortwährenden Gefahr, samt dem Haus in die Luft zu fliegen. Von seiner Familie verleugnet, aller Geldmittel entblößt, als Fremder von den französischen Werkstätten auf den Index gesetzt, die in ihm einen Spion witterten, starb er schier Hungers, als die Bergwerksgesellschaft von Montsou in einem Zeitpunkt, da Not am Mann war, ihn endlich aufnahm. Seit einem Jahr arbeitete er als ein tüchtiger, nüchterner, ruhiger Arbeiter, die eine Woche Tagdienst, die andere Woche Nachtdienst machend, so pünktlich und verläßlich, daß die Vorgesetzten ihn als ein Muster anführten.

„Hast du denn niemals Durst?" fragte ihn Etienne lachend. Und er antwortete mit seiner sanften, fast ausdruckslosen Stimme: „Ich habe Durst, wenn ich esse."

Sein Gefährte neckte ihn auch wegen der Mädchen und schwor, ihn mit einer Schlepperin in den Getreidefeldern bei dem „Dorf der Seidenstrümpfe" gesehen zu haben. Doch Souvarine zuckte mit ruhiger Gleichgültigkeit die Achseln. Eine Schlepperin, wozu? Das Weib war für ihn ein Junge, ein Kamerad, wenn sie die brüderliche Anhänglichkeit und den Mut eines Mannes besaß. Wenn nicht: wozu sich etwas ins Herz pflanzen, was möglicherweise zu einer Feigheit führte? Weder Weib noch Freund; er wollte keine Bande; er war frei von seinem Blut und frei von dem Blut anderer.

Jeden Abend, wenn die Schenke sich leerte, blieb Etienne im Gespräch mit Souvarine zurück. Er trank in kleinen Schlucken sein Bier; der Maschinist rauchte unaufhörlich Zigaretten, deren Tabak mit der Zeit seine dünnen Finger gerötet hatte. Seine verschleierten Mystikeraugen folgten dem Rauch wie einem zerflatternden Traum; seine Linke tastete nervös in der Luft herum, gleichsam um sich zu beschäftigen; gewöhnlich nahm er ein altes Hauskaninchen auf seinen Schoß, ein dickes, stets trächtiges Weibchen, das im Haus frei herumlief. Dieses Kaninchen, das er „Pologne" (Polen) benannte hatte, war ihm mit großer Treue zugetan, schnüffelte an seinem Beinkleid herum, richtete sich auf, kratzte ihn mit seinen Pfoten, bis er es auf seinen Schoß genommen hatte wie ein Kind. Dann rollte es sich zusammen und saß da mit hängenden Ohren und geschlossenen Augen, während er mit einer unermüdlichen, fast unbewußten Bewegung der Hand das graue, seidenweiche Haar des Tieres streichelte, gleichsam beruhigt durch die Berührung mit diesem samtweichen, lebendigen Wesen.

„Ich muß euch mitteilen, daß ich von Pluchart einen Brief erhalten habe", berichtete ihm Etienne eines Abends. Es war nur mehr Rasseneur in der Wirtsstube; der letzte Gast war fort, hatte seine Schritte nach dem Dorf gewendet, das zur Nachtruhe rüstete. „Ah!" rief der Wirt, vor seinen beiden Mietern stehend. „Und wie weit ist Pluchart in seiner Tätigkeit?"

Etienne unterhielt seit zwei Monaten einen lebhaften Briefwechsel mit dem Mechaniker von Lille, dem er seinen Arbeitseinstand in Montsou angezeigt hatte und der ihm jetzt seine Lehren mitteilte, in der Hoffnung, daß Etienne unter den Bergleuten Propaganda machen könnte.

„Er ist so weit, daß die in Rede stehende Vereinigung erfreuliche Fortschritte macht; wie es scheint, kommen von allen Seiten Beitrittsanmeldungen.“ – „Und was hältst du von ihrer Vereinigung?“ wandte sich Rasseneur an Souvarine. Dieser fuhr fort, Polognes Kopf zärtlich zu streicheln, stieß eine Rauchwolke aus und murmelte endlich mit seiner ruhigen Miene: „Neue Dummheiten!“

Allein Etienne begeisterte sich. In den ersten Illusionen seiner Unwissenheit wurde er durch sein zum Aufruhr veranlagtes Wesen in den Kampf der Arbeit mit dem Kapital gerissen. Es handelte sich um die internationale Arbeiterverbindung, um die berühmte „Internationale“, die eben damals in London gegründet worden war. War das nicht eine herrliche Anstrengung, ein Feldzug, in dem die Gerechtigkeit schließlich siegen mußte? Die Grenzen hörten auf; die Arbeiter der ganzen Welt erhoben sich und vereinigten sich, um dem einzelnen Arbeiter das Brot zu sichern, das er erwirbt. Und welche einfache und doch großartige Organisation! Unten die Sektion, welche die Gemeinde repräsentiert; dann die Föderation, welche die Sektionen einer und derselben Provinz gruppiert; dann die Nation, und darüber endlich die Menschheit, verkörpert in dem Generalrat, wo jede Nation durch einen Sekretär vertreten war. Ehe sechs Monate vergehen, wird man die Erde erobert haben und den Patronen Gesetze diktieren, wenn sie sich nicht willfährig zeigen sollten.

„Nichts als Dummheiten“, wiederholte Souvarine. „Euer Karl Marx ist noch so weit, daß er die natürlichen Kräfte wirken lassen will. Keine Politik und keine Verschwörung, wie? Alles ganz offen und bloß zum Zweck der Lohnerhöhungen ... Laßt mich in Frieden mit eurer Revolution! Zündet die Städte an allen vier Enden an, mäht die Völker nieder, rasiert alles weg, und wenn nichts mehr übrig sein wird von dieser verfaulten Welt, dann wird vielleicht eine bessere an ihrer Stelle kommen.“

Etienne begann zu lachen. Er hörte noch immer nicht auf die Worte seines Kameraden; diese Zerstörungstheorie schien ihm Großsprecherei. Rasseneur, noch praktischer als Etienne, mit dem nüchternen Sinn eines Mannes, der sein Gewerbe hatte, erzürnte sich nicht einmal. Er wollte nur die Dinge genau feststellen.

„Also, du willst den Versuch machen, in Montsou eine Sektion zu gründen?“

Dies war der Wunsch Plucharts, des Sekretärs der Nordföderation. Er betonte ganz besonders die Dienste, die der Bund den Bergleuten leisten würde, wenn sie eines Tages streiken würden. Etienne war der Meinung, der Arbeitsaufstand sei nahe bevorstehend; die Verzimmerungsfrage müßte schlimm enden; die nächste Forderung der Gesellschaft würde alle Schächte in Aufruhr versetzen.

„Das Verdrießliche an der Sache sind die Mitgliederbeiträge“, erklärte Rasseneur in einsichtigem Ton. „Fünfzig Centimes jährlich für den allgemeinen Fonds und zwei Francs für die Sektion: Das scheint sehr wenig, und dennoch wette ich, daß viele sich weigern werden, sie zu zahlen.“

„Um so mehr“, fügte Etienne hinzu, „als man zunächst hier eine Aushilfskasse gründen müßte, aus der wir bei Gelegenheit eine Widerstandskasse machen ... Kurz und gut: es ist Zeit, an diese Dinge zu denken. Ich bin bereit, wenn die anderen bereit sind.“

Stillschweigen trat ein. Auf dem Schanktisch rauchte die Petroleumlampe. Durch die offene Tür hörte man das Geräusch, das ein Maschinenheizer im Voreuxschacht mit dem Nachlegen von Kohle machte.

„Alles ist so teuer“, bemerkte Madame Rasseneur, die ebenfalls eingetreten war und mit düsterer Miene zuhörte, gleichsam höher emporgewachsen in dem schwarzen Kleid, das sie immer trug. „Denken Sie sich, daß ich die Eier mit zweiundzwanzig Sous bezahlen mußte! ... Das kann nicht so fortgehen: Das muß losbrechen!“

Die drei Männer waren derselben Ansicht. Sie sprachen, einer nach dem andern, mit trostloser Stimme, und das Klagen ging von neuem an. Der Arbeiter könne nicht länger bestehen, die Revolution habe sein Elend nur vergrößert; die Spießbürger mästen sich seit dem Jahr 89 so gefräßig, daß sie die Schüsseln blanklecken. Man sage einmal, ob die Arbeiter entsprechend teilgenommen haben an der außerordentlichen Bereicherung seit hundert Jahren? Man hat sie nur zum besten gehalten, indem man sie für frei erklärte; ja, sie haben die Freiheit, Hungers zu sterben, und davon machen sie auch Gebrauch. Das gibt ihnen noch kein Brot, daß sie für Kerle stimmen, die sich hinterher den Wanst füllen, ohne an diese Erbärmlichen mehr zu denken als an ihre alten Stiefel. Nein, man muß ein Ende machen in der einen oder anderen Weise, entweder gütlich, durch Gesetze, in freundschaftlichem Einvernehmen, oder gewaltsam, indem man alles niederbrennt und sich gegenseitig zerfleischt. Die Kinder würden dies sicherlich sehen, wenn die Eltern es nicht sehen; denn das Jahrhundert könne nicht zu Ende gehen, ohne daß noch eine Revolution käme, diesmal die Revolution der Arbeiter, ein Umsturz, der die ganze Gesellschaft von oben bis unten hinwegfegen und sie neu aufbauen würde mit mehr Anständigkeit und mehr Gerechtigkeit.

„Es muß platzen!“ wiederholte Madame Rasseneur energisch. „Ja, ja“, riefen alle drei, „es muß platzen!“

Souvarine liebkoste jetzt die Ohren Polognes, das vergnügt das Näschen rümpfte. Er sagte halblaut, mit geschlossenen Augen, wie mit sich selbst sprechend: „Die Löhne erhöhen: ist das möglich? Sie sind durch ein ehernes Gesetz mit dem unerläßlich geringsten Betrag festgestellt, mit genauso viel als notwendig ist, damit die Arbeiter trockenes Brot essen und Kinder machen ... Wenn die Löhne zu tief sinken, dann verrecken die Arbeiter, und die Nachfrage nach neuen Männern läßt sie wieder in die Höhe gehen. Wenn sie zu hoch gestiegen sind, werden sie durch das stärkere Angebot wieder herabgedrückt ... Das ist das Gleichgewicht der leeren Bäuche, die ewige Verdammnis im Kerker des Hungers.“

Wenn er sich so vergaß und von Dingen sprach, die ihm

als einem unterrichteten Sozialisten geläufig waren, standen Etienne und Rasseneur unruhig da, in Verwirrung gebracht durch seine niederschmetternden Behauptungen, auf die sie nichts zu antworten wußten.
,,Hört ihr", wiederholte er, indem er sie mit seiner gewohnten Ruhe anschaute, ,,es muß alles zerstört werden, oder der Hunger wird wiederkommen. Ja, die Anarchie, nichts weiter; die Erde muß durch Blut blankgewaschen, durch Feuer gereinigt werden! ... Nachher werden wir sehen." – ,,Der Herr hat sehr recht", erklärte Madame Rasseneur, die trotz ihrer aufrührerischen Heftigkeit sich sehr höflich zeigte.
Etienne wollte die Erörterung nicht fortsetzen, denn er haßte das niederschlagende Gefühl seiner Unwissenheit. Er erhob sich mit den Worten: ,,Gehen wir schlafen. All das wird mich nicht hindern, morgen um drei Uhr aufzustehen."
Souvarine blies auf das Ende seiner Zigarette und faßte das Kaninchen hart am Bauch, um es auf den Boden zu setzen. Rasseneur schloß das Haus. Sie trennten sich in aller Stille, mit summenden Ohren, die Köpfe gleichsam angeschwollen von den ersten Fragen, über die sie nachdachten.
Jeden Abend gab es ähnliche Gespräche in der kahlen Wirtsstube, rings um den einzigen Schoppen, bei dem Etienne eine Stunde verweilte. Ein Stock von unklaren Ideen, die in ihm geschlummert hatten, bewegte sich da und gewann an Ausbreitung. Von der Wißbegierde verzehrt, hatte er lange gezögert, Bücher von seinem Nachbarn zu entlehnen, der unglücklicherweise nur deutsche und russische Werke besaß. Endlich ließ er sich ein französisches Buch über ,,Kooperativgenossenschaften" leihen – auch solche Dummheiten, wie Souvarine sagte. Auch las Etienne regelmäßig eine Zeitung, welche Souvarine erhielt; es war ein in Genf herausgegebenes anarchistisches Blatt unter dem Titel ,,Der Kampf". Trotz ihrer täglichen Beziehungen fand er übrigens den Russen immer verschlossen, mit einer Miene, als wäre er ein fahrender Gast in dieser Welt, an die ihn weder Interessen noch Gefühle, noch irgendwelche Besitztümer knüpften.
Um die ersten Tage des Monats Juli verbesserte sich die Lage Etiennes. Inmitten des eintönigen, immer gleichen Grubenlebens war ein Ereignis eingetreten. Die Werkplätze im Guillaumeschacht waren auf Mischgestein geraten, das die Nähe eines tauben Ganges ankündigte. In der Tat stieß man alsbald auf einen solchen; die Ingenieure hatten von seinem Vorhandensein keine Ahnung, obgleich sie das Erdreich sonst genau kannten. Dieses Ereignis rief in der Grube große Bewegung hervor; man sprach von nichts anderem als von der verschwundenen Kohlenader, die sich ohne Zweifel gesenkt hatte. Die alten Bergleute schnupperten wie gute Hunde auf der Suche nach einer Kohlenader. Aber bis diese gefunden wurde, konnten die Werkplätze auch nicht feiern, und die Gesellschaft kündigte an, daß sie neue Schläge versteigern werde.
Eines Tages, als sie aus der Grube kamen, machte Maheu Etienne den Vorschlag, als Hauer in seine Gruppe einzutreten, an Stelle Levaques, der zu einem andern Werkplatz gegangen war. Die Sache war mit dem Ingenieur und mit dem Oberaufseher schon ins reine gebracht, die mit dem jungen Mann sehr zufrieden waren. Etienne beeilte sich denn auch, diese rasche Vorrückung anzunehmen, sehr froh ob der wachsenden Wertschätzung, die er bei Maheu fand.
Am Abend gingen sie zusammen zum Schacht, um die Ankündigungen zu lesen. Die zur Versteigerung angesetzten Schläge befanden sich in der Filonnièreader, in der Nordgalerie des Voreux. Sie schienen wenig Nutzen zu verheißen; der Bergmann schüttelte den Kopf, als der junge Mann ihm die Bedingungen herablas. Als sie am folgenden Tag hinabgefahren waren und er mit dem jungen Mann die Ader besichtigte, machte er ihn auf die große Entfernung zum Aufzug aufmerksam, auf das lose, mit dem Einsturz drohende Erdreich, auf die geringe Dicke der Schicht und auf die Härte der Kohle. Allein, es galt zu arbeiten, wenn man essen wollte. Sie erschienen denn auch am folgenden Sonntag bei der Versteigerung, welche in der Baracke stattfand und in Abwesenheit des Abteilungsingenieurs vom Grubeningenieur – unterstützt vom Oberaufseher – geleitet wurde. Es waren fünf- bis sechshundert Köhler da, vor der kleinen Estrade, die man in einem Winkel der Baracke errichtet hatte. Die Versteigerung ging so rasch vonstatten, daß man nur einen dumpfen Tumult von Stimmen hörte, ein lautes Schreien von Ziffern, welche durch andere Ziffern gedeckt wurden.
Einen Augenblick fürchtete Maheu, daß er keinen der vierzig Schläge, welche die Gesellschaft versteigerte, werde erstehen können. Alle Mitbewerber gingen mit den Preisen hinab, unruhig wegen der Krisengerüchte und eine Betriebseinstellung fürchtend. Angesichts des eifrigen Bewerbes beeilte sich der Ingenieur Négrel nicht sonderlich, ließ die Angebote bis zu den möglichst tiefen Preisen hinabsinken, während Dansaert, um die Dinge zu beschleunigen, sich in lügnerischen Anpreisungen der Käufe erging. Maheu hatte um seine fünfzig Meter einen heißen Kampf mit einem hartnäckigen Mitbewerber zu bestehen; sie führten diesen Kampf mit einem abwechselnden Nachlaß von einem Centime per Karren, und Maheu blieb nur Sieger, indem er mit dem Lohn dermaßen hinunterging, daß der hinter ihm stehende Aufseher Richomme sich erzürnte und ihn mit dem Ellbogen stieß, indem er ihm wütend zuraunte, er könne bei diesem Preis unmöglich sein Auskommen finden.
Als sie gingen, fluchte Etienne. Er brach los, als er Chavals ansichtig wurde, der mit Catherine von den Getreidefeldern kam, während der Vater dem Brot nachging.
,,Herrgott!" rief er; ,,ist das ein Erwürgen von Menschen! ... Man zwingt die Arbeiter, sich untereinander aufzufressen.
Chaval erzürnte sich; er würde niemals nachgelassen haben. Zacharie, der aus Neugierde herbeigekommen

war, erklärte, es sei ekelhaft. Doch Etienne brachte sie zum Schweigen, indem er mit einer wütenden Gebärde ausrief: „Es wird ein Ende nehmen! Eines Tages werden wir die Herren sein!"
Maheu, seit der Versteigerung stumm geblieben, schien jetzt die Sprache gefunden zu haben.
„Die Herren! ... sagte er. „Ach, es wäre schon an der Zeit!"

II

Am letzten Sonntag des Monats Juli fand in Montsou das große Bergmannsfest statt. Schon am Samstagabend scheuerten die Hausfrauen die Wohnstuben; es gab hiebei eine wahre Sintflut, das Wasser wurde in großen Mengen über die Fliesen und an die Wände geschleudert; und die Fußböden waren noch nicht trocken, trotz des weißen Sandes, mit welchem sie bestreut worden waren. Es war dies ein kostbarer Luxus für diese armen Leute. Der Tag kündigte sich sehr heiß an; der Himmel war gewitterschwül, die Luft drückend, wie es zur Sommerszeit in den flachen Landschaften Nordfrankreichs häufig vorkommt.
In der Familie Maheu beobachtete man wegen des Sonntags nicht so genau die Stunde des Aufstehens. Den Vater litt es schon um fünf Uhr nicht mehr im Bett, und er kleidete sich an; die Kinder hingegen schliefen bis neun Uhr. Heute ging Maheu in den Garten seine Pfeife rauchen und kehrte schließlich heim, um allein eine Butterschnitte zu essen, bis die Kinder kommen würden. So verbrachte er den Vormittag, ohne recht zu wissen womit; er besserte den Bottich aus, der das Wasser durchließ, und klebte ein Bild des kaiserlichen Prinzen, das man den Kleinen geschenkt hatte, an die Kuckucksuhr. Mittlerweile kamen auch die anderen einzeln herunter; der Vater Bonnemort hatte einen Stuhl vor die Tür gestellt, um sich an die Sonne zu setzen; die Mutter und Alzire hatten sich sogleich in der Küche zu schaffen gemacht. Catherine erschien mit Lénore und Henri, die sie soeben angekleidet hatte; es schlug schon elf Uhr, und der Geruch des Kaninchens, das mit Kartoffeln gebraten wurde, erfüllte das ganze Haus, als endlich Zacharie und Jeanlin als letzte herunterkamen, gähnend, mit vom Schlaf geschwollenen Augen.
Das ganze Dorf war auf den Beinen, erfüllt von der Festesfreude und das Mittagessen beschleunigend, damit man so bald als möglich nach Montsou kommen könne. Scharen von Kindern trieben sich auf den Straßen herum; Männer in Hemdsärmeln ergingen sich mit der Gemächlichkeit, die man sich an Ruhetagen gönnen durfte. Türen und Fenster standen bei dem schönen Wetter weit offen und gestatteten einen Einblick in die lange Zeile von Wohnstuben, wo die Familien in geräuschvollem Leben sich tummelten. Von einem Ende der Häuserreihe bis zum andern roch es nach Kaninchen; dieser Duft der wohlbestellten Küchen verdrängte heute den eingenisteten Geruch von geschmorten Zwiebeln.
Schlag zwölf Uhr aßen die Maheu zu Mittag. Sie machten wenig Lärm inmitten des Geräusches der Nachbarn, wo die Weiber miteinander plauderten, sich verschiedene Gegenstände des Hausrates liehen und wiedergaben, wo es ein ewiges Fragen und Antworten gab, wo die Kinder gerufen oder mit einem Klaps auf den Hintern heimgejagt wurden. Sie lebten übrigens seit drei Wochen auf gespanntem Fuß mit der Familie Levaque; die Ursache war die Angelegenheit der Heirat zwischen Zacharie und Philomène. Die Männer verkehrten wohl miteinander; die Frauen aber taten, als kennten sie einander nicht. Diese Entzweiung hatte die Beziehungen zur Frau Pierron noch enger gestaltet. Heute hatte Frau Pierron die Sorge für ihren Mann und für Lydie ihrer Schwiegermutter überlassen und war am frühen Morgen nach Marchiennes gegangen, um den Tag bei einer Base zuzubringen. Darüber wurde viel Spaß getrieben, denn man kannte die Base: sie hatte einen Schnurrbart und war Oberaufseher im Voreuxschacht. Frau Maheu erklärte, es sei nicht anständig, an einem solchen Festtag seine Familie im Stich zu lassen.
Außer dem Kaninchen, das die Familie Maheu seit einem Monat im Schuppen gemästet hatte, gab es heute noch eine Fleischbrühe und Rindfleisch zu Tisch. Der Halbmonatslohn war gestern fällig geworden. Seit Menschengedenken hatte man nicht so herrlich gespeist. Selbst am letzten Barbarafest, der großen Feier der Bergleute, die immer ein dreitägiges Nichtstun mit sich bringt, war das Kaninchen nicht so fett und zart gewesen. Die zehn Paar Kinnladen – angefangen bei der kleinen Estelle, deren Zähne schon zum Vorschein kamen, bis zum alten Bonnemort, der die seinigen schon zu verlieren begann – arbeiteten denn auch mit solchem Eifer, daß selbst die Knochen verschwanden. Das Fleisch war gut, aber sie verdauten es schwer, weil sie nur selten welches aßen. Alles wurde weggeputzt; es blieb nichts übrig als ein Stück Rindfleisch für den Abend; sollte man Hunger haben, würde man Butterbrote dazu essen.
Jeanlin verschwand zuerst. Bébert erwartete ihn hinter der Schule. Sie schlichen da lange herum, bis es ihnen gelang, Lydie mitzulocken, welche die Brulé zu Hause behalten wollte. Als sie der Flucht des Kindes gewahr wurde, heulte sie und fuchtelte mit den mageren Armen, während Pierron, dieses Getöses überdrüssig, ruhig spazierenging, mit der Miene eines Gatten, der sich ohne Gewissensbisse der Unterhaltung hingibt, weil er weiß, daß auch seine Frau ihr Vergnügen hat.
Als zweiter brach Vater Bonnemort auf; dann entschloß sich auch Maheu, ins Freie zu gehen, nachdem er sein Weib gefragt hatte, ob sie nachkommen würde. Nein, sie konnte nicht; es wäre eine rechte Fron mit den kleinen Kindern; vielleicht werde sie sich es doch noch überlegen, man werde sich schon wiederfinden. Als er draußen war, zögerte er eine Weile, dann trat er bei den Nachbarn ein, um zu sehen, ob Levaque bereit sei. Hier fand er Zacha-

rie, der auf Philomène wartete. Die Levaque begann sogleich die ewige Klage wegen der Hochzeit; man halte sie zum besten, schrie sie, und sie werde sich noch ein letztes Mal mit der Maheu auseinandersetzen. War das ein Leben, die vaterlosen Kinder der Tochter bei sich zu haben, während diese sich mit dem Liebsten herumwälzt! Inzwischen hatte Philomène ruhig ihre Haube aufgesetzt, und Zacharie führte sie hinweg, indem er erklärte, er sei bereit zu heiraten, wenn seine Mutter einwilligte. Levaque war übrigens schon fort; Maheu wies die Nachbarin an seine Frau und beeilte sich gleichfalls fortzukommen. Bouteloup, der mit beiden Ellbogen auf dem Tisch ein Stück Käse verzehrte, lehnte hartnäckig einen ihm angebotenen Schoppen Bier ab. Er blieb zu Hause, wie es sich für einen guten Ehemann geziemte.

Allmählich leerte sich das Dorf; die Männer gingen fort, einer nach dem andern. Die Mädchen spähten auf den Türschwellen nach ihren Liebsten aus und schlugen am Arm derselben in einer andern Richtung den Weg nach Montsou ein. Als Catherine ihren Vater um die Ecke der Kirche biegen sah, beeilte sie sich, Chaval einzuholen, der sie gleichfalls nach Montsou führte. Als die Mutter mit ihren Kleinen allein geblieben war, hatte sie nicht die Kraft, sich von ihrem Sessel zu erheben; sie goß sich ein zweites Glas Kaffee ein, das sie in kleinen Schlucken leerte. Im Dorf waren nur mehr die Weiber zu Hause, die sich gegenseitig einluden und den letzten Rest des Kaffees an den noch warmen, fettigen Mittagstischen tranken.

Maheu vermutete, daß Levaque bei Rasseneur sein müsse und begab sich langsamen Schrittes dahin. In der Tat fand er Levaque mit mehreren Kameraden bei einer Kegelpartie in dem hinter dem Wirtshaus gelegenen schmalen Gärtchen. Vater Bonnemort und der alte Mouque standen dabei und folgten dem Lauf der Kugel, dermaßen vertieft, daß sie vergaßen, sich mit dem Ellbogen anzustoßen. Die Sonne sandte senkrecht ihre heißen Strahlen nieder; nur längs der Schenke gab es einen schmalen Streifen Schatten. Auch Etienne war da, an einem Tisch seinen Schoppen trinkend und verdrossen darüber, daß Souvarine ihn eben verlassen hatte, um in seine Stube hinaufzugehen. Fast jeden Sonntag schloß der Maschinist sich ein, um zu schreiben oder zu lesen.

„Spielst du mit?" fragte Levaque Maheu. Dieser lehnte ab; ihm sei zu heiß, und er vergehe schier vor Durst.

„Rasseneur, einen Schoppen!" rief Etienne. Und zu Maheu gewendet fügte er hinzu: „Den zahle ich."

Jetzt duzten sich alle untereinander. Rasseneur beeilte sich nicht, man mußte ihn dreimal rufen; schließlich war es Frau Rasseneur, die ein warmes Bier brachte. Der junge Mann hatte die Stimme gedämpft, um sich über das Haus zu beklagen; es seien brave, wohlgesinnte Leute, aber das Bier sei schlecht und die Suppen abscheulich! Er würde schon zehnmal weggegangen sein, wenn er den weiten Weg nach Montsou nicht scheute. Er werde früher oder später bei einer Familie im Dorf Unterkunft suchen.

„Gewiß, in einer Familie wirst du besser versorgt sein", sagte Maheu in seiner bedächtigen Art zu reden.

Doch jetzt gab es lautes Geschrei: Levaque hatte alle neun geschoben. Mouque und Bonnemort schauten unverwandt zu Boden; inmitten des allgemeinen Tumults verharrten sie in ihrem stummen Beifall. Die Freude über den glücklichen Wurf äußerte sich in allerlei Scherzen, besonders als die Spieler das heitere Gesicht der Mouquette jenseits der Hecke erblickten. Seit einer Stunde lungerte sie hier herum: bei dem lauten Gelächter wagte sie sich näher heran.

„Wie, du bist allein?" schrie Levaque. „Und deine Liebhaber?"

„Meine Liebhaber habe ich zum Teufel geschickt; ich suche jetzt einen", antwortete sie mit frechem Gelächter.

Alle boten sich an, redeten ihr in derben Worten zu. Doch sie schüttelte den Kopf, lachte immer stärker und zierte sich. Ihr Vater stand dabei, unbekümmert um die ganze Szene und ohne die Blicke von den umgeworfenen Kegeln wegzuwenden.

„Geh, geh", fuhr Levaque fort, einen Blick auf Etienne werfend, „man weiß wohl, nach wem du angelst, meine Tochter ... Du wirst ihm Gewalt antun müssen."

Dies erheiterte Etienne. In der Tat war er es, den die Schlepperin verfolgte. Er weigerte sich; die Sache machte ihm Spaß, aber er hatte kein Verlangen nach ihr. Einige Minuten blieb sie noch hinter der Hecke stehen, mit ihren großen Augen ihn starr anblickend; dann entfernt sie sich langsam, mit plötzlich verdüstertem Gesicht, gleichsam niedergedrückt durch die sengende Hitze.

Etienne wandte sich wieder zu Maheu und fuhr fort, ihm halblaut die Notwendigkeit der Gründung einer Aushilfskasse für die Bergleute von Montsou auseinanderzusetzen.

„Da die Gesellschaft vorgibt, daß sie uns volle Freiheit läßt, haben wir doch nichts zu fürchten", wiederholte er. „Wir haben nichts als ihre Ruhegehälter, und diese bemißt sie nach ihrem Belieben, da sie keine Pensionsabzüge macht. Da wir also von ihrem guten Willen abhängig sind, empfiehlt die Vorsicht, einen Verein zu gegenseitiger Unterstützung zu gründen, auf welche wir im Falle eines dringenden Bedarfs wenigstens sicher rechnen können."

Und er führte die Einzelheiten an, erläuterte die Organisation, versprach, alle Mühe auf sich zu nehmen.

„Ich bin dabei", sagte Maheu endlich überzeugt; „trachte die anderen zu bestimmen."

Levaque hatte gewonnen; man ließ das Kegelspiel und wandte sich dem Bier zu. Allein, Maheu weigerte sich, einen zweiten Schoppen zu trinken; man werde später sehen, sagte er, der Tag sei noch nicht zu Ende. Er hatte eben an Pierron gedacht. Wo konnte Pierron sein? Ohne Zweifel in Lenfants Schenke. Er überredete Etienne und Levaque, und alle drei brachen nach Montsou auf, just in dem Augenblick, da eine neue Partie die Kegelbahn in Besitz nahm.

Unterwegs mußte man in Casimirs Weinstube und später im Wirtshaus „Zum Fortschritt" haltmachen. Kameraden riefen sie durch die offenen Türen; es war nicht möglich, nein zu sagen. Jedesmal ein Schoppen, und wenn sie aus Höflichkeit ebenfalls einen zahlten, dann waren es zwei. Sie blieben zehn Minuten, tauschten einige Worte aus, dann gingen sie weiter und kehrten gelegentlich wieder ein, ganz nüchtern, das Bier kennend, mit welchem sie sich füllen konnten, ohne andern Nachteil, als daß man es wieder auspissen mußte, hell wie Quellwasser. In der Schenke Lenfants fanden sie Pierron, der seinen zweiten Schoppen trank und, um mit ihnen anzustoßen, auch einen dritten nicht zurückwies. Sie waren jetzt ihrer vier und brachen auf, um zu sehen, ob Zacharie nicht in Tisons Schenke sei. Die Wirtsstube war leer; sie verlangten einen Schoppen, um eine Weile auf ihn zu warten. Dann dachten sie an die Schenke Saint-Éloi, nahmen daselbst von dem Aufseher Richomme einen Rundschoppen an, schlenderten dann von Schenke zu Schenke, ohne Vorwand, bloß um sich zu ergehen.

„Auf zum ‚Vulkan'! rief plötzlich Levaque, der allmählich lustig geworden war.

Die anderen lachten, zögerten eine Weile, dann begleiteten sie den Kameraden inmitten der immer mehr anwachsenden festlichen Menge. Im Hintergrund des schmalen und langen Saales des „Vulkan" war eine Bretterestrade errichtet, auf der fünf Bänkelsängerinnen, der Abschaum der öffentlichen Dirnen von Lille, in schamlosester Weise entblößt und mit ungeheuerlichen Gebärden ihre Zoten zum besten gaben. Wenn ein Gast eine wollte, zahlte er zehn Sous und führte sie hinter die Estrade. Es waren Schlepper, Handlanger, sogar Karrenjungen mit vierzehn Jahren da, die ganze Jugend der Kohlengruben, mehr Wacholderbranntwein als Bier trinkend. Auch einige alte Bergleute beteiligten sich an diesem Treiben, solche, die zu Hause ein unflätiges Eheleben führten.

Als die Gesellschaft sich an einem der kleinen Tische niedergelassen hatte, machte sich Etienne an Levaque, um ihm seinen Plan einer Aushilfskasse zu erklären. Er war in seiner Propaganda eifrig wie alle Neubekehrten, die eine Mission gründen wollen.

„Jedes Mitglied könnte monatlich zwanzig Sous bezahlen", wiederholte er. „Durch Ansammlung dieser Beiträge wird man in vier, fünf Jahren ein Kapital zusammenbringen, und wenn man Geld hat, ist man stark, was immer kommen mag, nicht wahr? Nun, was sagst du dazu?"

„Ich sage nicht nein", antwortete Levaque zerstreut. „Wir werden darüber reden."

Auf der Estrade war eine dicke Blonde erschienen, die ihn reizte; er erklärte denn auch, daß er bleiben wolle, als Maheu und Pierron, nachdem sie ihren Schoppen getrunken hatten, aufbrachen, ohne die zweite Romanze abzuwarten.

Etienne, der mit ihnen wegging, traf draußen die Mouquette, die ihnen zu folgen schien. Sie schaute ihn noch immer mit ihren großen, starren Augen an und lachte gutmütig, als wollte sie sagen: „Willst du?" Der junge Mann nahm die Sache spaßig und zuckte mit den Achseln. Da machte sie eine zornige Gebärde und verlor sich in der Menge.

„Wo ist Chaval?" fragte Pierron. – „Ja, wo ist Chaval?" wiederholte Maheu. „Suchen wie ihn bei Piquette."

Bei Piquettes Schenke angekommen, wurden sie schon an der Tür durch einen Raufhandel aufgehalten. Zacharie schwang drohend die Faust gegen einen wallonischen Nagelschmied, einen phlegmatischen, stämmigen Menschen; Chaval stand mit den Händen in den Taschen dabei und schaute zu.

„Da ist Chaval", sagte Maheu ruhig. „Er ist mit Catherine."

Seit fünf geschlagenen Stunden trieb sich die Schlepperin mit ihrem Galan im Marktgewühl herum. In der Straße von Montsou, einer breiten Straße mit niedrigen, buntgetünchten Häusern, wimmelte das Volk im hellen Sonnenschein wie ein Ameisenzug in der kahlen Ebene. Der ewige schwarze Schlamm war getrocknet; schwarzer Staub flog auf und schwebte dahin wie eine Gewitterwolke. Die Schenken zu beiden Seiten der Straße waren mit Menschen überfüllt und mußten ihre Tische bis auf das Straßenpflaster hinaus verlängern, wo es eine Doppelreihe von Verkaufsbuden gab, mit Spiegeln und Halstüchern für die Mädchen, Messern und Mützen für die Burschen, die Süßigkeiten und Lebkuchen ungerechnet. Vor der Kirche gab es einen Bolzenschießstand, dem Fabrikshof gegenüber ein Kugelspiel. An der Ecke der Rue de Joiselle drängten sich die Leute um einen eingeplankten Platz, wo zwei große, rote Hähne, mit eisernen Sporen bewehrt, einen blutigen Kampf ausfochten. Bei Maigrat wurde auf dem Billard um Schürzen und Hosen gespielt. Von Zeit zu Zeit trat tiefe Stille ein; die Menge soff und füllte sich den Magen; ein stummes Übermaß von Bier und gebratenen Kartoffeln breitete sich in der drückenden Hitze aus, die durch die im Freien aufgestellten Öfen noch gesteigert wurde.

Chaval kaufte Catherine einen Spiegel um 19 Sous und ein Busentuch um drei Francs. Bei jedem Rundgang trafen sie Mouque und Bonnemort, die ebenfalls zu dem Fest gekommen waren und mit ihren schweren Beinen nachdenklich, Seite an Seite, dahinschritten. Eine andere Begegnung rief ihren Unwillen hervor. Sie sahen Jeanlin, der Lydie und Bébert zuredete, Schnapsfläschchen von einer fliegenden Schenke zu stehlen, die am Rande einer leeren Bodenfläche errichtet war. Catherine konnte nur ihren Bruder züchtigen, denn die Kleine lief mit einer Flasche davon. Diese verdammten Rangen würden im Kerker enden.

Vor der Schenke „Zum Geköpften" kam Chaval auf den Einfall, seine Geliebte da hineinzuführen, um einem Finkenkonzert beizuwohnen, das seit acht Tagen angekündigt war. Fünfzehn Nagelschmiede aus den Fabriken von Marchiennes hatten der Aufforderung Folge geleistet und waren erschienen, jeder mit einem Dutzend Vogelbauern.

Diese kleinen, verdunkelten Käfige, in denen die Vögel sich ganz ruhig verhielten, hingen an einem Pfahlzaun im Hof der Schenke. Es handelte sich darum, festzustellen, welcher der Finken innerhalb einer Stunde am häufigsten die Phrase seines Gesanges wiederholen würde. Jeder Nagelschmied stand mit einer Schiefertafel bei seinen Käfigen und verzeichnete die Rufe seiner Tiere, dabei seine Nachbarn überwachend und von diesen selbst überwacht. Und die Finken hatten zu singen begonnen, die einen tiefer, die anderen heller, anfänglich alle schüchtern, nur selten eine Phrase wagend, dann einander anregend, den Rhythmus beschleunigend und schließlich von einem so wütenden Wetteifer fortgerissen, daß einige tot niederfielen. Die Nagelschmiede feuerten sie lebhaft an, riefen ihnen in ihrer wallonischen Sprache zu, noch ein Stückchen und noch ein Stückchen zu singen, während die Zuschauer – ungefähr hundert Personen – in lautloser, leidenschaftlicher Spannung verharrten, inmitten dieser höllischen Musik von hundertachtzig Finken, die in einem greulichen Durcheinander die nämliche Phrase wiederholten. Als der Sieg entschieden war, nahm der Sieger ganz glücklich den ersten Preis, eine blecherne Kaffeemaschine, in Empfang.

Catherine und Chaval waren schon da, als Zacharie und Philomène eintraten. Man reichte sich die Hände und blieb beisammen. Allein, plötzlich geriet Zacharie in Zorn, weil er einen Nagelschmied, der mit den Kameraden aus Neugierde hergekommen war, dabei überraschte, wie er seine Schwester in die Schenkel kneipte. Sie war sehr rot geworden, ließ ihn aber gewähren, weil sie bei dem Gedanken an die Schlächterei erbebte, die es geben müßte, wenn alle diese Nagelschmiede sich auf Chaval stürzen würden, falls dieser seine Liebste verteidigen wollte. Wohl hatte sie den Mann hart an ihrem Leib gefühlt, aber sie schwieg aus Vorsicht. Ihr Galan lachte übrigens nur über den Zwischenfall; alle vier gingen fort, und die Sache schien beigelegt. Doch kaum waren sie bei Piquette eingetreten, um da einen Schoppen zu trinken, als der Nagelschmied wieder auftauchte, unbekümmert um sie und ihnen herausfordernd unter die Nase blasend. Zacharie, in seinen brüderlichen Gefühlen verletzt, hatte sich auf den Unverschämten geworfen.

„Schweinekerl, das ist meine Schwester!" rief er. „Wart, ich werde dich Respekt lehren!"

Man trennte die beiden Männer, während Chaval ganz ruhig wiederholte: „Laß ihn laufen; das geht mich an ... Ich sage ja, ich pfeife auf ihn!"

Jetzt traf Maheu mit seiner Gesellschaft ein, und er beruhigte Catherine und Philomène, die schon in Tränen gebadet waren. Die Leute ringsumher waren wieder lustig, der Nagelschmied war verschwunden. Chaval, der bei Piquette zu Hause war, zahlte Bier, um den Verdruß hinunterzuschwemmen. Etienne mußte mit Catherine anstoßen! Alle tranken zusammen, der Vater, die Tochter und ihr Liebhaber, der Sohn und seine Geliebte, und sagten höflich: „Auf das Wohl der Gesellschaft." Dann bestand Pierron darauf, einen Rundschoppen zu zahlen. Es herrschte das beste Einvernehmen, als Zacharie beim Anblick seines Kameraden Mouquet sich wieder des Nagelschmiedes erinnerte. Er rief Mouquet, damit sie mit dem Wallonen abrechneten.

„Ich will den Kerl schinden!" rief er. „Chaval, nimm Philomène und Catherine in deinen Schutz; ich komme gleich wieder."

Jetzt war an Maheu die Reihe, Bier zu zahlen. Wenn der Junge seine Schwester rächen wollte, so gebe er damit nur ein gutes Beispiel, meinte der Vater. Philomène war ihrerseits beruhigt, seitdem sie Mouquet gesehen. Die beiden Kerle gehen sicherlich zum „Vulkan", sagte sie.

Auf dem Tanzboden „Zur Gemütlichkeit" beschloß man den Festtag. Diesen Tanzboden hielt die Witwe Désir, eine dicke Mutter von fünfzig Jahren, rund wie ein Faß, aber so frisch und wohl erhalten, daß sie noch sechs Liebhaber hatte, einen für jeden Tag der Woche, sagte sie, und alle sechs für den Sonntag. Sie nannte alle Köhler ihre Kinder, von Rührung übermannt bei dem Gedanken an das Meer von Bier, welches sie seit dreißig Jahren ihnen ausschenkte. Sie rühmte sich auch, daß keine einzige Schlepperin schwanger wurde, ohne vorher bei ihr das Tanzen gelernt zu haben. Die Wirtschaft „Zur Gemütlichkeit" bestand aus zwei Sälen: aus der Trinkstube, wo das Schankpult und die Tische standen, und aus dem Tanzsaal, in welchen man aus der Trinkstube durch eine weite Bogenöffnung gelangte. Der Tanzsaal war ein großer Raum, nur in der Mitte gedielt und ringsherum mit Ziegeln ausgelegt. Den Zierat bestritten zwei Gewinde von papiernen Blumen, die sich an der Saaldecke von einem Ende zum andern zogen und in der Mitte, sich kreuzend, durch einen Kranz ebensolcher Blumen zusammengehalten wurden. An den Wänden gab es vergoldete Wappenschilder, welche die Namen von Heiligen trugen: den heiligen Eloi, Schutzpatron der Eisenarbeiter; den heiligen Crispin, Schutzpatron der Schuster; die heilige Barbara, Schutzpatronin der Bergleute, kurz den ganzen Kalender der Gewerbe. Die Saaldecke war so niedrig, daß die drei Musiker auf ihrer Tribüne, die nicht größer als eine Predigerkanzel war, mit dem Kopf anstießen. Die Beleuchtung besorgten vier Petroleumlampen, die am Abend in den vier Winkeln des Saales aufgehängt wurden.

An diesem Sonntag begann der Tanz schon um fünf Uhr nachmittags, bei hellem Tageslicht. Aber erst gegen sieben Uhr füllten sich die Säle. Draußen hatte sich ein heftiger Wind erhoben, schwarze Staubwolken aufwirbelnd, die alle Leute blendeten und sich knisternd in die offenen Bratöfen legten. Maheu, Etienne und Pierron waren ebenfalls gekommen, um Chaval aufzusuchen, der mit Catherine tanzte, während Philomène, allein geblieben, ihnen zusah. Weder Levaque noch Zacharie war sichtbar geworden. Da es im Saal an Sitzbänken fehlte, ließ sich Catherine nach jedem Tanz am Tisch ihres Vaters nieder. Man rief auch Philomène, allein sie wollte lieber stehen. Der Tag ging zur Neige; man sah im Saal nur mehr Hüften und Brüste in einem Wirrsaal von Armen sich bewegen. Mit hellem Jubel wurden die vier Lampen empfangen; plötzlich wurde alles erhellt, die roten Gesichter, die an der Haut klebenden wirren Haare, die fliegenden Röcke, die den scharfen Geruch der schwitzenden Paare verbreiteten. Maheu zeigte Etienne die Mouquette, die dick und fett wie eine Schweineseite am Arm eines langen, mageren Handlangers walzte; sie hatte doch endlich einen Mann gefunden und sich mit ihm getröstet.

Endlich, um acht Uhr, erschien Frau Maheu, mit Estelle an der Brust und gefolgt von den Kleinen, von Alzire, Henri und Lénore. Sie suchte ihren Mann geradenwegs hier auf, ohne Furcht, sich zu täuschen. Man beschloß, später zu Nacht zu essen, niemand hatte Hunger; alle hatten den Magen mit Kaffee überschwemmt und mit Bier überladen. Es kamen noch andere Frauen, und es gab ein Geflüster, als man hinter der Maheu die Levaque eintreten sah, gefolgt von Bouteloup, der Philomènes Kinder, Achille und Desirée, an der Hand führte. Die beiden Nachbarinnen schienen ihren Frieden gemacht zu haben; die eine drehte sich herum, um mit der anderen zu reden. Unterwegs hatte es eine große Auseinandersetzung zwischen ihnen gegeben; die Maheu hatte sich endlich darin ergeben, daß Zacharie heirate; allerdings war sie trostlos, den Erwerb ihres Ältesten einzubüßen, doch mußte sie einsehen, daß es ungerecht wäre, ihn noch länger zurückzuhalten. Sie trachtete denn gute Miene zu machen, obgleich ihr Herz von Sorge erfüllt war, weil sie, die Hauswirtin, sich fragen mußte, wie sie fernerhin das Auslangen finden sollten, da ein Hauptteil ihres Einkommens wegfallen würde.

„Setz dich dorthin, Nachbarin", sagte sie, auf einen Tisch neben dem zeigend, an dem Maheu mit Etienne und Pierron trank.

„Ist mein Mann nicht mit euch?" fragte die Levaque.

Die Kameraden sagten ihr, daß er wiederkommen werde. Man rückte enger zusammen, Bouteloup mit den Kindern nahm ebenfalls Platz, und man saß so gedrängt, daß die beiden Tische gleichsam nur einen ausmachten. Man bestellte Bier. Als Philomène ihre Mutter und ihre Kinder eintreffen sah, kam auch sie näher. Sie nahm einen Sessel und schien froh, zu hören, daß man sie endlich verheirate; dann, als man Zacharie suchte, antwortete sie mit ihrer weichen Stimme: „Ich erwarte ihn; er ist nicht weit."

Maheu hatte mit seiner Frau einen Blick ausgetauscht. Wie, sie willigte ein? Er wurde ernst und rauchte schweigsam seine Pfeife. Auch ihn erfaßte die Sorge wegen des morgigen Tages angesichts der Undankbarkeit der Kinder, die eines nach dem anderen heirateten und ihre Eltern im Elend zurückließen.

Man tanzte noch immer; der Schluß einer Quadrille hüllte den Saal in rötlichen Staub; die Mauern krachten; eine Pikkoloflöte ließ schrille Pfiffe vernehmen wie eine notleidende Lokomotive; die Tänzer, wenn sie stillstanden, rauchten wie Pferde.

„Erinnerst du dich", sagte die Levaque, zum Ohr der Maheu geneigt, „daß du davon sprachst, Catherine erwürgen zu wollen, wenn sie die ‚Dummheit' begehen würde?"

Chaval führte eben Catherine zum Familientisch zurück; hinter dem Vater stehend, tranken sie den Rest ihres Biers.

„Mein Gott, man sagt das nur so", entgegnete die Maheu kleinlaut ... „Was mich beruhigt, ist, daß sie kein Kind bekommen wird; oh, dessen bin ich sicher. Wenn die auch einen Balg kriegte und ich genötigt wäre, sie zu verheiraten: was würden wir dann essen?"

Die Pikkoloflöte pfiff jetzt eine Polka, und während der betäubende Lärm des Tanzes wieder anging, teilte Maheu seiner Frau mit leiser Stimme eine Idee mit: Warum sollten sie nicht einen Mieter nehmen, Etienne zum Beispiel, der eine Pension suchte? Sie würden Platz haben, da ja Zacharie sie bald verließe; das Geld, das sie in dieser Weise auf der einen Seite verlören, würden sie auf der anderen Seite zum Teil wieder hereinbekommen. Das Gesicht der Maheu hellte sich auf: gewiß, es sei eine gute Idee, und man müsse die Sache abmachen, meinte sie. Wieder einmal schien sie vor dem Hunger gerettet; ihre Laune kehrte so rasch wieder, daß sie Bier für die Gesellschaft bestellte.

Mittlerweile bemühte sich Etienne, Pierron zu gewinnen, dem er seinen Plan einer Unterstützungskasse auseinandersetzte. „Wir reden dann ganz anders mit der Gesellschaft; wir finden da die ersten Mittel des Widerstandes ... Nun, bist du dabei?" Pierron hatte den Blick gesenkt und war bleich geworden.

„Ich will darüber nachdenken", stammelte er. „Eine gute Aufführung ist die beste Unterstützungskasse."

Maheu bemächtigte sich jetzt Etiennes und machte ihm rundheraus als rechtschaffener Mann den Vorschlag, ihn als Mieter in sein Haus zu nehmen. Der junge Mann ging auf den Vorschlag sofort ein, denn er wünschte lebhaft, im Dorf zu wohnen, mehr unter den Kameraden zu leben. Man schloß in wenigen Worten das Geschäft ab; die Maheu erklärte, man würde nur die Heirat der Kinder abwarten.

Endlich kam auch Zacharie mit Mouquet und Levaque. Alle drei brachten die Gerüche des „Vulkan" mit, einen Atem von Wacholderbranntwein, einen scharfen Moschusgeruch von unsauberen Dirnen. Sie waren sehr betrunken, schienen zufrieden mit sich selbst und stießen einander zum Spaß mit den Ellbogen. Als Zacharie erfuhr, daß man ihn endlich verheiraten wolle, lachte er so stark, daß es ihn schier erstickte. Philomène erklärte, sie sehe ihn lieber lachen als weinen. Da kein Sessel mehr frei war, überließ Bouteloup die Hälfte des seinigen dem Levaque; und dieser, plötzlich gerührt durch den Anblick der versammelten Familie, ließ noch einmal Bier auffahren.

„Man vergnügt sich doch nicht alle Tage, was!" schrie er.

Sie blieben bis zehn Uhr da. Es kamen noch immer Weiber hinzu, um ihre Männer heimzuführen; hinter den Weibern folgten Scharen von Kindern; und die Mütter taten sich keinen Zwang mehr an, holten ihre Brüste hervor – Brüste so lang und blond wie Hafersäckchen – und badeten ihre pausbäckigen Kleinen in Milch; die Kinder aber, mit Bier gefüllt, krochen unter den Tischen herum und entleerten sich da ohne Scham. Die Bierflut stieg immer höher; die Fässer der Witwe Désir wurden leer, und die Bäuche wurden voll; das Bier floß von überall, aus der Nase, aus den Augen und von anderwärts. Die Leute schwollen dermaßen an, wie sie in einem Haufen beisammensaßen, daß jeder mit einer Schulter oder einem Knie an den Nachbar stieß, und alle waren lustig und guter Dinge, weil sie sich so knapp beisammen fühlten. Die Mäuler standen in unaufhörlichem Gelächter bis an die Ohren offen. Es war heiß wie in einem Backofen; man wurde schier gesotten und machte es sich bequem; die entblößten Glieder erhielten in dem Tabaksqualm einen Goldschimmer; die einzige Unbehaglichkeit war, daß man sich zuweilen stören mußte; von Zeit zu Zeit erhob sich ein Mädchen, ging in den Hof, hockte neben dem Brunnen nieder, hob die Röcke auf und kam dann wieder zurück. Die Tänzer unter den Gewinden von Buntpapier sahen einander nicht mehr, so sehr schwitzten sie; dies ermutigte die Kohlenburschen, die Schlepperinnen umzuwerfen, wenn man im Gewühl des Tanzes zufällig zusammenstieß. Wenn eine solche Dirne hinfiel und ein Mann auf sie, dann deckte die Pikkoloflöte den Fall mit ihrem überlauten Quieken, und sie wurden von den stampfenden Füßen fortgewälzt, als wenn der ganze Ballsaal über sie eingestürzt wäre.

Jemand sagte im Vorübergehen dem Pierron, daß seine Tochter Lydie vor der Tür quer auf dem Straßenpflaster liegend schlafe. Sie hatte ihren Teil aus der gestohlenen Schnapsflasche getrunken und war nun berauscht; er mußte sie an seinem Hals heimtragen, während Jeanlin und Bébert, die noch fester auf den Beinen waren und die Sache sehr drollig fanden, ihm von ferne folgten. Es war das Zeichen zum Aufbruch; ganze Familien verließen die Schenke „Zur Gemütlichkeit"; auch die Familien Maheu und Levaque entschlossen sich, nach dem Dorf heimzukehren. In diesem Augenblick gingen auch Vater Bonnemort und der alte Mouque Montsou bedächtigen Schrittes, in ihre Erinnerungen still versunken. So kehrten denn alle zusammen heim; man durchschritt noch einmal das Marktgewühl mit seinen Bratöfen, in denen die Kartoffeln erstarrten, seinen Schenken, wo der Inhalt der letzten Schoppen bis auf die Straße hinausrann. Noch immer drohte das Gewitter; die Lustigkeit stieg höher und höher, als man die letzten beleuchteten Häuser des Dorfes hinter sich hatte und sich in der finsteren Landschaft verlor. Ein heißer Hauch strich über das reife Getreide hin; in jener Nacht mußten viele Kinder gemacht werden. In regellosen Scharen langte man im Arbeiterdorf an.

Etienne hatte Chaval weggeführt, damit sie bei Rasseneur noch eins tranken.

„Ich bin dabei", sagte Chaval, als der junge Mann ihm die Angelegenheit der Unterstützungskasse erklärt hatte. „Schlag ein, du bist ein wackerer Junge."

Etiennes Augen flammten in einem beginnenden Rausch auf.

„Ja, wir wollen einig sein", rief er. „Gerechtigkeit über alles; dafür gebe ich den Wein und die Weiber hin. Eine Sache ist's, die mir das Herz warm macht: der Gedanke, daß wir die Spießbürger alsbald hinwegfegen werden."

III

Um die Mitte August zog Etienne zu den Maheu, nachdem Zacharie, der inzwischen geheiratet hatte, für Philomène und seine zwei Kinder ein leergewordenes Haus von der Gesellschaft bekommen hatte. In der ersten Zeit fühlte sich der junge Mann einigermaßen verlegen Catherine gegenüber. Es war ein fortwährendes Beisammenleben; der junge Mann ersetzte in allen Stücken den älteren Bruder, teilte das Bett Jeanlins, dem Bett der erwachsenen Schwester gegenüber. Er mußte sich vor ihr entkleiden und ankleiden, gleichwie er auch sie ihre Kleider an- und ablegen sah. Wenn der letzte Rock fiel, erschien sie in ihrer fahlen Weiße, in dem durchsichtigen Schneeweiß der blutleeren Blonden; und er fühlte eine fortwährende Erregtheit, wenn er sie so weiß fand, Hände und Gesicht schon verdorben, wie in Milch getaucht von den Fersen bis zum Hals, um den der Hauch der Luft einen braunen Streif gelegt hatte. Obgleich er zum Schein sich abwandte, kannte er sie doch alsbald vollständig; zuerst die Füße, die seine zu Boden gesenkten Augen sahen; dann ein Knie, das er erblickte, wenn sie unter die Bettdecke schlüpfte; hernach den Busen mit den kleinen, harten Brüstchen, wenn sie sich des Morgens über das Waschbecken bückte. Sie schaute ihn nicht an, beeilte sich indessen, war in zehn Sekunden entkleidet und neben Alzire ausgestreckt. Dies geschah mit der Geschmeidigkeit einer Blindschleiche, so daß er kaum seine Schuhe ausgezogen hatte, wenn sie im Bett verschwand, den Rücken kehrend und nichts als ihren dicken Haarknoten zeigend.

Sie hatte übrigens niemals Ursache zu zürnen. Obgleich er, fast unwillkürlich, gewissermaßen in der Gewalt eines Bannes nach dem Augenblick zu lauern schien, in dem sie zu Bett ging, vermied er doch alle Scherze und gefährlichen Handgreiflichkeiten. Die Eltern waren da, und überdies bewahrte er für sie ein Gefühl aus Freundschaft und Groll gemengt, welches ihn hinderte, sie wie eine Dirne zu behandeln, nach der man Verlangen trägt in der Ungezwungenheit ihres gemeinsamen Lebens, bei der Toilette, bei den Mahlzeiten, während der Arbeit, ohne daß selbst ihre intimsten Bedürfnisse ihnen geheim geblieben wären. Die ganze Schamhaftigkeit der Familie beschränkte sich auf die tägliche Waschung, welche das Mädchen jetzt allein in der oberen Stube vornahm, während die Männer unten badeten, einer nach dem andern.

Nach Verlauf eines Monats schienen Etienne und Catherine einander nicht zu sehen, wenn sie, bevor die Kerze ausgelöscht wurde, entkleidet im Zimmer hin und her gingen. Sie beeilte sich jetzt nicht mehr, nahm vielmehr ihre frühere Gewohnheit wieder auf, am Bettrand sitzend ihre Haare aufzustecken, die nackten Arme in der Luft, das Hemd bis zu den Schenkeln zurückgestreift; während er, ohne Beinkleider, ihr zuweilen behilflich war und die Stecknadeln suchte, die sie verloren hatte. Die Gewohnheit tötete das Schamgefühl ob ihrer Nacktheit; sie fanden es natürlich, so zu sein, da sie doch nichts Übles taten und es nicht ihre Schuld war, wenn für so viele Leute nur eine Stube da war. Indes gerieten sie zuweilen plötzlich in Verlegenheit, in Augenblicken, wo sie an nichts Sträfliches dachten. Wenn er viele Abende nicht mehr die Blässe ihres Körpers gesehen hatte, sah er sie plötzlich wieder, so weiß, daß er darob erschauerte und genötigt war, sich abzuwenden, weil er fürchtete, daß er der Versuchung erliegen könnte, die Hände auszustrecken und sie zu ergreifen. Sie wieder wurde an manchen Abenden ohne sichtliche Ursache von einer Regung der Züchtigkeit ergriffen, flüchtete unter die Bettdecke, als fühlte sie die Hände des Burschen sie erfassen. Dann, wenn die Kerze ausgelöscht war, merkten sie, daß sie nicht einschliefen, daß sie trotz ihrer Ermüdung aneinander dachten. Darüber waren sie am folgenden Tag unruhig und schweigsam; denn sie zogen die Abende vor, an denen es keine Aufregungen gab und sie sich es voreinander ganz ruhig bequem machten.

Etienne hatte sich nur über Jeanlin zu beklagen, der einen unruhigen Schlaf hatte; Alzire atmete leicht und kaum hörbar; Lénore und Henri fand man des Morgens einander in den Armen liegend, so wie man sie des Abends zu Bett gebracht hatte. In dem in Finsternis gehüllten Haus gab es kein anderes Geräusch als das Schnarchen der Eheleute Maheu, das in regelmäßigen Intervallen erscholl, wie ein Blasebalg. Alles in allem fühlte sich Etienne da wohler als bei Rasseneur; das Bett war nicht schlecht, und die Bettwäsche wurde allmonatlich einmal gewechselt. Er aß da auch eine bessere Suppe und litt nur dadurch, daß selten Fleisch auf den Tisch kam. Allein, die anderen lebten auch nicht besser, und für fünfundvierzig Francs Pension konnte er nicht verlangen, daß man ihm zu jeder Mahlzeit einen Kaninchenbraten vorsetzte. Diese fünfundvierzig Francs waren für die Familie eine Aushilfe; man konnte leben und machte nicht allzu viele Schulden. Die Maheu zeigten sich ihrem Mieter gegenüber dankbar; seine Leibwäsche wurde gewaschen und ausgebessert, seine Knöpfe festgenäht, seine Habe in Ordnung gehalten; kurz, er merkte, daß die Sauberkeit und die Sorgfalt einer Frau ihn umgab.

Das war der Zeitabschnitt, in welchem Etienne jene Ideen begriff, die in seinem Gehirn wogten. Bis dahin hatte er – inmitten der dumpfen Gärung unter seinen Kameraden – nur die Empörung des Instinktes gefühlt. Allerlei verworrene Fragen tauchten in ihm auf: warum war das Elend der einen und der Reichtum der anderen? Warum wurden die ersteren von den letzteren geknechtet, ohne Hoffnung, jemals an ihre Stelle zu gelangen? Das erste war, daß er seine Unwissenheit begriff. Seither quälte ihn eine geheime Scham, ein verborgener Kummer: er wußte nichts; er wagte nicht von den Dingen zu sprechen, die ihn so leidenschaftlich erregten, von der Gleichheit aller Menschen, von der Gerechtigkeit, die eine Aufteilung der irdischen Güter forderte. Er warf sich denn auf das Studium mit der regellosen, maßlosen Wißbegierde der Unwissenden. Jetzt stand er in einem regelmäßigen Briefwechsel mit Pluchart, der besser unterrichtet war und mitten in der sozialistischen Bewegung stand. Er ließ sich Bücher senden, deren unvollständig aufgefaßter Inhalt ihm vollends den Kopf erhitzte; besonders ein Buch, „Die Gesundheitslehre des Bergarbeiters", in dem ein belgischer Arzt alle jene Krankheiten aufzählte, an denen die Köhler zugrunde gehen; dann volkswirtschaftliche Abhandlungen von einer unfaßbaren technischen Trockenheit; anarchistische Flugschriften, die ihn in Aufruhr brachten; alte Zeitungen, deren Behauptungen er als unanfechtbare Beweise in seinen Diskussionen anführte. Auch Souvarine lieh ihm Bücher. Das Werk über die Kooperativgenossenschaften ließ ihn einen vollen Monat über einen allgemeinen Bund zum Austausch der Werte brüten, bei dem das Geld abgschafft und die Arbeit zur Grundlage des ganzen gesellschaftlichen Lebens gemacht werden sollte. Es schwand die Scham über seine Unwissenheit, und er wurde stolz, seitdem er sich als Denker fühlte.

In den ersten Monaten kam Etienne über das Entzücken des Neophyten nicht hinaus; sein Herz floß über vor edler Entrüstung gegen die Bedrücker und schwelgte in der Hoffnung auf den nahen Triumph der Bedrückten. In dem Gedankenwirbel, welchen alle diese Bücher in seinem Schädel hervorbrachten, war er noch nicht soweit, sich ein System festzulegen. Die praktischen Rückforderungsvorschläge des Rasseneur mengten sich bei ihm mit den Umsturzplänen Souvarines; und wenn er die Schenke „Zum Wohlfeilen Trunk" verließ, wo er fast jeden Tag mit Rasseneur und Souvarine gegen die Bergwerksgesellschaft wetterte, wandelte er gleichsam in einem Traum, sah die gründliche Wiedergeburt der Völker, die sich vollzog, ohne daß eine Fensterscheibe zerbrochen oder ein Tropfen Blut vergossen wurde. Die Mittel der Durchführung blieben übrigens in ein Dunkel gehüllt; er zog es vor zu glauben, daß die Dinge sehr gut gehen würden; denn sobald er ein Programm formulieren wollte, nach welchem die Welt neu eingerichtet werden sollte, verloren sich seine Gedanken in einem unlösbaren Wirrsal. Er zeigte sich sogar voll Mäßigung und Inkonsequenz; er wiederholte zuweilen, daß man die Politik aus dem Kreis der sozialen Frage verbannen müsse, eine Phrase, die er oft gelesen hatte und die gut zu klingen schien in der Umgebung von phlegmatischen Köhlern, in der er lebte.

In der Familie Maheu war es jetzt Brauch geworden, nach dem Abendessen eine halbe Stunde in der Wohnstube zu verweilen, ehe man zum Schlafen hinaufging. Etienne sprach immer über den nämlichen Gegenstand.

Seitdem seine Natur sich verfeinerte, fühlte er sich noch mehr verletzt durch das in dem Arbeiterdorf allgemein übliche Zusammenleben der Geschlechter. Waren diese Menschen denn Tiere, daß sie mitten in den Feldern zusammengepfercht lebten, dermaßen aneinander gedrängt, daß man nicht sein Hemd wechseln konnte, ohne den Nachbarn seinen Hintern zu zeigen? Und wie das der Gesundheit zuträglich war und wie Bursch und Mädchen dabei notgedrungen verkümmerten!

„Mein Gott!" pflegte Maheu zu bemerken, „wenn man mehr Geld hätte, würde man es sich auch bequemer einrichten können ... Immerhin ist es schlimm genug für alle, daß man dermaßen dicht aufeinander leben muß. Das Ende von alldem sind immer betrunkene Männer und schwangere Mädchen."

Dies war das Gespräch der Familie; jeder sagte sein Wörtchen, während die Petroleumlampe die von Zwiebelduft geschwängerte Luft noch mehr verdarb. Nein, wahrhaftig, das Leben war nicht mehr schön. Man hatte – gleich den Tieren – eine Arbeit zu verrichten, mit der ehemals die Galeerensklaven gestraft wurden; man ließ oft vorzeitig die Knochen dabei, und all das, um des abends nicht einmal Fleisch auf dem Tisch zu haben. Man habe zwar zu essen, aber zu wenig, gerade genug, um nicht vor Hunger zu verrecken; man ist verschuldet bis über den Kopf und wird verfolgt, als würde man sein Brot stehlen. Wenn der Sonntag kam, schlief man vor Mattigkeit. Das einzige Vergnügen sei, sich zu betrinken oder seinem Weib ein Kind zu machen. Und was habe man auch davon? Das Bier mache einen Dickwanst, und von den Kindern habe man später nur Undank. Nein, nein, das Leben sei gar nicht schön.

Nun mengte Frau Maheu sich ein: „Das Traurige ist, daß man sich sagen muß, es werde nicht besser werden ... Wenn man jung ist, bildet man sich ein, das Glück werde kommen und man hofft auf allerlei Dinge; dann sieht man, daß das Elend kein Ende nimmt, daß man darin eingeschlossen ist. Ich wünsche niemandem Schlimmes, aber manchmal empört mich diese Ungerechtigkeit."

Stillschweigen trat ein; alle verschnauften einen Augenblick in dem unbestimmten Unbehagen angesichts des verschlossenen Horizontes. Nur der Vater Bonnemort, wenn er da war, riß erstaunt die Augen auf; zu seiner Zeit quälte man sich nicht in solcher Weise; man war in der Kohle geboren und hämmerte in den Kohlengängen, ohne nach anderem zu verlangen; heute weht ein Wind, der in den Köhlern einen Ehrgeiz wachruft.

„Man soll nichts verspeien", brummte er. „Ein guter Schoppen ist ein guter Schoppen ... Die Vorgesetzten sind oft Halunken; aber Vorgesetzte wird es immer geben, nicht wahr? Es ist unnütz, sich darüber den Kopf zu zerbrechen."

Sogleich fuhr Etienne auf. Wie, der Arbeiter sollte nicht nachdenken dürfen? Ei, die Dinge würden ja nur deshalb in Bälde besser werden, weil der Arbeiter heutzutage nachdachte. Zur Zeit des Alten lebte der Bergarbeiter in der Grube wie ein Tier, wie eine Fördermaschine, immer unter der Erde, taub und blind für die Ereignisse der Außenwelt. Die herrschenden Reichen hatten es denn auch leicht, sich zu verständigen, ihn zu kaufen und zu verkaufen, um sein Fleisch zu essen; er ahnte es gar nicht. Jetzt erwacht der Bergarbeiter in seiner Grube; er keimte in der Erde wie ein wirkliches Korn; man wird ihn eines Tages mitten aus den Feldern emporwachsen sehen; jawohl, Männer werden wachsen, eine Armee von Männern, welche die Gerechtigkeit wiederherstellen werden. Seien denn seit der Revolution nicht alle Bürger gleich? Da man zusammen seine Stimme abgab: durfte der Arbeiter noch länger der Sklave des Arbeitgebers sein, der ihn bezahlte? Die großen Gesellschaften mit ihren Maschinen erdrückten alles, und man hatte gegen sie nicht einmal mehr den Schutz der alten Zeit, als die Leute vom nämlichen Handwerk sich zu ihrer Verteidigung zusammentaten. Deswegen und anderer Dinge wegen wird – dank der fortgeschrittenen Bildung – eines Tages alles in die Luft fliegen. Man brauchte nur einen Blick in das Arbeiterdorf zu tun: die Großväter hätten ihren Namen nicht zu unterschreiben gewußt; die Väter konnten ihn schon unterschreiben, die Söhne aber schrieben und lasen wie Professoren. Es sprießt allmählich eine herrliche Saat von Männern hervor, die in der Sonne reift. Sobald nicht jedermann sein ganzes Leben lang an demselben Fleck klebt und man den Ehrgeiz haben kann, sich an die Stelle des Nachbarn zu setzen: warum sollte man nicht seine Fäuste gebrauchen und trachten, der Stärkere zu sein?

Maheu war wankend gemacht, blieb aber von Mißtrauen erfüllt. „Wer sich rührt, dem gibt man sein Arbeitsbuch zurück", sagte er. „Der Alte hat recht: der Bergmann wird immer der Geplagte sein, ohne Aussicht, von Zeit zu Zeit einen Hammelbraten essen zu können."

Die Maheu, die seit einer Weile geschwiegen hatte, sagte jetzt, wie aus einem Traum erwachend: „Wenn wenigstens wahr wäre, was die Pfarrer erzählen: daß die Armen dieser Welt die Reichen sein werden in der andern Welt."

Lautes Gelächter unterbrach sie; selbst die Kinder zuckten mit den Achseln; das Leben außer dem Hause hatte sie ungläubig gemacht; wohl fürchteten sie die Berggeister, doch machten sie sich über den leeren Himmel lustig. „Ja, prosit die Pfarrer!" rief Maheu. „Wenn sie dies glaubten, würden sie weniger essen und mehr arbeiten, um sich einen guten Platz da oben zu sichern. Nein, nein; wenn man tot ist, ist man tot."

„Oh, mein Gott! mein Gott!" jammerte die Maheu; „sollen wir denn wirklich für immer verloren sein?"

Und sie ließ in unendlicher Trostlosigkeit die Hände auf die Knie niedersinken.

Alle schauten einander an. Der Vater Bonnemort spie in sein Taschentuch, während Maheu seine kalte Pfeife anzubrennen vergaß. Alzire hörte zu, zwischen Lénore und Henri sitzend, die am Tisch eingeschlafen waren. Catherine, das Kinn auf die Hand gestützt, schaute mit ihren großen Augen unverwandt auf Etienne, wenn er voll Un-

mut sein Glaubensbekenntnis hersagte und die zauberische Zukunft seines sozialen Traumes erschloß. In den Häusern ringsumher ging man zur Ruhe; man hörte nichts mehr als das ferne Weinen eines Kindes oder das Gezänk eines verspäteten Trunkenboldes. Die Kuckucksuhr im Saal ließ ihr langsames Ticktack vernehmen; von den mit Sand bestreuten Fliesen stieg trotz der schwülen Luft eine kühle Feuchtigkeit auf.
„Das sind auch wieder solche Ideen!" sagte der junge Mann. „Braucht ihr einen guten Gott und sein Paradies, um glücklich zu sein? Könnt ihr nicht selbst euch das Glück hienieden verschaffen?"
Endlos floß die eifrige Rede von seinen Lippen. Der geschlossene Horizont öffnete sich plötzlich, und es wurde mit einem Schlag hell in dem düsteren Dasein dieser armen Leute. Die ewige Wiederkehr des Elends, die tierische Arbeit, das Schicksal des Viehs, das seine Wolle hergibt, um schließlich getötet zu werden, all der Jammer verschwand, wie hinweggescheucht durch einen ungeheuren Sonnenstrahl; und in einem blendenden Feenglanz stieg die Gerechtigkeit vom Himmel hernieder. Da der gute Gott tot war, mußte die Gerechtigkeit das Glück der Menschen sichern, indem sie die Gleichheit und Brüderlichkeit herrschen ließ. Eine neue Gesellschaft wuchs an einem Tag heran – wie in den Träumen – eine neue, ungeheure Stadt von wunderbarem Glanz, in der jeder Bürger von seiner Beschäftigung lebte und seinen Anteil an den gemeinsamen Vergnügungen hatte. Die alte, vermoderte Welt war in Staub zerfallen: eine Menschheit, geläutert von ihren Sünden, bildete ein einziges Volk von Arbeitern, das die Losung hatte: jedem nach seinem Verdienst und jedem Verdienst nach seinen Werken. Und dieser Traum breitete sich immer mehr aus und wurde immer schöner; und je höher er in die Unmöglichkeit hinanstieg, desto verführerischer wurde er.
Von einem dumpfen Entsetzen ergriffen, wollte Frau Maheu anfänglich nichts hören. Nein, nein, es wäre zu schön, man dürfe sich solchen Ideen nicht hingeben, denn sie würden das Leben nachher nur noch abscheulicher erscheinen lassen, und man würde dann alles niedermetzeln, um glücklich zu sein. Als sie Maheus Augen funkeln sah, der verwirrt und so gut wie gewonnen war, unterbrach sie Etienne, indem sie beunruhigt ausrief: „Lieber Mann, höre ihn nicht an! Du siehst wohl, daß er uns Märchen erzählt ... Werden die Spießbürger jemals arbeiten wollen, so wie wir?"
Doch allmählich wirkte der Zauber auch auf sie. Sie lächelte schließlich, als ihre Einbildungskraft geweckt war und sie in das Feenreich der Hoffnung einzog. Es war so lieblich, eine Stunde lang die traurige Wirklichkeit zu vergessen. Wenn man lebt wie die Tiere, bis zur Erde gebeugt, muß man doch wohl einen Lügenwinkel haben, wo man sich Dinge gönnt, die man nie besitzen wird. Und was sie in leidenschaftliche Aufregung und in Übereinstimmung mit dem jungen Mann brachte, das war die Idee der Gerechtigkeit.
„Sie haben recht!" rief sie. „Für eine gerechte Sache könnte ich mich in Stücke hacken lassen ... Und fürwahr, es wäre nur gerecht, wenn auch für uns endlich bessere Tage kämen."
Nun wagte auch Maheu sich zu begeistern.
„Donner Gottes!" rief er, „ich bin nicht reich, aber ich würde hundert Sous dafür geben, wenn ich das noch vor meinem Tod sehen könnte. Welch eine Umwälzung! Wird das bald sein? und wie wird man die Sache anfassen?"
Etienne begann wieder zu sprechen. Die alte Gesellschaft krache in allen Fugen und könne nur mehr einige Monate dauern, behauptete er kühn. Über die Mittel der Durchführung äußerte er sich weniger bestimmt, mengte alles durcheinander, was er in den Büchern gelesen hatte, erging sich vor diesen unwissenden Leuten ohne Scheu in Erklärungen, in denen er selber sich schließlich verlor. Dabei kamen alle Systeme an die Reihe, gemildert durch die Sicherheit eines leichten Sieges, durch den Friedenskuß, der schließlich die Mißverständnisse der Klassen lösen sollte; was allerdings nicht ausschließe, daß man die störrischen Köpfe unter den Patronen und Spießbürgern zur Vernunft werde bringen müssen. Und die Maheus schienen zu begreifen, stimmten ihm zu, fanden die wunderbaren Lösungen möglich, mit dem blinden Glauben von Neubekehrten, gleich den ersten Christen, die das Erstehen einer vollkommenen Gesellschaft auf den Ruinen der alten Welt erwarteten. Die kleine Alzire fing einzelne Worte auf, dachte sich das Glück in der Gestalt eines stets warmen Hauses, wo die Kinder spielen und essen konnten soviel sie wollten. Catherine saß stumm da, den Kopf auf die Hand gestützt, immer auf Etienne schauend; und als dieser zu sprechen aufhörte, fuhr sie zusammen, wurde ganz bleich, wie von einem Schauer ergriffen.
Doch jetzt blickte Frau Maheu auf die Kuckucksuhr.
„Schon neun Uhr vorüber!" rief sie. „Ist's möglich? Wir werden morgen nicht aufstehen können."
Und die Maheus erhoben sich vom Tisch, in unbehaglicher, schier verzweifelter Stimmung. Es war ihnen, als wären sie reich geworden und sänken nun mit einem Male wieder ins Elend zurück. Der Vater Bonnemort, der zur Grube ging, brummte, daß solche Geschichten die Suppe nicht besser machten. Die anderen gingen – einer hinter dem andern – hinauf und bemerkten die feuchten Mauern und die drückende, schlechte Luft. Und als Catherine als letzte zu Bett gegangen und die Kerze ausgelöscht hatte, hörte Etienne in der tiefen Stille, die in dem schlafenden Dorf herrschte, wie das Mädchen sich in fiebriger Erregung lange Zeit auf seinem Lager wälzte, ehe es seine Ruhe finden konnte.
Bei diesen abendlichen Gesprächen waren oft auch Nachbarn anwesend; Levaque, den die Idee der Teilung begeisterte; Pierron, der die Vorsicht übte, schlafenzugehen, sobald die Gesellschaft angegriffen wurde. Dann und wann kam auch Zacharie auf einen Augenblick; allein, die Politik langweilte ihn; er zog es vor, bei Rasseneur

einen Schoppen zu trinken. Was Chaval betrifft, so überbot er alle und forderte Blut. Fast jeden Abend verbrachte er eine Stunde bei den Maheus, und in dieser Beharrlichkeit lag eine uneingestandene Eifersucht, die Furcht, daß man ihm Catherine nehmen könnte. Dieses Mädchen, dessen er schon überdrüssig wurde, war ihm teuer geworden, seitdem ein Mann in der Nähe desselben schlief und es ihm bei Nacht nehmen konnte.

Etiennes Einfluß gewann an Ausdehnung; er brachte allmählich das ganze Bergdorf in Aufruhr. Es war dies eine stille Propaganda, um so sicherer, als Etienne in aller Achtung höher stieg. Die Maheu, wenngleich als kluge Hausfrau noch mißtrauisch, behandelte ihn rücksichtsvoll, als einen jungen Mann, der pünktlich zahlte, weder trank noch spielte, die Nase immer in den Büchern stecken hatte; und sie machte ihm bei den Nachbarinnen den Ruf eines wohlunterrichteten jungen Mannes, und die Nachbarinnen mißbrauchten dies, indem sie sich ihre Briefe von ihm schreiben ließen. Er war eine Art Geschäftsagent geworden, mit den Korrespondenzen von den Familien in allen schwierigen Fällen zu Rate gezogen. Im Monat September war es ihm denn endlich auch gelungen, seine Unterstützungskasse zu gründen. Wohl stand sie noch auf schwachen Füßen, weil sie nur die Bewohner des Dorfes zu ihren Mitgliedern zählte; allein, er hoffte auf den Anschluß der Köhler sämtlicher Gruben, besonders wenn die Gesellschaft, bisher gleichgültig geblieben, auch fernerhin keine Schwierigkeiten machen würde. Man hatte ihn zum Sekretär des Unterstützungsvereins gewählt, und er bezog sogar ein kleines Gehalt für die Besorgung der Schreibsachen. Dadurch wurde er fast wohlhabend. Ein verheirateter Bergmann kann kaum sein Leben führen; ein lediger jedoch, der keine anderen Laster hat, kann einen Spargroschen zurücklegen.

Von da ab vollzog sich bei Etienne eine langsame Umwandlung. Es erwachten in ihm Instinkte von Nettigkeit und Wohlstand, die in seiner Armut geschlummert hatten; er kaufte Tuchkleider und ein Paar feine Stiefel. Mit einem Schlage wurde er Führer; das ganze Dorf scharte sich um ihn. Es waren köstliche Befriedigungen der Eigenliebe; er berauschte sich an den ersten Freuden der Volkstümlichkeit. Daß er, noch so jung, vor kurzem noch ein Handlanger, als Gebieter an der Spitze der anderen stand: das erfüllte ihn mit Stolz, nährte seinen Traum von einer nahen Revolution, in der er eine Rolle spielen sollte. Sein Gesicht veränderte sich; er wurde ernst und hörte sich gern reden, während sein wachsender Ehrgeiz seine Theorien fiebrig durchglühte und ihn zum Kampf drängte.

Indessen kam der Spätherbst; die Oktoberkälte hatte die kleinen Gärten des Arbeiterdorfes mit Rost überzogen. Hinter den dürren Fliederbüschen suchten Schlepper und Schlepperinnen nicht mehr Zuflucht, um auf dem Dache des Schuppens sich gütlich zu tun; es waren nur mehr die Wintergemüse übrig, Kohlköpfe, mit den Perlen weißen Reifs überzogen, Lauch und Spätsalat. Wieder peitschte der Regen die roten Ziegeldächer und ergoß sich geräuschvoll in die Fässer unter den Dachtraufen. Die Öfen in den Häusern kühlten nicht mehr aus und schwängerten die Luft in den Stuben mit Kohlendünsten. Eine Jahreszeit des Elends hub wieder an.

In einer der ersten kalten Oktobernächte konnte Etienne nicht einschlafen, weil er noch in großer Erregung war nach dem Vortrag, den er unten in der Wohnstube gehalten hatte. Er hatte Catherine unter die Bettdecke schlüpfen und dann die Kerze auslöschen gesehen. Auch sie schien in großer Erregung zu sein, von einer jener Züchtigkeitsregungen gequält, in welchen sie zuweilen so hastig und ungeschickt sich entkleidete, daß sie sich nur noch mehr entblößte. Unbeweglich, wie tot, lag sie in der Finsternis in ihrem Bett; aber er merkte dennoch, daß sie nicht schlief. Er fühlte es, daß sie an ihn denke, gleichwie er an sie dachte: niemals hatte dieser stumme Austausch ihrer Wesen sie mit einer solchen Verwirrung erfüllt. Es vergingen Minuten, weder er noch sie bewegte sich; nur ihr Atem floß zusammen, trotz ihrer Anstrengungen, ihn zurückzuhalten. Zweimal war er auf dem Sprung, sich zu erheben und Besitz von ihr zu ergreifen. Es war doch töricht, so großes Verlangen nacheinander zu tragen und es nicht zu befriedigen. Warum ihren Begierden trotzen? Die Kinder schliefen; sie war bereit; er war sicher, daß sie seiner mit stockendem Atem harrte, daß sie stumm, mit zusammengepreßten Zähnen die Arme um ihn schlingen würde. So verfloß nahezu eine Stunde. Er ging nicht hin, um sie in Besitz zu nehmen; sie wandte sich nicht um, aus Furcht, daß sie ihn rufen könnte. Je mehr sie Seite an Seite lebten, desto mehr erhob sich zwischen ihnen eine Scheidewand von Scham, Widerstreben, freundschaftlicher Zartheit, welche sie sich selber nicht erklären konnten.

IV

„Höre, Mann", sagte die Maheu ihrem Gatten, „da du nach Montsou gehst, um deinen Lohn in Empfang zu nehmen, bringe mir ein Pfund Kaffee und ein Kilo Zucker mit."

Maheu war damit beschäftigt, einen seiner Schuhe zu flicken, um so den Schuster zu ersparen. „Gut", brummte er, ohne in seiner Arbeit innezuhalten. „Ich möchte auch, daß du zum Fleischer gehst. Ein Stück Kälbernes wäre nicht schlecht; wir haben schon lange keines gesehen. Jetzt blickte er auf. „Glaubst du denn, ich habe Tausende zu bekommen? ... Der Halbmonatlohn wird mager ausfallen, in Anbetracht, daß sie fortwährend die Arbeit unterbrechen lassen."

Jetzt schwiegen beide. Es war nach dem Frühstück, an einem Sonnabend, zu Ende des Monats Oktober. Unter dem Vorwand, daß die Lohnauszahlung störe, hatte die Gesellschaft heute wieder die Kohlenförderung in allen Schächten eingestellt. Angesichts der immer drückenderen industriellen Krise und weil sie die ohnehin nicht gro-

ßen Vorräte nicht noch mehr vergrößern wollte, war ihr jeder Vorwand gut genug, um ihre zehntausend Arbeiter feiern zu lassen.
„Du weißt, daß Etienne dich bei Rasseneur erwartet", fuhr die Maheu fort. „Er wird pfiffiger sein als du, um sich herauszuhauen, wenn man euch die Arbeitsstunden nicht richtig berechnen sollte." Maheu nickte zustimmend. „Und sprich auch mit den Herren wegen deines Vaters. Der Arzt steckt da mit der Direktion sicherlich unter einer Decke ... Nicht wahr, Alter, der Doktor irrt sich; Ihr könnt noch arbeiten?"
Seit zehn Tagen saß Vater Bonnemort mit steifen Beinen auf einem Sessel, wie angenagelt. Die Maheu mußte die Frage wiederholen; dann brummte er: „Gewiß werde ich arbeiten. Weil man schlechte Beine hat, ist man doch nicht fertig. Das sind so Geschichten, die sie nur erfinden, um mir nicht meine Pension von hundertachtzig Francs geben zu müssen."
Die Maheu dachte an die vierzig Sous Taglohn, die ihr der Alte vielleicht nie wieder bringen werde, und dieser Gedanke erpreßte ihr einen Angstschrei. „Mein Gott, wir werden bald alle tot sein, wenn das so fortdauert." – „Wenn man tot ist, hat man keinen Hunger", sagte Maheu.
Er schlug noch einige Nägel in seine Schuhe und machte sich endlich auf den Weg. Das Dorf der zweihundertvierzig sollte erst um vier Uhr entlohnt werden. Die Männer beeilten sich denn auch nicht sehr, verweilten auf der Straße, gingen einer nach dem andern, verfolgt von ihren Weibern, die sie baten, sogleich zurückzukehren. Viele gaben ihren Männern Aufträge, um sie zu hindern, sich in den Schenken zu vergessen.
Etienne war bei Rasseneur eingetreten, um da Neuigkeiten einzuholen. Allerlei beunruhigende Gerüchte waren in Umlauf; man erzählte, die Gesellschaft sei mit den Verholzungen immer mehr unzufrieden. Es regnete Geldstrafen auf die Arbeiter nieder; ein Zerwürfnis schien unausweichlich. Das war übrigens nur der eingestandene Zwist, unter welchem sich geheime und ernste Ursachen bargen.
Eben als Etienne ankam, erzählte ein Kamerad, der, von Montsou zurückgekehrt, seinen Schoppen trank, daß bei dem Kassierer eine Kundmachung angeschlagen sei; aber er wisse nicht, was darin enthalten sei. Es kam ein zweiter und ein dritter, und jeder brachte eine andere Geschichte. Es schien indes sicher, daß die Gesellschaft einen Entschluß gefaßt habe.
„Was sagst du dazu?" fragte Etienne, indem er sich zu Souvarine setzte, der nichts als ein Bündel Tabak auf dem Tisch vor sich liegen hatte. Der Maschinist beeilte sich nicht mit der Antwort. Er drehte sich langsam eine Zigarette und entgegnete schließlich:
„Es war leicht vorauszusehen; man wird Euch zum äußersten drängen."
Er allein war scharfsinnig genug, um die Lage zu analysieren. Er erklärte sie ihnen in seiner ruhigen Art. Von einer Krise heimgesucht, sei die Gesellschaft genötigt, die Kosten zu vermindern, wenn sie nicht zusammenbrechen wollte; natürlich müßten zunächst die Arbeiter Opfer bringen; ihnen würde man unter irgendwelchem Vorwand die Löhne beschneiden. Seit zwei Monaten lag die Kohle aufgehäuft, fast alle Fabriken feierten. Da sie nicht auch ihrerseits den Betrieb einstellen wollte, weil die Untätigkeit des kostbaren Materials ihr verderblich werden konnte, so mußte sie an einen Ausweg denken, vielleicht an einen Streik, aus welchem ihr Volk von Köhlern bezwungen und mit verkürzten Löhnen hervorgehen würde. Endlich war sie auch durch die neue Unterstützungskasse beunruhigt; diese drohte eine Gefahr für die Zukunft zu werden, während ein Streik sie von ihr befreien würde, indem sie, noch wenig kapitalkräftig, durch den Arbeitsausstand bald geleert werden würde.
Rasseneur hatte sich zu Etienne gesetzt, und beide hörten mit verstörten Mienen zu. Man konnte laut sprechen; es war niemand da außer Madame Rasseneur, die am Schanktisch saß.
„Welche Idee!" murmelte der Schankwirt. „Wozu all das? Die Gesellschaft hat kein Interesse an dem Streik und die Arbeiter noch weniger. Es ist das beste, sich zu verständigen.
Das war sehr klug gesprochen. Er war stets für einen vernünftigen Ausgleich. Seit der wachsenden Volkstümlichkeit seines ehemaligen Mieters übertrieb er noch dieses System des mäßigen Fortschritts, indem er sagte, man erlange gar nichts, wenn man alles auf einmal haben wolle. In seine Gemütlichkeit eines wohlgenährten Bierwanstes mengte sich ein geheimer Neid, noch verschärft durch den Rückgang seiner Gastwirtschaft, die jetzt die Köhler vom Voreuxschacht seltener besuchten, um da zu trinken und ihm zuzuhören. So kam es, daß er manchmal sogar die Gesellschaft verteidigte, indem er seinen Groll eines ehemaligen entlassenen Grubenarbeiters vergaß.
„Du bist also gegen den Streik?" rief Frau Rasseneur hinter ihrem Schankpult. Und als er ein energisches Ja zur Antwort gab, hieß sie ihn schweigen. „Du hast keinen Mut; laß die Herren reden!" Etienne saß nachdenklich hinter dem Schoppen, den sie ihm gebracht hatte. Endlich schaute er auf.
„Was der Kamerad da sagt, ist sehr wohl möglich, und wir werden uns zum Streik entschließen müssen, wenn man uns dazu zwingt. Pluchart hat mir darüber in seinem letzten Brief sehr vernünftige Ratschläge gegeben. Auch er ist gegen den Streik, denn der Arbeiter leidet darunter geradeso wie der Arbeitgeber, ohne zu etwas Entscheidendem zu gelangen. Allein, er erblickt darin eine vortreffliche Gelegenheit, um unsere Leute zum Eintritt in seinen Bund zu stimmen ... Doch hier sein Brief."
Trostlos wegen des Mißtrauens, dem die Internationale bei den Bergleuten von Montsou begegnete, hoffte Pluchart in der Tat auf einen massenhaften Anschluß von ihrer Seite, in dem Falle, als ein Konflikt sie nötigen würde, den Kampf mit der Gesellschaft aufzunehmen. Trotz seiner Bemühungen hatte Etienne nicht eine einzige Mitgliedskarte an den Mann bringen können: er ließ übri-

gens den Hauptteil seines Einflusses der von ihm gegründeten Unterstützungskasse zugute kommen, die eine weit bessere Aufnahme fand. Allein, diese Kasse war noch so arm, daß sie bald erschöpft sein mußte, wie Souvarine sagte, und die Ausständigen würden sich dann unabwendbar dem Arbeiterbunde in die Arme werfen, damit ihre Brüder aus allen Ländern ihnen zu Hilfe kämen.

„Wieviel haben Sie in der Kasse?" fragte Rasseneur.

„Kaum dreitausend Francs", erwiderte Etienne. „Vorgestern hat die Direktion mich rufen lassen. Oh, sie sind sehr höflich; sie erklärten mir wiederholt, daß sie ihre Arbeiter nicht hindern würden, sich einen Reservefonds zu gründen. Aber ich merkte wohl, daß sie die Kontrolle darüber haben möchten ... In allen Fällen haben wir von dieser Seite einen Kampf zu gewärtigen."

Der Schankwirt ging jetzt auf und ab und pfiff mit geringschätziger Miene vor sich hin. Dreitausend Francs! Was will man damit anfangen? Das gibt nicht für sechs Tage Brot, und wenn man auf Fremde rechnete, auf Leute, die in England wohnten, da war es gleich besser, sich hinzulegen und zu verrecken. Nein, der Streik wäre eine zu große Dummheit, meinte er.

Und zum ersten Male wurden scharfe Worte zwischen diesen beiden Männern gewechselt, die in ihrem gemeinsamen Haß gegen das Kapital sich sonst immer verstanden.

„Und was sagst du dazu?" wiederholte Etienne, zu Souvarine gewendet. Dieser erwiderte in seiner gewohnten verächtlichen Weise:

„Die Streiks sind blöd!" Und mitten in der verdrossenen Stille, die eingetreten war, fügte er sanft hinzu:

„Ich sage nicht nein, wenn es euch Vergnügen macht. Es ruiniert die einen, es tötet die anderen, und es wird immerhin einige hinwegfegen ... Allein, in diesem Tempo kann es tausend Jahre dauern, bis die Welt erneuert wird. Ihr müßt damit beginnen, den Kerker in die Luft zu sprengen, wo ihr alle die Haut laßt."

Und er zeigte mit seiner feinen Hand nach dem Voreux, dessen Gebäude man durch die offene Tür sehen konnte. Doch ein unvorhergesehener Zwischenfall unterbrach ihn. Pologne, das dicke Hauskaninchen, das sich hinausgewagt hatte, stürzte mit einem Satz herein, vor den Steinwürfen einer Schar Jungen flüchtend; mit eingezogenem Schwanz und hängenden Ohren floh das Tier entsetzt zwischen seine Beine und kratzte flehend daran, damit er es in seinen Schoß nehme. Als er das Tier auf seine Knie gelegt hatte und beide Hände schützend darüber breitete, versank er wieder in jene Träumerei, in die das Streicheln dieses seidenweichen, warmen Felles ihn jedesmal versetzte.

In diesem Augenblick kam Maheu; er wollte nichts trinken, trotzdem Madame Rasseneur ihm so freundlich zuredete, als würde sie ihr Bier verschenken und nicht verkaufen. Etienne hatte sich erhoben, und beide brachen auf nach Montsou.

An Zahltagen ging es in Montsou lustig her, ganz so wie an Kirmessonntagen. Aus allen Dörfern kamen die Arbeiter in hellen Scharen herbei. Da das Büro des Kassierers sehr klein war, zogen sie es vor, vor der Tür zu warten; sie standen in Gruppen auf der Straße, und es kamen immer neue Leute hinzu, so daß sie schließlich den Weg verrammelten. Fliegende Handelsleute benützten die Gelegenheit, schlugen ihre fahrenden Bazare auf und verkauften alles, selbst Kochgeschirr und Wurstsachen. Vor allem aber hatten die Weinschenken und Branntweinhäuser ihre guten Einnahmen, denn die Arbeiter tranken vor und nach der Zahlung; die Leichtfertigeren unter ihnen machten dann auch noch beim „Vulkan" einen Besuch.

In dem Maße, als Maheu und Etienne durch die Gruppen schritten, merkten sie, daß an diesem Tag eine dumpfe Erbitterung um sich greife. Es herrschte nicht die gewöhnliche Sorglosigkeit, mit welcher das Geld in Empfang genommen und ein Teil davon gleich in den Schenken ausgegeben wurde. Man ballte die Fäuste, und heftige Reden gingen von Mund zu Mund.

„Ist's denn wirklich wahr?" fragte Maheu Chaval, den er vor Piquettes Herberge traf, „haben sie wirklich die Schmutzigkeit begangen?"

Chaval antwortete mit einem wütenden Gebrumme, wobei er einen hämischen Blick auf Etienne warf. Seitdem sie einen neuen Schlag erstanden, hatte er sich bei einer anderen Gruppe eingedungen, allmählich von Neid verzehrt gegen den Kameraden, diesen Neuangekommenen, der den Herrn spielte und dem – wie er sich ausdrückte – das ganze Dorf die Stiefel leckte. Die Sache komplizierte sich durch einen Zwist der Verliebten; Chaval konnte Catherine nicht mehr nach Réquillart oder hinter den Hügel führen, ohne sie in abscheulichen Worten zu beschuldigen, daß sie mit dem Mieter ihrer Mutter schlafe; dann wieder, von einer wilden Begierde nach ihr ergriffen, tötete er sie schier mit seinen Liebkosungen.

Maheu richtete jetzt eine zweite Frage an ihn. „Ist der Voreuxschacht an der Reihe?" Und als der andere sich umdrehte, nachdem er mit dem Kopf genickt hatte, entschlossen die beiden Männer sich endlich, den Werkhof zu betreten.

Die Kasse war ein kleiner, rechtwinkliger Raum, durch ein Gitter quer abgeteilt; mehrere Arbeiter warteten auf einer Bank sitzend, während der Kassierer, von einem Beamten unterstützt, einem Arbeiter, der mit seiner Mütze in der Hand vor dem Schalter stand, seinen Lohn auszahlte. Oberhalb der Bank war ein gelber Aufschlagzettel an die Wand geheftet, der von dem angerauchten Grau der Wand grell abstach. Vor dem Kassenschalter und dem Anschlagzettel zogen die Arbeiter seit dem Morgen in ununterbrochener Folge vorbei. Sie kamen zu zweien oder dreien, standen eine Weile und gingen dann wortlos weiter, die Achseln zuckend, als hätte man ihnen das Rückgrat gebrochen.

Vor dem Anschlagzettel standen eben zwei Köhler, ein junger mit einem viereckigen Tierschädel und ein alter, sehr magerer, schon ganz dumm im Gesicht. Weder der eine noch der andere konnte lesen; der junge buchstabierte, die Lippen bewegend, der alte begnügte sich, blöd dreinzuschauen. Viele kamen so herein, nur um zu schauen, ohne die Sache zu verstehen.

„Lies uns das vor", sagte Maheu seinem Gefährten, weil er im Lesen nicht besonders fest war.

Etienne begann nun den Zettel zu lesen. Es war eine Kundmachung der Gesellschaft an die Arbeiter sämtlicher Gruben. Sie teilte ihnen mit, daß angesichts der geringen Sorgfalt, mit der die Verzimmerungen geschehen, und nachdem sie es müde geworden, fruchtlose Geldstrafen zu verhängen, sie den Entschluß gefaßt habe, für den Kohlenschlag einen neuen Zahlungsmodus anzuwenden. Künftig werde sie die Verholzung gesondert bezahlen, nach dem Kubikmeter Holz, welches hinabgeschafft und verwendet wurde, wobei das zu einer guten Arbeit erforderliche Minimalquantum zugrunde gelegt werden solle. Natürlich werde der Preis eines Karrens Kohle herabgesetzt werden, und zwar im Verhältnis von fünfzig Centimes auf vierzig, wobei übrigens die Beschaffenheit und Entfernung der Schläge in Betracht kommen soll. Zugleich wurde der Versuch gemacht, vermittels einer ziemlich unklaren Berechnung festzustellen, daß diese Herabsetzung von zehn Centimes durch den Lohn für die Verholzung wettgemacht werden würde. Die Gesellschaft fügte übrigens hinzu, daß sie jedem Zeit lassen wolle, sich von den Vorteilen des neuen Zahlungsmodus zu überzeugen und daher denselben erst am Montag, dem 1. Dezember, einführen wolle.

„Leset nicht so laut!" rief der Kassierer. „Man hört sein eigenes Wort nicht."

Etienne las den Zettel zu Ende, ohne sich um diese Bemerkung zu kümmern. Seine Stimme bebte, und als er geendigt hatte, fuhren alle fort, starr auf den Zettel zu schauen. Der alte und der junge Bergmann schienen noch auf etwas zu warten, dann gingen auch sie mit eingezogenen Schultern.

„Herrgott!" brummte Maheu.

Er und sein Gefährte saßen jetzt auf der Bank und verloren sich gesenkten Hauptes in Berechnungen, während der Zug vor dem gelben Zettel fortdauerte. Wollte man sich über sie lustig machen? Niemals werden sie bei der Verholzung die zehn Centimes hereinbringen, die sie bei dem Karren Kohle verlieren. Höchstens würden sie acht Centimes verdienen, und so betrog sie die Gesellschaft um zwei Centimes, die Zeit ungerechnet, welche eine sorgfältigere Arbeit ihnen rauben würde. Darauf also zielte sie ab: auf eine versteckte Lohnverminderung! Aus der Tasche ihrer Arbeiter holte sie sich Ersparnisse.

„Herrgott noch einmal!" wiederholte Maheu aufblickend, „wir sind Hundsfötter, wenn wir uns das gefallen lassen."

Doch jetzt war der Schalter frei, und er trat näher, um seinen Lohn in Empfang zu nehmen. Nur die Vorsteher der Schläge erschienen an der Kasse und teilten dann das Geld unter ihre Leute, wodurch Zeit erspart wurde.

„Maheu und Genossen", sagte der Beamte, „Filonnièreader, Schlag Nummer sieben."

Und er suchte in den Listen, die man mit Hilfe der Arbeitsbücher zusammenstellte, in denen die Aufseher Tag für Tag die gelieferten Karren verzeichneten. Dann wiederholte er:

„Maheu und Genossen, Filonnièreader, Schlag Nummer 7 . . . Hundertfünfunddreißig Francs."

Der Kassierer zahlte.

„Um Vergebung, Herr", stammelte der Hauer betroffen, „sind Sie sicher, daß Sie sich nicht täuschen?"

Er betrachtete das wenige Geld, ohne es vom Tisch zu nehmen. Ein Frösteln überlief ihn und schlich ihm bis ans Herz. Wohl war er auf einen schlechten Halbmonatslohn gefaßt; aber so wenig konnte es nicht sein, oder er müßte schlecht gerechnet haben. Wenn er Zacharie, Etienne und den andern Kameraden, der an Chavals Stelle gekommen war, befriedigt haben würde, dann würden ihm höchstens fünfzig Francs bleiben für seinen Teil, für seinen Vater, für Catherine und Jeanlin.

„Nein, nein, ich täusche mich nicht", sagte der Beamte. „Zwei Sonntage und vier Arbeitsruhetage müssen in Abzug gebracht werden; das macht für Euch neun Arbeitstage."

Maheu verfolgte diese Berechnung und rechnete im stillen nach; neun Tage brachten ihm ungefähr dreißig Francs, Catherine achtzehn, Jeanlin neun. Vater Bonnemort hatte nur drei Tage. Gleichviel, wenn er die zweiundachtzig Francs Zacharies und der zwei anderen Kameraden hinzufügte, mußte es mehr ausmachen.

„Und vergeßt die Strafen nicht!" schloß der Beamte. „Zwanzig Francs Strafe für schlechte Verholzungen."

Der Hauer machte eine verzweifelte Gebärde. Zwanzig Francs Strafe, vier Tage Arbeitsruhe! So stimmte die Rechnung. Wenn er bedachte, daß er Halbmonatslöhne bis zu hundertfünfzig Francs heimbrachte, als Vater Bonnemort noch arbeitete und Zacharie noch nicht verheiratet war!

„Nehmt Ihr das Geld endlich?" rief der Kassierer ungeduldig. „Ihr seht doch wohl, daß ein anderer wartet . . . Wenn Ihr es nicht wollt, sagt es!"

Als Maheu sich endlich entschloß, mit seiner plumpen, zitternden Hand das Geld aufzulesen, hielt der Beamte ihn zurück. „Halt, ich habe Euch noch was zu sagen. Ihr seid wohl Toussaint Maheu? . . . Der Herr Generalsekretär wünscht mit Euch zu reden. Geht hinein, er ist allein."

Der Arbeiter begab sich ganz betäubt in das mit altem Acajou möblierte, mit grünem, verschossenem Rips überzogene Arbeitskabinett des Generalsekretärs. Dieser, ein großer, blasser Herr, sprach über die Papiere seines Schreibpultes hinweg und ohne sich zu erheben fast fünf Minuten lang zu ihm. Maheu hörte ihm zu, aber seine Ohren summten dermaßen, daß er ihn nicht verstand. Er begriff nur unvollkommen, daß von seinem Vater die Rede sei, der mit hundertundfünfzig Francs pensioniert werden sollte, nach dem Verhältnis eines Lebensalters von fünfzig Jahren und einer Dienstzeit von vierzig Jahren. Dann schien es ihm, als würde der Generalsekretär einen rauheren Ton anschlagen. Es war eine Strafpredigt; man beschuldigte ihn, daß er sich mit Politik befasse; es geschah eine Anspielung auf seinen Mieter und auf die Unterstützungskasse; endlich riet man ihm, daß er, als einer der besten Arbeiter der Grube, sich nicht in solche Torheiten mengen solle. Er wollte protestieren, konnte aber nur einige zusammenhangslose Worte hervorbringen; er drehte seine Mütze zwischen den fieberhaft erregten Fingern und zog sich zurück, wobei er stammelte:

„Gewiß, Herr Sekretär ... Ich versichere, Herr Sekretär ...“

Als er draußen Etienne traf, der seiner harrte, brach er los.

„Ich bin ein Tölpel! ich hätte ihm antworten sollen! ... Kein Brot zu essen und noch Schmähungen dazu ... Ja, auf dich hat man es abgesehen. Er sagte mir, du habest das ganze Dorf verpestet. Und was soll man tun? Den Nacken beugen und sich schön bedanken. Er hat recht; das ist das Vernünftigste.“

Maheu schwieg, von Zorn und Furcht ergriffen. Etienne stand nachdenklich, mit finsterer Miene da. Abermals durchschritten sie die Gruppen, die den Weg verrammelten. Die Erbitterung wuchs; es war die Erbitterung eines ruhigen Volkes; ein unheilkündendes Murren, ohne heftige Gebärden, furchtbar über dieser schwerfälligen Masse lagernd. Die Wut kehrte sich vornehmlich gegen diese verhängnisvolle Lohnzahlung; es war der Aufruhr des Hungers gegen die Arbeitsruhetage und gegen die Strafen. Man erwarb nicht mehr genug, um zu essen; wie wird es erst werden, wenn die Löhne noch weiter beschnitten werden? In den Schenken machte sich der Groll in lauten Reden Luft und trocknete dermaßen die Kehlen aus, daß das wenige Geld, das man bekommen hatte, auf den Schanktischen zurückblieb.

Auf dem Heimweg wechselten Maheu und Etienne kein Wort. Als ersterer in die Stube trat, bemerkte die mit den Kindern allein anwesende Hausmutter sogleich, daß er die Hände leer habe.

„Du bist aber artig!“ rief sie. „Wo bleibt mein Kaffee, mein Zucker, mein Fleisch? Ein Stück Kälbernes würde dich auch nicht zugrunde gerichtet haben.“

Er antwortete nicht; eine Aufregung, die er nur mit Mühe niederhielt, schnürte ihm die Kehle zu. Dann schwellte die Verzweiflung das rauhe Gesicht dieses durch die Bergarbeit abgehärteten Mannes, und schwere Tränen stürzten reichlich aus seinen Augen. Er war auf einen Sessel hingesunken, weinte wie ein Kind und warf die fünfzig Francs auf den Tisch.

„Da hast du“, stammelte er, „das ist alles, was ich dir bringe ... Das ist unser aller Arbeitslohn.

Frau Maheu blickte auf Etienne, der in stummer Niedergeschlagenheit verharrte. Nun weinte auch sie. Wie sollen neun Personen zwei Wochen lang von fünfzig Francs leben? Ihr Ältester hatte sie verlassen, der Großvater konnte nicht mehr die Beine bewegen: da sei man nicht mehr weit vom Hungertode. Alzire warf sich der Mutter an den Hals, ganz trostlos, weil sie sie weinen hörte. Estelle heulte, Lénore und Henri schluchzten.

Und im ganzen Dorf erhob sich alsbald der nämliche Notschrei. Die Männer waren heimgekehrt; jede Familie jammerte angesichts des kärglichen Lohns. Türen wurden geöffnet, Weiber erschienen auf den Türschwellen und schrien hinaus, als ob ihre Klagen unter den Zimmerdecken der geschlossenen Häuser nicht Platz gehabt hätten. Es fiel ein feiner Regen, aber sie fühlten ihn nicht; sie riefen sich gegenseitig an, von Fußsteig zu Fußsteig, und zeigten einander das behobene Geld auf der flachen Hand.

„Schaut! Das haben sie ihm gegeben. Heißt das nicht die Leute zum besten halten?“ – „Und erst ich? Das gibt nicht einmal trockenes Brot für zwei Wochen.“ – „Und nun gar ich? Zählt das einmal! Ich werde wieder einmal meine Hemden verpfänden müssen.“

Auch die Maheu war hinausgegangen. Eine Gruppe hatte sich um die Levaque gebildet, die am ärgsten schrie. Ihr Trunkenbold von einem Mann war gar nicht heimgekehrt; sie vermutete, daß der ganze Lohn – ob viel oder wenig – im „Vulkan“ zerfließen werde. Philomène lauerte Maheu auf, damit Zacharie nichts von dem Geld ausgebe. Nur Frau Pierron schien ruhig; ihr schlauer Mann wußte es immer so einzurichten – niemand wußte wie –, daß er mehr Arbeitsstunden verzeichnet bekam als die anderen. Allein die Brulé fand dies feig von ihrem Schwiegersohn; sie gehörte zu den schreienden Weibern, mager und aufrecht inmitten der Gruppe, die Faust drohend gegen Montsou ausgestreckt.

„Wenn man bedenkt“, schrie sie, ohne die Familie Hennebeau zu nennen, „daß ich ihre Magd heute morgen in der Kalesche fahren sah! ... Jawohl, die Köchin fuhr in der zweispännigen Kalesche nach Marchiennes, sicherlich um Fische zu kaufen!“

Dies verursachte neues Schreien und Toben. Die Köchin in weißer Schürze, die in der Kalesche ihrer Herrenleute zu Markte fuhr, erregte allgemeine Entrüstung. Während die Arbeiter Hunger litten, mußten die Herren Fische haben! Sie werden vielleicht nicht immer Fische haben: auch die armen Leute werden einmal an die Reihe kommen. Und die von Etienne gesäten Ideen wuchsen empor und breiteten sich in diesem Schrei der Empörung aus. Es war die Ungeduld angesichts des verheißenen goldenen Zeitalters, die Eile, seinen Anteil am Glück zu haben, jenseits dieses Horizonts des Elends, der geschlossen war wie ein Grab. Die Ungerechtigkeit war zu groß; sie würden schließlich ihr Recht fordern, da man ihnen das Brot vom Mund nahm. Im besonderen die Frauen hätten am liebsten sogleich jene ideale Stadt des Fortschritts gestürmt, wo es keine Armen und Elenden mehr geben würde. Es war fast ganz dunkel, und der Regen fiel mit verdoppelter Heftigkeit, als sie noch immer das Dorf mit ihrem Jammer erfüllten, inmitten der kreischenden Kinder, die sich in regellosen Scharen herumtrieben.

Am Abend desselben Tages wurde in der Schenke „Zum Wohlfeilen Trunk“ der Streik beschlossen. Rasseneur sprach nicht mehr dagegen, und auch Souvarine war einverstanden; es sei damit wenigstens der erste Schritt getan, meinte er. Etienne faßte die Lage in einem Satz zusammen: Wenn die Gesellschaft den Streik wolle, so würde sie ihn haben.

V

Eine Woche verfloß; man arbeitete weiter, argwöhnisch und verdrossen, in der Erwartung des Konflikts.

Bei den Maheus kündigte sich der nächste Halbmonat noch düsterer an. Frau Maheu wurde denn auch immer mehr verbittert, trotz ihrer sonstigen Mäßigung und Besonnenheit. Ihre Tochter Catherine hatte es sich einfallen lassen, eine Nacht außer Hause zuzubringen; am nächsten Morgen war sie so matt und krank von diesem Abenteuer heimgekehrt, daß sie nicht in die Grube einfahren konnte. Sie erzählte weinend, es sei nicht ihre Schuld; Chaval hätte sie bei sich behalten und ihr mit Prügeln gedroht, wenn sie nicht bliebe. Er wurde rasend vor Eifersucht; er wollte sie hindern, zum Bett Etiennes zurückzukehren, in welchem – wie er sagte – die Familie sie schlafen ließ. Die Maheu war wütend, und nachdem sie ihrer Tochter verboten hatte, diesen Unhold wieder aufzusuchen, sprach sie davon, nach Montsou gehen zu wollen, um ihn da zu ohrfeigen. Es war aber immerhin ein verlorener Tag, und die Kleine, da sie nun einmal diesen Liebhaber hatte, zog es vor, ihn nicht gegen einen andern zu vertauschen.

Zwei Tage später ereignete sich eine andere Geschichte. Jeanlin, den man ruhig bei der Arbeit in der Grube glaubte, hatte am Montag und Dienstag Reißaus genommen und mit Bébert und Lydie in den Sümpfen und im Wald von Vandame sich herumgetrieben. Er hatte sie ganz verdorben; man erfuhr nie, welchen Gaunerstreichen, welchen Spielen frühreifer Kinder sie sich hingaben. Jeanlin erhielt eine ausgiebige Züchtigung, eine Tracht Prügel auf den Hintern, welche seine Mutter ihm auf der Straße, vor den entsetzten Kindern des ganzen Dorfes verabreichte. Hat man jemals so etwas gesehen? Ihre Kinder, die seit ihrer Geburt so viel Geld kosteten und jetzt miterwerben sollten! Und in diesem Schrei äußerte sich die Erinnerung an die eigene mühevolle Jugend, an das ererbte Elend, das aus jedem Kind ein Werkzeug des Erwerbes machte.

Als an diesem Morgen die Mannsleute und Catherine zur Grube aufbrachen, erhob sich Frau Maheu vom Bett um Jeanlin zu sagen:

„Höre, böser Range, wenn du das noch einmal tust, sollst du geschunden werden!"

Auf dem neuen Werkplatz Maheus ging die Arbeit mühselig vonstatten. Dieser Teil der Filonnièreader wurde immer dünner, in dem Maße, daß die zwischen der Wand und der Decke eingepreßten Hauer sich in dem Schlag die Ellbogen abstießen. Auch wurde es da sehr feucht; man fürchtete von Stunde zu Stunde eine Ersäufung der Ader, einen jener plötzlichen Wasserstürze, die die Felsen sprengen und die Menschen hinwegschwemmen. Erst am vorhergehenden Tag war es geschehen, daß Etienne, als er seine Spitzhacke einsetzte und sie zurückzog, den Wasserstrahl einer Quelle ins Gesicht bekam; es war übrigens nur vorübergehend, der Schlag wurde noch nässer und infolgedessen noch ungesünder. Er dachte übrigens nicht an die Möglichkeit von Unfällen; er vergaß sich da jetzt mit den Kameraden, unbekümmert um die Gefahr. Man lebte sozusagen mitten in den bösen Dünsten, ohne den Druck derselben auf die Augenlider zu verspüren und ohne zu merken, wie sie gleich einem Schleier von Spinnweben an die Augenwimpern hängten. Zuweilen, wenn die Flammen der Lampen eine bläulichblasse Färbung annahmen, dachte man an die schlagenden Wetter; ein Bergmann legte das Ohr an die Wand, um dem leisen Geräusch des Gases zu lauschen, ein Geräusch von Luftblasen, die bei jeder Spalte quirlten. Doch die ewig drohende Gefahr waren die Einstürze; denn abgesehen von der Unzulänglichkeit der Verholzungen, die immer allzu hastig gemacht wurden, hatte auch das durchfeuchtete Erdreich keinen Halt.

Dreimal im Laufe des Tages hatte Maheu die Verzimmerung befestigen lassen müssen. Es war halb drei Uhr; die Männer schickten sich zur Auffahrt an. Auf der Seite liegend, beendigte Etienne eben die Lostrennung eines Blockes, als ein fernes, donnerähnliches Getöse die ganze Grube erschütterte.

„Was ist's? rief er, die Spitzhacke senkend, um zu lauschen. Er hatte geglaubt, die Galerie stürze hinter seinem Rücken ein. Doch schon ließ sich Maheu in dem abschüssigen Schlag hinabgleiten, indem er sagte: „Es ist ein Einsturz ... Fort! fort!"

Alle eilten davon, wie fortgerissen von einem mächtigen Drang besorgter Brüderlichkeit. Die Lampen tanzten in ihren Fäusten, inmitten der Grabesstille, die eingetreten war. Sie eilten auf den Wegen fort, mit gekrümmten Rücken, als liefen sie auf allen vieren; und ohne ihren Lauf zu verlangsamen, warfen sie einander kurze, hastige Fragen und Antworten zu. Wo denn? Vielleicht in den Schlägen? Nein, es kam von unten, wahrscheinlich bei der Abfuhr. Bei dem Kamin angekommen, drängten sie sich hinab, fielen einer auf den andern, unbekümmert darum, daß sie sich dabei die Haut abschunden.

Jeanlin, der noch von den gestrigen Prügeln den Hintern rot hatte, war an diesem Tag nicht durchgegangen. Er lief mit nackten Füßen hinter seinem Zug einher, schloß die Lüftungstüren eine nach der anderen, und zuweilen, wenn er nicht die Begegnung eines Aufsehers fürchtete, stieg er auf den letzten Karren, was ihm verboten war, weil man fürchtete, daß er daselbst einschlafen könnte. Doch sein großes Vergnügen war, jedesmal, wenn der Zug auswich, um einen andern vorbeizulassen, zu Bébert zu schleichen, der an der Spitze des Zuges war und die Zügel hielt. Ohne Lampe huschte er herbei, zwickte den Kameraden bis auf das Blut, ersann allerlei boshafte

Streiche, mit seinen gelben Haaren, langen Ohren und dem schmalen, von grünen Äuglein erhellten Gesicht, die im Dunkel leuchteten. Von einer krankhaften Frühreife, schien er den trüben Verstand und die Geschicklichkeit einer menschlichen Mißgestalt zu haben, die auf der Stufe der ursprünglichen Tierheit verblieben war. Am Nachmittag brachte Monque das Pferd Bataille, weil dieses an der Reihe war; und als das Tier, auf einem Nebengeleise stehend, unruhig schnaubte, sagte Jeanlin, der sich wieder herangeschlichen hatte:

„Was hat denn die alte Schindmähre, daß sie so plötzlich stehenbleibt? ... Der Rückprall der Karren wird mir noch einmal die Beine brechen.“

Bébert konnte nicht antworten; er mußte Bataille zurückhalten, der freudig anzog, weil er die Annäherung des andern Zuges hörte. Das Pferd hatte seinen Kameraden Trompette gewittert, zu welchem er, vom ersten Tage angefangen, eine tiefe Zuneigung gefaßt hatte. Es war wie das liebevolle Mitleid eines alten Philosophen, der einen jungen Freund trösten will, indem er ihm von seiner Ergebung und Geduld mitteilt; denn Trompette wollte sich nicht gewöhnen, zog die Karren mit Unlust, ließ stets den Kopf hängen, war geblendet in dieser ewigen Nacht und sehnte sich nach der Sonne zurück. Und darum war's, daß Bataille, so oft er dem Trompette begegnete, schnaubend den Kopf vorstreckte und in einer aufmunternden Liebkosung den Kameraden beleckte.

„Die verdammten Schwerenöter schmatzen schon wieder aneinander herum!“ wetterte Bébert. Dann, als Trompette vorüber war, antwortete er im Hinblick auf Bataille: „Es ist ein schlaues, altes Luder! ... Wenn er so plötzlich stehenbleibt, da wittert er gewiß etwas, was ihm nicht recht ist, einen Stein oder ein Loch. Oh, der hat acht auf seine Knochen und will sich nichts zerschlagen ... Ich weiß nicht, was er heute wieder hat, da unten, neben der Tür. Er stößte sie auf und will nicht weiter ... Hast du etwas gespürt?“ – „Nein“, sagte Jeanlin. „Wasser ist da; es reicht mir bis zu den Knien.“

Der Zug setzte sich in Bewegung. Und als Bataille bei der nächsten Fahrt mit dem Kopf die Lüftungstür aufgestoßen hatte, weigerte er sich abermals zu gehen, blieb wiehernd und zitternd auf einem Fleck. Endlich nahm er einen Anlauf und rannte in einem Zuge davon.

Jeanlin, der die Tür schloß, war zurückgeblieben. Er bückte sich, um die Pfütze zu betrachten, in der er watete; dann, als er die Lampe hob, sah er, daß unter der Einwirkung des durchsickernden Wassers einer Quelle die Verholzung nachgegeben hatte. Eben kam ein Hauer hinzu, ein Mann namens Chicot, der heute früher nach Hause wollte, weil sein Weib in den Wochen lag. Auch er blieb stehen und betrachtete die Verholzung. Und plötzlich, in dem Augenblick, als der Kleine sich anschickte, dem Zug nachzulaufen, ließ ein furchtbares Krachen sich vernehmen: der Einsturz hatte den Mann und den Knaben verschlungen.

Tiefe Stille trat ein. Nach dem Einsturz stieg dichter Staub auf allen Wegen auf. Geblendet und schier erstickend, eilten die Grubenarbeiter von allen Seiten, selbst von den fernsten Schlägen herbei, mit ihren tanzenden Lampen, die nur undeutlich den Galopp dieser aus all den vielen Löchern hervorgekommenen schwarzen Männer beleuchteten. Als die ersten auf den Einsturz stießen, schrien sie auf, riefen die Kameraden herbei. Eine zweite Schar, aus dem hinteren Schlag gekommen, stand jenseits des eingestürzten Erdreichs, das die Galerie verrammelte. Man stellte sogleich fest, daß die Decke in einer Ausdehnung von höchstens zehn Metern niedergestürzt war. Der Schaden war nicht von großer Bedeutung. Allein, alle Herzen krampften sich zusammen, als unter dem Schutthaufen hervor ein Todesröcheln sich vernehmbar machte.

Bébert, der seinen Zug im Stich gelassen hatte, eilte mit dem Ruf herbei: „Jeanlin liegt darunter! Jeanlin liegt darunter!“

In diesem Augenblick kam Maheu aus dem Kamin zum Vorschein, gefolgt von Zacharie und Etienne. Er wurde von Wut und Verzweiflung erfaßt und hörte nicht auf zu fluchen. „Himmelherrgott! Himmelherrgott!“

Catherine, Lydie und die Mouquette, die ebenfalls herbeigelaufen waren, begannen entsetzt zu schluchzen und zu heulen, inmitten des furchtbaren Wirrsals, das durch die Finsternis noch gesteigert wurde. Man hieß sie schweigen, doch sie heulten bei jedem Röcheln nur noch ärger.

Der Aufseher Richomme war herbeigelaufen, trostlos darüber, daß weder der Ingenieur Négrel noch Dansaert in der Grube war. Das Ohr an das Gestein pressend, lauschte er; schließlich erklärte er, das Gestöhne komme nicht von einem Kind, ein Mann müsse da unten liegen. Zwanzigmal schon hatte Maheu Jeanlins Namen gerufen, doch kein Hauch antwortete. Der Knabe mußte zermalmt sein.

Das Röcheln aber dauerte mit seiner furchtbaren Eintönigkeit fort. Man sprach zu dem Sterbenden, man fragte ihn um seinen Namen, das Röcheln war die einzige Antwort.

„Rasch an die Arbeit!“ rief Richomme, indem er das Rettungswerk anordnete. „Wir werden nachher reden.“

Von beiden Seiten machten sich die Arbeiter mit Spitzhacke und Schaufel an die Hinwegräumung des Schutts. Chaval arbeitete wortlos neben Maheu und Etienne, während Zacharie die Fortschaffung des Schuttes leitete. Die Stunde der Ausfahrt war gekommen, noch keiner hatte gegessen; aber man ging nicht zur Suppe, solange Kameraden in Gefahr waren. Indes dachte man daran, daß das Dorf beunruhigt sein würde, wenn man niemanden heimkehren sehen würde; man schlug denn vor, die Weiber heimzusenden. Weder Catherine noch die Mouquette noch auch Lydie wollte sich entfernen; sie waren wie festgenagelt durch das Bedürfnis, zu sehen, zu erfahren und halfen bei der Fortschaffung des Schutts. Da übernahm es Levaque, oben zu melden, daß es einen Einsturz gebe, einen geringfügigen Schaden, der sogleich ausgebessert wurde. Es war nahezu vier Uhr; die Arbeiter hatten in weniger denn einer Stunde das Werk eines Tages vollbracht: die Hälfte des Schutts wäre schon fortgeschafft gewesen, wenn nicht neues Gestein herabgerollt wäre. Maheu arbeitete mit einer solchen Wut, daß er mit einer furchtbaren Gebärde sich weigerte, wenn jemand sich näherte, um ihn einen Augenblick abzulösen.

„Sachte", sagte Richomme endlich; „wir sind bald daran; gebt acht, daß Ihr sie nicht vollends erschlagt."

In der Tat wurde das Röcheln immer deutlicher vernehmbar. Dieses Röcheln war's, das die Arbeiter bei ihrem Rettungswerk leitete. Jetzt kam es gleichsam unter den Spitzhacken hervor. Plötzlich hörte es auf.

Alle blickten einander mit einem stillen Frösteln an; sie hatten den Hauch des Todes im Dunkel verspürt. Schweißtriefend, die Muskeln bis zum Reißen gespannt, arbeiteten sie weiter. Man stieß jetzt auf einen Fuß, und von da ab wurde die Erde mit den Händen entfernt und so die Glieder allmählich freigemacht. Der Kopf hatte nicht gelitten. Man leuchtete dem Manne ins Gesicht, und der Name Chicot machte die Runde. Er war noch warm; ein abstürzendes Felsstück hatte ihm die Wirbelsäule gebrochen.

„Hüllt ihn in eine Decke ein und legt ihn auf einen Karren", gebot der Aufseher. „Und nun laßt uns rasch nach dem Jungen schauen."

Maheu setzte ein letztes Mal die Spitzhacke an und schlug eine Bresche, so daß die Verbindung mit den Männern, die auf der anderen Seite den Schutt wegräumten, hergestellt war. Sie schrien auf; sie hatten Jeanlin gefunden, in bewußtlosem Zustand, mit gebrochenen Beinen, aber noch atmend. Der Vater selbst trug den Kleinen in seinen Armen; zwischen den zusammengepreßten Lippen stieß er unablässig Flüche hervor, um seinem Schmerz Luft zu machen, während Catherine und die anderen Weiber wieder zu heulen begannen.

Rasch ordnete sich der Zug. Bébert hatte das Pferd Bataille wieder hergeführt, und man spannte es vor die zwei Karren; in dem ersten lag die Leiche Chicots, von Etienne festgehalten; in dem zweiten saß Maheu, mit Jeanlin auf den Knien. Der Knabe war noch immer bewußlos, bedeckt mit einem Stück Wollzeug, das man von einer Lüftungstür weggerissen hatte. Man trat im Schritt den Marsch an. Auf jedem Karren gab es eine Laterne, die wie ein roter Stern leuchtete. Hinter den Karren folgten die Grubenarbeiter, etwa fünfzig Schatten in langem Zug. Die Ermüdung drückte sie nieder, sie konnten sich kaum auf den Beinen halten, glitten in den Pfützen aus; auf der ganzen Gruppe lagerte die düstere Trauer einer von einer Seuche heimgesuchten Herde. Es dauerte eine halbe Stunde, bis sie bei dem Aufzugssaal ankamen. Dieser traurige Zug, der sich durch die bald rechts, bald links einbiegenden Stollen bewegte, wollte kein Ende nehmen.

Richomme, der vorausgegangen war, hatte den Auftrag gegeben, daß eine leere Aufzugsschale bereitgehalten werde. Pierron hängte sogleich die zwei Karren ein. In dem einen blieb Maheu, mit seinem verwundeten Jungen auf den Knien; in dem andern hatte Etienne Platz genommen, der die Leiche Chicots zwischen seinen Armen hielt, damit sie nicht herausfalle. Als die übrigen Arbeiter in den anderen Kästen untergebracht waren, stieg die Schale empor. Man brauchte zwei Minuten zur Auffahrt. Das Wasser tropfte eiskalt hinter den Verzimmerungen hervor; die Männer schauten ungeduldig empor; es drängte sie, das Tageslicht zu sehen.

Ein Schlepperjunge, den man zu Doktor Vanderhaghen geschickt hatte, hatte diesen glücklicherweise zu Hause gefunden und hergeführt. Jeanlin und der Tote wurden ins Aufseherzimmer geschafft, wo jahraus, jahrein ein großes Feuer brannte. Man brachte Kübel warmen Wassers herbei, die zum Waschen der Füße bereitstanden; und nachdem man zwei Matratzen auf den Steinplatten ausgebreitet hatte, bettete man den Mann und den Jungen darauf. Nur Maheu und Etienne traten ein. Schlepperinnen, Arbeiter und Gassenjungen, die herbeigeeilt waren, standen draußen in leisem Gespräch beisammen.

Als der Arzt einen Blick auf Chicot geworfen hatte, murmelte er: „Fertig ... Ihr könnt ihn waschen."

Zwei Wächter entkleideten und wuschen die vom Kohlenstaub schwarze, noch vom Arbeitsschweiß beschmutzte Leiche.

„Am Kopf ist nichts", fuhr der Arzt fort, der jetzt vor Jeanlins Matratze kniete, „auch an der Brust ist keine Beschädigung wahrzunehmen ... Ach, die Beine sind es, die ihr Teil bekommen haben."

Er selbst entkleidete das Kind, machte die Haube los, entfernte den Kittel, zog die Hose und das Hemd ab, all dies mit der Geschicklichkeit einer Amme. Und der arme, kleine Körper wurde sichtbar, mager wie ein Käfer, beschmutzt mit schwarzem Staub und gelber Erde, große, blutige Flecke zeigend. Man konnte nichts unterscheiden, man mußte auch ihn waschen. Unter dem Schwamm schien er noch magerer zu werden, und das Fleisch war so fahl, so durchsichtig, daß man die Knochen sah. Es war ein Jammer, diese äußerste Entartung einer Rasse von Elenden, dieses zuckende Nichts, halb zermalmt unter den abgestürzten Felsen. Als der Körper gereinigt war, sah man die Wunden an den Schenkeln, zwei rote Flecken auf der weißen Haut.

Jeanlin war aus der Bewußtlosigkeit erwacht und stieß eine Klage aus. Mit hängenden Armen am Fuß der Matratze stehend, betrachtete ihn Maheu, und schwere Tränen rollten aus seinen Augen.

„Du bist der Vater?" fragte der Doktor aufblickend. „Weine nicht; du siehst wohl, daß er nicht tot ist. Hilf mir lieber."

Er konstatierte zwei einfache Brüche; doch das rechte Bein machte ihm Sorge; man werde es sicherlich entfernen müssen, meinte er.

In diesem Augenblick kamen der Ingenieur Négrel und der Oberaufseher Dansaert, die man endlich benachrichtigt hatte, mit Richomme an. Der erstere hörte mit trostloser Miene die Erzählung des Aufsehers an. „Immer die verwünschten Verzimmerungen!" brach er los. Er hat es hundertmal wiederholt, daß die Leute dabei zugrunde gehen würden. Und die Viecher redeten noch von einem Streik für den Fall, daß man sie zwingen würde, besser zu verzimmern! Das Schlimmste war, das die Gesellschaft nun die Schäden zu bezahlen haben werde. Herr Hennebeau wird sich freuen.

„Wer ist das?" fragte er Dansaert, der still vor dem Leichnam stand, den man in ein Laken gehüllt hatte.

„Chicot, einer unserer guten Arbeiter. Er hat drei Kinder ... Armer Kerl!"

Der Doktor Vanderhaghen forderte, daß Jeanlin sogleich zu seinen Eltern gebracht werde. Es schlug sechs Uhr, der Abend senkte sich herab; man würde gut tun, auch die Leiche fortzuschaffen. Der Ingenieur erteilte den Befehl, daß der Fourgon bespannt und eine Tragbahre herbeigeschafft werde. Das verwundete Kind wurde auf die Tragbahre gelegt, die Matratze mit dem Toten auf den Fourgon geladen.

Vor der Tür standen noch immer Schlepperinnen, im Gespräch mit Bergleuten, die aus Neugierde dageblieben waren. Als das Aufseherzimmer geöffnet wurde, trat Stille in der Gruppe ein. Und nun bildete sich ein neuer Zug, vorauf der Fourgon, dahinter die Tragbahre, dann das Geleit der Menschen. Man verließ den Vorhof der Grube und stieg langsam den Weg zum Dorf hinan. Die ersten Novemberfröste hatten die endlose Ebene kahl gemacht; die Nacht hüllte sie langsam ein, wie in ein Leichentuch, das vom fahlen Himmel gefallen war.

Etienne riet im Flüsterton Maheu, er solle Catherine voraussenden, damit sie die Mutter in schonender Weise auf das Unglück vorbereitete. Der Vater, der trostlos der Tragbahre folgte, nickte zustimmend, und das Mädchen lief voraus, denn man war schon dem Ziel nahe. Doch die Ankunft des Fourgons, dieses wohlbekannten finsteren Kastens, war schon angekündigt. Entsetzte Weiber stürzten aus den Häusern hervor, einige, von Angst gefoltert, ohne Haube, rannten dem traurigen Zug entgegen. Ihre Zahl wuchs bald auf dreißig, dann auf fünfzig, alle von dem gleichen Schrecken erfaßt. Es gab einen Toten? Wer war es denn? Die von Levaque erzählte Geschichte beruhigte sie zuerst und schleuderte sie dann in eine alpdruckartige Übertreibung: nicht ein Mann, zehn Männer waren zugrunde gegangen und wurden einer nach dem andern durch den Fourgon herbeigeführt.

Catherine hatte ihre Mutter von einer bösen Vorahnung erfaßt gefunden; bei den ersten Worten, welche das Mädchen stammelte, hatte die Mutter ausgerufen:

„Der Vater ist tot!"

Vergebens protestierte das Mädchen und sprach von Jeanlin. Ohne weiter hören zu wollen, war die Maheu hinausgestürzt; und als sie den Fourgon vor der Kirche auftauchen sah, erbleichte sie und drohte umzusinken. Auf den Türschwellen standen Weiber, stumm vor Schreck, und streckten den Hals vor, während andere dem Karren folgten, zitternd bei dem Gedanken, vor welchem Hause der traurige Zug wohl halten würde.

Der Karren kam vorüber, und hinter demselben sah die Maheu ihren Mann der Tragbahre folgen. Als man diese vor ihrer Tür abgesetzt hatte und sie Jeanlin lebend, mit seinen gebrochenen Beinen sah, vollzog sich in ihr eine so plötzliche Reaktion, daß sie schier vor Zorn erstickte und tränenlos stammelte:

„Da hat man's! Jetzt verstümmeln sie uns die Kinder! Beide Beine! Mein Gott, was soll ich mit ihm anfangen?"

„Schweig!" sagte der Doktor Vanderhaghen, der mitgekommen war, um Jeanlin zu verbinden. „Wäre es dir lieber, wenn er unten geblieben wäre?"

Doch die Maheu erzürnte immer mehr, umgeben von Alzire, Lénore und Henri, die gleichsam um die Wette weinten. Während sie den Verwundeten hinauftragen half und dem Arzt reichte, was er zu dem Verband benötigte, fluchte sie dem Schicksal und fragte, wo sie das Geld hernehmen sollte, um Krüppel zu ernähren. Nicht genug an dem Alten, jetzt verlor auch noch der Kleine seine Füße! Und sie hörte nicht auf, während auch im Nachbarhaus herzzerreißendes Geschrei ertönte; dort jammerten die Frau und die Kinder Chicots über den leblosen Körper. Es war inzwischen finstere Nacht geworden; die erschöpften Kohlenmänner aßen endlich ihre Suppe; das Dorf war in eine düstere Stille versunken, die nur durch den lauten Jammer der Hinterbliebenen des toten Kameraden gestört wurde.

Drei Wochen waren verflossen. Die Amputation konnte vermieden werden; das Gutachten des Arztes lautete dahin, daß Jeanlin seine Beine behalten, jedoch hinken werde. Nach einer eingehenden Untersuchung entschloß sich die Gesellschaft, eine Unterstützung von fünfzig Francs zu bewilligen. Außerdem hatte sie versprochen, für den kleinen Krüppel, wenn er hergestellt sein würde, einen Tagesdienst zu suchen. Dies bedeutete nichtsdestoweniger eine weitere Verschlimmerung der Notlage der Familie, denn der Vater war dermaßen erschüttert worden, daß er in ein schweres Fieber verfiel.

Seit Donnerstag fuhr Maheu wieder in die Grube ein, und es war heute Sonntag. Am Abend sprach Etienne davon, daß der 1. Dezember nahe sei; er hätte wissen mögen, ob die Gesellschaft ihre Drohung zur Tat machen würde. Man blieb bis zehn Uhr im Gespräch beisammen und wartete auf Catherine, die bei Chaval zu verweilen schien. Aber sie kam nicht. Die Maheu schloß in stummer Wut die Tür. Etienne konnte lange nicht einschlafen; ihn beunruhigte dieses leere Bett, in welchem Alzire so wenig Platz einnahm.

Am folgenden Tag kam Catherine noch immer nicht heim. Erst am zweitnächsten Tag, bei der Rückkehr aus der Grube, erfuhr das Ehepaar Maheu, daß Chaval Catherine bei sich behielt. Er machte ihr so abscheuliche Szenen, daß sie sich entschloß, zu ihm zu ziehen. Um den Vorwürfen zu entgehen, hatte er plötzlich den Voreuxschacht verlassen und hatte sich in Jean-Bart, der Grube des Herrn Deneulin anwerben lassen, wohin sie ihm als

Schlepperin folgte. Sie wohnten übrigens bei Piquette in Montsou.
Zuerst sprach Maheu davon, daß er den Mann ohrfeigen, seine Tochter aber mit Stößen in den Hintern zurückführen werde. Aber dann machte er eine Gebärde der Entsagung; was nützte es? Das ging immer so; man konnte die Mädchen nicht hindern, sich einem Mann anzuhängen, wenn sie Lust dazu hatten. Das beste war, ruhig die Hochzeit abzuwarten. Allein die Maheu nahm die Dinge nicht so leicht.
„Habe ich sie etwa geprügelt, als sie diesen Chaval nahm?“ rief sie Etienne zu, der sie still und bleich anhörte. „Sie sind ein vernünftiger Mann, antworten Sie! Wir haben ihr ihre Freiheit gelassen, weil – mein Gott! – alle darüber hinwegkommen müssen. Ich selbst war schwanger, als der Vater mich zur Frau nahm. Aber ich bin meinen Eltern nicht durchgegangen; niemals würde ich die Schmutzigkeit begangen haben, meinen Erwerb einem Mann zuzutragen, der dessen nicht bedurfte ... Das ist ekelhaft! Es wird soweit kommen, daß man keine Kinder mehr machen wird.“
Und da Etienne noch immer nur mit Kopfnicken antwortete, fuhr sie fort:
„Ein Mädchen, das jeden Abend gehen konnte, wohin es wollte! Was steckt ihr denn nur in der Haut? Nicht warten zu können, bis ich sie verheirate, nachdem sie uns aus der Patsche geholfen haben würde. Das wäre doch natürlich gewesen: man hat doch eine Tochter, damit sie arbeite ... Aber wir waren zu gut; wir hätten ihr nicht erlauben sollen, sich mit einem Mann die Zeit zu vertreiben. Man zeigt ihnen den kleinen Finger, und sie wollen die ganze Hand.“
Alzire nickte mit dem Kopf. Lénore und Henri, erschreckt durch dieses Gewitter, weinten leise, während die Mutter jetzt die Unglücksfälle der Familie aufzählte. Zacharie mußte verheiratet werden; der alte Bonnemort saß mit verkrümmten Beinen auf seinem Sessel; Jeanlin, mit seinen kaum wieder eingerichteten Gliedern, konnte vor zehn Tagen die Stube nicht verlassen, und nun der letzte Schlag, die Dirne Catherine geht mit einem Mann durch. Die ganze Familie ging aus den Fugen; der Vater allein fuhr noch in die Grube ein. Wie sollten sieben Personen – Estelle ungerechnet – von den drei Francs des Vaters leben? Da wäre es gleich besser, alle zusammen schmissen sich in den Kanal.
„Es nützt nichts, daß du dich grämst“. sagte Maheu mit dumpfer Stimme. „Wir sind vielleicht noch nicht am Ende unseres Elends angelangt.“
Etienne, der starr auf die Fliesen geschaut hatte, blickte jetzt auf und flüsterte, die Augen gleichsam in einer Zukunftsvision verloren:
„Oh, es ist Zeit! es ist Zeit!“

Vierter Teil

I

An diesem Montag hatten die Hennebeau Frühstücksgäste: die Grégoire mit ihrer Tochter Cécile. Man hatte einen Ausflug vereinbart: nach der Tafel sollte Paul Négrel den Damen die Thomasgrube zeigen, die man mit großem Aufwand neu eingerichtet hatte. Doch war dieser Ausflug nur ein liebenswürdiger Vorwand, von Madame Hennebeau ersonnen, um die Heirat Céciles mit Paul zu beschleunigen.

Und nun war plötzlich, an demselben Montag, um vier Uhr morgens der Streik ausgebrochen. Als die Gesellschaft am 1. Dezember ihr neues Löhnungssystem eingeführt hatte, blieben die Arbeiter ganz ruhig. Am Schluß des Halbmonats, am Zahltag, hatte kein einziger auch nur die geringste Beschwerde erhoben. Das ganze Personal, vom Direktor angefangen bis zum letzten Aufseher glaubte, der Tarif sei angenommen. Es herrschte denn auch seit dem Morgen große Überraschung angesichts dieser Kriegserklärung, die mit einer Taktik und einer Eintracht geschehen war, welche auf eine energische Leitung hinzudeuten schien.

Um fünf Uhr weckte Dansaert Herrn Hennebeau, um ihm zu melden, daß im Voreuxschacht kein einziger Mann eingefahren war. Das Dorf der zweihundertvierzig, durch das er soeben gekommen war, lag hinter geschlossenen Türen und Fenstern in tiefem Schlaf. Und seit dem Augenblick, als der Direktor mit schlafschweren Augen aus dem Bett gesprungen war, verschlimmerte sich die Lage immer mehr; von Viertelstunde zu Viertelstunde kamen Boten; die Depeschen fielen hageldicht auf sein Schreibpult nieder. Zuerst hoffte er, die Empörung werde sich auf den Voreuxschacht beschränken, allein, die Nachrichten lauteten mit jeder Minute ernster: im Mirouschacht, im Crèvecœurschacht, im Madeleineschacht waren bloß die Roßwärter angefahren; im Victoireschacht, in der Grube Feutry-Cantel war nur ein Drittel der Arbeiter erschienen; der Thomasschacht allein war vollbesetzt und schien außerhalb der Bewegung zu stehen. Bis neun Uhr diktierte er Depeschen, telegrafierte nach allen Seiten, an den Präfekten von Lille, an die Leiter der Gesellschaft, verständigte die Behörden, verlangte Weisungen. Er hatte Négrel entsendet, eine Rundfahrt nach den benachbarten Gruben zu machen und genaue Erkundigungen einzuholen.

Plötzlich erinnerte sich Herr Hennebeau des Frühstücks, und er schickte sich an, den Kutscher zu den Grégoire zu entsenden mit der Nachricht, daß der Ausflug verschoben sei, als ein Schwanken seines Willens ihn zurückhielt, ihn, der soeben in wenigen knappen Sätzen das Schlachtfeld militärisch vorbereitet hatte. Er ging zu seiner Frau hinauf, die sich in ihrem Toilettezimmer befand, wo eine Kammerzofe soeben den Haarputz ihrer Herrin beendigt hatte.

„Ach, sie sind im Arbeitsausstand!" sagte sie ruhig, als er sie befragt hatte. „Nun, was geht das uns an? ... Ich denke, wir werden deswegen nicht aufhören zu essen, wie?"

Und sie beharrte bei ihrer Absicht. Vergebens sagte er ihr, daß das Frühstück gestört werden würde, daß der Besuch in der Thomasgrube nicht stattfinden könne. Sie hatte auf alles eine Antwort bereit. Warum sollte man ein Frühstück verlieren, das schon am Feuer stand? Und was die Besichtigung der Grube betrifft, so konnte man ja auch nachher darauf verzichten, wenn dieser Spaziergang nicht ratsam sein sollte.

„Übrigens", fügte sie hinzu, als die Kammerfrau hinausgegangen war, „übrigens wissen Sie ja, weshalb ich Gewicht darauf lege, diese wackeren Leute zu empfangen. Diese Ehe sollte Sie mehr berühren, als die Dummheiten Ihrer Arbeiter. Mit einem Wort: ich will es; ärgern Sie mich nicht."

Von einem leichten Zittern ergriffen, schaute er sie an, und sein hartes, verschlossenes Gesicht eines Mannes der Disziplin drückte den geheimen Kummer eines gequälten Herzens aus. Sie war mit entblößten Schultern sitzengeblieben, schon überreif, aber schimmernd und noch begehrenswert mit ihren Ceresschultern, über welche der Herbst seinen Goldhauch gebreitet hatte. Einen Augenblick schien ihn das brutale Verlangen anzuwandeln, sie zu ergreifen und seinen Kopf zwischen ihren Brüsten zu wälzen, die sie zur Schau trug in diesem warmen Gemach, wo der intime Luxus eines sinnlichen Weibes herrschte und ein sinnverwirrender Moschusduft die Luft sättigte. Doch er wich zurück; seit zehn Jahren waren ihre Schlafzimmer getrennt.

„Es ist gut", sagte er, indem er sie verließ. „Wir wollen nichts abbestellen."

Herr Hennebeau war in den Ardennen geboren. Der Beginn seiner Laufbahn war hart genug, denn er war als armer Waisenknabe auf das Pariser Pflaster geschleudert worden. Nachdem er unter Not und Mühen die Bergwerksschule absolviert hatte, war er mit achtundzwanzig Jahren zu den Grande-Combe-Gruben als Ingenieur des Barbaraschachts gegangen. Drei Jahre später wurde er Divisionsingenieur im Pas-de-Calais, in den Gruben von Marles. Hier heiratete er in einer jener glücklichen Fügungen, wie sie in der Welt der Bergleute nicht selten sind, die Tochter eines reichen Spinnereiinhabers zu Arras. Fünfzehn Jahre lang wohnte das Ehepaar in demselben Provinzstädtchen, ohne daß irgendein Ereignis die Eintönigkeit ihres Lebens störte, selbst die Geburt eines Kindes nicht. Eine wachsende Gereiztheit ließ Frau Hennebeau sich von ihrem Gatten abwenden. Sie war im Respekt für das Geld erzogen und verachtete diesen Mann, der in harter Arbeit seine bescheidenen Bezüge erwarb und ihr keine jener Befriedigungen der Eitelkeit bot, von denen sie in der Pension geträumt hatte. Er in seiner strengen Rechtlichkeit spekulierte nicht, sondern blieb auf seinem Posten wie ein Soldat. Die Uneinigkeit nahm nur zu, noch verschärft durch eines jener sonderbaren Mißverständnisse des Fleisches, welche selbst die Glühendsten zu Eis erstarren lassen; er betete seine Frau an, sie aber war von der Sinnlichkeit einer lüsternen Blonden, und schon schliefen sie abgesondert, unbehaglich, sogleich verletzt. Seit jener Zeit hatte sie einen Liebhaber, was er nicht wußte. Endlich verließ er das Pas-de-Calais, um in Paris eine Bürostelle anzutreten, mit dem Gedanken, daß sie ihm hiefür dankbar sein werde. Allein in diesem Paris wurde ihre Absonderung eine vollkommene – in diesem Paris, nach dem sie sich seit ihrer ersten Puppe gesehnt hatte und wo sie nach acht Tagen ihr provinziales Wesen abgestreift hatte, um mit einem Schlag eine elegante Modedame zu werden, die sich allen kostspieligen Torheiten der Zeit hingab. Die zehn Jahre, die sie da verbrachte, waren von einer großen Leidenschaft ausgefüllt, von einem allgemein bekannten Verhältnis mit einem Mann, dessen Trennung von ihr schier ihren Tod herbeigeführt hatte. Dieses Mal konnte der Gatte nicht in Unkenntnis der Dinge bleiben und, nachdem es abscheuliche Szenen zwischen ihnen gegeben hatte, ergab er sich in sein Schicksal, entwaffnet durch die ruhige Gewissenlosigkeit dieser Frau, die ihr Glück nahm, wo sie es fand. Nach dem Bruch mit ihrem Liebhaber, als er sie krank vor Kummer gesehen, hatte er die Stelle eines Bergwerksdirektors zu Montsou angenommen, in der Hoffnung, daß er sie dort, in jenem wüsten, schwarzen Land bessern werde.

Bei den Hennebeau waren, seitdem sie in Montsou wohnten, die Gereiztheit und die Langeweile der ersten Zeit ihrer Ehe wiedergekehrt. Anfänglich schien sie beruhigt durch diese tiefe Stille, durch die Eintönigkeit der endlosen Ebene. Sie begrub sich da als eine Frau, die mit dem Leben abgeschlossen hatte; sie tat, als wäre ihr Herz tot und schien dermaßen losgelöst von der Welt, daß selbst ihre zunehmende Beleibtheit sie nicht betrübte. Dann aber brach unter diesem Gleichmut ein letztes Fieber durch, ein Bedürfnis, noch zu leben, das sie sechs Monate damit einschläferte, daß sie das kleine Haus der Direktion nach ihrem Geschmack einrichtete und möblierte. Sie sagte, das Haus sei abscheulich, und füllte es mit Teppichen, Bibelots und einem Luxus in Kunstgegenständen, von dem man weit und breit, selbst in Lille sprach. Die Gegend brachte sie jetzt in Verzweiflung, diese dummen, endlos sich dehnenden Felder, diese ewig schwarzen Wege, wo es keinen Baum gab und wo eine abscheuliche Bevölkerung wimmelte, die ihr Schrecken und Abscheu einflößte. Es begannen die Klagen über Verbannung; sie beschuldigte ihren Gatten, sie seinen Bezügen von vierzigtausend Francs geopfert zu haben, einem Bettel, der zur Fortführung des Haushaltes kaum hinreichte. Er hätte es machen müssen wie die anderen, einen Anteil fordern, Aktien erlangen, kurz, zu etwas Rechtem kommen. Und sie beharrte dabei mit der Grausamkeit einer Erbin, die das Gold ins Haus gebracht hatte. Er, mit seiner stets korrekten Haltung, in die erheuchelte Kühle eines Verwaltungsmenschen sich hüllend, war von dem Verlangen nach diesem Geschöpf verzehrt, von einer jener späten, so heftigen Begierden, die mit dem Alter nur zunehmen. Niemals hatte er sie als Liebhaber besessen; ein Bild verfolgte ihn unablässig: sie einmal so für sich zu haben, wie sie sich einem andern hingegeben hatte. Jeden Morgen träumte er davon, sie am Abend zu erobern; dann, wenn sie ihn mit ihren kalten Augen ansah, wenn er fühlte, daß alles in ihr sich weigerte, vermied er es, auch nur ihre Hand zu berühren. Es war ein Leiden ohne Möglichkeit der Heilung, verborgen unter der Strammheit seiner Haltung; das Leiden einer zärtlichen Natur, die im stillen daran zugrunde ging, daß sie in der Ehe nicht das Glück gefunden hatte. Nach Ablauf der sechs Monate, als das Haus vollständig möbliert war und ihr nichts mehr zu tun gab, verfiel Madame Hennebeau in eine verzehrende Langeweile, als ein Opfer, das die Verbannung töten mußte und das sich glücklich pries, da zu sterben.

Zu jener Zeit kam Paul Négrel nach Montsou. Seine Mutter, Witwe eines Kapitäns aus der Provence, lebte in Avignon von einer mageren Pension und hatte sich die größten Entbehrungen auferlegt, damit ihr Sohn seine technischen Studien absolvieren könne. Er verließ die Hochschule mit ungünstiger Klassifikation, und sein Oheim, Herr Hennebeau, bot ihm die Stelle eines Ingenieurs im Voreuxschacht an. Seither wurde er als Kind des Hauses behandelt, hatte da sein Zimmer und seine Verpflegung, was ihm gestattete, die Hälfte seiner Bezüge von dreitausend Francs seiner Mutter zu senden. Um diese Wohltat zu bemänteln, sprach Herr Hennebeau von der Verlegenheit, in der ein junger Mann sich befände, der genötigt wäre, sich einen Haushalt einzurichten in einem der Schweizerhäuschen, die für die Grubeningenieure bestimmt waren. Frau Hennebeau hatte sofort die Rolle einer guten Tante angenommen, duzte ihren

Neffen und wachte über sein Wohlergehen. Besonders in den ersten Monaten bekundete sie eine mütterliche Sorgfalt, die bei dem geringsten Anlaß von guten Ratschlägen überfloß. Doch blieb sie Weib dabei und gelangte allmählich zu persönlichen Vertraulichkeiten. Dieser so junge und praktische Bursche von einer skrupellosen Intelligenz, der über die Liebe sich zu philosophischen Theorien bekannte, amüsierte sie durch die Lebhaftigkeit seines Pessimismus, welcher seinem schmalen Gesicht mit der spitzen Nase einen schneidigen Zug verlieh. Es fügte sich in ganz natürlicher Weise, daß er eines Abends in ihren Armen lag; und sie schien aus Gutmütigkeit sich ihm hinzugeben, mit der Versicherung, daß sie kein Herz mehr habe und nur seine Freundin sein wolle. In der Tat war sie nicht eifersüchtig, neckte ihn wegen der Schlepperinnen, die er für ganz abscheulich erklärte, und schmollte fast mit ihm, weil er ihr keinerlei Späße zu erzählen hatte, wie sie ja im Leben eines jungen Mannes vorkommen. Dann begeisterte sie sich für den Plan, ihn zu verheiraten; sie träumte davon, sich zu opfern, ihn einer reichen Erbin in die Arme zu legen. Ihre Beziehungen dauerten fort; er war ihr ein Spielzeug zur Erholung, ein Gegenstand der letzten Zärtlichkeiten einer müßigen und fertigen Frau.

So waren zwei Jahre verflossen. In einer Nacht hatte Herr Hennebeau einen Verdacht, als er nackte Füße vor seiner Tür vorbeihuschen zu hören glaubte. Doch er lehnte sich gegen den Gedanken an dieses neue Abenteuer auf, hier in seinem Haus, zwischen dieser Mutter und diesem Sohn! Überdies erzählte ihm am nächsten Morgen seine Frau, daß sie Cécile Grégoire für ihren Neffen erkoren hatte. Sie widmete sich diesem Heiratsplan mit einem solchen Eifer, daß er über seine ungeheuerliche Einbildungskraft errötete. Er war dem jungen Mann nur dankbar dafür, daß das Haus weniger trübselig war, seitdem er eingezogen war.

Aus dem Toilettezimmer seiner Frau kommend, begegnete Herr Hennebeau auf dem Flur seinem Neffen, der eben zurückkehrte. Paul schien die Streikgeschichte spaßig zu finden.

„Nun?" fragte der Oheim. „Nun, ich habe eine Rundfahrt durch die Dörfer gemacht. Die Leute scheinen ganz vernünftig zu sein; aber ich glaube, sie werden Abgesandte zu dir entbieten."

Doch in diesem Augenblick rief die Stimme der Frau Hennebeau aus dem ersten Stock. „Bist du es, Paul? Komm doch herauf, mir Nachricht zu geben. Ist es nicht drollig, daß diese Leute, die so glücklich sind, die Bösartigen hervorkehren?"

Und der Direktor mußte darauf verzichten, mehr zu erfahren, da seine Frau seinen Boten in Beschlag nahm. Er setzte sich wieder an sein Schreibpult, auf dem sich ein neues Häuflein Depeschen angesammelt hatte.

Als um elf Uhr die Grégoire ankamen, waren sie erstaunt darüber, daß der Kammerdiener Hippolyte, der als Schildwache aufgestellt war, sie hastig ins Haus drängte, nachdem er unruhige Blicke nach beiden Seiten der Straße geworfen hatte. Die Vorhänge des Salons waren geschlossen, und man führte sie geradeaus in das Arbeitskabinett, wo Herr Hennebeau sich entschuldigte, weil er sie so empfing. Die Fenster des Salons gehen auf die Straße, fügte er hinzu, und es sei unnötig, den Schein auf sich zu laden, als würde man die Leute herausfordern.

„Wie, Sie wissen nichts?" fuhr er fort, als er ihre Überraschung sah.

Als Herr Grégoire erfuhr, daß der Streik endlich ausgebrochen sei, zuckte er mit seiner ruhigen Miene die Achseln. Es wird nichts sein, meinte er; die Bevölkerung sei sehr rechtschaffen. Frau Grégoire bekräftigte mit einem Nicken ihres Kinns sein Vertrauen in die hundertjährige Ergebung der Kohlengräber; während Cécile, an diesem Tag sehr wohlgemut, in Jugendschönheit prangend, in ihrer Toilette aus Kapuzinertuch, bei dem Wort „Streik" lächelte, weil es sie an die Verteilung von Almosen in den Arbeiterdörfern erinnerte.

Doch jetzt erschien Frau Hennebeau, gefolgt von Négrel; sie war ganz in schwarze Seide gekleidet.

„Ist das nicht ärgerlich?" rief sie schon an der Tür. „Als ob diese Leute nicht hätten warten können! ... Ich will Ihnen nur gleich sagen, daß Paul sich weigert, uns nach der Thomasgrube zu begleiten." – „Wir werden hierbleiben", sagte Herr Grégoire in verbindlichem Ton. „Dies wird uns nur ein Vergnügen sein."

Paul hatte sich begnügt, Cécile und ihre Mutter zu grüßen. Unmutig wegen dieses geringen Eifers lenkte ihn die Tante mit einem Blick zu dem jungen Mädchen; und als sie die beiden zusammen lachen hörte, hüllte sie sie in einen mütterlichen Blick ein.

Inzwischen las Herr Hennebeau die Depeschen zu Ende und setzte einige Antworten auf. Die Gesellschaft plauderte in seiner Nähe; seine Frau erklärte, daß sie sich mit diesem Arbeitskabinett nicht beschäftigt habe; es habe seine verblaßte rote Papiertapete, seine schwerfälligen Acajou-Möbel, seinen alten Aktenschrein behalten. So verflossen drei Viertelstunden, und man war im Begriff, zu Tisch zu gehen, als der Kammerdiener Herrn Deneulin meldete. Dieser trat mit aufgeregter Miene ein und verneigte sich vor Madame Hennebeau.

„Schau, Sie sind da!" rief er dann, die Grégoires bemerkend. Dann wandte er sich lebhaft an den Direktor. „So ist es denn doch eingetreten? Ich erfuhr es soeben von meinem Ingenieur ... Meine Leute sind heute morgen eingefahren. Aber die Sache kann um sich greifen; ich bin besorgt ... Wie ist's mit Ihnen?"

Er war zu Pferde herbeigeeilt; seine Unruhe verriet sich in seiner lauten Sprache und in seinen heftigen Gebärden, die ihm viel Ähnlichkeit mit einem Reiteroffizier verliehen.

Herr Hennebeau schickte sich an, ihn über die Lage aufzuklären, als Hippolyte die Tür des Speisesaals öffnete. Da unterbrach er sich, um seinem Gast zu sagen: „Frühstücken Sie mit uns; beim Nachtisch will ich Ihnen weitererzählen." – „Ja, wie es Ihnen beliebt", antwortete Deneulin, von seiner Sorge dermaßen erfüllt, daß er ohne viele Umstände die Einladung annahm.

Indes war er sich seiner Unhöflichkeit bewußt, und er wandte sich an Frau Hennebeau, um seine Entschuldigungen vorzubringen. Sie war übrigens sehr liebenswürdig. Nachdem sie ein siebentes Gedeck hatte auflegen lassen, brachte sie ihre Gäste unter: Frau Grégoire, Cécile an der Seite ihres Gatten, Herrn Grégoire und Deneulin zu ihrer Rechten und Linken; Paul zwischen Cécile und ihrem Vater. Als die Vorspeisen herumgereicht wurden, sagte sie lächelnd: ,,Sie verzeihen, ich wollte Ihnen Austern geben ... Am Montag gibt es in Marchiennes immer frische Ostende-Austern, und ich hatte die Absicht, die Köchin in unserem Wagen hineinzusenden ... Allein sie hatte Furcht, mit Steinen beworfen zu werden.''

Ein allgemeines Lachen unterbrach sie. Man fand die Geschichte drollig.

,,Still'', sagte Herr Hennebeau gereizt, indem er nach den Fenstern blickte, durch welche man die Straße sehen konnte. ,,Die Leute brauchen nicht zu wissen, daß wir heute Gäste haben.'' – ,,Da ist immerhin eine Schnitte Wurst, die sie nicht bekommen werden'', erklärte Herr Grégoire.

Man lachte von neuem, aber etwas leiser. Die Gäste fühlten sich behaglich in diesem mit Flamländerteppichen überzogenen und mit alteichenen Schreinen möblierten Saal. Hinter den Glastüren der Kredenzen schimmerten silberne Tafelgefäße; von der Zimmerdecke hing eine große Kupferlampe herab, in deren blankpolierten Rundungen eine Palme und eine Aspidistra sich spiegelten, die in Majolikatöpfen die Tafel zierten. Draußen war ein eisigkalter Dezembertag, unwirtlich gemacht durch einen scharfen Nordost. Aber kein Hauch drang herein; in dem Saal herrschte eine Treibhauswärme, durchzogen von dem feinen Duft einer Ananas, die in Schnitten gelöst in einem Kristallgefäß lag.

Man sollte die Vorhänge schließen'', meinte Négrel, den die Angst der Grégoires belustigte.

Die Kammerfrau, welche dem Diener bei der Tafel behilflich war, nahm den Vorschlag Pauls für einen Befehl und schloß einen der Vorhänge. Von da an gab es endlose Scherze; Gläser und Gabeln wurden behutsam auf den Tisch gesetzt; jede neue Schüssel wurde freudig begrüßt, wie ein Stück, das in einer eroberten Stadt aus der Plünderung gerettet worden war; und hinter dieser gezwungenen Heiterkeit lauerte eine geheime Furcht, die sich durch unwillkürliche Blicke nach der Straße verriet, als hätte eine Bande von Hungerleidern von außen nach der Tafel gespäht.

Nach den getrüffelten Eiern kamen Forellen. Das Gespräch drehte sich jetzt um die Industriekrise, die seit anderthalb Jahren währte und immer ernster wurde.

,,Es war unausbleiblich'', sagte Deneulin; ,,der allzu große Wohlstand der letzten Jahre mußte uns dahin führen. Denken Sie nur an die enormen Kapitalien, die festgerannt wurden, an die Eisenbahnen, Hafen- und Kanalbauten, an all das Geld, das man in die unsinnigsten Spekulationen steckte. In unserer Gegend allein wurden so viele Zuckerfabriken errichtet, als gäbe es jährlich drei Rübenernten ... Und heute wird das Geld knapp; es gilt zu warten, bis die Zinsen der angelegten Millionen hereinkommen; daher die verderbenbringende Stockung aller Geschäfte.''

Herr Hennebeau bekämpfte diese Stockung, aber er gab zu, daß die guten Jahre den Arbeiter verdorben haben.

,,Wenn ich bedenke'', rief er, ,,daß diese Kerle in unseren Gruben sich bis sechs Francs des Tages machen konnten, das Doppelte dessen, was sie jetzt erwerben. Und sie lebten gut und hatten sogar eine gewisse Neigung zum Luxus ... Heute kommt es sie natürlich hart an, zur ehemaligen kärglichen Lebensweise zurückzukehren.'' – ,,Herr Grégoire'', unterbrach Frau Hennebeau, ,,nehmen Sie noch ein wenig von den Forellen; sie sind köstlich, nicht wahr?''

Der Direktor fuhr fort: ,,Aufrichtig gesprochen: ist es unsere Schuld? Auch wir sind ja hart betroffen ... Seitdem die Fabriken – eine nach der andern – schließen, haben wir die allergrößte Mühe, uns unseres Kohlenstocks zu entledigen; und angesichts der immer mehr sich verringernden Nachfrage sind wir doch genötigt, die Herstellungskosten zu vermindern ... Die Arbeiter wollen all das nicht einsehen.''

Stillschweigen trat ein. Der Diener reichte gebratene Rebhühner herum, während die Kammerfrau Chambertin eingoß.

,,In Indien hat es eine Hungersnot gegeben'', fuhr Deneulin halblaut fort, als spräche er mit sich selbst. ,,Amerika hat aufgehört, Schmiede- und Gußeisen zu beziehen und hat dadurch unseren Hochöfen einen harten Schlag versetzt. Ein Stoß aus der Ferne genügt, um die Welt zu erschüttern ... Und das Kaiserreich war so stolz auf die fieberhafte Entwicklung der Industrie!'' Er machte sich an seinen Rebhuhnflügel. Dann setzte er mit lauterer Stimme hinzu: ,,Das Schlimmste ist, daß man, um die Herstellungskosten zu vermindern, die Produktion wird vermehren müssen, sonst müßten auch die Arbeitslöhne herabgemindert werden, und der Arbeiter würde recht haben mit seiner Behauptung, daß er das Bad ausgießt.''

Dieses freimütige Geständnis gab Anlaß zu einer lebhaften Erörterung. Die Damen fanden an diesem Gespräch wenig Vergnügen. Übrigens war jeder mit seinem Teller beschäftigt, um den ersten Hunger zu befriedigen. Jetzt kam der Diener zurück; er schien etwas sagen zu wollen, zögerte jedoch.

,,Was gibt es?'' fragte Herr Hennebeau. ,,Sind Depeschen gekommen, so geben Sie sie her. Ich erwarte Antworten.'' – ,,Nein, gnädiger Herr. Herr Dansaert ist im Flur; aber er fürchtet zu stören.''

Der Direktor entschuldigte sich und ließ den Oberaufseher eintreten. Dieser hielt sich einige Schritte vom Tisch, während alle Gäste sich umwandten, um ihn zu betrachten, wie er riesengroß dastand und ganz außer Atem war von den Nachrichten, die er brachte. Die Dörfer blieben ruhig, meldete er, aber es sei entschieden, es wird eine

Abordnung kommen. Dieselbe wird vielleicht schon in wenigen Minuten da sein.
„Es ist gut, ich danke“, sagte Herr Hennebeau. „Ich will jeden Morgen und jeden Abend Bericht haben; hören Sie?“
Als Dansaert fort war, gingen die Scherze wieder an. Man warf sich auf den russischen Salat mit der Bemerkung, es sei keine Sekunde zu verlieren. Die Heiterkeit erreichte ihren Höhepunkt, als Négrel Brot verlangte und die Kammerfrau ihm mit einem so leisen und erschrockenen „Ja, mein Herr!“ antwortete, als hätte sie eine Bande hinter sich, bereit zu Mord und Schändung. „Sie können ganz frei reden“, sagte Frau Hennebeau; „sie sind noch nicht da.“
Der Direktor, dem man ein ganzes Bündel Briefe und Depeschen brachte, wollte einen der Briefe laut lesen. Es war ein Brief Pierrons, in welchem dieser in respektvollen Ausdrücken bekanntgab, daß er genötigt sei, mit den Kameraden zu streiken, wenn er nicht mißhandelt werden wollte; er fügte hinzu, daß er es nicht ablehnen konnte, an der Abordnung teilzunehmen, obgleich er diesen Schritt tadelte. „Das ist die Freiheit der Arbeit!“ rief Herr Hennebeau.
Man kam nun wieder auf den Streik zu sprechen und befragte ihn um seine Meinung. „Ach“, erwiderte er, „wir haben ganz andere Arbeitsausstände gesehen! ... Man wird ein, zwei Wochen faulenzen, wie das letztemal. Sie wollen in den Wirtshäusern herumliegen; dann, wenn sie gar zu großen Hunger haben, werden sie zur Arbeit zurückkehren.“
Deneulin schüttelte den Kopf. „Ich bin nicht so ruhig“, sagte er. „Diesmal scheinen sie besser organisiert. Haben sie nicht eine Unterstützungskasse?“
„Ja, mit kaum dreitausend Francs darin. Wo wollen sie damit hin? Ich habe einen gewissen Etienne Lantier in Verdacht, daß er ihr Führer ist. Es ist ein guter Arbeiter, und es wäre mir unangenehm, ihm sein Arbeitsbuch zurückstellen zu müssen, wie seinerzeit dem famosen Rasseneur, der fortfährt, mit seinen Ideen und seinem Bier die Gegend zu verpesten ... Gleichviel, in acht Tagen werden alle zehntausend Arbeiter wieder in den Gruben sein.“
Er war überzeugt davon. Seine einzige Sorge kam von der Möglichkeit, daß er in Ungnade fallen könnte, wenn die Gesellschaft ihn für den Streik verantwortlich machen würde. Er fühlte seit einiger Zeit, daß er weniger in Gunst stehe. Er legte denn auch den mit russischem Salat gefüllten Löffel hin, den er genommen hatte, und las noch einmal die aus Paris empfangenen Depeschen, gleichsam um jedes Wort dieser Antworten zu ergründen. Man entschuldigte ihn; das Mahl glich allmählich einem Soldatenfrühstück, das auf dem Schlachtfeld vor Eröffnung des Feuers eingenommen wird.
Nun mengten sich auch die Damen in die Unterhaltung. Madame Grégoire hatte Mitleid mit den armen Leuten, die jetzt Hunger leiden sollten; Cécile machte im Geiste schon einen Rundgang, um Anweisungen auf Brot und Fleisch auszuteilen. Allein Frau Hennebeau war erstaunt, als sie von der Not der Köhler von Montsou reden hörte. Waren sie denn nicht sehr glücklich? Leute, die auf Kosten der Gesellschaft Wohnung, Heizung und ärztliche Pflege hatten? In ihrer Gleichgültigkeit für diese Herde wußte sie von ihr nur die eingelernte Lektion, welche sie hersagte, um die Besucher aus Paris in Verwunderung zu versetzen; und sie glaubte schließlich daran und war entrüstet über den Undank des Volkes.
Négrel fuhr inzwischen fort, Herrn Grégoire zu erschrekken. Cécile mißfiel ihm nicht, und er war bereit, sie zu heiraten, um seiner Tante gefällig zu sein; aber es gab bei ihm kein Liebesfieber; er war ein junger Mann von Erfahrung, der sich nicht mehr „verbrannte“, wie er sich ausdrückte. Er gab sich als Republikaner aus, was ihn nicht hinderte, seine Arbeiter mit äußerster Strenge zu behandeln und in Gesellschaft der Damen sich über sie lustig zu machen.
„Auch ich teile nicht den Optimismus meines Oheims“, fuhr er fort. „Ich befürchte ernste Unruhen ... Darum rate ich Ihnen auch, Herr Grégoire, die Piolaine zu verriegeln. Man könnte Sie ausplündern.“
Herr Grégoire, dessen gütiges Antlitz ein Lächeln erhellte, war eben im Zuge, seine Frau an väterlichen Gesinnungen für die Arbeiter zu überbieten.
„Mich ausplündern?“ rief er verblüfft. „Warum denn?“
„Sind Sie nicht ein Aktionär von Montsou? Sie tun nichts und leben von der Arbeit der anderen. Kurz, Sie sind das infame Kapital, und das genügt. Seien Sie dessen sicher, daß die siegreiche Revolution Sie zwingen würde, Ihr Vermögen, als gestohlenes Geld, wieder herauszugeben!“
Er verlor sogleich die kindliche Ruhe und heitere Sorglosigkeit, in der er lebte. „Mein Vermögen gestohlenes Geld?“ stammelte er. „Hat mein Urahn die Summe, die er ehemals in dem Unternehmen angelegt hat, nicht durch harte Arbeit erworben? Und haben wir nicht alle Wagnisse dieses Unternehmens gehabt? Und mache ich etwa einen schlechten Gebrauch von den Erträgnissen?“
Frau Hennebeau wurde unruhig, als sie Mutter und Tochter erbleichen sah; sie beeilte sich denn, sich einzumengen und sagte: „Paul scherzt nur, Herr Grégoire.“
Doch Herr Grégoire war außer sich. Da der Diener eben Krebse herumreichte, nahm er deren drei, ohne recht zu wissen, was er tat, und begann die Krebsenfüße mit den Zähnen zu knacken.
„O gewiß, es gibt Aktionäre, die Mißbrauch treiben. So hat man mir beispielsweise erzählt, daß Minister Anteile an den Gruben von Montsou erhalten haben, gleichsam als Trinkgeld für Dienste, die sie der Gesellschaft geleistet hatten. Ganz so wie jener große Herr, den ich nicht nennen will, ein Herzog, der stärkste unserer Aktionäre, dessen verschwenderische Lebensweise ein wahrer Skandal ist, der für Weiber, Schmausereien und einen nichtsnutzigen Luxus Millionen hinauswirft ... Aber wir, die wir ein Leben ohne Aufsehen führen, als rechtschaffene Leute, die wir sind; wir, die wir nicht spekulieren, die wir

uns begnügen, vernünftig von dem zu leben, was wir haben, und den Armen ihren Teil davon geben ... Fürwahr, Ihre Arbeiter müßten rechte Räuber sein, wenn sie uns auch nur eine Stecknadel nehmen wollten!"

Négrel selbst mußte ihn beschwichtigen, übrigens sehr belustigt durch seinen Zorn. Die Krebse waren noch auf der Tafel, man hörte das leise Knacken der Scheren, während die Unterhaltung sich der Politik zuwandte. Herr Grégoire erklärte, noch vor Aufregung zitternd, er sei trotz alledem liberal; und er bedauerte Louis-Philippe. Deneulin war für eine starke Regierung; er erklärte, der Kaiser gleite die schiefe Bahn gefährlicher Konzessionen hinab.

„Erinnern Sie sich des Jahres 89!" sagte er. „Der Adel war's, der durch seine Mitschuld, durch seine philosophischen Neigungen die Revolution möglich gemacht hat ... Nun denn, heute spielt das Bürgertum das nämliche blöde Spiel, mit seinem wütenden Liberalismus, seiner Zerstörungswut, seinen Schmeicheleien für das Volk. Ja, ja, Sie machen dem Ungeheuer scharfe Zähne, damit es uns zerfleische. Und es wird uns zerfleischen, seien Sie dessen sicher!

Die Damen hießen ihn schweigen und suchten ein anderes Gespräch anzuknüpfen, indem sie ihn nach seinen Töchtern befragten. Lucie sei in Marchiennes, berichtete er, um mit einer Freundin Gesangsübungen zu halten. Jeanne male den Kopf eines alten Bettlers. Doch Herr Deneulin erzählte diese Dinge mit zerstreuter Miene; er ließ kein Auge von dem Direktor, der in die Lesung seiner Depeschen versunken war, so daß er seine Gäste völlig vergaß. Hinter diesen dünnen Blättchen ahnte er Paris, die Weisungen der Verwaltungsräte, die über den Streit entscheiden sollten. Er konnte seine Unruhe nicht meistern und fragte plötzlich:

„Was werden Sie machen?"

Herr Hennebeau schreckte zusammen und antwortete ausweichend: „Wir werden sehen." – „Natürlich, Sie stehen fest auf den Beinen, Sie können warten", sagte Deneulin, gleichsam laut denkend. „Ich aber werde die Haut dabei lassen, wenn der Streik sich auf Vandame ausdehnt. Was nützt es mir, daß ich die Jean-Bart-Grube neu eingerichtet habe? Mit dieser einzigen Grube kann ich nur bestehen, wenn der Betrieb unausgesetzt fortgeführt wird. Oh, ich sehe schlimme Tage kommen!"

Dieses unwillkürliche Geständnis schien die Aufmerksamkeit des Herrn Hennebeau zu erregen. Er hörte ihm zu, und ein Plan keimte in ihm. Wenn der Streik eine böse Wendung nehmen würde, warum sollte er diesen Umstand nichts ausnützen, den Nachbar dabei zugrunde gehen lassen und dann seine Konzession für einen Pappenstiel erwerben? Dies wäre das sicherste Mittel, die Gunst der Verwaltungsräte wieder zu gewinnen, die schon seit Jahren nach Vandame Verlangen trugen.

„Wenn Jean-Bart Ihnen eine solche Last ist, treten Sie die Grube uns ab", sagte er lachend. Doch Deneulin hatte seine Klagen schon bereut und rief: „Niemals!"

Seine Heftigkeit belustigte die Gesellschaft; man vergaß den Streik in dem Augenblick, als der Nachtisch erschien. Eine Apfelcreme wurde mit Lobsprüchen überhäuft; auch die Ananas fand man köstlich, und die Damen besprachen ein Rezept zur Zubereitung dieser Frucht. Das feine Obst, Weintrauben und Birnen, vervollständigte die frohe Laune, in der das reiche Mahl beendigt wurde. Alle redeten zugleich in gerührter Stimmung, während der Diener Rheinwein einschenkte anstatt des Champagners, den man schon gewöhnlich fand.

Das Projekt der Heirat zwischen Paul und Cécile wurde in der sympathischen Stimmung des Nachtischs bedeutend gefördert. Seine Tante hatte ihm so dringende Blicke zugeworfen, daß der junge Mann sich liebenswürdig zeigte und mit seiner zutunlichen Art die Grégoires wieder gewann, die er vorhin mit seinen Geschichten von der Plünderung erschreckt hatte. Angesichts des so engen Einverständnisses zwischen seiner Frau und seinem Neffen fühlte Herr Hennebeau seinen abscheulichen Verdacht wieder erwachen, gleichsam als hätte er in den ausgetauschten Blicken eine Berührung entdeckt. Doch der Gedanke an die Heirat, die hier, vor seinen Augen betrieben wurde, beruhigte ihn wieder.

Hyppolite brachte eben den Kaffee, als eine Kammerfrau sehr erschreckt hereinlief und meldete: „Gnädiger Herr, sie sind da!"

Es waren die Abgesandten. Man hörte Türen zuschlagen und hatte das Gefühl, daß ein Hauch des Schreckens durch die benachbarten Räume fahre.

„Führen Sie sie in den Salon", sagte Herr Hennebeau.

Die Gäste an der Tafel hatten einander mit einem Beben der Unruhe angeblickt. Stillschweigen war eingetreten. Dann wollten sie ihre Scherze wieder aufnehmen; man steckte den Rest des Zuckers in die Tasche und sprach davon, die Gedecke zu verbergen. Allein, der Direktor blieb ernst, und das Lachen verstummte; die Stimmen wurden zu einem Flüstern gedämpft, während im Salon die schweren Tritte der Abgesandten den Teppich zerknitterten.

Frau Hennebeau sagte ihrem Gatten im Flüsterton: „Ich hoffe, Sie werden Ihren Kaffee trinken." – „Ohne Zweifel", antwortete er; „sie sollen warten!"

Er war nervös; er lauschte den von außen kommenden Geräuschen, obgleich es den Anschein hatte, als würde er sich nur mit seiner Kaffeeschale beschäftigen.

Paul und Cécile hatten sich erhoben; er ließ sie durch das Schlüsselloch schauen. Sie lachten und sprachen leise miteinander. „Sehen Sie sie?" – „Ja ... Einen Großen und zwei Kleine hinter ihm." – „Sie sehen abscheulich aus, wie?" – „Nein, ganz artig."

Plötzlich verließ Herr Hennebeau seinen Sessel, indem er erklärte, der Kaffee sei zu heiß, und er werde ihn später trinken. Als er hinausging, legte er einen Finger an den Mund, wie um der Gesellschaft Vorsicht zu empfehlen. Alle hatten sich wieder gesetzt und saßen stumm an der Tafel, wagten sich nicht zu rühren, horchten mit gespitzten Ohren, unangenehm berührt durch die groben Stimmen dieser Männer.

II

In einer bei Rasseneur abgehaltenen Versammlung hatten gestern Etienne und einige Kameraden die Abgesandten ausgewählt, die am folgenden Tag zur Direktion entboten werden sollten. Als am Abend Frau Maheu erfuhr, daß ihr Mann mit dazugehöre, war sie trostlos und fragte ihn, ob er wolle, daß man sie auf die Straße werfe. Maheu selbst hatte nur mit Widerstreben die Sendung angenommen. In dem Augenblick, wo es galt zu handeln, verfielen beide – trotzdem sie ihr Elend als ein Unrecht empfanden – in die Ergebung ihres Stammes, zitternd vor dem morgigen Tag und doch lieber sich ins Unvermeidliche fügend. In Fragen der Lebensführung überließ er sich sonst seiner Frau, die stets guten Rat wußte. Aber diesmal geriet er in Zorn, um so mehr, als er im stillen ihre Besorgnisse teilte.

„Laß mich in Frieden", sagte er, indem er zu Bett ging und ihr den Rücken zuwandte. „Wäre es anständig, seine Kameraden im Stich zu lassen? Ich tue meine Pflicht."

Nun ging auch sie zu Bett. Keines von beiden sprach. Dann, nach langem Stillschweigen, antwortete sie: „Du hast recht, gehe hin. Aber, mein armer Alter, wir sind verloren."

Um zwölf Uhr frühstückte man; die Zusammenkunft war für ein Uhr bei Rasseneur bestimmt, von wo man zu Herrn Hennebeau gehen sollte. Man aß Kartoffeln; weil nur ein Stückchen Butter da war, rührte keiner daran. Am Abend sollte man Butterbrot essen.

„Wir rechnen auf dich als Sprecher", sagte Etienne plötzlich zu Maheu. Dieser war ganz betroffen, als er das hörte.

„O nein, das ist zuviel!" rief Frau Maheu. „Meinetwegen mag er mitgehen, aber ich verbiete ihm, den Führer zu machen. Warum lieber er als ein anderer?"

Etienne erklärte die Sache mit seiner eifervollen Beredsamkeit. Maheu sei der beste Arbeiter der Grube, der beliebteste, geachtetste; derjenige, der als der vernünftigste angeführt wurde. Die Beschwerden der Grubenarbeiter würden in seinem Mund ein entscheidendes Gewicht haben. Anfänglich hieß es, er, Etienne, sollte sprechen; aber er war noch zu kurze Zeit in Montsou. Man wird einem Alten aus der Gegend eher Gehör schenken. Kurz, die Kameraden vertrauten ihre Interessen dem Würdigsten an; er durfte nicht ablehnen, es wäre feig.

Frau Maheu machte eine verzweifelte Gebärde. „Geh, Mann, laß dich totmachen für die anderen; mir kann es schließlich auch recht sein." – „Aber ich werde nicht sprechen können", stammelte Maheu. „Ich werde Dummheiten reden."

Etienne, der sehr froh war, ihn endlich bestimmt zu haben, klopfte ihm auf die Schulter und sagte: „Du wirst sagen, was du fühlst, und es wird gut sein."

Der Vater Bonnemort, dessen Beine jetzt weniger geschwollen waren, hörte zu, während er aß, und nickte nur mit dem Kopf. Stille trat ein. Wenn man Kartoffeln aß, stopften sich die Kinder und verhielten sich artig. Dann, nachdem er einen tüchtigen Bissen hinuntergeschluckt hatte, murmelte der Alte: „Man mag reden soviel man will, es ist geradesogut, wie wenn man nichts gesagt hätte. Ich habe solche Geschichten schon gesehen! Vor vierzig Jahren warf man uns bei der Direktion hinaus, und es gab noch Säbelhiebe dazu. Heute wird man euch vielleicht empfangen, aber man wird euch sowenig anworten wie dieser Mauer ... Mein Gott! sie haben das Geld, sie lachen sich ins Fäustchen."

Es wurde wieder still. Etienne und Maheu erhoben sich und ließen die Familie in düsterer Stimmung vor den leeren Tellern zurück. Sie holten Levaque und Pierron und begaben sich mit diesen zu Rasseneur, wo die Abgesandten der benachbarten Dörfer in kleinen Gruppen eintrafen. Als die zwanzig Mitglieder der Abordnung beisammen waren, stellte man die Bedingungen fest, welche denjenigen der Gesellschaft gegenüber geltend gemacht werden sollten. Dann brach man auf nach Montsou. Ein schneidiger Nordost fegte über die Heerstraße. Es schlug zwei Uhr, als man ankam.

Zuerst hieß der Diener sie warten und schloß ihnen die Tür vor der Nase zu; dann, als er wiederkam, führte er sie in den Salon, dessen Vorhänge er öffnete. Ein zartes, durch die Spitzen gedämpftes Licht drang durch die Fenster herein. Und als die Grubenarbeiter allein geblieben waren, wagten sie es nicht, sich zu setzen; verlegen standen sie da, alle fein säuberlich mit ihren Tuchwämsern bekleidet, frisch rasiert, mit ihren gelben Haaren und Schnurrbärten. Sie drehten ihre Mützen zwischen ihren Fingern und warfen schiefe Blicke auf das Mobiliar, das ein Wirrsal aller Stile war, wie es der Geschmack für das Altertümliche in die Mode gebracht hat: Fauteuils im Stil Henri II., Sessel im Geschmack Louis' XV., ein italienisches Kabinett aus dem siebzehnten Jahrhundert, ein spanischer Contador aus dem fünfzehnten, eine Altardecke als Lambrequin am Kamin, die Verbrämungen alter Meßgewänder als Aufputz von Türvorhängen verwendet. All das Altgold, diese alten Seidenstoffe in den matten Farben, all der kapellenartige Luxus hatte in ihnen ein Gefühl respektvollen Unbehagens hervorgerufen. Die orientalischen Teppiche schienen mit ihrer hohen Wolle sie an den Füßen zu fesseln. Doch was ihnen am meisten den Atem verlegte, das war die Hitze, eine gleichmäßige, durch Wasserdämpfe hervorgebrachte Hitze, die den von der Straße kommenden, durchkälteten Leuten eine wohltuende Überraschung war. So gingen fünf Minuten dahin; ihre Verlegenheit wuchs immer mehr in dem Wohlbehagen dieses prächtigen, sorgfältig geschlossenen Gemachs.

Endlich kam Herr Hennebeau in seinem militärisch zugeknöpften Rock, mit der Schleife seines Ordens im Knopfloch. Er nahm zuerst das Wort: „Ah, da seid ihr ja! Ihr lehnt euch auf, wie es scheint ..." Und er unterbrach sich, um mit einer gewissen steifen Höflichkeit hinzuzufügen: „Setzt euch; es ist mir gerade recht, daß ich Gelegenheit habe, mit euch zu reden."

Die Arbeiter drehten sich um und suchten Sessel. Einige

wagten es, Platz zu nehmen; andere blieben stehen, eingeschüchtert durch die Seidenstoffe.
Eine Stille trat ein. Herr Hennebeau, der seinen Lehnsessel zum Kamin gerollt hatte, betrachtete sie mit lebhaftem Interesse und suchte sich ihrer Gesichter zu erinnern. Er hatte Pierron erkannt, der sich in der hintersten Reihe zu verbergen trachtete. Seine Augen waren auf Etienne haften geblieben, der ihm gegenübersaß.
,,Was habt ihr mir zu sagen?" fragte er.
Er erwartete, daß der junge Mann das Wort ergreifen würde, und war dermaßen überrascht, als er Maheu vortreten sah, daß er nicht umhin konnte, hinzuzufügen: ,,Wie, Ihr seid es? Ein guter Arbeiter, der sich immer so vernünftig zeigte, ein alter Insasse von Montsou, dessen Familie seit dem Spatenstich in den Gruben arbeitet. Das ist schlimm; es betrübt mich, Euch an der Spitze der Unzufriedenen zu sehen."
Maheu hörte mit gesenkten Blicken diese Worte an. Dann begann er, mit anfänglich zögernder und dumpfer Stimme: ,,Herr Direktor, eben weil ich ein ruhiger Mensch bin, dem man nichts vorzuwerfen hat, haben meine Kameraden mich gewählt. Dies mag Ihnen ein Beweis sein, daß es sich nicht um den Aufruhr von Randalierern, von unruhigen Köpfen handelt, die nur Unfrieden stiften wollen. Wir wollen bloß Gerechtigkeit; wir sind es müde, Hunger zu leiden, und es scheint uns, daß es an der Zeit wäre, eine Einigung zu treffen, damit wir wenigstens unser tägliches Brot haben."
Seine Stimme gewann an Sicherheit. Er erhob die Augen und fuhr fort, während er den Direktor anblickte: ,,Sie sehen ein, daß wir Ihr neues Lohnsystem nicht annehmen können ... Man wirft uns vor, daß wir schlecht verzimmern. Es ist wahr, wir widmen dieser Arbeit nicht die notwendige Zeit. Wenn wir es täten, würde unser Tageserwerb sich noch mehr vermindern; und da dieser schon jetzt nicht hinreicht, um uns zu ernähren, so wäre dies für Ihre Leute der Kehraus, das Ende von allem. Zahlen Sie uns besser, und wir werden besser verzimmern, werden der Verholzungsarbeit die nötige Zeit widmen, anstatt unsern ganzen Eifer dem Ausschlag zuzuwenden, weil dies die einzig lohnende Arbeit ist. Es gibt da keinen andern Ausweg; eine gute Arbeit muß auch bezahlt werden ... Und was haben Sie statt dessen ersonnen? Eine Sache, die uns nicht in den Schädel will. Sie vermindern den Preis des Karrens und behaupten, diese Verminderung dadurch wettzumachen, daß Sie die Verholzung gesondert bezahlen. Wäre dies wahr, dann wären wir nicht minder betrogen; aber was uns verdrießt, ist eben, daß dies gar nicht wahr ist; die Gesellschaft ersetzt uns gar nichts, sie steckt einfach zwei Centimes bei jedem Karren in die Tasche."
,,Ja, ja, so ist es", murmelten die übrigen Abgesandten, als sie sahen, daß Herr Hennebeau eine heftige Gebärde machte, wie um Maheu zu unterbrechen.
Maheu schnitt übrigens dem Direktor das Wort ab. Er war jetzt im Zuge, die Worte kamen von selbst. Zuweilen hörte er sich selbst mit Überraschung, als hätte ein Fremder mit ihm gesprochen. Es waren Dinge, die sich in der Tiefe seiner Brust angehäuft hatten; Dinge, von denen er gar nicht wußte, daß sie da seien und die jetzt hervorbrachen, weil sein Herz zu voll war. Er schilderte ihrer aller Elend, die harte Arbeit, das viehische Leben, das Darben von Weib und Kind. Er sprach von den letzten traurigen Lohnzahlungen, von den lächerlichen Halbmonatslöhnen, welche durch die Strafen und Arbeitsruhetage zur Hälfte aufgezehrt, den jammernden Familien heimgebracht wurden. Ist man entschlossen, sie völlig zugrunde zu richten?
,,Wir sind denn gekommen, Herr Direktor", schloß er, ,,um Ihnen zu sagen, daß, wenn schon krepiert sein muß, wir lieber krepieren wollen, ohne zu arbeiten. Das wird weniger ermüdend sein ... Wir haben die Gruben verlassen und werden nicht eher einfahren, als bis die Gesellschaft unsere Bedingungen annimmt. Sie will den Preis des Karrens herabsetzen und die Verzimmerung besonders bezahlen. Wir wollen, daß die Dinge bleiben, wie sie waren, und wollen überdies, daß man uns fünf Centimes für den Karren mehr bezahle ... Sie müssen nun zusehen, ob Sie für die Gerechtigkeit und die Arbeit sind."
Unter den Arbeitern wurden einige Stimmen laut. ,,Ja, ja ... Er hat unsere Gedanken ausgesprochen ... Wir verlangen nur, was recht ist."
Andere nickten nur stillschweigend. Das prunkvolle Gemach war verschwunden mit seinen Goldstoffen und Stickereien, mit seiner mysteriösen Anhäufung von Antiquitäten; sie fühlten selbst den Teppich nicht mehr, den sie mit ihren schweren Stiefeln zertraten.
,,Laßt mich doch antworten!" rief Herr Hennebeau endlich verdrossen. ,,Vor allem ist es nicht wahr, daß die Gesellschaft zwei Centimes bei jedem Karren gewinnt ... Laßt uns einmal rechnen."
Es folgte nun ein verworrener Streit. Um sie uneinig zu machen, fragte der Direktor den Pierron, der sich stotternd hinter den anderen versteckte. Levaque hingegen war einer der Kecksten, verwirrte die Dinge und behauptete Tatsachen, von denen er nichts verstand. Das Gemurmel der Stimmen verlor sich zwischen den Vorhängen in der Treibhaushitze dieses Gemaches.
,,Wenn ihr alle zugleich redet", sagte Herr Hennebeau, ,,werden wir uns niemals verständigen."
Er hatte seine Ruhe, seine stramme, aber nicht herbe Höflichkeit eines Leiters wiedergefunden, der seine Weisungen empfangen hat und entschlossen ist, denselben Geltung zu verschaffen. Seit den ersten Worten ließ er Etienne nicht aus den Augen, und er richtete es so ein, daß der junge Mann das Stillschweigen breche, in das er sich eingeschlossen hatte. Er brach denn auch den Streit über die zwei Centimes plötzlich ab und begann die Frage auf breiterer Grundlage zu erörtern.
,,Nein, gesteht es nur, ihr gehorcht abscheulichen Aufreizungen. Es ist dies eine Pest, die heutzutage alle Arbeiter ergreift und die besten verdirbt ... Oh, es braucht mir keiner zu beichten; ich sehe ja, daß man euch, die ihr ehedem so ruhige Leute wart, ganz verändert hat. Nicht

wahr, man hat euch goldene Berge versprochen, man hat euch gesagt, es sei die Zeit gekommen, daß ihr die Herren werdet ... Kurz, man reiht euch in die vielgerühmte Internationale ein, in diese Armee von Räubern, die davon träumen, die Gesellschaft umzustürzen ..."

Da unterbrach ihn Etienne: „Sie irren sich, Herr Direktor. Kein einziger der Kohlengräber ist noch beigetreten. Aber wenn man sie dazu treibt, werden sämtliche Gruben beitreten. Es hängt nur von der Gesellschaft ab."

Seit diesem Augenblick wurde der Kampf zwischen Herrn Hennebeau und ihm geführt, als ob die Kohlengräber gar nicht da wären.

„Die Gesellschaft ist eine Vorsehung für ihre Arbeiter, und Sie haben unrecht, ihr zu drohen. Dieses Jahr hat sie über dreihunderttausend Francs auf den Bau von Arbeiterdörfern ausgegeben, die ihr kaum zwei Prozent bringen; und ich will nicht von den Ruhegehältern sprechen, die sie bezahlt, noch von den Kohlen, von den Arzneien, welche sie unentgeltlich verabfolgt ... Sie, der Sie so vernünftig scheinen und in wenigen Monaten einer unserer geschicktesten Arbeiter geworden sind, würden besser tun, diese Wahrheiten zu verbreiten, als in Ihr Verderben zu rennen, indem Sie mit Leuten von schlechtem Ruf verkehren. Ja, ich spreche von diesem Rasseneur, den wir entlassen mußten, um unsere Gruben vor der sozialistischen Fäulnis zu bewahren. Man sieht Sie immer bei ihm; er ist es sicherlich, der Sie dazu gedrängt hat, diese Unterstützungskasse zu gründen, die wir gerne dulden würden, wenn sie nur eine Sparkasse wäre, in der wir aber eine gegen uns gerichtete Waffe vermuten, einen Reservefonds zur Deckung der Kriegskosten. Und ich muß bei dieser Gelegenheit hinzufügen, daß die Gesellschaft eine Kontrolle über diese Kasse auszuüben wünscht."

Etienne ließ ihn ruhig sprechen, während er seine Leute betrachtete und seine Lippen von einem nervösen Zittern bewegt wurden. Bei dem letzten Satz lächelte er und antwortete einfach: „Das ist also eine neue Forderung; denn bisher haben Sie, Herr Direktor, diese Kontrolle nicht gefordert ... Unser Wunsch ist unglücklicherweise der, daß die Gesellschaft sich weniger mit uns beschäftige und daß sie, anstatt die Rolle der Vorsehung zu spielen, ganz einfach gerecht sei und uns gebe, was uns gebührt, unsern Gewinn, den sie mit uns teilt. Ist es rechtschaffen, bei jeder Krise die Arbeiter Hungers sterben zu lassen, um die Dividenden der Aktionäre sicherzustellen? ... Sie mögen was immer sagen, Herr Direktor: das neue Lohnsystem bedeutet eine neue Lohnverminderung, und das ist's, was uns empört; denn wenn die Gesellschaft Einsparungen machen muß, tut sie sehr unrecht, bloß beim Arbeiter zu sparen."

„Also, da sind wir ja auf dem gewissen Punkt!" rief Herr Hennebeau; „ich erwartete diese Anklage, daß wir das Volk hungern lassen und uns von seinem Schweiß nähren. Wie können Sie solche Torheiten reden, Sie, der Sie wissen sollten, welches große Risiko die Kapitalien in der Industrie, beispielsweise im Bergwerksbetrieb haben? Eine vollständig eingerichtete Grube kostet anderthalb bis zwei Millionen; und wie viele Mühe hat man, ehe man aus einer solchen Summe eine mäßige Verzinsung zieht! Fast die Hälfte der Bergwerksgesellschaften in Frankreich geht zugrunde ... Es ist übrigens blöd, diejenigen, die Erfolg haben, zu beschuldigen. Wenn ihre Arbeiter leiden, leiden auch sie selbst. Glauben Sie, daß die Gesellschaft in der gegenwärtigen Krise nicht ebensoviel zu verlieren hat wie ihr? Sie ist nicht Herrin des Lohnes; sie muß sich dem Wettbewerb fügen, wenn sie nicht zugrunde gehen will. Haltet euch an die Tatsachen und nicht an sie ... Aber ihr wollt nicht hören und nicht begreifen!"

„Doch, wir begreifen", sagte der junge Mann, „daß es für uns keine Besserung gibt, solange die Dinge so gehen werden, wie sie gehen, und darum werden früher oder später die Arbeiter sich entschließen müssen, einen andern Weg zu betreten."

Dieses Wort, so gemäßigt in der Form, wurde halblaut, mit einer solchen Überzeugung gesprochen, durch die eine Drohung hindurchzitterte, daß eine tiefe Stille eintrat. Eine Verlegenheit, ein Hauch der Furcht zog durch das stille Gemach. Die anderen Abgesandten, die nur unvollkommen begriffen, fühlten doch, daß der Kamerad inmitten dieses Wohlstandes ihren Teil forderte, und sie begannen scheele Blicke zu werfen auf die warmen Vorhänge und Teppiche, auf die bequemen Sessel, auf all den Luxus, dessen geringstes Stück hingereicht haben würde, um ihnen einen Monat lang ihre Suppe zu bezahlen.

Herr Hennebeau war eine Weile nachdenklich dagesessen und erhob sich dann, um sie zu verabschieden. Alle folgten seinem Beispiel. Etienne hatte Maheu sachte mit dem Ellbogen angestoßen, und dieser sagte schwerfällig und schwankend: „Ist das alles, mein Herr, was Sie uns antworten? Wir werden denn unseren Kameraden sagen, daß Sie unsere Bedingungen verwerfen." – „Ich verwerfe gar nichts, lieber Mann", rief der Direktor aus. „Ich bin ein bezahlter Angestellter so wie ihr, und ich habe hier nicht mehr eigenen Willen als der letzte eurer Handlanger. Man gibt mir Weisungen, und es ist meine Aufgabe, darüber zu wachen, daß sie gebührend durchgeführt werden. Ich sage euch, was ich euch sagen zu sollen für gut erachte; aber ich werde mich wohl hüten, eine Entscheidung zu treffen ... Ihr bringt mir eure Forderungen; ich werde sie der Verwaltung vorlegen und euch ihre Antwort übermitteln."

Er sprach mit der korrekten Miene eines hohen Beamten, vermied es, sich in diesen Fragen zu ereifern, war von der höflichen Trockenheit eines einfachen Werkzeuges der Autorität. Und die Grubenarbeiter betrachteten ihn jetzt mißtrauisch und fragten sich, woher er käme, welches Interesse er daran haben könne zu lügen und wieviel er wohl stehlen möge, indem er sich so zwischen sie und die wirklichen Herren stellte. Er war vielleicht ein Ränkeschmied, ein Mann, den man bezahlte wie einen Arbeiter und der hier so fein lebte!

Etienne wagte nochmals sich einzumengen.

„Es ist wirklich zu bedauern, Herr Direktor, daß wir unsere Sache nicht hier austragen können. Wir würden viele

Dinge erklären, wir würden Gründe finden, die Ihnen notwendigerweise entgehen ... Wenn wir nur wüßten, wohin wir uns wenden sollen!"
Herr Hennebeau erzürnte sich nicht; er lächelte sogar. „Ach, wenn ihr kein Vertrauen zu mir habt, dann wird die Sache schwieriger ... Ihr müßt dorthin gehen."
Die Abgesandten waren seiner undeutlichen Gebärde gefolgt, seiner Hand, die er nach einem der Fenster ausstreckte. Wo war das: dorthin? Ohne Zweifel Paris. Aber sie wußten es nicht genau; es wich in eine erschreckende Ferne zurück, in eine unnahbare, Ehrfurcht gebietende Gegend, wo der unbekannte Gott thronte, in der Tiefe seines Tabernakels hockend. Niemals würden sie ihn zu sehen bekommen; sie fühlten ihn nur wie eine Macht, die von ferne auf den zehntausend Kohlengräbern von Montsou lastete. Und wenn der Direktor sprach, war es diese verborgene, orakelsprechende Macht, die er hinter sich hatte.
Tiefe Niedergeschlagenheit kam über sie. Etienne selbst zuckte mit den Achseln, um ihnen zu sagen, es wäre das beste, daß sie ihrer Wege gehen; während Herr Hennebeau freundschaftlich auf den Arm Maheus klopfte und sich nach dem Wohlergehen Jeanlins erkundigte.
„Das war euch doch eine grausame Lehre, und dennoch verteidigt ihr die schlechten Verholzungen! ... Ihr werdet euch die Sache überlegen, meine Freunde, und werdet einsehen, daß ein Streik ein Unglück für alle Welt wäre. Ehe eine Woche zu Ende geht, würdet ihr Hungers sterben; was wollt ihr da anfangen? ... Ich rechne übrigens auf eure Klugheit und bin überzeugt, daß Ihr spätestens am Montag wieder einfahren werdet."
Alle gingen; sie verließen den Salon mit dem Getrappel einer Herde, mit gebeugtem Rücken, ohne auf diese Erwartung der Unterwerfung auch nur ein Wort zu erwidern. Der Direktor, der ihnen das Geleit gab, sah sich genötigt, die Unterredung zusammenzufassen: auf der einen Seite die Gesellschaft mit ihrem neuen Tarif; auf der andern Seite die Arbeiter mit ihrem Verlangen nach einer Lohnerhöhung um fünf Centimes für jeden Karren. Um ihnen jeden Wahn zu nehmen, glaubte er ihnen sagen zu sollen, daß ihre Bedingungen von der Verwaltung sicherlich zurückgewiesen werden würden.
„Überlegt euch die Sache, bevor ihr Dummheiten macht", wiederholte er, beunruhigt durch ihr Schweigen.
Im Hausflur grüßte Pierron sehr untertänig, während Levaque in auffälliger Weise seine Mütze aufsetzte. Maheu wollte zum Abschied noch etwas sagen, als Etienne ihn mit dem Ellbogen anstieß. Dann gingen alle inmitten dieses drohenden Schweigens. Die Haustür fiel geräuschvoll ins Schloß.
Als Herr Hennebeau in den Speisesaal zurückkehrte, fand er seine Gäste unbeweglich und stumm vor den Likören. In wenigen Worten unterrichtete er Deneulin, dessen Antlitz sich noch mehr verdüsterte. Dann, während er seinen kalten Kaffee trank, suchte man von anderen Dingen zu sprechen. Allein, die Grégoires selbst kamen wieder auf den Streik zurück, erstaunt darüber, daß es keine Gesetze gebe, die den Arbeitern verbieten, ihre Arbeit zu verlassen. Paul beruhigte Cécile mit der Versicherung, daß man die Ankunft der Gendarmen erwarte.
Endlich rief Frau Hennebeau den Diener.
„Hippolyte", befahl sie, „bevor wir in den Salon hinübergehen, öffnen Sie die Fenster, um frische Luft einzulassen."

III

Zwei Wochen waren verflossen; und am Montag der dritten Woche zeigten die an die Direktion gesendenten Präsenzlisten eine weitere Verminderung der Anzahl der eingefahrenen Arbeiter. Diesen Morgen zählte man auf die Wiederaufnahme der Arbeit; allein, die Hartnäckigkeit der Verwaltung, die nicht nachgeben wollte, erbitterte die Bergwerksarbeiter. Die Gruben Le Voreux, Crèvecœur, Mirou, Madeleine waren nicht die einzigen, welche feierten; in den Gruben Le Victoire und Feutry-Cantel fuhr jetzt kaum der vierte Teil der Arbeiter ein; auch der Thomasschacht war schon von dem Streik berührt. Der Arbeitsausstand wurde nachgerade allgemein.
Im Voreuxschacht lag tiefe Stille auf dem Grubenhof. Es war die tote Fabrik, die Leere und Verlassenheit der großen Werkstätten, wo die Arbeit feiert. Auf den hohen Gestellen, unter dem grauen Dezemberhimmel, standen einige Karren von trübseligem Aussehen. Der zwischen den dünnen Füßen der Gestelle aufgehäufte Kohlenstock erschöpfte sich, so daß die kahle, schwarze Erde sichtbar wurde; während der Holzvorrat unter der Einwirkung der Regengüsse allmählich in Fäulnis überging. Am Landungsplatz des Kanals lag eine halb beladene Plätte, gleichsam in dem trüben Wasser schlummernd; und auf dem verlassenen Hügel, dessen Schwefelerz trotz des Regens dampfte, streckte ein einsamer Handkarren seine Gabeldeichsel traurig gen Himmel. Doch am trostlosesten sahen die Gebäude aus: das Sichtungswerk mit den geschlossenen Fensterläden, der Glockenstuhl, unter dem man das Gedröhn der aufsteigenden Karren nicht mehr hörte, die kalt gewordene Kammer der Dampferzeuger und der riesige Schlot, der für den spärlichen Rauch viel zu breit war. Die Fördermaschine wurde nur am Morgen geheizt; die Pferdewärter brachten ihren Tieren das Futter; die Aufseher allein arbeiteten in den Gruben als gewöhnliche Arbeiter, um die Einstürze zu verhüten, welche die Gänge verschütten, denn man dürfe nicht aufhören, diese instand zu halten; von neun Uhr angefangen dienten Leitern zum Auf- und Abstieg. Und über diesen toten Gebäuden, die in ihr Leichentuch von schwarzem Staub gehüllt waren, gab es nur mehr die Dampfausströmung der Pumpe mit ihrem lauten und langen Atem; der letzte Rest von Leben in der Grube, die vom Wasser ersäuft worden wäre, wenn auch dieser Atemzug stillgestanden wäre.

Das gegenüber auf der Hochebene gelegene Dorf der zweihundertundvierzig schien tot. Der Präfekt von Lille war herbeigeeilt, Gendarmen streiften auf den Straßen; allein angesichts der ruhigen Haltung der Streikenden hatten Präfekt und Gendarmen sich entschlossen, heimzukehren. Niemals hatte das Dorf in der weitgestreckten Ebene sich so musterhaft betragen. Um nicht in die Schenke zu gehen, schliefen die Männer den ganzen Tag; die Weiber verkürzten sich ihre Kaffeeportionen und wurden vernünftig, weniger geschwätzig, weniger zänkisch; selbst die Kinder schienen die Lage zu begreifen und benahmen sich so artig, daß sie mit nackten Beinen herumliefen und einander geräuschlos ohrfeigten. Es war die Losung, die von Mund zu Mund ging: man wollte sich klug betragen.

Im Hause Maheus jedoch gab es ein ununterbrochenes Kommen und Gehen von Leuten. In seiner Eigenschaft eines Sekretärs hatte Etienne daselbst die dreitausend Francs der Unterstützungskasse unter die notleidenden Familien verteilt. Dann waren von verschiedenen Seiten einige hundert Francs gekommen, das Ergebnis von freiwilligen Spenden und Sammlungen. Doch nunmehr waren alle Hilfsquellen versiegt, die Grubenarbeiter hatten kein Geld mehr, um den Streik aufrechtzuerhalten, und der drohende Hunger war da. Der Krämer Maigrat hatte anfänglich einen vierzehntägigen Kredit in Aussicht gestellt, sich aber nach acht Tagen plötzlich eines anderen besonnen und die Lieferung von Lebensmitteln eingestellt. In der Regel holte er die Weisungen der Gesellschaft ein; vielleicht wünschte diese sogleich ein Ende zu machen, indem sie die Dörfer aushungerte. Er handelte übrigens als launischer Tyrann, bewilligte oder verweigerte das Brot je nach dem Gesicht des Mädchens, das die Eltern sandten, um die Vorräte zu holen; und er verschloß seine Tür vornehmlich der Frau Maheu, der er grollte und die er strafen wollte, weil er Catherine nicht besessen hatte. Um das Maß des Elends vollzumachen, fror es sehr stark; die Weiber sahen voll Angst ihren Kohlenhaufen kleiner werden, weil sie fürchteten, der Vorrat würde in den Gruben nicht erneuert werden, solange die Männer nicht einfuhren. Es war nicht genug, vor Hunger zu verrecken, man sollte nun auch vor Kälte hinwerden.

Bei den Maheus fehlte schon alles. Die Levaques aßen noch; sie lebten von einem Zwanzigfrancsstück, welches Bouteloup geliehen hatte. Was die Pierrons betrifft, so hatten sie immer Geld; aber um ebenso notleidend zu scheinen wie die anderen, weil sie angepumpt zu werden fürchteten, versorgten sie sich auf Kredit bei Maigrat, der seinen ganzen Laden der Frau Pierron hingeworfen hätte, wenn sie ihren Rock aufgehoben hätte. Schon am Sonnabend waren viele Familien ohne Nachtessen zu Bett gegangen. Und angesichts der schrecklichen Tage, die jetzt begannen, war keine Klage zu vernehmen; alle gehorchten ruhigen Mutes der Losung. Das war immerhin ein absolutes Vertrauen, eine andächtige Zuversicht, die blinde Hingebung eines Volkes von Gläubigen. Da man ihnen das Zeitalter der Gerechtigkeit verheißen hatte, waren sie bereit, für die Erringung des allgemeinen Glücks zu leiden. Der Hunger erhitzte die Köpfe; niemals hatte der geschlossene Horizont ein breiteres Jenseits diesen vom Elend geblendeten Leuten eröffnet. Wenn ihre Augen in Schwäche sich trübten, sahen sie die ideale Stadt ihrer Träume, aber diesmal ganz nahe, gleichsam verwirklicht mit ihrem Volk von Brüdern, ihrem goldenen Zeitalter der gemeinsamen Arbeit und der gemeinsamen Mahlzeiten. Nichts vermochte ihre Überzeugung zu erschüttern, daß sie endlich diese Stadt betreten sollten. Die Kasse war erschöpft, die Gesellschaft schien nicht nachgeben zu wollen, jeder Tag mußte die Lage erschweren, aber sie bewahrten ihre Hoffnung und zeigten eine lächelnde Mißachtung der Tatsachen. Dieser Glaube ersetzte das Brot und hielt den Bauch warm.

Wenn die Maheus und die anderen zu schnell ihre klare Wassersuppe verdaut hatten, stiegen sie wie in einem Halbtaumel zur Ekstase eines schöneren Lebens empor, zur Verzückung der Märtyrer, die den wilden Tieren vorgeworfen worden sind.

Seither war Etienne der anerkannte Führer. In den abendlichen Unterhaltungen gab er Prophezeiungen zum besten in dem Maße, als das Studium seinen Geist schärfte und sein Verständnis in allen Dingen erweiterte. Er verbrachte ganze Nächte bei den Büchern und empfing immer mehr Briefe. Er hatte sogar den „Vengeur" (Rächer) abonniert, ein sozialistisches Blatt, das in Belgien erschien. Diese Zeitung, die erste, die in das Dorf kam, hatte ihm von seiten seiner Kameraden ein ganz außerordentliches Ansehen verschafft. Seine wachsende Volkstümlichkeit erregte ihn von Tag zu Tag immer mehr. Einen ausgebreiteten Briefwechsel unterhalten, mit allen Gegenden der Provinz über das Schicksal der Arbeiter verhandeln, überhaupt ein Mittelpunkt sein, die Welt um sich kreisen sehen: all dies schwellte ihn fortwährend vor Eitelkeit, ihn, den ehemaligen Mechaniker, den Kohlenschlepper mit den fetten schwarzen Händen. Er stieg um eine Stufe höher, er trat in dieses verhaßte Bürgertum ein mit einer Genugtuung der Intelligenz und des Wohllebens, die er sich nicht zu gestehen wagte. Nur ein Unbehagen war ihm geblieben: das Bewußtsein seiner mangelhaften Bildung, das ihn verlegen und schüchtern machte, sobald er sich vor einem Herrn in städtischem Rock befand. Wohl fuhr er mit heißer Wißbegierde fort, sich selbst zu unterrichten, allein bei dem Mangel an einer Methode war die Verdauung des Gelesenen, die Ausgleichung des Stoffes eine langsame, und es entstand eine solche Verwirrung, daß er Dinge wußte, die er nicht begriffen hatte. So geschah es denn, daß er in manchen Stunden der Einsicht eine gewisse Unruhe hinsichtlich seines Berufs empfand, eine gewisse Furcht, nicht der erwartete Mann zu sein. Vielleicht hätte er ein Advokat, ein Gelehrter sein müssen, der die Fähigkeit besaß, zu sprechen und zu handeln, ohne die Kameraden zu kompromittieren? Allein eine innere Empörung gab ihm bald seine Kühnheit wieder. Nein, nein, kein Advokat, sie sind alle Halunken, nützen ihr Wissen aus, um sich auf Kosten des Volkes zu mästen. Es mochte kommen wie es wollte: aber die Arbeiter mußten ihre Sache unter sich ausfechten. Und abermals wiegte er sich in seinem Traum, ein Volksführer zu werden; er sah Montsou zu seinen Füßen, Paris in einer nebelhaften Ferne; konnte man wissen? Vielleicht wird er eines Tages zum Abgeordneten gewählt und wird in einem reichgeschmückten Saal die Rednertribüne besteigen, um von da das Spießbürgertum zu vernichten mit der ersten Rede, die ein Arbeiter im Parlament halten würde.

Seit einigen Tagen war Etienne in Verwirrung. Pluchart schrieb Brief um Brief und machte sich erbötig, nach Montsou zu kommen, um den Eifer der Streikenden zu schüren. Es handelte sich darum, eine vertrauliche Besprechung zu veranstalten, deren Obmann der Mechaniker werden sollte; unter diesem Projekt barg sich die Idee, den Streik auszunützen und die Bergleute, die sich bis jetzt mißtrauisch gezeigt hatten, für die Internationale zu gewinnen. Etienne fürchtete den Lärm, aber er hätte dennoch Pluchart kommen lassen, wenn nicht Rasseneur sich heftig gegen diese Einmischung ausgesprochen hätte. Trotz seiner Macht mußte der junge Mann Rücksicht auf den Schankwirt nehmen, dessen Dienste älter waren und der unter seinen Kunden treue Anhänger hatte. Er zögerte denn auch noch und wußte nicht recht, was er Pluchart antworten sollte.

Am Montag gegen neun Uhr kam eben wieder ein neuer Brief aus Lille, als Etienne mit der Frau Maheu allein in der Wohnstube war. Maheu, den der Müßiggang krank machte, war angeln gegangen; wenn er das Glück haben sollte, unterhalb der Kanalschleuse einen schönen Fisch zu fangen, wird man den verkaufen und Brot dafür kaufen. Der alte Bonnemort und der kleine Jeanlin waren fortgegangen, um ihre frisch eingerichteten Beine zu erproben, während die Kleinen mit Alzire weggegangen waren, die stundenlang auf dem Hügel zubrachte, um dort Kohlenstückchen zu sammeln. Die Maheu saß neben dem dürftigen Feuer, welches sie nicht zu unterhalten wagte; sie hatte aus dem geöffneten Leibchen eine Brust hervorgeholt, die ihr bis auf den Bauch herabfiel, und stillte Estelle.

Als der junge Mann den Brief zusammenfaltete, befragte sie ihn: „Sind's gute Nachrichten, wird man uns Geld schicken?" Er schüttelte verneinend den Kopf, worauf sie hinzufügte: „Ich weiß nicht, was wir diese Woche anfangen sollen. Doch wir wollen uns durchkämpfen. Wenn man das gute Recht für sich hat, so verleiht einem dies Mut. Wir werden schließlich doch die Stärkeren sein."

Sie war jetzt auch für den Streik, nachdem sie die Sache wohl überlegt hatte. Es wäre wohl vernünftiger gewesen, die Gesellschaft zur Gerechtigkeit zu zwingen, ohne die Arbeit zu verlassen. Aber nachdem man sie einmal verlassen hatte, durfte man sie nicht wieder aufnehmen, bevor man sein Recht errungen hatte. Sie zeigte sich da von einer unversöhnlichen Energie. Lieber verrecken, als den Schein des Unrechts auf sich zu nehmen, da man das Recht für sich hatte!

„Möchte doch eine tüchtige Cholera ausbrechen", rief Etienne, „die uns von allen diesen Ausbeutern befreien würde!"

„Nein, nein", sagte sie, „man soll niemandem den Tod wünschen. Es wäre uns damit auch wenig geholfen, denn es kämen andere. Ich wünsche bloß, daß die Leute von der Gesellschaft vernünftig werden, und ich erwarte dies auch, denn es gibt überall rechtschaffene Leute. Sie wissen, ich bin durchaus nicht für Ihre Politik."

In der Tat tadelte sie gewöhnlich seine heftigen Worte. Sie fand, daß er ein Kampfhahn sei. Daß man sich seine Arbeit nach Verdienst bezahlen lasse, sei recht, aber was hatte man sich mit einer Menge von Dingen zu beschäftigen, mit den Spießbürgern und der Regierung? Was hatte man sich in die Angelegenheiten anderer einzumengen, wo man nur Hiebe davontragen konnte? Indes bewahrte sie ihm Achtung, weil er sich nicht betrank und regelmäßig seine fünfundvierzig Francs Pension bezahlte. Wenn ein Mann sich nur anständig betrug, konnte man ihm alles übrige verzeihen.

Da sprach Etienne von der Republik, die jedermann Brot geben würde. Allein Frau Maheu schüttelte den Kopf, sie erinnerte sich des Jahres 48, eines Schreckensjahres, in welchem sie und ihr Mann, jungvermählt, die schlimmste Not zu leiden hatten.

Und sie verlor sich in einer Schilderung ihres Ungemachs, mit dumpfer Stimme, stieren Augen, die Brust entblößt, während ihre Tochter Estelle, ohne die Mutterbrust loszulassen, auf ihren Knien eingeschlafen war. Auch seinerseits in Gedanken verloren, betrachtete Etienne diesen riesigen Busen, dessen Weiße von dem verwüsteten, gelben Gesicht grell abstach.

„Nicht einen Heller hatten wir", murmelte sie; „nichts hinter die Zähne zu stecken. In allen Gruben stockte die Arbeit; es war das reine Elend für die armen Leute, zum Hinwerden, ganz so wie jetzt."

Doch in diesem Augenblick öffnete sich die Tür, und sie blieben stumm vor Überraschung, als sie Catherine eintreten sahen. Seit ihrer Flucht mit Chaval war sie nicht mehr im Arbeiterdorf erschienen. Ihre Verwirrung war so groß, daß sie zitternd und stumm dastand und die Tür zu schließen vergaß. Sie hatte darauf gezählt, ihre Mutter allein zu finden. Der Anblick des jungen Mannes ließ sie die Worte vergessen, die sie sich unterwegs zurechtgelegt hatte.

„Was willst du hier?" rief Frau Maheu, ohne sich von ihrem Sessel zu erheben. „Ich will von dir nichts wissen, geh!"

Catherine haschte nach Worten.

„Mama, ich bringe Kaffee und Zucker für die Kinder. Ich habe Überstunden gemacht und habe an die Kinder gedacht."

Sie zog ein Pfund Kaffee und ein Pfund Zucker aus der Tasche und fand den Mut, diese Dinge auf den Tisch zu legen. Der Streik im Voreuxschacht schmerzte sie, während sie im Jean-Bart-Schacht arbeitete, und sie hatte kein anderes Mittel gefunden, ihre Eltern ein wenig zu unterstützen, als Kaffee und Zucker zu bringen unter dem Vorwand, an die Kleinen gedacht zu haben. Allein ihre Gutherzigkeit entwaffnete ihre Mutter nicht, die ihr erwiderte: „Anstatt uns Süßigkeiten zu bringen, hättest du besser getan, bei uns zu bleiben, um Brot für uns zu erwerben."

Und die Mutter erleichterte ihr Herz und warf der Tochter alles an den Kopf, was sie seit einem Monat gegen sie wiederholte. Mit einem Mann durchzugehen, mit sechzehn Jahren sich an einen Mann zu hängen, wenn man eine Familie in der Not hat: dazu mußte man die letzte der entarteten Töchter sein. Man konnte eine Torheit verzeihen, aber eine Mutter konnte einen solchen Streich niemals vergessen. Und wenn man sie noch in strenger Zucht gehalten hätte! Aber durchaus nicht; sie war frei wie die Luft; man verlangte nur, daß sie des Nachts zu Hause sei.

„Was steckt dir denn in der Haut, in deinem Alter? Sprich!"

Catherine stand unbeweglich neben dem Tisch und hörte gesenkten Hauptes die Vorwürfe ihrer Mutter an. Ein Zittern bewegte den mageren Körper des in der Entwicklung zurückgebliebenen Mädchens, und sie suchte nach Worten, um zu antworten.

„Ach, mir macht es wenig Spaß", sagte sie. „Er ist schuld an allem. Wenn er will, muß ich wohl auch, nicht? Er ist eben der stärkere. Weiß man denn jemals, welche Wendung die Dinge nehmen? Nun ist's geschehen, und man kann's nicht ändern. Er oder ein anderer: jetzt ist's gleichviel. Er wird mich wohl heiraten müssen."

Sie verteidigte sich ohne Trotz, mit der passiven Ergebung der Mädchen, die frühzeitig den Mann kennenlernen. War dies nicht das allgemein gültige Gesetz? Sie hatte nie etwas anderes erwartet: eine Vergewaltigung hinter dem Hügel, ein Kind mit sechzehn Jahren, dann das Elend im Haushalt, wenn ihr Liebhaber sie zur Frau nehmen würde. Und sie errötete nicht vor Scham; sie zitterte nur, weil sie als Straßendirne behandelt wurde vor diesem jungen Mann, dessen Gegenwart ihr Beklemmung und Verzweiflung verursachte.

Etienne hatte sich inzwischen erhoben und machte sich mit dem erlöschenden Feuer zu schaffen, um die Auseinandersetzung zwischen Mutter und Tochter nicht zu stören; aber ihre Blicke begegneten sich. Er fand sie bleich, erschöpft, aber dennoch hübsch mit ihren hellen Augen in dem gebräunten Gesicht. Er empfand ein seltsames Gefühl, sein Groll war geschwunden, er hätte nur gewünscht, daß sie glücklich sei mit diesem Mann, den sie ihm vorgezogen hatte. Es war ein Bedürfnis, sich noch mit ihr zu beschäftigen, ein Verlangen, nach Montsou zu gehen und den andern zu zwingen, sie rücksichtsvoller zu behandeln. Doch sie sah in dieser Regung der Zärtlichkeit, die sich noch immer anbot, nichts als Mitleid. Er mußte sie sicherlich verachten, daß er sie in solcher Weise ansah. Und ihr Herz zog sich so schmerzhaft zusammen, daß sie kein Wort der Entschuldigung mehr fand.

„Es ist auch besser, daß du schweigst", sagte die Maheu unversöhnlich. „Wenn du gekommen bist, um dazubleiben, so tritt ein; wenn nicht, so geh gleich wieder fort und sei froh, daß ich nicht vom Sessel aufstehen kann, sonst hätte ich dir schon einen Fußtritt versetzt."

Als hätte diese Drohung sich plötzlich verwirklicht, empfing Catherine in den Hintern einen Stoß, dessen Heftigkeit sie vor Überraschung und Schmerz betäubte. Es war Chaval, der mit einem Satz durch die offene Tür hereingesprungen und wie ein bösartiges Tier über sie hergefallen war. Seit einer Weile hatte er sie von außen belauscht.

„Ha, Metze, ich bin dir nachgefolgt; ich wußte wohl, daß du hierher kamst, um dir mit ihm gütlich zu tun bis an die Nase! Und du bezahlst ihn noch, wie? Du begießt ihn noch mit Kaffee für mein Geld!"

Frau Maheu und Etienne waren dermaßen betroffen, daß sie sich nicht rühren konnten. Mit einer wütenden Gebärde jagte Chaval Catherine zur Tür.

„Wirst du gehen?" schrie er. Und weil sie in einen Winkel flüchtete, fiel er über die Mutter her. „Ein sauberes Gewerbe, das Haus zu hüten, während deine Hurentochter oben die Beine in die Luft streckt!"

Endlich hatte er Catherine bei den Handknöcheln gefaßt; er schüttelte sie und schleppte sie hinaus. An der Tür wandte er sich abermals nach der Maheu um, die wie festgenagelt auf ihrem Sessel saß. Sie hatte darüber vergessen, ihre Brust wieder zu verhüllen. Estelle war eingeschlafen, das Gesichtchen in den Rockfalten der Mutter vergraben; und der riesige Busen fiel nackt und frei herab, wie das Euter einer Kuh.

„Wenn die Tochter nicht da ist, läßt die Mutter sich ‚pfropfen'", schrie Chaval. „Zeige ihm nur dein Fleisch; dein Schweinekerl von einem Mieter ist nicht so ‚eklig'."

Etienne wollte den Kameraden ohrfeigen. Nur die Besorgnis, durch eine Rauferei das ganze Dorf in Aufruhr zu bringen, hatte ihn zurückgehalten, Catherine seinen Händen zu entreißen. Doch jetzt hatte auch ihn die Wut übermannt und die beiden Männer standen mit blutunterlaufenen Augen einander gegenüber. Ein alter Haß kam zum Ausbruch, eine seit langer Zeit uneingestandene Eifersucht. Jetzt mußte einer den andern fressen.

„Nimm dich in acht!" stammelte Etienne mit zusammengekniffenen Lippen. „Ich werde dir die Haut vom Leibe ziehen."

„Versuch's einmal!" erwiderte Chaval.

Sie schauten einige Sekunden einander so nahe ins Gesicht, daß ihr heißer Atem ihr Gesicht streifte. Catherine trat bittend dazwischen, faßte ihren Liebhaber bei der Hand und führte ihn hinweg. Sie zog ihn fort, floh mit ihm aus dem Dorf, ohne auch nur den Kopf zu wenden.

„Welch ein Vieh!" brummte Etienne, heftig die Tür zuwerfend, von einer solchen Wut geschüttelt, daß er sich setzen mußte.

Die Maheu hatte sich nicht vom Platz gerührt. Sie machte bloß eine Handbewegung, dann trat Stille ein, peinlich und drückend durch all die Dinge, die sie sich nicht sagten. Trotz der Anstrengungen, die er machte, kehrten seine Augen immer wieder zu ihrer Brust zurück, zu diesem weißen Fleisch, dessen Schimmer ihm jetzt lästig war. Wohl war sie vierzig Jahre alt und unförmig wie ein gutes Weibchen, das zu viel Junge hervorgebracht hat; aber noch viele trugen Verlangen nach ihr; sie war breit und kräftig mit ihrem langgezogenen Gesicht eines ehemals hübschen Mädchens. Langsam und ruhig faßte sie mit beiden Händen ihre Brust und schob sie in das Hemd zurück; ein rosiger Zipfel wollte nicht hinein, sie half mit einem Finger nach; dann knöpfelte sie ihr Leibchen zu. Ihr aus der Form geratener Körper war jetzt ganz schwarz in dem alten, abgenützten Kleid.

„Das ist ein Schwein", sagte sie endlich. „Nur ein schmutziges Schwein kann solche ekelhafte Gedanken haben ... Ich mache mir nichts daraus; es war keiner Antwort wert."

Dann fügte sie freimütig hinzu, ohne den jungen Mann aus den Augen zu lassen:

„Ich habe gewiß meine Fehler, aber diesen nicht ... Nur zwei Männer haben mich berührt, ein Schlepper, einst, als ich erst fünfzehn Jahre zählte, und nachher Maheu. Hätte er mich verlassen, wie der andere – ich weiß wahrlich nicht, was aus mir geworden wäre, und ich bin nicht stolz darauf, daß ich seit unserer Ehe mich gut betragen habe; denn man tut das Schlimme oft nur deshalb nicht, weil die Gelegenheit fehlt ... Indes, ich sage es, wie es ist, und ich kenne Nachbarinnen, die nicht ein Gleiches sagen könnten. Nicht wahr?"

„Ja, das ist wahr", erwiderte Etienne, sich erhebend.

Und er ging hinaus, während sie sich entschloß, das Feuer wieder anzuzünden, nachdem sie die wieder eingeschlafene Estelle auf zwei Sessel gebettet hatte. Wenn es dem Vater gelingt, einen Fisch zu fangen und zu verkaufen, wird man dennoch Suppe kochen.

Draußen senkte sich schon die Nacht herab, eine eiskalte Nacht. Etienne schritt gesenkten Hauptes dahin, von einer dumpfen Traurigkeit erfaßt. Es war nicht mehr der Zorn gegen den Mann, das Mitleid für das arme mißhandelte Mädchen. Die rohe Szene verflüchtigte sich; er versank in das Leid aller, in die Schrecknisse des Elends. Er sah das Arbeiterdorf ohne Brot; er sah, wie die Weiber und Kinder des Abends nichts zu essen hatten; all das Volk, das mit leerem Magen kämpfte. Und der Zweifel, der ihn zuweilen streifte, erwachte abermals in ihm inmitten der erschreckenden Melancholie der Abenddämmerung und quälte ihn heftiger denn je. Welche furchtbare Verantwortlichkeit lud er da auf sich! Sollte er sie noch weiter treiben, zu einem hartnäckigen Widerstand anspornen, jetzt, da er weder Geld noch Kredit mehr hatte? Und was wird das Ende sein, wenn keine Hilfe kommt, wenn der Hunger den Mut aller brechen würde? Plötzlich tauchte vor ihm die Vision des Unglücks auf: sterbende Kinder, schluchzende Mütter, während die Männer, bleich und abgehärmt, wieder in die Gruben einfuhren. Und er ging immer weiter; seine Füße strauchelten über die Steine; der Gedanke, daß die Gesellschaft siegen und er das Unglück seiner Kameraden verursacht haben würde, erfüllte ihn mit unerträglicher Angst.

Als er das Haupt erhob, sah er, daß er sich vor dem Voreuxschacht befand. Die finstere Masse der Gebäude lag schwerfällig im wachsenden Dämmerdunkel da. Es war inmitten des verödeten, von großen, unbeweglichen Schatten erfüllten Werkhofs gleichsam ein Stück einer aufgelassenen Festung. Wenn die Fördermaschine stillstand, schien die Seele aus diesen Mauern zu entweichen. Zu dieser nächtlichen Stunde war nichts Lebendes mehr da, keine Laterne und keine Stimme. Und selbst die Dampfausströmung der Pumpe klang wie ein entferntes Röcheln, von dem man nicht wußte, woher es kam inmitten der Todesstille des ganzen Schachts.

Etienne blickte um sich, und alles Blut strömte ihm nach dem Herzen. Die Arbeiter litten Hunger, aber auch die Gesellschaft sah ihre Millionen zusammenschmelzen. Warum sollte sie die stärkere sein in diesem Kampf der Arbeit gegen das Geld? In allen Fällen wird der Sieg ihr teuer zu stehen kommen. Man wird nachher ihre Toten zählen. Er wurde wieder von einer Kampfwut ergriffen, von einem grausamen Bedürfnis, ein Ende zu machen mit dem Elend – selbst um den Preis des Lebens. Es war besser, das ganze Dorf ging auf einmal zugrunde, als daß man nach und nach vor Hunger und Unrecht verrecke. Er erinnerte sich schlecht verdauter Bücher, der Beispiele von Völkern, die ihre Städte in Brand steckten, um den Feind aufzuhalten, undeutliche Geschichten, in welchen Mütter ihre Kinder vor der Sklaverei retteten, indem sie ihnen die Köpfe auf dem Straßenpflaster zerschlugen, in welchen Männer lieber Hungers starben, als daß sie das Brot der Tyrannen aßen. Dies begeisterte ihn; eine wilde Freudigkeit ging aus der Krise seiner dumpfen Trauer hervor – eine Freudigkeit, die den Zweifel verscheuchte und ihn wegen seiner flüchtigen Feigheit erröten ließ. Und in diesem Wiedererwachen seines Glaubens hatte er wieder Regungen des Stolzes, die ihn aufrichteten; er empfand wieder die Freude, ein Führer zu sein, dem man gehorchte bis zur Aufopferung; er träumte wieder von der großen Macht, die er am Abend des Sieges in der Hand haben würde. Und in seiner Vorstellung sah er eine Szene von großartiger Einfachheit: wie er die Gewalt wieder in die Hände des Volkes legen würde, nachdem er einen Augenblick der Gebieter gewesen.

Doch plötzlich erwachte er aus seiner Träumerei; Maheu erzählte ihm, er habe eine Forelle gefangen und um drei Francs verkauft. Man wird eine Suppe zu Nacht essen. Er ließ den Kameraden allein nach dem Dorf zurückkehren und sagte, er werde ihm nachfolgen. Doch er ging zu Rasseneur und wartete, bis der einzige Gast, der da war, die Trinkstube verließ. Dann teilte er Rasseneur mit, er wolle an Pluchart schreiben, daß er sogleich kommen möge.

Sein Entschluß war gefaßt; er wollte eine vertrauliche Beratung einberufen; der Sieg schien ihm sicher, wenn die Köhler von Montsou sich in Massen der Internationale anschlossen.

IV

In der Schenke „Zur Gemütlichkeit", bei der Witwe Désir, fand am Donnerstagnachmittag die vertrauliche Versammlung statt. Entrüstet über den Jammer, den man ihren Kindern, den Köhlern, verursachte, kam die Witwe aus dem Zorn nicht mehr heraus, besonders seitdem ihre Schenke sich leerte. Nie hatte sie einen weniger durstigen Streik gesehen; die Trunkenbolde sperrten sich zu Hause ein, aus Furcht, das Gebot der Nüchternheit zu brechen. Die breite Straße von Montsou, wo es sonst an Feiertagen von Leuten wimmelte, lag jetzt still in trostloser Düsterkeit da. Nicht mehr floß das Bier in Strömen von den Schanktischen und aus den Bäuchen; das Rinnsal war trocken. Vor der Weinstube des Casimir und vor dem Wirtshaus „Zum Fortschritt" sah man nur die bleichen Gesichter der Wirtinnen, die nach der Straße auslugten; in Montsou selbst zog die lange Straßenzeile sich menschenleer dahin von der Schenke des Lenfant bis zur Schenke des Tison; vorbei an der Schenke des Piquette und dem Schnapsladen „Zum Kopfabschneider"; nur im Gasthaus Saint-Cloie, das von Aufsehern besucht wurde, gingen noch einige Schoppen ab. Die Verödung hatte selbst den „Vulkan" ergriffen, dessen „Damen" Arbeitsfeier hatten, weil es an „Kunstliebhabern" fehlte, obgleich sie ihren Preis von zehn Sous auf fünf Sous herabgesetzt hatten – wegen der schlechten Zeiten. Es war eine wahre Trauer, die alle Herzen in der Gegend zu brechen drohte.

„Herrgott", rief die Witwe Désir, indem sie mit beiden Händen auf ihre Schenkel schlug. Die Gendarmen sind an allem schuld. Ich muß ihnen einen Schabernack spielen, auch wenn ich hinterher ins Loch gesteckt werde.

Alle Behörden, alle Dienstgeber, waren für sie Gendarmen; es war dies in ihrem Mund ein Ausdruck allgemeiner Verachtung, in den sie die Feinde des Volkes einhüllte. Das Verlangen Etiennes hatte sie mit Begeisterung aufgenommen; ihr ganzes Haus gehörte den Köhlern; sie wird den Ballsaal unentgeltlich herleihen, sie selbst wird die Einladungen versenden, da das Gesetz es forderte. Übrigens, wenn das Gesetz nicht zufrieden wäre, um so besser. Es soll den Rachen aufreißen.

Am nächsten Tag brachte ihr der junge Mann fünfzig Briefe zur Unterschrift; er hatte diese Briefe von schreibkundigen Nachbarn im Arbeiterdorf vervielfältigen lassen, und man versandte die Briefe an die Schächte, an die Delegierten des Vereines und an Männer, deren man sicher war. Die eingestandene Tagesordnung war die Beratung über die Fortsetzung des Streikes; aber in Wirklichkeit erwartete man Pluchart; man rechnete auf eine Rede von ihm, um einen Massenbeitritt zur Internationale herbeizuführen.

Am Donnerstagmorgen wurde Etienne von Unruhe ergriffen, als er seinen ehemaligen Werkmeister nicht ankommen sah, der telegrafisch versprochen hatte, am Mittwochabend da zu sein. Was ging denn vor? Etienne war trostlos, sich nicht vor der Sitzung mit ihm besprechen zu können. Um neun Uhr begab er sich nach Montsou, in der Hoffnung, daß der Mechaniker geradewegs dahin gegangen war, ohne im Voreux anzuhalten.

„Nein, ich habe Ihren Freund nicht gesehen", antwortete ihm die Witwe Désir. „Aber alles ist bereit; kommen Sie nachschauen."

Sie führte ihn in den Ballsaal. Die Ausschmückung desselben war die frühere geblieben; ein Laubgewinde, das am Plafond eine Krone von Buntpapier trug; an den Wänden Wappenschilder aus vergoldetem Karton, die Namen von männlichen und weiblichen Heiligen tragend. Die Estrade der Musiker in einem Winkel des Saales war durch einen Tisch und drei Sessel ersetzt; davor waren mehrere Bänke querüber aufgestellt.

„Sehr gut", erklärte Etienne. „Und um es Euch nur zu sagen, Ihr seid zu Hause", fuhr die Witwe fort, „schreit so viel Ihr wollt ... Die Gendarmen müssen mir über den Leib, wenn sie kommen."

Trotz seiner Unruhe konnte er ein Lächeln nicht unterdrücken, als er sie betrachtete, dermaßen fand er sie umfangreich, mit einem Paar Brüste, deren eine schon einen ganzen Mann erforderte, um umfangen zu werden; man erzählte denn auch, daß sie von ihren sechs Verehrern jetzt allabendlich zwei nehme – von wegen der Arbeit.

Doch jetzt sah Etienne zu seinem Erstaunen Rasseneur und Souvarine eintreten, und als die Witwe die drei Männer in dem großen, leeren Saale allein gelassen hatte, rief er aus: „Wie, ihr seid schon da?"

Souvarine, der in der Nacht im Voreuxschacht gearbeitet hatte, weil die Maschinisten sich am Streik nicht beteiligten, war aus bloßer Neugierde gekommen. Was Rasseneur betrifft, so schien er seit zwei Tagen in Verlegenheit zu sein; sein dickes, rundes Gesicht hatte sein gemütliches Lächeln verloren.

„Pluchart ist nicht angekommen, ich bin sehr unruhig", fügte Etienne hinzu. Der Schankwirt wandte die Augen ab und brummte zwischen den Zähnen: „Das nimmt mich nicht wunder; ich erwarte ihn nicht mehr." – „Wieso?" Da entschloß er sich, schaute dem andern ins Gesicht und erwiderte freimütig: „Um es dir nur zu sagen, auch ich habe ihm einen Brief geschrieben und ihn gebeten, nicht zu kommen ... ja ich finde, daß wir unsere Angelegenheiten selbst besorgen müssen, ohne uns an die Fremden zu wenden."

Etienne geriet außer sich vor Zorn; dem andern fest in die Augen schauend, rief er ein um das andere Mal:

„Du hast das getan, du hast das getan!" – „Jawohl, ich habe das getan; und doch weißt du, wie sehr ich zu Pluchart Vertrauen habe. Es ist ein feiner Kopf, dem man sich anvertrauen darf. Allein, siehst du, ich pfeife auf die

Ideen. Die Politik, die Regierung; sie sind mir schnuppe. Was ich wünsche, ist, daß der Köhler besser behandelt werde. Ich habe zwanzig Jahre in der Grube gearbeitet und habe da so viel Not und Mühsal gelitten, daß ich geschworen habe, Erleichterungen für die armen Teufel zu erringen, die verurteilt sind, noch weiter dort zu leben; und ich habe das Gefühl, daß ihr mit allen euren Geschichten nichts erreichen, vielmehr das Los des Arbeiters noch verschlechtern werdet ... Wenn er durch den Hunger genötigt sein wird, wieder einzufahren, wird man ihn noch mehr schinden, die Gesellschaft wird ihn mit Hieben traktieren wie einen verlaufenen Hund, den man in sein Loch zurückjagt ... Das will ich verhindern, verstehst du?"

Er erhob die Stimme und streckte den Bauch heraus, fest auf seinen dicken Beinen stehend. Und seine Art eines vernünftigen und geduldigen Menschen äußerte sich in klaren Sätzen, die reichlich und ohne Anstrengung hervorsprudelten. War es nicht blöd, zu glauben, daß man mit einem Schlag die Welt ändern, die Arbeiter an die Stelle der Arbeitgeber setzen, das Geld teilen könne, wie man einen Apfel teilt? Es brauchte vielleicht Tausende und Abertausende von Jahren, bis das zur Wirklichkeit werden wird. Und darum soll man ihn mit solchen Wundern zufrieden lassen. Wollte man sich nicht den Kopf anrennen, so war es doch das beste, geradeaus zu gehen, möglichere Formen zu verlangen, kurz das Schicksal der Arbeiter bei allen Gelegenheiten zu verbessern. Wenn er sich mit der Sache beschäftigte, bemühte er sich, die Gesellschaft zu besseren Bedingungen zu bewegen; durch den Trotz wird man nur dahin kommen, daß alle Hungers verrecken.

Etienne hatte ihn reden lassen; die Entrüstung schnürte ihm die Kehle zu. Endlich rief er aus: „Hast du denn kein Blut in den Adern?"

Einen Augenblick war er versucht, ihn zu ohrfeigen, und um der Versuchung zu widerstehen, begann er mit großen Schritten im Saal auf und ab zu gehen; er kühlte seine Wut an den Bänken, durch die er sich gewaltsam einen Weg bahnte.

„Schließt doch wenigstens die Tür", bemerkte Souvarine. „Es ist nicht notwendig, daß man Euch hört."

Und nachdem er selbst die Tür geschlossen hatte, setzte er sich ruhig auf einen der vor dem Präsidententisch stehenden Sessel. Er hatte sich eine Zigarrette gedreht und betrachtete die beiden anderen mit seinem milden, schlauen Blick, die Lippen von einem feinen Lächeln gekräuselt.

„Wenn du dich erzürnst, so wird uns das nicht weit bringen", bemerkte Rasseneur ruhig. „Ich habe zuerst geglaubt, du seist besonnen und vernünftig. Es war sehr gut, den Kameraden zu empfehlen, daß sie sich ruhig verhalten, sie zu zwingen, daß sie sich nicht aus ihren Häusern rühren, endlich deine Macht zu gebrauchen, um die Ordnung aufrechtzuerhalten. Und nun bist du es selbst, der sie ins Verderben stürzen will."

Bei jedem Lauf zwischen den Bänken kam Etienne zu dem Schankwirt zurück, packte ihn bei den Schultern, schüttelte ihn und schrie ihm seine Antworten ins Gesicht. „Donner Gottes, ich will ja ruhig bleiben. Ja, ich habe ihnen eine Disziplin auferlegt; ja, ich rate ihnen noch immer, sich nicht zu rühren. Aber man soll uns nicht zum besten halten wollen. Du hast das Glück, kaltes Blut zu bewahren. Ich glaube manchmal, daß mir der Schädel platzen will."

Es war dies seinerseits eine Beichte. Er verhöhnte sich selbst wegen seiner Wahnvorstellungen eines Neophiten, wegen seines frommen Traumes von einer Stadt, wo unter den Brüder gewordenen Menschen alsbald die Gerechtigkeit herrschen sollte. Fürwahr, ein gutes Mittel, die Arme zu kreuzen und zu warten, wenn man sehen wollte, wie die Menschen bis zum Ende aller Tage einander auffressen wie die Wölfe. Nein, man mußte sich einmengen, sonst würde das Unrecht ewig dauern, und stets würden die Reichen das Blut der Armen trinken. Er konnte sich denn auch die Dummheit nicht verzeihen, ehemals gesagt zu haben, daß man die Politik aus der sozialen Frage verbannen müsse. Damals verstand er nichts, seither aber hatte er gelesen und studiert. Jetzt waren seine Ideen gereift, und er rühmte sich, ein System zu haben. Allein, er erklärte dasselbe schlecht, in verworrenen Phrasen, die ein Gemisch aller Systeme darstellten. Obenauf blieb die Idee von Karl Marx; das Kapital ist das Resultat der Beraubung; die Arbeit hat die Pflicht und das Recht, diesen gestohlenen Reichtum zurückzuerobern. In der Praxis hatte er sich anfänglich gleich Proudhon durch die Chimäre vom wechselseitigen Kredit fangen lassen, von einer riesigen Austauschbank; dann wieder begeisterte er sich für die staatlich dotierten Arbeitsgenossenschaften, die allmählich die ganze Erde in eine einzige Industriestadt umwandeln sollten. Dies währte bis zu dem Tage, an dem die Schwierigkeit der Kontrolle ihn diesen Plan fallen ließ. Seit kurzer Zeit war er bei dem Kollektivismus angelangt; er forderte, daß alle Arbeitswerkzeuge dem Kollektiv abgeliefert werden. Allein dieser Plan war noch ganz verschwommen, und er wußte nicht, wie man ihn verwirklichen würde; ihn behinderten die Skrupel seiner Empfindlichkeit und seiner Vernunft; er wagte es nicht, sich bis zu den bestimmten Behauptungen der Sektierer zu versteigen. Er sagte bloß, es handle sich vor allem darum, sich der Regierung zu bemächtigen; das weitere werde sich finden.

„Aber was ficht dich an? Warum willst du dich mit den Spießbürgern einlassen?" fuhr er mit Heftigkeit fort, indem er sich vor den Schankwirt hinstellte. „Sagtest du nicht selber, es müsse alles in die Luft fliegen?"

Rasseneur errötete leicht. „Ja, das habe ich gesagt; und wenn alles in die Luft fliegt, wirst du sehen, daß ich nicht feiger bin als ein anderer. Allein, ich bin nicht gesonnen, mit denjenigen zu gehen, die den Trubel vermehren, um für sich eine Stellung herauszufischen."

Jetzt war an Etienne die Reihe zu erröten. Die beiden Männer schrien nicht mehr; von kühler Nebenbuhlerschaft ergriffen, wurden sie in ihren Reden bitter und boshaft. Diese Nebenbuhlerschaft war es im Grunde, was die Systeme auf die Spitze trieb, den einen zu revolutionären Übertreibungen, den andern zu einer geheuchelten Vorsicht drängte, sie wider ihren Willen über ihre wahren Ideen hinaus fortriß, wie es das Verhängnis der Rollen ist, die man nicht selbst gewählt hat. Und Souvarine, der ihnen zuhörte, zeigte in seinem Antlitz, das dem eines blonden Mädchens glich, eine stille Verachtung, die vernichtende Verachtung eines Mannes, der bereit ist, sein Leben zu opfern, im Dunkel und in der Vergessenheit, ohne dafür auch nur den Ruhm des Märtyrertums zu haben.

„Also meinetwegen sagst du das?" fragte Etienne. „Du bist neidig?" – „Neidig? weshalb?" entgegnete Rasseneur. „Ich spiele mich nicht als der große Mann auf; ich trachte nicht, einen Zweigverein in Montsou zu gründen, um Sekretär zu werden." Der andere wollte ihn unterbrechen, doch er fügte hinzu: „Sei doch aufrichtig: du kümmerst dich ganz und gar nicht um die Internationale; du willst nur an unserer Spitze sein, den Herrn spielen, indem du mit dem famosen Bundesrat des Nordens einen Briefwechsel unterhältst."

Nach kurzem Stillschweigen nahm Etienne – vor Wut bebend – wieder das Wort.

„Es ist gut ...", sagte er. „Ich glaube, ich habe mir nichts vorzuwerfen. Stets habe ich dich zu Rate gezogen, denn ich wußte, daß du hier – lange vor mir – gekämpft hast. Doch da du niemanden an deiner Seite dulden kannst, werde ich künftig allein handeln ... Und ich gebe dir vor allem zu wissen, daß die Sitzung dennoch stattfinden wird, selbst wenn Pluchart nicht kommt, und daß die Kameraden auch gegen deinen Willen beitreten werden." – „Ei, mit dem Beitritt allein ist's nicht getan", murmelte der Schankwirt; man muß sie auch bestimmen, die Mitgliedsgebühr zu bezahlen." – „Keineswegs. Die Internationale bewilligt den im Streik befindlichen Arbeitern einen Aufschub. Wir werden später bezahlen, und sie wird uns sogleich zu Hilfe kommen."

Da geriet Rasseneur plötzlich in Zorn. „Nun, wir werden sehen! ..." rief er. „Ich werde an deiner Sitzung teilnehmen und werde sprechen. Ja, ich werde es nicht zugeben, daß du den Freunden die Köpfe verdrehst; ich werde sie über ihre wahren Interessen aufklären. Wir werden ja sehen, wem sie folgen; mir, den sie seit dreißig Jahren kennen, oder dir, der du in weniger als einem Jahr alles auf den Kopf gestellt hast. Nein, nein, laß mich zufrieden ... Es gilt jetzt, wer von uns beiden den andern unterkriegt."

Er ging hinaus und schlug heftig die Tür zu, daß die Blumengewinde unter der Saaldecke erzitterten und die Wappenschilder an den Wänden tanzten. Dann versank der große Saal wieder in tiefe Stille.

Souvarine, der am Tische saß, rauchte still vor sich hin, und seine Miene bewahrte ihre gewohnte Sanftmut. Etienne ging eine Weile wortlos hin und her, dann erleichterte er sein Herz. War es seine Schuld, daß man diesen dicken Taugenichts gegen ihn losließ? Und er wehrte sich gegen den Vorwurf, die Volkstümlichkeit gesucht zu haben; er wußte nicht einmal, wie all das gekommen war, die Freundschaft der Bevölkerung des Arbeiterdorfes, das Zutrauen der Köhler, die Macht, die er zur Stunde über sie hatte. Er war entrüstet über die Anschuldigung, aus Ehrgeiz zum Aufruhr gedrängt zu haben; er schlug sich an die Brust und beteuerte seine brüderlichen Gefühle.

Plötzlich blieb er vor Souvarine stehen und rief: „Hör einmal: wenn ich wüßte, daß die Sache einem unserer Freunde auch nur einen Tropfen Blut kosten könnte, würde ich lieber sogleich nach Amerika gehen!

Der Maschinist zuckte mit den Achseln, und ein Lächeln kräuselte wieder seine Lippen. „Ach, Blut", murmelte er, „was hat das zu bedeuten? Die Erde braucht Blut ..."

Etienne beruhigte sich allmählich, nahm einen Sessel und ließ sich am andern Ende des Tisches nieder, den Ellbogen darauf stemmend. Dieses blonde Gesicht, dessen träumerische Augen zuweilen eine helle Röte annahmen, die ihnen einen Ausdruck der Wildheit gab, beunruhigte ihn, übte eine seltsame Wirkung auf seinen Willen. Ohne daß der Kamerad sprach, durch das Stillschweigen selbst gewonnen, fühlte er sich allmählich in Gedanken verloren.

„Was würdest du an meiner Stelle tun?" fragte er endlich. „Habe ich nicht recht, daß ich zur Tat dränge? ... Es ist doch das beste, daß wir uns an diesen Bund anlehnen, nicht?"

Souvarine blies ein Rauchwölkchen in die Luft, dann antwortete er mit seinem Lieblingswort: „Ja, das sind Dummheiten; aber vorläufig ist es gut so ... übrigens wird ihre Internationale sich bald rühren. Er beschäftigt sich damit." – „Wer?" – „Er!"

Er hatte dieses Wort halblaut ausgesprochen, mit der Miene inbrünstigen Eifers, und dabei seinen Blick nach dem Osten gerichtet. Er sprach vom Meister, von Bakunin dem Vertilger.

„Er allein vermag den Keulenschlag zu führen", setzte er hinzu, „während deine Gelehrten mit ihrer Evolution nichts als Feiglinge sind ... Ehe drei Jahre vergehen, wird die Internationale unter seinen Befehlen die alte Welt zertrümmern."

Etienne spitzte aufmerksam die Ohren. Er brannte vor Wißbegierde, diesen Kultus des Umsturzes zu verstehen, über welchen der Maschinist nur wenige unklare Worte fallen ließ, als würde er die Geheimnisse desselben für sich behalten wollen.

„Aber erkläre mir doch endlich, was ist euer Ziel?"

„Alles zerstören ... keine Nationen, keine Regierungen, kein Eigentum, keinen Gott und keinen Kultus." – „Ich verstehe. Aber wohin führt euch das?" – „Zur primitiven, formlosen Kommune, zu einer neuen Welt, zu einem neuen Beginn von allem." – „Und die Mittel der Durchführung? Wie wollt ihr die Sache anfassen?" – „Mit dem Feuer, mit dem Gift, mit dem Dolch. Der Räuber ist der wahre Held, der Volksrächer, der Revolutionär der Tat, ohne aus den Büchern geholte Phrasen. Eine Reihe

von furchtbaren Attentaten muß die Mächtigen erschrecken und die Völker erwecken.“
Souvarine wurde furchtbar, indem er so sprach. Die Begeisterung erhob ihn von seinem Sessel, eine mystische Flamme sprühte aus seinen fahlen Augen, und seine feinen Hände preßten den Tischrand, daß er ihn schier zerbrach. Von Furcht ergriffen, betrachtete ihn der andere, dachte an die Geschichten, die ihm halb und halb anvertraut worden waren, an die Minen unter dem Palast des Zaren, an die Polizeichefs, die niedergestochen wurden gleich Wildschweinen; an die Geliebte Souvarines, das einzige Weib, dem er zugetan gewesen und das an einem regnerischen Morgen in Moskau gehängt wurde, während er, unter der Menge verloren, sie ein letztes Mal mit den Augen küßte.
„Nein, nein“, murmelte Etienne mit einer Handbewegung, welche diese abscheulichen Visionen verscheuchte; „wir hierzulande sind noch nicht soweit. Mord und Brand, niemals! Das ist ungeheuerlich, das ist ungerecht; alle Kameraden würden sich erheben, um den Verbrecher zu erwürgen.“
Übrigens begriff er noch immer nicht; seine Rache lehnte sich auf gegen diesen düsteren Traum von der Ausrottung der Welt, die hingemäht werden sollte wie ein Roggenfeld. Was wird man nachher anfangen, wie würden die Völker dann neu erstehen? Er forderte eine Antwort.
„Sage mir dein Programm. Wir wollen wissen, wohin wir gehen.“ Da schloß Souvarine ruhig, mit seinem traumverlorenen Blick: „Alle Betrachtungen über die Zukunft sind sträflich, denn sie behindern die vollständige Zerstörung und den Lauf der Revolution.“
Darüber lachte Etienne trotz der Kälte, die ihm bei dieser Antwort über den Rücken lief. Er gestand übrigens gern, daß sie ihr Gutes hatten, diese Ideen, deren erschreckende Einfachheit ihn verlockte. Allein, er begriff, daß er sein Spiel vollständig dem Rasseneur ausliefern würde, wenn er seinen Kameraden solche Geschichten erzählen wollte. Es galt, praktisch zu sein.
Die Witwe Désir schlug ihnen vor, zu frühstücken. Sie nahmen die Einladung an und gingen in die Gaststube, welche an Wochentagen durch eine dünne Bretterwand von dem Tanzsaal getrennt war. Als sie ihren Eierkuchen und ihren Käse gegessen hatten, wollte der Maschinist gehen; und weil der andere ihn zurückhielt, sagte er: „Wozu denn? Um eure unnützen Dummheiten anzuhören? Ich habe genug davon. Gute Nacht.“ Und er ging mit seiner sanften, entschlossenen Miene, eine Zigarette im Mund.
Etienne fühlte seine Unruhe wachsen. Es war ein Uhr, und es schien gewiß, daß Pluchart sein Wort nicht hielt. Gegen halb zwei Uhr begannen die Abgesandten zu erscheinen, und er mußte sie empfangen, weil er bei der Tür acht haben wollte, aus Furcht, daß die Gesellschaft ihre gewöhnlichen Kundschafter senden könnte. Er besichtigte jede Einladung und musterte die Leute; viele durften übrigens ohne Einladungskarte eintreten, es genügte, daß er sie kannte, damit man ihnen die Tür öffnete. Als es zwei Uhr schlug, sah er Rasseneur ankommen, der vor dem Schanktisch seine Pfeife zu Ende rauchte und mit den Leuten plauderte. Diese spöttische Ruhe des Gastwirts versetzte Etienne vollends in eine gereizte Stimmung, um so mehr, als Spaßvögel gekommen waren, bloß um da ihren Ulk zu treiben, Zacharie, Mouquet und andere. Diese belustigten sich über den Streik; sie fanden es drollig, nichts zu arbeiten. Sie ließen sich an einem Tisch nieder, gaben ihre letzten zwei Sous für einen Schoppen hin, trieben ihren Spaß und verhöhnten ihre Kameraden, diese Überzeugten, die sich da in allerlei Ungemach stürzten.
Wieder verfloß eine Viertelstunde. Die Leute im Saal wurden ungeduldig. Etienne gab nun alle Hoffnung auf und machte eine entschlossene Gebärde. Eben wollte er in den Saal eintreten, als die Witwe Désir, die den Kopf hinausgesteckt hatte, ausrief: „Aber da ist ja der Herr, den Sie erwarten!“
Es war in der Tat Pluchart. Er kam in einem Wagen, den ein schwindsüchtiger Klepper zog. Er sprang sogleich auf das Pflaster; es war ein schmächtiges, geschniegeltes Männchen, das unter dem schwarzen Überrock den Sonntagsstaat eines wohlgestellten Arbeiters trug. Seit fünf Jahren hatte er nichts mehr gearbeitet, und er pflegte seine Persönlichkeit, kämmte sich mit besonderer Sorgfalt, war sehr eitel wegen seiner rednerischen Erfolge; doch war ihm von seinem Handwerk her eine Steifheit der Glieder geblieben, und die Nägel seiner breiten Hände wuchsen nicht mehr, nachdem das Eisen sie weggefressen hatte. Von sehr tätiger Natur, frönte er seinem Ehrgeiz, indem er unaufhörlich die Provinz bereiste, um seine Ideen zu verbreiten.
„Zürnt mir nicht!“ rief er aus, um allen Fragen und Vorwürfen zuvorzukommen. „Gestern morgen Konferenz in Prenilly, abends Sitzung in Valençay. Heute Frühstück in Marchiennes mit Sauvagnat ... Indes ist es mir gelungen, einen Wagen zu bekommen. Ich bin ausgepumpt, Sie können es an meiner Stimme hören. Aber das tut nichts, ich werde dennoch sprechen.“
Er war schon auf der Schwelle des Hauses, als ihm noch etwas einfiel. „Sapristi!“ schier hätte ich die Karten vergessen. Was wollten wir da anfangen?“
Er kehrte zum Wagen zurück, welchen der Kutscher eben unter den Schuppen führen wollte, und holte unter dem Sitz ein Kästchen aus schwarzem Holz hervor, das er unter dem Arm hineintrug.
Etienne ging strahlenden Gesichts hinter ihm her, während der betroffene Rasseneur es nicht wagte, ihm die Hand zu reichen. Doch Pluchart schüttelte die seinige und sagte ihm rasch ein Wort über seinen Brief. Welch eine drollige Idee! Warum sollte man diese Versammlung nicht abhalten? Man soll immer eine Versammlung abhalten, wenn man es kann. Die Witwe Désir bot ihm eine Erfrischung an; allein, er lehnte ab; er spreche, ohne zu trinken, sagte er. Aber er hatte es eilig, weil er am Abend bis nach Joiselle kommen wollte, um sich dort mit Legoujeux zu verständigen. Nun drängten alle in einem

Haufen nach dem Saal. Maheu und Levaque, die spät gekommen waren, folgten den übrigen. Und die Tür wurde mit dem Schlüssel versperrt, damit man unter sich sei; darüber lachten die Spaßvögel ganz laut; Zacharie rief Mouquet zu, daß sie vielleicht alle miteinander da drinnen ein Kind machen wollten.

Etwa hundert Köhler saßen harrend auf den Bänken, in der dumpfen Luft des Saals, wo die warmen Gerüche des letzten Balls von den Dielen aufstiegen. Ein Flüstern lief durch die Menge; die Köpfe wandten sich um, während die Neuangekommenen sich auf die leeren Plätze setzten. Man betrachtete den Herrn aus Lille; sein schwarzer Rock verursachte Überraschung und Unbehagen.

Auf Vorschlag Etiennes wurde sogleich das Präsidium gebildet; er rief die Namen aus, die anderen gaben ihre Zustimmung durch Erheben der Hände. Pluchart wurde zum Präsidenten, Maheu und Etienne wurden zu Beisitzern gewählt. Es gab ein geräuschvolles Sesselrücken, das Präsidium nahm seine Plätze ein. Man suchte einen Augenblick den Präsidenten, der hinter dem Tisch verschwunden war, unter den er sein Kästchen geschoben hatte, das er nicht aus der Hand lassen wollte. Als er wieder erschien, schlug er leicht mit der Faust auf den Tisch, um Stille zu verlangen. Dann begann er mit heiserer Stimme:

„Mitbürger! ..."

Eine kleine Tür ging auf, er mußte sich unterbrechen. Es war die Witwe Désir, welche, einen Umweg durch die Küche nehmend, sechs Schoppen Bier auf einer Platte brachte.

„Stören Sie sich nicht", flüsterte sie, „wenn man spricht, hat man Durst."

Maheu nahm ihr die Platte ab, und Pluchart konnte fortfahren. Er sei gerührt von der guten Aufnahme seitens der Arbeiter von Montsou, sagte er. Er entschuldigte seine Verspätung mit der vielen Plage, die er hatte, und mit seinem Halsweh. Dann erteilte er das Wort dem Bürger Rasseneur, der es verlangt hatte.

Rasseneur hatte schon neben dem Tisch, in der Nähe der Bierschoppen Aufstellung genommen. Ein umgelegter Sessel diente ihm als Rednertribüne. Er schien sehr erregt und hustete, bevor er mit lauter Stimme ausrief:

„Kameraden!"

Sein Einfluß auf die Grubenarbeiter kam von der Leichtigkeit seiner Rede, von der Gemütlichkeit, mit welcher er stundenlang sprach, ohne jemals zu ermüden. Er verzichtete auf Gebärden, blieb schwerfällig und lächelnd, hüllte sie in seine Reden ein und betäubte sie, bis alle riefen: „Ja, ja, es ist wahr, du hast recht." Heute fühlte er jedoch gleich nach den ersten Worten einen dumpfen Widerstand. Er ging denn auch mit Vorsicht vor. Er sprach vorerst gegen die Fortsetzung des Streiks und erwartete die Zustimmung, bevor er auf den Angriff gegen die Internationale übergehen würde. Gewiß, die Ehre gestatte es nicht, auf die Forderungen der Gesellschaft einzugehen; allein, welches Elend! welche furchtbare Zukunft, wenn man noch lange im Widerstand fortfahren mußte! Und ohne sich für die Unterwerfung auszusprechen, weichte er den Mut der Leute auf; er sprach von an Hunger sterbenden Arbeiterdörfern und fragte, woher die Anhänger des Widerstandes Hilfe erwarteten. Drei oder vier seiner Freunde versuchten ihm beizustimmen, was die eisige Stille der überwiegenden Mehrheit nur um so mehr hervortreten ließ und nur dazu beitrug, das Mißfallen zu verschärfen, das diese Worte hervorriefen. Und indem Rasseneur daran zweifelte, sie wieder für sich zu gewinnen, geriet er in Zorn und prophezeite ihnen alles Unglück, wenn sie sich die Köpfe verdrehen lassen würden durch Herausforderungen, die aus der Fremde kommen. Zwei Drittel der Anwesenden erhoben sich verdrossen und wollten ihn am Weitersprechen hindern, da er sie beschimpfte und wie Kinder behandelte, die ihr Betragen nicht einzurichten wüßten; er aber fuhr fort, in dem Tumult zu reden, wobei er von Zeit zu Zeit einen Schluck Bier nahm; der Kerl sei noch nicht geboren, schrie er, der ihn hindern würde, seine Pflicht zu tun.

Pluchart stand aufrecht hinter dem Tisch; da er keine Glocke hatte, schlug er mit der Faust auf den Tisch und wiederholte immerfort mit seiner heiseren Stimme:

„Mitbürger, Mitbürger! ..."

Endlich trat ein wenig Stille ein, und die von dem Vorsitzenden befragte Versammlung entzog Rasseneur das Wort. Die Abgesandten, welche bei dem Direktor erschienen waren, führten alle übrigen; alle waren durch den Hunger erbittert und von neuen Ideen bearbeitet. Der Beschluß war sozusagen im voraus vereinbart worden.

„Du hast leicht lachen, denn du ißt", brüllte Levaque, indem er Rasseneur drohend die Faust zeigte.

Etienne hatte sich hinter dem Rücken des Vorsitzenden zurückgelehnt, um Maheu zu beschwichtigen, der ganz rot und durch die heuchlerischen Reden des Schankwirts außer sich gebracht worden war.

„Mitbürger", sagte Pluchart, „gestattet mir das Wort."

Tiefe Stille trat ein, und er sprach. Schwer und rauh kamen die Worte aus seiner Kehle hervor, aber er hatte sich auf seinen Kreuz- und Querfahrten daran gewöhnt. Er führte seine Kehlkopfentzündung wie sein Programm im Lande umher. Allmählich wurde die Stimme stärker, und er wußte pathetische Wirkungen zu erzielen. Seine Arme ausbreitend, seine Perioden mit einem Wiegen der Schultern begleitend, entwickelte er eine Beredsamkeit, die etwas von einer Predigt hatte, eine fromme Art, das Ende der Sätze fallen zu lassen, ein monotones Schnarren, das schließlich die Zuhörer überzeugte.

Er sprach über die Größe und die Wohltaten der Internationale; es war die Rede, die er überall anbrachte, wo er zuerst erschien. Er erklärte den Zweck dieses Bundes, die Emanzipation der Arbeiter; er erläuterte den großartigen Bau: unten die Gemeinde, darüber die Provinz, noch höher die Nation, ganz auf dem Gipfel die Menschheit. Langsam bewegten sich seine Arme, schienen die Stockwerke aufeinander zu stellen, richteten die ungeheure Kathedrale der künftigen Welt auf. Dann folgte die Schilderung der inneren Verwaltung; er las die Statuten vor, sprach von den Kongressen, zeigte die wachsende Bedeutung des Werkes, die Ausbreitung des Programms, welches, von der Besprechung der Löhne ausgehend, jetzt die gesellschaftliche Abrechnung in Angriff nahm, um mit dem Lohnsystem aufzuräumen. Es würde keine Nationalitäten mehr geben, die Arbeiter der ganzen Welt wären in einem gemeinsamen Bedürfnis nach Gerechtigkeit vereinigt, würden die spießbürgerliche Fäulnis hinwegfegen, endlich die freie Gesellschaft begründen, wo derjenige, der nicht arbeitet, auch nicht ernten würde. Er heulte jetzt, sein Atem machte das Buntpapier unter dem angerauchten Plafond erzittern, von dem der Schall seiner Stimme zurückschlug.

Die Köpfe der Anwesenden waren in ein unruhiges Wogen geraten. Einige riefen: „Ganz recht; wir sind dabei."

Und er fuhr fort zu reden. Ehe drei Jahre vergehen, würde die ganze Welt erobert werden. Und er zählte die eroberten Völker auf; von allen Seiten kamen Beitrittserklärungen. Niemals habe eine neu erstehende Religion so viele Gläubige gefunden. Wenn sie erst einmal die Herren sind, werden sie den Arbeitgebern Gesetze diktieren und allen die Faust an die Gurgel legen.

„Ja, ja, die Herren werden dann in die Grube einfahren, hieß es unter den Anwesenden.

Mit einer Handbewegung forderte er Stille. Er ging jetzt an die Besprechung der Streikfrage. Im Prinzip war er gegen die Streiks, sie waren ein zu langsam wirkendes Mittel, das die Leiden des Arbeiters nur noch vermehrte. Allein, in Erwartung eines Besseren mußte man sich dazu entschließen, wenn sie unvermeidlich wurden, weil sie den Vorteil für sich hatten, das Kapital zu desorganisieren. Und in diesem Falle verwies er auf die Internationale, wie auf eine Vorsehung der streikenden Arbeiter; er führte Beispiele an: Bei dem Streik der Bronzearbeiter in Paris hätten die Arbeitgeber sofort alles bewilligt, als sie zu ihrem Schrecken hörten, daß die Internationale Hilfsgelder sandte; in London hatte sie die Belegschaft einer ganzen Kohlengrube gerettet, indem sie auf ihre Kosten einen Zug Belgier, welche der Eigentümer der Kohlengrube hatte kommen lassen, nach ihrer Heimat zurücksandte. Bei dem bloßen Beitritt der Arbeiter erzittern die Gesellschaften; die Arbeiter treten in die große Armee der Arbeit ein, entschlossen, einer für den andern eher zu sterben, als Sklaven der kapitalistischen Gesellschaft zu bleiben.

Stürmisches Beifallsklatschen unterbrach ihn. Er trocknete sich die Stirn mit dem Taschentuch und lehnte das Glas Bier ab, welches Maheu ihm zuschob. Als er fortfahren wollte, wurde er von neuem Applaus unterbrochen.

„Es sitzt", flüsterte er Etienne zu; „sie haben genug. Jetzt rasch die Karten her!"

Er schlüpfte unter den Tisch und erschien alsbald mit seinem kleinen Kästchen aus schwarzem Holz.

„Mitbürger", rief er, das Getümmel überschreiend, „hier sind die Mitgliederkarten. Eure Abgesandten mögen nähertreten, ich will ihnen die Karten übergeben, und sie werden sie dann unter euch verteilen. Die Zahlung wird später geregelt werden."

Rasseneur stürzte herbei und legte nochmals Verwahrung ein. Auch Etienne hatte sich erhoben, wie um eine Rede zu halten. Die höchste Verwirrung trat ein. Levaque fuchtelte mit den Händen wie einer, der bereit ist, zu raufen. Maheu hatte sich gleichfalls erhoben und sprach, ohne daß man ein Wort seiner Rede hätte verstehen können. In diesem wachsenden Tumult stieg ein Staub von den Dielen auf, der fliegende Staub der ehemaligen Bälle, der die Luft mit dem scharfen Geruch der Handlanger und der Schlepperinnen erfüllte.

Plötzlich ging die kleine Tür auf. Die Witwe Désir füllte sie mit ihrem Bauch und ihrem Busen aus; sie schrie aus voller Kehle: „Schweigt, die Gendarmen sind da!"

Der Polizeikommissär des Arrondissements kam an, ein wenig verspätet, um Protokoll aufzunehmen und die Versammlung aufzulösen. Vier Gendarmen begleiteten ihn. Die Witwe hatte sie fünf Minuten vor der Tür aufgehalten, indem sie ihnen auf ihre Fragen sagte, sie sei hier zu Hause und habe wohl das Recht, Freunde bei sich zu versammeln. Doch man hatte sie beiseite geschoben, und sie war herbeigeeilt, um ihre Kinder zu benachrichtigen.

„Ihr müßt durch diese Tür fort", sagte sie; „im Hof steht ein schmutziger Gendarm. Das tut aber nichts; meine kleine Holzkammer öffnet sich auf das Seitengäßchen. Sputet euch!"

Schon pochte der Kommissar mit den Fäusten an die Tür, und weil man nicht öffnete, drohte er die Tür einzustoßen. Ein Spion mußte geplaudert haben, denn er schrie, daß die Versammlung ungesetzlich sei, daß zahlreiche Arbeiter daseien, die keine Einladung hätten.

Der Lärm im Saal wurde immer größer. Man konnte nicht so davonlaufen, man habe noch nicht gestimmt, weder für den Beitritt noch für die Fortsetzung des Streiks. Alle redeten auf einmal. Endlich hatte der Vorsitzende den Einfall, daß man mit Akklamation stimmen soll. Einzelne streckten die Arme in die Luft, die Abgesandten erklärten in aller Eile, daß sie im Namen der abwesenden Kameraden beitreten. In dieser Weise wurden die zehntausend Köhler von Montsou Mitglieder der Internationale.

Mittlerweile hatte die Flucht begonnen. Den Rückzug deckend, hatte die Witwe Désir sich gegen die Tür gestemmt, die von den Flintenkolben der Gendarmen erschüttert wurde. Die Köhler sprangen über die Bänke und entflohen einer nach dem andern durch die Küche und die Holzkammer. Rasseneur war als einer der ersten verschwunden, Levaque folgte ihm, seine Verwünschungen vergessend und nur daran denkend, sich ein Glas Bier anbieten zu lassen, um sich zu erfrischen. Etienne hatte sich des kleinen Holzkästchens bemächtigt und wartete mit Pluchart und Maheu, die es als eine Ehrensache betrachteten, als die letzten fortzugehen. Eben als sie den Saal verlassen hatten, sprang das Schloß ab, und der Kommissar befand sich der dicken Wirtin gegenüber, deren Bauch und Busen ihm noch immer den Weg verrammelten.

„Was soll es nützen, daß ihr bei mir alles zerschlagt?" rief sie. „Ihr seht wohl, daß niemand da ist."

Der Polizeikommissär, ein bedächtiger Mann, der alle Aufregungen scheute, drohte ihr, sie ins Gefängnis abführen zu lassen. Dann ging er fort, um sein Protokoll aufzusetzen, und nahm seine vier Gendarmen mit, gefolgt von den höhnischen Bemerkungen Zacharies und Mouquets, welche, den feinen Streich ihrer Kameraden bewundernd, sich über die bewaffnete Macht lustig machten.

Im Seitengäßchen angekommen, begann Etienne mit dem Kästchen unter dem Arm zu laufen, gefolgt von den übrigen. Plötzlich erinnerte er sich Pierrons und fragte, weshalb man diesen nicht gesehen hatte. Maheu, der neben ihm einherlief, erwiderte, daß er krank sei. Er leide an der Furcht, sich zu kompromittieren. Man wollte Pluchart noch zurückhalten, doch dieser erklärte, daß er im Augenblick nach Joiselle weiterreise, wo Legoujeux seine Befehle erwarte. Man rief ihm glückliche Reise zu, ohne im Lauf innezuhalten. Etienne und Maheu lachten vertraulich, sie waren nunmehr des Triumphes sicher; wenn erst die Internationale Hilfsgelder schickt, dann würde die Gesellschaft sich aufs Bitten verlegen müssen, damit die Arbeiter wieder in die Grube einfahren. Und in dieser Aufwallung der Hoffnung, in diesem Galopp der plumpen Schuhe auf dem Pflaster von Montsou lag noch etwas anderes: ein düsterer, wilder Zug, eine Heftigkeit, deren Hauch alle Arbeiterdörfer ringsumher in ein Fieber versetzen sollte.

V

Wieder verflossen zwei Wochen. Man war in den ersten Tagen des Januar; kalte Nebel lagerten auf der unermeßlichen Ebene. Und das Elend war noch schlimmer geworden; in der wachsenden Hungersnot verkümmerten die Arbeiterdörfer immer mehr. Viertausend Francs, welche die Internationale aus London gesandt hatte, genügten knapp, um für vier Tage Brot zu schaffen. Dann war nichts mehr gekommen. Das lange, leere Hoffen beugte alle Gemüter. Auf wen sollte man noch zählen, da die Brüder selbst sie verließen? Von der Welt abgeschnitten, fühlten sie sich völlig verloren mitten im tiefen Winter.

Im Dorf der zweihundertundvierzig war man am Dienstag mit allen Hilfsmitteln am Ende. Etienne und die Bevollmächtigten hatten sich vervielfacht; man eröffnete neue Sammlungen in den benachbarten Städten, bis nach Paris; man hielt Vorträge, Beratungen. Doch diese Anstrengungen blieben ohne Erfolg; die öffentliche Meinung, anfänglich gerührt, wurde gleichgültig, als der Streik sich in die Länge zog und einen ruhigen Lauf ohne aufregende Zwischenfälle nahm. Die spärlich fließenden Almosen genügten kaum, um die allerärmsten Familien zu erhalten. Die anderen fristeten ihr Leben, indem sie ihre Schmucksachen verpfändeten, ihren Hausrat Stück um Stück veräußerten. Alles wanderte zu den Trödlern: die Wolle der Matratzen, die Küchengeräte, selbst die Möbel. Einen Augenblick glaubte man sich gerettet; die kleinen Krämer von Montsou, welche Maigrat zu erdrücken drohte, hatten Kredit angeboten, um ihm so die Kundschaft wieder abzunehmen; der Gewürzkrämer Verdonck und die beiden Bäcker Carouble und Smelten hielten eine Woche lang offenen Laden; allein ihre Vorräte erschöpften sich, sie mußten bald wieder aufhören. Nur die Gerichtsvollzieher hatten ihre Freude daran; es blieb nichts übrig als eine Schuldenlast, welche die Köhler lange Zeit bedrückte. Man hatte keinen Kredit mehr; man hatte nicht eine alte Kasserolle mehr zu verkaufen; man konnte sich in einen Winkel hinlegen und verrecken wie ein räudiger Hund.

Etienne hätte sein Blut hingegeben; er hatte auf sein Sekretärsgehalt verzichtet und war nach Marchiennes gegangen, um seinen Überrock und sein tuchenes Beinkleid zu verpfänden; er war froh, daß er dadurch der Familie Maheu die Mittel bieten konnte, noch einige Tage den Fleischtopf ans Feuer zu setzen. Nur seine Stiefel behielt er, um gesunde Beine zu haben, wie er sagte. Sein großer Kummer war, daß der Arbeitsausstand zu früh gekommen war, als die Unterstützungskasse noch nicht Zeit gehabt hatte, sich zu füllen. Er erblickte darin die einzige Ursache des Unglücks; die Arbeiter würden sicherlich den Sieg über die Arbeitgeber davontragen, wenn sie in der Kasse die nötigen Mittel hätten, um den Streik fortzusetzen. Und er erinnerte sich der Worte Souvarines, welcher die Gesellschaft beschuldigte, daß sie zum Streik gedrängt habe, um die ersten Fonds der Unterstützungskasse verschwinden zu machen.

Der Anblick des Dorfes, dieser armen Leute ohne Brot und ohne Holz raubte ihm seine Ruhe. Er ging lieber fort, um sich in weiten Spaziergängen zu ermüden. Eines Abends, als er bei der Heimkehr an Réquillart vorbeikam, sah er eine alte Frau bewußtlos am Wegrand liegen. Ohne Zweifel starb sie Hungers. Er hob sie auf und rief ein Mädchen herbei, das er jenseits der Pfahlhecke bemerkte.

„Schau, du bist's", sagte er, die Mouquette erkennend. „Hilf mir doch; man müßte ihr etwas zu trinken geben."

Zu Tränen gerührt eilte die Mouquette heim in die wacklige Hütte, die ihr Vater inmitten der Trümmer bewohnte. Sie kam von dort sogleich mit einem Brot und einem Fläschchen Wacholderbranntwein zurück. Der Branntwein brachte die Alte wieder zur Besinnung; ohne ein Wort zu sprechen, bis sie gierig in das Brot. Es war die Mutter eines Köhlers; sie wohnte in einem Arbeiterdorf bei Cougny, und sie war hier zusammengesunken auf der Rückkehr von Joiselle, wo sie vergebens versucht hatte, von einer Schwester zehn Sous zu borgen.

Etienne war alleingeblieben auf diesem wüsten Feld von

Rèquillart, dessen eingestürzte Schuppen unter dem Gestrüpp verschwanden.
„Nun, willst du nicht bei uns eintreten, um ein Gläschen zu trinken?“ fragte ihn die Mouqette heiteren Tones.
Und als er zögerte, fügte sie hinzu: „Hast du denn noch immer Furcht vor mir?“
Er folgte ihr, durch ihr Lachen angelockt. Ihn rührte die Herzlichkeit, mit der sie das Brot hergegeben hatte. Sie wollte ihn nicht in der Stube ihres Vaters empfangen und führte ihn in ihre eigene Kammer, wo sie sogleich zwei Gläschen Branntwein einschenkte. Diese Kammer war sehr sauber; er lobte sie dafür. Es schien übrigens der Familie an nichts zu mangeln; der Vater setzte seinen Dienst als Stallknecht im Voreuxschacht fort; sie selbst war, um nicht die Hände in den Schoß zu legen, Wäscherin geworden, wobei sie täglich dreißig Sous erwarb. Trieb sie auch gern ihren Spaß mit den Männern, so war sie deswegen doch keine Müßiggängerin.
„Warum willst du mich nicht lieben“ fragte sie ihn plötzlich, indem sie ihn artig um den Leib faßte. Er konnte ein Lachen nicht unterdrücken, so niedlich hatte sie ihre Frage angebracht. „Ich liebe dich ja“, antwortete er. – „Nein, nicht so wie ich will ... Du weißt, daß ich schier vor Verlangen sterbe. Es würde mir so großes Vergnügen machen!“
Und dies war wahr. Seit sechs Monaten bat sie ihn darum. Er betrachtete sie noch immer, wie sie sich an ihn schmiegte, ihn mit ihren zitternden Armen umfing und ihm dabei so liebeheischend in die Augen schaute, daß er davon gerührt wurde. Ihr dickes, rundes Gesicht hatte nichts Schönes; es war gelb, von der Kohle zerstört; aber ihre Augen leuchteten; von ihrer Haut ging ein Reiz, ein Beben aus, das sie ganz rosig und jung erscheinen ließ. Und da sie sich ihm so untertänig, so liebeglühend hingab, fand er nicht mehr den Mut, sie zurückzuweisen.
„Ach du willst, du willst!“ stammelte sie entzückt.
Und sie gab sich ihm hin mit der Ungeschicklichkeit und Willenlosigkeit einer Jungfrau, als wäre es das erste Mal und als hätte sie noch niemals einen Mann gehabt. Dann, als er sie verließ, überfloß sie von Dank und küßte ihm die Hände.
Etienne schämte sich ein wenig dieses Abenteuers. Man rühmte sich nicht gern, die Mouquette besessen zu haben. Er schwor sich, es nicht wieder zu tun; aber er bewahrte ihr ein freundliches Angedenken; sie war ein wackeres Mädchen.
Als er nach dem Dorf zurückkehrte, ließen die ernsten Dinge, die er erfuhr, ihn rasch das Abenteuer vergessen. Es lief das Gerücht um, daß die Gesellschaft vielleicht ein Zugeständnis machen würde, wenn die Bevollmächtigten einen neuen Schritt bei dem Direktor versuchen wollten. Einzelne Aufseher hatten dieses Gerücht verbreitet. Die Wahrheit war, daß in diesem Kampf das Bergwerk mehr litt als die Arbeiter. Von beiden Seiten häufte die Hartnäckigkeit Ruinen auf: während die Arbeit Hungers starb, ging das Kapital zugrunde. Mit jedem Arbeitsruhetag schwanden Hunderttausende von Francs. Jede Maschine, die stillsteht, ist eine tote Maschine. Das Material und die Arbeitsgeräte verdarben; das festgerannte Kapital schmolz zusammen wie Wasser, das der Sand trinkt. Seitdem der schwache Kohlenstock im Werkhof der Gruben sich erschöpfte, sprach die Kundschaft davon, sich nach Belgien zu wenden; und darin lag für die Zukunft eine Drohung. Doch was die Gesellschaft hauptsächlich erschreckte und was sie sorgfältig verheimlichte, das waren die wachsenden Schäden in den Galerien und Schlägen. Die Aufseher genügten nicht, um die Ausbesserungen zu machen, die Verholzungen barsten allerorten, jede Stunde gab es einen Einsturz. Es häuften sich dermaßen die Unfälle, daß Monate währende Ausbesserungen notwendig waren, ehe man daran denken konnte, den Kohlenschlag wieder aufzunehmen. Allerlei Schreckensnachrichten waren schon in Umlauf: zu Crèvecœur war ein Gang von 300 Metern Länge in einem Stück eingestürzt und verlegte den Zugang zur Cinq-Paumes-Ader; zu Madeleine war es die Maugrètoutader, die zerbröckelte und sich mit Wasser füllte. Die Direktion wollte dies nicht eingestehen, als zwei Unglücksfälle, die knapp aufeinanderfolgten, sie nötigten, die Wahrheit zu bekennen. Eines Morgens fand man in der Nähe der Besitzung Piolaine den Boden oberhalb des Nordstollens von Mirou geborsten, der am vorhergehenden Tag eingestürzt war; am nächsten Tag gab es im Voreuxschacht eine Abrutschung, die einen ganzen Winkel des Vorortes so erschütterte, daß zwei Häuser zu versinken drohten.
Etienne und die Bevollmächtigten zögerten, einen Schritt zu tun, bevor sie die Absichten der Verwaltung kannten. Dansaert, den sie befragten, wich der Antwort aus; gewiß, man bedauerte das Mißverständnis, man würde alles Mögliche tun, um eine Verständigung herbeizuführen, aber er wußte nichts Bestimmtes zu sagen. Sie beschlossen endlich, sich zu Herrn Hennebeau zu begeben, um das Recht auf ihre Seite zu bringen; denn sie wollten nicht, daß man ihnen später vorwerfe, daß sie der Gesellschaft die Gelegenheit genommen hätten, ihr Unrecht zu bekennen. Allein sie schworen, in keinem Punkt nachzugeben und an allen ihren Bedingungen festzuhalten, welche die einzig gerechten waren.
Die Begegnung fand am Dienstagmorgen statt, an dem Tag, an dem im Dorf die äußerste Not eingetreten war. Diese Begegnung war weniger freundschaftlich als die erste. Maheu führte auch diesmal das Wort; er erklärte, die Kameraden hätten sie gesendet, um zu fragen, ob die Herren ihnen nichts Neues zu sagen hätten. Anfänglich spielte Herr Hennebeau den Überraschten; er habe keinerlei Weisung empfangen, sagte er, und die Dinge würden sich auch nicht ändern, solange die Grubenarbeiter in ihrer verdammenswerten Empörung verharren würden. Diese herrische Schroffheit brachte die unliebsamste Wirkung hervor, in dem Maße, daß wenn die Bevollmächtigten mit versöhnlichen Absichten gekommen wären, die Art und Weise, wie man sie empfing, genügt haben würde, um sie zu weiterem Widerstand zu treiben. Im weiteren Verlaufe der Unterredung suchte der Direktor

ein Gebiet gegenseitiger Zugeständnisse; die Arbeiter mögen sich dazu verstehen, daß die Verzimmerung besonders gezahlt wird; dagegen würde die Gesellschaft diese Bezahlung um jene zwei Centimes erhöhen, welche sie angeblich einstecken wollte. Er fügte hinzu, daß er es übernehme, diesen Vorschlag zu machen, daß noch nichts entschieden sei, daß er hoffe, dieses Zugeständnis in Paris zu erlangen. Doch die Bevollmächtigten lehnten ab und wiederholten ihre Forderungen: die Beibehaltung des alten Systems und eine Erhöhung von fünf Centimes per Karren. Da gestand er, daß er die Vollmacht habe, sogleich zu verhandeln, und er drang in sie, seinen Vorschlag anzunehmen, und sprach von ihren Weibern und Kindern, die Hungers starben. Doch sie sagten nein, immer nein, indem sie zu Boden blickten und die harten Köpfe schüttelten. Und man schied in feindseliger Stimmung; Herr Hennebeau schlug heftig die Türen zu. Etienne, Maheu und die anderen gingen fort, mit ihren plumpen Schuhen das Pflaster stampfend, in der stummen Wut von Besiegten, die man zum Äußersten treibt.

Gegen zwei Uhr versuchten die Weiber des Dorfes einen Schritt bei Maigrat. Sie hatten nur mehr die eine Hoffnung, diesen Menschen zu erweichen, ihm noch eine Woche Kredit abzuringen. Dies war ein Einfall der Maheu, die oft zu viel auf das gute Herz der Menschen zählte. Sie überredete die Brulé und die Levaque, sie zu begleiten; die Pierron entschuldigte sich; sie könne ihren Mann nicht verlassen, dessen Krankheit nicht heilen wolle. Andere Frauen schlossen sich der Gruppe an; es waren ihrer etwa zwanzig. Als die Bürger von Montsou sie ankommen sahen, düster und elend, die ganze Breite der Straße einnehmend, schüttelten sie unruhig die Köpfe. Man verschloß die Türen; eine Dame verbarg ihr Silberzeug. Man begegnete ihnen zum erstenmal in dieser Weise; es war ein böses Zeichen. Wenn die Weiber anfingen, sich auf den Heerstraßen umherzutreiben, dann ging alles drunter und drüber. Bei Maigrat gab es eine heftige Szene. Er hatte sie zuerst eingelassen, hatte Späße mit ihnen gemacht und sich gestellt, als glaubte er, sie kämen ihre Schulden zu zahlen; es sei hübsch, daß sie sich verständigt hätten, ihm alle auf einmal sein Geld zu bringen. Doch als die Maheu das Wort nahm, spielte er den Zornigen. Wollten sie die Leute zum besten halten? Weiteren Kredit verlangten sie? Wollten sie ihn denn zum Bettler machen? Nein; nicht eine Kartoffel, nicht ein Brotkrümchen mehr! Und er schickte sie zu dem Gewürzkrämer Verdonck, zu den Bäckern Carouble und Smelten, da sie jetzt dort einkauften. Die Weiber hörten ihm mit demütiger Scheu zu, entschuldigten sich, suchten in seinen Augen zu lesen, ob er sich rühren lasse. Er begann wieder Späße zu treiben, bot der Brulé seinen Laden an, wenn sie ihn zum Liebhaber nehmen wollte. Alle waren von einer solchen Feigheit ergriffen, daß sie über diesen Witz lachten; die Lévaque überbot ihn noch, indem sie sich bereit erklärte. Doch er wurde sogleich wieder grob, drängte sie zur Tür, und als sie fortfuhren, ihn zu bitten, wurde er mit einer der Frauen brutal. Die anderen riefen, er sei eine Schacherseele; die Maheu erhob in rächerischer Entrüstung die Arme und rief den Tod über ihn; ein solcher Mensch verdiene nicht zu essen, schrie sie.

Die Rückkehr nach dem Dorf war traurig. Als die Männer ihre Frauen mit leeren Händen ankommen sahen, ließen sie die Köpfe hängen. Es war aus; der Tag würde zu Ende gehen, ohne daß sie einen Löffel Suppe essen. Und die anderen Tage zogen in eisiger Finsternis dahin, die kein Hoffnungsstrahl erhellte. Sie hatten es so gewollt; niemand sprach davon, sich zu ergeben. Diese äußerste Not machte sie noch hartnäckiger; stumm, gleich gehetzten Tieren waren sie entschlossen, lieber in ihren Löchern zu sterben als hervorzukommen. Wer würde gewagt haben, zuerst von Unterwerfung zu reden? Die Kameraden hatten geschworen, zusammenzuhalten, und sie würden zusammenhalten, wie sie in der Grube zusammenhielten, wenn einer unter den Trümmern eines Einsturzes lag. So gebührte es sich; sie hatten da unten eine gute Schule, um Ergebung zu lernen. Wenn man seit seinem zwölften Lebensjahr gewohnt war, Wasser und Feuer zu schlucken, konnte man sich acht Tage lang den Bauch zusammenschnüren. Und in ihre Ergebung mengte sich der Stolz von Soldaten, das Selbstbewußtsein von Männern, die sich ihres Gewerbes rühmen und in ihrem täglichen Kampf mit dem Tod zum Opfermut gestählt waren.

Der Abend war sehr traurig in der Familie Maheu. Alle saßen schweigend rings um das spärliche Feuer, das mit dem letzten Rest von rauchendem Kohlenstaub unterhalten wurde. Nachdem sie eine Handvoll nach der andern von der Wolle der Matratzen verkauft hatten, hatten sie vor zwei Tagen ihre Kuckucksuhr für drei Francs hingegeben, und die Stube schien kahl und tot, seitdem das trauliche Ticktack sie nicht mehr erfüllte. Was noch an Zierat übriggeblieben, war eine auf dem Eßschrein stehende Schachtel aus rosa Papier, ein ehemaliges Geschenk von Maheu, das seinem Weibe kostbar war wie ein Juwel. Die zwei guten Sessel, die man noch gehabt hatte, waren weg; der Vater Bonnemort und die Kinder saßen gedrängt auf einer alten, mit schimmligem Moos bewachsenen Bank, die man aus dem Garten hereingeschafft hatte. Die fahle Dämmerung schien die Kälte noch zu steigern.

„Was tun?“ wiederholte Frau Maheu, die neben dem Ofen hockte.

Etienne betrachtete die an der Wand hängenden Bilder des Kaisers und der Kaiserin. Er hätte sie längst heruntergerissen, wenn die Familie es ihm nicht verwehrt hätte. Die Maheus wollten die Bilder als Zimmerschmuck behalten. Er murmelte denn mit zusammengekniffenen Lippen: „Wenn man bedenkt, daß man nicht zwei Sous von diesen Kerlen haben kann, die ruhig zusehen, wie wir verrecken.“ – „Ich sollte vielleicht die Schachtel verkaufen?“ sagte die Frau bleich und zögernd.

Maheu, der mit auf die Brust gesenktem Haupt am Tisch saß, richtete sich auf. „Nein, ich will nicht“, sagte er.

Frau Maheu erhob sich mühsam und machte einen Rundgang im Zimmer. War es gottsmöglich, in ein solches Elend zu geraten? Nicht ein Krümchen mehr im Eßschrein, nichts mehr zu verkaufen; kein Auskunftsmittel mehr, wie man sich ein Brot verschaffen könnte. Und auch das Feuer drohte zu erlöschen! Sie erzürnte sich gegen Alzire, die sie am Morgen nach dem Hügel gesandt hatte, um dort Kohlenstückchen zu sammeln, und die mit leeren Händen zurückgekehrt war, weil – wie sie sagte – die Gesellschaft die Nachlese verboten hätte. Was hatte man sich um die Gesellschaft zu kümmern? Bestahl man denn jemanden, wenn man diese verlorenen Kohlenstückchen auflas? Die Kleine war trostlos und erzählte, ein Mann habe ihr mit Schlägen gedroht; dann versprach sie, am folgenden Tag wieder hinzugehen und sich prügeln zu lassen.

„Und wo treibt der Lump Jeanlin sich wieder herum? frage ich euch?“ rief die Mutter. „Er hätte Salat bringen sollen; wir würden ihn roh gegessen haben wie die Tiere. Ihr werdet sehen, er kommt nicht heim. Er war schon gestern über Nacht ausgeblieben. Ich weiß nicht, was der Kerl treibt, aber mir scheint immer, daß er vollgefressen ist.

„Vielleicht sammelt er Sous auf der Straße?“ bemerkte Etienne.

Da geriet sie außer sich und streckte drohend die Fäuste in die Luft.

„Wenn ich das wüßte! ... Meine Kinder betteln! Lieber möchte ich sie umbringen und hernach mich selbst.“

Maheu sank wieder auf seinen Sessel neben dem Tisch. Lénore und Henri, erstaunt darüber, daß man nicht aß, begannen zu winseln, während der alte Bonnemort still dasaß und philosophisch die Zunge im Mund wälzte, um seinen Hunger zu täuschen. Niemand sprach mehr; alle saßen wie niedergedrückt unter der Bürde ihrer Übel; der Großvater hustend, schwarz speiend, von seiner Gicht wieder gepackt, die in eine Wassersucht zu entarten drohte; der Vater asthmatisch, die Knie vom Wasser angeschwollen; die Mutter und die Kinder von ihren Erbübeln, von Geschwülsten und Blutleere bearbeitet. Das Gewerbe forderte das; man klagte darüber nur dann, wenn der Mangel an Nahrung das Maß der Leiden vollmachte. Die Leute im Dorf fielen schon um wie die Fliegen. Man mußte doch etwas finden, um zu Nacht zu essen. Was tun, wohin gehen? mein Gott!

In dem Dämmerdunkel, das die Stube immer düsterer machte, entschloß sich endlich Etienne, dem das Herz zu brechen drohte.

„Wartet auf mich“, sagte er. „Ich will irgendwo schauen.“

Und er ging hinaus. Er dachte an die Mouquette. Sie mußte ein Brot haben und würde es ihm gern geben. Es verdroß ihn, unter einem solchen Zwang nach der verfallenen Hütte in Réquillart zurückzukehren. Dieses Mädchen mit seiner Miene einer verliebten Magd würde ihm die Hände küssen. Doch man durfte seine Freunde in der Not nicht verlassen; wenn nötig, wird er mit ihr wieder freundlich sein.

„Auch ich will schauen“, sagte jetzt Frau Maheu. „Es ist zu dumm!“

Sie öffnete hinter dem jungen Mann wieder die Tür und warf sie heftig zu; die anderen blieben unbeweglich und stumm zurück im spärlichen Licht eines Kerzenstümpfchens, das Alzire angezündet hatte. Draußen blieb sie einen Augenblick nachdenklich stehen; dann trat sie bei der Levaque ein.

„Ich lieh dir neulich ein Brot, vielleicht gibst du es mir heute zurück.“

Doch sie unterbrach sich; was sie sah, war nicht sehr ermutigend; dieses Haus verriet noch mehr Elend als das ihrige.

Frau Levaque schaute mit stieren Augen in ihre erloschenes Feuer; während Levaque, dem einige Nagelschmiede einen Rausch angezecht hatten, mit leerem Magen auf dem Tisch schlief. Bouteloup stand an die Wand gelehnt und rieb sich mechanisch die Schultern, mit der Verblüffung eines gutmütigen Jungen, dessen Ersparnisse man aufgezehrt hat und der nun erstaunt ist, sich den Bauch zusammenschnüren zu müssen.

„Ein Brot? Ach, meine Güte, ich wollte ein zweites von dir borgen“, antwortete die Levaque.

Dann, als ihr Mann im Schlaf ein schmerzliches Grunzen vernehmen ließ, drückte sie ihm das Gesicht auf den Tisch. „Still, Schwein!“ rief sie. „Wenn es dir die Gedärme verbrennt, um so besser! Anstatt dich bezechen zu lassen, hättest du besser getan, von einem deiner Freunde zwanzig Sous zu pumpen.“

In diesem Ton fuhr sie fort, fluchte und wetterte inmitten der Unsauberkeit ihres Hauswesens, welches sie schon seit so langer Zeit vernachlässigte, daß ein unerträglicher Geruch von den Fliesen ausströmte. Ihretwegen konnte alles aus den Fugen gehen, meinte sie. Ihr Sohn, dieser Halunke Bébert, war gleichfalls seit dem Morgen verschwunden; man wäre einer schönen Last ledig, wenn er nicht wiederkäme. Dann sagte sie, sie gehe schlafen. Im Bett wird's wenigstens warm sein. Und sie stieß Bouteloup an.

„Vorwärts, laß uns hinaufgehen! Das Feuer ist erloschen; wozu sollen wir die Kerze anzünden? etwa um die leeren Teller besser zu sehen? ... Kommst du endlich, Louis? Ich sage dir, wir gehen schlafen. Man kriecht im Bett zusammen; das ist immerhin eine Erleichterung. Dieser verdammte Trunkenbold mag meinethalben hier vor Kälte krepieren.“

Als Frau Maheu wieder draußen war, schritt sie quer durch die Gärten, um sich zur Pierron zu begeben. Sie vernahm Gelächter. Als sie anklopfte, trat sogleich Stille ein. Es dauerte eine volle Minute, bis man ihr öffnete.

„Schau, du bist's?“ rief die Pierron, eine lebhafte Überraschung heuchelnd. „Ich dachte, es wäre der Arzt.“

Und ohne sie zu Wort kommen zu lassen, zeigte sie auf ihren Mann, der vor einem großen Kohlenfeuer saß.

„Es geht ihm schlecht“, sagte sie. „Es geht ihm noch

immer schlecht. Das Gesicht hat eine gute Farbe; im Bauch sitzt das Leiden. Er muß immer gut warm haben; was wir noch besitzen, geht in Kohle auf."

Pierron sah in der Tat fett und gesund aus und hatte eine blühende Gesichtsfarbe. Vergebens schnaufte er, um sich krank zu stellen. Als die Maheu eintrat, verspürte sie einen starken Geruch von Kaninchenbraten; es war sicher, daß man die Schüssel beseitigt hatte. Auf dem Tisch lagen Brosamen; in der Mitte stand eine Flasche Wein, die man da vergessen hatte.

„Die Mutter ist nach Montsou gegangen, um Brot zu verschaffen", setzte die Pierron hinzu. „Wir können ihre Rückkehr kaum mehr erwarten."

Doch sie unterbrach sich. Sie war den Blicken der Nachbarin gefolgt und bemerkte nun gleichfalls die Flasche. Sie faßte sich sogleich und erzählte die Geschichte: Ja, das ist Wein; die Besitzer der Piolaine haben die Flasche für ihren Mann gebracht, dem der Arzt Bordeauxwein verordnet hat. Und sie erschöpfte sich in Danksagungen. Es sind so wackere Leute! Besonders das Fräulein; gar nicht stolz, sucht sie die Häuser der Arbeiter auf, um Almosen zu verteilen.

„Ich weiß, ich kenne sie", sagte die Maheu.

Ihr Herz zog sich zusammen, wenn sie daran dachte, daß das Gute immer zu denjenigen komme, die es weniger benötigen. Das war immer so; diese Besitzer der Piolaine würden Wasser in den Fluß getragen haben. Wie war es möglich, daß sie sie nicht im Dorf gesehen hatte? Vielleicht würde sie doch etwas von ihnen erlangt haben.

„Ich bin denn gekommen", gestand sie endlich, „um zu sehen, ob auch bei euch Schmalhans Küchenmeister ist wie bei uns. Hast du nicht etwa Nudeln vorrätig, um mir davon zu leihen?"

Die Pierron tat sehr verzweifelt.

„Nichts, meine Teure, nicht das kleinste Fädchen ... Daß die Mutter nicht kommt, beweist, daß sie nichts erhalten hat. Wir werden ohne Nachtessen schlafen gehen.

In diesem Augenblick hörte man ein Weinen, das aus dem Keller kam. Die Pierron geriet in Zorn und pochte mit der Faust an die Kellertür. Sie habe diese Straßenläuferin Lydie da einsperren müssen, erzählte sie, um sie dafür zu strafen, daß sie erst um fünf Uhr heimgekommen war, nachdem sie den ganzen Tag herumgestrichen war. Sie war nicht mehr zu bändigen; sie verschwand jeden Augenblick.

Die Maheu stand da und konnte sich nicht entschließen, wegzugehen. Bei dem großen Feuer empfand sie ein schmerzliches Behagen; der Gedanke, daß man hier zu essen hatte, nagte ihr noch mehr an dem leeren Magen. Augenscheinlich hatten sie die Alte weggeschickt und die Kleine eingesperrt, um ungestört ihren Kaninchenbraten zu essen. Ach, man konnte was immer sagen: eine Frau, die einen lasterhaften Lebenswandel führt, bringt ihrem Hause immer Glück.

„Gute Nacht!" sagte sie plötzlich.

Draußen hatte die Nacht sich herabgesenkt; der Mond war von Wolken verdeckt und warf nur einen fahlen Schein auf die Erde. Anstatt wieder durch die Gärten zu gehen, nahm Frau Maheu ihren Weg über die Straße; sie war in trostloser Stimmung und hatte nicht den Mut, heimzukehren. Die Haustüren längs der Häuserzeile rochen förmlich nach der Hungersnot und klangen hohl. Was nützte es, da anzuklopfen? Not und Elend überall. Seit Wochen aß man nicht mehr; selbst der Zwiebelgeruch war verschwunden, dieser scharfe Geruch, der in der Landschaft schon von weitem das Dorf ankündigte. Jetzt gab es nur einen Geruch von alten Kellern, die Feuchtigkeit der Löcher, in welchen es kein Leben gibt. Die unbestimmten Geräusche verstummten: die erstickten Tränen, die verhallenden Flüche, und in der tiefen Stille, die sich immer mehr ausbreitete, hörte man den Schlaf des Hungers kommen, die Vernichtung der Leiber, die unter dem Alpdruck der leeren Bäuche quer auf den Betten lagen.

Als sie bei der Kirche vorüberkam, sah sie einen Schatten rasch dahingleiten. Eine Hoffnung ließ sie die Schritte beschleunigen, denn sie hatte den Pfarrer von Montsou erkannt, den Abbé Joire, der am Sonntag in der Kapelle des Dorfes die Messe las. Ohne Zweifel kam er aus der Sakristei, wo er etwas zu ordnen gehabt haben mochte. In gebückter Haltung eilte er dahin, mit seiner Miene eines wohlgenährten, sanften Herrn, der mit aller Welt in Frieden leben will. Wenn er seinen Weg zur Nachtzeit gemacht hatte, so geschah es wohl, um sich nicht unter den Grubenarbeitern zu kompromittieren. Man sagte übrigens, daß er eine Beförderung erhalten habe, und man wollte ihn auch schon mit seinem Nachfolger, einem mageren, glutäugigen Abbé, gesehen haben.

„Herr Pfarrer! Herr Pfarrer!" stammelte die Maheu.

Aber er blieb nicht stehen.

„Guten Abend, liebe Frau", sagte er.

Sie stand jetzt vor ihrem Haus; ihre Beine trugen sie nicht länger, und sie trat ein.

Niemand hatte sich von seinem Platz gerührt. Maheu saß noch immer in tiefer Niedergeschlagenheit am Rande des Tisches. Der alte Bonnemort und die Kinder rückten auf ihrer Bank enger zusammen, um weniger zu frieren. Niemand hatte ein Wort gesprochen; die Kerze war so tief herabgebrannt, daß sie bald auch kein Licht mehr haben sollten. Als die Tür aufging, wandten die Kinder den Kopf; aber als sie sahen, daß die Mutter nichts mitbrachte, schauten sie wieder zur Erde und schluckten ihre Tränen, aus Furcht, gescholten zu werden, still hinunter. Die Maheu sank auf ihren früheren Platz neben dem erlöschenden Feuer nieder. Man fragte sie nicht: die Stille dauerte fort. Alle hatten begriffen: es war unnötig, sich noch die Mühe des Sprechens zu machen; und sie verharrten nun in mutloser Erwartung der letzten Hilfe, welche Etienne vielleicht irgendwo auftreiben würde. Die Minuten flossen dahin; sie zählten schließlich nicht mehr auf ihn.

Als Etienne wieder erschien, brachte er in einem Ab-

wischlappen ein halbes Dutzend kalter, gebratener Kartoffeln.
„Das ist alles, was ich gefunden habe", sagte er.
Auch bei der Mouquette fehlte das Brot; sie hatte ihm ihr eigenes Essen gewaltsam in den Lappen gewickelt und ihn dazu herzhaft abgeküßt.
Die Maheu bot ihm seinen Teil an. Aber er lehnte dankend ab; er habe schon gegessen, versicherte er.
Er log; mit verdüsterter Miene betrachtete er die Kinder, die sich auf die Nahrung warfen. Auch die Eltern verzichteten, um den Kindern mehr davon zu lassen; allein der Alte verschlang gierig das Ganze; man mußte ihm gewaltsam eine Kartoffel für Alzire wegnehmen.
Etienne erzählte nun, er habe Neuigkeiten erfahren. Ergrimmt über die Hartnäckigkeit der Ausständigen, spreche die Gesellschaft davon, den kompromittierten Arbeitern die Arbeitsbücher zurückzustellen. Sie wollte entschieden den Krieg. Und ein noch ernsteres Gerücht war in Umlauf; sie rühmte sich, eine große Anzahl Arbeiter zum Einfahren bestimmt zu haben; die Schächte La Victoire und Feutry-Cantel sollten schon am nächsten Tag ihre volle Belegschaft haben; auch im Madeleineschacht und in der Mirouzeche würde ein Drittel der Arbeiter einfahren. Die Maheu waren außer sich.
„Herrgott!" schrie der Vater, „wenn es Verräter gibt, so werden wir ihnen die Rechnung machen." Und fortgerissen von Zorn und Kummer schrie er: „Morgen abend Zusammenkunft im Wald! Da man uns hindert, beim ‚Gemütlichen' uns zu versammeln, werden wir im Wald zu Hause sein."
Dieser Schrei hatte den alten Bonnemort geweckt, welcher, nachdem er die kalten Kartoffeln hinuntergewürgt hatte, eingeschlummert war. Es war der alte Ruf zur Vereinigung, das Stelldichein der Grubenarbeiter von ehemals, wenn sie über den Widerstand gegen die Soldaten des Königs berieten.
„Ja, ja, nach Vandame! Ich bin dabei, wenn man hingeht", brummte er. Die Maheu machte eine energische Gebärde und fügte hinzu: „Wir alle werden gehen. Es muß ein Ende haben mit den Ungerechtigkeiten und Verrätereien.
Etienne bestimmte, die Versammlung solle in sämtlichen Arbeiterdörfern für morgen abend angesagt werden. Das Feuer war inzwischen erloschen, wie bei der Levaque, und auch die Kerze ging plötzlich aus. Es war weder Kohle noch Petroleum da; man suchte tastend sein Nachtlager auf in der großen Kälte, die einem die Haut kniff. Die Kleinen weinten.

VI

Jeanlin war geheilt und konnte wieder gehen; doch waren seine Beine so schlecht zusammengeschient worden, daß er mit beiden hinkte, und man mußte ihn sehen, wie er mit seinem wackligen Entengang dahineilte, ebenso schnell wie früher, mit der Geschicklichkeit eines bösartigen, diebischen Tieres.
Diesen Abend, bei Anbruch der Dämmerung, stand Jeanlin auf der Straße nach Réquillart auf der Lauer, begleitet von seinen unzertrennlichen Genossen Bébert und Lydie. Auf einem wüsten Feld hatte er sich hinter einem Pfahlzaun verborgen, einer kleinen Gewürzkrämerei gegenüber, die an der Krümmung eines Pfades stand. Eine alte, fast blinde Frau hatte hier einige Säcke Linsen und Erbsen, ganz schwarz vom Staub, zum Verkauf ausgestellt. Jeanlin schielte mit seinen kleinen Äuglein nach einem alten geräucherten Stockfisch, der, über und über mit Fliegenschmutz bedeckt, vor der Tür hing. Zweimal schon hatte er Bébert ausgesandt, daß er den Fisch herunterhole; aber jedesmal zeigten sich Leute an der Wegkrümmung. Es sei doch ärgerlich, meinte er, daß man in seinen Geschäften dermaßen gestört werde.
Jetzt erschien ein Herr zu Pferd bei der Wegkrümmung, und die Kinder warfen sich neben dem Zaun platt auf die Erde, als sie Herrn Hennebeau erkannten. Seit dem Streik konnte man ihn oft so auf den Straßen sehen, einsam durch die aufrührerischen Dörfer streifend, ruhigen Mutes sich von den in der Gegend herrschenden Zuständen überzeugend. Und niemals flog ein Stein an seinen Ohren vorbei; er begegnete nur schweigsamen Leuten, die langsam den Hut zogen; am häufigsten stieß er auf Liebespärchen, die unbekümmert um die Politik sich in den Winkeln gütlich taten. Im Trab seiner Stute zog er vorüber, das Haupt emporgerichtet, um niemanden zu stören, während er beim Anblick der Lüsternheit dieser Liebschaften im Freien sein Herz von einem unbefriedigten Bedürfnis schwellen fühlte. Er sah sehr wohl die drei Kinder in einem Haufen beisammen, die Jungen auf dem Mädchen liegend. Selbst die Kinder suchten sich schon dieses elende Leben zu erheitern! Mit Tränen in den Augen verschwand er, steif im Sattel, den Rock militärisch zugeknöpft tragend.
„Verdammt! wird das heute kein Ende nehmen?" fluchte Jeanlin. „Geh, Bébert, zerre den Fisch am Schwanz."
Doch jetzt kamen wieder zwei Männer, und der Kleine unterdrückte einen Fluch, als er die Stimme seines Bruders Zacharie erkannte, der dem Mouquet erzählte, wie er ein Vierzigsousstück in einen Rock seines Weibes eingenäht gefunden hatte. Beide lachten vor Vergnügen und schlugen sich gegenseitig auf die Schultern. Mouquet schlug für den nächsten Tag eine große Kolbenspielpartie vor; man sollte um zwei Uhr von Rasseneurs Schenke aufbrechen und nach Montoire bei Marchiennes gehen. Zacharie nahm den Vorschlag an. Man soll sie mit dem Streik in Frieden lassen, sagten sie; da man nichts arbeitete, wollte man sich wenigstens ein Vergnügen gönnen.

Und sie bogen in die Wegkrümmung ein, als Etienne, der vom Kanal her kam, sie anhielt, um mit ihnen zu sprechen.

„Wollen denn die Kerle hier übernachten?" sagte Jeanlin außer sich; „es wird schon dunkel, und die Alte wird die Bude zusperren."

Jetzt kam noch ein Grubenarbeiter in der Richtung nach Réquillart. Etienne entfernte sich mit ihm; als sie bei dem Pfahlzaun vorüberkamen, hörte der Knabe sie von der Versammlung im Wald sprechen. Man hatte die Zusammenkunft auf den nächsten Tag verschieben müssen, aus Furcht, in einem Tag nicht alle Arbeiterdörfer verständigen zu können.

„Die große Geschichte wird morgen angehen", flüsterte Jeanlin seinen Kameraden zu. „Wir müssen dabeisein. Nachmittags wollen wir uns auf die Strümpfe machen."

Und da die Straße endlich frei war, schickte er Bébert wieder aus. „Zerre nur keck an dem Schwanz! ... Und nimm dich in acht, denn die Alte hat einen Besen."

Glücklicherweise war schon finstere Nacht. Bébert machte einen Satz in die Höhe und riß den Fisch herunter. Er rannte davon, seine Beute schwingend wie einen fliegenden Drachen; seine Genossen liefen hinterdrein. Die Krämerin kam erstaunt aus ihrer Bude hervor; sie begriff nicht, was geschehen war, und sah die Davoneilenden nicht, die sich im Dunkel der Nacht verloren.

Diese Taugenichtse wurden nachgerade der Schrecken der ganzen Gegend. Sie hatten nach und nach von dem Land Besitz ergriffen wie eine wilde Horde. Zuerst hatten sie sich mit dem Werkhof des Voreuxschachtes begnügt und sich im Kohlenlager herumgewälzt, von wo sie schwarz wie die Neger hervorkamen. Dann spielten sie Verstecken zwischen den Holzstößen, wo sie sich verloren wie in einem Urwald. Dann hatten sie von dem Hügel Besitz ergriffen; sie glitten auf dem Hintern die kahlen Stellen hinab, die noch heiß waren von den Erdbränden. Sie schlüpften in das Gestrüpp, das die ehemaligen Gruben überwucherte, blieben da ganze Tage verborgen, sich ruhig ihren Spielen von übermütigen Mäuschen hingebend. Und sie dehnten ihre Eroberungen immer weiter und weiter aus; prügelten sich blutig zwischen den Kohlenziegelhaufen, rannten in den Feldern herum, wo sie allerlei Pflanzen ohne Brot aßen; sie durchsuchten die Uferböschungen des Kanals, um Sumpffische zu fangen, welche sie roh verschlangen; sie machten kilometerweite Reisen und drangen bis zu dem Wald Vandame vor, wo sie im Frühjahr mit Erdbeeren, im Sommer mit Haselnüssen und Heidelbeeren sich vollstopften. Bald gehörte ihnen die ganze ungeheure Ebene.

Doch was sie unaufhörlich auf den Straßen zwischen Montsou und Marchiennes herumtrieb, das war ein wachsendes Bedürfnis, zu stehlen, dem sie mit den gierigen Augen junger Wölfe nachgingen. Jeanlin blieb der Führer dieser Expeditionen, jagte seine Truppe auf jede Beute los, plünderte die Zwiebelfelder, die Weingärten, die Schaufenster der Kaufläden. Für alle diese Missetaten beschuldigte man in der Gegend die streikenden Grubenarbeiter; man sprach von einer großen, organisierten Räuberbande. Eines Tages zwang er sogar Lydie, ihre Mutter zu bestehlen; er hatte sich von ihr zwei Dutzend Gerstenzucker bringen lassen, welchen Frau Pierron in einem gläsernen Pokal auf einem Fensterbrettchen hatte; und die Kleine, die dafür halb totgeprügelt wurde, verriet ihn nicht, dermaßen zitterte sie vor seiner Autorität. Das Schlimmste war, daß er bei allen diesen Diebstählen den Löwenanteil für sich behielt. Auch Bébert mußte ihm die Beute abliefern und war froh, wenn der Häuptling ihn nicht ohrfeigte, um alles für sich zu behalten.

Seit einiger Zeit trieb Jeanlin Mißbrauch mit seiner Macht; er prügelte Lydie, wie man sein legitimes Weib prügelt, und nützte die Leichtgläubigkeit Béberts dazu aus, diesen in allerlei unangenehme Abenteuer zu verwickeln, weil es ihm Spaß machte, diesen dicken Jungen, der stärker war als er und den er mit einem Faustschlag hätte zu Boden strecken können, wie einen Packesel herumzujagen. Er verachtete alle beide, behandelte sie wie seine Sklaven, erzählte ihnen, daß er eine Prinzessin zur Geliebten habe, vor welcher zu erscheinen sie unwürdig wären. In der Tat geschah es seit acht Tagen schon, daß er an irgendeiner Straßenecke, bei irgendeiner Wegkrümmung, gleichviel wo er sich eben befand, plötzlich verschwand, nachdem er ihnen mit schrecklicher Miene befohlen hatte, nach dem Dorf zurückzukehren. Vor allem aber sackte er die Beute ein.

So geschah es auch heute. „Gib her", sagte er, seinem Kameraden den geräucherten Fisch entreißend, nachdem alle drei bei einer Wegkrümmung nahe bei Réquillart stehengeblieben waren. Bébert protestierte. „Ich will davon haben", sagte er; „ich habe ihn doch genommen." – „Wie, was?" schrie Jeanlin. „Du wirst davon bekommen, wenn ich dir gebe; heute gewiß nicht, aber morgen, wenn davon etwas übrigbleibt." Er schnauzte auch Lydie an und stellte die beiden nebeneinander hin, wie Soldaten, die das Gewehr schultern. Dann stellte er sich hinter sie und schrie sie an: „Jetzt werdet ihr fünf Minuten so stehenbleiben, ohne euch umzuwenden ... Wenn ihr es wagt, euch umzuwenden, werdet ihr von wilden Tieren gefressen ... Nachher werdet ihr geradewegs nach Hause gehen, und wenn Bébert unterwegs Lydie zu berühren wagt, werde ich es erfahren, und dann gibt es Hiebe."

Und nun verschwand er im Dunkel mit einer solchen Leichtigkeit, daß man selbst das Geräusch seiner nackten Füße nicht hörte. Die beiden Kinder blieben fünf Minuten unbeweglich stehen, ohne sich umzuwenden, aus Furcht, von unbekannter Hand geohrfeigt zu werden. In ihrem gemeinsamen Schrecken war allmählich eine tiefe Zuneigung zwischen ihnen entstanden. Er dachte immer daran, sie kräftig in die Arme zu schließen, wie er es von den anderen sah; sie hätte wohl eingewilligt, denn es hätte sie zu einer anderen gemacht, wenn sie so artig geherzt worden wäre. Aber keines von beiden wagte es, dem Führer ungehorsam zu sein. Obgleich die Nacht stockfinster war, schritten sie nebeneinander hin, ohne sich zu umarmen, zärtlich und verzweifelt zugleich, in der Überzeugung, daß der Anführer sie von rückwärts ohrfeigen würde, wenn sie sich zu berühren wagten.

Zur nämlichen Stunde war Etienne nach Réquillart gekommen. Am vorhergegangenen Tag hatte die Mouquette ihn flehentlich gebeten, wiederzukommen, und er kam auch wieder, sich schämend, von einem Geschmack für diese Dirne erfaßt, den er sich kaum zu gestehen wagte, die ihn anbetete wie einen Gott. Er kam übrigens mit der Absicht, mit ihr zu brechen. Er wollte ihr erklären, daß sie wegen der Kameraden ihn nicht länger verfolgen solle. Man lebe nicht in so froher Zeit, und es sei unanständig, sich dem Vergnügen hinzugeben, wenn alle Welt Hungers starb. Und weil er sie nicht zu Hause fand, beschloß er, sie zu erwarten, und spähte nach den vorüberkommenden Schatten.

Unter dem eingestürzten Schachtturm gähnte der alte Schacht, halb verschüttet. Ein aufrechtstehender Balken, der einen Rest des Daches trug, glich einem Galgen über diesem schwarzen Loch. Zwischen der geborstenen Vermauerung der Randsteine waren zwei Bäume hervorgebrochen, eine Esche und eine Platane, die aus dem Schlund der Erde hervorgewachsen schienen. Es war ein verlassener, wüster Winkel, der Rand eines Abgrundes, von Gras und Gestrüpp überwuchert, mit alten Hölzern verlegt, mit Schlehen- und Weißdornsträuchern besetzt, wo im Frühjahr die Grasmücken ihre Nester bauten. Um die Kosten der Instandhaltung zu ersparen, trug sich die Gesellschaft seit zehn Jahren mit der Absicht, die aufgelassene Grube verschütten zu lassen; sie wartete nur noch, bis sie im Voreuxschacht einen Ventilator installiert haben würde, denn das Gebläse der beiden miteinander verbundenen Schächte lag am Fuße des Réquillartwerks, dessen ehemaliger Förderschacht als Kamin diente. Man hatte sich begnügt, die Verzimmerung mit Querbalken zu stützen, die den Eingang verrammelten; die oberen Gänge wurden sich selbst überlassen, und man überwachte nur den Tiefschacht, wo das Höllenfeuer, ein mächtiger Kohlenbrand, wütete, mit einem so gewaltigen Zug, daß man das Brausen in der benachbarten Grube hörte. Aus Vorsicht, damit man hinunter- und heraufsteigen könne, hatte man die Weisung erteilt, den Leiternschacht instand zu halten; aber niemand kümmerte sich darum; die Leitern verfaulten in der Feuchtigkeit, ganze Absätze waren schon eingestürzt. Ein großer Brombeerstrauch verlegte oben den Zugang, und da die erste Leiter einige Sprossen verloren hatte, mußte man, um sie zu erreichen, sich an eine Wurzel des Schlehenbaumes klammern und auf gut Glück in den finstern Schlund hinabfallen lassen.

Hinter einem Busch verborgen wartete Etienne geduldig, als er zwischen den Zweigen ein anhaltendes Rascheln vernahm. Er glaubte, es sei die scheue Flucht einer Blindschleiche. Doch zu seinem Erstaunen sah er ein Zündhölzchen aufflammen, und maßlos war die Verblüffung, als er Jeanlin erkannte, der eine Kerze anzündete und alsbald unter der Erde verschwand. Von einer lebhaften Neugierde ergriffen, näherte sich Etienne dem Loch: das Kind war verschwunden, ein schwacher Lichtschein kam vom zweiten Leiternabsatz herauf. Er zögerte einen Augenblick; dann ließ er sich hinabrollen, an den Wurzeln sich festhaltend; ihm war, als würde er die Tiefe von fünfhundertvierundzwanzig Metern hinabspringen; allein er fühlte endlich eine Leitersprosse unter den Füßen. Und er stieg sachte hinab. Jeanlin mußte nichts gehört haben; Etienne sah unter sich das Licht sich immer tiefer versenken, während der Schatten des Kleinen, unheimlich und kolossal, sich tanzend fortbewegte, dem Wackeln seiner kranken Beine folgend. Er hüpfte mit der Behendigkeit eines Affen, hielt sich mit den Händen, mit den Füßen, mit dem Kinn fest, wenn die Leitersprossen fehlten. Die sieben Meter langen Leitern folgten aufeinander, die einen noch stark, die anderen schwankend, krachend, mit dem Brechen drohend; die schmalen Absätze waren so grün, von Fäulnis überzogen, daß man wie auf Moos ging; und in dem Maße, als er hinabstieg, wurde die Hitze immer drückender; es war eine wahre Backofenhitze, die aus dem Förderschacht kam, wo es glücklicherweise seit dem Streik ziemlich still war; denn in der Arbeitszeit, wenn der Herd täglich seine fünftausend Kilogramm Kohle verschlang, hätte man hier keinen Schritt gehen können, ohne daß einem alles Haar am Leibe abgesengt worden wäre.

„Welch eine verdammte Kröte!" fluchte Etienne, dem schier der Atem ausblieb. „Wo, zum Teufel, geht er denn hin?"

Schon zweimal war er in Gefahr abzustürzen. Seine Füße glitten auf dem feuchten Holz aus. Wenn er wenigstens eine Kerze gehabt hätte wie der Junge; aber er stieß sich jeden Augenblick an; er war nur von dem fahlen Lichtschein geleitet, der unter ihm forteilte. Es war wohl schon die zwanzigste Leiter, und der Abstieg dauerte noch fort. Nun begann er sie zu zählen; einundzwanzig, zweiundzwanzig, dreiundzwanzig. Und es ging noch immer tiefer hinab. In der erstickenden Hitze summte ihm der Kopf; er glaubte in einen Glutofen hinabzusinken. Endlich gelangte er zu einer Galerie, wo er Jeanlin mit seinem Licht in einem Seitengang verschwinden sah. Dreißig Leitern: Das machte ungefähr zweihundertzehn Meter.

„Wird er mich noch lange herumführen?" dachte er. „Sicherlich ist's der Stall, wo er sich vergräbt."

Doch der Gang, der zum Stall führte, war auf der linken Seite durch einen Einsturz verlegt. Die Reise begann von neuem und war jetzt noch schwieriger und gefährlicher als zuvor. Fledermäuse flogen scheu durch die Gänge oder klebten an dem Gewölbe. Er mußte sich sputen, um das Licht nicht aus den Augen zu verlieren; er betrat dann dieselbe Galerie. Allein, wo das Kind leicht mit der Geschmeidigkeit einer Schlange durchkam, schund er sich die Haut von den Gliedern. Dieser Stollen verengte sich – gleich allen alten Gängen – mit jedem Tag mehr unter dem unaufhörlichen Druck des Erdreichs; an manchen Stellen gab es nur mehr einen Schlauch, der auch bald verschwinden mußte. Bei der Verengung barsten die

Hölzer, und Etienne war bei jedem Schritt in Gefahr, aufgespießt zu werden. Mit großer Vorsicht drang er vor, auf den Knien oder auf dem Bauch, immer die tastenden Hände voraus. Plötzlich fühlte er eine Schar Ratten über seinen Körper dahinlaufen.

„Donner Gottes! sind wir endlich zur Stelle?" brummte er erschöpft und atemlos.

Man war am Ziel angelangt. In einer Entfernung von einem Kilometer erweiterte sich der Schlauch, und man gelangte in einen Abschnitt, wo der Stollen wunderbar erhalten war. Es war der hintere Teil der ehemaligen Abfuhrgalerie, die, quer in das Gestein gehauen, einer großen natürlichen Grotte glich. Doch Etienne mußte jetzt halt machen; er sah aus der Ferne, wie der Junge seine Kerze zwischen zwei Steinen niederstellte und es sich bequem machte, ruhig und erleichtert, wie ein Mensch, der froh ist, zu Hause zu sein. Eine vollständige Einrichtung verwandelte diesen Winkel des Stollens in eine bequeme Behausung. In einem Winkel lag auf der Erde ein Haufen Heu, das ein weiches Lager bildete; aus alten Hölzern war eine Art Tisch zurechtgemacht; darauf lag von allem: Brot, Äpfel, mehrere angebrochene Schnapsflaschen. Es war eine wahre Räuberhöhle, voll mit Beute, die seit Wochen aufgehäuft worden war, darunter sogar unnütze Beute, wie Seife und Stiefelwichse, Dinge, die nur um des Diebstahls willen gestohlen worden waren. Und der Junge, allein inmitten all der Beute, genoß dies als egoistischer Räuber.

„Sag einmal: du hältst die Welt zum besten?" rief Etienne, nachdem er sich einen Augenblick verschnauft hatte. „Du kommst da herunter, um zu schwelgen, während wir oben Hungers krepieren?"

Jeanlin zitterte am ganzen Leib und glaubte versinken zu müssen. Doch als er den jungen Mann erkannte, beruhigte er sich bald. „Willst du mit mir essen?" sagte er schließlich. „Ein Stück gebratenen Schellfisch ... du sollst gleich sehen."

Er hatte seinen Fisch nicht aus der Hand gelegt und begann den Fliegenschmutz davon abzukratzen mit Hilfe eines schönen, neuen Messers, eines jener kleinen Dolchmesser in Beinschale, auf welchen irgendein Losungswort eingelegt ist. Auf diesem war das Wort „Liebe" zu lesen.

„Du hast da ein schönes Messer", bemerkte Etienne. „Es ist ein Geschenk von Lydie", erwiderte Jeanlin, der sich hütete hinzuzufügen, daß Lydie es auf sein Geheiß einem fahrenden Krämer in Montsou entwendet hatte.

Dann, während er fortfuhr, den Fisch abzukratzen, fügte er in stolzem Ton hinzu: „Man ist bei mir gut aufgehoben, nicht wahr? ... Es ist ein wenig wärmer als da oben, und es riecht viel besser."

Etienne hatte sich gesetzt und hörte ihm neugierig zu. Sein Zorn war geschwunden; ein Interesse erfaßte ihn für dieses verlotterte Kind, das in seinen Lastern so tapfer und so findig war. Und in der Tat fühlte er sich wohl in der Tiefe dieser Höhle; die Hitze war nicht mehr zu stark; eine gleiche Temperatur, eine Badewärme herrschte hier zu allen Jahreszeiten, während jetzt oben der Dezemberfrost die Haut der Armen platzen machte. Wenn die Galerien alt wurden, reinigten sie sich von den schädlichen Gasen; das böse Wetter war fort, man verspürte jetzt nur mehr den Geruch der alten ausgegorenen Hölzer, einen subtilen Äthergeruch, wie verschärft durch einen Stich von Gewürznelke. Diese Hölzer boten jetzt übrigens einen ergötzlichen Anblick; sie hatten die blaßgelbe Farbe des Marmors, waren ausgezackt, gleichsam mit weißen Spitzen besetzt; ein schneeiges, flockiges Wachstum schien sie mit einem Posament von Seide und Perlen zu bekleiden. Andere wieder starrten von Pilzen. Weiße Falter, Fliegen und Spinnen flogen umher, eine farblose Tierwelt, die niemals die Sonne gesehen.

„Hast du denn keine Furcht?" fragte Etienne. Jeanlin blickte ihn erstaunt an. „Furcht? wovor? Ich bin doch allein."

Endlich war der Schellfisch abgekratzt. Jeanlin zündete ein kleines Holzfeuer an, breitete die Glut aus und ließ den Fisch braten. Dann schnitt er ein Brot in zwei Teile. Es war ein furchtbar gesalzenes Essen, aber für gute Mägen sehr köstlich.

Etienne hatte seinen Teil angenommen. „Es nimmt mich nicht wunder, daß du fett wirst, während wir abmagern", sagte er. „Es ist doch unanständig von dir, dich so zu mästen, ohne an die anderen zu denken." – „Schau! Warum sind die anderen so dumm?" – „Übrigens hast du ganz recht, dich zu verbergen; denn wenn dein Vater erführe, daß du stiehlst, würde er dir das Fell über die Ohren ziehen." – „Und die Spießbürger bestehlen uns nicht? Du sagst es doch selbst immer. Dieses Brot, das ich bei Maigrat stibitzte, ist sicherlich ein Brot, das er uns schuldete."

Der junge Mann sagte nichts; er hatte den Mund voll und war verlegen. Er betrachtete den Jungen mit seinem breiten Maul, seinen grünen Augen, seinen großen Ohren, in seiner Entartung einer Mißgeburt mit trübem Verstand und der Verschlagenheit eines Wilden, der allmählich vertiert. Die Grube, die ihn hervorbrachte, hatte ihm auch den Garaus gemacht, indem sie ihm die Beine zerschlug.

„Und führst du auch Lydie manchmal hierher?" fragte Etienne weiter. „Die Kleine? Fällt mir nicht ein!" erwiderte Jeanlin mit einem verächtlichen Lachen. – „Die Weiber sind geschwätzig."

Und er lachte wieder, in unermeßlicher Verachtung gegen Lydie und Bébert. Niemals habe man so alberne Kinder gesehen, meinte er. Wenn er sich erinnerte, wie sie alle seine Lügen ruhig hinnahmen und mit leeren Händen ihrer Wege gingen, während er sich hier mit gebratenem Fisch gütlich tat, mußte er sich vor Lachen die Seiten halten. Er schloß seine Betrachtungen, indem er mit dem Ernst eines kleinen Philosophen bemerkte: „Es ist besser allein zu sein; da verträgt man sich immer."

Etienne hatte sein Brot verzehrt und trank einen Schluck Wacholderbranntwein. Einen Augenblick hatte er sich gefragt, ob es nicht Jeanlins Gastfreundschaft mit Undank lohnen hieße, wenn er den Jungen beim Ohr ans Tageslicht führen und ihm das fernere Stehlen verbieten würde unter der Drohung, seinem Vater alles zu sagen. Doch indem er diesen tief verborgenen Schlupfwinkel betrachtete, kam er auf einen Einfall: wer weiß, ob er dessen nicht für seine Kameraden oder für sich selbst bedürfen würde, in dem Falle, daß die Dinge da oben eine schlimme Wendung nehmen würden? Er ließ denn den Knaben schwören, nicht mehr über Nacht auszubleiben, wie es manchmal geschah, wenn er zu lange auf seinem Heulager verweilte. Dann nahm er ein Endchen Kerze und ging voraus, während der andere sein Hauswesen in Ordnung brachte.

Die Mouquette erwartete ihn in verzweifelter Stimmung, trotz der großen Kälte auf einem Balken sitzend. Als sie ihn erblickte, warf sie sich ihm an den Hals; und ihr war, als hätte er ihr ein Messer ins Herz gestoßen, als er ihr seinen Entschluß mitteilte, sie nicht mehr aufzusuchen. Mein Gott, warum denn? Liebte sie ihn nicht genug? Und weil er fürchtete, daß er der Versuchung, bei ihr einzutreten, nachgeben könnte, zog er sie nach der Straße und erklärte ihr in schonender Weise, daß sie ihn in den Augen der Kameraden kompromittiere, daß sie der Sache der Politik schade. Sie war darob erstaunt. Wie konnte das der Politik schaden? Sie kam schließlich auf den Gedanken, daß er sich vielleicht ihrer schämte; sie war übrigens davon nicht verletzt, fand es vielmehr natürlich; und sie machte ihm den Vorschlag, daß er sie vor den Leuten ohrfeige, damit es den Anschein habe, als würden sie miteinander brechen. Aber er sollte sie doch von Zeit zu Zeit besuchen, und wäre es auch nur auf wenige Augenblicke. Schier außer sich flehte sie zu ihm; sie schwor, sich zu verbergen, ihn nur fünf Minuten bei sich zurückzuhalten. Obgleich sehr gerührt von ihren Bitten, weigerte er sich dennoch. Es müsse sein, sagte er. Doch, indem er sie verließ, willigte er ein, sie noch einmal zu küssen. Schritt für Schritt waren sie bei den ersten Häusern von Montsou angelangt, und sie lagen im vollen Mondlicht einander in den Armen, als eine Weibsperson an ihnen vorüberging, plötzlich in die Höhe fahrend, als wäre sie über einen Stein gestrauchelt.

„Wer ist das?" fragte Etienne unruhig.

„Es ist Catherine", sagte die Mouquette. „Sie kommt von der Jean-Bart-Grube nach Hause."

Die Weibsperson ging jetzt gesenkten Hauptes mit müden, schlottrigen Schritten weiter. Und der junge Mann blickte ihr nach, trostlos darüber, daß sie ihn gesehen hatte, von unerklärlichen Gewissensbissen gefoltert. Lebte sie nicht mit einem Mann? Hatte sie ihm nicht das nämliche Leid verursacht, da, auf dem Wege nach Réquillart, als sie sich jenem Mann ergab? Aber trotz alldem kränkte es ihn, ihr Gleiches mit Gleichem vergolten zu haben.

„Du magst mich nicht, weil du eine andere liebst", sagte die Mouquette, als sie schieden.

Am folgenden Tage herrschte prächtiges Wetter; es war ein klarer Frosthimmel, einer jener schönen Wintertage, an denen die hartgefrorene Erde unter den Schritten klingt wie Kristall. Jeanlin hatte sich um ein Uhr entfernt; aber er mußte Bébert hinter der Kirche erwarten, und sie mußten ohne Lydie aufbrechen, die von ihrer Mutter wieder im Keller eingesperrt worden war. Man hatte sie soeben aus demselben geholt und ihr einen Korb auf den Arm gehängt mit dem Bedeuten, daß sie ihn mit Löwenzahn gefüllt heimbringen müsse, wenn sie nicht wieder auf eine ganze Nacht mit den Ratten eingesperrt werden wolle. Von Angst ergriffen wollte sie sogleich fort, um den Salat zu sammeln. Doch Jeanlin brachte sie davon ab; man werde später sehen, meinte er. Auf Pologne, das dicke Kaninchen des Rasseneur, hatte er es schon lange abgesehen. Eben als er beim „Wohlfeilen Trunk" vorüberkam, lief das Kaninchen auf die Straße heraus. Mit einem Satz hatte er es bei den Ohren erfaßt und sogleich schob er es in den Korb der Kleinen. Dann rannten alle drei davon. Es wird ein schöner Spaß sein, das Tier wie einen Hund bis zum Wald zu jagen.

Doch sie blieben stehen, um Zacharie und Mouquet zuzusehen, die, nachdem sie mit zwei anderen Kameraden einen Schoppen getrunken hatten, ihre große Kolbenspielpartie begannen. Der Einsatz, eine neue Mütze und ein rotes Halstuch, war bei Rasseneur hinterlegt worden. Der erste Gang, vom Voreuxschacht bis zum Pachthof Paillot, eine Strecke von nahezu drei Kilometern, wurde unter den vier Spielern versteigert; Zacharie erstand ihn; er wettete auf sieben Schläge, während Mouquet deren acht forderte. Man setzte die Kugel, ein eiförmiges Stück Buchsholz, mit der Spitze nach oben auf das Pflaster. Alle hielten ihre „Kolben" bereit, Schlägel mit schiefgestellter Metallscheibe und langem, mit einer Schnur fest umsponnenem Stiel. Um zwei Uhr begann das Spiel. Zacharie erwies sich sehr stark; mit seinem ersten Zug, der aus drei Schlägen bestand, schleuderte er die Kugel mehr als vierhundert Meter weit über die Rübenfelder; denn es war verboten, in den Dörfern und auf den Straßen, wo es Leute gab, dieses gefährliche Spiel zu spielen. Mouquet, der ebenfalls einen kräftigen Arm führte, schleuderte den Ball mit einem einzigen Hieb auf hundertfünfzig Meter zurück. Und das Spiel dauerte fort; das eine Lager trieb den Ball vorwärts, das andere Lager trieb ihn zurück, immer im Laufschritt über die zu Stock und Stein gefrorenen Felder.

Jeanlin, Bébert und Lydie waren eine Weile hinter den Spielern einhergelaufen, entzückt von den prächtigen Schlägen. Dann erinnerten sie sich des Kaninchens; sie ließen das Spiel im Stich, schüttelten den Korb, um zu sehen, ob das Tier da sei, und holten es dann hervor, um zu sehen, ob es schnell laufen könne. Das Kaninchen rannte davon, die Kinder hinterdrein; es war eine Hetze, die eine volle Stunde dauerte; das Tier wurde gejagt, durch Zurufe erschreckt, und man suchte es abzufangen, was hundertmal mißlang. Wäre Pologne nicht trächtig gewesen, sie hätten sie nimmer eingeholt.

Als sie stillstanden, um ein wenig zu verschnaufen, hörten sie lautes Fluchen. Sie schauten sich um und sahen, daß sie wieder ins Ballspiel geraten waren; Zacharie hatte die Kugel knapp am Kopf seines Bruders vorbeigeschleudert. Die Spieler waren schon beim vierten Gang; vom Pachthof Paillot waren sie zu den vier Wegen gekommen, von den vier Wegen nach Montoire; von da ging's in sechs Zügen bis zur Kuhwiese. Dies machte zweieinhalb Meilen in einer Stunde; sie hatten noch Schoppen getrunken in Vincents Weinhaus und im Ausschank „Zu den drei Weisen". Mouquet war am Spiel; er hatte noch zwei Züge, sein Sieg war entschieden, als Zacharie, der sich höhnisch seines Rechtes bediente, mit solcher Geschicklichkeit den Ball zurückschleuderte, daß dieser in einen tiefen Graben rollte. Mouquets Partner konnte ihn nicht hervorholen; es war ein Unglück. Alle vier schrien, regten sich auf; sie standen einander gleich, das Spiel mußte von vorn beginnen. Von der grünen Wiese bis zum Roten Anger waren es kaum zwei Kilometer; diese wollten sie in fünf Zügen zurücklegen; dort würde man sich dann bei Lerenard erfrischen.

Doch Jeanlin hatte einen Einfall. Als die Spieler weitergezogen waren, holte er eine Schnur aus der Tasche und band sie an die linke Hinterpfote des Kaninchens. Und dies gab viel Spaß; das Tier lief schwerfällig vor den drei Rangen einher, mit einem so erbärmlich-drolligen Hinken, daß seine Peiniger sich vor Lachen die Seiten hielten. Dann legten sie ihm die Schnur um den Hals, damit es so laufe; und als das Tier müde wurde, zogen sie es auf dem Bauch, auf dem Rücken nach wie einen kleinen Karren. Dies währte schon über eine Stunde, und das arme Tier keuchte zum Erbarmen, als sie es hastig wieder in den Korb schoben, weil sie nahe beim Wald von Cruchot wieder unter die Ballspieler gerieten.

Zacharie, Mouquet und die zwei anderen durchmaßen jetzt die Kilometer in toller Eile, sich nur soviel Ruhe gönnend als nötig war, um unterwegs in den Schenken, die sie sich als Ziel aussetzten, ihre Schoppen zu trinken. Vom Roten Anger waren sie nach Buchy gekommen, dann nach Croix-de-Pierre, dann nach Chamblay. Die Erde erklang unter dem tollen Lauf ihrer Füße, wie sie den Ball jagten, der vom hartgefrorenen Boden immer wieder in die Höhe sprang. Das Wetter war sehr günstig; das Versinken im Sumpfboden war jetzt nicht zu fürchten; sie riskierten höchstens, die Beine zu brechen. Die Kolbenschläge klangen laut wie Flintenschüsse durch die trockene Luft. Die muskulösen Hände umklammerten fest die umsponnenen Schlägel; der ganze Körper legte sich dabei aus, als gelte es einen Ochsen zu fällen. Und das währte so stundenlang, von einem Ende der Ebene bis zum andern, über Gräben, Hecken, Straßenböschungen, Gartenzäune hinweg. Man mußte gesunde Lungen im Leibe und eisenfest gefügte Knie haben, um diesem Spiel zu frönen. Die Hauer spielten es leidenschaftlich gern, um sich nach der Grubenarbeit die Glieder gelenkiger zu machen. Unter den Fünfundzwanzigjährigen gab es solche, die nicht genug davon haben konnten; mit vierzig Jahren gab man das Ballspiel auf, man war zu schwerfällig dazu.

Es schlug fünf Uhr; der Abend dämmerte heran. Es galt noch ein Spiel bis zum Wald von Vandame; dieses sollte entscheiden, wer die Mütze und das Halstuch gewinnen würde. Zacharie scherzte mit seiner spöttischen Gleichgültigkeit für die Politik, es werde drollig sein, meinte er, mit dem Spiel mitten unter die im Wald versammelten Kameraden zu geraten. Jeanlin tat, als wollte er sich nur im Freien herumtreiben; doch hatte er seit seinem Aufbruch vom Dorf den Wald als Ziel in Aussicht genommen. Er drohte Lydie mit Schlägen, als diese, von Furcht und Gewissensbissen ergriffen, davon sprach, nach dem Voreux zurückzukehren, um Löwenzahn zu sammeln. Was, sollten sie nicht mit von der Versammlung sein? Er für sein Teil wollte hören, was die Alten reden würden. Er drängte auch Bébert vorwärts und schlug vor, sie mögen sich den kurzen Weg bis zum Wald damit vertreiben, daß sie Pologne losmachten und mit Steinwürfen verfolgten. Seine Absicht war, das Tier zu töten; ihn erfaßte die Gier, es fortzutragen und in seiner Höhle zu Réquillart zu verzehren. Das Kaninchen begann mit hängenden Ohren wieder zu laufen; ein Steinwurf schlug ihm am Rücken eine Wunde, ein zweiter Steinwurf riß ihm den Schwanz weg; und trotz des wachsenden Dunkels wäre das Tier schließlich getötet worden, wenn die Rangen nicht Etienne und Maheu, die mitten in einer Lichtung standen, erblickt hätten. Sie stürzten sich mit wilder Hast auf das Tier und schoben es wieder in den Korb. Fast in derselben Minute führten Zacharie, Mouquet und die zwei anderen ihren letzten Kolbenhieb und schleuderten die Kugel nach dem Wald, wo sie wenige Meter von der Lichtung niederfiel. Alle waren beim Ort des Stelldicheins angelangt.

Seit Anbruch der Dämmerung gab es in der ganzen Gegend, auf den Straßen, auf den Pfaden der kahlen Ebene ein langes Wandern, ein Dahinströmen stiller Schatten, die einzeln und in Gruppen dem rötlich dunkelnden Wald zustrebten. Jedes Dorf leerte sich; selbst die Frauen und Kinder gingen dahin, als gelte es einen Spaziergang unter dem weiten, klaren Himmel zu machen. Es wurde jetzt dunkel auf den Wegen; man sah nicht mehr diese sich fortbewegende Masse, die nach dem nämlichen Ziel dahinglitt; man fühlte sie nur, wie sie verworren, vom selben Streben getrieben, marschierte. Es gab zwischen den Hecken und Büschen nur ein leichtes Rascheln, ein undeutliches Geräusch von Stimmen der Nacht.

Herr Hennebeau, der eben zu dieser Stunde heimwärts ritt, horchte auf, als er diese verschwommenen Geräusche hörte. Er war zahlreichen Paaren begegnet, einer langen Zeile von Spaziergängern, die den schönen Winterabend im Freien zubringen wollten. Es ware wieder Verliebte, die Mund auf Mund dahinwandelten, um hinter den Mauern dem Vergnügen zu frönen. Es waren die gewöhnlichen Begegnungen, Mädchen, die in jedem Graben hingeworfen wurden, Burschen, die sich die einzige Freude, die nichts kostete, vollauf gönnten. Und diese Schwachköpfe, die das einzige Glück, das Glück der Liebe, im Übermaß genießen konnten, beklagten sich noch über das Leben! Gern hätte er gehungert wie sie, wenn er das Leben von vorne hätte beginnen können mit einer Frau, die sich ihm auf den Kieseln am Wegrand hingegeben hätte mit der Vollkraft ihres Herzens und ihrer Lenden. Für sein Unglück gab es keinen Trost; er beneidete diese Elenden. Gesenkten Hauptes kehrte er heim, im verlangsamten Schritt seines Pferdes, verzweifelt über dieses anhaltende Geräusch, das sich in der finstern Landschaft verlor, wo er nichts als Küsse hörte.

VII

Es war auf dem Plan-des-Dames, einer weiten Lichtung, die ein Holzschlag erschlossen hatte. Sie streckte sich in einem sanften Abhang dahin, eingeschlossen von hohem Gehölz, prächtigen Buchen, deren gerade, regelmäßig gewachsene Stämme sie gleich weißen Säulen, mit grünen Flechten belegt, umgaben; auf dem Boden lagen gefällte Baumriesen im Gras, während links ein Haufen Scheitholz in geometrischen Kubikfiguren aufgeschichtet stand. Mit zunehmender Dunkelheit wurde die Kälte schneidender; das gefrorene Moos krachte unter den Schritten. Schwarze Nacht lagerte auf der Erde; die hohen Äste hoben sich scharf vom bleichen Nachthimmel ab, an dem der Vollmond heraufzog, um die Sterne zu verdunkeln.

Nahezu dreitausend Köhler hatten dem Ruf Folge geleistet; es war eine wimmelnde Masse, Männer, Weiber, Kinder, die allmählich die Lichtung erfüllten und selbst weithin unter den Bäumen standen; und es kamen noch immer Nachzügler, die Flut von Köpfen breitete sich – in Schatten getaucht – bis zu den benachbarten Schlägen aus. Und aus dieser Flut, inmitten des unbeweglichen, winterstarren Forstes, stieg ein Grollen auf, einem Sturmwind gleichend.

Oben, den Abhang beherrschend, stand Etienne mit Maheu und Rasseneur. Ein Streit war zwischen ihnen ausgebrochen; man hörte ihre Stimmen in plötzlichen Ausbrüchen. Neben ihnen standen einige Männer und hörten ihren Streit mit an: Levaque, mit geballten Fäusten, Pierron, den übrigen den Rücken kehrend und sehr beunruhigt, weil er nicht noch länger ein Fieber vorgeschützt hatte; dann der Vater Bonnemort und der alte Mouque, die auf einem Baumstumpf tief nachdenklich beisammen saßen. Weiter hinten die Spötter: Zacharie, Mouquet und noch andere, die nur gekommen waren, um ihren Spaß zu haben; Frauen standen in Gruppen beisammen, ernst und gesammelt wie in der Kirche. Frau Maheu nickte stumm zu den Flüchen der Levaques. Philomène hustete; seit Beginn des Winters hatte die Bronchitis sie wieder heimgesucht. Nur die Mouquette lachte aus vollem Hals, erheitert durch die Art und Weise, wie die Mutter Brulé ihre Tochter behandelte, eine Entartete, die sie aus dem Hause schickte, um sich inzwischen mit Kaninchenbraten gütlich zu tun, eine Verkaufte, die durch die Feigheiten ihres Mannes fett geworden war. Jeanlin hatte auf dem Holzstoß Aufstellung genommen, hatte Lydie heraufgezogen und Bébert genötigt, ihnen zu folgen. Und nun standen alle drei oben, höher als alle anderen.

Den Streit hatte Rasseneur angefangen, indem er forderte, daß ein Vorsitz gewählt werde, wie bei Versammlungen üblich. Er hatte die Niederlage noch nicht verwunden, die er in der Versammlung beim „Gemütlichen" erlitten hatte; er hatte geschworen, Rache zu nehmen, denn er schmeichelte sich, seine frühere Autorität wiederzugewinnen, wenn er nicht mehr den Bevollmächtigten, sondern dem Volk der Köhler sich gegenüberbefinden würde. Etienne war entrüstet; er hatte es blöd gefunden, daß man in diesem Wald ein Präsidium wählen solle. Da man sie hetzte wie die Wölfe, mußten sie als Revolutionäre, als Wilde handeln.

Als er sah, daß der Streit kein Ende nehmen wollte, bemächtigte er sich mit einem Schlag der Menge; er stieg auf einen Baumstumpf und rief: „Kameraden! Kameraden!"

Der wüste Lärm dieses Volkes verlor sich in einem langen Seufzer, während Maheu die Protestrufe Rasseneurs dämpfte. Etienne fuhr mit lauter Stimme fort: „Kameraden! Da man uns verbietet, zu sprechen; da man Gendarmen gegen uns aussendet, als ob wir Räuber wären, müssen wir uns hier verständigen. Hier sind wir frei, hier sind wir zu Hause; niemand wird uns hier Schweigen gebieten, sowenig wie den Vögeln und den wilden Tieren.

Ein Sturm von Schreien und Ausrufen war der Widerhall dieser Worte. „Ja, ja, der Wald gehört uns; man hat doch wohl das Recht, hier zu reden. Sprich!"

Etienne stand einen Augenblick unbeweglich auf dem Baumstumpf. Der Mond stand noch zu tief am Horizont und beleuchtete nur die Baumkronen; die Menge blieb in Dunkel getaucht und wurde allmählich wieder still. Etienne, der die anderen überragend auf der Höhe des Abhanges stand, glich einem dunklen Barren.

Langsam erhob er einen Arm und begann zu sprechen; aber seine Stimme grollte nicht mehr; er hatte den kühlen Ton eines Abgesandten des Volkes angenommen, der seinen Rechenschaftsbericht erstattet. Er brachte schließlich jene Rede an, die der Polizeikommissär in der Schenke „Zur Gemütlichkeit" ihm abgeschnitten hatte; er gab eine kurze geschichtliche Darstellung des Arbeitsausstandes, wobei er sich einer wissenschaftlichen Beredsamkeit bediente: Tatsachen, nichts als Tatsachen. Er sprach zuerst von seinem Widerstreben gegen den Arbeitsausstand; die Köhler hatten den Ausstand nicht gewollt; die Gesellschaft mit ihrem neuen Lohntarif für die Verzimmerung habe sie herausgefordert. Er erinnerte an den ersten Schritt, den die Bevöllmächtigten beim Direktor getan hatten; an das Übelwollen der Gesellschaft bei jener Gelegenheit und an ihr verspätetes Zugeständnis bei dem zweiten Schritt; die zehn Centimes, welche sie zurückgab, nachdem sie den Versuch gemacht hatte, sie zu stehlen. Nun war man so weit gekommen; er führte Zahlen an, um die Erschöpfung der Unterstützungskasse darzulegen, gab die Verwendung der gesandten Gelder an, entschuldigte in einigen Phrasen die Internationale, Pluchart und die anderen, daß sie inmitten ihrer Sorgen, die Welt zu erobern, nicht mehr für sie tun können. Die Lage wurde denn von Tag zu Tag schwieriger, die Gesellschaft sandte die Arbeitsbücher zurück und drohte belgische Arbeiter anzuwerben; überdies schüchterte sie die Schwachen ein; sie hatte eine gewisse Anzahl von Köhlern bewogen, einzufahren. Er behielt die eintönige Stimme bei, gleichsam um auf diese schlimmen Nachrichten einen Nachdruck zu legen; er sprach von dem siegreichen Hunger, von der toten Hoffnung, von dem Kampf, der beim letzten Aufflackern des Mutes angelangt sei. Dann schloß er plötzlich, ohne den Ton zu erhöhen: „Unter solchen Umständen, Kameraden, habt ihr heute abend einen Entschluß zu fassen. Wollt ihr den Streik fortsetzen? Und in diesem Falle: was wollt ihr tun, um die Gesellschaft zu besiegen?"

Tiefe Stille senkte sich von dem gestirnten Himmel herab. Die in der Finsternis der Nacht unsichtbare Menge schwieg unter dem Eindruck dieser Worte, die ihr das Herz schwer machten; man vernahm nur ihren trostlosen Atem, der durch die Bäume schlich.

Doch Etienne hatte mit veränderter Stimme wieder das Wort ergriffen. Es sprach nicht mehr der Sekretär der Vereinigung, sondern der Anführer, der Apostel, der die Wahrheit verkündete. Werden sich wortbrüchige Feiglinge finden? fragte er. Sollte man vergeblich einen Monat gelitten haben? Sollte man gesenkten Hauptes zu den Gruben zurückkehren und sollte das ewige Elend wieder beginnen? Wäre es nicht besser, gleich zu sterben und den Versuch zu machen, die Tyrannei des Kapitals zu zerstören, welches den Arbeiter zu hungern zwingt? Sich immer wieder dem Hunger beugen bis zu dem Augenblick, wo der Hunger abermals selbst die Ruhigsten zur Empörung zwingt; war das nicht ein blödes Spiel, das nicht länger fortdauern konnte? Und er schilderte, wie die Arbeiter ausgebeutet würden, wie sie allein das Ungemach der Krisen, die äußersten Entbehrungen zu ertragen hätten, sobald der Wettbewerb zur Verminderung der Herstellungskosten zwingt. Nein, der Preis der Verzimmerung war nicht annehmbar; es war dies nur eine verhüllte Art der Ersparung, man wollte jedem Mann täglich eine Arbeitsstunde stehlen. Es war zuviel diesmal; die Zeit war gekommen, daß die zum äußersten getriebenen Armen und Elenden sich endlich Gerechtigkeit verschaffen.

Er stand da mit hoch erhobenem Arm. Bei dem Wort „Gerechtigkeit" ging es wie ein Zittern durch die Menge, und diese brach in ein Händeklatschen aus, das mit dem Geräusch welker Blätter dahinrollte. Einzelne Stimmen riefen:

„Gerechtigkeit! ... Die Zeit der Gerechtigkeit ist gekommen!"

Etienne erhitzte sich allmählich. Er besaß nicht die leicht dahinfließende Beredsamkeit Rasseneurs. Oft fehlten ihm die Worte; er mußte seinen Satz drehen und wenden und half sich mit einem Ruck der Schultern heraus. Allein, bei diesen fortwährenden Anstößen fand er Bilder von einer wohltuenden Energie, welche die Zuhörerschaft packte; während seine Gebärden eines Arbeiters auf dem Werkplatz, die eingezogenen und wieder ausgestreckten Arme mit den drohenden Fäusten, die vorspringende, gleichsam zum Beißen bereite Kinnlade gleichfalls eine außerordentliche Wirkung auf die Kameraden übten. Alle sagten es: er war nicht groß, aber er wußte sich Gehör zu verschaffen.

„Die Lohnarbeit ist eine neue Form von Sklaverei", hub er mit noch mehr vibrierender Stimme wieder an. „Die Grube muß dem Bergmann gehören, wie das Meer dem Fischer, die Erde dem Bauer gehört ... Hört ihr: die Grube gehört euch, euch allen, die ihr seit einem Jahrhundert sie mit so viel Blut und Elend bezahlt habt!"

Und er ging ganz keck an die Erörterung dunkler Rechtsfragen, einer Reihe von Sondergesetzen, in denen er sich verlor. Die Erde und das Erdreich gehörten der Nation, nur ein abscheuliches Vorrecht sicherte ihre ausschließliche Nutznießung den Gesellschaften; um so mehr, als in bezug auf Montsou die angebliche Gesetzlichkeit der Konzessionen sich durch die mit den Eigentümern ehemals geschlossenen Lehensverträge komplizierte, wie es im Hennegau ein alter Brauch war. Das Volk der Bergleute brauchte also nur sein Eigentum wiederzuerlangen; und er zeigte mit dem ausgestreckten Arm das ganze Land jenseits des Waldes. In diesem Augenblick stieg der Mond hinter den Zweigen herauf und warf sein volles Licht auf ihn. Als die noch im Schatten stehende Menge ihn so von weißem Licht übergossen erblickte, wie er mit offenen Händen den Reichtum verteilte, brach sie von neuem in ein anhaltendes Händeklatschen aus.

„Ja, ja, er hat recht; bravo!"

Und nun ritt er auf seiner Lieblingsfrage: der Zuerkennung von Arbeitsgeräten an das Kollektiv, wie er die Sache in einer Phrase wiederholte, deren Barbarei einen köstlichen Kitzel für ihn hatte. Bei ihm war die Entwicklung jetzt vollständig. Nachdem er von der tiefbewegten Brüderlichkeit der Neubekehrten, von dem Bedürfnis, die Lohnverhältnisse zu reformieren, ausgegangen war, gelangte er jetzt zu dem politischen Gedanken, die Lohnfrage überhaupt abzuschaffen. Seit der Versammlung in der Schenke „Zur Gemütlichkeit" hatte sein noch humanitärer und nicht in eine bestimmte Formel gefaßter Kollektivismus sich zu einem komplizierten Programm versteift, dessen einzelne Artikel er wissenschaftlich erörterte. Vor allem stellte er den Satz auf, die Freiheit könne nur durch die Zerstörung des Staates erlangt werden. Dann, wenn erst das Volk sich der Regierung bemächtigt hätte, würden die Reformen beginnen: die Rückkehr zur primitiven Kommune, der Ersatz der moralischen und unterdrückenden Familie durch eine freie Familie, in der alle gleich sind, eine absolute bürgerliche, politische und wirtschaftliche Gleichheit, gewährleistet durch die individuelle Unabhängigkeit, dank dem Besitz und dem vollen Erträgnis der Arbeitsgeräte; endlich unentgeltlicher Fachunterricht, vom Kollektiv bezahlt.

All dies erforderte einen vollständigen Umsturz der alten, verfaulten Gesellschaft; er bekämpfte die Ehe, das Vererbungsrecht; er regelte jedermanns Vermögen; das ungerechte Monument der toten Jahrhunderte stürzte er nieder mit einer weit ausholenden Geste seines Armes; es war immer die nämliche Geste, die des Mähers, der die reife Saat abschneidet; mit der andern Hand richtete er wieder auf; er baute die künftige Menschheit auf, ein Gebäude von Wahrheit und Gerechtigkeit, in der Morgendämmerung des zwanzigsten Jahrhunderts emporwachsend. Bei dieser ungeheuren Anspannung der Gehirnarbeit kam der Verstand ins Schwanken, und es blieb nichts als die fixe Idee des Sektierers übrig. Die Skrupel seiner Empfindlichkeit und seiner gesunden Vernunft waren geschwunden; nichts schien ihm leichter als die Verwirklichung dieser neuen Welt; er hatte alles vorausgesehen; er sprach davon wie von einer Maschine, die er in zwei Stunden instand setzen wollte; weder Blut noch Feuer schreckte ihn ab.

„Wir sind an der Reihe!" mit diesem letzten Ruf schloß er. „Unser ist die Macht, unser ist der Reichtum!"

Die mächtigen Zurufe aus der Tiefe des Waldes wälzten sich bis zu ihm heran. Der Mond erhellte jetzt die ganze Lichtung, zeichnete in lebhaft bewegten Kämmen das Wogen der Köpfe ab, bis in die verschwommenen Fernen der Schläge zwischen den großen grauen Stämmen. Und es gab in der eisigen Luft dieser Winternacht wütende Gesichter, leuchtende Augen, offene Mäuler, eine ganze Brunst des Volkes, Männer, Weiber und Kinder ausgehungert und losgelassen zur Plünderung des alten Gutes, dessen man sie beraubt hatte. Sie fühlten die Kälte nicht mehr; diese flammenden Worte hatten sie bis in die Eingeweide erhitzt. Eine religiöse Verzückung erhob sie über die Erde; es war wie das Hoffnungsfieber der ersten Christen, die der nahen Herrschaft der Gerechtigkeit harrten. Viele dunkle Sätze waren ihrem Verständnis entgangen; sie begriffen nichts von diesen technischen und abstrakten Erörterungen; allein die Unklarheit, die Abstraktion erweiterte noch das Gefilde der Verheißungen, riß sie wie in einer Verblendung fort. Welcher Traum! Sie würden die Herren sein, nicht mehr leiden, endlich genießen!

„Jawohl, er hat Recht! Donner Gottes, wir sind an der Reihe! Tod den Ausbeutern!"

Die Weiber waren in Verzückung; die Maheu hatte ihre Ruhe verloren und war wie vom Hungerschwindel ergriffen; die Levaque heulte, die alte Brulé war außer sich und fuchtelte mit ihren Hexenarmen herum; Philomène war von einem Hustenanfall geschüttelt; die Mouquette war in solcher Aufregung, daß sie dem Redner zärtliche Worte zurief. Unter den Männern hatte der für die Sache völlig gewonnene Maheu einen Zornesruf ausgestoßen; Pierron zitterte nur, während Levaque sehr redselig geworden war; die Spötter, Zacharie und Mouquet, versuchten die Geschichte ins Spaßige zu ziehen; sie fühlten sich im Grunde sehr unbehaglich und waren erstaunt darüber, daß der Kamerad so lange reden konnte, ohne einen Schluck zu trinken. Jeanlin auf dem Holzstoß machte noch den größten Lärm, ermunterte Lydie und Bébert und schwang den Korb, in dem das Kaninchen lag.

Die Zurufe der Menge hatten sich erneuert. Etienne genoß den Rausch seiner Volkstümlichkeit. Seine Macht war zur Wirklichkeit geworden; er gebot über dreitausend Männer; ein Wort von ihm genügte, um ihre Herzen höher schlagen zu machen. Souvarine, wenn er die Versammlung seiner Anwesenheit gewürdigt hätte, würde seinen eigenen Ideen zugestimmt haben in dem Maße, als er sie wiedererkannt haben würde, zufrieden mit den anarchistischen Fortschritten seines Jüngers und befriedigt von dem Programm, mit Ausnahme des auf den Unterricht bezüglichen Artikels, der nur ein Rest von blöder Gefühlsduselei war; denn die heilige und gesunde Unwissenheit sollte das Bad sein, in welchem die Männer ihre Kraft stählen würden. Was Rasseneur betrifft, so zuckte er verächtlich und wütend mit den Achseln.

„Du wirst mich reden lassen!" rief er Etienne zu.

Dieser sprang von dem Baumstumpf herunter.

„Sprich; wir wollen sehen, ob sie dich anhören."

Schon war Rasseneur auf den Baumstumpf gestiegen und forderte mit einer Handbewegung Stille. Allein, der Lärm dauerte fort; sein Name machte die Runde in der Menge, von den ersten Reihen, die ihn erkannt hatten, bis zu den letzten, die weit hinten, unter den Buchen standen; und man weigerte sich, ihn anzuhören; es war ein gestürzter Götze, dessen bloßer Anblick seine ehemaligen Getreuen in Wut versetzte. Seine leichte Beredsamkeit, seine einschmeichelnden, gemütlichen Worte, welche diese Leute so lange Zeit entzückt hatten, wurden jetzt als Lauheit bezeichnet, nur gut, um die Feiglinge einzuschläfern. Vergebens sprach er in dem Lärm; vergebens versuchte er jene Beschwichtigungsrede vorzubringen, die er überall vorbrachte: von der Unmöglichkeit, mit Gesetzen die Welt zu ändern, von der Notwendigkeit, daß die gesellschaftliche Entwicklung sich vollziehe; man verhöhnte ihn, man hieß ihn schweigen; seine Niederlage war schlimmer als in der Schenke „Zur Gemütlichkeit", sie war nicht wiedergutzumachen. Man warf schließlich Hände voll gefrorenen Mooses nach ihm; ein Weib rief aus: „Nieder mit dem Verräter!"

Er erklärte ihnen, daß die Grube nicht den Grubenarbeitern gehören könne, wie der Webstuhl dem Weber; er sagte, es sei ihm lieber, wenn der Arbeiter am Ertrag beteiligt, gleichsam ein Angehöriger des Hauses wird.

„Nieder mit dem Verräter!" wiederholten tausend Stimmen. – Und es flogen einzelne Steine an seinen Ohren vorbei.

Da erbleichte er, und die Verzweiflung füllte seine Augen mit Tränen. Er sah seine Existenz vernichtet; zwanzig Jahre ehrgeiziger Kameradschaft verschwanden unter der Undankbarkeit der Menge; im Herzen getroffen und unfähig fortzufahren, stieg er von dem Baumstumpf herunter.

„Dies macht dich lachen", stammelte er, zu dem triumphierenden Etienne gewendet. „Es ist gut ... Ich wünsche, daß dir ein Gleiches geschehe ... Und es wird dir ein Gleiches geschehen, hörst du?“

Und er streckte den Arm weit nach ihm aus, wie um ihm die volle Verantwortlichkeit für alles Unglück zuzuweisen, das er voraussah. Dann entfernte er sich allein durch die stumme und weiße Winterlandschaft.

Jetzt ertönte neues Geschrei, und man war erstaunt, den Vater Bonnemort zu sehen, der den Baumstumpf erstiegen hatte und zu der lärmenden Menge sprach. Bisher hatten Mouque und er geschwiegen, gleichsam in ihren Erinnerungen an die alten Zeiten versunken. Ohne Zweifel wich er jetzt einem jener plötzlichen Anfälle von Geschwätzigkeit, welche in ihm zuweilen die Vergangenheit so heftig aufrührten, daß Erinnerungen in ihm aufstiegen und stundenlang von seinen Lippen flossen. Tiefe Stille war eingetreten, und man lauschte diesem Greis, der weiß wie ein Gespenst im Mondlicht vor ihnen stand; und als er Dinge erzählte, die ohne unmittelbaren Zusammenhang mit dem Gegenstand der Versammlung waren, lange Geschichten, die niemand verstehen konnte, nahm die Betroffenheit noch zu. Er sprach von seiner Jugend, von seinen zwei Oheimen, die in der Voreuxgrube den Tod fanden, dann von der Brustkrankheit, die sein Weib hinweggerafft hatte. Doch hielt er seinen Gedanken fest: es war niemals gutgegangen, und es wird niemals gutgehen. So hatten sich einmal ihrer fünfhundert im Wald versammelt, weil der König die Arbeitsstunden nicht vermindern wollte. Da brach der Alte ab und begann die Geschichte eines andern Streiks: er hatte deren so viele gesehen! Die Sache endete immer unter den Bäumen, hier auf dem Plan-des-Dames, weiterhin im Köhlerwald oder noch weiter beim Wolfssprung. Einmal fror es, ein andermal war es heiß. Eines Abends hatte es so stark geregnet, daß man heimgekehrt war, ohne ein Wort gesprochen zu haben. Und es kamen die Soldaten des Königs, und es setzte schließlich Flintenschüsse ab.

„Wir erhoben die Hände so wie jetzt; wir schworen, nicht einzufahren; ich habe geschworen, ja, ich habe geschworen!“

Die Menge horchte erstaunt, von einem Unbehagen ergriffen, als Etienne, der diese Szene verfolgt hatte, auf den Baumstumpf sprang und den Greis an seiner Seite behielt. Er hatte unter den in der ersten Reihe stehenden Freunden Chaval erkannt. Der Gedanke, daß auch Catherine da sein müsse, hatte ihn von neuem angefeuert, das Bedürfnis in ihm erweckt, in ihrer Gegenwart die Beifallskundgebungen der Menge zu empfangen.

„Kameraden, ihr habt gehört; da ist einer unserer Alten. Ihr habt vernommen, was er gelitten hat und was unsere Kinder leiden werden, wenn wir mit den Dieben und Henkern nicht aufräumen.“

Er wurde furchtbar: niemals hatte er mit solcher Heftigkeit gesprochen. Mit einem Arm hielt er den alten Bonnemort fest wie ein Banner des Elends und der Trauer, das zur Rache aufruft. In hastig hervorgestoßenen Sätzen ging er bis zum ersten Maheu zurück; er schilderte diese ganze Familie, wie sie vom Bergwerk abgenützt, von der Gesellschaft aufgezehrt wurde und nach hundertjähriger Arbeit hungriger war denn je; und vor diese ausgehungerte Arbeiterfamilie stellte er die von Geld überfließenden Bäuche der Verwaltung hin, die ganze Bande von Aktionären, die gleich Dirnen seit einem Jahrhundert ausgehalten wurden, nichts arbeiteten, sich nur ihres Leibes freuten. War das nicht furchtbar? Ein ganzes Volk – vom Vater auf den Sohn – ging in den Gruben zugrunde, um Ministern Trinkgelder zu bezahlen, um ganzen Generationen von großen Herren und Spießbürgern die Mittel zu verschaffen, daß sie Feste geben oder hinter dem Ofen sitzend sich mästen! Er hatte die Krankheiten der Grubenarbeiter studiert und zählte sie alle auf, mit greulichen Einzelheiten: die Blutleere, die Skrofeln, die schwarze Bronchitis, das erstickende Asthma, die lähmenden Rheumatismen. Man warf die Elenden den Maschinen als Futter hin, man pferchte sie gleich dem Vieh in den Dörfern ein; die großen Gesellschaften verzehrten sie allmählich, regelten die Sklaverei und drohten alle Arbeiter einer Nation einzureihen, Millionen Arme, um tausend Faulenzer zu bereichern. Doch der Grubenarbeiter war nicht mehr der Unwissende von ehemals, das im Innern des Erdreichs zermalmte Tier. Eine Armee wuchs aus den Tiefen der Gruben hervor, eine Ernte von Bürgern, deren Saat keimte und einst, an einem sonnenhellen Tag, die Erde bersten machen wird. Und man wird dann sehen, ob man es wagen wird, nach vierzigjährigem Dienst eine Pension von hundertfünfzig Francs einem sechzigjährigen Greis anzubieten, der Kohle spie und dessen Beine vom Wasser der Kohlenschläge angeschwollen waren. Ja, die Arbeit wird das Kapital zur Rechenschaft ziehen, diesen unpersönlichen, dem Arbeiter unbekannten Gott, der irgendwo im geheimnisvollen Dunkel seines Tabernakels hockt, von wo er den Hungerleidern, die ihn nährten, das Blut aussog. Man wird ihn aufsuchen, man wird ihm ins Gesicht schauen beim Licht der Feuersbrünste, man wird es im Blut ersäufen, dieses unflätige Schwein, diesen ungeheuerlichen, mit Menschenfleisch gemästeten Götzen.

Er schwieg, aber sein Arm blieb ins Leere ausgestreckt, gleichsam um den Feind zu zeigen, in weiter Ferne, er wußte nicht wo, von einem Ende der Erde zum andern. Das Geschrei der Menge war jetzt so laut, daß die Bürger von Montsou es hörten und nach der Richtung von Vandame blickten, von Unruhe ergriffen bei dem Gedanken an irgendeinen furchtbaren Einsturz. Nachtvögel flatterten in dem Gehölz auf und flogen unter dem unermeßlichen klaren Himmel dahin.

Etienne wollte jetzt schließen. „Kameraden, was ist euer Beschluß? ... Stimmt ihr für die Fortsetzung des Ausstandes?“

„Ja, ja!“ heulten die Stimmen. – „Und welche Maßregeln beschließt ihr? ... Unsere Niederlage ist sicher, wenn sich morgen Feiglinge finden, die einfahren.“ – „Tod den Feiglingen!“ erbrauste es mit der Gewalt eines Sturmwindes. „Ihr beschließt denn, sie an die Pflicht, an den geschwornen Eid zu mahnen ... Wir könnten folgendes tun: bei den Gruben erscheinen, die Verräter durch unsere Anwesenheit zurückjagen, der Gesellschaft zeigen, daß wir alle einig sind und daß wir eher sterben als nachgeben werden.“ – „Ja, ja, zu den Gruben! zu den Gruben!“

Etienne hatte, seitdem er sprach, Catherine mit den Augen gesucht, unter den bleichen Köpfen, die vor ihm grollten. Sie war nicht da. Doch sah er noch immer Chaval, der die Achseln zuckte, um den Spötter zu spielen, von Eifersucht verzehrt und bereit, sich für ein wenig solcher Volkstümlichkeit zu verkaufen.

„Und wenn es Späher unter uns gibt, Kameraden“, fuhr Etienne fort, „dann mögen sie sich in acht nehmen; man kennt sie ... Ja, ich sehe Köhler aus Vandame, welche die Grube nicht verlassen haben ...“ – „Sagst du dies meinetwegen?“ fragte Chaval in herausforderndem Ton. – „Deinetwegen oder eines andern wegen ... Allein, da du dich gemeldet hast, solltest du begreifen, daß diejenigen, die da essen, nichts bei jenen zu tun haben, die da hungern. Du arbeitest im Jean-Bart-Schacht ...“

Eine spöttische Stimme unterbrach den Redner: „Ach, der arbeitet ... er hat ein Weib, das für ihn arbeitet.“

Chaval wurde rot vor Wut.

„Himmelherrgott!“ schrie er, „ist es denn verboten zu arbeiten?“ – „Ja!“ rief Etienne, „wenn die Kameraden für das Wohl aller Not leiden, ist es verboten, sich als Egoist und Heuchler auf die Seite der Arbeitgeber zu stellen. Wäre der Streik allgemein, dann wären wir längst die Herren ... Kein einziger Mann von Vandame hätte einfahren sollen, als Montsou in den Ausstand trat. Es wäre ein Hauptstreich, wenn die Arbeit in der ganzen Umgegend feierte, bei Herrn Deneulin ebenso wie hier ... Hörst du? In den Schlägen von Jean-Bart gibt es nur Verräter; ihr alle seid Verräter!“

Die Menge rings um Chaval nahm eine drohende Haltung an; Fäuste wurden in die Höhe gestreckt; man hörte den Ruf: „Schlagt ihn tot!“ Chaval erbleichte; doch in seiner wütenden Begierde, über Etienne zu triumphieren, hatte er einen Einfall, der ihn wieder aufrichtete.

„Hört mich doch!“ rief er. „Kommt morgen nach Jean-Bart und ihr werdet sehen, ob ich arbeite! ... Wir halten mit euch, und man hat mich gesendet, um euch dies zu sagen. Man muß die Feuer auslöschen; auch die Maschinisten müssen in den Ausstand treten. Wenn die Pumpen stillstehen, um so besser! Das Wasser wird die Gruben ersäufen und alles wird zu Ende sein.“

Man klatschte ihm wütend Beifall; Etienne war überflügelt. Die Redner auf dem Baumstumpf lösten einander ab, gestikulierten in dem Lärm, machten unsinnige Vorschläge. Es war der wahnwitzig gewordene Glaube, die Ungeduld einer religiösen Sekte, welche, des Hoffens auf das erwartete Wunder überdrüssig, sich entschloß, es endlich herauszufordern. Durch den Hunger blöd gemacht, war es allen diesen Köpfen rot vor den Augen; sie träumten von Feuer und Blut, inmitten einer Ruhmesapotheose, aus der das allgemeine Glück hervorsproß. Und der stille Mond tauchte diese wogende Menge in seine Lichtflut; der tiefe Wald umhüllte mit seinem Schweigen diesen ungeheuren Mordruf. Das gefrorene Moos allein krachte unter den Füßen, während die Buchen, aufrecht in ihrer Kraft, mit den zarten Verästelungen ihrer Zweige, schwarz unter dem weißen Himmel, die erbärmlichen Wesen, die sich zu ihren Füßen bewegten, weder sahen noch hörten.

Jetzt entstand ein Gedränge, und die Maheu gelangte so in die Nähe ihres Mannes; beide waren um ihre gesunde Vernunft gekommen; fortgerissen von der allmählichen Erbitterung, die seit Monaten sie bearbeitete, stimmten sie Levagne zu, der die anderen überbietend die Köpfe der Ingenieure forderte. Pierron war verschwunden; Bonnemort und Mouque redeten zugleich, sagten undeutliche, sehr heftige Dinge, die niemand verstand. Zacharie trieb allerlei Ulk und forderte, daß die Kirchen der Erde gleichgemacht werden; Mouquet schlug mit dem Ballschlägel auf die Erde, nur um den Lärm zu vergrößern. Die Weiber wüteten; die Levaque war – die Fäuste in die Hüften gestemmt – mit Philomène in heftigen Streit geraten, weil diese angeblich gelacht hatte; die Mouquette sagte, man müsse die Gendarmen mit Fußtritten in den Hintern „niedermachen“; die Brulé, die soeben Lydie geohrfeigt hatte, weil sie das Mädchen ohne Korb und ohne Salat gefunden hatte, fuhr fort, Schläge ins Leere zu führen, für alle Patrone, die sie hier bei der Hand hätte haben wollen. Jeanlin war einen Augenblick betroffen, weil Bébert von einem Stößerjungen erfahren hatte, daß Frau Rasseneur sie gesehen habe, wie sie Pologne stahlen; aber nachdem er beschlossen hatte, daß er zurückkehren werde, um vor der Tür der Schenke „Zum Wohlfeilen Trunk“ das Tier in unbemerkter Weise wieder loszulassen, heulte er noch stärker, öffnete sein neues Messer und schwang die Klinge, ganz stolz darüber, sie glänzen lassen zu können.

„Kameraden, Kameraden!“ wiederholte Etienne erschöpft, sich heiser schreiend, um einen Augenblick Stille zu erlangen, damit man sich endgültig verständigen könne.

Endlich hörte man ihn. „Kameraden, morgen früh in Jean-Bart! Ist's abgemacht?“ – „Ja, ja, in Jean-Bart! Tod den Verrätern!“

Der Sturm dieser dreitausend Stimmen erfüllte den Himmel und erstarb in der klaren Helle des Mondes.

Fünfter Teil

I

Um vier Uhr war der Mond untergegangen, und es herrschte stockfinstere Nacht. Alles schlief noch im Hause Deneulins; das aus Ziegeln erbaute alte Haus lag stumm und düster, Türen und Fenster geschlossen, am Ende eines großen, verwahrlosten Gartens, der es von der Jean-Bart-Grube trennte. An der andern Stirnseite des Hauses vorbei lief die einsame Straße nach Vandame, einem großen Flecken, der in einer Entfernung von etwa drei Kilometern hinter dem Wald verborgen lag.

Deneulin, der einen Teil des vorhergegangenen Tages in der Grube zugebracht hatte, lag der Mauer zugewendet und schnarchte, als er träumte, daß man ihn rufe. Er erwachte schließlich, hörte wirklich eine Stimme und eilte zum Fenster, um zu öffnen. Einer seiner Aufseher stand im Garten.

„Was gibt es?" fragte er. „Herr, eine Revolte; die Hälfte der Leute will nicht arbeiten und hindert die andere Hälfte einzufahren."

Deneulin verstand ihn nicht recht; sein schlaftrunkener Kopf summte; die kalte Luft drang wie ein eisiges Sturzbad auf ihn ein.

„Zwingen Sie sie einzufahren!" stammelte er. „Wir unterhandeln seit einer Stunde vergebens, und so sind wir denn auf den Gedanken gekommen, Sie aufzusuchen, gnädiger Herr. Sie allein können sie zur Vernunft bringen."

„Gut, ich gehe."

Er kleidete sich in aller Eile an. Sein Kopf war jetzt klar; er war sehr unruhig geworden. Man hätte das Haus plündern können, weder die Köchin noch der Hausdiener hatte sich gerührt. Doch jetzt vernahm er von der andern Seite des Flurs her ein Geflüster ängstlicher Stimmen; und als er hinausging, öffnete sich die Zimmertür seiner Töchter, und alle beide erschienen, in weiße Schlafröcke gehüllt, die sie in aller Eile umgeworfen hatten.

„Was geht vor, Vater?"

Lucie, die ältere, war schon zweiundzwanzig Jahre alt, groß, braun, mit stolzer Miene; Jeanne, die jüngere, zählte kaum neunzehn Jahre, war klein, mit goldblondem Haar und von einschmeichelnder Anmut.

„Nichts Ernstes", antwortete der Vater, um sie zu beruhigen. „Es scheint, daß Randalierer in der Grube einigen Lärm verursachen. Ich will einmal nachschauen."

Doch sie widersetzten sich seinem Vorhaben; sie wollten ihn nicht fortlassen, ohne daß er etwas Warmes genommen haben würde. Er würde sonst wieder krank heimkehren, mit wüstem Magen, wie immer. Er wehrte sich, gab sein Ehrenwort, daß er Eile habe.

„Höre", sagte Jeanne, sich an seinen Hals hängend. „Du wirst ein Gläschen Rum trinken und zwei Stück Zwieback essen; sonst bleibe ich da an deinem Hals, und du mußt mich mitnehmen."

Er mußte sich fügen, wenngleich er schwor, daß der Zwieback ihm zu schwer im Magen liege. Schon stiegen sie vor ihm hinab, jede mit ihrem Leuchter. Im Speisezimmer beeilten sie sich, ihn zu bedienen; die eine goß den Rum ein, die andere lief in die Küche, um ein Paket Zwieback zu holen. Sie hatten ihre Mutter früh verloren und sich daher selbst erzogen, allerdings sehr schlecht erzogen, vom Vater verhätschelt, die ältere von dem Traum geplagt, Opernsängerin zu werden, die jüngere von einer Leidenschaft für die Malerei erfaßt, mit einer Kühnheit des Geschmacks, die ihresgleichen suchte. Doch als infolge geschäftlicher Verlegenheiten der Haushalt eingeschränkt werden mußte, waren bei diesen Mädchen, die so außergewöhnliche Neigungen zu haben schienen, plötzlich sehr kluge und sehr schlaue Haushälterinnen zum Vorschein gekommen, die den kleinsten Fehler in den Rechnungen der Köchin entdeckten. Trotz ihrer freien, künstlerischen Manieren hielten sie die Schnüre des Geldbeutels fest in der Hand, kargten selbst um wenige Sous, stritten mit den Lieferanten, besserten unablässig ihre Toiletten aus, und so gelang es ihnen, der wachsenden Verarmung des Hauses einen Schein der Anständigkeit zu geben.

„Iß, Papa", wiederholte Lucie. Dann, als sie bemerkte, daß er wieder in stilles, sorgenvolles Nachdenken versank, wurde sie von Angst ergriffen.

„Die Sache ist doch ernst, da du solche Grimassen machst? ... Wir bleiben mit dir. Man wird ohne uns zu dieser Frühstückstafel fahren."

Sie sprach von einem Ausflug, der für diesen Morgen geplant war. Frau Hennebeau sollte mit ihrer Kalesche zuerst Cécile bei den Grégoires abholen, nachher würde sie Lucie und Jeanne aufnehmen, und alle zusammen würden nach Marchiennes fahren und bei der Gemahlin des Direktors der Eisenwerke frühstücken. Man wollte die

Gelegenheit benützen, um die Werkstätten, die Hochöfen und die Koksöfen zu besichtigen.

„Gewiß, wir bleiben zu Hause", erklärte Jeanne ihrerseits.

Allein, der Vater erzürnte.

„Welcher Einfall! Ich wiederhole euch, es ist nichts ... Erweist mir das Vergnügen, wieder in eure Betten zu schlüpfen und euch für neun Uhr anzukleiden, so wie es verabredet wurde."

Er küßte sie und eilte davon. Man hörte den Schall seiner Schritt, die sich auf dem hartgefrorenen Boden des Gartens allmählich verloren.

Jeanne verkorkte sorgfältig die Rumflasche, während Lucie den Zwieback unter Verschluß tat. Der Raum hatte die kühle Sauberkeit solcher Speisezimmer, wo die Tafel kärglich bestellt ist. Da die Schwestern nun schon so früh heruntergekommen waren, hielten sie Umschau, ob auch gestern abend alles in Ordnung gebracht worden sei. Sie fanden ein Tafeltuch; der Diener konnte eines Verweises sicher sein. Endlich gingen sie wieder hinauf.

Während Deneulin, um seinen Weg abzukürzen, die geraden Alleen seines Gemüsegartens durchschritt, dachte er an sein gefährdetes Vermögen, an diesen Anteil von Montsou, an diese Million, die er zu Geld gemacht hatte in der Hoffnung, sie zu verzehnfachen, und die jetzt so stark aufs Spiel gesetzt war. Es gab eine ununterbrochene Reihe von ungünstigen Umständen, unvorhergesehene große Ausbesserungen, ruinöse Ausbeutungsbedingungen, dann das Unglück dieser industriellen Krise, gerade in dem Augenblick, wo das Unternehmen einen Ertrag zu liefern begann. Wenn der Streik auch bei ihm ausbrach, lag er auf dem Boden. Er stieß eine kleine Tür auf; man erkannte die Grubenbauten in der finstern Nacht an dem noch tieferen Schatten, durch einige Laternen nur wenig erhellt.

Jean-Bart hatte nicht die Bedeutung des Voreux, doch war es infolge der erneuerten Einrichtung eine „ganz hübsche Grube" geworden, wie die Ingenieure sich ausdrückten. Man hatte sich nicht damit begnügt, den Schacht um anderthalb Meter zu verbreitern und auf siebenhundertacht Meter zu vertiefen; man hatte ihn auch neu eingerichtet, mit einer neuen Maschine, neuen Schalen, einem neuen Material versehen, alles nach den neuesten Errungenschaften der Wissenschaft. Die Bauten zeigten sogar eine gewisse Eleganz. Der Sichtungsschuppen trug ein zierlich geformtes Vordach, der Schachtturm war mit einer Uhr versehen; das Maschinenhaus und der Aufnahmeraum hatten ein rundes Haubendach nach Art der im Renaissancestil erbauten Kapellen, und der Schlot darauf, aus schwarzen und roten Ziegeln erbaut, glich einer Mosaikspirale. Die Pumpe war beim andern Schacht des Werkes aufgestellt, bei der Gaston-Marie-Grube, welche nur als Schöpfwerk diente; Jean-Bart hatte rechts und links zwei Schächte; der eine war für den Dampfventilator, in dem andern waren die Steigleitern aufgestellt.

An diesem Morgen war Chaval um drei Uhr als erster angelangt. Er machte sich sogleich daran, die Kameraden zu verführen; man müsse dem Beispiel jener von Montsou folgen und eine Preisaufbesserung von fünf Centimes nach jedem Karren fordern. Die vierhundert Arbeiter, die einfahren sollten, strömten aus der Baracke alsbald unter großem Geschrei und mit heftigen Gestikulationen nach dem Aufnahmesaal. Diejenigen, die arbeiten wollten, standen barfüßig da, mit ihrer Lampe, Schaufel oder Spitzhacke unter dem Arm; während die anderen, noch in Holzschuhen, mit dem Überrock auf den Schultern, um sich gegen die Kälte zu schützen, den Zugang zum Schacht verstellten; und die Aufseher schrien sich heiser in dem Bemühen, Ordnung zu machen, sie zur Vernunft zu bringen und diejenigen, die einfahren wollten, nicht daran zu hindern.

Doch Chaval geriet in Wut, als er Catherine in Hose und Kittel erblickte, den Kopf mit der blauen Haube bekleidet. Er hatte, als er aufstand, ihr in rauher Weise befohlen, im Bett zu bleiben. Verzweifelt wegen dieser Arbeitsruhe war sie ihm dennoch gefolgt; denn er gab ihr niemals Geld, sie mußte oft für sich und für ihn zahlen. Was sollte aus ihr werden, wenn sie kein Geld mehr erwarb? Eine Angst ergriff sie; die Angst, in einem Freudenhaus zu Marchiennes zu enden, wie alle Schlepperinnen, die kein Brot und kein Obdach hatten.

„Zum Teufel! Was hast du hier zu suchen?" Sie habe keine Renten und wolle arbeiten, brachte sie stotternd hervor. „Dirne, du willst dich mir widersetzen? ... Fort, nach Hause, wenn du nicht mit Fußtritten in den Hintern begleitet werden willst." Sie wich scheu zurück, ging aber nicht; sie wollte sehen, welche Wendung die Dinge nehmen würden.

Deneulin kam über die Treppe des Sichtungsschuppens bei der Grube an. Trotz des schwachen Lichtes der Laternen erfaßte er mit einem raschen Blick die ganze Szene, diese in Schatten getauchte Menge, in der er jedes Gesicht kannte, die Hauer, die Verlader, die Handlanger, die Schlepperinnen, selbst die Stößerjungen. In dem neuen, noch sauberen Schiff feierte die Arbeit. Die unter Druck stehende Maschine ließ ein leises Zischen des Dampfes vernehmen; die Schalen hingen an den unbeweglichen Seilen; die auf halbem Weg im Stich gelassenen Karren standen auf dem aus Eisenplatten gefügten Fußboden herum. Man hatte kaum achtzig Lampen geholt, die anderen brannten in der Lampenkammer. Ein Wort von ihm würde sicherlich genügen und die Arbeit würde aufgenommen werden, sagte sich Herr Deneulin.

„Nun, was geht denn vor, meine Kinder?" fragte er mit lauter Stimme. „Was ist's, was euch verdrießt? Erklärt es mir, wir werden uns verständigen."

Gewöhnlich zeigte er sich seinen Leuten gegenüber väterlich-wohlwollend, wenngleich er viel Arbeit forderte. Gebieterisch und brüsk in seinem Auftreten, suchte er sie zuerst durch eine geräuschvolle Gemütlichkeit zu gewinnen; und er war bei ihnen oft beliebt, denn sie respektierten in ihm vornehmlich den Mann von Mut, der immer mit ihnen in den Schlägen war, der erste bei der Gefahr, wenn

ein Unglücksfall die Grube in Schrecken versetzte. Zweimal schon hatte man ihn nach schlagenden Wettern an einem Seil hinabgelassen, wenn selbst die Kühnsten sich nicht in die Grube wagten.
Jetzt nahm er wieder das Wort. „Ihr werdet mich doch nicht bereuen lassen, daß ich mich für euch verbürgt habe", sagte er. „Ihr wißt, daß ich es abgelehnt habe, einen Gendarmerieposten hier aufzunehmen, wie mir angeboten worden ist ... Sprecht ruhig, ich höre euch."
Jetzt schwiegen alle verlegen und entfernten sich von ihm; endlich sagte Chaval: „Herr Deneulin, wir können nicht weiterarbeiten; wir müssen fünf Centimes mehr für den Karren haben."
Er schien überrascht. „Wie? Fünf Centimes? Aus welchem Anlaß erhebt ihr diese Forderung? Ich beklage mich nicht über eure Verzimmerungen; ich will euch keinen neuen Tarif auferlegen wie die Verwaltung von Montsou." – „Das ist möglich; aber die Kameraden von Montsou sind dennoch in ihrem Recht. Sie weisen den Tarif zurück und fordern eine Erhöhung um fünf Centimes, weil man bei den gegenwärtigen Preisen unmöglich sauber arbeiten kann ... Wir wollen fünf Centimes mehr; nicht wahr, ihr Leute?"
Man hörte Zustimmungsrufe, der Lärm hub wieder an, und es gab ein heftiges Herumfuchteln mit den Armen. Allmählich kamen alle näher und umstanden ihn in einem engen Kreise.
Eine Flamme entzündete sich in den Augen Deneulins; als ein Mann, der mit starker Hand zu regieren liebte, preßte er die Fäuste zusammen, aus Furcht, daß er der Versuchung nachgeben könnte, einen dieser Arbeiter an der Gurgel zu packen. Doch er zog es vor, mit ihnen zu unterhandeln, sich an ihre Vernunft zu wenden.
„Ihr wollt fünf Centimes, und ich gebe zu, daß die Arbeit dies wert ist. Allein, ich kann sie euch nicht geben. Wenn ich sie euch gebe, bin ich ganz einfach geliefert ... Vor allem muß ich selbst leben können, wenn ihr leben wollt. Und ich bin an der äußersten Grenze angelangt; die geringste Vermehrung der Herstellungskosten müßte meinen Sturz zur Folge haben. Bei dem letzten Streik, vor zwei Jahren, habe ich noch nachgegeben, weil ich es konnte. Indes hatte jene Lohnerhöhung für mich dennoch ruinöse Folgen; ich habe seither zu kämpfen. Heute würde ich lieber die ganze Butike im Stich lassen, denn ich wüßte im nächsten Monat nicht mehr, woher ich euch bezahlen soll."
Chaval lachte hämisch dem Herrn ins Gesicht, der ihnen so freimütig seine Angelegenheiten darlegte; die anderen schauten zur Erde; sie waren eigensinnig und wollten nicht begreifen, daß ein Arbeitgeber nicht Millionen an seinen Arbeitern gewinne.
Deneulin drang nun weiter in sie. Er erklärte ihnen seinen Kampf gegen Montsou, das stets auf der Lauer sei und bereit, ihn zu verzehren, wenn er eines Abends so ungeschickt sein sollte, die Beine zu brechen. Es war ein wilder Wettbewerb, der ihn zu Einsparungen zwang, um so mehr, als die große Tiefe der Jean-Bart-Grube die Kosten der Förderung erhöhte – ein ungünstiger Umstand, der durch die größere Mächtigkeit des Kohlenlagers kaum wettgemacht wurde. Niemals würde er infolge des letzten Streiks die Löhne erhöht haben, wäre er nicht genötigt gewesen, Montsou nachzuahmen, aus Furcht, daß seine Leute ihn verlassen könnten. Und er drohte ihnen mit der Zukunft; was hätten sie auch davon, wenn sie ihn zwängen, die Grube zu verkaufen? Sie gerieten unter das Joch der Gesellschaft. Er thronte nicht so weit, in einem unbekannten Tabernakel; er war nicht einer jener Aktionäre, welche Direktoren bezahlen, um den Arbeiter zu rupfen, und welche der Arbeiter niemals gesehen hat. Er war ein Arbeitgeber und wagte noch etwas anderes als sein Geld: er wagte seine Intelligenz, seine Gesundheit, sein Leben. Die Arbeitseinstellung würde ganz einfach der Tod sein; denn er hatte keinen Vorrat und mußte dennoch die Bestellungen expedieren. Anderseits durfte das in dem Betriebsmaterial angelegte Kapital nicht brachliegen. Wie sollte er seinen Verpflichtungen nachkommen? Wer wird die Summen verzinsen, welche seine Freunde ihm anvertraut hatten? Es wäre der Bankrott.
„Ja, so ist es, meine Wackeren", schloß er. „Ich möchte euch überzeugen. Man kann von einem Mann nicht verlangen, daß er sich selbst abschlachte, nicht wahr? Und wenn ich euch die fünf Centimes bewillige oder euch in den Streik gehen lasse, so ist dies geradesoviel, als wenn ich mir den Hals abschnitte."
Er schwieg. Es gab ein Gemurmel unter den Arbeitern, und ein Teil von ihnen schien zu schwanken. Mehrere kehrten zur Einfahrt des Schachtes zurück.
„Man soll doch jedem seine Freiheit lassen!" rief ein Aufseher ... „Wer sind jene, die arbeiten wollen?"
Catherine war als eine der ersten hervorgetreten; doch Chaval stieß sie wütend zurück und schrie: „Wir alle sind einig! ein Schurke, wer seine Kameraden im Stich läßt!"
Nunmehr schien ein Ausgleich unmöglich. Das Geschrei begann von neuem, und man drängte die Leute vom Schacht weg, auf die Gefahr hin, sie an den Wänden zu zerdrücken. Einen Augenblick versuchte der verzweifelte Direktor, allein den Kampf gegen diese Menge aufzunehmen und sie durch seine Heftigkeit zu bezwingen; allein, es war eine nutzlose Torheit, er mußte weichen. Er blieb einige Minuten im Büro des Aufnahmebeamten erschöpft auf einem Sessel sitzen, dermaßen außer sich wegen seiner Ohnmacht, daß er keinen Gedanken fassen konnte. Endlich beruhigte er sich; er befahl einem Aufseher, ihm den Chaval zu holen; dann, als dieser sich zu einer Unterredung bereit erklärte, verabschiedete er mit einer Handbewegung die Leute. „Laßt uns allein!"
Der Plan Deneulins war, zu sehen, was dieser Bursche eigentlich wollte. Nach den ersten Worten war ihm klar, daß er es mit einem eitlen, von Neid verzehrten Burschen zu tun habe. Da suchte er ihm durch Schmeichelworte beizukommen; er stellte sich erstaunt darüber, daß ein so wohlverdienter Arbeiter wie er in solcher Weise seine Zukunft verscherze. Er ließ durchblicken, daß er schon

längst seine Augen auf Chaval geworfen habe, um diesen rasch vorrücken zu lassen. Schließlich machte er ihm rundheraus den Vorschlag, ihn später zum Aufseher zu ernennen. Chaval hörte ihn stillschweigend an, mit anfangs geballten, später allmählich sich öffnenden Fäusten. In seinem Schädel gärte es heftig; wenn er hartnäckig auf dem Streik bestünde, würde er nichts als der Stellvertreter Etiennes sein; hier eröffnete sich ihm ein anderer Ehrgeiz; er konnte ein Oberhaupt werden. Heiß stieg ihm der Stolz ins Gesicht und betäubte ihn. Die Bande der Streikenden, die er seit dem Morgen erwartete, konnte jetzt kaum mehr kommen, irgendein Hindernis mußte sie aufgehalten haben, vielleicht Gendarmen. Man hatte knapp die Zeit, sich zu unterwerfen. Nichtsdestoweniger schüttelte er den Kopf, spielte den Unkäuflichen, schlug sich stolz an die Brust. Ohne dem Patron etwas von dem Stelldichein zu sagen, das er mit den Streikenden von Montsou verabredet hatte, versprach er schließlich, die Kameraden zu beschwichtigen und sie zur Einfahrt zu überreden.

Deneulin blieb verborgen; auch die Aufseher hielten sich abseits. Eine Stunde lang hörten sie Chaval im Aufnahmesaal von einem Karren herabreden, streiten. Ein Teil der Arbeiter beschimpfte ihn; ihrer hundertundzwanzig gingen erbittert davon, in dem Entschluß beharrend, zu dem er sie vorhin überredet hatte. Sieben Uhr war vorüber; der Tag war angebrochen, ein klarer, kalter Wintertag. Und plötzlich kam die Grube wieder in Bewegung, die unterbrochene Arbeit begann von neuem. Der Kolben der Maschine senkte sich, rollte die Kabel auf und ab. Und inmitten des Getöses der Signale begann der Abstieg; die Schalen füllten sich, versanken, stiegen wieder herauf; der Schacht verschlang seine Ration von Hauern, Schlepperinnen, Handlangern, während die Stößer die Karren mit donnerndem Getöse fortschoben.

„Donner Gottes! was treibst du da?“ rief Chaval Catherine zu, die wartete, bis sie an die Reihe käme. „Wirst du einfahren und nicht länger Maulaffen feilhalten!“

Als Madame Hennebeau um neun Uhr mit Cécile in ihrer Kalesche ankam, fand sie Lucie und Jeanne bereit, sehr elegant trotz ihrer zwanzigmal ausgebesserten Toiletten. Doch Deneulin war erstaunt, als er Négrel erblickte, der die Kalesche zu Pferd begleitet hatte. Wie? gehörten denn auch Herren zur Partie? Da erklärte Madame Hennebeau in ihrer mütterlichen Weise, daß man sie erschreckt habe, daß die Straßen voll mit allerlei verdächtigen Gestalten seien und daß sie deshalb einen Verteidiger habe mitnehmen wollen. Négrel lachte und beruhigte die Damen; es sei nichts zu befürchten von diesen Schreiern, unter denen kein einziger den Mut hätte, einen Stein nach einem Fenster zu schleudern. Noch froh über seinen Erfolg, erzählte Deneulin, wie er in Jean-Bart den Aufstand unterdrückt habe. Jetzt sei er schon beruhigt. Und während die Fräulein in den Wagen stiegen, der auf der nach Vandame führenden Straße hielt, freuten sich alle des herrlichen Tages und ahnten nichts von dem immer mehr anwachsenden Erzittern der fernen Landschaft, nichts von dem heranziehenden Volk, dessen Galopp sie hätten hören können, wenn sie das Ohr an die Erde gedrückt hätten.

„Also abgemacht“, wiederholte Madame Hennebeau. „Heute abend werden Sie die Fräulein abholen und werden bei uns essen. Auch Frau Grégoire hat mir versprochen, Cécile abzuholen.“ – „Zählen Sie auf mich“, antwortete Deneulin.

Die Kalesche fuhr in der Richtung nach Vandame ab; Jeanne und Lucie hatten sich zum Wagen hinausgeneigt, um noch einmal ihrem Vater zuzulächeln, der am Rande der Straße stehengeblieben war, während Négrel galant hinter dem Wagen dahintrabte.

Man kam durch den Wald und schlug den von Vandame nach Marchiennes führenden Weg ein. Als man sich dem Tartaret näherte, fragte Jeanne die Frau Hennebeau, ob sie die „Grüne Halde“ kenne; diese mußte bekennen, daß sie, obgleich sie seit fünf Jahren in der Gegend wohnte, niemals in diese Richtung gekommen sei. Nun machte man einen Umweg. Der am Waldessaum gelegene Tartaret war ein unbebauter Landstrich von vulkanischer Unfruchtbarkeit, wo es seit Jahrhunderten einen Kohlenbrand im Innern des Erdreiches gab. Der Ursprung dieses Feuers verlor sich in sagenhaft fernen Zeiten; die Bergleute der Gegend erzählten darüber eine Geschichte. Das Feuer des Himmels war aus den Eingeweiden der Erde über dieses Sodom gekommen, wo die Schlepperinnen sich abscheulichen Lastern hingaben, so daß sie nicht Zeit hatten emporzusteigen und noch heutigen Tages in der Tiefe dieser Hölle brannten. Die dunkelroten verkalkten Felsen bedeckten sich mit Alaun wie mit einem Aussatz; am Rand der Sprünge gedieh der Schwefel, einer gelben Blume gleichend. Die Kühnen, die des Nachts es wagten, einen Blick in diese Schlünde zu werfen, schworen, dort Flammen zu sehen, die sündigen Seelen, die in der unterirdischen Glut brieten. Irrlichter huschten knapp am Boden dahin, heiße Dünste brachen unablässig hervor, den Gestank der Teufelsküche mit sich führend. Und gleich einem Wunder ewigen Lenzes erhob sich inmitten dieses verwünschten Landstriches von Tartaret die „Grüne Halde“ mit ihrem ewig grünen Rasen, ihren Buchen, deren Laub sich unaufhörlich erneuerte, ihren Feldern, wo es in einem Jahr drei Ernten gab. Es war ein natürliches Treibhaus, durch den Brand der tiefen Schichten unablässig geheizt. Der Schnee war hier niemals von Dauer. Dieser riesige Strauß von Grün – neben den entlaubten Bäumen des Waldes – entfaltete sich an diesem Dezembertag, ohne daß der Frost auch nur seine Ränder gerötet hätte.

Bald rollte die Kalesche wieder in der Ebene dahin. Négrel scherzte über die Legende und erklärte, wie infolge der Gärung des Kohlenstaubes sehr häufig ein Grubenbrand entstehe, welcher ohne Ende fortdauert, wenn man ihn nicht zu bewältigen vermag. Und er nannte eine belgische Grube, die man ersäufte, indem man einen Fluß in den Schacht leitete. Doch er schwieg jetzt still; seit einer Weile kreuzten den Wagen jeden Augenblick Rotten von Bergleuten. Sie zogen schweigend, mit hämischen Blicken vorüber, diesen Luxus musternd, der sie auszuweichen nötigte. Ihre Menge wuchs immer mehr an; die Pferde mußten im Schritt über die kleine Scarpebrücke gehen. Was ging denn vor, daß all das Volk sich auf den Heerstraßen herumtrieb? Die Fräulein erschraken; Négrel begann irgendeinen Rummel in der in Bewegung geratenen Gegend zu wittern; alle atmeten auf, als sie endlich in Marchiennes ankamen. Unter der Sonne, die sie auszulöschen schien, ließen die Batterien der Koksöfen und die Türme der Hochöfen ihre Rauchwolken aufsteigen, deren ewiger Ruß wie ein schwarzer Regen sich in der Luft niedersenkte.

II

In der Jean-Bart-Grube schob Catherine seit einer Stunde die Karren bis zur Ablösungsstelle; sie war dermaßen mit Schweiß getränkt, daß sie einen Augenblick innehalten mußte, um sich das Gesicht abzutrocknen.

Chaval, der mit den Kameraden seiner Gruppe im Schlag arbeitete, war erstaunt, als er das Rollen der Karren nicht mehr hörte. Die Lampen brannten schlecht, der Kohlenstaub hinderte ihn zu sehen.

„Was gibt es?“ schrie er. Als sie ihm geantwortet hatte, daß sie schier zerfließe und daß ihr das Herz aus dem Leibe zu fallen drohe, erwiderte er wütend: „Dummes Vieh, mach' es wie wir und wirf das Hemd ab!“

Es war siebenhundertundacht Meter tief, im Norden, in der ersten Region der Désiréeader, drei Kilomter vom Absatz entfernt. Wenn die Bergleute von dieser Region der Grube sprachen, erbleichten sie und dämpften die Stimme, als hätten sie von der Hölle gesprochen; und sie schüttelten zumeist nur die Köpfe und zogen es vor, nicht zu reden von diesen glühenden Höllentiefen. In dem Maße, als die Stollen sich nach Norden ausdehnten, näherten sie sich dem Tartaret und drangen in das Gebiet des unterirdischen Brandes ein, der weiter oben die Felsen verkalkte. An der Stelle, wo man angelangt war, hatten die Schläge eine Durchschnittstemperatur von fünfundvierzig Grad. Man befand sich mitten in der verwünschten Stadt, mitten unter den Flammen, welche diejenigen, die durch die Ebene kamen, bei den Schlünden sehen konnten, die Schwefel und abscheuliche Dämpfe spien.

Catherine, die schon ihren Kittel abgelegt hatte, zögerte einen Augenblick, dann zog sie auch das Beinkleid aus. Mit nackten Armen und nackten Schultern, das Hemd nach Art eines Kittels mit einer Schnur um die Hüften befestigend, machte sie sich wieder an die Arbeit. „Es wird so doch besser gehen“, sagte sie laut.

In ihrer Beklemmung mengte sich eine unbestimmte Angst. Seit den fünf Tagen, die sie hier arbeiteten, dachte sie an die Geschichten, mit denen man sie in ihrer Kindheit erschreckt hatte; an die Schlepperinnen von ehemals, die unter dem Tartaret brannten, zur Strafe für Dinge, die man nicht zu wiederholen wagte. Sie war jetzt allerdings zu alt, um an solche Dummheiten zu glauben; und doch, was hätte sie getan, wenn plötzlich aus der Kohlenwand ein Mädchen hervorgekommen wäre, rot wie ein Ofen und mit zwei glühenden Kohlen anstelle der Augen? Dieser Gedanke vermehrte noch ihren Schweiß.

Bei der Ablösungsstelle, achtzig Meter vom Schlag, übernahm eine andere Schlepperin den Karren und rollte ihn achtzig Meter weiter, bis zur schiefen Ebene, wo der Übernehmer ihn mit den von den höheren Gängen ankommenden zugleich an die Oberfläche expedierte.

„Du machst dir's aber bequem“, sagte ein Weib, eine magere Witwe von dreißig Jahren, als sie Catherine im Hemd sah. „Ich will das nicht tun; die Stößerjungen ärgern mich mit ihren unflätigen Reden.“ – „Ei, ich kümmere mich wenig um die Mannsleute; ich leide zu stark durch die Hitze“, antwortete das Mädchen.

Sie nahm einen leeren Karren und kehrte zurück. Das Schlimmste war, daß in diesem tiefen Gang in der Nachbarschaft des Tartaret noch eine andere Ursache kam, um die Hitze unerträglich zu machen. Man befand sich neben einem ehemaligen Arbeitsstollen, einer aufgelassenen Galerie des Gaston-Marie-Schachtes, wo vor zehn Jahren infolge schlagender Wetter die Ader in Brand geraten war, die noch immer hinter der Lehmwand brannte, die man aufgeführt hatte und immer wieder ausbesserte, um dem Feuer eine Grenze zu setzen. Der Luft beraubt, hätte das Feuer erlöschen müssen; aber ohne Zweifel wurde es durch Luftzüge angefacht, die aus unbekannten Richtungen kamen; es erhitzte den Lehm der Scheidewand, wie man die Ziegel eines Ofens erhitzt, so daß man im Vorbeigehen die Gluthitze verspürte. Und längs dieser Mauer, in einer Länge von über hundert Meter, in einer Temperatur von sechzig Grad, wurden die Karren geschoben.

Nach zwei Fahrten glaubte Catherine von neuem ersticken zu müssen. Glücklicherweise war der Weg breit und bequem in dieser Désiréeader, einer der dichtesten in der Region. Das Lager hatte eine Mächtigkeit von einem Meter und neunzig Zentimeter. Die Köhler konnten aufrecht stehend arbeiten, allein, sie hätten lieber mit gebeugtem Rücken gearbeitet, wenn sie nur etwas frische Luft gehabt hätten.

„Schläfst du denn?“ rief Chaval heftig, sobald er Catherines Bewegungen nicht mehr hörte. „Wer hat mir ein solches Faultier an den Hals gehängt? Willst du wohl deinen Karren füllen und schieben?“

Catherine stand am Fuße des Schlages, auf ihre Schaufel gestützt. Ein Unbehagen erfaßte sie, während sie mit blöder Miene und ohne zu gehorchen die anderen betrachtete. Sie sah sie nur undeutlich bei dem rötlichen Schein der Lampen, ganz nackt wie die Tiere, so schwarz, so schmutzig von Schweiß und Kohle, daß ihre Nacktheit ihr nicht anstößig war. Es war ein finsteres Werk, wie von Affen mit gestrecktem Rücken verrichtet; eine höllische Vision von geröteten Gliedern, die sich unter dumpfen Schlägen und Ächzen erschöpften. Die Arbeiter aber sahen Catherine ohne Zweifel deutlicher; sie ließen ihre

Spitzhauen einen Augenblick und begannen mit ihr zu scherzen, weil sie ihr Beinkleid abgelegt hatte.
„Gib acht, du wirst dir einen Schnupfen zuziehen!“ – „Die hat echte Beine! Sag, Chaval, sie hat genug für zwei!“ – „Man müßte sehen. Hebe das Hemd, höher, höher!“
Gleichgültig bei diesen Späßen der Kameraden, fiel Chaval wieder über das Mädchen her. „Wird's endlich werden?“ schrie er. „Bei den Schweinereien ist sie gleich dabei; sie möchte bis morgen zuhören.“
Catherine hatte sich mühselig wieder entschlossen, ihren Karren zu füllen, und schob ihn fort. Die Galerie war zu breit, als daß sie auf beiden Seiten an die Hölzer hätte anstoßen können. Ihre nackten Füße krümmten sich in dem Geleise, wo sie einen Stützpunkt suchten, während sie langsam, die Arme vorgestreckt, den Körper vorgebeugt, sich fortbewegte. Und wenn sie an der Scheidewand vorüberkam, begann die Marter der Hitze wieder; der Schweiß rann von ihrem ganzen Körper in großen Tropfen wie ein Gewitterregen. Sie hatte noch nicht den dritten Teil der Strecke zurückgelegt und war schon in Schweiß gebadet, geblendet, mit schwarzem Schmutz bedeckt. Das enge Hemd, wie in Tinte getaucht, klebte an ihrer Haut, verschob sich bei der Bewegung der Schenkel bis zu den Lenden; und sie fühlte sich davon so schmerzlich beengt, daß sie abermals ihre Arbeit unterbrechen mußte.
Was hatte sie denn an diesem Tag? Niemals hatte sie sich so matt gefühlt. Es mußte an der verschlechterten Luft liegen. In diesem fernen Gang gab es keine Lüftung. Man sah alle Arten von Dämpfen, die mit dem leisen Brodeln einer Quelle aus der Kohle aufstiegen, manchmal so reichlich, daß die Lampen zu erlöschen drohten; von den schlagenden Wettern nicht zu reden, welche jahraus, jahrein den Arbeitern um die Nase wehten. Sie kannte diese schlechte Luft sehr gut, diese tote Luft, wie die Grubenarbeiter sie nennen; unten erstickende, schwere Gase, oben leichte Gase, die sich entzünden und in einem einzigen Donnerschlag alle Werkplätze einer Grube, Hunderte von Menschen vernichten. Seit ihrer Kindheit hatte sie davon so viel verschluckt, daß sie verwundert war, diese Luft so schwer zu ertragen, daß ihr die Ohren sausten und der Hals brannte.
Da sie nicht weiter konnte, fühlte sie ein Bedürfnis, ihr Hemd abzulegen. Es wurde ihr zur Marter; die kleinsten Falten des Linnens schnitten sie, brannten sie. Sie widerstand einen Augenblick, wollte noch weiter schieben, war aber genötigt, sich aufzurichten. Und indem sie sich vornahm, sich bei der Ablösungsstelle wieder zu bedecken, warf sie alles ab, Hemd und Schnur, mit einer so fieberhaften Gebärde, daß sie sich die Haut weggerissen hätte, wenn sie es hätte tun können. Nunmehr nackt, erbärmlich, zum Tier erniedrigt, das im Straßenkot trottet, um seine Nahrung zu suchen, arbeitete sie, die Lenden mit Schweiß bedeckt, kotig bis zum Bauch, wie ein Fiakerpferd. Auf allen vieren kriechend, schob sie ihren Karren fort.
Doch zu ihrer Verzweiflung merkte sie, daß sie – obgleich nackt – sich noch immer nicht erleichtert fühle. Was sollte sie noch ausziehen? Das Sausen ihrer Ohren betäubte sie; ihr war, als würde ein Schraubstock ihr die Schläfen pressen. Sie fiel auf die Knie. Die auf dem Karren zwischen den Kohlen stehende Lampe schien erlöschen zu wollen. In dem Wirrsal ihrer Gedanken hielt sich nur der Wunsch obenauf, den Docht der Lampe emporzuschrauben. Zweimal wollte sie die Lampe untersuchen, und beide Male, als sie diese vor sich auf den Boden hinstellte, sah sie sie erbleichen, als wäre auch ihr der Atem ausgegangen. Plötzlich erlosch die Lampe. Und nun versank alles in Finsternis, ein Mühlstein kreiste in ihrem Schädel, ihr Herz hörte auf zu schlagen, gelähmt durch die ungeheure Mattigkeit, die ihre Glieder einschläferte. Sie lehnte sich zurück und lag in der erstickenden Luft wie tot auf dem Boden.
„Ich glaube gar, sie faulenzt wieder“, grollte die Stimme Chavals von neuem. Er lauschte von der Höhe des Schlages und hörte das Rollen der Räder nicht. „He, Catherine, verdammte Blindschleiche!“ Seine Stimme verlor sich in der Ferne, in der finsteren Galerie; kein Hauch antwortete ihr. „Soll ich dir auf die Beine helfen?“ schrie er wieder.
Nichts bewegte sich; die nämliche Totenstille. Er stieg wütend herab und lief mit seiner Lampe so heftig dahin, daß er schier über den Körper der Schlepperin strauchelte, die querüber auf dem Weg lag. Erstaunt betrachtete er sie. Was hatte sie denn? Das war doch nicht etwa eine Verstellung, um sich ein Schläfchen zu gönnen? Doch als er die Lampe niedersenkte, um ihr ins Gesicht zu leuchten, drohte sie zu erlöschen. Er hob sie in die Höhe, senkte sie wieder und begriff endlich; es mußte eine Stickluft sein. Seine Heftigkeit wich, und seine Ergebenheit erwachte angesichts der in Gefahr befindlichen Genossin. Er schrie, daß man ihm sein Hemd bringe; er hatte das nackte und ohnmächtige Mädchen mit beiden Armen umfangen und hob sie so hoch als er konnte. Als man ihm seine und ihre Kleider über die Schultern geworfen hatte, eilte er davon, mit der einen Hand seine Last stützend, mit der andern die beiden Lampen tragend. Die tiefen Galerien dehnten sich dahin; er rannte rechts, er rannte links, um das Leben zu suchen in der eisigen Luft der Ebene, die der Ventilator in die Grube strömen ließ. Ein Geplätscher, wie von einer Quelle kommend, ließ ihn plötzlich stillhalten; es war eine Wasserader, die den Felsen durchbrochen hatte. Chaval hatte einen Kreuzweg einer großen Abfuhrgalerie erreicht, die ehemals dem Gaston-Marie-Schacht gedient hatte. Die Lüftung wehte hier mit der Macht eines Sturmwindes; es war so kühl, daß er von einem Frösteln geschüttelt wurde, als er seine Geliebte zu Boden setzte, die noch immer bewußtlos und deren Augen noch immer geschlossen waren.
„Catherine, höre! ... Keine Dummheiten ... Halte dich ein wenig, damit ich das Hemd ins Wasser tauchen kann.“
Er erschrak, als er sie so ohnmächtig sah; indes konnte er

sein Hemd in die Quelle tauchen, und er wusch ihr das Gesicht damit. Mit ihrem schmächtigen Körper eines spätreifenden Mädchens, an dem die Formen der Weiblichkeit noch immer zögerten, war sie wie tot und begraben hier, tief unter der Erde. Dann lief ein Frösteln über ihre kindliche Brust, über ihren Bauch und ihre Schenkel eines bedauernswerten Kindes, das vor dem Alter der Reife entehrt worden war. Sie schlug die Augen auf und stammelte: „Mich friert's." – „Ach, das ist mir lieber!" rief Chaval erleichtert.

Er kleidete sie wieder an, warf ihr leicht das Hemd über und fluchte wegen der Mühe, die er hatte, ihr das Beinkleid anzuziehen, weil sie selbst nicht nachhelfen konnte. Sie war noch völlig betäubt, begriff nicht, wo sie sich befand, noch auch, weshalb sie nackt war. Als sie sich endlich erinnerte, überkam sie ein Gefühl der Scham. Wie hatte sie es wagen können, alles auszuziehen? Und sie befragte ihn: hatte man sie gesehen, so völlig nackt, ohne wenigstens ein Taschentuch um den Leib zu haben, um ihre Blößen zu verdecken? Er machte jetzt wieder Spaß und erzählte, er habe sie zwischen allen Kameraden, die die Gasse machten, hieher gebracht. Welcher Einfall war es auch, seinem Rat zu folgen und sich den Hintern zu entblößen! Schließlich gab er sein Wort, mit ihr so rasch davongelaufen zu sein, daß die Kameraden nicht wissen konnten, ob sie einen runden oder viereckigen Hintern habe. „Aber jetzt erfriere ich schier", fügte er hinzu, indem er sich ebenfalls ankleidete.

Niemals hatte sie ihn so freundlich gesehen. Gewöhnlich tauschte sie für ein gutes Wort zwei Grobheiten ein. Es wäre so schön gewesen, in Eintracht zu leben. In ihrer Mattigkeit kam eine Regung der Zärtlichkeit über sie. Sie lächelte ihm zu und flüsterte: „Küsse mich!" Er küßte sie und legte sich neben sie, um zu warten, bis sie wieder gehen können würde. „Sieh", fuhr sie fort, „es war nicht recht von dir, daß du vorhin schriest. Ich konnte nicht weiter, wahrhaftig nicht! Ihr habt im Schlag weniger von der Hitze zu leiden; aber wenn du wüßtest, wie man in dem Gang gebraten wird!"

„Gewiß wäre es unter den Bäumen angenehmer", antwortete er. „Für dich ist's schlimm, auf diesem Werkplatz zu arbeiten, mein armes Mädchen, das merke ich wohl."

Sie war so sehr gerührt, als sie ihn so einsichtig sah, daß sie die Tapfere spielte. „Oh, das ist nur heute", sagte sie; „ich bin so schwach, und die Luft so schlecht . . . Aber du sollst sogleich sehen, ob ich eine Blindschleiche bin. Wenn man arbeiten muß, arbeitet man, nicht wahr? Ich würde lieber verenden, als die Arbeit im Stich lassen."

Stillschweigen trat ein. Er hate den Arm um ihren Leib gelegt und drückte sie an seine Brust, damit sie keine Erkältung davontrage. Obgleich sie sich schon stark genug fühlte, zum Werkplatz zurückzukehren, vergaß sie sich doch mit Wonne an seiner Seite.

„Ich wünschte nur, daß du freundlicher seiest", fuhr sie leise fort. „Man ist so glücklich, wenn man sich ein wenig liebt."

Und sie begann still zu weinen. „Aber ich liebe dich ja, da ich dich zu mir genommen habe", schrie er.

Sie antwortete nur mit einem Kopfschütteln. Die Männer nahmen oft Besitz von den Weibern, bloß um sie zu haben, unbekümmert darum, ob das Weib auch glücklich sei. Ihre Tränen flossen heißer; sie war jetzt trostlos, wenn sie daran dachte, welches schöne Leben sie führen würde, wenn sie einen andern Burschen gefunden hätte, dessen Arm sie stets um ihren Leib gefühlt hätte. Einen andern? Und inmitten ihrer tiefen Bewegung tauchte das Bild dieses andern vor ihr auf. Doch das war vorüber; sie hatte nurmehr den Wunsch, mit diesem da zu leben, wenn er sie nur weniger rauh behandeln wollte.

„Trachte wenigstens von Zeit zu Zeit so zu sein wie jetzt", sagte sie.

Ein Schluchzen unterbrach ihre Worte; und er küßte sie von neuem. „Sei nicht dumm", sagte er. „Ich schwöre dir, daß ich artig sein will. Ich bin nicht schlimmer als ein anderer, glaube mir's!"

Sie schaute ihn an und lächelte wieder unter Tränen. Vielleicht hatte er recht, und es gab keine glücklichen Frauen. Dann – obgleich sie seinem Schwur nicht traute – überließ sie sich der Freude, ihn liebenswürdig zu sehen. Mein Gott, wenn dies von Dauer sein könnte! Sie hatten sich wieder umarmt, und wie sie sich lange aneinanderschlossen, wurden sie durch Schritte aufgeschreckt. Drei Kameraden, die sie vorübereilen gesehen hatten, kamen näher, um zu erfahren, was es gebe.

Alle machten sich zugleich auf den Weg. Es war bald zehn Uhr, und man nahm das Frühstück in einem kühlen Winkel, ehe man zum Schlag zurückkehrte, um dort zu schwitzen. Sie hatte eben ihren Ziegel verzehrt und einen Schluck Kaffee dazu aus der Feldflasche getrunken, als ein Lärm, der von den entfernten Schlägen her kam, sie in Unruhe versetzte. Was gab's denn? Vielleicht wieder einen Unglücksfall? Sie erhoben sich und eilten hinzu. Jeden Augenblick kreuzten Hauer, Schlepperinnen, Stößerjungen ihren Weg; und niemand wußte und alle schrien; es mußte ein großes Unglück sein. Allmählich geriet die ganze Zeche in Aufruhr; entsetzte Schatten brachen aus den Galerien hervor, die Laternen zogen hüpfend durch die Finsternis dahin. Wo war's? Warum sagte man es nicht?

Plötzlich kam ein Aufseher vorüber und schrie: „Man durchschneidet die Kabel! man durchschneidet die Kabel!"

Da fuhr denn allen der Schreck in die Glieder. Es entstand ein wütender Galopp durch die dunklen Galerien. Alle hatten den Kopf verloren. Weshalb durchschnitt man die Kabel? Wer durchschnitt sie, während noch Leute in der Grube waren? Das schien ihnen ungeheuer.

Doch jetzt kam ein anderer Aufseher vorüber, dessen Geschrei sich in den Stollen verlor. „Die Arbeiter von Montsou durchschneiden die Kabel! Alle Leute hinaus!"

Als Chaval begriffen hatte, hielt er Catherine jäh zurück. Der Gedanke, daß er oben den Arbeitern begegnen

würde, wenn er aufstiege, lähmte ihm die Beine. So war sie denn doch eingetroffen, diese Bande, die er in den Händen der Gendarmen glaubte! Einen Augenblick dachte er daran, umzukehren und durch den Gaston-Marie-Schacht aufzusteigen; allein, der Aufzug war dort nicht mehr in Betrieb. Er fluchte, zögerte, trachtete seine Furcht zu verbergen und wiederholte, es sei albern, so zu laufen. Man wird sie doch nicht in der Grube lassen.
Abermals ertönte die Stimme des Aufsehers, jetzt wieder näher kommend: „Alle hinaus! Zu den Leitern! zu den Leitern!“
Und Chaval wurde von den Kameraden mitgerissen. Er drängte Catherine vor sich her, beschuldigte sie, nicht schnell genug zu laufen. Wollte sie denn, daß sie allein in der Grube bleiben, um da Hungers zu sterben? Denn die Räuber von Montsou seien imstande, die Leitern zu zerstören, noch ehe alle Arbeiter draußen sind. Diese abscheuliche Vorstellung brachte alle völlig aus der Fassung; es entstand ein wütendes Rennen die Galerie entlang; jeder suchte dem anderen zuvorzukommen. Einige Männer schrien, die Leitern seien zerbrochen, niemand würde ins Freie gelangen. Und als sie in entsetzten Gruppen in dem Aufzugssaal ankamen, gab es da eine ordentliche Stockung; alle stürzten zum Schacht, und es entstand ein arges Gedränge vor der schmalen Pforte, die zu den Leitern führte; während ein alter Stallknecht, der vorsichtigerweise die Pferde zum Stall zurückgeführt hatte, mit verachtender Sorglosigkeit dieses Treiben ansah; er war gewohnt, Nächte in der Grube zuzubringen und war dessen sicher, daß man ihn schließlich hinaufbefördern würde.
„Spute dich, steige vor mir hinauf“, rief Chaval Catherine zu; „so kann ich dich wenigstens festhalten, wenn du fällst.“
Atemlos und völlig erschöpft durch diesen drei Kilometer weiten Lauf, der sie wieder mit Schweiß bedeckt hatte, ließ sie sich von der Menge fortschieben, ohne die Sache zu begreifen. Er faßte sie mit solcher Gewalt beim Arm, als wollte er ihn zerquetschen; sie stieß eine Klage aus, und Tränen stürzten ihr aus den Augen. Schon hatte er seinen Schwur vergessen; sie konnte niemals glücklich sein.
„Vorwärts!“ brüllte er.
Doch sie hatte zu große Furcht vor ihm. Wenn sie vor ihm hinaufstiege, würde er sie die ganze Zeit so mißhandeln. Darum widersetzte sie sich, während die tolle Menge der Kameraden beide zur Seite stieß. Das Sickerwasser des Schachtes fiel in schweren Tropfen herab, und der Fußboden des Saales, durch das Getrappel der Menge erschüttert, zitterte über der mit schmutzigem Wasser gefüllten Senkgrube, die eine Tiefe von zehn Metern hatte. Gerade im Jean-Bart war vor zwei Jahren das Unglück geschehen, daß ein Kabel riß und die Schale in die Senkgrube stürzte, wo zwei Arbeiter ertranken. Dieses Unglücksfalles erinnerten sich jetzt alle; wenn man sich auf dem Bretterboden in allzu großer Menge ansammelte, können alle in der Senkgrube ihren Tod finden.
„Verwünschter Dickschädel!“ schrie Chaval. „Krepiere denn; ich werde deiner ledig sein!“
Er ging voraus, und sie folgte ihm.
Von der Tiefe der Grube bis zur Erdoberfläche gab es hundertundzwei Leitern von je sieben Meter Länge. Jede Leiter stand auf einem schmalen Absatz, der die Breite des Schachtes hatte, in dem ein viereckiges Loch knapp so viel Raum ließ, daß man die Schultern durchschieben konnte. Es war wie ein glatter Kamin von siebenhundert Meter Höhe zwischen dem Aufzug und dem Förderschacht; ein feuchter, finsterer, endloser Schlauch, wo Leiter auf Leiter stand, fast gerade, in regelmäßigen Stockwerken. Ein kräftiger Mann brauchte fünfundzwanzig Minuten, um diese Riesensäule zu ersteigen. Dieser Schacht diente übrigens nur zur Not, wenn sich ein Unglücksfall ereignete.
Anfänglich stieg Catherine munter hinauf. Ihre Füße waren daran gewöhnt, über die kleinen Kohlenstücke zu schreiten, welche auf den Wegen umhergestreut lagen; sie litten denn auch nicht durch die viereckigen Leitersprossen, die mit Eisen belegt waren, um nicht abgenützt zu werden. Ihre durch das Rollen der Karren abgehärteten Hände faßten mutig die für sie zu dicken Pfosten der Leitern. Sie fand sogar Zerstreuung und vergaß ihren Kummer bei diesem unvorhergesehenen Aufstieg, dieser langen Schlange von Menschen, die sich hinaufwand, drei auf jeder Leiter, so daß der Anfang über Tag sein mußte, wenn das Ende noch über der Senkgrube stand. Man war aber noch nicht so weit. Die ersten mochten kaum ein Drittel des Schachts zurückgelegt haben. Niemand sprach mehr; die Füße rollten mit einem dumpfen Geräusch dahin, während die Lampen – gleich irrenden Sternen – in einer immer wachsenden Linie aufstiegen.
Catherine hörte hinter ihr einen Stößerjungen die Leitern zählen. Dies brachte sie auf den Gedanken, sie ebenfalls zu zählen. Man hatte deren fünfzehn erstiegen und gelangte jetzt zu einem Aufstiegsabsatz. Im selben Augenblick stieß sie an die Füße Chavals. Er fluchte und schrie ihr zu, besser aufzupassen. Die ganze Säule blieb stehen und wurde unbeweglich. Was war's? Was ging vor? Und jeder fand seine Stimme wieder, um zu fragen und zu erschrecken. Die Angst stieg immer drückender aus der Tiefe herauf; das unbekannte Hindernis dort oben schnürte allen immer mehr die Kehle zu, je weiter sie nach oben kamen. Jemand verkündete, man müsse wieder hinabsteigen, die Leitern seien gebrochen. Dies war die Sorge aller, die Furcht, sich angesichts der Leere zu befinden. Dann wieder ging eine andere Erklärung von Mund zu Mund: ein Hauer sei von einer Leitersprosse abgerutscht. Man wußte nichts Genaues; in dem Geschrei war nichts zu hören. Wird man denn da auf den Leitern übernachten? fragte man. Endlich, ohne daß man Aufklärung bekommen hätte, wurde der Aufstieg fortgesetzt, mit derselben langsamen und mühseligen Bewegung, dem rollenden Geräusch der Tritte und dem Tanz der Lampen. Die zerbrochenen Leitern mußten höher sein.
Bei der zweiunddreißigsten Leiter – man war eben bei

einem dritten Aufstiegsabsatz vorbeigekommen – fühlte Catherine ihre Beine und Arme steif werden. Zuerst hatte sie ein leichtes Prickeln in der Haut gefühlt. Sie verlor jetzt das Gefühl für Eisen und Holz unter den Füßen und in den Händen. Ein immer mehr anwachsender, brennender Schmerz erhitzte ihre Muskeln. Und in der Betäubung, die sich ihrer bemächtigte, erinnerte sie sich der Geschichten des Großvaters Bonnemort aus der Zeit, als es noch keinen Aufstiegsschacht gab und kleine Mädchen von zehn Jahren die Kohle auf ihren Schultern hinaufschafften, längs der Leitern, die an der kahlen Wand aufgestellt waren. Wenn eine ausglitt oder ein Stück Kohle aus einem Korb fiel, stürzten gleich drei, vier Kinder ab. Die Krämpfe in ihren Gliedern wurden unerträglich; sie zweifelte daran, hinaufzugelangen.

Es gab neue Stockungen, und diese gestatteten ihr, ein wenig zu verschnaufen. Allein das Entsetzen, das jedesmal von oben herabwehte, vollendete ihre Betäubung. Der Atem der Menschen über ihr und unter ihr floß zusammen, ein Schwindel ging von diesem endlosen Aufstieg aus, dessen Übelkeit sie ebenso durchrüttelte wie die anderen. Sie erstickte schier, betäubt von der Finsternis, verzweifelt wegen des fortwährenden Anstoßens an die Mauern des engen Schlundes. Sie fröstelte auch infolge der Feuchtigkeit; ihr Körper war in Schweiß gebadet, und die Nässe drang in eiskalten Tropfen auf sie ein. Man näherte sich dem Niveau; der Regen fiel so dicht, daß er die Lampen auszulöschen drohte.

Chaval befragte zweimal Catherine, ohne eine Antwort zu erhalten. Was trieb sie denn da unter ihm? hatte sie ihre Zunge fallen lassen? Sie konnte ihm doch wohl sagen, ob sie sich noch halte. Der Aufstieg währte schon eine halbe Stunde, war aber so schwer, daß er erst auf der neunundfünfzigsten Leiter war. Noch dreiundvierzig waren zurückzulegen. Catherine stammelte endlich, daß sie sich noch halte. Er hätte sie wieder eine Blindschleiche genannt, wenn sie ihm ihre Müdigkeit gestanden hätte. Das Eisen der Sprossen mußte ihr jetzt in die Füße einschneiden; ihr war, als würde man sie da bis an die Knochen durchsägen. Jedesmal, wenn sie die Hände nach den Pfosten ausstreckte, was sie darauf gefaßt, sie abgleiten zu sehen; sie waren dermaßen zerschunden und steif, daß sie die Finger nicht schließen konnte; und sie glaubte rücklings abstürzen zu müssen; ihr war, als wären ihre Schultern losgerissen, ihre Schenkel aus den Gelenken infolge dieser fortgesetzten Anstrengung. Sie litt besonders durch die geringe Neigung der Leitern, die fast senkrecht standen, so daß sie genötigt war, sich durch die Kraft der Handknöchel emporzuziehen, wobei der Bauch an das Holz gepreßt war. Der Atem der Menge deckte jetzt das Rollen der Tritte; ein ungeheures Röcheln, zehnfach verstärkt durch die engen Wände des Schlundes, erhob sich aus der Tiefe und erstarb an der Erdoberfläche. Jetzt wurde ein Ächzen hörbar, Worte flogen von Mund zu Mund; ein Stößerjunge hatte sich an der Kante eines Absatzes den Schädel eingerannt.

Und Catherine stieg immer höher. Jetzt passierte man das Niveau. Der Regen hatte aufgehört, ein Nebel verdichtete die Kellerluft, die noch durch den Geruch alten Eisens und feuchten Holzes verdorben wurde. Hartnäckig fuhr sie fort, im stillen zu zählen: einundachtzig, zweiundachtzig, dreiundachtzig; noch neunzehn. Diese immer wiederholten Zahlen allein waren es, die sie mit ihrem rhythmischen Wiegen aufrechthielten. Sie hatte nicht mehr das Bewußtsein ihrer Bewegungen. Wenn sie die Blicke erhob, sah sie die Lampen spiralförmig kreisen. Ihr Blut floß; sie fühlte, daß sie sterbe, daß der leiseste Hauch genügen würde, um sie hinabzuschleudern. Das Schlimmste war, daß die nach ihr kommenden Leute jetzt drängten und die ganze Säule aufwärts stürmte, getrieben von der wachsenden Wut ob ihrer Ermüdung und von dem wütenden Bedürfnis, die Sonne wiederzusehen. Die ersten waren jetzt aus dem Schacht, es gab also keine zerbrochenen Leitern; doch der Gedanke, daß man deren noch zerbrechen könnte, um die letzten an der Ausfahrt zu hindern, während die andern sich schon oben verschnaufen konnten, machte sie vollends toll. Und da wieder eine Stockung eintrat, wurden wilde Flüche ausgestoßen, alle fuhren fort aufzusteigen, einander stoßend, über Leiber hinwegschreitend, damit man um jeden Preis ins Freie gelange.

Da stürzte Catherine. Sie hatte einen verzweifelten Hilferuf nach Chaval ausgestoßen. Er hörte nicht; er rang mit einem Kameraden, stieß diesem die Seiten ein, um vor ihm hinaufzugelangen. Und sie wurde fortgewälzt und getreten. In ihrer Ohnmacht hatte sie einen Traum: ihr schien, sie sei eine der kleinen Schlepperinnen von ehemals, und ein Stück Kohle, das über ihr aus einem Korb gefallen, habe sie in die Tiefe des Schachtes hinabgeschleudert wie einen Sperling, den ein Kieselstein getroffen hatte. Nur fünf Leitern waren noch zu ersteigen. Der Aufstieg hatte fast eine Stunde gedauert. Niemals hatte sie erfahren, wie sie ans Tageslicht gelangt war, von Schultern getragen, durch die Enge des Schlotes festgehalten. Plötzlich befand sie sich in der blendenden Sonnenhelle, inmitten einer heulenden, wütenden Menge.

III

Schon mit Tagesanbruch war eine zitternde Bewegung durch die Arbeiterdörfer gegangen, jene Bewegung, die jetzt auf allen Wegen, in der ganzen Landschaft immer mehr anschwoll. Allein, der verabredete Aufbruch konnte nicht geschehen; es verbreitete sich die Nachricht, daß Dragoner und Gendarmen durch die Ebene zögen. Man erzählte, sie seien während der Nacht aus Douai angekommen; man beschuldigte Rasseneur, die Kameraden verraten zu haben, indem er Herrn Hennebeau von deren Absichten verständigte; eine Schlepperin schwor, sie habe gesehen, wie ein Diener die Depesche zum Telegrafenamt trug. Die Arbeiter ballten drohend die Fäuste und lauer-

ten beim fahlen Licht der Morgendämmerung hinter ihren Fensterläden, ob die Soldaten schon kämen.
Gegen halb acht Uhr – die Sonne ging eben auf – kam ein anderes Gerücht in Umlauf, das die Ungeduldigen beruhigte. Es handle sich bloß um einen militärischen Übungsmarsch, wie ihn seit dem Ausbruch des Streiks der befehlführende General auf Wunsch des Präfekten von Lille wiederholt vornehmen ließ. Die Streikenden verabscheuten diesen Beamten, dem sie vorwarfen, sie durch das Versprechen einer versöhnenden Vermittlung getäuscht zu haben, die sich darauf beschränkte, daß er alle acht Tage die Truppen durch Montsou marschieren lasse, um die Arbeiter in Schach zu halten. Wenn die Dragoner und Gendarmen, nachdem sie in hellem Trab über die hartgefrorenen Straßen der Dörfer geritten waren, wieder ruhig den Weg nach Marchiennes einschlugen, lachten die Arbeiter über diesen einfältigen Präfekten mit seinen Soldaten, welche Reißaus nahmen, wenn einmal die Dinge sich hitziger gestalteten. Bis neun Uhr bemeisterten sie sich, blieben ruhig vor ihren Häusern auf dem Straßenpflaster stehen und blickten den letzten Gendarmen nach. Die Bürger von Montsou schliefen noch in ihren großen Betten. Frau Hennebeau verließ zu Wagen das Direktionsgebäude; sie ließ Herrn Hennebeau ohne Zweifel bei der Arbeit zurück, denn das Haus lag still und geschlossen, wie ausgestorben da. Keine der Gruben war militärisch bewacht; es war der verhängnisvolle Mangel an Vorsicht in der Stunde der Gefahr, die natürliche Dummheit der Katastrophen; alle Fehler, die eine Regierung begehen kann, wenn es gilt, die Tatsachen mit Klugheit zu erfassen. Und es schlug neun Uhr, als die Köhler endlich den Weg nach Vandame einschlugen, um sich zu dem Stelldichein zu begeben, das man am vorhergehenden Tag im Wald beschlossen hatte.
Etienne begriff sogleich, daß er in Jean-Bart die dreitausend Kameraden nicht beisammen haben würde, auf die er zählte. Viele glaubten, die Kundgebung sei verschoben worden, und das Schlimmste war, daß zwei oder drei Banden, die schon unterwegs waren, die gute Sache zu gefährden drohten, wenn er sich nicht dennoch an ihre Spitze stellte. Nahe an hundert Mann, die vor der Morgendämmerung aufgebrochen waren, mußten unter die Buchen des Waldes flüchten, um da die anderen zu erwarten. Souvarine, den der junge Mann zu Rate zog, zuckte nur mit den Achseln; zehn entschlossene Burschen taugen mehr, als eine ganze Menge, meinte er. Und er vertiefte sich wieder in das Buch, das aufgeschlagen vor ihm lag; er wollte nicht mittun. Die Sache drohte wieder ins Gefühlvolle zu entarten, während es so einfach gewesen wäre, Montsou in Brand zu stecken. Als Etienne das Haus verließ, bemerkte er Rasseneur, der sehr bleich am eisernen Ofen saß, während sein Weib, das in seinem ewigen schwarzen Kleid noch länger schien, ihn in scharfen, wenn auch höflichen Worten beschimpfte.
Maheu war der Ansicht, man müsse Wort halten. Ein solches Stelldichein sei heilig. Allein, die Nacht hatte das Fieber aller beruhigt; er fürchtete jetzt ein Unglück und erklärte, man habe die Pflicht, sich am Ort der Versammlung einzufinden, um die Kameraden in ihrem guten Recht zu unterstützen. Frau Maheu nickte zustimmend. Etienne wiederholte selbstgefällig, man müsse revolutionär vorgehen, ohne jemandes Leben anzutasten. Vor dem Aufbruch wies er seinen Brotanteil zurück, den man ihm gestern samt einer Flasche Wachholderbranntwein gegeben hatte; aber er trank drei Gläschen nacheinander: das sei gegen die Kälte, meinte er. Er nahm sogar in der Feldflasche einen Schnapsvorrat mit. Alzire sollte die Kinder bewachen. Der alte Bonnemort blieb im Bett; er war am gestrigen Tag zu viel herumgelaufen, und darum taten ihm die Beine weh.
Aus Vorsicht gingen nicht alle zusammen. Jeanlin war schon längst verschwunden. Maheu und sein Weib gingen auf Seitenwegen in der Richtung nach Montsou, während Etienne seinen Weg nach dem Wald nahm, um dort die Kameraden zu treffen. Unterwegs holte er eine Bande Weiber ein, unter denen er die Brulé und die Levaque erkannte; sie aßen Kastanien, welche die Mouquette gebracht hatte, und sie verschlangen auch die Schalen der Frucht, „damit das Zeug besser im Magen halte". Im Wald fand Etienne niemanden; die Kameraden waren schon in Jean-Bart. Da begann er zu laufen, und er traf in Jean-Bart gerade in dem Augenblick ein, als Levaque mit etwa hundert Leuten in den Werkhof eindrang. Von allen Seiten kamen Grubenarbeiter; Maheu und sein Weib auf der Heerstraße, die Weiber querfeldein, alle in regellosen Haufen, ohne Führer, ohne Waffen, in natürlicher Weise nach diesem Punkt sich ergießend wie ein angeschwollenes Wasser, das die Hänge hinabläuft. Etienne bemerkte Jeanlin, der einen Brückensteg erklommen hatte und sich dort festsetzte, als säße er im Theater. Er beschleunigte seinen Lauf und betrat mit den ersten den Werkhof. Es waren noch kaum dreihundert Leute da.
Es gab eine Stockung, als Deneulin auf der Höhe der Treppe erschien, die zum Aufnahmesaal führte.
„Was wollt ihr?" fragte er mit lauter Stimme.
Nachdem er die Kalesche verschwinden gesehen hatte, aus der seine Töchter ihm noch zugelächelt hatten, war er – von einer unbestimmten Unruhe ergriffen – zur Grube zurückgekehrt. Er fand jedoch alles in Ordnung; die Leute waren eingefahren, die Förderung war im Zuge; und er beruhigte sich wieder, plauderte eben mit dem Oberaufseher, als man ihm meldete, daß die Streikenden nahten. Er eilte zu einem Fenster des Sichtungsschuppens, und angesichts dieser wachsenden Menge, die den Werkhof überflutete, hatte er sogleich das Gefühl seiner Ohnmacht. Wie sollte er diese auf allen Seiten offenen Gebäude verteidigen? Er hätte kaum zwanzig seiner Arbeiter um sich scharen können. Er war verloren.
„Was wollt ihr?" wiederholte er, bleich von verhaltener Wut eine Anstrengung machend, um seinem Unglück mutig die Stirne zu bieten.
In der Menge entstand ein Drängen und Brummen. Schließlich trat Etienne hervor und sagte:
„Mein Herr, wir sind nicht gekommen, um ihnen ein

Leid zuzufügen. Allein, die Arbeit muß überall eingestellt werden."

Deneulin nannte ihn rundheraus einen Schwachkopf.

„Glauben Sie mir Gutes zu tun, wenn Sie die Arbeit bei mir behindern? Das ist geradesogut, als wenn Sie dicht hinter mir eine Flinte nach mir abschössen ... Ja, meine Leute sind in der Grube und werden nicht ausfahren – oder ihr müßtet vorher mich selbst umbringen."

Diese rauhen Worte verursachten ein Geschrei. Maheu mußte Levaque zurückhalten, der in drohender Haltung hervorstürzte, während Etienne noch immer unterhandelte und Deneulin von der Gesetzmäßigkeit ihrer revolutionären Aktion zu überzeugen suchte. Allein, dieser antwortete mit dem Recht auf Arbeit. Er lehnte es übrigens ab, über diese Dummheiten zu diskutieren; er wollte Herr sein im eigenen Hause. Er machte sich nur Vorwürfe darüber, daß er nicht vier Gendarmen da hatte, um dieses ganze Lumpenpack hinwegzufegen.

„Ja, das ist mein Fehler; ich verdiene, was mir geschieht. Kerlen eures Schlages gegenüber gibt es nur eines: die Gewalt. Die Regierung bildet sich ein, euch durch Zugeständnisse zu gewinnen. Ihr werdet sie aber einfach zu Boden werfen, wenn sie euch Waffen geliefert haben wird."

Etienne bebte vor Wut, hielt sich aber noch zurück.

„Herr", sagte er mit gedämpfter Stimme, „ich bitte Sie, den Befehl zu geben, daß Ihre Arbeiter heraufgeholt werden; ich kann sonst für meine Kameraden nicht einstehen. Sie können dadurch einem Unglück vorbeugen." –

„Nein, lassen Sie mich in Frieden! Ich kenne Sie doch nicht! Sie gehören nicht zu meiner Grube, Sie haben mit mir nicht zu unterhandeln ... Nur Räuber durchstreifen so das Land, um Häuser zu plündern."

Lautes Geschrei deckte jetzt seine Stimme; besonders die Weiber beschimpften ihn. Er aber fuhr fort, ihnen Trotz zu bieten, und er fühlte eine Erleichterung in dem Freimut, mit dem er sein gebieterisches Herz ausschüttete. Da das Verderben sicher war, fand er es feige, sich auf nutzlose Plattheiten zu verlegen. Doch ihre Zahl nahm immer noch zu; nahezu fünfhundert Leute drängten jetzt zur Tür, und er war in Gefahr, niedergetreten zu werden, als sein Oberaufseher ihn heftig zurückriß.

„Um des Himmels willen, Herr! ... Das wird ein Blutvergießen. Wozu ist es gut, Menschen für nichts und wieder nichts töten zu lassen?" Er wehrte sich noch; er protestierte mit einem letzten Schrei, den er der Menge zuschleuderte. „Banditen, ihr werdet sehen, wenn wir erst wieder die stärkeren sind!"

Man führte ihn hinweg; ein Ansturm hatte die ersten der Bande auf die Treppe gedrängt, deren Geländer verbogen wurde. Die Weiber drängten am meisten, schrien und trieben die Männer an. Die Tür gab sogleich nach; es war eine Tür ohne Schloß, nur durch einen Schieber geschlossen. Doch die Treppe war zu schmal; die Menge stand eng zusammengedrängt darauf, und es hätte lange gewährt, bis sie eingedrungen wäre, wenn die Nachhut der Belagerer nicht auf den Einfall gekommen wäre, durch die anderen Öffnungen einzudringen. Und nun ergossen sie sich von allen Seiten, von der Baracke, vom Sichtungsschuppen, vom Heizhaus her. In weniger als fünf Minuten gehörte ihnen die ganze Grube; sie überfluteten die drei Stockwerke unter wütenden Gebärden und Schreien, fortgerissen von dem Taumel ihres Sieges über diesen Patron, der sich ihnen widersetzt hatte.

Maheu, der als einer der ersten vorgedrungen war, sagte entsetzt zu Etienne:

„Sie sollen ihn nicht töten!

Dieser lief schon herbei; dann, als er begriffen hatte, daß Deneulin sich in der Aufseherstube verrammelt hatte, antwortete er:

„Was weiter? Wäre es unsere Schuld? So ein Tollkopf!"

Indes war auch er von Besorgnis erfüllt, noch zu ruhig, um dieser Zornesaufwallung nachzugeben. Er litt auch in seinem Stolze eines Anführers, als er sah, wie die Bande sich seiner Autorität entzog und außer Rand und Band geriet, weit über das Maß der kühlen Vollstreckung des Volkswillens hinaus, so wie er sich sie gedacht hatte. Vergebens forderte er Kaltblütigkeit; vergebens schrie er, man dürfe nicht durch Handlungen unnützer Zerstörung den Feinden recht geben.

„Zu den Heizkesseln!" heulte die Brulé. „Laßt uns die Feuer auslöschen!"

Levaque, der eine Feile gefunden hatte, schwang diese wie einen Dolch und beherrschte den Tumult mit einem furchtbaren Schrei:

„Wir durchschneiden die Kabel! wir durchschneiden die Kabel!"

Bald wiederholten alle diesen Ruf; bloß Etienne und Maheu fuhren fort zu protestieren, den Kopf verlierend, in den Tumult hineinschreiend, ohne sich Gehör zu verschaffen. Endlich konnte der erstere sich vernehmlich machen:

„Aber es sind Leute in der Grube, Kameraden!"

Der Lärm verstärkte sich noch; auf allen Seiten wurde geschrien. „Um so schlimmer! Sie hätten nicht einfahren sollen! ... Es geschieht ihnen recht, den Verrätern! ... Ja, ja, sie sollen dort bleiben! ... Übrigens sind ja die Leitern da!"

Und als der Gedanke an die Leitern sie noch hartnäckiger gemacht hatte, begriff Etienne, daß er nachgeben müsse. In der Furcht vor einem noch größeren Unglück eilte er zur Maschine; er wollte die Schalen heraufkommen lassen, damit nicht die durchgesägten Kabel auf sie niederfallen und mit ihrem Gewicht sie zerschmettern. Der Maschinist war verschwunden, ebenso wie die wenigen oben beschäftigten Arbeiter. Etienne bemächtigte sich des Kolbens und handhabte ihn, während Levaque und zwei andere das gußeiserne Gebälk erklommen, das die Spornräder trug. Kaum waren die Schalen verankert, als man das Kreischen der Feile hörte, die das stählerne Kabel durchsägte. Tiefe Stille trat ein; dieses Geräusch der Feile schien die ganze Grube zu erfüllen; alle hoben den Kopf, schauten und hörten, von großer Bewegung ergriffen.

Maheu, der in der ersten Reihe stand, wurde von einer grausamen Freude erfüllt, als ob die Zähne der Feile sie alle von dem Unglück befreit hätten, indem sie das Kabel eines dieser Unglückslöcher durchsägten, in das man nicht mehr hinabsteigen sollte.
Die Brulé war inzwischen über die Treppe der Baracke verschwunden, unablässig schreiend:
„Man muß die Feuer auslöschen! Zu den Kesseln! Zu den Kesseln!"
Eine Schar von Weibern folgte ihr. Frau Maheu eilte hinzu, um sie zu hindern, alles zu zerstören, gleichwie ihr Mann die Kameraden hatte zur Vernunft bringen wollen. Sie war die Besonnenste unter allen; man könne sein Recht fordern, ohne Schaden zu stiften, meinte sie. Als sie das Heizhaus betrat, hatten die Weiber schon die zwei Heizer verjagt; die Brulé hockte mit einer großen Schaufel ausgerüstet, vor einem der Öfen und leerte denselben, die weißglühenden Kohlen auf die Ziegel des Vorplatzes schleudernd, wo sie mit schwarzem Rauch weiterbrannten. Es waren zehn Öfen für die fünf Dampferzeuger da. Alle Weiber stürzten sich mit wilder Wut auf dieses Zerstörungswerk; die Levaque schwang ihre Schaufel mit beiden Händen, die Mouquette schürzte ihren Rock bis zu den Hüften auf, damit er nicht Feuer fange; sie waren blutrot im Widerschein des Brandes, schweißtriefend, mit wirrem Haar in diesem Hexensabbat. Der Kohlenhaufen wurde höher und höher; die Decke des weiten Raumes barst unter der Einwirkung der furchtbaren Gluthitze.
„Genug!" rief die Maheu. „Die Bude wird in Flammen aufgehen!" – „Um so besser!" antwortete die Brulé. „Es wird wenigstens ganze Arbeit sein ... Donner Gottes! ich sagte ihnen wohl, daß ich sie den Tod meines Mannes entgelten lassen werde!"
In diesem Augenblick hörte man die schrille Stimme Jeanlins. „Aufgepaßt! ich werde die Feuer auslöschen! ich lasse alles los!"
Als einer der ersten eingedrungen, war er durch die Menge gehumpelt, entzückt von diesem Rummel und überall suchend, was er Böses verüben könnte; er kam auf den Gedanken, die Ventile zu öffnen, um den Dampf ausströmen zu lassen. Das strömte hervor mit der Gewalt von Schüssen; die fünf Kessel leerten sich mit einem sturmartigen Brausen und Zischen, daß einem die Ohren gellten. Alles war in Dampf gehüllt, die Kohle verblaßte, die Weiber erschienen nur mehr als Schatten mit verschwommenen Bewegungen. Der Knabe allein war sichtbar; er hatte die Galerie erstiegen, und man bemerkte ihn hinter den weißen Dampfwolken, wie er – das breite Maul bis zu den Ohren gespalten – vergnügt grinste, weil es ihm gelungen war, diesen Orkan zu entfesseln.
Es dauerte nahezu eine Viertelstunde. Man hatte einige Kübel Wasser auf die Kohlenhaufen geschüttet, um sie vollends auszulöschen; damit war die Feuergefahr beseitigt. Aber die Wut der Menge war nicht gedämpft, vielmehr neu aufgestachelt. Mit Hämmern bewaffnete Männer stiegen hinunter, die Weiber ergriffen Eisenstangen, und man sprach davon, die Dampferzeuger, die Maschinen zu zerschlagen, die Grube vollends zu zerstören. Etienne, den man benachrichtigt hatte, eilte mit Maheu herbei. Fortgerissen von diesem glühenden Rachefieber, wurde auch er berauscht. Er kämpfte indes, er beschwor sie ruhig zu sein, da nunmehr die durchschnittenen Kabel, die ausgelöschten Feuer, die leeren Dampfkessel die Fortsetzung der Arbeit unmöglich machten. Man hörte wieder nicht auf ihn, und man war im Begriff, ihn zu überschreien, als draußen, vor einer kleinen Tür, wo der Leiternschacht mündete, ein großer Tumult entstand.
„Nieder mit den Verrätern! ... Oh, die schändlichen Feiglinge! ... Nieder mit ihnen! ..."
Es begann eben die Ausfahrt der Arbeiter aus der Grube. Die ersten standen blinzelnd da, geblendet von der Tageshelle. Dann zogen sie ab, suchten die Straße zu erreichen und zu entkommen.
„Nieder mit den Feiglingen! Nieder mit den falschen Brüdern!"
Die ganze Bande der Ausständigen war herbeigeeilt. In weniger als fünf Minuten war nicht ein Mann in den Gebäuden geblieben; die fünfhundert von Montsou stellten sich in zwei Reihen auf und zwangen so die Arbeiter von Vandame, diese Verräter, die eingefahren waren, zwischen dieser Doppelhecke durchzuziehen. Und bei jedem neuen Arbeiter, der mit zerfetzten Kleidern und geschwärztem Gesicht bei der Pforte des Schlotes erschien, erneuerten sich die Schmährufe, und grausame Scherze empfingen ihn. Oh, der da hat Drei-Zoll-Beine, und darauf sitzt gleich das Hinterteil; diesem da haben die Dirnen vom „Vulkan" die Nase weggefressen; diesem anderen floß Wachs aus den Augen, so viel Wachs, daß man damit zehn Kirchen versorgen könnte; da kam ein Großer ohne Hinterbacken, so lang wie die Fasten. Jetzt kam eine Schlepperin zum Vorschein, riesengroß, der Busen im Bauch, der Bauch im Hintern; sie entfesselte ein wütendes Gelächter. Man wollte sie betasten; die Scherze wurden derber, allmählich grausam, und es drohte ein Regen von Faustschlägen, während der Zug der armen Teufel fortdauerte, die zitternd, die Beschimpfungen ruhig ertragend, nach den erwarteten Hieben schielend, froh waren, wenn sie die Grube endlich hinter sich hatten und laufen konnten.
„Ei, zum Teufel! wie viele sind denn ihrer da drinnen?" fragte Etienne.
Er war erstaunt, noch immer Leute hervorkommen zu sehen, und es ärgerte ihn die Wahrnehmung, daß es sich nicht um einige Arbeiter handle, die durch den Hunger genötigt, durch die Aufseher eingeschüchtert, eingefahren waren. Man hatte ihn demnach im Wald belogen; die ganze Belegschaft von Jean-Bart war eingefahren. Doch als er Chaval auf der Schwelle erblickte, stürzte er mit einem Schrei hinzu.
„Donner Gottes über dich! Zu diesem Stelldichein also hast du uns gerufen?"
Verwünschungen wurden laut; man drängte sich heran, um sich auf den Verräter zu werfen. Wie: er hatte gestern

mit ihnen geschworen, und nun fand man ihn mit den anderen in der Grube! Wollte er sich über sie lustig machen?

„Faßt ihn ab! In den Schacht mit ihm!"

Chaval war schreckensbleich geworden und stammelte irgendwelche Erklärungen. Allein Etienne schnitt ihm das Wort ab; er war außer sich, von der Wut der Bande ergriffen. „Du wolltest mittun, du wirst mittun ... Vorwärts marsch, Halunke!"

Doch ein anderer Schrei deckte seine Stimme. Catherine war zum Vorschein gekommen, geblendet von der hellen Sonne, betroffen darüber, mitten unter diese Wilden geraten zu sein. Ihre Beine waren wie zerschlagen, nachdem sie die hundertundzwei Leitern erstiegen hatten, und ihre Handflächen bluteten. Sie wollte sich einen Augenblick verschnaufen, als die Maheu, sie erblickend, mit erhobener Hand auf sie losstürzte.

„Du auch, Metze? ... Wenn deine Mutter Hungers stirbt, verrätst du sie wegen deines Zuhälters?"

Maheu hielt den Arm zurück und verhinderte so den Backenstreich. Aber er schüttelte seine Tochter und machte ihr – dem Beispiele seines Weibes folgend – wütende Vorwürfe wegen ihres Betragens. Beide hatten den Kopf verloren und schrien stärker als die Kameraden.

Der Anblick Catherines hatte Etienne vollends erbittert. Er wiederholte: „Vorwärts! zu den anderen Gruben! Und du kommst mit uns, schmutziges Schwein!"

Chaval hatte knapp die Zeit, seine Holzschuhe aus der Baracke zu holen und eine Wolljacke über seine frierenden Schultern zu werfen. Alle zerrten ihn fort und zwangen ihn, in ihrer Mitte zu laufen. Auch Catherine – die völlig den Kopf verloren hatte – zog eilig ihre Holzschuhe an, knöpfte die alte Männerjacke zu, die sie seit dem Eintritt der Kälte trug, und lief hinter ihrem Galan her; sie wollte ihn nicht verlassen, denn sie war überzeugt, daß man ihn umbringen wolle.

In zwei Minuten leerte sich Jean-Bart. Jeanlin, der ein Horn gefunden hatte, blies aus Leibeskräften hinein und entlockte ihm rauhe Töne, als gelte es eine Ochsenherde zu versammeln. Die Weiber, die Brulé, die Levaque, die Mouquette, hoben ihre Röcke auf, um besser laufen zu können, während Levaque eine Hacke schwang, wie ein Tambourmajor seinen Stab. Andere Kameraden stießen zur Bande, die jetzt an die tausend Köpfe zählte und sich ohne jede Ordnung, wie ein aus den Ufern getretener Strom über die Straße ergoß. Der Weg, der aus dem Werk hinausführte, war zu schmal; die Pfahlhecken wurden ausgebrochen.

„Zu den Gruben! Nieder mit den Verrätern! Keine Arbeit mehr!"

Jean-Bart versank plötzlich in tiefe Stille. Kein Mensch, kein Laut. Deneulin verließ das Aufseherzimmer und machte sich allein – jede Begleitung abwehrend – an die Untersuchung der Grube. Er war bleich, sehr ruhig. Zuerst blieb er vor dem Aufzugsschacht stehen, hob die Augen und betrachtete die durchschnittenen Kabel; die Enden des stählernen Seiles hingen unnütz herab; der Biß der Feile hatte eine frische Wunde zurückgelassen, die aus dem Schwarz der Schmierfette hervorschimmerte. Dann ging er zur Maschine hinauf, betrachtete die Kurbelstange, die unbeweglich war wie das Gelenk eines von der Lähmung getroffenen kolossalen Gliedes, berührte das schon erkaltete Metall, wobei er zusammenschauerte, als hätte er einen Toten berührt. Dann stieg er zu den Kesseln hinab, ging langsam bei den erloschenen Öfen vorbei, die weit gähnend und mit Wasser übergossen dastanden, stieß mit dem Fuß an die Dampferzeuger, die einen hohlen Klang gaben. Es war zu Ende; sein Ruin war eine ausgemachte Sache. Selbst wenn er die Kabel ausbessern, die Feuer wieder anzünden ließe; wo würde er Arbeiter finden? Noch zwei Wochen Streik, und er war fallit. Und in dieser Gewißheit seines Unglücks hatte er keinen Haß mehr gegen die Räuber von Montsou; er fühlte die Mitschuld aller, den allgemeinen, hundertjährigen Fehler. Es waren Tiere ohne Zweifel; aber Tiere, die nicht lesen konnten und Hungers starben.

IV

Unter dem fahlen Winterhimmel zog die Bande durch die in das weiße Winterkleid gehüllte flache Ebene und ergoß sich von der Straße über die Rübenfelder. Bei dem „Ochsengabel" benannten Feld nahm Etienne den Befehl über die Menge in die Hand. Er rief Weisungen aus, organisierte den Marsch. Jeanlin galoppierte voran und entlockte dem Horn greuliche Klänge. In den ersten Reihen marschierten die Weiber, einige mit Stöcken bewaffnet, die Maheu mit wild flammenden Augen, die die verheißene Stadt der Gerechtigkeit zu suchen schienen; die Brulé, die Levaque, die Mouquette schritten tüchtig aus unter ihren Lumpen, gleich Soldaten, die in den Krieg ziehen. Wenn es zu einem Zusammenstoß kommen sollte, wird man wohl sehen, ob die Gendarmen es wagten, auf Weiber einzuhauen. Ihnen folgten die Männer in der Regellosigkeit einer Herde, in einem Zug, der sich immer mehr ausbreitete, von Eisenstangen starrend, von der einzigen Hacke Levaques überragt, deren Schneide in der Sonne glänzte. In der Mitte marschierte Etienne, der Chaval nicht aus den Augen ließ und ihn zwang, vor ihm zu gehen, während hinter ihm Maheu ging, mit düsterer Miene, von Zeit zu Zeit auf seine Tochter Catherine blickend, die einzige Weibsperson unter diesen Männern, die in ihrer Hartnäckigkeit neben ihrem Liebsten einherschritt, damit ihm kein Leid geschehe. Viele gingen barhäuptig, und der Wind trieb mit ihren Haaren sein Spiel. Man hörte nur das Geklapper der Holzschuhe, das dem Lauf einer losgelassenen Viehherde glich, die dem wilden Getute Jeanlins folgte.

Sogleich erscholl ein neuer Schrei.

„Brot! Brot! Brot!"

Es war Mittag; der Hunger der sechs Streikwochen er-

wachte in den leeren Bäuchen, noch aufgestachelt durch diesen Lauf über Stock und Stein. Die wenigen Brotrinden vom Morgen und die Kastanien der Mouquette waren längst verdaut; die Mägen schrien, und dieses Leiden verstärkte noch die Wut gegen die Verräter.
„Zu den Gruben! Keine Arbeit mehr! Brot! Brot!"
Etienne, der am Morgen im Dorf abgelehnt hatte seinen Teil zu essen, hatte ein unerträgliches Gefühl des Zerreißens in der Brust. Er beklagte sich nicht, aber er griff von Zeit zu Zeit mechanisch nach seiner Feldflasche und nahm einen Schluck Wachholderbranntwein; er fror so arg, daß er dies nötig zu haben glaubte, um sein Vorhaben zu Ende zu führen. Seine Wangen erhitzten sich; eine Flamme entzündete sich in seinen Augen. Indes bewahrte er seine Besonnenheit, er wollte unnütze Zerstörungen vermeiden.
Als man die nach Joiselle führende Straße erreichte, geschah es, daß ein Hauer von Vandame, der sich der Bande angeschlossen hatte, aus Rache gegen seinen Patron die Kameraden nach rechts zog, indem er heulte:
„Nach Gaston-Marie! Man muß die Pumpe stillstehen lassen! Jean-Bart muß ersäuft werden!"
Schon machte die Menge kehrt, trotz der Abwehr Etiennes, der sie bat, das Ausschöpfen des Wassers aus der Grube nicht zu hindern. Wozu sollte man die Galerien zerstören? Dieser Gedanke empörte sein Arbeitergewissen trotz seiner augenblicklichen Verbitterung. Auch Maheu fand es ungerecht, an einer Maschine Vergeltung zu üben. Doch der Hauer fuhr fort, seinen Racheschrei auszustoßen, und Etienne mußte ihn überschreien.
„Nach Mirou!" rief er. „Dort gibt es noch Verräter in den Gruben!"
Mit einer Handbewegung hatte er die Bande auf den Weg nach links zurückgetrieben, während Jeanlin sich wieder an die Spitze stellte und stärker in das Horn blies. Es entstand ein großes Durcheinander. Gaston-Marie war für jetzt gerettet.
Die vier Kilometer, welche sie von Mirou trennten, wurden im Laufschritt, in dem man die schier endlose Fläche durchmaß, in einer halben Stunde zurückgelegt. Der Kanal durchschnitt in dieser Richtung die Ebene wie mit einem langen Band aus Eis. Nur die kahlen Bäume an den Ufern des Kanals, durch den Frost gleichsam in riesige Kandelaber verwandelt, unterbrachen die glatte Gleichförmigkeit der Ebene, die sich am fernen Horizont verlor wie in einem Meer. Montsou und Marchiennes lagen hinter einer Erdfalte verborgen. Es war die kahle Unendlichkeit.
Sie kamen eben bei der Grube an, als sie einen Aufseher auf einem Brückensteg des Sichtungsschuppens bemerkten, der dort Aufstellung genommen hatte, um sie zu empfangen. Alle kannten sehr wohl den Vater Quandieu, den ältesten der Aufseher von Montsou, einen Greis, ganz weiß an Haut und Haaren, wohl an die siebzig Jahre alt, ein wahres Wunder von Gesundheit unter den Bergleuten.
„Was wollt ihr hier, Bummlerbande?" schrie er.
Die Bande blieb stehen. Man hatte es nicht mehr mit einem Patron, sondern mit einem Kameraden zu tun; angesichts dieses alten Arbeiters hielt ein gewisser Respekt sie zurück.
„Es sind Arbeiter in der Grube", sagte Etienne. „Laß sie heraufholen." – „Jawohl, es sind Arbeiter in der Grube", entgegnete der Vater Quandieu; „es sind deren wohl an die sechs Dutzend unten; die übrigen hatten Angst vor euch Bösewichtern. Doch ich gebe euch zu wissen, daß kein einziger ausfahren wird, oder ihr sollt es mit mir zu tun haben!"
Es gab Ausrufe in der Menge; die Männer drängten, die Weiber gingen vor. Der Aufseher verließ jetzt rasch den Brückensteg und verrammelte das Tor.
Maheu suchte zu vermitteln.
„Höre Alter, das ist unser Recht. Wie könnten wir erreichen, daß der Streik allgemein werde, wenn wir die Kameraden nicht zwingen, mit uns zu halten?"
Der Alte blieb einen Augenblick stumm. Seine Unwissenheit in Sachen der Vereinigung war augenscheinlich ebenso groß wie die des Hauers. Endlich antwortete er:
„Es ist euer Recht, ich leugne es nicht. Aber ich kenne nichts als meinen Auftrag ... Ich bin hier allein. Die Leute haben bis drei Uhr in der Grube zu bleiben, und sie werden bis drei Uhr dort bleiben."
Die letzten Worte gingen in lauten Beschimpfungen unter. Man bedrohte ihn mit den Fäusten; die Weiber schrien ihm um die Ohren; ihr warmer Hauch streifte sein Gesicht. Aber er blieb standhaft, das Haupt erhoben, mit seinem Geißbart und seinen Haaren so weiß wie Schnee; und der Mut verlieh seiner Stimme eine solche Kraft, daß sie den Tumult beherrschte und deutlich zu vernehmen war.
„Bei Gott, ihr kommt nicht hinein! ... So wahr die Sonne uns bescheint, ich will lieber verrecken, als an die Kabel rühren lassen! ... Drängt nicht weiter vor, oder ich stürze mich in eurer Gegenwart in den Schacht."
Ein Zittern ging durch die Menge, und sie wich zurück. Der Alte fuhr fort: „Wer ist ein solcher Saukerl, um das nicht zu verstehen? ... Ich bin nur ein Arbeiter wie ihr. Man hat mir befohlen die Grube zu behüten, und ich behüte sie."
Weiter reichte das Verständnis des wackern Vaters Quandieu nicht; er beharrte mit soldatischer Starrheit bei seiner Pflicht, der Alte mit dem beschränkten Schädel und den von einem in den schwarzen Gruben verbrachten halben Jahrhundert getrübten Augen. Die Kameraden betrachteten ihn bewegt; was er sagte, widerhallte in ihnen: es war der soldatische Gehorsam, die Brüderlichkeit, die Ergebung in der Gefahr. Er glaubte, sie schwankten noch und wiederholte:
„Ich springe vor euch in den Schacht!"
Es ging wie ein gewaltiger Stoß durch die Schar. Alle hatten den Rücken gewendet, und der Lauf begann wieder auf der geraden Straße, die sich zwischen den Feldern ins Unendliche dehnte.

„Nach Madeleine! Nach Crèvecœur! Keine Arbeit mehr! Brot! Brot!"
Doch während des Anlaufes war in der Mitte ein Gedränge entstanden. Chaval hatte die Verwirrung benützen wollen, um zu entkommen. Etienne hatte ihn beim Arm gefaßt und drohte ihm die Knochen im Leibe zu zerschlagen, wenn er an Verrat denken sollte. Der andere wehrte sich und protestierte wütend:
„Warum denn all das? Ist man nicht mehr frei? ... Ich friere seit einer Stunde; ich muß mich waschen. Laß mich frei!"
Er litt in der Tat durch die Kohle, die der Schweiß an seinen Leib geklebt hatte, und seine gestrickte Wolljacke schützte ihn wenig gegen die Kälte.
„Vorwärts, oder du wirst von uns gewaschen!" antwortete Etienne. „Warum hast du auch die Blutrünstigsten zu überbieten gesucht?"
Man lief noch immer auf der Straße fort. Etienne wandte sich schließlich nach Catherine um, die fest aushielt. Er war trostlos, sie in seiner Nähe zu wissen, so elend und fröstelnd in ihrer abgetragenen Männerjacke und ihrem schmutzbedeckten Beinkleid. Sie mußte todmüde sein, aber sie lief mit.
„Du kannst gehen", sagte er endlich.
Catherine schien nicht zu hören. Als ihre Blicke die Etiennes kreuzten, flammte ein Vorwurf in ihren Augen auf. Und sie blieb nicht zurück. Warum wollte er, daß sie ihren Mann verlassen solle? Chaval war nicht gut zu ihr, das war gewiß; er prügelte sie sogar manchmal. Aber er war ihr Mann, derjenige, der sie zum ersten Mal besessen hatte; und sie war wütend darüber, daß mehr als tausend Menschen sich gegen einen kehrten. Sie hätte ihn verteidigen mögen, nicht aus Liebe, aber aus Stolz.
„Geh fort!" wiederholte Maheu heftig.
Dieser Befehl ihres Vaters ließ sie einen Augenblick ihren Lauf verlangsamen. Sie zitterte. Tränen schwellten ihre Augenlider. Dann kam sie – trotz ihrer Furcht – doch wieder zurück, nahm ihren früheren Platz wieder ein und lief mit. Fortan kümmerte man sich nicht um sie.
Die Bande überschritt die Straße nach Joiselle, folgte einen Augenblick jener nach Cron und stieg dann gegen Cougny hinan. Nach dieser Richtung sah man Fabriksschlote den platten Horizont streifen; Holzschuppen, Werkstätten, aus Ziegeln erbaut, mit breiten, staubigen Fenstern, reihten sich zu beiden Seiten der Straße aneinander. Man kam an den niedrigen Häusern zweier Arbeiterdörfer vorbei, des Dorfes der hundertachtzig und des Dorfes der sechsundsiebzig. Und auf den Ruf des Hornes, auf das Geschrei der Bande kamen Familien heraus, Männer, Weiber, Kinder, und liefen mit, schlossen sich dem Zug der Kameraden an. Als die Bande vor der Madeleinegrube ankam, zählte sie wohl an die fünfzehnhundert Köpfe. Die Straße fiel hier sanft ab; die tosende Flut der Streikenden mußte die Runde um den Abbauhügel machen, ehe sie den Grubenhof überfluten konnte.
In diesem Augenblick war es nicht mehr als zwei Uhr. Allein, die Aufseher, von dem Herannahen der Streikenden verständigt, hatten die Ausfahrt beschleunigt, und als die Bande eintraf, war der Aufstieg beendigt, die letzten zwanzig Männer verließen die Schale. Sie liefen davon, man verfolgte sie mit Steinwürfen. Zwei wurden geprügelt, ein anderer ließ einen Rockärmel in den Händen seiner Verfolger. Diese Jagd nach den Menschen rettete das Material; man berührte weder die Kabel noch die Kessel. Die Flut entfernte sich schon und wälzte sich nach der nächsten Grube.
Die Grube Crèvecœur war kaum fünfhundert Meter von der Madeleinegrube entfernt. Auch hier kam die Bande gerade zur Ausfahrt an. Eine Schlepperin wurde abgefangen und von den Weibern gepeitscht, daß ihr Beinkleid zerriß und ihre Hinterbacken sichtbar wurden, worüber die Männer lachten. Die Stößerjungen erhielten Maulschellen; einzelne Hauer bekamen während des Laufes Rippenstöße, Faustschläge auf die Nase. Und in dieser steigenden Grausamkeit, in diesem alten Bedürfnis nach Rache, dessen Tollheit alle Köpfe verdrehte, dauerten die Schreie fort, forderten sie den Tod der Verräter; es war der Haß der schlecht bezahlten Arbeit, das Geheul des Brot heischenden Bauches. Man begann die Kabel zu durchschneiden, allein die Feile griff nicht an; es dauerte zu lang, man stürmte weiter, immer weiter. Bei den Kesseln wurde ein Ventil zerschlagen; das Wasser, das in vollen Kübeln in die Öfen geschleudert wurde, brachte die gußeisernen Roste zum Bersten.
Als man wieder im Freien war, sprach man davon, nach Saint-Thomas zu marschieren. In dieser Grube herrschte gute Manneszucht; sie war vom Streik unberührt; mehr als siebenhundert Mann mußten eingefahren sein. Darüber war die Bande erbittert; man war entschlossen, die Leute mit Knüttelhieben zu empfangen, in guter Schlachtordnung, um zu sehen, wer obenauf bleiben würde. Allein, es ging das Gerücht, daß es in Saint-Thomas Gendarmen gebe – die Gendarmen, über die man sich am Morgen lustig gemacht hatte. Woher wußte man dies? Niemand vermochte es zu sagen. Gleichviel, sie bekamen Angst und entschieden sich für Feutry-Cantel. Und der Taumel riß sie wieder fort: mit dem lauten Geklapper ihrer Holzschuhe stürmten sie in hellen Haufen auf der Landstraße dahin. Nach Feutry-Cantel! nach Feutry-Cantel! Dort gab es wohl an die vierhundert Feiglinge: das wird einen Spaß absetzen! Von hier etwa drei Kilometer entfernt lag die Grube hinter einer Erdfalte verborgen, nahe beim Scarpefluß. Schon stieg man die Anhöhe der Gipsbrüche jenseits der Straße nach Beaugnies hinan, als eine Stimme – man wußte nicht, wessen Stimme – ausrief, die Gendarmen seien vielleicht in Feutry-Cantel. Von einem Ende der Säule bis zum anderen wiederholte man sich nun, die Gendarmen seien in Feutry-Cantel. Ein Zögern verlangsamte den Marsch; der Schreck ergriff die Leute allmählich in dieser durch die Arbeitsfeier stillgewordenen Gegend, die sie seit Stunden durchstreiften. Warum waren sie nicht auf Militär gestoßen? Die Straflosigkeit ihres Treibens verwirrte sie, denn sie fühlten die Vergeltung kommen.

Eine neue Losung – man wußte nicht, woher sie kam – trieb die Bande plötzlich nach einer andern Grube.

„Nach La Victoire! nach La Victoire!"

Gab es denn weder Dragoner noch Gendarmen in La Victoire? Man wußte es nicht. Alle schienen beruhigt. Sie machten kehrt, stiegen gegen Beaumont hinab und gingen querfeldein, um die Straße nach Joiselle rascher zu erreichen. Das Geleise der Eisenbahn verlegte ihnen den Weg; sie zogen hinüber, nachdem sie die Schranken umgeworfen hatten. Sie näherten sich jetzt Montsou; das leicht gewellte Terrain senkte sich hinab und breitete das Meer seiner Rübenfelder aus, weithin bis zu den schwarzen Häusern von Marchiennes.

Es galt jetzt einen Marsch von guten fünf Kilometern. Sie wurden von einer solchen Wut fortgejagt, daß sie die tödliche Müdigkeit, ihre völlig erschöpften, wie gebrochenen Beine nicht fühlten. Der Zug wurde immer länger, verstärkt durch die Kameraden, die man unterwegs, in allen Arbeiterdörfern an sich zog. Als sie auf der Magachebrücke den Kanal überschritten hatten und vor La Victoire erschienen, zählten sie wohl an die zweitausend Köpfe. Aber drei Uhr war vorüber, die Leute waren ausgefahren, kein Mann war mehr in der Grube. Ihre Enttäuschung machte sich in eitlen Drohungen Luft; sie mußten sich begnügen, die eben ankommenden Erdarbeiter mit Ziegelsteinen zu bewerfen. In regellose Rotten sich auflösend, ergriff die Bande Besitz von dem Werk. In ihrer Wut darüber, daß es keine Gesichter zu ohrfeigen gab, fielen sie über die Sachen her. Ein Sack voll giftiger Rachsucht platzte in ihnen. Der Jahre hindurch erduldete Hunger hatte eine tolle Gier nach Zerstörung in ihnen gereift.

Etienne bemerkte hinter einem Schuppen einige Arbeiter, die einen Kohlenkarren beladen wollten.

„Wollt ihr euch davontrollen!" rief er ihnen zu. „Nicht ein Stück Kohle wird da hinauskommen!"

Auf seinen Befehl eilten etwa hundert Ausständige herbei; die Arbeiter hatten knapp Zeit, sich zu entfernen. Einige Männer spannten die Pferde aus, welche – in die Flanken gestochen – scheu davonrannten. Andere stürzten den Karren um und zerbrachen die Gabeldeichsel.

Levaque fiel mit seiner Hacke über die Gestelle her, um die Brückenstege zu vernichten. Doch sie widerstanden seiner Zerstörungswut, und so kam er auf den Gedanken, die Schienen aufzureißen, das Geleise von dem einen Ende des Werkhofes bis zum andern zu zerstören. Bald warf sich die ganze Bande auf diese Arbeit. Mit seiner Eisenstange bewaffnet, deren er sich wie eines Hebels bediente, riß Maheu die gußeisernen Schienenstühle los. Inzwischen führte die Brulé die Weiber in die Lampenkammer; mit ihren Stöcken richteten sie eine greuliche Verwüstung an; bald lagen sämtliche Lampen in Scherben auf dem Boden. Auch die Maheu hatte alle Besonnenheit verloren und schlug ebenso wütend drein wie die Levaque. Sie wateten ordentlich im Öl; die Mouquette wischte ihre Hände in ihren Röcken ab und lachte, weil sie so schmutzig war. Jeanlin machte sich den Spaß, den Inhalt einer Lampe in ihren Nacken zu leeren.

Allein alle diese Verwüstungen sättigten nicht. Die Bäuche schrien noch lauter, und der Tumult war von einem unaufhörlichen Rufe übertönt:

„Brot! Brot! Brot!"

In La Victoire gab es einen ehemaligen Aufseher, der eine Kantine führte. Er war ohne Zweifel von Angst ergriffen, denn sein Laden war verlassen. Als die Weiber zurückkehrten und die Männer das Schienengeleise vollends zerstört hatten, belagerten sie die Kantine, deren Fensterläden dem ersten Ansturm nachgaben. Man fand kein Brot; es war nichts anderes da als zwei Stücke rohes Fleisch und ein Sack Kartoffeln. Allein während der Plünderung entdeckte man etwa fünfzig Flaschen Wacholderbranntwein, die verschwanden wie ein Tropfen Wasser im Sand.

Etienne konnte seine leere Feldflasche neu füllen. Ein schlimmer Rausch, der Rausch der Hungernden, hatte allmählich seine Augen entzündet, und er fletschte wahre Wolfszähne zwischen den fahlen Lippen. Und plötzlich bemerkte er, daß Chaval inmitten eines Tumultes entflohen war. Er fluchte und entsandte einige Leute nach dem Flüchtigen; man fand ihn mit Catherine hinter den Holzstößen versteckt.

„Ha, Saukerl! Du fürchtest, dich zu kompromittieren?" heulte Etienne. „Im Wald warst du es selbst, der den Streik der Maschinisten forderte, damit die Pumpen stillstehen, und jetzt nimmst du Reißaus ... Nun denn, wir werden nach Gaston-Marie zurückkehren; ich will, daß du die Pumpe zerschlägst. Jawohl, Hundsfott, du wirst sie zerschlagen!"

Er war betrunken; er selbst jagte seine Leute gegen diese Pumpe, die er einige Stunden früher gerettet hatte.

„Nach Gaston-Marie! Nach Gaston-Marie!"

Alle riefen Beifall und eilten herbei, während Chaval, den man bei den Schultern gefaßt hatte und heftig vorwärtstrieb, noch immer verlangte, daß man ihm gestatte, sich zu waschen.

„So geh doch deiner Wege!" rief Maheu Catherine zu, die ebenfalls ihren Lauf wieder aufgenommen hatte.

Doch jetzt wich sie nicht einmal zurück; sie erhob flammende Augen zu ihrem Vater und setzte ihren Lauf fort.

Und wieder durchfurchte die Bande die flache Ebene. Sie ging zurück auf den langen, geraden Straßen, über die weitgestreckten Felder. Es war vier Uhr; die am Horizont niedergehende Sonne warf auf den festgefrorenen Boden die langen Schatten dieser Bande, die unter wütenden Gebärden sich fortbewegte.

Man umging Montsou und erreichte weiter oben die Straße nach Joiselle. Um nicht den Ochsengabelanger umgehen zu müssen, zog man unter den Mauern der Piolaine vorbei. Die Grégoires waren eben fortgegangen, weil sie einen Besuch beim Notar zu machen hatten, ehe sie zu den Hennebeaus essen gingen, wo sie Cécile treffen sollten. Die Besitzung schien zu schlafen mit ihrer verödeten Lindenallee, ihrem winterlich kahlen Gemüsegarten und Obstgarten. Nichts regte sich in dem Hause, dessen geschlossene Fenster von dem Hauch der inneren Wärme getrübt waren; und aus der tiefen Stille gewann man einen Eindruck von Gemütlichkeit und Wohlergehen, das patriarchalische Gefühl von den guten Betten und der guten Tafel, von dem vernünftigen Glück, in dem das Leben der Besitzer dahinfloß.

Die Bande warf – ohne stehenzubleiben – finstere Blicke über das Gitter längs der schützenden Mauern, die von Glasscherben starrten. Und von neuem begann der Ruf:

„Brot! Brot! Brot!"

Nur die Hunde antworteten mit wütenden Gebell, ein Paar große dänische Hunde mit rotem Haar, die sich aufrichteten und das Maul aufrissen. Im Hause selbst war niemand anwesend als die zwei Mägde, die Köchin Mélanie und das Stubenmädchen Honorine, die auf den furchtbaren Schrei herbeigeeilt waren und sich zitternd hinter den Vorhängen eines der geschlossenen Fenster verbargen und mit schreckensbleichen Gesichtern diese Wilden vorüberziehen sahen. Sie sanken in die Knie und hielten sich schon für tot, als sie einen Stein gegen das Haus fliegen hörten, der eine Scheibe eines benachbarten Fensters zerschlug. Es war nur ein Spaß von Jeanlin; er hatte sich aus einem Stück Seil eine Schleuder gemacht und den Grégoires damit im Vorübergehen einen guten Tag gesagt. Jetzt stieß er wieder in sein Horn, und die Bande verlor sich in der Ferne mit dem einzigen Ruf:

„Brot! Brot! Brot!"

Man kam nach Gaston-Marie in einer noch mehr angewachsenen Masse; es waren jetzt über zweitausendfünfhundert Tobsüchtige, die alles zerbrachen, alles hinwegfegten mit der angeschwollenen Macht eines reißenden Stroms. Gendarmen waren eine Stunde früher dagewesen und waren, durch Bauern irregeführt, in der Richtung nach Saint-Thomas weitergezogen, ohne in der Eile die Vorsicht zu üben, zur Bewachung der Grube einen Posten von einigen Mann zurückzulassen. In weniger als einer Viertelstunde waren die Feuer umgestürzt, die Kessel geleert, die Gebäude verwüstet. Doch besonders auf die Pumpe hatte man es abgesehen. Es genügte nicht mehr, daß sie mit dem letzten Atemzug des Dampfes stehenblieb; man stürzte sich auf sie wie auf eine lebende Person, die man töten wollte.

„Du hast den ersten Streich zu führen, wiederholte Etienne, indem er Chaval einen Hammer in die Hand drückte. „Vorwärts! Du hast geschworen wie die anderen."

Chaval wich zitternd zurück; und in dem Gedränge fiel der Hammer nieder, während die Kameraden – ohne länger zu warten – die Pumpe mit Eisenstangen, mit Ziegeln bearbeiteten, mit allem, was ihnen in die Hände fiel. Einige zerbrachen sogar ihre Stöcke an der Maschine. Die Schraubenmuttern sprangen ab, die stählernen und kupfernen Bestandteile kamen aus den Fugen wie ausgerissene menschliche Glieder. Ein mit einer Spitzhacke geführter wuchtiger Hieb zertrümmerte den gußeisernen Körper der Maschine, und das Wasser floß heraus mit einem Gurgeln, das dem letzten Röcheln eines Sterbenden glich.

Dies war das Ende; die Bande war jetzt wieder draußen, toll, hinter Etienne sich drängend, der Chaval noch immer nicht loslassen wollte.

„Tod dem Verräter! In den Schacht mit ihm!"

Der Erbärmliche war leichenfahl geworden und stammelte – mit dem blöden Eigensinn einer fixen Idee – immer wieder sein Verlangen, sich zu waschen.

„Wart, da ist der Zuber, wenn du nichts anderes willst", sagte die Levaque.

Es war eine Lacke da, ein Abfluß des Pumpwassers. Eine dicke, weiße Eiskruste lag darüber. Man drängte ihn dahin, zerbrach die Eisdecke und zwang ihn, seinen Kopf in das eiskalte Wasser zu stecken.

„Tauche doch unter!" wiederholte die Brulé. „Zum Teufel, tauche doch unter, wenn du kein Vollbad nehmen willst! ... Und jetzt sauf einmal; ja, ja, sauf wie das Vieh, mit dem Maul in der Tränke!"

Er mußte saufen, auf allen vieren liegend. Darob gab es ein grausames Lachen in der Menge. Ein Weib zog ihn bei den Ohren, ein anderes warf ihm eine Handvoll Dreck ins Gesicht, den sie ganz frisch von der Straße aufgelesen hatte. Seine alte Trikotjacke hing jetzt in Fetzen von seinem Leib. Stieren Auges stolperten er dahin, von Zeit zu Zeit einen Anlauf nehmend, um zu entfliehen.

Maheu hatte ihn gestoßen; auch Frau Maheu gehörte zu jenen, die wütend über ihn hergefallen waren; sie befriedigten so ihren alten Groll gegen diesen Menschen; und selbst die Mouquette, die sonst die gute Freundin ihrer ehemaligen Liebhaber blieb, war wütend über ihn, nannte ihn einen Taugenichts, sprach davon, ihm die Hosen auszuziehen, um zu sehen, ob er noch ein Mann sei.

Etienne hieß sie schweigen. „Genug! Es ist nicht nötig, daß sich alle da einmengen ... Wenn du willst, wollen wir die Sache miteinander abmachen."

Seine Fäuste schlossen sich; seine Augen leuchteten in einem mörderischen Feuer; der Rausch verwandelte sich bei ihm in Mordlust.

„Bist du bereit? Einer von uns beiden muß auf dem Platz bleiben ... Gebt ihm ein Messer; ich habe das meinige."

Catherine schaute ihn an; sie war erschöpft, entsetzt. Sie erinnerte sich seiner Vertraulichkeiten, seiner Mordgier, wenn er getrunken hatte; nach dem dritten Glas war er vergiftet; es war die traurige, unflätige Erbschaft seiner trunksüchtigen Eltern. Plötzlich stürzte sie sich auf ihn und ohrfeigte ihn mit beiden Händen, wobei sie mit vor Entrüstung heiserer Stimme schrie:

„Feigling! Feigling! Feigling! ... War's noch nicht genug der Scheußlichkeiten? Willst du ihn, der sich kaum mehr auf den Beinen hält, auch noch töten?"

Sie wandte sich an ihre Eltern und an alle anderen.

„Ihr seid Feiglinge! Feiglinge! ... Tötet auch mich mit

ihm zugleich! Ich springe euch ins Gesicht, wenn ihr ihn noch anrührt! Ha, die Feiglinge!"

Und sie hatte sich vor ihren Mann hingepflanzt und verteidigte ihn, der Schläge vergessend, ihres Jammerlebens vergessend, gehoben in dem Gedanken, daß sie ihm gehörte, da er sie in seinen Besitz genommen hatte, und daß es eine Schande für sie sei, wenn er so gedemütigt wurde.

Etienne war unter den Streichen dieses Mädchens bleich geworden. In der ersten Aufwallung wollte er sie niederstrecken. Dann, nachdem er sich das Gesicht getrocknet hatte, wie einer, der von seinem Rausch ernüchtert wird, sagte er zu Chaval inmitten tiefer Stille:

„Sie hat recht, es ist genug ... Mach, daß du fortkommst!"

Chaval lief sogleich davon und Catherine hinter ihm drein. Die Menge blickte ihnen betroffen nach und sah sie hinter einer Krümmung des Weges verschwinden. Nur Frau Maheu murmelte:

„Sie haben unrecht; man hätte ihn dabehalten müssen; er wird sicherlich irgendeinen Verrat üben."

Doch die Bande hatte sich wieder in Marsch gesetzt. Es war nahezu fünf Uhr. Die tief am Saume des Horizonts stehende blutrote Sonne tauchte die ungeheure Ebene in eine Feuerglut. Ein fahrender Krämer, der vorüberkam, teilte ihnen mit, daß die Dragoner in der Richtung gegen Crèvecœur weitergeritten seien. Da machten sie kehrt, und eine Weisung lief durch die Reihen:

„Nach Montsou! Zur Direktion! ... Brot! Brot! Brot!"

V

Herr Hennebeau war zum Fenster seines Kabinetts getreten, um die Kalesche abfahren zu sehen, die seine Frau zum Frühstück nach Marchiennes führte. Er hatte eine Weile Négrel nachgeblickt, der neben dem Wagenschlag ritt; dann hatte er ruhig wieder an seinem Schreibtisch Platz genommen. Das Haus schien leer, wenn seine Frau und sein Neffe es nicht mit ihrer geräuschvollen Existenz belebten. Der Kutscher lenkte heute die Kalesche der Hausfrau; Rose, das neue Kammermädchen, hatte Urlaub bis fünf Uhr; so war denn niemand zu Hause als Hippolyte, der Kammerdiener, der sich in den Pantoffeln durch die Zimmer schleppte, und die Köchin, die seit Tagesanbruch alle Hände voll zu tun hatte, um das Diner zu bereiten, welches ihre Herrschaft des Abends gab. Herr Hennebeau hoffte denn auch, inmitten der tiefen Stille des leeren Hauses den ganzen Tag tüchtig arbeiten zu können.

Obgleich Hippolyte den Auftrag bekommen hatte, niemanden vorzulassen, erlaubte er sich dennoch, gegen neun Uhr Herrn Dansaert anzumelden, der Neuigkeiten brachte. Da erst erfuhr der Direktor von der gestrigen Versammlung im Wald. Die Einzelheiten, die der Oberaufseher lieferte, waren so genau, daß der Direktor, während er ihm zuhörte, an seine Liebschaft mit Frau Pierron dachte, welche dermaßen bekannt war, daß wöchentlich zwei, drei anonyme Briefe die Ausschweifungen des Oberaufsehers meldeten. Augenscheinlich hatte Pierron geplaudert; diese Polizei roch nach dem Ehebett. Er benützte sogar die Gelegenheit, um merken zu lassen, daß er alles wisse, und begnügte sich, Vorsicht zu empfehlen, damit kein Ärgernis herauskomme. Erschreckt durch diese Vorwürfe, die mitten in seinen Bericht fielen, leugnete Dansaert, stammelte Entschuldigungen, während seine große Nase durch ihr plötzliches Erröten zum Verräter an ihm wurde. Er beharrte übrigens nicht weiter bei der Sache und war froh, so leichten Kaufes darüber hinweggekommen zu sein; denn gewöhnlich zeigte sich der Direktor von der unerbittlichen Strenge eines sittenreinen Mannes, wenn ein Beamter sich in einer Grube den Genuß einer hübschen Arbeiterin gönnte. Die Unterredung bewegte sich wieder um den Streik; diese Versammlung im Wald wurde als eine Großtuerei von Schreihälsen behandelt; es drohte keine ernste Gefahr. In allen Fällen würden die Arbeiterdörfer sich einige Tage still verhalten unter dem Eindruck des heilsamen Respektes, welchen die Militärstreifen vom Morgen hervorgebracht hatten.

Als Herr Hennebeau wieder allein war, stand er auf dem Punkt, eine Depesche an den Präfekten abzusenden. Nur das Bedenken, unnötigerweise einen solchen Beweis von Unruhe zu geben, hielt ihn zurück. Er konnte sich schon nicht verzeihen, so wenig Voraussicht gezeigt zu haben, daß er überall sagte, ja sogar die Verwaltung schrieb, der Streik werde höchstens zwei Wochen dauern. „Und nun währte der Arbeitsausstand – zu seiner großen Überraschung – schon fast zwei Monate; und er war darüber trostlos, fühlte sich mit jedem Tage kleiner, kompromittiert, genötigt, irgendeinen Kapitalstreich zu ersinnen, wenn er sich bei den Verwaltungsräten wieder in Gunst setzen wollte. Er hatte eben Weisungen verlangt für den Fall, daß es einen Rummel geben sollte. Die Antwort zögerte; er erwartete sie mit der Nachmittagspost. Und er sagte sich, daß es dann noch Zeit sein werde, Telegramme abzusenden, um die Gruben militärisch zu besetzen, wenn dies die Ansicht der Herrn Verwaltungsräte wäre. Seines Dafürhaltens würde dies den Kampf, das Blutvergießen, Tote und Verwundete bedeuten. Eine solche Verantwortlichkeit verwirrte ihn trotz seiner gewohnten Energie.

Bis elf Uhr arbeitete der Direktor ruhig in dem stillen Hause, wo kein anderes Geräusch zu vernehmen war als das, welches Hippolyte in den Gemächern des ersten Stockwerks mit der Zimmerbürste verursachte. Dann kamen – knapp nacheinander – zwei Depeschen; die erste kündete ihm den Überfall der Bande von Montsou auf die Jean-Bart-Grube; die zweite meldete ihm das Durchschneiden der Kabel, das Auslöschen der Feuer, die ganze Verwüstung. Er begriff die Sache nicht. Was hatten die Streikenden bei Deneulin zu suchen, anstatt sich an eine Grube der Gesellschaft zu halten? Übrigens konnten sie seinethalben Vandame verwüsten; das förderte nur seine Erweiterungspläne. Mittags frühstückte er allein in dem großen Speisezimmer, lautlos bedient von Hippolyte, der in seinen Pantoffeln hin und her ging. Diese Einsamkeit vertiefte nur noch seine bange Sorge; er fühlte eine Kälte im Herzen, als ein laufend angekommener Aufseher hereingeführt wurde, der ihm den Marsch der Bande nach Mirou erzählte. Unmittelbar darauf – er trank eben seinen Kaffee aus – erfuhr er aus einer Depesche, daß auch die Gruben Madeleine und Crèvecœur bedroht waren. Da wurde seine Verlegenheit vollständig. Er erwartete die Post für zwei Uhr; sollte er sogleich Truppen verlangen? Oder war es besser, sich in Geduld zu fassen, nichts zu tun, bevor er die Absichten der Verwaltung kannte? Er kehrte in sein Kabinett zurück, denn er wollte eine Note lesen, die für den Präfekten bestimmt war und welche Négrel gestern abend auf sein Ersuchen verfaßt hatte. Allein er konnte die Note nicht finden, und er dachte, der junge Mann habe sie vielleicht in seinem Zimmer gelassen, wo er des Nachts oft zu schreiben pflegte. Und ohne einen Entschluß zu fassen, von dem Gedanken an diese Note verfolgt, eilte er in das Zimmer hinauf, um sie dort zu suchen.

Als Herr Hennebeau eintrat, war er überrascht zu sehen, daß das Zimmer nicht in Ordnung gebracht war; die Schuld lag sicher in einem Vergessen oder in einer Lässigkeit Hippolytes. In dem Gemach herrschte eine feuchte Wärme, die eingeschlossene Wärme einer ganzen Nacht, noch vermehrt durch die offengebliebene Öffnung der Dampfheizung; und es packte ihn ein penetranter Wohlgeruch, ohne Zweifel von den riechenden Wässern kommend, mit denen das Waschbecken gefüllt war. Große Unordnung herrschte in dem Gemach; Kleider lagen umhergestreut, feuchte Handtücher waren über die Sessellehnen geworfen; das Bett stand weit offen, ein Laken war herausgerissen und hing bis zum Teppich herab. Er hatte übrigens anfänglich für all das nur ein zerstreutes Auge; er wandte sich zu dem mit Papieren bedeckten Tisch und suchte da die unauffindbare Note. Zweimal prüfte er die Papiere einzeln: die Note war nicht dabei. Wohin zum Teufel hat der Tollkopf Négrel sie wohl gesteckt?

Und als Herr Hennebeau in die Mitte des Zimmers zurückkehrte und auf jedes Möbelstück einen Blick warf, bemerkte er in dem offenen Bett einen hellen Punkt, der da schimmerte wie ein Funke. Er trat mechanisch näher und streckte die Hand aus. Zwischen zwei Falten des Bettlakens lag ein kleines Goldfläschchen. Er erkannte sogleich das kleine Ätherflakon, welches seine Frau stets bei sich trug. Aber er konnte sich die Gegenwart dieses Fläschchens nicht erklären; wie konnte es in Pauls Bett geraten sein? Und plötzlich erbleichte er furchtbar. Seine Frau hatte da geschlafen.

„Um Vergebung", murmelte Hippolyte die Tür öffnend, „ich habe den gnädigen Herrn heraufkommen sehen ..."

Der Diener war eingetreten und stand angesichts der in dem Gemache herrschenden Unordnung betroffen da.

„Mein Gott! es ist wahr, das Zimmer ist nicht aufgeräumt. Rose ist fort und hat mir das ganze Hauswesen auf dem Halse gelassen."

Herr Hennebeau hatte das Flakon in seiner Hand verborgen und preßte es mit solcher Gewalt, daß er es schier zerbrach.

„Was wollen Sie?" fragte er den Diener. „Gnädiger Herr, es ist wieder ein Mann da ... Er kommt aus Crèvecœur und bringt einen Brief." – „Gut; lassen Sie micht allein. Er soll warten."

Seine Frau hatte da geschlafen! Als er den Riegel vorgeschoben hatte, öffnete er die Hand wieder und betrachtete das Flakon, das sich in seiner Handfläche rot abgezeichnet hatte. Plötzlich sah er und begriff er: diese Schweinerei geschah in seinem Hause seit Monaten. Er erinnerte sich seines ehemaligen Verdachtes, des schlürfenden Geräusches nackter Füße vor den Türen, zu nachtschlafender Zeit. Das war seine Frau, die heraufkam, um da zu schlafen.

Er war auf einen Sessel gesunken, angesichts des Bettes, welches er starren Auges betrachtete; so verharrte er lange Minuten regungslos, wie tot. Ein Geräusch störte ihn auf; man pochte an die Tür, man versuchte zu öffnen. Er erkannte die Stimme des Dieners.

„Gnädiger Herr! ... Ach, gnädiger Herr haben sich eingeschlossen ..." – „Was gibt es denn wieder?"

„Die Sache scheint dringend zu sein; die Arbeiter zerschlagen alles. Es sind wieder zwei Männer unten. Auch Depeschen sind gekommen." – „Laßt mich in Ruhe! Ich komme sogleich!"

Der Gedanke, daß Hippolyte selbst das Flakon hätte finden können, wenn er am Morgen das Zimmer aufgeräumt hätte, ließ sein Blut zu Eis erstarren. Dieser Diener mußte übrigens wissen; er hatte zwanzigmal das Bett noch warm von dem Ehebruch gefunden, Haare der Herrin auf dem Polster, abscheuliche Spuren, die das Linnen befleckten. Es geschah sicherlich aus Bosheit, daß er so beharrlich ihn zu stören suchte. Vielleicht hatte er an den Türen gelauscht, erregt durch die Ausschweifungen seiner Herrschaft.

Herr Hennebeau rührte sich nicht. Er betrachtete noch immer das Bett. Die von Leiden erfüllte lange Vergangenheit rollte sich vor ihm auf, seine Ehe mit diesem Weib, das seelische und leibliche Mißverständnis, das zwischen ihnen sich sogleich offenbarte; die Liebhaber, die sie hatte, ohne daß er es ahnte; dann derjenige, den er zehn Jahre lang duldete, wie man bei einem Kranken irgendeinen unflätigen Geschmack duldet. Dann ihre Ankunft in Montsou, seine unsinnige Hoffnung, sie zu heilen, Monate der Erschöpfung, der schlummernden Verbannung, die Annäherung des Alters, welches sie ihm endlich wiedergeben sollte. Dann kam ihr Neffe, dieser Paul, dem sie eine zweite Mutter wurde, dem sie von ihrem toten Herzen sprach, das für immer unter der Asche vergraben sei. Und er – der schwachsinnige Gatte – sah nichts voraus; er betete diese Frau an, welche die seinige war, welche andere Männer besessen hatten und die nur er allein nicht besitzen konnte. Er betete sie an in einer schmachvollen Leidenschaft; er hätte vor ihr in die Knie sinken mögen, wenn sie eingewilligt hätte, ihm zu geben, was die anderen übriggelassen hatten. Allein, sie gab es diesem Knaben.

Ein Glockenzeichen aus der Ferne ließ in diesem Augenblick Herrn Hennebeau erbeben. Er kannte dieses Zeichen; es wurde auf seinen Befehl gegeben, wenn der Postbote ankam. Er erhob sich, und in seiner Erbitterung, die sich gegen seinen Willen in rohen Worten Luft machte, rief er aus:

„Ach, ich pfeife auf ihre Depeschen und ihre Briefe!"

Die Wut hatte sich jetzt seiner bemächtigt, das gierige Bedürfnis nach einer Kloake, um mit Fußtritten solchen Unflat darin zu versenken. Dieses Weib war eine Metze. Er suchte nach rohen Worten, er ohrfeigte damit ihr Bild. Dieser so plötzliche Einfall der Ehe zwischen Paul und Cécile, welche sie mit einem so ruhigen Lächeln verfolgte, erbitterte ihn vollends. Auf dem Grunde dieser regen Sinnlichkeit gab es denn keine Leidenschaft, keine Eifersucht mehr? Sie war ihr nur mehr ein lasterhaftes Spielzeug, die Gewohnheit des Mannes, eine Erholung, die sie sich gönnte wie einen gewohnten Nachtisch? Und er maß ihr alle Schuld bei; er entschuldigte diesen Knaben, in den sie mit ihrem wiedererwachten Appetit gebissen hatte, wie man in die erste grüne Frucht beißt, die man am Wege gestohlen hat. Wen wird sie verzehren, wohin wird sie sinken, wenn sie keine gefälligen Neffen mehr finden wird, die praktisch genug sind, in ihrer Familie den Tisch, das Bett und das Weib anzunehmen?

Jetzt kratzte man schüchtern an die Tür, und Hippolyte erlaubte sich durch das Schlüsselloch zu flüstern:

„Gnädiger Herr, die Post ... Auch ist Herr Dansaert wieder da und meldet, daß gemordet wird ..." – „Gut, ich komme schon. Hol euch der Teufel!"

Was wird er mit ihnen anfangen, wenn sie von Marchiennes heimkehren? Er wird sie davonjagen wie stinkende Tiere, die er unter seinem Dach nicht länger dulden will. Er wird einen Knüttel gegen sie schwingen und ihnen zurufen: Das Gift ihrer Paarung anderswohin zu tragen. Von ihren Seufzern, von ihren ineinandergemengten Atemzügen war die feuchte Wärme dieses Zimmers so schwer; der durchdringende Geruch, der ihn schier erstickt hatte – es war der Moschusgeruch, welcher von der Haut seines Weibes ausströmte; auch wieder ein verderbter Geschmack, ein fleischliches Bedürfnis nach scharfen Wohlgerüchen; und so fand er die Wärme und den Geruch der Unzucht, gleichsam den lebendigen Ehebruch in den noch vollen Töpfen und Waschbecken wieder, in dem Durcheinander des Linnens, der Möbel, des ganzen, vom Laster durchseuchten Zimmers. In seiner ohnmächtigen Wut stürzte er sich auf das Bett und hieb mit den Fäusten darauf ein; er bearbeitete besonders die Stellen, wo er den Eindruck ihrer beiden Körper sah, wütend über die zerknüllten und losgerissenen Bettücher, die weich und träge seine Hiebe empfingen, gleichsam erschöpft infolge der Liebesnacht.

Doch plötzlich glaubte er Hippolytes Schritte zu hören, der wieder heraufkam. Ein Gefühl der Scham ließ ihn innehalten. Er stand eine Weile keuchend da, trocknete seine Stirn, suchte sein stürmisch pochendes Herz zu beruhigen. Vor einem Spiegel stehend, betrachtete er sein Gesicht, das so verstört war, daß er es nicht erkannte. Dann, nachdem er in einer äußersten Anstrengung seines Willens sich allmählich beruhigt hatte, ging er hinunter.

Unten harrten fünf Boten, außer Dansaert. Sie überbrachten ihm immer ernster lautende Nachrichten über den Zug der Streikenden durch die Gruben; der Oberaufseher erzählte ihm lang und breit, was in der Mirougrube geschehen und wie diese durch die tapfere Haltung des Vater Quandieu gerettet worden war. Er hörte ihnen zu und nickte mit dem Kopf; aber er verstand sie nicht, seine Gedanken waren oben in dem Zimmer. Endlich entließ er sie mit der Erklärung, daß er seine Maßnahmen treffen werde. Als er, wieder allein geblieben, vor seinem Schreibpult saß, schien er mit offenen Augen zu schlafen, das Haupt auf die Hände gestützt. Die Post lag vor ihm; er entschloß sich endlich, den erwarteten Brief hervorzusuchen, die Antwort der Verwaltungsräte. Anfänglich hüpften die Zeilen vor seinen Augen; aber schließlich begriff er, daß die Herren irgendeinen Rummel wünschten; sie geboten ihm nicht, die Dinge zu vergiften, aber sie ließen durchblicken, daß die Unruhen das Ende des Streiks beschleunigen müßten, indem sie das Einschreiten der bewaffneten Macht herbeiführen würden. Nun zögerte er nicht länger; er sandte Depeschen nach allen Seiten, dem Präfekten von Lille, der Truppenabteilung von Douai, der Gendarmerie von Marchiennes. Dies brachte ihm Erleichterung, er konnte sich einschließen; ja, er setzte das Gerücht in Umlauf, daß er die Gicht habe. Und er blieb den ganzen Nachmittag in seinem Arbeitskabinett verborgen, empfing niemanden und begnügte sich, die Depeschen und Briefe zu lesen, die immer zahlreicher einliefen. So konnte er aus der Ferne den Zug der Bande verfolgen, von Madeleine nach Crévecœur, von Crèvecœur nach La Victoire, von La Victoire nach Gaston-Marie. Von anderer Seite meldete man ihm die Verlegenheit der Gendarmen und Dragoner, die sich unterwegs verirrt hatten und den angegriffenen Gruben immer den Rücken kehrten. Seinethalben konnten sie sich morden und alles zerstören; er hatte den Kopf zwischen seinen Händen begraben, die Finger vor den Augen, und versenkte sich in die tiefe Stille des leeren Hauses, in dem er nichts anderes hörte als von Zeit zu Zeit das Geräusch der Kasserollen der Köchin, die mit der Zubereitung des Abendessens vollauf beschäftigt war.

Die Abendämmerung verdunkelte bereits das Zimmer, es war fünf Uhr, als ein Lärm Herrn Hennebeau, der wie betäubt über seinen Papieren brütete, plötzlich auffahren ließ. Er glaubte, die beiden Elenden seien zurückgekehrt. Allein der Tumult wurde immer größer, und ein furcht-

barer Schrei erscholl in dem Augenblick, als er zum Fenster trat.
,,Brot! Brot! Brot!"
Es waren die Streikenden, die Montsou besetzten, während die Gendarmen nach der Voreuxgrube galoppierten, weil es hieß, daß diese angegriffen worden sei.
Zwei Kilometer von den letzten Häusern von Montsou, ein wenig unterhalb der Wegkreuzung, wo die Heerstraße und der Weg nach Vandame sich schnitten, hatten Madame Hennebeau und die Fräulein die Bande vorbeiziehen sehen. Sie hatten in Marchiennes den Tag sehr fröhlich zugebracht; es gab ein sehr angenehmes Frühstück beim Direktor des Eisenwerkes, dann einen interessanten Besuch in den Werkstätten und in einer benachbarten Glasfabrik; damit wurde der Nachmittag ausgefüllt; und als man endlich in der Dämmerung des klaren Wintertages den Heimweg antrat, hatte Cécile den Einfall, daß man in einem Pachthof, der am Wegsaum stand, eine Schale Milch trinken solle. Da verließen denn die Damen die Kalesche, und Négrel sprang galant aus dem Sattel; während die Bäuerin, ganz verlegen bei diesem vornehmen Besuch, dienstwillig herbeieilte, um ein Tafeltuch aufzulegen. Allein Lucie und Jeanne wollten sehen, wie die Kuh gemolken wurde; man ging mit den Schalen in den Kuhstall; die Landpartie war vollständig; man lachte so viel darüber, daß man in der Streu versank.
Madame Hennebeau – mit ihrer Miene gefälliger Mütterlichkeit – nippte an der Milchschale, als ein seltsam dumpfer Lärm, der von außen kam, sie beunruhigte.
,,Was ist's denn?" fragte sie.
Der Stall, am Wegsaum erbaut, hatte ein breites Tor, weil er zugleich als Heuboden diente. Die Mädchen streckten schon die Köpfe zum Tor hinaus und waren nicht wenig erstaunt, als sie links eine dunkle, heulende Masse auf der Straße von Vandame heranziehen sahen.
,,Teufel!" brummte Négrel, der ebenfalls hinausgegangen war, ,,sollten unsere Schreihälse schließlich bösartig werden?" – ,,Es sind vielleicht wieder die Köhler", sagte die Bäuerin. ,,Sie sind schon zweimal vorübergezogen. Die Dinge scheinen schiefzugehen; sie sind die Herren im Lande."
Sie hatte jedes Wort mit Vorsicht ausgesprochen und beobachtete die Wirkung ihrer Worte in den Gesichtern; und als sie den Schrecken aller sah, die tiefe Angst, in welche die Gesellschaft durch diese Begegnung versetzt wurde, beeilte sie sich hinzuzufügen: ,,Oh, die erbärmlichen Lumpenkerle!"
Als Négrel sah, daß es zu spät sei, um in den Wagen zu steigen und Montsou wieder zu erreichen, befahl er dem Kutscher, die Kalesche rasch zum Hof der Bauernwirtschaft zu bringen, wo das Gespann hinter einem Schuppen verborgen blieb. Ebenda band er sein Reitpferd an, welches bisher ein Junge am Zügel gehalten hatte. Als er zurückkam, fand er seine Tante und die Mädchen außer sich vor Schrecken und bereit, der Bäuerin zu folgen, die ihnen vorschlug, in ihrer Wohnung Zuflucht zu suchen. Allein, er war der Ansicht, daß man hier mehr in Sicherheit sei und daß niemand sie auf diesem Heuboden suchen würde. Indes schloß das Tor sehr schlecht und hatte solche Risse, daß man durch die wurmstichigen Bretter und Pfosten die Straße sehen konnte.
,,Mut! Mut!" sagte er, ,,wir werden unser Leben teuer verkaufen."
Dieser Scherz vermehrte noch die Furcht. Der Lärm wurde immer größer; man sah noch nichts; über die leere Straße schien ein Sturmwind zu wehen, jenen plötzlich aufspringenden Winden gleichend, welche den heftigen Ungewittern vorangehen.
,,Nein, nein, ich will nicht schauen", sagte Cécile, indem sie sich hinter dem Heu verkroch.
Frau Hennebeau war sehr bleich; von einer Wut erfaßt gegen diese Leute, die ihr ein Vergnügen verdarben, hielt sie sich im Hintergrund, mißtrauische und angewiderte Blicke aussendend, während Lucie und Jeanne – trotz ihrer Furcht – durch die Spalten des Tores nach der Straße lugten, um nichts von dem heraufziehenden Schauspiel zu verlieren.
Das donnerähnliche Rollen näherte sich, die Erde erzitterte; voraus lief Jeanlin, immer in sein Horn blasend.
,,Nehmen Sie Ihre Riechfläschchen, meine Damen, der Schweiß des Volkes zieht vorüber", sagte Négrel, welcher trotz seiner republikanischen Überzeugungen es liebte, vor den Damen den Pöbel zu verspotten.
Doch sein Witzwort ging in einem Orkan von Schreien und Gesten unter. Die Weiber waren herangekommen, nahezu tausend Weiber mit wirren Haaren, in Lumpen gehüllt, welche die nackte Haut sehen ließen, die Nacktheiten von Weibern, die es müde geworden sind, Hungerleider in die Welt zu setzen. Einige hielten ihr kleines Kind auf den Armen und schwangen es wie ein Banner der Trauer und der Rache. Andere – die jüngeren, mit den geschwellten Brüsten von Kriegerinnen – schwangen Stöcke; während die älteren – scheußliche Gestalten – so laut heulten, daß die Sehnen ihrer fleischlosen Hälse zu reißen drohten. Dann kamen die Männer, zweitausend wütende Stößer, Hauer, Handlanger, eine kompakte Masse, die so dicht gedrängt heranrückte, daß man die verschossenen Beinkleider, die zerfetzten Jacken nicht unterscheiden konnte, weil sie in der nämlichen erdfarbenen Eintönigkeit untergingen. Die Augen glühten; man sah bloß die Löcher der schwarzen Mäuler, welche die Marseillaise sangen, deren Strophen sich in einem wirren Geheul verloren, begleitet von dem Geklapper der Holzschuhe auf dem hartgefrorenen Boden. Über den Köpfen, zwischen den hochgestreckten Eisenstangen, wurde eine Hacke aufrecht getragen; und diese einzige Hacke, gleichsam die Standarte der Bande, glänzte unter dem hellen Himmel wie das Beil einer Guillotine.
,,Welch furchtbare Gesichter!" stammelte Frau Hennebeau. Négrel brummte zwischen den Zähnen. ,,Der Teufel soll mich holen, wenn ich auch nur einen von ihnen erkenne! Woher kommen denn diese Banditen?"
Und in der Tat: die Wut, der Hunger, die zwei Leidens-

monate, dieser tolle Zug durch die Gruben – sie hatten die sonst so ruhigen Gesichter der Köhler von Montsou verlängert wie die Kinnladen wilder Tiere. In diesem Augenblick ging die Sonne unter; die letzten Strahlen – von einer dunklen Purpurfarbe – tauchten die Ebene in einen blutroten Schein. Die Straße schien einen Strom von Blut fortzuwälzen; die Weiber, die Männer galoppierten vorbei und schienen von Blut zu triefen, wie die Metzger bei der Arbeit.

„Oh, herrlich!" flüsterten Lucie und Jeanne, in ihrem künstlerischen Geschmack von diesem furchtbaren Schauspiel ergriffen.

Sie erschraken aber dennoch und flüchteten zu Madame Hennebeau, die sich an eine Tränke gelehnt hatte. Der Gedanke, daß ein Blick durch diese losen Planken genügte, damit sie massakriert würden, ließ sie erstarren. Auch Négrel, sonst sehr tapfer, fühlte sein Blut aus den Wangen entweichen; er wurde von einer Furcht ergriffen, die mächtiger war als sein Wille, von einem Entsetzen, wie es zuweilen über uns kommt, wir wissen nicht woher. Cécile hockte im Heu und wagte sich nicht zu rühren. Die anderen konnten die Augen nicht wegwenden und schauten gegen ihren Willen auf die Straße hinaus.

Es war das blutigrote Gespenst der Revolution, die in verhängnisvoller Weise sie alle hinwegfegen würde an einem blutigen Abend dieses zur Neige gehenden Jahrhunderts. Ja, eines Abends wird das losgelassene, zügellose Volk so über die Straßen rennen, und es wird vom Blut der Spießbürger triefen, wird abgeschlagene Köpfe herumtragen, wird das Gold der ausgeleerten Schreine verstreuen. Die Weiber werden heulen, die Männer werden gleich den Wölfen die Kinnladen weit aufreißen, um alles zu zerfleischen. Jawohl, es werden dieselben Lumpen sein, dasselbe Geklapper von plumpen Holzschuhen, dieselbe greuliche Menge, mit schmutziger Haut, verpestetem Atem, die alte Welt hinwegfegend mit ihrem barbarischen, alles überflutenden Drängen und Jagen. Brände werden aufflammen, in den Städten wird kein Stein auf dem andern bleiben, man wird zu dem wilden Leben in den Wäldern zurückkehren nach der großen Brunst, nach der großen Schwelgerei, in welcher die Armen in einer Nacht die Weiber der Reichen abmergeln und den Wein der Reichen austrinken werden. Und es wird nichts mehr geben, keinen Sou von den Reichtümern, keinen Titel von den errungenen Stellungen, bis zu dem Tag, an dem vielleicht eine neue Erde erblühen wird. – Ja, diese Dinge waren es, die über die Straße dahinfegten wie eine Naturgewalt, deren Wehen ihre Gesichter streifte.

Ein ungeheurer Schrei erhob sich und deckte die Marseillaise: „Brot! Brot! Brot!"

Lucienne und Jeanne schmiegten sich in ihrem Entsetzen an Frau Hennebeau, während Négrel sich vor sie hinstellte, wie um sie mit seinem Leib zu schützen. Sollte denn noch diesen Abend die alte Welt aus den Fugen gehen? Und was sie nun sahen, vollendete ihre Bestürzung. Die Bande war vorüber, es kamen nur noch einige Nachzügler, unter diesen die Mouquette. Sie blieb immer zurück, um zu spähen, ob Bürgersleute vor den Türen ihrer Gärten oder an den Fenstern ihrer Häuser erscheinen würden; und da sie, wenn sie solche erblickte, ihnen nicht ins Gesicht speien konnte, zeigte sie ihnen, was ihr als der Gipfel der Verachtung galt. Ohne Zweifel hatte sie jetzt auch wieder einen Bürger bemerkt, denn plötzlich streifte sie die Röcke auf und streckte die Hinterbacken hin, zeigte ihren riesigen Hintern, nackt in dem letzten Aufflackern der Sonne. Und dieses Hinterteil hatte nichts Widerliches; die Szene war eher grausam als lächerlich.

Alles verschwand; der Strom wälzte sich gegen Montsou, die schmalen Wege entlang, zwischen den niedrigen, bunt getünchten Häusern. Man ließ den Wagen wieder aus dem Hof fahren, allein der Kutscher wollte nicht dafür bürgen, daß er seine Herrin und die Fräulein ohne Hindernis heimbringen würde, wenn die Streikenden die Straße besetzt hielten. Und das Schlimmste war, daß es keinen andern Weg gab.

„Wir müssen aber dennoch heimkehren, das Essen erwartet uns", sagte Madame Hennebeau außer sich vor Angst. „Diese schmutzigen Halunken rumoren schon wieder an einem Tag, an welchem ich Gäste habe. Solchem Gesindel soll man Gutes tun!"

Lucie und Jeanne zogen Cécile aus dem Heu hervor; sie wehrte sich in der Meinung, der Zug der Wilden dauere noch immer an, und wiederholte, sie wolle nichts sehen. Schließlich nahmen alle wieder ihre Plätze im Wagen ein. Négrel, der wieder zu Pferd gestiegen war, hatte nun den Einfall, daß man durch die Gäßchen von Réquillart zurückkehren solle.

„Fahren Sie langsam", empfahl er dem Kutscher, „denn der Weg ist sehr schlecht. Wenn Gruppen der Bande Sie hindern sollten, dort weiterhin in die Heerstraße einzulenken, werden Sie hinter der alten Grube halten, und wir werden zu Fuß durch die kleine Gartentür zurückkehren, während Sie Wagen und Pferde irgendwo unter dem Schuppen einer Herberge unterbringen."

Sie fuhren ab. Die Bande war schon fern und ergoß sich nach Montsou. Die Bevölkerung des Ortes war in Schrekken und Aufregung versetzt, seitdem sie die Gendarmen und Dragoner zweimal durchziehen gesehen hatte. Furchtbare Geschichten waren im Umlauf; man sprach von geschriebenen Maueranschlägen, welche den Bürgern drohten, daß ihnen der Bauch aufgeschlitzt werden sollte. Niemand hatte diese Maueranschläge gelesen, und dennoch wußte man ganze Sätze daraus wörtlich anzuführen. Besonders beim Notar war die Angst bis zum Gipfelpunkt gestiegen; er hatte mit der Post einen anonymen Brief erhalten, in dem man ihm mitteilte, daß in seinem Keller ein Faß Pulver vergraben sei, welches ihn in die Luft sprengen würde, wenn er sich nicht für das Volk erklären würde.

Die Grégoires, die bei dem Notar zu Besuch waren, sprachen eben über diesen Brief, in welchem sie einen Streich irgendeines Spaßvogels erblicken zu sollen glaubten, als der Einzug der Bande das Haus in den höchsten Schrekken versetzte. Die Grégoires lächelten nur. Sie schoben ein wenig den Vorhang weg, schauten hinaus und erklärten, es gebe da keinerlei Gefahr, und alles werde harmlos endigen. Es schlug fünf Uhr; sie hatten gerade noch Zeit zu warten, bis die Straße frei sein würde, um zu den Hennebeau hinüberzugehen, wo sie dinieren sollten und wo Cécile sie sicherlich schon erwartete. Allein, niemand in Montsou schien ihre Vertrauensseligkeit zu teilen; entsetzte Leute rannten durch die Straßen, Türen und Fenster wurden eilig geschlossen. Sie sahen Maigrat hastig seinen Laden schließen und mit Eisenstangen verwahren; er war so bleich und zitterte dermaßen, daß seine kleine, schwächliche Frau genötigt war, die Schlösser vorzulegen.

Die Bande hatte vor dem Haus des Direktors haltgemacht, und es ertönte der Schrei: „Brot! Brot! Brot!"

Herr Hennebeau stand am Fenster, als Hippolyte eintrat, um die Fensterläden zu schließen, damit die Scheiben nicht eingeschlagen würden. Er schloß auch diejenigen im Erdgeschoß, dann ging er in den ersten Stock hinauf; man hörte das Kreischen der Riegel und das Zuschlagen der Fensterläden. Unglücklicherweise konnte man nicht auch das breite Fenster der unterirdisch gelegenen Küche schließen; man konnte von der Straße die hell lodernden Feuer unter den Kasserollen und unter dem Spieß sehen.

Herr Hennebeau, der die Vorgänge sehen wollte, stieg mechanisch in den zweiten Stock hinauf, nach dem Zimmer Pauls. Dieses war am besten gelegen; es gestattete einen Ausblick auf die Straße, bis zu den Werkhöfen der Gesellschaft. Herr Hennebeau stand hinter den Vorhängen verborgen und übersah von da die Menge. Allein, dieses Zimmer hatte ihn von neuem in Erregung gebracht, wenngleich der Toilettetisch jetzt gesäubert und in Ordnung gebracht war und das Bett hinter den sorgfältig geschlossenen Vorhängen sein kühles, nüchternes Aussehen hatte. Seine große Wut vom Nachmittag, die wütende Schlacht, die er in der tiefen Stille seiner Einsamkeit dem Bett geliefert hatte: sie endigten jetzt in einer unermeßlichen Müdigkeit. Sein Wesen war jetzt wie dieses Zimmer abgekühlt, reingefegt von dem Unflat des Morgens, zurückgekehrt zur gewohnten korrekten Haltung. Was sollte ein Skandal auch nützen? Hatte sich bei ihm etwas geändert? Seine Frau hatte ganz einfach einen Liebhaber mehr; daß sie ihn in der Familie gewählt hatte, war kaum ein erschwerender Umstand; es war vielleicht besser so; sie wahrte doch wenigstens den Schein. Er bemitleidete sich selbst, wenn er sich seiner unsinnigen Eifersucht erinnerte. Wie lächerlich war es, dieses Bett mit Faustschlägen zu bearbeiten! Da er einen andern Mann geduldet hatte, wird er auch diesen dulden. Man wird ihn ein klein wenig mehr verachten: das ist alles. Eine furchtbare Bitternis vergiftete ihm den Mund, das Gefühl der Nutzlosigkeit von allem, der ewige Schmerz des Daseins, die Scham seiner selbst, weil er diese Frau noch immer anbetete und nach ihr verlangte, des Schmutzes ungeachtet, in dem er sie versinken ließ.

Unter dem Fenster brach das Geheul mit erneuter Heftigkeit los.

„Brot! Brot! Brot!"

„Tröpfe!" murmelte Herr Hennebeau zwischen den Zähnen.

Er hörte, wie sie ihn beschimpften wegen seiner fetten Bezüge, wie sie ihn einen dickwanstigen Tagedieb nannten, ein schmutziges Schwein, das sich mit feinen Sachen den Magen verdarb, während der Arbeiter Hungers starb. Die Weiber hatten die Küche entdeckt, und nun gab es einen Sturm von Schmähungen gegen den bratenden Fasan und gegen die Saucen, deren fetter Geruch ihnen den leeren Magen umdrehte. Ha, diese schmutzigen Spießbürger! Man wird sie schon mit Champagner und Trüffeln mästen, daß ihnen die Därme platzen werden!

„Brot! Brot! Brot!"

„Tröpfe!" wiederholte Herr Hennebeau, „bin ich etwa glücklich?"

Zorn erfaßte ihn gegen diese Leute, die nicht begriffen. Gern hätte er ihnen seine fetten Bezüge überlassen für ihre dicke Haut und für die Leichtigkeit, mit welcher sie sich paarten und dann sorglos wieder auseinandergingen. Warum konnte er sie nicht zu seinem Tisch setzen und sie mit seinem Fasan mästen, während er fortgehen würde, sich hinter den Hecken gütlich tun, die Dirnen umwerfen, unbekümmert darum, wer sie vor ihm umgeworfen hatte! Er würde alles hingegeben haben: seine Erziehung, seinen Wohlstand, seinen Luxus, seine Direktorgewalt, wenn er nur einen Tag der letzte dieser Elenden, die ihm gehorchten, hätte sein können, frei verfügend über sein Fleisch, Halunke genug, um sein Weib zu ohrfeigen und sein Vergnügen bei den Nachbarinnen zu suchen. Er wünschte sich auch, Hunger zu leiden, einen leeren Bauch zu haben, den Magen von Krämpfen zusammengezogen, die das Gehirn erschüttern und schwindlig machen: vielleicht würde dies sein ewiges Weh getötet haben. Ach, als Tier leben zu können, nichts zu besitzen, mit der häßlichsten und schmutzigsten Schlepperin durch die Getreidefelder zu streifen und sich Befriedigung zu holen!

„Brot! Brot! Brot!"

Da verlor er die Geduld und schrie in den Lärm hinein: „Brot? Ihr Tröpfe! Ist denn das alles?"

Er hatte zu essen und stöhnte dennoch unter einem ewigen Leid. Sein zerstörtes Eheleben, sein ganzes verwüstetes Leben: es stieg ihm wie ein Todesröcheln in der Kehle empor. Wenn man Brot hatte, so war damit noch nicht alles erreicht. Wer war der Tölpel, der das irdische Glück in der Teilung des Reichtums suchte? Diese Hohlköpfe von Revolutionären konnten die Gesellschaft umstürzen und eine neue aufbauen; sie werden der Menschheit keine neue Freude bieten, ihr kein einziges Weh nehmen können, indem sie jedem seinen Brotanteil beschneiden. Ja, sie würden das Unglück der Erde nur ausbreiten, daß schließlich selbst die Hunde verzweifelt heulen würden, weil man sie aus der ruhigen Zufriedenheit der Instinkte gerissen und zur Schmerzenshöhe der unbefriedigten Leidenschaften gehoben hatte. Nein, das einzige Glück ist, nichts zu sein; oder, wenn man schon etwas ist, der Baum zu sein, der Stein zu sein, noch weniger: das Sandkorn, das nicht bluten kann unter dem Tritt der Menschen.

Und in dieser Verbitterung wegen seines Leidens traten Herrn Hennebeau Tränen in die Augen und rannen heiß über seine Wangen. Die Straße lag schon in Dunkel gehüllt, als die Steine gegen die Stirnwand des Hauses zu fliegen begannen. Ohne Zorn gegen diese Hungrigen und nur durch die brennende Wunde seines Herzens wütend gemacht, fuhr er fort unter Tränen zu stammeln:

„Diese Tröpfe! diese Tröpfe!"

Doch der Schrei der leeren Bäuche beherrschte alles; ein Geheul erhob sich mit Sturmesgewalt, alles hinwegfegend:

„Brot! Brot! Brot!"

VI

Ernüchtert durch die Maulschellen Catherines war Etienne an der Spitze der Kameraden geblieben. Doch während er sie mit heiserer Stimme befehligte und auf Montsou warf, machte sich in seinem Innern eine andere Stimme vernehmbar; die Stimme der Vernunft, die erstaunt fragte, warum all das geschehe? Er hatte nichts von alldem wollen; wie konnte es geschehen, daß er, der zu dem Zweck nach Jean-Bart gezogen war, um mit Überlegung zu handeln und ein Unglück zu verhüten, von Gewalttat zu Gewalttat schreitend den Tag mit der Belagerung des Direktionshauses beschloß?

Und doch hatte er soeben „Halt!" gerufen. Allein, er hatte anfänglich nur die Absicht gehabt, die Werkhöfe der Gesellschaft zu schützen, wo die Bande alles hatte zerstören wollen. Und nun, da die ersten Steine gegen das Haus flogen, sann er darüber nach, gegen welche berechtigte Beute er die Bande loslassen solle, um größeres Unglück zu verhüten. Allein, er konnte nichts ausfindig machen. Und wie er so allein und machtlos mitten in der Straße stand, rief ihn jemand, ein Mann, der auf der Schwelle der Tisonschen Schenke stand, dessen Patronin sich beeilte, die Fensterläden zu schließen, so daß nur die Tür offenblieb.

„Ja, ich bin's, höre!"

Es war Rasseneur. An dreißig Männer und Weiber, fast sämtlich aus dem Dorf der zweihundertvierzig, die am Morgen zu Hause geblieben und am Abend nach Montsou gekommen waren, um Nachrichten einzuholen, hatten beim Herannahen der Streikenden diese Schenke besetzt. Zacharie saß mit Philomène an einem Tisch, weiterhin Pierron mit seiner Frau, mit dem Rücken zur Tür, ihre Gesichter verbergend. Übrigens trank niemand; man hatte hier nur Zuflucht gesucht.

Etienne erkannte Rasseneur und wandte sich ab, als dieser hinzufügte:

„Mein Anblick ist dir unbequem, nicht wahr? Ich hatte dich gewarnt; nun beginnen die Verdrießlichkeiten. Ihr könnt jetzt Brot verlangen, man wird euch Blei geben."

Da wandte Etienne sich wieder um und sagte:

„Unbequem sind mir die Feiglinge, die mit gekreuzten Armen zusehen, wie wir unsere Haut zu Markte tragen."

„Willst du denn plündern da drüben?" fragte Rasseneur.

„Ich will mit meinen Kameraden bleiben bis zum Ende und will – wenn es sein muß – mit ihnen zugrunde gehen."

In verzweifelter Stimmung kehrte Etienne unter die Menge zurück, bereit, mit ihr zu sterben. Auf der Straße sah er drei Kinder Steine werfen; er versetzte ihnen kräftige Fußtritte und rief, um auch den Kameraden Einhalt zu gebieten, daß es zu nichts führe, Fensterscheiben zu zerschlagen.

Bébert und Lydie, die sich zu Jeanlin gesellt hatten, lernten von diesem die Schleuder handhaben. Jeder schleuderte einen Kiesel, und es galt eine Wette, wer den größten Schaden verursachen würde. Lydie hatte einen ungeschickten Wurf getan und einem Weib in der Menge den Kopf gespalten; die beiden Jungen hinter ihr hielten sich die Seiten vor Lachen. Bonnemort und Mouque saßen auf einer Bank und schauten ihnen zu. Die angeschwollenen Beine trugen Bonnemort so mühsam, daß er nur schwer sich hatte hierherschleppen können; man erfuhr übrigens nicht, welche Neugier ihn hergeführt hatte, denn er hatte wieder sein erdfahles, verschlossenes Gesicht wie an den Tagen, da man kein Wort aus ihm herausbringen konnte.

Übrigens gehorchte niemand mehr Etienne. Trotz seiner Weisungen dauerte der Steinhagel fort, und er war erstaunt und erschreckt beim Anblick dieser Tiere, welchen er den Maulkorb abgenommen hatte; sie waren so schwer in Bewegung zu bringen und waren nachher so furchtbar, von einer wilden Beharrlichkeit in ihrer Wut. Es war das alte flämische Blut, dich und ruhig, das Monate brauchte, um sich zu erwärmen und sich dann in abscheuliche Ausschreitungen stürzte und nichts hören wollte, bis das Tier sich an seinen Grausamkeiten berauscht hatte. In seiner südlichen Heimat flammte die Menge rascher auf, aber sie tat weniger. Er mußte mit Levaque raufen, um ihm die Hacke zu entreißen; er wußte nicht, wie er die Maheus zurückhalten sollte, die mit beiden Händen Kieselsteine schleuderten. Und besonders die Weiber erschreckten ihn, die Levaque, die Mouquette und die anderen, die von einer mörderischen Wut besessen waren, die Zähne fletschten und mit den Fingernägeln drohten, ein wahres Hundegebell vernehmen ließen, immer aufgestachelt von der Brulé, die mit ihrer langen, hageren Gestalt sie überragte und beherrschte.

Doch es gab einen plötzlichen Stillstand; eine kurze Überraschung brachte jenen Augenblick der Ruhe zustande, welchen Etienne mit seinen Bitten nicht hatte erreichen können. Es waren ganz einfach die Grégoires, die sich entschlossen hatten, vom Notar Abschied zu nehmen und sich quer über die Straße zum Direktor zu begeben; und sie schienen so ruhig, sie sahen so ganz danach aus, als glaubten sie nur an einen Spaß von seiten ihrer braven Grubenarbeiter, deren Ergebenheit sie seit einem Jahrhundert nährte, daß die Streikenden in der Tat erstaunt im Steinewerfen innehielten, um die braven alten Leute nicht zu treffen, die so unvermutet auf der Straße auftauchten. Sie ließen ihnen Zeit, in den Garten einzutreten, die Auffahrt hinaufzugehen und an der verrammelten Tür zu läuten, die man ihnen nicht sonderlich rasch öffnete. Die Kammerfrau, Rose, kam eben von ihrem Ausgang heim und lachte den wütenden Arbeitern ins Gesicht, die sie sämtlich kannte, da sie von Montsou war. Sie bearbeitete nun ihrerseits die Tür mit Faustschlägen, bis Hippolyte kam und sie zur Hälfte öffnete. Es war Zeit; die Grégoires verschwanden eben im Hause, als der Steinhagel von neuem anging. Die Bande hatte sich von ihrem Erstaunen schon wieder erholt und brüllte stärker als früher:

„Tod den Bürgern! Es lebe die Soziale!"

Rose schien das Abenteuer Spaß zu machen; sie lachte noch im Hause und wiederholte dem entsetzten Kammerdiener:

„Sie sind nicht bösartig; ich kenne sie."

Herr Grégoire hängte mit gewohnter Bedächtigkeit seinen Hut an den Nagel; dann, während er seiner Frau den Mantel ablegen half, sagte er: „Gewiß, sie sind im Grunde nicht schlecht; wenn sie genug geschrien haben, werden sie mit um so besserem Appetit zu Nacht essen."

In diesem Augenblick kam Herr Hennebeau vom zweiten Stock herunter. Er hatte die Szene mit angesehen und er kam, um seine Gäste mit der gewohnten kühlen Höflichkeit zu empfangen. Nur die Blässe seines Gesichts verriet den Schmerz, der ihn durchrüttelt hatte. Der Mann in ihm war gebändigt; es blieb nichts übrig als der korrekte Beamte, der entschlossen war, seine Pflicht zu erfüllen.

„Die Damen sind noch nicht zurück", sagte er seinen Gästen.

Zum erstenmal wurden jetzt die Grégoires von einer Unruhe erfaßt. Cécile noch nicht zurück! Wie wird sie heimkehren, wenn dieser Spaß der Arbeiter noch länger andauert?

„Ich habe daran gedacht, das Haus frei zu machen", fügte Herr Hennebeau hinzu. „Unglücklicherweise bin ich nur allein zu Hause und weiß nicht, wohin ich meinen Diener senden soll, daß er mir Soldaten unter Führung eines Korporals bringe, die mir dieses Gelichter hinwegfegen würden."

Rose wagte von neuem die schüchterne Bemerkung:

„Oh, gnädiger Herr, diese Leute sind nicht bösartig."

Der Direktor schüttelte den Kopf, während der Tumult draußen anwuchs und man die dumpfen Schläge der Steine an die Mauer des Hauses hörte.

„Ich grolle diesen Leuten nicht, ich entschuldige sie sogar; man muß so dumm sein wie sie, um zu glauben, daß wir sie unglücklich machen wollen. Allein, ich habe für die Ruhe einzustehen ... Es ist merkwürdig, daß es Gendarmen auf den Straßen gibt, wie man mir sagt, und daß ich seit heute morgen keinen einzigen bekommen konnte."

Er unterbrach sich, trat vor Madame Grégoire zur Seite und sagte:

„Ich bitte Sie, Madame, bleiben Sie nicht da; treten Sie in den Salon ein."

Doch die Köchin, die verzweifelt aus der Küche heraufkam, hielt sie noch einige Minuten auf. Sie erklärte, die Verantwortlichkeit für das Diner nicht übernehmen zu können, weil sie von dem Pastetenbäcker von Marchiennes die Hülsen für „spanischen Wind" erwartete. Sie hatte die Hülsen für vier Uhr bestellt; augenscheinlich hatte der Pastetenbäcker, von der Furcht vor diesen Banditen ergriffen, sich unterwegs verirrt; vielleicht auch hatte man seine Tragkörbe geplündert. Sie sah im Geist den „spanischen Wind" hinter einem Gebüsch belagert, die Mägen der dreitausend Elenden reizend, die Brot verlangten. In allen Fällen war der gnädige Herr jetzt benachrichtigt; sie zog es vor, das Diner eher ins Feuer zu werfen, als es wegen der Revolution verderben zu lassen.

„Ein wenig Geduld", sagte Herr Hennebeau. „Noch ist nichts verloren; der Pastetenbäcker kann noch kommen."

Und als er zu Madame Grégoire zurückkehrte, um ihr selbst die Salontür zu öffnen, war er sehr überrascht, auf einem Bänkchen im Flur einen Mann zu sehen, den er bisher im wachsenden Dunkel gar nicht bemerkt hatte.

„Schau, Sie sind's, Maigrat! Was gibt es denn?"

Maigrat hatte sich erhoben, und man sah sein dickes, bleiches, vom Schrecken verstörtes Gesicht. Er hatte nicht mehr die Strammheit eines ruhigen dicken Mannes; er erklärte in untertäniger Weise, daß er zu dem Herrn Direktor geschlicken sei, um von ihm Schutz und Hilfe zu erbitten, wenn die Räuber seinen Kramladen angreifen sollten.

„Sie sehen, daß ich selbst bedroht bin und niemanden habe", sagte Herr Hennebeau. „Sie hätten besser getan, zu Hause zu bleiben und Ihre Waren zu hüten."

„Oh, ich habe die Eisenstangen vorgelegt und habe meine Frau zu Hause gelassen."

Der Direktor verlor die Geduld und machte kein Hehl aus seiner Verachtung. Eine schöne Wacht, diese schwächliche, infolge der Prügel abgemagerte Frau.

„Kurz, ich kann da nichts machen; trachten Sie sich zu wehren, wie Sie können. Und ich rate Ihnen, sogleich heimzukehren, denn die Kerle fordern schon wieder Brot. Hören Sie?"

In der Tat hatte der Tumult wieder begonnen, und Maigrat glaubte aus dem Geschrei seinen Namen herauszuhören. Es war nunmehr unmöglich heimzukehren; sie würden ihn in Stücke gerissen haben. Anderseits quälte ihn der Gedanke an seinen Ruin. Er preßte sein Gesicht an die Glasscheiben der Tür, schwitzend, zitternd, nach dem Unglück spähend, während die Grégoires sich entschlossen, in den Salon zu gehen.

Herr Hennebeau bemühte sich, ruhig zu scheinen und seine Hausherrnpflichten zu erfüllen. Allein er bat seine Gäste vergebens, Platz zu nehmen. Das verschlossene, verrammelte Zimmer, in dem zwei Lampen brannten, obgleich es noch nicht völlig finster war, füllte sich mit Entsetzen bei jedem neuen Geheul, das von der Straße hereintönte. Das Wutgeschrei der Menge wurde von den Teppichen und Vorhängen zu einem Schnarren gedämpft, das nur noch beunruhigender, wie eine unbestimmte und furchtbare Drohung klang. Man versuchte indes ein Gespräch zu führen, das immer wieder auf diesen unbegreiflichen Aufruhr gelenkt wurde. Herr Hennebeau war erstaunt, nichts vorausgesehen zu haben; seine Polizei war so schlecht beschaffen, daß er besonders gegen Rasseneur erzürnt war, dessen abscheulichen Einfluß er zu erkennen glaubte. Übrigens werden die Gendarmen kommen; es war unmöglich, daß man ihn so verlasse. Was die Grégoires betrifft, so dachten sie nur an ihre Tochter; die liebe Kleine erschrak so leicht; vielleicht war die Kutsche angesichts der Gefahr nach Marchiennes zurückgekehrt. Noch eine Viertelstunde dauerte dieses Harren, immer peinlicher gestaltet durch das Geheul von der Straße, durch das Aufschlagen der Steine an die geschlossenen Fensterläden, das so hohl klang wie ein Trommelschlag. Die Lage war unerträglich geworden; Herr Hennebeau sagte, er wolle hinausgehen, diese Schreihälse verjagen und dem Wagen entgegengehen. Da lief Hippolyte schreiend herein.

„Gnädiger Herr! gnädiger Herr! Man mordet die gnädige Frau!“

Der Wagen hatte wegen der drohenden Gruppen nicht durch das Gäßchen von Réquillart kommen können. Négrel hatte an seinem Gedanken festgehalten: die hundert Meter, die sie noch vom Haus trennten, zu Fuß zurückzulegen, dann an die kleine Pforte zu klopfen, die auf den Garten ging; der Gärtner würde sie hören, oder es wird sonst jemand dasein, um sie zu hören. Anfänglich ging denn auch die Sache ganz gut; Madame Hennebeau und die Fräulein klopften schon an das Pförtchen, als einzelne Weiber, die von der Sache Wind bekommen hatten, sich in das Gäßchen stürzten. Und nun ging alles schief. Das Pförtchen wurde nicht geöffnet, und Négrel hatte vergebens versucht, es mit der Schulter einzurennen. Die Flut der Weiber wurde immer größer, er fürchtete niedergetreten zu werden und faßte den verzweifelten Entschluß, die Damen nach dem Haupteingang zu drängen, um mitten durch die Belagerer hindurch die Auffahrt zu erreichen. Allein, bei diesem Versuch kam es zu einem Gedränge; man ließ sie nicht mehr los; eine heulende Bande trieb sie vor sich her, während die Menge von rechts und von links zusammenströmte, ohne die Sache noch zu begreifen, nur erstaunt über diese Damen in Toilette, die mitten in das Getümmel geraten waren. In diesem Augenblick wurde die Verwirrung so groß, daß sich einer jener Zufälle ergab, welche ewig unerklärlich bleiben. Lucie und Jeanne, die bis zur Auffahrt vorgedrungen waren, schlüpften durch die Tür, welche die Kammerfrau halb geöffnet hatte, und es gelang auch Madame Hennebeau, ihnen zu folgen; hinter ihnen trat endlich auch Négrel ins Haus und schob die Riegel vor, in der Überzeugung, daß er Cécile zuerst eintreten gesehen habe. Sie war nicht mehr da; sie war unterwegs verschwunden, von einer solchen Furcht fortgerissen, daß sie dem Haus den Rücken gekehrt und sich selbst in die größte Gefahr gestürzt hatte.

Sogleich ertönte das Geschrei: „Es lebe die Soziale! Tod den Bürgern!“

Da ihr Antlitz verschleiert war, wurde sie von einigen, die ferner standen, für Madame Hennebeau gehalten. Andere wieder nannten eine Freundin der Direktorin, die junge Gattin eines benachbarten Fabriksherrn, den seine Arbeiter verabscheuten. Es war übrigens gleichviel; ihr seidenes Kleid, ihr Pelzmantel, ihr Federhut erbitterten die Menge. Sie duftete nach wohlriechenden Essenzen; sie hatte eine Uhr und die feine Haut einer Müßiggängerin, welche die Kohle nicht berührte.

„Wart!“ schrie die Brulé, „man wird dir Spitzen an den Hals legen!“ – „Uns stehlen sie das, diese Dirnen!“ sagte die Levaque. „Sie hüllen sich in Pelzwerk, während wir erfrieren ... Man entkleide sie, damit sie das Leben kennenlerne!“

Sogleich lief die Mouquette herbei. „Ja, ja; gepeitscht muß sie werden!“

Und in ihrem wilden Wetteifer drängten die Weiber sich heran, streckten ihre Lumpen aus, wollten jede für sich ein Stück von diesem Kind reicher Leute haben. Ihr Hinterteil wäre gewiß nicht schöner als das der anderen Weiber, hieß es in der Menge. Es gebe viele, die unter ihrem Flittertand ordentlich verfault waren. Die Ungerechtigkeit dauere nun lang genug; man wird sie alle zwingen, sich so zu kleiden wie die Arbeiterinnen – diese Metzen, die es wagten, fünfzig Sous für das Waschen eines Unterrockes auszugeben!

Von diesen Furien umzingelt, zitterte die arme Cécile; ihre Beine versagten den Dienst, und sie stammelte ein um das andere Mal: „Meine Damen, ich bitte Sie, tun Sie mir doch nichts zuleide.“

Doch plötzlich stieß sie einen Schrei aus: kalte Hände hatten sie am Hals gefaßt. Es war der alte Bonnemort, in dessen Nähe die Menge sie gedrängt hatte und der sie jetzt mit den Fäusten packte. Er schien berauscht vor Hunger, verdummt durch sein langes Elend, plötzlich herausgeschleudert aus seiner Ergebenheit, die ein halbes Jahrhundert gewährt hatte, ohne daß man wissen konnte, welcher Drang nach Vergeltung ihn herausgeschleudert hatte. Nachdem er in seinem Leben ein Dutzend Kameraden vom Tode gerettet hatte, wobei er seine eigenen Knochen in den schlagenden Wettern und bei den Einstürzen riskierte, gab er jetzt einem unnennbaren Instinkt nach, einem Bedürfnis, dies zu tun, dem Zauber, den der weiße Hals dieses Mädchens auf ihn übte. Und da er heute wieder einmal seinen stummen Tag hatte, preßte er nur die

Finger zusammen, mit seiner ruhigen Miene eines alten siechen Tieres, das seine Erinnerungen wiederkäute.

„Nein, nein!“ heulten die Weiber; „den Hintern heraus! den Hintern heraus!“

Als man im Haus des Direktors des Ereignisses gewahr wurde, öffneten Herr Hennebeau und Négrel mutig die Tür, um Cécile zu Hilfe zu eilen. Allein die Menge drängte jetzt gegen das Gartengitter, und es war schwer hinauszugehen. Es entspann sich ein Kampf, während die Eheleute Grégoire entsetzt auf der Auffahrt erschienen.

„Laßt sie los, Alter! Es ist das Fräulein von der Piolaine“, rief die Maheu dem Großvater zu, indem sie Cécile erkannte, deren Schleier von einem Weib herabgerissen worden war.

Etienne, erbittert über diese an einem Kind geübte Vergeltung, bemühte sich, die Bande zu bestimmen, daß sie ihre Beute loslasse. Er hatte einen plötzlichen Einfall. Die Hacke schwingend, die er Levaque aus den Händen gerissen hatte, schrie er:

„Zu Maigrat! Dort gibt es Brot! Laßt uns Maigrats Laden stürmen!“

Und er führte mit voller Kraft den ersten Axthieb gegen die Ladentür. Einige Kameraden folgten ihm: Levaque, Maheu und andere. Doch die Weiber ließen nicht locker; aus den Händen Bonnemorts war Cécile wieder in die Krallen der Brulé geraten. Von Jeanlin geführt, waren Lydie und Bébert auf allen vieren herangekrochen und schlüpften unter die Röcke, um den Hintern der Dame zu sehen. Schon zerrten sie an ihren Kleidern, daß diese zu reißen drohten, als ein Reiter erschien, sein Tier antreibend und diejenigen, die nicht rasch genug zur Seite sprangen, mit seiner Reitpeitsche bearbeitend.

„Ha, ihr Hundepack! jetzt wollt ihr gar unsere Töchter peitschen!“

Es war Deneulin, der zum Diner kam. Er sprang rasch vom Pferd, faßte Cécile mit der einen Hand um den Leib, während er mit der andern Hand sein Pferd so geschickt führte, daß ihm das Tier als eine lebende Schutzwand diente; so durschnitt er die Menge, die vor den Pferdehufen scheu zurückwich. Am Gartengitter dauerte das Ringen fort; er drängte sich aber dennoch durch, wobei es manchen unsanften Tritt absetzte. Diese unverhoffte Unterstützung befreite Négrel und Hennebeau, die inmitten der Flüche und Hiebe in großer Gefahr schwebten. Und während Négrel endlich die ohnmächtige Cécile ins Haus trug, empfing Deneulin, der mit seinem großen Körper den Direktor deckte, auf der Höhe der Auffahrt einen Steinwurf, der ihm schier die Schulter ausrenkte.

„Recht so“, schrie er; „zerschlagt mir die Knochen im Leib, nachdem ihr meine Maschinen zerschlagen habt!“

Er warf rasch die Tür zu; ein Hagel von Kieseln traf prasselnd das Holz.

„Welch ein tolles Volk!“ rief er. „Noch zwei Sekunden, und sie spalten mir den Schädel wie einen leeren Kürbis. Dieses Lumpenpack ist taub für jedes vernünftige Wort; es bleibt nichts anderes übrig, als es zu zertreten.“

Im Salon weinten die Grégoires, als sie Cécile das Bewußtsein wieder erlangen sahen. Es war ihr kein Leid geschehen, sie hatte nicht die geringste Schramme; nur ihr Schleier war verloren. Aber ihr Schrecken wuchs, als sie ihre Köchin Melanie erkannten, die ihnen erzählte, wie arg die Piolaine mitgenommen worden war. Die Köchin war während der Verwirrung unbemerkt mit durch das Pförtchen hereingeschlüpft. Wahnsinnig vor Entsetzen war sie herbeigeeilt. Der einzige Stein Jeanlins, der eine Fensterscheibe zertrümmert hatte, wurde in ihrer Darstellung zu einer ordentlichen Kanonade, welche die Mauern in Trümmer legte. Da verwirrten sich die Vorstellungen des Herrn Grégoire; man erwürgte seine Tochter, man schleifte sein Haus; es war also doch wahr, daß diese Grubenarbeiter ihm grollten, weil er als rechtschaffener Mann von ihrer Arbeit lebte?

Die Kammerfrau, die ein Handtuch und Kölnischwasser gebracht hatte, wiederholte immer wieder: „Es ist immerhin drollig, diese Leute sind nicht schlimm.“

Madame Hennebeau saß sehr bleich da und konnte sich von ihrem Schreck, von ihrer Aufregung nicht erholen; ein Lächeln erschien auf ihren Lippen erst dann, als Négrel beglückwünscht wurde. Die Eltern Céciles dankten dem jungen Mann besonders; die Ehe mit Cécile war jetzt eine abgemachte Sache. Herr Hennebeau beobachtete im stillen; seine Augen wandten sich von seiner Frau zu diesem Liebhaber, dessen Tod er am Morgen geschworen hatte, dann zu diesem Mädchen, das ihn sicherlich bald von ihm befreien würde. Er hatte keine Eile; eine einzige Besorgnis blieb ihm: daß seine Frau noch tiefer, vielleicht bis zu einem Lakaien sinken könnte.

„Und ihr, meine lieben Kinder?“ wandte Herr Deneulin sich an seine Töchter; „ist euch nichts gebrochen worden?“

Lucie und Jeanne hatten wohl große Angst ausgestanden, waren aber im übrigen froh, Augenzeugen dieses Schauspiels gewesen zu sein, und lachten jetzt vergnügt.

„Sapristi!“ fuhr der Vater fort; „das ist ein schöner Tag! ... Wenn ihr eine Mitgift wollt, müßt ihr sie nun selbst erwerben, und macht euch darauf gefaßt, auch mich zu ernähren.“

So scherzte er; aber seine Stimme zitterte dabei. Und seine Augen füllten sich mit Tränen, als seine Töchter sich in seine Arme warfen.

Herr Hennebeau hatte dieses Geständnis des Ruins gehört, und ein plötzlich aufleuchtender Gedanke erhellte sein Antlitz. Vandame sollte nun in der Tat in den Besitz von Montsou übergehen; dies war die erhoffte Entschädigung, der Glückszug, der ihn bei den Verwaltungsräten wieder in Gunst setzen sollte. Bei jedem Unglück in seinem Leben flüchtete er hinter den genauen Vollzug der empfangenen Weisungen; aus der militärischen Disziplin, in der er lebte, bildete er sich seinen stark beschnittenen Anteil am Lebensglück.

Doch die Gesellschaft gewann allmählich ihre Ruhe wieder; es senkte sich ein matter Friede auf den Salon, mit dem ruhigen Licht der beiden Lampen und geborgen zwischen den Tapeten und Vorhängen, die alle Geräusche von außen dämpften. Was geschah denn draußen? Die Schreier schwiegen; die Steine hatten aufgehört, die Mauer des Hauses zu bombardieren, und man hörte nur mächtige dumpfe Schläge, wie sie zuweilen in den Wäldern weithin tönen. Man wollte wissen, was das sei, und kehrte in den Flur zurück, um durch die Glasscheiben der Tür einen Blick auf die Straße zu wagen. Selbst die Frauen und Fräulein gingen in den ersten Stock hinauf, um hinter den Fensterläden verborgen einen Ausblick zu haben.

„Sehen Sie den Halunken Rasseneur dort drüben auf der Schwelle jenes Wirtshauses?" sagte Herr Hennebeau zu Herrn Deneulin. „Ich ahnte, daß der die Hand im Spiele habe."

Indes war es nicht Rasseneur, sondern Etienne, der mit Axthieben die Ladentür Maigrats einschlug. Und er fuhr fort, die Kameraden herbeizurufen. Gehörten denn die Waren da drinnen nicht den Köhlern? Hatten diese nicht das Recht, ihre Habe zurückzunehmen von diesem Dieb, der sie seit so langer Zeit ausbeutete und auf einen Befehl der Gesellschaft sie aushungerte? Allmählich ließen alle von dem Direktionshaus ab und liefen herbei, um den benachbarten Laden zu plündern. Der Ruf: Brot! Brot! Brot! grollte von neuem. Hinter dieser Tür wird man Brot finden. Eine Hungerwut trieb sie an, als könnten sie nicht länger warten, ohne auf dieser Straße den Geist aufzugeben. Sie drängten mit solcher Gewalt gegen die Tür, daß Etienne jemanden mit der Axt zu verletzen fürchtete.

Mittlerweile hatte Maigrat, nachdem er den Flur des Direktionshauses verlassen hatte, in der Küche Zuflucht gesucht; aber dort hörte er nichts, und er träumte von scheußlichen Anschlägen gegen seinen Laden. Er ging wieder hinauf und verbarg sich hinter dem Brunnen; da hörte er die Tür seines Ladens krachen und hörte das Geschrei der Plünderer, in welches sein Name sich mengte. Es war kein bloßer Traum, kein Alpdruck; wenn er nicht sah, so hörte er jetzt. Mit summenden Ohren konnte er den Angriff verfolgen. Jeder Streich traf ihn ins Herz, jetzt mußte eine Angel gewichen sein; noch fünf Minuten, und der Laden wird ihnen preisgegeben sein. Dies malte sich in seinem Schädel in lebendigen Schreckbildern ab: die Räuber, die hereinstürzten, dann die gesprengten Schubfächer, die aufgerissenen Säcke; alles wurde weggefressen, weggesoffen, das Haus selbst geschleift; nichts blieb übrig, nicht einmal ein Stab, mit dem er von Dorf zu Dorf betteln gehen konnte. Nein, er wird nicht zugeben, daß sie ihn völlig zugrunde richten; lieber will er die Haut dabei lassen. Seitdem er da stand, bemerkte er an einem Fenster der Seitenwand seines Hauses das bleiche, verstörte, schmale Gesicht seiner Frau; mit ihrer stummen Miene eines armen geprügelten Wesens sah sie ohne Zweifel die Schläge kommen. Hinter dem Haus stand ein Schuppen, so daß man aus dem Garten des Direktionshauses, wenn man die Scheidewand erklomm, auf das Dach dieses Schuppens steigen und von da das Dach des Hauses erreichen konnte. Der Gedanke, auf diesem Wege heimzukehren, quälte ihn jetzt, und er machte sich selbst Vorwürfe darüber, sein Haus verlassen zu haben. Vielleicht würde er noch Zeit haben, den Laden mit Möbelstücken zu verrammeln; er ersann sogar andere heroische Verteidigungsmittel, siedendes Öl, brennendes Petroleum, welches er von der Höhe auf die Belagerer hinabschütten würde. Allein, seine Habgier kämpfte mit seiner Furcht; er röchelte in seiner Feigheit, die er zu bekämpfen suchte. Plötzlich, bei einem heftigeren Schlag der Hacke, entschloß er sich. Der Geiz siegte; er und sein Weib würden die Säcke mit ihren Leibern decken und lieber zugrunde gehen, als auch nur einen Laib Brot hergeben.

Fast augenblicklich erhob sich ein Geschrei.

„Schaut, schaut ... Der Kater ist dort oben! ... Los auf den Kater! los auf den Kater!"

Die Bande hatte Maigrat auf dem Dach des Schuppens entdeckt. In seiner fieberhaften Gier hatte er trotz seiner Schwerfälligkeit die Zwischenmauer flink genug erklommen; und nun lag er platt auf dem Ziegeldach und suchte so das Fenster zu erreichen. Allein, das Dach fiel zu steil ab; sein Bauch war ihm hinderlich, und er riß sich die Fingernägel aus. Und dennoch würde er bis zum Fenster emporgeklettert sein, wenn ihn nicht die Angst erfaßt hätte, mit Steinen beworfen zu werden. Denn die Menge unten, die er nicht mehr sah, fuhr fort zu schreien: „Los auf den Kater! los auf den Kater!"

Und plötzlich ließen seine beiden Hände zugleich die Ziegel los; er rollte hinab wie eine Kugel, über die Dachrinne hinweg und fiel quer auf die Zwischenmauer, aber so unglücklich, daß er von da auf die Straße hinausstürzte, wo er sich an einem Prellstein den Schädel spaltete, daß das Gehirn hervorquoll. Er war tot. Sein Weib stand bleich und verstört am Fenster und schaute noch immer.

Das Ereignis hatte zuerst allgemeine Verblüffung hervorgerufen. Etienne hielt inne, und die Axt entglitt seinen Fäusten. Maheu, Levaque und alle anderen vergaßen den Laden und schauten nach der Mauer, an der ein dünner Blutfaden herabfloß. Das Geschrei hatte aufgehört; tiefe Stille herrschte in der wachsenden Dunkelheit.

Doch bald ging das Geheul von neuem los. Die Weiber waren herbeigeeilt, wie berauscht vom Anblick des Blutes.

„Es gibt denn doch einen guten Gott! Ha, Schwein, jetzt ist's aus mit dir!"

Sie umringten den noch warmen Leichnam; sie beschimpften ihn unter Hohngelächter, nannten seinen zerschmetterten Kopf eine schmutzige Fratze und schrien den lang verhaltenen Groll ihres elenden Daseins dem Toten ins Angesicht.

„Ich schuldete dir sechzig Francs; jetzt bist du bezahlt, Dieb!" sagte die Maheu, eine der Wütendsten. „Du wirst mir keinen Kredit mehr verweigern ... Wart, wart, ich muß dich noch mehr mästen!"

Mit ihren zehn Fingern kratzte sie die Erde auf; sie nahm davon zwei Hände voll und füllte ihm damit gewaltsam den Mund. „Da, friß! ... Friß, nachdem du uns aufgefressen hast!“

Die Beschimpfungen erneuerten sich, während der Tote, auf dem Rücken liegend, unbeweglich mit seinen starren Augen nach dem Himmel schaute, von dem die Nacht sich herabsenkte. Diese Erde, mit der man ihm den Mund vollstopfte, war das Brot, welches er verweigert hatte. Und künftig wird er nur mehr solches Brot essen. Es hatte ihm kein Glück gebracht, die armen Leute auszuhungern.

Allein, die Weiber wollten noch anders ihr Mütchen an ihm kühlen. Alle suchten nach einem Schimpf, nach einer Grausamkeit, die ihnen Genugtuung verschaffen sollte.

Da hörte man die schrille Stimme der Brulé.

„Man muß ihn ausschneiden, wie einen Kater!“ – „Ja, ja, los auf den Kater! ... Er hat zu viel gesündigt, der Saukerl!“

Schon hatte die Mouquette ihm die Hose herabgezogen, während die Levaque ihm die Beine emporhob. Und die Brulé tat mit ihren dürren Greisenhänden die nackten Schenkel auseinander und ergriff diese tote Männlichkeit. Sie hielt das Ganze in der Faust und riß daran mit einer Anstrengung, daß ihr schmaler Rücken sich spannte und ihre langen Arme krachten. Die schlaffe Haut widerstand, sie mußte wiederholt anziehen und trug schließlich den Fetzen davon, ein blutiges und behaartes Bündel Fleisch, das sie mit einem triumphierenden Lachen schüttelte.

„Ich hab's! ich hab's!“

Die scheußliche Trophäe wurde von den kreischenden Weibern mit Verwünschungen begrüßt.

„Ha, Halunke, nicht mehr wirst du unseren Töchtern die Bäuche füllen!“

„Ja, nicht mehr wirst du dich an dem Weib bezahlt machen; nicht mehr wirst du uns alle für ein Brot unterkriegen!“

„Ich schulde dir sechs Francs; willst du eine Abschlagszahlung nehmen? Ich bin bereit, wenn du noch kannst!“

Dieser Scherz rief eine ungeheure Heiterkeit hervor. Sie zeigten sich den blutigen Fetzen wie ein bösartiges Tier, von dem jede zu leiden hatte und das sie endlich zertraten, welches sie tot in ihrer Gewalt hatten. Sie spien darauf und wiederholten in einem wütenden Ausbruch ihrer Mißachtung:

„Er kann nicht mehr! er kann nicht mehr! Es ist kein Mann mehr, den man da in die Erde stecken wird ... Geh und verfaule darin, Nichtsnutz!“

Die Brulé pflanzte dann das ganze Bündel auf ihren Stock; so trug sie es in der Luft wie eine Fahne und rannte damit auf der Straße voraus, gefolgt von der heulenden Weiberschar. Blutstropfen fielen davon herab; das Stück Fleisch hing jämmerlich an dem Stab wie ein Abfallstück im Schaufenster eines Metzgers. Oben, an ihrem Fenster, stand Frau Maigrat noch immer unbeweglich; doch im letzten Schimmer des sinkenden Tages verzerrte sich ihr bleiches Antlitz hinter den trüben Scheiben zu einem Lächeln. Sie, die Geprügelte, zu jeder Stunde Betrogene, vom Morgen bis zum Abend über ihre Bücher Gebeugte lachte vielleicht, als die Weiberschar mit dem zertretenen, bösartigen Tier auf der Spitze des Stabes dahinjagte.

Diese scheußliche Verstümmelung war inmitten eines eisigen Entsetzens geschehen. Weder Etienne noch Maheu noch die anderen hatten Zeit dazwischenzutreten. Angesichts dieser Jagd der Furien blieben sie starr und regungslos. An der Tür der Schenke Tisons erschienen einzelne Köpfe, Rasseneur, bleich vor Entrüstung, Zacharie und Philomène, noch völlig verblüfft von dem, was sie mit angesehen hatten. Die beiden Alten, Bonnemort und Mouque, blieben ernst und schüttelten nur den Kopf. Nur Jeanlin machte auch darüber seine Späße, stieß Bébert mit dem Ellbogen an, zwang Lydie in die Höhe zu schauen. Die Frauen und die Fräulein hinter den Fensterläden streckten die Hälse vor; sie hatten die Szene, die hinter der Mauer vor sich gegangen war, nicht sehen können und sahen in dem vollständigen Dunkel nur undeutlich.

„Was tragen sie denn dort am Ende des Stocks?“ fragte Cécile, die so kühn geworden war, daß sie hinschaute. Lucie und Jeanne erklärten, es müsse eine Kaninchenhaut sein. „Nein, nein“, flüsterte Madame Hennebeau; „sie werden den Wurstladen geplündert haben, es sieht aus wie ein Stück Schweinefleisch.“

In diesem Augenblick fuhr sie zusammen und schwieg. Madame Grégoire hatte sie mit dem Knie angestoßen. Beide verhielten sich still, in lebhafter Bestürzung. Die Fräulein waren sehr bleich geworden, fragten auch nicht mehr und folgten mit ihren großen Augen dieser blutigen Vision im Dunkel der Nacht.

Etienne schwang von neuem seine Hacke. Allein, das Unbehagen wollte nicht weichen. Dieser Leichnam war jetzt ein Hindernis auf der Straße und ein Schutz für den Laden. Viele waren zurückgewichen, als wäre es eine Sättigung, die sie alle beschwichtigte. Maheu verharrte in ernstem Schweigen, als er plötzlich eine Stimme vernahm, die ihm ins Ohr flüsterte, er solle flüchten. Als er sich umwandte, erkannte er Catherine, noch immer in ihre alte Mannsjacke gehüllt, schwarz und keuchend. Er drängte sie zurück, wollte sie nicht hören und drohte ihr mit Schlägen. Sie machte eine verzweifelte Gebärde, zögerte einen Augenblick und eilte dann zu Etienne.

„Flüchte! Rette dich! die Gendarmen kommen!“

Auch er jagte sie fort und beschimpfte sie; denn er fühlte noch die Schmach nach ihren Backenstreichen. Aber sie wich nicht; sie zwang ihn die Hacke wegzuwerfen; sie faßte ihn mit beiden Armen und zog ihn fort mit unwiderstehlicher Gewalt.

„Ich sage dir, die Gendarmen sind da! ... So höre mich doch! Chaval hat sie aufgesucht und führt sie nun hierher, wenn du es wissen willst. Mich hat dies angekelt, und darum bin ich gekommen ... Lauf! ich will nicht, daß sie dich fassen.“

Und sie führte ihn fort, gerade in dem Augenblick, als ein schwerer Galopp in der Ferne die Straße erschütterte. Sogleich ertönte ein Schrei: „Die Gendarmen! die

Gendarmen!“ Es entstand ein allgemeines Ausreißen, eine so tolle Flucht, daß in zwei Minuten die Straße frei und leer war, wie von einem Orkan reingefegt. Nur Maigrats Leiche bildete einen dunklen Fleck auf der weißen Erde. Vor der Schenke Tisons war niemand geblieben als Rasseneur, der erleichtert, froh aufatmend dem leichten Sieg der Säbel zujubelte; während in dem verlassenen, verödeten Montsou, in der Stille der verschlossenen Häuser, die Spießbürger sich nicht zu rühren wagten, in Angstschweiß gebadet waren und mit den Zähnen klapperten. Die Ebene war in dichte Nacht gehüllt, nur die Hochöfen und die Koksöfen flammten unter dem düstern Nachthimmel. Der schwere Galopp der Gendarmen kam immer näher; sie tauchten in einer dunklen Masse auf, ohne daß man sie unterscheiden konnte. Und hinter ihnen, ihrem Schutze anvertraut, kam endlich der Karren des Pastetenbäckers von Marchiennes; und ein Junge sprang von ihm ab und brachte die von der Köchin der Frau Hennebeau bestellten Hülsen zum „spanischen Wind“.

Sechster Teil

I

Es verfloß noch die erste Hälfte des Monats Februar; eine finstere Kälte verlängerte den harten, für die Armen und Elenden so erbarmungslosen Winter. Die Obrigkeiten waren wieder erschienen: der Präfekt von Lille, ein Staatsanwalt, ein General. Und die Gendarmen hatten nicht genügt; es war Militär gekommen, ein ganzes Regiment, dessen Leute von Beaugnies bis Marchiennes kampierten. Militärposten bewachten die Gruben; vor jeder Maschine standen Soldaten. Das Haus des Direktors, die Werkhöfe der Gesellschaft, selbst die Häuser einiger Bürger starrten von Bajonetten. Man hörte auf dem Straßenpflaster nur mehr den Tritt der Patrouillen. Auf dem Hügel von Voreux stand unablässig eine Schildwache; es war gleichsam ein Auslug über die platte Ebene, dem eisigen Wind ausgesetzt, der dort oben wehte. Und wie in Feindesland ertönte alle zwei Stunden das Feldgeschrei:

„Wer da? Was ist die Losung?"

Die Arbeit war nirgends wiederaufgenommen worden; im Gegenteil, der Streik hatte sich noch verschärft: Crèvecœur, Mirou, Madeleine stellten die Förderung ein wie die Voreuxgrube es getan hatte; in Feutry-Cantel und La Victoire fuhren mit jedem Morgen weniger Leute ein; in Saint-Thomas, das bisher vom Streik unberührt geblieben war, begannen die Leute auszubleiben. Es gab nun eine stumme Hartnäckigkeit angesichts dieser Machtentfaltung, über welche die Grubenarbeiter erbittert waren. Die Arbeiterdörfer lagen verödet inmitten der Rübenfelder. Kein Arbeiter regte sich; man begegnete nur selten einem vereinzelten; der ging dann mißtrauischen Blickes und gesenkten Hauptes an den Rothosen vorüber. Und unter dieser tiefen, dumpfen Stille, in dieser passiven Hartnäckigkeit, die an die Gewehre stieß, lag die erheuchelte Sanftmut, der erzwungene und geduldige Gehorsam der in den Zwinger eingeschlossenen wilden Tiere, die kein Auge von dem Tierbändiger lassen und bereit sind, ihm an den Nacken zu springen, wenn er den Rücken kehren würde. Die Gesellschaft, welche dieser Arbeitsaufstand zugrunde richtete, sprach davon, Arbeiter aus der Borinagegegend an der belgischen Grenze anzuwerben. Allein, sie wagte es nicht, und so dauerte der Kampf fort zwischen den Köhlern, die sich in ihren Häusern einschlossen, und den toten Gruben, die von den Soldaten bewacht wurden.

Nach jenem furchtbaren Tag war mit einem Male diese tiefe Ruhe eingetreten, unter der sich eine solche Panik barg, daß man über die verübten Schäden und Grausamkeiten das größte Stillschweigen beobachtete. Die eingeleitete Untersuchung stellte fest, daß Maigrat durch den Sturz vom Hausdach den Tod gefunden hatte; über die abscheuliche Verstümmelung des Leichnams konnte nichts Bestimmtes ermittelt werden. Die Gesellschaft ihrerseits verschwieg die erlittenen Schäden, und auch die Grégoires dachten nicht daran, ihre Tochter in den Skandal eines Prozesses zu verwickeln, in welchem sie Zeugenschaft hätte ablegen müssen. Indes wurden einige Leute verhaftet, wie gewöhnlich die albernsten und harmlosesten, die nichts zu sagen wußten. Irrtümlicherweise hatte man Pierron festgenommen und gefesselt nach Marchiennes gebracht, worüber die Kameraden sehr lachten. Auch Rasseneur wäre bald von zwei Gendarmen weggeführt worden. Die Direktion begnügte sich, Entlassungslisten anzulegen; die Arbeitsbücher wurden in großer Menge zurückgestellt, auch Maheu hatte das Seinige erhalten und Levaque und noch vierunddreißig andere Kameraden im Dorf der zweihundertundvierzig allein. Die volle Strenge war gegen Etienne gerichtet, der seit dem Abend des Tumults verschwunden war und den man suchte, ohne eine Spur von ihm zu finden. Chaval hatte ihn in seinem Haß denunziert, ohne aber die anderen zu nennen; er gab den Bitten Catherines Gehör, die ihre Eltern retten wollte. Die Tage gingen dahin; man fühlte, daß noch nicht alles vorüber sei, und erwartete beklommenen Gemütes das Ende.

Seit jenen Vorfällen fuhren die Bürger von Montsou des Nachts jäh aus ihrem Schlaf empor; ihre Ohren summten von einem eingebildeten Sturmläuten, und ihre Nasen glaubten den Gestank von Schießpulver zu riechen. Was sie vollends verstörte, war eine Predigt ihres neuen Pfarrers, des Abbé Ranvier, dieses mageren Priesters mit den Glutaugen, der dem Abbé Joire im Seelsorgeramt folgte. Wo war die lächelnde Verschwiegenheit seines Vorgängers, der als wohlgenährter und sanfter Mann keine andere Sorge kannte, als mit aller Welt in Frieden zu leben! Hatte der Abbé Ranvier nicht die Kühnheit, diese abscheulichen Räuber, welche die ganze Gegend schändeten, in Schutz zu nehmen? Er fand Entschuldigungen für die Missetaten der Streikenden; er griff heftig das Bürgertum an und schob diesem die ganze Verantwortlichkeit zu. Das Bürgertum, welches der Kirche ihre alten Freiheiten nahm, um sie sich selbst zuzumessen, hatte aus dieser Welt einen verdammten Ort der Ungerechtigkeit und der Leiden gemacht. Das Bürgertum verlängerte die Mißverständnisse und drängte zu einer furchtbaren Katastrophe durch seine Gottlosigkeit, durch seine Weigerung, zu der Frömmigkeit und zu den brüderlichen Überlieferungen der ersten Christen zurückzukehren. Und er hatte es gewagt, den Reichen zu drohen; er hatte sie gewarnt, daß, wenn sie noch länger taub bleiben sollten für die Stimme Gottes, Gott sich gewiß auf die Seite der Armen stellen würde; er wird den ungläubigen Besitzenden ihre Güter nehmen und sie – um seines Ruhmes willen – unter die Demütigen der Erde verteilen. Die Gläubigen erbebten; der Notar erklärte, dies sei Sozialismus von der schlimmsten Sorte; alle glaubten, den Pfarrer schon an der Spitze einer Bande zu sehen, sein Kreuz schwingend und mit wuchtigen Schlägen die bürgerliche Gesellschaft vom Jahre neunundachtzig niederwerfend.

Als man Herrn Hennebeau diese Dinge erzählte, begnügte er sich, achselzuckend zu bemerken:

„Wenn er uns zu arg langweilt, wird uns der Bischof seiner entledigen."

Und während die Panik die Ebene von einem Ende bis zum andern durchwehte, hauste Etienne im aufgelassenen Schacht von Réquillart, im Schlupfwinkel Jeanlins. Hier verbarg er sich; niemand vermutete ihn so nahe; die ruhige Kühnheit dieses Zufluchtsortes in der Grube selbst, in diesem verlassenen Gang des alten Schachts hatte alle Nachforschungen vereitelt. Die Hagedorn- und Schlehdornsträucher, die oben zwischen dem eingestürzten Gebälk des Aufzugsturmes hervorgebrochen waren, verlegten den Zugang. Niemand wagte sich mehr dahin; man mußte die Kniffe wissen, sich an den Wurzeln des Spierlingbaumes festhalten und kühn abspringen, um die noch festen Leitersprossen zu erreichen; und noch andere Hindernisse schützten den Zugang, die erstickende Hitze des Pumpschachtes, ein hundertzwanzig Meter langer Abstieg, der sehr gefährlich war; dann gab es eine Viertelstunde lang ein mühseliges Kriechen auf dem Bauch zwischen den engen Wänden des Stollens, bis man die mit geraubten Sachen angefüllte Diebshöhle entdeckte. Da lebte er im Überfluß; er hatte Wacholderbranntwein, den Rest des geräucherten Fisches, Vorräte aller Art vorgefunden. Das große Heulager war vortrefflich; man verspürte keinen Luftzug in dieser gleichen Temperatur, welche die Wärme eines Bades hatte. Nur das Licht drohte zu mangeln. Jeanlin, der sein Versorger war und dabei die Vorsicht und Verschwiegenheit eines Wilden entfaltete, der glücklich ist, den Gendarmen eine Nase zu drehen, brachte ihm alles, selbst Pomade, nur ein Bündel Kerzen konnte er nicht verschaffen.

Nach dem fünften Tag machte Etienne nur mehr Licht, um zu essen. Die Bissen wollte nicht hinunter, wenn er sie im Finstern verschlang. Diese unendliche, vollständige, immer gleich schwarze Nacht war sein großes Leid. Es nützte nichts, daß er in Sicherheit schlief, mit Brot versorgt war, gut warm hatte; niemals hatte die Nacht so schwer auf seinem Schädel gelastet; ihm war, als würde sie seine Gedanken selbst zerdrücken. Er lebte jetzt von Diebstählen. Trotz seiner kommunistischen Theorien erwachten in ihm die anerzogenen Skrupel; er begnügte sich mit trockenem Brot und beschnitt seine Portion. Aber was sollte er anfangen? Er mußte doch leben; seine Aufgabe war noch nicht erfüllt. Und noch eine andere Scham bedrückte ihn: die Gewissensbisse über seine wilde Trunkenheit, über den Wacholderbranntwein, den er wegen der großen Kälte in seinen Magen gegossen hatte und der ihn dann – mit dem Messer in der Hand – gegen Chaval trieb. Dies rüttelte in ihm das Entsetzen vor etwas Unbekanntem auf, das Erbübel, die von Generationen überkommene Belastung des Säuferwahnsinns, dem ein Tropfen Alkohol genügte, um in tolle Mordlust zu verfallen. Wird er denn als Mörder enden? Als er sich hier, in dieser tiefen Stille der Erde in Sicherheit sah, war er – gleichsam von Gewalttätigkeit gesättigt – zwei Tage lang in dumpfem Schlaf dagelegen wie ein Tier, das, nachdem es sich vollgefressen hatte, regungslos daliegt. Und sein Mißbehagen dauerte fort; er lebte wie zerschlagen, mit bitterem Mund und wüstem Kopf, wie nach einer furchtbaren Schwelgerei. So verfloß eine Woche; die Maheus, die von seinem Schlupfwinkel wußten, konnten ihm keine Kerze senden; er mußte auf das Licht verzichten, selbst bei seinen kärglichen Mahlzeiten.

Etienne blieb jetzt oft stundenlang auf seinem Heulager ausgestreckt. Ihn bearbeiteten unklare Ideen, von denen er sich frei geglaubt hatte. Es war ein Gefühl der Überlegenheit, welches ihn von seinen Kameraden trennte; eine Begeisterung für seine Person, die in dem Maße wuchs, als seine Kenntnisse zunahmen. Niemals hatte er so viel nachgedacht; er fragte sich, woher sein großer Abscheu nach dem wütenden Zug durch die Gruben kam, und er wagte sich nicht zu antworten, die Erinnerungen widerstrebten ihm: die Niedrigkeit der Begierden, die Roheit der Instinkte, der Geruch all dieses Elends, das ins Freie getragen worden war. Trotz der Qual der Finsternis fürchtete er die Stunde, da er in das Arbeiterdorf zurückkehren sollte. Welch ein widriger Anblick, diese Armen und Elenden, die in dem gemeinsamen Bottich lebten! Kein einziger, mit dem man ernstlich von Politik reden könnte; ein wahres Tierleben, immer dieselbe erstickende, von Zwiebelgestank erfüllte Luft! Er wollte ihren Gesichtskreis erweitern, sie zum Wohlstand und zu den guten Manieren der Bürgerklasse erziehen, indem er Herren aus ihnen machen würde. Aber wie lange wird das dauern! Und er fühlte nicht mehr den Mut in sich, den Sieg in diesem Hungerkerker abzuwarten. Die Eitelkeit, ihr Oberhaupt zu sein, seine beständige Sorge, an ihrer Statt zu denken: sie verließen ihn allmählich, und es versuchte ihn die Seele eines jener Spießbürger, die er so sehr verachtete.

Jeanlin brachte eines Abends ein Stück Kerze, das er aus der Laterne eines Kärrners gestohlen hatte. Dies war für Etienne eine große Erleichterung. Wenn die Finsternis ihm schließlich die Gedanken verwirrte, so schwer auf seinem Schädel lastete, daß er schier verrückt wurde, zündete er einen Augenblick sein Stückchen Kerze an; dann, wenn der Alpdruck verscheucht war, löschte er das Licht aus, mit dem er geizte, weil es zu seinem Leben so notwendig war wie das Brot. In seinen Ohren summte die Stille; er hörte nur den Lauf einer Rattenschar, das Krachen der alten Verzimmerungen, das leise Geräusch der Spinne, die an ihrem Netz wob. Und mit offenen Augen in die warme Leere starrend, kam er wieder auf seine fixe Idee zurück: was die Kameraden da oben trieben. Ein Abfall seinerseits würde ihm die größte Feigheit geschienen haben. Wenn er sich so verborgen hielt, so geschah es nur, um frei zu bleiben, um zu raten und zu handeln. Sein langes Brüten hatte seinem Ehrgeiz eine bestimmte Richtung gegeben: bis Besseres kommt, hätte er Pluchart sein, die Arbeit im Stich lassen, bloß für die Politik arbeiten mögen, aber allein, in einem sauberen Zimmer, unter dem Vorwand, daß die Kopfarbeiten das ganze Leben in Anspruch nehmen und viel Ruhe erfordern.

Als zu Beginn der zweiten Woche der Knabe ihm erzählt hatte, daß die Gendarmen meinten, er sei nach Belgien geflohen, wagte Etienne bei Einbruch der Nacht aus seinem Loch hervorzukommen. Er wollte sich von der Lage der Dinge überzeugen; er wollte sehen, ob man noch länger im Widerstand beharren solle. Er hielt das Spiel für verloren; schon vor dem Streik zweifelte er an dem Erfolg; er hatte einfach der Macht der Tatsachen nachgegeben; und jetzt, nachdem er am Aufruhr sich berauscht hatte, kam er auf seinen ursprünglichen Zweifel zurück und gab die Hoffnung auf, die Gesellschaft zur Nachgiebigkeit zu zwingen. Aber er gestand es sich noch nicht ein; ihn quälte eine Angst, wenn er an den Jammer der Niederlage dachte, an die schwere Verantwortlichkeit für all das heraufbeschworene Leid, die auf ihm lasten würde. Das Ende des Streiks – bedeutete es nicht das Ende seiner Rolle, die Vernichtung seines Ehrgeizes, das Zurücksinken seiner Existenz zu dem tierischen Dasein in der Grube und zu den Widerlichkeiten des Arbeiterdorfes? Und in rechtschaffener Weise, ohne niedrige, heuchlerische Berechnungen bemühte er sich, seinen Glauben wiederzufinden, sich selbst zu überreden, daß der Widerstand noch weiter möglich sei, daß das Kapital angesichts des heldenmütigen Selbstmordes der Arbeit sich selbst zerstören würde.

In der Tat widerhallte die ganze Gegend vom Ruin. Wenn er des Nachts in der finstern Landschaft herumirrte wie ein Wolf außerhalb seines Waldes, glaubte er von einem Ende der Ebene bis zum andern das Krachen der Einstürze zu hören. Längs der Straßen fand er nur geschlossene, tote Fabriken, deren Gebäude unter dem bleichen Himmel in Trümmer sanken. Besonders die Zuckerfabriken hatten zu leiden; die Zuckerfabrik Hoton und die Zuckerfabrik Fauvelle hatten zuerst die Zahl ihrer Arbeiter vermindert und schließlich den Betrieb ganz eingestellt. In der Kunstmühle Dutilleul war der letzte Mühlgang am zweiten Samstag des Monats stillgestanden; die Seilerei Bleuze, wo Grubenseile erzeugt wurden, war durch den Streik vollends zugrunde gerichtet worden. In Marchiennes und Umgebung wurde die Lage täglich schwieriger: in der Glasfabrik Gagebois waren die Kesselfeuer ausgelöscht worden; in den Bauwerkstätten von Sonneville gab es weitgehende Arbeiterentlassungen; von den drei Hochöfen des Hüttenwerkes war nur einer angeblasen; die Koksöfen hingegen standen kalt. Der Streik der Köhler von Montsou, hervorgegangen aus der industriellen Krise, die seit zwei Jahren immer schlimmer wurde, hatte diese Krise noch verschärft, den Zusammenbruch beschleunigt. Zu den Ursachen des Notstandes: dem Ausbleiben der Bestellungen aus Amerika und dem Festrennen der Kapitalien in einer Überproduktion, gesellte sich jetzt noch der unvorhergesehene Kohlenmangel in den wenigen Fabriken, die noch arbeiteten; diese Nahrung der Dampfmaschinen, welche die Schächte nicht mehr lieferten: sie bedeutete das letzte Todesröcheln. Erschreckt durch die allgemeine Not hatte die Gesellschaft, nachdem sie die Förderung vermindert und ihre Köhler ausgehungert hatte, zu Ende des Monats Dezember den letzten Rest ihrer Vorräte schwinden sehen. Die Geißel fuhr durch das Land, ein Sturz zog den andern nach sich, die Industrien brachen tot zusammen in einer so rapiden Reihe von Katastrophen, daß man die Widerschläge selbst in den Nachbarstädten verspürte, in Lille, Douai, Valenciennes, wo flüchtige Bankiers zahlreiche Familien zugrunde richteten.

Zuweilen blieb Etienne bei einer Straßenkrümmung in der eiskalten Nacht stehen, um zu horchen, wie die Trümmer niederstürzen. Er sog mit kräftigen Zügen die Finsternis ein; eine Freude an dem Nichts erfaßte ihn, eine Hoffnung, daß der anbrechende Tag die Ausrottung der Welt beleuchten würde, in der kein Vermögen mehr übriggeblieben wäre, weil das alles gleichmachende Richtscheit wie eine Sense über den Erdboden dahingefahren wäre. Doch in diesem Gemetzel interessierten ihn hauptsächlich die Gruben der Gesellschaft. Er nahm seinen Marsch wieder auf; schier geblendet von der Finsternis, besichtigte er sie, eine nach der andern, glücklich, wenn er von irgendeinem neuen Schaden Kenntnis erhielt. Es gab neue, immer ernstere Einstürze in dem Maße, als die Verödung der Minengänge sich in die Länge zog. Oberhalb der Nordgalerie von Mirou senkte sich das Erdreich in einem solchen Umfang, daß die Straße nach Joiselle in einer Länge von hundert Metern verschwand, als hätte ein Erdbeben sie verschlungen, und die Gesellschaft bezahlte, ohne zu feilschen, den Eigentümern ihren verschwundenen Bodenbesitz, aus Angst wegen des Lärms, den diese Unfälle verursachen könnten. Crèvecœur und Madeleine, von sehr losem Gestein, wurden immer mehr verschüttet; man sprach von zwei Aufsehern, die im La-Victoire-Schacht unter einem Einsturz begraben lagen; Fentry-Cantel war von einem

Wassereinbruch ersäuft worden; in der Grube Saint-Thomas mußte ein Stollen in der Länge von einem Kilometer untermauert werden, weil die schlecht unterhaltenen Verzimmerungen auf allen Seiten brachen. So ergaben sich von Stunde zu Stunde riesige Kosten, immer größere Breschen in den Dividenden der Aktionäre, ein rapider Verfall der Gruben, der, wenn er noch länger andauerte, die in einem Jahrhundert in ihrem Werk verhundertfachten Anteile von Montsou schließlich verschlingen mußte.

Angesichts dieser wiederholten Schläge erwachte in Etienne wieder die Hoffnung; er glaubte schließlich, daß ein dritter Monat des Widerstandes das Ungeheuer totmachen würde, das müde, vollgefressene Tier, das wie ein Götzenbild in seinem unsichtbaren Tabernakel hockte. Er wußte, daß infolge der Unruhen zu Montsou eine lebhafte Aufregung sich der Pariser Blätter bemächtigt hatte; es gab eine heftige Polemik zwischen den offiziösen und den oppositionellen Blättern, furchtbare Schilderungen, die man besonders gegen die Internationale ausbeutete, vor welcher das Kaiserreich allmählich Furcht bekam, nachdem es sie anfänglich ermutigt hatte. Und da die Verwaltung sich nicht länger taubzustellen wagte, hatten zwei Verwaltungsräte geruht, nach dem Schauplatz des Streiks zu reisen, um dort eine Untersuchung zu führen; aber sie taten es mißmutig, ohne sich um die Abwicklung zu kümmern, dermaßen teilnahmslos, daß sie nach drei Tagen wieder abreisten, mit der Erklärung, daß die Dinge ganz gut stünden. Indes versicherte man ihm andererseits, daß die Herren während ihrer Anwesenheit permanente Sitzungen gehalten, eine fieberhafte Tätigkeit entwickelt und sich in Geschäfte versenkt hatten, von denen niemand in ihrer Umgebung ein Wörtchen verraten wollte. Und er beschuldigte sie, daß sie ihre Vertrauensseligkeit nur heucheln; er nannte ihre Abreise eine tolle Flucht und war nunmehr des Sieges sicher, da diese furchtbaren Menschen alles im Stiche ließen.

Doch in der folgenden Nacht verzweifelte Etienne von neuem. Die Gesellschaft hatte zu starke Lenden, als daß man ihr sie so leicht hätte zerschlagen können; sie konnte Millionen verlieren und sie später bei den Arbeitern wieder hereinbringen, indem sie ihnen den Lohn kürzte. Als er diese Nacht bis nach Jean-Bart gegangen war, hatte er die Wahrheit erkannt, nachdem ein Aufseher ihm erzählt hatte, daß man davon spreche, Vandame solle an Montsou abgetreten werden. Im Hause Deneulins war – so erzählte man – eine mitleiderregende Not eingezogen, die Not der Reichen; der Vater war krank infolge seiner Ohnmacht und gealtert durch die Geldsorgen; die Töchter schlugen sich mit den Leuten herum, welche den Bedarf des Hauses lieferten, und suchten ihre Hemden aus den Krallen der Gläubiger zu retten. Man litt weniger in den ausgehungerten Arbeiterdörfern als in diesem Bürgerhause, wo man hinter verschlossenen Türen speiste, weil man bei Tisch Wasser trank. In Jean-Bart war die Arbeit nicht wiederaufgenommen worden, in Gaston-Marie hatte die Maschine ersetzt werden müssen; überdies war trotz aller Eile, mit der letzteres geschehen war, Wasser in den Schacht eingedrungen, dessen Auspumpung große Kosten verursachen mußte. Deneulin hatte endlich sein Anliegen um ein Darlehen von hunderttausend Francs bei den Grégoires vorgebracht; ihre Weigerung, auf die er übrigens gefaßt war, hatte ihm den Rest gegeben. Sie wiesen sein Verlangen – wie sie versicherten – nur aus Freundschaft zurück, um ihm einen aussichtslosen Kampf zu ersparen. Sie erteilten ihm den Rat, seine Grube zu verkaufen. Aber er weigerte sich noch immer sehr heftig. Es machte ihn wütend, daß er die Kosten des Streiks bezahlen sollte. Er fühlte, daß ihm alles Blut zu Kopf gestiegen war, daß es ihm schier den Atem verlegte, und er hoffte, den Tod davon zu erleiden. Aber was konnte er schließlich anfangen? Er mußte den Kaufangeboten Gehör schenken. Man schikanierte ihn, man setzte den Wert dieser herrlichen Beute herab, dieses instand gesetzten, neu eingerichteten Schachts, dessen Ausbeutung nur durch den Mangel an Kapital verhindert wurde. Er konnte froh sein, wenn er so viel daraus herausschlug, um seine Gläubiger befriedigen zu können. Zwei Tage lang hatte er sich gegen die in Montsou verweilenden Verwaltungsräte gewehrt, wütend über die Ruhe, mit der sie seine Verlegenheit mißbrauchten, so wütend, daß er ihnen ein donnerndes „Niemals!“ zuschrie. Und dabei blieb er; sie waren nach Paris zurückgekehrt, um dort geduldig sein letztes Röcheln abzuwarten. Etienne witterte die Art und Weise, wie die Gesellschaft für das Mißgeschick, das sie getroffen hatte, sich Ersatz holen wollte; und er wurde wieder von Zagen ergriffen angesichts der unbezwinglichen Gewalt des Großkapitals, das im Kampf so mächtig war, daß es von der Niederlage sich mästete, indem es die Leichen der an seiner Seite gefallenen kleinen Unternehmer fraß.

Glücklicherweise brachte Jeanlin ihm am nächsten Tag eine gute Nachricht. In Voreux drohte die Verzimmerung des Aufzugsschachtes zu bersten, das Wasser sickerte durch alle Ritzen; man hatte in aller Eile eine Schar von Zimmerleuten aufbieten müssen, um den Schaden auszubessern.

Bisher war Etienne der Voreuxgrube ausgewichen, aus Angst vor dem Schattenriß der Schildwache, die auf dem Hügel stand und von da die Ebene beherrschte; man konnte dieser Schildwache nicht ausweichen, sie war in der Luft gleichsam die Fahne des Regiments. Gegen drei Uhr morgens verdunkelte sich der Himmel; er begab sich in die Grube, wo Kameraden ihm den schlechten Zustand der Verzimmerung erklärten; sie meinten sogar, es wäre dringend notwendig, die ganze Verholzung zu erneuern, was die Kohlenförderung mindestens für drei Monate aufhalten mußte. Lange strich er da herum und lauschte den Hammerschlägen der Zimmerleute im Schacht. Diese Wunde, die verbunden werden mußte: sie erfreute sein Herz.

Als er bei Tagesanbruch heimkehrte, fand er wieder die Schildwache auf dem Hügel. Jetzt würde sie ihn sicher sehen. Seinen Weg fortsetzend, dachte er an diese Sol-

daten, die man aus der Mitte des Volkes nahm, um sie gegen das Volk zu bewaffnen. Wie leicht wäre der Sieg der Revolution gewesen, wenn die Armee sich plötzlich für sie erklärt hätte! Es genügte, daß der Arbeiter und der Bauer in der Kaserne sich ihres Ursprungs erinnerten. Es war die äußerste Gefahr, das höchste Entsetzen, welches den Spießbürgern ein Zähneklappern verursachte, wenn sie an die Möglichkeit eines Abfalls der Truppen dachten. In zwei Stunden wären sie hinweggefegt, ausgerottet mit allen Genüssen und Abscheulichkeiten ihres ungerechten Lebens. Schon wurde behauptet, daß ganze Regimenter vom Sozialismus angesteckt wären. War dies wahr? Sollte die Gerechtigkeit kommen dank den durch das Bürgertum verteilten Kartuschen? Und zu einer andern Hoffnung überspringend träumte der junge Mann, daß das Regiment, dessen Posten die Gruben bewachten, zum Streik überging, die Gesellschaft samt und sonders niederschoß und endlich das Bergwerk den Bergleuten gab.
Jetzt bemerkte er erst, daß er den Hügel hinanstieg und sein Kopf von diesen Betrachtungen summte. Warum sollte er mit diesem Soldaten nicht ein Gespräch beginnen? fragte er sich. Dies wäre ein Mittel, dessen Ansichten kennenzulernen. Mit gleichgültiger Miene näherte er sich und tat, als suchte er Holzspäne unter dem alten Geröll. Die Schildwache blieb unbeweglich.
„He, Kamerad, ist das ein Hundewetter!" sagte Etienne endlich. „Ich denke, wir bekommen Schnee."
Es war ein kleiner, sehr blonder Soldat mit einem sanften, blassen Gesicht, das mit Sommersprossen bedeckt war. Unter seiner Kapuze zeigte er die Verlegenheit eines Rekruten.
„Ja, ich glaube", murmelte er.
Und er schaute mit seinen blauen Augen lange nach dem fahlen Himmel, nach dieser rauchigen, nebeligen Morgendämmerung, die in der Ferne schwarz und bleischwer auf der Ebene lastete.
„Wie dumm ist es doch, Euch hierherzustellen, wo Euch das Mark in den Knochen gefriert!" fuhr Etienne fort. „Möchte man nicht glauben, daß die Kosaken kommen! ... Überdies gibt es hier oben immer einen scharfen Wind."
Der kleine Soldat zitterte vor Kälte, ohne sich zu beklagen. Es war wohl eine Hütte aus Backsteinen da, in welcher der alte Bonnemort in stürmischen Nächten Zuflucht suchte; allein, der Soldat hatte Befehl, den Gipfel des Hügels nicht zu verlassen, und so rührte er sich nicht, obgleich seine Hände so steif vom Frost waren, daß er seine Waffe nicht mehr fühlte. Er gehörte zu dem Posten von sechzig Mann, welcher die Voreuxgrube bewachte; und da diese grausame Wache häufiger wiederkehrte, waren ihm daselbst schier die Füße abgefroren. Das Soldatenhandwerk erforderte es so; ein passiver Gehorsam schläferte ihn schließlich ein; er antwortete auf die Fragen mit gestammelten Worten wie ein schlummerndes Kind.
Vergebens bemühte sich Etienne eine Viertelstunde lang, ein Gespräch über Politik anzuknüpfen. Er sagte ja, er sagte nein und schien nicht zu begreifen. Die Kameraden erzählten, der Kapitän sei Republikaner; er selbst habe darüber keine Gedanken, es sei ihm alles gleich. Wenn man ihm zu schießen befiehlt, schießt er, um nicht bestraft zu werden. Der Arbeiter hörte ihm zu, von dem Haß des Volkes gegen die bewaffnete Macht ergriffen, gegen diese Brüder, denen man das Herz auswechselt, indem man ihnen eine rote Hose über den Hintern zieht.
„Wie heißen Sie?"
„Jules."
„Und woher stammen Sie?"
„Aus Plogof, weit her."
Auf das Geratewohl hatte er dabei den Arm ausgestreckt. Es war in der Bretagne, mehr wußte er nicht zu sagen. Sein kleines, blasses Gesicht belebte sich, und er begann zu lachen.
„Ich habe dort meine Mutter und meine Schwester. Sie erwarten mich sicherlich. Ach! es wird nicht so bald sein ... Als ich zum Dienst einrückte, gaben sie mir bis Pont-l'Abbé das Geleit. Wir hatten vom Nachbar Lepalmec den Gaul ausgeliehen; bei der Talfahrt von Audierne hat sich das Tier schier die Beine gebrochen. Der Vetter Charles erwartete uns mit Würsten; aber sie blieben uns im Rachen stecken, die Weibsleute flennten zuviel. Ach, mein Gott! mein Gott! es ist gar weit bis zu uns!"
Seine Augen wurden feucht, und dennoch lächelte er dabei. Der kahle Landstrich von Plogof, diese wild zerklüftete, von Stürmen umtoste Spitze von Raz: sie erschien ihm in Sonnenlicht gebadet, in der rosigen Jahreszeit, da die Kleefelder in Blüte stehen.
„Sagen Sie", fragte er, „wenn ich keine Strafen habe, wird man mir nach zwei Jahren auf einen Monat Urlaub geben?"
Etienne sprach von der Provence, die er noch als Knabe verlassen hatte. Der Tag wurde immer heller, Schneeflocken begannen unter dem erdfahlen Himmel zu wirbeln. Und er wurde schließlich von Unruhe ergriffen, als er Jeanlin bemerkte, der im Gestrüpp herumkroch, ganz erstaunt darüber, ihn dort oben zu sehen. Der Knabe winkte ihm herunterzukommen. Was nützte auch der Traum, mit den Soldaten zu fraternisieren? Jahre und Jahre wären dazu notwendig; sein vergeblicher Versuch machte ihn trostlos, als ob er auf einen Erfolg gerechnet hätte. Doch plötzlich verstand er die Handbewegung Jeanlins; man kam die Schildwache ablösen. Er ging denn eilends seiner Wege, um sich wieder in der Réquillartgrube zu vergraben, wieder einmal tief bekümmert durch die Sicherheit der Niederlage; während der Knabe, neben ihm herlaufend, diesen schmutzigen „Gamaschenknopf" von einem Offizier beschuldigte, dem Wachtposten zugerufen zu haben, daß er auf sie schieße.
Jules stand unbeweglich auf dem Gipfel des Hügels, die Augen in dem dicht fallenden Schnee verloren. Der Sergeant näherte sich mit seinen Leuten; die vorschriftsmäßigen Rufe wurden ausgetauscht.
„Wer da? ... Die Losung!"
Und man hörte die schweren Tritte sich entfernen, hal-

lend wie in Feindesland. Obgleich es immer heller wurde, regte sich nichts in den Dörfern; die Köhler verzehrten sich in stiller Wut angesichts der Soldaten, die ihnen auf dem Nacken saßen.

II

Der Schnee fiel seit zwei Tagen; am Morgen hatte er aufgehört, und nun ließ ein eisiger Frost das ungeheure Winterfeld erstarren; dieses schwarze Land mit den schwarzen Straßen und den mit Kohlenstaub bestreuten Mauern und Bäumen war ganz weiß, von einer einzigen, endlosen Weiße. Das Dorf der zweihundertundvierzig war unter dem Schnee vergraben, gleichsam verschwunden. Kein Rauch stieg von den Dächern auf. In den Häusern gab es kein Feuer mehr; sie waren so kalt wie die Steine auf der Straße, und so schmolz denn auch nicht die dicke Schneeschichte, die auf den Dächern lag. Das Dorf glich einem Viereck von weißen Fliesen in der weißen Ebene; es war gleichsam das Gespenst eines toten Dorfes, in sein Laken eingehüllt. Die Militärpatrouillen allein ließen in den Straßen die kotigen Spuren ihrer Tritte zurück.

Im Haus der Maheu war gestern die letzte Schaufel Kohlenstaub verbrannt; an einer Nachlese auf dem Hügel war nicht zu denken in diesem furchtbaren Wetter, wo selbst die Spatzen keinen Strohhalm mehr fanden. Alzire in ihrem Eigensinn hatte mit ihren armen Händchen in dem Schnee herumgewühlt und sich dabei krank gemacht. Ihre Mutter hüllte sie in eine alte Decke, bis der Doktor Vanderhaghen kommen würde, den sie schon zweimal gesucht hatte, ohne ihn zu finden. Die Magd hatte versprochen, der Arzt würde noch vor dem Abend ins Dorf kommen, und nun stand die Mutter am Fenster und spähte auf die Straße hinaus, während die Kleine, die nicht oben hatte bleiben wollen, auf einem Sessel neben dem kalten Ofen fror und sich einbildete, es sei hier besser. Der alte Bonnemort, den es wieder in den Beinen gepackt hatte, saß ihr gegenüber und schien zu schlafen. Weder Lénore noch Henri waren heimgekehrt; sie trieben sich mit Jeanlin bettelnd auf den Straßen herum. Maheu allein ging mit schweren Tritten in der Stube auf und ab, jedesmal an die Mauer stoßend, mit der Blödheit eines Tieres, das seinen Käfig nicht mehr sieht. Auch das Petroleum war zu Ende gegangen; aber der Widerschein des Schnees erhellte trotz der Nacht die Stube mit einem fahlen Licht.

Jetzt gab es draußen ein Geklapper von Holzschuhen; die Levaque stieß ungestüm die Tür auf und schrie von der Schwelle der Maheu zu:

„Also du bist es, die gesagt hat, daß ich meinen Inwohner zwinge, mir zwanzig Sous zu geben, sooft er mit mir schläft? Die andere zuckte die Achseln. „Laß mich in Frieden; ich habe nichts gesagt ... Und vor allem: wer hat dir dies gesagt?“ – „Man hat mir erzählt, daß du es sagtest. Du brauchst nicht zu wissen, wer ... Du sollst außerdem noch gesagt haben, daß du es sehr wohl hörst, wenn wir hinter der Wand unsere Schweinereien treiben und daß sich bei uns der Dreck anhäuft, weil ich immer auf dem Rücken liege ... Wagst du noch zu leugnen, daß du all das gesagt hast? ...“

Der unaufhörliche Klatsch der Weiber führte jeden Tag solches Gezänk herbei. Besonders zwischen den Familien, die Tür an Tür wohnten, waren die Entzweiungen und Wiederversöhnungen alltäglich. Aber noch niemals hatte eine so arge Bosheit sie gegeneinander losgehen lassen. Seit dem Streik trieb der Hunger den Groll zum Äußersten, man hatte das Bedürfnis, sich zu prügeln; eine Auseinandersetzung zwischen zwei Klatschbasen endigte mit einer blutigen Rauferei zwischen ihren Männern.

Eben kam auch Levaque an, den Bouteloup mit Gewalt herbeischleppend. „Da ist der Kamerad; er soll einmal sagen, ob er meinem Weib zwanzig Sous gegeben hat, damit sie mit ihm schlafe.“ Der Mieter verbarg seine Verlegenheit hinter seinem großen Bart und stammelte: „O nein ... Nichts ... Niemals! ...“

Nun erhob Levaque drohend die Faust gegen Maheu. „Hör einmal, mir paßt das nicht! Wenn man ein solches Weib hat, zerschlägt man ihr die Lenden ... Glaubst du etwa, was sie gesagt hat?“ – „Himmelherrgott!“ schrie Maheu, wütend darüber, in seinen trübseligen Gedanken gestört worden zu sein, „was soll wieder all die Klatscherei? Hat man noch nicht genug an seinem Elend? Laß mich in Frieden oder ich schlage zu. Und vor allem: wer hat dir gesagt, daß mein Weib dies gesagt hat?“ – „Wer es gesagt hat? ... Die Pierron hat es gesagt ...“

Frau Maheu brach in ein schrilles Lachen aus, und indem sie an die Levaque herantrat, sagte sie: „Die Pierron ist's? ... Nun wohl, ich kann dir sagen, was sie mir gesagt hat. Jawohl; sie hat mir gesagt, du schliefest mit deinen beiden Männern zugleich, der eine oben, der andere unten.“

Und nun war eine Verständigung nicht mehr möglich. Alle waren in Zorn geraten; die Levaque schleuderten den Maheu die Antwort hin, daß die Pierron von ihnen noch ganz andere Dinge gesagt habe; daß sie Catherine verkauft hätten und daß sie sich untereinander angesteckt hätten – selbst die kleinen Kinder – mit einer Krankheit, welche Etienne sich im „Vulkan“ geholt.

„Das hat sie gesagt! Das hat sie gesagt!“ heulte Maheu. „Wohl denn, ich selbst gehe hin, und wenn sie zugibt, dies gesagt zu haben, soll ihr Schnabel meine Hand kennenlernen.“

Er stürzte hinaus; die Levaque folgte ihm, um Zeugnis abzulegen, während Bouteloup, ein Feind von Streitigkeiten, sich heimwärts drückte. Durch die Auseinandersetzung in Aufregung versetzt, wollte auch die Maheu hinausgehen, als eine Klage Alzires sie zurückhielt. Sie kreuzte die Zipfel der Decke auf dem fröstelnden Körper der Kleinen und trat wieder ans Fenster, um mit trüben Augen in die Ferne zu schauen. Der Arzt wollte noch immer nicht kommen!

Vor der Tür der Eheleute Pierron fanden Maheu und die

Eheleute Levaque die Lydie im Schnee herumstampfen. Das Haus war geschlossen; ein dünner Lichtschein fiel durch die Ritze eines Fensterladens. Auf die an sie gerichteten Fragen antwortete die Kleine anfänglich verlegen; nein, ihr Vater sei nicht zu Hause; er sei ins Waschhaus gegangen, um der Mutter Brulé zu helfen, die Wäsche nach Hause zu bringen. Dann geriet sie völlig in Verwirrung und weigerte sich zu sagen, was ihre Mutter mache. Und endlich platzte mit einem tückisch-grollenden Lachen alles heraus, was sie wußte: Mama habe sie hinausgeworfen, weil Herr Dansaert da sei und sie im Gespräch ungestört sein wollen. Herr Dansaert streifte schon seit dem Morgen mit zwei Gendarmen im Dorfe herum, trachtete Arbeiter zu sammeln, redete im besonderen den Schwachen zu, verkündigte überall, daß, wenn man am Montag nicht einführe, die Gesellschaft entschlossen wäre, Arbeiter aus dem Borinage anzuwerben. Bei Anbruch der Nacht hatte er die Gendarmen weggeschickt, weil er die Pierron allein zu Hause gefunden hatte; und er war bei ihr geblieben, um vor dem guten Kaminfeuer ein Gläschen Wacholderbranntwein zu trinken.

„Still, wir wollen sie sehen!“ murmelte Levaque mit einem lüsternen Kichern. „Man wird sich später auseinandersetzen ... Weg von da, Nichtsnutz!“

Lydie wich einige Schritte zurück, während er ein Auge an die Ritze des Fensterladens legte. Er stieß leise Schreie aus; sein Rückgrat blähte sich und schauerte. Jetzt schaute auch die Levaque hinein; doch erklärte sie, wie von einem Kolikanfall ergriffen, es ekle sie. Maheu hatte sie weggeschoben, um auch seinerseits zu sehen; das Schauspiel zahle sich aus, meinte er. Und sie begannen von neuem, einer nach dem andern, wie in der Komödie. Die Wohnstube schimmerte von Reinlichkeit und wurde durch ein tüchtiges Kaminfeuer hell und traulich gemacht; auf dem Tisch gab es Kuchen, eine Flasche und Gläser. Mit einem Wort: die Unterhaltung war eine vollständige, so daß das, was sie sahen, schließlich die beiden Männer erbitterte, die unter anderen Umständen sich sechs Monate lang darüber belustigt hätten. Es war zu drollig, wie die sich stopfen ließ bis an den Hals, mit den Röcken hoch. Aber war es nicht eine Schweinerei, sich dieses Vergnügen bei einem so großen Feuer zu gönnen und sich mit Biskuits zu stärken, während die Kameraden kein Krümchen Brot und kein Stückchen Kohle hatten?

„Da ist der Vater!“ rief Lydie davonlaufend.

Pierron kam ruhig aus dem Waschhaus zurück, mit einem Bündel Wäsche auf der Schulter. Maheu stellte ihn sogleich zur Rede.

„Hör einmal: man hat mir erzählt, deine Frau hätte gesagt, daß ich Catherine verkauft habe und daß wir uns in meinem Hause alle durcheinander angesteckt haben... Und wie geht es bei dir selbst im Hause zu? Was zahlt dir der Herr, der soeben wieder deiner Frau die Haut abnützt?“

Von diesem plötzlichen Angriff wie betäubt, begriff Pierron nicht sogleich, als seine Frau, erschreckt durch den Tumult auf der Straße und darob den Kopf verlierend, die Tür halb öffnete, um zu schauen, was es gäbe. Man sah sie ganz rot, mit offenem Leibchen, den Rock hoch, am Gürtel befestigt, während im Hintergrund Herr Dansaert in toller Hast sein Beinkleid anzog. Der Oberaufseher flüchtete, zitternd vor Angst, daß das Abenteuer dem Direktor zu Ohren kommen könnte. Und nun gab es einen greulichen Skandal, Gelächter, Gejohle, Verwünschungen.

„Du schimpfst immer über die anderen, daß sie schmutzig seien“, sagte die Levaque zur Pierron, „nun, es ist kein Wunder, daß du selbst sauber bist, da du dich von den Vorgesetzten blankscheuern läßt.“

„Ach ja, der steht es gut an, über andere zu reden“, fügte Levaque hinzu. „Eine Dirne, die gesagt hat, meine Frau schliefe mit mir und meinem Mieter zugleich, der eine oben, der andere unten! ... Ja, ja, man hat mir erzählt, du hättest das gesagt!“

Doch die Pierron bewahrte ihre Ruhe und hielt diesen Schimpfreden stand. In dem Bewußtsein, die Schönste und Reichste unter allen zu sein, verachtete sie diese Leute.

„Was ich gesagt habe, habe ich gesagt, und laßt mich in Frieden! ... Was kümmern euch meine Angelegenheiten? Ihr seid Neidharte, die uns grollen, weil wir Geld in der Sparkasse haben. Ihr könnt sagen, was ihr wollt; mein Mann weiß ganz gut, weshalb Herr Dansaert bei uns war.“

In der Tat ereiferte sich Herr Pierron und verteidigte seine Frau. Der Streit kehrte sich jetzt gegen ihn; man nannte ihn einen Verräter, einen Spion, einen Spürhund der Gesellschaft; man beschuldigte ihn, daß er sich einsperre, um sich mit den guten Bissen zu mästen, mit welchen die Gesellschaft ihm seine Verrätereien vergelte. Er blieb ihnen die Antwort nicht schuldig und behauptete, Maheu habe ihm Drohungen unter der Tür ins Haus geschmuggelt; zwei gekreuzte Knochen mit einem Dolch darüber. Und die Geschichte endete notwendigerweise mit einem Gemetzel der Männer untereinander, wie alle Weiberzänkereien, seitdem der Hunger die Sanftesten wütend machte. Maheu und Levaque hatten sich mit Faustschlägen auf Pierron geworfen, und man mußte sie trennen.

Als die Brulé aus dem Waschhaus ankam, floß das Blut in Strömen aus der Nase ihres Schwiegersohnes. Als man sie von den Vorgängen unterrichtete, sagte sie bloß:

„Dieses Schwein entehrt mich.“

Die Straße wurde wieder menschenleer; kein Schatten befleckte die kahle Weiße des Schnees; das Dorf versank wieder in eine Kirchhofstille und hungerte bei einer bis ans innerste Mark gehenden Kälte.

„Ist der Arzt gekommen?“ fragte Maheu, die Tür schließend. „Er ist nicht gekommen“, erwiderte sein Weib, noch immer am Fenster stehend. „Und sind die Kinder heimgekehrt?“ – „Sie sind nicht heimgekehrt.“

Maheu nahm seinen schweren Gang von einer Mauer zur andern wieder auf, wütend wie ein zu Tode getroffener Ochse. Vater Bonnemort saß steif und starr auf seinem

Stuhl, ohne auch nur den Kopf zu heben. Auch Alzire sagte nichts und beherrschte sich, um nicht zu zittern und ihre Eltern dadurch nicht zu betrüben. Aber trotz ihres Mutes zitterte sie von Zeit zu Zeit so stark, daß man das Beben ihres mageren, gebrechlichen Körpers unter der Decke wahrnehmen konnte, während sie mit ihren großen offenen Augen an der Zimmerdecke den fahlen Widerschein der weißen Gärten betrachtete, der die Stube wie ein Mondschein beleuchtete.

Es war der letzte Todeskampf; das Haus war vollständig kahl, der äußersten Not anheimgefallen. Nachdem sie die Wolle der Matratzen zur Trödlerin getragen hatten, ließen sie die Leintücher denselben Weg gehen; dann folgte die Wäsche und alles, was nur verkäuflich war. Eines Abends hatte man ein Schnupftuch des Großvaters um zwei Sous verkauft. Tränen wurden vergossen, so oft man sich von einem Stück Hausrat trennen mußte; die Mutter jammerte noch immer, weil sie eines Tages genötigt war, in ihrer Schürze die Schachtel von rosa Kartonpapier – das einstige Geschenk ihres Mannes – wegzutragen, wie man ein Kind wegtragen würde, um sich seiner unter einem Haustor zu entledigen. Sie waren nackt; sie hatten nichts mehr zu verkaufen als ihre Haut, und auch diese war schon so erbärmlich elend, daß kein Mensch einen Heller dafür gegeben haben würde. Sie gaben sich denn auch keine Mühe mehr, etwas zu suchen; sie wußten, daß es nichts mehr gebe, daß alles zu Ende sei, daß sie weder auf eine Kerze hoffen konnten noch auf ein Stück Kohle noch auf eine Kartoffel; und sie erwarteten den Tod, und es bekümmerte sie nur wegen der Kinder; sie waren empört wegen der unnützen Grausamkeit, eine Krankheit über die Kleine gebracht zu haben, ehe sie sie erdrosselten.

„Endlich ist er da!" sagte Frau Maheu.

Ein schwarzer Schatten huschte am Fenster vorüber. Die Tür wurde geöffnet. Aber es war nicht der Doktor Vanderhaghen; sie erkannten den neuen Pfarrer Abbé Ranvier, der nicht überrascht schien, das Haus so tot zu finden, ohne Licht, ohne Feuer, ohne Brot. Er kam schon aus drei Nachbarhäusern, ging von Familie zu Familie, um bereitwillige Arbeiter anzuwerben, wie Dansaert mit seinen Gendarmen es tat; er erklärte sich denn auch sogleich mit seiner fieberhaft erregten Sektiererstimme.

„Warum seid ihr am Sonntag nicht zur Messe gekommen, meine Kinder? Ihr habt unrecht; die Kirche allein kann euch retten ... Versprecht mir, am nächsten Sonntag zu kommen."

Maheu schaute ihn an und setzte dann schwerfällig seinen Gang wieder fort, ohne ein Wort zu sagen. Sein Weib antwortete dem Priester.

„Zur Messe, Herr Pfarrer? Wozu denn? Der liebe Gott kümmert sich wenig um uns. Was hat meine Kleine ihm getan, daß sie von Fieberschauern geschüttelt wird? Wir haben noch nicht genug des Elends; er mußte mir sie krank machen zu einer Zeit, da ich ihr nicht eine warme Brühe geben kann."

Der Priester blieb vor ihnen stehen und hielt eine lange Anrede an sie. Er beutete den Streik aus, dieses furchtbare Elend, diese erbitterte Rache des Hungers; er tat dies mit dem Eifer eines Missionars, der um des Ruhmes der Religion willen den Wilden predigt. Er sagte, die Kirche sei mit den Armen, sie werde eines Tages die Gerechtigkeit zum Siege führen, den Zorn Gottes über die Ungerechtigkeiten der Reichen bringen. Und in Bälde werde dieser Tag leuchten; denn die Reichen haben sich an die Stelle Gottes gesetzt, regierten ohne Gott, nachdem sie in gottloser Weise die Macht an sich gerissen haben. Allein, wenn die Arbeiter eine gerechte Teilung der irdischen Güter wollten, müßten sie sich sogleich den Priestern anheimgeben, gleichwie bei dem Tod Jesu die Kleinen und Demütigen sich um die Apostel scharten. Welche Macht würde der Papst haben, über welches Heer würde die Geistlichkeit verfügen, wenn sie die zahllose Menge der Arbeiter befehligen würde! In einer Woche würde man die Welt von den Bösewichtern säubern, die unwürdigen Herren verjagen; es wäre endlich das wahre Reich Gottes; jeder würde nach seinen Verdiensten belohnt werden; das Gesetz der Arbeit würde die allgemeine Wohlfahrt regeln.

Frau Maheu, die ihm zuhörte, glaubte Etienne zu hören, wenn er ihnen an den Augustabenden das Ende ihres Elends ankündigte. Allein, sie hatte gegen die Kutten der Geistlichen stets ein gewisses Mißtrauen gehabt.

„Was Sie uns da erzählen, ist sehr schön, Herr Pfarrer", sagte sie. „Aber sind Sie denn nicht mehr in Übereinstimmung mit den Spießbürgern? ... Alle unsere früheren Pfarrer speisten auf der Direktion und drohten uns mit dem Teufel, wenn wir Brot verlangten."

Er begann von neuem und sprach von dem beklagenswerten Mißverständnis zwischen der Kirche und dem Volk. Jetzt zog er in verhüllten Sätzen gegen die städtischen Pfarrer, gegen die Bischöfe los, die nur den Genüssen und der Herrschsucht leben, in ihrer Verblendung und in ihrem Schwachsinn mit dem liberalen Bürgertum paktieren und nicht sehen, daß eben dieses Bürgertum es ist, welches die Geistlichkeit ihrer Herrschaft über die Welt beraubt. Die Erlösung wird von den Landgeistlichen kommen; sie alle werden sich erheben, um mit Hilfe der Armen und Elenden das Reich Christi wiederherzustellen; und er schien schon an ihrer Spitze zu stehen; er richtete seine knochige Gestalt auf, als Anführer, als Revolutionär des Evangeliums, die Augen von einem solchen Licht erfüllt, daß sie die dunkle Stube erhellten; diese feuereifrige Predigt riß ihn fort, daß er sich in mystischen Worten erging. Diese armen Leute verstanden ihn längst nicht mehr.

„Es ist unnötig, so viele Worte zu machen", brummte Maheu plötzlich, „Sie hätten besser damit angefangen, uns Brot zu bringen."

„Kommt Sonntag zur Messe!" rief der Priester, „Gott wird für alles sorgen."

Und er ging. Er trat bei den Levaque ein, um diese zu belehren, so hochstehend in seinem Traum von dem schließlichen Triumph der Kirche, mit einer solchen Mißachtung der Tatsachen, daß er in dieser Weise die Dörfer durcheilte ohne Almosen, mit leeren Händen durch die Reihen dieser Armen des Hungers ziehend, selbst ein armer Teufel, der die Leiden als einen Ansporn zum Heil betrachtete.

Maheu ging noch immer in der Stube auf und ab; man hörte nichts als seine schweren Tritte, unter denen die Quadern erzitterten. Jetzt vernahm man ein Geräusch wie von einem rostigen Brunnenschwengel: der alte Bonnemort spie in den kalten Kamin. Dann begann wieder die Kadenz der Tritte. Alzire war infolge des Fiebers eingeschlafen und delirierte still; sie lachte in dem Glauben, daß es warm sei und daß sie im Sonnenschein spiele.

,,Nun glüht sie in Fieberhitze", murmelte die Maheu, indem sie dem Kind die Wangen befühlte. ,,Ich erwarte dieses Schwein nicht mehr; die Räuber werden ihm verboten haben, zu kommen."

Sie sprach von dem Arzt und von der Gesellschaft. Dennoch stieß sie einen Freudenruf aus, als sie wieder die Tür aufgehen sah. Aber ihre Arme sanken herab; sie blieb mit düsterem Antlitz aufrecht stehen.

,,Guten Abend", sagte Etienne halblaut, nachdem er die Tür sorgfältig geschlossen hatte.

Oft kam er so, unter dem Schutz des nächtlichen Dunkels. Die Maheu hatten schon am zweiten Tage Kenntnis von seinem Schlupfwinkel erlangt. Aber sie bewahrten das Geheimnis; niemand im Dorf wußte, was aus dem jungen Mann geworden war. Dieses Geheimnis umgab ihn wie eine Legende. Man fuhr fort, an ihn zu glauben; geheimnisvolle Gerüchte waren in Umlauf. Er werde mit einer Armee und mit goldgefüllten Kassen erscheinen. Es war noch immer die inbrünstige Erwartung eines Wunders, das zur Wirklichkeit gewordene Ideal, der plötzliche Einzug in die Stadt der Gerechtigkeit, die er ihnen verheißen hatte. Die einen behaupteten, sie hätten ihn in einer Kalesche, in Gesellschaft von drei Herren, auf der Straße von Marchiennes fahren gesehen; andere versicherten, er habe nur noch zwei Tage in England zu bleiben. Aber mit der Zeit kam das Mißtrauen; einzelne Spaßvögel beschuldigten ihn, daß er sich in einem Keller verborgen halte, wo die Mouquette ihm warm mache; denn dieses sein Verhältnis war bekannt geworden und hatte ihm geschadet. Inmitten seiner Volkstümlichkeit war langsam eine Erkaltung gegen ihn eingetreten, es war das dumpfe Vorwärtsdrängen der Überzeugten, die von Verzweiflung ergriffen wurden und deren Zahl allmählich zunehmen mußte.

,,Welch ein Hundewetter!" fügte er hinzu. ,,Und bei euch nichts Neues? Geht's immer schlecht und schlechter? Man hat mir gesagt, daß der kleine Négrel nach Belgien gegangen sei, um Leute aus dem Borinage anzuwerben. Wenn das wahr ist, sind wir verloren."

Ein Frösteln hatte ihn ergriffen, als er in diese eiskalte, dunkle Stube trat, wo seine Augen sich erst gewöhnen mußten, bis er die Unglücklichen sah, deren Anwesenheit er bisher nur nach den tiefern Schatten vermutet hatte. Er fühlte das Widerstreben, das Mißbehagen des Arbeiters, der über seiner Klasse steht, durch das Studium verfeinert, durch den Ehrgeiz angespornt. Welches Elend! und dieser Geruch und diese Leiber auf einem Haufen und das furchtbare Mitleid, das ihm die Kehle zusammenschnürte! Der Anblick dieses Todeskampfes verstörte ihn in dem Maße, daß er nach Worten suchte, um ihnen die Unterwerfung anzuraten.

Doch Maheu hatte sich heftig vor ihn hingestellt und schrie: ,,Leute aus dem Borinage! Das werden die Kerle nicht wagen! Wenn sie ihre Gruben verwüstet sehen wollen, müssen sie nur belgische Arbeiter anfahren lassen!"

Etienne erklärte mit verlegener Miene, man könne sich nicht rühren; die Soldaten, welche die Gruben bewachen, würden auch die Einfahrt der belgischen Arbeiter sichern. Und Maheu ballte die Fäuste, besonders darüber aufgebracht – wie er sagte –, daß man diese Bajonette im Rücken hatte. Waren denn die Köhler nicht mehr Herren im eigenen Hause? Behandelte man sie als Galeerensträflinge, indem man sie mit geladenen Gewehren zu arbeiten zwang? Er liebte seine Grube, und es verursachte ihm schweren Kummer, daß er seit zwei Monaten nicht mehr eingefahren war. Darum wurde ihm rot vor den Augen bei dem Gedanken an diesen Schimpf, an diese Fremden, mit deren Einfahrt man drohte. Und wenn er sich erinnerte, daß man ihm sein Arbeitsbuch zurückgestellt hatte, brach ihm das Herz.

,,Ich weiß übrigens nicht, weshalb ich mich erzürne", murmelte er. ,,Ich gehöre doch ihrer Baracke nicht mehr an ... Wenn sie mich von hier vertrieben haben werden, dann werde ich wohl auf der Heerstraße verrecken können." – ,,Laß gut sein", sagte Etienne. ,,Wenn du willst, nehmen sie morgen dein Arbeitsbuch wieder. Man entläßt die guten Arbeiter nicht."

Er unterbrach sich erstaunt, weil er Alzire in ihrem Fieberdelirium leise kichern hörte. Er hatte bisher nur den steifen Schatten des Vaters Bonnemort bemerkt, und die Heiterkeit dieses kranken Kindes entsetzte ihn. Es war zuviel des Elends, wenn schon die Kleinen zugrunde gingen. Mit zitternder Stimme entschloß er sich endlich zu sagen:

,,Hör einmal, das kann nicht länger dauern ... wir müssen uns ergeben."

Frau Maheu, bisher unbeweglich und still, brach mit einem Male los, schrie ihm ins Gesicht, duzte ihn und fluchte wie ein Mann. ,,Was sagst du? ... Du sagst das? Himmelherrgott!"

Er wollte ihr Gründe anführen, aber sie ließ ihn nicht zu Worte kommen.

,,Sag es nicht noch einmal, oder ich fahre dir mit den fünf Fingern ins Gesicht, obgleich ich nur ein Weib bin ... Wie, wir sollen zwei Monate gedarbt, ich soll meinen Hausrat verkauft haben, wir sollen krank geworden sein: und all das für nichts? und die Ungerechtigkeit soll von vorne beginnen? ... Ha, wenn ich daran denke, erstickt mich schier das Blut. Nein, nein, eher würde ich alles verbrennen, alles niedermetzeln, als mich ergeben."

Sie zeigte mit einer drohenden Handbewegung auf den im Dunkel stehenden Maheu und sagte: „Höre, wenn mein Mann zur Grube zurückkehrt, bin ich es, die ihn am Weg erwartet, um ihm ins Gesicht zu speien und ihn einen Feigling zu nennen!"

Etienne sah sie nicht, aber er verspürte eine Hitze, etwas wie den heißen Atem eines heulenden Tieres; und er wich betroffen zurück vor dieser Tollwut, die sein Werk war. Er fand sie dermaßen verändert, daß er sie nicht wiedererkannte; sie war ehemals so bedächtig, warf ihm seine Heftigkeit vor, sagte, daß man niemandem den Tod wünschen solle. Jetzt aber wollte sie der Vernunft kein Gehör schenken und sprach davon, alles niederzumetzeln. Nicht er sprach jetzt von Politik, sondern sie; sie wollte mit einem Schlag die Bürger hinwegfegen, forderte die Republik und die Guillotine, um die Erde von diesen diebischen Reichen zu befreien, die von der Arbeit der Hungerleider fett geworden.

„Ja, mit meinen zehn Fingern würde ich sie schinden ... Es ist genug, denke ich. Unsere Zeit ist gekommen, du selbst hast es gesagt ... Wenn ich bedenke, daß der Vater, der Großvater, der Urgroßvater, alle Vorfahren gelitten haben, was wir leiden, und daß unsere Söhne, die Söhne unserer Söhne es gleichfalls leiden werden, so werde ich toll und könnte ein Messer ergreifen ... Wir haben neulich noch nicht genug getan; wir hätten Montsou der Erde gleichmachen sollen bis auf den letzten Ziegel, und ich bedaure nur, verhindert zu haben, daß der Alte die Tochter der Leute von der Piolaine erdrosselte ... Läßt man nicht meine Kleinen durch den Hunger erwürgen?"

Ihre Worte klangen wie Axthiebe im Dunkel der Nacht. Der geschlossene Horizont hatte sich nicht öffnen wollen. In diesem vom Schmerz verdrehten Schädel verwandelte sich das unmöglich gewordene Ideal in Gift und Galle.

„Sie haben mich schlecht verstanden", konnte Etienne endlich sagen, indem er den Rückzug antrat. „Man müßte zu einer Vereinbarung mit der Gesellschaft kommen; ich weiß, daß die Gruben infolge des Streikes großen Schaden leiden; die Gesellschaft würde einem Ausgleich sicherlich zustimmen."

„Nein, nichts!" brüllte sie.

Eben kamen Lénore und Henri mit leeren Händen heim. Ein Herr hatte ihnen zwei Sous geschenkt; aber weil die Schwester dem Brüderchen immer Fußtritte versetzte, waren die zwei Sous in den Schnee gefallen, und da Jeanlin ihnen suchen geholfen hatte, konnten sie nicht mehr gefunden werden.

„Wo ist Jeanlin?" – „Mutter, er ist fortgelaufen; er sagte, er habe zu tun."

Tiefbekümmerten Herzens hörte Etienne diese Erzählung. Ehemals hatte die Maheu ihren Kindern gedroht, ihnen die Hälse umzudrehen, wenn sie es wagen sollten, die Hand auszustrecken. Heute schickte sie selbst die Kleinen auf die Straßen hinaus und sprach davon, daß sie alle, die zehntausend Köhler von Montsou, mit Quersack und Bettelstab das entsetzte Land durchziehen wollen.

Nun wurde der Jammer noch größer in dieser finsteren Stube. Die Kleinen waren hungrig heimgekehrt und wollten essen. Warum aß man nicht? fragten sie. Und sie murrten, schleppten sich auf den Boden herum und traten ihrer sterbenden Schwester auf die Füße, daß sie schmerzlich stöhnte. Außer sich schlug die Mutter im Finstern auf sie los. Dann, als sie lauter schrien und Brot verlangten, brach sie in Tränen aus, sank auf die Fliesen hin, umschloß sie alle, auch die Kranke, in einer Umarmung und weinte lange, lange, hundertmal dieselben Worte stammelnd: „Gott, warum nimmst du uns nicht zu dir? Gott, aus Erbarmen, nimm uns zu dir, um ein Ende zu machen!" Der Großvater verharrte in seiner Unbeweglichkeit eines alten Baumes, den Sturm und Regen gebeugt und gekrümmt haben, während der Vater unablässig zwischen Kamin und Eßschrein hin und her ging, ohne den Kopf zu wenden.

Doch jetzt wurde die Tür geöffnet; dieses Mal war es der Doktor Vanderhaghen.

„Teufel!" schalt er, „euch wird das Kerzenlicht auch nicht die Augen verderben! ... Rasch, rasch, ich habe Eile."

Erschöpft von seiner Berufsarbeit brummte er wie immer. Er hatte glücklicherweise Zündhölzchen bei sich; der Vater mußte deren sechs nacheinander anzünden und ihm leuchten, damit er die Kranke betrachten konnte. Von der Decke befreit, zitterte sie unter dem flackernden Schein des Zündhölzchens, mager wie ein Vöglein, das im Schnee stirbt, und so gebrechlich, daß man nichts als den Höcker sah. Und sie lächelte noch; es war das irre Lächeln einer Sterbenden; die Augen standen weit offen, die dürren Händchen krümmten sich auf der hohlen Brust. Und als die Mutter, vom Schluchzen schier erstickt, fragte, ob es einen Sinn habe, daß ihr – vor ihr – das einzige Kind genommen wird, das ihr in der Hauswirtschaft eine Stütze war, ein so sanftes und verständiges Kind, da erzürnte der Arzt.

„Schau, sie geht von hinnen! ..." rief er. „Sie ist Hungers gestorben, deine Unglückstochter! ... Und sie ist nicht die einzige; nebenan habe ich noch eine gesehen. Ihr ruft mich alle, aber ich kann nichts tun. Ihr braucht Fleisch, um gesund zu werden!"

Maheu hatte das Zündhölzchen fallen lassen, weil es ihm die Finger brannte, und die Finsternis senkte sich wieder auf die kleine, noch warme Leiche. Der Arzt war wieder davongelaufen. Etienne hörte in der finstern Stube nichts mehr als das Schluchzen der Maheu, die immerfort den Tod herbeirief, endlos ihre Klage wiederholend:

„Gott, nimm mich zu dir! Jetzt ist an mir die Reihe! ... Gott, nimm meinen Mann zu dir und die anderen, aus Erbarmen, um ein Ende zu machen!"

III

An einem Dienstag war's, da saß Souvarine schon um acht Uhr allein in der Trinkstube des Wirtshauses „Zum Wohlfeilen Trunk“ an seinem gewohnten Platz, das Haupt an die Mauer gelehnt. Kein einziger Köhler hatte mehr die zwei Sous für einen Schoppen Bier; niemals hatten die Trinkhäuser so wenig Gäste. Frau Rasseneur saß denn auch verdrossen vor ihrem Schankpult, während Rasseneur, vor dem gußeisernen Kamin stehend, mit nachdenklicher Miene dem rötlichen Rauch der Kohle zu folgen schien.

In der tiefen Stille der überheizten Stube wurden plötzlich drei leise Schläge an eine Fensterscheibe hörbar, die Souvarine veranlaßten, den Kopf zu wenden. Er erhob sich, denn er hatte das Zeichen erkannt, dessen Etienne sich schon wiederholt bedient hatte, um ihn zu rufen, wenn er ihn von draußen sah, wie er an einem leeren Tisch sitzend seine Zigarette rauchte. Doch ehe noch der Maschinist die Tür erreichte, hatte Rasseneur sie geöffnet; und als er den Mann erkannte, der in der Helle des Fensters dastand, sagte er zu ihm:

„Hast du Furcht, daß ich dich verrate? ... Ihr werdet hier bequemer plaudern können als auf der Straße.“

Etienne trat ein. Frau Rasseneur bot ihm höflich einen Schoppen an, doch er lehnte mit einer Handbewegung ab. Der Schankwirt fügte hinzu:

„Ich habe längst erraten, wo du dich verbirgst. Wenn ich ein Spion wäre, wie deine Freunde behaupten, hätte ich dir schon seit acht Tagen die Gendarmen schicken können.“ – „Du hast es nicht nötig, dich zu verteidigen“, antwortete der junge Mann, „ich weiß, daß du niemals dieses Brot gegessen hast ... Man kann verschiedene Ansichten haben und sich dennoch gegenseitig schützen.“

Und es trat wieder Stille ein. Souverarine hatte sich wieder auf seinem Sessel niedergelassen, mit dem Rücken an die Wand gelehnt, die Blicke im Rauch seiner Zigarette verloren; aber seine Finger zitterten in einem Fieber der Ungeduld; er fuhr damit über seine Knie, das warme Fell des Kaninchens Pologne suchend, welches an diesem Abend abwesend war. Es war ein unbewußtes Mißbehagen; ihm fehlte etwas, und er wußte nicht was.

Etienne ließ sich auf der andern Seite des Tisches nieder und sagte endlich:

„Morgen wird in der Voreuxgrube die Arbeit aufgenommen. Der kleine Négrel ist mit den Belgiern eingetroffen.“

„Ja, sie sind nach Anbruch der Nacht ausgeladen worden, „murmelte Rasseneur, der neben ihm stand. „Wenn nur nicht wieder ein Gemetzel daraus wird.“

Dann fuhr er mit lauterer Stimme fort: „Ich will mit dir nicht wieder Streit beginnen, aber es wird ein schlimmes Ende nehmen, wenn ihr in eurer Hartnäckigkeit fortfahrt ... Schau, eure Geschichte ist genau dieselbe wie die deiner Internationale. Ich habe vorgestern Pluchart in Lille getroffen, wo ich zu tun hatte. Seine Maschine geht aus den Fugen, wie es scheint.“

Und er führte Einzelheiten an. Der Bund hatte in einem Aufschwung seiner Propaganda, der die Bürgerklasse erzittern machte, die Arbeiter der ganzen Welt erobert und ging jetzt in die Brüche, wurde mit jedem Tag mehr zerstört durch den inneren Kampf der Eitelkeiten und ehrgeizigen Strebungen. Seitdem die Anarchisten in dem Bund triumphierten und die Evolutionisten, welche ursprünglich die Führung hatten, verdrängten, wackelte der ganze Bau; das ursprüngliche Ziel: die Reform des Lohnwesens, ging in dem Zwist der Sekten unter; die so künstlich und scharfsinnig errichteten Rahmen lösten sich im Haß gegen die Disziplin. Und man konnte schon jetzt das klägliche Ende dieser Massenerhebung voraussehen, die einen Augenblick gedroht hatte, mit einem Hauch die alte, verrottete Gesellschaft hinwegzublasen.

„Pluchart ist ganz krank davon“, fuhr Rasseneur fort. „Zudem hat er keine Stimme mehr und dennoch spricht er; ja, er will sogar in Paris sprechen. Er hat mir dreimal wiederholt, daß unser Streik gescheitert ist.“

Etienne schaute zu Boden und ließ ihn ausreden, ohne ihn zu unterbrechen. Er hatte am vorhergehenden Tag mit Kameraden gesprochen und hatte den Hauch des Grolls und des Verdachtes verspürt, die ersten Anzeichen der Volksungunst, welche die Niederlage ankündigten. Und er verharrte in düsterem Schweigen; er wollte seine Niedergeschlagenheit nicht eingestehen angesichts eines Mannes, der ihm vorausgesagt hatte, daß auch ihn die Menge an dem Tage verhöhnen werde, an dem sie für eine Enttäuschung Rache zu nehmen haben werde.

„Gewiß, der Streik ist gescheitert“, sagte er. „Ich weiß dies so gut wie Pluchart. Aber das war ja vorauszusehen. Wir haben mit Widerwillen diesen Streik angenommen; wir haben nicht darauf gezählt, mit der Gesellschaft fertigzuwerden ... Allein, man betäubt sich, man hofft auf allerlei Dinge, und wenn dann die Geschichte schlecht ausgeht, vergißt man, daß man darauf gefaßt sein mußte; man jammert und hadert, wie vor einer urplötzlichen Katastrophe.“

„Nun, wenn du die Partie für verloren hältst, warum bringst du die Kameraden nicht zur Vernunft?“ fragte Rasseneur. Der junge Mann schaute ihn scharf an. „Lassen wir das; es ist genug ... Du hast deine Ideen, ich habe die meinigen. Ich bin bei dir eingetreten, um dir zu zeigen, daß ich dich dennoch achte. Aber ich glaube immerhin, daß, wenn wir in unserem Elend untergehen, unsere verhungerten Gerippe der Sache des Volkes mehr nützen werden als alle weise Politik ... Ach, wenn einer dieser Saukerle von Soldaten mir eine Kugel mitten ins Herz schösse, wie schön wäre es, so zu enden!“

Seine Augen feuchteten sich in diesem Aufschrei, in welchem der geheime Wunsch des Überwundenen sich Luft machte, die Zuflucht, wo er für immer sein Leid hätte begraben wollen.

„Gut gesprochen!“ erklärte Madame Rasseneur mit einem Blick auf ihren Mann, in welchem sich die volle Verachtung ihrer radikalen Ansichten gegen ihn entlud.

Souvarine blickte noch immer traumverloren in die Ferne, tastete mit seinen nervösen Händen herum und schien nichts gehört zu haben. Sein blondes, mädchenhaftes Gesicht mit der dünnen Nase und den spitzigen Zähnchen nahm einen wilden Ausdruck an in einer mystischen Träumerei, in der blutige Visionen vorüberzogen. Und er hatte laut zu träumen begonnen und antwortete auf ein Wort Rasseneurs über die Internationale, welches er inmitten der Unterredung aufgefangen hatte.

„Alle sind Feiglinge; nur einen Mann hat es gegeben, der aus ihrer Maschine das furchtbare Werkzeug der Zerstörung hätte machen können. Aber man müßte wollen. Niemand will, und darum wird die Revolution wieder einmal scheitern."

Er fuhr fort, mit angewiderter Stimme über die Schwachsinnigkeit der Menschen zu klagen, während die anderen verwirrt dasaßen bei diesen im Dunkel gemachten Geständnissen eines Mondsüchtigen. In Rußland wollten die Dinge nicht vorwärtsgehen; er war verzweifelt ob der empfangenen Nachrichten. Seine ehemaligen Kameraden wurden sämtlich zu Politikern; die berüchtigten Nihilisten, vor denen ganz Europa zitterte, Popensöhne, Kleinbürger, Kaufleute: sie erhoben sich nicht über den Gedanken der nationalen Befreiung, schienen an die Erlösung der Welt zu glauben, wenn sie den Despoten getötet haben würden; und sobald er ihnen davon sprach, die alte Menschheit hinwegmähen zu wollen wie eine reife Frucht; sobald er nur das kindische Wort „Republik" aussprach, fühlte er sich unverstanden, beunruhigend, deklassiert, unter die schiffbrüchigen Führer des revolutionären Kosmopolitismus eingereiht. Indes wehrte sich sein Patriotenherz und mit schmerzlicher Bitterkeit wiederholte er sein Lieblingswort:

„Lauter Dummheiten! ... Niemals werden sie mit ihren Dummheiten vom Fleck kommen!"

Dann dämpfte er noch mehr die Stimme und erzählte in bitteren Worten seinen ehemaligen Brüderlichkeitstraum. Er hatte auf seinen Rang und sein Vermögen nur deshalb verzichtet und war unter die Arbeiter nur deshalb gegangen, weil er gehofft hatte, endlich die Gesellschaft der gemeinsamen Arbeit begründet zu sehen. Lange Zeit hatte er seine Taschen geleert, um die Münzen unter die Kinder der Arbeiterdörfer zu verteilen; er hatte den Köhlern gegenüber eine brüderliche Zuneigung bekundet, ihr Mißtrauen belächelt und sie durch seine ruhige Haltung eines pünktlichen, schweigsamen Arbeiters gewonnen. Allein, die Verschmelzung wollte sich entschieden nicht vollziehen; er blieb ihnen ein Fremder, mit seiner Verachtung aller Bande, mit seiner Entschlossenheit, seinen Mut zu bewahren, abseits von allem Ruhm und allen Genüssen. Und er war seit dem Morgen besonders erbittert durch eine Nachricht, die in allen Blättern zu lesen war.

Seine Stimme änderte sich; seine Augen wurden heller und waren jetzt auf Etienne gerichtet, an den er sich wandte.

„Begreifst du diese Hutmacher von Marseille, die das große Los von hunderttausend Francs gewonnen und sogleich Rente gekauft haben, mit der Erklärung, daß sie künftig müßig leben wollen? ... Ja, das ist so eure Idee, ihr französischen Arbeiter: einen Schatz ausgraben und ihn nachher allein verzehren in einem Winkel des Egoismus und des Müßiggangs. Ihr schreit lang gut gegen die Reichen: euch fehlt der Mut, den Armen das Geld wiederzugeben, welches das Glück euch zukommen läßt ... Niemals werdet ihr des Glücks würdig sein, solange ihr etwas besitzen werdet und solange euer Haß gegen die Spießbürger einzig und allein von eurem wütenden Bedürfnisse kommt, euch an die Stelle dieser Spießbürger zu setzen.

Rasseneur brach in ein Gelächter aus; der Gedanke, daß die zwei Hutmacher in Marseille auf das große Los hätten verzichten sollen, schien ihm blöd. Doch Souvarine erbleichte; sein verstörtes Antlitz wurde furchtbar; in einem jener inbrünstigen Wutausbrüche, welche die Völker ausrotten, schrie er:

„Ihr alle werdet weggemäht, niedergeworfen, der Verwesung anheimgegeben werden. Es wird derjenige erstehen, der euer Geschlecht von Feiglingen und Genußmenschen vernichten wird. Seht ihr meine Hände? Wenn meine Hände es vermöchten, würden sie die Erde packen und sie schütteln, bis sie in Stäubchen zerfiele, damit ihr unter den Trümmern liegenbleibt.

„Gut gesagt!" wiederholte Frau Rasseneur mit ihrer höflichen und überzeugten Miene.

Abermals trat Stillschweigen ein. Dann sprach Etienne wieder von den belgischen Arbeitern und befragte Souvarine über die Verfügungen, die man im Voreuxschacht getroffen hatte. Doch der Maschinist war wieder in Nachdenken versunken und antwortete kaum. Er wußte nur, daß Kartuschen an die Soldaten verteilt wurden, welche die Grube bewachen, und das nervöse Spiel seiner Finger auf seinen Knien steigerte sich in einem Maße, daß er sich endlich dessen bewußt wurde, was ihm fehlte: das seidenweiche, beruhigende Fell des Hauskaninchens.

„Wo ist Pologne?" fragte er.

Der Schankwirt blickte auf seine Frau und lachte wieder. Nach einem kurzen Zögern entschloß er sich zu antworten.

„Pologne liegt warm", sagte er.

Seitdem Jeanlin das Kaninchen halb zu Tode gehetzt hatte, hatte es nur mehr tote Junge geworfen. Um es nicht nutzlos zu füttern, hatte man sich just am nämlichen Tage entschlossen, es zu schlachten und mit Kartoffeln zu braten.

„Jawohl, du hast heut abend einen Schenkel davon gegessen und hast dir die Finger danach abgeleckt."

Souvarine hatte nicht sogleich begriffen; dann war er sehr bleich geworden, und ein Ekel zog ihm das Kinn zusammen, während – trotz seines stoischen Willens – zwei schwere Tränen ihm die Augen trübten.

Doch man hatte nicht Zeit, diese seine Erregtheit zu bemerken; die Tür wurde heftig aufgestoßen, und Chaval erschien, Catherine vor sich herschiebend. Nachdem er sich in allen Schenken von Montsou an Bier und Prahlereien berauscht hatte, war er auf den Einfall gekommen, sich zum ,,Wohlfeilen Trunk" zu begeben, um den Kameraden zu zeigen, daß er keine Furcht habe. Er trat ein und schrie seiner Geliebten zu:

,,Du wirst da einen Schoppen Bier trinken, sage ich dir! Und dem ersten, der mich schief ansieht, schlage ich den Schädel ein."

Catherine erbleichte, als sie Etienne erblickte. Als auch Chaval seiner ansichtig wurde, verzog sich sein Gesicht zu einem boshaften Grinsen.

,,Frau Rasseneur, zwei Schoppen! Wir trinken eins, weil die Arbeit wiederaufgenommen wird."

Die Wirtin schenkte wortlos ein; ihr Bier war für jedermann da. Stille war eingetreten; weder der Schankwirt noch die beiden anderen hatten sich von ihrem Platz gerührt.

,,Ich kenne Leute, die gesagt haben, daß ich ein Spion wäre", hub Chaval in anmaßendem Ton wieder an; ,,und ich erwarte, daß sie es mir ins Gesicht sagen, damit man sich endlich auseinandersetzt."

Niemand antwortete; die Männer wandten den Kopf weg und schauten die Wände an.

,,Es gibt Tagediebe, und es gibt Leute, die es nicht sind", fuhr er mit lauter Stimme fort. ,,Ich habe nichts zu verheimlichen; ich habe Deneulins schmutzige Baracke verlassen und fahre morgen im Voreuxschacht mit zwölf Belgiern ein, deren Führung man mir anvertraut hat, weil man mich achtet. Wenn dies jemandem nicht recht ist, soll er es sagen; wir werden darüber reden."

Dann, als seine Herausforderungen mit demselben verächtlichen Schweigen aufgenommen wurden, zürnte er gegen Catherine.

,,Wirst du trinken, Himmelsakrament! Stoßen wir an auf das Krepieren aller Saukerle, die nicht arbeiten wollen!"

Sie stieß an, aber ihre Hand zitterte dabei dermaßen, daß man das leise Klirren der beiden Gläser hörte. Chaval hatte jetzt eine Handvoll Silbermünzen aus der Tasche geholt, die er mit der Aufdringlichkeit eines Berauschten auf dem Tisch ausbreitete, wobei er stammelte, man erwerbe das Geld im Schweiße seines Angesichtes, und die Müßiggänger könnten nicht zehn Sous aufweisen. Die Haltung der Kameraden erbitterte ihn und er ging schließlich zu direkten Beleidigungen über."

,,Des Nachts also kriechen die Maulwürfe hervor? Die Gendarmen scheinen zu schlafen, da man den Räubern begegnet!"

Etienne hatte sich entschlossen, aber sehr ruhig erhoben.

,,Hör einmal, du langweilst mich, sagte er ... Ja, du bist ein Spion; dein Geld stinkt wieder nach irgendeinem Verrat, und es ekelt mich, deine Verräterhaut zu berühren. Gleichviel, ich bin dein Mann; es ist lange genug her, daß einer von uns beiden den andern hätte auffressen sollen."

Chaval ballte die Fäuste. ,,Man muß dir vieles sagen, um dich zu erwärmen, verdammter Feigling", brummte er. ,,Mit dir allein will ich es aufnehmen; du sollst mir alle die Schweinereien entgelten, die man mir zugefügt hat."

Catherine trat mit bittenden Händen zwischen sie; aber sie mußten sie nicht erst zurückdrängen, sie wich selbst langsam zurück, weil sie die Notwendigkeit des Kampfes fühlte. In stummem Entsetzen stand sie regungslos an der Mauer, dermaßen gelähmt, daß sie nicht einmal zitterte; die weit offenen Augen auf die beiden Männer gerichtet, die im Begriffe waren, sich ihrethalben zu töten.

Frau Rasseneur begnügte sich, die Schoppen von dem Schanktisch wegzunehmen, aus Furcht, daß sie zerbrochen werden könnten. Dann setzte sie sich wieder auf ihr Bänkchen, ohne eine ungeziemende Neugierde zu zeigen. Rasseneur hingegen meinte, man könne nicht zugeben, daß zwei alte Kameraden sich in solcher Weise gegenseitig erdrosseln, und er wollte sich durchaus ins Mittel legen; Souvarine mußte ihn bei einer Schulter fassen und zum Tische zurückführen, wobei er sagte: ,,Das geht dich nichts an ... Einer ist zu viel; der stärkere muß am Leben bleiben."

Ohne den Angriff abzuwarten, hatte Chaval seine geballten Fäuste in die Luft gestreckt. Er war der größere, schlottrig, nach dem Gesicht zielend mit beiden Armen, die er wütend auf- und niederfahren ließ, als handhabte er zwei Säbel. Dabei redete er immerfort, posierte für die Zuschauer, ließ ganze Breitseiten von Beschimpfungen los, die ihn noch mehr aufregten.

,,Ha, verdammter Kerl, ich werde deine Nase haben! Deine Nase will ich mir irgendwohin stecken! ... Gib deine Fratze her, Hurenspiegel, daß ich einen Brei für die Schweine daraus mache! Wir werden dann sehen, ob die Dirnen dir noch nachrennen!"

Stumm, mit zusammengepreßten Zähnen stemmte Etienne seine kleine Gestalt fest auf, kämpfte regelrecht, Brust und Gesicht mit beiden Fäusten deckend; so spähte er nach den Blößen des Gegners, die Arme mit der Strammheit von Sprungfedern ausstreckend und dem Gegner furchtbare Stöße versetzend.

Anfänglich fügten sie einander wenig Schaden zu. Die geräuschvollen Mühlräder des einen, die kühle, zuwartende Haltung des andern verlängerten den Kampf. Ein Sessel wurde umgeworfen; ihre plumpen Schuhe zerstampften den weißen Sand, mit dem der Fußboden bestreut war. Aber allmählich kamen sie außer Atem; man hörte sie röcheln, während ihre roten Gesichter anschwollen, wie von der Gewalt eines inneren Feuerherds, dessen Flammen man durch die klaren Höhlen ihrer Augen sah.

,,Getroffen!" heulte Chaval. ,,Das sitzt auf deinem Gerippe!"

In der Tat hatte seine Faust, gleich einer schief niederfahrenden Geißel, die Schulter seines Gegners getroffen. Dieser unterdrückte ein schmerzliches Grunzen; man hörte nur ein weiches Geräusch, den dumpfen Schlag auf die Muskeln. Etienne erwiderte mit einem geradeaus, mitten in die Brust geführten Stoß, der den andern niedergestreckt hätte, wenn er mit seinen fortwährenden Bocksprüngen sich nicht gerettet hätte. Indes traf ihn der

Streich in die linke Seite noch mit solcher Wucht, daß er wankte und ihm der Atem ausblieb. Er wurde von seiner Wut übermannt, weil er seine Arme schlaff werden fühlte, und er zielte mit dem Stiefelabsatz nach dem Bauch seines Gegners.

,,Nimm das für deine Eingeweide!" röchelte er; sie sollen mal raus ins Freie!"

Etienne wich dem Stoß aus, dermaßen entrüstet über diese Verletzung der Regeln, daß er sein Stillschweigen brach.

,,Schweig, Vieh!" sagte er; ,,und die Füße weg, sonst nehme ich einen Stuhl, um dich totzuschlagen!"

Und nun nahm der Kampf eine ernstere Wendung. Rasseneur war empört und hätte sich abermals ins Mittel gelegt, hätte der strenge Blick seiner Frau ihn nicht zurückgehalten. Haben denn zwei Trinkgäste nicht das Recht, ihre Sache im Wirtshaus auszutragen? Er begnügte sich denn, sich vor den Kamin hinzustellen, weil er fürchtete, daß sie ins Feuer stürzen könnten. Souvarine hatte sich mit seiner ruhigen Miene eine Zigarette gedreht, welche er indes anzubrennen vergaß. Catherine stand noch immer unbeweglich an die Mauer gelehnt; nur ihre Hände hatte sie unbewußt an ihrem Körper emporgehoben; und hier krümmten sie sich und rissen in regelmäßigen Zuckungen an dem Stoff ihres Kleides. Ihre Anstrengung war nur darauf gerichtet, nicht zu schreien, nicht einen der beiden dadurch zu töten, daß sie einen Ruf der Bevorzugung ausstößt, im übrigen war sie dermaßen außer sich, daß sie nicht mehr wußte, wen sie vorziehe.

Chaval war bald erschöpft; in Schweiß gebadet schlug er auf gut Glück drein. Obgleich schon in Zorn geraten, fuhr Etienne fort, sich zu decken, parierte fast alle Hiebe, deren einige ihn streiften. So wurde ihm ein Ohr gespalten, ein Stück Haut vom Halse weggerissen; letzteres verursachte ihm einen so brennenden Schmerz, daß er einen Fluch ausstieß und einen seiner geraden Stöße führte. Chaval sprang wieder beiseite und schützte so seine Brust; aber er hatte sich gebückt und die Faust traf ihn im Gesicht, zerschlug ihm die Nase und ein Auge. Ein Blutstrahl schoß aus der Nase hervor, das Auge schwoll an und wurde blau. Geblendet durch den roten Strom, betäubt durch die Erschütterung seines Schädels, fuchtelte der Erbärmliche mit den Armen blindlings in der Luft herum, als ein zweiter Streich ihn mitten an der Brust traf und ihm den Rest gab. Es gab ein Krachen, und er sank rücklings nieder, schwer wie ein Sack Gips, der niedergeworfen wird.

Etienne wartete.

,,Erhebe dich", sagte er, ,,wenn du noch willst, können wir von neuem anfangen."

Chaval antwortete nicht; er war eine Weile ganz betäubt, dann begann er sich auf dem Boden zu regen und die Glieder zu recken. Mühselig raffte er sich auf, blieb einen Augenblick auf den Knien, wie eine Kugel, und kramte in seiner Tasche herum. Dann, als er sich erhoben hatte, stürzte er sich mit wildem Geheul abermals auf seinen Gegner.

Doch Catherine hatte gesehen und unwillkürlich entfuhr ihrem Herzen ein lauter Schrei; und sie selbst war darüber erstaunt wie über das Geständnis einer Bevorzugung, die ihr selbst unbekannt gewesen.

,,Gib acht! Er hat sein Messer!"

Etienne hatte knapp Zeit, den ersten Stoß mit seinem Arm aufzufangen. Der Wollstoff seiner Jacke wurde von der dicken Klinge durchschnitten, von einer jener Klingen, die durch einen kupfernen Ring in einem Heft von Buchsholz befestigt sind. Schon hatte er Chaval am Handknöchel gepackt und es entspann sich ein furchtbarer Kampf, denn er wußte, daß er verloren sei, wenn er lockerließ; der andere suchte mit unablässigem Ruck seine Hand freizumachen, um zuzustoßen. Die Waffe senkte sich nach und nach; ihre steifen Glieder ermatteten; zweimal schon hatte Etienne den kalten Stahl an seiner Haut gefühlt, und er mußte eine äußerste Anstrengung machen; er preßte den Handknöchel mit solcher Gewalt, daß das Messer der offenen Hand entfiel. Beide hatten sich zu Boden geworfen; er war es, der das Messer ergriff und es nun gegen den andern zückte. Er kniete auf Chaval und drohte ihm das Messer in den Hals zu stoßen.

,,Verdammter Verräter!" rief er. ,,Du mußt hinwerden!"

Eine scheußliche Stimme erhob sich in ihm und betäubte ihn. Es kam aus seinen Eingeweiden und pochte in seinem Schädel gleich Hammerschlägen; es war eine plötzliche Mordgier, das Bedürfnis, Blut zu trinken. Noch niemals hatte der Anfall ihn dermaßen gepackt. Und doch war er nicht berauscht. Und er kämpfte gegen das Erbübel mit dem verzweifelten Beben eines Liebeswütigen, der am Rande der Notzucht mit sich selbst kämpft. Und er überwand sich schließlich und warf das Messer hinter sich, wobei er mit rauher Stimme murmelte: ,,Steh auf und geh!"

Jetzt eilte Rasseneur herbei, aber ohne sich zu sehr zwischen sie zu wagen, aus Furcht, einen argen Hieb wegzubekommen. Er wollte nicht, daß man sich in seinem Hause abschlachte, und er geriet in einen solchen Zorn, daß seine Frau, die jetzt vor dem Schankpult stand, zu ihm sagte, daß er immer zu früh schreie. Souvarine, dem das Messer schier in die Beine gefahren war, entschloß sich endlich, seine Zigarette anzubrennen. War's denn aus? fragte er sich. Catherine schaute noch immer; sie war ganz blöd vor den zwei Männern, die beide lebten.

,,Geh!" wiederholte Etienne, ,,geh, oder ich mache dir den Garaus!"

Chaval erhob sich und wischte mit dem Handrücken das Blut weg, das noch immer reichlich aus seiner Nase floß; und mit seiner blutbeschmierten Kinnlade und dem blaugeschlagenen Auge wankte er hinaus, wütend über seine Niederlage. Catherine folgte ihm mechanisch. Doch da richtete er sich auf, und sein Haß brach in einer Flut unflätiger Schimpfreden los.

,,Nein, nein!" rief er, ,,da du ihn haben willst, schlafe

mit ihm, schmutziges Vieh! Du sollst keinen Fuß mehr in meine Stube setzen, wenn deine Haut dir lieb ist!“
Er schlug heftig die Tür zu. Tiefe Stille herrschte in der warmen Stube, wo man nur das leise Schnurren der Kohle hörte. Auf dem Boden war nichts mehr zu sehen als der umgestürzte Sessel und die Blutstropfen im Sande.

IV

Nachdem sie Rasseneurs Wirtshaus verlassen hatten, schritten Etienne und Catherine schweigend nebeneinander hin. Es begann das Tauwetter, ein kaltes, langsames Auftauen, das den Schnee beschmutzte, ohne ihn zu schmelzen. An dem fahlen Himmel barg sich der Vollmond kaum sichtbar hinter dichten Wolken, schwarzen Fetzen, die ein Sturm in unermeßlicher Höhe wütend dahinjagte. Auf der Erde wehte kein Hauch; man hörte nur den schmelzenden Schnee von den Dächern tropfen und zuweilen in größeren, weißen Massen mit weichem Fall herniederstürzen.
Verlegen angesichts dieses Weibes, das ihm aufgehalst worden war, fand Etienne in seinem Unbehagen nichts zu sagen. Der Gedanke, sie mitzunehmen und bei sich im Réquillartschacht zu verbergen, schien ihm unsinnig. Er hatte sie nach dem Dorfe, zu ihren Eltern führen wollen, aber sie hatte sich mit einer Miene des Entsetzens geweigert; nein, nein; alles eher, als ihnen zur Last fallen, nachdem sie sie so schmählich verlassen hatte. Und keines von beiden sprach mehr; sie gingen aufs Geratewohl die Wege dahin, die das Tauwetter in Schlammflüsse verwandelt hatte. Zuerst waren sie in der Richtung nach dem Voreux gegangen; dann wandten sie sich rechts und schritten zwischen dem Hügel und dem Kanal dahin.
„Du mußt doch irgendwo schlafen“, sagte er endlich. „Wenn ich nur eine Stube hätte, würde ich dich gern mitnehmen ...“
Doch eine Regung seltsamer Scheu unterbrach ihn. Er erinnerte sich seiner und ihrer Vergangenheit, ihrer heftigen Begierden von ehemals und der Scham und der Scheu, welche sie hinderten, sich zu verbinden. Trug er denn noch immer Verlangen nach ihr, fragte er sich, daß er sich so verlegen, sein Herz von einem neuen Verlangen erwärmt fühlte? Die Erinnerung an die Maulschellen, die sie in Gaston-Marie ihm gegeben hatte, erregte ihn jetzt, anstatt ihn zu erzürnen. Er war überrascht von all diesen Empfindungen; die Idee, sie zu seinem Versteck in der Réquillartgrube mitzunehmen, schien ihm jetzt ganz natürlich und leicht durchführbar.
„Nun, entschließe dich, wohin soll ich dich führen? ... Mißachtest du mich denn, weil du dich weigerst, dich mit mir zu verbinden?“
Sie folgte ihm langsam und schwer, weil sie mit ihren Holzschuhen in den Fahrgeleisen immer ausrutschte. Ohne den Kopf zu heben, flüsterte sie: „Ich habe Kummer genug, kränke mich nicht noch mehr. Wohin würde dein Verlangen nunmehr führen, da ich einen Liebhaber habe und du eine Geliebte hast?“
Sie sprach von der Mouquette. Sie glaubte, er lebe mit diesem Mädchen, wie dies seit zwei Wochen erzählt wurde; und als er schwor, daß dies nicht wahr sei, schüttelte sie den Kopf und erinnerte ihn an den Abend, da sie gesehen hatte, wie sie sich küßten.
„Wie schade um alle die Dummheiten!“ hub er wieder an, indem er stehenblieb. „Wir würden uns so gut vertragen haben.“
Sie schauerte zusammen und antwortete dann:
„Bedaure es nicht, du hast nicht viel verloren. Wenn du wüßtest, wie hinfällig ich bin, nicht dicker als ein Stückchen Butter für zwei Sous und dabei so schlecht gebaut, daß ich niemals ein Weib werde, gewiß nicht!“
Und sie fuhr in freimütigem Ton fort; sie beschuldigte sich wegen der langen Verzögerung ihrer weiblichen Reife, als ob es ihr Vergehen wäre. Trotzdem sie schon mit einem Mann lebte, blieb sie dadurch kleiner, in die Reihe der Kinder zurückversetzt. Wenn man wenigstens ein Kind machen kann, hat man doch eine Entschuldigung.
„Arme Kleine!“ sagte Etienne leise, von tiefem Mitleid ergriffen.
Sie befanden sich am Fuße des Hügels, in dem tiefen Schatten des riesigen Erdhaufens geborgen. Ein tiefschwarzes Gewölk zog eben am Mond vorüber; sie sahen ihre Gesichter nicht mehr; ihre Atemzüge flossen ineinander und ihre Lippen suchten sich zu dem Kuß, dessen Verlangen sie ehemals monatelang gequält hatte. Doch plötzlich erschien der Mond wieder, und sie sahen über ihren Köpfen, hoch auf dem lichtübergossenen Gipfel, die Schildwache vom Voreux kerzengerade stehen. Und noch ehe sie sich geküßt hatten, trennte sie ein Gefühl der Scham, jene Scham von ehemals, in die sich der Zorn mengte, ein unbestimmter Widerwille und sehr viel Freundschaft. Sie machten sich wieder auf den Weg, mühselig bis zu den Knöcheln im Morast watend.
„Also ausgemacht, du willst nicht?“ fragte Etienne.
„Nein“, sagte sie. „Du nach Chaval, wie? und nach dir ein anderer ... Nein, das ekelt mich; ich finde kein Vergnügen dabei, warum soll ich es tun?“
Sie schwiegen und gingen wieder etwa hundert Schritte, ohne ein Wort auszutauschen.
„Weißt du wenigstens, wohin du gehst?“ fragte er dann. „Ich kann dich in einer solchen Nacht nicht auf der Straße lassen.“ Sie antwortete einfach: „Ich gehe nach Hause. Chaval ist mein Mann; ich habe nicht anderswo zu schlafen als bei ihm.“ – „Aber er wird dich totschlagen!“
Sie schwieg und zuckte nur resigniert mit den Achseln. Er wird sie prügeln, und wenn er müde wird, dann wird er aufhören. War das nicht immer noch besser, als sich auf den Straßen herumzutreiben wie eine Metze? Übrigens war sie an die Schläge gewöhnt und sagte sich zu ihrem Trost, daß unter zehn Mädchen acht es nicht besser trä-

fen als sie. Wenn ihr Liebhaber sie eines Tages zur Frau nimmt, so wird dies von ihm dennoch ganz schön sein.

Etienne und Catherine hatten ihre Schritte mechanisch gen Montsou gelenkt, und in dem Maße, als sie sich dem Ort näherten, wurden sie immer schweigsamer. Es war, als wären sie gar nicht mehr beisammen. Er fand nichts mehr zu sagen, um sie zu überzeugen, trotzdem es ihn tief bekümmerte, sie zu Chaval zurückkehren zu sehen. Ihm brach das Herz, aber er hatte ihr nichts Besseres anzubieten; sein Leben war das erbärmliche Dasein eines Flüchtigen, eine Nacht ohne Morgen, wenn die Kugel eines Soldaten ihm den Kopf zerschmetterte. Vielleicht war es in der Tat klüger, zu leiden, was man litt, ohne es mit einem anderen Leid zu versuchen. Und er geleitete sie gesenkten Hauptes zu ihrem Liebhaber zurück und fand kein Wort des Widerspruchs, als sie bei dem Werkhof in der Hauptstraße, etwa zwanzig Meter von Piquettes Wirtshaus, stehenblieb und ihm sagte:

„Komm nicht weiter. Wenn er dich sähe, gäbe es wieder eine häßliche Geschichte."

Im Kirchturm schlug es elf Uhr; das Wirtshaus war geschlossen, aber durch die Ritzen der Tür sah man noch Licht.

„Lebewohl!" flüsterte sie.

Sie hatte ihm die Hand gereicht, und er behielt sie in der seinigen, so daß sie ihm sie mit sanfter Gewalt entziehen mußte, um sich von ihm zu trennen. Ohne den Kopf zu wenden, trat sie bei der kleinen Haustür ein. Aber er ging noch nicht fort, blieb auf demselben Platze stehen, die Augen auf das Haus gerichtet, voll Angst darüber, was da drinnen geschehen mochte. Er spitzte die Ohren und zitterte, daß er das Geheul eines geprügelten Weibes hören könnte. Das Haus blieb dunkel und still; er sah bloß ein Fenster des ersten Stockwerks sich erhellen; und da dieses Fenster sich öffnete und er einen schmalen Schatten erkannte, welcher sich hinausbeugte, trat er näher.

Catherine flüsterte ganz leise:

„Er ist noch nicht heimgekehrt. Ich lege mich schlafen... Ich bitte dich, geh."

Etienne ging. Das Tauwetter nahm zu; ein Sturzregen ergoß sich von den Dächern; der Schweiß rann von den Mauern, von den Pfahlhecken, von allen den undeutlich sichtbaren, im Dunkel der Nacht verlornen Massen dieser Fabriksvorstadt. Zunächst lenkte er seine Schritte nach Réquillart, krank von Ermüdung und Trauer, nur mehr von dem Bedürfnis erfüllt, unter der Erde zu verschwinden, dort zunichte zu werden. Dann erfaßte ihn wieder die Erinnerung an die Voreuxgrube; er dachte an die belgischen Arbeiter, die dort einfahren sollten, an die Kameraden aus dem Arbeiterdorf, die gegen die Soldaten erbittert und entschlossen waren, keine Fremden in ihrer Grube zu dulden. Und er ging von neuem längs des Kanals hin, inmitten der Pfützen von geschmolzenem Schnee.

Als er bei dem Hügel ankam, schien der Mond sehr hell. Er erhob die Augen, blickte zum Himmel empor, an dem die Wolken dahinjagten, getrieben von dem Sturm, der dort oben wütete und sie in weiße Fetzen zerriß, ganz dünn, von der unklaren Durchsichtigkeit trüben Wassers auf der Oberfläche des Mondes; und sie folgten einander so schnell, daß das Gestirn bald verhüllt war, bald wieder in seiner vollen Klarheit hervortrat.

Den Blick von diesem reinen Licht erfüllt, senkte Etienne das Haupt, als ein Schauspiel auf dem Gipfel des Hügels seine Aufmerksamkeit auf sich zog. Starr vor Kälte ging jetzt die Schildwache auf und ab, fünfundzwanzig Schritte in der Richtung von Marchiennes und dann fünfundzwanzig in der Richtung von Montsou. Man sah das Bajonett blitzen oberhalb dieser Schattengestalt, die sich vom fahlen Nachthimmel scharf abzeichnete. Was den jungen Mann hauptsächlich interessierte, war, daß er hinter der Steinhütte, in welcher der alte Bonnemort in stürmischen Nächten Schutz zu suchen pflegte, einen beweglichen Schatten sah, etwas wie ein kriechendes Tier auf der Lauer; Etienne erkannte in dem Schatten sofort Jeanlin an seinem langen, dürren Rückgrat. Die Schildwache konnte ihn nicht bemerken. Der Höllenrange hatte gewiß irgendeinen schlimmen Streich vor; denn er kam aus dem Zorn gegen die Soldaten nicht heraus und fragte immer, wann man diese Mörder los sein werde, die man mit Flinten aussendet, um die Menschen zu töten.

Etienne schwankte einen Augenblick, ob er ihn anrufen solle, um ihn zu hindern, eine Dummheit zu begehen. Der Mond hatte sich verborgen; er sah den Jungen niederhocken, wie zum Sprung bereit; doch der Mond kam wieder zum Vorschein und der Junge verblieb in seiner hockenden Stellung. Bei jeder Wendung kam die Schildwache bis zu der steinernen Hütte, machte dann kehrt und ging wieder ab. Plötzlich – als wieder ein Gewölk den Mond verdunkelte – sprang Jeanlin mit dem ungeheuren Satz einer Wildkatze dem Soldaten auf die Schultern, hakte sich dort fest und stieß ihm das offen gehaltene Messer in den Hals. Die härene Halsbinde leistete Widerstand; der Junge mußte mit beiden Händen auf das Heft drücken und mit dem ganzen Gewicht seines Körpers sich daran hängen. Oft hatte er Hühner geschlachtet, die er hinter den Pachthöfen abgefangen hatte. Das Ganze spielte sich so schnell ab, daß es nur einen unterdrückten Schrei in der Stille der Nacht gab, während das Gewehr klirrend zu Boden fiel. Schon leuchtete der Mond wieder ganz hell.

Starr vor Entsetzen schaute Etienne noch immer. Der Anruf erstarb in der Tiefe seiner Brust. Der Hügel oben war leer; kein Schatten hob sich mehr von der scheuen Flucht der Wolken ab. Er eilte hinan und fand Jeanlin auf allen vieren neben der Leiche, die mit ausgebreiteten Armen rücklings lag. In dem hellen Mondschein hoben sich das rote Beinkleid und die graue Kapuze vom weißen Schnee scharf ab. Kein Tropfen Blut war geflossen; das Messer stak noch bis zum Heft im Halse.

Mit einem wütenden Faustschlag streckte er den Jungen zu Boden, daß er neben die Leiche hinfiel.

„Warum hast du das getan?" stammelte er außer sich.

Jeanlin raffte sich auf, kroch auf den Händen fort, mit einem katzenartigen Anschwellen seines mageren Rükkens; und seine breiten Ohren, seine grünen Augen, seine vorspringenden Kinnladen zitterten und flammten noch in der Erschütterung seiner Missetat.

„Donner Gottes, warum hast du das getan?"

„Ich weiß nicht; ich hatte das Verlangen."

Er beharrte bei dieser Antwort. Seit drei Tagen hatte er dieses Verlangen. Es quälte ihn; der Kopf tat ihm weh davon, da, hinter den Ohren, so beharrlich dachte er daran. Hatte man diese Saukerle von Soldaten zu schonen, welche die Köhler in ihrem eigenen Heim belästigten? Von den heftigen Reden im Wald; von den Rufen nach Verwüstung und Tod, die durch die Gruben hallten, waren ihm fünf oder sechs Worte im Schädel geblieben, die er immerfort wiederholte, wie ein Straßenjunge, der „Revolution" spielt. Und er wußte nicht mehr; niemand hatte ihn gedrängt; es war ihm ganz von selbst gekommen, etwa so, wie ihm die Lust kam, von einem Feld Zwiebeln zu stehlen.

Ensetzt über dieses dumpfe Gedeihen des Verbrechens in diesem Kinderschädel versetzte er ihm noch einen Fußtritt wie einem unbewußt handelnden Tier. Er zitterte, daß der in der Voreuxgrube aufgestellte Militärposten den unterdrückten Schrei der Schildwache gehört haben könnte; jedesmal, wenn der Mond hervortrat, warf er einen ängstlichen Blick nach der Grube. Aber es hatte sich nichts gerührt; und er neigte sich vor, betastete die allmählich erstarrenden Hände, horchte nach dem Schlag des stillstehenden Herzens des ermordeten Soldaten. Man sah von dem Messer nichts als das Heft, in welchem das galante Wort „Liebe" in schwarzen Lettern eingraviert war.

Vom Hals wandten sich seine Blicke zum Gesicht, und er erkannte den kleinen Soldaten Jules, den Rekruten, mit dem er eines Morgens geplaudert hatte. Und tiefes Mitleid erfaßte ihn beim Anblick dieses blonden, mit rötlichen Sommersprossen übersäten Gesichts. Die blauen Augen standen weit offen und schauten zum Himmel empor, mit jenem starren Blick, mit dem er neulich am Horizont seine Heimat gesucht hatte. Wo war jenes Plogof, das gleichsam in blendendem Sonnenschein vor ihm aufgetaucht war? Weit, weit. Das Meer heulte fern in dieser sturmbewegten Nacht. Der Wind, der so hoch dahinfuhr, war vielleicht auch über das kahle Küstenland hinweggestrichen, wo der kleine Soldat zu Hause war. Dort standen zwei Frauen, die Mutter und die Schwester, hielten ihre Hauben fest, damit der Wind sie nicht entführe, und schauten gleichfalls in die Ferne, als hätten sie sehen können, was der kleine Soldat zu dieser Stunde machte, jenseits der Hunderte von Meilen, die sie trennten. Sie werden künftig lange, lange auf ihn warten. Wie abscheulich ist es, wenn die Armen untereinander sich für die Reichen töten!

Doch die Leiche mußte fortgeschafft werden. Etienne dachte zuerst daran, sie in den Kanal zu werfen. Die Gewißheit, daß man sie dort finden würde, brachte ihn davon wieder ab. Und nun geriet er in die höchste Angst; die Minuten drängten; welchen Entschluß sollte er fassen? Er hatte eine plötzliche Eingebung: wenn er die Leiche bis zur Réquillartgrube schaffen könnte, so wüßte er sie daselbst für immer zu vergraben.

„Komm her!" sagte er zu Jeanlin. Der Junge traute ihm nicht. „Nein, du willst mich prügeln. Überdies habe ich zu tun. Gute Nacht!"

In der Tat hatte er mit Bébert und Lydie ein Stelldichein verabredet in einem Versteck, einem Loch, das sie unter den Holzvorräten der Voreuxgrube sich zurechtgemacht hatten. Es war ein Ausflug zwischen den drei Kindern vereinbart worden; sie wollten die Nacht über von zu Hause ausbleiben, um dabeizusein, wie die belgischen Arbeiter bei der Einfahrt mit Steinen beworfen würden.

„Komm hierher", wiederholte Etienne, „oder ich rufe die Soldaten, die dir den Kopf abschneiden werden."

Und als Jeanlin sich entschloß, rollte er sein Taschentuch zusammen und band es fest um den Hals des Soldaten, ohne das Messer herauszuziehen, das den Blutfluß hinderte. Der Schnee schmolz, und es gab auf dem Boden weder eine rote Pfütze noch die Spuren eines Gestampfes, welche ein Ringen verraten haben würden.

„Fasse ihn an den Beinen."

Jeanlin faßte den toten Soldaten bei den Beinen, Etienne bei den Schultern, nachdem sie das Gewehr auf seinem Rücken befestigt hatten. Und langsam stiegen sie mit ihrer Last den Hügel hinab, sorgfältig darauf achtend, daß die Steine nicht ins Rollen gebracht wurden. Glücklicherweise hatte der Mond sich wieder verhüllt, aber als sie längs des Kanals forteilten, erschien er wieder in seiner vollen Klarheit. Es war ein Wunder, wenn der Militärposten sie nicht sah. Stillschweigend beschleunigten sie ihre Schritte, gehindert durch das Schaukeln des Leichnams und genötigt, alle hundert Meter die Last auf den Boden zu legen, um sich ein wenig zu verschnaufen. An der Ecke des Réquillartgäßchens hörten sie ein Geräusch, das ihnen das Blut in den Adern erstarren machte; sie hatten knappe Zeit, sich hinter einer Mauer zu verbergen, um nicht einer Patrouille in die Hände zu fallen. Weiterhin wurden sie durch einen Mann überrascht; doch dieser war berauscht und entfernte sich unter Verwünschungen. Endlich kamen sie bei der alten Grube an, schweißbedeckt und dermaßen verstört, daß ihre Zähne klapperten.

Etienne hatte richtig vermutet, daß es nicht leicht sein würde, den Leichnam durch den Schacht der Steigleitern hinunterzuschaffen. Es war eine furchtbar mühselige Arbeit. Vor allem mußte Jeanlin, der oben blieb, den Körper hinabgleiten lassen, während Etienne, an dem Gestrüpp hängend, ihn begleitete, um ihm über die ersten zwei Absätze hinwegzuhelfen, wo einzelne Sprossen gebrochen waren. Dann mußte er bei jeder Leiter dasselbe Manöver von vorne beginnen, voraus hinabsteigen und den Körper in seinen Armen auffangen; und das ging so über dreißig Leitern, zweihundertundzehn Meter tief, und auf jeder Leiter fühlte er immer wieder den Körper auf sich niederfallen, wobei das Gewehr seinen Rücken bearbeitete. Er hatte nicht zugegeben, daß der Knabe das Stückchen Kerze hole, mit welchem er geizte. Wozu denn auch? Das Licht wäre ihnen nur hinderlich in diesem engen Schlund. Doch als sie atemlos im Auffahrtsaal angekommen waren, schickte er den Kleinen die Kerze holen. Er setzte sich nieder und erwartete ihn im Finstern, neben der Leiche, mit stürmisch pochendem Herzen.

Als Jeanlin mit dem Licht erschien, beriet sich Etienne mit ihm; denn der Knabe hatte diese alten Gänge durchforscht bis zu den geheimsten Spalten, wohin kein erwachsener Mann vordringen konnte. Sie setzten ihren Weg fort und schleppten den Toten durch eine Unzahl verfallener Stollen noch fast einen Kilometer weit. Endlich gelangten sie an eine Stelle, wo die Wölbung sich tief herabsenkte, so daß sie sich auf den Knien fortbewegten unter einem Rutschfelsen, welcher mit halb geborstenen Hölzern gestützt war. Es war eine Art lange Kiste, in die sie den kleinen Soldaten wie in einen Sarg betteten. Sie legten das Gewehr ihm zur Seite, dann stießen sie mit den Stiefelabsätzen gegen die Hölzer, daß sie vollends zerbrachen, auf die Gefahr hin, selbst die Knochen dabei zu lassen. Sogleich barst der Felsen; sie hatten knapp Zeit, auf allen vieren wegzukriechen. Als Etienne sich umwandte, weil er sehen wollte, was geschah, dauerte die Senkung des Gewölbes fort; die ungeheure Last zermalmte allmählich den Leichnam; nichts blieb mehr übrig, nichts als die dichte Erdmasse.

Als Jeanlin in seine Verbrecherhöhle zurückgekehrt war, streckte er sich auf seinem Heulager aus, indem er von Müdigkeit gebrochen murmelte:

„Die Rangen sollen warten; ich will ein Stündchen schlafen."

Etienne hatte die Kerze ausgelöscht, von der nur mehr ein kleines Stückchen übriggeblieben war. Auch er war wie gebrochen, fühlte aber keinen Schlaf; schmerzliche Gedanken bearbeiteten seinen Schädel wie mit Hammerschlägen. Und von allen den Gedanken blieb bald nur ein einziger übrig und quälte und ermüdete ihn mit einer Frage, auf die er keine Antwort wußte: warum hatte er den Chaval nicht niedergemacht, als er ihn unter seinem Messer hatte? Und warum hatte dieser Knabe einen Soldaten umgebracht, der ihm völlig unbekannt war, dessen Namen er nicht einmal wußte? Dies warf alle seine revolutionären Glaubenssätze um: den Mut zu töten, das Recht zu töten. Wäre er feige? Der Knabe auf seinem Heulager hatte zu schnarchen begonnen; es war das Schnarchen eines Betrunkenen, als hätte er seinen Mordrausch auszuschlafen. Etienne fühlte sich gereizt und angewidert, weil er ihn da wußte, da hörte. Plötzlich schauerte er zusammen: der Hauch der Furcht war ihm über das Gesicht gefahren. Ein leichtes Streifen, ein Schluchzen schien ihm aus den Tiefen der Erde hervorzukommen. Das Bild des kleinen Soldaten, der mit seinem Gewehr da unter den Felsen lag, ließ sein Rückgrat zu Eis erstarren und seine Haare sich sträuben. Es war unsinnig: die ganze Grube füllte sich mit Stimmen; er mußte die Kerze wieder anzünden und beruhigte sich erst, als er bei dem fahlen Schein die leeren Galerien wieder sah.

Noch eine Viertelstunde saß er nachdenklich da, immer von dem nämlichen Kampf durchrüttelt, die Augen starr auf die brennende Kerze gerichtet. Doch endlich gab es ein leises Knistern, der Docht erlosch und alles versank wieder in Finsternis. Er fröstelte wieder und hätte Jeanlin ohrfeigen mögen, um ihn zu hindern, daß er so stark schnarche. Die Nähe des Knaben wurde ihm so unerträglich, daß er flüchtete, von einem Bedürfnis nach frischer Luft gequält, durch die Galerien und durch den Schacht eilend, als würde ein Schatten hinter ihm einherjagen.

Oben angelangt, inmitten der Trümmer der Réquillartgrube, konnte Etienne endlich mit voller Lunge Atem schöpfen. Da er nicht zu töten wagte, war es an ihm, zu sterben; und dieser Todesgedanke, der ihn schon einmal gestreift hatte, tauchte jetzt wieder auf, setzte sich wie eine letzte Hoffnung in seinem Schädel fest. Wenn er einen tapfern Tod fände, für die Revolution fiele, dann wäre alles aus, seine Rechnung abgeschlossen – gleichviel ob ihm Gutes oder Schlimmes beschieden war –, und er würde nimmer zu denken haben. Wenn seine Kameraden die belgischen Arbeiter angreifen sollten, würde er in der ersten Reihe stehen und würde wohl das Glück haben, einen tödlichen Streich wegzubekommen. Festen Schrittes kehrte er zur Voreuxgrube zurück, um dort Umschau zu halten. Es schlug zwei Uhr, und ein großer Lärm kam aus dem Aufseherzimmer, wo der Militärposten kampierte. Das Verschwinden der Schildwache hatte den Posten in die größte Bestürzung versetzt; man hatte den Kapitän geweckt, und nach einer sorgfältigen örtlichen Untersuchung glaubte man an eine Fahnenflucht. Etienne stand im Dunkel auf der Lauer und erinnerte sich, von dem kleinen Soldaten gehört zu haben, daß der Kapitän ein Republikaner sei. Wer weiß, ob man ihn nicht bestimmen könnte, zum Volk überzugehen? Die Truppe könnte die Gewehre umkehren, und dies wäre das Signal zur Niedermetzelung der Spießbürger. Und ein neuer Traum riß ihn fort; er dachte nicht mehr ans Sterben; er blieb stundenlang da, mit den Füßen im Schlamm, den Schauer des Tauwetters in den Schultern fühlend, fieberhaft erregt durch die Hoffnung auf einen noch möglichen Sieg.

Bis fünf Uhr spähte er nach den belgischen Arbeitern. Dann merkte er, daß die Gesellschaft die List gebraucht hatte, sie in der Voreuxgrube übernachten zu lassen. Jetzt begann die Einfahrt. Die wenigen Streikenden aus dem Dorf der zweihundertundvierzig, die man als Kundschafter aufgestellt hatte, zögerten, die Kameraden zu benachrichtigen. Er selbst benachrichtigte sie von dem feinen Streich, und sie eilten herbei, während er hinter dem Hügel auf dem Schleppweg wartete. Es schlug sechs Uhr; der fahle Morgenhimmel rötete sich, als der Abbé Ranvier, die Soutane über seine mageren Beine emporhebend, auf einem Seitenpfad erschien. Jeden Montag las

er die Frühmesse in einer Klosterkapelle, die jenseits der Kohlengrube lag.
„Guten Morgen, mein Freund!" rief er mit kräftiger Stimme, nachdem er mit seinen Flammenaugen den jungen Mann betrachtet hatte.
Aber Etienne antwortete nicht. In der Ferne, zwischen den Gerüsten der Voreuxgrube, hatte er eine Frauensperson vorüberkommen sehen, und er eilte, von Unruhe ergriffen, hinzu, weil er Catherine erkannt zu haben glaubte.
Seit Mitternacht trieb sich Catherine auf den vom Tauwetter in Morast aufgelösten Straßen herum. Als Chaval bei seiner Heimkehr sie im Bett gefunden, hatte er mit einem Backenstreich sie auf die Beine gebracht. Er rief ihr zu, sie solle sogleich durch die Tür flüchten, wenn sie nicht zum Fenster hinausfliegen wolle; und sie hatte weinend, nur halb bekleidet, mit Fußtritten verfolgt, sich entfernen müssen. Völlig betäubt von dieser brutalen Trennung hatte sie sich auf einen Eckstein gesetzt und das Haus betrachtet, in der Erwartung, daß er sie zurückrufen werde; denn sie hielt all dies für unmöglich und glaubte fest, er spähe nach ihr und werde ihr zurufen, sie möge wieder heraufkommen, wenn er sie so sehen wird, vom Nachtfrost geschüttelt, einsam, von aller Welt verlassen.
Dann, nach Verlauf von zwei Stunden, faßte sie einen Entschluß, weil sie schier erfror in dieser Unbeweglichkeit eines auf die Straße gejagten Hundes. Sie verließ Montsou, kehrte wieder um und kämpfte mit sich selbst, ob sie von der Straße aus ihrem Liebhaber zurufen oder an die Tür klopfen solle. Aber sie fand nicht den Mut dazu. Endlich ging sie fort, auf der geraden Heerstraße, mit dem Gedanken, zu ihren Eltern zurückzukehren. Doch als sie im Dorf ankam, wurde sie von einer solchen Scham ergriffen, daß sie längs der Vorgärten dahinlief, in der Furcht, von jemandem erkannt zu werden, trotzdem das ganze Dorf hinter den geschlossenen Fensterläden im Schlafe lag. Und seither irrte sie herum, vom geringsten Geräusch erschreckt, zitternd vor Angst, daß man sie ergreifen und als Landstreicherin nach Marchiennes in jenes öffentliche Haus bringen könnte, dessen Gespenst ihr seit Monaten drohte. Zweimal war sie auf die Voreuxgrube gestoßen und, erschreckt durch die lauten Stimmen des Militärpostens, wieder atemlos davongelaufen, nach hinten schauend, ob man sie nicht verfolge. Das Réquillartgäßchen war immer voll mit Betrunkenen; sie kehrte dennoch dahin zurück, in der unbestimmten Hoffnung, dort denjenigen zu treffen, den sie einige Stunden früher abgewiesen hatte.
Chaval sollte diesen Morgen einfahren, und dieser Gedanke führte Catherine wieder zur Grube zurück, wenngleich sie fühlte, daß es nutzlos sei, mit ihm zu reden. Zwischen ihnen war alles aus. In Jean-Bart wurde nicht mehr gearbeitet, und er hatte geschworen, sie zu erwürgen, wenn sie wieder im Voreux Arbeit nehmen würde, wo er durch sie bloßgestellt zu werden fürchtete. Was sollte sie nun anfangen? Anderswohin gehen, Hunger leiden, den Roheiten aller Männer unterliegen, denen sie begegnen würde? Mit todmüden Beinen schleppte sie sich in den Pfützen der Straße fort, beschmutzt bis an den halben Rücken. Das Tauwetter hatte die Straßen in Ströme von Morast verwandelt; sie drohte darin zu versinken, wankte aber dennoch immer weiter, immer weiter, und wagte es nicht, einen Stein zu suchen, um darauf einen Augenblick auszuruhen.
Der Tag brach an. Catherine hatte eben den Rücken Chavals erkannt, der vorsichtig den Umweg um den Hügel machte, als sie Lydie und Bébert wahrnahm, die ihre Nasen aus ihrem Versteck unter dem Holzvorrat hervorsteckten. Sie hatten hier die ganze Nacht auf der Lauer gelegen und hatten es nicht gewagt, heimzukehren, weil Jeanlin ihnen befohlen hatte, ihn zu erwarten; und während dieser in der Réquillartgrube seinen Mordrausch ausschlief, hatten die beiden Kinder sich mit den Armen umschlungen, um weniger zu frieren. Der Wind pfiff zwischen den Stangen von Kastanien- und Eichenholz; sie verkrochen sich wie in einer verlassenen Köhlerhütte. Lydie wagte nicht, ihre Leiden eines geprügelten Liebchens laut zu erzählen, und auch Bébert fand nicht den Mut, sich über die Maulschellen des „Führers" zu beklagen, von welchen seine Backen schwollen; aber schließlich mißbrauchte dieser gar zu sehr seine Macht, indem er sie zwang, in tollkühnen Raubzügen ihre Knochen zu riskieren, und weigerte sich nachher, mit ihnen zu teilen. Und ihr Herz empörte sich, und sie küßten sich schließlich trotz des Verbotes, auf die Gefahr hin, von dem Unsichtbaren Maulschellen zu erhalten, so wie er ihnen gedroht hatte. Und als die Maulschelle nicht kam, fuhren sie fort, sich lieblich zu küssen, ohne an irgend etwas anderes zu denken, in diese Liebkosung ihre ganze, so lange Zeit unterdrückte Leidenschaft, ihr ganzes Martyrium und ihre ganze Zärtlichkeit legend. So hatten sie die ganze Nacht hindurch sich erwärmt, so glücklich in diesem weltverlorenen Loch, daß sie sich nicht erinnerten, selbst am Sankt-Barbara-Fest glücklicher gewesen zu sein, an dem man Törtchen aß und Wein trank.
Plötzlich ertönende Hornstöße ließen Catherine erschreckt zusammenfahren. Sie richtete sich in die Höhe und sah den Militärposten vom Voreux, das Gewehr im Arm, antreten. Etienne eilte herbei; Bébert und Lydie sprangen mit einem Satz aus ihrem Versteck empor. Und dort hinten, im wachsenden Tageslicht, stieg unter zornigen Gebärden eine Bande Männer und Weiber vom Dorf nieder.

V

Alle Zugänge zum Voreux waren geschlossen worden; die sechzig Soldaten – Gewehr bei Fuß – besetzten die einzige freigebliebene Tür, jene, die zum Aufnahmesaal führte, über eine schmale Treppe, auf welche das Aufseherzimmer sich öffnete. Der Kapitän hatte sie in zwei Reihen an der Ziegelwand des Gebäudes aufgestellt, damit man sie nicht von hinten angreifen könne.

Die aus dem Dorf herabgestiegene Köhlerschar hielt sich anfänglich fern. Es waren ihrer höchstens dreißig, und sie besprachen sich in heftigen und verworrenen Worten.

Die Maheu, die zuerst angekommen war, ungekämmt, mit einem in aller Hast über den Kopf geworfenen Schnupftuch, die schlafende Estelle im Arm, wiederholte mit fieberhafter Stimme:

„Niemand hinein und niemand heraus! Wir müssen sie da drinnen lassen!"

Ihr Mann stimmte zu. Da kam Mouque von Réquillart her. Man wollte ihn hindern, hineinzugehen; allein er wehrte sich und sagte, daß seine Pferde ihr Futter haben wollen und sich wenig um die Revolution kümmern. Überdies gebe es unten ein totes Pferd, und man warte nur auf ihn, um es hinaufzuschaffen. Etienne befreite den alten Stallwärter aus den Händen der Köhler; und die Soldaten ließen Mouque hinein. Und eine Viertelstunde später – die Schar der Ausständigen war inzwischen immer größer geworden und hatte eine drohende Haltung angenommen – öffnete sich ein breites Tor im Erdgeschoß, und es erschienen Männer, die das tote Tier auf einem Karren herausführten, eine trübselige Last, noch in dem Stricknetz, in dem es heraufbefördert worden war. Sie luden den Kadaver ab und ließen ihn mitten in den Pfützen von geschmolzenem Schnee liegen. Die Szene rief eine solche Bewegung hervor, daß man die Arbeiter nicht hinderte, zurückzukehren und das Tor wieder zu verrammeln. Alle hatten das Tier an seinem Kopf erkannt, der jetzt steif nach der Seite hing.

„Es ist Trompette! es ist Trompette!" ging es flüsternd durch die Menge.

Es war in der Tat Trompette. Das Pferd hatte sich an das Leben in der Grube nicht gewöhnen können. Es war stets verdrossen, unlustig bei der Arbeit, gleichsam von der Sehnsucht nach dem Licht gequält. Es war vergebens, daß Bataille – der Grubenälteste – sich freundschaftlich an Trompette rieb und ihm den Hals beleckte, um etwas von seiner Ergebung in seine zehn Jahre Grubenleben dem Kameraden einzuflößen. Diese Liebkosungen vermehrten nur seine Trauer; seine Haare zitterten bei den Vertraulichkeiten des Schicksalsgenossen, der in der Finsternis alt geworden war; und sooft die beiden Tiere einander begegneten und sich zusammen ausschnaubten, schienen sie sich ihr Leid zu klagen, der Alte, weil er soweit gekommen, sich gar nicht mehr zu erinnern, der Junge, weil er nicht vergessen konnte. Im Stall waren sie Raufennachbarn und lebten mit gesenkten Köpfen dahin, sich einander in die Nüstern blasend, in einem fortwährenden Austausch ihres Traums vom Licht, von grünen Matten, von weißen Straßen, von goldener Sonnenhelle am unendlichen Horizont. Dann, als Trompette mit Schweiß bedeckt auf seiner Streu im Todeskampf lag, beroch ihn der Kamerad in trübseliger Stimmung, mit kurzem Schnuppern, das einem Schluchzen glich. Er fühlte ihn erkalten; die Grube nahm ihm seine letzte Freude, diesen aus der Höhe gekommenen Freund, der, frisch und wohlriechend, ihn an die schönen Tage seiner im Freien verbrachten Jugend erinnerte. Und als er merkte, daß der andere sich nicht mehr rührte, wieherte er entsetzt auf und zerriß die Halfterleine.

Mouque hatte übrigens schon seit acht Tagen den Oberaufseher von der Sache benachrichtigt. Doch in diesem Augenblick kümmerte man sich wenig um ein krankes Pferd. Die Herren sahen ungern einen Pferdewechsel; jetzt mußte man sich aber dennoch entschließen, das tote Pferd hinaufzuschaffen. Am vorhergegangenen Tag hatte der Stallwärter, von zwei Arbeitern unterstützt, eine Stunde damit zugebracht, Trompette mit dem Stricknetz festzubinden. Dann wurde Bataille vorgespannt, um das Tier bis zum Aufzugsschacht zu schaffen. Langsam zog das alte Pferd an und schleppte den toten Kameraden durch eine Galerie, die so eng war, daß er zuweilen gewaltsam anzerren mußte, auf die Gefahr hin, den toten Gefährten zu schinden. Erschöpft bewegte er den Kopf, als er das andauernde schleifende Geräusch dieser Masse hörte, die vom Schinder erwartet wurde. Als Bataille im Aufnahmesaal losgespannt wurde, folgte er mit seinen trüben Augen den Vorbereitungen zur Hinaufbeförderung, wie der Körper oberhalb der Senkgrube auf Rollen geschoben und dann das Netz unter der Schale befestigt wurde. Endlich gaben die Verlader das Zeichen; Bataille hob den Kopf, um mit anzusehen, wie der Kamerad auffuhr, zuerst langsam, dann plötzlich in der Finsternis verschwindend, für immer dem schwarzen Loch entrinnend. Und er blieb eine Weile mit ausgestrecktem Hals stehen; sein wackeliges Tiergedächtnis erinnerte sich vielleicht der irdischen Dinge. Doch es war aus; der Kamerad wird nichts mehr sehen. Er selbst wird zu einem solch jämmerlichen Paket zusammengeschnürt werden an dem Tag, da man ihn durch diesen Schlund hinaufschaffen wird. Seine Beine begannen zu zittern; die frische Luft, die von den fernen Gefilden kam, erstickte ihn, und er war wie berauscht, als er plump und schwerfällig nach dem Stall zurückkehrte.

Im Werkhof standen die Köhler in ernster Stimmung vor Trompettes Kadaver. Ein Weib sagte halblaut:

„Wieder einer hineingegangen! Niemand hindert die Leute einzufahren!"

Doch vom Dorf her kam eine neue Schar, und Levaque, der, gefolgt von seinem Weib und von Bouteloup, an der Spitze marschierte, schrie:

„Tod den Belgiern! Keine Fremden bei uns! Tod! Tod!"

Alle stürzten hinzu; Etienne mußte ihnen Einhalt gebieten. Er hatte sich dem Kapitän genähert, einem hochgewachsenen, schmächtigen jungen Mann von kaum achtundzwanzig Jahren, mit verzweifeltem, aber entschlossenem Gesicht; und er erklärte ihm die Dinge, er trachtete ihn zu gewinnen und beobachtete die Wirkung seiner Worte. Wozu ein unnützes Gemetzel wagen? Waren denn die Köhler nicht in ihrem Recht? Alle Menschen seien Brüder, und man müsse sich vertragen. Bei dem Worte „Republik" machte der Kapitän eine nervöse Handbewegung. Er bewahrte seine militärische Schroffheit und sagte plötzlich:

„Platz da! Zwingen Sie mich nicht, meine Pflicht zu tun!"
Dreimal wiederholte Etienne seinen Versuch. Hinter ihm murrten die Kameraden. Es ging das Gerücht, daß Herr Hennebeau in der Grube sei, und man sprach davon, ihn mit dem Kopf voraus hinabzuschicken, um zu sehen, ob er selbst die Kohle brechen würde. Aber das Gerücht war falsch; es waren nur Négrel und Dansaert da, die einen Augenblick an einem Fenster des Aufnahmesaales sichtbar waren. Der Oberaufseher stand hinten, außer Fassung seit seinem Abenteuer mit der Frau Pierron, während der Ingenieur mutig seine Äuglein über die Menge schweifen ließ, lächelnd in seiner spöttischen Geringschätzung, welche er für die Menschen und die Dinge hatte. Als in der Menge sich ein Gejohle gegen sie erhob, verschwanden sie vom Fenster, und man sah an ihrer Stelle nur mehr das weiße Gesicht Souvarines. Er hatte eben Dienst; er hatte seit dem Beginn des Streiks seine Maschine keinen Tag verlassen, sprach sehr wenig, versank immer mehr in einer fixen Idee, deren stählerner Nagel am Grunde seiner blassen Augen zu funkeln schien.
„Platz da!" wiederholte der Kapitän laut. „Ich will nichts hören; ich habe den Befehl, die Grube zu bewachen, und ich werde sie bewachen ... Und drängt nicht auf meine Leute ein, sonst werde ich euch zurückzujagen wissen."
Trotz der Festigkeit seiner Stimme war er bleich und immer unruhiger angesichts der fortwährend anwachsenden Menge der Köhler. Zu Mittag sollte er abgelöst werden; doch weil er fürchtete, sich bis dahin nicht halten zu können, hatte er soeben einen Stößerjungen nach Montsou gesandt, um Verstärkung zu verlangen.
Lautes Geschrei antwortete ihm.
„Tod den Fremden! Tod den Belgiern! Wir wollen die Herren im eigenen Hause sein!"
Etienne wich trostlos zurück. Es war aus; es blieb nichts anderes übrig, als sich zu schlagen und zu sterben. Und er hielt die Kameraden nicht länger zurück; die Bande wälzte sich bis zu der kleinen Truppe heran. Es waren ihrer fast vierhundert; die Nachbardörfer leerten sich; die Leute kamen im Eilschritt herbei. Alle stießen den nämlichen Schrei aus. Maheu und Levaque sagten wütend den Soldaten:
„Geht weg! Wir haben nichts gegen euch! Geht weg!"
„Es geht euch nichts an!" fügte Maheu hinzu. „Laßt uns unsere Angelegenheiten selber austragen."
Die Levaque – hinter ihr – schrie noch heftiger:
„Müssen wir euch erst auffressen, um hineinzukommen? Man bittet euch, den Platz zu räumen!"
Man hörte sogar die dünne Stimme Lydies, die sich mit Bébert in das dichteste Gewühl gedrängt hatte, in schrillem Ton sagen:
„Diese Wurstsoldaten!"
Catherine stand einige Schritte abseits und schaute und hörte, völlig betroffen von diesen neuen Tumulten, in welche ihr Mißgeschick sie hineingeschleudert hatte. Litt sie nicht ohnehin schon zuviel? Was hatte sie denn verbrochen, daß das Unglück sie nicht zur Ruhe kommen ließ? Noch gestern hatte sie nichts von den Wutausbrüchen des Streiks begriffen; sie dachte, daß, wenn man seine Maulschellen habe, es unnötig sei, deren andere zu suchen; jetzt aber schwoll ihr Herz von einem Bedürfnis zu hassen; sie erinnerte sich, was Etienne ehemals bei den Abendzusammenkünften erzählte; sie trachtete zu verstehen, was er jetzt den Soldaten sagte. Er nannte sie seine Kameraden; er erinnerte sie, daß auch sie aus dem Volke seien und daher zum Volke halten müßten, um es gegen die Ausbeuter des Elends zu schützen.
Doch in der Menge entstand jetzt ein heftiges Drängen und Stoßen, und ein altes Weib stürzte hervor. Es war die Brulé, furchtbar abgemagert, Hals und Arme entblößt, in so toller Hast herbeigelaufen, daß die grauen Haarbüschel ihr in die Augen fielen und sie schier blendeten.
„Donner Gottes, ich bin auch dabei!" stammelte sie atemlos. „Dieser Verräter Pierron hielt mich im Keller eingeschlossen."
Und unverzüglich fiel sie über die bewaffnete Macht her, Verwünschungen aus dem schwarzen Rachen speiend.
„Ihr Hundsfötter! Ihr Halunken! Das leckt den Vorgesetzten die Stiefel und hat nur Mut gegen die armen Leute!"
Da schlossen die anderen sich ihr an, und es gab ganze Breitseiten von Beschimpfungen. Einige riefen noch: „Hoch die Soldaten! In den Schacht mit dem Offizier!" Aber bald hörte man nur einen Ruf: „Nieder mit den roten Hosen!" Diese Soldaten, die unempfindlich, mit unbeweglichem, stummem Antlitz die Aufforderungen zur Brüderlichkeit, die freundschaftlichen Anwerbungsversuche anhörten, bewahrten denselben starren Gleichmut unter diesem Hagel von Schimpfworten. Der Kapitän, der hinter ihnen stand, hatte seinen Degen gezogen; und da die Menge immer näher herandrängte und seine Leute an die Wand zu drücken drohte, kommandierte er: „Fällt das Bajonett!" Die Soldaten gehorchten, und eine Doppelreihe von Stahlspitzen starrte den Leibern der Streikenden entgegen.
„Ha, die Halunken!" heulte die Brulé zurückweichend.
Doch sogleich kehrten alle zurück, in einer begeisterungsvollen Verachtung des Todes. Weiber stürzten herbei; die Maheu und die Levaque riefen:
„Tötet uns! Tötet uns doch! Wir wollen unser Recht!"
Auf die Gefahr hin, sich die Hände zu zerschneiden, hatte Levaque ein Bündel Bajonette ergriffen, drei Bajonette, die er schüttelte, die er an sich zog, um sie loszureißen; und er verbog sie mit der verzehnfachten Kraft seiner Wut, während Bouteloup, den es verdroß, dem Kameraden gefolgt zu sein, abseits stand und ruhig zusah, was der andere trieb.
„Drauf los, wenn ihr Mut habt!" rief Maheu. Drauf los, laßt einmal sehen!"
Und er öffnete seine Jacke, tat sein Hemd auseinander, breitete seine nackte Brust aus, sein behaartes, von der Kohle gesprenkeltes Fleisch. Er drängte sich gegen die

Stahlspitzen und zwang sie so zurückzuweichen, furchtbar in seiner Tollkühnheit. Eine der Spitzen war ihm in die Brust gedrungen; er war davon wie toll und machte Anstrengungen, daß sie noch tiefer eindringe, damit er seine Seiten platzen höre.

„Feiglinge, ihr wagt es nicht ... Hinter uns gibt es noch zehntausend! ... Ihr könnt uns töten, es kommen zehntausend andere."

Die Lage der Soldaten wurde kritisch, denn sie hatten den strengen Befehl, sich ihrer Waffen nur im äußersten Falle zu bedienen. Aber wie wollte man diese Wütenden hindern, sich selber aufzuspießen? Der Raum wurde zudem immer kleiner; die Soldaten waren jetzt knapp an die Mauer gedrängt und konnten nicht mehr zurückweichen. Die kleine Truppe, eine Handvoll Menschen, hielt sich standhaft angesichts der immer mehr anwachsenden Menge der Grubenarbeiter, und vollstreckte kaltblütig die knappen Befehle des Kapitäns. Dieser stand mit hellen Augen und eingekniffenen Lippen da und hatte nur die eine Furcht, daß die Soldaten, durch die Beschimpfungen gereizt, die Geduld verlieren könnten. Ein junger Sergeant, ein langer Magerer, dessen dünner Schnurrbart in drohenden Spitzen auslief, begann in beunruhigender Weise zu blinzeln. Neben ihm stand ein alter Knasterbart, dessen Haut in zwanzig Feldzügen gegerbt worden war; dieser erbleichte, als er sein Bajonett wie einen Strohhalm sich krümmen sah. Ein anderer, ohne Zweifel ein Rekrut, der noch nach der Feldarbeit roch, wurde jedesmal sehr rot, wenn er sich einen Halunken und Hundsfott nennen hörte. Und die Heftigkeiten nahmen kein Ende, die emporgestrecken Fäuste, die abscheulichen Worte, die hingeschleuderten Beschuldigungen und Drohungen, die sie gleich Backenstreichen trafen. Die ganze Macht des Befehls war notwendig, um sie so, mit stummem Antlitz, in dem stolzen und traurigen Stillschweigen der militärischen Disziplin zu halten.

Ein Zusammenstoß schien unvermeidlich, als man hinter der Truppe den Aufseher Richomme mit seinem weißen Kopf eines gutmütigen Gendarmen auftauchen sah. Er war in großer Aufregung und schrie:

„Donner Gottes! Das ist schließlich zu dumm! Solche Dummheiten darf man nicht gestatten!"

Und er warf sich zwischen die Bajonette und die Köhler.

„Kameraden, höret mich! Ihr wißt, daß ich ein alter Arbeiter bin und nie aufgehört habe, einer der eurigen zu sein. Nun denn, beim Himmel, ich verspreche euch, daß, wenn man ungerecht gegen euch sein sollte, ich derjenige sein werde, der den Herren die Wahrheit sagen wird ... Aber jetzt ist's zu viel! Es führt zu nichts, diesen braven Soldaten Beschimpfungen zuzuschreien und sich den Bauch durchlöchern lassen zu wollen."

Die Menge hörte ihn an und geriet ins Schwanken. Zum Unglück erschien oben wieder das scharfe Profil des kleinen Négrel. Er fürchtete ohne Zweifel, man könnte ihn beschuldigen, einen Aufseher zu senden, anstatt sich selber unter die Leute zu wagen, und er versuchte zu reden. Doch seine Stimme verlor sich in einem so furchtbaren Tumult, daß er abermals das Fenster verlassen mußte, was er mit einem Achselzucken tat. Nunmehr bat sie Richomme vergebens in seinem Namen und wiederholte vergebens, daß Kameraden sich verständigen müssen; man wies ihn zurück, man verdächtigte ihn. Doch er war eigensinnig und blieb unter ihnen.

„Donner Gottes!" rief er; „man zerschlage mir den Schädel unter euch; aber ich verlasse euch nicht, solange ihr so dumm seid!"

Etienne, den er bat, der möge ihm helfen, sie zur Vernunft zu bringen, machte eine Gebärde, welche besagen wollte, daß er machtlos sei. Es war zu spät; ihre Anzahl stieg jetzt auf mehr als fünfhundert. Und es waren nicht boß Wütende, welche herbeigeeilt waren, um die Belgier zu vertreiben; es waren auch Neugierige da, Spaßvögel, die an dem Rummel sich ergötzten. In geringer Entfernung standen mitten in einer Gruppe Zacharie und Philomène und schauten zu wie im Theater, so ruhig, daß sie ihre beiden Kinder, Achille und Desirée, mitgebracht hatten. Eine neue Schar kam aus Réquillart, darunter Mouquet und die Mouquette; der erstere ging sogleich zu seinem Freund Zacharie und schlug ihm lustig auf die Schulter, während die letztere, sehr aufgeräumt, in der vordersten Reihe der ärgsten Schreier herumtollte.

Der Kapitän wandte sich indes jeden Augenblick nach der Straße von Montsou. Die verlangte Verstärkung kam nicht; seine sechzig Mann konnten nicht länger standhalten. Endlich kam er auf den Einfall, auf die Einbildungskraft der Menge zu wirken und befahl, daß vor den Augen derselben die Gewehre geladen werden. Die Soldaten vollzogen den Befehl; allein, die Bewegung nahm noch zu; die Prahlereien und Spöttereien wurden immer ärger.

„Schau, die Tagediebe! sie ziehen zum Scheibenschießen aus!" spotteten die Weiber, die Brulé, die Levaque und die anderen.

Die Maheu, die Brust bedeckt mit dem kleinen Körper Estelles, die erwacht war und weinte, kam so nahe heran, daß der Sergeant sie fragte, was sie mit dem armen Wurm da wolle.

„Was hat's dich zu kümmern?" antwortete sie. Schieße auf das Kind, wenn du es wagst!"

Die Männer schüttelten verächtlich den Kopf; kein einziger glaubte, daß man auf sie schießen könnte.

„Sie haben keine Kugeln in den Kartuschen", sagte Levaque.

„Sind wir Kosaken?" schrie Maheu. „Man schießt doch nicht auf Franzosen, Donner Gottes über euch!"

Andere wiederholten, daß man das Blei nicht fürchte, wenn man den Krimkrieg mitgemacht hat. Und alle fuhren fort, sich den Gewehren entgegenzuwerfen. Eine Salve würde in diesem Augenblick die ganze Menge weggefegt haben. In der ersten Reihe gebärdete die Mouquette sich wie toll, weil sie glaubte, daß die Soldaten den Weibern die Haut durchlöchern wollten. Sie hatte ihnen alle ihre Unflätigkeiten zugeschrien, keine Beschimpfung war ihr niedrig genug; und plötzlich – weil sie der Truppe nur mehr diesen tödlichen Schimpf zufügen konnte – zeigte sie den Hintern. Mit beiden Händen hob sie ihre Röcke empor und streckte die Lenden hin, breitete die ungeheure Rundung aus.

„Hier, das ist für euch! Er ist noch zu sauber, ihr Schweinetroß!“

Sie duckte sich, bückte sich, drehte sich, daß jeder seinen Teil bekomme.

„Das ist für den Offizier! Das für den Sergeanten! Das für die Soldaten!“

Ein wahrer Sturm von Gelächter brach los. Bébert und Lydie wälzten sich vor Lachen, und Etienne selbst – trotz seiner düsteren Haltung – stimmte mit ein beim Anblick dieser schimpflichen Nacktheit. Alle, die Spaßvögel und die Wütenden, johlten jetzt gegen die Soldaten, als ob sie diese von Unflat befleckt sähen; und nur Catherine, die abseits auf einem Haufen alter Hölzer stand, blieb stumm, schier erstickend, fortgerissen von dem Haß, dessen Flut sie immer höher steigen sah.

Doch jetzt entstand ein Stoßen und Drängen. Um die Aufregung seiner Leute zu beschwichtigen, entschloß der Kapitän sich endlich, Verhaftungen vorzunehmen. Die Mouquette entkam mit einem Satz, indem sie sich den Kameraden zwischen die Beine warf. Drei Köhler, Levaque und zwei andere, wurden aus der Gruppe der ärgsten Schreier geholt und im Aufseherzimmer einer Wache übergeben. Négrel und Dansaert schrien von oben dem Kapitän zu, sich in das Gebäude zurückzuziehen und sich mit ihnen einzuschließen. Doch er lehnte ab, denn er fühlte, daß dieses Gebäude, welches Türen ohne Schlösser hatte, von der Menge im Sturm genommen und er mit seinen Leuten den Schimpf erleben würde, entwaffnet zu werden. Seine kleine Truppe begann ungeduldig zu murren; man konnte doch nicht vor diesem jämmerlichen Volk in Holzschuhen die Flucht ergreifen. Die sechzig Mann mit ihren geladenen Gewehren nahmen wieder an der Wand Aufstellung und fällten das Bajonett.

Zuerst wich die Menge zurück, und Stillschweigen trat ein. Die Streikenden waren nur eine Weile verblüfft über diesen Akt der Gewalt. Dann erhob sich ein Geschrei, man forderte die augenblickliche Freilassung der Gefangenen. Einzelne Stimmen riefen, die Gefangenen würden da drinnen erwürgt. Und ohne Verabredung, von der nämlichen Aufwallung, von dem nämlichen Rachebedürfnis fortgerissen, rannten sie zu den benachbarten Ziegelhaufen, zu diesen Ziegeln, die aus der lehmigen Erde geformt und an Ort und Stelle gebrannt wurden. Die Kinder schleppten sie einzeln herbei; die Weiber füllten ihre Röcke damit. Bald hatte jeder zu seiner Füßen einen Vorrat aufgehäuft, und der Kampf mit Steinwürfen begann.

Die Brulé eröffnete den Kampf. Sie zerbrach die Ziegel auf ihrem magern, knochigen Knie und schleuderte mit beiden Händen die Stücke. Die Levaque verrenkte sich schier die Schultern; sie war so dick und so weich, daß sie ganz nahe herankommen mußte, um zu treffen; vergebens zerrte Bouteloup hinten an ihrem Rock, um sie wegzuführen, nunmehr, da ihr Mann im Kühlen saß. Alle die Weiber gerieten in die höchste Erregung; die Mouquette hatte nicht mehr die Geduld, die Ziegel an ihren dicken Schenkeln zu zerbrechen und zog es vor, sie in ihrer Gänze zu schleudern. Auch die Kinder traten in die Kampflinie ein; Bébert zeigte Lydie, wie man die Ziegel unter dem Ellbogen hinweg schleudern müsse. Es war ein Hagel von riesigen Wurfgeschossen, deren Krachen man hörte. Und plötzlich bemerkte man mitten unter den Furien Catherine, die Fäuste in der Luft, halbe Ziegel schwingend und sie mit der ganzen Kraft ihrer kleinen Arme schleudernd. Sie hätte nicht sagen können, warum; sie erstickte schier von der Begierde, die Leute zu morden. Wird denn dieses verwünschte Unglücksdasein nicht bald ein Ende nehmen? Sie hatte es satt, von ihrem Mann geohrfeigt und davongejagt zu werden, wie ein verlaufener Hund im Morast der Straßen zu waten, ohne von ihrem Vater einen Löffel Suppe verlangen zu können, da ja auch er selbst mit den Seinen darbte. Es wollte niemals besser werden; es wurde im Gegenteil immer schlechter; und sie zerbrach Ziegel und schleuderte sie vor sich hin, mit dem einzigen Gedanken, alles hinwegzufegen, die Augen dermaßen vom Blut unterlaufen, daß sie nicht sah, wem sie mit ihren Steinwürfen die Kinnladen zerschmetterte.

Etienne war vor den Soldaten stehengeblieben, und es wäre ihm schier der Schädel gespalten worden. Sein Ohr schwoll an; er wandte sich um und erbebte, als er sah, daß der Wurf von den fiebernden Händen Catherines gekommen war; und auf die Gefahr hin, getötet zu werden, blieb er auf seinem Platz und schaute ihr zu. Auch viele andere vergaßen sich da, leidenschaftlich angeregt durch den Kampf, mit hängenden Armen denselben verfolgend. Mouquet beurteilte die Würfe, als hätte er einem Kugelspiel beigewohnt; dieser war gut, dieser andere hingegen war verfehlt. Er spaßte; er stieß mit dem Ellbogen Zacharie, mit dem Philomène zankte, weil er Achille und Desirée geohrfeigt und sich geweigert hatte, die Kinder auf seinen Rücken zu nehmen, damit sie besser sehen. Weiterhin, die Straße entlang, standen Zuschauer in einer dichten Masse beisammen. Auf der Höhe des Abhanges, am Eingang des Dorfes erschien jetzt der alte Bonnemort, auf einen Stock gestützt, unbeweglich, aufrecht unter dem rostfarbenen Himmel.

Als die ersten Ziegel flogen, stellte sich der Aufseher Richomme zwischen die Soldaten und die Grubenarbeiter. Er bat die einen, er ermahnte die anderen, unbekümmert um die Gefahr, dermaßen verzweifelt, daß schwere Tränen ihm aus den Augen flossen. In dem Lärm wurden seine Worte nicht gehört; man sah bloß seinen dicken, grauen Schnurrbart zittern.

Doch der Ziegelhagel wurde immer dichter; dem Beispiel der Weiber folgend, beteiligten sich jetzt auch die Männer daran.

Da bemerkte die Maheu, daß ihr Mann zurückblieb, mit leeren Händen und düsterer Miene hinten stand.

„Was ist dir denn?“ schrie sie. „Bist du feige? Wirst du deine Kameraden ins Gefängnis abführen lassen? ... Ha, du solltest sehen, wenn ich dieses Kind nicht auf dem Arm hätte!“

Estelle, die sich heulend an ihren Hals geklammert hatte, hinderte sie, sich der Brulé und den anderen anzuschließen; und da ihr Mann sie nicht zu hören schien, schleuderte sie ihm mit dem Fuß Ziegelsteine zwischen die Beine.

„Himmelherrgott! Wirst du sogleich diese Steine nehmen? Muß ich dir vor den Leuten ins Gesicht speien, um dir Mut zu machen?“

Sehr rot geworden, zerbrach er die Ziegel und schleuderte die Stücke. Sie geißelte und betäubte ihn mit den todeswütigen Worten, die sie hinter ihm bellte, wobei sie ihre Tochter, die in ihren gekrümmten Armen an ihrer Brust lag, schier erdrückte. Und er rückte immer weiter vor und befand sich jetzt den Gewehrläufen gegenüber.

Die kleine Truppe verschwand schier unter diesem Sturm von Ziegelsteinen. Glücklicherweise warfen sie zu hoch, so daß die Mauer arg zugerichtet wurde. Was war da anzufangen? Die Idee, sich ins Haus zurückzuziehen, den Rücken zu wenden, färbte einen Augenblick das bleiche Gesicht des Kapitäns; aber auch dies war nicht mehr möglich; man würde sie bei der geringsten Bewegung zerpflückt haben. Ein Ziegelstein hatte soeben den Schirm seines Käppis zerbrochen; Blutstropfen flossen über seine Stirn. Mehrere seiner Leute waren verwundet, und er hatte das Gefühl, daß sie schon außer sich waren in jenem zügellosen Trieb der Selbstverteidigung, wo man aufhört, den Vorgesetzten zu gehorchen. Der Sergeant hatte einen Fluch ausgestoßen; die linke Schulter war ihm schier ausgerenkt worden durch einen Steinwurf, der dumpf auf das Fleisch schlug wie ein Schlegel auf die Wäsche. Der Rekrut war zweimal getroffen worden; der eine Wurf hatte ihm einen Daumen zerschmettert, der andere hatte ihn am rechten Knie verletzt. Wird man sich diese Nörgelei noch lange gefallen lassen? Als ein von der Mauer abprallender Stein den alten Haudegen unter dem Bauch traf, wurden seine Wangen grün, und sein Gewehr zitterte in den mageren Armen. Dreimal war der Kapitän auf dem Punkt, „Feuer!“ zu kommandieren. Eine tiefe Angst benahm ihm den Atem; ein endlos scheinender Kampf von wenigen Sekunden jagte in ihm alle Gedanken und Pflichten, alle Überzeugungen des Menschen und des Soldaten durcheinander. Jetzt verdoppelte sich der Steinhagel; er öffnete den Mund, um „Feuer!“ zu schreien – da gingen die Flinten von selber los, zuerst drei Schüsse, dann fünf, dann eine ganze Salve und zuletzt ein einzelner Schuß, lange nachher, mitten in tiefer Stille.

Stummes Entsetzen herrschte in der Menge. Die Leute waren starr und wollten es noch nicht glauben, daß die Soldaten geschossen hatten. Doch bald ertönten gellende Schreie, während der Trompeter „Feuer einstellen!“ blies. Es entstand eine tolle Panik, eine wilde Flucht durch den Morast des Werkhofes.

Bei den ersten Schüssen sanken Bébert und Lydie aufeinander; die Kleine war ins Gesicht getroffen, der Knabe hatte eine Wunde unterhalb der linken Schulter empfangen. Lydie war augenblicklich tot; der Knabe bewegte sich noch; er ergriff sie in den Zuckungen des Todeskampfes mit seinen mageren Ärmchen, als wollte er sie wieder umfangen wie in dem finstern Loch, wo sie die letzte Nacht verbracht hatten. Jeanlin hinkte eben schlaftrunken vom Réquillart herbei und sah, wie jener sein Weibchen umarmte und starb.

Die fünf anderen Schüsse hatten die Brulé und den Aufseher Richomme niedergestreckt. In dem Augenblick, da er die Kameraden beschwor, im Rücken getroffen, war er auf die Knie gesunken, dann auf die Seite gefallen; jetzt röchelte er auf dem Boden, die Augen noch voll mit den Tränen, die er geweint. Die Alte war – in den Hals getroffen – steif und krachend niedergefallen wie ein Stück trockenen Holzes, einen letzten Fluch in einem Blutstrom ausspeiend.

Dann war die Salve gekommen und hatte den Platz reingefegt, auf hundert Schritt Entfernung die Gruppe von Neugierigen niedergemäht, die sich an dem Kampf ergötzt hatten. Eine Kugel fuhr Mouquet in den Mund; er stürzte zu Füßen Zacharies und Philomènes nieder, deren beide Kinder mit seinem Blut bespritzend. In demselben Augenblick wurde die Mouquette von zwei Kugeln im Bauch getroffen. Sie hatte die Soldaten anlegen gesehen und hatte sich in ihrer Gutmütigkeit mit einer instinktiven Bewegung vor Catherine geworfen und ihr zugerufen, acht zu haben; sie hatte einen lauten Schrei ausgestoßen und war rücklings niedergefallen. Etienne war herbeigeeilt, wollte sie aufheben und hinwegtragen; doch sie gab ihm mit einer Gebärde zu verstehen, daß alles aus sei. Und während ihres Todesröchelns hörte sie nicht auf, ihm und Catherine zuzulächeln, als wäre sie froh, die beiden beisammen zu sehen, nunmehr, da sie verschied.

Alles schien vorüber; der Kugelsturm hatte sich weithin verloren, bis zu den Häuserreihen des Arbeiterdorfes, als ein letzter, einzelner, verspäteter Schuß krachte. Mitten im Herzen getroffen drehte sich Maheu um sich selbst und fiel mit dem Gesicht in eine schwarze Pfütze.

Frau Maheu bückte sich in sinnloser Verblüffung zu ihm nieder.

„He, mein Alter, erhebe dich! Es ist doch nichts, wie?“

Da sie wegen Estelles die Hände nicht frei hatte, mußte sie das Kind unter einen Arm schieben, um den Kopf ihres Mannes umwenden zu können.

„Sprich, wo tut's dir weh?“

Seine Augen blickten hohl, der Mund war mit blutigem Schaum gefüllt. Sie begriff, er war tot. Da blieb sie denn im Morast sitzen, das Kind unter dem Arm wie ein Paket, mit blöder Miene ihren toten Mann anstarrend.

Die Grube war jetzt frei. Mit einer nervösen Handbewegung hatte der Kapitän sein von einem Steinwurf zerrissenes Käppi abgenommen und wieder aufgesetzt; und er bewahrte seine bleiche Starrheit angesichts des Unglücks seines Lebens, während seine Leute stumm ihre Gewehre luden. Man konnte die erschrockenen Gesichter von Négrel und Dansaert am Fenster des Aufnahmesaales sehen. Hinter ihnen stand Souvarine, die Stirne von einer tiefen Falte durchfurcht, die gleichsam ein drohender Stempel seiner finsteren Gedanken war. Auf der andern Seite des Horizonts, am Rande der Hochebene, stand Bonnemort noch immer unbeweglich, mit einer Hand auf seinen Stock gestützt, während er die andere an die Augenbrauen legte, um besser zu sehen, wie man da unten die Seinigen erwürgte. Die Verwundeten heulten; die Toten erstarrten in gebrochenen Stellungen auf dem vom Tauwetter aufgeweichten Boden, beschmutzt von dem kohlenschwarzen Schlamm der Pfützen, die unter dem schmelzenden Schnee zum Vorschein kamen. Und mitten unter diesen kleinen, durch das Elend abgemagerten Menschenleichen lag riesengroß und jämmerlich der Kadaver des toten Pferdes Trompette.

Etienne war nicht umgekommen. Er wartete noch immer neben Catherine, die von Müdigkeit und Herzleid niedergeworfen worden war, als plötzlich eine schrille Stimme ihn erbeben ließ. Es war der Abbé Ranvier, der von seiner Messe zurückkehrte und mit der frommen Wut eines Propheten, beide Arme erhebend, den Zorn Gottes auf die Mörder herabrief. Er kündigte die Zeit der Gerechtigkeit an, die baldige Ausrottung dieses Spießbürgertums durch das Himmelsfeuer, welches das Maß seiner Verbrechen vollmachte, indem es die Arbeiter und sie Ausgestoßenen dieser Welt niedermetzeln ließ.

Siebenter Teil

I

Die in Montsou gefallenen Schüsse wurden in einem furchtbaren Widerhall bis Paris gehört. Seit vier Tagen waren alle oppositionellen Zeitungen entrüstet und brachten obenan haarsträubende Schilderungen: fünfundzwanzig Verwundete, vierzehn Tote, darunter zwei Kinder und drei Frauen; außerdem gab es Gefangene. Levaque war eine Art Held geworden; man erzählte sich, daß er dem Untersuchungsrichter eine Antwort von wahrhaft antiker Größe gegeben habe. Das Kaiserreich, von diesen wenigen Kugeln schwer getroffen, hüllte sich in das Schweigen der Allmacht und war sich des Ernstes der ihm zugefügten Schädigungen nicht bewußt. Es war einfach ein bedauerlicher Zusammenstoß; eine Sache, die sich weit unten, im schwarzen Land, verlor, fern von dem Pariser Pflaster, wo die öffentliche Meinung gemacht wurde. Man wird das bald wieder vergessen; die Gesellschaft erhielt auf halbamtlichem Wege die Weisung, die Geschichte zu unterdrücken und ein Ende zu machen mit diesem Streik, dessen ärgerlich lange Dauer eine soziale Gefahr zu werden drohte.

Man sah denn auch schon am Mittwochmorgen drei Verwaltungsräte in Montsou eintreffen. Das Städtchen, das von schwerem Mißbehagen bedrückt bis jetzt nicht gewagt hatte, seine Genugtuung ob des Gemetzels zu zeigen, atmete auf und genoß die Freude, endlich gerettet zu sein. Das Wetter war schön geworden; es gab hellen Sonnenschein, dessen Wärme – obgleich man erst im Februar war – die Spitzen des Flieders grün färbte. Im Fabrikshof waren alle Fensterläden geöffnet worden; neues Leben schien in das weite Gebäude einzuziehen. Und es kamen von dort sehr gute Nachrichten; es hieß, die Herren wären sehr betrübt durch die Katastrophe und seien gekommen, um den verirrten Arbeitern ihre väterlichen Arme zu öffnen. Jetzt, nachdem der Streich geführt war, und zwar stärker, als sie es gewollt, widmeten sie sich mit voller Hingebung dem Rettungswerk und trafen – allerdings etwas spät – ganz vortreffliche Maßnahmen. Vor allem entließen sie die belgischen Arbeiter und machten großen Lärm mit diesem, ihren Leuten bewilligten Zugeständnissen. Dann ließen sie die militärische Besatzung der Gruben aufheben, die übrigens von den zu Boden geschmetterten Köhlern nicht mehr bedroht waren. Sie setzten es auch durch, daß Stillschweigen beobachtet wurde wegen der vom Hügel der Voreuxgrube verschwundenen Schildwache. Man hatte die ganze Gegend durchsucht, ohne die Leiche oder das Gewehr zu finden; man entschloß sich, den Soldaten als fahnenflüchtig zu betrachten, wenngleich man ein Verbrechen vermutete. Sie bemühten sich, die Ereignisse in jeder Hinsicht milder darzustellen; denn sie hatten Angst vor dem kommenden Tag und hielten es für gefährlich, einzugestehen, mit welcher unwiderstehlichen Wildheit die Menge hausen würde, wenn sie einmal gegen das morsche Gebälk der alten Welt losgelassen wäre. Dieses Versöhnungswerk hinderte sie übrigens nicht, die rein administrativen Geschäfte gut zu führen; man hatte Herrn Deneulin wieder im Fabrikshof erscheinen sehen, wo er eine Begegnung mit Herrn Hennebeau hatte. Die Verhandlungen wegen des Ankaufs der Vandamegrube wurden wieder aufgenommen, und man versicherte, daß Deneulin das Angebot der Verwaltungsräte annehmen würde.

Was aber die Gegend ganz besonders in Bewegung brachte, waren große gelbe Anschlagzettel, welche die Verwaltung in großer Menge an die Mauern heften ließ. Man las auf denselben in sehr großer Schrift die folgenden wenigen Zeilen:

„Arbeiter von Montsou!

Wir wollen nicht, daß die Verirrungen, deren traurige Folgen ihr in den jüngsten Tagen gesehen habt, die gutgesinnten und vernünftigen Arbeiter ihrer Existenzmittel berauben. Wir werden denn am Montagmorgen alle Gruben wieder eröffnen, und wenn die Arbeit wieder aufgenommen ist, werden wir mit Sorgfalt und Wohlwollen prüfen, inwieferne die Lage verbessert werden kann. Wir werden alles tun, was recht und möglich ist."

An einem einzigen Vormittag zogen zehntausend Köhler an diesen Anschlagzetteln vorbei. Kein einziger sprach ein Wort; viele schüttelten die Köpfe; andere gingen mit schleppenden Schritten weiter, ohne daß eine Falte in ihrem unbeweglichen Gesicht gezuckt hätte.

Bisher hatte das Dorf der zweihundertundvierzig hartnäckig in seinem trotzigen Widerstand ausgeharrt. Es schien, als hätte das Blut der Kameraden, das den Morast der Grube gerötet hatte, den übrigen den dahin führenden Weg verrammelt. Kaum zehn Mann waren eingefah-

ren, Pierron und einige Verräter seines Schlages, deren Ein- und Ausfahrt man mit trotziger Miene, aber ohne eine Bewegung und ohne eine Drohung mit ansah. Der Anschlagzettel an der Kirchenmauer wurde denn auch mit dumpfem Mißtrauen aufgenommen. Darin war nichts von den zurückgestellten Arbeitsbüchern erwähnt; weigerte sich die Gesellschaft etwa, sie zurückzunehmen? Und die Furcht vor der Vergeltung, die brüderliche Auflehnung gegen Entlassung der zumeist kompromittierten Kameraden bestärkte sie alle in ihrer Hartnäckigkeit. Die Sache sei verdächtig, sagten sie; man werde sehen, was daraus werden soll, und man werde einfahren, wenn die Herren sich offen erklärten. Eine drückende Stille lag auf den niedrigen Häusern; der Hunger war nichts mehr; alle konnten sterben, seitdem der gewaltsame Tod über die Dächer hinweggefahren war.
Das Haus der Maheu besonders lag finster und stumm in seine düstere Trauer eingehüllt. Seitdem die Maheu ihren Mann zu Grabe getragen, hatte sie den Mund nicht mehr geöffnet. Nach dem Kampf hatte sie es geschehen lassen, daß Etienne die halb tote, über und über mit Schmutz bedeckte Catherine in das Elternhaus zurückführte; und als sie sie vor dem jungen Mann entkleidete, um sie zu Bett zu bringen, glaubte sie einen Augenblick, daß auch ihre Tochter mit einer Kugel im Bauch zurückgekehrt sei, denn am Hemd zeigten sich große Blutflecke. Aber sie begriff alsbald: es war der Strom der Reise, der unter den Erschütterungen dieses furchtbaren Tages endlich losbrach. Ach, wieder ein Glücksfall, diese Wunde! Ein schönes Geschenk, Kinder machen zu können, die später von den Gendarmen erdrosselt werden sollten. Und sie sprach kein Wort zu Catherine, noch auch zu Etienne. Dieser schlief mit Jeanlin, auf die Gefahr hin, verhaftet zu werden, von einem solchen Widerstreben gegen den Gedanken einer Rückkehr zur Réquillartgrube erfaßt, daß er das Gefängnis vorzog; ein Schauder schüttelte ihn, das Entsetzen vor der Nacht nach so vielen Tötungen, die uneingestandene Furcht vor dem kleinen Soldaten, der dort unter den Felsen schlief. In dem Kummer über seine Niederlage erschien ihm übrigens das Gefängnis wie ein Zufluchtsort; doch man behelligte ihn nicht, und er brachte seine Stunden jämmerlich hin, nicht wissend, wie er seinen Körper ermüden solle. Zuweilen betrachtete die Maheu beide, ihn und ihre Tochter, mit einer grollenden Miene, die zu fragen schien, was sie in ihrem Hause suchten.
Jetzt schnarchten wieder alle in einem Haufen; der Vater Bonnemort hatte das frühere Bett der zwei Kleinen, die jetzt mit Catherine schliefen, weil die arme Alzire nicht mehr ihren Höcker der großen Schwester in die Seiten stieß. Erst wenn sie schlafen ging, fühlte die Mutter so recht die Leere des Hauses an der Kälte des Bettes, das ihr zu breit geworden war. Vergebens nahm sie Estelle zu sich, um die Lücke auszufüllen; es war kein Ersatz für ihren Mann. Stundenlang weinte sie still vor sich hin. Und dann nahmen die Tage wieder ihren Lauf wie ehedem; man hatte noch immer kein Brot, und man hatte auch nicht die Aussicht, auf einmal hinzuwerden; rechts und links wurde allerlei Zeug aufgelesen, welches den Bejammernswerten den Dienst erwies, ihr Leben zu verlängern. Nichts hatte sich in ihrem Leben geändert; nur ihr Mann war nicht mehr da.
Am Nachmittag des fünften Tages verließ Etienne, trostlos über den Anblick dieses stillen Weibes, die Wohnstube und ging mit langsamen Schritten die gepflasterte Straße des Dorfes hinab. Die Untätigkeit, die ihn bedrückte, drängte ihn zu unaufhörlichen Spaziergängen, bei denen er, immer von dem nämlichen Gedanken gepeinigt, mit hängenden Armen und gesenktem Kopf dahinschritt. Er mochte so seit einer halben Stunde auf der Straße fortgegangen sein, als ein erhöhtes Unbehagen ihn merken ließ, daß die Kameraden vor die Haustüren traten, um ihn zu sehen. Das Wenige, was ihm von seiner Volkstümlichkeit noch geblieben, war mit den Schüssen verflogen; er konnte nicht mehr durch die Straßen gehen, ohne haßerfüllten Blicken zu begegnen. Wenn er das Haupt hob, sah er Männer in drohender Haltung auf der Schwelle der Haustüren; die Weiber schoben die kleinen Vorhänge vor den Fenstern weg, um hinauszuschauen; und bei dieser stummen Anklage, bei dem unterdrückten Zorn, der aus diesen großen, durch Hunger und Tränen erweiterten Augen funkelte, verlor er seine Fassung und die Sicherheit seines Ganges. Die stummen Vorwürfe wuchsen hinter ihm immer mehr an. Und angesichts dieses ganzen Dorfes, das auf die Straße herauskam, um ihm sein Elend ins Gesicht zu schreien, wurde er von einer solchen Furcht erfaßt, daß er zusammenfuhr und den Rückweg antrat.
Doch die Szene, die ihn erwartete, verstörte ihn vollends. Der alte Bonnemort saß neben dem kalten Kamin, auf seinem Sessel festgenagelt, seitdem zwei Nachbarn am Tag des Gemetzels ihn neben seinem zersplitterten Stab, wie einen vom Blitz gefällten alten Baum, auf der Erde liegend gefunden hatten. Und während Lénore und Henri, um ihren Hunger zu täuschen, mit betäubendem Geräusch eine alte Kasserolle auskratzten, in welcher am vorhergehenden Tag Kohl gekocht worden war, drohte die Maheu, die aufrecht vor dem Tisch stand, auf welchen sie Estelle gelegte hatte, ihrer Tochter Catherine mit der Faust.
„Sag das noch einmal!“ schrie sie.
Catherine hatte ihre Absicht ausgedrückt, zur Voreuxgrube zurückzukehren. Der Gedanke, ihr Brot nicht zu erwerben, bei ihrer Mutter nur geduldet zu werden, wie ein lästiges, unnützes Tier, wurde ihr mit jedem Tag unerträglicher. Hätte sie nicht irgendeinen bösen Streich von seiten Chavals gefürchtet, sie wäre schon am Dienstag eingefahren.
„Was willst du? Man kann nicht müßig leben, stammelte sie. Wir werden wenigstens Brot haben.
Die Maheu unterbrach sie.
„Höre, ich erwürge den ersten von euch, der zur Arbeit zurückkehrt ... Es wäre zu stark, den Vater zu töten und dann die Kinder auszubeuten! Es ist genug; lieber will ich

euch alle zwischen vier Brettern hinaustragen sehen, wie denjenigen, der schon von hinnen ist.“

Nach ihrem langen Stillschweigen machte sich jetzt ihr Zorn in einer Flut von Worten Luft. Was Catherine bringen könnte, würde ihr wenig nützen: kaum dreißig Sous, zu denen noch zwanzig Sous hinzukämen, wenn die Vorgesetzten für den Banditen Jeanlin irgendeine Arbeit fänden. Fünfzig Sous und sieben Mäuler zu stopfen! Die kleinen Kinder waren nur dazu gut, Suppe zu fressen. Was den Großvater betrifft, so mußte ihm bei seinem Fall irgend etwas im Gehirn gerissen sein, denn er schien ganz schwachsinnig; oder hat ihn der Schlag gerührt, als er die Soldaten auf die Kameraden schießen sah.

„Nicht wahr, Alter, sie haben Euch vollends heruntergebracht? Es nützt Euch nichts, daß Ihr noch starke Fäuste habt; Ihr seid ‚fertig‘.“

Bonnemort schaute sie mit seinen erloschenen Augen an, ohne zu verstehen. Er verharrte so stundenlang mit starren Blicken; er hatte nur noch so viel Vernunft, in eine mit Sand gefüllte Platte zu speien, die man der Reinlichkeit halber zu seiner Seite hingestellt hatte.

„Und sie haben auch seine Pension nicht geregelt“, fuhr sie fort, „ich bin überzeugt, sie werden wegen unseres Verhaltens ihm seine Altersversorgung vorenthalten wollen. Nein, es ist zu viel mit diesen Unglücksmenschen! ...“

„Aber“, fiel Catherine ein, „sie versprechen doch auf dem Anschlagzettel ...“ – „Laß mich in Frieden mit dem Anschlagzettel ... Das ist wieder nur ein Köder, um uns zu fangen und aufzufressen. Sie mögen jetzt die guten Leute spielen, nachdem sie uns die Haut durchlöchert haben.“ – „Aber wo gehen wir dann hin, Mutter? Man wird uns sicher nicht im Dorfe behalten ...“

Die Maheu machte eine undeutliche und furchtbare Gebärde. Wohin sie gehen werden? Sie wußte es nicht und dachte auch nicht daran, denn es raubte ihr den Verstand. Sie werden anderswohin, irgendwohin gehen. Und da der Lärm mit der Kasserolle zu arg wurde, fiel sie über die Kleinen her und prügelte sie. Estelle, die schon auf allen vieren kroch, fiel jetzt, und ihr Geschrei vermehrte noch den Lärm. Die Mutter schrie sie an, um sie stillzumachen. Welch ein Glück wäre es, wenn die Kleine zu Tode gefallen wäre! Sie sprach von Alzire und wünschte den anderne Kindern dasselbe Schicksal. Dann plötzlich brach sie in Schluchzen aus und weinte – den Kopf an die Wand gelehnt – lange vor sich hin.

Etienne stand mitten in der Stube; er hatte nicht den Mut sich einzumischen. Er galt im Hause nichts mehr; selbst die Kinder wichen mißtrauisch vor ihm zurück. Aber die Tränen dieses unglücklichen Weibes bedrücktem ihm das Herz.

„Mut, Mut!“ sagte er tröstend. „Wir werden trachten, wieder in Ordnung zu kommen.

Sie schien ihn nicht zu hören und fuhr in ihrer leisen Klage fort.

„Ach, Jammer, ist's denn möglich? Vor diesen Schrekkensgeschichten ging es noch an. Man aß sein trockenes Brot, aber man war doch beisammen ... Und was ist denn geschehen, guter Himmel? ... Was haben wir denn getan, daß so schweres Leid über uns gekommen ist? daß die einen unter der Erde liegen und die anderen nichts sehnlicher wünschen, als ebenfalls dahin zu kommen? ... Man spannte uns wie Pferde vor die Arbeit, und es war keine gerechte Teilung, daß wir die Stockstreiche empfingen, das Vermögen der Reichen vermehren halfen, ohne Hoffnung, jemals etwas Gutes zu genießen. Man hat keine Lust zu leben, wenn man keine Hoffnung mehr hat. Ja, es konnte so nicht länger dauern; man mußte ein wenig Luft schöpfen ... Und doch, wenn man gewußt hätte! Ist es möglich, so unglücklich zu werden, weil man die Gerechtigkeit gewollt hat!“

Seufzer schwellten ihr die Kehle, ihre Stimme erstarb in einer unendlichen Trauer.

„Dann sind immer Schlauköpfe da, die einem versprechen, daß noch alles in Ordnung kommen kann, wenn man sich nur die Mühe gibt ... Man setzt sich allerdings Dinge in den Kopf, und man leidet so viel durch dasjenige, was existiert, daß man nach demjenigen verlangt, was nicht existiert. Ich träumte schon wie ein Tier; ich sah ein Leben der Freundschaft mit aller Welt; ich schwebte, meiner Treu, in der Luft, zu den Wolken empor. Und man stürzt in den Dreck und zerbricht sich die Knochen. Es kam das Elend, mehr als man will, und Flintenschüsse dazu ...“

Etienne hörte dieses Wehklagen mit an, und jede Träne ging ihm an das Gewissen. Er wußte nicht, was er sagen sollte, um Frau Maheu zu beruhigen, die ganz gebrochen war durch ihren furchtbaren Sturz von der Höhe des Ideals. Sie war in die Mitte der Stube gekommen, schaute ihm ins Gesicht und rief in einer letzten Aufwallung irrer Wut:

„Und was ist's mit dir? Redest du auch davon, zur Grube zurückzukehren, nachdem du uns alle ins Unglück gebracht hast? ... Ich will dir keinen Vorwurf machen, aber an deiner Stelle wäre ich schon tot vor Kummer darüber, so viel Elend über die Kameraden gebracht zu haben.“

Er wollte antworten; doch begnügte er sich, mit verzweifelter Miene die Achseln zu zucken. Wozu sollte er ihr Erklärungen geben, die sie in ihrem Schmerz nicht verstehen würde? Und weil ihn das Leid zu sehr bedrückte, ging er wieder fort, nahm draußen seine ziellose Wanderung wieder auf.

Das Dorf schien noch immer ihn zu erwarten, die Männer auf den Türschwellen, die Weiber an den Fenstern. Sobald er erschien, ging ein Gemurmel durch die Menge, die immer mehr anwuchs. Das Gerede der Klatschbasen schwoll seit vier Tagen an und brach jetzt in einer allgemeinen Verwünschung los. Fäuste wurden nach ihm ausgestreckt; Mütter zeigten ihn ihren Söhnen mit wütender Gebärde; die Alten spien aus, als sie ihn erblickten. Es war der Umschwung nach der Niederlage, die verhängnisvolle Kehrseite der Volkstümlichkeit; ein Abscheu, verschärft durch alle die Leiden, die man

nutzlos zu ertragen hatte. Er sollte den Hunger und den Tod entgelten.
Zacharie, der eben mit Philomène ankam, stieß Etienne an, als dieser aus dem Haus heraustrat. Er grinste höhnisch und rief in boshaftem Ton:
,,Schau, wie fett er wird! Die Haut der anderen scheint ihn zu mästen!"
Schon erschien die Levaque, von Bouteloup begleitet, auf der Schwelle ihrer Haustür. Sie sprach von Bébert, ihrem Knaben, den eine Kugel niedergestreckt hatte.
,,Ja, es gibt Feiglinge, welche die Kinder niedermetzeln lassen!" schrie sie. ,,Er soll das meinige aus der Erde holen, wenn er es mir wiedergeben will!"
Sie hatte ihres Mannes vergessen, der eingesperrt war; im Haushalt gab es keine Stockung, denn Bouteloup war da. Doch jetzt erinnerte sie sich, und sie fuhr mit schriller Stimme fort:
,,Geh doch! die Schurken sieht man lustwandeln, während die rechtschaffenen Leute im Kühlen sitzen."
Als Etienne ihr ausweichen wollte, begegnete er Frau Pierron, die durch die Gärten herbeieilte. Sie hatte den Tod ihrer Mutter wie eine Erlösung begrüßt, denn die Heftigkeiten der Alten hatten dem Ehepaar viel Verdruß verursacht; sie weinte auch nicht um die Tochter ihres Mannes, diese Gassendirne Lydie; sie war vielmehr ordentlich froh, diese los zu sein. All dies hinderte sie aber nicht, es jetzt mit den Nachbarinnen zu halten; es war eine Gelegenheit, sich auszusöhnen.
,,Und meine Mutter? Sprich! Und das Kind! Man hat dich gesehen, wie du dich hinter ihnen verstecktest, als sie statt deiner die Kugeln empfingen!"
Was sollte er tun? Die Pierron und die anderen erdrosseln, es mit dem ganzen Dorf aufnehmen? Einen Augenblick hatte er Lust dazu. Das Blut stieg ihm jetzt zu Kopfe; er behandelte seine Kameraden wie Tiere; es verdroß ihn, sie dermaßen dumm und barbarisch zu sehen, daß sie wegen der Logik der Tatsachen sich an ihn hielten. War das nicht blöd? Eine Abscheu ergriff ihn, als er sich ohnmächtig sah, sie von neuem zu bändigen, und er begnügte sich, die Schritte zu beschleunigen, als wäre er taub gegen alle Verwünschungen. Doch sein Gang wurde bald zur Flucht; aus jedem Haus flogen ihm Beschimpfungen zu, man war wütend hinter ihm her; ein ganzes Volk verfluchte ihn mit immer mächtiger anschwellender Stimme, in seinem überströmenden Haß. Er war der Ausbeuter, der Mörder, die einzige Ursache allen Unglücks. Bleich und seiner Sinne nicht mächtig, rannte er aus dem Dorf, die heulende Bande hinter ihm her. Auf der Straße ließen viele von ihm ab, einige jedoch waren hartnäckig und hielten aus; da, vor der Schenke ,,Zum wohlfeilen Trunk", stieß er auf eine andere Gruppe, die aus dem Voreuxschacht kam.
Der alte Mouque und Chaval waren da. Seit dem Tod seiner Tochter Mouquette und seines Sohnes Mouquet hatte der Alte seinen Stallwärterdienst fortgesetzt, ohne ein Wort des Bedauerns oder der Klage hören zu lassen. Doch plötzlich, als er Etienne bemerkte, wurde er von einem Wutanfall geschüttelt, die Tränen stürzten aus seinen Augen und eine Flut von gröblichen Schimpfreden aus seinem schwarzen, blutigen Maul.
,,Schwein! Saukerl! Halunke! ... Wart! Du sollst mir meine armen Kinder entgelten! Du mußt ihnen nach!"
Er hob einen Ziegel auf, zerbrach ihn und schleuderte die beiden Stücke nach Etienne.
,,Ja, ja, wir wollen ihn fertigmachen!" rief Chaval höhnisch, sehr aufgeregt, entzückt von dieser Rache. ,,Jeder kommt an die Reihe ... Nun klebst du an der Mauer, schmutziger Lumpenkerl!"
Und auch er stürzte sich mit Steinwürfen auf Etienne. Ein wildes Geschrei erhob sich; alle ergriffen Ziegel, zerbrachen sie und schleuderten sie nach ihm, um ihn ,,auszuweiden", wie sie die Soldaten hatten ausweiden wollen. Er hatte den Kopf verloren und floh nicht mehr; er hielt ihnen stand und suchte sie mit Phrasen zu beschwichtigen. Seine früheren Reden, ehemals mit so warmem Beifall aufgenommen, drängten sich ihm wieder auf die Lippen. Er wiederholte die Worte, mit denen er sie betäubt hatte zu jener Zeit, als er sie in seiner Gewalt hatte wie eine getreue Herde; allein seine Macht war tot, nur Steine waren die Antwort. Da traf ihn ein Wurf am linken Arm; er wich zurück, die Gefahr war groß, er war an die Mauer des Wirtshauses gedrängt worden.
Seit einer Weile stand Rasseneur auf der Schwelle.
,,Komm herein!" sagte er einfach.
Etienne zögerte; es bedrückte ihn der Gedanke, hier Zuflucht zu suchen.
,,Komm herein; ich will mit den Leuten reden."
Er entschloß sich dazu und verbarg sich im Hintergrund des Saales, während der Schankwirt mit seinen breiten Schultern den Eingang verstellte.
,,Hört, meine Freunde, nehmt doch Vernunft an! ... Ihr wißt wohl, daß ich euch niemals getäuscht habe. Ich war stets für die Ruhe; hättet ihr mir Gehör gegeben, ihr wäret heute gewiß nicht dort, wo ihr seid."
Die Schultern und den Bauch wiegend, sprach er lange in diesem Ton; seine leichte Beredsamkeit sprudelte wohltuend und besänftigend hervor wie warmes Wasser. Sein ehemaliger Erfolg stellte sich voll und ganz wieder ein; er gewann seine Volkstümlichkeit wieder, ohne Anstrengung, in ganz natürlicher Weise, als hätten die Kameraden nicht einen Monat früher ihn verhöhnt und einen Feigling geschimpft. Einzelne Stimmen gaben ihm recht. Sehr gut! man halte zu ihm, hieß es. So müsse man reden. Und alle klatschten ihm Beifall.
Etienne im Saal fühlte seine Kräfte schwinden und sein Herz mit Bitternis sich füllen. Er erinnerte sich, was Rasseneur im Wald ihm vorausgesagt hatte, wie er ihm mit dem Undank der Menge gedroht hatte. Welch blöde Roheit! Welch schmähliches Vergessen der geleisteten Dienste! Es war eine blinde Macht, die fortwährend sich selbst verzehrte. Und unter seinem Zorn über diese Tiere, die so ihre Sache verdarben, barg sich die Verzweiflung über den eigenen Sturz, über das traurige Ende seiner ehrgeizigen Strebungen. Wie? War es schon aus? Er er-

innerte sich, daß unter den Buchen des Waldes von Vandame dreitausend Herzen unter der Macht seiner Worte höher geschlagen hatten. An jenem Tag hatte er seine Volkstümlichkeit in beiden Händen; dieses Volk gehörte ihm; er fühlte sich als Herr desselben. Wahnsinnige Träume hatten ihn damals betäubt; Montsou lag zu seinen Füßen; er sah sich als Abgeordneten in Paris, die Spießbürger mit einer Rede zu Boden schmetternd, der erste Arbeiter auf der Parlamentstribüne. Und nun war's aus! Er erwachte als ein Erbärmlicher und Verachteter; sein Volk schickte ihn mit Steinwürfen heim.

Rasseneurs Stimme erhob sich von neuem.

„Die Gewalt hat niemals zu einem Erfolg geführt; man kann die Welt nicht in einem Tage ändern. Diejenigen, die euch versprochen haben, alles mit einem Schlag zu ändern, sind Spaßvögel oder Schurken.

„Bravo! Bravo! schrie die Menge.

Wer war also der Schuldige? Diese Frage, die Etienne sich vorlegte, drückte ihn vollends nieder. Dieses Unglück, unter dem er selbst blutete; das Elend der einen, das Erwürgen der anderen, das Darben dieser Weiber und Kinder: war all dies wirklich seine Schuld? Er hatte eines Abends, vor den Katastrophen, diese trübselige Vision. Doch schon richtete eine Kraft ihn auf; er fühlte sich mit den Kameraden fortgerissen. Übrigens hatte er sie niemals geleitet; vielmehr waren sie es, die ihn führten, die ihn nötigten, Dinge zu tun, die er ohne das ungestüme Drängen dieser Menge nicht getan haben würde. Bei jeder neuen Gewalttat war er unter dem verblüffenden Eindruck der Ereignisse gestanden, denn er hatte keines davon vorausgesehen noch auch gewollt. Konnte er beispielsweise darauf gefaßt sein, daß seine Kameraden im Dorf ihn eines Tages steinigen würden? Diese Tollhäusler logen, wenn sie behaupteten, daß er ihnen ein Schlaraffenleben versprochen hätte. Und in diesem Gericht, das er über sich selbst hielt, hinter den Vernunftgründen, mit denen er seine Gewissensbisse bekämpfte, barg sich die dumpfe Besorgnis, sich nicht auf der Höhe seiner Aufgabe gezeigt zu haben, jener Zweifel des Halbwissenden, der ihn stets peinigte. Er fühlte, daß er mit seinem Mut zu Ende sei; er war nicht mehr einig mit seinen Kameraden; er hatte Furcht vor ihnen, vor dieser ungeheuren, blinden, unwiderstehlichen Volksmasse, die wie eine Naturgewalt daherzog, alles hinwegfegend, alle Regeln und Theorien zuschanden machend. Ein Widerwille hatte ihn allgemach von diesem Volk losgelöst, das Unbehagen seines verfeinerten Geschmacks, das langsame Emporstreben seines ganzen Wesens zu einer höheren Gesellschaftsklasse.

In diesem Augenblick verlor sich Rasseneurs Stimme in dem begeisterten Geschrei der Menge.

„Hoch Rasseneur! Es gibt keinen zweiten mehr! Bravo! Bravo!"

Der Schankwirt schloß die Tür, während die Menge draußen sich zerstreute. Die beiden Männer betrachteten einander stillschweigend und zuckten die Achseln. Schließlich tranken sie zusammen einen Schoppen.

Am nämlichen Tage gab es ein großes Festmahl in der Piolaine. Man feierte die Verlobung von Négrel und Cécile. Die Grégoires hatten am vorhergehenden Tag den Fußboden des Speisezimmers frisch waschen und die Möbel des Salons abstauben lassen. Mélanie herrschte in der Küche, überwachte die Braten, rührte die Tunken, deren Geruch bis zum Dachboden emporstieg. Man hatte entschieden, daß der Kutscher Francis bei der Bedienung der Tafel Honorine helfen sollte; die Gärtnerin sollte das Tafelgeschirr reinigen, der Gärtner den ankommenden Gästen das Gittertor öffnen. Niemals hatte ein solcher Aufwand von Prunk dieses patriarchalische und ernste Haus aus dem Alltagsgeleise gebracht.

Alles ging trefflich vonstatten. Frau Hennebeau zeigte sich überaus liebenswürdig für Cécile und lächelte Négrel zu, als der Notar von Montsou die Gesellschaft galant einlud, auf das Wohl des Brautpaares zu trinken. Auch Herr Hennebeau war sehr liebenswürdig. Seine lachende Miene fiel den Gästen auf; man erzählte sich, daß er bei der Bergwerksverwaltung wieder in Gunst stehe und demnächst Offizier der Ehrenlegion werden sollte zum Lohn für die energische Art, wie er den Streik überwunden hatte. Man vermied es, von den letzten Ereignissen zu sprechen; aber es lag ein siegreicher Ton in der allgemeinen Freude, das Festmahl gestaltete sich zu einer offiziellen Siegesfeier. Endlich war man befreit; man konnte wieder in Ruhe essen und schlafen. Es geschah eine versteckte Anspielung auf die Toten, deren Blut der Schmutz im Werkhof von Voreux noch nicht völlig eingesogen hatte; das war eine notwendige Lektion; und alle wurden von Rührung ergriffen, als die Grégoires hinzufügten, daß jetzt jedermann die Pflicht habe, die Arbeiterdörfer aufzusuchen und die Wunden zu verbinden. Sie hatten ihre wohlwollende Ruhe wiedergewonnen und entschuldigten die wackeren Köhler, als sie diese wieder einfahren sahen, um das gute Beispiel einer hundertjährigen Ergebung zu liefern. Die Notabeln von Montsou, die nicht mehr für Leben und Vermögen zitterten, gaben zu, daß die Lohnfrage eingehend studiert werden müsse. Beim Braten war der Sieg vollständig, als Herr Hennebeau einen Brief des Bischofs verlas, in welchem dieser die Versetzung des Abbé Ranvier ankündigte. Die ganze Spießbürgerschaft der Provinz besprach mit Leidenschaft die Geschichte dieses Priesters, der die Soldaten Mörder nannte. Und als der Nachtisch kam, versicherte der Notar ganz entschieden, daß er ein Freidenker sei.

Deneulin war mit seinen beiden Töchtern da. Er bemühte sich, inmitten des allgemeinen Frohsinns den Kummer über seinen Ruin zu verbergen. Am Morgen hatte er den Vertrag über den Verkauf seiner Konzession auf Vandame an die Gesellschaft von Montsou unterschrieben. An die Wand gedrückt und erwürgt, hatte er sich den Bedingungen des Verwaltungsrates gefügt, ihnen endlich die Beute, nach der sie so lange Zeit gelauert hatten, für einen Betrag überlassen, der kaum hinreichte, um seine Gläubiger zu befriedigen. Er hatte sogar im letzten Augenblick wie einen Glücksfall ihr Anerbieten angenommen, als

Abteilungsingenieur in ihre Dienste zu treten; er entschloß sich, als bezahlter Beamter jenes Bergwerk zu überwachen, in dem er sein Vermögen vergraben hatte. Es war das Totengeläute für die kleinen persönlichen Unternehmungen, das baldige Verschwinden der Patrone, die nacheinander von dem stets hungrigen Ungeheuer Kapital aufgefressen, in der steigenden Flut der großen Gesellschaften ertränkt wurden. Er allein zahlte die Kosten des Streiks; er fühlte wohl, daß man auf sein Unglück trank, indem man auf die Rosette der Ehrenlegion des Herrn Hennebeau trank, und er schöpfte nur ein wenig Trost aus dem frohen Mut seiner Töchter, die reizend waren in ihren aufgefrischten Toiletten und über ihren Ruin nur lachten, als hübsche Mädchen mit burschenmäßigen Manieren, die sich aus dem Geld nichts machten.
Als man in den Salon hinüberging, um dort den Kaffee zu nehmen, führte Herr Grégoire seinen Vetter beiseite und beglückwünschte ihn zu seinem mutigen Entschluß.
„Was willst du? Dein einziger Fehler war der, daß du deinen Anteil an Montsou, eine Million, in Vandame riskiertest. Du hast dich furchtbar geplagt, und das Geld ist in dieser Hundearbeit aufgegangen, während das meinige, ruhig im Schrank geblieben, mich schön ernährt, ohne daß ich eine Hand zu rühren brauche, wie es noch die Kinder meiner Enkelkinder nähren wird.

II

Am Sonntag, als die Nacht hereinbrach, schlich Etienne zum Dorf hinaus. Ein sehr klarer, gestirnter Himmel verbreitete ein blaues Dämmerlicht über die Erde. Er ging zum Kanal hinab und folgte langsam der Böschung, in der Richtung nach Marchiennes. Es war sein Lieblingsspaziergang, ein grasbewachsener Weg von zwei Meilen Länge, geradeaus neben der mit geometrischer Genauigkeit gezogenen Linie des Kanals sich hinziehend, welcher gleich einem endlosen Stück flüssigen Silbers verlief.
Er begegnete hier niemals einem Menschen. Er war denn auch unangenehm überrascht, als er an diesem Abend einen Mann auf sich zukommen sah. Im fahlen Licht der Sterne erkannten die beiden einsamen Spaziergänger sich erst, als sie ganz nahe einander gegenüberstanden.
„Schau, du bist's!" flüsterte Etienne.
Souvarine nickte, ohne zu antworten. Einen Augenblick standen sie unbeweglich da; dann setzten sie Seite an Seite den Weg nach Marchiennes fort. Jeder schien seine Gedanken fortzuspinnen, als wären sie sehr weit voneinander.
„Hast du von den Pariser Erfolgen Plucharts in der Zeitung gelesen?" fragte endlich Etienne. „Man erwartete ihn auf dem Bürgersteig und brachte ihm laute Ehrenbezeigungen, als er die in der Vorstadt Belleville stattgehabte Versammlung verließ ... Der Mann ist nun im Zuge, trotz seines ewigen Schnupfens; er wird seinen Weg machen."
Der Maschinist zuckte mit den Achseln. Er verachtete die Schönredner, diese Kerle, die in die Politik eintreten, wie man in die Advokatie eintritt, um mit Phrasen Renten zu erwerben.
Etienne war jetzt bei Darwin angelangt. Er hatte Bruchstücke seiner Werke in einer gekürzten, volkstümlichen Ausgabe zu fünf Sous gelesen; und nach diesem halb verstandenen Buch machte er sich eine revolutionäre Idee von dem Kampf um das Dasein, in dem die Mageren die Fetten verzehren, das starke Volk das bleiche Spießbürgertum verschlingt. Doch Souvarine geriet in Zorn, ließ sich über die Dummheit der Sozialisten aus, welche Darwin annehmen, diesen Apostel der wissenschaftlichen Ungleichheit, dessen berühmte „Zuchtwahl" nur für aristokratische Philosophen gut sei. Allein der Kamerad war eigensinnig, wollte den andern mit Vernunftgründen unterkriegen; und er drückte seine Zweifel durch folgende Annahme aus: Die alte Gesellschaft existiert nicht mehr, man hatte sie bis auf die letzten Reste weggefegt; nun denn, war nicht zu befürchten, daß die neuerstehende Welt von denselben Ungerechtigkeiten allmählich verdorben würde, eine Welt, in welcher die einen krank, die anderen gesund, die einen geschickter und klüger, alles zu ihrem Vorteil benützend, die anderen blöd und dumm, wieder zu Sklaven werdend? Angesichts dieser Vision des ewigen Elends schrie der Maschinist mit wütender Stimme: Wenn die Gerechtigkeit mit dem Menschen unmöglich ist, muß der Mensch verschwinden. So viele verfaulte Gesellschaften, ebensoviele Gemetzel, bis das letzte Wesen ausgerottet ist. Und es trat wieder Stillschweigen zwischen ihnen ein.
Gesenkten Hauptes ging Souvarine auf dem feinen Gras dahin, dermaßen in seine Gedanken versunken, daß er am äußersten Rande des Wassers wandelte mit der ruhigen Sicherheit eines Menschen, der auf dem Dach eingeschlafen ist und neben der Rinne liegend sich seinen Träumen überläßt. Dann fuhr er plötzlich zusammen, scheinbar ohne Ursache, als wäre er auf einen Schatten gestoßen. Er blickte auf, zeigte sein bleiches Gesicht und sagte seinem Genossen in mildem Tone:
„Habe ich dir erzählt, wie sie gestorben ist?" – „Wer denn?" – „Mein Weib, in Rußland."
Etienne machte eine ausweichende Gebärde, erstaunt über das Zittern der Stimme, über das Bedürfnis nach Vertraulichkeit bei diesem sonst so unempfindlichen Burschen, der in stoischer Abgeschiedenheit von den anderen und von sich selbst lebte. Er wußte nur, daß das Weib eine Geliebte war und daß man sie in Moskau gehenkt hatte.
„Die Sache war nicht gelungen, erzählte Souvarine, die Blicke auf den weißen Lauf des Kanals, zwischen den Reihen der großen, dunklen Bäume verloren. „Wir hatten zwei Wochen in einem Loch zugebracht, um die Eisenbahn zu untergraben; und nicht der kaiserliche Zug flog in die Luft, sondern ein mit Reisenden gefüllter

Zug ... Dann wurde Annuschka verhaftet. Sie hatte uns, als Bäuerin verkleidet, jeden Abend Brot gebracht. Sie hatte auch die Lunte angezündet, weil man einen Mann leichter hätte bemerken können. Unter der Menge verborgen folgte ich den Prozeßverhandlungen sechs lange Tage hindurch ..."

Seine Stimme verwirrte sich; er wurde von einem Hustenanfall ergriffen und drohte zu ersticken.

„Zweimal drängte es mich aufzuschreien; ich wollte über die Köpfe hinwegspringen, um zu ihr zu gelangen. Aber was hätte es genützt? Ein Mann weniger bedeutet einen Streiter weniger; und ich merkte wohl, daß sie mir „Nein!" gebot mit ihren starren Blicken, die den meinigen begegneten."

Er hustete wieder.

„Auch auf der Richtstätte fand ich mich ein. Es regnete, und die Ungeschickten verloren darüber den Kopf. Sie brauchten zwanzig Minuten, um vier andere zu hängen; der Strick riß, und sie konnten mit dem vierten nicht fertigwerden ... Annuschka stand dabei und wartete. Sie sah mich nicht; sie suchte mich in der Menge. Ich war auf einen Eckstein gestiegen, und da sah sie mich; unsere Blicke verließen einander nicht mehr. Als sie tot war, schaute sie mich noch immer an ... Ich zog den Hut zum letzten Gruß und ging."

Wieder trat Stille ein. Die weiße Allee des Kanals zog sich ins Endlose hin; beide gingen mit gedämpften Schritten fürbaß, jeder in seinen Gedanken vereinsamt. Das bleiche Wasser schien am Horizont in einem kleinen hellen Loch zu endigen.

„Es war unsere Strafe", fuhr Souvarine in hartem Ton fort. „Unsere Liebe war unser Vergehen ... Es ist gut, daß sie tot ist; aus ihrem Blut werden Helden erstehen; ich aber werde keine Schwäche mehr im Herzen haben; keinen Anverwandten, kein Weib, keinen Freund; nichts, was die Hand beben machen würde an dem Tag, an dem es gelten wird, anderen das Leben zu nehmen oder das seinige hinzugeben."

Etienne war in der kalten Nacht fröstelnd stehengeblieben. Er ließ sich mit dem andern in keine Erörterung ein; er sagte bloß:

„Wir sind weit; wollen wir zurückkehren?"

Sie kehrten langsam nach dem Voreux zurück. Nach einigen Schritten fügte er hinzu:

»Hast du die neuen Anschlagzettel gelesen?«

Es waren große gelbe Plakate, welche die Gesellschaft am Morgen hatte anschlagen lassen. Sie führte darin eine deutlichere und versöhnlichere Sprache; sie erklärte sich bereit, die Arbeitsbücher derjenigen Bergleute zurückzunehmen, die am nächsten Morgen einfahren würden. Alles sollte vergessen sein; selbst den am meisten Bloßgestellten sollte Verzeihung werden.

„Ja, ich habe sie gesehen", antwortete der Maschinist.

„Und wie denkst du darüber?" – „Ich denke, daß alles aus ist ... Die Herde wird wieder einfahren. Ihr alle seid viel zu feige."

Etienne verteidigte erregten Tones die Kameraden. Ein Mann kann tapfer sein; eine Menge, die Hungers stirbt, ist machtlos. Langsamen Schrittes waren sie beim Voreux angekommen; und angesichts der dunklen Masse der Grube fuhr er fort und schwor, seinerseits nicht mehr einzufahren; aber er verzeihe ihnen, die einfahren würden. Dann, weil das Gerücht ging, daß die Zimmerleute nicht Zeit genug hatten, die Verzimmerung auszubessern, wollte er darüber näheres wissen. War dies wahr? Der Druck der Erdmasse gegen die Hölzer, die dem Schacht gleichsam ein Kleid aus Balken und Brettern anlegten, soll diese im Innern dermaßen herausgedrängt haben, daß eine der Förderschalen in einer Länge von fünf Metern die Wände streifte. Souvarine war wieder still geworden und gab ihm nur knappe Antworten. Er habe gestern noch gearbeitet, die Schale streife in der Tat die Wände. Die Maschinisten mußten sogar die Geschwindigkeit verdoppeln, um an dieser Stelle vorüberzukommen. Aber alle Vorgesetzten hatten für diese Bemerkungen nur ein und dieselbe gereizte Antwort: Man wolle Kohle haben; die Verbesserungen kommen später.

„Du siehst, die Geschichte geht aus den Fugen", murmelte Etienne. „Es kann lustig werden."

Die Augen auf die Grube gerichtet, die im Dunkel der Nacht nur undeutlich zu sehen war, schloß Souvarine in ruhigem Ton:

„Wenn die Geschichte aus den Fugen geht, so werden die Kameraden es wissen, da du ihnen rätst, einzufahren."

Im Kirchturm von Montsou schlug es neun Uhr; und als sein Gefährte sagte, daß er heimkehre, um zu Bett zu gehen, fügte Souvarine hinzu, ohne dem andern die Hand zu reichen:

„Nun denn, lebe wohl! Ich reise." – „Wie, du reisest?" – „Ja, ich habe mein Arbeitsbuch zurückgefordert und gehe anderswohin."

Etienne sah ihn erstaunt und erregt an. Nach einem gemeinsamen Spaziergang von zweistündiger Dauer sagte er ihm das mit ganz ruhiger Stimme, während ihm – Etienne – die bloße Ankündigung dieser plötzlichen Trennung das Herz zusammenschnürte. Man hatte Bekanntschaft gemacht, man hatte zusammen gearbeitet: es war traurig zu denken, daß sie einander nicht mehr sehen sollten.

„Du reisest ab; und wohin gehst du?" – „Fort; ich weiß es nicht." – „Und werde ich dich wiedersehen?" – „Nein; ich glaube nicht."

Sie schwiegen und standen einen Augenblick wortlos einander gegenüber.

„So lebe wohl!"

„Lebe wohl!"

Während Etienne zum Dorf hinanstieg, machte Souvarine kehrt und ging zum Kanalufer zurück. Er war jetzt allein und wandelte ziellos dahin, gesenkten Hauptes, dermaßen im nächtlichen Dunkel verloren, daß er nur mehr ein beweglicher Schatten der Nacht schien. Von Zeit zu Zeit blieb er stehen und zählte die Schläge der Uhr im fernen Kirchturm. Als es Mitternacht schlug, verließ er das Ufer und lenkte seine Schritte zum Voreux.

Zu dieser Stunde war die Grube menschenleer; er fand dort nur einen schlaftrunkenen Aufseher. Die Maschine sollte erst um zwei Uhr zur Aufnahme der Arbeit geheizt werden. Zunächst ging er hinauf und nahm aus einem Schrein einen Kittel, den er dort vergessen zu haben vorgab. Verschiedene Werkzeuge, ein Schraubenzieher, eine kleine, sehr starke Säge, ein Hammer und ein Meißel waren in diesen Kittel eingewickelt. Dann ging er wieder fort; aber anstatt durch die Baracke hinauszugehen, schlüpfte er in den engen Gang, der zum Leiternschacht führte. Den Kittel unter dem Arm haltend, stieg er hinab, ganz sachte, ohne Lampe, durch Zählung der Leitern die Tiefe messend. Er wußte, daß die Schale in einer Tiefe von dreihundertvierundsiebzig Metern den fünften Durchlaß der unteren Verzimmerung streifte. Als er vierundfünfzig Leitern hinabgestiegen war, tastete er mit der Hand und fühlte die Anschwellung der Hölzer. Da war es.

Mit der Geschicklichkeit und der Kaltblütigkeit eines guten Arbeiters, der über sein Werk lange nachgedacht, machte er sich nun an die Arbeit. Er begann damit, ein Feld in der Holzwand des Schachtes durchzusägen, um eine Verbindung mit der Aufzugsabteilung herzustellen. Bei dem schnell verflackernden Licht von Zündhölzchen konnte er sich von dem Zustand der Verzimmerung und den in der jüngsten Zeit vorgenommenen Ausbesserungen Kenntnis verschaffen.

Zwischen Calais und Valenciennes hatte seinerzeit die Abteufung der Schächte unerhörte Schwierigkeiten zu überwinden, denn es galt, durch die Wassermassen zu kommen, die im Niveau der tiefsten Täler unterirdisch lagerten und sich gleich endlosen Seen ausbreiteten. Nur die Konstruktion der Verzimmerungen, dieser Balken, die gleich den Dauben eines Fasses aneinandergefügt wurden, vermochte den Zufluß aufzuhalten und die Schächte zu isolieren inmitten der Seen, deren tiefe, dunkle Fluten an die Wände schlugen. Bei der Abteufung des Voreuxschachtes hatte man zwei Verzimmerungen anlegen müssen, die des oberen Niveaus, wo Sand und Lehm, mit Wasser getränkt wie ein Schwamm, das kreidige, nach allen Richtungen zerrissene Erdreich umgaben; dann die des unteren Niveaus, direkt oberhalb des kohlenhältigen Bodens, durch feinen, gelben Sand, welcher dahinrann, als ob er flüssig wäre. Hier befand sich das unterirdische Meer, der Schrecken der Kohlengruben im Norden, ein Meer mit seinen Stürmen und Schiffbrüchen, ein unbekanntes, unergründliches Meer, das in einer Tiefe von mehr als dreihundert Metern unter der Erdoberfläche seine schwarzen Fluten wälzte. Gewöhnlich waren die Verzimmerungen stark genug, um den ungeheuren Druck auszuhalten; sie hatten nichts zu fürchten als eine Senkung des benachbarten Erdreichs, welches fortdauernd durch den Einbruch der aufgelassenen Stollen erschüttert wurde. Durch das Sinken der Felsen entstanden zuweilen Risse, die sich allmählich bis zu dem Gebälk ausdehnten, welches sie aus der Form brachten, indem sie es nach dem Innern des Schachtes drängten. Und darin lag eben die Gefahr; es drohte ein Einsturz, es drohte ein Wassereinbruch; die Grube konnte verschüttet oder ersäuft werden.

Souvarine, der rittlings in der von ihm gemachten Öffnung saß, konstatierte eine sehr ernste Verschiebung des fünften Durchlasses der Verholzung. Die Hölzer legten sich in ihren Rahmen bauchig vor; mehrere von ihnen traten sogar aus dem Gefüge. Durch die Risse, die man mit geteertem Werg zu verstopfen suchte, brach reichliches Sickerwasser durch. Von der Zeit gedrängt, hatten die Zimmerleute sich begnügt, in den Winkeln Haken anzubringen; doch war diese Arbeit so oberflächlich gemacht worden, daß nicht überall Schrauben hineingesetzt waren. Im Flugsand hinter der Verholzung war augenscheinlich eine lebhafte Bewegung eingetreten.

Souvarine machte sich daran, mittels des Schraubenziehers die Schrauben der Winkelhaken zu lockern, so daß ein letzter Druck sie alle losreißen mußte. Es war dies ein tollkühnes Beginnen, bei dem er zwanzigmal Gefahr lief, in eine Tiefe von hundertachtzig Metern hinabzustürzen. Er hatte sich an den Leitpfosten der Schalen festhalten müssen; über dem Schlund schwebend, kroch er auf den Querbalken fort, welche diese Leitpfosten in bestimmten Zwischenräumen verbanden; bald lag er auf dem Bauch, bald saß er, bald bog er sich zurück, auf einen Ellbogen oder auf ein Knie gestützt, in ruhiger Mißachtung des Todes. Ein Hauch würde genügt haben, ihn hinabzustürzen; dreimal glitt er ab und hielt sich wieder fest, ohne auch nur zu zucken. Zuerst tastete er mit der Hand, dann arbeitete er, ein Zündhölzchen nur dann anzündend, wenn er inmitten der glitschigen Balken sich verirrte. Nachdem er die Schrauben gelockert hatte, machte er sich an die Hölzer selbst, und nun wurde die Gefahr für ihn noch größer. Er hatte den „Schlüssel" gesucht, das ist das Stück, welches die übrigen stützt; dieses bearbeitete er mit einer wahren Wut; er durchbohrte es, durchsägte es, verkleinerte es, damit es seine Widerstandskraft einbüßte, wobei das durch die Löcher und Risse in dünnen Strahlen hervorschießende Wasser ihn blendete und mit einem eiskalten Regen durchnäßte. Zwei Zündhölzchen erloschen, die übrigen wurden durchnäßt; es war die Nacht, ein bodenloser Abgrund von Finsternis.

Von diesem Augenblicke an bemächtigte sich seiner eine wahre Wut. Der Atem des Unsichtbaren betäubte ihn; das dumpfe Entsetzen vor diesem Loch, in welches ein Platzregen sich ergoß, versetzte ihn in eine wahre Zerstörungswut. Er stürzte sich blindlings auf die Verzimmerung, hieb auf das Geratewohl los, wohin er traf, mit dem Meißel, mit dem Hammer, mit der Säge, von der Gier ergriffen, das Gebälk über seinem Haupt sogleich zu zerstören. Er überließ sich dabei einer Grausamkeit, als hätte er mit seinem Messer in der Haut eines lebenden Wesens gewühlt, welches er verabscheute. Er wollte es endlich töten, dieses bösartige Tier Voreux, mit dem allezeit aufgesperrten Rachen, welcher soviel Menschenfleisch verschlungen hatte. Wo seine Werkzeuge sich ansetzten, da knirschte es laut; er streckte den Rücken, er kroch hin und her, stieg hinab und stieg hinauf, wie durch ein Wunder sich festhaltend in dieser fortwährenden Erschütterung, gleich einem Nachtvogel in dem Gebälk eines Glockenturmes.

Doch unzufrieden wegen seiner Aufregung beruhigte er sich wieder. Konnte man denn die Dinge nicht kaltblütig verrichten? Er verschnaufte und kehrte dann nach dem Leiternschacht zurück, dessen Öffnung er wieder verschloß, indem er das ausgesägte Feld wieder an seine Stelle setzte. Es war genug; er wollte nicht durch eine allzugroße Beschädigung die Grubenverwaltung aufmerksam machen, welche vielleicht unverzüglich Ausbesserungen angeordnet haben würde. Das Tier hatte seine Wunde im Bauch; man wird ja sehen, ob es am Abend noch lebt. Und er hatte seine Unterschrift zurückgelassen; die entsetzte Welt wird erfahren, daß das Tier nicht auf natürliche Weise gestorben ist. Er nahm sich die Zeit, regelrecht die Geräte in seine Jacke einzuwickeln und stieg gemächlich die Leitern empor. Dann, als er unbemerkt die Grube verlassen hatte, kam ihm nicht einmal der Gedanke, seine Kleider zu wechseln. Es schlug drei Uhr. Er blieb auf der Straße stehen und wartete. – – –

Zur selben Stunde wurde Etienne, der wach auf seiner Matratze lag, durch ein leises Geräusch beunruhigt, das in der stockfinsteren Stube zu vernehmen war. Er unterschied den leisen Atemzug der Kinder, das Schnarchen des alten Bonnemort und der Frau Maheu, während Jeanlin neben ihm ein anhaltendes, flötenartiges Pfeifen vernehmen ließ. Ohne Zweifel hatte er nur geträumt; und er wollte sich eben zur Wand umkehren, als das Geräusch wieder erklang. Es war ein Knistern des Strohsackes, die vorsichtige Anstrengung eines Menschen, der sich von seinem Lager erhebt. Da dachte er sich, Catherine sei vielleicht unwohl.

„Sprich, bist du es? Was ist dir?" fragte er mit leiser Stimme.

Niemand antwortete; nur das Schnarchen der anderen dauerte fort. Fünf Minuten rührte sich nichts, dann begann das Knistern von neuem. Und weil er diesmal sicher war, sich nicht getäuscht zu haben, ging er durch das Zimmer und streckte in der Finsternis die Hände nach dem gegenüberliegenden Bett aus. Seine Überraschung war groß, als er dort das Mädchen sitzend fand. Sie war wach und lauschte mit zurückgehaltenem Atem.

„Nun, warum antwortest du nicht? Was machst du denn?" – „Ich stehe auf", sagte sie schließlich. „Zu dieser Stunde stehst du auf?" – Ja, ich kehre zur Arbeit in der Grube zurück."

Etienne war sehr ergriffen und mußte sich auf den Rand des Strohsacks setzen, während Catherine ihm ihre Gründe erklärte. Sie leide zu viel bei diesem müßigen Leben und empfinde zu schwer die vorwurfsvollen Blicke, die fortwährend auf ihr ruhten; sie wollte sich lieber der Gefahr aussetzen, in der Grube von Chaval gestoßen zu werden. Und wenn die Mutter das Geld zurückweisen sollte, welches sie ihr bringen würde, so war sie groß genug, um für sich zu leben und ihre Suppe zu kochen.

„Geh, ich will mich ankleiden. Und wenn du gut zu mir sein willst, wirst du nichts sagen."

Doch er blieb neben ihr; er hatte den Arm um ihren Leib gelegt mit einer Liebkosung, in der sich Kummer und Mitleid ausdrückten. Im Hemd, eng aneinandergeschmiegt, fühlten sie die Wärme ihrer nackten Haut am Rande dieses noch von der Nachtruhe warmen Lagers. Sie hatte mit der ersten Bewegung sich von ihm losmachen wollen; dann hatte sie still zu weinen begonnen, hatte ihn auch ihrerseits umhalst, um ihn in einer verzweifelten Umschlingung Leib an Leib zu behalten. Und so blieben sie, ohne ein anderes Verlangen, mit der Vergangenheit ihrer unglücklichen Liebe, die sie nicht hatten befriedigen können. War es denn aus für immer? würden sie es nicht wagen, sich eines Tages zu lieben, nunmehr, da sie frei waren? Nur ein wenig Glück wäre notwendig gewesen, um ihre Scham zu verscheuchen, dieses Unbehagen, das sie hinderte, sich zusammenzutun, wegen allerlei Gedanken, in denen sie selbst nicht ganz klar lasen.

„Lege dich wieder", flüsterte sie. „Ich will kein Licht machen, um die Mutter nicht zu wecken ... Es ist Zeit zum Aufbruch; laß mich!"

Er hörte nicht, preßte sie nur sinnlos an sich, das Herz von unendlicher Trauer erfüllt. Ein Bedürfnis nach Frieden, ein unüberwindliches Bedürfnis, glücklich zu sein, bemächtigte sich seiner; und er sah sich schon verheiratet, in einem sauber gehaltenen Häuschen, ohne einen andern Ehrgeiz, als mit ihr da zu leben und zu sterben. Mit trockenem Brot würde er sich begnügen; und wenn nur für einen Brot da wäre, so wäre es für sie. Wozu noch etwas anderes? War denn das Leben mehr wert?

Doch sie machte jetzt ihre nackten Arme los. „Laß mich, ich bitte dich!" In einer Aufwallung seines Herzens sagte er ihr ins Ohr: „Warte, ich gehe mit dir."

Er selbst war erstaunt, dies gesagt zu haben. Er hatte geschworen, nicht wieder einzufahren; woher kam dieser plötzliche Entschluß, der seinen Lippen entschlüpft war, ohne daß er daran gedacht oder die Sache einen Augenblick erwogen hätte. Jetzt erfüllte ihn solcher Friede, eine so vollständige Genesung von seinen Zweifeln, daß er hartnäckig bei seinem Entschluß beharrte, als ein durch den Zufall Geretteter, der endlich den einzigen Ausweg aus seinem Leid gefunden hatte. Er wollte sie denn auch nicht anhören, als sie alles aufbot, ihn von seinem Entschluß abzubringen, weil sie begriff, daß er sich für sie opfere und weil sie die bösen Reden fürchtete, mit denen man sie in der Grube empfangen würde. Doch er erklärte, sich um niemanden zu kümmern; die Anschlagzettel verhießen Verzeihung, und dies genügte.

„Ich will arbeiten; das ist so meine Idee ... Kleiden wir uns an und machen wir kein Geräusch! ..."

Mit großer Behutsamkeit kleideten sie sich in der finstern Schlafstube an. Sie hatte am vorhergehenden Abend im geheimen ihre Grubenkleidung vorbereitet; er holte aus dem Schrein eine Jacke und eine Hose; sie wuschen sich nicht, um nicht mit der Schüssel Geräusch zu machen.

Alle schliefen; aber sie mußten den engen Gang durchschreiten, wo die Mutter ihr Lager hatte. Sie hatten das Unglück, an einen Sessel zu stoßen; die Mutter erwachte und fragte schlaftrunken:
,,Wer ist's?"
Catherine war zitternd stehengeblieben und drückte heftig Etiennes Hand.
,,Ich bin's, beunruhigen Sie sich nicht", sprach dieser. ,,Mir ist zu heiß, ich muß ein wenig frische Luft schöpfen."
,,Gut, gut."
Und Frau Maheu schlief wieder ein. Catherine wagte sich nicht zu rühren. Endlich ging sie in die Wohnstube hinunter und teilte da eine Butterschnitte, die sie von einem Brot hatte, das eine Dame aus Montsou geschenkt, zurückbehalten hatte. Dann schlossen sie sachte die Tür und gingen fort.
Souvarine war bei einer Wegkrümmung, in der Nähe des Wirtshauses ,,Zum Wohlfeilen Trunk", stehengeblieben. Seit einer halben Stunde beobachtete er, wie die Köhler zur Arbeit zurückkehrten, undeutlich in dem nächtlichen Dunkel, mit dem dumpfen Getrappel einer Herde ihres Weges ziehend. Er zählte sie, wie die Metzger am Eingang des Schlachhauses die Tiere zählen; und er war überrascht von ihrer Zahl; er hatte selbst in seinem Pessimismus nicht vorausgesehen, daß die Zahl dieser Feiglinge so groß sein könnte. Und der Zug dauerte noch immer fort. Steif und kühl stand der Maschinist da, mit klaren Augen und aufeinandergepreßten Zähnen.
Doch jetzt fuhr er zusammen. Unter den vorüberziehenden Männern, deren Gesichter er nicht unterscheiden konnte, hatte er einen an seinem Gang erkannt. Er trat näher und hielt ihn an.
,,Wohin gehst du?" Etienne war betroffen. Anstatt die Frage zu beantworten, stammelte er: ,,Schau! Du bist noch nicht fort?"
Dann gestand er, daß er zur Grube zurückkehre. Gewiß, er habe geschworen; allein, es sei kein Leben, mit verschränkten Armen auf Dinge zu warten, die vielleicht in hundert Jahren kommen würden; er habe überdies seine besonderen Gründe, die ihn veranlassen, die Arbeit wieder aufzunehmen.
Bebend hatte Souvarine ihm zugehört; dann packte er ihn bei einer Schulter und stieß ihn zurück, in der Richtung nach dem Dorfe.
,,Geh nach Hause; ich will es, hörst du?"
Doch als Catherine näherkam, erkannte er auch sie. Etienne wehrte sich und erklärte, er gestatte niemandem, über sein Verhalten zu urteilen. Und die Augen des Maschinisten wanderten von dem Mädchen zu dem Kameraden, während er mit einer Gebärde plötzlicher Entmutigung einen Schritt zurücktrat. Wenn ein Mann ein Weib im Herzen hatte, dann war dieser Mann verloren, er konnte sterben. Vielleicht sah er in einer plötzlich auftauchenden Vision seine Geliebte wieder, die in Moskau gehenkt worden war, dieses letzte Band, das ihn an die Menschen knüpfte; nachdem dieses zerschnitten war, hatte er seine Freiheit über das Leben anderer und sein eigenes Leben gewonnen.
,,Geh!" sagte er einfach.
Etienne stand einen Augenblick verlegen da und suchte nach einem freundschaftlichen Wort, um nicht so von dem andern zu scheiden.
,,Du reisest dennoch?" – ,,Ja." – ,,So gib mir die Hand, Alter. Glückliche Reise und keinen Groll!"
Der andere reichte ihm eine eiskalte Hand. Weder Freund noch Weib. ,,Also, diesmal ein ernstliches Lebewohl!" – ,,Lebewohl!"
Und Souvarine, der unbeweglich im Dunkel stand, folgte mit den Blicken Etienne und Catherine, die den Voreuxschacht betraten.

III

Um vier Uhr begann die Einfahrt. Dansaert in Person hatte sich im Zimmer des Kontrollbeamten eingefunden, schrieb jeden Arbeiter ein, der sich meldete, und ließ ihm die Grubenlampe reichen. Er nahm alle an, ohne Bemerkung, und hielt so das in den Anschlagzetteln gegebene Versprechen. Nur als er Etienne und Catherine am Schalter bemerkte, fuhr er auf, wurde sehr rot und öffnete den Mund, um diese beiden abzuweisen. Doch er begnügte sich, mit höhnischer Miene zu triumphieren. Ei, ei, selbst der Starke unter den Starken lag auf dem Boden! Die Gesellschaft habe denn doch auch ihr Gutes, da der furchtbare Bezwinger von Montsou wieder zu ihr kam, um Brot von ihr zu verlangen. Etienne nahm stillschweigend seine Lampe und ging mit der Schlepperin zur Einfahrt.
Hier erst, im Aufnahmesaal, fürchtete Catherine die bösen Reden der Kameraden. Kaum eingetreten, erkannte sie Chaval mitten in einer Gruppe von etwa zwanzig Köhlern, die da warteten, bis eine Schale frei würde. Er kam mit wütender Miene auf sie zu, doch hielt der Anblick Etiennes ihn zurück. Er tat, als würde er sie verhöhnen, wobei er geringschätzig die Achseln zuckte. Sehr wohl; er mache sich nichts aus der Sache, da der andere den noch warmen Platz eingenommen habe. Er selbst ist dadurch eine schöne Last los geworden. Es ging den Herrn an, wenn er die Überreste liebte. Und während er diese Mißachtung zur Schau trug, zitterte er vor Eifersucht, und seine Augen flammten. Die Kameraden rührten sich nicht, standen stumm, mit gesenkten Augen da; sie begnügten sich, die Neuangekommenen von der Seite anzublicken; dann schauten sie traurig, aber ohne Groll wieder nach der Schachtmündung, mit der Lampe in der Hand, zitternd in dem dünnen Leinenkittel, in dem fortwährenden Luftzug des großen Saales.
Endlich setzte sich die Schale in ihren Ankern fest, und man rief ihnen zu, einzusteigen. Etienne und Catherine drängten sich in einen Karren, wo schon Pierron mit zwei Hauern Platz genommen hatte. Nebenan, im andern Karren, sagte Chaval laut zu Mouque, es sei nicht recht,

daß die Direktion nicht die Gelegenheit benütze, um die Gruben von den Schnapphähnen zu befreien, welche diese beschmutzen. Doch der Stallknecht, der sich wieder in sein Hundeleben gefügt hatte, grollte nicht mehr wegen des Todes seiner Kinder und antwortete mit einer Gebärde der Versöhnung.

Die Schale hakte sich los, man versank in der Dunkelheit. Niemand sprach. Plötzlich – man hatte etwa zwei Drittel der Fahrt gemacht – gab es ein furchtbares Streifen. Die Eisenbestandteile krachten, die Männer wurden aufeinandergeschleudert.

„Donner Gottes!" brummte Etienne, „wollen sie uns plattdrücken lassen? Bei dieser verdammten Verzimmerung werden wir einmal alle die Knochen hierlassen. Und sie sagen noch, daß sie sie ausbessern hätten lassen."

Indes war die Schale durch das Hindernis hindurchgekommen. Sie fuhr jetzt unter einem so heftigen Sturzregen hinab, daß die Arbeiter geängstigt diesen rauschenden Strom hörten. Es mußten wieder neue Risse in der Verdämmung entstanden sein.

Pierron, der schon seit einigen Tagen arbeitete, wurde befragt; aber er wollte seine Furcht nicht zeigen, weil man sie als einen Angriff auf die Direktion hätte deuten können. Er fügte nur hinzu: „Oh, es ist keine Gefahr! Das ist immer so. Sicherlich hat man nicht Zeit gehabt, die Risse zu verstopfen."

Über ihren Häuptern brauste der Strom; sie kamen in einer wahrhaftigen Wasserhose auf dem Grund des Schachts an. Kein Aufseher war auf den Gedanken gekommen, durch den Leiternschacht aufzusteigen und sich von der Sachlage zu überzeugen. Die Pumpe werde genügen, sagten sie; die nächste Nacht würden die Zimmerleute kommen, um die Risse zu untersuchen. Die Neueinrichtung der Arbeit in den Galerien gab genug zu tun. Der Ingenieur hatte entschieden, daß, ehe die Hauer zu den Schlägen zurückkehren, in den ersten fünf Tagen gewisse unaufschiebliche Befestigungsarbeiten durchzuführen sein würden. Auf allen Seiten drohten Einstürze; die Gänge hatten dermaßen gelitten, daß die Verzimmerung in der Länge von Hunderten von Metern ausgebessert werden mußte. Man bildete daher Gruppen von je zehn Männern, jede Gruppe unter Führung eines Aufsehers, und man geleitete sie zu jenen Stellen, die am meisten Schaden gelitten hatten. Als der Abstieg beendigt war, zählte man, daß dreihundertzweiundzwanzig Arbeiter eingefahren waren, ungefähr die Hälfte jener Anzahl, welche arbeitete, wenn die Grube in voller Ausbeutung war.

Chaval gehörte zu der Gruppe, in die Etienne und Catherine eingeteilt waren; und dies war keineswegs zufällig geschehen. Er hatte sich anfänglich hinter den Kameraden verborgen und dann den Aufseher genötigt, ihn dieser Gruppe zuzuteilen. Diese begab sich an das Ende der Nordgalerie, etwa drei Kilometer weit, um dort einen Einsturz wegzuräumen, der den Eingang eines Stollens verlegte. Man machte sich mit Spitzhacke und Schaufel an die Wegräumung, während Catherine mit zwei Schlepperjungen den Schutt zur schiefen Ebene abführte. Es wurde wenig gesprochen; der Aufseher verließ die Arbeiter keinen Augenblick. Indessen waren die beiden Verehrer der Schlepperin bald auf dem Punkt, sich gegenseitig Hiebe zu verabreichen. Der frühere Liebhaber brummte zwar, er wolle von dieser Gassendirne nichts wissen; nichtsdestoweniger beschäftigte er sich mit ihr und stieß sie heimlich, so daß der neue Beschützer ihm mit einem Tanz drohen mußte, wenn er sie nicht in Ruhe ließe. Sie verschlangen sich mit den Augen; man mußte sie trennen.

Gegen acht Uhr kam Dansaert, um die Arbeit zu besichtigen. Er schien sehr übler Laune zu sein und zankte mit dem Aufseher: nichts ginge in Ordnung, die Hölzer müßten von Zeit zu Zeit ausgetauscht werden, und das sei keine Arbeit. Dann ging er und kündigte an, daß er mit dem Ingenieur wiederkommen werde. Er erwartete Négrel seit dem Morgen und begriff nicht, wo dieser bleiben mochte.

Wieder verfloß eine Stunde. Der Aufseher hatte mit der Wegräumung des Schuttes innehalten lassen und verwendete alle seine Leute dazu, die Decke zu stützen. Auch die Schlepperin und die zwei Stößerjungen rollten die Karren nicht mehr, sondern halfen die Balken herbeischleppen. In dieser Tiefe der Galerie war diese Arbeitergruppe gleichsam auf Vorposten, verloren an diesem äußersten Ende der Grube, ohne Verbindung mit den übrigen Werkplätzen. Drei- oder viermal wandten die Arbeiter die Köpfe, weil sie ferne Geräusche, ein tolles Rennen hörten. Was war's? Es schien, als leerten sich die Gänge, als beeilten sich die Kameraden hinaufzukommen. Doch der Lärm verlor sich wieder in tiefer Stille; sie fuhren fort, Hölzer aufzurichten, betäubt durch die schallenden Hammerschläge. Endlich ging man wieder an die Forträumung des Schuttes, und die Abfuhr begann von neuem.

Catherine kam gleich von der ersten Fahrt ganz erschreckt zurück und erzählte, daß niemand mehr bei der schiefen Bahn sei.

„Ich habe gerufen, niemand hat geantwortet. Alle haben Reißaus genommen."

Die Bestürzung war so groß, daß die zehn Männer ihre Werkzeuge wegwarfen, um zu laufen. Der Gedanke, daß sie so tief in der Grube, so fern von der Auffahrt verlassen seien, raubte ihnen schier den Verstand. Sie hatten nur ihre Lampe behalten; sie liefen hintereinander dahin, die Männer, die Kinder, die Schlepperin; und selbst der Aufseher verlor den Kopf und stieß Rufe aus, immer mehr erschreckt durch diese Stille und Verlassenheit der endlosen Galerien. Was gab es denn, daß man keiner Seele begegnete? Welcher Unfall mochte die Kameraden so hinweggefegt haben? Ihr Entsetzen wurde noch gesteigert durch die Ungewißheit der Gefahr, durch diese Drohung, die sie fühlten, ohne sie zu kennen.

Als sie sich endlich der Auffahrt näherten, verlegte ein Strom ihnen den Weg. Das Wasser reichte ihnen bis zu den Knien; sie konnten nicht mehr laufen und durch-

schritten mühsam das Wasser, mit der Gewißheit, daß eine Minute Verzögerung den Tod bedeute.
„Donner Gottes! die Verzimmerung muß geborsten sein!“ schrie Etienne. „Ich sagte es ja, daß wir alle die Knochen hierlassen werden!“
Pierron hatte seit der Einfahrt mit Unruhe gesehen, wie die aus dem Schacht niederprasselnde Flut immer höher stieg. Während er mit noch zwei anderen die Karren zur Beförderung einhängte, blickte er empor, und schwere Tropfen fielen ihm ins Gesicht, und die Ohren summten von dem Getöse dort oben. Was ihn noch mehr erzittern machte, war die Wahrnehmung, daß die Senkgrube unter ihm, das zehn Meter tiefe Loch, sich füllte; schon quoll das Wasser zwischen den Eisenplatten des Fußbodens hervor. Dies war ein Beweis, daß die Pumpe nicht mehr genügte, um das Grubenwasser auszuschöpfen; er hörte ordentlich, wie sie ermüdete, wie ihr der Atem ausging. Da benachrichtigte er Dansaert, der wütende Flüche ausstieß und erklärte, man müsse den Ingenieur erwarten. Zweimal erneuerte Pierron seine Warnungen, ohne bei Dansaert etwas anderes als ein verzweifeltes Achselzucken zu erreichen. Nun wohl, das Wasser stieg, was konnte er dagegen tun?
Jetzt erschien Mouque mit dem Pferd Bataille, um es zur Arbeit zu führen. Er mußte das Tier mit beiden Händen festhalten, denn der alte, schläfrige Gaul bäumte sich plötzlich, streckte den Kopf nach dem Schacht aus und ließ ein todesängstliches Wiehern vernehmen.
„Was gibt's denn, Philosoph? was ängstigt dich? ... Ach, weil es regnet? Komm, das geht dich nichts an.“
Das Tier zitterte am ganzen Körper; er mußte es mit Gewalt zur Abfuhr zerren.
Fast in demselben Augenblick, eben als Mouque und Bataille in der Tiefe einer Galerie verschwunden waren, gab es ein Krachen in der Luft, gefolgt von dem andauernden Geräusch eines Falles. Ein Balken der Verdämmung hatte sich losgemacht und fiel hundertachtzig Meter tief herab, während des Falles wiederholt an die Wände aufschlagend. Pierron und die anderen Verlader konnten noch rechtzeitig zur Seite springen, der schwere Eichenpfosten zertrümmerte nur einen leeren Karren. Zu gleicher Zeit gab es einen Wassersturz; es schoß dicht hervor, wie bei einem durchbrochenen Damm. Dansaert wollte hinauf, um zu schauen; aber er sprach noch, als ein zweiter Balken herunterstürzte. Und in seinem Schrecken, angesichts der drohenden Katastrophe, zögerte er nicht länger und gab das Signal zur Auffahrt; gleichzeitig sandte er die Aufseher nach allen Richtungen aus, um die Leute auf den Werkplätzen zu benachrichtigen.
Und nun gab es ein furchtbares Hasten und Drängen. Aus allen Galerien kamen Züge von Arbeitern im Eilschritt an und stürzten sich auf die Aufzugsschalen. Man rang auf Tod und Leben, um früher hinaufgeschafft zu werden. Einige, die auf den Einfall gekommen waren, durch den Leiternschacht aufzusteigen, kamen mit dem Rufe zurück, der Weg sei dort schon versperrt. Nach jeder Auffahrt einer Schale gab es neues Entsetzen: diese konnte noch hinauf; wer weiß, ob auch die nächste noch hinaufkann, durch alle die Hindernisse, die den Schacht verlegten? Der Zusammenbruch oben schien fortzudauern; man hörte eine ganze Reihe von dumpfen Schlägen; es waren die gespaltenen Hölzer, die unter dem andauernden und wachsenden Rauschen der Wässer platzten. Eine Schale wurde bald außer Gebrauch gesetzt; sie glitt nicht mehr zwischen den Leitpfosten, ohne Zweifel war sie gebrochen. Die andere streifte dermaßen an die Wände, daß ein Reißen der Kabel zu befürchten war. Und es waren noch etwa hundert Leute hinaufzuschaffen, und alle röchelten in Todesangst und klammerten sich aneinander, vom Wasser durchtränkt, mit Blut bedeckt. Zwei wurden von herabstürzenden Balken erschlagen; ein Dritter, der sich an die Schale geklammert hatte, fiel aus einer Höhe von fünfzig Metern herunter und verschwand in der Senkgrube.
Dansaert bemühte sich indessen, Ordnung zu schaffen. Mit einer Spitzhacke bewaffnet drohte er, dem ersten, der nicht gehorchen würde, den Schädel einzuschlagen. Er wollte sie nach der Reihe aufstellen und rief, die Verlader würden zuletzt ausfahren, nachdem sie die Kameraden verladen haben würden. Aber man hörte ihn nicht. Er hatte Pierron, der bleich und feige dastand, gewaltsam hindern müssen, mit den ersten auszufahren. Bei jedem Aufstieg mußte er ihn mit Hieben zurückjagen. Allein er selbst klapperte mit den Zähnen; noch eine Minute und er war verschlungen; dort oben war alles geplatzt und geborsten, ein wilder Strom ergoß sich herab, dazwischen gab es einen mörderischen Sturz von Balken. Einige Arbeiter liefen eben noch herbei, als er wahnsinnig vor Furcht in einen Karren sprang, wohin Pierron ihm folgte. Die Schale stieg auf.
In diesem Augenblick erschien die Gruppe Etiennes und Chavals beim Aufzug. Sie sahen die Schale verschwinden und stürzten hinzu; doch sie mußten zurückweichen, denn es stürzte der letzte Rest der Verzimmerung herab und verrammelte den Schacht. Die Schale konnte nicht mehr herniedersteigen. Catherine schluchzte, Chaval stieß fürchterliche Flüche aus. Es waren noch etwa zwanzig Arbeiter da; sollten diese Schweine von Vorgesetzten sie hier verlassen wollen? Vater Mouque, der das Pferd Bataille – ohne Hast – wieder zurückgeführt hatte, hielt das Tier am Halfter; beide, der Alte und der Gaul, waren verblüfft angesichts des rasch steigenden Wassers. Es reichte den Leuten jetzt bis zu den Schenkeln. Etienne stand mit zusammengepreßten Zähnen da und hob Catherine in seinen Armen empor. Und die zwanzig heulten und schauten hartnäckig und blöd nach dem Schacht, diesem einstürzenden Loch, welches einen Strom spie und aus dem ihnen keine Hilfe kommen konnte.
Als Dansaert an das Tageslicht gelangte, sah er Négrel herbeieilen. Verhängnisvollerweise hatte ihn heute, als er das Bett verließ, Frau Hennebeau damit aufgehalten, daß sie mit ihm Preiskataloge durchblätterte, um ihre Auswahl für die Hochzeitsgeschenke zu treffen. Es war schon zehn Uhr.

„Nun, was gibt's?" rief er von weitem.

„Die Grube ist verloren, antwortete der Oberaufseher.

Und er erzählte stammelnd die Katastrophe, während der Ingenieur ungläubig die Achseln zuckte. Ist es möglich, daß eine Verdämmung so außer Rand und Band gerät? Man übertrieb sicherlich; er wollte sich überzeugen.

„Es ist doch niemand in der Grube geblieben?"

Dansaert geriet in Verwirrung. Nein, niemand. Er hoffte es wengistens. Es sei immerhin möglich, daß einzelne Arbeiter sich verspätet haben.

„Herrgott! warum sind Sie dann heraufgekommen? Verläßt man so die Leute?"

Sogleich erteilte er den Befehl, daß man die Lampen zähle. Man hatte am Morgen deren dreihundertzweiundzwanzig verteilt, und man fand deren nur zweihundertfünfundfünfzig wieder; allein mehrere Arbeiter gestanden, daß die ihrigen unten geblieben seien, in dem Schrecken, in dem Gedränge ihnen aus der Hand gefallen seien. Man versuchte mit einem Namensaufruf vorzugehen, aber es war unmöglich, eine genaue Ziffer festzustellen; einzelne Köhler waren davongelaufen, andere hörten ihren Namen nicht mehr. Man konnte sich über die Zahl der abgängigen Kameraden nicht einigen; es waren ihrer vielleicht zwanzig, vielleicht vierzig. Eines war für den Ingenieur gewiß: es gab noch Leute in der Grube; man hörte ihr Geheul durch das Geräusch des Wassersturzes und das eingestürzte Gebälk hindurch, wenn man am Eingange des Schachts hinabhorchte.

Die erste Sorge Négrels war, Herrn Hennebeau holen zu lassen und die Grube schließen zu wollen. Aber es war schon zu spät; die Köhler, die – wie von dem Krachen der Verzimmerung verfolgt – zum Dorf der zweihundertvierzig gerannt waren, hatten schon die Familien in Schrecken gejagt; ganze Scharen von Weibern, Greisen und Kindern liefen schreiend und jammernd herbei. Man mußte sie zurückdrängen; eine Reihe von Aufsehern wurde beauftragt, sie zurückzuhalten, damit sie die Rettungsarbeiten nicht störten. Viele der Arbeiter, die heraufgeholt worden waren, blieben da, ganz blöde, ohne daran zu denken ihre Kleider zu wechseln, durch einen Bann des Entsetzens festgehalten vor diesem furchtbaren Loch, in dem sie fast geblieben wären. Die Weiber umstanden sie flehend und fragten nach den Namen. War der unten? und der? und jener? Aber sie wußten nicht; sie stammelten nur und machten sinnlose Gebärden, als wollte sie damit eine immer wiederkehrende, furchtbare Vision verscheuchen. Die Menge wuchs rapid an; auf den Straßen stieg ein furchtbares Gejammer auf. Und oben, auf dem Abbauhügel, in der Hütte des alten Bonnemort, saß Souvarine auf der Erde. Er hatte sich nicht entfernt; er wartete und schaute.

„Die Namen! die Namen!" riefen die Weiber mit von Tränen erstickter Stimme.

Négrel erschien einen Augenblick und rief: „Sobald wir die Namen wissen, werden wir sie bekanntgeben! Noch ist nichts verloren; alle werden gerettet werden ... Ich fahre ein."

Die Menge wartete nun in stummer Angst. In der Tat schickte sich der Ingenieur mit ruhigem Mut zur Einfahrt an. Er hatte die Schale loshaken lassen und den Befehl gegeben, statt dieser eine Tonne an das Seil zu hängen; und da er vermutete, daß das Wasser seine Lampe auslöschen werde, befahl er, daß unterhalb der Tonne eine zweite angebracht werde, die durch die Tonne geschützt sein würde.

Bleich und zitternd halfen mehrere Aufseher bei diesen Vorbereitungen.

„Dansaert, Sie werden mit mir einfahren", gebot Négrel kurz.

Dann, als er alle so mutlos sah, als er sah, wie der Oberaufseher entsetzt wankte, schob er ihn mit einer verächtlichen Gebärde zur Seite. „Nein, Sie wären mir nur im Wege... Ich will lieber allein sein."

Schon stand er in dem engen Kübel, welcher am Ende des Seiles schwankte. Mit der einen Hand die Lampe haltend, mit der andern die Signalleine ergreifend, rief er dem Maschinisten zu: „Langsam!"

Die Fördermaschine setzte sich in Bewegung; Négrel verschwand in dem Abgrund, aus dem noch immer das Geheul der Unglücklichen herauftönte.

In der Höhe war alles in Ordnung; er konstatierte, daß die obere Verzimmerung sich in gutem Zustand befinde. Im Schacht hin und her geschaukelt, drehte er sich nach allen Seiten und beleuchtete die Wände; das Sickerwasser zwischen den Rissen war so spärlich, daß seine Lampe nicht darunter litt. Aber als er in einer Tiefe von dreihundert Metern bei der unteren Verholzung ankam, erlosch sie, wie er es vorhergesehen; ein Wasserstrahl hatte den Kübel gefüllt. Und nun sah er nur mehr bei dem Scheine der an dem Kübel hängenden Lampe, die ihm in der Finsternis vorausging. Angesichts des furchtbaren Unglücks erbleichte und erschauderte der sonst so kühne Mann. Nur einige Stücke Holz waren geblieben, die übrigen waren mit ihren Rahmen hinabgestürzt; dahinter gab es riesige Höhlen, der feine, gelbe Flugsand ergoß sich in bedeutenden Massen, während die Wässer des unterirdischen Meeres – dieses Meeres mit seinen der Oberwelt unbekannten Stürmen und Schiffbrüchen – in breiten Strömen, wie aus einer Schleuse, hinabstürzten. Er stieg noch tiefer hinab, verloren inmitten dieser sich noch immer vermehrenden Höhlen, gepeitscht und im Kreise gedreht durch den Wassersturz, so schlecht beleuchtet durch das einem roten Stern gleichende Lampenlicht, das unter ihm hinabglitt, daß er in der Ferne, im Spiel der großen, beweglichen Schatten Straßen und Wegkreuzungen einer zerstörten Stadt wahrzunehmen glaubte. Da war keine menschliche Arbeit mehr möglich. Er bewahrte nur noch eine Hoffnung: die gefährdeten Menschen da unten retten zu können. In dem Maße, als er tiefer hinabstieg, hörte er das Geheul anwachsen. Und er mußte haltmachen, ein unübersteigliches Hindernis verrammelte den Schacht, eine Anhäufung von gebrochenen Pfosten und Brettern, die geborstenen Holzwände des Schachtes, wirr durcheinandergemengt mit Resten der Pumpenleitung. Als er beklommenen Herzens dieses grauenhafte Wirrsal lange betrachtete, verstummte mit einem Male das Geheul da unten. Ohne Zweifel waren die Unglücklichen vor dem rapid anwachsenden Wasser in die Galerien geflohen, wenn das Wasser ihnen nicht schon in den Mund gedrungen war.

Er mußte sich entschließen, das Signal zur Auffahrt zu geben. Dann ließ er wieder haltmachen. Er befand sich unter dem betäubenden Eindruck dieses plötzlichen Unglücks, dessen Ursache er nicht begreifen konnte. Er wollte sich Aufklärung verschaffen und untersuchte die wenigen Stücke der Verzimmerung, die noch hielten. Zu seiner Überraschung fand er Risse und Einschnitte, die sich in bestimmten Zwischenräumen wiederholten. Da sein Lämpchen in der riesigen Nässe zu erlöschen drohte, tastete er mit den Fingern und erkannte genau die Spuren der Säge und des Bohrers, ein niederträchtiges Zerstörungswerk, Augenscheinlich war diese Katastrophe mit Absicht herbeigeführt worden. Er war wie versteinert; da krachten die Hölzer, der letzte Rest stürzte samt den Rahmen hinab, ihn selbst mitzureißen drohend. Da war sein Mut zu Ende. Seine Haare sträubten sich, wenn er an den Menschen dachte, der dies verübt hatte; er erschauerte in der andächtigen Furcht vor dem Bösen, als ob der Mensch mit seiner unheimlichen Gewalt noch da wäre, in dem finstern Schlund, um seine ungeheuerliche Missetat zu vollenden. Er schrie auf, riß mit wütender Hand an der Signalleine. Es war übrigens hohe Zeit, denn er sah hundert Meter höher, daß auch die obere Verzimmerung in Bewegung geraten war; die Fugen öffneten sich, das geteerte Werg fiel heraus, das Wasser brach hervor. Es war nur mehr die Frage einer Stunde, daß die ganze Verzimmerung des Schachtes in Trümmer gehen würde.

Oben wurde Négrel von dem auf das äußerste beängstigten Herrn Hennebeau erwartet.

„Nun, was ist's?“ fragte er.

Doch der Ingenieur blieb stumm, seine Kräfte drohten ihn zu verlassen.

„Es ist nicht möglich! ... Man hat dergleichen nie gesehen! Hast du untersucht? ...“

Er nickte ja und warf dabei mißtrauische Blicke nach allen Seiten. Er wollte in Gegenwart der Aufseher, die zuhörten, keine Erklärungen geben und führte den Oheim zehn Meter weit beiseite. Dies schien ihm noch nicht fern genug, und er wich noch mehr zurück. Dann erzählte er ihm sehr leise, ins Ohr geflüstert, den Anschlag, wie die Planken durchbohrt und durchsägt, die Grube abgeschlachtet worden waren, daß sie in den letzten Zügen lag. Der Direktor war bleich geworden und dämpfte gleichfalls die Stimme, in dem instinktiven Bedürfnis, mit welchem von großen Ausschweifungen und großen Verbrechen nur in aller Stille gesprochen wird. Es war nicht nötig, vor den zehntausend Arbeitern von Moutsou Furcht zu zeigen; man würde später sehen, was zu tun sei. Und sie fuhren fort zu flüstern, niedergeschmettert von dem Gedanken, daß ein Mensch den Mut gefunden habe, da hinabzusteigen, wo er sozusagen in der Luft hing, und zwanzigmal sein Leben zu wagen, um dieses furchtbare Werk zu verrichten. Sie begriffen nicht diese Tollkühnheit in der Zerstörung; sie wollten an das Offenkundige nicht glauben, wie man an den Schilderungen zweifelt, welche von berühmten Ausfällen aus belagerten Städten erzählen oder von der Flucht von Gefangenen, die durch ein dreißig Meter hoch gelegenes Fenster entkommen sind.

Als Herr Hennebeau sich den Aufsehern näherte, wurde sein Gesicht von einem nervösen Zucken gefurcht. Er machte eine verzweifelte Gebärde und gab den Befehl, daß sofort die Grube geräumt werde. Es war ein trauriger Leichenzug, ein stummes Verlassen, mit rückwärts gesandten Blicken nach diesen großen, leeren Ziegelbauten, die noch aufrecht standen, aber unrettbar verloren waren.

Und als der Direktor und der Ingenieur als die letzten vom Aufnahmesaal herunterkamen, empfing sie die Menge mit ihrem hartnäckig wiederholten Rufe:

„Die Namen! Die Namen! Sagt die Namen!“

Jetzt war auch Frau Maheu unter den Weibern. Sie erinnerte sich des Geräusches, das sie in der Nacht gehört hatte; ihre Tochter und ihr Mieter mußten zusammen weggegangen sein; sie befinden sich gewiß in der Grube. Und nachdem sie ausgerufen hatte, es geschähe ihnen recht, wenn sie unten blieben, die Herzlosen, die Feiglinge, war sie herbeigeeilt; zitternd vor Angst stand sie in der ersten Reihe. Sie wagte übrigens nicht mehr zu zweifeln; der Streit um die Namen, den es ringsumher gab, belehrte sie, daß Catherine unten war und Etienne gleichfalls. Ein Kamerad hatte sie gesehen. Aber hinsichtlich der übrigen war man nicht einig. Dieser nicht, jener ja; Chaval wäre unten, meinte der eine, während ein Schlepperjunge schwor, mit ihm ausgefahren zu sein. Die Levaque und die Pierron, obgleich keiner der ihrigen in Gefahr war, hatten sich unter die übrigen gemengt und schrien am lautesten. Zacharie, der als einer der ersten ausgefahren war, küßte weinend sein Weib und seine Mutter, wenngleich er sonst gern den gegen alles gleichmütigen Menschen spielte. Neben seiner Mutter bleibend; teilte er ihre Angst, bekundete eine ganz ungewohnte Liebe für die Schwester und wollte nicht glauben, daß diese noch unten sei, solange die Vorgesetzten dies nicht in amtlicher Form bestätigt haben würden.

„Die Namen! die Namen! Aus Barmherzigkeit, sagt uns die Namen!“

So waren zwei Stunden verflossen. Im ersten Schrecken hatte niemand an den andern Schacht gedacht, an den alten Schacht von Réquillart. Herr Hennebeau verkündete eben, daß man das Rettungswerk von jener Seite versuchen werde, daß fünf Arbeiter sich aus der ersäuften Grube gerettet hatten, indem sie die morschen Leitern des alten Schachtes erstiegen. Und man nannte den Vater Mouque; dies überraschte jedermann; man hatte nicht geglaubt, daß er unten sei. Doch die Mitteilungen der Geretteten vermehrten noch den Jammer: fünfzehn Kameraden hatten ihnen nicht folgen können; sie hatten sich verirrt, waren durch die Verschüttungen abgeschnitten; und es war nicht möglich, ihnen zu Hilfe zu kommen, denn es gab schon zehn Meter Wasser im Réquillartschacht. Man kannte jetzt alle Namen, und die Luft widerhallte von dem Jammergeheul.

„Heißt sie doch schweigen!" wiederholte Négrel wütend. „Und sie sollen zurückweichen auf eine Entfernung von hundert Metern. Denn es ist hier Gefahr. Drängt sie zurück!"

Man mußte sich dieser armen Leute erwehren; sie bildeten sich noch andere Unglücksfälle ein; man jagte sie davon, um Tote vor ihnen zu verbergen. Die Aufseher mußten ihnen erklären, daß der Schacht die Grube verschlingen werde. Dieser Gedanke ergriff sie in dem Maße, daß sie stumm blieben; sie ließen sich schließlich Schritt für Schritt zurückdrängen, aber man mußte die Wachen verdoppeln, die sie zurückhielten; denn sie kamen unwillkürlich immer wieder, gleichsam angezogen durch die Grube. Etwa tausend Personen drängten sich auf der Straße; man lief aus allen Arbeiterdörfern herbei, selbst aus Montsou. Der Mann auf dem Hügel aber – der blonde Mann mit dem Mädchengesicht – rauchte Zigaretten, um sich die Zeit zu vertreiben und wandte die hellen Augen nicht von der Grube.

Nun begann das Harren. Es war Mittag; niemand hatte gegessen, und dennoch entfernte sich niemand. Am nebeligen, schmutzig-grauen Himmel zogen langsam rostfarbene Wolken dahin. Hinter der Hecke der Rasseneurschen Schenke ließ ein großer Hund, den der lebendige Hauch der Menge reizte, ein unaufhörliches wütendes Gebell vernehmen. Und diese Menge hatte sich allmählich über die anstoßenden Felder verbreitet und hatte – in einer Entfernung von etwa hundert Metern – einen Kreis um die Grube geschlossen. Mitten in dem eingeschlossenen großen Raum erhoben sich die Gebäude der Voreuxgrube. Keine Seele und kein Geräusch, wie in der Wüste; Fenster und Türen blieben offen und gestatteten eine Einsicht in die verlassenen inneren Räume. Eine rote Katze, die man dort vergessen hatte, witterte sicherlich die Gefahr dieser Einsamkeit, sprang von einer Treppe herab und verschwand. Die Kesselfeuer waren ohne Zweifel eben erst ausgegangen, denn der aus roten Ziegeln erbaute hohe Schlot sandte leichte Rauchwölkchen zum düsteren Himmel empor, während der Wetterhahn des Schachtturms im Wind krächzte, ein schrilles Kreischen vernehmen ließ, die einzige melancholische Stimme in diesen dem Tode geweihten weitläufigen Bauten.

Um zwei Uhr hatte sich noch nichts gerührt. Herr Hennebeau, Négrel und andere Ingenieure, die herbeigeeilt waren, bildeten vor der Menge eine besondere Gruppe von schwarzen Röcken und Hüten. Auch sie wollten sich nicht entfernen; ihre Beine waren von der Müdigkeit wie gebrochen; sie fieberten und waren krank, weil sie machtlos einem solchen Unglück zusehen mußten; sie tauschten nur wenige Worte im Flüsterton aus, als stünden sie am Bett eines Sterbenden. Die obere Verdämmung mußte vollends zusammengebrochen sein; man hörte plötzliche, laute, abgerissene Geräusche, wie wenn Gegenstände in die Tiefe stürzen; dann trat wieder tiefe Stille ein. Die Wunde wurde immer größer; der Einsturz, der unten begonnen hatte, rückte höher, näherte sich der Oberfläche. Eine nervöse Ungeduld hatte sich Négrels bemächtigt; er wollte sehen und wagte sich vor in der erschreckenden Leere, als ihn mehrere an den Schultern faßten. Wozu denn? Er konnte nichts verhindern. Ein alter Köhler täuschte indessen die Wachsamkeit der Aufseher und lief zur Baracke; doch kehrte er sogleich zurück, er hatte nur seine Holzschuhe geholt.

Es schlug drei Uhr. Nichts regte sich. Ein Platzregen hatte die Menge durchnäßt, ohne daß sie zurückwich. Rasseneurs Hund bellte jetzt wieder. Um drei Uhr zwanzig Minuten erschütterte ein erster Stoß die Erde. Der Voreux erzitterte dabei, stand aber noch fest und aufrecht. Sogleich folgte ein zweiter Stoß, und ein lang gedehnter Schrei entrang sich den offenen Mäulern: der Sichtungsschuppen hatte zweimal geschwankt und war dann mit ungeheurem Krachen eingestürzt. Unter dem gewaltigen Druck brachen die Balken und rieben sich so stark aneinander, daß ganze Funkengarben aufstoben. Von diesem Augenblick an hörte die Erde nicht mehr auf zu zittern; Stöße folgten aufeinander, unterirdische Einstürze, begleitet von dem dumpfen Grollen eines Feuerspeienden Vulkans. Der Hund in der Ferne bellte nicht mehr, sondern stieß ein klagendes Geheul aus, wie um die Schwankungen der Erde anzukündigen, die er kommen fühlte; und die Weiber und Kinder, all das Volk, das da schaute, konnte einen Jammerschrei nicht zurückhalten bei jedem Ruck, der sie hob. In weniger denn zehn Minuten war das Schieferdach des Schachtturmes eingestürzt; der Aufnahmesaal und der Maschinenraum zeigten Risse, die sich zu großen Breschen erweiterten. Dann verstummten die Geräusche, der Einsturz machte halt, und es trat wieder tiefe Stille ein.

Etwa eine Stunde lang wurde der Voreux in dieser Weise in Stücke gerissen, wie von einem Barbarenheer bombardiert. Man schrie nicht mehr; der erweiterte Kreis von Zuschauern betrachtete die Geschehnisse. Unter den zuhaufliegenden Balken des Sichtungswerkes sah man zertrümmerte Karren und verbogene Trichter. Aber ganz besonders im Aufnahmesaal häuften sich die Trümmer, mitten in einem Regen von Ziegeln, unter Mauerteilen, die in ganzen Stücken niedersanken und in Schutt zerfielen. Das eiserne Gebälk, das die Spornräder trug, hatte sich geneigt, war halb eingesunken; eine Förderschale blieb daran hängen; oben baumelte das Ende einer abgerissenen Kette; außerdem gab es ein großes Durcheinander von Karren, gußeisernen Platten und Leitern. Durch einen seltsamen Zufall war die Lampenkammer verschont geblieben und zeigte links die hellen Reihen ihrer kleinen Lampen. Im Hintergrund des jetzt offenliegenden Maschinenraumes sah man die Maschine fest auf ihrem gemauerten Unterbau sitzen; die kupfernen Bestandteile schimmerten; die großen, stählernen Glieder hatten das Aussehen von unverwüstlichen Muskeln; die ungeheure

Treibstange, in der Luft eingebogen, glich dem mächtigen Knie eines Riesen, der in seiner gewaltigen Stärke ruhig daliegt.

Nachdem eine Stunde ohne neuerliche Erschütterung verflossen war, schöpfte Herr Hennebeau wieder Hoffnung. Die Bewegung des Erdreiches mußte jetzt zu Ende sein, man würde wenigstens die Maschine und den Rest der Gebäude retten können. Aber er verbot noch immer jede Annäherung; er wollte noch eine halbe Stunde warten. Das Warten aber wurde unerträglich; die Hoffnung verdoppelte die Angst; alle Herzen schlugen stürmischer. Ein anwachsendes Gewölk am Horizont beschleunigte die Dämmerung; ein düsterer Abend breitete sich über diese Trümmer; die der Sturm der Erde ausgestreut hatte. Seit sieben Stunden standen die Leute da, ohne sich zu rühren und ohne zu essen.

Und plötzlich, als die Ingenieure sich vorsichtig näherwagten, wurden sie durch eine letzte Erschütterung der Erde in die Flucht gejagt. Unterirdische Schläge wurden hörbar; eine massierte Artillerie beschoß den Abgrund. Auf der Oberfläche stürzten die letzten noch stehenden Gebäude zusammen. Zuerst wurden die Trümmer des Sichtungsschuppens und des Aufnahmesaales wie von einem Wirbelwind davongetragen. Dann barst das Kesselhaus und verschwand. Jetzt kam die Reihe an den viereckigen Turm, in dem die Schöpfpumpe ächzte; er fiel nach vorn zu Boden wie ein Mensch, den eine Kanonenkugel niedergeworfen hatte. Und nun sah man etwas ganz Fürchterliches: man sah die Maschine, die zerrissen, mit ausgereckten Gliedern auf ihrem Unterbau saß, gegen den Tod ankämpfen; sie setzte sich in Bewegung, streckte ihre Treibstange – ihr Riesenknie – aus, wie um sich zu erheben; doch sie mußte sterben, sie wurde zermalmt und verschlungen. Nur der dreißig Meter hohe Schlot stand noch aufrecht, wenngleich geschüttelt wie ein Mast im Sturm. Man glaubte schon, er werde zerbröckeln und als Staubwolke auffliegen, als er plötzlich mit einem Ruck gänzlich versank, von der Erde eingesogen, geschmolzen wie eine Riesenkerze; und nichts ragte aus der Erde hervor, nicht einmal die Spitze des Blitzableiters. Es war aus; das böse Ungetüm, das in der Grube hockte und sich mit Menschenfleisch nährte, ließ nicht mehr seinen lauten, langen Atem hören. Der Voreuxschacht war vollständig im Abgrund versunken.

Heulend floh die Menge. Die Weiber flüchteten, mit den Händen vor den Augen. Der Schrecken jagte die Männer wie ein Häuflein welker Blätter. Man wollte nicht schreien und schrie dennoch auf, mit geschwellter Kehle und fuchtelnden Armen angesichts des ungeheuren Loches, das sich aufgetan hatte. Dieser Krater – dem eines erloschenen Vulkans gleichend – hatte eine Tiefe von fünfzehn Metern und dehnte sich von der Straße bis zum Kanal aus, mindestens vierzig Meter breit. Der ganze Werkhof war den Gebäuden nachgefolgt: die riesiegen Gerüste, die Brücken mit ihren Schienen, ein vollständiger Zug, drei Waggons, den Holzvorrat ungerechnet, ein ganzer Wald von geschnittenen Stangen – verschlungen, als wären es Strohhalme. Am Grund dieses Loches sah man nur ein Wirrsal von Balken, Ziegeln, Eisen, Mörtel, greuliche Reste, aufgehäuft, durcheinandergeworfen, beschmutzt in dieser Tollwut der Katastrophe. Und das Loch rundete sich noch weiter aus; von den Rändern gingen Risse aus, verlängerten sich quer durch die Felder. Ein solcher Spalt reichte bis zur Schenke Rasseneurs, deren Stirnwand geborsten war. Wird etwa das ganze Dorf zugrunde gehen? Wie weit mußte man fliehen, um sicher zu sein an diesem Schreckensabend, unter diesem bleischweren Gewölk, das ebenfalls die Welt erdrücken zu wollen schien?

Doch Négrel stieß jetzt einen Schmerzensschrei aus, und Herr Hennebeau, über dessen Antlitz die hellen Zähren liefen, wich noch weiter zurück. Das Unglück war noch nicht vollständig; einer der Kanaldämme brach, und der Kanal ergoß sich plötzlich als schäumende Masse in einen der Risse. Er verschwand daselbst, er stürzte hinein, wie ein Wasserfall in ein tiefes Tal. Die Grube soff den Fluß; die Flut ersäufte die Galerien auf Jahre hinaus. Bald füllte sich der Krater; wo früher der Voreux gewesen, dort gab es jetzt einen See schmutzigen Wassers, jenen Seen gleichend, unter denen die verwunschenen Städte schlafen. Eine Stille des Entsetzens war eingetreten; man hörte nichts mehr als den Sturz dieses Wassers, das in den Eingeweiden der Erde brauste.

Jetzt erhob sich Souvarine auf dem Hügel, der gleichfalls gewankt hatte. Er hatte Frau Maheu und Zacharie erkannt, die schluchzend vor diesem Einsturz standen, der so schwer auf die Köpfe der Unglücklichen drückte, die unten dem Tod geweiht waren. Er warf seine letzte Zigarette weg und entfernte sich – ohne einen Blick nach rückwärts – in der finstern Nacht. Sein Schatten wurde immer kleiner und verlor sich schließlich in der Finsternis. Er ging fort, weit, weit, ins Unbekannte. Er ging mit ruhiger Miene zum Werk der Vernichtung; überallhin wo es Dynamit gab, um die Städte und die Menschen in die Luft zu sprengen. Wenn das sterbende Bürgertum bei jedem seiner Schritte den Boden wanken fühlen wird: das wird sein Werk sein!

IV

Noch in derselben Nacht, die dem Einsturz der Voreuxgrube folgte, war Herr Hennebeau nach Paris abgereist, weil er in Person die Verwaltungsräte von dem Unglück benachrichtigen wollte, noch ehe die Zeitungen die Nachricht brachten. Und als er am nächsten Tag zurückkehrte, fand man ihn sehr ruhig, mit einer Miene eines stets korrekt auftretenden Direktors. Er hatte augenscheinlich seine Verantwortlichkeit entlastet, von der Gunst der Herren nichts eingebüßt; im Gegenteil: es wurde vierundzwanzig Stunden später das Dekret unterzeichnet, welches ihn zum Offizier der Ehrenlegion ernannte.

Doch war der Direktor heil geblieben, so wankte die Gesellschaft unter dem furchtbaren Schlag. Nicht wegen der einigen Millionen, die sie verloren hatte, sondern wegen der offenen Wunde in ihrer Flanke, wegen der dumpfen, unaufhörlichen Furcht vor dem kommenden Tag, angesichts der Vernichtung einer ihrer Gruben. Sie war so schwer getroffen, daß sie wieder einmal das Bedürfnis fühlte, Stillschweigen zu beobachten. Was konnte es auch nützen, diese abscheulichen Geschichten aufzuwühlen? Warum sollte man aus dem Banditen – wenn er schon entdeckt würde – einen Märtyrer machen, dessen furchtbarer Heldenmut ein ganzes Geschlecht von Brandstiftern und Mördern erzeugen würde? Sie hatte übrigens keine Ahnung von dem wirklichen Schuldigen; sie glaubte schließlich, es habe ein ganzes Heer von Verschworenen gegeben, weil sie nicht annehmen konnte, daß ein einziger Mensch die Kühnheit und die Kraft zu einem solchen Zerstörungswerk gefunden hatte; und das war eben der Gedanke, der sie nicht zur Ruhe kommen ließ, der Gedanke, daß ihre Gruben fortan von einer immer größeren Gefahr bedroht seien. Der Direktor hatte die Weisung erhalten, ein ausgebreitetes Spioniersystem einzurichten, dann einzeln und unauffällig die gefährlichen Männer, die er im Verdacht hatte, daß sie an dem Verbrechen beteiligt waren, zu entlassen. Man begnügte sich mit dieser Säuberung, die man für einen Akt großer politischer Klugheit hielt.

Der Oberaufseher Dansaert wurde augenblicklich entlassen. Seit dem Ärgernis mit Frau Pierron war er unmöglich geworden. Als Vorwand diente sein Verhalten in der Gefahr, diese Feigheit des Führers, der seine Leute im Stich läßt. Es war übrigens ein stillschweigendes Zugeständnis an die Grubenarbeiter, die ihn verabscheuten.

Im Publikum hatten indessen gewisse Gerüchte Eingang gefunden, und die Direktion war genötigt, einer Zeitung eine Berichtigung zu senden, um die Behauptung zu widerlegen, daß die Ausständigen ein Pulverfaß hätten auffliegen lassen. Nach einer flüchtig durchgeführten Untersuchung kam der Regierungsingenieur in seinem Bericht zu dem Schluß, daß man es mit einem natürlichen Bruch der Verzimmerung zu tun habe, herbeigeführt durch eine Verschiebung des Erdreiches. Und die Gesellschaft hatte es vorgezogen zu schweigen und den Tadel wegen mangelhafter Aufsicht über sich ergehen zu lassen. Schon nach drei Tagen füllte die Katastrophe alle Pariser Blätter; man sprach nur mehr von den Arbeitern, die in den Gruben dem sicheren Untergang verfallen waren; die jeden Morgen veröffentlichen Depeschen wurden gierig verschlungen. In Montsou selbst lebten die Bürger in bleicher Furcht; bei dem bloßen Namen „Voreux" erstarb ihnen das Wort in der Kehle; es bildete sich eine Legende, die selbst die Kühnsten nur zitternd und im Flüsterton weitererzählten. Die ganze Gegend war von großem Mitleid für die Opfer ergriffen; es gab förmliche Wallfahrten zur verwüsteten Grube; ganze Familien wanderten herbei, um bei dem schrecklichen Anblick der Trümmer zu erschauern, die so schwer auf den Köpfen der unglücklichen Begrabenen lasteten.

Deneulin, zum Abteilungsingenieur ernannt, trat inmitten dieser Katastrophe sein Amt an. Seine erste Sorge war, den Kanal wieder in sein Bett einzudämmen, denn dieser reißende Strom vergrößerte mit jeder Stunde die Beschädigungen. Große Arbeiten waren notwendig; etwa hundert Arbeiter wurden zur Herstellung eines Dammes verwendet. Zweimal wurden die ersten Verrammungen durch die Gewalt der Flut weggerissen. Dann stellte man Pumpen auf; es war ein erbitterter Kampf; Schritt für Schritt wurde der verlorene Boden wieder erobert.

Noch weit größer war der Eifer, der an die Rettung der verschütteten Arbeiter gesetzt wurde. Négrel war beauftragt, eine äußerste Anstrengung zu versuchen, und es fehlte ihm dabei nicht an hilfreichen Armen; in einem Drang der Brüderlichkeit boten alle Köhler sich ihm an. Sie vergaßen des Streiks, dachten nicht an die Bezahlung; da es sich darum handelte, Kameraden zu befreien, die in Lebensgefahr schwebten, wollten sie nur ihre Haut wagen und kümmerten sich nicht darum, ob man ihnen etwas gab oder nicht. Alle waren da, mit ihren Werkzeugen, in zitternder Erwartung, wo man das Rettungswerk in Angriff nehmen sollte. Viele waren noch krank vom Schrekken nach dem Unglück, von einem nervösen Zittern geschüttelt, mit kaltem Schweiß bedeckt, eine Beute fortwährender Schreckensgesichte. Aber sie erhoben sich von ihrem Lager und zeigten sich als die Eifrigsten zum Kampf mit der Erde, als hätten sie an ihr Vergeltung zu üben. Unglücklicherweise begann die Verlegenheit gleich bei der ersten Frage: Was war zu tun? wie sollte man hinabgelangen? auf welcher Seite solle der Angriff auf das Gestein beginnen?

Négrel war der Meinung, daß kein einziger der Unglücklichen mehr am Leben war. Die fünfzehn Leute waren sicherlich umgekommen, ertrunken oder erstickt. Allein bei diesen Grubenkatastrophen war es die Regel, anzunehmen, daß die verschütteten Leute noch am Leben seien. Er traf denn in diesem Sinne seine Maßnahmen. Das erste Problem, welches er sich vorlegte, war die Ermittlung des Punktes, wohin sie hatten flüchten können. Die Aufseher und die alten Köhler, die er zur Rate zog, waren einhellig dieser Meinung: vor dem steigenden Wasser hatten sich die Kameraden von Galerie zu Galerie in die Höhe geflüchtet, bis zu den höchsten Schlägen, so daß sie ohne Zweifel in einem der höchstgelegenen Gänge eingeschlossen waren. Dies stimmte übrigens mit den Berichten des Vater Mouque überein, dessen verworrene Erzählung sogar die Annahme gestattete, daß in der Kopflosigkeit der Flucht die Schar sich in kleine Gruppen aufgelöst habe, die sich nach allen Stockwerken verteilten. Doch über die Frage, wo und welche Rettungsversuche möglich wären, gingen die Ansichten der Aufseher sogleich auseinander. Da die der Erdoberfläche am nächsten gelegenen Gänge in einer Tiefe von hundertfünfzig Metern lagen, konnte man nicht daran denken, einen Schacht abzuteufen. Es blieb daher nur Réquillart als einziger Zugang, als einziger Punkt, von welchem aus man sich nähern konnte. Das Schlimmste war, daß die alte Grube, gleichfalls überflutet, mit dem Voreux nicht mehr in Verbindung war; über dem Niveau der unterirdischen Wasser waren da nur mehr Bruchstücke von Galerien frei, die mit dem ersten Absatz zusammenhingen. Das Ausschöpfen mußte Jahre in Anspruch nehmen; der vernünftigste Entschluß war denn, die Galerien zu untersuchen, um zu sehen, ob diese nicht an die überschwemmten Gänge stießen, an deren Ende man die in Not geratenen Grubenarbeiter vermutete. Bevor man logischerweise zu diesem Schluß gelangte, hatte man lange hin und her gestritten, um eine Menge von undurchführbaren Vorschlägen zu verwerfen.

Fortan durchsuchte Négrel die staubigen Archive, und als er die alten Pläne der beiden Gruben entdeckt hatte, studierte er sie und stellte die Punkte fest, wo das Rettungswerk versucht werden müßte. Diese Jagd erhitzte ihn allmählich; trotz seiner ironischen Gleichgültigkeit für Menschen und Dinge wurde er jetzt von einem fieberhaften Eifer der Hingebung ergriffen. Als man in Réquillart hinabzusteigen versuchte, ergaben sich die ersten Schwierigkeiten; man mußte die Hindernisse wegräumen, welche die Mündung des Schachtes verlegten, den Spierlingbaum fällen, die Schlehen- und Hagedornsträucher ausrotten, die schadhaften Leitern ausbessern. Dann begann mit vorsichtigem Tasten die Einfahrt. Der Ingenieur, der mit zehn Arbeitern hinabstieg, ließ diese mit ihren eisernen Geräten an gewisse Stellen der Ader klopfen, die er ihnen bezeichnete; und in der tiefen Stille drückte jeder ein Ohr an die Wand und horchte, ob auf das Klopfen keine Erwiderung käme; doch vergebens durcheilte man alle gangbaren Galerien, kein Echo antwortete. Die Verlegenheit wuchs: an welcher Stelle sollte die Schicht angegriffen werden? Wem sollte man sich zu nähern suchen, nachdem niemand dazusein schien? Sie suchten indes hartnäckig weiter, inmitten einer wachsenden Beängstigung.

Vom ersten Tage angefangen erschien Frau Maheu schon am Morgen in Réquillart. Sie setzte sich am Eingang des Schachtes auf einen Balken und rührte sich nicht bis zum Abend. Wenn ein Mann heraufstieg, erhob sie sich und befragte ihn mit den Augen: Nichts? Nein, nichts. Und sie setzte sich wieder hin und wartete weiter, ohne ein Wort, mit hartem, verschlossenem Gesicht. Auch Jeanlin, als er sein Versteck aufgestöbert sah, hatte herumzuschleichen begonnen, mit der Verstörtheit eines Raubtieres, dessen Beute durch einen Spürhund verraten worden war. Er dachte an den kleinen Soldaten, der unter den Felsen lag; er fürchtete, man könnte den Schläfer dort in seiner Ruhe stören. Allein, jener Teil der Grube war überschwemmt, und die Nachforschungen richteten sich mehr nach links, zur Westgalerie. Anfänglich war auch Philomène gekommen, um Zacharie zu begleiten, der mit zur Rettungsmannschaft gehörte; dann fand sie es langweilig, ohne Notwendigkeit und ohne Nutzen zu frieren; sie blieb denn zu Hause und verbrachte ihre Tage als lässiges, für alles gleichgültiges Weib, hustend vom Morgen bis zum Abend. Zacharie hingegen hatte kein Leben mehr; er würde die Erde weggefressen haben, um seine Schwester wiederzufinden. In seinen Träumen sah und hörte er sie, durch den Hunger ganz abgemagert, die Kehle zerrissen von den unausgesetzten, verzweifelten Hilferufen. Zweimal hatte er ohne Wahl und Regel nachgraben wollen, indem er behauptete, da müsse es sein, er fühle es. Der Ingenieur ließ ihn nicht mehr hinabsteigen; er entfernte sich nicht mehr von diesem Schacht, von dem er verjagt worden war; er hatte nicht die Ruhe, neben seiner Mutter sitzend zu warten; ein Bedürfnis zu handeln trieb ihn unablässig umher.

So war der dritte Tag herangekommen. Négrel war verzweifelt und beschloß, am Abend die Rettungsarbeit einzustellen. Als er mittags, nach dem Imbiß, mit seinen Leuten zurückkehrte, um einen letzten Versuch zu machen, sah er zu seiner großen Überraschung Zacharie sehr rot, gestikulierend und schreiend aus der Grube hervorkommen.

,,Sie ist unten, sie hat mir geantwortet!" schrie er. ,,Kommt! kommt!"

Er war trotz der Abwehr des Wächters die Leitern hinabgeschlüpft, und er schwor, daß man unten, im ersten Gang der Guillaumeader gepocht habe.

,,Aber wir sind ja dort zweimal vorübergekommen", bemerkte Négrel ungläubig. ,,Nun, wir wollen ja sehen."

Frau Maheu hatte sich erhoben, und man mußte sie gewaltsam hindern, hinabzusteigen. Sie wartete aufrecht, am Rande des Schachtes, die Blicke in die Finsternis dieses Loches versenkend.

Unten führte Négrel selbst drei Schläge in größeren Abständen, dann drückte er sein Ohr an die Kohlenwand und gebot den Arbeitern das tiefste Schweigen. Er vernahm keinerlei Geräusche und schüttelte den Kopf; augenscheinlich hatte der arme Junge geträumt. Zacharie wurde wütend und pochte seinerseits an die Wand; dann horchte er von neuen, seine Augen glänzten, ein freudiges Beben schüttelte seine Glieder. Nun machten die anderen Arbeiter den Versuch, die einen nach den anderen; und alle belebten sich und vernahmen sehr deutlich die von fernher kommende Antwort. Der Ingenieur war darob erstaunt; er drückte noch einmal das Ohr an die Wand und vernahm schließlich ein Geräusch von der Leichtigkeit der Luft, ein kaum hörbares rhythmisches Rollen, die wohlbekannte Kadenz des Aufrufes der Köhler, den sie an die Kohlenwand klopfen, wenn sie in Gefahr sind. Die Kohle vermittelt den Ton sehr weit und mit der Klarheit des Kristalls. Ein anwesender Aufseher schätzte die Dicke des Blocks, die sie von den verunglücktem Kameraden trennte, auf nicht weniger als fünfzig Meter. Und doch gab es sogleich helle Freude unter den Arbeitern, als könnten sie ihnen schon die Hände reichen. Négrel mußte augenblicklich die Annäherungsarbeiten in Angriff nehmen.

Als Zacharie, oben angekommen, seine Mutter erblickte, fielen sich beide in die Arme.

,,Freut euch nicht zu früh", sagte grausam Frau Pierron, die an diesem Tag aus Neugier einen Spaziergang zur Grube gemacht hatte. ,,Wenn Catherine doch nicht da unten wäre, müßtet ihr euch nachher zu viel grämen.“

Das war richtig, Catherine war vielleicht anderswo.

„Laß mich in Frieden!“ schrie Zacharie wütend. Sie ist da, ich weiß es.“

Frau Maheu hatte sich wieder gesetzt und wartete stumm, mit unbeweglichem Gesicht.

Als die Nachricht in Montsou eintraf, gab es einen Zuzug von Leuten. Man sah nichts, aber man blieb dennoch da; man mußte die Neugierigen in angemessener Entfernung halten. Unten wurde Tag und Nacht gearbeitet. Aus Besorgnis, daß man auf ein Hindernis stoßen könnte, hatte der Ingenieur drei Wege in absteigender Richtung durch die Ader schlagen lassen, welche nach dem Punkt liefen, wo man die eingeschlossenen Arbeiter vermutete. Ein einziger Hauer konnte in dem engen Schlauch die Kohle schlagen; alle zwei Stunden wurde er abgelöst; die Kohle wurde in Körben hinausbefördert, die von Hand zu Hand gingen, durch eine Kette von Menschen, die sich in dem Maße verlängerte, als man in dem Loch vordrang. Anfänglich ging die Arbeit sehr rasch: man kam an einem Tag sechs Meter weit.

Zacharie hatte die Erlaubnis erhalten, mit zu der auserlesenen Mannschaft zu gehören, welche die Gänge anlegte. Es war dies ein Ehrenposten, um den man sich stritt. Und er erzürnte, als man nach den vorschriftsmäßigen zwei Stunden schwerer Arbeit ihn ablösen wollte. Er prellte die Kameraden um ihren Anteil an der Arbeit und weigerte sich, die Spitzhacke aus der Hand zu legen. Sein Weg war den anderen bald voraus; er bearbeitete die Kohle mit einem solchen Feuereifer, daß man aus dem Schlauch seinen pfauchenden Atem hörte, der aus einer unterirdischen Schmiedeesse zu kommen schien. Als er schwarz und beschmutzt, von der Müdigkeit betäubt hervorgekrochen war, sank er zu Boden; man mußte ihn in eine Decke hüllen. Dann stieg er – noch wankend – wieder hinab, und der Kampf begann von neuem, die schweren, dumpfen Schläge, die unterdrückten Klagen, ein siegreiches Gemetzel. Das Schlimmste war, daß die Kohle jetzt hart wurde; zweimal zerbrach er seine Geräte in seiner Verzweiflung, nicht rasch genug vorwärts zu kommen. Er litt auch durch die Hitze, die mit jedem Meter, um welchen er vorrückte, zunahm und unerträglich wurde in der Tiefe dieses engen Schlundes, wo es keine Luftbewegung gab. Wohl war ein Handventilator in Tätigkeit gesetzt worden; allein die Lüftung wollte nicht recht gelingen; dreimal wurden ohnmächtige Hauer herausgeholt, die zu ersticken drohten.

Négrel lebte mit seinen Arbeitern in der Grube. Man brachte ihm dahin seine Mahlzeiten; zuweilen schlief er zwei Stunden auf einem Bund Stroh, in seinen Mantel gehüllt. Der Mut aller wurde nur aufrechterhalten durch das Flehen der Unglücklichen da unten, durch den immer deutlicher vernehmbaren Anruf, den sie an die Kohlenwand schlugen, damit man sich beeile. Der Anruf tönte jetzt sehr hell, mit einer musikalischen Klangfülle, wie auf den Klappen einer Harmonika. Der Anruf gab den Arbeitern die Richtung; bei diesem kristallhellen Geräusch drangen sie vor, wie man in den Schlachten bei dem Kanonendonner vorrückt. Jedesmal, wenn ein Hauer abgelöst wurde, stieg Négrel hinab, klopfte an die Wand und preßte sein Ohr daran; und jedesmal – bis jetzt – war rasch und dringlich die Antwort gekommen. Er hatte keinen Zweifel mehr; man bewegte sich in der rechten Richtung; aber welche verhängnisvolle Langsamkeit! Man wird gewiß nicht rechtzeitig ankommen. Wohl hatte man in zwei Tagen dreizehn Meter abgeschlagen; allein, am dritten Tag brachte man nur mehr fünf Meter fertig, am vierten Tag nur drei Meter. Die Kohle wurde immer dichter und härter, in dem Maße, daß man jetzt kaum zwei Meter in einem Tag abteufte. Am neunten Tag war man – nach übermenschlichen Anstrengungen – zweiunddreißig Meter tief eingedrungen, und man berechnete, daß man noch zwanzig Meter durchzuschlagen habe. Für die Gefangenen begann der zwölfte Tag, zwölfmal vierundzwanzig Stunden ohne Brot, ohne Feuer, in eisiger Finsternis! Dieser entsetzliche Gedanke trieb allen die Tränen in die Augen und verlieh den ermatteten Armen neue Kraft zur Arbeit. Es schien unmöglich, daß Christenmenschen länger aushalten könnten; die fernen Schläge wurden seit gestern schwächer; man zitterte jeden Augenblick, daß sie ganz aufhören könnten.

Frau Maheu erschien jeden Tag regelmäßig, um sich an der Mündung des Schachtes niederzusetzen. Sie brachte auf ihrem Arm Estelle mit, die nicht vom Morgen bis zum Abend allein bleiben konnte. Stunde um Stunde verfolgte sie so die Arbeit, teilte die Hoffnungen und die Entmutigung der Arbeiter. In den harrenden Gruppen, und weit umher, bis nach Montsou, gab es eine fieberhafte Erwartung, einen endlosen Austausch von Meinungen und Bemerkungen. Alle Herzen des Landes schlugen dort unten unter der Erde.

Als man am neunten Tage zur Frühstücksstunde Zacharie rief, um ihn ablösen zu lassen, antwortete er nicht. Er war wie wahnsinnig und hieb unter fortwährenden Flüchen auf die Wand ein. Négrel, der einen Augenblick den Gang verlassen hatte, konnte ihn nicht zum Gehorsam bringen; und es war nur mehr ein Aufseher mit drei Köhlern da. Ohne Zweifel hatte Zacharie, weil er ein schlechtes Licht hatte und wütend war über den flackernden Schein, der ihn in der Arbeit hinderte, die Unklugheit begangen, seine Lampe zu öffnen. Man hatte dies streng verboten, um schlagende Wetter zu verhüten; das Gas lagerte in einer enormen Masse in diesen engen, luftlosen Schläuchen. Plötzlich gab es einen Donnerschlag und eine Feuergarbe schoß aus dem Schlauch hervor, wie aus dem Rohr einer Kanone. Alles flammte; die Luft entzündete sich wie Schießpulver, von einem Ende der Galerien bis zum andern. Dieser Flammenstrom riß den Aufseher und die drei Arbeiter mit sich fort, fuhr durch den Schlund empor und brach mit großer Gewalt hervor, Steine und Balkentrümmer weit umherstreuend. Die neugierig harrenden Leute ergriffen die Flucht; Frau Maheu erhob sich, das entsetzt aufschreiende Kind an ihre Brust drückend.

Als Négrel und die Arbeiter zurückkehrten, wurden sie von furchtbarem Zorn ergriffen. Sie stampften mit ihren Stiefelabsätzen die Erde, wie eine Stiefmutter, die in den blöden Launen ihrer Grausamkeit ihre Kinder tötet. Man opferte sich auf, um Kameraden zu Hilfe zu eilen, und nun mußte man noch mehr Leute verlieren! Nach drei Stunden mühseliger und gefahrvoller Arbeit konnte man endlich in die Galerien eindringen und die Opfer herausschaffen. Weder der Aufseher noch die Arbeiter waren tot; doch waren ihre Leiber mit furchtbaren Wunden bedeckt, welche einen abscheulichen Geruch von verbranntem Fleisch verbreiteten. Sie hatten Feuer getrunken, das ihnen selbst die Kehlen verbrannte; und sie stießen ein unablässiges Geheul aus und flehten, man möge ihnen den Rest geben. Einer der drei Grubenarbeiter war jener Mann, der während des Streiks die Pumpe zu Gaston-Marie mit einem letzten Streich seiner Hacke in Trümmer geschlagen hatte; die anderen hatten zerschundene Hände, weil sie Ziegelstücke nach den Soldaten geschleudert hatten. Die bleiche, bebende Menge entblößte das Haupt, als die Verunglückten vorübergetragen wurden.

Frau Maheu wartete aufrecht stehend. Endlich kam Zacharies Leiche zum Vorschein; die Kleider waren verbrannt, der Körper unkenntlich, zu einem einzigen Stück verkalkter Kohle geworden. Der Kopf war nicht mehr da; er war infolge der Explosion verschwunden. Als man diese schaudererregenden Reste auf einer Tragbahre gelegt hatte, folgte die Maheu mechanisch, mit glühenden, tränenleeren Augen. Sie hielt die schlafende Estelle in den Armen und ging – eine tragische Gestalt mit fliegendem Haar – davon. Als der traurige Zug im Dorf ankam, war Philomène wie vom Donner gerührt; ihre Augen verwandelten sich in einen unversieglichen Tränenquell, und dies brachte ihr Erleichterung. Doch schon war die Mutter nach Réquillart zurückgekehrt; sie hatte dem Sohn das Geleit gegeben und kam jetzt zurück, um die Tochter zu erwarten.

Dann vergingen noch drei Tage. Unter unerhörten Schwierigkeiten hatte man das Rettungswerk wieder aufgenommen; die Rettungswege waren glücklicherweise infolge der schlagenden Wetter nicht eingestürzt; aber es herrschte darin eine so schlechte, heiße Luft, daß man noch weitere Ventilatoren hatte aufstellen müssen. Alle zwanzig Minuten wurden die Hauer abgelöst. Die Arbeit machte Fortschritte, man war kaum mehr durch zwei Meter von den Kameraden getrennt. Allein, sie arbeiteten jetzt mit schwerem Herzen und hieben nur auf die Kohle los, um an ihr Rache zu nehmen; denn das Klopfen hatte aufgehört, der Anruf ließ nicht mehr seinen hellen, gemessenen Schall vernehmen. Man war am zwölften Arbeitstag und am fünfzehnten Tag nach der Katastrophe; und seit dem Morgen war eine Totenstille eingetreten.

Der neuerliche Unglücksfall verdoppelte noch die Neugier der Bevölkerung von Montsou; die Spießbürger veranstalteten Ausflüge mit einem solchen Eifer, daß die Grégoires sich entschlossen, den übrigen zu folgen. Man vereinbarte einen Ausflug dahin, und es wurde bestimmt, daß sie in ihrem Wagen nach dem Voreux fahren würden, während Madame Hennebeau in dem ihrigen die Damen Lucie und Jeanne Deneulin dahin bringen sollte. Herr Deneulin sollte ihnen seinen Werkplatz zeigen, dann sollte man über Réquillart zurückkehren, wo sie von Négrel erfahren würden, wie weit die Stollen gediehen seien und ob er noch immer Hoffnung habe. Am Abend würde man mitsammen speisen.

Als gegen drei Uhr die Grégoires und ihre Tochter bei der eingestürzten Grube den Wagen verließen, fanden sie daselbst Madame Hennebeau, die zuerst gekommen war. Sie trug eine marineblaue Toilette und schützte sich mit einem Schirm gegen die bleiche Februarsonne. Der Himmel war sehr klar, das Wetter mild wie im Frühjahr. Herr Hennebeau war schon da, in Gesellschaft des Herrn Deneulin; er hörte mit zerstreutem Sinn die Erklärungen, welche der letztere ihm über die großen Anstrengungen gab, die man hatte machen müssen, um den Kanal einzudämmen. Jeanne, die stets ein Zeichenalbum mit sich führte, entwarf eine Skizze, entzückt von dem furchtbar schönen Motiv; während Lucie, die auf einem zertrümmerten Karren neben ihr saß, gleichfalls Rufe wohlgefälligen Erstaunens ausstieß. Der Damm war noch unfertig und ließ durch zahlreiche Risse das Wasser durchsickern, das sich als schäumender Wasserfall in die ungeheure Grube ergoß. Indes leerte sich der Krater allmählich; das Wasser wurde von der Erde eingesogen; es sank immer mehr, so daß das furchtbare Durcheinander auf dem Boden der Grube sichtbar wurde. Im zarten blauen Licht des schönen Tages war dies eine greuliche Kloake, gleichsam die Ruinen einer versunkenen, in Schlamm aufgelösten Stadt.

„Es lohnt wahrlich nicht die Mühe, sich das anzusehen!" rief Herr Grégoire enttäuscht.

Cécile, rosig in ihrer blühenden Gesundheit, war glücklich, die reine Luft einzuatmen; sie scherzte in ihrem Frohsinn, während Frau Hennebeau ein angewidertes Mäulchen machte.

„Fürwahr, es ist nicht hübsch", sagte sie.

Die beiden Ingenieure lachten. Sie trachteten die Besucher für die Sache zu interessieren, führten sie überall herum, erklärten ihnen die Arbeit der Pumpe und des Stößers, der die Pfähle einrammte. Doch die Damen wurden unruhig; sie schauerten zusammen, als sie erfuhren, daß die Pumpen vielleicht sechs, sieben Jahre zu arbeiten haben würden, ehe die Grube leergepumpt sein würde und wieder in einen betriebsfähigen Zustand gebracht werden könnte. Nein, sie wollten lieber an andere Dinge denken; diese Verwüstung verursacht nur schlechte Träume.

„Brechen wir auf", sagte Madame Hennebeau, ihre Schritte zu dem Wagen lenkend.

Jeanne und Lucie widersprachen. Wie, so schnell? Die Zeichnung war noch nicht fertig. Sie wollten noch bleiben; der Vater würde sie am Abend zum Diner begleiten.

Herr Hennebeau allein nahm mit seiner Frau im Wagen Platz; denn auch er wollte Négrel befragen.
,,Nun denn, fahren Sie voraus", sagte Herr Grégoire. ,,Wir folgen Ihnen bald; wir haben nur einen kurzen Besuch im Arbeiterdorf zu machen, hoffen aber gleichzeitig mit Ihnen in Réquillart einzutreffen."
Er stieg hinter Frau und Tochter ein, und während der andere Wagen längs des Kanals dahinfuhr, erklomm der ihrige langsam den Abhang des Arbeiterdorfes.
Sie wollten den Ausflug mit einer milden Handlung beschließen. Der Tod Zacharies hatte sie mit tiefem Mitleid für die unglückliche Maheu erfüllt, von welcher in der ganzen Gegend gesprochen wurde. Sie beklagten nicht den Vater, diesen Räuber, diesen Soldatentöter, den man niederschlagen hatte müssen wie einen Wolf. Nur das Schicksal der Mutter rührte sie, dieser armen Frau, die ihren Sohn verlor, nachdem sie den Gatten verloren, und deren Tochter – in der Grube verschüttet – vielleicht auch schon eine Leiche war; außerdem sprach man von einem siechen Großvater, von einem Sohn, dem ein Einsturz die Beine zerschlagen, und von einer Tochter, die während des Streiks Hungers gestorben war. Obgleich nun diese Familie ihr Unglück zum Teil verdient hatte, hatten sie dennoch beschlossen, ihre Mildtätigkeit und Versöhnlichkeit zu bekunden, indem sie selbst ein Almosen brachten. Unter einer Sitzbank ihres Wagens lagen zwei sorgfältig eingehüllte Pakete.
Ein altes Weib zeigte dem Kutscher das Haus der Maheu, Nummer 16 im zweiten Block. Doch als die Grégoire mit ihren Paketen den Wagen verlassen hatten, klopften sie vergebens an; schließlich bearbeiteten sie die Tür mit ihren Fäusten, jedoch ohne eine Antwort zu bekommen; das Haus hallte trübselig wie eine durch den Tod geleerte, eisig-düstere, längst verlassene Wohnstätte.
,,Es ist niemand da", sagte Cécile enttäuscht. ,,Das ist aber ärgerlich! Was sollen wir mit all dem Zeug anfangen?"
Plötzlich öffnete sich die Tür des Nachbarhauses, und die Levaque erschien.
,,Ach, tausendmal um Vergebung, gnädiger Herr und gnädige Frau! ... Entschuldigen Sie, gnädiges Fräulein ... Sie suchen die Nachbarin? Sie ist nicht zu Hause; sie ist in Réquillart ..."
Und in einem reichlichen Wortschwall erzählte sie ihnen die Geschichte, wiederholte ihnen, daß man sich gegenseitig unterstützen müsse, daß sie Lénore und Henri bei sich behielt, um der Mutter zu ermöglichen, in Réquillart das Ergebnis der Rettungsarbeiten abzuwarten. Ihre Blicke waren auf die Pakete gefallen, und sie begann von ihrer armen, verwitweten Tochter zu sprechen, ihr eigenes Elend zu schildern, wobei ihre Augen habgierig leuchteten. Dann murmelte sie mit zögernder Miene:
,,Ich habe den Schlüssel. Wenn die Herrschaften durchaus hineingehen wollen ... Der Großvater ist da."
Die Grégoires sahen sie erstaunt an. Wie? der Großvater wäre da? Es hat doch niemand geantwortet! Schlief er denn? Und als die Levaque sich entschlossen hatte, die Tür zu öffnen, hielt das, was sie sahen, sie verblüfft auf der Schwelle fest.
Bonnemort war da, allein, mit weit offenen, starren Augen, vor dem kalten Kamin an seinen Stuhl gefesselt. Die Stube ringsumher schien jetzt größer, weil die Möbel von gefirnistem weichem Holz und die Kuckucksuhr, welche den Wohnraum einst belebt hatten, nicht mehr da waren; und an den Wänden mit dem grünlichen, rohen Anwurf war nichts geblieben als die Bildnisse des Kaisers und der Kaiserin, deren rote Lippen mit offiziellem Wohlwollen lächelten. Der Alte rührte sich nicht und zuckte nicht einmal mit den Wimpern, als durch die offene Tür das helle Tageslicht hereinfiel; er verharrte auf seinem Platz, mit seiner blöden Miene, als hätte er alle die Leute nicht gesehen. Zu seinen Füßen stand eine mit Asche gefüllte Schüssel, ganz so wie man den Katzen welche hinstellt, damit sie ihren Unrat darin verrichten.
,,Achten Sie nicht darauf, wenn er nicht höflich ist", bemerkte die Levaque in verbindlichem Ton. ,,Es scheint, daß in seinem Oberstübchen nicht alles richtig ist. Seit vierzehn Tagen redet er nicht mehr."
Doch jetzt wurde Bonnemort von einer Erschütterung ergriffen; es war ein tiefes Röcheln, welches aus dem Bauch zu kommen schien; und er spie in die Schüssel, einen dicken, schwarzen Speichel. Die Asche war davon durchtränkt; das gab einen Kohlenkot von all der Kohle, die er aus der Kehle heraufholte. Er war wieder in seine Unbeweglichkeit verfallen; er rührte sich nur von Zeit zu Zeit, um zu speien.
Verwirrt und angeekelt rangen die Grégoires dennoch nach einigen freundlichen und ermutigenden Worten.
,,Ihr seid verschnupft, mein Wackerer?" sagte der Vater.
Der Alte blickte starr auf die Mauer und wandte nicht den Kopf. Es trat wieder tiefe Stille ein.
,,Man sollte Euch einen Brusttee kochen", fügte sie Mutter hinzu.
Er bewahrte seine lautlose Starre.
,,Papa", flüsterte Cécile, ,,man hat uns ja erzählt, daß er krank sei; aber wir haben nicht mehr daran gedacht ..."
Sie unterbrach sich sehr verlegen. Nachdem sie einen Topf mit Rindfleisch und zwei Flaschen Wein auf den Tisch gestellt hatte, öffnete sie das zweite Paket und zog aus diesem ein Paar riesiger Schuhe hervor. Es war das für den Großvater bestimmte Geschenk, und sie hielt ganz betroffen einen Schuh in jeder Hand, während sie die geschwollenen Füße des armen Mannes betrachtete, der wohl nie wieder gehen sollte.
,,Die Schuhe kommen etwas spät, nicht wahr, Alter?" bemerkte Herr Grégoire, um die Unterhaltung ein wenig zu beleben; ,,aber das schadet nichts; besser spät als nie."
Bonnemort hörte nicht und antwortete nicht; sein furchtbares Gesicht behielt die Kälte und Härte eines Steines.
Da stellte Cécile verstohlen die Schuhe neben die Wand

hin. Doch sie hatte vergebens Vorsicht geübt, die Nägel klangen hell auf den Fliesen. Das plumpe Schuhwerk in der kahlen Stube war ein Gegenstand der Verlegenheit.
„Ach, der wird nicht Dank sagen!" rief die Levaque mit einem Blick voll tiefer Begehrlichkeit nach den Schuhen. „Es ist geradesogut, wie wenn Sie einer Ente Brillen schenkten – Ihren Respekt ausgenommen."
In diesem Ton fortfahrend, bearbeitete sie die Grégoires, um sie in ihre Behausung zu locken, wo sie dieselben milder zu stimmen hoffte. Endlich ersann sie einen Vorwand; sie rühmte Lénore und Henri als artige, niedliche, kluge Kinder, die auf alle Fragen gescheit wie die Engel zu antworten wissen. Sie werden alles sagen, was der gnädige Herr und die gnädige Frau zu wissen wünschen.
„Kommst du einen Augenblick hinüber, Mädel?" fragte der Vater, ordentlich froh hinauszukommen.
„Ja, ich folge Euch sogleich", antwortete Cécile.
Sie blieb mit Bonnemort allein. Was die Zitternde hier festbannte, war der Umstand, daß sie diesen Alten wiederzuerkennen glaubte. Wo hatte sie dieses viereckige, fahle, von der Kohle besprenkelte Gesicht schon gesehen? Und plötzlich erinnerte sie sich; sie sah eine heulende Volksmenge wieder, die sie umgab; sie fühlte kalte Hände, die ihr den Hals preßten. Er war es; sie fand den Mann wieder, sie betrachtete die auf den Knien ruhenden Hände, diese Hände eines hockenden Arbeiters, dessen ganze Kraft in den – trotz des Alters noch festen – Handknöcheln lag. Bonnemort schien allmählich zu erwachen; er bemerkte sie und betrachtet sie mit seiner blöden Miene. Eine Flamme stieg in seine Wangen empor; ein nervöser Ruck verzerrte sein Maul, aus dem ein dünner Faden schwarzen Speichels herausfloß. Zueinander hingezogen blieben sie einander gegenüber, sie blühend, frisch und wohlgenährt von der langen Trägheit und dem gesättigten Wohlergehen ihres Geschlechts; er vom Wasser aufgedunsen, von der jämmerlichen Scheußlichkeit eines verschlagenen Tieres, verdorben vom Vater auf den Sohn durch ein Jahrhundert voller Arbeit und Hunger.
Als die Grégoires, überrascht darüber, Cécile nicht kommen zu sehen, nach zehn Minuten zu den Maheu zurückkehrten, brachen sie in ein furchtbares Geschrei aus. Cécile lag auf der Erde, mit blauem Gesicht, erwürgt; an ihrem Hals waren die roten Spuren einer Riesenfaust zu sehen. Bonnemort war, auf seinen lahmen Beinen wackelnd, neben ihr zu Boden gesunken und konnte sich nicht mehr erheben. Noch waren seine Hände gekrümmt; er betrachtete die Menschen mit seiner blöden Miene, mit weit offenen Augen. In seinem Sturz hatte er seine Schüssel zerschlagen; die Asche war verschüttet worden, und der Schmutz des schwarzen Speichels hatte die ganze Stube vollgespritzt. Das mitgebrachte Paar plumper Schuhe stand heil und unberührt an der Wand.
Es ist niemals gelungen, den Sachverhalt dieses schrecklichen Ereignisses genau festzustellen. Warum hatte Cécile sich ihm genähert? Wie hatte der an seinen Stuhl gefesselte Bonnemort sie am Halse fassen können? Augenscheinlich mußte er, als er sie einmal festhielt, in blinder Wut sie immer stärker gewürgt, ihr Schreien erstickt haben und mit ihr zu Boden gestürzt sein, bis sie mit dem letzten Röcheln den Geist aufgab. Kein Geräusch, keine Klage war durch die dünne Scheidewand des Nachbarhauses gedrungen. Man mußte an einen plötzlichen Tollheitsausbruch glauben, an eine unerklärliche Mordgier bei dem Anblick des weißen Halses dieses Mädchens. Eine solche Wildheit mußte verblüffen bei diesem siechen Greis, der bisher als rechtschaffener Mensch gelebt, als fügsames Tier, allen neuen Ideen fremd. Welches Rachegelüst – ihm selbst unbekannt und allmählich vergiftet – war aus seinen Eingeweiden zu seinem Schädel emporgestiegen? In dem Entsetzen über diese Schauertat gelangte man zu dem Schlusse, daß ein unbewußtes Verbrechen geschehen, das Verbrechen eines Blödsinnigen.
Die Grégoires lagen schluchzend, vom Schmerz erstickt, auf dem Boden vor ihrer angebeteten Tochter, dieser so lang ersehnten Tochter, die sie mit allem Guten überhäuft hatten, zu deren Bett sie auf den Fußspitzen geschlichen waren, um sie schlafen zu sehen, die sie nie genug genährt, nie genug fett gefunden hatten. Mit ihr sank auch ihr eigenes Dasein in Trümmer; wozu fortan noch leben, da sie ohne Cécile leben sollten?
Die Levaque war außer sich:
„Der alte Lumpenkerl! Was hat er da angerichtet? Wer hätte solches vermuten können? ... Und die Maheu wollte heute abend gar nicht heimkehren. Soll ich sie holen?"
Die Eltern der Gemordeten antworteten nicht; sie waren vernichtet.
„Ja, es wird besser sein ... Ich gehe sie holen."
Doch bevor sie hinausging, warf die Levaque ihre Blicke auf die Schuhe. Das Dorf war in Aufregung geraten, die Menge drängte sich schon vor dem Haus; wie leicht könnten die Schuhe gestohlen werden. Auch war bei den Maheu kein Mann mehr da, um sie zu tragen. Sachte trug sie die Schuhe weg; sie mußten dem Bouteloup genau passen.
Das Ehepaar Hennebeau wartete in Réquillart mit Négrel lange auf die Grégoires. Der Ingenieur war aus der Grube heraufgekommen und erzählte Einzelheiten: man hoffte noch am Abend des nämlichen Tages die Verbindung mit den Eingeschlossenen herzustellen, aber man wird sicherlich nur Leichen finden, denn die Totenstille dauerte fort. Hinter dem Ingenieur saß die Maheu auf einem Balken und hörte mit bleichem Gesicht seine Mitteilungen an, als die Levaque ankam und ihr die Missetat des Alten erzählte. Sie machte nur eine gereizte und ungeduldige Bewegung, doch folgte sie der Levaque.
Frau Hennebeau glaubte in Ohnmacht fallen zu müssen. Welche Scheußlichkeit! Diese arme Cécile, eine Stunde früher noch lebend und noch so fröhlich! Herr Hennebeau mußte seine Frau einen Augenblick in die Hütte des alten Mouque eintreten lassen. Mit seinen ungeschickten Händen öffnete er ihr Leibchen, betäubt von dem Moschusduft, welcher diesem entströmte. Und während sie,

in Tränen gebadet, Négrel umfangen hielt, der völlig bestürzt war über diesen Todesfall, der dem Heiratsplan ein plötzliches Ende machte, betrachtete der Gatte – von einer Unruhe befreit – die beiden in ihrem Gejammer. Dieser Unglücksfall brachte alles wieder in Ordnung; es war ihm lieber, seinen Neffen zu behalten, damit seine Frau nicht zum Kutscher herabsinke.

V

In der Grube unten heulten die unglücklichen Verlassenen in ihrem Entsetzen. Das Wasser reichte ihnen jetzt bis zum Bauch. Das Rauschen des unterirdischen Stromes betäubte sie; bei dem Absturz der letzten Reste der Verzimmerung glaubten sie, die Welt sei aus den Fugen gegangen. Was ihnen vollends den Verstand raubte, war das Gewieher der im Stall eingeschlossenen Pferde; der furchtbare, unvergeßliche Todesschrei von Tieren, die hingemetzelt werden.

Mouque hatte Bataille freigelassen; das alte Pferd war da und sah zitternd, mit weit offenen, starren Augen das Wasser immer höher steigen. Der Aufzugsraum füllte sich sehr rasch; in dem rötlichen Licht der drei Lampen, die noch an der Decke hingen, sah man die grünliche Flut immer mehr anwachsen. Und als das Tier fühlte, wie das eiskalte Wasser ihm die Haut durchnäßte, rannte es plötzlich davon und verlor sich in einer der Abfuhrgalerien.

Die Flucht wurde nun allgemein; die Männer folgten dem Tier.

„Hier ist nichts mehr zu machen!" rief Mouque. „Man muß sich zum Réquillartschacht wenden."

Der Gedanke, daß sie sich durch die benachbarte alte Grube retten könnten, wenn sie dort ankämen, bevor ihnen der Weg abgeschnitten würde, riß alle fort. Die zwanzig Arbeiter drängten sich, in eine Kette aufgelöst, die Lampen hoch, damit das Wasser sie nicht auslösche. Glücklicherweise stieg die Galerie sanft an; sie konnten zweihundert Meter zurücklegen, immer mit dem Wasser kämpfend, ohne daß die Flut weitere Fortschritte machte. Und alter Aberglaube erwachte in diesen verstörten Seelen; sie beschworen die Erde, denn die Erde rächte sich und ließ das Blut ihrer Adern ausströmen, weil man ihr eine Schlagader durchschnitten hatte. Ein Alter stammelte längst vergessene Gebete und bog dabei die Daumen nach außen, um die bösen Berggeister zu besänftigen.

Doch bei der ersten Wegkreuzung brach ein Zwist los. Der Stallwärter wollte links gehen, andere schworen, daß man den Weg abkürzen würde, wenn man rechts ginge. So verlor man eine Minute.

„Was geht's mich an, wenn ihr die Knochen laßt?" rief Chaval. „Ich gehe in diese Richtung."

Er wandte sich rechts, und zwei Kameraden folgten ihm. Die anderen liefen weiter hinter Mouque, der in der Réquillartgrube aufgewachsen war. Allein, auch er schwankte und wußte nicht, wohin er sich wenden solle. Die Köpfe wurden irre; die Alten erkannten nicht mehr die Gänge, deren Netz sich in ihrem Gedächtnis verwirrt hatte. Bei jeder Abzweigung blieben sie stehen, nicht sicher, nach welcher Richtung sie sich wenden sollten. Und dennoch mußten sie sich entscheiden.

Etienne lief als letzter, durch Catherine zurückgehalten, welcher die Ermüdung und die Angst alle Kräfte genommen hatte. Er wäre mit Chaval nach rechts geflohen, weil er glaubte, dies wäre der richtige Weg; aber er hatte ihn laufen lassen, auf die Gefahr hin, in der Grube zu bleiben. Übrigens dauerte die Auflösung der Bande fort; wieder waren einige abgefallen, und es blieben nur mehr sieben Leute mit dem alten Mouque.

„Hänge dich an meinen Hals, ich werde dich tragen", sagte Etienne dem Mädchen, als er sah, daß es nicht weiterkonnte.

„Nein, laß mich", flüsterte sie. „Ich vermag nicht zu folgen und will lieber gleich sterben."

Sie waren stehengeblieben und demzufolge etwa fünfzig Meter hinter den anderen zurück. Er hob sie trotz ihres Widerstandes empor, als die Galerie plötzlich verrammelt wurde: ein ungeheurer Block war niedergestürzt und trennte sie von den anderen. Die Überschwemmung lokkerte bereits die Felsen; auf allen Seiten gab es Einstürze. Sie mußten umkehren. Dann wußten sie nicht mehr, nach welcher Richtung sie sich wenden sollten. Es war aus; sie mußten den Gedanken aufgeben, durch den Réquillartschacht aufzusteigen. Ihre einzige Hoffnung war, die höher gelegenen Schläge zu erreichen, wo man sie vielleicht nach dem Sinken des Wassers befreien würde.

Etienne erkannte endlich die Guillaumeader.

„Nun weiß ich, wo wir sind", sagte er. „Wir waren auf dem richtigen Weg, aber jetzt ist's vorbei! ... Laß uns geradeaus gehen; wir werden durch den Kamin hinaufklettern."

Das Wasser reichte ihnen bis an die Brust; sie kamen sehr langsam vorwärts. Solange sie Licht haben würden, wollten sie nicht verzagen; sie löschten eine Lampe aus, um das Öl zu sparen und im Bedarfsfalle die andere nachzufüllen. Sie hatten eben den Kamin erreicht, als ein Geräusch, das hinter ihnen entstand, sie den Kopf zu wenden veranlaßte. Kamen etwa die Kameraden zurück, weil ihnen gleichfalls der Weg verrammelt worden war? Ein Pfauchen wurde immer mehr vernehmbar; sie konnten sich den Sturm nicht erklären, der, das schäumende Wasser peitschend, immer näher kam. Und sie schrien entsetzt auf, als sie eine weißgraue, riesige Masse aus dem Dunkel auftauchen sahen, die zwischen den engen Verholzungen mühsam vordrang, um sie zu erreichen.

Es war Bataille. Den Aufzugsraum verlassend war das Pferd wie rasend durch die finsteren Galerien gerannt. Es schien seinen Weg zu kennen in dieser unterirdischen Stadt, die es seit elf Jahren bewohnte; und seine Augen sahen klar in der ewigen Nacht, in der es lebte. Es rannte und rannte mit gesenktem Kopf und eingezogenen Füßen durch die engen Gänge, die sein großer Körper ausfüllte. Es folgte Weg auf Weg, Kreuzung auf Kreuzung: für das Pferd gab es keinen Aufenthalt. Wohin stürmte es? Weithin vielleicht, nach der Vision seiner Jugend, nach der Mühle, wo es zur Welt gekommen, am Ufer der Scarpe; nach der unklaren Erinnerung an die Sonne, die wie eine ungeheure Lampe in der Luft brannte. Es wollte leben; sein tierisches Erinnerungsvermögen erwachte; das Verlangen, die frische Luft der Ebenen einzuatmen, trieb es immer geradeaus fort, bis es das Loch entdeckt haben würde, den Ausgang unter dem warmen Himmel, nach dem Licht. Und in seiner Empörung schwand die lange Ergebung; diese Grube tötete es, nachdem sie es geblendet hatte. Das Wasser, das es verfolgte, reichte ihm bis zu den Schenkeln, bis zum Hinterteil. Doch in dem Maße, als es tiefer in die Galerien eindrang, wurden diese enger; die Wölbung senkte sich, die Mauern legten sich vor. Das Pferd aber rannte weiter, zerschund sich an den Wänden, ließ Fetzen seiner Glieder an der Verzimmerung hängen. Es war, als würde die Grube sich von allen Seiten verengen, um das Tier zu fangen und zu ersticken.

Etienne und Catherine sahen es auf sich zukommen und zwischen den Felswänden sich verfangen. Es war gestrauchelt und hatte im Sturz die beiden Vorderbeine gebrochen. Mit einer letzten Anstrengung schleppte es sich noch einige Meter weit; doch seine Lenden waren kraftlos; es war von der Erde umfangen, erwürgt. Es streckte den Kopf aus und suchte mit den großen, brechenden Augen noch einen Spalt. Das Wasser bedeckte es rasch; es begann zu wiehern; es war dasselbe anhaltende, furchtbare Röcheln, mit welchem die anderen Pferde schon im Stall verendet waren. Es war ein schrecklicher Todeskampf, in dem das alte, zerschlagene, unbewegliche Tier in dieser Tiefe, fern vom Tageslicht sich wand. Sein Notschrei wollte kein Ende nehmen; die Flut benetzte schon seine Mähne, als das Todesröcheln noch rauher aus dem weit offenen Rachen kam. Es gab ein letztes Glucksen, wie wenn eine Tonne sich füllt; dann wurde alles still.

„Oh, mein Gott! führe mich hinweg“, schluchzte Catherine. „Oh, mein Gott! ich habe Furcht. Ich will nicht sterben ... Führe mich hinweg! Führe mich hinweg!“

Sie hatte den Tod gesehen. Weder der Einsturz des Schachtes noch die Überschwemmung der Grube hatte ein solches Entsetzen in ihr hervorgerufen wie der Todeskampf des Pferdes Bataille. Und sie hörte noch immer seinen Schrei; er gellte ihr in den Ohren, ihr ganzer Leib zitterte davon.

„Führe mich hinweg! führe mich hinweg!“

Etienne packte sie und trug sie hinweg. Es war übrigens Zeit; das Wasser reichte ihnen bis zu den Schultern, als sie in dem Kamin emporkletterten. Er mußte ihr dabei helfen, denn sie hatte nicht mehr die Kraft, sich an den Hölzern festzuhalten. Dreimal war sie nahe daran, ihm zu entgleiten und in die tiefe Flut zurückzufallen, die hinter ihnen grollte. Sie konnten einige Augenblicke ausruhen, als sie den ersten Gang erreichten, der noch frei vom Wasser war. Dieses erschien aber bald, und sie mußten höherklettern. Und dieser Aufstieg währte stundenlang; das steigende Wasser jagte sie von Gang zu Gang, nötigte sie immer höher hinaufzuklettern. In der sechsten Galerie gab es wieder einen Stillstand, der sie mit neuer Hoffnung erfülllte; es schien ihnen, als würde die Wasserhöhe unverändert bleiben. Doch alsbald trat ein stärkeres Steigen ein; sie mußten in die siebente, dann in die achte Galerie emporklettern. Es blieb ihnen nur noch eine einzige, und als sie dieselbe erreicht hatten, sahen sie mit Schrecken jeden Zentimeter, um den das Wasser zunahm. Wenn es nicht stillstand, mußten sie da sterben, wie das alte Roß, an die Decke gedrückt, die Kehle vom Wasser erfüllt.

Jeden Augenblick gab es Einstürze, deren hallendes Geräusch sie hörten. Die ganze Mine war erschüttert; ihr Eingeweide war zu schwach und sank in Trümmer unter dem Druck des Meeres, das sie ersäufte. Am Ende der Galerien sammelte sich die zurückgedrängte Luft, verdichtete sich und entlud sich in furchtbaren Explosionen zwischen den geborstenen Felsen und eingestürztem Erdreich. Es war das entsetzliche Getöse der inneren Zusammenbrüche, im kleinen eine Wiederholung des Kampfes, der in vorgeschichtlicher Zeit sich abspielte, als die Meere das Festland überfluteten und ganze Gebirge unter Ebenen begruben.

Erschüttert und betäubt von diesem ewigen Getöse faltete Catherine die Hände und stammelte unaufhörlich dieselben Worte:

„Ich will nicht sterben ... Ich will nicht sterben ...“

Um sie zu beruhigen, schwor Etienne, daß das Wasser sich nicht mehr rühre. Ihre Flucht währte nun schon sechs Stunden; man würde ihnen sicherlich bald zu Hilfe kommen. Er sagte sechs Stunden, ohne dies genau zu wissen, denn es entging ihnen die Kenntnis der Zeit. In Wirklichkeit hatte ihr Aufstieg in der Guillaumeader einen ganzen Tag gedauert.

Durchnäßt und fröstelnd richteten sie sich ein. Sie entkleidete sich ohne Scham, um ihre Kleider auszuwinden; dann legte sie die Hose und den Kittel wieder an, um sie an ihrem Leib trocknen zu lassen. Da sie barfüßig war, zwang er sie, seine Holzschuhe zu nehmen. Sie konnten jetzt geduldiger warten; sie hatten den Docht ihrer Lampe niedriger gestellt, daß sie nur das schwache Licht eines Nachtlämpchens gab. Doch beiden wurde der Magen von Krämpfen gequält, und jetzt erst wurden sie ihres großen Hungers gewahr; bis jetzt waren sie sich kaum ihres Lebens bewußt. Im Augenblick der Katastrophe hatten sie noch nicht gefrühstückt, und sie fanden jetzt ihre Brotschnitten vom Wasser durchweicht, in eine Suppe verwandelt. Sie mußte zürnen, bis er einwilligte, seinen Teil davon zu nehmen. Als sie gegessen hatte, schlief sie vor Ermüdung sofort auf der kalten Erde ein. Er, in seiner fieberhaften Erregung, fand keinen Schlaf und wachte bei ihr, den Kopf auf die Hände gestützt, mit stieren Augen.

Wie viele Stunden so verflossen: er hätte es nicht zu sagen vermocht. Was er wußte, war, daß vor ihm – durch den Kamin aufsteigend – die schwarze, bewegliche Flut wieder erschien, das Tier, dessen Rücken unaufhörlich anschwoll, um sie zu erreichen. Anfänglich gab es nur eine dünne Linie, eine geschmeidige Schlange, die sich ausdehnte; dann breitete das Ding sich aus, zu einem gärenden, kriechenden Rücken, und bald waren sie eingeholt, die Füße des schlafenden Mädchens waren schon vom Wasser durchnäßt. Von Angst ergriffen, zögerte er sie zu wecken. Wäre es nicht grausam, sie in ihrer Ruhe zu stören, in ihrem tiefen Schlaf, der sie vielleicht in einen Traum von Sonne und frischer Luft wiegte? Wo hätten sie auch einen Ausweg gefunden? Er sann nach und erinnerte sich, daß die in diesem Teil der Guillaumeader angelegte schiefe Ebene am äußersten Ende eine Verbindung habe mit der schiefen Ebene, die für den Dienst des oberen Aufzugsraumes angelegt war. Dies war ein Ausgang. Er ließ sie noch schlafen, so lange, bis die Flut, deren Steigen er unablässig beobachtete, sie auch von da verjagte. Endlich hob er sie sanft auf, und sie fuhr in einem heftigen Frösteln zusammen.

„Ach, mein Gott, es ist wahr! ... Es beginnt wieder ..."

Sie erinnerte sich und schrie auf, als sie sich wieder so nahe vor dem Tod sah. „Nein, beruhige dich", murmelte er. „Man kann hindurchkommen, ich schwöre dir."

Um zu der schiefen Ebene zu gelangen, mußte sie gebeugt bis zu den Schultern im Wasser gehen. Und der Aufstieg begann von neuem und war jetzt gefährlicher durch diesen ganz verzimmerten Schlund von hundert Metern Länge. Anfänglich wollten sie das Seil herunterziehen, um unten den einen der Karren festzubinden; denn wenn der andere während ihres Emporklimmens niederfahren würde, müßte er sie zermalmen. Aber es rührte sich nichts; irgendein Hindernis lähmte den Mechanismus. Sie wagten sich hinauf, ohne sich des Seiles zu bedienen, das ihnen hinderlich war, und zerrissen sich die Nägel an den glatten Balken. Er kletterte hinter ihr und hielt sie mit dem Schädel fest, wenn ihre blutenden, zerschundenen Hände abglitten. Plötzlich stießen sie an Balkensplitter, welche die schiefe Bahn verrammelten. Erde war abgerutscht; ein Einsturz hinderte sie, höher hinauf zu dringen. Glücklicherweise gab es da eine Tür, die in einen Gang führte.

Zu ihrer grenzenlosen Verwirrung erblickten sie vor sich ein Lampenlicht. Ein Mann rief ihnen wütend zu:

„Gibt es noch mehr solche Dummköpfe wie ich?"

Sie erkannten Chaval, durch den Einsturz blockiert, welcher die schiefe Ebene verrammelte; die zwei Kameraden, die mit ihm aufgebrochen waren, blieben mit gespaltenem Schädel unterwegs liegen. Er selbst war am Ellbogen verletzt worden und hatte den Mut gehabt, auf allen vieren kriechend zurückzukehren, um ihre Lampen zu nehmen und ihre Brotschnitten zu stehlen. Und als er dann flüchtete, verlegte ein letzter Einsturz hinter ihm die Galerie.

Er schwor sogleich, seine Vorräte mit diesen Leuten nicht zu teilen, die da aus der Erde hervorkamen. Er hätte sie umbringen mögen. Dann erkannte auch er sie, sein Zorn schwand, und er brach in ein boshaftes Gelächter aus.

„Ach, bist du's, Catherine? Du bist übel angekommen und kehrst zu deinem Mann zurück, wie? Gut, gut, wir wollen zusammen Hochzeit halten."

Er tat, als sähe er Etienne nicht. Dieser war bestürzt wegen dieses Zusammentreffens und hatte eine Bewegung gemacht, wie um Catherine zu schützen, die sich an ihn schmiegte. Indes mußte er sich in die Lage finden. Er fragte einfach den Kameraden, als ob sie vor einer Stunde in bester Freundschaft geschieden wären:

„Hast du dich unten umgesehen? Kann man nicht durch die Schläge hindurchkommen?" Chaval antwortete, noch immer in seinem höhnischen Ton: „Ach, die Schläge! die sind sämtlich eingestürzt; wir befinden uns zwischen zwei Mauern, in einer wahren Mausefalle ... Aber du kannst über die schiefe Ebene zurückkehren, wenn du ein guter Taucher bist."

In der Tat stieg das Wasser, man hörte das Geplätscher. Der Rückweg war schon abgeschnitten. Und er hatte recht, es war eine Mausefalle, ein Stück Stollen, vorn und hinten durch große Einstürze verrammelt. Kein Ausgang, die drei waren eingemauert.

„Du bleibst also da?" fuhr Chaval höhnisch fort. „Es ist das beste, was du tun kannst, und wenn du mich in Ruhe läßt, will ich nicht ein Wort zu dir reden. Es ist noch Platz für zwei Menschen da ... Wir werden sehen, wer zuerst hin wird. Es wäre denn, daß man käme, um uns zu retten, was mir schwer möglich scheint."

„Wenn wir an die Wand pochten, würde man uns vielleicht hören", hub Etienne wieder an. „Ich bin des Pochens schon überdrüssig ... Da, versuche es selbst mit diesem Stein."

Etienne hob das Stück Sandstein auf, das der andere schon zum Teil zerbröckelt hatte, und schlug damit an die Wand, im Hintergrund den Anruf der Bergleute, das anhaltende Trommeln, mit dem die in Not geratenen Bergleute ihre Anwesenheit bekanntgeben. Dann drückte er ein Ohr an die Wand, um zu horchen. Diesen Vorgang wiederholte er zwanzigmal, doch von außen kam kein Geräusch zur Antwort.

Inzwischen richtete sich Chaval mit erheuchelter Ruhe häuslich ein. Zunächst stellte er seine drei Lampen an die Wand hin; nur eine brannte, die anderen sollten später an die Reihe kommen. Dann legte er auf einen Balken der Verholzung die zwei Brotschnitten, die er noch besaß. Das war sein Speisenschrein; bei kluger Wirtschaft wird er mit diesem Vorrat zwei Tage das Auslangen finden. Zu Catherine gewendet sagte er: „Die Hälfte ist für dich, wenn du gar zu hungrig wirst."

Das Mädchen schwieg. Um das Maß ihres Unglücks vollzumachen, mußte sie sich da, zwischen diesen beiden Männern befinden.

Und nun begann das furchtbare Leben. Chaval und Etienne saßen einige Schritte voneinander entfernt auf dem Boden; keiner von beiden öffnete den Mund. Auf eine Bemerkung des ersteren löschte letzterer seine Lampe aus, damit kein Licht verschwendet werde. Dann trat wieder Stille ein. Beunruhigt durch die Blicke, die ihr ehemaliger Galan ihr zuwarf, hatte Catherine sich in der Nähe des jungen Mannes ausgestreckt. Die Stunden gingen dahin; man hörte das leise Plätschern des unaufhörlich steigenden Wassers, während von Zeit zu Zeit dumpfe Stöße und von fernher kommendes Getöse die letzten Einstürze der Grube kündeten. Als die Lampe ausgebrannt war und man eine andere öffnen mußte, um sie anzuzünden, wurden sie von der Angst vor schlagenden Wettern erfaßt; allein sie wollten lieber gleich in die Luft fliegen, als in der Finsternis bleiben. Es gab indes keine Explosion, sie flogen nicht in die Luft. Sie hatten sich wieder auf der Erde ausgestreckt, und wieder verrann Stunde um Stunde.

Etienne und Catherine hoben den Kopf, als sie zu ihrer Überraschung ein Geräusch vernahmen. Chaval hatte sich entschlossen zu essen; er hatte die Hälfte einer Brotschnitte genommen und kaute seine Bissen lange, um nicht versucht zu werden, alles auf einmal zu verschlingen. Die zwei anderen waren vom Hunger gefoltert und sahen ihm zu, wie er aß.

„Ist's wirklich wahr, du weist deinen Anteil zurück? sagte er zu der Schlepperin mit seiner herausfordernden Stimme. „Du hast unrecht."

Sie hatte die Augen gesenkt, weil sie fürchtete, daß sie der Versuchung weichen könnte. Ihr Magen wurde von solchen Krämpfen durchwühlt, daß ihr die hellen Tränen aus den Augen rannen. Aber sie begriff, was er wollte; schon am Morgen hatte er ihr auf den Hals geblasen; als er sie an der Seite des andern sah, wurde er von seiner ehemaligen Gier wieder ergriffen. In den Blicken, mit welchen er sie rief, loderte eine Flamme, die ihr wohlbekannt war, die Flamme seiner Eifersuchtsanfälle, in denen er sie mit Faustschlägen bearbeitete und beschuldigte, daß sie mit dem Mieter ihrer Mutter Scheußlichkeiten treibe. Und sie wollte nicht; sie zitterte, durch ihre Rückkehr zu ihm die beiden Männer in tödlichem Hasse gegeneinander zu jagen, in diesem engen Kellerloch, wo sie ja ohnehin dem Tode geweiht waren. Mein Gott! konnte man denn nicht in Freundschaft aus dem Leben scheiden?

Etienne wäre lieber Hungers gestorben, ehe er Chaval um einen Bissen Brot angegangen hätte. Eine dumpfe Stille war wieder eingetreten; die Zeit verlängerte sich zu einer Ewigkeit; Minute reihte sich an Minute, eintönig und hoffnungslos. Ein Tag war vergangen, seitdem sie zusammen eingeschlossen waren. Die zweite Lampe erbleichte, sie zündeten die dritte an.

Chaval griff seine zweite Brotschnitte an und brummte: „So komm doch, Dummkopf!" Catherine fuhr zusammen. Etienne wandte sich ab, um ihr ihre Freiheit zu lassen. Und als sie sich noch immer nicht rührte, sagte er leise: „Geh hin, mein Kind!"

Da stürzten die Tränen hervor, die sie schier erstickten. Sie weinte lange und fand nicht die Kraft, sich zu erheben; sie wußte nicht mehr, ob sie Hunger habe, und litt unter einem Schmerz, der sie am ganzen Körper ergriffen hatte. Etienne hatte sich erhoben, ging hin und her und schlug den Anruf der Köhler, wütend darüber, daß er diesen Rest des Lebens hier, Seite an Seite mit dem verhaßten Nebenbuhler zuzubringen genötigt war. Nicht einmal so viel Platz, um fern voneinander zu verrecken. Wenn er zehn Schritte gemacht hatte, mußte er umkehren und an diesen Menschen stoßen. Und sie, das traurige Mädchen, um das sie noch unter der Erde stritten: sie wird dem letzten Lebenden gehören; dieser Mensch wird sie ihm wieder stehlen, wenn er zuerst von hinnen gehen sollte. Und es wollte kein Ende nehmen; Stunden folgten auf Stunden; das Zusammenleben wurde immer unerträglicher in diesem engen Raum, der vergiftet wurde durch den zusammenströmenden Atem und durch die in Gemeinschaft befriedigte Notdurft. Zweimal rannte Etienne gegen die Felsen, als wollte er sich mit Faustschlägen einen Weg durch dieselben bahnen.

Wieder ging ein Tag zu Ende. Chaval hatte sich zu Catherine gesetzt und mit ihr die letzte halbe Brotschnitte geteilt. Sie kaute mühselig die Bissen; und er machte sich für jeden derselben mit einer Liebkosung bezahlt, in seinem Eigensinn eines Eifersüchtigen, der nicht sterben wollte, ohne sie in Gegenwart des andern noch einmal besessen zu haben. Erschöpft ließ sie ihn gewähren; doch als er sie ergreifen wollte, beklagte sie sich.

„Ach, laß mich, du zerbrichst mir die Knochen."

Etienne zitterte am ganzen Leib; er hatte die Stirn an die Hölzer gedrückt, um nicht zu sehen. Doch jetzt verließ ihn seine Ruhe und mit einem Satz kam er zurück.

„Laß sie los!" schrie er. „Was geht das dich an?" entgegnete Chaval. „Sie ist mein Weib; sie wird doch wohl mir gehören!" Und er ergriff sie wieder und drückte sie an sich, aus purer Prahlerei; und während er seinen roten Schnurrbart auf ihren Mund preßte, fuhr er fort: „Laß uns in Frieden und tue uns den Gefallen wegzuschauen, wenn wir dabei sind." Doch Etienne rief mit wutbleichen Lippen: „Laß sie los, oder ich erwürge dich!"

Hastig erhob sich der andere, denn er hatte an dem Zischen der Stimme des Kameraden erkannt, daß dieser ein Ende machen wollte. Der Tod schien ihnen zu langsam zu kommen; sogleich mußte der eine dem andern Platz machen. Die alte Fehde brach wieder los, hier, unter der Erde, wo sie alsbald Seite an Seite schlafen sollten; und sie hatten so wenig Raum, daß sie die Fäuste nicht ausstrecken konnten, ohne die Haut abzuschürfen.

„Nimm dich in acht!" brummte Chaval. „Diesmal fresse ich dich!"

Etienne wurde in diesem Augenblick toll. Ein roter Nebel trübte seine Augen; ein Blutstrom stieg ihm in die Kehle und drohte ihn zu ersticken. Das Bedürfnis zu töten erfaßte ihn unwiderstehlich, ein physisches Bedürfnis, gleich dem Reiz der Schleimhaut, der einen Hustenanfall hervorruft. Er brach gegen seinen Willen hervor, unter dem mächtigen Drang des Erbübels. Er ergriff einen aus der Wand hervorragenden Schieferblock, lockerte ihn und riß ihn heraus; es war ein breites, schweres Stück. Er packte es mit verzehnfachter Kraft und fuhr damit auf Chavals Schädel nieder.

Dieser hatte nicht mehr Zeit gehabt zurückzuspringen; mit gespaltenem Schädel und zermalmtem Gesicht sank er zu Boden. Das Gehirn war zur Decke der Galerie emporgespritzt; ein roter Strahl schoß aus der entsetzlichen Wunde, gleich dem unaufhörlichen Strahl einer Quelle. Sogleich entstand eine Blutlache, in der das rauchige Licht der Lampe sich widerspiegelte. Schatten lagerte auf dieser gemauerten Höhle; die Leiche auf dem Boden glich dem schwarzen Höcker eines Haufens von Kohlenabfällen.

Etienne beugte sich hernieder und betrachtete mit weit geöffneten Augen den Erschlagenen. Es war denn wahr: er hatte getötet. Die verworrene Erinnerung an alle seine Kämpfe stieg in ihm auf; der unnütze Widerstand gegen das in seinen Muskeln schlummernde Gift, gegen den von seinem ganzen Geschlecht langsam angesammelten Alkohol. Und doch war er nur vom Hunger berauscht; die ferne Trunkenheit der Eltern hatte genügt. Seine Haare sträubten sich vor der Abscheulichkeit dieses Mordes; und trotzdem seine bessere Erziehung sich dagegen auflehnte, schlug sein Herz stürmischer in der tierischen Freude, endlich seine Gier befriedigt zu haben. Dann stieg der Stolz des Stärkeren in ihm auf. Der kleine Soldat tauchte vor ihm auf, der Hals durchbohrt vom Messer eines Knaben. Nun hatte auch er getötet.

Catherine, die neben ihm stand, stieß einen Schrei aus:

„Mein Gott, er ist tot!"

„Bedauerst du ihn?" fragte Etienne wild.

Sie erstickte schier und brachte kein Wort hervor; dann wankte sie und warf sich ihm in die Arme.

„Ach, töte auch mich! Ach, laß uns beide sterben!"

Sie umschlang ihn, hängte sich an seine Schultern, und auch er preßte sie an sich, und sie hofften so zu sterben. Doch der Tod hatte keine Eile; ihre Arme lösten sich wieder. Dann – während sie die Hände vor die Augen legte – schleppte er den Erbärmlichen fort und warf ihn in die schiefe Ebene hinab, um ihn von dem engen Raum zu entfernen, wo sie noch leben mußten. Mit dieser Leiche unter den Füßen wäre das Leben unmöglich gewesen. Und sie entsetzten sich von neuem, als sie ihn ins Wasser fallen hörten, daß der Gischt hoch aufspritzte. Das Wasser hatte nun auch dieses Loch schon angefüllt; sie sahen es; es erreichte schon die Galerie.

Nun gab es einen neuen Kampf. Sie hatten die letzte Lampe angezündet, und diese verzehrte sich, das Wasser beleuchtend, das unaufhaltsam höher stieg. Zuerst reichte es ihnen bis zu den Knöcheln, dann bespülte es ihre Knie. Der Gang war abschüssig angelegt; sie flüchteten in den Hintergrund und dies gewährte ihnen eine Ruhe von einigen Stunden. Allein, die Flut erreichte sie wieder; sie standen bis zum Gürtel im Wasser. Mit dem Rücken an die Wand gelehnt betrachteten sie das unablässige Steigen des Wassers. Wenn es ihren Mund erreichen wird, dann ist es aus. Die Lampe, die sie aufgehängt hatten, warf ein fahles, gelbes Licht auf die sich kräuselnde Wasserfläche; dieses Licht wurde immer blässer; sie sahen bald nur einen Halbkreis, der immer kleiner wurde, gleichsam verzehrt von dem Schatten, der mit der Flut zu wachsen schien. Und plötzlich waren sie in Dunkel gehüllt, die Lampe war erloschen, nachdem sie den letzten Tropfen Öl ausgespien hatte. Es war vollständige Nacht; die Nacht der Erde, wo sie schlafen würden, ohne jemals die Augen dem Sonnenlicht wieder zu öffnen.

„Donner Gottes!" fluchte Etienne.

Catherine suchte Schutz an seinem Körper, als fühlte sie die Finsternis sie umfangen. Und sie flüsterte mit leiser Stimme das Wort der Bergleute:

„Der Tod löscht die Lampe aus."

Doch angesichts dieser Drohung erwachte ihr Lebenstrieb von neuem. Etienne begann mit dem Haken der Lampe heftig die Wand zu bearbeiten, um sie auszuhöhlen, und sie half ihm bei dieser Arbeit mit ihren Fingernägeln. In dieser Weise stellten sie eine Art erhöhter Bank her, und als beide diese erklettert hatten, saßen sie daselbst mit hängenden Beinen und gebeugtem Rücken, denn die Wölbung zwang sie, den Kopf zu neigen. Das Wasser benetzte jetzt nur ihre Sohlen; aber bald fühlten sie seine eisige Kälte an den Knöcheln, an den Waden, an den Knien, in einer unbesieglichen und unablässigen Bewegung. Die unebene Bank bedeckte sich mit einer dermaßen glitschigen Nässe, daß sie sich fest anklammern mußte, um nicht hinabzugleiten. Es war das Ende; wie lange würden sie aushalten können in dieser Nische, die ihr letzter Zufluchtsort war und wo sie nicht eine Bewegung zu machen wagten, erschöpft, ausgehungert, ohne Brot und ohne Licht? Und sie litten hauptsächlich durch die Finsternis, die sie hinderte, den Tod kommen zu sehen. Es herrschte tiefe Stille; in der ersäuften Grube regte sich nichts mehr. Sie fühlten jetzt unter ihren Füßen nichts mehr als dieses Meer, dessen stumme Flut aus den Tiefen der Galerie unablässig genährt wurde.

Es folgten Stunden auf Stunden in gleichmäßiger Düsterheit, ohne daß sie imstande gewesen wären, die Dauer zu ermessen, weil sie in der Berechnung der Zeit immer mehr irre wurden. Ihre Qualen ließen ihnen die Minuten rasch dahinschwinden, anstatt sie ihnen zu verlängern. Sie glaubten erst seit zwei Tagen und einer Nacht eingeschlossen zu sein, während in Wirklichkeit schon der dritte Tag zu Ende ging. Alle Hoffnung auf Hilfe war geschwunden; niemand wußte, daß sie da seien; niemand hatte die Macht, hierher zu gelangen; wenn die Überschwemmung sie nicht verschlingen würde, müßten sie vor Hunger umkommen. Ein letztes Mal waren sie auf den Einfall gekommen, den Anruf zu pochen; allein das Stück Sandstein war unten geblieben. Wer würde sie übrigens hören?

Catherine hatte ihr schmerzendes Haupt mutlos an die Wand gelehnt, als sie plötzlich erbebte und sich aufrichtete.

„Horch!" sagte sie.

Zuerst glaubte Etienne, sie spreche von dem leisen Geräusch der steigenden Flut. Er log, um sie zu beruhigen.

„Mich hörst du; ich bewege die Beine." – „Nein, nein, nicht das ... Da unten, horch!"

Und sie drückte das Ohr an die Kohlenwand. Er begriff und tat wie sie. Beklommenen Herzens harrten sie einige Sekunden. Dann hörten sie aus weiter Ferne drei Schläge, sehr leise und in großen Zwischenräumen. Aber sie zweifelten noch; ihre Ohren klangen; es war vielleicht ein Krachen in der Schicht. Und sie wußten nicht, womit sie pochen sollten, um zu antworten.

Etienne hatte einen Einfall.

„Du hast deine Holzschuhe; hebe die Füße und poche mit den Absätzen."

Sie pochte, schlug den Anruf der Köhler; und sie horchten und unterschieden abermals die drei Schläge aus der Ferne. Zwanzigmal begannen sie von neuem, und zwanzigmal kam die Antwort. Sie weinten vor Ergriffenheit und umarmten sich, auf die Gefahr hin, das Gleichgewicht zu verlieren. Endlich waren die Kameraden da; endlich kamen sie. In dem Überströmen ihrer Freude und ihrer Liebe schwanden die Qualen des Harrens, die Wut über die lange vergebens wiederholten Anrufe, als ob die Retter mit dem Finger hätten den Felsen spalten können, um sie zu befreien.

„Ist es nicht ein Glück, daß ich den Kopf an die Wand gelehnt habe?" rief sie fröhlich aus. „Oh, du hast ein feines Ohr!" antwortete er. „Ich habe nichts gehört."

Von diesem Augenblick an lösten sie einander ab; immer horchte einer, bereit, auf das leiseste Signal zu antworten. Bald hörten sie die mit der Spitzhacke geführten Hiebe; man begann die Rettungsarbeiten, ein Stollen wurde angelegt. Nicht das geringste Geräusch entging ihnen. Doch bald sank ihre Freude. Vergebens lachten sie, um sich gegenseitig über ihre Stimmung zu täuschen; die Verzweiflung bemächtigte sich ihrer bald wieder. Anfänglich ergingen sie sich in weitläufigen Erklärungen: man näherte sich ihnen augenscheinlich durch die Réquillartgrube; der Stollen senkte sich durch die Schicht herab; vielleicht legte man deren mehrere an; denn es waren drei Männer bei der Durchschlagsarbeit. Dann redeten sie weniger, und schließlich schwiegen sie ganz, wenn sie die ungeheure Masse berechneten, die sie von den Kameraden trennte. In der Stille spannen sie ihre Gedanken fort; sie berechneten, wie viele Tage und Nächte ein Arbeiter brauchte, um einen solchen Block durchzuschlagen. Man wird sie nicht früh genug erreichen; sie werden bis dahin zwanzigmal gestorben sein. In düsterer Stimmung, ohne in ihrer erhöhten Angst ein Wort auszutauschen, antworteten sie auf die Anrufe mit einem anhaltenden Pochen der Holzschuhe, ohne Hoffnung, nur in dem mechanischen Bedürfnis, jenen kundzugeben, daß sie noch lebten.

Es verging noch ein Tag und noch ein zweiter. Sie waren seit sechs Tagen in der Grube. Das Wasser, das ihnen bis zu den Knien reichte, stieg nicht mehr und sank auch nicht; ihre Beine schienen in dem eisigen Bade zu zerfließen. Auf eine Stunde konnten sie sie wohl herausziehen, aber ihre Lage wurde dann so unbequem, daß sie von schrecklichen Krämpfen erfaßt wurden und die Beine wieder hängen lassen mußten. Alle zehn Minuten rückten sie auf dem glitschigen Felsen hinauf. Die Kanten der Kohlenwand zerrissen ihnen den Rücken; sie fühlten im Nacken einen ständigen heftigen Schmerz, weil sie immer gebeugt sitzen mußten, um sich den Schädel nicht einzurennen. Und das Atmen wurde immer schwieriger; die von dem Wasser zurückgedrängte Luft verdichtete sich in dieser Art von Glocke, in der sie eingeschlossen waren. Ihre gedämpften Stimmen schienen von sehr weit her zu kommen. Ihre Ohren summten; es war, als hörten sie ein schrilles Sturmläuten, den Galopp einer Herde unter einem endlosen Hagelschauer.

Anfänglich litt Catherine furchtbar durch den Hunger. Sie fuhr mit den mageren, gekrümmten Händen nach der Kehle, aus der ein hohler, keuchender Atem hervorbrach, eine fortwährende, herzzerreißende Klage. Es war, als ob man ihr mit einer Zange den Magen aus dem Leibe reißen wollte. Etienne, der die nämlichen Qualen litt, tastete fieberhaft in der Finsternis, und als seine Finger auf ein morsches Stück der Verzimmerung stießen, zermalmte er dieses mit seinen Fingernägeln und gab davon eine Handvoll dem Mädchen, das den Holzstaub gierig verschlang. Zwei Tage lebten sie von diesem morschen Holz; sie verzehrten das ganze Stück und waren trostlos, als es zu Ende war; sie zerschunden sich die Hände, um ein anderes Stück Holz in Angriff zu nehmen; es gelang aber nicht, die anderen Hölzer waren noch fest, ihre Fasern gaben nicht nach. Und ihre Marter wurde immer größer; sie waren wütend, weil sie die Leinwand ihrer Kleidung nicht zerkauen konnten. Ein Ledergürtel, der seine Jacke zusammenhielt, brachte ihnen kurze Hilfe. Er zerlegte ihn mit den Zähnen in kleine Stückchen, und sie zermalmte und verschlang sie. Dies beschäftigte ihre Kinnladen; sie konnten wähnen, daß sie äßen. Dann, als der Ledergürtel aufgezehrt war, machten sie sich wieder an die Leinwand, an der sie stundenlang sogen.

Doch diese heftigen Anfälle legten sich bald; der Hunger war nur mehr ein tiefer, dumpfer Schmerz, das langsame, fortschreitende Ermatten ihrer Kräfte. Sie wären sicherlich ihren Leiden erlegen, wenn sie nicht Wasser gehabt hätten, soviel sie wollten. Sie brauchten sich nur zu bücken und konnten aus der hohlen Hand trinken. Dies taten sie auch unzählige Male, von einem solchen Durst gequält, daß all das Wasser nicht hingereicht haben würde, ihn zu löschen.

Als Catherine am siebenten Tage sich bückte, um zu trinken, stieß ihre Hand an einen schwimmenden Körper.

„Schau ... was ist das?" sagte sie.

Etienne tastete in der Finsternis.

„Ich begreife nicht; es ist wie die Decke einer Lüftungstür."

Sie trank; doch als sie ein zweites Mal schöpfen wollte, traf ihre Hand wieder den Körper und sie stieß einen furchtbaren Schrei aus.

„Mein Gott, er ist's!" – „Wer denn?" – „Er, du weißt? ... Ich habe seinen Schnurrbart gefühlt."

Es war die Leiche Chavals, die, aus der schiefen Ebene durch die Flut heraufgeschwemmt, bis zu ihnen gekommen war. Etienne streckte den Arm aus und fühlte auch seinerseits den Schnurrbart und die plattgeschlagene Nase. Ein Schauer des Ekels und der Furcht schüttelte ihn. Von einem fürchterlichen Abscheu ergriffen spie Catherine das Wasser aus, das ihr im Mund geblieben war. Es war ihr, als hätte sie Blut getrunken, als wäre jetzt all das tiefe Wasser vor ihr das Blut dieses Menschen.

„Wart", stammelte Etienne, „ich will ihn wieder fortschicken."

Mit einem Fußtritt stieß er die Leiche weg; doch bald fühlten sie sie wieder an ihren Beinen.

„So geh doch zum Teufel!" rief Etienne.

Und ein drittes Mal mußte er ihn herankommen lassen. Eine Strömung schwemmte den Leichnam immer wieder heran. Chaval wollte sich nicht entfernen; er wollte mit ihnen, ganz nahe bei ihnen sein. Es war ein furchtbarer Genosse, der die Luft vollends verpestete. An diesem Tag tranken sie nicht; sie kämpften gegen den Durst und wollten lieber sterben, erst am folgenden Tag zwang sie die Qual; sie stießen bei jedem Schluck die Leiche weg und tranken. Es war nicht der Mühe wert, ihm den Schädel zu zerschlagen, wenn er in seiner hartnäckigen Eifersucht jetzt wiederkam. Bis ans Ende würde er dasein, selbst als Leiche, um sie zu hindern, beisammenzusein.

Noch ein Tag; und noch ein Tag. Bei jedem Kräuseln des Wassers empfing Etienne einen leichten Stoß des Mannes, den er getötet hatte; es war gleichsam die Berührung eines Nachbarn mit dem Ellbogen, zur Erinnerung, daß er dasei. Und jedesmal erbebte er. Unaufhörlich sah er ihn; aufgedunsen, grün, mit dem roten Schnurrbart in dem zermalmten Gesicht. Dann verwirrten sich seine Erinnerungen; er hatte ihn nicht getötet; der andere schwamm einfach da herum und wollte ihn beißen. Catherine war jetzt von endlosen Weinkrämpfen geschüttelt, nach welchen sie jedesmal in eine vollständige Erschöpfung versank. Sie verfiel schließlich in einen Zustand unbezwinglicher Schlafsucht. Er weckte sie; sie stammelte unverständliche Worte und schlief sogleich wieder ein, ohne auch nur die Augenlider zu heben. Und aus Furcht, daß sie in das Wasser stürzen könnte, hatte er seinen Arm um ihren Leib gelegt. Nunmehr antwortete er allein auf den Anruf der Kameraden. Die Schläge der Spitzhacken kamen näher; er hörte sie jetzt hinter seinem Rücken. Aber auch seine Kräfte schwanden; er hatte den Mut verloren, noch länger zu pochen. Man wußte ja, daß sie da seien; wozu sollte er sich ermüden? Es interessierte ihn nicht mehr, ob man käme oder nicht. In dem bewußtlosen Hinbrüten seines Harrens gab es Stunden, in denen er sich nicht mehr erinnerte, auf was er wartete.

Ein tröstlicher Umstand trat ein, der sie wieder ein wenig aufrichtete. Das Wasser sank, und Chavals Leiche entfernte sich. Seit neun Tagen arbeitete man an ihrer Befreiung, und sie machten zum ersten Mal einige Schritte in der Galerie, als eine furchtbare Erschütterung sie zu Boden schleuderte. Sie suchten sich und hielten sich umfangen, schier den Verstand verlierend, nicht begreifend, was geschehen war, an eine Wiederholung der Katastrophe glaubend. Und nichts rührte sich; das Geräusch der Spitzhacken hatte aufgehört.

Sie saßen in einem Winkel, Seite an Seite, als Catherine plötzlich ein leises Lachen vernehmen ließ.

„Draußen muß es gut sein ... Komm, laß uns hinausgehen", sprach sie.

Etienne hatte anfänglich gegen die Verrücktheit gekämpft; allein sie schien anzustecken, seinen fester sitzenden Kopf wankend zu machen; er verlor das genaue Bewußtsein von der Wirklichkeit. Alle ihre Sinne verirrten sich, besonders diejenigen Catherines, die von einem Fieber geschüttelt, von einem Bedürfnis nach Worten und Gebärden bearbeitet wurde. Das Sausen ihrer Ohren war zum Plätschern eines Baches, zu einem Vorgelgezwitscher geworden; sie roch den starken Geruch zertretenen Grases; und sie sah ganz klar; große gelbe Flecke schwebten vor ihren Augen, so breit, daß sie sich draußen wähnte, am Kanal, in den Feldern, an einem schönen, sonnenhellen Tage.

„Wie gut warm es ist! ... Nimm mich doch und laß uns beisammenbleiben; immer, ach immer!"

Er preßte sie an sich; sie schmiegte sich in einer langen Liebkosung an ihn und fuhr in ihrem Geschwätz eines glücklichen Mädchens fort:

„Wie dumm waren sie, so lange zu warten! Ich hätte dich gleich mögen, aber du hast nicht begriffen, du hast geschmollt ... Und erinnerst du dich der Nacht, bei uns, da wir nicht schlafen konnten, da wir gegenseitig unser Atemholen belauschten, in der übermächtigen Sehnsucht, uns zu umschlingen!"

Er wurde von ihrer Heiterkeit angesteckt und scherzte über die Erinnerungen an ihre stumme Leidenschaft.

„Du hast mich einmal geschlagen, sagte er; jawohl, auf beide Wangen geschlagen."

„Weil ich dich liebte", flüsterte sie. „Ich wehrte mich dagegen, an dich zu denken; ich sagte mir, es sei aus. Und im Grunde wußte ich dennoch, daß wir eines Tages zusammenfinden würden. Es fehlte nur eine Gelegenheit, eine glückliche Fügung, nicht wahr?"

Ein Schauder erfaßte ihn; er wollte diesen Traum abschütteln; dann wiederholte er langsam: „Man soll niemals sagen, daß alles aus ist; es genügt ein kleinwenig Glück, damit alles wieder beginne." – „Du behältst mich also? Diesmal ist's wirklich wahr?"

Und sie entglitt seinen Armen. Sie war so schwach, daß ihre dumpfe Stimme erlosch. Erschreckt hielt er sie an seinem Herzen fest. „Du leidest?" fragte er. Sie richtete sich erstaunt auf. „Nein ... keineswegs ... Warum denn?"

Doch diese Frage hatte sie aus ihrem Traum erweckt. Sie starrte sinnlos in die Finsternis und rang die Hände in einem Anfall von Weinkrampf.

„Mein Gott! mein Gott! wie schwarz ist es!"

Fort waren die Felder, das wohlriechende Gras, der Vogelsang, das helle Sonnenlicht, und geblieben waren die eingestürzte, ersäufte Grube, die stinkende Nacht, diese trübselig feuchte Gruft, in der sie seit so vielen Tagen mit dem Tod rangen. Die Verwirrung ihrer Sinne erhöhte jetzt die Schrecknisse dieses Aufenthalts; sie wurde von allem Aberglauben ihrer Kindheit wieder erfaßt; sie sah den schwarzen Mann, den alten, toten Köhler, der nach der Grube zurückkehrte, um den schlimmen Mädchen den Hals umzudrehen.

„Horch! Hast du gehört?"

„Nein, nichts; ich höre nichts."

„Es ist der Mann, du weißt ja ... Schau, da ist er ... Die Erde hat alles Blut der Ader losgelassen, um sich dafür zu rächen, daß man ihr eine Schlagader durchschnitten hat. Er ist da, schau; er ist schwärzer als die Nacht! ... Ach, ich habe Furcht! ich habe Furcht! ..."

Sie schwieg, am ganzen Leibe zitternd. Dann fuhr sie in sehr leisem Ton fort:

„Nein; es ist noch immer der andere."

„Welcher andere?"

„Derjenige, der mit uns war, derjenige, der nicht mehr ist."

Das Gespenst Chavals ließ sie nicht zur Ruhe kommen; und sie sprach in verworrenen Worten von ihm; erzählte von ihrem Hundeleben, von dem einzigen Tag, an dem er sich in der Jean-Bart-Grube artig gezeigt hatte; und sie erzählte von den anderen Tagen, an denen es Roheiten und Schläge gegeben, und wie er sie mit seinen Liebkosungen tötete, nachdem er sie mit Faustschlägen und Fußtritten halb totgemacht hatte.

„Ich sage dir, daß er kommt, daß er uns hindern wird, beisammenzubleiben ... Die Eifersucht packt ihn wieder... Ach, schicke ihn hinweg! Ach, behalte mich bei dir! behalte mich ganz! ..."

Mit einem Anlauf hatte sie sich an ihn gehängt; sie suchte seine Lippen und drückte leidenschaftlich ihren Mund auf seinen Mund. Die Finsternis hellte sich auf; sie sah die Sonne wieder, sie fand das ruhige Lachen der Verliebten wieder. Er fuhr zusammen, als er sie so an seinem Leib fühlte, halbnackt in ihrer in Fetzen zerfallenden Kleidung; und in einem Wiedererwachen seiner Männlichkeit schloß er sie an sich. Und dies war endlich ihre Hochzeitsnacht, in dieser Gruft, auf diesem Kotlager; es war das Bedürfnis, nicht zu sterben, ehe sie ihr Glück hatten; das hartnäckige Bedürfnis zu leben und ein letztes Mal das Leben zu betätigen. Sie liebten sich in der äußersten Verzweiflung, sie liebten sich im Tode.

Und dann gab es gar nichts mehr. Etienne saß auf der Erde, immer in demselben Winkel, und Catherine lag unbeweglich auf seinen Knien. So gingen viele Stunden dahin. Er glaubte lange, daß sie schliefe; dann, als er sie berührte, fand er, daß sie kalt und starr war. Sie war tot. Dennoch rührte er sich nicht, aus Furcht, sie zu wecken. Der Gedanke, daß er sie, seitdem sie Weib geworden, zum ersten Mal besessen und daß sie vielleicht schwanger sein konnte, versetzte ihn in tiefe Rührung. Und noch andere Gedanken kamen ihm: der Wunsch, mit ihr fortzuziehen, die Freude des Zusammenlebens – aber all das nur vorübergehend, so unklar, daß diese Gedanken kaum seine Stirn streiften, wie der Hauch des Schlafes. Er wurde immer schwächer; es blieb ihm kaum soviel Kraft, um eine langsame Bewegung mit der Hand zu machen und sich zu überzeugen, daß sie da sei, wie ein schlafendes Kind, in ihrer eisigen Starre. Alles versank in ein Nichts; die Nacht selbst war versunken; er war nirgends mehr, außerhalb des Raumes, außerhalb der Zeit. Etwas pochte neben seinem Haupt; es waren Schläge, die immer stärker, immer näher klangen; doch in seiner unermeßlichen Ermattung war er anfänglich zu träge, um zu antworten; und jetzt wußte er gar nichts mehr; er träumte bloß, daß sie vor ihm her gehe und daß er das leise Klappern ihrer Holzschuhe höre. Zwei Tage vergingen so; sie hatte sich nicht mehr bewegt; er berührte sie mit seiner mechanischen Bewegung, beruhigt, weil sie sich so still verhielt.

Jetzt fühlte Etienne eine Erschütterung. Er hörte ein Gemurmel von Stimmen; Felsen stürzten nieder und rollten bis zu seinen Füßen. Als er eine Lampe erblickte, begann er zu weinen. Seine blinzelnden Augen folgten dem Lichtschein; er wurde nicht müde ihn zu sehen, entzückt von diesem roten Punkt, der kaum die Finsternis durchdrang. Doch schon trugen ihn Kameraden davon, und er ließ es geschehen, daß sie ihm zwischen den zusammengepreßten Zähnen einige Löffel Fleischbrühe einflößten. Erst in der Galerie Réquillart erkannte er einen von ihnen, den Ingenieur Négrel, der vor ihm stand. Und diese beiden Männer, die einander verachteten, der meuterische Arbeiter und der zweifelsüchtige Vorgesetzte: sie sanken einander laut schluchzend in die Arme, in der mächtigen Erschütterung alles Menschlichen, das sich in ihnen barg. Es war eine unendliche Traurigkeit, das Elend ganzer Geschlechter, das Übermaß des Jammers, in den das Leben versinken kann.

Als man die tote Catherine hinaufgeschafft hatte, sank die Maheu mit lautem Wehgeschrei an der Leiche ihrer Tochter nieder, und ein Schrei folgte dem andern, lange, unaufhörlich. Mehrere Leichen ware zutage gefördert und auf der Erde niedergelegt worden: Chaval, den man von einem Einsturz erschlagen glaubte, ein Schlepperjunge und zwei Hauer, gleichfalls erschlagen, mit leerem Schädel und aufgedunsenem Bauch. Mehrere Weiber in der Menge verloren den Verstand, rissen sich die Kleider vom Leib und zerfleischten sich das Gesicht. Nachdem man ihn an das Lampenlicht gewöhnt und ein wenig mit Nahrung gestärkt hatte, erschien endlich Etienne, bis auf die Knochen abgemagert, die Haare gebleicht. Und alle traten zitternd beiseite, als dieser Greis vorüberkam. Auch die Maheu unterbrach sich in ihrem Jammergeschrei, um ihn blöde, mit stieren Augen anzuschauen.

VI

Es war vier Uhr morgens; die Kühle der Aprilnacht milderte sich bei dem Herannahen des Tages. Die Sterne flimmerten am klaren Himmel, während eine helle Morgenröte den östlichen Horizont purpurn färbte. Ein Frösteln durchzog die schlafende schwarze Landschaft; es war jenes unbestimmte, verschwommene Geräusch, das dem Erwachen vorausgeht.

Etienne folgte, wacker ausschreitend, der nach Vandame führenden Straße. Er hatte sechs Wochen im Spital zu Montsou zugebracht. Obgleich noch gelb und sehr mager, hatte er sich doch stark genug gefühlt, aufzubrechen, und er brach auf. Die Gesellschaft, die noch immer für ihre Gruben zitterte und nach und nach gewisse Leute entließ, hatte ihn verständigt, daß sie ihn nicht länger in ihren Diensten behalten könne. Sie bot ihm übrigens eine Unterstützung von hundert Francs an, mit dem väterlichen Rat, die Grubenarbeit aufzugeben, weil sie künftig für ihn zu schwer wäre. Doch er hatte die hundert Francs zurückgewiesen. Pluchart rief ihn nach Paris in einem Brief, dem auch das nötige Reisegeld beigelegt war. Er sah endlich seinen alten Traum sich verwirklichen. Am vorhergegangenen Tag hatte er das Spital verlassen und bei der „Gemütlichkeit", in der Schenke der Witwe Désir übernachtet. Er war früh aufgestanden; er hatte nur noch einen Wunsch: seinen Kameraden Lebewohl zu sagen, ehe er in Marchiennes den Acht-Uhr-Zug besteigen würde.

Auf der Straße, über die die Morgenröte ihre Helle ausbreitete, war Etienne einen Augenblick stehengeblieben. Es tat so wohl, die frische Luft des Frühjahrs einzuatmen. Ein herrlicher Morgen kündigte sich an, es wurde allmählich heller, und mit der Sonne stieg auch das Leben der Erde empor. Er nahm seinen Weg wieder auf, schlug mit seinem Stab fest auf den Boden und schaute nach der Ferne, wo die Ebene allmählich aus den nächtlichen Dünsten zum Vorschein kam. Er hatte niemanden wiedergesehen. Frau Maheu hatte ihn ein einziges Mal im Krankenhaus besucht; sie hatte gewiß nicht wiederkommen können. Allein er wußte, daß jetzt das ganze Dorf der zweihundertvierzig in der Jean-Bart-Grube einfuhr und daß sie selbst die Arbeit wiederaufgenommen hatte.

Allmählich bevölkerten sich die Wege. Unablässig zogen Gruppen von Köhlern bleich und still an Etienne vorüber. Man sagte, die Gesellschaft treibe Mißbrauch mit ihrem Sieg. Nach einem zweieinhalb Monate währenden Arbeitsausstand waren die Köhler, durch den Hunger überwunden, wieder zu den Gruben zurückgekehrt und hatten sich da dem Verzimmerungstarif fügen müssen, dieser versteckten Lohnverminderung, die jetzt, weil vom Blut der Kameraden befleckt, noch verhaßter war als früher. Man stahl ihnen eine Stunde Arbeit. Man zwang sie, ihren Eid, sich nicht zu unterwerfen, zu brechen, und dieser ihnen aufgezwungene Meineid saß ihnen quer in der Kehle, wie eine Gallenblase. Die Arbeit wurde überall wiederaufgenommen, in Mirou, in Madeleine, in Crèvecœur, in La Victoire. Nach allen Richtungen zog die Herde der Arbeiter auf den noch halb dunklen Wegen dahin; lange Züge von Männern mit zu Boden gesenkten Häuptern, gleich dem Vieh, das zur Schlachtbank geführt wird. Sie fröstelten in ihren Leinwandkitteln; sie kreuzten die Arme und krümmten die Rücken, auf denen die zwischen Hemd und Jacke untergebrachten „Ziegel" Höcker bildeten. Und diesen Massen, die stumm und düster, ohne ein Lachen, ohne einen Seitenblick zur Arbeit zurückkehrten, merkte man es an, daß sie im verhaltenen Zorn die Zähne aufeinanderpreßten, daß ihr Herz von Haß geschwellt war und sie nur den Geboten des Magens sich unterworfen hatten.

Je mehr er sich der Grube näherte, desto mehr sah Etienne ihre Zahl anwachsen. Fast alle gingen einzeln; diejenigen, die in Gruppen ankamen, lösten sich in eine Kette auf, erschöpft, überdrüssig der anderen und überdrüssig ihrer selbst. Er sah einen sehr Alten, dessen Augen wie glühende Kohlen unter der bleichen Stirn leuchteten. Ein anderer, noch junger Arbeiter ließ ein ununterbrochenes heftiges Schnaufen hören. Viele trugen ihre Holzschuhe in der Hand, und man hörte kaum den weichen Schritt ihrer mit dicken wollenen Strümpfen bekleideten Füße. Es war ein endloser Menschenstrom; eine Niederlage, der gezwungene Marsch einer geschlagenen Armee, die gesenkten Hauptes dahinzieht, von dem geheimen Verlangen bearbeitet, den Kampf wiederaufzunehmen und sich zu rächen.

Als Etienne in Jean-Bart ankam, tauchte das Werk im Dämmerlicht des Morgens auf; die an den Gerüsten hängenden Laternen brannten noch. Über den dunklen Gebäuden stieg ein leichter Rauch empor, einem weißen, zartrot gefärbten Federbusch gleichend. Er nahm seinen Weg über die Treppe des Sichtungswerkes, um sich in den Aufnahmesaal zu begeben.

Die Einfahrt begann eben, die Arbeiter kamen von der Baracke herab, um zum Einfahrtschacht zu schreiten. In diesem Getümmel und in dem Lärm blieb er einen Augenblick unbeweglich stehen. Rollende Hunde erschütterten den aus Eisenplatten gelegten Fußboden, die Räder drehten sich und rollten die Kabel auf und ab inmitten des Getöses der Schallrohre, der Signalglocken und der auf den Signalblock niederfallenden Hämmer. Er fand das Ungeheuer wieder, das seine Ration von Menschenfleisch verschlingt, die auf- und niedersteigenden Schalen, die unablässig ihre Last hinabführen, mit dem leichten Schluck eines gefräßigen Riesen. Seit seinem Unglücksfall hatte er eine nervöse Abscheu gegen die Grube. Bei dem Anblick dieser versinkenden Schalen drehte sich ihm das Innere um; er mußte den Kopf wegwenden, der Schacht erbitterte ihn.

In dem noch dunklen Aufnahmesaal, in dem die ausgebrannten Laternen nur ein fahles Zwielicht verbreiteten, bemerkte er kein befreundetes Antlitz. Die Köhler, die hier mit nackten Füßen, mit Lampen in der Hand warteten, betrachteten ihn mit großen, unruhigen Augen, dann neigten sie das Haupt und wichen beschämt vor ihm zurück. Ohne Zweifel kannten sie ihn und hatten keinen Groll mehr gegen ihn. Sie schienen im Gegenteil ihn zu fürchten und erröteten bei dem Gedanken, daß er ihnen Feigheit vorwerfen könnte. Diese ihre Haltung schwellte sein Herz mit Stolz; er vergaß, daß diese Elenden ihn gesteinigt hatten; er gab sich wieder seinem Traum hin, diese Leute in Helden zu verwandeln und das Volk zu leiten, diese Naturkraft, die sich selbst verzehrte.

Wieder versank eine Schale mit ihrer Last, und als eben eine neue Gruppe heranrückte, erblickte er einen Arbeiter, der sein Gehilfe im Streik gewesen war, einen Wackern, der geschworen hatte, lieber zu sterben, als sich zu ergeben.

„Du auch", murmelte er betrübt.

Der andere erbleichte; seine Lippen zitterten; dann sagte er mit einer Gebärde der Entschuldigung: „Was willst du? Ich habe ein Weib."

In der neuen Schar, die aus der Baracke herankam, erkannte er jetzt alle.

„Du auch! Du auch! Du auch! ..."

Und alle erzitterten und stammelten mit erstickter Stimme: „Ich habe eine Mutter, ich habe Kinder, ich muß Brot schaffen."

Die Schale blieb jetzt länger unten. Sie warteten in düsterer Stimmung, in einem so tiefen Leid über ihre Niederlage, daß ihre Blicke es vermieden, den seinigen zu begegnen, und starr auf den Schacht gerichtet waren.

„Und was ist mit Frau Maheu?" fragte Etienne.

Sie antworteten nicht. Einer machte ein Zeichen, daß sie bald kommen würde; andere erhoben mitleidig die Arme und riefen:

„Ach, die arme Frau, welches Elend!"

Dann trat wieder Stillschweigen ein; und als der Kamerad ihnen die Hand reichte, um ihnen Lebewohl zu sagen, drückten alle kräftig diese Hand und legten in den stummen Händedruck ihre Wut darüber, nachgegeben zu haben und die fieberhafte Hoffnung auf Rache. Die Schale war wieder da, sie stiegen ein und versanken, von dem Abgrund verschlungen.

Jetzt erschien Pierron mit der frei brennenden Lampe der Aufseher, die an seiner Ledermütze befestigt war. Seit acht Tagen war er Gruppenvorsteher, und die Arbeiter traten beiseite, denn die Ehrenbezeigungen machten ihn stolz. Der Anblick Etiennes war ihm mißliebig; er trat jedoch näher und beruhigte sich schließlich, als der junge Mann ihm seine Abreise ankündigte. Sie plauderten eine Weile. Pierron erzählte, sein Weib führe jetzt die Schankwirtschaft „Zum Fortschritt"; sie habe dies den Herren zu danken, die sich alle gütig für sie zeigten. Doch er unterbrach sich hier, um den Vater Mouque auszuschelten, den er beschuldigte, daß er den Pferdedünger nicht zur rechten Zeit heraufgeschafft habe. Der Alte hörte unterwürfig diesen Tadel an; dann, ehe er hinabfuhr, drückte auch er Etienne lange und warm die Hand, und auch in seinem Händedruck lag der verhaltene Zorn und die Verheißung künftigen Aufruhrs; und diese Greisenhand, die in der seinigen zitterte, dieser alte Mann, der ihm den Tod seiner Kinder verzieh: sie brachte in Etienne eine so tiefe Bewegung hervor, daß er den Alten verschwinden sah, ohne ein Wort hervorbringen zu können.

„Kommt denn Frau Maheu heute nicht?" fragte er nach einer Weile den Aufseher.

Anfänglich tat Pierron, als hätte er nicht verstanden, denn er meinte, es genüge, vom Unglück zu reden, um davon angesteckt zu werden. Dann sagte er, sich entfernend, als wollte er seinen Leuten einen Auftrag geben:

„Was? die Maheu? da ist sie ja."

In der Tat kam eben die Maheu aus der Baracke herunter, mit der Lampe ausgerüstet, bekleidet mit dem Kittel und der Hose der Bergleute, das Haupt in die Lederhaube gehüllt. Gerührt durch das Schicksal dieser unglücklichen, schwergeprüften Frau, hatte die Gesellschaft in außerordentlicher Gnade gestattet, daß sie, obgleich schon vierzig Jahre alt, die Arbeit aufnehmen dürfe. Und da es schwierig gewesen wäre, sie bei der Abfuhr zu beschäftigen, verwendete man sie zur Handhabung eines kleinen Ventilators, den man in der Nordgalerie, unterhalb des Tartaret, in den sogenannten Höllenregionen aufgestellt hatte, wo eine andere Lüftungsvorrichtung nicht möglich war. In der Tiefe dieses glühenden Schlundes, bei einer Hitze von vierzig Grad, die ihr die Haut garsott, trieb sie zehn Stunden hindurch das Rad dieses Ventilators, daß ihr schließlich die Glieder im Leibe wie gebrochen waren. Mit dieser Arbeit erwarb sie täglich dreißig Sous.

Als Etienne sie bemerkte, so bejammernswert in ihrer Männerkleidung, Brust und Bauch gleichsam von der Feuchtigkeit der Kohlenschläge aufgedunsen, wurde er tief ergriffen und stammelte einige unverständliche Worte, um ihr zu erklären, daß er fortziehe und ihr Lebewohl habe sagen wollen.

Sie schaute ihn an, ohne ihn zu hören, und sagte endlich, das du beibehaltend:

„Du bist erstaunt, mich zu sehen. Allerdings hatte ich gedroht, den ersten der Meinigen, der einfahren sollte, zu erwürgen – und nun fahre ich selber ein; ich müßte mich selber erdrosseln, nicht wahr? Ach, es wäre ja schon geschehen, wenn der Alte nicht da wäre und die Kleinen..."

In langsamem, müdem Ton fuhr sie fort; sie entschuldigte sich nicht, sie erzählte nur die Dinge: daß sie schier vor Hunger umgekommen seien und daß sie sich endlich entschlossen habe, die Arbeit aufzunehmen, damit man sie nicht aus dem Dorf vertreibe.

„Und wie geht es dem Alten?" fragte Etienne. „Er verhält sich immer still und anständig, aber mit seinem Verstand ist es aus ... Wegen seines Verbrechens hat man ihn nicht verurteilt. Es war davon die Rede, ihn in ein Irrenhaus zu stecken, aber ich wollte es nicht; man würde ihn dort vergiftet haben. Seine Geschichte hat immerhin viel Verdruß verursacht. Er wird niemals seine Pension bekommen; einer der Herren sagte mir, es wäre unmoralisch, wenn man ihm eine Pension gäbe." – „Und arbeitet Jeanline?" – „Ja; die Herren haben für ihn eine Tagesarbeit gefunden; er verdient dabei zwanzig Sous. Ach, ich beklage mich nicht; die Herren haben sich gütig gezeigt, wie sie selbst es mir erklärten. Die zwanzig Sous meines Jungen und meine dreißig dazu geben fünfzig Sous. Wären wir nicht unser sechs im Hause, würde man sich sattessen können. Estelle ißt jetzt auch schon, und das schlimmste ist, daß man noch vier bis fünf Jahre warten muß, ehe Léonore und Henri stark genug sind, um in die Grube hinabzusteigen."

Etienne konnte eine schmerzliche Gebärde nicht unterdrücken. „Auch sie!" rief er.

Eine helle Röte war in die fahlen Wangen der Frau Maheu aufgestiegen, während ihre Augen sich belebten. Doch sie senkte die Schultern wieder, gleichsam erdrückt von der Last des Geschicks.

„Was willst du? sie nach den übrigen ... alle haben die Glieder dabei gelassen. Nun sind sie an der Reihe."

Sie schwieg. Es kamen Stößer mit vollen Karren vorüber und störten sie im Gespräch. Durch die großen staubigen Fenster drang das Tageslicht ein, die Laternen in einen grauen Schein hüllend. Und alle drei Minuten kam die Maschine wieder in Bewegung, die Kabel rollten sich ab, die Schalen fuhren fort, Menschen zu verschlingen.

„Vorwärts, Müßiggänger, beeilt euch!" rief Pierron. „Einsteigen, einsteigen! Wir werden heute nicht fertig."

Die Maheu, die er besonders anschaute, rührte sich nicht. Sie hatte schon drei Schalen hinabsteigen lassen und sagte, gleichsam aus einem Traum erwachend und der ersten Worte Etiennes sich erinnernd:

„Also, du gehst?"

„Ja, heute morgen."

„Du hast recht, besser anderswo sein, wenn man es tun kann ... Es freut mich, dich noch einmal gesehen zu haben; du wirst wenigstens wissen, daß ich keinen Groll gegen dich hege. Nach dem Gemetzel war ich einen Augenblick in der Stimmung, dich zu erwürgen; doch man überlegt die Dinge, nicht wahr? und man findet schließlich, daß niemand schuld daran sei. Nein, nein, es war nicht deine Schuld, es war die Schuld aller Welt."

Sie sprach jetzt ganz ruhig von ihren Toten, von ihrem Mann, von Zacharie, von Catherine; die Tränen erschienen in ihren Augen erst dann, als sie den Namen Alzire aussprach. Sie hatte die Ruhe einer vernünftigen Frau wiedergewonnen und urteilte sehr klug über alle Dinge. Es wird den Spießbürgern kein Glück bringen, so viele arme Leute getötet zu haben; auch sie werden eines Tages bestraft werden; denn alles wird schließlich vergolten. Man wird es gar nicht nötig haben, sich einzumengen, die Bude wird von selbst in die Luft fliegen; die Soldaten werden auf die Herren schießen, wie sie auf die Arbeiter geschossen haben. In ihrer hundertjährigen Ergebung, in der ererbten Disziplin, die sie von neuem in das Joch beugte, war sie zu diesen Erwägungen gelangt, zu der Gewißheit, daß die Ungerechtigkeit nicht länger andauern könne und daß, wenn es keinen gerechten Gott gäbe, ein anderer erstehen würde, um die Armen und Elenden zu rächen.

Sie sprach leise, mit mißtrauischen Blicken. Dann, weil Pierron sich näherte, fügte sie laut hinzu:

„Nun, wenn du abreist, mußt du bei uns deine Sachen abholen ... Es sind noch zwei Hemden da, drei Taschentücher, eine alte Hose."

Etienne lehnte es mit einer Handbewegung ab, diese geringen Habseligkeiten zurückzunehmen, die merkwürdigerweise dem Trödler entgangen waren.

„Nein, es lohnt nicht die Mühe; es soll für die Kinder zurückbleiben ... Ich werde mich in Paris mit dem Nötigen versorgen.

Wieder waren zwei Schalen hinabgefahren, und Pierron entschloß sich, die Maheu direkt aufzufordern.

„Man erwartet euch; wird's bald genug geschwätzt sein?"

Doch sie wandte ihm den Rücken zu. Was hatte dieser Verräter den Eifrigen zu spielen? Die Einfahrt hatte ihn nicht zu kümmern. Seine Leute verabscheuten ihn schon genug. Und sie blieb noch weiter, mit der Lampe in der Hand, fröstelnd in dem ewigen Luftzug, wenngleich das Wetter schon milde war.

Weder Etienne noch sie fand mehr ein Wort zu sagen. Sie standen einander gegenüber, mit so schwerem Herzen, daß sie sich noch etwas hätten sagen wollen.

Endlich sprach sie, nur um etwas zu sprechen:

„Die Levaque ist schwanger. Levaque sitzt noch im Gefängnis. Bouteloup ist inzwischen sein Stellvertreter."

„Ach ja, Bouteloup." – „Und hör einmal, habe ich dir schon erzählt? ... Philomène ist fort." – „Wie, fort?" – „Ja, mit einem Grubenarbeiter aus dem Pas-de-Calais. Ich hatte Angst, daß sie mir die zwei Rangen vielleicht auf dem Hals lassen könnte. Doch sie hat sie mitgenommen ... Ist das nicht drollig: ein Weib, das Blut speit und aussieht, als müßte es jeden Augenblick abfahren!"

Sie stand einen Augenblick nachdenklich da; dann fuhr sie langsam fort: „Auch über mich wurde genug geredet! ... Erinnerst du dich? Man sagte, daß ich mit dir schliefe. Mein Gott! Nach dem Tod meines Mannes hätte dies wohl geschehen können, wenn ich jünger gewesen wäre; nicht wahr? Aber heute ist mir lieber, daß es nicht geschehen ist; denn wir würden nur Reue darüber fühlen.

„Ja, wir würden Reue darüber fühlen", wiederholte Etienne.

Das war alles; sie sprachen nicht mehr. Eine Schale erwartete sie; man rief sie zornig an und drohte ihr mit einer Strafe. Nun entschloß sie sich und reichte ihm die Hand. Sehr ergriffen schaute er sie noch immer an, wie sie so arg mitgenommen, so abgelebt war, mit ihrem fahlen Antlitz, ihrem unter der blauen Haube hervorquellenden, farblosen Haar, ihrem Körper eines guten, fruchtbaren Weibchens, ganz unförmig in dem Beinkleid und dem Leinwandkittel. Und in diesem letzten Händedruck fand er jenen der Kameraden wieder, einen langen, stummen

Händedruck, der ihm Stelldichein gab für den Tag, an dem man wieder anfangen würde. Er begriff vollkommen: in der Tiefe ihrer Augen lag ihre ruhige Zuversicht. Auf baldiges Wiedersehen! sagte der stumme Bick; dann aber soll der Hauptstreich geführt werden.

„Ist das eine verdammte Müßiggängerin!" schimpfte Pierron.

Die Maheu wurde zur Schale gedrängt und stieg mit vier anderen ein. Man zog die Signalschnur, die Schale hakte sich los und versank in der Tiefe; und man sah nur mehr den schnellen Lauf des Kabels.

Etienne verließ nun die Grube. Unten, unter dem Sichtungsschuppen, sah er ein Wesen mit ausgestreckten Beinen mitten in einer dichten Kohlenlage auf der Erde sitzen. Es war Jeanlin, der als „Reiniger" angestellt war. Er hielt einen Kohlenblock zwischen den Beinen und säuberte diesen mit Hammerschlägen von den Schieferbruchstücken; ein feiner Kohlenstaub legte sich so dicht auf sein Gesicht, daß der junge Mann ihn niemals erkannt haben würde, hätte der Knabe nicht seine Affenfratze mit den weitabstehenden Ohren und den grünlichen Augen gehabt. Er lachte frech und zerschlug den Block mit einem letzten Streich, völlig eingehüllt von dem auffliegenden Kohlenstaub.

Als Etienne wieder draußen war, folgte er einen Augenblick nachdenklich der Straße. Eine Menge Gedanken aller Art jagten sich in ihm. Aber er hatte das Gefühl der frischen Luft, des freien Himmels und schöpfte tief Atem. Die Sonne stieg siegreich am Horizont empor; frohes Leben erwachte in der ganzen Landschaft. Eine Goldflut ergoß sich von Osten nach Westen, über die unermeßliche Ebene. Diese Lebenswärme breitete sich immer weiter aus, in einem Frösteln der Jugend, in dem die Seufzer der Erde, der Sang der Vögel, das Rauschen der Bäche und Wälder vibrierten. Das Leben war schön; die alte Welt wollte noch einen Frühling durchleben.

Und von dieser Hoffnung durchdrungen verlangsamte Etienne seinen Gang, und seine Augen schweiften rechts und links, inmitten dieser Heiterkeit der neuen Jahreszeit. Er dachte an sich selbst; er fühlte sich stark, gereift durch die harten Erfahrungen in der Grube. Seine Erziehung war beendigt; er zog gerüstet weiter, als denkender Soldat der Revolution, welcher der Gesellschaft den Krieg erklärt hat – der Gesellschaft, so wie er sie sah und so wie er sie verdammte. In seiner Freude darüber, daß er sich an die Seite Plucharts begab und – gleich Pluchart – ein angehörter Führer werden sollte, ordnete er sich die Phrasen seiner künftigen Reden. Er gedachte sein Programm zu erweitern; die bürgerliche Verfeinerung, die ihn über seine Klasse erhoben hatte, jagte ihn in einen noch größeren Haß gegen das Spießbürgertum. Er fühlte das Bedürfnis, die Arbeiter, deren Elendgeruch er jetzt nicht mehr vertragen konnte, auf eine Ruhmeshöhe zu stellen, sie als die einzig Großen, als die einzig Fehlerlosen zu zeigen, als den einzigen Adel und die einzige Kraft, in der die Menschheit sich verjüngen konnte. Schon sah er sich auf der Rednertribüne, mit dem Volk triumphierend, wenn das Volk ihn nicht verschlang.

Der Sang einer Lerche in großer Höhe ließ ihn emporblicken. Kleine rote Wölkchen, die letzten Dünste der Nacht, zerflossen in dem durchsichtigen Blau; und es tauchten die Gestalten von Souvarine und Rasseneur undeutlich vor ihm auf. Wenn jeder die Macht an sich zog, mußte alles mißlingen. Selbst die berühmte Internationale, welche die Welt hätte erneuern müssen, ging kläglich unter, nachdem sie ihre furchtbare Armee in inneren Kämpfen sich zersplittern gesehen hatte. Sollte Darwin recht damit haben, daß die Welt nichts sei als ein Kampf, in dem die Starken die Schwachen verschlingen – all dies um der Schönheit und Fortpflanzung der Gattung willen? Diese Frage verwirrte ihn, obgleich er als ein mit seinem Wissen zufriedener Mann darüber hinwegging. Ein Gedanke verscheuchte alle seine Zweifel und entzückte ihn: der Gedanke, das erste Mal, wenn er reden würde, seine ehemalige Erklärung der Theorie wieder aufzunehmen. Wenn eine Klasse aufgezehrt werden mußte, so war es doch sicherlich das lebenskräftige, noch junge Volk, welches das von den Genüssen erschöpfte Bürgertum aufzehren würde. Neues Blut wird die neue Gesellschaft bilden. Und in dieser Erwartung einer Überflutung der Welt durch Barbaren, welche die alten, hinfälligen Nationen neu schaffen sollten, tauchte sein absoluter Glaube an eine nahe, an die wahre Revolution wieder auf, an die Revolution der Arbeiter, deren Brand die Neige des Jahrhunderts in den Purpur der Sonne tauchen würde, die er blutrot am Himmel heraufziehen sah.

Träumerisch ging er dahin, mit seinem Stock auf die Kiesel des Weges schlagend; und als er die Blicke umherschweifen ließ, erkannte er die verschiedenen Teile der Gegend. Bei der „Ochsengabel" erinnerte er sich, daß er da den Befehl über die Bande übernommen hatte an jenem Tag, als die Gruben verwüstet wurden. Heute begann wieder die tierische, tödliche, schlecht bezahlte Arbeit. Er schien da, unter der Erde, in einer Tiefe von siebenhundert Metern dumpfe, regelmäßige, fortdauernde Schläge zu hören: es waren die Kameraden, die er vorhin einfahren gesehen, die schwarzen Kameraden, die in ihrer stummen Wut auf die Kohle losschlugen. Ohne Zweifel waren sie besiegt; sie hatten Geld und Tote auf der Walstatt gelassen; aber Paris wird die im Voreux gefallenen Schüsse nicht vergessen; durch diese unheilbare Wunde wird auch das Blut des Kaiserreiches entströmen. Und wenn die Industriekrise zu Ende gehen wird und Fabriken, eine nach der andern, wieder eröffnet werden, wird nichtsdestoweniger der Krieg erklärt und künftig kein Friede möglich sein. Die Köhler hatten sich gezählt, hatten ihre Kraft erprobt, hatten mit ihrem Schrei nach Gerechtigkeit alle Arbeiter von ganz Frankreich aufgerüttelt. Ihre Niederlage beruhigte denn auch niemanden. In ihrem Sieg von dem dumpfen Unbehagen erfaßt, das der Streik zurückgelassen, schauten die Bürger von Montsou hinter sich, ob nicht dennoch inmitten dieser tiefen Stille das Ende unvermeidlich gekommen sei.

Sie begriffen, daß die Revolution sich unaufhörlich erneuern würde, vielleicht morgen schon; mit dem allgemeinen Streik, mit dem Zusammenhalt aller Arbeiter, die mit Hilfskassen ausgerüstet monatelang Widerstand leisten würden. Wieder einmal war der zerfallenden Gesellschaft ein Stoß versetzt worden; und sie hatten unter ihren Tritten das Krachen gehört; und sie fühlten, daß neue und immer neue Stöße kommen, bis der alte, erschütterte Bau zusammenstürzen und verschlungen werden würde wie der Voreuxschacht, der in dem Abgrund versunken war.

Etienne wandte sich links und schlug den Weg nach Joiselle ein. Er erinnerte sich; er hatte dort die Bande gehindert, sich auf Gaston-Marie zu stürzen. In der Ferne sah er im hellen Sonnenlichte die Schachttürme mehrerer Gruben, den von Mirou rechts, den von Madeleine und Crèvecœur, nahe beieinander. Überall summte und brummte die Arbeit; die Schläge der Spitzhacken, die er unter der Erde zu hören glaubte, fielen jetzt von einem Ende der Ebene bis zum anderen. Ein Schlag und noch ein Schlag und immerfort Schläge unter den Feldern, unter den Straßen, unter den Dörfern, die im Sonnenlicht lachten: die ganze finstere Arbeit dieses unterirdischen Kerkers, dermaßen erdrückt unter der ungeheuren Masse der Felsen, daß man wissen mußte, daß es da unten sei, um den tiefen, schmerzlichen Seufzer desselben zu vernehmen. Und er dachte jetzt, daß die Anwendung von Gewalt die Dinge vielleicht nicht beschleunigen würde. Durchschnittene Kabel, losgerissene Schienen, zerschlagene Lampen: welche unnütze Arbeit! Wahrhaftig, es lohnt die Mühe, daß eine Bande von dreitausend Menschen verheerend durch das Land ziehe! Er ahnte, daß die Gesetzlichkeit – eines Tages erreicht – viel furchtbarer werden konnte. Sein Verstand reifte; er hatte sich der unreifen Rachegelüste seiner Flegeljahre entledigt. Jawohl, die Maheu mit ihrem gesunden Sinn hatte das Richtige getroffen: Man wird den Hauptstreich führen; man wird sich ruhig zu einem Heere vereinigen, wenn die Gesetze es gestatten werden; dann, an dem Tage, an dem man sich stark genug fühlen und sehen wird, daß Millionen von Arbeitern einigen Tausenden von Nichtstuern gegenüberstehen, wird man die Macht an sich reißen und gebieten. Ach, welches Erwachen der Wahrheit und Gerechtigkeit! Zur selben Stunde wird es aus sein mit dem gemästeten ungeheuerlichen Götzen, der in der Tiefe seines Tabernakels verborgen hockt, in jener unbekannten Ferne, wo die Armen und Elenden ihn mit ihrem Fleische nährten.

Doch Etienne verließ jetzt den nach Vandame führenden Weg und erreichte die Heerstraße. Rechts, in weiter Ferne, lag Montsou, kaum mehr sichtbar. Vor sich hatte er die Ruinen des Voreux, das verdammte Loch, an dessen Auspumpung drei Maschinen unablässig arbeiteten. Dann folgten am Horizont die anderen Gruben: La Victoire, Saint-Thomas, Feutry-Cantel; während im Norden die Türme der Hochöfen und die Batterien der Koksöfen ihren Rauch in die klare Morgenluft entsandten. Wenn er den Acht-Uhr-Zug nicht versäumen wollte, mußte er sich sputen, denn er hatte noch sechs Kilometer zurückzulegen.

Unter seinen Füßen dauerten die dumpfen Schläge der Spitzhacken unaufhörlich fort. Die Kameraden waren sämtlich da; er fühlte, wie sie ihm auf Schritt und Tritt folgten. War das nicht die Maheu unter diesem Rübenfeld, mit gekrümmtem Rücken, mit dem heiseren Schnaufen, begleitet von dem Schnarren des Ventilators? Rechts und links und weiterhin schien er noch andere zu erkennen, unter den Getreidefeldern, unter den Hecken, unter den mit jungem Laub bedeckten Bäumen. Die Aprilsonne stand jetzt schon hoch am Himmel, strahlte in ihrem vollen Glanz und erwärmte die fruchtbare Erde. Aus ihren nährenden Lenden sprießte das Leben hervor; die platzenden Knospen entfalteten sich zu grünen Blättern; die Felder erzitterten unter dem üppigen Gedeihen der Gräser. Allenthalben füllten sich und wuchsen die Körner und sprengten die Erde in ihrem mächtigen Bedürfnis nach Licht und Wärme. Ein Überströmen der Säfte floß in Flüsterstimmen dahin; das Geräusch der Keime verbreitete sich in einem unermeßlichen Kusse. Und die Kameraden hieben noch immer drauflos, immer vernehmlicher, als hätten sie sich dem Erdboden genähert. Mit diesem Geräusch war die Landschaft schwanger, die im Sonnenglanz dieses Frühlingsmorgens dalag. Und es gediehen Menschen, eine schwarze Rächerarmee, die langsam in den Furchen keimte, für die Ernten des künftigen Jahrhunderts emporwachsend, deren Keimen alsbald die Erde platzen machen sollte.

Hinweise zu Entstehung und Veröffentlichung der Werke

DER TOTSCHLÄGER
L'Assommoir

Im Herbst 1875 beginnt Zola nach Beendigung des Romans „Seine Exzellenz Eugène Rougon" mit den Vorarbeiten zu „L'Assommoir", dem siebten Werk seines Zyklus „Les Rougon-Macquart". „Für diesen Roman habe ich mich gleich nach meiner Ankunft ins Milieu gestürzt, um ein Viertel zu finden, wo ich die Arbeiter aufsuchen kann", schreibt Zola dem befreundeten Schriftsteller Paul Alexis am 20. Oktober 1875. Während er noch an dem Roman arbeitet, erscheinen die ersten Folgen ab 13. April 1876 im radikal-republikanischen Blatt „Le Bien Public", das von Ives Guyot herausgegeben wird. Aber bereits im Juni wird der Abdruck wieder eingestellt, wahrscheinlich nicht aus finanziellen Gründen, wie Guyot vorgibt, sondern aus politischen. Das Wochenblatt „La Republique des Lettres" unter der Leitung von Catulle Mendès übernimmt im Juli 1876 den Vorabdruck, der im Januar 1877 ausläuft. Im selben Monat erscheint dann das Buch bei Charpentier und wird ein großer Erfolg: 38 Auflagen noch im Erscheinungsjahr, weitere 53 in den folgenden zwei Jahren.

Der „Totschläger" steht von Anfang an im Kreuzfeuer der Kritik. Zum ersten Mal in der Geschichte der französischen Literatur ist die Arbeiterklasse in Gestalt einer Pariser Arbeiterfamilie Thema eines Romans. Zola selbst skizziert seine Absicht so: „Ein Roman, dessen Rahmen die Welt des Arbeiters und dessen Held Louis Duval (Lantier), der mit Laure, der Tochter des Bergasse, verheiratet ist, sein soll. Die Darstellung eines Arbeiterhaushaltes in unserer Zeit, das persönliche und tiefe Drama des Verfalls des Pariser Arbeiters unter dem verheerenden Einfluß des Milieus der Vorstädte und Schenken. Nur Aufrichtigkeit kann diesem Roman einen großen Schwung geben. Bisher hat man uns die Arbeiter ebenso wie die Soldaten in einem völlig falschen Licht dargestellt. Die Wahrheit zu sagen und durch die offene Darstellung der Fakten Luft, Licht und Unterricht für die unteren Klassen zu fordern, das hieße ein mutiges Werk zu vollbringen."

Aber die Kritik kommt nicht nur aus dem bürgerlichen Lager, das einen Roman mit derartiger Themenstellung als Provokation auffaßt, insbesondere da sich Zola auch noch der Sprache der Pariser Arbeiter, dem Argot, bedient, sondern auch von links. Es wird ihm vorgeworfen, die Arbeiterklasse in einem denkbar ungünstigen Licht dargestellt zu haben, mit seinem Werk die Ansicht derjenigen zu untermauern, die immer noch die Arbeiter als Tiere betrachten und entsprechend behandeln. Diese Kritik trifft Zola, und er verteidigt sich: „L'Assommoir ist keine Gosse, in der nur verkommene und schlechte Wesen herumwimmeln. Ich bestreite dies mit meiner ganzen Kraft." Und weiter: „Ich behaupte, ein nützliches Werk vollbracht zu haben, indem ich im Totschläger eine gewisse Seite des Volkes analysierte ... Ich habe die Wunden gezeigt ... Ich bin nichts weiter als ein Protokollant, aber ich lehne es ab, die notwendigen Schlußfolgerungen im Werk selbst daraus zu ziehen ... Ich überlasse es den Ethikern und Gesetzgebern, nachzudenken und die Mittel zu finden. Wenn man mich aber schon absolut zwingen wollte, einen Schluß zu ziehen, so würde ich sagen, daß ‚Der Totschläger' in einem Satz zusammengefaßt werden kann: Schließt die Kneipen, öffnet die Schulen ... die Trunksucht verwüstet das Volk ..." Und: „Macht die Vorstädte gesünder, erhöht die Arbeitslöhne, die Wohnungsfrage ist entscheidend ...; die erdrückende Arbeit, die den Menschen zum Tier herabwürdigt, der ungenügende Lohn, der ihn entmutigt und das Vergessen suchen läßt, füllt die Kneipen, das Volks ist so, weil die Gesellschaft es so will."

Weiterhin verweist Zola darauf, daß „Der Totschläger" nur ein Teil eines ganzen Zyklus sei, ein Ausschnitt, und die Ergänzung der Beschreibung des Volkes durch einen zweiten Roman („Germinal") abgewartet werden müsse. Aber auch positive Stimmen sind zu hören. Albert Wolff schreibt am 5. Februar 1877 im Figaro: „Einige haben behauptet, man müßte sich die Nase zustopfen vor dem Dreck, den der Autor des Totschlägers aufwühlt; sie hätten aber besser daran getan, die Ohren aufzusperren, um sich Rechenschaft zu geben über die Ausdruckskraft, die die Verwendung der Arbeitersprache der Erzählung von

Herrn Zola verleiht.“ „Da hätten wir also ein wirklich bedeutendes Werk, so recht würdig einer Epoche, in der die Wirklichkeit die gemeinverständliche Erscheinungsform des Schönen wird! Diejenigen, die Sie beschuldigen, Sie hätten nicht fürs Volk geschrieben, täuschen sich genauso wie andrerseits jene, die einem entschwundenen Ideal nachtrauern. Sie aber haben ein neues aufgezeigt, das wahrhaft modern ist — womit bereits alles gesagt wäre...“ schreibt Stéphanie Mallarme am 3. Februar an Zola. Zwei Jahre nach Erscheinen des Romans, am 18. Januar 1879, findet die Premiere der dramatisierten Fassung von „L'Assommoir“ statt, die William Busnach zusammen mit Octave Gastineau unter Mitwirkung von Zola bearbeitet hat. Das Stück wird ein Riesenerfolg, weitere dreihundert Aufführungen folgen.

NANA

Nach Erscheinen von „Une page d'amour“ („Ein Blatt Liebe“), dem Nachfolgewerk von „L'Assommoir“, beginnt Zola 1878 mit den Vorarbeiten zum neunten Band der „Rougon-Macquart“: „Nana“. Wie er seinem Freund Gustave Flaubert schreibt, will er am 20. August 1878 mit der Niederschrift beginnen. Für diesen Roman betreibt Zola aufwendigere Studien und Vorarbeiten als für jeden seiner bisherigen Romane. Er bittet Freunde und Bekannte um Informationen über die elegante Pariser Halbwelt, die er selbst nicht kennt, läßt sich bei einer bekannten Pariser Halbweltdame, Fräulein Valtesse de la Bigue, einführen, um sich einen persönlichen Eindruck in deren luxuriösem Palais verschaffen zu können. Mit einem Mann der vornehmen Pariser Gesellschaft, den er durch Gustave Flaubert kennengelernt hatte, diniert er eigens in einem Séparée des Cafés Anglais und läßt sich von ihm alles erzählen, was er verwerten zu können glaubt. Bei Henry Céard bedankt er sich: „Tausend Dank für Ihre Notizen. Sie sind ausgezeichnet, und ich werde sie alle verwenden; das Diner vor allem ist erstaunlich. Ich wünschte, ich hätte hundert Seiten ähnlicher Notizen. Dann könnte ich ein wirklich hübsches Buch machen. Wenn Sie noch irgend etwas finden, Sie oder einer Ihrer Freunde, dann schicken Sie es mir bitte. Ich hungere geradezu nach gesehenen Dingen.“

Am 15. Oktober beginnt der Vorabdruck von „Nana“ im „La Voltaire“, dem ehemaligen „Bien Public“ von Jules Lafitte, der den Roman schon im voraus groß ankündigen läßt. „Auf den Boulevards paradieren im Gänsemarsch Männer in Arbeitsanzügen (!) mit Plakaten: ‚Nana von Zola im Voltaire!‘ Wenn mich jemand fragen sollte, ob ich Schriftsteller sei, antworte ich jetzt: ‚Nein, ich verkaufe Angelruten!‘ — So demütigend für uns alle finde ich diese dämliche Reklame“, schreibt Maupassant entsetzt an Flaubert. Am 7. Januar 1880 hat Zola die Niederschrift von „Nana“ beendet, wie er Henry Ceárd mitteilt, und am 15. Februar 1880 erscheint der Roman bei Charpentier. Die erste Auflage von 55.000 Stück ist sofort vergriffen, noch am selben Tage werden weitere 10.000 Stück in Druck gegeben. Dieser Erfolg ist auf den großen Reklamerummel zurückzuführen, der seit Erscheinen des Vorabdrucks im Oktober 1879 um den Roman gemacht wird. Schon nach Erscheinen der ersten Folge ist die Entrüstung der Kritiker über das Thema von „Nana“ groß; eine Dirne als Hauptfigur eines Romans der gehobenen Literatur galt als undenkbar. Trotz des reißenden Absatzes und des Anklangs, den der Roman beim Publikum findet, ist die Meinung der Kritiker weitgehend negativ. Flaubert jedoch, der das Buch gleich am ersten Tag liest, schreibt an Zola: „Ich habe gestern den ganzen Tag bis halb elf nachts damit verbracht, ‚Nana‘ zu lesen, und habe die ganze Nacht darüber nicht schlafen können und bin noch immer ganz betroffen. Wenn ich alles festhalten sollte, was darin einzigartig und gelungen ist, so müßte ich zu allen Seiten einen Kommentar machen. Die Charaktere sind geradezu Wunder an Wahrheit. Es wimmelt nur so von echten Ausdrücken, und zum Schluß der Tod Nanas ist ganz Michelangelo! Ein enormes Buch, mein Lieber!“

Im Januar 1881 findet die Premiere von „Nana“ in dramatisierter Form im Pariser „Théâtre de l'Ambigue-Comique“ statt. Das Stück wird über hundertmal aufgeführt.

GERMINAL

Als Erwiderung auf die Kritik an seinem ersten Roman über die Arbeiterklasse („L'Assommoir“) schrieb Zola: „Dieses Gesamtwerk hat einen allgemeinen Sinn, den man erst dann ganz klar erkennen wird, wenn ich am Ende meiner schweren Aufgabe angelangt sein werde. Dergestalt soll die Serie zwei Romane über das Volk umfassen. Mögen also all diejenigen, die mir vorwerfen, das Volk nicht von allen Seiten dargestellt zu haben, gefälligst den zweiten Roman abwarten, den ich ihm zu widmen gedenke.“ Dieser zweite Roman, der dreizehnte der Rougon-Macquart, der die Arbeiterklasse als Thema hat, ist „Germinal“, mit dessen Niederschrift Zola am 2. April 1884 beginnt. Am 16. März hat er dem Romancier Edouard Rod berichtet, er habe „alle Materialien für einen sozialistischen Roman beisammen“. In den Planentwürfen schreibt er: „Ich will, daß dieser Roman die Zukunft voraussagt, die Frage aufwirft, die die wichtigste Frage des 20. Jahrhunderts sein wird..., die Frage des Kampfes zwischen Kapital und Arbeit... Der Roman ist die Erhebung der Lohnarbeiter, der Stoß, den sie der alten Gewerkschaft, die einen Augenblick in ihren Fugen kracht, versetzen.“ Der Titel des Romans, Germinal (der

,,Keim-Monat", 21. März—19. April, des französischen Revolutionskalenders), deutet auf die Hoffnung des Proletariats auf eine bessere Zukunft hin.
Auch für diesen Roman sind die Vorbereitungsarbeiten Zolas gründlich und umfangreich. Außer der Durcharbeitung des einschlägigen Materials wie zum Beispiel der ,,Gazette des Tribuneau" über die Streikbewegungen seit 1869 unternimmt er eigens zusammen mit einem Abgeordneten der radikalen Partei aus Valenciennes, Herrn Giard, im Februar 1884 eine Fahrt ins Streikgebiet von Anzin, um sich dort einen persönlichen Eindruck von den Verhältnissen zu verschaffen. ,,Die Arbeit kommt voran, eine mordsmäßige Arbeit. So viel Arbeit habe ich beim Schreiben eines Romans noch nie gehabt, und das, ohne daß ich auf Erfolg hoffen kann. Es ist eines der Bücher, die man für sich selbst schreibt", schreibt er im Juni 1884 an Henry Céard.
Von November 1884 bis Februar 1885 erscheint der Roman in Fortsetzungen im Feuilleton des ,,Gil Blas". Nach Beendigung der Niederschrift Ende Januar wird der Roman am 21. März 1885 von Charpentier als Buch herausgebracht.
Seit dem Erscheinen von ,,L'Assommoir" haben sich die politischen Verhältnisse verändert. Die Kommunarden konnten auf öffentlichen Druck hin zurückkehren, das Gesetz ,,Le Chapelier" wurde am 1. März 1884 aufgehoben, Gewerkschaften und Arbeiterorganisationen konnten sich bald bilden, so daß ein Verriß von Germinal durch die bürgerlichen Kritiker nicht mehr so einfach möglich war, wie noch 1877 bei Erscheinen des ,,Totschlägers". Trotzdem wird die dramatisierte Fassung von ,,Germinal", die Zola bis September 1885 unter Mitwirkung von William Busnach erstellt, vom zuständigen Minister René Globat untersagt; Zola muß sich der Zensur beugen.
Auf die Kritik, er zeichne ein verzerrtes Bild der Zustände im Bergbau, antwortet Zola in einem Brief vom 4. April 1885: ,,Ich habe nur den Wunsch gehabt, sie so zu zeigen, wie die Gesellschaft sie gemacht hat, und damit ein solches Mitleid, einen solchen Schrei nach Gerechtigkeit zu wecken, daß Frankreich endlich aufhört, sich von dem Ehrgeiz einer Handvoll Politiker verschlingen zu lassen, und sich um die Gesundheit und das Wohlergehen seiner Kinder kümmert."
Die Darstellung der Arbeiter, nicht mehr wie im ,,L'Assommoir" als leidende Einzelschicksale, sondern als aufbegehrende, kämpferische Klasse, löst im sozialistischen Lager Begeisterung aus. Arbeiterorganisationen bitten Zola um Abdruckgenehmigungen für ihre Zeitungen. ,,Nehmen Sie Germinal und veröffentlichen Sie das Buch. Ich verlange nichts dafür, denn Ihre Zeitung ist arm, und Sie setzen sich für die Armen ein", lautet eine Antwort Zolas, die am 15. November 1885 im ,,Peuple de Bruxelles" veröffentlicht wird.